InTeR
Innovations- und Technikrecht

Kommentar

KI-VO

Verordnung über künstliche Intelligenz

Herausgegeben von

Prof. Dr. David Bomhard
Physiker und Rechtsanwalt, München

Fritz-Ulli Pieper, LL.M.
Rechtsanwalt, Fachanwalt für Informationstechnologierecht, Düsseldorf

Prof. Dr. Susanne Wende, LL.M. (Dublin)
Hochschule München

Bearbeitet von

Kristin Benedikt; Prof. Dr. Michael Beurskens, LL.M. (Gew. Rechtsschutz), LL.M. (Chicago); Prof. Dr. David Bomhard; Dr. Isabelle Brams; Dr. Lucia Franke; Mareike Christine Gehrmann; Prof. Dr. Dagmar Gesmann-Nuissl; Prof. Dr. Patrick Glauner; Svenja Hahn, MdEP; Dr. Sophie Herold; Dr. Pascal Hofer; Dr. Lisa Kappler; Dr. Roman F. Kehrberger; Prof. Dr. Thomas Klindt; Prof. Dr. Carsten König, LL.M. (Harvard); Dr. Clemens Mattheis; Marieke Merkle; Rhian L.M. Moritz; Dr. Martin Pflüger; Fritz-Ulli Pieper, LL.M.; Dr. Carlo Piltz; Dr. Benedikt Rohrßen; Dr. Marc Ruttloff; Nicole Saurin; Adrian Schneider; Leonie Schneider; Maximilian Schumann; Dr. Astrid Seehafer, M.Sc.; Dr. Jasper Siems; Dr. Jonas Siglmüller, MBA; Dr. Martin Strauch, LL.M. (Edinburgh); Arne Thiermann, LL.M. (LSE); Prof. Dr. Henrike Weiden, LL.M.; Rebekka Weiß, LL.M. (Glasgow); Prof. Dr. Susanne Wende, LL.M. (Dublin); Anton Wietzke; Johannes Zwerschke, LL.M.

Fachmedien Recht und Wirtschaft | dfv Mediengruppe | Frankfurt am Main

Zitiervorschlag: *Bearbeiter*, in: Bomhard/Pieper/Wende, KI-VO, Art. … Rn. …

Alle im Buch verwendeten Begriffe verstehen sich geschlechterneutral. Aus Gründen der besseren Lesbarkeit wird auf eine geschlechtsspezifische Differenzierung verzichtet – entsprechende Begriffe gelten im Sinne der Gleichbehandlung grundsätzlich für alle Geschlechter. Die verkürzte Sprachform hat lediglich redaktionelle Gründe und beinhaltet keine Wertung.

Bibliografische Information der Deutschen Nationalbibliothek

Die Deutsche Nationalbibliothek verzeichnet diese Publikation in der Deutschen Nationalbibliografie; detaillierte bibliografische Daten sind im Internet über http://dnb.de abrufbar.

ISBN 978-3-8005-1830-2

dfv Mediengruppe

Satzkonvertierung: Lichtsatz Michael Glaese GmbH, 69502 Hemsbach

Druck und Verarbeitung: Elanders Waiblingen GmbH, 71332 Waiblingen

Printed in Germany

Vorwort der Herausgeber

Mit der Verordnung über künstliche Intelligenz (KI-VO) unternimmt die Europäische Union einen weltweit beachteten Vorstoß zur Regulierung einer Schlüsseltechnologie des digitalen Zeitalters. Die KI-VO verfolgt das Ziel, einen rechtlichen Rahmen für den Einsatz von KI-Systemen zu schaffen, der Innovation fördert und gleichzeitig Risiken minimiert. So soll letztlich ein sicheres, ethisch verantwortliches und transparentes Umfeld für KI-Technologien gewährleistet werden. Ob dies gelingt, bleibt abzuwarten.

Die EU hat das Ziel, eine technische Führungsrolle im KI-Bereich einzunehmen – die Erwartungen sind also hoch gesteckt. Auch dies soll die KI-VO begünstigen. Gleichzeitig wirft die KI-VO eine Vielzahl offener Rechtsfragen auf – von der Bestimmung der Akteure in komplexen KI-Lieferketten über die Vereinbarkeit mit bestehenden sektoralen Regelwerken bis hin zu Herausforderungen bei der praktischen Umsetzung der Anforderungen an Transparenz, Datenqualität und Konformitätsbewertung. Aktuell sieht sich die Praxis massiver Rechtsunsicherheit ausgesetzt, wobei die KI-VO oftmals als Innovationsbremse wahrgenommen wird.

Dieser Kommentar richtet sich gleichermaßen an Praktiker, Behörden, Gerichte, Unternehmen sowie an Wissenschaftler, die sich mit der Regulierung von KI befassen. Er will ein verlässlicher Wegweiser durch das neue Regelwerk sein. Dafür vereint er wissenschaftlich fundierte Erörterungen mit der nötigen praktischen Handhabbarkeit und setzt dabei auf im IT-, Datenschutz- sowie Produktrecht, samt angrenzender Rechtsbereiche, äußerst erfahrene Autorinnen und Autoren. Wir sind überzeugt, mit diesem Ansatz das „Annähern" an die herausfordernde Materie merklich erleichtern und gleichzeitig auch bei komplexen Fragestellungen eine verlässliche Orientierung geben zu können – wohlwissend, dass uns schon in naher Zukunft neue Entwicklungen, Auslegungen, Leitlinien, Behördenmeinungen und irgendwann auch einschlägige Rechtsprechung begegnen werden.

Unser besonderer Dank gilt allen Mitautorinnen und Mitautoren, deren Fachkenntnis, Engagement und Geduld diesen Kommentar erst ermöglicht haben. Ebenso danken wir Patrick Orth und Tanja Brücker vom Deutschen Fachverlag für die stets professionelle und engagierte Begleitung dieses Projekts.

Die Dynamik des KI-Rechts verlangt nach einem offenen, interdisziplinären Austausch. Wo Algorithmen lernen, muss auch das Recht weiterdenken – wir freuen uns auf alle, die mit uns in diese offene Debatte eintreten.

München und Düsseldorf, im Mai 2025 *Die Herausgeber*

Verzeichnis der Bearbeiterinnen und Bearbeiter

Kristin Benedikt	Richterin am Verwaltungsgericht Regensburg
Prof. Dr. Michael Beurskens, LL.M. (Gew. Rechtsschutz), LL.M. (University of Chicago), Att. at Law (New York)	Lehrstuhl für Privatrecht, insbesondere Wirtschaftsrecht und Digitalisierung, Universität Passau
Prof. Dr. David Bomhard	Physiker und Rechtsanwalt, Aitava, München
Dr. Isabelle Brams	Rechtsanwältin, Latham & Watkins, Frankfurt am Main
Dr. Lucia Franke	Habilitandin, Johann Wolfgang Goethe-Universität Frankfurt
Mareike Christine Gehrmann	Rechtsanwältin, Fachanwältin für Informationstechnologierecht, Taylor Wessing, Düsseldorf
Prof. Dr. Dagmar Gesmann-Nuissl	Lehrstuhl Privatrecht und Recht des geistigen Eigentums, Technische Universität Chemnitz
Prof. Dr. Patrick Glauner	Professur für Künstliche Intelligenz, Technische Hochschule Deggendorf
Svenja Hahn	Mitglied des Europäischen Parlaments
Dr. Sophie Herold	Richterin, Amtsgericht Darmstadt
Dr. Pascal Hofer	Head of Legal Digital & IT, F. Hoffmann-La Roche AG, Basel; Rechtsanwalt, Heidelberg
Dr. Lisa Kappler	Rechtsanwältin, Gleiss Lutz, Stuttgart
Dr. Roman F. Kehrberger	General Counsel, ENVIRIA Energy, Frankfurt am Main
Prof. Dr. Thomas Klindt	Rechtsanwalt, Noerr, München
Prof. Dr. Carsten König, LL.M. (Harvard)	Professur für Bürgerliches Recht, Handels- und Wirtschaftsrecht, Universität Bonn
Dr. Clemens Mattheis	General Counsel Product, Sustainability and R&D, Schaeffler AG
Marieke Merkle	Rechtsanwältin, Noerr, München

Rhian L. M. Moritz	Regierungsrätin, Bundesamt für Sicherheit in der Informationstechnik, Bonn
Dr. Martin Pflüger	Rechtsanwalt, Hogan Lovells, München
Fritz-Ulli Pieper, LL.M.	Rechtsanwalt, Fachanwalt für Informationstechnologierecht, Taylor Wessing, Düsseldorf
Dr. Carlo Piltz	Rechtsanwalt, Piltz Legal, Berlin
Dr. Benedikt Rohrßen	Rechtsanwalt und zertifizierter KI Manager (Bitkom), Taylor Wessing, München
Dr. Marc Ruttloff	Rechtsanwalt, Gleiss Lutz, Stuttgart
Nicole Saurin	Rechtsanwältin, DLA Piper, München
Adrian Schneider	Rechtsanwalt, Osborne Clarke, Köln
Leonie Schneider	Rechtsanwältin, Osborne Clarke, Köln
Maximilian Schumann	Rechtsanwalt, Taylor Wessing, Düsseldorf
Dr. Astrid Seehafer, M.Sc.	Rechtsanwältin, Luther, Berlin
Dr. Jasper Siems	Rechtsanwalt, Hogan Lovells, Hamburg
Dr. Jonas Siglmüller, MBA	Rechtsanwalt und Softwareentwickler, Aitava, München
Dr. Martin Strauch, LL.M. (Edinburgh)	Rechtsanwalt, GvW Graf von Westphalen, München
Arne Thiermann, LL.M. (LSE)	Rechtsanwalt, Hogan Lovells, Hamburg
Prof. Dr. Henrike Weiden, LL.M.	Professorin für Wirtschaftsprivatrecht und für das Recht der Digitalisierung, HM Business School, Hochschule München
Rebekka Weiß, LL.M. (Glasgow)	Head of Regulatory Policy, Microsoft, Berlin
Prof. Dr. Susanne Wende, LL.M. (Dublin)	Professur für Wirtschaftsprivatrecht und Unternehmensrecht, HM Business School, Hochschule München
Dipl. jur. Anton Wietzke	Jurist und Softwareentwickler, Aitava, München
Johannes Zwerschke, LL.M.	Rechtsanwalt, Piltz Legal, Berlin

Inhaltsverzeichnis

Abschnitt 3
Pflichten der Anbieter und Betreiber von Hochrisiko-KI-Systemen und anderer Beteiligter

Abschnitt 4
Notifizierende Behörden und notifizierte Stellen

Abschnitt 2
Pflichten für Anbieter von KI-Modellen mit allgemeinem Verwendungszweck

Abschnitt 3
Pflichten der Anbieter von KI-Modellen mit allgemeinem Verwendungszweck mit systemischem Risiko

Abschnitt 4
Praxisleitfäden

Kapitel VI
Maßnahmen zur Innovationsförderung

Kapitel VII
Governance

Abschnitt 1
Governance auf Unionsebene

Abschnitt 2
Zuständige nationale Behörden

Kapitel VIII
EU-Datenbank für Hochrisiko-KI-Systeme

Kapitel IX
Beobachtung nach dem Inverkehrbringen, Informationsaustausch und Marktüberwachung

Abschnitt 1
Beobachtung nach dem Inverkehrbringen

Abschnitt 2
Austausch von Informationen über schwerwiegende Vorfälle

Abschnitt 3
Durchsetzung

Abschnitt 4
Rechtsbehelfe

Abschnitt 5
Aufsicht, Ermittlung, Durchsetzung und Überwachung in Bezug auf Anbieter von KI-Modellen mit allgemeinem Verwendungszweck

Kapitel X
Verhaltenskodizes und Leitlinien

Kapitel XI
Befugnisübertragung und Ausschussverfahren

Kapitel XII
Sanktionen

Kapitel XIII
Schlussbestimmungen

Abkürzungsverzeichnis

a. A.	anderer Ansicht
a. E.	am Ende
ABl.	Amtsblatt
ABl. EG	Amtsblatt der Europäischen Gemeinschaft
ABl. EU	Amtsblatt der Europäischen Union
Abs.	Absatz
AEUV	Vertrag über die Arbeitsweise der Europäischen Union (EU-Arbeitsweisevertrag)
AfP	Archiv für Presserecht (Zeitschrift)
AG	Aktiengesellschaft
AGG	Allgemeines Gleichbehandlungsgesetz
AktG	Aktiengesetz
AkkStelleG	Akkreditierungsstellengesetz
AkkStelleGBV	Verordnung über die Beleihung der Akkreditierungsstelle nach dem Akkreditierungsstellengesetz
Alt.	Alternative
Anm.	Anmerkung
AO	Abgabenordnung
API	Advance Passenger Information
ArbG	Arbeitsgericht
ArbSchG	Gesetz über die Durchführung von Maßnahmen des Arbeitsschutzes zur Verbesserung der Sicherheit und des Gesundheitsschutzes der Beschäftigten bei der Arbeit (Arbeitsschutzgesetz)
Art.	Artikel
Aufl.	Auflage
Az.	Aktenzeichen
BaFin	Bundesanstalt für Finanzdienstleistungsaufsicht
BAuA	Bundesanstalt für Arbeitsschutz und Arbeitsmedizin
BayEGovG	Gesetz über die elektronische Verwaltung in Bayern (Bayerisches E-Government Gesetz)
BB	Betriebs-Berater (Zeitschrift)

Bbg EGovG	Gesetz über die elektronische Verwaltung im Land Brandenburg (Brandenburgisches E-Government-Gesetz)
BDSG	Bundesdatenschutzgesetz
BeckOGK	beck-online Großkommentar
BeckOK	Beck'scher Online-Kommentar
BeckOK BGB	Beck'scher Online-Kommentar BGB (hrsg. von Hau/Poseck)
BeckOK DatenschutzR	Beck'scher Online-Kommentar Datenschutzrecht (hrsg. von Wolff/Brink)
BeckOK GG	Beck'scher Online-Kommentar Grundgesetz (hrsg. von Epping/Hillgruber)
BeckOK InfoMedienR	Beck'scher Online-Kommentar Informations- und Medienrecht (hrsg. von Gersdorf/Paal)
BeckOK IT-Recht	Beck'scher Online-Kommentar IT-Recht (hrsg. von Borger/Hilber)
BeckOK VwVfG	Beck'scher Online-Kommentar Verwaltungsverfahrensgesetz (hrsg. von Bader/Ronellenfitsch)
Begr.	Begründung
BetrVG	Betriebsverfassungsgesetz
BfDI	Bundesbeauftragter für den Datenschutz und die Informationsfreiheit
BGB	Bürgerliches Gesetzbuch
BGBl.	Bundesgesetzblatt
BGH	Bundesgerichtshof
BGHZ	Entscheidungen des Bundesgerichtshofs in Zivilsachen (Entscheidungssammlung)
BITKOM	Bundesverband Informationswirtschaft, Telekommunikation und neue Medien e. V.
BKR	Zeitschrift für Bank- und Kapitalmarktrecht
Blue Guide	Bekanntmachung der Kommission „Leitfaden für die Umsetzung der Produktvorschriften der EU 2022" („Blue Guide"), 29.6.2022, ABl. 2022/C 247/01
BMI	Bundesministerium des Inneren
BMWK	Bundesministerium für Wirtschaft und Klimaschutz
BR-Drs.	Drucksache des Deutschen Bundesrates
BSI	Bundesamt für Sicherheit in der Informationstechnik
BT-Drs.	Drucksache des Deutschen Bundestages
BVerfG	Bundesverfassungsgericht

BVerfGE	Entscheidungen des Bundesverfassungsgerichts
CCZ	Corporate Compliance Zeitschrift
CER-Richtlinie	Richtlinie (EU) 2022/2557 über die Resilienz kritischer Einrichtungen und zur Aufhebung der Richtlinie 2008/114/EG des Rates
CR	Computer und Recht (Zeitschrift)
CRA	Cyber Resilience Act
CRi	Computer und Recht International (Zeitschrift)
CTR	Clinical Trials Regulation VO (EU) Nr. 536/2014
Data Act	Verordnung (EU) 2023/2854 des Europäischen Parlaments und des Rates vom 13.12.2023 über harmonisierte Vorschriften für einen fairen Datenzugang und eine faire Datennutzung sowie zur Änderung der Verordnung (EU) 2017/2394 und der Richtlinie (EU) 2020/1828 (Datenverordnung)
DB	Der Betrieb (Zeitschrift)
DEK	Datenethikkommission
d. h.	das heißt
Diss.	Dissertation
DMA	Verordnung (EU) 2022/1925 des Europäischen Parlaments und des Rates vom 14.9.2022 über bestreitbare und faire Märkte im digitalen Sektor und zur Änderung der Richtlinien (EU) 2019/1937 und (EU) 2020/1828 (Gesetz über digitale Märkte)
Drs.	Drucksache
DSA	Verordnung (EU) 2022/2065 des Europäischen Parlaments und des Rates vom 19.10.2022 über einen Binnenmarkt für digitale Dienste und zur Änderung der Richtlinie 2000/31/EG (Gesetz über digitale Dienste – Digital Services Act).
DSGVO	Verordnung (EU) 2016/679 des Europäischen Parlaments und des Rates vom 27.4.2016 zum Schutz natürlicher Personen bei der Verarbeitung personenbezogener Daten, zum freien Datenverkehr und zur Aufhebung der Richtlinie 95/46/EG (Datenschutz-Grundverordnung)
DSK	Konferenz der unabhängigen Datenschutzaufsichtsbehörden des Bundes und der Länder (Datenschutzkonferenz)
DuD	Datenschutz und Datensicherheit (Zeitschrift)
e. V.	eingetragener Verein

ECRL	Richtlinie 2000/31/EG des Europäischen Parlaments und des Rates vom 8.6.2000 über bestimmte rechtliche Aspekte der Dienste der Informationsgesellschaft, insbesondere des elektronischen Geschäftsverkehrs, im Binnenmarkt (Richtlinie über den elektronischen Geschäftsverkehr – E-Commerce Richtlinie)
EDSA	Europäischer Datenschutzausschuss
EDSB	Europäischer Datenschutzbeauftragter
EDV	Elektronische Datenverarbeitung
EG	Europäische Gemeinschaft
EGBGB	Einführungsgesetz zum Bürgerlichen Gesetzbuch
EGovG	Gesetz zur Förderung der elektronischen Verwaltung (E-Government-Gesetz)
EGovG LSA	Gesetz zur Förderung der elektronischen Verwaltung im Land Sachsen-Anhalt (E-Government-Gesetz Sachsen-Anhalt)
EGovG M-V	Gesetz zur Förderung der elektronischen Verwaltungstätigkeit in Mecklenburg-Vorpommern (E-Government-Gesetz Mecklenburg-Vorpommern)
EGovG NRW	Gesetz zur Förderung der elektronischen Verwaltung in Nordrhein-Westfalen (E-Government-Gesetz Nordrhein-Westfalen)
EGovG SH	Gesetz zur elektronischen Verwaltung für Schleswig-Holstein (E-Government-Gesetz Schleswig-Holstein)
E-GovG SL	Gesetz zur Förderung der elektronischen Verwaltung im Saarland (E-Government-Gesetz Saarland)
EJRR	European Journal of Risk Regulation
EL	Ergänzungslieferung
EMRK	Konvention zum Schutze der Menschenrechte und Grundfreiheiten (Europäische Menschenrechtskonvention)
EMV-Richtlinie	Richtlinie 2014/30/EU des Europäischen Parlaments und des Rates vom 26.2.2014 zur Harmonisierung der Rechtsvorschriften der Mitgliedstaaten über die elektromagnetische Verträglichkeit (Neufassung)
ENISA	European Union Agency for Network and Information Security
ErwG	Erwägungsgrund
etc.	et cetera

EuErbVO	Verordnung (EU) Nr. 650/2012 des europäischen Parlaments und des Rates vom 4.7.2012 über die Zuständigkeit, das anzuwendende Recht, die Anerkennung und Vollstreckung von Entscheidungen und die Annahme und Vollstreckung öffentlicher Urkunden in Erbsachen sowie zur Einführung eine Europäischen Nachlasszeugnisses
EuGH	Europäischer Gerichtshof
EU-Komm.	Europäische Kommission
EU-Marktüberwachungsverordnung	Verordnung (EU) 2019/1020 des europäischen Parlaments und des Rates vom 20.6.2019 über Marktüberwachung und die Konformität von Produkten sowie zur Änderung der Richtlinie 2004/42/EG und der Verordnungen (EG) Nr. 765/2008 und (EU) Nr. 305/2011 (EU-Marktüberwachungsverordnung), ABl. EU L 169 v. 25.6.2019, S. 1
EU-Maschinenrichtlinie	Richtlinie 2006/42/EG des europäischen Parlaments und des Rates vom 17.5.2006 über Maschinen und zur Änderung der Richtlinie 95/16/EG (Neufassung)
EU-Maschinenverordnung	Verordnung (EU) 2023/1230 des europäischen Parlaments und des Rates vom 14.6.2023 über Maschinen und zur Aufhebung der Richtlinie 2006/42/EG des Europäischen Parlaments und des Rates und der Richtlinie 73/361/EWG des Rates
EU-Medizinprodukteverordnung	Verordnung EU) 2017/745 des Europäischen Parlaments und des Rates vom 5.4.2017 über Medizinprodukte, zur Änderung der Richtlinie 2001/83/EG, der Verordnung (EG) Nr. 178/2002 und der Verordnung (EG) Nr. 1223/2009 und zur Aufhebung der Richtlinien 90/385/EWG und 93/42/EWG des Rates
EU-Produktsicherheitsrichtlinie	Richtlinie 2001/95/EG des Europäischen Parlaments und des Rates vom 3.12.2001 über die allgemeine Produktsicherheit
EU-Produktsicherheitsverordnung	Verordnung (EU) 2023/988 des Europäischen Parlaments und des Rates vom 10.5.2023 über die allgemeine Produktsicherheit, zur Änderung der Verordnung (EU) Nr. 1025/2012 des Europäischen Parlaments und des Rates und der Richtlinie (EU) 2020/1828 des Europäischen Parlaments und des Rates sowie zur Aufhebung der Richtlinie 2001/95/EG des Europäischen Parlaments und des Rates und der Richtlinie 87/357/EWG des Rates
EuR	Europarecht (Zeitschrift)

EU-WirtschaftsR-HdB	Handbuch des EU-Wirtschaftsrechts (hrsg. v. Dauses/Ludwigs)
EuZW	Europäische Zeitschrift für Wirtschaftsrecht
EWR	Europäischer Wirtschaftsraum
EWSA	Europäischer Wirtschafts- und Sozialausschuss
FAQ	Frequently Asked Questions
f./ff.	folgende/fortfolgende
Fn.	Fußnote
FS	Festschrift
FZV	Verordnung über die Zulassung von Fahrzeugen zum Straßenverkehr (Fahrzeug-Zulassungsverordnung)
GebrMG	Gebrauchsmustergesetz
GeschGehG	Gesetz zum Schutz von Geschäftsgeheimnissen vom 18.4.2019 (Geschäftsgeheimnisgesetz)
GeschmMG	Gesetz über den rechtlichen Schutz von Mustern und Modellen (Geschmacksmustergesetz)
GewO	Gewerbeordnung
GG	Grundgesetz
ggf.	gegebenenfalls
GmbH	Gesellschaft mit beschränkter Haftung
GmbHG	Gesetz betreffend die Gesellschaften mit beschränkter Haftung
GPAI	General Purpose AI Models
GPAI Model	KI-Modell mit allgemeinem Verwendungszweck
GPAI System	KI-System mit allgemeinem Verwendungszweck
GRCh	Europäische Grundrechtecharta (ABl. C 326 vom 26.10.2012, S. 391)
GPSG	Geräte- und Produktsicherheitsgesetz
GSZ	Zeitschrift für das Gesamte Sicherheitsrecht
Guidelines	Annex to the Communication to the Commission Approval of the content of the draft Communication from the Commission – Commission Guidelines on the definition of an artificial intelligence system established by Regulation (EU) 2024/1689 (AI Act), C(2025) 924 final, https://ec.europa.eu/newsroom/dae/redirection/document/112455
h. M.	herrschende Meinung

HdB	Handbuch
HEGovG	Hessisches Gesetz zur Förderung der elektronischen Verwaltung (Hessisches E-Government-Gesetz)
HinSchG	Gesetz für einen besseren Schutz hinweisgebender Personen (Hinweisgeberschutzgesetz)
HLEG	High-Level Expert Group on Artificial Intelligence
Hrsg.	Herausgeber
Hs.	Halbsatz
i. S. d.	im Sinne des
i. S. v.	im Sinne von
ICSMS	Information and Communication System on Market Surveillance
ID	Identity
IFG	Gesetz zur Regelung des Zugangs zu Informationen des Bundes (Informationsfreiheitsgesetz)
IJCNN	International Joint Conference on Neural Networks
IP	Intellectual Property
ISO	Internationale Organisation für Normung
IoT	Internet of Things
IT	Informationstechnologie
ITRB	IT-Rechts-Berater (Zeitschrift)
i. V. m.	in Verbindung mit
JA	Juristische Arbeitsblätter (Zeitschrift)
JI-RL	Richtlinie (EU) 2016/680 des Europäischen Parlaments und des Rates
jurisPR-ITR	juris PraxisReport IT-Recht (Zeitschrift)
JuS	Juristische Schulung (Zeitschrift)
JZ	Juristenzeitung (Zeitschrift)
K&R	Kommunikation und Recht (Zeitschrift)
KBA	Kraftfahrtbundesamt
KI	Künstliche Intelligenz
KI-Haftungs-RL-E	Vorschlag für eine Richtlinie des Europäischen Parlaments und des Rates zur Anpassung der Vorschriften über außervertragliche zivilrechtliche Haftung an künstliche Intelligenz (Richtlinie über KI-Haftung), COM/2022/496 final

KI-VO	Verordnung (EU) 2024/1689 des Europäischen Parlaments und des Rates vom 13.6.2024 zur Festlegung harmonisierter Vorschriften für künstliche Intelligenz und zur Änderung der Verordnungen (EG) Nr. 300/2008, (EU) Nr. 167/2013, (EU) Nr. 168/2013, (EU) 2018/858, (EU) 2018/1139 und (EU) 2019/2144 sowie der Richtlinien 2014/90/EU, (EU) 2016/797 und (EU) 2020/1828 (Verordnung über künstliche Intelligenz – KI-VO)
KI-VO-E Kommission	Europäische Kommission, Vorschlag der Europäischen für eine Verordnung des europäischen Parlaments und des Rates zur Festlegung harmonisierter Vorschriften für künstliche Intelligenz (Gesetz über künstliche Intelligenz) und zur Änderung bestimmter Rechtsakte der Union vom 21.4.2021, COM(2021) 206 final
KI-VO-E Parlament	Europäisches Parlament, Abänderungen des Europäischen Parlaments vom 14.6.2023 zu dem Vorschlag für eine Verordnung des Europäischen Parlaments und des Rates zur Festlegung harmonisierter Vorschriften für künstliche Intelligenz (Gesetz über künstliche Intelligenz) und zur Änderung bestimmter Rechtsakte der Union (COM(2021)0206 – C9-0146/2021 – 2021/0106(COD)), P9_TA(2023)0236
KI-VO-E Rat	Rat der Europäischen Union, Vorschlag für eine Verordnung des Europäischen Parlaments und des Rates zur Festlegung harmonisierter Vorschriften für künstliche Intelligenz (Gesetz über künstliche Intelligenz) und zur Änderung bestimmter Rechtsakte der Union – Allgemeine Ausrichtung vom 25.11.2022, 14954/22
KI-VO-E Trilog	KI-VO-E finaler Kompromisstext (Ergebnis des Trilogverfahrens) vom 26.1.2024, 5662/24
KMU	Kleine und mittlere Unternehmen
Kommission	Europäische Kommission
KRITIS-Dachgesetz-E	Zweiter Referentenentwurf eines Gesetzes zur Umsetzung der Richtlinie (EU) 2022/2557 und zur Stärkung der Resilienz von Betreibern kritischer Anlagen
KWG	Gesetz über das Kreditwesen (Kreditwesengesetz)
lit.	littera (Buchstabe)
LSA	Land Sachsen-Anhalt
MaRisk	Mindestanforderungen an das Risikomanagement
MarkenG	Gesetz über den Schutz von Marken und sonstigen Kennzeichen (Markengesetz)

mdl.	mündlich
MDR	Monatsschrift für Deutsches Recht (Zeitschrift)
MedR	Medizinrecht (Zeitschrift)
MIT	Massachusetts Institute of Technology
MMR	Multimedia und Recht (Zeitschrift)
MPJ	Medizinprodukte Journal (Zeitschrift)
MP-VO	Verordnung (EU) 2017/745 des Europäischen Parlaments und des Rates vom 5.4.2017 über Medizinprodukte, zur Änderung der Richtlinie 2001/83/EG, der Verordnung (EG) Nr. 178/2002 und der Verordnung (EG) Nr. 1223/2009 und zur Aufhebung der Richtlinien 90/385/EWG und 93/42/EWG des Rates (EU-Medizinprodukteverordnung)
MStV	Medienstaatsvertrag
MüG	Marktüberwachungsgesetz
MüKo-BGB	Münchener Kommentar zum BGB (hrsg. von Säcker/Rixecker/Oetker/Limperg/Schubert)
MüKo-StGB	Münchener Kommentar zum StGB (hrsg. von Erb/Schäfer)
MüKo-StPO	Münchener Kommentar zur StPO (hrsg. von Knauer/Kudlich/Schneider)
MüKo-UWG	Münchener Kommentar zum Lauterkeitsrecht (UWG) (hrsg. von Heermann/Schlingloff)
MüKo-WettbR	Münchener Kommentar zum Wettbewerbsrecht (hrsg. von Säcker)
MüKo-ZPO	Münchener Kommentar zur ZPO (hrsg. von Rauscher/Krüger)
MÜ-VO	Verordnung (EU) 2019/1020 des europäischen Parlamentes und des Rates vom 20.6.2019 über Marktüberwachung und die Konformität von Produkten sowie zur Änderung der Richtlinie 2004/42/EG und der Verordnungen (EG) Nr. 765/2008 und (EU) Nr. 305/2011 (EU-Marktüberwachungsverordnung)
m. w. N.	mit weiteren Nachweisen
NANDO	New Approach Notified and Designates Organisations
NJW	Neue Juristische Wochenschrift (Zeitschrift)
NJW-RR	NJW-Rechtsprechungsreport (Zeitschrift)
NK-ProdR	NomosKommentar Produkthaftungs- und Produktsicherheitsrecht (hrsg. von Ehring/Taeger)

NLF	New Legislative Framework (neuer Rechtsrahmen)
Nr.	Nummer/Nummern
NRW	Nordrhein-Westfalen
NVwZ	Neue Zeitschrift für Verwaltungsrecht
NZA	Neue Zeitschrift für Arbeitsrecht
NZWiSt	Neue Zeitschrift für Wirtschafts-, Steuer- und Unternehmensstrafrecht
OECD	Organisation für wirtschaftliche Zusammenarbeit und Entwicklung (Organisation for Economic Co-operation and Development)
oHG	offene Handelsgesellschaft
OLG	Oberlandesgericht
OVG	Oberverwaltungsgericht
OWiG	Gesetz über Ordnungswidrigkeiten
PatG	Patentgesetz
PM	Pressemitteilung
PNR	Passenger Name Records
ProdHaftRL	Richtlinie (EU) 2024/2853 des europäischen Parlaments und des Rates vom 23.10.2024 über die Haftung für fehlerhafte Produkte und zur Aufhebung der Richtlinie 85/374/EWG des Rates
ProdHaftRL-E	Entwurf für eine Richtlinie des Europäischen Parlaments und des Rates über die Haftung für fehlerhafte Produkte, 2022/0302(COD), 5553/24, vom 18.1.2024
ProdSG	Produktsicherheitsgesetz
QMS	Qualitätsmanagementsystem
RAPEX	Gemeinschaftliches System zum raschen Informationsaustausch
RDi	Recht Digital (Zeitschrift)
RDV	Recht der Datenverarbeitung (Zeitschrift)
RL	Richtlinie
Rn.	Randnummer
Rs.	Rechtssache (EuGH)
s.	siehe
S.	Seite
SaaS	Software as a Service

SächsEGovG	Gesetz zur Förderung der elektronischen Verwaltung im Freistaat Sachsen (Sächsisches E-Government-Gesetz)
SigG	Gesetz über Rahmenbedingungen für elektronische Signaturen (Signaturgesetz)
sog.	sogenannt
StGB	Strafgesetzbuch
st. Rspr.	ständige Rechtsprechung
StPO	Strafprozessordnung
StVG	Straßenverkehrsgesetz
SVR	Straßenverkehrsrecht (Zeitschrift)
TDMRep	Text and Data Mining Reservation Protocol
TKG	Telekommunikationsgesetz
TMG	Telemediengesetz
TPG	Gesetz über die Spende, Entnahme und Übertragung von Organen und Geweben (Transplantationsgesetz)
TTDSG	Telekommunikation-Telemedien-Datenschutz-Gesetz
TÜV	Technischer Überwachungsverein
UAbs.	Unterabsatz
UGP-Richtlinie	Richtlinie 2005/29/EG des europäischen Parlaments und des Rates vom 11.5.2005 über unlautere Geschäftspraktiken im binnenmarktinternen Geschäftsverkehr zwischen Unternehmen und Verbrauchern und zur Änderung der Richtlinie 84/450/EWG des Rates, der Richtlinien 97/7/EG, 98/27/EG und 2002/65/EG des Europäischen Parlaments und des Rates sowie der Verordnung (EG) Nr. 2006/2004 des Europäischen Parlaments und des Rates (Richtlinie über unlautere Geschäftspraktiken)
UKIM	Unabhängige Marktüberwachungskammer
UKlaG	Gesetz über Unterlassungsklagen bei Verbraucherrechts- und anderen Verstößen (Unterlassungsklagengesetz)
UrhG	Gesetz über Urheberrecht und verwandte Schutzrechte (Urheberrechtsgesetz)
URL	Uniform Resource Locator
USA	United States of America
UWG	Gesetz gegen den unlauteren Wettbewerb
VG	Verwaltungsgericht
vgl.	vergleiche

VO	Verordnung
Vol.	Volume
VPN	Virtual private Network
VR	Virtuelle Realität
VuR	Verbraucher und Recht (Zeitschrift)
VVG	Gesetz über den Versicherungsvertrag (Versicherungsvertragsgesetz)
VwGO	Verwaltungsgerichtsordnung
VwVfG	Verwaltungsverfahrensgesetz
WP	Working Paper
WpHG	Gesetz über den Wertpapierhandel (Wertpapierhandelsgesetz)
WRP	Wettbewerb in Recht und Praxis (Zeitschrift)
z. B.	zum Beispiel
ZD	Zeitschrift für Datenschutz
ZfDR	Zeitschrift für Recht und Digitalisierung
ZfPC	Zeitschrift für Product Compliance
Ziff.	Ziffer
ZPO	Zivilprozessordnung
ZRP	Zeitschrift für Rechtspolitik
ZUM	Zeitschrift für Urheber- und Medienrecht
ZVEI	Verband der Elektro- und Digitalindustrie

Einleitung

„Historisch!“ titelte die EU-Kommission in ihrer Pressemitteilung am 8.12.2023. Soeben war die letzte Verhandlungssitzung zum europäischen KI-Gesetz, dem AI Act, zu Ende gegangen. Nach fast 40 Stunden Verhandlungsmarathon. Überwiegend voller Stolz präsentierten die Unterhändler der drei EU-Institutionen kurz nach Mitternacht der Presse ein Gesetz, das sie als Meilenstein bezeichneten. Die EU sei nunmehr der erste Kontinent der Welt, der klare Regeln für Künstliche Intelligenz festlege, jubelte etwa der zuständige EU-Kommissar.[1] 1

I. Andere erfinden, Europa reguliert

Die jahrelangen Verhandlungen fanden in jener Nacht ihr vorläufiges Ende, zahlreiche Unklarheiten standen und stehen aber noch bevor. Dass der AI Act nach jahrelanger Arbeit in einem chaotischen Prozess und unter höchstem politischen Druck beschlossen wurde, steht dabei symptomatisch für vieles, was ich als Verhandlerin dieses Gesetzes in den vorherigen Jahren erlebt hatte. Denn die Schwächen und Unklarheiten des Regelwerks für diejenigen, die es in Zukunft praktisch anwenden müssen, warfen bereits zum Zeitpunkt der politischen Einigung ihre Schatten voraus. 2

Selbst für EU-Verhältnisse ist die Zeitspanne von über vier Jahren, die von der Ankündigung der Regulierung bis zur Einigung vergingen, ungewöhnlich lang. Von Anfang an war ich als Abgeordnete des Europäischen Parlaments an der Ausarbeitung des AI Act beteiligt – zunächst durch die parlamentarische Arbeit an mehreren Initiativberichten des Parlaments zur KI-Regulierung, dann als Mitglied und Koordinatorin meiner Fraktion im Sonderausschuss Künstliche Intelligenz im Digitalen Zeitalter (AIDA) und schließlich drei Jahre lang als Schattenberichterstatterin, also Verhandlerin, für den AI Act für meine Fraktion Renew Europe im Binnenmarktausschuss. 3

In ihrem Bewerbungsschreiben[2] für die Rolle als Kommissionspräsidentin hatte *Ursula von der Leyen* bereits im Spätsommer 2019 angekündigt, in den ersten 100 Tagen ihrer Amtszeit einen Regulierungsvorschlag vorzulegen, mit dem Künstliche Intelligenz in der EU geregelt werden sollte. Dieses Ziel konnte die Kommission nicht einhalten. Stattdessen veröffentlichte sie im Februar 2020 zu- 4

1 https://ec.europa.eu/commission/presscorner/detail/en/STATEMENT_23_6471 (zuletzt abgerufen am 27.5.2025).

2 https://commission.europa.eu/system/files/2020-04/political-guidelines-next-commission_en_0.pdf (zuletzt abgerufen am 27.5.2025).

nächst ein Weißbuch zur Künstlichen Intelligenz. Im April 2021 folgte dann der eigentliche Gesetzesvorschlag.

5 Das Bedürfnis, das als neu empfundene Phänomen der KI zu regulieren, war in jenen Jahren in Brüssel und Straßburg stark zu spüren. Immer wieder hörte ich in Gesprächen und auf Veranstaltungen zum AI Act den abschätzigen Kommentar „Die USA erfinden, China macht und die EU reguliert". Und auch ich teile viel der darin mitschwingenden Kritik. Denn die politischen Debatten um KI in Europa habe ich seit 2019 als sehr angstgetrieben erlebt. Statt der großen Chancen, die neue Technologien für unsere Gesellschaft und unsere Wirtschaft bringen, standen und stehen allzu oft die – meist noch gar nicht eingetretenen – möglichen Risiken oder gar dystopische Horrorszenarien im Mittelpunkt politischer Debatten. Während führende EU-Politiker das Wort „Wettbewerbsfähigkeit" und den Anspruch „Innovation made in Europe" wie eine Monstranz vor sich hertragen, spricht die gesetzgeberische Realität leider eine andere Sprache. In den fünf Jahren ihres Mandats zwischen 2019 und 2024 hat die EU-Kommission geradezu ein Feuerwerk an neuer Regulierung gezündet. Dabei blieb die Wirksamkeit oft fraglich, auch weil oftmals keine oder nur mangelhafte Folgenabschätzungen für die Gesetzesvorschläge vorgenommen wurden. Obwohl ein gut gemachter gesetzlicher Rahmen grundsätzlich zu einem Wettbewerbsvorteil werden kann, weil er Klarheit und Orientierung gibt, bezweifle ich nachdrücklich, dass Europas Innovationsfähigkeit durch immer neue – meist unklare und überlappende – Regeln und Berichtspflichten gefördert wird. Leider ist auch der AI Act im Ergebnis ein Beispiel von „Gut gemeint, kompliziert gemacht" geworden. Dies sage ich ganz bewusst als jemand, der hunderte von Stunden für eine handwerklich bessere und praxistauglichere Regulierung gekämpft hat. Denn es lagen zahlreiche Ideen auf dem Verhandlungstisch, die Innovation in Europa stärker gefördert und zugleich Bürgerrechte besser geschützt hätten.

II. Debatten um Massenüberwachung und Innovation: Die Ausgangslage

6 Meine grundsätzliche Kritik an einer technologieskeptischen Debatte und einer generellen Überregulierung in Europa sollte nicht als Ablehnung jedweder Regeln missverstanden werden. Es ist durchaus sinnvoll, dass wir bei neu auftretenden Phänomen und Technologien genau betrachten, wo wir unsere Gesetzgebung nachschärfen, wo wir Lücken schließen müssen. Beim Thema Künstliche Intelligenz betrifft dies etwa die Produktsicherheitsregulierung, aber auch den Schutz der Grundrechte unserer Bürgerinnen und Bürger, die nicht Ziel von Massenüberwachung und staatlicher Kontrolle à la China werden dürfen. Ob es sinnvoll ist, diese Elemente in einer einzigen horizontalen EU-Verordnung zu

bündeln, ist eine andere Frage. Das grundlegende Ziel ist jedoch unterstützenswert.

7 Beim AI Act ging es aus meiner Sicht von Beginn an darum, einen Rahmen zu schaffen, mit dem wir als Gesellschaft die Chancen Künstlicher Intelligenz nutzen, während wir gleichzeitig ernsthafte Gefahren durch KI-Anwendungen abwehren können sollten. Der KI-Sonderausschuss des Europäischen Parlaments hat zwischen 2020 und 2022 daher zahlreiche Anhörungen organisiert, bei denen ich als Koordinatorin meiner Fraktion beteiligt war. Sei es zur Nutzung von KI in der Medizin, in der Strafverfolgung oder bei der Bekämpfung des Klimawandels.[3]

8 Technologische Entwicklungen, insbesondere bei Künstlicher Intelligenz, sind so rasant, dass eine Regulierung bestimmter Technologien zwangsläufig immer hinterherhinken würde. Deshalb stellt der AI Act im Prinzip die Art der Anwendung, nicht aber eine Technologie an sich in den Mittelpunkt. Das beste Beispiel dafür ist die biometrische Gesichtserkennung: sehr praktisch und ungefährlich, um das Mobiltelefon zu entsperren oder Banktransaktionen zu bestätigen. Ihre Anwendung zur Massenüberwachung im öffentlichen Raum hingegen kennen wir aus Autokratien wie China und Russland. Dort werden Menschen in der Öffentlichkeit per KI identifiziert und auf Schritt und Tritt verfolgt. Eine derartige Nutzung hat in der EU nichts zu suchen. Es ist die Art der Anwendung, die den fundamentalen Unterschied macht, nicht die Technologie an sich.

9 Es wäre darüber hinaus ein grundsätzlicher Irrglaube, man könnte mit einem Gesetz alle eventuell aufkommenden Herausforderungen durch KI präventiv regulieren. Denn der Fortschritt durch KI ist in den erwartbaren Umbrüchen vergleichbar mit der Industriellen Revolution.

10 Wie schnell sich Technologie und die Debatten dazu wandeln, zeigt auch die Tatsache, dass generative KI bei Veröffentlichung des Kommissionsvorschlags für den AI Act im April 2021 quasi keinerlei Rolle spielte. Als der Rat seinerseits seine Position im Dezember 2022 verabschiedete, begann der Erfolg von Chat GPT und anderen generativen Programmen gerade erst. Dies änderte sich über das Jahr 2023 erheblich, als diese Art der Künstlichen Intelligenz plötzlich in den Mittelpunkt eines breiteren öffentlichen Interesses rückte.

11 Zu Beginn der Verhandlungen um den AI Act standen vielmehr die Nutzung von KI in der Strafverfolgung und insbesondere die biometrische Fernerkennung im Mittelpunkt der öffentlichen Debatte, also die Identifizierung von Personen im öffentlichen Raum mittels Software, etwa über Gesichtserkennung. Meine Partei und ich als Verhandlerin standen hier aufseiten derjenigen, die sich für enge Grenzen bis hin zu vollständigen Verboten ausgesprochen haben. Den Einsatz

3 Der Abschlussbericht des Sonderausschusses kann abgerufen werden unter: https://www.europarl.europa.eu/doceo/document/A-9-2022-0088_DE.html.

biometrischer Erkennungssoftware zur Identifizierung von Personen im öffentlichen Raum lehne ich bis heute entschieden ab. Zudem stand die politische Auseinandersetzung sehr im Zeichen von Skandalen, die staatliche Stellen durch Einsatz von Software verursacht hatten, die automatisierte Entscheidungen auf Basis fragwürdiger Daten und Algorithmen traf und damit massiv Menschen diskriminierte. Allen voran sei hier die sogenannte Kindergeldaffäre[4] in den Niederlanden genannt, die zum Rücktritt der damaligen niederländischen Regierung führte. In den USA gab es bereits seit mehreren Jahren eine öffentliche Debatte über diskriminierende Polizeiarbeit mithilfe von Predictive-Policing-Tools.[5]

12 Europas Wirtschaft hingegen trieben ganz andere Sorgen um. Einige der durch die Kommission vorgeschlagenen Regelungen schienen kostspielig und unerfüllbar. Große wie kleine Unternehmen befürchteten, durch den AI Act im internationalen Technologiewettbewerb weiter hinter die Konkurrenz aus weniger regulierten Weltregionen zurückzufallen. Zahlreiche Änderungsvorschläge und öffentliche Äußerungen von Europapolitikern, wonach selbst harmlose KI-Systeme noch viel tiefgreifender reguliert werden sollten, verschärften diese Sorgen.

13 Der Grundgedanke war jedoch ein anderer: Der AI Act sollte lediglich festlegen, welche Anwendungen von KI-Systemen verboten sind, sowie klare Spielregeln für KI-Anwendung in sogenannten Hochrisiko-Bereichen schaffen. Dazu gehören unter anderem gewisse Vorgaben hinsichtlich Qualität von Trainingsdaten und Transparenz- sowie Dokumentationspflichten. Der überwiegende Großteil von KI-Anwendungen sollte nicht vom AI Act betroffen sein. Trotz zahlreicher Änderungen im Prozess ist es dabei im Grunde auch geblieben, was ich persönlich positiv bewerte.

III. Gute Arbeit: Diese Verbesserungen haben es geschafft

14 Mit der Zusammenführung von Produktsicherheitsregulierung und Regeln zum Schutz von Bürgerrechten hat sich die Kommission in ihrem Entwurf an der Quadratur des Kreises versucht. Dies führte unter anderem dazu, dass das Europäische Parlament ganze neun Monate benötigte, um zu klären, welche Ausschüsse an der Erarbeitung der Parlamentsposition beteiligt sein sollten.[6] Inhalt-

4 https://netzpolitik.org/2021/kindergeldaffaere-niederlande-zahlen-millionenstrafe-wegen-datendiskriminierung/ (zuletzt abgerufen am 27.5.2025).

5 https://www.technologyreview.com/2019/02/13/137444/predictive-policing-algorithms-ai-crime-dirty-data/ (zuletzt abgerufen am 27.5.2025).

6 Letztlich wurde eine gemeinsame Federführung des Binnenmarktausschusses (IMCO) mit dem Innenausschuss (LIBE) festgelegt. Hinzu kamen mitberatende und sogar exklusive Kompetenzen für andere Ausschüsse. So war etwa der Rechtsausschuss (JURI) allein für den Artikel zu Transparenzvorschriften zuständig.

lich hatte der Kommissionsvorschlag zahlreiche Schwächen, sowohl bezüglich der Regeln für Entwickler und Anwender als auch was den Schutz von Bürgerrechten betraf. Der Text wäre nicht praxistauglich gewesen und hätte europäischen Unternehmen dadurch massiv geschadet. Geradezu schockiert waren viele Kollegen und ich selbst über das Ausmaß an Überwachung und weiteren Eingriffen in Persönlichkeitsrechte, die der Kommissionsvorschlag bedeutet hätte. Die Folge waren über 3.300 Änderungsanträge, die im Parlament eingereicht und anschließend verhandelt wurden, davon knapp 300 von mir und meinem Team.

Nach mehr als anderthalb Jahren zäher Verhandlungen, gerade auch weil im Par- 15
lament sehr fundamental unterschiedliche Sichtweisen zu Technologie, Offenheit für Innovation und Bürgerrechten herrschen, gelang es mir und meinem Mitarbeiter David Kordon – der von Anfang an mit mir an dem AI Act gearbeitet hat und mit gemeint ist, wenn ich von „wir" rede, sofern nicht anders ausgeführt ist – viele der Fehler und Ungenauigkeiten des ursprünglichen Textes zu beheben. Eine Auswahl an Verbesserungen im finalen Gesetzestext gegenüber dem ursprünglichen Kommissionsvorschlag möchte ich hier kurz vorstellen.

Was die für KI-Entwickler und Anwender relevanten Regelungen angeht, halte 16
ich es für einen der wichtigsten Erfolge, dass es uns gelungen ist, Forschung und Entwicklung vom Anwendungsbereich des AI Act auszunehmen. Auch für die Open-Source-Szene konnten wir zahlreiche Ausnahmen erwirken, ohne große Unternehmen aus der Verantwortung zu entlassen, nur weil sie Systeme unter Open-Source-Lizenzen veröffentlichen. Wir konnten die Definition von Künstlicher Intelligenz nachschärfen und weitgehend an globale Vorbilder wie die OECD-Definition anpassen, um die EU und den AI Act international anschlussfähig zu halten. Auch wenn ich mir hier noch mehr Klarheit gewünscht hätte – etwa maschinelles Lernen als zentrales Charakteristikum von KI –, so ist es doch sehr zu begrüßen, dass nun nicht mehr zahlreiche Arten von klassischer Software in den Anwendungsbereich fallen. Dies drohte mit dem Kommissionsvorschlag und hätte das Ziel, allein fortschrittliche, selbstlernende Systeme aufgrund ihrer besonderen Eigenschaften zu regulieren, völlig untergraben.

Nach besonders intensiven und langwierigen Verhandlungen ist es uns auch ge- 17
lungen, dass nicht jedes System, das in einem der Hochrisikobereiche genutzt wird, automatisch als hochriskant eingestuft wird. Ein System, das Termine vergibt, ist beispielsweise nicht automatisch hochriskant, nur weil es in einem Krankenhaus oder im Bereich der kritischen Infrastruktur angewendet wird. Diese Fehlklassifizierung drohte mit dem ursprünglichen Gesetzesvorschlag. Auch die Verteilung der Verantwortlichkeiten entlang der KI-Wertschöpfungskette war zunächst nicht klar, was zu großen Sorgen bei Entwicklern und Anwendern führte. Dieser Aspekt konnte im Verhandlungsprozess durch klarere Regelungen deutlich verbessert werden. Dies wird insbesondere kleinen und mittleren Unter-

nehmen helfen, die im Technologie-Ökosystem allzu oft mit der Übermacht von Big-Tech-Konzernen zu kämpfen haben. Für KMU und Start-ups ist zudem von erheblicher Bedeutung, dass wir die Rolle sogenannter Reallabore stärken konnten. Diese Strukturen sind von erheblicher Bedeutung, um KI-Systeme unter Aufsicht zu testen und zu verbessern, um sie schließlich zur Marktfähigkeit zu führen.

18 Was den zentralen Aspekt der Bürgerrechte betrifft, so konnten wir ebenfalls wichtige Verbesserungen erzielen. Eine Mehrheit des Parlaments, mich eingeschlossen, hatte sich für zusätzliche Verbote von KI-Anwendungen ausgesprochen, die ethische und grundrechtliche Standards klar verletzen. Einige dieser Verbote haben es in die finale Version des Gesetzes geschafft. Dazu gehört etwa Predictive Policing mit Systemen, die auf Basis von Profiling vorhersagen, ob eine Person künftig kriminell werden wird. Auch das Erstellen von biometrischen Datenbanken durch Abschöpfen von Bildern aus dem Internet oder Überwachungskameras ist künftig untersagt.

19 Beim großen Streitpunkt der biometrischen Fernidentifizierung in Echtzeit zu Zwecken der Strafverfolgung wurde ein Kompromiss gefunden, der dem Parlament in dieser Form vorher von niemandem zugetraut wurde. Gemeinsam mit anderen Abgeordneten hatte ich das Komplettverbot dieser Art von KI-Nutzung im öffentlichen Raum gefordert. Eine Position, die sich auch im Text des Parlaments wiederfand. Unter den 27 Mitgliedstaaten unterstützte allerdings allein Deutschland mit seiner Ampel-Regierung das Verbot. Darauf hatten die Regierungsparteien sich bereits 2021 bei den Koalitionsverhandlungen zwischen SPD, Grünen und FDP geeinigt. Obwohl also fast alle Mitgliedstaaten biometrische Erkennungssysteme für die Strafverfolgung zulassen wollten, konnte das Parlament eine Vielzahl rechtsstaatlicher Hürden für deren Nutzung in den AI Act hineinverhandeln. So darf die Technologie nur im Zusammenhang mit einer genau definierten Liste sehr schwerer Straftaten angewendet werden. Dazu zählen etwa Terrorismus, Menschenhandel, Kinderpornografie oder Entführung. Auch dürfen nur gezielt bestimmte gesuchte Personen identifiziert werden. Eine massenhafte Identifizierung aller im Videomaterial befindlichen Menschen soll damit ausgeschlossen werden. Der Einsatz des Systems muss in jedem Einzelfall richterlich oder durch eine unabhängige Behörde genehmigt werden. Mitgliedstaaten können strengere Regeln erlassen. Darüber hinaus finden sich zahlreiche weitere Einschränkungen im finalen Gesetzestext.

IV. Halbgares Ergebnis: Problematische Aspekte des finalen Textes

20 Beim AI Act wird es besonders an der Umsetzung hängen, ob er zur Innovationsbremse statt zum Innovationsmotor wird und sogar zur Abwanderung von KI-Entwicklern aus der EU führen könnte. Denn die nach wie vor bestehenden Unklarheiten, sowohl die bürokratischen als auch die finanziellen Belastungen, die durch die neuen Regelungen entstehen, können sich vor allem Big-Tech-Unternehmen mit großen Compliance-Abteilungen und Budget für externe Berater leisten. Kleinere und mittelgroße Unternehmen aus Europa werden jedoch unter der zusätzlichen Bürokratielast ächzen. Damit wurde ein wichtiges Ziel des AI Act, einen innovationsfördernden Rahmen für „KI made in Europe“ zu schaffen, verpasst. Leider ist dies oft ein systemimmanenter Fehler in europäischer Gesetzgebung. Regelungen werden vor allem mit großen Unternehmen und ihren Kapazitäten im Sinn entworfen und kleinere Unternehmen sind dabei oft der Kollateralschaden. So wird unbeabsichtigt größeren Unternehmen durch Regulierung häufig noch ein Wettbewerbsvorteil verschafft. In einem globalen Marktumfeld, das weitestgehend von weniger Regulierung und einer positiveren Herangehensweise an Technologie geprägt ist, muss dies für europäische Unternehmen ein unzufriedenstellendes Ergebnis sein.

21 Im Detail handelt es sich bei den von mir als kritisch bewerteten Regelungen neben der Vielzahl an Dokumentations- und Berichtspflichten etwa auch um die Unschärfen und Überlappungen mit den sektorspezifischen Regulierungen, die im Anhang I aufgeführt sind. Hier zeichneten sich schon mit dem Ende der Gesetzesverhandlungen erste Probleme ab, die künftig noch viel stärker zutage treten dürften. Mehr Gründlichkeit wäre bei diesem und anderen Abschnitten nötig gewesen. Einige Artikel und Erwägungsgründe haben den Weg ins Gesetz eher aus politischen Gründen gefunden, haben aber eigentlich nichts in einer EU-Verordnung verloren. Das gilt etwa für Erwägungsgrund 27, der in ausführlicher Weise Bezug auf die ethischen Prinzipien der AI High-Level Expert Group nimmt. Die Einbeziehung wirft in diesem Kontext mehr Fragen auf, als sie beantwortet, was die rechtliche Wirkung betrifft. Ähnlich verhält es sich mit Art. 4 zur gesellschaftlichen Bildung zu Künstlicher Intelligenz. Deren Förderung ist auch mir ein wichtiges Anliegen. Es handelt sich hierbei aber um eine gesamtgesellschaftliche Aufgabe, die Einbeziehung des Artikels in eine EU-Verordnung halte ich jedoch für fragwürdig.

22 Die Grundrechte-Folgenabschätzung durch Anwender von KI-Systemen (Art. 27) wurde im Prozess gegenüber der vom Parlament verabschiedeten Position zwar stark eingeschränkt, ist aber meiner Ansicht nach weitgehend unnötig, da die befürchteten negativen Auswirkungen bereits in anderen Gesetzen wie der Datenschutzgrundverordnung (DSGVO) adressiert sind. Die vorgesehene

Grundrechte-Folgenabschätzung scheint also eher ein bürokratischer Papiertiger ohne einen echten Mehrwert für den Schutz von Bürgerrechten zu werden.

23 Die in Anhang III aufgeführten Hochrisiko-Kategorien, die maßgeblich bestimmen, welche KI-Systeme in den Anwendungsbereich des AI Act fallen, sind teilweise zu weit gefasst. Das gilt insbesondere für die Bereiche KI am Arbeitsplatz und in der Bildung. Hier besteht die Gefahr, dass nunmehr auch Systeme mit positiver Wirkung als hochriskant klassifiziert werden. Das wäre angesichts des großen Potenzials, das KI in diesen Bereichen entfalten kann, höchst problematisch. Insbesondere im Bereich Bildung droht die EU zurückzufallen, wenn der Einsatz von neuen Technologien teuer und kompliziert wird. Ebenfalls negative Auswirkung könnte die zu breit formulierte Kategorie von KI zum Einsatz im Zusammenhang mit Wahlen haben. Diesen Aspekt hätte man meines Erachtens nicht in den AI Act aufnehmen, sondern zielgenauer und stärker in den entsprechenden Spezialgesetzen regeln sollen.

24 Eines der am meisten diskutierten Kapitel wurde am Ende des Verhandlungsprozesses mit besonders heißer Nadel gestrickt: die Regeln für sogenannte Basismodelle wie GPT. Der AI Act nennt sie „General Purpose AI Models", abgekürzt GPAI Models. Da der AI Act anwendungsbezogen aufgebaut ist, sollten durch seine Systematik eigentlich definierte Anwendungszwecke von KI-Systemen reguliert werden. Bei Basismodellen und den darauf basierenden Allzweck-KI-Systemen ist dies aber nicht der Fall. Sie können für eine Vielzahl, wenn nicht gar unendlich viele Zwecke genutzt werden. Daher passen sie nicht in die Gesamtsystematik des AI Act und waren vom ursprünglichen Kommissionsentwurf auch nahezu nicht betroffen. Erst der Text des Rates, aber in noch viel größerem Rahmen der Parlamentstext, widmeten diesen Systemen gesonderte Regeln.

25 Zu Zeiten der Trilog-Verhandlungen zwischen Kommission, Parlament und Rat war generative KI öffentlich in aller Munde. Dies führte zum einen die Arbeit am AI Act raus aus einer Fachöffentlichkeit in eine breitere gesellschaftliche Debatte zu Künstlicher Intelligenz. Es bestärkte zum anderen aber auch bei den Verhandlungsführern aller drei Institutionen den Wunsch, diese Systeme bzw. die zugrundeliegenden Basismodelle im AI Act regulieren zu wollen.

26 Die Regierungen aus Deutschland, Frankreich und Italien hatten argumentiert, dass man Basismodelle und generative KI generell vom AI Act ausnehmen und zunächst mittels einer Selbstregulierung durch einen freiwilligen Code of Conduct adressieren sollte. Auch diesem Vorschlag stand ich selbst offen gegenüber, was allerdings eine Minderheitenmeinung im Team der Verhandler der drei Institutionen war.

27 So führte man für GPAI-Modelle eine eigene Systematik im AI Act ein, die von der grundsätzlichen Logik ablässt, dass der Anwendungsbereich, nicht die Technologie reguliert wird. Herausgekommen ist ein System, das zwischen solchen

Basismodellen mit systemischer Relevanz und allen übrigen Basismodellen unterscheidet. Erstere sollen einige zusätzliche Auflagen erfüllen. Diese Systematik entstand in kürzester Verhandlungszeit unter sehr hohem Druck, wobei vor allem fraglich blieb, ob die Wirkung zielgerichtet sein wird.

28 Dazu gehört unter anderem die Verpflichtung für Anbieter aller Basismodelle, eine ausreichend detaillierte Zusammenfassung der verwendeten Datenbasis zu erstellen. Diese Regelung wurde bereits im Verhandlungsteam auf vielfältige Weise interpretiert. In der Praxis könnte sie absehbar für große Unklarheit, wenn nicht gar Unerfüllbarkeit sorgen und wird wahrscheinlich erst von Gerichten interpretiert werden müssen. Hintergrund war der absolut berechtigte Wunsch von Urhebern, dass ihr geschütztes geistiges Eigentum nicht ohne Einverständnis und Gegenleistung durch generative KI verwertet werden darf. Wir müssen dieser Herausforderung gebührende Zeit und Fokus geben. Ich habe während der Verhandlungen daher die Position vertreten, dieses vielschichtige und sehr komplexe Problem nicht als einen Absatz im AI Act anzugehen, der letztlich mehr Probleme aufwerfen als lösen würde. Das europäische Urheberrecht wäre hierfür der geeignetere Rechtsrahmen. Die EU-Kommission wird mit Blick auf die technologische Entwicklung in den kommenden Jahren ohnehin einen aktualisierten Gesetzesvorschlag vorlegen müssen.

29 Darüber hinaus lässt der AI Act bewusst offen, wie die Einstufung der Basismodelle als systemisch relevant erfolgen soll. Das einzige Kriterium, auf das man sich einigen konnte, war die Computing Power, in Zeiten technologischen Fortschritt allerdings kein hinreichendes Kriterium. Hier wurde es der Kommission überlassen, weitere Kriterien zu definieren. Problematisch bleibt dabei, dass Aspekte wie beispielsweise Nutzerzahlen eben kein Kriterium sind, das man seriös heranziehen kann. Wissen Entwickler doch zu Beginn der Entwicklung, also dann, wenn die Auflagen des AI Act vor allem zu berücksichtigen sind, noch nicht, wie viele Nutzer das Produkt einmal haben wird. Die Regelungen zu den Basismodellen werden ein echter Knackpunkt in der Umsetzung durch die Kommission und das ihr angegliederte AI Office sein.

30 Neben all den aufgeführten Aspekten, die das Leben für Entwickler und Nutzer von KI in Europa unnötig schwer machen, weil sie keinen Mehrwert an Sicherheit oder Innovation schaffen, gilt einer meiner Hauptkritikpunkte am finalen Gesetzestext dem Schutz der Bürgerrechte, der stärker hätte sein können und müssen. Während die Industrie an zahlreichen Punkten überreguliert wird, lässt man dem Staat zu große Handlungsspielräume – ein Erfolg für die Mehrheit der Mitgliedstaaten, schmerzhaft für das Europäische Parlament.

31 Weitreichende Ausnahmen für die nationale Sicherheit, sowohl im Anwendungsbereich als auch in mehreren Artikeln quer durch die ganze Verordnung, lassen befürchten, dass einige nationale Regierungen KI-Systeme am AI Act vorbei und letztlich gegen die Interessen von Bürgerinnen und Bürgern einsetzen könnten.

32 Eine der größten Gefahren geht meiner Meinung nach zudem von den freigiebigen Regeln für die sogenannte nachgelagerte Anwendung von KI-Systemen zur biometrischen Identifizierung aus. Es bleibt unklar, ab wann eine biometrische Identifizierung nicht mehr als „Echtzeit", sondern als zeitlich „nachgelagert" gilt. Auf eine entsprechende Definition konnten sich die Verhandler von Parlament und spanischer Ratspräsidentschaft nicht einigen. So bleibt die Befürchtung, dass „nachgelagert" schlicht als eine minimal zeitversetzte „Echtzeit"-Überwachung verstanden werden kann. Dadurch könnten die strengen Vorschriften zur Echtzeit-Identifizierung von Personen, die das Parlament gegenüber den Mitgliedstaaten errungen hat, umgangen werden. Anstelle des vom Parlament geforderten Richtervorbehalts ist nun auch eine administrative Behörde befugt, den Einsatz von Systemen zur biometrischen Identifizierung zu genehmigen, sowohl vor als auch erst nach einem Einsatz. Eine erste Identifizierung einer Person müsste nicht einmal autorisiert werden, und es gibt keine Beschränkungen hinsichtlich der Schwere der Straftaten. Unklar blieb vor allem zwischen Parlament und Rat, was unter einer ersten Identifizierung zu verstehen ist. Selbst Bagatelldelikte wie Schwarzfahren könnten durch Gesichtserkennung verfolgt werden. Das wäre ein völlig unverhältnismäßiger Einsatz biometrischer Technologie.

33 Immerhin konnten wir aus Parlamentssicht erreichen, dass Mitgliedsländer auch die Möglichkeit haben, stärkere Regelungen zum Schutz von Bürgerrechten einziehen zu können.

34 Trotz einer Reihe guter Ergebnisse fällt meine Bilanz des AI Act gemischt aus. Viele Chancen wurden verschenkt, unterm Strich schafft das Gesetz einige unverhältnismäßige Belastungen für die europäische Wirtschaft und einige der verabschiedeten Regeln sind mit Blick auf unsere Grundrechte problematisch und werden insbesondere an der Auslegung und der Art und Weise der Umsetzung hängen. In der Abwägung sind Kollegen für sich zur Überzeugung gekommen, die erreichten Regeln zum Schutz der Bürgerrechte absichern zu wollen. Aus meiner Sicht haben wir zwar entscheidende Erfolge gegen die Mitgliedsländer erzielt, aber für eine Zustimmung war dies für mich nicht ausreichend. Ich halte insbesondere den Aspekt des Einsatzes biometrischer Technologie in der Strafverfolgung für eine höchst persönliche Entscheidung bei der parlamentarischen Abstimmung. Deshalb haben die FDP-Abgeordneten sich in der Abwägung bei der Abstimmung des Trilog-Ergebnisses im Frühjahr 2024 enthalten.

V. Was wäre wenn? Diese Ideen haben sich nicht durchgesetzt

Die große öffentliche Aufmerksamkeit für den AI Act führte in den drei Jahren der Verhandlungen auch zu ungewöhnlich viel Berichterstattung während des Prozesses. Quasi jeder Textvorschlag drang nach außen und wurde von Medien und Analysten gleichermaßen kommentiert. Auf der einen Seite ist eine öffentliche Diskussion über Gesetzgebung wertvoll, auf der anderen Seite brauchen Verhandlungen auch Vertrauen, um Lösungen zu finden, sodass mediale Diskussionen die Verhandlungen manches Mal erleichterten, oft aber auch erschwerten. Einige dieser Vorschläge haben es leider nicht in die finale Fassung geschafft, andere glücklicherweise nicht. 35

Ich selbst hätte mir sehr viel mehr Offenheit für Innovation und eine schlankere und besser verständlichere Regulierung gewünscht. So hatte ich mich etwa für eine einfach auszufüllende Checkliste eingesetzt, mit der Anbieter von nicht riskanter KI nachweisen können, dass ihre Systeme kein hohes Risiko bergen, auch wenn sie in einem sogenannten Hochrisiko-Bereich eingesetzt werden. Diese Lösung wäre noch einfacher und präziser gewesen als die letztliche Einigung zum Art. 6. Auch hatte ich mich für weitergehende Erleichterungen für Start-ups und KMU eingesetzt, die wir nicht in jeder Hinsicht mit Großkonzernen gleichbehandeln sollten. Bei den Reallaboren hat sich die Idee, dass die erfolgreiche Teilnahme zu einer Konformitätsvermutung führt, leider nicht durchgesetzt. Dies hätte den Markteintritt gerade für kleinere Akteure deutlich einfacher und günstiger gemacht. Mein Vorschlag, ein Verbot der anlasslosen Überwachung persönlicher Kommunikation – bekannt unter dem Stichwort „Chatkontrolle" – zu erwirken, fand leider ebenfalls keine Mehrheit. 36

Bei einigen anderen Vorschlägen bin ich jedoch erleichtert, dass sie es nicht ins Gesetz geschafft haben. Dazu zählt etwa eine verpflichtende Drittstellenzertifizierung jeglicher KI-Systeme unter dem AI Act, die ein unglaublicher Kostentreiber geworden wäre. Eine sehr umfangreiche und teilweise kaum leistbare Grundrechtsprüfung sollte nach Willen einiger parlamentarischer Verhandler für alle Anwendungen von KI verpflichtend werden. Diese Auflage wurde realistischer gelöst und gilt nunmehr nur für öffentliche Stellen, private Anbieter öffentlicher Dienstleistungen, Kreditwürdigkeits- sowie Risikoprüfungen in Zusammenhang mit Lebens- und Krankenversicherungen. Ganz entscheidend ist auch, dass sich Forderungen nach der Streichung von Art. 10 Abs. 5 sowie des gesamten Art. 59 nicht durchsetzen konnten. Hierbei geht es jeweils um die Verarbeitung personenbezogener Daten zum Training und Betrieb bzw. Testen von KI-Systemen. Hätten wir diese Möglichkeiten nicht geschaffen, wäre es in Europa kaum möglich, KI zu entwickeln, die nicht nur leistungsstark, sondern auch 37 möglichst diskriminierungsfrei ist. Die hohen Datenschutzstandards der EU gelten selbstverständlich auch weiterhin.

38 Von fundamentaler Bedeutung ist auch, dass sich die verhandlungsführende spanische Ratspräsidentschaft mit ihrem Vorschlag zur Allzweck-KI nicht durchsetzen konnten, wie er in der allgemeinen Ausrichtung des Rates von Ende 2022 zu finden war. Demnach wäre faktisch jedes System, dass für verschiedene und noch unvorhersehbare Zwecke eingesetzt werden könnte, als Hochrisiko-System eingestuft worden. Erst in letzter Minute ist es uns als Verhandlern des Europäischen Parlaments in der finalen Sitzung gelungen, diese unverhältnismäßige und nicht praktikable Regelung abzuwenden.

VI. Nach der Gesetzgebung ist vor der Umsetzung – worauf es nun ankommt

39 Wie ausführlich beschrieben, bringt der AI Act neben guten auch zahlreiche mangelhafte oder unklare Regelungen mit sich. Für die praktischen Anwender besteht dennoch Hoffnung auf etwas mehr Klarheit in naher Zukunft. Die Europäische Kommission muss nun zunächst eine ganze Reihe Delegierter Rechtsakte erlassen und Rechtsdurchführungsakte erarbeiten, mit denen sie einige der Verpflichtungen spezifiziert. Von ganz enormer Bedeutung werden der zu erstellende Verhaltenskodex und die Leitlinien sein, die KI-Entwicklern wie Anwendern helfen sollen, den AI Act in der Praxis korrekt umzusetzen, und die Licht ins für viele Laien undurchdringliche Dickicht politischer und juristischer Formulierungen bringen sollen. Federführend ist hierbei die Kommission in Zusammenarbeit mit dem bei ihr angesiedelten AI Office und den Mitgliedstaaten. Zudem gilt es, dass nun schnellstmöglich die nötigen Normen und Standards erarbeitet und veröffentlicht werden. Bei all diesen Prozessen ist die Einbindung verschiedener Stakeholder, von Industrie über wissenschaftliche Experten bis hin zur Zivilgesellschaft von erheblicher Bedeutung. Nur im engen Austausch mit Praktikern und Vertretern verschiedener gesellschaftlicher Interessen lässt sich der AI Act in seiner Anwendung zu einem Erfolg führen.

40 Das neue AI Office, welches neben zahlreichen koordinierenden Aufgaben insbesondere für die Marktüberwachung von Basismodellen (GPAI Models) zuständig sein wird, muss inhaltlich und personell stark aufgestellt werden. Von entscheidender Bedeutung ist, dass die EU-Kommission und das ihr angeschlossene AI Office ausgetretene Pfade verlassen und mehr Praxisnähe und Offenheit wagen. Nur so können die Schwächen des AI Act ausgebügelt werden. Entwickler und Anwender müssen in die Entwicklung von Leitlinien und Kodizes aller Art eingebunden werden. Es gilt, denjenigen, die den AI Act anzuwenden haben, klar verständliche Anweisungen an die Hand zu geben, damit auch KI-Entwick-

ler oder Anwender ohne eine große Rechtsabteilung die eigenen Pflichten und Möglichkeiten kennen und das Gesetz einhalten können.

Der AI Act schafft einen Rahmen zur Nutzung von Künstlicher Intelligenz in der **41**
EU. Es wäre aber ein Irrglaube, Regulierung von Künstlicher Intelligenz wäre damit für die nächsten Jahre erledigt. Realistischerweise werden eine Vielzahl an Gesetzen an die technologische Entwicklung angepasst sowie reale Gesetzeslücken geschlossen werden müssen. Aspekte von Über- und Doppelregulierung gilt es dann aber auch abzubauen. Der AI Act wird sicherlich nicht das letzte europäische KI-Gesetz bleiben.

Kapitel I
Allgemeine Bestimmungen

Art. 1 Gegenstand

(1) Zweck dieser Verordnung ist es, das Funktionieren des Binnenmarkts zu verbessern und die Einführung einer auf den Menschen ausgerichteten und vertrauenswürdigen künstlichen Intelligenz (KI) zu fördern und gleichzeitig ein hohes Schutzniveau in Bezug auf Gesundheit, Sicherheit und die in der Charta verankerten Grundrechte, einschließlich Demokratie, Rechtsstaatlichkeit und Umweltschutz, vor schädlichen Auswirkungen von KI-Systemen in der Union zu gewährleisten und die Innovation zu unterstützen.

(2) In dieser Verordnung wird Folgendes festgelegt:

a) harmonisierte Vorschriften für das Inverkehrbringen, die Inbetriebnahme und die Verwendung von KI-Systemen in der Union;

b) Verbote bestimmter Praktiken im KI-Bereich;

c) besondere Anforderungen an Hochrisiko-KI-Systeme und Pflichten für Akteure in Bezug auf solche Systeme;

d) harmonisierte Transparenzvorschriften für bestimmte KI-Systeme;

e) harmonisierte Vorschriften für das Inverkehrbringen von KI-Modellen mit allgemeinem Verwendungszweck;

f) Vorschriften für die Marktbeobachtung sowie die Governance und Durchsetzung der Marktüberwachung;

g) Maßnahmen zur Innovationsförderung mit besonderem Augenmerk auf KMU, einschließlich Start-up-Unternehmen.

Mit Art. 1 korrespondieren die Erwägungsgründe 1–9.

Schrifttum: *Becker*, Der Kommissionsentwurf für eine KI-Verordnung – Gefahr für die Wissenschaftsfreiheit?, ZfDR 2023, 164; *Becker/Feuerstack*, Der neue Entwurf des EU-Parlaments für eine KI-Verordnung, MMR 2024, 22; *Beierle*, Die Bedeutung des Inverkehrbringens für IoT-Produkte in der Produkthaftung, ZfPC 2022, 22; *Bergmann* (Hrsg.), Handlexikon der Europäischen Union, 6. Aufl. 2022; *Bomhard/Merkle*, Europäische KI-Verordnung – Der aktuelle Kommissionsentwurf und praktische Auswirkungen, RDi 2021, 276; *Bomhard/Siglmüller*, AI Act – das Trilogergebnis, RDi 2024, 45; *Botta*, Die Förderung innovativer KI-Systeme in der EU, ZfDR 2022, 391; *Buchardt*, Risikotragung für KI-Systeme, EuZW 2022, 658; *Buchalik/Gehrmann*, Von Nullen und Einsen zu Paragraphen: Der AI Act, ein Rechtscode für Künstliche Intelligenz, CR 2024, 145; *de la Durantaye*, Nutzung urheberrechtlich geschützter Inhalte zum Training generativer künstlicher Intelligenz, AfP 2024, 9; *Ebers*, Standardisierung Künstlicher Intelligenz und KI-Verordnungsvorschlag, RDi 2021, 588; *Ebers/Hoch/Rosenkranz/Ruschemeier/Steinrötter*, Der Entwurf für eine EU-KI-Verordnung: Richtige Richtung mit Optimierungsbedarf, RDi 2021, 528; *Ebert/Spiecker gen. Döhmann*, Der Kommissionsentwurf für eine KI-Verordnung der EU, NVwZ 2021, 1188; *Ehlers/Fehling/Pünder* (Hrsg.), Besonderes Verwaltungsrecht, Bd. 1, 4. Aufl. 2019; *Engelmann/Brunotte/Lütkens*, Regulierung von Legal Tech durch die KI-Verordnung, RDi 2021, 317; *Ensthaler*, Künstliche Intelligenz – einige Gedanken zu den vorhandenen und geplanten Schutzmaßnahmen, InTeR 2024, 2; *Frost/Steininger/Vivekens*, Nutzen, Chancen, Risiken und Haftung bei der Verwendung von künstlicher Intelligenz im Kontext der KI-Verordnung und der KI-Haftungsrichtlinie, MPR 2024, 4; *Geminn*, Die Regulierung künstlicher Intelligenz, ZD 2021, 354; *Grützmacher/Füllsack*, Entwurf der EU-KI-Verordnung – Ein erster Überblick über den Vorschlag der Kommission, ITRB 2021, 159; *Hacker*, Europäische und nationale Regulierung von Künstlicher Intelligenz, NJW 2020, 2142; *Hacker/Berz*, Der AI Act der Europäischen Union – Überblick, Kritik und Ausblick, ZRP 2023, 226; *Hoeren/Sieber/Holznagel* (Hrsg.), Handbuch Multimedia-Recht, 62. EL, Stand: 2024; *Hoffmann*, Regulierung der Künstlichen Intelligenz, K&R 2021, 369; *Krönke*, Das europäische KI-Gesetz: Eine Verordnung mit Licht und Schatten, NVwZ 2024, 529; *Lantwin*, Deep Fakes – Düstere Zeiten für den Persönlichkeitsschutz?, MMR 2019, 574; *Lauscher/Legner*, Künstliche Intelligenz und Diskriminierung, ZfDR 2022, 367; *Orssich*, Das europäische Konzept für vertrauenswürdige künstliche Intelligenz, EuZW 2022, 254; *Paal*, KI-Training mit öffentlich frei zugänglichen Daten im Lichte der DS-GVO-Vorgaben, ZfDR 2024, 129; *Roos/Weitz*, Hochrisiko-KI-Systeme im Kommissionsentwurf für eine KI-Verordnung, MMR 2021, 844; *Rostalski/Weiss*, Der KI-Verordnungsentwurf der Europäischen Kommission, ZfDR 2021, 329; *Rößling*, Regulierung von Deep Fakes, ZfDR 2024, 187; *Schwartmann/Köhler*, RDV 2024, 27; *Spindler*, Der Vorschlag der EU-Kommission für eine Verordnung zur Regulierung der Künstlichen Intelligenz (KI-VO-E), CR 2021, 361; *Steege*, Technikregulierung – der Umgang mit Risiken im Recht – Zur Haftung und Regulierung von künstlicher Intelligenz und dem autonomen Fahren im Straßenverkehr, NZV 2022, 257; *Steege*, Definition der Künstlichen Intelligenz in Art. 3 Nr. 1 KI-VO, MMR 2022, 926; *Steege/Chibanguza*, Der Anwendungsbereich (Art. 2) des EU-Verordnungsentwurfs zur Regulierung von KI – Auswirkungen auf den Mobilitätssektor, SVR 2022, 401; *Sydow/Marsch* (Hrsg.), DS-GVO/BDSG, 3. Aufl. 2022; *Thiel*, „Deepfakes" – sehen heißt glauben? Gefahren, gesetzgeberischer Handlungsbedarf, Konsequenzen für die biometrische Gesichtserkennung, ZRP 2021, 202; *Valta/Vasel*, Kommissionsvorschlag für eine Verordnung über künstliche Intelligenz – Mit viel Bürokratie und wenig Risiko zum KI-Standort?, ZRP 2021, 142; *Vasel*, Künstliche Intelligenz und die Notwendigkeit agiler Regulierung, NVwZ, 2023, 1298; *Wagner*, Datenschutz und VR in China – ein Widerspruch?, ZD 2020, 140; *Wiebe*, Produktsicherheitsrechtliche Betrachtung des Vorschlags für eine KI-Verordnung, BB 2022, 899.

Übersicht

I. Einleitung

1. Entwicklung der Diskussion um KI in der Europäischen Union

1 Mit der Fortentwicklung der technischen Möglichkeiten im Bereich KI hat die Frage nach dem gesellschaftlichen und **rechtlichen Umgang mit dieser Technologie** in der EU an Bedeutung gewonnen. In einer gemeinsamen Erklärung von Parlament, Rat und Kommission über die gesetzgeberischen Ziele für die Jahre 2018 und 2019 fand die Auseinandersetzung mit den Risiken, die mit der Entwicklung von KI einhergehen, erstmals Erwähnung in den politischen Plänen der EU.[1] Man war sich darin darüber einig, mit allen Organen der EU daran zu arbeiten, die **Vorteile der Entwicklungen im Bereich KI** zu nutzen. Diese Agenda wurde eingehalten, indem die Kommission im Jahr 2018 einen Entwurf über eine europäische KI-Strategie mit dem Titel „Künstliche Intelligenz für Europa" ausarbeitete.[2] Darin wurden die Potenziale und Förderungsbedarfe von KI thematisiert. Mit Hilfe der Fähigkeit, komplexe Muster zu erkennen und zu analysieren, könnten innovative Lösungen für verschiedenste Probleme entwickelt

1 Rat der Europäischen Union, Joint declaration on legislative priorities for 2018–2019, 8.12.2017, 15546/17.

2 EU-Komm., Mitteilung an das Europäische Parlament, den Europäischen Rat, den Rat, den Europäischen Wirtschafts- und Sozialausschuss und den Ausschuss der Regionen, Künstliche Intelligenz für Europa, 25.4.2018, COM(2018) 237 final.

werden, deren Erforschung und Entwicklung jedoch Investitionen erforderten.[3] Neben der Bedeutung von Investitionen wurden auch die mit der KI-Nutzung verbundenen sozioökonomischen Veränderungen und ihr ethischer und rechtlicher Rahmen thematisiert.[4]

2 Ebenfalls im Jahr 2018 wurde die Hochrangige Expertengruppe für künstliche Intelligenz („High-Level Expert Group on AI") gegründet, die eine Strategie für KI in der EU ausarbeiten und deren Umsetzung unterstützen sollte. Sie setzt sich aus 52 Sachverständigen aus Wissenschaft, Wirtschaft und Zivilgesellschaft zusammen. Eine derart umfangreiche Auseinandersetzung der EU unter Hinzuziehung von Experten mit dem Thema KI hatte es bis dahin nicht gegeben. Im Dezember 2018 wurde von der Kommission der „koordinierte Plan für Künstliche Intelligenz" veröffentlicht.[5] Es handelt sich dabei um eine gemeinsame Verpflichtung von Kommission, den EU-Mitgliedstaaten, Norwegens und der Schweiz, das Potenzial Europas im globalen Wettbewerb zu maximieren. Das **Thema KI gewann damit zunehmend an Bedeutung**.

3 Dies setzte sich auch im Jahr 2019 fort, in dem die spätere Kommissionspräsidentin *Ursula von der Leyen* Vorschriften für den Umgang mit KI ankündigte.[6] Ihre Bewerbungsagenda – in dieser werden die politischen Ziele für die Amtszeit der Kommissionspräsidentschaft angeführt – stellte die rasante Entwicklung der digitalen Technologien und den Bedarf eines Konzepts für deren Regulierung heraus.[7] Die **Schaffung eines Gesetzes zu KI** war damit endgültig in das politische Programm des europäischen Gesetzgebers aufgenommen.

4 Im selben Jahr veröffentlichte die eingesetzte Hochrangige Expertengruppe für künstliche Intelligenz bereits ein erstes Arbeitsergebnis. Zu der schon seit den 1990er Jahren immer intensiver geführten Diskussion zum ethischen Umgang mit Technologie und insbesondere KI hat die Gruppe ein Empfehlungspapier erstellt. In den „Ethik-Leitlinien für eine vertrauenswürdige KI" werden die Voraussetzungen für die **Vertrauenswürdigkeit von KI** und der Rahmen zu deren

---

3 EU-Komm., Mitteilung an das Europäische Parlament, den Europäischen Rat, den Rat, den Europäischen Wirtschafts- und Sozialausschuss und den Ausschuss der Regionen, Künstliche Intelligenz für Europa, 25.4.2018, COM(2018) 237 final, S. 3 f.

4 EU-Komm., Mitteilung an das Europäische Parlament, den Europäischen Rat, den Rat, den Europäischen Wirtschafts- und Sozialausschuss und den Ausschuss der Regionen, Künstliche Intelligenz für Europa, 25.4.2018, COM(2018) 237 final, S. 3 f.

5 EU-Komm., Mitteilung an das Europäische Parlament, den Rat, den Europäischen Wirtschafts- und Sozialausschuss und den Ausschuss der Regionen, Förderung eines europäischen Konzepts für künstliche Intelligenz, 7.12.2018, COM(2018) 795 final.

6 *von der Leyen*, Eine Union, die mehr erreichen will – Meine Agenda für Europa: politische Leitlinien für die künftige Europäische Kommission 2019–2024, 16.7.2019.

7 *von der Leyen*, Eine Union, die mehr erreichen will – Meine Agenda für Europa: politische Leitlinien für die künftige Europäische Kommission 2019–2024, 16.7.2019, S. 15 f.

Verwirklichung skizziert.[8] Diese Leitlinien hatten einen großen Einfluss auf die politische Auseinandersetzung mit dem Thema. Insbesondere die Probleme einer möglichen **Diskriminierung durch KI** und der Exklusion von bestimmten Personen oder Personengruppen wird seitdem immer wieder diskutiert.

Exemplarisch für eine solche Ungleichbehandlung kann der Einsatz von KI in Bewerbungsverfahren des Online-Versandhändlers Amazon angeführt werden.[9] Das Unternehmen nutzte eine KI, die bei der automatisierten Selektion von Bewerbern helfen sollte. Sie verarbeitete eine Vielzahl von Bewerbungen und wählte die aus ihrer Sicht geeignetsten Personen aus. Als Datenbasis wurden die Einstellungen im Unternehmen aus den vergangenen Geschäftsjahren herangezogen. Die KI produzierte Ergebnisse, bei denen weibliche Bewerber gegenüber der männlichen Konkurrenz deutlich benachteiligt wurden. Grund dafür war die Tatsache, dass das Unternehmen in den Jahren zuvor hauptsächlich Männer eingestellt hatte und die KI deshalb davon ausging, dass diese schon allein aufgrund des Geschlechts besser geeignet waren. 5

Dieses **Diskriminierungsrisiko der Technologie** wurde bereits in den Ethik-Leitlinien berücksichtigt und floss in die Definition von sieben Anforderungen an vertrauenswürdige KI ein. Diese sind (1) der Vorrang menschlichen Handelns und menschlicher Aufsicht, (2) die technische Robustheit und Sicherheit, (3) der Schutz der Privatsphäre und Datenqualitätsmanagement, (4) Transparenz, (5) Vielfalt, Nichtdiskriminierung und Fairness, (6) das gesellschaftliche und ökologische Wohlergehen sowie (7) die Rechenschaftspflicht.[10] Sie knüpfen an Grundfreiheiten und -rechte der Menschen an und sollen dazu beitragen, dass ein KI-System während seines gesamten Lebenszyklus rechtmäßig, ethisch und in technischer und sozialer Hinsicht robust ist.[11] Die herausgearbeiteten Anforderungen hatten bedeutenden Einfluss auf die weitere Entwicklung der KI-Diskussion und können als ein Wegweiser für den **menschenzentrierten Ansatz von KI** betrachtet werden. Auf dieser Grundlage hat sich auch das europäische Parlament in verschiedenen Entschließungen mit KI auseinandergesetzt. In Entschließungen werden allgemeine Absichtserklärungen zu politischen Zielen vorgenommen, die dann an die Kommission weitergegeben werden. In den Jahren 6

8 EU-Komm., Generaldirektion Kommunikationsnetze, Inhalte und Technologien – Ethik-Leitlinien für eine vertrauenswürdige KI der Hochrangigen Expertengruppe für künstliche Intelligenz, 8.4.2019.

9 *Wilke*, „Künstliche Intelligenz diskriminiert (noch)" für Zeit Online v. 18.10.2018.

10 EU-Komm., Generaldirektion Kommunikationsnetze, Inhalte und Technologien – Ethik-Leitlinien für eine vertrauenswürdige KI der hochrangigen Expertengruppe für künstliche Intelligenz, 8.4.2019, S. 17 f.

11 EU-Komm., Generaldirektion Kommunikationsnetze, Inhalte und Technologien – Ethik-Leitlinien für eine vertrauenswürdige KI der hochrangigen Expertengruppe für künstliche Intelligenz, 8.4.2019, S. 6.

2020 und 2021 wurden Entschließungen zur Ethik,[12] zivilrechtlichen Haftung,[13] zum Urheberrecht,[14] zum Strafrecht[15] sowie zu Bildung, Kultur und dem audiovisuellen Bereich[16] veröffentlicht. Für diese Bereiche wurden besondere Bedarfe nach Regulierung ausgemacht, die die Kommission bei der Ausarbeitung eines Gesetzes berücksichtigen sollte.

7 Auf Grundlage der Leitlinien für KI von der Hochrangigen Expertengruppe wurde im Februar 2020 schließlich das „**Weißbuch zur Künstlichen Intelligenz**" von der EU-Kommission veröffentlicht.[17] Im Unterschied zum Grünbuch werden im Weißbuch bereits erste gesetzgeberische Maßnahmen genannt, die für das betreffende Thema geplant sind. Dementsprechend wurde der Bedarf nach einem gesetzlichen Konzept ausdrücklich angeführt. Das „Weißbuch zur Künstlichen Intelligenz" zielte darauf ab, einen Rahmen für die Entwicklung und Nutzung von KI unter Berücksichtigung europäischer Werte zu schaffen. Zum einen sollten die laut der EU-Kommission großen Potenziale der europäischen Entwickler und Verwender genutzt werden,[18] zum anderen müssten Vertrauen in und ethischer Umgang mit KI gefördert werden.[19] Das bedürfe auch der Schaffung eines harmonisierten rechtlichen Rahmens zur Beschränkung der Risiken und der Stärkung von Innovation und Wettbewerbsfähigkeit.[20] Dieser solle sich

---

12 Europäisches Parlament, Legislative Entschließung mit Empfehlung an die Kommission zu dem Rahmen für die ethischen Aspekte von künstlicher Intelligenz, Robotik und damit zusammenhängenden Technologien vom 20.10.2020, 2020/2012(INL), ABl. 2021/C 404/04, S. 63.

13 Entschließung des Europäischen Parlaments mit Empfehlungen an die Kommission für eine Regelung der zivilrechtlichen Haftung beim Einsatz künstlicher Intelligenz vom 20.10.2020, 2020/2014(INL), ABl. 2021/C 404/05, S. 107.

14 Entschließung des Europäischen Parlaments zu den Rechten des geistigen Eigentums bei der Entwicklung von KI-Technologien vom 20.10.2020 2020/2015(INI), ABl. 2021/C 404/06, S. 129.

15 Entschließung des Europäischen Parlaments zu dem Thema: Künstliche Intelligenz im Strafrecht und ihre Verwendung durch die Polizei und Justizbehörden in Strafsachen vom 6.10.2021, 2020/2016(INI), ABl. 2022/C 132/02, S. 17.

16 Europäisches Parlament, Entschließung zu künstlicher Intelligenz in der Bildung, der Kultur und dem audiovisuellen Bereich vom 19.5.2021, 2020/2017(INI), ABl. 2022/C 15/04, S. 28.

17 Weißbuch zur Künstlichen Intelligenz – ein europäisches Konzept für Exzellenz und Vertrauen, 19.2.2020, COM(2020) 65 final.

18 EU-Komm., Weißbuch „Zur Künstlichen Intelligenz – ein europäisches Konzept für Exzellenz und Vertrauen", 19.2.2020, COM(2020) 65 final, S. 4.

19 EU-Komm., Weißbuch „Zur Künstlichen Intelligenz – ein europäisches Konzept für Exzellenz und Vertrauen", 19.2.2020, COM(2020) 65 final, S. 10f.

20 EU-Komm., Weißbuch „Zur Künstlichen Intelligenz – ein europäisches Konzept für Exzellenz und Vertrauen", 19.2.2020, COM(2020) 65 final, S. 17.

in das bereits geltende europäischen und mitgliedstaatliche Haftungsregime einfügen.[21] Wie bei Grün- und Weißbüchern üblich, ging mit der Veröffentlichung eine Konsultation einher. Darin wurden verschiedene Interessengruppen (unter anderem KI-Entwickler, Unternehmen und Wirtschaftsverbände, Organisationen der Zivilgesellschaft, EU-Bürger) zum Thema KI befragt. Parallel dazu wurde eine Folgenabschätzung für den Vorschlag eines Rechtsakts zur Festlegung von Anforderungen an KI vorgenommen, dessen Ergebnisse dann mit dem konkreten Vorschlag für ein KI-Gesetz veröffentlicht wurden.[22]

Diese zahlreichen Maßnahmen im Zeitraum von 2017 bis 2021 und die immer intensiver geführte gesellschaftliche Diskussion über KI und deren Folgen stellten den **Bedarf nach einer Regulierung dieses Bereichs** heraus. Die EU sieht sich im Hinblick auf digitale Themen als Vorreiter und hat den Anspruch, Standards zu schaffen, die auch außerhalb ihrer Grenzen übernommen werden können. Dies zeigte sich bereits in der Reaktion der USA auf das Inkrafttreten der DSGVO im Jahr 2018: Datenschutzthemen spielten dort, auch aufgrund des Interesses am europäischen Markt, mit Geltung des Gesetzes in der EU eine größere Rolle, die zumindest stellenweise zu Anpassungen an das europäische Niveau führten. Dieser Einfluss, der auch als „**Brussels-Effect**“ bezeichnet wird, könnte sich durch eine Regulierung von KI auf dem Unionsmarkt ebenfalls einstellen.[23] Die EU-Kommission arbeitete deshalb auf das Ziel hin, die weltweit erste Regulierung für KI zu schaffen. Dies stellte ein Meilenstein dar, der den Umgang und die Entwicklung von KI in den nächsten Jahrzehnten prägen könnte. 8

2. Überblick über das Gesetzgebungsverfahren der KI-VO

Auf der Grundlage der europäischen Maßnahmen seit dem Jahr 2017, insbesondere der Ankündigung von *Ursula von der Leyen* in ihrer Bewerbungsagenda für die Kommissionspräsidentschaft,[24] den Ethik-Leitlinien für vertrauenswürdige KI[25] und dem Europäischen Weißbuch zur Künstlichen Intelligenz[26] hat die EU- 9

21 EU-Komm., Weißbuch „Zur Künstlichen Intelligenz – ein europäisches Konzept für Exzellenz und Vertrauen“, 19.2.2020, COM(2020) 65 final, S. 14 f.

22 EU-Komm., Executive Summary of the Impact Assessment Report Accompanying the Proposal for a Regulation of the European Parliament and of the Council of the Artificial Intelligence Act, 21.4.2021, SWD(2021) 85 final.

23 In diesem Sinne auch *Frost/Steininger/Vivekens*, MPR 2024, 4, 5.

24 *von der Leyen*, Eine Union, die mehr erreichen will – Meine Agenda für Europa: politische Leitlinien für die künftige Europäische Kommission 2019–2024, 16.7.2019, S. 15 f.

25 EU-Komm., Generaldirektion Kommunikationsnetze, Inhalte und Technologien – Ethik-Leitlinien für eine vertrauenswürdige KI der hochrangigen Expertengruppe für künstliche Intelligenz, 8.4.2019.

26 EU-Komm., Weißbuch „Zur Künstlichen Intelligenz – ein europäisches Konzept für Exzellenz und Vertrauen“, 19.2.2020, COM(2020) 65 final.

Kommission am 21.4.2021 den „Vorschlag für eine Verordnung des Europäischen Parlaments und des Rates zur Festlegung Harmonisierter Vorschriften für künstliche Intelligenz (Gesetz über künstliche Intelligenz) und zur Änderung bestimmter Rechtsakte der Union" vorgelegt.[27] Der Vorschlag bezeichnet sich als das „Kernelement der EU-Strategie für einen digitalen Binnenmarkt"[28] und ist eng mit den weiteren Rechtsakten dieser Strategie, namentlich dem Daten-Governance-Gesetz,[29] der Richtlinie über offene Daten[30] und weiteren Initiativen der EU verknüpft.[31] Anhand der Digitalstrategie sollen moderne Technologien in die Arbeitsabläufe von Unternehmen und dem öffentlichen Dienst integriert werden. Darüber hinaus sollen die Auswirkungen dieser Technologien auf die Gesellschaft dort abgefedert werden, wo es erforderlich ist. Das erfordert zum einen die Entwicklung eines Konzepts zum Umgang mit Daten (sog. Datenstrategie), aber auch einen Ansatz zum Umgang mit den datenverarbeitenden Technologien wie der KI.

10 Es handelt sich um eine europäische Verordnung i. S. d. Art. 288 Abs. 2 AEUV im Rahmen eines ordentlichen Gesetzgebungsverfahrens nach Art. 294 AEUV, um dem **Erfordernis einer möglichst einheitlichen Regelung** abzuhelfen.[32] Ziele des Vorschlags waren

- die Gewährleistung der Sicherheit und die Wahrung der bestehenden Grundrechte und Werte in der Union bei KI-Systemen, die auf dem Unionsmarkt in Verkehr gebracht und verwendet werden;
- die Rechtssicherheit bei Förderung von Investition und Innovation von KI;
- die Governance und die wirksame Durchsetzung des geltenden Rechts zur Wahrung der Grundrechte sowie die Stärkung der Sicherheitsanforderungen an KI-Systeme;
- die Erleichterung der Entwicklung eines Binnenmarktes für rechtskonforme, sichere und vertrauenswürdige KI-Anwendungen und die Verhinderung der Marktfragmentierung.[33]

---

27 Vorschlag für eine Verordnung des Europäischen Parlaments und des Rates zur Festlegung harmonisierter Vorschriften für künstliche Intelligenz (Gesetz über künstliche Intelligenz) und zur Änderung bestimmter Rechtsakte der Union, 21.4.2021, COM(2021) 206 final (im Folgenden: KI-VO-E Kommission).

28 KI-VO-E Kommission, S. 7.

29 Verordnung (EU) 2022/868 des Europäischen Parlaments und des Rates über europäische Daten-Governance und zur Änderung der Verordnung (EU) 2018/1724 vom 20.5.2022.

30 Richtlinie (EU) 2019/1024 des Europäischen Parlaments und des Rates über offene Daten und die Weiterverwendung von Informationen des öffentlichen Sektors vom 20.6.2019.

31 KI-VO-E Kommission, S. 6.

32 KI-VO-E Kommission, S. 8.

33 KI-VO-E Kommission, S. 3.

Allgemein zivilrechtliche Haftungsfragen sollten aus dem Anwendungsbereich eines solchen Gesetzes weitgehend ausgenommen sein und in einer separaten Richtlinie über KI-Haftung geregelt werden.[34] **11**

Der Kommissionsvorschlag erhielt über europäische Grenzen hinweg viel Aufmerksamkeit. Der Plan, einen Bereich zu regulieren, der noch am Anfang seiner Entwicklung steht und von Umbrüchen geprägt ist, wurde intensiv diskutiert. Die Schwierigkeit des Unterfangens zeigte sich nicht nur in den unmittelbaren Reaktionen auf die Veröffentlichung, sondern auch im weiteren Verlauf des Gesetzgebungsverfahrens. Es wurden derart **zahlreiche Änderungsanträge** gestellt, dass die erste Plenarsitzung des Parlaments zum Thema KI-VO erst im Oktober 2022 abgehalten werden konnte. **12**

Die Verhandlungsführung hatten der Ausschuss für Binnenmarkt und Verbraucherschutz (IMCO) und der Ausschuss für Freiheiten, Justiz und Inneres (LIBE) unter den Verhandlungsführern *Ioan-Dragoş Tudorache* und *Brando Benifei*. Einzelne Themen und Artikel der KI-VO wurden außerdem von weiteren Ausschüssen begleitet. Für die Unterstützung und Bereitstellung von Informationen für Betreiber (Art. 13), die Menschliche Aufsicht (Art. 14), die Transparenzvorschriften für bestimmte KI-Systeme und Allzweck-KI-Modelle (Art. 50) sowie die Verhaltenskodizes (Art. 95) war der Rechtsausschuss (JURI) zuständig. Die Regelungen zu Genauigkeit, Robustheit und Cybersicherheit (Art. 15) von Hochrisiko-KI-Systemen und für die Maßnahmen für KMU und Start-up-Unternehmen (Art. 62) waren dem Ausschuss für Industrie, Forschung und Energie (ITRE) zugeordnet. Der Ausschuss für Kultur und Bildung (CULT) beteiligte sich bei der Regelung der Klassifizierung von Hochrisiko-KI-Systemen (Art. 6). In der Vielzahl der beteiligten Ausschüsse zeigt sich die Relevanz der Regulierung: verschiedenste Interessengruppen wollten sich am Gesetzgebungsverfahren beteiligen und ihren Einfluss ausüben. **13**

Im Anschluss an die Veröffentlichung des Kommissionsentwurfs legte zunächst der Europäische Rat am 6.12.2022 seine Position vor.[35] Diese beinhaltete eine Einschränkung des sachlichen Anwendungsbereichs und Ausnahmen von eben diesem, wie beispielsweise für KI, die zu militärischen Zwecken genutzt wird. Social Scoring sollte nicht nur für staatliche, sondern auch für private Akteure verboten werden. Gleichzeitig sollten bestimmte KI-Systeme niedrigeren Anforderungen unterfallen als ursprünglich vorgesehen, wie beispielsweise solche, die zur Strafverfolgung eingesetzt werden können. Zudem wurden generative KI-Systeme, also solche, die für ihren Nutzer bestimmte Inhalte produzieren, in den Anwendungsbereich aufgenommen. **14**

34 KI-VO-E Kommission, S. 6.

35 Rat der Europäischen Union, Interinstitutionelles Dossier 2021/0106(COD), 15698/22 vom 6.12.2022.

15 Im Parlament wurde durch die zugeordneten Ausschüsse ebenfalls eine Position erarbeitet und am 14.6.2023 veröffentlicht.[36] Auch dieser Entwurf enthielt weitreichende Änderungen in Bezug auf generative KI-Systeme. Die **Veröffentlichung von ChatGPT** im November 2022 hatte die Diskussion um solche Systeme befeuert und den Wunsch nach Regulierung geweckt. Das Parlament vertrat als Interessenvertreter der europäischen Bevölkerung insbesondere grundrechtsschützende Positionen und wollte den Schutz vor negativen Auswirkungen von KI vorantreiben.

16 Die zahlreichen Änderungsvorschläge wurden anschließend in eine Änderungsfassung eingearbeitet.[37] Auf der Grundlage des daraus hervorgegangenen Parlamentsvorschlags wurden die Verhandlungen von EU-Kommission, Rat und Parlament – der Trilog – eingeleitet. Der Fortschritt der Verhandlungen blieb weitgehend geheim. Nur durch Journalisten, die Kontakte zu einzelnen Verhandlungsbeteiligten pflegten, sickerten immer wieder einzelne Informationen an die Öffentlichkeit durch. Nachdem am 11.12.2023 bereits eine vorläufige politische Einigung erzielt werden konnte, wurde am 22.1.2024 der voraussichtlich finale Entwurf der KI-VO geleaked.[38] Der Text enthielt einige Kompromisse zu den zuvor besonders streitigen Inhalten: Vielseitig einsetzbare KI-Modelle (die nunmehr als KI-Modelle mit allgemeinem Verwendungszweck definiert werden) unterlagen nunmehr bestimmten Voraussetzungen, die sich jedoch nach der Leistungsfähigkeit des jeweiligen Modells richten sollten. Einige Arten von Systemen waren aus dem Anwendungsbereich der KI-VO ausgenommen. Zur Förderung der Innovation wurden Erleichterungen für KMU und Start-ups vorgesehen. Am 2.2.2024 stimmten die Mitgliedstaaten diesem Entwurf zu, am 13.2.2024 folgten die Parlamentsausschüsse. Die abschließende Parlamentsabstimmung fand am 13.3.2024 statt. Für den Text stimmten 523 Parlamentarier. Demgegenüber gab es 46 Gegenstimmen sowie 49 Enthaltungen. Am 22.4.2024 wurden die finalen Corrigenda im Parlament verlesen und an den Rat weitergeleitet. Die finale Abstimmung im Rat fand am 21.5.2024 statt.

17 Das gesamte Gesetzgebungsverfahren fand unter **großem Druck** statt. Auf wirtschaftlicher Ebene setzen sich Vertreter der KI- und Datenindustrie für eine möglichst zurückhaltende Regulierung ein. Insbesondere im europäischen Rat wurden durch die Regierungschefs einiger Mitgliedstaaten sehr innovationsof-

---

36 Parlamentsausschüsse IMCO und LIBE, Draft Compromise Amendments on the draft report (COM2021)0206 – C9 0146/2021 – 2021/0106(COD)), 9.5.2023.

37 Europäisches Parlament, Abänderungen zu dem Vorschlag für eine Verordnung des Europäischen Parlaments und des Rates zur Festlegung harmonisierter Vorschriften für künstliche Intelligenz (Gesetz über künstliche Intelligenz) und zur Änderung bestimmter Rechtsakte der Union (COM(2021)206 – C9-0146/2021 – 2021/0106(COD)), P9_TA (2023)0236, 14.6.2023.

38 Der Leak erfolgte auf dem sozialen Netzwerk LinkedIn durch den Technologie-Journalisten *Luca Bertuzzi*.

fene Positionen vertreten. Deutschland und Frankreich, die die bis dato größten KI-Start-ups beherbergten, wollten besonders generative KI weitgehend unreguliert lassen, um ihre Unternehmen zu schützen und die Entwicklung von konkurrenzfähigen Produkten zu den globalen Playern aus den USA zu fördern. Auf gesellschaftlicher Ebene wurde durch das Europäische Parlament ebenso viel Druck ausgeübt, um die Grundrechte der Unionsbürger ausreichend zu schützen. Künstler, Autoren und andere Kreative befürchteten negative Auswirkungen auf ihre Berufsfelder.[39] Außerdem wurden Datenschutzverstöße durch solche Systeme befürchtet, zwischenzeitlich bestimmte Systeme sogar abgestellt.[40] Die Konkurrenzfähigkeit von KI und die „Ersetzung" des Menschen in verschiedenen Berufsfeldern rief Arbeitnehmervertreter auf den Plan. Hinzu kam auch das sogenannte „**Black-Box-Problem**": Durch das stetige Lernen eines KI-Systems und die eigenständige Anpassung verstehen selbst Experten nicht immer, wie genau das System funktioniert oder zu einer bestimmten Entscheidung kommt. Vor dem Hintergrund dieser Gefahren setzten sich Experten aus Forschung, Wissenschaft und Tech-Branche für eine Pause bei der Entwicklung künstlicher Intelligenz ein.[41] Zuletzt stand das gesamte Verfahren auch unter enormem zeitlichem Druck: Das Gesetz sollte bis zur Europawahl im Mai 2024 verabschiedet werden.

3. Struktur und Regulierungsansatz der KI-VO

a) Orientierung am Produktsicherheitsrecht und risikobasierter Ansatz

Die KI-VO enthält 113 Artikel und 13 Anhänge. Die Struktur der Verordnung orientiert sich am **europäischen Produktsicherheitsrecht**.[42] Das heutige Produktsicherheitsrecht basiert auf dem „**Neuen Rechtsrahmen**" („New Legislative Framework"), der Musterbestimmungen für produktsicherheitsrechtliche Regelungen formuliert hat und an dem sich sämtliche europäischen Gesetze in diesem Bereich (sogenannte Harmonisierungsrechtsvorschriften) ausrichten.[43] Aufbau und teilweise auch Begriffsbestimmungen sind über die verschiedenen Produktbereiche hinweg sehr ähnlich. Dementsprechend sind auch in der KI-VO Gegenstand und Anwendungsbereich an den Anfang gestellt. Art. 3 dient der Bestimmung aller wichtigen Begriffe des Verordnungstexts. Dem Gesetz liegt 18

39 Exemplarisch: Artist Rights Alliance, Offener Brief, Stop Devaluing Music, 1.4.2024.
40 Die italienische Datenschutzbehörde „Garante per la Protezione dei Dati Personali" sperrte mit Maßnahme vom 30.3.2023 die Anwendung ChatGPT vorübergehend.
41 Future of Life Institute, Offener Brief, Pause Giant AI Experiments, 22.3.2023.
42 *Hacker/Berz*, ZRP 2023, 226; *Wiebe*, BB 2022, 899.
43 Die Vorgaben finden sich im Anhang I des Beschluss Nr. 768/2008/EG des Europäischen Parlaments und des Rates über einen gemeinsamen Rechtsrahmen für die Vermarktung von Produkten und zur Aufhebung des Beschlusses 93/465/EWG des Rates, 9.7.2008, ABl. L 218, S. 82.

ein „**risikobasierter Ansatz**" zugrunde, welcher KI-Systeme in bestimmte Risikoklassen einteilt und je nach Klasse bestimmte Anforderungen an die Akteure (Anbieter, Betreiber, Händler usw.) des jeweiligen Systems stellt. Die Einteilung erfolgt in KI-Systeme ohne Risiko (für diese enthält die KI-VO keine Vorgaben, sondern verweist auf die allgemeinen Produktsicherheitsrechtsvorschriften, vgl. Art. 79), solche mit Transparenzrisiko (im Text als „bestimmte" KI-Systeme bezeichnet), solche mit hohem Risiko („Hochrisiko-KI-Systeme") und solche mit unannehmbarem Risiko (als „verbotene Praktiken im KI-Bereich" bezeichnet). Der Großteil der KI-VO regelt die Anforderungen an das Inverkehrbringen und die Inbetriebnahme der jeweiligen Systeme. Auffällig sind die **Vorschriften zu KI-Modellen** mit allgemeinem Verwendungszweck, die erst im Trilog in den Text aufgenommen wurden und sich nicht ideal in das Klassifizierungs-System des risikobasierten Ansatzes eingliedern. Deren Regulierung erfolgt in einem eigenen Kapitel und ist relativ losgelöst vom Konzept für Systeme. Daneben enthält das Gesetz – wie für das Produktsicherheitsrecht typisch – Vorgaben für die **Konformitätsbewertung, CE-Kennzeichnungen und harmonisierte Normen**. Zudem werden Vorgaben zu den Organen der Marktüberwachung gemacht. Die nationalen Überwachungsbehörden müssen von den Mitgliedstaaten selbst bestimmt werden. Einzelne Vorschriften verweisen auf Anhänge, in denen Konkretisierungen erfolgen. Die große Zahl der Anhänge mag den Umgang mit der KI-VO erschweren, ist dem Produktsicherheitsrecht aber nicht fremd. Für das Produktsicherheitsrecht untypisch ist hingegen der horizontale Ansatz der KI-VO. Sie regelt abstrakt eine bestimmte Art von System, unabhängig von der Art des Produkts, in dem das System genutzt wird. Die KI-VO erscheint als allgemeine Software-Regulierung, welche die Werkzeuge des Produktsicherheitsrechts nutzt.[44] Andere Vorschriften des Produktsicherheitsrechts verfolgen einen vertikalen Ansatz, der eine bestimmte Produktgruppe auswählt und Regelungen zu dieser aufstellt, wie beispielsweise die Medizinprodukte-Verordnung oder die Verordnung über die Sicherheit von Spielzeugen. Der horizontale Ansatz der KI-VO kann zu Überschneidungen mit anderen Vorschriften des Produktsicherheitsrechts führen.[45] Aus diesem Grund enthält die KI-VO Vorgaben, die das Verhältnis zu diesen Gesetzen klarstellen und Anpassungen dieser Gesetze vorsehen. Schließlich regelt die KI-VO auch Sanktionen für Verstöße gegen ihre Anforderungen. Diese können im Einzelfall sehr weitreichend sein und orientieren sich am **Bußgeldkonzept**, welches bereits aus der DSGVO bekannt ist.

---

44 *Wiebe*, BB 2022, 899.

45 *Wiebe*, BB 2022, 899, 905.

b) Die Struktur der KI-VO im Einzelnen

Kapitelübersicht KI-VO 19

Kapitel	Abschnitt	Artikel
I: Allgemeine Bestimmungen	/	Art. 1–4
II: Verbotene Praktiken im Bereich der künstlichen Intelligenz		Art. 5
III: Hochrisiko-KI-Systeme	**1.** Einstufung von KI-Systemen als Hochrisiko-Systeme	Art. 6 und 7
	2. Anforderungen an Hochrisiko-KI-Systeme	Art. 8–15
	3. Pflichten der Anbieter und Betreiber von Hochrisiko-KI-Systemen und anderer Beteiligter	Art. 16–27
	4. Notifizierende Behörden und notifizierte Stellen	Art. 28–39
	5. Normen, Konformitätsbewertung. Bescheinigungen, Registrierung	Art. 40–49
IV: Transparenzpflichten für Anbieter und Betreiber bestimmter KI-Systeme	/	Art. 50
V: KI-Modelle mit allgemeinem Verwendungszweck	**1.** Einstufungsvorschriften	Art. 51 und 52
	2. Pflichten für Anbieter von KI-Modellen mit allgemeinem Verwendungszweck	Art. 53 und 54
	3. Pflichten für Anbieter von KI-Modellen mit allgemeinem Verwendungszweck mit systemischem Risiko	Art. 55 und 56
VI: Maßnahmen zur Innovationsförderung	/	Art. 57–63

Kapitel	Abschnitt	Artikel
VII: Governance	**1.** Governance auf Unionsebene	Art. 64–69
	2. Zuständige nationale Behörden	Art. 70
VIII: EU-Datenbank für Hochrisiko-KI-Systeme	/	Art. 71
IX: Beobachtung nach dem Inverkehrbringen, Informationsaustausch, Marktüberwachung	**1.** Beobachtung nach dem Inverkehrbringen	Art. 72
	2. Austausch von Informationen über schwerwiegende Vorfälle	Art. 73
	3. Durchsetzung	Art. 74–84
	4. Rechtsbehelfe	Art. 85–87
	5. Aufsicht, Ermittlung, Durchsetzung und Überwachung in Bezug auf Anbieter von KI-Modellen mit allgemeinem Verwendungszweck	Art. 88–94
X: Verhaltenskodizes und Leitlinien	/	Art. 95 und 96
XI: Befugnisübertragung und Ausschussverfahren		Art. 97 und 98
XII: Sanktionen		Art. 99–101
XIII: Schlussbestimmungen		Art. 103–113

Anhangübersicht KI-VO 20

Anhang	Inhalt
I	Liste der Harmonisierungsrechtsvorschriften der Union
II	Liste der Straftaten gem. Art. 5 Abs. 1 UAbs. 1 lit. h Ziff. iii
III	Hochrisiko-KI-Systeme gem. Art. 6 Abs. 2
IV	Technische Dokumentation gem. Art. 11 Abs. 1
V	EU-Konformitätserklärung
VI	Konformitätsbewertungsverfahren auf der Grundlage einer internen Kontrolle
VII	Konformität auf der Grundlage einer Bewertung des Qualitätsmanagementsystems und einer Bewertung der technischen Dokumentation
VIII	Bei der Registrierung des Hochrisiko-KI-Systems gem. Art. 49 bereitzustellende Informationen
IX	Bezüglich Tests unter Realbedingungen gem. Art. 60 bei der Registrierung von in Anhang III aufgeführten Hochrisiko-KI-Systemen bereitzustellende Informationen
X	Rechtsvorschriften der Union über IT-Großsysteme im Raum der Freiheit, der Sicherheit und des Rechts
XI	Technische Dokumentation gem. Art. 53 Abs. 1 lit. a – technische Dokumentation für Anbieter von KI-Modellen mit allgemeinem Verwendungszweck
XII	Transparenzinformationen gem. Art. 53 Abs. 1 lit. b – technische Dokumentation für Anbieter von KI-Modellen mit allgemeinem Verwendungszweck für nachgelagerte Anbieter, die das Modell in ihr KI-System integrieren
XIII	Kriterien für die Benennung von KI-Modellen mit allgemeinem Verwendungszweck mit systemischem Risiko gem. Art. 51

Als allgemeine Bestimmungen sind **Gegenstand und Anwendungsbereich** sowie Begriffsbestimmungen unter Titel I vorangestellt. Der Aufbau der KI-VO ist darüber hinaus vom risikobasierten Ansatz geprägt. Die Klassifizierung von minimalem, geringem, hohem und unannehmbarem Risiko findet sich im Vergleich zu vorherigen Verordnungsvorschlägen in den Vorschriften und deren Umfang nicht mehr explizit wieder. Vielmehr lassen sich die ursprünglichen Risikokategorien nur noch ableiten. In Kapitel II der KI-VO – welches ausschließlich Art. 5 enthält – werden die verbotenen Praktiken im Bereich der KI, mithin also die Systeme, die in der anfänglichen Literatur mit unannehmbarem Risiko klassifiziert wurden, aufgezählt. Das sind Systeme, die inakzeptable Auswirkungen auf die Gesundheit, Sicherheit oder die Grundrechte natürlicher Personen haben. Kapitel III enthält Vorschriften für Hochrisiko-KI-Systeme, wobei nicht nur deren Klassifizierung, sondern auch die Anforderungen an diese 21

Systeme umfangreich normiert werden. Letztere werden in einem gesonderten Abschnitt (Abschnitt 2 Art. 8–15) aufgeführt. Abschnitt 3 (Art. 16–27) listet die Pflichten der Anbieter, Betreiber und sonstiger Beteiligter für Hochrisiko-KI-Systeme auf. In Abschnitt 4 (Art. 28–39) sind Vorgaben für notifizierende Behörden und notifizierte Stellen zu finden. Dies sind die staatlich befugten und überwachten Organisationen, die Konformitätsbewertungen für die KI-Systeme durchführen können. Die produktsicherheitsrechtstypischen Anforderungen an harmonisierte Normen, das Konformitätsbewertungsverfahren sowie Bescheinigungen und die Registrierung finden sich in Abschnitt 5 (Art. 40–49). In Kapitel IV, welches ausschließlich Art. 50 enthält, finden sich Transparenzvorschriften für Anbieter und Betreiber bestimmter KI-Systeme und KI-Systeme mit allgemeinem Verwendungszweck. Das sind Systeme, die nach der ursprünglichen Einteilung des risikobasierten Ansatzes ein geringes Risiko aufweisen und deshalb weniger weitreichende Anforderungen erfüllen müssen als Hochrisiko-KI-Systeme. In der finalen Version der KI-VO findet sich die Bezeichnung „geringes Risiko“ nicht mehr. Kapitel V bestimmt die Vorgaben für KI-Modelle mit allgemeinem Verwendungszweck und ist in Abschnitte gegliedert. Abschnitt 1 (Art. 51 und 52) enthält Vorschriften zur Einstufung der Systeme. Der zweite Abschnitt (Art. 53 und 54) bestimmt die Pflichten für Anbieter von KI-Modellen mit allgemeinem Verwendungszweck. In Abschnitt 3 (Art. 55 und 56) sind die besonders hohen Anforderungen an die Anbieter von KI-Modellen mit allgemeinem Verwendungszweck und mit systemischem Risiko normiert. Diese Anbieter müssen besonders strenge Pflichten einhalten. Kapitel VI (Art. 57–63) sieht Maßnahmen zur Innovationsförderung, genauer die KI-Reallabore, vor. Im sechsten Kapitel werden Governance-Regelungen getroffen. Abschnitt 1 (Art. 64–69) listet die erforderlichen Maßnahmen auf Unionsebene auf, insbesondere das Büro für KI sowie das KI-Gremium. In Abschnitt 2 (Art. 70) finden sich die nationalen Behörden. Die europäische Datenbank für Hochrisiko-KI-Systeme wird in Kapitel VIII (Art. 71) näher erläutert. Die Marktüberwachung ist in Kapitel IX verortet. Abschnitt 1 (Art. 72) bestimmt die Beobachtung von KI-Produkten nach dem Inverkehrbringen. Abschnitt 2 (Art. 73) regelt den Austausch wichtiger Informationen bei schwerwiegenden Vorfällen. Der dritte Abschnitt (Art. 74–84) normiert die Durchsetzung der Marktüberwachung. Rechtsbehelfe für natürliche und juristische Personen, die Grund zur Annahme eines Verstoßes gegen die KI-VO haben, werden nach Abschnitt 4 (Art. 85–87) geltend gemacht. Die Durchsetzung der KI-VO in Bezug auf KI-Modelle mit allgemeinem Verwendungszweck ist in Abschnitt 5 (Art. 88–94) geregelt. Das anschließende Kapitel X (Art. 95 und 96) legt Verhaltenskodizes und Leitlinien fest. Kapitel XI (Art. 97 und 98) enthält Regelungen zur Befugnisübertragung und zu Ausschussverfahren. Die Sanktionen sind in Kapitel XII (Art. 99–101) festgehalten. Kapitel XIII (Art. 102–113) enthält die Schlussbestimmungen. Die Nummerierung hat sich im Laufe des Gesetzgebungsverfahrens immer wieder geändert; es wurden zahlreiche neue Vorschriften eingegliedert. Der Kommissionsentwurf hatte noch 89 Erwägungsgründe und 85 Artikel. Die Zahl der Erwägungsgründe hat sich in der finalen Fassung des Gesetzes verdoppelt (180). Der initiale Entwurf hatte ca. 338.000 Zeichen und ca. 52.000 Wörter gegenüber der Fassung drei Jahre später mit ca. 587.000 Zeichen und über 90.000 Wörtern (plus 75%).[46]

Innerhalb der KI-VO wird auf insgesamt **12 Anhänge** verwiesen. Anhang I ent- **22**
hält eine Liste der Harmonisierungsrechtsvorschriften der Union. Anhang II enthält eine Liste von Straftaten, zu deren Verfolgung eine Echtzeit-Fernidentifizierung, die grundsätzlich nach Art. 5 verboten ist, unter dort näher bestimmten Umständen angewendet werden kann. In Anhang III sind die Sektoren umschrieben, in deren Bereich KI-Systeme als Hochrisiko-KI-Systeme nach Art. 6 Abs. 2 zu klassifizieren sind. Die technische Dokumentation nach Art. 11 Abs. 1 ist in Anhang IV spezifiziert. Eine vergleichbar konkretisierende Aufzählung zur EU-Konformitätserklärung findet sich in Anhang V. Für Konformitätsbewertungsverfahren auf der Grundlage interner Kontrolle enthält Anhang VI Informationen. Anhang VII enthält Informationen zum Konformitätsbewertungsverfahren auf der Grundlage einer Bewertung des Qualitätsmanagementsystems und einer Bewertung der technischen Dokumentation. Für die EU-Datenbank für Hochrisiko-KI-Systeme müssen im Rahmen der Registrierung nach Art. 49 bestimmte Informationen zur Verfügung gestellt werden, welche in Anhang VIII genauer umschrieben werden. Für Tests von Hochrisiko-KI-Systemen unter realen Bedingungen außerhalb von KI-Reallaboren, die nach Art. 60 registriert werden müssen, sind die Informationen, die in Anhang IX näher umschrieben sind, bereitzuhalten. Anhang X wird im Rahmen der Anpassung von IT-Großsystemen nach Art. 111 relevant. Dabei handelt es sich um besonders große Informationssysteme, die besonderen Maßnahmen erfordern, wie beispielsweise das Visa-Informationssystem, das Schengener Informationssystem und das Zollinformationssystem. Anhang XI enthält Hinweise für die technische Dokumentation für Anbieter von KI-Modellen mit allgemeinem Verwendungszweck. Die Transparenzinformationen, die Anbieter von KI-Modellen mit allgemeinem Verwendungszweck nach Art. 53 zur Verfügung stellen müssen, werden in Anhang XII näher umschrieben. Anhang XIII enthält die Kriterien für die Benennung von KI-Modellen mit allgemeinem Verwendungszweck mit systemischem Risiko.

46 Siehe Posting von *Heiko Roth* auf LinkedIn, https://www.linkedin.com/posts/activity-7204690133659369472-vO_A.

II. Allgemeines

1. Zweck der Vorschrift

23 Art. 1 Abs. 1 bestimmt die **Zwecke der Verordnung**, während Art. 1 Abs. 2 die **Verordnungsinhalte** aufzählt. In Abs. 1 wird unter der Überschrift „Gegenstand“ auf das Funktionieren des Binnenmarktes, die Förderung menschenzentrierter KI, die Gewährleistung des Grundrechtsschutzes und die Unterstützung von Innovation verwiesen. Es soll demnach die **Wettbewerbsfähigkeit der Union erhalten sowie gefördert** und zugleich das **europäische Wertesystem geschützt** werden. Die EU reagiert damit auf Vorhaben einzelner Mitgliedstaaten, eigene Vorgaben für KI zu schaffen. Durch die Harmonisierung wird das reibungslose Funktionieren von Waren- und Dienstleistungsfreiheit sichergestellt und Rechtsunsicherheiten vorgebeugt (ErwG 3 Satz 2).

24 Der Wortlaut von Abs. 1 ist verschachtelt und macht es schwer, das Verhältnis der einzelnen Verordnungszwecke zueinander einzuordnen. Auch die Tatsache, dass die KI-VO von nur einem Zweck spricht („Zweck dieser Verordnung ist es, …“), wird den verschiedenen Inhalten von Abs. 1 nicht gerecht. Alle scheinen gleich gewichtet zu sein, wobei den einzelnen Zwecken unter Berücksichtigung des gesamten Verordnungstextes dann eine unterschiedlich große Bedeutung zukommt. Vor allem der Grundrechtsschutz entfaltet in vielen Normen Geltung, insbesondere dort, wo konkrete Pflichten an die verschiedenen Adressaten gerichtet werden. Die **Abwehr von Gefahren durch KI-Systeme** ist deshalb als besonders wichtiger Zweck zu verstehen. Die Förderung des Binnenmarktes, von menschenzentrierter KI und die Unterstützung von Innovation lassen sich demgegenüber als fördernde, innovative Funktion der KI-VO beschreiben, die der Wettbewerbsfähigkeit der Union zugute kommt. Der Schutz der Grundrechte ist eher regulierender Natur und stellt die Erhaltung der europäischen Werteordnung sicher. Das Vorhaben des europäischen Gesetzgebers, diese beiden Maximen voranzutreiben und in Balance zu bringen, wird teilweise als **dualistische Konzeption** bezeichnet.[47] Die beiden lassen sich nur schwer vereinen.[48] Die Regulierung – insbesondere das Verbot von und weitreichende Pflichten für bestimmte KI-Systeme – kann eine Bremse für die Innovation darstellen (ausführlich zu dieser Diskussion unten Rn. 35, 42 ff.).

25 In Abs. 2 bestimmt die Norm **sieben konkrete Regelungsinhalte der KI-VO**. Diese Aufzählung enthält in ihrem Wortlaut nicht alle Inhalte der Verordnung. Dies ergibt sich auch daraus, dass der in einem früheren Entwurf vorgeschlagene

---

47 *Rostalski/Weiss*, ZfDR 2021, 329, 336.

48 *Rostalski/Weiss*, ZfDR 2021, 329, 336; in diese Richtung auch *Ebers/Hoch/Rosenkranz/Ruschemeier/Steinrötter*, RDi 2021, 528; 537; *Hoffmann*, K&R 2021, 369; allgemeiner zum Spannungsfeld von Innovationsverantwortung und Innovationsoffenheit: *Botta*, ZfDR 2022, 319, 395.

Punkt „Regeln für die Einrichtung und Funktionsweise des KI-Büros" im späteren finalen Entwurf nicht mehr vertreten ist, obgleich sich Regeln dazu in der KI-VO finden (diese lassen sich nunmehr aber den Regelungen zur Steuerung der Marktüberwachung zurechnen). Die Aufzählung listet wie folgt:

- lit. a: Harmonisierte Vorschriften für das Inverkehrbringen, die Inbetriebnahme und die Verwendung von Systemen der künstlichen Intelligenz (KI-Systeme) in der Union,
- lit. b: Verbote bestimmter Praktiken im KI-Bereich,
- lit. c: Besondere Anforderungen an Hochrisiko-KI-Systeme und Pflichten für Akteure in Bezug auf solche Systeme,
- lit. d: Harmonisierte Transparenzvorschriften für bestimmte KI-Systeme,
- lit. e: Harmonisierte Vorschriften für das Inverkehrbringen von KI-Modellen mit allgemeinem Verwendungszweck,
- lit. f: Vorschriften für die Marktbeobachtung sowie die Governance und die Durchsetzung der Marktüberwachung,
- lit. g: Maßnahmen zur Innovationsförderung, mit besonderem Augenmerk auf KMU, einschließlich Start-up-Unternehmen.

2. Entstehungsgeschichte

Der Kommissionsentwurf von Art. 1 wich noch stark von der heutigen Form der Vorschrift ab. Die damalige Vorschrift enthielt lediglich Teile der heute in Abs. 2 aufgeführten Verordnungsinhalte. Der gesamte Abs. 1, also die Aufzählung der Verordnungsziele, wurde erst auf Vorschlag des Parlaments hinzugefügt. Im Trilog wurden die Grundrechte durch die Bezugnahme auf die GRCh konkretisiert. Die Förderung von menschenzentrierter sowie vertrauenswürdiger KI als Zweck der KI-VO und die Schutzgüter Gesundheit, Sicherheit und die Grundrechte sollten offenbar nicht nur in ErwG 5 Erwähnung finden und wurden deshalb in den Gesetzestext aufgenommen. Gerade die Schutzgüter wurden zuvor zwar schon punktuell in einzelnen Vorschriften genannt. Diese Aufzählung wurde durch die kollektiven Güter Demokratie, Rechtsstaatlichkeit und Umwelt jedoch erweitert und in Art. 1 Abs. 1 der gesamten KI-VO vorangestellt. Somit ist mit der finalen Fassung von Art. 1 Abs. 1 die Bedeutung der Ziele der KI-VO nochmal besonders verdeutlicht. 26

Die Mehrzahl der Inhalte in Abs. 2 wurde wortgleich aus dem Kommissionsentwurf übernommen, einzelne Vorschriften wurden jedoch geändert oder neu eingefügt. Abs. 2 lit. d wurde während des Gesetzgebungsverfahrens deutlich gekürzt, indem die Formulierung „KI Systeme, die mit natürlichen Personen interagieren sollen, für KI-Systeme zur Emotionserkennung und zur biometrischen Kategorisierung sowie für KI-Systeme, die zum Erzeugen oder Manipulieren von Bild-, Ton- oder Videoinhalten verwendet werden" nunmehr schlicht „be- 27 stimmte KI-Systeme" lautet. Damit werden die Systeme umschrieben, die in Art. 50 geregelt sind. In Art. 50 werden sie dann näher konkretisiert. Die harmonisierten Vorschriften für KI-Modelle mit allgemeinem Verwendungszweck (Abs. 2 lit. e) kamen erst im Rahmen der Trilogverhandlungen hinzu, weil sich die Parteien lange Zeit nicht über die Normierung von Allzweck-KI einigen konnten.[49] Der Wortlaut des Abs. 2 lit. f wurde leicht angepasst: „Vorschriften für die Marktbeobachtung und Marktüberwachung" wurde erweitert auf „Vorschriften für die Marktbeobachtung sowie die Governance und Durchsetzung der Marktüberwachung". Zuletzt wurde auch die Regelung zur Förderung der Innovation mit besonderem Schwerpunkt auf KMU, einschließlich Start-ups (Abs. 2 lit. g), erst im Trilogentwurf eingefügt. Derartige Förderung war zwar bereits vorher geplant, fand aber erst mit dem Parlamentsentwurf erstmals ihren Platz im Verordnungstext.

28 Bemerkenswert ist die Nennung der Vorschriften für Innovationsförderung. Im Laufe des Gesetzgebungsverfahren wurde vielfach über Vereinfachungen oder Freistellungen für KMU und Start-up-Unternehmen diskutiert. Die KI-VO enthält punktuell bestimmte Regelungen, die diese Ziele umsetzen. Sie sind aber in keinem eigenen Kapitel oder Titel genannt. Die Nennung in Art. 1 Abs. 2 vermag deswegen zu verwundern, da dort andere Regelungsinhalte der KI-VO nicht genannt werden, die im Verordnungstext ausgeprägter und insgesamt bedeutender erscheinen. So werden die Bußgeldvorschriften nicht extra in Abs. 2 aufgeführt. Diese können zwar zur „Durchsetzung" in Abs. 2 lit. f gezählt werden, ebenso können aber auch die einzelnen Ausnahmen für KMU und Start-up-Unternehmen schlicht Abs. 2 lit. a untergeordnet werden. Die Aufnahme der Regelung erscheint daher eher ein **demonstratives Signal** an diejenigen zu sein, die am Verordnungsentwurf mangelnde Innovationsförderung kritisierten. Über den tatsächlichen Umfang der **innovationsfördernden Maßnahmen** sagt das jedoch nichts aus.

29 Insgesamt ist die Aufzählung in Abs. 2 sehr allgemein gehalten. Die Nummerierung richtet sich nur sehr grob nach der Struktur der Kapitel in der Verordnung, kann aber zumindest teilweise daraus hergeleitet werden.

3. Verhältnis zu anderen Vorschriften

30 Art. 1 stellt den **Gegenstand der KI-VO** klar. Er enthält zahlreiche Begriffe, die immer wieder in der KI-VO genannt werden. Er nimmt in Abs. 2 grob Bezug auf die einzelnen Regelungsinhalte und kann so als vorgelagerte „Übersicht" über die KI-VO betrachtet werden. Die einzelnen Ziffern von Abs. 2 lassen sich als grobe Kategorien der Regelungen der KI-VO bezeichnen, die aber nicht uneingeschränkt auf die Struktur der Kapitel und Titel übertragen werden können.

---

49 *Bomhard/Siglmüller*, RDi 2024, 45, 49.

Aus Abs. 2 lit. a geht hervor, dass die KI-VO allgemein KI-Systeme regulieren soll, unabhängig von ihrem konkreten Anwendungsbereich oder dem Produkt, in dem sie implementiert ist. Dadurch kann es allgemein zu Überschneidungen der KI-VO mit den Vorschriften des Produktsicherheitsrechts kommen. Wenn in ein Produkt, für das bereits Vorgaben existieren, ein KI-System implementiert ist, sind sowohl diese als auch die Vorschriften der KI-VO maßgeblich.[50] Dies ergibt sich aus Art. 2 Abs. 9. **31**

Insbesondere bei Produktsicherheitsvorschriften, die **Vorgaben zur Cybersicherheit** enthalten, kann es zu Überschneidungen kommen. In der Literatur werden Art. 6 Abs. 1 lit. g der allgemeinen Produktsicherheitsverordnung,[51] der Vorschlag für einen Cyber-Resilienz-Verordnung,[52] die Maschinenverordnung[53] sowie die Medizinprodukte-Verordnung[54] genannt.[55] **32**

Der **dualistische Ansatz der KI-VO** mit dem Ziel, die Innovation und den europäischen Binnenmarkt zu stärken und die Bürger vor den Risiken von KI zu schützen, spiegelt ein bereits bekanntes Bild des europäischen Rechts wider. Auch Art. 1 DSGVO enthält eine solche zweiseitige Zielsetzung mit dem Schutz von personenbezogenen Daten und ihrer Inhaber auf der einen und dem freien Verkehr personenbezogener Daten auf der anderen Seite.[56] **33**

---

50 *Wiebe*, BB 2022, 899, 905.

51 Verordnung (EU) 2023/988 des Europäischen Parlaments und des Rates über die allgemeine Produktsicherheit, zur Änderung der Verordnung (EU) Nr. 1025/2012 des Europäischen Parlaments und des Rates und der Richtlinie (EU) 2020/1828 des Europäischen Parlaments und des Rates sowie zur Aufhebung der Richtlinie 2001/95/EG des Europäischen Parlaments und des Rates und der Richtlinie 87/357/EWG des Rates, 10.5.2023, ABl. L 135, S.1.

52 EU-Komm., Vorschlag für eine Verordnung des Europäischen Parlaments und des Rates über horizontale Cybersicherheitsanforderungen für Produkte mit digitalen Elementen und zur Änderung der Verordnung (EU) 2019/1020, 15.9.2022, COM(2022) 454 final.

53 Verordnung (EU) 2023/1230 des Europäischen Parlaments und des Rates über Maschinen und zur Aufhebung der Richtlinie 2006/42/EG des Europäischen Parlaments und des Rates und der Richtlinie 73/361/EWG des Rates, 14.6.2023, ABl. L 165, S. 1.

54 Verordnung (EU) 2017/745 des Europäisches Parlaments und des Rats über Medizinprodukte, zur Änderung der Richtlinie 2001/83/EG, der Verordnung (EG) Nr. 178/2002 und der Verordnung (EG) Nr. 1223/2009 und zur Aufhebung der Richtlinien 90/385/EWG und 93/42/EWG des Rates, 5.4.2017, ABl. L 117, S. 1.

55 *Wiebe*, BB 2022, 899, 905.

56 Vgl. *Sydow*, in: Sydow/Marsch, DS-GVO/BDSG, Art. 1 Rn. 24.

III. Verordnungszwecke (Abs. 1)

34 **Zweck der KI-VO** ist es nach Abs. 1, das Funktionieren des Binnenmarktes zu verbessern und die Einführung einer auf den Menschen ausgerichteten und vertrauenswürdigen KI zu fördern und gleichzeitig ein hohes Schutzniveau in Bezug auf Gesundheit, Sicherheit und die in der Charta der Grundrechte verankerten Grundrechte, einschließlich Demokratie, Rechtsstaatlichkeit und Umweltschutz, vor schädlichen Auswirkungen von KI-Systemen in der Union zu gewährleisten und Innovation zu unterstützen. Dabei handelt es sich genau genommen um **mehrere Zwecke**, die in einem Satz zusammengefasst wurden. Im Einzelnen:

- Verbesserung der Funktion des Binnenmarktes,
- Förderung menschenzentrierter KI,
- Gewährleistung des Grundrechtsschutzes,
- Förderung der Innovation.

35 Diese Zwecke sind in verschiedener Form voneinander abhängig und beeinflussen sich gegenseitig, können aber wegen ihrer möglichen Widersprüche nicht als ein einziger Zweck angesehen werden. So vermag die Förderung menschenzentrierter KI beispielsweise auch den Grundrechtsschutz zu unterstützen, indem schon bei der Entwicklung einer KI die dienende Funktion und die Berücksichtigung der Grundrechte der Anwender eingeplant werden. Die Zwecke sind in der KI-VO in unterschiedlich schwerer Ausprägung verarbeitet. Spannungen zwischen den Zwecken ergeben sich beispielsweise bei der Gewährleistung eines hohen Niveaus des Grundrechtsschutzes, das dem Zweck der Innovationsförderung abträglich sein kann, aber nicht muss. Diese Diskrepanz zeigt auch schon die Gesetzesbegründung der Kommission. Demnach soll mit der KI-VO die „technische Führungsrolle der Europäischen Union" ausgebaut und das Potenzial im „Einklang mit den Werten, Grundrechten und Prinzipien der Union" entwickelter und funktionierender Technologie für die Europäer zugänglich gemacht werden.[57] Mit diesen ambitionierten Worten wird das **Spannungsverhältnis** von Innovation auf der einen und Regulierung in Form von Rechtsschutz für Grundrechte und -werte auf der anderen Seite bereits angedeutet.[58] Der europäische Gesetzgeber hat dabei die Gefahren, die von KI-Systemen aufgrund ihrer besonderen Eigenschaften ausgehen (insbesondere Undurchsichtigkeit, Komplexität, Datenabhängigkeit, autonomes Verhalten), erkannt.[59] KI-Technologie birgt aber auch große Potenziale, die nur dann fruchtbar gemacht werden können, wenn der Grundrechtsschutz sichergestellt und gleichzeitig die unionsweit

57 KI-VO-E Kommission, S. 1.

58 Dazu auch *Voß*, in: Hilgendorf/Roth-Isigkeit, Die neue Verordnung der EU zur Künstlichen Intelligenz, § 9 Rn. 1.

59 KI-VO-E Kommission, S. 12.

einheitliche Behandlung solcher Technologie gewährleistet ist. Die Worte aus der Gesetzesbegründung finden sich in leicht abgeänderter Form nunmehr auch in Abs. 1 wieder. Die ungenaue und verschachtelte Formulierung sämtlicher Zwecke in einem Satz verursacht ein Maß an Unklarheit, das mit genauerer Formulierung wohl hätte vermieden werden können.[60] Die einzelnen Zwecke werden im Folgenden konkretisiert.

Um die **Verbesserung der Funktion des Binnenmarktes** zu gewährleisten, ist es erforderlich, dass die europäischen Grundfreiheiten, namentlich die Waren-, Dienstleistungs-, Personen- und Kapitalverkehrsfreiheit, auch im KI-Bereich sichergestellt werden. Nur anhand eines einheitlichen EU-Standards ist der freie Verkehr von KI-Systemen ohne Beschränkungen möglich.[61] Ein solches „einheitlich hohes Schutzniveau", wie es in ErwG 3 Satz 3 bezeichnet wird, ist geeignet, Unterschiede in den verschiedenen Mitgliedstaaten, die die europäischen Grundfreiheiten behindern, zu vermeiden. Die Fragmentierung des Marktes wird auf diese Wiese verhindert.[62] Mit der KI-VO sollen europäische Unternehmen von einem **reibungslosen Zugang zum Binnenmarkt** profitieren und ihre Wettbewerbsfähigkeit auf den globalen Märkten stärken.[63] Europäische Anbieter sollen insbesondere gegenüber den US-amerikanischen Playern konkurrenzfähig werden. 36

Die **auf den Menschen ausgerichtete und vertrauenswürdige KI** dient dem Menschen als Instrument und verbessert letztendlich dessen Wohlergehen.[64] Die Bedeutung von menschenzentrierter und vertrauenswürdiger KI wurde schon in der Digitalstrategie der EU von 2018 hervorgehoben. Demnach sollte im Umgang mit KI ein Ansatz gefördert werden, der dem Menschen und der Gesellschaft insgesamt zugutekommt.[65] Die Menschenzentriertheit bedingt die Vertrauenswürdigkeit. Soweit KI-Systeme für den Menschen und dessen Wohlergehen entwickelt werden, besteht die Grundlage für ein gewisses Vertrauen in den Nutzen der Technologie und in die Technologie selbst. Zur Förderung und Entwicklung einer solchen KI in der Praxis enthält die KI-VO zahlreiche Vorgaben, die die Menschenzentriertheit und Vertrauenswürdigkeit von KI-Systemen gewährleisten sollen (z. B. menschliche Überwachung, Transparenz, Nichtdiskri- 37

60 Zur Unklarheit des Gesetzeszwecks auch *Bomhard/Siglmüller*, RDi 2024, 45, 53.

61 So auch schon die EU-Komm., Weißbuch „Zur Künstlichen Intelligenz – ein europäisches Konzept für Exzellenz und Vertrauen", 19.2.2020, COM(2020) 65 final, S. 12 ff.

62 Vgl. KI-VO-E Kommission, S. 7.

63 EU-Komm., Weißbuch „Zur Künstlichen Intelligenz – ein europäisches Konzept für Exzellenz und Vertrauen", 19.2.2020, COM(2020) 65 final, S. 17.

64 ErwG 6.

65 EU-Komm., Mitteilung an das Europäische Parlament, den Europäischen Rat, den Rat, den Europäischen Wirtschafts- und Sozialausschuss und den Ausschuss der Regionen, Künstliche Intelligenz für Europa, 25.4.2018, COM(2018) 237 final, S. 3.

minierung, technische Robustheit und Sicherheit). Über das Merkmal der Menschenzentriertheit besteht übergreifende politische Einigkeit. Auch auf nationaler Ebene haben sich Experten bereits mit menschenzentrierter KI auseinandergesetzt. Die Enquete-Kommission „Künstliche Intelligenz – Gesellschaftliche Verantwortung und wirtschaftliche, soziale und ökologische Potenziale", die zu gleichen Teilen aus Mitgliedern des Deutschen Bundestags und sachverständigen externen Experten bestand, sollte den zukünftigen Einfluss der KI auf das Zusammenleben, die deutsche Wirtschaft und die zukünftige Arbeitswelt untersuchen. Der Untersuchung wurde das Leitbild von menschenzentrierter KI zugrunde gelegt.[66] Demnach soll der Einsatz von KI-Systemen die Selbstbestimmung des Menschen als Handelnden und seine Entscheidungsfreiheiten wahren und möglicherweise sogar stärken.[67]

38 Somit wird KI sowohl auf unionaler als auch auf nationaler Ebene als **Werkzeug des Menschen** zur Steigerung seiner Produktivität und des gesellschaftlichen Wohlergehens verstanden. Die dystopische Angst, die KI werde dieses Verhältnis ab einem bestimmten Entwicklungsgrad umkehren, hält sich beständig im gesellschaftlichen Diskurs. Die Hervorhebung der Menschenzentriertheit soll dem entgegenwirken und ein stärkeres Leitbild für KI schaffen. Dieses Leitbild spiegelt sich in Art. 1 Abs. 1 wider. Die prominente Stellung unterstreicht die Rolle der am Menschen orientierten KI als Grundlage für gesellschaftliches Vertrauen in deren Verwendung und Entwicklung.

39 Abs. 1 nennt darüber hinaus das Ziel, ein **hohes Schutzniveau in Bezug auf Gesundheit, Sicherheit und die in der Charta verankerten Grundrechte, einschließlich Demokratie, Rechtsstaatlichkeit und Umweltschutz, vor schädlichen Auswirkungen von KI-Systemen** zu gewährleisten. Ein einheitliches Schutzniveau in Bezug auf Gesundheit, Sicherheit und die Grundrechte soll ErwG 7 zufolge durch gemeinsame Vorschriften für Hochrisiko-KI-Systeme geschaffen werden. Auch Verbote für bestimmte KI-Systeme, Risikomanagementvorgaben und eine wirkungsstarke Durchsetzung tragen zu diesem Schutz bei.

40 Hinsichtlich der in der Charta genannten Grundrechte sind namentlich vor allem die Menschenwürde (Art. 1) sowie Art. 7 (Achtung des Privatlebens) und Art. 8 (Schutz der personenbezogenen Daten) von besonders herausragender Bedeutung.[68]

---

66 Deutscher Bundestag, Unterrichtung der Enquete-Kommission Künstliche Intelligenz – Gesellschaftliche Verantwortung und wirtschaftliche, soziale und ökologische Potenziale, 28.10.2020, BT-Drs. 19/23700.

67 Deutscher Bundestag, Unterrichtung der Enquete-Kommission Künstliche Intelligenz – Gesellschaftliche Verantwortung und wirtschaftliche, soziale und ökologische Potenziale, 28.10.2020, BT-Drs. 19/23700, S. 31.

68 *Geminn*, ZD 2021, 354, 356.

Die Demokratie, die Rechtsstaatlichkeit und die Umwelt werden in verschiedenen Bestimmungen der EU-Grundrechtecharta genannt und können aus ihnen hergeleitet werden, haben aber nicht alle „eigene“ Artikel (der Umweltschutz ist in Art. 37 GRCh normiert, Demokratie und Rechtstaatlichkeit werden nur in der Präambel ausdrücklich genannt). Dies vermag zu erklären, warum sie ausdrücklich in Abs. 1 genannt werden, obwohl ohnehin auf die GRCh verwiesen wird. Darüber hinaus spiegelt die zusätzliche Nennung deren allgemeine Bedeutung wider. Nach Veröffentlichung des Kommissionsentwurfs wurde die fehlende Nennung von Nachhaltigkeit und Umwelt als Verordnungsziel vereinzelt kritisiert.[69] Auf der einen Seite bieten KI-Systeme große Potenziale in diesen Bereichen, beispielsweise in Sicherheit, Umweltüberwachung und Justiz,[70] auf der anderen Seite kann der Missbrauch von KI-Systemen auch zu weitreichenden Auswirkungen in diesen Sektoren führen, sodass die Aufnahme in Abs. 1 in der endgültigen Fassung zu begrüßen ist.[71] KI ist beispielsweise in der Lage, Umweltüberwachung effizienter und präziser zu gestalten, indem sie große Datenmengen analysiert, um Umweltveränderungen zu erkennen, wie etwa die Verwendung von Satellitenbildern und maschinellem Lernen zur Überwachung von Waldbränden oder zur Identifizierung von Umweltverschmutzungen, aber sie birgt auch Risiken, wie Datenschutzbedenken, etwa wenn persönliche Daten in Umweltüberwachungssystemen gesammelt werden, und die Möglichkeit unvorhergesehener Folgen für Ökosysteme, wie wenn KI-Modelle aufgrund unvollständiger Daten falsche Schlussfolgerungen ziehen und so zu Fehlinterpretationen oder Fehlentscheidungen führen können. In der Justiz kann KI durch die automatisierte Analyse von Fällen oder Beweismitteln die Effizienz und die Fairness erhöhen, aber auch weitreichende Folgen haben, wenn es zu Bias durch unvollständige Daten oder falsche Verarbeitung der Ergebnisse kommt. Die Nennung dieser besonders risikobehafteten Bereiche ist, auch wenn ihr größtenteils symbolische Bedeutung zukommt, zu begrüßen. **41**

Die **Unterstützung der Innovation** soll ebenfalls zu einer Stärkung des europäischen Marktes beitragen.[72] Auch dem Abwandern von Unternehmen in Drittländer soll damit vorgebeugt werden.[73] Durch eine der weltweit ersten Regulierungen des KI-Bereichs soll den Marktakteuren anhand eines klaren Pflichtenkatalogs die Entwicklung von KI-Systemen möglichst einfach gemacht werden. Mit den KI-Reallaboren, besonderen Bestimmungen für KMU einschließlich Start-up-Unternehmen und einer Bereichsausnahme für Open-Source-Systeme enthält die KI-VO mehrere Maßnahmen, mit denen die Innovation besonders gefördert **42**

69 *Ebers/Hoch/Rosenkranz/Ruschemeier/Steinrötter*, RDi 2021, 528, 537.

70 ErwG 4.

71 Vgl. ErwG 61.

72 *Bomhard/Merkle*, RDi 2021, 276, 279; *Ebers/Hoch/Rosenkranz/Ruschemeier/Steinrötter*, RDi 2021, 528.

73 *Ebers/Hoch/Rosenkranz/Ruschemeier/Steinrötter*, RDi 2021, 528.

werden soll. In der Literatur wurden im Laufe des Gesetzgebungsverfahrens Zweifel geäußert, ob anhand dieser Maßnahmen die Einschränkungen durch die Regulierung ausgeglichen werden können.[74] Der Einsatz und die Entwicklung von KI würden durch die KI-VO eingeschränkt, es fehle ein ganzheitlicher Ansatz, bei dem auch das Urheberrecht und der Datenschutz berücksichtigt werden.[75] Die Vorgaben für Anbieter und Betreiber seien stellenweise zu allgemein und berücksichtigten nicht ausreichend die Anwendungsfälle des konkreten KI-Systems.[76] Die KI-Reallabore stellten zudem selbst zu hohe Anforderungen an die Anbieter.[77] Zuletzt wird auch auf die Unklarheiten bei der Überwachung von KI-Systemen hingewiesen: hier drohten **Kompetenzkonflikte verschiedener Behörden**, was einen hemmenden Effekt bei der Entwicklung haben könnte.[78] Da die Umsetzung auf nationaler Ebene bisher noch nicht geregelt ist und demensprechend auch keine Zuständigkeiten geklärt sind, lässt sich diesbezüglich noch keine abschließende Beurteilung zur hemmenden Wirkung abgeben.

43 Demgegenüber müssen jedoch auch die innovationshemmenden Potenziale von unterlassener Regulierung in Betracht gezogen werden. Ohne einen rechtlichen Rahmen für KI-Systeme und deren Anbieter bestehen ebenfalls große Risiken, die im Ernstfall zu einer gänzlichen Abschaltung und damit zur Blockade von Innovation führen können. So wird die Entwicklung von selbstfahrenden Autos erst dann abgeschlossen sein, wenn rechtliche Rahmenbedingungen für die Entwicklung und Haftung für diese Systeme gegeben sind. Unklare Datenschutz- und Sicherheitsaspekte können ebenfalls hemmend wirken: die Nicht-Regulierung von ChatGPT führte Anfang 2023 zur Abschaltung der Plattform in Italien, weil nicht klar war, ob das System so entwickelt war, dass Datenschutzvorschriften eingehalten werden konnten.[79] Darüber hinaus herrscht sowohl in künstlerischen Berufen als auch in der Wissenschaft enorme Unsicherheit, weil keine eindeutigen Vorgaben für die Verwendung von urheberrechtlich geschützten Inhalten von KI-Systemen bestehen und es ebenso an Vorgaben für KI-produzierte Inhalte in der Wissenschaft fehlt.[80] Regulierung kann insoweit einen Vorteil bieten, weil **klare Spielregeln für alle Marktteilnehmer** herrschen und dadurch eine gewisse Rechtssicherheit gegeben ist. Sollten sich die Hoffnungen der EU-Kommission bestätigen und ein „Brussels Effect" eintreten, käme das womöglich al-

74 *Rostalski/Weiss*, ZfDR 2021, 329, 337; *Bomhard/Merkle*, RDi 2021, 276, 283; *Botta*, ZfDR 2022, 391, 397 f.; *Becker*, ZfDR 2023, 164, 178; *Hoffmann*, K&R 2021, 369, 373; andeutend auch *Spindler*, CR 2021, 361, 370.

75 *Bomhard/Siglmüller*, RDi 2024, 45, 54.

76 *Hacker/Berz*, ZRP 2023, 226, 229.

77 *Rostalski/Weiss*, ZfDR 2021, 329, 337; ähnlich auch *Botta*, ZfDR 2022, 391, 405.

78 *Botta*, ZfDR 2022, 391, 408 f.

79 *Schubert*, Italien sperrt ChatGPT, FAZ v. 31.3.2023.

80 *Konjer*, Das Bildungssystem ist auf ChatGPT nicht vorbereitet, FAZ v. 3.2.2023.

len Marktteilnehmern, über die Grenzen der EU hinaus, zugute.[81] Ein solcher Effekt ist stellenweise nach dem Inkrafttreten der DSGVO eingetreten. Vor deren Inkrafttreten war die Sorge groß, dass die starke Regulierung der Verarbeitung personenbezogener Daten negative Folgen für den Unionsmarkt hätte. Zwar sorgen die strengen Vorschriften immer wieder für Probleme von Unternehmen aus Drittländern (wie beispielsweise die oben genannte vorübergehende Abschaltung von ChatGPT in Italien), nichtsdestotrotz ist das Bewusstsein für Datenschutz auf der gesamten Welt gestiegen. Drittländer passen ihre Regelungen auf europäisches Niveau an, um die Tätigkeit auf dem Unionsmarkt und die Weiterleitung von Daten aus dem Unionsmarkt zu vereinfachen.

Die **Kritik an der Regulierung** ist nicht gänzlich unbegründet. Die Sorge, dass europäische Anbieter von KI-Systemen mit gesetzlichen Vorgaben Gefahr laufen, den Anschluss an den globalen KI-Markt zu verlieren, ist nachvollziehbar. Es sollten jedoch nicht die positiven Effekte der Regulierung außen vor gelassen werden. Allgemein lässt sich durchaus feststellen, dass die KI-VO zur Risikobekämpfung zahlreiche Pflichten und Anforderungen für Anbieter und Betreiber von KI-Systemen normiert, die innovationsfördernden Maßnahmen demgegenüber aber eher knapp ausgestaltet sind. Ob sich damit ein angemessener Ausgleich von Regulierung und Förderung erreichen lässt, bleibt abzuwarten. **44**

Aus dem Wortlaut von Abs. 1 geht die Orientierung des Gesetzgebers an den Erkenntnissen aus der europäischen Diskussion zu KI klar hervor. Die Inhalte von Abs. 1 stimmen mit den drei Zielen der europäischen Digitalstrategie weitgehend überein (faire und wettbewerbsfähige Wirtschaft, auf Menschen ausgerichtete KI, offene und demokratische Gesellschaft):[82] Eine faire und wettbewerbsfähige Wirtschaft setzt einen **Binnenmarkt** voraus, in dem Waren- und Dienstleistungsfreiheit möglichst ohne Einschränkungen funktionieren und die dadurch entstehende Produktivität geeignet ist, die Wettbewerbsfähigkeit des Marktes auch gegenüber anderen Märkten auf der Erde zu steigern. Dieses „Hauptziel" der KI-VO wurde bereits im Kommissionsentwurf klargestellt.[83] Unter einer **auf den Menschen ausgerichteten KI** ist – mit Zuhilfenahme der Gesetzesbegründung – eine KI zu verstehen, die für die Bedürfnisse des Menschen gemacht ist und im Dienst der Gesellschaft steht sowie deren Wohlergehen verbessert.[84] Eine offene, demokratische und nachhaltige Gesellschaft setzt voraus, dass Grundrechte geachtet und Gesellschaftswerte und -ziele einschließlich der **Demokratie, der Rechtsstaatlichkeit sowie der Nachhaltigkeit und Acht-** **45**

81 *Frost/Steininger/Vivekens*, MPR 2024, 4, 5.

82 EU-Komm., Mitteilung an das Europäische Parlament, den Rat, den Europäischen Wirtschafts- und Sozialausschuss und den Ausschuss der Regionen, Gestaltung der digitalen Zukunft Europas vom 19.2.2020, S. 2 f.

83 KI-VO-E Kommission, S. 7.

84 KI-VO-E Kommission, S. 1; ErwG 6.

ung der Umwelt sichergestellt werden. Die Entscheidung des Gesetzgebers, auf Vorschlag des europäischen Parlaments diese zuvor nur in den Erwägungsgründen genannten Verordnungsziele auch in den Gesetzestext aufzunehmen, um auf diese Weise eine über die Auslegung hinausgehende Verbindlichkeit zu schaffen, ist zu begrüßen.

IV. Regelungsinhalt der KI-VO im Einzelnen (Abs. 2)

1. Harmonisierte Vorschriften für das Inverkehrbringen, die Inbetriebnahme und die Verwendung von Systemen der künstlichen Intelligenz (KI-Systeme) in der Union

a) Harmonisierte Vorschriften

46 Mit der KI-VO sollen **harmonisierte Vorschriften** eingeführt werden. Harmonisierung beschreibt die Abstimmung der Politiken innerhalb der Europäischen Union, insbesondere von wirtschaftspolitischen Maßnahmen, und die Angleichung von Rechts- und Verwaltungsvorschriften, mit dem Ziel, eine gemeinsame Entwicklung zu gewährleisten und Störungen im Binnenmarkt zu vermeiden.[85] Der Terminus der harmonisierten Vorschrift geht auf das Mitte der achtziger Jahre beschlossene „Neue Konzept“[86] (New Approach) zurück. Darin wurde der vollständigen **Vereinheitlichung der europäischen Produktsicherheitsnormen** eine Absage erteilt und ein Ansatz entwickelt, mit welchem nur die wesentlichen Anforderungen an Produkte in harmonisierten Vorschriften geregelt wurden, während die Details durch Normungsorganisationen in sogenannten harmonisierten Normen festgesetzt wurden. Der Ansatz wurde später durch den „Neuen Rechtsrahmen“ (New Legislative Framework)[87] ergänzt und hat bis heute Bestand.[88] Nach der dortigen Begriffsbestimmung zu „Harmonisierungsvorschriften der Gemeinschaft“ handelt es sich dabei um „Rechtsvorschriften der Gemeinschaft zur Harmonisierung der Bedingungen für die Vermarktung von Produkten“, vgl. Anhang 1 R1 Nr. 17 des Beschlusses 2008/768/EG. Die KI-VO enthält im Unterschied zu anderen produktsicherheitsrechtlichen Rechts-

85 *Grupp*, in: Bergmann, Handlexikon der Europäischen Union, Harmonisierung.

86 Europäischer Rat, Entschließung über eine neue Konzeption auf dem Gebiet der technischen Harmonisierung und Normung, 7.5.1995, ABl. 1985 C 136, S. 1.

87 Die Pläne zur Anpassung des neuen Konzepts wurden bereits 2003 gefasst: Europäischer Rat, Entschließung über die verbesserte Umsetzung der Richtlinien des neuen Konzepts, 10.11.2003, ABl. C 282.

88 Ausführlich zur Entwicklung des europäischen Produktsicherheitsrechts *Klindt/Schucht*, in: Ehlers/Fehling/Pünder, Besonderes Verwaltungsrecht, Bd. 1, § 36 Rn. 42 ff.; ebenfalls mit einer Erörterung der Historie: Bekanntmachung der Kommission, Leitfaden für die Umsetzung der Produktvorschriften der EU 2022 („Blue Guide“), 29.6.2022, ABl. 2022 C 247/1, S. 1; zudem zusammenfassend Art. 2 Rn. 1 ff.

akten keine Definition des Begriffs.[89] Die vorhandenen Definitionen des Produktsicherheitsrechts gleichen sich und richten sich alle nach der Musterbestimmung des Beschlusses 2008/768/EG. Dementsprechend kann auch die Regulierung der Sicherheit von KI-Produkten daran orientiert werden.[90] Der Harmonisierungszweck wird auch in ErwG 3 Satz 2 näher umschrieben: Demnach soll mit der KI-VO die Fragmentierung des Binnenmarktes durch einzelne, mitgliedstaatliche Regulierungsansätze verhindert werden. Es handelt sich bei der KI-VO um eine horizontale Regulierung, also eine sektorunabhängige Regelung der Verwendung von KI-Systemen. Damit wird eine Art von System generell geregelt, unabhängig vom konkreten Produkt oder Anwendungsbereich, in dem es genutzt wird. Mit diesem Ansatz weicht die KI-VO von der im EU-Sicherheitsrecht üblichen sektorspezifischen Regulierung ab.[91] Die sonstigen Harmonisierungsrechtsvorschriften normieren einen Produktsektor, wie beispielsweise die Medizinprodukte-Verordnung oder die Verordnung über die Sicherheit von Spielzeug. Das hat zur Folge, dass sich die verschiedenen Gesetze in der Regel nicht überschneiden können. Demgegenüber kann es durch die horizontale Regulierung der KI-VO zu einzelnen Friktionen mit anderen Harmonisierungsrechtsvorschriften kommen.[92] Denn KI-Systeme können auch in Medizinprodukte oder in Spielzeug integriert werden. Um solche Friktionen zu vermeiden und den Anbietern und Herstellern von verschiedenen Produkten klare Regelungen an die Hand zu geben, enthält die KI-VO verschiedene Vorgaben zum **Verhältnis zum europäischen Produktsicherheitsrecht** (Art. 2 Abs. 9) und Änderungsvorgaben für diese (diese sind geregelt in Art. 102–110).

b) Inverkehrbringen, Inbetriebnahme und Verwendung in der Union

Die harmonisierten Vorschriften beziehen sich auf das Inverkehrbringen, die In- 47
betriebnahme und die Verwendung von KI-Systemen in der Union. Die Termini „Inverkehrbringen" und „Inbetriebnahme" gehen als **produktsicherheitsrechtliche Standard-Begriffe** auf die allgemeinen Begriffsbestimmungen des New Legislative Framework, genauer auf Anhang I Kapitel R1 des Beschlusses 2008/768/EG zurück.[93]

---

89 Insbesondere in den jüngeren Rechtsakten des europäischen Produktsicherheitsrechts wird weitgehend auf eine solche Definition verzichtet.

90 *Wiebe*, BB 2022, 899.

91 *Ebers*, RDi 2021, 588; *Orssich*, EuZW 2022, 254, 256; *Väsel*, NVwZ 2023, 1298, 1301.

92 *Wiebe*, BB 2022, 899.

93 Beschluss Nr. 768/2008/EG des Europäischen Parlaments und des Rates über einen gemeinsamen Rechtsrahmen für die Vermarktung von Produkten und zur Aufhebung des Beschlusses 93/465/EWG des Rates, 9.7.2008, ABl. L 218, S. 82.

48 Unter dem **Inverkehrbringen** wird gem. Art. 3 Nr. 9 „die erstmalige Bereitstellung eines KI-Systems oder eines KI-Modells mit allgemeinem Verwendungszweck auf dem Unionsmarkt“ verstanden (näher zum Begriff siehe Art. 3 Nr. 9 Rn. 134 ff.). Losgelöst von der KI-VO herrscht im Produktsicherheitsrecht grundsätzlich ein weites Verständnis dieses Begriffs.[94] Das Inverkehrbringen eines Produkts setzt nach dem „**Blue Guide**“ der EU-Kommission ein Angebot oder eine schriftliche oder mündliche Vereinbarung zwischen zwei oder mehreren juristischen Personen in Bezug auf die Übereignung, die Übertragung des Besitzes oder sonstiger Rechte hinsichtlich des betreffenden Produktes voraus und darüber hinaus, dass die Herstellungs- und Entwicklungsphase abgeschlossen ist.[95] Auch der EuGH hat sich in verschiedenen Entscheidungen für ein weites Verständnis ausgesprochen. Demnach gilt ein Produkt dann als in den Verkehr gebracht, sobald sich der potenziell Geschädigte in die Herrschaftssphäre des Herstellers begeben hat und sich die Fehlerhaftigkeit des Produkts auf ihn auswirkt.[96] Darüber hinaus ist ein Produkt bereits in den Verkehr gebracht, wenn es den vom Hersteller eingerichteten Prozess der Herstellung verlassen hat und in einen Prozess der Vermarktung eingetreten ist, in dem es im ge- oder verbrauchsfähigen Zustand angeboten wird.[97] Die Übertragung dieser Entscheidungsinhalte auf das Inverkehrbringen von KI-Systemen deutet darauf hin, dass ein KI-System, sobald es zur Verwendung – in der Regel online – angeboten wird, in den Verkehr gebracht ist. In diese Richtung weist auch die Auslegung vom Inverkehrbringen bei Software-Produkten zum Download oder zur Online-Nutzung.[98] Die EU-Kommission äußert sich zum Inverkehrbringen bei Fernabsatz und Online-Verkäufen in einer Mitteilung[99] wie folgt: Ein Produkt, das online oder über eine andere Form des Fernabsatzes zum Verkauf angeboten wird, gilt als auf dem Markt bereitgestellt, wenn sich das Angebot an Endnutzer in der Union richtet. Ein Verkaufsangebot gilt als an einen Endnutzer in der Union gerichtet, wenn der betreffende Wirtschaftsakteur seine Tätigkeit in irgendeiner Weise auf einen Mitgliedstaat der EU ausrichtet. Wann genau das der Fall ist, muss im Einzelfall entschieden werden.

---

94 *Beierle*, ZfPC 2022, 22, 24, ebenfalls mit Verweis auf die beiden im Folgenden genannten EuGH-Entscheidungen.

95 Bekanntmachung der Kommission, Leitfaden für die Umsetzung der Produktvorschriften der EU 2022 („Blue Guide“), 29.6.2022, ABl. 2022 C 247, S. 1.

96 EuGH, Urt. v. 10.5.2001 – Rs. C-203/99, Slg. 2001, I-03569 = NJW 2001, 2781, 2782, Rn. 17 f. – Veedfald.

97 EuGH, Urt. v. 6.2.2006 – Rs. C-127/04, Slg. 2006, I-1330 = NJW 2006, 825, 836, Rn. 27 – O'Byrne.

98 Dazu ausführlich *Beierle*, ZfPC 2022, 22, 24 ff.

99 Bekanntmachung der Kommission, Leitfaden für die Umsetzung der Produktvorschriften der EU 2022 („Blue Guide“), 29.6.2022, ABl. 2022 C 247/1, S. 21.

Die Regulierung des Inverkehrbringens von KI-Systemen bedeutet für Anbieter in erster Linie also, dass sie vor dem erstmaligen Bereitstellen sämtliche Anforderungen der KI-VO für die **Risikoklasse ihres Systems** erfüllen sollten. Erst dann können sie ihre Systeme zum Verkauf oder sonstigen Nutzung auf dem Markt anbieten. Spätestens mit dem Start der Entwicklung eines KI-Systems sollten die Anbieter zunächst eine **Risikobewertung** durchführen, um das System in die jeweilige Klasse des risikobasierten Ansatzes einzuordnen. Denn zumindest für Hochrisiko-KI-Systeme nach Art. 6 enthält die KI-VO schon **Vorgaben für das Entwicklungsstadium** von KI-Systemen (insbesondere Art. 10). Je nach Klassifizierung sind dann die entsprechenden Anforderungen an das System zu erfüllen. Bei Hochrisiko-KI wäre dann den Pflichten der Art. 8–15 nachzukommen. Für weniger risikobehaftete Systeme können die Transparenzvorschriften aus Art. 50 gelten. Im Anschluss ist die Konformitätsbewertung durchzuführen, die zur Zertifizierung des Systems führen kann. Sobald der Anbieter ein System dann registriert hat, kann die Bereitstellung auf dem Markt erfolgen. Er ist auch nach Inverkehrbringen noch für die Konformität des Systems verantwortlich und muss regelmäßige Überprüfungen durchführen und bei Problemen Updates anbieten. **49**

Bis zur Geltung der KI-VO konnten KI-Systeme ohne dieses Verfahren angeboten werden. So konnte das US-amerikanische Unternehmen OpenAI im November 2022 sein KI-System ChatGPT auf den europäischen Markt bringen. Zwar bestanden auch zu diesem Zeitpunkt schon bestimmte rechtliche Anforderungen an solche Angebote, wie die datenschutzrechtlichen Vorgaben sowie das Urheberrecht. Nichtsdestotrotz wird die KI-VO einen solchen Bereitstellungsprozess künftig verändern. Gerade für kleinere Unternehmen kann das eine große Herausforderung darstellen, weil weniger Ressourcen für die Umsetzung der KI-VO zur Verfügung stehen. Zwar regelt die KI-VO einige Erleichterungen für solche Unternehmen, dennoch besteht die Gefahr, dass die Anforderungen zu einem **innovationsbeschränkenden Effekt** führen. **50**

Unter der **Inbetriebnahme** wird gem. Art. 3 Nr. 11 „die Bereitstellung eines KI-Systems durch den Anbieter in der Union zum Erstgebrauch direkt an den Betreiber oder zum Eigengebrauch entsprechend seiner Zweckbestimmung" verstanden (näher zur Inbetriebnahme siehe Art. 3 Nr. 11 Rn. 153 ff.). Nach den Erläuterungen der EU-Kommission im „Blue Guide" darf die Inbetriebnahme von Produkten, die den Bestimmungen der anzuwendenden Harmonisierungsrechtsvorschriften entsprechen, nicht untersagt, eingeschränkt oder behindert werden. Es dürfen aber zusätzliche Bestimmungen für die Inbetriebnahme der Produkte aufgestellt werden. Soweit ein Arbeitgeber ein von seinen Arbeitnehmern zu benutzendes Produkt in Betrieb nimmt, gilt die erste Verwendung des Produkts als Erstgebrauch und damit als Inbetriebnahme.[100] Die Inbetriebnahme in der Al- **51**

100 Bekanntmachung der Kommission, Leitfaden für die Umsetzung der Produktvorschriften der EU 2022 („Blue Guide"), 29.6.2022, ABl. 2022 C 247/1, S. 24.

ternative des Eigengebrauchs beschränkt sich – im Unterschied zum Produktsicherheitsrecht – nicht auf die erstmalige Verwendung.[101] Hier ergibt sich also eine **Abweichung von der produktsicherheitsrechtlichen Konzeption** der Verordnung. Gegenüber dem Inverkehrbringen kann die Inbetriebnahme mit der nutzerspezifischen Ausrichtung oder der Bestimmung zur Eigennutzung abgegrenzt werden.[102] Insofern ist auch jede weitere Nutzung des Systems zum Eigengebrauch von der Inbetriebnahme umfasst und nicht nur die des ersten Nutzers.

52 Die **Regulierung der Inbetriebnahme** hat zur Folge, dass auch diejenigen von den Regelungen der KI-VO umfasst werden, die nicht für die Bereitstellung des Produkts auf dem Unionsmarkt verantwortlich sind. Denkbar ist hier beispielsweise, dass ein Unternehmen ein KI-System ausschließlich für die Nutzung im eigenen Unternehmen entwickelt, ohne dieses für Dritte auf dem Unionsmarkt bereitstellen zu wollen. Der Gesetzgeber geht davon aus, dass auch diese Art der Nutzung zu erheblichen Risiken führen kann, und fasst derartige Prozesse deshalb in den Anwendungsbereich. Dies ist grundsätzlich zu begrüßen, da sich auch beim Eigengebrauch von KI-Systemen deren immanente Gefahren verwirklichen können. Beispielhaft kann ein unionsweit tätiges Unternehmen angeführt werden, das für die grenzüberschreitende interne Zusammenarbeit eine Übersetzungs-KI entwickelt hat. Werden Inhalte falsch übersetzt, kann das zu Missverständnissen und Fehlinterpretationen führen, die rechtliche und finanzielle Konsequenzen für das Unternehmen haben können. Je nach Branchenbereich können auch negative Folgen für Kunden des Unternehmens entstehen. Aus diesen Gründen ist die Regulierung der Inbetriebnahme dem Zweck der KI-VO zuträglich, den Risiken der KI zu begegnen.

53 Der Begriff des „**Verwendens**" ist untypisch für das europäische Produktsicherheitsrecht. Zwar wird er in verschiedenen Harmonisierungsrechtsvorschriften (uneinheitlich) erwähnt, aber an keiner Stelle näher definiert. Typischerweise ist darunter die Nutzung eines Produkts gemäß seinem bestimmungsgemäßen Zweck zu verstehen.[103] Es handelt sich damit wohl um eine Art Auffangtatbestand, der sicherstellt, dass auch solche Handlungen mit KI-Systemen von der KI-VO umfasst werden können, die kein Inverkehrbringen oder keine Inbetriebnahme darstellen.[104]

c) System der künstlichen Intelligenz (KI-System)

54 Gegenstand der harmonisierten Vorschriften ist die Regulierung von KI-Systemen. Ein KI-System ist nach Art. 3 Nr. 1 „ein maschinengestütztes System,

101 *Wiebe*, BB 2022, 899, 900.
102 *Wiebe*, BB 2022, 899, 900.
103 Ebenso *Wiebe*, BB 2022, 899, 900.
104 Ebenso *Becker*, ZfDR 2023, 164, 171.

das für einen in wechselndem Maße autonomen Betrieb ausgelegt ist, das nach seiner Einführung anpassungsfähig sein kann und das aus den erhaltenen Eingaben für explizite oder implizite Ziele ableitet, wie Ausgaben wie etwa Vorhersagen, Inhalte, Empfehlungen oder Entscheidungen hervorgebracht werden, die physische oder virtuelle Umgebungen beeinflussen können". Diese Definition entspricht weitgehend der jüngsten Definition der Organisation für wirtschaftliche Zusammenarbeit und Entwicklung (OECD).[105] Die Verwendung einer solchen **international anerkannten Definition** fördert die Akzeptanz der KI-VO und deren Harmonisierungszweck.[106] Mit dieser vom Kommissionsentwurf abweichenden Begriffsbestimmung sollen die Probleme, welche sich aus der ursprünglichen Version ergaben, bewältigt werden. Unter die Definition des Kommissionsentwurfs hätten auch übliche algorithmus-basierte Systeme, mitunter also einfache Software, subsumiert werden können.[107] Der ohnehin große Anwendungsbereich der Regulierung wurde dadurch nochmals erweitert. Es wurden innovationshemmende Wirkungen und Überregulierung befürchtet.[108] Die erstmals mit dem Parlamentsentwurf eingeführte überarbeitete Version legt nunmehr einen Schwerpunkt auf das Merkmal „Grad der Autonomie", mit dem eine bessere Abgrenzung gegenüber anderen Systemen möglich sein soll. Um eine solche Abgrenzung vornehmen zu können, bedarf es neben juristischer Expertise vor allem des technischen Verständnisses des jeweiligen KI-Systems.[109] Die intensive Diskussion um den KI-Begriff und die Schwierigkeiten der Definition verwundern nicht, unter Berücksichtigung der Tatsache, dass es disziplinübergreifend keine einheitliche Definition des Begriffs gibt.[110]

Die Regulierung von KI-Systemen, also das Aufstellen von Vorschriften für deren Inverkehrbringen, deren Inbetriebnahme und deren Verwendung, hat **weitreichende Auswirkungen auf Gesellschaft und Wirtschaft**. Diese Konsequenzen haben positive und negative Aspekte.[111] Positiv zu nennen sind die Auswirkungen auf Sicherheit und Schutz der Grundrechte sowie die Förderung von Vertrauen und Akzeptanz in KI-Technologien. Die größten Sorgen der Zivilbevölkerung hinsichtlich KI sind die Bedrohung der Demokratie durch verzerrte 55

105 Explanatory Memorandum On The Updated OECD Definition Of An AI System, OECD Artificial Intelligence Papers March 2024, No. 8, S. 4; vgl. auch *Bomhard/Siglmüller*, RDi 2024, 45.

106 *Becker/Feuerstack*, MMR 2024, 22, 23.

107 *Ebers/Hoch/Rosenkranz/Ruschemeier/Steinrötter*, RDi 2021, 528, 529; *Martini/Ruemeyer*, in: Hoeren/Sieber/Holznagel, Handbuch Multimedia-Recht, Teil 29.6 Rn. 41.

108 *Ebers/Hoch/Rosenkranz/Ruschemeier/Steinrötter*, RDi 2021, 528, 537.

109 *Bomhard/Siglmüller*, RDi 2024, 45.

110 *Steege*, MMR 2022, 926; *Steege*, NZV 2022, 257; *Engelmann/Brunotte/Lütkens*, RDi 2021, 137; *Hacker*, NJW 2020, 2142.

111 Dazu auch *Vasel*, NVwZ 2023, 1298.

oder gefälschte Inhalte, das Ersetzen der menschlichen Arbeitskraft und Datenschutzverletzungen.[112] Gesetzliche Vorgaben zur KI-Nutzung in der Politik, bei der Arbeit oder im privaten Umfeld können derartige Sorgen berücksichtigen und ihnen entgegenwirken. Im Jahr 2023 setzten sich bereits die führenden Köpfe der US-Technologiebranche und US-amerikanische Senatoren zusammen, um über die Einführung einer KI-Regulierung zu diskutieren.[113] Auch die Entwickler von KI halten es demnach für erforderlich, Spielregeln für deren Aktivitäten aufzustellen. Werden diese Vorschriften dann eingehalten beziehungsweise Verstöße sanktioniert, kann das zur **Vertrauensbildung und steigender Akzeptanz** für KI-Produkte führen.[114] Je breiter die Akzeptanz in der Gesellschaft, desto besser können die Potenziale der Technologie auch genutzt werden. Ein weiterer positiver Effekt der Regulierung von KI-Systemen ist auch die Schaffung eines stabilen Umfelds für deren Entwicklung. Dies kann sich positiv auf die Innovation in diesem Bereich auswirken, weil Unternehmen ihre Entwicklungsarbeit besser planen können und Leitlinien für deren Umsetzung haben. Das kann zu Standortattraktivität führen und Anreize für Unternehmen aus Drittländern schaffen. Zuletzt kann sich KI-Regulierung positiv auf die ethischen Aspekte der KI-Technologie und deren Nutzung auswirken. Durch Vorgaben zur Qualität von Trainingsdaten und -verfahren können Diskriminierungen durch KI-Systeme frühzeitig bekämpft werden.[115] Gesetzlich vorgeschriebene Meldekanäle ermöglichen die Identifizierung von Problemfällen und die schnelle Reaktion auf diese. Die KI-VO sieht ein menschenzentriertes Konzept für KI vor, sodass von Anfang an klargestellt ist, dass die KI ein Werkzeug für den Nutzer ist und das auch bei der Entwicklung der KI berücksichtigt wird.

56 Demgegenüber kommen als **negative Konsequenzen der KI-Regulierung** zunächst die wirtschaftlichen Kosten der Umsetzung derselben in Betracht. Die KI-VO stellt gerade für die Anbieter und Betreiber von Hochrisiko-KI-Systemen strenge Anforderungen auf. Diese im Unternehmen umzusetzen ist ein erheblicher zeitlicher und finanzieller Aufwand. Gerade für KMU und Start-up-Unternehmen kann das bedeuten, das Risiko der KI-Entwicklung gar nicht erst einzugehen. Auch die bürokratischen Herausforderungen, die mit Konformitätsbewertungsverfahren und Zertifizierungen einhergehen, können technologischen Fortschritt ausbremsen. Insgesamt können zu strenge Regelungen die Entwicklung und den Einsatz neuer Technologie verhindern, weil sie die Flexibilität von Unternehmen einschränken und diese möglicherweise in weniger regulierte Länder abwandern.

---

112 YouGov/Statista, Repräsentative Umfrage der ab 18-jährigen in Deutschland mittels standardisierter Online-Interviews, 17.5.2023.

113 *Meiritz*, Elon Musk inszeniert sich im US-Kongress als Wortführer der KI-Regulierung, Handelsblatt v. 14.9.2023.

114 Im Kontext von KI-Haftungsregelungen *Buchardi*, EuZW 2022, 685, 689.

115 Dazu *Lauscher/Legner*, ZfDR 2022, 367, 385 f.

Insgesamt bedeutet die Regulierung von KI-Systemen also einen **Balanceakt** zwischen dem Schutz der Bevölkerung und der Förderung von Innovation und Wettbewerbsfähigkeit. Die KI-VO versucht mit ihren Vorgaben die Vorteile der KI zu maximieren und deren Risiken zu minimieren. **57**

2. Verbote bestimmter Praktiken im Bereich KI

Art. 1 Abs. 2 lit. b weist auf das Regelungsziel hin, bestimmte **Praktiken** aus dem KI-Bereich aufgrund ihrer unannehmbaren Risiken **zu verbieten**. Sie sind in Art. 5 aufgeführt. Die Unannehmbarkeit des Risikos ergibt sich aus der Unvereinbarkeit der Praktik mit den Grundwerten der Europäischen Union.[116] ErwG 28 nennt den Widerspruch zu Achtung der Menschenwürde, Freiheit, Gleichheit, Demokratie und Rechtsstaatlichkeit sowie zu den in der Charta der Europäischen Union[117] verankerten Grundrechte, einschließlich des Rechts auf Nichtdiskriminierung, Datenschutz und Privatsphäre sowie der Rechte von Kindern. Das Verbot bestimmter Praktiken soll das erklärte Ziel aus ErwG 6, eine von den Unionswerten getragene, menschenzentrierte Technologie zu bestimmen, fördern. **58**

Die verbotenen Praktiken lassen sich in **folgende Kategorien** unterteilen: Beeinflussung des (unbewussten) Verhaltens (Art. 5 Abs. 1 lit. a), Verfahren zur Ausnutzung der Schwächen einer Person (Art. 5 Abs. 1 lit. b), Social Scoring (Art. 5 Abs. 1 lit. c), Predictive Policing und Risk Assessment Tools (Art. 5 Abs. 1 lit. d), Gesichtserkennungsdatenbanken (Art. 5 Abs. 1 lit. d und e), Emotionserkennungssysteme (Art. 5 Abs. 1 lit. f), biometrische Kategorisierung (Art. 5 Abs. 1 lit. g) und biometrische Echtzeit-Fernidentifizierungssysteme (Art. 5 Abs. 1 lit. h) (näher zu den einzelnen Verbotstatbeständen siehe Art. 5 Rn. 8 ff.). **59**

Insbesondere über Social Scoring und die biometrische Echtzeit-Fernidentifizierung wurde im Rahmen des Gesetzgebungsverfahrens intensiv diskutiert. Social Scoring war im Kommissionsentwurf zunächst nur für öffentliche Stellen untersagt, wurde in der finalen Fassung aber nun für alle Akteure verboten.[118] Die biometrische Echtzeit-Fernidentifizierung im öffentlichen Raum war im Trilog-Verfahren bis zuletzt ein Streitpunkt. Das Parlament sprach sich als Vertreter der Unionsbevölkerung für ein weitreichendes Verbot aus, während einige Mitgliedstaaten über den Rat Ausnahmen zum Zwecke der Strafverfolgung durchsetzen **60**

116 *Bomhard/Merkle*, RDi 2021, 276, 279.
117 Charta der Grundrechte der Europäischen Union, 18.12.2000, ABl. C 364, S. 1.
118 Vgl. Art. 5 Abs. 1 lit. c KI-VO-E Kommission; *Becker/Feuerstack*, MMR 2024, 22, 25; *Ebers/Hoch/Rosenkranz/Ruschemeier/Steinrötter*, RDi 2021, 528, 530.

wollten. In der finalen Fassung ist die Identifizierung für bestimmte, ausdrücklich genannte Einsatzzwecke erlaubt.[119]

61 Dass **besonders grundrechtsrelevante Anwendungsfälle** von KI-Systemen in der EU untersagt werden, ist aufgrund des europäischen Wertesystems erforderlich. Automatisierte Überwachung des öffentlichen Raums zur Verarbeitung der Informationen in Social-Scoring-Systemen, wie sie aus dem asiatischen Rechtsraum bekannt sind, widersprechen dem **Wertekanon**, den sich die EU zugrunde gelegt hat.[120] In China existiert ein Punktesystem, in dem jeder Bürger anhand seines Verhaltens beurteilt wird und je nach Punktzahl erhebliche Einschränkungen befürchten muss.[121] Das führt zu gehemmtem Verhalten der Zivilgesellschaft und beschränkt Individualität und freie Entfaltung.[122] Mit der auf der Autonomie des Einzelnen beruhenden Werteordnung der EU kann dies nicht vereinbart werden.[123] Das Verbot solcher Systeme – die KI-VO verbietet sowohl das Social Scoring durch KI-Systeme als auch grundsätzlich die Echtzeit-Fernidentifizierung – ist deshalb zu begrüßen.

62 Es kann jedoch auch **Kritik am Verbotskanon** der KI-VO geäußert werden: das strikte Verbot von konkreten Use-Cases ist jedoch sehr punktuell und wenig flexibel.[124] Die Entwicklung von KI steht noch am Anfang. Im Moment ist nicht abzusehen, welche Möglichkeiten sich in Zukunft ergeben werden und ob diese ähnliche oder gleichwertige Beeinträchtigungen für die Gesellschaft bedeuten können wie diejenigen Praktiken, die die KI-VO aktuell verbietet. Der Gesetzgeber wollte die KI-VO möglichst entwicklungsoffen formulieren, hat dies aber aufseiten der Verbote nur sehr eingeschränkt getan. Außerdem sorgt das Verbot konkreter Use-Cases dafür, dass europäische Unternehmen allgemein weniger Anreize haben, Systeme aus diesen Anwendungsbereichen zu entwickeln. Das vermag deren unternehmerische Freiheit einzuschränken.[125] Untersagt ist allgemein das Inverkehrbringen, die Inbetriebnahme oder die Verwendung bestimmter Systeme, demgegenüber aber nicht deren **Erforschung und Entwicklung**.[126] Dies ergibt sich aus dem Wortlaut von Art. 5. Ob sich diese Unterscheidung auswirkt und derartige Systeme in der EU für andere Rechtsräume entwickelt werden könnten, bleibt abzuwarten.

---

119 *Bomhard/Siglmüller*, RDi 2024, 45, 48; kritisch dazu *Becker/Feuerstack*, MMR 2024, 22, 25; kritisch zum Kommissionsentwurf *Ebers/Hoch/Rosenkranz/Ruschemeier/Steinrötter*, RDi 2021, 528, 531.

120 *Rostalski/Weiss*, ZfDR 2021, 329, 341; *Valta/Vasel*, ZRP 2021, 142, 143; *Geminn*, ZD 2021, 354, 356; *Wagner*, ZD 2020, 140.

121 *Rostalski/Weiss*, ZfDR 2021, 329, 341.

122 Vgl. *Wagner*, ZD 2020, 140, 141.

123 *Rostalski/Weiss*, ZfDR 2021, 329, 341.

124 Ebenfalls in diese Richtung *Krönke*, NVwZ 2024, 529, 532.

125 *Bomhard/Siglmüller*, RDi 2024, 45, 53.

126 *Steege/Chibanguza*, SVR 2022, 401, 402.

3. Besondere Anforderungen an Hochrisiko-KI-Systeme und Verpflichtungen für die Betreiber solcher Systeme

Der größte Teil der KI-VO regelt den **Umgang mit Hochrisiko-KI-Systemen.**[127] **63**
Das sind Systeme, deren Einsatz mit einem hohen Risiko für Gesundheit, Sicherheit oder die Grundrechte von natürlichen Personen verbunden ist.[128] Sie sollen nach ErwG 46 zur KI-VO nur dann „in Verkehr gebracht, in Betrieb genommen oder verwendet werden, wenn sie bestimmte verbindliche Anforderungen erfüllen“. Diese Anforderungen finden sich in Kapitel III (Art. 6–49). Hochrisiko-KI sind – abgesehen von den verbotenen Praktiken aus Art. 5 – die am strengsten regulierten Systeme der Verordnung.

Die KI-VO klassifiziert die Hochrisiko-KI-Systeme nach Art. 6 Abs. 1 auf **zwei** **64**
verschiedene Arten: Zum einen soll von einem KI-System dann ein besonders hohes Risiko ausgehen, wenn es Sicherheitskomponente eines unter die produktsicherheitsrechtlichen Harmonisierungsrechtsvorschriften fallenden Produktes sein soll oder selbst ein solches Produkt darstellt. Zum anderen liegt ein Hochrisiko-KI-System vor, wenn es aufgrund seines Verwendungszwecks als besonders gefährlich einzustufen ist, wobei diese konkreten Verwendungszwecke in Anhang III zur KI-VO aufgeführt werden.[129]

Nach ErwG 48 ist bei der Einstufung eines KI-Systems als hochriskant das Aus- **65**
maß der nachteiligen Auswirkungen des Systems auf die durch die Charta geschützten Grundrechte von besonderer Bedeutung. Die Schwierigkeiten einer solchen Einstufung waren immer wieder Thema von Diskussionen im Gesetzgebungsverfahren. Die Kommission muss nach Art. 6 Abs. 5 eine Liste mit praktischen Beispielen für Hochrisiko-KI-Systeme veröffentlichen, um die Klassifizierung für die Akteure zu vereinfachen

Der finale Fassung der KI-VO enthält in Art. 6 Abs. 3 nunmehr eine Rückaus- **66**
nahme für den Fall, dass es sich nach der Kategorisierung in Art. 6 Abs. 2 in Verbindung mit Anhang III zwar vermeintlich um ein Hochrisiko-KI-System handelt, jedoch kein erhebliches Risiko der Beeinträchtigung in Bezug auf die Gesundheit, Sicherheit oder die Grundrechte natürlicher Personen gegeben ist. Die Norm regelt dazu konkrete Fälle (ausführlich dazu siehe Art. 6 Rn. 155 ff.)

Die KI-VO regelt Hochrisiko-KI-Systeme angelehnt am System des Produktsi- **67**
cherheitsrechts bzw. dem NLF.[130] Damit möchte der Unionsgesetzgeber sicher-

127 *Martini/Ruschemeier*, in: Hoeren/Sieber/Holznagel, Handbuch Multimedia Recht, Teil 29.6, Rn. 45; *Rostalski/Weiss*, ZfDR 2021, 329, 345.

128 Vgl. ErwG 7; *Bomhard/Merkle*, RDi 2021, 276, 280.

129 Ausführlich zu Hochrisiko-KI-Systemen im Sinne des Kommissionsentwurfs: *Roos/Weitz*, MMR 2021, 844.

130 *Roos/Weitz*, MMR 2021, 844, 846.

stellen, dass solche Systeme fair, sicher und ethisch korrekt betrieben werden. Es handelt sich um eine Art „**KI-Produktsicherheitsgesetz**".[131] Für die Anbieter und Betreiber von Hochrisiko-KI-Systemen bedeutet das zusätzlichen Aufwand durch umfassende Anforderungen an Risikomanagement, Datennutzung, Aufsicht, Transparenz und Dokumentation. Die Implementierung und Aufrechterhaltung der erforderlichen Standards kann mit großen **finanziellen Herausforderungen** verbunden sein. Unternehmen müssen möglicherweise in neue Technologien, Schulungen und Compliance-Maßnahmen investieren. Dies stellt vor allem für KMU und Start-up-Unternehmen ein Problem dar. Ein zentraler Vorteil der Regulierung von Hochrisiko-KI-Systemen ist der **Vertrauensgewinn** bei Verbrauchern gegenüber der Technologie. Exemplarisch sei Folgendes angeführt: Gerade im Beschäftigungskontext wird immer häufiger KI eingesetzt, insbesondere für die Bewerberauswahl. Diese Art von System ist künftig als Hochrisiko-KI-System zu klassifizieren. In der Vergangenheit kam es bei solchen Systemen häufiger zu Ungleichbehandlungen (siehe dazu oben Rn. 5). Bewerber wurden vom System aufgrund bestimmter körperlicher Merkmale aussortiert, die keinen Anhaltspunkt für die Eignung für die jeweilige Stelle boten. Soweit derartige Biases durch strenge Regulierung der Systeme ausgeräumt werden, ist davon auszugehen, dass die Auswahl von Bewerbern durch KI neutraler und unvoreingenommener erfolgt, als würde sie vom Menschen getätigt. Das kann zu positiven Effekten für Minderheiten führen und deren Gleichbehandlung stärken. Dies steht beispielhaft für die positiven Effekte von Hochrisiko-KI-Nutzung. Erforderlich ist dafür freilich, dass sich die Anbieter solcher Systeme auch tatsächlich an die Vorgaben halten und es auch nicht auf anderem Wege zu Verzerrungen des Systems kommt.

68 Die Regelungen zu Hochrisiko-KI sind in sich weitgehend schlüssig und trotz ihrem Umfang verhältnismäßig nachvollziehbar.[132] Der Verordnungstext umfasst die in der Gesetzesbegründung angeführten Zielsetzungen; macht die Klassifizierung als Hochrisiko-KI insbesondere vom konkreten Zweck und den Anwendungsmodalitäten des Systems abhängig.[133] Die Regulierung von Hochrisiko-KI-Systemen erscheint insoweit stimmig.[134]

4. Harmonisierte Transparenzvorschriften für bestimmte KI-Systeme

69 Die Transparenzvorschriften gelten unterschiedslos für alle KI-Systeme, Systeme mit hohem Risiko unterliegen aber noch zusätzlichen Anforderungen. Gemäß Art. 50 Abs. 4 lassen die Transparenzpflichten die Einstufung eines Hoch-

---

131 *Krönke*, NVwZ 2024, 529, 533.

132 Mit Hinweis auf kleinere Widersprüche: *Krönke*, NVwZ 2024, 529, 533.

133 KI-VO-E Kommission, Begründung, S. 15.

134 *Krönke*, NVwZ 2024, 529, 533.

risiko-KI-Systems und die korrespondierenden Pflichten unberührt. Die „bestimmten“ Systeme wurden zu Beginn des Gesetzgebungsverfahrens weitgehend als KI-Systeme mit geringem Risiko bezeichnet.[135] Die Normierung der Kategorie zielt darauf ab, auch geringfügig riskante Systeme noch bestimmten Regulierungsmaßnahmen zu unterziehen, um die von diesen Systemen ausgehenden **Gefahren zumindest niedrigschwellig einzudämmen**. Betroffen sind davon insbesondere Systeme, die den nutzenden Personen synthetische Inhalte bereitstellen.

Die Transparenzvorschriften finden sich in Art. 50 Abs. 1 Satz 1. Danach müssen die Anbieter von KI-Systemen, die für die direkte Interaktion mit Menschen bestimmt sind, die Systeme so konzipieren und entwickeln, dass die betreffenden natürlichen Personen darüber informiert werden, dass sie mit einem KI-System interagieren, es sei denn, es ist aus Sicht einer angemessen informierten, aufmerksamen und verständigen natürlichen Person aufgrund der Umstände und des Kontexts der Nutzung offensichtlich. Eine Art Opt-out-Option, mit der die betroffene Person einen menschlichen Interaktionspartner anfordern kann, ist nicht vorgesehen.[136] **70**

Anbieter von KI-Systemen, die synthetische Audio-, Bild-, Video- oder Textinhalte erzeugen, müssen gem. Art. 50 Abs. 2 sicherstellen, dass die Ausgaben des Systems als künstlich erzeugt erkennbar sind. Solche Systeme werden auch als generative KI-Systeme bezeichnet,[137] jedoch hat es dieser Begriff nicht in den finalen Verordnungstext geschafft. Er findet aber in den ErwG 99 und 105 Erwähnung. Die Erkennbarkeit könnte beispielsweise durch digitale Wasserzeichen sichergestellt werden.[138] Solche Systeme können auch sogenannte **Deepfakes** erzeugen. Eine Begriffsbestimmung zum Terminus „Deepfake“ wurde nunmehr auch in Art. 3 Nr. 60 aufgenommen. Es handelt sich danach um einen durch KI erzeugten oder manipulierten Bild-, Ton- oder Videoinhalt, der wirklichen Personen, Gegenständen, Orten oder anderen Einrichtungen oder Ereignissen ähnelt und einer Person fälschlicherweise als echt oder wahrheitsgemäß erscheinen würde. **71**

Mit zunehmender Verwendung derartiger Inhalte zur **Beeinflussung von gesellschaftlichen und politischen Diskussionen** ist die Regulierung als dringend er- **72**

---

135 Vgl. KI-VO-E Kommission, S. 15; *Becker/Feuerstack*, MMR 2024, 22; *Becker*, ZfDR 2023, 164, 168; *Botta*, ZfDR 2022, 391; *Rostalski/Weiss*, ZfDR 2021, 329; in diese Richtung auch *Spindler*, CR 2021, 361, 366; *Steege/Chibanguza*, SVR 2022, 401, 402; abweichend *Buchalik/Gehrmann*, CR 2024, 145, die von „begrenzten“ Risiken sprechen.

136 Kritisch dazu *Spindler*, CR 2021, 361, 368.

137 *Bomhard/Siglmüller*, RDi 2024, 45, 47.

138 Vgl. ErwG 133.

forderlich anzusehen.[139] Durch Deepfakes lassen sich im journalistischen und politischen Bereich Meinungen beeinflussen und Debatten steuern. Auf Social Media, wo Videos, Bilder und andere Inhalte in hoher Frequenz und in Rekordzeit geteilt und weitergeleitet werden, ist eine einmal in Verkehr gebrachte Fälschung schwer wieder „einzufangen". Im Präsidentschaftswahlkampf 2024 in den USA wurden bereits verschiedene Deepfakes genutzt. Beispielsweise wurden Bürger angerufen und von der (nachgestellten) Stimme des amtierenden Präsidenten *Joe Biden* dazu aufgefordert, nicht an einer Vorwahl teilzunehmen.[140] Zwar war wohl gut zu hören, dass es sich um eine ähnliche, aber computergenerierte Stimme handelte. Die Gefahr solcher Fälschungen ist mit zunehmender Leistungsfähigkeit der Technik aber groß. Außerhalb der politischen Sphäre sind mit der Verwendung von Deepfakes auch andere Betrugsszenarien denkbar. So könnten Identitätstäuschungen beim VideoIdent-Verfahren zur Schädigung von Privatpersonen führen.[141] Auch die Verwendung von Deepfakes für pornografische Inhalte stellt ein Bedrohungsszenario für Privatpersonen dar.[142] Durch die breite Zugänglichkeit von Deepfake-Anwendungen kann es zu eklatanten Persönlichkeitsrechtsverletzungen kommen, wenn Gesichter in derlei Videos geschnitten werden.[143] Inwieweit die Anforderungen der KI-VO an solche Systeme diesen Problemfällen abhelfen können, ist schwer einzuschätzen. Soweit ohnehin eine betrügerische oder kriminelle Intention hinter der Verwendung von Deepfakes besteht, ist nicht davon auszugehen, dass die gesetzlichen Vorgaben der KI-VO eingehalten würden. Insofern ist nicht damit zu rechnen, dass bei der Verwendung von Deepfakes eine Kenntlichmachung erfolgt. Dennoch ist die Offenlegungspflicht zu begrüßen, da auch die zulässige Verwendung solcher Inhalte gerade im Bereich Social Media weitreichende Folgen haben kann. Denn die Regulierung, die zumindest von weiten Teilen der Gesellschaft eingehalten wird, ist immer noch wirkungsmächtiger als gar keine Regulierung.[144]

5. Harmonisierte Regeln für das Inverkehrbringen von KI-Modellen für allgemeine Zwecke

73 Im Trilog-Verfahren haben sich die beteiligten Parteien auf die **Regelung von KI-Modellen für allgemeine Zwecke** geeinigt. Ein KI-Modell mit allgemeinem

139 So auch *Linardatos*, Das Ende der Verlässlichkeit, für Legal Tribune Online v. 27.7.2023.

140 *Matza*, Fake Biden robocall tells voters to skip New Hampshire primary election, BBC v. 23.1.2024.

141 *Rößling*, ZfDR 2024, 187.

142 *Lantwin*, MMR 2019, 574, 575.

143 *Lantwin*, MMR 2019, 574, 575.

144 Zur Regulierung von Deepfakes ausführlich: *Rößling*, ZfDR 2024, 187; *Thiel*, ZRP 2021, 202.

Verwendungszweck ist nach Art. 3 Nr. 63 ein Modell, „das eine erhebliche allgemeine Verwendbarkeit aufweist und in der Lage ist, unabhängig von der Art und Weise seines Inverkehrbringens ein breites Spektrum unterschiedlicher Aufgaben kompetent zu erfüllen, und das in eine Vielzahl nachgelagerter Systeme oder Anwendungen integriert werden kann…“. Ein solches KI-Modell mit allgemeinem Verwendungszweck kann dann in einem speziellen KI-System verwendet werden. Bei diesem System handelt es sich, durch die Integrierung des KI-Modells mit allgemeinem Verwendungszweck, um ein KI-System mit allgemeinem Verwendunszweck (vgl. Art. 3 Nr. 66). Ein solches System stellt nicht zwangsläufig ein Hochrisiko-KI-System dar und muss deshalb einer eigenen Risiko-Klassifizierung unterzogen werden (näher zu KI-Systemen mit allgemeinem Verwendungszweck siehe Art. 3 Nr. 66 Rn. 491 ff.).

KI-Modelle sind nach ErwG 97 Satz 6 zwar wesentliche Komponenten von KI-Systemen, stellen aber selbst kein solches System dar. Es ist vielmehr erforderlich, dass eine zusätzliche Komponente hinzugefügt wird. In ErwG 97 Satz 7 wird die **Nutzerschnittstelle** als Beispiel für eine solche Komponente genannt. Ein Beispiel für ein solches Modell ist GPT-4. Dieses wird als Komponente in ein System eingefügt, beispielsweise in den Chatbot ChatGPT. Bei ChatGPT handelt es sich dann um das KI-System mit allgemeinem Verwendungszweck. **74**

Die **Vorgaben für Anbieter von KI-Modellen mit allgemeinem Verwendungszweck** aus Art. 53 gelten entsprechend dem Anbieterbegriff nur dann, wenn sie ein KI-Modell für allgemeine Zwecke in den Verkehr bringen oder in Betrieb nehmen. Soweit das Modell ausschließlich für interne Verfahren genutzt wird, die für die Bereitstellung eines Produkts oder einer Dienstleistung an Dritte nicht wesentlich sind, und die Rechte von natürlichen Personen nicht beeinträchtigt werden, sollen die für Modelle festgelegten Pflichten „in jedem Falle nicht gelten“ (ErwG 97 Satz 12). **75**

Anbieter von KI-Modellen mit allgemeinem Verwendungszweck müssen besondere Dokumentationspflichten einhalten und eine Strategie zur Einhaltung des Urheberrechts und eine hinreichende Zusammenfassung des Trainings ihres Modells zur Verfügung stellen.[145] Die KI-VO sieht zudem **besondere Anforderungen** für KI-Modelle mit allgemeinem Verwendungszweck mit systemischem Risiko vor. Deren Anbieter müssen nach Art. 55 weitere Risikomanagement- und Assessment-Maßnahmen treffen, Modellevaluierungen zur Verfügung stellen und Berichtspflichten einhalten. KI-Modelle für allgemeine Zwecke mit systemischem Risiko sind nach Art. 3 Nr. 65 Modelle, die einen **besonders hohen Wirkungsgrad** haben. Der Wirkungsgrad ergibt sich aus der Rechenleistung, **76**

145 *Frost/Steininger/Vivekens*, MPR 2024, 4, 9.

mit dem das Modell trainiert wurde.[146] Eine Rechenleistung von 10^{25} FLOPS[147] wird nur von den wenigsten Modellen erreicht. Zudem könnte die besonders strenge Regulierung solcher KI dazu führen, dass die Rechenleistung beim Training des Modells künstlich reduziert wird, um die Anforderungen zu umgehen. Es könnte für die Anbieter solcher Modelle demnach attraktiver sein, mehrere KI-Systeme zu verschiedenen Zwecken zu entwickeln, als ein System, welches sämtliche Zwecke beherrscht, aber mit einer hohen Rechenleistung trainiert werden muss.

77 Der Normierung von KI-Modellen mit allgemeinem Verwendungszweck sind im Gesetzgebungsverfahren **intensive Diskussionen** vorausgegangen. Insbesondere die Mitgliedstaaten Frankreich, Deutschland und Italien sprachen sich lange Zeit gegen die Regulierung dieser Modelle aus, um Anbieter in ihren Ländern zu schützen.[148] Die Interessenvertreter der KI-Wirtschaft übten im gesamten Gesetzgebungsverfahren starken Druck auf die Vertreter der Mitgliedstaaten aus.[149] Als Alternative zur konkreten gesetzlichen Regelung wurden freiwillige Verhaltenskodizes vorgeschlagen, die sich die Anbieter selbst geben sollten. Das europäische Parlament kritisierte, dass die Rechte von betroffenen Unionsbürgern so nicht ausreichend geschützt werden könnten und das Allgemeininteresse an sicherer Verwendung von generativer KI die Einzelinteressen der Anbieter überwiegt. Zunächst gab Italien, kurze Zeit später aber auch Deutschland und Frankreich ihre Widersprüche auf.

78 Die Regulierung von KI-Modellen mit allgemeinem Verwendungszweck ist vor dem Hintergrund der schnell wachsenden Zahl von Large Language Models zu begrüßen. Diese Modelle werden in der Regel kostenlos zur Verfügung gestellt und erfreuen sich großer Nutzerzahlen. Es kam seit der erstmaligen Veröffentlichung von ChatGPT im November 2022 zu mehreren **Zwischenfällen und Kritik** an den Systemen.[150] Zum einen wird angeführt, dass aufgrund des selbstständigen Lernens der Systeme überhaupt nicht nachvollziehbar sei, wie die Ausgaben für die Nutzer überhaupt erzeugt werden.[151] Zum anderen ergeben sich **ur-**

---

146 *Buchalik/Gehrmann*, CR 2024, 145, 152.

147 Floating Point Operations Per Second (deutsch: Gleitkommaoperationen pro Sekunde) messen die Verarbeitungsgeschwindigkeit eines Computers. Eine Begriffsbestimmung findet sich in Art. 3 Nr. 67.

148 *Schwartmann/Köhler*, RDV 2024, 27, 28.

149 *de la Durantaye*, AfP 2024, 9, 20; andeutend auch *Frost/Steininger/Vivekens*, MPR 2024, 4, 9.

150 *Wieduwilt*, Das KI-Flunkern von ChatGPT wird zur Haftungsfalle, FAZ v. 2.5.2024; *Schurter*, ChatGPT zeigt angeblich vertrauliche Daten von fremden Usern an, Watson v. 30.1.2024; *Nickel*, „ChatGPT hat den Verstand verloren“, Golem v. 21.2.2024.

151 MIT Technology Review Online, Keiner weiß, wie Large Language Models wirklich ticken – und das ist das Problem, t3n digital pioneers v. 5.5.2024.

heberrechtliche Fragestellungen: Das Training der KI findet in der Regel mit Daten aus dem Internet statt, sodass auch urheberrechtlich geschützte Daten verwendet werden können, ohne dass die Rechteinhaber ihre Zustimmung erteilt haben; soweit urheberrechtlich geschützte Werke zur Erarbeitung einer Ausgabe führen, ist fraglich, ob diese nicht ebenfalls urheberrechtlich geschützt werden müssen; bei der Verwendung von Ausgaben für neue Werke kann es zu wörtlichen Übereinstimmungen mit den für die Ausgabe verarbeiteten Werken kommen, was zu Plagiatsproblemen führen kann. Das Training von KI mit öffentlichen Daten und die Verwendung von personenbezogenen Daten beim Betrieb der KI bergen zudem auch datenschutzrechtliche Probleme.[152] Zuletzt können die Datensätze, mit denen Large Language Models trainiert werden, Bias enthalten und so zu Vorurteilen des Systems führen.[153] Das Tätigwerden des Unionsgesetzgebers vermag zwar nicht alle diese Fragestellungen zu beantworten, ist aber ein Schritt in die richtige Richtung. Diesen mit derart vielen Rechtsfragen gespickten Bereich – wie ursprünglich von einigen Mitgliedstaaten gefordert – unreguliert zu lassen, würde der Werteordnung der EU widersprechen.

6. Regeln für die Marktüberwachung, die Steuerung der Marktüberwachung und die Durchsetzung

Dem Konzept des Produktsicherheitsrechts folgend, sieht die KI-VO zur Überwachung und Durchsetzung ihrer Regelungen verschiedene Maßnahmen vor. **79** Das Konzept der Marktüberwachung im Produktsicherheitsrecht wurde mit dem New Legislative Framework eingeführt[154] und durch die neue Marktüberwachungsverordnung[155] novelliert. Nach Art. 74 Abs. 1 sind die KI-Systeme dieser Marktüberwachungsverordnung unterworfen. Dazu wurde zunächst auf europäischer Ebene das Büro für KI („AI Office“) geschaffen.[156] Es ist zuständig für die Entwicklung von Standards und Testverfahren, koordiniert und unterstützt

152 Zum KI-Training mit öffentlich zugänglichen Daten in Bezug auf die DSGVO *Paal*, ZfDR 2024, 129.

153 *Piers*, Even ChatGPT says ChatGPT Is Racially Biased, Scientific American v. 7.2.2024.

154 Insbesondere in der Verordnung (EG) Nr. 765/2008 des Europäischen Parlaments und des Rates über die Vorschriften für die Akkreditierung und Marktüberwachung im Zusammenhang mit der Vermarktung von Produkten und zur Aufhebung der Verordnung (EWG) Nr. 339/93 des Rates, 9.7.2008, ABl. L 218, S. 30.

155 Verordnung (EU) 2019/1020 des Europäischen Parlaments und des Rates über Marktüberwachung und die Konformität von Produkten sowie zur Änderung der Richtlinie 2004/42/EG und der Verordnungen (EG) Nr. 765/2008 und (EU) Nr. 305/2011, 20.6.2019, ABl. L 169, S. 1.

156 EU-Komm., Beschluss zur Errichtung des europäischen Amts für künstliche Intelligenz, 24.1.2024, ABl. 2024 C 1459.

die nationalen Behörden und ist exklusiv für die Überwachung von KI-Systemen für allgemeine Zwecke zuständig.[157] Diese **Sonderzuständigkeit** bricht mit dem grundsätzlichen Ansatz der Verordnung, der den mitgliedstaatlichen Behörden die Überwachungsbefugnis zuschreibt. Nach ErwG 148 Satz 3 sollen durch das Büro Fachwissen und Kapazitäten entwickelt werden, „um zur Umsetzung des Unionsrechts im KI-Bereich beizutragen".

80 Für die strategische Beaufsichtigung und Beratung des Büros für KI ist der **KI-Ausschuss** tätig, in welchem je ein Vertreter aus jedem EU-Mitgliedstaat sitzt.[158] Er soll neben der Beratung auch für die Abgabe von Stellungnahmen, Empfehlungen, Ratschlägen oder Leitlinien zu Durchsetzungsfragen, technischen Spezifikationen oder bestehenden Normen in Bezug auf die in der KI-VO festgelegten Anforderungen zuständig sein (ErwG 149).[159]

81 Das Büro und der Ausschuss werden von einem Beratungsforum unterstützt. Dort finden sich Vertreter der Wissenschaft, der Industrie und der Zivilgesellschaft, die sich für ihre jeweiligen Interessen einsetzen. Darüber hinaus sind auch Vertreter der europäischen Agentur für Cybersicherheit (ENISA), des europäischen Instituts für Telekommunikationsnormen (ETSI) sowie des Europäischen Komitees für Normung (CEN) und des europäischen Komitees für elektrotechnische Normung (CENELEC), die sich für deren jeweilige Interessen einsetzen, vorgesehen, wie aus ErwG 150 hervorgeht.

82 Jeder Mitgliedstaat muss bis spätestens zwölf Monate nach Inkrafttreten des Gesetzes mindestens eine **notifizierende Behörde** und eine **Marktüberwachungsbehörde** für die Zwecke der KI-VO einrichten, vgl. Art. 70 Abs. 1 Satz 1. Welche deutschen Behörden für die Marktüberwachung von KI-Systemen – möglicherweise mit Ausnahme der KI-Modelle mit allgemeinem Verwendungszweck – zuständig sein werden, ist bislang nicht bekannt. Es bestehen verschiedene Ansätze, wie beispielsweise die Bündelung sämtlicher digitaler Aufsicht bei der Bundesnetzagentur oder aber ein mit den Datenschutzbehörden vergleichbares Modell. Trotz der Rechtsnatur der KI-VO bedarf es zur Schaffung einer solchen Behörde und zur Regelung ihrer Rechte und Pflichten eines Umsetzungsgesetzes, um die Zuständigkeiten auf nationaler Ebene klarzustellen.[160] Die Bundesregierung hat ein solches Gesetz im Rahmen einer kleinen Anfrage im März 2024 bereits angekündigt.[161]

157 *Buchalik/Gehrmann*, CR 2024, 145, 147; *Bomhard/Siglmüller*, RDi 2024, 45, 52.
158 *Buchalik/Gehrmann*, CR 2024, 145, 147.
159 *Bomhard/Siglmüller*, RDi 2024, 45, 52.
160 *Bomhard/Siglmüller*, RDi 2024, 45, 52.
161 Antwort der Bundesregierung auf eine Anfrage der Fraktion CDU/CSU vom 18.3.2024, BT-Drs. 20/10599, S. 5.

Im Mai 2024 ließ die **Konferenz der unabhängigen Datenschutzaufsichtsbehörden des Bundes und der Länder** (DSK) in einer Pressemitteilung[162] verlauten, dass sie die in ihr vertretenen Aufsichtsbehörden aufgrund der langjährigen Erfahrung im Bereich der Beratung, Beschwerdebearbeitung und Kooperation auf nationaler und europäischer Ebene als geeignete Stelle für die Marktüberwachung nach der KI-VO sieht. Dies geht auch aus einem Positionspapier der Konferenz hervor.[163] Ausgenommen davon seien jedoch einzelne Sektoren wie etwa der Finanzsektor oder die kritische Infrastruktur. Die DSK argumentiert, dass Doppelstrukturen und zusätzlicher Bürokratieaufwand vermieden werden könnten. Zudem stünde den Datenschutzbehörden ohnehin die Zuständigkeit nach der DSGVO für solche KI-Systeme zu, die personenbezogene Daten verarbeiteten. **83**

Die Bündelung der Kompetenzen bei den Datenschutzbehörden erscheint auf den ersten Blick zweckmäßig, soweit keine Interessenkonflikte zwischen den Ressorts KI-Überwachung und Datenschutz-Überwachung entstehen. **84**

7. Maßnahmen zur Förderung der Innovation, mit besonderem Schwerpunkt auf KMU, einschließlich Start-ups

Die EU hat sich mit der KI-VO zum Ziel gesetzt, Innovation und den europäischen Markt für KI-Systeme zu fördern. Eine besondere Ausprägung dieser Zielsetzung findet sich in Art. 1 Abs. 2 lit. g, der **Maßnahmen zur Förderung der Innovation mit besonderem Schwerpunkt auf KMU und Start-up-Unternehmen** vorsieht. Seit der Veröffentlichung des Kommissionsentwurfs im April 2021 wurde immer wieder der hemmende Effekt einer Überregulierung angeführt, der wegen der weitreichenden Anbieter und Betreiberpflichten droht.[164] **85**

Aus ErwG 143 Satz 1 geht hervor, dass die Interessen von KMU, einschließlich Start-up-Unternehmen, zum Zweck der Förderung und des Schutzes von Innovation in der KI-VO besonders berücksichtigt werden sollen. Die KI-VO enthält zu diesem Zweck **kein spezielles Kapitel**, sondern nennt verschiedene Privilegierungen in denjenigen Vorschriften, in denen der Gesetzgeber eine Berücksichtigung für erforderlich gehalten hat: Die KI-VO sieht vor, dass Vertreter von KMU und Start-up-Unternehmen als Mitglieder des Beratungsgremiums den **86**

162 DSK, Pressemitteilung, Datenschutzkonferenz bezieht Position: Nationale Zuständigkeit für die Verordnung zur Künstlichen Intelligenz (KI-VO), 8.5.2024

163 DSK, Beschluss, Nationale Zuständigkeiten für die Verordnung zur Künstlichen Intelligenz (KI-VO) – Positionspapier, 3.5.2024.

164 Zum Kommissionsentwurf schon *Valta/Vasel*, ZRP 2021, 142; *Rostalski/Weiss*, ZfDR 2021, 329, 336; *Botta*, ZfDR 2022, 391; allgemein dazu auch *Voß*, in: Hilgendorf/Roth-Isigkeit, Die neue Verordnung der EU zur Künstlichen Intelligenz, § 9 Rn. 1 f.

KI-Ausschuss beraten (Art. 67 Abs. 2). Neben dieser eher politischen Vorschrift enthält die KI-VO einige Vorschriften, von denen KMU und Start-ups unmittelbar in der Praxis profitieren können. Die EU-Kommission soll Leitlinien für die Umsetzung der KI-VO in KMU und Start-up-Unternehmen herausgeben (Art. 96 Abs. 1 lit. f). Gerade bei der Umsetzung der strengen Anforderungen an Hochrisiko-KI-Systeme sind solche Hilfsmaßnahmen von Bedeutung. Darüber hinaus wird KMU und Start-up-Unternehmen, die Hochrisiko-KI-Systemen anbieten, die technische Dokumentation nach Art. 11 Abs. 1 UAbs. 2 vereinfacht.

87 Die Berücksichtigung von KMU setzt sich auf der Durchsetzungsebene der KI-VO fort. In den Bußgeldvorschriften sind besondere Strafmilderungen vorgesehen. Die **besondere wirtschaftliche Leistungsfähigkeit** muss bei der Anordnung eines Bußgeldes durch die zuständige Behörde berücksichtigt werden (Art. 99 Abs. 1 Satz 3). Die Höhe der Bußgelder richtet sich nach einem von der KI-VO vorgegebenen Betrag oder einem bestimmten Prozentsatz des gesamten weltweiten Jahresumsatzes des vorhergehenden Geschäftsjahres. Art. 99 Abs. 6 ordnet an, dass – entgegen der allgemeinen Regel der Bußgeldvorschriften – bei Sanktionen nach Art. 99 Abs. 3, 4 oder 5 die jeweils geringere Geldbuße anzuordnen ist.

88 Das Ziel, KMU und Start-up-Unternehmen einen vereinfachten Zugang zum KI-Markt und einen vereinfachten Betrieb von KI-Systemen zu ermöglichen, wurde durch die EU-Kommission schon im Weißbuch über einen europäischen Ansatz für KI aus dem Jahr 2020 festgelegt.[165] Dieser Plan wird mit den besonderen Maßnahmen für KMU und Start-ups bei der Entwicklung von KI in der KI-VO manifestiert. Die KI-Reallabore, welche das Training von KI-Systemen ermöglichen sollen, dürfen von solchen Unternehmen bevorzugt genutzt werden, vgl. Art. 57 Abs. 9 lit. e, Art. 58 Abs. 2 lit. d, f und g, Art. 58 Abs. 3, Art. 62 Abs. 1 und 2. Sie können ein vereinfachtes Bewerbungsverfahren durchlaufen und müssen – abgesehen von außergewöhnlichen Kosten in Ausnahmefällen – keine Kosten für die Nutzung der Reallabore ersetzen. Die Mitgliedstaaten müssen die Unternehmen außerdem durch Schulungs- und Sensibilisierungsmaßnahmen unterstützen und Kommunikationskanäle einrichten, auf denen sich Start-ups, Gründer, Nutzer und andere Innovatoren austauschen können (Art. 70 Abs. 8).

89 Die Förderung von KMU und Start-up-Unternehmen basiert auf der Annahme, dass diesen Marktteilnehmern **besondere Antriebskraft hinsichtlich Innovation** und technologischem Fortschritt auf dem Unionsmarkt zukommt.[166] Weil sie aber häufig weniger Ressourcen für die Umsetzung gesetzlicher Vorgaben ha-

165 EU-Komm., Weißbuch „Zur Künstlichen Intelligenz – ein europäisches Konzept für Exzellenz und Vertrauen", 19.2.2020, COM(2020) 65 final, S. 8.

166 *Frost/Steininger/Vivekens*, MPR 2024, 4, 12.

ben, soll ihr Kosten- und Verwaltungsaufwand reduziert werden.[167] Damit sollen auch Nachteile gegenüber größeren Marktteilnehmern ausgeglichen werden.[168] Die Erleichterung der regulatorischen Anforderungen wird den besonderen Eigenschaften (Flexibilität, Agilität, beschränkte personelle und finanzielle Mittel) von KMU und Start-up-Unternehmen gerecht und erleichtert darüber hinaus den Marktzugang für gänzlich neue Marktteilnehmer. Zwar können Privilegierungen stellenweise wegen der ihnen immanenten Ungleichbehandlung im Wettbewerb als ungerecht wahrgenommen werden. Aufgrund der ungleichen Voraussetzungen von KMU und Start-up-Unternehmen auf der einen und großen Unternehmen auf der anderen Seite erscheint diese Ungleichbehandlung aber gerechtfertigt. Soweit aus der weniger starken Regulierung keine Risiken für die Grundrechte und -freiheiten der Nutzer von KI-Systemen entstehen, ist diese deshalb zu begrüßen. Da die Regelungen in der KI-VO in der Gesamtbetrachtung eher geringfügige Vorteile für KMU und Start-up-Unternehmen bieten, ist nicht von einer Unterregulierung auszugehen.

167 KI-VO-E Kommission, Begründung, S. 4.
168 KI-VO-E Kommission, Begründung, S. 11.

Art. 2 Anwendungsbereich

(1) Diese Verordnung gilt für

a) Anbieter, die in der Union KI-Systeme in Verkehr bringen oder in Betrieb nehmen oder KI-Modelle mit allgemeinem Verwendungszweck in Verkehr bringen, unabhängig davon, ob diese Anbieter in der Union oder in einem Drittland niedergelassen sind;

b) Betreiber von KI-Systemen, die ihren Sitz in der Union haben oder sich in der Union befinden;

c) Anbieter und Betreiber von KI-Systemen, die ihren Sitz in einem Drittland haben oder sich in einem Drittland befinden, wenn die vom System hervorgebrachte Ausgabe in der Union verwendet wird;

d) Einführer und Händler von KI-Systemen;

e) Produkthersteller, die ein KI-System zusammen mit ihrem Produkt und unter ihrem eigenen Namen oder ihrer Handelsmarke in Verkehr bringen oder in Betrieb nehmen;

f) Bevollmächtigte von Anbietern, die nicht in der Union niedergelassen sind;

g) betroffene Personen, die sich in der Union befinden.

(2) Für KI-Systeme, die als Hochrisiko-KI-Systeme gemäß Artikel 6 Absatz 1 eingestuft sind und im Zusammenhang mit Produkten stehen, die unter die in Anhang I Abschnitt B aufgeführten Harmonisierungsrechtsvorschriften der Union fallen, gelten nur Artikel 6 Absatz 1, die Artikel 102 bis 109 und Artikel 112. Artikel 57 gilt nur, soweit die Anforderungen an Hochrisiko-KI-Systeme gemäß dieser Verordnung im Rahmen der genannten Harmonisierungsrechtsvorschriften der Union eingebunden wurden.

(3) Diese Verordnung gilt nicht in den nicht unter das Unionsrecht fallenden Bereichen und berührt keinesfalls die Zuständigkeiten der Mitgliedstaaten in Bezug auf die nationale Sicherheit, unabhängig von der Art der Einrichtung, die von den Mitgliedstaaten mit der Wahrnehmung von Aufgaben im Zusammenhang mit diesen Zuständigkeiten betraut wurde.

Diese Verordnung gilt nicht für KI-Systeme, wenn und soweit sie ausschließlich für militärische Zwecke, Verteidigungszwecke oder Zwecke der nationalen Sicherheit in Verkehr gebracht, in Betrieb genommen oder, mit oder ohne Änderungen, verwendet werden, unabhängig von der Art der Einrichtung, die diese Tätigkeiten ausübt.

Diese Verordnung gilt nicht für KI-Systeme, die nicht in der Union in Verkehr gebracht oder in Betrieb genommen werden, wenn die Ausgaben in der Union ausschließlich für militärische Zwecke, Verteidigungszwecke

oder Zwecke der nationalen Sicherheit verwendet wird, unabhängig von der Art der Einrichtung, die diese Tätigkeiten ausübt.

(4) Diese Verordnung gilt weder für Behörden in Drittländern noch für internationale Organisationen, die gemäß Absatz 1 in den Anwendungsbereich dieser Verordnung fallen, soweit diese Behörden oder Organisationen KI-Systeme im Rahmen der internationalen Zusammenarbeit oder internationaler Übereinkünfte im Bereich der Strafverfolgung und justiziellen Zusammenarbeit mit der Union oder mit einem oder mehreren Mitgliedstaaten verwenden und sofern ein solches Drittland oder eine solche internationale Organisation angemessene Garantien hinsichtlich des Schutz der Privatsphäre, der Grundrechte und der Grundfreiheiten von Personen bietet.

(5) Die Anwendung der Bestimmungen über die Haftung der Anbieter von Vermittlungsdiensten in Kapitel II der Verordnung 2022/2065 bleibt von dieser Verordnung unberührt.

(6) Diese Verordnung gilt nicht für KI-Systeme oder KI-Modelle, einschließlich ihrer Ausgabe, die eigens für den alleinigen Zweck der wissenschaftlichen Forschung und Entwicklung entwickelt und in Betrieb genommen wurden.

(7) Die Rechtsvorschriften der Union zum Schutz personenbezogener Daten, der Privatsphäre und der Vertraulichkeit der Kommunikation gelten für die Verarbeitung personenbezogener Daten im Zusammenhang mit den in dieser Verordnung festgelegten Rechten und Pflichten. Diese Verordnung berührt nicht die Verordnung (EU) 2016/679 bzw. (EU) 2018/1725 oder die Richtlinie 2002/58/EG bzw. (EU) 2016/680, unbeschadet des Artikels 10 Absatz 5 und des Artikels 59 der vorliegenden Verordnung.

(8) Diese Verordnung gilt nicht für Forschungs-, Test- und Entwicklungstätigkeiten zu KI-Systemen oder KI-Modellen, bevor diese in Verkehr gebracht oder in Betrieb genommen werden. Diese Tätigkeiten werden im Einklang mit dem geltenden Unionsrecht durchgeführt. Tests unter realen Bedingungen fallen nicht unter diesen Ausschluss.

(9) Diese Verordnung berührt nicht die Vorschriften anderer Rechtsakte der Union zum Verbraucherschutz und zur Produktsicherheit.

(10) Diese Verordnung gilt nicht für die Pflichten von Betreibern, die natürliche Personen sind und KI-Systeme im Rahmen einer ausschließlich persönlichen und nicht beruflichen Tätigkeit verwenden.

(11) Diese Verordnung hindert die Mitgliedstaaten oder die Union nicht daran, Rechts- oder Verwaltungsvorschriften beizubehalten oder einzuführen, die für die Arbeitnehmer im Hinblick auf den Schutz ihrer Rechte bei der Verwendung von KI-Systemen durch die Arbeitgeber vorteilhafter sind,

oder die Anwendung von Kollektivvereinbarungen zu fördern oder zuzulassen, die für die Arbeitnehmer vorteilhafter sind.

(12) Diese Verordnung gilt nicht für KI-Systeme, die unter freien und quelloffenen Lizenzen bereitgestellt werden, es sei denn, sie werden als Hochrisiko-KI-Systeme oder als ein KI-System, das unter Artikel 5 oder 50 fällt, in Verkehr gebracht oder in Betrieb genommen.

Mit Art. 2 korrespondieren die Erwägungsgründe 9–11, 21–25, 166.

Schrifttum: *Ashkar*, Wesentliche Anforderungen der DS-GVO bei Einführung und Betrieb von KI-Anwendungen, ZD 2023, 523; *Ashkar/Schröder*, Das Gesetz über künstliche Intelligenz der Europäischen Union, BB 2024, 771; *Baumgartner/Brunnbauer/Cross*, Anforderungen der DS-GVO an den Einsatz von Künstlicher Intelligenz, MMR 2023, 543; *Becker*, Der Kommissionsentwurf für eine KI-Verordnung – Gefahr für die Wissenschaftsfreiheit?, ZfDR 2023, 164; *Becker/Feuerstack*, Der neue Entwurf des EU-Parlaments für eine KI-Verordnung, MMR 2024, 22; *Berz/Engel/Hacker*, Zur Regulierung von KI-Meinungen, ZUM 2023, 586; *Bomhard/Merkle*, Europäische KI-Verordnung: Der aktuelle Kommissionsentwurf und praktische Auswirkungen, RDi 2021, 276; *Bomhard/Siglmüller*, AI Act – Das Trilogergebnis, RDi 2024, 45; *Botta*, Die Förderung innovativer KI-Systeme in der EU, ZfDR 2022, 391; *Buchalik/Gehrmann*, Von Nullen und Einsen zu Paragraphen: Der AI Act, ein Rechtscode für künstliche Intelligenz, CR 2024, 145; *Dauses/Ludwigs* (Hrsg.), Handbuch des EU-Wirtschaftsrechts, Loseblatt, Stand: 61. EL, September 2024; *Dieker*, Datenschutzrechtliche Zulässigkeit der Trainingsdatensammlung, ZD 2024, 132; *Ebers/Heinze/Krügel/Steinrötter* (Hrsg.), Künstliche Intelligenz und Robotik, 2020; *Ebers/Hoch/Rosenkranz/Ruschemeier/Steinrötter*, Der Entwurf für eine EU-KI-Verordnung: Richtige Richtung mit Optimierungsbedarf, RDi 2021, 528; *Ehlers/Fehling/Pünder* (Hrsg.), Besonderes Verwaltungsrecht, Bd. 1, 4. Aufl. 2019; *Engelmann/Brunotte/Lütkens*, Regulierung von Legal Tech durch die KI-Verordnung, RDi 2021, 317; *Ensthaler*, Künstliche Intelligenz – Einige Gedanken zu den vorhandenen und geplanten Schutzmaßnahmen, InTer 2024, 2; *Feuerstack/Becker/Hertz*, Die Entwürfe des EU-Parlaments und der EU-Kommission für eine KI-Verordnung im Vergleich, ZfDR 2023, 421; *Franke*, Datenschutzrechtskonformes Training von KI-Systemen mit öffentlich verfügbaren personenbezogenen Daten, RDi 2023, 565; *Geminn*, Die Regulierung Künstlicher Intelligenz, ZD 2021, 354; *Grabitz/Hilf/Nettesheim* (Hrsg.), Das Recht der Europäischen Union: EUV/AEUV, Kommentar, Stand: 82. EL, Juli 2024; *Grützmacher/Füllsack*, Der Entwurf einer EU-KI-Verordnung, ITRB 2021, 159; *Hacker/Berz*, Der AI Act der Europäischen Union – Überblick, Kritik und Ausblick, ZRP 2023, 226; *Halim/Gasser*, Vektoren zukünftiger Governance von Künstlicher Intelligenz, RDi 2023, 217; *Hessel/Dillschneider*, Datenschutzrechtliche Herausforderungen beim Einsatz von Künstlicher Intelligenz, RDi 2023, 458; *Hoeren/Sieber/Holznagel* (Hrsg.), Handbuch Multimedia-Recht, Stand: 62. EL, Juni 2024; *Hoffmann*, Regulierung der Künstlichen Intelligenz, K&R 2021, 369; *Kühling/Buchner* (Hrsg.), DS-GVO BDSG, Kommentar, 4. Aufl. 2024; *Müller*, Künstliche Intelligenz im Arbeitsverhältnis, öAT 2024, 26; *Müller-Peltzer/Tanczik*, Künstliche Intelligenz und Daten, RDi 2023, 452; *Paal/Pauly* (Hrsg.), DS-GVO BDSG, Kommentar, 3. Aufl. 2021; *Roos/Weitz*, Hochrisiko-KI-Systeme im Kommissionsentwurf für eine KI-Verordnung, MMR 2021, 844; *Rostalski/Weiss*, Der KI-Verordnungsentwurf der Europäischen Kommission, ZfDR 2021, 329; *Spindler*, Der Vorschlag der EU-Kommission für eine Verordnung zur Regulierung Künstlicher Intelligenz, CR 2021, 361; *Steege/Chibanguza*, Metaverse, 2023; *Thiermann/Böck*, Künstliche Intelligenz in Medizinprodukten, RDi 2022, 333; *Valta/Vasel*, Kommissionsvorschlag für eine Verordnung über Künstliche Intelligenz, ZRP 2021, 142; *Veale/Zuiderveen Borgesius*, Demystifying the Draft EU Artificial Intelligence Act, CRi 2021, 97; *Wiebe*, Produktsicherheitsrechtliche Betrachtung des Vorschlags für eine KI-Verordnung, BB 2022, 899.

Übersicht

I. Allgemeines

1. Aufriss des Produktsicherheitsrechts

1 Die KI-VO ist nach dem Vorbild des europäischen Produktsicherheitsrechts entworfen. Das bedeutet, dass sie sich sowohl hinsichtlich ihrer Begriffe als auch hinsichtlich ihrer Struktur nach dem anerkannten Konzept richtet, das in den letzten Jahrzehnten für den Bereich des Produktsicherheitsrechts auf europäischer Ebene entwickelt wurde. Das Produktsicherheitsrecht regelt die Anforderungen für Produkte, die diese aufweisen müssen, um in den Verkehr gegeben werden zu können. Um die KI-VO besser zu verstehen und sie in dieses Konzept einordnen zu können, sollen das europäische Produktsicherheitsrecht und seine Entwicklung an dieser Stelle erörtert werden.[1]

2 Zentrale Aufgabe der Europäischen Union ist die Schaffung und Erhaltung des freien Verkehrs von Waren, Dienstleistungen, Personen und Kapital, also des europäischen Binnenmarkts (Art. 26 Abs. 2 AEUV). Der freie Warenverkehr erfordert die Schaffung und Einhaltung gemeinsamer Vorschriften für rechtliche Anforderungen an diese Waren im Sinne eines Produktsicherheitsrechts. Die Mitgliedstaaten der Europäischen Gemeinschaft (EG) verpflichteten sich deshalb früh, ihre jeweiligen eigenen produktsicherheitsrechtlichen Vorschriften gegenseitig anzuerkennen.[2] Jedoch erwies sich dieses Vorgehen als fehleranfällig, da die Anerkennung dem Vorbehalt unterworfen war, dass nationale Belange im Einzelfall die Regelungen anderer Staaten der Gemeinschaft blockieren konnten.[3] Das führte zu Hemmnissen des Produktverkehrs und schränkte die Funktion des Binnenmarktes immer wieder ein. Mit dem Konzept der Detailharmonisierung (auch: „altes Konzept") sollte eine Vereinheitlichung der europäischen Produktsicherheitsvorschriften erreicht werden. Danach verhandelten die Mitgliedstaaten die Anforderungen an bestimmte Produkte bis ins letzte, konsensfähige Detail, bis Einstimmigkeit vorlag.[4] Der Grundsatz der gegenseitigen Anerkennung wurde erweitert, indem die Bestimmungen der Art. 34–36 AEUV, die mengenmäßige Beschränkungen und alle Maßnahmen gleicher Wirkung[5] ver-

---

1 Eine ausführliche Erörterung der Historie des europäischen Produktsicherheitsrechts mit der Nennung aller Rechtsakte findet sich bei: Bekanntmachung der Kommission, Leitfaden für die Umsetzung der Produktvorschriften der EU 2022 („Blue Guide"), 29.6.2022, ABl. 2022 C 247, S. 1.

2 *Klindt/Schucht*, in: Ehlers/Fehling/Pünder, Besonderes Verwaltungsrecht, Bd. 1, § 36 Rn. 31.

3 *Klindt/Schucht*, in: Ehlers/Fehling/Pünder, Besonderes Verwaltungsrecht, Bd. 1, § 36 Rn. 31.

4 *Klindt/Schucht*, in: Ehlers/Fehling/Pünder, Besonderes Verwaltungsrecht, Bd. 1, § 36 Rn. 31.

5 Zum Begriff: *Brigola*, in: Dauses/Ludwigs, EU-WirtschaftsR-HdB, C.I. Rn. 91.

bieten, auch für nationale technische Vorschriften galten.[6] Art. 34–36 AEUV befassen sich mit dem freien Warenverkehr innerhalb der EU und enthalten Regelungen zu nationalen technischen Vorschriften. Der Kerngedanke ist, dass nationale Regelungen den Handel zwischen den Mitgliedstaaten nicht ungerechtfertigt beschränken dürfen. Bei der Entwicklung nationaler technischer Vorschriften muss also darauf geachtet werden, keine unzulässigen Handelsbarrieren zu schaffen. Auch der EuGH trug mit seiner Entscheidung „**Cassis de Dijon**" vom 20.2.1979 zur Stärkung der gegenseitigen Anerkennung bei.[7] Nichtsdestotrotz führte das alte Konzept nicht zu einer Stärkung des Binnenmarktes, weil die Verhandlungen häufig lange dauerten, während sich die Technik stetig weiterentwickelte. Die langen und kleinteiligen Regelungen waren dementsprechend häufig schon bei Inkrafttreten veraltet.[8] Das Erfordernis der Einstimmigkeit sollte zwar dem öffentlichen Interesse und der Anerkennungsfähigkeit der Regelungen zugutekommen, verkomplizierte die Verhandlungen aber regelmäßig.[9] Im Jahr 1985 folgte deshalb – unter anderem auch auf Grundlage der Feststellungen des EuGH in der Entscheidung Cassis de Dijon[10] – das „Neue Konzept" (englisch: „New Approach").[11] Darin wurde ein neues System zur Harmonisierung der Produktsicherheitsvorschriften geschaffen. Das System sah vor, in europäischen „Harmonisierungsrechtsvorschriften" nur noch ganz allgemeine und unabdingbare Sicherheitsanforderungen an Produkte zu regeln und die Detailharmonisierung abzuschaffen. Alle weiteren Vorgaben, die über die wesentlichen Anforderungen an Produktsicherheit hinausgingen, sollten durch europäische Normungsorganisationen erlassen werden, in sogenannten „harmonisierten Normen". Verpflichtend ist nach diesem Konzept für die Warenhersteller und Anbieter nur die Einhaltung der Harmonisierungsrechtsvorschriften. Wenden sie darüber hinaus freiwillig auch die harmonisierten Normen an, führt das zu einer widerlegbaren „Konformitätsvermutung". Die Konformitätsvermutung attestiert die Verkehrsfähigkeit des Produkts.[12] Als Rechtsinstrument kom-

---

6 Bekanntmachung der Kommission, Leitfaden für die Umsetzung der Produktvorschriften der EU 2022 („Blue Guide"), 29.6.2022, ABl. 2022 C 247/1, S. 7.

7 EuGH, Urt. v. 20.2.1979 – 120/78, NJW 1979, 1766 – Rewe/Bundesmonopolverwaltung für Branntwein.

8 *Kapoor/Klindt*, EuZW 2008, 649, 650; *Klindt/Schucht*, in: Ehlers/Fehling/Pünder, Besonderes Verwaltungsrecht, Bd. 1, § 36 Rn. 30.

9 Bekanntmachung der Kommission, Leitfaden für die Umsetzung der Produktvorschriften der EU 2022 („Blue Guide"), 29.6.2022, ABl. 2022 C 247/1, S. 6.

10 Näher dazu: Bekanntmachung der Kommission, Leitfaden für die Umsetzung der Produktvorschriften der EU 2022 („Blue Guide"), 29.6.2022, ABl. 2022 C 247/1, S. 6 f.

11 Europäischer Rat, Entschließung über eine neue Konzeption auf dem Gebiet der technischen Harmonisierung und der Normung, 7.5.1985, ABl. C 136.

12 *Tietje*, in: Grabitz/Hilf, EUV/AEUV, Art. 114 Rn. 21 f.

men für Harmonisierungsrechtsvorschriften sowohl Richtlinien als auch Verordnungen in Betracht.

3 Das neue Konzept führte zu einer deutlichen Stärkung des Binnenmarktes, wies aber auch einige Schwächen auf.[13] Zwar wurden in den Bestimmungen häufig die gleichen Begriffe verwendet, ihre Definitionen konnten sich aber in verschiedenen Harmonisierungsrechtsvorschriften unterscheiden. Es kam darüber hinaus zu Überschneidungen von Vorgaben, wenn für ein Produkt mehr als eine Harmonisierungsrechtsvorschrift einschlägig war. Das führte zu großem Umsetzungsaufwand und stellenweise gar zu widersprüchlichen Anforderungen an die Akteure. Zuletzt war die Marktüberwachung nicht einheitlich geregelt und so wurden verschiedene Produkte trotz scheinbar harmonisierter Vorschriften in unterschiedlichen Mitgliedstaaten ungleich behandelt.

4 Die Idee des Neuen Konzepts wurde grundsätzlich als zweckmäßig angesehen, sollte aber überarbeitet werden. Daher veröffentlichte der Europäische Rat im Jahr 2003 eine Entschließung.[14] Zur Lösung dieser Probleme wurde im Jahr 2008 der „neue Rechtsrahmen" (englisch: New Legislative Framework, NLF) verabschiedet. Das Grundgerüst des neuen Konzepts wurde beibehalten, aber durch verschiedene Rechtsakte auf die Bedarfe des Binnenmarktes angepasst. Es wurden einheitliche Anforderungen an die Marktüberwachung[15] und zur Anerkennung von in anderen Mitgliedstaaten rechtmäßig in Verkehr gebrachten Produkten[16] normiert. Daneben war vor allem der Beschluss Nr. 768/2008/EG[17] von Bedeutung, der einen einheitlichen Rahmen für allgemeine Grundsätze und Musterbestimmungen für die Ausarbeitung von Rechtsvorschriften der Gemeinschaft zur Harmonisierung der Bedingungen für die Vermarktung von Produkten („Harmonisierungsvorschriften der Gemeinschaft") enthält (Art. 2 UAbs. 1 Beschluss Nr. 768/208/EG mit Verweis auf die Anhänge, die die Musterbestimmungen auflisten). Diese Vorgaben sollen für sektorale, also vertikale oder hori-

---

13 Dazu auch: *Klindt/Schucht*, in: Ehlers/Fehling/Pünder, Besonderes Verwaltungsrecht, Bd. 1, § 36 Rn. 42 ff.

14 Europäischer Rat, Entschließung über die verbesserte Umsetzung der Richtlinien des neuen Konzepts, 10.11.2003, ABl. C 282.

15 Verordnung (EG) Nr. 764/2008 des Europäischen Parlaments und des Rates zur Festlegung von Verfahren im Zusammenhang mit der Anwendung bestimmter nationaler technischer Vorschriften für Produkte, die in einem anderen Mitgliedstaat rechtmäßig in den Verkehr gebracht worden sind, und zur Aufhebung der Entscheidung Nr. 3052/95/EG, 9.7.2008, ABl. L 218, S. 21.

16 Verordnung (EG) Nr. 764/2008 des Europäischen Parlaments und des Rates über die Vorschriften für die Akkreditierung und Marktüberwachung im Zusammenhang mit der Vermarktung von Produkten und zur Aufhebung der Verordnung (EWG) Nr. 339/93, 9.7.2008, ABl. L 218, S. 21.

17 Beschluss Nr. 768/2008/EG des Europäischen Parlaments und des Rates über einen gemeinsamen Rechtsrahmen für die Vermarktung von Produkten und zur Aufhebung des Beschlusses 93/465/EWG des Rates, 9.7.2008, ABl. L 218, S. 82.

zontale Rechtsakte angewendet werden.[18] Der Beschluss enthält **Musterbestimmungen** für Begriffsbestimmungen, beteiligte Akteure, Pflichten der Akteure, das Konformitätsbewertungsverfahren und zuletzt zur CE-Kennzeichnung. Die CE-Kennzeichnung ist der äußerlich sichtbare Hinweis darauf, dass ein Produkt vom Hersteller auf seine Konformität geprüft wurde und es den geltenden Anforderungen der Harmonisierungsrechtsvorschriften genügt.[19] Das **alte Konzept** und die darunter verabschiedeten Harmonisierungsrechtsvorschriften legten den Fokus auf das „Inverkehrbringen" eines Produkts, welches die erstmalige Bereitstellung auf dem Unionsmarkt beschreibt. Mit dem neuen Rechtsrahmen wird auch das „Bereitstellen auf dem Markt", welches nicht erstmalig stattfindet, in den Blick genommen.[20] Damit wird die Nachverfolgung nicht-konformer Produkte zu ihrem Hersteller erleichtert.[21]

Eine Abweichung von den Mustervorgaben des neuen Rechtsrahmens ist nur möglich, wenn diese aufgrund der Besonderheiten eines bestimmten Produktsektors erforderlich ist.[22] Diese Mustervorgaben des NLF bilden dementsprechend das Grundgerüst aller seitdem verabschiedeten Produktsicherheitsvorschriften der Europäischen Union. Die Vorschriften enthalten weiterhin lediglich die wesentlichen Anforderungen an die Produkte, während technische Einzelheiten in den harmonisierten technischen Normen durch die Normungsorganisationen bestimmt werden. Mit der VO 2019/1020 (EU) wurde die Marktüberwachung und Konformität von Produkten nochmals modernisiert.[23] 5

Im Rahmen des neuen Konzepts und des neuen Rechtsrahmens sind verschiedene – meist sektorspezifische – Harmonisierungsrechtsvorschriften entstanden. Daneben wurde im Jahr 2001 die allgemeine Produktsicherheitsrechtsrichtlinie erlassen.[24] Mit ihr soll sichergestellt werden, dass diejenigen Produkte, die nicht unter die sektorspezifischen Harmonisierungsrechtsvorschriften fallen, für Verbraucher sicher sind. Sie diente also als Auffangnetz und sollte die allgemeine 6

---

18 *Klindt/Schucht*, in: Ehlers/Fehling/Pünder, Besonderes Verwaltungsrecht, Bd. 1, § 36 Rn. 54.

19 *Klindt/Schucht*, in: Ehlers/Fehling/Pünder, Besonderes Verwaltungsrecht, Bd. 1, § 36 Rn. 104 f.

20 Bekanntmachung der Kommission, Leitfaden für die Umsetzung der Produktvorschriften der EU 2022 („Blue Guide"), 29.6.2022, ABl. 2022 C 247/1, S. 10.

21 Bekanntmachung der Kommission, Leitfaden für die Umsetzung der Produktvorschriften der EU 2022 („Blue Guide"), 29.6.2022, ABl. 2022 C 247/1, S. 10.

22 *Klindt/Schucht*, in: Ehlers/Fehling/Pünder, Besonderes Verwaltungsrecht, Bd. 1, § 36 Rn. 56.

23 Verordnung (EU) 2019/1020 des Europäischen Parlaments und des Rates über Marktüberwachung und die Konformität von Produkten sowie zur Änderung der Richtlinie 2004/42/EG und der Verordnung (EG) Nr. 765/2008 und (EU) 305/2011, 20.6.2019, ABl. L 169, S. 1.

24 Richtlinie 2001/95/EG des Europäischen Parlaments und des Rates über die allgemeine Produktsicherheit, 3.12.2001, ABl. L 011.

Produktsicherheit unabhängig von bestimmten Sektoren fördern. Durch die Verordnung (EU) 2023/988 wurde die Richtlinie aufgehoben und reformiert.[25] Diese gilt nunmehr für alle Produkte, die ab dem 13.12.2024 in Verkehr gebracht werden.

7 In das Konzept des NLF fügt sich auch die KI-VO. Sie enthält aber aufgrund der Besonderheiten des KI-Sektors auch einige Abweichungen von den Musterbestimmungen des NLF.[26] Software, welche vom körperlichen Produkt – der Hardware – losgelöst ist, lässt sich nicht ideal unter das hardwarebezogene Regelungskonzept fassen. Aus diesem Grund enthält die KI-VO einige Unterschiede und Anpassungen zum bisherigen System.[27] So wird beispielsweise nicht der Begriff des Herstellers verwendet, sondern der des Anbieters. Außerdem handelt es sich bei der KI-VO um eine untypische horizontale Harmonisierungsrechtsvorschrift, die sich auf die Gefahren und Risiken von KI bezieht und im Gegensatz zu den vertikalen Harmonisierungsrechtsvorschriften nicht unmittelbar auf eine bestimmte Art von Produkt bezogen ist. KI-Systeme können in ganz unterschiedlichen Produkten verarbeitet und implementiert werden und lassen sich nicht auf einen Sektor reduzieren, wie beispielsweise Medizinprodukte. Weil die KI-VO deshalb horizontal angelegt ist, kann es zu Überschneidungen mit den sektorspezifischen Harmonisierungsrechtsvorschriften kommen. Beispielsweise dann, wenn in ein Medizinprodukt, für welches die Medizinprodukteverordnung[28] gilt, ein KI-System implementiert wird. Die KI-VO enthält deshalb auch Änderungen der anderen Harmonisierungsrechtsakte und Vorgaben zum Verhältnis zu diesen, um Friktionen zu vermeiden (dazu näher unten Rn. 7, 29, 56).

8 Am 5.3.2024 hat der EuGH eine Entscheidung über die **technischen Normen** getroffen, die von den Normungsorganisationen entwickelt werden. Die Richter stellten fest, dass technische Normen Teil des europäischen Rechts sind und deshalb allen Unionsbürgern kostenlos zur Verfügung gestellt werden müssen.[29] Die Normungsorganisationen hatten sich bis dato mit den Einnahmen aus dem Verkauf der Normen finanziert. Das Urteil könnte neuen Regelungsbedarf schaffen. Die Ausarbeitung der technischen Normen fand bisher auf freiwilliger Basis durch die europäischen Normungsorganisationen (CEN, CENELEC, ETSI)

---

25 Verordnung (EU) 2023/988 des Europäischen Parlaments und des Rates über die allgemeine Produktsicherheit, zur Änderung der Verordnung (EU) 1025/2012 und der Richtlinie (EU) 2020/1828 sowie zur Aufhebung der Richtlinie 2001/95/EG und der Richtlinie 87/357/EWG, 10.5.2023, ABl. L 135, S. 1.

26 *Wiebe*, BB 2022, 899.

27 In diese Richtung auch *Wiebe*, BB 2022, 899.

28 Verordnung (EU) 2017/745 des Europäischen Parlaments und des Rates über Medizinprodukte, zur Änderung der Richtlinie 2001/83/EG, der Verordnung (EG) Nr. 178/2002 und der Verordnung (EG) Nr. 1223/2009 und zur Aufhebung der Richtlinien 90/385/EWG und 93/42/EWG des Rates, 5.4.2017, ABl. L 117, S. 1.

29 EuGH, Urt. v. 5.3.2024 – C-588/21 P, NJW 2024, 1325.

statt. Die Organisationen finanzieren sich aus dem Verkauf der technischen Normen.[30] Ohne diese Finanzierungsmöglichkeit werden die Organisationen weniger Anreize zur Weiterentwicklung der Vorgaben haben.[31] Es ist bislang unklar, wer künftig die Erstellung der technischen Normen vornehmen könnte, sollten die Normungsorganisationen ihre Arbeit einstellen.

2. Zweck der Vorschrift

Art. 2 regelt den sachlichen, persönlichen und räumlichen Anwendungsbereich der KI-VO. Die Norm wird durch die Begriffsbestimmungen aus Art. 3 Abs. 1 konkretisiert. In den Abs. 2–12 wird das Verhältnis der KI-VO zu anderen Vorschriften und verschiedene Ausnahmen aus ihrem Anwendungsbereich genannt. Die Norm ist damit erster Anknüpfungspunkt für den Rechtsanwender bei der rechtlichen Überprüfung von KI-Systemen nach der KI-VO. Die Vorschrift legt der Verordnung in Abs. 1 einen weiten Anwendungsbereich zugrunde, dem durch die Abs. 2–12 Ausnahmen und Konkurrenzvorschriften gegenüber und zur Seite gestellt werden. 9

3. Entstehungsgeschichte

Die Norm hat im Zuge des Gesetzgebungsverfahrens zahlreiche Änderungen erfahren. Neben kleineren Konkretisierungen des persönlichen und räumlichen Anwendungsbereichs wurde dieser durch einige Ausnahmevorschriften insbesondere sachlich eingegrenzt. 10

a) Änderungen von Abs. 1

aa) Erweiterung des sachlichen Anwendungsbereichs

Art. 2 Abs. 1 lit. a wurde mit einer Nennung der KI-Modelle für allgemeine Zwecke ergänzt, nachdem sich die Parteien im Trilog-Verfahren über diese Art von Modellen geeinigt hatten. Die Regulierung generativer KI war zuvor intensiv diskutiert worden, da einige Mitgliedstaaten die Wettbewerbsfähigkeit und Innovation des europäischen Marktes nicht durch Verpflichtungen für Anbieter solcher KI beschränken wollten. Mit der Aufnahme der KI-Modelle für allgemeine Zwecke gilt die KI-VO für KI-Systeme und KI-Modelle. Der Unterschied zwischen Systemen und Modellen, oder was genau ein KI-Modell ist, geht aus dem Verordnungstext nicht hervor und bleibt unklar.[32] Für die richtige Anwen- 11

30 *Smirra*, GRUR-Prax, 2024, 200.
31 *Hoppen/Schneider*, Europäische Normen müssen frei zugänglich sein, Legal Tribune Online v. 6.3.2024.
32 *Bomhard/Siglmüller*, RDi 2024, 45, 50.

dung der Vorgaben sollte der Normadressat jedoch wissen, ob es sich bei seiner KI um ein System oder ein Modell handelt. Nur das KI-Modell mit allgemeinem Verwendungszweck wird durch Art. 3 Nr. 63 näher bestimmt. Abgrenzungskriterien können jedoch durch Auslegung des Normtextes und anhand der Erwägungsgründe skizziert werden.

bb) Erweiterung des persönlichen Anwendungsbereichs

12 Mit den Stellungnahmen von Rat und Parlament wurde der Adressatenkreis der KI-VO deutlich erweitert. Zunächst sind nunmehr auch die Einführer (Importeure) und Händler von KI-Systemen vom persönlichen Anwendungsbereich umfasst, vgl. Abs. 1 lit. d. Mit dieser Erweiterung soll die gesamte Wertschöpfungskette von KI-Systemen von der Regulierung umfasst werden. Dies entspricht der Zielsetzung, die Funktion des Binnenmarktes mit all ihren Beteiligten zu fördern.

13 Auch der Produkthersteller war vom Kommissionsentwurf noch nicht als Adressat vorgesehen, ist aber auf Vorschlag des Rates mit Abs. 1 lit. e in den Normtext aufgenommen worden. Damit sind die Hersteller im Sinne der Harmonisierungsrechtsvorschriften gemeint, die bestimmte Produkte herstellen und in diese dann KI-Systeme implementieren. Die KI-VO ist auf diese Hersteller anwendbar, soweit sie KI-Systeme zusammen mit ihren Produkten unter eigenem Namen oder eigener Handelsmarke in Verkehr bringen oder in Betrieb nehmen.

14 Es sollten zudem von Anfang an auch Akteure aus Drittländern erfasst werden. Damit sie für die Aufsichtsbehörden greifbar sind und gegen sie vollstreckt werden kann, müssen sie einen Bevollmächtigten ernennen. Dieser kann in dem Fall, dass kein Einführer des jeweiligen Systems ermittelt werden kann, adressiert werden.[33] Die Bevollmächtigten waren bereits im Kommissionsentwurf in Art. 25 KI-VO-E Kommission vorgesehen, wurden auf Vorschlag des Rates aber explizit in den persönlichen Anwendungsbereich in Art. 2 mit aufgenommen.

15 Vom Kommissionsentwurf noch nicht vorgesehen war eine Aufnahme der von den KI-Systemen „betroffenen Personen“ – also derjenigen, die von möglichen negativen Auswirkungen der Systeme beeinträchtigt werden. Erst durch den Änderungsvorschlag des Parlaments (Art. 2 Abs. 1 lit. cc des Parlamentsentwurfs) wurde eine Regelung dazu in den Normtext aufgenommen, die im finalen Text in kürzerem Wortlaut, aber mit dem gleichen Anwendungsbereich übernommen wurde. Damit sollen der Schutzgedanke des Gesetzgebers und der menschenzentrierte Ansatz der KI-VO umgesetzt werden.[34]

---

33 *Bomhard/Siglmüller*, RDi 2024, 45.

34 *Becker/Feuerstack*, MMR 2024, 22, 23; zum menschenzentrierten Ansatz siehe auch Art. 1 Rn. 38.

cc) Unklarheiten des Wortlauts

Eine wichtige Neuerung im Gesetzgebungsverfahren war die Änderung des Adressatenbegriffs „Nutzer" hin zum „Betreiber" (ausführlich dazu siehe Art. 3 Nr. 4 Rn. 104). Der Begriff „Nutzer" bzw. „user" beschreibt die Rolle, die er in der KI-VO einnehmen sollte, nicht treffend. Damit sollte derjenige gemeint sein, der KI-Systeme für seine Zwecke einsetzt, beispielsweise in einem Unternehmen seinen Mitarbeitern zur Verfügung stellt. Die Abgrenzung zum Endnutzer, der in Einzelfällen Betreiber sein kann, aber nicht sein muss, wird durch den Begriff „Nutzer" erschwert. Die Änderung der Begrifflichkeit hin zum „Betreiber" ist vor diesem Hintergrund zu begrüßen, obschon eine (verlässlichere) Erörterung zu Hintergrund und Gründen förderlich gewesen wäre. **16**

b) Änderungen von Abs. 2–12

Die KI-VO findet nach Art. 2 Abs. 2 nur teilweise Anwendung auf Hochrisiko-KI-Systeme, die gemäß Art. 6 Abs. 1 eingestuft sind und im Zusammenhang mit Produkten stehen, die unter die in Anhang I Abschnitt B aufgeführten Harmonisierungsrechtsvorschriften fallen. Die Norm wurde im Gesetzgebungsverfahren wegen Änderungen des Anhangs und der geltenden Vorschriften mehrmals angepasst, der Kerngehalt stimmt jedoch mit dem Kommissionsentwurf überein. **17**

Während der Kommissionsentwurf in Abs. 3 eine Bereichsausnahme ausschließlich für KI-Systeme vorsah, die für militärische Zwecke entwickelt oder verwendet werden, geht der endgültige Gesetzestext auf Betreiben des Europäischen Rates in diesem Absatz nun weiter. Umfasst sind solche Systeme, die ausschließlich für militärische Zwecke, Zwecke der Verteidigung und Zwecke der nationalen Sicherheit entwickelt und verwendet werden. Außerdem enthält die Norm eine Klarstellung hinsichtlich des Anwendungsbereichs in Bezug auf das Recht der nationalen Sicherheit, vgl. Art. 2 Abs. 3 UAbs. 1. **18**

Die Bereichsausnahme für die internationale Strafverfolgung bestand schon im Kommissionsentwurf. Der Vorschlag wurde mit einer Änderung der Formulierung in Abs. 4 übernommen. Von Bedeutung sind die angemessenen Garantien hinsichtlich des Schutzes der Privatsphäre, der Grundrechte und der Grundfreiheiten von Personen, die von Behörden in Drittländern und internationalen Organisationen geboten werden müssen, damit die Ausnahme greifen kann. Diese Garantien waren für das Parlament, welches als Vertreterin der Zivilbevölkerung auftritt, Bedingung für die Anerkennung der Ausnahme. **19**

Die Bereichsausnahme in Abs. 6 für KI-Systeme und deren Ausgaben, die ausschließlich für Wissenschaft und Forschung entwickelt und in Betrieb genommen werden, war im Kommissionsentwurf noch nicht vorgesehen. Sie wurde vom Rat vorgeschlagen und im Trilog übernommen. **20**

21 Die Regelung in Abs. 7, dass die KI-VO die Vorschriften der DSGVO mit Ausnahme der Regelungen in Art. 10 Abs. 5 und Art. 54 nicht berührt, wurde auf Vorschlag des Parlaments aufgenommen.

22 Forschungs-, Test- und Entwicklungstätigkeiten zu KI-Systemen und KI-Modellen sind gem. Abs. 8 von der KI-VO nicht umfasst, solange sie noch nicht in Verkehr gebracht oder in Betrieb genommen wurden. Dies wurde durch das Parlament angeregt. Es sah auch schon die Rückausnahme für Tests unter Realbedingungen vor, die nunmehr in Abs. 8 Satz 3 zu finden ist.

23 Abs. 9 wurde in der vom Europäischen Parlament vorgeschlagenen Form in die KI-VO übernommen. Darin wird das Verhältnis der KI-VO zu anderen Rechtsakten der Union betreffend Verbraucherschutz und Produktsicherheit verdeutlicht.

24 Abs. 10 wurde erst im Rahmen des Trilog-Verfahrens in den Text aufgenommen (dazu näher unten Rn. 79).

25 Das Europäische Parlament hat mit Abs. 11 auch die Möglichkeit der Mitgliedstaaten in den Verordnungstext eingebracht, Rechts- und Verwaltungsvorschriften einzuführen oder beizubehalten, die für Arbeitnehmer im Hinblick auf den Schutz ihrer Rechte bei der Verwendung von KI durch den Arbeitgeber vorteilhafter sind. Für eine Möglichkeit, spezifische Regelungen für KI im Beschäftigtenkontext einzuführen, hatte sich auch Deutschland ausgesprochen.[35]

26 Die Bereichsausnahme des Abs. 12 für unter quelloffenen und freien Lizenzen in Verkehr gebrachte oder in Betrieb genommene KI-Systeme wurde vom Parlament vorgeschlagen. Sie war zuvor immer wieder in der Diskussion und war gerade im Hinblick auf das Verordnungsziel der Innovationsförderung als essenziell betrachtet worden.

27 Diskutiert wurde auch eine Bereichsausnahme für die Finanzbranche, da diese laut ihren Interessenvertretern bereits weitreichenden bereichsspezifischen Regelungen unterliege.[36] Eine umfängliche Ausnahme vom Anwendungsbereich wurde nicht durchgesetzt. Es finden sich aber einige Ausnahmevorschriften zum Finanzsektor (Art. 17 Abs. 4, dazu Art. 17 Rn. 68 ff., Art. 18 Abs. 3, dazu Art. 18 Rn. 7, Art. 19 Abs. 2, dazu Art. 19 Rn. 19, Art. 26 Abs. 5 UAbs. 2 und Abs. 6, dazu Art. 26 Rn. 64 ff., Art. 72 Abs. 4, dazu Art. 72 Rn. 46, Art. 74 Abs. 6, dazu Art. 74 Rn. 33).

---

35 Deutsche Stellungnahme zum Kommissionsentwurf, 19.9.2022, S. 140.

36 Deutsche Kreditwirtschaft, Stellungnahme zum Kommissionsentwurf, AZ DK: KI, 6.8.2021, S. 13.

c) Zusammenfassung

Art. 2 war im Laufe des Gesetzgebungsverfahrens Inhalt zahlreicher Änderungsanträge. Abs. 1 wurde um einige Adressaten konkretisiert, die im Kommissionentwurf nur an anderer Stelle genannt wurden (beispielsweise bevollmächtigte Vertreter) oder gar nicht Inhalt der KI-VO waren (betroffene Personen). Auch wenn der Wortlaut kleinere Unklarheiten aufweist, ist die Einbeziehung der gesamten Wertschöpfungskette von KI-Systemen in den Anwendungsbereich weitestgehend nachvollziehbar dargestellt. Abs. 2–12 konkretisieren diesen Anwendungsbereich mit zahlreichen Ausnahmen, die im Kommissionsentwurf noch sehr knapp ausgestaltet waren und auf Betreiben von Parlament und Rat – als Reaktion auf diverse Diskussionen zur Regulierung bestimmter Bereiche durch die KI-VO (dazu näher unten unter den jeweiligen Nummern) – ausgeweitet wurden. **28**

4. Verhältnis zu anderen Vorschriften

Die KI-VO fügt sich in das System des europäischen Produktsicherheitsrechts ein. Da es sich um eine horizontale Regulierung handelt, bestehen Friktionsmöglichkeiten mit anderen Harmonisierungsrechtsvorschriften des Produktsicherheitsrechts (eine Auflistung aller Harmonisierungsrechtsvorschriften findet sich in Anhang I der KI-VO).[37] Der sachliche Anwendungsbereich, den Art. 2 normiert, wird durch die Begriffsbestimmung des KI-Systems in Art. 3 Nr. 1 konkretisiert. Die Begriffsbestimmung enthält die Informationen dazu, was unter einem KI-System im Sinne der KI-VO zu verstehen ist. Gleiches gilt in Bezug auf die Definitionen der Adressaten der KI-VO, die ebenfalls in Art. 3 aufgeführt sind. In den Ausnahmeregelungen vom Anwendungsbereich wird teilweise auf andere Normen der KI-VO verwiesen: Art. 2 Abs. 2 verweist auf Art. 6, Art. 102–109 und Art. 112 sowie Art. 57, Art. 2 Abs. 6 verweist auf Art. 10 Abs. 5 und Art. 59 und Art. 2 Abs. 12 verweist auf Art. 5 und Art. 50. Zudem gibt es Verweise auf die Harmonisierungsrechtsvorschriften der EU in Art. 2 Abs. 2 und Art. 2 Abs. 9. Davon unabhängige Rechtsakte der Union nennen Art. 2 Abs. 5 mit der Verordnung (EU) 2022/2065 (Gesetz über digitale Dienste), Art. 2 Abs. 7 mit der Verordnung (EU) 2016/679 (DSGVO) und der Richtlinie 2002/58/EG bzw. (EU) 2016/680 (JI-Richtlinie) und Art. 9 allgemein mit „Vorschriften anderer Rechtsakte der Union zum Verbraucherschutz". In den jeweiligen Absätzen wird auch das Verhältnis zu diesen Regelungen bestimmt. Bis auf eine Ausnahme für spezielle Datenschutzvorgaben (Art. 10 Abs. 5 und Art. 59) der KI-VO lässt diese die anderen Rechtsakte unberührt. Die KI-VO regelt damit nur die KI-spezifischen Anforderungen und Pflichten der Akteure, während in anderen Harmonisierungsrechtsvorschriften des Produktsicherheits- **29**

37 So auch *Wiebe*, BB 2022, 899, 905.

rechts Anpassungen hinsichtlich der Integration eines KI-Systems in das Endprodukt erfolgen können.[38]

II. Anwendungsbereich (Art. 2 Abs. 1)

30 Abs. 1 regelt den sachlichen, persönlichen und räumlichen Anwendungsbereich des Gesetzes. Die hier verorteten Vorgaben erfahren eine weitere Konturierung durch die Abs. 2–12, in denen einige bestimmte Tatbestände bzw. Anwendungsfelder ganz oder teilweise vom Anwendungsbereich ausgenommen werden.

1. Sachlicher Anwendungsbereich

31 In sachlicher Hinsicht reguliert die KI-VO KI-Systeme und findet nur Anwendung, wenn ein solches in den Verkehr gebracht, in Betrieb genommen oder verwendet wird. Ein KI-System ist nach der Begriffsbestimmung in Art. 3 Nr. 1 „ein maschinengestütztes System, das für einen in wechselndem Maße autonomen Betrieb ausgelegt ist, das nach seiner Einführung anpassungsfähig sein kann und das aus den erhaltenen Eingaben für explizite oder implizite Ziele ableitet, wie Ausgaben wie etwa Vorhersagen, Inhalte, Empfehlungen oder Entscheidungen hervorgebracht werden, die physische oder virtuelle Umgebungen beeinflussen können".

32 Worin der Unterschied zwischen einem KI-Modell und einem KI-System liegt, wird von der KI-VO selbst nicht festgelegt.[39] Beide Begriffe werden in den Erwägungsgründen nebeneinander genutzt, eine Abgrenzung findet nicht statt.[40] Der Gesetzgeber scheint in der KI das zugrundeliegende Konzept zu sehen, welches dann in einem System verarbeitet wird. Dafür spricht der Wortlaut der Definition zu KI-Systemen mit allgemeinem Verwendungszweck (dessen Begriffsbestimmung findet sich in Art. 3 Nr. 66): Dem KI-System mit allgemeinem Verwendungszweck liegt ein KI-Modell mit allgemeinem Verwendungszweck zugrunde (Art. 3 Nr. 66), welches sich dann im KI-System für allgemeine Zwecke anwenden lässt. Unter Berücksichtigung dieser Einteilung wäre ein KI-System die Anwendung, deren Basis das KI-Modell ist. Die Unklarheiten bei der Ab-

38 *Wiebe*, BB 2022, 899, 905.

39 *Ebers/Hoch/Rosenkranz/Ruschemeier/Steinrötter*, RDi 2021, 528, 529.

40 Um nur wenige zu nennen: ErwG 1, 3, 4, 12, 20; exemplarisch ErwG 20: „Diese Konzepte können in Bezug auf den jeweiligen Kontext unterschiedlich sein und das Verstehen der korrekten Anwendung technischer Elemente in der Entwicklungsphase des **KI-Systems**, der bei seiner Verwendung anzuwendenden Maßnahmen und der geeigneten Auslegung der Ausgaben des **KI-Systems** umfassen sowie – im Falle betroffener Personen – das nötige Wissen, um zu verstehen, wie sich mithilfe von **KI** getroffene Entscheidungen auf sie auswirken werden".

grenzung haben insoweit keine Auswirkung, als vom Wortlaut des Art. 2 Abs. 1 nur das KI-System umfasst ist.

Der sachliche Anwendungsbereich – also die Definition des KI-Begriffs – war während des Gesetzgebungsverfahrens stark umstritten. Die im Kommissionsentwurf noch sehr weite Definition des KI-Systems umfasste auch einfache, regelbasierte Software. Zwar waren in Anhang I, der die Definition in Art. 3 Nr. 1 inhaltlich ausfüllte, bereits technische Merkmale genannt, die nur bei KI vorkommen. Zudem umfasste die Definition aber auch Systeme, die mit statistischen oder logikbasierten Ansätzen entwickelt wurden.[41] Stellenweise wurde eine solche Regelung positiv aufgenommen, weil dadurch rechtliche und ethische Probleme gelöst werden könnten, die sich nicht nur bei KI, sondern auch bei üblicher, algorithmenbasierter Software ergäben.[42] Demgegenüber lehnte die Mehrzahl der Stimmen einen derart weitgehenden Anwendungsbereich ab, da dieser zur Überregulierung führen könnte (näher zu dieser Debatte siehe Art. 3 Nr. 1 Rn. 16 ff.).[43] Diese Kritik wurde bereits in den Vorschlägen von Parlament und Rat berücksichtigt und hat sich auch in der nunmehr geltenden Definition niedergeschlagen. Vornehmlich zeichnen sich KI-Systeme durch einen Grad an Autonomie sowie durch die Fähigkeit abzuleiten aus. Das Merkmal der Autonomie in ErwG 12 genannt und beschreibt demnach den Umstand, dass ein KI-System unabhängig von menschlichem Zutun agieren kann und in der Lage ist, ohne menschliches Eingreifen zu arbeiten. Das Merkmal der Ableitung wird ebenfalls in ErwG 12 genannt. Die Fähigkeit der Ableitung bezeichnet die Erzeugung von Ausgaben anhand der (Eingabe-)Daten. Die aus der bisherigen wissenschaftlichen Auseinandersetzung bekannte Unterscheidung von starker und schwacher KI wird in der KI-VO nicht aufgegriffen.[44] 33

Obgleich die endgültige Definition den Anwendungsbereich der KI-VO im Vergleich zum Kommissionsentwurf einschränkt, besteht doch weiterhin die Gefahr, dass die Regelungen auch auf „herkömmliche“ Software anwendbar sind. Auch sonstige (algorithmenbasierte) Anwendungen weisen teilweise einen gewissen Grad an Autonomie auf.[45] Diese bedürfen in der Regel (Ausnahmen können beispielsweise Deepfakes darstellen) aber nicht der strengen Anforderungen 34

41 Vgl. Art. 3 Nr. 1 i.V.m. Anhang I lit. b und c KI-VO-E Kommission.

42 *Rostalski/Weiss*, ZfDR 2021, 329, 332.

43 *Bomhard/Merkle*, RDi 2021, 276, 277; *Engelmann/Brunotte/Lütkens*, RDi 2021, 317; *Ebers/Hoch/Rosenkranz/Ruschemeier/Steinrötter*, RDi 2021, 528, 529; *Spindler*, CR 2021, 361, 363; in diese Richtung, aber weniger wertend: *Martini/Ruemeyer*, in: Hoeren/Sieber/Holznagel, Handbuch Multimedia-Recht, Teil 29.6 Rn. 41; *Botta*, ZfDR 2022, 391, 396 f.; *Grützmacher/Füllsack*, ITRB 2021, 159, 160; allgemein zum KI-Begriff des Kommissionsentwurfs auch *Ensthaler*, InTeR 2024, 2; *Hacker*, NJW 2020, 2142 f.

44 *Steege/Chibanguza*, Metaverse, § 8 Rn. 37.

45 *Becker/Feuerstack*, MMR 2024, 22, 23.

der KI-VO. Es ist nicht nachvollziehbar, warum alle Anwender von Excel, einem bekannten Tabellenkalkulationsprogramm, aufgrund von dessen Fähigkeit, einfache Ableitungen zu bilden, die Vorgaben der KI-VO erfüllen sollen.[46] Beispielhaft kann auch ein Programm genannt werden, das automatisch Dateien von einem Ordner auf einen anderen verschiebt, wenn bestimmte Bedingungen (Alter, Änderung des Dateinamens etc.) erfüllt sind. Die Software handelt dann autonom, jedoch auf der Grundlage vordefinierter Regeln und Logik, ohne dass maschinelles Lernen oder komplexe Algorithmen zur Entscheidungsfindung erforderlich sind. Zur Definition des KI-Systems vertiefend Art. 3 Nr. 1 Rn. 2 ff.

35 Darüber hinaus kann es für Anbieter und Betreiber schwer sein, einzuordnen, ob es sich bei den von ihnen in Verkehr gebrachten, in Betrieb genommenen oder verwendeten Anwendungen um KI-Systeme im Sinne der KI-VO handelt oder nicht. Die Einordnung der Systeme erfordert technische sowie auch juristische Expertise. Die bestehende Rechtsunsicherheit aufgrund der an Trennschärfe mangelnden Definition des KI-Systems kann in der Praxis ein risikoaverses Handeln von Softwareanbietern zur Folge haben, weil sie Aufwendungen verhindern wollen, die sie tätigen müssten, wenn ihre Programme unter die KI-VO fallen würden.[47] Daraus resultiert nicht zwangsläufig die präventive Einhaltung der Anforderungen des Gesetzes durch Softwareanbieter, sondern möglicherweise auch die Unterlassung der Verwendung, des Inverkehrbringens oder des Inbetriebnehmens ihrer Programme. Letzteres kann eine innovationshemmende Wirkung haben.

36 Verschiedene KI-Systeme sind vom Anwendungsbereich der KI-VO ganz oder teilweise ausgenommen. Diese finden sich in den Abs. 2–12 (unten ab Rn. 53). Deren Ausschluss wurde im Gesetzgebungsverfahren insbesondere durch den Europäischen Rat vertreten und vorangetrieben.[48]

2. Persönlicher Anwendungsbereich

37 Bei der KI-VO handelt es sich um eine horizontale Regulierung, die für bestimmte Akteure unabhängig von ihrem jeweiligen Sektor gilt.[49] Die Akteure nach der KI-VO sind namentlich Anbieter, Betreiber, Einführer, Händler, bestimmte Produkthersteller und Bevollmächtigte von Anbietern, was aus der Legaldefinition des Akteurs in Art. 3 Nr. 8 hervorgeht. Die KI-VO richtet sich darüber hinaus auch an betroffene Personen, die sich in der Union befinden.

---

46 Dazu *Becker/Feuerstack*, MMR 2024, 22, 23; *Zenner/Voss/Darda/Schwartmann*, Ein KI-Gesetz für Europa, FAZ v. 12.6.2023.

47 *Bomhard/Siglmüller*, RDi 2024, 45.

48 *Ashkar/Schröder*, BB 2024, 771, 772.

49 *Bomhard/Merkle*, RDi 2021, 276, 278.

Die Mehrzahl der Anforderungen der KI-VO richten sich an die **Anbieter**.[50] Anbieter ist nach Art. 3 Nr. 3 „eine natürliche oder juristische Person, Behörde, Einrichtung oder sonstige Stelle, die ein KI-System oder ein KI-Modell mit allgemeinem Verwendungszweck entwickelt oder entwickeln lässt und es unter ihrem eigenen Namen oder ihrer Handelsmarke in Verkehr bringt oder das KI-System unter ihrem eigenen Namen oder ihrer Handelsmarke in Betrieb nimmt, sei es entgeltlich oder unentgeltlich" (ausführlich zur Definition des Anbieters siehe Art. 3 Nr. 3 Rn. 84 ff.). Der Anbieter im Sinne der KI-VO ist mit dem **Hersteller** im Sinne anderer produktsicherheitsrechtlicher Vorschriften vergleichbar.[51] Lediglich das „Herstellen" als Definitionsmerkmal entfällt, um den spezifischen Umständen der KI gerecht zu werden.[52] Daraus kann gefolgert werden, dass das „Herstellen" von der KI-VO begrifflich als „Entwicklung" verstanden wird. Maßgeblich für die Einordnung als Anbieter ist dann, dass das KI-System dazu entwickelt wird, es unter eigenem Namen oder eigener Marke in Verkehr zu bringen oder in Betrieb zu nehmen, unabhängig davon, ob das unentgeltlich oder entgeltlich erfolgen soll.[53] 38

Betreiber im Sinne des Art. 3 Nr. 4 sind natürliche oder juristische Personen, Behörden, Einrichtungen oder sonstige Stellen, die ein KI-System in eigener Verantwortung verwenden, es sei denn, das KI-System wird im Rahmen einer persönlichen und nicht beruflichen Tätigkeit verwendet (ausführlich zur Definition des Betreibers siehe Art. 3 Nr. 4 Rn. 104 ff.). Die Nutzung fremder Infrastruktur zum Eigenbetrieb von KI-Systemen könnte unter diese Einordnung fallen.[54] Der Begriff des Betreibers war im Kommissionsentwurf noch nicht vorgesehen. Bis zum Änderungsvorschlag durch das Europäische Parlament wurde der Begriff „Nutzer" verwendet. Durch diese Korrektur wird die begriffliche Abgrenzung zum privaten Internetnutzer vereinfacht.[55] 39

Einführer ist gem. Art. 3 Nr. 6 eine in der Union befindliche oder niedergelassene natürliche oder juristische Person, die ein KI-System, das den Namen oder die Handelsmarke einer in einem Drittland niedergelassenen natürlichen oder juristischen Person trägt, in der Union in Verkehr bringt (ausführlich zur Definition des Einführers siehe Art. 3 Nr. 6 Rn. 122 ff.). 40

Händler sind nach Art. 3 Nr. 7 natürliche oder juristische Personen in der Lieferkette, die ein KI-System auf dem Unionsmarkt bereitstellen und nicht Anbie- 41

50 *Buchalik/Gehrmann*, CR 2024, 145, 145; *Ashkar/Schröder*, BB 771, 774; *Bomhard/Siglmüller*, RDi 2024, 45, 46.
51 *Bomhard/Siglmüller*, RDi 2024, 45, 46.
52 *Wiebe*, BB 2022, 889.
53 *Steege/Chibanguza*, Metaverse, § 8 Rn. 27.
54 *Bomhard/Siglmüller*, RDi 2024, 45, 46.
55 *Becker/Feuerstack*, MMR 2024, 22, 23.

ter oder Einführer sind (ausführlich zur Definition des Händlers siehe Art. 3 Nr. 7 Rn. 127 ff.).

42 Unter **Bevollmächtigten** versteht die KI-VO nach Art. 3 Nr. 5 eine in der Union befindliche oder niedergelassene natürliche oder juristische Person, die vom Anbieter eines KI-Systems oder eines KI-Modells mit allgemeinem Verwendungszweck schriftlich dazu bevollmächtigt wurde und sich damit einverstanden erklärt hat, in seinem Namen die in der KI-VO festgelegten Pflichten zu erfüllen bzw. Verfahren durchzuführen (ausführlich zur Definition des Bevollmächtigten siehe Art. 3 Nr. 5 Rn. 112 ff.). Der Bevollmächtigte ist zuständig für die Einhaltung von Pflichten innerhalb der EU und ist Kontaktstelle für europäische und nationale Behörden.[56] Dieser Akteur ist aus dem Produktsicherheitsrecht bereits bekannt, auch in der Medizinprodukteverordnung gibt es einen solchen Adressaten.[57]

43 Die Definitionen von Bevollmächtigten, Einführern und Händlern entsprechen den für diese Akteure bereits bekannten Definitionen aus dem Produktsicherheitsrecht.[58]

44 Zuletzt nennt die KI-VO in Abs. 1 lit. g auch **betroffene Personen**. Sie sollen durch die Regulierung Rechte erhalten, aber nicht verpflichtet werden.[59] Dafür kann exemplarisch Art. 85 angeführt werden, der das Recht auf Beschwerde bei der Marktüberwachungsbehörde regelt. Daneben wurde auch ein Recht auf Erläuterung von Entscheidungen im Einzelfall eingeführt, vgl. Art. 86. Die Wertung der DSGVO für betroffene Personen lässt sich nicht auf die KI-VO übertragen: Danach können betroffene Personen nur natürliche Personen sein, weil sich das Schutzgut der DSGVO, die personenbezogenen Daten, nur auf natürliche Personen beziehen kann.[60] Die KI-VO regelt in Art. 86 ein Recht auf Erläuterung für betroffene Personen, die sich durch dort näher bestimmte KI-Systeme in ihrer Gesundheit, ihrer Sicherheit oder ihren Grundrechten beeinträchtigt sehen. Das kann auch juristische Personen umfassen.

45 Der **persönliche Anwendungsbereich** der KI-VO umfasst alle Beteiligten an der Wertschöpfungskette von KI-Systemen, vom Anbieter über Betreiber sowie Händler und Einführer bis zu bevollmächtigten Vertretern. Zuletzt werden mit den betroffenen Personen sogar diejenigen erfasst, die KI-Systeme als Endnutzer verwenden oder von ihren Entscheidungen beeinträchtigt werden. Für all diese Beteiligten stellt der europäische Gesetzgeber einen Rechte- und Pflichtenkanon auf. Der persönliche Anwendungsbereich lässt lediglich diejenigen außen vor, die ein KI-System ausschließlich zu persönlichen und nicht beruflichen Zwe-

56 *Bomhard/Siglmüller*, RDi 2024, 45, 51.
57 *Thiermann/Böck*, RDi 2022, 333, 337.
58 *Wiebe*, BB 2022, 899, 900.
59 *Becker/Feuerstack*, MMR 2024, 22, 23.
60 Dazu *Klar/Kühling*, in: Kühling/Buchner, DS-GVO BDSG, Art. 4 Nr. 1 Rn. 3 f.

cken verwenden, vgl. Art. 3 Nr. 4. Es gelingt dem europäischen Gesetzgeber mit diesem extensiven Zuschnitt des Anwendungsbereichs tatsächlich, die wichtigsten Beteiligten der Wertschöpfungskette von KI mit Pflichten zu belegen, wobei zu berücksichtigen ist, dass auch der räumliche und sachliche Anwendungsbereich betroffen sein müssen. Das kommt den Zwecken der KI-VO zugute: Die Funktion des Binnenmarktes wird ebenso gefördert wie der Schutz der Grundrechte und -freiheiten der Unionsbevölkerung. Denn je mehr Beteiligte von den einheitlichen regulatorischen Vorgaben erfasst sind, desto leichter lässt sich ein unionsweiter Markt für KI-Systeme entwickeln.

3. Räumlicher Anwendungsbereich

a) Grundlage: Das Marktortprinzip

Der **räumliche Anwendungsbereich** der KI-VO basiert auf einem weiten Verständnis des **Marktortprinzips**.[61] Das Marktortprinzip, welches unter anderem auch im Kartell- und Datenschutzrecht an Bedeutung gewonnen hat, erlaubt einen effektiven Umgang mit Fällen, die vom Körperlichen losgelöst sind, wie beispielsweise Internetsachverhalten.[62] Nach dem Marktortprinzip ist es für die Anwendung der Regelungen nicht erforderlich, dass die Anbieter eines KI-Systems in der Union niedergelassen sind, sondern nur, dass das jeweilige KI-System oder seine Ausgabe in der Union in Verkehr gebracht, in Betrieb genommen oder verwendet werden soll. Es können auch solche Marktteilnehmer in den Anwendungsbereich einer Regulierung einbezogen werden, die ihren Sitz nicht in der EU haben.[63] Für diejenigen Anbieter von KI-Systemen, die außerhalb der EU-Grenzen niedergelassen sind, wird der Einbezug in den Anwendungsbereich durch das Marktortprinzip erst eröffnet. Inwieweit die Vorgaben der KI-VO gegen solche Akteure auch tatsächlich durchgesetzt werden können, bleibt abzuwarten. Die Möglichkeiten der Aufsichtsbehörden beschränken sich auf das Gebiet der Europäischen Union. Durch die Pflicht für Unternehmen aus Drittländern, einen bevollmächtigten Vertreter zu bestellen, soweit sie KI-Systeme auf dem EU-Markt anbieten wollen, besteht hier aber ein Adressat. Sollten die Unternehmen dieser Pflicht nicht nachkommen und dennoch versuchen, ihre KI-Systeme in Verkehr zu bringen, können die Behörden die Abschaltung dieser KI-Systeme anstrengen. **46**

61 *Bomhard/Siglmüller*, RDi 2024, 45, 46; *Bomhard/Merkle*, RDi 2021, 276, 278; *Hoffmann*, K&R 2021, 369; *Martini/Ruschemeier*, in: Hoeren/Sieber/Holznagel, Handbuch Multimedia-Recht, Teil 29.6 Rn. 42; *Steege/Chibanguza*, Metaverse, § 8 Rn. 22.

62 *Klar*, in: Kühling/Buchner, DS-GVO BDSG, Art. 3 Rn. 6.

63 Vgl. zur DSGVO Datenschutzkonferenz, Kurzpapier Nr. 7, Marktortprinzip: Regelungen für außereuropäische Unternehmen, 17.12.2018, S. 1.

47 Vereinzelt wird in Bezug auf die KI-VO auch vom **Verwendungsprinzip** gesprochen: Danach soll der räumliche Anwendungsbereich immer dann eröffnet sein, wenn ein KI-System in der EU verwendet wird.[64] Soweit man diese Auslegung so versteht, dass das Verwendungsprinzip neben dem Marktortprinzip angewandt wird, trifft das zu. Soweit man ausschließlich vom Verwendungsprinzip spricht, zeigt sich die begriffliche Eingeschränktheit der „Verwendung": Ein KI-System kann angeboten werden, ohne dass es bereits verwendet wurde. Es wird mit dem Inverkehrbringen nur zur erstmaligen Verwendung bereitgestellt, vgl. Art. 3 Nr. 9. Die Regelungen der KI-VO gelten schon in diesem Zeitpunkt und nicht erst, wenn es auch tatsächlich verwendet wird. Insofern erscheint das Marktortprinzip die passendere Beschreibung für die Regelungstechnik des räumlichen Anwendungsbereichs der KI-VO zu sein.

48 Akteure innerhalb der EU können KI-Systeme aus dem Ausland **importieren**, müssen sich dann aber – gemäß dem Marktortprinzip der KI-VO – an die Vorgaben der Regulierung halten. In der Literatur wird hier häufig der Vergleich zum grundsätzlichen Verbot des Transfers von personenbezogenen Daten, mithin also der Beschränkung des Exports von Daten nach der DSGVO angeführt.[65]

b) Der räumliche Anwendungsbereich im Einzelnen

49 Nach **Abs. 1 lit. a** gilt die KI-VO für „Anbieter, die KI-Systeme in der Union in den Verkehr bringen oder in Betrieb nehmen oder die Allzweck-KI-Modelle in der Union in den Verkehr bringen oder in Betrieb nehmen, unabhängig davon, ob diese Anbieter in der Union oder in einem Drittland niedergelassen sind". Der räumliche Anwendungsbereich der KI-VO ist bewusst weit gefasst, um den weitreichenden Auswirkungen des digitalen Charakters von KI-Systemen gerecht zu werden.[66] Der von der Niederlassung unabhängige, **extraterritoriale Ansatz**[67] der KI-VO soll die Umgehung ihres Regelungsregimes verhindern.[68] Beispielhaft wird in ErwG 22 angeführt, dass ein in der EU ansässiger Akteur Daten von EU-Bürgern an einen in einem Drittland ansässigen Akteur transferieren könnte, um diese dort in ein KI-System einzuspeisen, welches in der EU als Hochrisiko-KI-System eingestuft werden würde, nur damit dieser die Ausgaben dann an den europäischen Akteur zurückübermittelt. Außerdem soll durch den weiten Anwendungsbereich das Abwandern von KI-Entwicklern ins Ausland

64 *Geminn*, ZD 2021, 354, 356.

65 *Bomhard/Siglmüller*, RDi 2024, 45, 46.

66 *Steege/Chibanguza*, Metaverse, § 8 Rn. 22; ErwG 22.

67 *Ashkar/Schröder*, BB 2024, 771, 774; *Müller-Peltzer/Tanczik*, RDi 2023, 452; *Halim/Gasser*, RDi 2023, 217, 219; *Roos/Weitz*, MMR 2021, 844, 846; *Valta/Vasel*, ZRP 2021, 142, 145; *Steege/Chibanguza*, Metaverse, § 8 Rn. 22.

68 *Buchalik/Gehrmann*, CR 2024, 145, 147.

unattraktiv gestaltet werden.[69] Soweit diese auf dem Unionsmarkt tätig werden wollen, wäre die KI-VO auch anwendbar, wenn sie nicht in der Union niedergelassen sind.

Die Effektivität eines solchen Ansatzes wird stellenweise kritisiert. Zum einen ist fraglich, wie **nicht-körperliche Produkte**, die im Internet zur Verfügung gestellt werden, überhaupt kontrolliert werden sollen.[70] Die durch KI-Systeme übertragenen Daten können nicht an Ländergrenzen kontrolliert werden, sondern sie kommen – möglicherweise sogar verschlüsselt – als binäre Signale in die EU.[71] Zum anderen könnten die teils hohen Anforderungen der KI-VO Anbieter aus Drittländern davon abhalten, ihre KI-Systeme auf dem Unionsmarkt zur Verfügung zu stellen.[72] Insbesondere für kleinere Anbieter mit beschränkten finanziellen Möglichkeiten könnte das zutreffen. Die Einrichtung einer entsprechenden Compliance kann kostenintensiv sein. Größere Unternehmen könnten ihre KI-Systeme auf dem Unionsmarkt nur eingeschränkt anbieten, indem sie beispielsweise bestimmte Funktionen deaktivieren. Beispielhaft kann KI im Bereich des Personalmanagements genannt werden, die für verschiedene Zwecke genutzt werden kann. Fällt eine der Funktionen unter Art. 6 Abs. 3 in Verbindung mit Anhang III Nr. 4 und stellt damit ein hohes Risiko dar, könnte das KI-System in der EU ohne diese Funktion angeboten werden, um die Anforderungen an die Anbieter von Hochrisiko-KI-Systemen nicht erfüllen zu müssen. 50

Abs. 1 lit. b erstreckt den Anwendungsbereich auf Betreiber von KI-Systemen, die ihren **Sitz in der Union** haben oder sich in der Union befinden. Diese Änderung gegenüber der ursprünglichen Fassung wurde auf Vorschlag des Parlaments übernommen.[73] In dieser Regelung entfaltet das **Sitzprinzip** ausnahmsweise seine Wirkung. Es kommt demnach für die Vorschrift auf den tatsächlichen Aufenthaltsort des Betreibers an.[74] Das Sitzprinzip wird auch in anderen europäischen Rechtsakten, wie beispielsweise der DSGVO verwendet. Der Sitz ist der Ort, den die Satzung eines Unternehmens als solchen bestimmt.[75] 51

Bereits in ErwG 11 angedeutet und in **Art. 2 Abs. 1 lit. c** im Verordnungstext verankert ist die Anwendbarkeit der KI-VO auf KI-Systeme, deren hervorgebrachte **Ausgaben in der Union** verwendet werden, auch wenn die Anbieter oder Betreiber der jeweiligen KI-Systeme in einem Drittland ansässig sind. Auch hier kommt der extraterritoriale Ansatz der KI-VO zum Ausdruck. Was genau unter dem Begriff der „hervorgebrachten Ausgaben" (im englischen: Out- 52

69 *Ebers/Hoch/Rosenkranz/Ruschemeier/Steinrötter*, RDi 2021, 528, 530.
70 *Bomhard/Siglmüller*, RDi 2024, 45, 46.
71 *Bomhard/Siglmüller*, RDi 2024, 45.
72 *Buchalik/Gehrmann*, CR 2024, 145, 147
73 *Steege/Chibanguza*, Metaverse, § 8 Rn. 21.
74 *Ebers/Hoch/Rosenkranz/Ruschemeier/Steinrötter*, RDi 2021, 528, 529 f.
75 Vgl. für die DSGVO *Ernst*, in: Paal/Pauly, DS-GVO BDSG, Art. 3 Rn. 4.

put) zu verstehen ist, wird von der KI-VO nicht definiert. Es besteht die Gefahr, dass die Ausgaben durch technische Umgestaltung manipuliert werden, soweit es nur auf die unmittelbaren Ausgaben des Systems ankommt.[76] Zudem stellt sich möglicherweise das folgende Problem: Es ist für den Anbieter eines KI-Systems in einem Drittland nicht absehbar, ob die von seinem System hervorgebrachten Ausgaben in der EU verwendet werden.[77] Entweder solche Anbieter halten sich dann an die Vorgaben der europäischen Regulierung oder sie laufen Gefahr, sanktioniert zu werden. Inwiefern eine solche Sanktionierung überhaupt möglich wäre, ist fraglich. Denkbar wären zum Beispiel Zugangssperren für das jeweilige KI-System. Mit Hilfe von VPN-Clients könnten solche Sperren jedoch umgangen werden. Wünschenswert wäre deshalb, dass sich der Maßstab der KI-VO über die europäischen Grenzen hinweg durchsetzt und einen internationalen Standard begründet. Dieses – auch als **Brüssel-Effekt**[78] bezeichnete – Szenario wurde bereits in der Gesetzesbegründung zum Kommissionsentwurf angedeutet.[79] Die sehr weitgehende Regelung zur Verwendung des Outputs in der EU in Art. 2 Abs. 1 lit. c ist ein Versuch der EU, ihren geopolitischen Einfluss und ihr Selbstbild einer technologischen Führungskraft in der Welt zu nutzen. Ob dieser Schritt erfolgreich sein wird und tatsächlich ein Brüssel-Effekt eintritt, kann noch nicht vorhergesagt werden.

III. Ausnahme: Hochrisiko-KI-Systeme als Produkte im Sinne der Harmonisierungsrechtsvorschriften (Art. 2 Abs. 2)

53 Für KI-Systeme, die nach Art. 6 Abs. 1 als Hochrisiko-KI-Systeme eingestuft sind und im Zusammenhang mit Produkten stehen, die unter die in Anhang I Abschnitt B aufgeführten Harmonisierungsrechtsvorschriften fallen, gelten laut Art. 2 Abs. 2 nur die Art. 6 Abs. 1, 102–109, 112 und 57. Letzterer sogar nur eingeschränkt. Anhang I Abschnitt B enthält eine Liste von Harmonisierungsrechtsvorschriften, deren Regelungstechnik noch auf der Detailharmonisierung vor dem „Neuen Konzept" beruht.[80] Um Widersprüche zwischen den Harmonisierungsrechtsvorschriften, die noch nach dem „Alten Konzept" aufgebaut sind,

76 *Bomhard/Merkle*, RDi 2021, 276, 278.

77 *Roos/Weitz*, MMR 2021, 844, 846; *Geminn*, ZD 2021, 354, 356.

78 Der Brüssel-Effekt bezeichnet die faktische Übernahme von Rechtsnormen und Standards der EU außerhalb des Binnenmarktes.

79 KI-VO-E Kommission, S. 6; in diese Richtung auch *Martini/Ruschemeier*, in: Hoeren/Sieber/Holznagel, Handbuch Multimedia-Recht, Teil 29.6 Rn. 42.

80 *Martini*, in: Hilgendorf/Roth-Isigkeit, Die neue Verordnung der EU zur Künstlichen Intelligenz, § 4 Rn. 43; zum „alten Konzept" und der Entwicklung des Produktsicherheitsrechts oben Rn. 2 ff.

und der KI-VO (die nach dem „Neuen Konzept“ und dem NLF aufgebaut ist) zu vermeiden, greift hier eine **Bereichsausnahme**, die KI-Systeme, die in diese „alten“ Produktbereiche fallen, weitgehend von der KI-VO ausnimmt.[81] Die Regelungstechnik der Detailharmonisierung unterscheidet sich von derjenigen der KI-VO (beispielsweise wird noch kein Bezug auf den „Hersteller“, in der KI-VO der „Anbieter“, genommen).[82]

Die KI-VO enthält Vorgaben zu den Harmonisierungsrechtsakten des alten Konzepts. Dabei geht es darum, dass die Inhalte der KI-VO zur Klassifizierung von Hochrisiko-KI-Systemen teilweise in die Harmonisierungsrechtsvorschriften aufgenommen werden. Nämlich überall dort, wie diese Vorschriften **delegierte Rechtsakte** oder **Durchführungsrechtsakte** anordnen.[83] **54**

Delegierte Rechtsakte sind Rechtsnormen, die Harmonisierungsrechtsvorschriften der Union ergänzen oder ändern, um sie an die Veränderungen in der Realität anzupassen.[84] Die Änderungen und Ergänzungen dürfen sich nur auf nicht wesentliche Elemente des Rechtsakts beziehen. Delegierte Rechtsakte werden von der Kommission erlassen, die dafür die entsprechende Kompetenz in der jeweiligen Harmonisierungsrechtsvorschrift erhalten hat.[85] Sie sind in Art. 290 AEUV normiert. Durchführungsrechtsakte stellen sicher, dass die Harmonisierungsrechtsvorschriften einheitlich in allen Mitgliedstaaten angewendet werden. Die Kompetenz zum Erlass solcher Rechtsakte liegt grundsätzlich bei den Mitgliedstaaten, vgl. Art. 291 Abs. 1. Sie spezifizieren und präzisieren die Details zur praktischen Umsetzung der Harmonisierungsrechtsvorschriften. **55**

Beim Erlass solcher Rechtsakte sollen die Vorgaben der Art. 102–109, 112 und 57 der KI-VO eingehalten werden. Das soll ein friktionsfreies Nebeneinander von Durchführungsrechtsakten, delegierten Rechtsakten, den zugrundeliegenden Harmonisierungsrechtsvorschriften und der KI-VO gewährleisten. **56**

Die konkreten Änderungen der einzelnen Harmonisierungsrechtsvorschriften finden sich in den Art. 102–110. Der Wortlaut der Änderungsvorgaben ist dabei weitgehend identisch: Beim Erlass von Durchführungsrechtsakten oder delegierten Rechtsakten nach den Vorgaben der jeweiligen Harmonisierungsrechtsvorschrift, die sich auf Systeme der KI beziehen, bei denen es sich um **Sicherheitsbauteile** im Sinne der KI-VO handelt, werden die Vorgaben des Kapitels III Abschnitt 1 der KI-VO berücksichtigt. Kapitel III Abschnitt 1 der KI-VO enthält **57**

81 *Martini*, in: Hilgendorf/Roth-Isigkeit, Die neue Verordnung der EU zur Künstlichen Intelligenz, § 4 Rn. 44.
82 *Martini*, in: Hilgendorf/Roth-Isigkeit, Die neue Verordnung der EU zur Künstlichen Intelligenz, § 4 Rn. 43.
83 *Martini*, in: Hilgendorf/Roth-Isigkeit, Die neue Verordnung der EU zur Künstlichen Intelligenz, § 4 Rn. 44.
84 *Ruffert*, in: Callies/Ruffert, EUV/AEUV, Art. 290 AEUV Rn. 2 ff.
85 *Ruffert*, in: Callies/Ruffert, EUV/AEUV, Art. 291 AEUV Rn. 3 ff., 10.

Vorschriften zur Klassifizierung von Hochrisiko-KI-Systemen. Von den Änderungen betroffen sind:

- **Art. 102**: Verordnung über gemeinsame Vorschriften in der Zivilluftfahrt (Verordnung (EG) Nr. 300/2008),
- **Art. 103**: Verordnung über die Genehmigung und Marktüberwachung von land- und forstwirtschaftlichen Fahrzeugen (Verordnung (EU) Nr. 167/2013),
- **Art. 104**: Verordnung über die Genehmigung und Marktüberwachung von zwei- oder dreirrädrigen und vierrädrigen Fahrzeugen (Verordnung (EU) Nr. 168/2013),
- **Art. 105**: Richtlinie über Schiffsausrüstung (Richtlinie 2014/90/EU),
- **Art. 106**: Richtlinie über die Interoperabilität des Eisenbahnsystems in der EU (Richtlinie (EU) 2016/797),
- **Art. 107**: Verordnung über die Genehmigung und die Marktüberwachung von Kraftfahrzeugen und Kraftfahrzeuganhängern sowie von Systemen, Bauteilen und selbstständigen technischen Einheiten für diese Fahrzeuge (Verordnung (EU) 2018/858),
- **Art. 108**: Verordnung zur Festlegung gemeinsamer Vorschriften für die Zivilluftfahrt und zur Errichtung einer Agentur der EU für Flugsicherheit (Verordnung (EU) 2018/1139),
- **Art. 109**: Verordnung über die Typengenehmigung von Kraftfahrzeugen und Kraftfahrzeuganhängern sowie von Systemen, Bauteilen und selbstständigen technischen Einheiten für diese Fahrzeuge im Hinblick auf ihre allgemeine Sicherheit und den Schutz der Fahrzeuginsassen und von ungeschützten Verkehrsteilnehmern (Verordnung (EU) 2019/2144).

IV. Ausnahme: Nationale Sicherheit, Militär, Verteidigung (Art. 2 Abs. 3)

1. Art. 2 Abs. 3 UAbs. 1: Klarstellung der Kompetenzzuteilung

58 Ausgenommen vom Anwendungsbereich der KI-VO sind nach Abs. 3 UAbs. 1 diejenigen Bereiche, die nicht unter das Unionsrecht fallen. Die KI-VO berührt nicht die Zuständigkeiten der Mitgliedstaaten und ihrer Einrichtungen in Bezug auf die **nationale Sicherheit**. Dieser Ausschluss aus dem Anwendungsbereich folgt unter anderem aus den Bestimmungen in Art. 4 Abs. 2 Satz 3 EUV. Eine vergleichbare Vorgabe findet sich in Art. 2 Abs. 2 lit. a DSGVO. Diese ist nach der Rechtsprechung des EuGH eng auszulegen: Die Ausnahme umfasse nur Tätigkeiten, „die von staatlichen Stellen im Rahmen einer Tätigkeit, die der Wahrung der nationalen Sicherheit dient, oder einer Tätigkeit, die derselben Kategorie zugeordnet werden kann, vorgenommen werden, sodass der bloße Umstand, dass eine Tätigkeit eine spezifische Tätigkeit des Staates oder einer Behörde ist, nicht dafür ausreicht, dass diese Ausnahme automatisch für diese

Tätigkeit gilt".[86] Wegen der Kompetenzzuweisung des EUV ist die Bereichsausnahme für die nationale Sicherheit erforderlich. Die Vorschrift in der KI-VO ist dabei deklaratorischer Natur. Die Ausnahme bringt jedoch auch Probleme mit sich: Die Vorgabe, vertrauenswürdige und menschenzentrierte KI zu schaffen, wäre gerade in diesem Bereich von Bedeutung gewesen; die Verwendung von KI – ohne derartige Prinzipien – durch Sicherheits- und Überwachungsbehörden birgt Gefahren für die Zivilgesellschaft.[87] Dieses kompetenzbegründete Problem der KI-VO spiegelt sich auch in der Diskussion um die Zulässigkeit von biometrischen Fernidentifizierungssystemen wider (dazu näher siehe Art. 5 Rn. 5).[88]

2. Art. 2 Abs. 3 UAbs. 2 und 3: Militärische Zwecke, Verteidigungszwecke und Zwecke der nationalen Sicherheit

Abs. 3 UAbs. 2 bestimmt, dass KI-Systeme, die mit oder ohne Änderungen **ausschließlich** für militärische Zwecke, Verteidigungszwecke oder Zwecke der nationalen Sicherheit in Verkehr gebracht, in Betrieb genommen oder verwendet werden, nicht vom Anwendungsbereich der KI-VO umfasst sind. Das gilt unabhängig von der Art der Einrichtung, die diese Tätigkeiten ausübt. Im Kommissionsentwurf war der Wortlaut noch auf den Ausschluss von Systemen begrenzt, die ausschließlich für militärische Zwecke entwickelt oder verwendet werden. Erst mit dem Änderungsvorschlag des Rates der Europäischen Union wurde die Vorschrift erweitert um die Ausnahme von Verteidigungszwecken und Zwecken der nationalen Sicherheit.[89] Der Begriff „Einrichtung" wird in der KI-VO an zahlreichen Stellen genutzt, aber nicht näher definiert. Er beschreibt dabei in der Regel die zuständige Stelle.[90] Die Ausnahme vom Anwendungsbereich wird mit den Bestimmungen des EUV (insb. Art. 4 Abs. 2 EUV) in Bezug auf die Besonderheiten der mitgliedstaatlichen Verteidigungspolitik und die allgemeine mitgliedstaatliche Verantwortlichkeit für die nationale Sicherheit begründet.[91] Die EU darf sich wegen Art. 4 Abs. 2 EUV nicht über die Mitgliedstaaten hinwegsetzen. Dennoch bergen KI-Systeme, die zu diesen Zwecken entwickelt und ver- 59

86 Vgl. EuGH, Urt. v. 22.6.2021 – C-439/19, BeckRS 2021, 15289, Rn. 62 – Latvijas Republikas Saeima; darauf Bezug nehmend auch *Gless/Janal*, in: Hilgendorf/Roth-Isigkeit, Die neue Verordnung der EU zur Künstlichen Intelligenz, § 2 Rn. 27.

87 *Kazim* et al., SSRN. 4060220, S. 8; *Gless/Janal*, in: Hilgendorf/Roth-Isigkeit, Die neue Verordnung der EU zur Künstlichen Intelligenz, § 26 Rn. 38.

88 *Gless/Janal*, in: Hilgendorf/Roth-Isigkeit, Die neue Verordnung der EU zur Künstlichen Intelligenz, § 2 Rn. 38 f. mit Verweis auf *Veale/Zuiderveen Borgesius*, CRi 2021, 97, 101 f.

89 Vorbemerkungen Ziff. 4.1 des KI-VO-E (Rat).

90 Dafür spricht auch der Wortlaut von ErwG 60 Satz 3: „[…] Organen, Einrichtungen oder sonstigen Stellen […]".

91 Vgl. ErwG 24 Satz 2 und 3.

wendet werden, hohe Risiken.[92] An dieser Stelle zeigt sich ein Bruch mit dem risikobasierten Ansatz des Gesetzgebers.[93] Insofern besteht auch außerhalb des Anwendungsbereichs der KI-VO grundsätzlich der Bedarf einer Regulierung solcher Systeme. Nach ErwG 24 Satz 1 sieht der europäische Gesetzgeber dafür das Völkerrecht als geeigneteren Rechtsrahmen.

60 Aus ErwG 24 Satz 4 folgt, dass ein solches KI-System aber in den Anwendungsbereich der KI-VO fallen soll, sobald es vorübergehend oder ständig für andere Zwecke verwendet wird. Im Normtext hat sich das im Wort „ausschließlich" niedergeschlagen. Beispielhaft werden **zivile und humanitäre Zwecke** sowie Zwecke der Strafverfolgung und der öffentlichen Sicherheit genannt. Die verwendende Stelle muss die Konformität mit der KI-VO dann sicherstellen.

61 Soweit ein KI-System neben den militärischen Zwecken, den Verteidigungszwecken und den Zwecken der nationalen Sicherheit noch mindestens einem weiteren, von der Verordnung nicht ausgeschlossenen Zweck dient, sollen die Anforderungen der KI-VO eingehalten werden, vgl. ErwG 24 Satz 6. Dies darf jedoch keine Auswirkungen auf die Verwendung der KI-Systeme haben. Damit sind wohl sogenannte **Dual-Use-KI-Systeme** gemeint. Diese Systeme können für militärische und zivile Zwecke genutzt werden und vielfältige Einsatzmöglichkeiten haben.

62 KI-Systeme, die zu zivilen Zwecken oder Strafverfolgungszwecken in den Verkehr gebracht wurden und mit oder ohne Veränderungen für Zwecke in den Bereichen Militär, Verteidigung oder nationale Sicherheit verwendet werden, sollen nicht in den Anwendungsbereich der KI-VO fallen (ErwG 24 Satz 8). Insofern kann die **Änderung des Verwendungszwecks** zum Ausschluss aus dem Anwendungsbereich der KI-VO führen.

63 In Abs. 3 UAbs. 3 ist normiert, dass die KI-VO auch nicht für diejenigen KI-Systeme gilt, die nicht in der Union in Verkehr gebracht oder in Betrieb genommen werden, wenn die Ausgaben in der Union ausschließlich für militärische Zwecke, Verteidigungszwecke oder Zwecke der nationalen Sicherheit verwendet werden, unabhängig von der agierenden Einrichtung. Aus dieser Vorgabe ergibt sich, dass auch KI-Systeme, die keinen militärischen Zwecken, Verteidigungszwecken oder Zwecken der nationalen Sicherheit dienen und außerhalb der Union in Verkehr gebracht oder in Betrieb genommen wurden, deren Ausgaben aber in der Union für diese Zwecke genutzt werden, von der Regulierung ausgenommen sind.

92 *Roos/Weitz*, MMR 2021, 844, 845; *Becker*, ZfDR 2023, 164, 180; *Smuha* et al., SSRN. 3899991, 2021, 18; in diese Richtung auch *Bomhard/Merkle*, RDi 2024, 45, 54.

93 *Bomhard/Merkle*, RDI 2024, 45, 54.

V. Ausnahme: Internationale Strafverfolgung (Art. 2 Abs. 4)

Die **Ausnahme** in Abs. 4 regelt, dass die KI-VO nicht auf Behörden in Drittländern oder internationale Organisationen anwendbar ist, soweit sie KI-Systeme im Rahmen der internationalen Zusammenarbeit oder internationaler Übereinkünfte im Bereich der **Strafverfolgung und justiziellen Zusammenarbeit** mit der Union oder Mitgliedstaaten verwenden. Das gilt nur, wenn das Drittland, welchem die Behörde zuzuordnen ist, oder die internationale Organisation angemessene Garantien hinsichtlich des Schutzes der Privatsphäre, der Grundrechte und der Grundfreiheiten bieten. Damit soll die Kooperation mit ausländischen Partnern im Bereich der Strafverfolgung sichergestellt werden. Der Rahmen der Zusammenarbeit oder der internationalen Übereinkünfte wurde bilateral zwischen Mitgliedstaaten und Drittländern oder zwischen der Europäischen Union, Europol und anderen Agenturen der Union und Drittländern und internationalen Organisationen erarbeitet, vgl. ErwG 22 Satz 6. Damit die Grundrechte der Unionsbürger dennoch hinreichend geschützt werden, gilt die Ausnahme nur, soweit geeignete Garantien vereinbart werden. Dazu prüfen die Aufsichtsbehörden, die für die Überwachung der Strafverfolgungs- und Justizbehörden nach der KI-VO zuständig sind, ob die Übereinkünfte geeignete Garantien in Bezug auf den Schutz der Grundrechte und die Grundfreiheiten von Einzelpersonen enthalten.[94] Welche Behörden das genau sind und welche Voraussetzungen an die Garantien im Einzelnen gestellt werden, ist jedoch unklar. **64**

Mit der Ausnahme sollen Konflikte der KI-VO mit der territorialen Souveränität und dem Völkerrecht vermieden werden.[95] Behörden in Drittländern sollen bei der internationalen Zusammenarbeit mit Mitgliedstaaten oder der Union nicht durch die KI-VO eingeschränkt werden. Der Europäische Datenschutzausschuss und der europäische Datenschutzbeauftragte haben in einer gemeinsamen Stellungnahme[96] Bedenken hinsichtlich der Umgehung der Vorschriften der KI-VO geäußert. Öffentliche Stellen in der EU könnten auf Drittländer oder internationale Organisationen zurückgreifen, die Hochrisiko-KI-Systeme betreiben, um so mittelbar doch von KI-Systemen oder deren Ausgaben zu profitieren, die sie selbst nicht verwenden dürfen.[97] Dagegen spricht, dass für die internationale Zu- **65**

94 ErwG 22 Satz 7.

95 *Engelmann/Brunotte/Lütkens*, RDi 2021, 317, 319.

96 EDSA/EDSB, Gemeinsame Stellungnahme 5/2021 zum Vorschlag für eine Verordnung des Europäischen Parlaments und des Rates zur Festlegung harmonisierter Vorschriften für künstliche Intelligenz (Gesetz über künstliche Intelligenz) und zur Änderung bestimmter Rechtsakte der Union, 18.6.2021.

97 EDSA/EDSB, Gemeinsame Stellungnahme 5/2021 zum Vorschlag für eine Verordnung des Europäischen Parlaments und des Rates zur Festlegung harmonisierter Vorschriften für künstliche Intelligenz (Gesetz über künstliche Intelligenz) und zur Änderung bestimmter Rechtsakte der Union, 18.6.2021, S. 9.

sammenarbeit im Bereich der Strafverfolgung durch eine Anwendbarkeit der KI-VO auf die Zusammenarbeit mit Behörden in Drittländern erhebliche Einschränkungen drohen würden. Zumal dahingehend für die Drittlandsbehörden keinerlei Pflichten oder gar **Durchsetzungsmöglichkeiten** diesen gegenüber bestehen. Der Austausch von Informationen und Analysen stellt die Basis für die Wirksamkeit dieser Zusammenarbeit dar. Müssten Behörden aus Drittländern bei der Zusammenarbeit mit europäischen oder mitgliedstaatlichen Behörden die weitreichenden Verpflichtungen der KI-VO einhalten oder gar Sanktionen befürchten, soweit sie Ausgaben von KI-Systemen weitergeben, könnte das die Einstellung der Zusammenarbeit zur Folge haben. Mit der Anforderung, angemessene Garantien für den Schutz der Privatsphäre, der Grundrechte und der Grundfreiheiten von Personen sicherzustellen, wurde ein Kompromiss erarbeitet.

VI. Vermittlungsdienste nach Verordnung 2022/2065 (Art. 2 Abs. 5)

66 Die KI-VO lässt die Anwendung der Haftungsbestimmungen der Anbieter von Vermittlungsdiensten nach Kapitel II der Verordnung 2022/2065 (Gesetz über Digitale Dienste) unberührt.[98] Diese Regelung fügt sich in das Konzept des Produktsicherheitsrechts ein, keine eigenen Haftungsregelungen zu treffen und auch solche von anderen Rechtsakten nicht zu beeinflussen, mit denen es thematische Überschneidungen geben könnte.[99]

VII. Ausnahme: Wissenschaft/Forschung (Art. 2 Abs. 6)

67 Nach Abs. 6 sind KI-Systeme und KI-Modelle, einschließlich ihrer Ausgaben, aus dem Anwendungsbereich der KI-VO ausgenommen, wenn sie eigens für den alleinigen Zweck der **wissenschaftlichen Forschung** und Entwicklung entwickelt und in Betrieb genommen wurden. Die Ausnahme wurde erstmals mit dem Verordnungsentwurf des Rates thematisiert, welcher auf dem Kompromissvorschlag der tschechischen Ratspräsidentschaft beruhte. Die Privilegierung erfuhr im Laufe des Gesetzgebungsverfahren positive Resonanz und wurde im endgültigen Normtext noch um die KI-Modelle erweitert.[100] Mit der Ausnahme soll drohenden Einschränkungen der Wissenschaftsfreiheit aus Art. 13 GRCh vorge-

---

98 Zur Problematik der Regulierung von KI-Meinungen *Berz/Engel/Hacker*, ZUM 2023, 586.

99 *Ebers/Hoch/Rosenkranz/Ruschemeier/Steinrötter*, RDi 2021, 528.

100 Der KI-VO-E Rat beschränkte sich noch auf die KI-Systeme.

beugt werden.[101] So beispielsweise, dass KI-Systeme, die unter Art. 5 oder 6 der KI-VO fallen, für Forschungszwecke nicht genutzt werden können, weil sie im ersten Fall verboten und im zweiten Fall hohe Voraussetzungen an ihre Verwendung geknüpft sind.[102] Wenn Forschungsprojekte aufgrund der finanziellen Voraussetzungen der Erfüllung von Compliance-Voraussetzungen nicht mehr realisiert werden können, stellt das einen Eingriff in die **Wissenschaftsfreiheit** dar.[103] Als Forschungstätigkeiten kommt zum einen die Grundlagenforschung, also die Entwicklung neuer Algorithmen und Modelle und die Untersuchung von kognitiven Prozessen und neuronalen Netzen in Betracht. Zum anderen aber auch die angewandte Forschung zu KI, die sich auf die Anwendung von verschiedenen KI-Technologien in Bereichen wie Medizin, Finanzen, Automobilindustrie und vielen weiteren erstrecken kann (dazu auch unten Rn. 70 ff.). Der Zweck des KI-Systems muss allein einem solchen Ziel gewidmet sein, um von der Ausnahme umfasst zu sein.

VIII. Datenschutz (Art. 2 Abs. 7)

Die KI-VO lässt die Regelungen der Verordnung (EU) 2016/679 (DSGVO) und **68**
der Richtlinien 2002/58/EG, (EU) 2016/680 nach Abs. 7 unberührt. Diese Rechtsakte bieten nach ErwG 10 die Grundlage für eine nachhaltige und verantwortungsvolle Verarbeitung von personenbezogenen und nicht-personenbezogenen Daten. Dementsprechend sind für die Adressaten der KI-VO auch weiterhin die Pflichten und Anforderungen der DSGVO und der Richtlinien 2002/58/EG und (EU) 2016/680 zu beachten.[104] Zu berücksichtigen sind darüber hinaus spezielle datenschutzrechtliche Anforderungen der KI-VO selbst, die in Art. 10 Abs. 5 und Art. 59 geregelt sind. In Art. 10 Abs. 5 findet sich ein spezieller Erlaubnistatbestand zur Verarbeitung besonderer Kategorien personenbezogener Daten (siehe Art. 10 Rn. 98 ff.). Der Art. 59 enthält einen **speziellen Erlaubnistatbestand** für die Verarbeitung personenbezogener Daten in KI-Reallaboren, soweit diese Daten rechtmäßig zu anderen Zwecken erhoben wurden (siehe Art. 59 Rn. 10 ff.).[105] Die Regelung des Verhältnisses von KI-VO und Datenschutzrecht wurde erstmals mit dem Entwurf des Europäischen Parlaments in den Normtext aufgenommen. Die Kommission hatte lediglich in der Gesetzesbegründung einen kurzen Hinweis gegeben. Demnach sollten die Datenschutz-

101 *Gless/Janal*, in: Hilgendorf/Roth-Isigkeit, Die neue Verordnung der EU zur Künstlichen Intelligenz, § 2 Rn. 28; *Becker*, ZfDR 2023, 164.
102 *Becker*, ZfDR 2023, 164, 171 f.
103 *Becker*, ZfDR, 2023, 173.
104 *Hacker/Berz*, ZRP 2023, 226.
105 Schon zum Kommissionsentwurf: *Bomhard/Merkle*, RDi 2021, 276; *Engelmann/Brunotte/Lütkens*, RDi 2021, 317, 322.

Grundverordnung und die Strafverfolgungsrichtlinie von dem Vorschlag für eine KI-VO unberührt bleiben und durch harmonisierte Vorschriften für Entwurf, Entwicklung und Verwendung bestimmter Hochrisiko-KI-Systeme sowie durch Beschränkungen für bestimmte Anwendungen biometrischer Fernidentifizierungssysteme ergänzt werden.[106] Insbesondere von Seiten der europäischen Datenschutzbehörden war diese knappe Einordnung als mangelhaft kritisiert worden.[107] Auch das nunmehr in Abs. 7 vorgesehene Verhältnis zur DSGVO und den Richtlinien 2002/58/EG und (EU) 2016/680 wird stellenweise kritisiert. Dass das Gesetz die datenschutzrechtlichen Regelungen unberührt lasse, zeitgleich aber bestimmte Aufzeichnungspflichten für die Anbieter von Hochrisiko-KI-Systemen (siehe Art. 12 Rn. 9 ff.) parallel zum Datenschutzrecht festlege, verstärke das Spannungsverhältnis zur DSGVO.[108] Dieses Spannungsverhältnis gründet auf den widerstreitenden Zielen von Datenschutz und KI-Entwicklung. Die einzelnen Datenschutzgrundsätze, insbesondere die Datenminimierung (Art. 5 Abs. 1 lit. c DSGVO) und die Speicherbegrenzung (Art. 5 Abs. 1 lit. d DSGVO), sind nur schwer mit dem datenintensiven Training von KI-Systemen, besonders Large Language Models, zu vereinbaren.[109] Darüber hinaus bereiten die nuancierten Transparenz- und Informationspflichten der DSGVO Probleme: Handelt es sich bspw. um ein KI-System, welches eine automatisierte Entscheidung im Sinne des Art. 22 DSGVO trifft, muss über die involvierte Logik bei der Entscheidungsfindung informiert werden. Das kann sich mitunter schwer gestalten, aufgrund der sog. **Blackbox-Problematik** von KI-Systemen. Die Nachvollziehbarkeit von KI-Systemen wird so unheimlich erschwert. In der Folge ist DSGVO-Compliance nur bei intensiver Auseinandersetzung mit dem verwendeten KI-System möglich, wenn die datenschutzrechtlichen Voraussetzungen beim Einsatz von KI-Systemen wider dem Wortlaut der DSGVO technologieoffen herabgesetzt werden,[110] oder gar schlichtweg unmöglich, in Ermangelung technischen Sachverstandes oder der technischen Konzeption des KI-Systems. Die

106 KI-VO-E Kommission, S. 4.

107 EDSA/EDSB, Gemeinsame Stellungnahme 5/2021 zum Vorschlag für eine Verordnung für künstliche Intelligenz, 18.6.2021, S. 9 f.

108 *Bomhard/Siglmüller*, RDi 2024, 45, 55.

109 *Müller*, öAT 2024, 26, 28; *Ashkar*, ZD 2023, 523, 524; *Baumgartner/Brunnbauer/Cross*, MMR 2023, 543, 546; DSK, Hambacher Erklärung zur Künstlichen Intelligenz, 3.4.2019, S.4.

110 Zum Streitstand: *Hessel/Dillschneider*, RDi 2023 458, 462; EuGH, Urt. v. 27.2.25 – C-203/22 – Dun & Bradstreet Austria, nach dem die Anforderungen an die Transparenz algorithmischer Systeme erfüllt sein könnten, wenn die betroffene Person darüber informiert wird, in welchem Maße eine Abweichung bei den berücksichtigten personenbezogenen Daten zu einem anderen Ergebnis geführt hätte. Die bloße Übermittlung eines Algorithmus stellt jedoch keine ausreichend präzise und verständliche Erläuterung dar; dagegen: DSK, Hambacher Erklärung zur Künstlichen Intelligenz, 3.4.2019, S. 4.

Einhaltung der Grundsätze ist in der Regel nur mit Mehraufwand, beispielsweise durch die Nutzung von synthetischen Daten oder Anonymisierungsverfahren, realisierbar.[111] Zwar werden die Rechte von betroffenen Personen im Sinne des Datenschutzrechts von den technikneutralen Anforderungen an KI-Systeme durch die KI-VO nur indirekt berührt. Aufgrund der starken Abhängigkeit von KI-Systemen von (personenbezogenen) Daten ist eine Überschneidung der Regelungsbereiche aber nicht zu vermeiden.[112]

Konflikte mit der DSGVO bei der KI-Nutzung drohen insbesondere bei automati- **69**
sierten Entscheidungen mit Rechtswirkungen, die von KI getroffen werden könnten. Solche **automatisierten Entscheidungen** sind nach Art. 22 Abs. 1 DSGVO in der Regel unzulässig. Entscheidungen mit Rechtswirkung dürfen grundsätzlich nur von Menschen getroffen werden. Ausnahmen davon bedürfen der Einwilligung der betroffenen Personen. Soweit ein KI-System Entscheidungen mit Rechtswirkungen für die betroffenen Personen ausgibt, ist das grundsätzlich ein Verstoß gegen das Datenschutzrecht. Das KI-System muss deshalb so ausgestaltet sein, dass es dem Menschen die tatsächliche Entscheidung überlässt. Es besteht die Befürchtung, dass die menschliche Beteiligung aus Ressourcengründen lediglich formell und ohne tatsächliche Einflussnahme auf die Entscheidung erfolgt. Dabei entfaltet das Verbot der automatisierten Entscheidung mit negativen Rechtswirkungen im Einzelfall nach der EuGH-Rechtsprechung auch eine gewisse Vorwirkung: Entscheidet zwar ein Mensch, wird diese Entscheidung jedoch maßgeblich von einem algorithmischen System beeinflusst, ist der Anwendungsbereich der Norm eröffnet.[113] Auf diese Problematik wird auch in der Orientierungshilfe der Konferenz der unabhängigen Datenschutzaufsichtsbehörden des Bundes und der Länder (DSK) hingewiesen.[114] Die Orientierungshilfen der DSK sind für die Praxis von Bedeutung und bieten eine hilfreiche Richtlinie für den Umgang mit personenbezogenen Daten. Sie können erste Anhaltspunkte für das Verhalten der Aufsichtsbehörden bei verschiedenen Problemen bieten. In der Orientierungshilfe zu KI und Datenschutz weisen die Datenschützer auf das Erfordernis einer Rechtsgrundlage für die Verarbeitung personenbezogener Daten bei Entwicklung, Training und Nutzung der KI hin.[115] Die Orientierungshilfe enthält auch Umsetzungsvorschläge für Unternehmen bei der Einführung von KI unter Berücksichtigung des Datenschutzes. Der DSK gelingt es, die Problemfelder der Praxis auszuformulieren. Für eine praxistaugliche Beratung und Anleitung erscheint die Orientierungshilfe jedoch noch nicht detailliert genug.

---

111 *Baumgartner/Brunnbauer/Cross*, MMR 2023, 543, 546; zum KI-Training mit öffentlich verfügbaren Daten: *Franke*, RDi 2023, 565; *Dieker*, ZD 2024, 132, 135.

112 *Horstmann*, ZD-Aktuell 2024, 01580.

113 EuGH, Urt. v. 7.12.2023 – C-634/21, BB 2024, 270, Rn. 44 ff.

114 DSK, Orientierungshilfe: Künstliche Intelligenz und Datenschutz, 6.5.2023, S. 5.

115 Zur datenschutzrechtlichen Zulässigkeit bei der Erhebung von Trainingsdaten im Internet: *Dieker*, ZD 2024, 132.

IX. Ausnahme: Entwicklungstätigkeiten vor Inverkehrbringen (Art. 2 Abs. 8)

70 Forschungs-, Test- und Entwicklungstätigkeiten zu KI-Systemen oder KI-Modellen, die noch nicht in Verkehr gebracht oder in Betrieb genommen wurden, sind nicht von den Vorgaben der KI-VO umfasst. Der Ausschluss dient dem Verordnungsziel der Innovationsförderung und gründet auf dem Gedanken, dass nicht in Verkehr gebrachte oder in Betrieb genommene Systeme oder Modelle, die sich noch in der Entwicklung befinden, kein Risiko für die Rechte der Unionsbürger darstellen. Die Anwendung der Regelungen zu KI-Reallaboren, in denen KI-Systeme entwickelt werden können, bleibt von der Ausnahmeregelung des Abs. 8 unberührt, wie sich aus ErwG 25 Satz 5 ergibt. Forschungs-, Test- und Entwicklungstätigkeiten im Bereich KI sind vielfältig und umfassen verschiedene Aspekte – von theoretischen Studien bis hin zu praktischen Anwendungen. Im Bereich der **Grundlagenforschung** liegt der Fokus auf der Entwicklung neuer Algorithmen, die die Leistungsfähigkeit und Effizienz von KI-Systemen verbessern können. Dazu gehören beispielsweise Studien zu den mathematischen und statistischen Grundlagen von Machine Learning und den darin verwendeten neuronalen Netzen. In der **angewandten Forschung** werden KI-Systeme für bestimmte Bereiche entwickelt und angepasst. Für die Forschungstätigkeiten ist auch die Zusammenarbeit mit Experten von Disziplinen außerhalb der Informatik, wie beispielsweise der Linguistik oder der Psychologie, relevant. Die aktuelle Forschung konzentriert sich insbesondere auch auf Machine Learning. Dafür sind bei der Entwicklung enorme Datenmengen und Speicherkapazitäten erforderlich.[116]

71 Die Forschungs- und Entwicklungstätigkeiten sollen ErwG 25 Satz 7 zufolge nach anerkannten ethischen und professionellen Grundsätzen für die wissenschaftliche Forschung und unter Wahrung des geltenden Unionsrechts ausgeführt werden.

72 Im Laufe des Gesetzgebungsverfahrens war die Ausnahme von verschiedenen Tätigkeiten, die zur Innovation im KI-Bereich beitragen, diskutiert worden. Beispielsweise war im Vorschlag des Europäischen Rates neben der Privilegierung der Forschung an KI-Systemen und -Modellen auch die Forschung mit KI-Systemen vorgesehen.[117] Damit wären auch Forschungstätigkeiten mit einem bereits in Verkehr gebrachten KI-System, das nicht allein dem Zweck der wissenschaftlichen Forschung dient, von der KI-VO ausgenommen gewesen. Möglicherweise

---

116 *Niederée/Neidel*, in: Ebers/Heinze/Krügel/Steinrötter, Künstliche Intelligenz und Robotik, § 2 Rn. 18.

117 Art. 2 Abs. 6 und 7 KI-VO-E Rat; dazu *Feuerstack/Becker/Hertz*, ZfDR 2023, 421, 433; *Becker*, ZfDR 2023, 164, 181.

hätten so die Vorgaben für die Betreiber solcher Systeme umgangen werden können. Diese komplizierte Konstellation beinhaltete also Rechtsunsicherheiten. Die spätere Parlamentsfassung beschränkte die Privilegierung von Forschungs-, Test- und Entwicklungstätigkeiten deshalb auf den Zeitraum vor dem Inverkehrbringen.[118] Dies hat sich auch in der finalen Fassung niedergeschlagen. Somit müssen bei der Forschung an KI-Systemen, solange sie mit nicht für die Forschung bestimmten KI-Systemen erfolgt, dennoch die Anforderungen der KI-VO an letztere Systeme eingehalten werden.

Das Verhältnis zu Abs. 6 bestimmt sich nach dem Zweck der jeweiligen KI-Systeme: Für die Forschung an KI-Systemen nach Abs. 8 kommt es nicht darauf an, ob ihr alleiniger Zweck der wissenschaftlichen Forschung und Entwicklung dient. Solange ein KI-System nicht in den Verkehr gebracht oder in Betrieb genommen ist, hält der europäische Gesetzgeber die Forschung daran unabhängig von seinem Zweck für zulässig. Dient ein KI-System hingegen generell alleine der wissenschaftlichen Forschung und Entwicklung, kann es auch nach Inverkehrbringen und Inbetriebnahme ohne Berücksichtigung der KI-VO genutzt werden. **73**

Eine Rückausnahme besteht nach Abs. 8 hinsichtlich Tests unter Realbedingungen nach Kapitel VI der KI-VO, weil dort spezifische Vorschriften für solche Entwicklungstätigkeiten geschaffen wurden. **74**

X. Produktsicherheit/Verbraucherschutz (Art. 2 Abs. 9)

Die KI-VO berührt nicht die Vorschriften anderer Rechtsakte der Union zum **Verbraucherschutz und zur Produktsicherheit**. Diese Regelung dient der Vereinbarkeit des Gesetzes mit den bereits bestehenden Rechtsakten des New Legislative Framework und der Einheitlichkeit der Vorgaben.[119] Von KI-Systemen gehen Risiken aus, denen auch mit den Verbraucherschutzvorschriften, den Datenschutzregelungen, dem Produktsicherheitsrecht und auch der Grundrechtecharta bisher nicht ausreichend begegnet werden kann.[120] So ist beispielsweise das Training von KI bislang weitgehend unreguliert und hat immer wieder zu voreingenommenen Ausgaben bei der Anwendung der KI-Systeme geführt.[121] Mit der KI-VO soll dem abgeholfen werden. Durch den horizontalen Ansatz der **75**

118 Art. 2 Abs. 5d KI-VO-E Parlament.

119 Vgl. ErwG 9 Satz 2.

120 Vgl. *Orssich*, EuZW 2022, 254, 255.

121 *Motoki/Neto/Rangel*, More Human than Human: Measuring ChatGPT Political Bias, 5.3.2023, SSRN 4372349; *Weidemann*, Der schwarze Wehrmachtssoldat, FAZ v. 22.10.2023.

Regulierung kann es stellenweise zu Überschneidungen mit anderen produktsicherheitsrechtlichen Vorschriften kommen (siehe oben Rn. 7, 29, 56).[122] Diese Vorschriften sollen neben der KI-VO anwendbar sein.[123] Zu beachten ist, dass KI-Systeme, von denen kein nach der KI-VO als relevant zu klassifizierendes Risiko ausgeht, nach den Anforderungen der Verordnung (EU) 2023/988 zu beurteilen sind, die als Sicherheitsnetz dient.[124] Fällt ein KI-System also weder unter die Vorschriften für Hochrisiko-KI-Systeme noch unter die Vorgaben für bestimmte KI-Systeme nach Art. 50 und stellt es keine verbotene Praktik nach Art. 5 dar, dann geht von ihm nach der Klassifizierung des risikobasierten Ansatzes weder ein hohes noch ein geringes Risiko aus. Soweit es sich dann auch nicht um ein KI-System der speziellen Kategorie von Systemen mit allgemeinem Verwendungszweck handelt, bestehen für das Inverkehrbringen oder Betreiben des KI-Systems keine Anforderungen. Damit das System in einem solchen Fall dennoch allgemeinen Sicherheitskriterien entspricht, gilt die allgemeine Produktsicherheitsverordnung (EU) 2023/988.

76 Im Wortlaut des Abs. 9 wird außerdem deutlich, dass es sich bei der KI-VO um einen Rechtsakt zum Verbraucherschutz und zur Produktsicherheit handelt. Dies ergibt sich bereits aus der Begründung, der Systematik und dem Zweck,[125] kann aber anhand des Wortes „anderer" ebenfalls gefolgert werden. In der Literatur wird bislang häufig von einer Regulierung gesprochen, die nach dem Konzept des Produktsicherheitsrechts entwickelt wurde, selten aber von einer produktsicherheitsrechtlichen Regulierung.[126] Warum mit der Einordnung der KI-VO als Harmonisierungsrechtsvorschrift so zurückhaltend umgegangen wird, ist nicht ersichtlich. Es handelt sich um eine Verordnung zur Harmonisierung der Vorschriften über „das Inverkehrbringen, die Inbetriebnahme und die Verwendung von KI-Systemen in der Union […]" (Art. 1 Abs. 2 lit. a), die trotz kleiner dem speziellen Regelungsgegenstand geschuldeter Abweichungen (horizontaler Ansatz, siehe Rn. 7; siehe auch Art. 1 Rn. 46) am Konzept des europäischen Produktsicherheitsrechts (Neuer Rechtsrahmen und NLF) ausgerichtet ist. Sie regelt Kernbestandteile dieses Konzepts (z.B. Konformitätsbewertung) und das Verhältnis zu anderen Vorschriften, die ebenfalls auf diesem Konzept beruhen. Mithin ist die KI-VO als Harmonisierungsrechtsvorschrift im Sinne des europäischen Produktsicherheitsrechts einzustufen.

---

122 *Wiebe*, BB 2022, 899, 905.

123 *Roos/Weitz*, MMR 2021, 844, 846; *Wiebe*, BB 2022, 899, 905.

124 ErwG 166.

125 Siehe Art. 1 Rn. 67.

126 Vgl. *Ebers/Hoch/Rosenkranz/Ruschemeier/Steinrötter*, RDi 2021, 528, 536; *Reusch*, RDi 2023, 152, 153; *Roos/Weitz*, MMR 2021, 844, 845; *Ebers*, RDi 2021, 588; *Wiebe*, BB 2022, 899; *Orssich*, EuZW 2021, 254, 256.

XI. Ausnahme: Persönliche und nicht berufliche Tätigkeit (Art. 2 Abs. 10)

Die KI-VO findet nach Art. 2 Abs. 10 keine Anwendung auf Betreiber, die natürliche Personen sind und die KI-Systeme im Rahmen einer **ausschließlich persönlichen und nicht beruflichen Tätigkeit** verwenden. Damit sollen all diejenigen Aktivitäten aus dem Anwendungsbereich ausgenommen werden, die Verwender eines KI-Systems zu privaten Zwecken vornehmen. In diesem Szenario hält der Gesetzgeber die Einhaltung der Vorgaben der KI-VO, insbesondere wohl die Einhaltung der Betreiberpflichten, nicht für angezeigt. In der Ausnahme wird auf den Betreiberbegriff aus Art. 3 Nr. 4 zurückgegriffen (siehe Art. 3 Nr. 4 Rn. 104 ff.). Der Betreiber wird dort definiert als „eine natürliche oder juristische Person, Behörde, Einrichtung oder sonstige Stelle, die ein KI-System in eigener Verantwortung verwendet, es sei denn, das KI-System wird im Rahmen einer persönlichen und nicht beruflichen Tätigkeit verwendet". **77**

Der Verweis auf den Betreiber in Art. 2 Abs. 10 ist irreführend. Wer als natürliche Person ein KI-System zu persönlichen und nicht beruflichen Tätigkeiten verwendet, ist nach der Definition in Art. 3 Nr. 4 schon gar kein Betreiber. Wer kein Betreiber ist, den treffen aber auch keine Pflichten der KI-VO (soweit er keine andere Akteursrolle erfüllt). Die Art. 2 Abs. 10 und Art. 3 Nr. 4 stehen damit in einem Widerspruch. Art. 2 Abs. 10 ist überflüssig, weil sich sein Regelungsgehalt schon aus dem Wortlaut von Art. 3 Nr. 4 ergibt. Denn wer danach kein Betreiber ist und auch sonst kein Akteur, für den enthält die KI-VO ohnehin keine Vorgaben. **78**

Es handelt sich aller Wahrscheinlichkeit um einen **redaktionellen Fehler**. Er ist eine Folge verschiedener Änderungsvorschläge im Rahmen des Gesetzgebungsverfahrens. Art. 2 Abs. 10 wurde erst mit dem Entwurf des Europäischen Rates eingeführt. Die Regelung lautete: „Diese Verordnung gilt nicht für die Pflichten von Nutzern, die natürliche Personen sind und KI-Systeme im Rahmen einer ausschließlich persönlichen und nicht beruflichen Tätigkeit verwenden, mit Ausnahme von Art. 52." Zusätzlich zu dieser Regelung wurde der Nutzer wie folgt definiert: „Nutzer [ist] eine natürliche oder juristische Person, […] unter deren Verantwortung das System verwendet wird". Mit der Einigung im Trilogverfahren wurde der Nutzer zum Betreiber geändert und die oben genannte Definition eingeführt.[127] Die Regelung in Art. 2 Abs. 10 wurde aber nur insoweit geändert, als der Verweis auf Art. 52 entfernt und der Begriff des Nutzers durch den Betreiber ersetzt wurde. Damit kam es zu einer doppelten Nennung der persönlichen und nicht beruflichen Tätigkeit und dem Widerspruch der beiden Vorschriften. **79**

127 Die in dieser Form auch schon im Parlamentsentwurf vorgeschlagen wurde.

80 Zweck von Art. 2 Abs. 10 ist die Herausnahme natürlicher Personen aus dem Pflichtenkreis der KI-VO unter bestimmten Bedingungen. Richtigerweise müsste Art. 2 Abs. 10 dann lauten: Die von dieser KI-VO adressierten Pflichten gelten nicht für natürliche oder juristische Personen, Behörden, Einrichtungen oder sonstige Stellen, die KI-Systeme im Rahmen einer ausschließlich persönlichen und nicht beruflichen Tätigkeit verwenden.

81 Die Ausnahme von der KI-VO für die persönliche, nicht berufliche Nutzung, entspricht dem Verordnungszweck, Regelungen für die Sicherheit von KI-Systemen für die jeweils für die Systeme verantwortlichen Stellen zu schaffen. In aller Regel wird die Person, die ein KI-System für persönliche, nicht berufliche Zwecke nutzt, keinen Einfluss auf die Sicherheit des Systems haben. Darüber hinaus fördert die Ausnahme auch den Nutzen von KI-Systemen für die Zivilbevölkerung: Weniger Vorgaben für die persönliche Verwendung von KI können die Kreativität und das Experimentieren mit der Technologie fördern. Durch die einfache Zugänglichkeit zu den Systemen steigt deren Verwendung und damit bestenfalls auch deren Akzeptanz. Die KI-Systeme stellen für die Menschen ein Werkzeug dar, das sie im beruflichen Kontext unter bestimmten Voraussetzungen, privat aber frei und in eigener Verantwortung nutzen können. Das fördert den Verordnungszweck der menschenzentrierten KI.

XII. Arbeitnehmerrechte (Art. 2 Abs. 11)

82 Die KI-VO erlaubt es den Mitgliedstaaten sowie der EU, Rechts- oder Verwaltungsvorschriften beizubehalten oder einzuführen, die für **Arbeitnehmer** im Hinblick auf den Schutz ihrer Rechte bei der Verwendung von KI-Systemen durch die Arbeitgeber vorteilhafter sind. Darüber hinaus können die Mitgliedstaaten oder die EU die Anwendung von Tarifverträgen fördern oder zulassen, die für Arbeitnehmer vorteilhafter sind. Die Regelung hat mit dem Parlamentsvorschlag Eingang in den Verordnungstext gefunden und wurde wortgleich in die finale Fassung übernommen.[128]

83 Ziel der EU ist die Förderung sozialen Fortschritts und die Verbesserung der Lebensbedingungen der europäischen Bevölkerung. Dies umfasst auch die Verbesserung der Beschäftigungsbedingungen und ergibt sich aus der Präambel der AEUV. Die EU ergänzt die arbeitsrechtlichen Regelungsvorhaben der EU-Länder durch die Festlegung von Mindeststandards an Arbeits- und Beschäftigungsbedingungen, soziale Sicherheit und sozialen Schutz von Arbeitnehmern und weitere in Art. 153 Abs. 1 lit. a–k AEUV genannte Aspekte. Die einzelnen Mitgliedstaaten können aber ein höheres Schutzniveau vorsehen, soweit ihnen die Mindeststandards nicht weitreichend genug sind. Diesem Ziel entspricht die Regelung

128 Vgl. Art. 2 Abs. 11 KI-VO-E Parlament.

von Abs. 11, der regelt, dass die Mitgliedstaaten und auch die EU selbst weitergehende Vorgaben in Bezug auf den Schutz ihrer Rechte bei der Verwendung von KI-Systemen durch Arbeitnehmer beibehalten oder einführen können. Mitgliedstaaten können insoweit eigenständig darüber entscheiden, **strengere Schutzvorgaben** an die Verwendung von KI-Systemen im arbeitsrechtlichen Kontext zu stellen, wenn sie die Ansicht vertreten, die Schutzmöglichkeiten gegenüber den Systemen seien zu gering. Das kann stark von den in den jeweiligen Mitgliedstaaten herrschenden Politiken abhängen. Die Harmonisierung von Mindestanforderungen wird dadurch nicht beeinträchtigt, dennoch kann es zu **Fragmentierungsfolgen** kommen: Dadurch, dass es sich bei der Regulierung von KI-Systemen häufig um einen vom Körperlichen losgelösten Sachverhalt handelt, erscheinen verschiedene Vorgaben in verschiedenen Staaten für KI-Systeme von nur einem Anbieter wenig sinnvoll, weil dieser sein System für ein „Abnehmerland" anpassen müsste. Ob einzelne Staaten hier tätig werden, bleibt abzuwarten.

XIII. Ausnahme: Open Source (Art. 2 Abs. 12)

Die KI-VO nimmt KI-Systeme, die unter **freien oder quelloffenen (open-source) Lizenzen** bereitgestellt werden, von ihrem Anwendungsbereich aus, soweit es sich nicht um Hochrisiko-KI-Systeme oder KI-Systeme nach Art. 5 oder 50 handelt, die in Verkehr gebracht oder in Betrieb genommen werden. Unter freien Lizenzen können solche Lizenzen verstanden werden, die ihren Verwendern bestimmte Freiheiten bezüglich der Nutzung, Veränderung und Weiterverbreitung der Lizenz ermöglichen. In Bezug auf KI-Lizenzen bedeutet das beispielsweise, dass der Verwender das KI-System zu jedem beliebigen Zweck ausführen oder Kopien weitergeben darf. Daneben kann auch die Freiheit umfasst sein, das KI-System zu verändern. Das setzt den Zugang zum Quellcode des KI-Systems voraus. Bei solchen quelloffenen (open-source) Lizenzen ist der Quellcode für alle sichtbar. Das führt dazu, dass er von jedermann eingesehen, verändert oder weiterverbreitet werden kann. Quelloffene KI-Systeme können zur Innovation beitragen, indem Interessierte selbst Änderungen an ihnen vornehmen können, neue Funktionen programmieren können oder sie auf ihre Bedürfnisse anpassen können. **84**

Um das Verordnungsziel der Innovation zu fördern, wurde die Ausnahme vom Anwendungsbereich im Laufe des Gesetzgebungsverfahrens auf Vorschlag des Parlaments eingeführt. Im Kommissionsentwurf war eine solche Regelung noch nicht enthalten. Das Fehlen wurde kritisiert, weil es schwerwiegende Folgen für Forschung und Entwicklung von KI-Systemen haben könne.[129] Wenn auch die **85**

129 *Ebers/Hoch/Rosenkranz/Ruschemeier/Steinrötter*, RDi 2021, 528, 529; *Becker/Feuerstack*, MMR 2024, 22, 23; allgemein auch *de la Durantaye*, ZUM 2023, 645, 657.

Anbieter quelloffener KI-Systeme die teils strengen Anforderungen mitsamt deren finanzieller Voraussetzungen erfüllen müssten, könnten die häufig freiwillig bzw. ehrenamtlich agierenden Entwickler solcher KI-Systeme ihrer Arbeit nicht mehr nachkommen. Auch seitens der KI-Wirtschaft wurde deshalb eine Ausnahme für Open-Source-Systeme gefordert.[130] Insbesondere im Software- und KI-Bereich spielen frei zugängliche Produkte eine große Rolle. So hat eines von Europas größten KI-Start-ups – Mistral AI – seine KI-Systeme anfangs mit einem Open-Source-Ansatz entwickelt. Gleiches gilt für den deutschen Anbieter LAION, der Datensätze zur Entwicklung von KI-Systemen zur Verfügung stellt. Open-Source-KI ermöglicht es kleinen und mittleren Unternehmen sowie natürlichen Personen auf der ganzen Welt, hochwertige Ressourcen für die Entwicklung ihrer Produkte zu nutzen, ohne dabei hohe Lizenzgebühren aufbringen zu müssen. Zu beachten ist, dass auch quelloffene Software **nicht zwangsläufig kostenfrei** ist. Durch die Offenlegung von Quellcodes wird die Zusammenarbeit von verschiedenen Entwicklern ermöglicht, was zu schnellerem Fortschritt führen kann. Auch das Vertrauen der Gesellschaft ist bei Open-Source-Projekten häufig höher, weil die Verwender üblicherweise in der Lage sind, die Quellcodes der Produkte zu überprüfen. Dementsprechend wurde die Bereichsausnahme für Open-Source-KI unter bestimmten Voraussetzungen von Wirtschaft und Öffentlichkeit weitgehend positiv bewertet. Nichtsdestotrotz wird der Nutzen der Vorschrift wegen der folgenden Beschränkungen in Frage gestellt:[131] Verbotene KI-Praktiken nach Art. 5, bestimmte KI nach Art. 50 und Hochrisiko-KI-Systeme sind von der Ausnahme nicht umfasst. Verbotene KI-Praktiken sollen nachvollziehbarerweise auch nicht Open Source entwickelt werden. Differenzierter muss die Regelung hinsichtlich Hochrisiko-KI-Systemen und Systemen, die unter Art. 50 fallen, beurteilt werden. Die Tatsache, dass solche Systeme nicht frei entwickelt werden können, stellt die Entwicklerunternehmen erneut vor finanzielle Herausforderungen. Die Entwicklung derartiger Systeme erfordert gesteigerte finanzielle Möglichkeiten, um die Anforderungen der KI-VO umzusetzen. Diese finanziellen Voraussetzungen sind auf dem europäischen Markt weniger verbreitet, der eher von kleinen und mittleren Unternehmen geprägt ist. Die Abhängigkeit von großen Playern aus dem angloamerikanischen und asiatischen Raum wird damit gefördert, während die Innovation in der EU gehemmt ist.

86 Dass der Bereich, in dem Anbieter von Open Source privilegiert sind, nur sehr eng ist, zeigt auch ErwG 103 Satz 3: „Für die Zwecke dieser Verordnung sollten KI-Komponenten, die gegen einen Preis bereitgestellt oder anderweitig monetarisiert werden, einschließlich durch die Bereitstellung technischer Unterstützung

130 Creative Commons et al., Supporting Open Source and Open Science in the EU AI Act, S. 15; LAION gemeinnütziger e. V., An Open Letter to the European Parliament: Protecting Open-Source AI for a Safe, Secure, and Sovereign Digital Future, S. 1 f.

131 *Becker/Feuerstack*, MMR 2024, 22; *Bomhard/Siglmüller*, RDi 2024, 45, 54.

oder anderer Dienste – einschließlich über eine Softwareplattform – im Zusammenhang mit der KI-Komponente oder durch die Verwendung personenbezogener Daten aus anderen Gründen als der alleinigen Verbesserung der Sicherheit, Kompatibilität oder Interoperabilität der Software, mit Ausnahme von Transaktionen zwischen Kleinstunternehmen, nicht unter die Ausnahmen für freie und quelloffene KI-Komponenten fallen." Das bedeutet, dass Anbieter von Open-Source-KI-Systemen schon nicht mehr von der Ausnahme umfasst sind, sobald sie irgendeine Art der Gegenleistung für das von ihnen angebotene System erhalten. Mit dieser Einschränkung führt auch schon die mittelbare Monetarisierung von Open-Source-KI zur Anwendbarkeit der Verordnung.[132] Erhält der Anbieter beispielsweise die Daten der Verwender und Verwenderinnen und verwertet diese gegen Geldleistung, muss er sich an die KI-VO halten.

Dafür, dass die in der KI-VO vorgesehenen Maßnahmen zugunsten von Anbietern quelloffener und freier KI sowie KMU und Start-up-Unternehmen nicht ausreichen könnten, um deren Bedarfen gerecht zu werden, spricht auch folgender Fall: **87**

Mistral AI, ein französisches KI-Start-up-Unternehmen, hatte bislang Large-Language-Modelle entwickelt. Diese wurden teilweise unter Offenlegung ihres Quellcodes zur Verfügung gestellt. Mistral war offenbar eines von vielen Unternehmen, die während des Gesetzgebungsverfahrens zur KI-VO über die Vertreter im Rat und Parlament Druck ausgeübt haben, um umfangreiche Privilegierungen durchzusetzen. Diese Privilegierungen sollten für KMU, Start-up-Unternehmen und die Anbieter von freier und quelloffener Software gelten und insbesondere die Entwicklung von quelloffenen Large-Language-Modellen aus dem Anwendungsbereich der KI-VO ausnehmen. Kurz nach Veröffentlichung des finalen Entwurfs gab Mistral bekannt, eine Kooperation mit Microsoft – einem der größten US-amerikanischen Technologieentwickler – einzugehen. Ob in einer solchen Konstellation auch weiterhin ein Open-Source-Ansatz verfolgt wird, ist fraglich. Dieser Fall zeigt, dass Maßnahmen zur Unterstützung der Innovation, die von den Adressaten als zu geringfügig angesehen werden, möglicherweise zu Hemmnissen führen können. Hemmnissen in der Form, dass Unternehmen, die von einem Open-Source-Ansatz geprägt sind und damit maßgeblich zur Innovation beitragen, diesen Ansatz aufgeben oder umstellen. **88**

132 *Bomhard/Siglmüller*, RDi 2024, 45, 53.

Art. 3 Begriffsbestimmungen

Für die Zwecke dieser Verordnung bezeichnet der Ausdruck

1. **„KI-System" ein maschinengestütztes System, das für einen in unterschiedlichem Grade autonomen Betrieb ausgelegt ist und das nach seiner Betriebsaufnahme anpassungsfähig sein kann und das aus den erhaltenen Eingaben für explizite oder implizite Ziele ableitet, wie Ausgaben wie etwa Vorhersagen, Inhalte, Empfehlungen oder Entscheidungen erstellt werden, die physische oder virtuelle Umgebungen beeinflussen können;**
2. **„Risiko" die Kombination aus der Wahrscheinlichkeit des Auftretens eines Schadens und der Schwere dieses Schadens;**
3. **„Anbieter" eine natürliche oder juristische Person, Behörde, Einrichtung oder sonstige Stelle, die ein KI-System oder ein KI-Modell mit allgemeinem Verwendungszweck entwickelt oder entwickeln lässt und es unter ihrem eigenen Namen oder ihrer Handelsmarke in Verkehr bringt oder das KI-System unter ihrem eigenen Namen oder ihrer Handelsmarke in Betrieb nimmt, sei es entgeltlich oder unentgeltlich;**
4. **„Betreiber" eine natürliche oder juristische Person, Behörde, Einrichtung oder sonstige Stelle, die ein KI-System in eigener Verantwortung verwendet, es sei denn, das KI-System wird im Rahmen einer persönlichen und nicht beruflichen Tätigkeit verwendet;**
5. **„Bevollmächtigter" eine in der Union ansässige oder niedergelassene natürliche oder juristische Person, die vom Anbieter eines KI-Systems oder eines KI-Modells mit allgemeinem Verwendungszweck schriftlich dazu bevollmächtigt wurde und sich damit einverstanden erklärt hat, in seinem Namen die in dieser Verordnung festgelegten Pflichten zu erfüllen bzw. Verfahren durchzuführen;**
6. **„Einführer" eine in der Union ansässige oder niedergelassene natürliche oder juristische Person, die ein KI-System, das den Namen oder die Handelsmarke einer in einem Drittland niedergelassenen natürlichen oder juristischen Person trägt, in Verkehr bringt;**
7. **„Händler" eine natürliche oder juristische Person in der Lieferkette, die ein KI-System auf dem Unionsmarkt bereitstellt, mit Ausnahme des Anbieters oder des Einführers;**
8. **„Akteur" einen Anbieter, Produkthersteller, Betreiber, Bevollmächtigten, Einführer oder Händler;**
9. **„Inverkehrbringen" die erstmalige Bereitstellung eines KI-Systems oder eines KI-Modells mit allgemeinem Verwendungszweck auf dem Unionsmarkt;**

10. **„Bereitstellung auf dem Markt" die entgeltliche oder unentgeltliche Abgabe eines KI-Systems oder eines KI-Modells mit allgemeinem Verwendungszweck zum Vertrieb oder zur Verwendung auf dem Unionsmarkt im Rahmen einer Geschäftstätigkeit;**
11. **„Inbetriebnahme" die Bereitstellung eines KI-Systems in der Union zum Erstgebrauch direkt an den Betreiber oder zum Eigengebrauch entsprechend seiner Zweckbestimmung;**
12. **„Zweckbestimmung" die Verwendung, für die ein KI-System laut Anbieter bestimmt ist, einschließlich der besonderen Umstände und Bedingungen für die Verwendung, entsprechend den vom Anbieter bereitgestellten Informationen in den Betriebsanleitungen, im Werbe- oder Verkaufsmaterial und in diesbezüglichen Erklärungen sowie in der technischen Dokumentation;**
13. **„vernünftigerweise vorhersehbare Fehlanwendung" die Verwendung eines KI-Systems in einer Weise, die nicht seiner Zweckbestimmung entspricht, die sich aber aus einem vernünftigerweise vorhersehbaren menschlichen Verhalten oder einer vernünftigerweise vorhersehbaren Interaktion mit anderen Systemen, auch anderen KI-Systemen, ergeben kann;**
14. **„Sicherheitsbauteil" einen Bestandteil eines Produkts oder KI-Systems, der eine Sicherheitsfunktion für dieses Produkt oder KI-System erfüllt oder dessen Ausfall oder Störung die Gesundheit und Sicherheit von Personen oder Eigentum gefährdet;**
15. **„Betriebsanleitungen" die Informationen, die der Anbieter bereitstellt, um den Betreiber insbesondere über die Zweckbestimmung und die ordnungsgemäße Verwendung eines KI-Systems zu informieren;**
16. **„Rückruf eines KI-Systems" jede Maßnahme, die auf die Rückgabe an den Anbieter oder auf die Außerbetriebsetzung oder Abschaltung eines den Betreibern bereits zur Verfügung gestellten KI-Systems abzielt;**
17. **„Rücknahme eines KI-Systems" jede Maßnahme, mit der die Bereitstellung eines in der Lieferkette befindlichen KI-Systems auf dem Markt verhindert werden soll;**
18. **„Leistung eines KI-Systems" die Fähigkeit eines KI-Systems, seine Zweckbestimmung zu erfüllen;**
19. **„notifizierende Behörde" die nationale Behörde, die für die Einrichtung und Durchführung der erforderlichen Verfahren für die Bewertung, Benennung und Notifizierung von Konformitätsbewertungsstellen und für deren Überwachung zuständig ist;**

20. „Konformitätsbewertung" ein Verfahren mit dem bewertet wird, ob die in Titel II Abschnitt 2 festgelegten Anforderungen an ein Hochrisiko-KI-System erfüllt wurden;

21. „Konformitätsbewertungsstelle" eine Stelle, die Konformitätsbewertungstätigkeiten einschließlich Prüfungen, Zertifizierungen und Inspektionen durchführt und dabei als Dritte auftritt;

22. „notifizierte Stelle" eine Konformitätsbewertungsstelle, die gemäß dieser Verordnung und den anderen einschlägigen Harmonisierungsrechtsvorschriften der Union notifiziert wurde;

23. „wesentliche Veränderung" eine Veränderung eines KI-Systems nach dessen Inverkehrbringen oder Inbetriebnahme, die in der vom Anbieter durchgeführten ursprünglichen Konformitätsbewertung nicht vorgesehen oder geplant war und durch die die Konformität des KI-Systems mit den Anforderungen in Kapitel III Abschnitt 2 beeinträchtigt wird oder die zu einer Änderung der Zweckbestimmung führt, für die das KI-System bewertet wurde;

24. „CE-Kennzeichnung" eine Kennzeichnung, durch die ein Anbieter erklärt, dass ein KI-System die Anforderungen erfüllt, die in Kapitel III Abschnitt 2 und in anderen anwendbaren Harmonisierungsrechtsvorschriften, die die Anbringung dieser Kennzeichnung vorsehen, festgelegt sind;

25. „System zur Beobachtung nach dem Inverkehrbringen" alle Tätigkeiten, die Anbieter von KI-Systemen zur Sammlung und Überprüfung von Erfahrungen mit der Verwendung der von ihnen in Verkehr gebrachten oder in Betrieb genommenen KI-Systeme durchführen, um festzustellen, ob unverzüglich nötige Korrektur- oder Präventivmaßnahmen zu ergreifen sind;

26. „Marktüberwachungsbehörde" die nationale Behörde, die die Tätigkeiten durchführt und die Maßnahmen ergreift, die in der Verordnung (EU) 2019/1020 vorgesehen sind;

27. „harmonisierte Norm" bezeichnet eine harmonisierte Norm im Sinne des Artikels 2 Absatz 1 Buchstabe c der Verordnung (EU) Nr. 1025/2012;

28. „gemeinsame Spezifikation" eine Reihe technischer Spezifikationen im Sinne des Artikels 2 Nummer 4 der Verordnung (EU) Nr. 1025/2012, deren Befolgung es ermöglicht, bestimmte Anforderungen der vorliegenden Verordnung zu erfüllen;

29. „Trainingsdaten" Daten, die zum Trainieren eines KI-Systems verwendet werden, wobei dessen lernbare Parameter angepasst werden;

30. „Validierungsdaten" Daten, die zur Evaluation des trainierten KI-Systems und zur Einstellung seiner nicht erlernbaren Parameter und seines

Lernprozesses verwendet werden, um unter anderem eine Unter- oder Überanpassung zu vermeiden;

31. „Validierungsdatensatz" einen separaten Datensatz oder einen Teil des Trainingsdatensatzes mit fester oder variabler Aufteilung;

32. „Testdaten" Daten, die für eine unabhängige Bewertung des KI-Systems verwendet werden, um die erwartete Leistung dieses Systems vor dessen Inverkehrbringen oder Inbetriebnahme zu bestätigen;

33. „Eingabedaten" die in ein KI-System eingespeisten oder von diesem direkt erfassten Daten, auf deren Grundlage das System eine Ausgabe hervorbringt;

34. „biometrische Daten" mit speziellen technischen Verfahren gewonnene personenbezogene Daten zu den physischen, physiologischen oder verhaltenstypischen Merkmalen einer natürlichen Person, wie etwa Gesichtsbilder oder daktyloskopische Daten;

35. „biometrische Identifizierung" die automatisierte Erkennung physischer, physiologischer, verhaltensbezogener oder psychologischer menschlicher Merkmale zum Zwecke der Feststellung der Identität einer natürlichen Person durch den Vergleich biometrischer Daten dieser Person mit biometrischen Daten von Personen, die in einer Datenbank gespeichert sind;

36. „biometrische Verifizierung" die automatisierte Eins-zu-eins-Verifizierung, einschließlich Authentifizierung, der Identität natürlicher Personen durch den Vergleich ihrer biometrischen Daten mit zuvor bereitgestellten biometrischen Daten;

37. „besondere Kategorien personenbezogener Daten" die in Artikel 9 Absatz 1 der Verordnung (EU) 2016/679, Artikel 10 der Richtlinie (EU) 2016/680 und Artikel 10 Absatz 1 der Verordnung (EU) 2018/1725 aufgeführten Kategorien personenbezogener Daten;

38. „sensible operative Daten" operative Daten im Zusammenhang mit Tätigkeiten zur Verhütung, Aufdeckung, Untersuchung oder Verfolgung von Straftaten, deren Offenlegung die Integrität von Strafverfahren gefährden könnte;

39. „Emotionserkennungssystem" ein KI-System, das dem Zweck dient, Emotionen oder Absichten natürlicher Personen auf der Grundlage ihrer biometrischen Daten festzustellen oder daraus abzuleiten;

40. „System zur biometrischen Kategorisierung" ein KI-System, das dem Zweck dient, natürliche Personen auf der Grundlage ihrer biometrischen Daten bestimmten Kategorien zuzuordnen, sofern es sich um eine Nebenfunktion eines anderen kommerziellen Dienstes handelt und aus objektiven technischen Gründen unbedingt erforderlich ist;

41. „biometrisches Fernidentifizierungssystem" ein KI-System, das dem Zweck dient, natürliche Personen ohne ihre aktive Einbeziehung und in der Regel aus der Ferne durch Abgleich der biometrischen Daten einer Person mit den in einer Referenzdatenbank gespeicherten biometrischen Daten zu identifizieren;
42. „biometrisches Echtzeit-Fernidentifizierungssystem" ein biometrisches Fernidentifizierungssystem, bei dem die Erfassung biometrischer Daten, der Abgleich und die Identifizierung ohne erhebliche Verzögerung erfolgen, und das zur Vermeidung einer Umgehung der Vorschriften nicht nur die sofortige Identifizierung, sondern auch eine Identifizierung mit begrenzten kurzen Verzögerungen umfasst;
43. „System zur nachträglichen biometrischen Fernidentifizierung" ein biometrisches Fernidentifizierungssystem, das kein biometrisches Echtzeit-Fernidentifizierungssystem ist;
44. „öffentlich zugänglicher Raum" einen einer unbestimmten Anzahl natürlicher Personen zugänglichen physischen Ort in privatem oder öffentlichem Eigentum, unabhängig davon, ob bestimmte Bedingungen für den Zugang gelten, und unabhängig von möglichen Kapazitätsbeschränkungen;
45. „Strafverfolgungsbehörde"
    a) eine Behörde, die für die Verhütung, Ermittlung, Aufdeckung oder Verfolgung von Straftaten oder die Strafvollstreckung, einschließlich des Schutzes vor und der Abwehr von Gefahren für die öffentliche Sicherheit, zuständig ist, oder
    b) eine andere Stelle oder Einrichtung, der durch nationales Recht die Ausübung öffentlicher Gewalt und hoheitlicher Befugnisse zur Verhütung, Ermittlung, Aufdeckung oder Verfolgung von Straftaten oder zur Strafvollstreckung, einschließlich des Schutzes vor und der Abwehr von Gefahren für die öffentliche Sicherheit, übertragen wurde;
46. „Strafverfolgung" Tätigkeiten der Strafverfolgungsbehörden oder in deren Auftrag zur Verhütung, Ermittlung, Aufdeckung oder Verfolgung von Straftaten oder zur Strafvollstreckung, einschließlich des Schutzes vor und der Abwehr von Gefahren für die öffentliche Sicherheit;
47. „Büro für Künstliche Intelligenz" die Aufgabe der Kommission, zur Umsetzung, Beobachtung und Überwachung von KI-Systemen und KI-Modellen mit allgemeinem Verwendungszweck und zu der im Beschluss der Kommission vom 24. Januar 2024 vorgesehenen KI-Governance beizutragen; Bezugnahmen in dieser Verordnung auf das Büro für Künstliche Intelligenz gelten als Bezugnahmen auf die Kommission;

48. „zuständige nationale Behörde" eine notifizierende Behörde oder eine Marktüberwachungsbehörde; in Bezug auf KI-Systeme, die von Organen, Einrichtungen und sonstigen Stellen der Union in Betrieb genommen oder verwendet werden, sind Bezugnahmen auf die zuständigen nationalen Behörden oder Marktüberwachungsbehörden in dieser Verordnung als Bezugnahmen auf den Europäischen Datenschutzbeauftragten auszulegen;

49. „schwerwiegender Vorfall" einen Vorfall oder eine Fehlfunktion bezüglich eines KI-Systems, das bzw. die direkt oder indirekt eine der nachstehenden Folgen hat:

a) den Tod oder die schwere gesundheitliche Schädigung einer Person;

b) eine schwere und unumkehrbare Störung der Verwaltung oder des Betriebs kritischer Infrastrukturen;

c) die Verletzung von Pflichten aus den Unionsrechtsvorschriften zum Schutz der Grundrechte;

d) schwere Sach- oder Umweltschäden;

50. „personenbezogene Daten" personenbezogene Daten im Sinne von Artikel 4 Nummer 1 der Verordnung (EU) 2016/679;

51. „nicht personenbezogene Daten" Daten, die keine personenbezogenen Daten im Sinne von Artikel 4 Nummer 1 der Verordnung (EU) 2016/679 sind;

52. „Profiling" das Profiling im Sinne von Artikel 4 Nummer 4 der Verordnung (EU) 2016/679;

53. „Plan für einen Test unter Realbedingungen" ein Dokument, in dem die Ziele, die Methodik, der geografische, bevölkerungsbezogene und zeitliche Umfang, die Überwachung, die Organisation und die Durchführung eines Tests unter Realbedingungen beschrieben werden;

54. „Plan für das Reallabor" ein zwischen dem teilnehmenden Anbieter und der zuständigen Behörde vereinbartes Dokument, in dem die Ziele, die Bedingungen, der Zeitrahmen, die Methodik und die Anforderungen für die im Reallabor durchgeführten Tätigkeiten beschrieben werden;

55. „KI-Reallabor" einen kontrollierten Rahmen, der von einer zuständigen Behörde geschaffen wird und den Anbieter oder zukünftige Anbieter von KI-Systemen nach einem Plan für das Reallabor einen begrenzten Zeitraum und unter regulatorischer Aufsicht nutzen können, um ein innovatives KI-System zu entwickeln, zu trainieren, zu validieren und – gegebenenfalls unter Realbedingungen – zu testen.

56. „KI-Kompetenz" die Fähigkeiten, die Kenntnisse und das Verständnis, die es Anbietern, Betreibern und Betroffenen unter Berücksichtigung ihrer jeweiligen Rechte und Pflichten im Rahmen dieser Verordnung er-

möglichen, KI-Systeme sachkundig einzusetzen sowie sich der Chancen und Risiken von KI und möglicher Schäden, die sie verursachen kann, bewusst zu werden.

57. „Test unter Realbedingungen" den befristeten Test eines KI-Systems auf seine Zweckbestimmung, der unter Realbedingungen außerhalb eines Labors oder einer anderweitig simulierten Umgebung erfolgt, um zuverlässige und belastbare Daten zu erheben und die Konformität des KI-Systems mit den Anforderungen der vorliegenden Verordnung zu bewerten und zu überprüfen, wobei dieser Test nicht als Inverkehrbringen oder Inbetriebnahme des KI-Systems im Sinne dieser Verordnung gilt, sofern alle Bedingungen nach Artikel 57 oder Artikel 60 erfüllt sind;

58. „Testteilnehmer" für die Zwecke eines Tests unter Realbedingungen eine natürliche Person, die an dem Test unter Realbedingungen teilnimmt;

59. „informierte Einwilligung" eine aus freien Stücken erfolgende, spezifische, eindeutige und freiwillige Erklärung der Bereitschaft, an einem bestimmten Test unter Realbedingungen teilzunehmen, durch einen Testteilnehmer, nachdem dieser über alle Aspekte des Tests, die für die Entscheidungsfindung des Testteilnehmers bezüglich der Teilnahme relevant sind, aufgeklärt wurde;

60. „Deepfake" einen durch KI erzeugten oder manipulierten Bild-, Ton- oder Videoinhalt, der wirklichen Personen, Gegenständen, Orten, Einrichtungen oder Ereignissen ähnelt und einer Person fälschlicherweise als echt oder wahrheitsgemäß erscheinen würde;

61. „weitverbreiteter Verstoß" jede Handlung oder Unterlassung, die gegen das Unionsrecht verstößt, das die Interessen von Einzelpersonen schützt, und die

a) die kollektiven Interessen von Einzelpersonen in mindestens zwei anderen Mitgliedstaaten als dem Mitgliedstaat schädigt oder zu schädigen droht, in dem

i) die Handlung oder die Unterlassung ihren Ursprung hatte oder stattfand,

ii) der betreffende Anbieter oder gegebenenfalls sein Bevollmächtigter sich befindet oder niedergelassen ist oder

iii) der Betreiber niedergelassen ist, sofern der Verstoß vom Betreiber begangen wird,

b) die kollektiven Interessen von Einzelpersonen geschädigt hat, schädigt oder schädigen könnte und allgemeine Merkmale aufweist, einschließlich derselben rechtswidrigen Praxis oder desselben verletzten Interesses, und gleichzeitig auftritt und von demselben Akteur in mindestens drei Mitgliedstaaten begangen wird;

62. **„kritische Infrastrukturen“ kritische Infrastrukturen im Sinne von Artikel 2 Nummer 4 der Richtlinie (EU) 2022/2557;**
63. **„KI-Modell mit allgemeinem Verwendungszweck“ ein KI-Modell – einschließlich der Fälle, in denen ein solches KI-Modell mit einer großen Datenmenge unter umfassender Selbstüberwachung trainiert wird –, das eine erhebliche allgemeine Verwendbarkeit aufweist und in der Lage ist, unabhängig von der Art und Weise seines Inverkehrbringens ein breites Spektrum unterschiedlicher Aufgaben kompetent zu erfüllen, und das in eine Vielzahl nachgelagerter Systeme oder Anwendungen integriert werden kann, ausgenommen KI-Modelle, die vor ihrem Inverkehrbringen für Forschungs- und Entwicklungstätigkeiten oder die Konzipierung von Prototypen eingesetzt werden;**
64. **„Fähigkeiten mit hoher Wirkkraft“ bezeichnet Fähigkeiten, die den bei den fortschrittlichsten KI-Modellen mit allgemeinem Verwendungszweck festgestellten Fähigkeiten entsprechen oder diese übersteigen;**
65. **„systemisches Risiko“ ein Risiko, das für die Fähigkeiten mit hoher Wirkkraft von KI-Modellen mit allgemeinem Verwendungszweck spezifisch ist und aufgrund deren Reichweite oder aufgrund tatsächlicher oder vernünftigerweise vorhersehbarer negativer Folgen für die öffentliche Gesundheit, die Sicherheit, die öffentliche Sicherheit, die Grundrechte oder die Gesellschaft insgesamt erhebliche Auswirkungen auf den Unionsmarkt hat, die sich in großem Umfang über die gesamte Wertschöpfungskette hinweg verbreiten können;**
66. **„KI-System mit allgemeinem Verwendungszweck“ ein KI-System, das auf einem KI-Modell mit allgemeinem Verwendungszweck beruht und in der Lage ist, einer Vielzahl von Zwecken sowohl für die direkte Verwendung als auch für die Integration in andere KI-Systeme zu dienen;**
67. **„Gleitkommaoperation“ jede Rechenoperation oder jede Zuweisung mit Gleitkommazahlen, bei denen es sich um eine Teilmenge der reellen Zahlen handelt, die auf Computern typischerweise durch das Produkt aus einer ganzen Zahl mit fester Genauigkeit und einer festen Basis mit ganzzahligem Exponenten dargestellt wird;**
68. **„nachgelagerter Anbieter“ einen Anbieter eines KI-Systems, einschließlich eines KI-Systems mit allgemeinem Verwendungszweck, das ein KI-Modell integriert, unabhängig davon, ob das KI-Modell von ihm selbst bereitgestellt und vertikal integriert wird oder von einer anderen Einrichtung auf der Grundlage vertraglicher Beziehungen bereitgestellt wird.**

Mit Art. 3 korrespondieren die Erwägungsgründe 12–19, 97–100, 110, 128.

Schrifttum: *Ammann/Pohle*, KI-Verordnung – Was bisher geschah und jetzt zu tun ist, CB 2024, 137; *Arndt/Wende*, Die Abgrenzung von vorhersehbarem Fehlgebrauch und Produktmissbrauch – ein Pulverfass?, ZfPC 2023, 110; *Ashkar/Schröder*, Das Gesetz über künstliche Intelligenz der Europäischen Union (KI-Verordnung), BB 2024, 771; *Auer-Reinsdorff/Conrad*, Handbuch IT- und Datenschutzrecht, 3. Aufl. 2019; *Baur/Gebhardt*, Die Verordnung über Künstliche Intelligenz (KI-Verordnung) – Regulatorische Leitplanken auf dem Weg in die digitalisierte Welt, jurisPR-BKR 4/2024 Anm. 1; *Becker*, Generative KI und Deepfakes in der KI-VO, CR 2024, 353; *Becker/Feuerstack*, Der neue Entwurf des EU-Parlaments für eine KI-Verordnung, MMR 2024, 22; *Berz/Engel/Hacker*, Generative KI, Datenschutz, Hassrede und Desinformation – Zur Regulierung von KI-Meinungen, ZUM 2023, 586; *Block*, Deepfakes und Recht, 2023; *Bomhard/Merkle*, Europäische KI-Verordnung, RDi 2021, 276; *Bomhard/Siglmüller*, AI Act – das Trilogergebnis, RDi 2024, 45; *Bommasani* et al., On the Opportunities and Risks of Foundation Models, 2022; *Borges*, Haftung für KI-Systeme, CR 2022, 553; *Borges*, Rechtliche Rahmenbedingungen für autonome Systeme, NJW 2018, 977; *Botta*, Die Förderung innovativer KI-Systeme in der EU, ZfDR 2022, 391; *Buchalik/Gehrmann*, Von Nullen und Einsen zu Paragraphen: Der AI Act, ein Rechtscode für Künstliche Intelligenz, CR 2024, 145; *Buchholz*, Einsatz künstlicher Intelligenz in kritischen Infrastrukturen, https://www.kritisschutz.de/ki-verordnung_kritische_infrastrukturen/; *Buxmann/Schmidt*, Künstliche Intelligenz, 2021; *Chibanguza/Steege*, Die KI-Verordnung – Überblick über den neuen Rechtsrahmen, NJW 2024, 1769; *Doersch/Zisserman*, Multi-Task Self-Supervised Visual Learning, 2017; *Dumoulin* et al., Generative Adversarial Networks: An Overview, 2017, https://arxiv.org/abs/1710.07035 (zuletzt abgerufen am 8.6.2025); *Ebers/Heinze/Krügel/Steinrötter* (Hrsg.), Künstliche Intelligenz und Robotik, 2020; *Ebers/Hoch/Rosenkranz/Ruschemeier/Steinrötter*, Der Entwurf für eine KI-Verordnung: Richtige Richtung mit Optimierungsbedarf, RDi 2021, 528; *Ebert/Spiecker gen. Döhmann*, Der Kommissionsentwurf für eine KI-Verordnung der EU, NVwZ 2021, 1188; *Ehling/Vogeler*, Der Probandenvertrag, MedR 2008, 273; *Ehring/Taeger* (Hrsg.), NomosKommentar Produkthaftungs- und Produktsicherheitsrecht, 2022; *Eisenmenger*, Ein neuer Rechtsrahmen für Kritische Infrastrukturen (KRITIS) – unter Berücksichtigung der EU-Resilienz-Richtlinie, NVwZ 2023, 1203; *Engel*, Generative KI, Foundation Models und KI-Modelle mit allgemeinem Verwendungszweck in der KI-VO, KIR 2024, 21; *Engelmann/Brunotte/Lütkens*, Regulierung von Legal Tech durch die KI-Verordnung, RDi 2021, 317; *Ensthaler*, Künstliche Intelligenz – einige Gedanken zu den vorhandenen und geplanten Schutzmaßnahmen, InTer 2024, 2; *Ertel*, Grundkurs Künstliche Intelligenz – Eine praxisorientierte Einführung, 3. Aufl. 2013; *Fettke*, Umsatzsteuer, Zoll und Künstliche Intelligenz – Eine Einführung, MwStR 2018, 463; *Fuhrmann/Klein/Fleischfresser* (Hrsg.), Arzneimittelrecht, 3. Aufl. 2020; *Gerdemann*, Konformitätsbewertung als Kernpflicht der KI-Verordnung, NJW 2024, 2209; *Gesmann-Nuissl*, Künstliche Intelligenz – den ersten Schritt vor dem zweiten tun!, InTeR 2018, 105; *Glauner/Plugmann*, Innovative Technologies for Market Leadership: Investing in the Future, 2020; *Goodfellow* et al., Generative Adversarial Networks, 2014, https://arxiv.org/abs/1406.2661 (zuletzt abgerufen am 8.6.2025); *Grützmacher/Füllsack*, Der Entwurf der EU-KI-Verordnung, ITRB 2021, 159; *Hacker*, Europäische und nationale Regulierung von Künstlicher Intelligenz, NJW 2020, 2142; *Hacker/Berz*, Der AI Act der Europäischen Union – Überblick, Kritik und Ausblick, ZRP 2023, 226; *Hahn*, Die Regulierung biometrischer Fernidentifizierung in der Strafverfolgung im KI-Verordnungsentwurf der EU-Kommission, ZfDR 2023, 142; *Hilgendorf/Roth-Isigkeit*, Die neue Verordnung der EU zur Künstlichen Intelligenz, 2023; *Höra/Schubach* (Hrsg.), Münchener Anwaltshandbuch Versicherungsrecht, 5. Aufl. 2022; *Jarass*, Charta der Grundrechte der EU, 4. Aufl. 2021; *Kalbhenn*, Designvorgaben für Chatbots, Deepfakes und Emotionserkennungssysteme: Der Vorschlag der Europäischen Kommission zu einer KI-VO als Erweiterung der medienrechtlichen Plattformregulierung, ZUM 2021, 663; *Kapoor* (Hrsg.), ProdHaftG, Kommentar, 2023; *Kaulartz/Braegelmann* (Hrsg.), Rechtshandbuch Artificial Intelligence und Machine Learning, 2020; *Klindt* (Hrsg.), Produktsicherheitsgesetz, Kommentar, 3. Aufl. 2021; *Klindt/Mattheis*, Neuerungen zur Risikobewertung ante portas, ZfPC 2024, 234; *Krönke*, Das europäische KI-Gesetz, NVwZ 2024, 529; *Kühling/Buchner* (Hrsg.), DS-GVO BDSG, Kommentar, 4. Aufl. 2024; *Kumkar*, Deepfakes – Risiken und Regulierung im europäischen Verordnungsentwurf für künstliche Intelligenz, K&R 2023, Heft 10 Beilage 1, 32; *Lämmel/Cleve*, Künstliche Intelligenz, 4. Aufl. 2012; *Luger*, Künstliche Intelligenz. Strategien zur Lösung komplexer Probleme, 4. Aufl. 2001; *Martini/Wendehorst* (Hrsg.), KI-VO, Kommentar, 2024; *Martini/Wiesehöfer*, Auf dem Weg zur Regulierung von General-Purpose-AI – eine erste Bestandsaufnahme und Kritik der Regelungsentwürfe, NVwZ 2024, 137; *Masood* et al., Deepfakes generation and detection: state-of-the-art, open challenges, countermeasures, and way forward, Applied Intelligence, 2023 Vol. 53, 3974; *Mayr/Thiermann/Schrack/Kiesselbach*, Das neue Medizinprodukterecht – Praxishandbuch zur MP-VO, 2021; *Müller-Hengstenberg/Kirn*, Intelligente (Software-)Agenten: Von der Automatisierung zur Autonomie? – Verselbstständigung technischer Systeme, MMR 2014, 225; *Muttach/Link*, Verarbeitung personenbezogener Daten in KI-Reallaboren nach dem KI-VO-E, CR 2023, 725; *Novelli/Hacker/Morley/Trondal/Floridi*, A Robust Governance for the AI Act: AI Office, AI Board, Scientific Panel, and National Authorities, European Journal of Risk Regulation 2024, 1, https://ssrn.com/abstract=4817755; *Paal/Kumkar*, Die digitale Zukunft Europas, ZfDR 2021, 97; *Pehlivan/Forgó/Valcke* (Hrsg.), The EU Artificial Intelligence (AI) Act: A Commentary, 2025; *Pieper*, Künstliche Intelligenz: Im Spannungsfeld von Recht und Technik, InTeR 2018, 9; *Regenfus*, Deaktivierte Geräte – Rechte des Nutzers bei Einschränkung der Funktionsfähigkeit »smarter« Produkte durch den Hersteller, JZ 2018, 79; *Rehmann/Wagner*, MP-VO, Verordnung (EU) 2017/745 über Medizinprodukte, 4. Aufl. 2023; *Reichwald/Pfisterer*, Autonomie und Intelligenz im Internet der Dinge, CR 2016, 208, 210; *Riehm*, Von Drohnen, Google-Cars und Software-Agenten, Rechtliche Herausforderungen autonomer Systeme, ITRB 2014, 113; *Ringlage/Weschky*, KI-System-Anbieter als Adressaten der Anbieterpflichten für GPAI-Modelle?, ZfDR 2024, 417; *Rostalski/Weiss*, Der KI-Verordnungsentwurf der Europäischen Kommission, ZfDR 2021, 329; *Roth-Isigkeit*, Grundstrukturen der geplanten KI-Aufsichtsbehörden – KI-Bürokratie?, ZRP 2022, 187; *Russel/Norvig*, Künstliche Intelligenz – Ein moderner Ansatz, 4. Aufl. 2023; *Säcker* (Hrsg.), Münchner Kommentar zum BGB, Bd. 2, 9. Aufl. 2022; *Säcker/Rixecker/Oetker* (Hrsg.), Münchener Kommentar zum BGB, Bd. 7, 9. Aufl. 2024; *Sandrock/Wetzler* (Hrsg.), Deutsches Gesellschaftsrecht im Wettbewerb der Rechtsordnungen, 2004; *Schmitz/Kraul/Bachmann/Priebs/von dem Berge/Schulz/Kunz/Rücker/Mayer/Nathanail/Manntz*, Analyse der Potentiale und rechtlichen Umsetzungsmöglichkeiten von KI-Reallaboren auf europäischer und nationaler Ebene unter besonderer Berücksichtigung des Entwurfs der Europäischen Kommission für einen KI-Rechtsrahmen, Teil I: Regelungsrahmen: Analyse zum rechtlichen Rahmen für KI in den Sektoren Finanzen, Mobilität, Verwaltung, Gesundheit, Rechtsdienstleistung sowie Klimawandel und Energie, Gutachten für das Bundesministerium für Wirtschaft und Klimaschutz (April 2022), https://www.bmwk.de/Redaktion/DE/Publikationen/Studien/gutachten-noerr-reallabore.pdf?__blob=publicationFile&v=1; *Schucht*, Die neue EU-Marktüberwachungsverordnung, 2021; *Schucht/Wiebe* (Hrsg.), EU-Produktsicherheitsverordnung, 2025; *Schwartmann/Keber/Zenner* (Hrsg.), KI-Verordnung, Leitfaden für die Praxis, 2. Aufl. 2024; *Schwartmann/Köhler*, Ausgewählte Probleme des Entwurfs zur KI-Verordnung, RDV 2024, 27; *Sester/Nitschke*, Software-Agent mit

Lizenz zum …? Vertragsschluss und Verbraucherschutz beim Einsatz von Softwareagenten, CR 2004, 548, 549; *Simitis/Hornung/Spiecker gen. Döhmann* (Hrsg.), Datenschutzrecht DSGVO mit BDSG, 2019; *Spickhoff/Handorn* (Hrsg.), Handbuch Medizinisches Forschungsrecht, 2024; *Spindler*, Der Vorschlag der EU-Kommission für eine Verordnung zur Regulierung der Künstlichen Intelligenz, CR 2021, 316; *Splittgerber/Becker*, Der AI Act: Regeln zum Einsatz künstlicher Intelligenz in der EU, DB 2024, 984; *Steege*, Definition der Künstlichen Intelligenz in Art. 3 Nr. 1 KI-VO-E, MMR 2022, 926; *Steege/Chibanguza*, Der Anwendungsbereich (Art. 2) des EU-Verordnungsentwurfs zur Regulierung von KI, SVR 2022, 401; *Steen*, Ableitungen als wesentliche Fähigkeit von KI-Systemen nach der KI-VO, KIR 2024, 7; *Steinrötter*, Europäische Plattformregulierung Rechtshandbuch, 2023; *Stiefel/Maier* (Hrsg.), Kraftfahrtversicherung: AKB, Kommentar, 19. Aufl. 2017; *Stiemerling*, „Künstliche Intelligenz" – Automatisierung geistiger Arbeit, Big Data und das Internet der Dinge, CR 2015, 762; *Sydow/Marsch* (Hrsg.), DS-GVO/BDSG, 3. Aufl. 2022; *Taeger/Gabel* (Hrsg.), DSGVO BDSG TTDSG, Kommentar, 4. Aufl. 2022; Weber kompakt Rechtswörterbuch, 10. Edition 2024, 32. Edition 2024; *Wendehorst/Nessler/Aufreiter/Aichinger*, Der Begriff des „KI-Systems" unter der neuen KI-VO, Vorschlag eines „Drei-Faktor-Ansatzes" zur Bewältigung technischer und juristischer Ungereimtheiten, MMR 2024, 605; *Wendt/Wendt*, Das neue Recht der Künstlichen Intelligenz, 2024; *Wilrich*, Das neue Produktsicherheitsgesetz (ProdSG) – Leitfaden für Hersteller, Importeure und Händler, 2012; *Wittenbrink/Kraus/Demirci/Straub*, Leitfaden für das Qualitätsmanagementsystem bei der Entwicklung von KI-Produkten und -Services (Stand Dezember 2022), Leitfaden im Auftrag des Bundesministeriums für Wirtschaft und Klimaschutz (BMWK) im Rahmen der Begleitforschung zum Technologieprogramm „Künstliche Intelligenz als Treiber für volkswirtschaftlich relevante Ökosysteme" (KI-Innovationswettbewerb), https://www.digitale-technologien.de/DT/Redaktion/DE/Downloads/Publikation/KI-Inno/2022/2022_12_20_Leitfaden_Qualit%C3%A4tsmanagement.pdf?__blob=publicationFile&v=1; *Woesch/Vogt*, Die KI-Verordnung – Die digitale Zukunft im Finanzsektor, BKR 2024, 689; *Wolff/Brink/v. Ungern-Sternberg* (Hrsg.), Beck'scher Online-Kommentar Datenschutzrecht, 51. Edition, Stand: 1.2.2025; *Zenner*, Einige persönliche Überlegungen zum EU AI Act: Ein bittersüßes Ende, RDV 2024, 125.

Übersicht

A. Einleitung

Die KI-VO enthält – der üblichen Struktur diverser EU-Gesetzgebungsakte insbesondere im Bereich der „Digitalregulierung" folgend – im initialen Kapitel I „Allgemeine Bestimmungen" auch einen Artikel mit Begriffsbestimmungen. Art. 3 gibt insoweit Legaldefinitionen für maßgebliche Termini der KI-VO vor. Insgesamt werden 68 Begriffe definiert. Die Begriffe scheinen in ihrer Abfolge keiner bestimmten Anordnung zu folgen – weder entspricht die Listung dem chronologischen Vorkommen noch dem Anfangsbuchstaben. Teilweise sind die Begriffe „geclustert", beispielsweise zu den Rollen (Nr. 3 bis Nr. 8), Datenarten (Nr. 29 bis Nr. 34), Biometrie (Nr. 34 bis Nr. 36 und Nr. 40 bis Nr. 43), Reallabore (Nr. 53 bis Nr. 58), GPAI Models (Nr. 63 bis Nr. 68). Bezüglich einiger Begriffe wird sich die Pflicht der Kommission zur Erarbeitung von Leitlinien auswirken (beispielsweise mit Blick auf den Begriff „KI-System", Art. 3 Nr. 1, 96 Abs. 1 lit. f, oder mit Blick auf die „wesentliche Veränderung", Art. 3 Nr. 23, 96 Abs. 1 lit. c. Schließlich ist auffällig, dass diverse etablierte Begriffe aus dem Produktsicherheitsrecht in der KI-VO eine eigenständige Definition erfahren haben. Insoweit ist zu prüfen, ob und wie diese mit bestehenden Begrifflichkeiten identisch sind und in Einklang stehen. 1

B. Die Definitionen im Einzelnen

I. KI-System (Nr. 1)

1. Allgemeines

2 Art. 3 Nr. 1 beinhaltet die Definition von „KI-System". Es handelt sich um einen gewichtigen Begriff: letztlich sind KI-Systeme der zentrale Gegenstand der Regulierung nach der KI-VO. So zentral der Begriff sein mag, so wichtig die Definition für die Anwendung der jeweiligen Vorschriften, so schwer greifbar sind die einzelnen Tatbestandsmerkmale gleichwohl, und die Definition dürfte in der Praxis für Mühe und erhebliche Rechtsunsicherheit sorgen. Das liegt zum einen daran, dass ein KI-System immer ein „System der Künstlichen Intelligenz" ist, was zur Notwendigkeit führt, den Terminus „Künstliche Intelligenz" selbst definieren zu müssen. Das hat sich bereits in den letzten Jahrzehnten als äußerst komplex und kaum einheitlich machbar erwiesen. Die KI-VO sah sich dieser Herausforderung denn auch seit Vorstellung des Vorschlags durch die EU-Kommission ausgesetzt. Zum anderen liegt es daran, dass sich die Definition in ihrer finalen Fassung als anstrengendes Wortungetüm darstellt. Ihre Bedeutung kann nur mit sehr akribischer, aufwändiger Prüfung (einigermaßen) erfasst werden: Die Subsumtion dürfte sich häufig schwierig gestalten, insbesondere dürfte sich die tatsächliche Einschlägigkeit einzelner Merkmale als unklar und uneindeutig erweisen.

a) Hintergrund zur Definition des Begriffs „KI-System"

aa) Grundlagen

3 „Ohne Sachverhalt keine Subsumtion". Das Recht muss sich insofern immer mehr der technologischen Entwicklung stellen. Rechtsanwender müssen technische Funktionalitäten und Abläufe nachvollziehen. Erst dann kann man eine zielführende juristische Bewertung vornehmen. Um KI juristisch zu bewerten, muss man demnach verstehen, was KI ist. Kurz gesagt: KI-Verständnis wird als Voraussetzung für ein KI-bezogenes Rechtsverständnis unabdingbar werden.[1]

4 Die Definition von KI wird disziplinübergreifend intensiv diskutiert. Eine einheitliche Begriffsbestimmung wurde bis heute nicht gefunden.[2] Der Begriff „Künstliche Intelligenz" wird unter anderem im rechtswissenschaftlichen Umfeld oft sehr pauschal genutzt. Sobald es sich um softwaregesteuerte, automati-

1 So in Bezug auf „Legal Tech" *Herberger*, NJW 2018, 2825, 2825.

2 *Ebers*, in: Ebers/Heinze/Krügel/Steinrötter, Künstliche Intelligenz und Robotik, § 3 Rn. 4; *Stiemerling*, in: Kaulartz/Braegelmann, Rechtshandbuch Artificial Intelligence and Machine Learning, Kap. 2.1 Rn. 3.

sierte Anwendungen handelt, wird häufig bereits von KI gesprochen.[3] Teilweise werden auch die Begriffe „Künstliche Intelligenz“, „Algorithmen“, „Robotik“, „autonome Systeme“, „maschinelles Lernen“ oder „Deep Learning“ unscharf oder undifferenziert verwendet.[4] Das liegt zum einen an Übersetzungsschwierigkeiten des Begriffs „Artificial Intelligence“,[5] zum anderen schlicht am herausfordernden Verständnis der Technologie und deren Abgrenzung zu „regulären“ Algorithmen selbst, als auch den Überlappungen mit anderen Wissenschaftsgebieten wie beispielsweise Statistik und Signalverarbeitung.[6] Dabei bestehen zwischen all diesen Begriffen teils erhebliche Unterschiede, die in der Folge auch eine differenzierte rechtliche Herangehensweise erfordern.[7]

Die gesetzliche Regulierung von KI setzt ein möglichst trennscharfes und klares Begriffsverständnis derselben voraus, damit die jeweiligen Adressaten die (Einschlägigkeit der) Regelungen adäquat beurteilen können und die richtigen Reaktionen ergreifen.[8] Hinzu tritt schließlich die Überlegung, dass nur ein dogmatisch stimmiges Konzept auf Basis eines einheitlichen und dezidierten technischen Verständnisses eine verlässliche und vorhersehbare Entscheidungspraxis stützen kann, sobald sich Gerichte mit dem Thema KI auseinandersetzen werden. **5**

bb) Technische Ansätze für eine Definition

In der Literatur zu KI ist man sich einig, dass es keine einheitliche Definition von KI gibt.[9] Insofern gab es diverse Versuche, KI zu fassen und anhand unterschiedlicher Merkmale und Schwerpunkte zu definieren. Eine Definition von *Luger* lautet: „Künstliche Intelligenz (KI) lässt sich als Zweig der Informatik de- **6**

---

3 Ebenso *Gesmann-Nuissl*, InTeR 2018, 105, 105.

4 Ähnlich *Fettke*, MwStR 2018, 463, 463; siehe auch *Borges*, NJW 2018, 977, 978 m. w. N.

5 Dazu *Steege*, MMR 2022, 926 f.

6 Schriftliche Stellungnahme von Prof. *Dr. Patrick Glauner* für das am 6.5.2021 stattfindende gemeinsame Fachgespräch der Ausschüsse für die Angelegenheiten der Europäischen Union des Deutschen Bundestages und der französischen Assemblée nationale zur Politik der EU im Bereich der Künstlichen Intelligenz (KI) und insbesondere dem Verordnungsvorschlag der Europäischen Kommission zu KI (COM(2021) 206 final), 2021.

7 *Gesmann-Nuissl*, InTeR 2018, 105, 105, benennt ein Beispiel aus der fabrikbezogenen Anwendung, wonach unter den Begriff der KI „von den sich selbst regelnden Maschinen über sich optimierenden Maschinen bis hin zu den selbst lernenden Maschinen subsumiert“ werde.

8 *Steege*, MMR 2022, 926, 927.

9 Vgl. beispielhaft *Nilsson*, Die Suche nach Künstlicher Intelligenz: Eine Geschichte von Ideen und Erfolgen, 2014, Vorwort; instruktiv insoweit auch *Luger*, Künstliche Intelligenz – Strategien zur Lösung komplexer Probleme, S. 23.

finieren, der mit der Automatisierung intelligenten Verhaltens befasst ist."[10] Allerdings gesteht *Luger* zu, dass diese Definition dadurch beeinträchtigt wird, dass der Begriff „Intelligenz" an sich nicht eindeutig definiert ist und unterschiedlich verstanden wird.[11] Er erachtet es als „zweifelhaft, ob irgendjemand Intelligenz auch nur annähernd in einer Weise definieren kann, die genau genug ist, um zur Bewertung eines angeblich intelligenten Computerprogramms beitragen zu können, und die gleichzeitig die Vitalität und Komplexität des menschliches Geistes wiedergibt".[12] Folglich werde aus dem Problem, KI zu definieren, das Problem, Intelligenz selbst zu definieren.

7 Ähnlich ist es bei *John McCarthy, Marvin L. Minsky, Nathanael Rochester* und *Claude E. Shannon*. Sie haben in ihrem „Proposal For The Dartmouth Summer Research Project On Artificial Intelligence"[13] folgende Definition für KI zugrunde gelegt: „For the present purpose the artificial intelligence problem is taken to be that of making a machine behave in ways that would be called intelligent if a human were so behaving." Frei übersetzt: Das Problem der künstlichen Intelligenz besteht darin, eine Maschine dazu zu bringen, sich so zu verhalten, dass sie als intelligent bezeichnet würde, wenn sich ein Mensch so verhalten würde. Oder anders ausgedrückt: „Ziel der KI ist es, Maschinen zu entwickeln, die sich verhalten, als verfügten sie über Intelligenz."[14] Hier bleibt offen, was genau unter Intelligenz zu verstehen ist.

8 *Russel* und *Norvig* weisen darauf hin, dass es verschiedene Ansätze gibt, KI zu definieren.[15] Hierbei kann man einerseits auf Denkprozesse und logisches Schließen abstellen oder man kann andererseits auf das Verhalten abstellen. Ferner gibt es auch Definitionen, die auf den Erfolg in Bezug auf die Wiedergabetreue menschlicher Leistung Bezug nehmen, während man sich ebenso auf eine ideale Leistungsgröße – die sogenannte Rationalität (ein System ist rational, wenn es das seinen Kenntnissen entsprechende „Richtige" macht) – beziehen kann.

9 *Lämme/Cleve* präzisieren daher die Bedeutung des Teilgebiets „KI" innerhalb der Informatik-Wissenschaft. Bei KI handele es sich um ein „Teilgebiet der Informatik, welches versucht, menschliche Vorgehensweisen der Problemlösung auf Computern nachzubilden, um auf diesem Wege neue oder effizientere Aufgabenlösungen zu erreichen".[16] Das Messen am Menschen sei „somit keine Be-

---

10 *Luger*, Künstliche Intelligenz – Strategien zur Lösung komplexer Probleme, S. 23.

11 So bereits *Spindler*, CR 2015, 766, 767; *Pieper*, InTeR 2018, 9, 11 m. w. N.

12 *Luger*, Künstliche Intelligenz – Strategien zur Lösung komplexer Probleme, S. 23.

13 Abrufbar unter http://www-formal.stanford.edu/jmc/history/dartmouth/dartmouth.html.

14 *Ertel*, Grundkurs Künstliche Intelligenz – Eine praxisorientierte Einführung, S. 1.

15 *Russel/Norvig*, Künstliche Intelligenz – Ein moderner Ansatz, S. 22 f.

16 *Lämmel/Cleve*, Künstliche Intelligenz, S. 13.

sonderheit der künstlichen Intelligenz. Die Besonderheit liegt darin, dass man die Fähigkeiten des Menschen zum Denken, zum Lernen aus Beispielen oder allgemein die Fähigkeiten zum Problemlösen nachbilden will, um eine Leistungssteigerung des Computers zu erzielen."[17] Kurz zusammengefasst ist „Künstliche Intelligenz" demnach „das Studium, wie man Computer dazu bringt, Dinge zu tun, bei denen Menschen im Moment besser sind".[18]

Für einzelne Teilgebiete der KI existieren jedoch teils anerkannte und praktikab- **10**
le Definitionen. So wird oft das maschinelle Lernen als „field of study that gives computers the ability to learn without being explicitly programmed" bezeichnet.[19] Frei übersetzt: „Fachgebiet, das Computern die Fähigkeit verleiht, zu lernen, ohne explizit programmiert zu werden." Der Teil „explizit" bezieht sich darauf, dass die verwendeten Lernverfahren recht allgemein sind und auf viele verschiedene Probleme angewandt werden können. Eine anwendungsspezifische, eigene Programmierung ist jedoch für vor- und nachgelagerte Schritte weiterhin notwendig.

Mitchell konkretisiert das maschinelle Lernen als „A computer program is said **11**
to learn from experience E with respect to some class of tasks T and performance measure P, if its performance at tasks in T, as measured by P, improves with experience E."[20] Frei übersetzt heißt dies: „Ein Computerprogramm lernt durch Erfahrung E in Bezug auf eine Klasse von Aufgaben T und ein Leistungsmaß P, wenn sich seine Leistung bei Aufgaben in T, gemessen durch P, mit der Erfahrung E verbessert." *Russel* und *Norvig* verwenden eine gängige Aufteilung des maschinellen Lernens in die „drei Säulen" des maschinellen Lernens: überwachtes Lernen, unüberwachtes Lernen und Lernen durch Verstärkung.[21]

Zusammengefasst kann man festhalten, dass es um eine Automation mensch- **12**
lichen Entscheidens auf der Basis von Werkzeugen geht, die menschliches Denken und Handeln augmentieren oder ablösen.[22] Zentral ist demnach, aus einer Vielzahl von Ansätzen und Technologien eine maschinelle Generierung von Wissen oder Entscheidungsregeln aus Datenbeständen sowie eine Automatisie-

17 *Lämmel/Cleve*, Künstliche Intelligenz, S. 14.

18 „Artificial Intelligence is the study of how to make computers do things at which, at the moment, people are better", *Ertel*, Grundkurs Künstliche Intelligenz – Eine praxisorientierte Einführung, S. 2 unter Verweis auf *Rich*, Artificial Intelligence, 1983.

19 *Glauner/Plugmann*, Innovative Technologies for Market Leadership: Investing in the Future.

20 *Mitchell*, Machine Learning, 1997.

21 *Russell/Norvig*, Artificial Intelligence: A Modern Approach.

22 *Stiemerling*, in: Kaulartz/Braegelmann, Rechtshandbuch Artificial Intelligence und Machine Learning, Kap. 2.1 Rn. 3; BITKOM, Künstliche Intelligenz verstehen als Automation des Entscheidens, Leitfaden 2017, S. 7.

rung von Entscheidungen und der Planung und Durchführung von Handlungen abzuleiten.[23]

cc) Weitere, insbesondere rechtliche und politische Ansätze

13 Neben den Definitionsversuchen aus den Informatik-Wissenschaften gab es seit jeher auch anderweitig Ansätze, den Terminus Künstliche Intelligenz zu definieren, insbesondere in rechtlichem[24] oder politischem Zusammenhang.

14 Die **„High-Level Expert Group on Artificial Intelligence" (HLEG)**, ein von der EU-Kommission ernanntes politisches Expertengremium, das sie in Bezug auf ihre Strategie für künstliche Intelligenz beraten sollte, hat eine Beschreibung und Definition von KI-Fähigkeiten vorgenommen, die dem Gesetzgebungsvorhaben der KI-VO vorausging. Sie lautet, frei übersetzt: „Künstliche Intelligenz (KI) bezieht sich auf von Menschen entworfene Systeme, die, unter Berücksichtigung eines komplexen Ziels, in der physischen oder digitalen Welt agieren, indem sie ihre Umgebung wahrnehmen, die gesammelten strukturierten oder unstrukturierten Daten interpretieren, das aus diesen Daten gewonnene Wissen schlussfolgern und die beste(n) Aktion(en) (gemäß vordefinierten Parametern) entscheiden, um das vorgegebene Ziel zu erreichen. KI-Systeme können auch so entworfen werden, dass sie lernen, ihr Verhalten anzupassen, indem sie analysieren, wie die Umgebung von ihren vorherigen Aktionen beeinflusst wird. Als wissenschaftliche Disziplin umfasst KI mehrere Ansätze und Techniken, wie maschinelles Lernen (wofür Deep Learning und Reinforcement Learning spezifische Beispiele sind), maschinelles Denken (das Planung, Terminierung, Wissensdarstellung und -schlussfolgerung, Suche und Optimierung umfasst) und Robotik (die Steuerung, Wahrnehmung, Sensoren und Aktoren sowie die Integration aller anderen Techniken in cyber-physische Systeme umfasst)."[25]

15 Die **Datenethikkommission der Bundesregierung** versteht KI als „Sammelbegriff für diejenigen Technologien und ihre Anwendungen, die durch digitale Methoden auf der Grundlage potenziell sehr großer und heterogener Datensätze in einem komplexen und die menschliche Intelligenz gleichsam nachahmenden maschinellen Verarbeitungsprozess ein Ergebnis ermitteln, das ggf. automatisiert zur Anwendung gebracht wird. Die wichtigsten Grundlagen für KI als Teilgebiet der Informatik sind die subsymbolische Mustererkennung, das maschi-

23 *Stiemerling*, in: Kaulartz/Braegelmann, Rechtshandbuch Artificial Intelligence und Machine Learning, Kap. 2.1 Rn. 3.

24 BVerfG, Urt. v. 16.2.2023 – 1 BvR 1547/19, Rn. 100; EuGH, Urt. v. 21.6.2021 – C-817/19, Rn. 194 f. – Ligue des droits humains.

25 „A Definition of AI: Main Capabilities and Scientific Disciplines – Definition developed for the purpose of the deliverables of the High-Level Expert Group on AI", Brussels, 18.12.2018, https://ec.europa.eu/futurium/en/system/files/ged/ai_hleg_definition_of_ai_18_december_1.pdf.

nelle Lernen, die computergerechte Wissensrepräsentation und die Wissensverarbeitung, welche Methoden der heuristischen Suche, der Inferenz und der Handlungsplanung umfasst."[26]

b) Definition von „KI-System" im Gesetzgebungsverfahren

Nach Art. 3 Nr. 1 KI-VO-E Kommission sollte es sich bei einem KI-System um eine Software handeln, „die mit einer oder mehreren der in Anhang I aufgeführten Techniken und Konzepte entwickelt worden ist und im Hinblick auf eine Reihe von Zielen, die vom Menschen festgelegt werden, Ergebnisse wie Inhalte, Vorhersagen, Empfehlungen oder Entscheidungen hervorbringen kann, die das Umfeld beeinflussen, mit dem sie interagieren".[27] In Anhang I waren verschiedene Techniken und Konzepte der KI gelistet. Neben den Konzepten des maschinellen Lernens wurden auch logik- und wissensgestützte Konzepte sowie statistische Ansätze aufgezählt. Der Kommission sollte es nach Art. 4, 73 des KI-VO-E Kommission möglich sein, Anhang I durch Durchführungsrechtsakte zu erweitern.[28] Dieser Definition ließ sich der Ansatz entnehmen, eine technikunabhängige Regulierung zu schaffen, um auch mögliche, mitunter nicht vorhersehbare, Veränderungen in der Zukunft einschließen zu können.[29] **16**

Die Definition der Kommission ist unmittelbar nach Veröffentlichung des Entwurfs in der juristischen Literatur auf breite Kritik gestoßen. Die Definition des Gegenstands der KI-VO und damit der Anwendungsbereich des Gesetzes wurden sowohl als zu weit[30] als auch zu eng[31] beanstandet. Sie ging softwareseitig über den KI-Begriff hinaus, weil auch deterministische Software bis hin zu nor- **17**

---

26 Gutachten der Datenethikkommission 2019, S. 34.

27 Zu dieser Definition ausführlich *Steege*, MMR 2022, 926.

28 *Ebert/Spiecker gen. Döhmann*, NVwZ 2021, 1188f.; *Spindler*, CR 2021, 361, 363; *Rostalski/Weiss*, ZfDR 2021, 329, 331 f.

29 *Ashkar/Schröder*, BB 2024, 771, 773; *Ebert/Spiecker gen. Döhmann*, NVwZ 2021, 1188f.; *Steege/Chibanguza*, SVR 2022, 401, 405; *Martini/Ruschemeyer*, in: Hoeren/Sieber/Holznagel, Handbuch Multimedia-Recht, Teil 29.6 Rn. 41.

30 *Bomhard/Merkle*, RDi 2021, 276, 277; *Engelmann/Brunotte/Lütkens*, RDi 2021, 317; *Ebers/Hoch/Rosenkranz/Ruschemeier/Steinrötter*, RDi 2021, 528, 529; *Spindler*, CR 2021, 361, 363; in diese Richtung, aber weniger wertend: *Martini/Ruemeyer*, in: Hoeren/Sieber/Holznagel, Handbuch Multimedia-Recht, Teil 29.6 Rn. 41; *Botta*, ZfDR 2022, 391, 396f.; *Grützmacher/Füllsack*, ITRB 2021, 159, 160; allgemein zum KI-Begriff des Kommissionsentwurfs auch *Ensthaler*, InTeR 2024, 2; *Hacker*, NJW 2020, 2142f.

31 Schriftliche Stellungnahme von Prof. *Dr. Patrick Glauner* für das am 6.5.2021 stattfindende gemeinsame Fachgespräch der Ausschüsse für die Angelegenheiten der Europäischen Union des Deutschen Bundestages und der französischen Assemblée nationale zur Politik der EU im Bereich der Künstlichen Intelligenz (KI) und insbesondere dem Verordnungsvorschlag der Europäischen Kommission zu KI (COM(2021) 206 final), 2021.

malen Expertensystemen erfasst worden wären.[32] Dass auch „einfache" Software unter den Begriff des KI-Systems fallen könnte, wurde als erhebliche Rechtsunsicherheit für die Anbieter eingeordnet.[33] Rein hardwarebasierte Verfahren wären jedoch gar nicht unter den Begriff des KI-Systems gefallen.[34] Abgrenzungsmerkmale, die bei der Bestimmung von KI zuvor als notwendig angesehen wurden, fanden in der Definition keine Erwähnung, namentlich Autonomie, Opazität, Komplexität und Multikausalität.[35] Neben der juristischen Wissenschaft meldeten sich insbesondere die Interessenvertreter der Industrie und Unternehmen zu Wort und bemängelten den weiten Anwendungsbereich.[36] Die Konzepte, die im Anhang aufgeführt waren, seien zum Großteil akzeptierte und weit verbreitete Techniken, die in zahlreichen industriellen Bereichen genutzt würden.[37] Vereinzelt wurden der weite Anwendungsbereich und seine Entwicklungsmöglichkeit durch Durchführungsrechtsakte der Kommission auch positiv bewertet.[38]

18 Diese Kritik wurde sowohl in der Position des Rates der Europäischen Union als auch im Vorschlag des Parlaments berücksichtigt. Der KI-VO-E Rat[39] sah die Streichung des Anhangs I und die Anpassung des Wortlauts von Art. 3 Nr. 1 vor. Demnach sollte es sich bei einem KI-System nunmehr um ein System handeln, „das so konzipiert ist, dass es mit Elementen der Autonomie arbeitet, und das auf der Grundlage maschineller und/oder vom Menschen erzeugter Daten und Eingaben durch maschinelles Lernen und/oder logik- und wissensgestützte Konzepte ableitet, wie eine Reihe von Zielen erreicht wird, und systemgenerierte Ergebnisse wie Inhalte (generative KI-Systeme), Vorhersagen, Empfehlungen oder Entscheidungen hervorbringt, die das Umfeld beeinflussen, mit dem die KI-Systeme interagieren". Mit dieser Definition sollten die in Anhang I genannten Konzepte künstlicher Intelligenz in die Begriffsbestimmung aufgenommen und der Anwendungsbereich beschränkt werden. Erstmals wurden wesentliche

32 *Spindler*, CR 2023, 361, 363.

33 *Ebers/Hoch/Rosenkranz/Ruschemeier/Steinrötter*, RDi 2021, 528, 529; *Bomhard/Merkle*, RDi 2021, 276, 277.

34 *Glauner*, An Assessment of the AI Regulation Proposed by the European Commission, 2022.

35 *Steege*, MMR 2022, 926, 928.

36 KI Bundesverband, Feedback to the European Commission's regulation proposal on the Artificial Intelligence Act, 6.8.2021, S. 1; ZVEI (Verband der Elektro- und Digitalindustrie), Stellungnahme zum Vorschlag der EU-Kommission für eine Verordnung zur Festlegung harmonisierter Vorschriften für Künstliche Intelligenz, 6.8.2021, S. 2.

37 Cecimo (European Association of the Machine Tool Industries and related Manufacturing Technologies), Paper on the Artificial Intelligence Act, 5.10.2022, S. 1 f.

38 *Steege/Chibanguza*, SVR 2022, 401, 405.

39 Rat der Europäischen Union, Interinstitutionelles Dossier 2021/0106(COD), 15698/22 vom 6.12.2022.

Merkmale aufgenommen, die sich auch im finalen Begriff finden, wie beispielsweise Autonomie, was zuvor lediglich in ErwG 6 genannt war.

Auch der KI-VO-E Parlament[40] enthielt derartige Änderungen, wobei weitere Anpassungen der Definition vorgenommen wurden. Danach war ein KI-System „ein maschinengestütztes System, das so konzipiert ist, dass es mit unterschiedlichem Grad an Autonomie operieren kann und das für explizite oder implizite Ziele Ergebnisse wie Vorhersagen, Empfehlungen oder Entscheidungen hervorbringen kann, die das physische oder virtuelle Umfeld beeinflussen“. **19**

Auch diese Definition wurde teilweise noch als zu weit kritisiert. Insbesondere das Merkmal der Autonomie, welches im Gesetzestext verankert werden sollte, wurde als nicht ausreichend definiert bemängelt.[41] Weiterhin wurde die Gefahr hervorgehoben, dass nach wie vor auch Produkte in den Anwendungsbereich fallen könnten, die eigentlich nur automatisiert funktionierten, aber keine Zusammenhänge mit KI aufwiesen.[42] Auch „einfache“ Software ist zu einem gewissen Grad von menschlicher Interaktion unabhängig und kann automatisierte Ausgaben liefern.[43] Der Hauptkritikpunkt, der auch schon an der Begriffsbestimmung des Kommissionsentwurfs angeführt wurde, konnte also nicht vollständig entkräftet werden. Gleichwohl handelte es sich erstmals um eine Anlehnung an eine (von mehreren) seitens der OECD bereits etablierte Definition.[44] **20**

Diese OECD-Definition wurde im Laufe des Jahres 2023, in engem Zusammenhang mit den sich in einer zunehmend finalen Phase befindlichen Trilog-Verhandlungen zur KI-VO, aktualisiert.[45] Sie stellte letztlich tatsächlich die Grundlage für die finale Definition in der KI-VO dar, „[u]m sicherzustellen, dass die Definition eines KI-Systems ausreichend klare Kriterien zur Unterscheidung zwischen KI und einfacheren Softwaresystemen enthält“.[46] **21**

40 Draft Compromise Amendments on the draft report (COM2021)0206 – C9 0146/2021 – 2021/0106(COD)) vom 9.5.2023.

41 *Hacker/Berz*, ZRP 2023, 226, 227.

42 *Hacker/Berz*, ZRP 2023, 226, 227; *Becker/Feuerstack*, MMR 2024, 22, 23.

43 *Becker/Feuerstack*, MMR 2024, 22, 23.

44 *Bertuzzi*, KI-Gesetz: Parlament einigt sich auf OECD-Definition, Euractiv v. 8.3.2024, https://www.euractiv.de/section/digitale-agenda/news/ki-gesetz-parlament-einigt-sich-auf-oecd-definition/.

45 *Bertuzzi*, OECD updates definition of Artificial Intelligence ‘to inform EU’s AI Act’, Euractiv v. 9.11.2023, https://www.euractiv.com/section/artificial-intelligence/news/oecd-updates-definition-of-artificial-intelligence-to-inform-eus-ai-act/.

46 So die offizielle Kommunikation der Trilog-Verhandlungsparteien, siehe Pressemitteilung des Rats der Europäischen Union, Gesetz über künstliche Intelligenz: Rat und Parlament einigen sich über weltweit erste Regelung von KI, 9.12.2024, https://www.consilium.europa.eu/de/press/press-releases/2023/12/09/artificial-intelligence-act-council-and-parliament-strike-a-deal-on-the-first-worldwide-rules-for-ai/.

2. Tatbestand

a) Vorbemerkungen

22 Nach der finalen Fassung ist ein KI-System – quasi identisch mit der Definition der OECD – „ein maschinengestütztes System, das für einen in unterschiedlichem Grade autonomen Betrieb ausgelegt ist und das nach seiner Betriebsaufnahme anpassungsfähig sein kann und das aus den erhaltenen Eingaben für explizite oder implizite Ziele ableitet, wie Ausgaben wie etwa Vorhersagen, Inhalte, Empfehlungen oder Entscheidungen erstellt werden, die physische oder virtuelle Umgebungen beeinflussen können".[47]

23 Demnach lassen sich folgende Begriffsbestandteile feststellen:

- maschinengestütztes System,
- für autonomen Betrieb ausgelegt, wobei die Autonomie unterschiedliche Grade haben kann,
- Anpassungsfähigkeit nach Betriebsaufnahme,
- erhält Eingaben,
- aus Eingaben leitet es [Anmerkung: das System] ab,
- für explizite oder implizite Ziele,
- wie Ausgaben erstellt werden (solche Ausgaben können „etwa" sein: Vorhersagen, Inhalte, Empfehlungen oder Entscheidungen),
- die Ausgaben können physische oder virtuelle Umgebungen beeinflussen.

24 Schon hieraus lässt sich erkennen, dass der Begriff des „KI-Systems" aus diversen einzelnen Merkmalen besteht, die nicht unbedingt aus sich heraus verständlich sind und daher jedes für sich ausgelegt werden müssen. Sämtliche Merkmale müssen wiederum im Ganzen einer übergeordneten, gesamtheitlichen Bewertung zugeführt werden. Erst dann kommt die Definition von „KI-System" zum Tragen. Erschwerend kommen hierbei die umständliche Formulierung und die teils fehlende Verbindlichkeit einzelner Merkmale hinzu. Dies soll im Folgenden im Einzelnen näher beleuchtet werden.

25 Zentraler Erwägungsgrund zum Begriff des KI-Systems ist ErwG 12. Danach soll der Begriff „klar definiert und eng mit der Tätigkeit internationaler Organisationen abgestimmt werden, die sich mit KI befassen". Dies soll Rechtssicherheit, mehr internationale Konvergenz und hohe Akzeptanz sicherstellen. Gleich-

47 Zum Vergleich – die aktualisierte OECD-Definition lautet: „An AI system is a machine-based system that, for explicit or implicit objectives, infers, from the input it receives, how to generate outputs such as predictions, content, recommendations, or decisions that can influence physical or virtual environments. Different AI systems vary in their levels of autonomy and adaptiveness after deployment." Die Definitionen sind daher in der Tat quasi identisch, es unterscheiden sich lediglich zwei Textteile (hinsichtlich des Grads der Autonomie und der Anpassungsfähigkeit) bezüglich ihrer Stellung im Wortverlauf.

zeitig soll der Begriff flexibel sein, um den „raschen technologischen Entwicklungen […] Rechnung zu tragen". Hier werden die Herausforderungen deutlich, denen der EU-Gesetzgeber sich ausgesetzt sah: eine klare Definition eines jahrzehntelang umstrittenen Terminus zu finden, die international und gemeinhin Akzeptanz findet, und gleichzeitig auch technische Fortentwicklungen mitzutragen. Diese hehren Ziele verdienen Anerkennung. Die Frage ist schlicht, ob man ihnen allen gleichsam überhaupt verlässlich gerecht werden kann.

26 ErwG 12 stellt ferner klar, dass die Begriffsbestimmung die wesentlichen Merkmale von KI beinhalten muss, im Sinne einer abgrenzenden Funktion gegenüber „einfacheren herkömmlichen Softwaresystemen und Programmierungsansätzen". Systeme, „die auf ausschließlich von natürlichen Personen definierten Regeln für das automatische Ausführen von Operationen beruhen", sollen nicht erfasst sein. Ferner führt ErwG 12 sodann zu einzelnen dieser KI-spezifischen Aspekten aus, die auch die einzelnen Tatbestandsmerkmale darstellen. Erwägungsgründe haben keine rechtlich verbindliche Wirkung für Verständnis und Bedeutung von eigentlichen EU-Gesetzestexten,[48] können aber als weitergehende Erläuterungen jedenfalls Hinweise zum Verständnis und Hintergrund der einzelnen Merkmale aus Sicht des EU-Gesetzgebers geben. Diese Ausführungen sollten daher bei der Prüfung der Bedeutung und Einschlägigkeit der jeweiligen Tatbestandsmerkmale berücksichtigt werden.

27 Im Übrigen ist darauf hinzuweisen, dass die OECD, im Zusammenhang mit der Aktualisierung der OECD-Definition eines KI-Systems, zunächst einige Erläuterungen zum besseren Verständnis der einzelnen Merkmale veröffentlicht hat.[49] Auf dieser Basis hat die OECD ferner ein „Explanatory Memorandum" erstellt, um die Definition zu ergänzen und weitere technische Hintergrundinformationen zu liefern.[50] Vor dem Hintergrund, dass die OECD-Definition im Zusammenhang mit den Trilog-Verhandlungen aktualisiert wurde und der EU-Gesetzgeber bewusst und explizit auf die entsprechende neue Definition zurückgegriffen hat, können die von der OECD hierzu getroffenen Ausführungen ebenfalls zum Verständnis beitragen und werden daher bei den detaillierten Erläuterungen unten jeweils zur Auslegung herangezogen.

28 Zudem sieht die KI-VO vor, dass es Leitlinien der EU-Kommission für die praktische Umsetzung der KI-VO (**Guidelines**) geben soll, gemäß Art. 96 Abs. 1 lit. f unter anderem für „die Anwendung der Definition eines KI-Systems gemäß Artikel 3 Nummer 1". Diese sind seit Anfang Februar 2025, wenige Tage nach

48 So zum Beispiel EuGH, Urt. v. 24.11.2005 – C-136/04, Rn. 32.

49 *Russell/Perset/Grobelnik*, Updates to the OECD's definition of an AI system explained, 29.11.2023, https://oecd.ai/en/wonk/ai-system-definition-update.

50 OECD, Explanatory memorandum on the updated OECD definition of an AI system, 5.3.2024, https://doi.org/10.1787/623da898-en.

Anwendbarkeit von unter anderem Art. 3 der KI-VO, verfügbar.[51] Sie sollen „Anbietern und anderen relevanten Personen, einschließlich Marktteilnehmern und institutionellen Interessengruppen, bei der Feststellung […] helfen, ob ein System ein KI-System im Sinne [der KI-Verordnung] darstellt, und so die wirksame Anwendung und Durchsetzung [des] Gesetzes […] erleichtern." Die Guidelines sind nicht verbindlich. Sie können jedoch zum Verständnis und bei Auslegungsfragen zurate gezogen werden.

29 Gemäß den Guidelines basiert die Definition eines KI-Systems, orientiert am OECD Explanatory Memorandum, auf einer lebenszyklusbasierten Perspektive, die zwei Hauptphasen umfasst: die Phase vor der Bereitstellung oder „Aufbauphase" des Systems und die Phase nach der Bereitstellung oder „Nutzungsphase" des Systems.[52] Dementsprechend müssten nicht alle Merkmale in jeder Phase vorliegen, sondern es könnten einzelne Merkmale nur in der einen oder anderen Phase präsent sein, und gleichwohl insgesamt ein KI-System nach der KI-VO. Dies soll nach Auffassung der Kommission „die Komplexität und Vielfalt von KI-Systemen wider[spiegeln] und sicher[stellen], dass die Definition mit den Zielen [der KI-Verordnung] übereinstimmt, indem sie eine breite Palette von KI-Systemen berücksichtigt".[53]

b) Bedeutung der Merkmale im Einzelnen

aa) Maschinengestütztes System

30 Zunächst muss es sich um ein maschinengestütztes System handeln. Am Merkmal des „Maschinengestütztseins", das erstmals durch das Parlament eingebracht wurde, wurde trotz alternativer Vorschläge durch den Rat festgehalten. Es meint nach ErwG 12 Satz 7 schlicht, dass KI-Systeme von Maschinen betrieben werden. Diese Erwägung verwirrt eher, als dass sie die ohnehin mehrdeutige Beschreibung klarstellt. Denn was eine „Maschine" sein soll, sagt die KI-VO nicht. Der Verweis des Erwägungsgrunds auf den Terminus „Maschine" hinterlässt ferner einen fahlen Beigeschmack, da die EU selbst in einer ihrer anderen, erst

---

51 Annex to the Communication to the Commission Approval of the content of the draft Communication from the Commission – Commission Guidelines on the definition of an artificial intelligence system established by Regulation (EU) 2024/1689 (AI Act), C(2025) 924 final, https://ec.europa.eu/newsroom/dae/redirection/document/112455 (**Guidelines**). Zum Zeitpunkt der Kommentierung lagen diese (vermutlich) noch nicht in einer finalen Fassung und nur auf Englisch vor – insoweit wurde angenommen, dass die Inhalte sich bereits in einem zumindest pre-finalen Stadium befinden, und auf Basis einer eigenständigen „convenience translation" berücksichtigt.

52 Guidelines, S. 2, Rn. (10).

53 Guidelines, S. 2, Rn. (10).

kürzlich überarbeiteten Verordnungen, nämlich der Maschinen-VO,[54] den Begriff „Maschine“ definiert hat, und zwar als „eine mit einem anderen Antriebssystem als der unmittelbar eingesetzten menschlichen oder tierischen Kraft ausgestattete oder dafür vorgesehene Gesamtheit miteinander verbundener Teile oder Vorrichtungen, von denen mindestens eines bzw. eine beweglich ist und die für eine bestimmte Anwendung zusammengefügt sind“, Art. 3 Nr. 1 Maschinen-VO. Dies wird in der Folge begrifflich immer weiter konkretisiert, immer aber ist es eine Maschine, „bei der lediglich das Aufspielen einer für die vom Hersteller vorgesehene bestimmte Anwendung vorgesehenen Software fehlt“. Es stellt sich demnach die Frage, ob der anderweitig legaldefinierte Begriff beim Verständnis des Maschinenbegriffs innerhalb der KI-System-Definition eine Rolle spielt oder zu spielen hat. Allein: Dadurch, dass der Terminus aus der Maschinen-VO in vielen Fällen ohne Software auskommt, dies beim maschinenbasierten KI-System aber regelmäßig der Fall ist (KI ist Software), stellt der Terminus „Maschine“ im KI-System-Kontext daher, zumindest vor diesem Hintergrund, einen Widerspruch dar. Unterstellt man, dass es hier eines unabhängigen, im jeweiligen Gesetz kontextbezogenen Verständnisses bedarf, wäre eine weitergehende Erläuterung zum Maschinenbegriff in der KI-VO gleichwohl mehr als hilfreich gewesen.

Abhilfe schaffen hier wohl nur Blicke in andere Ausführungen, beispielsweise, **31**
dass der Terminus „machine“ auch bereits im „Proposal For The Dartmouth Summer Research Project On Artificial Intelligence“ zugrunde gelegt wurde. Zudem findet er sich in einem der als Paradedisziplinen angesehenen Teilbereich von KI wieder, nämlich „machine learning“. Dadurch, dass KI in der Regel softwaregestützt ist, dürfte wohl ein (irgendeine Art von) System, beispielsweise Computer, gemeint sein, auf dem die KI ausgeführt werden kann. Dies ist aber wiederum selbstverständlich, da andernfalls die KI nicht auf (irgend) einem Datenträger manifestiert wäre und überhaupt nicht genutzt werden könnte.[55] Vor diesem Hintergrund dürfte es sich eher um ein klarstellendes Kriterium handeln.[56] Da der EU-Gesetzgeber hierzu allerdings keinerlei Informationen liefert,

---

54 Verordnung (EU) 2023/1230 des Europäischen Parlaments und des Rates vom 14.6.2023 über Maschinen und zur Aufhebung der Richtlinie 2006/42/EG des Europäischen Parlaments und des Rates und der Richtlinie 73/361/EWG des Rates; der Begriff existierte so bereits in den Vorgängerrechtsakten RL 2006/42/EG und RL 98/37/EG.

55 Vergleichbar mit der Argumentation des BGH zur Sacheigenschaft von Software, siehe BGH, Urt. v. 4.11.1987 – VIII ZR 314/86, NJW 1988, 406, 408; BGH, Urt. v. 15.11.2006 – XII ZR 120/04, NJW 2007, 2394, 2394 f.

56 *Wendehorst/Nessler/Aufreiter/Aichinger*, MMR 2024, 605, 606 f., sehen hierin ferner eine Abgrenzungsmöglichkeit gegenüber einem „biologischen System“ sowie gegenüber „anderen Produktkomponenten“.

muss man sich dies selbst erschließen und es verbleibt naturgemäß eine gewisse, wenn auch vermutlich eher geringe, Rechtsunsicherheit.[57]

32 Am ehesten im Zusammenhang mit der „Maschinengestütztheit" dürfte ferner der Hinweis in ErwG 12 Satz 13 zu verstehen sein, dass KI-Systeme „eigenständig oder als Bestandteil eines Produkts verwendet werden [können], unabhängig davon, ob das jeweilige System physisch in das Produkt integriert (eingebettet, engl.: embedded) ist oder der Funktion des Produkts dient, ohne darin integriert zu sein (nicht eingebettet, engl.: non-embedded)". Maschinengestützt muss es nach der Definition in jedem Falle sein, unabhängig davon kann es als „Standalone"-System funktionieren oder in ein Produkt integriert sein, beispielsweise in ein Medizinprodukt.

33 So dürften letztlich auch die Guidelines zu verstehen sein: „Der Begriff ‚Maschine' kann so verstanden werden, dass er sowohl die Hardware- als auch die Softwarekomponenten umfasst, die das Funktionieren des KI-Systems ermöglichen."[58] Es geht um „Computersysteme", sogar „biologische oder organische Systeme, solange sie Rechenkapazität bereitstellen".[59]

bb) Für einen in unterschiedlichem Grade autonomen Betrieb ausgelegt

34 Ein KI-System muss ferner für einen in unterschiedlichem Grade autonomen Betrieb ausgelegt sein. Das Merkmal der „Autonomie" wird hier ins Zentrum gerückt. „Autos" bedeutet im Griechischen selbst, „nomos" bedeutet Regel oder Gesetz. Ein System ist demnach autonom, wenn es sich selbst steuern und sich seine Regelsätze selbst geben oder anpassen oder gegebenenfalls sogar verändern kann.[60] Wenn ein System zumindest in gewissem Umfang sein eigenes Verhalten kontrollieren und ohne Eingriff von Menschen oder anderen Systemen agieren kann, ist es demzufolge als autonomes System zu bezeichnen.[61] Den Autonomiegrad beeinflussen der Anteil des gelernten Wissens, der Anteil der Kontrolle des Systems über die Eingangsparameter sowie der Anteil ausgeübter Selbstkontrolle.[62]

---

57 Fraglich ist letztlich, ob und was für ein Fall auftreten müsste, bei dem die in diesem Tatbestandsmerkmal enthaltene Unklarheit sich einmal auswirken würde. Das Merkmal ebenfalls als eher wenig entscheidungsrelevant einstufend *Bomhard/Siglmüller*, RDi 2024, 45.

58 Guidelines, S. 2, Rn. (11).

59 Guidelines, S. 3, Rn. (13). Der Verweis auf biologische Systeme, siehe dazu auch oben Fn. 31, verwirrt hingegen wieder – die Thematik sollte aber lösbar bleiben, sofern man den „computational"-Aspekt auch bei derartigen Systemen berücksichtigt.

60 *Pieper*, InTeR 2018, 9, 11.

61 *Sester/Nitschke*, CR 2004, 548, 549; *Reichwald/Pfisterer*, CR 2016, 208, 210 f.

62 *Reichwald/Pfisterer*, CR 2016, 208 , 210.

Insgesamt können nach einer Ansicht in den Computerwissenschaften zehn Autonomiegrade unterschieden werden. Die Spanne reicht dabei von der reinen Autonomie des Menschen, in der ein Computer keinerlei Unterstützung bietet, über verschiedene Entscheidungsvarianten, die, mal mehr, mal weniger mit Benachrichtigungs-, Zustimmungs- und Vetorechten des Menschen abgesichert, allein aus der Computersphäre herrühren, bis hin zu einer vollständig autonomen, ohne jede Beteiligung des Menschen durchgeführten Entscheidungsfindung und Ausführung einer Aktion.[63] In diesem letzten Stadium wird ein Mensch über durchgeführte Aktionen weder informiert noch werden ihm getroffene Entscheidungen im Nachgang zugänglich gemacht. **35**

Dem entsprechen die Ausführungen in ErwG 12 Satz 11. Dieser setzt voraus, dass KI-Systeme „mit verschiedenen Graden der Autonomie ausgestattet [sind], was bedeutet, dass sie bis zu einem gewissen Grad unabhängig von menschlichem Zutun agieren und in der Lage sind, ohne menschliches Eingreifen zu arbeiten". Auch das Explanatory Memorandum versteht unter Autonomie „den Grad, in dem ein System nach der Delegation von Autonomie und Prozessautomatisierung durch den Menschen ohne menschliches Zutun lernen oder handeln kann". Wie hoch dieser Grad sein muss, wird jedoch überhaupt nicht festgelegt. So bleibt man beim allgemeinen (technischen) Verständnis von Autonomie und muss jedes mehr oder weniger eigenständige Verhalten als autonom betrachten. Die Guidelines konkretisieren dies lediglich dahingehend, dass Systeme ausgenommen sein sollen, „die ausschließlich für den Betrieb unter vollständiger manueller Beteiligung und Intervention durch den Menschen ausgelegt sind".[64] Auch insoweit wird jedoch im Umkehrschluss die Abwesenheit menschlicher Eingriffe in KI-Systeme als Autonomie begründend angesehen. **36**

Trotz dieses offenbar weitgehend einheitlichen Verständnisses von Autonomie bleibt daher unklar, inwieweit es als sinnstiftendes Merkmal zur Erkennung eines KI-Systems herhalten kann. Wenn selbst ein sehr geringer Autonomiegrad eben noch Autonomie bedeutet, dürften die meisten Computerprogramme auf die eine oder andere Art nach diesem Begriffsverständnis „autonom" sein. Auch herkömmliche Software kann geeignet sein, eigenständig Aufgaben zu erledigen. Beispielhaft kann ein Programm genannt werden, das automatisch Dateien von einem Ordner auf einen anderen verschiebt, wenn bestimmte Bedingungen (Alter, Änderung des Dateinamens etc.) erfüllt sind. Die Software handelt dann autonom, jedoch auf der Grundlage vordefinierter Regeln und Logik, ohne dass maschinelles Lernen oder komplexe Algorithmen zur Entscheidungsfindung erforderlich sind. Dass das Vorhandensein vordefinierter Regeln und Logik Autonomie ausschließen würde, ergibt sich weder aus dem technischen Verständnis **37**

63 Ausführlich *Reichwald/Pfisterer*, CR 2016, 208, 210 f.

64 Guidelines, S. 3, Rn. (17).

des Terminus, noch aus den Erläuterungen in ErwG 12.[65] Das Merkmal der Autonomie dürfte daher bei jeder mehr oder weniger fortschrittlichen Software in der Regel anzunehmen sein.[66]

38 Wohl vor diesem Hintergrund ist es zu verstehen, dass die Kommission meint, die „Begriffe Autonomie und Inferenz gehen Hand in Hand: Die Inferenzfähigkeit eines KI-Systems (d.h. seine Fähigkeit, Ergebnisse wie Vorhersagen, Inhalte, Empfehlungen oder Entscheidungen zu generieren, die physische oder virtuelle Umgebungen beeinflussen können) ist der Schlüssel zu seiner Autonomie“.[67]

39 Die Feststellung des Vorhandenseins von Autonomie, auch des „Grades“, kann allerdings an anderer Stelle Bedeutung erlangen: Nach Art. 7 Abs. 2 lit. d ist „das Ausmaß, in dem das KI-System autonom handelt“ bei der Bewertung zu berücksichtigen, inwieweit ein bislang nicht in Annex 3 als Hochrisiko-System erfasstes KI-System künftig als solches anzusehen ist. Ferner müssen nach Art. 14 Abs. 3 Maßnahmen menschlicher Aufsicht über Hochrisiko-KI-Systeme „dem Grad der Autonomie“ des Hochrisiko-KI-Systems angemessen sein. Eine Prüfung des Autonomiegrads im Rahmen der Frage, ob ein KI-System vorliegt, kann daher, sofern der Autonomiegrad ausreichend hergeleitet und dokumentiert wird, der weiteren Prüfung immerhin dieser sonstigen Merkmale dienen.[68]

cc) Nach Betriebsaufnahme anpassungsfähig

40 Des Weiteren besteht das Merkmal, dass ein KI-System nach Betriebsaufnahme anpassungsfähig sein kann. Mit der Anpassungsfähigkeit, die ein KI-System nach Inbetriebnahme aufweisen könnte, meint der EU-Gesetzgeber dessen Lern-

---

65 Hierfür spräche einzig die Formulierung in ErwG 12 „sollte sich nicht auf Systeme beziehen, die auf ausschließlich von natürlichen Personen definierten Regeln für das automatische Ausführen von Operationen beruhen“. Danach ließe sich argumentieren, dass rein regelbasierte Systeme nicht autonom sein könnten. Allerdings wird dies in den Erwägungsgründen nicht im Zusammenhang mit der Erörterung von „Autonomie“ ausgeführt, was eine Verknüpfung dieser Themenkomplexe und damit die Argumentation erschwert. Auch die Guidelines diskutieren dies denn auch im Zusammenhang mit dem Thema „Ableitung“, siehe dort S. 5, Rn. (26) und S. 8, Rn. (40).

66 *Wendehorst/Nessler/Aufreiter/Aichinger* erachten das Merkmal letztlich als „gerade irrelevant“, MMR 2024, 605, 610. Der Hinweis in den Guidelines, es müsse „ein gewisses Maß an Unabhängigkeit“ („some reasonable degree of independence“) vorliegen, hilft insoweit ebenfalls nicht weiter, sondern unterstreicht letztlich die hier vorliegende Ansicht, da hier der Autonomiegrad anhand des „gewissen Maßes“ („reasonable degree“) festgemacht wird und auch diese Begriffspaare keine verlässlichen Anhaltspunkte geben.

67 Guidelines, S. 3, Rn. (15).

68 Ähnlich die Guidelines, S. 4, Rn. (21).

fähigkeit, durch die es sich während seiner Verwendung verändern kann.[69] Anpassungsfähigkeit ist in der Regel mit KI-Systemen verbunden, die auf maschinellem Lernen basieren und sich nach der anfänglichen Entwicklung weiterentwickeln können.[70] Beispiele hierfür sind ein Spracherkennungssystem, das sich an die Stimme einer Person anpasst, oder ein personalisiertes Musikempfehlungssystem. Die Lernfähigkeit dürfte in der Tat ein entscheidendes Kriterium für die Einordnung als KI-System sein. Ein autonomes System ist intelligent, wenn es reaktiv, proaktiv, interaktionsfähig und darüber hinaus lernfähig ist.[71] Lernfähigkeit findet sich insoweit in mehreren der vier heutzutage typischerweise als KI bezeichneten technischen Ansätze und Methoden, insbesondere im Bereich selbstlernende Verfahren der Mustererkennung sowie im Bereich maschinelles Lernen, was neuronale Netzwerke und „Deep Learning" beinhaltet.[72]

41 Soweit bei einem KI-System derartige Techniken zum Einsatz kommen, dürfte das Merkmal der Lernfähigkeit und demnach – nach dem Verständnis des EU-Gesetzgebers – das Merkmal der Anpassungsfähigkeit erfüllt sein. Insoweit scheint offenbar eine „Gleichsetzung" von Lern- und Anpassungsfähigkeit geschehen zu sein. Zugegebenermaßen bedeutet jedes „Lernen" einer Software, dass sie, sofern sie von neu gelernten Erkenntnissen profitiert, mit diesen arbeitet, diese berücksichtigt etc., sodass damit eine gewisse „Änderung" und damit Anpassung gegenüber ihrer vorherigen Funktionalität einhergeht. Sofern ein irgendwie geartetes Lernen allerdings einmal nicht zu einer Anpassung führen sollte,[73] wäre eher auf letzteren Begriff als für die Einordnung maßgeblich abzustellen, da es sich hierbei um den Wortlaut des Art. 3 Nr. 1 selbst handelt. Im Übrigen ist auch darauf hinzuweisen, dass es sich bei der Anpassungsfähigkeit ohnehin nicht um eine zwingende Voraussetzung handelt („sein kann"). Auch Software, die nicht anpassungsfähig ist, kann dennoch als KI-System eingeordnet werden. Daher stellt sich die Frage, wieso dieses Merkmal überhaupt in die Definition aufgenommen wurde.[74]

---

69 ErwG 12 Satz 12; ebenso Guidelines, S. 4, Rn. (22).

70 OECD, Explanatory memorandum on the updated OECD definition of an AI system, S. 6.

71 *Sester/Nitschke*, CR 2004, 548, 548 f.

72 Ausführlich *Stiemerling*, in: Kaulartz/Braegelmann, Rechtshandbuch Artificial Intelligence und Machine Learning, Kap. 2.1 Rn. 7 ff., 14 ff.

73 Womöglich kann im Vorgang des maschinellen Lernens zwar ein fortschrittliches Verfahren einer Software gesehen werden, das muss aber womöglich nicht automatisch dazu führen, dass die Software sich gleichzeitig anpasst.

74 Ähnlich *Wendehorst/Nessler/Aufreiter/Aichinger*, MMR 2024, 605, 608

dd) Erhaltene Eingaben

42 Des Weiteren muss ein KI-System Eingaben erhalten (aus denen es dann ableitet, siehe unten Rn. 44 ff.). Was Eingaben sind oder woher sie kommen, ergibt sich weder aus Art. 3 Nr. 1 noch aus ErwG 12. Allerdings definiert die KI-VO den Begriff „Eingabedaten" (siehe Art. 3 Nr. 33 Rn. 291). Danach handelt es sich um „die in ein KI-System eingespeisten oder von diesem direkt erfassten Daten, auf deren Grundlage das System eine Ausgabe hervorbringt". Gleichzeitig gibt es in der KI-VO des Öfteren den Begriff „Eingaben".[75] Nach dem reinen Wortlaut handelt es sich um etwas, das in das KI-System eingegeben, mit anderen Worten eingespeist wird. Hierbei kann es sich um Daten handeln, es können aber auch Informationen oder Anweisungen gemeint sein.

43 Ganz ähnlich bezeichnet das Explanatory Memorandum „Wissen, Regeln und Code, den Menschen während der Entwicklung in das System eingeben, oder Daten" als Eingaben (englisch: „Input").[76] Gleichzeitig können Eingaben danach auch von Maschinen vorgenommen werden. Plastisch handele es sich um Inhalte zu einer Benutzer-Eingabeaufforderung oder einer Suchanfrage.[77]

ee) Ableitung

(1) Grundlegendes zur Ableitung

44 Ein KI-System muss zudem die Fähigkeit zum „Ableiten" besitzen. Dies dürfte vermutlich das gewichtigste Abgrenzungsmerkmal eines KI-Systems gegenüber „herkömmlicher" Software darstellen.[78] Aus dem Gesamtkonstrukt vereinfacht hervorgehoben: Ein KI-System leitet aus etwas (Eingaben) ab, wie etwas (Ausgaben) erstellt wird, das etwas (Umgebungen) beeinflusst. Die Ableitung ist wie eine „Brücke": Aus Eingaben wird eine „Ableitung" vorgenommen, *wie* Ausgaben erstellt werden.

45 Die Fähigkeit der Ableitung bezieht sich auf „den Prozess der Erzeugung von Ausgaben, wie Vorhersagen, Inhalte, Empfehlungen oder Entscheidungen", ferner „auf die Fähigkeit von KI-Systemen, Modelle oder Algorithmen oder beides aus Eingaben oder Daten abzuleiten".[79] Es erschließt sich nicht auf Anhieb ganz

---

75 Siehe beispielsweise Art. 10 Abs. 2 lit. f bezüglich Daten-Governance oder Annex 3 Ziffer 6. Bezüglich der Registrierung des Hochrisiko-KI-Systems siehe Art. 49.

76 Explanatory Memorandum, S. 8.

77 Explanatory Memorandum, S. 8.

78 So auch ErwG 12 Satz 3, der diese Fähigkeit als „wesentliches Merkmal von KI-Systemen" bezeichnet; ebenso Guidelines, S. 5, Rn. (26).

79 ErwG 12 Satz 4; vgl. insoweit auch den Hinweis in den Guidelines, dass eine Art „Gleichlauf" zur Definition des ISO/IEC 22989 Standards intendiert ist, S. 5, Rn. (27).

eindeutig, was „Ableiten“ wirklich bedeutet, insbesondere, wie es technisch funktioniert, um es in jeder Situation passgenau als solches zu identifizieren und es als einschlägiges Tatbestandsmerkmal zu verifizieren.

„Ableiten“ bedeutet nach Duden unter anderem (wohl am passendsten) „von etwas oder jemandem herleiten“, also eine Formel ableiten (entwickeln) oder eine (insbesondere) mathematische Gleichung ableiten (ermitteln).[80] Auch hieraus ergibt sich noch keine explizit unmissverständliche Bedeutung. In der englischen Fassung der KI-VO steht hier das Verb „infer“, was tatsächlich mit „ableiten“ übersetzt werden kann. Allerdings dreht man sich dabei etwas im Kreis. Doch immerhin bleibt ein Abgleich mit der Fähigkeit der „Inferenz“ – diese bedeutet im Zusammenhang mit Linguistik, Logik, Informatik: „aus einem Regelsystem erzeugte Schlussfolgerung; in der Informatik vor allem aus einem formalen System automatisiert erstellte Folgerung“.[81] „Inferieren“ bedeutet „logisch folgern“.[82] In Bezug auf die Definition von KI-System wird man „ableiten“ also am ehesten als autonom erstellte Schlussfolgerung verstehen müssen. **46**

Für ein derartiges Verständnis spricht auch ErwG 12 Satz 6. Danach geht die „Fähigkeit eines KI-Systems, abzuleiten, […] über die einfache Datenverarbeitung hinaus, indem Lern-, Schlussfolgerungs- und Modellierungsprozesse ermöglicht werden“. ErwG 12 Satz 5 statuiert hierzu, dass zu „den Techniken, die während der Gestaltung eines KI-Systems das Ableiten ermöglichen, […] Ansätze für maschinelles Lernen [gehören], wobei aus Daten gelernt wird, wie bestimmte Ziele erreicht werden können, sowie logik- und wissensgestützte Konzepte, wobei aus kodierten Informationen oder symbolischen Darstellungen der zu lösenden Aufgabe abgeleitet wird“. Zwar wird hier nur auf Techniken während der Gestaltung eines KI-Systems abgestellt. Gemeint zu sein scheint aber, dass, während das KI-System gestaltet, also erstellt wird, die genannten Techniken in das KI-System integriert werden, die sodann aufgrund ihrer Funktionalität das Ableiten erst möglich machen.[83] Wenn beispielsweise ein KI-System durch maschinelles Lernen aus Daten lernt, wie bestimmte Ziele erreicht werden können, stellt dies nach Aussage des EU-Gesetzgebers eine Technik eines KI-Systems dar, die „ableiten“ ermöglicht.[84] Genauso kann beim Anwenden logik- und wissensgestützter Konzepte abgeleitet werden: Diese KI-Systeme lernen aus **47**

80 Duden „ableiten“, https://www.duden.de/rechtschreibung/ableiten; zu begrifflichen Abgrenzungsproblemen auch *Steen*, KIR 2024, 7, 8 f.

81 Wiktionary, „Inferenz“, https://de.wiktionary.org/wiki/Inferenz.

82 Wiktionary, „inferieren“, https://de.wiktionary.org/wiki/inferieren. Im Duden existiert dieses Wort hingegen nicht. Der oft bemühte Hinweis, das Wort „Inferieren“ wäre passender gewesen, hätte also ebenfalls zumindest mit diesem Manko leben müssen.

83 Ebenso wohl Guidelines, S. 6, Rn. (30), wonach ErwG 12 sich insoweit spezifisch auf die „Aufbauphase“ des KI-Systems fokussiert, siehe dazu auch oben Rn. 29.

84 Konkretisierend zu einzelnen „machine-learning“-Techniken samt Beispiel die Guidelines, S. 6, Rn. (32) ff.

Wissen, das von menschlichen Experten in Form von Regeln, Fakten und Beziehungen kodiert wurde.[85] Durch logisches Ableiten werden Schlussfolgerungen gezogen, die auf vordefinierten Regeln basieren, die dann jedoch auf neuartige Situationen angewendet werden. Dies kann bei Expertensystemen der Fall sein. Die Guidelines nennen „Expertensysteme der ersten Generation, die für die medizinische Diagnose bestimmt sind" als ein „prominentes Beispiel für KI-Systeme, die auf Logik und wissensbasierten Ansätzen basieren": Sie werden durch die Kodierung des Wissens einer Reihe von medizinischen Experten entwickelt und sollen aus einer Reihe von Symptomen eines bestimmten Patienten Schlussfolgerungen ziehen.[86]

(2) Ausnahmen vom Ableiten

48 Die Guidelines sehen strukturell einzig im Zusammenhang mit der Konkretisierung des Begriffs „ableiten" einen dezidierten Teil vor, in dem explizit „Systeme, die nicht in den Anwendungsbereich der KI-Systemdefinition fallen" behandelt werden. Dies wird mit der Erläuterung in ErwG 12 erklärt, wonach die Begriffsbestimmung sich nicht auf Systeme beziehen sollte, die auf ausschließlich von natürlichen Personen definierten Regeln für das automatische Ausführen von Operationen beruhen. Einige Systeme seien dementsprechend zwar in der Lage, Schlussfolgerungen zu ziehen, fielen aber dennoch nicht unter die Definition von KI-Systemen, „da sie nur begrenzt in der Lage sind, Muster zu analysieren und ihren Output eigenständig anzupassen."[87]

49 Diese Klarstellung ist einerseits begrüßenswert, zeigt sie doch auch Grenzen aktueller KI-Fähigkeiten und eine recht ausgewogene Annäherung seitens des Gesetzgebers an das Thema. Andererseits öffnet dies einen „Korridor", in dem es kaum noch möglich erscheint, KI-Systeme aufgrund ihrer Funktionalität von „Nicht"-KI-Systemen abzugrenzen: Selbst KI-Tools, die (begrenzt eigenständig) Schlussfolgerungen ziehen, sollen eben nicht mehr eindeutig der KI-System-Definition unterfallen – stattdessen soll es auf eine irgendwie geartete „Mindest-Schwelle" der Musteranalyse und Output-Anpassung ankommen. Wo diese aber nun letztlich liegt, dafür geben weder die KI-VO noch die Guidelines verbindliche und verlässliche Formeln oder Anleitungen. Die Guidelines beschreiben lediglich Beispiele, die, für sich genommen, eine gewisse Orientierung bieten können. Letztlich bleibt es aber dem Anbieter oder Nutzer überlassen, die Einordnung selbständig unter Berücksichtigung dieser mannigfaltigen, teils schwer greifbaren Vorgaben selbst zu treffen.

---

85 Guidelines, S. 7, Rn. (39).
86 Guidelines, S. 8, Rn. (39).
87 Guidelines, S. 8, Rn. (41).

Die Ausnahmen werden in den Guidelines unter vier Kategorien beschrieben: Systeme zur Verbesserung der mathematischen Optimierung, grundlegende (oder einfache) Datenverarbeitung, Systeme, die auf klassischer Heuristik basieren, und einfache Vorhersagesysteme. **50**

(i) Systeme zur Verbesserung der mathematischen Optimierung

Nicht unter die Begriffsbestimmung sollen laut Guidelines Systeme fallen, die zur Verbesserung der mathematischen Optimierung oder zur Beschleunigung und Annäherung an traditionelle, bewährte Optimierungsmethoden wie lineare oder logistische Regressionsmethoden eingesetzt werden.[88] Obschon „diese Modelle" (gemeint ist vermutlich, dass dem System KI-Modelle zugrunde liegen) zur Ableitung fähig seien, gingen sie nicht über grundlegende (oder einfache) Datenverarbeitung hinaus. Dies erkenne man beispielsweise daran, dass das System seit vielen Jahren in konsolidierter Form verwendet werde. Konkret werden beispielsweise Systeme genannt, die „herkömmliche physikbasierte Simulationen beschleunigen oder Parameter schätzen, die dann in die etablierten physikalischen Modelle einfließen".[89] Hierunter fielen komplexe atmosphärische Prozesse, wie die Mikrophysik von Wolken oder Turbulenzen, die durch maschinelle Lernmodelle angenähert würden, wodurch schnellere und rechnerisch effizientere Vorhersagen ermöglicht werden. Insoweit ist vermutlich gemeint, dass das maschinelle Lernen eher „beiläufig" zufällige Wolkenbewegungen generiert und so das „Ableiten" nicht von derartigem Gewicht ist (es wird ja als grundlegende oder einfache Datenverarbeitung angesehen), dass das Vorliegen eines KI-Systems angenommen werden könne. Dies ist aber wiederum nur leidlich und schwerlich verständlich und so konkret denn auch nicht gesagt. Bei genauerer Hinsicht ist insoweit nicht auf Anhieb klar, warum dies nicht ein „Ableiten" mit einem größeren „Impact" sein soll, wenn auf Basis der „Berechnungen" die Ableitung zur Planung von risikobehafteten Tätigkeiten genutzt würde (beispielsweise Flugrouten oder Reparaturen auf einer Bohrinsel). **51**

Gleiches gilt für die weiteren Ausschluss-Beispiele „Satellitentelekommunikationssystem zur Optimierung der Bandbreitenzuweisung und des Ressourcenmanagements"[90] – ob die Routinen und Machine-Learning Modelle wirklich derart trivial sind, wie es die Kommission meint, um ein „Ableiten" komfortabel auszuschließen, darf bezweifelt werden. **52**

Abschließend weist die Kommission darauf hin, dass alle diese Beispielsysteme zwar automatische Selbstanpassungen beinhalteten, diese jedoch eher der Optimierung der Funktionsweise (mit Fokus auf Verbesserung der Rechenleistung) **53**

88 Guidelines, S. 8, Rn. (42).
89 Guidelines, S. 8, Rn. (43).
90 Guidelines, S. 8, Rn. (44).

diene als der intelligenten Anpassung ihrer Entscheidungsfindungsmodelle.[91] Zwar ergibt sich dies nicht per se aus den beschriebenen Beispielen, hier zeigt sich jedoch der vermutlich einzig wirklich verlässliche Abgrenzungsansatz: Auch wenn dies aus den sonstigen Beschreibungen im Erwägungsgrund und Guidelines nicht so explizit hervorgeht – danach könnten theoretisch auch leistungsoptimierende Lernalgorithmen KI-Systeme sein –, scheint die Feststellung der intrinsischen Anpassung der Entscheidungsfindungsmodelle ausschlaggebend zu sein. In der Praxis bleibt vermutlich nur eine enge Abstimmung mit Technikern sowie Programmierern, um für sich die Einschlägigkeit eines solchen Ausnahmefalles zu eruieren.

(ii) Grundlegende (oder einfache) Datenverarbeitung

54 Des Weiteren sollen grundlegende (oder einfache) Datenverarbeitungssysteme ausgenommen sein. Dies sind Systeme, die vordefinierten, expliziten Anweisungen oder Vorgängen folgen.[92] Diese Systeme würden entwickelt und eingesetzt, um Aufgaben auf der Grundlage manueller Eingaben oder Regeln auszuführen, ohne dass in irgendeiner Phase des Systemlebenszyklus „gelernt, argumentiert oder modelliert" werde. Als Beispiele werden genannt: Datenbankverwaltungssysteme, die verwendet werden, um Daten nach bestimmten Kriterien zu sortieren oder zu filtern, Standard-Tabellenkalkulationssoftware oder Systeme, die ausschließlich für deskriptive Analysen, Hypothesentests und Visualisierungen vorgesehen sind. Hierunter fiele beispielsweise eine Visualisierung des Verkaufsberichts auf Basis statistischer Methoden. Entscheidender Faktor bei diesen Systemen sei, dass sie gerade nicht „lernen, denken oder modellieren", sondern Daten einfach auf informative Weise präsentieren.[93]

(iii) Systeme, die auf klassischer Heuristik basieren

55 Ferner seien klassische heuristische Systeme vom Begriffsverständnis ausgenommen. Diese beinhalteten in der Regel eher regelbasierte Ansätze, Mustererkennung oder Trial-and-error-Strategien als datengesteuertes Lernen.[94] Ausschlaggebend sei, dass vordefinierte Regeln oder Algorithmen angewendet würden, um Ergebnisse abzuleiten und es gerade keine zugrunde liegenden Modelle gebe, die auf der Grundlage von Input-Output-Beziehungen angepasst würden. Als Beispiel wird ein Schachprogramm genannt, das einen Minimax-Algorithmus verwendet.

---

91 Guidelines, S. 9, Rn. (45).
92 Guidelines, S. 9, Rn. (46).
93 Guidelines, S. 9, Rn. (47).
94 Guidelines, S. 9, Rn. (48).

(iv) Einfache Vorhersagesysteme

Zudem sollen Systeme ausgenommen sein, deren Leistung über eine grundlegende statistische Lernregel erreicht werden kann.[95] Beispiele sind hier die Finanzprognose (grundlegendes Benchmarking) oder die Verwendung der Durchschnittstemperatur der letzten Woche zur Vorhersage der morgigen Temperatur. Ausschlaggebend sei hier, dass ausschließlich Durchschnittswerte geschätzt würden. **56**

(v) Einordnung

Die Beispiele sind teilweise komplex und ohne tiefes technisches Wissen nicht eindeutig zuordenbar. Zudem gehen sie systematisch etwas durcheinander, da an mehreren Stellen beispielsweise von grundlegenden (einfachen) Datenverarbeitungen gesprochen wird oder regelbasierte Ansätze oder einfache Abläufe genannt werden. Letztlich lassen sich hier aber immerhin einige wenige Punkte herausarbeiten, die zumindest als „Faustregel" dienen können, anhand deren es sich lohnt, tiefer in die Prüfung des Ausschlusses eines KI-Systems einzusteigen: **57**

- Aufgabenausführung auf Grundlage rein manueller Eingaben oder Regeln,
- kein intrinsisches Lernen, Argumentieren oder Modellieren bezüglich der Inhalte der Ausgaben,
- dementsprechend nicht lediglich Performanz-Verbesserungen,
- nicht lediglich Schätzung oder einfache Verarbeitung von Durchschnittswerten,
- System folgt allein vordefinierten, expliziten Anweisungen oder Vorgängen,
- Ableitungsgrundlagen sind über Jahre unverändert.

ff) Explizite oder implizite Ziele

Die „Ableitung" muss für explizite oder implizite Ziele geschehen. Welche dies sein können oder was genau darunter zu verstehen ist, wird nicht weiter konkretisiert. ErwG 12 Satz 8 ergänzt lediglich, dass durch „die Bezugnahme auf explizite oder implizite Ziele [ ] betont [wird], dass KI-Systeme gemäß explizit festgelegten Zielen oder gemäß impliziten Zielen arbeiten können". Hierin liegt jedoch keine Erklärung expliziter oder impliziter Ziele, sondern lediglich eine „Betonung", dass KI-Systeme gemäß derartigen Zielen arbeiten können. Viel ist hierdurch nicht gewonnen. Im Grunde genommen ist dies nur eine andere Formulierung für das Tatbestandsmerkmal der Ziele. **58**

95 Guidelines, S. 10, Rn. (49).

59 Grundsätzlich werden Software und dementsprechend auch KI-Systeme mit Zielen „ausgestattet“.[96] Diese können (explizit) beispielsweise vom Entwickler direkt im Quellcode angelegt sein, wie bei einfachen Klassifikatoren, Spielsystemen, Systemen des Reinforcement Learning, Planungsalgorithmen und Algorithmen für dynamische Programmierung.[97] Das Stoppen eines mittels KI gesteuerten Autos an einer roten Ampel würde ferner implizit das Ziel verfolgen, rechtskonform zu agieren.[98] Die Guidelines konkretisieren dementsprechend die Begriffe wie folgt: „Explizite Ziele beziehen sich auf klar formulierte Ziele, die direkt vom Entwickler in das System eingegeben werden. (…). Implizite Ziele beziehen sich auf Ziele, die nicht explizit formuliert sind, aber aus dem Verhalten oder den zugrunde liegenden Annahmen des Systems abgeleitet werden können.[99]

60 Demnach dürften bei jeder Software, gerade bei jedem KI-System, mehr oder weniger klar irgendwelche Ziele verfolgt werden. Soweit dies der Fall ist, ist es nach der Begriffsbestimmung auch irrelevant, ob diese explizit oder implizit sind, sie müssen nur vorhanden sein. Dies genügt, um das Tatbestandsmerkmal der expliziten oder impliziten Ziele einschlägig sein zu lassen.

61 ErwG 12 Satz 9 stellt ferner fest: „Die Ziele des KI-Systems können sich – unter bestimmten Umständen – von der Zweckbestimmung des KI-Systems unterscheiden.“ Dies dürfte vermutlich in dem Kontext zu verstehen sein, dass eine zunehmende autonome Entscheidungsfähigkeit und damit Eigenständigkeit von Systemen aus Sicht der Nutzer zu einer spürbaren Unberechenbarkeit und Nicht-Determiniertheit des Verhaltens führen kann.[100]

gg) Erstellte Ausgaben

62 Abgeleitet werden muss (aus Eingaben), „wie Ausgaben erstellt werden“. Ausgaben können „etwa Vorhersagen, Inhalte, Empfehlungen oder Entscheidungen“ sein.[101] Kurz gesagt, sind Ausgaben das, was KI-Systeme „von sich geben“, wie beispielsweise aus Input-Output-Funktionen (wie Entscheidungsbäumen und neuronalen Netzen).[102] Mit anderen Worten: Die von einem KI-System generierten Ergebnisse spiegeln in der Regel die verschiedenen Funktionen wieder, die von KI-Systemen ausgeführt werden.[103] Die Fähigkeit, derartige Ausgaben zu

---

96 So eine Prämisse im Explanatory Memorandum, S. 7 i.V.m. der dortigen Fn. 1.

97 Explanatory Memorandum, S. 7.

98 Explanatory Memorandum, S. 7.

99 Guidelines, S. 4, Rn. (24).

100 *Riehm*, ITRB 2014, 113,113; *Müller-Hengstenberg/Kirn*, MMR 2014, 225, 226.

101 Konkretisierungen dieser Termini finden sich in den Guidelines, S. 10, Rn. (54) ff.

102 Explanatory Memorandum, S. 8.

103 Explanatory Memorandum, S. 8. Dort wird weiter unterteilt zwischen den Kategorien Empfehlungen, Vorhersagen und Entscheidungen. Ein Fahrerassistenzsystem könne

erstellen, ist nach Auffassung der Kommission grundlegend für die Funktionsweise von KI-Systemen und unterscheidet diese Systeme von anderen Softwareformen.[104]

hh) Beeinflussung physischer oder virtueller Umgebungen

Ferner müssen die Ausgaben eines KI-Systems physische oder virtuelle Umgebungen beeinflussen können. Mit Umgebungen sind Kontexte gemeint, in denen KI-Systeme betrieben werden.[105] Eine Umgebung oder ein Kontext in Bezug auf ein KI-System kann als beobachtbarer oder teilweise beobachtbarer Raum verstanden werden, der mithilfe von Daten und Sensoreingaben wahrgenommen und durch Aktionen (über Aktoren) beeinflusst wird.[106] Umfasst sind demnach Umgebungen, die Aspekte menschlicher Aktivitäten, wie biologische Signale oder menschliches Verhalten, beschreiben.[107] Aufgrund des sehr weiten Wortlauts müssten jedoch auch andere virtuelle Umgebungen umfasst sein, die keine Aspekte menschlicher Aktivität beschreiben, sondern beispielsweise nur solche der Natur oder nur von Algorithmen. Hauptsache, sie sind physisch oder virtuell. Dieses Element sollte gemäß den Guidelines so verstanden werden, dass es die Tatsache hervorhebt, dass KI-Systeme nicht passiv sind, sondern aktiv Einfluss auf die Umgebungen nehmen.[108] **63**

Ein Merkmal von mit KI ausgestatteten Computersystemen ist regelmäßig, dass sie einen realweltlichen Einfluss erlangen, die physische Welt verändern oder sich sogar selbstständig darin bewegen.[109] Dieser realweltliche Einfluss manifestiert sich in einer spür- oder messbaren Beeinflussung von Umgebungen. **64**

c) Zusammenfassung und Bewertung

Die Änderungen, welche die Definition des KI-Systems seit dem Kommissionsentwurf erfahren hat, vereinfachen, auf den ersten Blick, die Einordnung im Vergleich zu der Kommissionsfassung. Auch mit der finalen Begriffsbestimmung lassen sich aber nicht sämtliche Bedenken – gerade im Hinblick auf die Unklarheit einzelner Merkmale und damit einhergehender Rechtsunsicherheit – ausräu- **65**

---

beispielsweise „vorhersagen", dass es sich bei einem Pixelbereich in der Kameraaufnahme um einen Fußgänger handelt, es könnte „bremsen" empfehlen oder „entscheiden", die Bremse zu betätigen. Auch die von generativen KI-Systemen produzierten Inhalte können als Ausgaben angesehen werden.

104 Guidelines, S. 10, Rn. (52).

105 ErwG 12 Satz 10.

106 Explanatory Memorandum, S. 7.

107 Explanatory Memorandum, S. 7.

108 Guidelines, S. 11, Rn. (60).

109 *Stiemerling*, CR 2015, 762, 765.

men.[110] Der praktische Umgang mit dem Wortlaut dürfte daher eine besondere Rolle spielen.[111] Es kommt für die Auslegung vor allem auf das technische Verständnis des eigenen Systems an.[112] Zudem kann ErwG 12 hinzugezogen werden. Auch das „Explanatory Memorandum“ der OECD sowie die Leitlinien der Kommission gemäß Art. 96 Abs. 1 lit. f und weitere Handreichungen und gegebenenfalls irgendwann einmal Gerichtsentscheidungen dürften eine wichtige Rolle spielen, um die Definition zu ergänzen und weitere technische Hintergrundinformationen zu liefern.[113] Vor dem Hintergrund, dass die OECD-Definition im Zusammenhang mit den Trilog-Verhandlungen aktualisiert wurde und der EU-Gesetzgeber bewusst und explizit auf die entsprechende neue Definition zurückgegriffen hat, können die von der OECD hierzu getroffenen Ausführungen ebenfalls zum Verständnis beitragen, nebst der Guidelines, die auf Grundlage des bereits anwendbaren Art. 3 Nr. 1 erstellt wurden.

66 Dass das System maschinengestützt sein muss, ist als wenig entscheidungsrelevant einzustufen. Bezüglich der Bedeutung des Merkmals bleiben Zweifel und Unsicherheit. Von maßgeblicher Bedeutung scheint zwar der Grad an Autonomie. Dieses Merkmal bietet eine Möglichkeit, eine Abgrenzung gegenüber einfacher Software zu treffen. Der Begriff ist jedoch trotz der Erläuterungen in ErwG 12 Satz 12 denkbar schwer auszulegen und unscharf. Obwohl ein weitgehend einheitliches Verständnis von Autonomie existiert, bleibt unklar, inwiefern es als entscheidendes Kriterium zur Identifizierung eines KI-Systems dienen kann. Lernfähigkeit wird als zentrales Merkmal eines KI-Systems gesehen, insbesondere bei Methoden wie neuronalen Netzwerken und „Deep Learning“. Es scheint, dass der EU-Gesetzgeber Lernfähigkeit und Anpassungsfähigkeit gleichsetzt. Dabei ist jedoch anzumerken, dass Anpassungsfähigkeit keine zwingende Voraussetzung für die Einstufung als KI-System ist.[114] Auch nicht lernfähige Software kann unter die Definition fallen, was die Aufnahme dieses Merkmals in die Definition fraglich erscheinen lässt. Wenn auch „ableiten“ vermutlich das gewichtigste Abgrenzungsmerkmal eines KI-Systems gegenüber „herkömmlicher“ Software darstellen könnte, erschließt sich nicht eindeutig, was dies wirklich bedeutet, insbesondere, wie es technisch funktioniert, um es in jeder Situation passgenau als solches zu identifizieren und es als einschlägiges Tatbestandsmerkmal zu verifizieren.

---

110 Schriftliche Stellungnahme von Prof. *Dr. Patrick Glauner* für die am 15.5.2024 stattfindende Anhörung zu „Nationale Spielräume bei der Umsetzung des europäischen Gesetzes über Künstliche Intelligenz“, 2024.

111 In diese Richtung auch *Bomhard/Siglmüller*, RDi 2024, 45.

112 *Bomhard/Siglmüller*, RDi 2024, 45.

113 OECD, Explanatory memorandum on the updated OECD definition of an AI system, 5.3.2024, https://doi.org/10.1787/623da898-en.

114 Insoweit ist bereits die (auch) aus der KI-VO ersichtliche Prämisse, es handele sich um ein zentrales Kriterium, schwer nachvollziehbar.

Gesamtheitlich lässt sich feststellen, dass die Definition eines KI-Systems eine Mischung aus wenigen unkomplexen, greifbaren Merkmalen einerseits und unklaren, schwer verständlichen und umfassend auslegungsbedürftigen Tatbestandsmerkmalen andererseits geworden ist. Gerade dass zum Verständnis des Begriffs „KI-System" diverse einzelne Merkmale bestehen, die nicht unbedingt aus sich heraus verständlich sind und die dementsprechend letztlich ausgelegt werden müssen, macht die Anwendung in der Praxis schwer handhabbar und bringt eine erhebliche Rechtsunsicherheit mit sich. Für Unternehmen, die Softwaretools anbieten oder einsetzen, bleibt demnach trotz engerer Definition ein erhebliches Risiko bestehen, sollten sie ihre Programme vorschnell fälschlicherweise nicht als „KI-Systeme" einordnen. Hilfreich wäre zudem für die weitergehende Abgrenzung eine konkrete Definition für das maschinelle Lernen. Hierfür gibt es in der Wissenschaft weit verbreitete praktikable Definitionen.[115] Letztlich bleibt nur, für jede Software sorgfältig und individuell zu prüfen, wie die Definitionsmerkmale sinnvoll anwendbar gemacht werden können.[116] **67**

115 *Mitchell*, Machine Learning, 1997; *Russell/Norvig*, Artificial Intelligence: A Modern Approach, 2021.

116 *Wendehorst/Nessler/Aufreiter/Aichinger* schlagen einstweilen einen „Drei-Faktor-Ansatz" samt Verdeutlichung anhand von Beispielen vor, MMR 2024, 605, 610 f., 612 f.

II. Risiko (Nr. 2)

1. Allgemeines

a) Zweck der Vorschrift

68 Die Definition des Begriffes „Risiko“ wird in verschiedenen Vorschriften der KI-VO in Bezug genommen. Sie definiert den Risikobegriff allgemein als Kombination aus der Wahrscheinlichkeit des Auftretens eines Schadens und der Schwere eines Schadens. Dieses Verständnis des Begriffs ist auch dem europäischen Produktrecht zugrunde gelegt. Insofern wird für den Wortlaut ein Gleichlauf mit der Definition des Begriffes „Risiko“ in Art. 3 Nr. 18 EU-Marktüberwachungsverordnung erreicht. Dies ist auch erforderlich, um eine einheitliche Auslegung und Anwendung des europäischen Marktüberwachungsrechts zu ermöglichen; insbesondere muss der Begriff in allen Sektoren einheitlich definiert und konkretisiert werden. Dafür sind bei Anwendung der KI-VO zunächst drei Ebenen der Risikobetrachtung zu unterscheiden, die mitunter als Konzept des „risikobasierten Ansatzes“ miteinander verwechselt werden:[117]

- Risikoklassifizierung (abstrakt),
- Risikobeurteilung (ex ante),
- Risikobewertung (ex post).

69 Die erste Ebene der Risikoklassifizierung richtet sich nach den gesetzlichen Vorgaben, die sich überwiegend am Verwendungszweck des KI-Systems orientieren.[118] Diese Einteilung – die z. B. auch in der EU-Medizinprodukteverordnung verankert ist – begründet die allgemein als „risikobasierter Ansatz“ bezeichnete Regulierungstechnik der KI-VO. Ein Rückgriff auf die Definition des Begriffs „Risiko“ in Art. 3 Nr. 2 ist hierfür nicht notwendig, da die Kriterien für die Einstufung in die verschiedenen Kategorien „verbotene Praktiken“ (Art. 5), „Hochrisiko-System“ (Art. 6), „KI-Systeme mit Transparenzpflichten“ (Art. 50) und „KI-Modelle mit allgemeinem Verwendungszweck“ (Art. 51) konkret im Gesetzestext vorgegeben werden.

70 Die Risikobeurteilung und die Risikobewertung hingegen sind auf ein konkretes KI-System bezogen und haben keinen unmittelbaren Bezug zum „risikobasierten Ansatz“ der KI-VO. Für beide ist der Risikobegriff des Art. 3 Nr. 2 heranzuziehen, der sich an den bereits in anderen Vorschriften im europäischen Produktrecht enthaltenen Definitionen des Begriffs „Risiko“ orientiert. Im Rahmen der Ex-ante-Risikobetrachtung („Risikobeurteilung“) und der Ex-post-Risikobetrachtung („Risikobewertung“) werden ähnliche Methoden zur Ermittlung der Schadensschwere und Wahrscheinlichkeit angewendet. Dennoch ist zwischen

---

117 Vgl. z. B. *Roth-Isigkeit*, ZRP 2022, 187, 189, der in Art. 11 Abs. 3 MÜ-VO den risikobasierten Ansatz des europäischen Marktüberwachungsrechts verankert sieht.

118 ErwG 52.

der Risikobeurteilung und der Risikobewertung zu differenzieren. Die Differenzierung ist im europäischen Produktrecht bereits etabliert und sollte – soweit möglich – für die konsistente Anwendung der Vorschriften auch für die KI-VO übernommen werden.

b) Entstehungsgeschichte

71 Die Europäische Kommission legte ihrem Entwurf für eine KI-VO einen risikobasierten Ansatz („solide Risiko-Methodik") mit drei abstrakten Risikostufen zugrunde. Sie unterschied zwischen einem „unannehmbaren Risiko", einem „hohen Risiko" und einem „geringen oder minimalen Risiko".[119] Schon im Entwurf der Kommission lassen sich für die verschiedenen Risikostufen allerdings keine einheitlichen juristischen Bewertungskriterien finden. Zwar enthielt Titel II bereits eine Liste verbotener KI-Praktiken („unannehmbares Risiko"), Titel III spezielle Vorschriften für Hochrisiko-KI-Systeme (hohes Risiko) und Titel IV Transparenzpflichten für KI-Systeme mit bestimmten Manipulationsrisiken.[120] Allerdings konnte schon nach dem Entwurf der Kommission ein Hochrisiko-KI-System zugleich unter die besonderen Transparenzanforderungen fallen. Insofern war die Differenzierung zwischen den Risikostufen nicht konsistent. Zudem wurde mit den Risikostufen lediglich Bezug auf die Risikoklassifizierung genommen, nicht jedoch auf die Risikobeurteilung bzw. -bewertung.

72 Die Schnittmengen zwischen den verschiedenen „Risikostufen" wurden im Laufe des Gesetzgebungsverfahrens noch größer. Darüber hinaus wurde Ende 2023 mit den GPAI Models eine weitere Kategorie im Gesetzgebungsverfahren eingeführt.[121] Daher ist eine Systematisierung der Vorschriften anhand der dem Gesetzentwurf zugrunde liegenden Risikostufen nicht zielführend. Vielmehr werden verschiedene Kategorien von KI-Systemen definiert, die jeweils bestimmten rechtlichen Anforderungen unterliegen. Für jedes KI-System ist einzeln zu prüfen, welche Anforderungen anwendbar sind.

73 Zudem war im ersten Entwurf der Kommission noch keine Definition des Begriffs „Risiko" enthalten. Die Definition wurde erst im Laufe des Gesetzgebungsverfahrens seitens des Parlaments eingebracht.[122] Vorgesehen war dabei zwischenzeitlich auch – analog zum „ernsten Risiko" im Sinne der MÜ-VO – die Definition des „erheblichen Risikos".[123] Da sich die Unterscheidung im sonstigen Text der KI-VO – mit Ausnahme von Art. 74 Abs. 11 – jedoch nicht wiederfindet, war es konsequent, sich auf die Definition des Begriffs „Risiko" zu beschränken. Die Differenzierung zwischen ernstem Risiko und anderen Risikograden wird für die

119 KI-VO-E Kommission, Begründung Ziffer 5.2.2.
120 KI-VO-E Kommission, Begründung Ziffer 5.2.2.
121 KI-VO-E Trilog, Titel VIIa.
122 KI-VO-E Parlament, Abänderung 166.
123 KI-VO-E Parlament, Abänderung 167.

Marktüberwachung allerdings durch den Verweis auf die Anwendung der MÜ-VO in die KI-VO jedenfalls mittelbar integriert (siehe Art. 74 Rn. 14).

2. Abgrenzung der verschiedenen Risikobegriffe

74 Auch wenn der Wortlaut der Definition kongruent mit der Definition in anderen harmonisierten Rechtsakten ist, ist aufgrund des risikobasierten Ansatzes, der mit der KI-VO verfolgt wird, und den mit dieser Verordnung verbundenen Besonderheiten eine Abgrenzung der verschiedenen Risikobegriffe erforderlich.

a) Klassifizierung als Hochrisiko-KI-System

75 Für die Klassifizierung als Hochrisiko-KI-System ist der Risikobegriff des Art. 3 Nr. 2 nur im Hinblick auf eine Ausnahme vom Anwendungsbereich relevant (siehe Art. 6 Rn. 157). Die Beurteilung erfolgt im Übrigen anhand der in Art. 6 abschließend vorgegebenen Kriterien, die in vielerlei Hinsicht gerade keinen Spielraum für eine Risikoabwägung lassen (siehe Art. 6 Rn. 50 ff.).

b) Systemische Risiken von GPAI Models

76 Auch für die Prüfung, ob ein GPAI Model systemische Risiken mit sich bringt, ist nicht auf den Risikobegriff des Art. 3 Nr. 2 abzustellen. Die Abgrenzungskriterien für das systemische Risiko sind in Art. 51 Abs. 1 geregelt. Hiernach kommt es darauf an, ob das GPAI Model über Fähigkeiten mit hohem Wirkungsgrad verfügt. Der hohe Wirkungsgrad wird gem. Art. 51 Abs. 2 anhand der kumulierten Menge der für das Training des GPAI Model verwendeten Berechnungen bestimmt (siehe hierzu ausführlich Art. 51 Rn. 11 ff.). Auf die Wahrscheinlichkeit des Eintritts und die Schwere eines möglichen Schadens wird gerade nicht abgestellt.

c) Risikobegriff im Konformitätsbewertungsverfahren

77 Die Durchführung eines Konformitätsbewertungsverfahrens ist gem. Art. 43 nur für Hochrisiko-KI-Systeme vorgesehen. Der Anbieter ist verpflichtet, bei der Entwicklung eines Hochrisiko-KI-Systems Risiken des Systems zu berücksichtigen. Anhang IV Ziffer 3 sieht vor, dass die technische Dokumentation i. S. d. Art. 11 angesichts der Zweckbestimmung des KI-Systems detaillierte Informationen über Quellen von vorhersehbaren Risiken in Bezug auf Gesundheit und Sicherheit sowie Grundrechte und Diskriminierung enthält. Unter Berücksichtigung der Definition des Begriffs „Risiko" wird keine Bagatellgrenze festgelegt. Jede Kombination von möglichem Schaden und Wahrscheinlichkeit seines Eintritts ist ein Risiko. Art. IV Ziffer 3 verpflichtet den Anbieter allerdings nicht zur Bewertung der Risiken, sondern nur zu detaillierten Informationen hierüber.

d) Risikobegriff im Marktüberwachungsrecht

Art. 79 Abs. 2 legt die Pflichten der Marktüberwachungsbehörden für den Fall fest, dass ein KI-System ein Risiko birgt. Für die Definition des Begriffs „Produkt, mit dem ein Risiko verbunden ist" verweist Art. 79 Abs 1 allerdings nicht auf die Definition in Art. 3 Nr. 2, sondern auf die Definition in Art. 3 Nr. 19 der Marktüberwachungsverordnung. Unter Berücksichtigung der Einschränkung im Wortlaut des Art. 79 Abs. 1 birgt ein KI-System ein Risiko, wenn es Gesundheit und Sicherheit von Personen oder Grundrechte stärker beeinträchtigen kann, als das im Verhältnis zu seiner Zweckbestimmung oder bei normaler oder nach vernünftigem Ermessen vorhersehbarer Verwendung des betreffenden Produkts – einschließlich der Gebrauchsdauer sowie gegebenenfalls der Anforderungen an Inbetriebnahme, Installation und Wartung – als vernünftig und vertretbar gilt. Auf die Definition des Begriffs „Risiko" wird daher nicht unmittelbar zurückgegriffen. Dies entspricht der Regelungssystematik der Marktüberwachungsverordnung. In der Konsequenz ist bei der Prüfung, ob die mögliche Beeinträchtigung der Gesundheit, Sicherheit oder von Grundrechten über das vernünftige und vertretbare Maß hinausgeht, die Schwere und Wahrscheinlichkeit eines möglichen Schadens zu berücksichtigen. Die Definition nimmt bewusst die von der Europäischen Kommission im sogenannten RAPEX-Leitfaden niedergelegte Risikobewertungsmethode auf. 78

3. Auslegung der Definition

Im Regelungskontext der Marktüberwachungsverordnung im Zusammenspiel mit den europäischen Harmonisierungsrechtsakten spielt die isolierte Definition des Risikos nur eine untergeordnete Rolle. Für die Prüfung, ob von einem Produkt ein Risiko ausgeht, das die Marktüberwachungsbehörde zu vertriebsbeschränkenden Maßnahmen veranlasst, insbesondere für die Prüfung eines ernsten Risikos, ist gem. Art. 19 Abs. 2 Marktüberwachungsverordnung eine angemessene Risikobewertung durchzuführen. Hierfür hat die Europäische Kommission in ihrem RAPEX-Leitfaden[124] eine spezielle Methode entwickelt, die zunächst nur auf Verletzungsrisiken ausgerichtet war, mittlerweile jedoch auch für breitere Schadensszenarien Anwendung finden soll. Danach ist zunächst ein Schadensszenario zu entwickeln, das die einzelnen Schritte von der kritischen Produkteigenschaft zum Schaden beschreibt. Jeder dieser Schritte ist mit einer 79

124 Das RAPEX-System wurde mittlerweile in „Safety Gate" umbenannt und kürzlich ein aktualisierter Leitfaden veröffentlicht. Delegierte Verordnung (EU) 2024/3173 der Kommission vom 27.8.2024 zur Ergänzung der Verordnung (EU) 2023/988 des Europäischen Parlaments und des Rates um Vorschriften für den Zugang zum Schnellwarnsystem Safety Gate, den Betrieb des Systems, die in das System einzugebenden Informationen, die für Meldungen zu erfüllenden Anforderungen und die Kriterien für die Bewertung des Risikoniveaus (ABl. EU C 2024, S. 6023).

Wahrscheinlichkeit zu belegen. Weiter muss die Schwere eines möglichen Schadens innerhalb einer vorgegebenen vierstufigen Matrix festgelegt werden. Aus der Kombination der Gesamtwahrscheinlichkeit mit der Schwere des möglichen Schadens ergibt sich ein Risikograd.

80 Diese Methode ist auf den Risikobegriff der KI-VO nicht unmittelbar übertragbar, auch wenn Art. 3 Nr. 2 auf die Kombination aus der Wahrscheinlichkeit des Auftretens eines Schadens und der Schwere dieses Schadens abstellt. Eine Grundrechtsverletzung lässt sich nach der Methode nur schwerlich erfassen, selbst wenn die Methode mittlerweile nicht mehr rein auf Körperverletzungen und Gesundheitsbeeinträchtigungen beschränkt sein soll.[125] Auch wurde die Definition des „ernsten Risikos" beziehungsweise des „Produkts, welches mit einem ernsten Risiko verbunden ist" anders als etwa in Art. 3 Nr. 20 MÜ-VO nicht in den Verordnungsentwurf mitaufgenommen.

81 Zwar findet sich in ErwG 160 sowie in Art. 74 Abs. 11 der Verweis auf ein „ernstes Risiko". Demnach sollen im Falle eines „ernsten Risikos" in mindestens zwei Mitgliedstaaten gemeinsame Aktivitäten mehrerer Marktüberwachungsbehörden beziehungsweise einer oder mehrerer Marktüberwachungsbehörden mit der EU-Kommission durchgeführt werden können, auf Vorschlag von Marktüberwachungsbehörden und der EU-Kommission. Die Maßnahmen sind im Einklang mit Art. 9 MÜ-VO durchzuführen.[126] Art. 9 MÜ-VO sieht „gemeinsame Tätigkeiten zur Förderung der Konformität" vor und zwar insbesondere bei Produktkategorien, bei denen ein „ernstes Risiko" festgestellt wurde. Der Begriff „ernstes Risiko" wird jedoch an keiner anderen Stelle in der Verordnung aufgenommen. Somit dürfte die Anwendung der Risikodifferenzierung auf diesen Punkt begrenzt sein und nicht für die gesamte Verordnung anwendbar sein.

82 Der Gesetzgeber wollte daher offenbar bewusst keinen Gleichlauf mit dem RAPEX-Leitfaden herstellen und den Marktüberwachungsbehörden aufgrund des großen Risikopotenzials von KI-Systemen ein größeres Auswahlermessen bei der Maßnahmenauswahl zugestehen (siehe Art. 79 Rn. 79 ff.).

83 Denkbar wäre allerdings die Festlegung einer vergleichbaren Methodik für die Bewertung von Grundrechtseingriffen durch die Europäische Kommission mit Unterstützung des Gremiums für künstliche Intelligenz gem. Art. 66 lit. l, Art. 64 Abs. 1 i.V.m. Art. 3 Abs. 2 lit. c des Beschlusses zur Gründung des Büros für Künstliche Intelligenz. Dem müsste eine detaillierte Prüfung der Schranken der europäischen Grundrechte vorhergehen.

---

125 Kritisch zu dieser Ausweitung *Klindt/Mattheis*, ZfPC 2024, 234 ff.

126 EU-Komm., Leitlinie zur Anwendung von Artikel 9 der Verordnung (EU) 2019/1020 über gemeinsame Tätigkeiten zur Förderung der Konformität, https://t1p.de/9eudh (zuletzt abgerufen am 8.5.2025).

III. Anbieter (Nr. 3)

1. Allgemeines

Der „Anbieter“ ist einer der **zentralen Begriffe** der KI-VO und Hauptadressat zahlreicher Pflichten. Das heißt, die Eigenschaft als Anbieter eröffnet an vielen Stellen den subjektiven Anwendungsbereich der KI-VO. Dazu zählen unter anderem: **84**

- Art. 4 KI-Kompetenz,
- Art. 5 Verbotene Praktiken im KI-Bereich (diese Norm stellt zwar nicht explizit auf den „Anbieter“, jedoch u. a. auf das Inverkehrbringen und die Inbetriebnahme ab),
- Art. 16 (Pflichten der Anbieter von Hochrisiko-KI-Systemen) verweist auf zahlreiche Pflichten des Kapitel III (Hochrisiko-KI-Systeme),
- Art. 50 (Transparenzpflichten für Anbieter und Betreiber bestimmter KI-Systeme),
- Kapitel V Abschnitt 2 (Pflichten für Anbieter von KI-Modellen mit allgemeinem Verwendungszweck).

Der Begriff des Anbieters ist vergleichbar mit dem des Herstellers im allgemeinen Produktrecht.[127] **85**

Der ursprüngliche Kommissionsentwurf von 2021 bezog sich allein auf das KI-System und definierte den Anbieter in Art. 3 Nr. 2 KI-VO-E Kommission als „eine natürliche oder juristische Person, Behörde, Einrichtung oder sonstige Stelle, die ein KI-System entwickelt oder entwickeln lässt, um es unter ihrem eigenen Namen oder ihrer eigenen Marke – entgeltlich oder unentgeltlich – in Verkehr zu bringen oder in Betrieb zu nehmen“. Erst im Zuge des Gesetzgebungsverfahrens wurde der Bezug zum KI-Modell aufgenommen. **86**

Wichtig in dem Kontext ist auch Art. 25 Abs. 1, der – ähnlich wie zahlreiche Vorschriften im Produktrecht – eine Rolle als **Quasi-Anbieter** regelt: Danach gelten Händler, Einführer, Betreiber oder sonstige Dritte als Anbieter eines Hochrisiko-KI-Systems für die Zwecke der KI-VO und unterliegen den Anbieterpflichten gemäß Art. 16 **87**

a) wenn sie ein bereits in Verkehr gebrachtes oder in Betrieb genommenes Hochrisiko-KI-System mit ihrem Namen oder ihrer Handelsmarke versehen,
b) wenn sie eine wesentliche Veränderung eines Hochrisiko-KI-Systems vornehmen, das bereits in Verkehr gebracht oder in Betrieb genommen wurde, oder

127 *Bomhard/Siglmüller*, RDi 2024, 46, 47.

c) wenn sie die Zweckbestimmung eines bereits in Verkehr gebrachten oder in Betrieb genommenen Nicht-Hochrisiko-KI-Systems so verändern, dass es zu einem Hochrisiko-KI-System wird.

88 Unter den vorgenannten Umständen gilt der Anbieter, der das KI-System ursprünglich in Verkehr gebracht oder in Betrieb genommen hatte, nicht mehr als Anbieter des neuen KI-Systems (des Quasi-Anbieters), vgl. Art. 25 Abs. 2 Satz 1. Dieser Erstanbieter muss nach Art. 25 Abs. 2 Satz 2 jedoch eng mit dem Quasi-Anbieter zusammenarbeiten, stellt die erforderlichen Informationen zur Verfügung und sorgt für den vernünftigerweise zu erwartenden technischen Zugang und sonstige Unterstützung, die für die Erfüllung der in der KI-VO festgelegten Pflichten, insbesondere in Bezug auf die Konformitätsbewertung von Hochrisiko-KI-Systemen, erforderlich ist. Dies gilt nach Art. 25 Abs. 2 Satz 3 wiederum nicht, wenn der Erstanbieter eindeutig festgelegt hat, dass sein KI-System nicht in ein Hochrisiko-KI-System umgewandelt werden darf und daher nicht der Pflicht zur Übergabe der Dokumentation unterliegt.

89 Vom Begriff des Anbieters gemäß Art. 3 Nr. 3 ist zudem der Begriff des „nachgelagerten Anbieters" abzugrenzen. Es handelt sich dabei nach Art. 3 Nr. 68 um den „Anbieter eines KI-Systems, einschließlich eines KI-Systems mit allgemeinem Verwendungszweck, das ein KI-Modell integriert, unabhängig davon, ob das KI-Modell von ihm selbst bereitgestellt und vertikal integriert wird oder von einer anderen Einrichtung auf der Grundlage vertraglicher Beziehungen bereitgestellt wird" (eingehend dazu Art. 3 Nr. 68).

90 Zudem enthielt der Kommissionsentwurf neben dem Anbieterbegriff zusätzlich eine Definition des Kleinanbieters. Nach Art. 3 Nr. 3 des Entwurfs war damit ein Anbieter gemeint, „bei dem es sich um ein Kleinst- oder Kleinunternehmen im Sinne der Empfehlung 2003/361/EG der Kommission handelt". Auf diese nahm insbesondere Art. 55 KI-VO-E Kommission Bezug, welcher Privilegien für Kleinanbieter definierte. Diese Definition wurde im Laufe des Gesetzgebungsverfahren aufgegeben.

2. Die Definition im Einzelnen

a) „eine natürliche oder juristische Person, Behörde, Einrichtung oder sonstige Stelle"

91 Anbieter können natürliche wie juristische Personen sein. Der klarstellende Wortlaut „Behörde, Einrichtung oder sonstige Stelle" verdeutlicht, dass auch der Staat Adressat der Anforderungen der KI-VO sein kann. Vgl. auch ErwG 23: „Diese Verordnung sollte auch für Organe, Einrichtungen und sonstige Stellen der Union gelten, wenn sie als Anbieter […] eines KI-Systems auftreten." Teilweise gelten für **staatliche Akteure Sonderregeln**, wie etwa Art. 100 (Verhängung von Geldbußen gegen Organe, Einrichtungen und sonstige Stellen der Union).

Auf den ersten Blick verlangt der Wortlaut von Art. 3 Nr. 3 – anders als Art. 3 Nr. 4 („es sei denn, das KI-System wird im Rahmen einer persönlichen und nicht beruflichen Tätigkeit verwendet") – keine gewerbliche Tätigkeit und differenziert nicht zwischen Unternehmern oder Verbrauchern. Zudem ist nach dem Wortlaut von Art. 3 Nr. 3 a. E. unerheblich, ob es sich um eine **entgeltliche oder unentgeltliche Tätigkeit** handelt. Allerdings dürfte bei reinen Verbrauchern ein Inverkehrbringen und eine Inbetriebnahme ausscheiden, insb. müsste für ein Inverkehrbringen die Abgabe des KI-Systems „im Rahmen einer Geschäftstätigkeit" erfolgen, vgl. Art. 3 Nr. 9 und 10 KI-VO. **92**

Wo sich der Anbieter selbst befindet, ist für die Anwendung der KI-VO grds. unerheblich. In räumlicher Hinsicht gilt die KI-VO nach Art. 2 Abs. 1 lit. a zunächst für Anbieter, die in der EU KI-Systeme in Verkehr bringen oder in Betrieb nehmen oder KI-Modelle mit allgemeinem Verwendungszweck in Verkehr bringen, unabhängig davon, ob diese Anbieter in der EU oder in einem **Drittland** niedergelassen sind. Zudem gilt die KI-VO für Anbieter von KI-Systemen, die ihren Sitz in einem Drittland haben oder sich in einem Drittland befinden, wenn die vom KI-System hervorgebrachte Ausgabe in der EU verwendet wird, vgl. Art. 2 Abs. 1 lit. c. Anders als insb. bei Art. 3 Nr. 5 und 6 KI-VO muss es sich also nicht um eine in der Union ansässige oder niedergelassene natürliche oder juristische Person handeln. Zum räumlichen Anwendungsbereich eingehend Art. 2 Abs. 1. Soweit Anbieter in Drittländern niedergelassen sind, benennen diese einen Bevollmächtigten, der im Namen des Anbieters die Pflichten nach der KI-VO erfüllt bzw. die Verfahren durchführt (siehe Art. 3 Nr. 5, Art. 22). **93**

b) „entwickelt"

Anbieter nach Art. 3 Nr. 3 kann nur sein, wer das KI-System selbst „entwickelt oder entwickeln lässt". Ziel ist, diejenigen Akteure zu erfassen, die die Entwicklung **kontrollieren** und für sie verantwortlich sind – unabhängig davon, ob sie die technische Entwicklung intern vornehmen oder an Dritte vergeben. Bemerkenswert ist, dass die Voraussetzungen für die Rolle als Quasi-Anbieter deutlich niedrigschwelliger sind; anders als bei Art. 3 Nr. 3 ist eine technische Entwicklung oder Veränderung des KI-Systems nach Art. 25 Abs. 1 nicht zwingend notwendig (eingehend Art. 25 Rn. 14 ff.). **94**

Der Wortlaut „entwickelt" bezieht sich auf Fälle, in denen der Anbieter das KI-System oder KI-Modell eigenständig, d. h. mit eigener Organisation und eigenen Ressourcen, konzipiert, programmiert und trainiert. Hier liegt die unmittelbare Kontrolle über den Entwicklungsprozess und somit auch über die technischen Eigenschaften beim Anbieter. Aus technischer Perspektive betrachtet ist unter **95**

Entwickeln sowohl das Programmieren der Grundsoftware als auch das Trainieren des KI-Systems mit entsprechenden Datensätzen zu verstehen. Grundsätzlich sind alle Verfahren des maschinellen Lernens, also sowohl Supervised Learning (überwachtes Lernen) als auch Unsupervised Learning (unüberwachtes Lernen) und Reinforcement Learning[128] (verstärkendes Lernen) von Entwickeln umfasst.

96 Aus technischer Sicht beinhaltet das Trainieren eines KI-Systems sowohl Elemente, die klar als Entwicklung gelten (wie Konzeption, Modellarchitektur, Implementierung und gezielte Optimierung), als auch operative Routineprozesse (wie standardisierte Datenaufbereitung und Trainingsdurchläufe). Entscheidend im Kontext der KI-VO dürfte sein, inwieweit durch die jeweilige Tätigkeit eine signifikante, **maßgebliche Einflussnahme** auf die technische Gestaltung und Funktionalität des KI-Systems erfolgt. Nur wenn diese Einflussnahme über rein wiederkehrende, standardisierte Abläufe hinausgeht, dürfte der betreffende Schritt wirklich als „Entwickeln“ im Sinne der KI-VO qualifiziert werden. In der Praxis stehen insb. folgende Schritte im Fokus:

- **Konzeption**: Festlegung der Zielsetzung, Anforderungen und Rahmenbedingungen für das KI-System. Dieser Schritt ist als „Entwickeln“ zu werten, soweit hier maßgebliche konzeptionelle Entscheidungen für das spätere KI-System getroffen werden.
- **Datenakquise und Datenaufbereitung**: Sammlung relevanter Daten, Bereinigung und Vorbereitung derselben sowie gegebenenfalls manuelle oder automatisierte Annotation. Ein „Entwickeln“ kommt dann in Betracht, wenn hierbei spezifische Datenstrategien entwickelt werden, die den wesentlichen Charakter des späteren KI-Systems prägen. In der Regel wird bei der Datenakquise und Datenaufbereitung jedoch auf standardisierte, wiederkehrende Routine-Verfahren zurückgegriffen, was allein noch nicht für ein „Entwickeln“ im Sinne von Art. 3 Nr. 3 ausreichen dürfte, sondern lediglich eine unselbstständige Vorbereitungshandlung darstellt.
- **Modellarchitektur und Algorithmusauswahl**: Festlegung der zugrunde liegenden Modellarchitektur und Auswahl bzw. Entwicklung der Lernalgorithmen. Dieser Schritt zählt typischerweise zum Entwicklungsprozess, da er das Design und die Leistungsfähigkeit des Systems maßgeblich bestimmt.
- **Implementierung und Programmierung**: Umsetzung der konzipierten Architektur in Software, inklusive der Integration von Lernalgorithmen und Frameworks. Hier fließt die technische Gestaltung in die tatsächliche Systementwicklung ein, was diesen Schritt in aller Regel als „Entwickeln“ qualifiziert.
- **Training, Validierung und Evaluierung**: Durchführung des eigentlichen Trainingsprozesses, Feinjustierung mittels Hyperparameteroptimierung sowie Evaluierung der Modellperformance. Insb. wenn hier aktive Anpassun-

128 *Buxmann/Schmidt*, Künstliche Intelligenz, S. 10.

gen und Iterationen erfolgen, die zu (signifikanten) Verbesserungen oder Änderungen des Modells führen, ist hier von einem „entwickeln" im Sinne von Art. 3 Nr. 3 auszugehen.

- **Feintuning und Optimierung**: Detaillierte Anpassungen basierend auf Evaluierungsergebnissen, um Leistung und Zuverlässigkeit zu verbessern. Dieser Schritt ist in aller Regel integraler Bestandteil der Entwicklung, da hier gezielt Innovationen und Anpassungen vorgenommen werden, soweit daraus wesentliche Veränderungen für das KI-System folgen. Der Wortlaut von Art. 25 Abs. 1 legt den Umkehrschuss nahe, dass eine bloß unwesentliche Veränderung eines KI-Systems keine Eigenschaft als Anbieter begründet und daher für sich allein noch kein „Entwickeln" im Sinne von Art. 3 Nr. 3 darstellt.
- **Deployment, Integration und Betrieb**: Inbetriebnahme des trainierten KI-Systems, Integration in bestehende Infrastrukturen und kontinuierliches Monitoring. Diese Schritte zielen in erster Linie auf den operativen Betrieb und die Anwenderintegration ab und sind daher regelmäßig kein „Entwickeln" im Sinne von Art. 3 Nr. 3. Etwas anderes kann jedoch gelten, wenn es um die Anpassung des KI-Systems an spezifische Einsatzumgebungen geht.

c) „entwickeln lässt"

Die Formulierung „entwickeln lässt" erweitert den Anwendungsbereich der Vorschrift erheblich, indem sie auch diejenigen Fälle erfasst, in denen der Anbieter die Entwicklung des KI-Systems oder -Modells an Dritte delegiert oder in Auftrag gibt. Durch diese Erweiterung erfasst der Anbieter-Begriff der KI-VO nicht nur IT-Unternehmen, die bekannte KI-Anwendungen genuin entwickeln, sondern auch viele kleinere Unternehmen aller Branchen,[129] die sich bei der Umsetzung der KI-Entwicklung **durch IT-Unternehmen unterstützen lassen**.[130] Maßgeblich dürfte sein, dass der Anbieter trotz Fremdentwicklung Einfluss ausübt, indem er beispielsweise die Anforderungen, Spezifikationen oder Qualitätsstandards bestimmt. Dadurch möchte der Gesetzgeber wohl verhindern, dass Anbieter sich durch Outsourcing der technischen Entwicklung der regulatorischen Verantwortung entziehen. 97

In der Praxis führt die duale Formulierung „entwickelt oder entwickeln lässt" zwangsläufig zu Überschneidungen zwischen den Rollen des Auftraggebers und des Auftragnehmers. Dies erschwert die klare Zuordnung, wer letztlich als Anbieter im Sinne der KI-VO gilt. Insb. in **komplexen IT-Projekten** ist die Trennung zwischen demjenigen, der ein KI-System oder -Modell selbst entwickelt („entwickelt"), und demjenigen, der die Entwicklung an Dritte auslagert („ent- 98

129 *Ashkar/Schröder*, BB 2024, 771, 776.
130 *Chibanguza/Steege*, NJW 2024, 1769, 1770.

wickeln lässt"), oft auf den ersten Blick nicht eindeutig möglich ist. Für eine belastbare Beurteilung dürfte es entscheidend auf die tatsächliche Einflussnahme und Kontrolle im Entwicklungsprozess ankommen. Maßgeblich ist hierbei, wer als entscheidender Steuerungspartner fungiert und welche konkreten Befugnisse und Verantwortlichkeiten vertraglich sowie technisch-operativ vereinbart wurden. Für die genaue Bestimmung der **Entscheidungsmacht** und der Steuerung kommen insb. folgende Fragen in Betracht:

- Welche Partei entscheidet maßgeblich über die umzusetzenden technischen Anforderungen und Standards?
- Welche Partei übernimmt aktiv die Planung, Koordination und Kontrolle des Entwicklungsprozesses?
- Welche personellen oder technischen Ressourcen werden bei der Entwicklung des KI-Systems von den Parteien eingesetzt?
- Inwiefern werden wesentliche Verantwortlichkeiten (z.B. für Qualität, Sicherheit und Einhaltung regulatorischer Vorgaben) oder gar die Pflicht zur Compliance mit der KI-VO explizit einer bestimmten Partei zugewiesen?
- Inwiefern hat der Auftragnehmer freien Handlungs- und Gestaltungsspielraum bei der Entwicklung des KI-Systems?

d) Inverkehrbringen unter eigenem Namen oder eigener Handelsmarke

99 Soweit die vorgenannten Voraussetzungen vorliegen, kann die Eigenschaft als Anbieter nach Art. 3 Nr. 3 dadurch begründet werden, dass der betroffene Akteur das KI-System bzw. KI-Modell mit allgemeinem Verwendungszweck im eigenen Namen oder seiner Handelsmarke in Verkehr bringt.

100 „Inbetriebnahme" ist nach Art. 3 Nr. 11 die **Bereitstellung** eines KI-Systems in der Union zum Erstgebrauch direkt an den Betreiber oder zum Eigengebrauch entsprechend seiner Zweckbestimmung. Darin unterscheidet sich der Anbieter vom Händler gemäß Art. 3 Nr. 7, der ein bereits in der EU in Verkehr gebrachtes KI-System lediglich in der Lieferkette „bereitstellt", d.h. weitergibt. Eingehend zum Inverkehrbringen siehe Art. 3 Nr. 9.

101 Wer ein bereits in Verkehr gebrachtes oder in Betrieb genommenes Hochrisiko-KI-System mit seinem Namen oder seiner Handelsmarke verseht, gilt nach Art. 25 Abs. 1 lit. a als Quasi-Anbieter und unterliegt den Anbieterpflichten für Hochrisiko-KI-Systeme.

e) Inbetriebnahme unter eigenem Namen

102 Die Eigenschaft als Anbieter eines KI-Systems kann außerdem dadurch begründet werden, dass ein KI-System im eigenen Namen in Betrieb genommen wird. Nach Art. 3 Nr. 11 ist die Inbetriebnahme „die Bereitstellung eines KI-Systems in der Union zum Erstgebrauch direkt an den Betreiber oder zum **Eigengebrauch** entsprechend seiner Zweckbestimmung".

Der reine Eigengebrauch, bspw. die lediglich unternehmensinterne Nutzung einer selbst entwickelten Anwendung, kann daher schon die Eigenschaft als Anbieter im Sinne der KI-VO erfüllen. **103**

IV. Betreiber (Nr. 4)

1. Allgemeines

Der in Art. 3 Nr. 4 definierte „Betreiber" ist – neben dem Anbieter – einer der zentralen Begriffe der KI-VO und Adressat zahlreicher Pflichten. Im Kern handelt es sich um den „Verwender" des jeweiligen KI-Systems. Sprachlich unglücklich ist bereits die gesetzliche Bezeichnung dieser Rolle als „Betreiber", weil es für Art. 3 Nr. 4 gar nicht auf den Betrieb ankommt. Vielmehr kann die Inbetriebnahme die Eigenschaft als Anbieter begründen (vgl. Art. 3 Nr. 3 Rn. 102). In der ursprünglichen Fassung des Kommissionsentwurfs wurde diese Rolle noch als „**Nutzer**" bezeichnet – der Wortlaut der Norm selbst ist während des Gesetzgebungsverfahrens nahezu unverändert geblieben. **104**

Nach der Vorstellung des Gesetzgebers war das geltende Recht insoweit lückenhaft, als allgemeine Anforderungen für Betreiber von KI-Systemen vor der KI-VO nicht existierten.[131] Der Gesetzgeber wollte diese Lücke schließen, unter anderem mit der Einführung von horizontalen Betreiberpflichten. Dazu zählen unter anderem: **105**

- Art. 4 KI-Kompetenz,
- Art. 5 Verbotene Praktiken im KI-Bereich (diese Norm stellt zwar nicht explizit auf den „Betreiber", jedoch u. a. auf die Verwendung ab),
- Art. 26 (Pflichten der Betreiber von Hochrisiko-KI-Systemen) und Art. 27 (Grundrechte-Folgenabschätzung für Hochrisiko-KI-Systeme),
- Art. 50 (Transparenzpflichten für Anbieter und Betreiber bestimmter KI-Systeme).

2. Begriffsbedeutung

a) Natürliche oder juristische Person, Behörde, Einrichtung oder sonstige Stelle

Betreiber können natürliche oder juristische Personen sein, sowohl privatwirtschaftliche als auch staatliche. Der Wortlaut hierzu gleicht der Legaldefinition **106**

131 *Borges*, CR 2022, 553, 557.

des Anbieters in Art. 3 Nr. 3. Es kann insofern auf die Ausführungen in Art. 3 Nr. 3 Rn. 91 verwiesen werden.

b) Verwendung eines KI-Systems in eigener Verantwortung

107 Der Begriff des Betreibers bezieht sich auf KI-Systeme (eingehend Art. 3 Nr. 1). Die KI-VO regelt keine Anforderungen für Betreiber von KI-Modellen.

108 Der Betreiber ist von solchen **Endnutzern abzugrenzen**, die lediglich den KI-Output verwenden (ohne eigenverantwortlichen Einfluss auf das KI-System zu nehmen) und für die die KI-VO keine Pflichten vorsieht. Das entscheidende Tatbestandsmerkmal für die Einstufung als Betreiber ist hierfür die Verwendung des KI-Systems „in eigener Verantwortung“ (engl. „under its authority“). Bemerkenswert ist, dass „under its authority“ in Erwägungsgrund 13 hierzu abweichend mit „unter ihrer Befugnis“ übersetzt wurde – es dürfte sich um eine redaktionelle Ungenauigkeit der deutschen Sprachfassung handeln.

109 Entscheidend für die Eigenschaft als Betreiber ist daher das **eigenverantwortliche Einsetzen** eines KI-Systems.[132] In der Praxis muss im Einzelfall beurteilt werden, ob die jeweils zu prüfende Person maßgeblichen Einfluss auf den Ablauf des KI-Systems nimmt. Dies könnte u. a. anhand folgender Merkmale beurteilt werden:

- **Einsatz und Steuerung**: Wird das KI-System maßgeblich durch spezifische, zielgerichtete Prompts gesteuert, zeigt dies in der Regel, dass die Person aktiv in den Ablauf des Systems eingreift. In der Formulierung von Befehlen, die wesentliche Parameter des Outputs beeinflussen, dürfte oft eine eigenverantwortliche Kontrolle und Entscheidungskompetenz über den Einsatz des KI-Systems liegen. Gleiches gilt, wenn die Person selbstständig und eigenverantwortlich entscheidet, in welchen betrieblichen oder strategischen Kontexten das KI-System konkret eingesetzt wird, und diesen Einsatz jederzeit starten und stoppen kann.
- **Meta-Prompts**: Die Festlegung von Meta-Prompts – also übergeordnete Anweisungen, die den Rahmen, Kontext und die Ausführungsweise nachfolgender Prompts definieren – kann im Einzelfall eine strategische Steuerung des KI-Systems begründen. Meta-Prompts können sich je nach Einzelfall ggf. maßgeblich auf die Systemleistung auswirken und dazu führen, dass die jeweilige Person einen wesentlichen Einfluss auf den Ablauf des KI-Systems und den generierten Output hat.
- **Überwachung**: Zumindest denkbar ist, dass eine Betreibereigenschaft auch durch eine kontinuierliche Überwachung begründet wird, etwa durch regelmäßiges Monitoring und gezielte Fehlerbehebung oder wenn bspw. die Person die Bewertung und Steuerung von Risiken übernimmt, Entscheidungen

132 *Woesch/Vogt*, BKR 2024, 689, 692.

zur Implementierung von Sicherheitsmaßnahmen trifft und die Einhaltung regulatorischer Vorgaben gewährleistet.

– **Verantwortung**: Außerdem ist eine organisatorische Begründung der Betreibereigenschaft denkbar, bspw. wenn eine Person bereit ist, für die Richtigkeit bzw. Vollständigkeit des KI-Outputs die Verantwortung zu übernehmen und Dritte aufgrund der Umstände des Einzelfalls (bspw. weil sich die Person den KI-Output zu eigen macht) auf eine solche Verantwortung vertrauen dürfen.

Die technischen Möglichkeiten, eigenverantwortlich KI-Systeme zu verwenden, dürften dazu führen, dass eine Vielzahl von Unternehmen Betreiber im Sinne der KI-VO sind.[133] Ein Indiz für eine eigenverantwortliche Verwendung kann der **On-Premise-Betrieb** eines KI-Systems in eigener IT-Infrastruktur sein. Gleiches gilt, wenn das KI-System auf Basis eines AV-Vereinbarung nach Art. 28 DSGVO eingesetzt wird. Hierbei bestimmt der Verantwortliche durch sein Weisungsrecht regelmäßig, wie das KI-System einzusetzen ist – von der Konfiguration über die Auswahl der Daten bis hin zur Definition der konkreten Einsatzszenarien. Obwohl die technische Umsetzung durch den **Auftragsverarbeiter** (bspw. einen Cloud-Anbieter) erfolgt, basiert diese insofern auf den Vorgaben des Verantwortlichen (welcher daher ggf. als Betreiber anzusehen ist). 110

c) Keine persönliche oder nicht berufliche Tätigkeit

Eine lediglich persönliche oder **nicht berufliche** Verwendung des KI-Systems kann die Eigenschaft als Betreiber nicht begründen. Dies ergibt sich aus Art. 3 Nr. 4 a. E. 111

133 *Bomhard/Siglmüller*, RDi 2024, 45, 46.

V. Bevollmächtigter (Nr. 5)

1. Einordnung der Bestimmung

112 Der Bevollmächtigte wird in Art. 3 Nr. 5 legaldefiniert (siehe auch Art. 22 Rn. 4). Darunter versteht man eine in der Union befindliche oder niedergelassene natürliche oder juristische Person, die vom Anbieter eines KI-Systems (Art. 2 Abs. 1 lit. a; Art. 3 Nr. 1, siehe oben Rn. 2 ff.) oder eines KI-Modells mit allgemeinem Verwendungszweck (Art. 2 Abs. 1 lit. a; Art. 3 Nr. 63, siehe unten Rn. 458 ff.) schriftlich dazu bevollmächtigt wurde und sich damit einverstanden erklärt hat, im Namen des Anbieters die in dieser Verordnung festgelegten Pflichten zu erfüllen bzw. Verfahren durchzuführen. Der Bevollmächtigte ist (Wirtschafts-)Akteur nach Art. 3 Nr. 8 (siehe unten Rn. 132 ff.).

113 Die Legaldefinition lehnt sich an Art. 2 Nr. 4 VO (EG) Nr. 765/2008 sowie Art. R1 Nr. 4 des Anhangs I des Beschlusses Nr. 768/2008 an, wobei die Definition im Unterschied zu den Regelungen aus dem New Legislative Framework (NLF) neben der Bevollmächtigung durch den Anbieter zusätzlich das Einverständnis des Bevollmächtigten bezüglich der Pflichten- und Verfahrensübernahme einfordert. Dem Gesetzgeber kommt es offenkundig auch auf diese Willensbekundung durch den Bevollmächtigten an.

2. Anbieter und Rechtsstatus des Bevollmächtigten

114 Unabhängig davon, ob ein Anbieter eines „KI-Systems“ (Art. 3 Nr. 1) oder eines „KI-Modells mit allgemeinem Verwendungszweck“ (Art. 3 Nr. 63) in der Union oder einem Drittland niedergelassen ist (Art. 2 Abs. 1 lit. a), kann er einen Bevollmächtigten bestimmen. Art. 3 Nr. 5 schränkt den Anbieterbegriff – anders als Art. 22 Abs. 1 (vgl. Art. 22 Rn. 4 ff.) – nicht ein und bewegt sich insoweit in den Vorgaben des NLF.[134]

115 Bevollmächtigter kann jede **in der Europäischen Union befindliche oder niedergelassene natürliche oder juristische Person** sein, wobei nach einem funktionellen Begriffsverständnis auch **teilrechtsfähige Personengesellschaften** (z. B. oHG, KG oder GbR) dazu zählen müssen.[135]

116 Der Begriff „befindliche“ ist weiter als der in den NLF-Regelungen bislang übliche Begriff „ansässig“. Allerdings ist nicht davon auszugehen, dass der Europäische Gesetzgeber im Rahmen der KI-Verordnung „fliegende Bevollmächtigte aus Drittstaaten“ im Sinn hatte, die nur situativ als Repräsentant in die Union

---

134 Bekanntmachung der Kommission, Leitfaden für die Umsetzung der Produktvorschriften der EU 2022 („Blue Guide“), 29.6.2022, ABl. 2022 C 247/1, S. 38.

135 Ähnlich die Annahmen im Produktsicherheitsrecht: *Schucht*, in: Klindt, ProdSG, § 2 Rn. 65.

kommen. Das wäre widersprüchlich. Dem Gesetzgeber ging es doch gerade darum, einen dauerhaften Ansprechpartner in der Union zu etablieren. Insofern kann mit „befindlich" nur ansässig im Sinne eines **tatsächlichen Wohn- oder Geschäftssitzes innerhalb der Europäischen Union** gemeint sein. Die Frage, wo ein Bevollmächtigter seinen Wohn- oder Geschäftssitz innerhalb der Europäischen Union hat, beurteilt sich sodann nach dem **Recht des Herkunftslandes.**[136]

Für die Bestimmung des Begriffs „niedergelassen" ist auf die Legaldefinition in § 4 Abs. 3 GewO zu verweisen. Von einer Niederlassung ist auszugehen, wenn eine **selbstständige gewerbsmäßige Tätigkeit auf unbestimmte Zeit** und **mittels einer festen Einrichtung** von dieser aus auch **tatsächlich ausgeübt** wird. Ferner muss – und auch das spricht für einen festen Wohn-/Geschäftssitz innerhalb der Union – jedenfalls für die Marktüberwachung eine **Zustellungsmöglichkeit existieren**. **117**

Der Rechtsstatus eines „Bevollmächtigten" entsteht, indem **der Anbieter** eine natürliche oder juristische Person **schriftlich** zur Übernahme der in der Verordnung festgelegten Verpflichtungen und Verfahren **bevollmächtigt** (§§ 164, 166 Abs. 2, 167, 126 BGB; einseitiges empfangs-, aber nicht annahmebedürftiges Rechtsgeschäft, ggf. anfechtbar § 123 BGB oder nichtig §§ 125, 138, 142 BGB) **und diese Person ihr Einverständnis erklärt** (§§ 133, 145 BGB; empfangsbedürftige Willenserklärung). Selbst wenn nach der Legaldefinition nur die Bevollmächtigung unter dem Schriftlichkeitspostulat (§ 126 BGB) steht, sollte aus Gründen der Rechtssicherheit und der Beweisbarkeit der Pflichtenübernahme auch das Einverständnis des Bevollmächtigten schriftlich erfolgen. Die Schriftlichkeit bestimmt sich dabei nach § 126 BGB, selbst wenn die Vorschrift im Lichte des Art. 2 Nr. 4 VO (EG) Nr. 765/2008 auszulegen ist.[137] **118**

Da ein niedergelassener Bevollmächtigter regelmäßig gegen Entgelt für einen Anbieter agieren wird und zudem eine Betonung im Gesetzeswortlaut auf der Willenserklärung des Bevollmächtigten liegt („Einverständnis"), ist zivilrechtlich nicht von einem Auftrag (§ 662 ff. BGB), sondern einem **Geschäftsbesorgungsvertrag (§§ 675 ff. BGB)** zwischen Anbieter und Bevollmächtigtem auszugehen. Die Bevollmächtigung stellt dabei **das Mandat** dar, in dessen Rahmen der Bevollmächtigte zur Aufgabenwahrnehmung befugt, aber auch in fremden Namen verpflichtet ist. **119**

Der Bevollmächtigte ist nach Art. 3 Nr. 8 **Akteur der KI-VO**. **120**

---

136 Zur Rspr. des EuGH insoweit *Martin-Ehlers*, in: Sandrock/Wetzler, Deutsches Gesellschaftsrecht im Wettbewerb der Rechtsordnungen, S. 1 ff.

137 *Wilrich*, Das neue Produktsicherheitsgesetz, Rn. 199; *Schucht*, in: Klindt, ProdSG, § 2 Rn. 63.

3. Aufgaben des Bevollmächtigten

121 Die Aufgaben des Bevollmächtigten leiten sich aus den Anforderungen ab, die die KI-VO für den Anbieter bereithält; der Bevollmächtigte tritt ohne eine weitere Beschränkung seines Mandats vollumfänglich an die Stelle des Anbieters. Dabei erstreckt sich sein Aufgabenbereich im weitesten Sinne auf die Wahrnehmung aller in der KI-VO selbst festgelegten Anbieter-Pflichten (vgl. Art. 16 ff.; Art. 50; Art. 51 ff.) wie auch auf alle darüber hinaus bestehenden und in die KI-VO ausdrücklich einbezogenen Pflichten, etwa aus den Harmonisierungsrechtsvorschriften nach Anhang I der KI-VO, der DSGVO, dem Urheberrecht oder dem Data-Act. Da der Bevollmächtigte sein Einverständnis zum Umfang des Aufgabenbereichs erklären muss, kann sein Verantwortungsbereich in Übereinkunft mit dem Anbieter auch enger ausgestaltet sein.

VI. Einführer (Nr. 6)

Ein „Einführer" ist gemäß Art. 3 Nr. 6 „eine in der Union ansässige oder niedergelassene natürliche oder juristische Person, die ein KI-System, das den Namen oder die Handelsmarke einer in einem Drittland niedergelassenen natürlichen oder juristischen Person trägt, in der Union in Verkehr bringt". **122**

Der Einführer zeichnet sich daher dadurch aus, dass diese (natürliche oder juristische) Person **123**

- in der EU ansässig oder niedergelassen ist und
- ein KI-System auf dem Unionsmarkt in Verkehr bringt, das den Namen oder die Handelsmarke einer Person trägt, die in einem Drittland niedergelassen ist.

Eine (natürliche oder juristische) Person außerhalb der EU kann somit kein Einführer sein. **124**

Der Einführer zeichnet sich weiter dadurch aus, dass er das KI-System in Verkehr bringt, also erstmalig auf dem Unionsmarkt bereitstellt (vgl. Art. 3 Nr. 9 Rn. 137 ff. zum Begriff des Inverkehrbringens). Wenn das System zuvor bereits in der EU bereitgestellt wurde, kann die Person, die es in der Folge auf dem Unionsmarkt abgibt, nicht mehr als Einführer gelten. **125**

Wichtig ist zudem, dass die Definition des Einführers nicht an einen eigentlichen (physischen) Import in die Union anknüpft oder daran, wo das KI-System entwickelt wurde. Maßgeblich ist vielmehr allein, ob das KI-System den Namen oder die Handelsmarke einer natürlichen oder juristischen Person trägt, die in einem Drittland niedergelassen ist. **126**

VII. Händler (Nr. 7)

Ein „Händler" ist laut Art. 3 Nr. 7 „eine natürliche oder juristische Person in der Lieferkette, die ein KI-System auf dem Unionsmarkt bereitstellt, mit Ausnahme des Anbieters oder des Einführers". **127**

Der Händler zeichnet sich daher dadurch aus, dass diese (natürliche oder juristische) Person **128**

- Teil der Lieferkette ist und
- ein KI-System auf dem Unionsmarkt bereitstellt, ohne Anbieter oder Einführer zu sein.

Damit entspricht die Definition im Wesentlichen den üblichen europäischen Produktsicherheitsvorschriften. **129**

130 Der Begriff der Lieferkette wird in der Verordnung nicht definiert. Mit dem Verweis darauf, dass der Händler Teil der Lieferkette ist, wird aber letztlich nur eine Abgrenzung von Anbieter beziehungsweise Einführer auf der einen Seite und zum Betreiber oder Nutzer des Systems auf der anderen Seite gezogen. Eine weitergehende Eingrenzung ist damit nicht verbunden.[138]

131 Der Händler stellt das KI-System auf dem Unionsmarkt bereit, gibt es also im Rahmen einer Geschäftstätigkeit zum Vertrieb oder zur Verwendung an andere ab (vgl. Art. 3 Nr. 10 Rn. 148 ff. zum Begriff des Bereitstellens). Klargestellt wird zudem, dass Anbieter und Einführer, die ein KI-System erstmalig in Verkehr bringen, keine Händler sind, selbst wenn sie auch als Händler auftreten.[139] Händler stellen also nur solche Systeme bereit, die zuvor bereits von anderen Personen auf dem Unionsmarkt bereitgestellt wurden. Während nur eine Person das KI-System in Verkehr bringen kann, können mehrere Personen als Händler agieren.[140]

---

138 Vgl. Auslegung auch im Rahmen von sonstigen produktregulatorischen Vorgaben, vgl. z. B. *Schucht*, in: Ehring/Taeger, NK-ProdR, Art. 3 MÜ-VO Rn. 34; so auch *Schucht*, Die neue EU-Marktüberwachungsverordnung, S. 95.

139 Siehe ErwG 83.

140 *Schucht*, Die neue EU-Marktüberwachungsverordnung, S. 95.

VIII. Akteur (Nr. 8)

Die Begriffsdefinition wurde erst in der letzten Phase des Gesetzgebungsverfahrens in die KI-VO aufgenommen, um einen Oberbegriff für die verschiedenen Adressaten der einzelnen Handlungspflichten zu schaffen. Die einzelnen Akteure werden ebenfalls in Art. 3 definiert, „Anbieter" in Art. 3 Nr. 3, „Betreiber" in Art. 3 Nr. 4, „Bevollmächtigter" in Art. 3 Nr. 5, „Einführer" in Art. 3 Nr. 6 und „Händler" in Art. 3 Nr. 7. Die selbsterklärende Definition vereinfacht die Lesbarkeit des Gesetzestextes, wenn alle genannten Wirtschaftsakteure kumulativ oder alternativ erfasst werden, so zum Beispiel in Art. 24 Abs. 4 Satz 1, Art. 30 Abs. 3, Art. 46 Abs. 5 oder Art. 63. **132**

Lediglich „Produkthersteller" oder „Hersteller" wird in der KI-VO nicht definiert. Art. 2 Abs. 1 lit. e bestimmt allerdings, dass Produkthersteller vom Anwendungsbereich der KI-VO erfasst sind, die KI-Systeme zusammen mit ihrem Produkt unter ihrem eigenen Namen oder ihrer Handelsmarke in Verkehr bringen oder in Betrieb nehmen. Zur Auslegung ist wegen der eindeutigen Bezugnahme auf das Produktrecht die Definition in Art. 3 Nr. 8 Produktsicherheits-VO heranzuziehen. Danach ist Hersteller „jede natürliche oder juristische Person, die ein Produkt herstellt oder entwerfen oder herstellen lässt und dieses Produkt in ihrem eigenen Namen oder unter ihrer eigenen Handelsmarke vermarktet". Entscheidend ist regelmäßig das Anbringen des eigenen Namens an dem Produkt, das an die Adressaten eine Übernahme der Verantwortung für die Konformität des Produkts signalisiert und daher sowohl im öffentlichen Produktrecht als auch im Produkthaftungsrecht die Stellung als Quasi-Hersteller begründet.[141] **133**

IX. Inverkehrbringen (Nr. 9)

1. Allgemeines und Zweck der Vorschrift

Art. 3 Nr. 9 definiert das Inverkehrbringen als erstmaliges Bereitstellen eines KI-Systems oder eines GPAI Models auf dem Unionsmarkt. Der Begriff ist dem NLF des europäischen Produkt- und Marktüberwachungsrechts entnommen.[142] Systematisch ist das Inverkehrbringen ein wesentlicher Zeitpunkt, da ein konkretes Produkt die gesetzlichen Anforderungen im Zeitpunkt seines individuellen Inverkehrbringens erfüllen muss; es kommt nicht auf den Zeitpunkt der Markteinführung einer neuen Produktserie oder eines neuen Produktmodells **134**

141 Vertiefend hierzu *Wilrich*, in: Schucht/Wiebe, EU-Produktsicherheitsverordnung, Art. 3 Rn. 148; *Wende*, in: Kapoor, ProdHaftG, § 4 Rn. 21; *Wagner*, in: MüKo-BGB, § 823 Rn. 1051.

142 Vgl. z.B. Art. 3 Nr. 7 Produktsicherheits-VO, Art. 2 Nr. 28 MP-VO, Art. 3 Nr. 2 MÜ-VO.

an.[143] Das Inverkehrbringen bedeutet eine zeitliche und rechtliche **Zäsur** für die Produktverantwortung des Herstellers, die auch im Produkthaftungsrecht gespiegelt wird.[144] Es dient darüber hinaus als zeitlicher Bezugspunkt für die Verantwortung des Herstellers, zum einen mit Blick auf den Stand der anzuwendenden rechtlichen Vorschriften, zum anderen mit Blick auf seine tatsächliche Möglichkeit, das Produkt und sein Verhalten zu beeinflussen.[145] Dieser häufig als „**Werkstorprinzip**" bezeichnete Grundsatz hat sich aus der Logik der Wertschöpfungsketten in der industriellen Fertigung analoger Produkte entwickelt. Das Werkstorprinzip verliert in der Product Compliance zunehmend an Relevanz, da die fortschreitende Digitalisierung und Vernetzung es Herstellern ermöglicht, auch nach dem Inverkehrbringen Kontrolle über ihre Produkte auszuüben. Dieser Effekt wird durch den Einsatz von KI weiter verstärkt, die technologieimmanent darauf ausgelegt ist, sich weiterzuentwickeln und zu verändern. Übergreifend ist für die Auslegung des Begriffs von Bedeutung, dass die KI-VO nicht nur das Anbieten und den Einsatz von Produkten (einschließlich Software), sondern auch das Anbieten von Diensten umfasst.[146] Der Begriff des Inverkehrbringens, der auf eine Abgabe abstellt, scheint hier von vornherein nicht so recht zu passen. Insgesamt hat der Begriff des Inverkehrbringens in der KI-VO materiellrechtlich eine weniger einschneidende Bedeutung, als es die Formulierung in Art. 1 Abs. 2 lit. a vermuten lässt. Die KI-VO adressiert mit einer Reihe von Vorschriften auch den Zeitraum nach dem Inverkehrbringen. Es soll gerade die Konformität von KI-Systemen über ihren gesamten **Lebenszyklus** sichergestellt werden. Von Bedeutung ist der Begriff insbesondere für die Frage, zu welchem Zeitpunkt das Konformitätsbewertungsverfahren abgeschlossen sein muss, für die Bestimmung der dabei anzuwendenden Fassung insbesondere technischer Normen (hierzu ausführlich siehe Art. 43 Rn. 27 ff.), für den Beginn von Aufbewahrungsfristen (siehe Art. 18 Rn. 5) und für den Bestandsschutz gem. Art. 111 (siehe Art. 111 Rn. 13).

a) Entstehungsgeschichte

135 Mit der Entscheidung, für die Regulierung von KI dem NLF zu folgen, fand die Definition des Inverkehrbringens schon im ersten Entwurf der Kommission Eingang in die KI-VO und ist über den gesamten Gesetzgebungsprozess unverändert geblieben.

143 Bekanntmachung der Kommission, Leitfaden für die Umsetzung der Produktvorschriften der EU 2022 („Blue Guide"), 29.6.2022, ABl. 2022 C 247/1, Ziffer 2.3.

144 *Wagner*, in: MüKo-BGB, § 823 Rn. 1081; *Kapoor*, in: Kapoor, ProdHaftG, § 1 Rn. 43.

145 Bekanntmachung der Kommission, Leitfaden für die Umsetzung der Produktvorschriften der EU 2022 („Blue Guide"), 29.6.2022, ABl. 2022 C 247/1, Ziffer 2.3.

146 KI-VO-E Kommission, Begründung Ziffer 2.1.

b) Verhältnis zu anderen Vorschriften

Die Definition steht in engem Zusammenhang mit Art. 3 Nr. 10, der „Bereitstellung auf dem Markt“ (siehe Rn. 148ff.). Das Inverkehrbringen markiert den Zeitpunkt **der ersten Bereitstellung auf dem Markt**. Darüber hinaus ist auch die Wechselwirkung zwischen Art. 3 Nr. 9 und Art. 3 Nr. 23 („wesentliche Veränderung“ siehe Rn. 239ff.) zu berücksichtigen. Das Pendant zum Inverkehrbringen in Fällen, in denen ein KI-System zur Eigennutzung entwickelt wird, ist die „Inbetriebnahme“ gem. Art. 3 Nr. 11. **136**

2. Begriff des Inverkehrbringens

Das Inverkehrbringen beschreibt das erstmalige Bereitstellen eines KI-Systems oder eines GPAI Models auf dem Unionsmarkt. Das Bereitstellen ist in Art. 3 Nr. 10 definiert als „jede entgeltliche oder unentgeltliche **Abgabe** eines KI-Systems oder eines KI-Modells mit allgemeinem Verwendungszweck zum Vertrieb oder zur Verwendung auf dem Unionsmarkt im Rahmen einer Geschäftstätigkeit“. Damit wird zum einen klargestellt, dass eine Weitergabe eines KI-Systems im privaten Bereich nicht von der KI-VO erfasst wird. Zum anderen kommt es für das Inverkehrbringen nicht darauf an, ob der Empfänger des KI-Systems dieses **weitervertreibt** oder selbst **verwendet** (siehe Rn. 145ff.). **137**

Interessante Auslegungsfragen stellen sich im Hinblick auf Konstellationen, in denen ein **GPAI Model** in ein KI-System **integriert** wird, in Bezug auf das Inverkehrbringen der einzelnen Komponenten.[147] Hier wird das Inverkehrbringen als Voraussetzung für die Bestimmung des Anbieters relevant. Der Wortlaut des Art. 3 Nr. 3 lässt eine Auslegung zu, nach der jedes Inverkehrbringen eines KI-Systems mit integriertem GPAI Model zugleich ein Inverkehrbringen dieses GPAI Models darstellt. Unter sorgfältiger Analyse von Sinn und Zweck der KI-VO, insbesondere der Pflichten für Anbieter eines GPAI Models, legen *Ringlage/Weschky* nachvollziehbar dar, dass eine solch weite Auslegung nicht überzeugend ist. Vielmehr sollte darauf abgestellt werden, ob der integrierende Anbieter des KI-Systems das GPAI Model in einer den Voraussetzungen des Art. 25 Abs. 1 vergleichbaren Weise modifiziert und er dadurch zum Anbieter auch des GPAI Models gem. Art. 3 Nr. 3 wird. **138**

a) Erstmalige Bereitstellung

Der Wortlaut des Art. 3 Nr. 9 verlangt durch den Verweis auf Art. 3 Nr. 10 für das Inverkehrbringen die „Abgabe“ des KI-Systems oder GPAI Models. Die Formulierung wurde aus den NLF-Vorschriften entnommen, die ursprünglich auf die industrielle Produktion analoger Produkte zugeschnitten waren und daher **139**

147 Eingehend *Ringlage/Weschky*, ZfDR 2024, 417, 420ff.

von einer Auslieferung und **physischen Übergabe** der Produkte ausgehen. In klassischen Vertriebsketten stellt in diesem Kontext die Übergabe des Produkts vom Hersteller an den Händler regelmäßig das Inverkehrbringen dar.[148] Diese Logik passt nicht zu den üblichen Vertriebswegen für KI-Systeme und GPAI Models. Für **GPAI Models** hat der EU-Gesetzgeber ausweislich der Erläuterungen in ErwG 97 verschiedene Möglichkeiten des Inverkehrbringens zugrunde gelegt. Ausdrücklich genannt werden neben der physischen Kopie die Zurverfügungstellung über **Bibliotheken**, **Anwendungsprogrammierschnittstellen** (API), zum direkten **Herunterladen**. Ein KI-System kann darüber hinaus auch als **Software-as-a-Service** zur Verfügung gestellt werden (z.B. bei Nutzung eines Chatbots).

140 Für die Bestimmung der Voraussetzungen und des Zeitpunkts des Inverkehrbringens kann in einem ersten Schritt auf die NLF-Auslegungspraxis der Europäischen Kommission zurückgegriffen werden. Danach kann ein Produkt bereits durch ein **Online-Angebot** an Nutzer in der EU in Verkehr gebracht werden,[149] also deutlich vor oder auch ganz **ohne physische Übergabe**. Aus den von der Europäischen Kommission aufgestellten Abgrenzungskriterien geht hervor, dass hierfür zwei Aspekte maßgeblich sind. Zum einen muss das Produkt im Zeitpunkt des Online-Angebots bereits hergestellt sein. Nicht erfasst sind Angebote, die zum Abschluss eines Werkvertrages über die Herstellung eines Produkts führen. Zum anderen kommt es auf die Vertriebskette an. Ein Produkt kann bereits vor dem Online-Angebot in Verkehr gebracht worden sein, insbesondere, wenn es bereits zuvor von einem Hersteller an einen Händler abgegeben wurde. Übertragen auf KI-Systeme und GPAI Models führt dies zur Voraussetzung der **Verwendungs-/Einsatzbereitschaft** im Zeitpunkt des Online-Angebots, die dem Abschluss des Fertigungsprozesses bei analogen Produkten vergleichbar ist. Falls ein KI-System bereits von der ausschließlichen **Kontroll- und Zugriffsmöglichkeit** in diejenige des Betreibers übergegangen ist, wurde es in diesem Moment in Verkehr gebracht. Das Angebot des Betreibers an Dritte spielt damit für das Inverkehrbringen keine Rolle mehr. Es handelt sich lediglich um eine Bereitstellung auf dem Markt gem. Art. 3 Nr. 10.

141 Eine Reihe von Überlassungsvorgängen von einem Wirtschaftsakteur an einen anderen erreichen nicht die Schwelle des Inverkehrbringens, da sie noch der **Entwicklung** dienen und noch keine Abgabe „zum Vertrieb oder zur Verwendung" im Sinne des Art. 3 Nr. 10 darstellen. Um Forschung, Entwicklung und dafür notwendige Tests mit KI-Systemen und GPAI Models zu fördern, sollen die Anforderungen der KI-VO nicht vor dem Inverkehrbringen (oder der Inbe-

148 Bekanntmachung der Kommission, Leitfaden für die Umsetzung der Produktvorschriften der EU 2022 („Blue Guide"), 29.6.2022, ABl. 2022 C 247/1, Ziff. 2.3.

149 Bekanntmachung der Kommission, Leitfaden für die Umsetzung der Produktvorschriften der EU 2022 („Blue Guide"), 29.6.2022, ABl. 2022 C 247/1, Ziffer 2.4.

triebnahme) gelten.[150] Bei entsprechender Anwendung der Grundsätze des NLF stellt auch das **kontrollierte Vorführen** auf Fachmessen, Ausstellungen und ähnlichen Demonstrationsveranstaltungen kein Inverkehrbringen dar.[151] Das bedeutet allerdings nicht, dass jede forschungsbezogene Anwendung eines KI-Systems oder eines GPAI Models die Annahme des Inverkehrbringens ausschließt. Abzugrenzen ist danach, ob das KI-System oder GPAI Model innerhalb der Forschungstätigkeit von einem Akteur an einen anderen überlassen wird, dabei aber im besonders geschützten und vom späteren Anbieter eng überwachten Raum der Entwicklung verbleibt. Dies ist in der Regel der Fall, wenn **Prototypen** zu Erprobungs- und Validierungszwecken überlassen werden.[152] Die Grenze des Inverkehrbringens ist regelmäßig überschritten, wenn das KI-System oder GPAI Model an einen Dritten zur **selbständigen Weiterverwendung** abgegeben wird. Zu berücksichtigen sind in diesem Zusammenhang auch die besonderen Vorschriften über **KI-Reallabore** in Art. 57 ff., die gerade eine engere regulatorische Aufsicht möglicher Grauzonen ermöglichen sollen.[153]

Auch andere vorbereitende Tätigkeiten stellen kein Inverkehrbringen dar, z. B. das Überlassen eines KI-Systems vom Anbieter mit Sitz außerhalb der Europäischen Union an seinen Bevollmächtigten, der damit beauftragt ist, sicherzustellen, dass das KI-System die harmonisierten Anforderungen der Union erfüllt.[154] **142**

Schließlich sind Konstellationen denkbar, in denen ein KI-System **ohne Zutun des Anbieters** (der dann rechtstechnisch kein Anbieter im Sinne des Art. 3 Nr. 3 ist) auf den Unionsmarkt gelangt. Die Europäische Kommission nennt im Blue Guide als Beispiel den Erwerb in einem Drittland und die anschließende Einfuhr eines Produkts für den persönlichen Gebrauch durch einen Verbraucher.[155] Jedenfalls im Hinblick auf KI-Systeme, die in ein Produkt integriert sind, scheinen solche Konstellationen auch im Anwendungsbereich der KI-VO möglich. **143**

b) Auf dem Unionsmarkt

Ein KI-System oder GPAI Model wird auf dem Unionsmarkt bereitgestellt, wenn die Abgabe zur Verwendung oder zum Weitervertrieb **innerhalb der EU** erfolgt. Daher führt die reine Durchleitung oder auch eine Bearbeitung oder das **144**

150 ErwG 25.

151 Bekanntmachung der Kommission, Leitfaden für die Umsetzung der Produktvorschriften der EU 2022 („Blue Guide"), 29.6.2022, ABl. 2022 C 247/1, Ziffer 2.3.

152 Bekanntmachung der Kommission, Leitfaden für die Umsetzung der Produktvorschriften der EU 2022 („Blue Guide"), 29.6.2022, ABl. 2022 C 247/1, Ziffer 2.3 aE.

153 ErwG 138.

154 Bekanntmachung der Kommission, Leitfaden für die Umsetzung der Produktvorschriften der EU 2022 („Blue Guide"), 29.6.2022, ABl. 2022 C 247/1, Ziffer 2.3.

155 Bekanntmachung der Kommission, Leitfaden für die Umsetzung der Produktvorschriften der EU 2022 („Blue Guide"), 29.6.2022, ABl. 2022 C 247/1, Ziffer 2.3.

Pre-Training eines KI-Systems innerhalb der EU nicht zum Inverkehrbringen, wenn das System später ausschließlich außerhalb der EU zur Verwendung oder zum Weitervertrieb überlassen werden soll.[156] Auch ein innerhalb der EU entwickeltes KI-System oder GPAI Model, das ausschließlich zur Verwendung außerhalb der EU angeboten wird, wird nicht in Verkehr gebracht. Ein Angebot gilt danach als an einen Endnutzer in der Union gerichtet, wenn die Tätigkeiten des anbietenden Akteurs in irgendeiner Weise auf einen Mitgliedstaat der Europäischen Union ausgerichtet sind. Bei der Einzelfallabwägung sind verschiedene Faktoren zu berücksichtigen, etwa die geografischen Gebiete, in denen das Angebot abgerufen werden kann, die Sprachen, die für das Angebot oder die Bestellungen benutzt werden, oder auch Bezahlungsmöglichkeiten.[157] Im Falle der direkten Überlassung eines Produkts von einem außerhalb der EU ansässigen Akteur an einen Nutzer in der EU sieht die Europäische Kommission den Zeitpunkt des Inverkehrbringens (anknüpfend an die Bereitstellung) in dem Moment, in dem der Nutzer das Produkt bestellt.[158]

c) Bedeutung des Inverkehrbringens

145 Gem. Art. 16 lit. f muss im Zeitpunkt des Inverkehrbringens (oder der Inbetriebnahme als parallele **zeitliche Zäsur** im Zusammenhang mit der Entwicklung von KI-Systemen für den Eigengebrauch, siehe Rn. 158) das Konformitätsbewertungsverfahren abgeschlossen und die CE-Kennzeichnung angebracht sein. Nach der Konzeption der KI-VO bleibt der Anbieter aber auch nach dem Inverkehrbringen in großem Umfang für sein Hochrisiko-KI-System oder sein GPAI Model verantwortlich. Das Prinzip der **erweiterten Herstellerverantwortung** ist insbesondere in Art. 43 Abs. 4 und Art. 72 verankert.

146 Wird das KI-System nach dem Inverkehrbringen verändert, kann die Frage aufkommen, ob durch die Änderung ein „neues" KI-System geschaffen und in Verkehr gebracht wird, sodass erneut ein Konformitätsbewertungsverfahren durchgeführt werden muss. Diese insbesondere aus dem Maschinensicherheitsrecht[159] bekannte Problematik wird durch die Systematik der KI-VO entschärft. Art. 43 Abs. 4 beschreibt im Detail, in welchen Fällen erneut ein Konformitätsbewertungsverfahren durchgeführt werden muss, ohne an das Inverkehrbringen anzu-

---

156 Bekanntmachung der Kommission, Leitfaden für die Umsetzung der Produktvorschriften der EU 2022 („Blue Guide"), 29.6.2022, ABl. 2022 C 247/1, Ziffer 2.2, die insoweit von „Veredelung von Produkten" spricht.

157 Bekanntmachung der Kommission, Leitfaden für die Umsetzung der Produktvorschriften der EU 2022 („Blue Guide"), 29.6.2022, ABl. 2022 C 247/1, Ziffer 2.4.

158 Bekanntmachung der Kommission, Leitfaden für die Umsetzung der Produktvorschriften der EU 2022 („Blue Guide"), 29.6.2022, ABl. 2022 C 247/1, Ziffer 2.4 a. E.

159 Europäische Kommission, Leitfaden für die Anwendung der Maschinenrichtlinie 2006/42/EG, Auflage 2.3, April 2024, § 39.

knüpfen (siehe Art. 43 Rn. 40). In diesem Zusammenhang ist vielmehr die Frage von Bedeutung, ob es sich um eine „wesentliche Veränderung" (siehe Rn. 239 ff.) handelt.

Unglücklich ist das Verschwimmen der an sich eindeutig definierten Begriffe. **147** Zum Beispiel in ErwG 119 wird darauf abgestellt, dass ein KI-Modell mit allgemeinem Verwendungszweck vor seinem *ersten Inverkehrbringen* bewertet werden sollte. Es gibt allerdings kein zweites, drittes oder viertes Inverkehrbringen. Diese nachgelagerten Handlungen innerhalb der Vertriebskette stellen lediglich ein Bereitstellen im Sinne des Art. 3 Nr. 10 dar.

X. Bereitstellung auf dem Markt (Nr. 10)

1. Abgabe

Das deutsche Wort „Abgabe" impliziert eine **physische Übergabe**. Die Termi- **148** nologie in der englischen („supply") und französischen („fourniture") Sprachfassung, die sich in etwa mit „Lieferung" oder „Versorgung" ins Deutsche übersetzen lässt, deutet bereits auf ein weiteres Begriffsverständnis hin. In diesem Sinne äußert sich auch die Europäische Kommission, indem sie als Voraussetzung für die Bereitstellung ein Angebot oder eine (schriftliche oder mündliche) Vereinbarung zwischen zwei oder mehr juristischen oder natürlichen Personen in Bezug auf die Übertragung des Eigentums, des Besitzes oder **sonstiger Rechte** hinsichtlich des betreffenden Produkts genügen lässt. Hierfür ist keine physische Übergabe erforderlich.[160] Ein sonstiges Recht, z. B. eine Lizenz, an Software kann auch durch die Zurverfügungstellung eines **Links zum Herunterladen** übertragen werden.[161] Der Begriff der Abgabe wird von der Europäischen Kommission im Rahmen der produktrechtlichen Harmonisierungsvorschriften beim Online-Vertrieb allerdings noch weiter verstanden. Eine Abgabe ist danach bereits jegliches **Angebot** zum Vertrieb, Verbrauch oder zur Verwendung auf dem Unionsmarkt, das zu einer tatsächlichen Bereitstellung von bereits hergestellten Produkten führen kann. Als Beispiele werden Werbekampagnen oder eine Aufforderung zum Kauf genannt.[162] Damit soll den Marktüberwachungsbehörden ermöglicht werden, bereits die Darbietung von Produkten in Online-Shops auf ihre Konformität mit den einschlägigen harmonisierten Rechtsakten zu überprüfen, insbesondere wenn der Hersteller seinen Sitz außerhalb der EU

160 Bekanntmachung der Kommission, Leitfaden für die Umsetzung der Produktvorschriften der EU 2022 („Blue Guide"), 29.6.2022, ABl. 2022 C 247/1, Ziffer 2.2.

161 So für die Auslegung des wortgleichen Art. 2 Nr. 28 MP-VO: *Rehmann*, in: Rehmann/Wagner, MP-VO, Art. 2 Rn. 43.

162 Bekanntmachung der Kommission, Leitfaden für die Umsetzung der Produktvorschriften der EU 2022 („Blue Guide"), 29.6.2022, ABl. 2022 C 247/1, Ziffer 2.2.

hat. Diese – vielfach kritisierte[163] – **Vorverlagerung der Bereitstellung** ist auf die Auslegung des Art. 3 Nr. 10 nicht übertragbar. Der Europäische Gesetzgeber hat jüngst in mehreren Rechtsakten (z. B. Art. 4 Produktsicherheits-VO, Art. 6 MÜ-VO) Vorschriften aufgenommen, die eine solche Fiktion der Bereitstellung in Fällen des Online-Vertriebs ausdrücklich anordnen. Damit wurde die extensive Auslegung der Europäischen Kommission legalisiert. Die KI-VO enthält allerdings keine entsprechende Vorschrift. Daher ist davon auszugehen, dass der Gesetzgeber für den Anwendungsbereich der KI-VO gerade keine Vorverlagerung der Bereitstellung implementieren wollte. Ist ein KI-System in ein Verbraucherprodukt integriert, gilt die Fiktion allerdings über Art. 4 Produktsicherheits-VO.

2. Entgeltlich oder unentgeltlich

149 Diese Überlassung kann entgeltlich oder unentgeltlich erfolgen, wobei die Rechtsgrundlage keine Rolle spielt. Erfasst sind daher neben der Überlassung in Erfüllung eines Kauf-, Werk-, Dienst- oder sonstigen Vertrages auch **kostenfreie Nutzungsangebote**, z. B. zu Werbezwecken.[164]

3. Zur Verwendung oder zum Vertrieb

150 Ein Bereitstellen auf dem Markt ist zum einen zu bejahen, wenn das KI-System dem Empfänger zur eigenen **Verwendung** überlassen wird. Dies wird typischerweise zwischen Anbieter und Betreiber der Fall sein. Es genügt allerdings auch die Überlassung zum **Vertrieb**, in der Regel an einen Händler.

4. Im Rahmen einer Geschäftstätigkeit

151 Die Abgabe eines KI-Systems oder GPAI Models ist nur ein Bereitstellen auf dem Markt, wenn sie im Rahmen einer gewerblichen Tätigkeit erfolgt. Hierunter versteht die Europäische Kommission die Bereitstellung in einem **unternehmensbezogenen Kontext**. Ein Gewinn oder eine Gewinnerzielungsabsicht des bereitstellenden Akteurs ist nicht notwendig. Für die jeweils notwendige Einzelfallprüfung gilt, dass gelegentliche Lieferungen durch karitative Organisationen oder Personen, die ein Hobby verfolgen, nicht als Lieferungen in einem unternehmensbezogenen Kontext angesehen werden sollen.[165]

---

163 Vgl. nur *Schucht*, in: Ehring/Taeger, NK-ProdR, Art. 3 MÜ-VO Rn. 10.

164 Bekanntmachung der Kommission, Leitfaden für die Umsetzung der Produktvorschriften der EU 2022 („Blue Guide"), 29.6.2022, ABl. 2022 C 247/1, Ziffer 2.2.

165 Bekanntmachung der Kommission, Leitfaden für die Umsetzung der Produktvorschriften der EU 2022 („Blue Guide"), 29.6.2022, ABl. 2022 C 247/1, Ziffer 2.2.

5. Auf dem Unionsmarkt

Ein Bereitstellen auf dem Unionsmarkt liegt nur vor, wenn die Endnutzung des Produkts innerhalb der Union erfolgen soll. Die Zurverfügungstellung an eine natürliche oder juristische Person mit dem Ziel, das KI-System oder GPAI Model außerhalb der EU einzusetzen, stellt keine Bereitstellung dar.[166] **152**

XI. Inbetriebnahme (Nr. 11)

1. Allgemeines

Art. 3 Nr. 11 definiert die Inbetriebnahme als Bereitstellung eines KI-Systems **153**
in der Union zum Erstgebrauch direkt an den Betreiber oder zum Eigengebrauch entsprechend seiner Zweckbestimmung. Ebenso wie die Begriffe „Inverkehrbringen“ und „Bereitstellung auf dem Markt“ hat die Inbetriebnahme als **Anknüpfungspunkt** für konformitätsbezogene Pflichten der Akteure ihren Ursprung in den harmonisierten Vorschriften des **NLF**. Der Begriff „Inbetriebnahme“ schließt eine Lücke in der Anwendbarkeit der Konformitätsanforderungen der KI-VO in Fällen, in denen ein KI-System nicht auf dem Unionsmarkt in Verkehr gebracht wird (siehe Rn. 134ff.). Die Inbetriebnahme und das Inverkehrbringen werden in den relevanten Vorschriften der KI-VO regelmäßig gemeinsam genannt (z.B. in Art. 1 Abs. 2 lit. a, Art. 5 Abs. 1, Art. 6 Abs. 2 lit. b, Art. 9 Abs. 8, Art. 14 Abs. 3, Art. 15 Abs. 4, Art. 18 Abs. 1, Art. 43 Abs. 4, Art. 46 Abs. 1, Art. 47 Abs. 1, Art. 49 Abs. 1, Art. 57 Abs. 5, Art. 74 Abs. 6).

Eine Inbetriebnahme kommt nach der Definition **nur für KI-Systeme** in Be- **154**
tracht, nicht hingegen für GPAI Models. Diese gesetzgeberische Entscheidung ist vor dem Hintergrund zu verstehen, dass letztere gerade keinen bestimmten Anwendungszweck haben. GPAI Models verfügen auch nicht über eine Anwendungsschnittstelle, sodass ein Erstgebrauch kaum denkbar ist. Das bedeutet, dass ein vom Anbieter eines KI-Systems selbst entwickeltes GPAI Model nicht durch Einbau in das KI-System in Betrieb genommen wird. Vielmehr wird das GPAI Model erst mit Inverkehrbringen oder Inbetriebnahme des KI-Systems in den Bereich überführt, in dem es die Anforderungen der KI-VO erfüllen muss.

2. Bereitstellung zum Erstgebrauch

Die Definition stellt zunächst auf eine Bereitstellung zum Erstgebrauch ab. Dies **155**
scheint bei oberflächlicher Betrachtung ein Zirkelschluss zu sein, da mit der ersten Bereitstellung auf dem Unionsmarkt auch ein Inverkehrbringen gegeben ist

166 Bekanntmachung der Kommission, Leitfaden für die Umsetzung der Produktvorschriften der EU 2022 („Blue Guide“), 29.6.2022, ABl. 2022 C 247/1, Ziffer 2.2.

(siehe Rn. 135). Bei genauerer Betrachtung wird allerdings deutlich, dass der Begriff **Bereitstellung** wohl nur eine unglückliche Übersetzung darstellt. Keinesfalls ist das in Art. 3 Nr. 9 definierte „Bereitstellen auf dem Markt" gemeint. Zu diesem Ergebnis führt eine Betrachtung von Sinn und Zweck des Konzepts der Inbetriebnahme im NLF. Ursprung der Inbetriebnahme als relevanter Zeitpunkt für die anwendbaren Harmonisierungsvorschriften war das Bedürfnis, auch Fälle zu erfassen, in denen es wegen der Herstellung für den Eigengebrauch an einem **Inverkehrbringen fehlt**. So definieren z. B. Art. 2 Nr. 41 Ökodesign-VO oder Art. 3 Nr. 13 Maschinen-VO die Inbetriebnahme als erstmalige bestimmungsgemäße **Verwendung**.

156 Art. 3 Nr. 11 KI-VO ordnet einen **früheren Zeitpunkt** für die Inbetriebnahme an. Das KI-System muss nicht tatsächlich verwendet werden, sondern es genügt die Möglichkeit der Verwendung aufgrund einer entsprechenden Bereitstellung des Anbieters. Eine ähnliche Vorverlagerung, und damit eine **Fiktion der Inbetriebnahme**, statuiert Art. 2 Nr. 29 Medizinprodukteverordnung. Der Wortlaut der deutschen Fassung stellt dabei auf den Zeitpunkt ab, in dem das Medizinprodukt dem Endanwender erstmals „zur Verfügung gestellt" wird. Diese deutsche Übersetzung basiert auf der englischen Formulierung „has been made available" – dem Begriff für das Bereitstellen. In der deutschen Sprachfassung der Medizinprodukteverordnung wird also begrifflich differenziert, sodass deutlich wird, dass das Produkt gerade nicht im technischen Sinne einer Abgabe bereitgestellt werden muss. Sinn und Zweck gebieten eine entsprechende Auslegung auch im Kontext der KI-VO. Die Inbetriebnahme soll den maßgeblichen Zeitpunkt für die anwendbaren Harmonisierungsvorschriften in den Fällen bestimmen, in denen ein KI-System mangels Abgabe nicht in Verkehr gebracht wird.[167] Diesem Zweck würde es zuwiderlaufen, auch für die Inbetriebnahme eine vorhergehende Abgabe zu verlangen. Es genügt vielmehr eine **Zurverfügungstellung des verwendungsbereiten KI-Systems** zur bestimmungsgemäßen Verwendung.[168] Der Anbieter muss also sein KI-System zur Verwendung – durch Dritte oder durch eigene Mitarbeiter – freigeben und in einer Weise anbieten, dass es genutzt werden kann. Relevant ist die Inbetriebnahme daher insbesondere für KI-Systeme, die als **Software-as-a-Service** angeboten werden. In diesen Konstellationen wird das KI-System selbst nicht in die Verfügungsgewalt des Betreibers oder Endnutzers überführt, sondern nur zur Nutzung bereitgestellt.

157 Diese erste Variante der Definition ist nur anwendbar, wenn das KI-System dem Betreiber auf die oben erläuterte Weise zur Verfügung gestellt wird. Die Eröffnung der Nutzungsmöglichkeit für natürliche Personen im privaten Bereich ist

---

167 Bekanntmachung der Kommission, Leitfaden für die Umsetzung der Produktvorschriften der EU 2022 („Blue Guide"), 29.6.2022, ABl. 2022 C 247/1, Ziffer 2.6.

168 A. A. *Gless/Janal*, in: Hilgendorf/Roth-Isigkeit, Die neue Verordnung der EU zur Künstlichen Intelligenz, § 2 Rn. 41.

daher nicht erfasst. Diese wird von der zweiten Variante der Definition abgedeckt.

3. Bereitstellung zum Eigengebrauch

Die Bereitstellung zum Eigengebrauch erfasst Konstellationen, in denen das KI-System einer natürlichen oder juristischen Person für die eigene Nutzung zur Verfügung gestellt wird. **158**

Anders als in der ersten Variante kommt es nicht darauf an, ob dieser Gebrauch **privaten** oder **beruflichen** Zwecken dient. **159**

4. Entsprechend seiner Zweckbestimmung

Beide Varianten der Definition werden um den Zusatz „entsprechend seiner Zweckbestimmung" ergänzt. Der Sinn dieser Ergänzung erschließt sich nicht ohne weiteres. Da die Definition gerade nicht auf die erste Verwendung abstellt, sondern den Zeitpunkt der Inbetriebnahme vorverlagert (siehe Rn. 156), kann es nicht darauf ankommen, ob die erste Verwendung der Zweckbestimmung entspricht. Denkbar ist eine Interpretation des Zusatzes als einschränkendes Tatbestandsmerkmal dahingehend, dass eine Inbetriebnahme nur vorliegen kann, wenn der Anbieter eine Zweckbestimmung geäußert hat. **160**

XII. Zweckbestimmung (Nr. 12)

1. Allgemeines

Art. 3 Nr. 12, der während des Gesetzgebungsverfahrens unverändert geblieben ist, definiert die Zweckbestimmung als diejenige Verwendung eines KI-Systems, die vom Anwender bestimmt wurde. Dabei sind neben ausdrücklichen **Anweisungen** des Anbieters zum bestimmungsgemäßen Zweck auch **Umstände und Bedingungen** zu berücksichtigen, die aus der Betriebsanleitung oder der technischen Dokumentation des Anbieters sowie aus Werbe-/Verkaufsmaterial oder anderen Erklärungen hervorgehen. Die Zweckbestimmung kann spezifische Situationen, Bedingungen oder Einschränkungen, unter denen das KI-System eingesetzt werden soll, beschreiben. Dies kann beispielsweise die Umgebung, in der das System operiert, oder bestimmte Anforderungen an den Benutzer umfassen. Grammatikalisch ist die Definition nicht ganz geglückt. Die Zweckbestimmung beschreibt nicht eine „Verwendung", sondern eine oder mehrere **Verwendungsmöglichkeiten**. In der englischen Fassung des Art. 3 Nr. 12 heißt der Begriff treffender „intended purpose". Das lässt sich in etwa mit „bestimmungsgemäßer Verwendungszweck" übersetzen und wird in diesem Sinne **161** auch durchweg verwendet. Der Begriff dient insbesondere der Umgrenzung des **Verantwortungsbereichs des Anbieters** und anderer Akteure im Rahmen der Konformitätsbewertung und in Bezug auf das Verhalten des KI-Systems nach dem Inverkehrbringen. Hierfür kommt es regelmäßig auf eine Abgrenzung zwischen bestimmungsgemäßer Verwendung, vorhersehbarer Fehlanwendung (siehe Art. 3 Rn. 173 f.) und nicht-vorhersehbarer Fehlanwendung (im Produkt- und Produkthaftungsrecht auch als „Missbrauch" bezeichnet) an.[169] Der Verantwortungsbereich des Anbieters und anderer Akteure wird auf die bestimmungsgemäße Verwendung und die vorhersehbare Fehlanwendung beschränkt.

162 Die Zweckbestimmung ist ein wesentlicher Bestandteil auch anderer harmonisierter Vorschriften des europäischen Produktrechts, normiert z.B. in Art. 2 Nr. 12 Medizinprodukte-VO. Art. Die Produktsicherheits-VO definiert den Begriff nicht, basiert aber dennoch auf dem gleichen Konzept zur Abgrenzung der Verantwortungsbereiche von Hersteller/Importeur und Nutzer, indem in Art. 6 Abs. 1 Produktsicherheits-VO die Anweisungen für die Verwendung des Produkts als Aspekt zur Bewertung der Sicherheit von Produkten vorgegeben werden. Der deutsche Gesetzgeber hat schon die ähnlich strukturierten Vorgaben der Produktsicherheitsrichtlinie 2001/42/EG mit einer ausdrücklichen Definition der „bestimmungsgemäßen Verwendung" in § 2 Nr. 5 ProdSG als Ausgangspunkt für den Verantwortungsbereich der Wirtschaftsakteure in das deutsche Recht übersetzt. In der zivilrechtlichen **Produkthaftung** spielt die Zweckbestimmung des Herstellers eine maßgebliche Rolle für die Frage, ob ein Produkt die berechtigte Sicherheitserwartung des Nutzers erfüllt.[170] Die Zweckbestimmung ist demnach im Gesamtgefüge der öffentlich-rechtlichen und zivilrechtlichen Produktverantwortung von Bedeutung, sodass für die Effektivität des Rechtsrahmens eine **einheitliche Auslegung** und Anwendung essenziell ist. Im Hinblick auf die Definition der Zweckbestimmung gibt es bisher einen erfreulichen Gleichlauf, anders als im Hinblick auf die Definition der „vernünftigerweise vorhersehbaren Fehlanwendung".

2. Zweckbestimmung durch den Anbieter

163 Art. 3 Nr. 12 legt ausdrücklich fest, dass die Zweckbestimmung allein in der Kompetenz des Anbieters eines KI-Systems liegt. In Übereinstimmung mit dem generellen Ansatz des NLF[171] legt der Anbieter die **Zwecke und Bereiche** fest, zu und in denen sein KI-System verwendet werden soll. Diese sind insbesondere

---

169 Eingehend zur Abgrenzung im öffentlichen und privaten Produktrecht *Arndt/Wende*, ZfPC 2023, 110, 111 ff.

170 Vgl. hierzu *Taeger*, in: Ehring/Taeger, NK-ProdR, § 3 ProdHaftG Rn. 42; *Kapoor/Wende*, ProdHaftG, § 3 Rn. 49 ff.

171 Vgl. hierzu *Heuser*, in: Ehring/Taeger, NK-ProdR, § 2 ProdSG Rn. 40; *Schucht*, in: Klindt, ProdSG, § 2 Rn. 61; Bekanntmachung der Kommission, Leitfaden für die

für die **Einstufung als Hochrisiko-KI-System** gemäß Art. 6 Abs. 2 i.V.m. Anhang III relevant. Darüber hinaus gibt der Anbieter aber auch Handlungsanweisungen, die **bei der Verwendung** des Hochrisiko-KI-Systems zu berücksichtigen sind. Die Zweckbestimmung lässt sich daher unterteilen in Bestimmungen, die das „Wofür" der Systemnutzung betreffen („**Zweckbestimmung im engeren Sinne**"), und in Bestimmungen, die das „Wie" der Systemnutzung betreffen („**Zweckbestimmung im weiteren Sinne**"). Unglücklicherweise sind diese beiden Ausgestaltungen des anbieterseitigen Bestimmungsrechts unter dem Begriff der Zweckbestimmung zusammengefasst. Hierdurch entstehen an verschiedenen Stellen enorme Auslegungsschwierigkeiten. Besonders deutlich wird dies in Art. 43 Abs. 4, der im Falle einer wesentlichen Änderung die Durchführung eines neuen Konformitätsbewertungsverfahrens anordnet. Eine wesentliche Änderung liegt nach der Definition des Art. 3 Nr. 23 unter anderem vor, wenn die Zweckbestimmung des KI-Systems geändert wird. Damit ist wohl nicht jede Zweckbestimmung im weiteren Sinne gemeint.

Auch **andere Akteure** entlang der Wertschöpfungskette, insbesondere Betreiber, haben einen tatsächlichen Einfluss auf den Verwendungszweck des Hochrisiko-KI-Systems. Art. 25 Abs. 1 lit. c adressiert diese Tatsache. Ändert ein Akteur entlang der Wertschöpfungskette die Zweckbestimmung in bestimmter Weise, unterliegt er fortan den Anbieterpflichten des Art. 16 (siehe Art. 25 Rn. 19 ff.) **164**

3. Quellen der Zweckbestimmung

Art. 3 Nr. 12 zählt die Quellen auf, aus denen sich die Zweckbestimmung des Anbieters ergeben kann. Nicht ausdrücklich genannt, aber durch den Wortlaut („einschließlich") impliziert steht an erster Stelle die eindeutig als solche **deklarierte Zweckbestimmung**. Darüber hinaus sind **Betriebsanleitung**, **technische Dokumentation**, **Werbe-/Verkaufsmaterial** und **andere Erklärungen** heranzuziehen. Dies umfasst zunächst die **deutliche Produktwidmung**, die sich auch aus einer negativen Abgrenzung nicht bestimmungsgemäßer Anwendungszwecke ergeben kann.[172] Darüber hinaus kommen auch **Beschreibungen** oder gar **Bilder** in den genannten Materialien als Zweckbestimmung in Betracht, aufgrund derer Rückschlüsse hinsichtlich der vom Anbieter vorgesehenen Verwendung des KI-Systems gezogen werden können. Dafür spricht bereits der Wortlaut der Vorschrift („Umstände"), der jedenfalls in der deutschen rechtswissenschaftlichen Literatur – zum Teil unter Rückgriff auf zivilrechtliche Rechtspre- **165**

Umsetzung der Produktvorschriften der EU 2022 („Blue Guide"), 29.6.2022, ABl. 2022 C 247/1, Ziffer 2.8.

172 Hierzu und den damit einhergehenden Risiken aufgrund der Weite: *Arndt/Wende*, ZfPC 2024, 2023, 110, 116.

chung – übereinstimmend weit ausgelegt wird.[173] Auch die bisher nur vereinzelt existierende Rechtsprechung deutscher Gerichte folgt einer solchen weiten Auslegung.[174] **Unklarheiten** in der Formulierung gehen **zu Lasten des Anbieters**. Es besteht daher aus Anbietersicht das Risiko, dass durch werbliche Beschreibungen oder Bilder der bestimmungsgemäße Verwendungszweck sehr weit definiert oder sogar eine – nach objektiven Kriterien bewertete – Fehlanwendung zur bestimmungsgemäßen Verwendung umgewandelt wird. Als Beispiel wird häufig die Abbildung einer schwimmenden Luftmatratze mit Kleinkind darauf genannt, die eine Zweckbestimmung der Luftmatratze als Schwimmhilfe nahelegt.[175]

166 Werbe-/Verkaufsmaterial und andere Erklärungen können auch **von anderen Akteuren** als dem Anbieter stammen. Nach dem Wortlaut der Vorschrift („vom Anbieter bereitgestellte …") begründen solche Angaben oder bildlichen Darstellungen keine für den Anbieter rechtsverbindliche Zweckbestimmung.

4. Bedeutung der Zweckbestimmung

167 Die Zweckbestimmung beschreibt den **vom Anbieter** vorgesehenen **Einsatzzweck** sowie die **Benutzungs- und Umgebungsbedingungen** des KI-Systems. Sie muss in der Betriebsanleitung (Art. 13 Abs. 3) und in der technischen Dokumentation (Anhang IV) enthalten sein. Darüber hinaus ist der Zweckbestimmung im Risikomanagementsystem gem. Art. 8 Abs. 1 Rechnung zu tragen. Sie ist auch entscheidend für die Einstufung als Hochrisiko-KI-System (Art. 6 Abs. 2), Anforderungen an Datenqualität und Daten-Governance (Art. 10 Abs. 2), an die menschliche Aufsicht (Art. 14) sowie an die Funktionen zur Protokollierbarkeit (Art. 26 Abs. 5). Diese Einbindung der Zweckbestimmung dient größtmöglicher Transparenz, um eine sichere und effektive Nutzung des KI-Systems zu ermöglichen.[176]

168 Der Betreiber – oder ein anderer Endnutzer – ist ggf. technisch in der Lage, das KI-System für einen **anderen Zweck** zu verwenden. Dabei sind Konstellationen denkbar, in denen ein KI-System von einem Betreiber eingesetzt, dann aber von anderen genutzt wird oder andere seiner Wirkung ausgesetzt sind. Geht dies mit einer Änderung der Zweckbestimmung einher, gilt der verändernde Akteur gem. Art. 25 Abs. 1 lit. b als Anbieter. Darüber hinaus ist erneut ein Konformitätsbewertungsverfahren durchzuführen (Art. 43 Abs. 4).

---

173 *Heuser*, in: Ehring/Taeger, NK-ProdR, § 2 ProdSG Rn. 40 f.; *Schucht*, in: Klindt, ProdSG, § 2 Rn. 61.

174 VG Münster, 18.5.2018 – 7 K 2477/15, BeckRS 2018, 23278, wonach die Gestaltung der Verpackung mit der Abbildung einer Katze auf einem Ballspielzeug ausreichend ist, um dieses als Tierspielzeug (in Abgrenzung zum Kinderspielzeug) zu widmen.

175 Z. B. bei *Heuser*, in: Ehring/Taeger, NK-ProdR, § 2 ProdSG Rn. 41.

176 ErwG 60 KI-VO.

XIII. Vernünftigerweise vorhersehbare Fehlanwendung (Nr. 13)

1. Allgemeines

a) Sinn und Zweck

Die vernünftigerweise vorhersehbare Fehlanwendung markiert die äußerste Grenze der rechtlichen **Verantwortung des Anbieters** und ggf. anderer Akteure im Sinne des Art. 3 Nr. 8. Für Handlungen des Nutzers oder Auswirkungen des KI-Systems (auch mit Blick auf die Interaktion mit anderen Systemen), die zur vernünftigerweise vorhersehbaren Fehlanwendung gehören, überträgt das öffentlich-rechtliche KI-Recht dem Anbieter die Verantwortung. Rechtsgutsverletzungen und Schäden, die durch eine Handlung von außerhalb verursacht werden, sind nicht dem Verantwortungsbereich des Anbieters zuzurechnen. Der gleiche Maßstab gilt auch im öffentlichen Produktrecht[177] und im Produkthaftungsrecht.[178] Das Konzept der vernünftigerweise vorhersehbaren Fehlanwendung bringt im Einzelnen schwierige Auslegungsfragen mit sich. **169**

b) Entstehungsgeschichte

Die Definition wurde im Laufe des Gesetzgebungsprozesses mehrfach geändert. Die vom Europäischen Parlament vorgeschlagene Änderung, einen ausdrücklichen Hinweis auf die Betriebsanleitung und andere Informationen des Anbieters in die Definition aufzunehmen, fand keinen Eingang in die finale Fassung.[179] Der ebenfalls vom Europäischen Parlament eingefügte ausdrückliche Verweis auf die **Interaktion** des KI-Systems mit anderen Systemen[180] wurde hingegen entgegen den Änderungsvorschlägen des Rates in den finalen Verordnungstext aufgenommen.[181] **170**

c) Verhältnis zu anderen Vorschriften

Die vernünftigerweise vorhersehbare Fehlanwendung ist bei der **Risikoabschätzung** im Rahmen des Risikomanagement-Systems zu berücksichtigen (siehe Art. 9 Rn. 21). Gem. Art. 13 sind dem Betreiber **Informationen** bezüglich der Verwendung des Hochrisiko-KI-Systems im Einklang mit seiner Zweckbestimmung oder einer vernünftigerweise vorhersehbaren Fehlanwendung zur Verfü- **171**

177 Vgl. hierzu *Klindt*, in: Klindt, ProdSG, § 3 Rn. 11; *Arndt/Wende*, ZfPC 2023, 110, 113.
178 Vgl. hierzu *Wende*, in: Kapoor, ProdHaftG, § 3 Rn. 52 ff.
179 Art. 3 KI-VO-E Parlament.
180 Art. 3 KI-VO-E Parlament.
181 Art. 3 KI-VO-E Trilog.

gung zu stellen. Auch im Zusammenhang mit der **menschlichen Aufsicht** wird die vorhersehbare Fehlanwendung in Art. 14 Abs. 2 genannt. Hierdurch wird deutlich, dass die vernünftigerweise vorhersehbare Fehlanwendung **wesentliche Bedeutung** für die Grenze der anbieterseitigen Verantwortung hat.

172 Die vernünftigerweise vorhersehbare Fehlanwendung ist ein für den gesamten NLF bedeutsames Kriterium zur Umgrenzung der Verantwortung des Inverkehrbringers (im Kontext der KI-VO in der Regel des Anbieters) und anderer Akteure entlang der Wertschöpfungskette. Wird der Akteur dieser Verantwortung nicht gerecht und das Produkt verursacht einen Sach- oder Personenschaden, kommt zivilrechtlich eine Schadensersatzhaftung gem. § 823 Abs. 1 BGB und gem. § 1 ProdHaftG in Betracht. Das Produktsicherheitsrecht hingegen knüpft an die Nichterfüllung der gesetzlichen Anforderungen Eingriffsbefugnisse der Marktüberwachungsbehörden, beispielsweise ein Vertriebsverbot oder gar die Anordnung eines Produktrückrufs (§ 8 Abs. 1 MüG i.V.m. Art. 11, 16 MÜ-VO). Daher ist für die effektive und konsistente Anwendung der Vorschriften eine **einheitliche Auslegung** dringend geboten.

2. Verwendung, die nicht der Zweckbestimmung entspricht

173 Eine Fehlanwendung im Sinne der Definition liegt nach dem Wortlaut des Art. 3 Nr. 13 im Falle einer Verwendung vor, die nicht der Zweckbestimmung entspricht. Dies legt zunächst ein sehr **weites Begriffsverständnis** nahe. Zweckbestimmung ist in Art. 3 Nr. 12 definiert als „die Verwendung, für die ein KI-System laut Anbieter bestimmt ist, einschließlich der besonderen Umstände und Bedingungen für die Verwendung, entsprechend den vom Anbieter bereitgestellten Informationen in den Betriebsanleitungen, im Werbe- oder Verkaufsmaterial und in diesbezüglichen Erklärungen sowie in der technischen Dokumentation". Hierzu gehören neben dem Einsatzzweck auch die in den aufgeführten Quellen enthaltenen Hinweise zum Umgang mit dem KI-System.

174 Eine Fehlanwendung kann sowohl in einem menschlichen Verhalten liegen als auch aus einer Interaktion des KI-Systems mit anderen Systemen resultieren.

3. Vorhersehbarkeit

175 Eingeschränkt wird die im ersten Teil der Definition angelegte Weite durch das Erfordernis der Vorhersehbarkeit. Damit wird ein hochgradig **auslegungsbedürftiges Kriterium** implementiert. Die Vorhersehbarkeit kann einerseits rein tatsachenorientiert bestimmt werden, sodass eine Verwendung des Systems – ggf. auch ähnlicher Systeme – allein aufgrund des Bekanntwerdens der entsprechenden Nutzung vorhersehbar wird. Denkbar wäre auch, den Begriff auf alle Verhaltensweisen zu erstrecken, die technisch theoretisch möglich sind. Die Einschränkung des Gesetzeswortlauts auf die Vernünftigkeit der Vorhersehbarkeit gebietet allerdings eine **normative Wertung**, die notwendig ist, um einer grenzenlosen Ausuferung der Anbieterverantwortung zu begegnen. Im Sinne einer einheitlichen Auslegung sollten dabei die bereits im Rahmen des NLF entwickelten Ansätze herangezogen werden.

Die Europäische Kommission nähert sich dem Bedeutungsgehalt über die Erwartung eines Perspektivwechsels, mit dem der Hersteller nicht nur den von ihm vorgesehenen Verwendungszweck eines Produkts vor Augen hat, sondern sich in den durchschnittlichen Benutzer eines bestimmten Produkts hineinversetzt, um sich vorzustellen, wie dieser das Produkt **aller Wahrscheinlichkeit nach** benutzen wird.[182] Da die Bestimmung der Wahrscheinlichkeit wiederum große Unsicherheit mit sich bringt, sind weitere normative Kriterien zu finden. **176**

Dogmatisch und teleologisch liegt zunächst eine Differenzierung zwischen **der Zweckbestimmung im engeren Sinne** und der **Zweckbestimmung im weiteren Sinne** nahe.[183] Die Zweckbestimmung im engeren Sinne, der vom Anbieter festgelegte Einsatzbereich des KI-Systems, muss nach den Vorgaben der KI-VO u. a. in der technischen Dokumentation und der Betriebsanleitung beschrieben werden. Aufgrund einer eindeutigen und klaren Kommunikation dieser Zweckbestimmung ist eine Abweichung nicht vernünftigerweise vorhersehbar. Der verantwortliche Akteur ist nicht zu der Annahme verpflichtet, dass die Benutzer die legalen Nutzungsbedingungen seines Produkts unberücksichtigt lassen.[184] Wird die Zweckbestimmung im engeren Sinne allerdings nicht eindeutig formuliert, gehen **Unklarheiten** wohl zu Lasten des Akteurs. **177**

Auch die Zweckbestimmung im weiteren Sinne ist Gegenstand der Betriebsanleitung. Sie umfasst Hinweise zur eigentlichen Nutzung, insbesondere auch zum Schutz des Nutzers vor inhärenten Risiken, die aufgrund der gewünschten Funktionalität des Systems nicht konstruktionsseitig eliminiert werden können. Der Anbieter muss im Hinblick auf eine vernünftigerweise vorhersehbare Fehlanwendung schon bei der Entwicklung seines Systems im Rahmen der Risikobeurteilung gem. Art. 9 den Perspektivwechsel vornehmen und sich fragen, welche Verhaltensweisen des Nutzers oder welche Kombinationsmöglichkeiten mit anderen Systemen realistischerweise in Betracht kommen. Da die Definition des Art. 3 Nr. 13 an die Zweckbestimmung anknüpft, entsteht ein **Zirkelschluss** **178**

182 Bekanntmachung der Kommission, Leitfaden für die Umsetzung der Produktvorschriften der EU 2022 („Blue Guide"), 29.6.2022, ABl. 2022 C 247/1, Ziffer 2.8.

183 Eingehend hierzu *Arndt/Wende*, ZfPC 2023, 110, 111.

184 Bekanntmachung der Kommission, Leitfaden für die Umsetzung der Produktvorschriften der EU 2022 („Blue Guide"), 29.6.2022, ABl. 2022 C 247/1, Ziffer 2.8 a.E; zur zivilrechtlichen Produkthaftungsrichtlinie und der Notwendigkeit eines einheitlichen Konzepts: European Economic and Social Committee, Opinion Revision of the European Product Liability Directive v. 24.1.2023, INT/1002, Ziffer 3.2.

Bei Ausarbeitung der Betriebsanleitung gibt es gerade noch keine der in Art. 3 Nr. 12 genannten Quellen. Alle im Rahmen des Perspektivwechsels ermittelten Fehlanwendungen sollten jedenfalls in das Risikomanagementsystem aufgenommen und in der Betriebsanleitung und technischen Dokumentation adressiert werden. Unter Umständen ist auch das Angebot zusätzlicher Schulungsmaßnahmen angezeigt, um identifizierten vorhersehbaren Fehlanwendungen entgegenzuwirken.[185] Hierdurch wird der Umfang der ex post als vernünftigerweise vorhersehbare Fehlanwendung zu bewertenden Verhaltensweisen reduziert. Zu berücksichtigen ist, dass dabei eine **Willkürgrenze** gilt. Nach den allgemeinen Grundsätzen des NLF darf darüber hinaus die Betriebsanleitung nicht dazu führen, dass die Einhegung von Risiken, die technisch schon bei Entwicklung des Systems eliminiert werden können, dem Benutzer durch Anweisung zu umfassenden Schutzmaßnahmen aufgegeben wird. Die Benutzungshinweise des Anbieters müssen für den jeweiligen **Adressatenkreis** des KI-Systems im Hinblick auf erwartete Vorkenntnisse usw. ausgerichtet sein.[186]

185 ErwG 65.

186 Bekanntmachung der Kommission, Leitfaden für die Umsetzung der Produktvorschriften der EU 2022 („Blue Guide"), 29.6.2022, ABl. 2022 C 247/1, Ziffer 2.8.

XIV. Sicherheitsbauteil (Nr. 14)

1. Sicherheitsbauteil gemäß Anhang I

Art. 3 Nr. 14 beinhaltet die Begriffsbestimmung des „Sicherheitsbauteils" und stellt damit eine zentrale Norm für die Einstufung eines KI-Systems als „hochriskant" dar. Gemäß Art. 6 Abs. 1 i.V.m. Anhang I kann ein Hochrisiko-KI-System entweder ein Sicherheitsbauteil eines Produktes sein, welches unter eine der in Anhang I genannten Harmonisierungsrechtsvorschriften fällt, oder ein solches Produkt selbst. **179**

Im Rahmen des Gesetzgebungsverfahrens war die Begriffsbestimmung des „Sicherheitsbauteils" recht umstritten. Im Kommissionsvorschlag vom 21.4.2021 wurde zunächst der Begriff der „Sicherheitskomponente eines Produkts oder Systems" verwendet. Hierbei sollte es sich um „einen Bestandteil eines Produkts oder Systems, der eine Sicherheitsfunktion für dieses Produkt oder System erfüllt oder dessen Ausfall oder Störung die Gesundheit und Sicherheit von Personen oder Sachen gefährdet" handeln. Hierbei ist anzumerken, dass in der deutschen Übersetzung der Begriff „Sachen" verwendet wurde, die englische Fassung aber von „property"[187] sprach, wie dann auch die deutsche finale Fassung der KI-VO, in der sich dann auch der Begriff „Eigentum" findet. **180**

Wenngleich diese Definition inhaltsgleich in der finalen Fassung der KI-VO übernommen wurde, wurde insbesondere kritisiert, dass der Anwendungsbereich der Norm zu weit sei, indem auch die bloße Gefährdung von Eigentum („property") ausreiche. Insoweit könne auch der potenzielle Ausfall oder die Störung von Bestandteilen des Produktes, die nur die Integrität des Produktes schützen, ohne zugleich dem Schutze von Personen zu dienen, zur Einstufung als Hochrisiko-KI-System führen.[188] Das Europäische Parlament hatte deshalb die Streichung der Alternative „oder Eigentum" gefordert.[189] Andere Ansichten vertraten und vertreten, dass die Erosion des Begriffs der „Sicherheitskomponente" nicht drohe. Bloße finanzielle Risiken seien nicht gemeint.[190] Vielmehr müsse der Ausfall oder die Störung der Sicherheitsfunktionen eine Gefahr für **181**

---

187 Art. 3 Nr. 14 Vorschlag für eine Verordnung des Europäischen Parlament und des Rates zur Festlegung harmonisierter Vorschriften (Gesetz über Künstliche Intelligenz) und zur Änderung bestimmter Rechtsakte der Union, COM(2021) 206 final vom 21.4.2021 (KI-VO-E Kommission).

188 Verband der Automobilindustrie, Position: KI-Verordnung („Artificial Intelligence Act"), Version 1.0, Juli 2023, S. 5 f.

189 So auch *Buchalik/Gehrmann*, CR 2024, 145, 149; vgl. KI-VO-E Parlament, Abänderung 177, S. 115.

190 *Martini*, in: Hilgendorf/Roth-Isigkeit, Die neue Verordnung der EU zur Künstlichen Intelligenz, § 4 Rn. 60.

das Eigentum begründen, welche gleichwertig zur Gefährdung der Gesundheit und Sicherheit von Personen sei.

182 Dieses Verständnis lässt sich auch auf einen Vergleich mit ErwG 55 stützen, welcher regelt, unter welchen Voraussetzungen ein KI-System, welches bestimmungsgemäß als Sicherheitsbauteil im Rahmen kritischer Infrastrukturen verwendet wird, als Hochrisiko-KI-System einzustufen ist. Das Sicherheitsbauteil gemäß Anhang III Nr. 2 soll dazu dienen, die physische Integrität einer kritischen Infrastruktur **oder** die Gesundheit und Sicherheit von Personen und Eigentum zu schützen. Es wäre unverhältnismäßig, würden geringfügige Beeinträchtigungen des Eigentums (Bagatelle) mit einem Ausfall oder einer Störung der kritischen Infrastrukturen, welche notwendig für die Daseinsfürsorge sind, gleichgesetzt. Die Risiken und Schadenspotenziale müssen vergleichbar sein, um eine derart strenge Regulierung, wie sie Art. 8 bis 15 vorsehen, zu rechtfertigen. Eigentumsschäden, welche eine gewisse Erheblichkeitsschwelle nicht erreichen, dürften mithin nicht gemeint sein.

183 Weiterer Kritikpunkt war, dass der auslegungsbedürftige Begriff des „Sicherheitsbauteils" nicht hinreichend genug in der Definition bestimmt sei. Deshalb wurde gefordert, dass der Begriff in den Erwägungsgründen weiter erläutert werden solle. Dies ist in Bezug auf den Begriff „Sicherheitsbauteil" gemäß Anhang I nicht erfolgt. Wann ein Sicherheitsbauteil gemäß KI-VO in Verbindung mit der jeweiligen Harmonisierungsrechtsvorschrift gemäß Anhang I vorliegt, ist im Einzelfall zu subsumieren oder durch Auslegung zu ermitteln. Die Herausforderung ist hier, dass einige Harmonisierungsrechtsvorschriften den Begriff ebenfalls definieren, die Definition aber nicht zwingend der in der KI-VO entspricht. Beispielsweise findet sich in Art. 3 Nr. 3 der Maschinenverordnung[191] sowie Art. 3 Nr. 4 der Seilbahnenverordnung[192] eine Legaldefinition des Sicherheitsbauteils. In anderen Rechtsakten, wie zum Beispiel der Verordnung über Medizinprodukte,[193] findet sich der Begriff des Sicherheitsbauteils nicht. Die Maschinenverordnung dient als plastisches Beispiel: In Anhang II Maschinenverordnung findet sich eine „nicht erschöpfende Liste" der Sicherheitsbauteile. So bestimmt Anhang II Nr. 18 Maschinenverordnung, dass jede „Software, die Sicherheitsfunktionen" wahrnimmt, als „Sicherheitsbauteil" im Sinne der Maschinenverordnung gilt.

---

191 Verordnung (EU) des Europäischen Parlaments und des Rates vom 14.6.2023 über Maschinen und zur Aufhebung der Richtlinie 2006/42/EG des Europäischen Parlaments und des Rates und der Richtlinie 73/361/EWG des Rates.

192 Verordnung (EU) 2016/424 des Europäischen Parlaments und des Rates vom 9.3.2016 über Seilbahnen und zur Aufhebung der Richtlinie 2000/9/EG.

193 Verordnung (EU) 2017/745 des Europäischen Parlaments und des Rates vom 5.4.2017 über Medizinprodukte, zur Änderung der Richtlinie 2001/83/EG, der Verordnung (EG) Nr. 178/2002 und der Verordnung (EG) Nr. 1223/2009 und zur Aufhebung der Richtlinien 90/385/EWG und 93/42/EWG des Rates.

Gemäß Art. 2 Abs. 9 und ErwG 64 bleiben die Harmonisierungsrechtsvorschriften gemäß Anhang I unberührt. Bei Widersprüchen im Hinblick auf KI-Systeme dürfte die KI-VO jedoch als lex specialis vorgehen, es sei denn, in der einschlägigen Harmonisierungsrechtsvorschrift gibt es eine anderweitige Kollisionsregelung.[194] Die unterschiedlichen Definitionen erschweren die Rechtsanwendung und bergen Rechtsunsicherheiten. Denn ein „Sicherheitsbauteil" im Sinne der KI-VO muss nicht einem Sicherheitsbauteil im Sinne der betroffenen Harmonisierungsrechtsvorschrift entsprechen. Demnach wäre es möglich, dass ein KI-System ein „Sicherheitsbauteil" nach der KI-VO ist, aber kein Sicherheitsbauteil gemäß den einschlägigen Harmonisierungsrechtsvorschriften und umgekehrt. **184**

2. Sicherheitsbauteil gemäß Anhang III

Anhang III Nr. 2 nennt ebenfalls den Begriff „Sicherheitsbauteile". Demnach sollen nicht alle KI-Systeme im Bereich der „kritischen Infrastruktur" (siehe dazu ausführlich Art. 3 Nr. 62 Rn. 445 ff.) als Hochrisiko-KI-System klassifiziert werden, sondern nur solche, „die bestimmungsgemäß als Sicherheitsbauteile im Rahmen der Verwaltung und des Betriebs" bestimmter „kritischer Infrastruktur" (siehe Art. 3 Nr. 62 Rn. 455 ff.) verwendet werden sollen. **185**

ErwG 55 konkretisiert den Begriff weiter. Dieser ist auf die Positionen des Rates[195] und des Europäischen Parlaments[196] zurückzuführen. Danach handelt es sich bei Sicherheitsbauteilen kritischer Infrastrukturen um „Systeme, die verwendet werden, um die physische Integrität kritischer Infrastruktur oder die Gesundheit und Sicherheit von Personen und Eigentum zu schützen, die aber nicht notwendig sind, damit das System funktioniert. Ausfälle oder Störungen solcher Komponenten können direkt zu Risiken für die physische Integrität kritischer Infrastruktur und somit zu Risiken für die Gesundheit und Sicherheit von Personen und Eigentum führen." **186**

Hieraus lässt sich schließen, dass „Sicherheitsbauteile" eingesetzt werden können, um die Infrastrukturen, die Anlagen, selbst vor Gefahren zu schützen („um die physische Integrität kritischer Infrastruktur […] zu schützen"), oder um Dritte und deren Rechtsgüter vor den Gefahren, welche von den Anlagen ausgehen, zu schützen („Gesundheit und Sicherheit von Personen und Eigentum zu schützen"). Letzteres ergibt sich auch aus ErwG 33.[197] Danach kann eine un- **187**

194 So auch *Wiebe*, BB 2022, 899, 905.

195 ErwG 34 KI-VO-E Rat.

196 ErwG 34 KI-VO-E Parlament.

197 ErwG 33: „[…] Eine unmittelbare Gefahr für das Leben oder die körperliche Unversehrtheit natürlicher Personen kann auch durch die schwerwiegende Störung einer kritischen Infrastruktur im Sinne des Artikels 2 Nummer 4 der Richtlinie (EU) 2022/2557 des Europäischen Parlaments und des Rates entstehen, wenn die Störung oder

mittelbare Gefahr für das Leben und die körperliche Unversehrtheit von Personen auch aus der schwerwiegenden Störung kritischer Infrastruktur entstehen. Zudem darf es sich nicht um KI-Systeme handeln, welche für die Funktion der kritischen Infrastruktur nicht notwendig sind. Wie der Begriff „notwendig" im Detail zu verstehen ist, ergibt sich aus der KI-VO nicht. Hier wird es wohl auf eine Einzelfallbetrachtung ankommen, wann ein „Sicherheitsbauteil" essenziell für das Funktionieren der kritischen Infrastruktur ist und wann nicht.

188 Zuletzt soll es sich gemäß ErwG 55 bei einem „Sicherheitsbauteil" auch nicht um Komponenten handeln, „die für die ausschließliche Verwendung zu Zwecken der Cybersicherheit vorgesehen sind", wie beispielsweise eine intelligente Firewall oder intelligente Systeme zur Angriffserkennung.[198] Dies hat wohl den Hintergrund, dass solche „Sicherheitsbauteile" den Vorgaben der NIS-2-Richtlinie[199] und dem Cyber Resilience Act[200] unterliegen sollen. Dies ist kritisch zu betrachten, da ein Angriff auf intelligente Cybersicherheitsprodukte auch zu einem Ausfall oder einer Störung führen kann, die ein erhebliches Risiko für Gesundheit, Sicherheit und Grundrechte im Sinne von Art. 6 Abs. 2 und 3 darstellen kann.[201]

189 Am Ende von ErwG 55 nennt die KI-VO noch zwei Beispiele für „Sicherheitsbauteile" gemäß Anhang III Nr. 2: Danach handelt es sich bei „Sicherheitsbauteilen" um Systeme für die Überwachung des Wasserdrucks oder um Feuermelder-Kontrollsysteme in Cloud-Computing-Zentren.

Zerstörung einer solchen kritischen Infrastruktur zu einer unmittelbaren Gefahr für das Leben oder die körperliche Unversehrtheit einer Person führen würde, auch durch die schwerwiegende Beeinträchtigung der Bereitstellung der Grundversorgung für die Bevölkerung oder der Wahrnehmung der Kernfunktion des Staates. […]"

198 Siehe *Buchholz*, Einsatz künstlicher Intelligenz in kritischen Infrastrukturen, https://www.kritisschutz.de/ki-verordnung_kritische_infrastrukturen/ (zuletzt abgerufen am 31.5.2024).

199 Richtlinie (EU) 2022/2555 des Europäischen Parlaments und des Rates vom 14.12.2022 über Maßnahmen für ein hohes gemeinsames Cybersicherheitsniveau in der Union, zur Änderung der Verordnung (EU) Nr. 910/2014 und der Richtlinie (EU) 2018/1972 sowie zur Aufhebung der Richtlinie (EU) 2016/1148 (NIS-2-Richtlinie).

200 Verordnung 2024/2847 über horizontale Cybersicherheitsanforderungen für Produkte mit digitalen Elementen und zur Änderung der Verordnungen (EU) Nr. 168/2013 und (EU) 2019/1020 und der Richtlinie (EU) 2020/1828 (Cyber Resilience Act).

201 Siehe *Buchholz*, Einsatz künstlicher Intelligenz in kritischen Infrastrukturen, https://www.kritisschutz.de/ki-verordnung_kritische_infrastrukturen/ (zuletzt abgerufen am 31.5.2024).

XV. Betriebsanleitungen (Nr. 15)

Art. 3 Nr. 15 definiert den Begriff der „Betriebsanleitungen" als diejenigen Informationen, die der Anbieter bereitstellt, um den Betreiber über die Zweckbestimmung und die ordnungsgemäße Verwendung eines KI-Systems zu informieren. Diese Definition ist nicht zwingend notwendig, da die Pflicht des Anbieters, eine Betriebsanleitung zur Verfügung zu stellen, in der KI-VO selbst begründet und detailliert ausgestaltet wird. Gemäß Art. 13 Abs. 2 wird jedes Hochrisiko-KI-System mit einer Betriebsanleitung in einem geeigneten digitalen Format bereitgestellt oder auf andere Weise mit Betriebsanleitungen versehen, die präzise, vollständige, korrekte und eindeutige Informationen in einer für die Betreiber relevanten, barrierefrei zugänglichen und verständlichen Form enthalten. Die Betriebsanleitung soll zur Transparenz beitragen und den Betreiber in die Lage versetzen, das richtige KI-System für die gewünschten Funktionen auszuwählen und es sachgerecht zu verwenden. Dafür muss der Betreiber zu einem gewissen Grad verstehen, wie das KI-System funktioniert, seine Funktionalität bewerten und seine Stärken und Grenzen erfassen. Daher soll die Betriebsanleitung Informationen zu den Fähigkeiten und Leistungsbeschränkungen des KI-Systems enthalten und über mögliche Auswirkungen bestimmter Verhaltensweisen des Betreibers auf das Verhalten des KI-Systems aufklären, insbesondere wenn Risiken für die Sicherheit, Gesundheit oder Grundrechte im Raum stehen.[202] Darüber hinaus soll die Betriebsanleitung den Betreibern die Interpretation der Ausgaben von KI-Systemen erleichtern. **190**

Anbieter müssen gem. Art. 13 Abs. 2 dafür sorgen, dass in der gesamten Dokumentation, einschließlich der Betriebsanleitungen, aussagekräftige, umfassende, zugängliche und verständliche Informationen enthalten sind, wobei die Bedürfnisse und vorhersehbaren Kenntnisse der Zielbetreiber zu berücksichtigen sind. Der Anbieter ist weiter verpflichtet, die Betriebsanleitung in der Regel digital zu erstellen und zur Verfügung zu stellen. Der Einführer ist gem. Art. 23 Abs. 1 lit. c verpflichtet, zu überprüfen, ob die erforderliche Betriebsanleitung vorliegt, und diese für die Marktüberwachungsbehörde bereitzuhalten. Auch der Händler ist gem. Art. 24 Abs. 1 verpflichtet, zu überprüfen, ob die Betriebsanleitung dem KI-System beigefügt ist. **191**

Der Betreiber ist gem. Art. 26 Abs. 1 verpflichtet, sicherzustellen, dass das KI-System entsprechend den Vorgaben in der Betriebsanleitung verwendet wird (siehe Art. 26 Rn. 32).[203] **192**

Eine mangelhafte oder unvollständige Betriebsanleitung kann auch Anknüpfungspunkt für die zivilrechtliche Produkthaftung sein. **193**

---

202 ErwG 72.
203 ErwG 91.

XVI. Rückruf eines KI-Systems (Nr. 16)

1. Allgemeines

194 Je nach Verbreitungsgrad des KI-Systems differenziert der Verordnungsgeber zwischen den Maßnahmen **Rückruf und Rücknahme**. Dabei bezieht sich ein Rückruf grundsätzlich auf Produkte, die bereits im Gebrauch durch Endnutzer sind, während eine Rücknahme Produkte betrifft, die sich noch in der Lieferkette befinden. Diese Maßnahmen schließen sich jedoch nicht gegenseitig aus, sondern stehen in einem **Verhältnis der wechselseitigen Ergänzung**.[204] Das bedeutet, dass beide Maßnahmen gleichzeitig oder nacheinander eingesetzt werden können, um sicherzustellen, dass alle betroffenen Produkte, unabhängig von ihrem Standort in der Verteilungskette, effektiv erfasst und die Risiken für die Verbraucher minimiert werden.

195 Die gesetzlichen Bestimmungen bezüglich des Rückrufs und der Rücknahme von KI-Systemen finden ihre rechtliche Grundlage vornehmlich in Art. 8 Abs. 1 lit. f i–ii der europäischen Produktsicherheitsrichtlinie, welche die Zuständigkeiten für den Rückruf und die Rücknahme aller bereits in Verkehr gebrachten gefährlichen Produkte erstmalig umfassend regelte. Ein weiterer rechtlicher Rahmen wird durch den Beschluss Nr. 768/2008/EG geboten, der nicht nur in Art. R1 Nr. 14 und Nr. 15 Legaldefinitionen für beide Maßnahmen enthält, sondern diese auch iRd. Art. R2 Abs. 8 und Art. R5 Abs. 4 des Beschlusses Nr. 768/2008/EG dem Hersteller sowie dem Händler auferlegt.

196 Während die Anordnung im Einzelfall auch durch eine Behörde erfolgen kann, obliegt die praktische Durchführung des Rückrufs sowie der Rücknahme grundsätzlich der **Verantwortung des betroffenen Akteurs** und gerade nicht – mit Ausnahme des Art. 79 Abs. 5 – den Exekutivbehörden. Somit trägt der betroffene Akteur auch sämtliche Kosten im Zusammenhang mit der Durchführung von Rücknahmen und Rückrufen. Da die betreffenden KI-Systeme bereits auf dem Markt vorhanden sind und sich entweder in der Lieferkette (Rücknahme) oder im Gebrauch durch Endnutzer (Rückruf) befinden, genügen bloße Bereitstellungsverbote nicht mehr, um die von diesen Produkten ausgehenden Gefahren oder Risiken effektiv zu bekämpfen.[205]

2. Rückruf

197 Der Rückruf ist in Art. 3 Nr. 16 legaldefiniert. Unter dem Rückruf eines KI-Systems versteht der Verordnungsgeber „jede Maßnahme, die auf die Rückgabe

---

204 VG München, Beschl. v. 12.5.2010 – M 18 S 10.1998, Rn. 32.

205 Siehe zum ProdSG *Schucht*, in: Klindt, ProdSG, § 26 Rn. 158.

eines den Anbietern bereits zur Verfügung gestellten KI-Systems an den Betreiber oder dessen Außerbetriebsetzung oder Abschaltung abzielt."

Diese Definition ist weiter gefasst als die im Beschluss Nr. 768/2008/EG enthaltene, wonach jede Maßnahme, die auf die Erwirkung der Rückgabe eines dem Endverbraucher bereits bereitgestellten Produkts abzielt, als Rückruf bezeichnet wird. Diese herkömmliche Definition wurde aufgrund der neusten Entwicklungen im cybersicherheitsrechtlichen Bereich um zwei Alternativen erweitert. So gelten nun auch Maßnahmen, die auf eine Außerbetriebsetzung oder eine Abschaltung des KI-Systems gerichtet sind, als Rückruf im Sinne der Norm. **198**

Nach nationaler Auffassung des deutschen Kraftfahrt-Bundesamts (KBA) ist ein Rückruf die Maßnahme eines verantwortlichen Wirtschaftsakteurs, die „auf die endgültige oder temporäre Erwirkung der Rückgabe eines bereits in Verkehr gebrachten Produkts durch den Verwender abzielt".[206] Damit sind alle Handlungen gemeint, die der Abwendung, Beseitigung oder Verminderung von Risiken, die von solchen Produkten ausgehen, dienen.[207] Da sowohl der nationale als auch der internationale Rückruf mithin auf die Rückgabe des nonkonformen Produkts – vorliegend in Form eines KI-Systems – abzielen, sind Maßnahmen wie Nach- und Umrüstungen, Reparaturen, Umtäusche und Ersatzlieferungen nach geltendem Recht nicht Gegenstand des Rückrufs. Vor diesem Hintergrund war Art. 2 lit. f des ursprünglichen Entwurfs der Europäischen Kommission zur allgemeinen Produktsicherheit sowohl aus rechtspolitischer als auch aus rechtssystematischer Sicht kritisch zu bewerten. Gemäß diesem Vorschlag sollte der Rückruf im Rahmen des europäischen Produktsicherheitsrechts als jede Maßnahme definiert werden, die darauf abzielt, ein bereits an den Verbraucher geliefertes oder bereitgestelltes gefährliches Produkt vom Hersteller oder Händler zwecks Kostenerstattung, Umtausch oder Instandsetzung zurückzufordern. Die Kommission nahm damit erkennbar Bezug auf Rechte zur Nachbesserung, Nachlieferung und Minderung, welche dem Zivilrecht vorbehalten sind, da dort auch entsprechende Verjährungsregelungen verankert sind. Folglich wurde der Vorschlag nicht umgesetzt.[208] **199**

Für die **technische Umsetzung** eines Rückrufs eines KI-Systems muss man sich vom bisherigen Verständnis lösen, da dies auf verschiedene Weisen erfolgen kann, abhängig von der Art des KI-Systems und seiner Bereitstellung sowie seinem Betrieb. So könnte der Anbieter mittels Verschlüsselungslinks oder Zugangsbeschränkungen arbeiten, indem er das betroffene KI-System durch ein Update verschlüsselt oder die Nutzung des Systems durch andere technische Maßnahmen einschränkt. Der Zugang zu cloud-basierten oder serverbasierten **200**

206 Siehe zum ProdSG *Schucht*, in: Klindt, ProdSG, § 26 Rn. 165.
207 Siehe zum ProdSG *Schucht*, in: Klindt, ProdSG, § 26 Rn. 166.
208 Siehe zum ProdSG *Schucht*, in: Klindt, ProdSG, § 26 Rn. 166.

KI-Systemen könnte ferner durch den Anbieter blockiert oder eingeschränkt werden, um den weiteren Betrieb zu verhindern.

201 Ein Rückruf im herkömmlichen Sinne – nämlich die Rückgabe oder Rücksendung der physischen Geräte oder Komponenten – dürfte hingegen selten vorkommen. Dies ist nur in solchen Fällen denkbar, in denen das KI-System auf spezifischer Hardware läuft, wie beispielsweise bei Robotern oder spezifischen KI-Modulen.

202 Im Hinblick auf die alternativen Handlungen der Abschaltung sowie der Außerbetriebsetzung, welche der Rückgabe des KI-Systems gleichzusetzen sind, trifft der Verordnungsgeber keine präzisen Definitionen. Daher muss sich den Begrifflichkeiten anhand des allgemeinen Sprachverständnisses angenähert werden. Während die Abschaltung einen Prozess bezeichnet, bei dem ein KI-System gezielt und kontrolliert heruntergefahren wird und somit nur temporär außer Betrieb genommen wird, bezieht sich die Außerbetriebsetzung auf eine dauerhafte Stilllegung eines KI-Systems. Es handelt sich hierbei um einen endgültigen Prozess, bei dem das KI-System nicht wieder in Betrieb genommen wird.[209] In beiden Fällen wird man zwischen einer **Remote-Deaktivierung** und einer **lokalen Deaktivierung** unterscheiden müssen. Während bei einer Remote-Deaktivierung das KI-System aus der Ferne gesteuert und abgeschaltet werden kann, muss bei einer lokalen Deaktivierung eine Anweisung an die Betreiber gesendet werden, die sodann aktiv tätig werden müssen.

203 Die dauerhafte Deaktivierung eines Systems, die aufgrund technischer Unmöglichkeit einer Aktualisierung oder Konformitätsherstellung erfolgt, wird gemäß den obigen Erwägungen als „Außerbetriebsetzung" bezeichnet. Es ist jedoch auch denkbar, dass eine vorübergehende Abschaltung in eine dauerhafte Außerbetriebsetzung übergeht. Diese erweiterten Handlungsmöglichkeiten schaffen Ergebnisse, die mit der konkreten Rückgabe des KI-Systems vergleichbar sind, wenn nicht sogar effizienter. Dies liegt daran, dass eine schnelle und territorial unbegrenzte Gefahrenabwehr möglich ist. Durch die Abschaltung von KI-Systemen kann eine vollständige Erreichbarkeit bzw. Erfolgsquote erzielt werden, die unabhängig von einer etwaigen Nutzerreaktion und ihrem Informationsstand ist.[210]

a) Voraussetzungen

204 Obwohl der Rückruf im Vergleich zur Rücknahme von **höherer Eingriffsintensität** ist, unterliegt er – anders als im Falle des nationalen Produktsicherheitsgesetzes – keinen strengeren Anforderungen im Hinblick auf den Grad des Verordnungsverstoßes. Darüber hinaus wird auch kein größeres Maß an „sicherer

209 Zu der Begrifflichkeit i. R. d. FZV: *Stadler*, in: Stiefel/Maier, AKB, AKB 2015 Rn. 1.
210 *Regenfus*, JZ 2018, 79, 82.

Kenntnis" seitens der betroffenen Akteure oder Marktüberwachungsbehörden gefordert. Wie auch im Falle der Rücknahme genügt es, wenn der betroffene Akteur **der Auffassung ist oder Grund zu der Annahme hat** (siehe Art. 20 Rn. 8 f.), dass ein von ihm in Verkehr gebrachtes oder in Betrieb genommenes Hochrisiko-KI-System nicht dieser Verordnung entspricht.

b) Rechtsfolgen

Verfügen die betroffenen Akteure über den bezeichneten Wissensgrad, so veranlassen sie – womöglich erst in einem zweiten Schritt, nachdem sie die Konformität nicht auf andere Weise haben herstellen können – den Rückruf des KI-Systems. In praxi nimmt die Anzahl der Produktrückrufe als branchenübergreifendes Industriephänomen spürbar zu,[211] sodass Hersteller nicht selten Produktrückrufkosten-Versicherungen (sog. **Rückrufkostendeckungen**) abschließen. Ursprünglich vor allem für Betreiber der Automobil- und Zulieferindustrie eingeführt, wurde die Rückrufkostenversicherung zunehmend auf andere Industriebereiche ausgeweitet. Angesichts der europäischen Produktsicherheitsgesetzgebung und der darin enthaltenen Möglichkeit behördlicher Anordnungen eines Rückrufs muss diese Versicherung künftig noch weiter ausgebaut werden.[212] Der Sinn und Zweck der Einführung derartiger Versicherungen – nämlich die erheblichen Kosten eines Rückrufs sowie die schwer zu beantwortenden rechtlichen und tatsächlichen Fragen hinsichtlich Verbreitung, Risiken und Mangelhaftigkeit – gilt gleichermaßen im KI-Sektor. Hier bleibt abzuwarten, ob die Versicherungswirtschaft derartige Versicherungen anbieten wird, obwohl dies mehr als geboten erscheint. **205**

XVII. Rücknahme eines KI-Systems (Nr. 17)

1. Allgemeines

Art. 3 Nr. 17 KI-VO definiert den Begriff der Rücknahme (zu Hintergrund und Abgrenzug zum Begriff „Rückruf" siehe Rn. 197 ff.). Unter der Rücknahme eines KI-Systems versteht der Verordnungsgeber „jede Maßnahme, mit der verhindert werden soll, dass ein in der Lieferkette befindliches KI-System auf dem Markt bereitgestellt wird". **206**

a) Voraussetzungen

Wie der Rückruf ist auch die Rücknahme eine Maßnahme, die entweder eigeninitiativ vom Anbieter (vgl. Art. 20 Abs. 1) oder Händler (vgl. Art. 24 Abs. 4) **207**

211 Siehe zum ProdSG *Schucht*, in: Klindt, ProdSG, § 26 Rn. 165.
212 *Stempfle*, in: Höra/Schubach, Münchener Anwaltshandbuch Versicherungsrecht, Rn. 463.

durchgeführt oder von der Marktüberwachungsbehörde angeordnet werden kann (vgl. Art. 79 Abs. 2 UAbs. 2 KI-VO). Voraussetzung für die Durchführung oder Anordnung der Rücknahme ist die Nichterfüllung der Anforderungen dieser Verordnung durch das KI-System. Während der Anbieter sowie der Händler hierfür entweder der **Auffassung sein oder Grund zu der Annahme haben** müssen (siehe Art. 20 Abs. 1 Rn. 8 f.), müssen die Marktüberwachungsbehörden die Nichtkonformität (positiv) festgestellt haben.

b) Rechtsfolgen

208 Mit der Rücknahme soll primär verhindert werden, dass KI-Systeme, die nicht mit dieser Verordnung in Einklang stehen und sich noch in der Vertriebskette befinden, in die Hände der Endnutzer im Allgemeinen und der Verbraucher im Besonderen gelangen. Dies dient dem Schutz der Sicherheit und Gesundheit von Personen.[213] Da durch die Rücknahme die weitere Auslieferung nicht konformer KI-Systeme an den Endnutzer unterbunden wird, zwingt die Maßnahme den Akteur zwar dazu, mit seinem Kunden Kontakt aufzunehmen, allerdings muss er nicht direkt mit dem Endkunden in Verbindung treten, sodass die Rücknahme auch als **„stiller Rückruf"** bezeichnet wird. Die Rücknahme ist so lange als ausreichend anzusehen, wie noch sichergestellt werden kann, dass kein KI-System an den Endverbraucher abgegeben wurde. Der stille Rückruf ist für die Wahrnehmung des Akteurs im Markt und im Wettbewerb von erheblichem Vorteil, da die Maßnahme im Unterschied zum Rückruf weitaus weniger öffentlichkeitswirksam ist und sich primär auf den **B2B-Bereich** beschränkt. Wenn und soweit in der Vertriebs-EDV und damit softwareseitig die mit dem inkriminierten Produkt belieferten (Groß-, Zwischen- und Einzel-)Händler ausnahmslos namentlich bekannt sind, wird bereits ein entsprechendes Anschreiben mit einer Rückgabeaufforderung regelmäßig der behördlichen Anordnung der Rücknahme genügen. Wegen etwaiger Kostenregresse bei nach Auslieferungsstopp erfolgten Produkthaftungsfällen ist den betroffenen Wirtschaftsakteuren zugleich zu raten, den Tag und den Postempfang der Rückgabeaufforderung zu dokumentieren, um diese gegenüber den Händlern nachweisen zu können.

2. Verfahren

209 Stellt die Marktüberwachungsbehörde gem. Art. 79 Abs. 2 UAbs. 2 fest, dass das KI-System die in dieser Verordnung festgelegten Anforderungen und Pflichten nicht erfüllt, fordert sie den jeweiligen Akteur unverzüglich (siehe Art. 20 Rn. 21) auf, alle geeigneten **Korrekturmaßnahmen** zu ergreifen, um die Konformität des KI-Systems herzustellen. Alternativ muss der Akteur das KI-System vom Markt nehmen oder es innerhalb einer Frist, die die Marktüberwa-

213 ErwG 8.

chungsbehörde festlegt, jedoch innerhalb von weniger als 15 Arbeitstagen oder gemäß den einschlägigen Harmonisierungsrechtsvorschriften der Union, zurückrufen. Bevor die Marktüberwachungsbehörde diese Anordnung trifft, kooperiert sie vorab mit dem Adressaten der Maßnahme. Dies ist nicht nur implizit aus Art. 79 Abs. 5 ersichtlich, sondern auch explizit in Art. 79 Abs. 2 normiert.[214]

3. Adressat der Maßnahme

Die Festlegung des **Adressaten für Rückruf- und Rücknahmemaßnahmen** 210
konkretisiert sich aus den Bestimmungen von Art. 20 Abs. 2, Art. 24 Abs. 4 und Art. 79 Abs. 5. Diese Maßnahmen obliegen grundsätzlich nicht nur dem Anbieter und dem Händler, sondern stellen vielmehr ihre Pflicht nach Kapitel III Abschnitt 3 der hiesigen Verordnung dar.

Falls ein Akteur in Bezug auf das KI-System keine angemessenen Korrektur- 211
maßnahmen innerhalb der in Art. 79 Abs. 2 genannten Frist ergreift und somit seine Pflichten verletzt, ist die Marktüberwachungsbehörde befugt, alle erforderlichen Maßnahmen zu ergreifen, um das KI-System vom Markt zu nehmen oder zurückzurufen (vgl. Art. 79 Abs. 5). Dies kann auch die Anordnung eines Rückrufs oder einer Rücknahme in Form eines Verwaltungsakts umfassen, sofern diese Anordnung im Verhältnis angemessen ist.

4. Verhältnismäßigkeit

Die Maßnahmen des Rückrufs und der Rücknahme müssen nicht getroffen wer- 212
den, wenn dies nicht verhältnismäßig ist. Das ergibt sich auf europäischer Ebene aus dem **Grundsatz der Verhältnismäßigkeit** aus Art. 52 Abs. 1 GRCh[215] sowie in nationaler Hinsicht aus dem **Rechtsstaatsprinzip** aus Art. 20 Abs. 3 GG, wonach jede staatliche Maßnahme einen legitimen Zweck verfolgen muss, der geeignet, erforderlich und angemessen ist.[216]

---

214 Siehe zum ProdSG *Schucht*, in: Klindt, ProdSG, § 26 Rn. 176.

215 Die Gewährung der in der Charta für Grundrechte der Europäischen Union verankerten Grundrechte wird in ErwG 1 ausdrücklich normiert; *Jarass*, GRCh, Art. 52 Rn. 34.

216 BVerfG, Urt. v. 11.3.2008 – 1 BvR 2074/05; siehe zum ProdSG *Schucht*, in: Klindt, ProdSG, § 26 Rn. 174.

XVIII. Leistung eines KI-Systems (Nr. 18)

1. Allgemeines

213 Bemerkenswert ist zunächst eine sprachliche Ungenauigkeit: Der Begriff der „Leistung eines KI-Systems“ wird in der KI-VO nur in ErwG 91 verwendet. Teilweise ist von „Leistung dieses Systems“ (Art. 3 Nr. 32), „Leistung des KI-Systems“ (Anhang IV, ErwG 27), schlicht „Leistung“ (Art. 13 Abs. 3 lit. b sublit. v, Art. 15 Abs. 5) oder „Leistung der Hochrisiko-KI-Systeme“ (Art. 72 Abs. 2) die Rede.

2. Begriffsbedeutung

214 Die Leistung eines KI-Systems beschreibt nach der Legaldefinition die Fähigkeit eines KI-Systems, seine Zweckbestimmung (definiert in Art. 3 Nr. 12 als die „Verwendung, für die ein KI-System laut Anbieter bestimmt ist, einschließlich der besonderen Umstände und Bedingungen für die Verwendung, entsprechend den vom Anbieter bereitgestellten Informationen in den Betriebsanleitungen, im Werbe- oder Verkaufsmaterial und in diesbezüglichen Erklärungen sowie in der technischen Dokumentation“) zu erfüllen. Es geht also um die Frage, inwieweit das System seine vom Anbieter vorgesehene Aufgabe zuverlässig, effizient und korrekt ausführt. Dies umfasst typischerweise Aspekte wie:

- **Genauigkeit und Fehlerquote:** Wie präzise trifft das System seine Vorhersagen oder Klassifikationen?
- **Robustheit:** Wie gut reagiert das System – mit Blick auf die Zweckbestimmung – auf unerwartete oder leicht abweichende Eingabedaten?
- **Generalisation:** In welchem Maße kann das System auch auf bisher ungesehenen Daten gute Ergebnisse liefern?

215 Die unabhängige Bewertung der Leistung eines KI-Systems erfolgt idealerweise durch standardisierte Testverfahren. Hierbei werden vordefinierte Metriken und Benchmarks herangezogen, die objektiv und reproduzierbar die Leistungsfähigkeit messen. Je nach Anwendungsfall können weitere Kennzahlen wie Präzision, Recall, F1-Score oder AUC eine Rolle spielen. Oft kommen auch etablierte Evaluierungsmethoden wie Cross-Validation oder Blindtests zum Einsatz, um Überanpassung (Overfitting) zu auszuschließen.

XIX. Notifizierende Behörde (Nr. 19)

Die „notifizierende Behörde“ wird in Art. 3 Nr. 19 legaldefiniert als nationale Behörde, die für die Einrichtung und Durchführung der erforderlichen Verfahren für die Bewertung, Benennung und **Notifizierung von Konformitätsbewertungsstellen** und für deren Überwachung zuständig ist. Neben der Marktüberwachungsbehörde ist sie eine der beiden „zuständigen nationalen Behörden“ im Sinne des Art. 3 Nr. 48, die von den Mitgliedstaaten eingerichtet werden muss (Art. 28 Abs. 1, Art. 70). Dabei kann die notifizierende Behörde auch eine Akkreditierungsstelle im Sinne des Art. 4 Abs. 1 VO (EG) 765/2008 i.V.m. Art. R 14 Abs. 2 des Anhangs I des Beschlusses Nr. 768/2008 sein (siehe Art. 28 Rn. 5 ff.). **216**

Der notifizierenden Behörde ist die Aufgabe zugewiesen, die Bewertung, Benennung und Notifizierung von Konformitätsbewertungsstellen vorzunehmen und anschließend die Europäische Kommission sowie die Mitgliedstaaten über diese Befugniserteilung in Kenntnis zu setzen (Art. 30). Der genaue Ablauf des Notifizierungsverfahrens wird in den Art. 28 ff. präzisiert; sie trägt die volle Verantwortung für die Kompetenz der Stellen, die sie notifiziert.[217] Ebenso die Anforderungen an ihre Ausstattung. Dabei ist sie so einzurichten, zu organisieren und zu führen, dass jegliche **Interessenskonflikte mit den Konformitätsbewertungsstellen vermieden** werden und ihre **Kompetenz, Objektivität und Unparteilichkeit** zu jedem Zeitpunkt des Verfahrens **sichergestellt** ist. **217**

Die Mitgliedstaaten müssen bis zum 2.8.2025 die notifizierende Behörde einrichten und benennen (Art. 113). Bislang hat lediglich Malta die Einrichtung der Behördenstruktur vollzogen. Danach fungieren die maltesische Behörde für digitale Innovation (Malta Digital Innovation Authority, MDIA) und die Datenschutzkommission gemeinsam als Marktaufsichtsbehörden und die MDIA mit dem Nationalen Akkreditierungsrat als notifizierende Behörde. **218**

---

217 Bekanntmachung der Kommission, Leitfaden für die Umsetzung der Produktvorschriften der EU 2022 („Blue Guide“), 29.6.2022, ABl. 2022 C 247/1, S. 87.

XX. Konformitätsbewertung (Nr. 20)

1. Allgemeines

a) Zweck der Vorschrift

219 Art. 3 Nr. 20 definiert, was die KI-VO unter dem Begriff der Konformitätsbewertung versteht.

220 Allgemein wird im europäischen Produktrecht nach Maßgabe des Leitfadens für die Umsetzung der Produktvorschriften der EU 2022 („Blue Guide") unter einer Konformitätsbewertung ein vom Hersteller durchgeführter Vorgang verstanden, mit dem nachgewiesen werden soll, dass bestimmte Anforderungen an ein Produkt erfüllt worden sind, bevor dieses in Verkehr gebracht wird. Wesentliches Ziel des Konformitätsbewertungsverfahrens ist es demnach, den Nachweis zu erbringen, dass das in Verkehr zu bringende Produkt den Anforderungen entspricht, die in den Bestimmungen der einschlägigen Rechtsvorschriften festgelegt sind (siehe Art. 43 Rn. 8 ff.).[218]

221 Die grundsätzlichen Vorgaben zur Konformitätsbewertung folgen dabei dem „New Approach" auf Basis des durch die EU erarbeiteten sogenannten „neuen Rechtsrahmens" („New Legislative Framework", NLF), konkret dem Modulkonzept.[219] Gemäß den Harmonisierungsrechtsvorschriften der Union bestehen die Konformitätsbewertungsverfahren danach aus einem oder zwei Konformitätsbewertungsmodulen. Unter diesen Modulen wählt der Gesetzgeber diejenigen Konformitätsbewertungsmodule/-verfahren aus, die für die Erfordernisse in dem betreffenden Sektor am geeignetsten sind (siehe Art. 43 Rn. 3).[220]

222 Auch der Verordnungsgeber der KI-VO folgt diesem Konzept. So ist auch hier die Durchführung des Konformitätsbewertungsverfahrens wesentliche Aufgabe des Herstellers bzw. des Anbieters selbst.[221] Im Unterschied zu anderen regulatorischen Systemen, beispielsweise dem US-amerikanischen System, obliegt die Konformitätsbewertung des auf den Markt zu bringenden Produktes gerade keiner zentralen Behörde, sondern liegt – selbst wenn die Rechtsvorschriften die Beteiligung einer notifizierten oder akkreditierten Stelle vorsehen – in der alleinigen Zuständigkeit des Herstellers[222] (siehe Art. 43 Rn. 2). Dies stellt eine we-

---

218 Bekanntmachung der Kommission, Leitfaden für die Umsetzung der Produktvorschriften der EU 2022 („Blue Guide"), 29.6.2022, ABl. 2022 C 247/1, S. 70.

219 *Mayr/Thiermann/Schrack/Kiesselbach*, Das neue Medizinprodukterecht, S. 41.

220 Bekanntmachung der Kommission, Leitfaden für die Umsetzung der Produktvorschriften der EU 2022 („Blue Guide"), 29.6.2022, ABl. 2022 C 247/1, S. 70 f.

221 *Mayr/Thiermann/Schrack/Kiesselbach*, Das neue Medizinprodukterecht, S. 41.

222 Bekanntmachung der Kommission, Leitfaden für die Umsetzung der Produktvorschriften der EU 2022 („Blue Guide"), 29.6.2022, ABl. 2022 C 247/1, S. 71.

sentliche Besonderheit des europäischen Produktrechts dar und wurde auch in der KI-VO so übernommen.

Sichtbarer Ausdruck des ex ante, das heißt vor erstmaligem Inverkehrbringen eines Produktes erfolgreich durchgeführten Konformitätsbewertungsverfahrens sind die CE-Kennzeichnung (siehe Art. 48 Rn. 1 ff.) und die zugehörige CE-Konformitätserklärung (siehe Art. 47 Rn. 1 ff.).[223] **223**

Das Konformitätsbewertungsverfahren ist nicht mit der Marktüberwachung zu verwechseln, die in Ex-post-Kontrollen der nationalen Marktüberwachungsbehörden nach dem Inverkehrbringen des Produkts besteht. Beide Verfahren ergänzen einander jedoch und sind gleichermaßen notwendig, um den Schutz der betroffenen öffentlichen Interessen und das reibungslose Funktionieren des Binnenmarkts zu gewährleisten[224] (siehe Art. 43 Rn. 7). **224**

b) Entstehungsgeschichte

Die Definition mit Bezug auf die in Titel III Kapitel 2 genannten Anforderungen war bereits im Vorschlag der EU-Kommission vom 21.4.2021 enthalten. **225**

Im Zuge der Umbenennung der Titel in Kapitel und der Kapitel in Abschnitte ist dem Verordnungsgeber mit der Nennung von „Titel II" initial ein redaktionelles Versehen unterlaufen, das es zu beheben galt, da die KI-VO die an Hochrisiko-KI-Systeme gestellten Anforderungen in Kapitel III regelt. Kapitel II behandelt hingegen die verbotenen Praktiken im KI-Bereich, nicht Hochrisiko-KI-Systeme. Dies wurde im weiteren Verlauf korrigiert. **226**

c) Verhältnis zu anderen Vorschriften

Das in Art. 3 Nr. 20 definierte Konformitätsbewertungsverfahren wird in Art. 43 näher ausgestaltet (vgl. Art. 43 Rn. 8 ff.). **227**

Verpflichtet zur Durchführung sind Anbieter bestimmter Hochrisiko-KI-Systeme. Dies ist auch durch die Aufnahme dieser Verpflichtung in Art. 16 lit. f klargestellt. **228**

Auch weiteren Wirtschaftsakteuren kommen jedoch Aufgaben im Rahmen der Konformitätsbewertung zu. So haben Einführer nach Art. 23 lit. a zu überprüfen, ob der Anbieter eines Hochrisiko-KI-Systems eine Konformitätsbewertung nach Art. 43 durchgeführt hat, und sind notifizierte Stellen nach Art. 34 Abs. 1 dazu aufgerufen, die Konformität eines Hochrisiko-KI-Systems nach den in Art. 43 **229**

223 *Mayr/Thiermann/Schrack/Kesselbach*, Das neue Medizinprodukterecht, S. 41.
224 Bekanntmachung der Kommission, Leitfaden für die Umsetzung der Produktvorschriften der EU 2022 („Blue Guide"), 29.6.2022, ABl. 2022 C 247/1, S. 70.

vorgesehenen, vom Anbieter durchzuführenden Konformitätsbewertungsverfahren zu überprüfen.

2. Konformitätsbewertung

230 Art. 3 Nr. 20 beschränkt für die Zwecke der KI-VO die Anwendbarkeit des mit dem Begriff Konformitätsbewertung umschriebenen Verfahrens auf die Bewertung, ob die in „Titel III Abschnitt 2" genannten Anforderungen erfüllt sind.

231 Diese umfassen die Einrichtung, Anwendung, Dokumentation und Aufrechterhaltung eines Risikomanagementsystems (Art. 9), die Geltung von Daten-Governance (Art. 10), die Erstellung und Aktualisierung technischer Dokumentation (Art. 11), die Umsetzung von Aufzeichnungspflichten (Art. 12), die Beachtung von Transparenz bei der Konzeption und Entwicklung von Hochrisiko-KI-Systemen und die Bereitstellung von Informationen für die Betreiber (Art. 13), die Möglichkeit der Beaufsichtigung durch menschliche Aufsicht (Art. 14) sowie die Gewährleistung von Genauigkeit, Robustheit und Cybersicherheit (Art. 15). Hierbei ist der Zweckbestimmung der Hochrisiko-KI-Systeme sowie dem allgemein anerkannten Stand der Technik in Bezug auf KI und KI-bezogene Technologien Rechnung zu tragen (Art. 8).

XXI. Konformitätsbewertungsstelle (Nr. 21)

Nach Art. 3 Nr. 21 ist „Konformitätsbewertungsstelle“ eine Stelle, die Konformitätsbewertungstätigkeiten einschließlich Prüfungen, Zertifizierungen und Inspektionen durchführt und dabei als Dritte auftritt. In der Regel handelt es sich um eine unabhängige **„notifizierte Stelle“** im Sinne des Art. 3 Nr. 22. Nur ausnahmsweise soll die in Art. 74 Abs. 8 bzw. Abs. 9 genannte Marktüberwachungsbehörde die Funktion der notifizierten Stelle übernehmen (Art. 43 Abs. 1 Satz 4), sofern das KI-System durch Strafverfolgungs-, Einwanderungs- oder Asylbehörde verwendet wird. **232**

Konformitätsbewertungsstellen **überprüfen die Konformität von Hochrisiko-KI-Systemen** nach den jeweils einschlägigen Verfahren der Konformitätsbewertung (Art. 43 i.V.m. Anhang 7). Die erfolgreiche Durchführung der Konformitätsbewertung führt zur **Konformitätserklärung** (Art. 47) und ermöglicht das **Anbringen der CE-Kennzeichnung** (Art. 48). Außerdem wird das Hochrisiko-KI-System in einer von der EU betriebenen **Datenbank registriert** (Art. 49).[225] **233**

XXII. Notifizierte Stelle (Nr. 22)

Nach Art. 3 Nr. 22 ist eine „notifizierte Stelle“ eine Konformitätsbewertungsstelle, die gemäß dieser Verordnung und den einschlägigen Harmonisierungsrechtsvorschriften der Union (vgl. Anh. 1) notifiziert wurde. Die Notifizierung erfolgt durch die „notifizierende Behörde“ (Art. 3 Nr. 19), welche die notifizierte Stelle bewertet, benennt und überwacht. Das Verfahren zur Notifizierung ist in den Art. 28 ff. geregelt. **234**

Die Anforderungen an eine notifizierte Stelle folgen aus Art. 31 i.V.m. mit den Vorgaben aus Anhang I R 17 des Beschlusses Nr. 768/2008/EG (siehe Art. 31 Rn. 3 ff.). Sie wird nach **nationalem Recht gegründet** und muss **mit Rechtspersönlichkeit ausgestattet** sein. Ferner muss sie über eine **organisatorische und fachliche Ausstattung verfügen, die es ihr ermöglicht, ihre Aufgaben ordnungsgemäß wahrzunehmen**. Sie muss ihre Unabhängigkeit wahren, d.h. sie darf sich in keinem Näheverhältnis zu den von ihr bewerteten Anbietern von KI-Systemen sowie zu den wirtschaftlich interessierten Akteuren befinden; die Sicherstellung von Unabhängigkeit, Unparteilichkeit und Integrität bilden einen wesentlichen Baustein für das Vertrauen in ihre Tätigkeit und damit in das Konformitätsbewertungssystem insgesamt. **235**

225 Vgl. zu allem *Gerdemann*, NJW 2024, 2209, 2211.

236 Notifizierten Stellen wird eine Identifikationsnummer zugewiesen und sie werden im sog. NANDO-System (New Approach Notified and Designated Organisations) gelistet, einem elektronischen Notifizierungsinstrument, das von der Kommission entwickelt wurde und von ihr fortlaufend verwaltet wird (Art. 35).[226] Im NANDO-System finden sich die vollständigen Angaben zur Stelle sowie eine Beschreibung der von ihr durchführbaren Konformitätsbewertungen.

237 Die Kommission koordiniert obendrein die Zusammenarbeit der notifizierten Stellen in Bezug auf Hochrisiko-KI-Systemen (Art. 38).

238 Eine Notifizierung kann unter den in Art. 36 benannten Voraussetzungen von der notifizierenden Behörde geändert, eingeschränkt, ausgesetzt oder widerrufen werden. Nach Art. 37 kann dies auch durch die Kommission erfolgen, sofern diese nach eigenen Untersuchungen feststellt, dass die Anforderungen an die notifizierte Stelle nicht oder nicht mehr vorhanden sind und die von ihr in Kenntnis gesetzten Mitgliedstaaten nicht aktiv werden (Art. 37; eine Art „Ersatzvornahme“).

226 Bekanntmachung der Kommission, Leitfaden für die Umsetzung der Produktvorschriften der EU 2022 („Blue Guide“), 29.6.2022, ABl. 2022 C 247/1, S. 92.

XXIII. Wesentliche Veränderung (Nr. 23)

1. Allgemeines

Die Definition der wesentlichen Veränderung in Art. 3 Nr. 23 definiert **zwei verschiedene Vorgänge** als wesentliche Veränderung. Zum einen fällt darunter eine Veränderung, die die **Konformität** des KI-Systems mit den Anforderungen in Kapitel III Abschnitt 2 beeinträchtigt. Zum anderen stellt die Änderung der **Zweckbestimmung**, die bewertet wurde, eine wesentliche Veränderung dar. Systematisch gibt es Schnittmengen zwischen den Tatbestandsalternativen. Die Veränderung der Zweckbestimmung eines Hochrisiko-KI-Systems ist ein Unterfall der konformitätsrelevanten Veränderung. Für sonstige KI-Systeme hat die Veränderung der Zweckbestimmung allerdings eine eigenständige Bedeutung und daher einen weiteren Anwendungsbereich. **239**

Eine wesentliche Veränderung kann von **jedem Akteur** im Sinne des Art. 3 Nr. 8 herbeigeführt werden. Besondere Bedeutung hat die Definition als Auslöser eines **erneuten Konformitätsbewertungsverfahrens** gem. Art. 43 Abs. 4 sowie für den **Rollen- und Pflichtenwechsel** des Akteurs gem. Art. 25 Abs. 1 lit. b. **240**

2. Veränderung nach Inverkehrbringen oder Inbetriebnahme

Die Veränderung muss **nach Inverkehrbringen oder Inbetriebnahme** stattfinden. Veränderungen vor diesem Zeitpunkt sind allerdings auch relevant für das Konformitätsbewertungsverfahren und den Pflichtenkatalog des Anbieters. Hierfür bedarf es allerdings keiner gesetzlichen Anordnung, da sich dies schon aus der Festlegung des Inverkehrbringens und der Inbetriebnahme als zeitlicher Anknüpfungspunkt für die Konformität ergibt. Eine Veränderung kann insbesondere durch eine **Änderung des Betriebssystems** oder der **Softwarearchitektur** herbeigeführt werden.[227] **241**

3. Beeinträchtigung der Konformität des KI-Systems mit den Anforderungen in Kapitel III Abschnitt 2

Die erste Tatbestandsalternative erfasst alle Veränderungen, die die Konformität des KI-Systems mit den Anforderungen in Kapitel III Abschnitt 2 beeinträchtigen. Die Definition ist demnach nur auf **Hochrisiko-KI-Systeme** anwendbar, da Kapitel III Abschnitt 2 nur Anforderungen an diese KI-Systeme aufstellt. Die zusätzliche Voraussetzung, dass die Veränderung in der vom Anbieter durchgeführten ursprünglichen Konformitätsbewertung nicht vorgesehen oder geplant **242**

227 ErwG 128.

war, ist redundant. Wäre die Veränderung in der ursprünglichen Konformitätsbewertung vorgesehen gewesen, hätte sie gerade keine Auswirkungen auf die Konformität des Hochrisiko-KI-Systems, da sie bereits im Konformitätsbewertungsverfahren berücksichtigt wurde.

243 Es muss sich nicht zwingend um eine negative oder risikoerhöhende Veränderung handeln.[228] Es genügt vielmehr **jede Beeinträchtigung im Sinne einer Auswirkung** auf das Konformitätsbewertungsverfahren. Die an die wesentliche Veränderung geknüpfte Rechtsfolge der erneuten Durchführung eines Konformitätsbewertungsverfahren zielt darauf ab, dass jedes im Markt befindliche Hochrisiko-KI-System den einschlägigen Anforderungen, beispielsweise aus anwendbaren harmonisierten Normen, entspricht. Hierfür muss sichergestellt werden, dass jede Veränderung, die im Rahmen des Konformitätsbewertungsverfahrens z.B. eine andere technische Prüfung oder eine andere Risikoabwägung erfordert hätte, in ein neues Konformitätsbewertungsverfahren führt. Dies gilt unabhängig davon, ob im Ergebnis z.B. schärfere Maßnahmen zur Risikominimierung getroffen werden müssen. Die Konformität des Hochrisiko-KI-Systems ist nämlich schon dann nicht mehr gegeben – und damit beeinträchtigt –, wenn zum Beispiel eine erst nach der Veränderung einschlägige harmonisierte Norm nicht angewendet wurde. Eine relevante Auswirkung auf die Konformitätsbewertung ist insbesondere bei Veränderungen anzunehmen, die sich auf **Merkmale** des KI-Systems beziehen, die in der **technischen Dokumentation** gemäß Art. 19 i.V.m. Anhang IV aufzuführen sind. Aus Anhang IV können daher **Anhaltspunkte** für die Auslegung gewonnen werden. Hier sind unter anderem die Versionen der eingesetzten Software, die Beschreibung der Hardware, die Zweckbestimmung, die allgemeine Logik des KI-Systems und der Algorithmen, auch die Interaktion mit Hard-/Software und anderen KI-Systemen sowie die Beschreibung der Benutzerschnittstelle genannt. All diese Informationen werden im Rahmen der Konformitätsbewertung berücksichtigt und haben daher grundsätzlich eine Auswirkung. Anhang VI nennt weiter ergriffene Cybersicherheitsmaßnahmen, eine detaillierte Beschreibung des Risikomanagementsystems im Sinne des Art. 9 und die Betriebsanleitung. Hieraus ergeben sich im Einzelnen schwierige **Auslegungsfragen**. Relevant für die Konformitätsbewertung ist zum Beispiel auch die Betriebsanleitung. Eine erneute Konformitätsbewertung für jede Änderung der Betriebsanleitung scheint vom Gesetzgeber kaum gewollt zu sein und wäre praktisch nicht umsetzbar. Daher muss unter Berücksichtigung von Sinn und Zweck der Vorschrift **einschränkend** ausgelegt werden. Diese Auslegung steht im Einklang mit den Grundsätzen zu anderen harmonisierten Rechtsakten, in denen das Konzept der wesentlichen Veränderung verankert

228 A. A. *Wendehorst*, in: Martini/Wendehorst, KI-VO, Art. 3 Rn. 190.

ist.[229] Im Zusammenhang mit der EU-Maschinenrichtlinie 2006/42/EG gilt z. B. jede **Funktions- oder Leistungsänderung** als wesentliche Veränderung.[230] Nach den Erwägungsgründen der neuen EU-Maschinen-VO sollen reine Reparatur- und Wartungsarbeiten, die die Übereinstimmung der Maschine mit den einschlägigen grundlegenden Sicherheits- und Gesundheitsschutzanforderungen nicht beeinträchtigen, keine wesentliche Änderung darstellen.[231] Hierfür sind mit Bedacht erarbeitete Leitlinien der Kommission gem. Art. 96 Abs. 1 dringend notwendig.

Keine wesentliche Veränderung stellt eine Veränderung des Hochrisiko-KI-Systems aufgrund einer bereits ursprünglich angelegten **Fähigkeit zum selbständigen Weiterlernen** dar. Dies ergibt sich bereits daraus, dass die Definition in Art. 3 Nr. 23 selbst darauf abstellt, dass die Veränderung weder vorgesehen noch geplant war. In Art. 43 Abs. 4 UAbs. 2 wird der Grundsatz ebenfalls ausdrücklich festgelegt. Nicht ausdrücklich genannt wird in Art. 43 Abs. 4 UAbs. 2 das individualisierende Trainieren des Hochrisiko-KI-Systems durch den Betreiber oder einen anderen Akteur. Es lässt sich allerdings unter die Formulierung „weiterhin dazulernen" subsumieren. Auch aus verallgemeinerungsfähigen Auslegungsansätzen zu anderen harmonisierenden Rechtsakten ist herzuleiten, dass ein Training zur Anpassung an die spezifischen Bedürfnisse des Betreibers oder Nutzers keine wesentliche Veränderung ist, wenn sie den Vorgaben in der Betriebsanleitung und technischen Dokumentation entspricht. Im Sinne der Rechtssicherheit sind hierzu konkrete Vorgaben in den von der Kommission gemäß Art. 96 Abs. 1 zu erlassenden Leitlinien dringend notwendig.[232] 244

Für Hochrisiko-KI-Systeme, die ein Konformitätsbewertungsverfahren nach einem **anderen harmonisierenden Rechtsakt** durchlaufen haben, sollen die Abgrenzungskriterien nach diesem Rechtsakt gelten.[233] Ausdrücklich genannt wird Art. 16 MP-VO, der ebenfalls auf eine Änderung der Zweckbestimmung und eine Änderung mit Auswirkungen auf das Konformitätsbewertungsverfahren abstellt. Die Vorschrift legt konkrete Kriterien fest, die zum Teil sehr spezifisch auf die üblichen Vertriebssysteme von Medizinprodukten ausgerichtet sind, zum Teil aber auch als **allgemeine Grundsätze** für die Auslegung des Art. 3 Nr. 23 KI-VO herangezogen werden können. Denkbar ist zum Beispiel 245

229 ErwG 128: „Im Einklang mit dem allgemein anerkannten Begriff der wesentlichen Änderung von Produkten […]".

230 Europäische Kommission, Leitfaden für die Anwendung der Maschinenrichtlinie 2006/42/EG, Aufl. 2.3, April 2024, § 82.

231 VO (EU) 2023/1230, ErwG 26, wobei zu berücksichtigen ist, dass Art. 3 Nr. 16 EU-Maschinen-VO bereits eine Beschränkung auf Veränderungen festlegt, die zu einer neuen Gefährdung oder einer Risikoerhöhung führen, ein Wortlaut, den der EU-Gesetzgeber in Art. 3 Nr. 23 gerade nicht gewählt hat.

232 *Novelli/Hacker/Morley/Trondal/Floridi*, EJRR 2024, 1, 7.

233 ErwG 84.

eine Übertragung der Bewertung, dass eine **Anpassung** des Produkts nach dem Inverkehrbringen ohne Änderung der Zweckbestimmung keine wesentliche Änderung darstellt,[234] um eine Individualisierung des KI-Systems durch **spezialisierendes Weitertrainieren** des KI-Systems ohne erneutes Konformitätsbewertungsverfahren zu ermöglichen. Im Regelfall wird diese Möglichkeit ohnehin in der technischen Dokumentation erfasst sein, sodass die Veränderung bereits Gegenstand des ursprünglichen Konformitätsbewertungsverfahrens war. Mit Blick auf die Entwicklung der medizinprodukterechtlichen Vorschriften lässt sich bereits antizipieren, dass sich die Abgrenzungskriterien für den Begriff der wesentlichen Veränderung im Sinne des Art. 3 Nr. 23 im Wechselspiel zwischen Akteuren, Marktüberwachungspraxis und EuGH-Rechtsprechung konkretisieren werden.[235]

4. Änderung der Zweckbestimmung, die bewertet wurde

246 Eine wesentliche Veränderung liegt immer dann vor, wenn die Zweckbestimmung des KI-Systems geändert wird, die ursprünglich bewertet wurde. Diese Tatbestandsvariante kann sowohl **Hochrisiko-KI-Systeme** als auch **sonstige KI-Systeme** betreffen, da sie nach dem klaren Wortlaut zum einen für alle KI-Systeme gilt und zum anderen nicht auf die Zweckbestimmung beschränkt ist, die im Konformitätsbewertungsverfahren gem. Art. 43 ff. zugrunde gelegt wurde, sondern die **Bewertung in einem weitergehenden Sinne** erfasst. Darunter lässt sich auch die Bewertung zur **risikobasierten Einstufung** des KI-Systems subsumieren. Eine wesentliche Veränderung ist demnach gegeben, wenn das KI-System aufgrund seiner Zweckbestimmung vom Anbieter nicht als Hochrisiko-KI-System im Sinne des Art. 6 eingestuft wurde und ein anderer Akteur – in der Regel der Betreiber – diese Zweckbestimmung nach dem Inverkehrbringen ändert. Allerdings knüpft die KI-VO an eine solche Veränderung **keine ausdrücklichen Rechtsfolgen**. Sowohl Art. 25 Abs. 1 als auch Art. 43 Abs. 4 sind aufgrund ihrer systematischen Stellung in Kapitel III Abschnitt 2 nur auf Hochrisiko-Systeme anwendbar. ErwG 84 führt allerdings aus, dass ein Akteur als Anbieter eines Hochrisiko-KI-Systems betrachtet werden solle, wenn „er die Zweckbestimmung eines KI-Systems, einschließlich eines KI-Systems mit allgemeinem Verwendungszweck, das nicht als Hochrisiko-KI-System eingestuft wurde und bereits in Verkehr gebracht oder in Betrieb genommen wurde, so verändert, dass das KI-System zu einem Hochrisiko-KI-System im Sinne dieser Verordnung wird". Diese Rechtsfolge ist allerdings aus dem Gesetzestext selbst nur unter Umwegen herzuleiten. Der Betreiber wird durch die soeben beschriebene Änderung nicht zum Anbieter im Sinne des Art. 3 Nr. 3, da er das KI-System

234 *Rehmann*, in: Rehmann/Wagner, MP-VO, Art. 16 Rn. 3.

235 Vgl. zum Begriff im Medizinprodukterecht *Rehmann*, in: Rehmann/Wagner, MP-VO, Art. 16 Rn. 3.

weder entwickelt hat noch entwickeln hat lassen noch es zwingend unter eigenem Namen in Verkehr bringt oder in Betrieb nimmt. Anknüpfungspunkt für Pflichten des Betreibers kann Art. 26 sein, der für Betreiber von Hochrisiko-KI-Systemen gilt, unabhängig davon, ob das System als Hochrisiko-KI-System in Verkehr gebracht wurde. Allerdings enthält die Vorschrift nur betriebsbezogene Pflichten.

Die Tatbestandsalternative erfasst darüber hinaus jede Änderung der Zweckbestimmung von **Hochrisiko-KI-Systemen**, wenn die neue Zweckbestimmung von der in der Betriebsanleitung und in der technischen Dokumentation genannten – vom Anbieter festgelegten – Zweckbestimmung abweicht. Zur Änderung der Zweckbestimmung ist keine Erklärung des Akteurs erforderlich. Es genügt wegen der gerade auf die Verwendung abstellenden Definition der Zweckbestimmung in Art. 3 Nr. 12 bereits die **Verwendung** in Abweichung zur Zweckbestimmung des Anbieters. Die Weite der Definition in Art. 3 Nr. 12 wirft die Frage auf, ob jede **Abweichung von den Nutzungsbedingungen** zu einer wesentlichen Veränderung führt (siehe Rn. 249). Unter Berücksichtigung von Sinn und Zweck der Rechtsfolgen einer wesentlichen Veränderung erscheint dies fraglich. Gegebenenfalls kommt eine teleologische Reduktion in Betracht, wonach nur Veränderungen der Zweckbestimmung im engeren Sinne erfasst sein könnten, da nur diese relevant für die Konformitätsbewertung oder Einstufung als Hochrisiko-KI-System sind. Die systematische Gestaltung der Vorschriften führt allerdings zu erheblichen Schwierigkeiten bei der Auslegung, die dringend durch die von der Kommission gemäß Art. 96 Abs. 1 zu erlassenden Leitlinien adressiert werden müssen. 247

5. Rechtsfolgen der wesentlichen Veränderung

Eine Veränderung des KI-Systems, die die oben erläuterten Tatbestandsmerkmale erfüllt, führt dazu, dass gem. Art. 43 Abs. 4 ein **erneutes Konformitätsbewertungsverfahren** durchzuführen ist. Darüber hinaus wird jeder andere Akteur im Sinne des Art. 3 Nr. 8 gegebenenfalls gem. Art. 25 Abs. 1 lit. b zum **Anbieter**, wenn er eine wesentliche Veränderung am KI-System vornimmt. ErwG 131 sieht darüber hinaus vor, dass jede wesentliche Veränderung von Hochrisiko-KI-Systemen in der **EU-Datenbank** (siehe Art. 71) registriert werden sollte. Eine entsprechende Vorschrift findet sich in der KI-VO allerdings nicht. 248

XXIV. CE-Kennzeichnung (Nr. 24)

1. Allgemeines

a) Zweck der Vorschrift

249 Art. 3 Nr. 24 definiert, was die KI-VO unter dem Begriff CE-Kennzeichnung versteht.

250 Die Anbringung des CE-Kennzeichens dient zum einen dem **Nachweis der Produktkonformität** mit den Vorgaben des Harmonisierungsrechts, zum anderen der Gewährleistung eines **freien Warenverkehrs** innerhalb der Mitgliedstaaten der Europäischen Union (siehe Art. 48 Rn. 3).

b) Entstehungsgeschichte

251 Die in Art. 3 Nr. 24 genannte Definition der CE-Kennzeichnung war bereits im Vorschlag der EU-Kommission vom 21.4.2021 enthalten, damals jedoch noch mit dem Unterschied, dass zunächst noch die CE-Konformitätskennzeichnung mit dem Klammerzusatz CE-Kennzeichnung genannt wurde.

c) Verhältnis zu anderen Vorschriften

252 Eine nähere Ausgestaltung erfährt die in Art. 3 Nr. 24 definierte CE-Kennzeichnung durch Art. 48, welcher die CE-Kennzeichnung im Einzelnen regelt (siehe Art. 48 Rn. 19 ff.).

253 Verpflichtet zur Anbringung sind die Anbieter bestimmter Hochrisiko-KI-Systeme. Dies ist auch durch die Aufnahme dieser Verpflichtung in Art. 16 lit. h klargestellt.

254 Auch weiteren Wirtschaftsakteuren kommen jedoch Aufgaben im Zusammenhang mit der CE-Kennzeichnung zu. So haben beispielsweise Händler nach Art. 24 zu überprüfen, ob ein Hochrisiko-KI-System mit einer CE-Kennzeichnung versehen ist.

2. Art. 3 Nr. 24

255 Nach Maßgabe des Leitfadens für die Umsetzung der Produktvorschriften der EU 2022 („Blue Guide") wird im europäischen Produktrecht mit der CE-Kennzeichnung allgemein die Konformität des Produkts mit allen anzuwendenden Rechtsvorschriften, in denen ihre Anbringung vorgesehen ist, durch den Anbieter selbst bescheinigt.[236] Die CE-Kennzeichnung ist neben der EU-Konformitäts-

236 Bekanntmachung der Kommission, Leitfaden für die Umsetzung der Produktvorschriften der EU 2022 („Blue Guide"), 29.6.2022, ABl. 2022 C 247/1, S. 64.

erklärung sichtbarer Ausdruck der erfolgreich durchgeführten Konformitätsbewertung[237] durch den Anbieter (siehe Art. 48 Rn. 20 ff.). Die CE-Kennzeichnung wird nicht durch eine Behörde oder eine notifizierte Stelle verliehen. Auch in den Fällen, in denen Rechtsvorschriften die Beteiligung einer notifizierten oder akkreditierten Stelle vorsehen, liegt die Konformitätsbewertung und die CE-Kennzeichnung in der Zuständigkeit des Herstellers.[238] Daneben ermöglicht die CE-Kennzeichnung den freien Warenverkehr im Europäischen Wirtschaftsraum (EWR), da sie ein wesentlicher Hinweis (aber kein Nachweis) dafür ist, dass ein Produkt den EU-Rechtsvorschriften entspricht.[239] Insofern kann die CE-Kennzeichnung an einem Produkt als dessen „EU-Reisepass" bezeichnet werden und stellt den Schlüssel zum Marktzugang im europäischen Wirtschaftsraum dar (siehe Art. 48 Rn. 3).

Dieses System wird vom Verordnungsgeber der KI-VO aufgegriffen und eine **256** CE-Kennzeichnung als Kennzeichnung des Anbieters definiert, die die Übereinstimmung (Konformität) mit bestimmten Anforderungen manifestiert. Dies können zum einen in der KI-VO festgelegte Anforderungen des Kapitels III Abschnitt 2 sein, zum anderen die Anforderungen anderer in Anhang I Abschnitt A gelisteter Harmonisierungsrechtsvorschriften, die eine Anbringung einer CE-Kennzeichnung vorsehen.

237 *Mayr/Thiermann/Schrack/Kiesselbach*, Das neue Medizinprodukterecht, S. 41.

238 Bekanntmachung der Kommission, Leitfaden für die Umsetzung der Produktvorschriften der EU 2022 („Blue Guide"), 29.6.2022, ABl. 2022 C 247/1, S. 71.

239 Bekanntmachung der Kommission, Leitfaden für die Umsetzung der Produktvorschriften der EU 2022 („Blue Guide"), 29.6.2022, ABl. 2022 C 247/1, S. 64.

XXV. System zur Beobachtung nach dem Inverkehrbringen (Nr. 25)

257 Die Definition in Art. 3 Nr. 25 dient im Wesentlichen der leichteren Lesbarkeit der KI-VO. Art. 72 verpflichtet den Anbieter, ein System zur Beobachtung nach dem Inverkehrbringen einzurichten, und beschreibt die Anforderungen an dieses System. Die Anforderungen an das System zur Beobachtung nach dem Inverkehrbringen werden in Art. 72 festgelegt. Da die Definitionsmerkmale in engem Zusammenhang mit den Pflichten zur Einrichtung eines Beobachtungssystems stehen, wird auf die dortige Kommentierung verwiesen (siehe Art. 72 Rn. 26 ff.).

XXVI. Marktüberwachungsbehörde (Nr. 26)

258 Art. 3 Nr. 26 definiert als Marktüberwachungsbehörde die nationale Behörde, die von einem EU-Mitgliedstaat mit den Aufgaben und Befugnissen der MÜ-VO betraut wurde. Art. 70 Abs. 1 verpflichtet die Mitgliedstaaten, eine solche Behörde zu benennen. Art. 70 Abs. 2 verpflichtet die Mitgliedstaaten, der Europäischen Kommission Namen und Aufgaben der Marktüberwachungsbehörde mitzuteilen. Dies ermöglicht die **Verwaltungszusammenarbeit** unter Koordinierung der Europäischen Kommission. Eine öffentlich zugängliche Datenbank bietet eine Suchfunktion, mit der die jeweils geographisch und sachlich zuständige Marktüberwachungsbehörde ermittelt werden kann.[240] In Deutschland wird voraussichtlich die **Bundesnetzagentur** die zuständige Marktüberwachungsbehörde.[241]

259 Bereits in Art. 3 Nr. 43 KI-VO-E Kommission angelegt war die Definition des **übergeordneten Begriffs** „zuständige nationale Behörde", der die „nationale Aufsichtsbehörde", die „notifizierende Behörde" und die „Marktüberwachungsbehörde" erfassen sollte. Die Schaffung eines einheitlichen Begriffes für die ganz unterschiedlichen Bereiche der behördlichen Aufsicht ist allerdings eher geeignet, größere Verwirrung als Klarheit zu stiften.[242] Die Definition des Oberbegriffs ist allerdings auch im finalen Text der KI-VO in Art. 3 Nr. 48 erhalten geblieben, erfasst aber nur noch die Marktüberwachungsbehörde und die notifizierende Behörde. Der einheitliche Oberbegriff für Marktüberwachungsbehörde und notifizierende Behörde dient dazu, gemeinsame Vorschriften abstrahieren zu können, vor allem um einheitliche Vorschriften im Hinblick auf die Vertrau-

240 https://webgate.ec.europa.eu/single-market-compliance-space/market-surveillance/ms-authorities.
241 BT-Drs. 20/13090, § 2 (S. 7).
242 Vgl. hierzu auch *Roth-Isigkeit*, ZRP 2022, 187.

lichkeit zu schaffen (z.B. Art. 57 Abs. 8). Der Oberbegriff ermöglicht darüber hinaus, die in der Kompetenz der Mitgliedstaaten liegende und daher unter Umständen völlig unterschiedliche Ausgestaltung der nationalen Verwaltungsstrukturen erfassen zu können.

Die in Art. 3 Nr. 42 KI-VO-E noch vorgesehene nationale Aufsichtsbehörde war **260** als **zentrale Anlaufstelle** für die Anwendung der KI-VO in jedem Mitgliedstaat vorgesehen. Art. 59 Abs. 2 KI-VO-E Kommission sah als Regelfall die Benennung einer nationalen Aufsichtsbehörde durch jeden EU-Mitgliedstaat vor, die als notifizierende und als Marktüberwachungsbehörde fungieren sollte. Wenn ein Mitgliedstaat verschiedene Behörden benennen möchte, sollte dies gem. Art. 59 Abs. 2 Satz 2 KI-VO-E Kommission nur aus organisatorischen oder administrativen Gründen zulässig sein. Für die angestrebte Kohärenz der Vorschriften ist es begrüßenswert, dass die Anordnung der Einrichtung einer **einheitlichen nationalen Aufsichtsbehörde** im finalen Text der KI-VO aufgegeben und zugleich die Verzahnung der europäischen und nationalen Verwaltungsstrukturen parallel zum europäischen Produktrecht gestaltet wurde.

XXVII. Harmonisierte Norm (Nr. 27)

1. Allgemeines

a) Zweck der Vorschrift

261 Was eine harmonisierte Norm im Sinne der KI-VO ist, ist in Art. 3 Nr. 27 legaldefiniert.

b) Entstehungsgeschichte

262 Die Definition war bereits wortlautgleich im Vorschlag der EU-Kommission vom 21.4.2021 enthalten.

c) Verhältnis zu anderen Vorschriften

263 Die in Art. 3 Nr. 27 definierte harmonisierte Norm wird in Art. 40 näher ausgestaltet. Dieser regelt die den harmonisierten Normen zukommende Konformitätswirkung im Zusammenhang mit bestimmten Anforderungen an Hochrisiko-KI-Systeme oder KI-Modelle mit allgemeinem Verwendungszeck, den dafür erforderlichen Normungsauftrag der EU-Kommission an die Normungsorganisationen und gibt generelle Vorgaben für den Normungsprozess (siehe Art. 40 Rn. 8 ff.).

2. Art. 3 Nr. 27

264 Art. 3 Nr. 27 enthält eine dynamische Verweisung auf die Bezeichnung einer harmonisierten Norm in Art. 2 Abs. 1 lit. c der Verordnung (EU) 1025/1020. Danach ist eine harmonisierte Norm „eine europäische Norm, die auf der Grundlage eines Auftrags der Kommission zur Durchführung von Harmonisierungsrechtsvorschriften der Union angenommen wurde".

XXVIII. Gemeinsame Spezifikation (Nr. 28)

1. Allgemeines

a) Zweck der Vorschrift

265 Art. 3 Nr. 28 definiert den Begriff der „gemeinsamen Spezifikation".

b) Entstehungsgeschichte

266 Im Vorschlag der EU-Kommission vom 21.4.2021 war die Begriffsbestimmung noch beschrieben als ein Dokument, das keine Norm ist und das technische Lö-

sungen enthält, deren Befolgung es ermöglicht, bestimmte Anforderungen und Verpflichtungen dieser Verordnung zu erfüllen. Im Verlauf des Gesetzgebungsprozesses wurde davon abweichend auf die in Art. 2 Nr. 4 der Verordnung (EU) Nr. 1025/2012 enthaltene Definition verwiesen.

c) Verhältnis zu anderen Vorschriften

Die in Art. 3 Nr. 28 definierte gemeinsame Spezifikation wird in Art. 41 näher **267**
ausgestaltet. Dieser regelt die Befugnis der EU-Kommission, unter bestimmten Umständen gemeinsame Spezifikationen für bestimmte Anforderungen an Hochrisiko-KI-Systeme oder KI-Modelle mit allgemeinem Verwendungszeck in der Form von Durchführungsrechtsakten zu erlassen (siehe Art. 41 Rn. 4 ff.).

2. Art. 3 Nr. 28

Art. 3 Nr. 28 enthält eine dynamische Verweisung auf die Bezeichnung einer **268**
technischen Spezifikation in **Art. 2 Nr. 4 der Verordnung (EU) Nr. 1025/2012**. Danach ist eine technische Spezifikation „ein Schriftstück, in dem die technischen Anforderungen dargelegt sind, die ein Produkt, ein Verfahren, eine Dienstleistung oder ein System zu erfüllen hat, und das einen oder mehrere der folgenden Punkte enthält:

a) die Kriterien, die ein Produkt aufweisen muss, wie Qualität, Leistung, Interoperabilität, Umweltverträglichkeit, Gesundheit, Sicherheit oder Abmessungen, einschließlich der Anforderungen an die Verkaufsbezeichnung, Terminologie, Symbole, Prüfungen und Prüfverfahren, Verpackung, Kennzeichnung oder Beschriftung des Produkts sowie die Konformitätsbewertungsverfahren;
b) die Produktionsmethoden und -verfahren für die landwirtschaftlichen Erzeugnisse im Sinne von Art. 38 Absatz 1 AEUV, für die Erzeugnisse, die zur menschlichen und tierischen Ernährung bestimmt sind, und Arzneimittel sowie die Herstellungsmethoden und -verfahren für andere Produkte, sofern sie die Eigenschaften dieser Erzeugnisse beeinflussen;
c) die Eigenschaften, die eine Dienstleistung erfüllen muss, wie Qualitätsstufen, Leistung, Interoperabilität, Umweltverträglichkeit, Gesundheit oder Sicherheit, einschließlich der Informationsanforderung, die der Dienstleistungserbringer dem Dienstleistungsempfänger gemäß Art. 22 Absätze 1 und 2 der Richtlinie 2006/123/EG zur Verfügung stellen muss;
d) die Verfahren und Kriterien zur Bewertung der Leistung von Bauprodukten gemäß Art. 2 Nummer 1 der Verordnung (EU) Nr. 305/2011 des Europäischen Parlaments und des Rates vom 9. März 2011 zur Festlegung harmonisierter Bedingungen für die Vermarktung von Bauprodukten in Bezug auf ihre wesentlichen Eigenschaften.“

XXIX. Trainingsdaten (Nr. 29)

1. Allgemeines

269 Bemerkenswert ist zunächst, dass der Begriff der Trainingsdaten in der KI-VO nur in ErwG108 und Anhang VII verwendet wird. Zentral für die KI-VO ist vielmehr der Begriff des „Trainingsdatensatzes", der in Art. 10 Abs. 1–3, Art. 13 Abs. 3, Art. 15 Abs. 3, Art. 74 Abs. 12, Anhang IV, Anhang VI sowie ErwG 67, 71, 76, 111 verwendet wird, jedoch (anders als der Begriff des Validierungsdatensatzes, vgl. Art. 3 Nr. 31) nicht legaldefiniert wird. Aus technischer Sicht dürfte es sich bei dem „**Trainingsdatensatz**" um einen Datensatz handeln, der aus Trainingsdaten (im Sinne von Art. 3 Nr. 29) besteht.

270 Nach ErwG 67 Satz 1 spielen hochwertige (Trainings-)Daten und der Zugang dazu eine zentrale Rolle bei der Bereitstellung von Strukturen und für die Sicherstellung der Leistung vieler KI-Systeme, insbesondere wenn Techniken eingesetzt werden, bei denen Modelle mit Daten trainiert werden, um sicherzustellen, dass das Hochrisiko-KI-System bestimmungsgemäß und sicher funktioniert und nicht zur Ursache für Diskriminierung wird, die nach dem Unionsrecht verboten ist.

2. Begriffsbedeutung

271 Nach dem Wortlaut von Art. 3 Nr. 29 handelt es sich bei Trainingsdaten zunächst um Daten. In der KI-VO wird der Begriff der Daten nicht näher definiert. Den meisten EU-Digitalgesetzen liegt ein Verständnis zugrunde, wonach es sich bei Daten um maschinenlesbare Informationen handelt. Allerdings ist zu beachten, dass die Legaldefinitionen der EU-Digitalgesetze teilweise unterschiedlich ausgestaltet sind. So definiert Art. 2 Abs. 1 Data Act den Begriff der Daten als „jede digitale Darstellung von Handlungen, Tatsachen oder Informationen sowie jede Zusammenstellung solcher Handlungen, Tatsachen oder Informationen auch in Form von Ton-, Bild- oder audiovisuellem Material".

272 Die Daten müssten „zum Trainieren eines KI-Systems verwendet werden". Zum Begriff des KI-Systems vgl. Art. 3 Nr. 1.

273 Die Formulierung „wobei dessen lernbare Parameter angepasst werden" hebt hervor, dass es sich bei Trainingsdaten um den Input handelt, der direkt in den Optimierungsprozess der KI einfließt. Lernbare Parameter sind numerische Größen, die während des Trainingsprozesses angepasst werden, um die Leistung der KI zu optimieren. Dazu zählen innerhalb von neuronalen Netzen:

- Gewichte (engl. weights): Diese Parameter bestimmen, wie stark einzelne Eingaben den Output beeinflussen.
- Schwellenwerte (engl. biases): Diese Werte ermöglichen es, den Aktivierungsgrad eines Neurons unabhängig von seinen Eingaben zu justieren.

Während des KI-Trainings wird ein Optimierungsalgorithmus (wie z. B. der Gradientenabstieg) eingesetzt, um die Werte dieser lernbaren Parameter so zu verändern, dass der Fehler zwischen der prognostizierten und der tatsächlichen Ausgabe minimiert wird. Durch diese numerische Anpassung „lernt" das System, Muster und statistische Zusammenhänge aus den Trainingsdaten zu reproduzieren und auf neue Sachverhalte anzuwenden. Im Gegensatz zu lernbaren Parametern stehen Hyperparameter, die vor dem Training festgelegt werden und nicht durch den Lernprozess angepasst werden. **274**

3. Abgrenzung der Datenarten untereinander

Der Begriff der Trainingsdaten ist abzugrenzen von den Validierungsdaten (Legaldefinition in Art. 3 Nr. 30), den Testdaten (Legaldefinition in Art. 3 Nr. 32) und den Eingabedaten (Legaldefinition in Art. 3 Nr. 33). **275**

- **Trainingsdaten** haben direkten Einfluss auf die lernbaren Parameter des KI-Systems. Der Trainingsdatensatz ist primär dazu da, das KI-System „anzulernen". Dabei werden die modellinternen Parameter (z. B. Gewichte in neuronalen Netzen) iterativ angepasst, sodass das Modell Muster und Zusammenhänge in den Daten erfasst.
- **Validierungsdaten** kommen meist während der Entwicklung und Feinabstimmung des trainierten KI-Systems zum Einsatz und dienen der Evaluation des trainierten KI-Systems und zur Einstellung seiner nicht erlernbaren Parameter. Der Validierungsdatensatz dient nach der Vorstellung des Gesetzgebers der Bewertung und Kontrolle des KI-Systems – sei es durch eine feste Aufteilung oder mittels variabler Methoden wie Cross-Validation –, um das Modell iterativ zu bewerten und sicherzustellen, dass das KI-System nicht nur die Trainingsdaten, sondern auch neue, ungesehene Daten adäquat verarbeiten kann. Je nach genauer Ausgestaltung kann der Übergang zwischen Validierungs- und Testdaten fließend sein.
- **Testdaten** werden für die unabhängige Endbewertung des KI-Systems – nach Training und Validierung – verwendet und dienen dazu, die erwartete Leistung des Systems vor dem Inverkehrbringen oder der Inbetriebnahme zu bestätigen. Testdaten spielen eine Rolle in der späten Phase des Entwicklungsprozesses, nachdem das Modell trainiert und validiert wurde. Sie müssen von Trainings- und Validierungsdaten getrennt bleiben, um eine verzerrungsfreie, unabhängige Bewertung zu ermöglichen.

- **Eingabedaten** sind die Daten, die einem bereits trainierten KI-System zur Verfügung gestellt werden, damit es darauf basierend eine Ausgabe (z.B. eine Vorhersage, Empfehlung oder Klassifikation) generieren kann. Eingabedaten werden typischerweise im produktiven Einsatz verwendet und entsprechen oft den tatsächlichen, im operativen Umfeld anfallenden Daten.

276 Durch diese Trennung der Daten und den Einsatz standardisierter und ggf. externer Test- und Evaluierungsprozesse lässt sich sicherstellen, dass die gemessene Leistung des KI-Systems realistisch, verlässlich und unabhängig von internen Optimierungsprozessen bestimmt wird.

XXX. Validierungsdaten (Nr. 30)

1. Allgemeines

277 Der Begriff der Validierungsdaten wird in der KI-VO lediglich in Anhang VI verwendet. Bedeutung dürfte dem Begriff vielmehr im Rahmen des „Validierungsdatensatzes" zukommen – dieser wird in Art. 3 Nr. 31 legaldefiniert, wobei bemerkenswert ist, dass der Begriff der Validierungsdaten hierbei nicht vorkommt.

278 Oftmals dürfte die genaue Abgrenzung zum Begriff der Testdaten mit einer gewissen Unschärfe verbunden sein. Zur Abgrenzung der unterschiedlichen Datenarten vgl. Art. 3 Nr. 29 Rn. 275.

2. Begriffsbedeutung

279 Validierungsdaten sind zunächst Daten, d.h. maschinenlesbare Informationen (vgl. zum Begriff der Daten Art. 3 Nr. 29 Rn. 271).

280 Um unter Art. 3 Nr. 30 zu fallen, müssen die Daten u. a. „zur Evaluation des trainierten KI-Systems" verwendet werden. Die Evaluation eines trainierten KI-Systems bezeichnet den Prozess, in dem mittels ausgewiesener Validierungsdatensätze bspw. die Leistungsfähigkeit, Robustheit und Generalisierungsfähigkeit des KI-Systems überprüft wird. Unter die **Evaluation** eines trainierten KI-Systems fallen mehrere miteinander verknüpfte Prüfaspekte, die zusammen ein umfassendes Bild über die Leistungsfähigkeit und Qualität des Systems liefern, wie bspw.:

- Genauigkeit (Accuracy), Präzision, Recall und F1-Score: Diese Metriken messen, wie gut das Modell in der Lage ist, korrekte Entscheidungen zu treffen.
- ROC-AUC, Konfusionsmatrix und andere statistische Kennzahlen: Dienen zur differenzierten Analyse der Klassifizierungsleistung.

- Sensitivitätsanalysen: Prüfung, wie sich kleine Änderungen in den Eingabedaten auf die Modellleistung auswirken.
- Adversarial Testing: Testen der Widerstandsfähigkeit gegenüber gezielten Angriffen oder Störfaktoren.
- Analyse von Fehlklassifikationen: Identifikation systematischer Fehler oder Vorurteile im Modell.
- Vergleich mit Baseline-Modellen: Ermittlung, ob das entwickelte System über den einfachen Ansätzen steht.
- Leistungsbenchmarking: Vergleich der Systemleistung unter standardisierten Bedingungen.
- Einsatz von Erklärungsmodellen (z. B. LIME oder SHAP): Unterstützung bei der Nachvollziehbarkeit der Entscheidungsfindung des Systems, was auch für rechtliche Bewertungen relevant sein kann.
- Laufzeit- und Speicheranforderungen: Ermittlung, ob das System auch unter praktischen Einsatzbedingungen effizient arbeitet.
- Skalierbarkeit: Analyse der Leistungsfähigkeit bei steigenden Datenmengen oder komplexeren Aufgaben.
- Untersuchung von Under- oder Overfitting (dt. Unter- oder Überanpassung): Bewertung, ob das Modell zu spezifisch oder zu allgemein lernt, vgl. dazu auch Art. 3 Nr. 30 a. E. Die Untersuchung von Under- und Overfitting umfasst mehrere methodische Ansätze, von der Analyse von Fehlerkennzahlen über Cross-Validation und Lernkurven bis hin zum systematischen Hyperparameter-Tuning und dem Einsatz von Regularisierungstechniken. Technisch dient diese Untersuchung dazu, die Balance zwischen Modellkomplexität und Generalisierungsfähigkeit sicherzustellen. Juristisch gesehen unterstützt die präzise Dokumentation dieser Prozesse die Transparenz und Nachvollziehbarkeit der Datenverwendung. Im Einzelnen:
  - Underfitting ist ein Zustand, in dem das Modell zu simpel ist und die relevanten Zusammenhänge in den Daten nicht erfasst. Modell zeigt geringe Varianz, aber einen systematischen Bias (Verzerrung), da es nicht genügend Kapazität besitzt, die Komplexität der Daten abzubilden.
  - Overfitting ist ein Zustand, in dem das Modell zu stark an die Trainingsdaten angepasst ist, sodass es auch Rauschen und irrelevante Muster „lernt". Es besteht eine hohe Varianz, da das Modell die spezifischen Eigenschaften des Trainingsdatensatzes überbetont.

Zudem kann die Eigenschaft als Validierungsdatum dadurch begründet werden, **281** dass die Daten hinsichtlich eines KI-Systems „zur Einstellung seiner nicht erlernbaren Parameter und seines Lernprozesses" verwendet werden. Im Rahmen des Trainings eines KI-Systems unterscheidet man grundsätzlich zwischen lernbaren und nicht lernbaren Parametern:

- **Nicht erlernbare Parameter** (Hyperparameter)

  Diese umfassen Einstellungen, die vor dem eigentlichen Trainingsprozess definiert und in der Regel nicht durch das Training selbst angepasst werden. Beispiele hierfür sind:
  - Lernrate,
  - Batch-Größe,
  - Anzahl und Tiefe der Schichten,
  - Wahl des Optimierungsalgorithmus.

  Die korrekte Einstellung dieser Hyperparameter ist entscheidend, da sie maßgeblich den Verlauf des Trainingsprozesses beeinflusst. Eine unzureichende Parametrierung kann beispielsweise zu einer schlechten Konvergenz oder zu Over- bzw. Underfitting führen.
- Einstellung des Lernprozesses

  Neben den Hyperparametern umfasst die Einstellung des Lernprozesses auch die Festlegung strategischer Trainingsentscheidungen, wie z. B.:
  - Auswahl der Verlustfunktion,
  - Implementierung von Regularisierungstechniken (z. B. Dropout, L2-Regularisierung),
  - Bestimmung von Stop-Kriterien (wie Early Stopping),
  - Adaptive Anpassung der Lernrate während des Trainings.

  Diese Maßnahmen stellen sicher, dass der Lernprozess effizient und zielgerichtet abläuft und die Ergebnisse reproduzierbar sind. Die Optimierung dieser Parameter erfolgt häufig in einem iterativen Verfahren, bei dem verschiedene Konfigurationen getestet und evaluiert werden.

XXXI. Validierungsdatensatz (Nr. 31)

1. Allgemeines

282 Der Begriff des Validierungsdatensatzes spielt vor allem im Rahmen von Art. 10 KI-VO eine zentrale Rolle. Hochwertige Trainings-, Validierungs- und Testdatensätze erfordern nach ErwG 67 S. 2 geeignete Daten-Governance- und Datenverwaltungsverfahren. Diese Datensätze, einschließlich der Kennzeichnungen, sollten nach ErwG 67 S. 3 im Hinblick auf die Zweckbestimmung des Systems relevant, hinreichend repräsentativ und so weit wie möglich fehlerfrei und vollständig sein, eingehend dazu Art. 10.

2. Begriffsbedeutung

Nach dem natürlichen Sprachgebrauch handelt es sich bei einem Validierungsdatensatz um einem Datensatz, der aus Validierungsdaten (Legaldefinition in Art. 3 Nr. 30) besteht. **283**

Bemerkenswert ist insofern, dass der Wortlaut in Art. 3 Nr. 31 den Begriff der „Validierungsdaten" nicht verwendet, sondern vielmehr unterstellt. **284**

Nach der gesetzlichen Definition in Art. 3 Nr. 31 handelt es sich bei dem Validierungsdatensatz um einen separaten Datensatz oder „einen Teil des Trainingsdatensatzes mit fester oder variabler Aufteilung". Dies unterstreicht, dass es sich bei dem Validierungsdatensatz um Daten handelt, die gezielt nicht zur direkten Anpassung der Modellparameter verwendet werden, sondern zur Bewertung und Steuerung des Trainingsprozesses dienen (eingehend zur Abgrenzung Art. 3 Nr. 29 Rn. 275). **285**

XXXII. Testdaten (Nr. 32)

1. Allgemeines

Der Begriff der Testdaten wird in der KI-VO kaum verwendet. Vielmehr benutzt die KI-VO den Begriff des Testdatensatzes, insb. in Art. 10 KI-VO. Bemerkenswert ist dabei, dass der Begriff des Testdatensatzes – anders als etwa der Begriff des Validierungsdatensatzes – von der KI-VO nicht definiert wird. **286**

Zur Abgrenzung der unterschiedlichen Datenarten vgl. Art. 3 Nr. 29 Rn. 275. **287**

2. Begriffsbedeutung

Testdaten sind zunächst Daten, d. h. maschinenlesbare Informationen (vgl. zum Begriff der Daten Art. 3 Nr. 29 Rn. 271). **288**

Nach der Vorstellung des Gesetzgebers erscheinen Testdaten in der späten Phase des Entwicklungsprozesses, nachdem das Modell trainiert und validiert wurde. Testdaten dienen als abschließender, unabhängiger Leistungsnachweis. Testdaten bestätigen abschließend die Leistungsfähigkeit des KI-Systems, ohne in den Trainings- oder Optimierungsprozess involviert zu sein. **289**

Testdaten dienen der unabhängigen Bewertung des KI-Systems, um die erwartete Leistung des KI-Systems (eingehend Art. 3 Nr. 18) zu bestätigen. **290**

XXXIII. Eingabedaten (Nr. 33)

1. Allgemeines

291 Der Begriff der Eingabedaten findet sich insb. bei den Regelungen der KI-VO zu Hochrisiko-KI-Systemen wieder:

- Art. 12 Abs. 3 verlangt für bestimmte Hochrisiko-KI-Systeme im Rahmen der Protokollierungsfunktion eine „Referenzdatenbank, mit der das System die Eingabedaten abgleicht" sowie „Eingabedaten, mit denen die Abfrage zu einer Übereinstimmung geführt hat".
- Nach Art. 13 Abs. 3 lit. b sublit. vi müssen die Betriebsanleitungen bei Hochrisiko-KI-Systemen unter anderem die Spezifikationen für die Eingabedaten enthalten.
- Nach Art. 15 Abs. 5 UAbs. 2 müssen die technischen Lösungen für den Umgang mit KI-spezifischen Schwachstellen insb. Maßnahmen umfassen, um Angriffe, mit denen versucht wird, Eingabedaten, die das KI-Modell zu Fehlern verleiten sollen („adversarial examples" oder „model evasions"), zu verhüten, zu erkennen, darauf zu reagieren, sie zu beseitigen und zu kontrollieren.
- Nach Art. 26 Abs. 4 müssen die Betreiber – soweit die Eingabedaten ihrer Kontrolle unterliegen – dafür sorgen, dass die Eingabedaten der Zweckbestimmung des Hochrisiko-KI-Systems entsprechen und ausreichend repräsentativ sind.

2. Begriffsbedeutung

292 Eingabedaten sind zunächst Daten, d.h. maschinenlesbare Informationen (vgl. zum Begriff der Daten Art. 3 Nr. 29 Rn. 271).

293 Die Legaldefinition in Art. 3 Nr. 33 besagt im Wesentlichen, dass die Eingabedaten Daten sind, die ein KI-System tatsächlich zur Verarbeitung und Entscheidungsfindung erhält, d.h. die tatsächlich zur Erzeugung eines bestimmten Outputs genutzt werden. Das umfasst zwei Hauptaspekte:

- Manuelle Einspeisung: Daten, die aktiv in das System eingegeben werden – beispielsweise Prompts, Texteingaben, hochgeladene Bilder oder numerische Werte, die ein Benutzer bereitstellt.
- Direkte Datenerfassung: Informationen, die das System selbst erfasst, etwa über Sensoren, Kameras oder andere automatisierte Erfassungsmethoden. Das bedeutet, das System „sammelt" diese Daten eigenständig.

294 Im Kern dienen die Eingabedaten als Grundlage, auf deren Basis das KI-System seine Analysen durchführt und anschließend eine Ausgabe (etwa eine Entscheidung, Vorhersage oder Empfehlung) generiert. Sobald die Eingabedaten vorlie-

gen, verarbeitet das KI-System sie gemäß seinen Algorithmen und internen Modellen. Dabei kann es sich um einfache Datenverarbeitungsprozesse oder komplexe, mehrstufige Analyseverfahren handeln.

Zur Abgrenzung der unterschiedlichen Datenarten vgl. Art. 3 Nr. 29 Rn. 275. **295**

XXXIV. Biometrische Daten (Nr. 34)

296 Art. 3 Nr. 34 definiert biometrische Daten als „mit speziellen technischen Verfahren gewonnene **personenbezogene Daten** zu den physischen, physiologischen oder verhaltenstypischen Merkmalen einer natürlichen Person, wie etwa Gesichtsbilder oder daktyloskopische Daten". Darunter fallen insbesondere Stimmen, Gesichtsbilder, Venen, Fingerabdruck, Iris sowie der menschliche Geruch.[243]

297 Der Begriff ist im Einklang mit Art. 4 Nr. 14 DSGVO, Art. 3 Nr. 18 VO (EU) 2018/1725 und Art. 3 Nr. 13 RL (EU) 2016/680 auszulegen. Biometrische Daten können zur Authentifizierung, Identifizierung, Kategorisierung und Emotionserkennung genutzt werden.[244] Im Unterschied zur DSGVO verzichtet die KI-VO auf das Merkmal der „eindeutigen Identifizierung". Die Definition ist daher weiter auszulegen und erfasst auch Verarbeitungen, bei denen keine eindeutige Identifikation der betroffenen Person erfolgt.

298 Regelungen zu biometrischen Daten finden sich in Art. 5 Abs. 1 lit. b, lit. f, lit. g, lit. h, Art. 50 Abs. 3 sowie in Anhang III Nr. 1 a) und b).

XXXV. Biometrische Identifizierung (Nr. 35)

299 Art. 3 Nr. 35 definiert biometrische Identifizierung als die automatisierte Erkennung physischer, physiologischer, verhaltensbezogener oder psychologischer Merkmale einer natürlichen Person zum Zweck der Feststellung ihrer Identität durch Abgleich mit in einer Datenbank gespeicherten biometrischen Daten.

300 **Identifizierung** bezeichnet den Vorgang, bei dem eine natürliche Person durch den Abgleich von Merkmalen mit Datensätzen in einer Datenbank aus einer Vielzahl von Personen erkannt und einer bestimmten Identität zugeordnet werden kann. Keine Identifizierung, sondern eine **Verifizierung** liegt vor, wenn die Identität einer Person lediglich bestätigt wird. Die biometrische Identifizierung erfolgt auf Grundlage biometrischer Daten, wie z.B. Gesicht, Stimme, Gang, Herzfrequenz, Tastenanschlag oder Geruch. Der Begriff der biometrischen Identifizierung ist in der KI-VO relevant im Zusammenhang mit verbotenen Praktiken gem. Art. 5 Abs. 1 lit. h sowie der Einstufung als Hochrisiko-KI-System.

---

243 *Weichert*, in: Kühling/Buchner, DS-GVO BDSG, Art. 4 Nr. 14 Rn. 3; *Schild*, in: Wolff/Brink/v. Ungern-Sternberg, BeckOK DatenschutzR, Art. 4 Rn. 140–141c.

244 ErwG 14.

XXXVI. Biometrische Verifizierung (Nr. 36)

Art. 3 Nr. 36 beinhaltet die Begriffsbestimmung der „biometrischen Verifizierung". Demnach handelt es sich um die automatisierte Eins-zu-eins-Verifizierung, einschließlich Authentifizierung, der Identität natürlicher Personen durch den Vergleich ihrer biometrischen Daten mit zuvor bereitgestellten biometrischen Daten.[245] **301**

Die Legaldefinition der „biometrischen Verifizierung" war im Kommissionsvorschlag vom 21.4.2021 nicht enthalten. Erstmalig findet sich die „biometrische Verifizierung" in Art. 3 Nr. 33c der Position des Europäischen Parlaments vom 14.6.2023.[246] **302**

Bei der biometrischen Verifizierung handelt es sich um einen Unterfall der biometrischen Erkennung. Bei der biometrischen Verifizierung werden ein biometrisches Datum oder mehrere biometrische Daten mit bekannten biometrischen Daten verglichen, mit dem Ziel der Bestätigung oder Nichtbestätigung der Identität (sogenannter „1:1-Vergleich" oder **„One-to-one-Matching"**[247]). Biometrische Daten sind nach der Legaldefinition gemäß Art. 3 Nr. 34 „mit speziellen technischen Verfahren gewonnene personenbezogene Daten zu den physischen, physiologischen oder verhaltenstypischen Merkmalen einer natürlichen Person, wie etwa Gesichtsbilder oder daktyloskopische Daten." Nach ErwG 14 ist der Begriff der biometrischen Daten u. a. im Lichte des wortlautgleichen Begriffs in Art. 4 Nr. 14 DSGVO auszulegen. Die biometrische Verifizierung ist, im Gegensatz zur biometrischen (Fern-)Identifizierung, grundsätzlich zulässig, vgl. Anhang III Nr. 1 lit. a – und ist nicht als Hochrisiko-KI-System einzustufen (siehe dazu ausführlich Art. 6 Rn. 66 ff.). **303**

Strikt von der biometrischen Verifizierung zu unterscheiden ist die biometrische Identifikation. Während bei der biometrischen Verifizierung die erhobenen biometrischen Daten nur mit einem Datensatz abgeglichen werden,[248] werden bei der biometrischen Identifikation ein Datum oder mehrere Daten mit einer Datenbank abgeglichen (sogenannter „1:n-Vergleich" oder **„One-to-many-Matching"**)[249] (vgl. Art. 3 Nr. 35). Kurzum: Bei der biometrischen Verifizierung „kennt" der Verwender die betroffene Person, durch die biometrische Identifikation will er sie erst erkennen. **304**

---

245 Siehe zum Begriff der „biometrischen Daten" schon Rn. 296.

246 KI-VO-E Parlament, Abänderung 189.

247 Zum Begriff: *Bastians*, in: Steinrötter, Europäische Plattformregulierung, § 21 Rn. 35.

248 *Hahn*, ZfDR 2023, 142, 145.

249 *Hahn*, ZfDR 2023, 142, 145.

305 Beispielhaft für die biometrische Verifizierung können KI-Systeme genannt werden, die mithilfe von Gesichtserkennungssoftware oder anderen biometrischen Daten, wie z.B. Fingerabdrücke, die Zugangsberechtigung prüfen. Von diesem Verständnis geht auch die KI-VO ausweislich der ErwG 15, 17 und 54 aus.

XXXVII. Besondere Kategorien personenbezogener Daten (Nr. 37)

1. Allgemeines

Der Begriff wird u. a. in Art. 7 Abs. 2 lit. c verwendet. Danach muss die EU-Kommission bei bestimmten Bewertungen insb. berücksichtigten, ob besondere Kategorien personenbezogener Daten vom KI-System verarbeitet werden. **306**

Überragende Bedeutung hat der Begriff für Art. 10 Abs. 5, der eine neue Möglichkeit zur Verarbeitung besonderer Kategorien personenbezogener Daten schafft. Bei Art. 10 Abs. 5 dürfte es sich um eine neue **Verarbeitungsgrundlage** im Sinne von Art. 9 Abs. 2 lit. g DSGVO bzw. Art. 10 Abs. 2 lit. g der Verordnung (EU) 2018/1725 handeln (eingehend Art. 10 Rn. 98). **307**

2. Begriffsbedeutung

Die besonderen Kategorien ergeben sich aus einem abschließenden Katalog, der in den drei in Art. 3 Nr. 37 genannten Normen jeweils enthalten ist. Art. 9 Abs. 1 DSGVO adressiert **308**

- personenbezogene Daten, „aus denen die rassische und ethnische Herkunft, politische Meinungen, religiöse oder weltanschauliche Überzeugungen oder die Gewerkschaftszugehörigkeit hervorgehen“, sowie
- genetische Daten,
- biometrische Daten zur eindeutigen Identifizierung einer natürlichen Person,
- Gesundheitsdaten

  und Daten zum Sexualleben oder der sexuellen Orientierung einer natürlichen Person.

Die Formulierungen der Kataloge in Artikel 10 der Richtlinie (EU) 2016/680 und Artikel 10 Absatz 1 der Verordnung (EU) 2018/1725 sind nahezu deckungsgleich. **309**

XXXVIII. Sensible operative Daten (Nr. 38)

1. Allgemeines

Der Begriff wird u. a. in Art. 5 Abs. 4 verwendet: Danach muss jede Verwendung eines biometrischen Echtzeit-Fernidentifizierungssystems in öffentlich zugänglichen Räumen zu Strafverfolgungszwecken der zuständigen Marktüberwachungsbehörde mitgeteilt werden, wobei die Mitteilung keine sensiblen operativen Daten enthalten darf. Gleiches gilt für die von der EU-Kommission zu veröffentlichenden Jahresberichte über die Verwendung biometrischer Echtzeit- **310**

Fernidentifizierungssysteme in öffentlich zugänglichen Räumen zu Strafverfolgungszwecken, vgl. Art. 5 Abs. 7.

311 Der Begriff tangiert außerdem bestimmte Betreiberpflichten, wie bspw. zur Meldung schwerwiegender Vorfälle u.a. an den Anbieter, Einführer oder Händler und die zuständigen Marktüberwachungsbehörden. Bestimmte Mitteilungspflichten gelten nicht für sensible operative Daten, vgl. Art. 26 Abs. 5.

312 Nach Art. 59 Abs. 1 lit. j ist eine kurze Zusammenfassung des im Reallabor entwickelten KI-Projekts, seiner Ziele und der erwarteten Ergebnisse auf der Website der zuständigen Behörden zu veröffentlichen; diese Pflicht erstreckt sich jedoch nicht auf sensible operative Daten zu den Tätigkeiten von Strafverfolgungs-, Grenzschutz-, Einwanderungs- oder Asylbehörden.

313 Bestimmte Anbieterpflichten zur Beobachtung nach dem Inverkehrbringen durch die Anbieter gelten gilt nicht für sensible operative Daten von Betreibern, die Strafverfolgungsbehörden sind, vgl. Art. 72 Abs. 2.

314 Der Informationsaustausch zwischen zuständigen Behörden nach Art. 78 Abs. 3 erstreckt sich ausdrücklich nicht auf sensible operative Daten zu den Tätigkeiten von Strafverfolgungs-, Grenzschutz-, Einwanderungs- oder Asylbehörden.

2. Begriffsbedeutung

315 Nach der Legaldefinition umfasst der Begriff operative Daten „im Zusammenhang mit Tätigkeiten zur Verhütung, Aufdeckung, Untersuchung oder Verfolgung von Straftaten“, deren Offenlegung die Integrität von Strafverfahren gefährden könnte. Inwiefern diese Anforderungen erfüllt sind, ist eine Frage des Einzelfalls. Zwar sprechen bspw. Art. 59 Abs. 1 lit. j und Art. 78 Abs. 3 von sensiblen operativen Daten „zu den Tätigkeiten von Strafverfolgungs-, Grenzschutz-, Einwanderungs- oder Asylbehörden“. Nach dem Wortlaut von Art. 3 Nr. 37 kommt es für die Einstufung als „sensible operative Daten“ allein auf die Relevanz für etwaige Strafverfahren an.

XXXIX. Emotionserkennungssystem (Nr. 39)

1. Begriff und praktische Anwendung

Das Vorliegen eines Emotionserkennungssystem erfordert gem. Art. 3 Nr. 39 (i) ein KI-System (zum Begriff Art. 3 Nr. 1 Rn. 23 ff.), das (ii) dem Zweck dient, Emotionen oder Absichten natürlicher Personen (siehe Rn. 318 f.) (iii) auf der Grundlage ihrer biometrischen Daten (siehe Rn. 320 ff.) festzustellen oder abzuleiten. **316**

Eingesetzt werden Emotionserkennungssysteme beispielsweise in Callcentern, um anhand der Reaktion von (potenziellen) Kunden deren Stimmung zu messen und daraus Rückschlüsse zu ziehen.[250] Auch im kulturellen Bereich finden Emotionserkennungssysteme Anwendung.[251] **317**

2. Emotionen oder Absichten natürlicher Personen

Die Einordnung als Emotionserkennungssystem gem. Art. 3 Nr. 39 erfordert zunächst, dass das betreffende KI-System dazu dient, **Emotionen oder Absichten** natürlicher Personen zu erkennen oder abzuleiten.[252] **318**

Die zentralen Begriffe der Emotionen und Absichten werden in ErwG 18 Satz 2 weitergehend konkretisiert. Erfasst sind danach „Glück, Trauer, Wut, Überraschung, Ekel, Verlegenheit, Aufregung, Scham, Verachtung, Zufriedenheit und Vergnügen". **Keine Absichten und Emotionen** in diesem Sinne sollen hingegen **rein physische Zustände** wie Schmerz oder Ermüdung sein.[253] Entsprechendes gilt für **offensichtliche Ausdrucksformen, Gesten und Bewegungen**, soweit diese nicht zur Ableitung von Emotionen verwendet werden.[254] Als Beispiel für entsprechende Ausdrucksformen nennt ErwG 19 Satz 5 einfache Gesichtsausdrücke (z. B. ein Stirnrunzeln, Lächeln), Gesten wie Hand-, Arm- oder Kopfbewegungen und Stimmmerkmale (z. B. erhobenes oder leises Sprechen).[255] **319**

---

250 *Brundstetter*, Wie KI-Algorithmen unsere Gefühle erfassen, 27.1.2024, https://www.spektrum.de/news/affective-computing-wie-ki-algorithmen-unsere-gefuehle-ergruenden/2205125 (zuletzt abgerufen am 8.6.2025).

251 Siehe hierzu das Projekt des IAIS des Fraunhofer Instituts zur Auswertung der Emotionen von Zeitzeugen: https://www.iais.fraunhofer.de/de/geschaeftsfelder/speech-technologies/referenzprojekte/emotionserkennung.html (zuletzt abgerufen am 8.6.2025).

252 Siehe hierzu auch ErwG 18 Satz 1.

253 ErwG 18 Satz 3.

254 ErwG 18 Satz 4.

255 ErwG 18 Satz 5.

3. Feststellung auf Grundlage biometrischer Daten

320 Die Einordnung als Emotionserkennungssystem i. S. v. Art. 3 Nr. 39 erfordert des Weiteren, dass Emotionen oder Absichten auf Basis von biometrischen Daten festgestellt oder abgeleitet werden.

321 Der Begriff der **biometrischen Daten** ist in **Art. 3 Nr. 34** definiert. Danach sind biometrische Daten mit speziellen **technischen Verfahren** gewonnene personenbezogene **Daten zu den physischen, physiologischen oder verhaltenstypischen Merkmalen** einer natürlichen Person, wie etwa Gesichtsbilder oder daktyloskopische Daten.

322 ErwG 14 Satz 1 weist in diesem Zusammenhang darauf hin, dass bei der Auslegung des Begriffs der biometrischen Daten im Sinne der KI-VO der Begriff der biometrischen Daten nach **Art. 4 Nr. 14 DSGVO** zu berücksichtigen ist. Erwähnenswert ist in diesem Zusammenhang, dass die Definition der biometrischen Daten in Art. 4 Nr. 14 DSGVO anders als Art. 3 Nr. 34 eine eindeutige Identifizierung natürlichen Person anhand der betreffenden Daten voraussetzt. Allein auf Basis des Wortlauts ist der Begriff der biometrischen Daten im Sinne der KI-VO mithin weiter als derjenige im Sinne der DSGVO.

4. Gewinnung mittels spezieller technischer Verfahren

323 Die Abgrenzung zwischen **„mittels spezieller technischer Verfahren gewonnenen Daten“** und anderweitig gewonnenen Daten kann Abgrenzungsschwierigkeiten hervorrufen.

324 Im Rahmen der Auslegung des Art. 4 Nr. 14 DSGVO wird der Begriff der technischen Verfahren dahingehend eingegrenzt, dass es auf solche Verfahren ankommt, bei denen die Gewinnung der Daten „unmittelbar zum Zweck der Identifizierung“ einer natürlichen Person erfolgt.[256] Ungeachtet des Umstandes, dass eine Heranziehung der Auslegungspraxis zu Art. 4 Nr. 14 DSGVO vor dem Hintergrund des ErwG 14 gerechtfertigt erscheint, dürfte die im Datenschutzrecht etablierte Auslegung für eine unveränderte Übertragung auf Art. 3 Nr. 34 zu eng gefasst sein. Dies ist damit zu begründen, dass Emotionserkennungssysteme nach Art. 3 Nr. 39 gerade **nicht auf die Identifizierung von natürlichen Personen beschränkt** sind. Folgerichtig verlangt die Definition der biometrischen Daten nach Art. 3 Nr. 34 anders als Art. 4 Nr. 14 DSGVO auch keine Verarbeitung zum Zwecke der Identifizierung einer natürlichen Person.

---

256 So zur Auslegung der Regelung im Rahmen der DSGVO bei *Petri*, in: Simitis/Hornung/Spiecker gen. Döhmann, Datenschutzrecht, Art. 4 Nr. 14 Rn. 8.

Gestützt wird dies zudem von ErwG 15, wonach von dem Begriff der biometrischen Identifizierung und Authentifizierung im Sinne der KI-VO gerade nicht solche KI-Systeme erfasst werden sollen, die bestimmungsgemäß zum Zwecke der biometrischen Identifizierung oder Authentifizierung verwendet werden sollen. Dabei handelt es sich um solche Systeme, deren einziger Zweck darin besteht, zu bestätigen, dass eine bestimmte natürliche Person die Person ist, für die sie sich ausgibt, sowie zur Bestätigung der Identität einer natürlichen Person zu dem alleinigen Zweck, Zugang zu einem Dienst zu erhalten, ein Gerät zu entriegeln oder Sicherheitszugang zu Räumlichkeiten zu erhalten.[257] Vorzugswürdig erscheint es deshalb, vorauszusetzen, dass das **technische Verfahren** darauf abzielen muss, „**bestimmte Körpermerkmale einer Person gezielt zu erheben**".[258] In Abgrenzung zu speziellen technischen Verfahren liegt nämlich ein solches bei einfachen Lichtbildern von Personen nicht vor.[259] **325**

5. Daten zu physischen, physiologischen oder verhaltenstypischen Merkmalen

Die Einordnung als biometrische Daten i. S. v. Art. 3 Nr. 34 erfordert eine Verarbeitung physischer, physiologischer oder verhaltenstypischer Merkmale. **326**

Physische und physiologische Merkmale beziehen sich auf „äußerlich erkennbare körperliche Eigenschaften".[260] Der KI-VO sind keine Anhaltspunkte im Hinblick auf eine Unterscheidung zwischen physiologischen und physischen Daten zu entnehmen.[261] Charakteristisch für physische und physiologische Merkmale ist, dass sie zu den angeborenen, nicht veränderbaren Eigenschaften einer natürlichen Person gehören.[262] Beispiele für derartige Merkmale sind etwa der Fingerabdruck oder die Retina.[263] **327**

---

257 ErwG 15 Satz 2.

258 So *Ziebarth*, in: Sydow/Marsch, DS-GVO/BDSG, Art. 4 Rn. 184.

259 Vgl. *Ziebarth*, in: Sydow/Marsch, DS-GVO/BDSG, Art. 4 Rn. 184; ErwG 51 Satz 3 DSGVO.

260 So zu Art. 4 Nr. 14 DSGVO *Petri, in:* Simitis/Hornung/Spiecker gen. Döhmann, Datenschutzrecht, Art. 4 Nr. 14 Rn. 7.

261 Die Schwierigkeit besteht in gleicher Weise im Rahmen der Auslegung des Art. 4 Nr. 14 DSGVO, siehe hierzu *Petri*, in: Simitis/Hornung/Spiecker gen. Döhmann, Datenschutzrecht, Art. 4 Nr. 14 Rn. 7.

262 So zu Art. 4 Nr. 14 DSGVO *Arning/Rothkegel*, in: Taeger/Gabel, DSGVO BDSG TTDSG, Art. 4 Rn. 394.

263 So zu Art. 4 Nr. 14 DSGVO *Arning/Rothkegel*, in: Taeger/Gabel, DSGVO BDSG TTDSG, Art. 4 Rn. 394.

328 **Beispiele für verhaltenstypische Merkmale** sind die Stimme oder die Bewegung einer natürlichen Person.[264] Insoweit ist zu beachten, dass die Einordnung als verhaltenstypische Merkmale i. S. v. Art. 3 Nr. 34 erfordert, dass die betreffenden biometrischen Daten mithilfe technischer Verfahren erhoben wurden.[265]

329 ErwG 15 Satz 1 führt eine Reihe von Beispielen für entsprechende physiologische, physische und verhaltenstypische Merkmale auf: Gesicht, Augenbewegungen, Körperform, Stimme, Prosodie, Gang, Haltung, Herzfrequenz, Blutdruck, Geruch sowie der charakteristische Tastenanschlag.

330 Die Auswertung von Texten oder Emotionsbuttons (z. B. der Like-Button von Facebook oder Instagram) stellen keine biometrischen Daten i. S. v. Art. 3 Nr. 34 dar, da hierbei keine physischen, physiologischen oder verhaltenstypischen Merkmale einer Person verarbeitet werden.[266]

XL. System zur biometrischen Kategorisierung (Nr. 40)

331 **Ein System zur biometrischen Kategorisierung** ist gem. Art. 3 Nr. 40 ein KI-System, das dem Zweck dient, natürliche Personen auf der Grundlage ihrer biometrischen Daten bestimmten Kategorien zuzuordnen, sofern es sich [nicht] um eine Nebenfunktion eines anderen kommerziellen Diensts handelt und aus objektiven technischen Gründen unbedingt erforderlich ist. Ein zentraler Anwendungsfall dürfte beispielsweise im Bereich der Personalisierung von Diensten zur gezielten Ausrichtung von Werbung und Marketingkampagnen liegen, indem die Merkmale und Vorlieben der Benutzer analysiert werden.

1. Zuordnung zu bestimmten Kategorien

332 **Bestimmte Kategorien** im Sinne von Art. 3 Nr. 40 sind zum Beispiel Geschlecht, Alter, Haarfarbe, Augenfarbe, Tätowierungen, Verhaltens- oder Persönlichkeitsmerkmale, Sprache, Religion, Zugehörigkeit zu einer nationalen Minderheit sowie die sexuelle oder politische Ausrichtung.[267]

333 Im Gegensatz dazu handelt es sich gem. Art. 5 Abs. 1 lit. g um **verbotene KI-Systeme**, wenn anhand der biometrischen Daten die Rasse, die politischen Ein-

---

264 So zu Art. 4 Nr. 14 DSGVO *Arning/Rothkegel*, in: Taeger/Gabel, DSGVO BDSG TTDSG, Art. 4 Rn. 394.

265 So zu Art. 4 Nr. 14 DSGVO *Petri, in:* Simitis/Hornung/Spiecker gen. Döhmann, Datenschutzrecht, Art. 4 Nr. 14 Rn. 7.

266 So zum Kommissionsentwurf: *Kumkar*, in: Hilgendorf/Roth-Isigkeit, Die neue Verordnung der EU zur künstlichen Intelligenz, § 6 Rn. 48; *Kalbhenn*, ZUM 2021, 663, 670.

267 ErwG 16 Satz 2.

stellungen, die Mitgliedschaft in einer Gewerkschaft, religiöse oder weltanschauliche Überzeugungen, das Sexualleben oder die sexuelle Ausrichtung einer Person erschlossen oder abgeleitet werden kann.[268]

2. Auf Grundlage biometrischer Daten

Die Zuordnung erfolgt auf der **Grundlage biometrischer Daten**. Hinsichtlich der Bedeutung und Voraussetzung der Verarbeitung biometrischer Daten wird auf die Kommentierung zu Art. 3 Nr. 39 verwiesen. **334**

3. Ausnahme: Nebenfunktion

Ein System zur biometrischen Kategorisierung im Sinne von Art. 3 Nr. 40 liegt nicht vor, wenn es sich dabei lediglich um eine **Nebenfunktion eines anderen kommerziellen Dienstes** handelt und die **Zuordnung aus objektiven technischen Gründen unbedingt erforderlich** ist. **335**

Der Normtext spricht davon, dass ein KI-System ein System zur biometrischen Kategorisierung ist, sofern es sich um eine Nebenfunktion eines anderen kommerziellen Dienstes handelt. Offensichtlich dürfte es sich um ein Redaktionsversehen handeln, indem vor der Bezeichnung „um eine Nebenfunktion" ein „nicht" vergessen wurde, da es sich um eine Ausnahmeregelung handelt, die Systeme, die lediglich eine Nebenfunktion wahrnehmen, von dem Anwendungsbereich ausnimmt.[269] Dafür spricht neben ErwG 16 Satz 3 („Dies gilt **nicht** für Systeme zur biometrischen Kategorisierung, bei denen es sich um eine reine Nebenfunktion handelt […]") auch die englische Fassung des Art. 3 Nr. 40: „‚biometric categorisation system' means an AI system for the purpose of assigning natural persons to specific categories on the basis of their biometric data, **unless** it is ancillary to another commercial service and strictly necessary for objective technical reasons." **336**

Ausgenommen werden sollen solche Kategorisierungssysteme, bei denen es sich um eine reine Nebenfunktion handelt, die untrennbar mit einem anderen kommerziellen Dienst verbunden sind, wenn also die Funktion aus objektiven technischen Gründen **nicht ohne den Hauptdienst verwendet** werden kann.[270] Zudem darf die Integration dieses Merkmals oder dieser Funktion nicht dazu dienen, die Anwendbarkeit der Vorschriften dieser Verordnung zu umgehen.[271] Eine solche Nebenfunktion könnten beispielsweise Filter von Gesichtsmerkmalen auf Online-Marktplätzen sein, die dazu dienen, den Hauptdienst – den Wa- **337**

---

268 Siehe dazu auch ErwG 30 Satz 1.
269 *Wendehorst*, in: Martini/Wendehorst, KI-VO, Art. 4 Nr. 40 Rn. 284 (dort Fn. 134).
270 ErwG 16 Satz 2.
271 ErwG 16 Satz 2.

renverkauf – als Nebenfunktion in Form der virtuellen Anprobemöglichkeit zu unterstützen.[272] Ebenso kann dies der Fall bei Filtern mit der Kategorisierung von Gesichtsmerkmalen in sozialen Netzwerken sein, die den Hauptdienst – die Weitergabe von Online-Inhalten – durch die Möglichkeit der Bildbearbeitung unterstützen.[273]

272 ErwG 16 Satz 3.
273 ErwG 16 Satz 4.

XLI. Biometrisches Fernidentifizierungssystem (Nr. 41)

Art. 3 Nr. 41 definiert biometrische Fernidentifizierungssysteme als KI-Systeme, die dem Zweck dienen, natürliche Personen ohne deren aktive Einbeziehung und in der Regel aus der Ferne durch den Abgleich biometrischer Daten mit einer Referenzdatenbank zu identifizieren. **338**

Diese Systeme werden typischerweise zur zeitgleichen **Erkennung** mehrerer Personen eingesetzt– etwa im öffentlichen Raum – und erfordern keine aktive Mitwirkung der betroffenen Personen.[274] Die Definition ist technologieoffen und gilt unabhängig davon, welche biometrischen Merkmale, technischen Verfahren oder Datenarten verwendet werden. **339**

Abzugrenzen sind Systeme zur **biometrischen Verifizierung**, die lediglich eine Bestätigung einer behaupteten Identität vornehmen, z. B. zum Entsperren einer Zutrittsbeschränkung. Solche Systeme sind von der Definition nicht erfasst. **340**

Biometrische Fernidentifizierung unterscheidet zwischen Echtzeit-Systemen, bei denen die Datenerhebung, der Abgleich und die Identifizierung nahezu ohne Verzögerung erfolgen (Art. 3 Nr. 42), und Systemen, die zur nachträglichen Identifizierung eingesetzt werden (Art. 3 Nr. 43). **341**

XLII. Biometrisches Echtzeit-Fernidentifizierungssystem (Nr. 42)

Systeme, bei denen Erfassung, Abgleich und Identifizierung biometrischer Daten ohne erhebliche Verzögerung erfolgen, werden gem. Art. 3 Nr. 42 als biometrische Echtzeit-Fernidentifizierungssysteme bezeichnet. Erfasst sind nicht nur Systeme mit **sofortiger Identifizierung**, sondern auch solche mit kurzen **Verzögerungen**, um eine Umgehung des Verbots gem. Art. 5 Abs. 1 lit. h sowie dessen Voraussetzungen der Ausnahmetatbestände zu verhindern. **342**

Die Definition ist eine Spezifizierung des Begriffs der „biometrischen Fernidentifizierung" gem. Art. 3 Nr. 41 und zielt auf Fälle ab, in denen Personen in **Echtzeit** oder nahezu Echtzeit z. B. durch Live-Videoüberwachung identifiziert werden. **343**

Biometrische Echtzeit-Fernidentifizierungssysteme sind in der Regel gem. Art. 5 Abs. 1 lit. h verboten. Liegen die Voraussetzungen der Verbotsausnahme vor, handelt es sich um ein Hochrisiko-KI-System gem. Art. 6 Abs. 2 i.V.m. Anhang III Nr. 1 lit. a. **344**

274 ErwG 38.

XLIII. System zur nachträglichen biometrischen Fernidentifizierung (Nr. 43)

345 Art. 3 Nr. 43 definiert Systeme zur nachträglichen biometrischen Fernidentifizierung negativ als solche, die nicht unter die Definition des biometrischen Echtzeit-Fernidentifizierungssystems gem. Art. 3 Nr. 42 fallen. Es handelt sich demnach um biometrische Fernidentifizierungssysteme, bei denen der Abgleich und die Identifizierung nicht unmittelbar nach der Datenerfassung, sondern erst mit erheblicher **Verzögerung** erfolgen.

346 Systeme zur nachträglichen biometrischen Fernidentifizierung verarbeiten bereits vorhandenes Datenmaterial, z. B. aus Videoaufzeichnungen aus Überwachungskameras oder privaten Geräten, um eine Identifizierung im Nachhinein zu ermöglichen.

347 Diese Systeme können je nach Anwendungsbereich gem. Art. 6 Abs. 2 i. V. m. Anhang III Nr. 1 als Hochrisiko-KI-Systeme eingestuft werden.

XLIV. Öffentlich zugänglicher Raum (Nr. 44)

348 Art. 3 Nr. 44 definiert öffentlich zugängliche Räume als **physische Orte**, die einer unbestimmten Anzahl natürlicher Personen zugänglich sind. Dies gilt unabhängig davon, ob sich der Ort in privatem oder öffentlichem Eigentum befinden und ob Zugangsbedingungen oder Kapazitätsbeschränkungen bestehen.

349 **Öffentlich zugänglich** im Sinne der Definition sind beispielsweise Geschäfte, Restaurants, Verkehrsmittel, Bahnhöfe, Kinos, Sporteinrichtungen, öffentliche Plätze, Parks und Straßen. Auch Orte mit Zugangsvoraussetzungen wie Tickets, Altersgrenzen oder Registrierung fallen darunter, wenn diese Bedingungen von einer unbestimmten Anzahl von Personen erfüllt werden können.[275]

350 **Nicht öffentlich zugänglich** sind Orte, deren Zugang auf bestimmte Personen beschränkt ist, wie z. B. Büros, Werksgelände, Justizvollzugsanstalten oder Grenzkontrollbereiche.

351 Virtuelle Räume wie das **Metaverse** sind nicht erfasst, da es sich nicht um physische Räume handelt. Ob ein Raum als öffentlich zugänglich einzustufen ist, ist konkret im Einzelfall zu beurteilen, unter Berücksichtigung der örtlichen Gegebenheiten und Zugangsvoraussetzungen.[276]

352 Die Einordnung öffentlich zugänglicher Räume ist relevant für die Verbotsnorm Art. 5 Abs. 1 lit. h.

275 ErwG 19.
276 ErwG 19.

XLV. Strafverfolgungsbehörde (Nr. 45)

Art. 3 Nr. 45 definiert Strafverfolgungsbehörden als Behörden, die für die Verhütung, Ermittlung, Aufdeckung oder Verfolgung von Straftaten oder die Strafvollstreckung, einschließlich Gefahrenabwehr und Schutz der öffentlichen Sicherheit, zuständig sind, und als sonstige Stellen, denen diese Aufgaben durch nationales Recht unter Übertragung öffentlicher Gewalt und hoheitlicher Befugnisse zugewiesen wurden. **353**

Die Definition erfasst damit sowohl klassische **Strafverfolgungsorgane** wie z.B. Polizei, Staatsanwaltschaft, Strafvollzugsbehörden als auch andere Stellen mit hoheitlichen Aufgaben im Bereich der Strafverfolgung wie z.B. die **Steuerfahndung**. Maßgeblich ist die Aufgabenzuweisung im nationalen Recht, unabhängig von der Bezeichnung der Einrichtung.[277] So können auch Gemeinden, Landratsämter oder Ministerien **Sicherheitsbehörden** im Sinne des Art. 3 Nr. 45 sein, soweit ihnen durch eine spezifische Regelung die Aufgabe zur Gefahrenabwehr zugewiesen wurde. **354**

Zur Wahrung der Grundrechte, des Vertrauens der Öffentlichkeit und der Rechtsstaatlichkeit ist der Einsatz von KI-Systemen durch Strafverfolgungsbehörden regelmäßig als hochriskant einzustufen, Art. 6 Abs. 2 i.V.m. Anhang III Nr. 6. Die Verwendung biometrischer Echtzeit-Fernidentifizierungssysteme zu Strafverfolgungszwecken ist nur ausnahmsweise unter besonderen Voraussetzungen Art. 5 Abs. 1 lit. h Ziff. i–iii erlaubt. **355**

XLVI. Strafverfolgung (Nr. 46)

Art. 3 Nr. 46 definiert Strafverfolgung als sämtliche Tätigkeiten von Strafverfolgungsbehörden oder in deren Auftrag, die der Verhütung, Ermittlung, Aufdeckung oder Verfolgung von Straftaten oder der Strafvollstreckung dienen. Eingeschlossen sind auch Maßnahmen zum Schutz vor und zur Abwehr von Gefahren für die öffentliche Sicherheit. **356**

Der Begriff ist inhaltlich an die Richtlinie (EU) 2016/680 (JI-Richtlinie) angelehnt, die den datenschutzrechtlichen Rahmen für die Verarbeitung personenbezogener Daten durch zuständige Behörden zum Zwecke der Verhütung, Ermittlung, Aufdeckung oder Verfolgung von **Straftaten** oder der **Strafvollstreckung** bildet, einschließlich des Schutzes vor und der Abwehr von Gefahren für die öffentliche Sicherheit. **357**

277 ErwG 59.

358 Der Begriff ist weit gefasst und umfasst nicht nur klassische **Ermittlungsmaßnahmen**, sondern auch präventive und vollzugsbezogene Tätigkeiten, insbesondere im Bereich der **Gefahrenabwehr**.

XLVII. Büro für Künstliche Intelligenz (Nr. 47)

1. Beschluss zur Errichtung des Europäischen Büros für Künstliche Intelligenz

Das Büro für Künstliche Intelligenz („**KI-Büro**") wurde **per Kommissionsbeschluss vom 24.1.2023**[278] („KI-Büro-Beschluss") mit der Aufgabe errichtet, Fachwissen und Kapazitäten der Union im Bereich der KI zu entwickeln und zur Umsetzung des Unionsrechts im KI-Bereich beizutragen.[279] Die Entwicklung des Fachwissens und der Fähigkeiten sollen dazu dienen, das Verständnis zu fördern und zur Durchführung und Durchsetzung der KI-VO sowie der Umsetzung internationaler Vorschriften und Grundsätze für KI, wie des Verhaltenskodex und der Leitprinzipien für Entwickler fortgeschrittener KI-Systeme der G7 beizutragen.[280] Durch das KI-Büro soll zudem eine Struktur mit globaler Ausrichtung geschaffen werden, um insbesondere der Überwachung der Fortschritte von KI-Modellen mit allgemeinem Verwendungszweck zu dienen, das Zusammenwirken mit der Wissenschaftsgemeinschaft zu erleichtern und eine Schlüsselrolle bei Untersuchungen und Tests zu spielen.[281] **359**

Während des Gesetzgebungsverfahrens wurde das Büro für Künstliche Intelligenz noch als **„Amt für künstliche Intelligenz"** betitelt. Deshalb spricht der Kommissionsbeschluss vom 24.1.2023 zur Errichtung des Büros für Künstliche Intelligenz von der Errichtung des „Europäischen Amts für künstliche Intelligenz", meint aber das KI-Büro im Sinne der KI-VO. **360**

Dem Beschluss zur Errichtung des KI-Büros liegen folgende Regelungen zugrunde: **361**

> Artikel 1
> **Einrichtung**
>
> Das „Europäische Amt für künstliche Intelligenz" (im Folgenden „Amt") wird eingerichtet.
>
> Das Amt ist Teil der Verwaltungsstruktur der Generaldirektion Kommunikationsnetze, Inhalte und Technologien (im Folgenden „Generaldirektion").
>
> Artikel 2
> **Auftrag und Aufgaben**
>
> (1) Das Amt nimmt für die Zwecke der Durchführung und Durchsetzung der künftigen Verordnung zur Festlegung harmonisierter Vorschriften für künstliche Intelligenz (im Folgenden „künftige Verordnung") die in Artikel 3 genannten Aufgaben wahr.

---

278 EU-Komm., Beschluss C(2024) 390 zur Errichtung des Europäischen Amts für künstliche Intelligenz.

279 ErwG 148 Satz 3.

280 EU-Komm., Beschluss C(2024) 390, ErwG 4.

281 EU-Komm., Beschluss C(2024) 390, ErwG 5.

(2) Das Amt hat folgende zusätzliche Aufgaben:

a) Beitrag zu dem strategischen, kohärenten und wirksamen Herangehen der Union an internationale KI-Initiativen gemäß Artikel 7 in Abstimmung mit den Mitgliedstaaten und im Einklang mit den Standpunkten und Strategien der Union;
b) Beitrag zur Förderung von Maßnahmen und Strategien in der Kommission, die die gesellschaftlichen und wirtschaftlichen Vorteile von KI-Technik gemäß Artikel 5 nutzbar machen;
c) Unterstützung der beschleunigten Entwicklung, Einführung und Verwendung vertrauenswürdiger KI-Systeme und -Anwendungen, die gesellschaftlichen und wirtschaftlichen Nutzen bringen und zur Wettbewerbsfähigkeit und zum Wirtschaftswachstum in der Union beitragen. Insbesondere fördert das Amt Innovationsökosysteme, indem es mit einschlägigen öffentlichen und privaten Akteuren und der Start-up-Gemeinschaft zusammenarbeitet;
d) Beobachtung der Entwicklung der KI-Märkte und -Technologien.

(3) Bei der Wahrnehmung der in den Absätzen 1 und 2 genannten Aufgaben sucht das Amt die

a) Zusammenarbeit mit Interessenträgern, insbesondere Sachverständigen aus der Wissenschaft und KI-Entwicklern, gemäß Artikel 4;
b) Zusammenarbeit mit den einschlägigen Generaldirektionen und Dienststellen der Kommission gemäß Artikel 5;
c) Zusammenarbeit mit allen einschlägigen Organen, Einrichtungen und sonstigen Stellen der Union, einschließlich des Gemeinsamen Unternehmens für europäisches Hochleistungsrechnen (GU EuroHPC), gemäß Artikel 6;
d) Zusammenarbeit mit Behörden und sonstigen Einrichtungen der Mitgliedstaaten im Namen der Kommission.

Artikel 3
Durchführung der künftigen Verordnung

(1) Das Amt nimmt folgende Aufgaben wahr, die sich aus der künftigen Verordnung ergeben:

a) Entwicklung von Instrumenten, Methoden und Vergleichsmaßstäben für die Bewertung der Fähigkeiten von KI-Modellen mit allgemeinem Verwendungszweck, insbesondere von sehr großen KI-Modellen mit allgemeinem Verwendungszweck, die systemische Risiken bergen;
b) Beobachtung der Umsetzung und Anwendung von Vorschriften für KI-Modelle und -Systeme mit allgemeinem Verwendungszweck, insbesondere wenn Modell und System von demselben Anbieter entwickelt werden;
c) Beobachtung des Auftretens unvorhergesehener Risiken, die sich aus KI-Modellen mit allgemeinem Verwendungszweck ergeben, unter anderem durch das Eingehen auf Warnungen des wissenschaftlichen Gremiums;
d) Untersuchung möglicher Verstöße gegen Vorschriften für KI-Modelle und -Systeme mit allgemeinem Verwendungszweck, unter anderem durch die Sammlung von Beschwerden und Warnungen, und Unterstützung der Vorbereitung von Beschlüssen der Kommission und der Durchführung von Bewertungen gemäß der künftigen Verordnung;
e) Gewährleistung, dass bei KI-Systemen, die in den Anwendungsbereich einschlägiger Rechtsvorschriften der Union fallen, auf deren Grundlage die die Kommission über Überwachungs- und Durchsetzungsbefugnisse verfügt, etwa der Verordnung

(EU) 2022/2065 des Europäischen Parlaments und des Rates (7) oder der Verordnung (EU) 2022/1925 des Europäischen Parlaments und des Rates (8), die Überwachung und Durchsetzung dieser Rechtsvorschriften vollständig mit der Überwachung und Durchsetzung der künftigen Verordnung koordiniert wird;

f) Unterstützung der Umsetzung von Vorschriften in Bezug auf verbotene KI-Praktiken und Hochrisiko-KI-Systeme in Abstimmung mit den einschlägigen Stellen, die nach den sektorspezifischen Rechtsvorschriften dafür zuständig sind, einschließlich der Erleichterung des Informationsaustauschs und der Zusammenarbeit zwischen nationalen Behörden, der Sammlung von Meldungen und der Einrichtung von Informationsplattformen und Datenbanken, insbesondere wenn ein KI-Modell oder -System mit allgemeinem Verwendungszweck in ein Hochrisiko-KI-System integriert ist.

(2) Im Hinblick auf die wirksame Durchführung der künftigen Verordnung wird das Amt darüber hinaus beauftragt,

a) die Kommission bei der Ausarbeitung einschlägiger Kommissionsbeschlüsse sowie von Durchführungsrechtsakten und delegierten Rechtsakten zu unterstützen;
b) die einheitliche Anwendung der künftigen Verordnung zu erleichtern;
c) der Kommission bei der Ausarbeitung von Orientierungshilfen und Leitlinien zur Unterstützung der praktischen Durchführung der künftigen Verordnung sowie bei der Entwicklung unterstützender Instrumente wie standardisierter Protokolle und bewährter Verfahren in Absprache mit den einschlägigen Dienststellen der Kommission und den Organen, Einrichtungen und sonstigen Stellen der Union zu helfen;
d) die Kommission bei der Ausarbeitung von Normungsaufträgen, der Bewertung bestehender Normen und der Ausarbeitung gemeinsamer Spezifikationen für die Durchführung der künftigen Verordnung zu unterstützen;
e) zur Bereitstellung von technischer Unterstützung, Beratung und Instrumenten für die Einrichtung und den Betrieb von KI-Reallaboren und gegebenenfalls zur Koordinierung mit den zuständigen nationalen Behörden, die solche Reallabore einrichten, beizutragen;
f) Bewertungen und Überprüfungen durchzuführen sowie Berichte im Zusammenhang mit der künftigen Verordnung auszuarbeiten;
g) die Einrichtung eines wirksamen Governance-Systems zu koordinieren, unter anderem durch Vorbereitung der Einsetzung von Beratungsgremien auf Unionsebene, sowie den Aufbau einschlägiger nationaler Behörden und sonstiger Stellen auf nationaler Ebene zu überwachen;
h) das Sekretariat für den KI-Ausschuss und seine Untergruppen sowie administrative Unterstützung für das Beratungsforum und gegebenenfalls das wissenschaftliche Gremium bereitzustellen, unter anderem durch die Bereitstellung der Verwaltungsstruktur, die Organisation von Sitzungen und die Ausarbeitung einschlägiger Dokumente;
i) die Ausarbeitung von praktischen Verfahrensregeln und Verhaltenskodizes auf Unionsebene unter Berücksichtigung internationaler Ansätze zu fördern und zu erleichtern sowie die Umsetzung und Bewertung solcher praktischer Verfahrensregeln zu überwachen.

Artikel 4
Zusammenarbeit mit Interessenträgern

(1) Bei der Wahrnehmung seiner Aufgaben gemäß Artikel 3 arbeitet das Amt im Einklang mit dem geltenden Wettbewerbsrecht mit Interessenträgern zusammen, indem es

a) Foren für die Zusammenarbeit der Anbieter von KI-Modellen und -Systemen einrichtet, um bewährte Verfahren voranzubringen und zur Entwicklung von praktischen Verfahrensregeln und Verhaltenskodizes beizutragen;
b) regelmäßige Konsultation von Interessenträgern, einschließlich Sachverständigen aus der Wissenschaft und dem Bildungssektor, Bürgerinnen und Bürgern, der Zivilgesellschaft und gegebenenfalls der Sozialpartner durchführt, um Beiträge für die Wahrnehmung seiner Aufgaben gemäß Artikel 3 Absatz 2 zu sammeln;
c) ein Forum für die Zusammenarbeit mit der Open-Source-Gemeinschaft einrichtet, um bewährte Verfahren für die sichere Entwicklung und Nutzung quelloffener KI-Modelle und -Systeme zu bestimmen und zu entwickeln.

Artikel 5
Sektorübergreifende Zusammenarbeit in der Kommission

(1) Das Amt trägt zur Förderung von Maßnahmen und Strategien bei, die die gesellschaftlichen und industriellen Vorteile von KI-Technik nutzbar machen.
(2) Insbesondere gewährleistet das Amt Folgendes:
a) Zusammenarbeit mit anderen einschlägigen Generaldirektionen und Dienststellen der Kommission bei der Wahrnehmung ihrer Aufgaben gemäß Artikel 2, insbesondere mit dem Europäischen Zentrum für die Transparenz der Algorithmen in Bezug auf die Bewertung und Erprobung von KI-Modellen und -Systemen mit allgemeinem Verwendungszweck;
b) Unterstützung anderer einschlägiger Generaldirektionen und Dienststellen der Kommission, um die Nutzung von KI-Modellen und -Systemen als transformative Instrumente in den einschlägigen Bereichen der Unionspolitik zu erleichtern und das Bewusstsein für neu auftretende Risiken zu schärfen.

Artikel 6
Interinstitutionelle Zusammenarbeit

Bei der Wahrnehmung seiner Aufgaben gemäß Artikel 3 richtet das Amt geeignete Formen der Zusammenarbeit mit Organen, Einrichtungen und sonstigen Stellen der Union ein.

Artikel 7
Internationale Zusammenarbeit

(1) Das Amt leistet einen Beitrag zur internationalen Zusammenarbeit der Kommission im Bereich der KI, einschließlich der Innovations- und Exzellenzpolitik, mit Drittländern und internationalen Organisationen, insbesondere indem es
a) sich für eine verantwortungsvolle Steuerung der KI einsetzt und den Ansatz der Union für vertrauenswürdige KI fördert;
b) zur internationalen Zusammenarbeit im Zusammenhang mit der KI-Regulierung und -Governance beiträgt;
c) zur Umsetzung internationaler Abkommen über KI-Vorschriften beiträgt, unter anderem auch durch Unterstützung der Mitgliedstaaten.

Artikel 8
Finanzierung

(1) Der Personalbedarf bezüglich der beim Amt tätigen Beamten wird durch die der Verwaltung der Maßnahme bereits zugeordnetes Personal der Generaldirektion oder durch Personalumschichtung innerhalb der Generaldirektion nach Maßgabe der verfüg-

baren Mittel gedeckt; dies gilt unbeschadet des Verfahrens der jährlichen Mittelzuweisung.

(2) Die Personalkosten für das beim Amt tätige externe Statutspersonal werden durch eine Umschichtung von Haushaltsmitteln aus den Verwaltungs- und Unterstützungsausgaben des Programms Digitales Europa gedeckt.

(3) Die operativen Ausgaben des Amtes werden durch die dem spezifischen Ziel 2 „Künstliche Intelligenz" des Programms Digitales Europa zugewiesenen Finanzmittel gedeckt.

Artikel 9
Inkrafttreten

Dieser Beschluss tritt am 21. Februar 2024 in Kraft

2. Organisation

Das KI-Büro ist gem. Art. 3 Nr. 47 **in die Europäische Kommission eingegliedert**. Demnach gelten Bezugnahmen auf das KI-Büro als Bezugnahmen auf die Kommission. Strukturell ist das KI-Büro Teil der Verwaltungsstruktur der Generaldirektion Kommunikationsnetze, Inhalte und Technologien (CONNECT) in der Europäischen Kommission,[282] die politische Strategien entwickelt und ausführt, um Europa für das digitale Zeitalter zu rüsten.[283] **362**

Damit ist das KI-Büro **politisch nicht unabhängig** tätig.[284] Durch seine Querschnittsaufgabe für verschiedene Institutionen wie das Europäische Parlament oder den Rat nimmt es faktisch die Rolle einer interinstitutionellen Einheit wahr, ist allerdings vollständig in die Organisationsstruktur der Kommission eingegliedert.[285] Möglicherweise geht mit der Eingliederung in die Strukturen der Kommission und deren Ressourcenverteilung eine Einschränkung der operativen Autonomie einher.[286] **363**

282 Art. 1 Satz 1 KI-Büro-Beschluss, EU-Komm., Beschluss C(2024) 390.

283 https://commission.europa.eu/about-european-commission/departments-and-executive-agencies/communications-networks-content-and-technology/what-we-do-communications-networks-content-and-technology_de (zuletzt abgerufen am 8.6.2025).

284 *Roth-Isigkeit*, Schriftliche Stellungnahme im Rahmen der öffentlichen mündlichen Anhörung am 15. Mai 2024 des Digitalausschusses des Bundestags zum Thema „Nationale Spielräume bei der Umsetzung des europäischen Gesetzes über künstliche Intelligenz", S. 25.

285 *Novelli/Hacker/Morley/Trondal/Floridi*, EJRR 2024, 1, 14.

286 *Novelli/Hacker/Morley/Trondal/Floridi*, EJRR 2024, 1, 15.

3. Aufgaben

364 Die Aufgaben des KI-Büros werden nicht in der KI-VO, sondern in dem **KI-Büro-Beschluss** beschrieben, mit dem das KI-Büro errichtet wurde. Dort werden die Aufgaben unterteilt in allgemeine Aufgaben im Hinblick auf den strategischen Umgang mit künstlicher Intelligenz (Art. 2 Abs. 2 KI-Büro-Beschluss) und in spezifische Aufgaben in Bezug auf die KI-VO (Art. 3 KI-Büro-Beschluss).

a) Allgemeine Aufgaben

365 Bezüglich der allgemeinen Aufgaben des KI-Büros gem. Art. 2 Abs. 2 KI-Büro-Beschluss soll das KI-Büro unter anderem zu dem strategischen Herangehen an internationale KI-Initiativen beitragen und die KI-Märkte und Technologien beobachten.

b) Aufgaben bezüglich der KI-VO

aa) KI-Modelle mit allgemeinem Verwendungszweck

366 Die Aufgaben des KI-Büros gem. **Art. 3 Abs. 1 KI-Büro-Beschluss**, die sich aus der KI-VO ergeben, sind insbesondere auf den Umgang mit **KI-Modellen mit allgemeinem Verwendungszweck** bezogen. Dabei handelt es sich beispielsweise um die Entwicklung von Mitteln für die Bewertung von deren Fähigkeiten, die Beobachtung der Umsetzung und Anwendung entsprechender Vorschriften der KI-VO, die Beobachtung des Auftretens unvorhergesehener Risiken oder die Untersuchung möglicher Verstöße gegen Vorschriften für KI-Modelle oder KI-Systeme mit allgemeinem Verwendungszweck.

367 In der **KI-VO** findet sich diese Aufgabenzuweisung für das KI-Büro für KI-Modelle mit allgemeinem Verwendungszweck insbesondere in den Art. 75 (KI-Büro als spezielle Marktüberwachungsbehörde), 88, 89 (Durchsetzung von Pflichten und Überwachungsmaßnahmen) wieder. Gemäß **Art. 75 Abs. 1** und ErwG 161 Satz 2 soll das KI-Büro als Marktüberwachungsbehörde diejenigen KI-Systeme überwachen, die auf KI-Modellen mit allgemeinem Verwendungszweck beruhen und bei denen das Modell und das System vom selben Anbieter entwickelt werden.

bb) Weitere Aufgaben

368 Neben der schwerpunktmäßigen Befassung mit KI-Systemen und KI-Modellen mit allgemeinem Verwendungszweck nimmt das KI-Büro gem. Art. 3 Abs. 2 KI-Büro-Beschluss folgende Aufgaben wahr:

- **Unterstützung** der Kommission bei Kommissionsbeschlüssen und Durchführungsrechtsakten, bei der Ausarbeitung von Orientierungshilfen, Leitlinien, Normungsaufträgen und Verhaltenskodizes,
- **Bereitstellung** von technischer Unterstützung und Beratung für die Einrichtung und den Betrieb von KI-Reallaboren,
- **Koordinierungsaufgaben**, insbesondere in Bezug auf die Einrichtung eines wirksamen Governance-Systems.

cc) Arbeitsweise

Bei der Wahrnehmung der Aufgaben nach Art. 3 KI-Büro-Beschluss arbeitet das KI-Büro gem. Art. 4 KI-Büro-Beschluss mit den Interessenträgern zusammen. Gemäß Art. 5 KI-Büro-Beschluss soll das KI-Büro in der Kommission sektorübergreifend mit anderen Generaldirektionen und Dienststellen zusammenarbeiten. Die Zusammenarbeit soll gem. Art. 6 KI-Büro-Beschluss auch interinstitutionell in der Union sowie gem. Art. 7 KI-Büro-Beschluss international mit Drittländern und internationalen Organisationen erfolgen. **369**

Damit geht **weder eine Weisungs- noch eine Kontrollfunktion** des KI-Büros gegenüber den nationalen Behörden einher.[287] Die Zusammenarbeit mit den nationalen Behörden wird durch Art. 64 Abs. 2 geregelt, wodurch die Mitgliedstaaten aufgefordert werden, das KI-Büro – entsprechend dem unionsrechtlich verankerten Kooperationsgebot – bei der Ausübung seiner Aufgaben zu unterstützen.[288] **370**

XLVIII. Zuständige nationale Behörde (Nr. 48)

Der Begriff der zuständigen nationalen Behörde dient lediglich dazu, als **Oberbegriff** für die jeweils gesondert definierten Begriffe der **notifizierenden Behörde** (Art. 3 Nr. 19) und der **Marktüberwachungsbehörde** (Art. 3 Nr. 29) zu fungieren. Art. 70 stellt die zentrale Norm hinsichtlich der Benennung der zuständigen nationalen Behörden dar. **371**

287 *Roth-Isigkeit*, Schriftliche Stellungnahme im Rahmen der öffentlichen mündlichen Anhörung am 15. Mai 2024 des Digitalausschusses des Bundestags zum Thema „Nationale Spielräume bei der Umsetzung des europäischen Gesetzes über künstliche Intelligenz", S. 24.

288 *Roth-Isigkeit*, Schriftliche Stellungnahme im Rahmen der öffentlichen mündlichen Anhörung am 15. Mai 2024 des Digitalausschusses des Bundestags zum Thema „Nationale Spielräume bei der Umsetzung des europäischen Gesetzes über künstliche Intelligenz", S. 24.

372 Für KI-Systeme, die auf Unionsebene in Betrieb genommen oder verwendet werden, übernimmt der Europäische Datenschutzbeauftragte die Rolle der notifizierenden Behörde bzw. der Marktüberwachungsbehörde. Er soll gem. Art. 74 Abs. 9 als die zuständige Marktüberwachungsbehörde für die Organe, Einrichtungen und sonstigen Stellen der Union benannt werden und ist gem. Art. 100 Abs. 1 befugt, entsprechende Geldbußen zu verhängen.

XLIX. Schwerwiegender Vorfall (Nr. 49)

1. Allgemeines

Art. 3 Nr. 49 definiert den Begriff „schwerwiegender Vorfall“ mit Merkmalen, die sich zum einen auf die Ursachen und zum anderen auf die Folgen eines solchen Vorfalls beziehen. Nur wenn eine der genannten Folgen (Art. 3 Nr. 49 lit. a–d) auf eine der genannten Ursachen („Vorfall“ oder „Fehlfunktion“) zurückzuführen ist, liegt ein schwerwiegender Vorfall vor. **373**

Die Begriffsdefinition hat vor allem Bedeutung für die in Art. 73, 55 Abs. 1 lit. c und Art. 60 Abs. 7 ausgestaltete **Meldepflicht** der Anbieter und Akteure, die gem. Art. 25 Abs. 1 als Anbieter gelten. **374**

2. Fehlfunktion

Der Begriff der Fehlfunktion scheint selbsterklärend zu sein, hat aber bei genauerer Betrachtung einige Fallstricke zu bieten. Zum einen impliziert die erste Silbe, dass die konkrete Funktion von einem **Funktions-Soll**, also einem Ideal- oder Normalverhalten, abweicht. Es fehlt allerdings an einem Bezugspunkt für das Funktions-Soll. Ohne einen solchen **Bezugspunkt** besteht die Gefahr eines sich etablierenden Zirkelschlusses: Aus der Tatsache, dass eine der in lit. a–d genannten Folgen eingetreten ist, wird auf eine Fehlfunktion geschlossen unter der Annahme, dass die Funktion schon deshalb fehlerhaft sein muss, weil sie die unerwünschte Folge herbeigeführt hat. Die Konsequenz wäre eine Meldepflicht für alle in Art. 3 Nr. 49 lit. a–d genannten Szenarien, wenn ein KI-System involviert war – mit der Ausnahme für den Fall, dass mangelnde Kausalität im Sinne des Art. 73 Abs. 2 dargelegt werden kann. Ein so weites Begriffsverständnis gibt der Wortlaut von Art. 3 Nr. 49 allerdings nicht her. Es hätte hierfür nämlich genügt, einen Vorfall als Anknüpfungspunkt in die Vorschrift aufzunehmen. Mit der Ursachenalternative der Fehlfunktion hat der Gesetzgeber allerdings differenziert zwischen Ursachen, die zwingend im Inneren des KI-Systems liegen, und Ursachen, die außerhalb des KI-Systems liegen („Vorfall“). **375**

Mögliche Bezugspunkte für die Feststellung der Fehlerhaftigkeit der Funktion wären vertraglich vereinbarte, gesetzlich vorgegebene oder aus einem technischen Vergleich (z. B. Branchenüblichkeit) hergeleitete Maßstäbe. Da die **technische Dokumentation** gem. Art. 19 detailliert beschreibt, wie das KI-System funktionieren soll, scheint sie eine geeignete Grundlage für die Bewertung der Fehlfunktion zu sein. **376**

3. Vorfall

377 Der Begriff „**Vorfall**“ ist denkbar weit und kann jedes Ereignis umfassen. Im Zusammenhang mit der Verursachung eines schwerwiegenden Vorfalls im Sinne des Art. 3 Nr. 49 kommen insbesondere ein vom erwarteten abweichender Output des KI-Systems, Anwendungsfehler oder das Zusammenwirken mit anderen Systemen in Betracht.

4. Mögliche Folgen

a) Tod oder schwere gesundheitliche Schädigung (lit. a)

378 Eine schwere gesundheitliche Schädigung oder der Tod eines Menschen kann durch das KI-System direkt verursacht werden, wenn unmittelbar eine **mechanische Reaktion** ausgelöst wird, die auf den Körper eines Menschen einwirkt. Solche Unfälle können zum Beispiel durch die Steuerung von Fahrzeugen oder Robotern durch ein KI-System hervorgerufen werden. Indirekt kann ein KI-System physische Schäden verursachen, wenn es eine menschliche Entscheidung nur **vorbereitet**. Eine fehlerhafte ärztliche Behandlung nach einer fehlerhaften Diagnoseunterstützung ist ein denkbares Beispiel. Auch wenn die Gesundheitsschädigung oder der Tod auf der Entscheidung und Einwirkung der behandelnden Person beruht, ist die Fehlfunktion oder Fehlbedienung des KI-System die mittelbare Ursache.

b) Schwere und unumkehrbare Störung kritischer Infrastrukturen (lit. b)

379 Diese Folge des schwerwiegenden Vorfalls nimmt Bezug auf die Begriffsdefinition in Art. 3 Nr. 62, nach der kritische Infrastrukturen definiert werden als „Objekte, Anlagen, Ausrüstung, Netze oder Systeme oder Teile eines Objekts, einer Anlage, Ausrüstung, eines Netzes oder eines Systems, die für die Erbringung eines wesentlichen Dienstes erforderlich sind“. Wesentlicher Dienst ist ein Dienst, „der für die Aufrechterhaltung wichtiger gesellschaftlicher Funktionen, wichtiger wirtschaftlicher Tätigkeiten, der öffentlichen Gesundheit und Sicherheit oder der Erhaltung der Umwelt von entscheidender Bedeutung ist“ (Art. 2 Nr. 5 Richtlinie 2022/2557). Beispiele sind Systeme der **Energie- oder Wasserversorgung**. Kritische Infrastrukturen sollen insbesondere vor vorsätzlichen Fehlanwendungen oder unbeabsichtigten Kontrollproblemen und den Auswirkungen unberechtigter Eingriffe durch Dritte geschützt werden.[289]

380 Die Störung der Verwaltung oder des Betriebs einer solchen Infrastruktur muss **schwer und unumkehrbar** sein. Der notwendige Schweregrad wird in der KI-VO allerdings nicht definiert. Die Anforderungen dürften nicht allzu hoch sein

289 ErwG 110.

angesichts der Notwendigkeit und Zielsetzung der Vorschriften, insbesondere die Daseinsvorsorge durch Aufrechterhaltung und Integrität kritischer Infrastrukturen sicherzustellen. Vielmehr soll das Erfordernis wohl eine Abgrenzung zu Vorfällen bewirken, die mit der Verwaltung oder dem Betrieb kritischer Infrastrukturen im Zusammenhang stehen, aber keine infrastrukturbezogenen Auswirkungen haben. Nicht jeder Vorfall, der Auswirkungen auf Verwaltung oder den Betrieb einer kritische Infrastruktur hat, beeinträchtigt notwendigerweise ihre Funktion als solche. Wird zum Beispiel ein KI-System eingesetzt, um die Terminkoordination der Mitarbeiter eines Netzbetreibers zu erleichtern, hat eine Funktionsstörung nicht zwingend schwere Auswirkungen auf die Verwaltung oder den Betrieb der kritischen Infrastruktur. Die Störung muss ferner unumkehrbar sein. Sie darf sich also nicht im normalen Betriebsablauf mit einfachen Mitteln zügig beseitigen lassen.

c) Verletzung von Pflichten zum Schutz der Grundrechte (lit. c)

Die Tatbestandsvariante der Verletzung von Pflichten zum Schutz der Grundrechte ist sehr weit gefasst und in ihrer Tragweite nicht eindeutig. Es bedarf jedenfalls **keiner Rechtsgutsverletzung**. Vielmehr genügt allein die Verletzung der Pflicht. Um die Anwendbarkeit bei auch nur geringfügigen Grundrechtsverletzungen nicht ausufern zu lassen, wird zum Teil eine Erheblichkeitsschwelle verlangt.[290] **381**

Die Pflichten zum Schutz der Grundrechte müssen sich aus Unionsvorschriften ergeben. Unter diesen weiten Begriff lässt sich auch die europäische **Charta der Grundrechte** subsumieren, die gem. ihrem Art. 51 Abs. 1 bei der Anwendung des Unionsrechts stets zu berücksichtigen ist. Hieraus ergeben sich allerdings keine unmittelbaren Pflichten für private Rechtssubjekte. Private Anbieter und Betreiber eines KI-Systems können nur gegen Pflichten zum Grundrechtsschutz verstoßen, wenn ihnen diese Pflichten, aufgrund von **EU-Sekundärrecht** oder nationalem Umsetzungsrecht, überhaupt obliegen. Mit den „Pflichten aus den Unionsvorschriften zum Schutz der Grundrechte" sind daher wohl sekundärrechtlich konkretisierte Handlungspflichten oder Verbote gemeint. Deutlicher in diese Richtung geht auch der englischsprachige Wortlaut des Nr. 49 lit. d („the infringement of obligations under Union law intended to protect fundamental rights"). **382**

Solche grundrechtsschützenden Vorschriften finden sich vor allem im Datenschutzrecht. Die DSGVO dient ausdrücklich dem Schutz der Grundrechte und Grundfreiheiten natürlicher Personen (Art. 1 Abs. 2 DSGVO). Eine ähnliche Formulierung findet sich in Art. 1 Abs. 1 DSA. Auch Antidiskriminierungsvorschriften und europäische Rechtsakte zum Schutz der Arbeitnehmer und Ver- **383**

290 *Wendehorst*, in: Martini/Wendehorst, KI-VO, Art. 3 Rn. 336.

braucher sind denkbare Grundlagen zur Qualifizierung eines schwerwiegenden Vorfalls gem. Art. 3 Nr. 49.

d) Schwere Sach- oder Umweltschäden (lit. d)

384 Wenn ein Vorfall einen schweren Sach- oder Umweltschaden zur Folge hatte, führt dies auch zur Qualifizierung als schwerwiegender Vorfall. Für die Schwere der Schäden können Kriterien wie der **Wert** der beschädigten Güter und die Anzahl betroffener Personen herangezogen werden. Im Falle von Umweltschäden ist auch die **Bedeutung des betroffenen Ökosystems** für Flora und Fauna relevant.

5. Unmittelbare oder mittelbare Kausalität

385 Der Vorfall oder die Fehlfunktion müssen unmittelbar oder mittelbar zu einer der in Art. 3 Nr. 49 lit. a–d genannten Folgen geführt haben. Auch wenn der Maßstab für die Kausalität sehr weit ist, genügt nicht jeder Zusammenhang im Sinne der Conditio-sine-qua-non-Formel. Insbesondere der **Adäquanzgedanke** muss in die Beurteilung einfließen, sodass zum Beispiel Folgen, die im Nachgang zu einem Vorfall oder einer Fehlfunktion durch eine Verkettung außergewöhnlicher Umstände auftreten, keinen schwerwiegenden Vorfall begründen.[291]

291 Hierzu im Deliktsrecht eingehend *Oetker*, in: MüKo-BGB, § 249 Rn. 110.

L. Personenbezogene Daten (Nr. 50)

1. Allgemeines

Der Begriff wird in der KI-VO an zahlreichen Stellen verwendet, u. a. etwa im Kontext von Art. 10 (Daten und Daten-Governance), Art. 26 (Pflichten der Betreiber von Hochrisiko-KI-Systemen) oder Art. 59 (Weiterverarbeitung personenbezogener Daten zur Entwicklung bestimmter KI-Systeme im öffentlichen Interesse im KI-Reallabor). **386**

2. Begriffsbedeutung

Art. 3 Nr. 50 spiegelt die Legaldefinition des Art. 4 Nr. 1 DSGVO. Danach bezeichnet der Ausdruck „personenbezogene Daten" alle Informationen, die sich auf eine identifizierte oder identifizierbare natürliche Person beziehen; als identifizierbar wird eine natürliche Person angesehen, die direkt oder indirekt, insbesondere mittels Zuordnung zu einer Kennung wie einem Namen, zu einer Kennnummer, zu Standortdaten, zu einer Online-Kennung oder zu einem oder mehreren besonderen Merkmalen, die Ausdruck der physischen, physiologischen, genetischen, psychischen, wirtschaftlichen, kulturellen oder sozialen Identität dieser natürlichen Person sind, identifiziert werden kann. **387**

Der Begriff der personenbezogenen Daten ist in der Praxis sehr weitreichend und extensiv. Insofern wird auf die einschlägige Literatur und Rechtsprechung zur DSGVO verwiesen. **388**

LI. Nicht personenbezogene Daten (Nr. 51)

1. Allgemeines

Der Begriff hat in der KI-VO keine besondere Bedeutung und wird – abgesehen von ErwG 10 und 141 – nur in Art. 59 Abs. 1 lit. b im Rahmen einer Rückausnahme („sofern diese Anforderungen durch die Verarbeitung anonymisierter, synthetischer oder sonstiger nicht personenbezogener Daten nicht wirksam erfüllt werden können") verwendet. **389**

2. Begriffsbedeutung

Art. 3 Nr. 51 formuliert eine Negativabgrenzung. Aus der Grundmenge aller Daten bilden nicht personenbezogene Daten das logische Gegenstück zu personenbezogenen Daten nach Art. 3 Art. 50. Daraus folgt, dass jedes Datum theoretisch entweder als personenbezogen oder als nicht personenbezogen eingestuft werden kann. **390**

LII. Profiling (Nr. 52)

391 Art. 3 Nr. 52 verweist für die Begriffsbestimmung von Profiling auf Art. 4 Nr. 4 DSGVO. Danach ist **Profiling** jede Art der automatisierten Verarbeitung personenbezogener Daten, die darauf abzielt, bestimmte persönliche Aspekte einer natürlichen Person zu bewerten, insbesondere um Aspekte bezüglich Arbeitsleistung, wirtschaftliche Lage, Gesundheit, persönliche Vorlieben, Interessen, Zuverlässigkeit, Verhalten, Aufenthaltsort oder Ortswechsel dieser natürlichen Person zu analysieren oder vorherzusagen.

392 Das Profiling entfaltet gegenüber der betroffenen Person eine rechtliche Wirkung oder beeinträchtigt sie in ähnlicher Weise erheblich, wie z. B. bei der Bonitätsbewertung, Bewerberauswahl, personalisierter Preisbildung oder Risikoeinstufung bei Versicherungen. Entscheidend ist damit nicht nur die Bewertung als solche, sondern deren mögliche **Beeinträchtigung** von Rechten und Freiheiten der betroffenen Person.

393 Im Kontext der KI-VO ist Profiling insbesondere dann relevant, wenn es in sozial oder wirtschaftlich sensiblen Kontexten durch KI-Systeme erfolgt etwa im Beschäftigungs-, Bildungs-, Versicherungs- oder Strafverfolgungsbereich. In diesen Fällen liegt regelmäßig ein Hochrisiko-KI-System gemäß Art. 6 Abs. 2 i. V. m. Anhang III vor.

LIII. Plan für einen Test unter Realbedingungen (Nr. 53)

Die Definition unterscheidet sich nur marginal von jener des **klinischen Prüfplans** in der Verordnung (EU) 2017/745 (Medizinprodukteverordnung – MP-VO) und in der Verordnung (EU) Nr. 536/2014 (Clinical Trials Regulation – CTR).[292] Vor diesem Hintergrund werden im Folgenden erste Überlegungen zu den einzelnen Elementen des Plans für einen Test unter Realbedingungen gemacht; sobald die Kommission gemäß Art. 60 Abs. 1 UAbs. 2 auf Grundlage von Durchführungsrechtsakten Festlegungen getroffen hat (siehe Art. 60 Rn. 21), sind primär diese zu berücksichtigen: **394**

- Unter den **Zielen** und Annahmen sind in erster Linie die intendierten **Endpunkte** der Untersuchung zu verstehen. Idealerweise werden klar definierte, relevante und **messbare Kriterien** festgelegt.[293] Die zu erreichenden Endpunkte können objektiver oder subjektiver Natur sein.
- Die **Methodik** umfasst die Vorgehensweise, die angewendet wird, um Forschungsfragen zu beantworten, Daten zu sammeln, zu analysieren und daraus Schlussfolgerungen zu ziehen. Die Auswahl der geeigneten Methodik hängt unter anderem von der Art der Forschungsfrage, den verfügbaren Ressourcen und den angestrebten Zielen der Untersuchung ab.[294] Letztlich wird hierdurch das **Testdesign** festgelegt.
- Der **Umfang** der Untersuchung ist in geographischer (Ort, Land, Region), bevölkerungsbezogener (z. B. Anzahl der Prüfungsteilnehmer, etwaige Ein- und Ausschlusskriterien für Prüfungsteilnehmer und die Angabe, ob es Prüfungsteilnehmer unter 18 Jahren gibt) und zeitlicher Hinsicht (Anfangs- und Abschlussdatum) zu beschreiben.[295]

  Bei der Erstellung des **Überwachungsplans**[296] ist hinsichtlich der Identifizierung der geeigneten Maßnahmen und Intervalle die konkrete Kritikalität des zu prüfenden KI-Systems zu berücksichtigen.

---

292 § 2 Nr. 47 VO (EU) 2017/745 bezeichnet den Prüfplan als ein Dokument, „in dem die Begründung, die **Ziele**, die Konzeption, die **Methodik**, die **Überwachung**, statistische Erwägungen, die **Organisation** und die **Durchführung** einer klinischen Prüfung beschrieben werden" (Hervorhebung der Übereinstimmungen durch den Verfasser); ganz ähnlich in § 2 Abs. 2 Nr. 22 VO (EU) Nr. 536/2014 (CTR): „ein Dokument, in dem Zielsetzung, Aufbau, Methodik, statistische Überlegungen und Organisation einer klinischen Prüfung beschrieben sind."

293 *Franken*, in: Fuhrmann/Klein/Fleischfresser, Arzneimittelrecht, § 12 Rn. 22.

294 Zur Methodik in der biomedizinischen Forschung *Brockmöller*, in: Spickhoff/Handorn, Medizinisches ForschungsR-HdB, § 3 Rn. 10 ff.

295 MP-VO, Anhang XV Kapitel II Ziffer 1.11.

296 MP-VO, Anhang XV Kapitel II Ziffer 3.6.6.

- Zum Rahmen der **Organisation und Durchführung** gehören u. a. Angaben zum Sponsor (und zu etwaigen Co-Sponsoren), detaillierte Beschreibung des Ablaufs, die Strategie zur Nachverfolgung und Handhabung von Abweichungen vom Testplan, Protokolle zur Unterbrechung und zum Abbruch des Tests, Beschreibung des Verfahrens zur Einholung der Einwilligung nach Aufklärung und zum Vigilanzsystem.

LIV. Plan für das Reallabor (Nr. 54)

1. Allgemeines

a) Zweck der Vorschrift

Die Vorschrift stellt die Grundlage für den Plan zur Durchführung von testbezogenen Tätigkeiten im KI-Reallabor dar. Ziel ist die Regelung der Zusammenarbeit zwischen dem teilnehmenden Anbieter eines KI-Systems sowie der zuständigen nationalen Behörde, die das KI-Reallabors auch errichtet. **395**

b) Entstehungsgeschichte

In der ursprünglichen Fassung[297] der KI-VO wurde der Plan für das Reallabor nicht definiert. Es war aber von Anfang an vorgesehen, dass die Nutzung von KI-Reallaboren auf der Grundlage eines mit den zuständigen Behörden vereinbarten Testplans erfolgen muss.[298] In der Fassung des Rates[299] wurde dieser Punkt lediglich unter Art. 3 Nr. 52 („KI-Reallabor") kurz erwähnt („nach einem spezifischen Plan für einen begrenzten Zeitraum unter regulatorischer Aufsicht").[300] **396**

Obwohl die Ergänzung dieser Definition nicht explizit begründet wurde, ist sie mit hoher Wahrscheinlichkeit auf die Position von Österreich zurückzuführen. Österreich bemängelte in seiner Stellungnahme, dass die Verordnung eine pauschale, undifferenzierte und horizontale Ermächtigung zur Verarbeitung jeglicher personenbezogener Daten in Reallaboren vorsehe.[301] Mit der Einfügung einer solchen Definition und des darin geregelten „vereinbarten Dokuments" **397**

297 EU-Komm., Vorschlag für eine Verordnung des Europäischen Parlaments und des Rates zur Festlegung harmonisierter Vorschriften für künstliche Intelligenz (Gesetz über Künstliche Intelligenz) und zur Änderung bestimmter Rechtsakte der Union vom 21.4.2021, COM(2021) 206 final (KI-VO-E Kommission).

298 KI-VO-E Kommission, Punkt I-5.2.5.

299 Rat der Europäischen Union, Beratungsergebnisse zum Vorschlag für eine Verordnung des Europäischen Parlaments und des Rates zur Festlegung harmonisierter Vorschriften für künstliche Intelligenz (Gesetz über künstliche Intelligenz) und zur Änderung bestimmter Rechtsakte der Union, Allgemeine Ausrichtung vom 6.12.2022, 15698/22.

300 Rat der Europäischen Union, Vermerk zum Vorschlag für eine Verordnung des Europäischen Parlaments und des Rates zur Festlegung harmonisierter Vorschriften für künstliche Intelligenz (Gesetz über künstliche Intelligenz) und zur Änderung bestimmter Rechtsakte der Union, Allgemeine Ausrichtung vom 25.11.2022, 14954/22.

301 Rat der Europäischen Union, I/A-Punkt-Vermerk zum Entwurf einer Verordnung des Europäischen Parlaments und des Rates zur Festlegung harmonisierter Vorschriften für künstliche Intelligenz und zur Änderung der Verordnungen (EG) Nr. 300/2008, (EU) Nr. 167/2013, (EU) Nr. 168/2013, (EU) 2018/858, (EU) 2018/1139 und (EU) 2019/2144 sowie der Richtlinien 2014/90/EU, (EU) 2016/797 und (EU) 2020/1828

(= Plan) wird für die Verarbeitung personenbezogener Daten grundsätzlich ein zweckgebundener, begrenzender Rahmen geschaffen.

c) Verhältnis zu anderen Vorschriften

398 Der Plan für das KI-Reallabor i. S. d. Norm findet vor allem in Art. 3 Nr. 55 (siehe Art. 3 Nr. 55 Rn. 403 ff.) seinen Anknüpfungspunkt. Denn in Art. 3 Nr. 55 KI-VO wird der Begriff des KI-Reallabors definiert. In der Folge hat die Regelung grundlegende Relevanz für die Durchführung von Tests in KI-Reallaboren nach den Art. 57 ff. KI-VO.

399 Parallelen existieren darüber hinaus zu Art. 3 Nr. 53 KI-VO, wonach der „Plan für einen Test unter Realbedingungen" definiert wird. Während Art. 3 Nr. 54 KI-VO zudem den Plan u. a. für die Bedingungen von Tätigkeiten in Reallaboren beschreibt, definiert Art. 3 Nr. 57 (siehe Art. 3 Nr. 57 Rn. 419 ff.) Tests von KI-Systemen außerhalb eines (Real-)Labors unter Realbedingungen.

2. Tatbestand

400 Mit dem teilnehmenden Anbieter ist gemäß Art. 3 Nr. 3 (siehe Art. 3 Nr. 3 Rn. 84 ff.) der Anbieter eines KI-Systems gemeint, der Tests mit seinem KI-System im KI-Reallabor (siehe Art. 3 Nr. 55 Rn. 408 ff.) durchführt. Trotz teils wechselnder Bezeichnung[302] ist hier sowie an anderer Stelle stets das „**KI-Reallabor**" gemeint. Obwohl nicht der exakte Begriff verwendet wird, wird regelmäßig die **zuständige Behörde** i. S. d. Norm zudem gemäß Art. 3 Nr. 48 (siehe Art. 3 Nr. 48 Rn. 371 f.) die „zuständige nationale Behörde" darstellen. Mit Blick auf Art. 70 Abs. 1 Satz 1 dürfte es aber prinzipiell auch denkbar sein, dass die zuständige nationale Behörde nach Art. 3 Nr. 48 KI-VO und die zuständige Behörde gemäß Art. 3 Nr. 54 auseinanderfallen, weil ausweislich Art. 70 Abs. 1 Satz 1 auch mehrere nationale Behörden i. S. d. KI-VO denkbar sind.

401 Der tatbestandliche **Plan** ist nach dem Wortlaut der Norm ein zwischen den vorgenannten Akteuren vereinbartes Dokument. Das Wort „Plan" spricht zudem dafür, dass die Beteiligten ein abgestimmtes Vorgehen in dem Dokument festlegen sollen. Es soll eine unkoordinierte Errichtung der KI-Reallabore sowie Durchführung der Zusammenarbeit dort verhindert werden. Es stellt sich die Frage, ob mit der Formulierung diesem Dokument auch eine rechtliche Verbindlichkeit zukommen soll, mit der Folge, dass das vereinbarungswidrige Handeln u. U.

(Verordnung über künstliche Intelligenz) vom 15.5.2024, 9645/24 ADD 1 REV 2, S. 4.

302 Siehe z. B. in Art. 57 Abs. 1 Satz 2, wo abweichend vom „Reallabor" die Rede ist.

sanktioniert werden kann. Letzteres dürfte wohl zu bejahen sein.[303] Dies dürfte insbesondere mit Blick auf die in Art. 57 Abs. 12 Satz 1 (siehe Art. 57 Rn. 76) verankerten Haftungsregelungen für Schäden, die Dritten infolge der Erprobung im KI-Reallabor entstehen, zutreffen. Zwar ergibt sich im Umkehrschluss aus Art. 57 Abs. 12 Satz 2, dass die zuständige nationale Behörde prinzipiell den (zukünftigen) Anbieter des KI-Systems für planwidriges Handeln bebußen kann, sodass eigentlich kein Erfordernis für die zivilrechtliche Haftung bestünde. Gleichwohl ist es denkbar, dass der zuständigen nationalen Behörde als Einrichter und Betreiber des KI-Reallabors durch das planwidrige Testen des KI-Systems selbst auch Schäden, insbesondere am KI-Reallabor selbst, entstehen. Es scheint daher erst recht denkbar, dass die Behörde den Anbieter im Zweifel hierfür auch zivilrechtlich gemäß Art. 57 Abs. 12 Satz 1 insbesondere in Verbindung mit § 280 BGB in Anspruch nehmen kann. Dafür spricht zumindest, dass es sich nach Art. 3 Nr. 54 um ein „ein zwischen dem teilnehmenden Anbieter und der zuständigen Behörde vereinbartes Dokument" handelt.

Das vereinbarte Dokument enthält schließlich noch die im Tatbestand aufgezählten Modalitäten („Dokument, in dem die Ziele, die Bedingungen, der Zeitrahmen, die Methodik und die Anforderungen für die im Reallabor durchgeführten Tätigkeiten beschrieben werden"). **402**

LV. KI-Reallabor (Nr. 55)

1. Allgemeines

a) Zweck der Vorschrift

Mit seinen Schlussfolgerungen zu Reallaboren[304] und Experimentierklauseln hat sich der Rat der Europäischen Union auf ein entsprechendes Verständnis von KI-Reallaboren geeinigt und deren Potenziale für Innovation und eine zukunftsorientierte Gesetzgebung betont.[305] Diese Einschätzungen auf Unionsebene gehen auf der Ebene der Bundesrepublik mit der verabschiedeten Reallabore-Strategie des Bundesministeriums für Wirtschaft und Klimaschutz[306] einher. **403**

303 *Feiler/König*, in: Pehlivan/Forgó/Valcke, The EU Artificial Intelligence (AI) Act, 3.54.

304 Zu den Chancen und Risiken von Reallaboren: *Muttach/Link*, CR 2023, 725, 726 f.

305 Rat der Europäischen Union, Schlussfolgerungen des Rates zu Reallaboren und Experimentierklauseln als Instrumente für einen innovationsfreundlichen, zukunftssicheren und resilienten Rechtsrahmen zur Bewältigung disruptiver Herausforderungen im digitalen Zeitalter vom 16.11.2020, 12683/1/20 REV 1.

306 Bundesministerium für Wirtschaft und Klimaschutz, Die Reallabore-Strategie des BMWK, Artikel vom 10.7.2023.

404 Vorstehende Erwägungen wurden u. a. in der KI-VO kodifiziert. Ziel ist es, KI-Systeme vor dem Inverkehrbringen zu testen, was der Sicherheit Rechnung trägt. Aber auch die Innovations- und Wettbewerbsfähigkeit werden auf diese Weise im Bereich der KI-Systeme vorangetrieben. Schließlich werden auch die Erfahrungen des Normgebers in Bezug auf die Regulierung des Themas Künstliche Intelligenz gestärkt.[307]

b) Entstehungsgeschichte

405 Der Text der Vorschrift entspricht der Fassung des Rates.[308] Im Vorschlag des Parlaments[309] wurde explizit geregelt, dass das Angebot der KI-Reallabore sich an KI-Systeme richtet, bevor diese auf den Markt gebracht oder in Betrieb genommen werden. Von dieser Einschränkung wurde aber abgesehen und die Reallabore sind nun auch für die Validierung der Systeme zugänglich.

c) Verhältnis zu anderen Vorschriften

406 Innerhalb der KI-VO findet der Begriff des KI-Reallabors vor allem Relevanz im Rahmen der Vorgaben zur Einrichtung und zum Betrieb von KI-Reallaboren in den Art. 57 f. KI-VO.

407 Außerhalb der KI-VO ergeben sich insbesondere Anknüpfungspunkte zur Datenschutz-Grundverordnung, aber auch zum Geschäftsgeheimnisschutz.[310] Anbieter von KI-Systemen könnten zur Durchführung von Tests des KI-Systems im Einzelfall personenbezogene Daten oder geschäftsgeheimnisrelevante Daten benötigen, die der zuständigen Behörde oder sonstigen Beteiligten des KI-Reallabors u. U. offengelegt werden können/müssen. Anbieter von KI-Systemen, die Tests in Reallaboren durchführen, sollten daher vorab alle sonstigen relevanten gesetzlichen Vorgaben sicherstellen.

---

307 *Muttach/Link*, CR 2023, 725, 726.

308 Rat der Europäischen Union, Beratungsergebnisse zum Vorschlag für eine Verordnung des Europäischen Parlaments und des Rates zur Festlegung harmonisierter Vorschriften für künstliche Intelligenz (Gesetz über künstliche Intelligenz) und zur Änderung bestimmter Rechtsakte der Union, Allgemeine Ausrichtung vom 6.12.2022, 15698/22.

309 Europäisches Parlament, Abänderungen des Europäischen Parlaments zu dem Vorschlag für eine Verordnung des Europäischen Parlaments und des Rates zur Festlegung harmonisierter Vorschriften für künstliche Intelligenz (Gesetz über künstliche Intelligenz) und zur Änderung bestimmter Rechtsakte der Union vom 14.6.2023, P9_TA(2023)0236.

310 Siehe in Deutschland: Gesetz zum Schutz von Geschäftsgeheimnissen vom 18.4.2019 (BGBl. I S. 466).

2. Tatbestand

Die Vorschrift stellt zunächst klar, dass das KI-Reallabor[311] von der zuständigen nationalen Behörde[312] i. S. d. Art. 3 Nr. 48 (siehe Art. 3 Nr. 48 Rn. 371 f.) geschaffen wird. ErwG 138 Satz 4 stellt klar, dass **KI-Reallabore in physischer, digitaler oder Hybrid-Form** eingerichtet werden können und dass sie physische sowie digitale Produkte umfassen können. Vorstellbar ist also, dass sowohl nur ein physischer Ort i. S. eines oder mehrerer Räume zur Errichtung eines KI-Reallabors ausreicht, ggf. mit (digitalen) Testsystemen, oder aber ausschließlich eine virtuelle Umgebung, die auf einem Server betrieben wird und von den Beteiligten des Tests über eine digitale Testoberfläche in Anspruch genommen werden kann. Beide Formen dürften regelmäßig eine Cloud- bzw. (lokale) Serverinfrastruktur beinhalten, mit der das zu testende KI-System untersucht werden kann. Zwar besagt ErwG 138 Satz 4, dass die KI-Reallabor-Formen „physische sowie digitale Produkte umfassen können". Gleichwohl dürfte insbesondere ein KI-Reallabor, das nur physische Produkte testen kann, regelmäßig keinen Sinn ergeben. Ein auf eine Sorte von Produkten begrenztes KI-Reallabor dürfte bereits der Forderung des Art. 57 Abs. 5 Satz 1 zuwiderlaufen, wonach KI-Reallabore eine kontrollierte Umgebung bieten, um Innovation zu fördern und die Entwicklung, das Training, das Testen und die Validierung innovativer KI-Systeme zu erleichtern. Denn innovative KI-Systeme dürften nicht nur auf digitale oder physische Produkte begrenzt sein. Die einzelnen Einrichtungsparameter (z. B. Software, auf der das KI-System simuliert werden kann) der bereitgestellten digitalen Testsysteme sollten prinzipiell sehr breit sein, um sämtliche Formen von KI-Systemen im KI-Reallabor simulieren zu können. Das heißt, die bereitgestellte digitale Infrastruktur muss alle grundsätzlichen Simulationsvarianten von KI-Systemen nach dem Stand der Technik abbilden können. 408

Regelmäßig dürften beide ausschließlichen Formen (physisch oder digital) der Einrichtung eines KI-Reallabors Vor- und Nachteile mit sich bringen. Ein KI-Reallabor in rein physischer Form dürfte aus Behördensicht den „Nachteil" aufweisen, dass für die Unterhaltung von Räumen Kosten neben der wohl ohnehin bereitzustellenden digitalen Infrastruktur entstehen. Der Vorteil eines KI-Reallabors in physischer Form liegt wiederum darin, dass sich die (zukünftigen) Anbieter von KI-Systemen mit den relevanten Beteiligten, wie u. a. Mitarbeitern der zuständigen nationalen Behörde, direkt abstimmen können und so effektiver 409

311 Siehe zu einer vergleichbaren Regelung: Art. 2 Nr. 14 Verordnung (EU) 2024/903; zum Begriff des Reallabors siehe: Noerr Partnerschaftsgesellschaft mbH, Analyse der Potentiale und rechtlichen Umsetzungsmöglichkeiten von KI-Reallaboren auf europäischer und nationaler Ebene unter besonderer Berücksichtigung des Entwurfs der Europäischen Kommission für einen KI-Rechtsrahmen, Gutachten im Auftrag des Bundesministeriums für Wirtschaft und Klimaschutz, vom 26.4.2022, S. 20 ff.

312 Siehe dazu entsprechend die Kommentierung unter Art. 3 Nr. 54 Rn. 400.

die Erfüllung der Vorgaben der KI-VO sicherstellen können. Die digitale Form eines KI-Reallabors bringt sicherlich den Vorteil der zügigeren Inanspruchnahme der Testmöglichkeiten, begrenzt aber die Möglichkeiten der effektiven Abstimmung des (zukünftigen) Anbieters mit den anderen Beteiligten zur Erfüllung der Anforderungen der KI-VO. Zudem könnten physische Produkte, die KI-Systeme enthalten, u. U. schwerer oder gar nicht getestet werden. Ideal dürfte es daher eher sein, eine hybride Form eines KI-Reallabors einzurichten.

410 Durch den Wortlaut wird deutlich, dass jede Nutzung des KI-Reallabors durch einen (zukünftigen) Anbieter eines Plans für das Reallabor i. S. v. Art. 3 Nr. 54 KI-VO (siehe Art. 3 Nr. 54 Rn. 401 f.) bedarf. Der (zukünftige) Anbieter des KI-Systems darf Tests zudem nur unter regulatorischer Aufsicht durchführen. Das heißt, die zuständige nationale Behörde und ggf. zusätzlich sachlich andere zuständige Behörden müssen die Tests mit überwachen. Mit Blick darauf, dass KI-Reallabore prinzipiell von einer erhöhten Zahl von (zukünftigen) Anbietern von KI-Systemen in Anspruch genommen werden könnten, dürfen die Tests schließlich nur über einen begrenzten Zeitraum erfolgen.

411 Die Norm spricht hinsichtlich der Konzeption des KI-Reallabors von einem „**kontrollierten Rahmen**". Etwas deutlicher wird diesbezüglich ErwG 139 Satz 1, der von einer kontrollierten Versuchs- und Testumgebung für die Entwicklungsphase spricht. Gemeint sein dürfte hier also, dass die Eingaben in und Ausgaben aus dem zu testenden KI-System dokumentiert nachvollziehbar sein müssen. Dies gilt umso mehr, als KI-Systeme häufig eine Blackbox[313] sind. Neben der Versuchsdokumentation meint ein kontrollierter Rahmen aber auch die Abschottung der Testumgebung von sonstigen Systemen und Daten. Dies dient dazu, dass Tests, insbesondere von Hochrisiko-KI-Systemen, nicht außer Kontrolle geraten können.

412 Das Ziel der Regelung ist es ausweislich des Wortlauts, ein innovatives KI-System zu entwickeln, zu trainieren, zu validieren und – gegebenenfalls unter Realbedingungen – zu testen. Ob und inwieweit Tests unter Realbedingungen in Betracht kommen, bemisst sich u. a. nach den Art. 58 Abs. 4, Art. 60 und Art. 61.

413 Unter welchen Bedingungen ein KI-System als tatbestandlich **innovativ**[314] gilt, wird durch die Verordnung nicht ausdrücklich beantwortet. Gleichwohl ergibt sich anhand des ErwG 138 Satz 2 und 139 Satz 1 sowie Art. 3 Nr. 55, dass KI-Systeme zumindest in dem Zeitpunkt als innovativ gelten, wenn sie sich in der Phase vor dem Inverkehrbringen befinden. Daraus kann geschlussfolgert werden, dass KI-Systeme bzw. Produkte oder Dienstleistungen mit KI-Systemen,

---

313 Dazu ausführlicher: *Ebers*, in: Ebers/Heinze/Krügel/Steinrötter, Künstliche Intelligenz und Robotik, § 3 Rn. 25 ff.

314 Allgemein zum Innovationsprinzip in der KI-VO *Voß*, in: Hilgendorf/Roth-Isigkeit, Die neue Verordnung der EU zur Künstlichen Intelligenz, § 9 Rn. 2.

die in ihrer Form und Konzeption bisher nicht auf dem Markt verfügbar sind, grundsätzlich als innovativ gelten können. Ausweislich ErwG 130 Satz 1 kann die rasche Verfügbarkeit „innovativer Technik" zudem unter bestimmten Bedingungen für die Gesundheit und Sicherheit von Menschen, den Schutz der Umwelt und vor dem Klimawandel und die Gesellschaft insgesamt von entscheidender Bedeutung sein. Daraus kann geschlussfolgert werden, dass KI-Systeme dann als tatbestandlich innovativ gelten können, wenn das KI-System in Bezug auf einen der vorgenannten Punkte eine entscheidende Bedeutung erlangt hat.[315] Zu denken wäre bspw. an neue Ansätze bei der Analyse und Behandlung von Krankheiten durch (innovative) KI-Systeme. Das Merkmal dürfte insgesamt eher weit zu verstehen sein und es dürften keine übermäßig hohen Anforderungen zu stellen sein.

315 So mit anderer Begründung auch: *Keber/Hansen/Nägele*, in: Schwartmann/Keber/Zenner, KI-VO, 2. Aufl. 2024, F. Reallabore (Art. 57 f. KI-VO) Rn. 549; anders: *Botta*, in: Martini/Wendehorst, KI-VO, Art. 57 Rn. 32, der auf die (technische) Umsetzung abstellt, wie z. B. neue KI-Systeme, die auf bisherigen Methoden des maschinellen Lernens beruhen.

LVI. KI-Kompetenz (Nr. 56)

414 KI-Kompetenz wird in Art. 3 Nr. 56 definiert als „die Fähigkeiten, die Kenntnisse und das Verständnis, die es Anbietern, Betreibern und Betroffenen unter Berücksichtigung ihrer jeweiligen Rechte und Pflichten im Rahmen dieser Verordnung ermöglichen, KI-Systeme sachkundig einzusetzen sowie sich der Chancen und Risiken von KI und möglicher Schäden, die sie verursachen kann, bewusst zu werden".

415 Im Kern der Definition stehen die drei Komponenten, aus denen sich KI-Kompetenz zusammensetzt: Fähigkeiten, Kenntnisse und Verständnis. Diese Kompetenztrias verdeutlicht, dass KI-Kompetenz über die bloße Fähigkeit zur Bedienung der Technologie selbst oder isolierte Kenntnisse über den AI Act hinausgeht. Sie ist multidimensional zu verstehen und umfasst nicht nur ein theoretisches Fundament an Wissen, sondern auch die notwendige Einsicht und die Befähigung, KI verantwortungsvoll einzusetzen. Hierdurch sollen Anbieter, Betreiber und betroffene Personen in die Lage versetzt werden, fundierte Entscheidungen über KI-Systeme zu treffen.[316] Der Gesetzgeber nimmt hier eine grundsätzliche Weichenstellung vor, indem der Begriff der „Entscheidung" in das Zentrum gesetzt wird.[317] Es geht nicht um die technologische Nutzung, sondern um eine informierte, differenzierte und kritische Auseinandersetzung mit Technologie.

416 Die Definition adressiert den Anbieter, Betreiber und Betroffene eines KI-Systems. Wer diese Betroffenen sein könnten, wird in Art. 4 weiter ausgeführt. Danach handelt es sich um Personal und andere Personen, die im Auftrag des Anbieters oder Betreibers mit dem Betrieb und der Nutzung von KI-Systemen befasst sind.[318] Andere in der KI-VO etablierte Rollen wie der Händler oder Einführer werden von der Definition nicht erfasst. Dies überrascht, da in den Erwägungsgründen dargelegt wird, die KI-Kompetenz solle allen einschlägigen Akteuren der KI-Wertschöpfungskette die Kenntnisse vermitteln, die erforderlich sind, um die angemessene Einhaltung und die ordnungsgemäße Durchsetzung der Verordnung sicherzustellen.[319]

417 Die Definition stellt ausdrücklich auf die jeweiligen Rechte und Pflichten der Adressaten ab. Daher muss der normative Rahmen, dem der jeweilige Adressat unterliegt, Berücksichtigung finden. Im Falle eines Anbieters könnten hiervon die entsprechenden Pflichten aus der Verordnung gemeint sein, jedoch auch darüberhinausgehende Pflichten, sofern sie im Bezug zum entsprechenden KI-System stehen. Dasselbe gilt für Betreiber oder Betroffene.

---

316 ErwG 20 Satz 1, 2.
317 Vgl. ErwG 20 Satz 1.
318 Art. 4.
319 ErwG 20 Satz 3.

Die Definition stellt lediglich auf das KI-System, nicht jedoch auf das KI-Modell mit allgemeinem Verwendungszweck ab. Hier kommt das Verständnis des Gesetzgebers zum Ausdruck, dass KI-Modelle in der Regel in KI-Systeme integriert sind und nicht eigenständig genutzt werden.[320] **418**

320 Vgl. ErwG 97 Satz 8.

LVII. Test unter Realbedingungen (Nr. 57)

419 Der Test unter Realbedingungen ist ein **rechtspolitisches Instrument** der Wirtschafts- und Innovationsförderung. Gerade potenziell risikoträchtige Systeme in strategischen Bereichen sollen so die Möglichkeit erhalten, Praxistests durchzuführen. Da es branchenübergreifend bislang an solchen Regelungen fehlt, kann hierdurch in gewissen Bereichen Rechtsunsicherheit beseitigt werden.[321] Hierdurch soll der Markteintritt von Hochrisiko-KI-Systemen beschleunigt werden.[322]

420 Im Übrigen fungiert das Rechtsinstitut als **regulatorisches Korrektiv** gegenüber der zu weit gehenden Definition des Inverkehrbringens nach Art. 3 Nr. 9 bzw. der Inbetriebnahme nach Art. 3 Nr. 11, indem **fingiert** wird, dass die im Einklang mit Art. 57 oder Art. 60 erfolgende Testung nicht als Inverkehrbringen oder Inbetriebnahme des KI-Systems gilt. Es soll sichergestellt werden, dass der Anbieter überhaupt seinem Auftrag nach Art. 9 zur **Implementierung eines Risikomanagementsystems** nachkommen kann.[323] Hiernach müssen die Systeme getestet werden, um die am besten geeigneten Risikomanagementmaßnahmen zu ermitteln (Art. 9 Abs. 6 Satz 1). Art. 9 Abs. 7 stellt klar, dass die Testverfahren einen Test unter Realbedingungen gemäß Art. 60 zwar nicht verpflichtend vorsehen müssen, sondern nur umfassen „können“. Gleichwohl wird eine solche Testung häufig indiziert sein.[324] Denn die Konzeption von KI-Systemen erfolgt in der Regel laborähnlich, sodass sich bestimmte Risiken erst im Realbetrieb offenbaren können.[325] Erst die spezifischen und realen Umgebungsbedingungen

---

321 Hierzu *Schmitz/Kraul/Bachmann* et al., Analyse der Potentiale und rechtlichen Umsetzungsmöglichkeiten von KI-Reallaboren auf europäischer und nationaler Ebene unter besonderer Berücksichtigung des Entwurfs der Europäischen Kommission für einen KI-Rechtsrahmen, Teil I, S. 7, https://www.bmwk.de/Redaktion/DE/Publikationen/Studien/gutachten-noerr-reallabore.pdf?__blob=publicationFile&v=1.

322 Vgl. ErwG 141 Satz 1.

323 Für Hochrisiko-KI-Systeme muss gemäß Art. 16 lit. c i.V.m. Art. 17 ein Qualitätsmanagementsystem vorgehalten werden. Dieses sieht wiederum nach Art. 17 lit. g die Implementierung eines Risikomanagementsystems nach Maßgabe des Art. 9 vor.

324 So auch *Wittenbrink/Kraus/Demirci/Straub*, Leitfaden für das Qualitätsmanagementsystem bei der Entwicklung von KI-Produkten und -Services, S. 51: „Eine Überprüfung unter Laborbedingungen allein […] ist nicht ausreichend, wie mittlerweile viele Beispiele aus der Praxis belegen […]“, https://www.digitale-technologien.de/DT/Redaktion/DE/Downloads/Publikation/KI-Inno/2022/2022_12_20_Leitfaden_Qualit%C3%A4tsmanagement.pdf?__blob=publicationFile&v=1.

325 *Spindler*, in: Hilgendorf/Roth-Isigkeit, Die neue Verordnung der EU zur Künstlichen Intelligenz, § 5 Rn. 16.

schaffen den Rahmen dafür, dass die Leistungsfähigkeit effektiv geprüft werden kann.[326]

Es handelt sich **tatbestandlich** um einen **befristeten Test** unter Realbedingungen außerhalb eines Labors oder einer anderweitig simulierten Umgebung, der mit Blick auf die **Zweckbestimmung** (intended use/intended purpose) des KI-Systems zuverlässige und belastbare Daten erheben soll, um die **Konformitätsbewertung** des KI-Systems durchzuführen. Damit scheiden permanente Testbetriebe und Tests mit einer **„Research Use Only“**-Zwecksetzung (erfolgt nicht zu Konformitätsbewertungszwecken, vgl. im Einzelnen Art. 60 Rn. 9 f.) als nicht tatbestandsmäßig aus. Im Sinne der Einheit der Rechtsordnung sind **klinische Prüfungen**, an denen ein **noch nicht zertifiziertes** KI-basiertes **Medizinprodukt** teilnimmt, auch als Test unter Realbedingungen anzusehen, damit die Erstreckung der **Fiktionswirkung** auch zugunsten dieser Produkte erreicht und ein Auseinanderfallen der beiden Rechtsregime (Medizinprodukteverordnung und KI-Verordnung) vermieden werden kann (vgl. im Einzelnen Art. 60 Rn. 11 ff.). 421

LVIII. Testteilnehmer (Nr. 58)

Testteilnehmer ist eine natürliche Person, die an dem Test unter Realbedingungen separat (Art. 60) oder im Rahmen des Reallabors (Art. 57) teilnimmt. Zentrale rechtliche Erklärungen der Teilnahme sind die **„informierte Einwilligung“** (Art. 3 Nr. 59) und die daneben stehende **datenschutzrechtliche Einwilligung.**[327] Im Regelfall wird zwischen Testteilnehmer und Anbieter als Sponsor des Tests unter Realbedingungen ein **Probandenvertrag**, der als Vertrag sui generis[328] zu sehen ist, abgeschlossen (vgl. im Einzelnen Art. 61 Rn. 19). 422

LIX. Informierte Einwilligung (Nr. 59)

Der Testteilnehmer kann nur wirksam in die Teilnahme an einem Test unter Realbedingungen einwilligen, wenn die Einwilligung auf der Basis **ausreichender Kenntnis** der Tragweite, Chancen und Risiken der Maßnahme, in die er einwilligen soll, erfolgt. Die Aufklärung soll den Teilnehmer in die Lage versetzen, selbst eine **Risikoeinschätzung** vorzunehmen. Sie muss daher **konkret** auf die 423

326 Vgl. *Wittenbrink/Kraus/Demirci/Straub*, Leitfaden für das Qualitätsmanagementsystem bei der Entwicklung von KI-Produkten und -Services, S. 68, https://www.digitale-technologien.de/DT/Redaktion/DE/Downloads/Publikation/KI-Inno/2022/2022_12_20_Leitfaden_Qualit%C3%A4tsmanagement.pdf?__blob=publicationFile&v=1.

327 Vgl. ErwG 141.

328 Wohl h. M., vgl. *Ehling/Vogeler*, MedR 2008, 273, 278 m. w. N.

Aspekte der Erprobung eingehen, die für die Entscheidungsfindung des Teilnehmers relevant sind.[329] Die **relevanten Aufklärungsinhalte** (Art und Zielsetzung, Bedingungen, Rechte und Garantien, Berichtigungsmöglichkeiten des Outputs und Kontaktdaten des Anbieters) werden in Art. 61 Abs. 1 aufgelistet (Art. 61 Rn. 20). Es werden keine expliziten Anforderungen an die **formellen Anforderungen** der Aufklärung gestellt, sodass in der Regel auch die Textform genügen dürfte.[330] Je nach Risikogeneigtheit des Tests ist indes auch die mündliche Aufklärung angezeigt, sodass die Verständlichkeit der Informationen anhand des Empfängerhorizonts ausgerichtet werden kann.

424 Auf Grundlage der **Selbstbestimmungsaufklärung** muss eine aus freien Stücken erfolgende, spezifische, eindeutige und freiwillige Erklärung abgegeben werden. Will man der Bestimmung „aus freien Stücken" im Gegensatz zur „freiwilligen Erklärung" noch einen eigenen Sinngehalt beimessen, dann noch am ehesten das Zeitmoment der **Rechtzeitigkeit** der Aufklärung. Die Aufklärung hat so rechtzeitig zu erfolgen, dass der Teilnehmer nicht überrumpelt wird, sondern eine ausreichende Bedenkzeit gewährt wird. Die Erklärung muss spezifisch sein, d. h. sich **konkret** auf die jeweilige Testung beziehen. Generalisierende Zustimmungen als eine Art „Rahmeneinwilligung" verbieten sich daher. Als eindeutige Erklärung darf sie sich nicht in einer impliziten Einwilligung erschöpfen. Sie muss vielmehr **unmissverständlich** als Willensbekundung geäußert werden. Hierunter können auch konkludente Verhaltensweisen fallen, was freilich zu Problemen bei der Dokumentation führen kann. Letztlich ist eine Einwilligung nur wirksam, wenn sie freiwillig, d. h. **ohne jeden Druck oder Zwang**, abgegeben werden kann.

425 Die Einwilligung selbst ist nach Art. 61 Abs. 2 zu datieren und zu dokumentieren, und eine Kopie ist dem Teilnehmer bzw. seinem gesetzlichen Vertreter zu überlassen, sodass **mindestens Textform** einzuhalten ist.[331]

426 Die Einwilligung kann **jederzeit** und ohne Begründung **widerrufen** werden (Art. 60 Abs. 5 Satz 1). Der Widerruf unterliegt nicht dem Schriftformerfordernis.

427 Die KI-VO versäumt es, den **Vertreter** als Adressaten der Aufklärung und Berechtigten für die Einwilligung zu regeln. Etwaige gesetzliche Vertreter werden nur auf der Rechtsfolgenseite erwähnt.[332] Es bietet sich deshalb an, die etablierten Modelle für den Fall der Einwilligungsunfähigkeit auch im Fall des Tests un-

329 *Rehmann*, in: Rehmann/Wagner, MP-VO, Art. 63 Rn. 2.

330 Die Patientenaufklärung hat gemäß Art. 630e Abs. 2 Nr. 1 BGB mündlich zu erfolgen.

331 Art. 63 MP-VO und Art. 59 IVD-VO sehen hingegen Schriftlichkeit vor.

332 Z. B. ist gem. Art. 61 Abs. 2 die Kopie der Einwilligung alternativ dem gesetzlichen Vertreter auszuhändigen; Art. 60 Abs. 5 regelt, dass der Widerruf auch durch den gesetzlichen Vertreter erklärt werden kann.

ter Realbedingungen anzuwenden. Hieraus folgt, dass die Aufklärung gegenüber dem gesetzlichen Vertreter – unter größtmöglichen Einbeziehung des Einwilligungsunfähigen – zu erfolgen hat.[333] Die Einwilligung erfolgt durch den gesetzlichen Vertreter. Bei Minderjährigen wird gemäß § 1629 Abs. 1 Satz 2 Hs. 1 BGB die Vertretung des Kindes durch die Eltern gemeinsam wahrgenommen.

333 Vgl. Art. 63 Abs. 1 Satz 1 MP-VO; *Rehmann*, in: Rehmann/Wagner, MP-VO, Art. 63 Rn. 4.

LX. Deepfake (Nr. 60)

1. Allgemeines

428 Der Begriff des Deepfake ist eine Wortneuschöpfung in Form einer Zusammensetzung der Begriffe des „Deep Learning“ sowie „Fake“.[334]

429 Deepfakes werden regelmäßig unter Zuhilfenahme von Generative Adversarial Networks (GANs) erstellt.[335] Diese aus dem Bereich des Deep Learning stammende Technik zeichnet sich durch zwei konkurrierende neuronale Netzwerke aus.[336] Diese Netzwerke werden i. d. R. als Generator sowie Diskriminator bezeichnet.[337] In einem iterativen Wechselspiel generiert der Generator künstliche Inhalte, die sodann im Anschluss durch den Diskriminator überprüft werden.[338] Die fortlaufende Fehlerkorrektur durch den Diskriminator führt dazu, dass der Generator bessere Ergebnisse erzielt.[339]

430 Anwendungsfälle von Deepfakes sind beispielsweise **Faceswaps**, welche das Ersetzen eines Gesichts einer Person durch das einer anderen beinhalten.[340] Beliebtheit erfreuen sich weiterhin sog. **Lipsyncs**, bei welchen eine Anpassung der Bewegungen der Mundpartie erfolgt, um diese an einen anderen Audio-Inhalt anzupassen.[341]

---

334 *Kumkar*, K&R 2023, Heft 10 Beilage 1, 32, 33; *Block*, Deepfakes und Recht, S. 5.

335 Grundlegend zur Technik der GANs: *Goodfellow* et al., Generative Adversarial Networks, 2014, https://arxiv.org/abs/1406.2661 (zuletzt abgerufen am 8.6.2025). Siehe weitergehend den konzisen Überblick bei *Dumoulin* et al., Generative Adversarial Networks: An Overview, 2017, https://arxiv.org/abs/1710.07035v1 (zuletzt abgerufen am 8.6.2025). Zur technischen Evolution von Deepfakes siehe *Masood* et al., Applied Intelligence, 2023 Vol. 53, 3974, 3978.

336 *Dumoulin* et al., Generative Adversarial Networks: An Overview, 2017, S. 1, https://arxiv.org/abs/1710.07035v1 (zuletzt abgerufen am 8.6.2025). Siehe hierzu aus dem juristischen Schrifttum die konzisen Zusammenfassungen von *Kumkar*, K&R 2023, Heft 10 Beilage 1, 32, 33; *Block*, Deepfakes und Recht, S. 13.

337 *Dumoulin* et al., Generative Adversarial Networks: An Overview, 2017, S. 1, https://arxiv.org/abs/1710.07035v1 (zuletzt abgerufen am 8.6.2025).

338 *Dumoulin* et al., Generative Adversarial Networks: An Overview, 2017, S. 1, https://arxiv.org/abs/1710.07035v1 (zuletzt abgerufen am 8.6.2025).

339 *Dumoulin* et al., Generative Adversarial Networks: An Overview, 2017, S. 1, https://arxiv.org/abs/1710.07035v1 (zuletzt abgerufen am 8.6.2025).

340 Zu den technischen Grundlagen von Faceswaps: *Masood* et al., Applied Intelligence, 2023 Vol. 53, 3974, 3980 ff.

341 Zu den technischen Grundlagen des Lipsyncing: *Masood* et al., Applied Intelligence, 2023 Vol. 53, 3974, 3986 ff.

2. Künstlich erzeugte Inhalte

Deepfakes im Sinne der KI-VO können **Bild-, Ton- und Videoinhalte** sein. Textinhalte werden hingegen nicht erfasst. 431

Ein Inhalt ist durch KI **erzeugt**, sofern dieser vollständig durch das System erstellt wird.[342] Demgegenüber ist ein Inhalt durch KI **manipuliert**, wenn ein bereits vorliegender Inhalt durch das System verändert wird.[343] 432

3. Ähnlichkeit und Eindruck der Echtheit

Weiterhin liegt ein Deepfake nur dann vor, wenn der erzeugte oder manipulierte Inhalt wirklichen Personen, Gegenständen, Orten, Einrichtungen oder Ereignissen ähnelt und einer Person fälschlicherweise als echt oder wahrheitsgemäß erscheinen würde. Demnach ist ein **Wirklichkeitsbezug** erforderlich. 433

Dieser Wirklichkeitsbezug ist als ein Bezug zu konkreten, realen Personen, Gegenständen, Orten, Einrichtungen oder Ereignissen zu verstehen. Zu weit geht die Interpretation dagegen, wenn man das Vorliegen eines Deepfakes lediglich abstrakt an eine „Ähnlichkeit mit wirklichen Phänomenen" knüpft – mit der Folge, dass beispielsweise KI-generierte menschliche Models für Werbeaufnahmen einen Deepfake darstellen würden.[344] Dafür sprechen zunächst der Wortlaut von Art. 3 Nr. 60 sowie EG 134 Satz 1, die an *wirkliche* Personen, Gegenstände etc. (im Englischen: *existing* persons, objects etc.) anknüpfen. Unterstützt wird dies auch nach dem Sinn und Zweck der Regulierung von Deepfakes von dem **besonderen Schutzbedürfnis existierender Personen**. Die Erstellung eines Deepfakes (z. B. in Kombination mit der Verbreitung falscher Tatsachen) kann einen erheblichen Eingriff in die Privatsphäre (Art. 7 GRCh) darstellen, was das Bedürfnis nach einer Offenlegung der künstlichen Erzeugung oder Manipulation hervorruft. Sofern allerdings an nicht wirklich existierende Personen angeknüpft wird, ist das Schutzbedürfnis mangels Verknüpfung mit einer natürlichen Person und mangels einer entsprechenden Beeinträchtigung nicht in gleicher Form vorhanden. 434

Dies kommt auch in der Entscheidung des Verordnungsgebers zum Ausdruck, der sich in Form von Art. 50 Abs. 2 zu einer Kennzeichnung künstlich generierter Inhalte entschieden hat, die Offenlegung im Rahmen von Art. 50 Abs. 4 allerdings auf Deepfakes eingegrenzt hat. Es wird klar zwischen künstlich erzeugten Inhalten und Deepfakes differenziert. Der Output generativer KI ist gem. Art. 50 Abs. 2 maschinenlesbar zu kennzeichnen und *kann* als Risikominderungsmaßnahme von Anbietern sehr großer Online-Plattformen gem. Art. 35 Abs. 1 lit. k 435

342 So zum Kommissionsentwurf *Kumkar*, K&R 2023, Heft 10 Beilage 1, 32, 35.
343 So zum Kommissionsentwurf *Kumkar*, K&R 2023, Heft 10 Beilage 1, 32, 35.
344 A. A. *Becker*, CR 2024, 353, 361, Rn. 70.

DSA infolgedessen gegenüber natürlichen Personen als künstlich generiert offengelegt werden. Bei Deepfakes dagegen hat sich der Verordnungsgeber – offensichtlich aufgrund des höheren Schutzbedürfnisses – für eine **direkte Pflicht zur Offenlegung** bei Erzeugung des KI-Outputs entschieden, um eine effektivere Durchsetzung zu ermöglichen.

436 Vom Begriff des Deepfakes erfasst sind allerdings auch Fälle, in denen z. B. ein Video mit einer großen Gruppe nicht existierender Personen erzeugt wird, die z. B. fälschlicherweise als vermeintliche Unterstützer bei einer politischen Veranstaltung dargestellt werden. In dieser vorliegenden Konstellation kann es sich trotz der Darstellung nicht wirklich existierender Personen um einen Deepfake handeln, da es sich um die **Vorspiegelung eines wirklichen Ereignisses** handelt, das vom Wortlaut des Art. 3 Nr. 60 ebenfalls erfasst ist.

4. Beurteilungsmaßstab

a) Adressat der Offenlegung

437 Bei der Bestimmung des **Beurteilungsmaßstabs**, welche Anforderungen an eine Person zu stellen sind, der ein Inhalt fälschlicherweise als echt oder wahrheitsgemäß erscheinen würde, sind niedrige Anforderungen zu stellen. Der Maßstab ist niedrig anzulegen, da in der Bevölkerung nur geringe Kompetenzen hinsichtlich der Unterscheidbarkeit von Deepfakes und echten Inhalten vorliegen. Die Schwierigkeiten in der Bevölkerung hinsichtlich des Erkennens von Deepfakes werden deutlich, wenn man sich die Ergebnisse einer repräsentativen Umfrage[345] in Deutschland vor Augen hält, wonach 34 Prozent der Begriff des „Deepfakes" gänzlich unbekannt sei und weitere 34 Prozent den Begriff schon einmal gehört hätten, aber nicht genau wissen, was das sei. Lediglich jeder Fünfte könnte nach eigenem Dafürhalten erklären, was damit gemeint sei.[346] Weiterhin muss berücksichtigt werden, dass hinsichtlich der Fähigkeit, einen Deepfake zu erkennen, aufgrund unterschiedlicher Medienkompetenzen erhebliche Unterschiede zwischen solchen Personen vorliegen können, die in der Social-Media-Welt aufgewachsen sind, und solchen, die kaum bis keine Berührungspunkte mit dem Internet hatten.

b) Sachlicher Anwendungsbereich

438 Der Wortlaut erweckt den Eindruck, dass der Betrachter des Deepfakes keine Zweifel daran haben dürfte, dass es sich bei dem Deepfake um einen echten

345 Siehe dazu https://www.bitkom.org/Presse/Presseinformation/Jeder-und-jede-Dritte-hat-noch-nie-von-Deepfakes-gehoert (zuletzt abgerufen am 28.4.2025).

346 https://www.bitkom.org/Presse/Presseinformation/Jeder-und-jede-Dritte-hat-noch-nie-von-Deepfakes-gehoert (zuletzt abgerufen am 28.4.2025).

Inhalt handelt. Ein solches Verständnis engte den Anwendungsbereich von Deepfakes enorm ein, da doch bereits häufig aufgrund des Inhalts jedenfalls Zweifel an der Echtheit entstehen können, wenn beispielsweise im politischen Bereich Deepfakes verbreitet werden, bei denen Politiker im Vergleich zu ihrer politischen Ausrichtung völlig unerwartete oder gegensätzliche Positionen vertreten.[347] Dies entspricht nicht dem Sinn und Zweck der zentralen Vorschrift in Bezug auf Deepfakes in Art. 50 Abs. 4 UAbs. 1, die darauf abzielt, vor der Gefahr der Verbreitung von Falschinformationen durch Deepfakes zu schützen und diese deshalb offenzulegen. Deshalb ist die Norm nach ihrem Sinn und Zweck so auszulegen, dass zur Beurteilung des Eindrucks der Echtheit nicht auf die inhaltliche Aussage, sondern lediglich auf das **äußere Erscheinungsbild** wie etwa Mimik, Gestik oder die Stimme der agierenden Personen abzustellen ist.

347 So wie dies beispielsweise bei einem im Mai 2023 über Social Media verbreiteten Deepfake der Fall war, bei dem *Hillary Clinton* im Rahmen einer Videobotschaft vermeintlich den republikanischen Kandidaten *Ron DeSantis* unterstützte, https://www.reuters.com/article/idUSL1N36K1UJ/ (zuletzt abgerufen am 8.6.2025).

LXI. Weitverbreiteter Verstoß (Nr. 61)

1. Allgemeines

439 Ein „weitverbreiteter Verstoß“ ist eine Handlung oder Unterlassung, die gegen Unionsrecht verstößt, das die Interessen des Einzelnen schützt, und die kollektiven Interessen von Einzelpersonen in mindestens drei EU-Mitgliedstaaten schädigt oder zu schädigen droht. Die Definition enthält somit eine inhaltliche und eine geografische Komponente.

440 Die Definition führt zu **Überschneidungen** mit dem Begriff **„schwerwiegender Vorfall“** i. S. d. Art. Nr. 49 lit. c, der eine Verletzung von Unionsvorschriften zum Schutz der Grundrechte als eine der qualifizierenden Folgen einer Fehlfunktion des KI-Systems nennt. Grundrechtsschützende Vorschriften dienen immer dem Schutz des Einzelnen. Da Art. 3 Nr. 49 lit. c schon den Verstoß gegen eine entsprechende Vorschrift als Folge genügen lässt, ist ein schwerwiegender Vorfall nach dieser Tatbestandsalternative regelmäßig zugleich ein weitverbreiteter Verstoß, wenn er zugleich die kollektiven Interessen von Einzelpersonen in der in Art. 3 Nr. 61 beschriebenen Art und Weise zumindest zu schädigen droht.

441 Der weitverbreitete Verstoß spielt im Regelungsgefüge der KI-VO nur im Zusammenhang mit den **Meldepflichten des Anbieters** gem. Art. 73 Abs. 3 eine Rolle. Das Europäische Parlament hat den Begriff und die entsprechende Meldepflicht eingeführt mit dem Ziel, eine **unionsweite marktüberwachungsrechtliche Untersuchung** und Bewertung von Vorfällen zu ermöglichen, die Auswirkungen auf Individuen in mehreren Mitgliedstaaten haben.[348] Dieses Ziel wird nunmehr jedenfalls für bestimmte weitverbreitete Verstöße durch die Meldepflicht des Anbieters gem. Art. 73 Abs. 3 in Kombination mit der dadurch in Gang gesetzten Behördenkommunikation und -abstimmung auf europäischer Ebene gem. Art. 73 Abs. 8 erreicht.

2. Verstoß gegen individualrechtsschützendes Unionsrecht

442 Ein wesentliches Ziel der KI-VO ist der Schutz **individueller Rechte** beim Einsatz von KI. Die Vorschriften der KI-VO gelten daher unbeschadet der subjektiven Rechte, die sich für den Einzelnen aus bereits existierendem Unionsrecht ergeben.[349] Der weitverbreitete Verstoß greift diesen Zweck auf, indem er eine besondere Kategorie von Rechtsverstößen schafft, die solche individuellen Rechtspositionen und die Interessen Einzelner zu schädigen drohen. Im Kontext mit KI-Systemen kommen vor allem die Vorschriften der DSGVO und andere

348 ErwG 80a KI-VO-E Parlament.
349 ErwG 9, 10 KI-VO.

Rechtsakte zum Datenschutz[350] als individualschützendes Unionsrecht in Betracht. Weiter können Verstöße gegen das europäische Verbraucherschutzrecht, Antidiskriminierungsrecht und einzelne Vorschriften des DSA einen weitverbreiteten Verstoß begründen.

3. Verbreitung in mehreren EU-Mitgliedstaaten

Die Frage, ob ein Verstoß weitverbreitet ist, wird in Art. 3 Nr. 61 lit. a und b **443**
adressiert. Gemeinsam ist die Anforderung, dass der Verstoß Auswirkungen in **mindestens zwei Mitgliedstaaten** haben muss. Art. 3 Nr. 61 lit. a verlangt Auswirkungen in mindestens zwei anderen Mitgliedstaaten als demjenigen, in dem die Handlung stattfand oder der Anbieter oder Betreiber seinen Sitz hat. Eine Auswirkung im Sitzstaat des Anbieters oder Betreibers ist nicht notwendig. Art. 3 Nr. 61 lit. b lässt hingegen Auswirkungen der Handlung desselben Akteurs in mindestens drei Mitgliedstaaten genügen. Diese Tatbestandsalternative stellt nicht darauf ab, ob der Anbieter in einem dieser Staaten seinen Sitz hat. Die Abgrenzung überzeugt nicht und scheint unnötig mit Komplexität aufgeladen. In den relevanten Bereichen der Hochrisiko-KI-Systeme kann ein Einsatz in mehreren Mitgliedstaaten ohnehin in der Regel angenommen werden, außer es handelt sich um spezifisch für einen Mitgliedstaat entwickelte Systeme, z. B. im Bereich der Strafverfolgung, der Grenzkontrollen oder der Rechtspflege. Die Kriterien der allgemeinen Merkmale und der Gleichzeitigkeit des lit. b werden kaum unerfüllt bleiben, wenn ein KI-System in mehreren Mitgliedstaaten eingesetzt wird.

Ein Schaden im Sinne einer Rechtsgutsverletzung muss nicht eingetreten sein. **444**
Vielmehr genügt die Drohung einer Schädigung der kollektiven Interessen von Einzelpersonen.

350 Z. B. Richtlinie 2002/58/EG.

LXII. Kritische Infrastrukturen (Nr. 62)

1. Einführung

445 Art. 3 Nr. 62 definiert den Begriff der „**kritischen Infrastruktur**". Hiernach handelt es sich um kritische Infrastrukturen im Sinne von Art. 2 Nr. 4 der CER-Richtlinie.[351]

446 Die Definition nimmt Bezug auf Anhang III Nr. 2, welche den Bereich „Kritische Infrastruktur" beschreibt. Demnach sollen KI-Systeme grundsätzlich als Hochrisiko-KI-Systeme eingeordnet werden, wenn es sich um KI-Systeme handelt, „die bestimmungsgemäß als Sicherheitsbauteile im Rahmen der Verwaltung und des Betriebs kritischer digitaler Infrastruktur, des Straßenverkehrs oder der Wasser-, Gas-, Wärme- oder Stromversorgung verwendet werden sollen."

2. Historie

447 Während der Kommissionsvorschlag vom 21.4.2021[352] noch keine Legaldefinition der „kritischen Infrastruktur" enthielt, sahen sowohl die Position des Rates vom 6.12.2022[353] als auch die Position des Europäischen Parlaments vom 14.6.2023[354] jeweils eine solche vor. Hierbei verwies der Rat in Art. 3 - Nr. 44h KI-VO-E Rat zusätzlich zu Art. 2 Nr. 4 auch auf Art. 2 Nr. 5 der CER-Richtlinie. Letztendlich wurde nur der Verweis auf Art. 2 Nr. 4 CER-Richtlinie in den finalen Text der KI-VO aufgenommen.

3. Verweis auf CER-Richtlinie

448 Art. 2 Nr. 4 CER-Richtlinie definiert die kritischen Infrastrukturen als „Objekte, Anlagen, Ausrüstung, Netze oder Systeme oder Teile eines Objekts, einer Anlage,

---

351 Richtlinie (EU) 2022/2557 über die Resilienz kritischer Einrichtungen und zur Aufhebung RL 2008/114/EG (CER-Richtlinie).

352 Vorschlag für eine Verordnung des Europäischen Parlament und des Rates zur Festlegung harmonisierter Vorschriften (Gesetz über Künstliche Intelligenz) und zur Änderung bestimmter Rechtsakte der Union, COM/2021/206 final vom 21.4.2021 (KI-VO-E Kommission).

353 Art. 3 Nr. 44h Vorschlag für eine Verordnung des Europäischen Parlaments und des Rates zur Festlegung harmonisierter Vorschriften für künstliche Intelligenz (Gesetz über künstliche Intelligenz) und zur Änderung bestimmter Rechtsakte der Union – Allgemeine Ausrichtung, Dok. 14954/22 vom 25.11.2022 (KI-VO-E Rat).

354 Amendments adopted by the European Parliament on 14 June 2023 on the proposal for a regulation of the European Parliament and of the Council on laying down harmonized rules on artificial intelligence (Artificial Intelligence Act) and amending certain Union legislative acts (COM(2021)0206 – C9-0146/2021 – 2021/0106(COD)) vom 14.6.2023, S. 126 Amendment 207.

Ausrüstung, eines Netzes oder eines Systems, die für die Erbringung eines **wesentlichen Dienstes** erforderlich sind“. Die CER-Richtlinie dient dem Schutz kritischer Infrastrukturen. Dabei konzentriert sich die CER-Richtlinie auf den physischen Schutz dieser kritischen Infrastrukturen und will die Resilienz kritischer Einrichtungen vor (nicht-cyberbezogenen) Gefahren stärken, anders als die NIS-2-Richtlinie,[355] welche den Schutz der Netzwerk- und Informationssysteme kritischer Infrastrukturen vor Cyberrisiken zum Ziel hat. Die CER-Richtlinie verfolgt hierbei einen anlagen-, nicht einen einrichtungsbezogenen Ansatz.[356]

Diesen Ansatz verfolgt auch die KI-VO in Anhang III Nr. 2 i.V.m. Art. 3 Nr. 62 i.V.m. Art. 2 Nr. 4 der CER-Richtlinie. Die Nutzung eines KI-Systems in einer Einrichtung, die eine kritische Infrastruktur betreibt, führt selbst nicht zur Einstufung des KI-Systems als Hochrisiko-KI-System. Erst die spezifische Nutzung im Zusammenhang mit der als kritisch zu betrachtenden und unter die CER-Richtlinie fallenden Infrastruktur soll dazu führen. Nur wenn das KI-System „bestimmungsgemäß“ als Sicherheitsbauteil im Rahmen der Verwaltung und des Betriebs einer der in Anhang III Nr. 2 genannten kritischen Infrastrukturen verwendet wird, gilt es als „hochriskant“, da die Gefahr eines Ausfalls oder einer Störung ein erhebliches Risiko für die Gesundheit, Sicherheit oder die Grundrechte natürlicher Personen birgt (vgl. Art. 6 Abs. 2 und 3). **449**

4. Anwendung von Schwellenwerten?

Es stellt sich jedoch die Frage, ob der Begriff der „kritischen Infrastruktur“ gemäß CER-Richtlinie (im Sinne eines unionsrechtlich autonomen Begriffs) oder im Sinne einer „kritischen Anlage“ gemäß dem KRITIS-Dachgesetz-E[357] zu verstehen ist.[358] Entsprechendes kann auch im Hinblick auf die anderen Umsetzungsgesetze der anderen Mitgliedstaaten diskutiert werden. **450**

Gemäß Art. 2 Nr. 5 CER-Richtlinie wird ein Dienst als wesentlich eingestuft, wenn dieser für die Aufrechterhaltung wichtiger gesellschaftlicher Funktionen, wichtiger wirtschaftlicher Tätigkeiten, der öffentlichen Gesundheit und Sicherheit oder der Erhaltung der Umwelt von entscheidender Bedeutung ist. Gemäß **451**

355 Richtlinie (EU) 2022/2555 des Europäischen Parlaments und des Rates vom 14.12.2022 über Maßnahmen für ein hohes gemeinsames Cybersicherheitsniveau in der Union, zur Änderung der Verordnung (EU) Nr. 910/2014 und der Richtlinie (EU) 2018/1972 sowie zur Aufhebung der Richtlinie (EU) 2016/1148 (NIS-2-Richtlinie).

356 *Eisenmenger*, NVwZ 2023, 1203, 1204.

357 Zweiter Referentenentwurf eines Gesetzes zur Umsetzung der Richtlinie (EU) 2022/2557 und zur Stärkung der Resilienz von Betreibern kritischer Anlagen (KRITIS-Dachgesetz-E).

358 Siehe auch *Buchholz*, Einsatz künstlicher Intelligenz in kritischen Infrastrukturen, https://www.kritisschutz.de/ki-verordnung_kritische_infrastrukturen/ (zuletzt abgerufen am 28.4.2025).

Art. 5 Abs. 1 i.V.m. Art. 23 CER-Richtlinie hat die Kommission eine nicht erschöpfende Liste wesentlicher Dienste in der Delegierten Verordnung (EU) 2023/2450 erlassen. Art. 2 der Delegierten Verordnung (EU) 2023/2450 listet nicht abschließend „wesentliche Dienste" auf und ordnet diese den elf Sektoren der CER-Richtlinie – Energie, Verkehr, Bankwesen, Finanzmarktinfrastrukturen, Gesundheit, Trinkwasser, Abwasser, digitale Infrastrukturen, Öffentliche Verwaltung, Weltraum, Produktion sowie Verarbeitung und Vertrieb von Lebensmitteln – zu. ErwG 3 der Delegierten Verordnung (EU) 2023/2450 erläutert hierzu, wie die Liste der wesentlichen Dienste verstanden werden soll: „Die Liste wesentlicher Dienste sollte allgemein formuliert sein, um den Besonderheiten der Mitgliedstaaten wie Größe, Bevölkerungsdichte oder geografische Lage Rechnung zu tragen. Allerdings sollte sie die wesentlichen Dienste lediglich derjenigen Kategorien von Einrichtungen umfassen, die im Anhang der Richtlinie (EU) 2022/2557 genannt sind. Zu diesem Zweck sollten nur Dienste, die von unter diese Kategorien fallenden Einrichtungen erbracht werden, als wesentliche Dienste im Sinne von Artikel 2 Nummer 5 der Richtlinie (EU) 2022/2557 betrachtet werden." Es ist unklar, ob diese Regelung die Mitgliedstaaten berechtigen sollte, Schwellenwerte festzulegen.

452 Jedenfalls der deutsche Gesetzgeber hat im KRITIS-Dachgesetz-E festgelegt, dass eine Anlage erst dann als „kritisch" – und damit als kritische Infrastruktur – zu bewerten ist, wenn mit ihr eine Dienstleistung erbracht und ein gewisser Versorgungsgrad erreicht wird, mithin ein gewisser Schwellenwert erreicht oder überschritten wird. Diese Schwellenwerte legt die BSI-KritisV[359] fest. Erst dann sei die Dienstleistung als „kritisch" (im Sinne der CER-Richtlinie als „wesentlicher Dienst") zu betrachten. Der Schwellenwert liegt in der Regel bei mehr als 500.000 versorgten Personen.

453 Für die Frage, ob der Schwellenwert auch bei der Einstufung eines KI-Systems als Hochrisiko-KI-System zu beachten ist, könnte zunächst der risikobasierte Ansatz der KI-VO sprechen. Daneben sieht die CER-Richtlinie i.V.m. der Delegierten Verordnung (EU) 2023/2450 gerade vor, dass die Mitgliedstaaten die kritischen Einrichtungen selbst ermitteln. Es ist somit vorgesehen, dass es Unterschiede in der Anwendung in den Mitgliedstaaten geben kann. Die KI-VO sieht in ErwG 131 ebenfalls vor, dass Hochrisiko-KI-Systeme national zu registrieren sind.[360] Dies könnte dafür sprechen, dass der Unionsgesetzgeber von einem nationalen Ansatz bei der Bestimmung einer „kritischen Infrastruktur" ausging und damit auch bei der Bestimmung eines Hochrisiko-KI-Systems.

---

359 Verordnung zur Bestimmung Kritischer Infrastrukturen nach dem BSI-Gesetz (**BSI-KritisV**).

360 Siehe auch *Buchholz*, Einsatz künstlicher Intelligenz in kritischen Infrastrukturen, https://www.kritisschutz.de/ki-verordnung_kritische_infrastrukturen/ (zuletzt abgerufen am 28.4.2025).

Gegen dieses Verständnis dürfte sprechen, dass die KI-VO gerade ein einheitliches Regulierungsniveau zu KI bezweckt. Die Mitgliedstaaten könnten mit ihrer Gesetzgebung Einfluss darauf nehmen, ob ein KI-System als „hochriskant" zu bewerten ist oder nicht, und zwar in einem Bereich, welcher sowieso bereits als hochsensibel zu betrachten ist. Auch ist fraglich, ob aus ErwG 3 der Delegierten Verordnung (EU) 2023/2450 wirklich verstanden werden kann, dass Schwellenwerte zu definieren sind. Der Erwägungsgrund geht vom Wortlaut her nur auf die „Kategorien von Einrichtungen" ein. Zudem ist das Kriterium der „wesentlichen Dienste" nur ein Kriterium, anhand dessen gemäß CER-Richtlinie zu ermitteln ist, ob eine „kritische Einrichtung" vorliegt. Auch verweist Art. 3 Nr. 62 nur auf die Definition „kritische Infrastruktur" in Art. 2 Nr. 4 CER-Richtlinie und eben gerade nicht noch auf die Umsetzungsgesetze, wohl wissend, dass die Umsetzung Unterschiede nach sich ziehen kann. Mithin dürften wohl die gewichtigeren Argumente gegen eine Berücksichtigung nationaler Schwellenwerte wie die im KRITS-Dachgesetz-E sprechen. **454**

5. Betroffene kritische Infrastrukturen

Anhang III Nr. 2 listet als Anwendungsfälle nur bestimmte Sektoren auf, die für die Einstufung eines KI-Systems als „hochriskant" relevant sind, nämlich die kritische digitale Infrastruktur, den Straßenverkehr sowie die Wasser-, Gas-, Wärme- und Stromversorgung. Die anderen Sektoren gemäß CER-Richtlinie oder KRITIS-Dachgesetz-E sind nicht Gegenstand von Anhang III Nr. 2. **455**

ErwG 55 stellt für die „kritische digitale Infrastruktur" klar, dass diese im Sinne von Anhang Nr. 8 CER-Richtlinie zu verstehen ist.[361] Entsprechendes dürfte – ohne dass die KI-VO dies explizit regelt – für die anderen Sektoren (Straßenverkehr, Wasser-, Gas-, Wärme- und Stromversorgung) gelten. Auch diese Sektoren dürften jeweils im Sinne des Anhangs der CER-Richtlinie zu verstehen sein: **456**

- kritische digitale Infrastrukturen gemäß ErwG 55 i.V.m. Anhang Nr. 8 CER-Richtlinie,
- Straßenverkehr gemäß Anhang Nr. 2 lit. d CER-Richtlinie,
- Wasserversorgung gemäß Anhang Nr. 6 CER-Richtlinie (Trinkwasser), gegebenenfalls auch gemäß Anhang Nr. 6 CER-Richtlinie (Abwasser),
- Gasversorgung gemäß Anhang Nr. 1 lit. d CER-Richtlinie,
- Wärmeversorgung gemäß Anhang Nr. 1 lit. b CER-Richtlinie (nur Fernwärme),
- Stromversorgung gemäß Anhang Nr. 1 lit. a CER-Richtlinie.

361 Hinweis: Um zu bestimmen, ob es sich beispielsweise um eine „kritische digitale Infrastruktur" im Sinne der CER-Richtlinie handelt, ist zu prüfen, ob über diese Infrastruktur ein „wesentlicher Dienst" gemäß der die CER-Richtlinie konkretisierenden Delegierten Verordnung (EU) 2023/2450 erbracht wird. Entsprechendes gilt für die anderen Sektoren.

457 Warum der Unionsgesetzgeber nur die Sektoren Straßenverkehr, Wasser-, Gas-, Wärme- und Stromversorgung und kritische digitale Infrastruktur zum Gegenstand von Anhang III Nr. 2 gemacht hat, ist unklar und nicht nachvollziehbar, wenn andererseits in der CER-Richtlinie (sowie in der NIS-2-Richtlinie) zugleich der Ansatz vertreten wird, die Regulierung der Sektoren zum Schutz der Daseinsvorsorge sei zwingend, um einen Ausfall oder eine Störung zu verhindern. Der Einsatz von KI-Systemen als Sicherheitsbauteil im Rahmen der Verwaltung und des Betriebs kritischer digitaler Infrastrukturen dürfte ein vergleichbares Risikopotenzial bieten, und zwar für alle Sektoren.

LXIII. KI-Modell mit allgemeinem Verwendungszweck (Nr. 63)

1. Allgemeines

a) Systematik

Während die KI-VO grundsätzlich einheitlich den Begriff des „KI-Systems“ verwendet, differenziert sie zwischen den Begriffen des „**KI-Modells** mit allgemeinem Verwendungszweck“ (im Englischen „general-purpose AI model“, kurz „GPAI Model“) und des „KI-Systems mit allgemeinem Verwendungszweck“. Wenn also ein allgemeiner Verwendungszweck vorliegt, gelten unterschiedliche Anforderungen für KI-Modelle und für KI-Systeme, während im Übrigen einheitlich KI-Systeme erfasst sind. Ausweislich ErwG 97 sind KI-Modelle zwar wesentliche Komponenten von KI-Systemen, stellen selbst aber kein KI-System dar.[362] Während GPAI Models die Grundlage, also die eigentliche KI darstellen, kann man das KI-System als eine Art vom Anwender nutzbares Produkt begreifen.[363] **458**

b) Zeitlicher Anwendungsbereich

Kapitel I gilt gemäß Art. 113 Abs. 2 lit. a sechs **Monate nach Inkrafttreten** der Verordnung. Die spezifischen Regelungen des Kapitels V sind gemäß Art. 113 Abs. 2 lit. b zwölf Monate nach Inkrafttreten der KI-VO anwendbar. Existiert ein GPAI Model bereits vor Inkrafttreten der Art. 51 ff. (Kapitel V), muss es mit Beginn des Inkrafttretens der KI-VO innerhalb eines Zeitraums von 36 Monaten mit den Vorschriften harmonisiert werden, Art. 111 Abs. 3. **459**

c) Entstehungsgeschichte

GPAI Models waren im ursprünglichen Kommissionsentwurf vom 21.4.2021 **nicht geregelt**.[364] Wohl als Reaktion auf die Veröffentlichung von ChatGPT und anderen bekannten LLMs (Large Language Models)[365] wurde erstmals in Art. 3 Abs. 1b des Ratsentwurfs vom 25.11.2022 („allgemeine Ausrichtung des Rates“) der Begriff „KI-System mit allgemeinem Verwendungszweck“ („general **460**

362 Vgl. auch ErwG 100.

363 *Bomhard/Siglmüller*, RDi 2024, 45, 50 mit Beispiel.

364 Vgl. EU-Komm., Entwurf vom 21.4.2021, COM(2021) 206 final; *Krönke*, NVwZ 2024, 529, 533.

365 Ähnlich *Krönke*, NVwZ 2024, 529, 533; *Baur/Gebhardt*, jurisPR-BKR 4/2024 Anm. 1, Abschnitt E.; *Ammann/Pohle*, CB 2024, 137, 142; *Bertuzzi*, EU's AI Act negotiations hit the brakes over foundation models, v. 10.11.2023, https://www.euractiv.com/section/artificial-intelligence/news/eus-ai-act-negotiations-hit-the-brakes-over-foundation-models/ (zuletzt abgerufen am 8.6.2025).

purpose AI system“) verwendet.[366] Am 14.6.2023 nahm auch das Plenum des Europäischen Parlaments einen Änderungsvorschlag an, der den Begriff „foundation model“ vorsah.[367] Nach der Forderung von selbstverpflichtenden Verhaltenskodizes durch ein Gemeinsames Positionspapier von Italien, Frankreich und Deutschland[368] legte die Kommission kurzerhand einen gänzlich neuen Ansatz vor, der statt der Begriffe „foundation model“ und „general purpose AI system“ nunmehr den Terminus „General Purpose AI Model“ (GPAI) vorsieht.[369] Zur ausführlichen Entstehungsgeschichte siehe Art. 51 Rn. 9.

2. KI-Modell mit allgemeinem Verwendungszweck

461 Die Definition ist durchsetzt mit **beispielhaften Ausführungen**, die der Illustration dienlich sein mögen, für die Subsumtion aber nur bedingt geeignet sind.[370] Als echte Tatbestandsmerkmale setzt die Definition von KI-Modellen mit allgemeinem Verwendungszweck voraus: ein KI-Modell, das eine erhebliche allgemeine Verwendbarkeit und ein breites Spektrum unterschiedlicher Aufgaben vorweist, sowie eines, das in eine Vielzahl nachgelagerter Systeme oder Anwendungen integrierbar ist.

a) KI-Modell

462 Eine Definition des Begriffs KI-Modell findet sich in der KI-VO jedoch nicht. Nach sehr weiter **Definition der OECD** ist ein KI-Modell eine computergestützte Darstellung der Gesamtheit oder eines Teils der externen Umgebung eines KI-Systems – z. B. Prozesse, Objekte, Ideen, Menschen und/oder Interaktionen, die in dieser Umgebung stattfinden.[371] Zu den Hauptmerkmalen gehören die technische Art, wie das Modell aufgebaut ist (mit Expertenwissen, maschi-

---

366 Ratsentwurf vom 25.11.2022, https://www.consilium.europa.eu/de/press/press-releases/2022/12/06/artificial-intelligence-act-council-calls-for-promoting-safe-ai-that-respects-fundamental-rights/ (zuletzt abgerufen am 8.6.2025).

367 EU-Parl., P9_TA(2023)0236, https://artificialintelligenceact.eu/wp-content/uploads/2023/06/AIA-%E2%80%93-IMCO-LIBE-Draft-Compromise-Amendments-14-June-2023.pdf (zuletzt abgerufen am 8.6.2025).

368 Vgl. https://www.politico.eu/article/france-germany-power-grab-kill-eu-blockbuster-ai-artificial-intelligence-bill/; https://netzpolitik.org/2023/ai-act-deutschland-will-basis-modelle-wie-chatgpt-nicht-regulieren/ (alle zuletzt abgerufen am 24.4.2025).

369 *Bomhard/Siglmüller*, RDi 2024, 45, 49.

370 Ähnlich *Zenner*, RDV 2024, 125, 126; kritisch auch *Engel*, KIR 2024, 21, 22; *Wendt*, in: Wendt/Wendt, Das neue Recht der Künstlichen Intelligenz, § 10 Rn. 6.

371 OECD Framework for the classification of AI systems, OECD Digital Economy Papers, Februar 2022 Nr. 323, S. 20.

nellem Lernen oder beidem) und wie das Modell verwendet wird (für welche Ziele und mit welchen Leistungskennzahlen).[372]

Nach technischem Verständnis sind KI-Modelle die mathematische Darstellung von Mustern und Beziehungen zwischen verschiedenen Datenpunkten (Variablen), die mittels Trainings, d.h. mathematischer Analyse, von Daten ermittelt, gewichtet und gespeichert werden.[373] Demgegenüber sind GPAI Systems (siehe dazu Art. 3 Nr. 66 Rn. 491) die Gesamtheit der Implementierung eines KI-Modells. **463**

Zu bekannten KI-Modellen zählen zum Beispiel GPT, Gemini, LLaMA oder Mistral. **464**

b) Erhebliche allgemeine Verwendbarkeit und breites Spektrum unterschiedlicher Aufgaben

Ein KI-Modell wird zu einem GPAI Model, wenn es „erhebliche allgemeine Verwendbarkeit aufweist" und „ein breites Spektrum unterschiedlicher Aufgaben" erfüllen kann. Wenngleich es sich dem Wortlaut nach um zwei unterschiedliche Tatbestandsmerkmale handelt, bedingen sie einander. Nach ErwG 98 sollen KI-Modelle mit mindestens einer Milliarde Parametern als Modelle gelten, die eine erhebliche allgemeine Verwendbarkeit aufweisen und ein breites Spektrum unterschiedlicher Aufgaben kompetent erfüllen. Die **Größe des Modells** soll also sowohl Auswirkungen auf die allgemeine Verwendbarkeit als auch auf das Spektrum unterschiedlicher Aufgaben haben. Das spricht für einen engen inhaltlichen Zusammenhang der Tatbestandsmerkmale. **465**

Das Merkmal der „allgemeinen Verwendbarkeit" stellt auf die **Flexibilität** der Fähigkeiten des KI-Modells ab. So nennt ErwG 99 große generative KI-Modelle als ein Beispiel für GPAI, da sie eine „flexible Erzeugung von Inhalten" ermöglichen. Flexibilität meint einerseits das Format des erzeugten Inhalts. So nennt ErwG 99 „Text- Audio-, Bild- oder Videoinhalte" als Beispiel für solch flexibel erzeugte Inhalte. Andererseits scheint auch die inhaltliche Vielfalt der generierten Inhalte eine Rolle zu spielen. Denn ErwG 99 stellt darüber hinaus auf solche „flexiblen" Inhalte ab, die „leicht ein breites Spektrum unterschiedlicher Aufgaben umfassen können". **466**

---

372 OECD Framework for the classification of AI systems, OECD Digital Economy Papers, Februar 2022 Nr. 323, S. 20.

373 *Hacker/Engel/Mauer*, Regulating ChatGPT and other Large Generative AI Models, Working Paper v. 12.5.2023, S. 3; ähnlich und mit Beispiel siehe *Bommasani* et al., On the Opportunities and Risks of Foundation Models, S. 3, 48; zur Funktionsweise siehe auch *Wendt*, in: Wendt/Wendt, Das neue Recht der Künstlichen Intelligenz, § 10 Rn. 3.

467 Demgegenüber zielt das Merkmal des „breiten Spektrums unterschiedlicher Aufgaben" auf die **Nutzung** des KI-Modells ab, d.h. eine Vielzahl von Anwendungsfällen, die mit Hilfe des KI-Modells umgesetzt werden können. Im Umkehrschluss lässt sich daraus ableiten, dass KI-Modelle, die nur für eine begrenzte Zahl von Anwendungsfällen verwendet werden können, nicht als GPAI gelten, also z.B. KI-Modelle, die spezifisch dafür trainiert sind, bestimmte Objekte zu erkennen oder Texte von einer Sprache in eine spezifische andere Sprache zu übersetzen.

468 Der Gesetzgeber wollte mit GPAI Models also solche KI-Modelle gesondert regeln, die gerade keine abschließend durch den Anbieter **vordefinierten Einsatzzwecke** haben, sondern die sich vielmehr dadurch auszeichnen, dass sie so flexibel auf die Eingaben der Endnutzer reagieren können, dass sie sich für ein für den Anbieter unüberschaubar weites Spektrum an denkbaren Aufgaben[374] eignen. Maßgeblich ist also, ob die denkbaren Anwendungsfälle für das jeweilige KI-Modell aufgrund des hohen Grades an Flexibilität vorhersehbar und eingrenzbar sind.

469 Als Indikator für eine solch hohe Flexibilität nennt ErwG 99 insbesondere die Größe des jeweiligen KI-Modells, konkret eine Schwelle von mindestens einer Milliarde **Parametern** – also vereinfacht ausgedrückt einer Milliarde Faktoren, die das KI-Modell berücksichtigt. Die Grenze von einer Milliarde Parameter findet sich ausschließlich in den Erwägungsgründen wieder und wird im Gesetzeswortlaut nicht erwähnt. Sie stellt also lediglich ein Indiz dar, führt aber nicht zu einer gesetzlichen Vermutung. Das ist auch sinnvoll. Denn die Größe des KI-Modells kann, muss aber nicht zwingend ein relevanter Faktor für die Flexibilität des KI-Modells sein. So kann auch ein großes KI-Modell mit über einer Milliarde Parametern auf sehr begrenzte Anwendungsfälle trainiert sein. In diesem Fall kann die Größe des Modells auch ein Indikator für die Qualität der Fähigkeiten sein, nicht aber zwangsläufig einer der Quantität. Auch bei einem großen KI-Modell jenseits einer Milliarde Parameter ist daher trotzdem zu bestimmen, ob es „erhebliche allgemeine Verwendbarkeit aufweist" und „ein breites Spektrum unterschiedlicher Aufgaben" erfüllen kann.

c) Integrierbarkeit in Vielzahl nachgelagerter Systeme oder Anwendungen

470 Weiter müssen GPAI Models „in eine Vielzahl nachgelagerter Systeme oder Anwendungen integriert werden" können. In diesem Tatbestandsmerkmal spiegelt sich die Differenzierung zwischen KI-Modellen und KI-Systemen wider. Ein KI-Modell ist für sich allein genommen kein KI-System, sondern wird nur in Verbindung mit **weiteren Komponenten** wie z.B. Nutzerschnittstellen zu einem

374 Siehe zu den Fähigkeiten und Anwendungsfällen *Bommasani* et al., On the Opportunities and Risks of Foundation Models, S. 21 ff., 53 ff.

KI-System.[375] Hingegen sind KI-Modelle i.d.R. Bestandteile von KI-Systemen.[376]

Dass ein GPAI Model nur dann erfasst sein soll, wenn es in andere Systeme integrierbar ist, ist insoweit konsequent, weil die KI-VO auch im Übrigen nur KI-Systeme erfasst. In Abgrenzung dazu sind rein mathematische oder in der Entwicklung befindliche und demnach in beiden Fällen gerade noch nicht in andere Systeme integrierte Modelle nicht erfasst. **471**

d) Ausnahmen

Über rein mathematische Modelle hinaus, die technisch nicht zur Integration geeignet sind, sind auch solche KI-Modelle ausgenommen, die noch **keine Marktreife** erreicht haben, also die vor ihrer Markteinführung für Forschungs- und Entwicklungstätigkeiten oder die Konzipierung von Prototypen verwendet werden. Die Ausnahme schützt insoweit die KI-Forschung. **472**

Ebenso sind nach ErwG 97 eigene Modelle von den Pflichten der KI-VO ausgenommen, die für rein **interne Verfahren** verwendet werden, sofern sie für die Bereitstellung eines Produkts oder einer Dienstleistung an Dritte nicht wesentlich sind und die Rechte natürlicher Personen nicht beeinträchtigt werden. Dies gilt wiederum nicht für GPAI Models mit systemischem Risiko, für die als Gegenausnahme von der Ausnahme die KI-VO in voller Gänze Anwendung findet. Das heißt unabhängig ihrer Marktreife oder der Wesentlichkeit für die Bereitstellung eines Produkts oder einer Dienstleistung an Dritte müssen die Vorschriften der KI-VO eingehalten werden. **473**

e) Optionale Faktoren

Über die vorgenannten Tatbestandsmerkmale hinaus enthält die Definition auch optionale Faktoren, die **beispielhaft** erwähnt, jedoch nicht als zwingende Voraussetzung für das Vorliegen eines GPAI Models ausgestaltet sind. So sollen insbesondere solche KI-Modelle erfasst sein, die mit einer „großen Datenmenge und unter umfassender Selbstüberwachung" trainiert sind.[377] Während eine Abgrenzung großer von kleinen Datenmengen praktisch weder möglich noch zielführend ist, kann „umfassende Selbstüberwachung" (englisch „self-supervision at scale") durchaus ein sinnvolles Indiz für eine Abgrenzung darstellen. Bei self-supervision learning handelt es sich um eine Methode, KI-Modelle zu trainieren, ohne dass das Trainingsmaterial menschlich vorklassifiziert werden muss. Die **474**

375 *Wendt*, in: Wendt/Wendt, Das neue Recht der Künstlichen Intelligenz, § 10 Rn. 8.
376 *Wendt*, in: Wendt/Wendt, Das neue Recht der Künstlichen Intelligenz, § 10 Rn. 8.
377 Siehe dazu auch *Engel*, KIR 2024, 21, 22.

Verwendung dieser spezifischen Methode kann also ein Indiz für das Vorliegen eines GPAI Models sein, ist aber nicht zugleich Voraussetzung.

LXIV. Fähigkeiten mit hoher Wirkkraft (Nr. 64)

1. Allgemeines

475 Das Risikoprofil von GPAI Models wird abweichend von der grundsätzlichen Risikobestimmung in der KI-VO anstatt mithilfe des konkreten Einsatzgebiets unter Zuhilfenahme des Kriteriums „Fähigkeiten mit hoher Wirkkraft" ermittelt.[378] Es handelt sich dabei um einen grundlegenden, aber nicht zu vermeidenden Systembruch, da die GPAI Models ja gerade nicht auf ein eigenständiges Einsatzgebiet ausgelegt sind, sondern sich dieses erst nach der Integration in ein KI-System konkret festlegen lässt.

a) Systematik

476 Die Leistungsfähigkeit eines GPAI Model bestimmt sich nach **Gleitkommaoperationen** (dazu Art. 3 Nr. 67 Rn. 499) und steht mit den Regelungen des Kapitels V (insbesondere Art. 51 Abs. 2) sowie Anhang XIII in einem engen Zusammenhang (dazu Art. 51 Rn. 15). Die Europäische Kommission kann die Anforderungen an die Fähigkeiten künftig per delegiertem Rechtsakt anpassen und ergänzen, vgl. Art. 51 Abs. 3.

b) Zeitlicher Anwendungsbereich

477 Kapitel I gilt gemäß Art. 113 Abs. 2 lit. a **sechs Monate nach Inkrafttreten** der KI-VO. Die spezifischen Regelungen des Kapitels V sind gemäß Art. 113 Abs. 2 lit. b zwölf Monate nach Inkrafttreten der Verordnung anwendbar.

c) Entstehungsgeschichte

478 Nachdem sich Parlament, Rat und Kommission weitestgehend einig waren, dass auch sog. KI-Modelle mit allgemeinem Verwendungszweck der Regelung bedürfen (zur ausführlichen Entstehungsgeschichte siehe Art. 51 Rn. 460), mussten **Kriterien** zur Bestimmung systemischer Risiken gefunden werden. Ob einem KI-Modell mit allgemeinem Verwendungszweck ein systemisches Risiko immanent ist, bestimmt sich unter anderem an der Leistungsfähigkeit dieser Modelle, also daran, ob sie Fähigkeiten mit hoher Wirkkraft aufweisen. Diese werden in Gleitkommaoperationen gemessen (dazu Art. 3 Nr. 67 Rn. 499).

---

378 *Wendt*, in: Wendt/Wendt, Das neue Recht der Künstlichen Intelligenz, § 10 Rn. 19.

2. Fähigkeiten mit hoher Wirkkraft

Der Begriff „Fähigkeiten mit hohem Wirkungsgrad" wird in Art. 51 verwendet und bezeichnet nach Art. 3 Nr. 64 Fähigkeiten, die den bei den **fortschrittlichsten KI-Modellen** mit allgemeinem Verwendungszweck festgestellten Fähigkeiten entsprechen oder diese übersteigen. Welche Modelle die fortschrittlichsten und damit der Maßstab für die Beurteilung der Fähigkeiten des verwendeten KI-Modells sind, bleibt offen und birgt erhebliche Rechtsunsicherheit. **479**

Nach ErwG 111 sind damit Fähigkeiten gemeint, die den Fähigkeiten entsprechen oder diese übersteigen, die bei den fortschrittlichsten KI-Modellen mit allgemeinem Verwendungszweck festgestellt wurden. Maßgeblich scheint also ein **Marktvergleich** zu sein. Ein besseres Verständnis über diese Fähigkeiten ist daher möglicherweise erst nach Inverkehrbringen des Modells möglich, oder wenn die Anwender mit dem Modell interagieren. Nach dem Stand der Technik zum Zeitpunkt des Inkrafttretens dieser Verordnung ist die kumulierte Menge der für das Training des KI-Modells mit allgemeinem Verwendungszweck verwendeten Berechnungen, gemessen in Gleitkommaoperationen, einer der einschlägigen Näherungswerte für Modellfähigkeiten. Die kumulierte Menge der für das Training verwendeten Berechnungen umfasst nach ErwG 111 die kumulierte Menge der für die Tätigkeiten und Methoden, mit denen die Fähigkeiten des Modells vor der Einführung verbessert werden sollen, wie zum Beispiel Vortraining, Generierung synthetischer Daten und Feinabstimmung, verwendeten Berechnungen. Trotz der weiteren Erläuterungen in ErwG 111 ist die Bezeichnung nicht ganz klar. Dies könnte auch daran liegen, dass die deutsche Übersetzung von der englischen abweicht. Die englische Version verwendet den Begriff „high impact capabilities", was im Deutschen so viel wie „großer Einfluss" beziehungsweise „hohe Auswirkung" bedeutet. Nach dem englischen Wortlaut kommt es also nicht auf die Effektivität des Modells an, wie die deutsche Formulierung suggeriert. Maßgeblich sind vielmehr – ähnlich wie bei Hochrisiko-KI-Systemen – die **potenziellen Auswirkungen**, die diese Fähigkeiten haben können. Dafür spricht auch der Wortlaut des Anhangs XIII „Wirkung", der an „impact" näher dran ist als „Wirkungsgrad". Allein der Umstand, dass ein Modell besonders hohe Fähigkeiten hat, führt also nicht zwangsläufig dazu, dass es besonders hohe Auswirkungen hat, die zu einem systemischen Risiko führen. **480**

LXV. Systemisches Risiko (Nr. 65)

1. Allgemeines

a) Systematik

481 Systemische Risiken sind für die Regelungen des Kapitels V (Art. 51 ff.) von Bedeutung. Es gibt sowohl KI-Modelle mit allgemeinem Verwendungszweck als auch KI-Systeme mit allgemeinem Verwendungszweck, die ein systemisches Risiko aufweisen können.

b) Zeitlicher Anwendungsbereich

482 Kapitel I gilt gemäß Art. 113 Abs. 2 lit. a **sechs Monate nach Inkrafttreten** der KI-VO. Die spezifischen Regelungen des Kapitels V sind gemäß Art. 113 Abs. 2 lit. b 12 Monate nach Inkrafttreten der Verordnung anwendbar.

c) Entstehungsgeschichte

483 Die Einführung von ChatGPT und weiteren bekannten LLMs (Large Language Models) hat anschaulich gezeigt, welche Eigendynamik sich auch aus „einfachen" KI-Basismodellen ergeben kann. Im Kommissionsentwurf waren Risiken, die von solchen Modellen ausgehen können, noch nicht geregelt.[379] Der Europäische Rat reagierte wohl auf diese neuerlichen Erkenntnisse mit der Implementierung von Art. 3 Abs. 1b und dem Terminus „KI-System mit allgemeinem Verwendungszweck" („general purpose AI system").[380]

2. Systemisches Risiko

484 Ein systemisches Risiko setzt per Definition nach Art. 3 Nr. 65 ein Risiko voraus, das für die Fähigkeiten mit hoher Wirkkraft von KI-Modellen mit allgemeinem Verwendungszweck **spezifisch** ist und aufgrund deren Reichweite oder aufgrund tatsächlicher oder vernünftigerweise vorhersehbarer negativer Folgen für die öffentliche Gesundheit, die Sicherheit, die öffentliche Sicherheit, die Grundrechte oder die Gesellschaft insgesamt erhebliche Auswirkungen auf den Unionsmarkt hat, die sich in großem Umfang über die gesamte Wertschöpfungskette hinweg verbreiten können.

---

379 Vgl. KI-VO-E Kommission. *Krönke*, NVwZ 2024, 529, 533.

380 KI-VO-E Rat; ähnl. *Krönke*, NVwZ 2024, 529, 533; *Baur/Gebhardt*, jurisPR-BKR 4/2024 Anm. 1, Abschnitt E.; *Ammann/Pohle*, CB 2024, 137, 142; *Bertuzzi*, EU's AI Act negotiations hit the brakes over foundation models, v. 10.11.2023, https://www.euractiv.com/section/artificial-intelligence/news/eus-ai-act-negotiations-hit-the-brakes-over-foundation-models (zuletzt abgerufen am 8.6.2025).

a) Ein für die Fähigkeiten von GPAI Models spezifisches Risiko

Das Risiko (legaldefiniert in Art. 3 Nr. 2, siehe dazu Art. 3 Nr. 2 Rn. 68) muss für die Fähigkeiten mit hoher Wirkkraft von GPAI Models spezifisch sein. Die KI-VO soll ausweislich ErwG 110 vor allem folgenden Risiken begegnen: **485**

- einer möglichen vorsätzlichen Fehlanwendung oder unbeabsichtigter Kontrollprobleme im Zusammenhang mit der Ausrichtung auf menschliche Absicht;
- chemischen, biologischen, radiologischen und nuklearen Risiken, zum Beispiel Möglichkeiten zur Verringerung der Zutrittsschranken, einschließlich für Entwicklung, Gestaltung, Erwerb oder Nutzung von Waffen;
- offensiven Cyberfähigkeiten, zum Beispiel die Art und Weise, wie Entdeckung, Ausbeutung oder operative Nutzung von Schwachstellen ermöglicht werden können;
- den Auswirkungen der Interaktion und des Einsatzes von Instrumenten, einschließlich zum Beispiel der Fähigkeit, physische Systeme zu steuern und in kritische Infrastrukturen einzugreifen;
- Risiken, dass Modelle sich selbst vervielfältigen, oder der „Selbstreplikation“ oder des Trainings anderer Modelle;
- der Art und Weise, wie Modelle zu schädlichen Verzerrungen und Diskriminierung mit Risiken für Einzelpersonen, Gemeinschaften oder Gesellschaften führen können;
- der Erleichterung von Desinformation oder der Verletzung der Privatsphäre mit Gefahren für demokratische Werte und Menschenrechte;
- dem Risiko, dass ein bestimmtes Ereignis zu einer Kettenreaktion mit erheblichen negativen Auswirkungen führen könnte, die sich auf eine ganze Stadt, eine ganze Tätigkeit in einem Bereich oder eine ganze Gemeinschaft auswirken könnten.

Durch die Regulierung dieser Risiken soll ein **hohes Schutzniveau**, vor allem für Gesundheit, Sicherheit und die in der Charta der Grundrechte der Europäischen Union verankerten Grundrechte, einschließlich Demokratie, Rechtsstaatlichkeit und Umweltschutz, sichergestellt werden sowie Schutz vor schädlichen Auswirkungen von KI-Systemen in der Union gewährleistet werden, um die Innovationen zu unterstützen und menschenzentrierte und vertrauenswürdige künstliche Intelligenz einzuführen und zu fördern.[381] Zugleich ist stark zu bezweifeln, dass diese konturenlose Auflistung der Risiken dem in der Rechtsordnung der Europäischen Union verankerten Grundsatz der Rechtssicherheit[382] gerecht wird.[383] **486**

381 Vgl. ErwG 1.

382 EuGH, Urt. v. 21.9.1983 – Rs. C-205 bis 215/82, Slg. 1983, 02633, Rn. 30 – Deutsche Milchkontor.

383 *Krönke*, NVwZ 2024, 529, 533 f.; siehe dazu auch *Engel*, KIR 2024, 21, 23.

b) Erhebliche Auswirkungen auf den Unionsmarkt

487 Zudem müssen von diesem spezifischen Risiko aufgrund der Reichweite der Fähigkeiten und aufgrund tatsächlicher oder vernünftigerweise vorhersehbarer **negativer Folgen** für die öffentliche Gesundheit, die Sicherheit, die öffentliche Sicherheit, die Grundrechte oder die Gesellschaft insgesamt erhebliche Auswirkungen auf den Unionsmarkt ausgehen, die sich in großem Umfang über die gesamte Wertschöpfungskette hinweg verbreiten können. Nach ErwG 110 fallen darunter unter anderem:

- tatsächliche oder vernünftigerweise vorhersehbare negative Auswirkungen im Zusammenhang mit schweren Unfällen, Störungen kritischer Sektoren und schwerwiegende Folgen für die öffentliche Gesundheit und Sicherheit;
- alle tatsächlichen oder vernünftigerweise vorhersehbaren negativen Auswirkungen auf die demokratischen Prozesse und die öffentliche und wirtschaftliche Sicherheit;
- die Verbreitung illegaler, falscher oder diskriminierender Inhalte.

488 Der Gesetzgeber geht davon aus, dass ein Risiko umso höher ist, je größer die **Fähigkeiten** und die **Reichweite** des jeweiligen KI-Modells sind. Daher können systemische Risiken auch erst im späteren Lebenszyklus eines KI-Modells entstehen und müssen nicht bereits zu Beginn vorliegen. Hinzu kommt, dass sie gemäß ErwG 110 von verschiedenen Faktoren beeinflusst werden können, wie etwa:

- von Bedingungen einer Fehlanwendung,
- der Zuverlässigkeit des Modells,
- der Modellgerechtigkeit und der Modellsicherheit,
- dem Grad der Autonomie des Modells,
- seinem Zugang zu Instrumenten,
- neuartigen oder kombinierten Modalitäten,
- Freigabe- und Vertriebsstrategien und
- dem Potenzial zur Beseitigung von Leitplanken.

489 Trotz vielfältiger **beispielhafter Aufzählungen** möglicher Faktoren für ein „systemisches Risiko“ fehlt es an einer subsumtionsfähigen Definition. Die Qualifizierung als GPAI Model mit systemischem Risiko kann sich vielmehr entweder aus besonderen „Fähigkeiten mit hohem Wirkungsgrad“ des Modells (lit. a) oder aus einer eigenen Einschätzung der Kommission anhand der in Anhang XIII genannten Kriterien (lit. b, dazu Art. 51 Rn. 15) ergeben.[384]

490 Dass sich die Auswirkungen auf den Unionsmarkt beziehen, wurde im finalen Text nochmal klargestellt. Vorherige Fassungen (vor dem 17.4.2024 hieß es ur-

---

384 *Baur/Gebhardt*, jurisPR-BKR 4/2024 Anm. 1, Abschnitt E; *Splittgerber/Becker*, DB 2024, 984, 988.

sprünglich in Art. 3 Abs. 44d „systemic risk at Union level") enthielten die Formulierung „Unionsebene", was insoweit zu ungenau war. Nun ist deutlich, dass der Unionsmarkt gemeint ist.

LXVI. KI-System mit allgemeinem Verwendungszweck (Nr. 66)

1. Allgemeines

a) Systematik

Während die KI-VO grundsätzlich einheitlich den Begriff des „KI-Systems" verwendet, **differenziert** sie zwischen den Begriffen des „KI-Modells mit allgemeinem Verwendungszweck" und des „KI-Systems mit allgemeinem Verwendungszweck". Wenn also ein allgemeiner Verwendungszweck vorliegt, gelten unterschiedliche Anforderungen für KI-Modelle und für KI-Systeme, während im Übrigen einheitlich KI-Systeme erfasst sind. Ausweislich ErwG 97 sind KI-Modelle zwar wesentliche Komponenten von KI-Systemen, stellen selbst aber kein KI-System dar. Vielmehr sind KI-Modelle in KI-Systemen integriert.[385] Bisweilen wird der Begriff des KI-Systems mit allgemeinem Verwendungszweck eher als Überbleibsel aus dem Entwurf des Europäischen Rats[386] angesehen, der erstmals mit Art. 3 Abs. 1b den Begriff „general purpose AI system" implementierte[387] (siehe zur ausführlichen Genese Art. 51 Rn. 9). **491**

b) Zeitlicher Anwendungsbereich

Kapitel I gilt gemäß Art. 113 Abs. 2 lit. a **sechs Monate nach Inkrafttreten** der KI-VO. Die spezifischen Regelungen des Kapitels V sind gemäß Art. 113 Abs. 2 lit. b zwölf Monate nach Inkrafttreten der KI-VO anwendbar. **492**

c) Entstehungsgeschichte

Siehe hierzu Art. 3 Nr. 63 Rn. 9 sowie ausführlich Art. 51 Rn. 460. **493**

385 Vgl. auch ErwG 100.

386 Ratsentwurf vom 25.11.2022; https://www.consilium.europa.eu/de/press/press-releases/2022/12/06/artificial-intelligence-act-council-calls-for-promoting-safe-ai-that-respects-fundamental-rights/ (zuletzt abgerufen am 24.4.2025).

387 *Bomhard/Siglmüller*, RDi 2024, 45, 52; a. A. *Wendt*, in: Wendt/Wendt, Das neue Recht der Künstlichen Intelligenz, § 10 Rn. 7: wichtige Trennlinie zwischen KI-Modellen mit allgemeinem Verwendungszweck und entsprechenden KI-Systemen.

2. KI-System mit allgemeinem Verwendungszweck

a) KI-System

494 Ein KI-System mit allgemeinem Verwendungszweck (im Englischen „general-purpose AI system“, kurz „GPAI-System“) muss zunächst seinerseits ein KI-System darstellen (dazu Art. 3 Nr. 1 Rn. 2). Sind die Voraussetzungen aus Art. 3 Nr. 1 also nicht erfüllt, liegt auch kein GPAI-System vor. Ein GPAI-System kann nach ErwG 100 direkt eingesetzt werden oder in andere KI-Systeme integriert werden. Dies hat zur Folge, dass auch ein KI-System, in das ein GPAI-System integriert ist, als GPAI-System mit allgemeinem Verwendungszweck gilt und den spezifischen Regelungen unterfällt.

b) Beruht auf GPAI Model

495 Das GPAI-System muss auf einem GPAI Model beruhen. Das zugrundeliegende Modell muss seinerseits als GPAI Model i. S. v. Art. 3 Nr. 63 zu klassifizieren sein. Weist also etwa das zugrundeliegende Modell gerade keine hinreichende **„allgemeine Verwendbarkeit“** auf oder ist nicht für „ein breites Spektrum unterschiedlicher Aufgaben“ geeignet, um als GPAI Model qualifiziert zu sein, ist das implementierende KI-System auch dann kein GPAI-System, wenn es im Ergebnis dennoch für eine Vielzahl von Zwecken nutzbar ist. Dies kann etwa der Fall sein, wenn ein System nicht nur ein GPAI Model, sondern eine Vielzahl von GPAI Models implementiert. Keines der implementierten GPAI Models ist für ein breites Spektrum unterschiedlicher Aufgaben geeignet – hingegen ist das Gesamtsystem, das die GPAI Models implementiert, sehr wohl zu einer Vielzahl von Zwecken geeignet.

c) Vielzahl von Zwecken

496 Das GPAI-System muss geeignet sein, einer „Vielzahl von Zwecken“ zu dienen. Dabei kann es sowohl auf die **Zwecke des GPAI-Systems** mit allgemeinem Verwendungszweck selbst ankommen als auch auf die Zwecke anderer Systeme, in die das GPAI-System integriert ist. Implementiert also eine Programmierschnittstelle (API) ein GPAI Model, mag der Zweck dieser Schnittstelle begrenzt sein – nämlich auf die Bereitstellung des KI-Modells an andere Systeme. In diesem Fall kommt es jedoch nicht nur auf den Zweck der API, sondern auch auf den Zweck der implementierenden Systeme an.

497 Zugleich sind alle KI-Systeme ausgeschlossen, die zwar auf einem GPAI Model beruhen – also einem GPAI Model, das insbesondere für „ein breites Spektrum unterschiedlicher Aufgaben“ geeignet ist –, dieses GPAI Model aber auf eine Weise implementieren, dass dieses breite Spektrum **nicht ausgenutzt** werden kann und damit das KI-System nicht für eine Vielzahl von Zwecken geeignet ist.

Nach dem sehr weit gefassten Wortlaut der Definition von „KI-Systemen mit allgemeinem Verwendungszweck" in Art. 3 Nr. 66 würde jedes einfache Bild- oder Spracherkennungssystem unabhängig von der Breite seiner Fähigkeiten darunterfallen. Daher muss es auf mehr als nur die Integrationsfähigkeit in verschiedene Anwendungsfälle ankommen. Entscheidend sind daher vielmehr die Fähigkeiten, Aufgaben und Ergebnisse von KI-Systemen, die **über die bloße Integrationsfähigkeit hinausgehen**. Ansonsten würden bereits einfache Algorithmen erfasst werden, da sie in verschiedene Anwendungsfälle integriert werden können.[388] Mit anderen Worten: Die besondere Flexibilität des zugrundeliegenden GPAI Model muss sich auch im implementierenden KI-System widerspiegeln. Implementiert ein KI-System zwar ein GPAI Model, nutzt seine Fähigkeiten aber in so beschränktem Umfang, dass keine Vielzahl von Zwecken mit dem KI-System verfolgt werden kann, fehlt es am allgemeinen Verwendungszweck des KI-Systems, obwohl es auf einem GPAI Model beruht. **498**

LXVII. Gleitkommaoperation (Nr. 67)

1. Allgemeines

a) Systematik

Gleitkommaoperationen (auch „Fließkommaoperationen" (kurz: FLOPs)) sind als Bemessungsgrundlage für die Leistungsfähigkeit von KI-Modellen mit allgemeinem Verwendungszweck von Bedeutung und stehen damit im engen Zusammenhang mit den Regelungen des Kapitels V (insb. Art. 51 Abs. 2) sowie Anhang XIII (dazu Art. 51 Rn. 15). **499**

b) Zeitlicher Anwendungsbereich

Kapitel I gilt gemäß Art. 113 Abs. 2 lit. a **sechs Monate nach Inkrafttreten** der KI-VO. Die spezifischen Regelungen des Kapitels V sind gemäß Art. 113 Abs. 2 lit. b zwölf Monate nach Inkrafttreten der KI-VO anwendbar. **500**

c) Entstehungsgeschichte

Nachdem sich Parlament, Rat und Kommission weitestgehend einig waren, dass auch sog. KI-Modelle mit allgemeinem Verwendungszweck der Regelung bedürfen (zur ausführlichen Entstehungsgeschichte siehe Art. 51 Rn. 9), mussten Kriterien zur Bestimmung systemischer Risiken gefunden werden. Ob einem KI-Modell mit allgemeinem Verwendungszweck ein systemisches Risiko imma- **501**

388 *Hacker/Engel/Mauer*, Regulating ChatGPT and other Large Generative AI Models, Working Paper v. 12.5.2023, S. 5.

nent ist, bestimmt sich nicht wie üblich in der KI-VO anhand des konkreten Einsatzgebiets, sondern an der Leistungsfähigkeit dieser Modelle (siehe dazu auch Art. 3 Nr. 64 Rn. 475 ff.). Diese wird in Gleitkommaoperationen gemessen, vgl. Art. 51 Abs. 2 sowie Anhang XIII.

2. Gleitkommaoperation

502 Gleitkommaoperationen (Englisch: floating point operations) sind Rechenoperationen eines Computers mit Gleitkommazahlen, also der näherungsweisen Abbildung einer reellen Zahl in Computersystemen.[389] Die Anzahl der Gleitkommaoperationen besagt also, zu wie vielen **Rechenoperationen** die Maschine pro Sekunde in der Lage ist. Damit sind Gleitkommaoperationen der Versuch, die Rechenkapazitäten einer Maschine objektiv zu bemessen, d. h. unabhängig von der Leistungsfähigkeit einzelner Komponenten wie CPU (engl.: central processing unit, Prozessor) oder Grafikkarte.

503 Ob sich FLOPs tatsächlich technisch dazu eignen, die Risiken von KI-Modellen zu bestimmen, ist umstritten[390] (ausführlich zu Rolle und Kritik siehe Art. 51 Rn. 23).

---

389 Näher dazu sowie zur typischen technischen Abbildung in Computersystemen *Sarre/Pruß*, in: Auer-Reinsdorff/Conrad, Handbuch IT- und Datenschutzrecht, § 2 Rn. 10.

390 *Bomhard/Siglmüller*, RDi 2024, 45, 51 (dort Fn. 64); siehe auch *Wendt*, in: Wendt/Wendt, Das neue Recht der Künstlichen Intelligenz, § 10 Rn. 27 m. w. N.; *Martini/Wiesehöfer*, NVwZ 2024, 137.

LXVIII. Nachgelagerter Anbieter (Nr. 68)

Der nachgelagerte Anbieter wird in Art. 3 Nr. 68 als **Anbieter eines KI-Systems** definiert, in das ein KI-Modell integriert ist. Auch Anbieter von KI-Systemen mit allgemeinem Verwendungszweck sind nach dem Wortlaut der Definition erfasst. Es spielt keine Rolle, ob der nachgelagerte Anbieter das KI-Modell selbst entwickelt und bereitstellt (vertikale Integration) oder ob es von einem Dritten aufgrund vertraglicher Beziehungen bereitgestellt wird. **504**

Mit dem nachgelagerten Anbieter wird innerhalb der Gruppe der Wirtschaftsakteure „Anbieter" eine **Untergruppe** geschaffen. Jeder nachgelagerte Anbieter ist nach dem Wortlaut der Definition zugleich auch Anbieter eines KI-Systems im Sinne des Art. 3 Nr. 3. Der nachgelagerte Anbieter ist allerdings nicht automatisch auch Anbieter des KI-Modells mit allgemeinem Verwendungszweck. Die Bezeichnung als „nachgelagert" bezieht sich gerade auf das integrierte KI-Modell. Dementsprechend wird dem nachgelagerten Anbieter in dreierlei Hinsicht eine besondere Rolle in der Wertschöpfungskette eingeräumt. **505**

Der nachgelagerte Anbieter beschäftigt sich in der Regel intensiv mit dem GPAI Model, das er in sein KI-System integriert. Zugleich stellt die Integration jeweils eine Art Erprobung des **GPAI Models** dar. Um den Erkenntnisgewinn des nachgelagerten Anbieters für die Marktüberwachung dienlich zu machen, wird ihm in Art. 89 Abs. 2 ein **Beschwerderecht** eingeräumt, wenn er der Auffassung ist, dass ein KI-Modell mit allgemeinem Verwendungszweck gegen die Anforderungen der KI-VO verstößt (vgl. Art. 89 Rn. 14 ff.).[391] **506**

Darüber hinaus wird der nachgelagerte Anbieter in Art. 56 Abs. 3 Satz 2 ausdrücklich als ein **Interessenträger** genannt, der das Büro für Künstliche Intelligenz bei der Ausarbeitung von Praxisleitfäden unterstützen kann (vgl. Art. 56 Rn. 16). **507**

Art. 53 Abs. 1 lit. b i.V.m. Anhang XII stellt besondere Anforderungen an die **Informationen** auf, die der Anbieter eines KI-Modells mit allgemeinem Verwendungszweck dem nachgelagerten Anbieter zur Integration in sein KI-System zur Verfügung stellen muss. **508**

391 ErwG 162.

Art. 4 KI-Kompetenz

Die Anbieter und Betreiber von KI-Systemen ergreifen Maßnahmen, um nach besten Kräften sicherzustellen, dass ihr Personal und andere Personen, die in ihrem Auftrag mit dem Betrieb und der Nutzung von KI-Systemen befasst sind, über ein ausreichendes Maß an KI-Kompetenz verfügen, wobei ihre technischen Kenntnisse, ihre Erfahrung, ihre Ausbildung und Schulung und der Kontext, in dem die KI-Systeme eingesetzt werden sollen, sowie die Personen oder Personengruppen, bei denen die KI-Systeme eingesetzt werden sollen, zu berücksichtigen sind.

Mit Art. 4 korrespondiert Erwägungsgrund 20.

Schrifttum: *Brüggemeier*, Prinzipien des Haftungsrechts, 1999; *Gsell/Krüger/Lorenz/Reymann* (Hrsg.), BeckOGK BGB, 2025; *Kühling/Buchner* (Hrsg.), DS-GVO BDSG, 4. Aufl. 2024; *Leahy/Dolan*, Digital Literacy: A Vital Competence for 2010, in: Reynolds/Turcsányi-Szabó, Key Competencies in the Knowledge Society, KCKS 2010, IFIP Advances in Information and Communication Technology, 2010, S. 210; *Liu/Yuan/Fu/Jiang/Hayashi/Neubig*, Pre-train, Prompt, and Predict: A Systematic Survey of Prompting Methods in Natural Language Processing, in: ACM Computing Surveys, Vol. 55, No. 9, Art. 195, 2023, 1; *Long/Magerko*, What is AI Literacy? Competencies and Design Considerations, in: Proceedings of the 2020 CHI Conference on Human Factors in Computing Systems, 2020, 1; *Ng/Chu/Shen/Leung*, AI Literacy: Definition, Teaching, Evaluation and Ethical Issus, in: Proceedings of the Association for Information Science and Technology, Vol. 58(1), 2021, 504; *Ng/Leung/Chu/Qiao*, Conceptualizing AI literacy: An exploratory review, in: Computers and Education: Artificial Intelligence, Volume 2, 2021, 100041; *Säcker/Rixecker/Oetker/Limperg/Schubert* (Hrsg.), Münchener Kommentar zum BGB, Bd. 7, 9. Aufl. 2024; *Stürner* (Hrsg.), Jauernig, BGB, 19. Aufl. 2023; *Wei/Wang/Schuurmans/Bosma/Ichter/Xia/Chi/Le/Zhou*, Chain-of-Thought Prompting Elicits Reasoning in Large Language Models, NeurIPS 2022; *Wienrich/Carolus/Markus/Augustin*, AI Literacy: Kompetenzdimensionen und Einflussfaktoren im Kontext von Arbeit, 2022, https://www.denkfabrik-bmas.de/fileadmin/Downloads/Publikationen/AI_Literacy_Kompetenzdimensionen_und_Einfluss faktoren_im_Kontext_von_Arbeit.pdf (zuletzt abgerufen am 22.6.2024); *Wirtz, M.A.* (Hrsg.), Dorsch Lexikon der Psychologie, https://dorsch.hogrefe.com/stichwort/faehigkeit.

Übersicht

I. Allgemeines

1. Zweck der Vorschrift

Die KI-VO äußert sich in verschiede Richtungen hinsichtlich des Sinns und Zwecks von KI-Kompetenz, insbesondere soll KI-Kompetenz: 1

- helfen, KI-Systeme sachkundig einzusetzen sowie sich der Chancen und Risiken von KI und möglicher Schäden, die sie verursachen kann, bewusst zu werden;[1]
- Nutzern ermöglichen, den größtmöglichen Nutzen aus KI-Systemen zu ziehen und gleichzeitig die Grundrechte, Gesundheit und Sicherheit zu wahren und eine demokratische Kontrolle zu ermöglichen;[2]
- Kenntnisse vermitteln, die erforderlich sind, um die angemessene Einhaltung und die ordnungsgemäße Durchsetzung der Verordnung sicherzustellen;[3]
- Arbeitsbedingungen verbessern;[4] und
- den Innovationspfad vertrauenswürdiger KI in der Europäischen Union unterstützen.[5]

2. Entstehungsgeschichte

Das Konzept von KI-Kompetenz wurde erstmals im Parlamentsentwurf als Art. 4b aufgeworfen. Von diesem Vorschlag wurde im Wesentlichen nur dessen zweiter Absatz – die eigentliche Schulungspflicht – in die finale Fassung der KI-VO übernommen. Die übrigen Bestimmungen sind weitgehend in ErwG 20 aufgegangen. 2

1 Art. 3 Nr. 56.
2 ErwG 20 Satz 1.
3 ErwG 20 Satz 3.
4 ErwG 20 Satz 4.
5 ErwG 20 Satz 4.

3. Geltungsbeginn

3 Art. 4 gilt als Teil von Kapitel I ab dem 2.2.2025 (Art. 113 UAbs. 3 lit. a). Damit muss KI-Kompetenz bis zu diesem Zeitpunkt hergestellt sein. Bei Art. 4 handelt es sich um eine Dauerpflicht, d. h. auch darüber hinaus muss KI-Kompetenz fortlaufend aufgefrischt und ggf. vertieft werden.

II. Tatbestand

1. Begriff

4 Der Begriff der **KI-Kompetenz** (engl. AI literacy) leitet sich ab von dem Begriff der Digitalkompetenz (engl. digital literacy), der zur Bewertung grundlegender computerbezogener Konzepte und Fähigkeiten in den Siebzigern geprägt wurde, da immer mehr Menschen auf die Nutzung von Computertechnologien angewiesen waren, um neue soziale und wirtschaftliche Möglichkeiten zu entwickeln.[6] Mit zunehmender Bedeutung von KI hat sich daraus das Feld der KI-Kompetenz herauskristallisiert, das nach heutigen Definitionsversuchen die Felder (i) KI verstehen, (ii) KI anwenden, (iii) KI entwickeln und (iv) Ethik im Zusammenhang mit KI umfasst.[7] Die KI-VO definiert KI-Kompetenz als die Fähigkeiten, die Kenntnisse und das Verständnis, die es Anbietern, Betreibern und Betroffenen unter Berücksichtigung ihrer jeweiligen Rechte und Pflichten im Rahmen dieser Verordnung ermöglichen, KI-Systeme sachkundig einzusetzen sowie sich der Chancen und Risiken von KI und möglicher Schäden, die sie verursachen kann, bewusst zu werden.[8]

2. Maßnahmen

5 Art. 4 verpflichtet **Anbieter und Betreiber von KI-Systemen**[9] dazu, Maßnahmen zu ergreifen, die die KI-Kompetenz sicherstellen sollen. Um die geforderte KI-Kompetenz sicherzustellen, kommen verschiedene Maßnahmen in Betracht. Welche genau darunter fallen, lässt sich mit Blick auf die Ausprägungen von KI-Kompetenz näher bestimmen: Kenntnisse, Verständnis und Fähigkeiten.[10] Der

---

6 *Leahy/Dolan*, in: Reynolds/Turcsányi-Szabó, Key Competencies in the Knowledge Society, S. 210, 212 f.

7 *Ng/Chu/Shen/Leung*, in: Proceedings of the Association for Information Science and Technology, Vol. 58(1), 2021, 504, 505.

8 Art. 3 Nr. 56.

9 Ausweislich des klaren Wortlauts sind Anbieter von KI-Modellen damit nicht zur Sicherstellung von KI-Kompetenz verpflichtet.

10 Art. 3 Nr. 56.

Umfang der erforderlichen Maßnahmen dürfte sich nach dem genauen Einsatzgebiet und dem Risikopotenzial des KI-Systems richten.

- **Kenntnisse** sind gespeicherte und aktualisierbare Wissensbestände.[11] Damit umfassen die Maßnahmen die Wissensvermittlung über KI, z. B. in Form von Schulungen, Online-Kursen, Tutorials und Weiterbildungen sowie der Bereitstellung von Informationsmaterialien und Leitfäden. Die Definition impliziert, dass Kenntnisse nicht statisch sind, sondern dynamisch und anpassungsfähig und insbesondere durch neue Informationen erweitert und aktualisiert werden. Damit ist in jedem Fall eine periodische Weiterbildung bzw. Auffrischung zu empfehlen.
- **Verständnis** meint Verstehen. Anbieter und Betreiber sind damit verpflichtet zu prüfen, ob die vermittelten Kenntnisse auch tatsächlich verstanden wurden. Davon umfasst ist das Beantworten offener Fragen wie auch das Prüfen, z. B. durch Tests, Umfragen und Leistungsbewertungen. In Betracht kommt ferner die Entwicklung von Zertifizierungsprogrammen für KI-Kompetenzen, um einheitliche Standards zu etablieren und KI-Kompetenz nachweisbar zu machen. In der Praxis werden oft Multiple-Choice-Tests durchgeführt.[12] Das Verständnis muss langfristig gesichert sein. Wenn die Überprüfung zu dem Ergebnis kommt, dass die geschulte Person nicht über ein hinreichendes Verständnis verfügt, müssen die Maßnahmen wiederholt werden.
- **Fähigkeit** ist allgemein bei Personen, Tieren oder Sachen die Gesamtheit der zur Ausführung einer bestimmten Leistung erforderlichen Bedingungen.[13] Die betroffene Person muss also tatsächlich auch in der Lage sein, die erlernten Kenntnisse anzuwenden. Dies kann über Sandboxes, in denen KI risikofrei getestet werden kann, erreicht werden.

Andere Maßnahmen zur Förderung von KI-Kompetenz können die Einbindung von KI-Experten in Entscheidungsprozesse, die Einrichtung von KI-Kompetenzzentren, die Expertise bündeln, das Austauschen von Best Practices und die Einrichtung von Anlaufstellen für Unternehmen und Organisationen sowie der Aufbau von Netzwerken zum Erfahrungsaustausch sein. 6

Denkbar ist auch die Möglichkeit, die Maßnahmen zu delegieren, also als leere Hülle zu übertragen (dazu näher unten Rn. 10 ff.). 7

11 *Bergius*, Kenntnisse, in: M. A. Wirtz, Dorsch Lexikon der Psychologie, 2021, https://dorsch.hogrefe.com/stichwort/kenntnisse (zuletzt abgerufen am 22.6.2024).

12 Vgl. *Ng/Leung/Chu/Qiao*, Computers and Education: Artificial Intelligence, Volume 2, 2021, 100041, 8 f.

13 *Häcker*, Fähigkeit, in: M. A. Wirtz, Dorsch Lexikon der Psychologie, 2022, https://dorsch.hogrefe.com/stichwort/faehigkeit (zuletzt abgerufen am 22.6.2024).

3. Betroffene Personen

a) KI-Wertschöpfungskette

8 Anbieter und Betreiber von KI-Systemen müssen KI-Kompetenz Anbietern, Betreibern und Betroffenen vermitteln.[14] Dabei sollen **alle einschlägigen Akteure der KI-Wertschöpfungskette** umfasst sein.[15] Insbesondere sollen Personen, denen die Umsetzung der Betriebsanleitungen und die menschliche Aufsicht gemäß dieser Verordnung übertragen wurde, über die notwendige KI-Kompetenz verfügen, um diese Aufgabe ordnungsgemäß zu erfüllen.[16] Die Erstreckung der Pflicht zur Herstellung von KI-Kompetenz in der Wertschöpfungskette kann freilich nicht grenzenlos gelten. Denn das erste Glied in der Kette wird regelmäßig kaum Kenntnis vom Kontext des Einsatzes des KI-Systems durch das letzte Glied haben dürfen, wobei aber der Kontext erheblich in die Vermittlung der KI-Kompetenz Einfluss finden soll. Nur dann, wenn der Anbieter oder Betreiber (detaillierte) Kenntnis von der genauen Verwendung des KI-Systems eines Glieds in der Wertschöpfungskette hat, kann sich seine Zurechnung innerhalb der Wertschöpfungskette auch auf dieses Glied erstrecken.

9 Für die Notwendigkeit einer gewissen Abgrenzung der KI-Kompetenz-Verantwortung innerhalb der Wertschöpfungskette lässt sich auch anführen, dass eine zu weite Auslegung zu einer Überschulung führen dürfte, die nicht nur marktökonomisch ineffizient ist, sondern auch an einer effektiven Wissensvermittlung hindert. Denn danach müsste jedes Glied in der Wertschöpfungskette (z. B. der Anbieter, der Händler, der Betreiber, der Nutzer) ggf. von unterschiedlichen Stakeholdern und damit mehrfach geschult werden. Das würde dem Gedanken von KI-Kompetenz im Ergebnis zuwiderlaufen. Daher spricht vieles dafür, die Verantwortung aus Art. 4 angemessen innerhalb der Wertschöpfungskette zu verteilen.

b) Individuelle Ebene

10 Innerhalb der betroffenen Organisation, z. B. der Anbieter oder Betreiber, sind Personal und andere Personen, die in ihrem Auftrag mit dem Betrieb und der Nutzung von KI-Systemen befasst sind, hinsichtlich KI-Kompetenz zu schulen.[17]

---

14 Art. 3 Nr. 56.
15 ErwG 20 Satz 3.
16 ErwG 91 Satz 3.
17 Art. 4.

aa) Arbeitnehmer

11 Hinsichtlich des Personals dürften **Arbeitnehmer** sowie – mit Blick auf die weite Definition und den Bezug zur Befassung mit einem KI-System im Auftrag – auch überlassene Mitarbeiter umfasst sein. Mit Betrieb und Nutzung von KI-Systemen befasst, ist dabei denkbar weit. Sowohl KI-Entwickler als auch IT-Mitarbeiter, Büromitarbeiter und ggf. sogar Produktionsmitarbeiter können erfasst sein, wenn diese mit KI in Berührung kommen.

bb) Erfüllungsgehilfen?

12 Als „andere Personen", die in ihrem Auftrag mit dem Betrieb und der Nutzung von KI-Systemen befasst sind, kommen in erster Linie **Erfüllungsgehilfen**, insbesondere Subunternehmer, in Betracht. In der Praxis stellen sich insoweit zwei Fragen – welche Erfüllungsgehilfen genau umfasst sind und ob die Pflicht zur Sicherstellung von KI-Kompetenz an den Erfüllungsgehilfen delegiert werden kann. Welche Erfüllungsgehilfen von Art. 4 umfasst sind, hängt von der Frage ab, ob der KI-Einsatz vom Anbieter oder Betreiber gefordert (enge Auslegung) oder lediglich geduldet (weite Auslegung) werden muss.

13 Für eine weite Auslegung spricht zunächst der Wortlaut, der nicht nur das Personal der Anbieter und Betreiber erfasst, sondern auch andere Personen, die in ihrem Auftrag mit dem Betrieb und der Nutzung von KI-Systemen befasst sind. Sprachlich gesehen, könnte sich demnach „befasst sind" auf „mit dem Betrieb und der Nutzung" beziehen; „in ihrem Auftrag" würde dabei lediglich das Auftragsverhältnis betreffen.

14 Die besseren Argumente sprechen gleichwohl dafür, diesen Kreis der Erfüllungsgehilfen eng zu ziehen. Ausgangspunkt ist der tatsächliche Wille des Schuldners, dass eine Hilfsperson bei der Erfüllung einer Verbindlichkeit tätig wird.[18] Das entspricht dem Wortlaut „in ihrem Auftrag", der diesen Willen voraussetzt.[19] Die ganz konkrete KI-Nutzung muss demnach im Auftrag des Geschäftsherren stattfinden. Eine andere Auslegung wäre auch mit dem Blick auf die fehlende Weisungsgebundenheit gar nicht praktisch umsetzbar: Während das Personal der Anbieter und Betreiber in Form eines Arbeitsverhältnisses weisungsgebunden ist, wird dies bei Erfüllungsgehilfen regelmäßig fehlen.[20] Sofern kein Weisungsrecht besteht, ist die Sicherstellung von KI-Kompetenz aber einseitig nicht leistbar. Subunternehmer können (anders als Arbeitnehmer) nicht zur Schulung gezwungen werden. Auch ein systematischer Vergleich spricht für diese Auslegung. Denn Art. 4 adressiert sowohl „Personal" als auch „andere Per-

---

18 *Stadler*, in: Jauernig, BGB, § 278 Rn. 6; *Schaub*, in: BeckOGK, Stand: 1.9.2024, § 278 BGB Rn. 34.

19 Art. 4.

20 *Schaub*, in: BeckOGK, Stand: 1.9.2024, § 278 BGB Rn. 36.

sonen". Die weitere Systematik der KI-VO legt nahe, dass nur natürliche Personen erfasst werden.[21] Ohnehin wäre es aber kaum zielführend, einer juristischen Person KI-Kompetenz vermitteln zu wollen. Beschränkt wird die Reichweite der KI-Kompetenz-Pflicht auch in zeitlicher Hinsicht dadurch, dass das Erfüllungsgehilfenverhältnis endet, sobald der Wille des Schuldners zum Einsatz des Erfüllungsgehilfen erloschen ist.[22] Da die Maßnahmen zur Vermittlung der KI-Kompetenz in einem dynamischen und sich stets weiterentwickelnden Prozess abgebildet werden (vgl. oben Rn. 5), ist es nicht zielführend, die Vermittlung von KI-Kompetenz bei dem punktuellen Einsatz des Erfüllungsgehilfen zu verlangen.

15 In Anlehnung an die Abgrenzung zur Erfüllung bei Gelegenheit kann daher von Art. 4 nicht umfasst sein, dass der Erfüllungsgehilfe nicht in Erfüllung eines konkreten KI-Nutzungs-Auftrags, sondern bei Gelegenheit KI-Systeme verwendet. Hierunter würde bspw. die (für den Auftraggeber oft nicht ersichtliche) Nutzung von KI zur Erstellung eines Werbetexts gehören. Hierfür lässt sich auch dem Wortlaut „in ihrem Auftrag" entnehmen, dass inhaltliche Vorgaben hinsichtlich des Betriebs und der Nutzung von KI-Systemen gemacht werden müssen. Der Auftrag muss sich ausdrücklich auf den Betrieb oder die Nutzung eines KI-Systems beziehen. Sofern der Anbieter oder Betreiber also Angaben hinsichtlich des KI-Systems macht, ist die Nutzung und damit die Vermittlung der KI-Kompetenz auf dieses zu beschränken.

16 In jedem Fall dürfe sich empfehlen, in Zukunft den eigenen Erfüllungsgehilfen klare Vorgaben zur KI-Nutzung zu machen, um die verbleibende rechtliche Unsicherheit auszuräumen (siehe Rn. 34).

17 Vor dem Hintergrund der aufgeworfenen Umsetzungsschwierigkeiten in der Praxis – nicht zuletzt die fehlende Weisungsbefugnis gegenüber den Arbeitnehmern des betroffenen Subunternehmers – wird man ferner davon ausgehen müssen, dass die Pflicht, KI-Kompetenz sicherzustellen, auf den Erfüllungsgehilfen vertraglich delegierbar ist. Dafür spricht schon der weite Wortlaut von „Maßnahmen", die zu ergreifen sind, unter die sich auch eine Delegation subsumieren lässt. Die Delegation der Sicherstellung der KI-Kompetenz entspricht auch dem Bild einer KI-Wertschöpfungskette. Nur per Delegation können die Pflichten

---

21 So bspw. „das Verhalten einer Person zu beeinflussen" (ErwG 29); „die geeignet ist, dieser Person, einer anderen Person oder einer Gruppe von Personen einen erheblichen Schaden zuzufügen" (Art. 5 Abs. 1 lit. a); „die Übermittlung von Informationen durch eine andere Person im Namen des Anbieters erfolgt, Name, Anschrift und Kontaktangaben dieser Person" (Anhang VIII Abschnitt B Nr. 2); „Schutz von Minderjährigen, d.h. Personen unter 18 Jahren" (ErwG 9); soweit juristische Personen in den Begriff „Personen" einzubeziehen sind, wird dies an vielen Stellen ausdrücklich erwähnt (z.B. ErwG 13, 79, 134, Art. 3 Abs. 3, 4, Art. 50 Abs. 4 UAbs. 2, Art. 59 Abs. 1 lit. a, Art. 85 UAbs. 1).

22 *Schaub*, in: BeckOGK, Stand: 1.9.2024, § 278 BGB Rn. 48.

entlang der Wertschöpfungskette[23] angemessen und fair verteilt werden. Insbesondere was die technischen Details der Entwicklung des KI-Systems angeht, dürfte zwar bei Anbietern oder Betreibern Expertenwissen allokiert sein, das teilweise für die Sicherstellung von KI-Kompetenz erforderlich ist (siehe Rn. 20). Dieses kann jedoch im Rahmen der vertraglichen Delegation hinreichend berücksichtigt und übertragen werden, z.B. in Form von ohnehin verpflichtenden Dokumentationen (z.B. Art. 11 und 53 Abs. 1 lit. b). Oft werden Unternehmen auch geeignete Schulungspartner zur Sicherstellung von KI-Kompetenz einsetzen.

cc) Kunden

Kunden der Anbieter oder Betreiber von KI-Produkten dürften dagegen regelmäßig nicht von Art. 4 erfasst sein, da sich diese nicht „im Auftrag" des Anbieters oder Betreibers mit KI befassen. **18**

4. Inhalte

KI-Kompetenz setzt entsprechend dem Zweck von Art. 4 ein Grundverständnis in den Bereichen technisches Wissen (siehe Rn. 20), rechtliches und ethisches Wissen (siehe Rn. 21) und anwendungsbezogenes Wissen (siehe Rn. 24) voraus,[24] wobei diese Kompetenzfelder ineinandergreifen und sich jeweils gegenseitig bedingen, um den verantwortungsvollen und mündigen Einsatz von KI gewährleisten zu können. **19**

a) Technisches Wissen

Grundlage jeder KI-Kompetenz muss grundlegendes Wissen über die Funktionsweise von KI-Modellen und -Systemen sein. Dazu können insbesondere zählen:[25] **20**

- **Maschinelles Lernen, Repräsentation und Entscheidungsfindung**: Zu KI-Kompetenz zählt ein grundlegendes Verständnis, wie maschinelles Lernen funktioniert, das sich auf die Beschreibung wesentlicher Konzepte und Begrifflichkeiten sowie ein allgemeines systematisches Verständnis beschränken sollte. Nutzer sollten in der Lage sein, nachzuvollziehen, wie Informatio-

---

23 Der Gesetzgeber sieht eine Verteilung der Pflichten auf die Akteure in der Wertschöpfungskette vor (ErwG 20 Satz 3).

24 Angelehnt an *Ng/Leung/Chu/Qiao*, Computers and Education: Artificial Intelligence, Volume 2, 2021, 100041, 5.

25 Vgl. *Long/Magerko*, in: Proceedings of the 2020 CHI Conference on Human Factors in Computing Systems, 2020, 1, 4 ff.

nen und Wissen in KI-Systemen repräsentiert sind und wie daraus Zusammenhänge erschlossen und neue Inhalte generiert werden.
- **Einsatzzwecke**: Zudem ist es zentral zu verstehen, dass etwa Large Language Models (außerhalb von Retrieval-Augmented-Generation)[26] keine Suchmaschinen oder Wissensdatenbanken sind und dazu auch nicht konzipiert wurden. Um KI verantwortungsvoll einzusetzen, müssen Nutzer deren eigentliche Einsatzzwecke verstehen.
- **Datengrundlage und -qualität**: Der Output von KI-Modellen ist immer nur so gut wie die Daten, mit denen das Modell trainiert wurde. Nachzuvollziehen, woher die Trainingsdaten eines Modells stammen und ob dieses Modell auf der Grundlage für den gewollten Einsatzzweck überhaupt tauglich ist, ist unverzichtbar im täglichen Umgang mit KI. Dabei kann auch die Kompetenz im Bereich der Datenanalyse, der Identifikation von Datenstrukturen sowie die Kompetenz, die Qualität von und Bias in Daten zu erkennen und die Daten zu bewerten, umfasst sein.[27] Folgerichtig geht mit einer KI-Kompetenz immer auch eine Datenkompetenz einher. Letztere ist in der Datenverordnung verankert, wobei dort deren Förderung den Mitgliedstaaten obliegt.[28]
- **Sensoren**: Soweit KI in Bezug auf physische Systeme genutzt wird (z. B. Maschinen), sollte das Zusammenspiel von Sensoren und KI von KI-Kompetenz umfasst sein. Dazu zählt, wie Sensoren (z. B. Kameras, Abstandssensoren, Temperaturfühler) Daten des Umfelds erfassen und diese an ein KI-System weiterleiten.

b) Rechtliches und ethisches Wissen

21 Die rechtliche Regulierung von KI beruht auf ethischen Grundgedanken und wird entsprechend weiterentwickelt, sodass rechtliches und ethisches Wissen eng miteinander verknüpft sind.

22 Anwender und Entwickler von KI sollten im Rahmen von KI-Kompetenz die grundlegenden KI-rechtlichen Prinzipien lernen, um eine informierte Einsatzentscheidung von KI-Systemen treffen zu können, insbesondere:
- **Urheberrecht**: Ist KI-Output rechtlich geschützt? Welche Risiken ergeben sich bei der Reproduktion von Trainingsdaten? Und mit welchen Daten darf KI trainiert werden?

---

26 Instruktiv *Wietzke*, RDi 2024, 538.

27 *Wienrich/Carolus/Markus/Augustin*, AI Literacy: Kompetenzdimensionen und Einflussfaktoren im Kontext von Arbeit, 2022, https://www.denkfabrik-bmas.de/fileadmin/Downloads/Publikationen/AI_Literacy_Kompetenzdimensionen_und_Einflussfaktoren_im_Kontext_von_Arbeit.pdf, S. 13 (zuletzt abgerufen am 22.6.2024); siehe dazu auch ErwG 67.

28 ErwG 19 und 3 Datenverordnung, Art. 37 Abs. 5 lit. a Datenverordnung.

- **Datenschutz**: Unter welchen Voraussetzungen dürfen KI-Modelle mit personenbezogenen Daten genutzt oder trainiert werden? Und welche Grenzen existieren?
- **KI-VO**: Welche Pflichten ergeben sich für Anbieter und Betreiber aus der KI-VO?
- **Verträge und Nutzungsbedingungen**: Worauf ist bei Verträgen mit KI-Anbietern zu achten? Welche Bedeutung haben Nutzungsbedingungen?
- **Haftung und Verantwortlichkeit**: Wer ist für ggf. falschen KI-Output verantwortlich und haftbar?
- u. v. m.

Daneben spielen ethische Erwägungen eine Rolle, wie etwa die Konsequenzen von Bias in den Trainingsdaten. **23**

c) Anwendungsbezogenes Wissen

Darüber hinaus enthält KI-Kompetenz eine anwendungsorientierte Komponente und umfasst die Fähigkeit, KI-Anwendungen kompetent und verantwortungsbewusst zu nutzen, ihre Funktionsweise zu verstehen und ihre Ergebnisse kritisch zu bewerten. In der Praxis relevantester Bestandteil von praktischem Wissen zu Large Language Models sind Prompting-Hilfestellungen, um hochwertige Ausgaben zu genieren.[29] Die Fähigkeit, präzise und effektive Prompts zu erstellen, ist eine Schlüsselkompetenz im Umgang mit KI-Anwendungen. Diese Kompetenz wird als Prompt Engineering bezeichnet und umfasst sowohl technisches Wissen als auch Kenntnisse der Prompting-Strukturen. Ein innovativer Ansatz ist das Chain of Thought Prompting (CoT-Prompting), das darauf abzielt, die Gedankengänge der KI nachvollziehbar zu machen, indem sie schrittweise Überlegungen und Begründungen für die generierten Antworten darstellt.[30] **24**

5. Berücksichtigung von individuellen Umständen: Einführung von KI-Kompetenz-Personas

Bei der Sicherstellung von KI-Kompetenz muss eine Reihe von individuellen Umständen berücksichtigt werden, insbesondere technische Kenntnisse, Erfahrung, Ausbildung und Schulung und der Kontext, in dem die KI-Systeme eingesetzt werden sollen, sowie die Personen oder Personengruppen, bei denen die KI-Systeme eingesetzt werden sollen, Art. 4. Daraus ergibt sich, dass oft eine einzige Schulung für ein gesamtes Unternehmen kaum ausreichend sein wird. Vielmehr muss – auch bei standardisierten Schulungskonzepten – die individuelle Situation des Geschulten Berücksichtigung finden. Zu Beginn der Maßnah- **25**

29 Vgl. zu Prompting-Methoden *Liu/Yuan/Fu/Jiang/Hayashi/Neubig*, ACM Computing Surveys, Vol. 55, No. 9, Art. 195, 2023, 1.

30 *Wei/Wang/Schuurmans/Bosma/Ichter/Xia/Chi/Le/Zhou*, NeurIPS 2022.

men empfiehlt es sich daher, im Rahmen des *Business Understanding* eine Bestandsaufnahme durchzuführen, die insbesondere im Hinblick auf die Inhalte (siehe oben Rn. 19 ff.) vorbereitend wirkt.

26 In erster Linie wird eine **rollenbezogene Förderung von KI-Kompetenz** in Form von **KI-Kompetenz-Personas** sinnvoll sein. So wird ein Maschinenführer, der an einer KI-gesteuerten Produktionslinie arbeitet, ganz andere Informationen benötigen und andere Berührungspunkte zu KI haben als ein KI-Entwickler und dieser wieder anders zu schulen sein als eine Bürokraft ohne wesentliche KI-Vorerfahrung. Die KI-Kompetenz-Personas berücksichtigen insbesondere auch die Vorkenntnisse und Erfahrungen. Da KI-Kompetenz ein allgemeines Konzept ist, wird es in vielen Unternehmen ausreichen, zwischen klassischen Nutzern von (digitalen) KI-Systemen, KI-Entwicklern oder -Administratoren und von Spezialeinsatzbereichen betroffenen Personen zu unterscheiden.

27 Parallel dazu ist der Kontext zu ermitteln, in dem das KI-System eingesetzt wird.[31] Als Kontext werden u. a. die in Annex I und III aufgeführten Hochrisikobereiche verstanden.[32] Allgemein gesprochen meint Kontext die Umgebung, in der das KI-System betrieben wird.[33] Anbieter und Betreiber vermitteln je nach Stadium bzw. Verwendungszweck des KI-Systems – Entwicklungsphase und Verwendung bzw. Auslegung der Ausgaben – die im jeweiligen Kontext speziellen Kompetenzen.[34]

28 Der Schulungsbedarf leitet sich dann aus dem Delta zwischen Ist- und Sollzustand im Rahmen der einzelnen KI-Kompetenz-Personas ab. Zur Ermittlung des Soll-Zustands gehört insbesondere das technische Wissen (siehe oben Rn. 20). Die Ausbildung bezieht sich auf den Bildungsstand der Person,[35] der durch Schulungen erweitert werden kann. Zum Teil wird eine besondere Ausbildung bzw. Schulung bei dem Risikomanagementsystem (Art. 9)[36] und der menschlichen Aufsicht (Art. 11)[37] vorausgesetzt bzw. dort auf diese Bezug genommen. Die Differenz zwischen Ist- und Zielzustand ist dann mit einem KI-Kompetenzvermittlungskonzept zu füllen.

29 Gegebenenfalls kann überlegt werden, regelmäßig die Grundausbildung zu fördern, um allgemein die KI-Kompetenzen anzuheben. In den einzelnen Projekten können dann ausgewählte Themen vertiefend geschult werden. Auch ErwG 20 Satz 3 und 4 nehmen eine Differenzierung vor, die ein zweistufiges Paket von

31 In ErwG 64 Satz 1 auch „Nutzungskontext"; in ErwG. 93 Satz 3: „Verwendungskontext".

32 Vgl. ErwG 53 Satz 5.

33 ErwG 12 Satz 10.

34 ErwG 20 Satz 2.

35 Vgl. Art. 9 Abs. 5 UAbs. 3.

36 ErwG 65 Satz 10 f.

37 ErwG 91 Satz 3, ErwG 73 Satz 3, Art. 26 Abs. 2.

Maßnahmen suggeriert, von denen die erste verpflichtend und die zweite fakultativ ist, wobei die Grenzen nicht klar skizziert sind. Danach sind Maßnahmen verbindlich, die die Einhaltung und Durchsetzung der Verordnung sicherstellen.[38] Darüber hinaus „könnten [...] geeignete[] Folgemaßnahmen", die die Arbeitsbedingungen verbessern sowie die Innovation vertrauenswürdiger KI fördern können, durchgeführt werden.[39]

III. Förderung von KI-Kompetenz durch die EU und die Mitgliedstaaten

Die Europäische Union hat es sich auch selbst zur Aufgabe gemacht, KI-Kompetenz zu fördern. **30**

Das Büro für Künstliche Intelligenz und die Mitgliedstaaten erleichtern in Zusammenarbeit mit den einschlägigen Interessenträgern[40] die Aufstellung von **Verhaltenskodizes** auch in Bezug auf die Förderung der KI-Kompetenz, insbesondere der Personen, die mit der Entwicklung, dem Betrieb und der Nutzung von KI befasst sind.[41] **31**

Dabei soll das KI-Gremium die Kommission bei der Förderung von **KI-Kompetenzinstrumenten** sowie der Sensibilisierung und Aufklärung der Öffentlichkeit in Bezug auf die Vorteile, Risiken, Schutzmaßnahmen, Rechte und Pflichten im Zusammenhang mit der Nutzung von KI-Systeme unterstützen.[42] **32**

Ferner sollen die Mitgliedstaaten besondere Sensibilisierungs- und Schulungsmaßnahmen für die Anwendung der KI-VO ergreifen, die auf die Bedürfnisse von KMU, einschließlich Start-up Unternehmen, Betreibern sowie gegebenenfalls lokalen Behörden ausgerichtet sind.[43] **33**

IV. Auswirkungen

1. Auswirkungen auf die Vertragsgestaltung

Das Thema KI-Kompetenz sollte in praktisch allen Verträgen eines Unternehmens bedacht werden. Insbesondere dürfte es sinnvoll sein, entweder den KI- **34**

38 ErwG 20 Satz 3.
39 ErwG 20 Satz 4.
40 ErwG 20.
41 Art. 95 Abs. 2 lit. c.
42 Art. 66 Satz 2 lit. f; ErwG 20 Satz 5.
43 Art. 62 Abs. 1 lit. b.

Einsatz einzuschränken oder die Pflicht zur Sicherstellung von KI-Kompetenz an etwaige Erfüllungsgehilfen weiterzuleiten (vgl. Rn. 8 f.).

2. Bußgelder

35 KI-Kompetenz ist grundsätzlich nicht von den Sanktionsvorschriften der KI-VO umfasst. Im Rahmen der Hochrisiko-KI-Systeme sind Bußgelder jedoch zumindest nicht völlig ausgeschlossen. Sofern die Schulung als technisch-organisatorische Maßnahme verstanden wird,[44] kommt eine Sanktion über Art. 99 Abs. 4 lit. a für Anbieter bzw. Art. 99 Abs. 4 lit. e für Betreiber infrage. Die Pflicht zum Ergreifen technisch-organisatorischer Maßnahmen und damit die Schulungspflicht ergibt sich für Anbieter aus Art. 15 Abs. 4 UAbs. 1 Satz 2, welche über Art. 16 lit. a zu den in Abschnitt 2 der KI-VO genannten Anforderungen an Hochrisiko-KI-Systeme gehört. Bei Betreibern ergibt sich die Pflicht aus Art. 26 Abs. 1. Darüber hinaus wird gemäß Art. 99 Abs. 7 lit. g der Grad an Verantwortung des Akteurs unter Berücksichtigung der von ihm ergriffenen technischen und organisatorischen Maßnahmen dabei berücksichtigt, ob und in welcher Höhe ein Bußgeld verhängt wird.

3. Haftungsrechtliche Auswirkungen

36 Eine Verletzung von Art. 4 wird darüber hinaus und unabhängig davon, ob es sich um ein Hochrisiko-KI-System handelt, maßgeblich über das **Private Enforcement** durch mittelbare haftungsrechtliche Auswirkungen sanktioniert werden. Zu berücksichtigen ist dabei der Dauerschuldcharakter der Vermittlung der KI-Kompetenz, da diese immer wieder aktualisiert werden muss. Dafür kommen drei Anknüpfungspunkte in Betracht:

– Soweit zwischen dem von Art. 4 Verpflichteten und dem Geschädigten ein Schuldverhältnis besteht, wird eine Verletzung von Art. 4 regelmäßig eine **Schutzpflichtverletzung** auslösen. Denkbar ist dies auch schon in Form einer Haftung aus *culpa in contrahendo*. Denn strukturell ist die Schulung der Nutzung oder dem Betrieb des KI-Systems oft vorgelagert und kann – je nach Sachverhalt – in eine vorvertragliche Pflicht umschlagen. Relevant könnte dies z. B. sein bei KI-Nutzung in einer Personalabteilung, um Lebensläufe der Bewerber auszuwerten. Kommt es dabei zu einer unsachgemäßen Verwendung aufgrund mangelnder Schulung der Mitarbeiter, kann eine Haftung des Arbeitgebers aus *culpa in contrahendo* die Folge sein. Schließlich kommen auch Ansprüche aus einem Vertrag mit Schutzwirkung zugunsten Dritter – bspw. Mitarbeiter eines Auftragnehmers – in Frage.

---

44 In diese Richtung etwa *Hartung*, in: Kühling/Buchner, DS-GVO BDSG, Art. 25 Rn. 15.

- Art. 4 wird als **Schutzgesetz** i. S. d. § 823 Abs. 2 BGB zu qualifizieren sein. Ein Schutzgesetz liegt vor, wenn die Norm den Schutz Einzelner oder Mitgliedern einer Gruppe über einen bloßen Reflex hinaus bezweckt, selbst wenn dieser Schutz nur neben dem Interesse der Allgemeinheit verwirklicht wird.[45] KI-Kompetenz soll zumindest auch Grundrechte, Gesundheit und Sicherheit des Einzelnen wahren,[46] sodass ein Drittschutz vorliegen dürfte.
- Daneben könnte Art. 4 zur Einführung eines **KI-Sorgfaltspflichtenmaßstabs** i. S. d. § 823 Abs. 1 BGB führen. Anbieter und Betreiber würden dann bei unterlassener Schulung haften. Wer die Vermittlung von KI-Kompetenz nicht sicherstellt, verletzt eine deliktische Sorgfaltspflicht und handelt schon dadurch fahrlässig. Die Verkehrspflichtverletzung ist seit der Aufgabe der Lehre von der inneren Sorgfalt mit der Außerachtlassung der im Verkehr erforderlichen Sorgfalt i. S. d. § 276 Abs. 2 BGB gleichzusetzen.[47] Dabei kommt eine deliktsrechtliche Zusammenrechnung der Aktivitäten sämtlicher Konzerngesellschaften oder eine umfassende Zurechnung der Aktivitäten sämtlicher Konzerngesellschaften zur Muttergesellschaft nach richtiger Auffassung nicht in Betracht.[48]

45 St. Rspr., vgl. BGH, NJW 2014, 64; BGH, NJW 2012, 1800 Rn. 21; BGH, NJW 2006, 2110, 2112; BGHZ 125, 366, 374 = NJW 1994, 1801; BGHZ 122, 1, 3 f. = NJW 1993, 1580; BGHZ 106, 204, 206 f. = NJW 1989, 974; BGHZ 100, 13, 14 f. = NJW 1987, 1818; BGHZ 84, 312, 314 = NJW 1982, 2780; BGHZ 40, 306, 306 f. = NJW 1964, 396; BGHZ 66, 388, 390 = NJW 1976, 1740, vgl. *T. Voigt*, in: BeckOGK, Stand: 1.2.2025, § 823 BGB Rn. 266 m. w. N.

46 ErwG 20 Satz 1.

47 *Brüggemeier*, Prinzipien des Haftungsrechts, S. 75; *Wagner*, in: MüKo-BGB, § 823 Rn. 497 m. w. N.

48 Eingehend dazu *Wagner*, in: MüKo-BGB, § 823 Rn. 135.

Kapitel II
Verbotene Praktiken im KI-Bereich

Art. 5 Verbotene Praktiken im KI-Bereich

(1) Folgende Praktiken im KI-Bereich sind verboten:

a) das Inverkehrbringen, die Inbetriebnahme oder die Verwendung eines KI-Systems, das Techniken der unterschwelligen Beeinflussung außerhalb des Bewusstseins einer Person oder absichtlich manipulative oder täuschende Techniken mit dem Ziel oder der Wirkung einsetzt, das Verhalten einer Person oder einer Gruppe von Personen wesentlich zu verändern, indem ihre Fähigkeit, eine fundierte Entscheidung zu treffen, deutlich beeinträchtigt wird, wodurch sie veranlasst wird, eine Entscheidung zu treffen, die sie andernfalls nicht getroffen hätte, und zwar in einer Weise, die dieser Person, einer anderen Person oder einer Gruppe von Personen erheblichen Schaden zufügt oder mit hinreichender Wahrscheinlichkeit zufügen wird.

b) das Inverkehrbringen, die Inbetriebnahme oder die Verwendung eines KI-Systems, das eine Vulnerabilität oder Schutzbedürftigkeit einer natürlichen Person oder einer bestimmten Gruppe von Personen aufgrund ihres Alters, einer Behinderung oder einer bestimmten sozialen oder wirtschaftlichen Situation mit dem Ziel oder der Wirkung ausnutzt, das Verhalten dieser Person oder einer dieser Gruppe angehörenden Person in einer Weise wesentlich zu verändern, die dieser Person oder einer anderen Person erheblichen Schaden zufügt oder mit hinreichender Wahrscheinlichkeit zufügen wird;

c) das Inverkehrbringen, die Inbetriebnahme oder die Verwendung von KI-Systemen zur Bewertung oder Einstufung von natürlichen Personen oder Gruppen von Personen über einen bestimmten Zeitraum auf der Grundlage ihres sozialen Verhaltens oder bekannter, abgeleiteter oder vorhergesagter persönlicher Eigenschaften oder Persönlichkeitsmerkmale, wobei die soziale Bewertung zu einem oder beiden der folgenden Ergebnisse führt:

i) Schlechterstellung oder Benachteiligung bestimmter natürlicher Personen oder Gruppen von Personen in sozialen Zusammenhängen, die in keinem Zusammenhang zu den Umständen stehen, unter denen die Daten ursprünglich erzeugt oder erhoben wurden;

ii) Schlechterstellung oder Benachteiligung bestimmter natürlicher Personen oder Gruppen von Personen in einer Weise, die im Hinblick auf ihr soziales Verhalten oder dessen Tragweite ungerechtfertigt oder unverhältnismäßig ist;

d) das Inverkehrbringen, die Inbetriebnahme für diesen spezifischen Zweck oder die Verwendung eines KI-Systems zur Durchführung von Risikobewertungen in Bezug auf natürliche Personen, um das Risiko, dass eine natürliche Person eine Straftat begeht, ausschließlich auf der Grundlage des Profiling einer natürlichen Person oder der Bewertung ihrer persönlichen Merkmale und Eigenschaften zu bewerten oder vorherzusagen; dieses Verbot gilt nicht für KI-Systeme, die dazu verwendet werden, die durch Menschen durchgeführte Bewertung der Beteiligung einer Person an einer kriminellen Aktivität, die sich bereits auf objektive und überprüfbare Tatsachen stützt, die in unmittelbarem Zusammenhang mit einer kriminellen Aktivität stehen, zu unterstützen;

e) das Inverkehrbringen, die Inbetriebnahme für diesen spezifischen Zweck oder die Verwendung von KI-Systemen, die Datenbanken zur Gesichtserkennung durch das ungezielte Auslesen von Gesichtsbildern aus dem Internet oder von Überwachungsaufnahmen erstellen oder erweitern;

f) das Inverkehrbringen, die Inbetriebnahme für diesen spezifischen Zweck oder die Verwendung von KI-Systemen zur Ableitung von Emotionen einer natürlichen Person am Arbeitsplatz und in Bildungseinrichtungen, es sei denn, die Verwendung des KI-Systems soll aus medizinischen Gründen oder Sicherheitsgründen eingeführt oder auf den Markt gebracht werden;

g) das Inverkehrbringen, die Inbetriebnahme für diesen spezifischen Zweck oder die Verwendung von Systemen zur biometrischen Kategorisierung, mit denen natürliche Personen individuell auf der Grundlage ihrer biometrischen Daten kategorisiert werden, um ihre Rasse, ihre politischen Einstellungen, ihre Gewerkschaftszugehörigkeit, ihre religiösen oder weltanschaulichen Überzeugungen, ihr Sexualleben oder ihre sexuelle Ausrichtung zu erschließen oder abzuleiten; dieses Verbot gilt nicht für die Kennzeichnung oder Filterung rechtmäßig erworbener biometrischer Datensätze, wie z. B. Bilder auf der Grundlage biometrischer Daten oder die Kategorisierung biometrischer Daten im Bereich der Strafverfolgung;

h) die Verwendung biometrischer Echtzeit-Fernidentifizierungssysteme in öffentlich zugänglichen Räumen zu Strafverfolgungszwecken, außer wenn und insoweit dies im Hinblick auf eines der folgenden Ziele unbedingt erforderlich ist:

i) gezielte Suche nach bestimmten Opfern von Entführung, Menschenhandel oder sexueller Ausbeutung sowie die Suche nach vermissten Personen;

ii) Abwenden einer konkreten, erheblichen und unmittelbaren Gefahr für das Leben oder die körperliche Unversehrtheit natürlicher Personen oder einer tatsächlichen und bestehenden oder tatsächlichen und vorhersehbaren Gefahr eines Terroranschlags;

iii) Aufspüren oder Identifizieren einer Person, die der Begehung einer Straftat verdächtigt wird, zum Zwecke der Durchführung von strafrechtlichen Ermittlungen oder von Strafverfahren oder der Vollstreckung einer Strafe für die in Anhang II aufgeführten Straftaten, die in dem betreffenden Mitgliedstaat nach dessen Recht mit einer Freiheitsstrafe oder einer freiheitsentziehenden Maßregel der Sicherung im Höchstmaß von mindestens vier Jahren bedroht ist.

Unterabsatz 1 Buchstabe h gilt unbeschadet des Artikels 9 der Verordnung (EU) 2016/679 für die Verarbeitung biometrischer Daten zu anderen Zwecken als der Strafverfolgung.

(2) Die Verwendung biometrischer Echtzeit-Fernidentifizierungssysteme in öffentlich zugänglichen Räumen zu Strafverfolgungszwecken im Hinblick auf die in Absatz 1 Unterabsatz 1 Buchstabe h genannten Ziele darf für die in jenem Buchstaben genannten Zwecke nur zur Bestätigung der Identität der speziell betroffenen Person erfolgen, wobei folgende Elemente berücksichtigt werden:

a) die Art der Situation, die der möglichen Verwendung zugrunde liegt, insbesondere die Schwere, die Wahrscheinlichkeit und das Ausmaß des Schadens, der entstehen würde, wenn das System nicht eingesetzt würde;

b) die Folgen der Verwendung des Systems für die Rechte und Freiheiten aller betroffenen Personen, insbesondere die Schwere, die Wahrscheinlichkeit und das Ausmaß solcher Folgen.

Darüber hinaus sind bei der Verwendung biometrischer Echtzeit-Fernidentifizierungssysteme in öffentlich zugänglichen Räumen zu Strafverfolgungszwecken im Hinblick auf die in Absatz 1 Unterabsatz 1 Buchstabe h des vorliegenden Artikels genannten Ziele notwendige und verhältnismäßige Schutzvorkehrungen und Bedingungen für die Verwendung im Einklang mit nationalem Recht über die Ermächtigung ihrer Verwendung einzuhalten, insbesondere in Bezug auf die zeitlichen, geografischen und personenbezogenen Beschränkungen. Die Verwendung biometrischer Echtzeit-Fernidentifizierungssysteme in öffentlich zugänglichen Räumen ist nur dann zu gestatten, wenn die Strafverfolgungsbehörde eine Folgenabschätzung im

Hinblick auf die Grundrechte gemäß Artikel 27 abgeschlossen und das System gemäß Artikel 49 in der EU-Datenbank registriert hat. In hinreichend begründeten dringenden Fällen kann jedoch mit der Verwendung solcher Systeme zunächst ohne Registrierung in der EU-Datenbank begonnen werden, sofern diese Registrierung unverzüglich erfolgt.

(3) Für die Zwecke des Absatz 1 Unterabsatz 1 Buchstabe h und des Absatzes 2 ist für jede Verwendung eines biometrischen Echtzeit-Fernidentifizierungssystems in öffentlich zugänglichen Räumen zu Strafverfolgungszwecken eine vorherige Genehmigung erforderlich, die von einer Justizbehörde oder einer unabhängigen Verwaltungsbehörde des Mitgliedstaats, in dem die Verwendung erfolgen soll, auf begründeten Antrag und gemäß den in Absatz 5 genannten detaillierten nationalen Rechtsvorschriften erteilt wird, wobei deren Entscheidung bindend ist. In hinreichend begründeten dringenden Fällen kann jedoch mit der Verwendung eines solchen Systems zunächst ohne Genehmigung begonnen werden, sofern eine solche Genehmigung unverzüglich, spätestens jedoch innerhalb von 24 Stunden beantragt wird. Wird eine solche Genehmigung abgelehnt, so wird die Verwendung mit sofortiger Wirkung eingestellt und werden alle Daten sowie die Ergebnisse und Ausgaben dieser Verwendung unverzüglich verworfen und gelöscht.

Die zuständige Justizbehörde oder eine unabhängige Verwaltungsbehörde, deren Entscheidung bindend ist, erteilt die Genehmigung nur dann, wenn sie auf der Grundlage objektiver Nachweise oder eindeutiger Hinweise, die ihr vorgelegt werden, davon überzeugt ist, dass die Verwendung des betreffenden biometrischen Echtzeit-Fernidentifizierungssystems für das Erreichen eines der in Absatz 1 Unterabsatz 1 Buchstabe h genannten Ziele – wie im Antrag angegeben – notwendig und verhältnismäßig ist und insbesondere auf das in Bezug auf den Zeitraum sowie den geografischen und persönlichen Anwendungsbereich unbedingt erforderliche Maß beschränkt bleibt. Bei ihrer Entscheidung über den Antrag berücksichtigt diese Behörde die in Absatz 2 genannten Elemente. Eine Entscheidung, aus der sich eine nachteilige Rechtsfolge für eine Person ergibt, darf nicht ausschließlich auf der Grundlage der Ausgabe des biometrischen Echtzeit-Fernidentifizierungssystems getroffen werden.

(4) Unbeschadet des Absatzes 3 wird jede Verwendung eines biometrischen Echtzeit-Fernidentifizierungssystems in öffentlich zugänglichen Räumen zu Strafverfolgungszwecken der zuständigen Marktüberwachungsbehörde und der nationalen Datenschutzbehörde gemäß den in Absatz 5 genannten nationalen Vorschriften mitgeteilt. Die Mitteilung muss mindestens die in Absatz 6 genannten Angaben enthalten und darf keine sensiblen operativen Daten enthalten.

(5) Ein Mitgliedstaat kann die Möglichkeit einer vollständigen oder teilweisen Ermächtigung zur Verwendung biometrischer Echtzeit-Fernidentifizierungssysteme in öffentlich zugänglichen Räumen zu Strafverfolgungszwecken innerhalb der in Absatz 1 Unterabsatz 1 Buchstabe h sowie Absätze 2 und 3 aufgeführten Grenzen und unter den dort genannten Bedingungen vorsehen. Die betreffenden Mitgliedstaaten legen in ihrem nationalen Recht die erforderlichen detaillierten Vorschriften für die Beantragung, Erteilung und Ausübung der in Absatz 3 genannten Genehmigungen sowie für die entsprechende Beaufsichtigung und Berichterstattung fest. In diesen Vorschriften wird auch festgelegt, im Hinblick auf welche der in Absatz 1 Unterabsatz 1 Buchstabe h aufgeführten Ziele und welche der unter Buchstabe h Ziffer iii genannten Straftaten die zuständigen Behörden ermächtigt werden können, diese Systeme zu Strafverfolgungszwecken zu verwenden. Die Mitgliedstaaten teilen der Kommission diese Vorschriften spätestens 30 Tage nach ihrem Erlass mit. Die Mitgliedstaaten können im Einklang mit dem Unionsrecht strengere Rechtsvorschriften für die Verwendung biometrischer Fernidentifizierungssysteme erlassen.

(6) Die nationalen Marktüberwachungsbehörden und die nationalen Datenschutzbehörden der Mitgliedstaaten, denen gemäß Absatz 4 die Verwendung biometrischer Echtzeit-Fernidentifizierungssysteme in öffentlich zugänglichen Räumen zu Strafverfolgungszwecken mitgeteilt wurden, legen der Kommission Jahresberichte über diese Verwendung vor. Zu diesem Zweck stellt die Kommission den Mitgliedstaaten und den nationalen Marktüberwachungs- und Datenschutzbehörden ein Muster zur Verfügung, das Angaben über die Anzahl der Entscheidungen der zuständigen Justizbehörden oder einer unabhängigen Verwaltungsbehörde, deren Entscheidung über Genehmigungsanträge gemäß Absatz 3 bindend ist, und deren Ergebnis enthält.

(7) Die Kommission veröffentlicht Jahresberichte über die Verwendung biometrischer Echtzeit-Fernidentifizierungssysteme in öffentlich zugänglichen Räumen zu Strafverfolgungszwecken, die auf aggregierten Daten aus den Mitgliedstaaten auf der Grundlage der in Absatz 6 genannten Jahresberichte beruhen. Diese Jahresberichte dürfen keine sensiblen operativen Daten im Zusammenhang mit den damit verbundenen Strafverfolgungsmaßnahmen enthalten.

(8) Dieser Artikel berührt nicht die Verbote, die gelten, wenn KI-Praktiken gegen andere Rechtsvorschriften der Union verstoßen.

Mit Art. 5 korrespondieren die Erwägungsgründe 17, 18, 26–45.

Schrifttum: *Bomhard/Siglmüller*, AI Act – das Trilogergebnis, RDi 2024, 45; *Ebers/Heinze/Krüger/Steinrötter*, Künstliche Intelligenz und Robotik, 2024; *Ebert/Spiecker gen. Döhmann*, Der Kommissionsentwurf für eine KI-Verordnung der EU, NVwZ 2021, 1188; *Hilgendorf/Roth-Isigkeit* (Hrsg.), Die neue Verordnung der EU zur Künstlichen Intelligenz, 2023; *Horstmann*, KI-VO und Datenschutz: Überblick und ausgewählte Fragen, ZD-Aktuell 2024, 01580; *Schwartmann/Keber/Zenner*, KI-Verordnung, Leitfaden für die Praxis, 2. Aufl. 2024; *Steege*, Definition von Künstlicher Intelligenz in Art. 3 Nr. 1 KI-VO-E, MMR 2022, 926; *Steege/Chibanguza*, Metaverse, 2023.

Übersicht

I. Allgemeines

1. Zweck der Vorschrift

1 Die KI-VO verfolgt einen risikobasierten Regulierungsansatz. Einige KI-Systeme sind besonders schädlich und missbräuchlich, weil sie im Widerspruch zu den europäischen Grundrechten und Grundfreiheiten stehen.[1] KI-gestützte Praktiken, von denen ein nicht hinnehmbares Risiko ausgeht, sind gem. Art. 5 Abs. 1 grundsätzlich untersagt. KI-Systeme, die erhebliche Risiken für Gesundheit,

1 ErwG 28.

Sicherheit oder Grundrechte darstellen, werden als Hochrisiko-KI-Systeme eingestuft. Für **Hochrisiko-KI-Systeme** gelten strenge Anforderungen, um die Risiken zu mindern und einen vertrauenswürdigen Einsatz zu gewährleisten.

Art. 5 Abs. 1 enthält weitestgehend ein absolutes **Verbot**. Lediglich die Emotionserkennung am Arbeitsplatz aus medizinischen Gründen oder Sicherheitsgründen ist ausnahmsweise erlaubt. Ein weiterer Ausnahmetatbestand ist die Verwendung biometrischer Echtzeit-Fernidentifizierungssysteme in öffentlich zugänglichen Räumen zu Strafverfolgungszwecken, wenn die Anforderungen des Art. 5 Abs. 1 lit. h, Abs. 2, Abs. 3 i.V.m. Anhang II erfüllt sind. 2

2. Entstehungsgeschichte

Der **Kommissionsentwurf** enthält bereits eine Liste verbotener KI-Praktiken. 3
Nach diesem Entwurf waren das Inverkehrbringen, die Inbetriebnahme oder die Verwendung eines KI-Systems zur unterschwelligen Beeinflussung (lit. a), zur Ausnutzung der Schwäche oder Schutzbedürftigkeit schutzbedürftiger Personen (lit. b) sowie zum Social Scoring (lit. c) verboten. Das Social-Scoring-Verbot war zunächst beschränkt auf öffentliche Akteure („durch Behörden oder in deren Auftrag")[2], wurde jedoch nach starker Kritik auch auf nicht-öffentliche Akteure ausgedehnt.

Nicht von der Verbotsnorm umfasst waren das Predictive Policing, das Sammeln 4
und Verwenden von Gesichtsbildern, die Emotionserkennung und die biometrische Kategorisierung.

Im Gesetzgebungsverfahren umstritten waren die Voraussetzungen, unter denen 5
biometrische Echtzeit-Fernidentifizierungssysteme im öffentlichen Raum zu Strafverfolgungszwecken eingesetzt werden dürfen. Die Kommission schlug eine Regelung vor, nach der der Einsatz von biometrischen Echtzeit-Fernidentifizierungssystemen grundsätzlich verboten ist, es sei denn, dies ist unbedingt erforderlich, um einem erheblichen öffentlichen Interesse zu dienen.[3] Zu diesen Fällen gehören die Suche nach potenziellen Opfern von Straftaten, einschließlich vermisster Kinder, bestimmte Gefahren für das Leben oder die körperliche Unversehrtheit natürlicher Personen oder die Gefahr eines Terroranschlags sowie das Erkennen, Aufspüren, Identifizieren oder Verfolgen von Tätern oder

2 Vorschlag für eine Verordnung des Europäischen Parlaments und des Rateszur Festlegung harmonisierter Vorschriften für künstliche Intelligenz (Gesetz über künstliche Intelligenz) und zur Änderung bestimmter Rechtsakte der Union, COM(2021) 206 final, Art. 5 Abs. 1 lit. c.

3 ErwG 19 Satz 1.

Verdächtigen von schwerwiegenden Straftaten, die unter den Katalog des Rahmenbeschlusses 2002/584/JI über den Europäischen Haftbefehl fallen.[4]

6 Von der Kommission bereits vorgesehen war die Pflicht zur Durchführung einer Folgenabschätzung und eines Genehmigungsverfahrens.

3. Verhältnis zu anderen Vorschriften

7 Die in Art. 5 Abs. 1 genannten Tatbestände sind bereits nach geltendem Recht, insbesondere nach der **DSGVO**, dem **DMA** sowie nach dem **Strafverfahrensrecht** verboten.[5] Soweit ein Ausnahmetatbestand vom Verbot des Einsatzes biometrischer Echtzeit-Fernidentifizierungssysteme zu Strafverfolgungszwecken vorliegt, bedarf es aufgrund des schwerwiegenden Grundrechtseingriffs einer nationalen Befugnisnorm.

II. Verbotene Praktiken (Abs. 1)

1. Unterschwellige Beeinflussung (lit. a)

8 Art. 5 Abs. 1 lit. a verbietet das Inverkehrbringen, die Inbetriebnahme oder die Verwendung von KI-Systemen, die dazu bestimmt sind, menschliches Verhalten nachteilig zu beeinflussen, und die zu physischen oder psychischen Schäden führen können.

9 Vom Verbot nicht ausdrücklich umfasst ist die **Entwicklung** solcher KI-Systeme, die Techniken der „unterschwelligen Beeinflussung“, d.h. „Dark Patterns“ verwenden.[6]

10 **Unterschwellige Beeinflussung** umfasst Techniken, die für die betroffene Person nicht erkennbar sind und sie zu Verhaltensweisen bewegen, die nicht ihren eigenen Präferenzen entsprechen. Dies ist etwa der Fall bei KI-Systemen, die Reize in Form von Ton-, Bild- oder Videoinhalten auslösen, die außerhalb des bewussten Wahrnehmungsbereichs liegen.[7] Eine nach Art. 5 Abs. 1 lit. a unzulässige Beeinflussung kann beispielsweise durch Computer-Schnittstellen oder Virtual Reality erfolgen.[8]

---

4 Rahmenbeschluss 2002/584/JI des Rates vom 13.6.2002 über den Europäischen Haftbefehl und die Übergabeverfahren zwischen den Mitgliedstaaten, ABl. L 190 vom 18.7.2002, S. 1.

5 *Bomhard/Siglmüller*, RDi 2024, 45, 48.

6 *Ebert/Spiecker gen. Döhmann*, NVwZ 2021, 1188, 1889.

7 Verordnung (EU) 2024/1689, 4.2.2025, C (2025) 884 final („Leitlinien der Kommission zu verbotenen Praktiken der künstlichen Intelligenz“), Rn. 64 f.

8 ErwG 29 Satz 4; *Steege/Chibanguza*, Metaverse, § 8 Rn. 45.

Das Verbot greift nur, wenn die Manipulation **zielgerichtet** erfolgt. Eine zielgerichtete Manipulation setzt nicht zwingend eine menschliche Absicht voraus. Das Verbot gilt auch, wenn das KI-System selbst manipulative Techniken einsetzt und nicht der Anbieter oder Betreiber.[9] Einflussnahmen, die auf externen, nicht kontrollierbaren Umständen basieren, fallen nicht unter das Verbot.[10] **11**

Unzulässig ist nach der Verbotsnorm nicht jedwede Willensbeeinflussung, sondern nur solche, die zu **erheblichen Schäden** für die physische und psychische Gesundheit oder die finanziellen Interessen führen können.[11] Erheblich sind Schäden, die schwerwiegende und irreversible Folgen haben. Dies trifft etwa auf KI-Chatbots zu, die Nutzer zur Selbstverletzung verleiten.[12] Geringfügige wirtschaftlich nachteilige Folgen, wie z. B. die Gestaltung einer App mit der Absicht, langfristig ein Abonnement abzuschließen, oder Techniken, die den Nutzer verleiten, Online-Inhalte auf Social-Media-Plattformen langanhaltend anzusehen, sind nicht erfasst. **12**

Eine solche manipulative Beeinflussung durch Gestaltung von Online-Diensten kann jedoch nach unionsrechtlichen oder nationalen Vorschriften des Wettbewerbs- und Verbraucherschutzrechts unzulässig sein.[13] Die Verbotsnorm setzt keinen **Schadenseintritt** voraus. Es genügt, wenn ein Schaden „**hinreichend wahrscheinlich**" ist, d.h. ein Schaden aufgrund des Einsatzes manipulativer oder täuschender Techniken vernünftigerweise vorhersehbar ist.[14] **13**

2. Ausnutzen der Vulnerabilität oder Schutzbedürftigkeit (lit. b)

Das Verbot umfasst das Inverkehrbringen, die Inbetriebnahme oder die Nutzung von KI-Systemen, die speziell darauf ausgelegt sind, die **Schwäche** oder **Schutzbedürftigkeit** bestimmter Personen oder Gruppen, wie Kinder oder Menschen mit Behinderung im Sinne der Richtlinie (EU) 2019/882[15], auszunutzen. Dies bezieht sich insbesondere auf KI-Systeme, die Personen aufgrund ihres Alters, einer Behinderung oder ihrer sozialen oder wirtschaftlichen Situation gezielt be- **14**

9 Leitlinien der Kommission zu verbotenen Praktiken der künstlichen Intelligenz, Rn. 69.

10 *Martini*, in: Hilgendorf/Roth-Isigkeit, Die neue Verordnung der EU zur Künstlichen Intelligenz, § 4 Rn. 26.

11 ErwG 29, *Becker/Feuerstack*, MMR 2024, 22, 25.

12 Leitlinien der Kommission zu verbotenen Praktiken der künstlichen Intelligenz, Rn. 87.

13 Vgl. § 4a Abs. 1 UWG; Art. 25 DSA.

14 Leitlinien der Kommission zu verbotenen Praktiken der künstlichen Intelligenz, Rn. 94.

15 Richtlinie (EU) 2019/882 des Europäischen Parlaments und des Rates vom 17.4.2019 über die Barrierefreiheitsanforderungen für Produkte und Dienstleistungen, ABl. L 151 vom 7.6.2019, S. 70.

nachteiligen. Geschützt werden nicht nur **Kinder**, sondern auch **ältere Menschen**, die unter kognitiven Einschränkungen leiden und wegen der Komplexität moderner KI-Technologien überfordert sind.[16] **Personen mit Behinderung** umfasst Menschen, die langfristige körperliche, seelische, geistige oder Sinnesbeeinträchtigungen haben, die sie an einer gleichberechtigten Teilhabe am gesellschaftlichen Leben hindern können.[17] Um vulnerable Personengruppen umfassend vor Diskriminierung durch KI-Systeme zu schützen, ist der Verbotstatbestand umfassender ausgestaltet als Art. 5 Abs. 1 lit. a.

15 Art. 5 Abs. 1 lit. b knüpft nicht an eine unterschwellige Beeinflussung an. Der Verbotstatbestand ist bereits erfüllt, wenn das KI-System die Schwächen oder die Schutzbedürftigkeit ausnutzt, die sich aufgrund der persönlichen Merkmale ergeben.[18]

16 **Schutzgüter** sind, wie bereits bei Art. 5 Abs. 1 lit. a, die physische und psychische Gesundheit sowie das Vermögen.[19]

17 Das Verbot gem. Art. 5 Abs. 1 lit. b entspricht im Wesentlichen dem Schutzzweck des Art. 25 Abs. 1 Digital Services Act (DSA)[20], gilt jedoch nicht nur für Anbieter von Online-Plattformen.

3. Social Scoring (lit. c)

18 Art. 5 Abs. 1 lit. c reguliert das „**Social Scoring**" durch KI-Systeme. Die Norm untersagt das Inverkehrbringen, die Inbetriebnahme oder die Nutzung von KI-Systemen für Social Scoring, wenn deren Anwendung zu einer Benachteiligung oder Schlechterstellung von Individuen oder Gruppen führt. Die Regelung erstreckt sich auf den öffentlichen und nicht-öffentlichen Bereich und umfasst die Bewertung oder Klassifizierung der Vertrauenswürdigkeit von Personen basierend auf deren sozialem Verhalten, persönlichen Merkmalen oder Charaktereigenschaften.[21]

---

16 Leitlinien der Kommission zu verbotenen Praktiken der künstlichen Intelligenz, Rn. 106.

17 Vgl. Art. 3 Nr. 1 der Richtlinie (EU) 2019/882 des Europäischen Parlaments und des Rates vom 17.4.2019 über die Barrierefreiheitsanforderungen für Produkte und Dienstleistungen.

18 *Martini*, in: Hilgendorf/Roth-Isigkeit, Die neue Verordnung der EU zur Künstlichen Intelligenz, § 4 Rn. 28.

19 A. A. *Martini*, in: Hilgendorf/Roth-Isigkeit, Die neue Verordnung der EU zur Künstlichen Intelligenz, § 4 Rn. 28.

20 Verordnung (EU) 2022/2065 des Europäischen Parlaments und des Rates vom 19.10.2022 über einen Binnenmarkt für digitale Dienste und zur Änderung der Richtlinie 2000/31/EG.

21 ErwG 31 Satz 2.

Zweck des Verbotes ist es, ein Social-Scoring-System, wie es bereits in China etabliert ist, zu verhindern.[22] Das Verbot greift nicht bei jeder **Bewertung** des sozialen Verhaltens, sondern nur, wenn die Voraussetzungen mindestens einer der in Art. 5 Abs. 1 lit. c Ziff. i oder ii genannten Alternativen vorliegen. Die Alternativen knüpfen an die Folgen durch das Social Scoring für die betroffenen Personen an. **19**

Die erste Alternative gem. Art. 5 Abs. 1 lit. c Ziff. i setzt voraus, dass die soziale Bewertung durch KI-Systeme zu einer **nachteiligen oder ungünstigen Behandlung** bestimmter natürlicher Personen oder Gruppen von Personen in sozialen Zusammenhängen führt, die nicht im Kontext zu dem ursprünglichen Zweck der Datenerhebung steht. Die Regelung greift den im Datenschutzrecht geltenden Grundsatz der Zweckbindung gem. Art. 5 Abs. 1 lit. b DSGVO auf[23], nach dem personenbezogene Daten grundsätzlich nur für den ursprünglich festgelegten Zweck verarbeitet werden dürfen. Das Verbot zielt darauf ab, die **Autonomie** und die individuellen Rechte der Bürger zu schützen, indem es ungerechte Bewertungen, Behandlungen oder Vorhersagen aufgrund von sozialem Verhalten oder persönlichen Eigenschaften verhindert. Unter **sozialem Verhalten** sind Handlungen, Verhalten, Gewohnheiten, Interaktionen einer Person innerhalb der Gesellschaft gemeint.[24] Eine nicht hinnehmbare Benachteiligung aufgrund des Sozialverhaltens im Sinne des Art. 5 Abs. 1 lit. c Ziff. i liegt beispielsweise vor, wenn der Zugang zu sozialen Dienstleistungen, die Vergabe von Krediten oder der Abschluss von Versicherungs- oder Arbeitsverträgen wegen eines zu niedrigen bzw. schlechten Scores verweigert wird. **20**

Fraglich ist, welchen Zweck der Gesetzgeber mit der Formulierung verfolgte, dass sich das Verbot des KI-gestützten Social Scoring nur auf den Einsatz über einen **„bestimmten Zeitraum"** bezieht. Diese Formulierung lässt offen, ob sich das Verbot nur auf den wiederholten oder auch auf den einmaligen Einsatz erstreckt. Nach Auffassung der EU-Kommission umfasst das Verbot keine einmaligen oder sofortigen Bewertungen.[25] Persönlichkeitsmerkmale oder -eigenschaften im Sinne dieser Vorschrift sind Informationen über Staatsangehörigkeit, Geburtsort, Wohnort, Standort, Familienstand, Einkommen, wirtschaftliche Lage, Arbeitsleistung, persönliche Vorlieben und Interessen.[26] Die Regelung **21**

---

22 *Weiss*, in: Hilgendorf/Roth-Isigkeit, Die neue Verordnung der EU zur Künstlichen Intelligenz, § 3 Rn. 12; *Ebert/Spiecker gen. Döhmann*, NVwZ 2021, 1188, 1189.

23 *Weiss*, in: Hilgendorf/Roth-Isigkeit, Die neue Verordnung der EU zur Künstlichen Intelligenz, § 3 Rn. 11.

24 Leitlinien der Kommission zu verbotenen Praktiken der künstlichen Intelligenz, Rn. 157.

25 Leitlinien der Kommission zu verbotenen Praktiken der künstlichen Intelligenz, Rn. 155.

26 ErwG 42; Leitlinien der Kommission zu verbotenen Praktiken der künstlichen Intelligenz, Rn. 158.

könnte auch dahingehend verstanden werden, dass von einem Social Scoring über einen unbestimmten, d.h. längeren Zeitraum, eine geringere Benachteiligung ausgeht, da weitaus mehr Daten über das Verhalten einer Person vorliegen und deshalb die Bewertung der Person weniger Biases unterliegt. Ein solches Verständnis ist jedoch vor dem Hintergrund des Schutzes der Privatsphäre abzulehnen.

22 Die zweite Alternative gem. Art. 5 Abs. 1 lit. c Ziff. ii setzt voraus, dass das Social Scoring zu einer Schlechterstellung oder Benachteiligung des geschützten Personenkreises in einer Weise führt, die im Hinblick auf ihr soziales Verhalten oder dessen Tragweite **ungerechtfertigt** oder **unverhältnismäßig** ist. Von diesem Verbot sollen Fälle erfasst werden, in denen die betroffene Person aufgrund ihres sozialen Verhaltens Nachteile erleidet, die übermäßig und übertrieben sind. In der Praxis wirft das Tatbestandsmerkmal „ungerechtfertigt oder unverhältnismäßig" Auslegungsfragen auf. Fraglich ist insbesondere, ob bei der Beurteilung der Unverhältnismäßigkeit auf den objektiven Empfängerhorizont abzustellen ist oder ob die subjektiven Erwartungen des Betroffenen ausschlaggebend sind. Die Konsequenzen dieser Frage zeigt die unterschiedliche Bewertung anhand folgenden Beispielsfalls auf: Ein **Online-Shop** führt ein KI-basiertes Social Scoring zur Bewertung der Kreditwürdigkeit einer Person durch, bei dem auf Grundlage des bisherigen Einkaufsverhaltens geprüft wird, ob der Käufer „kaufsüchtig" ist. Aus dem bisherigen Kaufverhalten ergibt sich, dass der Käufer eine Vielzahl an Bestellungen pro Woche aufgibt, die Höhe des Bestellwerts den Wert von 50 EUR unterschreitet und 98 % der bestellten Waren retourniert werden. Der Online-Shop verweigert aufgrund des Ergebnisses die Annahme der Bestellung. Stellt man bei der Bewertung dieser Maßnahme auf die subjektiven Erwartungen des Käufers ab, wäre das Social Scoring wohl unverhältnismäßig, da der regelmäßige Bestellwert niedrig ist, ein Zahlungsausfall aufgrund der hohen Retourquote unwahrscheinlich ist und – sollte er dennoch eintreten – nur zu geringen wirtschaftlichen Folgen für den Betreiber des Online-Shops führen würde. Aus Sicht des Käufers dürfte die Maßnahme hingegen in keinem Verhältnis zum angestrebten Zweck stehen, da das Ergebnis des Social Scoring nicht nur Rückschlüsse auf die Kreditwürdigkeit zulässt, sondern auch auf ggf. therapiebedürftiges Verhalten, wobei es sich um besonders schützenswerte Gesundheitsangaben im Sinne des Art. 9 Abs. 1 DSGVO handelt. Vorzugswürdig ist es, im Rahmen der **Verhältnismäßigkeit** alle relevanten Umstände des Einzelfalls, allgemeine ethische Erwägungen sowie Fairness und soziale Gerechtigkeit zu berücksichtigen.[27]

27 Leitlinien der Kommission zu verbotenen Praktiken der künstlichen Intelligenz, Rn. 167.

4. Predictive Policing (lit. d)

Art. 5 Abs. 1 lit. d verbietet es, KI-Systeme auf den Markt zu bringen, in Betrieb zu nehmen oder einzusetzen, deren Zweck es ist, das **Risiko** einer natürlichen Person, eine **Straftat** zu begehen, zu bewerten oder vorherzusagen. Die Regelung dient dem Schutz der grundrechtlich verankerten Unschuldsvermutung gemäß Art. 6 EMRK, Art. 48 GRCh und Art. 20 Abs. 3 i.V.m. Art. 28 Abs. 1 Satz 1 GG.[28] **23**

Das Verbot gilt nur, wenn die Bewertung oder Vorhersage ausschließlich auf der Grundlage der Erstellung eines Profils oder der Bewertung von Persönlichkeitsmerkmalen und Eigenschaften beruht. Daraus folgt, dass KI-Systeme zur **präventiven Polizeitätigkeit** zulässig sind, wenn die Risikoanalysen tatbezogen und nicht täterbezogen erfolgen. **Täterbezogen** ist die Risikoanalyse, wenn sie auf Persönlichkeitsmerkmale oder Eigenschaften wie etwa Staatsangehörigkeit, Geburtsort, Wohnort, Familienstand oder wirtschaftliche Situation erfolgt. **Tatbezogen**, und somit zulässig, ist eine Risikoanalyse zur Bewertung der Wahrscheinlichkeit eines Finanzbetrugs auf der Grundlage verdächtiger Transaktionen oder um die Wahrscheinlichkeit vorherzusagen, dass Betäubungsmittel oder illegale Waren durch Zollbehörden, beispielsweise auf der Grundlage bekannter Schmuggelrouten, aufgespürt werden.[29] Zulässig ist insbesondere der Einsatz ortsbezogener Prognosesysteme, um Orte mit erhöhter Wahrscheinlichkeit für Wohnungseinbrüche oder Drogendelikte zu ermitteln.[30] **24**

Vom Verbot ausgenommen sind Anwendungsfälle, in denen der Mensch bei der kriminalistischen Bewertung, die sich auf objektive und überprüfbare Tatsachen stützt, durch KI-Systeme lediglich **unterstützt** wird.[31] Eine Unterstützungshandlung liegt beispielsweise vor, wenn umfangreiches Videomaterial mittels KI-Systemen auf kinderpornographische Inhalte durchsucht wird. **25**

Liegen die Voraussetzungen der Verbotsnorm nicht vor und beruht die präventive Polizeiarbeit nicht ausschließlich auf Profiling oder wird das KI-System lediglich zur Unterstützung der menschlichen Beurteilung eingesetzt, handelt es sich um ein Hochrisiko-KI-System gem. Art. 6 Abs. 1 i.V.m. Anhang III Nr. 6. In diesem Fall sind zusätzlich die Anforderungen des Art. 11 der Richtlinie (EU) 2016/680 (JI-RL) sowie die nationalen Befugnisnormen zu beachten. **26**

---

28 ErwG 42 Satz 1.

29 ErwG 42 Satz 2.

30 Vgl. *Ebers/Heinze/Krüger/Steinrötter*, Künstliche Intelligenz und Robotik, § 31 Rn. 6; *Martini*, in: Hilgendorf/Roth-Isigkeit, Die neue Verordnung der EU zur Künstlichen Intelligenz, § 4 Rn. 80.

31 Leitlinien der Kommission zu verbotenen Praktiken der künstlichen Intelligenz, Rn. 214.

27 Von den verbotenen KI-Systemen abzugrenzen ist die **automatisierte**, nicht autonome Datenanalyse durch Software, die Informationen aus polizeilichen Datenbanken aufbereitet und verknüpft. Für den Einsatz solcher Analysesoftware, die keine KI im Sinne dieser Verordnung ist, bedarf es gleichwohl einer Befugnisnorm, da sich die Eingriffsintensität dieser Maßnahme zulasten der betroffenen Personen deutlich erhöht.

5. Ungezieltes Sammeln und Verwenden von Gesichtsbildern (lit. e)

28 Ebenfalls verboten sind KI-Systeme, die Datenbanken zur **Gesichtserkennung** durch das ungezielte Auslesen von Gesichtsbildern aus dem Internet oder von Überwachungsaufnahmen erstellen oder erweitern. Dieses Verbot ist erforderlich, um schwere Verstöße gegen die Grundrechte, einschließlich des Rechts auf Privatsphäre, zu verhindern.[32] Das Verbot gilt insbesondere für das sog. **„Scraping"** von Fotos auf Social-Media-Plattformen. Beim Scraping werden Daten mithilfe von Webcrawlern, Bots oder anderen Mitteln automatisch extrahiert.[33] Diese Praktik ist ohnehin nach den datenschutzrechtlichen Vorschriften mangels Erlaubnisnorm verboten. Die **Datenschutzaufsichtsbehörden** haben in mehreren Verfahren u. a. gegen die Unternehmen PimEyes und Clearview AI behördliche Anordnungen erlassen und Bußgelder verhängt. Aus Sicht der Behörden lag weder eine Erlaubnis der Nutzer noch eine sonstige Rechtsgrundlage für die Verarbeitung biometrischer Bildaufnahmen der Nutzer vor.[34] Zulässig nach der KI-VO wie auch der DSGVO ist hingegen das gezielte Sammeln von Gesichtsbildern aufgrund einer wirksamen Einwilligung gem. Art. 6 Abs. 1 lit. a, Art. 7, Art. 9 Abs. 2 lit. a DSGVO.[35] Das Verbot nach Art. 5 Abs. 1 lit. e gilt nicht für das ungezielte Scraping biometrischer Daten wie z. B. Stimme, soweit nicht auch Gesichtsbilder betroffen sind.[36]

32 ErwG 43.
33 Leitlinien der Kommission zu verbotenen Praktiken der künstlichen Intelligenz, Rn. 227.
34 LfDI, Pressemitteilung vom 21.12.2022, PimEyes: LfDI eröffnet Bußgeldverfahren; Information Commissioner's Office, Pressemitteilung, ICO fines facial recognition database company Clearview AI Inc more than £7.5 m and orders UK data to be deleted, May 2022.
35 *Pottkämper*, in: Schwartmann/Keber/Zenner, KI-Verordnung, S. 58 Rn. 86.
36 Leitlinien der Kommission zu verbotenen Praktiken der künstlichen Intelligenz, Rn. 234.

6. Emotionserkennung (lit. f)

Grundsätzlich verboten ist das Inverkehrbringen, die Inbetriebnahme oder die Verwendung von KI-Systemen zur Emotionserkennung am Arbeitsplatz und in Bildungseinrichtungen. 29

Das **Emotionserkennungssystem** ist nach der Legaldefinition gem. Art. 3 Nr. 39 ein KI-System, das dem Zweck dient, Emotionen oder Absichten natürlicher Personen auf der Grundlage ihrer biometrischen Daten festzustellen oder daraus abzuleiten. Das Verbot wird damit begründet, dass sich Gefühlsausdrücke je nach Kultur oder Situation erheblich unterscheiden können und KI-Systeme zur Emotionserkennung nur beschränkt zuverlässig sind.[37] Diese Unzuverlässigkeit kann zu „false positives" führen.[38] 30

Nach ErwG 18 handelt es sich bei **Emotionen** im Sinne dieser Vorschrift um Zustände von Glück, Trauer, Wut, Überraschung, Ekel, Verlegenheit, Aufregung, Scham, Verachtung, Zufriedenheit und Vergnügen. Nicht erfasst sind offensichtlich erkennbare Mimik und Gestiken, wie beispielweise ein Stirnrunzeln, Lächeln oder Hand-, Arm- oder Kopfbewegungen.[39] Ebenfalls ausgenommen sind nach dem Verordnungsgeber physische Zustände wie Schmerz oder Ermüdung.[40] Die Emotionserkennung basiert vielmehr auf Daten wie z. B. Herzfrequenz, Körpertemperatur oder Pupillenerweiterung.[41] 31

Dass physische Zustände von der Verbotsnorm nicht umfasst sein sollen, überzeugt vor dem Hintergrund der Ausnahmeregelung nicht. Ausnahmsweise zulässig ist die Emotionserkennung am Arbeitsplatz aus medizinischen Gründen oder aus Sicherheitsgründen. Der Begriff „**Arbeitsplatz**" ist weit auszulegen und umfasst jeden physischen oder virtuellen Raum, in dem natürliche Personen ihnen vom Arbeitgeber zugewiesene Aufgaben und Verantwortlichkeiten wahrnehmen.[42] Unter **Bildungseinrichtungen** fallen öffentliche und private Einrichtungen, unabhängig von Art und Alter der Lernenden.[43] Weshalb ein trauriger oder zorniger Baumaschinenführer oder Beschäftigter in einem Atomkraftwerk ein Sicherheitsrisiko darstellen sollte, erschließt sich nicht. Ebenso wenig dürfte es aus medizinischen Gründen erforderlich sein, Ekel oder Scham des medizinischen Personals einer Gesundheitseinrichtung zu verarbeiten. Anhand dieser plakativen Beispiele wird deutlich, dass es für den Ausnahmetatbestand nur auf 32

---

37 ErwG 44 Satz 1.
38 ErwG 75.
39 ErwG 18 Satz 4.
40 ErwG 18 Satz 2.
41 DSK, Positionspapier zur biometrischen Analyse, 3.4.2019, S. 18.
42 Leitlinien der Kommission zu verbotenen Praktiken der künstlichen Intelligenz, Rn. 254.
43 Leitlinien der Kommission zu verbotenen Praktiken der künstlichen Intelligenz, Rn. 255.

solche Emotionen ankommen kann, die zugleich einen Rückschluss auf den physischen oder psychischen Zustand eines Beschäftigten zu lassen.

33 Liegen die Voraussetzungen der Ausnahme vor, ist die Emotionserkennung am Arbeitsplatz oder in Bildungseinrichtungen aus medizinischen Gründen oder Sicherheitsgründen erlaubt, gilt sie als hochriskant und unterliegt den Anforderungen für Hochrisiko-KI-Systeme gem. Art. 6 Abs. 1 i.V.m. Anhang III Nr. 1 lit. c. Zusätzlich bedarf es einer datenschutzrechtlichen Rechtsgrundlage nach Art. 9 Abs. 2 DSGVO.

7. Biometrische Kategorisierung (lit. g)

34 Weiterhin ist das Inverkehrbringen, die Inbetriebnahme und die Verwendung von KI-Systemen zur **biometrischen Kategorisierung** verboten, wenn dies erfolgt, um die Rasse, politische Einstellung, Gewerkschaftszugehörigkeit, religiöse oder weltanschauliche Überzeugung, das Sexualleben oder die sexuelle Ausrichtung zu erschließen oder abzuleiten.

35 Diese Kategorien entsprechen den besonderen Kategorien personenbezogener Daten gemäß Art. 9 Abs. 1 DSGVO mit der Ausnahme, dass **Gesundheitsdaten** von Art. 5 Abs. 1 lit. g nicht erfasst sind. Ausgenommen sind weiterhin Ableitungen des Geschlechts, des Alters und der ethnischen Herkunft, obwohl diese Merkmale ein ebenso hohes Diskriminierungspotenzial bergen.[44] Zulässig sind folglich biometrische Systeme zur **Betrugsprävention, Altersverifikation** oder die forensische **Altersdiagnostik**. Die Kategorisierung im Sinne dieser Vorschrift muss auf Grundlage biometrischer Daten erfolgen. Biometrische Daten sind gemäß Art. 3 Nr. 34 mit speziellen technischen Verfahren gewonnene personenbezogene Daten zu den physischen, physiologischen oder verhaltenstypischen Merkmalen einer natürlichen Person, wie etwa Gesichtsbilder oder daktyloskopische Daten.

36 Das Verbot gem. Art. 5 Abs. 1 lit. g Hs. 1 wird ergänzt durch die weiteren Regelungen gem. Art. 9, Art. 22 DSGVO und Art. 26 Digital Services Act, wonach personalisierte Werbung auf Grundlage biometrischer Daten grundsätzlich verboten ist.

37 Vom Verbot ausgenommen sind solche KI-Systeme, die ausschließlich der **Kennzeichnung** oder **Filterung** rechtmäßig erworbener biometrischer Datensätze dienen, Art. 5 Abs. 1 lit. g Hs. 2. Dies ist etwa der Fall, wenn biometrische Bilder zu Zwecken der Strafverfolgung abgeglichen werden.[45]

---

44 Vgl. Art. 21 GRCh, Art. 3 GG, § 1 AGG.

45 Leitlinien der Kommission zu verbotenen Praktiken der künstlichen Intelligenz, Rn. 284.

Nicht erfasst sind weiterhin Systeme, bei denen es sich bei der biometrischen Kategorisierung lediglich um eine reine **Nebenfunktion** handelt, die untrennbar mit einem anderen kommerziellen Dienst verbunden ist. Eine solche Nebenfunktion stellen beispielsweise Filter auf Online-Marktplätzen zur Kategorisierung von Gesichts- oder Körpermerkmalen dar, mit deren Hilfe der Verbraucher virtuell Produkte testen kann. Auch bei Gesichtsfiltern auf sozialen Netzwerken handelt es sich um Dienste von untergeordneter Funktion.[46] **38**

8. Biometrische Echtzeit-Fernidentifizierungssysteme (lit. h)

Aufgrund des tiefgreifenden Eingriffs in Grundrechte, insbesondere das Recht auf Achtung des Privatlebens gem. Art. 7 GRCh und das Recht auf Schutz personenbezogener Daten gem. Art. 8 GRCh, verbietet Art. 5 Abs. 1 lit. h die Nutzung von KI-Systemen zur Echtzeit-Fernidentifizierung von Personen anhand biometrischer Daten zu Zwecken der Strafverfolgung in öffentlich zugänglichen Räumen. **39**

Der Begriff „**öffentlich zugänglicher Raum**" meint einen einer unbestimmten Anzahl natürlicher Personen zugänglichen physischen Ort in privatem oder öffentlichem Eigentum, unabhängig davon, ob bestimmte Bedingungen für den Zugang gelten, und unabhängig von möglichen Kapazitätsbeschränkungen, Art. 3 Nr. 44. Darunter fallen insbesondere Geschäfte, Gaststätten und Hotels, Freizeitanlagen wie Schwimmbäder, Fitnessstudios, Stadien, Kinos, Orte für Verkehr und Transport wie z. B. Haltestellen, Bahnhöfe und Flughäfen sowie öffentliche Straßen, Plätze, Parks und Wälder. Zugänglich ist der Raum auch dann, wenn der Zutritt nur aufgrund eines Tickets, einer Registrierung oder eines Mindestalters zulässig ist.[47] Im Gegensatz dazu handelt es sich bei einem Betriebsgelände und Arbeitsplätzen, die nur für betreffende Beschäftigte zugänglich sind, um nicht öffentlich zugängliche Orte im Sinne der KI-VO. Auch Justizvollzugsanstalten und Bereiche der Grenzkontrolle zählen zu den nicht öffentlich zugänglichen Orten. Von der Regelung ausgenommen sind virtuelle Orte, etwa das Metaverse und sonstige Online-Plattformen.[48] **40**

Ein **biometrisches Echtzeit-Fernidentifizierungssystem** ist gem. Art. 3 Nr. 42 ein KI-System, bei dem die Erfassung biometrischer Daten, der Abgleich und die Identifizierung ohne erhebliche Verzögerung erfolgen. Zur Vermeidung einer Umgehung der strengen Vorschriften fallen darunter auch Systeme, die eine Identifizierung mit begrenzten kurzen Verzögerungen ermöglichen. Bei der Echtzeit-Fernidentifizierung werden biometrische Daten einer Person mit den in einer **Referenzdatenbank** gespeicherten biometrischen Daten abgeglichen, um **41**

46 ErwG 16 Satz 2.
47 ErwG 19 Satz 1.
48 ErwG 19 Satz 5; *Steege*, MMR 2022, 926, Rn. 62.

die Identität festzustellen. Hiervon zu unterscheiden sind Systeme, die zur nachträglichen, d. h. mit erheblicher Verzögerung erfolgenden Identifizierung eingesetzt werden.[49] Bei diesen Systemen erfolgt der Abgleich in der Regel anhand von gespeichertem Bild- oder Videoaufnahmen zum Beispiel von Videoüberwachungsanlagen.

42 Das Verbot erstreckt sich nur auf KI-Systeme, die zu Zwecken der **Strafverfolgung** verwendet werden. Unter Strafverfolgung sind gem. Art. 3 Nr. 46 Tätigkeiten der Strafverfolgungsbehörden zur Verhütung, Ermittlung, Aufdeckung oder Verfolgung von Straftaten oder zur Strafvollstreckung zu verstehen sowie präventives Polizeihandeln. Der Begriff der Strafverfolgungsbehörden umfasst nicht nur die Landes- und Bundespolizeien und die Staatsanwaltschaften, sondern auch die Steuerfahndung gemäß § 208 Abs. 1 Satz 1 AO. Gemäß Art. 3 Nr. 45 lit. b sind auch die Gemeinden, Landratsämter oder Ministerien Sicherheitsbehörden, soweit ihnen durch eine spezifische Regelung Aufgaben der Gefahrenabwehr zugewiesen wurden.[50] Ebenfalls erfasst sind **Dritte**, die mit der Durchführung einer Strafverfolgungstätigkeit beauftragt wurden, wie z. B. Öffentliche Verkehrsunternehmen, die von den Strafverfolgungsbehörden beauftragt werden, unter deren Weisung und Aufsicht für die Sicherheit im öffentlichen Verkehrsnetz zu sorgen.[51] Nicht verboten, sondern lediglich hochriskant gem. Art. 6 Abs. 1 i.V.m. Anhang III Nr. 1a) ist der Einsatz von KI-Systemen zur Echtzeit-Fernidentifizierung durch andere Akteure.

43 Das Verbot für Strafverfolgungszwecke gilt nicht absolut, sondern enthält drei **Ausnahmetatbestände**, die unter der Voraussetzung der „unbedingten Erforderlichkeit" stehen. Echtzeit-Fernidentifizierungssysteme dürfen nicht eingesetzt werden, weil sie sich als nützlich oder effizient erweisen, sondern nur dann, wenn kein milderes, gleich geeignetes Mittel zur Verfügung steht und die konkrete Maßnahme auf das notwendige Maß beschränkt ist.

44 Liegen diese Voraussetzungen vor, ist der Einsatz von Echtzeit-Fernidentifizierungssystemen zur gezielten Suche nach bestimmten Opfern von Entführungen, Menschenhandel oder sexueller Ausbeutung sowie die Suche nach vermissten Personen zulässig, Art. 5 Abs. 1 lit. h Ziff. i. Der Ausnahmetatbestand ist ausdrücklich beschränkt auf betroffene Personen, die **Opfer** der abschließend aufgeführten Straftaten sind oder vermisst werden. Nicht umfasst ist die Echtzeit-Fernidentifizierung zur Suche nach **Tätern**. Diese richtet sich nach den strengen

49 Art. 3 Nr. 43; ErwG 17 Satz 8.

50 Vgl. beispielsweis für Bayern Art. 6 Gesetz über das Landesstrafrecht und das Verordnungsrecht auf dem Gebiet der öffentlichen Sicherheit und Ordnung (Landesstraf- und Verordnungsgesetz – LStVG)in der Fassung der Bekanntmachung vom 13.12.1982, BayRS II, S. 241.

51 Leitlinien der Kommission zu verbotenen Praktiken der künstlichen Intelligenz, Rn. 324.

Voraussetzungen des Art. 5 Abs. 1 lit. h Ziff. iii. Das Aufspüren oder Identifizieren von Tätern oder Verdächtigen ist nur von der Verbotsnorm ausgenommen im Zusammenhang mit Straftaten, die in Anhang II abschließend genannt sind. Anhang II enthält einen Straftatenkatalog, der der Liste an **Straftaten** des Rahmenbeschlusses 2002/584/JI entspricht.[52] Darüber hinaus muss die Straftat nach dem Recht des betreffenden Mitgliedstaates mit einer Freiheitsstrafe oder einer freiheitsentziehenden Maßregel im Höchstmaß von mindestens vier Jahren bedroht sein. Für Deutschland trifft dies u. a. auf folgende Straftaten zu: § 129a StGB (Bildung terroristischer Vereinigungen), § 232 StGB (Menschenhandel), § 184b StGB (Verbreitung, Erwerb und Besitz kinderpornographischer Inhalte), § 328 StGB (Unerlaubter Umgang mit radioaktiven Stoffen und anderen gefährlichen Stoffen und Gütern), § 308 StGB (Herbeiführen einer Sprengstoffexplosion), § 211 StGB (Mord), § 212 StGB (Totschlag), § 226 StGB (Schwere Körperverletzung), § 307 ff. StGB (Strahlungsverbrechen), 18 TPG (Organ- und Gewebehandel).

Ausnahmeweise zulässig ist weiterhin gem. Art. 5 Abs. 1 lit. h Ziff. ii der Einsatz biometrischer Echtzeit-Fernidentifizierungssysteme zur **Abwehr** konkreter Gefahren für Leib und Leben oder von **Terroranschlägen**. 45

III. Biometrische Echtzeit-Fernidentifizierungssysteme (Abs. 2)

Art. 5 Abs. 2 enthält über Art. 5 Abs. 1 hinausgehende prozessuale und materielle Anforderungen, die bei der Verwendung biometrischer Echtzeit-Fernidentifizierungssysteme von der zuständigen Behörde zu erfüllen sind. Abs. 2 dient vorrangig dem Schutz der betroffenen Personen, indem das Ziel der Verarbeitung nur die Bestätigung der Identität des Opfers oder Täters sein darf. 46

Zunächst hat gem. Art. 5 Abs. 2 Satz 1 lit. a der Betreiber eine **Grundsrechte-Folgenabschätzung** der konkreten Situation durchzuführen.[53] Diese Prognose zielt darauf ab, die Konsequenzen abzuschätzen, wenn das System nicht eingesetzt werden würde. Dabei sind die mögliche Schwere, Wahrscheinlichkeit und das potenzielle Ausmaß des Schadens zu berücksichtigen. Ergibt die Situations-Folgenabschätzung, dass die Verwendung biometrischer Echtzeit-Fernidentifizierungssystem im konkreten Einzelfall geboten ist, ist zudem eine Abschätzung hinsichtlich der Folgen eines solchen Eingriffs für alle Betroffenen gem. 47

52 Rahmenbeschluss 2002/584/JI des Rates vom 13.6.2002 über den Europäischen Haftbefehl und die Übergabeverfahren zwischen den Mitgliedstaaten, ABl. L 190 vom 18.7.2002, S. 1.

53 Leitlinien der Kommission zu verbotenen Praktiken der künstlichen Intelligenz, Rn. 374.

Art. 5 Abs. 2 Satz 1 lit. b durchzuführen. Im Rahmen dieser Einschätzung sind nicht nur die Folgen für die Rechte und Freiheiten des Täters und des Opfers zu berücksichtigen, sondern auch der Personen, deren biometrische Daten zum Abgleich notwendigerweise, wenn auch technisch bedingt nur für einen kurzen Zeitraum, verarbeitet werden. Zu den **Grundrechten**, die durch Verwendung biometrischer Echtzeit-Fernidentifizierungssysteme beeinträchtigt werden können, gehören insbesondere das Recht auf Achtung des Privat- und Familienlebens, das Recht auf Schutz personenbezogener Daten, das Recht auf freie Meinungsäußerung und Informationsfreiheit, das Recht auf Gedanken-, Gewissens- und Religionsfreiheit, das Recht auf einen wirksamen Rechtsbehelf und ein faires Verfahren.[54]

48 Neben der Situations- und Eingriffsfolgenabschätzung gem. Art. 5 Abs. 2 Satz 1 fordert Art. 5 Abs. 2 Satz 2, die Schutzvorkehrungen und Bedingungen für die Verwendung biometrischer Echtzeit-Fernidentifizierungssysteme auf das erforderliche und verhältnismäßige Maß zu beschränken. Die **Beschränkungen** können in zeitlicher, geographischer und persönlicher Hinsicht erfolgen, wobei die konkrete Beweislage zu berücksichtigen ist. Um welche konkreten Beschränkungen es sich handeln könnte, ist in der KI-VO nicht geregelt. Aus Gründen der Rechtssicherheit und des **Gesetzesvorbehalts** erscheint es daher angebracht, dass die nationalen Gesetzgeber im Rahmen ihrer Befugnis gem. Art. 5 Abs. 5, den Einsatz biometrischer Echtzeit-Fernidentifizierungssysteme zu regeln, auch spezifische Maßnahmen zur Beschränkung des Grundrechtseingriffs treffen. Beispielsweise könnte der Einsatz in zeitlicher Hinsicht dahingehend beschränkt werden, dass die Maßnahme nicht länger als 24 Stunden dauert oder an mehr als zwei Tagen durchgeführt wird.[55] Geographisch könnte der Einsatz beispielsweise auf einen festgelegten Umkreis beschränkt werden. Denkbar wäre es auch, besonders schützenwerte Bereiche des öffentlichen Raums von der Maßnahme vollständig auszunehmen, beispielsweise Orte der Religionsausübung.

49 Eine weitere Verpflichtung ist die Durchführung einer Grundrechte-Folgenabschätzung gemäß Art. 27 und die **Registrierung** des Systems in der EU-Datenbank gem. Art. 49. In dringenden, ausreichend begründeten Fällen kann das System gemäß Art. 5 Abs. 2 Satz 4 auch ohne vorherige Registrierung genutzt werden. Eine Grundrechte-Folgenabschätzung gemäß Art. 27 ist jedoch auch in dringenden Fällen durchzuführen.

---

54 Leitlinien der Kommission zu verbotenen Praktiken der künstlichen Intelligenz, Rn. 377.

55 Vgl. Art. 36 Abs. 1 Nr. 1 Bayerisches Polizeigesetz.

IV. Vorherige Genehmigung bei Verwendung biometrischer Echtzeit-Fernidentifizierungssysteme (Abs. 3)

Jede Verwendung biometrischer Echtzeit-Fernidentifizierungssysteme muss gem. Art. 5 Abs. 3 vorab von einer Justizbehörde oder einer unabhängigen Verwaltungsbehörde genehmigt werden. Die **Genehmigung** setzt einen begründeten Antrag der Strafverfolgungsbehörde voraus. Dadurch wird sichergestellt, dass die Voraussetzungen des Art. 5 Abs. 2 für den konkreten Einsatz geprüft werden und kein „Blankoscheck" für die Verwendung biometrischer Echtzeit-Fernidentifizierungssysteme ausgestellt wird.[56] **50**

In dringenden Fällen erlaubt Art. 5 Abs. 3 Satz 2, dass die zuständige Stelle biometrische Echtzeit-Fernidentifizierung ohne vorherige Genehmigung durchführen kann, sofern das Genehmigungsverfahren innerhalb von 24 Stunden nachgeholt wird. Eine **nachträgliche Genehmigung** kommt nur in hinreichend begründeten dringenden Fällen in Betracht, d.h. in Situationen, in denen es wegen der Notwendigkeit der Verwendung der betreffenden Systeme tatsächlich und objektiv unmöglich ist, vor dem Beginn der Verwendung des KI-Systems eine Genehmigung einzuholen.[57] Dies ist beispielsweise der Fall bei sofort bekannt gewordenen **Kindesentführungen**, bei denen ein Zuwarten auf die Genehmigung die Echtzeit-Fernidentifizierung obsolet machen würde, weil der Täter den Schengen-Raum bereits verlassen haben könnte. Wird die nachträgliche Genehmigung **verweigert**, muss die Echtzeit-Fernidentifizierung sofort gestoppt und alle erlangten Ergebnisse **gelöscht** werden. Die Genehmigung darf nur erteilt werden, wenn die Voraussetzungen des Art. 5 Abs. 2 vorliegen und der Einsatz erforderlich und verhältnismäßig, d.h. auf das absolut notwendige Maß beschränkt bleibt. **51**

V. Mitteilung an Marktüberwachungs- und Datenschutzbehörden (Abs. 4)

Der Einsatz biometrischer Echtzeit-Fernidentifizierungssysteme muss nicht nur der **Genehmigungsbehörde**, sondern auch den zuständigen **Marktüberwachungsbehörden** und nationalen **Datenschutzbehörden** angezeigt werden. Diese Meldung nach Art. 5 Abs. 4 umfasst die nationale Ermächtigungsgrundlage sowie mindestens die Angaben, die in Art. 5 Abs. 6 aufgeführt sind. Hiervon ausgenommen sind sensible operative Daten im Sinne des Art. 3 Abs. 38, deren Offenlegung die Integrität von Strafverfahren gefährden könnte. **52**

56 *Pottkämper*, in: Schwartmann/Keber/Zenner, KI-Verordnung, S. 92 Rn. 114.
57 ErwG 35 Satz 3.

VI. Nationale Ermächtigung zur Verwendung biometrischer Echtzeit-Fernidentifizierungssysteme (Abs. 5)

53 Art. 5 Abs. 5 enthält eine **„unechte" Öffnungsklausel**, die es den Mitgliedstaaten erlaubt, den Einsatz biometrischer Echtzeit-Fernidentifizierungssysteme durch nationales Recht ganz oder teilweise zu erlauben, vorausgesetzt, die Anforderungen des Art. 5 Abs. 1 lit. h, Abs. 2 und 3 sind erfüllt. Entgegen dem Wortlaut der Norm steht es den Mitgliedstaaten nicht nur frei, die Verwendung biometrischer Echtzeit-Fernidentifizierungssysteme zu regeln. Vielmehr sind die Mitgliedstaaten verpflichtet, eine spezifische Ermächtigungsnorm zu erlassen. Dies ergibt sich sowohl aus dem im nationalen Verfassungsrecht verankerten Gesetzesvorbehalt[58] als auch aus Unionsrecht[59]. Zusätzlich ist eine spezifische Regelung für die **Datenverarbeitung** gem. Art. 9 Abs. 1 und Abs. 4 DSGVO erforderlich.[60] Das nationale Recht muss insbesondere ein detailliertes Verfahren zur Beantragung, Erteilung und Durchführung der Genehmigung gemäß Art. 5 Abs. 3 festlegen und präzisieren, bei welchen Straftaten und zum Schutz welcher Rechtsgüter die biometrische Echtzeit-Fernidentifizierung im Rahmen von Art. 5 Abs. 1 lit. h eingesetzt werden darf. Ebenso müssen Aufsicht und Berichtswesen durch das nationale Recht geregelt werden. Die Mitgliedstaaten sind verpflichtet, die entsprechenden Rechtsakte innerhalb von 30 Tagen nach dem Erlass der **Kommission** mitzuteilen.

54 In Deutschland bestehen in den Polizeigesetzen des Bundes und der Länder keine spezifischen Ermächtigungsgrundlagen, die die Anforderungen des Art. 5 Abs. lit. h, Abs. 2 und 3 erfüllen. Die Bundesregierung der 20. Legislaturperiode hat bislang einen flächendeckenden Einsatz von Videoüberwachung und den Einsatz von biometrischer Erfassung zu Überwachungszwecken abgelehnt.[61]

VII. Jahresbericht der Marktüberwachungs- und Datenschutzbehörden (Abs. 6)

55 Art. 5 Abs. 6 verpflichtet die Marktüberwachungsbehörden und nationalen Datenschutzbehörden, der Kommission einen **Jahresbericht** vorzulegen. Die Grundlage für diesen Bericht bilden die Meldungen, die die nationalen Behörden gemäß Art. 5 Abs. 4 im Laufe des Jahres über die Nutzung von biometrischen Echtzeit-Fernidentifizierungssystemen erhalten haben. Die Kommission stellt

58 Vgl. zum Vorbehalt des Gesetzes beim Einsatz automatisierter Datenanalyse durch die Polizei: BVerfG, Urt. v. 16.2.2023 – 1 BvR 1547/19, 1 BvR 2634/20, Rn. 110ff., BVerfGE 165, 363.

59 Art. 52 Abs. 1 GRCh.

60 *Horstmann*, ZD-Aktuell 2024, 01580.

61 Koalitionsvertrag 2021–2025, S. 86.

eine Vorlage für diesen Bericht bereit. Diese Vorlage soll unter anderem Informationen über die **Anzahl** der Entscheidungen und deren **Ergebnisse** enthalten, die von den nach Art. 5 Abs. 3 für die Genehmigung des Einsatzes von RBI zuständigen Behörden getroffen wurden.

VIII. Jahresbericht der Kommission (Abs. 7)

Gemäß Art. 5 Abs. 7 ist die Kommission verpflichtet, **jährlich Berichte** über den europaweiten Einsatz biometrischer Echtzeit-Fernidentifizierungssysteme zu veröffentlichen. Diese Berichtspflicht umfasst den Einsatz solcher Systeme in den Mitgliedstaaten. Zu diesem Zweck aggregiert die Kommission die Daten, die sie auf Basis der Berichte gemäß Art. 5 Abs. 6 von den Marktüberwachungsbehörden und nationalen Datenschutzbehörden erhält. Von der Berichtspflicht ausgenommen sind sensible operative Daten im Zusammenhang mit Tätigkeiten zur Verhütung, Aufdeckung, Untersuchung oder Verfolgung von Straftaten gem. Art. 3 Abs. 38, deren Offenlegung die Integrität von Strafverfahren gefährden könnte. 56

IX. Verhältnis zu sonstigen Verboten des Unionsrechts (Abs. 8)

Nach Art. 5 Abs. 8 bleiben die Verbote für den Einsatz von KI, die durch andere Rechtsakte der Union festgelegt sind, von Art. 5 unberührt. Zu beachten sind insbesondere die Grenzen der JI-RL, da die Verwendung von KI-Systemen zur biometrischen Echtzeit-Fernidentifizierung natürlicher Personen zwangsläufig mit der **Verarbeitung biometrischer Daten** verbunden ist.[62] Nach Art. 10 der JI-RL ist die Verarbeitung biometrischer Daten zur Strafverfolgung, Strafvollstreckung oder Gefahrenabwehr nur erlaubt, wenn sie unbedingt erforderlich ist und vorbehaltlich geeigneter Garantien für die Rechte und Freiheiten der Personen erfolgt und eine europäische oder nationale Rechtsgrundlage dies erlaubt (lit. a), die Verarbeitung der Wahrung lebenswichtiger Interessen der Betroffenen oder einer anderen natürlichen Person dient (lit. b) oder wenn sie sich auf Daten bezieht, die die betroffene Person offensichtlich öffentlich gemacht hat (lit. c). Nach ErwG 38 ist Art. 5 Abs. 2, soweit die Verwendung von KI-Systemen zur biometrischen Echtzeit-Fernidentifizierung verboten ist, **lex specialis** zu Art. 10 JI-RL. Liegen hingegen die Voraussetzungen des Art. 5 Abs. 2, unter denen ausnahmsweise der Einsatz biometrischer Echtzeit-Fernidentifizierungssysteme zulässig ist, vor, so handelt es sich bei Art. 5 Abs. 2 nicht um eine Rechtsgrundlage, die Datenverarbeitung legitimiert. Die Verarbeitung biometrischer Daten zu Strafverfolgungszwecken in öffentlich zugänglichen Räumen ist daher nur zulässig, wenn die Voraussetzungen des Art. 10 JI-RL vorliegen. 57

62 ErwG 38 Satz 2.

Kapitel III
Hochrisiko-KI-Systeme

Abschnitt 1
Einstufung von KI-Systemen als Hochrisiko-KI-Systeme

Art. 6 Einstufungsvorschriften für Hochrisiko-KI-Systeme

(1) Ungeachtet dessen, ob ein KI-System unabhängig von den unter den Buchstaben a und b genannten Produkten in Verkehr gebracht oder in Betrieb genommen wird, gilt es als Hochrisiko-KI-System, wenn die beiden folgenden Bedingungen erfüllt sind:

a) das KI-System soll als Sicherheitsbauteil eines unter die in Anhang I aufgeführten Harmonisierungsrechtsvorschriften der Union fallenden Produkts verwendet werden oder das KI-System ist selbst ein solches Produkt;

b) das Produkt, dessen Sicherheitsbauteil gemäß Buchstabe a das KI-System ist, oder das KI-System selbst als Produkt muss einer Konformitätsbewertung durch Dritte im Hinblick auf das Inverkehrbringen oder die Inbetriebnahme dieses Produkts gemäß den in Anhang I aufgeführten Harmonisierungsrechtsvorschriften der Union unterzogen werden.

(2) Zusätzlich zu den in Absatz 1 genannten Hochrisiko-KI-Systemen gelten die in Anhang III genannten KI-Systeme als hochriskant.

(3) Abweichend von Absatz 2 gilt ein in Anhang III genanntes KI-System nicht als hochriskant, wenn es kein erhebliches Risiko der Beeinträchtigung in Bezug auf die Gesundheit, Sicherheit oder Grundrechte natürlicher Personen birgt, indem es unter anderem nicht das Ergebnis der Entscheidungsfindung wesentlich beeinflusst. Unterabsatz 1 gilt, wenn eine der folgenden Bedingungen erfüllt ist:

a) das KI-System ist dazu bestimmt, eine eng gefasste Verfahrensaufgabe durchzuführen;

b) das KI-System ist dazu bestimmt, das Ergebnis einer zuvor abgeschlossenen menschlichen Tätigkeit zu verbessern;

c) das KI-System ist dazu bestimmt, Entscheidungsmuster oder Abweichungen von früheren Entscheidungsmustern zu erkennen, und ist nicht dazu gedacht, die zuvor abgeschlossene menschliche Bewertung ohne eine angemessene menschliche Überprüfung zu ersetzen oder zu beeinflussen; oder

d) das KI-System ist dazu bestimmt, eine vorbereitende Aufgabe für eine Bewertung durchzuführen, die für die Zwecke der in Anhang III aufgeführten Anwendungsfälle relevant ist.

Ungeachtet des Unterabsatzes 1 gilt ein in Anhang III aufgeführtes KI-System immer dann als hochriskant, wenn es ein Profiling natürlicher Personen vornimmt.

(4) Ein Anbieter, der der Auffassung ist, dass ein in Anhang III aufgeführtes KI-System nicht hochriskant ist, dokumentiert seine Bewertung, bevor dieses System in Verkehr gebracht oder in Betrieb genommen wird. Dieser Anbieter unterliegt der Registrierungspflicht gemäß Artikel 49 Absatz 2. Auf Verlangen der zuständigen nationalen Behörden legt der Anbieter die Dokumentation der Bewertung vor.

(5) Die Kommission stellt nach Konsultation des Europäischen Gremiums für Künstliche Intelligenz (im Folgenden „KI-Gremium") spätestens bis zum 2. Februar 2026 Leitlinien zur praktischen Umsetzung dieses Artikels gemäß Artikel 96 und eine umfassende Liste praktischer Beispiele für Anwendungsfälle für KI-Systeme, die hochriskant oder nicht hochriskant sind, bereit.

(6) Die Kommission ist befugt, gemäß Artikel 97 delegierte Rechtsakte zu erlassen, um Absatz 3 Unterabsatz 2 des vorliegenden Artikels zu ändern, indem neue Bedingungen zu den darin genannten Bedingungen hinzugefügt oder diese geändert werden, wenn konkrete und zuverlässige Beweise für das Vorhandensein von KI-Systemen vorliegen, die in den Anwendungsbereich von Anhang III fallen, jedoch kein erhebliches Risiko der Beeinträchtigung in Bezug auf die Gesundheit, Sicherheit oder Grundrechte natürlicher Personen bergen.

(7) Die Kommission erlässt gemäß Artikel 97 delegierte Rechtsakte, um Absatz 3 Unterabsatz 2 des vorliegenden Artikels zu ändern, indem eine der darin festgelegten Bedingungen gestrichen wird, wenn konkrete und zuverlässige Beweise dafür vorliegen, dass dies für die Aufrechterhaltung des Schutzniveaus in Bezug auf Gesundheit, Sicherheit und die in dieser Verordnung vorgesehenen Grundrechte erforderlich ist.

(8) Eine Änderung der in Absatz 3 Unterabsatz 2 festgelegten Bedingungen, die gemäß den Absätzen 6 und 7 des vorliegenden Artikels erlassen wurde, darf das allgemeine Schutzniveau in Bezug auf Gesundheit, Sicherheit und

die in dieser Verordnung vorgesehenen Grundrechte nicht senken; dabei ist die Kohärenz mit den gemäß Artikel 7 Absatz 1 erlassenen delegierten Rechtsakten sicherzustellen und die Marktentwicklungen und die technologischen Entwicklungen sind zu berücksichtigen.

Mit Art. 6 korrespondieren die Erwägungsgründe 26, 46–62.

Schrifttum: *Aden*, Künstliche Intelligenz menschenrechtlich einhegen? Die Europäische Union auf dem Weg zu einer KI-Verordnung, vorgänge 02/2023, 55; *Barthe/Gericke* (Hrsg.), Karlsruher Kommentar zur Strafprozessordnung, 9. Aufl. 2023; *Bernzen*, Roboter als Richter?, RDi 2023, 132; *Birnbaum*, Bildungsrecht in der Corona-Krise, Frühkindliche Bildung – Schule – Hochschule – Berufsbildung, 2021; *Bock/Höffler*, Künstliche Intelligenz und Kriminalität, KriPoZ 2022, 257; *Buchalik/Gehrmann*, Von Nullen und Einsen zu Paragraphen: Der AI Act, ein Rechtscode für Künstliche Intelligenz, CR 2024, 145; *Calliess/Ruffert* (Hrsg.), EUV/AEUV, Kommentar, 6. Aufl. 2022; *Chibanguza/Steege*, Die KI-Verordnung – Überblick über den neuen Rechtsrahmen, NJW 2024, 1769; *Christ/Grossmann/Winter/Bingisser/Platz*, Modern triage in the emergency department, Deutsches Ärzteblatt 2010, 107(50): 892-8, DOI: 10.3238/arztebl.2010.0892; *Coombe*, Die Fehlbewertung der nachträglichen biometrischen Fernidentifizierung in der KI-VO, GSZ 2024, 262; *Dilling/Musiol*, KI-Verordnung und interne Ermittlungen, CCZ 2024, 257; *Dürig/Herzog/Schulz* (Hrsg.), Grundgesetz Kommentar, Loseblatt, Stand: 102. EL 2023; *Ebers/Heinze/Krügel/Steinrötter* (Hrsg.), Künstliche Intelligenz und Robotik, 2020; *Ehlers/Fehling/Pünder* (Hrsg.), Besonderes Verwaltungsrecht, Band 1, 4. Aufl. 2019; *Ehlers/Fehling/Pünder* (Hrsg.), Besonderes Verwaltungsrecht, Band 3, 4. Aufl. 2020; *Eichenhofer/Priebe*, Digitalisierung und Migrationsrecht, ZAR 2023, 395; *Enders*, Einsatz künstlicher Intelligenz bei juristischer Entscheidungsfindung, JA 2018, 721; *Epping/Hillgruber* (Hrsg.), Beck'scher Online-Kommentar, 57. Edition, Stand: 15.1.2024; *Frank/Heine*, Arbeitsrechtliche Dimension der KI-Verordnung, NZA 2024, 433; *Frank/Heine*, KI-Einsatz im Betrieb unter der KI-Verordnung, NZA 2023, 1281; *Frank/Heine*, Das KI-basierte Arbeitsverhältnis, NZA 2023, 935; *Freyler*, Robot-Recruiting, Künstliche Intelligenz und das Antidiskriminierungsrecht, NZA 2020, 284; *Grabitz/Hilf/Nettesheim* (Hrsg.), Das Recht der Europäischen Union: EUV/AEUV, Kommentar, 80. EL, Stand: August 2023; *Hacker/Berz*, Der AI Act der Europäischen Union – Überblick, Kritik und Ausblick, ZRP 2023, 226; *Hahn*, Die Regulierung biometrischer Fernidentifizierung in der Strafverfolgung im KI-Verordnungsentwurf der EU-Kommission, ZfDR 2023, 142; *Heil*, Die neue KI-Verordnung (E), MPR 2022, 1; *Hilgendorf/Roth-Isigkeit* (Hrsg.), Die neue Verordnung der EU zur Künstlichen Intelligenz, 2023; *Hoeren/Sieber/Holznagel* (Hrsg.), Handbuch Multimedia-Recht, 62. EL, Juni 2024; *Ibold*, Künstliche Intelligenz im Sicherheitsrecht – Begründungsgebot quo vadis?, GSZ 2024, 10; *Ibold*, Künstliche Intelligenz im Strafprozess – KI-basierte Lügendetektoren zur Tatsachenfeststellung?, ZStW 2022, 504; *Jarass*, Charta der Grundrechte der EU, 4. Aufl. 2021; *Kahl/Ludwigs* (Hrsg.), Handbuch des Verwaltungsrechts, Band II, 2021; *Knauer/Kudlich/Schneider* (Hrsg.), Münchener Kommentar zur StPO, Band 2, 2. Aufl. 2024; *Kössel*, KI und Arbeitsrecht, DB 2024, 1069–1073; *Kramer*, IT-Arbeitsrecht, 3. Aufl. 2023; *Kühling/Buchner* (Hrsg.), Datenschutz-Grundverordnung Bundesdatenschutzgesetz, 4. Aufl. 2024; *Lang/Reinbach*, Künstliche Intelligenz im Arbeitsrecht, NZA 2023, 1273; *Laxar/Eitenberger/Maleczek* et al., The influence of explainable vs non-explainable clinical decision support systems on rapid triage decisions: a mixed methods study, BMC Med 21, 359 (2023), https://doi.org/10.1186/s12916-023-03068-2; *Li/Yeh/*

Huang, The cross-race effect in automatic facial expression recognition violates measurement invariance, Front. Psychol. 2023, http://doi.org/10.3389/fpsyg.2023. 1201145; *Loewenheim/Meessen/Riesenkampff/Kersting/Meyer-Lindemann* (Hrsg.), Kartellrecht, Kommentar, 4. Aufl. 2020; *Malorny*, Datenschutz als Grenze KI-basierter Auswahlentscheidungen im Arbeitsrecht, RdA 2022, 170; *Martini/Botta*, Der Staat und das Metaversum, MMR 2023, 887; *Meyer*, Künstliche Intelligenz im Personalmanagement und Arbeitsrecht, NJW 2023, 1841; *Meyer/Hölscheidt* (Hrsg.), Charta der Europäischen Union, 5. Aufl. 2019; *Mielke/Wolff*, Maschinelle Lernverfahren als KI-Komponenten in Digitalisierungsprojekten der Justiz, LTZ 2024, 144; *Murati*, Software-Proctoring in der digitalen Bildung: Chancen, Herausforderungen und Schutz von Grundrechten, ZfDR 2024, 118; *Müller-Peltzer/Tanczik*, Künstliche Intelligenz und Daten, RDi 2024, 452; *O'Shea/Crockett/Khan* et al., Intelligent Deception Detection through Machine Based Interviewing, in: IEEE World Congress on Computational intelligence 2018; *Orssich*, Das europäische Konzept für vertrauenswürdige Künstliche Intelligenz, EuZW 2022, 254; *Paolucci*, Shortcomings of the AI Act: Evaluating the New Standards to Ensure the Effective Protection of Fundamental Rights, VerfBlog, 2024/3/14, http://doi.org/10.59704/363991b7c0205f64; *Rachut/Besner*, Künstliche Intelligenz und Proctoring-Software, Einsatzfelder und rechtlicher Rahmen im Kontext von elektronischen Fernprüfungen an Hochschulen, MMR 2021, 851; *Reusch*, KI und Software im Kontext von Produkthaftung und Produktsicherheit, RDi 2023, 152; *Roos/Weitz*, Hochrisiko-KI-Systeme im Kommissionsentwurf für eine KI-Verordnung, MMR 2021, 844; *Ruffert*, Europarecht: Anspruch auf Existenzminimum, Der Entzug materieller Leistungen als Sanktion gegen Flüchtlinge muss das Menschenwürdegrundrecht beachten, JuS 2020, 280; *Rux*, Schulrecht, 6. Aufl. 2018; *Saam/Hermann*, Die Ausnahmeregelung zur Einstufung als Hochrisiko-KI-System nach Art. 6 Abs. 3 KI-VO, RDi 2024, 606; *Schoch/Schneider* (Hrsg.), Verwaltungsrecht, Loseblatt, 5. EL Juli 2023; *Schulz-Große/Genske*, Auswirkungen der neuen KI-Verordnung auf den Behandlungsalltag – Datenschutzrechtliche Anforderungen und Sorgfaltspflichten der Behandelnden beim Einsatz von künstlicher Intelligenz zu Behandlungszwecken, GuP 2023, 81; *Spindler*, Der Vorschlag der EU-Kommission für eine Verordnung zur Regulierung der Künstlichen Intelligenz (KI-VO-E) – Ansatz, Instrumente, Qualität und Kontext, CR 2021, 361; *Steinrötter*, Europäische Plattformregulierung, 2023; *Sydow/Marsch* (Hrsg.), DS-GVO/BDSG Datenschutz-Grundverordnung Bundesdatenschutzgesetz, Handkommentar, 3. Aufl. 2022; *Tschorr*, Regulierung der auf Biometrie basierenden KI-Systeme, MMR 2024, 304; *Vasel*, Künstliche Intelligenz in der Justiz, LTZ 2023, 179; *Weber*, Weber kompakt, Rechtswörterbuch, 10. Edition, Stand: 1.3.2024; *Wiebe*, Produktsicherheitsrechtliche Betrachtung des Vorschlags für eine KI-Verordnung, BB 2022, 899; *Wirtz/Baumann*, Einsatz von eDiscovery-Tools durch Unternehmen im Rahmen von internen Untersuchungen – Einstufung als Hochrisiko-KI-Systeme iSd KI-Verordnung?, RDi 2024, 27; *Zech/Hünefeld*, Einsatz von KI in der Medizin: Haftung und Versicherung, MedR 2023, 1.

Alle Internetquellen wurden, wenn nicht anders gekennzeichnet, zuletzt am 13.1.2025 abgerufen.

Übersicht

I. Zweck der Vorschrift

1 Die KI-VO verfolgt einen **risikobasierten Ansatz**. Hierdurch versucht sie, einen sachgerechten Interessenausgleich zwischen Grundrechtsschutz[1] und Innovationsoffenheit herzustellen.[2] Die Regulierungsintensität steigt mit zunehmendem Risiko. Zugleich reguliert sie horizontal und nicht sektorspezifisch, weshalb sie entwicklungs- und technologieoffen ist. Dies soll unter anderem die Wettbewerbsfähigkeit der Union ermöglichen und sicherstellen.[3] Daneben verfolgt die KI-VO einen produktsicherheitsrechtlichen Regulierungsansatz.

2 Die KI-VO unterscheidet zwischen verschiedenen Risikostufen: Die Hauptabgrenzung erfolgt zwischen verbotenen KI-Systemen mit unannehmbaren Risiken, solchen mit hohem Risiko und solchen ohne hohes Risiko. Daneben gibt es KI-Systeme, die ein Manipulationsrisiko aufweisen. Zusätzlich existiert für KI-Modelle die Kategorie des systemischen Risikos. Der vom jeweiligen Akteur im Sinne des Art. 3 Nr. 8 einzuhaltende Pflichtenkatalog bemisst sich nach dem Risiko, welches vom KI-System ausgeht. Die überwiegenden Regelungen in der KI-VO widmen sich den KI-Systemen mit hohem Risiko.[4] Art. 6 definiert, unter welchen Voraussetzungen ein KI-System als „hochriskant“ gilt. Damit ist Art. 6 eine der entscheidenden Normen der KI-VO.

---

1 Hinweis: Dieser Begriff umfasst hier: Gesundheit, Sicherheit und die Grundrechte von Personen in der Union.

2 ErwG 1; EU-Komm., Vorschlag für eine Verordnung des Europäischen Parlament und des Rates zur Festlegung harmonisierter Vorschriften (Gesetz über Künstliche Intelligenz) und zur Änderung bestimmter Rechtsakte der Union, COM(2021)206 final vom 21.4.2021 (KI-VO-E Kommission), S. 2.

3 ErwG 1; KI-VO-E Kommission, S. 2.

4 *Buchalik/Gehrmann*, CR 2024, 145, 146; von drei Risikokategorien ausgehend: *Frank/Heine*, NZA 2023, 1281, 1282.

Art. 6 gibt eine Methodik vor, um KI-Systeme mit hohem Risiko zu ermitteln. Als hochriskant sollen nur solche KI-Systeme eingestuft werden, die erhebliche schädliche Auswirkungen auf die Gesundheit, die Sicherheit oder die Grundrechte von Personen in der Union haben (vgl. ErwG 46). Diese KI-Systeme sollen zwar streng reguliert, jedoch nicht verboten werden. Die Methodik zur Einstufung als Hochrisiko-KI-System baut auf der Zweckbestimmung des KI-Systems unter Berücksichtigung der bestehenden Produktsicherheitsvorschriften auf. **3**

Art. 6 Abs. 1 und 2 verweisen hierbei auf die Anhänge I und III, welche eine Liste von Anwendungsfällen enthalten, bei denen unter bestimmten Umständen von einem hohen Risiko ausgegangen wird. Anhang I listet zwanzig Harmonisierungsrechtsvorschriften der Union (wie die Maschinenverordnung oder die Richtlinie über die Sicherheit von Kinderspielzeug oder die Verordnung über Medizinprodukte) auf. Die Harmonisierungsrechtsvorschriften bestehen aus solchen des sog. **Neuen Konzepts** und **New Legislative Framework** (Abschnitt A) als auch aus solchen des **„alten Konzepts“** (Abschnitt B).[5] Für Art. 6 Abs. 1 i.V.m. Anhang I Abschnitt B gelten Besonderheiten für den Anwendungsbereich der KI-VO (siehe dazu ausführlich Art. 2 Rn. 53 ff.). Die Harmonisierungsrechtsvorschriften regulieren bestimmte Produkte, da von ihnen eine abstrakte Gefahr ausgeht. **4**

Der Unionsgesetzgeber verfolgt bei Art. 6 Abs. 1 i.V.m. Anhang I den Ansatz, dass (nicht intelligente) Produkte oder deren Sicherheitsbauteile, die bereits aufgrund ihrer **abstrakten Gefährlichkeit** durch andere Harmonisierungsrechtsvorschriften streng reguliert werden, erst recht als KI-Systeme streng zu regulieren sind. Dieser Wertung folgend sind entsprechende KI-Systeme als hochriskant einzustufen. **5**

Art. 6 Abs. 1 bezieht somit sektorspezifische Regelungen der Union mit in das Regelungsregime der KI-VO ein, weshalb Art. 6 Abs. 1 i.V.m. Anhang I ausnahmsweise eine sektorbezogene (vertikale[6]) Regelungstechnik aufweist. Die KI-Systeme gemäß Art. 6 Abs. 1 i.V.m. Anhang I gelten als abstrakt gefährlich und müssen einem **präventiven Konformitätsbewertungsverfahren durch Dritte** unterzogen werden, bevor sie in den Verkehr gebracht werden dürfen (sog. **Embedded AI Systems**).[7] Die abstrakte Gefahr für die Rechtsgüter ergibt sich dabei aus dem Ausfall oder der Störung des intelligenten Produktes oder seiner Sicherheitsbauteile. **6**

---

5 *Martini*, in: Hilgendorf/Roth-Isigkeit, Die neue Verordnung der EU zur Künstlichen Intelligenz, § 4 Rn. 44.

6 Vgl. *Klindt/Schucht*, in: Ehlers/Fehling/Pünder, Besonderes Verwaltungsrecht, Bd. 1, § 36 Rn. 36.

7 Zum wortlautgleichen Art. 6 KI-VO-E Kommission: *Roos/Weitz*, MMR 2021, 844.

7 Demgegenüber stuft Art. 6 Abs. 2 i.V.m. Anhang III KI-Systeme unabhängig von ihrer produktsicherheitsrechtlichen Klassifizierung als hochriskant ein, wenn sie in einem bestimmten **Bereich** (Sektor) für einen bestimmten **Anwendungsfall** verwendet werden und ihre Verwendung ein erhebliches Risiko birgt, die Gesundheit, Sicherheit oder Grundrechte natürlicher Personen zu beeinträchtigen. Sie werden als eigenständige KI-Systeme (sog. **Non-Embedded AI Systems**) bezeichnet. Die Gefahr für die genannten Rechtsgüter gründet in der konkreten und regelkonformen Verwendung der eigenständigen KI-Systeme in grundrechtssensiblen Lebensbereichen.

8 Eine Besonderheit stellt Art. 6 Abs. 2 i.V.m. Anhang III Nr. 2 (Kritische Infrastruktur) dar, der regelt, dass KI-Systeme, die bestimmungsgemäß als Sicherheitsbauteile im Rahmen der Verwaltung und des Betriebs kritischer digitaler Infrastrukturen, des Straßenverkehrs oder der Wasser-, Gas-, Wärme- oder Stromversorgung verwendet werden sollen, grundsätzlich als Hochrisiko-KI-Systeme eingeordnet werden. Anhang III Nr. 2 steht somit systematisch-genetisch Art. 6 Abs. 1 i.V.m. Anhang I näher: Ähnlich den Embedded KI-Systemen bergen Non-Embedded KI-Systeme, die in der kritischen digitalen Infrastruktur eingesetzt werden, für den Unionsgesetzgeber eine abstrakte Gefahr, und zwar im Hinblick auf deren Ausfall oder Störung und den Auswirkungen der betroffenen Daseinsfürsorge. Weniger im Fokus ist hierbei der konkrete Anwendungsfall (siehe dazu ausführlich Rn. 83 ff.).

II. Entstehungsgeschichte

9 Schon zu Beginn des Gesetzgebungsverfahrens[8] verfolgte der Unionsgesetzgeber einen risikobasierten Regelungsansatz und sah für Akteure der Hochrisiko-KI-Systeme einen umfangreichen Pflichtenkatalog vor.[9] Der Kommissionsvorschlag vom 21.4.2021 ging hierbei davon aus, dass es sich bei dem Pflichtenkatalog um einen Mindeststandard handelt, welcher beim Einsatz von Hochrisiko-KI-Systemen einzuhalten ist – vor allem die Regeln in Bezug auf die Integrität der Akteure und der KI-Systeme, wie zum Beispiel die Daten und Daten-Governance, die Dokumentationspflichten, die Transparenz und Stabilität der KI-Systeme sowie deren Sicherheit.[10] Dabei nahm die Kommission besonders Bezug auf die „Ethik-Leitlinien für eine vertrauenswürdige KI“ der „Hochrangigen Expertengruppe für Künstliche Intelligenz“.[11]

8 Für einen kursorischen Überblick: Procedure 2021/0106/COD: https://eur-lex.europa.eu/legal-content/EN/HIS/?uri=CELEX:52021PC0206&qid=1711038902370.
9 KI-VO-E Kommission, S. 15.
10 KI-VO-E Kommission, S. 16.
11 Ethik-Leitlinien für eine vertrauenswürdige KI vom 8.4.2019, S. 17 ff.

1. Historie von Art. 6 Abs. 1 bis 4

Im Wesentlichen entsprechen Art. 6 Abs. 1 und 2 des Vorschlags der Kommission der finalen Fassung. Die Stellungnahme des Europäischen Wirtschafts- und Sozialausschusses[12] vermochte nicht zu überzeugen. Diese wollte den Anwendungsbereich von Art. 6 Abs. 1 erheblich ausweiten, indem die Einstufung als Hochrisiko-KI-System nicht nur auf solche KI-Systeme beschränkt bleiben sollte, die ein Sicherheitsbauteil eines Produkts oder ein Produkt selbst darstellen. So seien Konstellationen denkbar, in denen das KI-System weder Sicherheitsbauteil eines Produkts noch selbst Produkt sei, aber dennoch in grundrechtssensiblen Lebensbereichen eingesetzt werden könnte, wie ein Diagnose- oder Prognoseinstrument im medizinischen Bereich oder ein KI-gesteuertes Thermostat, das einen Heizkessel regelt.[13] In diesen Fällen sei das KI-System genauso hochriskant, unterfiele aber nicht dem Regelungsregime der KI-VO, da es weder ein Produkt noch ein Sicherheitsbauteil sei.[14] 10

Bemerkenswert ist, dass EWSA in seiner Stellungnahme vom 22.9.2021 bereits empfahl, die Telekommunikations- und Internetinfrastruktur in Anhang III Nr. 2 aufzunehmen.[15] Der Kommissionsvorschlag vom 21.4.2021 sah unter Anhang III Nr. 2 nur die „kritischen Infrastrukturen" vor.[16] Aufgenommen wurde die „kritische digitale Infrastruktur" letztendlich erst in den Trilog-Verhandlungen, nachdem der Rat und das Europäische Parlament ebenfalls für die Aufnahme plädiert hatten.[17] 11

Auch zu Anhang III äußerte sich EWSA kritisch. Der „listen-basierte Ansatz" zur Einstufung von Hochrisiko-KI-Systemen („**list-based approach**"), der laut Kommission die schnelle Anpassungsfähigkeit der KI-VO auf neue KI-Systeme 12

---

12 Europäischer Wirtschafts- und Sozialausschuss (EWSA).

13 Stellungnahme EWSA, Vorschlag für eine Verordnung des Europäischen Parlaments und des Rates zur Festlegung harmonisierter Vorschriften für künstliche Intelligenz (Gesetz über künstliche Intelligenz) und zur Änderung bestimmter Rechtsakte der Union [COM(2021) 206 final – 2021/106(COD)], INT/940 vom 22.9.2021, S. 6, Ziffer 4.12.

14 Stellungnahme EWSA vom 22.9.2021, S. 6, Ziffer 4.12.

15 Stellungnahme EWSA vom 22.9.2021, S. 6, Ziffer 4.15.

16 Anhang III Nr. 2 KI-VO-E Kommission.

17 Anhang III Nr. 2 lit. (aa) Amendments adopted by the European Parliament on 14 June 2023 on the proposal for a regulation of the European Parliament and of the Council on laying down harmonized rules on artificial intelligence (Artificial Intelligence Act) and amending certain Union legislative acts (COM(2021)0206 – C9-0146/2021 – 2021/0106(COD)), vom 14.6.2023 (KI-VO-E Parlament); Anhang III Nr. 2 lit. a Vorschlag für eine Verordnung des Europäischen Parlaments und des Rates zur Festlegung harmonisierter Vorschriften für künstliche Intelligenz (Gesetz über künstliche Intelligenz) und zur Änderung bestimmter Rechtsakte der Union – Allgemeine Ausrichtung, Dok. 14954/22 vom 25.11.2022 (KI-VO-E Rat).

erleichtern solle,[18] könne zur Legitimierung, Normalisierung und Durchsetzung einer ganzen Reihe von KI-Praktiken führen, die nach wie vor stark kritisiert würden und deren gesellschaftlicher Nutzen fraglich oder nicht gegeben sei.[19] Die Trilog-Parteien teilten diese Auffassung nicht und orientierten sich mit dieser Regelungstechnik weiterhin an dem produktsicherheitsrechtlichen Modell des „**New Legislative Framework**“.[20]

13 Nach dem Kommissionsvorschlag vom 21.4.2021 sollte ein KI-System automatisch als „hochriskant“ eingestuft werden, wenn es für einen Anwendungsfall gemäß Anhang III eingesetzt werden soll. Dies sahen sowohl der Rat als auch das Europäische Parlament kritisch und sprachen sich dafür aus, dass es der Erfüllung weiterer Voraussetzungen bedürfe („**extra layer**“[21]). So regte der Rat an, bereits auf tatbestandlicher Ebene zu differenzieren. Ob ein KI-System als „hochriskant“ eingestuft werde, solle maßgeblich davon abhängen, ob zwischen dem menschlichen Input, dem Output des KI-Systems und der darauf basierenden Entscheidung ein signifikanter Zusammenhang bestehen („Unmittelbarkeit des Effekts“)[22] oder dieser Zusammenhang nur rein akzessorischer Natur sei.[23]

14 Demgegenüber sah die Position des Europäischen Parlaments vom 14.6.2023[24] vor, dass auch solche KI-Systeme

> „zusätzlich zu den in Absatz 1 genannten Hochrisiko-KI-Systemen [als hochriskant] gelten […], die unter einen oder mehrere der in Anhang III genannten kritischen Bereiche und Anwendungsfälle fallen, […] wenn sie ein erhebliches Risiko für die Gesundheit, die Sicherheit oder die Grundrechte von natürlichen Personen darstellen. Fällt ein KI-System unter Anhang III Nummer 2, so gilt es als hochriskant, wenn es ein erhebliches Risiko für die Umwelt birgt. Die Kommission legt sechs Monate vor Inkrafttreten dieser Verordnung nach Anhörung des Amtes für künstliche Intelligenz und der einschlägigen Interessenträger Leitlinien vor, in denen eindeutig festgelegt ist, unter welchen Umständen die Ergebnisse der in Anhang III genannten Systeme der künstlichen Intelligenz ein erhebliches Risiko für die Gesundheit, die Sicherheit oder die Grundrechte natürlicher Personen darstellen und in welchen Fällen dies nicht der Fall ist.“[25]

15 Hierdurch wäre der Anwendungsbereich von Art. 6 Abs. 2 i.V.m. Anhang III deutlich eingeschränkt worden. KI-Systeme, die gemäß Anhang III als hochris-

---

18 KI-VO-E Kommission vom 21.4.2021, S. 16.
19 Stellungnahme EWSA vom 22.9.2021, S. 6.
20 KI-VO-E Kommission vom 21.4.2021, S. 14.
21 *Hacker/Berz*, ZRP 2023, 226, 227.
22 So wortwörtlich übersetzt: ErwG 32 KI-VO-E Rat.
23 Vgl. ErwG 32 sowie Art. 6 Abs. 2a KI-VO-E Rat.
24 KI-VO-E Parlament, S. 139, Amendment 234.
25 Art. 6 KI-VO-E Parlament.

kant eingestuft werden könnten, müssten nach Ansicht des Europäischen Parlaments auch ein „**erhebliches Risiko**" für die Gesundheit, Sicherheit oder die Grundrechte natürlicher Personen bergen. Die Kommission solle nach dem Parlamentsentwurf Leitlinien,[26] nach dem Ratsentwurf Durchführungsrechtsakte[27] zur Konkretisierung erlassen, die festlegen, unter welchen Umständen von einem erheblichen Risiko auszugehen sei.

Die Positionen wurden in den Trilog-Verhandlungen zum Teil, jedoch angepasst, aufgenommen. Das „erhebliche Risiko" findet sich zwar in Art. 6 Abs. 3 (sowie in Art. 6 Abs. 6, Art. 7 Abs. 3 lit. b) wieder. Dort hat die Aufnahme des „erheblichen Risikos" jedoch eine andere Funktion: Sie ist Teil eines Gegenbeweises im Modus des „**Self-Assessment**" durch den Anbieter. So gilt gemäß Art. 6 Abs. 3 UAbs. 1 ein eigenständiges KI-System (Anhang III) nicht als hochriskant, „wenn es kein erhebliches Risiko der Beeinträchtigung in Bezug auf die Gesundheit, Sicherheit oder Grundrechte natürlicher Personen birgt, indem es unter anderem nicht das Ergebnis der Entscheidungsfindung wesentlich beeinflusst" („extra layer"[28]). Daraufhin nennt Art. 6 Abs. 3 UAbs. 2 lit. a bis d vier alternative Bedingungen, von denen das KI-System mindestens eine erfüllen muss, um nicht als hochriskant zu gelten. Eine **Rückausnahme** macht Art. 6 Abs. 3 UAbs. 2 a. E., wonach ein in Anhang III aufgeführtes KI-System immer dann als hochriskant gilt, wenn es ein Profiling einer natürlichen Person vornimmt. 16

Anbieter, welche die Auffassung vertreten, ihr KI-System sei gemäß Art. 6 Abs. 3 als nicht „hochriskant" einzustufen, haben vor Inverkehrbringen oder Inbetriebnahme des KI-Systems diese Bewertung zu dokumentieren und sich gemäß Art. 49 Abs. 2 in der in Art. 72 genannten EU-Datenbank zu registrieren. Im Vergleich zum KI-VO-E Kommission besteht damit die Möglichkeit des Antritts eines Gegenbeweises, dass das KI-System nicht hochriskant ist, mit dem die Regelvermutung von Art. 6 Abs. 2 i.V.m. Anhang III widerlegt werden kann. 17

2. Historie von Art. 6 Abs. 5 bis 8

Eine weitere wesentliche Veränderung erfuhr Art. 6 im Rahmen der Trilog-Verhandlungen durch die Aufnahme von Art. 6 Abs. 5 bis 8, die der Kommission erhebliche Befugnisse einräumen. Im Kommissionsvorschlag vom 21.4.2021 bestand Art. 6 nur aus den Absätzen 1 und 2, die positiv festlegten, unter welchen Voraussetzungen ein KI-System als Hochrisiko-KI-System zu klassifizieren sei. Die weiteren Absätze wurden erst im Laufe des Gesetzgebungsverfahrens hinzugefügt. 18

26 Art. 6 Abs. 1a UAbs. 2 KI-VO-E Parlament.
27 Art. 6 Abs. 2a UAbs. 2 KI-VO-E Rat.
28 *Hacker/Berz*, ZRP 2023, 226, 227.

19 Gemäß Art. 6 Abs. 5 erstellt die Kommission nach Konsultation des KI-Gremiums Leitlinien zur praktischen Umsetzung von Art. 6 gemäß Art. 96 und eine umfassende Liste praktischer Beispiele für Anwendungsfälle (englisch: „use cases") für KI-Systeme, die hochriskant oder nicht hochriskant sind („**Black List**" und „**White List**"). Ziel dieser Norm ist es, Unternehmen Hilfestellungen bei der Einstufung von KI-Systemen zu geben und eine Harmonisierung der Umsetzung der KI-VO sicherzustellen.[29]

20 Art. 6 Abs. 6 bis 8 verfolgen hingegen – wie auch Art. 7 – den Zweck, dass die Kommission schnell mittels delegierter Rechtsakte gemäß Art. 97 auf (technologische) Entwicklungen reagieren kann, indem sie die Bedingungen gemäß Art. 6 Abs. 3 UAbs. 2 erweitert, ändert oder eine solche streicht, ohne dass dadurch das allgemeine Schutzniveau für Gesundheit, Sicherheit und die Grundrechte unterschritten wird.

21 Art. 6 Abs. 5 bis 8 stellten Reibungspunkte der Trilog-Parteien dar. Der Ratsvorschlag – unter tschechischer Ratspräsidentschaft – sah die Befugnis der Kommission zum Erlass von Durchführungsrechtsakten[30] vor, um eine einheitliche Implementierung der Anforderungen des Art. 6 zu gewährleisten.[31] Die Position des Europäischen Parlaments vom 14.6.2023 sah demgegenüber in Art. 6 Abs. 2 UAbs. 2 KI-VO-E Parlament vor, dass die Kommission „Guidelines" erlassen solle, wann ein „erhebliches Risiko" gemäß Art. 6 Abs. 1a KI-VO-E Parlament vorliegt. Letztendlich wurde eine vermittelnde Lösung gefunden.

22 Das Ergebnis der Trilog-Verhandlungen ist, dass die Kommission ermächtigt wird, praktische Leitlinien gemäß Art. 96 zur Umsetzung des Art. 6 zu erlassen. Zudem kann die Kommission delegierte Rechtsakte gemäß Art. 97 erlassen, um die Bedingungen zu ändern, nach denen ein KI-System als nicht hochriskant eingestuft werden kann. Delegierte Rechtsakte ermöglichen es dem Rat und dem Europäischen Parlament gleichwohl, bei Bedarf Widerspruch einzulegen und sicherstellen, dass die Kommission in engen Grenzen die Bedingungen gemäß Art. 6 Abs. 3 fortentwickeln und konkretisieren kann (siehe dazu ausführlich Rn. 172 ff.).

---

29 Vgl. ErwG 53.

30 Hinweis: Ein Durchführungsrechtsakt dient der Umsetzung einer Verordnung durch Festlegung einheitlicher Regelungen und wird, wie der delegierte Rechtsakt, von der Kommission erlassen – allerdings muss dazu ein Ausschuss konsultiert werden, welcher aus Vertretern der Mitgliedstaaten besteht. Anders als beim delegierten Rechtsakt kann ein Durchführungsakt vom Rat und Europäischem Parlament nicht widerrufen werden. Vielmehr unterliegen die Durchführungsrechtsakte der mitgliedstaatlichen Kontrolle gemäß Art. 291 Abs. 3, vgl. dazu *Ruffert*, in: Calliess/Ruffert, EUV/AEUV, Art. 291 AEUV Rn. 12 ff. Zum delegierten Rechtsakt siehe Art. 7 Rn. 19 ff. und Art. 97 Rn. 12 ff.

31 Art. 6 Abs. 2a UAbs. 2 KI-VO-E Rat.

3. Anhang I

Kaum Veränderung im Gesetzgebungsverfahren erfuhr Anhang I, dessen wichtigste Veränderung die Umnummerierung von Anhang II in Anhang I war. Bis auf kleinste grammatikalische Korrekturen ist der jetzige Anhang I seit dem Kommissionsentwurf gleichlautend. 23

Im Kommissionsvorschlag vom 21.4.2021 gab es zunächst noch einen anderen Anhang I, mit dem der Versuch unternommen wurde, die Legaldefinition des KI-Systems in Art. 3 Nr. 1 KI-VO-E Kommission durch die Techniken und Funktionsweisen von KI klarzustellen. Dieser Anhang I wurde ersatzlos gestrichen. 24

4. Anhang III

Im Vergleich zu Anhang I war Anhang III Gegenstand intensivster Diskussionen der Trilog-Parteien. Hervorzuheben ist zunächst die Erweiterung von Anhang III Nr. 2 um die „kritische **digitale** Infrastruktur", im Vergleich zum Kommissionsvorschlag vom 21.4.2021, der bloß die „kritische Infrastruktur" vorsah.[32] 25

Neben semantischen Klarstellungen für KI-Systeme im Bereich des Zugangs zur Bildung nahmen die Trilog-Parteien zudem KI-Systeme auf, die das Bildungsniveau evaluieren (vgl. Anhang III Nr. 3 lit. b bis d). Der Kommissionsvorschlag vom 21.4.2021 sah lediglich vor, solche KI-Systeme als hochriskant einzustufen, welche die Zugangskautelen zu Bildungseinrichtungen darstellen.[33] 26

Besonders bemerkenswert ist zudem, dass KI-Systeme, die durch soziale Netzwerke verwendet werden, nicht ipso iure als hochriskant gemäß Art. 6 Abs. 2 i.V.m. Anhang III gelten. Das Europäische Parlament hatte in seiner Position vom 14.6.2023 in Anhang III Nr. 8 lit. ab) KI-VO-E Parlament noch **Empfehlungssysteme**, die von Sozialen Medien verwendet werden sollen, aufgenommen. Insoweit sah die Position zur Bestimmung der Normadressaten einen Verweis auf Art. 33 VO (EU) 2022/2065 (Digital Services Act, siehe dazu ausführlich Rn. 29) vor. Diesen Vorschlag haben die Trilog-Parteien nicht in die finale Fassung aufgenommen, im Gegensatz zu Anhang III Nr. 8 lit. b, welche regelt, dass nur solche KI-Systeme als hochriskant gelten, „die bestimmungsgemäß verwendet werden sollen, um das Ergebnis einer Wahl oder eines Referendums oder das Wahlverhalten natürlicher Personen bei der Ausübung ihres Wahlrechts bei einer Wahl oder einem Referendum zu beeinflussen". 27

32 Anhang III Nr. 3 KI-VO-E Kommission.

33 Anhang III Nr. 3 KI-VO-E Kommission.

III. Verhältnis zu anderen Vorschriften

28 Art. 6 stellt keine Kollisionsregeln (siehe dazu ausführlich Rn. 52 ff.) auf, sondern verweist auf andere Normen. Soweit Art. 6 Abs. 1 durch den Verweis auf Anhang I andere Harmonisierungsrechtsvorschriften in Bezug nimmt, gelten diese vollumfänglich. Das hat zur Folge, dass abhängig vom Konformitätsbewertungsverfahren der Harmonisierungsrechtsvorschrift KI-Systeme als hochriskant einzustufen sind oder nicht.

1. Digital Services Act

29 Der Digital Services Act – Verordnung (EU) 2022/2065 des Europäischen Parlaments und des Rates über einen Binnenmarkt für digitale Dienste – steht regelungstechnisch und inhaltlich neben Art. 6. Der Digital Services Act ist ebenso wie die KI-VO Teil der europäischen „Digitalen Dekade" und dient dem Schutz der Grundrechte und der Stärkung demokratischer Prozesse.[34] Er regelt, wie die KI-VO, horizontal, indem er Regelungen für Anbieter digitaler Vermittlungsdienste abhängig von der Größe der jeweiligen Anbieter skaliert.[35]

30 So sieht der Digital Services Act unter anderem Regelungen zum Schutz natürlicher Personen vor der (unterbewussten) Beeinflussung durch (zumindest auch teilweise) automatisierte Empfehlungssysteme[36] bei demokratischen Prozessen vor, wie zum Beispiel bei Wahlen oder der Ausübung von Grundrechten (vgl. Art. 34 Abs. 1 lit. c Digital Services Act). Aufgrund dessen regelt der Digital Services Act für „sehr große Online Plattformen"[37] und „sehr große Online-Suchmaschinen",[38] die aufgrund ihrer Marktmacht ein systemisches Risiko besitzen, dass diese im Ein-Jahres-Rhythmus eine Grundrechte-Folgenabschätzung[39] durchführen müssen.

31 Bei intelligenten Empfehlungssystemen, die von Social-Media-Plattformen verwendet werden, könnte es sich gemäß Art. 6 Abs. 2 i.V.m. Nr. 8 lit. b Anhang III um Hochrisiko-KI-Systeme handeln. Dazu müssten die KI-Systeme einstweilen für die Beeinflussung demokratischer Prozesse **bestimmt sein**. Das Europäische Parlament hatte in Anhang III Nr. 8 lit. ab) KI-VO-E Parlament angedacht, solche „Social-Media-AIs" stets als Hochrisiko-KI-Systeme einzustufen. Dieser

---

34 Report on the state of the Digital Decade 2023, https://digital-strategy.ec.europa.eu/en/library/2023-report-state-digital-decade, S. 30 (zuletzt abgerufen am 31.5.2024).

35 *Martini/Ruschelmeier*, in: Hoeren/Sieber/Holznagel, Handbuch Multimedia-Recht, Teil 29.6 Rn. 55.

36 Zum Begriff: Art. 3 lit. s Digital Services Act.

37 Def.: Art. 3 lit. i i.V.m. Art. 33 Abs. 1, 4 Digital Services Act.

38 Def.: Art. 3 lit. j i.V.m. Art. 33 Abs. 1, 4 Digital Services Act.

39 Eine Grundrechte-Folgenabschätzung sieht auch die KI-VO in Art. 27 vor.

Vorschlag wurde jedoch nicht in die finale Fassung aufgenommen (siehe Rn. 27).

2. NIS-2-Richtlinie

Art. 6 hat auch sich überschneidende Regelungsbereiche und -ziele mit der NIS-2-Richtlinie.[40] Diese hat zum Ziel, ein unionsweites, einheitliches Schutzniveau für Netzwerk- und Informationssysteme kritischer Infrastrukturen zu schaffen, und macht daher Vorgaben an die Implementierung von Schutzmaßnahmen. **32**

Art. 6 Abs. 2 i.V.m. Anhang III Nr. 2 regelt, dass KI-Systeme, die bestimmungsgemäß als Sicherheitsbauteile im Rahmen der Verwaltung und des Betriebs von kritischer Infrastruktur verwendet werden sollen, grundsätzlich als hochriskant einzustufen sind. Dies hat zur Konsequenz, dass solche KI-Systeme die Cybersicherheitsanforderungen gemäß Art. 15 erfüllen müssen, um sicherzustellen, dass die Gesundheit, Sicherheit oder Grundrechte nicht gefährdet sind. Daneben haben die KI-Systeme die Vorgaben der NIS-2-Richtlinie, konkret der jeweiligen nationalen Gesetze der Mitgliedstaaten, einzuhalten, es sei denn, diese sind ausnahmsweise nicht einschlägig. Die KI-VO verdrängt diese Regelungen nicht. Darüber hinaus verweist die KI-VO an diversen Stellen auf weitere Cybersecurity-Gesetze der Union (z.B. in ErwG 78 zum Cybersecurity Act oder in ErwG 33 zur CER-Richtlinie), welche ergänzend zur KI-VO gelten. **33**

3. Cyber Resilience Act

Weitere Synergien ergeben sich zwischen dem Cyber Resilience Act (CRA) – welcher am 10.12.2024 in Kraft getreten ist[41] – und der KI-VO. Der CRA bezweckt, Verbraucher und Unternehmen zu schützen, die Produkte oder Software mit einer digitalen Komponente kaufen oder verwenden, und sieht eine horizontale Regulierung von Produkten mit digitalen Komponenten im Hinblick auf ihre Cybersicherheit vor. Der CRA verweist in ErwG 51 sowie in Art. 12 und 52 auf Art. 6 KI-VO. **34**

Hierbei regelt Art. 12 i.V.m. ErwG 51 CRA das Verhältnis zur KI-VO, indem sie die Regelvermutung aufstellen, dass, wenn ein Hochrisiko-KI-System die An- **35**

40 Richtlinie (EU) 2022/2555 des Europäischen Parlaments und des Rates vom 14.12.2022 über Maßnahmen für ein hohes gemeinsames Cybersicherheitsniveau in der Union, zur Änderung der Verordnung (EU) Nr. 910/2014 und der Richtlinie (EU) 2018/1972 sowie zur Aufhebung der Richtlinie (EU) 2016/1148 (NIS-2-Richtlinie).

41 Verordnung (EU) 2024/2847 des Europäischen Parlaments und des Rates vom 23.10.2024 über horizontale Cybersicherheitsanforderungen für Produkte mit digitalen Elementen und zur Änderung der Verordnungen (EU) Nr. 168/2013 und (EU) 2019/1020 und der Richtlinie (EU) 2020/1828.

forderungen des CRA erfüllt, anzunehmen ist, dass zugleich auch die Cybersicherheitsanforderungen gemäß Art. 15 KI-VO erfüllt sind, soweit diese Anforderungen von der nach dem CRA ausgestellten Konformitätserklärung oder Teilen davon abgedeckt sind. Art. 6 i.V.m. Art. 15 KI-VO und Art. 12 CRA bilden somit eine Regelungseinheit. Auch verweist Art. 52 CRA auf Art. 6 KI-VO. Art. 52 Abs. 14 Satz 1 CRA besagt, dass die Marktüberwachungsbehörde, die für die Hochrisiko-KI-Systeme zuständig ist, ebenso für die Marktüberwachung gemäß CRA zuständig ist.

4. Verordnung über die allgemeine Produktsicherheit

36 Für neue Produkte, die keinem speziellen EU-Harmonisierungsrechtsakt unterfallen, gilt die Verordnung über die allgemeine Produktsicherheit (EU-Produktsicherheitsverordnung)[42] als Auffangrechtsakt. Sie sind einer Konformitätsbewertung gemäß Art. 4 EU-Produktsicherheitsverordnung zu unterziehen. Da die EU-Produktsicherheitsverordnung nicht im Anhang I aufgeführt ist, ist nicht jedes KI-System, welches in den Anwendungsbereich beider Verordnungen fällt, ipso iure ein Hochrisiko-KI-System.

37 Ob auch „Stand-alone“[43]-Software und damit die eigenständigen KI-Systeme dem Regelungsregime der EU-Produktsicherheitsverordnung unterfallen, ist noch nicht abschließend geklärt. Gewichtige Argumente sprechen indes dafür.[44]

5. Datenschutz-Grundverordnung

38 Die KI-VO und die DSGVO[45] stehen gemäß Art. 2 Abs. 7 nebeneinander. Regelmäßig verweist die KI-VO auf das Regelungsregime der DSGVO (z.B. in Art. 3 Nr. 37, 50 und 52 sowie in Art. 5 Abs. 1, Art. 10 Abs. 5, Art. 26 Abs. 9 und 10, Art. 27 Abs. 4, Art. 59 Abs. 1 und Art. 74 Abs. 8). Art. 10 Abs. 5 KI-VO berechtigt die Anbieter von Hochrisiko-KI ausnahmsweise sogar, besondere Kategorien von personenbezogenen Daten zu verarbeiten, um Verzerrungen zu erkennen

42 Verordnung (EU) 2023/988 des Europäischen Parlaments und des Rates vom 10.5.2023 über die allgemeine Produktsicherheit, zur Änderung der Verordnung (EU) Nr. 1025/2012 des Europäischen Parlaments und des Rates und der Richtlinie (EU) 2020/1828 des Europäischen Parlaments und des Rates sowie zur Aufhebung der Richtlinie 2001/95/EG des Europäischen Parlaments und des Rates und der Richtlinie 87/357/EWG des Rates.

43 Zum Begriff: *Spindler*, CR 2021, 361, 363.

44 Siehe dazu *Reusch*, RDi 2023, 152, 155 f.

45 Verordnung (EU) 2016/679 des Europäischen Parlaments und des Rates vom 27.4.2016 zum Schutz natürlicher Personen bei der Verarbeitung personenbezogener Daten, zum freien Datenverkehr und zur Aufhebung der Richtlinie 95/46/EG (Datenschutz-Grundverordnung).

und zu korrigieren. Akteure von Hochrisiko-KI-Systemen haben bei der Verarbeitung von personenbezogenen Daten somit die datenschutzrechtlichen Vorgaben – entweder als Verantwortlicher gemäß Art. 4 Nr. 7 DSGVO oder als Auftragsverarbeiter gemäß Art. 4 Nr. 8 DSGVO – zusätzlich zur KI-VO zu beachten.

Das Ineinandergreifen der beiden Rechtsakte wird auch bei der Einstufung der KI-Systeme gemäß Art. 6 am folgenden Beispiel deutlich: Der EuGH entschied im Dezember 2023, dass auch die algorithmische Wahrscheinlichkeitswertermittlung der Kreditwürdigkeit („Scoring") eine Entscheidung i. S. d. Art. 22 DSGVO sei.[46] Da das Scoring ein Unterfall des „Profiling" gemäß Art. 4 Abs. 4 DSGVO darstelle, handele es sich laut EuGH ferner um eine automatisierte Verarbeitung i. S. d. Art. 22 Abs. 1 DSGVO.[47] Ein Akteur, der ein solches Scoring nutzt, hat mithin Art. 22 DSGVO zu beachten. 39

Aus der KI-VO ergibt sich, dass gemäß Art. 6 Abs. 2 i.V.m. Anhang III Nr. 5 lit. b KI-Systeme zur Kreditwürdigkeitsprüfung und Bonitätsbewertung natürlicher Personen grundsätzlich als Hochrisiko-KI-Systeme einzustufen sind, soweit diese nicht zur Aufdeckung von Finanzbetrug verwendet werden. Gemäß Art. 6 Abs. 3 UAbs. 2 kann die Einstufung als hochriskant auch nicht verneint werden, da bei einem Profiling stets davon auszugehen ist, dass dem KI-System ein hohes Risiko innewohnt. Gemäß Art. 3 Nr. 52 richtet sich die Definition des Profiling nach der in Art. 4 Nr. 4 DSGVO. 40

6. Zurückgenommener Richtlinienentwurf über KI-Haftung

Die KI-VO und der Entwurf der KI-Haftungsrichtlinie[48] wurden als „zwei Seiten einer Medaille" bezeichnet,[49] indem sie zu unterschiedlichen Zeitpunkten im Lebenszyklus der KI gelten und sich gegenseitig verstärken sollten. Denn während die KI-VO das Inverkehrbringen und den Betrieb von KI regulieren will, setzte der Entwurf der KI-Haftungsrichtlinie zeitlich später an, nämlich dann, wenn es während des Betriebs zu einem Schaden gekommen ist.[50] Überraschenderweise wurde der Entwurf der KI-Haftungsrichtlinie am 11.2.2025 durch die Kommission zurückgezogen, da laut der Kommission keine (politische) Einigung über 41

46 EuGH, Urt. v. 7.12.2023 – C-634/21, Rn. 44 ff.

47 EuGH, Urt. v. 7.12.2023 – C-634/21, Rn. 47.

48 Vorschlag für eine Richtlinie des Europäischen Parlaments und des Rates zur Anpassung der Vorschriften über außervertragliche zivilrechtliche Haftung an künstliche Intelligenz (Richtlinie über KI-Haftung), COM/2022/496 final.

49 So wortwörtlich die Union unter „Fragen und Antworten: Richtlinie über KI-Haftung" vom 28.9.2022, https://ec.europa.eu/commission/presscorner/detail/de/qanda_22_5793 (zuletzt abgerufen am 31.5.2024).

50 Vgl. Vorschlag für eine Richtlinie des Europäischen Parlaments und des Rates zur Anpassung der Vorschriften über außervertragliche zivilrechtliche Haftung an künstliche Intelligenz (Richtlinie über KI-Haftung), COM/2022/496 final, S. 1 ff.

den Richtlinienentwurf in Aussicht sei.[51] Der Entwurf der KI-Haftungsrichtlinie enthielt nur Vorgaben für die Beweislast und Offenlegung von Beweismitteln der außervertraglichen zivilrechtlichen Haftung (Deliktshaftung), die das Ziel hatten, Entschädigungslücken zu vermeiden und Rechtssicherheit zu gewährleisten.[52] Die KI-VO und der Entwurf der KI-Haftungsrichtlinie glichen sich terminologisch und regelungstechnisch, indem der risikobasierte Ansatz der KI-VO dort entsprechend aufrechterhalten wurde.[53] Vor allem Anbieter von Hochrisiko-KI-Systemen wären besonderen Auskunfts- und Offenlegungspflichten ausgesetzt gewesen. Wären diese nicht erfüllt worden, hätte dies zu Beweiserleichterungen des Geschädigten führen können (vgl. Art. 3 und 4 KI-Haftungs-RL-E). Wer als Anbieter von Hochrisiko-KI-Systemen eingestuft worden wäre, hätte sich nach Art. 6 (vgl. Art. 2 Nr. 2 Entwurf der KI-Haftungsrichtlinie) gerichtet. Die Kommission prüft nun, ob ein Entwurf für eine KI-Haftungsrichtlinie oder -Verordnung erneut vorgeschlagen werden soll.

7. Produkthaftungsrichtlinien

42 Die neue Produkthaftungsrichtlinie (ProdHaftRL)[54] soll die Produkthaftungsrichtlinie von 1985[55] ersetzen, die seinerzeit darauf zielte, die Risiken innerhalb der modernen, massenhaften, mitunter komplexen Produktion angemessen zu verteilen, und eine verschuldensunabhängige (zivilrechtliche) Haftung der Hersteller für fehlerhafte Produkte begründet. Demgegenüber sind die KI-VO und die EU-Produktsicherheitsverordnung öffentlicher rechtlicher Natur.

43 Dabei ist insbesondere herauszuheben, dass der Unionsgesetzgeber Rechtssicherheit schaffen und Haftungslücken schließen will, um einen „standardmäßig

---

51 Annexes to the Communication from the Commission to the European Parliament, the Council, the European Economic and Social Committee and the Committee of the Regions, Commission work programme 2025, Annex 4: Withdrawals, Ziffer 32, S. 26, https://commmission.europa.eu/document/download/7617998c-86e6-4a74-b33c-249e8a7938cd_en?filename=COM_2025_45_1_annexes_EN.pdf (zuletzt abgerufen am 12.2.2025).

52 Vorschlag für eine Richtlinie des Europäischen Parlaments und des Rates zur Anpassung der Vorschriften über außervertragliche zivilrechtliche Haftung an künstliche Intelligenz (Richtlinie über KI-Haftung), COM/2022/496 final, ErwG 8.

53 Vgl. Art. 2 des Vorschlags für eine Richtlinie des Europäischen Parlaments und des Rates zur Anpassung der Vorschriften über außervertragliche zivilrechtliche Haftung an künstliche Intelligenz (Richtlinie über KI-Haftung), COM/2022/496 final.

54 Richtlinie (EU) 2024/2853 des Europäischen Parlaments und des Rates vom 23.10.2024 über die Haftung für fehlerhafte Produkte und zur Aufhebung der Richtlinie 85/374/EWG des Rates.

55 Richtlinie 85/374/EWG des Rates vom 25.7.1985 zur Angleichung der Rechts- und Verwaltungsvorschriften der Mitgliedstaaten über die Haftung für fehlerhafte Produkte.

digitalen“ Modernisierungsprozess anzustreben. Insbesondere auf Software, KI-Systeme und KI-gestützte Waren soll die neue Produkthaftungsrichtlinie anwendbar sein (vgl. Art. 4 Nr. 1 ProdHaftRL).

Wie der von der Kommission zurückgenommene Entwurf der KI-Haftungsrichtlinie sieht ProdHaftRL auf Antrag die Anordnung der Offenlegung von Beweismitteln (vgl. Art. 9 ProdHaftRL) sowie Beweislasterleichterungen (vgl. Art. 10 ProdHaftRL) vor. Die nationalen Umsetzungsgesetze sind ergänzend zur KI-VO zu beachten. **44**

8. Militärische KI-Systeme

Nach dem gesetzgeberischen Willen sollen KI-Systeme, die in den Bereichen **Militär**, **Verteidigung** oder **nationale Sicherheit** eingesetzt werden, nicht vom Anwendungsbereich der KI-VO umfasst sein (vgl. Art. 2 Abs. 3 i.V.m. ErwG 3 und 24). Der Unionsgesetzgeber begründet diese Ausnahme vom Anwendungsbereich mit Art. 4 Abs. 2 EUV und den Besonderheiten der Verteidigungspolitik der Mitgliedstaaten sowie der gemeinsamen Verteidigungspolitik der Union.[56] Nach Ansicht des Unionsgesetzgebers rechtfertigt sich die Ausnahme vom Anwendungsbereich der KI-VO für militärische KI-Systeme insbesondere dadurch, dass die unionale Verteidigungspolitik dem Völkerrecht unterliegt – in dieses Rechtsgebiet solle sodann auch die Regelung der militärischen KI-Systeme fallen.[57] Die Entwicklung, das Inverkehrbringen, die Inbetriebnahme oder die bloße Verwendung für zivile oder humanitäre Zwecke, wie Zwecke der Strafverfolgung oder der öffentlichen Sicherheit, sollen von der Bereichsausnahme ausdrücklich nicht erfasst sein.[58] **45**

IV. Innere Systematik

Systematisch verfolgt Art. 6 eine regelungstechnische Zweigleisigkeit. Zum einen kann die Einstufung eines KI-Systems als hochriskant aus der abstrakten Gefahr des KI-Systems als reguliertes Produkt oder als Sicherheitsbauteil eines solchen erfolgen (Art. 6 Abs. 1 i.V.m. Anhang I). Zum anderen kann die Einstufung eines KI-Systems als hochriskant sich aus der Verwendung für einen bestimmten Anwendungsfall ergeben (Art. 6 Abs. 2 i.V.m. Anhang III). Regulatorischer Anknüpfungspunkt ist dabei, dass das hohe Risiko bei nicht eigenständigen KI-Systemen aus deren Störung oder Ausfall herrührt, das hohe Risiko bei eigenständigen KI-Systemen aber grundsätzlich bereits in der regelkonformen **46**

56 ErwG 24.
57 ErwG 24.
58 ErwG 24 a. E.

Anwendung liegt (zur Ausnahme hiervon in Anhang III Nr. 2 siehe ausführlich Rn. 83 ff.).

47 Die Regelungstechnik „per Anhang" („**list-based approach**") stellt zumindest im Fall von Anhang I als dynamische Verweisung auf die jeweils geltende Fassung der dort genannten Harmonisierungsrechtsvorschriften ab.

48 Innerhalb von Anhang I ist zu differenzieren. Gemäß Art. 2 Abs. 2 gelten für KI-Systeme nach Art. 6 Abs. 1 i.V.m. Anhang I Abschnitt B („**altes Konzept**") ausschließlich Art. 6 Abs. 1, Art. 102 bis 109, Art. 112. Zudem kann Art. 57 Anwendung finden, soweit die Anforderungen an Hochrisiko-KI-Systeme gemäß der KI-VO in die Harmonisierungsrechtsvorschriften gemäß Anhang I Abschnitt B eingebunden werden. Damit müssen Produkte, die unter das „alte Konzept" fallen, die Anforderungen an Hochrisiko-KI-Systeme der KI-VO nicht unmittelbar erfüllen. Hintergrund ist, dass die Harmonisierungsrechtsvorschriften gemäß Anhang I Abschnitt B andere regulatorische Produktsicherheitsansätze haben, beispielsweise die Prüfung der Anforderungen durch notifizierte oder benannte Stellen. Eine Synchronisierung ist deshalb nicht ohne Weiteres möglich.[59] Diejenigen KI-Systeme, die von einem der in Anhang I Abschnitt B genannten Rechtsakte erfasst sind, sind damit immer Hochrisiko-KI-Systeme, da die Rechtsakte eine Konformitätsbewertung durch notifizierte oder benannte Stellen anordnen.

49 Im Rahmen der eigenständigen Hochrisiko-KI-Systeme gemäß Art. 6 Abs. 2 i.V.m. Anhang III kann ebenfalls differenziert werden: Die KI-Systeme in Anhang III Nr. 3 bis 5 – in den Bereichen Bildung, Arbeit und grundlegende private und öffentliche Dienste und Leistungen – können zusammengefasst werden als KI-Systeme, die im Zusammenhang mit den „Grundlagen der Lebensgestaltung" stehen.[60] Diese KI-Systeme zeichnen sich durch ein stark erhöhtes Diskriminierungsrisiko aus, im Vergleich zu den anderen KI-Systemen (Anhang III Nr. 1 bis 2, 6 bis 8), die aufgrund ihrer möglicherweise grundrechtlich-freiheitsrelevanten Folgewirkung als hochriskant gelten, wobei Anhang III Nr. 2 systematisch auch hätte in Anhang I Abschnitt A eingeordnet werden können (siehe dazu ausführlich Rn. 83).

V. Embedded AI (Art. 6 Abs. 1 i.V.m. Anhang I)

50 Ein KI-System, welches ein Sicherheitsbauteil oder ein eigenes Produkt (sog. Embedded AI Systems) darstellt und einer in Anhang I aufgeführten Harmoni-

59 *Martini*, in: Hilgendorf/Roth-Isigkeit, Die neue Verordnung der EU zur Künstlichen Intelligenz, § 4 Rn. 44.

60 *Martini*, in: Hilgendorf/Roth-Isigkeit, Die neue Verordnung der EU zur Künstlichen Intelligenz, § 4 Rn. 62.

sierungsrechtsvorschrift unterfällt, ist nur dann als Hochrisiko-KI-System einzustufen, wenn es vor Inverkehrbringen oder Inbetriebnahme nach der jeweils geltenden Harmonierungsrechtsvorschrift eines **Konformitätsbewertungsverfahrens** durch einen unabhängigen Dritten bedarf.[61]

1. Produkt oder Sicherheitsbauteil gemäß Anhang I (Art. 6 Abs. 1 lit. a)

a) Produkt oder Sicherheitsbauteil

Unter dem Begriff „**Produkt**" gemäß Art. 6 Abs. 1 i.V.m. Anhang I dürfte jeweils ein Produkt im Sinne der jeweils anwendbaren Harmonisierungsrechtsvorschrift verstanden werden. So ist beispielsweise das Medizinprodukt in Art. 1 Abs. 4 MP-VO definiert. Die KI-VO verweist hier lediglich. Nicht alle Harmonisierungsrechtsvorschriften definieren den Begriff des „Produkts". Ob der Anwendungsbereich der einschlägigen Harmonisierungsrechtsvorschrift eröffnet ist, ist durch Auslegung der Harmonisierungsrechtsvorschrift zu ermitteln, falls keine Legaldefinition existiert. 51

Was unter einem „Sicherheitsbauteil" gemäß Art. 6 Abs. 1 i.V.m. Anhang I zu verstehen ist, definiert die KI-VO recht allgemein. So handelt es sich gemäß Art. 3 Nr. 14 bei einem „**Sicherheitsbauteil**" um einen Bestandteil eines Produkts oder KI-Systems, der eine Sicherheitsfunktion für dieses Produkt oder KI-System erfüllt oder dessen Ausfall oder Störung die Gesundheit und Sicherheit von Personen oder Eigentum gefährdet. Einige Harmonisierungsrechtsvorschriften definieren den Begriff ebenfalls. Beispielsweise findet sich in Art. 3 Nr. 3 der Maschinenverordnung[62] sowie Art. 3 Nr. 4 der Seilbahnenverordnung[63] eine Legaldefinition des „Sicherheitsbauteils". In anderen Rechtsakten findet sich hingegen keine Definition. Allerdings ist zu beachten, dass die Definitionen in den Harmonisierungsrechtsvorschriften nicht zwingend der Definition von Art. 3 Nr. 14 entsprechen. Gemäß Art. 2 Abs. 9 und ErwG 64 bleiben die Harmonisierungsrechtsvorschriften unberührt. Im Hinblick auf KI-Systeme dürfte die KI-VO jedoch als lex specialis bei Widersprüchen vorgehen, es sei denn, in der einschlägigen Harmonisierungsrechtsvorschrift gibt es eine anderweitige Kollisionsregelung.[64] So oder so führen die unterschiedlichen Definitionen nicht zu mehr Rechtsklarheit, sondern zu mehr Rechtsunsicherheiten. 52

---

61 Divergierende Ansicht der Kommission, siehe dazu Rn. 54.

62 Verordnung (EU) des Europäischen Parlaments und des Rates vom 14.6.2023 über Maschinen und zur Aufhebung der Richtlinie 2006/42/EG des Europäischen Parlaments und des Rates und der Richtlinie 73/361/EWG des Rates.

63 Verordnung (EU) 2016/424 des Europäischen Parlaments und des Rates vom 9.3.2016 über Seilbahnen und zur Aufhebung der Richtlinie 2000/9/EG.

64 So auch *Wiebe*, BB 2022, 899, 905.

53 Aus einem Vergleich mit ErwG 55 lässt sich zudem schlussfolgern, dass es sich nicht um ein Bauteil handeln darf, welches **ausschließlich** für die Verwendung zu Zwecken der Cybersicherheit vorgesehen ist. Dies hat wohl den Hintergrund, dass solche „Sicherheitsbauteile" den Vorgaben der NIS-2-Richtlinie[65] und dem CRA unterliegen sollen. Zwar handelt es sich bei ErwG 55 um die Definition des „Sicherheitsbauteils" gemäß Anhang III Nr. 2. Es wäre jedoch nicht sachgerecht, den Begriffen unterschiedliche Bedeutungen zukommen zu lassen. Wann also ein Sicherheitsbauteil im Sinne der KI-VO in Verbindung mit der jeweiligen Harmonisierungsrechtsvorschrift gemäß Anhang I vorliegt, ist im Einzelfall durch Auslegung zu ermitteln. Dieser Schlussfolgerung widerspricht nun, dass die vorläufige Einschätzung der Kommission im Juli 2024 zur Funkanlagenrichtlinie (RED) dahingehend lautet, dass Komponenten im Zusammenhang mit Cybersicherheit und dem Zugang zu Notdiensten grundsätzlich als „Sicherheitsbauteile" einzustufen seien, und zwar selbst dann, wenn die Funkanlagenrichtlinie eine Ausnahme von der Konformitätsbewertung durch Dritte vorsehe.[66] Dies könnte dahingehend verstanden werden, dass jede KI-Cybersicherheitskomponente als „Sicherheitsbauteil" im Sinne der KI-VO zu bewerten sei. Wirtschaftsvertreter, insbesondere Hersteller von vernetzten Geräten, lehnen diese Interpretation ab.[67]

54 Würde man der vorläufigen Einschätzung der Kommission im Juli 2024 folgen, würde die Kommission Komponenten im Zusammenhang mit Cybersicherheit und dem Zugang zu Notdiensten grundsätzlich als „Sicherheitsbauteile" im Sinne der RED einstufen, auch ohne eine konkrete Pflicht zur Durchführung einer Konformitätsbewertung durch Dritte. Der Wortlaut von Art. 6 Abs. 1 lit. b stellt aber allein auf die konkrete Pflicht ab. Dies könnte zu Schutzlücken führen, da ein entsprechendes KI-System – mangels konkreter Pflicht – nicht als hochriskant eingestuft werden würde, auch wenn es ein gleich hohes Risiko birgt. So könnten Produkte oder KI-Systeme als hochriskant eingestuft werden, die nach der einschlägigen Harmonisierungsrechtsvorschrift kein Konformitätsbewertungsverfahren durchführen müssen. Das widerspricht aber sowohl dem Wortlaut des Art. 6 und der Regelungssystematik der KI-VO als auch Art. 43 Abs. 3,

---

65 Richtlinie (EU) 2022/2555 des Europäischen Parlaments und des Rates vom 14.12.2022 über Maßnahmen für ein hohes gemeinsames Cybersicherheitsniveau in der Union, zur Änderung der Verordnung (EU) Nr. 910/2014 und der Richtlinie (EU) 2018/1972 sowie zur Aufhebung der Richtlinie (EU) 2016/1148 (NIS-2-Richtlinie).

66 *Jacob Wulff Wold*, EURACTIV, „The European Commission's assessment of how to define high-risk products relative to sectoral rules" vom 4.7.2024, https://www.euractiv.com/section/artificial-intelligence/news/the-european-commissions-assessment-of-how-to-define-high-risk-products-relative-to-sectoral-rules/ (zuletzt abgerufen am 9.7.2024).

67 *Bertuzzi*, MLex vom 3.7.2024, Device makers using AI in safety features could have strict AI Act obligations, EU Commission says.

wonach das Konformitätsbewertungsverfahren des Harmonisierungsrechtsaktes maßgeblich sein soll.

b) Anhang I

Anhang I listet zwanzig Harmonisierungsrechtsvorschriften der Union auf. **55**
Hierbei handelt es sich sowohl um solche des sog. **Neuen Konzepts** und **New Legislative Framework** (Abschnitt A) als auch um solche des **„alten Konzepts"** (Abschnitt B),[68] wobei für die des Abschnitt B Besonderheiten für den Anwendungsbereich der KI-VO gelten (siehe dazu ausführlich Art. 2 Rn. 53 ff.). Der Unionsgesetzgeber verfolgt bei Art. 6 Abs. 1 i.V.m. Anhang I den Ansatz, dass (nicht intelligente) Produkte oder deren Sicherheitsbauteile, die bereits aufgrund ihrer **abstrakten Gefährlichkeit** durch andere Harmonisierungsrechtsvorschriften streng reguliert wurden, erst recht als KI-Systeme streng zu regulieren sind. Die KI-VO verfolgt an der Stelle einen produktsicherheitsrechtlichen Regulierungsansatz. Die abstrakte Gefahr für die Rechtsgüter ergibt sich dabei aus der fehlerhaften Funktion, beispielsweise bei einem Ausfall oder einer Störung des Produktes oder dessen Sicherheitsbauteile. Im Folgenden ein Überblick über die Harmonisierungsrechtsvorschriften:

Abschnitt A: Liste der Harmonisierungsrechtsvorschriften der Union auf der Grundlage des neuen Rechtsrahmens

Richtlinie über:

- Maschinen (zukünftig: Verordnung)
- Sicherheit von Spielzeugen
- Sportboote und Wassermotorräder
- Aufzüge und Sicherheitsbauteile für Aufzüge
- Geräte und Schutzsysteme zur bestimmungsgemäßen Verwendung in explosivgefährdeten Bereichen
- die Bereitstellung von Funkanlagen auf dem Markt
- die Bereitstellung von Druckgeräten auf dem Markt

Verordnung über:

- Seilbahnen
- persönliche Schutzausrüstungen
- Geräte zur Verbrennung gasförmiger Brennstoffe
- Medizinprodukte
- In-vitro-Diagnostika

68 *Martini*, in: Hilgendorf/Roth-Isigkeit, Die neue Verordnung der EU zur Künstlichen Intelligenz, § 4 Rn. 44.

Abschnitt B: Liste anderer Harmonisierungsrechtsvorschriften der Union

Richtlinie über:

- Schiffsausrüstung
- die Interoperabilität des Eisenbahnsystems in der Europäischen Union

Verordnung über:

- gemeinsame Vorschriften für die Sicherheit in der Zivilluftfahrt
- Genehmigung und Marktüberwachung von zwei- oder dreirädrigen und vierrädrigen Fahrzeugen
- Genehmigung und Marktüberwachung von land- und forstwirtschaftlichen Fahrzeugen

56 Die KI-VO verweist somit auf bereits bestehende Harmonisierungsrechtsvorschriften und beabsichtigt, möglichst viele der neuen Anforderungen für als Hochrisiko-KI eingestufte KI-Systeme in die bestehenden Produktsicherheitsverfahren zu integrieren.[69] Als Produktsicherheitsvorschriften verfolgen die Harmonisierungsrechtsvorschriften den Zweck, die Sicherheit des jeweiligen Produktes oder Teilen davon zu gewährleisten. Soweit ein Produkt dem Anhang I Abschnitt A unterfällt, gelten die Regelungen der KI-VO daneben, anders bei Anhang I Abschnitt B, der nur eine eingeschränkte Anwendung der KI-VO vorsieht (siehe dazu ausführlich Art. 2 Rn. 53 ff.). Für die Harmonisierungsrechtsvorschriften nach Anhang I Abschnitt B, die noch dem „alten Konzept" zuzuordnen sind, sollen zukünftig von der Kommission gesteigerte Anforderungen an die KI-Systeme kontinuierlich durch einschlägige Durchführungsrechtsakte oder delegierte Rechtsakte in die Harmonisierungsrechtsvorschriften bereichsspezifisch eingepflegt werden, vgl. Art. 102–109 (siehe dazu ausführlich Art. 2 Rn. 57).[70]

57 Die parallele Anwendung bei Anhang I Abschnitt A hat aber auch zur Folge, dass solche Hochrisiko-KI-Systeme gemäß Art. 6 Abs. 1 – anders als die eigenständigen Hochrisiko-KI-Systeme gemäß Art. 6 Abs. 2 – nur zum Teil denselben Anforderungen und Rechtsfolgen unterfallen (siehe dazu ausführlich Rn. 46 ff.).[71] Für eigenständige Hochrisiko-KI-Systeme gilt die KI-VO ausschließlich, für Hochrisiko-KI-Systeme gemäß Art. 6 Abs. 1 nicht. Dies kann zu Abweichungen und Rechtsunsicherheiten vor allem bei produktbezogenen KI-Systemen führen, bei denen es sich um „stand-alone"-Software handelt. Nur sol-

---

69 *Martini*, in: Hilgendorf/Roth-Isigkeit, Die neue Verordnung der EU zur Künstlichen Intelligenz, § 4 Rn. 48.

70 *Orssich*, EuZW 2022, 254, 258; *Martini*, in: Hilgendorf/Roth-Isigkeit, Die neue Verordnung der EU zur Künstlichen Intelligenz, § 4 Rn. 44.

71 *Martini*, in: Hilgendorf/Roth-Isigkeit, Die neue Verordnung der EU zur Künstlichen Intelligenz, § 4 Rn. 49.

che „**Stand-alone**“-KI-Systeme,[72] die nach der jeweiligen Harmonisierungsrechtsvorschrift zugleich „Produkt“ im Sinne der gleichen Harmonisierungsrechtsvorschrift sind, werden durch die KI-VO einheitlich geregelt. So handelt es sich unter den bestimmten Voraussetzungen der Verordnung (EU) 2017/745 (EU-Medizinprodukteverordnung – MP-VO)[73] auch bei Software um ein Medizinprodukt. Demgegenüber wäre „interaktive Software für Freizeit und Unterhaltung wie Computerspiele und ihre Speichermedien (etwa CDs)“ gemäß Art. 2 Abs. 1 i.V.m. Anhang I Nr. 15 der Spielzeuge-RL[74] nicht als hochriskant einzustufen, da sie kein Spielzeug im Sinne der Spielzeuge-RL darstellen. Insoweit gilt ein nicht kohärentes Regelungssystem für „Stand-alone“-Software.[75]

In Art. 2 Abs. 9 findet sich eine **Kollisionsnorm**, die für das Verhältnis der KI-VO zu den jeweiligen Harmonisierungsrechtsvorschriften gemäß Anhang I äußerst relevant ist. Gemäß Art. 2 Abs. 9 „[berührt] diese Verordnung […] nicht die Vorschriften anderer Rechtsakte der Union zum Verbraucherschutz und zur Produktsicherheit“. Damit bringt der Gesetzgeber zum Ausdruck, dass die KI-VO und weitere produktsicherheitsrechtliche Rechtsakte parallel Anwendung finden können.[76] Das wird in ErwG 63 damit begründet, dass die KI-VO die Gefahren von KI-Systemen abdeckt, die Harmonisierungsrechtsvorschriften jedoch die produktbezogenen Gefahren. Als Beispiel nennt ErwG 64, dass „Maschinen oder Medizinprodukte mit einer KI-Komponente möglicherweise Risiken bergen, die von den grundlegenden Gesundheits- und Sicherheitsanforderungen der einschlägigen harmonisierten Rechtsvorschriften der Union nicht erfasst werden, da diese sektoralen Rechtsvorschriften keine spezifischen KI-Risiken behandeln“. Das betrifft wohl nur die Erweiterung der Pflichten für die Normadressaten. Kollidieren zwei widerstreitende Pflichten der KI-VO und der einschlägigen Harmonisierungsrechtsvorschrift, treffen weder Art. 2 Abs. 9 noch ErwG 64 Kollisionsregeln. Existiert keine Kollisionsregel in der einschlägigen Harmonisierungsrechtsvorschrift, ist wohl der KI-VO als **speziellerem Gesetz** im Hinblick auf die KI-spezifischen Gefahren Anwendungsvorrang einzuräumen.[77] **58**

---

72 Begriffliche Prägung in *Spindler*, CR 2021, 361, 362.

73 Verordnung (EU) 2017/745 des Europäischen Parlaments und des Rates vom 5.4.2017 über Medizinprodukte, zur Änderung der Richtlinie 2001/83/EG, der Verordnung (EG) Nr. 178/2002 und der Verordnung (EG) Nr. 1223/2009 und zur Aufhebung der Richtlinien 90/385/EWG und 93/42/EWG des Rates.

74 Richtlinie 2009/48/EG des Europäischen Parlaments und des Rates vom 18.6.2009 über die Sicherheit von Spielzeug, ABl. L 170 vom 30.6.2009, S. 1.

75 Hinweis: Die Rechtslage ist ähnlich bei Embedded AI Systems, soweit das Produkt unter eine Ausnahme einer EU-Harmonisierungsrechtsvorschrift gemäß Anhang I fällt.

76 ErwG 64.

77 So auch *Wiebe*, BB 2022, 899, 905.

2. Konformitätsbewertung (Art. 6 Abs. 1 Abs. 1 lit. b)

59 Eine Einstufung des KI-Systems (Produkt oder Sicherheitsbauteil) als Hochrisiko-KI-System erfolgt gemäß Art. 6 Abs. 1 lit. a und b nur, wenn das KI-System vor Inverkehrbringen oder Inbetriebnahme gemäß den in Anhang I aufgeführten Harmonisierungsrechtsvorschriften einer **Konformitätsbewertung** durch einen unabhängigen Dritten bedarf.[78] Gemäß der Legaldefinition in Art. 3 Nr. 20 ist die Konformitätsbewertung ein Verfahren, mit dem bewertet wird, ob die in Art. 8 bis 15 festgelegten Anforderungen an ein Hochrisiko-KI-System erfüllt werden.

60 Die Konformitätsbewertung dient der Sicherstellung der rechtlichen Anforderungen an ein Produkt oder ein Sicherheitsbauteil davon, bevor es in Verkehr gebracht oder in Betrieb genommen wird.[79] Dabei ist das Konformitätsbewertungsverfahren nicht mit der **Marktüberwachung** zu verwechseln: Zwar ergänzen sich beide Verfahren, doch ist die Konformitätsbewertung präventiv, wohingegen die Marktüberwachung repressiv ist.[80] Um dem Ziel der Harmonisierungsrechtsvorschriften Rechnung zu tragen, „dass nur sichere und anderweitig konforme Produkte auf den Markt gelangen, ist es wichtig, dass die Sicherheitsrisiken, die ein Produkt als Ganzes aufgrund seiner digitalen Komponenten, einschließlich KI-Systeme, mit sich bringen kann, angemessen vermieden und gemindert werden“.[81]

61 Die Anforderungen an Hochrisiko-KI-Systeme im Zusammenhang mit Produkten, die unter den neuen Rechtsrahmen gemäß Anhang I Abschnitt A fallen, werden gemäß den für sie bereits nach dem neuen Rechtsrahmen bestehenden Regelungen überprüft. Sicherheitsrisiken, die von den jeweiligen KI-Systemen abhängen, sind den Anforderungen der KI-VO zu unterwerfen, während das Produktsicherheitsrecht darauf abzielt, die Sicherheit des Endprodukts insgesamt zu gewährleisten, und daher konkrete Anforderungen an die sichere Integration von KI-Systemen in das Endprodukt enthalten kann. Dabei werden die Anforderungen der KI-VO in das Konformitätsbewertungsverfahren der einschlägigen Harmonisierungsrechtsvorschrift miteinbezogen, Art. 43 Abs. 3.

3. Kritik an der dynamischen Verweisung am Beispiel Medizinprodukte

62 Die Regelungstechnik der **dynamischen Verweisung** weist aber auch Schwächen auf. Dies soll am Beispiel der MP-VO veranschaulicht werden. Handelt es

78 Divergierende Ansicht der Kommission, siehe dazu Rn. 54.

79 Mitteilung der Kommission, Leitfaden für die Umsetzung der Produktvorschriften der EU 2022 („Blue Guide“), 29.6.2022, ABl. 2022 C 247/1, S. 70.

80 Mitteilung der Kommission, Leitfaden für die Umsetzung der Produktvorschriften der EU 2022 („Blue Guide“), 29.6.2022, ABl. 2022 C 247/1, S. 70.

81 ErwG 47.

sich um ein KI-System, welches zum Zwecke diagnostischer oder therapeutischer Entscheidungen herangezogen wird,[82] ist dieses gemäß Art. 6 Abs. 1 i.V.m. Anhang I Abschnitt A Nr. 11 KI-VO i.V.m. Art. 52 Abs. 6 i.V.m. Regel 11 Anhang VIII MP-VO als Hochrisiko-KI-System einzustufen.

Nahezu jedes KI-System, welches zugleich „Software" im Sinne von Regel 11 Anhang VIII MP-VO ist, wäre demnach als Hochrisiko-KI-System gemäß Art. 6 Abs. 1 i.V.m. Anhang I Nr. 11 einzustufen.[83] Hierbei ist irrelevant, ob das KI-System ein „erhebliches Risiko" im Sinne von Art. 6 Abs. 3 aufweist oder nicht. Wäre das KI-System ein Hochrisiko-KI-System gemäß Art. 6 Abs. 2, wäre Art. 6 Abs. 3 anwendbar und es bestünde die Option, das mangelnde Risikopotenzial bei der Bewertung der Einstufung zu berücksichtigen.[84] Art. 6 Abs. 3 gilt expressis verbis aber nur für eigenständige Hochrisiko-KI-Systeme, nicht für Embedded AI Systems. Somit gilt nahezu jedes KI-System als hochriskant, unabhängig davon, ob und inwieweit das KI-System bei der diagnostischen oder therapeutischen Entscheidungsfindung unterstützend oder substituierend für die Diagnose- oder Therapieleistung des Arztes eingesetzt wird. **63**

Das führt dazu, dass auch beispielsweise KI-Systeme für bildgebende Verfahren, wie Röntgen, CT und MRT,[85] die nur der Unterstützung des medizinischen Personals dienen und die menschliche (Behandlungs-)Entscheidung nicht ersetzen, als Hochrisiko-KI-Systeme gelten.[86] Dies umfasst potenziell solche KI-Systeme, die als solche nicht unmittelbar im oder am menschlichen Körper wirken, da der Unionsgesetzgeber nach ErwG 19 MP-VO zentral an den Verwendungszweck des Produkts anknüpfen wollte.[87] **64**

Das wirft die Frage auf, ob dies vom Unionsgesetzgeber beabsichtigt war. Es ist nicht ersichtlich, weswegen KI-Systeme, die lediglich unterstützend tätig werden und die Diagnose- oder Behandlungsentscheidung nicht substituieren, zwingend dem engmaschigen Pflichtenkanon der Hochrisiko-KI-Systeme unterworfen werden sollen. Insoweit wäre es wünschenswert gewesen, eine differenziertere Lösung zu treffen. Erkennt doch der Unionsgesetzgeber selbst die denklogische Widersprüchlichkeit, indem er in ErwG 51 konstatiert, dass die Einstufung als Hochrisiko-KI-System nicht zwangsläufig bedeuten solle, dass von dem Pro- **65**

82 Zu den Einsatzgebieten von KI in der Medizin: *Heil*, MPR 2022, 1; *Zech/Hünefeld*, MedR 2023, 1.

83 *Schulz-Große/Genske*, GuP 2023, 81, 87; kritisch *Heil*, MPR 2022, 1.

84 Das würden wohl auch *Hacker/Berz*, ZRP 2023, 226, 227, für sinnvoll erachten, da sie dies als Beispiel nennen.

85 Vgl. *Heil*, MPR 2022, 1, 7.

86 Vgl. *Heil*, MPR 2022, 1, 7.

87 EuGH (Vierte Kammer), Urt. v. 7.12.2017 – C-329/16, EuZW 2018, 166, 167 Rn. 29 – Syndicat national de l'industrie des technologies médicales (Snitem)/Premier ministre u. a.

dukt im Sinne der Harmonisierungsrechtsvorschrift ein hohes Risiko ausgehe. Zu denken ist dabei beispielsweise an die Option des Gegenbeweises gemäß Art. 6 Abs. 3 (siehe dazu ausführlich Rn. 155). Warum diese Möglichkeit bei KI-Systemen gemäß Art. 6 Abs. 1 i.V.m. Anhang I verwehrt bleibt, ist unklar.

VI. Eigenständige KI-Systeme (Art. 6 Abs. 2 i.V.m. Anhang III)

66 Gemäß Art. 6 Abs. 2 i.V.m. Anhang III sind KI-Systeme dann als hochriskant einzustufen, wenn sie für einen Anwendungsfall eines bestimmten Bereiches verwendet werden. Hierbei kommt es bei der Bewertung entscheidend darauf an, ob das KI-System für den Anwendungsfall „bestimmungsgemäß […] verwendet werden“ soll. Fraglich ist, ob damit die **subjektive Zweckbestimmung** durch den Anbieter gemeint ist oder die beabsichtigte Verwendung durch den Betreiber.

67 Die Definition der „Zweckbestimmung“ in Art. 3 Nr. 12 spricht dafür, die Ansicht des Anbieters als Grundlage zu nehmen. Dieses Verständnis, dass darunter nur die vom Anbieter als legitim angesehene und bestimmte Verwendungsoption gemeint ist,[88] schränkt den Anwendungsbereich der KI-VO erheblich ein. Es entstünden möglicherweise erhebliche Regelungslücken, käme es auf die subjektive Vorstellung der Anbieter an.[89] Zudem besteht **erhebliches Missbrauchspotenzial**, indem die Anbieter die KI-Systeme vorsätzlich „mislabeln“. Vorzugswürdig erscheint das Verständnis von *Wirtz/Baumann*, nach denen „als ausreichend angesehen werden [muss], dass nach den Angaben des Anbieters offensichtlich erkennbar ist, dass der in Rede stehende Sektor vom Anwendungsbereich des Tools mit umfasst werden soll. Eine offensichtliche Erkennbarkeit darf jedoch auf Grund des subjektiven Charakters der Zweckbestimmung und im Lichte der Verhältnismäßigkeit nur angenommen werden, wenn ein objektiver Dritter unter allen in Betracht zu ziehenden Anhaltspunkten keine Zweifel daran haben darf, dass der Anbieter den in Rede stehenden Einsatzbereich erfassen wollte. Im Sinne einer [KI-Verordnung] erscheint diese Betrachtungsweise zugunsten einer lückenlosen Regelung angezeigt.“[90] Dafür streitet vor allem der Regelungszweck der KI-VO. Die KI-VO soll einen **umfassenden, globalen Grundrechtsschutz** vermitteln.[91]

---

88 *Wirtz/Baumann*, RDi 2024, 27, 30.
89 So auch *Wirtz/Baumann*, RDi 2024, 27, 30.
90 *Wirtz/Baumann*, RDi 2024, 27, 30.
91 Vgl. nur ErwG 1.

1. Biometrie (Anhang III Nr. 1)

Anhang III Nr. 1 definiert, dass KI-Systeme, welche im Bereich Biometrie eingesetzt werden, soweit ihr Einsatz nach einschlägigem Unionsrecht oder nationalem Recht zugelassen ist, als Hochrisiko-KI-Systeme einzustufen sind. **68**

a) Biometrische Fernidentifizierung

Als erster Anwendungsfall werden „biometrische Fernidentifizierungssysteme" genannt. Ergänzend heißt es, dass dazu keine KI-Systeme gehören, welche „bestimmungsgemäß für die biometrische Verifizierung, deren einziger Zweck darin besteht, zu bestätigen, dass eine bestimmte natürliche Person die Person ist, für die sie sich ausgibt, verwendet werden sollen." **69**

Legaldefiniert wird die „**biometrische Identifizierung**" in Art. 3 Nr. 35. Demnach handelt es sich um die „automatisierte Erkennung physischer, physiologischer, verhaltensbezogener oder psychologischer menschlicher Merkmale zum Zwecke der Feststellung der Identität einer natürlichen Person durch den Vergleich biometrischer Daten dieser Person mit biometrischen Daten von Personen, die in einer Datenbank gespeichert sind". Die Legaldefinition beschreibt das sog. „**One-to-many-Matching**"[92] oder „1:n-Vergleich". Zudem definiert Art. 3 Nr. 41 auch den Begriff „**biometrisches Fernidentifizierungssystem**". Dabei handelt es sich um „ein KI-System, das dem Zweck dient, natürliche Personen ohne ihre aktive Einbeziehung und in der Regel aus der Ferne durch Abgleich der biometrischen Daten einer Person mit den in einer Referenzdatenbank gespeicherten biometrischen Daten zu identifizieren." **70**

Die biometrische (Fern-)Identifizierung ist strikt von der sog. „**biometrischen Verifikation**" (siehe dazu ausführlich Art. 3 Rn. 301 ff.) zu unterscheiden.[93] Die biometrische Verifizierung wird in Art. 3 Nr. 36 legaldefiniert als die automatisierte Eins-zu-eins-Verifizierung, einschließlich Authentifizierung, der Identität natürlicher Personen durch den Vergleich ihrer biometrischen Daten mit zuvor bereitgestellten biometrischen Daten. Bei der biometrischen Verifikation werden ein Datum oder mehrere Daten mit bekannten personenbezogenen Daten verglichen, mit dem Ziel der Bestätigung oder Nichtbestätigung der Identität (sog. „1:1-Vergleich" oder „**One-to-one-Matching**"[94]). Eine solche „biometrische Verifizierung" findet beispielsweise bei der Gesichtserkennung zum Entsperren eines Smartphones oder bei einem Fingerabdruck zur Ermöglichung des **71**

92 *Bastians*, in: Steinrötter, Europäische Plattformregulierung, § 21 Rn. 35.

93 Vgl. *Weichert*, in: Kühling/Buchner, DS-GVO BDSG, Art. 4 DSGVO Rn. 7; *Hahn*, ZfDR 2023, 142.

94 Zum Begriff *Bastians*, in: Steinrötter, Europäische Plattformregulierung, § 21 Rn. 35.

Zugangs zu Räumlichkeiten statt.[95] Sie ist grundsätzlich gemäß Anhang III Nr. 1 lit. a zulässig und ist nicht als Hochrisiko-KI-System einzustufen.

72 Im Gegensatz dazu, ist die biometrischen (Fern-)Identifizierung zum Teil sogar verboten oder nur in wenigen Ausnahmefällen erlaubt (vgl. Art. 5 Abs. 1 lit. h) und wird in diesem Fall als Hochrisiko-KI-System klassifiziert (vgl. Art. 6 Abs. 2 i.V.m. Anhang III Nr. 1 lit. a). Dies hat den Hintergrund, dass bei einer biometrischen Identifizierung, vor allem bei einer biometrischen Fernidentifizierung, besonders intensiv in die Freiheitsrechte der Betroffenen eingegriffen wird. Das Risiko, dass technische Ungenauigkeiten zu Verzerrungen führen, welche falsche, eventuell sogar diskriminierende, Rückschlüsse auf Personen wegen ihres äußeren Erscheinungsbildes oder anderer biometrischer Daten zulassen, ist groß (vgl. ErwG 32). Auch sind Zuordnungsfehler bei Datenbankabgleichen nicht ausgeschlossen, sodass eine fälschliche (Nicht-)Übereinstimmung möglich ist.[96] Auch dies kann potenziell zu Diskriminierungen und grundrechtssensiblen Eingriffen aufgrund biometrischer Daten (z.B. Alter, ethnische Herkunft, Geschlecht, geistige oder körperliche Behinderung) führen (vgl. ErwG 54 und 73).

73 Bei biometrischen Daten handelt es sich gemäß Art. 3 Nr. 34 um „mit besonderen technischen Verfahren gewonnene personenbezogene Daten zu den psychischen, physiologischen oder verhaltenstypischen Merkmalen einer natürlichen Person, welche die eindeutige Identifizierung dieser natürlichen Person ermöglichen oder bestätigen, wie Gesichtsbilder oder daktyloskopische Daten". Nach ErwG 14 ist der Begriff der biometrischen Daten unter anderem im Lichte des wortlautgleichen Begriffs in Art. 4 Nr. 14 DSGVO auszulegen. Das bedeutet, dass für die Auslegung der Norm ohne Weiteres auf die juristische Literatur und Judikatur bezüglich des Art. 4 Nr. 14 DSGVO rekurriert werden kann. Daten, wie die Körpergröße oder die Blutgruppe, sind nicht eindeutig identifizierbar, da sie sich auf eine größere Anzahl von Personen beziehen können. Nicht eindeutig identifizierbare Daten können als biometrische Daten angesehen werden, wenn es sich um einen großen detaillierten Datensatz handelt, der in seiner Gesamtheit nur einem Individuum zugeordnet werden kann.[97]

74 Bei der Ermittlung, ob es sich um eine biometrische Fernidentifizierung gemäß Anhang III Nr. 1 lit. a handelt, kann zudem ErwG 15 herangezogen werden. ErwG 15 stellt einen nicht abschließenden Katalog der Anknüpfungsmerkmale einer biometrischen Identifizierung dar, der bei der Auslegung und Anwendung der Norm hilfreich sein kann. So definiert ErwG 15, dass unter „biometrische Identifizierung" die automatische Erkennung physischer, physiologischer und

---

95 *Bastians*, in: Steinrötter, Europäische Plattformregulierung, § 21 Rn. 35.

96 So schätzt es auch *Weichert*, in: Kühling/Buchner, DS-GVO BDSG, Art. 4 DSGVO Rn. 7, ein.

97 *Ziebarth*, in: Sydow/Marsch, DS-GVO/BDSG, Art. 4 DSGVO Rn. 185.

verhaltensbezogener menschlicher Merkmale wie Gesicht, Augenbewegungen, Körperform, Stimme, Prosodie, Gang, Haltung, Herzfrequenz, Blutdruck, Geruch, charakteristischer Tastenanschlag zum Zweck der Überprüfung der Identität einer Person durch Abgleich der biometrischen Daten der entsprechenden Person mit den in einer Datenbank gespeicherten biometrischen Daten verstanden werden kann, unabhängig davon, ob die Einzelperson ihre Zustimmung dazu gegeben hat oder nicht.

Im Rahmen der biometrischen Fernidentifizierung ist zudem zwischen der Echtzeit- und der **asynchronen** (auch: retrograden) Fernidentifizierung zu unterscheiden.[98] Maßgeblich für die Unterscheidung ist, dass die asynchrone Fernidentifizierung mit zeitlichem Versatz operiert (vgl. Art. 3 Nr. 42). Art. 5 Abs. 1 lit. h verbietet nur die biometrische Echtzeit-Fernidentifizierung zu Strafverfolgungszwecken. KI-Systeme zur **Echtzeit-Fernidentifizierung** zu anderen Zwecken als den in Art. 5 Abs. 1 lit. h genannten, stellen Hochrisiko-KI-Systeme dar. Das ist insofern bemerkenswert, als so insbesondere privaten Akteuren eine solche möglich bleibt. Das wurde im Gesetzgebungsverfahren erheblich kritisiert.[99] **75**

Klargestellt ist nun, dass sowohl asynchrone Fernidentifizierungssysteme als auch Echtzeit-Fernidentifizierungssysteme, letztere soweit sie nicht zu Strafverfolgungszwecken, eingesetzt werden, als Hochrisiko-KI-Systeme eingestuft werden sollen. Zuvor war diskutiert worden, ob Echtzeit-Fernidentifizierungssysteme zu verbieten, asynchrone Fernidentifizierungssysteme jedoch als Hochrisiko-KI-Systeme einzustufen seien. Der nicht unerhebliche zeitliche Versatz bei der Fernidentifizierung macht den Einsatz der nachträglichen nicht weniger eingriffsintensiv.[100] Ganz im Gegenteil: Asynchrone Fernidentifizierungssysteme können auf viel gezieltere Art und Weise eingesetzt werden. So können beispielsweise Persönlichkeitsprofile und Bewegungsmuster effizienter darge- **76**

---

98 Vgl. *Martini*, in: Hilgendorf/Roth-Isigkeit, Die neue Verordnung der EU zur Künstlichen Intelligenz, § 4 Rn. 34.

99 DAV, Pressemitteilung v. 16.2.2023, https://anwaltverein.de/de/newsroom/pm-06-23-biometrische-fernidentifizierung-verbieten-in-echtzeit-und-nachtraeglich (zuletzt abgerufen am 31.5.2024); für eine differenziertere Anknüpfung an Anwendungsfälle *Hahn*, ZfDR 2023, 142, 163; vgl. Offener Brief: Menschenrechte schützen – Biometrische Fernidentifizierung verbieten vom 13.3.2024, https://www.amnesty.de/offener-brief-menschenrechte-schuetzen-biometrische-fernidentifizierung-verbieten#:~:text=Amnesty%20International%20fordert%20gemeinsam%20mit,den%20nachtr%C3%A4glichen%20Einsatz%20verboten%20werden (zuletzt abgerufen am 31.5.2024); ARTICLE 19, Pressemitteilung v. 13.3.2024, https://www.article19.org/resources/eu-ai-act-passed-in-parliament-fails-to-ban-harmful-biometric-technologies/ (zuletzt abgerufen am 31.5.2024); differenzierend Bitkom, Stellungnahme v. 13.7.2023, S. 15, https://www.bitkom.org/sites/main/files/2023-07/20230713BitkomTriloguePositionfinal.pdf (zuletzt abgerufen am 31.5.2024).

100 So auch *Tschorr*, MMR 2024, 304, 307, sowie *Coombe*, GSZ 2024, 262, 266.

stellt werden.[101] Eine unterschiedliche Regulierung wäre daher nicht angebracht gewesen, allerdings kann auch kritisch die Frage gestellt werden, ob ein Verbot nicht sachgerechter gewesen wäre.

b) Biometrische Kategorisierung

77 Gemäß Art. 6 Abs. 2 i.V.m. Nr. 1 lit. b sind KI-Systeme, die „bestimmungsgemäß für die biometrische Kategorisierung nach sensiblen oder geschützten Attributen oder Merkmalen auf der Grundlage von Rückschlüssen auf diese Attribute oder Merkmale verwendet werden sollen", als hochriskant einzustufen. Die KI-VO definiert den Begriff der „biometrischen Kategorisierung" lediglich indirekt. In Art. 3 Nr. 40 wird dabei das „System zur biometrischen Kategorisierung" als „ein KI-System, das dem Zweck dient, natürliche Personen auf der Grundlage ihrer biometrischen Daten bestimmten Kategorien zuzuordnen, sofern es sich um eine Nebenfunktion eines anderen kommerziellen Dienstes handelt und aus objektiven technischen Gründen unbedingt erforderlich ist", beschrieben. Daraus lässt sich ableiten, dass die biometrische Kategorisierung im Sinne der KI-VO die Zuordnung biometrischer Daten zu einer bestimmten Kategorie ist.

78 Davon abzugrenzen sind KI-Systeme, die eine Klassifizierung natürlicher Personen auf der Grundlage ihres **sozialen Verhaltens oder ihrer Persönlichkeitsmerkmale** vornehmen. Diese sind verboten (vgl. Art. 5). Hierunter fällt vor allem das Social Scoring (siehe dazu ausführlich Art. 5 Rn. 18 ff.). Sonstige biometrische Kategorisierungssysteme sind als hochriskant im Sinne des Art. 6 Abs. 2 i.V.m. Anhang Nr. 1 lit. b einzustufen.

c) Emotionserkennung

79 Gemäß Art. 6 Abs. 2 i.V.m. Nr. 1 lit. c sind „KI-Systeme, die bestimmungsgemäß zur Emotionserkennung verwendet werden sollen", als hochriskant zu klassifizieren. „Emotionserkennungssysteme" sind nach der Legaldefinition in Art. 3 Nr. 39 KI-Systeme, die dem Zweck dienen, Emotionen oder Absichten natürlicher Personen auf der Grundlage ihrer **biometrischen Daten** festzustellen (siehe dazu ausführlich Art. 5 Rn. 29 ff.). So wird beispielsweise die Mimik oder die Stimmlage automatisiert ausgewertet und anhand dessen werden Rückschlüsse auf menschliche Emotionen gezogen.[102]

80 Im Laufe des Gesetzgebungsverfahrens wurden Art. 5 Abs. 1 lit. f und dadurch auch Art. 6 Abs. 2 i.V.m. Nr. 1 lit. c verändert: Sollten nach dem Kommissions-

---

101 *Tschorr*, MMR 2024, 304, 307.
102 *Martini/Botta*, MMR 2023, 887, 890 m.w.N.

vorschlag vom 21.4.2021[103] Emotionserkennungssysteme[104] grundsätzlich nur als hochriskant im Sinne des Art. 6 eingestuft werden, so sind KI-Systeme, die dem spezifischen Zweck der Ableitung von Emotionen einer natürlichen Person am Arbeitsplatz oder in Bildungseinrichtungen dienen, nach der finalen Fassung der KI-VO **grundsätzlich verboten, es sei denn**, die Verwendung des KI-Systems soll aus medizinischen Gründen oder aus Sicherheitsgründen eingeführt oder auf den Markt gebracht werden (vgl. Art. 5 Abs. 1 lit. f, siehe dazu ausführlich Art. 5 Rn. 29 ff.). Andere als diejenigen Emotionserkennungssysteme, die nicht nach Art. 5 Abs. 1 lit. f verboten sind, sind nach Art. 6 Abs. 2 i.V.m. Nr. 1 lit. c Anhang III als hochriskant einzustufen.

Dieser „Kompromiss" ist grundsätzlich zu begrüßen. Emotionserkennungssysteme – die beispielsweise die Müdigkeit eines Berufskraftfahrenden erkennen – haben großen potenziellen Nutzen für die Sicherheit des Mitarbeitenden und des Straßenverkehrs. Diesem Nutzen steht jedoch ein erhebliches Missbrauchspotenzial gegenüber, weswegen die eng umgrenzte Beschränkung angezeigt ist. Für *Martini/Botta* hingegen stehen die Emotionserkennungssysteme paradigmatisch für die „Datafizierung" des Menschen, also die Rationalisierung menschlicher Vorgänge wie Emotionen in Daten.[105] *Martini/Botta* sehen dabei besonders kritisch, dass der Einzelne drohe, „gläsern" zu werden.[106] **81**

Emotionserkennungssystemen ist ein **erhebliches Diskriminierungsrisiko** immanent, sollten sie mit einem Bias bezüglich einer ethnischen Gruppe trainiert worden sein.[107] Dabei handelt es sich effektiv um das maschinelle Äquivalent des Cross-Race-Effekts, der beschreibt, dass die Identifikation von Emotionen außerhalb der eigenen ethnischen Gruppe weniger erfolgreich ist als innerhalb der eigenen ethnischen Gruppe.[108] Die Einstufung des Anwendungsfalles als Hochrisiko-KI-System ist somit absolut angebracht. **82**

103 Vgl. Art. 5 KI-VO-E Kommission.

104 Legaldefinition in Art. 3 Nr. 39: „Emotionserkennungssystem" ist ein KI-System, das dem Zweck dient, Emotionen oder Absichten natürlicher Personen auf der Grundlage ihrer biometrischen Daten festzustellen oder daraus abzuleiten.

105 *Martini/Botta*, MMR 2023, 887, 891.

106 *Martini/Botta*, MMR 2023, 887, 891

107 *Li/Yeh/Huang*, The cross-race effect in automatic facial expression recognition violates measurement invariance, Front. Psychol. 2023, http://doi.org/10.3389/fpsyg.2023.1201145.

108 *Li/Yeh/Huang*, The cross-race effect in automatic facial expression recognition violates measurement invariance, Front. Psychol. 2023, http://doi.org/10.3389/fpsyg.2023.1201145.

2. Kritische Infrastruktur (Anhang III Nr. 2)

83 KI-Systeme, die bestimmungsgemäß als **Sicherheitsbauteil** im Rahmen der Verwaltung und des Betriebs kritischer digitaler Infrastruktur, des Straßenverkehrs oder der Wasser-, Gas-, Wärme- oder Stromversorgung[109] verwendet werden sollen, sind grundsätzlich als Hochrisiko-KI-Systeme gemäß Art. 6 Abs. 2 i.V.m. Anhang III Nr. 2 im Bereich „Kritische Infrastruktur" einzustufen. Insoweit beschreibt *Martini* die Norm als „Solitär".[110] Zwar handelt es sich bei den in Anhang III gelisteten Einsatzgebieten um grundrechtssensible und gefahrenträchtige Lebensbereiche. Das Risiko des KI-Systems entstammt jedoch nicht dem bestimmungsgemäßen und regelkonformen Gebrauch, sondern folgt gerade aus der Störung oder dem Ausfall des KI-Systems.[111] Systematisch „passt" Art. 6 Abs. 2 i.V.m. Anhang III Nr. 2 besser in Art. 6 Abs. 1 i.V.m. Anhang I.

84 Der Begriff „**Kritische Infrastruktur**" wird in Art. 3 Nr. 62 definiert, welcher wiederum auf Art. 2 Nr. 4 der Richtlinie (EU) 2022/2557 (**CER-Richtlinie**)[112] verweist. Demnach handelt es sich um „Objekte, Anlagen, Ausrüstung, Netze oder Systeme oder Teile eines Objekts, einer Anlage, Ausrüstung, eines Netzes oder eines Systems, die für die Erbringung eines wesentlichen Dienstes erforderlich sind". Ein Vergleich mit dem Anhang der CER-Richtlinie zeigt jedoch, dass von den elf Sektoren nur einige Gegenstand von Anhang III Nr. 2 sind (siehe dazu ausführlich Art. 3 Rn. 445 ff.). Relevant sind aktuell:

- Kritische digitale Infrastrukturen gemäß ErwG 55 i.V.m. Anhang Nr. 8 CER-Richtlinie,
- Straßenverkehr gemäß Anhang Nr. 2 lit. d CER-Richtlinie,
- Wasserversorgung gemäß Anhang Nr. 6 CER-Richtlinie (Trinkwasser), gegebenenfalls auch gemäß Anhang Nr. 6 CER-Richtlinie (Abwasser),
- Gasversorgung gemäß Anhang Nr. 1 lit. d CER-Richtlinie,
- Wärmeversorgung gemäß Anhang Nr. 1 lit. b CER-Richtlinie (nur Fernwärme),
- Stromversorgung gemäß Anhang Nr. 1 lit. a CER-Richtlinie.

85 KI-Systeme, welche als Sicherheitsbauteile in anderen Sektoren und für die Erbringung „wesentlicher Dienste" (vgl. Art. 2 Nr. 5 CER-Richtlinie) verwendet werden sollen, wären nach Art. 6 Abs. 2 i.V.m. Anhang III Nr. 2 aktuell nicht als hochriskant einzustufen. Warum der Unionsgesetzgeber diese Bewertung getrof-

---

109 Zum Begriff vgl. Art. 3 Nr. 62 KI-VO i.V.m. Art. 2 Abs. 4 CER-Richtlinie (Richtlinie 2022/2557/EU).

110 *Martini*, in: Hilgendorf/Roth-Isigkeit, Die neue Verordnung der EU zur Künstlichen Intelligenz, § 4 Rn. 61.

111 *Martini*, in: Hilgendorf/Roth-Isigkeit, Die neue Verordnung der EU zur Künstlichen Intelligenz, § 4 Rn. 61.

112 Richtlinie (EU) 2022/2557 über die Resilienz kritischer Einrichtungen und zur Aufhebung RL 2008/114/EG.

fen hat, ist unklar und auch nicht nachvollziehbar, wenn in der CER-Richtlinie (sowie in der NIS-2-Richtlinie) zugleich der Ansatz vertreten wird, die Regulierung der Sektoren zum Schutz der Daseinsvorsorge sei zwingend. Der Einsatz von KI-Systemen als Sicherheitsbauteil im Rahmen der Verwaltung und des Betriebs kritischer digitaler Infrastruktur dürfte ein vergleichbares Risikopotenzial bieten, und zwar für alle Sektoren.

Daneben stellt sich die Frage, ob die Einstufung eines KI-Systems als Hochrisiko-KI-System davon abhängig ist, ob mit der kritischen Infrastruktur eine bestimmte Anzahl von Personen versorgt wird (Schwellenwert). Das in Deutschland geplante Gesetz zur Umsetzung der Richtlinie (EU) 2022/2557 und zur Stärkung der Resilienz von Betreibern kritischer Anlagen (KRITIS-Dachgesetz)[113] und die zugehörige Verordnung zur Bestimmung Kritischer Infrastrukturen nach dem BSI-Gesetz (BSI-KritisV)[114] sehen in der Regel einen Schwellenwert von 500.000 Personen vor, welche mit einer Dienstleistung über die Infrastruktur versorgt werden. Dies dürfte dem Ansatz der KI-VO, KI einheitlich unionsweit zu regulieren jedoch, entgegenstehen. Eindeutig ist dies jedoch nicht (siehe dazu ausführlich Art. 3 Rn. 450 ff.). **86**

Auch die Definition des „Sicherheitsbauteils“ wirft Fragen auf (siehe dazu ausführlich Art. 3 Rn. 179 ff.). ErwG 55 konkretisiert den Begriff. Danach handelt es sich bei Sicherheitsbauteilen kritischer Infrastrukturen um „Systeme, die verwendet werden, um die physische Integrität kritischer Infrastruktur oder die Gesundheit und Sicherheit von Personen und Eigentum zu schützen, die aber nicht notwendig sind, damit das System funktioniert. Ausfälle oder Störungen solcher Komponenten können direkt zu Risiken für die physische Integrität kritischer Infrastruktur und somit zu Risiken für die Gesundheit und Sicherheit von Personen und Eigentum führen.“ Dem lässt sich entnehmen, dass „Sicherheitsbauteile“ dazu dienen können, die Anlagen selbst vor Gefahren zu schützen („um die physische Integrität kritischer Infrastruktur […] zu schützen“), oder dazu, Dritte und deren Rechtsgüter vor den Gefahren, welche von den Anlagen ausgehen, zu schützen („Gesundheit und Sicherheit von Personen und Eigentum zu schützen“). **87**

Als weitere Kriterien nennt ErwG 55, dass es sich nicht um KI-Systeme handelt, welche für die Funktion der kritischen Infrastruktur notwendig sind, auch darf es sich nicht um Komponenten handeln, „die für die ausschließliche Verwendung zu Zwecken der Cybersicherheit vorgesehen sind“. Wie der Begriff „notwendig“ im Detail zu verstehen ist, ergibt sich aus der KI-VO nicht. Hier wird es wohl auf eine Einzelfallbetrachtung ankommen. Dass „Sicherheitsbauteile“ zum reinen Zweck der Cybersicherheit nicht erfasst werden sollen, dürfte damit zusammen- **88**

---

113 Zweiter Referentenentwurf eines Gesetzes zur Umsetzung der Richtlinie (EU) 2022/2557 und zur Stärkung der Resilienz von Betreibern kritischer Anlagen.

114 Verordnung zur Bestimmung Kritischer Infrastrukturen nach dem BSI-Gesetz.

hängen, dass diese bereits von den Vorgaben der NIS-2-Richtlinie[115] und dem CRA reguliert sind. Dies ist aber kritisch zu betrachten, da ein Angriff auf intelligente Cybersicherheitsprodukte auch zu Ausfällen oder Störungen führen kann, die ein erhebliches Risiko für Gesundheit, Sicherheit und Grundrechte im Sinne von Art. 6 Abs. 2 und 3 zur Folge haben.[116] Als Beispiele nennt ErwG 55 letztendlich: Systeme für die Überwachung des Wasserdrucks oder Feuermelder-Kontrollsysteme in Cloud-Computing-Zentren.

89 Im Ergebnis wird es für die betroffenen Akteure nicht immer leicht sein, ein KI-System, welches als „Sicherheitsbauteil" für die Verwaltung und den Betrieb einer der betroffenen Infrastrukturen eingesetzt wird, richtig im Hinblick auf das Risiko einzustufen.

3. Allgemeine und berufliche Bildung (Anhang III Nr. 3)

90 Aufgrund der zentralen Bedeutung für die Persönlichkeitsentwicklung, betreffend die Ausschöpfung der Lebenschancen des Individuums und die effektive Grundrechtsausübung, bewertet der Unionsgesetzgeber KI-Systeme, die bestimmungsgemäß beim Zugang zu Bildung, der Bewertung von Lernergebnissen und des Bildungsniveaus sowie bei der Überwachung und Erkennung verbotenen Verhaltens von Schülern bei Prüfungen eingesetzt werden, als hochriskant.[117] Der Unionsgesetzgeber sieht in den **Bildungsbereichen** erhebliche Diskriminierungsgefahren,[118] auch wirken KI-Systeme in dem Bereich tief in die Lebensgestaltung und -planung der vom KI-System bewerteten und überwachten Person ein.[119] Deswegen sind KI-Systeme zur Ableitung von Emotionen einer natürlichen Person in Bildungseinrichtungen gemäß Art. 5 Abs. 1 lit. f sogar verboten, es sei denn, die Verwendung des KI-Systems soll aus medizinischen Gründen oder Sicherheitsgründen eingeführt oder auf den Markt gebracht werden (siehe dazu ausführlich Art. 5 Rn. 29 ff.).

91 Dennoch erkennt der Unionsgesetzgeber den Nutzen von KI-Systemen in der Bildung. So sieht er auch Chancen im Einsatz von KI, indem dadurch hochwerti-

---

115 Richtlinie (EU) 2022/2555 des Europäischen Parlaments und des Rates vom 14.12.2022 über Maßnahmen für ein hohes gemeinsames Cybersicherheitsniveau in der Union, zur Änderung der Verordnung (EU) Nr. 910/2014 und der Richtlinie (EU) 2018/1972 sowie zur Aufhebung der Richtlinie (EU) 2016/1148 (NIS-2-Richtlinie).

116 Siehe *Buchholz*, Einsatz künstlicher Intelligenz in kritischen Infrastrukturen, https://www.kritisschutz.de/ki-verordnung_kritische_infrastrukturen/ (zuletzt abgerufen am 31.5.2024).

117 Vgl. *Bernsdorff*, in: Meyer/Hölscheidt, GRCh, Art. 14 Rn. 9 f.

118 ErwG 44.

119 *Martini*, in: Hilgendorf/Roth-Isigkeit, Die neue Verordnung der EU zur Künstlichen Intelligenz, § 4 Rn. 66.

ge (digitale) allgemeine und berufliche Bildung gefördert werden könne. Auch sei der Einsatz von KI-Systemen in der Bildung wichtig, um es allen Lernenden und Lehrkräften zu ermöglichen, die erforderlichen digitalen Fähigkeiten und Kompetenzen, einschließlich Medienkompetenz und kritischem Denken, zu erwerben und auszutauschen.[120] Dies sieht der Unionsgesetzgeber als notwendig an, um die aktive Beteiligung an Wirtschaft, Gesellschaft und demokratischen Prozessen zu gewährleisten.[121]

Von Art. 6 Abs. 2 i.V.m. Anhang III Nr. 3 wohl nicht erfasst sind KI-Systeme, die von Lehrenden oder Dozierenden zur (individuellen) **Optimierung des Lehrplans** eingesetzt werden. Hierfür könnte der Wortlaut sprechen, auch wenn unter bestimmten Umständen Fälle denkbar sind, die auch zu Verzerrungen oder Benachteiligungen führen können. Dennoch dürfte dies bei der Gestaltung des Curriculums regelmäßig nicht der Fall sein, soweit dies keine unmittelbare Auswirkung auf das Bildungsniveau oder den Zugang zu Bildung oder die Bewertung von Lernergebnissen hat. **92**

Welche Bereiche zur „Bildung" im Sinne der KI-VO gehören, ist nicht definiert. Allerdings sollen gemäß Art. 6 Abs. 2 i.V.m. Anhang III Nr. 3 KI-Systeme auf „allen Ebenen der allgemeinen und beruflichen Bildung" unter den genannten Bedingungen als „hochriskant" klassifiziert werden, soweit keine Ausnahme gemäß Art. 6 Abs. 3 vorliegt. So ist – im Sinne eines umfassenden Grundrechtsschutzes – ein **weites Begriffsverständnis** angezeigt. Daraus folgt, dass mit „Bildung" sowohl die allgemeine schulische Bildung als auch die berufliche Aus- und Weiterbildung gemeint ist.[122] Das Begriffsverständnis beschränkt sich mithin nicht bloß auf Primär-, Sekundär-, Tertiärbildung oder die Organisationsform der Bildungseinrichtung. Mithin ist auch der Begriff „Schüler" gemäß Anhang III Nr. 3 lit. d weiter zu verstehen. **93**

Aus der Systematik der Norm könnte geschlussfolgert werden, dass sich durch die Bezugnahme auf Lebenssituationen, die typischerweise erst im Rahmen der allgemeinen Primärbildung mit dem Schuleintritt beginnen, wie Prüfungssituationen und Evaluationen, die **frühkindliche Bildung**[123] – beispielsweise in kommunalen Kinderbetreuungseinrichtungen – nicht vom Anwendungsbereich des Art. 6 Abs. 1 i.V.m. Anhang III Nr. 3 erfasst sein könnte. Dagegen spricht aber, dass bereits auf diesen frühen Ebenen Entscheidungen über den Schuleintritt gefällt werden und damit eine Beeinflussung des weiteren Bildungsweges vorgenommen wird. **94**

120 ErwG 56.
121 ErwG 56.
122 Vgl. *Jarass*, in: Jarass, GRCh, Art. 14 Rn. 6ff.
123 Zum Begriff: Weber kompakt „Frühkindliche Bildung".

a) Zugang, Zulassung oder Zuweisung

95 Zunächst sind „KI-Systeme, die bestimmungsgemäß zur Feststellung des **Zugangs** oder der **Zulassung** oder zur **Zuweisung** natürlicher Personen zu Einrichtungen aller Ebenen der allgemeinen und beruflichen Bildung verwendet werden sollen“, gemäß Art. 6 Abs. 2 i.V.m. Anhang Nr. 3 lit. a grundsätzlich als Hochrisiko-KI-Systeme zu klassifizieren.

96 Dabei handelt es sich um KI-Systeme, die beispielsweise in der (Hoch-)Schulverwaltung eingesetzt werden, um Studienplätze zu vergeben oder die Teilnahme an Bildungsveranstaltungen mit begrenzten Kapazitäten zu koordinieren oder welche die Versetzung in die nächste Klassenstufe unterstützen. Dahinter steht der Gedanke, dass KI-Systeme, die über den Bildungszugang natürlicher Personen entscheiden, erhöhtes Diskriminierungspotenzial besitzen und – sollte es zu fehlerhaften Outputs kommen – erhebliche Grundrechtseingriffe tätigen, da sie das weitere Leben der betroffenen Person erheblich beeinflussen (können).[124] Eine missbräuchliche oder unsachgemäße Anwendung solcher KI-Systeme kann auch dazu führen, dass historische Diskriminierungsmuster fortgeschrieben werden. Dem gegenüber steht der Gedanke der effizienten Bildungsadministration durch automatisierte Entscheidungsprozesse, weshalb ein Verbot solcher KI-Systeme auch nicht angebracht ist, eine strenge Regulierung aber schon.

b) Bewertung von Lernergebnissen

aa) Vorgaben der KI-VO

97 Gemäß Art. 6 Abs. 2 i.V.m. Anhang Nr. 3 lit. b sind KI-Systeme als hochriskant einzustufen, die bestimmungsgemäß für die Bewertung von Lernergebnissen verwendet werden sollen, einschließlich des Falles, dass diese Ergebnisse dazu dienen, den Lernprozess natürlicher Personen in Einrichtungen oder Programmen aller Ebenen der allgemeinen und beruflichen Bildung zu steuern. Mit Blick auf den Wortlaut scheint sich die Einstufung nur auf die Bewertung der Lernergebnisse zu beschränken, nicht jedoch auf die Generierung der zugrundeliegenden Prüfungen.

98 Beim Einsatz eines KI-Systems für die Bewertung von Lernergebnissen ist zu berücksichtigen, dass in Prüfungssituationen und deren Bewertungen (jedenfalls nach deutschem Recht) oft ein nicht unerheblicher **Ermessens- und Beurteilungsspielraum** besteht,[125] auf den KI-Systeme nicht adäquat reagieren können,

---

124 ErwG 44; vgl. auch *Martini*, in: Hilgendorf/Roth-Isigkeit, Die neue Verordnung der EU zur Künstlichen Intelligenz, § 4 Rn. 66.

125 Vgl. *Rux*, Schulrecht, § 4 Rn. 1575 ff.

da dort pädagogisch-fachliche Einschätzungen in die Bewertung einfließen. In solchen Situationen könnte es zu Diskriminierungen aufgrund der Herkunft oder der Abstammung kommen, wenn KI-Systeme zum Beispiel nicht in der Lage sind, die Prüfungsleistungen Deutschlernender entsprechend zu würdigen. Es ist deshalb durch Schutzmaßnahmen sicherzustellen, dass diese Ermessens- und Beurteilungsspielräume weiterhin Berücksichtigung finden. Genauso wie dies auch ohne den Einsatz von KI-Systemen sicherzustellen ist.

bb) Zulässigkeit nach nationalem Recht?

Die Einstufung als hochriskantes KI-System besagt indes nichts über die Zulässigkeit des Einsatzes eines KI-Systems im konkreten Einzelfall aus. Insoweit macht allein Art. 5 Aussagen zur (Un-)Zulässigkeit der KI-Systeme nach der KI-VO. Die Synergien der KI-VO mit dem nationalen Recht werden eindrücklich am Beispiel der KI-Systeme, die bestimmungsgemäß zu Zwecken der Bewertung von Prüfungen und Lernergebnissen eingesetzt werden, offenbar. **99**

Nach nationalem Recht sind **vollständig automatisierte Entscheidungen** nicht vorbehaltlos möglich. Gemäß Art. 35a VwVfG stehen vollständig automatisierte Entscheidungen unter Rechtsnormvorbehalt. Das bedeutet, dass es eine spezialgesetzliche Grundlage für die automatisierte Prüfungsentscheidung geben muss. Nur im Falle der gebundenen Entscheidungen, bei denen weder Ermessens- noch Beurteilungsspielraum eröffnet ist, ist der Einsatz eines solchen KI-Systems zudem grundsätzlich nach den Vorgaben des § 35a VwVfG möglich.[126] Für prüfungsrechtliche Bewertungen, die regelmäßig einen Ermessens- und Beurteilungsspielraum haben,[127] führt dies de lege lata dazu, dass es einer **spezialgesetzlichen Ermächtigungsgrundlage** für die automatisierte Prüfungsbewertung bedurfte. Soweit eine solche spezialgesetzliche Ermächtigungsgrundlage im Prüfungsrecht nicht existiert, wäre der Einsatz eines solchen KI-Systems nach Unionsrecht zulässig – wenngleich als hochriskant eingestuft –, nach nationalem Recht jedoch verboten.[128] **100**

c) Bewertung des Bildungsniveaus

Als hochriskant bewertet der Unionsgesetzgeber ferner solche KI-Systeme, „die bestimmungsgemäß zum Zweck der Bewertung des angemessenen Bildungsniveaus, das eine Person im Rahmen von oder innerhalb von Einrichtungen der all- **101**

126 Selbst dann ist jedoch auch Art. 22 DSGVO zu berücksichtigen.
127 *Schneider*, in: Schoch/Schneider, VwVfG, § 24 Rn. 170 f. m. w. N.
128 Darüber hinaus stellt sich die Frage, ob autonome Entscheidungen von § 35a VwVfG überhaupt erfasst sind, als dieser nur „automatisierte", also zunächst deterministische (System-)Entscheidungen in Bezug nimmt.

gemeinen und beruflichen Bildung erhalten wird oder zu dem sie Zugang erhalten wird, verwendet werden sollen", Art. 6 Abs. 2 i.V.m. Anhang III Nr. 3 lit. c.

102 Dabei handelt es sich wohl in Abgrenzung zur Bewertung von Lernergebnissen oder Lernprozessen, welche die Leistung eines Lernenden auf Mikro-Ebene evaluiert, um die **Evaluation auf Meso- und Makro-Ebene**, also um die schulinterne oder bildungssysteminterne Evaluation schulischen Bildungsniveaus. Beispiele dafür sind internationale Schulleistungsuntersuchungen der OECD[129] (sog. PISA-Studien) auf internationaler Ebene oder Lernstandserhebungen auf Landesebene.

d) Prüfungsüberwachung

103 Ferner gelten „KI-Systeme, die bestimmungsgemäß zur Überwachung und Erkennung von verbotenem Verhalten von Schülern bei Prüfungen im Rahmen von oder innerhalb von Einrichtungen der allgemeinen und beruflichen Bildung verwendet werden sollen", gemäß Art. 6 Abs. 2 i.V.m. Anhang III Nr. 3 lit. c als hochriskant.

104 In Prüfungssituationen kann ein KI-System bei der Prüfungsaufsicht eingesetzt werden, indem es das Prüfungsgeschehen erfasst, interpretiert und auf Legalität bewertet. Auch im Rahmen **elektronischer Fernprüfungen** – Prüfungen aus dem Home-Office – kann ein KI-System Verwendung finden, indem sie als sog. Proctoring-Software eingesetzt wird. Dabei wird mittels Kamera und Mikrofon zum einen die Prüfungsaufsicht sichergestellt und zum anderen wird die Prüfung hinsichtlich der Verwendung unzulässiger Hilfsmittel untersucht.[130] Dies geschieht, indem das KI-System Zugriff auf die Hard- und Software des Computers erhält und für die Zeit der Prüfung Aufnahmen von Kamera, Mikrofon und Bildschirm der Prüflinge anfertigt.[131] Technisch möglich ist das eigenständige Erkennen von Täuschungsverhalten und auch das eigenständige Entscheiden über Prüfungssachverhalte durch das KI-System.[132]

105 Die Grundrechtsrelevanz dessen liegt auf der Hand: Das eigenständige Entscheiden durch die Proctoring-Software wird zuweilen pathetisch als menschenunwürdig beschrieben, ist aber jedenfalls ein (möglicherweise gerechtfertigter) Eingriff in das allgemeine Persönlichkeitsrecht und die informationelle Selbstbestimmung der Betroffenen.[133] Da auch auf die Kamera des Prüflings zugegrif-

129 Organisation for Economic Co-operation and Development, zu Deutsch: Organisation für wirtschaftliche Zusammenarbeit und Entwicklung.

130 *Rachut/Besner*, MMR 2021, 851, 852.

131 *Rachut/Besner*, MMR 2021, 851, 852.

132 *Murati,* ZfDR 2024, 118, 123 f.

133 *Rachut/Besner*, MMR 2021, 851, 854.

fen wird und die Prüfung typischerweise im häuslichen Umfeld angefertigt wird, kann auch ein Eingriff in die Unverletzlichkeit der Wohnung gemäß Art. 13 Abs. 1 GG vorliegen.[134] Das eigenständige Erkennen von Täuschungshandlungen durch KI ist weniger eingriffsintensiv und dennoch nicht minder grundrechtsrelevant, da auch zu diesen Zwecken Daten verarbeitet werden müssen, sodass jedenfalls ein Eingriff in die informationelle Selbstbestimmung vorliegt.[135]

4. Beschäftigung, Personalmanagement und Zugang zur Selbstständigkeit (Anhang III Nr. 4)

Wie Anhang III Nr. 3 (Bildung) und Anhang III Nr. 5 (Zugang oder Inanspruch- **106** nahme von Diensten und Leistungen) widmet sich Anhang III Nr. 4 einem weiteren Aspekt der Lebensgestaltung, nämlich der Arbeit.[136] Hierbei geht es um die Nutzung von KI-Systemen bei der Einstellung oder Auswahl von Kandidaten (Anhang III Nr. 4 lit. a) sowie für Entscheidungen während des Arbeitsverhältnisses (Anhang III Nr. 4 lit. b).

a) Bewerbung und Anbahnung des Arbeitsverhältnisses

Art. 6 Abs. 2 i.V.m. Anhang III Nr. 4 lit. a erfasst KI-Systeme, die bestim- **107** mungsgemäß für die **Einstellung oder Auswahl natürlicher Personen** verwendet werden sollen, insbesondere um gezielte Stellenanzeigen zu schalten, Bewerbungen zu sichten oder zu filtern und Bewerber zu bewerten. KI-Systeme, die im Rahmen des Bewerbungsverfahrens verwendet werden, können auf die berufliche Lebensplanung, auf die künftigen Karriereaussichten, den Lebensunterhalt sowie auf die Arbeitnehmerrechte erhebliche Auswirkungen haben.[137] Zudem ist das Machtungleichgewicht zwischen Arbeitgeber und Bewerbenden zu berücksichtigen. Der Bereich ist deshalb besonders grundrechtesensibel, auch weil schwerwiegende Diskriminierungen aufgrund fehlerhafter KI-Outputs drohen können, indem sie historische Diskriminierungsmuster fortschreiben.[138]

Die Einsatzfelder von KI bei der Anbahnung und Begründung eines Arbeitsver- **108** hältnisses sind vielfältig: So handelt es sich bei der Anbahnung bis zum Vertragsschluss bei KI-basierten Backgroundchecks durch sog. „Scraping“,[139] Ver-

---

134 *Birnbaum,* Bildungsrecht in der Corona-Krise, § 4 Rn. 75.

135 *Rachut/Besner*, MMR 2021, 851, 855.

136 *Martini*, in: Hilgendorf/Roth-Isigkeit, Die neue Verordnung der EU zur Künstlichen Intelligenz, § 4 Rn. 62 und 63.

137 Vgl. ErwG 57.

138 Vgl. ErwG 57.

139 Vgl. *John*, in: Hoeren/Sieber/Holznagel, Handbuch Multimedia-Recht, Teil 29.4 Rn. 18.

haltensanalysen der Bewerber,[140] „Predictive Policing“[141] im individualarbeitsrechtlichen Kontext[142] oder Entscheidungshilfen durch KI-Systeme[143] um hochriskante KI-Systeme, die einem engmaschigen Kontroll- und Pflichtenkatalog unterworfen werden müssen, Art. 6 Abs. 2 i.V.m. Anhang III Nr. 4 lit. a. Datenschutzrechtlich kann es sich um eine **zulässige Datenverarbeitung** handeln, vorbehaltlich eines berechtigten Interesses des Arbeitgebers gemäß Art. 88 DSGVO i.V.m. § 26 Abs. 1 BDSG[144] (i.V.m. Art. 6 Abs. 1 Satz 1 lit. f DSGVO) im Regelfall.[145] Besonderes Augenmerk sollte zudem dem Einsatz der **„People Analytics“** gelten, also der Erstellung eines umfassenden Persönlichkeitsprofils, indem eine Datenanalyse Personal-, Unternehmens- und sonstige Daten miteinander verknüpft und beispielsweise mit Vorhersagemodellen Personalentscheidungen unterstützen soll.[146] Im Rahmen eingegangener Bewerbungen können KI-Systeme eingesetzt werden, welche die Daten der Bewerbenden mit denen der Beschäftigten abgleichen.[147] Ob eine solche Verarbeitung per se zulässig ist, richtet sich nach den nationalen Vorschriften (z.B. Allgemeines Gleichbehandlungsgesetz) und dem Datenschutzrecht (dort u.a. nach Art. 22 DSGVO).

109 Dem immanent ist das Risiko der Diskriminierung anhand (besonderer Kategorien) personenbezogener Daten. Denkbar ist beispielsweise, dass ein Betrieb überwiegend Mitarbeitende eines bestimmten Geschlechts beschäftigt. Wird nun ein Recruiting-KI-System mit diesen verzerrten Daten trainiert, könnte es zu einem Bias zugunsten dieses Geschlechts kommen.[148] Diese Erwägung lag auch der gesetzgeberischen Entscheidung zur Einstufung als hochriskant zugrunde.[149] Um solchen **Output-Bias** zu minimieren, hat der Unionsgesetzgeber

140 Vgl. *John*, in: Hoeren/Sieber/Holznagel, Handbuch Multimedia-Recht, Teil 29.4 Rn. 24 ff.; die Zulässigkeit des Predictive Policing im individualrechtlichen Kontext ist dennoch zweifelhaft, vgl. Art. 5 Abs. 1 lit. d, der seinem Wortlaut nach nicht nur öffentliche, sondern auch private Akteure adressiert, *Dilling/Musiol*, CCZ 2024, 257, 261 ff.

141 Vgl. *Meyer*, NJW 2023, 1841, 1842; vgl. *John*, in: Hoeren/Sieber/Holznagel, Handbuch Multimedia-Recht, Teil 29.4 Rn. 48.

142 *Meyer*, NJW 2023, 1841, 1842; vgl. *John*, in: Hoeren/Sieber/Holznagel, Handbuch Multimedia-Recht, Teil 29.4 Rn. 47 ff.

143 Vgl. *John*, in: Hoeren/Sieber/Holznagel, Handbuch Multimedia-Recht, Teil 29.4 Rn. 33.

144 Soweit dieser nicht als europarechtswidrig anzusehen ist, dann: Art. 6 Abs. 1 lit. b DSGVO.

145 Vgl. *John*, in: Hoeren/Sieber/Holznagel, Handbuch Multimedia-Recht, Teil 29.4 Rn. 38.

146 Vgl. *Geißler*, in: Kramer, IT-Arbeitsrecht, § 2 Rn. 974.

147 *Meyer*, NJW 2023, 1841, 1842.

148 *Lang/Reinbach*, NZA 2023, 1273, 1274.

149 ErwG 57.

mit Art. 10 Abs. 5 zudem einen Ausnahmetatbestand zu Art. 9 Abs. 1 DSGVO geschaffen: Gemäß Art. 10 Abs. 5 wird es Anbietern gestattet, besondere Kategorien personenbezogener Daten zu verarbeiten, um Output-Bias zu beobachten, zu erkennen und zu korrigieren, sofern die Datenverarbeitung zu diesem Zweck unbedingt erforderlich ist (siehe dazu ausführlich Art. 10 Rn. 98 ff.).[150]

Nicht jedes KI-System, welches im Zusammenhang mit dem Bewerbungsverfahren verwendet wird, ist als Hochrisiko-KI-System einzustufen. So ist an KI-Systeme zu denken, die eingegangene Bewerbungen für den weiteren Bewerbungsprozess anonymisieren oder den Bewerbungsprozess umfassend dokumentieren.[151] In dem Fall dient das KI-System der bloßen **Verfahrensoptimierung**, ein erhebliches Diskriminierungsrisiko ist nicht gegeben. Anbieter solcher KI-Systeme haben im Rahmen eines „Self-Assessment" gemäß Art. 6 Abs. 3 und 4 daher die Option, das KI-System als nicht hochriskant einzustufen. Sie müssen die Bewertung dokumentieren und das KI-System vor dem Inverkehrbringen gemäß Art. 49 Abs. 2 registrieren (siehe dazu ausführlich Rn. 168 ff.). **110**

b) Während des Arbeitsverhältnisses

KI-Systeme, die „bestimmungsgemäß für Entscheidungen, die die Bedingungen von Arbeitsverhältnissen, Beförderungen und Kündigungen von Arbeitsvertragsverhältnissen beeinflussen, für die Zuweisung von Aufgaben aufgrund des individuellen Verhaltens oder persönlicher Merkmale oder Eigenschaften oder für die Beobachtung und Bewertung der Leistung und des Verhaltens von Personen in solchen Beschäftigungsverhältnissen verwendet werden [sollen]", werden gemäß Art. 6 Abs. 2 i.V.m. Anhang III Nr. 4 lit. b als hochriskant eingestuft. Der Einsatz von KI-Systemen während des Arbeitsverhältnisses greift nicht weniger in die Grundrechte des Einzelnen ein als der Einsatz von KI-Systemen im Bewerbungsprozess. Vor allem können die KI-Systeme sich auf das Verhalten, die Leistung, die Gesundheit oder die Privatsphäre auswirken (vgl. ErwG 57). Innerhalb des Arbeitsverhältnisses können „Predictive Policing" oder „People Analytics" ebenso relevant werden.[152] Zudem bedienen sich zahlreiche Unternehmen zuweilen sog. „Skill-Datenbanken", die Leistungsdaten der Mitarbeitenden verarbeiten, deren datenschutzrechtliche Zulässigkeit grundsätzlich bejaht wird.[153] Diese KI-Systeme sind, auch ohne zwingend personenbezogene Daten zu verarbeiten, grundsätzlich hochriskante KI-Systeme, indem sie gleichzeitig die Leistung der Mitarbeitenden bewerten. **111**

150 Zur Kritik daran, dass sich die Ausnahme nur auf Hochrisiko-KI-Systeme bezieht, *Müller-Peltzer/Tanczik*, RDi 2023, 452, 457.

151 *Meyer*, NJW 2023, 1841, 1842.

152 Vgl. nur *Geißler*, in: Kramer, IT-Arbeitsrecht, § 2 Rn. 988.

153 Vgl. *Geißler*, in: Kramer, IT-Arbeitsrecht, § 2 Rn. 988.

112 Was der Unionsgesetzgeber unter den „Bedingungen des Arbeitsverhältnisses" versteht, ist nicht klar und geht nicht aus den Gesetzgebungsmaterialien hervor. Systematisch sind damit wohl die Arbeitsbedingungen des konkreten Einzelfalls gemeint, wie beispielsweise die Arbeitsstätte oder die Arbeitszeiten. Das bedeutet, dass die Ausübung und die vorherige Entscheidungsgrundlagenermittlung des arbeitgeberseitigen Weisungsrechts gemäß § 106 Gewerbeordnung dem ebenfalls unterfallen sollten.

113 Sollen gar Kündigungen durch KI-Systeme ausgesprochen werden, ist an ihrer Rechtmäßigkeit zu zweifeln: Die Grenzen der KI-basierten Entscheidungen finden sich in Art. 22 DSGVO. Dieser verbietet den automatisierten Kündigungsausspruch.[154] Art. 22 DSGVO soll dabei nach Ansicht einiger Vorwirkung hinsichtlich der KI-basierten Entscheidungsvorbereitung haben.[155] Nach wohl überwiegender Ansicht entfaltet Art. 22 DSGVO eine solche Vorwirkung nicht.[156] Zulässig ist aber die Verwendung des KI-Systems für KI-basierte Entscheidungsvorbereitungen. Vom Anwendungsbereich der Norm umfasst sind bereits solche KI-Systeme, die arbeitsrechtliche „Entscheidungen […] beeinflussen". Ausreichend für die Einstufung als hochriskante KI-Systeme ist mithin die bloß bestimmungsgemäße Einflussnahmemöglichkeit auf die Entscheidung.[157]

5. Zugänglichkeit und Inanspruchnahme grundlegender privater und grundlegender öffentlicher Dienste und Leistungen (Anhang III Nr. 5)

a) Öffentliche Unterstützungsleistungen

114 Gemäß Art. 6 Abs. 2 i.V.m. Anhang III Nr. 5 lit. a sind KI-Systeme, die bestimmungsgemäß von Behörden oder im Namen von Behörden verwendet werden sollen, um zu beurteilen, ob natürliche Personen Anspruch auf grundlegende öffentliche Unterstützungsleistungen und -dienste, einschließlich Gesundheitsdiensten, haben und ob solche Leistungen und Dienste zu gewähren, einzuschränken, zu widerrufen oder zurückzufordern sind, als Hochrisiko-KI-Systeme einzustufen. Menschen, die Leistungen und Dienste der öffentlichen Hand beantragen oder in Anspruch nehmen, sind in der Regel auf die Hilfe und Unterstützung der öffentlichen Hand angewiesen. Die **Gewährung eines Existenzmi-**

---

154 *Frank/Heine*, NZA 2023, 935, 936 f.; vgl. *Malorny,* RdA 2022, 170, 176; *Kössel*, DB 2024, 1069, 1071.

155 *Frank/Heine*, NZA 2023, 935, 937.

156 *Frank/Heine*, NZA 2023, 935, 937 m. w. N.

157 Ergänzend: Da der deutsche Gesetzgeber von der Öffnungsklausel gemäß Art. 22 Abs. 2 lit. b DSGVO bislang keinen Gebrauch gemacht hat, unterliegt auch der Abschluss eines Arbeitsvertragsverhältnisses dem Erforderlichkeitskriterium von Art. 22 Abs. 2 lit. a DSGVO und ist einzelfallabhängig zu untersuchen, vgl. *Frank/Heine*, NZA 2023, 935, 938.

nimums wurzelt tief in der Menschenwürde und muss jedem gestattet sein, der in der Union seinen Aufenthalt hat und haben darf.[158] Zu denken ist an staatliche Unterstützungsleistungen wie etwa „Gesundheitsdienste, Leistungen der sozialen Sicherheit, soziale Dienste, die Schutz in Fällen wie Mutterschaft, Krankheit, Arbeitsunfall, Pflegebedürftigkeit oder Alter und Arbeitsplatzverlust sowie Sozialhilfe und Wohngeld bieten" (ErwG 58). Bei den genannten Dienstleistungen handelt es sich um die Lebensgrundlage des Menschen, also um seine elementarsten Bedürfnisse. Um die Grundrechte hinreichend zu wahren, bedarf es der strengen Regulierung der für diesen Anwendungsfall eingesetzten KI-Systeme, um erhebliche Risiken im Sinne von Art. 6 Abs. 3 für die Betroffenen zu verhindern.

b) Kreditwürdigkeitsprüfung und Bonitätsbewertung

Gemäß Art. 6 Abs. 2 i.V.m. Anhang III Nr. 5 lit. b sind KI-Systeme hochriskant, **115**
die bestimmungsgemäß für die Kreditwürdigkeitsprüfung und Bonitätsbewertung natürlicher Personen verwendet werden sollen, mit **Ausnahme** von KI-Systemen, die zur **Aufdeckung von Finanzbetrug** verwendet werden.

Adressaten dieser Regelung sind sowohl **private** als auch **öffentliche Akteure**. **116**
Darunter können beispielsweise Angebote auf Webseiten oder Diensteanbieter fallen, welche die Kreditwürdigkeit eines Kreditnehmers prüfen. Diese KI-Systeme sind als hochriskant einzustufen, da auf Basis der Ergebnisse der vom KI-System durchgeführten Kreditwürdigkeitsprüfung und Bonitätsbewertung Entscheidungen über den Zugang und Erhalt von finanziellen Mitteln getroffen werden sowie zu anderen wesentlichen Dienstleistungen, wie etwa Wohnraum, Elektrizität oder Telekommunikation.[159] Dies kann zu Diskriminierungen jeglicher Art führen und zu erheblichen Nachteilen in der Lebensführung.

Ausgenommen sind KI-Systeme zur Aufdeckung von Finanzbetrug. Finanzbe- **117**
trug soll durch die automatisierte Erkennung verdächtiger Transaktionen und die Implementation von Risikoanalysesystemen abgeholfen werden. Die KI-Systeme sind nicht als Hochrisiko-KI-Systeme zu klassifizieren.[160] Den Weg zur KI in der Finanzverwaltung hat der deutsche Gesetzgeber indes schon früh mit den §§ 88 Abs. 5, 155 Abs. 4 Abgabenordnung geebnet.[161]

158 Vgl. *Ruffert*, JuS 2020, 280, 281.
159 ErwG 58.
160 ErwG 42.
161 *Martini*, in: Hilgendorf/Roth-Isigkeit, Die neue Verordnung der EU zur Künstlichen Intelligenz, § 4 Rn. 73.

c) Risikobewertung und Preisbildung bei Kranken- und Lebensversicherungen

118 Ferner sind solche KI-Systeme gemäß Art. 6 Abs. 2 i.V.m. Anhang III Nr. 5 lit. c als hochriskant einzustufen, die bestimmungsgemäß für die Risikobewertung und Preisbildung in Bezug auf natürliche Personen im Fall von Kranken- und Lebensversicherungen verwendet werden sollen. Nicht nur die Beurteilung der Kreditwürdigkeit begründet hohe Risiken. Genauso risikoreich ist auch die Berechnung von Beiträgen von Versicherungen zu bewerten, welche vom Versicherungsnehmer zu zahlen sind, zumindest von Versicherungen, welche aus finanzieller Sicht essenziell für das Leben des Betroffenen sein können.[162]

119 Bemerkenswert ist, dass der Kommissionsvorschlag vom 21.4.2021 den Anwendungsfall noch **nicht enthielt**. Mit der Position des Rates vom 6.12.2022 wurde der Anwendungsfall erstmals aufgenommen, jedoch sollte er abhängig von der Unternehmensgröße Anwendung finden.[163] Die Position des Europäischen Parlaments vom 14.6.2023 sah demgegenüber vor, dass KI-Systeme als hochriskant einzustufen sind, wenn sie „bestimmungsgemäß für Entscheidungen oder zur wesentlichen Einflussnahme auf Entscheidungen darüber, ob eine natürliche Person für eine Kranken- oder Lebensversicherung in Frage kommt, verwendet werden sollen".[164] Dies wäre im Hinblick auf das Risiko nicht sachgerecht gewesen, da der Anwendungsbereich zu eng gefasst worden wäre.

d) Notrufe und Triage bei Notfallversorgung

aa) Vorgaben der KI-VO

120 Art. 6 Abs. 2 i.V.m. Anhang III Nr. 5 lit. d erfasst KI-Systeme, die bestimmungsgemäß zur Bewertung und Klassifizierung von Notrufen natürlicher Personen oder Entsendung oder Priorisierung des Einsatzes von Notfall- und Rettungsdiensten, einschließlich Polizei, Feuerwehr und medizinischer Nothilfe, sowie für Systeme für die Triage von Patienten bei der Notfallversorgung verwendet werden sollen. Unter Triage versteht man die Kategorisierung und Priorisierung von Patienten, um sie dem geeigneten Behandlungsort zuzuweisen.[165]

121 Die Grundrechtsrelevanz solcher KI-Systeme liegt auf der Hand: Erzeugt sie einen falschen Output, kann es zu erheblichen Gefahren und Schäden an hochrangigen Rechtsgütern wie Leib, Leben oder Gesundheit kommen. Aufgrund dessen sind die KI-Systeme dem strengeren Regelungs- und Kontrollregime für

---

162 *Martini/Ruschemeier*, in: Hoeren/Sieber/Holznagel, Handbuch Multimedia-Recht, Teil 29.6 Rn. 80 ff.

163 Anhang III Nr. 6 (ca) KI-VO-E Kommission.

164 KI-VO-E Parlament, S. 332, Amendment 723.

165 *Christ/Grossmann/Winter/Bingisser/Platz*, Modern triage in the emergency department, Deutsches Ärzteblatt 2010, 107(50): 892-8, DOI: 10.3238/arztebl.2010.0892.

Hochrisiko-KI-Systeme unterworfen.[166] Das ist sowohl bei KI-Systemen, die zu Zwecken der Einstufung von Notrufen und der Evaluation des Gefahrengrades eingesetzt werden, der Fall als auch bei dem Einsatz zu Zwecken der Triage. So werden bereits erste KI-basierte multilinguale Notruf-Assistenzsysteme erprobt, welche die Notrufannahme durch KI-basierte Sprachverarbeitung unterstützen sollen.[167] Während und nach der COVID-19-Pandemie wurden verschiedene klinische Entscheidungsunterstützungssysteme (Clinical-Decision-Support-Software – CDSS) entwickelt, die bei der Patiententriage eingesetzt werden können.[168] Diese KI-Systeme entscheiden über die Chance von Leben und Tod, indem verschiedene Metriken eingesetzt werden und auf deren Basis über den Zugang zum Gesundheitssystem entschieden wird. Die grundrechtliche Relevanz und die Tragweite einer solchen Entscheidung durch ein KI-System liegen auf der Hand. Als Vergleich: In den USA hat die Johns Hopkins University beispielsweise erste KI-Systeme erprobt, die in der Notaufnahme eingesetzt werden und im Falle der Überbelastung anhand mehrerer Metriken triagieren.[169]

bb) Einsatzgebiete nach nationalem Recht

Gemäß § 5c Abs. 3 Infektionsschutzgesetz ist die Triage (Zuteilungsentscheidung) bei nicht ausreichenden überlebenswichtigen intensivmedizinischen Behandlungskapazitäten nur durch natürliche Personen zulässig („von zwei Ärztinnen oder Ärzten zu treffen"). Dadurch kommt aber auch eine gesetzgeberische Wertung zum Ausdruck: Die Triage ist eine Entscheidung, die zwei natürlichen, ausgebildeten Personen übertragen wird und nicht ohne „**Vier-Augen-Prinzip**" auskommt. **122**

166 ErwG 58; so auch *Martini*, in: Hilgendorf/Roth-Isigkeit, Die neue Verordnung der EU zur Künstlichen Intelligenz, § 4 Rn. 74.

167 Multilingualer Notruf Assistent: Unterstützung der Notrufannahme durch KI basierte Sprachverarbeitung (NotAs), https://www.sifo.de/sifo/de/projekte/querschnittsthemen-und-aktivitaeten/praxistransfer-und-kompetenzaufbau/anwender-innovativ/notas/notas-multilingualer-notruf-as-ki-basierte-sprachverarbeitung.html (zuletzt abgerufen am 31.5.2024).

168 *Laxar/Eitenberger/Maleczek* et al., The influence of explainable vs non-explainable clinical decision support systems on rapid triage decisions: a mixed methods study, BMC Med 21, 359 (2023), https://doi.org/10.1186/s12916-023-03068-2.

169 Sog. TriageGO; kritisch zur KI-gestützten Triage: *Helbing/Beschorner/Frey* et al., Angesichts von Triage und „Todesalgorithmen": Ist die heutige daten-getriebene Medizin mit der Verfassung vereinbar?, https://www.researchgate.net/publication/350870973_Angesichts_von_Triage_und_Todesalgorithmen_Ist_die_heutige_daten-getriebene_Medizin_mit_der_Verfassung_vereinbar.

6. Strafverfolgung (Anhang III Nr. 6)

123 KI-Systeme, welche für den Zweck der Strafverfolgung verwendet werden, sind durch „ein erhebliches Machtungleichgewicht" zwischen den Anwendenden und Betroffenen geprägt".[170] Vor allem kann die Ausübung wichtiger verfahrensrechtlicher Grundrechte wie etwa das Recht auf einen wirksamen Rechtsbehelf, das Recht auf ein unparteiisches Gericht, das Recht auf Verteidigung oder die Unschuldsvermutung beeinträchtigt sein. Vor diesem Hintergrund ist auch Transparenz bei der Strafverfolgung[171] absolut erforderlich. Entscheidungen, die auf Ergebnissen eines KI-Systems beruhen, müssen für alle Parteien und deren Anwälte sowie die Staatsanwaltschaft und das Gericht transparent sein, um bewertet werden zu können. Dafür muss es möglich sein, die Daten so zurückzuverfolgen, dass deutlich hervorgeht, welche Ergebnisse aus dem KI-System hervorgegangen sind und welche auf menschlichem Verhalten basieren. Insbesondere das Training mit hochwertigen Daten (vgl. Art. 10 Abs. 3) ist zwingend, um Verzerrungen und damit fehlerhafte Ergebnisse zu vermeiden. Fehlerhafter In- und Output führt unter Umständen zu „racial biases",[172] welche gerade im Bereich der Strafverfolgung weitreichende Folgen für Leben, Leib und Freiheit natürlicher Personen haben können. Diesem Risiko kann nur mit einem rigorosen und robusten Pflichtenkanon begegnet werden. Die Einstufung als hochriskant lässt sich dadurch erklären, dass die Entscheidungsfindung von KI-Systemen oftmals intransparent ist (Stichwort: Opazität, Blackbox). Zudem kann so das problematische Phänomen der „Automation Bias" durch einen engmaschigen Pflichtenkanon zumindest stellenweise eingedämmt werden.

124 Bemerkenswert ist dabei, dass Art. 3 Nr. 46 erheblich von dem nationalen Verständnis, Strafverfolgung als repressive Tätigkeit, Gefahrenabwehr als präventive Tätigkeit,[173] abweicht. Nach der Legaldefinition in Art. 3 Nr. 46 umfasst die Strafverfolgung auch „den Schutz und die Abwehr von Gefahren für die öffentliche Sicherheit". KI-Systeme, die als hochriskant gemäß Art. 6 Abs. 2 i.V.m. Anhang III Nr. 6 eingestuft werden, unterliegen zudem einer besonderen Registrierungspflicht gemäß Art. 49 Abs. 4 (siehe dazu ausführlich Art. 49 Rn. 14 ff.).

125 Im Gegensatz zu vorherigen Entwürfen wurde das sog. „Predictive Policing" als verboten eingestuft, und zwar sowohl im Bereich der Strafverfolgung als auch bei der Gefahrenabwehr. Eine eng umgrenzte Ausnahme von diesem Verbot macht Art. 5 Abs. 1 lit. d Hs. 2, nach dem das „Predictive Policing" nicht verbo-

---

170 ErwG 59; so auch *Martini*, in: Hilgendorf/Roth-Isigkeit, Die neue Verordnung der EU zur Künstlichen Intelligenz, § 4 Rn. 75.

171 Legaldefinition in Art. 3 Nr. 46.

172 *Ibold*, GSZ 2024, 10, 13.

173 Vgl. *Schoch*, in: Schoch/Schneider, VwVfG, § 2 Rn. 46.

ten ist, sofern die Beteiligung einer Person an einer kriminellen Aktivität sich auf objektive und überprüfbare Tatsachen stützt, die in unmittelbarem Zusammenhang mit einer kriminellen Aktivität stehen (siehe dazu ausführlich Art. 5). Das Verhalten individueller Personen für die Abschätzung der Gefährdungshandlung dieser zu verwerten, stellt potenziell eine Verletzung des Grundsatzes auf ein faires Verfahren dar. Die Erhebung und Verwertung bestimmter personenbezogener Daten erscheint weder notwendig noch verhältnismäßig im Hinblick auf die Auswirkungen auf das Recht auf Privatsphäre und die Unschuldsvermutung.

Zu beachten bleibt ferner, dass für die mitgliedstaatlichen Strafverfolgungsbehörden anderes gilt als für militärische oder nachrichtendienstliche Anwendungsfälle. Diese sind aufgrund der begrenzten europäischen Gesetzgebungskompetenzen (vgl. Art. 114 AEUV) vom Anwendungsbereich der KI-VO ausgenommen (siehe dazu ausführlich Art. 2 Rn. 98 ff.).[174] Für den Bereich der Strafverfolgung normiert Art. 6 Abs. 2 i.V.m. Anhang III Nr. 6 den Katalog der jeweiligen Einsatzgebiete, die der Unionsgesetzgeber als hochriskant einstuft. **126**

a) Risikobewertung, Opfer einer Straftat zu werden

Gemäß Art. 6 Abs. 2 i.V.m. Anhang III Nr. 6 lit. a sind KI-Systeme, „die bestimmungsgemäß von Strafverfolgungsbehörden oder in deren Namen oder von Organen, Einrichtungen und sonstigen Stellen der Union zur Unterstützung von Strafverfolgungsbehörden oder in deren Namen zur Bewertung des Risikos einer natürlichen Person, zum Opfer von Straftaten zu werden, verwendet werden sollen" als hochriskant einzustufen. **127**

Dabei handelt es sich wohl um KI-Systeme, die beispielsweise anhand eines definierten Fragenkatalogs bewerten, ob eine Bedrohung für eine natürliche Person besteht, wonach diese Opfer einer Straftat wird. Es werden mithin Vorhersagen getroffen. Ein dementsprechendes KI-System wurde bereits erfolgreich im Vereinigten Königreich erprobt. Dabei erzielte das KI-System angeblich eine deutlich geringere Fehleinschätzungsquote als die Beamten, die das Risiko ebenfalls evaluierten.[175] **128**

Im Kommissionsvorschlag vom 21.4.2021 enthielt Anhang III Nr. 6 lit. a auch KI-Systeme, welche Vorhersagen über künftiges strafbares Verhalten treffen. Im Rahmen der Trilog-Verhandlungen wurde dieser Punkt in Anhang III Nr. 6 lit. d überführt. **129**

174 *Aden*, vorgänge 02/2023, 55 ff.
175 Siehe dazu: „Artificial Intelligence could help protect victims of domestic violence", Centre of Economic Performance, 26.2.2020, https://cep.lse.ac.uk/textonly/_new2014/news/releases/2020_02_26_i298.pdf (zuletzt abgerufen am 31.5.2024).

b) Lügendetektoren oder ähnliche Instrumente

130 KI-Systeme, die von Strafverfolgungsbehörden oder in deren Namen oder von Organen, Einrichtungen und sonstigen Stellen der Union zur Unterstützung von Strafverfolgungsbehörden als Lügendetektoren oder ähnliche Instrumente verwendet werden sollen, sind gemäß Art. 6 Abs. 2 i.V.m. Anhang III Nr. 6 lit. b als hochriskant einzustufen. Bei einem Lügendetektor handelt es sich um einen Apparat, der vor allem den Blutdruck, Pulsschlag und die Atmung registriert, um so ableiten zu können, ob das Ausgesagte der **subjektiven Wahrheit** entspricht.[176]

131 Kritiker sehen den Einsatz von Lügendetektoren im Strafprozess insbesondere deswegen kritisch, da die Technik nicht verlässlich, transparent und nachvollziehbar sei und dadurch den Anforderungen an die richterliche Überzeugungsbildung nicht genüge.[177] Zudem besteht auch hier die Gefahr eines **„Racial Bias“**, indem die KI-Systeme – ähnlich den Emotionserkennungssystemen – nur anhand von Daten einer ethnischen Gruppe trainiert werden könnten (siehe zu Emotionserkennungssystemen Art. 5 Rn. 29ff.).

c) Bewertung und Verlässlichkeit von Beweismitteln

132 Gemäß Art. 6 Abs. 2 i.V.m. Anhang III Nr. 6 lit. c gelten KI-Systeme als hochriskant, die bestimmungsgemäß von Strafverfolgungsbehörden oder in deren Namen oder von Organisationen, Einrichtungen oder sonstigen Stellen der Union zur Unterstützung von Strafverfolgungsbehörden zur Bewertung der Verlässlichkeit von Beweismitteln im Zuge der Ermittlung oder Verfolgung von Straftaten verwendet werden sollen. Die KI-Systeme sind dazu bestimmt, die Echtheit von Artefakten zu bewerten.[178]

133 Dabei handelt es sich um KI-Systeme, die bei unsachgemäßem Training oder unsachgemäßer Bedienung zu erheblichen Schäden für die Betroffenen führen können. Erzeugt ein solches KI-System einen fehlerhaften Output, beispielsweise durch nicht repräsentative Trainingsdaten, droht womöglich der Freiheitsentzug einer natürlichen Person. Beispielhaft lassen sich solche KI-Systeme wie zum Beispiel „Cellebrite UFED“, „Everlaw“ oder Systeme zur **autonomen Texterkennung**[179] **und Systematisierung** nennen. Möglich erscheint zudem, dass der Unionsgesetzgeber KI-Systeme unter Art. 6 Abs. 2 i.V.m. Anhang III Nr. 6 lit. c verorten will, die beispielsweise die Authentizität und Urheberschaft einer Urkunde bewerten.

---

176 Vgl. *Diemer*, in: *Barthe/Gericke*, KK-StPO, § 136a Rn. 34.

177 *Ibold*, ZStW 2022, 504, 510f.

178 *Martini*, in: Hilgendorf/Roth-Isigkeit, Die neue Verordnung der EU zur Künstlichen Intelligenz, § 4 Rn. 78.

179 *Bock/Höffler*, KriPoZ 2022, 257, 264.

Unabhängig von Art. 6 Abs. 3 lässt sich für diesen Anwendungsfall, aber auch für die anderen Anwendungsfälle aus Anhang III Nr. 6 (Strafverfolgung) sowie Nr. 8a (Rechtspflege), entnehmen, dass nach dem Sinn und Zweck der Normen keine KI-Systeme gemeint sind, die **rein administrative oder systematisierende Aufgaben** wahrnehmen. Hierfür sprechen ErwG 59 (mit Blick auf Steuer- und Finanzbehörden) und 61 (mit Fokus auf die Rechtspflege), welche beide auf diesen Aspekt eingehen und Beispiele für rein administrative und damit unterstützende KI-Systeme nennen.[180] Diesen KI-Systemen wohnt keine Gefahr für Grundrechte, wie der Freiheit natürlicher Personen, inne. Vielmehr handelt es sich um ein KI-System, das bloß organisatorisch unterstützt und keine Bewertung einzelner Beweismittel vornimmt. **134**

Handelt es sich um ein KI-System, das den subjektiven Wahrheitsgehalt einer Zeugenaussage verifizieren soll, können je nach Anwendung sowohl Art. 6 Abs. 2 i.V.m. Anhang III Nr. 6 lit. c als auch Art. 6 Abs. 2 i.V.m. Anhang III Nr. 6 lit. b einschlägig sein. **135**

Nach nationalem Recht bleibt zu beachten, dass das Tatgericht zur eigenverantwortlichen Beweiswürdigung verpflichtet ist (vgl. § 261 StPO).[181] Demnach dürfte die abschließende Bewertung der Verlässlichkeit eines Beweismittels dem Gericht obliegen. So wird zudem das Risiko des sog. „Automation Bias" verringert.[182] **136**

d) Wahrscheinlichkeitsbewertung der Begehung einer Straftat

Gemäß Art. 6 Abs. 2 i.V.m. Anhang III Nr. 6 lit. d sind solche KI-Systeme als hochriskant einzustufen, die bestimmungsgemäß von Strafverfolgungsbehörden oder in deren Namen oder von Organen, Einrichtungen und sonstigen Stellen der Union zur Unterstützung von Strafverfolgungsbehörden zur Bewertung des Risikos verwendet werden sollen, dass eine natürliche Person eine Straftat begeht oder erneut begeht, nicht nur auf der Grundlage der Erstellung von Profilen natürlicher Personen gemäß Art. 3 Abs. 4 Richtlinie (EU) 2016/680 oder der Bewertung persönlicher Merkmale und Eigenschaften oder vergangenen kriminellen Verhaltens von natürlichen Personen oder Gruppen. **137**

Demgegenüber sind KI-Systeme nach Art. 5 Abs. 1 lit. d verboten, die das Risiko, dass eine natürliche Person eine Straftat begeht, **ausschließlich auf der Grundlage eines Profiling** einer natürlichen Person oder der Bewertung ihrer persönlichen Merkmale und Eigenschaften bewerten oder vorhersagen sollen (siehe dazu ausführlich Art. 5 Rn. 23 ff.). **138**

180 Dazu ausführlich *Mielke/Wolff*, LTZ 2024, 144, 150.
181 *Bartel*, in: MüKo-StPO, § 261 Rn. 57 bis 61.
182 *Bock/Höffler*, KriPoZ 2022, 257, 265.

139 Somit verbleibt ein geringer Anwendungsbereich für Art. 6 Abs. 2 i.V.m. Anhang III Nr. 6 lit. d: Dieser beschränkt sich auf die tatsachenbasierte Wahrscheinlichkeitsbewertung für die Begehung einer Straftat durch eine natürliche Person. Ein mögliches Einsatzgebiet könnten Prognosesysteme bei der Anordnung von Untersuchungshaft durch Evaluation der Fluchtgefahr oder bei der Anordnung des offenen Vollzugs sein.[183] Algorithmische Systeme, welche die Rückfallwahrscheinlichkeit von Straftätern berechnen, werden bereits seit Jahren von US-Gerichten bei der Evaluation im Rahmen der Anordnung des offenen Vollzugs herangezogen.[184] Mit Blick auf das deutsche Recht hat das BVerfG geurteilt, dass die Eingriffsintensität in das Recht auf informationelle Selbstbestimmung durch ein **prognostisches Profiling** enorm steigt, im Vergleich zu einem Profiling zu gegenwärtigen Zwecken.[185] Dies dürfte sich auch ohne Weiteres auf europäisches Recht übertragen lassen.

140 Die Gefahr des Einsatzes KI-basierter Evaluationssysteme lässt sich an den Studien zu COMPAS[186] darstellen: Das KI-System stufte die Rückfallwahrscheinlichkeit schwarzer Straftäter mit nahezu doppelter Prävalenz falsch ein, im Vergleich zu weißen Straftätern.[187]

e) Erstellung von Profilen in der Strafverfolgung

141 Wird ein KI-System bestimmungsgemäß von Strafverfolgungsbehörden oder in deren Namen oder von Organen, Einrichtungen und sonstigen Stellen der Union zur Unterstützung von Strafverfolgungsbehörden zur Erstellung von Profilen natürlicher Personen gemäß Art. 3 Abs. 4 Richtlinie (EU) 2016/680 im Zuge der Aufdeckung, Ermittlung oder Verfolgung von Straftaten eingesetzt, handelt es sich gemäß Art. 6 Abs. 2 i.V.m. Anhang III Nr. 6 lit. e um ein Hochrisiko-KI-System.

142 Bei einem Profiling handelt es sich nach der Legaldefinition von Art. 3 Nr. 52 um das Profiling gemäß Art. 4 Nr. 4 DSGVO. Demnach handelt es bei Profiling um „jede Art der automatisierten Verarbeitung personenbezogener Daten, die darin besteht, dass diese personenbezogenen Daten verwendet werden, um bestimmte persönliche Aspekte, die sich auf eine natürliche Person beziehen, zu bewerten, insbesondere um Aspekte bezüglich Arbeitsleistung, wirtschaftliche

183 Vgl. *Vasel*, LTZ 2023, 179, 182.

184 *Ebers*, in: Ebers/Heinze/Krügel/Steinrötter, Künstliche Intelligenz und Robotik, § 3 Rn. 124.

185 BVerfG, Urt. v. 16.2.2023 – 1 BvR 1547/19, 1 BvR 2634/20, NJW 2023, 1196, Rn. 98.

186 Sog. COMPAS – Correctional Offender Management Profiling for Alternative Sanctions.

187 *Ebers*, in: Ebers/Heinze/Krügel/Steinrötter, Künstliche Intelligenz und Robotik, § 3 Rn. 124 m. w. N.

Lage, Gesundheit, persönliche Vorlieben, Interessen, Zuverlässigkeit, Verhalten, Aufenthaltsort oder Ortswechsel dieser natürlichen Person zu analysieren oder vorherzusagen". Kennzeichnend für das Profiling ist somit die Herstellung eines Bezugs von Datum, Handlung oder Aspekt zu einer natürlichen Person oder der Bewertung dieser natürlichen Person aufgrund jener Anknüpfungspunkte zu Zwecken der Analyse oder der Vorhersage.

Die KI-Systeme, die zu Profiling-Zwecken eingesetzt werden, sind als hochriskant einzustufen, weil durch sie Rückschlüsse auf die Persönlichkeit des Betroffenen gezogen werden können. Diese Rückschlüsse sind anfällig für ungewollte Diskriminierungen: Die durch das Profiling erreichte Persönlichkeitsbewertung ist nur dann akkurat, wenn das KI-System hinreichend genau ist und aufgrund hochwertiger Trainingsdaten repräsentativen Output generieren kann.[188] Zudem können – basierend auf den gezogenen Rückschlüssen auf die Person – Analysen oder Vorhersagen über das Verhalten der betroffenen Person gemacht werden. Damit könnten etwaige Diskriminierungen perpetuiert werden. **143**

7. Migration, Asyl und Grenzkontrolle (Anhang III Nr. 7)

Als hochriskant gelten gemäß Art. 6 Abs. 2 i.V.m. Anhang III Nr. 7 KI-Systeme, die im Bereich der Migration, von Asyl und Grenzkontrolle eingesetzt werden, soweit ihr Einsatz nach einschlägigem Unionsrecht oder nationalem Recht zulässig ist. Wie der Bereich der Strafverfolgung ist der Bereich „Migration, Asyl und Grenzkontrolle" von einem besonderen Machtungleichgewicht geprägt sowie von einem Abhängigkeitsverhältnis zwischen dem Staat und den Betroffenen, welche sich in einer besonders prekären Lebenssituation befinden (vgl. ErwG 60). Dabei unterscheidet Anhang III Nr. 7 noch zwischen vier Anwendungsbereichen: dem Einsatz von KI-Systemen (i) als Lügendetektoren oder ähnlichen Instrumenten (Anhang III Nr. 7 lit. a), (ii) zur Risikobewertung hinsichtlich der Sicherheit, der irregulären Einwanderung oder eines Gesundheitsrisikos (Anhang III Nr. 7 lit. b), (iii) für die Prüfung von Asyl- und Visumanträgen sowie Aufenthaltstiteln und damit verbundener Beschwerden auf die Feststellung der Berechtigung (Anhang III Nr. 7 lit. c), (iv) im Zusammenhang mit Migration, Asyl oder Grenzkontrolle zum Zwecke der Aufdeckung, Anerkennung oder Identifizierung natürlicher Personen, mit Ausnahme der Überprüfung von Reisedokumenten (Anhang III Nr. 7 lit. d). **144**

Migrations-, Asyl- und Grenzschutzrecht sind geprägt von vielen Einzelfallentscheidungen und behördlichem Ermessen und betreffen oftmals Menschen in prekären Lagen.[189] Die Einordnung als Hochrisiko-KI-System ist daher zwin- **145**

188 Zum ersten Halbsatz vgl. *Buchner*, in: Kühling/Buchner, DS-GVO BDSG, Art. 4 DSGVO Rn. 8; so auch ErwG 71 UAbs. 2 Satz 1 DSGVO.

189 ErwG 60.

gend notwendig, um die Grundrechte der betroffenen Personen zu wahren, vordergründig hier das Recht auf Freizügigkeit, Nichtdiskriminierung und den Schutz des Privatlebens. KI-Systeme dürfen nur eingesetzt werden, solange die **Genfer Flüchtlingskonvention** (GKV) von 1951 und die Erweiterung durch das **Protokoll von New York 1967** eingehalten werden.[190] Aufgrund dessen ist es unerlässlich, dass solche KI-Systeme einem rigorosen und robusten Pflichtenkanon unterworfen werden. Vor allem Lügendetektoren sind besonders risikoreich. Als Beispiel für ein polygraphisches KI-System im Bereich von Migration, Asyl und Grenzkontrolle kann „iBorderCtrl“[191] genannt werden. „iBorderCtrl“ war ein Pilotprojekt (in den Jahren 2016 bis 2019) der Union, bei der ein KI-System anhand von „Mikrogesten“ bei der Antwort bestimmter Fragen evaluiert, ob die Antworten der subjektiven Wahrheit entsprechen.[192] „iBorderCtrl“ soll jedoch falschen Output generiert haben,[193] wenngleich eine belastbare Evaluation des Systems nicht ersichtlich ist.

146 Nichtsdestoweniger ist die unionale Zielsetzung, dass den Einwanderungs-, Asyl- und Grenzschutzbehörden die Möglichkeit eingeräumt wird, KI-Systeme einzusetzen, um eine Person zu identifizieren und ihre Aussagen auf Wahrheit zu untersuchen. Dies soll auf Fälle begrenzt sein, bei denen eine Person eine Identifikation verweigert, oder nicht in der Lage ist, ihre Identität anzugeben oder zu belegen.[194] Zum Teil wird kritisiert, dass so der Anwendungsbereich der biometrischen (Echtzeit-)Fernidentifizierungssysteme erheblich ausgeweitet wird.[195]

147 In Deutschland werden solche KI-Systeme durch das Bundesamt für Migration und Flüchtlinge verwendet, hierbei handelt es sich um die sog. IDM-S Tools.[196] Diese KI-Systeme bieten technische Unterstützung bei Sprach- und Bildbiometrie, dem Auslesen mobiler Datenträger und der Namenstranskription. Dabei wird es sich wohl zukünftig um ein Hochrisiko-KI-System gemäß Art. 6 Abs. 2

190 ErwG 60.

191 Weiterführende Informationen abrufbar unter https://www.iborderctrl.eu/iborderctrl-project-the-quest-of-expediting-border-crossing-processes.html (zuletzt abgerufen am 31.5.2024).

192 Zur Funktionsweise von „iBorderCtrl“ siehe *O'Shea/Crockett/Khan* et al., Intelligent Deception Detection through Machine Based Interviewing, in: IEEE World Congress on Computational intelligence 2018, S. 5.

193 *Gallagher/Jona*, The Intercept vom 26.7.2019, https://theintercept.com/2019/07/26/europe-border-control-ai-lie-detector/ (zuletzt abgerufen am 31.5.2024).

194 Vgl. ErwG 33.

195 *Paolucci*, VerfBlog, 2024/3/14, http://doi.org/10.59704/363991b7c0205f64 (zuletzt abgerufen am 31.5.2024).

196 Kurz für: Integriertes Identitätsmanagement – Plausibilisierung, Datenqualität und Sicherheitsaspekte. Weitergehende Informationen bei *Eichenhofer/Priebe*, ZAR 2023, 395, 400 f.

i.V.m. Anhang III Nr. 7 lit. d handeln, da das KI-System zur Identifizierung durch Auslesen der Metadaten mitgeführter mobiler Datenträger eingesetzt wird.[197] Auch nutzt das Bundesamt für Migration und Flüchtlinge eine Sprach- und Dialekterkennungssoftware (sog. DIAS). Nach eigenen Angaben handelt es sich bei dem DIAS-Ergebnis „nur um einen Hinweis unter vielen und wird als eines von mehreren Indizien zur Herkunftsklärung herangezogen".[198] Somit handelt es sich auch um ein Hochrisiko-KI-System im Sinne des Art. 6 Abs. 2 i.V.m. Anhang III Nr. 7 lit. d. Aber auch auf Unionsebene sollte durch das sog. EUMigraTool ein KI-System erprobt werden, das im Rahmen der Migrationsanalyse und des Migrationsmanagements vom 1.9.2020 bis zum 30.9.2023 eingesetzt wurde. Laut dem Anbieter „ITFLOWS" ist das EUMigraTool nur in der Lage, Migrationssimulationen und -vorhersagen für humanitäre Zwecke zu treffen, und genügt einem „robust legal and ethical framework".[199] Da darin der Zweck des EUMigratools lag, dürfte es nicht hochriskant sein.

Große Teile des Grenzschutz-, Asyl- und Einwanderungsrechts sind dem Polizeirecht zuzuordnen.[200] Insoweit bestehen Schnittmengen zu Art. 6 Abs. 2 i.V.m. Anhang III Nr. 6. Somit müssen die Akteure, die ein KI-System in diesem Bereich einsetzen, beachten, dass sich die Einstufung des KI-Systems womöglich alternativ aus verschiedenen Normen des Art. 6 ergeben kann. **148**

8. Rechtspflege und demokratische Prozesse (Anhang III Nr. 8)

a) Rechtspflege

Art. 6 Abs. 2 i.V.m. Anhang III Nr. 8 lit. a normiert, dass „KI-Systeme, die bestimmungsgemäß von einer oder im Namen einer Justizbehörde verwendet werden sollen, um eine Justizbehörde bei der Ermittlung und Auslegung von Sachverhalten und Rechtsvorschriften und bei der Anwendung des Rechts auf konkrete Sachverhalte zu unterstützen, oder die auf ähnliche Weise für die alternative Streitbeilegung genutzt werden sollen", als hochriskant eingestuft werden. Der Begriff der „Rechtspflege" bezieht sich hierbei nicht nur auf Gerichte gemäß Art. 47 Charta der Grundrechte der Europäischen Union, sondern auch auf Justizbehörden, wie Staatsanwaltschaften und Rechtspfleger. Dabei handelt es sich zunächst um solche KI-Systeme, die den Sachverhalt autonom aufnehmen **149**

197 Weiterführende Hinweise auf der Webseite des Bundesamts für Migration und Flüchtlinge, https://www.bamf.de/DE/Themen/Sicherheit/Identitaetsmanagement/identitaetsmanagement-node.html (zuletzt abgerufen am 31.5.2024).

198 BT-Drs. 20/9414, S. 4.

199 Introducing the EUMigraTool (EMT), https://www.itflows.eu/eumigratool/ (zuletzt abgerufen am 31.5.2024).

200 *Schöndorf-Haubold*, in: Ehlers/Fehling/Pünder, Besonderes Verwaltungsrecht, Bd. 3, § 68 Rn. 24.

und auswerten, sowie solche KI-Systeme, die selbstständig verbindlich Recht sprechen „könnten". Nicht erfasst sollen hingegen gemäß ErwG 61 KI-Systeme sein, die für rein begleitende Verwaltungstätigkeiten bestimmt sind, welche die tatsächliche Rechtspflege in Einzelfällen nicht beeinträchtigen, wie etwa die Anonymisierung oder Pseudonymisierung gerichtlicher Urteile, Dokumente oder Daten, die Kommunikation zwischen dem Personal oder Verwaltungsaufgaben.

150 Die Verwendung solcher KI-Systeme, die dazu geeignet und bestimmt sind, die kern-justizielle Tätigkeit wahrzunehmen, kann **rechtsstaatliche und demokratische Prozesse gefährden** sowie die Justizgrundrechte, wie das Recht auf einen wirksamen Rechtsbehelf oder ein unparteiisches Gericht.[201] ErwG 61 stellt daher klar, dass die KI-Systeme zwar die Entscheidungsgewalt von Richtern oder die Unabhängigkeit der Justiz unterstützen, diese aber nicht ersetzen dürfen.

151 Auch nach deutschem Recht obliegt die verbindliche Rechtsprechung gemäß Art. 92 GG einer natürlichen Person, nicht jedoch einem autonomen algorithmischen System. Dies lässt sich insbesondere aus der Schutzvorschrift zur persönlichen Unabhängigkeit der Richter nach Art. 97 Abs. 3 GG entnehmen.[202] Zum Teil wird die Verfassungsmäßigkeit der **„Robo-Richter"** auch de lege ferenda angezweifelt: Sobald einem Richter keinerlei Ermessenspielraum mehr überlassen wird, um eine unvoreingenommene Entscheidung zu treffen, solle ein KI-System nicht mehr nur als hochriskant eingestuft, sondern verboten werden.[203] De lege lata ist die Ersetzung einer natürlichen Person durch den „Robo-Richter" jedenfalls verfassungswidrig. Ebenso wird auch das Recht auf den gesetzlichen Richter aus Art. 101 Abs. 1 Satz 2 GG verletzt, wenn Art. 92 GG missachtet wird und z. B. ein KI-System ein Urteil formuliert und alleine ohne menschlichen Einfluss fällt. Über die grundsätzliche Vereinbarkeit mit den rechtsstaatlichen und demokratischen Grundprinzipien ist damit indes nichts gesagt.[204]

152 Anderes gilt indes für die bloß unterstützende Nutzung von KI in der Rechtspflege. Der **freiwillige Einsatz** solcher KI-Systeme, ohne dass sich der Richter an die Ergebnisse selbst bindet oder gar verpflichtet, die Ergebnisse zu übernehmen, ist verfassungsrechtlich zulässig.[205] Dabei handelt es sich um ein Hochrisiko-KI-System.

---

201 *Martini*, in: Hilgendorf/Roth-Isigkeit, Die neue Verordnung der EU zur Künstlichen Intelligenz, § 4 Rn. 84.

202 *Bernzen*, RDi 2023, 132, 133; kritisch *Enders*, JA 2018, 721, 723.

203 Vgl. *Morgenthaler*, in: Epping/Hillgruber, BeckOK GG, Art. 92 Rn. 18; *Hillgruber*, in: Dürig/Herzog/Scholz, GG, Art. 92 Rn. 66 ff.; *Enders*, JA 2018, 721, 723.

204 Dazu ausführlich *Bernzen*, RDi 2023, 132, 134 ff., die zu dem Ergebnis kommt, dass automatisierte gerichtliche Entscheidungen de lege ferenda zulässig wären.

205 *Bernzen*, RDi 2023, 132, 133; kritisch *Enders*, JA 2018, 721, 723; vgl. *Bock/Höffler*, KriPoZ 2022, 257, 266.

b) Demokratische Prozesse

Art. 6 Abs. 2 i.V.m. Anhang III Nr. 8 lit. b normiert, dass KI-Systeme, die bestimmungsgemäß verwendet werden sollen, um das Ergebnis einer Wahl oder eines Referendums oder das Wahlverhalten natürlicher Personen bei der Ausübung ihres Wahlrechts bei einer Wahl oder einem Referendum zu beeinflussen, als hochriskant gelten. Dazu gehören nicht KI-Systeme, deren Ausgaben natürliche Personen nicht direkt ausgesetzt sind, wie Instrumente zur Organisation, Optimierung oder Strukturierung politischer Kampagnen in administrativer oder logistischer Hinsicht. **153**

Wenn KI-Systeme eingesetzt werden, um **Wahlergebnisse oder das Wahlverhalten** natürlicher Personen zu beeinflussen, beeinträchtigen sie die Wahlfreiheit sowie die Demokratie. Ziel der Regelung ist es vor allem, der (unbewussten) **Manipulation individueller Wahlentscheidungen**, insbesondere auf Social-Media-Plattformen, zu begegnen (vgl. ErwG 62). Dabei ist die gesetzgeberische Entscheidung zu berücksichtigen, dass gerade nicht jedes KI-System, das durch Social-Media-Plattformen betrieben wird – wie noch in der Position des Europäischen Parlaments vom 14.6.2023 – ein Hochrisiko-KI-System sein soll.[206] Zudem solle die Tatsache der Einstufung eines KI-Systems als hochriskant nicht dahingehend ausgelegt werden, dass der Einsatz des KI-Systems grundsätzlich zulässig ist. Andere Rechtsakte der Union oder des nationalen Rechts können die Rechtmäßigkeit des Einsatzes bestimmen, vgl. Art. 2 Abs. 9.[207] **154**

VII. Ausnahmen für eigenständige Hochrisiko-KI-Systeme (Art. 6 Abs. 3 und 4)

Abweichend von Art. 6 Abs. 2 kann ein eigenständiges KI-System nicht als hochriskant eingestuft werden, wenn es kein erhebliches Risiko der Beeinträchtigung in Bezug auf die Gesundheit, Sicherheit oder die Grundrechte natürlicher Personen birgt. Welcher Akteur diesen Beweis antreten kann, lässt sich aus dem Wortlaut der Norm nicht entnehmen. Aus dem Gesamtkontext wird deutlich, dass die Option jedenfalls dem Anbieter obliegt.[208] Aus Art. 6 Abs. 4 ergeben sich korrespondierende Anbieterpflichten, wenn und soweit diese ein KI-System als „nicht-hochriskant" einstufen. Ob darüber hinaus auch die Betreiber der KI-Systeme eine solche Bewertung vornehmen können, ist unklar. Dagegen spricht, dass die Bedingungen gemäß Art. 6 Abs. 3 stets auf die Zweckbestimmung des KI-Systems abstellen. Die Zweckbestimmung des KI-Systems wird gemäß Art. 13 Abs. 3 lit. b ii vom Anbieter in der Betriebsanleitung festgelegt. Zudem **155**

206 Anhang III Nr. 8 lit. ab) KI-VO-E Parlament, S. 337, Amendment 740.
207 So auch ErwG 63.
208 So auch *Chibanguza/Steege*, NJW 2024, 1769, 1772.

sind die Betreiber dazu verpflichtet, ein KI-System entsprechend der Betriebsanleitung zu verwenden (vgl. Art. 26 Abs. 1). Daraus, dass die Zweckbestimmung dem Anbieter exklusiv zugeordnet ist, lässt sich schlussfolgern, dass auch der Gegenbeweis nur ihm eröffnet ist.[209]

1. Kein erhebliches Risiko (Art. 6 Abs. 3)

156 Ein eigenständiges KI-Systeme gilt nicht als hochriskant, wenn es kein „erhebliches Risiko" der Beeinträchtigung in Bezug auf die Gesundheit, Sicherheit oder die Grundrechte natürlicher Personen birgt. Dies ist dann der Fall, „wenn eine oder mehrere" der in Art. 6 Abs. 3 genannten Bedingungen erfüllt sind. Nach dem Wortlaut der Norm handelt es sich dabei um einen abschließenden Katalog, welchen die Kommission gemäß Art. 6 und 7 nur auf Basis eines delegierten Rechtsaktes gemäß Art. 97 ändern kann, indem sie Bedingungen hinzufügt, ändert oder streicht.

157 Die KI-VO definiert nicht, was sie unter einem „**erheblichen Risiko**" versteht. Art. 3 Nr. 2 definiert nur den Begriff des „Risikos" als „die Kombination aus der Wahrscheinlichkeit des Auftretens eines Schadens und der Schwere dieses Schadens" (siehe dazu ausführlich Art. 3 Nr. 2 Rn. 68 ff.). Der Begriff „erhebliches Risiko" taucht in der KI-VO nur an wenigen Stellen auf, nämlich in Art. 6 Abs. 3 und 6 sowie in Art. 7 Abs. 3 lit. a, was wohl daran liegt, dass die Regelungen erst im Rahmen der Trilog-Verhandlungen Einzug in die KI-VO fanden.

158 Nach dem Wortlaut bezieht sich das „erhebliche Risiko" hierbei immer auf die „Beeinträchtigung in Bezug auf die Gesundheit, Sicherheit oder Grundrechte". Zwar nennt auch Art. 7 Abs. 3 den Begriff des „erheblichen Risikos", jedoch verfolgt dieser einen anderen Zweck, weshalb das Risiko hier auch anders zu bewerten ist. In Art. 7 Abs. 3 wird die Kommission befugt, die in Anhang III aufgeführten Anwendungsfälle durch delegierte Rechtsakte gemäß Art. 97 zu ändern, wenn die Kommission feststellt, dass die Verwendung eines KI-Systems für einen Anwendungsfall kein derartiges Risiko für die Gesundheit, Sicherheit oder Grundrechte mehr birgt. Die Kommission hat hierbei eine Risikobewertung vorzunehmen, und zwar im Hinblick auf das „**abstrakte Risiko**", welches dem Anwendungsfall innewohnt.

159 Vor diesem Hintergrund unterscheiden sich auch die Bedingungen im Art. 7 Abs. 2 von denen in Art. 6 Abs. 3, auf deren Basis die Bewertung zu erfolgen hat (siehe dazu ausführlich Art. 7 Rn. 26 ff., 31 ff.). Denn bei Art. 6 Abs. 3 handelt es sich um einen Ausnahmetatbestand für die konkrete Einstufung eines KI-Systems als „nicht hochriskant" durch den Anbieter. Zwar unterfällt es mindestens einem Anwendungsfall von Anhang III, allerdings weist das konkrete KI-Sys-

209 So auch *Frank/Heine*, NZA 2024, 433, 435.

tem aufgrund seiner Funktionsweise kein erhebliches und damit kein hohes Risiko auf. Insoweit muss „erhebliches Risiko" als „**erhebliches Risiko im konkreten Einzelfall**" verstanden werden. Was beiden Normen – Art. 6 Abs. 3 und Art. 7 Abs. 3 – aber gemein ist, ist, dass das „erhebliche Risiko" vergleichbar dem „hohen Risiko" sein muss, da – im abstrakten oder konkreten Fall – das „hohe Risiko" verneint wird, wenn kein „erhebliches Risiko" für die Gesundheit, Sicherheit oder Grundrechte vorliegt. Bedeutet, die Kriterien zur Bewertung sind unterschiedlich, die Folge ist aber, dass ein „hohes = erhebliches Risiko" verneint oder bejaht wird.

Ab welcher konkreten Gefahrenlage – nach Prüfung der Bedingungen in Art. 6 **160**
Abs. 3 – ein „erhebliches/hohes Risiko" zu verneinen ist, bleibt weiterhin offen. Ein Vergleich zu anderen Rechtsvorschriften der Union gibt zumindest gewisse Anhaltspunkte (siehe einen ausführlichen Vergleich zur EU-Produktsicherheitsverordnung,[210] zum aktuellen Entwurf des Cyber Resilience Act und zur DSGVO in Art. 7 Rn. 40). Als „erhebliches Risiko" könnte auf Basis dieser Auswirkungen eine Kombination von Risiken durch die konkrete Nutzung des KI-Systems für einen in Anhang III genannten Anwendungsfall gelten, die aufgrund ihrer Schwere, Intensität, Eintrittswahrscheinlichkeit und Dauer nachteilige Auswirkungen auf die Gesundheit oder Sicherheit oder Grundrechte haben. Hierbei muss die Wahrscheinlichkeit für den Eintritt einer Schädigung der Gesundheit oder Sicherheit oder nachteiliger Auswirkungen auf die Grundrechte hoch sein. Die Schädigung oder die nachteilige Auswirkung müssen entweder materielle Verluste oder sonstige Eingriffe in die genannten Rechtsgüter befürchten lassen, welche schwerwiegend oder nachhaltig sind.

Ähnlich definierte auch das Europäische Parlament in seiner Position vom **161**
14.6.2024 das „erhebliche Risiko" unter Art. 3 Nr. 1b KI-VO-E Parlament als „ein Risiko, das erheblich ist aufgrund der Kombination von Schwere, Intensität, Eintrittswahrscheinlichkeit und Dauer der Auswirkungen, und seiner Fähigkeit, eine Einzelperson, eine Vielzahl von Personen oder eine Gruppe von Personen zu beeinträchtigen". Hierbei verwendete das Europäische Parlament den Begriff „erhebliches Risiko" in Art. 6 Abs. 1a, dem heutigen Art. 6 Abs. 3. Auch dies spricht dafür, dass Art. 6 Abs. 3 mit demselben Verständnis geschrieben wurde.

Die in Art. 6 Abs. 3 aufgeführten Bedingungen sind dadurch gekennzeichnet, **162**
dass die KI-Systeme dort wenig bis keinerlei Letztentscheidungsbefugnis besitzen. Entweder führt das KI-System eng gefasste Verfahrensschritte durch

210 Verordnung (EU) 2023/988 des Europäischen Parlaments und des Rates vom 10. Mai 2023 über die allgemeine Produktsicherheit, zur Änderung der Verordnung (EU) Nr. 1025/2012 des Europäischen Parlaments und des Rates und der Richtlinie (EU) 2020/1828 des Europäischen Parlaments und des Rates sowie zur Aufhebung der Richtlinie 2001/95/EG des Europäischen Parlaments und des Rates und der Richtlinie 87/357/EWG des Rates.

(vgl. Art. 6 Abs. 3 lit. a) oder es ersetzt nicht die menschliche Entscheidungskompetenz, sondern dient nur der Verbesserung der menschlichen Entscheidung (vgl. Art. 6 Abs. 3 b, c und d). Der abschließende Katalog normiert sodann:

a) Eng gefasste Verfahrensschritte

163 Gemäß Art. 6 Abs. 3 UAbs. 1 lit. a gilt ein KI-System nicht als hochriskant, wenn es dazu bestimmt ist, eine **eng gefasste Verfahrensaufgabe** durchzuführen. Als Beispiel für eng gefasste Verfahrensschritte nennt ErwG 53 die Strukturierung von Daten, die Einordnung von Daten oder die Erkennung von Duplikaten innerhalb eines Dokuments. Solche Aufgaben weisen lediglich geringe Risiken auf, die sich auch beim Einsatz von KI-Systemen in den in Anhang III genannten Anwendungsfällen nicht erhöhen.

b) Verbesserung einer zuvor abgeschlossenen menschlichen Tätigkeit

164 Ebenfalls nicht als hochriskant gemäß Art. 6 Abs. 3 UAbs. 1 lit. b gilt ein KI-System, wenn es dazu bestimmt ist, das Ergebnis einer zuvor abgeschlossenen **menschlichen Tätigkeit zu verbessern**. Relevant für das Ergebnis bleibt die menschliche Tätigkeit, der lediglich eine weitere Ebene hinzugefügt wird, sodass ein geringeres Risiko besteht. Beispielhaft für diese Fallgruppe nennt ErwG 53 KI-Systeme, die in zuvor verfassten Dokumenten die Sprache verbessern sollen, indem sie den professionellen Ton oder den wissenschaftlichen Sprachstil anpassen.

c) Entscheidungsmuster oder die Abweichung von früheren Entscheidungsmustern

165 Gemäß Art. 6 Abs. 3 UAbs. 1 lit. c sollen solche KI-Systeme, die **Entscheidungsmuster oder Abweichungen von früheren Entscheidungsmustern** erkennen sollen, nicht als hochriskant eingestuft werden. Diese KI-Systeme sollen nicht die menschliche Entscheidungsfindung beeinflussen oder ersetzen, sondern nach der erfolgten Entscheidung eine zusätzliche Überprüfung vornehmen. Dazu sollen – ausweislich ErwG 53 – solche KI-Systeme gehören, die „in Bezug auf ein bestimmtes Benotungsmuster eines Lehrers dazu verwendet werden können, nachträglich zu prüfen, ob der Lehrer möglicherweise von dem Benotungsmuster abgewichen ist, um so auf mögliche Unstimmigkeiten oder Unregelmäßigkeiten aufmerksam zu machen". Interessant ist, ob KI-Systeme, die entsprechend ErwG 61 nur unterstützende Funktion in der Rechtspflege haben, indem sie Entscheidungsmuster oder die Abweichung von früheren Entscheidungsmustern erkennen, unter den Ausnahmetatbestand des Art. 6 Abs. 3 UAbs. 1 lit. c fallen sollen, oder bereits als nicht hochriskant einzustufen sein sollten. Im Ergebnis erscheint es mit Blick auf den in ErwG 61 zum Ausdruck kommenden gesetzgeberischen Willen vorzugswürdig, entsprechende KI-Systeme bereits als nicht hochriskant einzustufen.[211]

d) Vorbereitung einer Bewertung für Zwecke des Anhangs III

Die vierte und letzte Möglichkeit der Befreiung von der Einstufung als hochriskant ist, dass das KI-System eine Aufgabe ausführt, die eine Bewertung, die für die Zwecke der in Anhang III genannten KI-Systeme relevant ist, lediglich **vorbereitet**, Art. 6 Abs. 3 UAbs. 1 lit. d. Dabei soll es sich nach ErwG 53 beispielsweise um KI-Systeme handeln, die intelligente Lösungen für die Bearbeitung von Dossiers umfassen, wozu verschiedene Funktionen wie Indexierung, Suche, Text- und Sprachverarbeitung oder Verknüpfung von Daten mit anderen Datenquellen gehören, oder KI-Systeme, die für die Übersetzung von Erstdokumenten verwendet werden. **166**

2. Rückausnahme bei „Profiling"

Zu beachten ist, dass ein KI-System, welches diese Bedingungen gemäß Art. 6 Abs. 3 formell erfüllt, aber ein Profiling natürlicher Personen durchführt, nach der Rückausnahme gemäß Art. 6 Abs. 3 UAbs. 2 immer als Hochrisiko-KI-System eingestuft werden soll. Gemäß Art. 3 Nr. 53 ist **„Profiling" im Sinne von Art. 4 Nr. 4 DSGVO** zu verstehen. Kennzeichnend für das Profiling ist somit die Herstellung eines Bezugs von Datum, Handlung oder Aspekt zu einer natürlichen Person oder der Bewertung dieser natürlichen Person aufgrund jener Anknüpfungspunkte zu Zwecken der Analyse oder der Vorhersage. Insoweit ist stets genau zu untersuchen, ob das KI-System ein Profiling vornimmt. Beispielsweise sind KI-Systeme zur Kreditwürdigkeitsprüfung gemäß Art. 6 Abs. 2 i.V.m. Anhang III Nr. 5 lit. b stets als Hochrisiko-KI-System einzustufen. **167**

3. Korrespondierende Anbieterpflichten (Art. 6 Abs. 4)

Mit der Ausnahme gemäß Art. 6 Abs. 3 gehen besondere Anbieterpflichten einher: Gemäß Art. 6 Abs. 4 muss der Anbieter – ist er der Auffassung, dass das KI-System nicht hochriskant gemäß Art. 6 Abs. 2 ist – seine Bewertung dokumentieren, bevor er das KI-System in Verkehr bringt oder in Betrieb nimmt. Zudem muss er der Registrierungspflicht gemäß Art. 49 Abs. 2 nachkommen (siehe dazu ausführlich Art. 49 Rn. 19). Die zuständigen nationalen Behörden können indes die Vorlage der Dokumentation der Bewertung vom Anbieter verlangen. **168**

Bemerkenswert ist, dass die Bewertung des KI-Systems, ob es hochriskant ist oder nicht, allein dem Anbieter obliegt. Der Unionsgesetzgeber lehnt diese Re- **169**

211 Dazu näher *Saam/Hermann*, RDi 2024, 608, 612.

gelungstechnik an die des allgemeinen Produktsicherheitsrechts an.[212] Das bietet ein **potenzielles Einfallstor für die Unterklassifizierung** durch das „Self-Assessment" der KI-Anbieter. Präventiv mag zwar die Abschreckungswirkung der hohen Bußgelder bei Missachtung der Norm wirken, doch könnte der wirtschaftliche Nutzen einer Unterklassifizierung dieses Risiko überwiegen.[213] Zudem wird kritisiert, dass die Einstufung als nicht hochriskant nur eine Momentaufnahme ist: Sollte eine gewisse Zäsur zwischen der Evaluation durch den Anbieter und der Inbetriebnahme liegen, drohe die Gefahr, dass die Evaluation veraltet ist.[214] Aufgrund dessen hat der Europäische Datenschutzbeauftragte von der Aufnahme der Möglichkeit des „Self-Assessment" sogar gänzlich abgeraten.[215] Nichtsdestotrotz ist den Anbietern zur wahrheitsgemäßen Einstufung zu raten, da andernfalls ein Haftungsrisiko droht.[216]

VIII. Leitlinien der Kommission (Art. 6 Abs. 5)

170 Gemäß Art. 6 Abs. 5 stellt die Kommission nach Konsultation des KI-Gremiums (siehe dazu ausführlich Art. 65 Rn. 1 ff.) spätestens am 2.2.2024 Leitlinien zur praktischen Umsetzung von Art. 6 Abs. 2 bereit sowie eine umfassende und detaillierte Liste praktischer Beispiele für Anwendungsfälle für KI-Systeme, die hochriskant sind oder nicht.

171 Bei Leitlinien handelt es sich um sog. „Soft Law", also unverbindliche, untergesetzliche Rechtsakte, die der praktischen Umsetzung europäischen Rechts zu dienen bestimmt sind, indem sie die gegenwärtige Wettbewerbspolitik, Rechtsprechung und verwaltungsrechtliche wie auch gerichtliche Entscheidungspraxis wiedergeben. Damit bezweckt die Union in erster Linie, dass der regulierte Wettbewerb berechenbar wird.[217] Ferner stehen die Leitlinien **außerhalb der Normenhierarchie** und sind bloße „Verhaltensnormen", können jedoch in Verbindung mit dem Gleichbehandlungssatz zu einer Selbstbindung der Kommissi-

212 *Martini/Ruschelmeier*, in: Hoeren/Sieber/Holznagel, Handbuch Multimedia-Recht, Teil 29.6 Rn. 51.

213 Dieses Risiko sehen auch *Chibanguza/Steege*, NJW 2024, 1769, 1772.

214 Vgl. Stellungnahme 44/2023 des EDSB zu dem Vorschlag für einen Rechtsakt über künstliche Intelligenz im Lichte der legislativen Entwicklungen, S. 12, Rn. 25.

215 Vgl. Stellungnahme 44/2023 des EDSB zu dem Vorschlag für einen Rechtsakt über künstliche Intelligenz im Lichte der legislativen Entwicklungen, S. 24, Rn. 29 (5).

216 So auch *Chibanguza/Steege*, NJW 2024, 1769, 1772.

217 Vgl. *Grave/Nyberg*, in: Loewenheim/Meessen/Riesenkampff et al., Kartellrecht, Art. 101 Abs. 1 AEUV Rn. 18; *Ruffert*, in: Calliess/Ruffert, EUV/AEUV, Art. 288 AEUV Rn. 104; *Knauff*, in: Kahl/Ludwigs, Handbuch des Verwaltungsrechts, Bd. II, § 41 Rn. 42.

on führen und so einem Grundrechtsträger ein subjektives Recht vermitteln.[218] Dieses Rechtsinstitut gleicht damit der **Selbstbindung der Verwaltung** im deutschen Recht aufgrund einer durch Verwaltungsvorschriften etablierten Verwaltungspraxis.[219] Bei der Auslegung der Unionsrechtsakte sind EuG und der EuGH indes nicht an die Leitlinien gebunden; diese sind weder formell noch materiell Recht. Vielmehr handelt es sich dabei nur um **Auslegungshilfen**.[220]

IX. Ermächtigung zum Erlass delegierter Rechtsakte (Art. 6 Abs. 6 bis 8)

Gemäß Art. 6 Abs. 6 kann die Kommission gemäß Art. 97 delegierte Rechtsakte 172 zur Änderung der in Art. 6 Abs. 3 UAbs. 1 festgelegten Bedingungen erlassen. Somit werden der Kommission Rechtssetzungsbefugnisse eingeräumt. Eine solche Delegation ist unter den Bedingungen des Art. 290 AEUV zulässig. Die Delegation der Rechtssetzungsbefugnis steht gemäß Art. 6 Abs. 6 i.V.m. Art. 97 Abs. 2 unter der zeitlichen Befristung von fünf Jahren ab Inkrafttreten der KI-VO. Diese Zeiträume verlängern sich jedoch stillschweigend um die gleiche Länge, es sei denn, das Europäische Parlament oder der Rat widersprechen einer solchen Verlängerung spätestens drei Monate vor Ablauf des jeweiligen Zeitraums.

Ferner unterliegen die delegierten Rechtsakte der Kontrolle des Europäischen 173 Parlaments und des Rates, indem sie jederzeit widerrufen werden können. Dabei handelt es sich um eine obligatorische Voraussetzung für den Basisrechtsakt, der die Delegation von Rechtsakten nach Art. 290 Abs. 2 AEUV ermöglicht.[221] Die Delegation ist damit nur zulässig, wenn das Europäische Parlament oder der Rat beschließen können, dass ein delegierter Rechtsakt widerrufen werden kann (Art. 290 Abs. 2 AEUV lit. a) oder der Rechtsakt nur dann in Kraft treten kann, wenn das Europäische Parlament oder der Rat innerhalb einer bestimmten Frist keine Einwände erheben (Art. 290 Abs. 2 AEUV lit. b.[222]

Die Kommission hat bei der Ergänzung oder Änderung der Bedingungen gemäß 174 Art. 6 Abs. 3 respektive der Streichung besondere Voraussetzungen zu erfüllen (vgl. Art. 6 Abs. 6 und 7). Gemeinsam haben beide Modi, dass die Änderung all-

218 Vgl. *Grave/Nyberg*, in: LMRKM, AEUV Art. 101 Abs. 1 Rn. 19; *Ruffert*, in: Calliess/Ruffert, EUV/AEUV, Art. 288 AEUV, Rn. 106.

219 Siehe dazu *Kischel*, in: Epping/Hillgruber, BeckOK GG, Art. 3 Rn. 112.

220 Vgl. *Grave/Nyberg*, in: Loewenheim/Meessen/Riesenkampff et al., Kartellrecht, Art. 101 Abs. 1 AEUV Rn. 18.

221 *Nettesheim*, in: Grabitz/Hilf/Nettesheim, EUV/AEUV, Art. 290 AEUV Rn. 59.

222 *Nettesheim*, in: Grabitz/Hilf/Nettesheim, EUV/AEUV, Art. 290 AEUV Rn. 66; *Ruffert*, in: Calliess/Ruffert, EUV/AEUV, Art. 290 AEUV Rn. 23.

gemein **nicht unter das allgemeine Schutzniveau** in Bezug auf Gesundheit, Sicherheit und die in der KI-VO vorgesehenen Grundrechte in der Union sinken darf; der Verpflichtung zur Kohärenz mit den delegierten Rechtsakten gemäß Art. 7 Abs. 1 sowie der Pflicht zur Berücksichtigung der Marktentwicklung und den technologischen Entwicklungen ist Rechnung zu tragen (vgl. Art. 6 Abs. 8). Letztendlich darf eine Änderung der Bedingungen gemäß Art. 6 Abs. 3 auch nur erfolgen, wenn konkrete und zuverlässige Beweise für das Vorhandensein von KI-Systemen vorliegen, die in den Anwendungsbereich von Anhang III fallen, jedoch kein erhebliches Risiko der Beeinträchtigung in Bezug auf Gesundheit, Sicherheit oder Grundrechte natürlicher Personen bergen.

Art. 7 Änderungen des Anhangs III

(1) Die Kommission ist befugt, gemäß Artikel 97 delegierte Rechtsakte zur Änderung von Anhang III durch Hinzufügung oder Änderung von Anwendungsfällen für Hochrisiko-KI-Systeme zu erlassen, die beide der folgenden Bedingungen erfüllen:

a) Die KI-Systeme sollen in einem der in Anhang III aufgeführten Bereiche eingesetzt werden;

b) die KI-Systeme bergen ein Risiko der Schädigung in Bezug auf die Gesundheit und Sicherheit oder haben nachteilige Auswirkungen auf die Grundrechte und dieses Risiko gleicht dem Risiko der Schädigung oder den nachteiligen Auswirkungen, das bzw. die von den in Anhang III bereits genannten Hochrisiko-KI-Systemen ausgeht bzw. ausgehen, oder übersteigt diese.

(2) Bei der Bewertung der Bedingung gemäß Absatz 1 Buchstabe b berücksichtigt die Kommission folgende Kriterien:

a) die Zweckbestimmung des KI-Systems;

b) das Ausmaß, in dem ein KI-System verwendet wird oder voraussichtlich verwendet werden wird;

c) die Art und den Umfang der vom KI-System verarbeiteten und verwendeten Daten, insbesondere die Frage, ob besondere Kategorien personenbezogener Daten verarbeitet werden;

d) das Ausmaß, in dem das KI-System autonom handelt, und die Möglichkeit, dass ein Mensch eine Entscheidung oder Empfehlungen, die zu einem potenziellen Schaden führen können, außer Kraft setzt;

e) das Ausmaß, in dem durch die Verwendung eines KI-Systems schon die Gesundheit und Sicherheit geschädigt wurden, es nachteilige Auswirkungen auf die Grundrechte gab oder z.B. nach Berichten oder dokumentierten Behauptungen, die den zuständigen nationalen Behörden übermittelt werden, oder gegebenenfalls anderen Berichten Anlass zu erheblichen Bedenken hinsichtlich der Wahrscheinlichkeit eines solchen Schadens oder solcher nachteiligen Auswirkungen besteht;

f) das potenzielle Ausmaß solcher Schäden oder nachteiligen Auswirkungen, insbesondere hinsichtlich ihrer Intensität und ihrer Eignung, mehrere Personen zu beeinträchtigen oder eine bestimmte Gruppe von Personen unverhältnismäßig stark zu beeinträchtigen;

g) das Ausmaß, in dem Personen, die potenziell geschädigt oder negative Auswirkungen erleiden werden, von dem von einem KI-System hervorgebrachten Ergebnis abhängen, weil es insbesondere aus praktischen

oder rechtlichen Gründen nach vernünftigem Ermessen unmöglich ist, sich diesem Ergebnis zu entziehen;

h) das Ausmaß, in dem ein Machtungleichgewicht besteht oder in dem Personen, die potenziell geschädigt oder negative Auswirkungen erleiden werden, gegenüber dem Betreiber eines KI-Systems schutzbedürftig sind, insbesondere aufgrund von Status, Autorität, Wissen, wirtschaftlichen oder sozialen Umständen oder Alter;

i) das Ausmaß, in dem das mithilfe eines KI-Systems hervorgebrachte Ergebnis unter Berücksichtigung der verfügbaren technischen Lösungen für seine Korrektur oder Rückgängigmachung leicht zu korrigieren oder rückgängig zu machen ist, wobei Ergebnisse, die sich auf die Gesundheit, Sicherheit oder Grundrechte von Personen negativ auswirken, nicht als leicht korrigierbar oder rückgängig zu machen gelten;

j) das Ausmaß und die Wahrscheinlichkeit, dass der Einsatz des KI-Systems für Einzelpersonen, Gruppen oder die Gesellschaft im Allgemeinen, einschließlich möglicher Verbesserungen der Produktsicherheit, nützlich ist;

k) das Ausmaß, in dem bestehendes Unionsrecht Folgendes vorsieht:

i) wirksame Abhilfemaßnahmen in Bezug auf die Risiken, die von einem KI-System ausgehen, mit Ausnahme von Schadenersatzansprüchen;

ii) wirksame Maßnahmen zur Vermeidung oder wesentlichen Verringerung dieser Risiken.

(3) Die Kommission ist befugt, gemäß Artikel 97 delegierte Rechtsakte zur Änderung der Liste in Anhang III zu erlassen, um Hochrisiko-KI-Systeme zu streichen, die beide der folgenden Bedingungen erfüllen:

a) Das betreffende Hochrisiko-KI-System weist unter Berücksichtigung der in Absatz 2 aufgeführten Kriterien keine erheblichen Risiken mehr für die Grundrechte, Gesundheit oder Sicherheit auf;

b) durch die Streichung wird das allgemeine Schutzniveau in Bezug auf Gesundheit, Sicherheit und Grundrechte im Rahmen des Unionsrechts nicht gesenkt.

Mit Art. 7 korrespondieren die Erwägungsgründe 49, 52.

Schrifttum: *Calliess/Ruffert* (Hrsg.), EUV/AEUV, Kommentar, 6. Aufl. 2022; *Chibanguza/Steege*, Die KI-Verordnung – Überblick über den neuen Rechtsrahmen, NJW 2024, 1769; *Ebers/Hoch/Rosenkranz/Ruschemeier/Steinrötter*, Der Entwurf für eine EU-KI-Verordnung: Richtige Richtung mit Optimierungsbedarf, RDi 2021, 528; *Engelhard/Schiemann*, Der EU-Kommissionsvorschlag einer Verordnung für künstliche Intelligenz aus rechts- und kriminalpolitischer Perspektive – Zur unumgänglichen aber nachbesserungsbedürftigen Harmonisierung, KriPoZ 2022, 444; *Grabitz/Hilf/Nettesheim* (Hrsg.), Das Recht der Europäischen Union: EUV/AEUV, Kommentar, 81. EL, Stand: Januar 2024;

Roth-Isigkeit, Die neue Verordnung der EU zur Künstlichen Intelligenz, 2022; *Hoffmann*, Regulierung der Künstlichen Intelligenz, K&R 2021, 369; *Jarass*, Charta der Grundrechte der Europäischen Union, 4. Aufl. 2021; *Kühling/Buchner* (Hrsg.), *Kühling/Buchner* (Hrsg.), DS-GVO BDSG, Kommentar, 4. Aufl. 2024; *Meyer/Hölscheidt* (Hrsg.), Charta der Europäischen Union, 5. Aufl. 2019; *Roos/Weitz*, Hochrisiko-KI-Systeme im Kommissionsentwurf für eine KI-Verordnung, MMR 2021, 844; *Rostalski/Weiss*, Der KI-Verordnungsentwurf der Europäischen Kommission, ZfDR 2021, 329; *Sesing/Tschech*, AGG und KI-VO-Entwurf beim Einsatz von Künstlicher Intelligenz, MMR 2024, 22; *Streinz*, EUV/AEUV, Kommentar, 3. Aufl. 2018; *Wiebe*, Produktsicherheitsrechtliche Betrachtung des Vorschlags für eine KI-Verordnung, BB 2022, 899.

Übersicht

I. Allgemeines

1. Zweck der Vorschrift

1 Die schnelllebige Welt der KI-Technologien erfordert es, normativ kurzfristig und flexibel auf technische Weiterentwicklungen (proaktiv) reagieren zu können.[1] Gerade diesem Aspekt widmet sich Art. 7, welcher zum einen der Kommission eine flexible Reaktionsmöglichkeit gewährt,[2] zum anderen ihr aber keinen „Freifahrtschein" als Ersatzgesetzgeberin erteilt.

2 Art. 7 Abs. 1 berechtigt die Kommission, **delegierte Rechtsakte** zur Änderung von **Anhang III** durch Hinzufügen oder Ändern von **Anwendungsfällen** für

1 Vgl. *Martini*, in: Hilgendorf/Roth-Isigkeit, Die neue Verordnung der EU zur Künstlichen Intelligenz, § 4 Rn. 105.
2 So auch *Chibanguza/Steege*, NJW 2024, 1769, 1772.

Hochrisiko-KI-Systeme zu erlassen und auf diese Weise den Katalog der Hochrisiko-KI-Systeme nachzujustieren. Anhang III führt eine Liste von **Bereichen** und zugehörigen Anwendungsfällen auf. Werden innerhalb dieser Bereiche für diese Anwendungsfälle KI-Systeme verwendet, klassifiziert der Unionsgesetzgeber diese KI-Systeme grundsätzlich als sog. **eigenständige Hochrisiko-KI-Systeme** (englisch „**Non-Embedded AI Systems**"), es sei denn, es liegt eine Ausnahme vor (siehe dazu ausführlich Art. 6 Rn. 66 ff.). Hierbei handelt es sich um KI-Systeme, welche entweder aufgrund ihrer technischen Funktionalität mit einem besonders hohen Risiko verbunden sind (vgl. Anhang III Nr. 2) oder um KI-Systeme, die in besonders sensiblen Bereichen eingesetzt werden (vgl. Anhang III Nr. 1, 3 bis 8). Die Liste der eigenständigen Hochrisiko-KI-Systeme ist somit nicht statisch, sondern durch delegierte Verordnungen erweiterbar oder änderbar. Auch Änderungen durch Streichungen sind möglich. So befugt Art. 7 Abs. 3 die Kommission, Anwendungsfälle aus Anhang III zu streichen, wenn von den betreffenden Hochrisiko-KI-Systemen keine erheblichen Risiken mehr für die Grundrechte, Gesundheit oder Sicherheit ausgehen und durch die Streichung das allgemeine Schutzniveau für diese Rechtsgüter nicht gesenkt wird (siehe dazu ausführlich Rn. 30 ff.).

3 Bei der Regulierung von KI-Systemen liegt die Herausforderung darin, zwar die Grundrechte der Unionsbürger zu schützen, zugleich aber den technischen Fortschritt, die wissenschaftliche und unternehmerische Freiheit nicht unverhältnismäßig einzuengen.[3] Ohne wissenschaftliche und unternehmerische Freiheit kann die Wettbewerbsfähigkeit der Union nicht gewährleistet werden.[4] Die Regulierung muss deshalb offen für Entwicklungen und Technologien sein und darf dennoch nicht den Schutz der Grundrechte der Unionsbürger aus den Augen verlieren.[5]

4 Gerade hier setzen Art. 7 und Anhang III an. Anhang III definiert Anwendungsfälle in sensiblen Bereichen, bei denen der Einsatz von KI-Systemen ein erhebliches Risiko in Bezug auf die Gesundheit, Sicherheit oder Grundrechte natürlicher Personen bergen kann, unabhängig von der Art der Technologie. Die Auflistung stellt eine Bewertung dar, welche der Unionsgesetzgeber während des Gesetzgebungsverfahrens getroffen hat. Ob zukünftig die Auflistung neuer oder geänderter Anwendungsfälle erforderlich sein wird oder die Streichung solcher, ist abhängig von (i) der technischen Weiterentwicklung und (ii) der zukünftigen, dann bestehenden Gefährdung für die Rechtsgüter Grundrechte, Gesundheit

---

3 ErwG 1; EU-Komm., Vorschlag für eine Verordnung des Europäischen Parlaments und des Rates zur Festlegung harmonisierter Vorschriften (Gesetz über Künstliche Intelligenz) und zur Änderung bestimmter Rechtsakte der Union, COM/2021/206 final vom 21.4.2021 (KI-VO-E Kommission), S. 2.

4 ErwG 1; KI-VO-E Kommission, S. 2.

5 ErwG 1 und 2; KI-VO-E Kommission, S. 2; vgl. *Rostalski/Weiss*, ZfDR 2021, 329, 347.

oder Sicherheit. Gerade dies erfordert aber auch die Option einer adäquaten und flexiblen Reaktion auf den technologischen Fortschritt, wie ihn Art. 7 regelt. Das flexible Hinzufügen, Ändern und Streichen von Anwendungsfällen in Anhang III ermöglicht es der Kommission, den Schutz von Unionsbürgern zu gewährleisten[6] und vor allem deren Risiko, mittels Hochrisiko-KI-Systemen diskriminiert zu werden, zu begegnen.[7]

Damit die Kommission nicht zum Ersatzgesetzgeber mutiert, hat sie strikte Vorgaben gemäß Art. 7 zu beachten. So darf sie die Bereiche in Anhang III nicht verändern, ergänzen oder streichen. Sie darf zudem die Anwendungsfälle auch nur anpassen, wenn die Kriterien gemäß Art. 7 Abs. 2 vorliegen, unabhängig davon, ob eine Hinzufügung, Änderung oder Streichung vorgesehen ist (vgl. Art. 7 Abs. 1 lit. b oder Art. 7 Abs. 3 lit. a i.V.m. Abs. 2). 5

2. Entstehungsgeschichte

a) Historie von Art. 7 Abs. 1

Art. 7 Abs. 1 regelt die Befugnis der Kommission, delegierte Rechtsakte gemäß Art. 97 zu erlassen, durch die Anhang III durch Hinzufügen oder Ändern von Anwendungsfällen für Hochrisiko-KI-Systeme geändert wird. Die Bedingungen für den Erlass der delegierten Rechtsakte statuieren Art. 7 Abs. 1 lit. a und lit. b i.V.m. Abs. 2, die kumulativ vorliegen müssen. 6

Im Rahmen des Gesetzgebungsverfahrens wurde Art. 7 Abs. 1 nur unwesentlich verändert. Der Kommissionsvorschlag vom 21.4.2021 sah inhaltlich im Wesentlichen das vor, was die finale Version nun regelt. Nur sprachlich wurde Art. 7 Abs. 1 angepasst, um den Regelungsgehalt verständlicher zu machen.[8] Im Gesetzgebungsverfahren bemühte sich indes das Europäische Parlament um eine signifikante Änderung von Art. 7 Abs. 1 KI-VO-E Kommission. Nach der Position des Europäischen Parlaments sollte die Kommission ermächtigt werden, neben dem Hinzufügen oder Ändern von Anwendungsfällen auch ganze Bereiche (Sektoren) zu ändern.[9] 7

Einige Stimmen kritisierten nämlich, dass der „starre Sektorenbezug“[10] kontraproduktiv sei und dem Ziel von Art. 7 widerspreche, neu entwickelte riskante 8

6 Vgl. *Borowsky*, in: Meyer/Hölscheidt, GRCh, Art. 2 Rn. 34.
7 Beispielhaft: ErwG 48 und 56; vgl. *Sesing/Tschech*, MMR 2024, 22, 29.
8 Vgl. Art. 7 KI-VO-E Kommission.
9 Vgl. Art. 7 Amendments adopted by the European Parliament on 14 June 2023 on the proposal for a regulation of the European Parliament and of the Council on laying down harmonized rules on artificial intelligence (Artificial Intelligence Act) and amending certain Union legislative acts (COM(2021)0206 – C9-0146/2021 – 2021/0106(COD)), vom 14.6.2023 (KI-VO-E Parlament).
10 Begriffliche Prägung durch *Rostalski/Weiss*, ZfDR 2021, 329, 347.

KI-Systeme mit erheblichem Risikopotential schnellstmöglich als Hochrisiko-KI-Systemen erfassen zu können.[11] Der Europäische Datenschutzausschuss schlug vor, dass die Bereichsbezogenheit eines KI-Systems „nicht als Kriterium, sondern vielmehr als Anhaltspunkt [für die Einstufung als hochriskant] dienen [solle]".[12] Könne ein KI-System keinem der in Anhang III aufgelisteten Bereiche zugeordnet werden (sowie auch nicht Anhang I), könne es nicht als Hochrisiko-KI-System gemäß Art. 6 klassifiziert werden und unterfalle damit auch nicht der Regulierung von Art. 8 bis 15. Da die Kommission keine Bereiche ergänzen könne, sondern lediglich Anwendungsfälle, bedürfe es erst eines Gesetzgebungsverfahrens, um derartige neue KI-Systeme in Anhang III aufzunehmen. Die KI-VO sei an dieser Stelle nicht zukunftssicher ausgestaltet.[13]

9 Dies wurde wiederum von Stimmen kritisiert, die befürchteten, dass die Kommission zu einem Ersatzgesetzgeber ohne hinreichende demokratische Legitimation mutiere. Eine solche sei für jeden Gesetzgebungsakt jedoch erforderlich, nämlich die hinreichende Einbeziehung des Europäischen Parlaments (siehe dazu ausführlich Rn. 22 f.).[14]

10 Sowohl der Kommissionsvorschlag vom 21.4.2021 als auch die finale Fassung sehen nun vor, dass für ein Hinzufügen oder Ändern von Anwendungsfällen die Voraussetzungen in Art. 7 Abs. 1 lit. a und b kumulativ vorliegen müssen:

– Das KI-System muss in einem der in Nr. 1 bis 8 genannten Bereiche von Anhang III eingesetzt werden (vgl. Art. 7 Abs. 1 lit. a).
– Das KI-System muss ein äquivalentes oder größeres Risiko bergen, die Gesundheit zu schädigen, die Sicherheit zu beeinträchtigen oder sich auf die Grundrechte nachteilig auszuwirken, wie die bereits über Anhang III als Hochrisiko-KI klassifizierten KI-Systeme (vgl. Art. 7 Abs. 1 lit. b). Die Bestimmung des Risikos hat auf Basis der in Art. 7 Abs. 2 genannten Kriterien zu erfolgen.

b) Historie von Art. 7 Abs. 2

11 Art. 7 Abs. 2 nennt die Kriterien, welche die Kommission bei der Risikobewertung gemäß Art. 7 Abs. 1 lit. b zu berücksichtigen hat. Der Kommissionsvorschlag vom 21.4.2021 sah zunächst nur die nun in Art. 7 Abs. 2 lit. a, b, e, f, g, h,

---

11 Vgl. *Rostalski/Weiss*, ZfDR 2021, 329, 347; European Commission adoption consultation: Artificial Intelligence Act vom 3.8.2021, S. 2 und 20.

12 Stellungnahme 4/2020 des EDSB zum Weißbuch der Europäischen Kommission „Zur Künstlichen Intelligenz – ein europäisches Konzept für Exzellenz und Vertrauen", Rn. 29.

13 Vgl. *Rostalski/Weiss*, ZfDR 2021, 329, 347.

14 Andeutend *Martini*, in: Hilgendorf/Roth-Isigkeit, Die neue Verordnung der EU zur Künstlichen Intelligenz, § 4 Rn. 111.

i und k genannten Kriterien vor: die Zweckbestimmung des KI-Systems, das Ausmaß der Verwendung, das bestehende oder potenzielle Ausmaß von Schäden oder nachteiligen Auswirkungen, das Ausmaß des Machtungleichgewichtes oder der Schutzbedürftigkeit der gefährdeten Personen, das Ausmaß von Korrekturmöglichkeiten oder die Rückgängigmachung von KI-Ergebnissen sowie das Ausmaß von Abhilfemaßnahmen in Bezug auf Risiken, die von einem KI-System ausgehen, oder wirksamer Maßnahmen zur Vermeidung oder wesentlichen Verringerung von Risiken. An diesen Kriterien hat der Unionsgesetzgeber im Laufe des Gesetzgebungsverfahrens nur marginale, zumeist sprachliche Änderungen oder Klarstellungen vorgenommen.[15]

Während der Trilog-Verhandlungen nahm der Unionsgesetzgeber aber noch weitere Kriterien für die Risikobewertung auf, da der ursprüngliche Kriterienkatalog immer noch für unzureichend befunden wurde.[16] Hierbei handelt es sich um die Folgenden: **12**

- die Art und der Umfang der vom KI-System verarbeiteten und verwendeten Daten (Art. 7 Abs. 2 lit. c),[17]
- das Ausmaß der Autonomie und die Möglichkeit, dass ein Mensch eine Entscheidung oder Empfehlung, die zu einem potenziellen Schaden führen kann, außer Kraft setzt (Art. 7 Abs. 2 lit. d),[18]
- das Ausmaß und die Wahrscheinlichkeit, dass der Einsatz des KI-Systems für Einzelpersonen, Gruppen oder die Gesellschaft im Allgemeinen, einschließlich möglicher Verbesserungen der Produktsicherheit, nützlich ist (Art. 7 Abs. 2 lit. j).[19]

Nicht explizit als Kriterium aufgenommen wurde der Verbraucherschutz, was der Deutsche Bundesrat während des Gesetzgebungsverfahrens kritisierte.[20] Diese Regelungslücke dürfte jedoch nicht allzu schwer ins Gewicht fallen. So sieht Art. 7 Abs. 2 lit. f vor, dass bei der Risikobewertung das potenzielle Aus- **13**

15 Vgl. Art. 7 KI-VO-E Kommission; Art. 7 KI-VO-E Parlament; Art. 7 Vorschlag für eine Verordnung des Europäischen Parlaments und des Rates zur Festlegung harmonisierter Vorschriften für künstliche Intelligenz (Gesetz über künstliche Intelligenz) und zur Änderung bestimmter Rechtsakte der Union – Allgemeine Ausrichtung, Dok. 14954/22 vom 25.11.2022 (KI-VO-E Rat).

16 Vgl. *Martini*, in: Hilgendorf/Roth-Isigkeit, Die neue Verordnung der EU zur Künstlichen Intelligenz, § 4 Rn. 110.

17 Entspricht dem Vorschlag des Europäischen Parlaments, Art. 7 Abs. 2 lit. (ba) KI-VO-E Parlament.

18 Federführend für die Ergänzung des Bewertungskriteriums sollte die Ratspräsidentschaft sein, Art. 7 Abs. 2 lit. (bb) KI-VO-E Rat.

19 Federführend für die Ergänzung des Bewertungskriteriums sollte die Ratspräsidentschaft sein, Art. 7 Abs. 2 lit. (gb) KI-VO-E Rat. Gleichwohl ist das Bewertungskriterium wortlautgleich zu Art. 7 Abs. 2 lit. (gb) KI-VO-E Parlament.

20 BR-Drs. 488-21(B) Nr. 31, S. 12.

maß eines Schadens oder einer nachteiligen Auswirkung, welches „mehrere Personen" beeinträchtigt, bereits zu berücksichtigen ist. Typisch für Verbraucher ist, nach dem unionalen Verbraucherleitbild, dass sie einem (Markt-)Machtungleichgewicht gegenüber dem Unternehmer ausgesetzt sind. Dies gründet unter anderem in einem geringeren Informationsstand.[21] Gemäß Art. 7 Abs. 2 lit. h ist das Ausmaß, in dem ein Machtungleichgewicht besteht, zu beachten sowie das Ausmaß, in dem Personen, die potenziell geschädigt werden oder negative Auswirkungen erleiden können, gegenüber dem Betreiber des KI-System schutzbedürftig sind (siehe dazu ausführlich Rn. 28). Mithin dürfte der Verbraucherschutz hinreichend Beachtung finden.

14 Während des Gesetzgebungsverfahrens regte der Ausschuss für Umweltfragen, öffentliche Gesundheit und Lebensmittelsicherheit an, im Rahmen verschiedener Bewertungskriterien gemäß Art. 7 Abs. 2 den Umwelt- und insbesondere den Klimaschutz stärker einzubeziehen.[22] Von den angestrebten und vorgeschlagenen Änderungen fand keine Einzug in die Position des Europäischen Parlaments oder in die finale Version der KI-VO.

c) Historie von Art. 7 Abs. 3

15 Bei Art. 7 Abs. 3 handelt es sich um ein Novum. Der Kommissionsvorschlag vom 21.4.2021 sah die Möglichkeit der Streichung von Anwendungsfällen in Anhang III nicht vor. Schon früh wurde diese fehlende Flexibilität kritisiert.[23] Einer strengen Regulierung von Hochrisiko-KI-Systemen bedürfe es nicht, wenn den KI-Systemen kein erhebliches Risiko für die Individual- oder Allgemeinheitsrechtsgüter (mehr) innewohne.[24]

16 Der Rat nahm in seiner Position vom 6.12.2022 daher die Regelung auf, dass die Kommission mittels delegierter Rechtsakte zur „Änderung der Liste in Anhang III" durch Streichung von Hochrisiko-KI-Systemen befugt sein solle.[25] Der Wortlaut wich hierbei von dem in Art. 7 Abs. 1 ab, statt „Änderung von Anhang III" und „Streichung von Anwendungsfällen" hieß es nun „Änderung der

---

21 Vgl. *Kaufmann*, in: Grabitz/Hilf/Nettesheim, EUV/AEUV, Art. 169 AEUV Rn. 14.

22 Opinion of the Committee on the Environment, Public Health and Food Safety for the Committee on the Internal Market and Consumer Protection and for the Committee on Civil Liberties, Justice and Home Affairs on the proposal for a regulation of the European Parliament and of the Council laying down harmonised rules on Artificial Intelligence (Artificial Intelligence Act) and amending certain Union Legislative Acts (COM(2021)0206 – C9-0146/2021 – 2021/0106(COD)) vom 22.4.2021, S. 45 ff.

23 *Engelhard/Schiemann*, KriPoZ 2022, 444, 449; *Ebers/Hoch* et al., RDi 2021, 528, 531 f.; *Roos/Weitz*, MMR 2021, 844, 845.

24 Japan Business Council in Europe, Views on the European Commission's AI Act, S. 5.

25 Art. 7 Abs. 3 KI-VO-E Rat.

Liste in Anhang III“ und „Streichung von Hochrisiko-KI-Systemen“.[26] Aus der Begründung zur Position des Rates lässt sich aber der Schluss ziehen, dass der Rat die Streichung von „use cases“, also Anwendungsfällen, meinte und nicht die Streichung von Bereichen.[27] Der Position des Rates schloss sich das Europäische Parlament[28] an, formulierte seinen Vorschlag jedoch unmissverständlicher („remove use-cases of high-risk AI systems from the list in Annex III“).[29]

In den Trilog-Verhandlungen übernahm der Unionsgesetzgeber dann jedoch den Wortlaut aus der Position des Rates,[30] ohne entsprechende Klarstellungen im Wortlaut aufzunehmen (siehe dazu ausführlich Rn. 33). **17**

3. Verhältnis zu anderen Vorschriften

Art. 7 regelt die materiellen Voraussetzungen für Änderungen von Anhang III. **18**
Das **formelle Verfahren** zur Änderung von Anhang III ist hingegen nur rudimentär geregelt. Art. 112 Abs. 1 gibt der Kommission ab dem Zeitpunkt des Inkrafttretens der KI-VO bis zum Ende der Befugnisübertragung gemäß Art. 97 vor, einmal jährlich zu prüfen, ob eine Änderung der „Liste in Anhang III“ erforderlich ist (siehe dazu ausführlich Art. 112 Rn. 22). Vor dem Erlass eines delegierten Rechtsakts konsultiert die Kommission die von den einzelnen Mitgliedstaaten benannten Sachverständigen im Einklang mit den in der Interinstitutionellen Vereinbarung vom 13.4.2016 über bessere Rechtssetzung niedergelegten Grundsätzen (vgl. Art. 97 Abs. 4). Sobald die Kommission einen delegierten Rechtsakt erlässt, übermittelt sie ihn gleichzeitig dem Europäischen Parlament und dem Rat (vgl. Art. 97 Abs. 5). Der delegierte Rechtsakt tritt in Kraft, wenn weder das Europäische Parlament noch der Rat innerhalb einer Frist von drei Monaten nach Übermittlung des Rechtsakts widersprechen oder beide der Kommission mitgeteilt haben, keine Einwände zu erheben (vgl. Art. 97 Abs. 6). Die Frist kann um drei Monate verlängert werden.

26 Art. 7 Abs. 2a KI-VO-E Rat: „The Commission is empowered to adopt delegated acts in accordance with Article 73 to amend *the list* in Annex III by removing high-risk AI systems where both of the following conditions are fulfilled […]“

27 KI-VO-E Rat, S. 5.

28 Art. 7 Abs. 1a KI-VO-E Parlament.

29 Art. 7 Abs. 1a KI-VO-E Parlament: „The Commission is empowered to adopt delegated acts in accordance with Article 73 *amend* Annex III by adding or modifying *use-cases* of high risk AI systems where both of the following conditions are fulfilled […]“.

30 Art. 7 Abs. 2a KI-VO-E Rat.

II. Hinzufügung oder Änderung von Anwendungsfällen

1. Delegation von Rechtsakten gemäß Art. 97

19 Art. 7 Abs. 1 befugt die Kommission, delegierte Rechtsakte zu erlassen, um Anwendungsfälle dem Anhang III hinzuzufügen oder zu ändern. Delegierte Rechtsakte gemäß Art. 97 besitzen ihrer Natur nach keinen formellen Gesetzescharakter.[31] Dabei weisen sie eine gewisse Ähnlichkeit zu den im deutschen Recht bekannten Rechtsverordnungen gemäß Art. 80 GG auf. Der Unterschied zum deutschen Recht ist jedoch, dass sich das Unionsrecht bei den normativen Delegationsgrenzen an den politischen Kompetenzgrenzen orientiert, der Zuständigkeits- und Kompetenzenverteilung innerhalb der Union. Im deutschen Recht zieht der Schutz der Grundrechte die Delegationsgrenze (vgl. Art. 80 GG).[32]

20 Die Exekutive, hier also die Kommission, darf diese delegierten Rechtsakte nur erlassen, wenn der sog. **Basisrechtsakt** die Befugnis dazu überträgt. Die primärrechtliche Grundlage für dieses Vorgehen findet sich in Art. 290 AEUV. Gemäß Art. 52 Abs. 1 Satz 1 Charta der Grundrechte der Europäischen Union bedürfen alle grundrechtsrelevanten Eingriffe einer hinreichenden demokratischen Legitimation, sog. **europarechtlicher Gesetzesvorbehalt**.[33] Das bedeutet, sie muss auf die Wahlen der Unionsbürger rückverfolgbar sein, d.h. das Parlament muss hinreichend am Gesetzgebungsakt beteiligt gewesen sein, da es das einzige unmittelbar demokratisch legitimierte Unionsorgan ist.[34] Delegierte Rechtsakte können zwar zur Wahrung des europarechtlichen Gesetzesvorbehalts ausreichend sein, sind es jedoch nur, wenn der Basisrechtsakt bereits die wesentlichen Entscheidungen getroffen hat.[35] Der Basisrechtsakt muss die Ziele, den Inhalt, den Geltungsbereich und die Dauer der Befugnis festlegen. Wesentliche Aspekte müssen hingegen im Gesetzgebungsakt selbst festgeschrieben werden. Wesentlich sind nach der Rechtsprechung des Europäischen Gerichtshofs und gemäß Art. 290 Abs. 1 UAbs. 1, 2 Satz 1 AEUV die wesentlichen politischen Grundentscheidungen einer Materie.[36]

21 Die Rechtsnatur des delegierten Rechtsaktes (Verordnung, Richtlinie, Entscheidung) ist nicht an die des Basisaktes gebunden.[37] Da es gemäß Art. 1 Abs. 2 lit. a

31 *Ruffert*, in: Calliess/Ruffert, EUV/AEUV, Art. 290 AEUV Rn. 2; *Gellermann*, in: Streinz, EUV/AEUV, Art. 290 AEUV Rn. 2.

32 Vgl. *Martini*, in: Hilgendorf/Roth-Isigkeit, Die neue Verordnung der EU zur Künstlichen Intelligenz, § 4 Rn. 111.

33 Vgl. *Jarass*, in: Jarass, GRCh, Art. 52 Rn. 24f.

34 *Nettesheim*, in: Grabitz/Hilf/Nettesheim, EUV/AEUV, Art. 10 EUV Rn. 67f.

35 Vgl. EuGH, Urt. v. 5.9.2012 – C-355/10, Rn. 77 – Parlament/Rat.

36 Vgl. *Ruffert*, in: Calliess/Ruffert, EUV/AEUV, Art. 290 AEUV Rn. 15.

37 Vgl. *Ruffert*, in: Calliess/Ruffert, EUV/AEUV, Art. 290 AEUV Rn. 2 und 4.

ein wesentliches Ziel der KI-VO ist, den Umgang mit KI einheitlich und harmonisiert zu regulieren, dürften Verordnungen am wahrscheinlichsten sein, da Richtlinien zuerst von den Mitgliedstaaten in nationales Recht umgesetzt werden müssten. Auch dürfte das nicht dem Ziel von Art. 7 entsprechen, welcher der Kommission gerade eine flexible und schnelle Reaktion auf neue Technologien und Risiken ermöglichen soll.

2. Voraussetzungen gemäß Art. 7 Abs. 1 und 2

Gemäß Art. 7 Abs. 1 müssen zwei Voraussetzungen kumulativ vorliegen: **22**

- die KI-Systeme sollen in einem der in Anhang III aufgeführten Bereiche eingesetzt werden (lit. a),
- die KI-Systeme bergen ein Risiko der Schädigung in Bezug auf die Gesundheit und Sicherheit oder haben nachteilige Auswirkungen auf die Grundrechte, wobei dieses Risiko dem Risiko der Schädigung oder der nachteiligen Auswirkungen, welche von den in Anhang III bereits genannten Hochrisiko-KI-Systemen ausgehen, gleicht oder diese übersteigt (lit. b).

a) Bereichsbezug (Art. 7 Abs. 1 lit. a)

Zwingende Voraussetzung für das Hinzufügen oder Ändern eines Anwendungsfalles ist die Einstufung eines KI-Systems in einen der in Nr. 1 bis 8 Anhang III genannten Bereiche. Damit kann die Kommission keine neuen Bereiche hinzufügen oder bestehende Bereiche ändern. Kann beispielsweise ein neues KI-System keinem Bereich zugeordnet werden und unterfällt es auch nicht zufällig dem Anwendungsbereich von Anhang I, unterfällt es – auch bei einem grundsätzlich als erheblich einzuordnenden Risiko – nicht den Regeln für Hochrisiko-KI-Systeme. **23**

Dies wurde von mehreren Stimmen kritisiert.[38] Der „**starre Sektorenbezug**“ ließe keine adäquate Reaktionsmöglichkeit der Union zu. Auch gebe es weitere denkbare Einsatzbereiche für KI-Systeme außerhalb der in Anhang III gelisteten Bereiche,[39] wie beispielsweise „Connected Products“ oder virtuelle Assistenzsysteme, welche ebenfalls risikoreich seien.[40] Auch vor diesem Hintergrund sei der „Sektorenbezug“ kritisch zu betrachten. Nahezu allen Bereichen könnten potenzielle Gefahren innewohnen.[41] **24**

---

38 Vgl. *Rostalski/Weiss*, ZfDR 2021, 329, 347.
39 Vgl. *Hoffmann*, K&R 2021, 369, 371.
40 So auch die Erklärung Österreichs in: Dok. ST 9645 2024 ADD 1 REV vom 15.5.2024.
41 Vgl. *Hoffmann*, K&R 2021, 369, 371.

25 Hätte die KI-VO der Kommission die Befugnis eingeräumt, Bereiche zu ändern, hätte sich jedoch die Frage gestellt, ob eine solche Befugnis noch mit Art. 97 i.V.m. Art. 290 Abs. 1 UAbs. 1, 2 Satz 1 AEUV[42] und damit dem europarechtlichen Gesetzesvorbehalt vereinbar gewesen wäre.[43] Dies kann jedoch dahinstehen. Da der Kommission nur die Befugnis eingeräumt wurde, Anwendungsfälle von bereits gelisteten Bereichen hinzuzufügen oder zu ändern, verbleiben die wesentlichen Entscheidungen über die Kriterien beim Unionsgesetzgeber. Die Handlungsmöglichkeiten der Kommission sind begrenzt. Somit wird dem europarechtlichen Gesetzesvorbehalt ausreichend Rechnung getragen. Weitreichende grundrechtliche Eingriffe sind nur mit der Beteiligung des Europäischen Parlaments und des Rates möglich.

b) Risiko-Evaluation (Art. 7 Abs. 1 lit. b i.V.m. Abs. 2)

26 Die Kommission hat gemäß Art. 7 Abs. 1 lit. b zu bewerten, ob die neuen KI-Systeme ein vergleichbares oder höheres Risiko bergen als die bereits nach Anhang III als Hochrisiko-KI-Systeme klassifizierten KI-Systeme. Bei der Bewertung dieses Risikos hat die Kommission den Kriterienkatalog gemäß Art. 7 Abs. 2 zu berücksichtigen.

27 Nach dem Wortlaut von Art. 7 Abs. 2 hat die Kommission alle Kriterien des Katalogs zu berücksichtigen („[…] berücksichtigt die Kommission folgende Kriterien“).[44] Der Kriterienkatalog ist abschließend, schließlich legt der Unionsgesetzgeber auch hiermit den Inhalt und die Grenzen – und somit auch die Voraussetzungen – fest, welche die Kommission dazu befugen, abhängig vom Bewertungsergebnis mittels eines delegierten Rechtsaktes tätig zu werden. Die Kommission muss also alle Kriterien heranziehen, bewerten und gewichten. Ergibt die Evaluation der Kommission, dass ein Anwendungsfall eines KI-Systems dem Risiko eines bestehenden Anwendungsfalles gleicht oder dieses übersteigt, hat die Kommission im Sinne eines effektiven Grundrechtsschutzes tätig zu werden. Im Ergebnis müssen aber nicht alle Kriterien ein Risiko gemäß Art. 7 Abs. 1 lit. b begründen, es genügt bereits, wenn auch nur ein Kriterium zu einem derart hohen Risiko für die Gesundheit, Sicherheit oder die Grundrechte führt.

28 Der Kriterienkatalog enthält ein **retrospektives Kriterium** in Art. 7 Abs. 2 lit. e, welches auf das Ausmaß bisheriger Schädigungen für die Gesundheit oder Sicherheit oder nachteilige Auswirkungen auf die Grundrechte abstellt. Die

42 Vertrag über die Arbeitsweise der Europäischen Union (AEUV).
43 Vgl. EuGH, Urt. v. 5.9.2012 – C-355/10, Rn. 77 – Parlament/Rat.
44 So auch schon *Rostalski/Weiss*, ZfDR 2021, 329, 347.

anderen Kriterien sind **prospektive (in die Zukunft gerichtete) Kriterien**.[45] Hier wird der Kommission ein weiterer Beurteilungsspielraum eingeräumt. Die Kommission muss dabei das Risiko eines KI-Systems aufgrund der aufgelisteten Kriterien abschätzen. Dazu gehört insbesondere das Ausmaß drohender Schäden oder nachteiliger Auswirkungen (Art. 7 Abs. 2 lit. f) oder eines Machtungleichgewichts (Art. 7 Abs. 2 lit. h) sowie die Nützlichkeit des KI-Systems (Art. 7 Abs. 2 lit. j) und das Zusammenspiel mit bestehenden europäischen Rechtsakten (Art. 7 Abs. 2 lit. k).

3. Rechtsfolge

Wird ein Anwendungsfall eines KI-Systems in Anhang III aufgenommen, muss **29** es fortan die Vorgaben für Hochrisiko-KI-Systeme einhalten. Dies gilt nicht für bereits in Verkehr gebrachte KI-Systeme. Dafür streiten zum einen rechtsstaatliche **Verhältnismäßigkeits- und Vertrauensgesichtspunkte**.[46] Zum anderen handelt es sich bei der KI-VO um ein produktsicherheitsrechtliches Regelwerk (siehe dazu ausführlich Art. 2 Rn. 1 ff.).[47] Maßgeblicher Zeitpunkt für eine produktsicherheitsrechtliche Regulierung ist das Inverkehrbringen.[48] Eine Rückwirkung würde dem Regelungskonzept des New Legislative Framework widersprechen und dürfte damit ausgeschlossen sein.

III. Streichung zur Änderung der Liste in Anhang III

Die Kommission ist gemäß Art. 7 Abs. 3 befugt, delegierte Rechtsakte zur „Än- **30** derung der Liste in Anhang III" zu erlassen, um „Hochrisiko KI-Systeme zu streichen", soweit die Voraussetzungen von Art. 7 Abs. 3 lit. a und b erfüllt sind.

Der Wortlaut von Art. 7 Abs. 3 unterscheidet sich von dem des Art. 7 Abs. 1, **31** welcher sich eindeutig auf die „Hinzufügung oder Änderung von Anwendungsfällen" bezieht. Grundsätzlich könnten die Formulierungen „Liste in Anhang III" und „Hochrisiko-KI-Systeme zu streichen" auch dahingehend verstanden werden, dass die Streichung von Bereichen und nicht nur von Anwendungsfällen erlaubt sei. Dies dürfte jedoch zu verneinen sein. Zunächst dürfte dies – wie bereits an anderer Stelle erläutert – nicht den Vorgaben von Art. 97 i.V.m. Art. 290 Abs. 1 UAbs. 1, 2 Satz 1 AEUV entsprechen (siehe dazu ausführlich Rn. 18).

45 Nach Ansicht des ETNO-GSMA position paper on European Commission proposal for an Artificial Intelligence Act, S. 3 könnten die „überproportional" vertretenen zukunftsgerichteten Bewertungskriterien zu sog. „Chilling-Effects" führen, die dadurch die erstrebte Technologie- und Entwicklungsoffenheit konterkarieren könnte.

46 *Wiebe*, BB 2022, 899, 901.

47 *Wiebe*, BB 2022, 899, 901.

48 *Wiebe*, BB 2022, 899, 901.

Darüber hinaus ergibt sich aus der Begründung des Rates, dass dieser sich auf die Streichung von „use cases", also Anwendungsfällen, beziehen wollte.[49] Außerdem spricht ein weiterer systematischer Grund für ein restriktives Verständnis: In Art. 6 Abs. 6 und 7 wird die Kommission – ähnlich zu Art. 7 Abs. 1 – ermächtigt, delegierte Rechtsakte zu erlassen, um die „Bedingungen" von Art. 6 Abs. 3 zu ergänzen, zu ändern oder zu streichen. Bei den „Bedingungen" handelt es sich um Kriterien – ähnlich den „Anwendungsfällen" –, welche vorliegen müssen, damit ein vermeintliches Hochrisiko-KI-System gemäß Anhang III im konkreten Einzelfall nicht als ein solches eingestuft wird. Bei Vorliegen der „Bedingungen" wird angenommen, dass das erhebliche Risiko fehlt. Die Kommission ist gemäß Art. 6 Abs. 6 und 7 nicht befugt, delegierte Rechtsakte zu erlassen, welche über diese „Bedingungen" hinaus (z. B. die Einstufung von Profiling als erhebliches Risiko) Änderungen vornehmen. Daraus lässt sich ableiten, dass die Kommission im Gesamtgefüge der KI-VO eine eng umgrenzte Befugnis zur Änderung von Normen haben soll, sowohl auf der Mikro-Ebene in Bezug auf konkrete KI-Systeme als auch auf Makro-Ebene in Bezug auf Bereiche und Anwendungsfälle. Diese eng umgrenzte Befugnis wäre mit der Streichung ganzer Bereiche durch Art. 7 Abs. 3 nicht gewährt. Der divergierende Wortlaut von Art. 7 Abs. 1 und 3 ist damit als redaktionelles Versehen infolge der Zusammenführung verschiedener Fassungen zu werten.

32 Zwar könnte gegen diese Bewertung argumentiert werden, dass eine Streichung von Bereichen nicht derart in die Grundrechte der Adressaten der KI-VO (z. B. Anbieter) eingreifen würde wie eine Hinzufügung oder Änderung von Bereichen. Könnte die Kommission jedoch Bereiche streichen, bedürfte es eines Gesetzgebungsverfahrens, um solche wieder aufzunehmen. In dieser Zeit könnte aber ein KI-System, welches zuvor als Hochrisiko-KI-System hätte eingestuft werden müssen, nicht als solches klassifiziert werden, was wiederum in die Gesundheit, Sicherheit oder Grundrechte Dritte eingreifen könnte. Auch vor diesem Hintergrund wäre eine solche Lesart nicht angemessen zum Risikopotenzial einer Streichung von Bereichen.

1. Voraussetzungen gemäß Art. 7 Abs. 3

33 Art. 7 Abs. 3 statuiert zwei Voraussetzungen für die Änderung der Liste in Anhang III durch Streichung von Anwendungsfällen, die kumulativ vorliegen müssen:

– die Hochrisiko-KI-Systeme, welche für den Anwendungsfall genutzt werden sollen, weisen unter Berücksichtigung der Kriterien in Art. 7 Abs. 2 keine erheblichen Risiken auf,

---

49 KI-VO-E Rat, S. 5: Dort wird in der Begründung des Ratsvorschlages die Möglichkeit der Streichung der „Use-Cases" angedacht.

- durch die Streichung des Anwendungsfalles wird das allgemeine Schutzniveau in Bezug auf Gesundheit, Sicherheit und Grundrechte im Rahmen des Unionsrechts nicht gesenkt.

Art. 7 Abs. 3 ähnelt damit Art. 6 Abs. 3. Beide Normen ermöglichen es, ein KI-System dem umfangreichen Regelungsregime von Art. 8 bis 15 zu entziehen (siehe hierzu zur Möglichkeit des sog. „Self-Assessment" im konkreten Einzelfall Art. 6 Rn. 155). **34**

a) Kein erhebliches Risiko (Art. 7 Abs. 3 lit. a)

Das KI-System darf kein erhebliches Risiko mehr für die Gesundheit, Sicherheit oder die Grundrechte aufweisen. Dies ist anhand der Kriterien von Art. 7 Abs. 2 zu messen. **35**

Die KI-VO definiert den Begriff des „Risikos" in Art. 3 Nr. 2. Demnach ist das Risiko „die Kombination aus der Wahrscheinlichkeit des Auftretens eines Schadens und der Schwere dieses Schadens" (siehe dazu ausführlich Art. 3 Nr. 2 Rn. 68 ff.). Wann ein Risiko „erheblich" im Sinne der KI-VO ist, wird in Art. 3 nicht legaldefiniert. **36**

Der Begriff des „erheblichen Risikos" wird nicht nur in Art. 7 Abs. 3 lit. a, sondern auch in Art. 6 Abs. 3 und 6 verwendet. Nach dem Wortlaut bezieht sich das erhebliche Risiko immer auf die „Beeinträchtigung in Bezug auf die Gesundheit, Sicherheit oder Grundrechte". **37**

Bei der Risikobewertung gemäß Art. 7 Abs. 3 sind die Kriterien des Art. 7 Abs. 2 zu berücksichtigen, also nicht nur das Ausmaß des (potenziellen) Schadens (vgl. Art. 7 Abs. 2 lit. c und f), sondern beispielsweise auch das Ausmaß der Verwendung des KI-Systems (vgl. Art. 7 Abs. 2 lit. b) und der Abhängigkeit der potenziell geschädigten Personen von dem KI-Ergebnis (vgl. Art. 7 Abs. 2 lit. g). Welches Gefährdungspotenzial vorliegen muss, um das Risiko nach Abschluss der Bewertung von Art. 7 Abs. 2 als erheblich zu klassifizieren, lässt die KI-VO offen. **38**

Zwar nennen Art. 6 Abs. 3 (und 6) sowie Art. 7 Abs. 3 das „erhebliche Risiko". Art. 6 Abs. 3 verfolgt jedoch einen anderen Zweck als Art. 7 Abs. 3. So handelt es sich bei Art. 6 Abs. 3 um einen Ausnahmetatbestand für die konkrete Einstufung eines KI-Systems als „nicht hochriskant". Zwar unterfällt es mindestens einem Anwendungsfall von Anhang III, allerdings weist das konkrete KI-System aufgrund seiner Funktionsweise kein erhebliches und damit kein hohes Risiko auf. Insoweit muss „erhebliches Risiko" als „erhebliches Risiko im konkreten Einzelfall" verstanden werden. Demgegenüber ist Art. 7 Abs. 3 Grundlage der Bewertung, ob ein Anwendungsfall derart risikoarm ist, dass die KI-Systeme, welche für diesen Anwendungsfall verwendet werden, nicht als „hochriskant" gelten sollen. Es handelt sich somit um eine abstrakte Bewertung des Anwen- **39** dungsfalls, weshalb sich auch die Bewertungskriterien von Art. 7 Abs. 2 von denen des Art. 6 Abs. 2 unterscheiden. Was beiden Normen aber gemein ist, ist, dass das „erhebliche Risiko“ vergleichbar dem „hohen Risiko“ sein muss, da – im abstrakten oder konkreten Fall – das „hohe Risiko“ verneint wird, wenn kein „erhebliches Risiko“ für die Gesundheit, Sicherheit oder Grundrechte vorliegt. Bedeutet, die Kriterien zur Bewertung sind unterschiedlich, die Folge ist aber, dass ein „hohes = erhebliches Risiko“ verneint oder bejaht wird.

40 Ab welcher **abstrakten Gefahrenlage** – nach Prüfung der Kriterien in Art. 7 Abs. 2 – ein „erhebliches/hohes Risiko“ fehlt, bleibt weiterhin offen. Ein Vergleich zu anderen Rechtsvorschriften der Union gibt zumindest gewisse Anhaltspunkte.

– Die Verordnung über die allgemeine Produktsicherheit[50] kennt zwar nicht den Begriff des „erheblichen“, aber den des „ernsten Risikos“ (vgl. Art. 3 Nr. 5 der VO (EU) 2023/988). Ein solches Risiko macht, „auf der Grundlage einer Risikobewertung und unter Berücksichtigung der normalen und vorhersehbaren Verwendung des Produkts ein rasches Eingreifen der Marktüberwachungsbehörden erforderlich [...], auch wenn das Risiko keine unmittelbare Auswirkung hat“.
– Der Vorschlag der Kommission zum Cyber Resilience Act[51] definiert das „erhebliche Cybersicherheitsrisiko“. Hierbei handelt es sich um ein Cybersicherheitsrisiko, bei dem aufgrund seiner technischen Merkmale davon auszugehen ist, dass es mit hoher Wahrscheinlichkeit zu einem Sicherheitsvorfall führen wird, der schwerwiegende negative Auswirkungen haben und erhebliche materielle oder immaterielle Verluste oder Störungen verursachen könnte (vgl. Art. 3 Nr. 36 des Vorschlags).
– Auch die Datenschutz-Grundverordnung[52] kennt einen ähnlichen Begriff, und zwar den der „erheblichen Beeinträchtigung“ gemäß Art. 22 Abs. 1 DSGVO. Eine solche liegt vor, wenn der Betroffene durch die automatisierte

50 Verordnung (EU) 2023/988 des Europäischen Parlaments und des Rates vom 10.5.2023 über die allgemeine Produktsicherheit, zur Änderung der Verordnung (EU) Nr. 1025/2012 des Europäischen Parlaments und des Rates und der Richtlinie (EU) 2020/1828 des Europäischen Parlaments und des Rates sowie zur Aufhebung der Richtlinie 2001/95/EG des Europäischen Parlaments und des Rates und der Richtlinie 87/357/EWG des Rates.

51 Vorschlag für eine Verordnung des Europäischen Parlaments und des Rates über horizontale Cybersicherheitsanforderungen für Produkte mit digitalen Elementen und zu Änderung der Verordnung (EU) 2019/1010 vom 15.9.2022.

52 Verordnung (EU) 2016/679 des Europäischen Parlaments und des Rates vom 27.4.2016 zum Schutz natürlicher Personen bei der Verarbeitung personenbezogener Daten, zum freien Datenverkehr und zur Aufhebung der Richtlinie 95/46/EG (Datenschutz-Grundverordnung).

Entscheidung in seiner wirtschaftlichen oder persönlichen Entfaltung nachhaltig gestört wird.[53]

– Im Zusammenhang mit Art. 82 DSGVO wurde – nicht im Hinblick auf das Risiko, sondern auf den Schaden – lange diskutiert, ob ein Schadensersatzanspruch erst ab Überschreiten einer „Erheblichkeitsschwelle“ besteht.[54]

Als „erhebliches Risiko“ könnte mithin eine Kombination von Risiken durch den Anwendungsfall verstanden werden, die aufgrund ihrer Schwere, Intensität, Eintrittswahrscheinlichkeit, Dauer sowie der weiteren in Art. 7 Abs. 2 genannten Kriterien nachteilige Beeinträchtigungen für die Gesundheit oder Sicherheit oder Grundrechte haben. Hierbei muss die Wahrscheinlichkeit für den Eintritt einer Schädigung der Gesundheit oder Sicherheit oder nachteiliger Auswirkungen auf die Grundrechte hoch sein. Die Schädigung oder die nachteilige Auswirkung müssen entweder materielle Verluste oder sonstige Eingriffe in die genannten Rechtsgüter befürchten lassen, welche schwerwiegend oder nachhaltig sind. **41**

Dies würde auch dem Verständnis des Europäischen Parlaments während des Gesetzgebungsverfahrens entsprechen. In der Position des Europäischen Parlaments findet sich unter Art. 3 Nr. 1b KI-VO-E Parlament der Entwurf einer Legaldefinition des „erheblichen Risikos“. Demnach sollte das erhebliche Risiko wie folgt definiert werden: „ein Risiko, das erheblich ist aufgrund der Kombination von Schwere, Intensität, Eintrittswahrscheinlichkeit und Dauer der Auswirkungen, und seiner Fähigkeit, eine Einzelperson, eine Vielzahl von Personen oder eine Gruppe von Personen zu beeinträchtigen“. Den Begriff „erhebliches Risiko“ verwendete das Europäische Parlament zwar nur in Art. 6 Abs. 1a (dem heutigen Art. 6 Abs. 3), und nicht in Art. 7. Dennoch würde dieses Verständnis auch zu Art. 7 Abs. 3 passen und dürfte dem Verständnis des Unionsgesetzgebers entsprechen. **42**

b) Keine Senkung des allgemeinen Schutzniveaus (Art. 7 Abs. 3 lit. b)

Darüber hinaus darf die Streichung des Anwendungsbereichs nicht das allgemeine Schutzniveau in Bezug auf die Gesundheit, Sicherheit und Grundrechte im Rahmen des Unionsrechts senken. Neben Art. 7 Abs. 3 lit. a verbleibt für dieses Kriterium bloß ein geringer eigenständiger Anwendungsbereich. Es dürfte sich um einen Auffangtatbestand handeln, welcher sicherstellen soll, dass eine Streichung eines Anwendungsbereichs nicht zur Rechtlosstellung führt, vielmehr das Schutzniveau der Union gewahrt bleibt. **43**

53 Vgl. *Buchner*, in: Kühling/Buchner, DS-GVO BDSG, Art. 22 DSGVO Rn. 26.

54 Vgl. u. a. EuGH, Urt. v. 4.5.2023 – C-300/21 – UI/Österreichische Post AG.

2. Rechtsfolge

44 Wird ein Anwendungsfall eines KI-Systems in Anhang III gestrichen, dürfte dies dazu führen, dass ein bereits in Verkehr gebrachtes Hochrisiko-KI-System die Regeln in Art. 8 bis 15 nicht mehr erfüllen muss. Dafür streiten rechtsstaatliche **Verhältnismäßigkeits- und Vertrauensgesichtspunkte**.[55] Es handelt sich bei der KI-VO um ein spezielles produktsicherheitsrechtliches Regelwerk.[56] **Maßgeblicher Zeitpunkt** für die produktsicherheitsrechtliche Regulierung ist erst einmal das Inverkehrbringen.[57] Allerdings beziehen sich die Pflichten aus der KI-VO auf den gesamten Lebenszyklus des Hochrisiko-KI-Systems. Daher wäre es unverhältnismäßig, wenn ein Anwendungsfall eines bereits in den Verkehr gebrachten KI-Systems weiterhin dem strengen Pflichtenkatalog für Hochrisiko-KI-Systeme unterliegen würde, ein neu in den Verkehr gebrachtes KI-System desselben Anwendungsfalls jedoch nicht. Dies würde zu einer Ungleichbehandlung bestehender und neuer KI-Systeme führen, obwohl sie für denselben Anwendungsfall bestimmt sind.

---

55 *Wiebe*, BB 2022, 899, 901.
56 *Wiebe*, BB 2022, 899, 901.
57 *Wiebe*, BB 2022, 899, 901.

Abschnitt 2
Anforderungen an Hochrisiko-KI-Systeme

Art. 8 Einhaltung der Anforderungen

(1) Hochrisiko-KI-Systeme müssen die in diesem Abschnitt festgelegten Anforderungen erfüllen, wobei ihrer Zweckbestimmung sowie dem allgemein anerkannten Stand der Technik in Bezug auf KI und KI-bezogene Technologien Rechnung zu tragen ist. Bei der Gewährleistung der Einhaltung dieser Anforderungen wird dem in Artikel 9 genannten Risikomanagementsystem Rechnung getragen.

(2) Enthält ein Produkt ein KI-System, für das die Anforderungen dieser Verordnung und die Anforderungen der in Anhang I Abschnitt A aufgeführten Harmonisierungsrechtsvorschriften der Union gelten, so sind die Anbieter dafür verantwortlich, sicherzustellen, dass ihr Produkt alle geltenden Anforderungen der geltenden Harmonisierungsrechtsvorschriften der Union vollständig erfüllt. Bei der Gewährleistung der Erfüllung der in diesem Abschnitt festgelegten Anforderungen durch die in Absatz 1 genannten Hochrisiko-KI-Systeme und im Hinblick auf die Gewährleistung der Kohärenz, der Vermeidung von Doppelarbeit und der Minimierung zusätzlicher Belastungen haben die Anbieter die Wahl, die erforderlichen Test- und Berichterstattungsverfahren, Informationen und Dokumentationen, die sie im Zusammenhang mit ihrem Produkt bereitstellen, gegebenenfalls in Dokumentationen und Verfahren zu integrieren, die bereits bestehen und gemäß den in Anhang I Abschnitt A aufgeführten Harmonisierungsrechtsvorschriften der Union vorgeschrieben sind.

Mit Art. 8 korrespondieren die Erwägungsgründe 63, 64, 69.

Schrifttum: *Borges*, Der Begriff des KI-Systems – Tatbestandsmerkmale und Auslegungsansätze, CR 2023, 706; *Busche*, Einführung in die Rechtsfragen der künstlichen Intelligenz, JA 2023, 441; *Jorzig/Kemter*, Der Einsatz Künstlicher Intelligenz in der Medizin im Spannungsfeld zwischen Medizinprodukte- und KI-Recht, ZfPC 2023, 172; *Marx/Gladkov*, Gut gedacht und auch gut gemacht? Der politische Blick auf den Entwurf einer Verordnung zur Regulierung Künstlicher Intelligenz der EU-Kommission aus Sicht der Medizinprodukteindustrie, MPR 2022, 37; *Valta/Vasel*, Kommissionsvorschlag für eine Verordnung über Künstliche Intelligenz – Mit viel Bürokratie und wenig Risiko zum KI-Standort?, ZRP 2021, 142.

Übersicht

I. Einleitung

1 Der zweite Abschnitt des dritten Kapitels der KI-VO umfasst Art. 8–15 und regelt Anforderungen an **Hochrisiko-KI-Systeme**. Diesen Systemen, deren Regulierung ein zentrales Anliegen der KI-VO ist, ist das gesamte dritte Kapitel gewidmet. In Abschnitt 1 (Art. 6, 7) wird zunächst definiert, was Hochrisiko-KI-Systeme sind und welche KI-Systeme dieser Definition unterfallen. Nachdem dann in Abschnitt 2 die Anforderungen an Hochrisiko-KI-Systeme konkretisiert werden, schlüsselt Abschnitt 3 (Art. 16–27) im Einzelnen auf, welche Akteure welche Pflichten in Bezug auf Hochrisiko-KI-Systeme erfüllen müssen. Im vierten Abschnitt (Art. 28–39) sind Einzelheiten zum Notifizierungsverfahren geregelt, der fünfte Abschnitt (Art. 40–49) betrifft das Konformitätsbewertungsverfahren. Abschnitt 2 nimmt in diesem Gefüge eine zentrale Rolle ein, weil er wichtige **materielle Anforderungen** an Hochrisiko-KI-Systeme formuliert. Dazu zählen u. a. Vorgaben zur Einrichtung und Anwendung von Risikomanagementsystemen (Art. 9), zur Daten-Governance (Art. 10), zur technischen Dokumentation (Art. 11), zur Bereitstellung von Informationen (Art. 13) und zur Cybersicherheit (Art. 15).

2 Art. 8 steht an der Spitze des zweiten Abschnitts über die Anforderungen an Hochrisiko-KI-Systeme. Die Vorschrift betont zunächst, dass die in Art. 8–15 geregelten Anforderungen einzuhalten sind, lässt aber noch offen, von wem. Die englische Überschrift des Art. 8 macht deutlich, dass damit eine allgemeine **Compliance-Pflicht** begründet werden soll (siehe Rn. 8 ff.). Ergänzend wird auf

die Zweckbestimmung des jeweiligen KI-Systems und den allgemein anerkannten Stand der Technik in Bezug auf KI und KI-bezogene Technologien verwiesen, wodurch die Compliance-Pflicht sachgerecht begrenzt wird. Auch die besondere Hervorhebung des Risikomanagementsystems dient erkennbar dazu, die Compliance-Pflicht für den jeweiligen Einzelfall zu konkretisieren und ihre Verhältnismäßigkeit zu wahren. Ein weiterer wichtiger Regelungsgegenstand von Art. 8 ist es, die Compliance-Anforderungen der KI-VO mit den Compliance-Anforderungen des **Produktsicherheitsrechts** und anderer **Harmonisierungsrechtsvorschriften** des EU-Rechts zu koordinieren. Dafür wird in Art. 8 Abs. 2 betont, dass „Test- und Berichterstattungsverfahren, Informationen und Dokumentationen", die nach der KI-VO erforderlich sind, gegebenenfalls in Dokumentationen und Verfahren integriert werden dürfen, die nach anderen Harmonisierungsrechtsvorschriften der Union vorgeschrieben sind (siehe Rn. 29 ff.).

1. Normzweck

3 Art. 8 regelt zunächst, unter welchen Voraussetzungen der Einsatz von Hochrisiko-KI-Systemen **zulässig** ist, und schafft damit die Grundlage für deren Verwendung in der Union. Diese Funktion der Vorschrift wird im 46. Erwägungsgrund betont, wo es heißt, dass Hochrisiko-KI-Systeme „nur dann" auf dem Unionsmarkt in Verkehr gebracht, in Betrieb genommen und verwendet werden sollten, „wenn sie bestimmte verbindliche Anforderungen erfüllen".[1] Auch wenn dies als Einschränkung formuliert ist, bedeutet es zunächst einmal, dass der Einsatz solcher Systeme **nicht verboten** ist. Das ist vor allem im Vergleich mit Art. 5 von Bedeutung, der bestimmte Praktiken im KI-Bereich (z. B. manipulative und täuschende Techniken, biometrische Kategorisierung) generell verbietet. Art. 8 folgt einer gänzlich anderen Regelungstechnik. Es ist rechtmäßig, Hochrisiko-KI-Systeme in Verkehr zu bringen, in Betrieb zu nehmen und zu verwenden, sofern dabei bestimmte Anforderungen eingehalten werden. Es ist also gerade nicht verboten, Hochrisiko-KI-Systeme einzusetzen. Etwas anderes gilt, wenn es dadurch zu einem Verhalten käme, wie es im Katalog des Art. 5 beschrieben wird, weil dann unabhängig von der Hochrisiko-Eigenschaft des KI-Systems die dortigen Verbote greifen. Im Übrigen verlangt der Gesetzgeber lediglich, dass die Anforderungen der Art. 8–15 eingehalten werden.

4 Gleichzeitig macht Art. 8 damit deutlich, welche Anforderungen eingehalten werden müssen, damit Hochrisiko-KI-Systeme in der Union verwendet werden dürfen. Es handelt sich damit um die zentrale **Compliance-Vorschrift** der KI-VO für Hochrisiko-KI-Systeme. Sie verpflichtet zur Einhaltung sämtlicher Anforderungen des zweiten Abschnitts, also der Art. 8–15. Damit soll sichergestellt

1 ErwG 46 Satz 1 der KI-VO.

werden, dass der Einsatz von Hochrisiko-KI-Systemen in der Union **keine unannehmbaren Risiken** für wichtige öffentliche Interessen birgt, wie sie im Unionsrecht anerkannt und geschützt sind.[2] Gleichzeitig soll ein **hohes Maß an Vertrauenswürdigkeit** gewährleistet werden.[3] Hochrisiko-KI-Systeme, die in der Union zum Einsatz kommen sollen, müssen also bestimmte Mindestanforderungen erfüllen. Damit soll einerseits sichergestellt werden, dass Systeme, die diesen Anforderungen nicht gerecht werden, von der Vermarktung und Verwendung im europäischen Binnenmarkt ausgeschlossen werden können. Andererseits sollen Anbieter und Nutzer von Systemen, die den Anforderungen der KI-VO entsprechen, darauf vertrauen können, dass die Systeme in der Union eingesetzt werden dürfen. Umgekehrt soll die Allgemeinheit darauf vertrauen können, dass Systeme, die in der Union eingesetzt werden, den Anforderungen der KI-VO entsprechen. Es soll also die Grundlage für einen kontrollierten Einsatz von Hochrisiko-KI-Systemen in der Union geschaffen werden, um einer ungeregelten Verbreitung solcher Systeme entgegenzuwirken und gleichzeitig das Vertrauen in den Einsatz von KI-Systemen zu stärken. Damit sollen letztlich auch Vorbehalte gegen den Einsatz von KI-Systemen abgebaut und deren **Marktdurchsetzung** ermöglicht werden.

2. Entstehungsgeschichte

5 Im ursprünglichen **Entwurf** der Kommission[4] war Art. 8 noch deutlich knapper gefasst als in der finalen Version. Art. 8 Abs. 1 des Entwurfs enthielt bereits die Compliance-Pflicht, allerdings ohne Beschränkungen. Diese sollten sich aus Art. 8 Abs. 2 des Entwurfs ergeben, wo allerdings nur auf die Zweckbestimmung des Hochrisiko-KI-Systems und das Risikomanagement nach Art. 9 verwiesen wurde. Der Hinweis auf den allgemein anerkannten **Stand der Technik** in Bezug auf KI und KI-bezogene Technologien im finalen Art. 8 Abs. 1 Satz 1 wurde erst im Laufe des Gesetzgebungsverfahrens hinzugefügt. Dasselbe gilt für Art. 8 Abs. 2 der finalen Version, wo nun das komplexe Verhältnis zwischen den Compliance-Anforderungen der KI-VO und den Compliance-Anforderungen des **Produktsicherheitsrechts** und anderer Harmonisierungsrechtsakte des Unionsrecht geregelt ist. Dadurch wurde der Regelungsgegenstand des Art. 8 erheblich ausgeweitet. Dies zeigt sich auch an den Erwägungsgründen, in denen die Regelung des Art. 8 Abs. 2 besonders ausführlich erläutert wird.[5]

2 ErwG 46 Satz 2 der KI-VO.
3 ErwG 64 Satz 1 der KI-VO.
4 COM(2021) 206 v. 21.4.2021.
5 Vgl. ErwG 46 Satz 3, 4, ErwG 64 Satz 3–9 der KI-VO.

3. Einordnung

Art. 8 steht in engem **systematischem Zusammenhang** mit einer Reihe von anderen Vorschriften, die für das Verständnis der Norm von zentraler Bedeutung sind. Zu beachten ist zunächst, dass Art. 8 Teil des dritten Kapitels der KI-VO ist, welches Regelungen über **Hochrisiko-KI-Systeme** enthält. Die Vorschrift steht daher in Verbindung mit Art. 6–49, die ebenfalls Regelungen für Hochrisiko-KI-Systeme enthalten. Art. 8 gilt ausweislich seines Wortlauts und seiner systematischen Stellung nur für Hochrisiko-KI-Systeme. Diese werden in Art. 6 der KI-VO definiert und durch Verweis auf die Anhänge I und III näher bestimmt. Vor der Anwendung des Art. 8 ist daher stets zu prüfen, ob ein Hochrisiko-KI-System nach Art. 6 gegeben ist. Des Weiteren ist zu beachten, dass Art. 8–15 zwar die zentralen Anforderungen an Hochrisiko-KI-Systeme beschreiben, jedoch nicht regeln, wer diese Anforderungen einzuhalten hat. Dies ergibt sich erst aus dem dritten Abschnitt des dritten Kapitels (Art. 16–27), der deshalb ergänzend heranzuziehen ist, wenn es um die Durchsetzung der Anforderungen gemäß Art. 8–15 geht. Auch für die Bestimmung der **Rechtsfolgen** einer Nichteinhaltung der Anforderungen an Hochrisiko-KI-Systeme gemäß Art. 8–15 ist ergänzend auf weitere Vorschriften der KI-VO zurückzugreifen, z. B. auf jene über **Sanktionen** im zwölften Kapitel (Art. 99–101). 6

Von zentraler Bedeutung ist außerdem, dass Art. 8 an der Spitze des zweiten Abschnitts des dritten Kapitels der KI-VO steht. Die Vorschrift gilt somit für alle Anforderungen, die sich aus Art. 8–15 ergeben. Das ergibt sich auch aus dem Wortlaut des Art. 8 Abs. 1 Satz 1, wonach „die in diesem Abschnitt festgelegten Anforderungen" zu erfüllen sind. Wichtig ist dies insbesondere, weil somit auch der **Anwendungsbereich** des in Art. 8 Abs. 1 Satz 2 erwähnten **Risikomanagementsystems** auf alle Anforderungen der Art. 8–15 erstreckt wird, was ergänzend zu den detaillierten Vorgaben für das Risikomanagementsystem gemäß Art. 9 zu beachten ist (siehe Art. 9 Rn. 1, 5). Außerdem ist auch die Regelung in Art. 8 Abs. 2 zum Verhältnis der **Compliance-Anforderungen** der KI-VO und der Compliance-Anforderungen nach anderen Harmonisierungsrechtsvorschriften grundsätzlich auf sämtliche Anforderungen zu beziehen, die sich aus Art. 8–15 für Hochrisiko-KI-Systeme ergeben. 7

II. Hochrisiko-KI-Compliance (Abs. 1)

Art. 8 Abs. 1 ist die Zentralnorm der Compliance in Bezug auf Hochrisiko-KI-Systeme. Die Vorschrift betont zunächst, welche Anforderungen bei der Verwendung von Hochrisiko-KI-Systemen einzuhalten sind, und verweist dafür auf die detaillierten Anforderungen der Art. 8–15. Diese werden zudem in dreierlei Hinsicht konkretisiert bzw. relativiert: Bei der Einhaltung der Anforderungen ist der 8

Zweckbestimmung des jeweiligen KI-Systems, dem Stand der Technik in Bezug auf KI und KI-bezogene Technologien und dem Risikomanagementsystem nach Art. 9 Rechnung zu tragen.

1. Anwendungsbereich

9 Art. 8 gilt ausweislich seines Wortlauts und seiner systematischen Stellung nur für Hochrisiko-KI-Systeme, die nach Maßgabe der Art. 6, 7 zu bestimmen sind. Für den persönlichen Anwendungsbereich ist ergänzend auf die Vorschriften des dritten Abschnitts (Art. 16–27) zurückzugreifen. Daraus ergibt sich, dass durch Art. 8 in erster Linie die Anbieter von Hochrisiko-KI-Systemen adressiert werden, in reduziertem Maße außerdem die Einführer und Händler solcher Systeme.

a) Sachlich: Hochrisiko-KI-Systeme

10 Art. 8 gilt wie das gesamte dritte Kapitel der KI-VO nur für **Hochrisiko-KI-Systeme**. Der Begriff des Hochrisiko-KI-Systems wird in Art. 3 nicht definiert, obwohl es sich dabei zweifellos um einen der wichtigsten Begriffe der KI-VO handelt.[6] Die Einstufung von Hochrisiko-KI-Systemen erfolgt nicht nach Maßgabe einer abstrakten Definition, sondern entlang den kleinteiligen **Einstufungsvorschriften** des Art. 6 i.V.m. Anhang I und Anhang III. Diese Regelungstechnik hat den Vorteil höherer Rechtssicherheit, birgt aber auch die Gefahr, dass neuartige KI-Systeme ungeachtet der mit ihnen verbundenen Risiken nicht als Hochrisiko-KI-Systeme erfasst werden, weil sie dem Raster der KI-VO nicht entsprechen. Dieser Gefahr soll mit Art. 7 vorgebeugt werden, der die EU-Kommission ermächtigt, durch delegierte Rechtsakte die Einstufungsvorschriften des Anhangs III zu ändern. Die Einstufung von KI-Systemen als Hochrisiko-KI-Systeme nach Art. 6 i.V.m. Anhang I und Anhang III ist weitgehend unabhängig von der konkreten Gefährlichkeit des jeweiligen KI-Systems[7] und basiert stattdessen auf Generalisierungen anhand von **Produktkategorien** und (widerleglichen) **gesetzlichen Vermutungen**. Für die Einzelheiten wird auf die Kommentierung zu Art. 6 verwiesen (siehe Art. 6 Rn. 1, 50, 66 ff.).

b) Persönlich

11 Der EU-Gesetzgeber hat sich in Art. 8 einer etwas ungewöhnlichen Regelungstechnik bedient und Compliance-Pflichten formuliert, ohne deren **Adressaten** zu benennen. Für sich genommen wären die Pflichten gemäß Art. 8, ebenso wie die meisten anderen Pflichten des zweiten Abschnitts, nicht durchsetzbar, weil schlicht nicht klar wäre, wer die Pflichten einhalten soll und für deren Nichtein-

---

6 Für den Begriff des „KI-Systems" vgl. Art. 3 Nr. 1; ausf. *Borges*, CR 2023, 706 ff.

7 Vgl. etwa ErwG 51 Satz 1 der KI-VO.

haltung zur Verantwortung gezogen werden kann. Die zentrale Frage der **Pflichtenstellung** wird erst im dritten Abschnitt des dritten Kapitels (Art. 16–27) der KI-VO thematisiert. Dort werden die Pflichten unterschiedlicher Akteure geregelt und dafür u. a. auf einzelne Vorschriften des zweiten Abschnitts (Art. 8–15) zurückverwiesen. Die objektiven Anforderungen der Art. 8–15 müssen also stets gemeinsam mit den Bestimmungen der Art. 16–27 über **konkrete Verhaltenspflichten** betrachtet werden, weil sie erst im Zusammenspiel mit diesen Vorschriften operabel werden. Erst durch diesen Zwischenschritt der Spezifizierung wird z. B. auch die Verhängung von Sanktionen gemäß Art. 99 Abs. 4 ermöglicht, weil dort u. a. an eine Verletzung von Pflichten nach Art. 16–27 angeknüpft wird.

aa) Anbieter

Die Pflicht zur Einhaltung der Anforderungen der Art. 8–15 trifft zunächst die **Anbieter von Hochrisiko-KI-Systemen**. Das ergibt sich aus Art. 16 lit. a, wonach Anbieter von Hochrisiko-KI-Systemen sicherstellen müssen, „dass ihre Hochrisiko-KI-Systeme die in Abschnitt 2 festgelegten Anforderungen erfüllen". Anbieter ist nach Art. 3 Nr. 3 eine natürliche oder juristische Person, Behörde, Einrichtung oder sonstige Stelle, „die ein KI-System […] entwickelt oder entwickeln lässt und es unter ihrem eigenen Namen oder ihrer Handelsmarke in Verkehr bringt oder das KI-System unter ihrem eigenen Namen oder ihrer Handelsmarke in Betrieb nimmt, sei es entgeltlich oder unentgeltlich". Für Einzelheiten wird auf die Kommentierung zu Art. 3 verwiesen. Über die Einhaltung der Anforderungen der Art. 8–15 ist eine **EU-Konformitätserklärung** nach Art. 47 auszustellen, wofür gemäß Art. 16 lit. f und Art. 47 grundsätzlich ebenfalls der Anbieter des Hochrisiko-KI-Systems verantwortlich ist. Der Anbieter muss außerdem gemäß Art. 16 lit. k auf begründete Anfrage einer zuständigen Behörde nachweisen, dass das Hochrisiko-KI-System die Anforderungen der Art. 8–15 erfüllt. Außerdem muss der Anbieter der Behörde nach Art. 21 Abs. 1 auf deren begründete Anfrage sämtliche Informationen und Dokumente übermitteln, die erforderlich sind, um die Konformität des Hochrisiko-KI-Systems mit den Anforderungen der Art. 8–15 nachzuweisen. Verletzt der Anbieter eines Hochrisiko-KI-Systems eine seiner Pflichten nach Art. 16, kann dies gemäß Art. 99 Abs. 4 lit. a mit einer **Geldbuße** von bis zu 3 % des weltweiten Jahresumsatzes des Anbieterunternehmens sanktioniert werden. 12

bb) Einführer

In deutlich abgeschwächter Form sind die Anforderungen der Art. 8–15 auch für **Einführer** von Bedeutung. Darunter ist gemäß Art. 3 Nr. 6 eine in der Union ansässige oder niedergelassene natürliche oder juristische Person zu verstehen, „die ein KI-System, das den Namen oder die Handelsmarke einer in einem Dritt- 13 land niedergelassenen natürlichen oder juristischen Person trägt, in Verkehr bringt". Für die Einzelheiten wird auf die Kommentierung zu Art. 3 verwiesen (siehe Art. 3 Nr. 6 Rn. 122ff.). Hat ein Einführer hinreichenden Grund zu der Annahme, dass ein Hochrisiko-KI-System nicht der KI-VO entspricht, so bringt er das System gemäß Art. 23 Abs. 2 Satz 1 erst in Verkehr, nachdem dessen Konformität hergestellt wurde (siehe Art. 23 Rn. 17ff.). Solange sich das Hochrisiko-KI-System in der Verantwortung eines Einführers befindet, muss dieser außerdem gemäß Art. 23 Abs. 4 gewährleisten, dass die **Lagerungs**- oder **Transportbedingungen** die Konformität des Hochrisiko-KI-Systems mit den Anforderungen der Art. 8–15 nicht beeinträchtigen. Auch Einführer sind ferner gemäß Art. 23 Abs. 6 verpflichtet, die Konformität des Hochrisiko-KI-Systems mit den Anforderungen der Art. 8–15 auf begründete Anfrage gegenüber einer zuständigen nationalen Behörde nachzuweisen. Verletzt ein Einführer eine seiner Pflichten nach Art. 23, kann dies gemäß Art. 99 Abs. 4 lit. c mit einer Geldbuße von bis zu 3% des weltweiten Jahresumsatzes des Einfuhrunternehmens sanktioniert werden.

cc) Händler

14 Ähnliche Pflichten gelten auch für **Händler**, worunter gemäß Art. 3 Nr. 7 eine natürliche oder juristische Person in der Lieferkette zu verstehen ist, „die ein KI-System auf dem Unionsmarkt bereitstellt, mit Ausnahme des Anbieters oder Einführers". Auch Händler dürfen Hochrisiko-KI-Systeme nicht auf dem Markt bereitstellen, wenn sie der Auffassung sind oder aufgrund von Informationen, die ihnen zur Verfügung stehen, Grund zu der Annahme haben, dass ein Hochrisiko-KI-System nicht den Anforderungen der Art. 8–15 entspricht. Vielmehr darf die Bereitstellung gemäß Art. 24 Abs. 2 Satz 1 erst erfolgen, nachdem die Konformität des Systems mit diesen Anforderungen hergestellt wurde. Gemäß Art. 24 Abs. 3 müssen außerdem auch Händler gewährleisten, dass die Konformität des Hochrisiko-KI-Systems nicht durch **Lagerungs**- oder **Transportbedingungen** beeinträchtigt wird. Verletzt ein Händler eine seiner Pflichten nach Art. 24, kann dies gemäß Art. 99 Abs. 4 lit. d mit einer Geldbuße von bis zu 3% des weltweiten Jahresumsatzes des Händlerunternehmens sanktioniert werden.

2. Anforderungen

15 Zentrale Regelung des Art. 8 ist die **allgemeine Compliance-Pflicht** für Hochrisiko-KI-Systeme. Art. 8 Abs. 1 Satz 1 stellt klar, dass Hochrisiko-KI-Systeme i.S.v. Art. 6 die Anforderungen der Art. 8–15 erfüllen müssen. Aus Art. 16 lit. a ergibt sich, dass hierfür vor allem die **Anbieter** von Hochrisiko-KI-Systemen verantwortlich sind (siehe schon Rn. 12). Die Compliance-Pflicht wird in Art. 8

Abs. 1 in dreierlei Hinsicht konkretisiert: Bei der Erfüllung der Anforderungen der Art. 8–15 ist der Zweckbestimmung des Hochrisiko-KI-Systems, dem allgemein anerkannten Stand der Technik in Bezug auf KI und KI-bezogene Technologien und dem Risikomanagementsystem nach Art. 9 Rechnung zu tragen. Dadurch wird die Compliance-Pflicht für den jeweiligen Einzelfall **konkretisiert** und sichergestellt, dass keine unverhältnismäßigen Compliance-Anforderungen begründet werden. Zu beachten ist außerdem, dass die KI-VO eine Reihe von **sekundären Pflichten** enthält, welche die allgemeine Compliance-Pflicht flankieren. Dazu gehören u.a. die Pflichten der Anbieter von Hochrisiko-KI-Systemen, die Einhaltung der Anforderungen der Art. 8–15 zu dokumentieren und nachzuweisen.

a) Anforderungen der Art. 8–15

Art. 8 Abs. 1 Satz 1 verlangt für Hochrisiko-KI-Systeme die Einhaltung der Anforderungen des zweiten Abschnitts des dritten Kapitels der KI-VO, also der Art. 8–15. Konkret geht es neben den Pflichten des Art. 8 selbst um die Pflicht zur Einrichtung und Anwendung des in Art. 8 Abs. 1 Satz 2 nochmals besonders hervorgehobenen **Risikomanagementsystems** gemäß Art. 9, die Vorgaben zur Verwendung von **Daten** und zur **Daten-Governance** gemäß Art. 10, die Vorgaben zur **technischen Dokumentation** gemäß Art. 11, die **Aufzeichnungspflichten** nach Art. 12, die Pflicht zur Gewährleistung von **Transparenz** und zur Bereitstellung von **Informationen** gemäß Art. 13, die Pflicht zur Ermöglichung einer **menschlichen Aufsicht** über das Hochrisiko-KI-System gemäß Art. 14 und die Anforderungen an die **Genauigkeit**, **Robustheit** und **Cybersicherheit** des Hochrisiko-KI-Systems gemäß Art. 15. Für die Details dieser Regelungen wird auf die Kommentierungen zu den jeweiligen Artikeln verwiesen. 16

b) Konkretisierung

Die Bedeutung des Art. 8 erschöpft sich freilich nicht darin, die Einhaltung von Vorschriften vorzuschreiben, die auch schon aus sich selbst heraus Geltung beanspruchen würden. Art. 8 wäre dann letztlich deklaratorisch. Damit würde jedoch nicht hinreichend berücksichtigt, dass Art. 8 Abs. 1 drei Konkretisierungen enthält. Die Vorschrift regelt also nicht nur, *dass* die Anforderungen der Art. 8–15 einzuhalten sind, sondern *wie* die Einhaltung erfolgen muss. Konkret wird in Art. 8 Abs. 1 Satz 1 betont, dass bei der Erfüllung der Anforderungen der Art. 8–15 der **Zweckbestimmung** des jeweiligen Hochrisiko-KI-Systems sowie dem allgemein anerkannten **Stand der Technik** in Bezug auf KI und KI-bezogene Technologien Rechnung zu tragen ist. Art. 8 Abs. 1 Satz 2 ergänzt, dass außerdem dem nach Art. 9 einzurichtenden **Risikomanagementsystem** Rechnung zu tragen ist. Im ursprünglichen Entwurf der Kommission wurden nur 17 die Zweckbestimmung und das Risikomanagementsystem genannt, und zwar im selben Satz.[8] Das legt nahe, dass der Aufteilung der drei konkretisierenden Merkmale auf die beiden Sätze des Art. 8 Abs. 1 keine besondere Bedeutung zukommen soll. Vielmehr ist davon auszugehen, dass alle drei Merkmale gleichermaßen konkretisieren, wie die Compliance-Pflicht einzuhalten ist.

aa) Zweckbestimmung

18 Art. 8 Abs. 1 Satz 1 ordnet zunächst einmal an, dass bei der Einhaltung der Anforderungen der Art. 8–15 der Zweckbestimmung des jeweiligen Hochrisiko-KI-Systems Rechnung zu tragen ist. Der Begriff der **Zweckbestimmung** wird in der KI-VO vielfach verwendet, um den vom Anbieter definierten Verwendungszweck eines KI-Systems zu beschreiben. In Art. 3 Nr. 12 ist sogar eine Legaldefinition des Begriffs der Zweckbestimmung enthalten. Danach handelt es sich dabei um die Verwendung, „für die ein KI-System laut Anbieter bestimmt ist", wofür u. a. auf vom Anbieter bereitgestellte Betriebsanleitungen, Werbe- oder Verkaufsmaterial und die technische Dokumentation verwiesen wird. In den Erwägungsgründen wird außer auf die Zweckbestimmung („intended purpose") auch noch auf den „**Nutzungskontext**" („context of use") des jeweiligen Hochrisiko-KI-Systems abgestellt.[9]

19 Der Hinweis auf die Zweckbestimmung dient erkennbar dazu, die Anforderungen an die Compliance-Pflicht für den jeweiligen Einzelfall zu konkretisieren und eine übermäßige, unverhältnismäßige Belastung der Anbieter von Hochrisiko-KI-Systemen zu vermeiden. Die Orientierung an der Zweckbestimmung ermöglicht es, die **Strenge der Anforderungen** der Art. 8–15 danach zu bemessen, welche Risiken im vorgesehenen Einsatzbereich des jeweiligen KI-Systems drohen. Für gefährlichere KI-Systeme können so strengere Anforderungen formuliert werden als für weniger gefährliche KI-Systeme. So kann gewährleistet werden, dass der Aufwand für die Einhaltung der Anforderungen der Art. 8–15 in einem angemessenen Verhältnis zum damit erzielten Nutzen steht. Da die Anbieter über die Zweckbestimmung ihrer Systeme entscheiden, können sie selbst Einfluss darauf nehmen, in welchem Ausmaß sie den Anforderungen der Art. 8–15 unterliegen. Wird der Einsatzbereich des jeweiligen Hochrisiko-KI-Systems eng auf eine wenig gefährliche Verwendung begrenzt, können die Anforderungen weniger streng ausfallen als bei einem weiten, mit größeren Risiken verbundenen Einsatzbereich.

20 Allerdings wird man, auch wenn Art. 8 Abs. 1 dies nicht gesondert erwähnt, ferner verlangen müssen, dass auch die Risiken einer **vernünftigerweise vorhersehbaren Fehlanwendung** berücksichtigt werden. Darunter ist nach Art. 3

8 Art. 8 Abs. 2 des Vorschlags der Kommission, COM(2021) 206 v. 21.4.2021.

9 ErwG 65 Satz 1 der KI-VO.

Nr. 13 die Verwendung eines KI-Systems in einer Weise zu verstehen, „die nicht seiner Zweckbestimmung entspricht, die sich aber aus einem vernünftigerweise vorhersehbaren menschlichen Verhalten oder einer vernünftigerweise vorhersehbaren Interaktion mit anderen Systemen […] ergeben kann". Die Verwendung entsprechend der Zweckbestimmung und die vernünftigerweise vorhersehbare Fehlanwendung werden auch an anderen Stellen der KI-VO gleichgestellt, wenn es darum geht, welche Sicherheitsmaßnahmen Anbieter von Hochrisiko-KI-Systemen zu ergreifen haben.[10] Die vernünftigerweise vorhersehbare Fehlanwendung zeichnet sich gerade dadurch aus, dass sie vom Anbieter des jeweiligen KI-Systems zwar nicht intendiert ist, aber dennoch mit einer nicht zu vernachlässigenden Wahrscheinlichkeit auftritt und deshalb bei der Entwicklung des KI-Systems berücksichtigt werden und in die Gestaltung von Sicherheitsmaßnahmen einfließen soll.

bb) Stand der Technik

21 Art. 8 Abs. 1 Satz 1 sieht weiterhin vor, dass bei der Einhaltung der Anforderungen der Art. 8–15 dem allgemein anerkannten **Stand der Technik** in Bezug auf KI und KI-bezogene Technologien Rechnung zu tragen ist. Auch der Begriff des allgemein anerkannten Stands der Technik wird in der KI-VO vielfach verwendet, allerdings wird er in Art. 3 nicht definiert. Wiederum dürfte es vor allem darum gehen, die Anforderungen der Art. 8–15 für den jeweiligen Einzelfall zu **konkretisieren** und sicherzustellen, dass diese bezogen auf das konkret betroffene Hochrisiko-KI-System wirksam, aber nicht übermäßig streng sind. Das wird auch durch die Erwägungsgründe der KI-VO bestätigt, wo es heißt, dass die zur Erfüllung der Anforderungen der Verordnung ergriffenen Maßnahmen „verhältnismäßig und wirksam" sein sollten, um die Ziele der KI-VO zu erfüllen.[11]

22 Der Bindung an den Stand der Technik lässt sich einerseits entnehmen, dass keine Maßnahmen verlangt werden, die technisch (noch) nicht möglich sind oder nur mit unverhältnismäßig hohem Aufwand durchgeführt werden können. Andererseits wird den Anbietern von Hochrisiko-KI-Systemen unabhängig von ihren jeweiligen individuellen Möglichkeiten ein **anspruchsvoller, objektiver Maßstab** vorgegeben. Denn die Bindung an den Stand der Technik bedeutet auch, dass die Anbieter von Hochrisiko-KI-Systemen bei der Einhaltung der Anforderungen der Art. 8–15 mit der technischen Entwicklung Schritt halten müssen. Insbesondere wird in Art. 8 Abs. 1 Satz 1 nicht statisch auf den Stand der Technik zu einem bestimmten Zeitpunkt verwiesen, etwa bei Inverkehrbringen des KI-Systems. Entwickelt sich der Stand der Technik weiter, sodass z. B. er-

10 Vgl. etwa Art. 9 Abs. 2 lit. b.

11 ErwG 64 Satz 2 der KI-VO.

gänzende Sicherheitsvorkehrungen nötig werden, kann sich aus Art. 8 Abs. 1 Satz 1 auch eine Verschärfung des Sorgfaltsmaßstabs ergeben.

cc) Risikomanagementsystem

23 Gemäß Art. 8 Abs. 1 Satz 2 ist bei der Gewährleistung der Einhaltung der Anforderungen der Art. 8–15 außerdem dem in Art. 9 genannten **Risikomanagementsystem** Rechnung zu tragen. Dadurch erfolgt eine unmittelbare Rückbindung an das Ziel, mit den Anforderungen der KI-VO sicherzustellen, dass Hochrisiko-KI-Systeme, die in der Union verfügbar sind, keine unannehmbaren Risiken für wichtige öffentliche Interessen der Union bergen.[12] Die Verknüpfung der Compliance-Pflicht mit dem Risikomanagementsystem ist in besonderem Maße geeignet, die Anforderungen der Art. 8–15 auf das im jeweiligen Einzelfall konkret bestehende Risiko abzustimmen.

24 Zum Risikomanagementsystem gemäß Art. 9 gehört zunächst die **Ermittlung**, **Analyse**, **Abschätzung** und **Bewertung** der Risiken, die von dem jeweiligen Hochrisiko-KI-System ausgehen können. Außerdem sind nach Art. 9 Abs. 2 lit. d geeignete und gezielte **Risikomanagementmaßnahmen** zur Bewältigung der ermittelten Risiken zu ergreifen. Hier kommt der im Gesetzgebungsverfahren vor allem von der EU-Kommission verfolgte **risikobasierte Ansatz** deutlich zum Ausdruck, wonach die Strenge der Anforderungen der KI-VO vom Ausmaß des im jeweiligen Einzelfall konkret bestehenden Risikos abhängig sein soll. Je höher das tatsächliche Risiko eines KI-Systems, desto strenger sollen auch die Anforderungen sein, die der Anbieter des Systems erfüllen muss, wenn das System in der Union zum Einsatz kommen soll. Über Art. 8 Abs. 1 Satz 2 wird dieses Prinzip auch auf die allgemeine Compliance-Pflicht bezogen. Die Anforderungen der Art. 8–15 sind also ggf. im Lichte der **konkreten Risikoanalyse** des Anbieters des jeweiligen Hochrisiko-KI-Systems zu modifizieren. Das ist u.a. deshalb von Bedeutung, weil die tatsächliche Gefährlichkeit von Hochrisiko-KI-Systemen sehr unterschiedlich sein kann, da die Einstufung von Hochrisiko-KI-Systemen nach Art. 6 vor allem auf Basis von Produktkategorien und gesetzlichen Vermutungen erfolgt. Es können also auch solche KI-Systeme als Hochrisiko-KI-Systeme anzusehen sein, von denen tatsächlich nur geringe Gefahren ausgehen. Die Konkretisierung der Anforderungen der Art. 8–15 anhand der konkreten Risikoanalyse für das jeweilige Hochrisiko-KI-System dient also wiederum auch dazu, die **Verhältnismäßigkeit** der Anforderungen zu wahren und eine übermäßige Belastung der Anbieter von KI-Systemen zu verhindern.

25 Art. 8 Abs. 1 Satz 2 verlangt konkret, dass dem Risikomanagementsystem bei der Erfüllung der Anforderungen der Art. 8–15 Rechnung zu tragen ist. Das bedeutet, vor allem, dass die Erkenntnisse aus dem Risikomanagement bei der Er-

12 Vgl. ErwG 46 Satz 2 der KI-VO.

füllung der Anforderungen **berücksichtigt** werden müssen. Wesentlicher Bestandteil des Risikomanagementsystems ist die Risikoanalyse. Das Risikomanagement ist eine wichtige, aber keineswegs die einzige maßgebliche Informationsquelle. Art. 8 Abs. 1 Satz 2 schließt nicht aus, dass von Anbietern von Hochrisiko-KI-Systemen über das Risikomanagement nach Art. 9 **hinausgehende Bemühungen** verlangt werden können, wenn diese nötig sind, um die im Lichte der konkretisierenden Vorgaben des Art. 8 Abs. 1 zu sehenden Anforderungen der Art. 8–15 zu erfüllen.

c) Nachweis, Konformitätserklärung

Die Anforderungen der Art. 8–15 müssen nicht nur eingehalten werden, sondern die Einhaltung ist auch nachzuweisen. Dafür müssen Anbieter von Hochrisiko-KI-Systemen gemäß Art. 16 lit. g i.V.m. Art. 47 eine **EU-Konformitätserklärung** ausstellen. Darin ist gemäß Art. 47 Abs. 2 festzustellen, dass das betreffende Hochrisiko-KI-System die in Art. 8–15 festgelegten Anforderungen erfüllt. Zuvor ist gemäß Art. 16 lit. f i.V.m. Art. 43 ein **Konformitätsbewertungsverfahren** durchzuführen. Zur einfachen Erkennbarkeit ist außerdem gemäß Art. 16 lit. h i.V.m. Art. 48 eine CE-Kennzeichnung anzubringen. Zu beachten ist weiterhin, dass Anbieter von Hochrisiko-KI-Systemen gemäß Art. 16 lit. k und Art. 21 Abs. 1 verpflichtet sind, auf begründete Anfrage einer zuständigen Behörde die Einhaltung der Anforderungen der Art. 8–15 **nachzuweisen**. Dafür sind sämtliche erforderlichen Informationen und Dokumente an die Behörde zu übermitteln. Diese kann ggf. nach Art. 74 ff. weitere Nachprüfungen durchführen und so die Einhaltung der Anforderungen der Art. 8–15 kontrollieren. 26

3. Rechtsfolgen

Werden die Anforderungen der Art. 8–15 nicht eingehalten, kann die zuständige Marktüberwachungsbehörde darauf mit Maßnahmen der **Marktüberwachung** reagieren. Hat eine zuständige Behörde hinreichend Grund zu der Annahme, dass ein KI-System ein Risiko für die Gesundheit oder Sicherheit oder Grundrechte von Personen birgt, prüft sie gemäß Art. 79 Abs. 2 UAbs. 1 Satz 1 die Erfüllung aller maßgeblichen Anforderungen und Pflichten. Stellt sie dabei eine **Nichterfüllung** fest, fordert sie den jeweiligen Akteur gemäß Art. 79 Abs. 2 UAbs. 2 unverzüglich auf, Korrekturmaßnahmen zu ergreifen, die geeignet sind, die Konformität des KI-Systems herzustellen, das KI-System vom Markt zu nehmen oder es innerhalb einer bestimmten Frist zurückzurufen. Verantwortlich für die Einhaltung der Anforderungen der Art. 8–15 ist in erster Linie der Anbieter des jeweiligen Hochrisiko-KI-Systems (siehe Rn. 12). Kommt der Anbieter der Aufforderung nicht nach, kann die Behörde selbst nach Art. 79 Abs. 5 geeignete Maßnahmen ergreifen, um die Bereitstellung oder Inbetriebnahme des KI-Sys- 27 tems zu verbieten oder einzuschränken, das Produkt oder KI-System vom Markt zu nehmen oder es zurückzurufen.

28 Weiterhin besteht die Möglichkeit, dass die zuständige Behörde eine **Sanktion** nach Art. 99 verhängt. Art. 99 Abs. 1 sieht vor, dass die Mitgliedstaaten Vorschriften für Sanktionen und andere Durchsetzungsmaßnahmen erlassen und alle Maßnahmen ergreifen, die für die ordnungsgemäße und wirksame Durchsetzung der KI-VO notwendig sind. Art. 99 Abs. 4 lit. a konkretisiert, dass eine **Geldbuße** von bis zu 3 % des gesamten weltweiten Jahresumsatzes im vorangegangenen Geschäftsjahr verhängt werden kann, wenn der Anbieter eines Hochrisiko-KI-Systems seinen Pflichten nach Art. 16 nicht nachkommt. Dazu gehört auch die zentrale Pflicht nach Art. 16 lit. a, die Erfüllung der Anforderungen der Art. 8–15 sicherzustellen. Zum Katalog des Art. 16 gehören auch die Pflichten, ein Konformitätsbewertungsverfahren durchzuführen, eine EU-Konformitätserklärung auszustellen, eine CE-Kennzeichnung anzubringen und die Einhaltung der Anforderungen der Art. 8–15 auf begründete Anfrage einer zuständigen nationalen Behörde nachzuweisen (vgl. Art. 16 lit. f, g, h und k).

III. Einhaltung von Harmonisierungsrechtsvorschriften (Abs. 2)

29 Art. 8 Abs. 2 regelt das Verhältnis der Hochrisiko-KI-Compliance zur Erfüllung anderer **Harmonisierungsrechtsvorschriften** des EU-Rechts, die gleichzeitig und ergänzend zur Anwendung kommen können. Zur Begründung wird in den Erwägungsgründen darauf verwiesen, dass nach dem „Leitfaden für die Umsetzung der Produktvorschriften der EU 2022 (Blue Guide)" mehr als ein Rechtsakt mit Harmonisierungsrechtsvorschriften auf ein Produkt anwendbar sein kann, da die Bereitstellung und Inbetriebnahme eines Produktes in der Union danach nur erfolgen darf, wenn das Produkt allen geltenden Harmonierungsvorschriften der Union entspricht.[13] Gleichzeitig soll vermieden werden, dass die Erfüllung der Anforderungen der KI-VO zusätzlich zu den Anforderungen anderer EU-Rechtsakte einen übermäßig hohen **Aufwand** bei den Anbietern von KI-Systemen verursacht.[14] Deshalb wird in Art. 8 Abs. 2 Satz 2 geregelt, dass Maßnahmen zur Erfüllung der Art. 8–15 in Maßnahmen integriert werden dürfen, die zur Erfüllung anderer Harmonisierungsrechtsvorschriften ergriffen werden.

---

13 ErwG 46 Satz 3 u. 64 Satz 3 der KI-VO.

14 Der ursprüngliche Entwurf der EU-Kommission war in dieser Hinsicht oft kritisiert worden, vgl. z. B. *Jorzig/Kemter*, ZfPC 2023, 172; *Marx/Gladkov*, MPR 2022, 37, 40.

1. Verantwortlichkeit der Anbieter (Satz 1)

In Art. 8 Abs. 2 Satz 1 ist zunächst geregelt, dass, wenn ein Produkt ein KI-System enthält, für das die Anforderungen der KI-VO und gleichzeitig Anforderungen der in Anhang I Abschnitt A aufgeführten Harmonisierungsrechtsvorschriften gelten, der **Anbieter** dafür **verantwortlich** ist, sicherzustellen, dass das Produkt alle Anforderungen der Harmonisierungsrechtsvorschriften vollständig erfüllt. Die Bedeutung dieser Vorschrift, die wie der ganze Abs. 2 erst im Laufe des Gesetzgebungsverfahrens eingefügt wurde, ist nicht ganz klar. Letztlich dürfte sie **deklaratorisch** sein, weil die in Anhang I Abschnitt A genannten Harmonisierungsrechtsvorschriften auch unabhängig von der KI-VO verbindlich sind und von den jeweiligen Normadressaten beachtet werden müssen. 30

Eine Ausweitung des **Adressatenkreises** dürfte sich aus Art. 8 Abs. 2 Satz 1 nicht ergeben. Zwar wird hier formuliert, dass die Anforderungen der in Anhang I Abschnitt A genannten Harmonisierungsrechtsvorschriften von den „**Anbietern**" zu erfüllen sind, womit auf Art. 3 Nr. 3 verwiesen wird, der einen „Anbieter" als natürliche oder juristische Person, Behörde, Einrichtung oder sonstige Stelle definiert, „die ein KI-System […] entwickelt oder entwickeln lässt und es unter ihrem eigenen Namen oder ihrer Handelsmarke in Verkehr bringt oder das KI-System unter ihrem eigenen Namen oder ihrer Handelsmarke in Betrieb nimmt, sei es entgeltlich oder unentgeltlich […]" (siehe schon Rn. 12). Die in Anhang I Abschnitt A genannten Harmonisierungsrechtsakte selbst sind hingegen typischerweise an den jeweiligen **Produkthersteller** gerichtet. Abgesehen davon, dass es zwischen den Begriffen erhebliche Überschneidungen gibt,[15] ist nicht davon auszugehen, dass mit der unscheinbaren Regelung des Art. 8 Abs. 2 Satz 1 eine so weitreichende Rechtsfolge verbunden sein soll wie die Ausweitung des Adressatenkreises der genannten Harmonisierungsrechtsakte. Vielmehr ist der EU-Gesetzgeber offenbar davon ausgegangen, dass der Anbieter regelmäßig dasselbe Unternehmen sein wird, das auch durch die genannten Harmonisierungsrechtsakte adressiert wird. Bei diesem Verständnis dient Art. 8 Abs. 2 Satz 1 dazu, deklaratorisch an die Anforderungen der jenseits der KI-VO geltenden Harmonisierungsrechtsvorschriften zu erinnern und damit den Boden für die wichtige Regelung des Art. 8 Abs. 2 Satz 2 zu bereiten. 31

Zu den in Anhang I Abschnitt A genannten **Harmonisierungsrechtsvorschriften** gehören u. a. die Maschinenrichtlinie,[16] die Spielzeugrichtlinie,[17] die Aufzugsrichtlinie,[18] die ATEX-Produktrichtlinie,[19] die Verordnung über persönliche 32

15 Vgl. außerdem Art. 25 Abs. 3, der für bestimmte Fälle fingiert, dass der Produkthersteller i. S. der Harmonisierungsrechtsvorschriften der Anbieter i. S. der KI-VO ist.

16 Richtlinie 2006/42/EG, ABl. 2006 L 157, S. 24.

17 Richtlinie 2009/48/EG, ABl. 2009 L 170, S. 1.

18 Richtlinie 2014/33/EU, ABl. 2014 L 96, S. 251.

19 Richtlinie 2014/34/EU, ABl. 2014 L 96, S. 309.

Schutzausrüstungen[20] und die Medizinprodukte-Verordnung.[21] Insgesamt sind hier zwölf Rechtsakte aufgelistet. Sie sind auch für die Bestimmung von Hochrisiko-KI-Systemen nach Art. 6 von Bedeutung, weil dort mehrfach auf Anhang I verwiesen wird, der außer Abschnitt A noch einen weiteren Abschnitt enthält, der weitere Harmonisierungsrechtsakte auflistet.

33 Ausweislich seines Wortlauts scheint Art. 8 Abs. 2 Satz 1 für **alle KI-Systeme** i. S. von Art. 3 Nr. 1 und **alle Anbieter** i. S. von Art. 3 Nr. 3 zu gelten. Insbesondere ist auffällig, dass in der Vorschrift nicht von Hochrisiko-KI-Systemen die Rede ist. Für eine Beschränkung des Anwendungsbereichs auf Hochrisiko-KI-Systeme spricht allerdings der Standort der Vorschrift im zweiten Abschnitt des dritten Kapitels der KI-VO, in dem ausweislich der Abschnittsüberschrift Anforderungen an Hochrisiko-KI-Systeme formuliert werden sollen. Geht man davon aus, dass Art. 8 Abs. 2 Satz 1 deklaratorisch ist, kommt der Frage des Anwendungsbereichs allerdings keine praktische Bedeutung zu.

2. Integrierte Erfüllung (Satz 2)

34 Weit wichtiger als Art. 8 Abs. 2 Satz 1 ist die Vorschrift des Art. 8 Abs. 2 Satz 2. Darin wird angeordnet, dass die Anbieter von Hochrisiko-KI-Systemen bei der Gewährleistung der Erfüllung der in Art. 8–15 festgelegten Anforderungen die **Wahl** haben, „die erforderlichen Test- und Berichterstattungsverfahren, Informationen und Dokumentationen […] gegebenenfalls in Dokumentationen und Verfahren zu integrieren, die bereits bestehen und gemäß den in Anhang I Abschnitt A aufgeführten Harmonisierungsrechtsvorschriften der Union vorgeschrieben sind". Den Anbietern soll also zur **Vermeidung** eines überbordenden **Bürokratieaufwands** ermöglicht werden, die Anforderungen der KI-VO gemeinsam mit den Anforderungen einschlägiger Harmonisierungsrechtsakte zu erfüllen.

a) Zweck

35 Bereits der Wortlaut der Vorschrift selbst bringt zum Ausdruck, dass es um die Gewährleistung von **Kohärenz**, die **Vermeidung** von **Doppelarbeit** und die **Minimierung** zusätzlicher **Belastungen** für die Anbieter von Hochrisiko-KI-Systemen geht. In den Erwägungsgründen wird zusätzlich betont, dass unnötiger **Verwaltungsaufwand** und **Kosten** vermieden werden sollen.[22] Die erst im Laufe des Gesetzgebungsverfahrens geschaffene Vorschrift steht also offenbar unter dem Eindruck der immer wieder geäußerten Befürchtungen, die KI-VO werde

---

20 Verordnung (EU) 2016/425, ABl. 2016 L 81, S. 99.
21 Verordnung (EU) 2017/745, ABl. 2017 L 117, S. 1.
22 ErwG 46 Satz 4 der KI-VO.

den Einsatz künstlicher Intelligenz in der Europäischen Union erschweren und europäische Unternehmen im **Wettbewerb** um KI-Technologien zurückhalten.[23] Der Gesetzgeber hat sich daher mit Art. 8 Abs. 2 Satz 2 bemüht, den Aufwand für die betroffenen Unternehmen zu reduzieren. Dahinter steckt offenbar auch die Überlegung, dass die Kosten für die Erbringung der erforderlichen Nachweise und Dokumentationen letztlich an die Nutzer von KI-Systemen weitergegeben werden und so die Kosten von **KI-basierten Produkten** erhöhen. Dadurch könnte deren Markteinführung und Nutzung in der Union erschwert werden. Die Möglichkeit der integrierten Erfüllung der Nachweispflichten gemäß Art. 8 Abs. 2 Satz 2 soll dem entgegenwirken.

b) Adressatenkreis

36 Art. 8 Abs. 2 Satz 2 richtet sich an Anbieter von Hochrisiko-KI-Systemen. Eine integrierte Erfüllung der Anforderungen der KI-VO und der Anforderungen eines in Anhang I Abschnitt A genannten Harmonisierungsrechtsaktes ist jedoch nur möglich, wenn auch der **Anwendungsbereich** eines solchen Rechtsaktes eröffnet ist. Es geht also typischerweise um Hochrisiko-KI-Systemen, die in **Produkte** integriert sind, die von den genannten Harmonisierungsrechtsvorschriften erfasst werden,[24] z. B. Maschinen i. S. der Maschinenrichtlinie oder Medizinprodukte i. S. der Medizinprodukte-Verordnung. Ob sich die Anwendungsbereiche der KI-VO und eines **Harmonisierungsrechtsaktes** nach Anhang I Abschnitt A der KI-VO überschneiden, ist im Einzelfall anhand der Vorschriften beider Rechtsakte sorgfältig zu prüfen. Da auch für die Definition von Hochrisiko-KI-Systemen in Art. 6 u. a. auf die Harmonisierungsrechtsakte nach Anhang I Abschnitt A Bezug genommen wird, liegen derartige Überschneidungen allerdings nahe. Auch der Gesetzgeber ist offenbar davon ausgegangen, dass es eher die Regel als die Ausnahme ist, dass Anbieter von Hochrisiko-KI-Systemen auch noch anderen Harmonisierungsrechtsvorschriften unterfallen, deren Anforderungen sie erfüllen müssen.

c) Gegenstand

37 Art. 8 Abs. 2 Satz 2 erlaubt die integrierte Erfüllung in Bezug auf „Test- und Berichterstattungsverfahren, Informationen und Dokumentationen“, die zur Einhaltung der Art. 8–15 notwendig sind. Diese dürfen in „Dokumentationen und Verfahren“ integriert werden, die bereits nach einem in Anhang I Abschnitt A aufgeführten Harmonisierungsrechtsakt vorgeschrieben sind. Konkret dürfte dies vor allem für die **Dokumentation** des Risikomanagements gemäß Art. 9 Abs. 1, die im Rahmen des Risikomanagements durchzuführenden **Testverfah-**

23 Vgl. dazu etwa *Busche*, JA 2023, 441, 446; *Valta/Vasel*, ZRP 2021, 142, 144 f.
24 Vgl. schon oben Rn. 29, 31.

ren gemäß Art. 9 Abs. 6–8, die **technische Dokumentation** des Hochrisiko-KI-Systems gemäß Art. 11 und die Bereitstellung von **Informationen** und **Betriebsanleitungen** für die Betreiber gemäß Art. 9 Abs. 5 lit. c und Art. 13 relevant sein. Außerdem ist an das **Konformitätsbewertungsverfahren** nach Art. 43 und die **EU-Konformitätserklärung** nach Art. 47 sowie die **CE-Kennzeichnung** nach Art. 48 zu denken, die zwingend mit der Erfüllung entsprechender Anforderungen einschlägiger Harmonisierungsrechtsakte zu koordinieren sind. Ob und ggf. inwieweit im Übrigen eine integrierte Erfüllung der Anforderungen der KI-VO und der entsprechenden Anforderungen eines Harmonisierungsrechtsaktes erfolgen kann, hängt u. a. davon ab, welche Anforderungen sich für das jeweilige Produkt aus den einschlägigen Harmonierungsrechtsvorschriften konkret ergeben.

38 An einem Beispiel: Die **Medizinprodukte-Verordnung** sieht in Abschnitt 23 des Anhangs I vor, dass für Medizinprodukte unter bestimmten Voraussetzungen eine **Gebrauchsanweisung** bereitzustellen ist. Außerdem werden dort Angaben konkretisiert, die zwingend in die Gebrauchsanweisung aufzunehmen sind. Gleichzeitig verlangt Art. 13 Abs. 2 der KI-VO, dass für Hochrisiko-KI-Systeme eine **Betriebsanleitung** bereitzustellen ist. Auch deren Inhalt wird im Folgenden durch den Gesetzgeber durch Mindestanforderungen konkretisiert.[25] Wird ein Hochrisiko-KI-System in ein Medizinprodukt integriert, ergibt sich aus Art. 8 Abs. 2 Satz 2, dass der Anbieter des Systems die Betriebsanleitung nach Art. 13 Abs. 2 der KI-VO mit der Gebrauchsanweisung nach der Medizinprodukte-Verordnung verbinden darf. Dadurch wird nicht nur der **Verwaltungsaufwand** für den Anbieter verringert, was zu Kosteneinsparungen und niedrigeren Preisen für die entsprechenden Produkte führen kann. Sondern es wird auch das Risiko verringert, dass in den Anleitungen unterschiedliche und vielleicht sogar widersprüchliche Angaben gemacht werden. Die Förderung von **Kohärenz** ist neben der Reduzierung von Bürokratie bei der Hochrisiko-KI-Compliance ein zentrales Ziel des Art. 8 Abs. 2 Satz 2 (siehe Rn. 35).

39 Zu beachten ist, dass einige Vorschriften der KI-VO verlangen, dass bestimmte **Nachweise**, **Dokumentationen** oder **Bescheinigungen**, die nach der KI-VO erforderlich sind, zusammen mit Nachweisen, Dokumentationen oder Bescheinigungen erbracht werden **müssen**, die durch andere Harmonisierungsrechtsakte vorgeschrieben sind. Ein Beispiel ist Art. 11 Abs. 2, der ausdrücklich betont, dass für ein Hochrisiko-KI-System, das mit einem Produkt verbunden ist, das unter die in Anhang I Abschnitt A aufgeführten Harmonisierungsrechtsvorschriften der Union fällt, eine **einzige technische Dokumentation** zu erstellen ist, die alle nach Art. 11 Abs. 1 genannten Informationen sowie die nach den einschlägigen Harmonisierungsrechtsakten erforderlichen Informationen enthält. Weitere Beispiele sind Art. 47 Abs. 3 und Art. 48 Abs. 5, die verlangen, dass nur

25 Vgl. Art. 13 Abs. 3 der KI-VO.

eine **einzige EU-Konformitätserklärung** auszustellen ist und dass die **CE-Kennzeichnung** auch bedeutet, dass das Hochrisiko-KI-System auch die Anforderungen anderer Rechtsakte erfüllt, in denen eine CE-Kennzeichnung verlangt wird. In diesen Fällen haben die Anbieter von Hochrisiko-KI-System anders als sonst nach Art. 8 Abs. 2 Satz 2 (siehe Rn. 34, 40) kein Wahlrecht, ob sie die Anforderungen der KI-VO gemeinsam oder getrennt von den Anforderungen anderer Rechtsakte erfüllen wollen. Vielmehr ist hier durch das Gesetz zwingend vorgeschrieben, dass eine integrierte Erfüllung der Anforderungen notwendig ist.

d) Wahlrecht

Außer in den soeben genannten Fällen, in denen eine integrierte Erfüllung von Anforderungen der KI-VO und Anforderungen anderer Harmonisierungsrechtsakte gesetzlich vorgeschrieben ist (siehe Rn. 39), folgt aus Art. 8 Abs. 2 Satz 2 ein **Wahlrecht** zugunsten der Anbieter von Hochrisiko-KI-Systemen. Diese *können* also die Anforderungen der KI-VO und die Anforderungen eines in Anhang I Abschnitt A genannten Harmonisierungsrechtsakts gleichzeitig durch dieselben Dokumentationen und Verfahren erfüllen, *müssen* es aber nicht. Die Vorschrift soll den Anbietern lediglich ermöglichen, den mit der Umsetzung verbundenen Verwaltungsaufwand zu reduzieren und Kosten einzusparen. Ihre **Gestaltungsfreiheit** soll aber nicht eingeschränkt werden. Letztlich obliegt es den Anbietern selbst, für ihr jeweiliges Angebot und nach Maßgabe der jeweils einschlägigen Rechtsvorschriften zu entscheiden, wie sie ihrer Compliance-Pflicht nach Art. 8 genügen wollen. Das bestätigen die Erwägungsgründe, in denen es heißt, dass die Anbieter von Hochrisiko-KI-Systemen in Bezug auf operative Entscheidungen darüber flexibel sein sollen, wie die Konformität eines Produkts, das ein oder mehrere Hochrisiko-KI-Systeme enthält, bestmöglich sichergestellt werden kann.[26] Der Gesetzgeber bietet dazu in Art. 8 Abs. 2 Satz 2 eine zusätzliche Möglichkeit an, die mit weniger Verwaltungsaufwand einhergeht. Die Anbieter sind jedoch nicht gezwungen, von dieser Möglichkeit tatsächlich Gebrauch zu machen. 40

26 ErwG 46 Satz 4 der KI-VO.

Art. 9 Risikomanagementsystem

(1) Für Hochrisiko-KI-Systeme wird ein Risikomanagementsystem eingerichtet, angewandt, dokumentiert und aufrechterhalten.

(2) Das Risikomanagementsystem versteht sich als ein kontinuierlicher iterativer Prozess, der während des gesamten Lebenszyklus eines Hochrisiko-KI-Systems geplant und durchgeführt wird und eine regelmäßige systematische Überprüfung und Aktualisierung erfordert. Es umfasst folgende Schritte:

a) die Ermittlung und Analyse der bekannten und vernünftigerweise vorhersehbaren Risiken, die vom Hochrisiko-KI-System für die Gesundheit, Sicherheit oder Grundrechte ausgehen können, wenn es entsprechend seiner Zweckbestimmung verwendet wird;

b) die Abschätzung und Bewertung der Risiken, die entstehen können, wenn das Hochrisiko-KI-System entsprechend seiner Zweckbestimmung oder im Rahmen einer vernünftigerweise vorhersehbaren Fehlanwendung verwendet wird;

c) die Bewertung anderer möglicherweise auftretender Risiken auf der Grundlage der Auswertung der Daten aus dem in Artikel 72 genannten System zur Beobachtung nach dem Inverkehrbringen;

d) die Ergreifung geeigneter und gezielter Risikomanagementmaßnahmen zur Bewältigung der gemäß Buchstabe a ermittelten Risiken.

(3) Die in diesem Artikel genannten Risiken betreffen nur solche Risiken, die durch die Entwicklung oder Konzeption des Hochrisiko-KI-Systems oder durch die Bereitstellung ausreichender technischer Informationen angemessen gemindert oder behoben werden können.

(4) Bei den in Absatz 2 Buchstabe d genannten Risikomanagementmaßnahmen werden die Auswirkungen und möglichen Wechselwirkungen, die sich aus der kombinierten Anwendung der Anforderungen dieses Abschnitts ergeben, gebührend berücksichtigt, um die Risiken wirksamer zu minimieren und gleichzeitig ein angemessenes Gleichgewicht bei der Durchführung der Maßnahmen zur Erfüllung dieser Anforderungen sicherzustellen.

(5) Die in Absatz 2 Buchstabe d genannten Risikomanagementmaßnahmen werden so gestaltet, dass jedes mit einer bestimmten Gefahr verbundene relevante Restrisiko sowie das Gesamtrestrisiko der Hochrisiko-KI-Systeme als vertretbar beurteilt wird. Bei der Festlegung der am besten geeigneten Risikomanagementmaßnahmen ist Folgendes sicherzustellen:

a) soweit technisch möglich, Beseitigung oder Verringerung der gemäß Absatz 2 ermittelten und bewerteten Risiken durch eine geeignete Konzeption und Entwicklung des Hochrisiko-KI-Systems;

b) gegebenenfalls Anwendung angemessener Minderungs- und Kontrollmaßnahmen zur Bewältigung nicht auszuschließender Risiken;

c) Bereitstellung der gemäß Artikel 13 erforderlichen Informationen und gegebenenfalls entsprechende Schulung der Betreiber.

Zur Beseitigung oder Verringerung der Risiken im Zusammenhang mit der Verwendung des Hochrisiko-KI-Systems werden die technischen Kenntnisse, die Erfahrungen und der Bildungsstand, die vom Betreiber erwartet werden können, sowie der voraussichtliche Kontext, in dem das System eingesetzt werden soll, gebührend berücksichtigt.

(6) Hochrisiko-KI-Systeme müssen getestet werden, um die am besten geeigneten gezielten Risikomanagementmaßnahmen zu ermitteln. Durch das Testen wird sichergestellt, dass Hochrisiko-KI-Systeme stets bestimmungsgemäß funktionieren und die Anforderungen dieses Abschnitts erfüllen.

(7) Die Testverfahren können einen Test unter realen Bedingungen gemäß Artikel 60 umfassen.

(8) Das Testen von Hochrisiko-KI-Systemen erfolgt zu jedem geeigneten Zeitpunkt während des gesamten Entwicklungsprozesses und in jedem Fall vor ihrem Inverkehrbringen oder ihrer Inbetriebnahme. Das Testen erfolgt anhand vorab festgelegter Parameter und probabilistischer Schwellenwerte, die für die Zweckbestimmung des Hochrisiko-KI-Systems geeignet sind.

(9) Bei der Umsetzung des in den Absätzen 1 bis 7 vorgesehenen Risikomanagementsystems berücksichtigen die Anbieter, ob angesichts seiner Zweckbestimmung das Hochrisiko-KI-System wahrscheinlich nachteilige Auswirkungen auf Personen unter 18 Jahren oder gegebenenfalls andere Gruppen schutzbedürftiger Personen haben wird.

(10) Bei Anbietern von Hochrisiko-KI-Systemen, die den Anforderungen an interne Risikomanagementprozesse gemäß anderen einschlägigen Bestimmungen der Rechtsvorschriften der Union unterliegen, können die in den Absätzen 1 bis 9 enthaltenen Aspekte Bestandteil der nach diesen Rechtsvorschriften festgelegten Risikomanagementverfahren sein oder mit diesen Verfahren kombiniert werden.

Mit Art. 9 korrespondieren die Erwägungsgründe 65, 66.

Schrifttum; *Ashkar/Schröder*, Das Gesetz über künstliche Intelligenz der Europäischen Union (KI-Verordnung), BB 2024, 771; *Borges*, Der Begriff des KI-Systems – Tatbestandsmerkmale und Auslegungsansätze, CR 2023, 706; *Fraser/Bello y Villarino*, Acceptable Risks in Europe's Proposed AI Act: Reasonableness and Other Principles for Deciding How Much Risk Management Is Enough, European Journal of Risk Regulation (EJRR), First View, 2023, 1; *Fraser/Bello y Villarino*, Where Residual Risks Reside: A Comparative Approach to Art 9(4) of the European Union's Proposed AI Regulation, Working paper (2021), https://ssrn.com/abstract=3960461; *Kaminski*, Regulating the Risks of AI, 103 Boston University Law Review 1347 (2023); *Schuett*, Risk Management in the Artificial Intelligence Act, European Journal of Risk Regulation (EJRR), First View, 2023, 1; *Spindler*, Der Vorschlag der EU-Kommission für eine Verordnung zur Regulierung der Künstlichen Intelligenz (KI-VO-E) – Ansatz, Instrumente, Qualität und Kontext, CR 2021, 361; *Wiebe*, Produktsicherheitsrechtliche Betrachtung des Vorschlags für eine KI-Verordnung, BB 2022, 899.

Übersicht

I. Einleitung

1 Art. 9 regelt, dass für Hochrisiko-KI-Systeme ein **Risikomanagementsystem** einzurichten und anzuwenden ist, und macht Vorgaben für dessen Ausgestaltung.[1] Das Risikomanagementsystem ist ein zentraler Bestandteil der **Compliance-Anforderungen** an Hochrisiko-KI-Systeme, wie sie im zweiten Abschnitt

1 Vgl. allg. zu unterschiedlichen risikobasierten Regulierungsansätzen *Kaminski*, 103 B. U. L. Rev. 1347, 1379 ff. (2023).

des dritten Kapitels der KI-VO (Art. 8–15) niedergelegt sind.[2] Die Adressaten ergeben sich erst aus dem dritten Abschnitt, für das Risikomanagement insbesondere aus Art. 16. Die Anforderungen an das Risikomanagement werden in Art. 9 teils sehr detailliert und kleinteilig geregelt. Aus rechtspolitischer Sicht ist das wenig überzeugend, da nicht davon auszugehen ist, dass der Gesetzgeber über bessere Informationen hinsichtlich der **Compliance-Organisation** und der konkreten Ausgestaltung von Risikomanagementsystemen verfügt als die Unternehmen, die diese Systeme auch im eigenen Interesse einrichten und es gewohnt sind, damit zu arbeiten. Im Gegenteil liegt es nahe, dass grundsätzlich die Unternehmen selbst am besten beurteilen können, mit welchen Maßnahmen des Risikomanagements sie die Anforderungen der KI-VO am besten erfüllen können. Es hätte daher wohl genügt, die **Ziele** des Risikomanagements klar zu definieren, die konkrete **Ausgestaltung** der Risikomanagementsysteme aber den Anbietern von Hochrisiko-KI-Systemen zu überlassen.

Im Einzelnen verlangt Abs. 1, dass für Hochrisiko-KI-Systeme ein **Risikomanagementsystem** einzurichten, anzuwenden, zu dokumentieren und aufrechtzuerhalten ist. Abs. 2 konkretisiert die Anforderungen an das Risikomanagementsystem und macht deutlich, dass insbesondere Maßnahmen zur **Erkennung**, **Bewertung** und **Bewältigung** von Risiken zu ergreifen sind. Abs. 3 erläutert, welche **Risiken** mithilfe von Risikomanagementsystemen erfasst, analysiert und bewältigt werden müssen. Abs. 4 verlangt, dass die Auswahl von **Maßnahmen zur Risikobewältigung** u.a. von einer Analyse der **Auswirkungen** und **Wechselwirkungen** solcher Maßnahmen abhängig zu machen ist. Abs. 5 konkretisiert noch weiter, wie **Risikomanagementmaßnahmen** zu gestalten und festzulegen sind. In Abs. 6–8 wird geregelt, dass Hochrisiko-KI-Systeme getestet werden müssen und wie die **Tests** zu erfolgen haben. Abs. 9 schreibt vor, dass bei der Umsetzung von Risikomanagementsystemen Auswirkungen auf **schutzbedürftige Gruppen** zu berücksichtigen sind. In Abs. 10 wird schließlich noch angeordnet, dass die Anforderungen der KI-VO an interne Risikomanagementprozesse zusammen mit den Anforderungen **anderer Bestimmungen** des Unionsrechts erfüllt werden können. 2

1. Normzweck

Der Zweck von Art. 9 besteht ausweislich der Erwägungsgründe darin, sicherzustellen, dass alle einschlägigen **Risiken** von Hochrisiko-KI-Systemen **ermittelt** und **gemindert** werden.[3] Im Fokus sollen danach Risiken für **Gesundheit**, **Si-** 3

2 Vgl. auch *Wiebe*, BB 2022, 899, 901: „hohe Bedeutung".

3 ErwG 65 Satz 2 der KI-VO.

cherheit und **Grundrechte** stehen. Das deckt sich mit Art. 1 Abs. 1, wonach durch die KI-VO ein „hohes Schutzniveau in Bezug auf Gesundheit, Sicherheit und die in der Charta verankerten Grundrechte, einschließlich **Demokratie**, **Rechtsstaatlichkeit** und **Umweltschutz**", gewährleistet werden soll. Allerdings wird der Begriff des Risikos in Art. 3 Nr. 2 ohne Bezug auf bestimmte Rechtsgüter definiert als „Kombination aus der Wahrscheinlichkeit des Auftretens eines Schadens und der Schwere dieses Schadens". Der Begriff des **Schadens** (engl.: „harm") wird allerdings in der Verordnung nicht näher konkretisiert. Um den Gegenstand des Risikomanagements sachgerecht zu begrenzen, erscheint es naheliegend, die Zweckbestimmung des Art. 1 Abs. 1 zur Konkretisierung der Begriffe des Schadens und des Risikos heranzuziehen. Allerdings ist auch dann noch eine Vielzahl von Schutzgütern erfasst, da insbesondere der Verweis auf den Schutz von **Grundrechten** sehr weit ist. Denn dadurch werden so unterschiedliche Grundrechte wie das Recht auf **Unversehrtheit** (Art. 3 GRCh), das Recht auf **Freiheit** und **Sicherheit** (Art. 6 GRCh), das Recht auf **Privatleben** (Art. 7 GRCh), das **Datenschutzrecht** (Art. 8 GRCh), das Recht auf **Meinungsfreiheit** und **Informationsfreiheit** (Art. 11 GRCh), das Recht der **Kunstfreiheit** und der **Wissenschaftsfreiheit** (Art. 13 GRCh), das Recht auf **unternehmerische Freiheit** (Art. 16 GRCh), das **Eigentumsrecht** (Art. 17 GRCh) und das Recht auf **Nichtdiskriminierung** (Art. 21 GRCh) in Bezug genommen, außerdem soziale Ziele wie der **Gesundheitsschutz** (Art. 35 GRCh), der **Umweltschutz** (Art. 37 GRCh) und der **Verbraucherschutz** (Art. 38 GRCh).

2. Entstehungsgeschichte

4 Art. 9 war im **Entwurf** der Kommission[4] bereits mit ähnlicher Struktur und ähnlichem Inhalt enthalten, ist aber in vielerlei Hinsicht konkretisiert und abgewandelt worden. So sind beispielsweise in Art. 9 Abs. 2 lit. a die Hinweise auf die **Schutzgüter** und die **Zweckbestimmung** des Hochrisiko-KI-Systems ergänzt worden, wodurch der **Gegenstand** des Risikomanagements klarer gefasst wurde. Auch die Bestimmung in Abs. 3 zum **Risikobegriff** wurde erst im Rahmen des Gesetzgebungsverfahrens eingefügt. In Abs. 4 wurden die Ziele der **Auswirkungsanalyse** konkretisiert und dafür ein Hinweis auf den allgemein anerkannten Stand der Technik und einschlägige harmonisierte Normen und Spezifikationen gestrichen. In Abs. 5 wurde der erste Satz etwas knapper gefasst und dafür die Aufzählung in Satz 2 um einige Details erweitert. In Abs. 7 wurde ein Hinweis auf **Testverfahren** unter **Realbedingungen** gemäß Art. 60 ergänzt. Im Gegenzug ist ein wenig hilfreicher Hinweis zur Eignung von Testverfahren entfallen. Abs. 9 über die Berücksichtigung der Auswirkungen auf **Minderjährige** und **schutzbedürftige Gruppen** wurde deutlich konkreter gefasst. Der Anwen-

4 COM(2021) 206 v. 21.4.2021.

dungsbereich von Abs. 10 wurde deutlich ausgeweitet. Die Vorschrift regelt nun das Verhältnis des Risikomanagements nach der KI-VO zu entsprechenden Bestimmungen in **anderen Unionsrechtsakten**, ohne dass insoweit eine Einschränkung z. B. nach der betroffenen Branche gemacht würde. Im Entwurf war hier nur das Risikomanagement von Kreditinstituten gemäß der Eigenkapitalrichtlinie[5] in Bezug genommen worden.

3. Einordnung

Art. 9 ist Teil des zweiten Abschnitts des dritten Kapitels der KI-VO, in dem die Anforderungen an Hochrisiko-KI-Systeme geregelt werden. Dadurch steht die Vorschrift im engen Zusammenhang mit den Art. 8, 10–15, die weitere Anforderungen an Hochrisiko-KI-Systeme regeln. Von besonderer Bedeutung ist die allgemeine **Compliance-Pflicht** nach Art. 8 Abs. 1, die für Hochrisiko-KI-Systeme die Einhaltung der Art. 8–15 vorschreibt. In diesem Zusammenhang wird in Art. 8 Abs. 1 Satz 2 die Bedeutung der Risikomanagementsysteme nach Art. 9 besonders hervorgehoben. Aus Art. 17 Abs. 1 lit. g ergibt sich außerdem, dass das Risikomanagement auch in die **Qualitätsmanagementsysteme** einzubeziehen ist, die Anbieter von Hochrisiko-KI-Systemen einrichten müssen. Aus Anhang IV Ziffer 5 ergibt sich außerdem, dass die **technische Dokumentation** nach Art. 11 eine detaillierte Beschreibung des Risikomanagementsystems nach Art. 9 enthalten muss. Wie für sämtliche Vorschriften des zweiten Abschnittes des dritten Kapitels gilt auch für Art. 9, dass er erst durch die weiteren Vorschriften des dritten Abschnitts operationalisierbar wird, weil dort die Pflichten der wesentlichen Akteure geregelt sind. Gemäß Art. 16 Abs. 1 lit. a sind es vor allem die **Anbieter** von Hochrisiko-KI-Systemen, die die Anforderungen über das Risikomanagement nach Art. 9 einhalten müssen. An Verstöße gegen die hier formulierte Verhaltenspflicht kann mit den **Ermittlungs-** und **Sanktionsbefugnissen** der KI-VO angeknüpft werden. Verletzt ein Anbieter seine Pflichten aus Art. 16 Abs. 1 lit. a i.V.m. Art. 9, kann darauf z. B. gemäß Art. 99 Abs. 4 lit. a mit einer **Geldbuße** von bis zu 3 % des weltweiten Jahresumsatzes des Anbieterunternehmens im vorausgegangenen Geschäftsjahr reagiert werden. 5

II. Verpflichtung zum Risikomanagement (Abs. 1)

Art. 9 Abs. 1 bestimmt, dass für Hochrisiko-KI-Systeme ein Risikomanagementsystem eingerichtet, angewandt, dokumentiert und aufrechterhalten werden muss. Die Vorschrift war identisch bereits im ursprünglichen Entwurf der EU- 6

5 Richtlinie 2013/36/EU, ABl. 2013 L 176, S. 338.

Kommission[6] enthalten. Sie regelt die allgemeine Verpflichtung zum Risikomanagement, die durch die übrigen Vorschriften des Art. 9 konkretisiert wird.

1. Adressaten

7 Wie die meisten Vorschriften des zweiten Abschnitts des dritten Kapitels der KI-VO ist Art. 9 nicht an einen bestimmten Adressaten gerichtet. Vielmehr folgt die KI-VO einem **Schachtelsystem**. Im zweiten Abschnitt werden Anforderungen an KI-Systeme objektiv formuliert, im dritten Abschnitt folgen dann die **Verhaltenspflichten** der einzelnen Akteure. Diese etwas gewöhnungsbedürftige Regelungstechnik birgt die Gefahr, dass die abstrakt formulierten Anforderungen und die konkreten Verhaltenspflichten nicht optimal aufeinander abgestimmt sind. Tatsächlich finden sich in der KI-VO zahlreiche Fälle, in denen der Gesetzgeber sein eigenes System nicht einhält, was nicht unbedingt zur Klarheit und Verständlichkeit der Vorschriften beiträgt. In Art. 9 werden z. B. in Abs. 9 und 10 schließlich doch noch **konkrete Adressaten** benannt, nämlich die Anbieter von Hochrisiko-KI-Systemen. Dem liegen Änderungen zugrunde, die erst im Rahmen des Gesetzgebungsverfahrens erfolgt sind, was nahelegt, dass hier aus Versehen unsauber formuliert wurde.

8 In der Sache ist allerdings klar, dass sich sämtliche Gebote des Art. 9 tatsächlich vor allem an die **Anbieter** von Hochrisiko-KI-Systemen richten. Das ergibt sich aus Art. 16 lit. a, wonach Anbieter von Hochrisiko-KI-Systemen sicherstellen müssen, dass ihre Hochrisiko-KI-Systeme die im zweiten Abschnitt des dritten Kapitels festgelegten Anforderungen erfüllen. Dazu gehören auch die Anforderungen des Art. 9 hinsichtlich der Einrichtung und Anwendung von Risikomanagementsystemen. Für andere Akteure gilt Art. 9 hingegen nur sehr abgeschwächt. Besteht hinreichender Grund zu der Annahme, dass ein hochrisiko-KI-System nicht der KI-VO entspricht, dürfen **Einführer** und **Händler** nach Art. 23 Abs. 2 und Art. 24 Abs. 2 das System z. B. erst in Verkehr bringen, nachdem dessen Konformität mit der KI-VO hergestellt wurde. Außerdem müssen sie nach Art. 23 Abs. 4 und Art. 24 Abs. 2 gewährleisten, dass ihre Lagerungs- oder Transportbedingungen die Konformität des Systems nicht beeinträchtigen. Gemeint ist die Konformität mit den Vorschriften des zweiten Abschnitts des dritten Kapitels, also auch mit den Anforderungen des Art. 9 bezüglich des Risikomanagementsystems.

2. Gegenstand

9 Art. 9 Abs. 1 verlangt, dass für Hochrisiko-KI-Systeme ein Risikomanagementsystem **einzurichten**, **anzuwenden**, zu **dokumentieren** und **aufrechtzuerhal-**

6 COM(2021) 206 v. 21.4.2021.

ten ist. In Art. 9 Abs. 2 Satz 1 wird spezifiziert, dass sich ein Risikomanagementsystem als ein „kontinuierlicher iterativer Prozess“ versteht, „der während des gesamten Lebenszyklus eines Hochrisiko-KI-Systems geplant und durchgeführt wird und eine regelmäßige systematische Überprüfung und Aktualisierung erfordert“. Das Risikomanagement zeichnet sich also insbesondere dadurch aus, dass es sich nicht nur auf den Zeitraum vor Inverkehrbringen bezieht, sondern auf den gesamten Lebenszyklus des Hochrisiko-KI-Systems. Daraus erklären sich auch die vier **Konkretisierungen** der allgemeinen Verpflichtung zum Risikomanagement. Das Risikomanagement ist nicht nur einzurichten und anzuwenden, sondern über die gesamte Lebensdauer des KI-Systems aufrechtzuerhalten. Daneben ist es zu dokumentieren, was vor allem im Rahmen der **technischen Dokumentation** nach Art. 11 zu erfolgen hat, was in Anhang IV Ziffer 5 betont wird. Wie genau das Risikomanagementsystem einzurichten, anzuwenden, zu dokumentieren und aufrechtzuerhalten ist, ergibt sich im Übrigen vor allem aus den weiteren Absätzen des Art. 9 und sonstigen einschlägigen Vorschriften der KI-VO. Für sich genommen dürfte Art. 9 Abs. 1 daher eine geringe Bedeutung zukommen, da das Risikomanagement erst durch die ergänzenden Vorschriften mit Leben gefüllt wird. Auf Art. 9 Abs. 1 werden sich die Behörden vermutlich vor allem berufen, wenn gar kein Risikomanagementsystem eingerichtet wird, weil damit klar gegen Art. 9 Abs. 1 verstoßen würde.

3. Rechtsfolgen

Die Rechtsfolgen bei Verstößen gegen Art. 9 Abs. 1 (und näher konkretisierte Anforderungen der weiteren Absätze) sind letztlich dieselben, die auch sonst bei Verstößen gegen Vorschriften des zweiten Abschnitts des dritten Kapitels greifen (vgl. schon Art. 8 Rn. 27 f.). Werden die Anforderungen des Art. 9 nicht eingehalten, kann die zuständige Marktüberwachungsbehörde darauf mit Maßnahmen der **Marktüberwachung** reagieren (siehe Art. 8 Rn. 27). In diesem Rahmen kann sie den Anbieter des Hochrisiko-KI-Systems nach Art. 79 Abs. 2 UAbs. 2 auffordern, **Korrekturmaßnahmen** zu ergreifen, die geeignet sind, die Konformität des KI-Systems herzustellen, das KI-System vom Markt zu nehmen oder es innerhalb einer bestimmten Frist zurückzurufen. Kommt der Anbieter dieser Aufforderung nicht nach, kann die Behörde selbst nach Art. 79 Abs. 5 geeignete Maßnahmen ergreifen 10

Wegen einer Verletzung der Verpflichtung zum Risikomanagement nach Art. 9 Abs. 1 kann außerdem eine **Sanktion** nach Art. 99 verhängt werden. Insbesondere sieht Art. 99 Abs. 4 lit. a vor, dass eine **Geldbuße** von bis zu 3 % des gesamten weltweiten Jahresumsatzes des jeweiligen Anbieterunternehmens im voran gegangenen Geschäftsjahr verhängt werden kann, wenn der Anbieter eines Hochrisiko-KI-Systems seinen Pflichten nach Art. 16 nicht nachkommt. Dazu 11 gehört auch die Pflicht zur Einrichtung und Anwendung eines Risikomanagementsystems nach Art. 9 Abs. 1.

III. Anforderungen an Risikomanagementsysteme (Abs. 2)

12 In Art. 9 Abs. 2 ist geregelt, was unter einem Risikomanagementsystem zu verstehen ist und welchen Anforderungen es im Einzelnen genügen muss. Art. 9 Abs. 2 Satz 1 enthält eine gesetzliche **Beschreibung** des Begriffs des Risikomanagementsystems. Im Katalog des Art. 3 ist hingegen keine Definition enthalten. In Art. 9 Abs. 2 Satz 2 werden sodann einige **zentrale Elemente** des Risikomanagementsystems genauer beschrieben. Hier ist insbesondere vorgesehen, dass das Risikomanagementsystem Maßnahmen zur Ermittlung, Bewertung und Bewältigung von Risiken umfassen muss.

1. Allgemeines (Satz 1)

13 Zunächst ist in Art. 9 Abs. 2 Satz 1 eine Art **Legaldefinition** des Risikomanagementsystems enthalten. Danach ist darunter ein „kontinuierlicher iterativer Prozess" zu verstehen, „der während des gesamten Lebenszyklus eines Hochrisiko-KI-Systems geplant und durchgeführt wird und eine regelmäßige systematische Überprüfung und Aktualisierung erfordert". Das Risikomanagementsystem ist also nicht nur bis zum Inverkehrbringen des Hochrisiko-KI-Systems von Bedeutung, sondern während dessen **gesamter Lebensdauer**. Da es zum Wesen von KI-Systemen gehört, dass sie sich im Laufe der Zeit verändern können (vgl. Art. 3 Nr. 1: „anpassungsfähig"),[7] muss das Risikomanagementsystem ggf. an veränderte Umstände angepasst werden. Das wird in Art. 9 Abs. 2 Satz 1 nochmals ausdrücklich dadurch betont, dass regelmäßige systematische Überprüfungen und Aktualisierungen erforderlich sind. In der Umschreibung, dass es sich um einen **iterativen Prozess** handelt, kommt außerdem zum Ausdruck, dass erforderlichenfalls immer wieder mit ergänzenden Maßnahmen des Risikomanagements nachgesteuert werden muss.[8] Genauso wie das KI-System schrittweise weiterentwickelt wird bzw. sich selbst weiterentwickelt, muss also auch das Risikomanagementsystem fortlaufend gepflegt werden.

14 In den Erwägungsgründen wird das Risikomanagement noch weiter konkretisiert. Dort heißt es, dass **Ziel** des kontinuierlichen, iterativen Prozesses, den das Risikomanagement darstellt, sein sollte, die einschlägigen Risiken von KI-Systemen für Gesundheit, Sicherheit und Grundrechte zu ermitteln und zu mindern.[9]

---

7 Vgl. dazu ausf. *Borges*, CR 2023, 706, Rn. 63 ff.
8 Vgl. *Schuett*, EJRR 2023, 1, 11 f.
9 ErwG 65 Satz 2 der KI-VO.

Diese Vorgabe wird in Art. 9 Abs. 2 Satz 2 lit. a aufgegriffen (siehe Rn. 16). Ferner wird ausgeführt, dass das Risikomanagementsystem regelmäßig überprüft und aktualisiert werden sollte, „um seine dauerhafte Wirksamkeit sowie die Begründetheit und Dokumentierung aller gemäß [der KI-VO] getroffenen wesentlichen Entscheidungen und Maßnahmen zu gewährleisten".[10] Hier kommt nochmals zum Ausdruck, dass das Risikomanagement ein **dauerhafter Prozess** ist.

2. Einzelheiten (Satz 2)

Nähere **Anforderungen** an das Risikomanagement sind in Art. 9 Abs. 2 Satz 2 geregelt. Dieser enthält eine Liste mit zentralen Elementen des Risikomanagementsystems. Art. 9 Abs. 2 Satz 2 lit. a regelt, dass mit dem Risikomanagementsystem Risiken **ermittelt** und **analysiert** werden müssen. Art. 9 Abs. 2 Satz 2 lit. b und lit. c enthalten Anforderungen an die Bewertung von Risiken, wobei insoweit zwischen einer **Ex-ante-** und einer **Ex-post-Bewertung** unterschieden werden kann. Schließlich wird in Art. 9 Abs. 2 Satz 2 lit. d noch geregelt, dass das Risikomanagementsystem auch Maßnahmen zur **Bewältigung** von Risiken enthalten muss. Die als Teil des Risikomanagements zu ergreifenden Risikobewältigungsmaßnahmen werden sodann in Art. 9 Abs. 4 und Abs. 5 noch weiter konkretisiert. 15

a) Risikoanalyse (lit. a)

Gemäß Art. 9 Abs. 2 Satz 2 lit. a muss das Risikomanagementsystem die „Ermittlung und Analyse der bekannten und vernünftigerweise vorhersehbaren Risiken" umfassen, die von dem jeweiligen Hochrisiko-KI-System für die Gesundheit, Sicherheit oder Grundrechte ausgehen können, wenn es entsprechend seiner Zweckbestimmung verwendet wird. Letztlich wird damit eine **umfassende Risikoanalyse** verlangt. Der Begriff des **Risikos** wird dabei in Art. 3 Nr. 2 definiert als „die Kombination aus der Wahrscheinlichkeit des Auftretens eines Schadens und der Schwere dieses Schadens". 16

Die Beschränkung der Risikoanalyse auf die Schutzgüter **Gesundheit**, **Sicherheit** und **Grundrechte** wurde erst im Laufe des Gesetzgebungsverfahrens eingefügt. Sie entspricht der Beschreibung des Gegenstands der KI-VO in Art. 1 Abs. 1 und ist daher grundsätzlich eine willkommene Konkretisierung. Wie bereits erwähnt (siehe Rn. 3), sind jedoch gerade die Schutzbereiche der unterschiedlichen Grundrechte so vielfältig und breit, dass mit der Nennung der **Schutzgüter** kaum eine nennenswerte Beschränkung verbunden ist. Im Übrigen ist davon auszugehen, dass die Anbieter von Hochrisiko-KI-Systemen ein Eigeninteresse daran haben, auch Risiken für andere als die genannten Schutz- 17

10 ErwG 65 Satz 2 der KI-VO.

güter zu ermitteln. Es ist daher nicht damit zu rechnen, dass der Möglichkeit der Beschränkung der Risikoanalyse auf bestimmte Schutzgüter in der Praxis eine allzu große Bedeutung zukommen wird.

18 Die Risikoanalyse soll ausweislich des Wortlauts von Art. 9 Abs. 2 Satz 2 lit. a auf **bekannte und vernünftigerweise vorhersehbare Risiken** beschränkt sein.[11] Für bekannte Risiken entfällt die Notwendigkeit zur Ermittlung, aber es kann geboten sein, die Risiken näher zu analysieren, um ein genaueres Bild von der Wahrscheinlichkeit und der Schwere möglicher Schäden zu erhalten. Für vernünftigerweise vorhersehbare Risiken spielt schon die Risikoermittlung eine entscheidende Rolle. Die Einschränkung auf „vernünftigerweise" vorhersehbare Risiken wurde erst im Rahmen des Gesetzgebungsverfahrens hinzugefügt. Dies soll offenbar dazu dienen, den Aufwand für die Anbieter von Hochrisiko-KI-Systemen in einem vertretbaren Rahmen zu halten. Es sind also nicht alle Risiken zu ermitteln und zu analysieren, die sich „irgendwie", also z. B. auch nur mit sehr großem Aufwand ermitteln lassen, sondern es können die Kosten und der Nutzen einzelner Schritte der Risikoanalyse miteinander abgewogen und ggf. Maßnahmen unterlassen werden, deren Aufwand sich vernünftigerweise nicht rechtfertigen lässt.

19 Art. 9 Abs. 2 Satz 1 lit. a verweist lediglich auf die Risiken, die von dem jeweiligen Hochrisiko-KI-System ausgehen, „wenn es entsprechend seiner Zweckbestimmung verwendet wird". Der Begriff der **Zweckbestimmung** wird in Art. 3 Nr. 12 definiert. Gemeint ist die Verwendung, „für die ein KI-System laut Anbieter bestimmt ist", wofür u. a. auf vom Anbieter bereitgestellte Betriebsanleitungen, Werbe- oder Verkaufsmaterial und die technische Dokumentation nach Art. 11 verwiesen wird. Der Hinweis auf die Zweckbestimmung wurde erst im Rahmen des Gesetzgebungsverfahrens eingefügt. Seine Bedeutung ist nicht ganz klar. Insbesondere stellt sich die Frage, ob daraus im Umkehrschluss folgen soll, dass andere Risiken, z. B. solche, die im Rahmen einer **vernünftigerweise vorhersehbaren Fehlanwendung** i. S. von Art. 3 Nr. 13 nicht in die Risikoanalyse einbezogen werden müssen. Dafür ließe sich anführen, dass der Gesetzgeber offenbar um eine sachgerechte Begrenzung der Pflichten des Risikomanagements bemüht war, um einen übermäßigen **Verwaltungsaufwand** für die Anbieter von KI-Systemen zu vermeiden. Allerdings verlangt die KI-VO auch an anderer Stelle, dass die Risiken eines vernünftigerweise vorhersehbaren Fehlgebrauchs genauso zu berücksichtigen sind wie die Risiken eines Gebrauchs entsprechend der Zweckbestimmung. Das gilt z. B. für Art. 9 Abs. 2 Satz 2 lit. b, der die **Ex-ante-Bewertung** von Risiken regelt (siehe Rn. 21). Es ergäbe wenig Sinn, wenn die Risiken des vernünftigerweise vorhersehbaren Fehlgebrauchs zwar nach Art. 9 Abs. 2 Satz 2 lit. b abgeschätzt und bewertet, nicht aber nach Art. 9 Abs. 2 Satz 2 lit. a ermittelt und analysiert werden müssten. Es ist deshalb

11 Vgl. zu den Begriffen *Schuett*, EJRR 2023, 1, 9 f.

davon auszugehen, dass sich auch die Risikoanalyse bereits auf Risiken des vernünftigerweise vorhersehbaren Fehlgebrauchs beziehen muss, sofern diese ihrerseits vernünftigerweise vorhersehbar sind.

b) Risikobewertung

Art. 9 Abs. 2 Satz 2 lit. b und lit. c regeln, dass das Risikomanagementsystem außerdem Maßnahmen zur **Abschätzung** und **Bewertung** von **Risiken** umfassen muss. Auch wenn das Risikomanagement gemäß Art. 9 Abs. 2 Satz 1 als kontinuierlicher, fortwährender Prozess anzulegen ist, kann hierbei zwischen einer Ex-ante- und einer Ex-post-Bewertung von Risiken unterschieden werden. Beide basieren auf unterschiedlichen Informationsquellen und unterscheiden sich auch in ihrer Zielrichtung. **20**

aa) Ex-ante-Bewertung (lit. b)

Zunächst verlangt Art. 9 Abs. 2 Satz 2 lit. b, dass das Risikomanagementsystem die Abschätzung und Bewertung von Risiken umfassen muss, die entstehen können, wenn das Hochrisiko-KI-System entsprechend seiner **Zweckbestimmung** oder im Rahmen einer vernünftigerweise vorhersehbaren **Fehlanwendung** verwendet wird. Für den Begriff des **Risikos** gilt auch in diesem Zusammenhang Art. 3 Nr. 2, für den Begriff der Zweckbestimmung Art. 3 Nr. 12 und für den Begriff der vernünftigerweise vorhersehbaren Fehlanwendung Art. 3 Nr. 13. Gegenstand der Risikobewertung nach Art. 9 Abs. 2 Satz 2 lit. b sind Risiken, die „entstehen können", wenn das Hochrisiko-KI-System bestimmungsgemäß oder vorhersehbar bestimmungswidrig verwendet wird. Daraus folgt, dass es hier um eine **Prognose** geht, die schon vor der Verwendung des KI-Systems durchzuführen ist. Auch ist sie immer wieder zu wiederholen, wenn sich die Funktionalität des KI-Systems wesentlich verändert. Jedenfalls bezieht sich Art. 9 Abs. 2 Satz 2 lit. b gerade nicht nur auf Risiken, die sich bereits realisiert haben, sondern auch auf solche, die zwar im Rahmen der Risikoanalyse nach Art. 9 Abs. 2 Satz 2 lit. a identifiziert wurden, aber bisher in der Praxis vielleicht noch gar nicht aufgetreten sind. Wegen des Prognosecharakters der Ex-ante-Bewertung können keine allzu hohen Anforderungen gestellt werden. Zu verlangen ist insbesondere, dass die relevanten Tatsachen aufgeklärt werden und dass anhand von nachvollziehbaren und geeigneten Bewertungskriterien eine sachgerechte Kategorisierung der Risiken erfolgt. **21**

Konkret verpflichtet Art. 9 Abs. 2 Satz 2 lit. b zur Abschätzung und Bewertung der relevanten Risiken. Der Begriff der „**Abschätzung**" („estimation") bringt den Prognosecharakter nochmals zum Ausdruck und soll offenbar verdeutlichen, dass eine **quantitative Bewertung** des Risikos zu erfolgen hat. Der Anbieter des jeweiligen Hochrisiko-KI-Systems muss sich also darum bemühen, die **22**

Wahrscheinlichkeit und Schwere drohender Schäden zu bemessen, um so das Ausmaß des Risikos spezifizieren. Der Begriff der „**Bewertung**" („evaluation") scheint demgegenüber eher auf eine **qualitative Bewertung** des Risikos abzuzielen, für welche die Anbieter auch normative Kriterien z. B. zum Stellenwert des jeweils betroffenen Schutzgutes heranziehen können. Beide Arten der Risikobewertung zielen letztlich darauf ab, zu einer Risikoklassifizierung zu gelangen, die als Grundlage der Risikobewältigung dienen kann.

bb) Ex-post-Bewertung (lit. c)

23 Art. 9 Abs. 2 Satz 2 lit. c verlangt, dass das Risikomanagementsystem außerdem Maßnahmen zur Bewertung „anderer möglicherweise auftretender Risiken" umfasst. Diese Bewertung muss „auf Grundlage der Auswertung der Daten aus dem in Artikel 72 genannten System zur Beobachtung nach dem Inverkehrbringen" erfolgen. Mit „anderen Risiken" sind offenbar solche gemeint, die nicht entstehen, wenn das Hochrisiko-KI-System entsprechend seiner Zweckbestimmung oder im Rahmen einer vernünftigerweise vorhersehbaren Fehlanwendung verwendet wird und die deshalb nicht schon unter Art. 9 Abs. 2 Satz 2 lit. b fallen. Logisch betrachtet können dies einerseits Risiken sein, die bei einer **unvorhersehbaren Fehlanwendung** entstehen, und andererseits solche, die gar **nicht** auf der „**Verwendung**" des Systems beruhen, sondern davon unabhängig sind. Solchen Risiken dürfte insgesamt keine allzu große Bedeutung zukommen. Der Anwendungsbereich des Art. 9 Abs. 2 Satz 2 lit. c ist schon dadurch recht eng umgrenzt. Verlangt wird lediglich eine Bewertung auf Grundlage der Daten, die durch das **Beobachtungssystem** nach Art. 72 erlangt werden (dazu ausf. Art. 72 Rn. 26 ff.). Es müssen also lediglich diejenigen Risiken bewertet werden, die sich nach Inverkehrbringen bei der Nutzung des jeweiligen Hochrisiko-KI-Systems zeigen. Hingegen ist für die Ex-post-Bewertung nicht erforderlich, dass über Art. 72 hinausgehende Maßnahmen zur Informationsbeschaffung und Risikobewertung ergriffen werden. Letztlich folgt aus Art. 9 Abs. 2 Satz 2 lit. c also vor allem, dass Anbieter von Hochrisiko-KI-Systemen Informationen nicht unberücksichtigt lassen dürfen, die ihnen im Rahmen der Produktbeobachtung zugänglich werden.

c) Risikobewältigung (lit. d)

24 Art. 9 Abs. 2 Satz 2 lit. d verlangt weiter, dass das Risikomanagementsystem außerdem die „Ergreifung geeigneter und gezielter Risikomanagementnahmen zur Bewältigung der gemäß Buchstabe a ermittelten Risiken" umfassen muss. Im ursprünglichen Entwurf der Kommission[12] war hier noch von „Risikomanagementmaßnahmen gemäß den Bestimmungen der folgenden Absätze" die Rede.

12 COM(2021) 206 v. 21.4.2021.

Zwar ist diese Konkretisierung entfallen, in der Sache hat sich aber nichts daran geändert, dass die **weiteren Absätze** für die Spezifizierung der Risikobewältigungsmaßnahmen heranzuziehen sind. Das gilt insbesondere für Abs. 4 und Abs. 5, in denen sich dafür detaillierte Vorgaben finden. Darauf wird unten noch zurückzukommen sein (siehe Rn. 28 ff. und Rn. 32 ff.). Aus Art. 9 Abs. 2 Satz 2 lit. d selbst ergeben sich hingegen nur wenige weiterführende Hinweise. Es wird lediglich angeordnet, dass die Risikobewältigungsmaßnahmen „**geeignet**" und „**gezielt**" sein müssen. Geeignet sind sie, wenn davon auszugehen ist, dass sie die jeweils maßgeblichen Risiken beseitigen oder zumindest mindern können. Durch die Vorgabe, dass sie außerdem gezielt sein müssen, soll offenbar zum Ausdruck gebracht werden, dass sich die Risikobewältigungsmaßahmen konkret auf das jeweilis identifizierte Risiko beziehen müssen. Das dürfte einerseits dazu dienen, die **Wirksamkeit** der Maßnahmen zu gewährleisten, kann aber andererseits auch als Versuch gedeutet werden, ein angemessenes **Kosten-Nutzen-Verhältnis** zu wahren.

Der im Gesetzgebungsverfahren hinzugefügte Hinweis auf die „gemäß Buchstabe a ermittelten Risiken" hat keinerlei beschränkende Bedeutung. Insbesondere folgt nichts daraus, dass hier nicht auch Art. 9 Abs. 2 Satz 2 lit. b und c genannt werden. Vielmehr ist die Formulierung eine logische Folge des **dreistufigen Ansatzes**: Die Risiken sind zunächst nach Art. 9 Abs. 2 Satz 2 lit. a zu identifizieren, anschließend nach Art. 9 Abs. 2 Satz 2 lit. b und c zu bewerten und schließlich nach Art. 9 Abs. 2 Satz 2 lit. d zu bewältigen. Sowohl die **Risikobewertung** als auch die **Risikobewältigung** können sich aber nur auf Risiken beziehen, die vorher identifiziert wurden. Deshalb sind in Art. 9 Abs. 2 Satz 2 lit. b und c letztlich **dieselben Risiken** angesprochen, die auch schon in Art. 9 Abs. 2 Satz 2 lit. a thematisiert werden. Mit dem Hinweis auf die letztgenannte Vorschrift sind also letztlich alle relevanten Risiken in Bezug genommen. 25

IV. Begriff des Risikos (Abs. 3)

In Art. 9 Abs. 3 wird konkretisiert, auf welche Risiken sich das Risikomanagementsystem zu beziehen hat. Ausgangspunkt ist, dass bereits in Art. 9 Abs. 2 Satz 2 lit. a konkretisiert wird, dass **bekannte** und **vernünftigerweise vorhersehbare Risiken** für die Gesundheit, Sicherheit oder Grundrechte zu ermitteln und zu analysieren sind. Unter einem **Risiko** ist nach Art. 3 Nr. 2 die „Kombination aus der Wahrscheinlichkeit des Auftretens eines Schadens und der Schwere dieses Schadens" zu verstehen. In Art. 9 Abs. 3 heißt es ergänzend, dass die in Art. 9 genannten Risiken nur solche betreffen, „die durch die Entwicklung oder Konzeption des Hochrisiko-KI-Systems oder durch die Bereitstellung ausreichender technischer Informationen angemessen gemindert oder behoben werden 26 können“. Im ursprünglichen Entwurf der Kommission[13] war diese Vorschrift noch nicht enthalten. Sie ist offenbar eine Reaktion auf die im Rahmen des Gesetzgebungsverfahrens immer wieder geäußerten Bedenken, mit der KI-VO werde ein zu **hoher Verwaltungsaufwand** geschaffen, der europäische Unternehmen im internationalen Wettbewerb um KI-Technologien behindern könne.[14] Denn die Vorschrift hat schon ausweislich ihres Wortlauts („nur solche Risiken“) erkennbar eine beschränkende Zielrichtung.

27 Die konkrete Beschränkung auf Risiken, die durch die **Entwicklung** oder **Konzeption** des Hochrisiko-KI-Systems oder die Bereitstellung ausreichender technischer **Informationen** angemessen gemindert oder behoben werden können, lässt allerdings weite Spielräume. Klargestellt ist damit immerhin, dass keine unmöglichen Maßnahmen verlangt werden, was sich aber wohl auch von selbst verstanden hätte. Im Übrigen ist nicht ganz klar, welche **Reichweite** die Beschränkung tatsächlich hat. Die Begriffe Entwicklung und Konzeption sind denkbar weit und dürften letztlich fast alle Einflussmöglichkeiten umfassen, die der Anbieter des Hochrisiko-KI-Systems hat. Möglich erscheint, dass es dem Gesetzgeber vor allem darum ging, Risiken aus dem Risikomanagement der Anbieter auszuschließen, die vor allem im Verantwortungsbereich **anderer Akteure** liegen, z.B. im Verantwortungsbereich der Betreiber. Der Hinweis auf den voraussehbaren Fehlgebrauch in Art. 9 Abs. 2 Satz 2 lit. a zeigt jedoch, dass den Anbieter grundsätzlich auch die Verantwortung trifft, die Betreiber vor Selbstgefährdungen zu schützen, sofern dies mit den nach Art. 9 vorgeschriebenen Maßnahmen des Risikomanagements möglich und dem Anbieter zumutbar ist. Letztlich wird wohl erst die Entscheidungspraxis erhellen, welche Bedeutung der Beschränkung des Art. 9 Abs. 3 im Einzelnen zukommt und welche Risiken aus dem Risikomanagement herausfallen.

V. Auswirkungsanalyse (Abs. 4)

28 Art. 9 Abs. 4 ordnet an, dass bei den in Art. 9 Abs. 2 Satz 2 lit. d genannten Risikomanagementmaßnahmen „die Auswirkungen und möglichen Wechselwirkungen, die sich aus der kombinierten Anwendung der Anforderungen [der Art. 8–15] ergeben, gebührend berücksichtigt [werden]“ müssen. Dies soll dazu dienen, „die Risiken wirksamer zu minimieren und gleichzeitig ein angemessenes Gleichgewicht bei der Durchführung der Maßnahmen zur Erfüllung dieser Anforderungen sicherzustellen“. Es geht also einerseits darum, die **Effektivität des Risikomanagements** zu erhöhen, andererseits aber auch darum, die Maßnahmen zur Erfüllung unterschiedlicher Anforderungen, die möglicherweise un-

13 COM(2021) 206 v. 21.4.2021.

14 Vgl. etwa *Ashkar/Schröder*, BB 2024, 771, 773.

terschiedlichen Zielrichtungen folgen, miteinander abzustimmen („**angemessenes Gleichgewicht**").

Mittel zur Erreichung dieser Ziele ist die gebührende Berücksichtigung der **Auswirkungen** und **Wechselwirkungen**, die sich aus der kombinierten Anwendung der Anforderungen der Art. 8–15 ergeben. Es ist also eine Auswirkungsanalyse durchzuführen. Soweit das Hochrisiko-KI-System bereits in den Verkehr gebracht wurde und betrieben wird, sind die tatsächlichen Auswirkungen und Wechselwirkungen in den Blick zu nehmen. Im Übrigen ist eine Prognose zu erstellen, die sich um eine näherungsweise Abschätzung der Effekte bemüht. Das wird in Art. 9 Abs. 4 vor allem für Wechselwirkungen betont, weil insoweit von „möglichen" Wechselwirkungen die Rede ist, die also noch nicht eingetreten sein müssen. Es geht also auch um potenzielle, in Zukunft möglicherweise auftretende Auswirkungen und Wechselwirkungen. 29

Der Begriff der „**Auswirkungen**" (engl. „effects") steht offenbar im Zusammenhang mit dem Ziel, die Wirksamkeit des Risikomanagementsystems zu gewährleisten. Es soll wohl gewährleistet werden, dass die Maßnahmen nach Art. 9 Abs. 2 Satz 2 lit. d tatsächlich einen positiven Effekt haben. Ist dies nicht der Fall, sollen die Maßnahmen wohl angepasst oder zurückgenommen werden. Es geht also um eine klassische Folgenabschätzung, die sicherstellen soll, dass tatsächlich die gewünschten Ergebnisse erreicht und unerwünschte Ergebnisse vermieden und ggf. korrigiert werden. 30

Der Begriff der „**Wechselwirkungen**" („interactions") bezieht sich hingegen offenbar auf das zweite Ziel, ein angemessenes Gleichgewicht zwischen der Erfüllung unterschiedlicher Anforderungen sicherzustellen. Der Gesetzgeber hat offenbar befürchtet, dass verschiedene Maßnahmen nach Art. 9 Abs. 2 Satz 2 lit. d, die jeweils der Erfüllung unterschiedlicher Anforderungen der Art. 8–15 dienen, zu unerwünschten Nebeneffekten in Bezug auf andere Maßnahmen und andere Anforderungen führen können. Vor diesem Hintergrund soll die Vorgabe des Abs. 4 sicherstellen, dass es hinsichtlich der Erfüllung der unterschiedlichen Anforderungen nicht zu einem „Scheuklappendenken" kommt, sondern dass auch Querverbindungen betrachtet werden und dass letztlich die Erfüllung aller Anforderungen insgesamt in den Blick genommen und einer integrierten Bewertung unterzogen wird. 31

VI. Maßnahmen der Risikobewältigung (Abs. 5)

Art. 9 Abs. 5 konkretisiert weiter, welche Maßnahmen des Risikomanagements nach Art. 9 Abs. 2 Satz 2 lit. d zu ergreifen sind. Dort geht es konkret um Maßnahmen zur **Risikobewältigung**, die sich auf Risiken beziehen, die zuvor ermittelt, analysiert und bewertet worden sind. Abs. 5 besteht aus drei Sätzen mit je- 32 weils unterschiedlicher Stoßrichtung. Satz 1 betrifft die Frage, welche Risiken auch nach der Risikobewältigung noch verbleiben dürfen. Satz 2 regelt, wie die am besten geeigneten Risikomanagementmaßnahmen festzulegen sind. In Satz 3 wird schließlich noch angeordnet, welcher Maßstab anzulegen ist, wenn Risiken beim Einsatz von Hochrisiko-KI-Systemen bewältigt werden.

1. Restrisiko (Satz 1)

33 Nach Art. 9 Abs. 5 Satz 1 müssen die nach Art. 9 Abs. 2 Satz 2 lit. d durchzuführenden Risikobewältigungsmaßnahmen so gestaltet werden, „dass jedes mit einer bestimmten Gefahr verbundene relevante Restrisiko sowie das Gesamtrestrisiko der Hochrisiko-KI-Systeme als vertretbar beurteilt wird". Es werden also zwei verschiedene Kriterien und ein Maßstab vorgegeben. Die beiden Kriterien sind einerseits das Restrisiko bezogen auf eine bestimmte Gefahr und andererseits das Gesamtrestrisiko des Hochrisiko-KI-Systems. Mit dem **Restrisiko** ist das Risiko gemeint, das auch nach Durchführung der Risikobewältigungsmaßnahmen noch verbleibt. Daraus ergibt sich zunächst einmal, dass Ziel der Risikobewältigungsmaßnahmen ist, das Restrisiko möglichst weit zu **reduzieren**.[15] Anschließend ist das Restrisiko als solches zu bewerten und zwar, wie gesagt, einerseits in Bezug auf einzelne Gefahren und andererseits in Bezug auf das Gesamtrestrisiko, das für das Hochrisiko-KI-System insgesamt verbleibt.

34 Als Maßstab für das Restrisiko wird in Art. 9 Abs. 5 Satz 1 vorgegeben, dass dieses als **„vertretbar"** („acceptable") beurteilt werden muss. Daraus folgt, dass nicht jedes Restrisiko ausgeschlossen werden muss, denn es wird anerkannt, dass ein vertretbares Restrisiko verbleiben darf. Es wird also keine hundertprozentige Sicherheit verlangt.[16] Ist das Restrisiko nicht vertretbar, darf das Hochrisiko-KI-System offenbar nicht in den Verkehr gebracht werden bzw. muss zurückgenommen werden. Das ergibt sich nicht ausdrücklich aus Art. 9 Abs. 5 Satz 1 und geht eigentlich auch über den Regelungsgegenstand der Vorschrift hinaus, ist aber doch letztlich nur die logische Konsequenz dessen, dass Art. 9 Abs. 5 Satz 1 als Ziel der Risikobewältigungsmaßnahmen nach Art. 9 Abs. 2 Satz 2 lit. d ausgibt, das Restrisiko auf ein vertretbares Maß zu senken. Was vertretbar ist und wie dies zu bestimmen ist, wird in der Vorschrift allerdings nicht konkretisiert. Sinnvoll erscheint es, vor allem darauf abzustellen, in welchem Verhältnis das Restrisiko zum Nutzen des jeweiligen Hochrisiko-KI-Systems steht. Ein sehr großer Nutzen könnte dann also auch ein hohes Restrisiko noch rechtfertigen, weil die Vorteile die Nachteile überwiegen. Es wäre also eine **Kosten-Nutzen-Analyse** durchzuführen, für die ggf. Prognosen zu den Kosten/Risi-

---

15 Kritisch zu diesem Ziel *Fraser/Bello y Villarino*, EJRR 2023, 1, 6 f.

16 *Spindler*, CR 2021, 361, Rn. 34.

ken und zum Nutzen anzustellen sind.[17] Dabei dürfte den Anbietern von Hochrisiko-KI-Systemen ein weiter Beurteilungsspielraum zukommen. Jedenfalls ist bei der nachträglichen Bewertung der Vertretbarkeit des Restrisikos und der Entscheidung über die durchzuführenden Risikobewältigungsmaßnahmen darauf zu achten, die Ex-ante-Perspektive des Anbieters einzunehmen und Rückschaufehler zu vermeiden. Ob die Maßnahmen ausreichend waren, kann sich nur danach beurteilen, ob sie dem Anbieter in der jeweiligen Situation vernünftigerweise als ausreichend erscheinen durften.

2. Maßnahmenauswahl (Satz 2)

Art. 9 Abs. 5 Satz 2 regelt, wie die am besten geeigneten Risikomanagementmaßnahmen nach Art. 9 Abs. 2 Satz 2 lit. d festzulegen sind. Dafür werden **drei Arten** von Maßnahmen benannt, die zur Risikobewältigung ergriffen werden müssen. Es wird nicht ausdrücklich erwähnt, dass die Maßnahmenkategorien in einem Hierarchieverhältnis stünden. Allerdings ergibt ein solches letztlich aus der unterschiedlichen Zielrichtung der Maßnahmen und ihrer unterschiedlichen Effektivität.[18] **35**

a) Beseitigung (lit. a)

Zunächst müssen nach Art. 9 Abs. 5 Satz 2 lit. a, „soweit technisch möglich“, Maßnahmen zur „Beseitigung oder Verringerung“ der gemäß Art. 9 Abs. 2 ermittelten und bewerteten Risiken „durch eine geeignete Konzeption und Entwicklung des Hochrisiko-KI-Systems“ ergriffen werden. Es geht bei diesen Maßnahmen also darum, die Risiken ganz oder teilweise zu **beseitigen**. Die Beseitigung ist logisch vorrangig vor der Minderung nach lit. b und der Information über Risiken nach lit. c. Die Beseitigung soll durch eine geeignete Konzeption und Entwicklung des jeweiligen Hochrisiko-KI-Systems erfolgen. Zur Begrenzung wird darauf verwiesen, was „**technisch möglich**“ („technically feasible“) ist. Allerdings ist nicht davon auszugehen, dass dies das einzige Kriterium sein und dass es z. B. auf wirtschaftliche Zumutbarkeit gar nicht ankommen soll. Vielmehr soll wohl lediglich klargestellt werden, dass keine Maßnahmen nötig sind, die technisch nicht oder nur mit unvertretbar hohem Aufwand möglich wären. **36**

17 So auch *Schuett*, EJRR 2023, 1, 13 f.; *Fraser/Bello y Villarino*, EJRR 2023, 1, 7 ff.; *Fraser/Bello y Villarino*, Working paper, 2021, S. 4 ff.

18 Vgl. auch *Schuett*, EJRR 2023, 1, 14 f.; *Wiebe*, BB 2022, 899, 901 f.

b) Minderung (lit. b)

37 Auf der zweiten Stufe steht nach Art. 9 Abs. 5 Satz 2 lit. b die Anwendung „angemessener Minderungs- und Kontrollmaßnahmen zur Bewältigung nicht auszuschließender Risiken“. Hier ergibt sich bereits aus dem Wortlaut eine **Subsidiarität** gegenüber den Beseitigungsmaßnahmen nach Art. 9 Abs. 5 Satz 2 lit. a, denn Minderungs- und Kontrollmaßnahmen sind nur in Bezug auf „nicht auszuschließende Risiken“ anzuwenden, also solche, die nicht oder nicht mit zumutbaren Mitteln beseitigt werden können. Gegenstand von **Minderungs- und Kontrollmaßnahmen** („mitigation and control measures“) ist nicht die teilweise Beseitigung des Risikos (dies wird bereits durch Art. 9 Abs. 5 Satz 2 lit. a verlangt), sondern die Abschwächung der negativen Folgen des Risikos. Dies kann z. B. dadurch realisiert werden, dass nicht auf das Hochrisiko-KI-System als solches eingewirkt wird, sondern dass Maßnahmen getroffen werden, um die gefährdeten Schutzgüter im Falle der Risikoverwirklichung besser zu schützen.

c) Informationen (lit. c)

38 Auf der dritten und letzten[19] Stufe stehen gemäß Art. 9 Abs. 5 Satz 2 lit. c die Bereitstellung von Informationen gemäß Art. 13 und ggf. die Schulung der Betreiber. Insoweit ergibt sich die **Subsidiarität** vor allem daraus, dass eine **Information** nur bezüglich solcher Risiken und Auswirkungen Sinn ergibt, die auch nach der Durchführung von Beseitigungs-, Minderungs- und Kontrollmaßnahmen noch bestehen. Die Einzelheiten der Bereitstellung von Informationen sind in Art. 13 geregelt, auf dessen Kommentierung insoweit verwiesen wird. Zur Durchführung von **Schulungen** enthalten die Erwägungsgründe eine hilfreiche Konkretisierung. Danach soll die Ermittlung und Umsetzung von Risikominderungsmaßnahmen in Bezug auf vorhersehbare Fehlanwendungen „keine spezifische zusätzliche Schulung“ für das Hochrisiko-KI-System erfordern, um gegen **vorhersehbare Fehlanwendungen** vorzugehen.[20] Es soll also offenbar grundsätzlich genügen, dass der Anbieter in der Betriebsanleitung, der technischen Dokumentation und ähnlichen Dokumenten die Zweckbestimmung des jeweiligen Systems klar beschreibt. Allerdings wird dieser Grundsatz in den Erwägungsgründen gleich wieder eingeschränkt. Denn danach sollen die Anbieter trotzdem gehalten sein, „solche zusätzlichen Schulungsmaßnahmen in Erwägung zu ziehen, um einer vernünftigerweise vorhersehbaren Fehlanwendung entgegenzuwirken, soweit dies erforderlich und angemessen ist“.[21] Andererseits dürfte gerade mit dem Kriterium der Erforderlichkeit eine recht hohe Hürde verbunden sein. Letztlich bedarf es wie so oft einer Interessenabwägung bzw. einer

19 Vgl. *Wiebe*, BB 2022, 899, 902: „Keine ‚Flucht' in die Instruktion“.
20 ErwG 65 Satz 10 der KI-VO.
21 ErwG 65 Satz 11 der KI-VO.

Kosten-Nutzen-Betrachtung. Sind mit der Fehlanwendung große Risiken verbunden und lassen sie sich durch eine Schulung leicht vermeiden, so ist die Fehlanwendung in die Schulung einzubeziehen. Zu berücksichtigen ist aber, dass in den Erwägungsgründen insgesamt zum Ausdruck kommt, dass der Aufwand für die Schulungen auf ein vertretbares Maß begrenzt werden soll.

3. Erwartungshorizont (Satz 3)

In Art. 9 Abs. 5 Satz 3 wird schließlich noch geregelt, welcher **Erwartungshorizont** bei der Entscheidung über Risikobewältigungsmaßnahmen nach Art. 9 Abs. 2 Satz 2 lit. d zugrunde zu legen ist. Danach sind bei der Festlegung der durchzuführenden Risikomanagementmaßnahmen „die technischen Kenntnisse, die Erfahrungen und der Bildungsstand, die vom Betreiber erwartet werden können, sowie der voraussichtliche Kontext, in dem das System eingesetzt werden soll" gebührend zu berücksichtigen. Entscheidend ist also nicht die Perspektive des Anbieters, sondern die Perspektive des Betreibers, der das Hochrisiko-KI-System einsetzt oder einsetzen wird. Das liegt nahe, weil sich die meisten Risiken erst im Betrieb zeigen werden und trotz des hohen **Automatisierungsgrads** von KI-Systemen Einflussmöglichkeiten für den Betreiber verbleiben, die zur Risikoreduzierung genutzt werden können oder eben auch nicht. Damit es nicht zu Fehlern an der Schnittstelle zwischen Mensch und Maschine kommt (**Mensch-Maschine-Interaktion**), sind mögliche Fehlerquellen im Bereich des konkreten Betriebspersonals von vornherein in das Risikomanagementsystem miteinzubeziehen. Das Erfordernis einer „gebührenden Berücksichtigung" der Eigenschaften, Fähigkeiten und Kenntnisse des Betreibers macht deutlich, dass auch insoweit kein übermäßiger Aufwand verlangt wird, sondern dass sich der Anbieter in angemessenem Maße mit **Annahmen** und **Prognosen** behelfen darf. 39

VII. Tests (Abs. 6–8)

Zu den Anforderungen an das Risikomanagementsystem gehört auch, dass Hochrisiko-KI-Systeme getestet werden müssen. Die Einzelheiten sind in Art. 9 Abs. 6–8 geregelt. Art. 9 Abs. 6 enthält die **Testpflicht** als solche und konkretisiert die **Ziele** des Testens. Art. 9 Abs. 7 stellt klar, dass die Testverfahren im Rahmen des Risikomanagements auch einen **Test unter Realbedingungen** gemäß Art. 60 umfassen können. In Art. 9 Abs. 8 werden schließlich noch Einzelheiten zum **Zeitpunkt** des Testens und zu den anzuwendenden **Methoden** angesprochen. 40

1. Grundlagen (Abs. 6)

41 In Art. 9 Abs. 6 Satz 1 ist zunächst die **Testpflicht** als solche geregelt. Danach müssen Hochrisiko-KI-Systeme getestet werden, um die am besten geeigneten gezielten Risikomanagementmaßnahmen zu ermitteln. Der **Begriff** des **Testens** wird in Art. 3 nicht definiert. Letztlich kann man darunter jedes Verfahren verstehen, mit dem ermittelt wird, wie sich das Hochrisiko-KI-System in bestimmten Situationen verhält. Während es beim Testen von „normaler" Software vor allem darum geht, zu überprüfen, ob die Software bestimmungsgemäß auf Eingaben und Befehle reagiert, ist dies bei KI-Systemen nur noch eingeschränkt möglich, weil diese sich gerade dadurch auszeichnen, dass sie lernfähig sind und sich im Laufe ihres Lebenszyklus verändern können (vgl. Art. 3 Nr. 1: „anpassungsfähig"). Selbst wenn unbegrenzte Ressourcen zur Verfügung stünden, ließen sich also im Rahmen von Tests nicht mehr alle möglichen **Anwendungsszenarien** durchspielen und die **Reaktionen** des Systems beobachten, weil dies voraussetzen würde, die Weiterentwicklung des Systems vorwegzunehmen. Es kann also nur darum gehen, zu überprüfen, ob sich das System zumindest tendenziell so verhält, wie es durch die Programmierung angelegt ist. Im Übrigen ist vor allem von Bedeutung, dass das Risikomanagement über das Testen hinaus als **kontinuierlicher Prozess** angelegt ist. Dies wird in Art. 9 Abs. 2 Satz 1 zu Recht betont. Die Einzelheiten des Testens werden durch Art. 9 Abs. 8 konkretisiert (siehe Rn. 46 ff.).

42 In Art. 9 Abs. 6 werden vor allem die **Ziele** des Testens noch näher beschrieben. Bereits Art. 9 Abs. 6 Satz 1 macht deutlich, dass die Tests erfolgen müssen, „um die am besten geeigneten gezielten Risikomanagementmaßnahmen zu ermitteln". Tests sollen also eine Informationsquelle sein, um Maßnahmen des **Risikomanagements** zu ermitteln. Außerdem ist davon auszugehen, dass sie auch dazu dienen sollen, überhaupt erst mal die relevanten **Risiken** zu identifizieren. Daran wird auch deutlich, warum der Gesetzgeber das Testen in das Risikomanagementsystem integriert hat. Das gesetzlich vorgeschriebene Testen dient nicht der Produktoptimierung, sondern der Ermittlung, Bewertung und Bewältigung von Risiken. Natürlich steht es den Anbietern von Hochrisiko-KI-Systemen frei, freiwillig weitere Tests durchzuführen und mit ihren Tests auch andere als die gesetzlichen Ziele zu verfolgen.

43 In Art. 9 Abs. 6 Satz 2 wird ferner ausgeführt, dass durch das Testen sichergestellt werden soll, „dass Hochrisiko-KI-Systeme stets im Einklang mit ihrer Zweckbestimmung funktionieren und die Anforderungen dieses Abschnitts erfüllen". Gemeint sind die Anforderungen des zweiten Abschnitts des dritten Kapitels der KI-VO, also der Art. 8–15. Der Begriff der **Zweckbestimmung** ist in Art. 3 Nr. 12 definiert und meint „die Verwendung, für die ein KI-System laut Anbieter bestimmt ist". Anbieter von Hochrisiko-KI-Systemen sollen also durch das Testen auch sicherstellen, dass sich ihre Systeme tatsächlich entsprechend

der Zweckbestimmung verhalten, was auch erforderlich ist, weil sich daran berechtigte Erwartungen der Betreiber knüpfen und andernfalls ggf. Fehler und Risiken bei der Verwendung des Systems drohen. Dass voraussehbare Fehlanwendungen in die Testverfahren nicht einbezogen zu werden brauchen, wird man Art. 9 Abs. 6 Satz 2 hingegen wohl nicht entnehmen können.[22] Dagegen spricht, dass die Testverfahren der Optimierung des Risikomanagements dienen und dieses ausweislich des Art. 9 Abs. 2 Satz 2 lit. b auch auf Risiken zu beziehen ist, die bei einer voraussehbaren Fehlanwendung auftreten können. Mit dem Testen auch die Einhaltung der **Anforderungen der Art. 8–15** zu überprüfen, liegt ohnehin im Eigeninteresse der Anbieter, weil ihnen nach Art. 99 schwerwiegende Sanktionen drohen, wenn sie ihre Compliance-Pflicht nach Art. 16 lit. a verletzen.

2. Tests unter Realbedingungen (Abs. 7)

Art. 9 Abs. 7 regelt, dass die nach Art. 9 Abs. 6 Satz 1 vorgeschriebenen Testverfahren auch einen **Test unter Realbedingungen** gemäß Art. 60 umfassen können. Wie sich bereits aus dem Wortlaut ergibt, ist dies jedoch nicht zwingend, sondern der jeweilige Anbieter des Hochrisiko-KI-Systems hat ein **Wahlrecht**. Die Bedeutung der Vorschrift liegt darin, dass sie bestätigt, dass Tests unter Realbedingungen im Rahmen von Testverfahren nach Art. 9 Abs. 6 zulässig sind. Daran könnten Zweifel bestehen, weil Art. 60 Tests unter Realbedingungen außerhalb von KI-Reallaboren an **detaillierte Anforderungen** knüpft. Für die Einzelheiten wird auf die entsprechende Kommentierung verwiesen (siehe Art. 60 Rn. 33 ff.). Es ist nicht davon auszugehen, dass diese Anforderungen im Rahmen von Testverfahren nach Art. 9 Abs. 6 nicht gelten sollen, weil sich die mit Tests unter Realbedingungen verbundenen Risiken in diesem Rahmen genauso wie in jedem anderen Zusammenhang stellen. Nach deutscher Terminologie handelt es sich bei Art. 9 Abs. 7 also um eine Rechtsgrund- und nicht um eine Rechtsfolgenverweisung. 44

Was in einem **Test unter Realbedingungen** zu verstehen ist, wird in Art. 3 Nr. 57 definiert und durch die Anforderungen des Art. 60 konkretisiert. Danach bezeichnet der Ausdruck „Test unter Realbedingungen" den „befristeten Test eines KI-Systems auf seine Zweckbestimmung, der unter Realbedingungen außerhalb eines Labors oder einer anderweitig simulierten Umgebung erfolgt, um zuverlässige und belastbare Daten zu erheben und die Konformität des KI-Systems mit den Anforderungen der vorliegenden Verordnung zu bewerten und zu überprüfen". Im Übrigen wird in Art. 3 Nr. 57 klargestellt, dass ein solcher Test nicht als **Inverkehrbringen** oder **Inbetriebnahme** des KI-Systems im Sinne der KI-VO gilt, „sofern alle Bedingungen nach Artikel 57 oder nach Artikel 60 er- 45

22 So aber *Spindler*, CR 2021, 361, Rn. 35.

füllt sind". Auch hier wird also betont, dass es einerseits darum geht, das Funktionieren entsprechend der **Zweckbestimmung** des KI-Systems sicherzustellen, und andererseits um die Einhaltung der **Anforderungen der KI-VO**, insbesondere der Art. 8–15. Hinsichtlich der Ausgestaltung des Tests sind die Anbieter von Hochrisiko-KI-Systemen frei, solange sie die Anforderungen des Art. 60 einhalten.

3. Einzelheiten (Abs. 8)

46 Einige Einzelheiten des Testverfahrens sind in Art. 9 Abs. 8 nochmals gesondert angesprochen. Art. 9 Abs. 8 Satz 1 enthält eine wichtige Regelung bezüglich des **Zeitpunkts** der Durchführung des nach Art. 9 Abs. 6 Satz 1 vorgeschriebenen Tests. Art. 9 Abs. 8 Satz 2 regelt etwas konkreter als Art. 9 Abs. 6, welche **Methoden** im Rahmen des Testverfahrens heranzuziehen sind.

a) Zeitpunkt (Satz 1)

47 Gemäß Art. 9 Abs. 8 Satz 1 kann das Testen zu jedem geeigneten Zeitpunkt während des gesamten Entwicklungsprozesses von Hochrisiko-KI-Systemen erfolgen, jedoch „in jedem Fall vor ihrem Inverkehrbringen oder ihrer Inbetriebnahme". Damit dürfte allerdings vor allem gemeint sein, dass jedes Hochrisiko-KI-System vor seinem **Inverkehrbringen** bzw. seiner **ersten Inbetriebnahme** mindestens einmal gemäß den gesetzlichen Anforderungen zu testen ist. Da sich das Risikomanagementsystem nach Art. 9 Abs. 2 Satz 1 jedoch als kontinuierlicher, iterativer Prozess versteht, ist davon auszugehen, dass im Laufe des Lebenszyklus des KI-Systems **weitere Tests** notwendig werden können, um sicherzustellen, dass das System entsprechend seiner Zweckbestimmung funktioniert und die Anforderungen der KI-VO einhält. Art. 9 Abs. 8 Satz 1 dürfte also nicht so zu verstehen sein, dass nach dem Inverkehrbringen bzw. nach der ersten Inbetriebnahme keine Tests mehr erforderlich sind.[23] Vielmehr bringt die Vorschrift zum Ausdruck, dass ein Hochrisiko-KI-System nicht in den Verkehr gebracht bzw. in Betrieb genommen werden darf, wenn es nicht vorher nach den gesetzlichen Vorgaben getestet wurde.

b) Methoden (Satz 2)

48 Art. 9 Abs. 8 Satz 2 schreibt vor, dass die nach Art. 9 Abs. 6 Satz 1 durchzuführenden Tests „anhand vorab festgelegter Metriken und Wahrscheinlichkeitsschwellenwerte" zu erfolgen haben, „die für die Zweckbestimmung des Hochrisiko-KI-Systems geeignet sind". Dies steht offenbar in Zusammenhang mit den gesetzlichen Vorgaben zur **Risikobewertung** in Art. 9 Abs. 2 Satz 2 lit. b und c,

23 A. A. offenbar *Schuett*, EJRR 2023, 1, 16.

die darauf abzielen, dass die Risiken eines Hochrisiko-KI-Systems entlang einer Skala klassifiziert werden müssen. Damit wird dem risikobasierten Ansatz der KI-VO Rechnung getragen, aber auch sichergestellt, dass Risiken immer in Abwägung mit dem Nutzen des jeweiligen Hochrisiko-KI-Systems betrachtet werden. KI-Systeme, die einen hohen Nutzen versprechen, können die Eingehung höherer Risiken rechtfertigen als KI-Systeme, die nur einen geringen Nutzen versprechen. Im Rahmen des Risikomanagements ist daher stets eine **Kosten-Nutzen-Analyse** durchzuführen. Die in Art. 9 Abs. 8 Satz 2 erwähnten Metriken und Wahrscheinlichkeitsschwellenwerte sollen offenbar einer Quantifizierung der Risiken im Rahmen der Risikobewertung dienen. Dass die Werte vorab festgelegt werden müssen, schließt nicht aus, dass sie nach einem Test angepasst und der Test auf Basis der neuen Zielwerte wiederholt werden kann. Vielmehr entspricht dies dem Charakter des Risikomanagements als kontinuierlichem, iterativem Prozess. Risikomanagement und Testverfahren müssen genauso anpassungsfähig sein wie das KI-System selbst, damit sie sich stets auf den aktuellen Entwicklungsstand des Systems beziehen.

VIII. Schutzbedürftige Gruppen (Abs. 9)

In Art. 9 Abs. 9 werden die Anbieter von Hochrisiko-KI-Systemen verpflichtet, bei der Umsetzung des Risikomanagementsystems zu berücksichtigen, „ob angesichts seiner Zweckbestimmung das Hochrisiko-KI-System wahrscheinlich nachteilige Auswirkungen auf Personen unter 18 Jahren oder gegebenenfalls andere schutzbedürftige Gruppen haben wird". Wörtlich wird hier, ähnlich wie bereits im ursprünglichen Entwurf der EU-Kommission,[24] auf das „in den Absätzen 1 bis 7" vorgesehene **Risikomanagementsystem** Bezug genommen. Allerdings ist dabei nicht berücksichtigt, dass im Rahmen des Gesetzgebungsverfahrens zwei Absätze ergänzt wurden und einer entfallen ist, was zu einer Umnummerierung geführt hat. Die Auslassung des Art. 9 Abs. 8 beruht also auf einem Redaktionsversehen und hat keine inhaltliche Bedeutung. In dieselbe Kategorie fällt, dass der Gesetzgeber in Art. 9 Abs. 9 explizit die **Anbieter** von Hochrisiko-KI-Systemen adressiert, während er sich sonst darum bemüht hat, die Anforderungen der Art. 8–15 objektiv und adressatenunabhängig zu formulieren und konkrete Verhaltenspflichten für konkrete Akteure erst in den Art. 16–27 zu regeln. 49

In der Sache geht es darum, dass negative Auswirkungen auf Minderjährige und andere schutzbedürftige Gruppen **besonders berücksichtigt** werden sollen. Zwar spricht Art. 9 Abs. 9 ausdrücklich schlicht davon, dass die Auswirkungen zu „berücksichtigen" sind. Dies würde sich aber auch schon aus Art. 9 Abs. 2 ergeben, weil nicht ersichtlich ist, warum ausgerechnet die Auswirkungen auf 50

24 COM(2021) 206 v. 21.4.2021.

schutzbedürftige Personen im Rahmen des Risikomanagementsystems weniger Berücksichtigung finden sollten als die Auswirkungen auf andere Betroffene. Dass Minderjährige und andere schutzbedürftige Gruppen in Art. 9 Abs. 9 nochmals eigens hervorgehoben werden, dürfte also dazu dienen, die **besondere Verantwortung** der Anbieter von Hochrisiko-KI-Systemen für den Schutz dieser Personen zu betonen. Diese Zielrichtung der KI-VO kommt auch in anderen Vorschriften zum Ausdruck, z.B. in Art. 5 Abs. 1 lit. b, Art. 7 Abs. 2 lit. h, Art. 60 Abs. 4 lit. g, Art. 79 Abs. 2 und Art. 95 Abs. 2 lit. e.

51 Darüber hinaus wird man aus Art. 9 Abs. 9 auch ableiten können, dass die Auswirkungsanalyse in Bezug auf Minderjährige und andere schutzbedürftige Gruppen nicht auf die in Art. 9 Abs. 2 Satz 2 lit. a genannten **Schutzgüter** Gesundheit, Sicherheit und Grundrechte zu beschränken ist. Zwar ergibt sich auch daraus keine nennenswerte Beschränkung (siehe Rn. 17), im Anwendungsbereich des Art. 9 Abs. 9 dürfte aber von jeder Beschränkung abzusehen sein. Denn die Vorschrift spricht allgemein davon, dass die „**Auswirkungen**" auf Minderjährige und andere schutzbedürftige Gruppen zu berücksichtigen sind, und nimmt nicht auf einzelne Rechte oder Schutzgüter Bezug. Aus demselben Grund ist davon auszugehen, dass auch **keine Erheblichkeitsschwelle** gelten soll, sondern alle Auswirkungen auf Minderjährige und schutzbedürftige Gruppen im Rahmen des Risikomanagements relevant sind.

IX. Integrierte Erfüllung (Abs. 10)

52 In Art. 9 Abs. 10 wird schließlich noch geregelt, dass bei Anbietern von Hochrisiko-KI-Systemen, die den Anforderungen an interne Risikomanagementsysteme gemäß anderen einschlägigen Bestimmungen des Unionsrechts unterliegen, „die in den Absätzen 1 bis 9 enthaltenen Aspekte Bestandteil der nach diesem Recht festgelegten Risikomanagementverfahren sein oder mit diesen Verfahren kombiniert werden [können]". Die Vorschrift dient ähnlich wie die vergleichbare Vorschrift des Art. 8 Abs. 2 vor allem dazu, den **Verwaltungsaufwand** und die damit verbundenen **Kosten** für die Anbieter von Hochrisiko-KI-Systemen zu senken. Insbesondere soll unnötiger **Doppelaufwand** vermieden werden. Die Erfüllung der Anforderungen verschiedener Unionsrechtsakte kann also integriert erfolgen, damit nicht dieselben Maßnahmen in unterschiedlichen Zusammenhängen wiederholt werden müssen.

53 Im ursprünglichen Entwurf der EU-Kommission[25] war in der damals noch als Abs. 9 eingeordneten Vorschrift explizit von Kreditinstituten die Rede, die unter die **Eigenkapitalrichtlinie** 2013/36/EU[26] fallen und das dort in Art. 74 geregelte

25 COM(2021) 206 v. 21.4.2021.

26 Richtlinie 2013/36/EU, ABl. 2013 176, S. 338.

Risikomanagementverfahren durchführen müssen. Im Laufe des Gesetzgebungsverfahrens wurde Art. 9 Abs. 10 dann auf sämtliche **Unionsrechtsakte** ausgeweitet, die ebenfalls die Durchführung eines **Risikomanagementverfahrens** vorsehen. Dass Kreditinstitute weiter ein wichtiger Anwendungsfall des Art. 9 Abs. 10 sein dürften, kommt u.a. im 158. Erwägungsgrund der KI-VO zum Ausdruck, der weiter auf die Eigenkapitalrichtlinie Bezug nimmt.

Art. 10 Daten und Daten-Governance

(1) Hochrisiko-KI-Systeme, in denen Techniken eingesetzt werden, bei denen KI-Modelle mit Daten trainiert werden, müssen mit Trainings-, Validierungs- und Testdatensätzen entwickelt werden, die den in den Absätzen 2 bis 5 genannten Qualitätskriterien entsprechen, wenn solche Datensätze verwendet werden.

(2) Für Trainings-, Validierungs- und Testdatensätze gelten Daten-Governance- und Datenverwaltungsverfahren, die für die Zweckbestimmung des Hochrisiko-KI-Systems geeignet sind. Diese Verfahren betreffen insbesondere

a) die einschlägigen konzeptionellen Entscheidungen,

b) die Datenerhebungsverfahren und die Herkunft der Daten und im Falle personenbezogener Daten den ursprünglichen Zweck der Datenerhebung,

c) relevante Datenaufbereitungsvorgänge wie Annotation, Kennzeichnung, Bereinigung, Aktualisierung, Anreicherung und Aggregierung,

d) die Aufstellung von Annahmen, insbesondere in Bezug auf die Informationen, die mit den Daten erfasst und dargestellt werden sollen,

e) eine Bewertung der Verfügbarkeit, Menge und Eignung der benötigten Datensätze,

f) eine Untersuchung im Hinblick auf mögliche Verzerrungen (Bias), die die Gesundheit und Sicherheit von Personen beeinträchtigen, sich negativ auf die Grundrechte auswirken oder zu einer nach den Rechtsvorschriften der Union verbotenen Diskriminierung führen könnten, insbesondere wenn die Datenausgaben die Eingaben für künftige Operationen beeinflussen,

g) geeignete Maßnahmen zur Erkennung, Verhinderung und Abschwächung möglicher gemäß Buchstabe f ermittelter Verzerrungen,

h) die Ermittlung relevanter Datenlücken oder Mängel, die der Einhaltung dieser Verordnung entgegenstehen, und wie diese Lücken und Mängel behoben werden können.

(3) Die Trainings-, Validierungs- und Testdatensätze müssen im Hinblick auf die Zweckbestimmung relevant, hinreichend repräsentativ und so weit wie möglich fehlerfrei und vollständig sein. Sie müssen die geeigneten statistischen Merkmale, gegebenenfalls auch bezüglich der Personen oder Personengruppen, für die das Hochrisiko-KI-System bestimmungsgemäß verwendet werden soll, haben. Diese Merkmale der Datensätze können auf der

Ebene einzelner Datensätze oder auf der Ebene einer Kombination davon erfüllt werden.

(4) Die Datensätze müssen, soweit dies für die Zweckbestimmung erforderlich ist, die entsprechenden Merkmale oder Elemente berücksichtigen, die für die besonderen geografischen, kontextuellen, verhaltensbezogenen oder funktionalen Rahmenbedingungen, unter denen das Hochrisiko-KI-System bestimmungsgemäß verwendet werden soll, typisch sind.

(5) Soweit dies für die Erkennung und Korrektur von Verzerrungen im Zusammenhang mit Hochrisiko-KI-Systemen im Einklang mit Absatz 2 Buchstaben f und g dieses Artikels unbedingt erforderlich ist, dürfen die Anbieter solcher Systeme ausnahmsweise besondere Kategorien personenbezogener Daten verarbeiten, wobei sie angemessene Vorkehrungen für den Schutz der Grundrechte und Grundfreiheiten natürlicher Personen treffen müssen. Zusätzlich zu den Bestimmungen der Verordnungen (EU) 2016/679 und (EU) 2018/1725 und der Richtlinie (EU) 2016/680 müssen alle folgenden Bedingungen erfüllt sein, damit eine solche Verarbeitung stattfinden kann:

a) Die Erkennung und Korrektur von Verzerrungen kann durch die Verarbeitung anderer Daten, einschließlich synthetischer oder anonymisierter Daten, nicht effektiv durchgeführt werden;

b) die besonderen Kategorien personenbezogener Daten unterliegen technischen Beschränkungen einer Weiterverwendung der personenbezogenen Daten und modernsten Sicherheits- und Datenschutzmaßnahmen, einschließlich Pseudonymisierung;

c) die besonderen Kategorien personenbezogener Daten unterliegen Maßnahmen, mit denen sichergestellt wird, dass die verarbeiteten personenbezogenen Daten gesichert, geschützt und Gegenstand angemessener Sicherheitsvorkehrungen sind, wozu auch strenge Kontrollen des Zugriffs und seine Dokumentation gehören, um Missbrauch zu verhindern und sicherzustellen, dass nur befugte Personen Zugang zu diesen personenbezogenen Daten mit angemessenen Vertraulichkeitspflichten haben;

d) die besonderen Kategorien personenbezogener Daten werden nicht an Dritte übermittelt oder übertragen, noch haben diese Dritten anderweitigen Zugang zu diesen Daten;

e) die besonderen Kategorien personenbezogener Daten werden gelöscht, sobald die Verzerrung korrigiert wurde oder das Ende der Speicherfrist für die personenbezogenen Daten erreicht ist, je nachdem, was zuerst eintritt;

f) die Aufzeichnungen über Verarbeitungstätigkeiten gemäß den Verordnungen (EU) 2016/679 und (EU) 2018/1725 und der Richtlinie (EU) 2016/680 enthalten die Gründe, warum die Verarbeitung besonderer

Kategorien personenbezogener Daten für die Erkennung und Korrektur von Verzerrungen unbedingt erforderlich war und warum dieses Ziel mit der Verarbeitung anderer Daten nicht erreicht werden konnte.

(6) Bei der Entwicklung von Hochrisiko-KI-Systemen, in denen keine Techniken eingesetzt werden, bei denen KI-Modelle trainiert werden, gelten die Absätze 2 bis 5 nur für Testdatensätze.

Mit Art. 10 korrespondieren die Erwägungsgründe 67, 68, 70.

Schrifttum: *Bomhard/Etzkorn*, Impulse zum Entwurf der KI-Verordnung, ZdiW 2022, 159, 160; *Bomhard/Merkle*, Europäische KI-Verordnung, RDi 2021, 276, 280; *Martini/Wendehorst* (Hrsg.), KI-VO, Kommentar, 2024; *Wolff/Brink/v. Ungern-Sternberg* (Hrsg.), Beck'scher Online-Kommentar Datenschutzrecht, 47. Edition, Stand: 1.2.2024.

Übersicht

I. Allgemeines

1. Zweck der Vorschrift

„Garbage in, Garbage out“ – Die Qualität der Ergebnisse eines KI-Systems hängt maßgeblich von der Qualität der Eingangsdaten ab. Wenn ein KI-Modell mit fehlerhaften, unvollständigen oder verzerrten Daten trainiert wird, können die resultierenden Vorhersagen oder Entscheidungen ebenfalls fehlerhaft oder ungenau sein. Art. 10 setzt genau dort an. Die Norm verfolgt das Ziel, dass Hochrisiko-KI-Systeme auf einer Datenbasis entwickelt werden, die bestimmten Mindeststandards genügt. Art. 10 legt u. a. **Qualitätsstandards** für die verwendeten Trainings-, Validierungs- und Testdatensätze fest, um die Repräsentativität der Daten zu gewährleisten und Verzerrungen (Bias) zu vermeiden. Durch die Implementierung robuster Datengovernance- und Datenverwaltungsverfahren sollen mögliche Datenlücken und -mängel identifiziert und behoben oder von vorherein vermieden werden. Außerdem trifft die Norm Aussagen zum Verhältnis zwischen KI-VO und Datenschutzrecht. 1

2. Entstehungsgeschichte

Art. 10 entspricht weitgehend der Fassung des Kommissionsentwurfs vom 21.4.2021. Einige Anforderungen wurden im Laufe des Gesetzgebungsverfahrens – auch aufgrund von Bedenken der Anwenderseite hinsichtlich der Umsetzbarkeit – relativiert. 2

3. Verhältnis zu anderen Vorschriften

Adressat der Norm sind Anbieter von Hochrisiko-KI-Systemen, nicht jedoch Betreiber. Dies ergibt sich aus Art. 16 lit. a (Pflichten der Anbieter von Hochrisiko-KI-Systemen), der auf Kapitel III Abschnitt 2 (Art. 8–15) verweist. 3

Eine inhaltlich verwandte (aber im direkten Vergleich weit abgeschwächte) Anforderung für Betreiber von Hochrisiko-KI-Systemen findet sich in Art. 26 Abs. 4. Danach müssen Betreiber dafür sorgen, dass die Eingabedaten der Zweckbestimmung des Hochrisiko-KI-Systems entsprechen und ausreichend repräsentativ sind. 4

II. Tatbestand

1. Anwendungsbereich (Abs. 1 und 6)

5 Der Anwendungsbereich des Art. 10 lässt sich über eine Zusammenschau von Abs. 1 und 6 erschließen: Nach Art. 10 Abs. 1 müssen Hochrisiko-KI-Systeme mit Trainings-, Validierungs- und Testdatensätzen entwickelt werden, die den in Abs. 2 bis 5 genannten Qualitätskriterien entsprechen, wenn in diesen Hochrisiko-KI-Systemen Techniken eingesetzt werden, bei denen KI-Modelle mit Daten trainiert werden und diese Datensätze verwendet werden. Allerdings gelten nach Art. 10 Abs. 6 bei der Entwicklung von Hochrisiko-KI-Systemen, in denen keine Techniken eingesetzt werden, bei denen KI-Modelle trainiert werden, die Abs. 2 bis 5 nur für Testdatensätze.

6 Zusammengefasst gelten die Abs. 2 bis 5 also für alle Trainingsdatensätze. Für Validierungs- und Testdatensätze gelten sie nur, soweit bei der Entwicklung von Hochrisiko-KI-Systemen Techniken eingesetzt werden, bei denen KI-Modelle trainiert werden.

7 Test- und Validierungsdatensätze werden nur verwendet, wenn ein KI-Modell tatsächlich trainiert wird. Findet kein Training statt, gibt es also gar keine Test- und Validierungsdatensätze, die die Anforderungen erfüllen könnten, und es verbleibt nur ein Testdatensatz, der dann aber auch die Anforderungen erfüllen muss.

a) KI-System und KI-Modell

8 Kernelement der KI-VO ist neben dem Begriff des KI-Systems der **Begriff des KI-Modells**. Ein KI-System ist gem. Art. 3 Nr. 1 „ein maschinengestütztes System, das für einen in unterschiedlichem Grade autonomen Betrieb ausgelegt ist und das nach seiner Betriebsaufnahme anpassungsfähig sein kann und das aus den erhaltenen Eingaben für explizite oder implizite Ziele ableitet, wie Ausgaben wie etwa Vorhersagen, Inhalte, Empfehlungen oder Entscheidungen erstellt werden, die physische oder virtuelle Umgebungen beeinflussen können" (eingehend dazu siehe Art. 3 Nr. 1 Rn. 2 ff.).

9 Im Gegensatz zum KI-System hat es der Gesetzgeber versäumt, den Begriff des KI-Modells zu definieren. Orientierung bietet der **ErwG 97**. Dieser ist (als Erwägungsgrund) zwar nicht rechtsverbindlich, kann jedoch zur Auslegung herangezogen werden:

> „[…] Damit KI-Modelle zu KI-Systemen werden, ist die Hinzufügung weiterer Komponenten, zum Beispiel einer Nutzerschnittstelle, erforderlich. KI-Modelle sind in der Regel in KI-Systeme integriert und Teil davon. […]"

10 Das KI-Modell kann also als die **zugrunde liegende Technologie** (z. B. das neuronale Netz mit seinen trainierten Parametern) verstanden werden. Das KI-Sys-

tem hingegen ist die konkrete Anwendung des KI-Modells, d. h. in einer konkreten Anwendungsform. Offen bleibt jedoch die Frage, wo die genaue Grenze zu ziehen ist. Nicht jedes KI-Modell, das in eine Anwendung eingebettet ist, bildet automatisch ein KI-System. In der Praxis werden oft mehrere KI-Modelle zu einem Gesamtmodell zusammengefügt und auch nur in einer einzigen Datei zur Verfügung gestellt, wie z. B. BERT (ein Modell, das aus Sprache Text-Embeddings erzeugt) oder Stable Diffusion (ein Modell, das aus diesen Embeddings Bilder erzeugt).[1] Das genutzte Endprodukt kombiniert bspw. diese beiden Modelle, sodass mittels einer Texteingabe ein Bild erzeugt werden kann. Je nach Art der verwendeten Modelle entstehen komplexe Anwendungen. Die genauen Fragen zur Abgrenzung zwischen KI-Modellen und KI-Systemen bedürfen insofern noch einer weiteren Klärung.

b) Daten und Datensätze

Art. 10 Abs. 1 differenziert zwischen Daten und Datensätzen. Der Begriff des Datensatzes ist in der KI-VO nicht definiert. Jedoch ergibt sich aus dem allgemeinen Sprachverständnis, was hiermit gemeint sein dürfte. Während **Daten** sich auf die einzelnen Einträge im Rahmen eines **Datensatzes** beziehen, meint der Begriff Datensatz die organisierte Einheit mehrere einzelnen Daten, die zusammen gruppiert werden. Hierbei folgt regelmäßig jedes Datum Vorgaben des Datensatzes, wie beispielsweise das Vorhandensein eines bestimmten Klassennamens. 11

c) Trainings-, Validierungs- und Testdatensätze

Die KI-VO verfolgt einen Ansatz, der die vorhanden Gesamtdaten in drei separate Datensätze aufteilt: Trainings-, Validierungs- und Testdatensatz. Die Trainingsdaten erhalten hierbei den mit Abstand größten Teil der Daten, während die anderen beiden kleinere Teile der Daten erhalten. Eine in der Praxis **übliche Aufteilung** wäre ca. 75 % Trainingsdaten, ca. 15 % Validierungsdaten und ca. 10 % Testdaten. 12

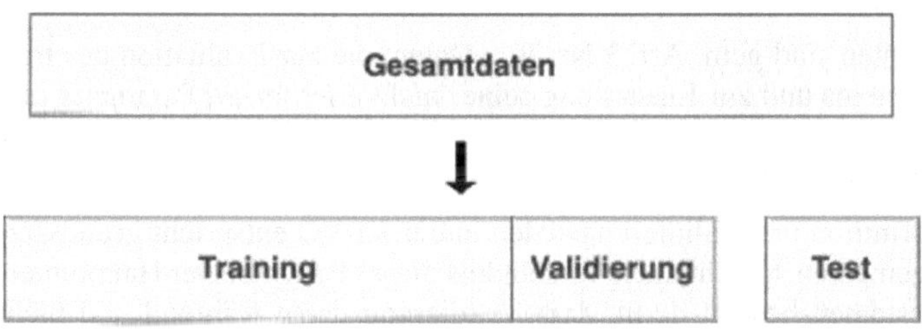

Abb. 1: Trainings-, Validierungs- und Testdaten.

1 Vgl. https://arxiv.org/abs/1810.04805 sowie https://arxiv.org/abs/2112.10752 (beide zuletzt abgerufen am 2.4.2025).

13 Theoretisch sind auch Doppelungen denkbar, bspw. könnten Daten auch für mehrere Kategorien verwendet werden, z.B. sowohl als Trainings- als auch als Testdaten. Dies könnte – je nach konkretem Einzelfall – aber dem Stand der Technik und dem Art. 10 Abs. 2 widersprechen.

aa) Trainingsdatensätze

14 Trainingsdaten sind gem. Art. 3 Nr. 29: „Daten, die zum Trainieren eines KI-Systems verwendet werden, wobei dessen lernbare Parameter angepasst werden."

15 Die von der KI-VO gewählte Definition von Trainingsdaten entspricht dem allgemeinen Verständnis von Trainingsdaten. Trainingsdaten sind eine Sammlung von Daten, aus denen das Modell lernt, Muster und Zusammenhänge zu erkennen, um diese später auf neue Daten anzuwenden. Die Trainingsdaten werden häufig in so genannten Batches verarbeitet. Ein Batch ist eine Gruppe von Trainingsdaten einer bestimmten Größe. Dabei werden mehrere Epochen durchlaufen, wobei jede Epoche ein vollständiger Durchlauf des gesamten Trainingsdatensatzes ist. Mit dem Begriff Durchlauf ist die mathematische Verarbeitung der Daten gemeint. Eine Epoche stellt somit die Verarbeitung aller Batches dar. Nach der Verarbeitung eines Batches erfolgt eine Anpassung der Modellparameter.[2]

16 Die Verarbeitung in Batches erlaubt dabei eine **optimierte Nutzung** der Ressourcen und insbesondere auch eine stabilere Optimierung des Modells, da die Parameteranpassung mehrere Datenpunkte gleichzeitig berücksichtigt. Würden die Modellparameter nach jedem Datenpunkt angepasst werden, könnte dies zu instabilen und sprunghaften Anpassungen führen, die zu einem schlechteren Gesamtergebnis führen, als wenn Batches eingesetzt werden.[3] Eingehend Art. 3 Nr. 29.

bb) Validierungsdatensätze

17 Validierungsdaten sind gem. Art. 3 Nr. 30: „Daten, die zur Evaluation des trainierten KI-Systems und zur Einstellung seiner nicht erlernbaren Parameter und seines Lernprozesses verwendet werden, um unter anderem eine Unter- oder Überanpassung zu vermeiden."

18 Auch die Definition von Validierungsdaten in der KI-VO entspricht grundsätzlich dem allgemeinen sprachlichen Verständnis dieses Begriffs. Der Hauptunterschied zu Testdaten besteht darin, dass Validierungsdaten während und nicht nach dem Training verwendet werden, um die Leistung eines maschinellen Lern-

---

2 Vgl. https://arxiv.org/pdf/2306.00258 (zuletzt abgerufen am 2.4.2025).

3 Vgl. https://arxiv.org/abs/2301.10587 (zuletzt abgerufen am 2.4.2025).

modells zu bewerten. Die Validierungsdaten werden verwendet, um die Hyperparameter des Modells zu verbessern und eine **Über- oder Unteranpassung** zu vermeiden. **Hyperparameter** werden im Gegensatz zu Parametern nicht „gelernt", sondern müssen von außen vorgegeben werden. Beispiele für bekannte Hyperparameter sind die Lernrate oder auch die Größe der oben genannten Batches. Dies wird erreicht, indem ein Validierungsverlust berechnet wird, im Falle von Trainingsdaten bspw. die Abweichung zwischen dem vorhergesagten und dem tatsächlichen Wert. Anstelle der Trainingsdaten werden für den Validierungsverlust die Validierungsdaten verwendet. Mit dem Validierungsverlust können dann verschiedene Hyperparameter getestet werden, die jeweils zu unterschiedlichen Verlustergebnissen führen. Durch Vergleich und anschließende Auswahl des besten Ergebnisses kann so die beste Auswahl an Hyperparametern bestimmt werden.

Das Verhältnis von Test- zu Validierungsverlust hilft, Überanpassungen zu erkennen. Sinkt der Testverlust stetig, während sich der Validierungsverlust nicht verbessert, deutet dies darauf hin, dass das Modell zu sehr an die Trainingsdaten angepasst ist (eingehend dazu Art. 3 Nr. 30). 19

cc) Testdatensätze

Testdaten sind gem. Art. 3 Nr. 32: „Daten, die für eine unabhängige Bewertung des KI-Systems verwendet werden, um die erwartete Leistung dieses Systems vor dessen Inverkehrbringen oder Inbetriebnahme zu bestätigen". 20

In Abgrenzung zu den Validierungsdaten werden die Testdaten verwendet, um die Leistung eines trainierten Modells nach Abschluss des Trainings zu bewerten. Sie haben keinen Einfluss auf die technischen Details des Modells, aber auf die Frage, ob das Modell insgesamt geeignet ist (siehe dazu eingehend Art. 3 Nr. 32). 21

2. Daten-Governance- und Datenverwaltungsverfahren (Abs. 2)

Art. 10 Abs. 2 verpflichtet zur Umsetzung bestimmter Daten-Governance- und Datenverwaltungsverfahren, „die für die Zweckbestimmung des Hochrisiko-KI-Systems geeignet sind". Damit gibt die Norm zu erkennen, dass es maßgeblich auf die Zweckbestimmung ankommt. Diesen Begriff definiert Art. 3 Nr. 12 als „die Verwendung, für die ein KI-System laut Anbieter bestimmt ist, einschließlich der besonderen Umstände und Bedingungen für die Verwendung, entsprechend den vom Anbieter bereitgestellten Informationen in den Betriebsanleitungen, im Werbe- oder Verkaufsmaterial und in diesbezüglichen Erklärungen sowie in der technischen Dokumentation". 22

23 Die Zweckbestimmung erfolgt grundsätzlich durch den Anbieter. Die Freiheit des Anbieters wird jedoch durch den Zusatz der „besonderen Umstände und Bedingungen für die Verwendung“ eingeschränkt. Der Anbieter muss sich also entgegenhalten lassen, was mit dem KI-System technisch und tatsächlich möglich ist und was vom Anbieter als solches beworben oder angegeben wird. Zu beachten ist, dass sich die Ziele des KI-Systems (d.h. die technisch messbaren Zwischenschritte, wie etwa das Minimieren eines Fehlerwertes mit Hilfe einer Verlustfunktion) von der Zweckbestimmung des KI-Systems unterscheiden können, vgl. ErwG 12.

24 Art. 10 Abs. 2 („insbesondere“) führt einen nicht abschließenden Katalog bestimmter Anforderungen auf. Dieser Katalog beschreibt einerseits konkrete Daten-Governance- und Datenverwaltungsverfahren i. e. S. (lit. c bis h) und andererseits Anwendungsbereiche für diese Verfahren (lit. a und b). Der Katalog steht im direkten Zusammenhang mit Art. 10 Abs. 3 und 4. Es dürfte sich um eine Teilkonkretisierung der in Art. 10 Abs. 3 aufgestellten allgemeinen Grundsätze handeln.

a) Einschlägige konzeptionelle Entscheidungen

25 Art. 10 Abs. 2 lit. a verlangt einschlägige konzeptionelle Entscheidungen. Unklar ist, was genau damit gemeint sind. Aus dem Wortlaut „konzeptionell“ ergibt sich, dass es wohl um Entscheidungen geht, die Rahmenbedingungen für die Daten schaffen. Vieles deutet somit auf technische und organisatorische Entscheidungen hin, wobei Art. 10 Abs. 2 lit. a den allgemeinen Grundsatz formuliert, dass planvoll gehandelt werden muss. Die übrigen in Art. 10 Abs. 2 verlangten Anforderungen dürften oftmals mit solchen konzeptionellen Entscheidungen einhergehen.

b) Datenerhebung

26 Art. 10 Abs. 2 lit. b verlangt Verfahren hinsichtlich Datenerhebung, Herkunft der Daten und (im Falle personenbezogener Daten) den Zweck der Datenerhebung.

27 Aus technischer Sicht ist der Begriff der Datenherkunft vielschichtig. Er könnte sich einerseits auf die sensorische Erfassung der Daten beziehen, andererseits aber auch auf den Herausgeber der Daten oder andere Eigenschaften, wie beispielsweise eine geografische Herkunft in Form einer begrenzten oder ausschließlichen Regionsabdeckung.

28 Soweit es auf die Erhebung personenbezogener Daten ankommt, sind insbesondere die Grundsätze der Verarbeitung personenbezogener Daten gem. Art. 5 DSGVO und die Rechtmäßigkeit der Verarbeitung gem. Art. 6 DSGVO zu beachten.

c) Datenaufbereitung

Nach Art. 10 Abs. 2 lit. c müssen die Daten-Governance- und Datenverwaltungsverfahren auch relevante Datenaufbereitungsvorgänge wie **Annotation**, Kennzeichnung, Bereinigung, Aktualisierung, Anreicherung und Aggregierung beinhalten. 29

Aus technischer Sicht versteht man unter Datenaufbereitung jede sich an den Datenerhalt anschließende Bearbeitung und Veränderung von Rohdaten, die eine Verbesserung der Daten oder zumindest eine Angleichung an verwendete Schemata darstellt, um diese Daten so einer weiteren Verarbeitung oder Analyse zugänglich zu machen. 30

Bei der Annotation werden üblicherweise relevante Infos und Metadaten zu einem Datensatz hinzugefügt. Zum Beispiel können Tags hinzugefügt werden, die das Datum einer Eigenschaft zuordnen. Zudem können ggf. Bounding Boxes eingetragen werden. In der Praxis können Annotationen von Menschen durchgeführt werden oder automatisiert erfolgen. 31

Unter Kennzeichnung versteht man typischerweise das Hinzufügen von Labels zu Rohdaten. Der Unterschied zur Annotation besteht darin, dass bei der Kennzeichnung die Daten zum ersten Mal benannt werden. Beispielsweise kann ein Bild mit einem **Label** versehen werden, indem es z.B. einer der Kategorien „Hund" oder „Katze" zugeordnet wird. 32

Bei der Bereinigung handelt es sich um einen technischen Prozess, bei dem Rohdaten von Fehlern, Unvollständigkeiten und Inkonsistenzen befreit werden. Der Begriff kann auch ein Hinzufügen von Daten umfassen, sofern beispielsweise einzelne Werte fehlen. 33

Aktualisierung ist die Anpassung von Daten an neue Begebenheiten, sofern diese sich verändert haben und dies in den Daten zu berücksichtigen ist. 34

Anreicherung meint das Hinzufügen zusätzlicher Informationen zu den Rohdaten, die vorher nicht in den Daten vorhanden waren. Der Unterschied zum Hinzufügen im Rahmen der Bereinigung ist, dass beim Anreichern die neuen Informationen den bisherigen Daten fremd waren, während das Hinzufügen im Rahmen der Bereinigung Informationen beinhaltet, die ihrer Art nach bereits in den Daten enthalten sind. 35

Unter Aggregation versteht man typischerweise die Zusammenfassung mehrere Daten oder Datensätze. Dies erfolgt, indem Datenpunkte gruppiert oder zusammengefasst werden, bspw. durch das Berechnen von Durchschnittswerten. 36

d) Annahmen

37 Gemäß Art. 10 Abs. 2 lit. d sind Annahmen aufzustellen, „insbesondere in Bezug auf die Informationen, die mit den Daten erfasst und dargestellt werden sollen". Vieles spricht dafür, dass der KI-VO ein Verständnis zugrunde liegt, nach dem Daten maschinenlesbare (d.h. binäre darstellbare) Informationen sind. Dafür spricht auch, dass ErwG 12 die Begriffe „Daten" und „kodierte Informationen" synonym verwendet.

38 Art. 10 Abs. 2 lit. d lässt **offen**, welche konkreten Annahmen aufzustellen sind. Denkbar wäre bspw. die Annahme, dass die Daten einer Normalverteilung folgen, was so dann überprüft werden könnte. Im Ergebnis dürfte es bei Art. 10 Abs. 2 lit. d wohl um eine planvolle, auf Prüfung von Annahmen basierende Vorgehensweise zur Prüfung der Kriterien gem. Art. 10 Abs. 3 gehen.

e) Bewertung der Datensätze

39 Art. 10 Abs. 2 lit. e verlangt eine Bewertung der Verfügbarkeit, Menge und Eignung der benötigten Datensätze.

40 Die Verfügbarkeit eines Datensatzes meint die Möglichkeit, an die notwendigen Datensätze zu gelangen, um von diesen Kenntnis nehmen und sie verwenden zu können. Die Menge eines Datensatzes kann oftmals mit der Anzahl der Datensätze gleichgesetzt werden. Es geht konkret um die Frage, wie viele benötigte Datensätze generell vorhanden sind. Die Verfügbarkeit wirkt sodann konkretisierend hinsichtlich der Frage, wie viele der vorhandenen Datensätze auch erreichbar sind. Die Eignung der Datensätze dürfte auf die Nutzbarkeit der Daten für den konkreten Anwendungsfall unter Berücksichtigung der einzuhaltenden Grundsätze anspielen.

f) Bias-Ermittlung

41 Art. 10 Abs. 2 lit. f verlangt eine „Untersuchung im Hinblick auf mögliche **Verzerrungen** (Bias), die die Gesundheit und Sicherheit von Personen beeinträchtigen, sich negativ auf die Grundrechte auswirken oder zu einer nach den Rechtsvorschriften der Union verbotenen Diskriminierung führen könnten, insbesondere wenn die Datenausgaben die Eingaben für künftige Operationen beeinflussen".

42 Verzerrungen meint systematische Fehler, die zu Modellergebnissen führen, die von den tatsächlichen Begebenheiten abweichen. Eine Ausformung einer solchen Verzerrung kann beispielsweise die dauerhafte Bevorzugung eines einzelnen Ergebnisses sein. Die Verzerrung kann sowohl in den Daten als auch im Modell vorliegen. Sie kann bspw. entstehen, wenn das Modell nicht in der Lage ist, die zugrunde liegende Beziehung zwischen Eingabe- und Ausgabedaten zu er-

fassen.[4] Eine Verzerrung in den Daten meint, dass die Daten eine ungenaue oder verzerrte Darstellung der Realität liefern. Ursachen für die Verzerrungen können unterschiedlichster Natur sein. Eine Verzerrung kann bereits durch die Art und Weise der Datenerhebung entstehen. So kann bei Daten, die auf einer Befragung beruhen, eine Verzerrung dadurch entstehen, dass nur eine begrenzte Anzahl von Personen aus der Zielgruppe an der Befragung teilnimmt. Auch können die Daten durch die zeitliche Entwicklung an Aktualität verlieren und so zu einer Verzerrung führen.

Ein denkbares Beispiel für eine Beeinträchtigung der Gesundheit wäre eine Verzerrung zugunsten der Annahme oder Ablehnung einer bestimmten medizinischen Diagnose oder einer fehlenden Berücksichtigung gewisser Vorerkrankungen, sodass das Risiko eines Patienten falsch eingeschätzt wird. **43**

Eine negative Auswirkung auf die Grundrechte wäre denkbar bspw. durch eine Benachteiligung gewisser Bevölkerungsgruppen oder Minderheiten. **44**

Fraglich ist außerdem, was genau „die Datenausgaben die Eingaben für künftige Operationen beeinflussen“ meint. ErwG 67 stellt vor allem auf Rückkoppelungsschleifen (engl. Feedback loops) ab: **45**

> „Die Datensätze sollten auch die geeigneten statistischen Merkmale haben, auch bezüglich der Personen oder Personengruppen, auf die das Hochrisiko-KI-System bestimmungsgemäß angewandt werden soll, unter besonderer Berücksichtigung der Minderung möglicher Verzerrungen in den Datensätzen, die die Gesundheit und Sicherheit von Personen beeinträchtigen, sich negativ auf die Grundrechte auswirken oder zu einer nach dem Unionsrecht verbotenen Diskriminierung führen könnten, insbesondere wenn die Datenausgaben die Eingaben für künftige Operationen beeinflussen (Rückkopplungsschleifen). Verzerrungen können zum Beispiel – insbesondere bei Verwendung historischer Daten – den zugrunde liegenden Datensätzen innewohnen oder bei der Implementierung der Systeme in der realen Welt generiert werden. Die von einem KI-System ausgegebenen Ergebnisse könnten durch solche inhärenten Verzerrungen beeinflusst werden, die tendenziell allmählich zunehmen und dadurch bestehende Diskriminierungen fortschreiben und verstärken, insbesondere in Bezug auf Personen, die bestimmten schutzbedürftigen Gruppen wie aufgrund von Rassismus benachteiligten oder ethnischen Gruppen angehören.“

Ein konkretes Beispiel für Rückkopplungsschleifen sind Situationen, in denen die Ausgaben des Modells dazu verwendet werden, das Modell in der Zukunft zu trainieren. Hier besteht ein direkter Rückkopplungszusammenhang. Unklar ist, inwiefern auch indirekte Rückkopplungen umfasst sind. Zu einer indirekten Rückkopplung kommt es bspw. im Fall eines Systems zur Empfehlung von In- **46**

4 Vgl. https://arxiv.org/abs/2304.07683 (zuletzt abgerufen am 2.4.2025).

halten an Nutzer, bei dem die abgegebenen Empfehlungen aufgrund des sich ändernden Nutzerverhaltens regelmäßig auch einen Einfluss auf zukünftige Empfehlungen haben werden. Hierbei wird das System nicht aufgrund der Ergebnisse verändert, es wandelt sich jedoch aufgrund des veränderten Nutzerprofils die Systemeingabe.

g) Bias-Bekämpfung

47 Art. 10 Abs. 2 lit. g verlangt geeignete Maßnahmen zur Erkennung, Verhinderung und Abschwächung möglicher gemäß Art. 10 Abs. 2 lit. f ermittelter Verzerrungen. Hier enthält die KI-VO teilweise eine **Doppelung**, da nach Art. 10 Abs. 2 lit. f bereits Untersuchungen auf eine Verzerrung gefordert werden. Art. 10 Abs. 2 lit. g wurde nach dem Kommissionsentwurf eingefügt, während lit. f in vereinfachter Form bereits vorhanden war. Lit. g ist daher wohl als Auffangtatbestand zu verstehen und soll zusätzlich weitere Methoden umfassen. Sofern gefordert wird, dass sich die Maßnahmen auf die gemäß lit. f ermittelten Verzerrungen beziehen, sollte sich dieser Zusatz auf die Verhinderung und Abmilderung dieser Verzerrungen beziehen, da bereits untersuchte und somit entdeckte Verzerrungen nicht erneut erkannt werden können.

48 Es existieren einige Verfahren, um Verzerrungen zu erkennen. So bieten etwa **statistische Analysen** eine gute Möglichkeit, Verzerrungen in den Daten **aufzuspüren**. Beispielsweise kann eine Analyse des „Disparity Impact" eine potenziell diskriminierende Verzerrung aufdecken.[5] Neben statistischen Maßnahmen, die sich ausschließlich auf Analysen der Daten beziehen, sind auch Maßnahmen möglich, die das trainierte Modell mit einbeziehen. Im Rahmen einer Ursache-Wirkungs-Analyse können, z. B. durch geringfügige Änderung von Datenpunkten und Beobachtung der Auswirkungen dieser Änderungen auf die Modellergebnisse, Datenpunkte identifiziert werden, die für die Verzerrung besonders relevant sind.[6] Auch die inhaltliche Analyse einzelner Daten kann Verzerrungen aufdecken. So können bspw. mithilfe von Lexika und Stimmungsanalysen voreingenommene Begriffe oder Grundstimmungen identifiziert werden.[7] Darüber hinaus gibt es Anbieter, die vorgefertigte Lösungen mit ähnlichen Versprechen am Markt anbieten, wie bspw. AI Fairness 360 (IBM) oder Fairness Indicators.[8]

49 Um Verzerrungen zu verhindern, sollten die Daten in einem ersten Schritt möglichst korrekt aufbereitet werden. Unpassende Datenverteilungen gilt es ggf. zu

---

5 https://www.ijsrp.org/research-paper-1022/ijsrp-p13071.pdf (zuletzt abgerufen am 2.4.2025).

6 https://arxiv.org/pdf/2310.12805 (zuletzt abgerufen am 2.4.2025).

7 Vgl. https://ieeexplore.ieee.org/ielx7/6287639/10005208/10126086.pdf (zuletzt abgerufen am 2.4.2025).

8 Vgl. https://www.tensorflow.org/tfx/guide/fairness_indicators; https://aif360.res.ibm.com (beide zuletzt abgerufen am 2.4.2025).

korrigieren und anzupassen. Je nach Anwendungsfall und gewählter Architektur existieren oftmals weitere Möglichkeiten, um Verzerrungen zu verhindern. Diese sind ebenfalls mit einzubeziehen. Wenn Verzerrungen nicht vermieden werden können, sollten sie abgeschwächt werden. Hierfür sind grundsätzlich alle in Betracht kommenden Methoden heranzuziehen. Darüber hinaus bietet auch die Nachbearbeitung der Modellausgaben nach dem Verlassen des KI-Modells wirksame Möglichkeiten, Verzerrungen im Modellergebnis zu begrenzen.

h) Datenlücken oder Mängel

Art. 10 Abs. 2 lit. g fordert die Ermittlung relevanter Datenlücken oder Mängel, die der Einhaltung der KI-VO entgegenstehen, und wie diese Lücken und Mängel behoben werden können. **50**

Unklar ist, was unter dem Begriff der „Datenlücken" zu verstehen ist. Der Begriff wird in der KI-VO nur in Art. 10 Abs. 2 lit. g verwendet. Die Gegenüberstellung mit dem Begriff „Mängel" könnte so zu verstehen sein, dass „Datenlücken" sich auf das Fehlen von Daten bezieht, hingegen „Mängel" auf vorhandene, aber inhaltlich inkorrekte Daten. **51**

Durch die Formulierungen „relevanter" und „die der Einhaltung dieser Verordnung entgegenstehen" gibt der Gesetzgeber zu erkennen, dass nicht sämtliche Lücken und Mängel beachtlich sind, sondern nur, wenn eine bestimmte Erheblichkeitsschwelle überschritten ist. Zudem verlangt der Wortlaut lediglich die „Ermittlung […] wie diese Lücken und Mängel behoben werden können", nicht jedoch die „Behebung" selbst. **52**

3. Statistische Eigenschaften der Daten (Abs. 3)

Art. 10 Abs. 3 stellt allgemeine Anforderungen an Trainings-, Validierungs- und Testdatensätze. Art. 10 Abs. 2 und 4 können jeweils als Konkretisierung dieser allgemeinen Grundsätze verstanden werden, die sich jedoch in einigen Punkten überschneiden. **53**

a) Relevanz

Gemäß Art. 10 Abs. 3 Satz 1 müssen die Trainings-, Validierungs- und Testdatensätze im Hinblick auf die Zweckbestimmung relevant sein. Ob ein Datum relevant ist, ist hierbei **stets kontextabhängig** zu bestimmen. Während eine einheitliche Definition des Begriffs nicht existiert, gibt es in der Praxis durchaus anerkannte Kriterien, die Relevanz indizieren. **54**

Die Relevanz kann zunächst ergebnisorientiert bestimmt werden. Wenn Daten die Modellergebnisse positiv beeinflussen, spricht dies für eine Relevanz. Insbesondere spricht eine Korrelation zwischen den Datenpunkten und der Zielvaria- **55** blen für die Relevanz der Daten. Korrelation bedeutet, dass eine statistische Beziehung zwischen dem Datum und der Ausgabe oder dem gewünschten Ergebnis besteht. Auch die Nutzungsmöglichkeiten eines Datums können für eine Relevanz sprechen. Ist es bspw. möglich, ein Datum zu nutzen, um Datenmengen in Merkmalgruppen aufzuteilen, die im Rahmen des Modells sinnvoll eingebracht werden können, spricht dies ebenfalls für eine Relevanz. Haben die Daten außerdem eine geringe Redundanz mit anderen Datenpunkten, kann dies regelmäßig eine erhöhte Relevanz der Daten indizieren.

56 Das Kriterium der Relevanz dürfte insbesondere auch Auswirkungen auf vorbereitende Schritte vor dem eigentlichen Training der KI-Modelle haben. So dürfte beispielsweise aus Art. 10 Abs. 3 Satz 1 die Pflicht erwachsen, in der Gesamtschau völlig irrelevante Daten in der Datenvorbereitung möglichst zu identifizieren bzw. zu entfernen, soweit diese sich negativ auf das KI-Training auswirken. Zu berücksichtigen dürfte auch die Relevanz der jeweiligen Merkmale der Trainingsdaten sein. Teilweise kann diese mittels Methoden wie beispielsweise SHapley Additive exPlanations (SHAP) untersucht werden.[9] Auch zeitliche Veränderungen und zeitlich bedingte Datenveränderungen sind für relevante Daten ggf. in Betracht zu ziehen.

b) Repräsentativität

57 Art. 10 Abs. 3 Satz 1 verlangt, dass die Trainings-, Validierungs- und Testdatensätze „hinreichend repräsentativ“ sind. Aus statistischer Sicht meint Repräsentativität zunächst, dass aus einer kleinen Menge an Daten **Aussagen** über eine wesentlich größere Menge getroffen werden können. Gleichwohl existiert in der empirischen Forschung keine eindeutige Definition des Begriffs der Repräsentativität.[10]

58 Die Repräsentativität eines Datensatzes kann unter verschiedenen Gesichtspunkten verstanden werden. Einerseits kann sich Repräsentativität schlicht auf die Art und Weise der Datenerhebung beziehen, bspw. wenn jedes Datum aus einer Menge die gleiche Wahrscheinlichkeit hat, aus dieser Menge ausgewählt zu werden. Andererseits können Daten, die im Datensatz enthalten sind, als solche repräsentativ sein.[11] Bereits der Wortlaut des Art. 10 Abs. 3 Satz 1 stellt klar, dass die Repräsentativität „im Hinblick auf die Zweckbestimmung“ zu betrachten ist. Aus ErwG 67 geht hervor, dass Art. 10 Abs. 3 Satz 1 Diskriminierungen durch das KI-System vermeiden möchte. Folglich geht die KI-VO von einem er-

---

9 Vgl. https://www.ncbi.nlm.nih.gov/pmc/articles/PMC10993232/ (zuletzt abgerufen am 2.4.2025).

10 Vgl. https://arxiv.org/pdf/2203.04706 (zuletzt abgerufen am 2.4.2025).

11 Vgl. auch OECD-Definition „representative Sample“.

gebnisorientierten Ansatz aus. Insofern ist zu fragen, ob die Daten im Ergebnis repräsentativ sind und ob die Erhebung repräsentativ erfolgt ist.

Ein Datensatz ist nicht automatisch deshalb repräsentativ, weil er auf einer allgemeinen Quelle beruht oder auf einer bekannten Metrik basiert, wie bspw. die pauschale Annahme. Bspw. ist ein Bilderkennungsmodell nicht automatisch auf repräsentativen Daten trainiert worden, weil es auf der bekannten Bilddatenbank ImageNet besonders gute Ergebnisse liefert.[12] In einer Untersuchung wurde die Frage, ob der Datensatz repräsentativ sei, schlicht mit der Aussage „It's sampled from large Wikipedia passages, it's representative of all the possible temporal-sensitive information" beantwortet.[13] Zu beachten ist hierbei, dass die Datenquellen selbst ein eigenes Bias haben können. So zeigte eine Studie aus dem Jahr 2011, dass Nutzer von X (ehemals Twitter) nicht repräsentativ für die US-Population sind.[14] **59**

Aus technischer Sicht benötigt das KI-Modell Trainingsdaten, um die den Daten zugrunde liegenden Merkmale und Muster zu erkennen. Nur so ist das Modell in der Lage zu generalisieren, also neue Vorhersagen für bis dato unbekannte Fälle zu treffen. Hierbei ist entscheidend, dass die Daten möglichst alle für die Vorhersage notwendigen Merkmale enthalten, da ansonsten **falsche Vorhersagen** sowie die unzutreffende Einordnung neuer Fälle wahrscheinlicher werden. Soweit also Diskriminierung verhindert und der Zweck des Modells bestmöglich erfüllt werden soll, sollten die für den jeweils geplanten Anwendungsfall notwendigen Merkmale und Muster in den Trainingsdaten enthalten sein. **60**

Der Wortlaut „hinreichend" gibt zu erkennen, dass die Repräsentativität einen gewissen Spielraum zulässt. Dieser Zusatz war im ursprünglichen Gesetzentwurf der EU-Kommission (2021) noch nicht enthalten und wurde im Laufe des Gesetzgebungsverfahren ergänzt, um die Anforderung der Repräsentativität abzuschwächen. **61**

Im Ergebnis sollte bei einer Prüfung der Repräsentativität sichergestellt werden, dass die Trainingsdaten die Zieldatenmenge hinreichend reflektieren oder aber zumindest die relevanten Merkmale der Zieldatenmenge hinreichend abdecken. Ein solcher Ansatz kann bspw. der sog. Miniatur-Ansatz sein. Bei diesem werden die relativen Größen der Stichproben der Teilpopulationen gleich den relativen Größen der Teilpopulationen gewählt.[15] Es kann aufgrund technischer Besonderheiten oder der beschränkten Datenanzahl allerdings notwendig sein, dass **62**

12 https://www.image-net.org; https://arxiv.org/pdf/2203.04706 (beide zuletzt abgerufen am 2.4.2025).

13 https://arxiv.org/pdf/2108.06314, S. 14 (zuletzt abgerufen am 2.4.2025).

14 https://ojs.aaai.org/index.php/ICWSM/article/view/14168/14017 (zuletzt abgerufen am 2.4.2025).

15 https://www.merriam-webster.com/dictionary/representative%20sampling (zuletzt abgerufen am 2.4.2025).

Datenpunkte entgegen den Realverhältnissen übergewichtet werden, um das gewünschte Modellergebnis zu erzielen, oder dass Daten aufgrund fehlender Datenmengen synthetisch ergänzt werden.

63 Für jeden Anwendungsfall eines KI-Modells gibt es notwendigerweise zahlreiche Daten, die diesen Anwendungsfall repräsentieren können. Man denke bspw. an ein KI-Modell zur **Gestenerkennung**: Der optimale Datensatz repräsentiert hier alle möglichen Ausführungen und Variationen von Gesten, die das Modell erkennen soll, z. B. Winken. Da es aber schlichtweg nicht möglich ist, alle diese Daten zu sammeln oder gar zu verarbeiten, kann nur eine Teilmenge dieser Daten für das Training verwendet werden, bspw. einige tausend Videos von winkenden Personen. Vielmehr verlangt die KI-VO einen pragmatischen Ansatz (Wortlaut: „hinreichend"). Die Repräsentativität muss zwischen dieser Untergruppe und der Gesamtdatenmenge bestehen. Dies bedeutet insbesondere, dass der konkrete Anwendungsfall hinreichend mit einbezogen werden muss. Ein Modell, das z. B. zur Spracherkennung eingesetzt werden soll und auf Sprachdaten ohne Hintergrundgeräusche trainiert wurde, kann daher im realen Einsatz auf Schwierigkeiten stoßen, wenn Hintergrundgeräusche zu den Audiodaten aus der realen Welt hinzukommen. Der Datensatz ist somit repräsentativ, wenn der verwendete Datensatz die wesentlichen (nicht jedoch notwendigerweise alle) Merkmale und Variationen der Zieldatenmenge widerspiegelt.

64 Repräsentativität im Sinne der KI-VO bedeutet daher, dass der Datensatz hinreichende Rückschlüsse auf für den Anwendungsfall relevante Merkmale und Eigenschaften ermöglicht, und dass die Verteilung der Daten – in der Gesamtschau – nicht erheblich von der Verteilung der Zielgruppe abweicht.

c) Fehlerfreiheit

65 Art. 10 Abs. 3 Satz 1 verlangt außerdem, dass die Trainings-, Validierungs- und Testdatensätze „so weit wie möglich fehlerfrei" sind.

66 **Völlig unklar** ist bislang, wie der Begriff der Fehlerfreiheit zu verstehen ist. Fehlerfreiheit könnte sich zum einem inhaltlich auf die Daten beziehen, wenn diese falsche oder unzutreffende Informationen, die mit der Realität in Widerspruch stehen, enthalten oder inhaltlich korrekte Daten mit falschen Labels versehen wurden. Gegen eine solche Auslegung spricht allerdings, dass die Daten dann bereits nicht „im Hinblick auf die Zweckbestimmung relevant" wären. Zum anderen könnte sich die Fehlerfreiheit auch auf die technische Erfassung beziehen, z. B. durch fehlerhafte Sensoren verursachte Messfehler sowie Festplattenfehler (CRC-Fehler).[16]

16 *Bomhard/Merkle*, RDi 2021, 276, 280.

Jede KI-Anwendung geht mit einer gewissen Unschärfe einher. Vollständige Fehlerfreiheit ist – insbesondere aus Ex-ante-Sicht – nahezu unmöglich.[17] Die Formulierung „so weit wie möglich“ wurde bewusst im Gesetzgebungsverfahren eingefügt, um die Anforderung der Fehlerfreiheit abzuschwächen. Die KI-VO erlaubt insofern eine gewisse Fehlertoleranz.[18] **67**

d) Vollständigkeit

Art. 10 Abs. 3 Satz 1 verlangt, dass die Trainings-, Validierungs- und Testdatensätze „so weit wie möglich [...] vollständig“ sind. **68**

Aus technischer Sicht würde Vollständigkeit bedeuten, dass in einem Datensatz für jeden Eintrag (z. B. jede Zeile) alle vorgesehenen Merkmale (z. B. Spalten) ausgefüllt sind, d. h. es liegen keine fehlenden Werte (Missing Values) vor, weder durch Null-Werte noch durch leere Felder oder Platzhalter. Vollständigkeit ist damit eine **strukturelle Eigenschaft** auf Ebene der Datenmatrix, bei der jede Instanz einen vollständigen Merkmalsvektor aufweist. **69**

Die KI-VO verlangt keine absolute Vollständigkeit. Eine absolute Vollständigkeit wäre auch kaum mit der von Art. 5 Abs. 1 lit. c DSGVO geforderten Datenminimierung vereinbar.[19] Die KI-VO verlangt daher keine absolute Vollständigkeit der Trainingsdaten, weil in der Praxis nie vollständige Informationen über alle relevanten Merkmale für alle Trainingsinstanzen verfügbar sind. In der Praxis können Datenquellen teilweise unvollständig und heterogen sein und bestimmte Merkmalsausprägungen selten oder gar nicht auftreten. Dennoch können sich solche Datensätze optimal für das KI-Training eignen. Die Formulierung „so weit wie möglich“ wurde im Laufe des Gesetzgebungsverfahrens bewusst vom Gesetzgeber ergänzt und trägt dem Rechnung, dass technische, wirtschaftliche und praktische Grenzen bestehen. **70**

e) Geeignete statistische Merkmale

Art. 10 Abs. 3 Satz 2 sieht vor, dass die Datensätze „die geeigneten statistischen Merkmale, gegebenenfalls auch bezüglich der Personen oder Personengruppen, für die das Hochrisiko-KI-System bestimmungsgemäß verwendet werden soll, haben“. **71**

Was genau unter diesen statistischen Merkmalen zu verstehen ist, ist unklar und geht aus der KI-VO nicht hervor. Es handelt sich auch nicht um eindeutig definierte Begriffe der Statistik oder des maschinellen Lernens. Nach ErwG 67 geht es dem Gesetzgeber um den Schutz der Gesundheit und die Sicherheit der Be- **72**

17 *Braun Binder/Egli*, in: Martini/Wendehorst, KI-VO, Art. 10 Rn. 68.
18 *Braun Binder/Egli*, in: Martini/Wendehorst, KI-VO, Art. 10 Rn. 68.
19 *Bomhard/Etzkorn*, ZdiW 2022, 159, 160.

troffenen, um negative Auswirkungen auf die Grundrechte und um die Vermeidung von Diskriminierung bestimmter schutzbedürftiger Gruppen. Insbesondere soll vermieden werden, dass Modelle durch einen mit einer Verzerrung behafteten Trainingsdatensatz negativ beeinflusst werden, da diese die Gefahren begünstigen. Aus diesen Hintergründen der Regelung lassen sich zumindest einige allgemeine Grundsätze ableiten, die wohl statistisch zu berücksichtigen sein werden. Im Ergebnis gilt es, statistische Merkmale zu wählen, die die Gefährdung der aufgeführten Schutzgüter minimieren. Statistische Tests und Analysen bieten unterschiedliche Möglichkeiten zur Überprüfung und Analyse der Datensätze. Grundsätzlich ist hierbei stets der **aktuelle Stand der Technik** mit einzubeziehen und zugrunde zu legen.

73 Bei der Auswahl geeigneter statistischer Methoden könnten insbesondere folgende Aspekte eine Rolle spielen:

aa) Datendistribution

74 Datendistribution beschreibt die Art und Weise, wie Datenwerte in einem Datensatz verteilt sind. Eine unzureichende und verzerrte Datendistribution führt in der Praxis regelmäßig zu Fehlern, da trainierte Modelle aufgrund der Datendistribution potenziell auf spezifische Merkmale der Trainingsdaten überangepasst werden und schlechter generalisieren können. Dies kann beispielsweise dadurch entstehen, dass das Modell spezifische Besonderheiten der Trainingsdaten lernt, aber nicht die dem Anwendungsfall zugrunde liegenden Muster erkennt. Dies kann unter anderem auch die Klassengewichtung, also die quantitative Datenanzahl innerhalb einer Klasse im Verhältnis zu einer anderen Klasse betreffen. Beispiele für **statistisch relevante Werte** im Zusammenhang mit der Datendistribution sind Mittelwert, Standardabweichung, Schiefe und Kurtosis.[20] Der Mittelwert gibt einen zentralen Wert an, um den sich die Daten verteilen, während die Standardabweichung die Streuung der Daten um den Mittelwert misst. Die Schiefe ist ein Maß für die Asymmetrie der Datenverteilung und die Kurtosis misst die „Steilheit" oder „Flachheit" der Verteilung im Vergleich zu einer Normalverteilung. Anhand dieser Merkmale kann untersucht werden, ob die Daten symmetrisch verteilt sind und ob eine Abweichung von einer Normalverteilung vorliegt.

75 Beispiele für in diesem Zusammenhang verwendete statistische Verfahren, die dabei helfen, die Daten zu analysieren, sind beispielsweise t-Tests, Chi-Quadrat-Tests und der ANOVA-Test.[21]

---

20 Vgl. https://www.semanticscholar.org/paper/Statistical-Analysis-of-Rainfall-Distribution-in-A-Chaudhary-Limbu/d921067b2cfff76eca912d124e18351357a19a93 (zuletzt abgerufen am 2.4.2025).

21 Vgl. https://www.semanticscholar.org/paper/Stock-Price-Prediction-by-Machine-Learning-Case-of-Khoa-Huynh/641de8955fca9a3944fd78757735ca93724a1b12; https://

Grundsätzlich ist eine Datendistribution besonders geeignet für einen konkreten Anwendungsfall, wenn die Datendistribution innerhalb der Datensätze möglichst identisch mit der Distribution der Realdaten für diesen Anwendungsfall ist. **76**

Gleichwohl bedeutet dies nicht, dass in jedem Anwendungsfall eine solche Verteilung anzustreben ist. Es existieren insbesondere Fälle, in denen bei der Verteilung bewusst von der Realverteilung abzuweichen ist, da ansonsten kleinere Datengruppen falsch oder nicht ausreichend berücksichtigt und somit benachteiligt würden. **77**

Für die Praxis dürfte es zusätzlich wichtig sein, die Visualisierung von Datendistributionen durch Histogramme, Boxplots und Dichteplots zu nutzen, um ein besseres Verständnis der Daten zu ermöglichen. **78**

bb) Datenintegrität und Datenqualität

Datenintegrität beschreibt die Genauigkeit, Konsistenz und Verlässlichkeit von Daten.[22] Seine Wurzeln hat der Begriff in der Informatik und im Datenbankmanagement, wo er erstmals verwendet wurde, um sicherzustellen, dass Daten während der Speicherung, Übertragung und Verarbeitung unverändert und korrekt bleiben.[23] Vorliegend ist dieser Begriff insbesondere auch vor dem Hintergrund der statistischen Merkmale relevant, da die Qualität der Daten unmittelbaren Einfluss auf die **Performance des Modells** hat. Die Aussage „Garbage in, garbage out", verdeutlicht die Relevanz des Themas.[24] Die Umsetzung ergibt sich jedoch bereits durch die in Abs. 2 erhaltenden Pflichten. **79**

cc) Datenbalance

Eine häufige Herausforderung im Bereich der künstlichen Intelligenz ist das Vorhandensein einer sogenannten „Klassen-Imbalance". Von einer Klassen-Im- **80**

---

www.sciencedirect.com/science/article/abs/pii/0169743989800954; https://www.semanticscholar.org/paper/COVID-19-Infection-Detection-Using-Machine-Learning-Wang-Shen/2573b5b33504df8c02d386b203631ea05ec7ef9f (alle zuletzt abgerufen am 2.4.2025).

22 Vgl. https://www.semanticscholar.org/paper/Umgang-mit-Forschungsdaten-In-den-Eine-Fallstudie-Kaspar/84501f1c750b953179b917e80ac0c0aa6982db74 (zuletzt abgerufen am 2.4.2025).

23 Vgl. https://www.semanticscholar.org/paper/An-overview-of-the-application-and-development-of-Yu-Zhang/cd7df961cbbdf4ce8ba5ed1a5679c097706c616c, vgl. https://www.semanticscholar.org/paper/Ensuring-Data-Integrity-And-Security-In-Diverse-To-Joy-Devaraju/e1619a5c5c7c24d06923f8a8b9b0589e461b03de (beide zuletzt abgerufen am 2.4.2025).

24 Vgl. https://arxiv.org/abs/1912.08320; https://arxiv.org/pdf/2107.02278 (beide zuletzt abgerufen am 2.4.2025).

balance spricht man, wenn die Anzahl der Daten in einer Klasse die Anzahl der Daten in anderen Klassen deutlich übersteigt. Dieses Problem tritt vor allem dann auf, wenn eine Klasse in der Praxis deutlich seltener vorkommt. Ein Beispiel hierfür ist die Erkennung betrügerischer Kreditkartenzahlungen, bei der die Anzahl der tatsächlichen betrügerischen Zahlungen deutlich geringer ist als die Anzahl der nicht betrügerischen Zahlungen.

81 Diese **ungleiche Verteilung** kann dazu führen, dass KI-Modelle in ihren Vorhersagen zu der Mehrheitsklasse tendieren sowie zu einem schlechten sog. Sensitivitätswert für die Minderheitsklasse. Der Sensitivitätswert beschreibt die Fähigkeit des Modells, alle tatsächlich positiven Ergebnisse auch als solche zu erkennen. Im Beispiel der betrügerischen Kreditkartenzahlungen würde ein niedriger Sensitivitätswert bedeuten, dass das Modell nicht zuverlässig in der Lage ist, zu erkennen, ob eine Kreditkartenzahlung betrügerisch ist.

82 Auch sei darauf hingewiesen, dass ein hoher Genauigkeitswert eines Modells in einem solchen Fall fehlleiten kann. Angenommen im Beispiel der betrügerischen Zahlungen seien 98 % der Zahlungen nicht betrügerisch, 2 % betrügerisch und dem KI-Modell wird eine Genauigkeit von 95 % zugesprochen. So vermag dieser Wert den Eindruck einer guten Leistung vermitteln, täuscht jedoch, da die Genauigkeit bereits bei 98 % liegen würde, würde man in jedem Fall schlicht eine nicht betrügerische Zahlung annehmen.

83 Um solche Phänomene zu vermeiden, insbesondere auch vor der in den Erwägungsgründen angesprochenen zu vermeidenden Diskriminierung von Minderheiten, gibt es verschiedene Ansätze, die insbesondere auch das Verhältnis der Klassen im Datensatz verändern. Beispiele hierfür sind Over- und Undersampling oder die Synthetic Minority Oversampling Technique (SMOTE).[25]

dd) Statistische Merkmale am trainierten Modell

84 Der Wortlaut des Art. 10 Abs. 3 betrachtet Datensätze losgelöst und isoliert von den KI-Modellen. Es ist jedoch darauf hinzuweisen, dass ebenfalls unterstützend eine zusätzliche Evaluierung von Datensätzen durch das Trainieren von KI-Modellen mit diesen Daten erfolgen kann.

85 Im Anschluss an das Training können Untersuchungen am Modell vorgenommen werden und Metriken erstellt werden, die primär die Fähigkeiten des Modells bewerten, allerdings dadurch **Rückschlüsse** auf die Daten zulassen können und helfen, diese ggf. nachträglich zu verbessern.

86 So kann beispielsweise eine Konfusionsmatrix verwendet werden, um die Leistung eines Klassifikationsmodells zu bewerten. Sie zeigt die richtigen und falschen Vorhersagen, aufgeschlüsselt nach tatsächlichen und vorhergesagten Klas-

25 https://arxiv.org/abs/1106.1813 (zuletzt abgerufen am 2.4.2025).

sen. Tendenzen zu einer bestimmten Klasse können so gut erkannt und die Ursachen dafür ggf. auch in den Trainingsdaten identifiziert werden. Weitere Werte, wie beispielsweise der Präzisionswert, können die Vorhersagefähigkeit des Modells aus mehreren Blickwinkeln betrachten. Der Präzisionswert misst den Anteil tatsächlicher Vorhersagen unter allen vom Modell getroffenen positiven Vorhersagen. Andere relevante Werte sind unter anderem der Sensitivitätswert, der F1-Score, die Genauigkeit und die Spezifität.[26]

f) Bezugspunkt

Vielversprechend in diesem Zusammenhang ist Art. 10 Abs. 3 Satz 2. Danach können die von Art. 10 Abs. 3 Satz 1 verlangten Merkmale der Datensätze „auf der Ebene einzelner Datensätze oder auf der Ebene einer Kombination davon erfüllt werden“. **87**

Aus der Formulierung dieses Absatzes, sowie der gesamten Formulierung von Abs. 3, die jeweils von Datensätzen spricht, ergibt sich, dass die KI-VO richtigerweise davon ausgeht, dass bei dem Training eines KI-Modells mehrere Datensätze jeweils für Training, Validierung und Testen zum Einsatz kommen können. **88**

Art. 10 Abs. 3 Satz 2 eröffnet nunmehr die Möglichkeit, Defizite eines Datensatzes **durch die Kombination** mit anderen Datensätzen auszugleichen. Soweit die KI-VO klarstellt, dass die geforderten Merkmale „auf der Ebene einzelner Datensätze oder einer Kombination“ gegeben sein müssen, folgt daraus zunächst, dass nicht alle Datensätze die Merkmale erfüllen müssen, solange das Gesamtergebnis die geforderten Merkmale aufweist. Insbesondere können also einzelne Datensätze verzerrt sein, solange dies im Gesamtergebnis berücksichtigt und ausgeglichen wird. **89**

Dem liegt insbesondere die Annahme zugrunde, dass Datensätze auch dann nicht gegen Art. 10 verstoßen, wenn sie auf den ersten Blick die geforderten Merkmale nicht erfüllen, solange die mit dem Modell erzeugten Ergebnisse keine Hinweise auf Rechtsverletzungen oder Verzerrungen hinsichtlich des Verwendungszwecks enthalten. In einem solchen Fall kann nämlich davon ausgegangen werden, dass die Kombination der verwendeten Datensätze spätestens zum Zeitpunkt des Modelltrainings zur Erfüllung der geforderten Merkmale geführt hat. **90**

Relevant wird ein solcher Ansatz z. B. bei der Kombination vorhandener großer Datensätze mit spezialisierten Datensätzen. Hierbei wird so dann erlerntes Wis- **91**

26 Vgl. https://www.semanticscholar.org/paper/Probabilistic-Extension-of-Precision%2C-Recall%2C-and-Yacouby-Axman/02926bce47bf12e2f64a8a38e7820524b48ab07b (zuletzt abgerufen am 2.4.2025).

sen auf einen neuen Anwendungsfall übertragen. Üblicherweise bezeichnet man Vorgehensweisen, die vortrainiertes Wissen für weitere Anwendungsfälle verwenden, als Transfer Learning.[27] Als Beispiel sei ein Modell genannt, das auf die Erkennung verschiedener Blumen und Pflanzen trainiert werden soll.[28] Als Basis könnte zunächst ein Modell verwendet werden, das auf der bekannten Bilddatenbank ImageNet trainiert wurde. Ein Training auf dieser Basis ermöglicht es dem Modell, allgemeine Prinzipien der Bilderkennung aus den Daten zu extrahieren. Anschließend kann das Modell mit einem Datensatz, der die zu klassifizierenden Pflanzen enthält, auf den konkreten Anwendungsfall eingestellt werden. Der Vorteil ist hierbei insbesondere, dass der zweite Pflanzendatensatz weniger Datenpunkte enthalten kann, als er ohne das Training mit ImageNet bräuchte, da das Modell bereits durch den ersten Datensatz Grundlagen der Bilderkennung extrahieren konnte. ImageNet erfüllt in einem solchen Anwendungsfall nicht die Voraussetzungen des Art. 10 Abs. 3 für den konkreten Anwendungsfall der Pflanzen. Auch der Pflanzendatensatz erfüllt ggf. nicht alle Voraussetzungen. Erst die anschließende Kombination der beiden Datensätze durch das abgestufte Training führt zu einer Erfüllung der Voraussetzungen.

4. Berücksichtigung besonderer typischer Merkmale und Elemente (Abs. 4)

92 Nach Art. 10 Abs. 4 müssen die Datensätze, „soweit dies für die Zweckbestimmung erforderlich ist, die entsprechenden Merkmale oder Elemente berücksichtigen, die für die besonderen geografischen, kontextuellen, verhaltensbezogenen oder funktionalen Rahmenbedingungen, unter denen das Hochrisiko-KI-System bestimmungsgemäß verwendet werden soll, typisch sind“.

93 Abs. 4 ist wie Abs. 2 ebenfalls eine Konkretisierung der in Abs. 3 festgelegten Grundsätze. Die Formulierung „die Datensätze“ ist hierbei gleichbedeutend mit Trainings-, Validierungs- und Testdatensätzen. Ein Mehrwert durch Abs. 4, insbesondere in Ergänzung zu Abs. 3, ist nicht ersichtlich.

94 Die Einschränkung der Anforderungen auf die Erforderlichkeit für die Zweckbestimmung ist hierbei von überragender Bedeutung, da es praktisch oftmals enorm erschwert sein dürfte, die Anforderungen für alle mit den Daten in Verbindung stehenden Bereichen zu erfüllen.

95 Vor dem Hintergrund von Abs. 3 dürfte die Erforderlichkeit für die Zweckbestimmung eher weit zu verstehen sein. Immer dann, wenn im Rahmen der

27 Vgl. https://arxiv.org/abs/2201.09679 (zuletzt abgerufen am 2.4.2025).

28 Alternativ am Beispiel der Erkennung medizinischer Pflanzenblätter: https://www.semanticscholar.org/paper/Transfer-Learning-for-Medicinal-Plant-Leaves-A-with-Ayumi-Ermatita/a31b664e4aac3062ac61a288390ba1d0a04b0cc8 (zuletzt abgerufen am 2.4.2025).

Zweckbestimmung Diskriminierungs- oder Verletzungspotenzial besteht, müssen die Datensätze für diese Fälle die entsprechenden Merkmale und Elemente berücksichtigten.

Der Begriff des „Merkmals“ ist hierbei ähnlich den Merkmalen im Begriff der biometrischen Daten gem. Art. 3 Nr. 34 zu verstehen. Merkmale sind die Informationen, die etwas **identifizierbar** machen. Der Begriff des „Elements“ dürfte daneben eine Auffangfunktion haben und alle sonstigen Informationen erfassen, die in irgendeiner Art und Weise für die besonderen geografischen, kontextuellen, verhaltensbezogenen oder funktionalen Rahmenbedingungen typisch sind. **96**

Der Gesetzgeber unterscheidet eine Vielzahl unterschiedlicher Rahmenbedingungen. Die Abgrenzung zwischen den einzelnen Begriffen ist unklar, da es überwiegend **Überschneidungen** gibt. „Geographische Rahmenbedingungen“ sind die Bedingungen, die aufgrund geographischer Gegebenheiten bestehen und von geographischer Region zu geographischer Region variieren können, folglich also diejenigen geographischen Rahmenbedingungen, die für die Zweckbestimmung relevant sind. „Kontextuelle Rahmenbedingungen“ sind Bedingungen, die im Zusammenhang mit den Merkmalen und Eigenschaften stehen und im Rahmen der Zweckbestimmung relevant werden könnten. Aus den Erwägungsgründen geht hervor, dass „Kontext“ hierbei unter anderem die Umgebung meint, in der KI-Systeme betrieben werden.[29] Verhaltensbezogene und funktionale Rahmenbedingungen sollten zusammen betrachtet werden. Funktionale Rahmenbedingungen dürften insbesondere die Interaktion mehrerer KI-Modelle innerhalb eines KI-Systems betreffen, verhaltensbezogene Rahmenbedingungen könnten beispielsweise menschliches Verhalten in Stresssituationen umfassen. **97**

5. Abs. 5

a) Verarbeitungsgrundlage

Abs. 5 regelt den Umgang mit besonderen Kategorien personenbezogener Daten beim KI-Training. Der Begriff wird in Art. 3 Nr. 37 legaldefiniert **98**

Wer Künstliche Intelligenz trainiert, steht vor einem **Zielkonflikt**: **99**

– Lässt man besondere Kategorien personenbezogener Daten (z.B. Bilder von Rollstuhlfahrern im Straßenverkehr) im Trainingsset, droht ein Verstoß gegen Art. 9 DSGVO. Dieser sieht für besondere Kategorien personenbezogener Daten (zusätzlich zu Art. 6 DSGVO) erhöhte Anforderungen an die rechtskonforme Verarbeitung vor, indem er ein grundsätzliches Verarbeitungsverbot (Art. 9 Abs. 1 DSGVO) mit besonders strengen Anforderungen für die

29 ErwG 12.

Zulässigkeit der Verarbeitung kombiniert (Art. 9 Abs. 2 und 3 DSGVO).[30] Die besondere Herausforderung besteht darin, dass die Erlaubnistatbestände in Art. 9 Abs. 2 DSGVO sehr eng formuliert sind und – anders als in Art. 6 Abs. 1 Satz 1 lit. f DSGVO – keine Rechtfertigung durch einfache Interessenabwägung möglich ist.

– Trainiert man bewusst ohne besondere Kategorien personenbezogener Daten, droht ein Bias des KI-Systems (z. B. das autonome Auto erkennt den Rollstuhlfahrer nicht, weil dessen Eigenschaften in den Trainingsdaten unterrepräsentiert waren).

100 Um den Zielkonflikt zu lösen und solche Diskriminierungen zu vermeiden, schafft Art. 10 Abs. 5 eine **neue Möglichkeit zur Verarbeitung** besonderer Kategorien personenbezogener Daten. Bei Art. 10 Abs. 5 dürfte es sich um eine neue Verarbeitungsgrundlage im Sinne von Art. 9 Abs. 2 lit. g DSGVO bzw. Art. 10 Abs. 2 lit. g der Verordnung (EU) 2018/1725 handeln.[31] Dafür spricht auch der Wortlaut „dürfen die Anbieter […] Kategorien personenbezogener Daten verarbeiten". Art. 10 Abs. 5 ist eine notwendige Konsequenz der Anforderungen von Art. 10 Abs. 3. Gemäß ErwG 63 sollte die KI-VO nicht so verstanden werden, dass sie eine Rechtsgrundlage für die Verarbeitung personenbezogener Daten, ggf. einschließlich besonderer Kategorien personenbezogener Daten, bildet, „es sei denn, in dieser Verordnung ist ausdrücklich etwas anderes vorgesehen". Eine solche ausdrückliche Ausnahme bildet wohl Art. 10 Abs. 5.

101 Der Gesetzgeber hat Art. 10 Abs. 5 lediglich als **Ausnahmevorschrift** ausgestaltet. Das geht aus praktischer Sicht allerdings an der Realität vorbei: Es ist zu erwarten, dass die Praxis Art. 10 Abs. 5 nicht nur als Ausnahmevorschrift, sondern als **besonders wichtige Alltags-Vorschrift** anwenden wird, da andernfalls oft kein diskriminierungsfreies KI-Training möglich wäre. Mit anderen Worten: Art. 9 DSGVO provoziert die Selektion von Trainingsdaten zulasten der Repräsentativität von Personen mit besonders sensiblen Merkmalen. Art. 10 Abs. 5 ist das notwendige Korrektiv zu Art. 9 DSGVO, ohne das in vielen Bereichen kein repräsentatives KI-Training möglich wäre.

102 Bemerkenswert ist auch, dass Art. 10 Abs. 5 in der Entwurfsversion vom 6.2.2024 zunächst noch in einem ErwG 44c normiert war. Der Gesetzgeber hat sich aber ab der vom Parlament genehmigten Fassung vom 13.3.2024 bewusst dazu entschieden, die Verarbeitungsgrundlage mit Normgeltung zu regeln. Diese Hervorhebung spricht dafür, dass Art. 10 Abs. 5 Anwendern gerade als **Verarbeitungsgrundlage** im Sinne des Art. 9 Abs. 2 lit. g DSGVO dienen soll.

---

30 *Albers/Veit*, in: Wolff/Brink/v. Ungern-Sternberg, BeckOK DatenschutzR, Art. 9 DSGVO Rn. 1.

31 So ausdrücklich ErwG 70.

b) Erforderlichkeit zur Vermeidung von Verzerrungen

Nach Art. 10 Abs. 5 Satz 1 muss die Verarbeitung besonderer Kategorien personenbezogener Daten zunächst für die Erkennung und Korrektur von Verzerrungen im Zusammenhang mit Hochrisiko-KI-Systemen im Einklang mit Art. 10 Abs. 2 lit. f und g unbedingt erforderlich sein. Im Kern geht es also um die Verhinderung und **Abschwächung von möglichen Verzerrungen** (Bias), die die Gesundheit und Sicherheit von Personen beeinträchtigen, sich negativ auf die Grundrechte auswirken oder zu einer nach den Rechtsvorschriften der Union verbotenen Diskriminierung führen könnten, insbesondere wenn die Datenausgaben die Eingaben für künftige Operationen beeinflussen. **103**

Hier kommt es maßgeblich auf die **Umstände des Einzelfalls** an. In der Praxis wird man diese Erforderlichkeit bereits aus statistischen Gründen häufig bejahen müssen: Ohne die Verwendung besonderer Kategorien personenbezogener Daten liegt es auf der Hand, dass die entsprechenden Daten im KI-Training unterrepräsentiert sind und daher eine Verzerrung droht. **104**

c) Angemessene Vorkehrungen

Zusätzlich zu den Anforderungen des Datenschutzrechts (Art. 10 Abs. 5 Satz 2 nennt hierzu die „Verordnungen (EU) 2016/679 und (EU) 2018/1725" und „Richtlinie (EU) 2016/680") müssen nach Art. 10 Abs. 5 Satz 2 angemessene Vorkehrungen für den Schutz der Grundrechte und Grundfreiheiten natürlicher Personen getroffen worden sein. Darüber hinaus darf eine Verarbeitung besonderer Kategorien personenbezogener Daten nach Art. 10 Abs. 5 Satz 3 nur stattfinden, soweit die in den lit. a bis f genannten Anforderungen erfüllt sind. **105**

Art. 11 Technische Dokumentation

(1) Die technische Dokumentation eines Hochrisiko-KI-Systems wird erstellt, bevor dieses System in Verkehr gebracht oder in Betrieb genommen wird, und ist auf dem neuesten Stand zu halten.

Die technische Dokumentation wird so erstellt, dass aus ihr der Nachweis hervorgeht, wie das Hochrisiko-KI-System die Anforderungen dieses Abschnitts erfüllt, und dass den zuständigen nationalen Behörden und den notifizierten Stellen die Informationen in klarer und verständlicher Form zur Verfügung stehen, die erforderlich sind, um zu beurteilen, ob das KI-System diese Anforderungen erfüllt. Sie enthält zumindest die in Anhang IV genannten Angaben. KMU, einschließlich Start-up-Unternehmen, können die in Anhang IV aufgeführten Elemente der technischen Dokumentation in vereinfachter Weise bereitstellen. Zu diesem Zweck erstellt die Kommission ein vereinfachtes Formular für die technische Dokumentation, das auf die Bedürfnisse von kleinen Unternehmen und Kleinstunternehmen zugeschnitten ist. Entscheidet sich ein KMU, einschließlich Start-up-Unternehmen, für eine vereinfachte Bereitstellung der in Anhang IV vorgeschriebenen Angaben, so verwendet es das in diesem Absatz genannte Formular. Die notifizierten Stellen akzeptieren das Formular für die Zwecke der Konformitätsbewertung.

(2) Wird ein Hochrisiko-KI-System, das mit einem Produkt verbunden ist, das unter die in Anhang I Abschnitt A aufgeführten Harmonisierungsrechtsvorschriften der Union fällt, in Verkehr gebracht oder in Betrieb genommen, so wird eine einzige technische Dokumentation erstellt, die alle in Absatz 1 genannten Informationen sowie die nach diesen Rechtsakten erforderlichen Informationen enthält.

(3) Die Kommission ist befugt, wenn dies nötig ist, gemäß Artikel 97 delegierte Rechtsakte zur Änderung des Anhangs IV zu erlassen, damit die technische Dokumentation in Anbetracht des technischen Fortschritts stets alle Informationen enthält, die erforderlich sind, um zu beurteilen, ob das System die Anforderungen dieses Abschnitts erfüllt.

Mit Art. 11 korrespondiert Erwägungsgrund 71.

Schrifttum: *Ammann/Pohle*, KI-Verordnung – Was bisher geschah und jetzt zu tun ist, CB 2024, 137; *Ashkar/Schröder*, Das Gesetz über künstliche Intelligenz der Europäischen Union (KI-Verordnung), BB 2024, 771; *Dahm*, Der Artifical Intelligence Act als neuer Maßstab für künstliche Intelligenz: Das Spannungsfeld zwischen Regulatorik und Unternehmen, 2023; *Ehinger/Stiemerling*, Die urheberrechtliche Schutzfähigkeit von Künstlicher Intelligenz am Beispiel von Neuronalen Netzen, CR 2018, 761; *Engelfriet*, The Annotated AI Act, 2024; *Hense/Mustać*, AI Act kompakt, 2025; *Hilgendorf/Roth-Isigkeit*

(Hrsg.), Die neue Verordnung der EU zur künstlichen Intelligenz, 2023; *Martini/Wendehorst* (Hrsg.), KI-VO, Kommentar, 2024; *Mayr/Thiermann/Schrack/Kiesselbach*, Das neue Medizinprodukterecht, 2021; *Orssich*, Das europäische Konzept für vertrauenswürdige Künstliche Intelligenz, EuZW 2022, 254; *Rehmann/Wagner*, MP-VO, Verordnung (EU) 2017/745 über Medizinprodukte, 4. Aufl. 2023; *Roos/Weitz*, Hochrisiko-KI-Systeme im Kommissionsentwurf für eine KI-Verordnung, MMR 2021, 844; *Rostalski/Weiss*, Der KI-Verordnungsentwurf der Europäischen Kommission, ZfDR 2021, 329; *Schwartmann/Keber/Zenner*, KI-Verordnung, Leitfaden für die Praxis, 2. Aufl. 2024; *Voigt/Hullen*, Handbuch KI-Verordnung, 2024; *Wendt/Wendt*, Das neue Recht der Künstlichen Intelligenz, 2024; *Wiebe*, Produktsicherheitsrechtliche Betrachtung des Vorschlags für eine KI-Verordnung, BB 2022, 899.

Übersicht

I. Allgemeines

1. Zweck der Vorschrift

1 Die Vorschrift regelt die Anforderungen an die technische Dokumentation von Hochrisiko-KI-Systemen, um die Nachvollziehbarkeit, Überprüfbarkeit und Beobachtung der KI-Systeme zu ermöglichen.[1] Die Vorschrift folgt dabei dem all-

1 *Voigt/Hullen*, Handbuch KI-Verordnung, S. 78; *Braun Binder/Egli*, in: Martini/Wendehorst, KI-VO, Art. 11 Rn. 4.

gemeinen europäischen Produktsicherheitsrecht wie es zum Beispiel in der Medizinprodukteverordnung Niederschlag findet.[2] Ziel der Vorschrift ist es insbesondere, die Konformitätsbewertung (Art. 43) und die Marktüberwachung (Art. 46 Abs. 3) von Hochrisiko-KI-Systemen zu erleichtern, indem alle wesentlichen Daten dokumentiert werden, anhand derer die Übereinstimmung des Hochrisiko-KI-Systems mit den Vorschriften in Kapitel III Abschnitt 2 („Anforderungen an hochriskante KI-Systeme") durch die Aufsichtsbehörden überprüft werden kann und eine Beobachtung nach Inverkehrbringen ermöglicht wird.[3] Die technische Dokumentation dient allerdings auch dem Risikomanagement, indem auch Informationen zur Risikominimierung bereitgestellt werden müssen (Art. 9 Abs. 3). Darüber hinaus wird die technische Dokumentation auch regelmäßig Relevanz haben, wenn es zu (insbesondere auch zivilrechtlichen) Streitigkeiten etwa über die Mangelhaftigkeit des Produkts oder durch das KI-System verursachte Schäden kommt.

2. Entstehungsgeschichte

2 Die Vorschrift war im Wesentlichen in der endgültigen Form bereits im ursprünglichen Kommissionsentwurf enthalten. Neu eingefügt wurde durch das Europäische Parlament nur eine Sonderregelung für KMU und Start-up-Unternehmen.[4] Diese können von der Möglichkeit Gebrauch machen, lediglich eine vereinfachte Form der technischen Dokumentation zu erstellen.[5] Auch Anhang IV, welcher die Mindestanforderungen an die technische Dokumentation vorgibt, blieb im Wesentlichen unverändert. Lediglich Anhang IV Nr. 1 lit. g „Beschreibung der Benutzerschnittstelle", Anhang IV Nr. 2 lit. h „Cybersicherheitsmaßnahmen" und Anhang IV Nr. 4 „Eignung der Leistungskennzahlen" wurden neu durch das Europäische Parlament eingefügt.

3. Verhältnis zu anderen Vorschriften

3 Die Vorschrift regelt gemeinsam mit Anhang IV die Anforderungen an die technische Dokumentation für Hochrisiko-KI-Systeme. Eine entsprechende Regelung für KI-Modelle mit allgemeinem Verwendungszweck findet sich in Art. 53

---

2 *Wagner*, in: Rehmann/Wagner, MP-VO, Art. 10 Rn. 6; *Braun Binder/Egli*, in: Martini/Wendehorst, KI-VO, Art. 11 Rn. 19; *Wiebe*, BB 2022, 899, 902.

3 ErwG 71; *Roos/Weitz*, MMR 2021, 844, 848; *Engelfriet*, The Annotated AI Act, Art. 11, S. 106; vgl. *Wendt/Wendt*, Das neue Recht der Künstlichen Intelligenz, § 5 Rn. 22; *Hansen*, in: Schwartmann/Keber/Zenner, KI-Verordnung, Rn. 309; *Hense/Mustać*, AI Act kompakt, S. 237.

4 *Braun Binder/Egli*, in: Martini/Wendehorst, KI-VO, Art. 11 Rn. 9.

5 Europäisches Parlament, Angenommene Texte vom 14.6.2023, P9_TA(2023)0236, Abänderung 292.

i.V.m. Anhang XI. Die technische Dokumentation bildet die Grundlage zur Bewertung der Konformität des Hochrisiko-KI-Systems gem. Art. 43 ff. Die **Pflicht zur Erstellung** und **Aufbewahrung** der technischen Dokumentation gem. Art. 11 **trifft den Anbieter** des Hochrisiko-KI-Systems nach Art. 16 lit. a, d und k. Die technische Dokumentation ist gem. Art. 16 lit. d i.V.m. mit Art. 18 Abs. 1 lit. a für einen Zeitraum von 10 Jahren ab Inverkehrbringen oder Inbetriebnahme vom Anbieter aufzubewahren (siehe auch Art. 18 Rn. 4). Die Pflicht zur Bereithaltung für 10 Jahre ab Inverkehrbringen oder Inbetriebnahme trifft – sofern der Anbieter in einem Drittland ansässig ist – als Mindestumfang seines Auftrags auch den **Bevollmächtigten** nach Art. 22 Abs. 3 lit. b. Einführer müssen nach Art. 23 Abs. 1 lit. b überprüfen, dass der Anbieter die technische Dokumentation erstellt hat, und sicherstellen, dass diese den nationalen Behörden zur Verfügung gestellt werden kann (Art. 23 Abs. 6). Händler (Art. 25) und Betreiber (Art. 26) eines Hochrisiko-KI-Systems treffen keine speziellen Pflichten im Hinblick auf die technische Dokumentation.

II. Allgemeine Anforderungen an die technische Dokumentation (Abs. 1)

Die technische Dokumentation ist gemäß Art. 11 Abs. 1 Satz 1 Hs. 1 zu erstellen, **bevor** ein Hochrisiko-KI-System in den Verkehr gebracht (Art. 3 Nr. 9) oder in Betrieb genommen (Art. 3 Nr. 11) wird. Nach Art. 11 Abs. 1 Satz 1 Hs. 2 ist die technische Dokumentation **auf dem neuesten Stand** zu halten. ErwG 71 stellt klar, dass diese Pflicht für die gesamte Lebensdauer des KI-Systems gilt, wobei die Dokumentation „angemessen" auf dem neuesten Stand zu halten ist. Dies legt nahe, dass der Anbieter eine gewisse Verhältnismäßigkeitsbeurteilung durchführen kann. Eine Aktualisierung wird jedenfalls dann erforderlich sein, wenn eine neue Version oder ein „Release" allgemein herausgegeben wird. Hierbei dürfte es sich ohnehin um ein neues „Inverkehrbringen" i. S. d. Art. 3 (siehe Rn. 139 ff.) handeln. Aber auch in der Zwischenzeit kann eine Aktualisierung der Dokumentation erforderlich und im Sinne des Anbieters sein, etwa dann, wenn sich aus der Marktbeobachtung oder neuen Tests relevante Erkenntnisse ergeben und/oder auf dieser Basis Maßnahmen umgesetzt werden sollen oder dokumentiert werden soll, dass keine Maßnahmen umgesetzt werden müssen. Dabei ist die Pflege der Dokumentation auch i. S. d. Anbieters, weil er sich damit gegebenenfalls auch unter Hinweis auf die Umsetzung der Maßnahme entlasten kann. In der Praxis wird eine solche Dokumentation regelmäßig auch durch den Einsatz von Software unterstützt, die den aktuellen Stand zu allen relevanten Zeitpunkten abbilden kann. 4

Nach Art. 11 Abs. 1 Satz 2 ist **Zweck** der technischen Dokumentation, den Nachweis zu erbringen, dass das KI-System die Anforderungen von Kapitel III, 5

„Hochrisiko-KI-Systeme", Abschnitt 2 „Anforderungen an Hochrisiko-KI-Systeme" erfüllt. Die technische Dokumentation bildet eine wesentliche Komponente, die den nationalen Behörden und den notifizierten Stellen die Prüfung ermöglichen soll, ob alle einschlägigen Anforderungen an die KI-Systeme eingehalten werden.[6] Auch soll nach ErwG 71 die technische Dokumentation umfassende Informationen enthalten, welche die Nachvollziehbarkeit der KI-Systeme, die Beobachtung des Betriebs und die Beobachtung nach dem Inverkehrbringen ermöglichen. Sie ist inhaltlich so zu gestalten, dass aus ihr hervorgeht, dass alle relevanten Anforderungen an ein Hochrisiko-KI-System gemäß Kapitel III Abschnitt 2 erfüllt sind und fortlaufend überprüft werden können.

6 Dies erfordert Informationen zu allgemeinen Merkmalen, Fähigkeiten und Grenzen des Systems, die verwendeten Algorithmen, Daten und Trainings-, Test- und Validierungsverfahren sowie die Dokumentation des einschlägigen Risikomanagementsystems.[7] Die technische Dokumentation muss demnach Angaben zu dem implementierten Risikomanagementsystem (Art. 9), zu der Umsetzung der Daten-Governance (Art. 10), zu den Protokollierungspflichten (Art. 12), in welcher Form den Betreibern wesentliche Informationen über das KI-System bereitgestellt werden (Art. 13), wie die Sicherstellung menschlicher Aufsicht gewährleistet wird (Art. 14), und schließlich zu Genauigkeit, Robustheit und Cybersicherheit des Systems (Art. 15) enthalten. Nach Art. 11 Abs. 1 Satz 3 muss die technische Dokumentation **zumindest** die in **Anhang IV** genannten Angaben enthalten (siehe Rn. 12 ff.). Die Dokumentation ist nach ErwG 71 in umfassender Form abzufassen. Um die Nachweiserfordernisse zu erfüllen, ist somit ein hoher Detaillierungsgrad erforderlich,[8] der Unternehmen in der Praxis vor hohe Herausforderungen stellen wird.

7 Hinsichtlich der Form gibt Art. 11 Abs. 1 Satz 2 vor, dass die technische Dokumentation **in klarer und verständlicher Form** zu verfassen ist. Dabei ist zu berücksichtigen, dass die Adressaten die zuständigen nationalen Behörden und die notifizierten Stellen sind.[9] Zur verständlichen Form gehört auch die **Sprache**. Nach ErwG 143 können beispielsweise Übersetzungskosten im Zusammenhang mit der verpflichtenden Dokumentation und Kommunikation mit Behörden insbesondere für kleinere Anbieter sehr erheblich sein. Die Mitgliedstaaten werden deshalb aufgefordert, dafür zu sorgen, dass diese hinsichtlich der „einschlägigen Dokumentation" jedenfalls eine der Sprachen akzeptieren, die von einer größtmöglichen Zahl grenzüberschreitender Betreiber weitgehend verstanden wird. Auch wenn sich dies dem Wortlaut „Betreiber" zufolge in erster Linie

---

6 *Dahm*, Der Artifical Intelligence Act als neuer Maßstab für künstliche Intelligenz, S. 20.

7 ErwG 71.

8 *Roos/Weitz*, MMR 2021, 844, 848.

9 *Engelfriet*, The Annotated AI Act, Art. 11, S. 110.

auf die Betriebsanleitung beziehen dürfte, gilt der gleiche Gedanke für die technische Dokumentation. Das dürfte jedenfalls die ohnehin im IT-Bereich sehr gebräuchliche englische Sprache sein, die gerade im Bereich der künstlichen Intelligenz auch die Fachsprache für die meisten relevanten Veröffentlichungen weltweit darstellt. Die meisten notifizierten Stellen in Deutschland sind mit der englischen Sprache als Fachsprache ohnehin vertraut. In anderen Gebieten wie dem Medizinprodukterecht zeigt sich auch, dass die Behörden in Deutschland die englische Sprache akzeptieren.[10]

Um den besonderen Bedürfnissen von **KMU** (definiert als „kleine und mittlere Unternehmen" in ErwG 8) einschließlich **Start-up-Unternehmen** gerecht zu werden, können diese nach Art. 11 Abs. 1 Satz. 4 die technische Dokumentation in vereinfachter Weise bereitstellen. Dies ist eine von mehreren Stellen, an denen die KI-VO Erleichterungen für KMU vorsieht. Die EU hat das Innovationspotenzial solcher Unternehmen erkannt und möchte bewusst eine Benachteiligung im internationalen Wettbewerb verhindern.[11] **8**

Die Kommission wird angewiesen, ein vereinfachtes Formular für die Bereitstellung der in Anhang IV vorgeschriebenen Angaben zur Verfügung zu stellen, das auf die Bedürfnisse von KMU zugeschnitten ist. Die notifizierten Stellen müssen sodann das vollständig ausgefüllte Formular zum Zwecke der Konformitätsbewertung akzeptieren. Dadurch wird sich zwangsläufig ein Spannungsverhältnis zwischen der Dokumentation aller Anforderungen an Hochrisiko-KI und der Vereinfachung für KMU und Start-up-Unternehmen entstehen. Dabei dürften sich im Wesentlichen die Anforderungen an die Darstellung gewisser Themen oder Unterthemen verringern (siehe oben Rn. 6). Die Notwendigkeit einer umfassenden Darstellung (siehe oben Rn. 6) sowie der klaren und verständlichen Form (siehe oben Rn. 7) dürfte bestehen bleiben. **9**

III. Hochrisiko-KI-Systeme, die mit einem Produkt verbunden sind (Abs. 2)

Art. 11 Abs. 2 regelt, dass nur eine einzige technische Dokumentation zu erstellen ist, wenn ein Hochrisiko-KI-System in Verkehr gebracht oder in Betrieb genommen wird, das **mit einem Produkt** verbunden ist, welches unter die in Anhang I Abschnitt A aufgeführten Harmonisierungsrechtsvorschriften fällt (zum Beispiel Maschinen, Spielzeug, Medizinprodukte). Ist bei solchen sog. „embedded" KI-Systemen nach Anhang I eine Konformitätsbewertung durch Dritte angeordnet, so ist das System als hochriskant einzustufen. Im Gegensatz **10**

10 *Mayr/Thiermann/Schrack/Kiesselbach*, Das neue Medizinprodukterecht, S. 78 Rn. 117.
11 *Ashkar/Schröder*, BB 2024, 771, 773; *Voigt/Hullen*, Handbuch KI-Verordnung, S. 22.

dazu unterliegen die sog. „stand-alone“ KI-Systeme keinen Harmonisierungsvorschriften, werden aber gleichwohl wegen ihres Einsatzbereichs als hochriskant betrachtet.[12] Diese umfassende technische Dokumentation muss dann sowohl die in Art. 11 Abs. 1 genannten Anforderungen der KI-VO als auch die nach den jeweils einschlägigen Rechtsakten erforderlichen Informationen enthalten. Hiermit soll der Gleichlauf der horizontalen Regulierung hergestellt werden.[13] Zweck ist dabei einerseits die Ersparnis von Kosten und die Vermeidung einer Doppelbelastung sowie andererseits die Wahrung der Einheitlichkeit des Verfahrens.[14]

IV. Ermächtigung der Europäischen Kommission zum Erlass delegierter Rechtsakte (Abs. 3)

11 Art. 11 Abs. 3 ermächtigt die Kommission, gemäß Art. 97 delegierte Rechtsakte zur Änderung des Anhangs IV zu erlassen, um die Anforderungen der technischen Dokumentation an den technischen Fortschritt anzupassen. Hintergrund ist, dass die weiteren Entwicklungen im Bereich der Künstlichen Intelligenz nicht vorhersehbar sind. Die Vorschrift muss deshalb ausreichend flexibel sein, um auch in einem sich stetig wandelnden Bereich einen stabilen Rechtsrahmen zur Verfügung zu stellen.[15]

12 Anhang IV regelt einen umfassenden Katalog der Informationen, die mindestens in der gemäß Art. 11 von Anbietern von Hochrisiko-KI-Systemen zu erstellenden Dokumentation enthalten sein müssen.

V. Inhaltliche Vorgaben für delegierte Rechtsakte (Anhang IV)

1. Beschreibung des KI-Systems (Nr. 1)

13 Die technische Dokumentation muss zunächst eine allgemeine Beschreibung des KI-Systems enthalten. Der notwendige Inhalt dieser Beschreibung wird sehr deskriptiv in den folgenden Buchstaben geregelt.

14 **Lit. a**: Die Beschreibung muss zunächst die Zweckbestimmung des KI-Systems enthalten. Diese ist insbesondere auch für die Klassifizierung als Hochrisiko-KI-System gem. Annex III relevant (vgl. insbesondere auch die Definition der

---

12 *Braun Binder/Egli*, in: Martini/Wendehorst, KI-VO, Art. 11 Rn. 2.

13 *Spindler*, in: Hilgendorf/Roth-Isigkeit, Die neue Verordnung der EU zur künstlichen Intelligenz, § 5 Rn. 38; *Braun Binder/Egli*, in: Martini/Wendehorst, KI-VO, Art. 11 Rn. 17.

14 ErwG 64.

15 *Braun Binder/Egli*, in: Martini/Wendehorst, KI-VO, Art. 11 Rn. 18.

„Zweckbestimmung" in Art. 3 Nr. 12). Dabei sollte dargestellt werden, für welche Verwendung das System laut Anbieter bestimmt ist. Die eindeutige Festlegung der Zweckbestimmung des KI-Systems in der technischen Dokumentation ist ein maßgeblicher Faktor für die Einordung als Hochrisiko-KI-System sowie die hieraus resultierenden Pflichten des Anbieters (oder – bei Veränderung der Zweckbestimmung eines KI-Systems durch den Betreiber gem. Art. 25 Abs. 1 lit. c – der Qualifizierung des Betreibers als Anbieter eines Hochrisiko-KI-Systems). Außerdem müssen der Name des Anbieters sowie die Version des Systems mit Angaben dazu, in welcher Beziehung sie zu vorherigen Versionen steht, enthalten sein. Bei letzterem dürfte eine Versionshistorie („Changelog") hinreichend sein, wie sie in der Softwareentwicklung allgemein üblich ist und die Neuerungen in jeder Version knapp umreißt.

Lit. b: Falls das KI-System mit anderer Hard- oder Software einschließlich an- **15** derer KI-Systeme verwendet wird oder interagiert, muss dargestellt werden, wie die Interaktion stattfindet, und müssen Angaben zu der jeweiligen Hard- oder Software gemacht werden.

Lit. c: Die Dokumentation des KI-Systems muss ferner die Versionen der betref- **16** fenden Software oder Firmware beschreiben. Während Anhang IV Nr. 1 lit. a somit die allgemeine Versionierung des KI-Systems als solche betrifft, ist diese Ziffer wohl so zu verstehen, dass sie sich auf die spezifischen Versionen von relevanter Software und/oder Firmware bezieht, die zum Betrieb des Systems erforderlich sind. Zudem sind etwaige Anforderungen in Bezug auf die Aktualisierungen der Versionen darzustellen.

Lit. d: Erforderlich ist weiter eine Beschreibung sämtlicher Formen, in denen **17** das KI-System in Verkehr gebracht oder in Betrieb genommen wird. Der Gesetzestext nennt insbesondere die Bereitstellung als ein in Hardware eingebettetes Softwarepaket, als Download oder über eine API (Application Programming Interface).

Lit. e: Die Hardware, auf der das KI-System betrieben werden soll, muss be- **18** schrieben werden. Sofern konkrete Hardware zum ordnungsgemäßen Betrieb erforderlich ist, muss diese klar identifizierbar beschrieben werden. Sofern es möglich ist, die Hardwareanforderungen abstrakt zu umschreiben, können hier zum Beispiel die Anforderungen an die Architektur der Hardware, aber auch konkrete Mindestanforderungen an CPU, GPU, RAM und ähnliches beschrieben werden.

Lit. f: In den Fällen, in denen das KI-System Bestandteil eines Produktes ist, **19** also beispielsweise eines Medizinproduktes, müssen auch Fotos oder Abbildungen enthalten sein, die sowohl die äußeren Merkmale sowie die Kennzeichnungen als auch den inneren Aufbau der Produkte zeigen. Der Verweis auf äußere „Merkmale" legt nahe, dass gegebenenfalls auch äußere Details dargestellt werden müssen, die beispielsweise für die Unterscheidbarkeit von anderen Produkten relevant sind. Je nach Produkt werden sich zur Darstellung der „inneren Gestaltung" insbesondere technische Abbildungen eignen.

20 **Lit. g**: Die Benutzerschnittstelle, die dem Betreiber zur Verfügung gestellt wird, muss grundlegend beschrieben werden. Bei dieser Benutzerschnittstelle handelt es sich in der Regel nicht nur um eine gegebenenfalls für den Endnutzer vorgesehene Benutzerschnittstelle, sondern gegebenenfalls auch um eine technische Schnittstelle für den Betreiber, über die der Betreiber des KI-Systems gegebenenfalls notwendige Einstellungen vornehmen, Protokolle einsehen und das KI-System überwachen kann.

21 **Lit h**: Schließlich ist auch die Betriebsanleitung (siehe zur Definition Art. 3 Rn. 190 ff.) für den Betreiber beizufügen, die in Art. 13 geregelt ist. Sofern hier der Text von Anhang IV Nr. 1 lit. g fast wortgleich wiederholt wird, liegt nahe, dass es sich um ein Redaktionsversehen bei der Einfügung des Texts von lit. g handelt.

2. Beschreibung der Bestandteile des Hochrisiko-KI-Systems (Nr. 2)

22 Zudem muss die technische Dokumentation eine detaillierte Beschreibung der Bestandteile des KI-Systems sowie des Prozesses seiner Entwicklung enthalten. Die Anforderung „detailliert" macht deutlich, dass eine oberflächliche Beschreibung nicht ausreichend ist und auch Einzelheiten beschrieben werden müssen, sofern sie für die Nachvollziehbarkeit, Bewertung und Beobachtung des KI-Systems erforderlich sind.

23 **Lit. a**: Die Dokumentation muss eine Beschreibung der Methoden und Schritte zur Entwicklung des KI-Systems umfassen. Sofern auf vortrainierte Systeme oder Instrumente von Dritten zurückgegriffen wird, ist nach Anhang IV Nr. 2 lit. a Hs. 2 auch zu beschreiben, wie diese vom Anbieter verwendet, integriert oder geändert wurden. In diesem Zusammenhang sieht Art. 25 Abs. 4 (vgl. Art. 25 Rn. 38) vor, dass die Parteien der Wertschöpfungskette (die beispielsweise für das Trainieren, Finetuning, Validieren, Testen und Bewerten von Modellen eingesetzt werden) auf Grundlage einer schriftlichen Vereinbarung den Umfang der Unterstützung regeln, sodass dem Anbieter die notwendigen Informationen zur Verfügung stehen, die dieser braucht, um seine Pflichten zu erfüllen.[16]

24 **Lit. b**: Ferner sind die Entwurfsspezifikationen des KI-Systems zu beschreiben. Nach Anhang IV Nr. 2 lit. b Hs. 1 sollen dabei insbesondere die allgemeine Logik des Systems und der Algorithmen beschrieben werden. Hierbei sind den Möglichkeiten einer umfassenden Beschreibung aufgrund der Natur der Doku-

16 Siehe auch ErwG 88.

mentation zwangsläufig gewisse Grenzen gesetzt. Beispielsweise kann bei neuronalen Netzen jedenfalls die grundlegende Struktur des neuronalen Netzwerks beschrieben werden. Auch wenn nicht beschrieben werden kann, wie genau sich das neuronale Netz dann entwickelt, kann die Selbstlernfähigkeit des Systems an sich beschrieben werden, also wie es lernt und auch wo die Grenzen des Lernens liegen. Dazu können die Optimierungsfunktion und die Transformationsfunktion sowie die Eingabedaten beschrieben werden.[17] Anhang IV Nr. 2 lit. b Hs. 2 fordert, die wichtigsten Entwurfsentscheidungen mit den Gründen und getroffenen Annahmen aufzunehmen; dabei wird spezifisch erwähnt, dass die Annahmen sich auch auf die Personen oder Personengruppen beziehen sollen, bezüglich deren das System angewandt werden soll. Denn die Zielgruppe ist relevant für die Klassifizierung als Hochrisiko-KI (Art. 6) und etwa aber auch im Hinblick auf mögliche zu verhindernde Diskriminierungen und Verzerrungen (Bias) (Art. 10 Abs. 2 lit. f). Gemäß Anhang IV Nr. 2 lit. b Hs. 3 ist zudem die Darstellung der hauptsächlichen Einstufungsentscheidungen aufzunehmen. Anhang IV Nr. 2 lit. b Hs. 4 fordert ferner die Beschreibung, was das System optimieren soll und welche Bedeutung dabei den verschiedenen technischen Parametern zukommt. Es geht hier also um die Parametrisierung der Optimierungsfunktion, die beschrieben werden kann.[18] Anhang IV Nr. 2 lit. b Hs. 5 sieht zudem vor, dass der Anbieter die Darstellung des erwarteten Outputs des Systems und dessen erwartete Qualität zu beschreiben hat. Dies wird Anbieter vor eine nicht immer leicht zu bewältigende Aufgabe stellen. Der erwartete Output wird insbesondere nach Tests immer weiter konkretisiert und oftmals angemessen umschrieben werden können. Um die „erwartete Qualität“ zu beschreiben, muss zunächst ein geeigneter Qualitätsmaßstab definiert werden. Dieser wird je nach Anwendungsbereich variieren und kann auch mehrdimensional sein, wenn es mehrere Qualitäts- oder Bewertungskriterien gibt. So kann es je nach Anwendungsbereich einen großen Unterschied machen, ob ein Ergebnis falsch negativ oder falsch positiv ist. Sofern nicht ein Qualitätsmaßstab existiert, auf den verwiesen werden kann, muss der Qualitätsmaßstab demnach mit dargestellt werden. Nach Anhang IV Nr. 2 lit. b Hs. 6 müssen die getroffenen Entscheidungen im Hinblick auf Kompromisse bezüglich der technischen Lösungen dargestellt werden, die zur Erfüllung der Anforderungen in Kapitel III Abschnitt 2 getroffen wurden. Hier geht es also im Ergebnis im Wesentlichen um Einschränkungen gegenüber dem technisch Möglichen, die am KI-System vorgenommen werden.

Lit. c: Die Dokumentation hat die Beschreibung der Systemarchitektur zu enthalten. Aus der Beschreibung muss gemäß Anhang IV Nr. 2 lit. c Hs. 1 hervorgehen, wie die einzelnen Softwarekomponenten aufeinander aufbauen bzw. einander zuarbeiten und in die Gesamtverarbeitung integriert sind. Nach An- **25**

17 *Ehinger/Stiemerling*, CR 2018, 761, Rn. 11, 14 ff.
18 *Ehinger/Stiemerling*, CR 2018, 761, Rn. 20 ff.

hang IV Nr. 2 lit. c Hs. 2 müssen zudem die zum Entwickeln, Trainieren, Testen und Validieren des KI-Systems verwendeten Rechenressourcen beschrieben werden.

26 **Lit. d**: Die Art, Beschaffenheit und Qualität der zum Trainieren, Validieren und Testen der KI-Systeme verwendeten Daten spielt eine wesentliche Rolle für die Qualität und Funktionsweise des KI-Systems. Demensprechend sind gegebenenfalls Datenanforderungen in Form von Datenblättern, in denen die Trainingsmethoden und -techniken sowie die verwendeten Trainingsdatensätze beschrieben werden, darzustellen. Hierbei sind insbesondere auch die verwendeten (und regelmäßig kombinierten) Methoden des maschinellen Lernens zu erläutern, wie etwa das Trainieren der Systeme anhand von Feedback (sog. „Reinforcement Learning"), das „überwachte Lernen" (sog. „Supervised Learning") und das unüberwachte Lernen (sog. „Unsupervised Learning"). In diesem Zusammenhang müssen die zum Training verwendeten Datensätze beschrieben werden und Informationen zu ihrer Herkunft, ihrem Umfang und ihren Hauptmerkmalen aufgenommen werden. Daneben sind Angaben zur Beschaffung und Auswahl der Daten vorzusehen. Auch das Kennzeichnungsverfahren (sog. „Labeling") (zum Beispiel für „überwachtes Lernen" des Systems) und Datenbereinigungsmethoden (zum Beispiel „Erkennung von Ausreißern") müssen erläutert werden. Insoweit handelt es sich um die Darstellung der Daten-Governance- und Datenverwaltungsverfahren, wie sie Art. 10 vorschreibt, um insbesondere sicherzustellen, dass Datensätze, einschließlich des Labeling, im Hinblick auf die Zweckbestimmung relevant, hinreichend repräsentativ und so weit wie möglich fehlerfrei und vollständig sind. In ErwG 89 werden Entwickler von freien und quellenoffenen Instrumenten, Diensten, Verfahren oder KI-Komponenten, bei denen es sich um Hochrisiko-KI handelt, ermutigt („sollten"), weit verbreitete Dokumentationsverfahren, wie unter anderem auch entsprechende Datenblätter, als Mittel dazu einzusetzen, den Informationsaustausch entlang der KI-Wertschöpfungskette zu beschleunigen, sodass vertrauenswürdige KI-Systeme in der Union gefördert werden können.

27 **Lit. e**: Die Dokumentation muss ferner die Bewertung der nach Art. 14 erforderlichen Maßnahmen der menschlichen Aufsicht enthalten (siehe Art. 14 Rn. 14ff.). Dies umfasst die Beschreibung und Bewertung der erforderlichen technischen Maßnahmen, um den Betreibern gemäß Art. 13 Abs. 3 lit. b (siehe Art. 13 Rn. 12) die Interpretation der Ausgaben des KI-Systems zu erleichtern.

28 **Lit. f**: Ist vorab vorgesehen, dass das KI-System und seine Leistung im Laufe des Betriebs gewisse Änderungen durchläuft, etwa auch indem es weiter dazulernt, um den Funktionsumfang zu erweitern, sind diese Änderungen detailliert zu beschreiben. Hierbei sind auch die relevanten Informationen zu den technischen Lösungen anzugeben, mit denen sichergestellt wird, dass die Anforderungen aus Kapitel III Abschnitt 2 trotz etwaiger Änderungen weiterhin dauerhaft

erfüllt werden. Kommt der Anbieter dem nach, handelt es sich nach Art. 43 Abs. 4 (siehe Art. 43 Rn. 39 ff.) nicht um eine wesentliche Änderung des KI-Systems, sodass keine neue Konformitätsbewertung erforderlich ist. In der Praxis problematisch könnte dabei werden, dass es dem Wesen eines selbstlernenden Systems entspricht, dass sich spätere Modifikationen im Vorhinein nicht immer genau beschreiben bzw. vorhersehen lassen.[19]

Lit. g: Ein auch unter Haftungsgesichtspunkten wesentliches Augenmerk liegt gemäß Anhang IV Nr. 2 lit. g Hs. 1 auf der Darstellung der verwendeten Validierungs- und Testverfahren, mit Informationen zu den verwendeten Validierungs- und Testdaten und deren Hauptmerkmalen (vgl. Art. 10). Zudem sind nach Anhang IV Nr. 2 lit. g Hs. 2 die Parameter, welche zur Messung der Genauigkeit und Robustheit (vgl. Art. 15), der Erfüllung anderer einschlägiger Anforderungen nach Kapitel III Abschnitt 2 sowie potenziell diskriminierender Auswirkungen verwendet werden, zu benennen. Hierbei ist die Bestimmung des Grades der Genauigkeit der Ausgaben von KI-Systemen ein Gegenstand fortdauernder Untersuchung und Weiterentwicklung in Wissenschaft und Technik und stellt Anbieter erfahrungsgemäß vor besondere Herausforderungen. Die angemessene Festlegung und Darstellung der Parameter, Test- und Validierungsverfahren zur Identifizierung und Vermeidung unerwünschter diskriminierender Auswirkungen sowie Verzerrungen wird in der Praxis ebenfalls eine hohe Bedeutung erlangen. Hierbei hat sich die Beschreibung – auch unter Berücksichtigung der schwierigen Vorhersehbarkeit potenziell diskriminierender Auswirkungen bei Betrieb des Systems – an der Zweckbestimmung des KI-Systems zu orientieren und wird in der Praxis durch eine kontinuierliche Beobachtung in Tests und der Anwendung in der Praxis zu verifizieren sein. Schließlich werden in Anhang IV Nr. 2 lit. g Hs. 3 Testprotokolle und -berichte, die datiert und von den verantwortlichen Personen unterschrieben wurden (auch in Bezug auf die unter Anhang IV Nr. 2 lit. f vorab bestimmten Änderungen der KI-Systeme), gefordert. 29

Lit. h: Die Dokumentation muss ferner die gem. Art. 15 ergriffenen Cybersicherheitsmaßnamen darstellen.[20] Die Beschreibung wird sich am Stand der Technik, den regulatorischen Anforderungen sowie den am Markt entwickelten Standards und Richtlinien zu orientieren haben. Das Maß an Cybersicherheit ist daneben nicht nur in der technischen Dokumentation nach Art. 11, sondern auch in der Betriebsanleitung, die Bestandteil der technischen Dokumentation ist, als Mindestanforderung zu benennen, vgl. Art. 13 Abs. 3 lit. b Ziff. ii. 30

19 *Rostalski/Weiss*, ZfDR 2021, 329, 349.

20 Das Erfordernis eines angemessenen Maßes an Cybersicherheit wird daneben in den ErwG 74, 76, 77 und 78 näher spezifiziert.

3. Informationen über Überwachung, Funktionsweise und Kontrolle (Nr. 3)

31 Weiter muss die technische Dokumentation entsprechend Anhang IV Nr. 3 Hs. 1 detaillierte Informationen über die Überwachung, Funktionsweise und Kontrolle des KI-Systems enthalten, insbesondere in Bezug auf die Fähigkeiten und Leistungsgrenzen des Systems, einschließlich der Genauigkeitsgrade bei bestimmten Personen oder Personengruppen, auf die es bestimmungsgemäß angewandt werden soll, sowie des in Bezug auf seine Zweckbestimmung generell erwarteten Maßes an Genauigkeit (zur Genauigkeit und Robustheit vgl. Art. 15). Wie auch bereits im Hinblick auf die geforderten Informationen zu Validierungs- und Testverfahren gem. Anhang IV Nr. 2 lit. g wird der Aspekt der eindeutigen Beschreibung von Genauigkeit und der Leistungsgrenzen des Systems ein auch unter Haftungsgesichtspunkten des Anbieters essentieller Aspekt der technischen Dokumentation.

32 Ferner sind angesichts der Zweckbestimmung des KI-Systems vorhersehbare unbeabsichtigte Ergebnisse und Quellen von Risiken in Bezug auf Gesundheit, Sicherheit sowie Grundrechte und Diskriminierung zu nennen (Anhang IV Nr. 3 Hs. 2).

33 Des Weiteren – und insofern teilweise redundant – muss nach Anhang IV Nr. 3 Hs. 3 die Bewertung der erforderlichen Maßnahmen der menschlichen Aufsicht nach Art. 14 (hierzu Art. 14 Rn. 19) einschließlich der technischen Maßnahmen, die erforderlich sind, um den Betreibern die Interpretation der Ergebnisse des KI-Systems zu erleichtern, wie es Art. 13 Abs. 3 lit. d vorsieht, aufgeführt werden. Dies ist bereits unter Anhang IV Nr. 2 lit. e vorgeschrieben. Anhang IV Nr. 3 Hs. 3 bezieht sich daher wohl primär auf die Aspekte der Kontrolle und laufenden Überwachung.[21]

34 Gegebenenfalls sind ferner Spezifikationen zu Eingabedaten zu nennen (vgl. Anhang IV Nr. 3 Hs. 4). Der Begriff der Eingabedaten wird in Art. 3 Nr. 33 (siehe Art. 3 Nr. 33 Rn. 291 ff.) legaldefiniert und umfasst „die in ein KI-System eingespeisten oder von diesem direkt erfassten Daten, auf deren Grundlage das System eine Ausgabe hervorbringt".

4. Information über Leistungskennzahlen (Nr. 4)

35 Die Dokumentation muss Darlegungen zur Eignung der Leistungskennzahlen für das spezifische KI-System enthalten. ErwG 74 sieht ergänzend im Hinblick auf die Transparenz gegenüber Betreibern vor, dass das erwartete Leistungskennzahlenniveau auch in der Betriebsanleitung angegeben wird. Mit Anhang IV Nr. 4 werden diese Leistungskennzahlen hinsichtlich ihrer Eignung für

21 *Spindler*, in: Hilgendorf/Roth-Isigkeit, Die neue Verordnung der EU zur Künstlichen Intelligenz, § 5 Rn. 45.

das KI-System eingeordnet. Auch hier wird auf bereits am Markt etablierte Maßstäbe Bezug genommen oder ein konkreter Maßstab beschrieben werden müssen.

5. Beschreibung des Risikomanagementsystems (Nr. 5)

Erforderlich ist zudem eine detaillierte Beschreibung des Risikomanagementsystems gemäß Art. 9. ErwG 71 weist ausdrücklich auf das Erfordernis einer technischen Dokumentation auch über das Risikomanagementsystem hin, welche den Prozess der systematischen Erfassung, Bewertung, Überprüfung und Aktualisierung der Risiken des Hochrisiko-KI-Systems angemessen abbilden muss. **36**

6. Anpassung nach Änderung des Hochrisiko-KI-Systems (Nr. 6)

Diese Ziffer wird erst nach Inverkehrbringung bzw. Inbetriebnahme relevant, wenn die Dokumentation aufgrund maßgeblicher Änderungen des KI-Systems anzupassen ist. Es muss eine Beschreibung einschlägiger Änderungen erfolgen, die der Anbieter während des Lebenszyklus an dem System vorgenommen hat. Während es in Anhang IV Nr. 2 lit. f um Änderungen geht, die für die Zukunft vorgesehen sind, geht es hier um solche weiteren Änderungen, die nicht vorhergesehen und bereits in der Dokumentation abgebildet waren und die der Anbieter selbst an dem System vorgenommen hat. **37**

7. Auflistung der angewandten harmonisierten Normen (Nr. 7)

Anhang IV Nr. 7 Hs. 1 verlangt die Aufstellung der vollständig oder teilweise angewandten harmonisierten Normen, deren Fundstellen im Amtsblatt der Europäischen Union veröffentlicht wurden. Für Aufgaben oder Teile des KI-Systems, bei denen keine solchen harmonisierten Normen angewandt wurden, muss stattdessen eine detaillierte Beschreibung der alternativ angewandten Lösungen erfolgen, mit denen die Anforderungen von Kapitel III Abschnitt 2 erfüllt werden sollen (Anhang IV Nr. 7 Hs. 2). Dabei müssen andere angewandte einschlägige Normen und technische Spezifikationen benannt werden. **38**

8. Kopie der Konformitätserklärung (Nr. 8)

Der technischen Dokumentation ist ferner eine Kopie der Konformitätserklärung nach Art. 47 und Anhang V beizufügen. Die Ausstellung der Konformitätserklärung gehört nach Art. 16 lit. g zu den Anbieterpflichten. **39**

9. Beschreibung des Systems zur Beobachtung nach dem Inverkehrbringen (Nr. 9)

40 Schließlich muss das System zur Überwachung der Leistung des KI-Systems nach dem Inverkehrbringen nach Art. 72 detailliert dargestellt werden. Dies umfasst auch den „Plan" für die Beobachtung nach Inverkehrbringen nach Art. 72 Abs. 3 (vgl. Art. 72 Rn. 35 ff.), welcher sich nach dem Musterplan sowie der Liste der in den Plan aufzunehmenden Elemente zu richten hat, die von der EU-Kommission im Rahmen eines Durchführungsrechtsakts erlassen werden.

Art. 12 Aufzeichnungspflichten

(1) Die Technik der Hochrisiko-KI-Systeme muss die automatische Aufzeichnung von Ereignissen („Protokollierung“) während seines gesamten Lebenszyklus ermöglichen.

(2) Zur Gewährleistung, dass das Funktionieren des Hochrisiko-KI-Systems in einem der Zweckbestimmung des Systems angemessenen Maße rückverfolgbar ist, ermöglichen die Protokollierungsfunktionen die Aufzeichnung von Ereignissen, die für Folgendes relevant sind:

a) die Ermittlung von Situationen, die dazu führen können, dass das Hochrisiko-KI-System ein Risiko im Sinne des Artikels 79 Absatz 1 birgt oder dass es zu einer wesentlichen Änderung kommt,

b) die Erleichterung der Beobachtung nach dem Inverkehrbringen gemäß Artikel 72 und

c) die Überwachung des Betriebs der Hochrisiko-KI-Systeme gemäß Artikel 26 Absatz 5.

(3) Die Protokollierungsfunktionen der in Anhang III Nummer 1 Buchstabe a genannten Hochrisiko-KI-Systeme müssen zumindest Folgendes umfassen:

a) Aufzeichnung jedes Zeitraums der Verwendung des Systems (Datum und Uhrzeit des Beginns und des Endes jeder Verwendung);

b) die Referenzdatenbank, mit der das System die Eingabedaten abgleicht;

c) die Eingabedaten, mit denen die Abfrage zu einer Übereinstimmung geführt hat;

d) die Identität der gemäß Artikel 14 Absatz 5 an der Überprüfung der Ergebnisse beteiligten natürlichen Personen.

Mit Art. 12 korrespondiert Erwägungsgrund 71.

Schrifttum: *Bomhard/Etzkorn*, Impulse zum Entwurf der KI-Verordnung, ZdiW 2022, 159; *Chibanguza/Kuß/Steege* (Hrsg.), Künstliche Intelligenz, 2022; *Daute/Sütthoff*, Vereinbarkeit von Produktbeobachtungspflicht und Datenschutz beim autonomen Kraftfahrzeug, EuZW 2023, 500; *Ebers/Streitbörger*, Die Regulierung von Hochrisiko-KI-Systemen in der KI-Verordnung, RDi 2024, 393; *Grützmacher*, Die zivilrechtliche Haftung für KI nach dem Entwurf der geplanten KI-VO, CR 2021, 433; *Hilgendorf/Roth-Isigkeit* (Hrsg.), Die neue Verordnung der EU zur Künstlichen Intelligenz, 2023; *Kainer/Förster*, Autonome Systeme im Kontext des Vertragsrechts, ZfPW 2020, 275; *Legner*, KI-Verordnung und algorithmische Diskriminierung, RDi 2024, 426; *Linardatos*, Künstliche Intelligenz und Verantwortung, ZIP 2019, 504; *Martini/Wendehorst* (Hrsg.), KI-VO, Kommentar, 2024; *Merkle*, Transparenz nach der KI-Verordnung – von der Blackbox zum Open-Book?

RDi 2024, 414; *Oechsler*, Die Haftungsverantwortung für selbstlernende KI-Systeme, NJW 2022, 2713; *Paal*, KI-Training mit öffentlich frei zugänglichen Daten im Lichte der DS-GVO-Vorgaben, ZfDR 2024, 129; *Reichert/Radtke/Eske*, KI-Verordnung: Rechtsgrundlagen für die Bereitstellung und Nutzung von KI, ZD 2024, 483; *Roth-Isigkeit*, Unionsrechtliche Transparenzanforderungen an intelligente Medizinprodukte, GesR2022, 278; *Spindler*, Der Vorschlag der EU-Kommission für eine Verordnung zur Regulierung der Künstlichen Intelligenz, CR 2021, 361; *Steege*, Ist die DS-GVO zeitgemäß für das autonome Fahren?, MMR 2019, 509.

Übersicht

I. Allgemeines

1. Zweck der Vorschrift

1 Art. 12 verfolgt den Sinn und Zweck, die Sammlung bestimmter Informationen über die Funktion des Hochrisiko-KI-Systems über seine gesamte Lebensdauer zu ermöglichen. Hierdurch sollen die **Nachvollziehbarkeit und Rückverfolgbarkeit** des Systems, die **Überprüfbarkeit** der Einhaltung der gesetzlichen Anforderungen sowie die Beobachtung des KI-Systems nach dem Inverkehrbringen erleichtert werden.[1] Die Vorschrift begegnet dem sog. **Blackbox-Problem**. Es führt dazu, dass das Zustandekommen der von KI-Systemen generierten Ergebnisse häufig nicht nachvollziehbar ist.[2] Die Auswertung von protokollierten Vorgängen kann systemische Schwachstellen und Verbesserungsbedarfe aufzeigen.

2 Zudem lassen sich mittels der Protokolldateien missbräuchliche Verwendungen des Systems sowie fehlerhafte Ein- und Ausgaben belegen. Den Aufzeichnungen kann daher eine wichtige **Beweisfunktion** zukommen.[3] Insbesondere bei nicht-veränderbaren Aufzeichnungen, etwa in einer dezentral verwalteten Blockchain, kann sich der Anbieter gegebenenfalls von der Haftung entlasten.[4]

1 ErwG 71.
2 *Kainer/Förster*, ZfPW 2020, 275, 279; *Merkle*, RDi 2024, 414, 415; *Spindler*, CR 2021, 361, 368.
3 *Grützmacher*, CR 2021, 433, 443.
4 *Oechsler*, NJW 2022, 2713, 2716.

Die haftungsrechtliche Wirkung der Protokolle wird im Rahmen der nationalen Umsetzungsrechtsakte zur neuen Produkthaftungsrichtlinie (EU) 2024/2852 und ggf. durch die künftige Richtlinie über KI-Haftung[5] determiniert. Im Entwurf der Kommission ist allerdings kein ausdrückliches Recht auf Zugang zu den Protokollierungen von Hochrisiko-KI-Systemen zur Durchsetzung von zivilrechtlichen Ansprüchen vorgesehen.[6] Gemäß Art. 21 Abs. 2 besteht eine **Vorlagepflicht** grundsätzlich nur gegenüber Behörden auf deren Verlangen.[7]

Art. 12 ist gemäß Art. 113 Satz 2 ab dem 2.8.2026 anwendbar. 3

2. Entstehungsgeschichte

Bereits der Vorschlag der Kommission sah vor, dass das technische Design von Hochrisiko-KI-Systemen die Aufzeichnung von Ereignissen („Protokollierung") ermöglichen muss.[8] Die ursprünglich von der Kommission vorgesehene Anforderung, nach der die Protokollierungsfunktion anerkannten technischen Normen oder gemeinsamen Spezifikationen entsprechen muss, wurde im Laufe des Gesetzgebungsverfahrens gestrichen. Die vom Europäischen Parlament eingebrachte Ergänzung, dass die Protokollierungsmöglichkeit während des gesamten **Lebenszyklus** des Hochrisiko-KI-Systems bestehen muss, findet sich auch im finalen Gesetzestext.[9] Sie hat überwiegend klarstellenden Charakter. 4

Art. 12 Abs. 2 war im Vorschlag der Kommission sehr offen im Hinblick auf die **Anforderungen** an die Funktionalität der Protokollierungsfunktion. Die Formulierung stellte lediglich darauf ab, dass die Funktion dem Verwendungszweck des Hochrisiko-KI-Systems angemessen sein muss. Der Rat brachte eine Konkretisierung im Hinblick auf die zu erfassenden Informationen ein, die sich auch im finalen Gesetzestext wiederfindet. Dabei wurde der bereits in Art. 12 Abs. 2 des Kommissionsentwurfs genannte Punkt „Informationen, die notwendig sind, um festzustellen, ob von dem Hochrisiko-KI-System ein Risiko ausgeht" in Art. 12 Abs. 1 überführt und um eine Verknüpfung mit Art. 72 und 26 Abs. 5 ergänzt.[10] 5

Art. 12 Abs. 3 entspricht dem ursprünglichen Vorschlag der Europäischen Kommission und ist über das gesamte Gesetzgebungsverfahren unverändert geblieben. 6

---

5 KI-Haftungs-RL-E, COM/2022/496 final.
6 ErwG 16 KI-Haftungs-RL-E.
7 *Merkle*, RDi 2024, 414, 415.
8 Art. 12 KI-VO-E Kommission.
9 Art. 12 Abs. 2 KI-VO-E Parlament.
10 Art. 12 KI-VO-E Rat.

3. Verhältnis zu anderen Vorschriften

7 Die Aufzeichnungsmöglichkeit ist Teil des technischen Anforderungskanons für Hochrisiko-KI-Systeme nach Abschnitt 2. Für die Anbieter solcher Systeme besteht nach Art. 16 lit. a die Pflicht, sicherzustellen, dass die Anforderungen erfüllt werden. Nach Art. 19 sind die Anbieter zudem verpflichtet, die von dem System automatisch erzeugten Protokolle aufzubewahren. Die Betreiber von Hochrisiko-KI-Systemen kann nach Art. 26 Abs. 6 ebenfalls eine Aufbewahrungspflicht treffen. Behörden haben über Art. 21 Abs. 2 Zugriff auf die automatisch erzeugten Protokolle von Anbietern, sofern diese Kontrolle über die Protokolle ausüben.

8 Die Protokollierung ist von der **technischen Dokumentation** nach Art. 11 abzugrenzen. Beide Anforderungen dienen der Transparenz. Während die technische Dokumentation die Funktionalität des KI-Systems beschreibt und als Grundlage für das Konformitätsbewertungsverfahren dient (vgl. hierzu ausführlich Art. 11), ist die Protokollierung auf die Nachvollziehbarkeit einzelner Vorgänge während des Betriebs bezogen.

II. Ermöglichung der Protokollierung (Abs. 1)

9 Art. 12 Abs. 1 verpflichtet die Anbieter von Hochrisiko-KI-Systemen, eine Technik in das System zu integrieren, die die automatische Aufzeichnung von Ereignissen („Protokollierung") während seines gesamten Lebenszyklus ermöglicht.

10 Entgegen dem Wortlaut der Überschrift („Aufzeichnungspflichten", im Englischen nur „Record-keeping") führt die KI-VO keine ausdrückliche Verpflichtung für den Anbieter oder Betreiber ein, die technisch mögliche Protokollierung auch durchzuführen.[11] Eine solche **Aufzeichnungspflicht** ergibt sich auch nicht aus dem Zusammenspiel mit der Aufbewahrungspflicht gem. Art. 19 bzw. Art. 26 Abs. 6. Die Aufbewahrungspflicht ist nach dem Wortlaut dieser Vorschriften nur auf Protokolle gerichtet, die auch tatsächlich automatisch erstellt wurden. Es steht vielmehr grundsätzlich im **Ermessen** von Anbieter und Betreiber, unter welchen Umständen bestimmte Ereignisse aufgezeichnet werden. In ErwG 91 KI-VO wird ausdrücklich ausgeführt, dass der Betreiber dafür zuständig sein soll, eine angemessene Beobachtung der Leistung eines KI-Systems unter Realbedingungen sicherzustellen. Hierfür sollen den Betreibern verschiedene Pflichten aufgegeben werden. Dazu sollen auch Pflichten in Bezug auf die Über-

11 A. A. *Roth-Isigkeit*, GesR 2022, 278, 283; *Ebers/Streitbörger*, RDi 2024, 393, 397; *Linardatos*, ZIP 2019, 504, 508, der argumentiert, dass eine Überwachung der Funktionalität eines Hochrisiko-Systems nur durch laufende Aufzeichnung sämtlicher Vorgänge möglich sei.

wachung der Funktionsweise der KI-Systeme und „gegebenenfalls Aufzeichnungspflichten" festgelegt werden. Die Überwachungspflichten sind für den Anbieter in Art. 9 Abs. 2 als wesentlicher Bestandteil des Risikomanagementsystems und für den Betreiber in Art. 26 Abs. 5 geregelt. Eine Aufzeichnungspflicht ergibt sich daraus gerade nicht. Sie wird auch in den soeben dargestellten erläuternden Erwägungsgründen nur als Eventualität beschrieben. Auch im Zusammenhang mit den Anforderungen an das Beobachtungssystem gem. Art. 72 Abs. 2 werden keine Aufzeichnungspflichten genannt. Es mag Fälle geben, in denen die Aufzeichnung bestimmter Vorgänge notwendig ist, um die Überwachung der Funktion des Hochrisiko-KI-Systems in dem sich aus dem Zusammenspiel der Vorschriften der KI-VO ergebenden Umfang zu gewährleisten. Die primäre Bewertungskompetenz hierzu liegt allerdings beim Anbieter und Betreiber des Systems.

Auch aus der neuen Produkthaftungsrichtlinie 2024/2853 ergibt sich keine Aufzeichnungspflicht. Art. 9 Richtlinie 2024/2853 gibt den Mitgliedstaaten zwar auf, im nationalen Beweisrecht Regelungen einzuführen, wonach der Beklagte unter bestimmten Umständen verpflichtet wird, in seiner Verfügungsgewalt befindliche Beweismittel offenzulegen. Diese Pflicht bezieht sich aber nur auf existierende **Beweismittel**. Sie führt nicht dazu, dass der Hersteller[12] bestimmte Beweismittel produzieren muss. Gleiches gilt für den aktuellen Entwurf der Kommission einer KI-Haftungs-Richtlinie,[13] der in seinem Art. 3 eine ähnliche Regelung enthält. 11

Dezidierte Aufzeichnungspflichten können sich aus behördlichen Anordnungen oder spezialgesetzlichen Regelungen wie nach §§ 1g, 63a StVG ergeben. 12

III. Aufzuzeichnende Ereignisse (Abs. 2)

Art. 12 Abs. 2 konkretisiert die Anforderungen an die Protokollierungsfunktion. Sie soll im Kern die Aufzeichnung von Ereignissen ermöglichen, die für die Beobachtung und Überwachung nach Art. 26, 72 und 79 von Bedeutung sein könnten. 13

Art. 12 Abs. 2 Hs. 1 bestimmt, dass die Protokollierung die Rückverfolgbarkeit des Funktionierens des Hochrisiko-KI-Systems in einem der Zweckbestimmung des Systems angemessenen Maße ermöglichen muss. Vor allem sollen die **Ab-** 14

12 Die Anzahl der Wirtschaftsakteure, die zugleich Anbieter von KI-Systemen i. S. d. Art. 3 Nr. 2 KI-VO und Hersteller i. S. d. Art. 4 Nr. 10 Richtlinie 2024/2853 sind, wird sich im Vergleich zur aktuellen Rechtslage nach dem ProdHaftG vergrößern, da unter den Produktbegriff der Richtlinie 2024/2853 nach ihrem Art. 4 Nr. 1 ausdrücklich auch Software fällt.

13 EU-Komm., COM/2022/496 final.

läufe von Entscheidungen nachvollzogen werden können, die aufgrund des Einsatzes der KI getroffen werden. Der **Verwendungszweck** des Hochrisiko-KI-Systems ist maßgeblich für die Konkretisierung des Umfangs der Protokollierungsfunktion im Einzelfall. Er richtet sich gem. Art. 3 Nr. 12 nach der bestimmungsgemäßen Verwendung unter Berücksichtigung der besonderen Nutzungsumstände und der Nutzungsbedingungen. Nach der allgemeinen Vorgabe des Art. 8 Abs. 1 Satz 1, der für alle technischen Anforderungen gilt, ist zudem dem allgemein anerkannten Stand der Technik von KI-Technologien „Rechnung zu tragen". Der Bezug zur Zweckbestimmung und das Abstellen auf die Angemessenheit lassen viel Beurteilungsspielraum für den Anbieter.

15 Für den Umfang der Protokollierung und damit für die Aufbewahrungspflicht sind datenschutzrechtliche Vorgaben zu beachten.[14] Für personenbezogene Daten folgt eine Begrenzung durch die **DSGVO**.[15] Insofern besteht ein **Zielkonflikt** einer umfassenden Protokollfunktion mit den Prinzipien der Datensparsamkeit und der Speicherbegrenzung (Art. 5 Abs. 1 lit. c und e DSGVO).[16] Aus dem im Trilog-Verfahren ausgehandelten Art. 19 Abs. 1 Satz 2 ergibt sich für die Dauer der Aufbewahrung ein Vorrang der DSGVO.[17] Demgemäß sind **Löschpflichten** etwa nach Art. 17 DSGVO einzuhalten.[18] Nichts anderes kann für die Aufnahme von personenbezogenen Daten in die Protokolldatei gelten, für die eine Rechtfertigung nach Art. 6 DSGVO bestehen muss.[19] Ein berechtigtes Interesse i. S. v. Art. 6 Abs. 1 lit. f DSGVO kann etwa in der nachträglichen Feststellung von Missbrauchshandlungen[20] oder von diskriminierenden Bewertungen[21] des KI-Systems liegen, um dieses mit zusätzlichem Training nachzujustieren.[22]

16 Art. 12 Abs. 2 lit. a sieht die Möglichkeit zur Aufzeichnung von Ereignissen vor, die für die Ermittlung eines **Risikos** gem. Art. 79 Abs. 1 relevant sind. Der Umfang der Aufzeichnungsmöglichkeiten hat sich an den Bewertungskriterien des Art. 79 Abs. 1 zu orientieren. Hierin werden die Pflichten und Kompetenzen der

---

14 Zum Privacy-by-Design-Ansatz beim automatisierten Fahren *Steege/Stender-Vorwachs*, in: Chibanguza/Kuß/Steege, Künstliche Intelligenz, K Rn. 23; vgl. zu Log-Dateien autonomer Fahrzeuge *Steege*, MMR 2019, 509, 511; *Daute/Sütthoff*, EuZW 2023, 500, 505.

15 *Spindler*, CR 2021, 361, 368.

16 „Strukturelles Spannungsverhältnis": *Bomhard/Etzkorn*, ZdiW 2022, 159, 161.

17 *Braun Binder/Egli*, in: Martini/Wendehorst, KI-VO, Art. 12 Rn. 11.

18 Nach *Bomhard/Etzkorn*, ZdiW 2022, 159, 161, war die Vereinbarkeit von Art. 12 KI-VO-E mit Art. 17 DSGVO „völlig unklar".

19 *Daute/Sütthoff*, EuZW 2023, 500, 505.

20 Vgl. ErwG 47 DSGVO.

21 Zur algorithmischen Diskriminierung siehe *Legner*, RDi 2024, 426; *Reichert/Radtke/Eske*, ZD 2024, 483, 486.

22 Zur Verwendung von personenbezogenen Daten im KI-Training *Paal*, ZfDR 2024, 129, 150.

nationalen Marktüberwachungsbehörden für den Fall geregelt, dass ein KI-System ein Risiko für die Sicherheit und Gesundheit oder Grundrechte von Personen birgt. Während die Bewertung des Risikos für Sicherheit und Gesundheit aufgrund der gesetzlich angeordneten Verzahnung mit dem Marktüberwachungsrecht des NLF bereits konkretisiert werden kann, sind die Bewertungskriterien für ein Risiko für die Grundrechte von Personen unklar (siehe hierzu ausführlich Art. 79 Rn. 28). Ereignisse, die für ein Risiko für die Sicherheit und Gesundheit relevant sind, sind insbesondere Entscheidungsszenarien des Hochrisiko-KI-Systems, die zu Unfällen führen können.

Neben dem Erkenntnisgewinn über relevante Risiken soll die Protokollierung dabei helfen, **wesentliche Änderungen** des Hochrisiko-KI-Systems aufzuzeigen. Der Begriff „Wesentliche Änderungen" ist in Art. 3 Nr. 23 legaldefiniert. Eine davon erfasste Änderung der Zweckbestimmung wird etwa durch die in der Praxis ausgeübte Nutzung des KI-Systems ausgelöst, die von der ursprünglich intendierten abweicht.[23] Durch eine Auswertung der Protokolldateien lässt sich ggf. die Benutzung des Systems in Übereinstimmung mit der Zweckbestimmung fortwährend überprüfen. Bei festgestellten wesentlichen Änderungen ist ein neues Konformitätsbewertungsverfahren durchzuführen (Art. 43 Abs. 4). **17**

Weiter gefasst sind die Anforderungen an die Protokollierung gem. Art. 12 Abs. 2 lit. b. Die Vorschrift nennt die Aufzeichnung von Ereignissen, die für die Erleichterung der **Beobachtung nach dem Inverkehrbringen** gemäß Art. 72 relevant sind. Art. 72 Abs. 2 nennt zunächst das aktive Erheben, Dokumentieren und Analysieren von einschlägigen Daten zur Leistung der Hochrisiko-KI-Systeme, die von den Anbietern oder den Betreibern bereitgestellt oder aus anderen Quellen erhoben werden können, um die fortdauernde Einhaltung der in Kapitel III Abschnitt 2 genannten Anforderungen an die KI-Systeme bewerten zu können. Darüber hinaus ist von der Beobachtungspflicht des Art. 72 ggf. auch die Analyse der Interaktion mit anderen KI-Systemen erfasst (siehe Art. 72 Rn. 26). Die im Rahmen der Beobachtung gewonnenen Erfahrungen sollen in die **zukünftige Entwicklung** von Hochrisiko-Systemen insbesondere durch Korrektur fehlerhafter Prozesse einfließen. Insbesondere sollen bei selbstlernenden KI-Systemen neu entstehende Risiken rechtzeitig aufgedeckt werden, um auch in Bezug auf ein bereits in Betrieb befindliches System wirksam reagieren zu können.[24] **18**

Art. 12 Abs. 2 lit. c nennt schließlich noch die Aufzeichnung von Ereignissen, die für die betreiberseitige Überwachung des Betriebs der Hochrisiko-KI-Systeme gemäß Art. 26 Abs. 5 relevant sind. Art. 26 Abs. 5 nimmt wiederum das Risiko im Sinne des Art. 79 Abs. 1 in Bezug. Darüber hinaus umfasst die Vor- **19**

23 *Gless/Janal*, in: Hilgendorf/Roth-Isigkeit, Die neue Verordnung der EU zur Künstlichen Intelligenz, § 2 Rn. 57.

24 ErwG 155 Satz 4.

schrift die Aufzeichnung von schwerwiegenden Vorfällen (siehe hierzu Art. 3 Rn. 373 ff., Art. 73 Rn. 8).

IV. Protokollierungsfunktion bei Hochrisiko-KI-Systemen gem. Anhang III Nr. 1 lit. a (Abs. 3)

20 Art. 12 Abs. 3 legt Mindestanforderungen an die Protokollierungsfunktion von Hochrisiko-KI-Systemen fest, die in den Anwendungsbereich von Anhang III Nr. 1 lit. a fallen. Die Anforderungen gelten daher nur für **biometrische Fernidentifizierungssysteme** und sind in der Vorschrift sehr klar aufgeführt. Beweggrund für die zusätzlichen Mindestanforderungen sind die gesteigerten Gefahren der biometrischen Fernidentifizierungssysteme.[25]

21 Im Umkehrschluss ergibt sich für andere Hochrisiko-KI-Systeme keine Vorgabe, die in Art. 12 Abs. 3 niedergelegten Protokolldaten aufzeichnen zu können. Im Hinblick auf den Datenschutz ist vor allem die Aufzeichnung der **Nutzeridentität** nach lit. d von Belang. Die für die biometrische Fernidentifizierung vorgesehene Erfassung der Aufsichtspersonen kann zur Aufdeckung von Missbrauch oder Fehlbedienungen dienen. Für weniger riskante Systeme ist die Protokollierung der Nutzerdaten hingegen keine Regelvorgabe und bedarf einer individuellen Bewertung der Erforderlichkeit.

---

25 ErwG 54.

Art. 13 Transparenz und Bereitstellung von Informationen für die Betreiber

(1) Hochrisiko-KI-Systeme werden so konzipiert und entwickelt, dass ihr Betrieb hinreichend transparent ist, damit die Betreiber die Ausgaben eines Systems angemessen interpretieren und verwenden können. Die Transparenz wird auf eine geeignete Art und in einem angemessenen Maß gewährleistet, damit die Anbieter und Betreiber ihre in Abschnitt 3 festgelegten einschlägigen Pflichten erfüllen können.

(2) Hochrisiko-KI-Systeme werden mit Betriebsanleitungen in einem geeigneten digitalen Format bereitgestellt oder auf andere Weise mit Betriebsanleitungen versehen, die präzise, vollständige, korrekte und eindeutige Informationen in einer für die Betreiber relevanten, barrierefrei zugänglichen und verständlichen Form enthalten.

(3) Die Betriebsanleitungen enthalten mindestens folgende Informationen:

a) den Namen und die Kontaktangaben des Anbieters sowie gegebenenfalls seines Bevollmächtigten;

b) die Merkmale, Fähigkeiten und Leistungsgrenzen des Hochrisiko-KI-Systems, einschließlich

i) seiner Zweckbestimmung,

ii) des Maßes an Genauigkeit – einschließlich diesbezüglicher Metriken –, Robustheit und Cybersicherheit gemäß Artikel 15, für das das Hochrisiko-KI-System getestet und validiert wurde und das zu erwarten ist, sowie aller bekannten und vorhersehbaren Umstände, die sich auf das erwartete Maß an Genauigkeit, Robustheit und Cybersicherheit auswirken können;

iii) aller bekannten oder vorhersehbaren Umstände bezüglich der Verwendung des Hochrisiko-KI-Systems im Einklang mit seiner Zweckbestimmung oder einer vernünftigerweise vorhersehbaren Fehlanwendung, die zu den in Artikel 9 Absatz 2 genannten Risiken für die Gesundheit und Sicherheit oder die Grundrechte führen können,

iv) gegebenenfalls der technischen Fähigkeiten und Merkmale des Hochrisiko-KI-Systems, um Informationen bereitzustellen, die zur Erläuterung seiner Ausgaben relevant sind;

v) gegebenenfalls seiner Leistung in Bezug auf bestimmte Personen oder Personengruppen, auf die das System bestimmungsgemäß angewandt werden soll;

vi) gegebenenfalls der Spezifikationen für die Eingabedaten oder sonstiger relevanter Informationen über die verwendeten Trainings-, Validierungs- und Testdatensätze, unter Berücksichtigung der Zweckbestimmung des Hochrisiko- KI-Systems;

vii) gegebenenfalls Informationen, die es den Betreibern ermöglichen, die Ausgabe des Hochrisiko-KI-Systems zu interpretieren und es angemessen zu nutzen;

c) etwaige Änderungen des Hochrisiko-KI-Systems und seiner Leistung, die der Anbieter zum Zeitpunkt der ersten Konformitätsbewertung vorab bestimmt hat;

d) die in Artikel 14 genannten Maßnahmen zur Gewährleistung der menschlichen Aufsicht, einschließlich der technischen Maßnahmen, die getroffen wurden, um den Betreibern die Interpretation der Ausgaben von Hochrisiko-KI-Systemen zu erleichtern;

e) die erforderlichen Rechen- und Hardware-Ressourcen, die erwartete Lebensdauer des Hochrisiko-KI-Systems und alle erforderlichen Wartungs- und Pflegemaßnahmen einschließlich deren Häufigkeit zur Gewährleistung des ordnungsgemäßen Funktionierens dieses KI-Systems, auch in Bezug auf Software-Updates;

f) gegebenenfalls eine Beschreibung der in das Hochrisiko-KI-System integrierten Mechanismen, die es den Betreibern ermöglicht, die Protokolle im Einklang mit Artikel 12 ordnungsgemäß zu erfassen, zu speichern und auszuwerten.

Mit Art. 13 korrespondiert Erwägungsgrund 72.

Schrifttum: *Bomhard/Merkle*, Europäische KI-Verordnung, RDi 2021, 276.

Übersicht

I. Allgemeines

1. Zweck der Vorschrift

1 Aufgrund der technischen Komplexität von KI-Systemen sind deren Entscheidungen oftmals **schwer nachvollziehbar** (sog. Black-Box-Problematik). Art. 13 setzt hier an und regelt Anforderungen an Transparenz und Erklärbarkeit von Hochrisiko-KI-Systemen, bevor diese in Verkehr gebracht oder in Betrieb genommen werden. Die Norm zielt darauf ab, Bedenken hinsichtlich der Undurchsichtigkeit und Komplexität von Hochrisiko-KI-Systemen auszuräumen; zudem sollen Betreiber bei der Erfüllung ihrer Pflichten durch den Anbieter unterstützt werden und insb. in die Lage versetzt werden, zu verstehen, wie das Hochrisiko-KI-System funktioniert, seine Funktionalität zu bewerten und seine Stärken und Grenzen zu erfassen, vgl. ErwG 72. Transparenz soll also den Betreiber bei der Nutzung des Systems helfen und ihre fundierte Entscheidungsfindung unterstützen. Hierbei geht es sowohl um die Auswahl des KI-Systems als auch um die konkrete Verwendung. Einen wichtigen Anteil bei der Erfüllung der Transparenzanforderungen haben nach dem Willen des Gesetzgebers sog. Betriebsanleitungen (vgl. ErwG 72 „Transparenz, einschließlich der begleitenden Betriebsanleitungen“). Art. 13 Abs. 3 enthält einen Katalog an Mindestanforderungen für die Inhalte von Betriebsanleitungen.

2. Abgrenzung zu anderen Vorschriften

2 Art. 13 zielt auf die Unterstützung des Betreibers von Hochrisiko-KI-Systemen bei der Erfüllung seiner Pflichten ab. Im Kern geht es um Informationen zum inneren Betriebsablauf.

3 Art. 14 enthält – ebenso wie Art. 13 – Anforderungen an die Konzeption und Entwicklung des Hochrisiko-KI-Systems, damit dieses von natürlichen Personen wirksam beaufsichtigt werden kann. Art. 14 will es Betreibern ermöglichen, ihrer Pflicht zur menschlichen Beaufsichtigung von Hochrisiko-KI-Systemen gemäß Art. 26 Abs. 2 nachzukommen.

4 Art. 15 Abs. 3 enthält – ebenso wie Art. 13 Abs. 3 – konkrete Anforderungen an die Betriebsanleitungen. Art. 15 Abs. 3 verpflichtet zur Angabe der Genauigkeit und der relevanten Genauigkeitsmetriken von Hochrisiko-KI-Systemen in den Betriebsanleitungen.

5 Gemäß Art. 26 Abs. 1, 5 müssen die Betreiber von Hochrisiko-KI-Systemen geeignete technische und organisatorische Maßnahmen treffen, um sicherzustellen, dass sie solche Systeme entsprechend den beigefügten Betriebsanleitungen verwenden und den Betrieb anhand der Betriebsanleitungen überwachen.

6 Art. 50 enthält spezielle Transparenzpflichten für Anbieter und Betreiber bestimmter KI-Systeme. Dort zielt der Schutz auf die natürlichen Personen ab, die mit den KI-System direkt interagieren (Abs. 1), mit synthetischem KI-Output in Berührung kommen (Abs. 2 und 4) bzw. von einem Emotionserkennungssystem oder einem System zur biometrischen Kategorisierung betroffen sind (Abs. 3). Hingegen zielt Art. 13 im Kern auf die Erklärbarkeit der KI-Entscheidung ab, vgl. ErwG 27.

7 Art. 53 Abs. 1 lit. b i.V.m. Anhang XII enthält bestimmte Transparenzanforderungen für KI-Modelle mit allgemeinem Verwendungszweck. Diese Norm dient dem Schutz der nachgelagerten Anbieter, die das KI-Modell in ihr KI-System integrieren.

II. Tatbestand

1. Allgemeine Transparenz (Abs. 1)

8 Nach Art. 13 Abs. 1 Satz 1 müssen Hochrisiko-KI-Systeme so konzipiert und entwickelt werden, dass ihr Betrieb „hinreichend transparent" ist, damit die Betreiber die Ausgaben eines Systems angemessen interpretieren und verwenden können. **Adressat** dieser Pflichten ist der **Anbieter**.

9 Bemerkenswert daher ist dreierlei:

– Erstens ist völlig unklar, was genau **Transparenz** ist, wann der Betrieb „hinreichend transparent" ist und welche konkreten Anforderungen hierfür erfüllt sein müssen. Der Begriff der Transparenz wird in der KI-VO nicht unmittelbar definiert. Nach ErwG 27, der sich auf die Ethikleitlinien für vertrauenswürdige KI der EU-Kommission aus dem Jahre 2019 bezieht, bedeutet „Transparenz", dass KI-Systeme „so entwickelt und verwendet werden, dass sie angemessen nachvollziehbar und erklärbar sind, wobei den Menschen bewusst gemacht werden muss, dass sie mit einem KI-System kommunizieren oder interagieren, und dass die Betreiber ordnungsgemäß über die Fähigkeiten und Grenzen des KI-Systems informieren und die betroffenen Personen über ihre Rechte in Kenntnis setzen müssen". Jedoch kann eine Erklärung niemals die Komplexität einer KI-Entscheidung vollständig abbilden – andernfalls bräuchte der Mensch keine KI. Der Mensch wird eine KI-Entscheidung typischerweise also niemals vollständig nachvollziehen können, insb. nicht in kurzer Zeit. Transparenz ist also immer nur zu einem beschränkten Grade möglich. Aus technischer Sicht bieten sich z. B. Methoden der explainable AI (XAI) an.[1]

1 *Bomhard/Merkle*, RDi 2021, 276, 280.

- Unklar ist zudem, ob die Bereitstellung ausreichender **Betriebsanleitungen** gemäß Art. 2 und 3 hierfür **ausreicht** oder ob Abs. 1 über die Bereitstellung von Betriebsanleitungen hinaus noch weitere Pflichten birgt. Nach Abs. 1 Satz 2 muss die Transparenz auf eine geeignete Art und in einem angemessenen Maß gewährleistet werden, damit „Betreiber ihre in Abschnitt 3 festgelegten einschlägigen Pflichten erfüllen können“. Im Kern geht es hierbei um die Betreiberpflichten für Hochrisiko-KI-Systeme gemäß Art. 26 sowie die Pflicht zur Durchführung einer Grundrechte-Folgenabschätzung für Hochrisiko-KI-Systeme gemäß Art. 27. Vieles spricht dafür, dass der Anbieter lediglich eine abstrakte Unterstützung (in Form begleitender Standard-Informationen) schuldet, nicht jedoch eine konkrete Hilfestellung im Einzelfall – andernfalls (d. h. wenn eine individuelle Transparenz-Unterstützung gegenüber dem Betreiber verlangt würde) ginge die Anbieter-Rolle mit nicht-kalkulierbaren Kostenrisiken einher. Jedenfalls darf es der Anbieter dem Betreiber (wohl abstrakt) nicht unmöglich machen, seine Pflichten zu erfüllen.
- Schließlich ist erstaunlich, dass der Wortlaut des Abs. 1 Satz 2 – anders als Satz 1 – auch den **Anbieter nennt** („damit die Anbieter […] ihre in Abschnitt 3 festgelegten einschlägigen Pflichten erfüllen können.“). Unklar ist daher, ob Art. 13 auch den Schutz des/der Anbieter/s bezweckt. Dies könnte in Situationen Sinn ergeben, in denen mehrere Anbieter in Wertschöpfungsketten zusammenwirken. Vgl. hierzu auch Art. 25 Abs. 2 Satz 2, wonach der Erstanbieter dem neuen Quasi-Anbieter bestimmte Informationen zur Verfügung stellen muss. Allerdings könnte es sich bei dem Begriff „Anbieter“ in Abs. 1 Satz 2 auch um ein Redaktionsversehen handeln. Schließlich geben Art. 13 Abs. 1 Satz 1, Abs. 2 sowie ErwG 72 zu erkennen, dass Art. 13 primär auf den Schutz der Betreiber abzielt.

2. Allgemeine Anforderungen an Betriebsanleitungen (Abs. 2)

Nach Art. 13 Abs. 2 müssen Hochrisiko-KI-Systeme mit Betriebsanleitungen in einem **geeigneten digitalen Format** bereitgestellt oder auf andere Weise mit Betriebsanleitungen versehen werden. Der Begriff „Betriebsanleitungen“ meint nach der Legaldefinition in Art. 3 Nr. 15 diejenigen Informationen, „die der Anbieter bereitstellt, um den Betreiber insbesondere über die Zweckbestimmung und die ordnungsgemäße Verwendung eines KI-Systems zu informieren“. Auch der Begriff der Zweckbestimmung (Legaldefinition in Art. 3 Nr. 12) hängt von der Betriebsanleitung ab. Betriebsanleitungen sind gemäß Art. 11 Abs. 1 i.V.m. Anhang IV Nr. 1 lit. h als Teil der technischen Dokumentation bereitzustellen. Zudem sind sie nach Art. 49 i.V.m. Anhang VIII Abschnitt A Nr. 12 bei der Registrierung des Hochrisiko-KI-Systems bereitzustellen; dies gilt allerdings nicht für Hochrisiko-KI-Systeme in den Bereichen Strafverfolgung oder Migration, Asyl und Grenzkontrolle gemäß Anhang III Nummern 1, 6 und 7. 10

11 Dem Gesetzgeber schwebte vor, dass Betriebsanleitungen adressatengerecht für die jeweiligen Zielbetreiber entwickelt werden. Nach Art. 13 Abs. 2 müssen Betriebsanleitungen „präzise, vollständige, korrekte und eindeutige Informationen in einer für die Betreiber relevanten, barrierefrei zugänglichen[2] und verständlichen Form enthalten". Um die **Lesbarkeit und Zugänglichkeit** der in der Betriebsanleitung enthaltenen Informationen zu verbessern, sollten diese gegebenenfalls gemäß ErwG 72 anschauliche Beispiele enthalten, zum Beispiel zu den Beschränkungen sowie zu den beabsichtigten und ausgeschlossenen Verwendungen des KI-Systems. Nach ErwG 72 müssen die Betriebsanleitungen aussagekräftige, umfassende, zugängliche und verständliche Informationen enthalten, wobei die Bedürfnisse und vorhersehbaren Kenntnisse der Zielbetreiber zu berücksichtigen sind. Hierbei sollten die Betriebsanleitungen in einer vom betreffenden Mitgliedstaat festgelegten Sprache zur Verfügung gestellt werden, „die von den Zielbetreibern leicht verstanden werden kann". Anbieter sind also gut beraten, sich frühzeitig mit der Frage zu beschäftigen, wer genau die jeweiligen Zielbetreiber sind und welche Besonderheiten (Sprache, Bedürfnisse, Kenntnisse) hierbei zu erwarten sind.

3. Mindestinhalte von Betriebsanleitungen (Abs. 3)

12 Abs. 3 enthält einen **Katalog** mit Mindestinhalten für Betriebsanleitungen. Im Kern handelt es sich um organisatorische und technische Angaben. Nach dem Wortlaut von Abs. 3 („enthalten mindestens folgende Informationen") ist der Katalog nicht abschließend. Allerdings sind die einzelnen Inhalte derart weit formuliert, dass kaum Raum für weitere Inhalte bleiben dürfte, die nicht bereits abgedeckt sind.

13 Der Wortlaut des Art. 13 (insb. Abs. 3) enthält **keine** ausdrückliche Pflicht zur **Veröffentlichung der Gewichte** (engl. weights) im Rahmen von Art. 13, lässt jedoch aufgrund unklarer und diffuser Formulierungen (bspw. „Merkmale, Fähigkeiten und Leistungsgrenzen des Hochrisiko-KI-Systems" sowie „Informationen, die es den Betreibern ermöglichen, die Ausgabe des Hochrisiko-KI-Systems zu interpretieren und es angemessen zu nutzen") Auslegungsspielräume. Systematisch geben Art. 53 Abs. 2 („und deren Parameter, einschließlich Gewichte, Informationen über die Modellarchitektur und Informationen über die Modellnutzung, öffentlich zugänglich gemacht werden") sowie ErwG 102 und 104 zu erkennen, dass der Gesetzgeber die Veröffentlichung von Gewichten ausdrücklich an anderer Stelle – nicht jedoch im Rahmen von Art. 13 – geregelt hat.

---

2 Art. 16 lit. l verweist hinsichtlich der Barrierefreiheitsanforderungen auf die Richtlinien (EU) 2016/2102 und (EU) 2019/882.

Zudem muss der Anbieter nach ErwG 88 seine Pflichten erfüllen können, „ohne seine eigenen Rechte des geistigen Eigentums oder Geschäftsgeheimnisse zu gefährden“ – auch dies spricht gegen eine Pflicht zur Veröffentlichung von Gewichten.

Art. 14 Menschliche Aufsicht

(1) Hochrisiko-KI-Systeme werden so konzipiert und entwickelt, dass sie während der Dauer ihrer Verwendung – auch mit geeigneten Instrumenten einer Mensch-Maschine-Schnittstelle – von natürlichen Personen wirksam beaufsichtigt werden können.

(2) Die menschliche Aufsicht dient der Verhinderung oder Minimierung der Risiken für Gesundheit, Sicherheit oder Grundrechte, die entstehen können, wenn ein Hochrisiko-KI-System im Einklang mit seiner Zweckbestimmung oder im Rahmen einer vernünftigerweise vorhersehbaren Fehlanwendung verwendet wird, insbesondere wenn solche Risiken trotz der Einhaltung anderer Anforderungen dieses Abschnitts fortbestehen.

(3) Die Aufsichtsmaßnahmen müssen den Risiken, dem Grad der Autonomie und dem Kontext der Nutzung des Hochrisiko-KI-Systems angemessen sein und werden durch eine oder beide der folgenden Arten von Vorkehrungen gewährleistet:

a) Vorkehrungen, die vor dem Inverkehrbringen oder der Inbetriebnahme vom Anbieter bestimmt und, sofern technisch machbar, in das Hochrisiko-KI-System eingebaut werden;

b) Vorkehrungen, die vor dem Inverkehrbringen oder der Inbetriebnahme des Hochrisiko-KI-Systems vom Anbieter bestimmt werden und dazu geeignet sind, vom Betreiber umgesetzt zu werden.

(4) Für die Zwecke der Durchführung der Absätze 1, 2 und 3 wird das Hochrisiko-KI-System dem Betreiber so zur Verfügung gestellt, dass die natürlichen Personen, denen die menschliche Aufsicht übertragen wurde, angemessen und verhältnismäßig in der Lage sind,

a) die einschlägigen Fähigkeiten und Grenzen des Hochrisiko-KI-Systems angemessen zu verstehen und seinen Betrieb ordnungsgemäß zu überwachen, einschließlich in Bezug auf das Erkennen und Beheben von Anomalien, Fehlfunktionen und unerwarteter Leistung;

b) sich einer möglichen Neigung zu einem automatischen oder übermäßigen Vertrauen in die von einem Hochrisiko-KI-System hervorgebrachte Ausgabe („Automatisierungsbias") bewusst zu bleiben, insbesondere wenn Hochrisiko-KI-Systeme Informationen oder Empfehlungen ausgeben, auf deren Grundlage natürliche Personen Entscheidungen treffen;

c) die Ausgabe des Hochrisiko-KI-Systems richtig zu interpretieren, wobei beispielsweise die vorhandenen Interpretationsinstrumente und -methoden zu berücksichtigen sind;

d) in einer bestimmten Situation zu beschließen, das Hochrisiko-KI-System nicht zu verwenden oder die Ausgabe des Hochrisiko-KI-Systems außer Acht zu lassen, außer Kraft zu setzen oder rückgängig zu machen;

e) in den Betrieb des Hochrisiko-KI-Systems einzugreifen oder den Systembetrieb mit einer „Stopptaste" oder einem ähnlichen Verfahren zu unterbrechen, was dem System ermöglicht, in einem sicheren Zustand zum Stillstand zu kommen.

(5) Bei den in Anhang III Nummer 1 Buchstabe a genannten Hochrisiko-KI-Systemen müssen die in Absatz 3 des vorliegenden Artikels genannten Vorkehrungen so gestaltet sein, dass außerdem der Betreiber keine Maßnahmen oder Entscheidungen allein aufgrund des vom System hervorgebrachten Identifizierungsergebnisses trifft, solange diese Identifizierung nicht von mindestens zwei natürlichen Personen, die die notwendige Kompetenz, Ausbildung und Befugnis besitzen, getrennt überprüft und bestätigt wurde.

Die Anforderung einer getrennten Überprüfung durch mindestens zwei natürliche Personen gilt nicht für Hochrisiko-KI-Systeme, die für Zwecke in den Bereichen Strafverfolgung, Migration, Grenzkontrolle oder Asyl verwendet werden, wenn die Anwendung dieser Anforderung nach Unionsrecht oder nationalem Recht unverhältnismäßig wäre.

Mit Art. 14 korrespondieren die Erwägungsgründe 27, 66, 73.

Schrifttum: *Bomhard/Merkle*, Europäische KI-Verordnung, RDi 2021, 276; *Boßow-Thies/Hofmann-Stölting/Jochims* (Hrsg.), Data-driven Marketing, 2020; *Cress/Murawska/Schlitte* (Hrsg.), „Posthuman? – Neue Perspektiven auf Natur/Kultur", 2023; *Dahm/Twesten*, Der Artificial Intelligence Act als neuer Maßstab für künstliche Intelligenz, 2023; *Glaser*, Risiko im Management, 2019; *Heinze/Steinrötter* (Hrsg.), KI und Daten: Digitalregulierung auf dem Höhepunkt?, Tagungsband DSRI-Herbstakademie 2024, 2024; *Ruschemeier/Steinrötter* (Hrsg.), Der Einsatz von KI & Robotik in der Medizin, Interdisziplinäre Fragen, 2024; *Mainzer*, Gehirn, Computer, Komplexität, 1997; *Peterreins*, Grundsätze soliden Investierens, 2008; *Sterz* et al., On the Quest for Effectiveness in Human Oversight: Interdisciplinary Perspectives, in: FAccT '24: Proceedings of the 2024 ACM Conference on Fairness, Accountability, and Transparency, 2024; *Walter*, How to Tame a Dragon: Gefahren und Regulierung von KI, ifo Schnelldienst 8/2023, 19; *Waltl*, Erklärbarkeit und Transparenz in Machine Learning, 2020.

Übersicht

I. Allgemeines

1. Regelungszweck

1 Während Art. 26 Abs. 2 den Betreiber zur menschlichen Aufsicht über ein Hochrisiko-KI-System verpflichtet, verpflichtet Art. 14 den Anbieter im Konzeptions- und Entwicklungsprozess dazu, diese Beaufsichtigungsfähigkeit grundsätzlich zu ermöglichen.

2 Der Zweck der menschlichen Aufsicht über künstliche Intelligenz besteht darin, die Entscheidungsprozesse und Handlungen der KI-Systeme **zu überwachen**, um sicherzustellen, dass sie bspw. mit ethischen Normen, rechtlichen Anforderungen und gesellschaftlichen Erwartungen im Einklang stehen.[1] Menschliche Aufsicht soll Fehlentscheidungen verhindern, die durch algorithmische Verzerrungen oder unerwartete Verhaltensweisen der KI verursacht werden könnten. Ein weiterer Zweck menschlicher Aufsicht dürfte darin bestehen, Vertrauen in die Technologie zu schaffen, indem Menschen die Möglichkeit haben, einzugreifen und die Kontrolle zu übernehmen, falls KI-Systeme versagen oder unangemessen agieren. Im Vordergrund dieses Bestrebens nach menschlicher Kontrolle steht vor allem die Risikominimierung für Gesundheit, Sicherheit und Grundrechte von natürlichen Personen, vgl. Art. 14 Abs. 2.

3 Bereits in den 1950er Jahren warnte der britische Mathematiker *Alan Turing* davor, dass Maschinen eine existenzielle Gefahr für die Menschheit darstellen könnten. Die überwiegende Mehrheit der Forschenden ist sich heute darin einig, dass menschenähnliche Intelligenz auch auf nicht-biologischer Grundlage auf Siliziumbasis realisierbar ist.[2] KI-Sprachmodelle sind schon jetzt eine wichtige

1 *Bomhard*, in: Heinse/Steinötter, KI und Daten, DSRI-Tagungsband 2024, S. 52.
2 *Walter*, ifo Schnelldienst 8/2023, 19, 19.

Grundlage für die Mensch-Maschine-Kommunikation.[3] Hierbei „kontrolliert" der Mensch die Kommunikation größtenteils durch seine Eingaben, sog. Prompts. Da KI-Entscheidungen für Menschen oft nicht nachvollziehbar sind, droht ein Kontrollverlust des Menschen hinsichtlich des KI-Outputs.

Nicht zuletzt aus psychologischen Gründen **streben Menschen nach Kontrolle**. 4
Kontrolle ist das bevorzugte Mittel gegen die Angst vor dem allzu Unbekannten, insbesondere wenn die unvorhersehbare Veränderung schnell und disruptiv abläuft. Menschen möchten ein selbstbestimmtes Maß an kognitiver Kontrolle und Aufsicht ausüben[4] und durch menschliche Interventionsmöglichkeiten die Menschenzentriertheit von KI aufrechterhalten.[5] Gemäß Art. 14 soll die Sicherheit von Hochrisiko-KI-Anwendungen unter anderem durch menschliche Aufsicht sichergestellt werden.[6]

2. Kritik und Kontrollillusion

Die Praxis zeigt, dass effektive Aufsicht über KI aufgrund der technischen und 5
organisatorischen Herausforderungen oft **schwer zu erreichen** ist. Für eine wirkungsvolle menschliche Aufsicht muss die Aufsichtsperson zudem in der Lage sein, kausal in den Geschehensablauf einzugreifen und etwaige technische Risiken zu beeinflussen. Bei der technischen Ausgestaltung wäre etwa an API-Schnittstellen zu denken. Denkbar wäre zudem eine Einbettung in ein betreibereigenes Nutzerinterface. Zentral ist die Möglichkeit zur aktiven Unterbrechung des KI-Betriebs.[7] Für eine volle Aufsicht wäre es zudem notwendig, Systementscheidungen manuell steuern, überschreiben oder rückgängig machen zu können.[8] Die Komplexität und Intransparenz der KI-Systeme, gepaart mit dem schnellen technologischen Fortschritt und der Notwendigkeit kontinuierlicher Weiterbildung, machen eine effektive menschliche Überwachung **äußerst schwierig**.

Durch die inhärente Subjektivität von Menschen fließt ein Aspekt in den Ent- 6
scheidungsprozess mit ein, welcher die Qualität der Aufsichtsentscheidung irrational beeinflussen kann. Zudem müsste die Aufsichtsperson auch unter Zeit-

3 KI Bundesverband, Large European AI Models als Leuchtturmprojekt für Europa, S. 13.

4 *Corves/Schön*, in: Boßow-Thies et al., Data-driven Marketing, S. 277.

5 *Mellamphy*, in: Cress/Murawska/Schlitte, „Posthuman? – Neue Perspektiven auf Natur/Kultur", S. 239.

6 *Walter*, ifo Schnelldienst 8/2023, 19, 21.

7 *Dahm/Twesten*, Der Artificial Intelligence Act als neuer Maßstab für künstliche Intelligenz, S. 22.

8 *Sterz* et al., in: FAccT '24: Proceedings of the 2024 ACM Conference on Fairness, Accountability, and Transparency, S. 2495, 2500.

druck in der Lage sein, selbstständige Entscheidungen zu treffen.[9] Der limitierende Faktor ist oft das **menschliche Gehirn**. Dieses wird von der Neurobiologie als komplexes neuronales Netzwerk betrachtet, das seine Leistungsfähigkeit im Laufe der Evolution entwickelt hat.[10] Im Vergleich zur biologischen Evolution verzeichnet die technische Evolution jedoch eine deutlich schnellere Steigerung der Leistungsfähigkeit.

7 Auch die vorhandenen Personalressourcen sind oft unzureichend, um mit der Dynamik der KI-Entwicklung Schritt zu halten. Daher ist es wenig überraschend, dass die menschliche Aufsicht bei KI-Systemen häufig nur eingeschränkt funktioniert. Mangels **kausaler Eingriffsmöglichkeiten** (siehe unten) dürfte zudem die menschliche Aufsicht von KI-Systemen vielfach nicht sinnvoll möglich sein. Im Ergebnis bietet das produktrechtlich geprägte Konzept menschlicher Kontrolle bei KI-Systemen oft keinen sinnvollen Mehrwert, da praktisch nicht durchführbar.[11]

8 Zusätzlich trägt die sog. **Kontrollillusion** zusätzlich dazu bei, dass die wahrgenommene Kontrolle über KI-Systeme überschätzt wird, was die Schwierigkeiten weiter verschärft.[12] Kontrollillusion beschreibt die Tendenz von Menschen, zu glauben, dass sie mehr Kontrolle über Ereignisse haben, als dies tatsächlich der Fall ist. Im Kontext der KI führt die Kontrollillusion dazu, dass Menschen überschätzen, wie gut sie die komplexen und oft undurchsichtigen Entscheidungen von KI-Systemen verstehen und beeinflussen können.[13] Ein Beispiel hierfür sind Spieler, die durch intensives Schütteln der Würfel glauben, ihre Chancen erhöhen zu können.[14] Ein anderes Beispiel ist die Vorstellung, mit dem Ausfüllen des Lottoscheins die Gewinnchancen im Vergleich zu einem vorausgefüllten Lottoschein zu erhöhen.[15] Ausfluss der Kontrollillusion ist bspw. auch, dass Autofahren (weil selbst kontrolllierbar) als sicherer empfunden wird als Fliegen.[16] Die Kontrollillusion kann mehrere negative Folgen haben. Erstens kann sie zu einem falschen Sicherheitsgefühl führen, was dazu führt, dass potenzielle Risiken und Fehler von KI-Systemen übersehen oder unterschätzt werden. Zweitens kann sie die Bereitschaft verringern, notwendige Ressourcen in die tatsächliche Verbesserung der Aufsicht und Kontrolle zu investieren, da man fälschlicherweise glauben könnte, dass die aktuelle Aufsicht bereits ausreichend sei. Kontrollillusion

9 *Sterz* et al., in: FAccT '24: Proceedings of the 2024 ACM Conference on Fairness, Accountability, and Transparency, S. 2495, 2501.

10 *Mainzer*, Gehirn, Computer, Komplexität, S. 1.

11 *Bomhard*, in: Heinse/Steinötter, KI und Daten, DSRI-Tagungsband 2024, S. 53.

12 Eingehend *Bomhard*, in: Heinse/Steinötter, KI und Daten, DSRI-Tagungsband 2024, S. 53.

13 *Glaser*, Risiko im Management, S. 338.

14 *Peterreins*, Grundsätze soliden Investierens, S. 23.

15 *Glaser*, Risiko im Management, S. 338.

16 *Peterreins*, Grundsätze soliden Investierens, S. 23.

kann also die Risikobereitschaft erhöhen, indem sie gegenüber Rückmeldungen immunisiert und ein falsches Gefühl der Kontrolle vermitteln, was zu einer Unterschätzung von Risiken und Unsicherheiten führen kann.[17] Insofern verstärkt die Kontrollillusion die Abhängigkeit von KI-Systemen, weil Menschen glauben, dass sie diese jederzeit überwachen und korrigieren können. In Wirklichkeit jedoch kann die Komplexität der Systeme und die Geschwindigkeit, mit der sie Entscheidungen treffen, die menschliche Aufsicht erheblich überfordern.

Art. 14 und 26 können daher auch als **Innovationsbremse** wirken. Die strengen Aufsichtsanforderungen dürften die Entwicklung und Implementierung neuer KI-Systeme verlangsamen, da Unternehmen gezwungen sind, erhebliche Ressourcen in die Schaffung und Aufrechterhaltung von Überwachungsstrukturen zu investieren. Darüber hinaus könnten kleinere Unternehmen und Start-ups, die nicht über die notwendigen Mittel verfügen, um diese Anforderungen zu erfüllen, von der Teilnahme am Markt ausgeschlossen werden. Die Fokussierung auf menschliche Aufsicht könnte zudem dazu führen, dass innovative Ansätze zur Automatisierung und Effizienzsteigerung nicht vollständig ausgeschöpft werden. Somit stehen Art. 14 und 26 im Spannungsfeld zwischen der Notwendigkeit, sichere KI-Systeme zu gewährleisten, und dem Risiko, den technologischen Fortschritt und die Wettbewerbsfähigkeit zu hemmen. 9

II. Tatbestand

1. Anknüpfung an Konzeption und Entwicklung

In der KI-VO finden sich verschiedene Phasen eines KI-Systems: In einem frühen Stadium der **Konzeptions- und Entwicklungsprozess** (durch den Anbieter), sodann das **Inverkehrbringen bzw. die Inbetriebnahme** (ebenso durch den Anbieter) und schließlich die Verwendung (durch den Betreiber).[18] Die Pflichten des Art. 14 Abs. 1 knüpfen an der Konzeption und der Entwicklung an, beziehen sich aber auf die spätere Verwendung. Die Konzeption eines KI-Systems bezeichnet die Planungsphase, in der Anforderungen, Ziele, Anwendungsfälle und Rahmenbedingungen definiert werden. Hier entstehen das Grunddesign, die Systemarchitektur und die Auswahl geeigneter Technologien. Die Entwicklung des KI-Systems umfasst die praktische Umsetzung der Konzeption – also das Programmieren, Trainieren und Testen der KI-Komponenten sowie deren Integration in ein funktionierendes Gesamtsystem. Im Rahmen der Entwicklung werden – im Gegensatz zur Konzeption – also typischerweise keine Änderungen mehr an der Struktur und Planung des Systems vorgenommen. 10

17 *Glaser*, Risiko im Management, S. 339.

18 ErwG 12, 58.

2. Beaufsichtungsfähigkeit durch Menschen

11 Art. 14 Abs. 1 zielt darauf ab, dass das KI-System während der Dauer seiner Verwendung von natürlichen Personen wirksam beaufsichtigt werden kann. Der Begriff der Verwendung ist weit auszulegen und umfasst grundsätzlich jede Nutzung des KI-Modells, nicht jedoch die Verbreitung und die Inbetriebnahme.[19] Er geht einher mit der Rolle des Betreibers. Nach Art. 3 Nr. 4 ist der Betreiber „eine natürliche oder juristische Person, […] die ein KI-System in eigener Verantwortung verwendet […]". Nach Art. 26 Abs. 2 müssen Betreiber natürlichen Personen, die über die erforderliche **Kompetenz, Ausbildung und Befugnis** verfügen, die menschliche Aufsicht übertragen und ihnen die erforderliche Unterstützung zukommen lassen. Während Art. 26 Abs. 2 den Betreiber zur Beaufsichtigung verpflichtet, verpflichtet Art. 14 Abs. 1 den Anbieter dazu, dies zu ermöglichen.

12 Das KI-System muss durch **natürliche Personen** (homo sapiens) beaufsichtigt werden können. Beaufsichtigung erfordert die richtige mathematisch-statistische Interpretation der Ergebnisse.[20] Die individuelle Kompetenz der Aufsichtsperson kann durch Aspekte wie Wachsamkeit, kognitive Fähigkeiten, die menschliche Neigung, Automatisierung zu vertrauen, sowie zusätzliche kognitive Verzerrungen und Heuristiken beeinflusst werden.[21] Unklar ist daher, welche ganz konkreten Maßstäbe an die notwendige Kompetenz und Eigenschaften der Aufsichtsperson im Kontext der Anforderungen des Art. 14 zugrunde gelegt werden dürfen. Eine gewisse Orientierung bieten Art. 4 und 26 Abs. 2: Art. 26 Abs. 2 kann so verstanden werden, dass die natürlichen Personen, denen die menschliche Aufsicht übertragen wurde, über die erforderliche Kompetenz, Ausbildung und Befugnis verfügen müssen, um diese Aufgabe wahrzunehmen. Zudem ist nach Art. 4 von den jeweiligen Betreibern sicherzustellen, dass diese Personen, die in ihrem Auftrag mit dem Betrieb und der Nutzung von KI-Systemen befasst sind, über ein ausreichendes Maß an KI-Kompetenz verfügen, wobei ihre technischen Kenntnisse, ihre Erfahrung, ihre **Ausbildung und Schulung** und der **Kontext**, in dem die KI-Systeme eingesetzt werden sollen, sowie die Personen oder Personengruppen, bei denen die KI-Systeme eingesetzt werden sollen, zu berücksichtigen sind.

13 Effektive menschliche Aufsicht erfordert zudem ausreichende **personelle Ressourcen**. Dies schließt qualifiziertes Personal und Zeit für gründliche Überprüfungen ein. In der Praxis ist insb. fraglich, ob ausreichend kompetente Aufsichts-

19 Umkehrschluss aus ErwG 8, welcher zwischen Verwendung und Verbreitung differenziert.

20 *Dahm/Twesten*, Der Artificial Intelligence Act als neuer Maßstab für künstliche Intelligenz, S. 21.

21 *Sterz* et al., in: FAccT '24: Proceedings of the 2024 ACM Conference on Fairness, Accountability, and Transparency, S. 2495, 2501.

personen zur Verfügung stehen. Wer die vorgenannten Kriterien hinsichtlich des technischen Verständnisses erfüllt, dürfte auch in der Forschung und Entwicklung sehr gefragt sein. Die Folge ist ein besonderer Fachkräftemangel im KI-Bereich, der schon beobachtet werden kann. Im Ergebnis wird eine effektive menschliche Kontrolle von KI-Systemen oft daran scheitern, dass nicht ausreichend Menschen mit dem notwendigen Verständnis über die Entscheidungsfindung des KI-Systems zur Verfügung stehen. Die Verfügbarkeit von Ressourcen dürfte allerdings nicht für Art. 14 Abs. 1, sondern erst bei Art. 26 Abs. 2 relevant werden.

3. Einsatz technischer Hilfsmittel

Um die Herausforderungen der menschlichen Aufsicht über KI zu überwinden, kann der Einsatz von Technik selbst eine wertvolle Unterstützung bei der Aufsicht bieten. Art. 14 Abs. 1 gestattet ausdrücklich etwa den Einsatz geeigneter Instrumente einer **„Mensch-Maschine-Schnittstelle"**. Es handelt sich um eine Schnittstelle, über die Menschen mit einem technischen System interagieren. Sie umfasst alle Mittel, mit denen Informationen ausgetauscht werden – z.B. Bildschirme, Tasten, Sprachsteuerung, Warnsignale oder grafische Benutzeroberflächen. Ziel ist es, die Bedienung und Überwachung des Systems durch Menschen verständlich, zugänglich und kontrollierbar zu gestalten. Daneben können technik-gestützte Überwachungswerkzeuge eingesetzt werden, die menschliche Aufsichtspersonen bei der Echtzeit-Erkennung von Anomalien und potenziellen Fehlern unterstützen. Maschinelles Lernen kann helfen, Biases und Diskriminierung in zugrunde liegenden Daten zu identifizieren, indem es Muster und Zusammenhänge erkennt, die für Menschen schwer zu erfassen sind. KI-basierte Simulationen ermöglichen es, die Auswirkungen von Entscheidungen zu testen, bevor sie tatsächlich umgesetzt werden, um Risiken zu minimieren. Assistenzsysteme auf KI-Basis können die Einhaltung von Compliance-Vorgaben überwachen und sicherstellen, dass rechtliche Anforderungen erfüllt werden. Erklärbares maschinelles Lernen (XAI) verbessert die Transparenz von Algorithmen und erleichtert die Nachvollziehbarkeit von Entscheidungen. Feedback-Systeme, die von KI unterstützt werden, sammeln kontinuierlich Rückmeldungen und generieren automatisch Verbesserungsvorschläge. Personalisierte Trainingsprogramme auf KI-Basis können menschliche Aufsichtspersonen effektiv schulen und weiterbilden. Schließlich verbessern KI-gestützte Kommunikationssysteme den Informationsaustausch und die Zusammenarbeit zwischen mehreren Aufsichtspersonen. 14

Im Ergebnis könnte der Schlüssel zur effektiven menschlichen Kontrolle von Hochrisiko-KI-Systemen im Einsatz von Beaufsichtigungs-Technologien liegen. Jedoch stellt dieser Ansatz zugleich eine Abkehr vom menschenzentrierten 15

Ansatz dar und kann die Abhängigkeit von technologischen Lösungen erhöhen, was sorgfältig abgewogen werden muss.

4. Vorkehrungstypen

16 Um die menschliche Aufsicht zu gewährleisten, sieht Art. 14 Abs. 3 zwei Arten von Vorkehrungen vor:

a) Vorkehrungen, die vom Anbieter bestimmt und in das Hochrisiko-KI-System eingebaut werden

17 Solche Maßnahmen werden technisch im Hochrisiko-KI-System selbst verankert, sie sind also Teil des Produkts und sind bereits zum Zeitpunkt des Inverkehrbringens oder der Inbetriebnahme vorhanden. Die Konzeption, Festlegung und technische Integration erfolgt also durch den Anbieter. Dies ist bspw. denkbar für Not-Aus-Funktionen, Logging- und Audit-Systeme für Entscheidungen, Mechanismen zur Verlangsamung oder Deaktivierung bei Fehlverhalten sowie Anzeigen für den Nutzer, die auf mögliche Fehlnutzungen hinweisen (z.B. Warnmeldungen bei ungewöhnlichen Eingaben).

b) Vorkehrungen, die vom Anbieter bestimmt werden und dazu geeignet sind, vom Betreiber umgesetzt zu werden.

18 Diese Maßnahmen sind nicht im System eingebaut, sondern als Vorgaben oder Empfehlungen des Anbieters formuliert. Sie müssen vom Betreiber in dessen Betriebsumgebung aktiv umgesetzt werden, vgl. eingehend Art. 26 Abs. 2. Dies ist sinnvoll bei solchen Hochrisiko-KI-Systemen, bei denen vollständige technische Implementierung durch den Anbieter nicht möglich oder nicht sinnvoll ist, sondern einer Mitwirkung des Betreibers bedarf. Im Kern dürfte es hierbei v.a. um organisatorische Maßnahmen gehen, bspw. Schulung der Anwender, klare Rollen- und Verantwortlichkeitszuweisungen, Überwachungsprotokolle oder das Einrichten interner Eskalationsmechanismen, falls ein Hochrisiko-KI-System auffälliges Verhalten zeigt. Ebenso denkbar sind regelmäßige Audits, das Festlegen von Kontrollintervallen oder die Anforderung, dass ein bestimmter Prozess durchlaufen werden soll.

5. Einzelanforderungen

19 Die genauen Anforderungen des Art. 14 sind risikobezogen zu bestimmen. Nach Art. 14 soll die menschliche Aufsicht der Verhinderung oder **Minimierung der Risiken** für Gesundheit, Sicherheit oder Grundrechte dienen, die entstehen können, wenn ein Hochrisiko-KI-System im Einklang mit seiner Zweckbestimmung oder im Rahmen einer vernünftigerweise vorhersehbaren Fehlanwendung ver-

wendet wird. Gemäß Art. 14 Abs. 3 müssen die Aufsichtsmaßnahmen den Risiken, dem Grad der Autonomie und dem Kontext der Nutzung des Hochrisiko-KI-Systems angemessen sein.

Nach Art. 14 Abs. 4 muss das Hochrisiko-KI-System so beschaffen sein, dass natürliche Personen, denen die menschliche Aufsicht übertragen wurde, zu bestimmten Handlungen befähigt werden. Unklar ist, ob es sich dabei um eine abschließende Aufzählung handelt und ob die Anforderungen kumulativ vorliegen müssen. Der Wortlaut „angemessen und verhältnismäßig" deutet darauf hin, dass – je nach den Umständen des Einzelfalls – Ausnahmen möglich sind: **20**

a) Grenzen erkennen und überwachen

Anbieter müssen den Menschen, denen vom Betreiber die menschliche Aufsicht übertragen wurde, ermöglichen, die „einschlägigen Fähigkeiten und Grenzen des Hochrisiko-KI-Systems angemessen zu verstehen und seinen Betrieb ordnungsgemäß zu überwachen". Dies umfasst auch das Erkennen und Beheben von **Anomalien**, **Fehlfunktionen** und **unerwarteter Leistung**. Hierbei besteht jedoch die Herausforderung, dass zwar allgemeine, konstruktive Informationen (wie z. B. die Modellarchitektur) bekannt sind, die konkreten inneren Zusammenhänge von KI-Systemen jedoch oft nicht erkennbar sind. In der Folge stellen die KI-Systeme für den Menschen oft Black Boxes dar. Die Aufsichtsführenden müssten jedoch ein tiefes Verständnis der Funktionsweise der KI-Systeme haben, einschließlich ihrer Stärken, Schwächen und potenziellen Risiken. Dies erfordert technisches Wissen und fortlaufende Weiterbildung.[22] Komplexe KI-Systeme sind dem durchschnittlichen Menschen weder intuitiv noch analytisch vollständig zugänglich. Eine Aufsichtsperson müsste jedoch über ausreichendes Wissen über das Risiko und dessen Minderung besitzen, insbesondere über Maßnahmen zur Risikominderung.[23] **21**

Denkbare Maßnahmen umfassen: **22**

- Laufzeitüberwachung (Runtime Monitoring): Kontinuierliche Beobachtung des Verhaltens der KI während des Betriebs – z. B. Antwortzeiten, Ressourcenverbrauch, Fehlerraten.
- Outlier Detection: Statistische Methoden zur Erkennung von ungewöhnlichen Eingaben oder Ausgaben, die vom erwarteten Muster abweichen.
- Out-of-Distribution-Erkennung (OOD): Überprüfung, ob neue Eingabedaten außerhalb des Trainingsdatumsbereichs liegen – wichtig z. B. in der Bild- oder Spracherkennung.

---

22 *Sterz* et al., in: FAccT '24: Proceedings of the 2024 ACM Conference on Fairness, Accountability, and Transparency, S. 22495, 2495.

23 *Sterz* et al., in: FAccT '24: Proceedings of the 2024 ACM Conference on Fairness, Accountability, and Transparency, S. 2495, 2498.

- Regelbasierte Validierung: Automatische Überprüfung, ob die Ausgabe des Systems grundlegenden Regeln oder Erwartungen widerspricht.
- Feature-Attribution (z. B. SHAP, LIME): Nachvollziehbarkeit, welche Merkmale die Entscheidung des KI-Systems beeinflusst haben.
- Visualisierungstools: Darstellung von Einflussfaktoren, Aktivierungsmustern und Modellverläufen zur Erkennung von Auffälligkeiten.
- A/B-Testing: Vergleich verschiedener Modelle oder Versionen im Live-Betrieb zur frühzeitigen Erkennung von Fehlverhalten oder Leistungsabfällen.

23 Oftmals lassen sich Aussagen darüber, ob ein KI-System tatsächlich richtig funktioniert, erst durch Methoden zur Transparenz (vgl. Art. 13) der zugrunde liegenden Entscheidungsstruktur treffen.[24] Diese Anforderung des Art. 14 Abs. 4 lit. a weist eine hohe Schnittmenge mit Art. 13 Abs. 1 auf, wonach Hochrisiko-KI-Systeme so konzipiert und entwickelt werden müssen, dass ihr Betrieb hinreichend transparent ist, damit die Betreiber die Ausgaben eines Systems angemessen interpretieren und verwenden können.

b) Bewusstsein für Automatisierungsbias

24 Zudem muss das Hochrisiko-KI-System es den beaufsichtigenden Personen ermöglichen, einer möglichen Neigung zu einem automatischen oder übermäßigen Vertrauen in die von einem Hochrisiko-KI-System hervorgebrachte Ausgabe („Automatisierungsbias") bewusst zu bleiben. Dies gilt nach Art. 14 Abs. 4 lit. d insbesondere, wenn Hochrisiko-KI-Systeme Informationen oder Empfehlungen ausgeben, auf deren Grundlage natürliche Personen Entscheidungen treffen. Mit Blick auf Art. 6 Abs. 3 dürfte dies auf viele KI-Systeme zutreffen, die unter Anhang III im Ergebnis als Hochrisiko-KI-Systeme qualifiziert werden.

25 Für die Umsetzung sind insb. kontextbezogene Warnhinweise denkbar, die dem Betreiber helfen können, nicht „blind" der KI-Ausgabe zu vertrauen, wie z. B.: „Achtung: Bewertung nahe an einer Relevanzschwelle – menschliche Prüfung empfohlen."

c) Interpretationsmöglichkeit

26 Die mit der Beaufsichtigung beauftragten Personen müssen in die Lage versetzt werden, die Ausgabe des Hochrisiko-KI-Systems **richtig zu interpretieren**. Hierbei sind bspw. die vorhandenen Interpretationsinstrumente und -methoden zu berücksichtigen. Wie bereits lit. a weist auch diese Anforderung eine hohe Überscheidung zu den Transparenzpflichten nach Art. 13 Abs. 1 auf. Aus technischer Sicht wäre etwa denkbar, dass die Ausgabeergebnisse durch geeignete Erklärbarkeitsmechanismen begleitet werden, bspw. durch Feature-Importances,

24 Vgl. *Waltl*, Erklärbarkeit und Transparenz in Machine Learning, S. 6.

Heatmaps oder Gegenbeispiele. Dies kann auch die Bereitstellung von Informationen über die Bedeutung von Eingabefunktionen oder die Visualisierung von Eingabe- und Ausgabeparametern auf eine Weise umfassen, die sie leichter verständlich macht.[25] Jedoch kann eine Erklärung niemals die Komplexität einer KI-Entscheidung vollständig abbilden – andernfalls bräuchte der Mensch keine KI. Der Mensch wird eine KI-Entscheidung typischerweise also niemals vollständig nachvollziehen können, insb. nicht in kurzer Zeit.

d) Nicht-Verwendung

Es muss möglich sein, ein Hochrisiko-KI-System nicht zu verwenden oder die Ausgabe des Hochrisiko-KI-Systems außer Acht zu lassen, außer Kraft zu setzen oder **rückgängig zu machen**. Im Einklang dazu verlangt ErwG 73 Satz 3, dass das System integrierten Betriebseinschränkungen unterliegt, über die sich das System selbst nicht hinwegsetzen kann, und dass es auf den menschlichen Bediener reagiert. Was dies im Konkreten bedeutet, ist unklar. Zu denken wäre etwa an Totmannschalter[26] oder daran, dass Ergebnisse von mindestens X natürlichen Personen überprüft und bestätigt werden müssen.[27] 27

Jedoch ist insb. in betriebskritischen Anwendungen eine kausale Eingriffsmöglichkeit oft nicht möglich, insb. wenn durch den Vollzug der KI-Entscheidung bereits vollendete Tatsachen geschaffen wurden, z. B. im **Hochfrequenzhandel** oder bei der KI-basierten Steuerung von **Fahrzeugen oder Flugzeugen**. Dies gilt auch für Empfehlungssysteme. Solche sind der Schlüssel zum Erfolg von Plattformen wie TikTok, Youtube und anderen sozialen Medien, bei denen die Algorithmen darauf abzielen, die Interaktion und die Verweildauer auf der Plattform zu maximieren. Schlägt ein solcher Algorithmus dem Nutzer bspw. radikalisierende Inhalte vor, dürfte es oftmals schon zu spät sein für eine „menschliche Kontrolle". 28

e) Stopptaste

Schließlich müssen Anbieter den beaufsichtigenden Menschen ermöglichen, in den Betrieb des Hochrisiko-KI-Systems einzugreifen oder den Systembetrieb mit einer „Stopptaste" oder einem ähnlichen Verfahren zu unterbrechen, was es dem System ermöglichen muss, „in einem sicheren Zustand zum Stillstand zu kommen". Aus technischer Sicht muss das System also über eine sichere und 29

25 *Sterz* et al., in: FAccT '24: Proceedings of the 2024 ACM Conference on Fairness, Accountability, and Transparency, S. 2495, 2500.

26 *Jorzig/Kemter*, in: Ruschemeier/Steinrötter, Der Einsatz von KI & Robotik in der Medizin, Interdisziplinäre Fragen, Regulierung im Bereich KI-Medizin, S. 161, 166.

27 *Jorzig/Kemter*, in: Ruschemeier/Steinrötter, Der Einsatz von KI & Robotik in der Medizin, Interdisziplinäre Fragen, Regulierung im Bereich KI-Medizin, S. 161, 166.

priorisierte Notfall-Schnittstelle verfügen – also z.B. einen „Kill Switch", der den Systembetrieb unterbricht. Dies ist etwa denkbar in einer KI-gesteuerten Produktionsstraße, bei der es möglich ist, sofort per physischer Taste oder Software-Befehl die gesamte Anlage anzuhalten, ohne dass es zu Schäden an Menschen oder Maschinen kommt. Allerdings dürfte es viele Anwendungsfälle geben, insb. bei betriebskritischen Prozessen,[28] in denen eine Stopptaste **nicht praktikabel** oder sogar gefährlich wäre, etwa bei KI-Systemen zur autonomen Steuerung von Fahrzeugen, bei denen ein abruptes Anhalten in voller Fahrt andere Verkehrsteilnehmer gefährden könnte. Auch bei medizinischen Assistenzsystemen während einer laufenden Operation könnte ein sofortiger Stopp lebensbedrohliche Folgen haben. In solchen Fällen sind abgestufte Eingriffsmechanismen erforderlich, die kontrollierte Übergänge in sichere Betriebsmodi ermöglichen. Der „Kill Switch" muss also kontextsensitiv gestaltet werden, um einerseits die Sicherheit zu gewährleisten und andererseits unbeabsichtigte Risiken durch ein zu rigides Abschalten zu vermeiden.

6. Besonderheiten bei biometrischen Fernidentifizierungssystemen (Abs. 5)

30 Abs. 5 sieht zusätzliche (Wortlaut: „außerdem") Anforderungen an biometrische Fernidentifizierungssysteme (Anhang III Nr. 1 lit. a) vor. Nach Art. 3 Nr. 41 fällt darunter jedes KI-System, das dem Zweck dient, natürliche Personen ohne ihre aktive Einbeziehung und in der Regel aus der Ferne durch Abgleich der biometrischen Daten einer Person mit den in einer Referenzdatenbank gespeicherten biometrischen Daten zu identifizieren. Nicht dazu gehören jedoch solche KI-Systeme, die bestimmungsgemäß für die biometrische Verifizierung, deren einziger Zweck darin besteht, zu bestätigen, dass eine bestimmte natürliche Person die Person ist, für die sie sich ausgibt, verwendet werden sollen (vgl. Anhang III Nr. 1 lit. a).

31 Biometrische Fernidentifizierungssysteme müssen nach Abs. 5 so gestaltet sein, dass der Betreiber keine Maßnahmen oder Entscheidungen allein aufgrund des vom System hervorgebrachten Identifizierungsergebnisses trifft, solange diese Identifizierung nicht von mindestens zwei natürlichen Personen, die die notwendige Kompetenz, Ausbildung und Befugnis besitzen, getrennt überprüft und bestätigt wurde. Die Anforderung einer getrennten Überprüfung durch mindestens zwei natürliche Personen gilt jedoch nicht für Hochrisiko-KI-Systeme, die für Zwecke in den Bereichen Strafverfolgung, Migration, Grenzkontrolle oder Asyl verwendet werden, wenn die Anwendung dieser Anforderung nach Unionsrecht oder nationalem Recht unverhältnismäßig wäre.

28 *Bomhard/Merkle*, RDi 2021, 276, 281.

Art. 15 Genauigkeit, Robustheit und Cybersicherheit

(1) Hochrisiko-KI-Systeme werden so konzipiert und entwickelt, dass sie ein angemessenes Maß an Genauigkeit, Robustheit und Cybersicherheit erreichen und in dieser Hinsicht während ihres gesamten Lebenszyklus beständig funktionieren.

(2) Um die technischen Aspekte der Art und Weise der Messung des angemessenen Maßes an Genauigkeit und Robustheit gemäß Absatz 1 und anderer einschlägiger Leistungsmetriken anzugehen, fördert die Kommission in Zusammenarbeit mit einschlägigen Interessenträgern und Organisationen wie Metrologie- und Benchmarking-Behörden gegebenenfalls die Entwicklung von Benchmarks und Messmethoden.

(3) Die Maße an Genauigkeit und die relevanten Genauigkeitsmetriken von Hochrisiko-KI-Systemen werden in den ihnen beigefügten Betriebsanleitungen angegeben.

(4) Hochrisiko-KI-Systeme müssen so widerstandsfähig wie möglich gegenüber Fehlern, Störungen oder Unstimmigkeiten sein, die innerhalb des Systems oder der Umgebung, in der das System betrieben wird, insbesondere wegen seiner Interaktion mit natürlichen Personen oder anderen Systemen, auftreten können. In diesem Zusammenhang sind technische und organisatorische Maßnahmen zu ergreifen.

Die Robustheit von Hochrisiko-KI-Systemen kann durch technische Redundanz erreicht werden, was auch Sicherungs- oder Störungssicherheitspläne umfassen kann.

Hochrisiko-KI-Systeme, die nach dem Inverkehrbringen oder der Inbetriebnahme weiterhin dazulernen, sind so zu entwickeln, dass das Risiko möglicherweise verzerrter Ausgaben, die künftige Vorgänge beeinflussen („Rückkopplungsschleifen"), beseitigt oder so gering wie möglich gehalten wird und sichergestellt wird, dass auf solche Rückkopplungsschleifen angemessen mit geeigneten Risikominderungsmaßnahmen eingegangen wird.

(5) Hochrisiko-KI-Systeme müssen widerstandsfähig gegen Versuche unbefugter Dritter sein, ihre Verwendung, Ausgaben oder Leistung durch Ausnutzung von Systemschwachstellen zu verändern.

Die technischen Lösungen zur Gewährleistung der Cybersicherheit von Hochrisiko-KI-Systemen müssen den jeweiligen Umständen und Risiken angemessen sein.

Die technischen Lösungen für den Umgang mit KI-spezifischen Schwachstellen umfassen gegebenenfalls Maßnahmen, um Angriffe, mit denen versucht wird, eine Manipulation des Trainingsdatensatzes („data poisoning“) oder vortrainierter Komponenten, die beim Training verwendet werden („model poisoning“), vorzunehmen, Eingabedaten, die das KI-Modell zu Fehlern verleiten sollen („adversarial examples“ oder „model evasions“), Angriffe auf vertrauliche Daten oder Modellmängel zu verhüten, zu erkennen, darauf zu reagieren, sie zu beseitigen und zu kontrollieren.

Mit Art. 15 korrespondieren die Erwägungsgründe 74–78.

Schrifttum: *Berghoff/Neu/von Twickel*, Vulnerabilities of Connectionist AI Applications: Evaluation and Defense, Frontiers Big Data 2020, Vol. 3:23, https://www.frontiersin.org/articles/10.3389/fdata.2020.00023/full (zuletzt abgerufen am 13.6.2024); *Bomhard/Siglmüller*, AI Act – das Trilogergebnis, RDi 2024, 45; *Burt*, The AI Transparency Paradox, Harvard Business Review, 13.12.2019, https://hbr.org/2019/12/the-aitransparency)-paradox (zuletzt abgerufen am 13.6.2024); *Busche*, Einführung in die Rechtsfragen der Künstlichen Intelligenz, JA 2023, 441; *Dittrich/Heinelt*, Compliance-Pflichten für Hersteller nach dem Cyber Resilience Act, RDi 2023, 309; *Dittrich/Heinelt*, Der Europäische DORA – neue Sicherheitsvorgaben für den Finanzsektor, RDi 2023, 164; *Ebers*, Standardisierung Künstlicher Intelligenz und KI-Verordnungsvorschlag, RDi 2021, 588; *Ebers/Hoch/Rosenkranz/Ruschemeier/Steinrötter*, Der Entwurf für eine EU-KI-VO, RDi 2021, 528; *Feldkamp/Kappler/Poretschkin/Schmitz/Weiss*, Rechtliche Fairnessanforderungen an KI-Systeme und ihre technische Evaluation, ZfDR 2024, 60; *Glugla*, Cybersicherheit in der KI-Verordnung, Rdi 2024, 421; *Handorn/Juknat*, KI und Haftung bei Medizinprodukten, MPR 2022, 77; *Lauscher/Legner*, Künstliche Intelligenz und Diskriminierung, ZfDR 2022, 367; *Müller-Peltzer/Tanczik*, Künstliche Intelligenz und Daten – Data-Governance nach der geplanten KI-Verordnung, RDi 2023, 452; *Nolte/Schreitmüller*, Cybersicherheit KI-basierter Medizinprodukte im Lichte der MDR und KI-VO, MPR 2024, 20; *Orssich*, Das europäische Konzept für vertrauenswürdige Künstliche Intelligenz, EuZW 2022, 254; *Paal/Pauly* (Hrsg.), DS-GVO/BDSG, Kommentar, 3. Aufl. 2021; *Rennert*, Mehr Cybersicherheit für vernetzte Produkte: Der Vorschlag der EU-Kommission für einen „Cyber Resilience Act“, ZfDR 2023, 206; *Reusch*, KI und Software im Kontext von Produkthaftung und Produktsicherheit, RDi 2023, 152; *Roos/Weitz*, Hochrisiko-KI-Systeme im Kommissionsentwurf für eine KI-Verordnung, MMR 2021, 844; *Sanderson/Douglas/Lu*, Implementing Responsible AI: Tensions and Trade-Offs Between Ethics Aspects, IJCNN 2023, arXiv:2304.08275v3; *Schucht*, Safety & Security bei smarten Produkten, NVwZ 2021, 532; *Ströbel/Grau*, KI-gestützte Medizin-Apps, ZD 2022, 599; *Valta/Vasel*, Kommissionsvorschlag für eine Verordnung über Künstliche Intelligenz, ZRP 2021, 142; *Vögele/Borstell/van der Ham* (Hrsg.), Verrechnungspreise, 6. Aufl. 2024; *Voigt/Falk*, Der Cyber Resilience Act, MMR 2023, 88; *Wiebe*, Cybersicherheitsrecht 2.0 – Vorschlag eines Cyber Resilience Act, ZRP 2023, 73; *Wiebe/Daelen*, Der Cyber Resilience Act aus produktsicherheitsrechtlicher Perspektive, EuZW 2023, 257.

Übersicht

I. Allgemeines

1. Zweck der Vorschrift

1 Art. 15 dient dazu, durch einheitliche und hohe technische Qualitäts- und **Sicherheitsstandards für Hochrisiko-KI-Systeme** den mit der Nutzung dieser Technologie verbundenen Risiken zu begegnen. Von Risiken solcher Systeme **Betroffene** können zum Beispiel (System-)Anwender sein, aber auch Bürger gegenüber einem KI-nutzenden Staat sowie die von den Folgen eines Sicherheitsvorfalls betroffenen Kunden von Diensteanbietern oder größere Personengruppen, soweit etwa kritische Infrastrukturen betroffen sind, deren Ausfall auch physische Auswirkungen haben kann (zum Beispiel der Ausfall von Sicherheitssystemen in Siedlungsabfallanlagen, in Risikolaboren oder Energieproduktionsanlagen[1]). Organisatorische Vorgaben regelt Art. 15 selbst nicht (bzw. nur teil-

1 Eine Reihe von Angriffsszenarien im Rahmen des möglichen Einsatzes von KI beim Vorhersagen von Elektrizitätsnachfrage im Netz findet sich bei ENISA, Cybersecurity

weise, siehe unten Rn. 54), diese finden sich stattdessen vornehmlich im restlichen Kapitel III Abschnitt 2 der Verordnung.

2 KI-Systeme spielen für die Cybersicherheit eine bedeutsame Rolle, weil sie sowohl zur Verbesserung von Sicherheit als auch zu Angriffszwecken eingesetzt werden können (sog. **Dual Use**).[2] Die Funktionsweise von KI-Systemen weist daneben selbst spezifische Schwachstellen auf, deren Ausnutzungsrisiken durch die Anforderungen von Art. 15 begegnet werden soll (siehe dazu unten Rn. 59 ff.). Mit der zunehmenden Verbreitung von KI-Systemen gewinnen deshalb auch Fragen der **Vertrauenswürdigkeit** entsprechender Systeme einschließlich ihrer Cybersicherheit an Bedeutung, wenngleich diese Bedeutung den Betroffenen nicht überall bewusst scheint.[3]

3 Um den mit dem Einsatz der Technologie verbundenen Risiken auf technischer Ebene zu begegnen, legt Art. 15 Anforderungen an die Beschaffenheit von Hochrisiko-KI-Systemen fest und verlangt, dass sie – abhängig von ihrem Einsatzzweck – ein angemessenes Maß an **Genauigkeit** (Accuracy, dazu Rn. 35 f.), **Robustheit** (Robustness, dazu Rn. 37 ff.) und **Cybersicherheit** (dazu Rn. 40 ff.) aufweisen. Indem die Anforderungen sich auf den gesamten Lebenszyklus (unten Rn. 43 ff.) – einschließlich der Konzeption und Entwicklung – beziehen, schreibt der europäische Gesetzgeber an dieser Stelle die Umsetzung des **Security-by-Design**-Ansatzes (dazu unten Rn. 32) vor. Sicherheitsaspekte sind folglich von Beginn an mitzudenken und dürfen nicht erst in einem nachgelagerten Schritt – etwa zur Inbetriebnahme oder Bereitstellung auf dem Markt – nachimplementiert werden.[4]

4 Abhängig davon, in welcher Umgebung und zu welchem Zweck KI-Systeme zur Anwendung kommen, dürfte in der Praxis eine beliebig große Vielfalt an unterschiedlichen, vom Einzelfall abhängigen Ausprägungen von Angemessenheit entstehen. Zur Konkretisierung der Anforderungen im jeweiligen Anwendungsfall ist deshalb die **Entwicklung harmonisierter Benchmarks** und Messmethoden vorgesehen, die gemeinsam mit allen relevanten Stakeholdern erarbeitet werden sollen (dazu Rn. 46 ff.). Transparenz über diese Leistungsmetriken eines Hochrisiko-KI-Systems soll dann durch entsprechende Dokumentationsverpflichtungen in der beizufügenden Betriebsanleitung entstehen (Rn. 51).

---

and privacy in AI – Forecasting demand on electricity grids vom 7.6.2023, S. 25, https://www.enisa.europa.eu/publications/cybersecurity-and-privacy-in-ai-forecasting-demand-on-electricity-grids (zuletzt abgerufen am 6.3.2025).

2 ENISA, Artificial Intelligence and Cybersecurity Research vom 7.6.2023, S. 5.

3 Vgl. BSI/ProPK, Cybersicherheitsmonitor 2024, https://www.bsi.bund.de/SharedDocs/Downloads/DE/BSI/Digitalbarometer/CyMon-ProPK-BSI_2024_Kurzbericht.html?nn=1078326 (zuletzt abgerufen am 6.3.2025).

4 Vgl. dazu auch den Grundsatz der Data Protection by Design in Art. 25 DSGVO.

2. Entstehungsgeschichte

5 Schon zur Problemerfassung für den Regulierungsbedarf lag ein Fokus für den Verordnungsvorschlag auf dem mit dem Einsatz von KI verbundenen praktischen Sicherheitsrisiko (**Safety and Security**)[5] sowie der damit verbundenen möglichen Beeinträchtigung von Grundrechten (citizen's fundamental rights and Union values).[6] Das Ausmaß der Risiken – und damit auch, ob es ausreicht, Sicherheitsanforderungen festzulegen, oder ob Verbote (siehe Art. 5 Rn. 1 ff.) erforderlich sind – wurde bereits in den ersten Beratungen des Rats zur Verordnung thematisiert. Dabei lag ein Fokus auf dem Einsatz von KI-Systemen für biometrische Fernidentifizierungsverfahren, die entweder gem. Art. 5 verboten sein können (dazu Art. 5 Rn. 39 ff.) oder Hochrisiko-KI-Systeme darstellen (siehe Art. 6 Rn. 69 ff.).[7] Vor dem Hintergrund dieser Risiken war der **Security-by-Design**-Ansatz von Anfang an im Entwurf vorgesehen.[8] In den technischen Sicherheitsanforderungen von Art. 15 drückt sich folglich das Ziel der Verordnung aus, dass Hochrisiko-KI-Systeme selbst **vertrauenswürdig**[9] sein sollen. Im Vergleich zu den umstritteneren Teilen der Verordnung (so zum Beispiel die Definition von KI-System, siehe dazu Art. 3) sind Art. 15 und die dazugehörigen Erwägungsgründe im Verlauf der unterschiedlichen Entwurfsfassungen nur leicht angepasst worden.

6 Im **Trilogverfahren** sind an Art. 15 keine Änderungen vorgenommen worden, die inhaltlich besondere Tragweite entwickelt hätten.[10] Art. 15 Abs. 5 wurde im Hinblick auf die „gegebenenfalls" („where appropriate") anzuwendenden Maßnahmen konkretisiert: Von „measures to prevent and control for attacks" zu „measures to prevent, detect, respond to, resolve and control for attack", was sich in der deutschen Fassung als „[Angriffe] zu verhüten, zu erkennen, darauf zu reagieren, sie zu beseitigen und zu kontrollieren" wiederfindet. Ebenso wurde

---

5 Zur Unterscheidung von Safety und Security siehe *Schucht*, NVwZ 2021, 532 ff., und *Wiebe/Daelen*, EuZW 2023, 257, 259.

6 Europäische Kommission, Bericht über die Folgenabschätzung (Zusammenfassung), Begleitunterlage zum Vorschlag der KI-VO vom 21.4.2021. Eine ausführliche Darlegung der zugrunde liegenden Problemstellungen findet sich zudem im ungekürzten Impact Assessment der Kommission auf S. 13 ff.

7 So z.B. Tschechien, Opinion on the application of the Principles of Subsidiarity and Proportionality vom 27.7.2021, 2021/0106(COD) – 11205/21 und Italien, Opinion on the application of the Principles of Subsidiarity and Proportionality vom 19.4.2022, 2021/0106(COD) – 8364/22.

8 So wurde neben der Feststellung darüber im Bericht über die Folgenabschätzung, ebd., zum Beispiel auch in Bezug auf das autonome Fahren in einem Bericht der Gemeinsamen Forschungsstelle der EU-Kommission und ENISA für die Aufnahme des Security-by-Design-Ansatzes plädiert, EU-Komm., PM vom 11.2.2021, NZG 2021, 308.

9 Zur Vertrauensterminologie vgl. *Orssich*, EuZW 2022, 254, 255.

10 *Bomhard/Siglmüller*, RDi 2024, 45, 49.

„attacks trying to manipulate the training dataset ('data poisoning'), inputs designed to cause the model to make a mistake ('adversarial examples')" zu „[data poisoning], or pre-trained components used in training ('model poisoning'), inputs designed to cause the model to make a mistake ('adversarial examples' or 'model evasion'), confidentiality attacks or model flaws" angepasst. Diese Anpassungen scheinen mehr Ausdruck von Unsicherheit im Hinblick auf das erforderliche Maß an Konkretheit für (Cyber-)Sicherheitsvorschriften zu sein, als einen konkreten Plan zu verfolgen. Schließlich hätte für das Gesetz ausgereicht, auf – ggf. KI-spezifische – Schwachstellen zu verweisen, statt verschiedene Arten von kontemporären technischen Schwachstellen unmittelbar im Gesetzestext zu definieren. Ebenso setzen die Verhütung und Kontrolle von Angriffen voraus, dass die Angriffe zunächst erkannt werden (technisch gesprochen handelt es sich um dabei um Detektion). Die Erweiterung von „zu verhüten und zu kontrollieren" auf „zu verhüten, zu erkennen, darauf zu reagieren, sie zu beseitigen und zu kontrollieren" enthält insoweit gesetzesbürokratisch Unterscheidungen, die auf technischer Ebene (es wird zwischen **Prävention**, **Detektion** und **Reaktion** unterschieden)[11] allenfalls deshalb existieren, weil dafür unterschiedliche Werkzeuge zum Einsatz kommen (zum Beispiel werden für die Detektion von Angriffen andere Tools eingesetzt als für die Reaktion auf Angriffe). Diese Tätigkeiten fallen jedoch allesamt unter einen breiten Fächer von möglichen Reaktionen auf Angriffe, sodass „zu verhüten und zu reagieren" durchaus ausgereicht hätte, um die gesamte Bandbreite notwendiger Handlungen zu erfassen. Die Nachhaltigkeit dieser übermäßig detaillierten Regelungen wird sich – sowohl mit Blick auf die technologische als auch auf die rechtliche Entwicklung – zeigen müssen.[12]

7 An anderen Stellen ist Art. 15 denkbar unbestimmt geblieben und weder Art. 15 selbst noch andere Stellen der Verordnung geben stichhaltige Hinweise auf die im Einzelfall zu erreichenden **Reifegrade** der Sicherheitsmaßnahmen für die Erfüllung eines bestimmten Sicherheitsniveaus. Diese technischen Reifegrade sind stattdessen: **Angemessenheit** (Abs. 1), **beständiges Funktionieren** (Abs. 1), so widerstandsfähig wie möglich (Abs. 4 UAbs. 1), so gering wie möglich (Abs. 4 UAbs. 3) und **Geeignetheit** (Abs. 4 UAbs. 3). Ein Rückgriff auf Art. 8 Abs. 1 Satz 1, nach dem „dem anerkannten Stand der Technik […] Rechnung zu tragen" ist, liefert dabei keine Antworten, weil unklar bleibt, ab wann ein „Rechnungtragen" vorliegen soll[13] (zu der Voraussetzung im Detail siehe Art. 8 Rn. 21 f.).

---

11 Das Leitbild des Bundesamts für Sicherheit in der Informationstechnik (BSI) lautet deshalb: „Das BSI als die Cybersicherheitsbehörde des Bundes gestaltet Informationssicherheit in der Digitalisierung durch Prävention, Detektion und Reaktion für Staat, Wirtschaft und Gesellschaft."

12 Kritisch zum Verhältnis von Unter- und Überregulierung im Kommissionsentwurf *Valta/Vasel*, ZRP 2021, 142 ff.

13 Kritisch gegenüber so schwer umzusetzenden Vorgaben auch *Reusch*, RDi 2023, 152 Rn. 36.

Klarere – und damit für Betroffene realistischerweise einhaltbare – Vorschriften soll wohl jedenfalls der in den Verhandlungen mit dem Europäischen Parlament eingefügte Art. 15 Abs. 2 schaffen, der die untergesetzliche Entwicklung von Metriken für das Ausfüllen des Genauigkeits- und Robustheitsbegriffs in der Praxis vorsieht (dazu Rn. 46 ff.). Solche könnten für Hersteller zweckabhängig Sicherheit im Hinblick auf die Frage geben, welche **praktischen Maßnahmen** zum Einhalten der Sicherheitsanforderungen ergriffen werden müssen.[14] Die Ergänzung von Art. 15 Abs. 2 im Trilogverfahren dürfte auch Reaktion auf die Kritik sein, dass bei der Ausarbeitung harmonisierter Normen in der Regel keine ausreichenden Beteiligungsmechanismen für diejenigen vorgesehen sind, die diese Normen anwenden müssen.[15] **8**

3. Verhältnis zu anderen Vorschriften

Da KI-Modelle und -Systeme in denkbar verschiedenen Bereichen zur Anwendung gelangen können, verfolgt die KI-VO richtigerweise einen **horizontalen Regelungsansatz**. In der Praxis werden deshalb über den gesamten Lebenszyklus (siehe unten Rn. 43) eines KI-Systems hinweg häufig weitere – neben den Vorschriften der KI-VO anwendbare – (Cyber-)Sicherheitsvorgaben greifen, die von den Adressaten der Verordnung berücksichtigt werden müssen, was auch Vorgaben von Drittstaaten einschließt (zur Territorialität siehe Art. 2). **9**

Speziell in Bezug auf künstliche Intelligenz in der Europäischen Union befindet sich derzeit ein Entwurf für eine KI-Haftungsrichtlinie zur Anpassung der Vorschriften über außervertragliche zivilrechtliche Haftung an künstliche Intelligenz (**KI-Haftungsrichtlinie**)[16] im Gesetzgebungsprozess. Bezüglich der Genauigkeit, Robustheit und Cybersicherheit von Hochrisiko-KI-Systemen sieht Art. 4 Abs. 2 lit. d KI-Haftungsrichtlinie vor, dass Anbieter (im Gegensatz zu Herstellern im allgemeinen Produktsicherheitsrecht, siehe unten Rn. 11 ff.) von Hochrisiko-KI-Systemen bei Nichterfüllen von Art. 15 KI-VO unter zusätzlichen Bedingungen schadensersatzpflichtig sein können.[17] Vor diesem Hintergrund ist es für Anbieter wichtig, dass Rechtssicherheit bezüglich der Regelungsinhalte von Art. 15 besteht. **10**

---

14 Beim Verschieben der Konkretisierung der einzuhaltenden Vorgaben auf untergesetzliche Normen handelt es sich um das im New Legislative Framework (NLF) des europäischen Produktsicherheitsrechts gängige Vorgehen des Gesetzgebers, *Ebers*, RDi 2021, 588, 591.

15 Kritisch gegenüber der Delegation der Vorgabenerstellung auf Normungsorganisationen *Ebers*, RDi 2021, 588, 595 ff.

16 COM (2022) 496: Vorschlag für eine Richtlinie des Europäischen Parlaments und des Rates zur Anpassung der Vorschriften über außervertragliche zivilrechtliche Haftung an künstliche Intelligenz (Richtlinie über KI-Haftung).

17 Einen Überblick über den Entwurfsinhalt geben *Handorn/Juknat*, MPR 2022, 77, 87 f.

a) Produktbezogene Sicherheitsvorgaben

11 Als **spezifisches Produktsicherheitsrecht** für Hochrisiko-KI-Systeme steht Art. 15 im Spannungsfeld des übrigen europäischen Produktsicherheitsrechts.[18] Darunter fallen insbesondere der noch im Gesetzgebungsverfahren befindliche Entwurf für eine KI-Haftungsrichtlinie (dazu bereits Rn. 10), der Entwurf für einen Cyber Resilience Act (CRA) (dazu unten Rn. 13 ff.) und die in Anhang I KI-VO gelisteten sektoralen Harmonisierungsrechtsvorschriften, für die zwischen Regelungen nach dem New Legislative Framework (NLF) (Abschnitt A) und weiteren Regelungen (Abschnitt B) unterschieden wird.

12 Art. 15 fügt sich insoweit in den NLF ein, als sein Einhalten (bzw. eine Konformität mit den Anforderungen des gesamten Kapitels 3 Abschnitt 2) gem. Art. 40 Abs. 1 **gesetzlich vermutet** wird, soweit die bei Hochrisiko-KI-Systemen geltenden Anforderungen von harmonisierten Normen, deren Fundstellen gemäß der Verordnung (EU) Nr. 1025/2012 im Amtsblatt der Europäischen Union veröffentlicht wurden, abgedeckt sind (zu dieser Vermutung näher Art. 40 Rn. 17). Art. 42 Abs. 2 vermutet zudem die Einhaltung der Anforderungen von Art. 15, wenn von Normungsorganisationen zu erarbeitende und im Amtsblatt der EU zu veröffentlichende, untergesetzliche technische Normen eingehalten werden und dies per Cybersicherheitszertifizierung oder Konformitätserklärung nachgewiesen wird (zur Konformitätsvermutung siehe Art. 42 Rn. 13 ff.).[19] Konformitätsbewertungsverfahren können auf unterschiedlichen Rechtsgrundlagen erfolgen: entweder auf der Grundlage von Art. 43 selbst oder – wenn Harmonisierungsrechtsvorschriften nach Anhang I Abschnitt A anwendbar sind – gem. Art. 43 Abs. 3 auf der Grundlage des einschlägigen Harmonisierungsrechtsakts, in dessen Rahmen dann die Anforderungen der KI-VO für Hochrisiko-KI-Systeme mitgeprüft werden sollen (siehe dazu Art. 43 Rn. 32 ff.).

aa) Cyber Resilience Act

13 Im ordentlichen Gesetzgebungsverfahren befindlich ist der Vorschlag der Kommission für eine Verordnung über horizontale Cybersicherheitsanforderungen für Produkte mit digitalen Elementen und zur Änderung der Verordnung (EU) 2019/1020 vom 15.9.2022 (**Cyber Resilience Act**) (in der zum Zeitpunkt dieser Kommentierung vorliegenden Entwurfsfassung nach Beschluss des Europäischen Parlaments),[20] welcher unmittelbar Bezug auf die Cybersicherheitsvorgaben von Art. 15 KI-VO nimmt. Allgemein soll der CRA ebenso wie die KI-VO sektorübergreifend gelten und bestehende sektorale Re-

---

18 *Ebers/Hoch/Rosenkranz/Ruschemeier/Steinrötter*, RDi 2021, 528, 536.

19 *Roos/Weitz*, MMR 2021, 844, 845–846 m. w. N. zum NLF.

20 Legislative Entschließung des Europäischen Parlaments vom 12.3.2024.

gelungen ergänzen.[21] Hervorzuheben ist, dass beide Rechtsakte in ihren Erwägungsgründen aufeinander Bezug nehmen[22] und Art. 12 CRA (im Kommissionsentwurf noch Art. 8) im Hinblick auf Cybersicherheitsanforderungen ausdrücklich auf Art. 15 verweist.

Für die Prüfung, ob Art. 12 CRA zur Anwendung kommt, ist vorab zu berücksichtigen, dass der sachliche Anwendungsbereich des CRA sich nicht auf sämtliche Produkte mit digitalen Elementen erstreckt. Art. 3 Nr. 1 CRA definiert als **Produkt mit digitalen Elementen** ein „Software- oder Hardwareprodukt und dessen Datenfernverarbeitungslösungen, einschließlich Software- oder Hardwarekomponenten, die getrennt in Verkehr gebracht werden". Vom Anwendungsbereich wird gem. Art. 2 Abs. 2–8 sodann eine Reihe von Produkten **ausgenommen**: **14**

- unter Verordnung (EU) 2017/745 (Medizinprodukte), Verordnung (EU) 2017/746 (In-vitro-Diagnostika) oder Verordnung (EU) 2019/2144 (Typengenehmigung von Kraftfahrzeugen) fallende Produkte;
- nach Verordnung (EU) 2018/1139 (EASA-Grundverordnung) zertifizierte Produkte;
- unter Richtlinie (EU) 2014/09 (Schiffsausrüstung) fallende Produkte;
- Produkte, die unter andere Rechtsvorschriften der EU fallen, wenn mit diesen Vorschriften das CRA-Schutzniveau oder ein höheres erreicht wird;
- Ersatzteile, die auf dem Markt bereitgestellt werden, um identische Komponenten in Produkten mit digitalen Elementen zu ersetzen;
- Produkte, die ausschließlich für Zwecke der nationalen Sicherheit oder für Verteidigungszwecke entwickelt oder geändert wurden;
- Produkte, die speziell für die Verarbeitung von Verschlusssachen konzipiert sind.

Konkret sieht Art. 12 Abs. 1 CRA vor, dass Produkte mit digitalen Elementen, die zugleich Hochrisiko-KI-Systeme nach der KI-VO sind, als mit den Cybersicherheitsanforderungen von Art. 15 KI-VO **konform** gelten, wenn **15**

- diese Produkte die grundlegenden Anforderungen gemäß Anhang I Teil I CRA, erfüllen;
- die vom Hersteller festgelegten Verfahren den grundlegenden Anforderungen in Anhang I Teil II CRA entsprechen, **und**
- die Verwirklichung des gem. Art. 15 erforderlichen Cybersicherheitsniveaus in der gemäß CRA ausgestellten EU-Konformitätserklärung nachgewiesen wird.

21 Überblicke über den Entwurf der Kommission finden sich bei *Rennert*, ZfDR 2023, 206 ff.; *Voigt/Falk*, MMR 2023, 88 ff.; *Wiebe*, ZRP 2023, 73 ff.

22 So die KI-VO in ErwG 77–78, der CRA in ErwG 51.

16 Laut einer **technischen Anmerkung zu Art. 12 CRA**, die dort als Fußnote ergänzt ist, sollte Art. 12 CRA entfernt und stattdessen in die KI-VO eingefügt werden, falls der für die Annahme und Veröffentlichung der KI-VO vorgesehene Zeitraum erheblich länger geworden wäre als der entsprechende Zeitraum für den CRA. Gesetzgeberisch ist das für die beiden parallel verhandelten Entwürfe von KI-VO und CRA sinnvoll, da die KI-VO auf den CRA erst dann hätte Bezug nehmen können – zum Beispiel durch eine Listung in Anhang I Abschnitt A –, wenn dieser final beschlossen worden ist.

17 Die **EU-Konformitätserklärung**, auf die sich Art. 12 Abs. 1 lit. c CRA bezieht, kann auf Grundlage verschiedener Normen zustande kommen: in Fällen, in denen für Konformitätserklärungen nicht auf konkrete Rechtsgrundlagen verwiesen wird, ist es möglich, dass – abhängig vom jeweiligen Kontext – Konformitätserklärungen auf der Basis **unterschiedlicher Konformitätsbewertungsverfahren** beruhen. Abs. 1 lit. c verweist nicht auf ein einziges konkretes Konformitätsbewertungsverfahren,[23] sondern referenziert EU-Konformitätserklärungen „gemäß dieser Verordnung". Da Art. 12 Abs. 2 und 3 CRA für unterschiedliche Produkte mit digitalen Elementen jeweils unterschiedliche Konformitätsbewertungsverfahren vorsehen, kann in diesem Falle eine Konformitätserklärung nach CRA auf den dort genannten verschiedenen Bewertungsverfahren fußen.[24] Art. 12 Abs. 2 Satz 1 CRA schreibt unter Verweis auf Abs. 1 **grundsätzlich** vor, dass das Konformitätsbewertungsverfahren nach Art. 43 KI-VO anzuwenden ist, bei dem gem. Art. 12 Abs. 2 Satz 2 CRA die notifizierte Stelle auch dafür zuständig ist, die Konformität des Hochrisiko-KI-Systems mit den Anforderungen von Anhang I CRA zu kontrollieren. Abweichend davon sollen gem. Art. 12 Abs. 3 CRA **wichtige Produkte** (Art. 7 i.V.m. Anhang III des CRA) und **kritische Produkte** (Art. 8 i.V.m. Anhang IV des CRA) den Konformitätsbewertungsverfahren nach Art. 32 Abs. 2 lit. a, b und Abs. 3 CRA unterliegen, wenn und soweit für das Hochrisiko-KI-System selbst für die Konformitätsbewertung eine interne Kontrolle (dazu Art. 43 Rn. 27 ff.) nach der KI-VO ausreicht. Begründet wird das damit, dass die erforderliche Vertrauenswürdigkeit in diesen Bereichen mit einer alleinigen Anwendung der KI-VO nicht erreicht werden könne. Stattdessen sollen also beide Konformitätsbewertungverfahren – Art. 43 Abs. 1 lit. a KI-VO und Art. 32 CRA – nebeneinander greifen, um alle Anforderungen abzudecken.[25] Im Ergebnis bedeutet das, dass für wichtige und kritische

23 Konkrete Verweise nehmen dagegen zum Beispiel Art. 13 Abs. 12, Art. 18 Abs. 3 lit. a, Art. 19 Abs. 2 lit. c vor.

24 Das dürfte auch zu ErwG 51 des CRA passen, dem sich das Ziel entnehmen lässt, dass das erforderte Sicherheitsniveau des einen Rechtsakts nicht dadurch unterlaufen werden soll, dass der andere Rechtsakt ein niedrigeres Sicherheitsniveau vorschreibt. Darüber hinaus sollen aber verfahrenstechnisch auch nicht mehrere Konformitätsbewertungsverfahren erforderlich sein.

25 ErwG 51 CRA; spiegelbildlich dazu ErwG 77–78 KI-VO.

Produkte nach CRA für eine Konformitätserklärung zwingend eine Konformitätsbewertung durch eine externe Stelle vorgenommen muss, während für die übrigen auch ein internes Verfahren ausreichen kann.

Mit Blick auf Art. 43 Abs. 3, der vorsieht, dass in den Konformitätsbewertungsverfahren nach Harmonisierungsrechtsakten die Anforderungen von Kapitel 3 Abschnitt 2 KI-VO mitgeprüft werden sollen (dazu näher Art. 43 Rn. 32 ff.) und vor dem Hintergrund, dass ein Verweis auf den CRA aus gesetzgebungstechnischen Gründen nicht in die KI-VO aufgenommen werden konnte, ist Art. 12 CRA wohl am ehesten mit Art. 43 Abs. 3 zu vergleichen. Der konkrete **Regelungsgehalt** der Norm scheint jedoch noch nicht abschließend geklärt: das Konformitätsbewertungsverfahren nach Art. 43 Abs. 1 führt schon nach der KI-VO selbst dazu, dass das Erfüllen der Cybersicherheitsvorgaben von Art. 15 – und zudem sämtlichen Vorschriften von Kapitel 3 Abschnitt 2 – vermutet wird. Die ausdrückliche Vermutung des CRA, dass KI-Systeme, für die eine Konformitätserklärung auf Basis eines Konformitätsbewertungsverfahrens nach KI-VO vorliegt, mit den Cybersicherheitsvorgaben von Art. 15 KI-VO konform sind, hat keinen eigenen Mehrwert. Der vom Parlament neu formulierte Art. 12 CRA und die dazugehörigen Erwägungsgründe erlauben jedoch nicht länger auch den Schluss, dass allein das Erfüllen der grundlegenden Anforderungen des CRA zu einer Cybersicherheits-Konformitätsvermutung für Art. 15 führt.[26] Da Art. 12 Abs. 3 CRA eine Anwendung von Konformitätsbewertungsverfahren nach KI-VO und CRA – jedoch diese unter der Zuständigkeit nur einer einzigen Notifizierungsstelle (in Kombination mit einer internen Kontrolle) – vorsieht, lässt sich zumindest für wichtige und kritische Produkte der Schluss ziehen, dass hier die Anforderungen des CRA besondere Bedeutung genießen sollen. **18**

Für die Praxis lässt sich das Vorgenannte wie folgt **zusammenfassen**: Grundsätzlich wird durch die Implementierung eines KI-Modells ein Produkt zu einem Produkt mit digitalen Elementen (nämlich der KI-Komponente). Dieses kann bei Vorliegen der Bedingungen von Art. 12 Abs. 1 CRA als mit den Cybersicherheitsanforderungen von Art. 15 KI-VO konform bewertet werden. Zu diesen Bedingungen zählt zwingend das Vorliegen einer EU-Konformitätserklärung, die entweder auf Grundlage von Art. 43 KI-VO erfolgt, wobei die notifizierte Stelle dann auch das Erfüllen der Anforderungen von Anhang I des CRA zu prüfen hat (Art. 12 Abs. 2 Satz 2 CRA). Oder – im Falle von wichtigen oder kritischen Produkten – zu den Bedingungen zählt das Vorliegen einer Konformitätserklärung auf Basis des Konformitätsbewertungsverfahrens nach CRA (Art. 12 Abs. 3 CRA) und ein Konformitätsbewertungsverfahren im Sinne einer internen Kontrolle gemäß Art. 43 Abs. 1 lit. a i. V. m. Anhang VI. **19**

26 *Voigt/Falk*, MMR 2023, 88 Fn. 26; *Wiebe/Daelen*, EuZW 2023, 257, 259.

20 Da die Cybersicherheitsanforderungen in beiden Rechtsakten sich materiell nach dem konkreten Einsatzzweck richten und beide vorsehen, dass ein angemessenes Maß bzw. angemessenes Cybersicherheitsniveau vorliegen muss, um die Anforderungen zu erfüllen, dürften sich **in der Praxis** für die Umsetzung der Anforderungen durch die Hersteller **keine schwerwiegenden Unterschiede** ergeben. In beiden Fällen richtet sich die Betrachtung nach den konkreten, im Einzelfall entstehenden Risiken: Sobald also ein Hochrisiko-KI-System vorliegt, dürfte die Angemessenheitshürde beider Rechtsgrundlagen in der umsetzenden Praxis dieselbe sein. Insbesondere trifft der CRA auch keine Aussagen für Genauigkeit und Robustheit, obwohl Robustheit durchaus unter den Begriff der Cybersicherheit fällt (dazu näher unten Rn. 40). Pauschalisierte Aussagen zu erforderlichen Schutzniveaus lassen sich für die Praxis auf Grundlage dieser Rechtsnormen allein jedenfalls nicht aufstellen.

21 Ein Unterschied zwischen den Anforderungen von CRA und KI-VO besteht wie folgt: Der CRA geht hinsichtlich **unbefugter Zugriffe** (unauthorised access) insoweit weiter als Art. 15 KI-VO, als dass die Ausnutzung nicht auf unbefugte Dritte (unauthorized third parties) (dazu unten Rn. 60 ff.) beschränkt wird, sondern jegliche unbefugte Zugriffe erfasst (Anhang I Teil I Nr. 2 lit. d CRA). Dadurch wird die Möglichkeit, dass **Innentäter** auf Herstellerseite oder Hersteller selbst ein Sicherheitsrisiko darstellen können,[27] je nach Lesart nicht vollständig ausgeräumt. Das Ausmaß von Zugriffsbefugnissen des Herstellers lässt sich aber zumindest vertraglich einschränken. Das Problem unbefugter Zugriffe ist aus Sicht der KI-VO eher unter organisatorischen Anforderungen erfasst als in den technischen Anforderungen an KI-Systeme (näher unten Rn. 62).

22 Daneben fordert Anhang I Teil I Nr. 2 lit. a CRA, dass zur Bereitstellung auf dem Markt keine **bekannten ausnutzbaren Schwachstellen** im Produkt vorhanden sein dürfen, während die KI-VO eine solche Einschränkung für Schwachstellen nicht ausdrücklich trifft. Das bedeutet jedoch nicht, dass KI-Systeme keine unbekannten oder unausnutzbaren Schwachstellen enthalten dürfen, denn das wäre eine unmöglich zu erfüllende Anforderung. Ebenso wenig lässt sich daraus schließen, dass KI-Systeme mit entsprechenden Schwachstellen auf dem Markt bereitgestellt oder eingesetzt werden dürften, denn Art. 15 Abs. 5 UAbs. 1 schreibt als Teil der Cybersicherheit (die gem. Art. 15 Abs. 1 über den gesamten Lebenszyklus hinweg in angemessenem Maß zu gewährleisten ist) **Widerstandsfähigkeit** gegen die Ausnutzung von Systemschwachstellen vor (dazu näher unten Rn. 64). Ein Unterschied für die in der Praxis zu treffenden Sicherheitsmaßnahmen dürfte sich deshalb aus den unterschiedlichen Formulierungen von CRA und KI-VO nicht ergeben.

---

27 Dazu im Kontext der Warnung des BSI vom 15.3.2022 vor Kaspersky-Produkten *Rennert*, ZfDR 2023, 206, 216.

Wünschenswert wäre ein klarer – und leichter verständlich – geregeltes Verhältnis zwischen CRA und KI-VO, als dies Art. 12 CRA derzeit darstellt. Zudem wäre wohl ein höheres Niveau an Rechtssicherheit erreichbar, wenn in CRA und KI-VO eine **einheitlichere Begriffswahl** zu Cybersicherheitsvorgaben getroffen würde, damit die Regelwerke kohärent ineinander greifen können und nicht möglicherweise divergierende Wortlaute dazu ausgenutzt werden, in der Praxis unterschiedliche Sicherheitsniveaus auf Hochrisiko-KI-Systeme anzuwenden. Begrüßen lässt sich zwar, dass die verhältnismäßig konkreten von Anhang I CRA vorgesehenen Cybersicherheitsmaßnahmen für die Wirtschaft die bislang bestehende Rechtsunsicherheit[28] erheblich reduzieren dürften – ob diese aber für Hersteller, dabei insbesondere KMU – auch praktisch umsetzbar sind und welche Reifegrade man in der Praxis tatsächlich verlangen können wird, wird sich zeigen müssen.[29] **23**

bb) Produktsicherheit und Produkthaftung

Neben dem CRA befindet sich auch ein Vorschlag der Kommission für eine neue **Produkthaftungsrichtlinie** (ProdHaftRL-E) im europäischen Gesetzgebungsverfahren.[30] Die ProdHaftRL-E gilt gem. Art. 4 Abs. 1 ProdHaftRL-E für „alle beweglichen Sachen, auch wenn diese in eine andere bewegliche oder unbewegliche Sache integriert sind. Dazu zählen auch Elektrizität, digitale Bauunterlagen und Software", und damit auch für **in bewegliche Sachen integrierte KI-Systeme**. Art. 6 Abs. 1 ProdHaftRL-E sieht vor, dass ein Produkt dann als fehlerhaft gilt, wenn es nicht die Sicherheit bietet, die „die breite Öffentlichkeit unter Berücksichtigung aller Umstände erwarten darf". Konkret soll das gem. Art. 6 Abs. 1 lit. c ProdHaftRL-E für weiterlernende Produkte und gem. Art. 6 Abs. 1 lit. f ProdHaftRL-E für Cybersicherheitsanforderungen gelten. Für Hersteller ergeben sich daraus – in Verbindung mit Art. 15 KI-VO, der speziell für Hochrisiko-KI-Systeme Cybersicherheitsanforderungen vorsieht und damit für die Betrachtung, welches Sicherheitsmaß die breite Öffentlichkeit erwarten darf, heranzuziehen sein wird – extensive Haftungsrisiken, die im Bereich der Cybersicherheit wegen der damit verbundenen Komplexität auch schnell zur **Beweislastumkehr** nach Art. 9 Abs. 2–4 ProdHaftRL führen können.[31] **24**

---

28 Vgl. dazu ErwG 4 CRA. Eine Übersicht über Herstellerpflichten auf Grundlage des Kommissionsvorschlags findet sich bei *Wiebe/Daelen*, EuZW 2023, 257, 260 ff., sowie auch *Dittrich/Heinelt*, RDi 2023, 309 Rn. 17 ff.

29 Eine Betrachtung der zu erwartenden Folgen für verschiedene Wirtschaftsakteure findet sich bei *Wiebe*, ZRP 2023, 73, 75. Kritisch gegenüber den Begriffsunklarheiten in der KI-VO auch *Glugla*, RDi 2024, 421, 424.

30 Text verfügbar unter https://eur-lex.europa.eu/legal-content/DE/TXT/?uri=CELEX:52022PC0495 (zuletzt abgerufen am 6.3.2025).

31 *Reusch*, RDi 2023, 152 Rn. 38 ff.

25 Neben der ProdHaftRL-E kommt auch Verordnung (EU) 2023/988 (**Produktsicherheitsverordnung**) nicht gänzlich ohne Cybersicherheitsaspekte aus. Für das Verhältnis der Produktsicherheitsverordnung zur KI-VO gilt ebenso wie für den ProdHaftRL-E, dass Art. 15 zur Beantwortung der Frage herangezogen werden muss, welches Sicherheitsniveau für Produkte gilt, die Hochrisiko-KI-Systeme enthalten. Art. 6 Abs. 1 lit. g der Produktsicherheitsverordnung sieht vor, dass ein Produkt – soweit aufgrund seiner Art erforderlich – die **angemessenen Cybersicherheitsmerkmale** erfüllen muss, die erforderlich sind, um das Produkt vor äußeren Einflüssen (einschließlich böswilliger Dritter) zu schützen, sofern sich ein solcher Einfluss auf die Sicherheit des Produkts auswirken könnte, einschließlich eines möglichen Ausfalls der Verbindung.[32] In der Praxis dürfte sich auch hieraus für die tatsächlich durch Hersteller zu ergreifenden Maßnahmen kein Unterschied zum Sicherheitsniveau der KI-VO ergeben, da die Angemessenheit sich risikobasiert am konkreten Einsatzzweck orientiert.

cc) Sektorale Rechtsakte

26 Die neben der KI-VO anwendbaren sektoralen Rechtsakte finden sich in Anhang I der Verordnung. Für Hochrisiko-KI-Systeme, die im Zusammenhang mit Produkten stehen, welche unter Regelungen nach Anhang I Abschnitt B fallen, findet Art. 15 gem. Art. 2 Abs. 2 Satz 1 **keine Anwendung**. Dagegen müssen gem. Art. 8 Abs. 2 Hochrisiko-KI-Systeme, die zugleich unter einen oder mehrere Harmonisierungsrechtsakte nach Anhang I Abschnitt A fallen, zusätzlich die Anforderungen der einschlägigen Harmonisierungsrechtsakte erfüllen (dazu näher Art. 8 Rn. 29 ff.).

27 Im Folgenden wird hier auf die neben der KI-VO ausdrücklich anwendbaren Rechtsakte eingegangen,[33] auf die der CRA dagegen ausdrücklich nicht anwendbar sein soll (siehe oben Rn. 14): die Verordnung (EU) 2017/745 (**EU-Medizinprodukteverordnung**), Verordnung (EU) 2017/746 (**In-vitro-Diagnostika**). Die Cybersicherheitsanforderungen von Medizinprodukten[34] bestimmen sich nach Art. 5 Abs. 2 i.V.m. Anhang I EU-Medizinprodukteverordnung,[35] wenngleich die Verordnung den Begriff Cybersicherheit selbst nicht verwendet. In Abgrenzung zur KI-VO bemerkenswert ist, dass gem. Anhang I Abschnitt 17.2

32 Eine ausführlichere Betrachtung des Entwurfs der Produktsicherheitsverordnung findet sich bei *Reusch*, RDi 2023, 152 Rn. 18 ff.

33 Zu den Hintergründen siehe ErwG 46–47.

34 Gem. Art. 2 Nr. 1 Medizinprodukteverordnung ein Instrument, ein Apparat, ein Gerät, eine Software, ein Implantat, ein Reagenz, ein Material oder ein anderer Gegenstand, das dem Hersteller zufolge für Menschen bestimmt ist und allein oder in Kombination einen oder mehrere der folgenden spezifischen medizinischen Zwecke erfüllen soll.

35 Mit nähergehender Betrachtung der einzelnen Anforderungen *Nolte/Schreitmüller*, MPR 2024, 20 ff.

EU-Medizinprodukteverordnung bei Softwareprodukten (einschließlich Produkten, von denen Software nur ein Bestandteil ist), die Software entsprechend dem **Stand der Technik** entwickelt und hergestellt werden muss. Das umfasst auch Hochrisiko-KI-Systeme. Art. 8 Abs. 1 Satz 1 KI-VO, der lediglich verlangt, dass dem Stand der Technik „Rechnung getragen" werden soll, stellt ein deutliches Minus dazu dar (zur Anforderung, dem Stand der Technik Rechnung zu tragen, siehe Art. 8 Rn. 21 f.). Da die Patientensicherheit das oberste Ziel der EU-Medizinprodukteverordnung darstellt,[36] lässt sich für die KI-VO im Rückschluss folgern, dass Hochrisiko-KI-Systeme, die unmittelbare Auswirkungen auf die Gesundheit und das Leben von Menschen haben können, ein angemessenes Maß an Cybersicherheit nur dann erreichen, wenn sie tatsächlich dem Stand der Technik „entsprechen". Die Annahme eines – im Vergleich zur EU-Medizinprodukteverordnung – für die KI-VO niedrigeren zu erreichenden Reifegrades im Sicherheitsniveau würde in dieser Hinsicht nicht dem risikobasierten Ansatz der KI-VO entsprechen. Unmittelbare Wechselwirkungen zwischen der EU-Medizinprodukteverordnung und Art. 15 bestehen darüber hinaus nicht. Dasselbe gilt für In-vitro-Diagnostika: Gem. Art. 5 Abs. 2 i.V.m. Anhang I Abschnitt 16.2 Verordnung (EU) 2017/746 ist der **Stand der Technik** von diesen Produkten **„einzuhalten"**.

b) Einrichtungsbezogene Sicherheit

Hochrisiko-KI-Systeme werden nicht zwingend ausschließlich als Produkte für den Markt verwendet, sondern können auch als „stand alone", zum Beispiel als Sicherheitsbauteil in Kritischer Infrastruktur (vgl. Art. 6 Rn. 52), also ohne selbst Produkteigenschaft zu erlangen, in Betrieb genommen werden.[37] Richtigerweise umfasst die KI-VO deshalb auch die **Inbetriebnahme** und die **Verwendung** von KI-Systemen (Art. 1 Abs. 2 lit. a Var. 3). Für die Inbetriebnahme und Verwendung von Hochrisiko-KI-Systemen sollten die Adressaten der KI-VO deshalb nicht nur produktbezogene Cybersicherheitsvorgaben berücksichtigen, sondern auch den weiteren einschlägigen Rechtsrahmen zur Cybersicherheit im Auge behalten. **28**

Einen Grundpfeiler des europäischen Cybersicherheitsrechts stellt Verordnung (EU) 2019/881 (**Cyber Security Act**) (CSA) dar.[38] Der CSA ist der Gründungsrechtsakt für die Agentur für Cybersicherheit der Europäischen Union (**ENISA**), **29**

36 *Nolte/Schreitmüller*, MPR 2024, 20, 24.

37 Der EWSA empfahl deshalb in seiner Stellungnahme zur KI-VO, ABl. EU C 517, S. 61 vom 22.12.2021, den Geltungsbereich der Verordnung auch auf KI zu erweitern, die bei anderen Verwendungszwecken mit Risiken behaftet sein können.

38 Ein kurzer Überblick zum CSA, dort in Abgrenzung zu Art. 32 DSGVO (Vorgaben zur Informationssicherheit bei der Verarbeitung personenbezogener Daten), findet sich bei *Martini*, in: Paal/Pauly, DSGVO, Art. 32 Rn. 17–17c.

die für die Cybersicherheit (Art. 3 Abs. 1 Satz 1 CSA) und für Cybersicherheitszertifizierungen (Art. 8 Abs. 1 CSA) zuständig ist. Auch für die mit der **Cybersicherheitszertifizierung** zusammenhängenden Normungsbereiche (Art. 8 Abs. 1 lit. a CSA) ist sie die zuständige europäische Behörde und wird als solche durch die Normung maßgeblichen Einfluss darauf haben, welche Sicherheitsanforderungen in der Praxis an Konzeption und Entwicklung sowie Inbetriebnahme und Betrieb von KI-Systemen gestellt werden. Gem. Art. 42 Abs. 2 können Anbieter schließlich durch eine Cybersicherheitszertifizierung oder eine Konformitätserklärung nach CSA (Näheres in Art. 42 Rn. 13 ff.) die Konformität mit den Anforderungen von Art. 15 nachweisen.[39]

30 Mit der Richtlinie (EU) 2022/2555 (**NIS-2-RL**) hat der Unionsgesetzgeber umfassende **einrichtungsbezogene Cybersicherheitsvorgaben** gemacht, die bei der Inbetriebnahme und beim Betrieb von Hochrisiko-KI-Systemen ebenfalls zu berücksichtigen sein können. So sieht Art. 21 Abs. 1 NIS-2-RL für wesentliche und wichtige Einrichtungen ein umfassendes Risikomanagement unter Berücksichtigung des Stands der Technik vor. Dieses Risikomanagement dürfte durch die Berücksichtigung der Risiken, die aus der Inbetriebnahme oder der Verwendung eines KI-Systems erwachsen, an Komplexität gewinnen. Zudem wird die Zuordnung der betreibenden oder verwendenden Einrichtung zu einer der Schutzkategorien der NIS-2-RL (wichtige und wesentliche Einrichtungen gem. Art. 3 NIS-2-RL) Einfluss darauf haben, welches Maß an Cybersicherheit angemessen im Sinne der KI-VO ist. Für wesentliche Einrichtungen wird der zu erreichende Reifegrad höher liegen als für wichtige Einrichtungen – und für von der NIS-2-RL nicht erfasste Einrichtungen wird wiederum im Verhältnis ein niedrigeres Maß an Sicherheit angemessen sein. Ähnlich verhält es sich mit Verordnung (EU) 2022/2554 (**DORA**), die den Finanzsektor reguliert und in ihrem Kapitel 2 umfassende IKT-Risikomanagementmaßnahmen vorsieht.[40] Auch hier müssen auf der einen Seite Risiken berücksichtigt werden, die sich aus dem Einsatz von KI ergeben, oder Sicherheitstests ggf. auch auf in Betrieb befindliche KI-Systeme ausgeweitet werden. Auf der anderen Seite wird für Einrichtungen das von Art. 15 KI-VO geforderte Maß an Genauigkeit, Robustheit und Cybersicherheit höher ausfallen als für Einrichtungen, die nicht in den Anwendungsbereich der DORA fallen und damit keine Sicherheitsvorgaben, die vom einrichtungsbezogenen Risiko abhängen, erfüllen müssen.

39 *Roos/Weitz*, MMR 2021, 844, 847.
40 Einen Überblick dazu geben *Dittrich/Heinelt*, RDi 2023, 164 ff.

II. Konzeption und Entwicklung (Abs. 1)

Wie auch der restliche Abschnitt 2 von Kapitel III betrifft Art. 15 **nur Hochrisiko-KI-Systeme** gem. Art. 6 (siehe zur Einordnung Art. 6 Rn. 46 ff.). Das bedeutet nicht, dass KI-Systeme, die keine Hochrisiko-KI-Systeme sind, keinerlei Sicherheitsvorschriften unterfallen: insbesondere im Bereich der Produktsicherheit gilt schließlich – neben möglichen sektoralen Rechtsakten – die allgemeine Produkthaftung (siehe oben Rn. 11 ff.; zur Sicherheit von KI-Modellen und KI-Systemen mit allgemeinem Verwendungszweck siehe Art. 55 Rn. 8). 31

Indem Art. 15 Abs. 1 für Hochrisiko-KI-Systeme vorschreibt, dass diese so konzipiert und entwickelt werden müssen, dass sie über ihren gesamten Lebenszyklus (dazu unten Rn. 43) im Hinblick auf Genauigkeit, Robustheit und Cybersicherheit beständig funktionieren müssen, nimmt der Wortlaut ausdrücklich den **Security-by-Design**-Ansatz auf. Dieser wurde bereits im CSA beschrieben als: „Organisationen, Hersteller oder Diensteanbieter, die an der Konzeption und Entwicklung von IKT-Produkten, -Diensten und -Prozessen beteiligt sind, sollten dazu angehalten werden, in den ersten Phasen der Konzeption und Entwicklung Maßnahmen durchzuführen, um die Sicherheit dieser Produkte, Dienste und Prozesse möglichst weitgehend zu schützen, in dem sie davon ausgehen, dass Cyberangriffe vorliegen, und deren Folgen vorwegzunehmen und so gering wie möglich zu halten (konzeptionsintegrierte Sicherheit – Security by Design)."[41] 32

1. Angemessenes Maß

Für die Praxis werden sich wohl die meisten Fragestellungen darauf richten, wann ein angemessenes Maß von Genauigkeit, Robustheit und Cybersicherheit erreicht ist, welcher **Reifegrad** also erlangt werden muss, um diese Anforderungen gesamtheitlich zu erfüllen. Ein angemessenes Maß dieser Anforderungen wird auf der einen Seite vom konkreten Anwendungszweck bestimmt, aus dem sich unterschiedlichste Sicherheitsniveaus als angemessen ergeben können (vgl. oben Rn. 1). Auf der anderen Seite müssen diese Anforderungen zwangsläufig auch in ein angemessenes Verhältnis zueinander gebracht werden: Zum Beispiel kann ein höheres Level an Robustheit zu Einbußen in der Genauigkeit führen[42] oder auch ein höheres Maß an Transparenz nach Art. 13 die Anfälligkeit des 33

41 ENISA, Artificial Intelligence and Cybersecurity Research vom 7.6.2023, S. 9, definiert Security-by-Design kürzer als „A concept in software engineering and product design that takes security considerations into account at the early stages of product development".

42 *Nolte/Schreitmüller*, MPR 2024, 20, 26 m. w. N. und, soweit man das Entstehen von Bias als Genauigkeitsverlust versteht, *Feldkamp/Kappler/Poretschkin/Schmitz/Weiss*, ZfDR 2024, 60, 98. Allerdings ist Robustheit auch dazu geeignet, die Genauigkeit

Systems für bestimmte Angriffsarten erhöhen.[43] In welches Verhältnis die Anforderungen zueinander zu bringen sind, wird sich ebenfalls nach dem konkreten Anwendungsfall richten.

34 Ein wenig Klarheit darüber, welche Maßnahmen operativ tatsächlich zu ergreifen sind, werden – hoffentlich – die untergesetzlich zu erstellenden Normungen für Genauigkeit und Robustheit bringen, die von Art. 15 Abs. 2 (siehe Rn. 46 ff.) ausdrücklich vorgesehen sind.

2. Genauigkeit

35 Der Begriff der Genauigkeit (Accuracy) selbst wird weder in der Verordnung noch in ihren Erwägungsgründen näher definiert oder erläutert. Gemeinhin wird damit technisch die Vorhersagesicherheit bzw. die **Ergebniszuverlässigkeit** eines Modells beschrieben.[44] Der Trainingserfolg eines KI-Modells wird überprüft, indem bestimmte Testdatensätze (zum Begriff siehe Art. 3 Nr. 32 – die verwendeten Datensätze müssen qualitativ den Anforderungen von Art. 10 entsprechen), die nicht Teil der Trainingsdaten (Art. 3 Nr. 29) waren, in das Modell eingegeben werden.[45] Anhand der daraus richtig bzw. falsch vorhergesagten Daten kann dann mit verschiedenen Methoden (zu Metriken siehe Rn. 46 ff.) die Genauigkeit für das KI-Modell quantifiziert werden.[46]

36 Die Ermittlung des Genauigkeitsgrads eines KI-Modells hängt neben den Trainingsdatensätzen[47] davon ab, für welche spezifische Aufgabe oder Anwendung es entwickelt wurde – und somit von dem Wert, der in diesem Zusammenhang vom Entwickler bzw. Tester als zu erreichende Grundwahrheit („**Ground Truth**“[48] oder „True Value“) definiert wird. Im Hinblick auf diskriminative KI, deren Aufgabe in der (korrekten) Klassifizierung von Daten liegt, lassen sich Analogien zu traditionellen Messgeräten finden, sodass das Heranziehen der

eines Modells zu erhöhen, *Sanderson/Douglas/Lu*, IJCNN 2023, 1 (arXiv: 2304.08275v3) – diese zum Verhältnis von Accuracy zu Robustness auf S. 3.

43 Einen Überblick darüber gibt *Burt*, Harvard Business Review, 13.12.2019, https://hbr.org/2019/12/the-ai-transparency-paradox (zuletzt abgerufen am 6.3.2025) m. w. N.

44 ISO 5725-1:2023 „Accuracy (trueness and precision) of measurement methods and results – Part 1: General principles and definitions“ beschreibt „accuracy“ als „closeness of agreement between a test result (3.1) and the true value“.

45 Zur Ermittlung von „Accuracy“ siehe *Sanderson/Douglas/Lu*, IJCNN 2023, 1, 2 (arXiv: 2304.08275v3) m. w. N.

46 Zu den Anforderungen an eine formale Verifikation BSI, Formale Methoden und erklärbare künstliche Intelligenz, S. 10 ff., https://www.bsi.bund.de/DE/Themen/Unternehmen-und-Organisationen/Informationen-und-Empfehlungen/Kuenstliche-Intelligenz/kuenstliche-intelligenz_node.html (zuletzt abgerufen am 6.3.2024).

47 *Müller-Peltzer/Tanczik*, RDi 2023, 452, 455.

48 Kritisch zu dieser im Hinblick auf die Datensätze *Feldkamp/Kappler/Poretschkin/Schmitz/Weiss*, ZfDR 2024, 60, 103.

Rechtsvorschriften der Union zum gesetzlichen Messwesen (wie von der Verordnung vorgesehen)[49] sinnvoll sein dürfte. Von technologischer Seite ist die Genauigkeit allein als Messwert für die Ergebniszuverlässigkeit eines KI-Systems allerdings nicht immer die einzige einschlägige Metrik.[50] Zum Beispiel werden bei einer Genauigkeitsmessung, die auf eine bestimmte oder ein Set von bestimmten Grundwahrheiten getestet wird, **Biases in der Ergebnisausgabe** ausgeblendet, obwohl diese auch bei der Verwendung von qualitativ hochwertigen bzw. fehlerfreien Datensätzen gem. Art. 10 entstehen können.[51] Für die Anwendung von KI-Systemen sind für solche Fälle zwar in Art. 77 ex-post aufsichtsbehördliche Befugnisse vorgesehen. Hier ist jedoch versäumt worden, auch entsprechend dem verfolgten Security-by-Design-Ansatz schon für die Entwicklung und Konzeption von KI-Systemen vorzusehen, dass nicht nur die Genauigkeit von Ergebnissen zählt, sondern auch, dass die Ausgabe von KI-Modellen aktiv auf Bias und Diskriminierung überprüft werden muss.[52]

3. Robustheit

Robustheit wird von der Verordnung ebenfalls nicht definiert. Im Gegensatz zur Genauigkeit findet der Begriff sich jedoch zumindest teilweise in Art. 15 Abs. 4 konkretisiert (dazu unten Rn. 52 ff.). Robustheit eines KI-Systems ist – unter Berücksichtigung von Art. 15 Abs. 4 – dessen **Widerstandsfähigkeit** gegenüber Fehlern, die innerhalb des Systems oder der Umgebung, in der das System betrieben wird, insbesondere wegen seiner Interaktion mit natürlichen Personen oder anderen Systemen, auftreten können. Im Gegensatz zur Cybersicherheit (dazu unten Rn. 40 ff.) geht es also nicht um Angriffe von unbefugten Dritten, sondern vielmehr um Fehler, die bei der – auch bestimmungsgemäßen – **Ver-** 37

49 Siehe dazu ErwG 74, der auf RL (EU) 2014/31 zur Angleichung der Rechtsvorschriften der Mitgliedstaaten betreffend die Bereitstellung nichtselbsttätiger Waagen auf dem Markt (ABl. L 96 vom 29.3.2014, S. 107) und auf RL (EU) 2014/32 zur Harmonisierung der Rechtsvorschriften der Mitgliedstaaten über die Bereitstellung von Messgeräten auf dem Markt (ABl. L 096 vom 29.3.2014, S. 149) verweist.

50 Vgl. *Berghoff/Neu/von Twickel*, Frontiers Big Data 2020, Vol. 3:23, S. 5.

51 *Feldkamp/Kappler/Poretschkin/Schmitz/Weiss*, ZfDR 2024, 60, 90; vgl. auch BSI, Sicherer, robuster und nachvollziehbarer Einsatz von KI, 2021, S. 4, https://www.bsi.bund.de/DE/Themen/Unternehmen-und-Organisationen/Informationen-und-Empfehlungen/Kuenstliche-Intelligenz/kuenstliche-intelligenz_node.html (zuletzt abgerufen am 6.3.2025). Zur Problematik beim Trainieren von Sprachmodellen *Lauscher/Legner*, ZfDR 2022, 367, 385.

52 Für die Bewertung der Qualität eines KI-Modells kommt es auch auf Over- bzw. Underfitting und Biases an, BSI, Sicherer, robuster und nachvollziehbarer Einsatz von KI, S. 5, https://www.bsi.bund.de/DE/Themen/Unternehmen-und-Organisationen/Informationen-und-Empfehlungen/Kuenstliche-Intelligenz/kuenstliche-intelligenz_node.html (zuletzt abgerufen am 6.3.2025).

wendung des Systems entstehen können.[53] Die Robustheit im Sinne der KI-VO vereint dadurch verschiedene Aspekte des Begriffs aus verschiedenen Kontexten und bezeichnet als robust ein KI-System als Ganzes, welches auch in einer ungewohnten Umgebung funktioniert und widrigen Umständen standhalten kann.[54]

38 Auf Modell-Ebene gilt für die Robustheit, dass das KI-Modell beim Auftreten verschiedener Arten von Störungen oder Verfälschungen in den **Eingabedaten** (zum Beispiel Rauschen, Bildunschärfe, Verdeckungen oder Wettereffekte) seine Leistung und Genauigkeit beibehalten soll.[55] Ähnlich wie bei der Messung des Genauigkeitsgrades ist das Ergebnis erheblich davon abhängig, welche Metriken zur Ermittlung genutzt werden. Technisch betrachtet umfasst die Robustheit auch Widerstandsfähigkeit gegen die Eingabe von Daten, die Fehler oder Störungen herbeiführen sollen,[56] welche als **Adversarial Examples** (eine KI-spezifische Schwachstelle im Cybersicherheitskontext von Art. 15 Abs. 5 (dazu Rn. 71 f.) bezeichnet werden.

39 Robustheit umfasst hier zudem (unter Vorgriff auf Art. 15 Abs. 4 UAbs. 1 Satz 1, siehe dort Rn. 53) die **Umgebung, in der das KI-System betrieben wird**, was auch Fehler der Hardware einschließt, die für den Betrieb genutzt wird.[57] Aus Perspektive der Cybersicherheit sind zudem solche Systeme robust, die widerstandsfähig gegenüber Angriffen sind und im Falle von Störungen **schnell wiederhergestellt** werden können.[58]

4. Cybersicherheit

40 Eine klare Abgrenzung von Robustheit und Cybersicherheit in Art. 15 ist nicht ganz einfach. Auch den Begriff der Cybersicherheit definiert die KI-VO selbst nicht, trifft aber Konkretisierungen dazu in Art. 15 Abs. 5 (dazu Rn. 67 ff.). Eine Definition, auf die u. a. auch der CRA verweist und auf die in dem Bereich üblicherweise zurückgegriffen wird, findet sich im CSA. Gem. Art. 2 Abs. 1 CSA umfasst **Cybersicherheit** alle Tätigkeiten, die notwendig sind, um Netz- und Informationssysteme, die Nutzer solcher Systeme und andere von Cyberbedrohun-

53 So passt das rechtliche Verständnis auch zum technischen Verständnis von Robustheit, das die Genauigkeit der Ergebnisausgabe unter verschiedenen Betriebsbedingungen beschreibt, wobei es für Robustness verschiedene Definitionsansätze gibt, *Sanderson/Douglas/Lu*, IJCNN 2023, 1, 2 (arXiv:2304.08275v3).

54 *Nolte/Schreitmüller*, MPR 2024, 20, 28.

55 *Sanderson/Douglas/Lu*, IJCNN 2023, 1, 2 (arXiv:2304.08275v3).

56 *Berghoff/Neu/von Twickel*, Frontiers Big Data 2020, Vol. 3:23, S. 5; *Sanderson/Douglas/Lu*, IJCNN 2023, 1, 2 (arXiv:2304.08275v3).

57 Zu kurz greift insoweit die pauschale Bewertung, dass die Anforderungen von Kapitel 3 Abschnitt 2 nur Software betreffen würden, von *Ströbel/Grau*, ZD 2022, 599, 604.

58 *Nolte/Schreitmüller*, MPR 2024, 20, 28.

gen betroffene Personen zu schützen.[59] Eine **Cyberbedrohung** wiederum ist gem. Art. 2 Abs. 8 CSA ein möglicher Umstand, ein mögliches Ereignis oder eine mögliche Handlung, der/das/die Netz- und Informationssysteme, die Nutzer dieser Systeme und andere Personen schädigen, stören oder anderweitig beeinträchtigen könnte. Unter diese sehr weite Definition von Cybersicherheit lassen sich nahezu alle Anforderungen an Hochrisiko-KI-Systeme nach Kapitel 3 Abschnitt 2 fassen.

Wenn für **Cybersicherheit** nicht die Legaldefinition des CSA herangezogen wird, dann umfasst der Begriff im technischen Kontext jedenfalls die klassischen Schutzziele der Informationssicherheit: **Vertraulichkeit**, **Integrität**, **Verfügbarkeit**,[60] **Authentizität**[61] (VIVA).[62] Ausdruck finden diese jedenfalls sowohl in Art. 15 Abs. 4 (Rn. 52 ff.) als auch in Abs. 5 (Rn. 59 ff.). Sie erstrecken sich zwangsläufig – einem **Allgefahren-Ansatz** folgend – auch auf die Hardwareumgebung, in der das KI-System eingesetzt wird. Damit treten rein begrifflich eine Reihe von Überschneidungen zwischen Cybersicherheit und Robustheit zutage, die eine klare begriffliche Abgrenzung der beiden erschweren. 41

Da die KI-VO den Cybersicherheitsbegriff nur im Kontext von Art. 15 und in Abgrenzung zur Robustheit von KI-Systemen verwendet, muss Cybersicherheit hier wohl enger und technischer verstanden werden als im übrigen IT-Sicherheitsrecht.[63] Mit Blick darauf, dass für die Cybersicherheit in Art. 15 Abs. 5 konkretisierend auf **Angriffsversuche unbefugter Dritter** abgestellt wird (siehe unten Rn. 60), ist Cybersicherheit hier am ehesten sehr eng und damit rein technisch zu verstehen – organisatorische Maßnahmen bleiben folglich an dieser Stelle außer Betracht.[64] Allerdings finden sich die üblicherweise von der Cybersicherheit miterfassten organisatorischen Aspekte in den übrigen Artikeln von Kapitel III Abschnitt 2 der KI-VO unter dem Titel „Anforderungen an Hochrisi- 42

59 *Busche*, JA 2023, 441, 446, greift insoweit ein wenig zu kurz, soweit die Anforderung von Cybersicherheit als inhaltliche Vorgabe im Gegensatz zu prozedural-organisatorischen Vorgaben gewertet wird.

60 BSI Standard 200-1, S. 8, https://www.bsi.bund.de/SharedDocs/Downloads/DE/BSI/Grundschutz/BSI_Standards/standard_200_1.html?nn=128578 (zuletzt abgerufen am 6.3.2025).

61 Authentizität als Unterfall von Integrität wird nicht immer mit aufgeführt. Im BSIG findet sich die Aufzählung der Schutzziele sowohl mit Authentizität (zum Beispiel in § 2 Abs. 13 Nr. 2 BSIG) als auch ohne (zum Beispiel in § 2 Abs. 2 S. 3 BSIG).

62 Oder „CIA" für „Confidentiality", „Integrity" und „Availability", siehe dazu *Nolte/Schreitmüller*, MPR 2024, 20, 23, die zu Recht darauf hinweisen, dass die fehlende Legaldefinition in der KI-VO selbst nicht bedeutet, dass die Definition des CSA nicht anzuwenden sei.

63 Vgl. insoweit ErwG 27, der „technische Robustheit und Sicherheit" aufzählt, ohne den Begriff der Cybersicherheit zu listen.

64 Kritisch dazu *Glugla*, RDi 2024, 421, 424 – allerdings ohne Berücksichtigung der übrigen Vorschriften des Abschnitts.

ko-KI-Systeme“, sodass die Beschränkung von Art. 15 auf technische Aspekte für die Gesamtsicherheitsbetrachtung unschädlich ist (allgemein zu den Anforderungen nach Abschnitt 2 siehe Art. 8 Rn. 16 ff.).

5. Beständige Funktion über den gesamten Lebenszyklus

43 Art. 15 Abs. 1 verlangt, dass Hochrisiko-KI-Systeme nicht nur mit einem angemessenen Maß an Genauigkeit, Robustheit und Cybersicherheit konzipiert und entwickelt werden, sondern schreibt auch vor, dass sie in dieser Hinsicht während ihres gesamten Lebenszyklus[65] beständig funktionieren müssen. Das erfordert von den Zielgruppen der Verordnung, dass sie diese teilweise im Widerspruch zueinander (dazu oben Rn. 33) stehenden Anforderungen durchgehend in einem angemessenen Maß **aufrechterhalten und überwachen** müssen.

44 Für die sich aus dem Security-by-Design-Ansatz ergebenden Haftungsrisiken von Herstellern (siehe oben Rn. 9 ff.) von KI-Produkten wird sich die Frage stellen, wann die **Konzeption und Entwicklung** eines KI-System-Produkts und damit die Anwendbarkeit von Art. 15 KI-VO tatsächlich **beginnt**. Es wird zum Beispiel im Einzelfall zu ermitteln sein, wann – nach Art. 2 Abs. 6, 8 privilegierte – **Forschungstätigkeiten** enden und eine daraus erwachsende Produktidee zu entwickeln begonnen wird. Schließlich gelten die Cybersicherheitsvorgaben von Art. 15 Abs. 1, Abs. 5 UAbs. 3 mit Bezug auf die zugrundeliegenden KI-Modelle, deren technologische Weiterentwicklung maßgeblich im Forschungsbereich erfolgt.

45 Für die Praxis spannend dürfte ebenso die Frage werden, wann der Lebenszyklus eines Hochrisiko-KI-Systems **endet**. Die KI-VO regelt selbst keinerlei Beschränkungen für die Lebensdauer von KI-Systemen. Dass die Verordnung sich nicht nur an Hersteller richtet, sondern auch an Betreiber und Betroffene (Art. 2 Abs. 1 lit. g), spricht dafür, das Ende des Lebenszyklus auf die **endgültige Einstellung des Betriebs** festzulegen.[66] Schließlich dient die KI-VO der Regulierung des besonderen mit dem Einsatz von KI-Systemen verbundenen Risikos (siehe oben Rn. 1 ff.). Soweit Hochrisiko-KI-Systeme als Produkte gelten und unter weitere Normen fallen, kann nach den einschlägigen Regelungen der Lebenszyklus aus **Sicht des Herstellers** eine andere Zeitspanne umfassen. Zum Beispiel sieht Art. 9 Abs. 3 Satz 2 Produktsicherheitsverordnung (oben Rn. 25)

---

65 Für eine Darstellung der verschiedenen Phasen, die ein Produkt in einem Lebenszyklus durchläuft, am Beispiel von Rabattierungen siehe *Vögele/Braukmann/Raab*, in: Vögele/Borstell/van der Ham, Verrechnungspreise, Kap. 3 Rn. 146 ff.

66 ENISA, A multilayer framework for good cybersecurity practices for AI, S. 3, https://www.enisa.europa.eu/publications/multilayer-framework-for-good-cybersecurity-practices-for-ai (zuletzt abgerufen am 6.3.2025), spricht auch von „from concept to decommissioning“.

vor, dass Hersteller von Produkten für zehn Jahre ab dem Inverkehrbringen des Produkts die dazugehörigen technischen Unterlagen vorhalten müssen, und Art. 14 Abs. 2 ProdHaftRL-E (oben Rn. 24) sieht eine Haftung nicht länger als zehn Jahre ab Inverkehrbringen vor – der CRA geht dagegen von einem üblichen Lebenszyklus von fünf Jahren aus.[67] Art. 3 Nr. 3 DORA sieht zudem für ein IKT-System vor, dass es das Ende seines Lebenszyklus erreicht hat, wenn es aus technologischen oder wirtschaftlichen Gründen nicht mehr für Upgrades oder Fehlerbehebungen in Frage kommt oder nicht mehr von seinem Anbieter oder einem IKT-Drittdienstleister unterstützt wird – selbst dann, wenn es weiterhin genutzt wird.

III. Entwicklung von Leistungsmetriken (Abs. 2)

Die Kommission fördert in Zusammenarbeit mit einschlägigen Interessenträgern und Organisationen die Entwicklung von technischen Aspekten der Art und Weise der Messung des angemessenen Maßes von Genauigkeit und Robustheit. Derzeit befindet sich bereits eine Vielzahl von **Standardisierungen für KI-Systeme** in der Entwicklung.[68] Da die Verordnung auch auf betroffene Personen, die sich in der europäischen Union befinden (Art. 2 Abs. 1 lit. g), anwendbar ist, kommen grundsätzlich auch diese als einschlägige Interessenträger in Betracht: Die Zusammenstellung der Personen, mit denen die Zusammenarbeit gefördert wird, wird also die breite Öffentlichkeit mitumfassen. 46

Zur Entwicklung von Benchmarks und Testverfahren wird auch zu klären sein, wie sich Genauigkeit (oben Rn. 35) und Robustheit (oben Rn. 37) definieren und zueinander verhalten. Es wird darauf zu achten sein, dass in allen Sektoren dieselben Begriffsdefinitionen zugrunde gelegt werden, damit die Norm einheitlich zur Anwendung kommen kann. Einzelne Leistungsmetriken sollten sich nicht abhängig vom jeweiligen Wirtschaftssektor unterschiedlich definieren, sondern **Vergleichbarkeit** geschaffen werden.[69] 47

67 Vgl. ErwG 61 CRA.

68 Einen Überblick darüber gibt *Ebers*, RDi 2021, 588, 591; aktueller, aber weniger detailliert, bei ENISA, A multilayer framework for good cybersecurity practices for AI, S. 4, https://www.enisa.europa.eu/publications/multilayer-framework-for-good-cybersecurity-practices-for-ai (zuletzt abgerufen am 6.3.2025), die mit diesem Dokument für den Zeitraum zwischen dem Inkrafttreten der KI-VO und dem Abschluss der Entwicklung von Sicherheitsstandards einen Handlungsempfehlungsrahmen zur Verfügung stellt.

69 Zu den zu erwartenden Standardisierungsschwierigkeiten *Ebers*, RDi 2021, 588, 593.

48 **Notwendige Bestandteile** der zu entwickelnden Benchmarks und Messmethoden werden deshalb zum Beispiel sein:

- Regeln für die Erfassung und Aufbereitung der relevanten Daten,[70]
- Vorgaben über für die Messung zu verwendende Tools, Skripte oder Systeme sowie
- Vorgaben dazu, wie Rohdaten in die definierte Metrik überführt werden.

49 Ebenso wird festzulegen sein, unter welchen Bedingungen Messungen erfolgen sollen, wie relevante Störfaktoren berücksichtigt werden, sowie welche Annahmen der Messung zugrunde liegen müssen.

50 Soweit Art. 15 Abs. 2 neben Genauigkeit und Robustheit noch auf andere einschlägige Leistungsmetriken verweist, seien als Beispiele Erklärbarkeit, Privacy, Transparenz, Fairness[71] oder auch die Geschwindigkeit der Verarbeitung[72] genannt.[73] Mit dem Verweis auf weitere **Leistungsmetriken** (im Gegensatz zu z. B. Sicherheitsmetriken) soll hier wohl das Ziel verfolgt werden, keine Einschränkungen für die untergesetzliche Ausgestaltung von Vergleichsinstrumenten zu schaffen. Da Abs. 2 lediglich die **Förderung der Zusammenarbeit** betrifft und sich daraus unmittelbar keine konkrete Bindungswirkung ergibt, ist eine weite Auslegung des Absatzes durchaus möglich. Es muss hiernach zunächst nur eine irgendwie geartete Förderung der Zusammenarbeit durch die Kommission erfolgen.

IV. Genauigkeitsangaben in Betriebsanleitungen (Abs. 3)

51 Gem. Art. 15 Abs. 3 sollen die Maße an Genauigkeit und die **relevanten Metriken** (also diejenigen, die zur Ermittlung des Maßes an Genauigkeit verwendet wurden) in den Betriebsanleitungen für die jeweiligen Hochrisiko-KI-Systeme angegeben werden. Das fördert die Transparenz von Hochrisiko-KI-Systemen und damit deren Vertrauenswürdigkeit. Die übrigen Vorschriften zu Betriebsanleitungen gem. Art. 3 Nr. 15 finden sich in Art. 13.

---

70 Zu der Relevanz von Datensätzen und Schwierigkeiten mit Daten siehe *Feldkamp/Kappler/Poretschkin/Schmitz/Weiss*, ZfDR 2024, 60 ff.

71 *Sanderson/Douglas/Lu*, IJCNN 2023, 1, 1 ff. (arXiv:2304.08275v3).

72 Vgl. *Berghoff/Neu/von Twickel*, Frontiers Big Data 2020, Vol. 3:23, S. 5.

73 Ein kleiner Überblick zu der Frage, welche Metriken sich zur Prüfung generativer KI-Systeme eignen, findet sich bei *Lawton*, Computer Weekly v. 19.10.2023, https://www.computerweekly.com/de/feature/8-Bereiche-fuer-die-Verfeinerung-generativer-KI-Metriken (zuletzt abgerufen am 6.3.2025).

V. Robustheit (Abs. 4)

Systematisch betrachtet trifft Art. 15 Abs. 4 Vorgaben für Hochrisiko-KI-Modelle, die unter den Begriff der Robustheit (dazu oben Rn. 37 ff.) fallen.[74] Eine klare Abgrenzung von Robustheit und Cybersicherheit gelingt hier jedoch nicht (siehe oben Rn. 40). Die Abgrenzung zwischen Art. 15 Abs. 4 und Art. 15 Abs. 5 erfolgt mit Blick auf deren jeweiligen UAbs. 1 auf der Grundlage von der Widerstandsfähigkeit gegenüber Fehlern, die durch die **befugte oder die bestimmungsgemäße Nutzung** des KI-Systems entstehen können, und der Widerstandsfähigkeit gegenüber Fehlern, die durch Angriffe unbefugter Dritter entstehen können (dazu unten Rn. 60).[75] **52**

1. Widerstandsfähigkeit gegen Fehler (UAbs. 1)

Hochrisiko-KI-Systeme sollen so widerstandsfähig wie möglich gegenüber Fehlern, Störungen oder Unstimmigkeiten sein, die innerhalb des Systems oder der Umgebung, in der das System betrieben wird, auftreten können. Im Folgenden werden – einen weiten **Fehlerbegriff** verwendend – als Fehler auch Störungen und Unstimmigkeiten verstanden, da Fehler – ähnlich wie bei der Genauigkeit – abhängig vom individuellen Nutzungszweck sind und damit Störungen und Unstimmigkeiten lediglich verschiedene Fehlertypen darstellen. Der Widerstandsfähigkeit bedarf es insbesondere – also nicht ausschließlich – für solche Fehler, die **aus der Interaktion** des Systems mit natürlichen Personen oder anderen Systemen entstehen können. Die so beschriebene Widerstandsfähigkeit lässt sich für das Verständnis von Robustheit (oben Rn. 37 ff.) heranziehen. Teilweise wird vertreten, diese Vorgaben würden sich ausschließlich auf Software beziehen;[76] aus cybersicherheitsrechtlicher Perspektive wäre das jedoch eine weitreichende Einschränkung des zu erreichenden Sicherheitsniveaus, die einer ausdrücklichen Nennung bedürfte. Es gibt auch keine konkreten Anhaltspunkte dafür, die Anforderungen an die Robustheit insoweit zu beschränken. Vielmehr umfasst ein KI-System stets auch die dazugehörige Hardware, die entsprechend robust sein muss. Für dieses Verständnis spricht auch die Definition von KI-Systemen in Art. 3 Abs. 1, die diese u. a. als „maschinengestützt" definiert. Für eine Miterfassung der Hardware spricht auch, dass Art. 15 Abs. 4 UAbs. 2 **technische Redundanz** ausdrücklich als Aspekt von Robustheit vorsieht, die sowohl auf Softwareebene als auch auf Hardwareebene zu erreichen ist. **53**

---

74 Dafür spricht auch ErwG 75, der unter dem Begriff der technischen Robustheit zu den Anforderungen aus Abs. 4 ausführt.

75 Vgl. dazu auch ErwG 75 und 76.

76 *Ströbel/Grau*, ZD 2022, 599, 604.

54 Art. 15 Abs. 4 UAbs. 1 Satz 2 verlangt, dass im Zusammenhang der Sicherstellung von Widerstandsfähigkeit gegen Fehler **technische und organisatorische Maßnahmen** ergriffen werden. Inwieweit sich diese vom in Art. 9 vorgeschriebenen Risikomanagement abheben – dort insbesondere Art. 9 Abs. 2 Satz 2 lit. b –, bleibt offen (siehe zum Risikomanagement Art. 9 Rn. 12 ff.). Ähnlich der Vorgabe zu Betriebsanleitungen in Art. 15 Abs. 3 scheint es sich um eine gesetzgeberische Redundanz zu handeln.

2. Robustheit durch technische Redundanz (UAbs. 2)

55 Art. 15 Abs. 4 UAbs. 2 stellt fest, dass die Robustheit von KI-Systemen durch technische Redundanz erreicht werden könne, was Sicherungs- oder Störungssicherheitspläne einschließt. Technische Redundanz betrifft **Hardwareredundanz** (wie die Dopplung kritischer Komponenten), **Softwareredundanz** (wie parallel laufende Programme) und auch **Informationsredundanzen** (beispielsweise durch Datenduplizierung). Unter technische Redundanz fällt deshalb nicht allein das Bereitstellen eines identischen Systems, welches bei einem Ausfall vollständig dieselben Funktionen wie das Primärsystem übernimmt,[77] sondern grundsätzlich jede Bereitstellung von über den eigentlichen Bedarf hinausgehenden Systemen.[78] In der Praxis ist das Ziel technischer Redundanz, dass kein einzelner Fehler zu einem Totalausfall des Systems führen darf, kritische Funktionen jederzeit verfügbar bleiben, sowie dass ein nahtloses Umschalten auf funktionierende Ersatzkomponenten möglich ist. Sie umfasst den Einsatz redundanter Komponenten, Datenquellen oder Modelle,[79] um einzelne Ausfälle oder Fehler abzufangen, und erhöht die Ausfallsicherheit des Gesamtsystems. Störungssicherheitspläne sind Mechanismen, die es dem System ermöglichen, seinen Betrieb bei bestimmten Anomalien oder beim Betrieb außerhalb bestimmter vorab festgelegter Grenzen sicher zu unterbrechen.[80]

56 Für manche KI-Systeme mag das gem. Art. 15 Abs. 1 angemessene Maß an Robustheit durch technische Redundanz erreichbar sein. Diese profitieren insoweit von Redundanzen als technische Möglichkeit, ein angemessenes Maß an Robustheit zu schaffen. Soweit dies jedoch wegen der Funktionsweise eines KI-Systems nicht in Frage kommt (zum Beispiel, weil die vor dem Einschalten von Redundanzen liegende Fehlererkennung komplexe Detektionsverfahren erfor-

---

77 So *Glugla*, RDi 2024, 421, 423.

78 BSI, Redundanz Modularität Skalierbarkeit, S. 6 ff., https://www.bsi.bund.de/SharedDocs/Downloads/DE/BSI/RZ-Sicherheit/redundanz-modularitaet-skalierbarkeit.pdf?__blob=publicationFile&v=1 (zuletzt abgerufen am 6.3.2025) mit Erläuterungen zu verschiedenen Formen der Redundanz.

79 Zu Vorteilen redundant laufender KI-Modelle *Berghoff/Neu/von Twickel*, Frontiers Big Data 2020, Vol. 3:23, S. 12.

80 ErwG 75.

dert), ergibt sich aus der Norm keine konkrete Vorgabe dazu, technische Redundanzen zu schaffen. Auch eine etwaige Beschränkung des Begriffs der Robustheit allein auf technische Redundanz lässt sich dem jedenfalls deshalb nicht entnehmen, weil dann die Entwicklung von Robustheitsmetriken gem. Art. 15 Abs. 2 leer laufen würde.

3. Rückkopplungsschleifen (UAbs. 3)

Mit Art. 15 Abs. 4 UAbs. 3 wird für die Entwicklung von Hochrisiko-KI-Systemen, die nach dem Inverkehrbringen oder der Inbetriebnahme weiterhin dazulernen, ergänzend vorgeschrieben, dass das Risiko von Rückkopplungsschleifen (**Feedback Loops**) beseitigt oder so gering wie möglich gehalten werden muss und sichergestellt werden muss, dass auf solche Rückkopplungsschleifen angemessen mit geeigneten **Risikominderungsmaßnahmen** eingegangen wird. Rückkopplungsschleifen entstehen, wenn Ausgaben eines KI-Systems als neue Trainingsdaten für dieses verwendet werden. Hierunter kann die Genauigkeit des Systems leiden[81] oder es können Biases entstehen oder sich verstärken, die außerhalb der Genauigkeitsmessung liegen (siehe dazu oben Rn. 35 ff.). **57**

Technische Maßnahmen der Praxis, mit denen Feedback Loops risikomindernd begegnet werden kann, umfassen eine sorgfältige Datenauswahl und -Aufbereitung vor dem ersten Training, kontinuierliches Monitoring der Modellausgaben auf Verzerrungen sowie regelmäßiges Retraining mit unbefangenen Daten. **58**

VI. Cybersicherheit (Abs. 5)

Systematisch betrachtet trifft Art. 15 Abs. 5 konkretisierende Vorgaben für Hochrisiko-KI-Modelle, die unter den hier zur Anwendung kommenden Begriff der **Cybersicherheit** fallen (dazu oben Rn. 40 ff., zu den **Abgrenzungsschwierigkeiten** zum Begriff der Robustheit siehe Rn. 40). **59**

1. Widerstandsfähigkeit gegen Angriffe unbefugter Dritte (UAbs. 1)

Hochrisiko-KI-Systeme müssen gem. Art. 15 Abs. 5 UAbs. 1 widerstandsfähig gegen **Versuche unbefugter Dritter** sein, ihre Verwendung, Ausgaben oder Leistung durch Ausnutzung von Systemschwachstellen zu verändern. Während die Sicherheit von KI-Systemen im Hinblick auf Genauigkeit eher auf softwareseitige Sicherheits- und Zuverlässigkeitsfragen abstellt und sich eine solche Einschränkung im Hinblick auf die Robustheit wohl diskutieren ließe, fällt jeden- **60**

81 *Glugla*, RDi 2024, 421, 423 weist zu Recht darauf hin, dass die Ausgabe des KI-Systems dadurch für den vorgesehenen Nutzungszweck unbrauchbar werden kann.

falls unter den Begriff der Cybersicherheit auch die **Hardware**, die zum KI-System gehört.[82]

61 Soweit hier von **unbefugten Dritten** die Rede ist, stellt sich die Frage, ob Widerstandsfähigkeit gegen die in Art. 15 Abs. 5 gelisteten Angriffe tatsächlich nur im Hinblick auf Dritte hergestellt werden soll – und wer in diesem Fall eigentlich „Dritte" sind. Bei KI-Systemen, die nur für einen beschränkten Nutzerkreis vorgesehen sind, dürften Dritte zunächst sämtliche grundsätzlich nicht zum Zugriff auf das KI-System befugte Personen sein. Personen, die im Innenverhältnis über ihre Befugnisse hinaus handeln, können jedenfalls nicht allein dadurch zu „Dritten" werden, dass sie ihre Befugnisse überschreiten. Bei zur Verwendung für die breite Öffentlichkeit freigegebenen Systemen könnte – in Abgrenzung zum bestimmungsgemäßen Nutzer, der zum Beispiel durch Verwendung einen Nutzungsvertrag eingeht, gegen dessen fehlerhafte Eingaben Maßnahmen zur Robustheit zu treffen sind – Dritter sein, wer eine **bestimmungswidrige Benutzung** des KI-Systems verfolgt, also gerade wider die Nutzungsbedingungen handelt. Dann ergäbe sich die Position als Dritter also dadurch, dass er zum Vertragspartner erst durch die bestimmungsgemäße Benutzung würde. Die einschlägigen produktsicherheitsrechtlichen Vorschriften enthalten die weitergehende Formulierung unbefugter Zugriffe, die sich auch auf das jeweilige **Innenverhältnis** zwischen Hersteller und Betreiber sowie Betreiber und Anwender erstrecken kann (siehe dazu oben Rn. 21). Im Ergebnis spielt die Frage nur eine untergeordnete Rolle, da jedenfalls ein Verhindern aller Fehlfunktionen, die im Rahmen von befugtem Handeln auftreten können, bereits von der Robustheit abgedeckt sein dürften (vgl. oben Rn. 52 ff.).

62 Mit Blick darauf, dass in der Praxis keine erheblichen Unterschiede für die tatsächlich umzusetzenden technischen Maßnahmen zwischen Cybersicherheit und Robustheit entstehen dürften, ist auch die Diskrepanz zu den produktsicherheitsrechtlichen Anforderungen nicht so groß, wie sich auf den ersten Blick vermuten lässt (siehe oben Rn. 9 ff.). **Nicht erfasst** sind von Art. 15 Abs. 5 UAbs. 1 Fälle, in denen ein grundsätzlich zum Zugriff befugter Innentäter oder böswilliger Vertragspartner sich ohne Herstellen einer Fehlfunktion Zugriff auf Daten verschafft, die vertraulich sind. Diese dürften in der Regel jedenfalls die Schwel-

82 Vgl. dazu die Definition für KI-System in Art. 3 Abs. 1. ErwG 76 schließt ausdrücklich die IKT-Infrastruktur in die Cybersicherheit mit ein. Dafür, Hardware mitzuerfassen, spricht auch Anhang IV Ziffer 1 lit. b: „Interaktion oder Verwendung des KI-Systems mit Hardware oder Software, einschließlich anderer KI-Systeme". Ergänzend dazu beschreibt ENISA, Artificial Intelligence and Cybersecurity Research 2023, S. 8: „AI systems may also possibly include hardware systems designed by humans that, given a complex goal, act in the physical or digital dimension by perceiving their environment through data acquisition, interpreting the collected structured or unstructured data, reasoning on the knowledge or processing the information derived from this data and deciding the best action(s) to take to achieve a given goal".

le zum unbefugten Zugriff überschreiten (dazu oben Rn. 21). Dass Art. 15 unbefugte Zugriffe im Innenverhältnis nicht erfasst, dürfte mit Blick auf die übrigen (Cyber-)Sicherheitsvorgaben von Kapitel III Abschnitt 2 unschädlich sein, da Maßnahmen in Bezug auf diese Konstellation regelmäßig Bestandteil eines ordnungsgemäßen Risikomanagements sein sollten (dazu Art. 9 Rn. 12 ff.).

Art. 15 Abs. 5 UAbs. 1 schreibt Widerstandsfähigkeit grundsätzlich nur gegen Angriffe vor, die darauf gerichtet sind, die **Verwendung, Ausgaben oder Leistung** des Hochrisiko-KI-Systems zu verändern. Davon nicht erfasst sind Angriffe, die ohne eine entsprechende Veränderung auskommen, etwa weil nur Daten aus dem Modell extrahiert werden. Geheilt wird dieses gesetzgeberische Versehen in Art. 15 Abs. 5 UAbs. 3, der ausdrücklich auch Angriffe auf vertrauliche Daten erfasst (siehe unten Rn. 73). Probleme, die durch Innentäter oder auch böswillig agierende Hersteller[83] entstehen können, werden dadurch jedoch nicht adressiert (was im Ergebnis unschädlich sein dürfte, siehe oben Rn. 62). **63**

Da die Widerstandsfähigkeit zu guter Letzt nur in Bezug auf Angriffe gegeben sein muss, die durch die **Ausnutzung von Systemschwachstellen** geschehen, sind auch hiervon Angriffe von Innentätern oder Personen mit Zugriff auf das – möglicherweise schwachstellenfreie – System grundsätzlich nicht erfasst. Systemschwachstellen umfassen hier beliebige Schwachstellen im KI-System einschließlich seiner Hardware.[84] Sicherheitserfordernisse, die von Art. 15 nicht erfasst sind, können sich für Hochrisiko-KI-Systeme im Kontext von einrichtungsbezogenen oder produktsicherheitsbezogenen Vorschriften auf anderer Rechtsgrundlage ergeben (siehe oben Rn. 9 ff.). Zudem gehört die Behandlung von Angriffen durch Innentäter jedenfalls zu einem ordnungsgemäßen Risikomanagement, sodass entsprechende organisatorische Maßnahmen nach Art. 9 zu treffen wären. Damit schreibt die KI-VO hier auf technischer Ebene jedenfalls nicht pauschal Widerstandsmaßnahmen des KI-Systems gegen Innentäter vor, selbst wenn diese implementierbar wären und eine Implementierung dem Stand der Technik entspräche. Daraus lässt sich jedoch nicht im Umkehrschluss folgern, dass niemals technische Maßnahmen zu ergreifen wären (siehe unten Rn. 66). **64**

2. Technische Lösungen zur Gewährleistung von Cybersicherheit (UAbs. 2)

Art. 15 Abs. 5 UAbs. 2 verlangt, dass die technischen Lösungen zur Gewährleistung der Cybersicherheit von Hochrisiko-KI-Systemen den jeweiligen Umständen und Risiken angemessen sein müssen. Dabei handelt es sich im Verhältnis zu Art. 15 Abs. 1, der ein angemessenes Maß an Cybersicherheit über den ge- **65**

83 Dazu im Kontext der Warnung des BSI vom 15.3.2022 vor Kaspersky-Produkten *Rennert*, ZfDR 2023, 206, 216.

84 So auch *Nolte/Schreitmüller*, MPR 2024, 20, 28.

samten Lebenszyklus von Hochrisiko-KI-Systemen erfordert, lediglich um eine Wiederholung ohne erkennbare ergänzende Regelungswirkung.

66 Denkbar wäre allenfalls, aus dieser Anforderung eine Pflicht zu **technischen Widerstandsmaßnahmen gegen Innentäter** herauszulesen, soweit dies im Einzelfall den jeweiligen Umständen und Risiken angemessen ist. Damit lässt sich für die Praxis nicht pauschal ausschließen, dass technische Widerstandsmaßnahmen implementiert werden müssen. Stattdessen kommt es in Einklang mit dem risikobasierten Ansatz der Verordnung auch hier auf die Umstände des Einzelfalls an.

3. KI-spezifische Schwachstellen (UAbs. 3)

67 Art. 15 Abs. 5 UAbs. 3 legt fest, dass die technischen Lösungen für den Umgang mit KI-spezifischen Schwachstellen gegebenenfalls Maßnahmen umfassen, um Angriffe – konkret data poisoning, model poisoning, adversarial examples, model evasions, Angriffe auf vertrauliche Daten und Modellmängel – zu verhüten, zu erkennen, darauf zu reagieren, sie zu beseitigen und zu kontrollieren. Regulatorisch hätte wohl auch gereicht, wenn der Gesetzgeber hier nur allgemein **KI-spezifische Schwachstellen**[85] genannt hätte, für welche Verhütung und Reaktion ebenso ausgereicht hätte (siehe oben Rn. 6).

68 Mit „zu verhüten, zu erkennen, darauf zu reagieren, sie zu beseitigen und zu kontrollieren" werden die üblichen Handlungsfelder der Cybersicherheitspraxis **Prävention**, **Detektion** und **Reaktion** aufgeführt, wobei die Beseitigung und die Kontrolle, einschließlich des Monitorings von Angriffen, unterschiedliche Reaktionsmöglichkeiten darstellen.

a) Data Poisoning

69 Bei Data-Poisoning-Angriffen werden Datenpunkte in die Trainingsdaten eingefügt oder im Trainingsdatensatz vorhandene Datenpunkte verändert oder gelöscht, um das Verhalten des Modells zu manipulieren.[86] Dies kann die Genauigkeit, Robustheit und Cybersicherheit von KI-Systemen erheblich beeinträchtigen, indem es zu **falschen Ausgaben** kommt. Unterschieden wird zwischen **un-**

---

85 *Nolte/Schreitmüller*, MPR 2024, 20, 28, fassen diese KI-spezifischen Schwachstellen als Unterfall der Systemschwachstellen. Siehe auch BSI, AI security concerns in a nutshell, S. 9, https://www.bsi.bund.de/DE/Themen/Unternehmen-und-Organisationen/Informationen-und-Empfehlungen/Kuenstliche-Intelligenz/kuenstliche-intelligenz_node.html (zuletzt abgerufen am 6.3.2025).

86 BSI, Sicherer, robuster und nachvollziehbarer Einsatz von KI, S. 5, https://www.bsi.bund.de/DE/Themen/Unternehmen-und-Organisationen/Informationen-und-Empfehlungen/Kuenstliche-Intelligenz/kuenstliche-intelligenz_node.html (zuletzt abgerufen am 6.3.2025).

spezifischem Data Poisoning, welches darauf gerichtet ist, die Leistung des Modells zu verschlechtern, und **spezifischem Data Poisoning**, welches darauf abzielt, ganz bestimmte (statt „irgendwelche" bzw. beliebige) Fehlklassifikationen zu erreichen. Konkrete Auswirkungen eines erfolgreichen Data-Poisoning-Angriffs zeigen sich nach dem Training.

b) Model Poisoning

Beim Model Poisoning (oder auch **Backdoor Attack**)[87] handelt es sich um eine 70
Manipulation vortrainierter Komponenten, die beim Training verwendet werden. Der Angriff erfolgt also in den Trainingsprozess hinein statt in den Datensatz hinein (anders Data Poisoning (oben Rn. 69) und nicht durch Adversarial Examples (unten Rn. 71)). Ziel eines solchen Angriffs ist es, die gelernten Parameter oder die Architektur des KI-Modells so zu manipulieren, dass es ein bestimmtes Verhalten zeigt.[88] Model Poisoning erfordert einen tieferen Eingriff in den Trainingsprozess als Data Poisoning und setzt oft **Insiderwissen** oder -zugriff voraus.

c) Adversarial Examples und Model Evasions

Adversarial Examples sind speziell **manipulierte Eingabedaten**, die für das 71
menschliche Auge oft unerkennbar sind, aber ein trainiertes KI-Modell dazu bringen, entweder unspezifisch oder in eine bestimmte Richtung zielend falsche Vorhersagen zu treffen,[89] was eine Verringerung der Genauigkeit zur Folge hat.[90] Das Ziel ist in der Regel, das Modell zu einer spezifischen Fehlklassifikation zu verleiten, zum Beispiel Stoppschilder als Geschwindigkeitsbegrenzungen zu erkennen. Adversarial Examples nutzen – im Gegensatz zum Data Poisoning, welches die Sensitivität gegenüber Trainingsdaten ausnutzt – die Sensitivität von KI-Modellen gegenüber ihren Eingabedaten aus.[91]

---

87 BSI, AI security concerns in a nutshell, S. 10, https://www.bsi.bund.de/DE/Themen/Unternehmen-und-Organisationen/Informationen-und-Empfehlungen/Kuenstliche-Intelligenz/kuenstliche-intelligenz_node.html (zuletzt abgerufen am 6.3.2025).

88 Mit Handlungsempfehlungen zur Verteidigung gegen solche Angriffe: BSI, AI security concerns in a nutshell, S. 10 f., https://www.bsi.bund.de/DE/Themen/Unternehmen-und-Organisationen/Informationen-und-Empfehlungen/Kuenstliche-Intelligenz/kuenstliche-intelligenz_node.html (zuletzt abgerufen am 6.3.2025)

89 BSI, Sicherer, robuster und nachvollziehbarer Einsatz von KI, S. 5, https://www.bsi.bund.de/DE/Themen/Unternehmen-und-Organisationen/Informationen-und-Empfehlungen/Kuenstliche-Intelligenz/kuenstliche-intelligenz_node.html (zuletzt abgerufen am 6.3.2025).

90 *Sanderson/Douglas/Lu*, IJCNN 2023, 1, 3 (arXiv:2304.08275v3).

91 BSI, AI security concerns in a nutshell, S. 6 f., https://www.bsi.bund.de/DE/Themen/Unternehmen-und-Organisationen/Informationen-und-Empfehlungen/Kuenstliche-In

72 Eine technische Maßnahme zur Abwehr von Adversarial Attacks kann beispielsweise eine Anpassung der Trainingsdaten sein, denen verzerrte Versionen der Originaldaten hinzugefügt werden können (**Adversarial Training**).[92] Zur Bewertung der Risiken können Red-Teamings (d.h. eigene adaptive Angriffe auf das KI-System) durchgeführt oder externe Parteien für Penetrationstests beauftragt werden.[93]

d) Angriffe auf vertrauliche Daten

73 Mit Angriffen auf vertrauliche Daten versuchen Angreifer entweder die trainierten Modellparameter oder die Architektur eines KI-Modells zu extrahieren oder zu stehlen (**Model Stealing Attacks**) oder Zugriff auf Trainingsdaten zu erhalten (**Privacy Attacks**).[94] Durch **Model-Inversion-Angriffe** oder **Membership-Inference-Angriffe** können Angreifer zudem möglicherweise Zugang zu Trainingsdaten erlangen.[95]

e) Modellmängel

74 Zusätzlich zu den Schwachstellen, die KI-Modelle also solche mit sich bringen, kann jedes KI-Modell auch individuelle **Schwachstellen in der Programmierung** aufweisen. Die Erkennung und Behebung von Modellschwachstellen funktioniert durch Bugfixing, regelmäßiges Patching zur Schwachstellenbehebung und ein kontinuierliches Schwachstellen-Monitoring.

---

telligenz/kuenstliche-intelligenz_node.html (zuletzt abgerufen am 6.3.2025) mit Empfehlungen dazu, wie solchen Angriffen entgegengewirkt werden kann.

92 *Sanderson/Douglas/Lu*, IJCNN 2023, 1, 2 (arXiv:2304.08275v3).

93 BSI, Sicherer, robuster und nachvollziehbarer Einsatz von KI, S. 5, https://www.bsi.bund.de/DE/Themen/Unternehmen-und-Organisationen/Informationen-und-Empfehlungen/Kuenstliche-Intelligenz/kuenstliche-intelligenz_node.html (zuletzt abgerufen am 6.3.2025).

94 BSI, Sicherer, robuster und nachvollziehbarer Einsatz von KI, S. 5, https://www.bsi.bund.de/DE/Themen/Unternehmen-und-Organisationen/Informationen-und-Empfehlungen/Kuenstliche-Intelligenz/kuenstliche-intelligenz_node.html (zuletzt abgerufen am 6.3.2025).

95 Näher dazu am Beispiel von Medizinprodukten *Nolte/Schreitmüller*, MPR 2024, 20, 22 m.w.N. Mit Empfehlungen zu Gegenmaßnahmen: BSI, AI security concerns in a nutshell, S. 8f., https://www.bsi.bund.de/DE/Themen/Unternehmen-und-Organisationen/Informationen-und-Empfehlungen/Kuenstliche-Intelligenz/kuenstliche-intelligenz_node.html (zuletzt abgerufen am 6.3.2025).

Abschnitt 3
Pflichten der Anbieter und Betreiber von Hochrisiko-KI-Systemen und anderer Beteiligter

Art. 16 Pflichten der Anbieter von Hochrisiko-KI-Systemen

Anbieter von Hochrisiko-KI-Systemen müssen

a) sicherstellen, dass ihre Hochrisiko-KI-Systeme die in Abschnitt 2 festgelegten Anforderungen erfüllen;

b) auf dem Hochrisiko-KI-System oder, falls dies nicht möglich ist, auf seiner Verpackung oder in der beigefügten Dokumentation ihren Namen, ihren eingetragenen Handelsnamen bzw. ihre eingetragene Handelsmarke und ihre Kontaktanschrift angeben;

c) über ein Qualitätsmanagementsystem verfügen, das Artikel 17 entspricht;

d) die in Artikel 18 genannte Dokumentation aufbewahren;

e) die von ihren Hochrisiko-KI-Systemen automatisch erzeugten Protokolle gemäß Artikel 19 aufbewahren, wenn diese ihrer Kontrolle unterliegen;

f) sicherstellen, dass das Hochrisiko-KI-System dem betreffenden Konformitätsbewertungsverfahren gemäß Artikel 43 unterzogen wird, bevor es in Verkehr gebracht oder in Betrieb genommen wird;

g) eine EU-Konformitätserklärung gemäß Artikel 47 ausstellen;

h) die CE-Kennzeichnung an das Hochrisiko-KI-System oder, falls dies nicht möglich ist, auf seiner Verpackung oder in der beigefügten Dokumentation anbringen, um Konformität mit dieser Verordnung gemäß Artikel 48 anzuzeigen;

i) den in Artikel 49 Absatz 1 genannten Registrierungspflichten nachkommen;

j) die erforderlichen Korrekturmaßnahmen ergreifen und die gemäß Artikel 20 erforderlichen Informationen bereitstellen;

k) auf begründete Anfrage einer zuständigen nationalen Behörde nachweisen, dass das Hochrisiko-KI-System die Anforderungen in Abschnitt 2 erfüllt;

l) sicherstellen, dass das Hochrisiko-KI-System die Barrierefreiheitsanforderungen gemäß den Richtlinien (EU) 2016/2102 und (EU) 2019/882 erfüllt.

Mit Art. 16 korrespondieren die Erwägungsgründe 8, 79.

Schrifttum: *Albrecht/Jotzo*, Das neue Datenschutzrecht der EU, 2017; *Baeva/Binder*, ZVKI-Briefing zur KI-Verordnung – Braucht es mehr Informations- und Auskunftsrechte beim KI-Einsatz?, Ausgabe 2, 2023, https://t1p.de/ZVKI_2; *Bauermeister*, Darf auch die Konkurrenz DS-GVO-Verstöße einklagen?, beck-aktuell, 26.4.2024, https://t1p.de/Bauermeister; *Binder*, ZVKI-Briefing zur KI-Verordnung – Die KI-Verordnung durchsetzen: Marktüberwachung, Ausgabe 7, 15.11.2023, https://t1p.de/ZVKI_7; *Bomhard/Siglmüller*, Europäische KI-Haftungsrichtlinie – Der aktuelle Kommissionsentwurf und seine praktischen Auswirkungen, RDi 2022, 506; *Edwards*, Regulating AI in Europe: four problems and four solutions, expert opinion, Ada Lovelace Institute, März 2022; *Engelhard/Schiemann*, Der EU-Kommissionsvorschlag einer Verordnung für künstliche Intelligenz aus rechts- und kriminalpolitischer Perspektive – Zur unumgänglichen, aber nachbesserungsbedürftigen Harmonisierung, KriPoZ 6, 2022, 444; *Engler*, Key enforcement issues of the AI Act should lead EU trilogue debate, commentary, Brookings Institution, 16.6.2023, https://t1p.de/Engler_BlackBox; *Grabrucker/Schmidt-Kessen*, Neues zur Einzelhandelsdienstleistungsmarke: Schutz für Handel mit Dienstleistungen und für das Ladengeschäft?, GRUR 2013, 865; *Hornung*, Trainingsdaten und die Rechte von betroffenen Personen, in: BMUV/Rostalski (Hrsg.), Künstliche Intelligenz, Wie gelingt eine vertrauenswürdige Verwendung in Deutschland und Europa?, 2022, S. 91; *Klink-Straub/Straub*, Nächste Ausfahrt DS-GVO – Datenschutzrechtliche Herausforderungen beim automatisierten Fahren, NJW 2018, 3201; *Köhler/Bornkamm/Feddersen* (Hrsg.), UWG, Kommentar, 42. Aufl. 2024; *Kühling/Buchner* (Hrsg.), DS-GVO BDSG, 4. Aufl. 2024; *Müller-Peltzer/Tanczik*, Künstliche Intelligenz und Daten – Data-Governance nach der geplanten KI-Verordnung, RDi 2023, 452; *Spiecker/Towfigh*, Automatisch benachteiligt, Das Allgemeine Gleichbehandlungsgesetz und der Schutz vor Diskriminierung durch algorithmische Entscheidungssysteme, Rechtsgutachten im Auftrag der Antidiskriminierungsstelle des Bundes, April 2023; *Taeger/Gabel* (Hrsg.), DSGVO BDSG TTDSG, Kommentar, 4. Aufl. 2022.

Übersicht

I. Allgemeines

1 Art. 16 ist die Eingangsvorschrift des Kapitels III Abschnitt 3. In diesem Abschnitt sind die Pflichten geregelt, die Anbieter und Betreiber von Hochrisiko-KI Systemen und andere Akteure zu erfüllen haben. Eine strikte Trennung von Anforderungen, wie sie in Kapitel III Abschnitt 2 festgelegt sind, und Verpflichtungen gem. Abschnitt 3 ist freilich nicht möglich. Art. 16 stellt die Verbindung zwischen beiden Abschnitten her. Allgemein lässt sich festhalten: Durch die Inbezugnahme der Anforderungen des Abschnitts 2 in Art. 16 lit. a stellt der Unionsgesetzgeber klar, dass der in Art. 3 Nr. 3 näher bestimmte Anbieter rechtlich verantwortlich ist für alle in Abschnitt 2 geregelten Anforderungen. Darüber hinausgehende Pflichten des Anbieters, die diesem als solche zugewiesen werden, ergeben sich aus Art. 16 lit. b bis l.

1. Zweck der Vorschrift

a) Regelungsziel

2 Eine trennscharfe Risikoabgrenzung beim Inverkehrbringen und beim Betrieb von KI-Systemen ist nahezu unmöglich. Stattdessen sollen möglichst **klare Rechts- und Sorgfaltspflichten** ein effektives und harmonisiertes System der

behördlichen Aufsicht über Hochrisiko-KI-Systeme gewährleisten.[1] Daneben soll die private Rechtsdurchsetzung durch die Zuweisung von Zuständigkeiten und Verantwortlichkeiten im Zusammenhang mit Risiken unterstützt werden, welche durch Hochrisiko-KI-Systeme ausgelöst werden.

3 Art. 16 ist deshalb entgegen dem ersten Anschein, der wie eine bloß redaktionelle Zusammenschau von anderenorts geregelten Pflichten wirkt, eine zentrale Norm der Verordnung. Sie verpflichtet durchgehend und horizontal die Anbieter (Provider) von Hochrisiko-KI-Systemen zur Einhaltung bestimmter system-, verfahrens- und verhaltensbezogener Vorgaben und weist auf diesem Wege Ansprüche für den Fall einer Pflichtverletzung dem Anbieter als Passivlegitimiertem zu. Durch die konkret dem Verantwortungsbereich des Anbieters zugeschriebenen Pflichten schränkt der Gesetzgeber dessen unternehmerische Freiheit ein, um Kohärenz mit der übergeordneten Begründung des öffentlichen Interesses im Sinne verantwortungsvoller Innovation zu erzielen.[2] Dass es dabei in Art. 16 zuweilen zu Inbezugnahmen von Vorschriften kommt, ohne dadurch einen eigenständigen Regelungsgehalt in der Vorschrift zu begründen, ist ganz überwiegend (siehe jedoch unten Rn. 77 und 102) unschädlich und der Übersichtlichkeit des Art. 16 zuträglich.

4 Art. 16 bildet die Anbieterpflichten **entlang des Lebenszyklus** eines Hochrisiko-KI-Systems ab[3] – Design, Entwicklung, Betrieb. So nimmt die Vorschrift zunächst die Pre-Market-Anforderungen an ein Hochrisiko-KI-System des Abschnitts 2 in Bezug (Art. 16 lit. a). Darauf folgt die Pflicht zur Transparenz über den Anbieter des Systems, die am Produkt selbst zu erfüllen ist (Art. 16 lit. b). In Art. 16 lit. c nimmt die Vorschrift das Qualitätsmanagementsystem des Art. 17 in den Pflichtenkatalog des Anbieters auf, das Grundlage für die Konformitätsbewertung ist. Die darauffolgende, aber von Anfang an zu berücksichtigende Pflicht zur Aufbewahrung der Dokumentation gem. Art. 18 sowie der automatisch erzeugten Protokolle gem. Art. 19 weist die anhaltende Verpflichtung, alle relevanten Nachweise vorzuhalten, in Art. 16 lit. d und e dem Anbieter zu. Dass kein Hochrisiko-KI-Systeme ohne die in Art. 43 vorgeschriebene Konformitätsbewertung auf den Markt kommt, dass der erfolgreiche Abschluss dieses Konformitätsbewertungsverfahrens nach außen erkennbar ist und dass die erforderliche CE-Kennzeichnung das Produkt bis hin zum Endverbraucher verkehrsfähig macht, soll durch Art. 16 lit. f, g und h sichergestellt werden. Über die am Produkt anzubringende Identifikation des Anbieters und seiner Kontaktanschrift hi-

---

1 *Binder*, ZVKI-Briefing zur KI-Verordnung – Die KI-Verordnung durchsetzen: Marktüberwachung, Ausgabe 7, 15.11.2023, S. 4, https://t1p.de/ZVKI_7; *Edwards*, Regulating AI in Europe: four problems and four solutions, expert opinion, S. 21.

2 EU-Komm., Begründung zum Vorschlag für ein Gesetz über künstliche Intelligenz, COM(2021) 206 final v. 21.4.2021, 3.5.

3 Vgl. *Engelhard/Schiemann*, KriPoz 2022, 444.

naus hat der Anbieter nach Art. 16 lit. i an zentraler Stelle, in der EU-Datenbank, sich und sein System erkennbar zu machen. Die in Art. 16 lit. j aufgeführte Pflicht zu Korrekturmaßnahmen am System und diese betreffende Informationen sowie die Kooperationspflicht des Anbieters auf begründete Anfrage einer Behörde gem. Art. 16 lit. k kommen in der After-market-Kontrolle durch die Marktüberwachung zum Tragen, welche der Anbieter zu unterstützen und zu fördern hat. Nur entstehungsgeschichtlich lässt sich begründen, dass die Verpflichtung des Anbieters, ein Einhalten von unionsrechtlich vorgeschriebenen Anforderungen zur Barrierefreiheit bei Verwendung seines Systems zu ermöglichen, am Ende der Vorschrift steht (Art. 16 lit. l). Diese systembezogene Anforderung, die bereits in der Entwicklungsphase zu berücksichtigen, im Abschnitt 2 aber nicht verankert ist, war erst zu einem späten Zeitpunkt im Gesetzgebungsverfahren aufgenommen worden.[4]

Das primäre Regelungsziel der KI-VO beim Streben nach einem **„Ökosystem für Vertrauen"**[5] für die gesellschaftliche Akzeptanz künstlich intelligenter Systeme ist der Grundrechtsschutz. Deshalb ist die Erstreckung der Schutzwirkung von Art. 16 durch die Wechselwirkungen mit anderen Vorschriften zu betrachten, auch soweit davon Nutzer[6] und (anderweitig) von Hochrisiko-KI-Systemen Betroffene erfasst sind. Das gilt gerade vor dem Hintergrund, dass Betroffene, um deren Grundrechtsschutz es geht, im Zusammenhang mit der vom Anbieter im Vorfeld des Inverkehrbringens oder der Inbetriebnahme zu verantwortenden Konformitätsbewertung und damit mit der Einschätzung, inwieweit Grundrechte von einem potenziellen Hochrisiko-KI-Systeme berührt werden, ohne Einflussmöglichkeiten sind. So sind Verbraucher darauf reduziert, ihre Einwände wegen Verstößen gegen die KI-VO ab Inverkehrbringen und/oder Inbetriebnahme eines Hochrisiko-KI-Systems kollektiv im Wege der Verbandsklage oder durch bloße Beschwerde gegenüber der Marktüberwachung geltend zu machen.[7] 5

4 Änderungsvorschlag 345 IMCO-LIBE Bericht, P9_TA(2023)0236.

5 EU-Komm., Weißbuch zur Künstlichen Intelligenz, COM(2020) 65 final, S. 3.

6 Der Begriff des Nutzers (user) ist aus der englischsprachigen Fassung der KI-VO weitgehend, im deutschen Text fast durchgehend verschwunden. Ganz überwiegend wurde er im Kommissionsentwurf durch den Begriff des Betreibers (deployer) ersetzt. Der Betreiber setzt gem. Art. 3 Nr. 4 begrifflich voraus, dass er ein KI-System eigenverantwortlich im Rahmen einer beruflichen Tätigkeit verwendet. Im Folgenden wird der Terminus „Nutzer" verwendet, um demgegenüber die Gesamtheit der privaten (End-)Nutzer von KI-Systemen zu erfassen, wenngleich die KI-VO auch den „gewerblichen Nutzer" kennt (Anhang XIII).

7 *Edwards*, Regulating AI in Europe: four problems and four solutions, expert opinion, S. 10; *Hornung*, in: BMUV/Rostalski, Künstliche Intelligenz, Wie gelingt eine vertrauenswürdige Verwendung in Deutschland und Europa?, S. 110.

b) Persönlicher Anwendungsbereich

6 Nach der Definition des **Anbieters** in Art. 3 Nr. 3 setzt die persönliche Anwendbarkeit des Art. 16 voraus, dass eine natürliche oder juristische Person, Behörde, Einrichtung oder sonstige Stelle ein Hochrisiko-KI-System entwickelt oder entwickeln lässt und es unter ihrem eigenen Namen oder ihrer Handelsmarke entgeltlich oder unentgeltlich in Verkehr bringt oder das KI-System unter ihrem eigenen Namen oder ihrer Handelsmarke in Betrieb nimmt. In Art. 16 ist der Pflichtenkatalog für die Anbieter von Hochrisiko-KI-Systemen zusammengestellt. Dieser Adressatenkreis bedarf einer genaueren Bestimmung, weil der Begriff des Anbieters von Hochrisiko-KI-Systemen einer gewissen Unschärfe im Verordnungstext unterliegt, wie im Folgenden gezeigt wird.

7 In Art. 6 ist die Einstufung von KI-Systemen als Hochrisiko-KI-Systeme festgelegt. Nach dessen Abs. 3 gilt ein KI-System unter bestimmten Bedingungen nicht als hochriskant, obgleich es in Anhang III genannt ist. Die Einschätzung, ob diese Bedingungen erfüllt sind, obliegt dem Anbieter gemäß Art. 6 Abs. 4 selbst. Kommt er zu dieser Einschätzung, dann treffen ihn die Pflichten des Art. 49 Abs. 2 und etwaige Mitwirkungspflichten gegenüber den zuständigen nationalen Behörden. Art. 49 Abs. 2 ist nach seinem Wortlaut anwendbar auf Hochrisiko-KI-Systeme, welche (gegebenenfalls nur) die Anbieter selbst entgegen der gesetzlichen Vermutung in Art. 6 Abs. 2 nicht für solche halten. Nur unter Zugrundelegung dieser Semantik auch auf Art. 71 kann der Anbieter seine Verpflichtungen nach Art. 71 Abs. 2[8] i.V.m. Anhang VIII Abschnitt B sinnvoll erfüllen. Kurz: Wer sein in Anhang III genanntes KI-System nicht für hochriskant hält, muss dennoch Art. 71 anwenden, der im Abschnitt „EU-Datenbank für Hochrisiko-KI-Systeme" steht.. Daraus lässt sich ablesen, dass der Unionsgesetzgeber Anbieter von Hochrisiko-KI-Systemen, die von dem Ausnahmetatbestand des Art. 6 Abs. 3 erfasst sind, teils unverändert als **Anbieter von Hochrisiko-KI-Systemen** bezeichnet.[9]

8 Wenn in Art. 16 Verpflichtungen des Anbieters eines Hochrisiko-KI-Systems zusammengestellt sind, dann muss die Lesart dieses Adressatenkreises diese Unschärfe in der Semantik in der Verordnung berücksichtigen. **Ausgeschlossen vom Anwendungsbereich** des Art. 16 sind demnach Anbieter von Systemen des Anhangs III, bei denen der Anbieter abweichend von der gesetzlichen Vermutung eines Hochrisiko-KI-Systems und entsprechend der einschränkenden gesetzlichen Vermutung des Art. 6 Abs. 3 davon ausgeht, dass sein KI-System nicht hochriskant ist. Dieser Anbieter hat die Registrierungspflichten des Art. 49

8 Art. 71 steht im Kapitel VIII „EU-Datenbank für Hochrisiko-Systeme".

9 Nur im Text des Anhangs VIII Abschnitt B selbst ist von „KI-Systemen" die Rede. Es ist daher nicht auszuschließen, dass es sich bei der Unschärfe der Anbieterbezeichnung um ein Redaktionsversehen handelt, das es zu bereinigen gilt. Am Normadressaten des Art. 16 würde sich dadurch nichts ändern.

Abs. 2 i.V.m. Art. 71 Abs. 2 zu erfüllen, aber eben nicht die darüber hinausgehenden Pflichten des Art. 16.

Die Anbieterpflichten des Art. 16 sind unter bestimmten Voraussetzungen auch von anderen Akteuren entlang der Wertschöpfungskette zu erfüllen. Bereits der Kommissionsvorschlag hatte dem Grunde nach eine solche Zuordnung vorgesehen.[10] Wenn ein Einführer, Händler, Betreiber oder ein sonstiger Dritter ein am Markt verfügbares Hochrisiko-KI-System mit seinem Namen oder seiner Marke versieht, wenn er ein bestehendes Hochrisiko-KI-System wesentlich verändert, ohne dass es seine Eigenschaft als Hochrisiko-KI-System verliert, oder wenn er durch eine Änderung der Zweckbestimmung[11] eines KI-Systems die Einstufung als Hochrisiko-KI-System erstmals begründet, dann tritt der **jeweilige Akteur gem. Art. 25 Abs. 1** insoweit an die Stelle des (ursprünglichen) Anbieters des Hochrisiko-KI-Systems. Diese Überleitungsvorschrift befreit den Anbieter nur in Bezug auf das wesentlich veränderte, mit neuem, hochriskantem Zweck versehene oder unter neuem Namen vertriebene oder in Betrieb genommene System von seinen Verpflichtungen, wie sie in Art. 16 normiert sind (Art. 25 Abs. 2). An die Stelle dieser Verpflichtungen treten dann grundsätzlich neue Pflichten für den Anbieter des ursprünglichen Systems, welche den anderen Akteur befähigen sollen, seine Pflichten gem. Art. 16 zu erfüllen (vgl. Art. 25 Rn. 25 ff.). Das ist nur konsequent, weil Art. 16 gerade kein Nebeneinander von Verpflichteten zulässt, sondern im Interesse der Rechtsklarheit für die unterschiedlichen in Bezug genommenen Vorschriften einen eindeutigen Verpflichteten identifiziert. 9

2. Entstehungsgeschichte

Art. 16 gehört zu den Vorschriften, die im Laufe des Gesetzgebungsprozesses mehr redaktionelle als substanzielle Änderungen durchlaufen haben. Dessen ungeachtet hat sich der Inhalt der Norm freilich mit jeder Anpassung, Änderung oder Ergänzung von Regelungsgegenständen verändert, die in Art. 16 in Bezug genommen sind. 10

Allgemein war auf den Kommissionsentwurf hin die Forderung laut geworden, die Vorschrift weiter zu konkretisieren. Denn ihr Sinn und Zweck ist in erster Linie die Klarstellung. Es liegt nahe, dass über den Grad der (weiteren) Konkretisierung und Formulierung unterschiedliche Vorstellungen herrschten. So machte das Europäische Parlament geltend, dass Vorgaben zur Transparenz der verwendeten Trainingsdaten in Art. 16 zu verankern seien.[12] Diese Änderung 11

10 Art. 28 KOM-Entwurf.

11 Art. 3 Nr. 12.

12 Entschließung des Europaparlaments v. 6.10.2021, P9_TA(2021)0405, Rn. 19.

ließ sich nicht durchsetzen.[13] Das Gleiche gilt für den Vorschlag des Europäischen Parlaments, dem Anbieter eines Hochrisiko-KI-Systems besondere Sorgfaltspflichten in Bezug auf die Personen aufzubürden, welche die menschliche Aufsicht über das System führen. Dagegen wurde auf Initiative des Parlaments in der Vorschrift präzisiert, dass die EU-Konformitätserklärung gem. Art. 47 vom Anbieter auszustellen ist. Auf Initiative von Rat und Parlament wurde zudem Art. 16 lit. b mit der Verpflichtung der Anbieter aufgenommen, ihre Namen, Marken und Kontaktanschrift auf ihren Hochrisiko-KI-Systemen anzubringen.

12 Die Pflicht zur Sicherstellung der Barrierefreiheit des Hochrisiko-KI-Systems wurde erst zuletzt auf Vorschlag des Europäischen Parlaments in Art. 16 aufgenommen. Hierbei handelt es sich um die einzige Verpflichtung, die nicht wenigstens mit ähnlicher Wirkung schon an anderer Stelle allgemein als system- oder verfahrensbedingte Anforderung an Hochrisiko-KI-Systeme kodifiziert ist.[14] Bereits der Kommissionsentwurf hatte die Belange von Nutzern und Betroffenen mit Behinderung in unterschiedlichen Zusammenhängen berücksichtigt. Doch eine Rechtspflicht des Anbieters in Bezug auf das Inverkehrbringen oder die Inbetriebnahme von Hochrisiko-KI-Systemen war bis zur Aufnahme des Art. 16 lit. l nicht in der KI-VO vorgesehen.

3. Verhältnis zu anderen Vorschriften

13 Art. 16 dient in erster Linie der **Rechtsklarheit**. Die Vorschrift regelt, welche Verpflichtungen sich für einen Anbieter daraus ergeben, dass er ein Hochrisiko-KI-Systeme in Verkehr zu bringen oder in Betrieb zu nehmen beabsichtigt. Doch die Norm ist im Verhältnis zu anderen Rechtsvorschriften auch dort mehr als ein Prozessleitfaden, wo ihr kein eigenständiger materiellrechtlicher Regelungsgehalt zukommt, wo sie lediglich präzisiert, was anderenorts in der KI-VO geregelt ist.

a) Produkthaftung

14 Der EuGH hat in seiner Entscheidung in der Rechtssache Passenger Name Records-Datenbank[15] festgestellt, dass die mangelnde Nachvollziehbarkeit von KI-Systemen dem grundrechtlich verbürgten Recht auf einen wirksamen gerichtli-

13 Nach Art. 11 über die technische Dokumentation ist bereits nachzuweisen, wie das Hochrisiko-KI-System die Anforderungen des Abschnitts 2 (einschließlich Art. 10 über Daten und Daten-Governance) erfüllt, welcher in Art. 16 lit. a insgesamt, also einschließlich Art. 11, in Bezug genommen ist.

14 Art. 13 Abs. 2 schreibt lediglich die Barrierefreiheit der Gebrauchsanweisung vor, nicht des Hochrisiko-KI-Systems an sich.

15 EuGH, Urt. v. 21.6.2022 – Rs. C-817/19, K&R 2022, 592, Rn. 194 f. – PNR-Daten.

chen Rechtsbehelf nach Art. 47 EU-Grundrechtecharta entgegenstehen kann. Es könne sich als unmöglich erweisen zu erkennen, aus welchem Grund ein bestimmtes Programm einen Treffer erziele. Die durch Art. 16 dem Anbieter eines Hochrisiko-KI-Systems zugewiesenen Dokumentations-, Transparenz- und Aufbewahrungspflichten oder auch die Verpflichtung, eine automatische Protokollierung zu ermöglichen, können diesen Missstand im Rahmen der KI-VO nicht vollständig ausräumen. Allein die Bestimmung eines Verpflichteten löst nicht die technische Herausforderung, die gemeinhin mit dem „Black Box"-Phänomen künstlicher Intelligenz beschrieben wird. Dabei geht es um Nachweisbarkeits- und Kausalprobleme[16] für eine verschuldensabhängige Haftung, die durch die geplante Richtlinie über KI-Haftung aufgefangen werden sollen (siehe unten Rn. 16f.).

Wo jedoch ein Hochrisiko-KI-System von der 2024 reformierten Produkthaftungsrichtlinie (ProdHaft-RL-E)[17] und bis zu deren Umsetzung in nationales Recht bereits vom deutschen ProdHaftG tatbestandlich erfasst ist, wird der Pflichtenkatalog des Art. 16 (gegebenenfalls i.V.m. Art. 25) grundsätzlich für Rechtsklarheit sorgen. Das Produkthaftungsrecht knüpft seine Haftungstatbestände verschuldensunabhängig an die **Fehlerhaftigkeit des Produkts**. Die Fehlerhaftigkeit wird bei Verletzung von EU-Produktsicherheitsvorschriften i. S. d. Art. 10 Abs. 2 lit. b ProdHaft-RL-E vermutet. Art. 16 hilft dem Geschädigten bei der Bestimmung berechtigter Sicherheitserwartungen und bei der Identifikation des Verpflichteten. Auf diese Weise erleichtert die Vorschrift die Geltendmachung von Schadenersatzansprüchen gegenüber dem Anbieter eines Hochrisiko-KI-Systems, gerade weil Art. 16 dessen Compliance-Vorgaben klarstellt. 15

b) Richtlinie über KI-Haftung

Die geplante Richtlinie über KI-Haftung[18] soll der zivilrechtlichen Haftung in nicht-vertraglichen Rechtsbeziehungen im gesamten Binnenmarkt effektiv und zeitgemäß Wirkung verleihen. Sie wird speziell bei Schäden, die durch KI-Systeme verursacht werden, durch eine **Kausalitätsvermutung** und durch den **Zugang zu Beweismitteln**, die im Besitz von Anbietern von Hochrisiko-KI-Systemen sind, dem Geschädigten ein materiellrechtliches, vorprozessuales und prozessuales Instrumentarium an die Hand geben.[19] So soll das anders nicht aus- 16

16 Vgl. *Engler*, Key enforcement issues of the AI Act should lead EU trilogue debate, commentary, Brookings Institution, 16.6.2023, https://t1p.de/Engler_BlackBox.

17 ProdHaft-RL-E i. d. F. v. 24.1.2024 – 2022/0302 (COD).

18 Vorschlag für eine RL zur Anpassung der Vorschriften über außervertragliche zivilrechtliche Haftung an künstliche Intelligenz, COM(2022) 496 final vom 28.9.2022.

19 *Bomhard/Siglmüller*, RDi 2022, 506.

zugleichende Ungleichgewicht zwischen Anbietern und Betroffenen[20] (hoch-) riskanter KI-Systeme ein Stück weit aufgefangen werden.

17 Konkret ist in Art. 4 Abs. 2 des Richtlinienentwurfs die (widerlegbare) Vermutung der haftungsbegründenden Kausalität zwischen einem in der Richtlinie näher bezeichneten Verstoß gegen Art. 16 KI-VO und dem vom Hochrisiko-KI-System hervorgebrachten Ergebnis oder Nicht-Ergebnis vorgesehen. Hier bildet also der in Art. 16 angelegte Pflichtenkatalog des Anbieters eines Hochrisiko-KI-Systems den **Prüfungsmaßstab**. Er kann im Sinne von Mindestanforderungen für die Anspruchsbegründung durch den Geschädigten wie auch für die Rechtsverteidigung des Anbieters zugrunde gelegt werden. Die durch den Anspruchsteller vom Anbieter eines Hochrisiko-KI-Systems anzufordernden oder durch das Gericht zur Vorlage zu bestimmenden Beweismittel richten sich in Umfang und Aussagekraft nach den Verpflichtungen, die dem Anbieter durch Art. 16 zugewiesen sind. Durch beides, die Vermutung der Kausalität und die Vorlagepflicht von Beweismitteln in enger Verzahnung der Richtlinie über KI-Haftung mit der KI-VO, wird Art. 16 weiter in den Fokus der Rechtsanwendung rücken.

c) Gesetz gegen den unlauteren Wettbewerb

18 Das Gesetz gegen den unlauteren Wettbewerb (UWG) schützt Mitbewerber, Verbraucher und sonstige Marktteilnehmer vor unlauteren geschäftlichen Handlungen. Zugleich schützt es das Interesse der Allgemeinheit an unverfälschtem Wettbewerb.[21] Unlauteres Verhalten unter Verletzung der KI-VO sollte nach den Vorschriften des UWG abmahnfähig sein. In Bezug auf die DSGVO jedenfalls hat sich Generalanwalt *Szpunar* in seinen Schlussanträgen in der Rechtssache C-21/23[22] auf Vorabentscheidungsersuchen des BGH dafür ausgesprochen, die Durchsetzung der DSGVO durch Wettbewerber eines Verantwortlichen auch auf den Wegen für zulässig zu erklären, die nationales Wettbewerbsrecht vorhält. Die Einhaltung des harmonisierten materiellen Datenschutzrechts sei das Ziel, effektiver Rechtsschutz das Mittel, so *Szpunar* sinngemäß. Nach *Szpunars* Auffassung ist die Rechtsdurchsetzung in der DSGVO nicht abschließend geregelt. Das öffnet die Tür zur Durchsetzung ihrer Marktverhaltensregeln nach den §§ 3a, 8 UWG, die nicht durch die DSGVO verdrängt werden.[23] Der gleiche Ge-

---

20 *Spiecker*/Towfigh, Automatisch benachteiligt, Das Allgemeine Gleichbehandlungsgesetz und der Schutz vor Diskriminierung durch algorithmische Entscheidungssysteme, Rechtsgutachten im Auftrag der Antidiskriminierungsstelle des Bundes, S. 30.

21 § 1 Abs. 1 UWG.

22 Generalanwalt beim EuGH (*Szpunar*), Schlussantrag v. 25.4.2024 – Rs. C-21/23, Rn. 92 ff.

23 *Bauermeister*, Anm. zu EuGH, Schlussantrag v. 25.4.2024, Darf auch die Konkurrenz DS-GVO-Verstöße einklagen?, beck-aktuell, 26.4.2024, https://t1p.de/Bauermeister.

danke sollte für die KI-VO gelten. Denn sie enthält **Marktverhaltensregeln**, die wie die DSGVO die Interessen der Marktteilnehmer schützen, ohne dieses Ziel durch abschließend geregelte Durchsetzungsmechanismen abzusichern.

Ein Anbieter, der seinen Verpflichtungen nach Art. 16 nicht nachkommt, kann sich einen Wettbewerbsvorteil verschaffen. So kann beispielsweise der Einsatz nicht-anforderungskonformer KI-Systeme mit dem Potenzial, Kaufentscheidungen zu beeinflussen, ohne die Schwelle zu verbotenen Praktiken gem. Art. 5 zu überschreiten, eine unlautere geschäftliche Handlung i. S. d. § 3 UWG sein. Ebenso kann ein Verstoß gegen die Verpflichtung zur Anbringung der CE-Kennzeichnung, die nach Art. 48 vorgeschrieben und als Anbieterpflicht durch Art. 16 lit. h in den Pflichtenkatalog eingebunden ist, nach den Vorschriften des UWG geltend gemacht werden.[24] Generell liegt insbesondere bei allen sicherheitsrelevanten Vorgaben für Hochrisiko-KI-Systeme, wenn Systeme die Anforderungen des Abschnitts 2 nicht erfüllen, wenn Anbieter ihren Transparenzpflichten gegenüber Verbrauchern nicht nachkommen, wenn die vorgeschriebenen Maßnahmen bezüglich der Konformitätsbewertung nicht ergriffen oder nicht kenntlich gemacht sind oder wenn auf das vorgeschriebene Risiko- oder Qualitätsmanagementsystem verzichtet wird, zugleich ein Verstoß gegen Marktverhaltensregeln i. S. d. § 3a UWG vor. Es ist nämlich nicht erforderlich für die Anerkennung einer Marktverhaltensregel als Schutzvorschrift für die Marktteilnehmer, dass sie primär oder gar ausschließlich dazu bestimmt ist, deren Belange zu wahren.[25] Art. 16 nimmt also Verpflichtungen in Bezug, deren Verletzung als Marktverhaltensregeln i. S. d. § 3a UWG nach lauterkeitsrechtlichen Vorschriften durchsetzbar sind. Sind die kollektiven Interessen der Verbraucher von der Rechtsverletzung betroffen, dann können Ansprüche nach §§ 3a, 8 UWG im Wege der Verbandsklage geltend gemacht werden (Art. 110). 19

d) EU-Datenschutz-Grundverordnung

Die DSGVO bleibt von der KI-VO unberührt, Art. 2 Nr. 7. Art. 16 ist im Zusammenhang mit der Geltendmachung von Betroffenenrechten nach der DSGVO ein unterstützendes Instrument zur Bestimmung des datenschutzrechtlich Verantwortlichen. Wenngleich die Ansprüche des von der Verarbeitung personenbezogener Daten Betroffenen auf Information, Auskunft, Berichtigung oder Löschung im KI-Umfeld in der Praxis nicht ohne Weiteres durchsetzbar sind,[26] hilft die Zuweisung einzelner Verpflichtungen an den Anbieter jedenfalls in Bezug auf dessen Passivlegitimation (siehe unten Rn. 32 ff.). 20

---

24 OLG Köln, Urt. v. 16.8.2013 – 6 U 18/13, Rn. 31; OLG Frankfurt, Urt. v. 23.3.2017 – 6 U 23/16, WRP 2017, 874.

25 OLG Köln, Urt. v. 16.8.2013 – 6 U 18/13, Rn. 23.

26 Vgl. Leitlinien des Europäischen Datenschutzbeauftragten zu generativer KI und Datenschutz, Ziff. 12, t1p.de/EDPS_Orientation.

II. Art. 16 lit. a

1. Allgemeines

21 Nach Art. 16 lit. a müssen Anbieter von Hochrisiko-KI-Systemen sicherstellen, dass ihre Systeme die in Kapitel III Abschnitt 2 festgelegten Anforderungen erfüllen. Diese Vorschrift verdeutlicht: Es ist der Anbieter, dem es obliegt, die Einhaltung sämtlicher Anforderungen an die Hochrisiko-KI-Systeme zu gewährleisten. Teils liegt diese Zuordnung in der Natur der Sache, teils ist sie bereits im Abschnitt 2 selbst festgelegt. Doch in einzelnen Fällen erweist sich die ausdrückliche Zuweisung von in Abschnitt 2 festgelegten Pflichten als durchaus hilfreich im Sinne ihrer Präzisierung.

22 Das Europäische Parlament hatte in einem Änderungsantrag vorgeschlagen, in Art. 16 lit. a die zusätzliche Verpflichtung aufzunehmen, das Sicherstellen der Anforderungen des Abschnitts 2 ausdrücklich vor dem Inverkehrbringen oder vor der Inbetriebnahme vorzuschreiben. Doch diese Ergänzung erwies sich als redundant, weil die Anforderungen des Abschnitts 2 ohnehin bereits vor diesem Zeitpunkt zu erfüllen sind.

2. Art. 16 lit. a und Art. 8

23 Art. 8 Abs. 1 regelt, dass Hochrisiko-KI-Systeme die im Abschnitt 2 festgelegten Anforderungen zu erfüllen haben. Diese allgemeine Rechtmäßigkeitsvoraussetzung erfordert eine konkretisierende Zuweisung zu einem Rechtsträger. Art. 16 lit. a nimmt diese Zuweisung vor und macht die Anforderung zur Verpflichtung des Anbieters.

24 Nach Art. 8 Abs. 2 Satz 2 hat der Anbieter von Hochrisiko-KI-Systemen, die in Anhang I Abschnitt A aufgeführt sind, die Möglichkeit, zur Vermeidung von doppeltem administrativem Aufwand nach der KI-VO vorgeschriebene Test- und Berichterstattungsverfahren, Informationen und Dokumentationen in die anderweitig unionsrechtlich vorgeschriebenen Dokumentationen und Verfahren zu **integrieren**, die er im Zusammenhang mit seinem Produkt bereitstellt. Eine solche Erleichterung, wie sie an mehreren Stellen in der KI-VO vorgesehen ist, ist bei der Anwendung des Art. 16 lit. a entsprechend zu berücksichtigen; denn auch diese Entlastung des Anbieters ist Teil des Abschnitts 2, auf den Art. 16 lit. a verweist.

25 Art. 8 Abs. 2 Satz 1 regelt, dass der Anbieter sicherzustellen hat, dass sein KI-System, das Teil eines Produkts ist, welches von Harmonisierungsrechtsvorschriften des Anhang I Abschnitt A reguliert wird, alle Anforderungen der jeweils einschlägigen Harmonisierungsrechtsvorschriften vollständig erfüllt. Diese Vorschrift stellt klar, dass der Anbieter eines KI-Systems, das zugleich

durch die KI-VO und durch sektorspezifische Unionsvorschriften reguliert ist, durch die Anwendung der KI-VO nicht von seinen anderweitigen Verpflichtungen frei wird. Das gilt insbesondere für schon an jüngere technische Entwicklungen angepasste Vorschriften wie die Maschinenverordnung.[27] Diese wurde nur ein Jahr vor der KI-VO verabschiedet, also auf einem vergleichbaren technischen Stand. Für die von der Maschinenverordnung erfassten Produkte werden auch zeitgemäße Technologien berücksichtigt.

Art. 16 lit. a entfaltet insoweit materiellrechtlich **keine eigenständige normative Wirkung**. Im **Verstoßfall** gegen Art. 8 richtet sich die Sanktion grundsätzlich nach Art. 99 Abs. 4. Denn Art. 16 lit. a wird dann denknotwendig mit verletzt. Der Gesetzgeber hat in dieser Vorschrift ohne Unterscheidung einheitliche Sanktionen für sämtliche Fälle system-, verfahrens- oder verhaltensbezogenen Fehlverhaltens des Anbieters festgelegt, die in Art. 16 in Bezug genommen sind. Liegt allerdings nur ein Verstoß gegen sektorspezifisches Unionsrecht i. S. d. Anhang I Abschnitt A vor, dann richtet sich die Sanktion nur nach diesem Recht, nicht nach der KI-VO. Denn die durch Art. 8 Abs. 2 Satz 1 festgestellte Unberührtheit des sektorspezifischen Unionsrechts erfasst auch dessen Sanktionen. Daran ändert auch die Verfahrenserleichterung des Art. 8 Abs. 2 Satz 2 nichts. 26

3. Art. 16 lit. a und Art. 9

Art. 9 verpflichtet den Anbieter eines Hochrisiko-KI-Systems zur Einrichtung, Anwendung, Dokumentation und Aufrechterhaltung eines Risikomanagementsystems. Diese Verpflichtung dient dem Zweck, vernünftigerweise vorhersehbare Risiken für Gesundheit, Sicherheit oder Grundrechte zu minimieren, welche durch die Entwicklung oder Konzeption des Hochrisiko-KI-Systems oder durch die Bereitstellung ausreichender technischer Informationen angemessen gemindert oder behoben werden können (Art. 9 Abs. 3). 27

Durch Art. 16 lit. a ist klargestellt, dass die Verpflichtung in Bezug auf ein wirksames Risikomanagement während des gesamten Lebenszyklus eines Hochrisiko-KI-Systems dem Anbieter des Systems obliegt. Das gilt für die Konzeptionsphase, das Testen und den laufenden Betrieb des Systems gleichermaßen und ist unabhängig davon, ob und inwieweit sich der Anbieter für einzelne Aufgaben externer Dienstleister bedient. Die Einrichtung eines Risikomanagementsystems ist als eine übergreifende Aufgabe zu verstehen, wie aus Art. 9 Abs. 4 abzulesen ist. Durch die Inbezugnahme der Vorschrift in Art. 16 lit. a entfaltet sie einen **Auftrag zur Übernahme übergeordneter Koordinationsaufgaben**. Die An- 28

27 Verordnung (EU) 2023/1230 des Europäischen Parlaments und des Rates vom 14.6.2023 über Maschinen und zur Aufhebung der Richtlinie 2006/42/EG des Europäischen Parlaments und des Rates und der Richtlinie 73/361/EWG des Rates, ABl. L 165 vom 29.6.2023, S. 1.

forderungen, die sich aus Abschnitt 2 ergeben, soll der Anbieter gebührend berücksichtigen, um die Risiken wirksam zu minimieren. So schreibt zum Beispiel Art. 14 Abs. 5 vor, dass Vorkehrungen für eine menschliche Aufsicht so zu gestalten sind, dass der Betreiber die vorgesehene Beaufsichtigung durch mindestens zwei Personen sicherstellt, die die notwendige Kompetenz, Ausbildung und Befugnis für ihre Aufgabe besitzen. Das sind freilich Kriterien, auf die der Anbieter, der nicht zugleich Betreiber ist, kaum Einfluss hat. Art. 16 lit. a geht deshalb nicht so weit, Art. 14 Abs. 5 vollumfänglich zu einer Anbieterpflicht zu erheben, obgleich die Vorschrift in Abschnitt 2 verortet ist. Der Anbieter hat jedoch in seinem Risikomanagementsystem die Wechselwirkungen dieser Anforderung mit seiner eigenen Verpflichtung der Risikominimierung in systemischer Hinsicht und beispielsweise durch eine aussagekräftige Gebrauchsanleitung zu berücksichtigen. Auch das Risikomanagementsystem kann der Anbieter in anderweitig unionsrechtlich vorgeschriebene Risikomanagementprozesse integrieren (Art. 9 Abs. 10). Diese Erleichterung ist bei der Anwendung des Art. 16 lit. a zu berücksichtigen.

4. Art. 16 lit. a und Art. 10

a) Konkretisierung des Art. 10 durch Art. 16 lit. a

29 Nach Art. 10 sind bei Hochrisiko-KI-Systemen bestimmte Qualitätsanforderungen an die Trainings-, Validierungs- und Testdatensätze durch geeignete Daten-Governance- und Datenverwaltungsverfahren zu erfüllen. Ihr Nachweis ist gem. Art. 11 Abs. 1 zu erbringen.

30 Nicht in allen Absätzen des Art. 10 ist ausdrücklich festgelegt, dass es sich bei den Anforderungen um Anbieterpflichten handelt; einige der Verpflichtungen sind als allgemeine System- oder Verfahrensanforderungen formuliert. Deshalb ist die Konkretisierung in Art. 16 lit. a im Sinne der Rechtsklarheit durchaus hilfreich. Die Anforderungen an Input-Daten und Testverfahren nach den Vorschriften des Art. 10 sicherzustellen, obliegt in jedem Verfahrensstadium und unabhängig von der tatsächlichen Ausgestaltung seiner internen Prozesse dem Anbieter.

31 Diese formale Zuweisung der rechtlichen Verantwortlichkeit für die Datenqualität an den Anbieter hilft freilich nicht über die, wie im Laufe des Gesetzgebungsverfahrens immer wieder geltend gemacht und nur teilweise durch die Anpassungen in Art. 10 aufgefangen wurde, anspruchsvollen Anforderungen des Art. 10 hinweg. Verschärft werden diese durch das Zusammenspiel mit der DSGVO, weil dadurch für einheitliche Lebenssachverhalte formal ein Nebeneinander von Anbieterpflichten und Pflichten des datenschutzrechtlich Verantwortlichen entsteht.

b) Verhältnis zur DSGVO

Art. 16 lit. a weist aus naheliegenden Erwägungen die rechtliche Verantwortlichkeit für die Daten von Hochrisiko-KI-Systemen vollumfänglich dem Anbieter zu, der gem. Art. 3 Abs. 3 das System selbst entwickelt oder entwickeln lässt. Das hat Auswirkungen auf die Anwendung der DSGVO im KI-Umfeld. **32**

Die KI-VO knüpft die Anbietereigenschaft an andere Kriterien als die DSGVO die Stellung als **datenschutzrechtlich Verantwortlicher**. Faktisch sind beide Funktionen in der Pre-Market-Phase regelmäßig deckungsgleich. Der Anbieter trägt die Verantwortung für die Verarbeitung personenbezogener Daten in allen vorbereitenden Prozessstadien, sofern er nicht ausnahmsweise als Auftragsverarbeiter i. S. d. Art. 28 DSGVO tätig wird. Das Trainieren, Testen und Validieren seines Systems obliegt typischerweise seiner Verantwortung als Anbieter und zugleich als datenschutzrechtlich Verantwortlichem.[28] Ab Inverkehrbringen oder Inbetriebnahme des Systems können die Funktionen je nach konkreter Ausgestaltung auseinanderfallen, falls der Anbieter nicht zugleich der Betreiber des Systems ist. Beim Zusammenwirken mehrerer Beteiligter, bei dem nach datenschutzrechtlichem Verständnis eine gemeinsame Verantwortlichkeit oder ein Auftragsverarbeitungsverhältnis vorliegt, ist ebenfalls im Einzelfall zu differenzieren. Das Trainieren, Testen und Validieren eines KI-Systems und auch dessen Fine-Tuning sind Verarbeitungsvorgänge i. S. d. Art. 4 Nr. 2 DSGVO. **33**

aa) Personenbezug von Trainingsdaten

Die Anwendbarkeit der DSGVO im Kontext von KI-Systemen setzt voraus, dass die Daten, die verarbeitet werden, personenbezogene Daten sind. Hierfür genügt nach der DSGVO, dass eine natürliche Person anhand der Daten unter Berücksichtigung aller Mittel identifizierbar ist, die vom Verantwortlichen oder einer anderen Person nach allgemeinem Ermessen für eine direkte oder indirekte Identifikation wahrscheinlich genutzt werden.[29] Die Einzelheiten hierzu sind umstritten.[30] Beachtung findet im Zusammenhang mit KI-Systemen, wenngleich vielfach und zu Recht kritisch, insbesondere ein Diskussionspapier des Hamburgischen Beauftragten für Datenschutz und Informationsfreiheit zu Large Language Models als Komponenten eines KI-Systems.[31] Er vertritt die verall- **34**

28 LfDI Baden-Württemberg, Diskussionspapier: Rechtsgrundlagen im Datenschutz beim Einsatz von Künstlicher Intelligenz, Version 1.0 v. 7.11.2023, IV.1, https://t1p.de/LfDI_BW_KI; in Bezug auf nachgelagertes Fine-Tuning ist entlang des Art. 4 Nr. 7 DSGVO zu differenzieren.

29 ErwG 26 DSGVO.

30 Vgl. zum Meinungsstand BayLfD, Wann ist eine natürliche Person identifizierbar?, Aktuelle Kurz-Information 53, 2024, Rn. 6, https://t1p.de/BayLfD_pbD, und *Klar/Kühling*, in: Kühling/Buchner, DS-GVO BDSG, Art. 4 Nr. 1 Rn. 25 ff.

31 https://t1p.de/HmbBfDI_LLM, veröffentlicht am 15.7.2024.

gemeinernde Auffassung, selbst wenn personenbezogene Daten in einem LLM-gestützten KI-System verarbeitet würden, was mit Blick auf die Verarbeitung an sich und auf den Output datenschutzkonform zu erfolgen habe, würden diese Daten in LLMs jedenfalls nicht gespeichert. Diese Frage kann jedoch im jeweiligen KI-System **nur aus technischer Sicht** beantwortet und entlang der einschlägigen Rechtsprechung insbesondere des EuGH[32] bewertet werden: Inwieweit ist es nach der Tokenisierung personenbezogener Daten in natürlicher Sprache, der numerischen Abbildung der Tokens und deren Embedding technisch noch möglich, den ursprünglichen Personenbezug insbesondere durch rechtlich zulässige (Extraktions-)Attacken wieder erkennbar zu machen? Allgemeine, systemübergreifende Vermutungen können an dieser Stelle nicht genügen. Für die Frage der Identifizierbarkeit einer natürlichen Person sind faktische Gegebenheiten ausschlaggebend, nicht die vom Anbieter beabsichtigte Funktion oder die Darstellungsform von Daten oder Datenfragmenten.

35 Genügt diese Erkennbarkeit den Anforderungen an die Identifizierbarkeit der betroffenen natürlichen Person i. S. d. Art. 4 Nr. 1 DSGVO, dann werden in der betreffenden Komponente des KI-Systems personenbezogene Daten nicht nur verarbeitet, sondern auch gespeichert. Diese Frage ist unter anderem wesentlich für die Bestimmung des datenschutzrechtlich Verantwortlichen bei der Verwendung eines LLMs. Ist die Speicherung personenbezogener Daten in den Trainingsdaten der Anwendungen im Einzelfall abzulehnen, dann ist, wie der Hamburgische Beauftragte für Datenschutz und Informationsfreiheit im genannten Diskussionspapier festgestellt hat, die bloße Speicherung eines LLMs durch ein Unternehmen oder eine Behörde keine datenschutzrechtlich relevante Handlung.

36 Werden personenbezogene Daten zum Beispiel durch breit angelegtes Web Crawling und/oder Scraping aus öffentlich zugänglichen Quellen einem Trainingsdatensatz hinzugefügt und verlieren dann aber technisch unwiederbringlich ihren Personenbezug, dann ist die DSGVO fortan nicht mehr anwendbar. Etwas anderes gilt nach der Rechtsprechung des EuGH nur dann, wenn auf die für einen Personenbezug erforderlichen **Zusatzinformationen** mindestens eine **potenzielle Zugriffsmöglichkeit** innerhalb oder außerhalb des Systems[33] anzunehmen ist.[34] Dann gelten die im KI-System enthaltenen Daten als personenbezogen, und die DSGVO bleibt anwendbar. Dieses Verständnis liegt auch der viel

32 Grundlegend für alle darauffolgenden Entscheidungen des Gerichts: EuGH, Urt. v. 20.12.2017 – Rs. C-434/16, Rn. 34 – Nowak mit der weiten Auslegung des Begriffs personenbezogener Daten als Informationen „über" die in Rede stehende Person.

33 Z. B. durch sog. Membership Inference Attacks oder durch Model Inversion Attacks, vgl. LfDI Baden-Württemberg, Diskussionspapier: Rechtsgrundlagen im Datenschutz beim Einsatz von Künstlicher Intelligenz, Version 1.0 v. 7.11.2023, II, https://t1p.de/LfDI_BW_KI.

34 EuGH, Urt. v. 19.10.2016, Rs. C-582/14, Rn. 43 – Breyer.

beachteten Leitlinie des Europäischen Datenschutzbeauftragten zu generativer KI und dem Datenschutz vom Juni 2024 zugrunde.[35]

bb) Zweckbindung personenbezogener Daten

Handelt es sich bei den Daten, die der Anbieter verwendet, um personenbezogene Daten, dann schreibt Art. 10 Abs. 2 lit. b die Berücksichtigung des ursprünglichen Zwecks der Daten vor. Es ist zu prüfen: Ist die Verwendung der Daten für sämtliche Verarbeitungsvorgänge vom Zweck gedeckt, für den die Daten ursprünglich erhoben wurden, oder ist jedenfalls eine datenschutzrechtlich begründbare **Kompatibilität** der Zwecke anzunehmen?[36] Eine solche Vereinbarkeit des neuen Zwecks mit dem ursprünglichen ist auch im Kontext der KI-VO zu berücksichtigen. Denn der Grundsatz der Zweckbindung bei der Verarbeitung personenbezogener Daten ist einschließlich dieser Vereinbarkeit allgemeingültig in der DSGVO verankert. Ein strengerer Maßstab in von der KI-VO erfassten Fällen hieße, die wohl austarierte Abwägung der Interessen von Verantwortlichem und Betroffenem aus der DSGVO grundlos zugunsten des Betroffenen aus dem Gleichgewicht zu bringen. Das widerspräche der Technologieneutralität[37] der DSGVO. **37**

Da Art. 16 lit. a die Verpflichtung aus Art. 10 Abs. 2 dem Anbieter zuweist, unabhängig davon, ob er zugleich datenschutzrechtlich Verantwortlicher ist, kann er sich der Frage der Zweckbindung nicht mit Verweis auf etwaige anderweitige datenschutzrechtliche Zuständigkeiten bezüglich der Datenquelle entziehen. Einer vollumfänglichen Anwendung des Zweckbindungsgrundsatzes der DSGVO steht das nicht entgegen. **38**

cc) Betroffenenrechte

Der Schutz der Nutzer von Hochrisiko-KI-Systemen und der von deren Output Betroffenen ergänzt die Betroffenenrechte der DSGVO, die von der KI-VO gem. Art. 2 Abs. 7 unberührt bleibt. Eine individuelle Durchsetzung der Verpflichtungen aus Art. 16 durch Betroffene ist nicht vorgesehen; die Zivilgesellschaft kann dessen Vorschriften im Wege der Verbandsklage geltend machen. Der Einzelne hat darüber hinaus lediglich ein Beschwerderecht gem. Art. 85. Gerade deshalb ist es wichtig, die **Wechselwirkungen** zwischen den Anbieterpflichten gem. Art. 16 lit. a i.V.m. Art. 10 und den datenschutzrechtlichen Betroffenenrechten näher zu beleuchten. **39**

35 https://t1p.de/EDPS_Orientation.
36 Art. 5 Abs. 1 lit. b DSGVO.
37 ErwG 15 DSGVO.

(1) Recht auf Information

40 Von der Verarbeitung personenbezogener Daten Betroffene haben grundsätzlich Anspruch auf Information gem. Art. 13, 14 DSGVO. Dieses Betroffenenrecht richtet sich in der Entwicklungs-, Test- oder Validierungsphase gegen den Anbieter, der die Verarbeitung der Daten verantwortet. Dieses Betroffenenrecht steht neben den Transparenzpflichten der KI-VO.

41 Doch wenn sich bei nicht beim Betroffenen selbst erhobenen Daten die Erteilung der Information als unmöglich erweist oder einen **unverhältnismäßigen Aufwand** erfordern würde, geht der individuelle Informationsanspruch des Betroffenen ins Leere, Art. 14 Abs. 5 lit. b DSGVO. Die Information kann dann insbesondere durch einen öffentlich zugänglichen Hinweis ersetzt werden. Dieser Einschränkung dürfte im Umfeld künstlich intelligenter Systeme erhebliche praktische Bedeutung zukommen. Zwar ist eine den Art. 13, 14 DSGVO entsprechende Transparenzpflicht in der KI-VO nicht ausdrücklich normiert. Sie ergibt sich aber unmittelbar aus der Unberührtheitsklausel des Art. 50 Abs. 6 i.V.m. Art. 2 Abs. 7. Der durch Art. 16 lit. a i.V.m. Art. 10 verpflichtete Anbieter kann sich wegen eben dieser Unberührtheit in Bezug auf die Verarbeitung personenbezogener Daten vollumfänglich auch auf die Ausnahmevorschrift des Art. 14 Abs. 5 lit. b DSGVO berufen.

42 Eine pragmatische Lösung bei personenbezogenen Daten, die nicht bei den Betroffenen erhoben werden, deren Information unverhältnismäßig aufwändig oder unmöglich wäre, ist ein für die Betroffenen erkennbarer Hinweis auf die Nutzung bestimmter allgemein zugänglicher Datenquellen zu Trainingszwecken. Dieser könnte beispielsweise in der Web-Präsenz des Anbieters oder im Zusammenhang mit den Angaben gem. Art. 16 lit. b angebracht werden.

(2) Auskunftsrecht

43 Art. 15 DSGVO gewährt einer von der Verarbeitung personenbezogener Daten betroffenen Person das anlasslose Recht auf Auskunft darüber, ob der Verantwortliche über sie personenbezogene Daten verarbeitet. Nur in diesem Fall kann der Betroffene weiter Auskunft verlangen, welche Kategorien von Daten zu welchem Zweck mit welchen Mitteln verarbeitet werden. Der datenschutzrechtliche Auskunftsanspruch schließt auch Informationen darüber ein, ob eine automatisierte Entscheidungsfindung einschließlich Profiling angewandt wird. Dazu gehören aussagekräftige Informationen über die involvierte Logik sowie die Tragweite und die angestrebten Auswirkungen einer derartigen Verarbeitung für den Betroffenen. Es lassen sich also gewisse Parallelen zu dem Anspruch gem. Art. 86 KI-VO feststellen. Dieser ist jedoch ausdrücklich gegen den Betreiber eines Hochrisiko-KI-Systems gerichtet und subsidiär gegenüber anderweitig im Unionsrecht festgelegten Auskunftsansprüchen.

Der Auskunftsanspruch gem. Art. 15 DSGVO kann nicht aus der im Rahmen des Kapitels III Abschnitt 2 anzufertigenden Dokumentation befriedigt werden, weil darin nicht die (personenbezogenen) Daten an sich, sondern Meta-Daten und Informationen über die Verarbeitung von Daten vorgehalten werden. Jedoch ergibt sich aus den Vorschriften über Daten-Governance, technische Dokumentation oder auch automatisiert erstellte Protokolle und erst recht aus der DSGVO keine Verpflichtung des Anbieters und des datenschutzrechtlich Verantwortlichen, den Inhalt von Daten nachzuweisen, wenn er sie nicht über das Training, Testen oder Validieren hinaus vorhält,[38] wenn sie überschrieben werden, ohne noch vom Menschen wahrnehmbar zu sein.[39] Nur wenn die personenbezogenen Daten **noch vorhanden** sind, wenn also der Personenbezug zwischen bestimmten Datenbestandteilen noch wiederhergestellt werden kann und wenn der Betroffene geltend macht, dass ihn betreffende personenbezogene Daten verarbeitet werden (Art. 15 Abs. 1 1. HS DSGVO), kann der Betroffene mit seinem Anspruch gem. Art. 15 DSGVO Erfolg haben. Der Anspruch ist gegen den datenschutzrechtlich Verantwortlichen zu richten. Diese Einschränkung gilt auch in Bezug auf den Output eines KI-Systems. Eine Speicherung von (Zwischen-)Outputs, die sich aus der Arbeit etwa mit einem KI-basierten Chatsystem ergeben, nur zum Zweck einer etwaigen späteren Beauskunftung gem. Art. 15 DSGVO verbietet sich von selbst. **44**

Wenn der Anbieter zugleich Verantwortlicher i. S. d. DSGVO ist (siehe oben Rn. 32 ff.), kann er in Bezug auf einen Auskunftsanspruch hinsichtlich des „Ob" einer Verarbeitung sowie in Bezug auf Datenkategorien, Zweck, Speicherdauer, die Herkunft der Daten etc. aufgrund des Art. 15 DSGVO in Anspruch genommen werden. Die Bedingungen des Art. 10 Abs. 5 für die Verarbeitung personenbezogener Daten zur Erkennung und Korrektur von Verzerrungen decken sich zwar inhaltlich teils mit den Aspekten, über die gem. Art. 15 DSGVO Auskunft zu erteilen ist, sind aber als Rechtmäßigkeitsvoraussetzungen für die Verarbeitung ausgestaltet. Ein individualrechtlich durchsetzbarer Auskunftsanspruch gegen den Anbieter des Hochrisiko-KI-Systems lässt sich daraus auch nicht über das Vehikel des Art. 16 lit. a ableiten. **45**

(3) Berichtigungsanspruch

Regelungsziel des Art. 10 ist der Schutz von Grundrechten und Grundfreiheiten natürlicher Personen. Art. 10 Abs. 3 schreibt vor, dass die Trainings-, Test- und **46**

---

38 Ausfluss der Datenminimierung und in ErwG 64 DSGVO klargestellt ist, dass der Verantwortliche nicht allein deshalb personenbezogene Daten speichern darf, um spätere Auskunftsansprüche erfüllen zu können. *Albrecht/Jotzo*, Das neue Datenschutzrecht der EU, Rn. 13; *Mester*, in: Taeger/Gabel, DSGVO BDSG TTDSG, Art. 15 Rn. 3; zur Frage der Speicherung personenbezogener Daten in LLMs siehe oben Rn. 35.

39 *Klink-Straub/Straub*, NJW 2018, 3201.

Validierungsdatensätze im Hinblick auf die Zweckbestimmung des Hochrisiko-KI-Systems so weit wie möglich fehlerfrei und repräsentativ sein müssen. Darüber hinaus ist der Anbieter verpflichtet, relevante Datenlücken oder Mängel bei den Daten zu ermitteln und wie sie behoben werden können. Das gilt auch für personenbezogene Input-Daten. Art. 16 DSGVO gewährt dem Betroffenen das Recht, vom Verantwortlichen eine unverzügliche Berichtigung unrichtiger personenbezogener Daten über diesen Betroffenen selbst zu verlangen. Eine solche Berichtigung kann auch die Vervollständigung von Daten sein. Die Einschränkung von Fehlerfreiheit und Vollständigkeit „so weit wie möglich" in Art. 10 Abs. 3 soll den Anbieter lediglich davon entbinden, sämtliche Input-Daten vorab auf Richtigkeit überprüfen zu müssen. Einem datenschutzrechtlichen Anspruch auf Berichtigung kann sie nicht entgegengehalten werden.

47 Der datenschutzrechtliche Berichtigungsanspruch ist im Verhältnis zu den system- und verfahrensbezogenen Anforderungen prozessual nachgelagert. Die Verpflichtung zur Verwendung zutreffender Daten nach Art. 10 ist im Sinne der verfahrensmäßigen Anforderung eines Bemühens um Richtigkeit zu Beginn des Trainings, im Vorfeld des Testens, Validierens und gegebenenfalls eines Fine-Tunings zu gewährleisten. Der Anspruch auf Berichtigung nach Art. 16 DSGVO besteht erst, sobald bestimmte fehlerhafte personenbezogene Daten des Betroffenen, der den Anspruch geltend macht, verarbeitet werden. Der Rechtsverstoß muss also erst stattgefunden haben.

48 Der Berichtigungsanspruch gem. Art. 16 DSGVO ist zwar als materiellrechtlicher Individualanspruch ein stärkeres Recht als die aus Art. 16 lit. a i.V.m. Art. 10 abgeleitete Verpflichtung zur Einhaltung der allgemeinen Daten-Governance-Anforderungen. Diese Verpflichtung kann durch den Einzelnen lediglich zum Gegenstand seiner Beschwerdebefugnis gemacht werden. Eine unmittelbare individuelle Durchsetzung der Verfahrensvorschriften gegen den Anbieter kommt aber nicht Betracht. Die Inbezugnahme von Art. 10 in Art. 16 lit. a kann dem Betroffenen jedenfalls **als Hilfsmittel** für die Geltendmachung des Berichtigungsanspruchs dennoch nützlich sein. Denn es spricht alles dafür, dass der Anbieter i. S. d. KI-VO in Bezug auf das Trainieren, Testen und Validieren des Systems, also im Anwendungsbereich des Art. 10, zugleich Verantwortlicher oder wenigstens mit einem Auftragnehmer gemeinsam Verantwortlicher i. S. d. Art. 26 DSGVO ist (siehe oben Rn. 32 ff.). Durch die Transparenzanforderungen, die der Anbieter gem. Art. 16 lit. a i.V.m. Art. 13 sowie Art. 16 lit. b und lit. i zu erfüllen hat, ist er als Verpflichteter für den datenschutzrechtlichen Berichtigungsanspruch auf diesem Wege identifizierbar, sofern erkennbar ist, welches System in persönlichkeitsrechtsverletzender Weise verwendet wurde.

49 Da die **Beweislast** für die Nutzung unrichtiger personenbezogener Daten für den Anspruch auf Berichtigung nach Art. 16 DSGVO beim Betroffenen liegt, dürfte dieser Anspruch in der Praxis allerdings letztendlich schwerlich durchsetzbar sein. Das gilt insbesondere dann, wenn ein allgemeiner, anlassloser datenschutzrechtlicher Auskunftsanspruch nach Art. 15 DSGVO gegen den Anbieter in Bezug auf die verwendeten Trainingsdaten nicht durchsetzbar ist, weil die Daten nicht mehr rekonstruierbar sind. Auf die Unrichtigkeit von Input-Daten wird dann nur durch datenschutzrechtlich relevante Unrichtigkeit von Output-Daten argumentativ geschlossen werden können.

In Bezug auf solchen **Output** kommt ein durchsetzbarer Anspruch auf Berichti- **50**
gung gem. Art. 16 DSGVO ohne Weiteres in Betracht, soweit der Output noch vorhanden ist. Dieser Anspruch zielt darauf ab, die Fremdwahrnehmung einer natürlichen Person nicht aufgrund unzutreffender Daten zu verfälschen.[40] Er kann den Betroffenen auch davor schützen, dass synthetisch erzeugte, unzutreffende Daten ihrerseits zum Training desselben Systems oder anderer Systeme genutzt werden. Dies zu verhindern, liegt wiederum im Anwendungsbereich des Art. 10 Abs. 3 und ist gem. Art. 16 lit. a eine Pflicht des Anbieters.

In Art. 10 Abs. 5 erkennt der Unionsgesetzgeber an, dass sich „Verzerrungen **51**
(Bias)" mit Diskriminierungspotenzial kaum vermeiden lassen, ohne die entscheidenden Daten zu Test- und Trainingszwecken zu verwenden. Deshalb enthält die Norm eine besondere datenschutzrechtliche Ermächtigung, (**sogar**[41]) besondere Kategorien personenbezogener Daten i. S. d. Art. 9 DSGVO[42] ausnahmsweise, unter engen Voraussetzungen und unter strengen Vorkehrungen zu verarbeiten. Eine solche Verzahnung von Anspruchsgrundlagen – Art. 6 lit. a i. V. m. Art. 10 KI-VO auf der einen, Art. 16 DSGVO auf der anderen Seite – ist keine unzumutbare Belastung für den Anbieter eines Hochrisiko-KI-Systems. Sie dient dem ohnehin schon schwer durchsetzbaren, aber möglichst effektiven Rechtsschutz der Betroffenen, wie er im ErwG 15 DSGVO angelegt ist: Der Schutz natürlicher Personen sollte technologieneutral sein und nicht von den verwendeten Techniken abhängen. Und das Ineinandergreifen von KI-VO und DSGVO ist vom Unionsgesetzgeber, wie in Art. 10 Abs. 5 ersichtlich, gewollt.

---

40 *Hornung*, in: BMUV/Rostalski, Künstliche Intelligenz, Wie gelingt eine vertrauenswürdige Verwendung in Deutschland und Europa?, S. 111.

41 Diese Ermächtigungsnorm ist jedoch nicht als Freibrief zu verstehen: Einfache personenbezogene Daten dürfen nur unter den gleichen strengen Voraussetzungen des Art. 10 ohne eine Einwilligung der Betroffenen oder ohne eine andere Ermächtigung i. S. d. Art. 6 Abs. 1 DSGVO verarbeitet werden. Nur unter diesen Voraussetzungen (insbesondere nur für die Erkennung oder Korrektur von Verzerrungen) ist ein Erst-recht-Schluss für einfache personenbezogene Daten statthaft, a. A. *Müller-Peltzer/Tanczik*, RDi 2023, 452, Rn. 23.

42 Das sind Daten, aus denen z. B. die ethnische Herkunft oder religiöse Überzeugung hervorgeht, oder auch Gesundheitsdaten sowie genetische Daten oder biometrische Daten zur eindeutigen Identifizierung einer natürlichen Person.

(4) Datenlöschung

52 Art. 17 DSGVO gewährt dem von der Verarbeitung personenbezogener Daten Betroffenen ein Recht auf Datenlöschung, insbesondere wenn die Daten für die Zwecke, für die sie erhoben oder verarbeitet wurden, nicht mehr notwendig sind. Das korrespondiert mit der Anbieterpflicht gem. Art. 16 lit. a i.V.m. Art. 10 Abs. 3, dafür Sorge zu tragen, dass die verwendeten Datensätze im Hinblick auf die Zweckbestimmung Training, Validierung und Test relevant sind. Der Löschungsanspruch kommt freilich nur in Betracht, solange die DSGVO anwendbar, solange also eine natürliche Person identifizierbar ist.[43] Der datenschutzrechtliche Anspruch auf Löschung richtet sich im Rahmen des Art. 10 Abs. 3 regelmäßig gem. Art. 16 lit. a gegen den Anbieter des Hochrisiko-KI-Systems, der typischerweise zugleich datenschutzrechtlich Verantwortlicher ist.

dd) Gemeinsame Verantwortlichkeit

53 Durch Art. 16 lit. a steht fest, wer für die Datenqualität und damit auch für die Einhaltung der nach Art. 10 beachtlichen rechtlichen Verpflichtungen in Bezug auf sein Hochrisiko-KI-System verantwortlich ist – der Anbieter des Hochrisiko-KI-Systems. Es ist jedoch denkbar, dass er mit einem oder mehreren anderen datenschutzrechtlich Verantwortlichen gemeinsam über die Zwecke und Mittel der Verarbeitung bestimmter Kategorien personenbezogener Daten entscheidet, mithin der gemeinsamen Verantwortlichkeit i. S. d. Art. 26 DSGVO unterliegt. Ist dieser datenschutzrechtliche Tatbestand erfüllt, dann löst das weitere Verpflichtungen aus. Insbesondere müssen die gemeinsam Verantwortlichen in einer Vereinbarung festlegen, wer welche datenschutzrechtliche Verpflichtung erfüllt. Von seinen Verpflichtungen nach Art. 16 lit. a KI-VO entbindet eine solche Vereinbarung den Anbieter jedoch nicht.

5. Art. 16 lit. a und Art. 11

a) Verpflichtung zu technischer Dokumentation

54 Nach Art. 11 ist die technische Dokumentation eines Hochrisiko-KI-Systems zu erstellen, bevor es in Verkehr gebracht oder in Betrieb genommen wird. Sie ist stets auf aktuellem Stand zu halten. Die Dokumentation dient primär dem Zweck, gegenüber den zuständigen Behörden und den notifizierten Stellen dauerhaft nachzuweisen, wie das System die Anforderungen des Abschnitts 2 erfüllt. Im Kommissionsvorschlag war die Pflicht, eine technische Dokumentation zu erstellen, noch ausdrücklich als Art. 16 lit. c aufgeführt. Sie ist der Anbieterpflicht gewichen, die Dokumentation zusammen mit anderen nach Art. 18 aufzubewahrenden Dokumenten verfügbar zu halten (Art. 16 lit. d).

---

43 Siehe oben Rn. 34 ff.

Eine rechtliche Zuweisung der Verpflichtungen nach Art. 11 ergibt sich auch ohne die weggefallene ausdrückliche Erwähnung der Vorschrift in Art. 16 durch die Inbezugnahme des Abschnitts 2 in Art. 16 lit. a. Die Pflicht, die technische Dokumentation auf dem neuesten Stand zu halten, könnte je nachdem, in welchem Umfang im Einzelfall dem einzelnen Betreiber eines Systems die technische Dokumentation übergeben und die Steuerung seiner Funktionalitäten übertragen wurde, ebenso gut dem Betreiber obliegen. Doch der Unionsgesetzgeber hat die **Grenze der Verantwortlichkeiten in Art. 25** klar gezogen. Solange diese nicht überschritten ist, bleibt es bei der Zuweisung der Verantwortlichkeit an den Anbieter gem. Art. 16 lit. a. So besteht diese Anbieterpflicht auch über die Durchführung des Konformitätsbewertungsverfahrens gem. Art. 43 hinaus während der gesamten Lebensdauer des Systems und ist eine Grundlage für die Beobachtung des Systems nach seinem Inverkehrbringen. **55**

b) Verbindung mit einem Produkt i. S. d. Anhang I Abschnitt A

Art. 11 Abs. 2 schreibt vor, dass für ein Hochrisiko-KI-System, das mit einem Produkt verbunden ist, das unter die in Anhang I Abschnitt A aufgeführten Harmonisierungsrechtsvorschriften der Union fällt, nur eine einzige technische Dokumentation zu erstellen ist. Darin sind die Anforderungen des Art. 11 sowie die der einschlägigen Harmonisierungsrechtsvorschriften zu erfüllen. Anders als in Art. 8 Abs. 2 („haben die Anbieter die Wahl“) und anders als in weiteren Fällen, in denen eine Verbindung oder Integration erst im Laufe des Gesetzgebungsprozesses in den Verordnungstext aufgenommen wurde,[44] ist diese Anforderung nicht im Sinne einer optionalen Verfahrenserleichterung für den Anbieter formuliert. Nur in Bezug auf die technische Dokumentation i. S. d. Art. 11 ist die Integration in eine anderweitig sektorspezifisch im Unionsrecht vorgeschriebene technische Dokumentation **verpflichtend**. Der Anbieter kann sich angesichts dieser Anforderung in Art. 11 auch nicht auf ein Wahlrecht nach Art. 8 Abs. 2 berufen, obwohl Art. 16 lit. a beide Vorschriften gleichermaßen in Bezug nimmt. Denn wie unter anderem aus Art. 18 ersichtlich, ist in der KI-VO der Begriff der **Dokumentation** nicht auf die technische Dokumentation i. S. d. Art. 11 beschränkt. Es handelt sich vielmehr um einen Sammelbegriff, der in seiner Allgemeinheit in Art. 8 Abs. 2 im Plural verwendet wird.[45] Systematisch geht Art. 11 deshalb dem Art. 8 als lex specialis über die technische Dokumentation vor. Diese verpflichtende Verfahrensvorschrift ist vom Anbieter gem. Art. 16 lit. a zu erfüllen. **56**

44 Z. B. Art. 9 Abs. 10, Art. 17 Abs. 3.

45 Es darf als bloße sprachliche Ungenauigkeit betrachtet werden, dass dagegen in Art. 17 Abs. 1 lit. k von sämtlicher einschlägiger Dokumentation und auch in Art. 18 von der Dokumentation im Singular die Rede ist, obwohl der Begriff dort umfassender gemeint ist und u. a. die technische Dokumentation gem. Art. 11 mit einschließt.

57 Einschränkend gilt dabei, dass die Verpflichtung des Anbieters gem. Art. 11 Abs. 2 nur so weit gehen kann, wie das Produkt seiner tatsächlichen und rechtlichen Zugriffsmöglichkeit unterliegt. Insofern mag zwischen dem KI-System eines Anbieters, das in „seinem" unionsrechtlich regulierten Produkt „enthalten" ist (Art. 8 Abs. 2), und einem KI-System, das mit einem solchen Produkt „**verbunden**" ist (Art. 11 Abs. 2), ein Unterschied bestehen. Wenn der Anbieter des Hochrisiko-KI-Systems bereits bei der engen Verbindung von Produkt und KI-System i. S. d. Art. 8 Abs. 2 eine Wahlfreiheit haben soll, Dokumentationen zu integrieren, dann kann die Verpflichtung des Art. 11 Abs. 2 zur Integration der technischen Dokumentation nicht weiter gehen. Diese einschränkende Auslegung des Art. 11 Abs. 2 ist bei der Anwendung des Art. 16 lit. a zu berücksichtigen.

6. Art. 16 lit. a und Art. 12

58 Die Verweisung des Art. 16 lit. a knüpft in ihrer allgemeinen Inbezugnahme des Abschnitts 2 auch an die systembezogene Anforderung an, eine automatische Aufzeichnung von Ereignissen, eine Protokollierung, während des gesamten Lebenszyklus des Hochrisiko-KI-Systems zu ermöglichen. Hier geht es um Rückverfolgbarkeit und damit letztlich um Transparenz, um Qualitäts- und Risikomanagement sowie um die Möglichkeit von Korrekturen an laufenden Systemen. Die Anforderung des Art. 12, dass „die Technik" nach bestimmten Spezifikationen eine Protokollierung ermöglicht, ist dem Anbieter durch Art. 16 lit. a zugewiesen. Nach Art. 13 Abs. 3 lit. f gehört die Beschreibung der Protokollierungsfunktion in die Betriebsanleitung für den Betreiber.

59 Da der Anbieter **lediglich für die technische Möglichkeit**, nicht aber für das Protokollieren an sich verantwortlich ist, sind seine rechtlichen Verpflichtungen insoweit begrenzt. Der Gesetzgeber spricht im Folgenden in der Verordnung konsequent nur noch von der **Protokollierungsfunktion**.[46] Unscharf ist deshalb die Überschrift des Art. 12, „Aufzeichnungspflichten",[47] deren Normadressat an dieser Stelle auch mit der Verweisung in Art. 16 lit. a im Unklaren bleibt. Die Inbezugnahme von Art. 12 in Art. 16 lit. a erweitert den Pflichtenkreis des Anbieters eines Hochrisiko-KI-Systems nicht über die Pflicht zum technischen Ermöglichen einer automatischen Protokollfunktion nach den Vorgaben des Art. 12 hinaus. Eine weitere Rechtspflicht ergibt sich in Bezug auf die Protokolle an sich erst aus Art. 16 lit. e i.V.m. Art. 19, nach denen der Anbieter zur Aufbewahrung von Protokollen verpflichtet ist, wenn sie seiner Kontrolle unterliegen. Ein **eigenständiger normativer Regelungsgehalt** kommt Art. 16 lit. a an dieser Stelle also **nicht** zu.

46 Bloße logging „capabilities" in der englischen Sprachfassung.

47 In der englischen Sprachfassung lediglich „record-keeping".

7. Art. 16 lit. a und Art. 13

Art. 13 dient der Transparenz und der Bereitstellung von Informationen für die Betreiber für einen bestimmungsgemäßen, sicheren Betrieb des Hochrisiko-KI-Systems in deren beruflichem Umfeld. Durch eine aussagekräftige (d.h. eine präzise, vollständige, korrekte und eindeutige) Gebrauchsanweisung in praktisch verwertbarer Form sollen die Betreiber in die Lage versetzt werden, die Ausgaben (den Output) des Systems angemessen zu interpretieren.[48] Nur so können sie die Risiken des verwendeten Systems für ihre eigene unternehmerische Tätigkeit abschätzen. Gleichzeitig sollen die Transparenzvorschriften gewährleisten, dass die Betreiber ihrerseits ihre in Abschnitt 3 festgelegten Pflichten erfüllen können. Vor dem Hintergrund dieser Regelungsziele ist zu verstehen, dass entgegen den Forderungen einiger Interessenvertreter[49] der Schutzbereich dieser Vorschrift im Laufe des Gesetzgebungsverfahrens nicht auf Verbraucher ausgeweitet wurde. Es geht um das Verhältnis zwischen Anbieter und Betreiber. Es liegt auf der Hand, dass die Transparenz- und Informationspflichten gem. Art. 13 nur durch den Anbieter erfüllt werden können. Art. 16 lit. a hat insoweit einen bloß klarstellenden Gehalt. 60

8. Art. 16 lit. a und Art. 14

a) Konkretisierung des Art. 14 durch Art. 16 lit. a

Die Anbieterpflicht der technischen Konzeption und Entwicklung eines Hochrisiko-KI-Systems in einer Art, dass es von natürlichen Personen wirksam beaufsichtigt werden kann, ist in Art. 14 Abs. 1 als abstrakte systembezogene Anforderung festgelegt. Durch Art. 16 lit. a ist konkretisiert, dass dem Anbieter die Pflicht zufällt, diese Anforderung in seinem System umzusetzen. Sie dient unmittelbar dem Schutz des Betreibers. Sie soll ihn befähigen, seinen eigenen in der KI-VO festgelegten Verpflichtungen im Zusammenhang mit der menschlichen Beaufsichtigung von Hochrisiko-KI-Systemen nachzukommen. Zugleich gewährleistet die technische Möglichkeit der menschlichen Beaufsichtigung den Grundrechts- und Gesundheitsschutz sowie die Sicherheit im Interesse der von den Systemen Betroffenen. 61

48 *Baeva*/Binder, ZVKI-Briefing zur KI-Verordnung – Braucht es mehr Informations- und Auskunftsrechte beim KI Einsatz?, Ausgabe 2, 2023, S. 5, https://t1p.de/ZVKI_2.

49 BEUC, Reasons to add the AI Act to the Representative Actions Directive, Positionspapier, https://t1p.de/BEUC_position; Verbraucherzentrale Bundesverband, KI-Regeln für Fairness und Verbrauchervertrauen, Zusammenfassung der Stellungnahme des Verbraucherzentrale Bundesverbands (vzbv) zum Vorschlag der Europäischen Kommission für den Artificial Intelligence Act (AIA), S. 2, https://t1p.de/vzbv_position.

b) Risikosphären von Anbietern und Betreibern

62 In Art. 14 wird klar, wie die Risikosphären der Akteure zwingend ineinandergreifen und nicht trennscharf voneinander abgegrenzt werden können. An dieser Stelle zeigt sich die hohe Bedeutung des Art. 16 für die Anwendung der KI-VO. Die Vorschrift konkretisiert die Verpflichtung des Anbieters zu „verantwortungsvoller Innovation" bei der Entwicklung und Verwendung von Hochrisiko-KI-Technik.[50] Doch diese Verantwortung im Rahmen seiner unternehmerischen Freiheit kann nur auf das beschränkt sein, was er **tatsächlich beeinflussen** kann. Die nach Auffassung der Kommission parallel anzustrebenden Ökosysteme für Vertrauen und für Exzellenz, die zugleich den Innovationsgeist der Anbieter, aber auch ein gewisses Maß an Risikobereitschaft der Allgemeinheit erfordern, können nur von den Akteuren gemeinsam verwirklicht werden. Bei den der künstlichen Intelligenz immanenten, ineinander verzahnten und im Detail nicht vorhersehbaren Risiken für den Schutz der Grundrechte setzt das gerade die klare Abgrenzung von Verantwortlichkeiten der Akteure voraus, welche in Kapitel III Abschnitt 3, und hier besonders in Art. 16 vorgenommen ist.

63 Art. 16 lit. a verweist umfassend auf Abschnitt 2, was Art. 14 vollumfänglich einschließt. Nach Art. 14 Abs. 5 müssen Biometriesysteme für die Fernidentifikation gem. Anhang III Nr. 1 lit. a die in Art. 14 Abs. 3 vorgegebenen Vorkehrungen des Anbieters dergestalt aufweisen, dass „außerdem" der Betreiber keine Maßnahmen oder Entscheidungen allein aufgrund des vom System hervorgebrachten Identifizierungsergebnisses trifft, solange diese Identifizierung nicht grundsätzlich von mindestens zwei natürlichen Personen getrennt überprüft und bestätigt wurde. Diese beiden Personen müssen die notwendige Kompetenz, Ausbildung und Befugnis für diese Aufgabe haben.

64 Es liegt auf der Hand, dass der Anbieter, wie es in Art. 14 Abs. 3 einschränkend geregelt ist, lediglich innerhalb seines **eigenen Wirkungsbereichs** Vorkehrungen zur Risikominimierung treffen kann. Was beim Betreiber bei der Anwendung dieser systemisch angelegten Vorkehrungen sowie mit Blick auf die Auswahl und Anleitung seines Personals für den Betrieb des Hochrisiko-KI-Systems tatsächlich passiert, liegt außerhalb des Einflussbereichs des Anbieters und kann deshalb nicht von Art. 16 lit. a erfasst sein. Die Anbieterpflicht ist deshalb darauf beschränkt, die Vorkehrungen gem. Art. 14 Abs. 3 so zu gestalten, dass der Betreiber allgemein die vorgesehene menschliche Aufsicht bestimmungsgemäß risikominimierend umsetzen und die in Art. 14 Abs. 5 aufgeführten besonderen Anforderungen bei biometrischen Fernidentifizierungssystemen erfüllen kann. Das ist im Sinne einer **Entlastung des Anbieters** auszulegen, nicht als eine konkretisierte, verschärfte oder gar zusätzliche Verpflichtung zu seinen Lasten. Der

50 EU-Komm., Begründung zum Vorschlag für ein Gesetz über künstliche Intelligenz, COM(2021) 206 final v. 21.4.2021, 3.5.

Anbieter darf davon ausgehen, dass die Vorkehrungen in seinem System, welche die Anforderungen des Art. 14 Abs. 3 erfüllen, beim Betreiber von geeignetem Personal angewendet werden und dass der Betreiber die technischen Vorkehrungen dafür nutzt, um den Zweck des Art. 14 zu erfüllen. Der ist in Art. 14 Abs. 2 konkretisiert als die Verhinderung oder Minimierung der Risiken für Gesundheit, Sicherheit oder Grundrechte im Rahmen der Zweckbestimmung des Hochrisiko-KI-Systems. Die durch Art. 16 lit. a dem Anbieter zugewiesene Verpflichtung umfasst dabei auch ein Antizipieren einer vernünftigerweise vorhersehbaren Fehlanwendung (Art. 3 Nr. 13). Weiter in die Sphäre des Betriebs seines Systems reicht seine Verantwortlichkeit jedoch auch nicht aufgrund des Art. 16.

Diese Trennung der Risiko- und Pflichtensphären wird durch Art. 26 bestätigt. 65 In dieser Vorschrift, die ebenfalls Teil des 3. Abschnitts ist, in dem Pflichten für die unterschiedlichen Akteure festgelegt sind, ist die Verpflichtung zur menschlichen Aufsicht durch geeignetes Personal und dessen Unterstützung dem Betreiber des Hochrisiko-KI-Systems zugewiesen.

c) Regelungsgehalt des Art. 16 lit. a in Bezug auf Art. 14

Im Ergebnis legt Art. 16 lit. a fest, dass Art. 14 vom Anbieter zu verantworten 66 ist, soweit die (systembezogenen) Anforderungen in seiner Sphäre liegen. Die verfahrens- und verhaltensbezogenen Anforderungen des Art. 14, welche erst in der konkreten Verwendung des Hochrisiko-KI-Systems zum Tragen kommen, gehören nicht zum Pflichtenkatalog des Anbieters, sofern er nicht zugleich Betreiber des Systems ist.

9. Art. 16 lit. a und Art. 15

Art. 16 lit. a nimmt mit der Verweisung auf die Anforderungen in Abschnitt 2 67 auch Art. 15 in Bezug und erklärt die darin normierten systembezogenen Anforderungen zu einer Pflicht des Anbieters eines Hochrisiko-KI-Systems. Nach dieser Vorschrift sind Hochrisiko-KI-Systeme so zu konzipieren und zu entwickeln, dass sie ein angemessenes Maß an Genauigkeit, Robustheit und Cybersicherheit erreichen und in dieser Hinsicht während ihres gesamten Lebenszyklus beständig funktionieren (Art. 15 Abs. 1).

Dass die bei Konzeptionierung und Entwicklung eines Hochrisiko-KI-Systems 68 zu berücksichtigenden Benchmarks und Messmethoden vom Anbieter zu definieren sind, ergibt sich aus dem Anbieterbegriff, wie er in Art. 3 Nr. 3 näher bestimmt ist. Die Entwicklung des KI-Systems macht eine Person, Behörde oder Stelle zum Anbieter und damit zum Adressaten solch technischer Anforderungen für das Design und die Entwicklung des Systems. Entsprechend ist die Zuweisung der Verantwortlichkeit für die Anforderungen des Art. 15 Abs. 4 UAbs. 1 an den Anbieter in dieser Vorschrift selbst angelegt. Dort ist normiert, dass Maßnahmen zu ergreifen sind, um Hochrisiko-KI-Systeme so widerstandsfähig wie möglich zum Beispiel gegenüber Fehlern zu machen, die wegen ihrer Interaktion mit natürlichen Personen oder anderen Systemen auftreten können. So liegt es in der Verantwortung des Anbieters, die technischen und organisatorischen Maßnahmen für den sicheren Betrieb des KI-Systems einzurichten. Die bestimmungsgemäße Anwendung insbesondere der organisatorischen Maßnahmen obliegt wiederum dem Betreiber. Der Anbieter wird nur so weit durch Art. 15 verpflichtet, wie seine Sphäre aufgrund seiner **eigenen Einfluss- und Gestaltungsmöglichkeiten** reicht, weil ihm anderenfalls Unmögliches abverlangt würde. Entsprechend einschränkend ist Art. 16 lit. a auszulegen.

69 Der Anbieter kann bei einem Hochrisiko-KI-System, das zugleich Teil eines vernetzten Produkts i. S. d. Cyberresilience Act für Produkte mit digitalen Elementen[51] ist, vom Gleichlauf der Anforderungen der KI-VO und dieser Cybersecurity-Verordnung profitieren.[52]

10. Schlussfolgerungen für den Regelungszweck des Art. 16

70 Im Ergebnis lässt sich feststellen, dass Art. 16 lit. a durch eine Zuordnung der Verantwortlichkeiten in Gestalt eines konkreten Pflichtenkatalogs für den Anbieter **keine teleologische Neuausrichtung** der jeweils bezogenen Normen im Kapitel III Abschnitt 2 begründet. Diese Schlussfolgerung lässt sich auf sämtliche Normabschnitte des Art. 16 übertragen, soweit sie eine andere Vorschrift der KI-VO in Bezug nehmen.

III. Art. 16 lit. b

71 Art. 16 lit. b regelt die Pflicht der Anbieter, auf dem Hochrisiko-KI-System oder, falls dies nicht möglich ist, auf seiner Verpackung oder in der beigefügten Dokumentation ihren Namen, ihren eingetragenen Handelsnamen bzw. ihre eingetragene Handelsmarke und ihre Kontaktanschrift anzugeben.

1. Name und Handelsname i. S. d. Art. 16 lit. b

72 Ein Anbieter ist in Art. 3 Nr. 3 legaldefiniert als jemand, der ein KI-System entwickelt oder entwickeln lässt und es unter eigenem Namen (oder eigener Handelsmarke) in Verkehr bringt oder betreibt. Da es sich dabei unter anderem um

---

51 Entwurf einer Verordnung über horizontale Cybersicherheitsanforderungen für Produkte mit digitalen Elementen und zur Änderung der Verordnungen (EU) 168/2013 und (EU) 2019/1020 und der RL (EU) 2019/1020 (Cyberresilienz-Verordnung).

52 ErwG 77.

eine natürliche oder eine juristische Person handeln kann, bezieht sich der Name hier auf einen **bürgerlichen** oder auf den Handelsnamen, das heißt die **Firma** eines Kaufmanns, unter der er seine Geschäfte betreibt und die Unterschrift abgibt (§ 17 HGB). Dass in Art. 16 lit. b der Name und alternativ der Handelsname als Pflichtangaben aufgeführt sind, ist also keine Abweichung von Art. 3 Nr. 3, sondern dient der Klarstellung.

2. Handelsmarke i.S.d. Art. 16 lit. b

Der Begriff der Handelsmarke unterscheidet sich von dem der Marke i.S.e. gewerblichen Schutzrechts. Von der Handelsmarke sind auch Waren- oder Firmenkennzeichen erfasst,[53] die nicht die Schutzvoraussetzungen einer eingetragenen oder einer Benutzungsmarke i. S. d. Markengesetzes erfüllen. Es ist unklar, welche Bedeutung der EU-Gesetzgeber der **„eingetragenen Handelsmarke“** in Art. 16 lit. b zumisst. Die Legaldefinition des Anbieters jedenfalls verzichtet sowohl in Bezug auf den Namen als auch auf die Handelsmarke auf die Vorgabe, sie müssten eingetragen sein. Generell werden „eingetragene Handelsmarke“ und „Handelsmarke“ ohne erkennbare Systematik in Bezug auf unterschiedliche Akteure in der KI-VO uneinheitlich verwendet. 73

In der englischen Sprachfassung heißt es in Art. 16 lit. b, dass der Anbieter seinen Namen, seinen eingetragenen Handelsnamen oder seine eingetragene Marke („registered trade mark“) anzugeben habe. In Bezug auf den Begriff der Handelsmarke in der deutschen Fassung ist von einer Unschärfe der deutschen Übersetzung auszugehen, die den Anwendungsbereich der Markenbezeichnung im Deutschen erweitert. Da eine Handelsmarke, ob eingetragen oder nicht,[54] in Bezug auf das Regelungsziel des Art. 16 lit. b aber eine zur eingetragenen Marke vergleichbare Wirkung hat, nämlich durch Transparenz über die Herkunft des Hochrisiko-KI-Systems Vertrauen zu schaffen, ist diese Abweichung unschädlich. 74

Unklar ist dagegen, weshalb in der deutschen Sprachfassung aus dem optionalen „or“ (ohne „respectively“) ein „bzw.“ wurde. „Or“ im Englischen eröffnet dem Anbieter schließlich Wahlfreiheit, „bzw.“ konkretisiert oder präzisiert. Verständlich ist „bzw.“ in Bezug auf die Differenzierung zwischen Namen und Handelsnamen. Ist der Anbieter zum Beispiel eine juristische Person, dann entfällt die Angabe eines (bürgerlichen) Namens, an dessen Stelle der Handelsname tritt. In Bezug auf den Handelsnamen oder die Marke ist das „bzw.“ teleologisch auszulegen als **„je nachdem**, welches den Anbieter **klarer für den Rechtsverkehr** identifiziert“. Denn das ist Sinn und Zweck der Vorschrift. 75

53 *Burmann*, Gabler Online-Wirtschaftslexikon, Stichwort „Handelsmarke“.

54 Zur Eintragungsfähigkeit von Einzelhandelsdienstleistungsmarken mit Waren oder mit Dienstleistungen vgl. *Grabrucker/Schmidt-Kessen*, GRUR 2013, 865.

3. Kontaktanschrift i.S.d. Art. 16 lit. b

76 Art. 13 Abs. 3 lit. a verlangt, bei der durch Art. 16 lit. a als Anbieterpflicht konkretisierten Bereitstellung einer Betriebsanleitung den Namen und die Kontaktangaben des Anbieters (und gegebenenfalls seines Bevollmächtigten) anzugeben. Nach den Vorgaben des Anhangs VIII sind bei der Registrierung in der EU-Datenbank gem. Art. 49 Abs. 1 (die gem. Art. 16 lit. i in die Anbieterpflichten einbezogen ist) der Name, die Anschrift und die Kontaktdaten des Anbieters (Nr. 1) sowie, etwas schräg, der Handelsname des KI-Systems (Nr. 4) anzugeben. Gemeint ist hiermit wohl der Handelsname des Anbieters oder die Marke, unter der das KI-System in Verkehr gebracht oder in Betrieb genommen wird.

77 Die **inkonsistente Transparenzanforderung**, hier die „Anschrift und die Kontaktdaten", dort die „Kontaktangaben" und in Art. 16 lit. b die „Kontaktanschrift"[55] anzugeben, macht die Rechtsanwendung nicht eben leicht. Mag die „Anschrift" noch mit der „Kontaktanschrift" deckungsgleich sein, wenn sie aber neben „Kontaktdaten" oder „Kontaktangaben" anzugeben ist, sollte das Regelungsziel klar sein. Art. 16 lit. b soll klarstellen, dass eine der vornehmsten Anbieterpflichten ist, die eindeutige Identifizierbarkeit des Anbieters eines Hochrisiko-KI-Systems zu gewährleisten. Wer durch ein solches KI-System in seinen Rechten verletzt wird, ist darauf angewiesen, mit dem Anbieter Kontakt aufnehmen zu können.

78 Für die formale Durchsetzung von Ansprüchen gegen den Anbieter ist eine ladungsfähige Anschrift (in der Union) erforderlich. Dagegen ist beispielsweise für die Erfüllung der Betreiberpflicht, den Anbieter unverzüglich über ein Risiko i.S.d. Art. 72 zu informieren (Art. 26 Abs. 5), eine Telefonnummer in Kombination mit einer E-Mail-Adresse zielführender. Vor diesem Hintergrund erscheint es angebracht, den in Art. 16 lit. b besonders eng gefassten Begriff der Kontaktanschrift dahingehend auszulegen, dass neben einer physischen Adresse auch andere übliche Wege für eine **schnelle und zuverlässige Kontaktaufnahme** anzugeben sind. Eine solche ist schon seit dem Jahr 2000 in der E-Commerce-Richtlinie[56] für jeden Diensteanbieter vorgeschrieben (Art. 5 Abs. 1 E-Commerce-RL) und sollte erst recht gelten, wenn ein Anbieter ein Hochrisiko-KI-System in Verkehr bringt. Art. 16 lit. b ist also entsprechend erweiternd auszulegen und damit an die Anforderungen des Art. 13 Abs. 3 lit. a anzupassen. Auf diese Weise erhalten die Verweisung des Art. 16 lit. a und die Regelung in Art. 16 lit. b einen nicht inhaltsgleichen, aber konsistenten Regelungsgehalt, wie er auch vom Europäischen Parlament gefordert worden war.

---

55 Das Europäische Parlament hatte sich in seinen Änderungsanträgen zu Art. 16 lit. b für die Formulierung „Adresse und Kontaktinformation" ausgesprochen.

56 Richtlinie 2000/31/EG über den elektronischen Geschäftsverkehr.

4. Eigener Regelungsgehalt der Vorschrift

Die Zusammenschau der oben genannten Vorschriften zeigt, dass Art. 16 lit. b eine anderenorts in der KI-VO nicht genau so vorgesehene Rechtspflicht aufstellt. Die durch die Vorschrift angestrebte Transparenz in Bezug auf die Anbietereigenschaft soll durch Art. 13 Abs. 3 lit. a gegenüber Betreibern als Adressaten der Betriebsanleitung und durch Art. 49 Abs. 1 gegenüber der Öffentlichkeit[57] hergestellt werden. Art. 16 lit. b fügt dem die **Transparenz in direkter Verbindung zum System** gegenüber jedermann hinzu, der (noch) keinen Zugriff auf die Betriebsanleitung hat. Denn die Informationen sind „auf dem Hochrisiko-KI-System"[58] oder, falls das nicht möglich ist, auf seiner Verpackung oder in der beigefügten Dokumentation anzugeben. 79

Was den Inhalt der Angaben betrifft, dürfte die durch Art. 16 lit. b begründete Pflicht in Bezug auf die Erkennbarkeit des Anbieters von geringer praktischer Relevanz sein. Denn Transparenz in Bezug auf die Anbietereigenschaft, die (auch) hier zu einer Anbieterpflicht erhoben wird, wird durch die Definition des Anbieterbegriffs bereits erfüllt. Salopp formuliert: Der Anbieter wird zum Anbieter, indem er unter eigenem Namen oder eigener Marke ein KI-System auf den Markt bringt. Und eben durch diese Anbietereigenschaft begründet er die Pflicht, auf den eigenen Namen oder seine eigene Marke hinzuweisen. Allein, die **Erreichbarkeit** des Anbieters über die Angaben in der Betriebsanleitung und über die EU-Datenbank hinaus gem. Art. 16 lit. b sicherzustellen, hat deshalb einen **eigenständigen Regelungsgehalt**. Aus dieser Rechtspflicht lässt sich außerdem ablesen, dass sie nur besteht, wenn der Anbieter ein Hochrisiko-KI-System in Verkehr bringt; wenn er es lediglich selbst entwickelt und in Betrieb nimmt, bedarf es der Angaben des Art. 16 lit. b nicht. 80

IV. Art. 16 lit. c

Nach Art. 16 lit. c muss der Anbieter über ein Qualitätsmanagementsystem (QMS) verfügen, das die Anforderungen des Art. 17 erfüllt. Diese Verpflichtung fällt bereits nach dem Wortlaut des Art. 17 dem Anbieter des Hochrisiko-KI-Systems zu. Dabei gelten einige Erleichterungen für kleine und Kleinstunternehmen i. S. d. Empfehlung 2003/361/EG. Die Verpflichtung gem. Art. 16 lit. c kann einschließlich der Erleichterungen gem. Art. 25 auf Händler, Einführer, Betreiber oder sonstige Dritte übergehen. 81

57 ErwG 131.

58 Vgl. das Anbringen der CE-Kennzeichnung, die gem. Art. 16 lit. h „an dem Hochrisiko-KI-System" vorzunehmen ist (siehe unten Rn. 101).

82 Dass die Verpflichtung, ein QMS einzurichten und aufrechtzuerhalten, in Art. 16 gesondert aufgeführt ist, dient der Übersichtlichkeit des Pflichtenkatalogs, hat aber **keinen eigenständigen Regelungsgehalt**. Sämtliche Anbieterpflichten in Bezug auf das QMS sind Gegenstand des Konformitätsbewertungsverfahrens nach Art. 43, sodass durch dessen Inbezugnahme in Art. 16 lit. f auch die Anforderungen des Art. 17 vollumfänglich zu erfüllen sind. Vor diesem Hintergrund ist auch die sprachlich vereinfachende Inbezugnahme von Art. 17 zu sehen. Art. 16 lit. c schreibt vor, dass der Anbieter über das QMS „verfügen" muss, wohingegen in Art. 17 i.V.m. Anhang VII näher bestimmt ist, dass seine Verpflichtung das Einrichten, Anwenden und Pflegen des Systems umfasst und sich auf eine Unterrichtung der notifizierten Stelle über beabsichtigte Änderungen erstreckt.[59] Eine materiellrechtliche Einschränkung der Anbieterpflicht durch Art. 16 lit. c ist nicht beabsichtigt.

V. Art. 16 lit. d

83 Art. 16 lit. d schreibt für die Anbieter von Hochrisiko-KI-Systemen die Aufbewahrung der in Art. 18 genannten Dokumentationen vor.[60] Art. 18 weist diese Aufbewahrungspflicht von zehn Jahren bereits ausdrücklich dem Anbieter von Hochrisiko-KI-Systemen zu. Zu den aufzubewahrenden Dokumentationen gehört die technische Dokumentation, die nach Art. 11 vorgeschrieben ist. Deren Ausstellung ist eine Anforderung nach Abschnitt 2, die gem. Art. 16 lit. a der Anbieter zu erfüllen hat. Zwar erstreckt sich die Anbieterpflicht gem. Art. 11 auf den gesamten Lebenszyklus des KI-Systems; die technische Dokumentation ist stets auf dem neuesten Stand zu halten. Art. 18 geht jedoch darüber hinaus. Denn die Aufbewahrungspflicht besteht unabhängig davon, ob das System noch in Betrieb ist.

84 Die Aufbewahrungspflicht nach Art. 18 schließt auch die in Art. 47 genannte EU-Konformitätserklärung ein, deren Ausstellung nach den Vorschriften des Art. 16 lit. g eine gesondert aufgelistete Anbieterpflicht ist. Die in Art. 47 Abs. 1 geregelte Aufbewahrungsfrist für die EU-Konformitätserklärung beträgt zehn Jahre ab dem Inverkehrbringen oder der Inbetriebnahme des Hochrisiko-KI-Systems. Diese Frist deckt sich mit der Frist des Art. 18.

85 Eine Erleichterung in Bezug auf die Aufbewahrungsfrist im Fall einer Integration der Dokumentationen i. S. d. Art. 18 in die Dokumentation nach den jeweils einschlägigen Harmonisierungsvorschriften der Union i. S. d. Art. 8 Abs. 2 oder

59 Anhang VII Nr. 3.3 und 3.4.

60 Diese Vorschrift ist erst im Laufe des Gesetzgebungsverfahrens in Art. 16 aufgenommen worden.

i. S. d. Art. 11 Abs. 2 ist grundsätzlich[61] nicht vorgesehen. Daher ist es als Verletzung von Art. 16 lit. d, aber auch unmittelbar von Art. 18 zu betrachten, wenn eine solche integrierte Dokumentation unter Unterschreitung der Zehnjahresfrist des Art. 18 aufbewahrt wurde.

Dass Art. 18 und Art. 47 beide ein Bereithalten der Dokumentation und der EU-Konformitätserklärung „für die zuständigen nationalen Behörden“ vorsehen, könnte als Indiz dafür ausgelegt werden, dass Art. 16 lit. d eine Aufbewahrungspflicht des Anbieters auch im Interesse anderer Akteure begründen solle. Doch ein solches Verständnis wäre praxisfremd. Wenn die Aufbewahrung zum Zweck der Bereitstellung für behördliche Kontroll- und Durchsetzungsmaßnahmen bereits erfolgt, dann wäre eine gesonderte Aufbewahrungspflicht beispielsweise für die Durchsetzbarkeit von (anderen) Ansprüchen etwa nach den Vorschriften der geplanten Richtlinie über KI-Haftung[62] ohne Mehrwert. Denn die Aufbewahrungspflichten dienen dem Vorhandensein von Dokumentationen, nicht der Regelung des internen Datenmanagements des Anbieters für den Fall unterschiedlicher Speicher- oder Ablageorte zu unterschiedlichen Zwecken. 86

Zusammenfassend lässt sich feststellen, dass Art. 16 lit. d neben Art. 18 **kein eigenständiger Regelungsgehalt** zukommt. 87

VI. Art. 16 lit. e

Art. 16 lit. e schreibt dem Anbieter eines Hochrisiko-KI-Systems vor, automatisch erzeugte Protokolle gemäß Art. 19 aufzubewahren, wenn diese seiner Kontrolle unterliegen. Die Vorschrift knüpft an die Anforderung in Art. 12 an, eine Protokollierung während des gesamten Lebenszyklus des Hochrisiko-KI-Systems technisch zu ermöglichen. Diese Pflicht ist dem Anbieter bereits durch Art. 16 lit. a zugewiesen (siehe oben Rn. 59). 88

Wenn automatisch Protokolle erzeugt werden und der Anbieter einer Hochrisiko-KI Zugriff darauf hat, sieht Art. 19 Abs. 1 seine Verpflichtung vor, unbeschadet des geltenden Unionsrechts, einschließlich des Datenschutzrechts, oder des nationalen Rechts die Protokolle für einen der Zweckbestimmung des Hochrisiko-KI-Systems angemessenen Zeitraum von mindestens sechs Monaten aufzubewahren. Eine gesonderte Regelung findet sich in Art. 19 Abs. 2 für Finanz- 89

61 Nur für Finanzinstitute gilt eine Anpassung der in Art. 18 geregelten Aufbewahrung (nur) der technischen Dokumentation an ihre unionsrechtlich festgelegten Aufbewahrungspflichten (Art. 18 Abs. 3).

62 Vorschlag für eine RL zur Anpassung der Vorschriften über außervertragliche zivilrechtliche Haftung an künstliche Intelligenz, COM(2022) 496 final vom 28.9.2022.

institute. Eine Aufbewahrungspflicht in Bezug auf automatisch erzeugte Protokolle zulasten der Betreiber ergibt sich aus Art. 26 Abs. 6.

90 Zum Anlegen von Protokollen durch Nutzung der Protokollfunktion sind weder der Anbieter des Hochrisiko-KI-Systems noch dessen Betreiber[63] ausdrücklich verpflichtet. Eine Klarstellung über das **Bestehen oder Nichtbestehen einer Aufzeichnungspflicht** des Anbieters, also über eine Verpflichtung, die „logging capabilities" i. S. d. Art. 12 zu nutzen, wäre in Art. 16 lit. e hilfreich gewesen. So bleibt dem Rechtsanwender nur, die vagen Anbieterpflichten des bloßen Ermöglichens[64] (Art. 12) einer automatischen Aufzeichnung von Ereignissen auf der einen Seite und die Verpflichtung zur Aufbewahrung von unter Anbieterkontrolle verfügbaren, automatisch erzeugten Protokollen auf der anderen auszulegen.

91 Einerseits ist die ausdrückliche Inbezugnahme von Art. 19 erst im Laufe des Gesetzgebungsverfahrens in Art. 16 lit. e aufgenommen worden. Sie könnte als ein Hinweis darauf dienen, dass der nunmehr klar als Anbieterpflicht ausgestaltete Auftrag zur Aufbewahrung aller Protokolle, soweit sie der Kontrolle des Anbieters unterliegen, dessen Pflicht zur Nutzung der zu ermöglichenden Protokollfunktion begründen sollte.

92 Etwas mehr Klarheit bringt andererseits die Parallele zur Systembeobachtung. Hier steht auf der einen Seite die bloße Pflicht des Anbieters, zur „Erleichterung" der Beobachtung gem. Art. 72 die Aufzeichnung zu ermöglichen (Art. 12 Abs. 2 lit. b, Art. 72), und auf der anderen die ausdrückliche Verpflichtung des Anbieters zur Einrichtung, Anwendung und Aufrechterhaltung eines – funktionsfähigen, aber nach eigener Entscheidung auszugestaltenden – Systems zur Beobachtung (Art. 17 Abs. 1 lit. h, Art. 72 Abs. 1). Der Vergleich legt nahe, dass der Unionsgesetzgeber die Protokollfunktion lediglich technisch obligatorisch angelegt sehen will, ihre Nutzung aber optional ausgestaltet hat. Diese Auslegung wird durch Art. 21 Abs. 2 gestützt, nach dem auf begründete Anfrage einer zuständigen Behörde der Anbieter „gegebenenfalls" auch Zugang zu den seiner Kontrolle unterliegenden Protokollen gewährt. Hinzukommt, dass dort von Protokollen des Hochrisiko-KI-Systems gemäß Art. 12 Abs. 1 die Rede ist, nicht von gemäß Art. 12 Abs. 1 erzeugten Protokollen. Vor diesem Hintergrund ist davon auszugehen, dass der Anbieter **keiner Rechtspflicht** unterliegt, Protokolle automatisch erstellen zu lassen, sofern er seinen übrigen Verpflichtungen aus der KI-VO auch auf andere Weise nachkommen kann. Wenn der Betreiber, der nicht Anbieter ist, die Protokollfunktion nutzt, wird der Anbieter die Aufzeichnungen regelmäßig nicht unter seiner Kontrolle haben.

63 Art. 13 Abs. 3 lit. f schreibt lediglich vor, dass die Betriebsanleitung „gegebenenfalls" eine Beschreibung der in das Hochrisiko-KI-System integrierten Mechanismen umfassen muss, die es den Betreibern „ermöglicht", die Protokolle im Einklang mit Art. 12 ordnungsgemäß zu erfassen, zu speichern und auszuwerten.

64 Im englischsprachigen Text „allow for" oder „enable".

In Bezug auf die **Aufbewahrung** der Protokolle entfaltet Art. 16 lit. e über Art. 19 hinaus keine eigenständige Regelungswirkung und konkretisiert auch nicht den Regelungsgegenstand des Art. 19. Im Gegenteil: Während Art. 19 die Aufbewahrung von etwaigen Protokollen ohnehin bereits dem Anbieter des Hochrisiko-KI-Systems vorschreibt, und zwar, „**soweit**" sie seiner Kontrolle unterliegen,[65] fehlt in Art. 16 lit. e eine solche Differenzierung. Hier geht der Unionsgesetzgeber von Protokollen aus, die entweder vollständig oder gar nicht der Kontrolle des Anbieters unterliegen („wenn"). Das dürfte nicht immer der Praxis entsprechen, insbesondere wenn das KI-System dergestalt verwendet wird, dass es in den Anwendungsbereich des Data Act[66] fällt. Doch wo Art. 16 lit. e eine unklare Rechtslage begründet, wenn dem Anbieter nur Teile von Protokollen vorliegen, vor allem weil er nicht selbst Betreiber ist, wird der Rechtsanwender Art. 19 unmittelbar anwenden (müssen) und entsprechend differenzieren. **93**

VII. Art. 16 lit. f

1. Pflicht zur Durchführung eines Konformitätsbewertungsverfahrens

Nach Art. 16 lit. f hat der Anbieter sicherzustellen, dass sein Hochrisiko-KI-System dem betreffenden Konformitätsbewertungsverfahren gem. Art. 43 unterzogen wird. Die Vorschrift legt außerdem fest, dass dieses Verfahren stattgefunden haben muss, bevor das System in Verkehr gebracht oder in Betrieb genommen wird. **94**

Nach Art. 43 Abs. 3 UAbs. 1 wird der Pflichtenkreis des Anbieters zunächst erweitert, wenn es um ein Hochrisiko-KI-System geht, das durch eine unter Anhang I Abschnitt A genannte Harmonisierungsvorschrift (mit) reguliert wird. Nach Art. 16 lit. f i.V.m. Art. 43 Abs. 3 UAbs. 1 hat der Anbieter des KI-Systems das sektorspezifische Konformitätsbewertungsverfahren für das entsprechende Produkt zu durchlaufen und dabei Kapitel III Abschnitt 2 KI-VO zu berücksichtigen. Art. 43 Abs. 3 UAbs. 3 nimmt aber zusätzlich eine eigene Zuweisung von Pflichten vor, wenn ein in Anhang I Abschnitt A aufgeführter Rechtsakt es dem Hersteller des in diesem Rechtsakt regulierten Produkts ermöglicht, auf eine Konformitätsbewertung durch Dritte (durch den Anbieter eines Hochrisiko-KI-Systems) zu verzichten. Für diesen Fall kann sich der Hersteller des Produkts auf eine selbst durchgeführte Konformitätsbewertung nach harmonisierten Normen oder gemeinsamen Spezifikationen i. S. d. Art. 41 berufen. Im Ergebnis führt Art. 43 Abs. 3 stets dazu, dass bei den von Anhang I Abschnitt A erfassten **95**

65 Dieser Wortlaut entspricht Art. 21 Abs. 2.

66 VO (EU) 2023/2854 über harmonisierte Vorschriften für einen fairen Datenzugang und eine faire Datennutzung.

Produkten die Konformitätsbewertung nach sektorspezifischem Unionsrecht unter Berücksichtigung des Kapitels III Abschnitt 2 KI-VO und nicht umgekehrt stattfindet (Art. 43 Abs. 3 UAbs. 1) bzw. stattfinden kann (Art. 43 Abs. 3 UAbs. 3). Wenn Art. 16 lit. f bei der Festlegung von Pflichten der Anbieter von Hochrisiko-KI-Systemen auf Art. 43 verweist, dann schließt das auch diese Erleichterungen und die **Zuständigkeitsregelung des Art. 43 Abs. 3** mit ein. Eine von Art. 43 abweichende Lastenverteilung für den Fall voneinander abweichender KI-Anbieter und Produkthersteller, die zudem nicht mit der Natur der Rechtsakte des Anhangs I Abschnitt A vereinbar wäre, ist durch Art. 16 lit. f mit seiner konkretisierenden Funktion nicht beabsichtigt.

2. Wesentliche Veränderung des Hochrisiko-KI-Systems

96 Art. 16 lit. f i.V.m. Art. 43 Abs. 4 begründet eine erneute Verpflichtung zur Konformitätsbewertung für den Anbieter eines Hochrisiko-KI-Systems, wenn ein bereits bewertetes System wesentlich verändert wird. Nach Art. 3 Nr. 23 setzt der Begriff der wesentlichen Veränderung voraus, dass durch die Änderung die Konformität mit den Anforderungen in Kapitel III Abschnitt 2 beeinträchtigt wird (oder dass es zu einer neuen Zweckbestimmung kommt). Dass das neue System einem eigenständigen Konformitätsbewertungsverfahren zu unterziehen ist, setzt voraus, dass es sich dabei noch um ein Hochrisiko-KI-System handelt. Auch insoweit ändert Art. 16 lit. f nichts an der Zuordnung der rechtlichen Verpflichtungen. Bei einer wesentlichen Veränderung eines KI-Systems durch den Betreiber geht die Pflicht zur Konformitätsbewertung in Bezug auf das Neu-System vor seinem Inverkehrbringen oder seiner Inbetriebnahme auf den Betreiber des veränderten Systems über. Das ergibt sich aus Art. 25 Abs. 1 lit. b i.V.m. Art. 16 lit. f.

3. Zeitpunkt des Verfahrensabschlusses

97 Art. 16 lit. f verlangt die Durchführung des Konformitätsbewertungsverfahrens, noch bevor das System in Verkehr gebracht oder in Betrieb genommen wird. Insgesamt fehlt in den in Art. 16 in Bezug genommenen Vorschriften die ausdrückliche Festlegung eines Prozesses, der den **Abschluss einer positiven Konformitätsbewertung** zur zwingenden Voraussetzung für das rechtmäßige Inverkehrbringen oder die rechtmäßige Inbetriebnahme eines Hochrisiko-KI-Systems macht.[67] Angesichts der fundamentalen Bedeutung des Konformitätsbewertungsverfahrens erscheint eine solche Präzisierung wesentlich.

---

67 Anders z.B. Art. 10 Maschinen-VO sowie Art. 4 i.V.m. Art. 19 Spielzeugsicherheits-RL, in denen der erfolgreiche Verfahrensabschluss vor dem Inverkehrbringen oder vor der Inbetriebnahme bzw. vor dem Bereitstellen ausdrücklich vorgeschrieben ist.

Zwar ist die EU-Konformitätserklärung gem. Art. 47 Abs. 1 für einen gewissen Zeitraum „ab dem Inverkehrbringen oder der Inbetriebnahme" des Systems bereitzustellen, muss in diesem Zeitpunkt also bereits vorliegen. Und dass der Unionsgesetzgeber die Konformitätsbewertung vor dem Inverkehrbringen oder der Inbetriebnahme eines Hochrisiko-KI-Systems voraussetzt, lässt sich ausdrücklich aus ErwG 123 und dem Sinne nach aus einigen anderen Vorschriften[68] schließen. Deshalb erscheint es sachgerecht, Art. 16 lit. f dahingehend auszulegen, dass das Hochrisiko-KI-System bis dahin dem Konformitätsbewertungsverfahren nicht nur unterzogen worden, sondern dass das Verfahren auch abgeschlossen und im Ergebnis positiv sein muss, mithin den Anbieter zur Ausstellung der EU-Konformitätserklärung i. S. d. Art. 47 berechtigt. Dem steht auch nicht entgegen, dass lediglich für ein KI-System, das der Anbieter selbst gerade nicht für hochriskant hält, die entsprechende Vorab-Dokumentation ausdrücklich im Verordnungstext vorgeschrieben ist (Art. 6 Abs. 4). Vor diesem Hintergrund ist die teilweise Klarstellung hinsichtlich des Zeitpunkts in Art. 16 lit. f entsprechend zu lesen und in diesem Sinne hilfreich. **98**

VIII. Art. 16 lit. g

Nach Art. 16 lit. g gehört es zu den Pflichten des Anbieters, eine EU-Konformitätserklärung nach Art. 47 auszustellen. Diese Erklärung dokumentiert das nach Art. 43 vorgeschriebene und in Art. 16 lit. f in Bezug genommene (erfolgreich abgeschlossene, siehe oben Rn. 97) Konformitätsbewertungsverfahren. Die besonderen Transparenzanforderungen des Art. 47 zielen darauf ab, Betreibern und Nutzern die notwendige Orientierung im „Ökosystem für Vertrauen"[69] zu geben. **99**

Art. 47 Abs. 1 verpflichtet die Anbieter zu einer schriftlichen maschinenlesbaren, physisch oder elektronisch unterzeichneten EU-Konformitätserklärung über jedes ihrer Hochrisiko-KI-Systeme. Hier geht es um den Kern der systembezogenen Vorschriften im Zusammenhang mit der Einstufung eines KI-Systems als Hochrisiko-System. Die Formulierung in Art. 47 Abs. 4 Satz 1, nach welcher der Anbieter mit der Ausstellung der EU-Konformitätserklärung „die Verantwortung für die Erfüllung der in Abschnitt 2 festgelegten Anforderungen" übernimmt, entspricht dem Wortlaut des Art. 30 Abs. 3 VO (EG) 765/2008 über die CE-Kennzeichnung. Diese rechtliche Verantwortung ist ihm unabhängig von der Abgabe der EU-Konformitätserklärung in Art. 16 lit. a zugewie- **100**

68 Z. B. Art. 1 Abs. 2 lit. a; Art. 82 Abs. 1.

69 EU-Komm., Weißbuch zur Künstlichen Intelligenz, COM(2020) 65 final, S. 3.

sen.[70] Tatsächlich geht es bei der Abgabe der Erklärung darum, dass der Anbieter mit Ausstellung der Erklärung **nach außen dokumentiert**, die Anforderungen des Kapitels III Abschnitt 2 zu erfüllen. Dass er dadurch einen Vertrauenstatbestand begründet, ist eine Folge, die sich genauso unmittelbar aus der Verordnung über die CE-Kennzeichnung ableitet. Grundsätzlich ergibt sich aus Art. 16 lit. g **keine eigenständige rechtliche Verpflichtung** des Anbieters. Denn das Ausstellen (und darauf ist die Inbezugnahme des Art. 16 lit. g beschränkt) der Erklärung ist bereits ausdrücklich eine Pflicht, die schon nach dem Wortlaut des Art. 47 den Anbieter trifft. **Einzig** für den Fall einer EU-Konformitätserklärung, die nach anderen Unionsvorschriften für ein bestimmtes Hochrisiko-KI-System mit auszustellen ist, konkretisiert Art. 16 lit. g, dass der Anbieter durch die nach der Transparenzvorschrift des Art. 47 Abs. 3 einheitlich abzugebende Erklärung nicht von seinen Pflichten gem. Art. 47 befreit wird. Doch diese Einschränkung dürfte regelmäßig rein theoretischer Natur sein. Denn zumeist wird der nach der KI-VO verpflichtete Anbieter zugleich für die EU-Konformitätserklärung aufgrund anderer sektorspezifischer Harmonisierungsvorschriften die rechtliche Verantwortung tragen. Diese Personalunion unterstellt der Gesetzgeber offenbar auch in Art. 47 Abs. 3 Satz 1 und macht, ähnlich wie im Fall des Art. 11 Abs. 2 (siehe oben Rn. 101), die Einheitlichkeit der Konformitätserklärung zur Pflicht, anstatt dem Anbieter ein Wahlrecht zu eröffnen, wie es ihm an anderer Stelle zugestanden ist.[71]

IX. Art. 16 lit. h

101 Im Laufe des Gesetzgebungsprozesses hat das Europäische Parlament durchgesetzt, dass in Art. 16 lit. h der Anbieter eines Hochrisiko-KI-Systems ausdrücklich verpflichtet wird, die CE-Kennzeichnung an das[72] Hochrisiko-KI-System oder gegebenenfalls auf seiner Verpackung oder in der beigefügten Dokumentation anzubringen, „um Konformität mit dieser Verordnung gemäß Artikel 48 anzuzeigen“. Der in Bezug genommene Art. 48 verweist auf Art. 30 der Verordnung (EG) Nr. 765/2008. Dort ist festgeschrieben, dass die CE-Kennzeichnung nur durch den Hersteller des unionsrechtlich regulierten Produkts oder seinen Bevollmächtigten angebracht werden darf und unter welchen Voraussetzungen das zulässig ist.

70 Vgl. VGH Kassel, Beschl. v. 2.2.2017 – 6 B 2740/16, NVwZ 2017, 1718, 1719, zur rechtlichen Verantwortung des Herstellers im Konformitätsverfahren nach dem Medizinproduktegesetz.

71 U.a. in Art. 8 Abs. 2.

72 In Art. 16 lit. b heißt es, Transparenzangaben seien „auf dem“ Hochrisiko-KI-System anzubringen; die Schwierigkeit einer treffenden Formulierung korrespondiert mit der schwierigen Umsetzung des „Anbringens“.

Misslich an der Inbezugnahme in Art. 16 lit. h sind für den Rechtsanwender die Ungenauigkeiten zwischen den Formulierungen in Art. 48 und in Art. 16. So regelt Art. 48 Abs. 3, dass die CE-Kennzeichnung gut sichtbar, leserlich und dauerhaft an Hochrisiko-KI-Systemen angebracht wird. Falls die Art des Systems „dies nicht zulässt **oder nicht rechtfertigt**", wird die Kennzeichnung auf der Verpackung bzw. der beigefügten Dokumentation angebracht. Nach dem Wortlaut des Art. 16 lit. h soll die CE-Kennzeichnung auf der Verpackung oder in der beigefügten Dokumentation nur dann ausreichen, falls das Anbringen der Kennzeichnung an das Hochrisiko-KI-System **nicht möglich** ist.[73] Damit die Funktion des Art. 16 lit. h, die rechtliche Verantwortlichkeit des Anbieters für die CE-Kennzeichnung im Pflichtenkatalog des Art. 16 zur Erleichterung der Rechtsanwendung herauszuheben, nicht konterkariert wird, ist der Verweis auf Art. 48 in Art. 16 lit. h entsprechend dem Wortlaut der in Bezug genommenen Vorschrift auszulegen. Denn die Verweisung verkürzt den Tatbestand des Art. 48 in mehrerlei Hinsicht. Eine materiellrechtliche Änderung des Tatbestands des Art. 48 soll damit nicht verbunden sein. So bleibt die Verweisung in Art. 16 lit. h auf Art. 48 deshalb insgesamt ohne einen eigenständigen normativen Gehalt. 102

X. Art. 16 lit. i

Nach Art. 16 lit. i ist der Anbieter eines Hochrisiko-KI-Systems verpflichtet, den in Art. 49 Abs. 1 genannten Registrierungspflichten nachzukommen. Die in Bezug genommene Norm sieht die Registrierung vor dem Inverkehrbringen oder der Inbetriebnahme eines in Anhang III aufgeführten Hochrisiko-KI-Systems (mit Ausnahme der in Anhang III Nr. 2 genannten Systeme für den Betrieb kritischer digitaler Infrastrukturen) in der EU-Datenbank vor, welche die Kommission speziell für Anhang-III-Systeme errichten und führen wird. 103

Auch Art. 49 Abs. 2 stellt eine Registrierungspflicht für den Anbieter auf. Diese gilt für solche Fälle, in denen der Anbieter die Klassifizierung als Hochrisiko-KI-System gerade ausschließt. Der Verweis allgemein auf „**Registrierungspflichten**" in Art. 16 lit. i legt zwar nahe, dass neben der Registrierungspflicht nach Art. 49 Abs. 1 auch andere Registrierungspflichten erfasst sein sollen. Jedoch ist der sachliche Anwendungsbereich des Art. 16 generell auf als solche erkannte Hochrisiko-KI-Systeme beschränkt, sodass eine Verweisung auf Art. 49 Abs. 2 bereits aus systematischen Gründen ausscheidet. 104

73 Vgl. insoweit zu § 18 Abs. 1 Elektromagnetische-Verträglichkeit-Gesetz OLG Köln, Urt. v. 16.8.2013 – 6 U 18/13, GRUR-RS 2014, 11266, Rn. 27 ff.

XI. Art. 16 lit. j

105 Art. 16 lit. j schreibt Anbietern vor, erforderliche Korrekturmaßnahmen zu ergreifen und erforderliche Informationen bereitzustellen. Die Vorschrift nimmt dazu Art. 20 in Bezug. Nach dieser Vorschrift hat der Anbieter von Hochrisiko-KI-Systemen bei begründeter Annahme, sein System entspreche nicht den Anforderungen der KI-VO, erforderliche Korrekturmaßnahmen zu ergreifen oder das System zurückzunehmen, zu deaktivieren oder zurückzurufen. Der Anbieter hat die Händler, gegebenenfalls die Betreiber, den Bevollmächtigten und die Einführer darüber zu informieren (Art. 20 Abs. 1). Nimmt der Anbieter an, mit dem System sei ein Risiko i. S. d. VO (EU) 2019/1020 (EU-Marktüberwachungsverordnung – MÜ-VO)[74] für die Gesundheit, die Sicherheit oder Grundrechte von Personen verbunden, dann treffen ihn bestimmte, über Art. 20 Abs. 1 hinausgehende Informationspflichten.

106 Art. 20 hat im Laufe des Gesetzgebungsverfahrens eine Ergänzung erfahren, die sich in der Art der Inbezugnahme der Vorschrift in Art. 16 lit. j widerspiegelt. Während der Kommissionsentwurf die Verpflichtung des Anbieters zu Korrekturmaßnahmen und bestimmte Informationspflichten im Fall eines Risikos i. S. d. Art. 79 Abs. 1 in zwei getrennten Vorschriften vorgesehen hatte, sind diese eng aufeinander bezogenen Pflichten nun beide in Art. 20 geregelt. Nur vor diesem Hintergrund ist die etwas missglückte Verweisung in Art. 16 lit. j zu lesen. Inhaltlich nimmt die Vorschrift die Anbieterpflichten, wie sie in Art. 20 normiert sind, vollumfänglich in Bezug.

107 Die vollumfängliche Inbezugnahme von Art. 20 durch Art. 16 j gilt auch für die **Art der Korrekturmaßnahmen**. Wenngleich Art. 16 lit. j ausdrücklich lediglich auf die erforderlichen „Korrekturmaßnahmen" verweist, ist doch der gesamte Katalog von Maßnahmen gem. Art. 20 Abs. 1 von der Verweisung erfasst. Zwar stehen Rücknahme, Deaktivierung und Rückruf als eigenständige Maßnahmen neben den Korrekturmaßnahmen zur Herstellung der Konformität, gelten also nicht als Teil davon.[75] Jedoch handelt es sich bei diesen alternativen Maßnahmen um die effektivsten Eingriffe zur Beseitigung eines Rechtsverstoßes, im Einzelfall wohl effektiver als eine bloße Korrektur etwa in Gestalt eines Sicherheitsupdates. Sind diese alternativen Maßnahmen erforderlich, um Schaden von Betreibern, Nutzern oder Betroffenen abzuwenden, dann ist nicht er-

---

74 Verordnung (EU) 2019/1020 des Europäischen Parlaments und des Rates vom 20.6.2019 über Marktüberwachung und die Konformität von Produkten sowie zur Änderung der Richtlinie 2004/42/EG und der Verordnungen (EG) Nr. 765/2008 und (EU) Nr. 305/2011, ABl. EU L 169 v. 25.6.2019, S. 1.

75 Dies wird v.a. in der englischsprachigen Fassung deutlich: „take the necessary corrective actions to bring that system into conformity, to withdraw it, to disable it, or to recall it, as appropriate". Diese Lesart legt auch Art. 24 Abs. 4 nahe.

sichtlich, weshalb sie aus dem Anwendungsbereich des Art. 16 lit. j, aus dem Pflichtenkatalog des Anbieters eines Hochrisiko-KI-Systems, ausgeschlossen sein sollten.

Die bereits nach Art. 20 dem Anbieter des Hochrisiko-KI-Systems zugewiesene **108** Verpflichtung, erforderliche Korrekturmaßnahmen zu ergreifen, um die Konformität des Systems mit der Verordnung herzustellen, steht neben der Pflicht des **Händlers**, die gleichen Maßnahmen zu ergreifen, wenn er Grund zur Annahme hat, dass ein von ihm vertriebenes System nicht die Anforderungen des Abschnitts 2 erfüllt (Art. 24 Abs. 4). Der Händler kann sich von seiner Pflicht befreien, indem er sicherstellt, dass der Anbieter, der Einführer oder jeder relevante Akteur die erforderlichen Maßnahmen ergreift. Umgekehrt kann sich freilich der Anbieter eines Hochrisiko-KI-Systems keiner seiner in Art. 16 aufgeführten Verpflichtungen durch Verweis auf andere Verpflichtete entledigen, solange die Nichtkonformität seines Systems besteht.

Auch die Verpflichtung zur unverzüglichen Untersuchung, gegebenenfalls mit **109** dem meldenden Betreiber, sowie zur Kooperation mit den zuständigen Marktüberwachungsbehörden und gegebenenfalls mit der notifizierten Stelle, die eine Bescheinigung gem. Art. 44 ausgestellt hat, ist in Art. 20 Abs. 2 ausdrücklich dem Anbieter zugewiesen. So kommt Art. 16 lit. j insgesamt **kein eigenständiger normativer Regelungsgehalt** zu.

XII. Art. 16 lit. k

Art. 16 lit. k schreibt vor, dass der Anbieter eines Hochrisiko-KI-Systems auf **110** begründete Anfrage einer zuständigen nationalen Behörde nachweisen muss, dass das System die Anforderungen des Abschnitts 2 erfüllt. Der Begründungszwang seitens der Behörde ist erst im Laufe des Gesetzgebungsprozesses auf Initiative des Europäischen Parlaments in Art. 16[76] eingefügt worden. Ohne dass Art. 16 lit. k die Norm ausdrücklich in Bezug nimmt, geht es inhaltlich um die Zuweisung von Vorschriften des Art. 21 zum Pflichtenkreis des Anbieters von Hochrisiko-KI-Systemen. Dieser ist auch nach dem Wortlaut des Art. 21 Verpflichteter.

Art. 16 lit. k stellt bloß abstrakt die Anbieterpflicht auf, den Nachweis zu erbrin- **111** gen, dass das System die Anforderungen des Abschnitts 2 erfüllt. Art. 21 Abs. 1, der den Anbieter einer Hochrisiko-KI konkret zur Übermittlung von „sämtlichen Informationen und Dokumentation" an eine zuständige Behörde verpflichtet, stellt dabei auf die Erforderlichkeit der Informationen zur Feststellung der Konformität des Systems mit den Anforderungen des Abschnitts 2 ab. Grundsätzlich

76 Wie auch in Art. 21 Abs. 1.

dient die technische Dokumentation gem. Art. 11 dem Nachweis, dass das Hochrisiko-KI-System die Anforderungen des Abschnitts 2 erfüllt. Aus dieser Vorschrift lässt sich aber keine Rechtspflicht zur Vorlage auf Anfrage einer Behörde außerhalb der in der Verordnung festgelegten förmlichen Verfahren ableiten. Nach Art. 21 Abs. 2 sind von der Nachweispflicht „auch", das heißt soweit es dem Nachweis i. S. d. Art. 21 Abs. 1 dient, automatisch erzeugte Protokolle des Systems i. S. d. Art. 12 erfasst, soweit sie der Kontrolle des Anbieters unterliegen. Im Ergebnis **konkretisiert also Art. 21 den Umfang** der Nachweispflicht, welcher der Anbieter nach Art. 16 lit. k unterliegt. Das Gleiche gilt für den Weg des Nachweises. Nach Art. 21 Abs. 1 hat die Behörde Anspruch auf **Übermittlung** der Dokumente, was sich aus Art. 16 lit. k nicht unmittelbar ableiten lässt.

112 Art. 16 lit. k stellt auf der Seite der Aktivlegitimierten auf eine **zuständige nationale Behörde** ab. Bei Art. 21 ergibt sich der Bezug zur mitgliedstaatlichen Überwachungs- und Durchsetzungsebene aus dem Zusammenhang. Zum einen ist diese Vorschrift nur auf Hochrisiko-KI-Systeme anwendbar. Die fallen in den Zuständigkeitsbereich der nationalen Behörden. Zum anderen sind nach dieser Vorschrift die geforderten Informationen in einer Sprache zu übermitteln, die für die anfragende Behörde leicht verständlich ist und bei der es sich um eine der vom betreffenden Mitgliedstaat angegebenen EU-Amtssprachen handelt. Daraus lässt sich ableiten, dass die begründete Anfrage aus jedem Mitgliedstaat an den Anbieter herangetragen werden kann, insbesondere unabhängig vom Sitz des Anbieters oder seines Bevollmächtigten i. S. d. Art. 22. Art. 16 lit. k ist entsprechend anzuwenden.

XIII. Art. 16 lit. l

113 Wie in ErwG 80, der auf das Übereinkommen über die Rechte von Menschen mit Behinderungen der Vereinten Nationen verweist, zu lesen ist, haben sich die Union und alle Mitgliedstaaten zum Schutz von Menschen mit Behinderung vor Diskriminierung und zur Förderung ihrer Gleichstellung verpflichtet. Dazu gehört auch der gleichberechtigte Zugang zu Informations- und Kommunikationstechnologien und -systemen. Es sei daher von wesentlicher Bedeutung, dass die Anbieter von KI-Systemen allgemein die Einhaltung der Barrierefreiheitsanforderungen durch Voreinstellungen sicherstellen und die erforderlichen Maßnahmen in die Konzeption ihrer Systeme integrieren.

114 Art. 16 lit. l schreibt vor, dass Anbieter von Hochrisiko-KI-Systemen sicherzustellen haben, dass ihre Systeme Barrierefreiheitsanforderungen erfüllen. Er ist damit – neben Art. 16 lit. b mit seinem überschaubaren eigenständigen Regelungsgehalt – die einzige Vorschrift des Art. 16, die einen **von anderen Vorschriften** der KI-VO **unabhängigen Regelungsgehalt** aufweist, wo der EU-Gesetzgeber also nicht lediglich eine andere Vorschrift oder einen ganzen Abschnitt

der Verordnung in Bezug nimmt. Die Thematik der Zugänglichkeit von Informationen und Systemen für Menschen mit Behinderung sowie deren Schutz z. B. beim Testen von Systemen ist an mehreren Stellen in der Verordnung verankert. Aber nur in Art. 16 lit. l findet sich eine durchsetzbare Verpflichtung des Anbieters eines Hochrisiko-KI-Systems mit Bezug zum Inverkehrbringen oder zur Inbetriebnahme dieses Systems.

Die Gewährleistung der Barrierefreiheit der Systeme durch den Anbieter dient mittelbar Personen mit Behinderung. Das können Verbraucher oder auch Mitarbeiter in Unternehmen oder in Behörden sein, die ein Hochrisiko-KI-System betreiben. Unmittelbar dient die Vorschrift jedoch nur denjenigen, welche die Systeme in eigenen Produkten oder Dienstleistungen verwenden. **115**

Die Barrierefreiheitsanforderungen nach der Richtlinie (EU) 2016/2102,[77] auf die Art. 16 lit. l verweist, richten sich an die öffentliche Hand. **Öffentliche Stellen** haben sicherzustellen, dass ihre **Websites und mobilen Anwendungen** im Interesse der Zugänglichkeit wahrnehmbar, bedienbar, verständlich und robust sind. Aufgrund von Art. 16 lit. l muss der Anbieter eines Hochrisiko-KI-Systems sicherstellen, dass die öffentliche Hand, wenn sie das System betreibt, ihre Verpflichtungen aus der Richtlinie erfüllen kann. Eine rechtliche Pflichtenstellung des Anbieters i. S. d. Richtlinie (EU) 2016/2102 erzeugt ihre Inbezugnahme in Art. 16 lit. l nicht. **116**

Nach der Richtlinie (EU) 2019/882[78] sind bestimmte, nach dem 28.6.2025 in Verkehr gebrachte **Produkte** (zum Beispiel PCs und Smartphones und ihre Betriebssysteme, Selbstbedienungsterminals, Notruf-Systeme und Router, Fernsehgeräte und E-Book-Reader) sowie **Dienstleistungen** (zum Beispiel elektronische Kommunikationsdienste, Apps, elektronische Tickets, Verkehrsinformationen, Zahlungsdienstleistungen und Dienstleistungen im elektronischen Geschäftsverkehr) von den Wirtschaftsakteuren ohne Zugangsbeschränkungen für Menschen mit Behinderung in Verkehr zu bringen oder zu erbringen. Durch die Inbezugnahme dieser Richtlinie in Art. 16 lit. l macht der Unionsgesetzgeber deutlich, dass in ihrem Anwendungsbereich die systemischen Voraussetzungen in Hochrisiko-KI-Systemen geschaffen werden müssen, um sie für die von dieser Richtlinie erfassten Produkte und Dienstleistungen verwenden zu können. Auch insoweit ist also der Anbieter nicht unmittelbar gegenüber dem individuellen Betroffenen oder Nutzer mit Behinderung verpflichtet. Sondern es ist der Wirt- **117**

---

77 RL vom 26.10.2016 über den barrierefreien Zugang zu den Websites und mobilen Anwendungen öffentlicher Stellen, umgesetzt durch das Gesetz zur Verlängerung befristeter Regelungen im Arbeitsförderungsrecht und zur Umsetzung der Richtlinie (EU) 2016/2102 vom 10.7.2018, BGBl. I, S. 1117.

78 RL vom 17.4.2019 über die Barrierefreiheitsanforderungen für Produkte und Dienstleistungen, umgesetzt durch das Gesetz zur Umsetzung der Richtlinie (EU) 2019/882 vom 16.7.2021, BGBl. I, S. 2970.

schaftsakteur i. S. d. Richtlinie, der die Verpflichtung des Anbieters gem. Art. 16 lit. l geltend machen kann.

118 Wenn der Anbieter selbst sein Hochrisiko-KI-System in einer von der Richtlinie (EU) 2019/882 erfassten Weise in Verkehr bringt oder in Betrieb nimmt, ist er seinerseits an die Vorgaben der Richtlinie aufgrund ihrer Umsetzung in nationales Recht gebunden. In diesem Fall greifen neben den Durchsetzungsbefugnissen der Marktüberwachungsbehörden nach der KI-VO auch die nach den Vorschriften der nationalen Umsetzungsgesetze der Richtlinie. Verbraucher können im Geltungsbereich des deutschen Umsetzungsgesetzes im Verstoßfall die Schlichtungsstelle nach § 16 Abs. 1 des Behindertengleichstellungsgesetzes anrufen, um ihren Rechten aus dem Umsetzungsgesetz Geltung zu verschaffen.

XIV. Verstoßfolgen

1. Bußgeldandrohung

119 **Art. 99 Abs. 4 lit. a** regelt, dass die Verletzung einer Anbieterpflicht gem. Art. 16 mit einem Bußgeld von bis zu 15.000.000 EUR oder von bis zu 3 % des weltweiten Jahresumsatzes geahndet werden kann. Nach Art. 96 wird die Kommission Leitlinien für die praktische Umsetzung der KI-VO erarbeiten. Diese Leitlinien werden gem. Art. 99 Abs. 1 im Rahmen der Sanktionen wegen Verletzung des Art. 16 zu beachten sein, soweit es sich um einen Verstoß gegen Anforderungen des Kapitels III Abschnitt 2 oder um einen Verstoß gegen Art. 16 lit. f im Zusammenhang mit einer wesentlichen Veränderung eines KI-Systems handelt (Art. 96 Abs. 1 lit. a und c). Daneben haben die zuständigen Marktüberwachungsbehörden die Möglichkeit, ihre Befugnisse nach der Marktüberwachungs-VO auszuüben (Art. 99 Abs. 7 lit. b).

120 Tritt ein Händler, Einführer, Betreiber oder sonstiger Dritter nach den Vorschriften des **Art. 25** in die Pflichtenstellung des Anbieters gem. Art. 16 ein, dann schließt das auch die Verstoßfolgen ein. Denn die Stellung als Anbieter wird in den in Art. 25 genannten Fällen vollumfänglich fingiert, weshalb Art. 99 für den Verstoßfall im Anwendungsbereich des Art. 25 gerade keine von Art. 16 abweichende Sanktion vorsieht. Auch nach Sinn und Zweck des Art. 99 Abs. 4 lit. a ist diese Rechtsfolge zugrunde zu legen. Die KI-VO ist darauf ausgelegt, eine vertrauenswürdige Umgebung für künstliche Intelligenz zu schaffen. Und dazu gehört, dass derjenige Akteur die volle Verantwortung für Hochrisiko-KI-Systeme gegenüber Dritten übernimmt, der das System nach seinem Zweck oder in seinen Funktionen kontrolliert oder der sich als sein Anbieter geriert. Die Leitlinien der Kommission zur Durchführung der Verordnung gemäß Art. 96 werden deshalb zusammen mit Kapitel III Abschnitt 2 auch die Anwendung des Art. 25 umfassen.

2. Private Rechtsdurchsetzung

Art. 85 eröffnet jeder natürlichen oder juristischen Person, die Grund zur Annahme hat, dass gegen Bestimmungen der KI-VO verstoßen wurde, den **Beschwerdeweg** zur zuständigen Marktüberwachungsbehörde. Von diesem Beschwerderecht können Betreiber, Nutzer, Betroffene, Vertriebspartner, Importeure, Wettbewerber und Dritte Gebrauch machen, wenn sie in Art. 16 aufgeführte Verpflichtungen für verletzt halten. Die Beschwerde wird für die Zwecke der Durchführung von Marktüberwachungstätigkeiten nach der MÜ-VO berücksichtigt, begründet aber keinen individuellen Abhilfeanspruch. **121**

Die Durchsetzung der KI-VO durch Verbraucher als Nutzer eines Hochrisiko-KI-Systems oder als durch ein solches System Betroffene kann im Wege der **Verbandsklage** nach den Vorschriften der Richtlinie (EU) 2020/1828[79] erfolgen, die entsprechend ergänzt wird.[80] Voraussetzung für eine solche Klage ist ein Verstoß eines Unternehmers gegen die Vorschriften der KI-VO, welcher die Kollektivinteressen der Verbraucher beeinträchtigt oder zu beinträchtigen droht (Art. 2 Abs. 1 Satz 1 Verbandsklage-RL). Als eine solche Vorschrift der Verordnung kommt Art. 16 lit. h über das Anbringen der CE-Kennzeichnung in Betracht (siehe oben Rn. 101). Im Übrigen steht auch eine Rechtsdurchsetzung nach den Vorschriften des **UWG**, insbesondere im Wege der Abmahnung durch einen Wettbewerber offen, wenn eine in Art. 16 KI-VO normierte oder in Bezug genommene Marktverhaltensregel verletzt wird. **122**

79 RL über Verbandsklagen zum Schutz der Kollektivinteressen der Verbraucher vom 25.11.2020.

80 Art. 110.

Art. 17 Qualitätsmanagementsystem

(1) Anbieter von Hochrisiko-KI-Systemen richten ein Qualitätsmanagementsystem ein, das die Einhaltung dieser Verordnung gewährleistet. Dieses System wird systematisch und ordnungsgemäß in Form schriftlicher Regeln, Verfahren und Anweisungen dokumentiert und umfasst mindestens folgende Aspekte:

a) ein Konzept zur Einhaltung der Regulierungsvorschriften, was die Einhaltung der Konformitätsbewertungsverfahren und der Verfahren für das Management von Änderungen an dem Hochrisiko-KI-System miteinschließt;

b) Techniken, Verfahren und systematische Maßnahmen für den Entwurf, die Entwurfskontrolle und die Entwurfsprüfung des Hochrisiko-KI-Systems;

c) Techniken, Verfahren und systematische Maßnahmen für die Entwicklung, Qualitätskontrolle und Qualitätssicherung des Hochrisiko-KI-Systems;

d) Untersuchungs-, Test- und Validierungsverfahren, die vor, während und nach der Entwicklung des Hochrisiko-KI-Systems durchzuführen sind, und die Häufigkeit der Durchführung;

e) die technischen Spezifikationen und Normen, die anzuwenden sind und, falls die einschlägigen harmonisierten Normen nicht vollständig angewandt werden oder sie nicht alle relevanten Anforderungen gemäß Abschnitt 2 abdecken, die Mittel, mit denen gewährleistet werden soll, dass das Hochrisiko-KI-System diese Anforderungen erfüllt;

f) Systeme und Verfahren für das Datenmanagement, einschließlich Datengewinnung, Datenerhebung, Datenanalyse, Datenkennzeichnung, Datenspeicherung, Datenfilterung, Datenauswertung, Datenaggregation, Vorratsdatenspeicherung und sonstiger Vorgänge in Bezug auf die Daten, die im Vorfeld und für die Zwecke des Inverkehrbringens oder der Inbetriebnahme von Hochrisiko-KI-Systemen durchgeführt werden;

g) das in Artikel 9 genannte Risikomanagementsystem;

h) die Einrichtung, Anwendung und Aufrechterhaltung eines Systems zur Beobachtung nach dem Inverkehrbringen gemäß Artikel 72;

i) Verfahren zur Meldung eines schwerwiegenden Vorfalls gemäß Artikel 73;

j) die Handhabung der Kommunikation mit zuständigen nationalen Behörden, anderen einschlägigen Behörden, auch Behörden, die den Zu-

gang zu Daten gewähren oder erleichtern, notifizierten Stellen, anderen Akteuren, Kunden oder sonstigen interessierten Kreisen;

k) Systeme und Verfahren für die Aufzeichnung sämtlicher einschlägigen Dokumentation und Informationen;

l) Ressourcenmanagement, einschließlich Maßnahmen im Hinblick auf die Versorgungssicherheit;

m) einen Rechenschaftsrahmen, der die Verantwortlichkeiten der Leitung und des sonstigen Personals in Bezug auf alle in diesem Absatz aufgeführten Aspekte regelt.

(2) Die Umsetzung der in Absatz 1 genannten Aspekte erfolgt in einem angemessenen Verhältnis zur Größe der Organisation des Anbieters. Die Anbieter müssen in jedem Fall den Grad der Strenge und das Schutzniveau einhalten, die erforderlich sind, um die Übereinstimmung ihrer Hochrisiko-KI-Systeme mit dieser Verordnung sicherzustellen.

(3) Anbieter von Hochrisiko-KI-Systemen, die Pflichten in Bezug auf Qualitätsmanagementsysteme oder eine gleichwertige Funktion gemäß den sektorspezifischen Rechtsvorschriften der Union unterliegen, können die in Absatz 1 aufgeführten Aspekte als Bestandteil der nach den genannten Rechtsvorschriften festgelegten Qualitätsmanagementsysteme einbeziehen.

(4) Bei Anbietern, die Finanzinstitute sind und gemäß den Rechtsvorschriften der Union über Finanzdienstleistungen Anforderungen in Bezug auf ihre Regelungen oder Verfahren der internen Unternehmensführung unterliegen, gilt die Pflicht zur Einrichtung eines Qualitätsmanagementsystems – mit Ausnahme des Absatzes 1 Buchstaben g, h und i des vorliegenden Artikels – als erfüllt, wenn die Vorschriften über Regelungen oder Verfahren der internen Unternehmensführung gemäß dem einschlägigen Unionsrecht über Finanzdienstleistungen eingehalten werden. Zu diesem Zweck werden die in Artikel 40 genannten harmonisierten Normen berücksichtigt.

Mit Art. 17 korrespondiert Erwägungsgrund 81.

Schrifttum: *BMWK* (Hrsg.), Leitfaden für das Qualitätsmanagement bei der Entwicklung von KI-Produkten und -Services, Begleitforschung des Technologieprogramms KI Innovationswettbewerb des BMWK, 2022, https://0cn.de/BMWK_Leitfaden; *Hauser/Saerbeck*, Vertrauen in KI durch Qualitätsmanagement, Digitale Welt Magazin, 2023, https://kurzlinks.de/gz27; *Müller-Peltzer/Tanczik*, Künstliche Intelligenz und Daten, RDi 2023, 452; *Pfeifer/Schmitt* (Hrsg.), Masing Handbuch Qualitätsmanagement, 7. Aufl. 2021; *Rausch*, KI und Software im Kontext von Produkthaftung und Produktsicherheit, RDi 2023, 152; *Säcker/Rixecker/Oetker* (Hrsg.), Münchener Kommentar zum BGB, Bd. 7, 9. Aufl. 2024; *Taeger/Pohle* (Hrsg.), Computerrechts-Handbuch, Loseblattwerk, Stand: 38. EL, 2023; TCS TATA Consultancy Services, From potential to performance by design, TCS AI for Business Study, 2024, t1p.de/TCS_Study; *Voigt*, Qualitätssicherung, in: Gabler Wirtschaftslexikon, 2018, t1p.de/GablerVoigt; *Weber*, Data Governance-Referenzmodell – Organisatorische Gestaltung des unternehmensweiten Datenqualitätsmanagements, Diss., 2009; *Wellkamp*, Das Lebensmittelrecht als Schutzrecht – Herstellerpflichten und Schadensersatzansprüche der Verbraucher, LMuR 2000, 130.

Übersicht

I. Allgemeines

1. Zweck der Vorschrift

Art. 17 dient dem Zweck, ein einheitlich hohes Qualitätsniveau für Hochrisiko-KI-Systeme im Binnenmarkt zu erzielen. Das soll auf das angestrebte „**Ökosystem für Vertrauen**“ und letztlich auch auf das „**Ökosystem für Exzellenz**“[1] einzahlen, das die Europäische Kommission in ihrem Weißbuch zur Künstlichen Intelligenz anstrebt. Dieses Vertrauen ist nicht nur bei Nutzern und Betroffenen zu erzeugen und zu befriedigen, sondern auch bei Betreibern innerhalb und außerhalb des Binnenmarktes. Das stärkt die Wettbewerbsfähigkeit der Anbieter von KI-Systemen in der Union. Das Instrument, das die KI-VO für das hohe Qualitätsniveau vorgibt, ein Qualitätsmanagementsystem (QMS),[2] umfasst Elemente der internen und der externen Kontrolle – Anbieter kontrollieren ihre eigenen qualitätsrelevanten Verfahren und Maßnahmen nach den Vorgaben des Art. 17, und notifizierte Stellen überprüfen das System dieser internen Kontrolle. 1

Die Entwicklung eines KI-Systems unter Laborbedingungen kann mitunter Ergebnisse hervorbringen, die erheblich von denen abweichen, die im Realbetrieb erzielt werden.[3] Ein durchdachtes und angemessen umgesetztes Qualitätsmanagement kann dazu beitragen, dass ein KI-System **keine schädlichen Auswirkungen** hat, welche der Unionsgesetzgeber durch die KI-VO möglichst ausschließen will. Ein Qualitätsmanagementsystem im KI-Bereich soll als zentrales Mittel für die Sicherheit des Systems und seine Konformität mit der KI-VO sorgen. 2

Die KI-VO erfasst mit ihrem horizontalen Regulierungsansatz **Anbieter** im flächigen Querschnitt der Marktteilnehmer innerhalb und außerhalb des Binnenmarktes. Die Einbindung von KI-Systemen namhafter Anbieter nimmt in allen Branchen zu, wenngleich in unterschiedlicher Geschwindigkeit.[4] Gleichzeitig wird die Entwicklung und Inbetriebnahme eigener Systeme in Unternehmen und Behörden durch die Verbreitung von unterstützenden Tools und von deren stetig 3

---

1 EU-Komm., COM(2020) 65 final, S. 3.

2 Bis zur Jahrtausendwende war in der unternehmerischen Praxis eher der Begriff „Qualitätssicherungssystem“ geläufig. In der aktuellen europäischen Gesetzgebung werden die Begriffe „Qualitätsmanagement“ und „Qualitätssicherung“ teils nebeneinander verwendet (z. B. Anhang IX Nr. 3.3 VO (EU) 2023/1230).

3 *Wittenbrink/Kraus/Demirci/Straub*, in: BMWK, Leitfaden für das Qualitätsmanagement bei der Entwicklung von KI-Produkten und -Services, S. 7.

4 Das bestätigt eine große Zahl unterschiedlich angelegter Studien, z. B.: Laut einer Umfrage unter knapp 1.300 Führungskräften aus 12 Industriezweigen und 24 Ländern sind in 59 % der befragten Unternehmen KI-Projekte in der Implementierungsphase oder abgeschlossen (TCS Thought Leadership Institute, veröffentlicht 05/2024, S. 14, t1p.de/TCS_Study).

verbesserter Bedienungsfreundlichkeit, von wachsender Expertise und Erfahrung in absehbarer Zeit weithin möglich sein. Deshalb wird durch Art. 17 i.V.m. dem breit angelegten Anbieterbegriff der KI-VO[5] eine Vielzahl von Marktteilnehmern in die Einrichtung eines QMS gezwungen werden, die bisher nicht unionsrechtlich dazu verpflichtet sind. Wo sich bis jetzt Qualitätssicherungsvereinbarungen zwischen Vertragspartnern als ausreichend erwiesen haben, insbesondere weil ein Produkt sehr individuell auf die Bedürfnisse bestimmter Abnehmer zugeschnitten ist, kann durch Art. 17 ein enormer **bürokratischer und finanzieller**[6] **Aufwand** entstehen. Inwieweit diese Form der Administration durch die Ziele der Verordnung gerechtfertigt werden kann und ob nicht die Erfüllung der in Art. 17 zusammengeführten hohen Anforderungen der KI-VO ohne ein verpflichtendes Managementsystem der durch Art. 17 vorgeschriebenen Art ausreichend wäre, ohne die Verordnungsziele zu gefährden, wird sich erst erweisen müssen.

4 Art. 17 begründet Pflichten des Anbieters eines Hochrisiko-KI-Systems, die den gesamten Lebenszyklus seines Systems betreffen. Dass die in Art. 17 geregelten Verpflichtungen vollumfänglich dem Anbieter zugewiesen sind und gegebenenfalls auf andere Akteure gem. **Art. 25** übergehen, ergibt sich aus Art. 16 lit. c. Grundsätzlich ist Art. 17 von allen Anbietern von Hochrisiko-KI-Systemen anzuwenden. Einschränkend gilt, dass damit nur die Anbieter gemeint sind, deren KI-Systeme nach ihrer Selbsteinschätzung nicht unter die Ausnahmevorschrift des Art. 6 Abs. 3 fallen (siehe oben Art. 16 Rn. 8). Außerdem gelten einige spezielle Erleichterungen für kleine und Kleinstunternehmen gem. Art. 34 Abs. 2 und weitere für Kleinstunternehmen gem. Art. 63 Abs. 1, sofern sie keine Partnerunternehmen oder verbundenen Unternehmen haben (siehe unten Rn. 63). Die Innovationstätigkeit von neuen Marktteilnehmern soll auf diese Weise von bürokratischem Aufwand ein wenig entlastet werden.

2. Entstehungsgeschichte

5 Im Verlauf des Gesetzgebungsprozesses gehörte Art. 17 zu den wenig umstrittenen Vorschriften. Die Anforderungen an ein QMS in Art. 17 Abs. 1 wurden gegenüber dem Kommissionsentwurf nur geringfügig verändert. In Art. 17 Abs. 2 ist auf Vorschlag des Europäischen Parlaments eine Klarstellung hinzugekommen, dass der Anbieter eines Hochrisiko-KI-Systems grundsätzlich einen seiner eigenen Größe angemessenen Aufwand zu betreiben hat, um die Qualität des Systems zu sichern, dass darunter aber nicht das Schutzniveau der Verordnung leiden darf. Art. 17 Abs. 3 über die Möglichkeit der Integration des QMS in ein QMS aufgrund sektorspezifischen Unionsrechts wurde auf Initiative des Rates

5 Art. 3 Nr. 3.

6 Diesen erkennt der Unionsgesetzgeber in ErwG 146 selbst an.

in Art. 17 eingefügt. Diese Art der Verbindung oder Integration war teils schon vorher im Verordnungsentwurf vorgesehen[7] und wurde auch an anderen Stellen ähnlich wie in Art. 17 später aufgenommen.[8] In der Sondervorschrift des Art. 17 Abs. 4 für Finanzinstitute hat der Rat eine Verschärfung der Anbieterpflichten gegenüber dem Kommissionsentwurf durchgesetzt. Waren diese Anbieter nach den Vorschlägen der Kommission unter bestimmten Voraussetzungen noch vollumfänglich von den KI-spezifischen Vorgaben des Art. 17 Abs. 1 befreit, müssen sie nach dem endgültigen Verordnungstext ausgewählte Pflichten des Art. 17 stets erfüllen.

3. Verhältnis zu anderen Vorschriften

Die Vorgaben des Art. 17 dienen zunächst der **Präzisierung und Eingrenzung**, 6
welche Maßnahmen der Anbieter zu ergreifen hat, um mit seinem Hochrisiko-KI-System das Konformitätsbewertungsverfahren erfolgreich zu durchlaufen. Doch die Funktion des Art. 17 geht darüber hinaus. Die Vorschrift leistet einen Beitrag zur **Rechtsklarheit** mit Blick auf die im deutschen Recht geregelte Haftung des Anbieters gegenüber anderen Akteuren, namentlich Betreibern und Nutzern, sowie gegenüber Betroffenen.

Der Maßstab für die Verkehrssicherungspflichten des Anbieters in der **Produ-** 7
zentenhaftung nach § 823 BGB wird künftig im Kontext von Hochrisiko-KI-Systemen näher zu bestimmen sein. Eine vollumfängliche Erfüllung der in Art. 17 geregelten und durch künftige Normen i. S. d. Art. 40 präzisierten Anforderungen wird dabei im Zusammenhang mit dem haftungsbegründenden Verschulden zugunsten des Anbieters auszulegen sein.[9] Der Fehlerbegriff in der **Produkthaftung** nach § 3 ProdHaftG wird mit der Vermutung der Fehlerhaftigkeit bei fehlender Product Compliance[10] im 2024 reformierten EU-Produkthaftungsrecht im Einzelnen auszufüllen sein. Zudem setzt eine sachgerechte Festlegung des Haftungsumfangs des Anbieters eines Hochrisiko-KI-Systems gegenüber dem Hersteller eines Produkts, in dem es verwendet wird, angesichts des ausgeweiteten Herstellerbegriffs innerhalb der Lieferkette in der Produkthaftungs-RL 2024 klare Aufgaben und Zuständigkeiten des Anbieters voraus.[11] Für beides ist Art. 17 ein horizontal anwendbarer Maßstab, dessen Auslegung und damit Harmonisierungsgrad künftig gem. Art. 40 weiter präzisiert werden wird.

---

7 Z. B. Art. 11 Abs. 2.

8 Z. B. Art. 8 Abs. 2, Art. 9 Abs. 10.

9 Vgl. *Wellkamp*, LMuR 2000, 130.

10 Art. 9 Abs. 2 b ProdHaftRL 2024.

11 Ggf. bestimmen der Anbieter des Hochrisiko-KI-Systems als Zulieferer und der Hersteller des Produkts als dessen Auftraggeber für ihr Innenverhältnis die Lastenverteilung, *Ernsthaler*, in: Masing, Handbuch Qualitätsmanagement, S. 130 f.

8 Bei integrierten hochriskanten KI-Komponenten werden die Anforderungen der KI-VO außerdem mit denen des **Produktsicherheitsgesetzes** in Einklang zu bringen sein.[12] § 3 Abs. 2 ProdSG schreibt auf nationaler Ebene für den nicht-regulierten Produktbereich fest, dass ein Produkt nur auf dem Markt bereitgestellt werden darf, wenn es keine Gefahr für Sicherheit und Gesundheit von Personen darstellt. Nicht nur das in der KI-VO vorgeschriebene CE-Kennzeichen zeugt von der Erfüllung der Sicherheitsanforderungen. Art. 17 Abs. 1 regelt darüber hinaus, wie die Anforderungen des § 3 Abs. 2 Satz 1 ProdSG bei Hochrisiko-KI-Systemen sicherzustellen und nachvollziehbar zu machen sind.

9 Wenn es um den innerbetrieblichen Schadensausgleich im Rahmen der **Arbeitnehmerhaftung** aufgrund des § 823 BGB geht, trägt Art. 17 dagegen kaum zur Klärung bei. Der Arbeitgeber kann sich seiner Verantwortung für die innerbetrieblichen Anstrengungen zur Schadensprävention nicht entziehen. Deshalb hat der Arbeitnehmer im Ergebnis Anspruch auf Freistellung von der Schadensersatzpflicht.[13] Die Berücksichtigung der Rechenschaftspflichten im QMS und ihre konkrete Zuweisung an einzelne Funktionsträger im Unternehmen mag für die Arbeitnehmerhaftung mit herangezogen werden. Sie ist aber nur ein weniger gewichtiger unter mehreren Aspekten.

II. Art. 17 Abs. 1

1. Qualitätsmanagement und seine Umsetzung

10 Qualitätsmanagement umfasst allgemein alle organisatorischen und technischen Maßnahmen, die der Schaffung und Erhaltung der Konzept- und Ausführungsqualität dienen. Die vom Qualitätsmanagement erfassten Teilfunktionen reichen von der Qualitätsplanung über die Qualitätssteuerung bis zur Qualitätskontrolle.[14] Dementsprechend betreffen die zu ergreifenden und nachzuweisenden Maßnahmen des Art. 17 Abs. 1 sowohl die Phase des Produktdesigns und der Produktentwicklung als auch den Betrieb eines Hochrisiko-KI-Systems. Der Begriff des Qualitätsmanagements an sich kommt in der KI-VO nur im Zusammenhang mit den Anforderungen an notifizierte Stellen vor (Art. 31 Abs. 2). Im Übrigen beschränkt der Gesetzgeber die Verpflichtungen der Anbieter von Hochrisiko-KI-Systemen auf die Einrichtung und den Betrieb eines Systems für das Qualitätsmanagement, also eines strukturierten Systems, das die Umsetzung des Qualitätsmanagements ermöglicht, ohne Vorgaben für das übergeordnete Qualitätsmanagement an sich zu machen.

12 Vgl. *Reusch*, RDi 2023, 152.

13 *Wagner*, in: MüKo-BGB, § 823 Rn. 167.

14 *Voigt*, in: Gabler, Stichwort „Qualitätssicherung“.

Es liegt im Wesen des Qualitätsmanagements, vorzubeugen, präventiv zu wirken, um Haftungsfälle zu vermeiden, aber auch um Kunden[15] zufriedenzustellen und Vertrauen zu rechtfertigen. Insgesamt und übergeordnet dienen die Anforderungen des Art. 17 der Transparenz i. S. v. **Erklärbarkeit und Nachvollziehbarkeit** als Ausfluss der Verantwortlichkeit des Anbieters gem. Art. 16. ErwG 81 gibt als Ziel der Vorgaben an das QMS aus, dass der Anbieter durch Erfüllung der Mindestanforderungen die Durchführung des Konformitätsbewertungsverfahrens sicherstellt, die einschlägige Dokumentation erstellt und ein robustes System zur Beobachtung nach dem Inverkehrbringen einrichtet. Die im QMS umzusetzenden formalen Anforderungen erfassen nicht nur das Compliance-Konzept und andere verfahrensbezogene Aspekte sowie das Datenmanagement, sondern sie schließen auch das Ressourcenmanagement mit ein. Die Anforderungen des Art. 17 sind alle auf das vom Qualitätsmanagement gegenständlich erfasste KI-System bezogen. Setzt der Anbieter zum Zweck des Qualitätsmanagements ein künstlich intelligentes System ein, dann unterliegt das gesonderten Anforderungen und ist an geeigneter Stelle im Rahmen des QMS kenntlich zu machen. 11

2. Verpflichtung zur Einrichtung eines Qualitätsmanagementsystems

Art. 17 Abs. 1 verpflichtet Anbieter von Hochrisiko-KI-Systemen zur Einrichtung eines QMS, das die Einhaltung der KI-VO gewährleistet. Abs. 1 stellt damit klar, dass das QMS zwei Funktionen erfüllen muss. Gegenstand des vorgeschriebenen Systems ist erstens, die Voraussetzungen dafür zu schaffen, dass das hohe **Schutzniveau** der Verordnung (die Regulierungsvorschriften) beim Inverkehrbringen oder bei der Inbetriebnahme eines Hochrisiko-KI-Systems gewährleistet wird. Dazu gehört neben dem vorschriftsmäßigen Ablauf der inhaltlich formalisierten Konformitätsbewertung auch die Einhaltung der gesetzlichen Vorgaben bei nachträglichen Änderungen am Hochrisiko-KI-System. Zweitens muss das QMS gewährleisten, dass die hohen Qualitätsstandards während des **gesamten Lebenszyklus** des KI-Systems aufrechterhalten bleiben. Dieses Ziel soll insbesondere durch die Dokumentationsfunktion des QMS, durch die systemisch angelegte Beobachtung des KI-Systems sowie durch die Vorbereitung auf schwerwiegende Vorfälle oder Fehlfunktionen erreicht werden. 12

3. Dokumentation

Die Dokumentation des Qualitätsmanagements im QMS dient vornehmlich dem Zweck, Normkonformität von Anfang an und bereits vor dem Inverkehrbringen oder der Inbetriebnahme des KI-Systems sicherzustellen. Daneben geht es auf 13

15 Der Begriff des Kunden taucht in der KI-VO allein in Art. 17 Abs. 1 lit. j auf.

der Unternehmensebene darum, die Voraussetzung **für kontinuierliche Compliance und Verbesserung** zu schaffen sowie übergeordnete Unternehmensziele und Benchmarks für die Mitarbeiter transparent zu machen. Daraus leiten sich drei Gestaltungsfelder der Dokumentation im QMS ab. Es geht um die Definition von Standards, um deren Anwendung und um das Dokumentenmanagement.[16]

14 Das QMS ist in Form schriftlicher Regeln, Verfahren und Anweisungen „systematisch und ordnungsgemäß" zu dokumentieren. Art. 17 Abs. 1 legt darüber hinaus keine spezifischen Anforderungen an die Art der Dokumentation des Systems fest. Die Kommission ist jedoch verpflichtet, unverzüglich Normungsaufträge zu erteilen, die alle Anforderungen gemäß Kapitel III Abschnitt 2 und jedenfalls auch Art. 17 Abs. 1 lit. l abdecken (Art. 40 Abs. 2). Bis diese Normung abgeschlossen ist, ist die Vorgabe einer systematischen und ordnungsgemäßen Dokumentation zum einen daran zu orientieren, was i. S.e. ordentlichen Unternehmensführung **branchenüblich** ist. Zum anderen ermöglicht Art. 17 Abs. 3 ausdrücklich die Integration der Dokumentation des QMS in entsprechende Dokumentationen nach sektorspezifischem Unionsrecht. Auch vor diesem Hintergrund werden in der Praxis je nach Zeitpunkt und Umfang der angekündigten Normen mindestens übergangsweise die international und branchenübergreifend geltenden Normen **der ISO-9000-Reihe** als bewährte, bei Auftraggebern für die Lieferantenbeurteilung bekannte Grundlage eine gute Ausgangsbasis für das QMS und seine Dokumentation bieten.

4. Mindestanforderungen an das Qualitätsmanagementsystem

a) Einhaltung der Konformitätsbewertung (Art. 17 Abs. 1 lit. a)

15 Art. 17 Abs. 1 lit. a nimmt die Konformitätsbewertungsverfahren nach Art. 43 in Bezug und macht die dauerhafte Einhaltung ihrer Vorgaben zum Gegenstand des QMS. Der Terminus Regulierungsvorschriften erfasst nur die Anforderungen der KI-VO.[17] Andere Regulierungsvorschriften des Unionsrechts werden in der Verordnung und in Art. 17 Abs. 3 gesondert in Bezug genommen. Dass die Konformitätsbewertung und das QMS in der KI-VO untrennbar miteinander verzahnt sind, wird besonders an dieser Stelle deutlich. Unabhängig von der Art des Konformitätsbewertungsverfahrens i. S. d. Art. 43 ist das QMS wesentlicher Gegenstand der Konformitätsbewertung. Gleichzeitig ist die oberste Anforderung an eben dieses QMS ein Konzept, das die Einhaltung des jeweiligen Konformitätsbewertungsverfahrens einschließt. Verfahrensmäßig bedeutet Art. 17 Abs. 1 lit. a, dass zunächst das Konzept für die Einhaltung des Konformitätsbewertungsverfahrens, insbesondere der Anforderungen des Kapitels III Abschnitt 2,

16 Vgl. *Bruns/Killich/Künzer*, in: Masing, Handbuch Qualitätsmanagement, S. 316.
17 Vgl. Art. 57 Abs. 9 lit. a.

zu erstellen ist. Die Dokumentation dieses Konzepts wird dann Teil der Konformitätsbewertung selbst.

b) Prozessschritte i. S. d. Art. 17 Abs. 1 lit. b, c und d

In Art. 17 Abs. 1 lit. b, c und d arbeitet der Gesetzgeber die einzelnen Prozessschritte ab, die für Design, Entwicklung und Betrieb eines Hochrisiko-KI-Systems im QMS darzustellen sind. Art. 17 Abs. 1 lit. b betrifft das Entwurfsstadium des KI-Systems, in lit. c ist die Entwicklung einschließlich im Entwicklungsstadium systemseitig anzulegender Verfahren zur Qualitätskontrolle und -sicherung erfasst, und in lit. d geht es um Verfahren zu Untersuchungs-, Test- und Validierungsverfahren, die schon vor der Entwicklung und auch noch im laufenden Betrieb Gegenstand des Qualitätsmanagements zu sein haben. **16**

Eine detaillierte Beschreibung der Bestandteile des KI-Systems und seines Entwicklungsprozesses ist eine Mindestanforderung an die technische Dokumentation (Art. 11 Abs. 1 i.V.m. Anhang IV Nr. 2). Diese schließt auch Entwurfsspezifikationen des Systems ein. Bis die Kommission spezifische Normen für die Anwendung des Abschnitts 2 gem. Art. 40 Abs. 2 anerkennt, bietet sich als Leitfaden für die Umsetzung der Art. 17 Abs. 1 lit. b, c und d die Norm **ISO 9001:2015**[18] an, die an die besonderen Anforderungen des Art. 11 Abs. 1 i.V.m. Anhang IV Nr. 2 anzupassen ist. **17**

Gem. Anhang IV Abs. 2 lit. g sind in der technischen Dokumentation i. S. d. Art. 11 die verwendeten Validierungs- und Testverfahren mit Informationen zu den dabei verwendeten Daten und deren Hauptmerkmalen darzustellen. Ergänzend hierzu sind nach Art. 17 Abs. 1 lit. d Untersuchungsverfahren im QMS darzustellen. Das betrifft insbesondere die Nachforschungsverfahren, die im Zusammenhang mit erforderlichen Korrekturmaßnahmen und mit schwerwiegenden Vorfällen einzuleiten sind.[19] Im QMS ist die technische Dokumentation außerdem um die Angabe zu ergänzen, wie regelmäßig die Verfahren angewendet werden. **18**

Das **Beispiel** eines Medizinprodukteherstellers zeigt, dass gerade das Zusammenspiel von Art. 17 Abs. 1 lit. b, c und d einerseits und harmonisiertem Unionsrecht andererseits nicht zwingend eine umfassende Neugestaltung bestehender QMS erfordert, sofern die einschlägigen Vorgaben der Verordnung über Me- **19**

18 DIN EN ISO 9001:2015 beschreibt branchen- und produktunabhängig Anforderungen an ein Qualitätsmanagementsystem in Gestalt von verbindlichen Mindestanforderungen zur Umsetzung von Qualitätsmanagement in einer Organisation. Für Software wird diese Norm ergänzt durch den technisch ausgerichteten Leitfaden ISO 90003:2018.

19 Art. 20, Art. 73.

dizinprodukte (MDR[20]) bereits erfüllt werden. Neben einem Durchführungsbeschluss der Kommission zu der genannten Verordnung[21] gibt es mit der Norm ISO 13485:2016 „Medizinprodukte: Qualitätsmanagementsysteme – Anforderungen für regulatorische Zwecke" ein international anerkanntes Regelwerk, anhand dessen Hersteller von Medizinprodukten ihr in der MDR vorgeschriebenes QMS umsetzen können. Diese ISO-Norm ist, vereinfacht gesagt, eine speziellere Fassung der Norm ISO 9001:2015. Wer die in ISO 13485:2016 aufgeführten Aspekte in seinem bestehenden QMS bereits vollumfänglich abgebildet und, wenn es sich um Software handelt, die Vorgaben der Norm IEC 62304[22] dabei berücksichtigt hat, braucht die KI-spezifischen Anforderungen nach den Vorgaben des Art. 17 nur in die vorhandenen Strukturen einzupassen.[23]

c) Technische Spezifikationen und Normen (Art. 17 Abs. 1 lit. e)

20 Art. 17 Abs. 1 lit. e schreibt die Berücksichtigung der technischen Spezifikationen und Normen im QMS vor, die anzuwenden sind, sowie gegebenenfalls die gesonderte Darstellung der Mittel zur Einhaltung der Normkonformität mit Abschnitt 2. Die Vorschrift trägt dem potenziell breiten Überlappungsbereich von harmonisierten Normen[24] für bestimmte Produktgruppen einerseits und den Anforderungen an Hochrisiko-KI-Systeme andererseits Rechnung, wie sie in Abschnitt 2 geregelt sind. Art. 17 selbst verpflichtet (über die bloße Benennung der anderweitig anzuwendenden technischen Spezifikationen und Normen hinaus) auch an dieser Stelle nur zur **Berücksichtigung der KI-spezifischen Aspekte** im QMS. Das lässt sich dem Wortlaut nach klarer den Fassungen der Vorschrift entnehmen, die Kommission, Parlament und Rat eingebracht haben, bevor die

20 Medical Device Regulation, VO (EU) 2017/745.

21 Durchführungsbeschluss (EU) 2021/1182 über die harmonisierten Normen für Medizinprodukte zur Unterstützung der VO (EU) 2017/745.

22 IEC 62304 ist eine europaweit harmonisierte Norm für Medizingeräte-Software. Sie stellt Mindestanforderungen speziell an Prozesse für Entwicklung und Wartung während des Lebenszyklus von eigenständiger Medizingeräte-Software (z. B. Apps) wie auch von Software, die Teil eines Medizinprodukts ist.

23 Art. 17 Abs. 3 gestattet diese Form der Integration.

24 „Harmonisierte Norm" bezeichnet eine harmonisierte Norm im Sinne des Art. 2 Abs. 1 lit. c der Verordnung (EU) Nr. 1025/2012 (Art. 3 Nr. 27), also eine europäische Norm, die auf der Grundlage eines Auftrags der Kommission zur Durchführung von Harmonisierungsrechtsvorschriften der Union angenommen wurde. Beispiel: Durchführungsbeschluss (EU) 2021/1182 über die harmonisierten Normen für Medizinprodukte zur Unterstützung der VO (EU) 2017/745.

sprachlich etwas missglückte „Kompromissfassung“[25] formuliert wurde. Zudem können sich Anbieter von Hochrisiko-KI-Systemen generell auf die Vermutung der Konformität mit Abschnitt 2 berufen, soweit dessen Vorschriften von harmonisierten Normen i. S. d. VO (EU) Nr. 1025/2012 abgedeckt sind (Art. 40 Abs. 1). Für den Fall, dass der Anbieter die harmonisierte Norm nicht oder nur teilweise angewandt hat oder er gemeinsame Spezifikationen nicht angewandt hat, ist dies im Rahmen des Konformitätsbewertungsverfahrens zu berücksichtigen, Art. 43 Abs. 1.

Die Integration der **Mittel**, mit denen Compliance mit Abschnitt 2 gewährleistet werden soll, ist nur vorgegeben, soweit dessen Anforderungen nicht ohnehin deckungsgleich mit den für den jeweiligen Anbieter einschlägigen harmonisierten Normen sind oder soweit diese nicht vollumfänglich angewandt werden. Art. 17 Abs. 1 lit. e eröffnet in seiner englischen Sprachfassung diese Auslegungsmöglichkeit, dass eine Darstellung der Mittel nur erforderlich ist, „**soweit**“ die Anforderungen des Abschnitts 2 nicht bereits im QMS abgedeckt sind. Da es für eine Mehrfachdarstellung auch nur von Teilen derselben Anforderungen kein Bedürfnis gibt und sie im Gegenteil das QMS ohne Not unübersichtlicher gestalten würde, ist diese Auslegung entgegen dem deutschen Wortlaut „falls“ zugrunde zu legen. Diese Lesart entspricht der in Art. 40 Abs. 1 vorgesehenen Verfahrensvereinfachung qua gesetzlicher Vermutung. 21

Anders als in Art. 17 Abs. 3 ist in Abs. 17 Abs. 1 lit. e nicht eine Überlappung von bloß formalen Anforderungen in Bezug auf das QMS gemeint. Vielmehr geht es hier um den materiellrechtlichen Abgleich von Vorgaben, die Produkte und KI-Systeme zu erfüllen haben. Der Abgleich findet außerhalb des QMS nach Art. 17 statt. Werden dabei Lücken zwischen sektorspezifischem Unionsrecht und KI-VO festgestellt, dann erhöht das zwar den Aufwand in Bezug auf die Darstellung der Aspekte zur Einhaltung des Abschnitt 2. Aber ein Verstoß gegen technische Spezifikationen oder Normen außerhalb der KI-VO wird nicht nach dieser Verordnung sanktioniert. 22

Solange die Kommission technische Spezifikationen und Normen zur Durchführung der KI-VO noch nicht angenommen hat, wird sich **ISO 42001:2023** als Managementsystemnorm für Entwickler und Betreiber von KI-Systemen als ihrer Natur nach intransparente und nur bedingt erklärbare Systeme als hilfreich erweisen. Die Norm enthält Verfahren, Regeln, Definitionen und Leitlinien für das Risikomanagement und weitere Aspekte, die gem. Art. 17 zu berücksichtigen sind. Sie kann in andere QMS integriert werden, beispielsweise in den allgemeineren Standard ISO 9001:2015. 23

25 „[…] die Mittel, mit denen gewährleistet werden soll, dass das Hochrisiko-KI-System diese Anforderungen erfüllt“ vs. „[…] the means to be used to ensure that the high-risk AI system complies with those requirements“, sodass in der Endfassung unklar bleibt, welches „diese“ Anforderungen sind – es geht um die Anforderungen des Abschnitt 2.

d) Datenmanagement (Art. 17 Abs. 1 lit. f)

aa) Datenqualität im Qualitätsmanagementsystem

24 Die Verpflichtung zur Einrichtung eines QMS umfasst auch eine Vorschrift zur Datenqualität. Nach Art. 17 Abs. 1 lit. f hat der Anbieter eines Hochrisiko-KI-Systems Systeme und Verfahren für das Datenmanagement abzubilden. Auf diese Weise soll nicht nur sichergestellt werden, dass das Konzept zur Vereinbarkeit des Hochrisiko-KI-Systems mit Art. 10 im QMS dargestellt wird, wie es sich bereits aus Art. 17 Abs. 1 lit. a ergibt. Sondern Art. 17 Abs. 1 lit. f geht darüber hinaus: Grundsätzlich ist Art. 17 mit seiner Ausrichtung auf die systematische Umsetzung des Qualitätsmanagements in einem QMS stark verfahrensbezogen geprägt. So verlangt die Vorschrift beispielsweise in Abs. 1 lit. a lediglich das Konzept zur Einhaltung der Konformitätsbewertungsverfahren und nicht die Einhaltung der Konformität selbst. Diese ist das übergeordnete Ziel des Qualitätsmanagementsystems (Art. 17 Abs. 1 Satz 1). In Abs. 1 lit. f dagegen zielt der Unionsgesetzgeber mit der Vorgabe, Systeme und Verfahren für das Datenmanagement mit in das QMS einzubeziehen, auf das **Herzstück der unternehmerischen Tätigkeit** des Anbieters von Hochrisiko-KI-Systemen ab. Hier erschöpft sich das QMS nicht in der Darstellung bloß formaler Abläufe, die es zu dokumentieren gilt, sondern es geht mitunter um Verfahren, welche das Kerngeschäft des Anbieters ausmachen können. An dieser Stelle ist in besonderem Maße das Gesetz zum Schutz von Geschäftsgeheimnissen **(GeschGehG)** von denjenigen zu respektieren, denen die KI-VO[26] Zugang zum QMS eines Anbieters verschafft. Insbesondere notifizierte Stellen sind gem. Art. 78 zur Vertraulichkeit verpflichtet.

25 Zugleich ist der Einbezug des Datenmanagements in das QMS mit allen seinen wichtigen Funktionen innerhalb des „Ökosystems für Vertrauen“ und des „Ökosystems für Exzellenz“[27] ein wesentlicher Beitrag zur Absicherung qualitativ hochwertiger, anhaltend innovativer und gesellschaftlich akzeptierter Systeme. Denn dadurch wird das Datenmanagement zu einer **organisationsübergreifenden Leitungsaufgabe** und kann ihr volles Potenzial entfalten. Das unternehmensweite Management von Datenqualität über alle Entwicklungs- und Nutzungsstadien hinweg hebt es nicht nur in die Führungsetage des Unternehmens, sondern es gewährleistet auch eine einheitlich hohe, weil zuständigkeitsunabhängige Datenqualität.[28]

---

26 Oder auch die geplante Richtlinie über KI-Haftung: Vorschlag für eine RL zur Anpassung der Vorschriften über außervertragliche zivilrechtliche Haftung an künstliche Intelligenz, COM(2022) 496 final v. 28.9.2022.

27 EU-Komm., Weißbuch zur Künstlichen Intelligenz, COM(2020) 65 final, S. 3.

28 *Weber*, Data Governance-Referenzmodell – Organisatorische Gestaltung des unternehmensweiten Datenqualitätsmanagements, S. 44.

bb) Datenqualitätsmanagement als dauerhafte Aufgabe

Im QMS sind Systeme und Verfahren für das Datenmanagement darzustellen. Zwar legt die Formulierung „und sonstiger Vorgänge in Bezug auf die Daten, die im Vorfeld und für die Zwecke des Inverkehrbringens oder der Inbetriebnahme von Hochrisiko-KI-Systemen durchgeführt werden“[29] in Art. 17 Abs. 1 lit. f nahe, dass sämtliche der beschriebenen Aspekte des Datenmanagements Vorgänge betreffen, die lediglich im Vorfeld des Inverkehrbringens oder der Inbetriebnahme in das Qualitätsmanagement einzubeziehen sind. Das jedoch widerspräche der Anbieterpflicht, die Anforderungen des Art. 10 als Teil des Abschnitts 2 dauerhaft zu erfüllen. Deshalb ist das Qualitätsmanagement in Bezug auf sämtliche Vorgänge des Datenhandlings und -managements nicht nur vor dem Inverkehrbringen oder der Inbetriebnahme, also vornehmlich im Entwicklungsprozess zu gewährleisten. Sondern wie in Art. 9 für das Risikomanagement ausdrücklich geregelt, ist auch das Datenmanagement ein **kontinuierlicher iterativer Prozess**,[30] der entsprechend im QMS für die gesamte Lebensdauer des KI-Systems anzulegen ist. Nur so kann der Anbieter einer Hochrisiko-KI Compliance mit Art. 10 gewährleisten. 26

cc) Datensicherheit

Die Datensicherheit ist in Art. 17 Abs. 1 lit. f nicht ausdrücklich als Gegenstand des QMS aufgeführt. Anders als bei den genannten Regelbeispielen in der Vorschrift geht es bei der Datensicherheit nicht um einen „Vorgang“ in Bezug auf Daten, sondern um **Rahmenbedingungen**, innerhalb derer die in Art. 17 Abs. 1 lit. f aufgeführten Vorgänge stattfinden. Für diese Vorgänge ist eine sichere Umgebung mit Schutz vor unberechtigten Zugriffen, vor Verlust und vor Beschädigung von Daten einzurichten. Datensicherheit beginnt bei der Datenquelle, ist aber während der gesamten Lebensdauer eines Hochrisiko-KI-Systems sicherzustellen. Die Verpflichtung, sie nachvollziehbar zu gewährleisten, ist entsprechend Bestandteil unterschiedlicher Regelungen in der KI-VO. 27

Obgleich der Begriff der Datensicherheit in der KI-VO nicht auftaucht, hat der Unionsgesetzgeber die diesbezüglichen Anforderungen am deutlichsten verankert, wo er **robuste Systeme** vorschreibt. Die Robustheit kann durch technische Redundanz (zum Beispiel durch mehrfach verfügbare oder auf mehrere Server verteilte Datensätze) erreicht werden, was auch Sicherungs- und Störungssicherheitspläne umfassen kann, Art. 15 Abs. 4. Eine robuste Systemarchitektur umfasst neben Redundanz auch Schutz- und Diagnosefunktionen, um Zuverlässig- 28

29 Die Vorschrift nennt regelbeispielhaft die Gewinnung, Erhebung, Analyse, Kennzeichnung, Speicherung, Filterung, Auswertung, Aggregation und Vorratsspeicherung von Daten.

30 *Müller-Peltzer/Tanczik*, RDi 2023, 452.

keit, Sicherheit und Verfügbarkeit eines Produkts oder eines Systems zu gewährleisten.[31]

29 Datensicherheit ist außerdem durch technische und organisatorische Maßnahmen in dem Umfang zu gewährleisten, wie er von der **DSGVO** für die Verarbeitung personenbezogener Daten vorgegeben wird, soweit der Anwendungsbereich der Datenschutz-Grundverordnung reicht. Insoweit ist auf dem schmalen Grat insbesondere zwischen redundant abgesicherten Daten einerseits und Datenminimierung als datenschutzrechtlichem Leitsatz andererseits das rechte Maß zu finden.

30 Im QMS ist auch ohne ausdrückliche Erwähnung in Art. 17 an geeigneten Stellen zu erfassen, durch welche Systeme und Verfahren ein solches sicheres und rechtssicheres Umfeld für das Datenmanagement geschaffen und aufrechterhalten wird, wie es allgemein üblich ist.[32]

e) Risikomanagementsystem (Art. 17 Abs. 1 lit. g)

31 Ein solides Risikomanagement in Bezug auf das Hochrisiko-KI-System als Teil des QMS ist eine wichtige Voraussetzung nicht nur für die Konformität des Systems mit der KI-VO. Es ist auch wesentliche Voraussetzung für eine wirksame Begrenzung der Haftung des Anbieters (siehe oben Rn. 6 ff.). Ein QMS, das auch das Risikomanagementsystem umfasst, ist demnach eine wirksame Maßnahme zur unternehmerischen Risikominimierung in der Softwareentwicklung.[33]

32 Art. 9, durch Art. 16 lit. a dem Verantwortungsbereich des Anbieters eines Hochrisiko-KI-Systems zugewiesen, schreibt ein Risikomanagementsystem vor. Die Ermittlung und Analyse der bekannten und angesichts der Zweckbestimmung des Systems vernünftigerweise vorhersehbaren Risiken (Art. 9 Abs. 2 lit. a) ist der Ausgangspunkt des Risikomanagements, die Ergreifung geeigneter und gezielter Maßnahmen zur Bewältigung dieser Risiken (Art. 9 Abs. 2 lit. d) der daraus abzuleitende Auftrag. Das System zur Umsetzung der Risikobewertung und der daraus abzuleitenden Maßnahmen ermöglicht die gezielte Identifikation aller relevanten Qualitätskriterien für künstlich intelligente Systeme.[34] Das nach Art. 17 einzurichtende QMS setzt an dieser Stelle an.

33 Die Integration des Risikomanagements in ein QMS ist gängige Praxis und ist in der Norm ISO 9001:2015 vorgeschrieben. Wo jedoch, wie in der KI-VO, die Umsetzung des Risikomanagements in einem Risikomanagementsystem bereits

31 *Zinniker*, in: Masing, Handbuch Qualitätsmanagement, S. 581.

32 *Schreiber/Schreiber*, in: Masing, Handbuch Qualitätsmanagement, S. 217.

33 *Hohler*, in: Masing, Handbuch Qualitätsmanagement, S. 460.

34 *Hauser/Saerbeck*, Vertrauen in KI durch Qualitätsmanagement, Digitale Welt Magazin, 2023, t1p.de/HauserSaerbeck.

isoliert vorgeschrieben ist, ist die Anforderung an das QMS auf die Darstellung dieses Systems beschränkt. So können sich unübersichtliche Doppelungen zwischen Risikomanagement- und Qualitätsmanagementsystem vermeiden lassen. An sich ist die Darstellung des Risikomanagementsystems gem. Art. 9 als Teil der technischen Dokumentation i. S. d. Art. 11[35] bereits nach Art. 17 Abs. 1 lit. a obligatorischer Bestandteil des QMS. Das Risikomanagementsystem ist Gegenstand der Konformitätsbewertung. Art. 17 Abs. 1 lit. g nimmt diese Anforderung des Abschnitts 2 dennoch gesondert in Bezug. Dabei referenziert Art. 17 Abs. 1 lit. g das System als solches, das gem. Art. 9 einzurichten, anzuwenden, zu dokumentieren und aufrechtzuerhalten ist. Dass Art. 17 Abs. 1 lit. g diesen Aspekt ausdrücklich zum verpflichtenden Gegenstand des QMS macht, spiegelt die herausgehobene Stellung des Risikomanagements in Kapitel III Abschnitt 2 wider.

Wenn Art. 17 vorschreibt, das Risikomanagementsystem nach den Vorgaben des Art. 9 zum Bestandteil des QMS zu machen, dann ist das auch in formaler Hinsicht umfassend abzubilden. Auf diese Weise lassen sich der in Art. 9 vorgeschriebene kontinuierliche iterative Prozess der Risikobewertung und -behandlung und zugleich eine Überprüfung dieses Prozesses selbst systemseitig sicherstellen und mit anderen Prozessen zur Einhaltung oder zur Wiederherstellung der Normkonformität mit der KI-VO[36] in Beziehung setzen. 34

f) Beobachtung des Hochrisiko-KI-Systems (Art. 17 Abs. 1 lit. h)

aa) Gesetzlicher Auftrag des Art. 17 Abs. 1 lit. h

Art. 17 Abs. 1 lit. h schreibt für das QMS Angaben über die Einrichtung, Anwendung und Aufrechterhaltung eines Systems zur Beobachtung nach dem Inverkehrbringen gem. Art. 72 vor. Diese Vorschrift regelt das System zur Beobachtung eines Hochrisiko-KI-Systems nach seinem Inverkehrbringen und den Plan, der Grundlage für das System zur Beobachtung ist. Die Verpflichtung nach Art. 17 Abs. 1 lit. h hat der Anbieter allein in seiner Eigenschaft als Hersteller eines Hochrisiko-KI-Systems zu erfüllen, nicht weil er das System in Betrieb nimmt. 35

Art. 72 gehört zu den Vorschriften, welche darauf abzielen, dass der Anbieter die Einhaltung der Anforderungen des Kapitels III Abschnitt 2 vom Design über die Entwicklung bis in den laufenden Betrieb eines Hochrisiko-KI-Systems durch Dritte absichert. Dass die in dieser Norm vorgeschriebenen Sorgfaltspflichten im QMS Niederschlag finden müssen, versteht sich von selbst. Doch anders als vor allem in Art. 17 Abs. 1 lit. g, in dem das bereits nach einer anderen Vorschrift der Verordnung verpflichtende System schlicht in Bezug genommen wird, stellt Art. 17 Abs. 1 lit. h (erneut) diese Verpflichtung ausdrücklich im Ein- 36

35 Anhang IV Nr. 5.
36 Insb. gem. Art. 20, Art. 72 und Art. 73.

zelnen auf. Dadurch wird der genaue **Umriss der Verpflichtungen** unklar. Während Art. 72 zur Einrichtung und zur Dokumentation des Beobachtungssystems verpflichtet, schreibt Art. 17 Abs. 1 lit. h unter Bezugnahme auf Art. 72 für das QMS seine Einrichtung, Anwendung und Aufrechterhaltung vor. Im Ergebnis wird es bei der praktischen Umsetzung der Anforderungen des Art. 17 Abs. 1 lit. h darauf hinauslaufen, dass das nach Art. 72 eingerichtete und dauerhafte angewandte System zur Beobachtung nur im QMS dokumentiert wird. Eine darüber hinausgehende Dokumentation ist entbehrlich.

bb) Aktive Beobachtung aufgrund eines Plans

37 Im Qualitätsmanagement sind verschiedene Arten der Beobachtung üblich. In Art. 72 sind die wesentlichen Elemente der **aktiven Produktbeobachtung**[37] durch den Hersteller vorgegeben. Dabei werden das Produkt selbst und seine Verwendung in der Praxis insbesondere

- durch Auswertung wissenschaftlicher Erkenntnisse in Publikationen,
- durch Verfolgen des online und offline geführten öffentlichen Diskurses,[38]
- durch den Besuch von und Berichte über Fachveranstaltungen und Messen,
- durch den Abgleich mit Produktentwicklungen der wichtigsten Mitbewerber und nicht zuletzt
- durch eine sorgfältige Behandlung von Beanstandungen durch Kunden, Nutzer und Betroffene

beobachtet.[39] Zur Beobachtung des Produkts gehört dabei auch sein Monitoring in Verbindung mit (Zubehör-)Produkten von Wettbewerbern.[40]

38 In Art. 72 ist ferner geregelt, dass die Beobachtung in ihren unterschiedlichen Facetten auf einem **Plan für die Beobachtung** nach dem Inverkehrbringen beruht, der künftig auf einen Durchführungsrechtsakt der Kommission gestützt werden soll. Im Bereich der Medizinprodukte beispielsweise ist ein solcher Plan Teil der technischen Dokumentation.[41] Aufgrund des Art. 17 Abs. 1 lit. h gehören die Dokumentation des Plans und die daraus abzuleitenden Beobachtungsmaßnahmen und -zyklen unmittelbar in das QMS. Diese Dokumentation steht im engen Zusammenhang mit der Handhabung der Kommunikation mit Behörden und anderen Akteuren in der KI-Wertschöpfungskette, welche ihrerseits gem. Art. 17 Abs. 1 lit. j im QMS abzubilden ist.

37 „Proaktive" Post-Market-Surveillance, Art. 2 Nr. 60 VO (EU) 2017/745 über Medizinprodukte.

38 Einschließlich Kundenbewertungen in Online-Portalen, -Foren und -Shops.

39 *Stempfle*, in: Masing, Handbuch Qualitätsmanagement, S. 974 f.

40 *Stempfle*, in: Masing, Handbuch Qualitätsmanagement, S. 974.

41 Art. 84 VO (EU) 2017/745.

g) Meldung schwerwiegender Vorfälle und Fehlfunktionen (Art. 17 Abs. 1 lit. i)

aa) Meldepflicht gem. Art. 73

Art. 17 Abs. 1 lit. i verlangt vom Anbieter eines Hochrisiko-KI-Systems, dass ein in Art. 73 näher bezeichneter Ablauf zur Meldung eines schwerwiegenden Vorfalls vom QMS umfasst ist. Nach Art. 73 Abs. 1 besteht diese Meldepflicht gegenüber den Marktüberwachungsbehörden sämtlicher Mitgliedstaaten, in denen der Vorfall oder die Fehlfunktion i. S. d. Art. 3 Nr. 49 bereits stattgefunden hat.[42] Was etwa in den entsprechenden Regelungen in der Verordnung über In-vitro-Diagnostika als Vigilanz beschrieben wird,[43] ist demnach ein bloß **reaktives System**, in dem der Anbieter aufgrund eingetretener Zwischenfälle tätig wird. **39**

Es liegt jedoch im eigenen Interesse des Anbieters, einen schwerwiegenden Vorfall **möglichst zeitnah** zu erkennen und die vorgeschriebenen Schritte einzuleiten. Denn der Umfang seiner Haftung gegenüber dem Betreiber und etwaigen Dritten hängt auch davon ab, wie schnell und effektiv der Anbieter Abhilfe schafft. Je später er erforderliche Schritte einleitet, desto höher ist der zu erwartende, möglicherweise durch den Anbieter zu ersetzende Schaden. Dabei ist außerdem zu bedenken, dass der schwerwiegende, tatbestandlich kausal mit dem KI-System zusammenhängende Vorfall mit gewisser Wahrscheinlichkeit das Ergebnis eines unzureichenden Qualitätsmanagements beim Anbieter ist.[44] **40**

Die Meldung eines schwerwiegenden Vorfalls an die Marktüberwachung hat „unmittelbar", bei einem weitverbreiteten Verstoß oder bei ausgewählten schwerwiegenden Vorfällen „unverzüglich" zu erfolgen (Art. 73 Abs. 2). Verschärft werden diese Anforderungen dadurch, dass die Meldefrist von grundsätzlich höchstens 15 Tagen „gegebenenfalls" ab Kenntnis des Betreibers anstelle der des Anbieters selbst laufen kann. Dies stellt insgesamt hohe Anforderungen an die Reaktionszeit des Anbieters des Hochrisiko-KI-Systems. Diese sind im QMS verfahrensmäßig durch ein verlässliches **Warnsystem** und einen **Strategieplan** für Reaktionen auf Vorfälle einschließlich der in Art. 73 Abs. 6 vorgeschriebenen Mindestanforderungen zu erfüllen. **41**

42 Zum Vergleich: § 6 Abs. 4 ProdSG i.V. m. RL 2001/95/EG verpflichtet zur unverzüglichen Unterrichtung der am Geschäftssitz des Herstellers zuständigen Marktüberwachungsbehörde.

43 Kap. VII Abschnitt 2 VO (EU) 2017/746.

44 *Kroonder*, in: Masing, Handbuch Qualitätsmanagement, S. 868.

bb) Informationspflicht gem. Art. 20

42 Nach Art. 20 hat der Anbieter eines Hochrisiko-KI-Systems unverzüglich[45] erforderliche Korrekturmaßnahmen zu ergreifen, wenn er Grund zur Annahme hat, sein System entspreche nicht (mehr) den Anforderungen der KI-VO. Darüber hat er die Händler, Betreiber, Bevollmächtigten und Einführer des Systems sowie die zuständigen Behörden zu informieren. Diese Verpflichtungen sind zwar nicht ausdrücklich in Art. 17 Abs. 1 als Mindestanforderung an das QMS aufgeführt. Jedoch dient die Vorschrift **demselben Zweck wie Art. 73**: die Wiederherstellung der Normkonformität des Systems, das sich als unzureichend erweist, und die Information der von der Nonkonformität Betroffenen, um Schaden von ihnen abzuwenden. Deshalb steht Art. 20 in engem Zusammenhang mit Art. 73. Die Vorschriften erfassen potenziell sich überlappende Lebenssachverhalte und lösen beide Informationspflichten gegenüber denjenigen aus, die zur Schadensbegrenzung beitragen können. Im QMS sollte deshalb nicht nur die Feststellung eines schwerwiegenden Vorfalls oder einer Fehlfunktion zur Auslösung eines bestimmten Reaktionsschemas abgebildet werden. Sondern das Gleiche sollte auch für den Fall der Feststellung der Nichtkonformität gem. Art. 20 gelten.[46] Art. 17 Abs. 1 lit. i ist schon **im eigenen Interesse** des Anbieters entsprechend ergänzend anzuwenden, weil eine Darstellung des Verfahrens für diese wesentliche (obgleich nicht fristgebundene) Informationspflicht anderenfalls nicht vom QMS mit seiner Warnfunktion umfasst ist.

h) Handhabung der Kommunikation (Art. 17 Abs. 1 lit. j)

43 Die Anbieter von Hochrisiko-KI-Systemen sind verpflichtet, die Handhabung der Kommunikation mit zuständigen nationalen Behörden, anderen einschlägigen Behörden, einschließlich solchen, die Zugang zu relevanten Daten gewähren, mit notifizierten Stellen, anderen Akteuren, Kunden oder sonstigen interessierten Kreisen im QMS darzustellen. Für sämtliche Adressaten der Unternehmenskommunikation ist im QMS danach zu differenzieren, ob es sich um **verpflichtende** oder auch **fristgebundene** Mitteilungen an Behörden oder andere Akteure handelt oder nicht. Im Rahmen der aufgrund dieser Vorschrift in das QMS einzubindenden Kommunikationsstrategien und -wege kann durchaus kritische Kommunikation zu führen sein. Das gilt insbesondere im Fall einer Mitteilung an Marktüberwachungsbehörden nach den Vorschriften des Art. 73 oder an Betreiber oder andere Akteure bei Non-Compliance i. S. d. Art 20. Soweit die Handhabung der Kommunikation nicht bereits Teil der (verpflichtenden) Doku-

45 Unverzüglich sind gem. Art. 20 Abs. 1 lediglich die erforderlichen Korrekturmaßnahmen zu ergreifen; für die Informationspflicht gilt dies nach dem Wortlaut der Vorschrift nicht.

46 Vgl. ErwG 155 über die Interdependenz von Beobachtung, schwerwiegenden Vorfällen, Korrekturmaßnahmen und Risikomanagement.

mentation zum Meldeverfahren gem. Art. 73 oder zur (empfohlenen, siehe oben Rn. 42) Darstellung der Erfüllung der Informationspflicht über Korrekturmaßnahmen gem. Art. 20 sind, muss das QMS sie gem. Art. 17 Abs. 1 lit. j gesondert umfassen.

Behörden i. S. d. Vorschrift, die **Zugang zu Daten gewähren** oder den Zugang erleichtern, können neben den Marktüberwachungsbehörden vor allem solche Stellen sein, die KI-Reallabore i. S. d. Art. 57 oder von der Kommission eingerichtete gemeinsame europäische Datenräume[47] verantworten. Ferner kommen alle öffentlichen Stellen in Betracht, die Anbietern Zugang zu Daten nach den Vorschriften des Data Governance Act[48] oder im Rahmen der Open Data-Richtlinie[49] verschaffen. **44**

Durch den Zusatz der „sonstigen interessierten Kreise" soll der Umfang der abzubildenden Handhabung der Kommunikation möglichst umfassend erfasst werden. Deshalb ist hier auch die **interne Kommunikation** beim Anbieter zu subsumieren. Je nachdem, ob es sich um einen Anbieter mit großer Mitarbeiterzahl, mit flachen Hierarchien, mit partizipativ geprägter Führung oder mit einer örtlich dezentralen Unternehmensstruktur handelt, kann die Unternehmenskommunikation ihre eigenen Herausforderungen stellen. Eine zielgerichtete, verlässlich und schnell zu gewährleistende Kommunikation, die gegebenenfalls in geschützten Kanälen geführt werden kann, ist in Krisensituationen, auf die insbesondere gem. Art. 73 oder Art. 20 zu reagieren ist, entscheidend. Kein von Art. 17 vorgeschriebenes Merkmal ist dagegen die allgemeine vertikale und horizontale Unternehmenskommunikation jenseits der von der KI-VO erfassten Fallkonstellationen. Diese allgemein strategisch wichtige Kommunikation soll zum Beispiel den Mitarbeitern helfen, die Unternehmensziele zu verinnerlichen, zeitnah nachzuvollziehen und in ihrer Arbeit umzusetzen.[50] Da aber auch Art. 17 Abs. 1 lit. j auf die Einhaltung der KI-VO beschränkt ist, verpflichtet diese Vorschrift nicht zur Dokumentation solcher allgemeinen Regeln und Verfahren. Das Gleiche gilt für die Handhabung der Kommunikation in Krisensituationen nach allgemeinem Produkthaftungsrecht. **45**

i) Aufzeichnung von Dokumentation und Informationen (Art. 17 Abs. 1 lit. k)

Art. 17 Abs. 1 lit. k schreibt vor, dass vom QMS des Anbieters eines Hochrisiko-KI-Systems die Systeme und Verfahren für die Aufzeichnung sämtlicher einschlägiger Dokumentation und Informationen umfasst sind. Auch hier kommt es **46**

47 Z. B. europäischer Raum für Gesundheitsdaten.

48 Verordnung (EU) 2022/868.

49 Richtlinie (EU) 2019/1024.

50 Für Medizinprodukte ist auch die unternehmensinterne Kommunikation von der einschlägigen ISO-Norm zu QMS erfasst (ISO 13485:2016, 5.5.3).

nicht darauf an, dass das QMS die Dokumentation und Informationen selbst erfasst, sondern dass es dokumentiert, wie Systeme und Verfahren die Einhaltung der KI-VO mit Blick auf einschlägige Pflichten gewährleisten.[51] Das gilt auch für die Dokumentation zum QMS selbst.[52]

47 Unscharf ist der **Begriff der Aufzeichnung** in dieser Vorschrift. In der englischen[53] und der deutschen Sprachfassung der Verordnung wird der in Art. 17 Abs. 1 lit. k verwendete Begriff nicht einheitlich benutzt. Da der Verordnung eine verpflichtende Nutzung der durch den Anbieter technisch zu gewährleistenden Protokollfunktion i. S. d. Art. 12, eine automatische Aufzeichnung von Ereignissen, nicht zu entnehmen ist (siehe oben Art. 16 Rn. 90), kommt nur eine weite Auslegung des an sich eng gefassten Begriffs der Aufzeichnung in Art. 17 Abs. 1 lit. k in Betracht.

48 Während unter einer **Aufzeichnung** im allgemeinen Sprachgebrauch der Nachweis eines Ergebnisses, eines Ereignisses oder einer Tätigkeit verstanden wird, ist die **Aufbewahrung** die Archivierung von Dokumenten und Nachweisen. Eine Aufzeichnung einer Dokumentation oder Information ist demnach widersprüchlich formuliert. Nach diesem Verständnis, das offenbar der Verordnung teilweise auch zugrunde liegt,[54] kommt anstelle einer Aufzeichnung von Dokumentation und Informationen semantisch nur deren Aufbewahrung in Betracht. Die Darstellung aufzubewahrender Dokumentationen und Informationen ist auch nach ISO 9001:2015 fester Bestandteil eines QMS, wo jedoch ebenfalls sprachlich nicht streng zwischen Aufzeichnung und Aufbewahrung differenziert wird. Die Organisation hat nach dieser Norm im Abschnitt „Dokumentierte Information" festzulegen, was wie lange und mit welchen Medien aufzubewahren ist.[55] Zu den nach diesem Verständnis im QMS darzustellenden Aspekten gehören freilich auch die Systeme und Verfahren für die Aufbewahrung der Protokolle gem. Art. 12, sofern sie automatisch erstellt werden.

49 Der Anbieter muss die zu lenkenden Dokumentationen[56] und Informationen nach den Vorschriften der Verordnung aufbewahren. Dabei orientiert er sich na-

51 Vgl. DIN EN ISO 9001:2015, 4.2.4, Lenkung von Aufzeichnungen.

52 Vgl. Art. 18 Abs. 1 lit. b.

53 „Record-keeping".

54 ErwG 71 und Art. 12 Abs. 1 und 2: Aufzeichnung von Ereignissen; Art. 12 Abs. 3 a: Aufzeichnung jedes Zeitraums der Verwendung des Systems; ErwG 9 und 71: [einerseits] Führung von Aufzeichnungen und [andererseits] die Verfügbarkeit einer technischen Dokumentation; auch in der englischen Sprachfassung wird „record-keeping" sprachlich von Dokumentationen getrennt.

55 *Bruns/Killich/Künzer*, in: Masing, Handbuch Qualitätsmanagement, S. 319.

56 Dass in Art. 17 Abs. 1 lit. k „sämtliche" einschlägige Dokumentation im Singular in Bezug genommen ist, obwohl in der Verordnung anderenorts auch der Plural des Begriffs Dokumentation verwendet wird (z. B. in Art. 8 Abs. 2), ist eine bloße sprachliche Unschärfe.

mentlich, aber nicht nur an Art. 18 und 19 und stellt die Einhaltung der Vorschriften durch Regeln, Verfahren und Anweisungen in das QMS ein. Allen von den Vorschriften der KI-VO erfassten Dokumenten, Protokollen, Erklärungen und behördlichen Mitteilungen und Entscheidungen[57] sind **Zuständigkeiten** innerhalb der eigenen Organisation zuzuordnen, aus denen sich Zugriffsrechte und Aufgaben wie Erstellung, Prüfung, kontrollierte Freigabe, Verteilung und Ablage ergeben.[58] Für Dokumente sind diese Verantwortlichkeiten für den gesamten Lebenszyklus des Dokuments zu definieren.[59]

Weitere im QMS anzulegende Aspekte sind in diesem Zusammenhang Ablageort und Namenskonvention für alle nach der KI-VO relevanten aufzubewahrenden Dokumente und Informationen, ihre Klassifizierung als öffentlich, intern oder geheim sowie das Versionsmanagement. Außerdem ist für jeden Dokument- und Informationstyp eine **Löschroutine** auf Grundlage der jeweils einschlägigen **Aufbewahrungs- oder Gültigkeitsfristen** einzustellen. Diese Fristen ergeben sich aus der KI-VO.[60] Wenn ein Anbieter sein QMS nach Art. 17 Abs. 3 in ein QMS oder in eine gleichwertige Funktion nach sektorspezifischem Unionsrecht integriert, können sich dort geregelte längere Fristen auch auf die von der KI-VO erfassten Dokumente erstrecken. Auch Erwägungen zur Beweissicherung im Zusammenhang mit möglichen **Haftungsfällen** nach dem Produkthaftungsrecht sollten bei der Festlegung von Löschfristen berücksichtigt werden. Die in der KI-VO vorgegebenen Mindestfristen für die Aufbewahrung können aus Transparenzgründen jedoch nicht verkürzt werden. Selbst für den Insolvenzfall oder für den Fall der Tätigkeitsaufgabe des Anbieters oder seines Bevollmächtigten haben die Mitgliedstaaten gem. Art. 18 Bedingungen für die Aufbewahrung der Dokumentation festzulegen. 50

j) Ressourcenmanagement (Art. 17 Abs. 1 lit. l)

Nach Art. 17 Abs. 1 lit. l hat sich das QMS eines Anbieters eines Hochrisiko-KI-Systems auch auf das Ressourcenmanagement zu erstrecken. Allgemein umfasst das Ressourcenmanagement typischerweise die Bereiche Personal, Finanzen 51

57 Nicht erfasst sind allgemein Daten; für sie gelten gesonderte Managementsystempflichten gem. Art. 17 Abs. 1 lit. f. So lassen sich insbesondere als Trainings-, Test- und Validierungsmaterial genutzte Daten von Dokumenten und Informationen trennen, für welche ein Aufbewahrungsbedürfnis besteht.

58 *Schreiber/Schreiber*, in: Masing, Handbuch Qualitätsmanagement, S. 238.

59 Bundesamt für Sicherheit in der Informationstechnik, Richtlinie zur Lenkung von Dokumenten und Aufzeichnungen, S. 5: Entwurf/Review/Freigabe/Ungültig/Archiviert, https://kurzlinks.de/ee6l.

60 Z.B. zehn Jahre ab Inverkehrbringen oder Inbetriebnahme für die Dokumentation gem. Art. 18; mindestens sechs Monate für Protokolle gem. Art. 19; fünf oder vier Jahre für Bescheinigungen von notifizierten Stellen gem. Art. 44; zehn Jahre für die EU-Konformitätserklärung des Anbieters gem. Art. 47.

und Werkzeug (zum Beispiel Daten, IT-Infrastruktur), bezogen auf ein bestimmtes Projekt.

52 Die von Art. 17 Abs. 1 lit. 1 ausdrücklich zu berücksichtigende **Versorgungssicherheit** erstreckt das Ressourcenmanagement darüber hinaus auf die Bereiche Energie und Netzinfrastruktur, soweit sie vom Anbieter gesteuert werden können. Der Gesetzgeber geht in diesem Punkt jedenfalls über eine bloße Beobachtung und Berichtspflicht des Anbieters hinaus; er schreibt Maßnahmen vor. Damit macht er einen geringen Energieverbrauch sowie eine sichere Energieversorgung[61] zum Bestandteil des QMS. Die möglichst verlässlich zu gewährleistende Verfügbarkeit von Energie, also ein gering zu haltendes Ausfallrisiko, setzt ein wirksames Konzept gegen Cyberangriffe voraus. Für die Ressource Personal schreibt Art. 4 ein ausreichendes Maß an KI-Kompetenz aufgrund entsprechender technischer Kenntnisse, Erfahrung, Ausbildung und Schulung vor, soweit es um den Betrieb und die Nutzung von KI-Systemen geht. Auch dieser Aspekt ist gem. Art. 17 Abs. 1 lit. l im QMS darzustellen, auch weil diese Voraussetzungen erst recht gelten müssen, wenn das Personal in den Entwicklungsprozess von Hochrisiko-KI-Systemen eingebunden ist.

53 Bis in einer von der Kommission neu zu beauftragenden Norm aufgrund des Art. 10 Verordnung (EU) Nr. 1025/2012 konkrete Berichterstattungs- und Dokumentationsverfahren im Hinblick auf die **Verbesserung der Ressourcenleistung** von KI-Systemen (vor allem durch Verringerung des Energie- und sonstigen Ressourcenverbrauchs eines Hochrisiko-KI-Systems über seine gesamte Lebensdauer) vorgegeben sind (Art. 40 Abs. 2), kann der Anbieter zu seiner Orientierung auf etablierte Normen wie ISO 9001:2015 für das allgemeine Ressourcenmanagement im QMS sowie auf die ebenfalls horizontal anwendbare Norm **ISO 50001:2018** zurückgreifen, in deren Rahmen ein wirksames Energiemanagement und eine sachdienliche Integration energetischer Fragestellungen in strategische Managementprozesse[62] behandelt werden.

k) Rechenschaftsrahmen (Art. 17 Abs. 1 lit. m)

aa) Rechenschaftspflicht der Leitung

54 Art. 17 Abs. 1 lit. m verlangt vom Anbieter eines Hochrisiko-KI-Systems einen Rechenschaftsrahmen im QMS, der die Verantwortlichkeiten der Leitung und des sonstigen Personals in Bezug auf alle in Art. 17 Abs. 1 aufgeführten Aspekte regelt. Die Norm ISO 9001:2015 sieht allgemein vor, dass die Rechenschafts-

61 Man möchte ergänzen: Auch eine gesicherte Datenverfügbarkeit und der Zugang zu Informationen gehören zur Versorgungssicherheit.

62 Z.B. im Kontext der Norm ISO 9001:2015.

pflicht für das QMS auf der **Leitung** lastet.[63] Es fällt der obersten Managementebene zu sicherzustellen, dass das System mit der strategischen Ausrichtung des Unternehmens kompatibel ist und dass die Anforderungen an das System erfüllt werden. Gleichzeitig muss die Unternehmensleitung die erforderlichen personellen und finanziellen Ressourcen für die Einrichtung und den Betrieb des Systems zur Verfügung stellen.[64] Diese Leitlinie für die Ausgestaltung eines anerkannten QMS mag als Ausgangspunkt dienen.

Doch Art. 17 Abs. 1 lit. m geht noch weiter. Nach dieser Vorschrift genügt es nicht, dass die Unternehmensleitung das QMS an sich verantwortet und in der Lage ist, gegenüber Behörden und anderen Dritten darüber Rechenschaft abzulegen. Die Vorschrift schreibt nach ihrem Wortlaut eine Regelung der Verantwortlichkeiten der Leitung und des sonstigen Personals bezüglich sämtlicher Aspekte vor, die vom QMS umfasst sein müssen. Eine **Delegation** ausgewählter Verantwortlichkeiten von der Leitung auf einzelne Funktionsträger im Unternehmen ist also ausdrücklich zulässig. Darauf weist auch der sonst unübliche Begriff des Rechenschaftsrahmens hin. **55**

bb) „Rechenschaftspflicht" in der Gesetzgebung

Für die Erfüllung der Pflicht nach Art. 17 Abs. 1 lit. m ist es unerlässlich zu bestimmen, was Gegenstand eines „Rechenschaftsrahmens" ist. Dieser Begriff wird nur an dieser Stelle in der KI-VO verwendet. Der Begriff der Rechenschaftspflicht ist dem deutschen Recht nicht fremd und ähnelt Auskunfts- und Berichtspflichten.[65] In der EU-Datenregulierung umschreibt der Terminus Verantwortlichkeiten gegenüber Dritten.[66] Wo die Produkthaftungs-RL und die Produktsicherheits-VO auf den Digital Services Act verweisen, stellen sie die Begriffe der Verantwortlichkeit und der Rechenschaftspflicht kumulativ nebeneinander, ohne dass das im Digital Services Act so zu finden ist.[67] Rechenschafts- **56**

63 „Top management shall demonstrate leadership and commitment with respect to the quality management system by… a) taking accountability for the effectiveness of the quality management system", 5.1.1 ISO 9001:2015.

64 ISO 9001 help, Vanguard Management Systems Ltd, 2024, 5.1.1, https://t1p.de/ISO9001_help.

65 Z.B. § 259 BGB, Umfang der Rechenschaftspflicht; § 666 BGB, Auskunfts- und Rechenschaftspflicht des Beauftragten gegenüber dem Auftraggeber.

66 Z.B. ErwG 92 DSA: Rechenschaftspflicht von Anbietern von VLOPs und VLOSEs hinsichtlich der Einhaltung der Pflichten aus dem Digital Services Act angesichts der Überprüfung durch unabhängige Sachverständige; Art. 5 Abs. 2 EU-DSGVO: Rechenschaftspflicht des Verantwortlichen als seine Verantwortung für die Einhaltung der Grundsätze für die Verarbeitung personenbezogener Daten und für die Nachweislichkeit der Einhaltung, die der EuGH i.S.e. Beweislast auslegt (EuGH, Urt. v. 14.12.2023 – Rs. C-340/2).

67 ErwG 38 Produkthaftungs-RL; ErwG 47 Produktsicherheits-VO.

pflicht wird im europäischen Recht nicht durchgehend klar von Verantwortlichkeit, Verpflichtungen, Sorgfaltspflichten, Nachweis- und Beweislast abgegrenzt.

57 In der KI-VO steht der Terminus Rechenschaftspflicht einmal für „Nachprüfbarkeit, Minimierung und Meldung von negativen Auswirkungen, Kompromisse und Rechtsbehelfe“ i. S. d. Ethikleitlinien für vertrauenswürdige KI von 2019.[68] An anderer Stelle soll die Rechenschaftspflicht das Ergebnis der Einstufung eines KI-Systems in der Strafverfolgung als hochriskant sein.[69] Von der Kommission eingerichtete gemeinsame europäische Datenräume sollen einen „vertrauensvollen, rechenschaftspflichtigen und diskriminierungsfreien Zugang“ zu hochwertigen Trainingsdaten sicherstellen.[70] Bei KI-Modellen mit allgemeinem Verwendungszweck sieht der Unionsgesetzgeber außerdem die Anbieter in der Pflicht, „Verfahren der Rechenschaftspflicht“ als Teil ihrer Risikomanagementstrategien einzuführen.[71] Außerdem wird in der KI-VO die „öffentliche Rechenschaftspflicht“ als allgemeine Leitlinie für Erwartungen an bestimmte Betreiber von KI-Systemkomponenten und an Betreiber von Hochrisiko-KI-Systemen für die öffentliche Verwaltung verwendet.[72] Das KI-Gremium, dessen Aufgaben in Art. 66 beschrieben sind, soll Tendenzen in der Typologie der KI-Wertschöpfungsketten insbesondere hinsichtlich der sich daraus ergebenen Auswirkungen auf die Rechenschaftspflicht bewerten. Eine klare Bedeutung des Begriffs der Rechenschaftspflicht innerhalb der KI-VO lässt sich also auch nicht herleiten.

cc) Auslegung des Rechenschaftsrahmens in Art. 17 Abs. 1 lit. m

58 In der Softwareentwicklung hängt die Zuweisung von Zuständigkeiten und Verantwortlichkeiten maßgeblich von der Kritikalität des zu entwickelnden Softwareprodukts ab. Die Rollen von Anforderungsmanager, Entwerfer und Implementierer, von Integrator, Tester, Verifizierer und Validierer sind so zu verteilen, dass den durch die Software drohenden **Risiken Rechnung getragen** wird.[73] Die unternehmensinterne Verteilung und individuelle Zuweisung von Zuständigkeiten und Berichtspflichten ist deshalb davon abhängig zu machen, welche Funktionsträger sie am besten erfüllen können. Im Einzelfall kann auch nur eine Person diese Aufgaben auf sich vereinen und dennoch sachgerecht Rechenschaft ablegen.

59 Im Ergebnis ist Art. 17 Abs. 1 lit. m dahingehend auszulegen, dass unter dem **Rechenschaftsrahmen** eine systematische Darstellung innerhalb des QMS zu verstehen ist, welche Funktion innerhalb der Organisation für welchen der im

68 ErwG 27.
69 ErwG 59.
70 ErwG 68.
71 ErwG 114.
72 ErwG 177.
73 *Liggesmeyer/Kuhn*, in: Masing, Handbuch Qualitätsmanagement, S. 619.

QMS abzubildenden Aspekte die inhaltliche und organisatorische Verantwortung trägt. Durch diese Zuweisung kann sich der Anbieter jedoch nicht seiner unternehmerischen Verantwortlichkeit entziehen, wie sich aus Art. 16 lit. c ergibt. Weder die unternehmens- noch die arbeitsrechtliche[74] Haftung soll oder kann an dieser Stelle einseitig geregelt werden. Art. 17 Abs. 1 lit. m zielt auch nicht auf einen Eingriff in die Haftungskaskade der Produkt- oder der Produzentenhaftung ab. Denn all dies entzieht sich der einseitigen Regelungsbefugnis der Unternehmensleitung durch einen simplen Rechenschaftsrahmen in einem QMS. Stattdessen geht es um ein besonders hohes Maß an unternehmensinterner **Transparenz** und um **Nachvollziehbarkeit** nach außen. Aufgaben und Befugnisse, Berichtspflichten und -wege sollen im QMS dargestellt werden, um auf das Ziel des Art. 17 einzuzahlen, die Vorgaben der KI-VO verlässlich einzuhalten.

III. Art. 17 Abs. 2

1. Entlastung für kleine und Kleinstunternehmen

Art. 17 Abs. 2 soll der Erkenntnis Rechnung tragen, dass die Einführung eines QMS einen enormen administrativen und finanziellen Aufwand für die einzelne Organisation bedeuten kann. Das gilt vor allem dann, wenn ein Unternehmen oder eine Behörde bis zu dem Zeitpunkt der Verwirklichung der Anbietereigenschaft i.S.d. Art. 3 Nr. 3 nicht verpflichtet war, ein QMS einzurichten und es auch nicht als zweckdienlich erachtet hat. Schließlich erwächst die rechtliche Verpflichtung dazu nur aufgrund sektorspezifischen Rechts, wo eine verlässlich hohe Produktqualität und -sicherheit im Interesse der Allgemeinheit liegt. 60

Vor diesem Hintergrund regelt Art. 17 Abs. 2 Satz 1, dass die Umsetzung des Art. 17 Abs. 1 lit. a bis m in einem angemessenen Verhältnis zur Größe der Organisation des Anbieters zu erfolgen hat. Das entspricht im Ergebnis dem Auftrag an notifizierte Stellen, im Konformitätsbewertungsverfahren gebührend die Größe des Anbieters, den Sektor seiner Tätigkeit, seine Struktur sowie die Komplexität des betreffenden Hochrisiko-KI-Systems zu berücksichtigen (Art. 34 Abs. 2 Satz 1). Diese Erleichterung dient ausdrücklich der **Schonung von kleinen und Kleinstunternehmen** i.S.d. Empfehlung 2003/361/EG, und zwar, wie die Satzstellung des Adverbs „insbesondere“ zeigt, nur diesen. Deshalb genügt in Art. 17 Abs. 2 Satz 1 auch der Hinweis bloß auf die Größe der Organisation, die Anbieter des Hochrisiko-KI-Systems ist. Die Unternehmensgröße entschei- 61

74 Zwar sollten die im QMS dargestellten Zuständigkeiten der einzelnen Funktionsträger mit den tatsächlichen Aufgabenbereichen der entsprechenden Mitarbeiter korrelieren. Jedoch bezieht die innerbetriebliche Haftung des Arbeitnehmers darüber hinausgehende Aspekte mit ein, die in der KI-VO unberücksichtigt bleiben.

det insoweit tatbestandlich über die Anwendbarkeit von Art. 34 Abs. 2 Satz 1 und damit auch über Erleichterungen in Bezug auf das QMS. Zwar nimmt der Unionsgesetzgeber in Art. 17 Abs. 2 Satz 1 nicht (wie Art. 34 Abs. 2 Satz 1) ausdrücklich Bezug auf die harmonisierten Schwellenwerte für kleine und Kleinstunternehmen. Daraus lässt sich jedoch angesichts des engen Zusammenhangs zwischen dem Konformitätsbewertungsverfahren und dem QMS nicht ableiten, dass die Unternehmensgröße an dieser Stelle ein beliebig zu bestimmendes Kriterium wäre. Denn Anbieter jeder Größe haben bereits an mehreren Stellen die Möglichkeit, die Ausgestaltung des QMS an die Gegebenheiten ihres Unternehmens anzupassen, zum Beispiel in Bezug auf die Rechenschaftspflicht und die Kommunikationswege. Im QMS abzubildende kritische Aspekte wie etwa das Risikomanagementsystem oder das System zur Meldung eines schwerwiegenden Vorfalls sind dagegen unabhängig von der Unternehmensgröße im QMS abzubilden. Deshalb geht der subjektive Anwendungsbereich des Art. 17 Abs. 2 in Bezug auf die Definition von kleinen und Kleinstunternehmen nicht über den des Art. 34 Abs. 2 Satz 1 hinaus.

62 Gem. Art. 34 Abs. 2 Satz 1 hat die notifizierte Stelle außerdem im **Konformitätsbewertungsverfahren** unnötige Belastungen für Anbieter jeder Größe zu vermeiden. Diese Verpflichtung ergibt sich bereits aus dem Grundsatz der **Verhältnismäßigkeit**, der jedenfalls nach deutschem Verständnis ohnehin durch die notifizierte Stelle einzuhalten ist.[75] Doch hierauf kann sich der Anbieter nicht bereits bei der Einrichtung seines QMS selbst berufen.

63 Um nicht jede Innovationstätigkeit neuer Marktteilnehmer durch erdrückende administrative und finanzielle Hürden im Keim zu ersticken, ist für die **Kleinstunternehmen** i. S. d. Empfehlung 2003/361/EG eine weitergehende Erleichterung durch Leitlinien für eine vereinfachte Einhaltung von Elementen des QMS vorgesehen.[76] Dass Kleinstunternehmen auch innerhalb der Begünstigung für Anbieter geringer Größe einen Sonderstatus einnehmen, begründet der Unionsgesetzgeber damit, dass ein QMS, das die Anforderungen des Art. 17 erfüllt, eine der kostspieligsten Pflichten ist (ErwG 146). Es obliegt der Kommission, diese Leitlinien zu erarbeiten, die eine solche vereinfachte Darstellung gestatten, ohne das hohe Schutzniveau der KI-VO zu beeinträchtigen. Es ist nur konsequent und zur Vermeidung von Widersprüchen innerhalb der KI-VO notwendig, dass der mildere Blick auf kleine und kleinste Anbieter im Konformitätsbewertungsverfahren insoweit von diesen selbst bei der Einrichtung und beim Betrieb ihres QMS berücksichtigt werden darf. Das System ist schließlich seinerseits auch Gegenstand des Verfahrens.

---

75 Vgl. § 7 Abs. 1 Konformitätsbewertungsstellen-Anerkennungs-Verordnung.
76 Art. 63 Abs. 1.

2. Einhaltung des Schutzniveaus der KI-VO

Nach Art. 17 Abs. 2 Satz 2 haben Anbieter in jedem Fall, also auch unter Inanspruchnahme der Erleichterung des Abs. 2 Satz 1, den Grad der Strenge und das Schutzniveau der KI-VO einzuhalten. Die Vorschrift spiegelt Art. 34 Abs. 2 Satz 2, nach dem es zu den operativen Pflichten der notifizierten Stellen gehört, bei der Anwendung der Erleichterungen gem. Satz 1 den Grad der Strenge und das Schutzniveau einzuhalten, die für die Konformität des Hochrisiko-KI-Systems mit den Anforderungen der KI-VO erforderlich sind. Für die Auslegung von Strenge und Schutzniveau werden die notifizierten Stellen auch Art. 17 Abs. 4 heranziehen, in denen die KI-VO die Aspekte Risikomanagementsystem, Beobachtung und Meldung schwerwiegender Vorfälle selbst im stark regulierten Finanzsektor für unverzichtbare KI-spezifische Bestandteile eines QMS erklärt. **64**

Beide Vorschriften, Art. 17 Abs. 2 Satz 2 und Art. 34 Abs. 2 Satz 2, zeichnen damit eine **Grenze für die Erleichterungen** im Zusammenhang mit den Anforderungen des Art. 17, die von den Anbietern in Anspruch genommen oder ihnen gewährt werden können. Die Untergrenze lautet, vereinfacht gesagt, vollumfängliche Einhaltung sämtlicher Vorschriften der KI-VO mit Ausnahme ausgewählter, für Kleinstunternehmen noch durch die Kommission näher zu bestimmender Verpflichtungen aus Art. 17; an sich eine Selbstverständlichkeit, der nicht mehr als eine klarstellende Funktion zukommt. Art. 63 Abs. 2 lässt darüber hinaus keinen Zweifel daran, dass die Anforderungen der KI-VO im Übrigen auch für Kleinstunternehmen nicht verhandelbar sind und für welche Vorgaben das ohne jeden Wertungsspielraum gilt. Das gilt erst recht für alle Akteure, die nicht Kleinstunternehmen sind.[77] **65**

IV. Art. 17 Abs. 3

Anbieter, die bereits nach sektorspezifischen Unionsvorschriften der Verpflichtung unterliegen, ein QMS bzw. ein Qualitätssicherungssystem oder eine gleichwertige Funktion vorzuhalten, können **Synergieeffekte nutzen** und gem. Art. 17 Abs. 3 die in Abs. 1 aufgeführten Aspekte in ihr eingerichtetes QMS integrieren (Anwendungsbeispiel: siehe oben Rn. 19). Ein Qualitätssicherungssystem,[78] wie es von Art. 17 Abs. 3 in Bezug genommenen ist, ist in der Regel für Produkte vorgeschrieben, denen hohe Sicherheits- oder Gesundheitsrisiken immanent sind. Die ausdrückliche Berechtigung zur Integration des QMS nach der KI-VO in ein solches System verleiht dem Anbieter eine gewisse Rechtssicherheit. Es steht damit nicht im Belieben der notifizierten Stelle, inwieweit sie eine **66**

77 Nur für Finanzinstitute gelten hiervon abweichende Regeln gem. Art. 17 Abs. 4.

78 Z.B. Medizinprodukte-VO (VO (EU) 2017/745); Maschinen-VO (VO (EU) 2023/1230).

derartige Verbindung bei der Prüfung des QMS anerkennt und wie weit ihre eigene Prüfpflicht in Bezug auf Aspekte geht, die nicht aus der KI-VO herzuleiten sind. Ein nach sektorspezifischem Unionsrecht durch eine andere zuständige Stelle als ausreichend bewertetes System verliert weder seine Bewertung, noch leitet sich ein erneuter Prüfauftrag[79] der sektorspezifisch zuständigen Stelle allein aus der Integration der Aspekte gem. Art. 17 ab.

67 Auch für **Behörden**, die Anbieter eines Hochrisiko-KI-Systems sind, gilt eine Integrationsmöglichkeit. Sie können gem. ErwG 81 das QMS für den Betrieb eines Hochrisiko-KI-Systems für den Eigengebrauch unter Berücksichtigung etwaiger Besonderheiten des Bereichs, in dem das System eingesetzt wird, sowie ihrer Zuständigkeiten und Organisation als Teil ihres bestehenden behördlichen QMS annehmen und umsetzen. Da es auf europarechtlicher Ebene keine Harmonisierung einschlägiger Vorschriften gibt, die von Behörden anzuwenden sind, hätte diese Abweichung vom Wortlaut des Art. 17 Abs. 3 nicht nur in den Erwägungsgründen, sondern in der Norm selbst zur Rechtsklarheit beigetragen. ErwG 81 führt den in Art. 17 Abs. 3 zum Ausdruck kommenden Gedanken der Integration von Systemen noch weiter, wenn er in Aussicht stellt, dass in von der Kommission anzunehmenden künftigen Leitlinien und Normen der Komplementarität zwischen der KI-VO und sektorspezifischen Unionsvorschriften Rechnung getragen werden soll.

V. Art. 17 Abs. 4

68 Der Finanzsektor ist bereits in weiten Teilen europarechtlich reguliert. Darauf nimmt Art. 17 Abs. 4 Rücksicht. Die Vorschrift befreit Finanzinstitute grundsätzlich von der Anwendung des Art. 17 Abs. 1, wenn sie die Vorschriften über Regelungen oder Verfahren der internen Unternehmensführung i. S. d. einschlägigen Unionsrechts einhalten. Diese Vorschriften können auch Normen i. S. d. Verordnung (EU) Nr. 1025/2012 sein, auf die Art. 40 verweist. Zweck des Art. 17 Abs. 4 ist die Entlastung des Finanzsektors von zusätzlicher Bürokratie.

69 Der Begriff der **Finanzinstitute** ist weit gefasst, wie sich aus ErwG 158 ergibt. Darunter fallen Kreditinstitute i. S. d. Eigenkapital-RL,[80] Versicherungs- und Rückversicherungsunternehmen sowie Versicherungsholdinggesellschaften i. S. d. Solvabilität II-RL,[81] Versicherungsvermittler i. S. d. Versicherungsvertriebs-RL[82] sowie andere Arten von Finanzinstituten, die harmonisierten Anfor-

79 Z. B. nach Anhang IX Nr. 3.5 der Maschinen-VO wegen geplanter Änderungen des Qualitätssicherungssystems.

80 RL 2013/36/EU.

81 RL 2009/138/EG.

82 RL (EU) 2016/97.

derungen in Bezug auf ihre Regelungen oder Verfahren der internen Unternehmensführung unterliegen. Es geht ausdrücklich um Kohärenz und Gleichbehandlung im Finanzsektor, sodass im Zweifel eine weite Auslegung des Begriffs des Finanzinstituts angezeigt ist.

Die **Grenze** der Beschränkung des Pflichtenkreises von Anbietern im Finanzsektor ist in Art. 17 Abs. 4 Satz 1 gezogen. In Bezug auf die Berücksichtigung des Risikomanagementsystems, des Systems zur Beobachtung und des Verfahrens zur Meldung eines schwerwiegenden Vorfalls gilt die Erleichterung nicht. Hier wenden die Finanzinstitute also wie jeder andere Anbieter eines Hochrisiko-KI-Systems die Vorschriften des Art. 17 Abs. 1 an, wobei sie dabei von den Erleichterungen des Art. 17 Abs. 3 und theoretisch auch des Art. 17 Abs. 2 profitieren können. Die Finanzinstitute müssen also kein gesondertes QMS allein für die Umsetzung von Art. 17 Abs. 1 lit. g, h und i einrichten, sondern können diese drei Aspekte in ihr bestehendes QMS integrieren. Art. 17 Abs. 3 soll nach dem Ausblick in ErwG 158 künftig für Anbieter i. S. d. Eigenkapital-RL ihre volle Wirkung entfalten, indem der Pflichtenkatalog der Anbieter in der Richtlinie in Bezug auf Risikomanagement, Beobachtung und Dokumentation an die Vorgaben der KI-VO angeglichen wird. 70

VI. Bewertung des Qualitätsmanagementsystems

Aus Anhang VII lässt sich ablesen, dass das QMS auf Antrag des Anbieters **geprüft** (Anhang VII Nr. 3) und **überwacht** (Anhang VII Nr. 5) wird. Die notifizierte Stelle bewertet das System auf seine Konformität mit Art. 17 und teilt die Entscheidung dem Anbieter mit. Sie stellt eine Bewertungsentscheidung über das Audit aus und begründet sie. Art. 44 macht einige Vorgaben für die Bescheinigung, welche die notifizierte Stelle über die Prüfung des QMS auszustellen hat. 71

Dem **Anbieter** fällt es zu, das genehmigte QMS anzuwenden und zu pflegen und die notifizierte Stelle über jede beabsichtigte Änderung zu unterrichten. Die notifizierten Stellen sind dafür zuständig, die notifizierende Behörde über die Genehmigung des QMS oder deren Verweigerung, Einschränkung, Aussetzung oder Rücknahme zu informieren (Art. 45). 72

Art. 18 Aufbewahrung der Dokumentation

(1) Der Anbieter hält für einen Zeitraum von zehn Jahren ab dem Inverkehrbringen oder der Inbetriebnahme des Hochrisiko-KI-Systems folgende Unterlagen für die zuständigen nationalen Behörden bereit:

a) die in Artikel 11 genannte technische Dokumentation;

b) die Dokumentation zu dem in Artikel 17 genannten Qualitätsmanagementsystem;

c) die Dokumentation über etwaige von notifizierten Stellen genehmigte Änderungen;

d) gegebenenfalls die von den notifizierten Stellen ausgestellten Entscheidungen und sonstigen Dokumente;

e) die in Artikel 47 genannte EU-Konformitätserklärung.

(2) Jeder Mitgliedstaat legt die Bedingungen fest, unter denen die in Absatz 1 genannte Dokumentation für die zuständigen nationalen Behörden für den in dem genannten Absatz angegebenen Zeitraum bereitgehalten wird, für den Fall, dass ein Anbieter oder sein in demselben Hoheitsgebiet niedergelassener Bevollmächtigter vor Ende dieses Zeitraums in Konkurs geht oder seine Tätigkeit aufgibt.

(3) Anbieter, die Finanzinstitute sind und gemäß dem Unionsrecht über Finanzdienstleistungen Anforderungen in Bezug auf ihre Regelungen oder Verfahren der internen Unternehmensführung unterliegen, pflegen die technische Dokumentation als Teil der gemäß dem Unionsrecht über Finanzdienstleistungen aufzubewahrenden Dokumentation.

Mit Art. 18 korrespondieren die Erwägungsgründe 71, 81.

Schrifttum: *Engelfriet*, The Annotated AI Act, 2024; *Hense/Mustač*, AI Act kompakt, 2025; *Martini/Wendehorst* (Hrsg.), KI-VO, Kommentar, 2024; *Rehmann/Wagner*, MP-VO, Verordnung (EU) 2017/745 über Medizinprodukte, 4. Aufl. 2023; *Schwartmann/Keber/Zenner*, KI-Verordnung, Leitfaden für die Praxis, 2. Aufl. 2024.

Übersicht

I. Allgemeines

1. Zweck der Vorschrift

Die Vorschrift bezweckt die Sicherstellung der Möglichkeit einer angemessenen Kontrolle von Hochrisiko-KI-Systemen durch die zuständigen nationalen Behörden, indem den Anbietern eine zehnjährige **Aufbewahrungspflicht** für die relevante Dokumentation auferlegt wird.[1] 1

2. Entstehungsgeschichte

Der ursprüngliche Art. 18 im Entwurf der Kommission enthielt lediglich, und insoweit wiederholend, die Pflicht zur Erstellung der technischen Dokumentation nach Art. 11 und wurde vom Europäischen Parlament zunächst ersatzlos gestrichen.[2] Erst in der finalen Fassung wurde Art. 18 in seiner jetzigen Form eingefügt und damit insbesondere auf die Dokumentation des Qualitätsmanagementsystems (Art. 17), die Korrespondenz mit den notifizierten Stellen (insbesondere genehmigte Änderungen und ausgestellte Entscheidungen) und die EU-Konformitätserklärung (Art. 47) ausgedehnt. 2

3. Verhältnis zu anderen Vorschriften

Die Vorschrift führt die Vorschriften zur technischen Dokumentation (Art. 11), zum Qualitätsmanagement (Art. 17) und zur Konformitätserklärung (Art. 47) insofern konsequent fort, als eine klare Aufbewahrungsfrist für die zum Nachweis und zur Überprüfung der Einhaltung der gesetzlichen Anforderungen erforderlichen Unterlagen definiert wird. 3

II. Abs. 1

Art. 18 Abs. 1 legt den Anbietern von Hochrisiko-KI-Systemen die Pflicht auf, wichtige Dokumentationen **zehn Jahre** ab dem Inverkehrbringen oder der Inbetriebnahme aufzubewahren. Hierbei folgt die Vorschrift dem Beispiel allgemeinen europäischen Produktsicherheitsrechts.[3] Unter die Aufbewahrungspflicht fallen insbesondere die technische Dokumentation gemäß Art. 11 (lit. a), die Dokumentation zu dem Qualitätsmanagementsystem gemäß Art. 17 (lit. b) und die 4

1 Vgl. *Eisenberger*, in: Martini/Wendehorst, KI-VO, Art. 18 Rn. 3.

2 Europäisches Parlament, Angenommene Texte vom 14.6.2023, P9_TA(2023)0236 TA, Abänderung 352 ff.

3 Siehe unter anderem zur Medizinprodukteverordung: *Wagner*, in: Rehmann/Wagner, MP-VO, Art. 10 Rn. 8.

EU-Konformitätserklärung nach Art. 47 (lit. e). Zudem sind, soweit vorhanden, die Dokumentation über etwaige von notifizierten Stellen genehmigte Änderungen (lit. c) sowie gegebenenfalls die ausgestellten Entscheidungen und sonstigen Dokumente (lit. d) aufzubewahren.

5 Die 10-Jahres-Frist läuft **ab dem Inverkehrbringen** oder der Inbetriebnahme des Hochrisiko-KI-Systems. Inverkehrbringen bedeutet hierbei die „erstmalige Bereitstellung eines KI-Systems […] auf dem Unionsmarkt" (siehe Art. 3 Rn. 137) und Inbetriebnahme die „Bereitstellung eines KI-Systems durch den Anbieter in der Union zum Erstgebrauch direkt an den Betreiber oder zum Eigengebrauch entsprechend seiner Zweckbestimmung" (siehe Art. 3 Rn. 148). Um den vermeintlichen Widerspruch zwischen einer **fortdauernden Aktualisierungspflicht** während der gesamten Lebensdauer des KI-Systems und der starren 10-Jahres-Frist aufzulösen, ist davon auszugehen, dass jede neue Version oder Release eines KI-Systems als ein neues Inverkehrbringen anzusehen sein wird und deshalb wie ein neues KI-System zu behandeln sein wird; damit würde die zehnjährige Frist für solche Versionen und Releases stets auf das Neue zu laufen beginnen.[4] Konkrete Vorgaben, welche Anforderung der Anbieter bei der Aufbewahrung der Dokumentation erfüllen muss, gibt die KI-VO nicht vor; jedoch muss diese in einer Form aufbewahrt werden, sodass diese für die zuständigen nationalen Behörden in der EU verfügbar gemacht werden kann. Zudem erscheint es sinnvoll, sich an den allgemeinen Maßstäben der Rechenschaftspflicht von Unternehmen im Hinblick auf die nachweissichere Aufbewahrung von Dokumentation zu orientieren (wie etwa auch gem. Art. 5 Abs. 2 DSGVO), bis sich eine Praxis etabliert.[5]

III. Abs. 2

6 Wenn ein Insolvenzverfahren über einen Anbieter von Hochrisiko-KI-Systemen eröffnet wird oder er seine Tätigkeit vor Ablauf von zehn Jahren aufgibt, könnte das die Verfügbarkeit der Dokumentation beeinträchtigen.[6] Art. 18 Abs. 2 bestimmt für diesen Fall, dass jeder Mitgliedstaat selbst die Bedingungen festlegt, unter denen die Dokumentation von den Anbietern für die zuständigen nationalen Behörden für den in Art. 18 Abs. 1 angegebenen Zeitraum bereitgehalten werden muss. Insofern wird etwa die Nutzung eines Hinterlegungs- oder Escrow-Services vorgeschlagen, der im Voraus bezahlt wird.[7]

4 A. A. *Hense/Mustać*, AI Act kompakt, S. 241, wonach unklar sei, was nach den ursprünglichen zehn Jahren passiere.

5 *Haar*, in: Schwartmann/Keber/Zenner, KI-VO, Rn. 375.

6 *Engelfriet*, The Annotated AI Act, Art. 18, S. 132.

7 *Hense/Mustać*, AI Act kompakt, S. 241.

IV. Abs. 3

Finanzinstitute sind in der Union bereits stark reguliert und unterliegen einer Vielzahl von bestehenden Dokumentations- und Aufbewahrungspflichten im Rahmen der Anforderungen an die interne Unternehmensführung und das Risikomanagement. Art. 18 Abs. 3 enthält deswegen eine **Sonderregelung für Finanzinstitute**. Diese haben die technische Dokumentation als Teil der gemäß den Rechtsvorschriften der Union über Finanzdienstleistungen aufzubewahrenden Dokumentation zu pflegen. Dies sind insbesondere Richtlinie 2013/36/EU für Kreditinstitute, Richtlinie 2009/138/EG für Versicherungsunternehmen und Richtlinie (EU) 2016/97 für Versicherungsvermittler. Mangels einheitlicher Definition von „Finanzinstituten" im Unionsrecht ist nach dem Pauschalverweis aus Art. 18 Abs. 3 davon auszugehen, dass damit alle am Finanzmarkt tätigen Institute gemeint sind.[8] Dabei könnte die detaillierte Aufreihung in Art. 2 Abs. 1 DORA-VO beispielhaft zu deren Definition herangezogen werden. Auch sollten die für die Beaufsichtigung und Durchsetzung der finanzrechtlichen Vorschriften zuständigen Behörden im Rahmen ihrer jeweiligen Zuständigkeiten auch als zuständige Behörden für die Beaufsichtigung der Durchführung der KI-VO benannt werden, sofern die EU-Mitgliedstaaten nicht beschließen, eine andere Behörde als für die Wahrnehmung der Marktüberwachungsaufgaben zu benennen. Dadurch sollen eine kohärente Anwendung und Durchsetzung der Pflichten der vorliegenden KI-VO sowie der einschlägigen Vorschriften und Anforderungen der Rechtsvorschriften der Union über Finanzdienstleistungen gewährleistet werden.[9] 7

8 *Eisenberger*, in: Martini/Wendehorst, KI-VO, Art. 18 Rn. 14.
9 ErwG 158.

Art. 19 Automatisch erzeugte Protokolle

(1) Anbieter von Hochrisiko-KI-Systemen bewahren die von ihren Hochrisiko-KI-Systemen automatisch erzeugten Protokolle gemäß Artikel 12 Absatz 1 auf, soweit diese Protokolle ihrer Kontrolle unterliegen. Unbeschadet des geltenden Unionsrechts oder nationalen Rechts werden die Protokolle für einen der Zweckbestimmung des Hochrisiko-KI- Systems angemessenen Zeitraum von mindestens sechs Monaten aufbewahrt, sofern in den geltenden Rechtsvorschriften der Union, insbesondere im Unionsrecht zum Schutz personenbezogener Daten, oder im geltenden nationalen Recht nichts anderes vorgesehen ist.

(2) Anbieter, die Finanzinstitute sind und gemäß den Rechtsvorschriften der Union über Finanzdienstleistungen Anforderungen in Bezug auf ihre Regelungen oder Verfahren der internen Unternehmensführung, unterliegen, bewahren die von ihren Hochrisiko-KI- Systemen automatisch erzeugten Protokolle als Teil der gemäß dem einschlägigen Unionsrecht über Finanzdienstleistungen aufzubewahrenden Dokumentation auf.

Mit Art. 19 korrespondieren die Erwägungsgründe 71, 73.

Schrifttum: *Bomhard/Etzkorn*, Impulse zum Entwurf der KI-Verordnung, ZdiW 2022, 159; *Daute/Sütthoff*, Vereinbarkeit von Produktbeobachtungspflicht und Datenschutz beim autonomen Kraftfahrzeug, EuZW 2023, 500; *Ebers* (Hrsg.), Stichwort-Kommentar Legal Tech, 2023; *Oechsler*, Die Haftungsverantwortung für selbstlernende KI-Systeme, NJW 2022, 2713; *Roth-Isigkeit*, Unionsrechtliche Transparenzanforderungen an intelligente Medizinprodukte, GesR2022, 278.

Übersicht

I. Allgemeines

1. Zweck der Vorschrift

1 Art. 19 legt eine **Aufbewahrungsfrist** für die mit den nach den Anforderungen des Art. 12 Abs. 1 eingerichteten Aufzeichnungsmöglichkeiten erzeugten Protokolle fest. Hierdurch soll sichergestellt werden, dass die Aufzeichnungen zur Überprüfung von Verstößen auch tatsächlich noch zur Verfügung stehen. Dies betrifft vor allem behördliche Kontrollen des Art. 21 Abs. 2.

Im Rahmen der Geltendmachung von zivilrechtlichen Haftungsansprüchen kann den Protokollen eine **Beweisfunktion** zukommen (Art. 12 Rn. 2). Insbesondere bei nicht-veränderbaren Aufzeichnungen, etwa in einer dezentral verwalteten Blockchain, kann die Protokollierung dem haftenden Anbieter einen Entlastungsbeweis bieten.[1] Für einen zivilprozessualen Anspruch auf Offenlegung fehlt derzeit eine explizite unionsrechtliche Grundlage, die aber in Anwendung der vorbereiteten Richtlinie über KI-Haftung hergeleitet werden kann.[2] 2

Die Vorschrift entfaltet gemäß Art. 113 Satz 2 Wirkung ab dem 2.8.2026. 3

2. Entstehungsgeschichte

Art. 19 geht auf Art. 20 KI-VO-E Kommission zurück und wurde mehrfach in Bezug auf die Verweistechnik und die Aufbewahrungsfrist angepasst. 4

Der Begriff der **Kontrolle** war ursprünglich als rechtliche Kontrolle spezifiziert („aufgrund einer vertraglichen Vereinbarung mit dem Nutzer oder auf gesetzlicher Grundlage").[3] Dieser Zusatz ist ersatzlos entfallen, woraus sich ableiten lässt, dass es nicht auf die rechtliche Verfügungsmacht ankommt, sondern die **tatsächliche Zugriffsmöglichkeit** entscheidend ist. 5

Hinsichtlich der **Aufbewahrungsdauer** sah Art. 20 KI-VO-E Kommission noch eine unbestimmte Regelung vor, nach der die Protokolle für einen Zeitraum aufbewahrt werden, „der der Zweckbestimmung des Hochrisiko-KI-Systems und den geltenden rechtlichen Verpflichtungen nach Unionsrecht oder nationalem Recht angemessen ist". Der Änderungsvorschlag des Parlaments brachte die Sechsmonatsfrist ein und überführte den Bezug zum geltenden Recht in die Einschränkung zu Beginn des Satzes („unbeschadet des geltenden Unionsrechts oder des nationalen Rechts"). Die Speicherfrist musste nach Art. 20 Abs. 1 Satz 3 KI-VO-E Parlament zudem den Industriestandards entsprechen und der Zweckbestimmung des Hochrisiko-KI-Systems angemessen sein. Nach der allgemeinen Ausrichtung des Rates sollte die Einschränkung des Halbsatzes („unbeschadet") durch den Nachsatz ersetzt werden („sofern in den geltenden Rechtsvorschriften der Union, insbesondere im Unionsrecht zum Schutz personenbezogener Daten, oder im geltenden nationalen Recht nichts anderes vorgesehen ist"). Die finale Fassung stellt einen Kompromiss aus den Formulierungsvorschlägen des Parlaments und des Rates dar, der interpretationsbedürftig ist (Rn. 14 f.). 6

Die Sonderregelung des Abs. 2 für „**Finanzinstitute**" bezog sich nach Art. 20 KI-VO-E noch auf Kreditinstitute i. S. d. RL 2013/36/EU. Der Rat hat in der KI- 7

---

1 *Oechsler*, NJW 2022, 2713, 2716.
2 Art. 3 Abs. 1 i. V. m. ErwG 16 u. 27 KI-Haftungs-RL-E, COM/2022/496 final.
3 Art. 20 Abs. 1 Satz 1 KI-VO-E Kommission.

VO durchweg den allgemeineren Begriff eingeführt, der nicht mehr legaldefiniert ist (Art. 18 Rn. 7).

3. Verhältnis zu anderen Vorschriften

8 Art. 12 legt die technische Anforderung für Hochrisiko-KI-Systeme fest, Protokolle erstellen zu können, und bestimmt im Falle der Aufzeichnung den inhaltlichen Mindestumfang für die Ereignisse, die aufgezeichnet werden. Art. 19 begründet die Pflicht der Anbieter von Hochrisiko-KI-Systemen, die Protokolle für eine bestimmte Frist aufzubewahren, soweit sie Kontrolle über die Protokolle haben. Eine **Verpflichtung**, die Protokollfunktion zu aktivieren, spricht die KI-VO nicht explizit aus (Art. 12 Rn. 10). Der systematische Zusammenhang von Art. 12 und 19 bestätigt dieses Auslegungsergebnis. Abschnitt 2 regelt die **technischen Voraussetzungen**, während sich die Pflichten der Anbieter und Betreiber in Abschnitt 3 finden. Weder Art. 19 noch eine andere Vorschrift des Abschnitts 3 begründen allerdings eine Pflicht zur Protokollierung. Sie kann sich jedoch aus anderen Rechtsquellen ergeben (z. B. § 80 Abs. 3 WpHG oder §§ 1g, 63a StVG).

9 Anbieter haben den **Marktüberwachungsbehörden** gem. Art. 21 Abs. 2 die automatisch erzeugten Protokolle auf Anforderung vorzulegen, sofern sie Kontrolle über die Aufzeichnungen haben. Falls der Anbieter im EU-Ausland niedergelassen ist, kann sein Bevollmächtigter nach Art. 22 Abs. 3 lit. c in Anspruch genommen werden.

10 Für Betreiber von Hochrisiko-KI-Systemen sieht Art. 26 Abs. 6 eine entsprechende Aufbewahrungspflicht vor.

II. Aufbewahrungspflicht (Abs. 1)

11 Soweit das Hochrisiko-KI-System Protokolle erstellt, müssen diese für einen **Mindestzeitraum** von sechs Monaten aufbewahrt werden.

1. Kontrolle (Satz 1)

12 Voraussetzung für die Aufbewahrungspflicht der Anbieter ist, dass diese **Kontrolle** über die Protokolle haben. Andernfalls trifft die Pflicht nach Art. 26 Abs. 6 die unternehmerischen Betreiber. Kontrolle meint die tatsächliche Verfügungshoheit. Eine rechtliche Möglichkeit, den Zugriff auf die Protokolle zu erwirken, ist nicht maßgeblich, weil damit die Aufbewahrung ex ante nicht sichergestellt werden kann. Für diese Auslegung spricht auch das Normsetzungsverfahren, während dessen der ursprüngliche Kommissions-Entwurf abgeändert

wurde, der noch auf die rechtliche Zugriffsmöglichkeit auf vertraglicher oder gesetzlicher Grundlage abstellte.[4]

Ein spezifischer Anwendungsfall des Art. 19 für Anbieter kann sich ergeben, **13**
wenn die aufgezeichneten Daten über die Ereignisse von einem Endgerät des Betreibers zum Anbieter übertragen werden und auf dessen Servern gespeichert werden, wie es bei autonomen Fahrzeugen geschieht.[5] Wird das KI-System als **Software-as-a-Service (SaaS)** „in der Cloud" betrieben, ist Kontrolle im Sinne der tatsächlichen Zugriffsmöglichkeit sowohl für den Betreiber als auch für den Anbieter denkbar. Ein beiderseitiger Zugriff ist auch vorstellbar, wenn Protokolle dezentral in einer Blockchain durch eine **unabhängige Stelle** geführt werden (Distributed-Ledger-Technologie).[6]

2. Aufbewahrungsdauer (Satz 2)

Die Dauer der Aufbewahrung wird durch vier Vorgaben des Art. 19 Abs. 1 **14**
Satz 2 bestimmt. Ausgangspunkt ist ein **Mindestzeitraum** von sechs Monaten. Nach freiem Ermessen kann der Anbieter grundsätzlich auch jeden längeren Zeitraum festlegen. Dies wird vor allem eine Kostenentscheidung sein, die in Abwägung zur Funktion eines möglicherweise haftungsrechtlich erforderlichen Entlastungsbeweises zu treffen ist.[7]

Die zweite Vorgabe ist die **Angemessenheit** in Bezug auf die Zweckbestimmung **15**
des Hochrisiko-KI-Systems. Wie bei der Frage, ob und welche Daten aufzuzeichnen sind (Art. 12 Rn. 13), ist auch die Aufbewahrungsfrist abhängig vom jeweiligen Zweck, für den die KI eingesetzt werden soll. Dieser richtet sich laut Art. 3 Nr. 12 nach der bestimmungsgemäßen Verwendung unter Berücksichtigung der besonderen Nutzungsumstände und der Nutzungsbedingungen. Nach der vorzunehmenden Risikoanalyse (Art. 9 Abs. 2) kann eine längere Speicherdauer erforderlich sein, um die Nachverfolgbarkeit der Wirkweise des KI-Systems sicherzustellen. Für den Regelfall ist jedoch die sechsmonatige Frist zugrunde zu legen, sodass besondere Umstände vorhanden sein müssen, um eine längere Aufbewahrungspflicht anzunehmen. Dies ist jedenfalls dann der Fall, wenn sich nach der Risikoanalyse Fehlentscheidungen oder -funktionen des Hochrisiko-KI-Systems vorhersehbar erst nach längerer **Nutzungsdauer** nachteilig auf die Rechtsgüter und Interessen des Betreibers oder Dritter auswirken. Langfristige Auswirkungen können sich etwa bei KI-Systemen ergeben, die für die Entwicklung von Produkten mit langwierigen Einführungszyklen eingesetzt

4 Art. 20 Abs. 1 KI-VO-E Kommission.
5 *Daute/Sütthoff*, EuZW 2023, 500, 502.
6 Vgl. zu dieser Ausgestaltung *Oechsler*, NJW 2022, 2713, 2716.
7 *Oechsler*, NJW 2022, 2713, 2716.

werden, oder bei medizinischen Verfahren,[8] die schädliche Auswirkungen auf die Gesundheit erst nach Jahren haben können.

16 Schließlich erfährt die Aufbewahrungsdauer zwei **Einschränkungen** durch Art. 19 Abs. 1 Satz 2 („Unbeschadet des geltenden Unionsrechts oder nationalen Rechts…“ und „sofern in den geltenden Rechtsvorschriften […] nichts anderes vorgesehen ist“). Diese missliche Formulierung ist Resultat eines Kompromisses im Gesetzgebungsverfahren (Rn. 6). Sie könnte als überflüssige Doppelung verstanden werden. Aus dem Gesetzgebungsverfahren lassen sich jedoch zwei unterschiedliche Funktionen ableiten.

17 Die erste Einschränkung („unbeschadet“) stellt klar, dass spezialgesetzliche Regelungen **längere Aufbewahrungsfristen** vorsehen können, die durch die Sechsmonatsfrist des Art. 19 Abs. 1 Satz 2 nicht verkürzt werden sollen. Beispielsweise müssen gemäß § 80 Abs. 3 WpHG Wertpapierdienstleistungsunternehmen, die einen algorithmischen Handel betreiben, bestimmte Aufzeichnungen für mindestens fünf Jahre aufbewahren. Findet dieser Handel im Auftrag von Kunden unter Einsatz einer KI (AI Trader) statt,[9] die auch eine Bonitätsprüfung der Kunden vornimmt (Anhang III Nr. 5 b), könnte sich das Ergebnis der Protokollierung nach Art. 12 mit den nach dem WpHG erforderlichen Aufzeichnungen inhaltlich überschneiden. Art. 19 Abs. 1 verkürzt die Fünfjahresfrist des WpHG jedoch nicht. Ähnlich sieht § 63a Abs. 4 StVG für Kraftfahrzeuge mit hoch- oder vollautomatisierter Fahrfunktion eine Speicherpflicht von sechs Monaten vor, die sich auf drei Jahre verlängert, wenn das Fahrzeug an einem Unfall beteiligt war.[10]

18 Bei der zweiten Einschränkung („sofern“) hatte der Gesetzgeber, wie der Einschub („insbesondere“) zeigt, vor allem **datenschutzrechtliche Vorschriften** im Blick. Regelungen, die eine abweichende Aufbewahrungsfrist einschließlich kürzerer Maximalzeiträume für die Aufbewahrung vorsehen, haben demnach Vorrang und verdrängen Art. 19 Abs. 1. Betroffen ist vor allem die Speicherung von personenbezogenen Daten, die durch die DSGVO zeitlich begrenzt oder ganz ausgeschlossen sein kann. Es bestehen zudem Löschpflichten nach Art. 17 DSGVO.[11] Die Regelungen der DSGVO sollen durch die KI-VO nicht eingeschränkt werden.[12] Die Anbieter von Hochrisiko-KI-Systemen müssen also bei der Protokollierung von personenbezogenen Daten zusätzlich zur Angemes-

8 Zur Einordnung medizinischer Anwendungen als Hochrisiko-KI *Roth-Isigkeit*, GesR 2022, 278, 283.

9 Dazu *Linardatos*, in: Ebers, Stichwort-Kommentar Legal Tech, Algorithmischer Handel, Rn. 1, 24.

10 Zur Anwendbarkeit der KI-VO auf Fahrzeuge mit KI-Steuerung vgl. *Daute/Sütthoff*, EuZW 2023, 500, 505.

11 Kritisch zur Vereinbarkeit *Bomhard/Etzkorn*, ZdiW 2022, 159, 161.

12 ErwG 10 Abs. 4.

senheitsprüfung nach Art. 19 Abs. 1 Satz 2 ggf. auch eine **Datenschutz-Folgenabschätzung** nach Art. 35 DSGVO unter Einhaltung des Prinzips der Speicherbegrenzung nach Art. 5 lit. e DSGVO vornehmen. Eine Folge kann sein, dass für bestimmte personenbezogene Protokolldaten kürzere Aufbewahrungszeiten angemessen sind als für andere Daten. Dies kann die Erstellung von mehreren Protokolldateien mit unterschiedlichen Aufbewahrungsfristen erfordern, soweit dies technisch mit angemessenem Aufwand umsetzbar ist.

III. Aufbewahrungspflicht für Finanzinstitute (Abs. 2)

Finanzinstitute, die Hochrisiko-KI-Systeme als Anbieter in Verkehr bringen oder in Betrieb nehmen und „Regelungen oder Verfahren der internen Unternehmensführung" gemäß unionsrechtlichen Vorschriften unterliegen, sind nach Art. 19 Abs. 2 verpflichtet, die automatisch erzeugten Protokolle als Teil der nach diesen Vorschriften angeordneten Dokumentation aufzubewahren. **19**

Die nationalen für Finanzmärkte zuständigen **Aufsichtsbehörden** überwachen die Einhaltung der Aufbewahrungspflicht, sofern das Inverkehrbringen, die Inbetriebnahme oder die Verwendung des KI-Systems mit der Erbringung dieser Finanzdienstleistungen in direktem Zusammenhang steht (siehe Art. 74 Rn. 37 ff.). **20**

Art. 20 Korrekturmaßnahmen und Informationspflicht

(1) Anbieter von Hochrisiko-KI-Systemen, die der Auffassung sind oder Grund zu der Annahme haben, dass ein von ihnen in Verkehr gebrachtes oder in Betrieb genommenes Hochrisiko-KI-System nicht dieser Verordnung entspricht, ergreifen unverzüglich die erforderlichen Korrekturmaßnahmen, um die Konformität dieses Systems herzustellen oder es gegebenenfalls zurückzunehmen, zu deaktivieren oder zurückzurufen. Sie informieren die Händler des betreffenden Hochrisiko-KI-Systems und gegebenenfalls die Betreiber, den Bevollmächtigten und die Einführer darüber.

(2) Birgt das Hochrisiko-KI-System ein Risiko im Sinne des Artikels 79 Absatz 1 und wird sich der Anbieter des Systems dieses Risikos bewusst, so führt er unverzüglich gegebenenfalls gemeinsam mit dem meldenden Betreiber eine Untersuchung der Ursachen durch und informiert er die Marktüberwachungsbehörden, in deren Zuständigkeit das betroffene Hochrisiko-KI-System fällt, und gegebenenfalls die notifizierte Stelle, die eine Bescheinigung für das Hochrisiko-KI-System gemäß Artikel 44 ausgestellt hat, insbesondere über die Art der Nichtkonformität und über bereits ergriffene relevante Korrekturmaßnahmen.

Schrifttum: *Ammann/Pohle*, KI-Verordnung – Was bisher geschah und jetzt zu tun ist, CB 2024, 137; *Ashkar/Schröder*, Das Gesetz über künstliche Intelligenz der Europäischen Union (KI-Verordnung), BB 2024, 771; *Bomhard/Merkle*, Europäische KI-Verordnung, RDi 2021, 276; *Engelmann/Brunotte/Lütkens*, Regulierung von Legal Tech durch die KI-Verordnung, RDi 2021, 317; *Frost/Steininger/Vivekens*, Nutzen, Chancen, Risiken und Haftung bei der Verwendung von Künstlicher Intelligenz im Kontext der KI-Verordnung und KI-Haftungsrichtlinie, MPR 2024, 4; *Klindt* (Hrsg.), Geräte- und Produktsicherheitsgesetz, 2007; *Klindt* (Hrsg.), Produktsicherheitsgesetz, Kommentar, 3. Aufl. 2021; *Klindt*, Digitalisierung und Konnektivität bei Produktrückrufen, DAR 2023, 7; *Klindt*, Änderung der Produktsicherheitsrichtlinie in Vorbereitung, ZPR 2000, 419; *Regenfus*, Deaktivierte Geräte – Rechte des Nutzers bei Einschränkung der Funktionsfähigkeit „smarter" Produkte durch den Hersteller, JZ 2018, 79, 83; *Säcker/Rixecker/Oetker* (Hrsg.), Münchener Kommentar zum BGB, Bd. 7, 9. Aufl. 2024.

Übersicht

I. Allgemeines

Art. 20 dient dazu, das Ziel der Verordnung – Gewährleistung eines hohen Schutzniveaus[1] – bestmöglich zu gewährleisten. Seine unmittelbare Anknüpfung findet er allerdings in dem ErwG 64, wonach für den Anbieter, um die von bereits in Verkehr gebrachten oder in Betrieb genommenen Hochrisiko-KI-Systemen ausgehenden Risiken zu mindern und ein hohes Maß an Vertrauenswürdigkeit zu gewährleisten, bestimmte verbindliche Anforderungen gelten sollen. Diese Anforderungen sind unter anderem in den Art. 20 sowie Art. 21 näher konkretisiert. 1

Der Pflichtenkatalog des Art. 20 geht im weitesten Sinne zurück auf Anhang I Art. R2 Abs. 8 des Beschlusses Nr. 768/2008/EG und verfolgt eine einheitliche Durchsetzung europäischer Harmonisierungsrechtsvorschriften. 2

Er ist konzeptionell an andere Regeln des Produktsicherheitsrechts angepasst und damit in das System des europäischen Produktsicherheitsrechts eingebettet. Ähnliche Pflichten wie die des Art. 20 treffen auch andere Akteure, wobei die des Anbieters am umfangreichsten sind.[2] Obwohl die Anbieter das Hochrisiko-KI-System in der Praxis nicht selbst nutzen, haben sie aufgrund ihrer Beobachtungspflicht von der mangelnden Konformität des Produkts und den zugrunde liegenden Gegebenheiten die beste Kenntnis. 3

II. Korrekturmaßnahmen (Abs. 1)

Nach dem ersten Absatz des Art. 20 werden Anbieter von Hochrisiko-KI-Systemen verpflichtet, unverzüglich erforderliche Korrekturmaßnahmen zu ergreifen, sofern sie der Auffassung sind, dass das in Verkehr gebrachte oder in Betrieb genommene KI-System nicht der KI-VO entspricht. 4

---

1 ErwG 8.
2 So auch *Engelmann/Brunotte/Lütkens*, RDi 2021, 317, 321; *Ammann/Pohle*, CB 2024, 137, 141.

1. Tatbestand

a) Anwendungsbereich

5 **Regelungsadressat** des Art. 20 ist grundsätzlich der **Anbieter**, welcher im Rahmen der hiesigen Verordnung an die Stelle des Produktherstellers tritt. Der Begriff des Anbieters ist in Art. 3 Nr. 3 legaldefiniert als „eine natürliche oder juristische Person, Behörde, Einrichtung oder sonstige Stelle, die ein KI-System oder ein KI-Modell mit allgemeinem Verwendungszweck entwickelt oder entwickeln lässt und es unter ihrem eigenen Namen oder ihrer Handelsmarke in Verkehr bringt oder das KI-System unter ihrem eigenen Namen oder ihrer Handelsmarke in Betrieb nimmt, sei es entgeltlich oder unentgeltlich."

6 Eine Einschränkung folgt allerdings dahingehend, dass die Pflichten des Art. 20 gem. Kapitel III der Verordnung **nur für derartige KI-Systeme gelten, welche gem. Art. 6 als Hochrisiko-Systeme einzustufen sind**. Ein Hochrisiko-System – welches den Schwerpunkt der Verordnung betrifft[3] und wohl am stärksten reguliert ist[4] – liegt gem. Art. 6 Abs. 1 vor, wenn das KI-System als Sicherheitskomponente eines Produkts verwendet wird, das unter die in Anhang I aufgeführten Harmonisierungsrechtsvorschriften der Union fällt, oder wenn das KI-System selbst ein solches Produkt darstellt. In beiden Fällen muss das Produkt, dessen Sicherheitskomponente das KI-System ist, oder das KI-System selbst als Produkt einer Konformitätsbewertung durch Dritte im Hinblick auf das Inverkehrbringen oder die Inbetriebnahme gemäß den in Anhang II aufgeführten Harmonisierungsrechtsvorschriften der Union unterzogen werden. Darüber hinaus erklärt Art. 6 Abs. 2 – zusätzlich zu den in Art. 6 Abs. 1 genannten Hochrisiko-KI-Systemen – die in Anhang I genannten KI-Systeme für hochriskant. Art. 6 Abs. 3 hingegen enthält Einschränkungen, wonach ein grundsätzlich unter Art. 6 Abs. 2 fallendes Hochrisiko-KI-System ausnahmsweise nicht als solches gelten soll, wenn es kein erhebliches Risiko der Beeinträchtigung in Bezug auf die Gesundheit, Sicherheit oder Grundrechte natürlicher Personen birgt, indem es unter anderem nicht das Ergebnis der Entscheidungsfindung wesentlich beeinflusst. Wann dies im Einzelnen der Fall sein soll, wird unter lit. a bis d abschließend aufgeschlüsselt. Hierzu findet sich sodann in Art. 6 Abs. 3 UAbs. 2 – anders als noch im Kommissionsentwurf – eine Rückausnahme, wohingegen ein in Anhang III aufgeführtes KI-System immer dann als hochriskant gilt, wenn es ein Profiling natürlicher Personen vornimmt.[5]

7 Um eine einprägsamere und prägnantere Definition hinsichtlich eines Hochrisikosystems bemüht sich der Verordnungsgeber in seinem ErwG 46, demzufolge

---

3 *Engelmann/Brunotte/Lütkens*, RDi 2021, 317, 319; *Ammann/Pohle*, CB 2024, 137, 140; *Frost/Steininger/Vivekens*, MPR 2024, 4, 10.

4 *Ashkar/Schröder*, BB 2024, 771, 773.

5 So auch *Ammann/Pohle*, CB 2024, 137, 140.

nur solche KI-Systeme als hochriskant eingestuft werden sollen, die erhebliche schädliche Auswirkungen auf die Gesundheit, Sicherheit und die Grundrechte von Personen in der Union haben, damit eine mögliche Beschränkung des internationalen Handels so gering wie möglich bleibt.[6]

b) Wissensmomentum

aa) Auffassung

8 Da eine präzise Definition des Wissensgrades „**der Auffassung sein**" im Rahmen der Verordnung fehlt, muss die Bedeutung dieses Begriffs durch dessen allgemeine Sprachbedeutung erschlossen werden. Die Formulierung „der Auffassung sein" impliziert, eine bestimmte Meinung oder Ansicht zu einem Thema zu haben, wobei „Auffassung" subjektiver Natur ist und primär im Sprachgebrauch verwendet wird, um persönliche Meinungen und Interpretationen auszudrücken. Es handelt sich demnach um eine formelle Ausdrucksweise, die besagt, dass jemand glaubt oder der Meinung ist, dass etwas in einer bestimmten Weise ist. Diese Interpretation wird ebenfalls durch einen Vergleich mit den sprachlichen Formulierungen in anderen EU-Sprachen bestätigt. Die englische Version verwendet den Begriff „consider", während die französische Fassung „considèrent" gebraucht. Während eine wörtliche Übersetzung des englischen „consider" ins Deutsche „erwägen" ergibt, bedeutet das französische „considèrent" eher „betrachten". Eine ähnliche Annäherung im Spanischen zeigt, dass „consideren" in diesem Kontext „berücksichtigen" bedeutet. Alle diese Begriffe haben jedoch gemeinsam, dass sie eine subjektive Einschätzung des Anbieters voraussetzen, welcher lediglich eine „bloße" Ansicht äußert und keine fundierte Kenntnis besitzen muss.

bb) Grund zu der Annahme

9 Das Kriterium, wonach der Anbieter „**Grund zu der Annahme**" haben muss, stellt in dieser Form ein Novum dar. Die bisherige Produktsicherheitsrichtlinie und somit auch die nationale Umsetzung des § 6 Abs. 4 ProdSG verlangten hingegen ein „Wissen oder wissen müssen".[7] Im Gegensatz dazu erforderte die frühere Regelung des § 5 Abs. 2 GPSG bis Ende 2011 neben positivem Wissen auch das Vorliegen eindeutiger Anhaltspunkte.[8] Der Begriff „Gründe für die Annahme" liegt semantisch zwischen „wissen müssen" und „eindeutigen Anhaltspunkten". Diese Interpretation wird auch durch einen Vergleich der englischen Versionen unterstützt. „Wissen müssen" wird mit „ought to know" übersetzt, während „Gründe für die Annahme" als „reasons to consider" übersetzt wird.

---

6 So auch *Bomhard/Merkle*, RDi 2021, 276, 280.
7 *Kapoor*, in: Klindt, ProdSG, § 6 Rn. 78 f.
8 *Klindt*, in: Klindt, ProdSG, § 5 Rn. 53 f.

Insbesondere diese „reasons" erfordern einen Grund, der über die vage Idee des „Wissen Müssens" hinausgeht. Mit dieser geänderten Formulierung dürfte eine Erleichterung zugunsten der verantwortlichen Wirtschaftsakteure einhergehen. Eine fahrlässige Unkenntnis dürfte somit die Handlungspflicht des Abs. 1 entfallen lassen, während bei grob fahrlässiger Unkenntnis die Pflicht bestehen bleibt.

10 Auch ein Blick in die anderen Sprachfassungen der KI-VO bestätigt die zuvörderst erfolgte neuartige Interpretation. Der französische Verordnungstext „raisons de considérer" korrespondiert mit der englischen Fassung und ist synonym zur deutschen Übersetzung.

11 Trotz der Änderung der Terminologie wird es in der praktischen Anwendung weiterhin schwierig sein, den genauen Zeitpunkt festzustellen, zu dem Gründe für die Annahme, dass ein Hochrisiko-KI-System nicht dieser Verordnung entspricht, vorliegen. In vielen Fällen wird sich eine bestehende Nichtkonformität dem Anbieter nicht sofort, sondern schrittweise erschließen, beispielsweise durch zunehmende Reklamationen. Die genaue Bestimmung des Zeitpunkts, zu dem Gründe für die Annahme vorliegen, dass ein Hochrisiko-KI-System nicht dieser Verordnung entspricht, ist in solchen Fällen oft schwierig.[9]

2. Rechtsfolge: Korrekturmaßnahmen

12 Sofern das Hochrisiko-KI-System nicht den vorgegebenen Sicherheitsanforderungen entspricht, sind die Anbieter verpflichtet, Korrekturmaßnahmen zu ergreifen. Die Formulierung erfolgt dabei bewusst im Aktiv („sind verpflichtet durchzuführen"), da es dem Anbieter – anders als beispielsweise dem Händler im Falle des Art. 24 Abs. 4 S.1 a. E. – möglich und zumutbar ist, die Konformität des Hochrisiko-KI-Systems wiederherzustellen. Die Zuweisung der zu erfüllenden Verpflichtungen erfolgt kohärent zu anderen neuartigen Harmonisierungsrechtsvorschriften der EU präzise entlang der Lieferkette sowie auf Basis der Verantwortung innerhalb dieser und der entsprechenden Verursachungsbeiträge. Damit verfolgt der Verordnungsgeber eine zunehmende Vereinheitlichung der Rechtsordnung.

a) Die zu ergreifenden Maßnahmen

13 Bei den zu ergreifenden Korrekturmaßnahmen wird es sich in erster Linie um solche handeln, welche die Konformität des Hochrisiko-KI-Systems mit der geltenden Verordnung und deren Anforderungen (wieder-)herstellen. Nur sofern dies nicht möglich sein sollte, wird der Anbieter das betroffene System zurücknehmen (vgl. Art. 3 Nr. 17), deaktivieren oder zurückrufen (vgl. Art. 3 Nr. 16).

---

9 *Kapoor*, in: Klindt, ProdSG, § 6 Rn. 79.

Bevor der Anbieter auf die **Ultima-ratio-Maßnahme der Stilllegung** von im Feld befindlichen KI-Systemen im Interesse der Gefahrenabwehr zurückgreift, wird er regelmäßig zunächst das mildeste Mittel eines Software-Updates anstreben. Erst wenn ein solches Update zur Schließung von Sicherheitslücken und zur (Wieder-)Herstellung der Konformität nicht ausreicht, wird eine digitale Deaktivierung in Betracht gezogen. Der Deaktivierung durch den Anbieter geht dabei zunächst die Aufforderung zur Stilllegung seitens der Nutzer voraus. Erst wenn diese Aufforderung erfolglos bleibt und es technisch sowie wirtschaftlich nicht anders möglich und zumutbar erscheint, wird der Anbieter die ihm durch digitale Produkte erstmals eröffnete Möglichkeit der Stilllegung nutzen. Dieses Vorgehen – als ultima ratio – ist dem Wortlaut des Art. 20 („nur sofern dies nicht möglich sein sollte") eindeutig zu entnehmen. Eine derartige Deaktivierung stellt zweifellos einen **schwerwiegenden Eingriff in längst fremdes Eigentum** dar, jedoch müssen diese Folgen gegebenenfalls hingenommen werden, um eine schwere Schädigung Dritter und/oder der Nutzer zu verhindern. Ein rechtswidriger Eingriff in das Eigentum, der eine deliktische Haftung nach nationalem Recht, beispielsweise nach § 823 Abs. 1 BGB, begründen könnte, liegt jedoch nur dann vor, wenn ein KI-System **gegen den Willen des Eigentümers und ohne rechtfertigenden Grund** stillgelegt wird.[10] Die Diskussion darüber, wann ein solcher rechtfertigender Eingriff vorliegt oder ob der Anbieter nicht doch widerrechtlich in das absolut geschützte Recht auf Eigentum eingreift, steht unionsrechtlich noch am Anfang.[11] 14

Bei der Betrachtung der Rechtslage im Zusammenhang mit „smarten Produkten" im Allgemeinen ergibt sich, dass eine Eigentumsverletzung nicht zwangsläufig vorliegt, wenn einzelne Komponenten gesperrt werden. Dies ist beispielsweise dann der Fall, wenn bei mehreren Verwendungsmodalitäten lediglich eine Modalität ausgeschlossen wird und das Einsatzpotenzial des smarten Produkts dadurch nicht beeinträchtigt wird, sondern weiterhin uneingeschränkt nutzbar bleibt.[12] 15

Allerdings kann unter Umständen eine vollständige Stilllegung durch den Anbieter eine Eigentumsverletzung darstellen, auch wenn sie nicht zwangsläufig rechtswidrig sein muss. Auch hierbei erfolgt ein Vergleich mit dem nationalen Recht bezüglich „smarter Produkte". Ob ein Anbieter KI-System-Funktionen deaktivieren darf und dadurch die Nutzbarkeit einschränken kann, hängt von den ihm zustehenden Rechtfertigungsgründen ab. 16

---

10 *Wagner*, in: MüKo-BGB, § 823 Rn. 1130 ff.; *Eisenberger*, in: Martini/Wendehorst, KI-VO, Art. 20 Rn. 22, weist darauf hin, dass die Norm nicht so verstanden werden darf, dass sie aus sich heraus eine Deaktivierung beim privaten Endnutzer erlaubt und einen eigenen Rechtfertigungstatbestand darstellt.

11 *Klindt*, DAR 2023, 7, 9.

12 Vgl. *Regenfus*, JZ 2018, 79, 83.

17 Ein Nothilferecht kann der Anbieter nicht geltend machen, da die Nothilfe aus der Sicht des Verwenders bzw. des Bedrohten zu beurteilen ist. Wenn der Anbieter den Nutzer zuvor gewarnt hat und dieser das Produkt dennoch weiterhin nutzt, willigt er konkludent in die drohende Rechtsgutsverletzung ein. Eine dennoch erfolgende Sperrung in Form einer Stilllegung könnte somit als Schutz des Verwenders vor sich selbst betrachtet werden.

18 Anders verhält es sich, wenn der Anbieter davon ausgehen muss, dass der Nutzer die Warnung nicht erkannt hat und eine Gefahr für Dritte besteht. In einem solchen Szenario ist auch der Hersteller gem. § 6 Abs. 2 Satz 1 ProdSG nicht von seiner Verantwortung gegenüber Dritten befreit. Eine Stilllegung kann dann unter Umständen als erforderlich und geboten angesehen werden, zum Wohl des ‚unschuldigen' Dritten.[13]

19 Sofern es sich um eine „bloße" **Gebrauchsüberlassung** der Apparatur inklusive des KI-Systems handelt – beispielsweise in Form von Miete oder Leasing –, könnte durch die Deaktivierung eine **Besitzstörung** in Betracht kommen. Dies ist allerdings wiederum dann ausgeschlossen, wenn der digitale Mitbesitz des Leasinggebers oder Vermieters einer verbotenen Eigenmacht zuwiderläuft.[14]

20 Darüber hinaus erwächst für den Anbieter auch eine **Informationspflicht** gegenüber den Händlern des betreffenden Hochrisiko-KI-Systems und gegebenenfalls auch gegenüber den Betreibern, Bevollmächtigten und Einführern. Hierbei handelt es sich um eine logische Konsequenz zur effektiven Gefahrenprävention sowie Risikominderung.

b) Handlungszeitpunkt

21 Art. 20 spricht sowohl in Abs. 1 als auch in Abs. 2 von einem **unverzüglichen Tätigwerden** seitens des Anbieters. Die Verordnung gibt allerdings keinen dezidierten Aufschluss darüber, was unter der Begrifflichkeit zu verstehen ist. Vielmehr besteht aufgrund der Harmonisierung des europäischen (Cyber-)Sicherheitsrechts **kein nationaler Spielraum**, weshalb das Wort „unverzüglich" autonom im europäischen Kontext ausgelegt werden muss und nicht anhand von § 121 Abs. 1 Satz 1 BGB interpretiert werden kann.[15] Trotz der Verwendung des Begriffs „unverzüglich" im deutschen Recht und seiner **praxisorientierten Auslegung** bleibt im europäischen Kontext bedauerlicherweise eine genaue Klärung aus.

22 Die von der Kommission erlassenen, rechtlich nicht bindenden Leitlinien für die Meldung gefährlicher Verbrauchsgüter durch Hersteller und Händler bei den zu-

13 Vgl. *Regenfus*, JZ 2018, 79, 83 f.

14 *Wagner*, in: MüKo-BGB, § 823 Rn. 320.

15 Nach *Eisenberger*, in: Martini/Wendehorst, KI-VO, Art. 20 Rn. 16, wird gleichwohl auf die nationale Definition „ohne schuldhaftes Zögern" abgestellt.

ständigen Behörden der Mitgliedstaaten gem. Art. 5 Abs. 3 der Richtlinie 2001/95/EG legen für den Begriff „unverzüglich" eine absolute Obergrenze von zehn Tagen fest.[16] Diese Obergrenze wird weiter in drei Stufen unterteilt, abhängig von der Intensität der Gefahr. Beispielsweise besteht eine Meldepflicht innerhalb von zehn Tagen bei meldefähigen Informationen über ein gefährliches Produkt, wenn die Untersuchungen noch andauern. Liegt ein „ernstes Risiko" vor, beträgt die Meldefrist drei Tage, und bei Sofortmaßnahmen des Unternehmens muss die Meldung „auf schnellstem Weg" erfolgen.[17]

Eine Annäherung könnte die zeitliche Einschränkung an anderer Stelle der Verordnung gebieten. So heißt es beispielsweise in ErwG 35 sowie in Art. 5 Abs. 3 „unverzüglich, spätestens jedoch innerhalb von 24 Stunden". Dass diese Wertung auf die Handlungsspanne im Hinblick auf die vorzunehmenden Korrekturmaßnahmen nicht übertragbar ist, ergibt sich aus einem Umkehrschluss aus Art. 73 Abs. 3, wonach die Meldung im Sinne der Norm „unverzüglich, spätestens jedoch zwei Tage" nach Kenntniserlangung erfolgen muss. Diese unterschiedlichen Zeitspannen legen nahe, dass auch im europäischen Kontext und vor allem im Rahmen dieser Verordnung eine praxisorientierte Auslegung zu erfolgen hat. Die Unverzüglichkeit bestimmt sich mithin subjektiv und nach dem Einzelfall. Eine zeitliche „Höchstfrist" wurde ausdrücklich nicht festgelegt. 23

III. Informationspflicht (Abs. 2)

Sofern das Hochrisiko-KI-System ein Risiko im Sinne des Art. 79 Abs. 1 birgt und sich der Anbieter des Systems dieses Risikos bewusst wird, muss er **unverzüglich** – gegebenenfalls zusammen mit dem meldenden Betreiber – eine Untersuchung der Ursache durchführen. Er muss die zuständige nationale Behörde des Mitgliedstaats oder der Mitgliedstaaten, in dem/denen er das Hochrisiko-KI-System auf dem Markt bereitgestellt hat, und gegebenenfalls die notifizierte Stelle, die eine Bescheinigung für das Hochrisiko-KI-System gem. Art. 44 ausgestellt hat, insbesondere über die Art der Nichtkonformität und über bereits ergriffene relevante Korrekturmaßnahmen informieren. Diese behördliche Informationspflicht kann einer **Selbstanzeige gleichgestellt** werden und entspricht als solche einer Selbstanschwärzungspflicht.[18] 24

16 Leitlinien für die Meldung gefährlicher Verbrauchsgüter bei den zuständigen Behörden der Mitgliedstaaten durch Hersteller und Händler nach Art. 5 Abs. 3 der Richtlinie 2001/95/EG; dazu: Entscheidung 2004/905/EG der Kommission vom 14.12.2004 zur Festlegung von Leitlinien für die Meldung gefährlicher Verbrauchsgüter bei den zuständigen Behörden der Mitgliedstaaten durch Hersteller und Händler nach Art. 5 Abs. 3 der Richtlinie 2001/95/EG des Europäischen Parlaments und des Rates, ABl. EG 2004 Nr. L 381, S. 63.

17 *Klindt*, in: Klindt, GPSR, § 5 Rn. 53 f.

1. Tatbestand

a) Anwendungsbereich

25 Die Informationspflicht nach Art. 20 Abs. 2 trifft ebenfalls Anbieter von Hochrisiko-KI-Systemen (siehe Abs. 1).

b) Pflichtauslösendes Ereignis

26 Damit die Informationspflicht seitens des Anbieters auflebt, muss das Hochrisiko-KI-System ein Risiko im Sinne des Art. 79 Abs. 1 bergen und sich der Anbieter eines solchen Risikos bewusst werden.

27 Anders als Abs. 1 bezieht sich Abs. 2 auf einen anderen „Wissensgrad", wobei eine Abgrenzung hinsichtlich der Begrifflichkeiten – Auffassung, Grund zur Annahme und Bewusstwerden – im Rahmen der Verordnung nicht erfolgt. Nimmt man eine rein sprachliche Auslegung und Annäherung vor, so beschreibt das „**Bewusstwerden**" den mentalen Prozess des Erkennens oder Verstehens von Informationen oder Tatsachen, oft ohne äußere Beweise. Somit ist das Bewusstwerden in einem relativ frühen Stadium angesiedelt, sodass eine etwaige sichere Kenntnis nicht abgewartet werden muss. Die Informationspflicht entsteht demnach bereits im Zeitpunkt des Prozesses des Bewusstwerdens.

28 Darüber hinaus muss das Hochrisiko-KI-System ein **Risiko im Sinne des Art. 79 Abs. 1** bergen. Art. 79 Abs. 1 verweist seinerseits auf Art. 3 Nr. 19 der Verordnung (EU) 2019/1020, wonach als KI-Systeme, die ein Risiko bergen, solche Produkte gelten sollen, mit denen ein Risiko i. S. d. Art. 3 Nr. 19 der Verordnung (EU) 2019/1020 verbunden ist, sofern sie Risiken für die Gesundheit oder Sicherheit oder Grundrechte von Personen bergen. Der Verordnungsgeber der Marktüberwachungsverordnung versteht darunter ein Produkt, das die Gesundheit und Sicherheit von Personen im Allgemeinen, die Gesundheit und Sicherheit am Arbeitsplatz, den Verbraucherschutz, die Umwelt, die öffentliche Sicherheit und andere öffentliche Interessen, die durch die geltenden Harmonisierungsrechtsvorschriften der Union geschützt werden, stärker beeinträchtigen kann, als dies im Verhältnis zu seiner Zweckbestimmung oder bei normaler oder nach vernünftigem Ermessen vorhersehbarer Verwendung des betreffenden Produkts – einschließlich der Gebrauchsdauer sowie gegebenenfalls der Anforderungen an Inbetriebnahme, Installation und Wartung – vernünftig und vertretbar erscheint.

18 *Klindt*, ZPR 2000, 419, 422.

2. Rechtsfolge

a) Umfang und Inhalt der Informationspflicht

Abs. 2 enthält in Hs. 6 aufgrund des Wortlauts („insbesondere“) eine nicht abschließende Konkretisierung des Inhalts der Informationspflicht. Demnach ist der Anbieter verpflichtet, insbesondere über die **Art der Nichtkonformität** sowie über bereits **ergriffene relevante Korrekturmaßnahmen** zu informieren. Der Wortlaut erlaubt eine weitergehende inhaltliche Mitteilung und soll insofern lediglich einen **Mindestumfang** statuieren. Der Umfang der Informationen kann sich somit erweitern und beispielsweise die Anzahl und Art der betroffenen Nutzer umfassen, Empfehlungen für Nutzer und Betreiber zum sicheren Umgang mit dem System bis zur Behebung des Risikos beinhalten sowie Berichte und Dokumentationen über die durchgeführten Untersuchungen und Analysen bereitstellen. Des Weiteren können Nachweise der Einhaltung relevanter Vorschriften und Standards während des gesamten Prozesses, langfristige Maßnahmen zur Verhinderung ähnlicher Risiken in der Zukunft sowie Anpassungen in den Prozessen oder Systemen des Anbieters zur Erhöhung der Zuverlässigkeit und Sicherheit des KI-Systems gefordert werden. Durch derartige zusätzliche Informationen kann der Anbieter eine umfassende und transparente Kommunikation sicherstellen und somit seiner Verpflichtung zur Gewährleistung eines hohen Schutzniveaus bestmöglich nachkommen. 29

b) Adressat der Mitteilung

Als **Adressaten** der bezeichneten Informationen fungieren die **zuständigen nationalen Behörden** des Mitgliedstaats oder der Mitgliedstaaten, in denen der Anbieter das Hochrisiko-System auf dem Markt bereitgestellt hat. Gegebenenfalls erstreckt sich die Informationspflicht auf die notifizierte Stelle, die eine Bescheinigung für das Hochrisiko-KI-System gem. Art. 44 ausgestellt hat. Die Erstreckung auf die notifizierte Stelle, welche gemäß Art. 3 Nr. 22 als eine „Konformitätsbewertungsstelle, die gemäß dieser Verordnung und den anderen in Anhang I Abschnitt B aufgeführten einschlägigen Harmonisierungsrechtsvorschriften der Union notifiziert wurde,“ legaldefiniert ist, erfolgt nur dann, wenn sich der Anbieter gem. Art. 43 Abs. 1 lit. b für ein Konformitätsbewertungsverfahren auf der Grundlage der Bewertung des Qualitätsmanagementsystems und der Bewertung der technischen Dokumentation unter Beteiligung einer notifizierten Stelle gemäß Anhang VII entschieden hat. Als „zuständige nationale Behörde“ fungiert gem. Art. 3 Nr. 48 „eine notifizierende Behörde oder eine Marktüberwachungsbehörde“. 30

IV. Sanktionen

31 Gem. Art. 99 Abs. 1 sind die Mitgliedstaaten dafür zuständig, Sanktionsvorschriften bei Verstößen von Akteuren – zu welchen gem. Art. 3 Nr. 8 auch der Anbieter zählt – gegen diese Verordnung zu erlassen. Diese Sanktionen müssen effektiv, verhältnismäßig und abschreckend sein.[19] Zudem ergreifen die Mitgliedstaaten alle erforderlichen Maßnahmen, um die ordnungsgemäße und wirksame Durchsetzung dieser Sanktionen zu gewährleisten.

19 So auch *Ammann/Pohle*, CB 2024, 137, 144.

Art. 21 Zusammenarbeit mit den zuständigen Behörden

(1) Anbieter von Hochrisiko-KI-Systemen übermitteln einer zuständigen Behörde auf deren begründete Anfrage sämtliche Informationen und Dokumentation, die erforderlich sind, um die Konformität des Hochrisiko-KI-Systems mit den in Abschnitt 2 festgelegten Anforderungen nachzuweisen, und zwar in einer Sprache, die für die Behörde leicht verständlich ist und bei der es sich um eine der vom dem betreffenden Mitgliedstaat angegebenen Amtssprachen der Institutionen der Union handelt.

(2) Auf begründete Anfrage einer zuständigen Behörde gewähren die Anbieter der anfragenden zuständigen Behörde gegebenenfalls auch Zugang zu den automatisch erzeugten Protokollen des Hochrisiko-KI-Systems gemäß Artikel 12 Absatz 1, soweit diese Protokolle ihrer Kontrolle unterliegen.

(3) Alle Informationen, die eine zuständige Behörde aufgrund dieses Artikels erhält, werden im Einklang mit den in Artikel 78 festgelegten Vertraulichkeitspflichten behandelt.

Schrifttum: *Jarass*, Charta der Grundrechte der EU, 4. Aufl. 2021.

Übersicht

I. Einleitung

Art. 21 enthält eine **umfassende Kooperationspflicht** des Anbieters und geht als solche im weitesten Sinne zurück auf Anhang I Art. R2 Abs. 9 des Beschlusses Nr. 768/2008/EG. Er wurde konzeptionell an andere Regeln des europäischen Produktsicherheitsrechts angepasst, um das Ziel der Verordnung zu erfüllen, nämlich ein hohes Schutzniveau sicherzustellen, und dies auf effektivste Weise zu erreichen. Nicht zuletzt verfolgt der Verordnungsgeber mit dieser Regelung eine Vereinheitlichung des europäischen Rechtsrahmens. 1

II. Die Zusammenarbeit im Einzelnen (Abs. 1 und Abs. 2)

2 **Regelungsadressat** der Übermittlungspflicht nach Abs. 1 ist wie auch in Art. 20 **der Anbieter eines Hochrisiko-KI-Systems**. Dieser hat auf die begründete Anfrage der zuständigen Behörde sämtliche Informationen und Dokumentationen, die erforderlich sind, um die Konformität des Hochrisiko-KI-Systems mit den in Abschnitt 2 (Art. 8–15) festgelegten Anforderungen nachzuweisen, zu übermitteln.

1. Informationsumfang

3 Der Informationsumfang beinhaltet insbesondere die Dokumentation des Risikomanagementsystems nach Art. 9, die technische Dokumentation nach Art. 11 sowie die Transparenz und Bereitstellung von Informationen für die Betreiber – insbesondere der Gebrauchsanweisungen. Art. 13. Abs. 2 enthält darüber hinaus eine Spezifikation, wonach den zuständigen nationalen Behörden gegebenenfalls auch **Zugang zu den automatisch erzeugten Protokollen** des Hochrisiko-KI-Systems gem. Art. 12 Abs. 1 zu gewähren ist, soweit diese Protokolle ihrer Kontrolle unterliegen. Die Einschränkung im Hs. 2 betrifft dabei den Zuständigkeitsbereich der jeweiligen nationalen Behörde.

4 In beiden Fällen bedarf es dabei einer **begründeten Anfrage** seitens der zuständigen nationalen Behörde. Eine solche bezieht sich im Allgemeinen auf **eine formelle Anfrage, die eine Rechtfertigung für das Gesuch enthält**, welche durch die spezifischen Rechte des Anfragenden – in diesem Fall der zuständigen Behörden – gerechtfertigt ist.

2. Form und Sprache

5 Hinsichtlich der Form der Übermittlung gemäß Abs. 1 trifft die Verordnung keine spezifische Aussage, sodass anzunehmen ist, dass diese lediglich geeignet sein muss, das Informations- und Auskunftsinteresse der Behörde zu erfüllen. In Betracht kommt daher sowohl die herkömmliche **Übermittlung in Papierform** als auch die **Nutzung moderner Übermittlungswege**. Sämtliche Unterlagen müssen in einer Sprache übermittelt werden, die von den zuständigen Behörden leicht verständlich ist und eine der vom betreffenden Mitgliedstaat angegebenen Amtssprachen der Union darstellt.

6 Im Falle des Abs. 2 muss lediglich der Zugang zu den automatisch generierten Protokollen gewährt werden. Eine explizite Bereitstellung in einer für die zuständigen Behörden leicht verständlichen Sprache wird dabei ausdrücklich nicht gefordert. Der Informationsanspruch der zuständigen Behörde beschränkt sich

auf den bloßen Zugang. Eine Übersetzungspflicht für die Anbieter kann aus der Vorschrift mithin nicht abgeleitet werden.

III. Die dabei geltenden Vertraulichkeitspflichten (Abs. 3)

Für die im Rahmen des Abs. 2 und Abs. 3 erhaltenen Informationen gelten die **Vertraulichkeitsstandards gem. Art. 78**. Dementsprechend sind die notifizierten Stellen gem. Abs. 1 verpflichtet, die Vertraulichkeit der Informationen und Daten gem. dem Unionsrecht und dem nationalen Recht zu wahren, die sie bei der Ausführung ihrer Aufgaben und Tätigkeiten erlangen. Dabei ist konkret auf den Schutz der Rechte des geistigen Eigentums sowie der vertraulichen Geschäftsinformationen oder Geschäftsgeheimnisse hinzuweisen. Die in Art. 78 Abs. 2 enthaltene Beschränkung, dass die Behörden nur die Daten anfragen dürfen, die für die Ausübung ihrer Befugnisse in Übereinstimmung mit dieser Verordnung und der Verordnung (EU) 2019/1020 erforderlich sind, spiegelt sich auch in Art. 21 Abs. 2 Satz 2 wider. 7

Selbst das Recht auf Informationsfreiheit kann die gem. Art. 78 geltenden Vertraulichkeitspflichten und die hierdurch teilweise bedingten Informationsbeschränkungen nicht übersteuern. Die Informationsfreiheit, die namentlich in ErwG 48 der hiesigen Verordnung aufgeführt wird, wird national aus Art. 5 Abs. 1 und 2 GG sowie unionsrechtlich aus Art. 11 GRCh abgeleitet. Der hiervon geschützte Empfang von Informationen in Form der aktiven Informationsbeschaffung[1] berechtigt als Grundrechtsträger allerdings nur natürliche Personen.[2] Die in Art. 21 Abs. 3 benannten notifizierten Stellen können sich hierauf hingegen nicht berufen. 8

IV. Sanktionen

Gem. Art. 99 Abs. 1 obliegt der Erlass von Sanktionsvorschriften bei Verstößen gegen diese Verordnung, einschließlich Verstößen durch Anbieter, den Mitgliedstaaten. Diese Sanktionen müssen wirksam, verhältnismäßig und abschreckend sein. Darüber hinaus ergreifen die Mitgliedstaaten alle notwendigen Maßnahmen, um eine ordnungsgemäße und wirksame Durchsetzung dieser Sanktionen sicherzustellen. 9

1 *Jarass*, GrCh, Art. 11 Rn. 15.
2 *Jarass*, GrCh, Art. 11 Rn. 16.

Art. 22 Bevollmächtigte der Anbieter von Hochrisiko-KI-Systemen

(1) Anbieter, die in Drittländern niedergelassen sind, benennen vor der Bereitstellung ihrer Hochrisiko-KI-Systeme auf dem Unionsmarkt schriftlich einen in der Union niedergelassenen Bevollmächtigten.

(2) Der Anbieter muss seinem Bevollmächtigten ermöglichen, die Aufgaben wahrzunehmen, die im vom Anbieter erhaltenen Auftrag festgelegt sind.

(3) Der Bevollmächtigte nimmt die Aufgaben wahr, die in seinem vom Anbieter erhaltenen Auftrag festgelegt sind. Er stellt den Marktüberwachungsbehörden auf Anfrage eine Kopie des Auftrags in einer von der zuständigen Behörde angegebenen Amtssprache der Institutionen der Union bereit. Für die Zwecke dieser Verordnung ermächtigt der Auftrag den Bevollmächtigten zumindest zur Wahrnehmung folgender Aufgaben:

a) Überprüfung, ob die EU-Konformitätserklärung und die technische Dokumentation gemäß Artikel 11 erstellt wurden und ob der Anbieter ein angemessenes Konformitätsbewertungsverfahren durchgeführt hat;

b) Bereithaltung – für einen Zeitraum von zehn Jahren ab dem Inverkehrbringen oder der Inbetriebnahme des Hochrisiko-KI-Systems – der Kontaktdaten des Anbieters, der den Bevollmächtigten benannt hat, eines Exemplars der in Art. 47 genannten EU-Konformitätserklärung, der technischen Dokumentation und gegebenenfalls der von der notifizierten Stelle ausgestellten Bescheinigung für die zuständigen Behörden und die in Artikel 74 Absatz 10 genannten nationalen Behörden oder Stellen;

c) Übermittlung sämtlicher – auch der unter Buchstabe b dieses Unterabsatzes genannten – Informationen und Dokumentation, die erforderlich sind, um die Konformität eines Hochrisiko-KI-Systems mit den in Abschnitt 2 festgelegten Anforderungen nachzuweisen, an eine zuständige Behörde auf deren begründete Anfrage, einschließlich der Gewährung des Zugangs zu den vom Hochrisiko-KI-System automatisch erzeugten Protokollen gemäß Artikel 12 Absatz 1, soweit diese Protokolle der Kontrolle des Anbieters unterliegen;

d) Zusammenarbeit mit den zuständigen Behörden auf deren begründete Anfrage bei allen Maßnahmen, die Letztere im Zusammenhang mit dem Hochrisiko-KI-System ergreifen, um insbesondere die von dem Hochrisiko-KI-System ausgehenden Risiken zu verringern und abzumildern;

e) gegebenenfalls die Einhaltung der Registrierungspflichten gemäß Artikel 49 Absatz 1 oder, falls die Registrierung vom Anbieter selbst vorgenommen wird, Sicherstellung der Richtigkeit der in Anhang VIII Abschnitt A Nummer 3 aufgeführten Informationen.

Mit dem Auftrag wird der Bevollmächtigte ermächtigt, neben oder anstelle des Anbieters als Ansprechpartner für die zuständigen Behörden in allen Fragen zu dienen, die die Gewährleistung der Einhaltung dieser Verordnung betreffen.

(4) Der Bevollmächtigte beendet den Auftrag, wenn er der Auffassung ist oder Grund zu der Annahme hat, dass der Anbieter gegen seine Pflichten gemäß dieser Verordnung verstößt. In diesem Fall informiert er ferner unverzüglich die betreffende Marktüberwachungsbehörde und gegebenenfalls die betreffende notifizierte Stelle über die Beendigung des Auftrags und deren Gründe.

Mit Art. 22 korrespondiert Erwägungsgrund 82.

Schrifttum: *Klindt* (Hrsg.), Produktsicherheitsgesetz, 3. Aufl. 2021; *Sandrock/Wetzler* (Hrsg.), Deutsches Gesellschaftsrecht im Wettbewerb der Rechtsordnungen, 2004.

Übersicht

I. Zweck der Bestimmung

1 Anbieter von Hochrisiko-KI-Systemen (siehe Art. 6 ff.), die nicht in der Europäischen Union, sondern in Drittländern niedergelassen sind, müssen einen Bevollmächtigten in der Europäischen Union benennen, welcher als **Repräsentant** an ihre Stelle tritt und in ihrem Namen die in der KI-VO festgelegten Verpflichtungen erfüllt.

2 Durch diese Regelung stellt der europäische Gesetzgeber zum einen sicher, dass außereuropäische Anbieter ihre Hochrisiko-KI-Systeme im eigenen Namen über einen Bevollmächtigten auf dem Markt der Europäischen Union bereitstellen können. Diese gewährleisten sodann die Konformität der in Verkehr gebrach-

ten oder in Betrieb genommenen Hochrisiko-KI-Systeme und dienen als niedergelassene Ansprechpartner für die zuständigen Behörden (ErwG 82). Zum anderen sorgt die Regelung aber auch dafür, dass sich Anbieter von Hochrisiko-KI-Systemen nicht durch eine Flucht in Drittländer (sog. „forum-shopping") ihren Verpflichtungen aus der KI-VO entziehen können. Denn jeder Anbieter, der die Europäische Union verlässt und seine Hochrisiko-KI-Systeme weiter im Markt bereitstellen will, muss einen Bevollmächtigten mit der Wahrnehmung der Pflichten und Vornahme der Verfahren betrauen.

3 Das Konzept des Bevollmächtigten ist seit dem New Legislative Framework (NLF) fester Bestandteil des europäischen Produktsicherheitsrechts (Art. R 3 des Anhangs I des Beschlusses Nr. 768/2008/EG) und hat – weil sich die KI-VO an dem NLF orientiert (Art. 2 Rn. 1 ff.) – auch Eingang in die KI-VO gefunden.

II. Begriff des Bevollmächtigten

4 Der Begriff des Bevollmächtigten ist in Art. 3 Nr. 5 (siehe Art. 3 Nr. 5 Rn. 112 ff.) legaldefiniert. Darunter versteht man eine in der Union befindliche oder niedergelassene natürliche oder juristische Person, die vom Anbieter eines KI-Systems i. S. des Art. 3 Nr. 3 schriftlich dazu bevollmächtigt wurde und sich damit einverstanden erklärt hat, in seinem Namen die in dieser Verordnung festgelegten Pflichten zu erfüllen bzw. Verfahren durchzuführen. Der Bevollmächtigte ist (Wirtschafts-)Akteur nach Art. 3 Nr. 8.

5 Bevollmächtigter kann jede **in der Europäischen Union befindliche oder niedergelassene natürliche oder juristische Person** sein (Art. 3 Nr. 5), wobei nach einem funktionellen Begriffsverständnis wohl auch teilrechtsfähige Personengesellschaften (z. B. oHG, KG oder GbR) dazu zählen sollten.[1] Der Begriff „befindliche" scheint zunächst weiter als der im Produktsicherheitsrecht bislang übliche Begriff „ansässig". Allerdings ist nicht davon auszugehen, dass der Europäische Gesetzgeber im Rahmen des Art. 22 plötzlich „fliegende Bevollmächtigte aus Drittstaaten" im Sinn hatte, die nur situativ als Repräsentant in die Union kommen. Das wäre widersprüchlich. Dem Gesetzgeber ging es doch gerade darum, einen dauerhaften Ansprechpartner in der Union zu etablieren. Insofern kann mit „befindlich" nur ansässig im Sinne eines **tatsächlichen Wohn- oder Geschäftssitzes innerhalb der Europäischen Union** gemeint sein. Letzteres folgt zudem aus Art. 22 Abs. 1, der im Unterschied zu dem missverständlichen Art. 3 Nr. 5 richtigerweise von einem „in der Union **niedergelassenen** Bevollmächtigten" spricht. Niederlassung ist nach st. Rspr. des EuGH der Ort der tatsächlichen Ausübung der wirtschaftlichen Tätigkeit mittels einer festen Einrich-

---

1 Ähnlich die Annahmen im Produktsicherheitsrecht, siehe *Schucht*, in: Klindt, ProdSG, § 2 Rn. 65.

tung in stabiler und kontinuierlicher Weise, d. h. auf unbestimmte Zeit.[2] Dieser Ort, der regelmäßig dem tatsächlichen Wohn- oder Geschäftssitz entspricht, muss in der Union sein. Die Frage, in welchem Mitgliedstaat ein Bevollmächtigter seinen Wohn- oder Geschäftssitz innerhalb der Europäischen Union hat, beurteilt sich sodann nach dem **Recht des Herkunftslandes.**[3]

Für die Bestimmung des Begriffs „niedergelassen" ist zudem auf die Legaldefinition in § 4 Abs. 3 GewO zu verweisen. Von einer Niederlassung ist auszugehen, wenn eine **selbstständige gewerbsmäßige Tätigkeit auf unbestimmte Zeit** und **mittels einer festen Einrichtung** von dieser aus auch **tatsächlich ausgeübt** wird. Ferner muss – und auch das spricht für einen festen Wohn-/Geschäftssitz innerhalb der Union – jedenfalls für die Marktüberwachung eine **Zustellungsmöglichkeit existieren**. 6

III. Rechtsstatus des Bevollmächtigten

Der Rechtsstatus eines „Bevollmächtigten" entsteht, indem der Anbieter eine natürliche oder juristische Person **schriftlich** zur Übernahme der in der Verordnung festgelegten Verpflichtungen und Verfahren **bevollmächtigt** (§§ 164, 166 Abs. 2, 167, 126 BGB; einseitiges empfangs-, aber nicht annahmebedürftiges Rechtsgeschäft, ggf. anfechtbar § 123 BGB oder nichtig §§ 125, 138, 142 BGB) und diese Person ihr **Einverständnis erklärt** (§§ 133, 145 BGB). Selbst wenn nach der Legaldefinition nur die Bevollmächtigung unter dem Schriftlichkeitspostulat (§ 126 BGB) steht, sollte aus Gründen der Rechtssicherheit und der Beweisbarkeit hinsichtlich der über die Pflichtaufgaben in Art. 22 Abs. 3 hinausgehenden freien Absprachen (siehe unten Rn. 14) auch das Einverständnis des Bevollmächtigten schriftlich erfolgen. Da ein niedergelassener Bevollmächtigter regelmäßig gegen Entgelt für den außereuropäischen Anbieter agieren wird, liegt zivilrechtlich kein Auftrag (§ 662 ff. BGB), sondern ein **Geschäftsbesorgungsvertrag (§§ 675 ff. BGB)** zwischen Anbieter und Bevollmächtigtem vor. Die Bevollmächtigung stellt dabei den Vertretungsauftrag bzw. **das Mandat** dar, in dessen Rahmen der Bevollmächtigte zur Aufgabenwahrnehmung befugt, aber auch verpflichtet ist (Art. 22 Abs. 2 und 3). Art. 22 Abs. 3 listet die vom Mandat zwingend vorzusehenden Aufgaben auf, die sich folglich auch im Geschäftsbesorgungsvertrag wiederfinden müssen (siehe unten Rn. 14). 7

Nach dem ausdrücklichen Wortlaut des Art. 22 Abs. 1 („einen") können die Anbieter **nur einen einzigen Bevollmächtigten** benennen, was angesichts der 8

2 EuGH, Urt. v. 25.7.1991 – C-221/89, BeckRS 2004, 75196, Rn. 20 – Factortame; EuGH, Urt. v. 12.9.2006 – C-196/04, NZG 2006, 835 Rn. 54 – Cadbury.

3 Zur Rspr. des EuGH insoweit *Martin-Ehlers*, in: Sandrock/Wetzler, Deutsches Gesellschaftsrecht im Wettbewerb der Rechtsordnungen, S. 1 ff.

Funktion des Bevollmächtigten, namentlich in **allen** Fragen zur Einhaltung der KI-VO als Ansprechpartner für die zuständigen Behörden zu dienen (Art. 22 Abs. 3 Satz 4), auch nicht anders vorstellbar wäre. Eine Aufspaltung in einzelne Zuständigkeitsbereiche ist nicht vorgesehen und wäre aus Sicht der Marktüberwachung auch wenig praktikabel.

IV. Benennung eines Bevollmächtigten gegenüber den zuständigen Behörden (Abs. 1)

9 Der Anbieter muss den zuständigen Behörden seinen Bevollmächtigten (siehe oben Rn. 4 ff.) **vor der Bereitstellung des Hochrisiko-KI-Systems auf dem Markt** benennen. Bereitstellen auf dem Markt bedeutet gemäß Art. 3 Nr. 10 zunächst einmal jede entgeltliche oder unentgeltliche Bereitstellung eines Hochrisiko-KI-Systems zum Vertrieb oder zur Verwendung auf dem Unionsmarkt im Rahmen einer Geschäftstätigkeit (siehe Art. 3 Nr. 10 Rn. 148 ff.), d. h. das System muss den Markt jedenfalls tatsächlich und in einem unternehmensbezogenen Kontext erreichen, wobei jede Vertriebsstufe innerhalb der Europäischen Union einer Bereitstellung entspricht. Hierzu können auch schon Vorstufen des tatsächlichen Einsatzes der Hochrisiko-KI-Systems gehören, wenn sie untrennbar mit der Verwendung des KI-Systems verbunden sind oder eine wesentliche Bedingung hierfür darstellen, wie etwa das gezielte Trainieren des KI-Systems zu einem bestimmten Verwendungs- bzw. Einsatzzweck. Bezüglich des Merkmals „zur Verwendung […] im Rahmen einer Geschäftstätigkeit" ist auf die vorhergesehene Verwendung abzustellen.

10 Die Benennung, welche **zeitlich vor** Bereitstellung des KI-Hochrisiko-Systems und zudem **schriftlich** erfolgen muss, kann nach deutschem Verständnis in Textform i. S. des § 126 BGB ergehen, da die geforderte Schriftlichkeit lediglich einem Dokumentations- und Nachweiszweck dient.

11 Die Benennung muss **gegenüber den zuständigen Behörden** erfolgen. Auch wenn die KI-VO die Adressaten des Benennungsaktes nicht näher spezifiziert, ist davon auszugehen, dass die Mitteilung **gegenüber der jeweiligen nationalen Marktüberwachungsbehörde** (Art. 70 Abs. 1) oder – bei mehreren Marktüberwachungsbehörden – entweder gegenüber allen einschlägigen Marktüberwachungsbehörden oder gegenüber der zentralen Anlaufstelle (Art. 70 Abs. 2) erfolgen muss, die ihrerseits als Informationsknoten die erhaltenen Informationen an die richtige Stelle (ggf. auch in einen weiteren EU-Mitgliedstaat) weiterzuleiten hat. Dass die Benennung gegenüber der Marktüberwachungsbehörde erfolgen muss, lässt sich aus Abs. 4 Satz 2 (siehe unten Rn. 24) ableiten, der den Bevollmächtigten dazu verpflichtet, die Beendigung des Repräsentantenverhältnisses an die betreffende Marktüberwachungsbehörde zu kommunizieren, was im

Umkehrschluss nur bedeuten kann, dass sie zuvor auch über die Bevollmächtigung sowie die Person des Bevollmächtigten in Kenntnis gesetzt wurde. Zum anderen ist es die jeweilige Marktüberwachungsbehörde, welche wissen muss, wer als Repräsentant an die Stelle des drittstaatlichen Anbieters rückt und an dessen Stelle dafür Sorge zu tragen hat, dass die Anforderungen aus der KI-VO eingehalten werden. Die Benennung des Bevollmächtigten schafft insoweit erst die Voraussetzung dafür, dass die jeweilige Marktüberwachungsbehörde ihre Überwachungs- und Kontrolltätigkeiten auf dem Markt zielgerichtet ausüben kann.

Der Bevollmächtigte wird außerdem in der EU-Datenbank für KI-Systeme neben dem Anbieter registriert (Art. 49 Abs. 1), um dessen Identität jederzeit nachvollziehen zu können. 12

V. Pflichten des Bevollmächtigten (Abs. 3)

Der Bevollmächtigte führt die Aufgaben aus, die von seinem Mandat umfasst sind (Art. 22 Abs. 3 Satz 1); er fungiert als Ansprechpartner für die zuständigen Behörden in allen Fragen, die die Einhaltung der KI-VO betreffen (Art. 22 Abs. 3 Satz 4). 13

Art. 22 Abs. 3 Satz 3 lit. a–e listet dabei die Aufgaben auf, zu denen der Bevollmächtigte „zumindest", d. h. im Sinne von uneingeschränkt ermächtigt werden soll (sog. **Pflichtaufgaben**), weshalb sie jedenfalls **Bestandteil des erteilten Mandats sein müssen**. Darüber hinaus steht es dem Anbieter allerdings frei, privatautonom weitere Aufgaben bzw. Befugnisse zu definieren und diese an den Bevollmächtigten zu übertragen (sog. dispositive bzw. freiwillige Aufgaben). 14

Auf Ersuchen der zuständigen Marktüberwachungsbehörden (eine informelle Anfrage reicht aus) muss der Bevollmächtigte eine **Kopie seines Auftrags/ Mandats** an die Behörde aushändigen (Art. 22 Abs. 3 Satz 2). Dabei muss die Ausführung (z. B. Schriftstück, digitale Form) in einer von der zuständigen nationalen Behörde angegebenen Amtssprache der Institutionen der Union bereitgestellt werden. Ob dabei auch **Geschäftsgeheimnisse**, die vom Aufgabenkatalog des Bevollmächtigten umfasst sein können, gestrichen oder geschwärzt werden dürfen oder der zuständigen Behörde stets der gesamte (Geschäftsbesorgungs-)Vertrag zwischen Anbieter und Bevollmächtigtem einschließlich etwaiger geheimer Abreden auszuhändigen ist, bleibt offen. Der Wortlaut des Art. 22 Abs. 3 Satz 2 spricht lediglich von „Kopie des Mandats", was eine ungefilterte Offenlegung aller Inhalte nahezulegen scheint, auch weil die Behörden zur Vertraulichkeit verpflichtet sind (Art. 78). Allerdings kann sich die in Art. 22 Abs. 3 Satz 2 proklamierte Offenlegungsverpflichtung doch nur auf die in Art. 22 Abs. 3 Satz 3 benannten Pflichtaufgaben beziehen, die – deshalb hat sie der Gesetzgeber festgeschrieben – für die Marktüberwachung von herausragen- 15 dem Interesse sind. Definiert der Anbieter darüber hinausgehend weitere Aufgabenbereiche im Mandat, die nicht von Art. 22 Abs. 3 Satz 3 lit. a–e adressiert werden (z. B. Vorgaben zu Vertriebsmethoden, Verkaufsgesprächen oder Bepreisung der KI-Systeme), steht ihm die Ausgestaltung der Mandatsbedingungen frei, was auch Vereinbarungen zur Geheimhaltung bzw. zum Zurückhalten von einzelnen Passagen einschließt. Solche Einschränkungen des Anbieters hat der Bevollmächtigte dann auch zu beachten, weil die Marktüberwachung gerade keinen Anspruch auf diese Informationen hat; sie gehören nicht zu den Informationen, die für eine ausreichende und zielführende Marktüberwachung erforderlich sind.

16 Die Aufgabenbereiche, zu denen der Bevollmächtigte jedenfalls zwingend zu ermächtigen ist, finden sich in Art. 22 Abs. 3 Satz 3 lit. a–e. Ähnlich wie in anderen NLF-Richtlinien oder NLF-Verordnungen[4] beziehen sie sich auf das **Sicherstellen eines ordnungsgemäßen Konformitätsbewertungsverfahrens und das Vorhalten wesentlicher Informationen und Dokumentationen**.

17 Der Bevollmächtigte soll überprüfen, ob die EU-Konformitätserklärung gem. Art. 47 und die technische Dokumentation gemäß Art. 11 (siehe Art. 11 Rn. 4 ff.) erstellt wurden und der Anbieter das gebotene Konformitätsverfahren durchgeführt hat (lit. a). Eine inhaltliche Kontrolle kann dabei nicht gefordert sein, sondern allenfalls eine Überprüfung auf formale und offensichtliche Mängel (z. B. ob EU-Konformitätserklärung fehlt; technische Unterlagen, die die funktionale Sicherheit belegen, vorhanden sind). Neben den Kontaktdaten des Anbieters muss er ferner Kopien der technischen Dokumentation, der Konformitätserklärung und ggf. eine Kopie der Konformitätsbescheinigungen einschließlich etwaiger Änderungen und Nachträge für mindestens zehn Jahre nach Inverkehrbringen oder Inbetriebnahme des Hochrisiko-KI-Systems bereithalten (lit. b). Der Bevollmächtigte hat zudem die Einhaltung der Registrierungspflichten gemäß Art. 49 Abs. 1 i.V.m. Anhang VIII Abschnitt A sicherzustellen, indem er überprüft, ob der Anbieter seiner Verpflichtung ordnungsgemäß nachgekommen ist, oder die Registrierung – bei negativer Feststellung – selbst vornimmt (lit. e).

18 Auf begründete Anfrage der zuständigen Behörde muss der Bevollmächtigte der Behörde alle Informationen und Dokumentationen übermitteln, die die Konformität des Hochrisiko-KI-Systems mit den in Abschnitt 2 festgelegten Anforderungen (z. B. zur Data-Governance, Transparenz, menschlichen Aufsicht) belegen, und er muss ihr Zugang zu den automatisch erzeugten Protokollen des Hochrisiko-KI-Systems gemäß Art. 12 Abs. 1 ermöglichen (lit. c). Eine begründete Anfrage bedeutet dabei nicht notwendig eine förmliche Entscheidung der zuständigen Behörde, sondern es kann sich auch um eine informelle Anfrage

4 Vgl. dazu Art. R3 des Beschlusses Nr. 768/2008/EG sowie Bekanntmachung der Kommission, Leitfaden für die Umsetzung der Produktvorschriften der EU 2022 („Blue Guide"), 29.6.2022, ABl. 2022 C 247/1, Ziff. 3.2.

handeln. Allerdings muss die zuständige Behörde in ihrer Anfrage erläutern, inwieweit die abgeforderten Informationen und Dokumentationen erforderlich sind, um einen konkreten Verstoß gegen die KI-VO festzustellen oder auszuschließen. Sie muss also den Zusammenhang ihrer Anfrage verdeutlichen.[5] Daneben ist der Bevollmächtigte zur Zusammenarbeit mit den zuständigen Behörden verpflichtet, sofern diese Maßnahmen zur Beseitigung oder Verringerung von Risiken des Hochrisiko-KI-Systems ergreift (lit. d).

Nimmt der Bevollmächtigte seine Aufgaben **nicht oder unzureichend** wahr, 19
drohen ihm **Sanktionen** nach Art. 99 Abs. 4 lit. b, namentlich Geldbußen von bis zu 15.000.000 EUR oder – im Falle von Unternehmen – bis zu 3 % des gesamten weltweiten Jahresumsatzes.

VI. Pflichten des Anbieters

Der Anbieter muss, sofern er in einem Drittland niedergelassen ist, einen Bevoll- 20
mächtigten benennen. Das Unterlassen dieser Verpflichtung führt zur formalen Nichtkonformität des Hochrisiko-KI-Systems gemäß Art. 83 Abs. 1 lit. f (siehe Art. 83 Rn. 33).

Zudem muss er dem Bevollmächtigten ermöglichen, seine Aufgaben – gemeint 21
sind in erster Linie die aus Art. 22 Abs. 3 – wahrzunehmen (Art. 22 Abs. 2). Dazu gehört u. a., ihn mit dem notwendigen Fachwissen zum Hochrisiko-KI-System sowie dem Konformitätsbewertungsverfahren auszustatten und dieses Wissen kontinuierlich aktuell zu halten.

Da der Anbieter naturgemäß ein Interesse daran besitzen sollte, in welcher Weise 22
der Bevollmächtigte z. B. von der zuständigen Behörde in Anspruch genommen wird oder welche Informationen dem Bevollmächtigten zum Hochrisiko-KI-System über die Behörde zukommen (z. B. zu ermittelten Risiken), sollte im Mandat auch geregelt sein, über welche Vorkommnisse der Bevollmächtigte dem Anbieter gegenüber Bericht zu erstatten hat. Ebenso, in welcher Weise die Unterrichtung erfolgen soll (z. B. „unverzüglich" oder „erst ab einer bestimmten Gefährdungsschwelle"). Letzteres kann auch für (produkt-)haftungsrechtliche Inanspruchnahmen des Anbieters von Bedeutung sein.

VII. Beendigung der Bevollmächtigung (Abs. 4)

Der Anbieter ist nicht auf Dauer auf ein und denselben Bevollmächtigten ver- 23
pflichtet. Er kann das Vertragsverhältnis (siehe oben Rn. 7) kündigen und dem

5 Bekanntmachung der Kommission, Leitfaden für die Umsetzung der Produktvorschriften der EU 2022 („Blue Guide"), 29.6.2022, ABl. 2022 C 247/1, Ziff. 3.1 (dort Fn. 128).

Bevollmächtigen das Mandat entziehen (z. B. bei Vertrauensverlust oder Missbrauch von Befugnissen). Dem Anbieter steht es frei, jederzeit einen neuen Bevollmächtigten entsprechend den Vorgaben nach Art. 22 einzusetzen.

24 Ebenso wie der Anbieter kann auch der Bevollmächtigte den Auftrag beenden, wenn er der Auffassung ist, dass der Anbieter gegen seine Pflichten aus der KI-VO verstößt (Art. 22 Abs. 4 Satz 1). In diesem Fall muss er die Marktüberwachungsbehörde des Mitgliedstaates, in dem er sich befindet oder niedergelassen ist, und ggf. die notifizierten Stellen über die Beendigung des Auftrags sowie die Gründe informieren (Art. 22 Abs. 4 Satz 2).

25 Auch wenn die Vorschrift des Art. 22 Abs. 4 keine Hinweise vorhält, inwieweit die Beendigung der Bevollmächtigung bzgl. eines KI-Hochrisiko-Systems in der EU-Datenbank zu veranlassen ist, darf davon ausgegangen werden, dass in Umkehr zur privaten Registrierungspflicht (Art. 49 Abs. 1 i.V.m. Art. 71 Abs. 2 i.V.m. Anhang VIII A) jedenfalls der Anbieter – mitunter auch der Bevollmächtigte zur Abwendung von behördlichen Anordnungen (Beseitigung eines Rechtsscheins) – eine entsprechende Meldeverpflichtung besitzt.

Art. 23 Pflichten der Einführer

(1) Bevor sie ein Hochrisiko-KI-System in Verkehr bringen, stellen die Einführer sicher, dass das System dieser Verordnung entspricht, indem sie überprüfen, ob

a) der Anbieter des Hochrisiko-KI-Systems das entsprechende Konformitätsbewertungsverfahren gemäß Artikel 43 durchgeführt hat;

b) der Anbieter die technische Dokumentation gemäß Artikel 11 und Anhang IV erstellt hat;

c) das System mit der erforderlichen CE-Kennzeichnung versehen ist und ihm die in Artikel 47 genannte EU-Konformitätserklärung und Betriebsanleitungen beigefügt sind;

d) der Anbieter einen Bevollmächtigten gemäß Artikel 22 Absatz 1 benannt hat.

(2) Hat ein Einführer hinreichenden Grund zu der Annahme, dass ein Hochrisiko-KI-System nicht dieser Verordnung entspricht oder gefälscht ist oder diesem eine gefälschte Dokumentation beigefügt ist, so bringt er das System erst in Verkehr, nachdem dessen Konformität hergestellt wurde. Birgt das Hochrisiko-KI-System ein Risiko im Sinne des Artikel 79 Absatz 1, so informiert der Einführer den Anbieter des Systems, die Bevollmächtigten und die Marktüberwachungsbehörden darüber.

(3) Die Einführer geben ihren Namen, ihren eingetragenen Handelsnamen oder ihre eingetragene Handelsmarke und die Anschrift, unter der sie in Bezug auf das Hochrisiko-KI-System kontaktiert werden können, auf der Verpackung oder gegebenenfalls in der beigefügten Dokumentation an.

(4) Solange sich ein Hochrisiko-KI-System in ihrer Verantwortung befindet, gewährleisten Einführer, dass – soweit zutreffend – die Lagerungs- oder Transportbedingungen seine Konformität mit den in Abschnitt 2 festgelegten Anforderungen nicht beeinträchtigen.

(5) Die Einführer halten für einen Zeitraum von zehn Jahren ab dem Inverkehrbringen oder der Inbetriebnahme des Hochrisiko-KI-Systems ein Exemplar der von der notifizierten Stelle ausgestellten Bescheinigung sowie gegebenenfalls die Betriebsanleitungen und die in Artikel 47 genannte EU-Konformitätserklärung bereit.

(6) Die Einführer übermitteln den betreffenden nationalen Behörden auf deren begründete Anfrage sämtliche – auch die in Absatz 5 genannten – Informationen und Dokumentation, die erforderlich sind, um die Konformität des Hochrisiko-KI-Systems mit den in Abschnitt 2 festgelegten Anforderungen nachzuweisen, und zwar in einer Sprache, die für jene leicht verständ-

lich ist. Zu diesem Zweck stellen sie auch sicher, dass diesen Behörden die technische Dokumentation zur Verfügung gestellt werden kann.

(7) Die Einführer arbeiten mit den betreffenden nationalen Behörden bei allen Maßnahmen zusammen, die diese Behörden im Zusammenhang mit einem von den Einführern in Verkehr gebrachten Hochrisiko-KI-System ergreifen, um insbesondere die von diesem System ausgehenden Risiken zu verringern und abzumildern.

Mit Art. 23 korrespondiert Erwägungsgrund 83.

Schrifttum: *Ehring/Taeger* (Hrsg.), NomosKommentar Produkthaftungs- und Produktsicherheitsrecht, 2022; *Hilgendorf/Roth-Isigkeit* (Hrsg.), Die neue Verordnung der EU zur Künstlichen Intelligenz, 2023; *Martini/Wendehorst* (Hrsg.), KI-VO, Kommentar, 2024; *Riehm/Meier*, Rechtliche Durchsetzung von Anforderungen an die IT-Sicherheit, MMR 2020, 571; *Roos/Weitz*, Hochrisiko-KI-Systeme im Kommissionsentwurf für eine KI-Verordnung, MMR 2021, 844; *Schucht*, Der Händler im Produktsicherheitsrecht – Rolle, Pflichten, Rechtsrisiko, CCZ 2020, 322; *Wiebe*, Produktsicherheitsrechtliche Betrachtung des Vorschlags für eine KI-Verordnung, BB 2022, 899.

Übersicht

I. Allgemeines

1. Zweck der Vorschrift

1 Mit Art. 23 werden die grundlegenden Pflichten der Einführer von Hochrisiko-KI-Systemen normiert, womit die Norm dem Produktsicherheitsrecht zugeordnet werden kann.[1] Mit der Präzisierung der Rolle und spezifischen Pflichten soll laut ErwG 83 gerade aufgrund des Wesens und der Komplexität der Wertschöpfungskette für KI-Systeme Rechtssicherheit gewährleistet und die Einhaltung dieser Verordnung erleichtert werden. Der Einführer nimmt hierbei eine wichtige Rolle ein, insbesondere indem er sicherstellt, dass der Anbieter seinen Pflichten nachgekommen ist.[2]

2. Entstehungsgeschichte

2 Der Wortlaut des Art. 23 wurde im Laufe des Gesetzgebungsverfahrens mehrfach geändert. Laut ursprünglichem Kommissionsentwurf sollte der Einführer von Hochrisiko-KI-Systemen die Einhaltung von drei Pflichten des Anbieters sicherstellen. Das Parlament stellte später klar, dass Einführer grundsätzlich sicherstellen sollen, dass das System der Verordnung entspricht und dafür vier Pflichten überprüfen müssen. Inhaltlich sah der Kommissionsentwurf in Art. 26 Abs. 1 lit. c noch vor, dass das Vorliegen der „erforderlichen Unterlagen" zu prüfen sei.[3] Der Rat schränkte diese Prüfpflicht später insofern ein, als dass sie sich auf die Anbringung der CE-Kennzeichnung und die Beifügung der Konformitätserklärung sowie der Betriebsanleitung bezieht.[4]

3 Die Pflicht in lit. d, zu überprüfen, ob der Anbieter einen Bevollmächtigten benannt hat, sah der ursprüngliche Kommissionsentwurf nicht vor. Sie wurde

1 *Roos/Weitz*, MMR 2021, 844, 849; *Gössl*, in: Martini/Wendehorst, KI-VO, Art. 23 Rn. 1.

2 Bekanntmachung der Kommission, Leitfaden für die Umsetzung der Produktvorschriften der EU 2022 („Blue Guide"), 29.6.2022, ABl. 2022 C 247/1, S. 40.

3 Art. 26 Abs. 1 lit. c Vorschlag für eine Verordnung des Europäischen Parlaments und des Rates zur Festlegung harmonisierter Vorschriften für Künstliche Intelligenz (Gesetz über Künstliche Intelligenz) und zur Änderung bestimmter Rechtsakte der Union vom 21.4.2021, COM(2021)206 final (KI-VO-E Kommission), S. 64.

4 Art. 26 Abs. 1 lit. c Vorschlag für eine Verordnung des Europäischen Parlaments und des Rates zur Festlegung harmonisierter Vorschriften für künstliche Intelligenz (Gesetz über künstliche Intelligenz) und zur Änderung bestimmter Rechtsakte der Union – Allgemeine Ausrichtung des Rates vom 25.11.2022, 14954/22 (KI-VO-E Rat), S. 108.

später vom Rat[5] und Parlament[6] eingefügt. Nachträglich eingefügt haben Rat[7] und Parlament[8] auch die Prüfpflicht in Abs. 2, ob das Hochrisiko-KI-System gefälscht ist oder ihm eine gefälschte Dokumentation beigefügt wurde, sowie die Pflicht in Abs. 5 zur Bereithaltung eines Exemplars der Bescheinigung, Betriebsanleitung und EU-Konformitätserklärung.[9] Ursprünglich sah der Kommissionsentwurf vor, dass bei „Auffassung"[10] oder „Grund zu der Annahme" eines Verordnungsverstoßes für den Einführer ein Verkehrsverbot gem. Abs. 2 Satz 1 entsteht; der Rat schränkte dies auf „hinreichende Gründe zu der Annahme" ein.[11]

4 Der ursprüngliche Kommissionsentwurf sah noch vor, dass Einführer den zuständigen Behörden Zugriff auf die automatisch erzeugten Protokolle gewähren müssen.[12] Das wurde durch den Rat gestrichen und in Abs. 6 ersetzt durch die Sicherstellung, dass die technische Dokumentation zur Verfügung gestellt werden kann.[13]

5 Schließlich wurde auch die Kooperationspflicht der Einführer in Abs. 7 erst nachträglich durch den Rat[14] und dann das Parlament[15] eingefügt.

3. Verhältnis zu anderen Vorschriften

6 Neben den in Art. 16, 20, 22, 24 und 26 genannten Pflichten des Anbieters, Bevollmächtigten, Händlers und Betreibers werden in Art. 23 die Pflichten des Einführers, und damit eines weiteren Akteurs in der KI-Wertschöpfungskette, beschrieben.

7 Der Einführer hat sicherzustellen, dass das von ihm in Verkehr gebrachte Hochrisiko-KI-System dieser Verordnung entspricht, indem er insbesondere überprüft, ob der Anbieter bestimmte Pflichten eingehalten hat. Die Einführerpflichten sind also mit den Pflichten des Anbieters verknüpft.

---

5 Art. 26 Abs. 1 lit. d KI-VO-E Rat, S. 108.
6 Abänderungen des Europäischen Parlaments vom 14.6.2023 zu dem Vorschlag für eine Verordnung des Europäischen Parlaments und des Rates zur Festlegung harmonisierter Vorschriften für künstliche Intelligenz (Gesetz über künstliche Intelligenz) und zur Änderung bestimmter Rechtsakte der Union (COM(2021)0206 – C9-0146/2021 – 2021/0106(COD)), P9_TA(2023)0236 (KI-VO-E Parlament), Abänderung 380.
7 Art. 26 Abs. 2 KI-VO-E Rat, S. 108.
8 KI-VO-E Parlament, Abänderung 381.
9 Art. 26 Abs. 4 lit. a KI-VO-E Rat, S. 109.
10 Art. 26 Abs. 2 KI-VO-E Kommission, S. 64.
11 Art. 26 Abs. 2 KI-VO-E Rat, S. 109.
12 Art. 26 Abs. 5 KI-VO-E Kommission, S. 65.
13 Art. 26 Abs. 5 KI-VO-E Rat, S. 109.
14 Art. 26 Abs. 4 lit. a KI-VO-E Rat, S. 109.
15 KI-VO-E Parlament, Abänderung 384.

Die Einhaltung der in Art. 23 beschriebenen Pflichten des Einführers wird grundsätzlich über die Verordnung (EU) 2019/1020 (EU-Marktüberwachungsverordnung)[16] als lex generalis durchgesetzt und überwacht, sofern in Art. 74 ff. keine spezielleren Vorschriften enthalten sind. Verstöße können über Art. 99 Abs. 4 lit. c sanktioniert werden. Zugleich konkretisieren die regulatorischen Pflichten des Einführers auch die Verkehrspflichten des nationalen Vertrags- und Deliktsrechts.[17] 8

II. Prüfpflichten (Art. 23 Abs. 1)

Einführer, also natürliche oder juristische Personen, die in der Union ansässig oder niedergelassen sind und ein KI-System, das den Namen oder die Handelsmarke einer in einem Drittland niedergelassenen Person trägt, in der Union in Verkehr bringen (vgl. Definition des Einführers in Art. 3 Nr. 6 Rn. 122 ff.), müssen vor dem Inverkehrbringen (vgl. Definition des Inverkehrbringens in Art. 3 Nr. 9 Rn. 134 ff.) sicherstellen, dass das System dieser Verordnung entspricht. Ist das nicht der Fall, dürfen sie das System nicht in Verkehr bringen (vgl. Rn. 27). 9

Die Prüfplicht besteht nur bei Hochrisiko-KI-Systemen (vgl. Klassifizierungsvorschriften für Hochrisiko-KI-Systeme in Art. 6). 10

1. Gegenstand der Prüfpflichten

Um sicherzustellen, dass das Hochrisiko-KI-System der Verordnung entspricht, müssen Einführer überprüfen, ob der Anbieter die in Art. 23 Abs. 1 genannten vier Pflichten eingehalten hat. Damit nimmt der Einführer für die Gewährleistung der Konformität eine wichtige Rolle ein.[18] Inhaltlich überprüfen muss der Einführer, ob 11

- der Anbieter das Konformitätsbewertungsverfahren durchgeführt hat (zur Konformitätsbewertung vgl. Art. 43 Rn. 27 ff.), Art. 23 Abs. 1 lit. a,
- der Anbieter die technische Dokumentation erstellt hat (zur technischen Dokumentation vgl. Art. 11), Art. 23 Abs. 1 lit. b,
- das System mit der erforderlichen CE-Kennzeichnung versehen ist (zur CE-Kennzeichnung vgl. Art. 48) und ihm die EU-Konformitätserklärung (zur

16 Verordnung (EU) 2019/1020 des Europäischen Parlaments und des Rates vom 20.6.2019 über Marktüberwachung und die Konformität von Produkten sowie zur Änderung der Richtlinie 2004/42/EG und der Verordnungen (EG) Nr. 765/2008 und (EU) Nr. 305/2011 (EU-Marktüberwachungsverordnung), ABl. L 169 vom 25.6.2019, S. 1.

17 *Roos/Weitz*, MMR 2021, 844, 850; *Riehm/Meier*, MMR 2020, 571, 573.

18 Bekanntmachung der Kommission, Leitfaden für die Umsetzung der Produktvorschriften der EU 2022 („Blue Guide"), 29.6.2022, ABl. 2022 C 247/1, S. 39.

EU-Konformitätserklärung vgl. Art. 47) und die Betriebsanleitung (Art. 13 Rn. 10 ff.) beigefügt sind, Art. 23 Abs. 1 lit. c, und
– der Anbieter einen Bevollmächtigten benannt hat (zum Bevollmächtigten vgl. Art. 22), Art. 23 Abs. 1 lit. d.

2. Umfang der Überprüfungen

12 Gefordert wird bei der Prüfpflicht eine **rein formelle Überprüfung**.[19] Das bedeutet, dass der Einführer zu einer faktenbezogenen Überprüfung verpflichtet ist.[20] Nicht von ihm erwartet wird, dass er die Informationen selbst bewertet. Dem steht auch nicht entgegen, dass Art. 23 Abs. 1 vom Einführer fordert, die Einhaltung dieser Verordnung „sicherzustellen", obgleich die meisten produktregulatorischen Vorschriften vom Einführer üblicherweise fordern, diese Voraussetzungen „zu gewährleisten".[21]

13 Derzeit ist davon auszugehen, dass Einführer die CE-Kennzeichnung sowie das Beiliegen von EU-Konformitätserklärung und Betriebsanleitung (Art. 23 Abs. 1 lit. c) durch eine physische Inspektion des Systems bzw. seiner Verpackung überprüfen können, die Benennung des Bevollmächtigten durch eine Prüfung der in Art. 71 genannten Datenbank, in der Bevollmächtigte registriert werden müssen (vgl. Art. 49 Rn. 9).

14 Die Art und Weise der in Art. 23 Abs. 1 lit. a und b zusätzlichen Überprüfung, ob der Anbieter das Konformitätsbewertungsverfahren durchgeführt hat und ob die erforderlichen technischen Unterlagen erstellt wurden, dürfte sich hingegen weniger eindeutig ergeben. Denn immerhin verbleiben die dazugehörigen Unterlagen im Regelfall beim Anbieter; bei Anbietern, die in Drittländern niedergelassen sind, müssen allein den Bevollmächtigten diese Informationen zur Verfügung gestellt werden, damit diese sie bereithalten halten können. In den Unterlagen, die der Einführer gemäß Art. 23 Abs. 5 bereithalten muss, findet sich die technische Dokumentation nicht (vgl. Art. 23 Rn. 36 f.), sodass eine entsprechende Verpflichtung nicht besteht. Vielmehr muss er gemäß Art. 23 Abs. 6 allein sicherstellen, dass die technische Dokumentation den Behörden zur Verfügung gestellt werden kann (vgl. Art. 23 Rn. 38). Eine physische Inspektion, ob diese Unterlagen erstellt wurden, ist daher in vielen Fällen nicht möglich. In solchen Fällen dürfte eine Überprüfung auch damit erfüllt sein, dass sich der

---

19 So auch *Roos/Weitz*, MMR 2021, 844, 849 ff.; *Wiebe*, BB 2022, 899, 904 und *Gössl*, in: Martini/Wendehorst, KI-VO, Art. 23 Rn. 10.

20 Vgl. *Wiebe*, BB 2022, 899, 904.

21 Vgl. etwa Anhang I Art. R4 Abs. 2 Beschluss Nr. 768/2008/EG des Europäischen Parlaments und des Rates vom 9.6.2008 über einen gemeinsamen Rechtsrahmen für die Vermarktung von Produkten und zur Aufhebung des Beschlusses 93/465/EWG des Rates, ABl. L 218/82 vom 13.8.2008, S. 90.

Einführer vom Hersteller eine Versicherung einholt, dass die Unterlagen existieren und vom Hersteller auf Verlangen vorgelegt werden.[22]

Nach dem Blue Guide können Einführer zur Erfüllung ihrer Pflichten auf zusätzliche systematische Kontrollverfahren zurückgreifen oder Drittprüfungen veranlassen, sind jedoch nicht dazu verpflichtet.[23] Es bleibt jedoch abzuwarten, ob die Kommission die inhaltlichen Anforderungen an Prüfpflichten speziell für Abs. 1 weiter konkretisieren wird, etwa durch Veröffentlichung von FAQs oder Leitfäden.[24] 15

3. Zeitpunkt

Für die Beurteilung der Verordnungskonformität kommt es nur auf den Zeitpunkt des Inverkehrbringens an. Sollte sich die Rechtslage zu einem späteren Zeitpunkt ändern, ist es nicht Aufgabe des Einführers, zu prüfen, ob das System aufgrund der veränderten Rechtslage nicht mehr konform ist. 16

III. Pflichten bei Verdacht der Nichtkonformität und bei Vorliegen eines Risikos (Art. 23 Abs. 2)

Bei Verdacht der Nichtkonformität darf der Einführer das Hochrisiko-KI-System nicht in Verkehr bringen (Art. 23 Abs. 2 Satz 1). Wenn es ein Risiko birgt, muss der Einführer den Anbieter, die Bevollmächtigten und die Marktüberwachungsbehörden darüber informieren (Art. 23 Abs. 2 Satz 2). 17

1. Inverkehrbringensverbot bei Verdacht der Nichtkonformität (Art. 23 Abs. 2 Satz 1)

Hat der Einführer nach seiner Überprüfung nach Art. 23 Abs. 1 hinreichenden Grund zu der Annahme, dass das Hochrisiko-KI-System nicht dieser Verordnung entspricht oder gefälscht ist oder diesem eine gefälschte Dokumentation 18

---

22 So die Kommission bei vergleichbarer Regelung des verantwortlichen Wirtschaftsakteurs in Art. 4 EU-Marktüberwachungsverordnung: Bekanntmachung der europäischen Kommission, Leitlinien für Wirtschaftsakteure und Marktüberwachungsbehörden zur praktischen Umsetzung von Art. 4 der Verordnung (EU) 2019/1020 über Marktüberwachung und die Konformität von Produkten, 2021/C 100/01, S. 8.

23 Bekanntmachung der Kommission, Leitfaden für die Umsetzung der Produktvorschriften der EU 2022 („Blue Guide"), 29.6.2022, ABl. 2022 C 247/1, S. 39 f.

24 Wie zum Beispiel für Medizinprodukte in European Commission: Questions and Answers on Articles 13 & 14 of Regulation (EU) 2017/745 and Regulation (EU) 2017/746, Dec. 2023, S. 10.

beigefügt ist, so darf er das System nicht in Verkehr bringen. Erst wenn dessen Konformität hergestellt wurde, darf der Einführer das System in Verkehr bringen.

a) Verordnungswidriges oder gefälschtes System oder gefälschte Dokumentation

19 Ein Verkehrsverbot besteht insbesondere dann, wenn der Einführer hinreichenden Grund zu der Annahme hat, dass das System nicht dieser Verordnung entspricht. Grundsätzlich erfasst sind zumindest nach dem Wortlaut jegliche Abweichungen von den Vorgaben dieser Verordnung, wobei sich die Abweichung aufgrund des Umfangs der Prüfpflicht in den meisten Fällen wohl auf die in Art. 23 Abs. 1 lit. a bis d genannten Umstände beziehen dürfte.

20 Hat der Einführer hinreichenden Grund zu der Annahme, dass das Hochrisiko-KI-System selbst oder dessen Dokumentation gefälscht ist, besteht ebenfalls ein Verkehrsverbot. Diese Ergänzung wurde erst nachträglich durch den Rat in Art. 23 Abs. 2 aufgenommen, dürfte aber im Ergebnis eher deklaratorische Bedeutung haben, da dann in den meisten Fällen auch die Verordnung nicht eingehalten sein dürfte. Eine Definition der Fälschung findet sich in der KI-VO im Übrigen nicht. Das ist zum Beispiel anders in der Verordnung (EU) 2017/745 (EU-Medizinprodukteverordnung),[25] die ein gefälschtes Produkt in Art. 2 Nr. 9 als „ein Produkt mit falschen Angaben zu seiner Identität und/oder seiner Herkunft und/oder seiner CE-Kennzeichnung oder den Dokumenten zu den CE-Kennzeichnungsverfahren" bezeichnet.

b) Hinreichender Grund zur Annahme

21 Der Einführer muss einen hinreichenden Grund zur Annahme haben, dass das System nicht dieser Verordnung entspricht oder das System oder die Dokumentation gefälscht sind.

c) Grundlage der Annahme

22 Diese hinreichenden Gründe zur Annahme eines Verstoßes können sich natürlich aus den in Art. 23 Abs. 1 genannten Überprüfungen ergeben, zumindest in Bezug auf die dortigen Prüfgegenstände. Hinweise dazu, dass das Hochrisiko-KI-System aber ansonsten möglicherweise nicht dieser Verordnung entspricht

25 Art. 2 Nr. 9 Verordnung (EU) 2017/745 des Europäischen Parlaments und des Rates vom 5.4.2017 über Medizinprodukte, zur Änderung der Richtlinie 2001/83/EG, der Verordnung (EG) Nr. 178/2002 und der Verordnung (EG) Nr. 1223/2009 und zur Aufhebung der Richtlinien 90/385/EWG und 93/42/EWG des Rates (EU-Medizinprodukteverordnung), ABl. L 117 vom 5.5.2017, S. 16.

oder es selbst oder die Dokumentation gefälscht ist, werden sich – außer bei sehr offensichtlichen Fällen – aber im Regelfall eher durch Dritte oder durch Zufall ergeben. Auch in diesen Fällen darf der Einführer das System erst in Verkehr bringen, wenn dessen Konformität hergestellt bzw. das Verdachtsmoment ausgeräumt wurde. Hierfür ist der Anbieter zu kontaktieren.[26]

Aus Art. 23 Abs. 2 Satz 1 lassen sich hingegen keine weitergehenden primären Prüfpflichten ableiten, wie etwa technische Probeläufe zur Feststellung der Verordnungskonformität.[27] Die Prüfpflichten sind vielmehr in Art. 23 Abs. 1 abschließend aufgezählt. Auch wurde in der Verordnung – anders als in anderen Produktharmonisierungsrechtsvorschriften der Union – darauf verzichtet, den Einführer zu verpflichten, Stichproben von bereits in Verkehr gebrachten Produkten durchzuführen, um deren Konformität nachträglich zu überprüfen.[28] 23

Insgesamt ist allein die subjektive Perspektive des Einführers maßgeblich. Hat er keinen hinreichenden Grund für die Annahme der Nichtkonformität, handelt er selbst nicht rechtswidrig, wenn er das System in Verkehr bringt; selbst dann, wenn das KI-System tatsächlich nicht der Verordnung entsprechen sollte.[29] 24

d) Verdachtsgrad

Nicht näher bestimmt werden der Verdachtsgrad oder die Voraussetzungen, ab wann ein Einführer „hinreichenden Grund“ für die Annahme hat. 25

---

26 Bekanntmachung der Kommission, Leitfaden für die Umsetzung der Produktvorschriften der EU 2022 („Blue Guide“), 29.6.2022, ABl. 2022 C 247/1, S. 40.

27 Zum Beispiel erkennt *Linardatos*, in: Hilgendorf/Roth-Isigkeit, Die neue Verordnung der EU zur Künstlichen Intelligenz, § 7 Rn. 33, in Abs. 2 Satz 1 eine mögliche Absicht des europäischen Gesetzgebers, die Einführer anzuhalten, eine technische Überprüfung durchzuführen.

28 Vorgesehen in Anhang I Art. R4 Abs. 6 Beschluss Nr. 768/2008/EG des Europäischen Parlaments und des Rates vom 9.7.2008 über einen gemeinsamen Rechtsrahmen für die Vermarktung von Produkten und zur Aufhebung des Beschlusses 93/465/EWG des Rates, ABl. L 218/82 vom 13.8 2008, S. 90, und umgesetzt in Art. 8 Abs. 6 der Richtlinie 2014/35/EU des Europäischen Parlaments und des Rates vom 26.2.2014 zur Harmonisierung der Rechtsvorschriften der Mitgliedstaaten über die Bereitstellung elektrischer Betriebsmittel zur Verwendung innerhalb bestimmter Spannungsgrenzen auf dem Markt (Niederspannungs-Richtlinie), ABl. L 96/357 vom 29.3.2014, S. 362; Art. 8 Abs. 6 Verordnung (EU) 2019/1009 des Europäischen Parlaments und des Rates vom 5.6.2019 mit Vorschriften für die Bereitstellung von EU-Düngeprodukten auf dem Markt und zur Änderung der Verordnungen (EG) Nr. 1069/2009 und (EG) Nr. 1107/2009 sowie zur Aufhebung der Verordnung (EG) Nr. 2003/2003 (Düngemittelverordnung), ABl. L 170 vom 25.6.2019, S. 17.

29 So *Schucht* in Bezug auf den Händler, dies lässt sich jedoch ohne Weiteres auf den Einführer übertragen, CCZ 2020, 322, 327.

26 Fest steht jedenfalls, dass der Einführer keine sichere Kenntnis oder Nachweise dafür haben muss, dass das Hochrisiko-KI-System nicht der Verordnung entspricht oder es selbst oder dessen Dokumentation gefälscht ist. Unklar ist jedoch, ob sich die Nichtkonformität für den Einführer sehr oder gar überwiegend wahrscheinlich darstellen muss oder ob bereits Zweifel an der Konformität genügen. In der Literatur wird einerseits vertreten, dass bereits „subjektive Verdachtsmomente" ausreichen sollen, etwa aufgrund von Kunden- und Händlerbeschwerden, Medienberichten oder Testergebnissen von Verbraucherorganisationen.[30] An anderer Stelle wird für den subjektiven Verdachtsmoment ein objektiver Anlass gefordert.[31] Auch laut Blue Guide der Kommission genügen bereits „Zweifel hinsichtlich der Konformität des Produktes", um ein Inverkehrbringensverbot zu begründen,[32] wobei diese Zweifel einer objektiven Grundlage bedürfen. Der BGH hat die Frage des Umfangs der Überprüfungspflichten („Grund zur Annahme") kürzlich zum Gegenstand eines Vorabentscheidungsersuchen gemacht; bleibt abzuwarten, ob und wie der EuGH hierzu entscheiden wird.[33]

e) Verkehrsverbot

27 Hat der Einführer hinreichende Gründe zur Annahme eines verordnungswidrigen oder gefälschten Systems, so darf er dieses nicht in Verkehr bringen. Erst wenn dessen Konformität hergestellt wurde beziehungsweise die Verdachtsmomente ausgeräumt wurden, darf das System in Verkehr gebracht werden.

2. Notifizierungspflicht bei Risiko (Art. 23 Abs. 2 Satz 2)

28 Birgt das Hochrisiko-KI-System ein Risiko im Sinne des Art. 79 Abs. 1, hat der Einführer den Anbieter des Systems, die Bevollmächtigten und die Marktüberwachungsbehörden darüber zu informieren.

30 Vgl. zu dem Begriff „Grund der Annahme" in Art. 20 *Linardatos*, in: Hilgendorf/Roth-Isigkeit, Die neue Verordnung der EU zur Künstlichen Intelligenz, § 7 Rn. 62, nach dem „Verdachtsmomente etwa durch Kunden- und Händlerbeschwerden entstehen [können], aber auch bei entsprechenden Medienberichten oder Testergebnissen von Verbraucherorganisationen (etwa Stiftung Warentest)".

31 *Gössl*, in: Martini/Wendehorst, KI-VO, Art. 23 Rn. 20.

32 Bekanntmachung der Kommission, Leitfaden für die Umsetzung der Produktvorschriften der EU 2022 („Blue Guide"), 29.6.2022, ABl. 2022 C 247/1, S. 39 f.

33 Vgl. BGH, Urt. v. 21.12.2023 – I ZR 17/23 (EuGH C-10/24, Cattani) bzgl. des Umfangs der Überprüfungspflichten des Händlers gem. Art. 14 Abs. 2 EU-Medizinprodukteverordnung. U. a. zu der Frage, wann ein Händler Grund zur Annahme der Nichtkonformität haben muss.

29 Anders als in vielen anderen Harmonisierungsrechtsvorschriften der EU[34] und auch im Gegensatz zum Händler (vgl. Art. 24 Rn. 30) ist der Einführer nach der KI-VO nicht verpflichtet, bei Vorliegen eines Risikos selbst Korrekturmaßnahmen vorzunehmen.

a) Hochrisiko-KI-Systeme, die ein Risiko bergen

30 Hochrisiko-KI-Systeme, die ein Risiko bergen, sind in Art. 79 Abs. 1 definiert. Als solche gelten „Produkte, mit denen ein Risiko verbunden ist", wenn sie Risiken für die Gesundheit oder Sicherheit oder Grundrechte von Personen bergen. Mit einem Risiko verbunden ist ein Produkt gemäß Art. 3 Nr. 19 EU-Marktüberwachungsverordnung, wenn das Produkt die Rechtsgüter „stärker beeinträchtigen kann als das im Verhältnis zu seiner Zweckbestimmung oder bei normaler oder nach vernünftigem Ermessen vorhersehbarer Verwendung des betreffenden Produkts – einschließlich der Gebrauchsdauer sowie gegebenenfalls der Anforderungen an Inbetriebnahme, Installation und Wartung – als vernünftig und vertretbar gilt". Allgemeine (Verbraucher-)Beschwerden, die nicht unter diese Definition fallen, sind entsprechend nicht meldepflichtig.[35]

b) Notifizierungspflicht

31 Wenn das Hochrisiko-KI-System ein Risiko für die Gesundheit oder Sicherheit oder Grundrechte von Personen birgt, treffen den Einführer Notifizierungspflichten. Insbesondere ist er in einem solchen Fall verpflichtet, den Anbieter des Systems, die Bevollmächtigten und die Marktüberwachungsbehör-

---

34 So nach Anhang I Art. R4 Abs. 7 Beschluss Nr. 768/2008/EG des Europäischen Parlaments und des Rates vom 9.7.2008 über einen gemeinsamen Rechtsrahmen für die Vermarktung von Produkten und zur Aufhebung des Beschlusses 93/465/EWG des Rates, ABl. L 218/82 vom 13.8.2008, S. 90, und umgesetzt in der Mehrzahl der Harmonisierungsrechtsvorschriften, u. a. in Art. 8 Abs. 7 Verordnung (EU) 2019/945 der Kommission vom 12.3.2019 über unbemannte Luftfahrzeugsysteme und Drittlandbetreiber unbemannter Luftfahrsysteme (Drohnenverordnung), ABl. L 152 vom 11.6.2019, S. 10; Art. 8 Abs. 7 Verordnung (EU) 2019/1009 des Europäischen Parlaments und des Rates vom 5.6.2019 mit Vorschriften für die Bereitstellung von EU-Düngeprodukten auf dem Markt und zur Änderung der Verordnungen (EG) Nr. 1069/2009 und (EG) Nr. 1107/2009 sowie zur Aufhebung der Verordnung (EG) Nr. 2003/2003 (Düngemittelverordnung), ABl. L 170 vom 25.6.2019, S. 17); Art. 6 Abs. 7 Richtlinie 2009/48/EG des Europäischen Parlaments und des Rates vom 18.6.2009 über die Sicherheit von Spielzeug (Spielzeugrichtlinie), ABl. L 170 vom 30.6.2009, S. 8; und für den Händler nach der KI-VO in Art. 24 Abs. 4 Satz 1 (vgl. Art. 24 Rn. 30).

35 So auch betreffend Medizinprodukte in Art. 13 Abs. 7 EU-Medizinprodukteverordnung; siehe European Commission, Questions and Answers on Articles 13 & 14 of Regulation (EU) 2017/745 and Regulation (EU) 2017/746, Dec. 2023, S. 8 f.

den über das Risiko zu informieren. Diese Notifizierung hat **unverzüglich** zu erfolgen.[36]

IV. Kennzeichnungspflicht (Art. 23 Abs. 3)

32 Einführer sind dazu verpflichtet, ihren Namen, ihren eingetragenen Handelsnamen oder -marke sowie ihre Anschrift, unter der sie im Zusammenhang mit dem Hochrisiko-KI-System kontaktiert werden können, auf der Verpackung oder gegebenenfalls in der beigefügten Dokumentation anzugeben.

33 Angegeben werden muss damit die Postanschrift des Einführers, üblicherweise bestehend aus Straßennamen und -nummer, Postleitzahl, Stadt und ggf. dem Land. Die zusätzliche Angabe einer elektronischen Adresse oder Telefonnummer ist möglich, ersetzt jedoch nicht die Angabe der Anschrift.

34 Vorranging sind die Angaben auf der Verpackung zu machen. Gleichwohl gestattet die Norm auch die alternative Angabe in der beigefügten Dokumentation, ohne hierfür besondere Voraussetzungen aufzustellen. Es dürfte insofern ein Wahlrecht des Einführers bestehen.

V. Lagerungs- oder Transportbedingungen (Art. 23 Abs. 4)

35 Solange sich ein Hochrisiko-KI-System in ihrer Verantwortung befindet, gewährleisten Einführer, dass – soweit zutreffend – die Lagerungs- oder Transportbedingungen seine Konformität mit den in Abschnitt 2 (Art. 8 bis 15) festgelegten Anforderungen nicht beeinträchtigen. Eine solche Verpflichtung des Einführers, Lagerungs- und Transportbedingungen so zu gestalten, dass die Übereinstimmung des Systems mit den regulatorischen Anforderungen nicht beeinträchtigt wird, ist im Produktsicherheitsrecht gängig.[37] Der Einschub „soweit zutreffend" trägt dem Umstand Rechnung, dass es sich im Fall von KI-Systemen üblicherweise um Softwareanwendungen handelt, die weder eine Lagerung noch

---

36 Bekanntmachung der Kommission, Leitfaden für die Umsetzung der Produktvorschriften der EU 2022 („Blue Guide"), 29.6.2022, ABl. 2022 C 247/1, S. 41.

37 Art. 11 Abs. 5 Verordnung (EU) 2023/988 des Europäischen Parlaments und des Rates vom 10.5.2023 über die allgemeine Produktsicherheit, zur Änderung der Verordnung (EU) Nr. 1025/2012 des Europäischen Parlaments und des Rates und der Richtlinie (EU) 2020/1828 des Europäischen Parlaments und des Rates sowie zur Aufhebung der Richtlinie 2001/95/EG des Europäischen Parlaments und des Rates und der Richtlinie 87/357/EWG des Rates (EU-Produktsicherheitsverordnung), ABl. L 135 vom 23.5.2023, S. 25; Anhang I Art. R4 Abs. 5 Beschluss Nr. 768/2008/EG des Europäischen Parlaments und des Rates vom 9.7.2008 über einen gemeinsamen Rechtsrahmen für die Vermarktung von Produkten und zur Aufhebung des Beschlusses 93/465/EWG des Rates, ABl. L 218/82 vom 13.8.2008, S. 90.

einen Transport benötigen. Die Vorschrift dürfte damit auf Hochrisiko-KI-Systeme begrenzt sein, die in physische Produkte integriert sind.[38]

VI. Aufbewahrungsfrist (Art. 23 Abs. 5)

36 Für einen Zeitraum von zehn Jahren ab dem Inverkehrbringen oder der Inbetriebnahme des Hochrisiko-KI-Systems müssen Einführer bestimmte Dokumente bereithalten. Bereithalten müssen sie insbesondere ein Exemplar der nach Anhang VII von der notifizierten Stelle ausgestellten Bescheinigung (vgl. Art. 44 Rn. 8) sowie gegebenenfalls die Betriebsanleitung und die EU-Konformitätserklärung.

37 Die Aufbewahrungsfrist beginnt mit dem Inverkehrbringen oder der Inbetriebnahme des letzten Exemplars des Produktmusters.[39] Für reine Software-Anwendungen, die jederzeit abrufbar sind und laufend aktualisiert werden, wird es schwierig sein, den Zeitpunkt festzustellen, an dem das letzte Exemplar eines Produktmusters in Verkehr gebracht wurde. Denkbar wäre ein Anknüpfen an die letzte Version der Anwendung.

VII. Auskunftspflicht (Art. 23 Abs. 6)

38 Auf begründete Anfrage der betreffenden nationalen Behörden übermitteln Einführer sämtliche Informationen und Dokumentationen, die erforderlich sind, um die Konformität des Hochrisiko-KI-Systems mit Abschnitt 2 nachzuweisen. Dazu gehören auch die in Art. 23 Abs. 5 genannten Dokumente. Wenn sie die technische Dokumentation nicht selbst vorliegen haben, stellen sie sicher, dass diese den Behörden zur Verfügung gestellt werden kann.

39 Die spiegelbildliche Informationsbefugnis der Marktüberwachungsbehörden ergibt sich aus Art. 14 Abs. 4 lit. a EU-Marktüberwachungsverordnung, wonach diese von Wirtschaftsakteuren die Vorlage relevanter Dokumente, technische Spezifikationen, Daten oder Informationen über die Konformität und technischen Aspekte des Produktes verlangen können. Bei der Ausübung ihrer Befugnis unterliegen die Marktüberwachungsbehörden dem Verhältnismäßigkeitsprinzip. Vollständige technische Unterlagen sollten von der zuständigen Marktüberwachungsbehörde nur im Ausnahmefall angefragt werden dürfen. Gegen

38 *Roos/Weitz*, MMR 2021, 844, 849; *Gössl*, in: Martini/Wendehorst, KI-VO, Art. 23 Rn. 30.

39 Bekanntmachung der Kommission, Leitfaden für die Umsetzung der Produktvorschriften der EU 2022 („Blue Guide"), 29.6.2022, ABl. 2022 C 247/1, S. 40.

rechtswidrige Produktkontrollen steht abhängig von der Handlungsform der Behörden für den Betroffenen der nationale Verwaltungsrechtsweg offen.[40]

40 Bereitzustellen sind seitens des Einführers nur solche Informationen und Dokumentationen, die erforderlich sind, um die Konformität mit Abschnitt 2 nachzuweisen, also ob die Vorschrift, deren Einhaltung von den Marktüberwachungsbehörden angezweifelt wurde, eingehalten wurde.[41]

41 Die Übermittlung der Unterlagen muss innerhalb eines angemessenen Zeitraums erfolgen. Die Unterlagen selbst sind in einer Sprache vorzulegen, die für die Behörde leicht verständlich ist. Dabei muss es sich nicht zwangsläufig um die offizielle Landessprache des Mitgliedstaats handeln, soweit die Behörde auch die Verwendung dritter Sprachen zulässt.[42] Somit liegt die Auswahl der Sprache, in der die Unterlagen vorzulegen sind, unbeschadet nationaler Regelungen, im Ermessen der zuständigen Behörde.

42 Für die Übermittlung der Informationen kommt es nicht darauf an, ob die Einführer die Unterlagen im Original oder als Kopie besitzen.[43] Sie müssen lediglich sicherstellen, dass diese auf begründete Anfrage der zuständigen Behörde zur Verfügung gestellt werden, was auch durch den Anbieter selbst erfolgen kann.[44]

43 Für diese Sicherstellung bedarf es keines direkten Rechtsverhältnisses zwischen Einführer und Anbieter, wie dies etwa bei dem Bevollmächtigten der Fall ist. Allerdings muss der Einführer zumindest in der Lage sein, mit dem Anbieter in Kontakt zu treten, um die Unterlagen vorlegen zu können.[45] Es bietet sich auf Seiten des Einführers somit an, gegenüber dem Anbieter eine schriftliche Versicherung zu verlangen, dass bei begründeter Anfrage die notwendigen Unterlagen bereitgestellt werden.[46] Die Nichtvorlage der angeforderten Unterlagen sollte jedoch nicht als hinreichender Grund dafür gelten, die Übereinstimmung mit den grundlegenden Anforderungen der Vorgaben anzuzweifeln. Erst recht stellt die Nichtvorlage keinen Beweis der Nichtkonformität dar. Die Marktüberwachungsbehörde kann jedoch über die weiteren Maßnahmen auf Grundlage der

40 *Giesberts/Gayger*, in: Ehring/Taeger, NK-ProdR, Art. 11 MÜ-VO Rn. 18.

41 Bekanntmachung der Kommission, Leitfaden für die Umsetzung der Produktvorschriften der EU 2022 („Blue Guide"), 29.6.2022, ABl. 2022 C 247/1, S. 111.

42 Bekanntmachung der Kommission, Leitfaden für die Umsetzung der Produktvorschriften der EU 2022 („Blue Guide"), 29.6.2022, ABl. 2022 C 247/1, S. 40.

43 Bekanntmachung der Kommission, Leitfaden für die Umsetzung der Produktvorschriften der EU 2022 („Blue Guide"), 29.6.2022, ABl. 2022 C 247/1, S. 40.

44 Bekanntmachung der Kommission, Leitfaden für die Umsetzung der Produktvorschriften der EU 2022 („Blue Guide"), 29.6.2022, ABl. 2022 C 247/1, S. 40.

45 Bekanntmachung der Kommission, Leitfaden für die Umsetzung der Produktvorschriften der EU 2022 („Blue Guide"), 29.6.2022, ABl. 2022 C 247/1, S. 41.

46 Bekanntmachung der Kommission, Leitfaden für die Umsetzung der Produktvorschriften der EU 2022 („Blue Guide"), 29.6.2022, ABl. 2022 C 247/1, S. 40.

ihr zur Verfügung stehenden Informationen entscheiden. Somit sind Wirtschaftsakteure gut beraten, begründete Anfragen der Marktüberwachungsbehörden nicht unbeantwortet zu lassen.

VIII. Allgemeine Mitwirkungspflicht (Art. 23 Abs. 7)

Die Einführer sind verpflichtet, mit den zuständigen nationalen Behörden zusammenzuarbeiten. Das betrifft alle Maßnahmen, die diese Behörden im Zusammenhang mit einem von den Einführern in Verkehr gebrachten Hochrisiko-KI-System ergreifen, um insbesondere die von diesem System ausgehenden Risiken zu verringern und abzumildern. **44**

Die Pflicht entspricht im Wesentlichen der Mitwirkungspflicht der Wirtschaftsakteure aus der MÜ-VO. **45**

Zwar trifft Einführer von Hochrisiko-KI-Systemen selbst keine Pflicht zur Durchführung von Korrekturmaßnahmen (vgl. oben Rn. 29), gleichwohl sind sie verpflichtet, bei behördlichen Maßnahmen zu von ihnen in Verkehr gebrachten Systemen zu kooperieren. Die Zusammenarbeit selbst ist jedoch nicht unbeschränkt, sondern bezieht sich auch nur auf solche Maßnahmen, um die von dem System ausgehenden Risiken zu verringern oder abzumildern.[47] **46**

IX. Verstöße

Verstöße gegen die Pflichten der Einführer sind gemäß Art. 99 Abs. 4 lit. c sanktionsbedroht. Insbesondere können Geldbußen von bis zu 15.000.000 EUR oder – im Falle von Unternehmen – von bis zu 3 % des gesamten weltweiten Jahresumsatzes des vorangegangenen Geschäftsjahres verhängt werden, je nachdem, welcher Betrag höher ist; bei KMU gilt der jeweils niedrigere Betrag, Art. 99 Abs. 6. **47**

Bei falschen, unvollständigen oder irreführenden Informationen gegenüber Marktüberwachungsbehörden auf deren Auskunftsersuchen nach Art. 23 Abs. 6 werden Geldbußen von bis zu 7.500.000 EUR oder – im Falle von Unternehmen – von bis zu 1 % des gesamten weltweiten Jahresumsatzes des vorangegangenen Geschäftsjahres verhängt, je nachdem, welcher Betrag höher ist. **48**

47 *Schucht*, in: Ehring/Taeger, NK-ProdR, Art. 7 MÜ-VO Rn. 4.

Art. 24 Pflichten der Händler

(1) Bevor Händler ein Hochrisiko-KI-System auf dem Markt bereitstellen, überprüfen sie, ob es mit der erforderlichen CE-Kennzeichnung versehen ist, ob ihm eine Kopie der in Artikel 47 genannten EU-Konformitätserklärung und Betriebsanleitungen beigefügt sind und ob der Anbieter und gegebenenfalls der Einführer dieses Systems ihre in Artikel 16 Buchstaben b und c sowie Artikel 23 Absatz 3 festgelegten jeweiligen Pflichten erfüllt haben.

(2) Ist ein Händler der Auffassung oder hat er aufgrund von Informationen, die ihm zur Verfügung stehen, Grund zu der Annahme, dass ein Hochrisiko-KI-System nicht den Anforderungen in Abschnitt 2 entspricht, so stellt er das Hochrisiko-KI-System erst auf dem Markt bereit, nachdem die Konformität des Systems mit den Anforderungen hergestellt wurde. Birgt das Hochrisiko-IT-System zudem ein Risiko im Sinne des Artikel 79 Absatz 1, so informiert der Händler den Anbieter bzw. den Einführer des Systems darüber.

(3) Solange sich ein Hochrisiko-KI-System in ihrer Verantwortung befindet, gewährleisten Händler, dass – soweit zutreffend – die Lagerungs- oder Transportbedingungen die Konformität des Systems mit den in Abschnitt 2 festgelegten Anforderungen nicht beeinträchtigen.

(4) Ein Händler, der aufgrund von Informationen, die ihm zur Verfügung stehen, der Auffassung ist oder Grund zu der Annahme hat, dass ein von ihm auf dem Markt bereitgestelltes Hochrisiko-KI-System nicht den Anforderungen in Abschnitt 2 entspricht, ergreift die erforderlichen Korrekturmaßnahmen, um die Konformität dieses Systems mit diesen Anforderungen herzustellen, es zurückzunehmen oder zurückzurufen oder er stellt sicher, dass der Anbieter, der Einführer oder gegebenenfalls jeder relevante Akteur diese Korrekturmaßnahmen ergreift. Birgt das Hochrisiko-KI-System ein Risiko im Sinne des Artikel 79 Absatz 1, so informiert der Händler unverzüglich den Anbieter bzw. den Einführer des Systems sowie die für das betroffene Hochrisiko-KI-System zuständigen Behörden und macht dabei ausführliche Angaben, insbesondere zur Nichtkonformität und zu bereits ergriffenen Korrekturmaßnahmen.

(5) Auf begründete Anfrage einer betreffenden zuständigen Behörde übermitteln die Händler eines Hochrisiko-KI-Systems dieser Behörde sämtliche Informationen und Dokumentation in Bezug auf ihre Maßnahmen gemäß den Absätzen 1 bis 4, die erforderlich sind, um die Konformität dieses Systems mit den in Abschnitt 2 festgelegten Anforderungen nachzuweisen.

(6) Die Händler arbeiten mit den betreffenden zuständigen Behörden bei allen Maßnahmen zusammen, die diese Behörden im Zusammenhang mit

einem von den Händlern auf dem Markt bereitgestellten Hochrisiko-KI-System ergreifen, um insbesondere das von diesem System ausgehende Risiko zu verringern oder abzumildern.

Mit Art. 24 korrespondiert Erwägungsgrund 83.

Schrifttum: *Ehring/Taeger* (Hrsg.), NomosKommentar Produkthaftungs- und Produktsicherheitsrecht, 2022; *Martini/Wendehorst* (Hrsg.), KI-VO, Kommentar, 2024; *Riehm/Meier*, Rechtliche Durchsetzung von Anforderungen an die IT-Sicherheit, MMR 2020, 571; *Roos/Weitz*, Hochrisiko-KI-Systeme im Kommissionsentwurf für eine KI-Verordnung, MMR 2021, 844; *Schucht*, Die neue EU-Marktüberwachungsverordnung, 2021; *Wiebe*, Produktsicherheitsrechtliche Betrachtung des Vorschlags für eine KI-Verordnung, BB 2022, 899.

Übersicht

I. Allgemeines

1. Zweck der Vorschrift

1 Mit Art. 24 werden die grundlegenden Pflichten des Händlers von Hochrisiko-KI-Systemen normiert, der neben dem Anbieter und Einführer zu den zentralen Wirtschaftsakteuren der KI-VO gehört.[1] Mit der Präzisierung der Rolle und spe-

1 Damit kann die Norm dem Produktsicherheitsrecht zugeordnet werden. Vgl. auch *Roos/Weitz*, MMR 2021, 844, 849; *Gössl*, in: Martini/Wendehorst, KI-VO, Art. 24 Rn. 1.

zifischen Pflichten soll laut ErwG 83 gerade aufgrund des Wesens und der Komplexität der Wertschöpfungskette für KI-Systeme Rechtssicherheit gewährleistet und die Einhaltung dieser Verordnung erleichtert werden. Neben dem Einführer (vgl. Art. 23 Rn. 1 ff.) nimmt auch der Händler hierbei eine wichtige Rolle ein, insbesondere indem er sicherstellt, dass der Anbieter seinen Pflichten nachgekommen ist.[2]

2. Entstehungsgeschichte

2 Der Wortlaut des Art. 24 wurde im Laufe des Gesetzgebungsverfahrens mehrfach geändert. Ursprünglich sah der Kommissionsentwurf in Abs. 1 noch eine sehr umfassende Prüfpflicht des Händlers vor. Insbesondere sollte der Händler ursprünglich nicht nur überprüfen, ob die erforderliche CE-Kennzeichnung angebracht wurde und dem System die erforderlichen Dokumente beigefügt sind, sondern ganz allgemein auch, ob der Anbieter beziehungsweise der Einführer alle einschlägigen Pflichten der KI-VO beachtet hat.[3] Diese weite Prüfpflicht wurde im Parlamentsentwurf[4] auf die Pflichten in Art. 16 und 23 eingeschränkt. Der Rat[5] schränkte die Prüfpflichten in der Folge noch weiter ein. Sie bezieht sich neben der CE-Kennzeichnung und der erforderlichen Dokumente daher nun auf die Kontrolle des Qualitätsmanagementsystems gemäß Art. 16 lit. b.

3 Rat[6] und Parlament[7] ergänzten Abs. 2 Satz 1 dahingehend, dass der Grund für die Annahme einer Nichtkonformität auf Informationen beruhen müsse, die dem Händler zur Verfügung stehen. Diese Präzisierung war zwar im Kommissions-

---

2 Bekanntmachung der Kommission, Leitfaden für die Umsetzung der Produktvorschriften der EU 2022 („Blue Guide"), 29.6.2022, ABl. 2022 C 247/1, S. 40.

3 EU-Komm., Vorschlag für eine Verordnung des Europäischen Parlaments und des Rates zur Festlegung harmonisierter Vorschriften für Künstliche Intelligenz (Gesetz über Künstliche Intelligenz) und zur Änderung bestimmter Rechtsakte der Union vom 21.4.2021, COM(2021)206 final (KI-VO-E Kommission), S. 65.

4 Abänderungen des Europäischen Parlaments vom 14.6.2023 zu dem Vorschlag für eine Verordnung des Europäischen Parlaments und des Rates zur Festlegung harmonisierter Vorschriften für künstliche Intelligenz (Gesetz über künstliche Intelligenz) und zur Änderung bestimmter Rechtsakte der Union (COM(2021)0206 – C9-0146/2021 – 2021/0106(COD)), P9_TA(2023)0236 (KI-VO-E Parlament), Abänderung 385.

5 Vorschlag für eine Verordnung des Europäischen Parlaments und des Rates zur Festlegung harmonisierter Vorschriften für künstliche Intelligenz (Gesetz über künstliche Intelligenz) und zur Änderung bestimmter Rechtsakte der Union – Allgemeine Ausrichtung des Rates vom 25.11.2022, 14954/22 (KI-VO-E Rat), S. 110.

6 KI-VO-E Rat, S. 110.

7 KI-VO-E Parlament, Abänderung 386.

entwurf noch nicht enthalten, dürfte im Ergebnis aber auch nur deklaratorischen Wert haben.

Für den Fall, dass das Hochrisiko-KI-System vor Bereitstellung ein Risiko birgt, wollte das Parlament[8] den Händler in Abs. 2 Satz 2 verpflichten, neben dem Anbieter bzw. Einführer auch die Marktüberwachungsbehörden zu informieren. Damit setzte es sich im Gesetzgebungsverfahren jedoch nicht durch, sodass es vor Bereitstellung bei der Notifizierung des Anbieters bzw. Einführers bleibt. 4

Anders hingegen bei Vorliegen eines Risikos nach der Bereitstellung in Abs. 4 Satz 2: Hier sah der Kommissionsentwurf[9] noch vor, dass der Händler in diesem Fall nur die zuständigen nationalen Behörden zu informieren hat. Es setzte sich das Parlament[10] durch, sodass der Händler, der ein Hochrisiko-KI-System bereitgestellt hat, das ein Risiko birgt, nicht nur die Behörden, sondern auch die Anbieter bzw. den Einführer des Systems zu informieren hat. 5

Die Auskunftspflicht gegenüber der zuständigen Behörde in Abs. 5 wollte die Kommission[11] noch auf alle Informationen und Unterlagen beziehen, die erforderlich sind, um die Konformität des KI-Systems mit den Anforderungen des Kapitels 2 nachzuweisen. Das Parlament[12] wollte diese Auskunftspflicht „im Einklang mit den Pflichten der Händler gemäß Abs. 1" verstanden wissen, während der Rat[13] letztlich durchsetzte, dass sich Auskunftspflichten auf die Maßnahme des Händlers nach Abs. 1 bis 4 beziehen. 6

Die Kooperationspflicht fand sich im Kommissionsentwurf[14] noch in einem zweiten Satz in Abs. 5 und bezog sich sehr weit auf alle von der Behörde ergriffenen Maßnahmen. Von Rat und Parlament wurde die Pflicht in einen eigenen Absatz – jetzt Abs. 6 – geschoben und inhaltlich präzisiert.[15] 7

3. Verhältnis zu anderen Vorschriften

Neben den in Art. 16, 20, 22, 23 und 26 genannten Pflichten des Anbieters, Bevollmächtigten, Einführers und Betreibers, werden in Art. 24 die Pflichten des Händlers, und damit eines weiteren Akteurs in der KI-Wertschöpfungskette beschrieben. 8

8 KI-VO-E Parlament, Abänderung 386.
9 Art. 27 Abs. 4 KI-VO-E Kommission, S. 65.
10 KI-VO-E Parlament, Abänderung 387.
11 Art. 27 Abs. 5 KI-VO-E Kommission, S. 65.
12 KI-VO-E Parlament, Abänderung 388.
13 KI-VO-E Rat, S. 111.
14 Art. 27 Abs. 5 KI-VO-E Kommission, S. 65.
15 KI-VO-E Rat, S. 111; KI-VO-E Parlament, Abänderung 389.

9 Die Einhaltung der in Art. 24 beschriebenen Pflichten des Händlers wird grundsätzlich über die Verordnung (EU) 2019/1020 (EU-Marktüberwachungsverordnung)[16] als lex generalis durchgesetzt und überwacht, sofern in Art. 74 ff. keine spezielleren Vorschriften enthalten sind. Verstöße können über Art. 99 Abs. 4 lit. d sanktioniert werden. Zugleich konkretisieren die regulatorischen Pflichten des Händlers auch die Verkehrspflichten des nationalen Vertrags- und Deliktsrechts.[17]

II. Prüfpflichten (Art. 24 Abs. 1)

10 Händler, also natürliche oder juristische Personen in der Lieferkette, die ein KI-System auf dem Markt bereitstellen (vgl. Definition der Bereitstellung in Art. 3 Nr. 10 Rn. 148 ff.), ohne dabei Anbieter oder Einführer zu sein (vgl. Definition des Händlers in Art. 3 Nr. 7 Rn. 127 ff.), müssen vor der Bereitstellung von Hochrisiko-KI-Systemen verschiedene Prüfpflichten erfüllen.

1. Gegenstand der Prüfpflichten

11 Inhaltlich müssen Händler überprüfen,

– ob das Hochrisiko-KI-System mit der erforderlichen CE-Kennzeichnung gemäß Art. 48 versehen ist,
– ob ihm eine Kopie der EU-Konformitätserklärung und Betriebsanleitungen beigefügt sind,
– ob der Anbieter und gegebenenfalls der Einführer des Systems ihre jeweiligen Kennzeichnungspflichten in Art. 16 lit. b (vgl. Art. 16 Rn. 71 ff.) und Art. 23 Abs. 3 (vgl. Art. 23 Rn. 32) erfüllt haben und
– ob der Anbieter des Systems über ein Qualitätsmanagementsystem verfügt, das den Vorgaben von Art. 17 entspricht.

2. Umfang der Überprüfungen

12 Gefordert wird auch vom Händler grundsätzlich eine **rein formelle Überprüfung**.[18] Das bedeutet, dass der Händler zu einer faktenbezogenen Überprüfung

---

16 Verordnung (EU) 2019/1020 des Europäischen Parlaments und des Rates vom 20.6.2019 über Marktüberwachung und die Konformität von Produkten sowie zur Änderung der Richtlinie 2004/42/EG und der Verordnungen (EG) Nr. 765/2008 und (EU) Nr. 305/2011 (EU-Marktüberwachungsverordnung), ABl. L 169 vom 25.6.2019, S. 1.

17 *Roos/Weitz*, MMR 2021, 844,850; *Riehm/Meier*, MMR 2020, 571, 573.

18 Bekanntmachung der Kommission, Leitfaden für die Umsetzung der Produktvorschriften der EU 2022 („Blue Guide"), 29.6.2022, ABl. 2022 C 247/1, 42.

verpflichtet ist.[19] Nicht von ihm erwartet wird, dass er die Informationen selbst bewertet.

13 Derzeit ist davon auszugehen, dass Händler die CE-Kennzeichnung sowie das Beiliegen von EU-Konformitätserklärung und Betriebsanleitungen sowie die notwendigen Kennzeichnungen durch Anbieter bzw. Einführer durch eine physische Inspektion des Systems bzw. seiner Verpackung überprüfen können.

14 Ob Anbieter jedoch ihre Pflicht aus Art. 16 lit. c erfüllt haben – also über ein Qualitätsmanagement verfügen, das den Anforderungen des Art. 17 entspricht –, lässt sich für Händler weitaus schwieriger überprüfen. Insbesondere wenn die Prüfpflicht so verstanden würde, dass nicht nur die Existenz des Qualitätsmanagementsystems überprüft werden müsste, sondern auch, ob sämtliche Anforderungen des Art. 17 erfüllt sind. Denn diese Anforderungen sind nicht nur umfangreich, sondern inhaltlich auch sehr komplex. Wollte man dem Händler eine solche materielle Überprüfung auferlegen, würde ihn das vor eine letztlich kaum zu erfüllende Herausforderung stellen, verfügt er doch in seiner Funktion als Händler wohl in den wenigsten Fällen über das dafür erforderliche Fachwissen.[20] Da die Einhaltung der Anforderungen des Art. 17 jedoch Gegenstand des Konformitätsbewertungsverfahrens ist – entweder im Rahmen der internen Kontrolle oder unter Beteiligung einer notifizierten Stelle –, dürfte auch hier eine formale Überprüfung genügen.[21]

3. Zeitpunkt

15 Die Überprüfung durch den Händler muss erfolgen, bevor er das Hochrisiko-KI-System auf dem Markt bereitstellt.

III. Pflichten bei Verdacht der Nichtkonformität und bei Vorliegen eines Risikos vor der Bereitstellung (Art. 24 Abs. 2)

16 Bei Verdacht der Nichtkonformität mit den Anforderungen in Abschnitt 2 darf der Händler das Hochrisiko-KI-System nicht bereitstellen (Art. 24 Abs. 2 Satz 1). Wenn es ein Risiko birgt, muss der Händler den Anbieter bzw. den Einführer darüber informieren, wenn er das System noch nicht bereitgestellt hat (Art. 24 Abs. 2 Satz 2).

19 Vgl. *Wiebe*, BB 2022, 899, 904.

20 So *Roos/Weitz*, MMR 2021, 844, 849, die hierin „schwerlich lösbare Herausforderungen“ sehen, da Händler hierfür über ein hohes Maß an Fachkunde verfügen müssen.

21 Im Ergebnis übereinstimmend *Gössl*, in: Martini/Wendehorst, KI-VO, Art. 24 Rn. 14.

1. Bereitstellungsverbot bei Verdacht der Nichtkonformität (Abs. 2 Satz 1)

17 Ist ein Händler der Auffassung oder hat er aufgrund von Informationen, die ihm zur Verfügung stehen, Grund zu der Annahme, dass ein Hochrisiko-KI-System nicht den Anforderungen in Abschnitt 2 entspricht, so darf er das Hochrisiko-KI-System nicht auf dem Markt bereitstellen. Eine Bereitstellung ist in diesem Fall erst dann zulässig, nachdem die Konformität des Systems mit den Anforderungen hergestellt wurde.

a) System entspricht nicht den Anforderungen in Abschnitt 2

18 Ein Bereitstellungsverbot besteht, wenn der Händler der Auffassung ist oder Grund zur Annahme hat, dass das Hochrisiko-KI-System nicht den Anforderungen in Abschnitt 2 entspricht.

19 Abschnitt 2 enthält folgende Anforderungen:
- Allgemeine Vorgaben zur Einhaltung der Anforderungen, Art. 8;
- Anforderungen an das Risikomanagementsystem, Art. 9;
- Anforderungen an die eingespeisten Daten und Daten-Governance, Art. 10;
- Anforderungen an die technische Dokumentation, Art. 11;
- Aufzeichnungspflichten, Art. 12;
- Anforderungen an die Transparenz und Bereitstellung von Informationen für die Betreiber, Art. 13;
- Anforderungen an die Möglichkeit menschlicher Aufsicht, Art. 14; und
- Anforderungen an die Genauigkeit, Robustheit und Cybersicherheit von Hochrisiko-KI-Systemen, Art. 15.

20 Anders als zum Beispiel beim Einführer, der das Hochrisiko-KI-System nicht in Verkehr bringen darf, wenn er hinreichenden Grund zur Annahme einer Nichtkonformität mit einer Regelung aus der gesamten Verordnung hat, beschränkt sich das Bereitstellungsverbot des Händlers zumindest nach dem Wortlaut auf die Anforderungen in Abschnitt 2.

b) Auffassung bzw. Grund zur Annahme

21 Händler müssen der Auffassung sein oder aufgrund von Informationen, die ihnen zur Verfügung stehen, Grund zu der Annahme haben, dass das System nicht den Anforderungen in Abschnitt 2 entspricht.

22 Diese Auffassung oder diesen Grund zur Annahme wird der Händler freilich kaum aus seinen eigenen Prüfpflichten haben können; sind die Anforderungen des Abschnitts 2 doch nicht Gegenstand der Prüfpflichten. Vielmehr wird sich die Grundlage dieser Auffassung oder Annahme aus anderen Quellen speisen.

Eine aktive Erkundigungs- oder weitergehende Prüfpflicht hat der Händler freilich nicht.

Nicht näher bestimmt werden der Verdachtsgrad oder die Voraussetzungen für die Auffassung oder Annahme, wobei sich letztere aber immerhin aufgrund von zur Verfügung stehenden Informationen ergeben muss. Im Übrigen kann auf die Ausführungen in Art. 23 Rn. 21 ff. verwiesen werden. **23**

c) Bereitstellungsverbot

Ist der Händler der Auffassung oder hat er Grund zur Annahme, dass das Hochrisiko-KI-System nicht den Anforderungen in Abschnitt 2 entspricht, so darf er dieses nicht auf dem Markt bereitstellen. **24**

Erst wenn dessen Konformität hergestellt wurde bzw. die Verdachtsmomente ausgeräumt wurden, darf das System bereitgestellt werden. **25**

2. Notifizierungspflicht vor Bereitstellung (Abs. 2 Satz 2)

Wenn der Händler der Auffassung ist oder Grund zur Annahme hat, dass ein Hochrisiko-KI-System nicht den Anforderungen des Abschnitts 2 entspricht, darf er das System nicht auf dem Markt bereitstellen (vgl. oben unter Rn. 16 ff.). Birgt es zudem ein Risiko im Sinne des Art. 79 Abs. 1, so informiert der Händler den Anbieter bzw. den Einführer des Systems darüber. **26**

Zum Begriff des Hochrisiko-KI-Systems, das ein Risiko birgt, vgl. Art. 23 Rn. 30 und Art. 79 Rn. 30 ff. In der deutschen Fassung ist an dieser Stelle von einem Hochrisiko-„IT"-System die Rede. Dabei dürfte es sich jedoch um ein redaktionelles Versehen bei der Übersetzung handeln, in der englischen Fassung heißt es richtigerweise auch an dieser Stelle „high-risk AI system". **27**

Anders als zum Beispiel der Einführer (vgl. Art. 23 Rn. 28 ff.) muss der Händler nicht die zuständigen Behörden informieren, wenn er das System noch nicht bereitgestellt hat (vgl. aber die Notifizierungspflicht nach Bereitstellung in Rn. 34). **28**

IV. Lagerungs- und Transportbedingungen (Art. 24 Abs. 3)

Solange sich ein Hochrisiko-KI-System in ihrer Verantwortung befindet, gewährleisten Händler, dass – soweit zutreffend – die Lagerungs- oder Transportbedingungen die Konformität des Systems mit den in Abschnitt 2 (Art. 8 bis 15) festgelegten Anforderungen nicht beeinträchtigen (vgl. hierzu die Ausführungen in Art. 23 Rn. 35). **29**

V. Korrekturmaßnahmen (Art. 24 Abs. 4 Satz 1)

30 Wenn ein Händler aufgrund von ihm zur Verfügung stehenden Informationen der Auffassung ist oder Grund zu der Annahme hat, dass ein von ihm bereits auf dem Markt bereitgestelltes Hochrisiko-KI-System nicht den Anforderungen in Abschnitt 2 entspricht, muss er handeln. Entweder er ergreift selbst die erforderlichen Korrekturmaßnahmen, um die Konformität des Systems herzustellen, es zurückzunehmen oder zurückzurufen, oder er stellt sicher, dass der Anbieter, der Einführer oder gegebenenfalls jeder andere relevante Akteur diese Korrekturmaßnahmen ergreift.

31 Während also dem Einführer eines Hochrisiko-KI-Systems und dem Bevollmächtigten keine gesetzlichen Pflichten zur Vornahme von Korrekturmaßnahmen auferlegt werden (vgl. Art. 23 Rn. 29), müssen der Anbieter und der Händler bei Grund zur Annahme der Nichtkonformität handeln. Der Anbieter muss Korrekturmaßnahmen ergreifen, wenn er der Auffassung ist oder Grund zur Annahme hat, dass das System nicht dieser Verordnung entspricht (vgl. Art. 20 Rn. 4 ff.), den Händler trifft die Pflicht nur bei Grund zur Annahme der Nichtkonformität mit den Anforderungen von Abschnitt 2.

32 Grundlage der Auffassung oder Annahme der Nichtkonformität, mit den Anforderungen von Abschnitt 2 können grundsätzlich nicht Erkenntnisse aus der Prüfpflicht des Händlers sein (vgl. Rn. 10 ff.), da der Händler die Systeme in diesem Fall schon nicht hätte bereitstellen dürfen. In Betracht kommen aber zum Beispiel Kundenbeschwerden, Medienberichte oder Testergebnisse von Verbraucherorganisationen.

33 Besteht Grund zur Annahme der Nichtkonformität, stellen Händler sicher, dass die erforderlichen Korrekturmaßnahmen ergriffen werden, also Maßnahmen, um die Nichtkonformität zu beenden (vgl. auch Definition der Korrekturmaßnahmen in Art. 3 Nr. 16 EU-Marktüberwachungsverordnung). Die Sicherstellung kann entweder dadurch erfolgen, dass der Händler selbst tätig wird, indem er das System etwa zurückruft[22] oder zurücknimmt.[23] Alternativ kann auch ein anderer Akteur die erforderlichen Korrekturmaßnahmen ergreifen; der Händler muss in diesem Fall nur sicherstellen, dass das entsprechend erfolgt. Ist das nicht der Fall und wird auch der Händler nicht selbst tätig, kann ihn die zuständige Marktüberwachungsbehörde gemäß Art. 16 Abs. 2 EU-Marktüberwachungsver-

---

22 „‚Rückruf' jede Maßnahme, die auf Erwirkung der Rückgabe eines dem Endnutzer bereits bereitgestellten Produkts abzielt", Art. 3 Nr. 22 MÜ-VO.

23 „‚Rücknahme vom Markt' jede Maßnahme, mit der verhindert werden soll, dass ein in der Lieferkette befindliches Produkt auf dem Markt bereitgestellt wird", Art. 3 Nr. 23 MÜ-VO.

ordnung[24] dazu verpflichten, entsprechende Korrekturmaßnahmen vorzunehmen, und als ultima ratio auch eigene Korrekturmaßnahmen ergreifen, vgl. Art. 16 Abs. 5 Marktüberwachungsverordnung.[25]

VI. Notifizierungspflicht nach Bereitstellung (Art. 24 Abs. 4 Satz 2)

Birgt das bereits bereitgestellte Hochrisiko-System ein Risiko i. S. d. Art 79 Abs. 1, so ist der Händler zudem zur unverzüglichen Notifizierung verpflichtet. Insbesondere muss der Händler in diesem Fall den Anbieter beziehungsweise den Einführer des Systems informieren sowie die zuständigen Behörden sämtlicher Mitgliedstaaten, in denen er das System bereitgestellt hat. Dabei muss er ausführliche Angaben machen, insbesondere zur Nichtkonformität und zu bereits ergriffenen Korrekturmaßnahmen. **34**

Zum Begriff des Hochrisiko-KI-Systems, das ein Risiko birgt, vgl. Art. 23 Rn. 30 und Art. 79 Rn. 30. **35**

VII. Auskunftspflicht (Art. 24 Abs. 5).

Auf begründete Anfrage einer zuständigen nationalen Behörde müssen Händler eines Hochrisiko-KI-Systems Informationen bereitstellen. Insbesondere müssen sie sämtliche Informationen und Dokumentation bereitstellen in Bezug auf die von ihnen ergriffenen Maßnahmen nach Art. 24 Abs. 1 bis 4 die erforderlich sind, um die Konformität des Systems mit den in Abschnitt 2 festgelegten Anforderungen nachzuweisen. **36**

Anders als z. B. Einführer trifft den Händler nicht die Pflicht zur Offenlegung zum Nachweis der Konformität und entsprechend auch keine spezifischen Aufbewahrungspflichten von Bescheinigungen, der EU-Konformitätserklärung oder Betriebsanleitungen (beim Einführer in Art. 23 Abs. 5 und 6 geregelt). **37**

Vielmehr muss der Händler Informationen und Dokumentationen zu den von ihm getroffenen Maßnahmen nach Art. 24 Abs. 1 bis 4 bereitstellen, also zu den Ergebnissen seiner Überprüfung nach Art. 24 Abs. 1, Grundlagen für die Annahme einer Nichtkonformität bzw. eines Risikos vor und nach Bereitstellung des Systems und zu hierzu getroffenen Maßnahmen (Art. 24 Abs. 2 und 4) sowie zur Einhaltung der Lager- und Transportbedingungen (Art. 24 Abs. 3). Auch wenn die Verordnung keine diesbezüglichen Aufbewahrungspflichten vorsieht, ist Händlern dringend zu raten, die diesbezüglichen Informationen und Doku- **38**

24 Art. 16 Abs. 2 MÜ-VO.

25 *Giesberts/Gayger*, in: Ehring/Taeger, NK-ProdR, Art. 14 MÜ-VO Rn. 41 ff.

mentationen aufzubewahren, um sie auf begründete Anfrage (vgl. hierzu Ausführungen in Art. 23 Rn. 38 ff.) der zuständigen Behörde vorlegen zu können.

39 Die Offenlegungspflicht beschränkt sich auf solche Informationen, die erforderlich sind, um die Konformität des Systems mit den in Abschnitt 2 festgelegten Anforderungen nachzuweisen. Eine bestimmte Sprache, in der die Informationen und Dokumentationen abgefasst sein müssen, sieht Art. 24 Abs. 5 (anders als z.B. Art. 23 Abs. 6) nicht vor.

VIII. Allgemeine Mitwirkungspflicht (Art. 24 Abs. 6)

40 Die Händler sind verpflichtet, mit den zuständigen nationalen Behörden bei allen Maßnahmen zusammenzuarbeiten, die diese Behörden im Zusammenhang mit einem von ihnen auf dem Markt bereitgestellten Hochrisiko-KI-System ergreifen, um insbesondere das von diesem System ausgehende Risiko zu verringern oder abzumildern. Diese Kooperationspflicht dürfte somit vordergründig die Kooperation bei Korrekturmaßnahmen, beispielsweise Produktrücknahmen und -rückrufe betreffen.[26] Darüber hinaus betrifft dies weitere Maßnahmen zur Minderung oder Vermeidung von Risiken, die mit dem vom Wirtschaftsakteur bereitgestellten Produkt verbunden sind.[27]

IX. Verstöße

41 Verstöße gegen die Pflichten der Händler sind gemäß Art. 99 Abs. 4 lit. d sanktionsbedroht. Insbesondere können Geldbußen von bis zu 15.000.000 EUR oder – im Falle von Unternehmen – von bis zu 3% des gesamten weltweiten Jahresumsatzes des vorangegangenen Geschäftsjahres verhängt werden, je nachdem, welcher Betrag höher ist (vgl. Art. 99 Rn. 38 ff.); bei KMU gilt der jeweils niedrigere Betrag, Art. 99 Abs. 6 (vgl. Art. 99 Rn. 37).

26 *Schucht*, Die neue EU-Marktüberwachungsverordnung, S. 167.
27 *Schucht*, in: Ehring/Taeger NK-ProdR, Art. 7 MÜ-VO Rn. 5.

Art. 25 Verantwortlichkeit entlang der KI-Wertschöpfungskette

(1) In den folgenden Fällen gelten Händler, Einführer, Betreiber oder sonstige Dritte als Anbieter eines Hochrisiko-KI-Systems für die Zwecke dieser Verordnung und unterliegen den Anbieterpflichten gemäß Artikel 16:

a) wenn sie ein bereits in Verkehr gebrachtes oder in Betrieb genommenes Hochrisiko-KI-System mit ihrem Namen oder ihrer Handelsmarke versehen, unbeschadet vertraglicher Vereinbarungen, die eine andere Aufteilung der Pflichten vorsehen;

b) wenn sie eine wesentliche Veränderung eines Hochrisiko-KI-Systems, das bereits in Verkehr gebracht oder in Betrieb genommen wurde, so vornehmen, dass es weiterhin ein Hochrisiko-KI-System gemäß Artikel 6 bleibt;

c) wenn sie die Zweckbestimmung eines KI-Systems, einschließlich eines KI-Systems mit allgemeinem Verwendungszweck, das nicht als hochriskant eingestuft wurde und bereits in Verkehr gebracht oder in Betrieb genommen wurde, so verändern, dass das betreffende KI-System zu einem Hochrisiko-KI-System im Sinne von Artikel 6 wird.

(2) Unter den in Absatz 1 genannten Umständen gilt der Anbieter, der das KI-System ursprünglich in Verkehr gebracht oder in Betrieb genommen hatte, nicht mehr als Anbieter dieses spezifischen KI-Systems für die Zwecke dieser Verordnung. Dieser Erstanbieter arbeitet eng mit neuen Anbietern zusammen, stellt die erforderlichen Informationen zur Verfügung und sorgt für den vernünftigerweise zu erwartenden technischen Zugang und sonstige Unterstützung, die für die Erfüllung der in dieser Verordnung festgelegten Pflichten, insbesondere in Bezug auf die Konformitätsbewertung von Hochrisiko-KI-Systemen, erforderlich sind. Dieser Absatz gilt nicht in Fällen, in denen der Erstanbieter eindeutig festgelegt hat, dass sein KI-System nicht in ein Hochrisiko-KI-System umgewandelt werden darf und daher nicht der Pflicht zur Übergabe der Dokumentation unterliegt.

(3) Im Falle von Hochrisiko-KI-Systemen, bei denen es sich um Sicherheitsbauteile von Produkten handelt, die unter die in Anhang I Abschnitt A aufgeführten Harmonisierungsrechtsvorschriften der Union fallen, gilt der Produkthersteller als Anbieter des Hochrisiko-KI-Systems und unterliegt in den beiden nachfolgenden Fällen den Pflichten nach Artikel 16:

a) Das Hochrisiko-KI-System wird zusammen mit dem Produkt unter dem Namen oder der Handelsmarke des Produktherstellers in Verkehr gebracht;

b) das Hochrisiko-KI-System wird unter dem Namen oder der Handelsmarke des Produktherstellers in Betrieb genommen, nachdem das Produkt in Verkehr gebracht wurde.

(4) Der Anbieter eines Hochrisiko-KI-Systems und der Dritte, der ein KI-System, Instrumente, Dienste, Komponenten oder Verfahren bereitstellt, die in einem Hochrisiko-KI-System verwendet oder integriert werden, legen in einer schriftlichen Vereinbarung die Informationen, die Fähigkeiten, den technischen Zugang und die sonstige Unterstützung nach dem allgemein anerkannten Stand der Technik fest, die erforderlich sind, damit der Anbieter des Hochrisiko-KI-Systems die in dieser Verordnung festgelegten Pflichten vollständig erfüllen kann. Dieser Absatz gilt nicht für Dritte, die Instrumente, Dienste, Verfahren oder Komponenten, bei denen es sich nicht um KI-Modelle mit allgemeinem Verwendungszweck handelt, im Rahmen einer freien und quelloffenen Lizenz öffentlich zugänglich machen.

Das Büro für Künstliche Intelligenz kann freiwillige Musterbedingungen für Verträge zwischen Anbietern von Hochrisiko-KI-Systemen und Dritten, die Instrumente, Dienste, Komponenten oder Verfahren bereitstellen, die für Hochrisiko-KI-Systeme verwendet oder in diese integriert werden, ausarbeiten und empfehlen. Bei der Ausarbeitung dieser freiwilligen Musterbedingungen berücksichtigt das Büro für Künstliche Intelligenz mögliche vertragliche Anforderungen, die in bestimmten Sektoren oder Geschäftsfällen gelten. Die freiwilligen Musterbedingungen werden veröffentlicht und sind kostenlos in einem leicht nutzbaren elektronischen Format verfügbar.

(5) Die Absätze 2 und 3 berühren nicht die Notwendigkeit, Rechte des geistigen Eigentums, vertrauliche Geschäftsinformationen und Geschäftsgeheimnisse im Einklang mit dem Unionsrecht und dem nationalen Recht zu achten und zu schützen.

Mit Art. 25 korrespondieren die Erwägungsgründe 83–90.

Schrifttum: *Ehring/Taeger* (Hrsg.), NomosKommentar Produkthaftungs- und Produktsicherheitsrecht, 2022; *Martini/Wendehorst* (Hrsg.), KI-VO Kommentar, 2024.

Übersicht

I. Allgemeines

1. Zweck der Vorschrift

In Art. 25 werden Verantwortlichkeiten entlang der KI-Wertschöpfungskette festgelegt, womit laut ErwG 84 Rechtssicherheit gewährleistet und das System der Harmonisierungsrechtsvorschriften der Union ergänzt und eine lückenlose Regulierung von Hochrisiko-KI-Systemen gewährleistet werden soll. So können bestimmte Personen in bestimmten Fällen als Anbieter gelten und damit den Anbieterpflichten unterliegen, obwohl sie eigentlich keine Anbieter sind. Das gilt insbesondere für Händler, Einführer, Betreiber oder sonstige Dritte sowie für Hersteller von bestimmten Produkten, in denen ein Hochrisiko-KI-System als Sicherheitsbauteil integriert ist. Die eigentlichen Anbieter sind in solchen Fällen zur Unterstützung verpflichtet, Dritte werden auf vertraglichem Wege verpflichtet.[1] 1

2. Entstehungsgeschichte

Über den jetzigen Art. 25 wurde im Gesetzgebungsverfahren sehr gerungen. Während der ursprüngliche Kommissionsentwurf noch einen sehr kurzen, aus allein zwei Absätzen bestehenden Artikel mit der Überschrift „Pflichten der Händler, Einführer, Nutzer oder sonstiger Dritter“ vorsah, sollte der gesamte Artikel laut allgemeiner Ausrichtung des Rates[2] sogar ersatzlos gestrichen werden. 2

1 ErwG 86.

2 Vorschlag für eine Verordnung des Europäischen Parlaments und des Rates zur Festlegung harmonisierter Vorschriften für künstliche Intelligenz (Gesetz über künstliche In-

Die derzeitige Fassung basiert maßgeblich auf den Forderungen des Europäischen Parlaments.

3 Die Anbieterpflichten übertragen wollte die Kommission auf Händler, Einführer, Nutzer oder sonstige Dritte, Art. 28 Abs. 1 Kommissionsentwurf.[3] Die Übertragungsmöglichkeit auf den Nutzer wurde jedoch auf Forderung des Parlaments durch jene auf den Betreiber ersetzt.[4] Auch die drei Fälle, in denen die Anbieterpflichten gelten, wurden auf Druck des Europäischen Parlaments geändert:

- Der Kommissionsentwurf[5] stellte in Art. 28 Abs. 1 lit. a noch darauf ab, ob die Akteure ein Hochrisiko-KI-System unter ihrem Namen oder ihrer Marke in Verkehr bringen oder in Betrieb nehmen. Das Europäische Parlament[6] setzte aber durch, dass das Versehen des eigenen Namens oder der eigenen Marke nur bei bereits in Verkehr gebrachten oder in Betrieb genommenen Hochrisiko-KI-Systemen maßgeblich ist. Nachträglich ergänzt wurde noch, dass abweichende vertragliche Vereinbarungen, die eine andere Aufteilung der Pflichten vorsehen, möglich bleiben.
- Die Vornahme einer wesentlichen Änderung des Hochrisiko-KI-Systems war für die Kommission maßgeblich.[7] Durch Druck des Europäischen Parlaments[8] wurde das insofern ergänzt, dass das nur Systeme betrifft, die bereits in Verkehr gebracht oder in Betrieb genommen wurden, und nur gilt, wenn es nach der wesentlichen Veränderung weiterhin ein Hochrisiko-KI-System bleibt.
- Die Veränderung der Zweckbestimmung eines bereits in Verkehr befindlichen oder in Betrieb genommenen Hochrisiko-KI-Systems wollte die Kom-

telligenz) und zur Änderung bestimmter Rechtsakte der Union – Allgemeine Ausrichtung des Rates vom 25.11.2022, 14954/22 (KI-VO-E Rat), S. 111.

3 EU-Komm., Vorschlag für eine Verordnung des Europäischen Parlaments und des Rates zur Festlegung harmonisierter Vorschriften für Künstliche Intelligenz (Gesetz über Künstliche Intelligenz) und zur Änderung bestimmter Rechtsakte der Union vom 21.4.2021, COM(2021)206 final (KI-VO-E Kommission), S. 66.

4 Europäisches Parlament, Abänderungen des Europäischen Parlaments vom 14.6.2023 zu dem Vorschlag für eine Verordnung des Europäischen Parlaments und des Rates zur Festlegung harmonisierter Vorschriften für künstliche Intelligenz (Gesetz über künstliche Intelligenz) und zur Änderung bestimmter Rechtsakte der Union (COM(2021)0206 – C9-0146/2021 – 2021/0106(COD)), P9_TA(2023)0236 (KI-VO-E Parlament), Abänderungen 390, 391.

5 KI-VO-E Kommission, S. 66.

6 KI-VO-E Parlament, Abänderung 393.

7 KI-VO-E Kommission, S. 66.

8 KI-VO-E Parlament, Abänderung 393.

mission als weiteren Fall aufnehmen.[9] Auf Vorschlag des Parlaments[10] wurde Art. 25 Abs. 1 lit. c dann so gefasst, dass das für KI-Systeme gilt, die zuvor nicht als hochriskant eingestuft und als solche in Verkehr gebracht oder in Betrieb genommen wurden, durch die Änderung der Zweckbestimmung aber als Hochrisiko-KI-Systeme gelten.

Unter den in Abs. 1 genannten Umständen gilt der Anbieter, der das KI-System ursprünglich in Verkehr gebracht oder in Betrieb genommen hatte, nicht mehr als Anbieter, Abs. 2. Die Kommission wollte diese Rechtsfolge nur unter den in lit. b und c genannten Umständen; wenn die Akteure das Hochrisiko-KI-System unter ihrem eigenen Namen oder ihrer eigenen Marke in Verkehr bringen oder in Betrieb nehmen, sollte es folglich nicht gelten.[11] Das wurde jedoch auf Vorschlag des Parlaments geändert.[12] 4

Abs. 2 Satz 2 und 3 sowie Abs. 3 und 4 basieren im Wesentlichen auf dem Entwurf des Parlaments.[13] 5

Zu Abs. 5 wurden zunächst nur Geschäftsgeheimnisse und deren Schutz diskutiert.[14] Die verabschiedete Fassung bezieht sich nun weiter auf die Rechte des geistigen Eigentums, vertrauliche Geschäftsinformationen und -geheimnisse. 6

3. Verhältnis zu anderen Vorschriften

Die Geltung von Anbieterpflichten für andere Akteure ist als Konzept nicht neu. So gelten Wirtschaftsakteure, die Produkte mit ihrem eigenen Namen oder eigener Marke versehen, auch nach allgemeinem und besonderem Produktsicherheits- und Produkthaftungsrecht als Quasi-Hersteller und unterliegen als solche den jeweiligen Pflichten. Auch beschreibt z. B. Art. 16 Verordnung (EU) 2017/745 (EU-Medizinprodukteverordnung)[15] Fälle, in denen die Pflichten des Herstellers auch für Importeure, Händler oder andere Personen gelten. 7

Art. 25 Abs. 1 soll als *lex generalis* die spezielleren Vorschriften des gemeinsamen Rechtsrahmens für die Vermarktung von Produkten unberührt lassen, soweit ein Produkt mit KI-Komponente gleichzeitig in den Anwendungsbereich 8

9 Art. 28 Abs. 1 lit. c KI-VO-E Kommission, S. 66.
10 KI-VO-E Parlament, Abänderung 394.
11 KI-VO-E Kommission, S. 66.
12 KI-VO-E Parlament, Abänderung 395.
13 KI-VO-E Parlament, Abänderungen 395, 396.
14 KI-VO-E Parlament, Abänderung 397.
15 Verordnung (EU) 2017/745 des Europäischen Parlaments und des Rates vom 5.4.2017 über Medizinprodukte, zur Änderung der Richtlinie 2001/83/EG, der Verordnung (EG) Nr. 178/2002 und der Verordnung (EG) Nr. 1223/2009 und zur Aufhebung der Richtlinien 90/385/EWG und 93/42/EWG des Rates, ABl. EU L 117 vom 5.5.2017, S. 29.

einer Produktharmonisierungsvorschrift fällt. Demnach soll beispielsweise die Ausnahme von der Änderung von Produkten gemäß Art. 16 Abs. 2 Medizinproduktverordnung auf Hochrisiko-KI-Systeme anzuwenden sein, die Medizinprodukte sind, vgl. ErwG 84.

II. Händler, Einführer, Betreiber und sonstige Dritte als Quasi-Anbieter (Art. 25 Abs. 1)

9 In den folgenden drei Fällen gelten Händler, Einführer, Betreiber oder sonstige Dritte als Anbieter eines Hochrisiko-KI-Systems (sog. Quasi-Anbieter) und unterliegen damit den Anbieterpflichten gemäß Art. 16: Wenn sie

- ein bereits in Verkehr gebrachtes oder in Betrieb genommenes Hochrisiko-KI-System mit ihrem Namen oder ihrer Handelsmarke versehen, unabhängig von etwaigen anderen vertraglichen Vereinbarungen, Art. 25 Abs. 1 lit. a;
- eine wesentliche Veränderung an einem bereits in Verkehr gebrachten oder in Betrieb genommenen Hochrisiko-KI-System vornehmen und es danach weiterhin ein Hochrisiko-KI-System im Sinne von Art. 6 bleibt, Art. 25 Abs. 1 lit. b; oder
- die Zweckbestimmung eines bereits in Verkehr gebrachten oder in Betrieb genommenen KI-Systems verändern (einschließlich eines KI-Systems mit allgemeinem Verwendungszweck, das nicht als hochriskant eingestuft wurde), sodass es dadurch zu einem Hochrisiko-KI-System wird, Art. 25 Abs. 1 lit. c.

1. Erfasste Personengruppen

10 Vier Personengruppen kommen als Quasi-Anbieter gemäß Art. 25 Abs. 1 in Betracht und können damit in den Pflichtenkreis des Anbieters treten. Insbesondere sind das:

- Händler (vgl. Definition in Art. 3 Nr. 7 Rn. 127 ff.),
- Betreiber (vgl. Definition in Art. 3 Nr. 4 Rn. 104 ff.),
- Einführer (vgl. Definition in Art. 3 Nr. 6 Rn. 122 ff.) und
- sonstige Dritte.

11 Während Händler, Betreiber und Einführer in Art. 3 definiert sind, wird der Begriff der sonstigen Dritten im Rahmen der KI-VO nicht weiter konkretisiert. Letztlich ist davon auszugehen, dass hier jede vom Anwendungsbereich der KI-VO (vgl. Art. 2 Abs. 10 bezüglich der ausschließlichen persönlichen Tätigkeit) erfasste natürliche oder juristische Person in Betracht kommt, wenn sie eine der in lit. a bis c genannten Handlungen vornimmt.

2. Bereits in Verkehr gebrachte oder in Betrieb genommene KI-Systeme

12 Die Anbieterpflichten gehen nur dann auf die genannten Wirtschaftsakteure über, wenn das KI-System bereits in Verkehr gebracht oder in Betrieb genommen wurde. Alle drei Handlungen in Art. 25 Abs. 1 lit. a bis c knüpfen daran an. Das bedeutet, dass die Anbieterpflichten nicht über Art. 25 Abs. 1 übergehen können, wenn das KI-System noch nicht in Verkehr gebracht oder in Betrieb genommen wurde.

3. Erfasste KI-Systeme

13 Art. 25 Abs. 1 erfasst sowohl Hochrisiko-Systeme (Art. 25 Abs. 1 lit. a und b) als auch KI-Systeme mit allgemeinem Verwendungszweck, die nicht als hochriskant eingestuft wurden (Art. 25 Abs. 1 lit. c). Letztere müssen aber durch die Handlung des Wirtschaftsakteurs zu einem Hochrisiko-KI-System werden.

4. Erfasste Handlungen

a) Versehen mit Namen oder Handelsmarke (Art. 25 Abs. 1 lit. a)

14 Wenn Händler, Betreiber, Einführer oder sonstige Dritte ein bereits in Verkehr gebrachtes oder in Betrieb genommenes Hochrisiko-KI-System mit ihrem Namen oder ihrer Handelsmarke versehen, gelten sie als Anbieter des Hochrisiko-KI-Systems und unterliegen den Anbieterpflichten gemäß Art. 16. Das begründet sich damit, dass sich die Person durch das Versehen des Systems mit eigenem Namen und eigener Handelsmarke nach außen hin als Anbieter ausgibt. Im Gegenzug soll er auch die Verantwortung für das System und dessen Konformität übernehmen.[16]

15 Das gilt selbst bei Vorliegen einer vertraglichen Vereinbarung, in der die Parteien eine andere Aufteilung der Pflichten vornehmen. Im Außenverhältnis hat die gesetzliche Regelung insofern Vorrang.[17]

16 Wenn der tatsächliche Anbieter jedoch klar als solcher und samt Kontaktanschrift gekennzeichnet ist, entsteht durch das zusätzliche mit den Namen oder

16 Bekanntmachung der Kommission, Leitfaden für die Umsetzung der Produktvorschriften der EU 2022 („Blue Guide“), 29.6.2022, ABl. 2022 C 247/1, S. 34.

17 Dieses Verständnis entspricht auch dem allgemeinen Produktsicherheitsrechts, vgl. z.B. Art. 13 Abs. 1 Verordnung (EU) 2023/988 des Europäischen Parlaments und des Rates vom 10.5.2023 über die allgemeine Produktsicherheit, zur Änderung der Verordnung (EU) Nr. 1025/2012 des Europäischen Parlaments und des Rates und der Richtlinie (EU) 2020/1828 des Europäischen Parlaments und des Rates sowie zur Aufhebung der Richtlinie 2001/95/EG des Europäischen Parlaments und des Rates und der Richtlinie 87/357/EWG des Rates (EU-Produktsicherheitsverordnung), ABl. L 135 vom 23.5.2023, S. 27; *Schucht/Wiebe*, in: Ehring/Taeger, NK-ProdR, § 3 Rn. 22.

der Handelsmarke des Händlers, Betreibers, Einführers oder sonstigen Dritten regelmäßig nicht der Eindruck, sie könnten Anbieter sein. In diesem Fall besteht kein Grund, den Händler, Betreiber, Einführer oder sonstigen Dritten als Anbieter zu behandeln (vgl. Rn. 25 ff.).

b) Wesentliche Änderung

17 Verändert ein Wirtschaftsakteur ein Hochrisiko-KI-System nach Inverkehrbringen oder Inbetriebnahme des Systems wesentlich, ohne dass sich die Klassifizierung als Hochrisiko-KI-System i. S. d. Art. 6 ändert, gilt er als Anbieter und unterliegt den Anbieterpflichten gemäß Art 16.

18 Eine wesentliche Veränderung ist in Art. 3 Nr. 23 legaldefiniert als „Veränderung des KI-Systems nach dessen Inverkehrbringen oder Inbetriebnahme, die in der vom Anbieter durchgeführten ursprünglichen Konformitätsbewertung nicht vorgesehen oder geplant war und durch die die Konformität des KI-Systems mit den Anforderungen in Kapitel III Abschnitt 2 beeinträchtigt wird oder die zu einer Änderung der Zweckbestimmung führt, für die das KI-System bewertet wurde“ (vgl. Art. 3 Rn. 161 ff.).

c) Änderung der Zweckbestimmung

19 Verändert ein Wirtschaftsakteur die Zweckbestimmung eines KI-Systems, nach Inverkehrbringen oder Inbetriebnahme, in einer Weise, dass es zu einem Hochrisiko-KI-System i. S. d. Art. 6 wird, ist er zu behandeln, als sei er der Anbieter, und unterliegt somit den Anbieterpflichten des Art. 16.

20 Die Zweckbestimmung ist in Art. 3 Nr. 12 legaldefiniert als „die Verwendung, für die ein KI-System laut Anbieter bestimmt ist, einschließlich der besonderen Umstände und Bedingungen für die Verwendung, entsprechend den vom Anbieter bereitgestellten Informationen in den Betriebsanleitungen, im Werbe- oder Verkaufsmaterial und in diesbezüglichen Erklärungen sowie in der technischen Dokumentation“ (näheres dazu Art. 3 Nr. 12 Rn. 161 ff.).

21 Die Zweckbestimmung ist eines der Kriterien zur Bewertung, ob ein KI-System als hochriskant gilt oder nicht.[18]

22 Erfasst wird von lit. c ein Unterfall der wesentlichen Veränderung des Art. 3 Nr. 23, nämlich die Situation, dass ein KI-System, das bislang nicht als hochriskant galt, durch die Veränderung der Zweckbestimmung zu einem Hochrisiko-KI-System wird.

---

18 ErwG 52.

5. Rechtsfolge: Pflicht zur Einhaltung der Anbieterpflichten

Personen, die eine der in Art. 25 Abs. 1 lit. a bis c genannten Handlungen vorgenommen haben, unterliegen den Anbieterpflichten des Art. 16. Unter anderem müssen sie also sicherstellen, dass das System einem Konformitätsbewertungsverfahren unterzogen wird, das insbesondere auch die vorgenommenen Veränderungen berücksichtigt (vgl. auch Art. 43 Abs. 4 und ErwG 128), eine EU-Konformitätserklärung ausstellen und das Hochrisiko-KI-System CE-kennzeichnen. 23

Da Art. 25 Abs. 1 lit. a und b nur für Hochrisiko-KI-Systeme gilt, die bereits in Verkehr gebracht wurden, sollte der tatsächliche Anbieter bereits ein Konformitätsbewertungsverfahren durchgeführt und auch die technische Dokumentation erstellt haben. Auf diese kann der Quasi-Anbieter selbstverständlich zurückgreifen (vgl. Pflichten des Erstanbieters Rn. 26): Es ist nicht notwendig, bereits durchgeführte Tests zu wiederholen oder Unterlagen nochmals zu erstellen, wenn diese von der Veränderung nicht betroffen sind.[19] 24

III. Pflichten des Erstanbieters (Art. 25 Abs. 2)

Art. 25 Abs. 2 stellt klar, dass unter den in Art. 25 Abs. 1 genannten Umständen der Anbieter, der das KI-System ursprünglich in Verkehr gebracht oder in Betrieb genommen hatte (sog. Erstanbieter), nicht mehr als Anbieter gilt und somit nicht mehr den Anbieterpflichten des Art. 16 unterliegt (Art. 25 Abs. 2 Satz 1). Es soll also stets nur eine Person als verantwortlicher Anbieter behandelt werden. 25

Gleichwohl trifft den Erstanbieter in einer solchen Situation grundsätzlich die Pflicht zur Zusammenarbeit mit dem neuen Quasi-Anbieter, damit dieser den Anbieterpflichten nachkommen kann (Art. 25 Abs. 2 Satz 2). Das umfasst nicht nur die Bereitstellung der erforderlichen Informationen und des zu erwartenden technischen Zugangs, sondern auch sonstige Unterstützung, die für die Erfüllung der Anbieterpflichten erforderlich ist, insbesondere für die Konformitätsbewertung. 26

Die Unterstützung geht jedoch nicht so weit, dass Rechte des geistigen Eigentums beeinträchtigt oder vertrauliche Geschäftsinformationen und Geschäftsgeheimnisse herausgegeben werden müssten, Art. 25 Abs. 5. 27

Unklar ist bislang jedoch der Umfang der Ausnahme in Abs. 2 Satz 3. Sie besagt, dass Abs. 2 (also der Wegfall der Anbietereigenschaft und die Pflicht zur Zusammenarbeit) nicht in Fällen gilt, in denen der Erstanbieter eindeutig festgelegt hat, dass sein KI-System nicht in ein Hochrisiko-KI-System umgewandelt werden 28

19 Bekanntmachung der Kommission, Leitfaden für die Umsetzung der Produktvorschriften der EU 2022 („Blue Guide"), 29.6.2022, ABl. 2022 C 247/1, S. 13.

darf, und daher nicht der Pflicht zur Übergabe der Dokumentation unterliegt. Inhaltlich Bezug nimmt die Ausnahme auf Abs. 1 lit. c, also den Fall, dass ein Händler, Einführer, Betreiber oder sonstige Dritte ein KI-System in ein Hochrisiko-KI-System umwandelt und dadurch selbst als Anbieter gilt.[20] Nach dem Wortlaut von Abs. 2 Satz 3 würde also die Anbietereigenschaft des Erstanbieters selbst dann nicht entfallen, wenn er eindeutig festgelegt hat, dass sein KI-System nicht in ein Hochrisiko-KI-System umgewandelt werden darf. Trotz ausdrücklicher Untersagung würde also der Erstanbieter des KI-Systems, das nicht als hochriskant eingestuft wurde und so in Verkehr gebracht wurde, weiter als Anbieter gelten; aufgrund der Umwandlung dann sogar als Anbieter eines Hochrisiko-KI-Systems. Dieses Ergebnis scheint wenig überzeugend. Vielmehr ist davon auszugehen, dass es sich um einen Verweisungsfehler handelt und der Gesetzgeber den Erstanbieter in diesem Fall nur von der Pflicht zur Zusammenarbeit befreien wollte.[21]

IV. Hochrisiko-KI-Systeme als Sicherheitsbauteile von Produkten (Art. 25 Abs. 3)

29 Sind Hochrisiko-KI-Systeme Sicherheitsbauteile von bestimmten (physischen) Produkten, gilt der Produkthersteller in zwei Fällen auch als Anbieter des Hochrisiko-KI-Systems und unterfällt den Anbieterpflichten des Art. 16. Das wird damit begründet, dass das Produkt als Ganzes aufgrund seiner KI-Komponente zusätzliche Auswirkungen auf die Gesundheit und Sicherheit von Personen haben kann, Hersteller aber sicherstellen müssen, dass nur sichere und anderweitig konforme Produkte auf den Markt gelangen.

30 Der Verordnungsgeber hat hier zum Beispiel an zunehmend autonome Roboter gedacht, die in der Fertigung oder persönlichen Assistenz und Pflege eingesetzt werden, und in der Lage sein müssen, in komplexen Umgebungen sicher zu arbeiten und ihre Funktionen zu erfüllen. Auch müssen KI-gestützte Diagnosesysteme und Systeme zur Unterstützung menschlicher Entscheidungen im Gesundheitssektor zuverlässig und genau sein, da Risiken für Leib und Leben hier besonders hoch sind.[22]

---

20 So auch: *Gössl*, in: Martini/Wendehorst, KI-VO, Art. 25 Rn. 38.

21 Im Ergebnis übereinstimmend: *Gössl*, in: Martini/Wendehorst, KI-VO, Art. 25 Rn. 40.

22 ErwG 47.

1. Erfasste Produkte

Art. 25 Abs. 3 bezieht sich allein auf zwölf Produktgruppen, die unter die in Anhang I Abschnitt A aufgeführten Harmonisierungsrechtsvorschriften der Union fallen. Dazu gehören folgende Vorschriften: 31

- Maschinenrichtlinie 2006/42/EG, die durch die Maschinenverordnung[23] bereits aufgehoben wurde,
- Spielzeugrichtlinie 2009/48/EG,[24]
- Sportboote- und Wassermotorradrichtlinie 2013/53/EU,[25]
- Aufzügerichtlinie 2014/33/EU,[26]
- ATEX-Richtlinie 2014/34/EU,[27]
- Funkanlagenrichtlinie 2014/53/EU,[28]
- Druckgeräterichtlinie 2014/68/EU,[29]
- Seilbahnverordnung (EU) 2016/424,[30]

23 Richtlinie 2006/42/EG des Europäischen Parlaments und des Rates vom 17.5.2006 über Maschinen und zur Änderung der Richtlinie 95/16/EG, ABl. EU L 157 vom 9.6.2006, S. 24; Verordnung (EU) 2023/1230 des Europäischen Parlaments und des Rates vom 14.62023 über Maschinen und zur Aufhebung der Richtlinie 2006/42/EG des Europäischen Parlaments und des Rates und der Richtlinie 73/361/EWG des Rates, ABl. EU L 165 vom 29.6.2023, S. 1.

24 Richtlinie 2009/48/EG des Europäischen Parlaments und des Rates vom 18.6.2009 über die Sicherheit von Spielzeug, ABl. EU L 170 vom 30.6.2009, S. 1.

25 Richtlinie 2013/53/EU des Europäischen Parlaments und des Rates vom 20.11.2013 über Sportboote und Wassermotorräder und zur Aufhebung der Richtlinie 94/25/EG, ABl. EU L 354 vom 28.12.2013, S. 90.

26 Richtlinie 2014/33/EU des Europäischen Parlaments und des Rates vom 26.2.2014 zur Angleichung der Rechtsvorschriften der Mitgliedstaaten über Aufzüge und Sicherheitsbauteile für Aufzüge, ABl. EU L 96 vom 29.3.2014, S. 251.

27 Richtlinie 2014/34/EU des Europäischen Parlaments und des Rates vom 26.2.2014 zur Harmonisierung der Rechtsvorschriften der Mitgliedstaaten für Geräte und Schutzsysteme zur bestimmungsgemäßen Verwendung in explosionsgefährdeten Bereichen, ABl. EU L 96 vom 29.3.2014, S. 309.

28 Richtlinie 2014/53/EU des Europäischen Parlaments und des Rates vom 16.4.2014 über die Harmonisierung der Rechtsvorschriften der Mitgliedstaaten über die Bereitstellung von Funkanlagen auf dem Markt und zur Aufhebung der Richtlinie 1999/5/EG, ABl. EU L 153 vom 22.5.2014, S. 62.

29 Richtlinie 2014/68/EU des Europäischen Parlaments und des Rates vom 15.5.2014 zur Harmonisierung der Rechtsvorschriften der Mitgliedstaaten über die Bereitstellung von Druckgeräten auf dem Markt, ABl. EU L 189 vom 27.6.2014, S. 164.

30 Verordnung (EU) 2016/424 des Europäischen Parlaments und des Rates vom 9.3.2016 über Seilbahnen und zur Aufhebung der Richtlinie 2000/9/EG, ABl. EU L 81 vom 31.3.2016, S. 1.

- PSA-Verordnung (EU) 2016/425,[31]
- Gasgeräteverordnung (EU) 2016/426,[32]
- Medizinprodukteverordnung (EU) 2017/745,[33] und
- In-vitro-Diagnostika-Verordnung (EU) 2017/746.[34]

2. Hochrisiko-KI-System als Sicherheitsbauteil

32 Das Hochrisiko-KI-System muss ein Sicherheitsbauteil dieser Produkte sein. Ein Sicherheitsbauteil des Produktes kann das Hochrisiko-KI-System in zwei Fällen sein: Es ist entweder ein Bestandteil des Produkts oder Systems,

- das eine Sicherheitsfunktion für dieses Produkt oder System erfüllt oder
- dessen Ausfall oder Störung die Gesundheit und Sicherheit von Personen oder Eigentum gefährdet (vgl. Legaldefinition in Art. 3 Nr. 14; für Näheres siehe Art. 3 Nr. 14 Rn. 179 ff.).

33 Wenn das Hochrisiko-KI-System also weder eine Sicherheitsfunktion erfüllt noch dessen Ausfall oder Störung mit einer Gefährdung der Gesundheit und Sicherheit von Personen oder Eigentum einhergeht, handelt es sich nicht um ein Sicherheitsbauteil im Sinne der Norm (vgl. dazu auch Art. 6).

3. Erfasste Handlungen

34 Der Hersteller des Produktes mit einem Hochrisiko-KI-System als Sicherheitsbauteil gilt in zwei Fällen als Anbieter des Hochrisiko-KI-Systems. Das ist insbesondere dann der Fall, wenn das Hochrisiko-KI-System entweder

- zusammen mit dem Produkt unter dem Namen oder der Handelsmarke des Produktherstellers in Verkehr gebracht wird (vgl. Definition „Inverkehrbringen" Art. 3 Nr. 9 Rn. 134 ff.) oder

---

31 Verordnung (EU) 2016/425 des Europäischen Parlaments und des Rates vom 9.3.2016 über persönliche Schutzausrüstungen und zur Aufhebung der Richtlinie 89/686/EWG des Rates, ABl. EU L 81 vom 31.3.2016, S. 51.

32 Verordnung (EU) 2016/426 des Europäischen Parlaments und des Rates vom 9.3.2016 über Geräte zur Verbrennung gasförmiger Brennstoffe und zur Aufhebung der Richtlinie 2009/142/EG, ABl. EU L 81 vom 31.3.2016, S. 99.

33 Verordnung (EU) 2017/745 des Europäischen Parlaments und des Rates vom 5.4.2017 über Medizinprodukte, zur Änderung der Richtlinie 2001/83/EG, der Verordnung (EG) Nr. 178/2002 und der Verordnung (EG) Nr. 1223/2009 und zur Aufhebung der Richtlinien 90/385/EWG und 93/42/EWG des Rates, ABl. EU L 117 vom 5.5.2017, S. 1

34 Verordnung (EU) 2017/746 des Europäischen Parlaments und des Rates vom 5.4.2017 über In-vitro-Diagnostika und zur Aufhebung der Richtlinie 98/79/EG und des Beschlusses 2010/227/EU der Kommission, ABl. EU L 117 vom 5.5.2017, S. 176.

– unter dem Namen oder der Handelsmarke des Produktherstellers in Betrieb genommen wird, nachdem das Produkt in Verkehr gebracht wurde (vgl. Definition „Bereitstellung auf dem Markt“ Art. 3 Nr. 10 Rn. 148 ff.).

4. Rechtsfolge: Pflicht zur Einhaltung der Anbieterpflichten

Bei Hochrisiko-KI-Systemen, bei denen es sich um ein Sicherheitsbauteil eines der erfassten Produkte handelt und das Hochrisiko-KI-System in einer der in Art. 25 Abs. 3 lit. a oder b genannten Varianten in Verkehr gebracht oder in Betrieb genommen wird, gilt der Produkthersteller gleichzeitig auch als Anbieter des Hochrisiko-KI-Systems. Damit unterliegt er den Anbieterpflichten des Art. 16. Der Produkthersteller muss in diesen Fällen also unter anderem sicherstellen, dass das System einem Konformitätsbewertungsverfahren unterzogen wird, eine EU-Konformitätserklärung ausstellen und das Hochrisiko-KI-System CE-kennzeichnen. Um Aufwand und etwaige Doppelarbeit zu vermeiden, sollte bereits im Konformitätsverfahren der Produkte selbst, das nach den jeweiligen Harmonisierungsrechtsvorschriften durchzuführen ist, bewertet werden, ob die KI-Systeme den Anforderungen dieser Verordnung genügen.[35] **35**

Anders als bei Art. 25 Abs. 1 bleibt der Erstanbieter des Hochrisiko-KI-Systems weiterhin der Anbieter des Systems und ihn trifft auch keine gesetzliche Pflicht zur Zusammenarbeit und zur Bereitstellung von Informationen. Erforderliche Informationen, technische Zugänge und sonstige Unterstützung für die Erfüllung von Art. 16 sind vielmehr auf vertraglichem Wege sicherzustellen. Sofern vorliegend gilt auch hier, dass der Produkthersteller als Anbieter auf existierende Unterlagen und Tests zurückgreifen kann (vgl. hierzu auch die Ausführungen in Rn. 26). **36**

Laut Art. 25 Abs. 5 soll die Anbietereigenschaft des Produktherstellers nach Art. 25 Abs. 3 ebenfalls nicht die Notwendigkeit berühren, Rechte des geistigen Eigentums, vertrauliche Geschäftsgeheimnisse und Geschäftsinformationen im Einklang mit dem Unionsrecht und dem nationalen Recht zu achten und zu schützen. **37**

V. Pflichten der Zulieferer von Bestandteilen für Hochrisiko-KI-Systeme (Art. 25 Abs. 4)

Anbieter von Hochrisiko-KI-Systemen sind auf verschiedene Informationen, Fähigkeiten, technischen Zugang und meist auch allgemeine Unterstützung angewiesen, wenn sie in ihrem Hochrisiko-KI-System ein KI-System, Instrumente, Dienste, Komponenten oder Verfahren von Dritten verwenden oder integrieren. **38**

35 ErwG 124.

Dazu gehören etwa das (Neu-)Trainieren, Testen und Bewerten von Modellen, die Integration in Software oder andere Aspekte der Modellentwicklung.[36]

39 Aus diesem Grund sieht Art. 25 Abs. 4 vor, dass der Anbieter des Hochrisiko-KI-Systems und der in der KI-Wertschöpfungskette vorgelagerte Dritte in einer schriftlichen Vereinbarung die Informationen, Fähigkeiten, technischen Zugänge und sonstige Unterstützung festlegen, die erforderlich sind, damit der Anbieter seine Pflichten vollständig erfüllen kann.

40 Ausgenommen hiervon sind laut Art. 25 Abs. 4 Satz 2 Situationen, in denen der Dritte Instrumente, Dienste, Verfahren oder Komponenten im Rahmen einer freien und quelloffenen Lizenz öffentlich zugänglich macht, es sei denn, es handelt sich dabei um KI-Modelle mit allgemeinem Verwendungszweck i. S. d. Art. 51. Entwickler solcher Instrumente sollen aber ermutigt werden, anhand von öffentlichen Dokumentationsverfahren einen Informationsaustausch innerhalb der KI-Wertschöpfungskette zu ermöglichen, vgl. ErwG 89.

41 Zur Unterstützung der Ausarbeitung von schriftlichen Vereinbarungen zwischen vorgelagerten Dritten und Anbietern wird das Büro für KI (Näheres siehe Art. 64 Rn. 24) freiwillige und kostenlose Mustervertragsbedingungen bereitstellen, an denen sich die Parteien orientieren können.

---

36 ErwG 88.

Art. 26 Pflichten der Betreiber von Hochrisiko-KI-Systemen

(1) Die Betreiber von Hochrisiko-KI-Systemen treffen geeignete technische und organisatorische Maßnahmen, um sicherzustellen, dass sie solche Systeme entsprechend der den Systemen beigefügten Betriebsanleitungen und gemäß den Absätzen 3 und 6 verwenden.

(2) Die Betreiber übertragen natürlichen Personen, die über die erforderliche Kompetenz, Ausbildung und Befugnis verfügen, die menschliche Aufsicht und lassen ihnen die erforderliche Unterstützung zukommen.

(3) Die Pflichten nach den Absätzen 1 und 2 lassen sonstige Pflichten der Betreiber nach Unionsrecht oder nationalem Recht sowie die Freiheit der Betreiber bei der Organisation ihrer eigenen Ressourcen und Tätigkeiten zur Wahrnehmung der vom Anbieter angegebenen Maßnahmen der menschlichen Aufsicht unberührt.

(4) Unbeschadet der Absätze 1 und 2 und soweit die Eingabedaten ihrer Kontrolle unterliegen, sorgen die Betreiber dafür, dass die Eingabedaten der Zweckbestimmung des Hochrisiko-KI-Systems entsprechen und ausreichend repräsentativ sind.

(5) Die Betreiber überwachen den Betrieb des Hochrisiko-KI-Systems anhand der Betriebsanleitung und informieren gegebenenfalls die Anbieter gemäß Artikel 72. Haben Betreiber Grund zu der Annahme, dass die Verwendung gemäß der Betriebsanleitung dazu führen kann, dass dieses Hochrisiko-KI-System ein Risiko im Sinne des Artikels 79 Absatz 1 birgt, so informieren sie unverzüglich den Anbieter oder Händler und die zuständige Marktüberwachungsbehörde und setzen die Verwendung dieses Systems aus. Haben die Betreiber einen schwerwiegenden Vorfall festgestellt, informieren sie auch unverzüglich zuerst den Anbieter und dann den Einführer oder Händler und die zuständigen Marktüberwachungsbehörden über diesen Vorfall. Kann der Betreiber den Anbieter nicht erreichen, so gilt Artikel 73 entsprechend. Diese Pflicht gilt nicht für sensible operative Daten von Betreibern von KI-Systemen, die Strafverfolgungsbehörden sind.

Bei Betreibern, die Finanzinstitute sind und gemäß den Rechtsvorschriften der Union über Finanzdienstleistungen Anforderungen in Bezug auf ihre Regelungen oder Verfahren der internen Unternehmensführung unterliegen, gilt die in Unterabsatz 1 festgelegte Überwachungspflicht als erfüllt, wenn die Vorschriften über Regelungen, Verfahren oder Mechanismen der internen Unternehmensführung gemäß einschlägigem Recht über Finanzdienstleistungen eingehalten werden.

(6) Betreiber von Hochrisiko-KI-Systemen bewahren die von ihrem Hochrisiko-KI-System automatisch erzeugten Protokolle, soweit diese Protokolle ihrer Kontrolle unterliegen, für einen der Zweckbestimmung des Hochrisiko-KI-Systems angemessenen Zeitraum von mindestens sechs Monaten auf, sofern im geltenden Unionsrecht, insbesondere im Unionsrecht über den Schutz personenbezogener Daten, oder im geltenden nationalen Recht nichts anderes bestimmt ist.

Betreiber, die Finanzinstitute sind und gemäß den Rechtsvorschriften der Union über Finanzdienstleistungen Anforderungen in Bezug auf ihre Regelungen oder Verfahren der internen Unternehmensführung unterliegen, bewahren die Protokolle als Teil der gemäß einschlägigem Unionsecht über Finanzdienstleistungen aufzubewahrenden Dokumentation auf.

(7) Vor der Inbetriebnahme oder Verwendung eines Hochrisiko-KI-Systems am Arbeitsplatz informieren Betreiber, die Arbeitgeber sind, die Arbeitnehmervertreter und die betroffenen Arbeitnehmer darüber, dass sie der Verwendung des Hochrisiko-KI-Systems unterliegen werden. Diese Informationen werden gegebenenfalls im Einklang mit den Vorschriften und Gepflogenheiten auf Unionsebene und nationaler Ebene in Bezug auf die Unterrichtung der Arbeitnehmer und ihrer Vertreter bereitgestellt.

(8) Betreiber von Hochrisiko-KI-Systemen, bei denen es sich um Organe, Einrichtungen oder sonstige Stellen der Union handelt, müssen den Registrierungspflichten gemäß Artikel 49 nachkommen. Stellen diese Betreiber fest, dass das Hochrisiko-KI-System, dessen Verwendung sie planen, nicht in der in Artikel 71 genannten EU-Datenbank registriert wurde, sehen sie von der Verwendung dieses Systems ab und informieren den Anbieter oder den Händler.

(9) Die Betreiber von Hochrisiko-KI-Systemen verwenden gegebenenfalls die gemäß Artikel 13 der vorliegenden Verordnung bereitgestellten Informationen, um ihrer Pflicht zur Durchführung einer Datenschutz-Folgenabschätzung gemäß Artikel 35 der Verordnung (EU) 2016/679 oder Artikel 27 der Richtlinie (EU) 2016/680 nachzukommen.

(10) Unbeschadet der Richtlinie (EU) 2016/680 beantragt der Betreiber eines Hochrisiko-KI-Systems zur nachträglichen biometrischen Fernfernidentifizierung im Rahmen von Ermittlungen zur gezielten Suche einer Person, die der Begehung einer Straftat verdächtigt wird oder aufgrund einer solchen verurteilt wurde, vorab oder unverzüglich, spätestens jedoch binnen 48 Stunden bei einer Justizbehörde oder einer Verwaltungsbehörde, deren Entscheidung bindend ist und einer justiziellen Überprüfung unterliegt, die Genehmigung für die Nutzung dieses Systems, es sei denn, es wird zur erstmaligen Identifizierung eines potenziellen Verdächtigen auf der Grund-

lage objektiver und nachprüfbarer Tatsachen, die in unmittelbarem Zusammenhang mit der Straftat stehen, verwendet. Jede Verwendung ist auf das für die Ermittlung einer bestimmten Straftat unbedingt erforderliche Maß zu beschränken.

Wird die gemäß Unterabsatz 1 beantragte Genehmigung abgelehnt, so wird die Verwendung des mit dieser beantragten Genehmigung verbundenen Systems zur nachträglichen biometrischen Fernidentifizierung mit sofortiger Wirkung eingestellt und werden die personenbezogenen Daten, die im Zusammenhang mit der Verwendung des Hochrisiko-KI-Systems stehen, für die die Genehmigung beantragt wurde, gelöscht.

In keinem Fall darf ein solches Hochrisiko-KI-System zur nachträglichen biometrischen Fernidentifizierung zu Strafverfolgungszwecken in nicht zielgerichteter Weise und ohne jeglichen Zusammenhang mit einer Straftat, einem Strafverfahren, einer tatsächlichen und bestehenden oder tatsächlichen und vorhersehbaren Gefahr einer Straftat oder der Suche nach einer bestimmten vermissten Person verwendet werden. Es muss sichergestellt werden, dass die Strafverfolgungsbehörden keine ausschließlich auf der Grundlage der Ausgabe solcher Systeme zur nachträglichen biometrischen Fernidentifizierung beruhende Entscheidung, aus der sich eine nachteilige Rechtsfolge für eine Person ergibt, treffen.

Dieser Absatz gilt unbeschadet des Artikels 9 der Verordnung (EU) 2016/679 und des Artikels 10 der Richtlinie (EU) 2016/680 für die Verarbeitung biometrischer Daten.

Unabhängig vom Zweck oder Betreiber wird jede Verwendung solcher Hochrisiko-KI-Systeme in der einschlägigen Polizeiakte dokumentiert und der zuständigen Marktüberwachungsbehörde und der nationalen Datenschutzbehörde auf Anfrage zur Verfügung gestellt, wovon die Offenlegung sensibler operativer Daten im Zusammenhang mit der Strafverfolgung ausgenommen ist. Dieser Unterabsatz berührt nicht die den Aufsichtsbehörden durch die Richtlinie (EU) 2016/680 übertragenen Befugnisse.

Die Betreiber legen den zuständigen Marktüberwachungsbehörden und den nationalen Datenschutzbehörden Jahresberichte über ihre Verwendung von Systemen zur nachträglichen biometrischen Fernidentifizierung vor, wovon die Offenlegung sensibler operativer Daten im Zusammenhang mit der Strafverfolgung ausgenommen ist. Die Berichte können eine Zusammenfassung sein, damit sie mehr als einen Einsatz abdecken.

Die Mitgliedstaaten können im Einklang mit dem Unionsrecht strengere Rechtsvorschriften für die Verwendung von Systemen zur nachträglichen biometrischen Fernidentifizierung erlassen.

(11) Unbeschadet des Artikels 50 der vorliegenden Verordnung informieren die Betreiber der in Anhang III aufgeführten Hochrisiko-KI-Systeme, die natürliche Personen betreffende Entscheidungen treffen oder bei solchen Entscheidungen Unterstützung leisten, die natürlichen Personen darüber, dass sie der Verwendung des Hochrisiko-KI-Systems unterliegen. Für Hochrisiko-KI-Systeme, die zu Strafverfolgungszwecken verwendet werden, gilt Artikel 13 der Richtlinie (EU) 2016/680.

(12) Die Betreiber arbeiten mit den zuständigen Behörden bei allen Maßnahmen zusammen, die diese Behörden im Zusammenhang mit dem Hochrisiko-KI-System zur Umsetzung dieser Verordnung ergreifen.

Mit Art. 26 korrespondieren die Erwägungsgründe 91–95.

Schrifttum: *Bomhard/Merkle*, Europäische KI-Verordnung, Der aktuelle Kommissionsentwurf und die praktischen Auswirkungen, RDi 2021, 276; *Bomhard/Siglmüller*, AI Act – das Trilogergebnis, RDi 2024, 45; *Burchardi*, Risikotragung für KI-Systeme, EuZW 2022, 685; *Calliess/Ruffert* (Hrsg.), EUV/AEUV, Kommentar, 6. Aufl. 2022; *Chasalow/Levy*, Representativeness in Statistics, Politics, and Machine Learning, Conference on Fairness, Accountability, and Transparency, in: FAccT '21: Proceedings of the 2021 ACM Conference on Fairness, Accountability, and Transparency (2021), S. 77, https://doi.org/10.1145/3442188.3445872; *Dürig/Herzog/Schulz* (Hrsg.), Grundgesetz Kommentar, Loseblattwerk, Stand: 102. EL 2023; *Ebers/Hoch/Rosenkranz/Ruschemeier/Steinrötter*, Der Entwurf für eine EU-KI-Verordnung: Richtige Richtung mit Optimierungsbedarf, Eine kritische Bewertung durch Mitglieder der Robotics & AI Law Society (RAILS), RDi 2021, 528; *Ehmann/Selmayr* (Hrsg.), DS-GVO, 3. Aufl. 2024; *Feldkamp/Kapler/Poretschkin/Schmitz/Weiss*, Rechtliche Fairnessanforderungen an KI-Systeme und ihre technische Evaluation – Eine Analyse anhand ausgewählter Kreditscoring-Systeme unter besonderer Berücksichtigung der zukünftigen europäischen KI-Verordnung, ZfDR 2024, 60; *Frank/Heine*, Arbeitsrechtliche Dimensionen der KI-Verordnung, NZA 2024, 433; *Geppert/Schütz* (Hrsg.), Beck'scher Kommentar zum TKG, 5. Aufl. 2023; *Gola/Heckmann* (Hrsg.), DS-GVO BDSG, Kommentar, 3. Aufl. 2022; *Günther/Gerigk/Berger*, Von Algorithmen und Arbeitnehmern: Die europarechtliche Regulierung von KI im arbeitsrechtlichen Kontext, NZA 2024, 234; *Hacker/Wessel*, KI-Trainingsdaten nach dem Verordnungsentwurf für Künstliche Intelligenz – Qualität und Performanz im Zusammenspiel von Recht und Informatik, in: BMUV/Rostalski (Hrsg.), Künstliche Intelligenz, 2022; *Hahn*, Die Regulierung biometrischer Fernidentifizierung in der Strafverfolgung im KI-Verordnungsentwurf der EU-Kommission, ZfDR 2023, 142; *Hilgendorf/Roth-Isigkeit*, Die neue Verordnung der EU zur Künstlichen Intelligenz, 2023; *Kahl/Ludwigs* (Hrsg.), Handbuch des Verwaltungsrechts, Band II, 2021; *Kipker/Reusch/Ritter* (Hrsg.), Recht der Informationssicherheit, 2023; *Klein*, AO – Abgabenordnung, 17. Aufl. 2024; *Knauer*, Produkthaftungsrechtliche Verantwortung des Betreibers von aufbereiteten Medizinprodukten?, MPR 2016, 37; *Knauer/Kudlich/Schneider* (Hrsg.), Münchener Kommentar zur StPO, 2. Aufl. 2024; *Knitter*, Digitale Weisungen: Einsatzfelder und Grenzen algorhithmischer Arbeitgeberentscheidungen, jM 2024, 142; *Kögl*, Halluzinationsbegrenzer, Wie Unternehmen einen sicheren Rahmen für GenAI schaffen, <kes> 2024#2, S. 28; *Kunschke/Spitz/Pohle* (Hrsg.), FinTech, Digitalisierung, Künstliche Intelligenz und aufsichtsrechtliche Regulierung von Finanzdienstleistungen, 2. Aufl. 2022; *Küh-*

ling/Buchner (Hrsg.), DS-GVO BDSG, Kommentar, 4. Aufl. 2024; *Meyer/Veil/Rönnau* (Hrsg.), Handbuch zum Marktmissbrauchsrecht, 2. Aufl. 2023; *Müller-Peltzer/Tanczik*, Künstliche Intelligenz und Daten, RDi 2023, 452; *Paal/Pauly* (Hrsg.), DS-GVO BDSG, Kommentar, 3. Aufl. 2021; *Pesch/Böhme*, Verarbeitung personenbezogener Daten und Datenrichtigkeit bei großen Sprachmodellen, MMR 2023, 917; *Roos/Weitz*, Hochrisiko-KI-Systeme im Kommissionsentwurf für eine KI-Verordnung, IT- und produktsicherheitsrechtliche Pflichten von Anbietern, Einführern, Händlern und Nutzern, MMR 2021, 844; *Schoch/Schneider*, Verwaltungsrecht, Stand: 44. EL 2023; *Schulz-Große/Genske*, Auswirkungen der neuen KI-Verordnung auf den Behandlungsalltag – Datenschutzrechtliche Anforderungen und Sorgfaltspflichten der Behandelnden beim Einsatz von Künstlicher Intelligenz, GuP 2023, 81; *Schürmann*, Datenschutz-Folgenabschätzung beim Einsatz Künstlicher Intelligenz, ZD 2022, 316; *Stück*, Einigungsstelle und Gefährdungsbeurteilung bei IT-Anwendung, ARP 2024, 125; *Sydow/Marsch* (Hrsg.), DS-GVO/BDSG, 3. Aufl. 2022; *Valta/Vasel*, Kommissionsvorschlag für eine Verordnung über Künstliche Intelligenz, ZRP 2021, 142; *Vasel*, Künstliche Intelligenz und die Notwendigkeit agiler Regulierung, NVwZ 2023, 1298; *Wiebe*, Produktsicherheitsrechtliche Betrachtung des Vorschlags für eine KI-Verordnung, BB 2022, 899.

Übersicht

I. Allgemeines

1. Zweck der Vorschrift

1 Anbieter, Betreiber, Importeure und Händler treffen besondere Pflichten entlang der Wertschöpfungskette von KI-Systemen. Innerhalb des Pflichtenkanons der KI-VO werden sie jeweils besonderen Pflichtenkatalogen unterworfen, um sicherzustellen, dass ein KI-System in seinem gesamten Lebenszyklus überwacht und bewertet wird. Für Betreiber von Hochrisiko-KI-Systemen regelt Art. 26 einen Pflichtenkanon, der nicht nur dem Schutz der Grundrechte und der Sicherheit des Individuums wie auch der Allgemeinheit dient,[1] sondern auch den Grundsatz der Vertraulichkeit und Integrität der KI-Systeme gewährleistet.

2 Mit der KI-VO verfolgt der europäische Gesetzgeber das Ziel, heterogene Adressaten und deren korrespondierende Pflichten in einem einzelnen Gesetzgebungsakt zusammenzufassen. Da der legislative und darauffolgende administrative Aufwand von spezifischen Regelungen für jeden einzelnen Sektor unver-

1 ErwG 91.

hältnismäßig und wenig zielführend wäre, zeigt sich insbesondere in Art. 26, wie der europäische Gesetzgeber versucht, allgemeingültige und sektorübergreifende Regelungen für Betreiber von Hochrisiko-KI-Systemen in einer Norm zu bündeln. Einerseits wird hierdurch zu Rechtsklarheit und Transparenz verholfen. Andererseits führen diese vereinheitlichten Regelungen dazu, dass die spezifischen Anforderungen einzelner Sektoren nicht ausreichend berücksichtigt werden. Die allgemeinen Regelungen bedürfen stets einer Auslegung und Einzelfallbetrachtung, was den angestrebten einheitlichen Schutzstandard erschweren dürfte. Jedenfalls steht zu befürchten, dass, wegen der Auslegungsspielräume, die Regelungen in den einzelnen Mitgliedstaaten, möglicherweise auch von den einzelnen nationalen Behörden, unterschiedlich streng ausgelegt und interpretiert werden.

Betreiber werden in Art. 26 erheblichen und verschiedenartigen Mitwirkungs- und Verhaltenspflichten unterworfen, um eine Basis für eine ethische, vertrauensvolle und qualitativ hochwertige KI-System-Nutzung zu gewährleisten (zum Begriff des Betreibers siehe Art. 3 Nr. 4 Rn. 104 ff.). Der Sinn und Zweck von Art. 26 liegt in der Schaffung eines Rahmens, der die sichere und verantwortungsvolle Nutzung von Hochrisiko-KI-Systemen sicherstellt. Hierbei steht unter anderem die Sicherstellung von Transparenz im Vordergrund. Betreiber müssen klar und verständlich über die Funktionsweise und den Einsatz ihrer Hochrisiko-KI-Systeme informieren. Dies fördert ein besseres Verständnis und Vertrauen der Nutzer in die Technologie und verhindert Missverständnisse und Missbrauch. Vor dem Hintergrund, dass Art. 26 zudem spezifische Kontroll-, Überwachungs- und Dokumentationspflichten regelt, soll sichergestellt werden, dass die Hochrisiko-KI-Systeme den festgelegten Anforderungen entsprechen und sicher betrieben werden können. 3

2. Entstehungsgeschichte

Ein Vergleich des ursprünglichen Entwurfs der Kommission[2] mit der finalen Fassung der KI-VO zeigt, dass im Rahmen des Art. 26 erhebliche Änderungen und Ergänzungen vorgenommen wurden. Die wohl bemerkenswerteste Änderung ist die Umbenennung der Pflichtenadressaten von Nutzer hin zu Betreiber.[3] Dies ist aus rechtsterminologischer Sicht begrüßenswert, dient es vor allem der Abgrenzung zu Personen (Endnutzern), die ohne kommerzielle Nutzung und ohne kommerzielle Nutzungsabsicht ein KI-System verwenden. 4

2 EU-Komm., Vorschlag für eine Verordnung des Europäischen Parlament und des Rates zur Festlegung harmonisierter Vorschriften (Gesetz über Künstliche Intelligenz) und zur Änderung bestimmter Rechtsakte der Union, COM/2021/206 final vom 21.4.2021 (KI-VO-E Kommission).

3 Statt vieler vgl. *Bomhard/Siglmüller*, RDi 2024, 45, 46.

5 Darüber hinaus ist die Neupositionierung der Betreiberpflichten von Hochrisiko-KI-Systemen innerhalb der KI-VO hervorzuheben. Vom Kommissionsentwurf bis hin zur (inoffiziellen) Fassung nach den Trilog-Verhandlungen waren die Betreiberpflichten in Art. 29 verortet. Seit dem Verordnungs-Text in der Fassung der formellen Annahme durch das Europäische Parlament sind die Betreiberpflichten in Art. 26 geregelt. Dies ist der Neustrukturierung der KI-VO zum Ende des Gesetzgebungsverfahrens geschuldet.

6 Die Systematik von Art. 26 blieb hingegen weitgehend unangetastet. Bereits der Kommissionsentwurf differenzierte zwischen allgemeinen, unterschiedslos geltenden Betreiberpflichten und besonderen, für spezielle Betreiber geltenden Pflichten. Innerhalb der einzelnen Regelungen kam es allerdings zu teils erheblichen Änderungen und Ergänzungen.

a) Allgemeine Betreiberpflichten

aa) Abs. 1 bis 4

7 Im Gegensatz zu den weiteren Regelungen in Art. 26 haben die Abs. 1 bis 4 in ihrer Entstehung nur wenige Änderungen und Ergänzungen erfahren. In Art. 29 Abs. 1 KI-VO-E Kommission wurde der Nutzer zum Betrieb des KI-Systems entsprechend der beigefügten Gebrauchsanweisung verpflichtet. Nach der finalen Fassung sind nun Betreiber von Hochrisiko-KI-Systemen dazu verpflichtet, geeignete technische und organisatorische Maßnahmen zu treffen, um sicherzustellen, dass sie die Hochrisiko-KI-Systeme entsprechend den beigefügten Betriebsanleitungen und gemäß den Absätzen 3 und 6 verwenden. Die Pflicht, technische und organisatorische Maßnahmen zu etablieren, ist erst kurz vor der formalen Annahme des Europäischen Parlaments in das Gesetz aufgenommen worden.

8 Art. 26 Abs. 2 stellt eine Ergänzung zum Kommissionsentwurf dar: Zunächst fanden Anforderungen an die menschliche Aufsicht in der KI-VO nur innerhalb der Bezugnahme auf die Leitlinien für eine ethische und vertrauenswürdige Künstliche Intelligenz der hochrangigen Expertengruppe in den Erwägungsgründen[4] Anklang. In der finalen Fassung findet sich in den Pflichten der Betreiber von Hochrisiko-KI-Systemen nun explizit das Erfordernis der Übertragung der menschlichen Aufsicht auf „natürliche Personen, die über die erforderliche Kompetenz, Ausbildung und Befugnis verfügen" müssen.

9 Art. 26 Abs. 3 gleicht inhaltlich dem Art. 29 Abs. 2 KI-VO-E Kommission. Sowohl der Kommissionsentwurf als auch die finale Fassung der KI-VO verstehen die in den Absätzen 1 und 2 niedergelegten Pflichten als Mindeststandards.

4 ErwG 27.

Strengere Anforderungen als die in Art. 26 Abs. 3 sollten nach Ansicht der Trilog-Parteien nach europäischen und nationalem Recht unstreitig möglich sein.

In Art. 26 Abs. 4 wurde der Wortlaut der Norm abgeändert. So mussten Eingabedaten nach dem Kommissionsentwurf „relevant“ für die Zweckbestimmung des KI-Systems sein.[5] Die finale Fassung bestimmt hingegen – in Übereinstimmung mit dem Parlamentsentwurf –, dass die Eingabedaten ausreichend repräsentativ sein müssen, soweit die Eingabedaten der Kontrolle des Betreibers unterliegen. Bemerkenswert ist, dass nach dem Wortlaut der deutschen Fassung der KI-VO die Daten nicht mehr explizit „relevant“ sein müssen. In der englischen sowie französischen Fassung wird hingegen die „Relevanz“ der Eingabedaten expressis verbis angeordnet. Weswegen die Eingabedaten in der finalen deutschen Fassung nicht mehr „relevant“, sondern nur noch „ausreichend repräsentativ“ sein müssen, beantwortet der Unionsgesetzgeber nicht. **10**

bb) Abs. 5

Umfangreichen Änderungen im Gesetzgebungsverfahren unterlag der Art. 26 Abs. 5, der für Betreiber besondere Produktbeobachtungspflichten regelt. Der Kommissionsentwurf sah vor, dass die Nutzer von Hochrisiko-KI-Systemen die Anbieter und Händler bei Vorliegen eines Risikos nach Art. 65 Abs. 1 KI-VO-E Kommission informieren müssen. Aus der finalen Fassung ergibt sich nun ein dezidierter, aufsteigender Informations- und Meldepflichtenkatalog. Das bedeutet, die Anforderungen an die Informations- und Meldepflichten werden größer, je größer das Risiko einer Rechtsgutsverletzung ist. Dieser Pflichtenkatalog reicht nun von einer allgemeinen Informationspflicht bis hin zu einer unverzüglichen Meldepflicht an Anbieter, Händler und die zuständige Marktüberwachungsbehörde im Falle schwerwiegender Vorfälle. **11**

cc) Abs. 6

In Art. 26 Abs. 6 UAbs. 1 ist die Änderung der Aufbewahrungs- und Dokumentationspflicht der Betreiber bemerkenswert. Der Parlamentsentwurf[6] sah zunächst einzelfallbezogene und ohne feste Zeiträume („appropriate in the light oft the intended use“[7]) geregelte Aufbewahrungs- und Dokumentationspflichten vor.[8] In der finalen Fassung wurde die Dokumentations- und Aufbewahrungs- **12**

---

5 Art. 29 Abs. 3 KI-VO-E Kommission.

6 Abänderungen des Europäischen Parlaments vom 14.6.2023 zu dem Vorschlag für eine Verordnung des Europäischen Parlaments und des Rates zur Festlegung harmonisierter Vorschriften für künstliche Intelligenz (Gesetz über künstliche Intelligenz) und zur Änderung bestimmter Rechtsakte der Union (COM(2021)0206 – C9-0146/2021 – 2021/0106(COD)), P9_TA(2023)0236 (KI-VO-E Parlament).

7 Art. 29 Abs. 6 UAbs. 1 KI-VO-E Kommission.

8 Art. 29 Abs. 6 UAbs. 1 KI-VO-E Kommission.

pflicht mit einer Mindestfrist von sechs Monaten konkretisiert. Der Parlamentsentwurf ging sogar noch weiter: Auch die spezifischen Industriestandards sollten demnach in die Beurteilung der angemessenen Aufbewahrungsfrist einbezogen werden.[9] Aufgrund damit einhergehender Rechtsunsicherheiten haben die Trilog-Parteien jedoch von der Bezugnahme auf die Industriestandards Abstand genommen. Maßgeblich ist demnach für eine längere Frist als sechs Monate lediglich die maßgebliche Zweckbestimmung des KI-Systems oder spezielles Unions- oder nationales Recht.

13 Ursprünglich sah Art. 29 Abs. 5 KI-VO-E Kommission zudem spezielle Regelungen für Kreditinstitute vor. Danach sollten Kreditinstitute, die in den Anwendungsbereich der Richtlinie 2013/36/EU fallen, die Protokolle gemäß Art. 74 Richtlinie 2013/36/EU aufbewahren. Nunmehr findet sich in Art. 26 Abs. 5 UAbs. 2 für Betreiber, die Finanzinstitute sind, eine Regelvermutung hinsichtlich der Pflichtkonformität. Die Änderung erweitert die statuierte Regelvermutung auf Finanzinstitute und korrespondierend auf alle europäischen Rechtsvorschriften, die für Finanzdienstleistungen gelten.[10]

dd) Abs. 11

14 In Art. 26 Abs. 11 wurde im Rahmen der Trilog-Verhandlungen eine gesonderte Transparenzpflicht für die Betreiber selbstständiger Hochrisiko-KI-Systeme gemäß Art. 6 Abs. 2 i.V.m. Anhang III statuiert. Nach Art. 26 Abs. 11 müssen die Betreiber – unbeschadet der Transparenzpflicht nach Art. 50 – gegebenenfalls natürliche Personen darüber informieren, dass sie Gegenstand des Einsatzes eines selbstständigen Hochrisiko-KI-Systems sind. Besonderheiten gelten für den Einsatz durch Strafverfolgungsbehörden. Diese Norm entspricht im Wesentlichen dem Parlamentsentwurf.[11]

ee) Abs. 12

15 Abschließend regelt die finale Version der KI-VO in Art. 26 Abs. 12 Kooperationspflichten der Betreiber mit den zuständigen nationalen Behörden. Im Kommissionsentwurf war diese Kooperationspflicht, anders als im Parlamentsentwurf und dem Ratsentwurf, nicht geregelt.

9 Art. 29 Abs. 6 UAbs. 1 KI-VO-E Kommission.

10 Zum Unterschied statt vieler: *Veil*, in: Meyer/Veil/Rönnau, Handbuch zum Marktmissbrauchsrecht, § 4 Rn. 92–94.

11 Art. 29 Abs. 6b KI-VO-E Parlament.

b) Besondere Betreiberpflichten

aa) Abs. 7

Der Kommissionsentwurf[12] – wie auch die Änderungsvorschläge des Rates[13] – sahen spezielle Betreiberpflichten für Arbeitgeber nicht vor. Die finale Fassung des Parlamentsentwurfs hingegen schon.[14] Dies wurde in die finale Fassung implementiert. Nach Art. 26 Abs. 7 sind Arbeitgeber, die zugleich Betreiber sind, verpflichtet, die Arbeitnehmervertretungen und die betroffenen Arbeitnehmer zu informieren, bevor das KI-System am Arbeitsplatz in Betrieb genommen wird. **16**

bb) Abs. 8

Gemäß Art. 26 Abs. 8 gelten besondere Betreiberpflichten für Organe, Einrichtungen und sonstige Stellen der Union. Art. 26 Abs. 8 regelt hierbei, dass diese Stellen als Betreiber der Registrierungspflicht nach Art. 49 nachkommen müssen. Stellen die Betreiber – die Stellen der Union – fest, dass das Hochrisiko-KI-System, dessen Verwendung sie planen, nicht in der EU-Datenbank nach Art. 71 registriert wurde, müssen die europäischen Stellen von der Verwendung absehen und sodann den Anbieter oder den Händler kontaktieren. Diese Regelung wurde auf Drängen des Europäischen Parlaments und des Rates aufgenommen. Der Kommissionsentwurf sah eine spezielle Betreiberpflicht für europäische Stellen nicht vor.[15] **17**

Bemerkenswert ist, dass die Trilog-Parteien ursprünglich vereinbarten, auch spezielle Betreiberpflichten für mitgliedstaatliche Stellen festzulegen, vgl. Art. 29 Abs. 5 UAbs. 2 lit. c KI-VO-E (Trilog). Besondere Pflichten für Betreiber, die mitgliedstaatliche Stellen sind, sind der finalen Fassung des Art. 26 nun allerdings nicht zu entnehmen. **18**

cc) Abs. 9

Art. 26 Abs. 9 sieht vor, dass Betreiber „gegebenenfalls“ eine Datenschutz-Folgenabschätzung durchführen müssen. Die Pflicht zur Datenschutz-Folgenabschätzung nach Maßgabe des Art. 26 Abs. 9 in Verbindung mit der DSGVO[16] **19**

---

12 Art. 29 KI-VO-E Kommission.

13 Vorschlag für eine Verordnung des Europäischen Parlaments und des Rates zur Festlegung harmonisierter Vorschriften für künstliche Intelligenz (Gesetz über künstliche Intelligenz) und zur Änderung bestimmter Rechtsakte der Union – Allgemeine Ausrichtung des Rates vom 25.11.2022, 14954/22 (KI-VO-E Rat), Art. 29.

14 Art. 29 Abs. 5 UAbs. 2 lit. a KI-VO-E Parlament.

15 Art. 29 Abs. 5 KI-VO-E Kommission.

16 Verordnung (EU) 2016/679 des Europäischen Parlaments und des Rates vom 27.4.2016 zum Schutz natürlicher Personen bei der Verarbeitung personenbezogener

oder respektive der JI-RL[17] wurde im Laufe des Gesetzgebungsverfahrens nur unwesentlich verändert. Der Vorschlag des Europäischen Parlaments,[18] dass inhaltliche Vorgaben an die Datenschutz-Folgenabschätzung gestellt werden, die über die Anforderungen der DSGVO respektive der JI-Richtlinie hinausgehen, wurde nicht umgesetzt.

dd) Abs. 10

20 Art. 26 Abs. 10 stellt besondere Pflichten für die Betreiber von Hochrisiko-KI-Systemen auf, die eine nachträgliche biometrische Fernidentifizierung verwenden. Diese spezielle Betreiberpflicht fand sich weder in Kommissions-,[19] Parlaments-[20] oder Ratsentwürfen.[21] Damit handelt es sich um ein Novum im Rahmen der KI-VO, da diese Betreiberpflicht erst im Rahmen der Trilog-Verhandlung in die finale Fassung Einzug fand. Art. 26 Abs. 10 fungiert damit als zusätzlicher „Safeguard" im Zusammenhang mit der Verwendung der biometrischen Fernidentifizierung.

3. Verhältnis zu anderen Vorschriften

21 Insgesamt ist Art. 26 ein zentraler Baustein, der sicherstellt, dass Hochrisiko-KI-Systeme nicht nur initial, sondern dauerhaft den strengen europäischen Standards entsprechen. Art. 26 weist Wechselwirkungen zu anderen Artikeln der KI-VO sowie zu weiteren relevanten EU-Vorschriften auf, indem er spezifische Anforderungen für die kontinuierliche Überwachung und Anpassung dieser Systeme festlegt. Insbesondere stehen die Betreiberpflichten expressis verbis neben den Pflichten aus der DSGVO und der JI-Richtlinie, vgl. Art. 2 Abs. 7 KI-VO. So normiert Art. 26 Abs. 10 UAbs. 4 für die retrograde biometrische Fernidentifizierung, dass Art. 26 Abs. 10 unbeschadet der Art. 9 der DSGVO und Art. 10 der JI-Richtlinie gilt. Damit wiederholt der Unionsgesetzgeber die Kollisionsregel des Art. 2 Abs. 7. Die Vorschriften der KI-VO sind neben den Vorschriften der DSGVO und der JI-Richtlinie anwendbar.

Daten, zum freien Datenverkehr und zur Aufhebung der Richtlinie 95/46/EG (Datenschutz-Grundverordnung).

17 Richtlinie (EU) 2016/680 des Europäischen Parlaments und des Rates vom 27.4.2016 zum Schutz natürlicher Personen bei der Verarbeitung personenbezogener Daten durch die zuständigen Behörden zum Zwecke der Verhütung, Ermittlung, Aufdeckung oder Verfolgung von Straftaten oder der Strafvollstreckung sowie zum freien Datenverkehr und zur Aufhebung des Rahmenbeschlusses 2008/977/JI des Rates.

18 Art. 29 Abs. 6 KI-VO-E Parlament.

19 Art. 29 KI-VO-E Kommission.

20 Art. 29 KI-VO-E Parlament.

21 Art. 29 KI-VO-E Rat.

Zudem statuiert Art. 26 Abs. 3, dass die Pflichten der Betreiber nach den Art. 26 Abs. 1 und 2 sonstige Pflichten der Betreiber nach Unionsrecht und nationalem Recht unberührt lassen. Zum Beispiel sind Betreiber Kritischer Infrastrukturen gemäß § 8a BSIG[22] verpflichtet, angemessene technische und organisatorische Maßnahmen zur Vermeidung von Störungen der Verfügbarkeit, Integrität, Authentizität und Vertraulichkeit ihrer informationstechnischen Systeme, Komponenten oder Prozesse zu treffen, die für die Funktionsfähigkeit der von ihnen betriebenen Kritischen Infrastrukturen maßgeblich sind. Handelt es sich bei den informationstechnischen Systemen um Hochrisiko-KI-Systeme im Sinne der KI-VO, muss der Betreiber die Verpflichtungen durch die KI-VO und das BSIG einhalten. 22

Bei Verstößen gegen die Betreiberpflichten des Art. 26 kann gemäß Art. 99 Abs. 4 lit. e ein Bußgeld von bis zu 15.000.000 EUR oder – im Falle von Unternehmen – von bis zu 3 % des gesamten weltweiten Jahresumsatzes des vorangegangenen Geschäftsjahres verhängt werden, je nachdem, welcher Betrag höher ist. Sowohl die Entscheidung, ob ein Bußgeld verhangen wird, als auch die Festsetzung der Höhe des Bußgeldes sind gemäß Art. 99 Abs. 7 einzelfallbezogen unter Berücksichtigung alle relevanten Umstände zu ermitteln. Der Kriterienkatalog des Art. 99 Abs. 7 ist nach dem Wortlaut der Norm nur „gegebenenfalls" zu berücksichtigen. 23

II. Systematik von Art. 26

Systematisch unterscheidet Art. 26 zwei Regelungsgruppen: 24

1. allgemeine, mindestharmonisierte Pflichten für die Betreiber von Hochrisiko-KI-Systemen, Art. 26 Abs. 1 bis 6, 11, 12 sowie
2. besondere Pflichten für spezielle Betreiber von Hochrisiko-KI-Systemen, Art. 26 Abs. 7, 8, 9, und 10.

Während die allgemeinen Pflichten unterschiedslos für alle Betreiber gelten, existieren besondere Pflichten nur für Betreiber, die zusätzlich ein persönliches Merkmal aufweisen oder ein besonderes KI-System betreiben. Es gelten damit besondere Pflichten für folgende Betreiber: 25

- Arbeitgeber (Abs. 7),
- Organe, Einrichtungen und sonstige Stellen der Union (Abs. 8),
- Betreiber, die eine Datenschutz-Folgenabschätzung durchführen müssen (Abs. 9), sowie
- Strafverfolgungsbehörden (Abs. 10).

22 Gesetz über das Bundesamt für Sicherheit in der Informationstechnik vom 14.8.2009.

26 Die Zugehörigkeit zu einer dieser Gruppen ist konstitutiv für die Erweiterung des Pflichtenkatalogs. Im Rahmen der Betreiberpflichten nimmt dabei Art. 26 Abs. 9 eine Sonderstellung ein. Danach sind die Betreiber gegebenenfalls zur Erstellung einer Datenschutz-Folgenabschätzung verpflichtet. Diese besondere Betreiberpflicht hängt somit nicht von persönlichen Merkmalen des Betreibers ab, sondern von der Notwendigkeit, eine Datenschutz-Folgenabschätzung durchzuführen.

III. Allgemeine Betreiberpflichten

27 Zu den allgemeinen Betreiberpflichten gehören

- der Treffen von geeigneten technischen und organisatorischen Maßnahmen (Art. 26 Abs. 1),
- den Einsatz der menschlichen Aufsicht (Art. 26 Abs. 2),
- die Pflicht zur Einhaltung weiterer Betreiberpflichten nach sonstigem Unionsrecht und nationalem Recht (Art. 26 Abs. 3),
- die Sicherstellung, dass die Eingabedaten ausreichend repräsentativ sind (Art. 26 Abs. 4),
- die Überwachungs- und Informationspflichten (Art. 26 Abs. 5),
- die Aufbewahrungspflicht (Art. 26 Abs. 6),
- die Informationspflicht (Art. 26 Abs. 11) und
- die Mitwirkungspflicht (Art. 26 Abs. 12).

1. Geeignete technische und organisatorische Maßnahmen (Art. 26 Abs. 1)

a) Allgemeines

28 Art. 26 eröffnet den Betreiberpflichtenkanon für Hochrisiko-KI-Systeme mit der Pflicht, geeignete technische und organisatorische Maßnahmen zu treffen, um sicherzustellen, dass die Hochrisiko-KI-Systeme entsprechend den beigefügten Betriebsanleitungen[23] und gemäß den Pflichten der Art. 26 Abs. 3 und 6 verwendet werden. Sinn und Zweck dieser Pflicht ist es, dass Betreiber die Hochrisiko-KI-Systeme stets sicher und effektiv einsetzen und so potenzielle Risiken und Auswirkungen solcher Systeme minimieren.[24] Die eingesetzten technischen und organisatorischen Maßnahmen sollen dabei sowohl die technischen Aspekte der Systemnutzung als auch die organisatorischen Abläufe um-

23 Legaldefinition gemäß Art. 3 Nr. 15: „die Informationen, die der Anbieter bereitstellt, um den Nutzer insbesondere über die Zweckbestimmung und die ordnungsgemäße Verwendung eines KI-Systems zu informieren".

24 Vgl. ErwG 91.

fassen, um eine effektive Kontrolle über den bestimmungsgemäßen Einsatz der KI-Technologie zu gewährleisten.

Was **geeignete technische und organisatorische Maßnahmen** sind, ist nicht durch die KI-VO definiert. Erwähnt werden technische und organisatorische Maßnahmen zumindest in den ErwG 75 und 91 und den Art. 15 Abs. 4 UAbs. 1 a.E., 26 Abs. 1, 59 Abs. 1 lit. g. Die europäischen Gesetzgebungsakte kennen zwar die Verpflichtung zu technischen und organisatorischen Maßnahmen: Wortlautgleich ordnet etwa Art. 32 DSGVO an, dass der Verantwortliche und der Auftragsverarbeiter „geeignete technische und organisatorische Maßnahmen" zugunsten der Sicherheit der Verarbeitung personenbezogener Daten treffen müssen. Auf nationaler Ebene gehen die Begriffe der technischen und organisatorischen Maßnahme sogar bis auf § 9 BDSG aus 1990 zurück. Allerdings werden auch dort technische und organisatorische Maßnahmen nicht weiter bestimmt. 29

Zur Bestimmung geeigneter technischer und organisatorischer Maßnahmen ist ein pauschaler Verweis auf andere Rechtsakte, die technische und organisatorische Maßnahmen regeln, einschließlich der damit ergangenen Rechtsprechung, im Kontext der KI-VO nicht zielführend und sollte vermieden werden: Dies liegt primär daran, dass die verschiedenen Gesetze und Verordnungen unterschiedliche Zielrichtungen haben und spezifische Anforderungen adressieren, die nicht unbedingt auf die Besonderheiten von Hochrisiko-KI-Systemen übertragbar sind. Die DSGVO konzentriert sich beispielsweise auf den Schutz personenbezogener Daten und die Privatsphäre der Bürgerinnen und Bürger. Die technischen und organisatorischen Maßnahmen, die gemäß der DSGVO vorgeschrieben sind, zielen darauf ab, die Integrität, Vertraulichkeit und Verfügbarkeit von personenbezogenen Daten zu gewährleisten. Diese Maßnahmen sind spezifisch auf den Datenschutz ausgerichtet und berücksichtigen nicht die speziellen Risiken und Anforderungen, die bei der Nutzung von Hochrisiko-KI-Systemen auftreten können. Die KI-VO hingegen hat den spezifischen Zweck, die Nutzung von Künstlicher Intelligenz zu regulieren. Sie fokussiert sich auf die Gewährleistung der Sicherheit, Zuverlässigkeit und Transparenz von KI-Systemen und die Minimierung von Risiken, die durch den Einsatz solcher Technologien entstehen können. Insgesamt ist es daher essenziell, dass die Betreiber von Hochrisiko-KI-Systemen sich strikt an die Vorgaben der KI-VO halten und geeignete technische und organisatorische Maßnahmen implementieren, die auf die besonderen Anforderungen und Risiken dieser Systeme abgestimmt sind. Nur so kann die Konformität mit den spezifischen Bestimmungen der KI-VO sichergestellt und die Sicherheit und Zuverlässigkeit von Hochrisiko-KI-Systemen nachhaltig gewährleistet werden. 30

b) Geeignetheit

31 Gemäß Art. 26 Abs. 1 müssen die technischen und organisatorischen Maßnahmen **geeignet** sein, um die Vorgaben der Betriebsanleitung, sonstigen Unionsrechts und nationalen Rechts sowie der Überwachungs- und Meldepflichten sicherzustellen. Der Begriff **Geeignetheit** bedeutet, dass die Maßnahmen so ausgestaltet und umgesetzt sein müssen, dass sie effektiv die ordnungsgemäße Verwendung des Hochrisiko-KI-Systems gemäß den vorgegebenen Betriebsanleitungen sowie den Anforderungen aus Art. 26 Abs. 3 und 6 sicherstellen.

c) Zu berücksichtigende Kriterien

32 Im Gegensatz zur DSGVO nennt die KI-VO keine konkreten und geeigneten technischen und organisatorischen Maßnahmen. Das darf jedoch nicht dazu führen, dass die Betreiber willkürlich Rekurs auf die technischen und organisatorischen Maßnahmen im Sinne der DSGVO nehmen. Anhand wichtiger Kriterien, die sich aus der KI-VO unmittelbar und mittelbar ableiten lassen, sowie der Eigen- und Besonderheiten von KI-Systemen im Vergleich zu anderen informationstechnischen Systemen lassen sich zu berücksichtigende Kriterien bei der Findung entsprechender technischer und organisatorischer Maßnahmen bilden. Im Detail könnten bis zur Konkretisierung und/oder Standardisierung der technischen und organisatorischen Maßnahmen gemäß Art. 26 Abs. 1 im Rahmen der Geeignetheit folgende Erwägungen einbezogen werden:

- **Zweckmäßigkeit**: Geeignetheit bedeutet zunächst, dass die technischen und organisatorischen Maßnahmen zweckmäßig sein müssen. Das bedeutet, dass sie den spezifischen Zweck erfüllen, die Nutzung des Hochrisiko-KI-Systems sicher und zuverlässig zu gestalten.[25] Dies gründet insbesondere darin, dass es sich ohnehin um ein hochriskantes, grundrechtssensibles KI-System handelt und es zusätzlich grundsätzlich nur für in der Gebrauchsanweisung definierte Anwendungsfälle bestimmt ist. Wird ein KI-System wider seiner Bestimmung gebraucht, besteht in besonderem Maße Missbrauchsgefahr und die Gefahr der unerkannten Diskriminierungen. Die technischen und organisatorischen Maßnahmen müssen so konzipiert und angewendet werden, dass sie tatsächlich die ordnungsgemäße Funktion und den sicheren Betrieb des Hochrisiko-KI-Systems unterstützen.
- **Risikoorientierung**: Ein weiterer Aspekt der Geeignetheit ist die Risikoorientierung. Die technischen und organisatorischen Maßnahmen müssen auf die spezifischen Risiken und Herausforderungen des jeweiligen Hochrisiko-KI-Systems zugeschnitten sein. Wie bei KI-VO auf Makro-Ebene handelt es sich um risikobasierte Entscheidungen – im Gegensatz zur KI-VO handelt es sich bei den technischen und organisatorischen Maßnahmen um Verpflich-

25 Vgl. ErwG 91.

tungen auf Mikro-Ebene. Das beinhaltet eine genaue Analyse und Bewertung der potenziellen Gefahren, die mit dem Einsatz des Hochrisiko-KI-Systems verbunden sind, sowie die Entwicklung von Maßnahmen, die diese Risiken wirksam minimieren.
- **Angemessenheit**: Darüber hinaus müssen die technischen und organisatorischen Maßnahmen im Kontext der jeweiligen Betriebsumgebung und der spezifischen Einsatzszenarien des Systems angemessen sein. Das bedeutet, dass sie den Anforderungen der jeweiligen Branche und Sektoren, der spezifischen Anwendungsbereiche und den betrieblichen Gegebenheiten Rechnung tragen müssen.
- **Einhaltung der Betriebsanleitungen des Hochrisiko-KI-Systems**: Ein weiterer wichtiger Aspekt ist die Einhaltung der Betriebsanleitungen des Hochrisiko-KI-Systems. Wie bereits von der Regelung klargestellt, müssen die technischen und organisatorischen Maßnahmen sicherstellen, dass das Hochrisiko-KI-Systems entsprechend den beigefügten Betriebsanleitungen verwendet wird. Die Betriebsanleitungen enthalten wichtige Hinweise und Vorgaben zur sicheren und effektiven Nutzung des Systems, die strikt befolgt werden müssen, um eine ordnungsgemäße Funktion und Sicherheit zu gewährleisten.
- **Umsetzung der Pflichten aus Art. 26 Abs. 3 und 6**: Schließlich muss die Geeignetheit auch die Umsetzung der Pflichten aus Art. 26 Abs. 3 und 6 sicherstellen.

Bei der Implementierung geeigneter technischer und organisatorischer Maßnahmen ist eine sorgfältige Prüfung durch den Betreiber zwingend erforderlich. Denn im Rahmen der Sanktionsmöglichkeiten durch die zuständige Behörde ist nach Art. 99 Abs. 7 lit. g bei der Entscheidung, ob eine Geldbuße verhängt wird, und bei der Festsetzung der Höhe der Geldbuße auch der Grad der Verantwortung unter Berücksichtigung der getroffenen technischen und organisatorischen Maßnahmen mit einzubeziehen **33**

d) Technische und organisatorische Maßnahmen

Die genannten, zu berücksichtigenden Kriterien sind einzelfallbezogen in technische und organisatorische Maßnahmen zu konkretisieren. Die DSGVO, nationalen und internationalen Standards, also DIN- und ISO-Normen, können bei der Bestimmung dessen nicht unmittelbar angewendet werden. So sollte zum Beispiel ISO 27001 nicht als internationale Standardisierung technischer und organisatorischer Maßnahmen zum Zwecke eben jener Maßnahmen im Sinne des Art. 26 Abs. 1 verstanden werden. Dies liegt zum einen daran, dass hochriskante KI-Systeme schon chronologisch nicht bedacht werden konnten, da die aktuelle Norm aus dem Jahr 2022 stammt. Zum anderen berücksichtigen die ISO-Normen nicht die sich ergebenden Besonderheiten KI-basierter Informationssysteme. Vielmehr muss eine Einzelfallbeurteilung angestrengt werden, die die **34**

Eigen- und Besonderheiten des infrage stehenden KI-Systems und fundamentaler IT- und KI-sicherheitsrechtlichen Erkenntnisse hinreichend berücksichtigen:

35 **Technische Maßnahmen** sind konkrete, physische oder softwarebasierte Vorkehrungen, die direkt auf das System und dessen Betrieb abzielen. Sie können etwa folgende Maßnahmen umfassen:

- **Sicherheitsmechanismen**: Implementierung von Verschlüsselungstechnologien, Firewalls und Anti-Malware-Programmen, um unbefugten Zugriff und Cyberangriffe abzuwehren.
- **Zugriffssteuerung**: Verwendung von Authentifizierungs- und Autorisierungsmechanismen, wie z.B. multifaktorielle Authentifizierung, um sicherzustellen, dass nur berechtigte Personen Zugang zum System haben, oder ein umfassendes Rollen- und Berechtigungskonzept.
- **Datenintegrität und -sicherung**: Maßnahmen zur Gewährleistung der Datenintegrität und -sicherung, wie regelmäßige Backups, Checksummen und Hashing, um Datenverlust und -manipulation zu verhindern.
- **Regelmäßige Updates und Patches**: Implementierung eines Systems zur automatischen oder manuellen Einspielung von Software-Updates und Patches, um bekannte Sicherheitslücken zu schließen und die Systemleistung zu optimieren.
- **Überwachung und Protokollierung**: Einrichtung von Monitoring- und Logging-Systemen zur kontinuierlichen Überwachung des Systembetriebs und zur Erfassung von Aktivitäten, um Anomalien und sicherheitsrelevante Ereignisse frühzeitig zu erkennen und zu analysieren.
- **Failsafe-Mechanismen**: Integration von Notfall- und Wiederherstellungsprozeduren, die das System in einen sicheren Zustand versetzen oder den Betrieb nach einem Ausfall wiederherstellen können.

36 **Organisatorische Maßnahmen** sind administrative und prozessuale Vorkehrungen, die das Umfeld und die Rahmenbedingungen für den Betrieb des KI-Systems betreffen. Sie umfassen etwa folgende Maßnahmen:

- **Schulung und Sensibilisierung**: Regelmäßige Schulungsprogramme und Sensibilisierungskampagnen für Mitarbeiter, die mit dem Hochrisiko-KI-System arbeiten, um sicherzustellen, dass sie über die notwendigen Kenntnisse und Fähigkeiten verfügen, um das System sicher und korrekt zu nutzen.
- **Richtlinien und Verfahren**: Entwicklung und Implementierung von klaren internen Richtlinien und Verfahren zur Nutzung, Wartung und Überwachung des Hochrisiko-KI-Systems. Diese Richtlinien sollten auch Verantwortlichkeiten und Eskalationsprozesse bei Zwischenfällen definieren.
- **Risikomanagement**: Etablierung eines umfassenden Risikomanagementprozesses, der die Identifikation, Bewertung und Behandlung von Risiken im Zusammenhang mit dem Einsatz des Hochrisiko-KI-Systems umfasst. Dieser Prozess sollte regelmäßig überprüft und aktualisiert werden.

- **Audit und Compliance**: Durchführung regelmäßiger Audits und Compliance-Überprüfungen, um die Einhaltung der Betriebsanleitung des Hochrisiko-KI-Systems, internen Richtlinien und gesetzlichen Anforderungen sicherzustellen und Schwachstellen frühzeitig zu identifizieren und zu beheben.
- **Incident-Management**: Einrichtung eines Incident-Management-Systems, das klare Verfahren zur Meldung, Analyse und Behebung von Sicherheitsvorfällen und anderen Störungen im Betrieb des KI-Systems festlegt.
- **Dokumentation und Nachvollziehbarkeit**: Umfassende Dokumentation aller relevanten Prozesse, Maßnahmen und Entscheidungen im Zusammenhang mit dem Betrieb des KI-Systems. Diese Dokumentation sollte regelmäßig aktualisiert und überprüft werden, um Nachvollziehbarkeit und Transparenz zu gewährleisten.

2. Menschliche Aufsicht (Art. 26 Abs. 2)

a) Allgemeines

Die menschliche Aufsicht ist einer der zentralen Grundsätze bei der Etablierung einer ethisch vertretbaren und vertrauenswürdigen KI.[26] Daraus folgt, dass ein KI-System der angemessenen Kontrolle und Überwachung durch eine natürliche Person unterworfen sein muss.[27] Die menschliche Aufsicht gemäß Art. 26 Abs. 2 ist dabei eng mit der KI-Kompetenz gemäß Art. 4 verwandt. Folgerichtig ordnet Art. 26 Abs. 2 an, dass Betreiber natürlichen Personen, die über die erforderliche Kompetenz, Ausbildung und Befugnis verfügen, die menschliche Aufsicht über Hochrisiko-KI-Systeme übertragen müssen. So soll insbesondere eine verantwortungsvolle und effektive Überwachung von Hochrisiko-KI-Systemen sichergestellt und die menschliche Urteilsfähigkeit in den Entscheidungsprozess integriert werden, um potenzielle Risiken und negative Auswirkungen zu minimieren. 37

In rechtlicher Hinsicht trägt Art. 26 Abs. 2 dazu bei, die Haftung der Betreiber von Hochrisiko-KI-Systemen zu schärfen. Er stellt sicher, dass sie angemessene Vorkehrungen treffen, um potenzielle Risiken zu mindern. Durch die klare Zuordnung der Aufsicht an qualifizierte natürliche Personen wird die Verantwortlichkeit für die Überwachung der Hochrisiko-KI-Systeme eindeutig festgelegt. Dies hilft jedenfalls im Rahmen der rechtlichen Bewertung von Verantwortlichkeiten, insbesondere wenn es zu Verstößen oder Fehlfunktionen kommt. 38

26 ErwG 27.
27 ErwG 27.

b) Anforderungen an die menschliche Aufsicht

39 Die konkreten Anforderungen an die menschliche Aufsicht ergeben sich aus Art. 14. Dennoch wird auch in Art. 26 Abs. 2 ausdrücklich hervorgehoben, dass die mit der Aufsicht über die Hochrisiko-KI-Systeme betrauten natürlichen Personen über die erforderliche **Kompetenz, Ausbildung** und **Befugnis** verfügen. Diese Begriffe werden in der KI-VO nicht näher bestimmt. Nach einem allgemeinen Begriffsverständnis müssen die natürlichen Personen erstens über das notwendige Fachwissen und die Fähigkeiten, also die notwendige **Kompetenz** verfügen müssen, um die komplexen technischen und ethischen Herausforderungen verstehen und angemessen darauf reagieren zu können. Zweitens müssen diese Personen die notwendige **Ausbildung**, also eine formale Schulung oder Ausbildung in relevanten Bereichen vorhalten, die eben jene Vermittlung des Fachwissens und der Fähigkeiten belegen. Und drittens müssen die eingesetzten natürlichen Personen die rechtliche und organisatorische Autorität (**Befugnis**) besitzen, um notwendige Entscheidungen treffen und Maßnahmen ergreifen zu können.

c) Unterstützungspflicht des Betreibers

40 Darüber hinaus sind die Betreiber verpflichtet, den aufsichtführenden Personen die **erforderliche Unterstützung** zukommen zu lassen. Diese Unterstützung kann verschiedene Formen annehmen, einschließlich der Bereitstellung technischer Ressourcen wie Tools und Technologien, die für die Überwachung und Kontrolle der KI notwendig sind. Ebenso wichtig ist die organisatorische Unterstützung, die sicherstellt, dass die aufsichtführenden Personen in Entscheidungsprozesse eingebunden sind und Zugang zu relevanten Informationen haben. Zudem müssen Möglichkeiten zur kontinuierlichen Weiterbildung und Schulung angeboten werden, damit die aufsichtführenden Personen stets mit den neuesten Entwicklungen und Best Practices vertraut sind. Damit setzt der Unionsgesetzgeber zugleich Anreize für regelmäßige Schulungen zu Zwecken der sog. „**AI Literacy**".[28]

3. Betreiberpflichten nach Unionsrecht oder nationalem Recht und Freiheit der Betreiber (Art. 26 Abs. 3)

41 Gemäß Art. 26 Abs. 3 bleiben sonstige Betreiberpflichten „nach Unionsrecht oder nationalem Recht sowie die Freiheit der Betreiber bei der Organisation ihrer eigenen Ressourcen und Tätigkeiten zur Wahrnehmung der vom Anbieter angegebenen Maßnahmen der menschlichen Aufsicht unberührt". So weicht der

28 *Bomhard/Siglmüller*, RDi 2024, 45, 48.

europäische Gesetzgeber von dem in ErwG 1 benannten Regelungsziel – der (Voll-)Harmonisierung im europäischen Binnenmarkt – spezialgesetzlich ab:

Zum einen wird im Rahmen der Kollisionsregel deutlich gemacht, dass die in Art. 26 Abs. 1 (Einsatz von geeigneten technischen und organisatorischen Maßnahmen, Art. 26 Rn. 28 ff.) und Art. 26 Abs. 2 (Einsatz der menschlichen Aufsicht, Art. 26 Rn. 37 ff.) genannten Betreiberpflichten sonstige Pflichten nach Unionsrecht oder nationalem Recht unberührt lassen. Wie bereits von *Linardatos*[29] richtig festgestellt, statuiert die KI-VO damit nur eine Selbstverständlichkeit: Bei den Pflichten nach Art. 26 Abs. 1 und 2 handelt es sich um mindeststandardisierte Verhaltenspflichten. Deren genaue Umsetzung unterliegt der diskretionären Entscheidung des jeweiligen Betreibers und den mitgliedstaatlichen Gesetzgebungsorganen. Hierfür spricht nicht zuletzt auch der eindeutige Wortlaut, der sonstige Pflichten der Betreiber gerade „unberührt" lassen will. **42**

Zum anderen wird klargestellt, dass die Pflichten nach Art. 26 Abs. 1 und 2 die Freiheit der Betreiber bei der Organisation ihrer eigenen Ressourcen und Tätigkeiten zur Wahrnehmung der vom Anbieter angegebenen Maßnahmen der menschlichen Aufsicht unberührt lassen. Hierdurch wird die Autonomie der Betreiber hervorgehoben, ihre internen Betriebsabläufe und Ressourcen gemäß den Anforderungen der KI-VO und anderer einschlägiger Rechtsvorschriften zu organisieren. Dies bedeutet, dass Betreiber die Flexibilität haben, ihre eigenen betrieblichen Abläufe je nach den spezifischen Anforderungen ihrer Hochrisiko-KI-Systeme und ihrer Branche zu gestalten. Durch einen zu starren Pflichtenkanon würde die unionsgrundrechtlich geschützte unternehmerische Freiheit der Betreiber möglicherweise unangemessen eingeschränkt. Dadurch lässt sich erklären, weswegen die Betreiberpflichten des Art. 26 Abs. 1 und 2 im Sinne einer agilen Regulierung[30] unbestimmt sind. **43**

4. Eingabedaten (Art. 26 Abs. 4)

a) Allgemeines

Die KI-VO zielt darauf ab, ein rechtliches Rahmenwerk zu schaffen, das die sichere und vertrauenswürdige Entwicklung und Nutzung von KI-Systemen gewährleistet. Eingabedaten sind der Grundbaustein eines jeden KI-Systems und beeinflussen maßgeblich dessen Leistungsfähigkeit und Zuverlässigkeit. In Bezug auf Hochrisiko-KI-Systeme ist die Qualität der Eingabedaten von entscheidender Bedeutung, um Fehlentscheidungen und Diskriminierungen zu vermeiden. **44**

29 *Linardatos*, in: Hilgendorf/Roth-Isigkeit, Die neue Verordnung der EU zur Künstlichen Intelligenz, § 7 Rn. 42.

30 Vgl. zum Begriff der „agilen Regulierung" *Vasel*, NVwZ 2023, 1298, 1302.

45 Gemäß Art. 26 Abs. 4 müssen die Betreiber daher dafür sorgen, dass die Eingabedaten der Zweckbestimmung[31] des Hochrisiko-KI-Systems entsprechen und ausreichend repräsentativ sind, soweit die Eingabedaten **ihrer Kontrolle** unterliegen. Dabei handelt es sich um eine „Last-Minute-Änderung" des europäischen Gesetzgebers, zuvor mussten die Eingabedaten bloß „relevant" sein (siehe dazu Rn. 10). Eingabedaten sind gemäß Art. 3 Nr. 33 „die in ein KI-System eingespeisten oder von diesem direkt erfassten Daten, auf deren Grundlage ein Ergebnis [hervorgebracht wird]" (siehe dazu näher Art. 3 Nr. 33 Rn. 291 ff.).

b) Kontrolle des Betreibers

46 Die Verpflichtung, ausreichend repräsentative Eingabedaten zu verwenden, besteht nach dem Wortlaut des Art. 26 Abs. 4 nur, soweit der Betreiber des Hochrisiko-KI-Systems die **Kontrolle über die Eingabedaten** hat. Der Begriff der **Kontrolle** wird in der KI-VO weder definiert noch in den Erwägungsgründen oder an anderen Stellen der Verordnung näher bestimmt. Bei der Auslegung des Begriffs ist der Sinn und Zweck der Norm besonders zu beachten: Die Betreiberpflichten gelten für denjenigen, der den wirtschaftlichen Nutzen aus dem Betrieb des Hochrisiko-KI-Systems zieht. Aufgrund dessen wird er verpflichtet, Eingabedaten zu kontrollieren. Denklogisch kann dies zunächst nur solche Fälle umfassen, in denen der Betreiber faktisch Einfluss auf die Eingabedaten nehmen kann. Dies würde zu einer umfassenden Verpflichtung des Betreibers führen, die in Anbetracht der hohen Bußgelder gemäß Art. 99 Abs. 7 nicht angezeigt ist. Daraus folgt, dass nur gemeint sein kann, dass der Betreiber, wenn er dazu berechtigt oder verpflichtet ist, Einfluss auf die Daten nimmt, die der Endnutzer in das Hochrisiko-KI-System einspeist. Besteht zwischen Betreiber und Endnutzer, der die Eingabedaten in das Hochrisiko-KI-System einspeist, Personenidentität, ist die Kontrolle der Eingabedaten zu bejahen. Bei Personenverschiedenheit kann die Kontrolle der Eingabedaten durch den Betreiber etwa über die vertragliche Ausgestaltung zum Endnutzer oder die Systemgestaltung durch den Betreiber eingeräumt sein.[32] Zudem könnte der Betreiber gegebenenfalls durch Zugriffskontrollen, Authentifizierungsprozesse oder technische und organisatorische Maßnahmen Kontrolle auf die Eingabedaten haben. So könnte etwa der Betreiber die Einspeisung nur solcher Eingabedaten zulassen, die der Zweckbestimmung des Hochrisiko-KI-Systems entsprechen.[33]

---

31 Legaldefinition gemäß Art. 3 Nr. 12 (siehe dazu auch Art. 3 Nr. 12 Rn. 161 ff.).

32 Vgl. *Roos/Weitz*, MMR 2021, 844, 848.

33 Beispielsweise durch Content Filter.

c) Zweckbestimmung des Hochrisiko-KI-Systems

Betreiber von Hochrisiko-KI-Systemen sind zunächst verpflichtet, sicherzustellen, dass die Eingabedaten der **Zweckbestimmung des Systems** entsprechen. Die Zweckbestimmung des Hochrisiko-KI-Systems legt der Anbieter in der Betriebsanleitung fest, vgl. Art. 3 Nr. 15, und teilt sie so dem Betreiber mit. Zu beachten ist, dass eine wesentliche Änderung an einem (Hochrisiko-)KI-System dazu führen kann, dass der ursprüngliche „Nur-Betreiber" als Anbieter gilt und dem Anbieterpflichtenkanon nach Art. 16 unterliegt, vgl. Art. 25 Abs. 1 lit. b und c. **47**

d) Ausreichende Repräsentativität

Die Eingabedaten müssen gemäß Art. 26 Abs. 4 **ausreichend repräsentativ** sein. Nach einem statistischen Begriffsverständnis ist repräsentativ, was seinen Ausdruck in der Grundgesamtheit hat.[34] Dabei handelt es sich also um ein absolutes Maß – entweder sind Daten repräsentativ oder sie sind es nicht. Der europäische Gesetzgeber impliziert mit dem Präfix „ausreichend", dass die Anforderungen an die Repräsentativität vielmehr nach Kontext und Anwendung variieren können. Dabei handelt es sich nach dem Wortlaut des Art. 26 Abs. 4 um ein **relatives Maß**. Was als ausreichend repräsentativ angesehen wird, definiert die KI-VO nicht, es hängt damit vom spezifischen Anwendungsfall des Hochrisiko-KI-Systems ab. Das bedeutet, dass die Eingabedaten im konkreten Einzelfall genügend Vielfalt und Relevanz aufweisen müssen, um die Anforderungen und Ziele des Hochrisiko-KI-Systems angemessen zu erfüllen und Verzerrungen oder Diskriminierungen auf Anwendungsebene zu minimieren. **48**

Bei der Bewertung der ausreichenden Repräsentativität sollten – in Anbetracht dessen, dass es sich um ein relatives Maß handelt und dies nicht weiter definiert ist – unter anderem folgende Faktoren berücksichtigt werden: **49**

- **Ziel und Zweck des Hochrisiko-KI-Systems**: Die Repräsentativität der Eingabedaten muss den Zielen und dem beabsichtigten Einsatzzweck des Hochrisiko-KI-Systems entsprechen. Eingabedaten, die etwa für ein Hochrisiko-KI-System zur medizinischen Diagnose verwendet werden, müssen beispielsweise die Vielfalt der relevanten Krankheitsbilder und Patientenpopulationen repräsentieren.
- **Vielfalt der Daten**: Die Eingabedaten sollten eine angemessene Vielfalt und Abdeckung verschiedener relevanter Merkmale und Variablen aufweisen. Dies kann demografische Merkmale, geografische Regionen, Zeitperioden und andere relevante Faktoren umfassen, die für die Anwendung des Hochrisiko-KI-Systems von Bedeutung sind, vgl. Art. 10 Abs. 3.

34 Vgl. *Hacker/Wessel*, in: BMUV/Rostalski, Künstliche Intelligenz, S. 53, 55.

- **Umfang und Qualität der Daten**: Die Datenmenge sollte ausreichend groß sein, um statistisch signifikante Ergebnisse zu liefern, und die Qualität der Datenquellen sollte hoch sein. Veraltete, unvollständige oder ungenaue Daten können die Repräsentativität der Eingabedaten beeinträchtigen und zu verzerrten Ergebnissen führen.
- **Aktualität und Dynamik**: Die Repräsentativität der Eingabedaten sollte kontinuierlich überwacht und gegebenenfalls aktualisiert werden, um Veränderungen und Entwicklungen in der realen Welt zu berücksichtigen. Dies ist besonders wichtig in sich schnell verändernden Umgebungen oder Branchen.

50 Unter Berücksichtigung dieser Faktoren können Betreiber von Hochrisiko-KI-Systemen beurteilen, ob ihre Eingabedaten als ausreichend repräsentativ betrachtet werden können. Eine sorgfältige Analyse und Bewertung der Datenqualität, -vielfalt und -relevanz im Kontext des spezifischen Anwendungsfalls ist entscheidend, um sicherzustellen, dass das Hochrisiko-KI-System zuverlässig und effektiv arbeitet und mögliche Risiken und Verzerrungen minimiert werden.[35] Dies könnte in Anbetracht eines technologieoffenen Begriffsverständnisses innerhalb der KI-VO – unter anderem – die Pflicht zur Installation von Rückkoppelungsschleifen im Zusammenhang mit weiterlernenden KI-Systemen beinhalten.[36] Zur Relevanz und der hinreichenden Repräsentativität der Trainingsdaten siehe auch Art. 10 Rn. 54 ff.

e) Merkmal der Relevanz

51 Bei einem Blick auf die englische oder französische Fassung der KI-VO fällt auf, dass Eingabedaten, im Vergleich zur deutschen Fassung der KI-VO, nicht nur das Merkmal der ausreichenden Repräsentativität, sondern auch das Merkmal der **Relevanz** erfüllen müssen. Bei dem Weglassen des Merkmals der **Relevanz** könnte es sich um eine bewusste Entscheidung handeln, um die Anforderungen an Eingabedaten zu erleichtern. Dies erscheint allerdings weniger wahrscheinlich, da normalerweise die Kohärenz zwischen den verschiedenen Sprachfassungen eines EU-Rechtsakts angestrebt wird, um eine einheitliche Anwendung sicherzustellen.

52 Bei divergierenden Wortlauten von europäischen Rechtsakten haben die Sprachfassungen untereinander keinen grundsätzlichen Vorrang, da alle offiziellen Sprachen der Europäischen Union rechtlich gleichwertig sind, vgl. Art. 24 AEUV i.V.m. Art. 55 EUV. Bei der Auslegung europäischen Rechts, somit auch

35 Vgl. *Müller-Peltzer/Tanczik*, RDi 2023, 452, 455 Rn. 15.

36 Vgl. nur https://www.ipt.fraunhofer.de/de/presse/Pressemitteilungen/feedback-mensch-maschine-verbessert-qualitaet-und-effizienz-in-der-produktion.html (zuletzt abgerufen am 15.1.2025); zu Rückkoppelungsschleifen siehe https://c3.ai/glossary/features/feedback-loop/ (zuletzt abgerufen am 15.1.2025).

widerstreitender Wortlaute, ist die teleologische Auslegung maßgeblich.[37] Sinn und Zweck der KI-VO ist die Harmonisierung eines Rechtsrahmens für Künstliche Intelligenz in der gesamten Union. Diese Harmonisierung würde konterkariert werden, wenn jede Sprachfassung für sich nach ihrem Wortlaut rechtsverbindlich wäre. Außerdem handelt es sich bei der **Relevanz** im Sinne der Informatik um das Ausmaß, in dem die Daten anwendbar und hilfreich für die vorgesehene Aufgabe oder Nutzung sind oder einen wertvollen Beitrag liefern.[38] Im Zusammenhang mit der Trainingsebene des Maschinellen Lernens wird die Relevanz als Maßstab für den Beitrag zum Trainingserfolg herangezogen.[39] Als Quantifizierungsansatz zur Messbarkeit der Datenrelevanz wird beim Maschinellen Lernen mitunter auf den sog. „leave-out-test" zurückgegriffen. „Relevant" sind demnach Daten, wenn die Output-Qualität durch das Entfernen eines Datensatzes abnimmt.[40] Insoweit ist es sinnvoll, auch auf Anwendungsebene **Relevanz** zu fordern, da durch die Verpflichtung zur Eingabe relevanter Daten die Wahrscheinlichkeit von falschen Ausgaben und Halluzinationen verringert wird (siehe dazu Rn. 44). Demnach spricht auch der Sinn und Zweck der Relevanz dafür, dass diese zur Harmonisierung und Risikominimierung zu fordern ist. Zudem wäre eine rechtssichere und rechtsklare Anwendung und Durchsetzung der Normen nicht gewährleistet. Vor diesem Hintergrund dürfte daher davon auszugehen sein, dass es sich lediglich um ein redaktionelles Versehen handelt. Damit müssen Eingabedaten also nicht nur ausreichend repräsentativ, sondern auch relevant sein („relevant and sufficiently representative"). Zum Merkmal der Relevanz siehe auch Art. 10 Abs. 3.

f) Notwendigkeit von relevanten und ausreichend repräsentativen Eingabedaten

Weswegen die Eingabedaten nach Art. 26 Abs. 4 überhaupt (**relevant und) ausreichend repräsentativ** sein müssen, geht aus der KI-VO nicht unmittelbar hervor. Dagegen könnte sprechen, dass KI-Modelle, welche die algorithmische Basis der KI-Systeme darstellen, grundsätzlich durch historische Trainingsdaten angelernt werden (zur Repräsentativität der Trainingsdaten siehe Art. 10 Rn. 57 ff.) und diese Trainingsdaten ihrerseits bereits im Hinblick auf die Zweckbestimmung relevant, hinreichend repräsentativ und so weit wie möglich fehlerfrei und vollständig sind. 53

37 EuGH, 5.2.1963 – Rs. 26/62, Slg. 1963, 1, 27 – van Gend & Loos: Maßgeblich ist die Auslegung des EuGH „vom Geist der Vorschriften, von ihrer Systematik und von ihrem Wortlaut" geprägt.

38 *Feldkamp/Kappler/Poretschkin/Schmitz/Weiss*, ZfDR 2024, 60, 96 m. w. N.

39 *Feldkamp/Kappler/Poretschkin/Schmitz/Weiss*, ZfDR 2024, 60, 96.

40 *Feldkamp/Kappler/Poretschkin/Schmitz/Weiss*, ZfDR 2024, 60, 97.

54 Gleichwohl neigt KI aufgrund des sog. „Data Drifts" dazu, dass die Qualität des Outputs mit der Zeit abnimmt. „Data Drift" beschreibt, dass die Eingabedaten mit der Zeit von den ursprünglichen Trainingsdaten abweichen.[41] Hinzu kommt, dass das Merkmal der (Relevanz und) ausreichenden Repräsentativität dann zum Tragen kommen, wenn eine Eingabevarianz erforderlich ist. Dabei kann nicht gänzlich ausgeschlossen werden, dass Daten in das Hochrisiko-KI-System eingegeben werden, die diskriminierende Ergebnisse erlauben.[42] Gleichwohl kann durch die Eingabe relevanter und repräsentativer Daten dieses Diskriminierungsrisiko verringert werden.

55 Durch das Erfordernis, (relevante und) ausreichend repräsentative Eingabedaten zu verwenden, wird, zusätzlich zur Notwendigkeit der Repräsentativität der Trainingsdaten, ein weiterer „Safeguard" etabliert. So kann das Risiko der Output-Biases minimiert werden. Da das Opazitätsrisiko (das Opazitätsrisiko beschreibt, dass die Entscheidungswege des Systems oft technisch schwer nachvollziehbar sind[43]) einer KI besonders hoch ist, können durch (relevante und) ausreichend repräsentative Eingabedaten unbewusste Biases und zudem sog. Halluzinationen vermieden werden. Halluziniert ein KI-System, gibt es vermeintliche Fakten aus, die so keine Entsprechung in der Wirklichkeit haben.[44] Dies kann dadurch provoziert werden, dass fehlerhafte Eingabedaten verwendet werden.[45] Diese Fehlinformationen wirken täuschend echt und sind dazu geeignet, den unbefangenen Nutzer zu beeinflussen.[46] Sofern die Eingabedaten der Kontrolle der Betreiber unterliegen, ist Art. 26 Abs. 4 dazu bestimmt, diese Halluzinationen zu unterbinden. Sind jedenfalls die Eingabedaten ausreichend repräsentativ, also weitgehend vielfältig, vollständig und richtig, wird dem Risiko einer Halluzination entgegengewirkt. Die potenziell rechtsgutgefährdende Wirkung von Halluzinationen und unerkannten Output-Biases wird durch die sog. „Automation Bias" verstärkt. „Automation Bias" beschreibt die menschliche Tendenz, Ausgaben von Computerprogrammen besonderes Vertrauen entgegenzubringen.[47]

---

41 EDPS, 10 Misunderstandings about Machine Learning, S. 4, https://www.edps.europa.eu/system/files/2022-09/22-09-20_10-misunderstandings-on-machine-learning_en.pdf.

42 Vgl. *Linardatos*, in: Hilgendorf/Roth-Isigkeit, Die neue Verordnung der EU zur Künstlichen Intelligenz, § 7 Rn. 45.

43 *Burchardi*, EuZW 2022, 685, 686.

44 *Kögl*, <kes> 2024#2, S. 28.

45 *Kögl*, <kes> 2024#2 S. 28.

46 *Kögl*, <kes> 2024#2, S. 28.

47 *Pesch/Böhme*, MMR 2023, 917, 919.

5. Überwachungspflicht (Art. 26 Abs. 5)

Art. 26 Abs. 5 regelt umfassende Überwachungs-, Informations- und Meldepflichten des Betreibers von Hochrisiko-KI-Systemen. Dabei reicht der Pflichtenkatalog von einer allgemeinen Überwachungs- und Informationspflicht bis hin zu einer unverzüglichen Meldepflicht im Falle schwerwiegender Vorfälle. **56**

a) Allgemeine Überwachungs- und Informationspflichten

Zunächst stellt Art. 26 Abs. 5 UAbs. 1 Satz 1 klar, dass Betreiber Hochrisiko-KI-Systeme anhand der Betriebsanleitung überwachen und bei Bedarf die Anbieter der Hochrisiko-KI-Systeme gemäß Art. 72 informieren müssen. Die **Informationspflichten** kommen hierbei dem Anbieter zugute, da dieser so seinen allgemeinen Produktbeobachtungspflichten (nach dem Inverkehrbringen) entsprechend nachkommen kann, vgl. Art. 72 Abs. 2. **57**

Die Regelung zur allgemeinen Überwachungspflicht mag auf den ersten Blick wie eine Selbstverständlichkeit erscheinen. Dennoch ist es positiv zu bewerten, dass diese Regelung ausdrücklich festgehalten wurde. Dadurch wird deutlich, dass auch Überwachungspflichten eine grundlegende und unerlässliche Komponente für den verantwortungsvollen Betrieb von Hochrisiko-KI-Systemen darstellen. Die Überwachung des Betriebs gemäß der Betriebsanleitung stellt sicher, dass das Hochrisiko-KI-System entsprechend den Herstellerrichtlinien betrieben wird, was wiederum dazu beiträgt, potenzielle Risiken zu minimieren und die Sicherheit des Systems zu gewährleisten. Durch die enge Zusammenarbeit mit den Anbietern können Betreiber außerdem sicherstellen, dass etwaige Probleme oder Bedenken schnell und effektiv angegangen werden können, um die Integrität des Systems zu erhalten. **58**

b) Meldepflicht bei möglichen Risiken nach Art. 79 Abs. 1 (Art. 26 Abs. 5 UAbs. 1 Satz 2)

Sollten die Betreiber **Grund zu der Annahme** haben, dass die Verwendung des Hochrisiko-KI-Systems gemäß der Betriebsanleitung ein Risiko im Sinne von Art. 79 Abs. 1 darstellen könnte, sind sie verpflichtet, unverzüglich den Anbieter oder Händler sowie die zuständige Marktüberwachungsbehörde zu informieren und den Betrieb des Systems auszusetzen. Die Auslegung der Begriffe **Grund zu der Annahme** ist von entscheidender Bedeutung, um zu verstehen, wann Betreiber verpflichtet sind, entsprechende Maßnahmen zu ergreifen. Dieses Tatbestandsmerkmal wird in der KI-VO nicht näher bestimmt. „**Grund**" suggeriert nach einem allgemeinen Begriffsverständnis, dass die Annahme auf objektiven Gegebenheiten basieren muss. Dieser Grund muss zu einer „**Annahme**" führen. Dabei handelt es sich nach allgemeinem Begriffsverständnis um einen gewissen Überzeugungsgrad eines noch nicht bewiesenen Sachverhalts. Daraus folgt, **59** dass **Grund zu der Annahme** in diesem Zusammenhang nur bedeuten kann, dass der Betreiber objektive Anzeichen oder Hinweise hat, die darauf hinweisen, dass die Verwendung des Hochrisiko-KI-Systems gemäß der Betriebsanleitung potenzielle Risiken birgt. Kurze Verdachtsmomente dürften wohl nicht für die Begründung der Meldepflicht ausreichen. Im Sinne eines effektiven Grundrechtsschutzes dürften die Betreiber aber infolge eines Verdachtsmoments weitergehende Untersuchungspflichten treffen.

60 Objektive Anzeichen oder Hinweise können sich auf verschiedenen Ebenen zeigen. Sie können sich aus internen Tests, externen Berichten, Erfahrungen anderer Betreiber oder sogar aus bekannt gewordenen Vorfällen mit ähnlichen Hochrisiko-KI-Systemen ergeben. Die Schwelle für das Vorliegen eines **Grunds zur Annahme** sollte daher niedrig sein, um sicherzustellen, dass Betreiber proaktiv potenzielle Risiken identifizieren und angemessen darauf reagieren.

61 **Unverzüglich** ist die Meldung, wenn sie „ohne schuldhaftes Zögern“[48] erfolgt (siehe hierzu auch Art. 79 Rn. 69 ff.). Konkret bedeutet dies, dass Betreiber unverzüglich handeln müssen, sobald sie Grund zur Annahme haben, dass die Verwendung ihres Hochrisiko-KI-Systems gemäß der Betriebsanleitung potenzielle Risiken birgt. Die genaue Zeitspanne, die als **unverzüglich** angesehen wird, kann je nach den Umständen des Einzelfalls variieren. Es hängt davon ab, wie schnell eine angemessene Reaktion möglich und wie dringend die Situation ist. In einigen Fällen kann dies bedeuten, dass die Maßnahmen innerhalb von wenigen Stunden oder sogar Minuten ergriffen werden müssen, insbesondere wenn es sich um schwerwiegende Risiken handelt. Siehe zu KI-Systemen, die ein Risiko bergen, Art. 79 Rn. 37 ff.

c) Schwerwiegender Vorfall (Art. 26 Abs. 5 UAbs. 1 Satz 3)

62 Stellt der Betreiber einen **schwerwiegenden Vorfall** (dazu Legaldefinition in Art. 3 Nr. 49 Rn. 373 ff.) fest, muss er auch **unverzüglich** erst den Anbieter, dann den Einführer oder Händler und die zuständige Marktüberwachungsbehörde informieren. Für den Fall, dass der Anbieter nicht erreichbar ist, gilt Art. 73 entsprechend für die Betreiber von Hochrisiko-KI-Systemen: Art. 73 statuiert unmittelbare Meldepflichten an die Marktüberwachungsbehörden im Rahmen schwerwiegender Vorfälle durch ein Hochrisiko-KI-System.

63 Die Meldepflicht gilt nicht für **sensible operative Daten** des Betreibers, wenn es sich dabei um eine Strafverfolgungsbehörde handelt. Siehe zu sensiblen operativen Daten die Legaldefinition in Art. 3 Nr. 38 KI-VO Rn. 310 ff.

48 So auch wortwörtlich in der englischen Fassung des Art. 26 Abs. 5: „without undue delay“.

d) Besonderheiten für Finanzinstitute (Art. 26 Abs. 5 UAbs. 2)

Besonderheiten gelten für Betreiber, die **Finanzinstitute** sind. Für die Begriffsbestimmung des Finanzinstituts kann wohl – aus Gründen der Einheitlichkeit der Rechtsordnung – auf Art. 4 der VO (EG) 3604/93[49] zurückgegriffen werden.[50] So wird ein Begriffsverständnis herangezogen, welches für die Verträge gilt. Zudem wird ein rechtsgebietsübergreifendes Begriffsverständnis gewährleistet. Finanzinstitute unterliegen bereits strengen regulatorischen Anforderungen und Kontrollmechanismen im Hinblick auf ihre internen Geschäftsprozesse und -verfahren. Diese umfassen oft detaillierte Regelungen und Verfahren zum Risikomanagement, zur Compliance und zur Governance und Kontrolle, die darauf abzielen, die Integrität und Stabilität des Finanzsystems zu schützen. Dies dient dem Zweck der Kohärenz und der Gleichbehandlung im Finanzsektor.[51] **64**

---

49 Verordnung (EG) Nr. 3604/93 des Rates vom 13.12.1993 zur Festlegung der Begriffsbestimmungen für die Anwendung des Verbots des bevorrechtigten Zugangs gemäß Artikel 104a des Vertrages, ABl. L 332 v. 31.12.1993, S. 4. Art. 4 VO (EG) 3604/93 lautet:
(1) „Finanzinstitute" im Sinne von Artikel 104a des Vertrages sind
– Kreditinstitute im Sinne von Artikel 1 erster Gedankenstrich der Richtlinie 77/780/EWG (J),
– Versicherungsunternehmen im Sinne von Artikel 1 Buchstabe a) der Richtlinie 92/49/EWG,
– Versicherungsunternehmen im Sinne von Artikel 1 Buchstabe a) der Richtlinie 92/96/EWG,
– OGAW im Sinne von Artikel 1 Absatz 2 der Richtlinie 85/611/EWG,
– Wertpapierfirmen im Sinne von Artikel 1 Nummer 2 der Richtlinie 93/22/EWG,
– sonstige Unternehmen oder Einrichtungen, deren Tätigkeit derjenigen der unter den vorstehenden Gedankenstrichen genannten Unternehmen entspricht oder deren Haupttätigkeit im Erwerb von Finanzanlagen oder der Umwandlung von Finanzforderungen besteht.
(2) Zu den Finanzinstituten im Sinne von Absatz 1 gehören nicht:
– die Europäische Zentralbank und die nationalen Zentralbanken,
– die Finanzdienste der Post, sofern sie Bestandteil des Sektors Staat gemäß der Definition des Europäischen Systems Volkswirtschaftlicher Gesamtrechnungen (ESVG) sind oder ihre Hauptaufgabe darin besteht, für die öffentliche Hand im Finanzbereich tätig zu sein, und
– die Einrichtungen, die Bestandteil des Sektors Staat gemäß der Definition des ESVG sind oder deren Verbindlichkeiten in vollem Umfang öffentliche Schulden darstellen."

50 Das lässt sich auch mittelbar aus ErwG 158 entnehmen. Die Union will demnach ein kohärentes Regelungssystem schaffen. Dem würde widersprochen, wenn eine autonome Auslegung des Begriffs „Finanzinstitut" stattfände.

51 ErwG 158 a. E.

65 Nach Art. 26 Abs. 5 UAbs. 2 gelten die in UAbs. 1 festgelegten Überwachungspflichten als erfüllt, wenn die Betreiber gemäß den Rechtsvorschriften der Union über Finanzdienstleistungen Anforderungen in Bezug auf ihre Regelung oder Verfahren der internen Unternehmensführung unterliegen und diese erfüllen. Durch die Regelvermutung wird eine Doppelregulierung vermieden und ein gewisser Grad an Effizienz und Klarheit gewährleistet. So wird davon ausgegangen, dass die Einhaltung der bestehenden regulatorischen Anforderungen im Finanzsektor bereits einen angemessenen Schutz vor potenziellen Risiken bietet, die mit der Verwendung von Hochrisiko-KI-Systemen verbunden sein könnten.

66 Diese Bestimmung zeigt auch, dass der europäische Gesetzgeber eine differenzierte Betrachtung bezüglich verschiedener Sektoren und Branchen verfolgt, um sicherzustellen, dass die regulatorischen Anforderungen angemessen und verhältnismäßig sind. Indem bereits bestehende Kontrollmechanismen und Compliance-Anforderungen einbezogen werden, wird sichergestellt, dass die Verwendung von Hochrisiko-KI-Systemen in sensiblen Bereichen wie dem Finanzwesen angemessen geregelt und überwacht wird, ohne unnötige Belastungen oder Bürokratie zu schaffen. Beispielhaft kann hier etwa Richtlinie 2013/36/EU[52] genannt werden: Entsprechen die vom Anwendungsbereich der Norm umfassten Betreiber den Vorgaben des Art. 74 Richtlinie 2013/36/EU, so gilt, dass sie die Überwachungspflichten des Art. 26 Abs. 5 UAbs. 1 erfüllen.

6. Aufbewahrungspflicht (Art. 26 Abs. 6)

67 Art. 26 Abs. 6 verpflichtet Betreiber, **automatisch erzeugte Protokolle aufzubewahren,**[53] soweit diese der Kontrolle der Betreiber unterliegen. Sinn und Zweck dieser Regelungen ist es, die Transparenz und Rechenschaftspflicht im Zusammenhang mit Hochrisiko-KI-Systemen zu gewährleisten. Durch die Aufbewahrung der Protokolle können Betreiber potenzielle Risiken besser identifizieren, Fehler analysieren und bei Bedarf entsprechende Maßnahmen zur Verbesserung der Sicherheit und Wirksamkeit des Systems ergreifen. Eine komplementäre Verpflichtung der Anbieter ergibt sich aus Art. 19 KI-VO. Siehe dazu Art. 19.

---

52 Richtlinie 2013/36/EU des Europäischen Parlaments und des Rates über den Zugang zur Tätigkeit von Kreditinstituten und die Beaufsichtigung von Kreditinstituten und Wertpapierfirmen, zur Änderung der Richtlinie 2002/87/EG und zur Aufhebung der Richtlinien 2006/48/EG und 2006/49/EG.

53 Nach Art. 12 Abs. 1 muss die automatische Aufzeichnung von Ergebnissen während des gesamten KI-Lebenszyklus ermöglicht werden.

a) Kontrolle des Betreibers

68 Der Begriff der Kontrolle wird durch die KI-VO oder die Erwägungsgründe nicht weiter bestimmt. Aufgrund dessen ist der Sinn und Zweck der Vorschrift bei der Auslegung besonders zu berücksichtigen. Durch die Aufbewahrung sollen die Betreiber ihrer Rechenschaftspflicht nachkommen, die mit dem gewerblichen Betrieb eines Hochrisiko-KI-Systems einhergeht. Dabei kann die Kontrolle sich regelmäßig nicht auf solche Protokolle erstrecken, deren aufgezeichnete Ereignisse geschützte Daten des Endnutzers beinhalten. Dies lässt den Schluss zu, dass die automatisch erzeugten Protokolle eines Hochrisiko-KI-Systems der **Kontrolle des Betreibers** unterliegen, wenn dieser über die notwendigen Mittel und Befugnisse verfügt, um den Zugang zu diesen Protokollen zu regeln, deren Inhalt zu verwalten und deren Speicherung zu gewährleisten.[54] Dies ist etwa der Fall, wenn der Betreiber das Hochrisiko-KI-System auf einer eigenen IT-Infrastruktur betreibt, die er vollständig kontrolliert und so Zugriff auf Event- und Konsolen-Logs hat.[55] Dazu gehören Server, Datenbanken und andere Speicherlösungen, auf denen die Protokolle erzeugt und gespeichert werden. Darüber hinaus kann der Betreiber auch dann die Kontrolle über die Protokolle haben, wenn er das KI-System auf einer von Dritten bereitgestellten Plattform betreibt, aber durch vertragliche Vereinbarungen[56] sichergestellt ist, dass er Zugriff auf die Protokolle hat und deren Verwaltung bestimmen kann. Entscheidend ist hier, dass der Betreiber die Möglichkeit hat, die Protokolle gemäß den gesetzlichen Anforderungen zu speichern und zu verwalten. Darüber hinaus kann die Kontrolle des Betreibers auch dann gegeben sein, wenn der Betreiber die Konfiguration des Hochrisiko-KI-Systems so gestaltet hat, dass er direkten Zugriff auf die Protokolle hat, sei es durch administrative Zugriffsrechte, Benutzerrollen oder andere technische Maßnahmen.

b) Frist zur Aufbewahrung der Protokolle

69 Die Protokolle sind **für einen der Zweckbestimmung des Hochrisiko-KI-Systems angemessenen Zeitraum von mindestens sechs Monaten** aufzubewahren, sofern Unionsrechtsvorschriften zum Schutz personenbezogener Daten und das geltenden nationale Recht nichts anderes bestimmen. Die Festlegung eines Zeitraums von mindestens sechs Monaten für die Aufbewahrung der Protokolle erscheint angemessen, da dies ausreichend Zeit für eine gründliche Analyse und Bewertung der Systemleistung im Falle der aufsichtsrechtlichen Kompetenzausübung durch die Marktüberwachungsbehörden ermöglicht. Die Verweisung auf das geltende Unionsrecht, insbesondere im Hinblick auf den Schutz personenbe-

54 Vgl. zum Begriff der Kontrolle im Rahmen der Eingabedaten Rn. 46.
55 *Schulz-Große/Genske*, GuP 2023, 81, 90.
56 Vgl. *Roos/Weitz*, MMR 2021, 844, 848.

zogener Daten, sowie auf das nationale Recht, stellt sicher, dass die Aufbewahrungspflicht im Einklang mit anderen relevanten Rechtsvorschriften steht. Dies bedeutet, dass Betreiber die Protokolle in Übereinstimmung mit den Datenschutzbestimmungen und anderen rechtlichen Anforderungen aufbewahren müssen, die möglicherweise zusätzliche Einschränkungen oder Anforderungen für die Protokollaufbewahrung festlegen.

70 Beispielhaft sei hier etwa auf § 147 AO verwiesen. Demnach müssen „sonstige Unterlagen" nach § 147 Abs. 1 Nr. 5, Abs. 3 Satz 1 Hs. 1 Alt. 2 AO durch Unternehmen für mindestens sechs Jahre aufbewahrt werden.[57] Stellt ein automatisch erzeugtes Protokoll eine solche „sonstige Unterlage" dar, könnte die Aufbewahrungsfrist somit mindestens sechs Jahre betragen. Darüber hinaus kann etwa § 630f BGB des deutschen Medizinrechts genannt werden. Nach § 630f BGB ist der Behandelnde verpflichtet, zum Zweck der Dokumentation in unmittelbarem zeitlichem Zusammenhang mit der Behandlung eine Patientenakte in Papierform oder elektronisch zu führen. Soweit es sich bei den automatischen Protokollen um wesentliche Ergebnisse im Sinne des § 630f Abs. 1 BGB handelt, dürfte die zehnjährige Aufbewahrungspflicht des § 630f Abs. 3 BGB maßgeblich sein.[58]

7. Informationspflicht (Art. 26 Abs. 11)

71 Art. 26 Abs. 11 regelt Informationspflichten der Betreiber von in Anhang III der KI-VO aufgeführten Hochrisiko-KI-Systemen (sog. **Non-Embedded KI**) gegenüber natürlichen Personen, die von einer Entscheidung dieses Systems oder einer mit Unterstützung eines solchen Systems getroffenen Entscheidung betroffen sind. Die Verpflichtung betrifft alle Betreiber solcher Hochrisiko-KI-Systeme, die keine Strafverfolgungsbehörden sind. Für Hochrisiko-KI-Systeme, die für Strafverfolgungszwecke verwendet werden, gilt Art. 13 der Richtlinie (EU) 2016/680. Diese Spezialregelung stellt sicher, dass die Informationspflichten im Bereich der Strafverfolgung den spezifischen Anforderungen des Datenschutzes und den Notwendigkeiten der Strafverfolgung gerecht werden.

72 Bei der **Informationspflicht** nach Art. 26 Abs. 11 handelt sich um eine Informationspflicht für die Betreiber, die erst nach der Entscheidung zur Verwendung des Hochrisiko-KI-Systems entsteht.[59] Dies ergibt sich aus einem Wortlautvergleich zur besonderen Informationspflicht für Betreiber, die Arbeitgeber sind, vgl. Art. 26 Abs. 7.[60] Dort heißt es, dass die Arbeitnehmer vor der Inbetriebnah-

---

57 Für eine beispielhafte Auflistung der „sonstigen Unterlagen" siehe *Rätke*, in: Klein, AO, § 147 Rn. 27.

58 *Schulz-Große/Genske*, GuP 2023, 80, 90.

59 Vgl. *Frank/Heine*, NZA 2024, 433, 437.

60 Vgl. *Frank/Heine*, NZA 2024, 433, 437.

me oder Verwendung zu informieren sind. Damit ähnelt die Informationspflicht nach Art. 26 Abs. 11 auch der ihr verwandten Informationspflicht aus Art. 13 Abs. 2 lit. f DSGVO. Denn danach muss über das Bestehen einer automatisierten Entscheidungsfindung bereits zum Zeitpunkt der Datenerhebung informiert werden.[61]

Die Informationspflicht nach Art. 26 Abs. 11 verfolgt dreierlei Ziele: Erstens soll sie Transparenz schaffen und die betroffenen Personen darüber informieren, wenn Hochrisiko-KI-Systeme eingesetzt werden. Damit schützt sie die Selbstbestimmung des Einzelnen, der sein zukünftiges Verhalten anpassen kann. Zweitens dient sie dem Schutz der Grundrechte, insbesondere des Rechts auf Datenschutz und informationelle Selbstbestimmung. Und drittens ermöglicht die Informationspflicht dem Betroffenen die Möglichkeit der Wahrnehmung effektiven Rechtsschutzes nach Art. 47 GRCh. Die Informationspflicht des Betreibers eines Hochrisiko-KI-Systems ist wesensmäßig nichts anderes als die bloße Fortführung eines allgemeinen Transparenzgebots für bestimmte KI-Systeme, durch die eine vertrauenswürdige KI[62] ermöglicht werden soll. **73**

Da Art. 26 Abs. 11 keine detaillierten Angaben zu den erforderlichen Informationen macht, ist fraglich, welchen **Umfang die Informationspflichten** haben. Nach dem Wortlaut der Norm beschränkt sich die Informationspflicht darauf, dass eine betroffene Person informiert werden muss, wenn ein Hochrisiko-KI-System verwendet wird, welches Entscheidungen trifft oder bei Entscheidungen Unterstützung leistet. Betrachtet man den Sinn und Zweck der Informationspflichten als solcher, könnte dies gleichwohl nicht ausreichend sein. ErwG 27 statuiert diesbezüglich, dass Betreiber dabei die betroffenen Personen ordnungsgemäß über die Fähigkeiten und Grenzen des KI-Systems informieren und die betroffenen Personen über ihre Rechte in Kenntnis setzen müssen. Erwägungsgründe sind zwar nicht rechtsverbindlich, dienen aber der Erläuterung und Erklärung des Hintergrunds, der Ziele und des Zwecks europäischen Rechts.[63] Aus ihnen lässt sich der gesetzgeberische Wille – das Telos – in Schriftform entnehmen. Dennoch ist die Anwendung des ErwG 27 zur Auslegung der Norm zweifelhaft: Systematisch handelt es sich dabei um einen ErwG, der lediglich die Grundsätze der Ethikleitlinien für vertrauenswürdige KI von 2019 der von der Kommission eingesetzten unabhängigen hochrangigen Expertengruppe für künstliche Intelligenz näher beschreibt. Mithin bezieht sich der ErwG 27 auf die KI-VO als solche – wohl nicht unmittelbar auf die Informationspflicht gemäß Art. 26 Abs. 11. **74**

Somit lässt sich nicht konkret ermitteln, ob der Umfang der Informationspflichten des Art. 26 Abs. 11 den Wortlaut übersteigen. Insoweit ist die Entwicklung **75**

61 Vgl. *Frank/Heine*, NZA 2024, 433, 437.
62 Vgl. ErwG 1.
63 Vgl. *Wegener*, in: Calliess/Ruffert, EUV/AEUV, Art. 19 EUV Rn. 32.

der Rechtsprechung und die Konkretisierung durch die EU-Organe maßgeblich und sollte beobachtet werden. Handelt es sich bei ErwG 27 um eine Konkretisierung der Betreiberpflicht aus Art. 26 Abs. 11, so sollte über folgende Inhalte informiert werden: den Einsatz des Hochrisiko-KI-Systems, den Zweck des Einsatzes, die Funktionsweise des Systems, die relevante Datenkategorien, die Rechte der betroffenen natürlichen Personen, die Kontaktinformationen des Betreibers, die mögliche Auswirkungen der Entscheidungen sowie über Beschwerdemöglichkeiten. Diese Informationen müssen in einer verständlichen und zugänglichen Form bereitgestellt werden, sodass der Einsatz des Hochrisiko-KI-Systems nachvollzogen werden kann.

8. Pflicht zur Mitarbeit (Art. 26 Abs. 12)

76 Abschließend normiert Art. 26 Abs. 12 eine Selbstverständlichkeit: Die Betreiber sind dazu verpflichtet, bei allen Maßnahmen mit den nationalen Behörden zusammenzuarbeiten, die diese zur Umsetzung der KI-VO treffen. Im Detail bedeutet dies, dass Betreiber von Hochrisiko-KI-Systemen verpflichtet sind, eine proaktive und kooperative Haltung gegenüber den Behörden einzunehmen. Diese Zusammenarbeitspflicht erstreckt sich auf sämtliche Maßnahmen, die von den zuständigen Behörden initiiert werden, um die Einhaltung der Verordnung sicherzustellen.

77 Wenngleich die Verpflichtung nachgelagerter Akteure im Produkt(haftungs)-recht umstritten ist,[64] ist dies bei Art. 26 nicht der Fall. Dies lässt sich schon dadurch erklären, dass in den streitgegenständlichen Rechtsgebieten bloß Hersteller Haftungsschuldner sein können, vgl. § 1 Abs. 1 Satz 1 ProdHaftRL. Bei Art. 26 Abs. 12 dürfte es sich davon abweichend um eine deklaratorische Bestimmung handeln: Die Betreiber sind durch ihre gesonderte Verpflichtung in Art. 26 ohnehin zur Kooperation mit den nationalen Behörden verpflichtet: An der Verbindlichkeit und der Durchsetzbarkeit der Rechte und Pflichten im Rahmen der KI-VO gibt es keine Zweifel. Das wäre jedoch Voraussetzung dafür, dass Art. 26 Abs. 12 eine eigenständige Rolle als Kooperationspflicht zukommt. Damit präzisiert Art. 26 Abs. 12 bereits bestehende Pflichten. Damit ist zweifelhaft, ob der Norm in der Praxis eine eigenständige Bedeutung zukommen wird.

IV. Besondere Betreiberpflichten

78 Zu den besonderen Betreiberpflichten gehören:

– die Informationspflichten von Betreibern von Hochrisiko-KI-Systemen, die Arbeitgeber sind (Art. 26 Abs. 7),

---

64 Vgl. *Knauer*, MPR 2016, 37 ff.

- die Registrierungspflichten von Betreibern von Hochrisiko-KI-Systemen, bei denen es sich um Organe, Einrichtungen oder sonstige Stellen der Union handelt (Art. 26 Abs. 8),
- die Pflichten für Betreiber von Hochrisiko-KI-Systemen, die zu einer Datenschutz-Folgeabschätzung verpflichtet sind (Art. 26 Abs. 9), sowie
- die Pflichten im Zusammenhang mit dem Einsatz von Hochrisiko-KI-Systemen zur biometrischen Fernidentifizierung (Art. 26 Abs. 10).

1. Arbeitgeber, der Betreiber ist (Art. 26 Abs. 7)

a) Allgemeines

Art. 26 Abs. 7 legt spezielle Informationspflichten für Betreiber von Hochrisiko-KI-Systemen fest, die zugleich Arbeitgeber sind. Danach muss der Betreiber vor der Inbetriebnahme (zum Begriff Art. 3 Nr. 11 Rn. 153 ff.) oder der Verwendung des Hochrisiko-KI-Systems am Arbeitsplatz die Arbeitnehmervertretungen und die betroffenen Arbeitnehmer darüber informieren, dass sie der Verwendung des Hochrisiko-KI-Systems unterliegen werden. **79**

Diese doppelte Informationspflicht von betroffenen Arbeitnehmern und der Arbeitnehmervertretung betont die Bedeutung der Mitbestimmung und des kollektiven Schutzes der Arbeitnehmerrechte. Durch die Einbindung der Arbeitnehmervertretungen, wie Betriebsräte oder Gewerkschaften, wird sichergestellt, dass die Interessen der Arbeitnehmer auf institutioneller Ebene berücksichtigt und vertreten werden können. Dies ist besonders wichtig, um eine kollektive Kontrolle und Mitsprache in Bezug auf den Einsatz von Hochrisiko-KI-Systemen zu ermöglichen. Nicht ausreichend ist die bloße Beteiligung des Betriebsrates nach Maßgabe seines Mitbestimmungsrechts aus § 87 Abs. 1 Nr. 6 BetrVG (und ggf. des örtlichen Betriebsrats nach § 87 Abs. 1 Nr. 7 BetrVG i.V.m. § 5 ArbSchG[65]), ohne dass die einzelnen betroffenen Arbeitnehmer informiert werden.[66] Dagegen spricht der Wortlaut der Norm: Demnach sind alle betroffenen Mitarbeiter durch den Arbeitgeber zu informieren.[67] Arbeitgeber ist gerade nicht der örtliche Betriebsrat oder der Gesamtbetriebsrat. **80**

b) Informationszeitpunkt

Die Informationspflicht gemäß Art. 26 Abs. 7 ist zeitlich klar definiert: Anders als in Art. 26 Abs. 11, handelt es sich um eine zukunftsgerichtete Informations- **81**

65 *Stück*, ARP 2024, 125, 126.

66 *Günther/Gerigk/Berger*, NZA 2024, 234, 238; im Kontext von ChatGPT hat das ArbG Hamburg ein Mitbestimmungsrecht des Betriebsrates verneint: ArbG Hamburg, Beschl. v. 16.1.2024 – 24 BVGa 1/24, juris.

67 *Frank/Heine*, NZA 2024, 433, 437.

pflicht („*Vor* Inbetriebnahme oder Verwendung […] dass die [Arbeitnehmer] Gegenstand des Einsatzes eines Hochrisiko-KI-Systems sein *werden*").[68] Diese vorgelagerte Informationspflicht stellt sicher, dass sowohl die Arbeitnehmer als auch ihre Vertreter rechtzeitig und umfassend über den geplanten Einsatz informiert werden. Dies ermöglicht eine frühzeitige Auseinandersetzung mit den potenziellen Auswirkungen des KI-Systems und bietet die Möglichkeit, gegebenenfalls notwendige Maßnahmen oder Anpassungen im Vorfeld zu diskutieren und umzusetzen.

c) Umfang und Inhalt der Informationspflicht

82 Der Umfang und der Inhalt der Informationspflicht sind, ähnlich wie bereits im Rahmen von Art. 26 Abs. 11 (Rn. 71 ff.) diskutiert, umfassend zu gestalten. Arbeitgeber müssen detaillierte Informationen über das Hochrisiko-KI-System bereitstellen. Dazu gehören Angaben über den Zweck des Systems, seine Funktionsweise sowie die möglichen Auswirkungen auf die Arbeitnehmer. Die Ausführungen in Art. 26 Abs. 11 Rn. 72 geltend entsprechend. Diese Informationen müssen in einer verständlichen und zugänglichen Form bereitgestellt werden, sodass sowohl die Arbeitnehmer als auch ihre Vertreter die Bedeutung und die potenziellen Konsequenzen des Einsatzes des Hochrisiko-KI-Systems nachvollziehen können. Durch diese Transparenz sollen Unsicherheiten und Missverständnisse vermieden und das Vertrauen in den Einsatz von Hochrisiko-KI-Systemen gestärkt werden sowie die Grundrechte der Arbeitnehmer(vertretungen) geschützt werden.[69]

d) Verhältnis zu anderen Vorschriften

83 Art. 26 Abs. 7 verweist darauf, dass die Bereitstellung der Informationen im Einklang mit den Vorschriften und Gepflogenheiten auf Unionsebene und nationaler Ebene erfolgen muss. Dies bedeutet, dass die Arbeitgeber nicht nur die spezifischen Vorgaben der KI-VO selbst, sondern auch die bestehenden arbeitsrechtlichen Informations- und Konsultationspflichten auf Unionsebene und nationaler Ebene beachten müssen. Beispiele hierfür sind die Richtlinie 2002/14/EG zur Unterrichtung und Anhörung der Arbeitnehmer in der Europäischen Gemeinschaft sowie entsprechende nationale Umsetzungsgesetze. Durch die Berücksichtigung dieser Vorschriften wird sichergestellt, dass die Informationspflichten in einen breiteren rechtlichen Kontext eingebettet sind und die Arbeitnehmerrechte umfassend geschützt werden. So dient Art. 26 Abs. 7 der Sicherstellung, dass die Arbeitnehmer und ihre Vertreter in jedem Falle vor der Verwendung eines Hochrisiko-KI-Systems informiert werden, selbst wenn Informa-

68 *Frank/Heine*, NZA 2024, 433, 437.
69 ErwG 92.

tionspflichten aus anderen europäischen oder nationalen Rechtsakten nicht erfüllt sind oder diese in Ermangelung eines einheitlichen Arbeitnehmerschutzes nicht existieren.[70]

2. Registrierungspflichten von Organen, Einrichtungen und Stellen der Union (Art. 26 Abs. 8)

Für Organe, Einrichtungen und Stellen der Union legt Art. 26 Abs. 8 besondere Registrierungsverpflichtungen fest. Diese Bestimmung zielt darauf ab, insbesondere die Transparenz und damit die Überwachung und Kontrolle der Nutzung von Hochrisiko-KI-Systemen innerhalb der Union zu verstärken und die Einhaltung der vorgeschriebenen Sicherheitsanforderungen sicherzustellen.[71] Für die Registrierungspflicht siehe Art. 49 Rn. 19. **84**

Bevor ein Hochrisiko-KI-System verwendet wird, sind die öffentlichen Betreiber verpflichtet, zu überprüfen, ob dieses System in der in Art. 71 genannten EU-Datenbank registriert ist. Die Überprüfung stellt sicher, dass nur Systeme verwendet werden, welche die regulatorischen Anforderungen erfüllen und registriert wurden. Falls der Betreiber feststellt, dass das geplante Hochrisiko-KI-System nicht in der EU-Datenbank registriert ist, muss er von der Verwendung dieses Systems absehen. Dies ist eine **präventive Maßnahme**, um die Nutzung von nicht geprüften oder nicht konformen Hochrisiko-KI-Systemen zu verhindern und dadurch die Sicherheit und den Schutz der Nutzer sowie der Öffentlichkeit zu gewährleisten. Zum anderen kann so auch nach dem Prinzip der „Checks and Balances“ durch den Bürger als verfassungsgebende Gewalt auf einfache und transparente Weise kontrolliert werden, welche Stelle KI-Systeme wo einsetzt.[72] **85**

Darüber hinaus muss der Betreiber den Anbieter oder Händler des nicht registrierten Hochrisiko-KI-Systems informieren. Diese Informationspflicht stellt sicher, dass der Anbieter oder Händler über die fehlende Registrierung in Kenntnis gesetzt wird und gegebenenfalls die notwendigen Schritte zur Registrierung einleitet. **86**

3. Datenschutz-Folgenabschätzung (Art. 26 Abs. 9)

Art. 26 Abs. 9 spezifiziert die Verpflichtung der Betreiber von Hochrisiko-KI-Systemen, die gemäß Art. 13 bereitgestellten Informationen zu verwenden, um ihrer Pflicht zur Durchführung einer Datenschutz-Folgenabschätzung gemäß Art. 35 der Verordnung (EU) 2016/679 (Datenschutz-Grundverordnung, **87**

70 ErwG 92.
71 ErwG 131.
72 ErwG 131.

DSGVO) oder Art. 27 der Richtlinie (EU) 2016/680 (Datenschutzrichtlinie für Polizei und Justiz) nachzukommen.

88 Die Norm stellt sicher, dass Betreiber von Hochrisiko-KI-Systemen die Informationen, die von den Anbietern und Herstellern bereitgestellt werden, effektiv nutzen, um die datenschutzrechtlichen Risiken, die mit der Nutzung dieser Systeme einhergehen, zu bewerten und zu minimieren. Dies ist besonders wichtig, da Hochrisiko-KI-Systeme erhebliche Auswirkungen auf die Rechte und Freiheiten natürlicher Personen haben können, insbesondere im Hinblick auf den Schutz personenbezogener Daten. Dies gründet vor allem darin, dass die Funktionsweise von KI-Systemen – Schlagwörter: Opazität und Blackbox – nicht abschließend erforscht ist. Zudem ist die Erfüllung sämtlicher Betroffenenrechte der DSGVO im Rahmen der Verarbeitungstätigkeiten von in KI-Systemen implementierten großen Sprachmodellen, insbesondere dem Recht auf Vergessen, nicht möglich.[73] Daten können aus einem einmal trainierten KI-Modell nicht in der Weise entfernt werden, dass sie für niemanden mehr wahrnehmbar sind. Vielmehr kann sich ein KI-Modell an „vergessene" Daten sogar „erinnern".[74]

89 Die Formulierung **gegebenenfalls** in Art. 26 Abs. 9 deutet darauf hin, dass die Betreiber die bereitgestellten Informationen dann nutzen sollen, wenn diese für die Durchführung der Datenschutz-Folgeabschätzung erforderlich und relevant sind. Das bedeutet, dass die Betreiber eine sorgfältige Prüfung der bereitgestellten Informationen vornehmen und diese, soweit möglich und erforderlich, in ihre Risikoanalyse einfließen lassen müssen, um eine fundierte und umfassende Datenschutz-Folgenabschätzung durchzuführen.

90 Art. 35 der DSGVO verlangt, dass Verantwortliche eine Datenschutz-Folgeabschätzung durchführen, wenn eine Form der Verarbeitung, insbesondere bei Verwendung neuer Technologien, voraussichtlich ein hohes Risiko für die Rechte und Freiheiten natürlicher Personen mit sich bringt. Die Datenschutz-Folgeabschätzung soll dazu dienen, diese Risiken zu identifizieren und geeignete Maßnahmen zur Risikominimierung zu ergreifen. Art. 27 der Richtlinie (EU) 2016/680 enthält ähnliche Anforderungen für den Bereich Polizei und Justiz.

4. Biometrische Fernidentifizierung (Art. 26 Abs. 10)

91 Betreibt eine Strafverfolgungsbehörde[75] ein Hochrisiko-KI-System, das zu Zwecken der biometrischen Fernidentifizierung (zum Begriff siehe Art. 3 Nr. 41 Rn. 338 ff.) verwendet wird, so geht damit ein umfangreicher Pflichtenkatalog einher, der an eine „Norm in der Norm" erinnert. Es handelt sich um einen

73 *Pesch/Böhme*, MMR 2023, 917, 920 f.
74 *Pesch/Böhme*, MMR 2023, 917, 920 f.
75 Zur Legaldefinition siehe näher Art. 3 Nr. 45 Rn. 353 ff.

Pflichtenkanon, der erst im Rahmen der Trilog-Verhandlungen in die KI-VO integriert wurde (siehe dazu schon Rn. 7 ff.). Zur Abgrenzung der Echtzeit-Fernidentifizierung von der nachträglichen (asynchronen) Fernidentifizierung siehe Art. 5 Rn. 39 ff.

a) Systematik von Art. 26 Abs. 10

Systematisch gliedert sich Art. 26 Abs. 10 wie folgt: Zunächst wird in Art. 26 Abs. 10 UAbs. 1 die Genehmigungspflicht betont, wonach Betreiber von Hochrisiko-KI-Systemen verpflichtet sind, eine Genehmigung bei einer zuständigen Justiz- oder Verwaltungsbehörde zu beantragen. Unterbleibt die Genehmigung, werden die Betreiber zur Einstellung des Betriebs des biometrischen Fernidentifizierungssystems und zur Löschung der personenbezogenen Daten verpflichtet, Art. 26 Abs. 10 UAbs. 2. **92**

Weiter normiert Art. 26 Abs. 10 UAbs. 3, dass die Verwendung eines solchen Systems nur im Zusammenhang mit einer tatsächlichen und bestehenden oder tatsächlichen und vorhersehbaren Gefahr einer Straftat oder der Suche nach einer bestimmten vermissten Person erfolgen darf. Dabei stellt Art. 26 Abs. 10 UAbs. 4 klar, dass Art. 9 DSGVO sowie Art. 10 der Richtlinie 2016/680 für die Verarbeitung von biometrischen Daten daneben anwendbar sind. Dies hat mehrere Implikationen: Die Betreiber müssen nicht nur die spezifischen Genehmigungspflichten und Nutzungsbeschränkungen des Art. 26 Abs. 10 beachten, sondern auch die allgemeinen Anforderungen an die Rechtmäßigkeit der Verarbeitung biometrischer Daten gemäß Art. 9 DSGVO und Art. 10 der Richtlinie 2016/680. Durch die explizite Erwähnung der DSGVO und der Richtlinie 2016/680 soll hervorgehoben werden, dass die strengen Datenschutzstandards der EU auch bei der Nutzung fortschrittlicher KI-Technologien für biometrische Identifikationen in strafrechtlichen Kontexten gelten. Die Klarstellung vermeidet potenzielle Rechtskonflikte, indem sie deutlich macht, dass alle einschlägigen Datenschutzvorschriften parallel anwendbar sind und beachtet werden müssen. **93**

In den weiteren Unterabsätzen werden verschiedene Dokumentations-, Melde- sowie Informationspflichten normiert (Art. 26 Abs. 10 UAbs. 5 und 6) und abschließend die Möglichkeiten von strengeren nationalen Vorschriften eröffnet (Art. 26 Abs. 10 UAbs. 7). **94**

Teleologisch handelt es sich bei Art. 26 Abs. 10 um einen Kompromiss zwischen divergierenden Rechtsansichten. Zahlreiche Rechtswissenschaftler,[76] Daten- **95**

76 DAV, Pressemitteilung vom 16.2.2023, https://anwaltverein.de/de/newsroom/pm-06-23-biometrische-fernidentifizierung-verbieten-in-echtzeit-und-nachtraeglich (Stand: 30.4.2024); für eine differenziertere Anknüpfung an Anwendungsfälle *Hahn*, ZfDR 2023, 142, 163.

schützer und NGOs[77] haben sich für ein differenziertes, bis hin zu einem ausnahmslosen Verbot der biometrischen Fernidentifizierung ausgesprochen. Mit den besonderen Betreiberpflichten in Art. 26 Abs. 10 werden zusätzliche „Safeguards" – zusätzliche Schutzmechanismen – zugunsten der Grundrechte der Unionsbürger eingeführt. Dem ausnahmslosen Verbot der biometrischen Fernidentifizierung wird jedoch nicht entsprochen.

b) Genehmigungserfordernis (Art. 26 Abs. 10 UAbs. 1 und 2)

96 Art. 26 Abs. 10 UAbs. 1 und 2 stellt detaillierte Regelungen für die Genehmigung und Nutzung von Hochrisiko-KI-Systemen zur nachträglichen biometrischen Fernidentifizierung im Rahmen strafrechtlicher Ermittlungen auf. Diese Bestimmungen gewährleisten, dass der Einsatz solcher Technologien streng reguliert und kontrolliert wird, um die Grundrechte der betroffenen Personen zu schützen.

97 Art. 26 Abs. 10 UAbs. 1 verpflichtet Strafverfolgungsbehörden, die Betreiber von Hochrisiko-KI-Systemen sind, eine **Genehmigung bei einer Justiz- oder Verwaltungsbehörde** zu beantragen, wenn sie das System zur nachträglichen biometrischen Fernidentifizierung nutzen möchten. Diese Behörde muss eine bindende Entscheidung treffen, die einer justiziellen Überprüfung unterliegt. Der Antrag auf Genehmigung muss entweder im Voraus oder unverzüglich nach Beginn der Nutzung gestellt werden, spätestens jedoch binnen 48 Stunden. Diese Regelung stellt sicher, dass der Einsatz der Technologie zeitnah nach Genehmigung und unter strenger behördlicher Aufsicht erfolgt. Dabei erstreckt sich das Genehmigungserfordernis auf Ermittlungen zur gezielten Suche einer Person, die der Begehung einer Straftat verdächtigt wird oder aufgrund einer solchen verurteilt wurde, Art. 26 Abs. 10 UAbs. 1 Satz 1. Damit steht die Verwendung einer biometrischen Fernidentifizierung unter einer Art **Richter- oder Administrativvorbehalt**. Richter- oder Behörden(leiter)vorbehalte sind üblich in nationalen strafprozessualen oder gefahrenabwehrrechtlichen[78] Rechtsnormen, die Eingriffsbefugnisse vermitteln. In einer KI-VO zum „Funktionieren des Binnen-

---

77 Vgl. Amnesty international, Offener Brief: Menschenrechte schützen – Biometrische Fernidentifizierung verbieten, vom 13.3.2024, https://www.amnesty.de/offener-brief-menschenrechte-schuetzen-biometrische-fernidentifizierung-verbieten#:~:text=Amnesty%20International%20fordert%20gemeinsam%20mit,den%20nachtr%C3%A4glichen%20Einsatz%20verboten%20werden (Stand: 30.4.2024); ARTICLE 19, Pressemitteilung vom 13.3.2024, https://www.article19.org/resources/eu-ai-act-passed-in-parliament-fails-to-ban-harmful-biometric-technologies/ (Stand: 30.4.2024); differenzierend Bitkom, Stellungnahme vom 13.7.2023, S. 15, https://www.bitkom.org/sites/main/files/2023-07/20230713BitkomTriloguePositionfinal.pdf (Stand: 30.4.2024).

78 Z.B. § 12a Abs. 2 PolG NRW.

markts“[79] ist ein Richter- oder Administrativvorbehalt eher ungewöhnlich.[80] Sinn und Zweck der Regelung ist die prozedurale Grundrechtsschutz nach dem „Vier-Augen-Prinzip“.[81]

Zu beachten ist, dass die Legaldefinition einer **Strafverfolgungsbehörde** gemäß Art. 3 Nr. 45 im Rahmen des Richter- oder Administrativvorbehalts zu Konflikten führen kann. Nach der Legaldefinition sind nicht nur solche Strafverfolgungsbehörden, die zu repressiven Zwecken, sondern auch die zur präventiven Gefahrenabwehr tätig werden, umfasst. Das führt zu der kuriosen Situation, dass die deutsche Polizei als Ermittlungsbehörde (dann Strafverfolgungsbehörde) einen Antrag auf Verwendung einer nachträglichen biometrischen Fernidentifizierung bei der Polizei (als Verwaltungsbehörde) stellen müsste. Diese Subsumtion konterkariert jedoch den Normzweck des prozeduralen Grundrechtsschutzes. Bei der Auslegung europäischer Rechtsnormen ist nicht bloß der Wortlaut heranzuziehen, sondern auch ihr Kontext, die verfolgten Ziele und ihre Entstehungsgeschichte.[82] Sinn und Zweck des Genehmigungsvorbehalts ist gerade prozeduraler Grundrechtschutz, also Grundrechtschutz durch Verfahren. Daraus muss folgen, dass eine andere Behörde als die antragsstellende die Genehmigung erteilen muss. Zudem muss die genehmigende Behörde einer gerichtlichen Überprüfung unterliegen. 98

Das Genehmigungserfordernis gilt in den Fällen nicht, in denen die Fernidentifizierung zur **erstmaligen Identifizierung eines potenziellen Verdächtigen** aufgrund von objektiven und nachprüfbaren Tatsachen („objective and verifiable facts“), die in unmittelbarem Zusammenhang mit der Straftat stehen, verwendet wird (Art. 26 Abs. 10 UAbs. 1 Satz 1). Dadurch, dass es des Vorliegens objektiver und nachprüfbarer Tatsachen bedarf, die in einem unmittelbaren Zusammenhang mit einer Straftat stehen, wird zudem der Missbrauch der biometrischen Fernidentifizierung bezweckt. Die Eingriffsschwelle wird erhöht, indem strengere Tatbestandsvoraussetzungen normiert werden. Die anlasslose biometrische Fernidentifizierung ist allerdings verboten. Gewissermaßen redundant ist dabei zumindest die Formulierung der „objektiven […] Tatsachen“: **Tatsachen** sind in Abgrenzung von Erfahrungswerten oder Verdachtsmomenten stets dem Beweis zugänglich und von der subjektiven Wertung oder Stellungnahme abzugrenzen.[83] Diese Doppelung bringt nur zum Ausdruck, dass die erstmalige biometrische Fernidentifizierung nicht bloß auf kriminalistischen Erfahrungs- 99

79 Vgl. nur ErwG 1.
80 Vgl. *Valta/Vasel*, ZRP 2021, 142, 143.
81 Vgl. *Mehde*, in: Dürig/Herzog/Scholz, GG. Art. 104 Rn. 72.
82 EuGH, 17.4.2018 – C-414/16, NJW 2018, 1869 Rn. 44 – Egenberger.
83 Vgl. *Rückert*, in: MüKo-StPO, § 100a Rn. 153.

werten, Verdachtsmomenten oder Vermutungen basieren darf, sondern transparent und nachvollziehbar sein muss.

100 Abschließend wird in Art. 26 Abs. 10 UAbs. 1 Satz 2 klargestellt, dass jede Verwendung der biometrischen Fernidentifizierung auf „das für die Ermittlung einer bestimmten Straftat unbedingt erforderliche Maß zu beschränken" ist. Damit formuliert der Unionsgesetzgeber, dass der europäische **Verhältnismäßigkeitsgrundsatz** entsprechende Anwendung finden muss („*erforderliches* Maß"). Jede biometrische Fernidentifizierung muss das **mildeste, gleich geeignete Mittel** zur Ermittlung der Identität des Betroffenen sein.[84]

101 Unterbleibt die gemäß Art. 26 Abs. 10 UAbs. 1 beantragte Genehmigung, so muss die Verwendung des nachträglichen biometrischen Fernidentifizierungssystems mit sofortiger Wirkung eingestellt werden. Zusätzlich müssen die personenbezogenen Daten, die im Zusammenhang mit der Verwendung des Hochrisiko-KI-Systems stehen, gelöscht werden. Im Zusammenhang mit der Löschung der personenbezogenen Daten stellt ErwG 35 Satz 5 klar, dass damit die Löschung der Eingabedaten, Ergebnisse und Ausgaben gemeint ist.

c) Verbot der anlasslosen biometrischen Fernidentifizierung (Art. 26 Abs. 10 UAbs. 3)

102 Art. 26 Abs. 10 UAbs. 3 verbietet die Verwendung der biometrischen Fernidentifizierung „in nicht zielgerichteter Weise und ohne jeglichen Zusammenhang mit einer Straftat, einem Strafverfahren, einer tatsächlichen und bestehenden oder tatsächlichen und vorhersehbaren Gefahr einer Straftat oder der Suche nach einer bestimmten vermissten Person". Damit verbietet Art. 26 Abs. 10 UAbs. 3 die anlasslose biometrische Fernidentifizierung. Dem liegt zugrunde, dass eine anlasslose biometrische Fernidentifizierung durch eine enorme Streubreite nicht verhältnismäßig ist.[85] Streubreite bedeutet, dass besonders viele Grundrechtsträger durch eine Maßnahme betroffen sind. Insbesondere darf die Technologie nicht ohne jeglichen Zusammenhang mit einer Straftat, einem Strafverfahren, einer tatsächlichen und bestehenden oder vorhersehbaren Gefahr einer Straftat oder der Suche nach einer bestimmten vermissten Person genutzt werden. Damit

84 Vgl. *Kingreen*, in: Calliess/Ruffert, EUV/AEUV, Art. 5 EUV Rn. 48 ff.

85 So auch der EuGH mittelbar, indem er die Schlussanträge des Generalanwalts zitiert, die ausdrücklich auf die Ausführungen des BVerfG zur Streubreite verweisen, siehe EuGH, Urt. v. 8.4.2014 – C-293/12 u. C-594/12, ZD 2014, 296, 297, Rn. 37 – Digital Rights Ireland Ltd; so auch nach nationalem Recht, vgl. nur BVerfG, Urt. v. 20.4.2016 – 1 BvR 966/09, 1 BvR 1140/09, NJW 2016, 1781, 1784 Rn. 101 zur Angemessenheit streubreiter Überwachungsmaßnahmen.

wird verhindert, dass diese leistungsfähigen Technologien zur allgemeinen Überwachung der Bevölkerung missbraucht werden.

Darüber hinaus wird klargestellt, dass die Strafverfolgungsbehörden keine Entscheidungen treffen dürfen, die ausschließlich auf der Grundlage der Ausgabe solcher Hochrisiko-KI-Systeme zur nachträglichen biometrischen Fernidentifizierung beruhen, wenn diese Entscheidungen nachteilige Rechtsfolgen für eine Person haben. Dies bedeutet, dass die Ergebnisse der KI-Systeme nicht als einzige Grundlage für rechtliche oder administrative Entscheidungen verwendet werden dürfen. Hierdurch wird sichergestellt, dass immer eine menschliche Überprüfung und die Berücksichtigung weiterer Beweismittel erforderlich sind, um die Rechte der betroffenen Personen zu schützen und Fehlentscheidungen zu vermeiden. **103**

Der Regelungszweck von Art. 26 Abs. 10 UAbs. 3 verkörpert damit einen wesentlichen Leitgedanken der KI-VO: Der KI-VO wohnt das Bedürfnis nach einer anthropozentrischen und vertrauenswürdigen KI inne, was insbesondere in den ErwG 1, 2, 3, 5, 6 und Art. 1, 14 zum Ausdruck kommt. Diese menschliche Letztentscheidungsbefugnis darf nicht verloren gehen, damit die KI sich nicht von ihrer Zweckbestimmung als Hilfsmittel für den Menschen entfernt.[86] **104**

d) Dokumentations- und Meldepflicht (Art. 26 Abs. 10 UAbs. 5)

Des Weiteren müssen die Betreiber der biometrischen Fernidentifizierungssysteme jede Verwendung in der einschlägigen Polizeiakte dokumentieren. Auf Anfrage müssen die Ergebnisse der biometrischen Fernidentifizierungssysteme zudem der zuständigen Marktaufsichtsbehörde und der nationalen Datenschutzbehörde zur Verfügung gestellt werden. Somit wird eine repressive Kontrollmöglichkeit eröffnet. Davon ausgenommen ist die Offenlegung sensibler operativer Daten[87] im Zusammenhang mit der Strafverfolgung. Letzteres erklärt sich dadurch, dass der Informationsfluss an die Aufsichtsbehörden nicht die Effektivität und Vertraulichkeit polizeilicher Maßnahmen beeinträchtigen soll. **105**

Abschließend wird klargestellt, dass diese Dokumentations- und Meldepflicht die den Aufsichtsbehörden durch die Richtlinie (EU) 2016/680 übertragenen Befugnisse unberührt lässt. Die Richtlinie 2016/680, auch als Datenschutzrichtlinie für Strafverfolgungsbehörden bekannt, regelt den Schutz personenbezoge- **106**

86 Dieser Grundgedanke findet sich bereits in Art. 22 DSGVO, der auf einer automatisierten Verarbeitung beruhende Entscheidungen verbietet. Dabei handelt es sich praeter legem um eine Verbotsnorm, siehe dazu EuGH, Urt. v. 7.12.2023 – C-634/21, Rn. 52; *Frank/Heine*, NZA 2023, 935, 936 f.

87 Zur Legaldefinition siehe Art. 3 Nr. 38 Rn. 315.

ner Daten vor Strafverfolgungsbehörden und überträgt spezifische Befugnisse zur Überwachung und Durchsetzung des Datenschutzes. Art. 26 Abs. 10 ergänzt diese bestehenden Regelungen, ohne deren Geltungsbereich oder Wirksamkeit einzuschränken.

e) Informationspflichten (Art. 26 Abs. 10 UAbs. 6)

107 Weiterhin wird in Art. 26 Abs. 10 UAbs. 6 festgelegt, dass Betreiber von Hochrisiko-KI-Systemen, die nachträgliche biometrische Fernidentifizierung einsetzen, verpflichtet sind, Jahresberichte über ihre Nutzung dieser Systeme bei den zuständigen Marktüberwachungsbehörden und den nationalen Datenschutzbehörden einzureichen. Diese Berichte sollen eine Zusammenfassung der Verwendung der Systeme enthalten und können mehrere Einsätze abdecken, um einen umfassenden Überblick zu bieten. Dabei ist jedoch zu beachten, dass sensible operative Daten im Zusammenhang mit der Strafverfolgung von der Offenlegung ausgenommen sind, um die Integrität laufender Ermittlungen zu schützen.

108 Der Zweck dieser Berichtspflicht besteht darin, Transparenz und Verantwortlichkeit bei der Nutzung von biometrischen Fernidentifizierungssystemen zu fördern. Durch die regelmäßige Einreichung von Berichten sollen die zuständigen Behörden in die Lage versetzt werden, die Verwendung der Systeme zu überwachen und sicherzustellen, dass sie im Einklang mit den geltenden Vorschriften und ethischen Standards erfolgt. Potenzielle Risiken können so erkannt und entsprechende Maßnahmen ergriffen werden, um diese Risiken zu minimieren.

109 Die Berichte sind sowohl an die Marktüberwachungsbehörden als auch an die nationalen Datenschutzbehörden zu richten. Die Marktüberwachungsbehörden sind für die allgemeine Überwachung und Durchsetzung der Vorschriften bezüglich Hochrisiko-KI-Systemen zuständig, während die Datenschutzbehörden den Schutz personenbezogener Daten und die Einhaltung der Datenschutzgesetze überwachen.

f) Öffnungsklausel (Art. 26 Abs. 10 UAbs. 7)

110 Abschließend stellt Art. 26 Abs. 10 klar, dass die Mitgliedstaaten im Einklang mit dem Unionsrecht strengere Rechtsvorschriften für die Verwendung von Systemen zur nachträglichen biometrischen Fernidentifizierung erlassen können. Dadurch entsteht ein normatives Mehrebenensystem,[88] in dem das nationale Recht neben der KI-VO anwendbar bleiben wird. Hier ist ebenso wie im Rahmen der Öffnungsklauseln der DSGVO zu erwarten, dass diese als „Konterkarieren

88 Vgl. *Sydow*, in: Sydow/Marsch, DS-GVO/BDSG, Einleitung Rn. 47.

des Regelungsziels“ und „komplexitätserhöhend“ kritisiert werden.[89] Nichtsdestotrotz ist die Öffnung zugunsten der Mitgliedstaaten zu begrüßen. So wird den Mitgliedstaaten die Möglichkeit der Umsetzung des eigenen Freiheitsverständnisses gegeben. Beispielsweise ist der nationale Gesetzgeber, etwa im Falle der polizeilichen biometrischen Fernidentifizierung durch die Landesgesetzgeber, nicht an den einfachen Genehmigungsvorbehalt gebunden, sondern kann die biometrische Fernidentifizierung rechtssystemkonform und klarstellend unter Richtervorbehalt stellen.

89 Vgl. *Sydow*, in: Sydow/Marsch, DS-GVO/BDSG, Einleitung Rn. 47.

Art. 27 Grundrechte-Folgenabschätzung für Hochrisiko-KI-Systeme

(1) Vor der Inbetriebnahme eines Hochrisiko-KI-Systems gemäß Artikel 6 Absatz 2 – mit Ausnahme von Hochrisiko-KI-Systemen, die in dem in Anhang III Nummer 2 aufgeführten Bereich verwendet werden sollen – führen Betreiber, bei denen es sich um Einrichtungen des öffentlichen Rechts oder private Einrichtungen, die öffentliche Dienste erbringen, handelt, und Betreiber von Hochrisiko-KI-Systemen gemäß Anhang III Nummer 5 Buchstaben b und c eine Abschätzung der Auswirkungen, die die Verwendung eines solchen Systems auf die Grundrechte haben kann, durch. Zu diesem Zweck führen die Betreiber eine Abschätzung durch, die Folgendes umfasst:

a) eine Beschreibung der Verfahren des Betreibers, bei denen das Hochrisiko-KI-System im Einklang mit seiner Zweckbestimmung verwendet wird;

b) eine Beschreibung des Zeitraums und der Häufigkeit, innerhalb dessen bzw. mit der jedes Hochrisiko-KI-System verwendet werden soll;

c) die Kategorien der natürlichen Personen und Personengruppen, die von seiner Verwendung im spezifischen Kontext betroffen sein könnten;

d) die spezifischen Schadensrisiken, die sich auf die gemäß Buchstabe c dieses Absatzes ermittelten Kategorien natürlicher Personen oder Personengruppen auswirken könnten, unter Berücksichtigung der vom Anbieter gemäß Artikel 13 bereitgestellten Informationen;

e) eine Beschreibung der Umsetzung von Maßnahmen der menschlichen Aufsicht entsprechend den Betriebsanleitungen;

f) die Maßnahmen, die im Falle des Eintretens dieser Risiken zu ergreifen sind, einschließlich der Regelungen für die interne Unternehmensführung und Beschwerdemechanismen.

(2) Die in Absatz 1 festgelegte Pflicht gilt für die erste Verwendung eines Hochrisiko-KI-Systems. Der Betreiber kann sich in ähnlichen Fällen auf zuvor durchgeführte Grundrechte-Folgenabschätzungen oder bereits vorhandene Folgenabschätzungen, die vom Anbieter durchgeführt wurden, stützen. Gelangt der Betreiber während der Verwendung des Hochrisiko-KI-Systems zur Auffassung, dass sich eines der in Absatz 1 aufgeführten Elemente geändert hat oder nicht mehr auf dem neuesten Stand ist, so unternimmt der Betreiber die erforderlichen Schritte, um die Informationen zu aktualisieren.

(3) Sobald die Abschätzung gemäß Absatz 1 des vorliegenden Artikels durchgeführt wurde, teilt der Betreiber der Marktüberwachungsbehörde ihre Ergebnisse mit, indem er das ausgefüllte, in Absatz 5 des vorliegenden Artikels genannte Muster als Teil der Mitteilung übermittelt. In dem in Artikel 46 Absatz 1 genannten Fall können die Betreiber von der Mitteilungspflicht befreit werden.

(4) Wird eine der in diesem Artikel festgelegten Pflichten bereits infolge einer gemäß Artikel 35 der Verordnung (EU) 2016/679 oder Artikel 27 der Richtlinie (EU) 2016/680 durchgeführten Datenschutz-Folgenabschätzung erfüllt, so ergänzt die Grundrechte-Folgenabschätzung gemäß Absatz 1 des vorliegenden Artikels diese Datenschutz-Folgenabschätzung.

(5) Das Büro für Künstliche Intelligenz arbeitet ein Muster für einen Fragebogen – auch mithilfe eines automatisierten Instruments – aus, um die Betreiber in die Lage zu versetzen, ihren Pflichten gemäß diesem Artikel in vereinfachter Weise nachzukommen.

Mit Art. 27 korrespondiert Erwägungsgrund 96.

Schrifttum: *Chibanguza/Steege*, Die KI-Verordnung – Überblick über den neuen Rechtsrahmen, NJW 2024, 1769; *Frenz*, Annäherung von europäischen Grundrechten und Grundfreiheiten, NVwZ 2011, 961; *Krönke*, Das europäische KI-Gesetz: Eine Verordnung mit Licht und Schatten, NVwZ 2024, 529; *Schemmel*, Grundrechte- und Datenschutz-Folgenabschätzung – zwei Seiten einer Medaille, CB 2024, 321; *Taeger/Gabel* (Hrsg.), DSGVO BDSG TTDSG, Kommentar, 4. Aufl. 2022.

Übersicht

I. Allgemeines

1. Zweck der Vorschrift

1 Die Vorschrift bezweckt es, im Fall des Betriebs besonders sensibler **Hochrisiko-KI-Systeme** eine gesonderte Folgenabschätzung bzgl. der Risiken für einschlägige Grundrechte durchzuführen. Wegen der Regelung des Art. 27 Abs. 4 ist die Regelung in engem Zusammenhang mit der Datenschutz-Folgenabschätzung nach Art. 35 DSGVO zu sehen, für die bereits eine umfassende Literatur, Behördeneinschätzungen sowie in Teilen auch Judikatur existiert, was mitunter gewinnbringend genutzt werden kann. Dies gilt umso mehr, da nach der Norm Grundrechte-Folgenabschätzung und Datenschutz-Folgenabschätzung zusammen durchgeführt werden können.

2. Entstehungsgeschichte

2 Die Vorschrift stammt aus dem **Entwurf des Parlaments**[1] und war in der ursprünglichen Fassung[2] nicht enthalten. Die Parlamentsversion sah vor, die Grundrechte-Folgenabschätzung für alle Akteure vorzuschreiben. In der finalen Fassung wurde die Vorschrift wesentlich eingeschränkt und erfasst nun ausschließlich den öffentlichen Bereich. Die Anforderungen an die Prüfung wurden im Vergleich zum Parlamentsentwurf (in diesem waren nur die Mindestanforderungen enthalten) klarer beschrieben.

3 Ursprünglich war vorgesehen, dass die Grundrechte-Folgenabschätzung selbst dann vollständig durchzuführen sei, wenn bei dem Betreiber schon eine andere Folgenabschätzung (z.B. die Datenschutz-Folgenabschätzung) vorliegt. Diese Anforderung wurde dahingehend abgeändert, dass die Abschätzung nach Art. 27 auf die bereits vorhandenen (Datenschutz-)Folgenabschätzungen gestützt werden darf.

4 Die Mitteilungspflicht „im Verlauf" an die nationale Aufsichtsbehörde[3] und Interessenträger (z.B. Gleichstellungsstellen, Verbraucherschutzbehörden etc.)

---

1 Abänderungen des Europäischen Parlaments vom 14.6.2023 zu dem Vorschlag für eine Verordnung des Europäischen Parlaments und des Rates zur Festlegung harmonisierter Vorschriften für künstliche Intelligenz (Gesetz über künstliche Intelligenz) und zur Änderung bestimmter Rechtsakte der Union (COM(2021)0206 – C9-0146/2021 – 2021/0106(COD)), P9_TA(2023)0236.

2 EU-Komm., Vorschlag für eine Verordnung des Europäischen Parlaments und des Rates zur Festlegung harmonisierter Vorschriften für künstliche Intelligenz (Gesetz über Künstliche Intelligenz) und zur Änderung bestimmter Rechtsakte der Union vom 21.4.2021, COM(2021) 206 final.

3 Gemeint sein dürfte hier nach dem Entwurf des Europäischen Parlaments die nunmehr in Art. 3 Nr. 48 verankerte „zuständige nationale Behörde".

wurde gestrichen. Nun müssen die Betreiber lediglich die Ergebnisse der Prüfung an die Behörde mitteilen, wobei in Einzelfällen die Betreiber auch von dieser Pflicht befreit sind.

Die Pflicht für Behörden, die Zusammenfassung der Ergebnisse der Folgenabschätzung zu veröffentlichen, wurde ebenfalls im finalen Text gestrichen. **5**

Hinsichtlich der Datenschutz-Folgenabschätzung nach Art. 35 DSGVO stand im Text ursprünglich, dass bei der Durchführung der darauf basierenden Grundrechte-Folgenabschätzung der zusätzliche, nach Art. 27 erforderliche Teil veröffentlicht werden muss. Diese Anforderung wurde aber in die finale Fassung nicht übernommen. **6**

Im Vergleich zum Entwurf des Parlaments wurde auch in der finalen Fassung eingefügt, dass das Büro für Künstliche Intelligenz ein Muster für einen Fragebogen für die Zwecke des Art. 27 ausarbeiten soll. **7**

3. Verhältnis zu anderen Vorschriften

Innerhalb der KI-VO bestehen Bezüge zu **Art. 9**. Nach Art. 9 Abs. 1 ist im Fall eines Hochrisiko-KI-Systems ein Risikomanagementsystem einzurichten, anzuwenden, zu dokumentieren und aufrechtzuerhalten. Insbesondere Art. 9 Abs. 2 lit. a (siehe Art. 9 Rn. 1 ff.) fordert die Ermittlung und Analyse der bekannten und vernünftigerweise vorhersehbaren Risiken, die vom Hochrisiko-KI-System für die Gesundheit, Sicherheit oder Grundrechte ausgehen können, wenn es entsprechend seiner Zweckbestimmung verwendet wird. Unklar bleibt mit Blick auf die von letzterer Norm geforderte Risikoermittlung und Analyse in Bezug auf einschlägige Grundrechte, inwieweit ein Unterschied zur Grundrechte-Folgenabschätzung nach Art. 27 besteht.[4] Der Unterschied dürfte aber vor allem darin liegen, dass sich die Grundrechte-Folgenabschätzung nach Art. 27 nur an ganz bestimmte Anbieter von Hochrisiko-KI-Systemen gemäß Anhang III Nr. 5 lit. b und c richtet. Inhaltlich ist die Risikoanalyse nach Art. 9 Abs. 2 lit. a der Grundrechte-Folgenabschätzung nach Art. 27 jedenfalls sehr ähnlich. **8**

Deutliche Bezüge ergeben sich hier außerhalb der KI-VO zur sog. **Datenschutz-Folgenabschätzung**, die in Art. 35 DSGVO verankert ist. Insbesondere Erfahrungen und methodische Grundsätze nach vorgenannter Norm dürften daher im Rahmen der Anwendung der hiesigen Norm fruchtbar gemacht werden können. **9**

---

4 *Chibanguza/Steege*, NJW 2024, 1769 Rn. 34.

II. Durchführung der Grundrechte-Folgenabschätzung (Abs. 1)

10 Der **Anwendungsbereich** der Norm ist auf Hochrisiko-KI-Systeme i. S. v. Art. 6 Abs. 2 begrenzt, wobei die tatbestandliche Pflicht dann nicht zum Tragen kommt, wenn es sich um ein Hochrisiko-KI-System nach Anhang III Nr. 2[5] handelt.

11 Durch die Norm verpflichtet wird der **Betreiber** des KI-Systems i. S. d. Art. 3 Nr. 4 (siehe Art. 3 Rn. 1 ff.), soweit dieser entweder öffentliche Dienste erbringt oder ein Betreiber nach Anhang III Nr. 5 lit. b[6] oder c[7] ist.[8] Die Verpflichtung des Betreibers anstelle der sonst vor allem verfolgten Adressierung des (zukünftigen) Anbieters des KI-Systems mit dem Ziel der Entwicklung guter KI-Systeme wird teils kritisch gesehen.[9] Als Betreiber kommt im Zusammenhang mit Art. 27 Abs. 1 ausweislich des Wortlauts nur ein staatlicher Akteur in Betracht oder aber ein privater Akteur, der staatliche Aufgaben durchführt. Gemäß ErwG 96 Satz 3 ist Letzteres etwa in den Bereichen Bildung, Gesundheitsversorgung, Sozialdienste, Wohnungswesen und Justizverwaltung denkbar.

12 Die tatbestandliche Pflicht ist vor der **Inbetriebnahme** eines Hochrisiko-KI-Systems durchzuführen. Der Begriff „Inbetriebnahme" wird in Art. 3 Nr. 11 (siehe Art. 3 Rn. 153 ff.) definiert.

13 Rechtsfolge ist, dass der Betreiber eine Abschätzung der Auswirkungen durchführt, welche die Verwendung eines solchen Systems auf die **Grundrechte** haben kann. Zu prüfen sind also prinzipiell alle nach der GRCh in Betracht kommenden Grundrechte. Faktisch begrenzt sein dürfte die Prüfung aber vor allem auf diejenigen Grundrechte, welche den Anwendungsbereich und die Funktionsweise des KI-Systems betreffen. M. a. W. wird ein KI-System, das die Kreditwürdigkeit na-

5 Gemeint sind hier KI-Systeme, die in kritischen Infrastrukturen eingesetzt werden sollen.

6 „KI-Systeme, die bestimmungsgemäß für die Kreditwürdigkeitsprüfung und Bonitätsbewertung natürlicher Personen verwendet werden sollen, mit Ausnahme von KI-Systemen, die zur Aufdeckung von Finanzbetrug verwendet werden."

7 „KI-Systeme, die bestimmungsgemäß für die Risikobewertung und Preisbildung in Bezug auf natürliche Personen im Fall von Lebens- und Krankenversicherungen verwendet werden sollen."

8 Das niederländische Ministerium für Infrastruktur und Wassermanagement hat ein Dokument zum „AI Impact Assessment" veröffentlicht, „AI Impact Assessment The tool for a responsible AI project", Stand: Dezember 2024, https://www.government.nl/documents/publications/2023/03/02/ai-impact-assessment?trk=public_post_comment-text (zuletzt aberufen am 24.1.2025). Auch wenn sich die Angaben dort nicht spezifisch auf die Grundrechte-Folgenabschätzung nach Art. 27 KI-VO beziehen, so thematisieren sie dennoch das Thema „fundamental rights", weshalb sie ggf. ergänzend herangezogen werden können.

9 *Krönke*, NVwZ 2024, 529, 533.

türlicher Personen betrifft, wohl eher weniger dahingehend geprüft werden müssen, inwieweit es Auswirkungen auf das Grundrecht der körperlichen Unversehrtheit nach Art. 3 Abs. 1 GRCh hat. Anders als es die DSGVO an verschiedenen Stellen normiert,[10] sind im Rahmen der Grundrechte-Folgenabschätzung gerade nicht Auswirkungen auf die Grundfreiheiten[11] zu berücksichtigen, sondern eben nur die Grundrechte, die sich insbesondere aus der GRCh ergeben.[12]

Art. 27 Abs. 1 Satz 2 gibt vor, welche Angaben die Grundrechte-Folgenabschätzung enthalten muss.[13] Aufgrund der Formulierung „die Folgendes umfasst" wird deutlich, dass die Abschätzung durchaus umfassender sein kann und nicht auf die nachfolgend benannten Punkte begrenzt sein muss. Ein solcher Fall ist vor allem dann denkbar, wenn der Normadressat ebenfalls dazu verpflichtet ist, eine Datenschutz-Folgenabschätzung nach Art. 35 DSGVO durchzuführen. **14**

1. Beschreibung der Zweckbestimmung (lit. a)

Für die Einzelheiten kann auf die in Art. 3 Nr. 12 (siehe Art. 3 Rn. 161 ff.) normierte Zweckbestimmung verwiesen werden. **15**

2. Beschreibung des Zeitraums und der Häufigkeit des Einsatzes (lit. b)

Hier sind Zeitraum und Häufigkeit des Einsatzes des KI-Systems zu beschreiben, was hinsichtlich konkreter Angaben des Öfteren mit Unsicherheiten einhergehen dürfte, da die Grundrechte-Folgenabschätzung vor der Inbetriebnahme durchzuführen ist. **16**

Unklar bleibt, warum in Art. 27 Abs. 1 Satz 2 lit. a von dem Hochrisiko-KI-System im Singular gesprochen wird, während in der hiesigen Norm von „jedes Hochrisiko-KI-System" die Rede ist. **17**

Denkbar wäre es, dass mehrere der Grundrechte-Folgenabschätzung unterfallende KI-Systeme in einem Gesamtprozess eingesetzt werden sollen und der sich daraus ergebende Zeitpunkt des Einsatzes benannt werden soll. Denn gemäß Anhang III Nr. 2 kann eine Grundrechte-Folgenabschätzung u. a. für KI-Systeme durchzuführen sein, die bestimmungsgemäß als Sicherheitsbauteile im Rahmen der Verwaltung und des Betriebs kritischer digitaler Infrastruktur, des Straßenverkehrs oder der Wasser-, Gas-, Wärme- oder Stromversorgung verwendet werden sollen. Es könnte hier konkret also bspw. der Zeitraum/die Zeiträume **18**

10 Siehe z. B. in Art. 2 Abs. 1 und Art. 6 Abs. 1 UAbs. 1 lit. f DSGVO.

11 Zum Verhältnis von unionalen Grundrechten und Grundfreiheiten z. B. *Schmidt*, in: Taeger/Gabel, DSGVO BDSG TTDSG, Art. 1 Rn. 19 m. w. N.; *Frenz*, NVwZ 2011, 961, 963.

12 Siehe Art. 6 Abs. 1 UAbs. 1 Hs. 2 EUV.

13 Näher *Schemmel*, CB 2024, 321.

im Rahmen der Stromversorgung gemeint sein, in welcher die KI-Systeme als Sicherheitsbauteile zum Einsatz kommen.

3. Beschreibung der Kategorien natürlicher Personen und Personengruppen (lit. c)

19 Des Weiteren müssen im Rahmen der Grundrechte-Abschätzung die Kategorien natürlicher Personen und Personengruppen benannt werden, die von der Verwendung des Hochrisiko-KI-Systems betroffen sein könnten. Es kommt also weniger auf die faktische als auf die potenzielle **Möglichkeit der Betroffenheit** an, sodass die Kategorien natürlicher Personen und Personengruppen eher weit zu verstehen sein dürften. Die Beschreibung könnte also etwa Formulierungen umfassen wie „Kunden des Online-Shops", „Bewerber", „Mitarbeiter" oder „Ansprechpartner bei Lieferanten".

4. Beschreibung der Schadensrisiken (lit. d)

20 Nach der Norm müssen „die **spezifischen Schadensrisiken**" in Bezug auf die nach Art. 27 Abs. 1 Satz 2 lit. c ermittelten Personen oder Personengruppen beschrieben werden. Die Normanforderung ist nicht eindeutig. Denn es müssen zwar Schadensrisiken beschrieben werden, die sich auf die ermittelten Personen oder Personengruppen auswirken könnten, was den Anwendungsbereich eher weit fasst. Gleichwohl verlangt die Norm, dass spezifische Schadensrisiken angegeben werden. Erforderlich sein dürfte es daher, nicht jedes noch so abstrakt vorstellbare Schadensrisiko anzugeben, sondern vielmehr alle bei vernünftiger Betrachtung anzugebenden verschiedenen Schadensrisiken, die im Rahmen eines zweckbestimmten Einsatzes eintreten könnten.

21 Anders als Art. 27 Abs. 1 Satz 2 spricht die Norm hier von „Personen oder Personengruppen". Gemeint sein dürfte, dass sich das Schadensrisiko entweder auf eine natürliche Person, eine Personengruppe oder beides auswirken kann. Der Normadressat wird jedenfalls nicht wählen können, ob er Schadensauswirkungen auf die eine oder andere Variante beschreibt.

22 Im Rahmen der Beschreibung der Schadensrisiken sind die Angaben des Betreibers nach Art. 13 (siehe Art. 13 Rn. 169 ff.) zu berücksichtigen. Dieser Passus wirkt auch eher einschränkend hinsichtlich der Beschreibung der Schadensrisiken, da nach diesen Informationen die Modalitäten des KI-Systems beschrieben werden und sich faktisch hieraus potenzielle Schadensrisiken ergeben können.

23 Entsprechende Angaben dürften ausweislich des Art. 13 Abs. 3 lit. b Ziff. iii (siehe Art. 13 Rn. 109 ff.) unterstützend auch aus der Betriebsanleitung des Anbieters entnommen werden können.

5. Beschreibung von Maßnahmen der menschlichen Aufsicht (lit. e)

Diese Regelung spiegelt grundsätzlich die Vorgaben nach Art. 14, der für Hochrisiko-KI-Systeme Regelungen zur menschlichen Aufsicht trifft. Die Angaben hierzu können aus der **Betriebsanleitung** entnommen werden, die ausweislich Art. 3 Nr. 15 (siehe Art. 3 Rn. 190 ff.) durch den Anbieter des KI-Systems bereitzustellen ist.[14] Dass sich der Betreiber hier auf die Betriebsanleitung stützen kann, sieht auch der Wortlaut der hiesigen Norm vor („entsprechend den Betriebsanleitungen"). Das heißt, die Betriebsanleitung sollte nach dem Willen der Norm Vorgaben dazu treffen, wie eine menschliche Aufsicht im Zusammenhang mit dem Hochrisiko-KI-System ausgeübt werden kann. Demgemäß sollte der Betreiber im hiesigen Zusammenhang beschreiben, wie konkret die menschliche Aufsicht ausgeübt wird. Man könnte z. B. an ein KI-System denken, das bestimmungsgemäß die Kreditwürdigkeitsprüfung und Bonitätsbewertung natürlicher Personen durchführen soll. Im hiesigen Zusammenhang müsste dann möglichst konkret dargestellt werden, wie die Prüfung und Bewertung durch eine menschliche Aufsicht überwacht wird. 24

6. Beschreibung der Prozesse im Falle eines Risikoeintritts (lit. f)

Schließlich fordert die Norm, dass **Maßnahmen** zu beschreiben sind, die im Fall eines Eintritts des nach Art. 27 Abs. 1 Satz 2 lit. d bestimmten Schadensrisikos zu ergreifen sind. Der Begriff der Maßnahmen dürfte hier umfassend zu verstehen sein, aber vor allem technische und organisatorische Maßnahmen meinen. Dabei soll auch beschrieben werden, welche organisatorischen Maßnahmen intern vom Betreiber des KI-Systems ergriffen werden und wie sich Personen, die von dem KI-System betroffen sind, beschweren können. 25

Der Begriff der **„internen Unternehmensführung"**, der in der englischen Sprachfassung mit „internal governance" normiert wurde, ist kritisch zu sehen. Denn ein wesentlicher Anwendungsfall der Grundrechte-Folgenabschätzung ist ausweislich des Art. 27 Abs. 1 Satz 1 die Erbringung öffentlicher Dienste durch den KI-System-Betreiber, also dass eine öffentliche Stelle tätig wird. Weshalb der Begriff unter vorstehendem Aspekt mit „interner Unternehmensführung" übersetzt wurde, erschließt sich nicht. Gemeint sein dürften mit diesem Begriff jedenfalls vor allem interne Regeln und Richtlinien, festgelegte Verantwortlichkeiten, Kontrollen und Überwachung sowie das Risikomanagement des KI-System-Betreibers. 26

14 Siehe dazu auch Art. 13 Abs. 2 und Abs. 3 lit. d.

7. Anknüpfungspunkte und Aktualisierungspflichten (Abs. 2)

27 Satz 1 stellt klar, dass sich die Vorgaben des Art. 27 Abs. 1 auf den Zeitpunkt der ersten Verwendung beziehen. Maßgeblich ist also nicht, ob sich die Zweckbestimmung des Einsatzes des KI-Systems im weiteren Verlauf ändert (eine Änderung wird jedoch im Rahmen des Satz 3 relevant).

28 Auch Art. 27 Abs. 2 Satz 2 hat klarstellende Funktion. So können zuvor durchgeführte Grundrechte-Folgenabschätzungen zugrunde gelegt werden. Dies ist z. B. denkbar, wenn das KI-System zuvor in einem anderen Kontext bereits eingesetzt wurde. Gleiches gilt für bereits vorhandene Folgenabschätzungen. Hier wird u. a. der Bezug zur Datenschutz-Folgenabschätzung deutlich.[15] Denn die Durchführung auch dieser Folgenabschätzung wird regelmäßig mit dem Einsatz eines Hochrisiko-KI-Systems verbunden sein. Der europäische Normgeber wollte also wohl eine Verzahnung dieser Folgenabschätzungen regeln.

29 Schließlich regelt Art. 27 Abs. 2 Satz 3 die Pflicht zur **Aktualisierung** der Grundrechte-Folgenabschätzung. Unglücklich ist, dass daran angeknüpft wurde, dass der Betreiber des KI-Systems zu der Auffassung gelangen muss, dass eine Aktualisierung erforderlich ist. In der Praxis dürften Betreiber diese Pflicht daher wahrscheinlich eher verschieben, bis sie aus zwingenden Gründen unaufschiebbar wird.

III. Mitteilung der Ergebnisse an die Marktüberwachungsbehörde (Abs. 3)

30 Der Grundfall der Norm sieht vor, dass die Ergebnisse der Grundrechte-Folgenabschätzung durch den Betreiber an die Marktüberwachungsbehörde übermittelt werden. Das heißt, die Marktüberwachungsbehörde dürfte nicht die gesamte Grundrechte-Folgenabschätzung erhalten, sondern nur deren **zusammengefasste Ergebnisse**. Diese Ergebnisse werden durch einen vom Büro für Künstliche Intelligenz nach Art. 27 Abs. 5 bereitgestellten Fragebogen erläutert.

31 Eine **Ausnahme** von diesem Grundfall regelt Art. 27 Abs. 3 Satz 2. Denn nach Art. 46 Abs. 1 Satz 1 kann eine Marktüberwachungsbehörde im Fall des Vorliegens außergewöhnlicher Gründe der öffentlichen Sicherheit, des Schutzes des Lebens und der Gesundheit von Personen, des Umweltschutzes oder des Schutzes wichtiger Industrie- und Infrastrukturanlagen das Inverkehrbringen oder die Inbetriebnahme bestimmter Hochrisiko-KI-Systeme im Hoheitsgebiet des betreffenden Mitgliedstaats ohne Konformitätsbewertungsverfahren genehmigen. In vorstehend genannten Fällen kann der Betreiber des KI-Systems von der Mitteilungspflicht befreit sein.

15 Siehe auch Art. 27 Abs. 4.

IV. Verzahnung mit anderen Folgenabschätzungen (Abs. 4)

Die Norm macht die Verzahnung mit anderen Folgenabschätzungen deutlich. 32
Denn im Fall des Vorliegens einer tatbestandlichen Datenschutz-Folgenabschätzung ergänzt die hier vorzunehmende Grundrechte-Folgenabschätzung die Datenschutz-Folgenabschätzung. Sie sollte also in letztere integriert werden. Mit Blick darauf, dass die englische Sprachfassung von „shall" spricht, dürfte hier auch eine **Verpflichtung** zur entsprechenden Verzahnung bestehen, was allerdings auch im Interesse des Betreibers stehen dürfte, um Synergien zu schaffen und Arbeit zulasten des Betreibers zu begrenzen.

V. Muster für die Grundrechte-Folgenabschätzung (Abs. 5)

Das Büro für Künstliche Intelligenz wird nach der Norm dazu verpflichtet, einen 33
Fragebogen auszuarbeiten, damit die Betreiber auf einfachere Weise ihre Pflichten nach Art. 27 erfüllen können. Da es ausdrücklich nur in Art. 27 Abs. 3 Satz 1 erwähnt wurde, dürfte sich der Fragebogen nur auf die Mitteilung an die Marktüberwachungsbehörde beziehen. Eine einfachere Erfüllung anderer Verpflichtungen nach dieser Norm dürfte dagegen nicht gemeint sein. Ohnehin dürfte fraglich sein, inwiefern ein Fragebogen hierbei hilft. Das Büro ist dabei auch dazu verpflichtet, automatisierte Instrumente zu verwenden. Das heißt, der Fragebogen darf nicht ausschließlich in Papierform bereitgestellt werden, sondern muss auch in **digitaler Form**, also bspw. auf einer Website, bereitgestellt werden.

Abschnitt 4
Notifizierende Behörden und notifizierte Stellen

Art. 28 Notifizierende Behörden

(1) Jeder Mitgliedstaat sorgt für die Benennung oder Schaffung mindestens einer notifizierenden Behörde, die für die Einrichtung und Durchführung der erforderlichen Verfahren zur Bewertung, Benennung und Notifizierung von Konformitätsbewertungsstellen und für deren Überwachung zuständig ist. Diese Verfahren werden in Zusammenarbeit zwischen den notifizierenden Behörden aller Mitgliedstaaten entwickelt.

(2) Die Mitgliedstaaten können entscheiden, dass die Bewertung und Überwachung nach Absatz 1 von einer nationalen Akkreditierungsstelle im Sinne und gemäß der Verordnung (EG) Nr. 765/2008 durchzuführen ist.

(3) Notifizierende Behörden werden so eingerichtet, organisiert und geführt, dass jegliche Interessenkonflikte mit Konformitätsbewertungsstellen vermieden werden und die Objektivität und die Unparteilichkeit ihrer Tätigkeiten gewährleistet sind.

(4) Notifizierende Behörden werden so organisiert, dass Entscheidungen über die Notifizierung von Konformitätsbewertungsstellen von kompetenten Personen getroffen werden, die nicht mit den Personen identisch sind, die die Bewertung dieser Stellen durchgeführt haben.

(5) Notifizierende Behörden dürfen weder Tätigkeiten, die Konformitätsbewertungsstellen durchführen, noch Beratungsleistungen auf einer gewerblichen oder wettbewerblichen Basis anbieten oder erbringen.

(6) Notifizierende Behörden gewährleisten gemäß Artikel 78 die Vertraulichkeit der von ihnen erlangten Informationen.

(7) Notifizierende Behörden verfügen über eine angemessene Anzahl kompetenter Mitarbeiter, sodass sie ihre Aufgaben ordnungsgemäß wahrnehmen können. Die kompetenten Mitarbeiter verfügen – wo erforderlich – über das für ihre Funktion erforderliche Fachwissen in Bereichen wie Informationstechnologie sowie KI und Recht, einschließlich der Überwachung der Grundrechte.

Schrifttum: *Bloehs/Frank* (Hrsg.), Akkreditierungsrecht, Kommentar, 2015; *Denga*, Unternehmenshaftung für KI – zur Konformitätsbewertung in Permanenz, CR 2023, 277; *Ensthaler/Gesmann-Nuissl/Strübbe*, Gestaltungsspielräume für staatliche Aufsichtssysteme angesichts des Vorsorgeprinzips im deutschen Sicherheitsrecht und den Entwicklungen im europäischen Raum, 2005; *Ensthaler/Strübbe/Bock*, Zertifizierung und Akkreditierung technischer Produkte, 2007; *Kapoor/Klindt*, Die Reform des Akkreditierungswesens im Europäischen Produktsicherheitsrecht, EuZW 2009, 134; *Martini/Botta*, KI-Aufsicht im föderalen Staat, MMR 2024, 630; *Roth-Isigkeit*, Grundstrukturen der geplanten KI-Aufsichtsbehörden – KI-Bürokratie?, ZRP 2022, 187; *Roth-Isigkeit*, Stellungnahme im Rahmen der öffentlichen mündlichen Anhörung am 15. Mai 2024 des Digitalausschusses des Bundestags zum Thema Nationale Spielräume bei der Umsetzung des europäischen Gesetzes über künstliche Intelligenz, 2024; *Wiebe*, Produktsicherheitsrechtliche Betrachtung des Vorschlags für eine KI-Verordnung, BB 2022, 899.

Übersicht

I. Einordnung und Zweck der Bestimmung

Den Mitgliedstaaten kommt bei der Anwendung und Durchsetzung der KI-VO eine Schlüsselrolle zu. Sie sind daher dazu verpflichtet, **zuständige nationale Behörden** einzurichten, wobei jeder Mitgliedstaat **mindestens eine notifizierende Behörde** und **mindestens eine Marktüberwachungsbehörde** als zuständige nationale Behörden einzurichten, auszustatten und zu benennen hat (ErwG 153, Art. 70 Abs. 1, Art. 3 Nr. 48). Die behördliche Struktur muss gemäß Art. 70 Abs. 2, 113 lit. b spätestens zwölf Monate nach Inkrafttreten der KI-VO vorhanden sein. 1

Abschnitt 4 enthält die Bestimmungen zu den **notifizierenden Behörden und notifizierten Stellen** und befasst sich sonach mit einem zentralen Teilbereich dieser mitgliedstaatlichen Aufsicht, namentlich der **Akkreditierung und Notifizierung von Konformitätsbewertungsstellen**, die in dieser Form durch den New Legislative Framework eingeführt wurde.[1] Funktionell davon zu unterscheiden ist die mitgliedstaatliche i. d. R. gewerbeaufsichtsrechtliche Marktüberwachung, die ihre aufsichtsrechtlichen Befugnisse erst **nach** Markteinführung der KI-Systeme gemäß der VO (EU) 2019/2020 ausübt (Art. 3 Nr. 26, Art. 74 ff.), sowie die Aktivitäten der nationalen zentralen Anlaufstellen nach Art. 70 Abs. 2, denen im Hinblick auf die Anwendung der Verordnung in den 2

1 *Kapoor/Klindt*, EuZW 2009, 134 ff.

Mitgliedstaaten lediglich eine unterstützende Funktion zukommt; sie bilden eine Art „Informations- bzw. Kommunikationsknoten".[2]

3 Die **Regelungssystematik zur Akkreditierung und Notifizierung von Konformitätsbewertungsstellen** (Art. 28 ff.) ist nicht neu, sie ist den bekannten Strukturen im Produktsicherheitsrecht nachempfunden. Seit Inkrafttreten der VO (EG) Nr. 765/2008 wird die **Akkreditierung** von Konformitätsbewertungsstellen (= Nachweis des fachlichen Könnens auf Grundlage zuvor festgelegter Anforderungen sowie deren Überwachung) als hoheitliche Aufgabe angesehen, die in den Mitgliedstaaten durch eine einzige nationale Akkreditierungsstelle wahrzunehmen ist (Art. 4 Abs. 1 VO (EG) Nr. 765/2008). In Deutschland wurde die Wahrnehmung dieser hoheitlichen Aufgabe gemäß § 8 AkkStelleG i.V.m. § 1 Abs. 1 Satz 1 AkkStelleGBV der Deutsche Akkreditierungsstelle GmbH mit Sitz in Berlin (DAkkS) übertragen; sie führt als Beliehene die Akkreditierung als hoheitliche Aufgabe des Bundes durch, was entsprechend Art. 28 Abs. 2 auch im Kontext von Hochrisiko-KI-Systemen möglich bleibt. Die **Befugniserteilung und Notifizierung der Konformitätsbewertungsstellen** (= Entscheidung über das rechtliche Dürfen im nationalen Zuständigkeitsbereich der Mitgliedstaaten sowie Mitteilung dieser Befugnis an die Kommission und an die anderen Mitgliedstaaten) wird dagegen in Umsetzung der europäischen Verordnungen und Richtlinien entsprechend den Musterbestimmungen nach Anhang I des Beschlusses 765/2008/EG den sektorspezifischen nationalen Behörden (notifizierende Behörden) überlassen – in Umsetzung der Verordnung (EU) 305/2011 (EU-Bauprodukteverordnung) ist notifizierende Behörde z.B. das Deutsche Institut für Bautechnik; im Rahmen der Richtlinie 2001/95/EG (Produktsicherheitsrichtlinie) ist es die Zentralstelle der Länder für Sicherheitstechnik und bei der Datenschutz-Grundverordnung (DSGVO) sind es die Datenschutzbehörden der Länder und der Bundesbeauftragte für Datenschutz – wobei produktspezifisch stets eine einzige Behörde zur Befugniserteilung berufen ist („one stop shop") und die Aufgabenwahrnehmung in die Verwaltungskompetenz der Länder fällt, die diese als eigene Aufgaben nach Art. 83 ff. GG ausführen.

4 Ob Letzteres nun auch im Zusammenhang mit KI-Systemen gilt, bleibt nach dem Wortlaut der KI-VO offen. Während Art. 3 Nr. 19 von „die" nationale Behörde spricht und damit den Schluss auf eine einzige notifizierende Behörde für KI-Systeme nahelegt, spricht Art. 70 Abs. 1 von „mindestens eine", was demgegenüber vermuten lässt, dass auch mehrere notifizierende Behörden, ggf. sektorspezifisch (z.B. ZLS, BNetzA, BaFin, KBA oder BSI) neben der akkreditierenden Stelle nach Art. 28 Abs. 2 eingerichtet werden dürfen. Insgesamt scheint die Gestaltungsmöglichkeit für die Mitgliedstaaten hier recht weit zu sein – eine abschließende Einigung bezüglich der Ausgestaltung hat in Deutschland bislang

2 *Roth-Isigkeit*, ZRP 2022, 187, 188.

noch nicht stattgefunden.[3] Dennoch sollte man sich bei der Entscheidung an dem Leitbild des New Legislative Framework und dem bereits Bestehenden orientieren und vor einer Zersplitterung oder ausufernden neuen Mehrspurigkeit in Akkreditierung und Notifizierung hüten;[4] Deutschland sollte sich neben der DAkkS, die für die Begutachtung und Überwachung der notifizierten Stellen zuständig sein wird (entsprechend Art. 28 Abs. 2), daher nur auf notifizierende Behörden verständigen, die bereits die produktspezifischen Notifizierungen entsprechend den harmonisierten Rechtsakten begleiten, auf die die KI-VO in Anhang I Bezug nimmt – schon um Doppelstrukturen und Parallelsysteme zu vermeiden. Eine neue „Super-Behörde" für KI-Systeme[5] scheint dort, wo harmonisierte Rechtsakte bestehen, jedenfalls wenig zielführend und würde wohl nur neue und unlösbare Zuordnungsprobleme schaffen. Zwar könnte bei einer zentralen KI-Aufsicht regulatorisches Wissen über KI gebündelt werden, allerdings fehlten dann dort die spezifischen Kenntnisse zu konkreten Sachbereichen.

II. Begriff „Notifizierende Behörden", Tätigkeit und Zusammenarbeit (Abs. 1)

Jeder Mitgliedstaat sorgt für die Benennung oder Schaffung mindestens einer notifizierenden Behörde (Abs. 1). Art. 3 Nr. 19 (siehe Art. 3 Nr. 19 Rn. 216 ff.) definiert die „notifizierende Behörde" als nationale Behörde, die für die **Einrichtung und Durchführung der erforderlichen Verfahren für die Bewertung, Benennung und Notifizierung von Konformitätsbewertungsstellen und für deren (weitere) Überwachung** zuständig ist. Die Definition folgt den Vorgaben aus Art. R14 Abs. 1 des Beschlusses Nr. 768/2008/EG sowie dem Blue Guide 2022[6] und ist Bestandteil des New Legislative Framework, weshalb der Behördenbegriff auch unionsrechtlich auszulegen ist. 5

Wie im harmonisierten Produktsicherheitsrecht üblich, ist auch nach dem Verständnis der KI-VO die Eigenkonformitätsbewertung und Selbstzertifizierung (*first party certification*) der Kerngedanke (Art. 43 Abs. 1 Satz 1 lit. a i.V.m. Anhang VI) und nur für einige wenige Hochrisiko-KI-Systeme wird deren Inver- 6

3 Vgl. zuletzt Öffentliche mdl. Anhörung des Digitalausschusses des Bundestages am 15.5.2024.

4 *Ensthaler/Gesmann-Nuissl/Strübbe*, Gestaltungsspielräume für staatliche Aufsichtssysteme angesichts des Vorsorgeprinzips im deutschen Sicherheitsrecht und den Entwicklungen im europäischen Raum, S. 69 ff.; *Ensthaler/Strübbe/Bock*, Zertifizierung und Akkreditierung technischer Produkte, S. 10 ff.

5 *Roth-Isigkeit*, Stellungnahme im Rahmen der öffentlichen mündlichen Anhörung am 15. Mai 2024 des Digitalausschusses des Bundestags, S. 15.

6 Bekanntmachung der Kommission, Leitfaden für die Umsetzung der Produktvorschriften der EU 2022 („Blue Guide"), 29.6.2022, ABl. 2022 C 247/1, S. 87.

kehrbringen von einer Konformitätsbewertung durch eine notifizierte Stelle (Fremdzertifizierung; *third party certification*) abhängig gemacht (Art. 43 Abs. 1 Satz 1 lit. b i.V.m. Anhang VII). Letzteres folgt aus den harmonisierten Rechtsakten selbst, auf die die KI-VO in ihrem Anhang I Bezug nimmt.[7] Das Einschalten solcher in der Regel privater Einrichtungen bei der Konformitätsbewertung (und Zertifizierung) erfordert jedoch, dass diese zuvor in einem Akkreditierungsverfahren für einen bestimmten Kompetenz- und Zertifizierungsbereich **als fachlich und organisatorisch geeignet zugelassen** und anschließend an die Europäische Kommission notifiziert, d.h. als staatlich anerkannt benannt wurden. Dabei fällt die **Ausgestaltung der** für die Akkreditierung (= Bewertung) erforderlichen **Anforderungen** (Art. 31) ebenso in den Zuständigkeitsbereich der notifizierenden Behörde wie die **Ausgestaltung des Benennungs- und Notifizierungsverfahrens** an sich, beginnend mit dem Antrag seitens der Konformitätsbewertungsstelle (Art. 29) über die Erteilung der Befugnis, als Konformitätsbewertungsstelle agieren zu dürfen (= Benennung; begünstigender Verwaltungsakt gemäß §§ 35, 48 Abs. 1 Satz 2 VwVfG), bis hin zur Notifizierung gegenüber der Kommission (= Notifizierung; Realakt), damit diese die Eintragung in das Verzeichnis der notifizierten Stellen (Art. 35) vornehmen kann. Ferner kommt der notifizierenden Behörde die Aufgabe zu, die notifizierten Stellen (Konformitätsbewertungsstellen) **fortlaufend** daraufhin zu **überwachen**, ob sie die Notifizierungsanforderungen aus Art. 31 (weiterhin) erfüllen und ihren operativen Verpflichtungen (Art. 34) nachkommen (= Überwachung). Im Zuge dieser Überwachungstätigkeit kann sie auch bereits erteilte Benennungen zu einem späteren Zeitpunkt wieder aussetzen, einschränken oder widerrufen, sofern die Anforderungen und/oder Verpflichtungen nicht (mehr) erfüllt werden (Art. 36). Da die Bewertung und Überwachung der Konformitätsbewertungsstellen nicht durch die notifizierende Behörde selbst wahrgenommen werden muss (Art. 28 Abs. 2), sondern auf die Akkreditierungsstelle – in Deutschland die DAkkS – übertragen sein kann (vgl. (vgl. unten Rn. 10), die ihrerseits den Konformitätsbewertungsstellen die im Akkreditierungsbescheid bestätigten Kompetenzen zuspricht und deren Vorhandensein auch fortlaufend überwacht, ist bezüglich der Bewertung und Überwachung eine enge Zusammenarbeit mit der DAkkS selbstverständlich; auf die DAkkS als Dritte sind insoweit Aufgaben übertragen. Die Delegation dieser Aufgaben auf die Akkreditierungsstelle entbindet die notifizierende Behörde allerdings nicht von ihrer Verantwortung, für die Ordnungsgemäßheit der Akkreditierung Sorge zu tragen.

7 Gemäß Art. 28 Abs. 1 Satz 2 sind die zugrunde liegenden Zulassungskriterien und -verfahren bezüglich der Konformitätsbewertungsstellen in **Zusammenarbeit zwischen den notifizierenden Behörden aller Mitgliedstaaten** (welche nach Art. 28 Abs. 2 auch die Akkreditierungsstellen sein können) **zu entwi-**

---

7 U. a. *Denga*, CR 2023, 277, 281; *Wiebe*, BB 2022, 899, 903.

ckeln. Dies dient der gegenseitigen Angleichung, vermeidet unterschiedliche Interpretationen bzw. Auslegungen und verhindert ein „Konformitätsshopping".

Bezüglich der Ausgestaltung einer solchen Zusammenarbeit zur kohärenten Anwendung der Zulassung und der Konformitätsbewertung kann auf die **bestehenden Konzepte verwiesen** werden, die bereits zu verschiedenen Produktkategorien existieren. Gewöhnlich organisiert die Europäische Kommission die Koordinierungsaktivitäten, wobei die jeweiligen Gruppen über ein technisches Sekretariat und einen Vorsitzenden verfügen und in den Sitzungen die Vertreter der notifizierten Stellen teilnehmen, wie auch Vertreter der Normungsverbände, Kommissionsvertreter, Regierungssachverständige oder Vertreter anderer Behörden. Im Medizinprodukterecht wurde darüber hinaus eine Koordinierungsplattform der Befugnis erteilenden Behörden installiert. Bezogen auf die Zusammenarbeit der Akkreditierungsstellen sind Allgemeinen Leitlinien zur Zusammenarbeit zwischen akkreditierenden Stellen vorhanden.[8] 8

Daneben wird es vor allem darauf ankommen, gemeinschaftlich **harmonisierte europäische Standards** (ähnlich der ISO EN 17020 ff.) zu schaffen, die die normativen Anforderungen und Zulassungskriterien bezogen auf notifizierte Stellen **KI-spezifisch weiterentwickeln**. Sie müssen derart konkret sein, dass sich die zuständigen Behörden bei ihrer Akkreditierungsentscheidung und Befugniserteilung darauf berufen können;[9] auf internationaler Ebene wird derzeit u. a. die ISO/IEC DIS 42006 erarbeitet. 9

III. Akkreditierungsstelle zur Bewertung und Überwachung (Abs. 2)

Die Akkreditierungsstelle – in Deutschland die DAkkS – **kann** unter Beachtung der Vorgaben aus der Verordnung (EG) Nr. 765/2008 zur **Bewertung** der an die Konformitätsbewertungsstelle gestellten Anforderungen sowie zur **Überwachung** eingesetzt werden (Art. 28 Abs. 2, siehe oben Rn. 6). Durch die Akkreditierung wird dann von dritter Seite bestätigt, dass eine Konformitätsbewertungsstelle die Kompetenz (fachliches Können), Ausstattung und Integrität besitzt, bestimmte Konformitätsbewertungsaufgaben durchzuführen;[10] es findet sozusagen eine „Überprüfung der Prüfer" statt,[11] die sich die notifizierende Behörde anschließend zu eigen macht. 10

Liegt der Notifizierung keine Akkreditierung zugrunde, was nach Abs. 2 („können") grundsätzlich möglich zu sein scheint, müsste die notifizierende Behörde 11

8 Vgl. Anhang I VO (EU) 765/2008, ABl. (EU) 2009 C 116, S. 10 f.

9 Vgl. dazu auch die Allgemeinen Regeln zur Akkreditierung von Konformitätsbewertungsstellen (71 D 0 001).

10 *Frank*, in: Bloehs/Frank, Akkreditierungsrecht, Art. 2 VO 765/2008 Rn. 6.

11 *Kapoor*, in: Klindt, ProdSG, Einl. §§ 9–19 Rn. 14.

die notifizierten Stellen selbst hinsichtlich der erforderlichen, KI-bezogenen Prüfungskompetenzen bewerten und überwachen.

IV. Einrichtung und Organisation der notifizierenden Behörden (Abs. 3–7)

12 Notifizierende Behörden sind so einzurichten und zu organisieren, dass die **Objektivität und Unparteilichkeit** ihrer Tätigkeiten gewährleistet ist und **jegliche Interessenkonflikte mit Konformitätsbewertungsstellen vermieden** werden (Art. 28 Abs. 3). Der Inhalt der Vorschrift folgt Art. R15 des Beschlusses Nr. 768/2008/EG und soll sicherstellen, dass die Notifizierungsentscheidung unabhängig von jeglicher unzulässigen Beeinflussung und zudem objektiv, d.h. rein faktenbasiert erfolgt. Die notifizierende Behörde hat einheitliche, sachgeleitete und diskriminierungsfreie Entscheidungen zu treffen, die von außen unbeeinflusst sind, sodass weder Bevorzugung noch Benachteiligungen entstehen.

13 Unterstützt wird dieses Erfordernis durch die Art. 28 Abs. 4 bis Abs. 7, die sowohl in organisatorischer als auch in personeller Hinsicht weitere Anforderungen formulieren.

14 **Organisatorisch** wird zuvörderst eine **strikte institutionelle und personelle Trennung** zwischen notifizierender Behörde und Konformitätsbewertungsstelle vorausgesetzt (Art. 28 Abs. 4). Die rechtliche Trennung muss so gestaltet sein, dass vor allem die Leitungsmacht, Vornahme von Befugnissen und Prüfungskompetenzen vollkommen voneinander losgelöst sind.[12] Es geht darum, sicherzustellen, dass die notifizierten Stellen sich nicht selbst befähigen und überwachen können **(Vier-Augen-Prinzip)**. Ferner sollen durch diese rechtliche Trennung Interessenkollusionen vermieden werden, die potenzielle Ungleichbehandlungen begründen könnten. Unterstützend normiert Art. 28 Abs. 5 außerdem, dass **keine gewerbliche oder wettbewerbliche Konkurrenz** erwünscht ist, d.h. die notifizierende Behörde eben keine Bewertungs- oder Beratungsleistungen auf dem Tätigkeitsfeld der Konformitätsbewertungsstelle anbieten oder erbringen darf. Sie agiert nicht gewinnorientiert, wenngleich kostendeckende Gebühren und Entgelte möglich bleiben.

15 Die Tätigkeit der notifizierenden Behörde folgt nicht nur dem Grundsatz der **Unparteilichkeit**, sondern unterliegt zudem dem **Vertraulichkeitspostulat** nach Art. 78 (siehe Art. 78 Rn. 24) (Art. 28 Abs. 6). Die Vertraulichkeit bezieht sich vor allem auf den Umgang mit Berufs- und Geschäftsgeheimnissen im Rahmen des Informationsflusses zwischen den mitgliedstaatlichen Stellen, aber

12 EuGH, Urt. v. 2.9.2021 – C 718/18, NVwZ 2021, 1441.

auch im Rahmen der europaweiten Zusammenarbeit der notifizierenden Behörden.

Bezüglich der **personellen Ausstattung** fordern Art. 28 Abs. 4 und 7 **fachkompetente Personen**, welche zum einen in **angemessener Anzahl** in der Behörde verfügbar sein müssen, um die dort anfallenden Tätigkeiten ordnungsgemäß wahrzunehmen, und die obendrein **KI-spezifisches Fachwissen** besitzen müssen. Die angemessene Anzahl bzw. der Aufwuchs von personellen Ressourcen bei Nutzung bestehender Strukturen wird sich am Umfang der übertragenen Aufgaben zu orientieren haben. Die KI-spezifischen Fachkenntnisse müssen Teil der Qualifikation der Beschäftigten sein. Das wird vor allem dort herausfordernd, wo sich der nationale Gesetzgeber bei Etablierung der notifizierenden Behörden an den bereits bestehenden Strukturen anlehnt und nun lediglich die KI-bezogenen Fachkompetenzen in den bereits existierenden Behörden aufbauen muss; hier muss jedenfalls ein Aufwuchs an KI-kompetentem Personal erfolgen. Schließlich – auch das gehört zu KI-spezifischem Fachwissen – werden in diesen hoch dynamischen Bereichen, wie der Informationstechnologie, regelmäßige Schulungs- und Fortbildungsmaßnahmen erforderlich werden, um den Anforderungen aus Art. 28 Abs. 7 zu genügen. **16**

Art. 29 Antrag einer Konformitätsbewertungsstelle auf Notifizierung

(1) Konformitätsbewertungsstellen beantragen ihre Notifizierung bei der notifizierenden Behörde des Mitgliedstaats, in dem sie niedergelassen sind.

(2) Dem Antrag auf Notifizierung legen sie eine Beschreibung der Konformitätsbewertungstätigkeiten, des bzw. der Konformitätsbewertungsmodule und der Art der KI-Systeme, für die diese Konformitätsbewertungsstelle Kompetenz beansprucht, sowie, falls vorhanden, eine Akkreditierungsurkunde bei, die von einer nationalen Akkreditierungsstelle ausgestellt wurde und in der bescheinigt wird, dass die Konformitätsbewertungsstelle die Anforderungen des Artikels 31 erfüllt.

Sonstige gültige Dokumente in Bezug auf bestehende Benennungen der antragstellenden notifizierten Stelle im Rahmen anderer Harmonisierungsrechtsvorschriften der Union sind ebenfalls beizufügen.

(3) Kann die betreffende Konformitätsbewertungsstelle keine Akkreditierungsurkunde vorweisen, so legt sie der notifizierenden Behörde als Nachweis alle Unterlagen vor, die erforderlich sind, um zu überprüfen, festzustellen und regelmäßig zu überwachen, ob sie die Anforderungen des Artikels 31 erfüllt.

(4) Bei notifizierten Stellen, die im Rahmen anderer Harmonisierungsrechtsvorschriften der Union benannt wurden, können alle Unterlagen und Bescheinigungen im Zusammenhang mit solchen Benennungen zur Unterstützung ihres Benennungsverfahrens nach dieser Verordnung verwendet werden. Die notifizierte Stelle aktualisiert die in den Absätzen 2 und 3 des vorliegenden Artikels genannte Dokumentation immer dann, wenn sich relevante Änderungen ergeben, damit die für notifizierte Stellen zuständige Behörde überwachen und überprüfen kann, ob die Anforderungen des Artikels 31 kontinuierlich erfüllt sind.

Mit Art. 29 korrespondiert Erwägungsgrund 125.

Schrifttum: *Grabitz/Hilf/Nettesheim* (Hrsg.), Das Recht der Europäischen Union: EUV/AEUV, Kommentar, 81. EL, Stand: Januar 2024; *Klindt* (Hrsg.), Produktsicherheitsgesetz, Kommentar, 3. Aufl. 2021; *Martini/Botta*, KI-Aufsicht im föderalen Staat, MMR 2024, 630.

Übersicht

I. Zweck der Bestimmung

Art. 29 enthält die Festlegungen für den **Antrag auf Notifizierung** durch potenzielle Konformitätsbewertungsstellen und strukturiert damit den **Beginn des Notifizierungsverfahrens**. Die Vorschrift legt fest, wie die Antragstellung zu erfolgen hat (Abs. 1) und welche Unterlagen bei Antragstellung beizufügen sind (Abs. 2–4). Inhaltlich folgt die Regelung weitgehend der Mustervorschrift aus Art. R22 Anhang I des Beschlusses 2008/768/EG, die für die sektoralen Harmonisierungsvorschriften im Zuge des New Legislative Framework geschaffen wurde. 1

II. Antragstellung (Abs. 1)

Um als notifizierte Stelle (Konformitätsbewertungsstelle) tätig werden zu dürfen, ist eine Befugniserteilung bzw. staatliche Anerkennung durch die notifizierende Behörde (sog. Notifizierung) erforderlich (vgl. Art. 28 Rn. 3), der die Durchführung eines Notifizierungsverfahrens nach Art. 29 ff. vorausgeht. Dieses Notifizierungsverfahren beginnt mit dem **Antrag der notifizierten Stelle** bei der Befugnis erteilenden bzw. notifizierenden Behörde. Dieser Antrag leitet das Notifizierungsverfahren ein und ist **zwingende Voraussetzung** hierfür. 2

Der Antrag ist bei der **notifizierenden Behörde im Staat der Niederlassung der Konformitätsbewertungsstelle** einzureichen. Der Begriff der Niederlassung bezeichnet im Unionsrecht den Ort, an dem ein Wirtschaftsakteur seine wirtschaftliche Tätigkeit mittels einer festen Einrichtung auf unbestimmte Zeit tatsächlich ausübt.[1] Gemeint ist jedoch etwas enger der **Geschäftssitz der Konformitätsbewertungsstelle**, da die Tätigkeit mittels Zweigstellen – also an Orten außerhalb des Geschäftssitzes – einer eigenen Regelung vorbehalten ist (siehe Art. 33). Insofern ist der Antrag an die notifizierende Behörde des Mitgliedstaates zu richten, in dem die Konformitätsbewertungsstelle ihren Sitz hat. Eine Notifizierung durch die zuständige Behörde eines anderen Mitgliedstaates ist ausgeschlossen. 3

In Deutschland steht die zuständige notifizierende Behörde als Antragsadressat noch nicht fest; derzeit ist noch unklar, ob die sektoralen zuständigen Behörden künftig auch bei der Notifizierung nach der KI-VO mitentscheiden oder ob es eine einzige neue zuständige Behörde geben wird (vgl. Art. 28 Rn. 4). Sofern die Festlegungen getroffen sind, wird das Antragsformular – wie allgemein üblich – auf den Internetseiten der notifizierenden Behörde zu finden sein. 4

1 EuGH, Urt. v. 25.7.1991 – C-221/89, BeckRS 2004, 75196, Rn. 20 – Factortame; EuGH, Urt. v. 12.9.2006 – C-196/04, NZG 2006, 835 Rn. 54 – Cadbury; *Forsthoff*, in: Grabitz/Hilf/Nettesheim, EUV/AEUV, Art. 49 AEUV Rn. 16 ff.

5 Selbst wenn Abs. 1 zu implizieren scheint, dass eine Konformitätsbewertungsstelle ihren Sitz jedenfalls in der Union haben muss, da es ihr andernfalls gar nicht möglich zu sein scheint, ihre Notifizierung „bei der notifizierenden Behörde des Mitgliedstaates [zu beantragen], in dem sie niedergelassen ist" (siehe oben Rn. 3), lässt es Art. 39 zu, dass auch Konformitätsbewertungsstellen aus Drittländern zu Konformitätsbewertungen ermächtigt werden. Letzteres setzt allerdings eine Vereinbarung der Europäischen Union mit den Drittstaaten voraus, die auf die gegenseitige Anerkennung der Konformitätsbewertungen gerichtet ist (sog. Mutual Recognition Agreement, vgl. dazu Art. 39 Rn. 2); ein Notifizierungsverfahren, welches mit einem Antrag beginnt, ist diesbezüglich nicht vorgesehen.

III. Beizufügende Unterlagen (Abs. 2)

6 In Art. 29 Abs. 2 werden die Anforderungen an die Antragstellung weiter präzisiert. Die um Notifizierung nachsuchende Konformitätsbewertungsstelle muss dem Antrag eine **Beschreibung ihrer Konformitätsbewertungsleistungen**, des bzw. der **Konformitätsbewertungsmodule** und der **Art der KI-Systeme**, für die sie Kompetenz beansprucht, beifügen. Die Konformitätsbewertungsstelle legt mit dieser Beschreibung fest, auf welche konkreten Konformitätsbewertungstätigkeiten sich ihr Antrag erstreckt. Dabei beziehen sich die „Konformitätsbewertungsmodule" auf die Module aus den Harmonisierungsvorschriften (z. B. EU-Baumusterprüfung nach Modul B der VO (EU) 2023/1230 – EU-Maschinenverordnung; vgl. dazu auch Anhang II des Beschlusses Nr. 768/2008/EG), die „Art der KI-Systeme" auf die in Anhang III der KI-VO benannten.

7 Ferner ist nachzuweisen, dass die **Anforderungen an eine notifizierte Stelle** aus Art. 31 erfüllt sind. Verfügt die Konformitätsbewertungsstelle diesbezüglich bereits über eine bestehende Akkreditierung, so reicht es zum Nachweis aus, dass die Akkreditierungsurkunde dem Antrag beigefügt wird. Da die Akkreditierungsleistungen innerhalb der Union harmonisiert sind, kann die Akkreditierungsurkunde auch von einer Akkreditierungsstelle eines anderen Mitgliedstaates („von *einer* nationalen Stelle") ausgestellt sein.

8 Sofern gültige Akkreditierungen und Benennungen in Bezug auf andere Harmonisierungsvorschriften aus Anhang I der KI-VO vorliegen (z. B. der Nachweis über das Vorliegen einer Haftpflichtversicherung nach Art. 30 Abs. 9 EU-Maschinenverordnung), so sind auch diese Dokumente einzureichen. Das ist nachvollziehbar, da z. B. das dort nachgewiesene Vorhalten einer Haftpflichtversicherung von der Konformitätsbewertungsleistung unabhängig ist, sodass dieser Nachweis – wie auch andere – in die Konformitätsbewertung nach der KI-VO (Art. 31 Abs. 9) mit einfließen kann. Es wäre wohl eine Förmelei, würde man

diese Synergieeffekte nicht nutzen und die Antragsteller auf das erneute Beibringen von Nachweisen verpflichten.

IV. Kompetenznachweis ohne Akkreditierungsurkunde (Abs. 3)

Kann die antragstellende Konformitätsbewertungsstelle im Rahmen des Antragsverfahrens **keine Akkreditierungsurkunde** vorweisen, muss sie der notifizierenden Behörde alle Unterlagen vorlegen, damit diese prüfen, feststellen und überwachen kann, ob die antragstellende Konformitätsbewertungsstelle die Anforderungen aus Art. 31 erfüllt. 9

Die Regelung verdeutlicht, dass die Einbindung einer Akkreditierungsstelle zwar vom europäischen Gesetzgeber erwünscht ist, um Glaubwürdigkeit und gegenseitiges Vertrauen in die Konformitätsbewertungsleistung in den festgelegten Geltungsbereichen zu erhöhen,[2] sie allerdings nicht verpflichtend vorgeschrieben ist. Vielmehr bleibt es den Mitgliedstaaten – und das bringt auch Art. 28 Abs. 2 zum Ausdruck – unbenommen, Konformitätsbewertungsstellen auch dann zu notifizieren, wenn die Einhaltung der vorgegebenen Anforderungen aus Art. 31 auf andere Weise geprüft wurde (mitunter auch in einem Drittstaat, vgl. Art. 39 Rn. 3). Zu berücksichtigen ist dann allerdings, dass den Mitgliedstaaten und der Europäischen Kommission längere Fristen zur Erhebung von Einwänden gegen die Notifizierung zustehen; anstatt der üblichen zwei Wochen verlängert sich die Frist sodann auf zwei Monate (vgl. Art. 30 Abs. 4). 10

V. Privilegierung (Abs. 4)

Abs. 4 privilegiert die Antragsteller insofern, als ihnen gestattet wird, Unterlagen und Bescheinigungen einzureichen, die sie im Rahmen einer Benennung zu anderen Harmonisierungsvorschriften gefertigt oder erhalten haben (Abs. 4 Satz 1, vgl. auch oben Rn. 8). Sie können zur Unterstützung des Notifizierungsverfahrens nach Art. 30 beigereicht werden, allerdings bleibt die beantragende Konformitätsbewertungsstelle selbst zur Aktualisierung der dort nachgewiesenen Inhalte verpflichtet (Abs. 4 Satz 2). 11

2 Vgl. dazu ErwG 12 VO (EG) Nr. 765/2008; Bekanntmachung der Kommission, Leitfaden für die Umsetzung der Produktvorschriften der EU 2022 („Blue Guide"), 29.6.2022, ABl. 2022 C 247/1, S. 94 ff.; *Kapoor*, in: Klindt, ProdSG, § 12 Rn. 8.

Art. 30 Notifizierungsverfahren

(1) Die notifizierenden Behörden dürfen nur Konformitätsbewertungsstellen notifizieren, die die Anforderungen des Artikels 31 erfüllen.

(2) Die notifizierenden Behörden unterrichten die Kommission und die übrigen Mitgliedstaaten mithilfe des elektronischen Notifizierungsinstruments, das von der Kommission entwickelt und verwaltet wird, über jede Konformitätsbewertungsstelle gemäß Absatz 1.

(3) Die Notifizierung gemäß Absatz 2 des vorliegenden Artikels enthält vollständige Angaben zu den Konformitätsbewertungstätigkeiten, dem betreffenden Konformitätsbewertungsmodul oder den betreffenden Konformitätsbewertungsmodulen, den betreffenden Arten der KI-Systeme und der einschlägigen Bestätigung der Kompetenz. Beruht eine Notifizierung nicht auf einer Akkreditierungsurkunde gemäß Artikel 29 Absatz 2, so legt die notifizierende Behörde der Kommission und den anderen Mitgliedstaaten die Unterlagen vor, die die Kompetenz der Konformitätsbewertungsstelle und die Vereinbarungen nachweisen, die getroffen wurden, um sicherzustellen, dass die Stelle regelmäßig überwacht wird und weiterhin die Anforderungen des Artikels 31 erfüllt.

(4) [1]Die betreffende Konformitätsbewertungsstelle darf die Tätigkeiten einer notifizierten Stelle nur dann wahrnehmen, wenn weder die Kommission noch die anderen Mitgliedstaaten innerhalb von zwei Wochen nach einer Notifizierung durch eine notifizierende Behörde, falls eine Akkreditierungsurkunde gemäß Artikel 29 Absatz 2 vorgelegt wird, oder innerhalb von zwei Monaten nach einer Notifizierung durch eine notifizierende Behörde, falls als Nachweis Unterlagen gemäß Artikel 29 Absatz 3 vorgelegt werden, Einwände erhoben haben.

(5) Werden Einwände erhoben, konsultiert die Kommission unverzüglich die betreffenden Mitgliedstaaten und die Konformitätsbewertungsstelle. Im Hinblick darauf entscheidet die Kommission, ob die Genehmigung gerechtfertigt ist. Die Kommission richtet ihren Beschluss an die betroffenen Mitgliedstaaten und an die zuständige Konformitätsbewertungsstelle.

Mit Art. 30 korrespondieren die Erwägungsgründe 153, 156.

Schrifttum: *Grabitz/Hilf/Nettesheim* (Hrsg.), Das Recht der Europäischen Union: EUV/AEUV, Kommentar, 81. EL, Stand: Januar 2024; *Held/Jaguttis/Rupp*, BauPVO – Bauproduktenverordnung VO (EU) 305/2011, 2019; *Hilgendorf/Roth-Isigkeit*, Die neue Verordnung der EU zur Künstlichen Intelligenz, 2023; *Klindt* (Hrsg.), Produktsicherheitsgesetz, Kommentar, 3. Aufl. 2021; *Martini/Botta*, KI-Aufsicht im föderalen Staat, MMR 2024, 630.

Übersicht

I. Zweck der Bestimmung

Art. 30 regelt das Notifizierungsverfahren und findet seine Entsprechung in Anhang I R 23 des Beschlusses Nr. 768/2008/EG. Die Vorschrift legt die **Art und Weise der Notifizierung gegenüber der Europäischen Kommission und den Mitgliedstaaten** fest (Abs. 1 bis Abs. 3), regelt die **Wirkung der Notifizierung** (Abs. 4) sowie das **Einwendungsverfahren** (Abs. 4 und Abs. 5). Durch ein hohes Maß an Transparenz bei der Notifizierung sowie der einheitlichen Wirkung und Überprüfbarkeit der Notifizierungen seitens der Mitgliedstaaten[1] kann das Vertrauen in das Gesamtsystem, bestehend aus Wirtschaftsakteur, Konformitätsbewertungsstellen und zuständigen Behörden, sowie in die Aussagekraft der von den notifizierten Stellen ausgestellten Bescheinigungen gesteigert werden, was die Regelung mit ihren klaren Vorgaben zum Notifizierungsverfahren bezweckt.[2] 1

II. Voraussetzung der Notifizierung (Abs. 1)

Abs. 1 legt fest, dass die notifizierenden Behörden nur Konformitätsbewertungsstellen gegenüber der Kommission und den anderen Mitgliedstaaten notifizieren dürfen, welche die Anforderungen aus Art. 31 (sog. „common elements" in Anlehnung an Art. R17 des Beschlusses Nr. 768/2008/EG) erfüllen und die wegen der Einhaltung der dort abverlangten Organisationsanforderungen (Art. 31 Abs. 1–9), des Nachweises der fachlichen Kompetenz (Art. 31 Abs. 10 und 11) sowie ihrer Bereitschaft, an der Arbeit von Normungsorganisationen mitzuwirken (Art. 31 Abs. 12), die Befugnis zur Aufgabenwahrnehmung erhalten haben. 2

Die Notifizierung, d. h. die Mitteilung gegenüber der Kommission und den anderen Mitgliedstaaten, ist **schlichtes Verwaltungshandeln**. Da dieser Meldung auch kein Regelungscharakter im Sinne des § 35 VwVfG zukommt, sondern sie lediglich zur Kenntnis bringt, dass eine bestimmte Konformitätsbewertungsstel- 3

1 ErwG 43, 44 Beschluss Nr. 768/2008/EG.

2 *Kapoor*, in: Klindt, ProdSG, § 15 Rn. 3.

le die behördliche Befugnis erlangt hat, als notifizierte Stelle tätig zu werden,[3] handelt es sich um einen **reinen Realakt**. Ein **Anspruch auf Notifizierung** besteht nicht, selbst wenn die Konformitätsbewertungsstelle die Anforderungen aus Art. 31 erfüllt (anders verhält es sich hinsichtlich des Anspruchs auf Benennung, vgl. Art. 28 Rn. 6). Die Notifizierung liegt nach dem Willen der Kommission im Ermessen der Mitgliedstaaten, die weder dazu verpflichtet sind, alle Stellen zu notifizieren, welche die Anforderungen aus Art. 31 nachweisen, noch jede beantragte Tätigkeit einer Stelle zu notifizieren.[4]

III. Form der Notifizierung (Abs. 2)

4 Zur Unterrichtung der Kommission und der anderen Mitgliedstaaten ist ein **elektronisches Notifizierungsinstrument** vorgesehen, das von der Kommission entwickelt und verwaltet wird (vgl. Art. 35). Anders als in anderen harmonisierten Rechtsakten des New Legislative Frameworks (z. B. Art. 48 Abs. 2 BauPVO) ist die Notifizierung in Papierform in der KI-VO nicht mehr erwähnt, weshalb sie auch ausgeschlossen ist.

5 Ob nun ein neues elektronisches Notifizierungsinstrument geschaffen werden soll („entwickelt … wird") oder auf das bereits bestehende elektronische **Notifizierungsinstrument „NANDO"** (New Approach Notified and Designated Organisations) zurückzugreifen ist, bleibt nach dem Wortlaut der Vorschrift zunächst unklar. Allerdings ist das elektronische Notifizierungsinstrument NANDO bereits eingerichtet und erfüllt seine Informationsfunktion für alle anderen Rechtsakte des New Legislative Framework,[5] weshalb anzunehmen ist, dass es auch für Notifizierungen nach der KI-VO genutzt werden soll. Das NANDO-System wurde als **internetbasierte Datenbank** von der Kommission eigens **zum Zweck der Notifizierung** entwickelt. Hierüber erfolgt die unionsweite Bekanntgabe, dass eine Konformitätsbewertungsstelle die einschlägigen Anforderungen erfüllt und mit Bewertungen zu NLF-Rechtsakten betraut wurde. Ferner finden sich dort weitergehende Informationen zu den jeweiligen Konformitätsbewertungsstellen, wie z. B. allgemeine Angaben zur Stelle, zum Tätigkeitsbe-

3 *Kapoor*, in: Klindt, ProdSG, § 15 Rn. 6.

4 Bekanntmachung der Kommission, Leitfaden für die Umsetzung der Produktvorschriften der EU 2022 („Blue Guide"), 29.6.2022, ABl. 2022 C 247/1, S. 88; *Kapoor*, in: Klindt, ProdSG, § 15 Rn. 4; a. A. *Held*, in: Held/Jaguttis/Rupp, BauPVO, Art. 47 Rn. 2, unter Hinweis auf die unionsrechtlich garantierte unternehmerische Freiheit i. S. d. Art. 16 GrCh sowie die verfassungsrechtlich garantierte Berufsfreiheit nach Art. 12 GG; ohne Begründung *Roth-Isigkeit*, in: Hilgendorf/Roth-Isigkeit, Die neue Verordnung der EU zur Künstlichen Intelligenz, § 8 Rn. 54.

5 Bekanntmachung der Kommission, Leitfaden für die Umsetzung der Produktvorschriften der EU 2022 („Blue Guide"), 29.6.2022, ABl. 2022 C 247/1, S. 92; ErwG 43 Beschluss Nr. 768/2008/EG.

reich, zum Begutachtungsdatum etc. Die NANDO-Datenbank wird von der Europäischen Kommission gehostet und verwaltet,[6] wobei sie von den Mitgliedstaaten bei der Eingabe der Daten in die NANDO-Datenbank Unterstützung erhält. In Deutschland obliegt diese Aufgabe der Bundesnetzagentur (BNetzA), die auch sämtliche Rückfragen der Kommission oder anderer Mitgliedstaaten zu den Einträgen koordiniert.

IV. Erforderliche Angaben bei Notifizierung (Abs. 3)

In Abs. 3 wird festgelegt, welche Angaben die Notifizierung enthalten muss, wobei zwischen Angaben mit vorausgehender Akkreditierung (Satz 1 „Bestätigung der Kompetenz") und ohne Akkreditierung (Satz 2) unterschieden wird. 6

Sofern die Kompetenz durch eine Akkreditierung bestätigt wurde (Abs. 3 Satz 1), muss die Notifizierung die **Angaben enthalten, die sich aus der Akkreditierungsurkunde ergeben**: vollständige Angaben zu den Konformitätsbewertungstätigkeiten, die die Konformitätsbewertungsstelle erbringen kann; die Zuordnung zu dem/den relevanten Konformitätsbewertungsmodul/en aus dem Beschluss Nr. 768/2008/EG (z. B. A = Interne Fertigungskontrolle; B = Baumusterprüfung; D1 = Qualitätssicherung bezogen auf Entwurf und Fertigung); die künftig zu bewertenden Arten von KI-Systemen (Hochrisiko-KI-Systeme nach Anhang III) sowie die Bestätigung durch die Akkreditierungsstelle, dass die Stelle über geeignete Einrichtungen und fachlicher Expertise verfügt, um die technischen und KI-spezifischen sowie administrativen Aufgaben im Zusammenhang mit der Konformitätsbewertung durchzuführen (vgl. zu den spezifischen Anforderungen Art. 31). 7

Sofern die Kompetenz nicht im Rahmen einer Akkreditierung nachgewiesen ist (Abs. 3 Satz 2; vgl. auch Art. 29 Rn. 9 f.) und damit die Vermutungswirkung der Akkreditierung für das Vorliegen der fachlichen Kompetenz ausbleibt, **obliegt es der notifizierenden Behörde, die erforderliche Kompetenz** gegenüber der Kommission und den anderen Mitgliedstaaten **selbst nachzuweisen** und ebenso dauerhaft zu überwachen, ob die Konformitätsbewertungsstelle den Anforderungen aus Art. 31 auch fortwährend genügt. Hierfür legt sie die Unterlagen vor, aus denen hervorgeht, dass die Stelle fachlich kompetent und fähig ist, die betreffenden Konformitätsbewertungsverfahren durchzuführen, und die zudem belegen, dass das notwendige Maß an Unabhängigkeit, Unparteilichkeit und Integrität vorhanden ist. Ferner müssen Vereinbarungen zwischen der Konformitätsbewertungsstelle und der notifizierenden Behörde vorgehalten werden, auf deren Grundlage der notifizierenden Behörde die Überwachung der Anforderungen 8

6 Siehe https://webgate.ec.europa.eu/single-market-compliance-space/#/notified-bodies (zuletzt abgerufen am 5.12.2024).

nach Art. 31 auf Dauer zugestanden wird und aus welchen sich u.a. Zugangs-, Überprüfungs- und Betretungsrechte ergeben.

V. Wirkung der Notifizierung und Einwendungsverfahren (Abs. 4 und Abs. 5)

9 Über die Notifizierung und den Eintrag in das NANDO-Verzeichnis (vgl. oben Rn. 5) wird der Konformitätsbewertungsstelle die Aufgabenwahrnehmung innerhalb der Union gestattet, es sei denn, die Kommission oder andere Mitgliedstaaten erheben Einwände.

10 Dabei hängt die **Einwendungsfrist** (Abs. 4) davon ab, ob die Konformitätsbewertungsstelle akkreditiert ist (Art. 29 Abs. 2) oder nicht (Art. 29 Abs. 3). Während die Einwendungsfrist bei **akkreditierten Stellen zwei Wochen** beträgt, verlängert sich die Frist **bei nicht-akkreditierten Stellen** auf **zwei Monate**. Dies wird damit begründet, dass die Überprüfung einer Akkreditierungsurkunde deutlich weniger Zeit in Anspruch nimmt als die Durchsicht und Überprüfung von vorgelegten, mitunter vielfältigen Unterlagen. Die verlängerte Einwendungsfrist bei nicht-akkreditierten Stellen kann sich als ökonomischer Nachteil erweisen; schließlich kann die **Stelle erst nach Ablauf der Einwendungsfrist ihre Tätigkeit aufnehmen**, weshalb sich die vorherige Akkreditierung nach der VO (EG) Nr. 765/2008/EG zumeist als der attraktivere Weg erweist.

11 Werden **Einwände erhoben**, geht die Kommission den Einwänden nach, indem sie die Mitgliedstaaten und die Konformitätsbewertungsstelle **unverzüglich konsultiert** (Art. 30 Abs. 5 Satz 1). Dabei ist das Tatbestandsmerkmal „unverzüglich“ weder im Beschluss Nr. 768/2008/EG noch in der VO (EU) Nr. 765/2008 des New Legislative Framework legaldefiniert. Auch der Blue Guide trifft dazu keine Aussage. Ob eine nationale Auslegung im Sinne des § 121 BGB („ohne schuldhaftes Zögern“) statthaft ist oder eine europarechtlich autonome Auslegung erforderlich wird, ist fraglich. Allerdings ist in der KI-VO an anderer Stelle der Begriff „unverzüglich“ mit dem Zusatz „spätestens jedoch innerhalb von 24 Stunden“ (Art. 5 Abs. 3) verknüpft, was der nationalen Auslegung (sofort und ohne schuldhaftes Zögern) nahekommt. Da die Auslegung der Begrifflichkeiten in der KI-VO konsistent bleiben muss, kann „unverzüglich“ nur in der vorgenannten Weise (entsprechend Art. 5 Abs. 3, § 121 BGB) ausgelegt werden.

12 Nachdem der notifizierende Mitgliedstaat und die Konformitätsbewertungsstelle von den Bedenken Kenntnis erlangt haben, können sie durch Sachvortrag oder Vorlage von ergänzenden Unterlagen versuchen, die Einwände auszuräumen. Sie nutzen hierfür regelmäßig das elektronische Notifizierungsinstrument NANDO (siehe oben Rn. 5). Die Kommission entscheidet anschließend durch **Beschluss**, ob sie die Gestattung zur Aufgabenwahrnehmung unter den veränderten

Umständen für gerechtfertigt hält oder nicht (Abs. 5 Satz 2), und lässt ihre Entscheidung dem betroffenen Mitgliedstaat und der Konformitätsbewertungsstelle zukommen (Abs. 5 Satz 3). Gegen den ablehnenden Beschluss kann im Wege der Nichtigkeitsklage (Art. 263 Abs. 4 AEUV) vorgegangen werden; zuständig ist nach Art. 256 Abs. 1 UAbs. 1 AEUV das EUG.[7]

7 *Nettesheim*, in: Grabitz/Hilf/Nettesheim, EUV/AEUV, Art. 288 AEUV Rn. 191 ff.

Art. 31 Anforderungen an notifizierte Stellen

(1) Eine notifizierte Stelle wird nach dem nationalen Recht eines Mitgliedstaats gegründet und muss mit Rechtspersönlichkeit ausgestattet sein.

(2) Die notifizierten Stellen müssen die zur Wahrnehmung ihrer Aufgaben erforderlichen Anforderungen an die Organisation, das Qualitätsmanagement, die Ressourcenausstattung und die Verfahren sowie angemessene Cybersicherheitsanforderungen erfüllen.

(3) Die Organisationsstruktur, die Zuweisung der Zuständigkeiten, die Berichtslinien und die Funktionsweise der notifizierten Stellen müssen das Vertrauen in ihre Leistung und in die Ergebnisse der von ihnen durchgeführten Konformitätsbewertungstätigkeiten gewährleisten.

(4) Die notifizierten Stellen müssen von dem Anbieter eines Hochrisiko-KI-Systems, zu dem sie Konformitätsbewertungstätigkeiten durchführen, unabhängig sein. Außerdem müssen die notifizierten Stellen von allen anderen Akteuren, die ein wirtschaftliches Interesse an den bewerteten Hochrisiko-KI-Systemen haben, und von allen Wettbewerbern des Anbieters unabhängig sein. Dies schließt die Verwendung von bewerteten Hochrisiko-KI-Systemen, die für die Tätigkeit der Konformitätsbewertungsstelle nötig sind, oder die Verwendung solcher Hochrisiko-KI-Systeme zum persönlichen Gebrauch nicht aus.

(5) Weder die Konformitätsbewertungsstelle, ihre oberste Leitungsebene noch die für die Erfüllung ihrer Konformitätsbewertungsaufgaben zuständigen Mitarbeiter dürfen direkt an Entwurf, Entwicklung, Vermarktung oder Verwendung von Hochrisiko-KI-Systemen beteiligt sein oder die an diesen Tätigkeiten beteiligten Parteien vertreten. Sie dürfen sich nicht mit Tätigkeiten befassen, die ihre Unabhängigkeit bei der Beurteilung oder ihre Integrität im Zusammenhang mit den Konformitätsbewertungstätigkeiten, für die sie notifiziert sind, beeinträchtigen könnten. Dies gilt besonders für Beratungsdienstleistungen.

(6) Notifizierte Stellen werden so organisiert und geführt, dass bei der Ausübung ihrer Tätigkeit Unabhängigkeit, Objektivität und Unparteilichkeit gewahrt sind. Von den notifizierten Stellen werden eine Struktur und Verfahren dokumentiert und umgesetzt, die ihre Unparteilichkeit gewährleisten und sicherstellen, dass die Grundsätze der Unparteilichkeit in ihrer gesamten Organisation, von allen Mitarbeitern und bei allen Bewertungstätigkeiten gefördert und angewandt werden.

(7) Die notifizierten Stellen gewährleisten durch dokumentierte Verfahren, dass ihre Mitarbeiter, Ausschüsse, Zweigstellen, Unterauftragnehmer sowie

alle zugeordneten Stellen oder Mitarbeiter externer Einrichtungen die Vertraulichkeit der Informationen, die bei der Durchführung der Konformitätsbewertungstätigkeiten in ihren Besitz gelangen, im Einklang mit Artikel 78 wahren, außer wenn ihre Offenlegung gesetzlich vorgeschrieben ist. Informationen, von denen Mitarbeiter der notifizierten Stellen bei der Durchführung ihrer Aufgaben gemäß dieser Verordnung Kenntnis erlangen, unterliegen der beruflichen Schweigepflicht, außer gegenüber den notifizierenden Behörden des Mitgliedstaats, in dem sie ihre Tätigkeiten ausüben.

(8) Die notifizierten Stellen verfügen über Verfahren zur Durchführung ihrer Tätigkeiten unter gebührender Berücksichtigung der Größe eines Betreibers, des Sektors, in dem er tätig ist, seiner Struktur sowie der Komplexität des betreffenden KI-Systems.

(9) Die notifizierten Stellen schließen eine angemessene Haftpflichtversicherung für ihre Konformitätsbewertungstätigkeiten ab, es sei denn, diese Haftpflicht wird aufgrund nationalen Rechts von dem Mitgliedstaat, in dem sie niedergelassen sind, gedeckt oder dieser Mitgliedstaat ist selbst unmittelbar für die Konformitätsbewertung zuständig.

(10) Die notifizierten Stellen müssen in der Lage sein, ihre Aufgaben gemäß dieser Verordnung mit höchster beruflicher Integrität und der erforderlichen Fachkompetenz in dem betreffenden Bereich auszuführen, gleichgültig, ob diese Aufgaben von den notifizierten Stellen selbst oder in ihrem Auftrag und in ihrer Verantwortung durchgeführt werden.

(11) Die notifizierten Stellen müssen über ausreichende interne Kompetenzen verfügen, um die von externen Stellen in ihrem Namen wahrgenommen Aufgaben wirksam beurteilen zu können. Die notifizierten Stellen müssen ständig über ausreichendes administratives, technisches, juristisches und wissenschaftliches Personal verfügen, das Erfahrungen und Kenntnisse in Bezug auf einschlägige Arten der KI-Systeme, Daten und Datenverarbeitung sowie die in Abschnitt 2 festgelegten Anforderungen besitzt.

(12) Die notifizierten Stellen wirken an den in Artikel 38 genannten Koordinierungstätigkeiten mit. Sie wirken außerdem unmittelbar oder mittelbar an der Arbeit der europäischen Normungsorganisationen mit oder stellen sicher, dass sie stets über den Stand der einschlägigen Normen unterrichtet sind.

Mit Art. 31 korrespondieren die Erwägungsgründe 67, 126, 153, 156.

Schrifttum: *Gesmann-Nuissl/Ensthaler/Edelhäuser*, Akkreditierung von Konformitätsbewertungsstellen, KAN-Bericht 47, 2011; *Grabitz/Hilf/Nettesheim* (Hrsg.), Das Recht der Europäischen Union: EUV/AEUV, Kommentar, 81. EL, Stand: Januar 2024; *Held/Jagut-*

tis/Rupp, BauPVO – Bauproduktenverordnung VO (EU) 305/2011, Kommentar, 2019; *Klindt* (Hrsg.), Produktsicherheitsgesetz, Kommentar, 3. Aufl. 2021; *Martinit/Botta*, KI-Aufsicht im föderalen Staat, MMR 2024, 630.

Übersicht

I. Zweck der Bestimmung

1 Art. 31 regelt die **Anforderungen an notifizierte Stellen** bzw. Konformitätsbewertungsstellen. Die Vorschrift nimmt dabei die Vorgaben aus Anhang I Art. R17 des Beschlusses Nr. 768/2008/EG auf[1] und bildet sie z. T. KI-spezifisch fort. Dabei definiert sie sehr detailliert sowohl **organisationsrechtliche** (Abs. 1 bis Abs. 9) als auch **fachliche** (Abs. 10 und Abs. 11) **Anforderungen** und verpflichtet die Stellen **zur europäischen Zusammenarbeit sowie zur Mitwirkung an Standardisierungsprozessen** (Abs. 12). Durch diesen Katalog an Mindestanforderungen stellt der europäische Gesetzgeber nicht nur europaweit einheitliche Anforderungen an notifizierte Stellen sicher, sondern sorgt zugleich auch für ein einheitlich hohes Qualitätsniveaus bei der Konformitätsbewertung.

2 Die Einhaltung der in Art. 31 enumerativ aufgeführten Vorgaben ist **Voraussetzung für die Erteilung einer Befugnis**, die Konformität von Hochrisiko-KI-Systemen nach den in Art. 43 festgelegten Konformitätsbewertungsverfahren überprüfen zu dürfen (Art. 34 Abs. 1), sowie der sich daran anschließenden **Notifizierung** (Mitteilung) gegenüber der Europäischen Kommission und den anderen Mitgliedstaaten (Art. 30 Abs. 1). Insofern müssen die Anforderungen seitens der notifizierten Stelle ab dem Zeitpunkt der Befugniserteilung dauerhaft erfüllt werden. Erfüllt die notifizierte Stelle die bzw. einzelne Voraussetzungen aus Art. 31 zu einem späteren Zeitpunkt nicht mehr, kann die notifizierende Behörde und/oder die Kommission die Benennung aussetzen, einschränken oder widerrufen (Art. 36 Abs. 4 und 5; Art. Art. 37 Abs. 4).

II. Anforderungen im Einzelnen

3 Die notifizierte Stelle muss **nach nationalem Recht gegründet** und mit **Rechtspersönlichkeit** ausgestattet sein **(Art. 31 Abs. 1)**. Dabei ist der Begriff „Rechtspersönlichkeit" im Sinne von **Rechts- und Parteifähigkeit** zu verstehen und

1 Sog. „common elements"; ausführlich *Gesmann-Nuissl/Ensthaler/Edelhäuser*, Akkreditierung von Konformitätsbewertungsstellen, S. 49 ff.

stellt sicher, dass die Stelle rechtserhebliche Erklärungen/Handlungen selbstständig abgeben/vornehmen kann (z.B. Willenserklärungen abgeben, Verträge schließen – siehe nur Art. 31 Abs. 9 „Abschluss einer Haftpflichtversicherung", Eigentum begründen und darüber verfügen) und auch selbstständig vor Gericht klagen und verklagt werden kann; nicht zuletzt deshalb von Bedeutung, weil die Bewertungstätigkeiten mit einem nicht unerheblichen Haftungsrisiko verbunden sind.[2] Die Rechts- und Parteifähigkeit richtet sich nach dem Recht der Mitliedstaaten und ist in Deutschland bei juristischen Personen (z.B. GmbH, AG) uneingeschränkt kraft Gesetzes gegeben (z.B. § 13 Abs. 1 GmbHG; § 1 Abs. 1 AktG), bei wirtschaftlich agierenden Personen- und Personenhandelsgesellschaften (z.B. GbR, oHG, KG) folgt sie aus § 705 Abs. 2 BGB, §§ 124 Abs. 1, 161 Abs. 2 HGB.

Art. 31 Abs. 2 fordert ganz allgemein eine **organisatorische Ausstattung, die es ermöglicht, die Aufgaben ordnungsgemäß wahrzunehmen**. Die Vorschrift verlangt dabei das Erfüllen der „erforderlichen" Anforderungen an die Organisation, das Qualitätsmanagement, die Ressourcenausstattung, auch im Hinblick auf die durchgeführten Verfahren. Was genau unter „erforderlich" zu verstehen ist, wird nicht weiter spezifiziert, da dies denknotwendig von den Bewertungsgegenständen abhängt; so macht es z.B. bezüglich der Ausstattung für Testverfahren einen Unterschied, ob ein Hochrisiko-KI-System aus dem Bereich „Kritische Infrastruktur/Straßenverkehr" (Anhang III Nr. 2) zu bewerten ist oder aus dem Bereich des „Personalmanagements" (Anhang III Nr. 4); die Ausstattungsspezifika sind unterschiedlich. Dasselbe gilt auch hinsichtlich des Erfordernisses „angemessene Cybersicherheitsanforderungen", die ebenfalls vom Bewertungsgegenstand, aber auch vom jeweiligen Entwicklungsstand der Sicherheitstechnologie abhängen. Insofern kann „angemessen" dahin konkretisiert werden, dass die Cybersicherheitsmaßnahmen gefordert sind, die im jeweiligen Tätigkeitsbereich dem Stand der Technik, mitunter, bei sehr hohen Gefährdungspotenzialen, sogar dem Stand von Wissenschaft und Technik entsprechen. 4

Art. 31 Abs. 3 knüpft an Art. 31 Abs. 2 an und definiert die Organisationsanforderungen noch ein Stück weiter, indem obendrein die interne Zuweisung von Zuständigkeiten (z.B. Darstellung in Form von Organigrammen) und die Berichtslinien dazu geeignet sein müssen, die **Funktionsfähigkeit aller innerorganisatorischen Festlegungen und Maßnahmen** zu gewährleisten. 5

Mit **Art. 31 Abs. 4** soll die **Vermeidung von Interessenkonflikten** sichergestellt werden, was die Glaubwürdigkeit in die Konformitätsbescheinigungen erhöht. Dabei wird die Unabhängigkeit der notifizierten Stelle von Hochrisiko-KI-Anbietern (Satz 1; vgl. Art. 3 Nr. 2) sowie von allen Akteuren, die ein wirtschaftliches Interesse am Hochrisiko-KI-System haben könnten (Satz 2), gefordert. Zu 6

2 *Kapoor*, in: Klindt, ProdSG, § 13 Rn. 6.

diesen Wirtschaftsakteuren darf die notifizierte Stelle **in keiner jedenfalls institutionellen oder wirtschaftlichen Verbindung** stehen, schon um den „bösen Anschein eines Interessenkonfliktes zu vermeiden".[3] Unproblematisch ist es dagegen, wenn die Stelle auf der Ebene der Wirtschafts- und Verbandstätigkeit oder in Normungsgremien mit Anbietervertretern von Hochrisiko-KI-Systemen in Kontakt kommt; ein solches Engagement wird explizit von der notifizierten Stelle gefordert (vgl. Art. 31 Abs. 12) und kann daher die Unabhängigkeit im Sinne des Abs. 4 nicht gefährden. Ebenso gestattet Art. 31 Abs. 4 Satz 3 – quasi als **Ausnahme** zu Satz 1 und Satz 2 – die Verwendung von bewerteten Hochrisiko-KI-Systemen durch die Konformitätsbewertungsstelle, sofern dies **für deren Geschäftstätigkeit notwendig** ist, wie auch den **persönlichen Gebrauch** derartiger Systeme. Letzteres darf aber kein „Freibrief" zur ausufernden Umgehung des Unabhängigkeitspostulats sein, sondern bedarf jedenfalls einer entsprechenden Rechtfertigung oder organisatorischer Maßnahmen (z. B. Ausschluss von Personenidentität in Bestellprozessen und Bewertungsprozessen; Abschluss von arbeitsvertraglichen Regelungen, die den Gebrauch der Hochrisiko-KI-Systeme reglementieren), die dem Anschein eines Interessenkonflikts entgegenwirken (das entspricht auch der ratio des Art. 31 Abs. 5).

7 **Art. 31 Abs. 5** Satz 1 schreibt vor, dass die um Notifizierung ersuchende Konformitätsbewertungsstelle selbst – ebenso wie ihre oberste Leitungsebene und die mit der Konformitätsbewertung befassten Mitarbeiter – **in keinerlei direktem Näheverhältnis zu dem zu bewertenden Hochrisiko-KI-System** stehen dürfen. Sie dürfen weder am Entwurf, der Entwicklung, der Vermarktung oder Verwendung beteiligt sein noch die an diesen Tätigkeiten beteiligten Parteien vertreten. Dabei gilt die **Sicherstellung von Unabhängigkeit und Integrität** insbesondere **im Zusammenhang mit Beratungsdienstleistungen** (Art. 31 Abs. 5 Satz 3), die oftmals ebenso in das Tätigkeitsprofil von Konformitätsbewertungstätigkeiten gehören. Hier muss die Konformitätsbewertungsstelle für eine klare Trennung zwischen angebotener Beratungsdienstleistung (z. B. Unterstützung bei der technischen Dokumentation; Durchführung von Risikobewertungen) und der Konformitätsbewertung sorgen, um nicht den Anschein zu erwecken, dass sie ihre eigene Beratungsleistungen bestätigt.[4] Letzteres kann z. B. durch eigens ausgewiesene und organisatorisch sowie personell getrennte Geschäftsbereiche erfolgen.

8 Das Vertrauen in die Integrität der notifizierten Stelle wird zudem durch **Art. 31 Abs. 6** gestärkt. Dort wird von der Konformitätsbewertungsstelle **Unabhängigkeit, Objektivität und Unparteilichkeit** bei Ausübung der Tätigkeit eingefordert (Satz 1) und zudem, dass diese Unparteilichkeit in der gesamten Struktur der Organisation und deren Verfahren dokumentiert, gewährleistet und gefördert

3 *Kapoor*, in: Klindt, ProdSG, § 13 Rn. 8.
4 *Kapoor*, in: Klindt, ProdSG, § 13 Rn. 12.

wird (Satz 2). Unabhängigkeit erfordert, dass die Entscheidungsfindung der notifizierten Stelle ohne Einflussnahme von außen ergeht. Institutionelle Beziehungen, die unmittelbar oder mittelbar auf die Entscheidungsfindung einwirken, sind daher schädlich (siehe bereits Rn. 7). Objektivität bedeutet in diesem Zusammenhang, dass sich die notifizierte Stelle bei ihren Bewertungen nicht von sachfremden Erwägungen leiten lassen darf und gleiche Sachverhalte auch gleich behandelt. Unparteilichkeit ist eine zentrale Anforderung, um Vertrauen zu generieren. Das erfordert insbesondere die Unabhängigkeit von Personen, Neutralität bei der Auftragsdurchführung und Objektivität in Sachfragen. Die von der notifizierten Stelle getroffenen Feststellungen müssen sich ferner – um als objektiv und unparteilich zu gelten – jederzeit unter Berücksichtigung aller verfügbaren Informationen sachlich und unvoreingenommen darlegen lassen. Insofern sind z. B. ergebnisbezogene Vergütungen problematisch, da hier der Anschein besteht, dass die (richtige) Sachentscheidung dem Interesse an der Vergütung untergeordnet wird.

Über **Art. 31 Abs. 7** wird die notifizierte Stelle, wie auch deren Personal, Zweigstellen und Unterauftragnehmer, in Bezug auf die bei der Konformitätsbewertung erlangten Tatsachen, Informationen (z. B. Geschäftsgeheimnisse) und Daten (z. B. personenbezogene Daten) zur **Geheimhaltung und Verschwiegenheit** verpflichtet. Diese Verschwiegenheitspflicht muss die notifizierte Stelle u. a. durch vertragliche Regelungen (z. B. arbeitsvertragliche Regelungen; Vertraulichkeitsklauseln) sicherstellen (Art. 31 Abs. 7 Satz 1), zumal z. B. die beruflichen Schweigepflichten in den Mitgliedstaaten durchaus unterschiedlich ausgestaltet sein können. Eine **Ausnahme** von dieser Geheimhaltungs- und Verschwiegenheitspflicht besteht, wenn die Offenlegung gesetzlich vorgeschrieben ist (Art. 31 Abs. 7 Satz 1; z. B. im Rahmen von Ordnungswidrigkeiten- oder Strafverfahren) oder die notifizierende Behörde des eigenen Mitgliedstaates ein berechtigtes Interesse an den Tatsachen, Informationen oder Daten besitzt (Art. 31 Abs. 7 Satz 2). 9

In **Art. 31 Abs. 8** wird nochmals an die **institutionellen Anforderungen** aus Art. 31 Abs. 2 (siehe oben Rn. 4) angeknüpft und dabei **KI-spezifisch konkretisiert**, dass die notifizierten Stellen über Verfahren zur Durchführung ihrer Tätigkeiten verfügen müssen, die sich an der Größe der Auftraggeber der einschlägigen Sektoren sowie an der Komplexität der betreffenden KI-Systeme ausrichten müssen. Diese Anforderung wäre bereits nach Art. 31 Abs. 2 selbstverständlich gewesen. Die Konkretisierung an dieser Stelle zeigt lediglich, dass der Gesetzgeber offenbar selbst noch keine Vorstellung davon hat, wie sich das Tätigkeitsprofil der notifizierten Stellen unter dem Einfluss der KI-bezogenen Tätigkeiten verändern wird, und daher (vorsichtshalber) die notifizierten Stellen dazu verpflichtet, hinreichend zu reflektieren und nachzuweisen, dass sie die KI-spezifischen Bewertungstätigkeiten tatsächlich durchführen können. 10

11 Nach **Art. 31 Abs. 9** sind die notifizierten Stellen verpflichtet, eine **Haftpflichtversicherung abzuschließen und vorzuhalten**, die die mit der Tätigkeit verbundenen Risiken angemessen abdeckt. Eine Ausnahme besteht nur, wenn der jeweilige Mitgliedstaat aufgrund nationaler Rechtsvorschriften die Einstandspflicht übernimmt. Da eine staatliche Haftungsübernahme nach deutschem Recht nicht vorgesehen ist, werden die notifizierten Stellen in Deutschland eine entsprechende **Pflichtversicherung im Sinne des § 113 Versicherungsvertragsgesetz (VVG)** nachzuweisen haben, die die Folgen aus einer fehlerhaften Bewertungstätigkeit abdecken kann.[5]

12 **Art. 31 Abs. 10 und Abs. 11** stellen Anforderungen an die **fachliche Kompetenz** der notifizierten Stellen. Dabei fordert **Art. 31 Abs. 10** die höchste berufliche Integrität (Professionalität) und erforderliche Fachkompetenz für die zu **bewertenden (sektoralen) Bereiche** und bezieht sich dabei auf die Harmonisierungsvorschriften aus Anhang I der KI-VO, während **Art. 31 Abs. 11** spezifischer **die KI-bezogenen Fachkompetenzen** adressiert. Nach Art. 31 Abs. 11 Satz 2 müssen die notifizierten Stellen ständig (d. h. nicht nur vorrübergehend) über ausreichendes administratives, technisches, juristisches und wissenschaftliches Personal verfügen, welches **Erfahrungen und Kenntnisse im Hinblick auf KI-Systeme, den Umgang mit Daten und Datenverarbeitungsvorgängen** besitzt. Dabei nimmt die Regelung vor allem das Spannungsverhältnis zwischen der KI-VO und der Datenschutzgrundverordnung (DSGVO) in den Blick und fordert entsprechende Fachkunde ein. Der Hinweis auf „wissenschaftliches Personal" lässt zudem hinreichend Spielraum, um weitere Nachweise zur Fachkunde entsprechend dem jeweiligen Tätigkeitsfeld der notifizierten Stelle abzufordern (z. B. ethisch oder medizinisch geschultes Personal).

13 Die **digitalen Kompetenzen sind neu** und werden daher in der KI-VO nicht abschließend benannt, sondern die eher abstrakte Beschreibung orientiert sich an den Aufgaben und akademischen Ausbildungsbereichen (Art. 31 Abs. 11). Neben technischen Kompetenzen sind daher ethische, methodische und juristische Kompetenzen gefordert. IT-Kompetenzen sind zweifellos ebenfalls erforderlich und verlangen Expertise zu Soft- und Hardware einschließlich IT-Infrastruktur wie auch zur Erhebung und Verarbeitung von Daten, zu KI und deren Ausprägungen (u. a. maschinelles Lernen, semantische Netze, neuronale Netze) sowie deren Weiterentwicklung. Daneben werden Kompetenzen zur IT-Sicherheit und zu Prozess- und Projektmanagement benötigt, um nur einige wenige **Kompetenzarten** anzusprechen, die in den Abs. 11 hineingelesen werden müssen. Hinsichtlich der **Kompetenztiefe** wird Grundlagen- und Expertenwissen erforder-

---

5 Auch wenn an anderer Stelle darauf hingewiesen wird, dass der Versicherungsschutz nicht immer zur Befriedigung sämtlicher Schadenersatzansprüche gegen die notifizierte Stellen ausreicht; *Kapoor*, in: Klindt, ProdSG, § 13 Rn. 27.

lich, welches sich im jeweiligen **Kompetenzrahmen** (Harmonisierungsvorschriften nach Anhang I) durchaus unterschiedlich darstellen kann.

Notifizierte Stellen sind schließlich nach **Art. 31 Abs. 12** zur **Mitarbeit auf europäischer Ebene** aufgerufen. Sie müssen an den in Art. 38 genannten Koordinierungstätigkeiten mitwirken (Satz 1) und sich entweder in die einschlägige Normungsarbeit einbringen oder jedenfalls sicherstellen, dass sie über den Stand der einschlägigen Normen unterrichtet sind (Satz 2). Letzteres ist missverständlich formuliert, da die Kenntnis der einschlägigen Normen nicht – wie der Wortlaut vermuten lässt – dispositiv bzw. durch Normungsarbeit aufgewogen werden kann, sondern stets vorhanden sein muss. Die Beteiligung bei der Normungsarbeit zu gegebenenfalls nur einzelnen Normen kann jedenfalls nicht eine mangelnde Kenntnis zum Stand der Technik rechtfertigen. 14

III. Rechtsfolgen bei Nichterfüllung der Anforderungen

Erfüllt eine notifizierte Stelle die **Anforderungen aus Art. 31 nicht**, dürfen Benennung (Befugniserteilung) und Notifizierung (Mitteilung gegenüber der Kommission und den anderen Mitgliedstaaten) nicht erfolgen (Art. 30 Abs. 1); erfüllt sie die **Anforderungen offenkundig nicht mehr**, bestimmt Art. 36 Abs. 4 das weitere Vorgehen. 15

Erfolgt die Benennung/Notifizierung durch die notifizierende Behörde (Art. 30 Abs. 1) und findet die Eintragung in das Verzeichnis der notifizierten Stellen seitens der Europäischen Kommission statt (Art. 35 Abs. 2), obschon die notifizierte Stelle die Anforderungen aus Art. 31 nicht in der geforderten Weise erfüllt, wird trotz **fehlerhafter Akkreditierung, Notifizierung und Eintragung** zunächst einmal weiter **vermutet**, dass die notifizierte Stelle die Anforderungen aus Art. 31 erfüllt, bis die notifizierende Behörde oder die Kommission aufgrund begründeter Zweifel an der Kompetenz oder in Kenntnis der fehlenden Anforderungen entsprechende Verfahren nach Art. 36 Abs. 4 oder Art. 37 einleiten. 16

Art. 32 Vermutung der Konformität mit den Anforderungen an notifizierte Stellen

Weist eine Konformitätsbewertungsstelle nach, dass sie die Kriterien der einschlägigen harmonisierten Normen, deren Fundstellen im Amtsblatt der Europäischen Union veröffentlicht wurden, oder Teile dieser Normen erfüllt, so wird davon ausgegangen, dass sie die Anforderungen des Artikels 31, soweit diese von den geltenden harmonisierten Normen erfasst werden, erfüllt.

Mit Art. 32 korrespondieren die Erwägungsgründe 8, 121.

Schrifttum: *Ensthaler/Gesmann-Nuissl/Müller*, Technikrecht, 2012; *Gesmann-Nuissl/Ensthaler/Edelhäuser*, Akkreditierung von Konformitätsbewertungsstellen, KAN-Bericht 47, 2011; *Martini/Botta*, KI-Aufsicht im föderalen Staat, MMR 2024, 630.

Übersicht

I. Zweck der Bestimmung

1 Art. 32 nimmt die Vorgaben aus Anhang I Art. R18 des Beschlusses Nr. 768/2008/EG auf und etabliert eine **Vermutungswirkung für Konformitätsbewertungsstellen.** Es wird vermutet, dass eine Stelle den Anforderungen aus Art. 31 genügt, wenn sie die Anforderungen aus den einschlägigen harmonisierten Normen oder Teilen davon erfüllt.

II. Harmonisierte Normen

2 Harmonisierte Normen gehören in den Regelungskontext des Europäischen Binnenmarktes, dessen Ziel es ist, den freien Verkehr von Waren und Dienstleistungen über eine qualitative Vergleichbarkeit von Produkten zu ermöglichen. Jeder soll sichergehen können, dass Produkte im Hinblick auf ihre Sicherheit oder bezogen auf den Gesundheitsschutz EU-weit die gleiche Qualität aufweisen (Art. 114 AEUV). Zur Zielerreichung wurde Mitte der 1990iger Jahre entsprechend der **Konzeption des sog. New Approach** die bis dahin bestehende kleinteilige Detailharmonisierung für Produkte und Dienstleistungen aufgegeben.

Stattdessen wurden seitdem nur noch die **grundlegenden Anforderungen im Hinblick auf das zu erreichende Schutz- bzw. Sicherheitsniveau** in den europäischen Richtlinien und Verordnungen (sog. Harmonisierungsvorschriften) festgelegt, während man die weitere Ausgestaltung den sachnäheren europäischen Normungsorganisationen überlässt, die sie mittels technischer Spezifikationen (sog. harmonisierter Normen) weiter konkretisieren. Diese werden von der Kommission von den Normungsinstitutionen erbeten („mandatiert") und – sobald sie seitens der Kommission und der Mitgliedstaaten akzeptiert wurden (interner Freigabeprozess) – als Fundstelle im Amtsblatt C veröffentlicht. Mit ihrer Veröffentlichung gelten sie als **abgestimmte, europäisch harmonisierte Normen**, welche dann die Basis für die in den Harmonisierungsvorschriften angelegte Vermutungswirkung bilden; bezogen auf Produkte, die in Übereinstimmung mit den harmonisierten europäischen Normen hergestellt wurden, wird sodann (widerlegbar) vermutet, dass sie mit den in den Harmonisierungsvorschriften aufgestellten grundlegenden Anforderungen übereinstimmen (sog. Konformitätsvermutung bzw. Vermutungswirkung).

3 Mit dem sog. „**Globalen Konzept**"[1] wurde diese Systematik im Jahr 1989/90 auch **auf die Tätigkeit von Konformitätsbewertungsstellen übertragen**. Man wollte sich nicht mehr nur darauf beschränken, die technischen Anforderungen an Produkte in den Harmonisierungsrichtlinien festzulegen, sondern es sollten auch unionsweit einheitliche **Mindestanforderungen für die Tätigkeit von Konformitätsbewertungsstellen** festgelegt werden. Dazu wurde zunächst der sog. **Modulbeschluss**[2] erlassen, welcher modular die **grundlegenden Anforderungen an Zertifizierungs- und Prüfstellen** festlegte und an welchem sich der Europäische Gesetzgeber bei Erlass seiner Harmonisierungsvorschriften und den dort zu treffenden grundlegenden Festlegungen zur Konformitätsbewertung orientieren sollten. Alle weiteren notwendigen fachlichen, technischen und organisatorischen Details, insbesondere die Präzisierung dieser allgemeinen Anforderungen, sollten wiederum harmonisierten Normen vorbehalten bleiben (damals noch die Normreihe EN 45000 ff.).

4 Im Zuge des **New Legislative Framework** wurde sodann die **gesetzliche Vermutungswirkung** der harmonisierten Normen auch **in Bezug auf die gesetzlichen Anforderungen an die Notifizierung von Konformitätsbewertungsstellen** eingeführt und alle sektoralen Harmonisierungsvorschriften mussten sich hierfür an den Mustervorschriften der Art. 18 und Art. 19 aus Anhang I des Beschlusses Nr. 768/2008/EG orientieren. Ferner erteilte die Kommission einen weitreichenden Auftrag an die Normungsorganisationen zur Überarbeitung ihrer

1 Globales Konzept für das Prüf- und Zertifizierungswesen, Entschließung des Rates zu einem Gesamtkonzept für die Konformitätsbewertung, ABl. EG 1990 Nr. C 10 v. 16.1.1990, S. 1.

2 Ratsbeschluss, ABl. EG 1990 Nr. L 380, S. 13.

europäischen Normung,[3] wonach vor allem die **Vorgaben aus Art. R17 Anhang I des Beschlusses Nr. 768/2008/EG** berücksichtigt werden sollten.[4] In der Folge sind u. a. die harmonisierten Normen DIN EN ISO/IEC 17020 für Inspektionsstellen, DIN EN ISO/IEC 17025 für Prüflaboratorien bzw. Kalibrierlaboratorien und DIN EN ISO/IEC 17065 für Produktzertifizierungsstellen entstanden, die seitdem für notifizierte Stellen, die Konformitätsbewertungsleistungen in diesen Bereichen vornehmen, die Anforderungen an die Ausstattung, Personal, Kompetenz etc. spezifizieren. Sofern eine Konformitätsbewertungsstelle die in den harmonisierten Normen festgelegten Kriterien erfüllt, was regelmäßig durch eine Akkreditierung nachgewiesen wird, wird vermutet, dass die Stelle auch die Anforderungen an Konformitätsbewertungsstellen aus den jeweiligen Harmonisierungsrechtsakten erfüllt.[5]

III. Vermutungswirkung

5 Die Vermutungswirkung nach dem New Legislative Framework führt de facto zu einer **Umkehr der Beweislast für die Einhaltung der Notifizierungsvoraussetzungen**, wobei diese **Vermutungswirkung widerleglich** ist, sofern die die Befugnis erteilende, notifizierende Behörde nachweist, dass die Konformitätsbewertungsstelle einzelne Anforderungen aus Art. 31 nicht erfüllt. Insofern kann trotz Akkreditierung auf der Grundlage einschlägiger harmonisierter Normen die Erteilung der Befugnis sowie die anschließende Notifizierung verweigert werden.

6 Die Vermutungswirkung, die aus der Einhaltung der Anforderungen harmonisierter Normen folgt, reicht indessen nur so weit, wie die vorhandenen mandatierten Normen die entsprechenden gesetzlichen Anforderungen auch tatsächlich abdecken (hier: die Notifizierungsanforderungen für das Bewerten von Hochrisiko-KI-Systemen). **Bislang aber fehlen** zumindest für die KI-bezogenen Kompetenzen (u. a. Anforderungen nach Art. 31 Abs. 2 „Cybersicherheitsanforderungen", Abs. 11 „Anforderungen an das Personal bezüglich KI-Systeme, Daten und Datenverarbeitung") entsprechende **harmonisierte Normen**, weshalb die Vermutungswirkung ihre Wirksamkeit auch nur in Teilen entfalten kann.

---

3 Normungsauftrag an CEN, CENELEC und ETSI für die Verwendung harmonisierter Normen zur Unterstützung des neuen Rechtsrahmens und sektorieller Zertifizierungssysteme, M/417 DE, Brüssel, 4.12.2007.

4 Ausführlich *Gesmann-Nuissl/Ensthaler/Edelhäuser*, Akkreditierung von Konformitätsbewertungsstellen, KAN-Bericht 47, S. 49 ff.

5 *Ensthaler/Gesmann-Nuissl/Müller*, Technikrecht, S. 206 ff.

Art. 33 Zweigstellen notifizierter Stellen und Vergabe von Unteraufträgen

(1) Vergibt eine notifizierte Stelle bestimmte mit der Konformitätsbewertung verbundene Aufgaben an Unterauftragnehmer oder überträgt sie diese einer Zweigstelle, so stellt sie sicher, dass der Unterauftragnehmer oder die Zweigstelle die Anforderungen des Artikels 31 erfüllt, und informiert die notifizierende Behörde darüber.

(2) Die notifizierten Stellen tragen die volle Verantwortung für Arbeiten, die von jedweden Unterauftragnehmern oder Zweigstellen ausgeführt werden.

(3) Tätigkeiten dürfen nur mit Zustimmung des Anbieters an einen Unterauftragnehmer vergeben oder einer Zweigstelle übertragen werden. Die notifizierten Stellen veröffentlichen ein Verzeichnis ihrer Zweigstellen.

(4) Die einschlägigen Unterlagen über die Bewertung der Qualifikation des Unterauftragnehmers oder der Zweigstelle und die von ihnen gemäß dieser Verordnung ausgeführten Arbeiten werden für einen Zeitraum von fünf Jahren ab dem Datum der Beendigung der Unterauftragsvergabe für die notifizierende Behörde bereitgehalten.

Mit Art. 33 korrespondiert Erwägungsgrund 176.

Schrifttum: *Klindt* (Hrsg.), Produktsicherheitsgesetz, Kommentar, 3. Aufl. 2021; *Martini/Botta*, KI-Aufsicht im föderalen Staat, MMR 2024, 630.

Übersicht

I. Zweck der Bestimmung

Die Bestimmung geht auf Anhang I Art. R20 des Beschlusses Nr. 768/2008/EG zurück. Mit der Regelung wird es notifizierten Stellen gestattet, einzelne (nicht alle) mit der Konformitätsbewertung verbundene Aufgaben an Dritte zu übertragen (Art. 33 Abs. 1), sofern sich der Auftraggeber damit einverstanden erklärt (Art. 33 Abs. 3). 1

II. Vergabe an Unterauftragnehmer oder Zweigstelle (Abs. 1)

2 Art. 33 Abs. 1 formuliert die Voraussetzungen für die Vergabe von (Teil-)Aufgaben der den notifizierten Stellen obliegenden Konformitätsbewertungstätigkeiten an Unterauftragnehmer oder Zweigstellen (richtigerweise „Zweigunternehmen", vgl. Anhang I Art. R20 des Beschlusses Nr. 768/2008/EG). Beides wird ausdrücklich – im Rahmen des eigenen Kompetenzbereiches[1] – für **zulässig** erklärt, sofern diese **Dritten ebenfalls die Voraussetzungen des Art. 31** (siehe oben Art. 31 Rn. 3 ff.) **erfüllen**. Hierdurch soll gewährleistet werden, dass das Einbinden Dritter nicht zu Einbußen im Kompetenzniveau führt, sondern die übertragenen Bewertungstätigkeiten mit der gleichen Unabhängigkeit und Objektivität sowie mit derselben fachlichen Kompetenz auch von den Dritten ausgeführt werden.[2] Letzteres hat die notifizierte Stelle **in eigener Verantwortung sicherzustellen**, d.h. sie muss die Qualifikation und Kompetenz des Dritten selbst bewerten und diese Einschätzung gegebenenfalls auf Verlangen der notifizierenden Behörde nachweisen (siehe unten Rn. 6 f.). Regelmäßig wird sich die notifizierte Stelle die Kompetenz des Dritten durch eine Akkreditierung nachweisen lassen. Eine Überprüfung seitens der notifizierenden Behörde findet jedenfalls nicht statt; sie ist lediglich über die Unterbeauftragung zu informieren (Satz 1 am Ende).

3 Da es sich bei der Beurteilung der Dritten sonach um eine **originäre Verpflichtung der notifizierten Stelle** handelt, muss sie auch dafür einstehen, wenn die Anforderungen aus Art. 31 bei dem Dritten nicht bzw. nicht mehr vorliegen (entspricht auch der ratio des Art. 33 Abs. 2). Erfüllt der in die Konformitätsbewertung einbezogene Dritte die Anforderungen aus Art. 31 nicht bzw. nicht mehr, liegt eine **Pflichtverletzung der notifizierten Stelle selbst** vor, die bis zum Widerruf ihrer eigenen Befugnis führen kann.[3]

4 Die Vergabe an Dritte kann entsprechend dem Wortlaut des Art. 33 Abs. 1 an Unterauftragnehmer oder Zweigstellen erfolgen. **Unterauftragnehmer** sind von der notifizierten Stelle unabhängige Rechtssubjekte, die ausschließlich vertraglich eingebunden sind, während Zweigstellen – richtigerweise **„Zweigunternehmen"**[4] – selbstständige Tochtergesellschaften der notifizierten Stelle sind.

---

1 Bekanntmachung der Kommission, Leitfaden für die Umsetzung der Produktvorschriften der EU 2022 („Blue Guide"), 29.6.2022, ABl. 2022 C 247/1, S. 85.

2 Bekanntmachung der Kommission, Leitfaden für die Umsetzung der Produktvorschriften der EU 2022 („Blue Guide"), 29.6.2022, ABl. 2022 C 247/1, S. 86; ErwG 42 Beschluss Nr. 768/2008/EG.

3 *Kapoor*, in: Klindt, ProdSG, § 18 Rn. 5.

4 Übersetzungsfehler, vgl. Anhang I Art. R20 des Beschlusses Nr. 768/2008/EG.

Soweit die notifizierte Stelle Aufgaben an Unterauftragnehmer oder Zweigunternehmen überträgt, besteht eine **Unterrichtungsverpflichtung** gegenüber der notifizierenden Behörde. Die notifizierte Stelle hat der Behörde in diesem Zusammenhang auch mitzuteilen, welche Konformitätsbewertungsaufgaben sie an welche Stelle vergibt.[5] 5

III. Verantwortungskontinuität (Abs. 2)

Nach Art. 33 Abs. 2 tragen die notifizierten Stellen die **volle Verantwortung** für die Tätigkeiten der Dritten im Rahmen der vergebenen Aufgabenbereiche. Eine Einschränkung ist nicht vorgesehen, sodass sich die notifizierte Stelle auch **nicht exkulpieren** kann. Mithin trägt sie das **Risiko, für jegliches Fehlverhalten des einbezogenen Dritten** auch einstehen zu müssen; sie kann sich weder auf sorgfältige Auswahl und Überwachung des Dritten berufen noch darauf, dass das Fehlverhalten – z. B. Nichteinhaltung der Anforderungen aus Art. 31 oder der Verletzung vertraglicher Absprachen (z. B. Vertraulichkeitsvereinbarungen, Geheimhaltungsklauseln) – ausschließlich der Sphäre des Dritten zuzurechnen ist. 6

In privatrechtlicher Hinsicht folgt aus Art. 33 Abs. 2, dass Unterauftragnehmer und Zweigunternehmen nach deutschem Rechtsverständnis als **Erfüllungsgehilfen der notifizierten Stelle im Sinne des § 278 BGB** tätig werden. Die notifizierte Stelle hat daher auch gegenüber ihrem Auftraggeber jedes Verschulden der von ihr eingesetzten Unterauftragnehmer und Zweigunternehmen gemäß §§ 276, 278 BGB zu vertreten und haftet deshalb selbst für Schäden, die diese Dritten dem Auftraggeber durch schuldhaftes Verhalten zufügen.[6] 7

IV. Zustimmungsvorbehalt des Auftraggebers (Abs. 3)

Die Vergabe von (Teil-)Aufträgen an Unterauftragnehmer oder Zweigunternehmen ist nach Art. 33 Abs. 3 nur mit **Zustimmung des Auftraggebers** möglich. Dies dient dem **Schutz des Auftraggebers**. Er soll selbst darüber entscheiden dürfen, ob und in welchem Umfang er einer Auftragsübertragung an Dritte zustimmt. 8

Die **Zustimmung** kann – da Art. 33 Abs. 3 keine weitere Eingrenzung vornimmt – **entweder vor Vergabe der Unterbeauftragung** (= Einwilligung gemäß § 183 BGB nach deutschem Rechtsverständnis) **oder nachträglich** (= Genehmi- 9

5 Bekanntmachung der Kommission, Leitfaden für die Umsetzung der Produktvorschriften der EU 2022 („Blue Guide"), 29.6.2022, ABl. 2022 C 247/1, S. 86.

6 *Kapoor*, in: Klindt, ProdSG, § 18 Rn. 8.

gung gemäß § 184 BGB nach deutschem Rechtsverständnis) eingeholt werden. Sofern die notifizierte Stelle Aufgaben delegiert hat und der Auftraggeber eine nachträgliche Genehmigung verweigert, muss die notifizierte Stelle die vergebenen Bewertungstätigkeiten mangels Zustimmung erneut (entweder selbst oder durch Dritte) durchführen.[7]

10 Damit sich der Auftraggeber über die potenziellen Unterauftragnehmer der notifizierten Stelle informieren kann, muss diese ein **Verzeichnis ihrer Zweigunternehmen veröffentlichen** (Art. 33 Abs. 3 Satz 2). Diese Veröffentlichungspflicht bezieht sich dem Wortlaut nach nur auf Zweigunternehmen, wenngleich dies wohl als Redaktionsversehen eingestuft werden muss, da das Interesse des Auftraggebers an den Unterauftragnehmern gleichermaßen vorhanden ist.

V. Bereithaltung der Unterlagen (Abs. 4)

11 Art. 33 Abs. 4 verpflichtet die notifizierte Stelle dazu, **sämtliche einschlägigen Unterlagen** über die Begutachtung der Qualifikation des Unterauftragnehmers oder des Zweigunternehmens sowie über die von diesen im Auftrag der notifizierten Stelle ausgeführten Arbeiten **für fünf Jahre** nach Beendigung der ausgeführten Bewertungstätigkeiten bereitzuhalten. Dieses Erfordernis dient zuvörderst der **Überwachung der Unterauftragsvergabepraxis** der notifizierten Stellen durch die Befugnis erteilende bzw. notifizierende Behörde, die ihrerseits in den Unterauftragsvergabeprozess gerade nicht eingebunden ist (siehe oben Rn. 5).

7 *Kapoor*, in: Klindt, ProdSG, § 18 Rn. 10.

Art. 34 Operative Pflichten der notifizierten Stellen

(1) Die notifizierten Stellen überprüfen die Konformität von Hochrisiko-KI-Systemen nach den in Artikel 43 festgelegten Konformitätsbewertungsverfahren.

(2) Die notifizierten Stellen vermeiden bei der Durchführung ihrer Tätigkeiten unnötige Belastungen für die Anbieter und berücksichtigen gebührend die Größe des Anbieters, den Sektor, in dem er tätig ist, seine Struktur sowie die Komplexität des betreffenden Hochrisiko-KI-Systems, um insbesondere den Verwaltungsaufwand und die Befolgungskosten für Kleinstunternehmen und kleine Unternehmen im Sinne der Empfehlung 2003/361/EG zu minimieren. Die notifizierte Stelle muss jedoch den Grad der Strenge und das Schutzniveau einhalten, die für die Konformität des Hochrisiko-KI-Systems mit den Anforderungen dieser Verordnung erforderlich sind.

(3) Die notifizierten Stellen machen der in Artikel 28 genannten notifizierenden Behörde sämtliche einschlägige Dokumentation, einschließlich der Dokumentation des Anbieters, zugänglich bzw. übermitteln diese auf Anfrage, damit diese Behörde ihre Bewertungs-, Benennungs-, Notifizierungs- und Überwachungstätigkeiten durchführen kann und die Bewertung gemäß diesem Abschnitt erleichtert wird.

Mit Art. 34 korrespondiert Erwägungsgrund 145.

Schrifttum: *Held/Jaguttis/Rupp*, BauPVO – Bauproduktenverordnung VO (EU) 305/2011, Kommentar, 2019; *Martini/Botta*, KI-Aufsicht im föderalen Staat MMR 2024, 630; *Säcker/Rixecker/Oetker* (Hrsg.), Münchener Kommentar zum BGB, Bd. 7, 9. Aufl. 2024; *Wiebe*, Produktsicherheitsrechtliche Betrachtung des Vorschlags für eine KI-Verordnung, BB 2022, 899.

Übersicht

I. Zweck der Bestimmung

Die Regelung des Art. 34 lehnt sich an die Bestimmung des Anhang I Art. R27 1
des Beschlusses Nr. 768/2008/EG an und enthält **Verpflichtungen** der notifi-

zierten Stelle **im Hinblick auf die Durchführung ihrer Tätigkeiten** und tritt neben Art. 31, welcher zuvor den organisatorischen und personellen Rahmen der Stelle festgelegt hat (vgl. Art. 31 Rn. 3ff.) sowie Art. 43, der das Konformitätsbewertungsverfahren adressiert.

II. Überprüfungsauftrag (Abs. 1)

2 Die Aufgaben von notifizierten Stellen bestehen darin, die Konformität von Hochrisiko-KI-Systemen entsprechend den Vorgaben in Art. 43 zu überprüfen. Die Wahrnehmung dieser Aufgabe durch die Konformitätsbewertungsstellen ersetzt – im Sinne der NLF-Systematik – behördliche Präventivkontrollen.[1]

3 Das Konformitätsbewertungsverfahren nach Art. 43 – auf welches Abs. 1 verweist – findet entweder auf Grundlage von internen Kontrollen nach Art. 43 Abs. 1 UAbs. 1 lit. a i.V.m. Anhang VI statt oder – was vorliegend von Belang ist – unter Einbindung einer notifizierten Stelle nach Art. 43 Abs. 1 UAbs. 1 lit. b i.V.m. Anhang VII, die vom Anbieter allerdings auch bei einer internen Bewertung eingesetzt werden darf (Art. 43 Abs. 1 Satz 3). Dabei erstreckt sich deren Tätigkeit zuvörderst auf die Bewertung des Qualitätsmanagements sowie der technischen Dokumentation nach Anhang VII. Sofern allerdings das Hochrisiko-KI-System in ein Produkt integriert ist, welches den Harmonisierungsvorschriften aus Anhang I Abschnitt A der KI-VO unterworfen ist, hat die eingebundene Konformitätsbewertungsstelle gemäß Art. 43 Abs. 3 Satz 3 ebenso die dort benannten Anforderungen zu kontrollieren (siehe unten Art. 43 Rn. 32). Insofern folgt der genaue Untersuchungsumfang entweder aus der KI-VO oder in der Zusammenschau mit den einschlägigen Harmonisierungsvorschriften.

III. Arbeitsweise und zugrunde liegender Maßstab (Abs. 2)

4 Die Arbeitsweise der notifizierten Stelle wird in Art. 34 Abs. 2 konkretisiert. Dabei nimmt die Regelung das **Spannungsverhältnis** auf, in welchem sich die notifizierten Stellen im Rahmen ihrer Tätigkeit bewegen. Einerseits sind sie ihren Auftraggebern gegenüber verpflichtet und müssen auf deren Belange Rücksicht nehmen (**Schutz der Anbieter**, Satz 1), auf der anderen Seite ersetzen sie die behördliche Kontrolle bezüglich der Sicherheit von Hochrisiko-KI-Systemen (siehe oben Rn. 2), weshalb sie es sind, die die Einhaltung der einschlägigen Konformitätsbewertungsverfahren nach der KI-VO und den Harmonisierungsvorschriften sicherzustellen haben (**gesetzliche Bindung und Sicherstel-**

1 *Wiebe*, BB 2022, 899, 903.

lung der rechtlichen Rahmenbedingungen, Satz 2). Art. 34 Abs. 2 legt in diesem Spannungsverhältnis den **Maßstab** für ihre Arbeitsweise fest, indem die notifizierten Stellen vor allem zur **Anwendung des Verhältnismäßigkeitsgrundsatzes** (Art. 20 Abs. 3 GG) verpflichtet werden.

Nach Art. 34 Abs. 1 Satz 1 müssen die notifizierten Stellen bei Durchführung ihrer Tätigkeiten **unnötige Belastungen der Anbieter vermeiden**. Obschon der Wortlaut nur von Anbietern im Sinne des Art. 3 Nr. 3 spricht und damit die Wirtschaftsakteure in den Fokus nimmt, die KI-Systeme entwickeln, entwickeln lassen oder in Verkehr bringen, wird man diese Verpflichtung wohl auch auf die **niedergelassenen Bevollmächtigten** im Sinne der Art. 3 Nr. 5, 22 ausdehnen müssen, welche im Namen eines Drittstaaten-Anbieters im Unionsmarkt die Pflichten der Anbieter erfüllen und die erforderlichen Verfahren durchführen (vgl. dazu Art. 22). Zwar findet die Konformitätsbewertung prinzipiell bereits vor Inverkehrgabe des Hochrisiko-KI-Systems statt, dennoch sind **Korrekturmaßnahmen oder Nachprüfungen** auch nach Inverkehrgabe nicht ausgeschlossen, die dann von den Bevollmächtigten zu beauftragen wären. 5

Die abstrakte Formulierung, dass unnötige Belastungen vermieden werden sollen, wird über verschiedene **Kriterien** geschärft, wobei auf Größe des Anbieters, Sektor bzw. Branche des Anbieters, Struktur des Unternehmens sowie Komplexität des Hochrisiko-KI-Systems abzustellen ist, um die **Belastbarkeits- und Zumutbarkeitsgrenze im Einzelfall** zu ermitteln. Es geht darum, dass die notifizierten Stellen dafür sorgen sollen, dass die Unternehmen, so unterschiedlich sie auch sein mögen, nicht durch überzogene (Prüf-)Anforderungen am Marktzugang gehindert werden. Vielmehr sollen die Eingriffe in die Unternehmensabläufe, welche mit den Tätigkeiten der Konformitätsbewertungsstellen einhergehen, **verhältnismäßig** sein. Dabei soll – einfach gesprochen – einem großen, vielfältig aufgestelltem Unternehmen mehr zugemutet werden können als einem kleinen Unternehmen. Ausdrücklich soll der Aufwand – genauer der Verwaltungsaufwand und die Befolgungskosten – gerade für Kleinstunternehmen sowie kleinen und mittleren Unternehmen (KMU)[2] minimiert werden, was der erwünschten **Privilegierung von Kleinstunternehmen und KMU**, die in der KI-VO angelegt ist, entspricht.[3] 6

Allerdings ist das „Tätigkeits- bzw. Eingriffsermessen" für die notifizierte Stelle auch nicht grenzenlos. Sondern Art. 34 Abs. 2 Satz 2 stellt klar, dass die Konformitätsbewertungsstelle jedenfalls mit der **gebotenen Strenge** die nach der KI-VO sowie den Harmonisierungsvorschriften **erforderlichen Konformitätsbewertungsverfahren** und die darauf abgestimmten Tätigkeiten durchführen muss. Die Berücksichtigung der Anbieterbelange darf jedenfalls nicht so weit 7

2 Vgl. dazu die Definition der Empfehlung der Kommission 2003/361/EG, ABl. L 124 v. 20.5.2003, S. 36.

3 Vgl. ErwG 143, 168.

gehen, dass die Einhaltung der Schutzziele aus den jeweiligen Harmonisierungsvorschriften ad absurdum geführt wird. Die notifizierte Stelle bleibt vielmehr darauf verpflichtet, die **vollständige Konformität mit den einschlägigen Anforderungen** festzustellen.

8 Zusammenfassend muss die notifizierte Stelle unter Beachtung des jeweiligen einschlägigen Konformitätsbewertungsverfahrens die erforderlichen und geeigneten Tätigkeiten zur Konformitätsfeststellung durchführen, wobei sie unter mehreren gleichwertig zur Verfügung stehenden Tätigkeiten diejenigen mit den geringsten Belastungen für den Anbieter auszuwählen hat (siehe oben Rn. 6).

IV. Transparenzpflicht (Abs. 3)

9 Nach Art. 34 Abs. 3 müssen die notifizierten Stellen der notifizierenden Behörde (vgl. Art. 28) alle **einschlägigen Dokumente** auf Anfrage zugänglich machen, die diese zur Wahrnehmung ihrer Aufgaben (vgl. zu den Aufgaben Art. 30, Art. 36) benötigt.[4] Dabei bedeutet **„auf Anfrage“**, dass keine automatisierte Weiterleitung stattfinden muss, sondern erst, wenn die notifizierende Behörde bestimmte Angaben oder Informationen bei der notifizierten Stelle erbittet.

V. Rechtsfolgen bei Pflichtverletzung

10 Welche Rechtsfolgen die notifizierte Stelle bei einer Pflichtverletzung trifft, ist noch weitgehend ungeklärt. **Spezielle Vorschriften zur Haftung fehlen**. Der Umstand, dass die notifizierte Stelle eine Haftpflichtversicherung abschließen muss (Art. 31 Abs. 9), spricht zwar für eine zivilrechtliche Haftung, kann sie aber nach Auffassung des EuGH nicht allein begründen.[5] Zum Teil wird eine deliktische Haftung bei Pflichtverletzung aus § 823 BGB (Verletzung von Verkehrspflichten) oder aus § 826 BGB (vorsätzliche sittenwidrige Schädigung) gefordert, **um asymmetrische Anreizstrukturen zu vermeiden**.[6]

4 Vgl. auch Bekanntmachung der Kommission, Leitfaden für die Umsetzung der Produktvorschriften der EU 2022 („Blue Guide“), 29.6.2022, ABl. 2022 C 247/1, S. 82.

5 EuGH, 16.2.2017 – Rs. C-219/15, NJW 2017, 1161 Rn. 57 – Schmitt/TÜV Rheinland; BGH, Vorlagebeschl. v. 9.4.2015 – VII ZR 36/14, NJW 2015, 2737; *Held*, in: Held/Jaguttis/Rupp, BauPVO, Art. 52 Rn. 20 ff.

6 *Wagner*, in: MüKo-BGB, § 823 Rn. 1065 f.

Art. 35 Identifizierungsnummern und Verzeichnisse notifizierter Stellen

(1) Die Kommission weist jeder notifizierten Stelle eine einzige Identifizierungsnummer zu, selbst wenn eine Stelle nach mehr als einem Rechtsakt der Union notifiziert wurde.

(2) Die Kommission veröffentlicht das Verzeichnis der nach dieser Verordnung notifizierten Stellen samt ihren Identifizierungsnummern und den Tätigkeiten, für die sie notifiziert wurden. Die Kommission stellt sicher, dass das Verzeichnis auf dem neuesten Stand gehalten wird.

Schrifttum: *Klindt* (Hrsg.), Produktsicherheitsgesetz, Kommentar, 3. Aufl. 2021.

Übersicht

I. Zweck der Bestimmung

Art. 35 sichert die **europaweite Identifizierbarkeit notifizierter Stellen** und nimmt dabei nahezu wortgleich die Regelung des Anhangs I Art. R24 des Beschlusses Nr. 768/2007EG auf. 1

II. Identifizierungsnummer (Abs. 1)

Nach Abs. 1 wird jeder notifizierten Stelle von der Europäischen Kommission eine **Identifizierungsnummer zugewiesen**. Dabei gilt, dass **jede notifizierte Stelle**, unabhängig von der Anzahl der Harmonisierungsvorschriften, für die sie notifiziert ist, **nur eine einzige Identifizierungsnummer erhält**, sodass ihre eindeutige Identifizierbarkeit jederzeit gewährleistet ist (Identifikationsfunktion). 2

Regelmäßig erfolgt die **Vergabe dieser Identifizierungsnummer automatisiert** im sog. NANDO-System (New Approach Notified and Designated Organisations; bereits oben Art. 30 Abs. 2 sowie unten Art. 35 Abs. 2 Rn. 6). Dabei wird die Identifizierungsnummer vom NANDO-System im Zeitpunkt der Validierung der Notifizierung – es liegen nach Notifizierung keine Einwände der Kommission und der anderen Mitgliedstaaten vor – automatisch erzeugt. Die 3

Zuweisung der Nummerierung erfolgt dabei **fortlaufend**. Ihre Vergabe ist ein rein administrativer Vorgang, mit dem die einheitliche Verwaltung und jederzeitige Identifizierung der notifizierten Stellen sichergestellt werden soll. Eine Übertragung von Rechten oder Pflichten an die notifizierte Stelle durch die Europäische Kommission ist damit jedenfalls nicht verbunden.[1]

4 Sollte eine notifizierte Stelle zu einem späteren Zeitpunkt aus dem Verzeichnis (siehe unten Rn. 6) gestrichen werden (z. B. weil die Stelle ihre Tätigkeiten einstellt), wird ihre **Identifizierungsnummer nicht mehr neu vergeben**, damit Verwechslungen sicher ausgeschlossen werden können.

5 Bei **Aussetzung oder Widerruf der Notifizierung** (vgl. dazu Art. 36 Rn. 20 ff.) verbleiben hingegen die Angaben, einschließlich der Identifizierungsnummer, zunächst in der NANDO-Datenbank (siehe unten Rn. 6 ff.) und werden bis auf weiteres in den Bereich „Withdrawn/Expired Notifications/NBs" (Widerrufene/Abgelaufene Notifizierungen/Notifizierte Stellen) verschoben.[2]

III. Verzeichnis (Abs. 2)

6 Die Kommission veröffentlicht ein Verzeichnis der notifizierten Stellen samt Identifizierungsnummer und den Tätigkeiten, für die die Stelle notifiziert wurde (Art. 35 Abs. 2 Satz 1) und hält dieses Verzeichnis aktuell (Art. 35 Abs. 2 Satz 2).

7 Zu diesem Zweck wurde von der Europäischen Kommission das frei zugängliche **NANDO-Informationssystem** eingerichtet, eine **sektorenübergreifende Datenbank**, welche alle wesentlichen Informationen zu den notifizierten Stellen vorhält und über die Webseiten der Europäischen Kommission angesteuert werden kann.[3] Die Datenbank ist dabei mit Suchfunktionen ausgestattet, die eine Abfrage nach Mitgliedstaaten („search by country"; z. B. Deutschland), nach Sektoren und Tätigkeitsbereichen („search by legislation"; z. B. EG-Spielzeugrichtlinie 2009/48/EG), nach Identifizierungsnummern, Notifizierungsstatus oder Name der Einrichtung („free search") ermöglicht.[4]

8 Da die Informationen **in Echtzeit** mit Eingabe sofort abrufbar zur Verfügung stehen, ist die Aktualität des Verzeichnisses fortlaufend gewährleistet.

---

1 Bekanntmachung der Kommission, Leitfaden für die Umsetzung der Produktvorschriften der EU 2022 („Blue Guide"), 29.6.2022, ABl. 2022 C 247/1, S. 92.

2 Bekanntmachung der Kommission, Leitfaden für die Umsetzung der Produktvorschriften der EU 2022 („Blue Guide"), 29.6.2022, ABl. 2022 C 247/1, S. 92.

3 Siehe https://webgate.ec.europa.eu/single-market-compliance-space/#/notified-bodies (zuletzt abgerufen am 5.12.2024).

4 *Klindt/Schucht*, in: Klindt, ProdSG, § 2 Rn. 145.

Mit der Aufnahme von Informationen zu notifizierten Stellen setzt die EU-Datenbank NANDO einen Rechtsschein dahingehend, dass die aufgeführten notifizierten Stellen auch die Tätigkeiten durchführen dürfen, die ihnen ausweislich der Datenbank zugeordnet sind („**positiver Rechtsschein**").[5] Wenn hingegen umgekehrt eine notifizierte Stelle nicht bzw. nicht mehr in der Datenbank aufgeführt ist (gestrichen oder in den Bereich „Withdrawn/Expired Notifications/ NBs" verschoben), gilt dies als Indiz dafür, dass die Befugnis zur Zertifizierung (derzeit) fehlt („**negativer Rechtsschein**").[6] **9**

Das NANDO-System nimmt darüber hinausgehend im Rahmen des Notifizierungsverfahrens nach Art. 30 eine wichtige Rolle ein. Es ist das elektronische, webbasierte System, welches für den **Informationsaustausch zwischen den Mitgliedstaaten und der Europäischen Kommission** genutzt wird (vgl. dazu bereits Art. 30 Abs. 2). **10**

5 OVG Lüneburg, Beschl. v. 9.12.2020 – 13 ME 468/20, BeckRS 2020, 37333 Rn. 31.
6 VG Freiburg, Beschl. v. 16.7.2021 – 9 K 2138/21, BeckRS 2021, 41877.

Art. 36 Änderungen der Notifizierungen

(1) Die notifizierende Behörde unterrichtet die Kommission und die anderen Mitgliedstaaten mithilfe des in Artikel 30 Absatz 2 genannten elektronischen Notifizierungsinstruments über alle relevanten Änderungen der Notifizierung einer notifizierten Stelle.

(2) Für Erweiterungen des Anwendungsbereichs der Notifizierung gelten die in den Artikeln 29 und 30 festgelegten Verfahren.

Für andere Änderungen der Notifizierung als Erweiterungen ihres Anwendungsbereichs gelten die in den Absätzen 3 bis 9 dargelegten Verfahren.

(3) Beschließt eine notifizierte Stelle die Einstellung ihrer Konformitätsbewertungstätigkeiten, so informiert sie die betreffende notifizierende Behörde und die betreffenden Anbieter so bald wie möglich und im Falle einer geplanten Einstellung ihrer Tätigkeiten mindestens ein Jahr vor deren Einstellung darüber. Die Bescheinigungen der notifizierten Stelle können für einen Zeitraum von neun Monaten nach Einstellung der Tätigkeiten der notifizierten Stelle gültig bleiben, sofern eine andere notifizierte Stelle schriftlich bestätigt hat, dass sie die Verantwortung für die von diesen Bescheinigungen abgedeckten Hochrisiko-KI-Systeme übernimmt. Die letztgenannte notifizierte Stelle führt vor Ablauf dieser Frist von neun Monaten eine vollständige Bewertung der betroffenen Hochrisiko-KI-Systeme durch, bevor sie für diese neue Bescheinigungen ausstellt. Stellt die notifizierte Stelle ihre Tätigkeit ein, so widerruft die notifizierende Behörde die Benennung.

(4) Hat eine notifizierende Behörde hinreichenden Grund zu der Annahme, dass eine notifizierte Stelle die in Artikel 31 festgelegten Anforderungen nicht mehr erfüllt oder dass sie ihren Pflichten nicht nachkommt, so untersucht die notifizierende Behörde den Sachverhalt unverzüglich und mit äußerster Sorgfalt. In diesem Zusammenhang teilt sie der betreffenden notifizierten Stelle die erhobenen Einwände mit und gibt ihr die Möglichkeit, dazu Stellung zu nehmen. Kommt die notifizierende Behörde zu dem Schluss, dass die notifizierte Stelle die in Artikel 31 festgelegten Anforderungen nicht mehr erfüllt oder dass sie ihren Pflichten nicht nachkommt, schränkt sie die Benennung gegebenenfalls ein, setzt sie aus oder widerruft sie, je nach Schwere der Nichterfüllung dieser Anforderungen oder Pflichtverletzung. Sie informiert die Kommission und die anderen Mitgliedstaaten unverzüglich darüber.

(5) Wird die Benennung einer notifizierten Stelle ausgesetzt, eingeschränkt oder vollständig oder teilweise widerrufen, so informiert die notifizierte Stelle die betreffenden Anbieter innerhalb von zehn Tagen darüber.

(6) Wird eine Benennung eingeschränkt, ausgesetzt oder widerrufen, so ergreift die notifizierende Behörde geeignete Maßnahmen, um sicherzustellen, dass die Akten der betreffenden notifizierten Stelle für die notifizierenden Behörden in anderen Mitgliedstaaten und die Marktüberwachungsbehörden bereitgehalten und ihnen auf deren Anfrage zur Verfügung gestellt werden.

(7) Wird eine Benennung eingeschränkt, ausgesetzt oder widerrufen, so geht die notifizierende Behörde wie folgt vor:

a) Sie bewertet die Auswirkungen auf die von der notifizierten Stelle ausgestellten Bescheinigungen;

b) sie legt der Kommission und den anderen Mitgliedstaaten innerhalb von drei Monaten nach Notifizierung der Änderungen der Benennung einen Bericht über ihre diesbezüglichen Ergebnisse vor;

c) sie weist die notifizierte Stelle zur Gewährleistung der fortlaufenden Konformität der im Verkehr befindlichen Hochrisiko-KI-Systeme an, sämtliche nicht ordnungsgemäß ausgestellten Bescheinigungen innerhalb einer von der Behörde festgelegten angemessenen Frist auszusetzen oder zu widerrufen;

d) sie informiert die Kommission und die Mitgliedstaaten über Bescheinigungen, deren Aussetzung oder Widerruf sie angewiesen hat;

e) sie stellt den zuständigen nationalen Behörden des Mitgliedstaats, in dem der Anbieter seine eingetragene Niederlassung hat, alle relevanten Informationen über Bescheinigungen, deren Aussetzung oder Widerruf sie angewiesen hat, zur Verfügung; diese Behörde ergreift erforderlichenfalls geeignete Maßnahmen, um ein mögliches Risiko für Gesundheit, Sicherheit oder Grundrechte zu verhindern.

(8) Abgesehen von den Fällen, in denen Bescheinigungen nicht ordnungsgemäß ausgestellt wurden und in denen eine Benennung ausgesetzt oder eingeschränkt wurde, bleiben die Bescheinigungen unter einem der folgenden Umständen gültig:

a) Die notifizierende Behörde hat innerhalb eines Monats nach der Aussetzung oder Einschränkung bestätigt, dass im Zusammenhang mit den von der Aussetzung oder Einschränkung betroffenen Bescheinigungen kein Risiko für Gesundheit, Sicherheit oder Grundrechte besteht, und die notifizierende Behörde hat einen Zeitplan für Maßnahmen zur Aufhebung der Aussetzung oder Einschränkung genannt oder

b) die notifizierende Behörde hat bestätigt, dass keine von der Aussetzung betroffenen Bescheinigungen während der Dauer der Aussetzung oder Einschränkung ausgestellt, geändert oder erneut ausgestellt werden, und gibt an, ob die notifizierte Stelle in der Lage ist, bestehende ausge-

stellte Bescheinigungen während der Dauer der Aussetzung oder Einschränkung weiterhin zu überwachen und die Verantwortung dafür zu übernehmen; falls die notifizierende Behörde feststellt, dass die notifizierte Stelle nicht in der Lage ist, bestehende ausgestellte Bescheinigungen weiterzuführen, so bestätigt der Anbieter des von der Bescheinigung abgedeckten Systems den zuständigen nationalen Behörden des Mitgliedstaats, in dem er seine eingetragene Niederlassung hat, innerhalb von drei Monaten nach der Aussetzung oder Einschränkung schriftlich, dass eine andere qualifizierte notifizierte Stelle vorübergehend die Aufgaben der notifizierten Stelle zur Überwachung der Bescheinigung übernimmt und dass sie während der Dauer der Aussetzung oder Einschränkung für die Bescheinigung verantwortlich bleibt.

(9) Abgesehen von den Fällen, in denen Bescheinigungen nicht ordnungsgemäß ausgestellt wurden und in denen eine Benennung widerrufen wurde, bleiben die Bescheinigungen unter folgenden Umständen für eine Dauer von neun Monaten gültig:

a) Die zuständige nationale Behörde des Mitgliedstaats, in dem der Anbieter des von der Bescheinigung abgedeckten Hochrisiko-KI-Systems seine eingetragene Niederlassung hat, hat bestätigt, dass im Zusammenhang mit den betreffenden Hochrisiko-KI-Systemen kein Risiko für Gesundheit, Sicherheit oder Grundrechte besteht, und

b) eine andere notifizierte Stelle hat schriftlich bestätigt, dass sie die unmittelbare Verantwortung für diese KI-Systeme übernehmen und deren Bewertung innerhalb von zwölf Monaten ab dem Widerruf der Benennung abgeschlossen haben wird.

Unter den in Unterabsatz 1 genannten Umständen kann die zuständige nationale Behörde des Mitgliedstaats, in dem der Anbieter des von der Bescheinigung abgedeckten Systems seine Niederlassung hat, die vorläufige Gültigkeit der Bescheinigungen um zusätzliche Zeiträume von je drei Monaten, jedoch nicht um insgesamt mehr als 12 Monate, verlängern.

Die zuständige nationale Behörde oder die notifizierte Stelle, die die Aufgaben der von der Benennungsänderung betroffenen notifizierten Stelle übernimmt, informiert unverzüglich die Kommission, die anderen Mitgliedstaaten und die anderen notifizierten Stellen darüber.

Mit Art. 36 korrespondieren die Erwägungsgründe 47, 125, 126.

Schrifttum: *Bader/Ronellenfitsch* (Hrsg.), Beck'scher Online-Kommentar VwVfG, Stand: 63. Ed. 2024; *Klindt* (Hrsg.), Produktsicherheitsgesetz, Kommentar, 3. Aufl. 2021; *Martini/Botta*, KI-Aufsicht im föderalen Staat, MMR 2024, 630; *Rauscher/Krüger* (Hrsg.), Münchener Kommentar zur ZPO, Bd. 3, 6. Aufl. 2022; *Säcker/Rixecker/Oetker* (Hrsg.), Münchener Kommentar zum BGB, Bd. 13, 8. Aufl. 2021.

Übersicht

I. Zweck der Vorschrift

1 Art. 36 geht zurück auf die Musterbestimmung Art. R25 in Anhang I des Beschlusses Nr. 768/2008/EG und beschreibt die unterschiedlichen Verfahren, die bei einer später eintretenden (unvorhergesehenen) Änderung der Benennungs-/Notifizierungsgrundlagen (Abs. 3 und Abs. 4) sowie im Falle der Aussetzung, Einschränkung und des Widerrufs der Benennung (Abs. 5 bis Abs. 9) einzuleiten und durchzuführen sind. Durch die Festlegungen wird sichergestellt, dass die Europäische Kommission und die übrigen Mitgliedstaaten stets umfassend über den Status und den Umfang der notifizierten Stellen informiert sind.

II. Informationspflicht der notifizierenden Behörde (Abs. 1)

2 Abs. 1 richtet sich an die notifizierende Behörde und normiert eine **allgemeine Informationspflicht der notifizierenden Behörde** gegenüber der Kommission und den anderen Mitgliedstaaten **über relevante Änderungen der Notifizierung** einer notifizierten Stelle. Dabei ist der Wortlaut etwas missverständlich, da der Begriff „Notifizierung" rechtstechnisch nur die förmliche Benachrichtigung gegenüber der Kommission und den anderen Mitgliedstaaten umschreibt (siehe Art. 30 Rn. 3). Mit „Änderungen der Notifizierung" können daher nur die Änderungen der Benennungs-/Notifizierungsgrundlagen (z. B. Nichterfüllung der Anforderungen nach Art. 31) gemeint sein.

3 Die Informationen sind unter Verwendung des elektronischen Notifizierungsinstruments gemäß Art. 30 Abs. 2, d.h. über das NANDO-Informationssystem (siehe Art. 30 Rn. 5), zu übermitteln. Auf diese Weise wird sichergestellt, dass die relevanten Informationen über Änderungen der Notifizierungsgrundlagen EU-weit und in Echtzeit zur Verfügung stehen.

III. Klarstellung des Anwendungsbereiches und Verweis (Abs. 2)

4 Abs. 2 konkretisiert zunächst den Anwendungsbereich der recht komplexen Vorschrift des Art. 36.

5 Im Falle der **Erweiterung einer bereits bestehenden Notifizierung** finden die Art. 29 und Art. 30 Anwendung. Das Verfahren beginnt erneut. Für die notifizierte Stelle wird demnach ein Antrag nach Art. 29 Abs. 1 mit einer Beschreibung der künftigen Konformitätsbewertungstätigkeiten erforderlich (Art. 29 Abs. 2) sowie eine sich daran anschließende Überprüfung und Bewertung (= Akkreditierung), ob die Stelle über die notwendigen organisatorischen und personellen Voraussetzungen und Kompetenzen verfügt (Art. 30 Abs. 1). Anschließend erfolgen Benennung und Notifizierung durch die notifizierende Behörde.

6 Für alle anderen Änderungen – **Einstellung der Konformitätsbewertungstätigkeit** und **alle ungeplanten Änderungen in den Benennungs-/Notifizierungsgrundlagen** – verweist Art. 36 Abs. 2 auf die in den folgenden Absätzen beschriebenen Verfahren.

IV. Einstellen der Konformitätsbewertungstätigkeiten (Abs. 3)

7 Notifizierte Stellen, die ihre Konformitätsbewertungstätigkeit einstellen wollen oder müssen, haben die notifizierende Behörde hierüber in Kenntnis zu setzen; ebenso sind die Anbieter von Hochrisiko-KI-Systeme zu informieren (Art. 36 Abs. 3 Satz 1). Es besteht eine **Informationspflicht der notifizierten Stelle**.

8 Bezüglich des **Zeitpunkts der Information** differenziert die Vorschrift weiter zwischen einer ungeplanten und einer geplanten Einstellung der Konformitätsbewertungstätigkeiten. Bei einer **ungeplanten Einstellung** der Konformitätsbewertungstätigkeiten (z. B. Insolvenz; gerichtliche Auflösung) muss die Information an die notifizierende Behörde und die Anbieter **„so bald wie möglich"** erfolgen, was der Stelle zwar einen Entscheidungsspielraum einräumt, aber dennoch ein beschleunigtes Vorgehen betont (Beschleunigungsgebot). Insofern kann diese offene Formulierung nur bedeuten, dass die notifizierte Stelle die Information nicht ohne sachlichen Grund hinausschieben bzw. verzögern darf, sondern die Information zeitnah, mitunter nach Zusammenstellung eines begleitenden Informationskonvoluts (z. B. Unterlagen zu stattgefundenen Überprüfungen und Vor-Ort-Begutachtung, Beschreibungen der systematischen Überwachung, vorliegende Nachweise, notwendige Übersetzungen), an die Adressaten

weiterzuleiten hat.[1] Bei einer (langfristig) **geplanten Einstellung** der Konformitätsbewertungstätigkeiten (z.B. langfristig geplante Aufgabe des Geschäftsbetriebs; langfristig geplante Einstellung eines Prüfbereiches) müssen die notifizierende Behörde und die Anbieter **mit einem Vorlauf von mindestens einem Jahr** darüber informiert werden. Letzteres bindet auch die Konformitätsbewertungsstellen bei ihren strategischen Entscheidungen; sie müssen diese Informationspflicht im Auge behalten.

Trotz der Einstellung der Konformitätsbewertungstätigkeiten können bereits ausgestellte **Prüfbescheinigungen** der notifizierten Stelle für den **befristeten Zeitraum von neun Monate** ab Einstellung der Tätigkeiten gültig bleiben, sofern eine andere notifizierte Stelle schriftlich bestätigt (§ 126 BGB), dass sie die Verantwortung für die Hochrisiko-KI-Systeme des Anbieters übernimmt (Art. 36 Abs. 3 Satz 2). Die Vorschrift lässt hingegen offen, gegenüber wem und wann diese Bestätigung erfolgen muss. Dies muss dem Telos der Vorschrift entnommen werden. Da eine Bestätigung zur Verantwortungsübernahme gerichtet an die einstellende Konformitätsbewertungsstelle der Gefahr unterläge, dass eine entsprechende Mitteilung ins Leere laufen könnte, muss die Verantwortungsübernahme jedenfalls gegenüber der notifizierenden Behörde sowie gegenüber den Anbietern erklärt werden. Und da die Beteiligten außerdem Rechtssicherheit bezogen auf die Fortgeltung der Prüfbescheinigungen benötigen, muss die Übernahme vor Einstellung der Konformitätsbewertungstätigkeiten erklärt werden. 9

Für die Anbieter, die nun gezwungen sind, die notifizierte Stelle zu wechseln, wie auch für die neue verantwortliche Stelle, die künftig die erforderlichen Prüfungen und Bewertungen bezüglich des Hochrisiko-KI-Systems übernimmt, ist die **Übergangsfrist von neun Monaten eher knapp bemessen**, da letztere verpflichtet wird, in dieser 9-monatigen Übergangszeit eine vollständige Neubewertung der betroffenen Hochrisiko-KI-Systeme vorzunehmen (Art. 36 Abs. 3 Satz 3). 10

Die Benennung der notifizierten Stelle, deren Tätigkeit eingestellt wurde, ist schließlich von der notifizierenden Behörde zu widerrufen (Art. 36 Abs. 3 Satz 4). Erst anschließend kann die Europäische Kommission die notifizierte Stelle von der konsolidierten Liste notifizierter Stellen und dem NANDO-Verzeichnis streichen.[2] 11

---

1 In anderen europäischen Kontexten: *Rauscher/Heiderhoff*, in: MüKo-ZPO, Art. 6 EG-ZustellVO Rn. 2; *Kindler*, in: MüKo-BGB, Art. 41 EuInsVO Rn. 18.

2 Bekanntmachung der Kommission, Leitfaden für die Umsetzung der Produktvorschriften der EU 2022 („Blue Guide"), 29.6.2022, ABl. 2022 C 247/1, S. 93.

V. Änderungen in den Benennungs-/Notifizierungsgrundlagen (Abs. 4)

12 Falls eine notifizierende Behörde davon in Kenntnis gesetzt wird, dass eine notifizierte Stelle die in Art. 31 genannten Anforderungen nicht mehr erfüllt oder dass sie ihren Verpflichtungen nicht nachkommt, muss sie vor dem Ergreifen von Maßnahmen zunächst den Sachverhalt unverzüglich und mit gebotener Sorgfalt untersuchen (Art. 36 Abs. 4 Satz 1). Dabei muss sie alle entscheidungserheblichen Tatsachen vollständig und sachverständig ermitteln – es gilt der **Untersuchungsgrundsatz**, § 24 VwVfG. Ferner ist die notifizierte Stelle über die Einwände in Kenntnis zu setzen und ihr die Möglichkeit zur Stellungnahme einzuräumen; ihr ist **rechtliches Gehör zu gewähren**, Art. 103 GG (Art. 36 Abs. 4 Satz 2, entspricht insoweit § 28 VwVfG). Kommt die notifizierende Behörde nach Würdigung aller Tatsachen zu dem Schluss, dass Gründe vorliegen, die die Benennung und Notifizierung nicht mehr oder nicht mehr im bestehenden Umfang rechtfertigen, kann sie die Benennung einschränken, aussetzen oder widerrufen (Art. 36 Abs. 4 Satz 3).

13 Letzteres gilt auch, wenn eine Akkreditierungsurkunde vorliegt. Zwar löst die Akkreditierungsurkunde eine Vermutung für die erforderliche fachliche Kompetenz der notifizierten Stelle aus (Art. 32), allerdings kann diese Vermutungswirkung durch eine gegenteilige Beweisführung wieder außer Kraft gesetzt werden. Kann also die notifizierende Behörde den Beweis erbringen, dass die fachliche Kompetenz trotz Vorliegens einer Akkreditierungsurkunde ganz oder für Teilbereiche fehlt, ist die Änderung der Benennung oder deren Widerruf erforderlich; das Entschließungsermessen der notifizierenden Behörde ist insoweit reduziert.

14 Welche Maßnahmen die notifizierende Behörde bei Änderung der Benennungs-/Notifizierungsgrundlagen ergreift, steht in ihrem **Auswahlermessen**, wobei Art. 36 Abs. 4 Satz 3 einen festen Rahmen bezüglich der möglichen Rechtsfolgen setzt. Art. 36 Abs. 4 Satz 3 nennt drei Optionen: Einschränkung der Benennung, Aussetzung der Benennung und Widerruf der Benennung. Bei der Auswahl der zu ergreifenden Maßnahmen ist die Behörde entsprechend den allgemeinen verwaltungsrechtlichen Regeln dem **Grundsatz der Verhältnismäßigkeit** verpflichtet. Das ergibt sich nicht nur aus dem Wortlaut der Vorschrift („je nach Schwere"), sondern folgt auch daraus, dass alle in Art. 36 Abs. 4 Satz 3 genannten Maßnahmen der notifizierenden Behörde einen Eingriff in die Berufsausübungsfreiheit (Art. 12 GG) sowie in den eingerichteten und ausgeübten Gewerbebetrieb (Art. 14 GG) der notifizierten Stelle darstellen. Insofern müssen die **Maßnahmen erforderlich und verhältnismäßig** sein, was eine maßvolle Abwägung sowie die Auswahl des mildesten Mittels mit einschließt. Sollte die Beseitigung eines festgestellten und von der notifizierten Stelle leicht zu behebenden Pflichtverstoßes möglich sein, müsste die notifizie-

rende Behörde die Aussetzung der Befugnis wählen und von einem Widerruf der Benennung absehen; dieser bleibt nach Art. 36 Abs. 4 Satz 2 ultima ratio. Dennoch müsste eine notifizierte Stelle mit einem solchen Widerruf rechnen, sofern ein hinreichend schwerwiegender oder wiederholter Verstoß gegen die Pflichten vorliegt oder aber nicht ausräumbare Mängel im Hinblick auf die Benennungs-/Notifizierungsgrundlagen vorliegen.

Die Erteilung der Befugnis (Benennung) ist im Unterschied zur Notifizierung (= reine Mitteilung und Realakt) ein begünstigender Verwaltungsakt im Sinne der §§ 35, 48 Abs. 1 VwVfG, da damit die Erlaubnis erteilt wird, als notifizierte Stelle tätig werden zu dürfen. Umgekehrt stellen die Einschränkungen der Befugnis belastende Verwaltungsakte dar, wobei das deutsche Verwaltungsrecht an dieser Stelle **vom Unionsrecht überlagert** wird.[3] Die Bestimmungen nach Art. 36 Abs. 4 Satz 3 treten insoweit an die Stelle der im deutschen Verwaltungsrecht bestehenden Pendants: § 36 VwVfG (Nebenbestimmung), § 80 Abs. 4 VwGO (Aussetzung) oder § 49 VwVfG (Widerruf). Sollte eine Maßnahme aus Art. 36 Abs. 4 Satz 3 eingeleitet werden, bleibt sie aber dennoch – auch wenn das Unionsrecht das Verwaltungsrecht überlagert – ein **belastender Verwaltungsakt gegenüber der Konformitätsbewertungsstelle**, gegen den im Wege der Anfechtungsklage (§ 42 VwGO) vorgegangen werden kann. 15

Über die von der notifizierenden Behörde eingeleiteten Maßnahmen sind schließlich die Kommission und die anderen Mitgliedstaaten **unverzüglich**, d. h. ohne schuldhaftes Zögern (§ 121 BGB; vgl. dazu Art. 30 Rn. 11), in Kenntnis zu setzen (Art. 36 Abs. 4 Satz 3). Hierfür kann das elektronische Notifizierungsinstrument – das NANDO-System (Art. 30 Abs. 2) – genutzt werden. 16

VI. Unterrichtungspflicht gegenüber den Anbietern (Abs. 5)

Über die nach Art. 36 Abs. 4 ergriffene Maßnahme – Aussetzung, Einschränkung oder Widerruf der Benennung – sind die Anbieter innerhalb von zehn Tagen zu informieren (Art. 36 Abs. 5). Diese **Unterrichtungspflicht** gewährleistet, dass auch die Anbieter gesichert Kenntnis von den Veränderungen in der Benennung erhalten, zumal sie im Zuge des Informationsprozesses nach Art. 36 Abs. 4 Satz 4 nicht direkt adressiert werden und sich derartige Informationen über das NANDO-System selbst beschaffen müssten. Die daraus resultierende Gefahr einer Informationslücke schließt Art. 36 Abs. 5. 17

3 *Abel*, in: Bader/Ronellenfitsch, BeckOK VwVfG, § 49 Rn. 99.

VII. Weiterführung der Akten (Abs. 6)

18 Sofern die notifizierende Behörde die Benennung einschränkt, aussetzt oder widerruft, muss sie im **Interesse der Kontinuität**[4] geeignete Maßnahmen treffen, um zu gewährleisten, dass die von der notifizierten Stelle geführten Akten sowohl für notifizierende Behörden anderer Mitgliedstaaten als auch für die Marktüberwachungsbehörden bereitgehalten werden und auf Anfrage zur Verfügung gestellt werden können. Dies betrifft vor allem anhängige Vorgänge bei einem Widerruf der Benennung, die jetzt von anderen notifizierten Stellen weiterbearbeitet werden müssen. Dabei kann sich die Bereithaltungspflicht allerdings nur auf bereits vorhandene Akten beziehen. Ein inhaltliches Weiterbetreiben noch nicht abgeschlossener Konformitätsbewertungstätigkeiten durch die notifizierende Behörde im Sinne einer automatisierten Weitergabe an andere Konformitätsbewertungsstellen kann damit nicht gemeint sein, da die Auswahl der befassten notifizierten Stelle dem Anbieter selbst obliegt;[5] ihm können keine Prüfinstanzen durch die notifizierende Behörde aufgezwungen werden (kein angeordneter Kontrahierungszwang). Ob die notifizierende Behörde dagegen anordnen kann, dass eine notifizierte Stelle auf den bereits durchgeführten Tätigkeiten zur Konformitätsbewertung aufsetzt, um bei einer nur vorübergehenden Aussetzung der Benennung noch behördeneigene Zweifel z. B. an der inhaltlichen Richtigkeit bisher durchgeführter Prüfungen und Bewertungen auszuräumen,[6] lässt sich vertreten, da die Bestimmung des Art. 36 Abs. 6 hier hinreichend offen ist („geeignete Maßnahmen").

VIII. Verfahrensablauf im Einzelnen und Umgang mit Bescheinigungen (Abs. 7–9)

19 **Art. 36 Abs. 7** legt einen genauen **Verfahrensablauf** gegenüber der Kommission und den anderen Mitgliedstaaten fest, nachdem die notifizierende Behörde die Benennung eingeschränkt, ausgesetzt oder widerrufen hat. Die Vorschrift benennt dabei fünf Verfahrensschritte (lit. a–e), die zum Teil an Fristen gebunden sind und die vor allem dem Kontinuitätsinteresse dienen. Zuerst werden von der notifizierenden Behörde die Auswirkungen ihrer Maßnahmen auf die Bescheinigungen der notifizierten Stelle bewertet und das Ergebnis in Berichtsform der Kommission und den anderen Mitgliedstaaten binnen drei Monaten vorgelegt (lit. a, b). Anschließend fordert sie die notifizierte Stelle auf, sämtliche nicht ordnungsgemäß ausgestellten Bescheinigungen zu Hochrisiko-KI-Systemen

4 Bekanntmachung der Kommission, Leitfaden für die Umsetzung der Produktvorschriften der EU 2022 („Blue Guide"), 29.6.2022, ABl. 2022 C 247/1, S. 93.

5 *Kapoor*, in: Klindt, ProdSG, § 19 Rn. 8.

6 *Kapoor*, in: Klindt, ProdSG, § 19 Rn. 8.

binnen angeordneter Frist auszusetzen oder zu widerrufen und informiert auch darüber die Kommission und die anderen Mitgliedstaaten (lit. c, d). Schließlich stellt sie den zuständigen nationalen Behörden des Niederlassungsstaats der notifizierten Stelle – gemeint sind die dortigen Marktüberwachungsbehörden – sämtliche Informationen zur Verfügung, die diese für weitere Maßnahmen zum Schutz von Gesundheit, Sicherheit und Grundrechten benötigen (lit. e), d.h. zur Durchsetzung ihrer präventiven und repressiven Marktüberwachung. Dabei ist augenfällig, dass eben nicht nur Sicherheit und Gesundheit benannt werden, wie im Rahmen der Harmonisierungsvorschriften üblich, sondern auch die Wahrung der Grundrechte, wozu im Kontext von KI-Systemen vor allem der Persönlichkeitsschutz gehört.

In **Art. 36 Abs. 8 und 9** ist die **Gültigkeit von bereits ausgestellten Bescheinigungen** angesprochen. Dabei wird zwischen der Gültigkeit bei Einschränkung und Aussetzung der Benennung (Abs. 8) und Gültigkeit bei Widerruf der Benennung (Abs. 9) unterschieden. 20

Bei **Einschränkung oder Aussetzung der Benennung** bleiben die Bescheinigungen gültig, sofern die notifizierende Behörde bestätigt, dass durch das Ergreifen dieser Maßnahmen kein Risiko für Gesundheit, Sicherheit und Grundrechte entsteht, und sie über einen Zeitplan bezüglich der Aufhebung der Einschränkungen verfügt (Abs. 8 Satz 1 lit. a), und dass während der Dauer der Maßnahmen der Bestand der Bescheinigungen unverändert bleibt und die notifizierte Stelle die Überwachung der Hochrisiko-KI-Systeme weiterhin selbst gewährleistet oder eine andere qualifizierte notifizierte Stelle vorrübergehend diese Überwachungsaufgaben übernimmt (Abs. 8 Satz 1 lit. b). Qualifiziert bedeutet insoweit, dass die andere Stelle die Anforderungen nach Art. 30ff. erfüllen muss und notifiziert werden könnte. 21

Bei **Widerruf der Benennung** bleiben die Bescheinigungen für einen Übergangszeit von neun Monaten gültig, sofern die notifizierende Behörde ein Risiko für Gesundheit, Sicherheit und Grundrechte ausschließt (Abs. 9 Satz 1 lit. a) und eine andere notifizierte Stelle die unmittelbare Verantwortungsübernahme schriftlich erklärt, wie den Abschluss der Bewertung des Hochrisiko-KI-Systems binnen 12 Monaten (Abs. 9 Satz 1 lit. b). Diese Frist kann von den zuständigen nationalen Behörden in den Mitgliedstaaten jeweils um drei Monate, aber höchsten um ein Jahr verlängert werden (Abs. 9 Satz. 2). Die benannten Bedingungen aus lit. a und lit. b müssen kumulativ vorliegen. Über die Verantwortungsübernahme sind die Kommission und die anderen Mitgliedstaaten von der notifizierenden Behörde oder der notifizierten Stelle in Kenntnis zu setzen (Abs. 9 Satz 3). 22

Art. 37 Anfechtungen der Kompetenz notifizierter Stellen

(1) Die Kommission untersucht erforderlichenfalls alle Fälle, in denen begründete Zweifel an der Kompetenz einer notifizierten Stelle oder daran bestehen, dass eine notifizierte Stelle die in Artikel 31 festgelegten Anforderungen und ihre geltenden Pflichten weiterhin erfüllt.

(2) Die notifizierende Behörde stellt der Kommission auf Anfrage alle Informationen über die Notifizierung oder die Aufrechterhaltung der Kompetenz der betreffenden notifizierten Stelle zur Verfügung.

(3) Die Kommission stellt sicher, dass alle im Verlauf ihrer Untersuchungen gemäß diesem Artikel erlangten sensiblen Informationen gemäß Artikel 78 vertraulich behandelt werden.

(4) Stellt die Kommission fest, dass eine notifizierte Stelle die Anforderungen für ihre Notifizierung nicht oder nicht mehr erfüllt, so informiert sie den notifizierenden Mitgliedstaat entsprechend und fordert ihn auf, die erforderlichen Abhilfemaßnahmen zu treffen, einschließlich einer Aussetzung oder eines Widerrufs der Notifizierung, sofern dies nötig ist. Versäumt es ein Mitgliedstaat, die erforderlichen Abhilfemaßnahmen zu ergreifen, kann die Kommission die Benennung im Wege eines Durchführungsrechtsakts aussetzen, einschränken oder widerrufen. Dieser Durchführungsrechtsakt wird gemäß dem in Artikel 98 Absatz 2 genannten Prüfverfahren erlassen.

Mit Art. 37 korrespondiert Erwägungsgrund 156.

Schrifttum: *Held/Jaguttis/Rupp*, BauPVO – Bauproduktenverordnung VO (EU) 305/2011, Kommentar, 2019; *Klindt* (Hrsg.), Produktsicherheitsgesetz, Kommentar, 3. Aufl. 2021; *Martini/Botta*, KI-Aufsicht im föderalen Staat, MMR 2024, 630.

Übersicht

I. Zweck der Vorschrift

Die Vorschrift des Art. 37 orientiert sich an der Mustervorschrift des Anhangs I Art. R26 des Beschlusses Nr. 768/2008/EG und präzisiert die Rechte der Europäischen Kommission im Zuge der Notifizierung und bei Änderungen. Der Kommission werden bei Zweifeln an der Kompetenz einer notifizierten Stelle **Informations- und Untersuchungsrechte** eingeräumt (Art. 37 Abs. 1 bis Abs. 3), die bis zum **Ergreifen von Abhilfemaßnahmen** führen können, sofern die organisatorischen, personellen oder fachlichen Anforderungen an die notifizierte Stelle nach Art. 31 nicht oder nicht mehr vorliegen (Art. 37 Abs. 4). Hierdurch soll dauerhaft ein hohes Kompetenzniveau der notifizierten Stellen sichergestellt und zugleich das Vertrauen in die Konformitätsbewertung von Hochrisiko-KI-Systemen insgesamt erhöht werden. 1

II. Untersuchungsrecht/-pflicht der Kommission (Abs. 1)

Art. 37 Abs. 1 räumt der Kommission ein Untersuchungsrecht ein, wenn sie **begründete Zweifel** an der fachlichen Kompetenz einer notifizierten Stelle hat oder annimmt, dass die Stelle die organisatorischen oder personellen Anforderungen aus Art. 31 nicht erfüllt und sie deshalb ihren operativen Pflichten nach Art. 34 nicht mehr ordnungsgemäß nachkommen kann. 2

Woraus sich die **Zweifel** der Kommission ableiten können, ist nicht weiter präzisiert. Insofern können die Zweifel auf **eigenen Erkenntnissen der Kommission** beruhen, aber auch auf **Hinweisen anderer Mitgliedstaaten**, die selbst keine eigenständigen Untersuchungen mit dem Ziel, die Tätigkeit einer notifizierten Stelle einzuschränken, durchführen dürfen, oder aber **Beschwerden**, die von **sonstigen Wirtschaftsakteuren** an sie herangetragen werden (z.B. von Marktüberwachungsbehörden, die auf mangelnde Kooperationsbereitschaft stoßen, oder Beschwerden Dritter über die angebotenen Dienstleistungen). 3

Um eine Untersuchung der Kommission auszulösen, müssen diese Zweifel begründet sein („**begründete Zweifel**"), weshalb jedenfalls konkrete (und auch belegbare) objektive Anhalts- bzw. Bezugspunkte vorliegen müssen, die die Kompetenz der notifizierten Stelle in Frage stellen. Aufgrund von Behauptungen (z.B. haltlosen Anschuldigungen) oder bloßen Vermutungen ist die Kommission nicht verpflichtet, Untersuchungen durchführen. 4

Auch wenn der Kommission nach dem Wortlaut ein weites Untersuchungsrecht eingeräumt wird, von dem sie scheinbar nach eigenem **Ermessen** Gebrauch machen kann oder nicht („erforderlichenfalls"), wird man in Anbetracht der Zielrichtung der Vorschrift von einer **Untersuchungspflicht** ausgehen dürfen, sofern begründete Zweifel an der Eignung der notifizierten Stelle bestehen (**Er-** 5

messensreduzierung auf Null). Dies folgt schon aus der Tatsache, dass z. B. ein anderer Mitgliedstaat selbst keine Untersuchungen gegen eine notifizierte Stelle einleiten kann, selbst wenn die Stelle die Anforderungen aus Art. 31 nicht mehr zu erfüllen scheint oder ihre operativen Pflichten vernachlässigt; solche Untersuchungsmöglichkeiten stehen nach der KI-VO nur der Kommission zu. Der Mitgliedstaat ist also darauf angewiesen, dass die Kommission nach einem entsprechenden Hinweis tätig wird. Deswegen muss aus dem begründeten Hinweis auch eine Pflicht zur weiteren Untersuchung folgen.

III. Informationsverpflichtung der notifizierenden Behörde (Abs. 2)

6 Abs. 2 beschreibt eine **Informationspflicht der notifizierenden Behörde** gegenüber der Kommission. Danach ist die notifizierende Behörde verpflichtet, der Kommission **auf Verlangen** alle für die Untersuchung erforderlichen **Informationen zur Notifizierung und Kompetenzeinstufung** der notifizierten Stelle zu übermitteln. Hierfür muss die Kommission die von ihr erbetenen Informationen nicht weiter spezifizieren, sondern sie kann ganz allgemein oder pauschal anfragen und die notifizierende Stelle muss dann **alle** bei ihr vorhandenen Informationen und Unterlagen zur Verfügung stellen. Dies können Informationen und Unterlagen sein, die den Akkreditierungsprozess widerspiegeln (z. B. Prüfprotokolle, Akkreditierungsurkunde), die im Antrags- und Notifizierungsverfahren (Art. 30, 31; z. B. Antrag auf Notifizierung) oder im Rahmen der eigenen Überwachungstätigkeit (Art. 28 Abs. 1) entstanden sind.[1] Teilweise sind diese Informationen auch im NANDO-System (vgl. dazu Art. 35 Abs. 2) enthalten.

7 Erteilt eine notifizierende Behörde eines Mitgliedstaates trotz Aufforderung die Informationen nicht oder nicht im gebotenen Umfang, kann die Kommission gegen den Mitgliedstaat ein **Vertragsverletzungsverfahren nach Art. 258 AEUV** einleiten und die anderen Mitgliedstaaten darüber in Kenntnis setzen.[2]

IV. Verpflichtung zu Vertraulichkeit (Abs. 3)

8 Die Kommission hat gemäß Art. 37 Abs. 3 sicherzustellen, dass alle Informationen, die sie zur notifizierten Stelle erhält, vertraulich behandelt werden. Ausnahmen sind nur in den engen Grenzen des Art. 78 Abs. 2 gestattet. Verstöße würden eine Haftung nach allgemeinen Rechtsgrundsätzen begründen (Art. 340 Abs. 2, 288 AEUV).

---

1 *Held*, in: Held/Jaguttis/Rupp, BauPVO, Art. 51 Rn. 4.

2 Bekanntmachung der Kommission, Leitfaden für die Umsetzung der Produktvorschriften der EU 2022 („Blue Guide"), 29.6.2022, ABl. 2022 C 247/1, S. 93.

V. Anordenbare Maßnahmen (Abs. 4)

Abs. 4 beschreibt das Verfahren, welches die Kommission einleitet, sofern sie nach ihrer Untersuchung (siehe oben Rn. 2 ff.) feststellt, dass die notifizierte Stelle die Anforderungen aus Art. 31 nicht bzw. nicht mehr erfüllt. Nun muss die Kommission, der keine eigenen (originären) Korrekturmechanismen zur Verfügung stehen, das Verfahren an die verantwortlichen Mitgliedstaaten zurückverweisen (Verfahrenshoheit der Mitgliedstaaten: Art. 291 Abs. 1 AEUV und Art. 4 Abs. 3 AEUV). 9

Hierzu unterrichtet sie in einem ersten Schritt den notifizierenden Mitgliedstaat und fordert ihn zur **Einleitung von erforderlichen Abhilfemaßnahmen** auf, die bis zur Aussetzung oder zum Widerruf der Notifizierung reichen können (Art. 37 Abs. 4 Satz 1). Dabei drückt der Zusatz „Abhilfemaßnahmen zu treffen [...] **sofern das nötig ist**" zweierlei aus. Zum einen ist es denkbar, dass bereits die Feststellungen während der Untersuchung zeigen, dass keine Abhilfemaßnahmen seitens des Mitgliedstaates mehr getroffen werden können (z. B. Insolvenz der notifizierten Stelle oder Verlust ihrer Rechtsfähigkeit), sondern nur noch der Widerruf als ultima ratio verbleibt. Zum anderen bringt der Zusatz aber auch die Verpflichtung zur Wahl des jeweils mildesten Mittels (Grundsatz der Verhältnismäßigkeit) zum Ausdruck. So ist z. B. die Aussetzung der Notifizierung nicht erforderlich, wenn der Mitgliedstaat direkt Abhilfemaßnahmen einleiten und die fehlenden Anforderungen (z. B. Abschluss einer Haftpflichtversicherung nach Art. 31 Abs. 9 KI-VO) unmittelbar erfüllen kann. Nur wenn die Abhilfe für den Mitgliedstaat nicht unmittelbar möglich ist, sondern die notifizierte Stelle z. B. erst in langwierige Verhandlungen mit Versicherern eintreten müsste, könnte er die Notifizierung vorübergehend, bis zum Beschaffen des Nachweises aussetzen; sollte erkennbar werden, dass der Versicherungsnachweis nicht mehr nachgereicht werden kann, ist die Notifizierung zu widerrufen. 10

Satz 1 nennt lediglich zwei der möglichen Abhilfemaßnahmen. In Betracht kommen weiter eine sektorspezifische Einschränkung der Notifizierung sowie ein teilweiser Widerruf (vgl. hierzu Art. 36 Abs. 5). Welche Abhilfemaßnahmen konkret erforderlich sind, hängt **vom jeweiligen Einzelfall ab** und liegt im Ermessen der Mitgliedstaaten. 11

Kommt ein Mitgliedstaat seiner Verpflichtung zur Abhilfe dagegen nicht nach, kann die Kommission in einem zweiten Schritt an seiner Stelle handeln und die Benennung gemäß Art. 37 Abs. 4 Satz 2 kraft Durchführungsrechtsakt aussetzen, einschränken oder widerrufen. Diese besondere Form der Übertragung von Durchführungsbefugnissen auf die Kommission (sog. **Komitologie**) ist durch einen Durchführungsrechtsakt im Prüfverfahren nach Art. 98 Abs. 2 KI-VO i. V. m. Art. 5 VO (EU) 182/2011 zu legitimieren (Art. 37 Abs. 4 Satz 3; Art. 98 Abs. 2). 12

Art. 38 Koordinierung der notifizierten Stellen

(1) Die Kommission sorgt dafür, dass in Bezug auf Hochrisiko-KI-Systeme eine zweckmäßige Koordinierung und Zusammenarbeit zwischen den an den Konformitätsbewertungsverfahren im Rahmen dieser Verordnung beteiligten notifizierten Stellen in Form einer sektoralen Gruppe notifizierter Stellen eingerichtet und ordnungsgemäß weitergeführt wird.

(2) Jede notifizierende Behörde sorgt dafür, dass sich die von ihr notifizierten Stellen direkt oder über benannte Vertreter an der Arbeit der in Absatz 1 genannten Gruppe beteiligen.

(3) Die Kommission sorgt für den Austausch von Wissen und bewährten Verfahren zwischen den notifizierenden Behörden.

Mit Art. 38 korrespondieren die Erwägungsgründe 125, 126, 129.

Schrifttum: *Dimitropoulos*, Zertifizierung und Akkreditierung im Verwaltungsverbund, 2012; *Klindt* (Hrsg.), Produktsicherheitsgesetz, Kommentar, 3. Aufl. 2021; *Martini/Botta*, KI-Aufsicht im föderalen Staat, MMR 2024, 630; NExT e. V. (Hrsg.), Umsetzung der KI-Verordnung der EU in Deutschland, Diskussionspapier, 2022.

Übersicht

I. Zweck der Vorschrift

1 Art. 38 richtet sich sowohl an die Kommission (Abs. 1 und Abs. 3) als auch an die notifizierenden Behörden der Mitgliedstaaten (Abs. 2) und zielt mit seinen unterschiedlichen Aufgabenzuweisungen auf eine **EU-weite Zusammenarbeit und einen Erfahrungsaustausch in Bezug auf Hochrisiko-KI-Systeme**. Die Vorschrift orientiert sich an der Musterbestimmung in Anhang I Art. R30 des Beschlusses Nr. 768/2008/EG.

II. Koordinierung der notifizierten Stellen (Abs. 1)

Nach Art. 38 Abs. 1 muss die Kommission eine **sektorale Gruppe zu Hochrisiko-KI-Systemen** einrichten, in welcher die notifizierten Stellen ihre Tätigkeiten EU-weit koordinieren und weiterentwickeln können. In anderen, bereits bestehenden Sektoren werden in solchen Gruppen, die zahlreiche notifizierte Stellen zusammenführen („Group of Notified Bodies for ...“), u. a. Fragen zu Prüfverfahren untereinander abgestimmt, Unklarheiten bezüglich der Konformitätsbewertung beseitigt sowie Anforderungen an Konformitätsnachweise festgelegt, um eine einheitliche Anwendung der technisch-organisatorischen Bestimmungen der Harmonisierungsrechtsvorschriften zu gewährleisten.[1] Regelmäßig erfolgt die Arbeit in den Gruppen sowohl produktspezifisch (Sektorgruppen) als auch produktgruppenübergreifend (Advisory Group). Darüber hinaus initiieren diese Gruppen harmonisierte technische Standards oder entwickeln diese weiter. Um ihre Tätigkeiten zu koordinieren, geben sich die Gruppen in der Regel eine Geschäftsordnung, die ihre Arbeitsweise festlegt.[2] 2

Entsprechend Art. 38 Abs. 1 ist die Kommission nicht nur für die Einrichtung der sektoralen Gruppe „Hochrisiko-KI-Systeme“ verantwortlich, sondern auch für die Weiterführung, was regelmäßig dadurch zum Ausdruck kommt, dass die Kommission die Gruppe administrativ (und z. T. auch finanziell) unterstützt und in den jeweiligen Gruppen vertreten ist.[3] 3

Die KI-VO sieht die Einrichtung einer **eigenständigen sektoralen Gruppe „Hochrisiko-KI-Systeme“** vor („in Form einer sektoralen Gruppe“). Da es sich bei Hochrisiko-KI-Systemen oftmals gerade nicht um „Stand alone“-KI handelt, sondern diese in Produkte integriert sind, die unter die Harmonisierungsvorschriften des Anhangs I der KI-VO fallen, kann die Rolle dieser neuen sektoralen Gruppe nur darin bestehen, in enger Zusammenarbeit mit den jeweils anderen sektoralen Gruppen die KI-relevanten Aspekte aus den Harmonisierungsvorschriften (vgl. Anhang I) übergreifend zu vereinheitlichen. Insofern ist eine enge Abstimmung mit den bereits bestehenden sektoralen Gruppen unumgänglich. Hierfür erscheint es zielführend, pro Sektor eine notifizierte Stelle als Koordinatorin für die KI-spezifischen Fragen aus ihrem Bereich zu bestimmen, die dann in der sektoralen Gruppe „Hochrisiko-KI-Systeme“ mitwirkt.[4] 4

1 Bekanntmachung der Kommission, Leitfaden für die Umsetzung der Produktvorschriften der EU 2022 („Blue Guide“), 29.6.2022, ABl. 2022 C 247/1, S. 85.

2 *Dimitropoulos*, Zertifizierung und Akkreditierung im Verwaltungsverbund, S. 106; Blue Guide 2022, S. 85.

3 Bekanntmachung der Kommission, Leitfaden für die Umsetzung der Produktvorschriften der EU 2022 („Blue Guide“), 29.6.2022, ABl. 2022 C 247/1, S. 85.

4 NExT e. V., Umsetzung der KI-Verordnung der EU in Deutschland, S. 3

III. Beteiligungsverpflichtung (Abs. 2)

5 Die Mitgliedstaaten bzw. die jeweils zuständige notifizierende Behörde stellt sicher, dass sich die notifizierten Stellen direkt oder über Vertreter an der Arbeit in der sektoralen Gruppe „Hochrisiko-KI-Systeme" beteiligen.

IV. Erfahrungsaustausch zwischen notifizierenden Behörden (Abs. 3)

6 Die Kommission sorgt für den **Austausch von Wissen und bewährten Verfahren** zwischen den notifizierenden Behörden der Mitgliedstaaten (Art. 38 Abs. 3). Zu diesem Zweck werden insbesondere einschlägige Arbeitsunterlagen, Sitzungsberichte, Empfehlungen und Leitlinien, die von den notifizierten Stellen in den sektorspezifischen und sektorübergreifenden Gruppen (siehe oben Rn. 2) erarbeitet wurden, EU-weit zur Verfügung gestellt, unabhängig davon, ob die notifizierende Behörde oder die von ihr notifizierten Stellen an den Sitzungen teilgenommen haben.[5] Wissen und Erfahrung sollen in der Union geteilt werden, um ein hohes Schutzniveau zu erreichen und ein einheitliches „level playing field" bei der Konformitätsbewertung von Hochrisiko-KI-Systemen zu schaffen.

5 Bekanntmachung der Kommission, Leitfaden für die Umsetzung der Produktvorschriften der EU 2022 („Blue Guide"), 29.6.2022, ABl. 2022 C 247/1, S. 85.

Art. 39 Konformitätsbewertungsstellen in Drittländern

Konformitätsbewertungsstellen, die nach dem Recht eines Drittlands errichtet wurden, mit dem die Union ein Abkommen geschlossen hat, können ermächtigt werden, die Tätigkeiten notifizierter Stellen gemäß dieser Verordnung durchzuführen, sofern sie die Anforderungen gemäß Artikel 31 erfüllen oder das gleiche Maß an Konformität gewährleisten.

Mit Art. 39 korrespondieren die Erwägungsgründe 125, 126.

Schrifttum: *Kipker/Reusch/Ritter* (Hrsg.), Recht der Informationssicherheit, Kommentar, 2023; *Klindt* (Hrsg.), Produktsicherheitsgesetz, Kommentar, 3. Aufl. 2001; *Kügel/Müller/Hofmann* (Hrsg.), Arzneimittelgesetz, Kommentar, 3. Aufl. 2022; *Martini/Botta*, KI-Aufsicht im föderalen Staat, MMR 2024, 630.

I. Zweck der Bestimmung

Art. 39 ermöglicht die Überprüfung von Hochrisiko-KI-Systemen aus Drittstaaten. Unabhängig davon, dass die Ermächtigung von Konformitätsbewertungsstellen aus Drittstaaten auch bei anderen Produktkategorien üblich ist[1] und Conformity Assessment Bodies (CABs) aus EWR-Drittstaaten wie Australien, Kanada, Israel, Japan, Neuseeland, der Schweiz oder den USA auf der Grundlage von Mutual Recognition Agreements (MRA) als Konformitätsbewertungsstelle in Europa anerkannt sind, könnte mit Blick auf den Regelungsgegenstand Hochrisiko-KI-Systeme sogar mit einer erhöhten Antragstellung aus Drittsaaten zu rechnen sein. Denn derzeit ist in Drittstaaten, wie z. B. in den USA oder Japan, eine höhere fachliche Kompetenz (Art. 31 Abs. 10 und 11) im Bereich der Künstlichen Intelligenz vorhanden als in Deutschland. 1

II. Voraussetzungen

Damit eine Konformitätsbewertungsstelle eines Drittstaates in der Union tätig werden darf, muss ein **bilaterales Abkommen, ein sog. Mutual Recognition Agreement (MRA)** zwischen dem Drittstaat und der Europäischen Union vorliegen.[2] Es ist die Kommission, die die Verträge zur **gegenseitigen Anerken-** 2

1 *Klindt/Schucht*, in: Klindt, ProdSG, § 2 Rn. 144; *Kügel*, in: Kügel/Müller/Hofmann, AMG, Einf. Rn. 61.

2 Eine Übersicht zu den bestehenden Abkommen zur gegenseitigen Anerkennung der Konformitätsbewertungen sowie Abkommen, die solche Bestimmungen enthalten, fin-

nung von Zertifizierungsleistungen schließt (Art. 207 AEUV). In solchen MRA ist u. a. vorgesehen, dass auf Anfrage eines Importeurs oder einer zuständigen Behörde eines Mitgliedstaates der Union Zertifikate in standardisierter Form (MRA-Zertifikat gem. VAW 151.108) auszustellen sind, um aufwändige Fremdinspektionen zu vermeiden. Ferner, welche Prüf- und Bewertungsformen vorausgesetzt oder als Äquivalente anerkannt werden. Im für KI-Hochrisiko-Systeme zentralen IT-Bereich ist außerdem festgelegt, welche Vertrauenswürdigkeitsstufen bei IT-Systemen erwartet werden und wie die gegenseitige Überwachung von nationalen Zertifizierungsstellen (Shadowing) ausgestaltet ist.[3]

3 Die Konformitätsbewertungsstelle des Drittstaates kann ermächtigt werden, die Tätigkeiten nach der KI-VO durchzuführen. Insofern findet jedenfalls ein **Feststellungsverfahren über die Befähigung der ausländischen Stellen** statt. In diesem Verfahren wird geprüft, ob die Stelle die Anforderungen aus Art. 31 erfüllen oder zumindest das gleiche Maß an Konformität sicherstellen kann; in der Regel werden die Bedingungen in den bilateralen Verträgen festgelegt. Das Feststellungsverfahren ist beendet, wenn die Stelle für ihre Aufgabenwahrnehmung notifiziert wird.

---

det sich unter: https://single-market-economy.ec.europa.eu/single-market/goods/international-aspects-single-market/mutual-recognition-agreements_en (zuletzt abgerufen am 5.12.2024).

3 *Glade*, in: Kipker/Reusch/Ritter, Recht der Informationssicherheit, § 9 Rn. 47 f.

Abschnitt 5
Normen, Konformitätsbewertung, Bescheinigungen, Registrierung

Art. 40 Harmonisierte Normen und Normungsdokumente

(1) Bei Hochrisiko-KI-Systemen oder KI-Modellen mit allgemeinem Verwendungszweck, die mit harmonisierten Normen oder Teilen davon, deren Fundstellen gemäß der Verordnung (EU) Nr. 1025/2012 im Amtsblatt der Europäischen Union veröffentlicht wurden, übereinstimmen, wird eine Konformität mit den Anforderungen gemäß Abschnitt 2 des vorliegenden Kapitels oder gegebenenfalls mit den Pflichten gemäß Kapitel V Abschnitte 2 und 3 der vorliegenden Verordnung vermutet, soweit diese Anforderungen oder Verpflichtungen von den Normen abgedeckt sind.

(2) Gemäß Artikel 10 der Verordnung (EU) Nr. 1025/2012 erteilt die Kommission unverzüglich Normungsaufträge, die alle Anforderungen gemäß Abschnitt 2 des vorliegenden Kapitels abdecken und gegebenenfalls Normungsaufträge, die Pflichten gemäß Kapitel V Abschnitte 2 und 3 der vorliegenden Verordnung abdecken. In dem Normungsauftrag werden auch Dokumente zu den Berichterstattungs- und Dokumentationsverfahren im Hinblick auf die Verbesserung der Ressourcenleistung von KI-Systemen z.B. durch die Verringerung des Energie- und sonstigen Ressourcenverbrauchs des Hochrisiko-KI-Systems während seines gesamten Lebenszyklus und zu der energieeffizienten Entwicklung von KI-Modellen mit allgemeinem Verwendungszweck verlangt. Bei der Ausarbeitung des Normungsauftrags konsultiert die Kommission das KI-Gremium und die einschlägigen Interessenträger, darunter das Beratungsforum.

Bei der Erteilung eines Normungsauftrags an die europäischen Normungsorganisationen gibt die Kommission an, dass die Normen klar und – u.a. mit den Normen, die in den verschiedenen Sektoren für Produkte entwickelt wurden, die unter die in Anhang I aufgeführten geltenden Harmonisierungsrechtsvorschriften der Union fallen – konsistent sein müssen und sicherstellen sollen, dass die in der Union in Verkehr gebrachten oder in Betrieb genommenen Hochrisiko-KI-Systeme oder KI-Modelle mit allgemeinem Verwendungszweck die in dieser Verordnung festgelegten einschlägigen Anforderungen oder Pflichten erfüllen.

Die Kommission fordert die europäischen Normungsorganisationen auf, Nachweise dafür vorzulegen, dass sie sich nach besten Kräften bemühen, die in den Unterabsätzen 1 und 2 dieses Absatzes genannten Ziele im Einklang mit Artikel 24 der Verordnung (EU) Nr. 1025/2012 zu erreichen.

(3) Die am Normungsprozess Beteiligten bemühen sich, Investitionen und Innovationen im Bereich der KI, u. a. durch Erhöhung der Rechtssicherheit, sowie der Wettbewerbsfähigkeit und des Wachstums des Unionsmarktes zu fördern und zur Stärkung der weltweiten Zusammenarbeit bei der Normung und zur Berücksichtigung bestehender internationaler Normen im Bereich der KI, die mit den Werten, Grundrechten und Interessen der Union im Einklang stehen, beizutragen und die Multi-Stakeholder-Governance zu verbessern, indem eine ausgewogene Vertretung der Interessen und eine wirksame Beteiligung aller relevanten Interessenträger gemäß den Artikeln 5, 6 und 7 der Verordnung (EU) Nr. 1025/2012 sichergestellt werden.

Mit Art. 40 korrespondieren die Erwägungsgründe 8, 9, 21.

Schrifttum: *Bomhard/Siglmüller*, AI Act – das Trilogergebnis, RDi 2024, 45; *Dauses/Ludwigs* (Hrsg.), Handbuch des EU Wirtschaftsrechts, Loseblatt, Stand: 61. Aufl. 2024; *Denga*, Konformitätsbewertung von KI-Systemen, ZfPC 2023, 154; *Ebers*, Standardisierung Künstlicher Intelligenz und KI-Verordnungsvorschlag, RDi 2021, 588; *Gerdemann*, Harmonisierte Normen und ihre Bedeutung für die Zukunft der KI, MMR 2024, 614; *Hense/Mustać*, AI Act kompakt, 2025; *Giesberts/Gayger*, Sichere Produkte ohne technische Normen, Anforderungen an neuartige Produkte wie autonome Systeme, NVwZ 2019, 1491; *Hacker/Berz*, Der AI-Act der Europäischen Union – Überblick, Kritik und Ausblick, ZRP 2023, 226; *Hense/Mustć*, AI Act kompakt, 2025; *Mayr/Thiermann/Schrack/Kiesselbach*, Das neue Medizinprodukterecht – Praxishandbuch zur MP-VO, 2021; *Rehmann/Wagner*, MP-VO, Verordnung (EU) 2017/745 über Medizinprodukte, 4. Aufl. 2023; *Schucht*, Der Maßstab der Sicherheit im Produktsicherheitsrecht, NVwZ 2015, 852; *Veale/Zuiderveen Borgesius*, Demystifying the Draft EU Artificial Intelligence Act, CRi 2021, 97; *Wendt/Wendt*, Das neue Recht der Künstlichen Intelligenz, 2024; *Wiebe*, Produktsicherheitsrechtliche Betrachtung des Vorschlags für eine KI-Verordnung, BB 2022, 899.

Übersicht

I. Allgemeines

Hochrisiko-KI-Systeme sind nach dem sog. **Neuen Konzept** für die Produktkonformität in der Europäischen Union von 1985, dem sog. Neuen Ansatz (New Approach) geregelt.[1] Dieser Ansatz hat 2008 mit dem sog. Neuen Rechtsrahmen, New Legislative Framework (NLF), eine Überarbeitung erfahren. Derzeit sind über 20 Sektoren auf Unionsebene auf Grundlage des NLF reguliert,[2] unter anderem Medizinprodukte, Spielzeug und Funkanlagen. 1

Der Ansatz des NLF besteht darin,[3] bei der Harmonisierung produktsicherheitsrechtlicher Vorschriften nur **die wesentlichen Anforderungen** einer bestimmten Produktgruppe bzw. eines im Sinne des risikobasierten Ansatzes gleichgelagerten Gefahrentyps in einer EU-Verordnung oder EU-Richtlinie zu regeln, während die Konkretisierung dieser wesentlichen Anforderungen den europäischen Normungsorganisationen übertragen wird.[4] Ein wichtiger Grundgedanke des NLF ist, dass der Hersteller aufgrund seiner Detailkenntnis über den Entwurfs- und Herstellungsprozess am besten in der Lage ist, das gesamte Konformitätsbewertungsverfahren durchzuführen.[5] 2

Ein mit dem New Approach und dem NLF etabliertes Konzept ist die sog. **Konformitätsvermutung** im Fall der Einhaltung sog. harmonisierter Normen. Was eine harmonisierte Norm ist, ist in Art. 3 Nr. 27 legaldefiniert. Der Ansatz der Konformitätsvermutung beruht auf der Idee, dass durch die Entwicklung von harmonisierten Normen, sei es durch dafür anerkannte Europäische Normungsorganisationen oder durch die Europäische Kommission, eine Vermutung der Konformität mit den Anforderungen der entsprechenden unionsrechtlichen Richtlinie oder Verordnung hergestellt werden kann. Die Konformitätsvermutung erleichtert den Nachweis für die Verantwortlichen, dass ihre Produkte mit den in der KI-VO in Kapitel III Abschnitt 2 bzw. Kapitel V Abschnitt 2 und Abschnitt 3 aufgeführten wesentlichen Anforderungen konform sind. Dies gilt, wie ausdrücklich im letzten Halbsatz vorgesehen, allerdings nur in dem Umfang, 3

1 Ausführlich *Gerdemann*, MMR 2024, 614, 615; *Hense/Mustać*, AI Act kompakt, S. 228.

2 EU-Komm., Vorschlag für eine Verordnung des Europäischen Parlaments und des Rates zur Festlegung harmonisierter Vorschriften für künstliche Intelligenz (Gesetz über künstliche Intelligenz) und zur Änderung bestimmter Rechtsakte der Union, COM(2021) 206 final, S. 6.

3 Beschluss Nr. 768/2008/EG des europäischen Parlaments und des Rates vom 9.7.2008 über einen gemeinsamen Rechtsrahmen für die Vermarktung von Produkten und zur Aufhebung des Beschlusses 93/465/EWG des Rates.

4 Bekanntmachung der Kommission, Leitfaden für die Umsetzung der Produktvorschriften der EU 2022 („Blue Guide"), 29.6.2022, ABl. 2022 C 247/1, S. 8.

5 ErwG 21 Beschluss Nr. 768/2008/EG des europäischen Parlaments und des Rates vom 9.7.2008 über einen gemeinsamen Rechtsrahmen für die Vermarktung von Produkten und zur Aufhebung des Beschlusses 93/465/EWG des Rates.

wie die Anforderungen oder Verpflichtungen von den harmonisierten Normen auch abgedeckt sind.

4 Entsprechende Regelungen für eine Vermutung der Konformität mit den jeweils in diesen Rechtsakten enthaltenen Anforderungen sind auch in der Verordnung (EU) 2017/745 (EU-Medizinprodukteverordnung) in Art. 8 und der alten EU-Richtlinie 2006/42/EG (EU-Maschinenrichtlinie) sowie der neuen Verordnung 2023/1230 (EU-Maschinenverordnung) in Art. 20 enthalten. Hier wie dort gilt, dass die Vermutungswirkung widerleglich ausgestaltet ist.[6]

5 Im Blick zu behalten bleibt, dass harmonisierte Normen und auch technische Spezifikationen im Sinne des Art. 40 **technische Mittel zur Einhaltung der darin näher spezifizierten wesentlichen Anforderungen** einer Harmonisierungsrechtsvorschrift darstellen. Sie können keinesfalls rechtsverbindliche Wirkung innehaben und an die Stelle der in den Rechtsvorschriften selbst zu regelnden wesentlichen Anforderungen treten.[7]

6 Von den europäischen Normungsorganisationen erstellte harmonisierte Normen sind **generell kostenpflichtig**. Mit Urteil vom 5.3.2024 hat der Gerichtshof der Europäischen Union (EuGH) in einem Einzelfall entschieden, dass natürliche und juristische Personen mit Wohnsitz oder Sitz in einem Mitgliedstaat gegenüber der Europäischen Kommission ein Recht auf kostenlose Einsicht nach der Informationsfreiheitsverordnung in (bestimmte) harmonisierte Europäische Normen besitzen, wenn die Fundstellen im Amtsblatt veröffentlich sind, diese Normen konkrete Sicherheitsanforderungen an Produkte oder Dienstleistungen festlegen und damit als Teil des Unionrechts anzusehen sind, schloss dabei aber einen Urheberrechtschutz nicht generell aus.[8] Dass harmonisierte Normen, die auf Grundlage einer Richtlinie angenommen und im Amtsblatt der Europäischen Union veröffentlicht wurden, Teil des Unionsrechts sind, hat der EuGH bereits 2016 in der Rechtssache James-Elliott beiläufig angeführt.[9] Die Folgen des Urteils vom März 2024 für die unionsrechtliche Normungsindustrie sind noch nicht umfassend geklärt. Einige folgern daraus, dass in dessen Folge kostenloser Zugang zu allen harmonisierten Normen gewährt werden muss, sofern sie Teil des Unionsrechts sind.[10] Andere hingehen sehen die Entscheidung differenzierter, da der EuGH sich auf die in dem Verfahren gegenständlichen Normen beschränkte,

6 *Mayr/Thiermann/Schrack/Kiesselbach*, Das neue Medizinprodukterecht, S. 157; *Gerdemann*, MMR 2024, 613, 615.

7 Bekanntmachung der Kommission, Leitfaden für die Umsetzung der Produktvorschriften der EU 2022 („Blue Guide"), 29.6.2022, ABl. 2022 C 247/1, S. 50.

8 EuGH, Urt. v. 5.3.2024 – C-588/21 P, ZfPC 2024, 123 (mit Anm. *Gesmann-Nuissl*).

9 EuGH, Urt. v. 27.10.2016 – C-613/14, EuZW 2017, 63.

10 *Martin Ciupek*, VDI Nachrichten vom 6.3.2024, EuGH-Urteil: „Das wird eine vollständige Neuordnung des Europäischen Normungssystems erfordern."

die produktspezifisch verpflichtende Testmethoden betrafen, sodass das Urteil insoweit nicht vollumfänglich verallgemeinerungsfähig sei.[11]

Harmonisierte Normen auf Unionsebene sind ferner formaliter von den nationalen Normungsorganisationen **in nationales Recht umzusetzen**. Dies bedeutet auch, dass diesen Vorgaben widersprechende nationale Regelungen innerhalb eines bestimmten Zeitraums außer Kraft zu treten haben.[12] 7

1. Zweck der Vorschrift

Art. 40 Abs. 1 beschäftigt sich mit der **Etablierung** von harmonisierten Normen und der an deren Einhaltung anknüpfenden Konformitätsvermutung für die in Art. 40 konkret aufgeführten Anforderungen der KI-VO. 8

Art. 40 Abs. 2 beschreibt den **Prozess**, wie die Europäische Kommission Normungsaufträge an die Normungsorganisationen zu erteilen hat, welche Vorgaben gemacht werden sollen und welche Nachweise wiederum von den Normungsorganisationen erbracht werden sollen, um die darin genannten Ziele zu erreichen. 9

Art. 40 Abs. 3 legt allen an dem Normungsprozess Beteiligten die **Verantwortung** auf, mit ihren Handlungen daran **mitzuwirken**, dass Investitionen und Innovationen im Bereich KI und damit auch die Wettbewerbsfähigkeit und das Wachstum des Unionsmarktes gefördert werden. 10

2. Entstehungsgeschichte

Bezogen auf Hochrisiko-KI-Systeme war die Regelung der Konformitätsvermutung bereits als einziger Absatz des Art. 40 im Vorschlag der Europäischen Kommission vom 21.4.2021, bezogen auf die im Amtsblatt der Europäischen Union veröffentlichten harmonisierten Normen oder Teile davon sowie die Anforderungen des Kapitel III Abschnitt 2 enthalten. 11

Neu hinzu kam im jetzigen Art. 40 Abs. 1 bei Hochrisiko-KI-Systemen lediglich die direkte Bezugnahme auf Verordnung (EU) 1025/2012. Im Rahmen des Gesetzgebungsverfahrens neu aufgenommen wurden in Abs. 1 KI-Modelle mit allgemeinem Verwendungszweck und der Nachweis der dafür in Kapitel V Abschnitt 2 und 3 enthaltenen Vorgaben. Dies entspricht der mit dem Parlamentsentwurf angedachten Ausdehnung auf sog. Basismodelle.[13] Der Rat hat ebenfalls eine solche Ausdehnung vorgesehen, allerdings bereits in dem Wortlaut mit der 12

11 EuGH, Urt. v. 5.3.2024 – C-588/21 P, ZfPC 2024, 123 (mit Anm. *Gesmann-Nuissl*).

12 Bekanntmachung der Kommission, Leitfaden für die Umsetzung der Produktvorschriften der EU 2022 („Blue Guide"), 29.6.2022, ABl. 2022 C 247/1, S. 49.

13 Abänderungen des Europäischen Parlaments vom 14.6.2023, P9_TA(2023)0236, Abänderung 437.

nun in der KI-VO enthaltenen Sprachfassung der KI-Modelle mit allgemeinem Verwendungszweck.[14] Anders als bei den durch harmonisierte Normen zu konkretisierenden Vorgaben für Hochrisiko-KI-Systeme hat der Gesetzgeber hier das Wort „gegebenenfalls" mit aufgenommen. Dies deutet darauf hin, dass die KI-VO ein größeres Ermessen bezüglich der Etablierung harmonisierter Normen zur Einhaltung der Vorgaben für KI-Modelle mit allgemeinem Verwendungszweck in Kapitel V Abschnitt 2 und 3 einzuräumen scheint als in Bezug auf die Anforderungen des Kapitels III Abschnitt 2, die für Hochrisiko-KI-Systeme gelten.

13 Art. 40 Abs. 2 und Art. 40 Abs. 3 wurden gänzlich neu eingefügt durch den Parlamentsentwurf und betreffen den Normungsprozess und die dabei von der Europäischen Kommission an die europäischen Normungsorganisationen zu erteilenden Normungsaufträge.[15] Eine auffallende inhaltliche Änderung gegenüber der Fassung in Form des Parlamentsentwurfs ist, dass in Art. 40 Abs. 2 der finalen KI-VO die Vorgabe aufgenommen wurde, dass mit dem Normungsauftrag der Europäischen Kommission auch Dokumente für Berichterstattungs- und Dokumentationsverfahren zur Verbesserung der Ressourcenleistung von KI-Systemen in Bezug auf den gesamten Lebenszyklus eines Hochrisiko-KI-Systems sowie zur energieeffizienten Entwicklung von KI-Modellen mit allgemeinem Verwendungszweck gefordert werden sollen (siehe dazu unten Rn. 23).

3. Verhältnis zu anderen Vorschriften

14 Eine weitere Konformitätsvermutung ist in Art. 32 enthalten. Diese betrifft die Einhaltung der in Art. 31 aufgeführten Anforderungen an eine notifizierte Stelle.

15 Nach Art. 112 Abs. 2 lit. c hat die Europäische Kommission in einem Turnus von voraussichtlich vier Jahren bestimmte Änderungen bzw. die Notwendigkeit von Änderungen zu bewerten und dem Europäischen Parlament und dem Rat darüber Bericht zu erstatten. Nach Art. 112 Abs. 4 soll die Europäische Kommission in diesen Berichten unter anderem auch auf die angenommenen harmonisierten Normen, die nach Art. 40 erarbeitet wurden, eingehen.

16 Art. 40 steht im systematischen und inhaltlichen Zusammenhang mit Art. 41, der die Europäische Kommission in Form einer Ausweichlösung insbesondere im Falle, dass und solange harmonisierte Normen nach Art. 40 nicht vorliegen, befugt, gemeinsame Spezifikationen in Form von Delegierungsakten zu erlas-

14 14954/22, General Approach European Council.

15 Abänderungen des Europäischen Parlaments vom 14.6.2023, P9_TA(2023)0236, Abänderungen 438, 439, 440.

sen, sowie mit Art. 43, der das von Anbietern von Hochrisiko-KI-Systemen durchzuführende Konformitätsbewertungsverfahren regelt.

II. Konformitätsvermutung (Art. 40 Abs. 1)

Art. 40 Abs. 1 enthält die für Anbieter von dort aufgeführten KI-Systemen erstrebenswerte, aus dem allgemeinen Produktsicherheitsrecht bekannte[16] Konformitätsvermutung durch **Einhaltung technischer Normen**.[17] So wird die Konformität eines Hochrisiko-KI-Systems mit den Anforderungen aus Kapitel III Abschnitt 2 oder die Konformität eines KI-Modells mit allgemeinem Verwendungszweck mit den Anforderungen aus Kapitel V Abschnitt 2 und 3 vermutet, soweit es mit den diese Anforderungen näher spezifizierenden harmonisierten Normen oder Teilen davon übereinstimmt. Eine harmonisierte Norm ist gemäß Art. 3 Nr. 27 i.V.m. Art. 2 Nr. 1 lit. c VO (EU) 1024/2012 eine europäische Norm, die auf der Grundlage eines Auftrags der Europäischen Kommission zur Durchführung von Harmonisierungsrechtsvorschriften der Union angenommen wurde (Art. 3 Nr. 27). Harmonisierte Normen werden aufgrund von Normungsaufträgen der Europäischen Kommission durch europäische Normungsorganisationen (das Europäische Komitee für Normung, CEN; das Europäische Komitee für die europäische Normung im Bereich Elektrotechnik, CENELEC; und das europäische Institut für Telekommunikationsnormen, ETSI) erarbeitet oder es werden Normen von internationalen Normungsorganisationen, wie der Internationalen Organisation für Normung (ISO) und der Internationalen Elektrotechnischen Kommission (IEC), von diesen europäischen Normungsorganisationen auf die Vereinbarkeit mit unionsrechtlichen Grund- und Menschenrechten geprüft und im Falle der Übereinstimmung inhaltlich übernommen.[18] CEN und CENELEC haben 2021 dafür ein gemeinsames technisches Komitee, das sogenannte CEN-CENELEC Joint Technical Committee 21 'Artificial Intelligence', gebildet, das einerseits internationale Standards aufspürt und Übernahmemöglichkeiten prüft, aber auch eigene europäische Standards erarbeitet.[19] Bei all diesen genannten europäischen Normungsorganisationen handelt es sich formal um privatrechtliche, gemeinnützige Organisationen. **17**

Es wird die Meinung vertreten, dass mit der durch Art. 40 etablierten Systematik auf Ebene der harmonisierten Normen die wahre Regulierung von Hochrisiko- **18**

16 Vgl bspw. hinsichtlich der EU-Medizinprodukteverordnung *Wagner*, in: Rehmann/Wagner, MP-VO, Art. 8 Rn. 10–12; *Mayr/Thiermann/Schrack/Kiesselbach*, Das neue Medizinprodukterecht, S. 121.

17 *Denga*, ZfPC 2023, 154, 157; *Gerdemann*, MMR 2024, 614, 615.

18 *Ebers*, RDi 2021, 588, 592; *Mayr/Thiermann/Schrack/Kiesselbach*, Das neue Medizinprodukterecht, S. 121.

19 *Ebers*, RDi 2021, 588, 592.

KI-Systemen stattfinde.[20] Um unter anderem Bedenken wie diesem zu begegnen, sieht Art. 41 Kontrollmechanismen bis hin zur Selbstdefinition der Vorgaben durch die Europäische Kommission als in ErwG 121 dargelegte außerordentliche Ausweichlösung für folgende Fälle vor (siehe Art. 41 Rn. 12 ff.): Keine der europäischen Normungsorganisationen nimmt den Normungsauftrag an, die in Aussicht genommenen harmonisierten Normen räumen Bedenken im Bereich der unionsrechtlichen Grundrechte nicht aus, die in Aussicht genommenen Normen entsprechen nicht dem Auftrag der Europäischen Kommission oder es kommt zu Verzögerungen bei der Verabschiedung harmonisierter Normen.

19 Die erarbeiteten Standards sollen **klare Richtlinien bieten** und **anwendungsspezifisch sein**.[21] Sofern die Fundstelle der Normen im Amtsblatt der Europäischen Union veröffentlicht wird und soweit die Anforderungen oder Verpflichtungen aus Kapitel III Abschnitt 2 bzw. gegebenenfalls aus Kapitel V Abschnitt 2 und 3 von diesen Normen abgedeckt sind, können sich Anbieter von KI-Systemen auf diese technischen Standards stützen, um hinsichtlich der Konformitätsprüfung ihre Sorgfaltspflichten als erfüllt zu betrachten.[22] Zwar ist die Einhaltung harmonisierter Normen grundsätzlich freiwillig, doch bietet es den Anbietern vor allem mehr Rechtssicherheit, sodass es wenig realistisch sein wird, dass diese eigene technische Lösungen entwickeln werden,[23] es sei denn, dies ist aufgrund der Besonderheiten des von ihnen geschaffenen KI-Systems zwingend erforderlich, weil die vorhandenen harmonisierten Normen vollumfänglich nicht passen.

20 Die Einhaltung der harmonisierten Normen zur Erfüllung der wesentlichen Anforderungen aus **Kapitel III Abschnitt 2 bzw. Kapitel V Abschnitt 2 und 3 ist nicht zwingend**, wie sich aus der Zusammenschau mit Art. 43 ergibt. Dieser knüpft allerdings in Abs. 1 gewisse Konsequenzen an das **Wahlrecht** für Anbieter von Hochrisiko-KI-Systemen im **Bereich der Biometrie** an die Einhaltung existierender harmonisierter Normen (siehe Art. 43 Rn. 27). Dennoch kann aufgrund der Historie anderer produktsicherheitsrechtlicher Regelungen die Befürchtung geäußert werden, dass – entgegen dem Regulierungszweck – in der Praxis insbesondere Marktüberwachungsbehörden und Gerichte oft eine negative Indizwirkung mit der Nichteinhaltung existierender harmonisierter Normen verbinden.[24] Um dem entgegenzuwirken, hat der Anbieter im Rahmen der von ihm vorzunehmenden Risikoanalyse und technischen Dokumentation darzustel-

20 *Ebers*, RDi 2021, 588, 591, 593; *Veale/Zuiderveen Borgesius*, CRi 2021, 97, 104.

21 *Hacker/Berz*, ZRP 2023, 226, 229.

22 *Denga*, ZfPC 2023, 154, 157.

23 *Ebers*, RDi 2021, 588, 591.

24 *Wiebe*, BB 2022, 899, 902; vgl. VG Hamburg, 28.9.2010 – 10 K 1128/09, BeckRS 2010, 55306; VG München, 18.7.2016 – M 16 S 15.5563, BeckRS 2016, 49365; *Giesberts/Gayger*, NVwZ 2019, 1491, 1493; *Schucht*, NVwZ 2015, 852, 853 f.

len und mit Belegen nachzuweisen,[25] dass die von ihm gewählte alternative technische Lösung den Anforderungen des Kapitels III Abschnitt 2 oder des Kapitels V Abschnitt 2 oder 3 genügt.[26]

Die Europäische Kommission ging in ihrem Impact Assessment von 2021 davon aus, dass die ersten Standards zur KI-VO im Zeitraum 2024–2025 veröffentlicht werden sollten und damit in einem Zeitraum, in dem auch die ersten Vorschriften der KI-VO Geltung beanspruchen.[27] Ob dieser Zeitrahmen eingehalten werden kann, bleibt abzuwarten. 21

Wie bereits bei der Neufassung der EU-Medizinprodukteverordnung besteht durch die Abhängigkeit vom Tempo der Normungsorganisationen **das praktische Risiko**, dass zum Zeitpunkt der Anwendbarkeit der Vorgaben der KI-VO noch keine oder jedenfalls noch nicht alle Aspekte, die weiter spezifiziert werden sollten, durch harmonisierte Normen beschrieben sind. Dies hätte zur Folge, dass Rechtsunsicherheit über die Ausgestaltung insbesondere der Anforderungen des Kapitels III Abschnitt 2 bestünde. Eine gewisse Abhilfe könnten hier die von der Europäische Kommission nach Art. 41 zu erlassenden gemeinsamen Spezifikationen schaffen (vgl. Art. 41 Rn. 12 ff.). Aber auch bei diesem, vom Gesetzgeber gegenüber harmonisierten Normen als nachrangig eingestuften, Mittel besteht ein zeitlicher Zwang, dass Spezifikationen mit der jeweiligen Anwendbarkeit der Vorgaben für Hochrisiko-KI-Systeme nach Möglichkeit bereits vorliegen und von den Anbietern und notifizierten Stellen angewendet werden können. Ohne derartige Spezifikationen ist es für Anbieter und notifizierte Stellen faktisch unmöglich, Konformitätsbewertungsverfahren durchzuführen. 22

III. Normungsaufträge der Kommission (Art. 40 Abs. 2)

Die Europäische Kommission hat nach Art. 40 Abs. 2 UAbs. 1 gemäß Art 10 VO (EU) 1025/2012 unverzüglich entsprechende **Normungsaufträge** an die europäischen Normungsorganisationen zu erteilen. Zur Funktion und Stellung dieses Normungsauftrags gibt der Leitfaden für europäische Normung weiter Auskunft.[28] Bezüglich der Anforderungen an Hochrisiko-KI-Systeme sollen diese zwingend alle Anforderungen des Kapitels III Abschnitt 2 abdecken. Demge- 23

---

25 Bekanntmachung der Kommission, Leitfaden für die Umsetzung der Produktvorschriften der EU 2022 („Blue Guide"), 29.6.2022, ABl. 2022 C 247/1, S. 118.

26 *Wiebe*, BB 2022, 899, 902.

27 EU-Komm., Vorschlag für eine Verordnung des Europäischen Parlaments und des Rates zur Festlegung harmonisierter Vorschriften für künstliche Intelligenz (Gesetz über künstliche Intelligenz) und zur Änderung bestimmter Rechtsakte der Union, COM(2021) 206 final, S. 57; *Veale/Zuiderveen Borgesius*, CRi 2021, 97, 105.

28 Bekanntmachung der Kommission, Leitfaden für die Umsetzung der Produktvorschriften der EU 2022 („Blue Guide"), 29.6.2022, ABl. 2022 C 247/1, S. 49.

genüber wird der Europäischen Kommission **ein Ermessen**, ob und in welchem Umfang die Europäische Kommission daneben Normungsaufträge für die in Kapitel V Abschnitt 2 und 3 genannten Anforderungen an KI-Modelle mit allgemeinem Verwendungszweck erteilt, eingeräumt. Dies wird durch den hier vorab eingefügten Zusatz „gegebenenfalls" deutlich. Die Normungsaufträge sollen dabei nach der finalen Fassung der KI-VO auch die Verbesserung der Ressourcenleistung des KI-Systems miteinbeziehen.[29] Darüber hinaus gibt Abs. 2 UAbs. 1 der Europäischen Kommission vor, dass diese bei der Ausarbeitung des Normungsauftrags zum einen das nach ErwG 149 und nach Art. 65 aus Vertretern der Mitgliedstaaten zusammenzusetzende KI-Gremium und zum anderen weitere, so bezeichnete **einschlägige Interessenträger** zu konsultieren hat. Als ein Beispiel für derartige Interessenträger nennt die Vorschrift das Beratungsforum; eine Definition oder Konkretisierung, wen die KI-VO unter den Begriff der einschlägigen Interessenträger fasst, erfolgt in der KI-VO nicht. Das genannte Beratungsforum wird in den ErwG 148 und 150 näher beschrieben. Danach soll dieses Beratungsforum eingerichtet werden, um einerseits das KI-Gremium und die Europäische Kommission zu beraten und andererseits diesen Institutionen sein technisches Fachwissen zur Verfügung zu stellen. Zur Zusammensetzung gibt ErwG 149 vor, dass die KI-VO eine möglichst vielfältige und ausgewogene Vertretung von gewerblichen und nicht gewerblichen Interessen zum Ziel hat. Bezogen auf die gewerblichen Interessen sieht ErwG 150 daher vor, dass die Industrie, Start-up-Unternehmen, KMU, die Wissenschaft, die Zivilgesellschaft, einschließlich der Sozialpartner, sowie die Agentur für Grundrechte, die ENISA, das Europäische Komitee für Normung (CEN), das Europäische Komitee für elektrotechnische Normung (CENELEC) und das Europäische Institut für Telekommunikationsnormen (ETSI) vertreten sein sollen.

24 Nach Art. 40 Abs. 2 UAbs. 2 soll die Europäische Kommission dafür sorgen, dass die Normen **klar und verständlich sind und mit bestehenden sektorspezifischen Normen in Einklang stehen**, und gleichzeitig **sicherstellen**, dass die in dieser Verordnung festgelegten **Anforderungen an Hochrisiko-KI-Systeme gemäß Kapitel II Abschnitt 2 und die Anforderungen an KI-Modelle für den allgemeinen Gebrauch gemäß Kapitel V Abschnitte 2 und 3** von allen entsprechenden KI-Systemen erfüllt werden, die in Verkehr gebracht oder in Betrieb genommen werden.

25 In Art. 40 Abs. 2 UAbs. 3 wird der Europäischen Kommission aufgegeben, die europäischen Normungsorganisationen aufzufordern, Nachweise für ihr Bemühen vorzulegen, die in Art. 40 Abs. 2 UAbs. 1 und 2 genannten Ziele im Einklang mit Art. 24 Verordnung (EU) 1025/2012, die den Informationsaustausch

---

29 Kritisch bezüglich der Verwässerung der Verordnung durch Überfrachtung mit Fremdkörpern wie Umweltschutz: *Bomhard/Siglmüller*, RDi 2024, 45.

zwischen der Europäischen Kommission und europäischen Normungsorganisationen regelt, zu erreichen.

IV. Bemühungen aller am Normungsprozess Beteiligten (Art. 40 Abs. 3)

Die Beteiligten am Normungsprozess sollen sich **um Förderung von Investitionen und Innovationen** im Bereich der KI sowie der **Wettbewerbsfähigkeit und des Wachstums des Unionsmarktes** bemühen, und die internationale Zusammenarbeit bei der Normung stärken und dabei die bestehenden internationalen Normen berücksichtigen, sofern diese mit den Werten, Grundrechten und Interessen der Union im Einklang stehen. Als Beispiel für Bemühungen, die Investitionen und Innovationen fördern können, ist die Erhöhung der Rechtssicherheit genannt. Insbesondere die Fokussierung auf die Wahrung generell der Grundrechte stellt hier eine Neuerung dar, die bisher im Rahmen des New Approach und des NLF und dem darin vorgesehenen risikobasierten produktsicherheitsrechtlichen Ansatz unbekannt ist. Die Erfüllung dieser Anforderung wird sowohl die Normungsorganisationen als auch die Anbieter von Hochrisiko-KI-Systemen und die in bestimmten Fällen in die Konformitätsbewertungsverfahren einzubeziehenden notifizierten Stellen vor neue Herausforderungen stellen, insbesondere hinsichtlich der Frage der tatsächlichen Überprüfbarkeit. 26

Ferner gibt Art. 40 Abs. 3 vor, dass eine wirksame Beteiligung aller Interessenträger gemäß Art. 5, 6 und 7 VO (EU) 1025/2012 sichergestellt werden soll. 27

Art. 5 VO (EU) 1025/2012 nennt dabei KMU, Verbraucherorganisationen sowie Interessenvertreter ökologischer und sozialer Interessen. Art. 6 VO (EU) 1025/2012 spezifiziert den Zugang von KMU zu Normen. Art. 7 VO (EU) 1025/2012 betrifft die Beteiligung der nationalen Behörden durch die Mitgliedstaaten, einschließlich der Marktüberwachungsbehörden, an den nationalen Normungstätigkeiten zum Zweck der Erarbeitung oder Überarbeitung von Normen, mit denen die Europäische Kommission nach Art. 10 VO (EU) 1025/2012 die europäischen Normungsorganisationen beauftragt. 28

Art. 41 Gemeinsame Spezifikationen

(1) Die Kommission kann Durchführungsrechtsakte zur Festlegung gemeinsamer Spezifikationen für die Anforderungen gemäß Abschnitt 2 dieses Kapitels oder gegebenenfalls die Pflichten gemäß Kapitel V Abschnitte 2 und 3 erlassen, wenn die folgenden Bedingungen erfüllt sind:

a) Die Kommission hat gemäß Artikel 10 Absatz 1 der Verordnung (EU) Nr. 1025/2012 eine oder mehrere europäische Normungsorganisationen damit beauftragt, eine harmonisierte Norm für die in Abschnitt 2 dieses Kapitels festgelegten Anforderungen oder gegebenenfalls für die in Kapitel V Abschnitte 2 und 3 festgelegten Pflichten zu erarbeiten, und

i) der Auftrag wurde von keiner der europäischen Normungsorganisationen angenommen oder

ii) die harmonisierten Normen, die Gegenstand dieses Auftrags sind, werden nicht innerhalb der gemäß Artikel 10 Absatz 1 der Verordnung (EU) Nr. 1025/2012 festgelegten Frist erarbeitet oder

iii) die einschlägigen harmonisierten Normen tragen den Bedenken im Bereich der Grundrechte nicht ausreichend Rechnung oder

iv) die harmonisierten Normen entsprechen nicht dem Auftrag und

b) im Amtsblatt der Europäischen Union sind keine Fundstellen zu harmonisierten Normen gemäß der Verordnung (EU) Nr. 1025/2012 veröffentlicht, die den in Abschnitt 2 dieses Kapitels aufgeführten Anforderungen oder gegebenenfalls den in Kapitel V Abschnitte 2 und 3 aufgeführten Pflichten genügen, und es ist nicht zu erwarten, dass eine solche Fundstelle innerhalb eines angemessenen Zeitraums veröffentlicht wird.

Bei der Verfassung der gemeinsamen Spezifikationen konsultiert die Kommission das in Artikel 67 genannte Beratungsforum.

Die in Unterabsatz 1 des vorliegenden Absatzes genannten Durchführungsrechtsakte werden gemäß dem in Artikel 98 Absatz 2 genannten Prüfverfahren erlassen.

(2) Vor der Ausarbeitung eines Entwurfs eines Durchführungsrechtsakts informiert die Kommission den in Artikel 22 der Verordnung (EU) Nr. 1025/2012 genannten Ausschuss darüber, dass sie die in Absatz 1 des vorliegenden Artikels festgelegten Bedingungen als erfüllt erachtet.

(3) Bei Hochrisiko-KI-Systemen oder KI-Modellen mit allgemeinem Verwendungszweck, die mit den in Absatz 1 genannten gemeinsamen Spezifikationen oder Teilen dieser Spezifikationen übereinstimmen, wird eine Konformität mit den Anforderungen in Abschnitt 2 dieses Kapitels oder gegebenenfalls die Einhaltung der in Kapitel V Abschnitte 2 und 3 genann-

ten Pflichten vermutet, soweit diese Anforderungen oder diese Pflichten von den gemeinsamen Spezifikationen abgedeckt sind.

(4) Wird eine harmonisierte Norm von einer europäischen Normungsorganisation angenommen und der Kommission zur Veröffentlichung ihrer Fundstelle im Amtsblatt der Europäischen Union vorgeschlagen, so bewertet die Kommission die harmonisierte Norm gemäß der Verordnung (EU) Nr. 1025/2012. Wird die Fundstelle zu einer harmonisierten Norm im Amtsblatt der Europäischen Union veröffentlicht, so werden die in Absatz 1 genannten Durchführungsrechtsakte, die dieselben Anforderungen gemäß Abschnitt 2 dieses Kapitels oder gegebenenfalls dieselben Pflichten gemäß Kapitel V Abschnitte 2 und 3 erfassen, von der Kommission ganz oder teilweise aufgehoben.

(5) Wenn Anbieter von Hochrisiko-KI-Systemen oder KI-Modellen mit allgemeinem Verwendungszweck die in Absatz 1 genannten gemeinsamen Spezifikationen nicht befolgen, müssen sie hinreichend nachweisen, dass sie technische Lösungen verwenden, die die in Abschnitt 2 dieses Kapitels aufgeführten Anforderungen oder gegebenenfalls die Pflichten gemäß Kapitel V Abschnitte 2 und 3 zumindest in gleichem Maße erfüllen;

(6) Ist ein Mitgliedstaat der Auffassung, dass eine gemeinsame Spezifikation den Anforderungen gemäß Abschnitt 2 nicht vollständig entspricht oder gegebenenfalls die Pflichten gemäß Kapitel V Abschnitte 2 und 3 nicht vollständig erfüllt, so setzt er die Kommission im Rahmen einer ausführlichen Erläuterung davon in Kenntnis. Die Kommission bewertet die betreffende Information und ändert gegebenenfalls den Durchführungsrechtsakt, durch den die betreffende gemeinsame Spezifikation festgelegt wurde.

Mit Art. 41 korrespondiert Erwägungsgrund 131.

Schrifttum: *Denga*, Konformitätsbewertung von KI-Systemen, ZfPC 2023, 154; *Hense/Mustać*, AI Act kompakt, 2025; *Hilgendorf/Roth-Isigkeit (Hrsg.)*, Die neue Verordnung der EU zur Künstlichen Intelligenz, 2023; *Mayr/Thiermann/Schrack/Kiesselbach*, Das neue Medizinprodukterecht – Praxishandbuch zur MP-VO, 2021; *Orssich*, Das europäische Konzept für vertrauenswürdige Künstliche Intelligenz, EuZW 2022 254; *Rostalski/Weiss*, Der KI-Verordnungsentwurf der Europäischen Kommission, ZfDR 2021, 348; *Wendt/Wendt*, Das neue Recht der Künstlichen Intelligenz, 2024; *Wiebe* Produktsicherheitsrechtliche Betrachtungen des Vorschlags für eine KI-Verordnung, BB 2022, 899.

Übersicht

I. Allgemeines

1 Art. 41 ist in einem größeren Rahmen von in der KI-VO festgelegten Konformitätsmechanismen zu verstehen. Sogenannte harmonisierte Normen, wie in Art. 3 Nr. 27 legal definiert, und gemeinsame Spezifikationen werden eine wichtige Rolle bei der Konkretisierung der KI-VO spielen. KI-Systeme, die mit einer dieser Arten von Normierungsstandards konform sind, profitieren von einer Konformitätsvermutung in Bezug auf die jeweiligen Anforderungen der KI-VO selbst, sofern und in dem Umfang, in dem die KI-VO das vorsieht (siehe dazu insbesondere Art. 40 Rn. 17 ff.).

2 Harmonisierte Normen stehen nicht für alle technischen Bereiche zur Verfügung. An dieser Stelle kommen die **gemeinsamen Spezifikationen** ins Spiel.[1] Die KI-VO etabliert eine klare normative Hierarchie zwischen den Konkretisierungsmechanismen der harmonisierten Norm einerseits und den gemeinsamen Spezifikationen andererseits in der KI-VO. In ErwG 121 wird in diesem Sinne klargestellt, dass die Kommission in Ermangelung einschlägiger Verweise auf harmonisierte Normen imstande sein sollte, im Wege von Durchführungsrechtsakten und nach Anhörung des Beratungsgremiums gemeinsame Spezifikationen für bestimmte wesentliche Anforderungen im Rahmen dieser Verordnung festzulegen. Die gemeinsame Spezifikation stellt somit eine Ausweichlösung dar, um den Wirtschaftsakteuren, wie insbesondere den Anbietern von Hochrisiko-KI-Systemen oder den Anbietern von KI-Modellen mit allgemeinem Verwendungszweck, die Erfüllung bestimmter wesentlicher Anforderungen der KI-VO zu erleichtern. Dies gilt, sofern der Normungsantrag von keiner der europäischen Normungsorganisationen angenommen wurde, wenn die einschlägigen harmonisierten Normen den Grundrechtsbelangen nicht ausreichend Rechnung tragen, wenn die harmonisierten Normen dem Antrag nicht entsprechen oder wenn es bei der Annahme einer geeigneten harmonisierten Norm zu Verzögerungen kommt. Ist eine solche Verzögerung bei der Annahme einer harmonisier-

1 *Mayr/Thiermann/Schrack/Kiesselbach*, Das neue Medizinprodukterecht, S. 149; *Hense/Mustać*, AI Act kompakt, S. 231.

ten Norm auf die technische Komplexität dieser Norm zurückzuführen, sollte die Europäische Kommission dies bei der Erwägung der Festlegung gemeinsamer Spezifikationen berücksichtigen.

Die vorliegende **strukturelle Hierarchie** zwischen den normativen Instrumenten ist keine Neuheit im Unionsrecht. Auch die Verordnung (EU) 2017/745 (EU-Medizinprodukteverordnung) und die Verordnung (EU) 2023/1230 (EU-Maschinenverordnung) sehen die Möglichkeit vor, dass die Kommission im Wege von Durchführungsrechtsakten gemeinsame Spezifikationen erlässt. Die EU-Medizinprodukteverordnung eröffnet der Kommission hier allerdings weitergehende Rechte in Art. 9, da sie keine Ausweichlösung wie in der KI-VO und der EU-Maschinenverordnung vorsieht. 3

1. Zweck der Vorschrift

Art. 41 überträgt der Europäischen Kommission die Befugnis, im Wege von **Durchführungsrechtsakten** unter bestimmten Umständen gemeinsame Spezifikationen für die Anforderungen an Hochrisiko-KI-Systeme im Sinne des Kapitels III Abschnitt 2 sowie für die Pflichten an KI-Modelle mit allgemeinem Verwendungszweck im Sinne des Kapitels V Abschnitt 2 und 4 festzulegen. Damit einher geht zwar eine Zunahme der Legitimität der erarbeiteten Konkretisierungen, der Preis könnte jedoch die Einbuße an unternehmerischem Innovationsfreiraum sein.[2] Art. 41 Abs. 3 etabliert eine dem Art. 40 Abs. 1 (siehe Art. 40 Rn. 17 ff.) entsprechende Konformitätsvermutung in Bezug auf die gemeinsamen Spezifikationen mit einer den harmonisierten Normen nicht zukommenden Umkehr der Nachweispflicht für Anbieter, die anstelle der gemeinsamen Spezifikation eigene technische Lösungen verwenden. Darüber hinaus regelt Art. 41 Abs. 3 die Überprüfung der nach Art. 40 von einer europäischen Normungsorganisation angenommenen harmonisierten Norm durch die Europäische Kommission und deren Verhältnis zu gegebenenfalls bereits erlassenen gemeinsamen Spezifikationen im Sinne des Art. 41 Abs. 1. Weiterhin schafft Art. 41 Abs. 6 eine Möglichkeit für die einzelnen Mitgliedstaaten, gemeinsame Spezifikationen von der Kommission gegenprüfen zu lassen, für den Fall, dass der Mitgliedstaat annimmt, dass die gemeinsame Spezifikation ihren Konkretisierungsauftrag nicht vollständig erfüllt. 4

Ähnliche Vorschriften wie Art. 41 sind auch in anderen NLF-Gesetzgebungen (siehe Art. 40 Rn. 3) enthalten. So kann die Kommission nach Art. 9 der EU-Medizinprodukteverordnung oder nach Art. 20 der EU-Maschinenverordnung unter bestimmten Voraussetzungen gemeinsame Spezifikationen erlassen. 5

2 *Wiebe*, BB 2022, 899, 902.

2. Entstehungsgeschichte

6 Eine wichtige Änderung, die während des gesamten Gesetzgebungsverfahrens der KI-VO zu beobachten ist, betrifft die **Autonomie**, die der Kommission beim Erlass von Durchführungsrechtsakten eingeräumt wird. Der Kommissionsentwurf sah insoweit vor, dass die Kommission den Erlass gemeinsamer Spezifikationen nach Einholung der Stellungnahmen der einschlägigen Expertengruppen oder Stellen und Befürwortung durch den Ausschuss im Sinne der Verordnung (EU) Nr. 182/2011 vornehmen dürfe. In der Fassung des Rats war vorgesehen, dass die Kommission zum Erlass von Durchführungsrechtsakten nach Anhörung des KI-Gremiums und Befürwortung durch den Ausschuss im Sinne der Verordnung (EU) Nr. 182/2011 befugt sein soll, während es in der späteren Fassung des Einigungsentwurfs des Parlaments vorgesehen war, dass die Kommission zum Erlass von Durchführungsrechtsakten nach zusätzlicher Anhörung des Beratungsforums und Befürwortung durch den Ausschuss im Sinne der Verordnung (EU) Nr. 182/2011 befugt sein soll.

7 Darüber hinaus wurden die Anforderungen, für die die Europäische Kommission gemeinsame Spezifikationen erlassen darf, im Verlauf des Gesetzgebungsverfahrens um die Verpflichtungen für KI-Modelle mit allgemeinem Verwendungszweck ergänzt. Der Vorschlag der Europäischen Kommission vom 21.4.2021 sah diese Möglichkeit nur für die in Kapitel III Abschnitt 2 genannten Anforderungen an Hochrisiko-KI-Systeme vor.

8 Mit dem Parlamentsentwurf wurde die Vorgabe aufgenommen, dass die Europäische Kommission gemeinsame Spezifikationen aufzuheben hat, sobald eine harmonisierte Norm erlassen wird, die dieselben Anforderungen behandelt.

9 Mit der Fassung des Rats wurde die Vorgabe aufgenommen, dass jedem Mitgliedstaat die Möglichkeit eingeräumt werden soll, die Europäische Kommission darüber zu informieren, wenn er der Meinung ist, dass die gemeinsame Spezifikation den gestellten Anforderungen nicht genügt.

3. Verhältnis zu anderen Vorschriften

10 Es besteht ein enger Zusammenhang zwischen Art. 41, Art. 40 und Art. 43. Gemeinsame Spezifikationen, wie in Art. 3 Nr. 28 definiert, haben beim Nachweis der Übereinstimmung eines Hochrisiko-KI-Systems im Sinne des Anhangs III Nr. 1 mit den in Kapitel 3 Abschnitt 2 genannten Anforderungen Auswirkungen auf die Anwendbarkeit des Konformitätsbewertungsverfahrens gemäß Anhang VI (d.h. die Konformität auf Grundlage einer internen Kontrolle) in mindestens zwei der in Art. 43 Abs. 1 aufgeführten Varianten: zum einen, wenn es entweder keine harmonisierten Normen und keine gemeinsamen Spezifikationen gibt, und zum anderen, wenn es gemeinsame Spezifikationen gibt, aber der Anbieter

sie nicht angewandt hat. Dann bleibt der Anbieter auf das in Anhang VII aufgeführte Verfahren (d.h. die Konformität auf der Grundlage der Bewertung des Qualitätsmanagementsystems und der Bewertung der technischen Unterlagen unter Einbezug einer notifizierten Stelle) beschränkt (vgl. Art. 43 Rn. 12 ff.). Insoweit kann man aus der Verbindung mit Art. 43 einen zwingenden Charakter gemeinsamer Spezifikationen ableiten, der den harmonisierten Normen im Sinne des Art. 40 nicht zukommt.[3] Dies folgt bereits aus dem Leitfaden für die Umsetzung der Produktvorschriften der EU 2022 („Blue Guide"), der den bindenden Charakter von gemeinsamen Spezifikationen explizit hervorhebt.[4]

Diese normativen Verbindungen mit Art. 40 und Art. 43 verstärken die synergetischen Schnittstellen zwischen den in der Verordnung vorgesehenen Selbstregulierungsmechanismen, die von den betroffenen Wirtschaftsakteuren zu beachten sind und von einem verwaltungstechnischen Überbau ergänzt werden, welcher vor allem bei Ex-ante-Konformitätsbewertung und Ex-post-Marktüberwachung zur Anwendung kommt.[5] 11

II. Festlegung von gemeinsamen Spezifikationen durch die Kommission (Art. 41 Abs. 1)

Die Kommission kann sog. gemeinsame Spezifikationen aufstellen, deren Befolgung es Anbietern von Hochrisiko-KI-Systemen und von KI-Modellen mit allgemeinem Verwendungszweck ermöglicht, **bestimmte Anforderungen** und Verpflichtungen der KI-VO zu erfüllen.[6] 12

Damit die Kommission tätig werden darf, müssen jedoch **zwei Bedingungen** kumulativ gegeben sein: a) Die Kommission hat eine oder mehrere europäische Normungsorganisationen beauftragt, eine harmonisierte Norm zu erarbeiten (vgl. Art. 40). Dennoch liegt bislang eine solche nicht (rechtzeitig) vor oder aber sie wird von der Kommission für unzureichend erachtet; und b) im Amtsblatt der Europäischen Union sind keine Fundstellen zu entsprechenden harmonisierten Normen veröffentlicht und es ist in absehbarer Zeit auch nicht mit einer Veröffentlichung zu rechnen. Die gemeinsamen Spezifikationen sollen also, wie ErwG 121 explizit aufführt, eine außergewöhnliche Ausweichlösung sein, den Regelfall stellen harmonisierte Normen nach Art. 40 dar. 13

---

3 *Denga*, ZfPC 2023, 154, 157.

4 Bekanntmachung der Kommission, Leitfaden für die Umsetzung der Produktvorschriften der EU 2022 („Blue Guide"), 29.6.2022, ABl. 2022 C 247/1, S. 55.

5 *Roth-Isigkeit*, in: Hilgendorf/Roth-Isigkeit, Die neue Verordnung der EU zur künstlichen Intelligenz, § 8.

6 *Rostalski/Weiss*, ZfDR 2021, 329, 348.

1. Art. 41 Abs. 1 UAbs. 1 lit. a

14 UAbs. 1 1lit. a behandelt die erste gesetzliche Bedingung für die Annahme von **Durchführungsrechtsakten** durch die Kommission zur Festlegung gemeinsamer Spezifikationen für die Anforderungen an Hochrisiko-KI-Systeme (einschließlich Risikomanagementsystem, Daten und Datenverwaltung, technische Dokumentation, Aufbewahrung der Aufzeichnungen, Transparenz und Bereitstellung von Informationen für Einsatzkräfte, menschliche Aufsichtsbehörden sowie Genauigkeit, Robustheit und Cybersicherheit) oder gegebenenfalls für die Verpflichtungen für Anbieter von KI-Modellen mit allgemeinem Verwendungszweck sowie für die Verpflichtungen für Anbieter von KI-Modellen mit allgemeinem Verwendungszweck mit systemischem Risiko. Dementsprechend wird die Kommission befugt, Durchführungsrechtsakte zur Festlegung gemeinsamer Spezifikationen zu erlassen, wenn sie eine oder mehrere europäische Normungsorganisationen ersucht hat, eine harmonisierte Norm zu den vorgenannten Anforderungen und Verpflichtungen zu erarbeiten und (i) keine europäische Normungsorganisation diesem Ersuchen nachgekommen ist oder (ii) die harmonisierten Normen, die diesem Ersuchen entsprechen, nicht innerhalb der von der Kommission selbst gesetzten Frist ausgearbeitet werden oder (iii) die einschlägigen harmonisierten Normen den Grundrechtsbelangen unzureichend Rechnung tragen, oder (iv) die harmonisierten Normen dem Ersuchen nicht entsprechen.

2. Art. 41 Abs. 1 UAbs. 1 lit. b

15 Die zweite kumulative Bedingung für den Erlass von Durchführungsrechtsakten durch die Kommission zur Festlegung gemeinsamer Spezifikationen besteht darin, dass im Amtsblatt der Europäischen Union keine Fundstellen zu harmonisierten Normen veröffentlicht wurden, die die oben genannten Anforderungen an Hochrisiko-KI-Systeme und Verpflichtungen an KI-Modelle mit allgemeinem Verwendungszweck abdecken, und dass eine solche Veröffentlichung innerhalb eines angemessenen Zeitraums nicht zu erwarten ist. Es reicht also nicht aus, dass keine Fundstelle im Amtsblatt der Europäischen Union veröffentlicht wurde, sondern es ist des Weiteren eine Bedingung, dass eine solche Veröffentlichung innerhalb eines angemessenen Zeitraums nicht zu erwarten ist. Was aber diese „angemessener Zeitraum“ konkret bedeutet, wird im Verordnungstext nicht weiter erläutert, womit die KI-VO einen auslegungsfähigen, aber auch auslegungsbedürftigen Begriff einführt.

3. Konsultation des Beratungsforums (Art. 41 Abs. 1 UAbs. 2)

UAbs. 2 schreibt der Kommission vor, dass sie bei der Verfassung der gemeinsamen Spezifikationen das in Art. 67 geregelte und danach zu etablierende Beratungsforum (siehe Art. 67 Rn. 1 ff.) zu konsultieren hat. 16

4. Art. 41 Abs. 1 UAbs. 3

UAbs. 3 gibt vor, wie die Kommission die in Abs. 1 genannten Durchführungsakte zu erlassen hat. Dies soll nach dem in Art. 98 Abs. 2 genannten Prüfverfahren geschehen (siehe dazu Art. 98 Rn. 2). 17

III. Information des Ausschusses nach Art. 22 Nr. 4 VO (EU) 1025/12 (Art. 41 Abs. 2)

Bevor die Kommission tätig wird und mit der Ausarbeitung eines Entwurfs eines Durchführungsrechtsaktes beginnt, informiert sie den in Art. 22 Nr. 4 VO (EU) 1025/12 genannten Ausschuss darüber, dass sie die Bedingungen zum Erlass einer gemeinsamen Spezifikation als erfüllt erachtet. Art. 22 der Verordnung (EU) Nr. 1025/2012 verweist zur weiteren Erläuterung des genannten Ausschusses auf die Verordnung (EU) Nr. 182/2011. Nach Art. 3 Abs. 2 Verordnung (EU) Nr. 182/2011 setzt sich der Ausschuss aus Vertretern der Mitgliedstaaten zusammen, unter Vorsitz eines Vertreters der Kommission. 18

IV. Konformitätsvermutung (Art. 41 Abs. 3)

Halten sich die Anbieter von Hochrisiko-KI-Systemen oder Anbieter von KI-Modellen mit allgemeinem Verwendungszweck an die aufgestellten gemeinsamen Spezifikationen oder Teile davon, greift wie bei Verwendung harmonisierter Normen (Art. 40) eine Vermutungswirkung für die Konformität des Systems mit der KI-VO in Bezug auf die Einhaltung der entsprechenden, in der gemeinsamen Spezifikation näher ausgeführten Anforderung oder Verpflichtung.[7] 19

---

7 *Denga*, ZfPC 2023, 154, 157; *Wendt/Wendt*, Das neue Recht der künstlichen Intelligenz, § 8 Rn. 11.

V. Bewertung einer vorgeschlagenen harmonisierten Norm durch die Kommission (Art. 41 Abs. 4)

20 Diese Vorschrift legt eine normative Hierarchie zwischen den Vorrichtungen der in der KI-VO festgelegten **Konformitätsmechanismen** fest. Gemeinsame Spezifikationen sollen, wie bereits in ErwG 121 angelegt, lediglich eine Ausweich- oder Übergangslösung darstellen, sofern und solange es keine entsprechenden harmonisierten Normen i. S. v. Art. 40 gibt. Das heißt: Wird eine harmonisierte Norm von einer europäischen Normungsorganisation angenommen und der Kommission zur Veröffentlichung im Amtsblatt der europäischen Union vorgeschlagen, hat die Kommission die harmonisierte Norm gemäß der Verordnung (EU) Nr. 1025/2012 zu bewerten. Sobald im Zuge dieses Prüfprozesses die Fundstelle einer harmonisierten Norm im Amtsblatt der Europäischen Union veröffentlicht wird, hat die Kommission Durchführungsrechtsakte oder die betreffenden Teile davon aufzuheben, die dieselben Anforderungen gemäß Kapitel III Abschnitt 2 oder gegebenenfalls dieselben Verpflichtungen gemäß Kapitel V Abschnitte 2 und 3 umfassen.

VI. Nachweis der Gleichwertigkeit eigener technischer Lösungen (Art. 41 Abs. 5)

21 Es steht den Anbietern von Hochrisiko-KI-Systemen und Anbietern von KI-Modellen mit allgemeinem Verwendungszweck **grundsätzlich frei**, mit welchen technischen Lösungen sie die Anforderungen des Kapitels III Abschnitt 2 bzw. des Kapitels V Abschnitt 2 und Abschnitt 3 erfüllen. Hat allerdings die Kommission nach Abs. 1 für eine Anforderung oder Verpflichtung eine gemeinsame Spezifikation erlassen und entscheidet sich der Anbieter dazu, diese nicht zu befolgen, erlegt Art. 41 Abs. 5 ihm auf, hinreichend nachzuweisen, dass die von ihm verwendeten technischen Lösungen in Bezug auf die entsprechenden Anforderungen der Verordnung zumindest gleichwertig sind. Für die in Art. 40 Abs. 1 genannte Vermutungswirkung bei Vorliegen harmonisierter Normen hat der Gesetzgeber keine derartige explizite Nachweisvorgabe aufgenommen (vgl. Art. 40 Rn. 17). Allerdings werden Anbieter in der Praxis auch hier nachweisen müssen, dass ein gleichwertiges Level mit den eigenen technischen Regelungen erreicht wird.[8]

---

8 *Denga* geht hier sogar so weit, anzunehmen, dass eine gegenteilige Vermutung der Nichtkonformität zu befürchten steht, *Denga*, ZfPC 2023, 154, 157.

VII. Überprüfung gemeinsamer Spezifikationen auf Wunsch der Mitgliedstaaten (Art. 41 Abs. 6)

Die Mitgliedstaaten können sich an die Kommission wenden, wenn sie der Meinung sind, dass die gemeinsamen Spezifikationen bezogen auf die in Kapitel III Abschnitt 2 genannten Anforderungen oder bezogen auf die in Kapitel V Abschnitt 2 und 3 genannten Verpflichtungen **unzureichend** sind. Der jeweilige Mitgliedstaat hat dies unter ausführlicher Erläuterung, warum er der Ansicht ist, dass die gemeinsame Spezifikation den Anforderungen nicht vollständig entspricht, zu tun. Die Kommission prüft die jeweiligen erhaltenen Eingaben und führt gegebenenfalls Änderungen an dem die gemeinsame Spezifikation festlegenden Durchführungsrechtsakt durch. **22**

Art. 42 Vermutung der Konformität mit bestimmten Anforderungen

(1) Für Hochrisiko-KI-Systeme, die mit Daten, in denen sich die besonderen geografischen, verhaltensbezogenen, kontextuellen oder funktionalen Rahmenbedingungen niederschlagen, unter denen sie verwendet werden sollen, trainiert und getestet wurden, gilt die Vermutung, dass sie die in Artikel 10 Absatz 4 festgelegten einschlägigen Anforderungen erfüllen.

(2) Für Hochrisiko-KI-Systeme, die im Rahmen eines der Cybersicherheitszertifizierungssysteme gemäß der Verordnung (EU) 2019/881, deren Fundstellen im Amtsblatt der Europäischen Union veröffentlicht wurden, zertifiziert wurden oder für die eine solche Konformitätserklärung erstellt wurde, gilt die Vermutung, dass sie die in Artikel 15 der vorliegenden Verordnung festgelegten Cybersicherheitsanforderungen erfüllen, sofern diese Anforderungen von der Cybersicherheitszertifizierung oder der Konformitätserklärung oder Teilen davon abdeckt sind.

Mit Art. 42 korrespondiert Erwägungsgrund 122.

Schrifttum: *Bächle*, Digitales Wissen, Daten und Überwachung zur Einführung, 2016; *Roos/Weitz*, Hochrisiko-KI-Systeme im Kommissionsentwurf für eine KI-Verordnung, MMR 2021, 844.

Übersicht

I. Allgemeines

1. Zweck der Vorschrift

1 Während Art. 40 und 41 bei der Anwendung harmonisierter Normen bzw. gemeinsamer Spezifikationen grundsätzlich eine umfassende Konformitätsvermutung für die in Kapitel III Abschnitt 2 und die in Kapitel V enthaltenen Vorgaben enthalten, stellt Art. 42 **nur in Bezug auf bestimmte, einzeln aufgezählte An-**

forderungen eine Vermutung der Konformität auf. Dies betrifft einerseits nach Abs. 1 die in Art. 10 Abs. 4 enthaltenen Vorgaben (siehe Art. 10 Rn. 2 ff.), andererseits (Abs. 2) die in Art. 15 enthaltenen Cybersicherheitsanforderungen (siehe Art. 15 Rn. 1 ff.).

Diese Vorschrift spiegelt eines der **Hauptanliegen der KI-VO hinsichtlich der Qualität der in KI-Systemen verwendeten Daten** wider. Und zeigt die prominente Rolle, die die Datenkuratierung bei der Gewährleistung der Sicherheit und dem bestimmungsgemäßen Funktionieren von KI-Systemen spielt. Hochwertige Daten und der Zugang dazu spielen eine zentrale Rolle, wenn es darum geht, Strukturen bereitzustellen, die die Leistung der KI-Systeme sicherstellen sollen. Dies gilt insbesondere, wenn Techniken eingesetzt werden, bei denen KI-Modelle mit Daten trainiert werden.[1] Hochrisiko-KI-Systeme sollen nicht zur Ursache für Diskriminierung werden, die nach dem Unionsrecht verboten ist.[2] ErwG 67 ist insofern als Basis heranzuziehen, da er festlegt, dass die für das Training von KI-Systemen verwendeten Datensätze „relevant, hinreichend repräsentativ und so weit wie möglich fehlerfrei und vollständig" sein müssen.[3] Weiterhin sollten die Datensätze geeignete statistische Eigenschaften aufweisen, um potenzielle, ihnen inhärente Verzerrungen, die die Gesundheit und Sicherheit von Personen beeinträchtigen, sich negativ auf die Grundrechte auswirken oder zu einer nach Unionsrecht verbotenen Diskriminierung von Minderheiten führen können, so weit wie möglich auszuschließen.[4] Die Datensätze sollten daher in dem Maße, wie es ihr Verwendungszweck erfordert, die Merkmale, Eigenschaften oder Elemente berücksichtigen, die für das spezifische geografische, kontextuelle, verhaltensbezogene oder funktionale Umfeld, in dem das KI-System eingesetzt werden soll, von Bedeutung sind. In diesem Zusammenhang geht Art. 42 direkt auf den teleologischen Rahmen ein, den die KI-VO für ein optimales Datenmanagement vorgibt. 2

Diese ethische Betrachtung potenzieller Verzerrungen oder unfairer Vorurteile, die in den Trainingsdatensätzen von KI-Modellen lauern können, zieht sich wie ein roter Faden durch den Datenverwaltungsrahmen der KI-VO und reflektiert exakt die menschenzentrierte Rationalität, die der Verordnung zugrunde liegt.[5] Daten sind im Wesentlichen symbolische und hochformalisierte Ausschnitte der 3

1 ErwG 67.
2 ErwG 67.
3 ErwG 67. Insofern wird jedoch kritisiert, dass sich im Hinblick auf diese Anforderungen an die Beschaffenheit der Datensätze praktische Zweifel an der Umsetzbarkeit ergeben würden, insbesondere eine absolute Fehlerfreiheit oder Vollständigkeit eines Datensatzes kaum realisierbar sein dürfte. Ferner bliebe unklar, was überhaupt unter einem im Rechtssinne „fehlerhaften" Datum zu verstehen sei, vgl. *Roos/Weitz*, MMR 2021, 844, 847.
4 ErwG 67.
5 ErwG 1, 6 und 27.

sozialen Wirklichkeit, deren vollständige Abbildung in digitaler Form bzw. in Datensprache aufgrund der damit verbundenen sozialen Komplexität und Vielfalt nicht möglich ist. Daten, isoliert betrachtet, d.h. als formale Einheiten, die aus der sozialen Welt extrahiert werden, haben keine oder nur eine geringe semantische Kraft bzw. kommunikatives Potenzial. Erst im Aggregat, d.h. in der Art und Weise, wie sie zusammengestellt, zubereitet und kuratiert werden, erhalten sie eine semantische Dimension und können ein Bild der Realität widerspiegeln – wenn auch oftmals verzerrt und Stigmata aller Art aufrechterhaltend und die Ungleichheiten der analogen Welt in der digitalen Sprache weiter verschärfend. Insofern „treten [Daten] nie als einzelne in Erscheinung, sondern stets als relationales Netzwerk, innerhalb dessen ihre Bedeutung entsteht".[6] Sie treten stets als ein Aggregat im Plural auf; gerade deshalb ist das Gewicht der Daten in ihrer Menge begründet und wird rhetorisch hergestellt.[7]

4 Art. 42 stellt genau diese ethische Problematik der angemessenen sozialen Repräsentativität des von Daten getragenen rhetorischen Gewichts in den Vordergrund und versucht, dieser durch die Anknüpfung der Datenqualität an bestimmte Voraussetzungen Rechnung zu tragen.

5 Die Anforderung, dass die Datensätze so weit wie möglich „vollständig und fehlerfrei" sein müssen, sollte sich nach ErwG 67 jedoch **nicht auf den Einsatz von Techniken zur Wahrung der Privatsphäre im Zusammenhang mit der Entwicklung und dem Testen von KI-Systemen** auswirken. Die Anforderungen an die Daten-Governance können beispielsweise durch die Inanspruchnahme Dritter erfüllt werden, die zertifizierte Compliance-Dienste anbieten, einschließlich der Überprüfung der Daten-Governance, der Datensatzintegrität und der Datenschulungs-, Validierungs- und Testverfahren, sofern die Einhaltung der Datenanforderungen dieser Verordnung gewährleistet ist.[8]

2. Entstehungsgeschichte

6 Die Vorschrift findet sich in der jetzigen Form fast wortgleich bereits im Vorschlag der EU-Kommission vom 21.4.2021.[9]

3. Verhältnis zu anderen Vorschriften

7 Art. 42 Abs. 1 steht in engem Zusammenhang mit dem darin in Bezug genommenen Art. 10 Abs. 4. Wenn die von einem Hochrisiko-KI-System verwendeten Trainingsdaten anhand von Daten trainiert und getestet wurden, die **ein ange-**

---

6 *Bächle*, Digitales Wissen, Daten und Überwachung zur Einführung, S. 124.
7 *Bächle*, Digitales Wissen, Daten und Überwachung zur Einführung, S. 124.
8 ErwG 67.
9 Art. 42 des initialen Vorschlags der Kommission.

messenes Maß an Repräsentativität und statistischen Eigenschaften aufweisen, d. h. Merkmale, Eigenschaften oder Elemente, die für das spezifische geografische, kontextuelle, verhaltensbezogene oder funktionale Umfeld, in dem das KI-System eingesetzt werden soll, spezifisch sind, wird dies als ausreichendes Qualitätskriterium für die Zwecke der in Art. 10 vorgeschriebenen Daten-Governance angesehen. Spezifisch in diesem Sinne sind z. B. Bilder aus verschiedenen Computertomographen, wobei es sinnvoll ist, Datensätze mit und ohne Krebsbefall einzuspeisen, wenn ein KI-System z. B. zur Früherkennung von Krebs eingesetzt werden soll.

Die Konformitätsvermutung des Art. 42 kann gleichzeitig als klare Vorgabe verstanden werden, wie eine angemessene und verordnungskonforme Datenbildung zur Aufrechterhaltung einer sozialadäquaten Datenqualität und folglich die mit diesen Daten gefütterten KI-Systeme ausgestaltet werden soll(en) 8

Art. 42 Abs. 2 steht wiederum in **normativem Zusammenhang mit der Verordnung (EU) 2019/881 (Rechtsakt zur Cybersicherheit)**. Bei Hochrisiko-KI-Systemen, die nach einem der Cybersicherheitszertifizierungssysteme gemäß Verordnung (EU) 2019/881, dessen Fundstelle im Amtsblatt der Europäischen Union veröffentlicht ist, zertifiziert wurden oder für die eine entsprechende Konformitätserklärung erstellt wurde, wird vermutet, dass sie die in Art. 15 festgelegten Cybersicherheitsanforderungen erfüllen. Für Deutschland ist das Bundesamt für Sicherheit in der Informationstechnik für die entsprechende Zertifizierung anhand der international anerkannten common criteria oder anhand technischer Richtlinien zuständig.[10] Diese Konformitätsvermutung zielt darauf ab, Synergien zwischen der KI-VO und den bereits geltenden unionsrechtlichen Cybersicherheitsvorgaben zu schaffen und damit die Konformitätsbewertung durch diejenigen Wirtschaftsakteure, die den Rechtsakt zur Cybersicherheit bereits einhalten, zu erleichtern. 9

II. Vermutungswirkung in Bezug auf Daten-Governance (Art. 42 Abs. 1)

Art. 42 Abs. 1 enthält eine spezielle Regelung im Bereich der **Daten-Governance**. 10

Für Hochrisiko-KI-Systeme, die mit Daten, in denen sich besondere geographische, verhaltensbezogene, kontextuelle oder funktionale Rahmenbedingungen niederschlagen, trainiert und getestet wurden und die unter diesen Bedingungen nun auch verwendet werden sollen, gilt die Vermutung, dass diese die in Art. 10 11

10 § 5 und § 5 a des Gesetzes über das Bundesamt für Sicherheit in der Informationstechnik (BSI-Gesetz – BSIG) sowie BSI-Zertifizierungs- und -Anerkennungsverordnung (BSIZertV).

Abs. 4 festgelegten Anforderungen erfüllen. Dies bedeutet, dass die Datensätze die entsprechenden Merkmale oder Elemente berücksichtigen, die für die besonderen geografischen, kontextuellen, verhaltensbezogenen oder funktionalen Rahmenbedingungen, unter denen das Hochrisiko-KI-System bestimmungsgemäß verwendet werden soll, typisch sind (siehe Art. 10 Rn. 92 ff.).

12 Mangels anderweitiger Bestimmungen handelt es sich hierbei um eine **widerlegliche Vermutung**.

III. Vermutungswirkung in Bezug auf Cybersicherheitsanforderungen (Art. 42 Abs. 2)

13 Art. 42 Abs. 2 enthält zudem die Vermutung, dass ein Hochrisiko-KI-System die in Art. 15 festgelegten Cybersicherheitsanforderungen insbesondere an die **Genauigkeit und Robustheit** (siehe Art. 15 Rn. 3) erfüllt, wenn es bereits im Rahmen eines Cybersicherheitszertifizierungssystems gemäß der Verordnung (EU) 2019/881 zertifiziert wurde oder eine entsprechende Konformitätserklärung erstellt wurde.

14 Diese Vermutung gilt ausweislich des **eindeutigen Wortlauts** in Art. 42 Abs. 2 letzter Hs. jedoch nur in dem Umfang, in dem die in Art. 15 festgelegten Anforderungen mit der Zertifizierung oder mit der Konformitätserklärung oder zumindest Teilen davon bereits abgedeckt sind. Gerade in Bezug auf die Anforderungen an die IT-Sicherheit zeigen sich hier also Parallelen der KI-VO zum Produktsicherheitsrecht.[11]

15 Dabei kennt die Verordnung (EU) 2019/881 selbst in Art. 56 eine solche Konformitätsvermutung bezogen auf die Cybersicherheitszertifizierung. Nach dessen Abs. 1 gilt für Produkte, die auf der Grundlage eines nach Art. 49 angenommenen europäischen Schemas für die Cybersicherheitszertifizierung zertifiziert wurden, die Vermutung der Einhaltung der Anforderungen dieses Schemas.

16 Mangels anderweitiger Bestimmungen handelt es sich auch hierbei, wie in Abs. 1, um eine **widerlegliche Vermutung**.

11 *Roos/Weitz*, MMR 2021, 844, 847.

Art. 43 Konformitätsbewertung

(1) Hat ein Anbieter zum Nachweis, dass ein in Anhang III Nummer 1 aufgeführtes Hochrisiko-KI-System die in Abschnitt 2 festgelegten Anforderungen erfüllt, harmonisierte Normen gemäß Artikel 40 oder gegebenenfalls gemeinsame Spezifikationen gemäß Artikel 41 angewandt, so entscheidet er sich für eines der folgenden Konformitätsbewertungsverfahren auf der Grundlage

a) der internen Kontrolle gemäß Anhang VI oder

b) der Bewertung des Qualitätsmanagementsystems und der Bewertung der technischen Dokumentation unter Beteiligung einer notifizierten Stelle gemäß Anhang VII.

Zum Nachweis, dass sein Hochrisiko-KI-System die in Abschnitt 2 festgelegten Anforderungen erfüllt, befolgt der Anbieter das Konformitätsbewertungsverfahren gemäß Anhang VII, wenn

a) es harmonisierte Normen gemäß Artikel 40 nicht gibt und keine gemeinsamen Spezifikationen gemäß Artikel 41 vorliegen,

b) der Anbieter die harmonisierte Norm nicht oder nur teilweise angewandt hat;

c) die unter Buchstabe a genannten gemeinsamen Spezifikationen zwar vorliegen, der Anbieter sie jedoch nicht angewandt hat;

d) eine oder mehrere der unter Buchstabe a genannten harmonisierten Normen mit einer Einschränkung und nur für den eingeschränkten Teil der Norm veröffentlicht wurden.

Für die Zwecke des Konformitätsbewertungsverfahrens gemäß Anhang VII kann der Anbieter eine der notifizierten Stellen auswählen. Soll das Hochrisiko-KI-System jedoch von Strafverfolgungs-, Einwanderungs- oder Asylbehörden oder von Organen, Einrichtungen oder sonstigen Stellen der Union in Betrieb genommen werden, so übernimmt die in Artikel 74 Absatz 8 bzw. 9 genannte Marktüberwachungsbehörde die Funktion der notifizierten Stelle.

(2) Bei den in Anhang III Nummern 2 bis 8 aufgeführten Hochrisiko-KI-Systemen befolgen die Anbieter das Konformitätsbewertungsverfahren auf der Grundlage einer internen Kontrolle gemäß Anhang VI, das keine Beteiligung einer notifizierten Stelle vorsieht.

(3) Bei den Hochrisiko-KI-Systemen, die unter die in Anhang I Abschnitt A aufgeführten Harmonisierungsrechtsakte der Union fallen, befolgt der Anbieter die einschlägigen Konformitätsbewertungsverfahren, die nach diesen Rechtsakten erforderlich sind. Die in Abschnitt 2 dieses Kapitels festgelegten Anforderungen gelten für diese Hochrisiko-KI-Systeme und werden in

diese Bewertung einbezogen. Anhang VII Nummern 4.3, 4.4 und 4.5 sowie Nummer 4.6 Absatz 5 finden ebenfalls Anwendung.

Für die Zwecke dieser Bewertung sind die notifizierten Stellen, die gemäß diesen Rechtsakten notifiziert wurden, berechtigt, die Konformität der Hochrisiko-KI-Systeme mit den in Abschnitt 2 festgelegten Anforderungen zu kontrollieren, sofern im Rahmen des gemäß diesen Rechtsakten durchgeführten Notifizierungsverfahrens geprüft wurde, dass diese notifizierten Stellen die in Artikel 31 Absätze 4, 5, 10 und 11 festgelegten Anforderungen erfüllen.

Wenn ein in Anhang I Abschnitt A aufgeführter Rechtsakt es dem Hersteller des Produkts ermöglicht, auf eine Konformitätsbewertung durch Dritte zu verzichten, sofern dieser Hersteller alle harmonisierten Normen, die alle einschlägigen Anforderungen abdecken, angewandt hat, so darf dieser Hersteller nur dann von dieser Möglichkeit Gebrauch machen, wenn er auch harmonisierte Normen oder gegebenenfalls gemeinsame Spezifikationen gemäß Artikel 41, die alle in Abschnitt 2 dieses Kapitels festgelegten Anforderungen abdecken, angewandt hat.

(4) Hochrisiko-KI-Systeme, die bereits Gegenstand eines Konformitätsbewertungsverfahren gewesen sind, werden im Falle einer wesentlichen Änderung einem neuen Konformitätsbewertungsverfahren unterzogen, unabhängig davon, ob das geänderte System noch weiter in Verkehr gebracht oder vom derzeitigen Betreiber weitergenutzt werden soll.

Bei Hochrisiko-KI-Systemen, die nach dem Inverkehrbringen oder der Inbetriebnahme weiterhin dazulernen, gelten Änderungen des Hochrisiko-KI-Systems und seiner Leistung, die vom Anbieter zum Zeitpunkt der ursprünglichen Konformitätsbewertung vorab festgelegt wurden und in den Informationen der technischen Dokumentation gemäß Anhang IV Nummer 2 Buchstabe f enthalten sind, nicht als wesentliche Veränderung;

(5) Die Kommission ist befugt, gemäß Artikel 97 delegierte Rechtsakte zu erlassen, um die Anhänge VI und VII zu ändern, indem sie sie angesichts des technischen Fortschritts aktualisiert.

(6) Die Kommission ist befugt, gemäß Artikel 97 delegierte Rechtsakte zur Änderung der Absätze 1 und 2 des vorliegenden Artikels zu erlassen, um die in Anhang III Nummern 2 bis 8 genannten Hochrisiko-KI-Systeme dem Konformitätsbewertungsverfahren gemäß Anhang VII oder Teilen davon zu unterwerfen. Die Kommission erlässt solche delegierten Rechtsakte unter Berücksichtigung der Wirksamkeit des Konformitätsbewertungsverfahrens auf der Grundlage einer internen Kontrolle gemäß Anhang VI hinsichtlich der Vermeidung oder Minimierung der von solchen Systemen ausgehenden Risiken für die Gesundheit und Sicherheit und den Schutz der

Grundrechte sowie hinsichtlich der Verfügbarkeit angemessener Kapazitäten und Ressourcen in den notifizierten Stellen.

Mit Art. 43 korrespondieren die Erwägungsgründe 122–128, 147

Schrifttum: *Ammann/Pohle*, KI-Verordnung – Was bisher geschah und was jetzt zu tun ist, CB 2024, 137; *Ashkar/Schröder*, Das Gesetz über Künstliche Intelligenz der Europäischen Union (KI-Verordnung), BB 2024, 771; *Böck/Thiermann*, Lernende KI und Medizinprodukterecht, MDT 2021, 54; *Bomhard/Merkle*, Europäische KI-Verordnung, RDi 2021, 276; *Denga*, Konformitätsbewertung von KI-Systemen, ZfPC 2023, 154; *Denga*, Unternehmenshaftung für KI – zur Konformitätsbewertung in Permanenz, CR 2023, 277; *Ebers/Hoch/Rosenkranz/Steinrötter*, Der Entwurf für eine EU-KI-Verordnung: Richtige Richtung mit Optimierungsbedarf, RDi 2021, 528; *Ebert/Spiecker gen. Döhmann*, Der Kommissionsentwurf für eine KI-Verordnung der EU, NVwZ 2021, 1188; *Fuderer*, Doppelte Konformitätsbewertung bei KI-basierten Medizinprodukten?, MPR 2022, 121; *Gerdemann*, Konformitätsbewertung als Kernpflicht der KI-Verordnung, NJW 2024, 2209; *Hense/Mustać*, AI Act kompakt, 2025; *Hilgendorf/Roth-Isigkeit* (Hrsg.), Die neue Verordnung der EU zur Künstlichen Intelligenz, 2023; *Hoos*, KI trifft auf Medizinprodukte – Das zukünftige Zusammenspiel von AI-Act und MDR, ZfPC 2024, 168; *Kilian/Denga*, Das Testen und Zertifizieren von KI-Systemen, NJW 2024, 2945; *Mayr/Thiermann/Schrack/Kiesselbach*, Das neue Medizinprodukterecht – Praxishandbuch zur MP-VO, 2021; *Mayrhofer*, Produktsicherheit und Produkthaftung – zwei Seiten einer Medaille mit unterschiedlichen Gravuren, RDi 2024, 492; *Rehmann/Wagner*, MP-VO, Verordnung (EU) 2017/745 über Medizinprodukte, 4. Aufl. 2023; *Rohrßen*, KI & CE – Die KI-VO, das Produktsicherheitsrecht für Künstliche Intelligenz, ZfPC 2024, 211; *Rostalski/Weiss*, Der KI-Verordnungsentwurf der Europäischen Kommission, ZfDR 2021, 329; *Roth-Isigkeit*, Grundstrukturen der geplanten KI-Aufsichtsbehörden – KI-Bürokratie?, ZRP 2022, 187; *Thiermann/Böck*, Künstliche Intelligenz in Medizinprodukten, RDi 2022, 333; *Ulbricht/Brajcvic/Duhme/Hawighorst/Huber/Iber/Nemec*, Praxishandbuch KI und Recht, 2024; *Voigt/Hullen*, Handbuch KI-Verordnung, 2024; *Wendt/Wendt*, Das neue Recht der Künstlichen Intelligenz, 2024; *Wiebe*, Produktsicherheitsrechtliche Betrachtung des Vorschlags für eine KI-Verordnung, BB 2022, 899.

Übersicht

I. Allgemeines

1 Um ein hohes Maß an Vertrauenswürdigkeit von Hochrisiko-KI-Systemen zu gewährleisten (siehe ErwG 123), sieht die KI-VO **ex ante**, das heißt vor der Bereitstellung auf dem Markt (definiert in Art. 3 Nr. 10), vor dem Inverkehrbringen (definiert in Art. 3 Nr. 9) und vor der Inbetriebnahme (definiert in Art. 3 Nr. 11), die Durchführung eines Konformitätsbewertungsverfahrens von Hochrisiko-KI-Systemen und Anbringung der CE-Kennzeichnung vor. Das verordnungsgeberische Konzept fügt sich damit nahtlos in die hergebrachte europäische Konzeption des Produktsicherheitsrechts ein.[1]

2 Allgemein wird im europäischen Produktsicherheitsrecht unter einer **Konformitätsbewertung** ein vom Hersteller durchgeführter Vorgang verstanden, mit dem nachgewiesen werden soll, dass bestimmte Anforderungen an ein Produkt erfüllt worden sind, bevor dieses in Verkehr gebracht wird. Wesentliches Ziel des Konformitätsbewertungsverfahrens ist es demnach, den Nachweis zu erbringen, dass das in Verkehr zu bringende Produkt den Anforderungen entspricht, die in den Bestimmungen der einschlägigen Rechtsvorschriften festgelegt sind.[2]

3 Die grundsätzlichen Vorgaben zur Konformitätsbewertung folgen dabei dem „**New Approach**" auf Basis des durch die EU erarbeiteten sog. „neuen Rechtsrahmens" (New Legislative Framework – NLF).[3] Dieser enthält statt einer detaillierten Beschreibung aller Anforderungen die Formulierung allgemeiner Sicherheitsanforderungen, wie sie in der KI-VO auch in Kapitel III Abschnitt 2 anzutreffen sind. Ergänzt werden diese allgemeinen Sicherheitsanforderungen durch den Verweis auf technische Normen, welche durch nationale oder europäische

---

1 *Denga*, CR 2023, 277, 280; *Hense/Mustać*, AI Act kompakt, S. 219.

2 Bekanntmachung der Kommission, Leitfaden für die Umsetzung der Produktvorschriften der EU 2022 („Blue Guide"), 29.6.2022, ABl. 2022 C 247/1, S. 70.

3 *Mayr/Thiermann/Schrack/Kiesselbach*, Das neue Medizinprodukterecht, S. 41; *Mayrhofer*, RDi 2024, 492.

Normsetzungsorganisationen erarbeitet werden.[4] Gemäß der Harmonisierungsrechtsvorschriften der Union bestehen die Konformitätsbewertungsverfahren danach aus einem oder zwei Konformitätsbewertungsmodulen. Unter diesen Modulen wählt der Gesetzgeber diejenigen Konformitätsbewertungsmodule/-verfahren aus, die für die Erfordernisse in dem betreffenden Sektor am geeignetsten sind.[5]

4 Ein zentraler Unterschied zu anderen regulatorischen Systemen, beispielsweise dem US-amerikanischen System, ist dabei, dass die Durchführung des Konformitätsbewertungsverfahrens nicht etwa einer zentralen unionsrechtlichen oder nationalen Behörde obliegt, sondern **wesentliche Aufgabe des Herstellers bzw. des Anbieters selbst** ist.[6] Auch wenn die Rechtsvorschriften die Beteiligung einer notifizierten oder akkreditierten Stelle vorsehen, liegt die Konformitätsbewertung selbst letztendlich in der Zuständigkeit des Herstellers[7] – wenn auch unter Beteiligung einer externen Stelle. Im Medizinproduktebereich ist anerkannt, dass die benannten Stellen nicht hoheitlich tätig werden, sondern aufgrund einer zivilrechtlichen Vereinbarung,[8] was insbesondere für die Frage des Rechtsweges bei Rechtsstreitigkeiten bedeutsam sein kann. Ob diese Ansicht automatisch auf die KI-VO übertragbar ist, ist fraglich und noch abschließend zu klären. So sieht Art. 44 Abs. 3 UAbs. 2 die Schaffung eines förmlichen **Einspruchsverfahrens** gegen die Entscheidungen der notifizierten Stellen vor, was für eine öffentlich-rechtliche Ausgestaltung sprechen könnte. Die weitere Ausgestaltung lässt Art. 44 Abs. 3 UAbs. 2 allerdings noch offen (siehe Art. 44 Rn. 40 ff.).

5 Sichtbarer Ausdruck des erfolgreich durchgeführten Konformitätsbewertungsverfahrens sind die CE-Kennzeichnung (siehe Art. 48 Rn. 1 ff.) und die zugehörige CE-Konformitätserklärung (siehe Art. 47 Rn. 1 ff.).[9]

6 Indem der Verordnungsgeber das Institut der Konformitätsbewertung des europäischen Produktsicherheitsrechts aufgreift und das Verfahren auf andere Objekte überträgt – nämlich Hochrisiko-KI-Systeme –,[10] knüpft er an bereits etablierte Systeme an und arbeitet mit bekannten und bewährten Instrumenten. Bis

4 *Denga*, CR 2023, 277, 281.

5 Bekanntmachung der Kommission, Leitfaden für die Umsetzung der Produktvorschriften der EU 2022 („Blue Guide"), 29.6.2022, ABl. 2022 C 247/1, S. 70 f.

6 *Mayr/Thiermann/Schrack/Kiesselbach*, Das neue Medizinprodukterecht, S. 41; *Gerdemann*, NJW 2024, 2209, 2210; *Ammann/Pohle*, CB 2024, 137, 140.

7 Bekanntmachung der Kommission, Leitfaden für die Umsetzung der Produktvorschriften der EU 2022 („Blue Guide"), 29.6.2022, ABl. 2022 C 247/1, S. 71.

8 Vgl. beispielsweise *Rehmann*, in Rehmann/Wagner, MP-VO, Einführung Rn. 20 m. w. N.

9 *Mayr/Thiermann/Schrack/Kiesselbach*, Das neue Medizinprodukterecht, S. 41; *Gerdemann*, NJW 2024, 2209, 2210; *Mayrhofer*, RDi 2024, 492, 498; *Ashkar/Schröder*, BB 2024, 771, 774.

10 *Denga*, CR 2023, 277, 280.

auf einige spezifische Abweichungen, auf die wir weiter unten eingehen (siehe Rn. 32 ff.), entspricht die KI-VO damit dem allgemeinen Regelungsmuster der europäischen Konformitätsbewertung.[11]

7 Das ex ante durchzuführende Konformitätsbewertungsverfahren ist nicht mit der **Marktüberwachung** zu verwechseln, die in **Ex-post-Kontrollen** der nationalen Marktüberwachungsbehörden nach dem Inverkehrbringen des Produkts besteht. Beide Verfahren ergänzen einander jedoch und sind gleichermaßen notwendig, um den Schutz der betroffenen öffentlichen Interessen und das reibungslose Funktionieren des Binnenmarkts zu gewährleisten.[12]

1. Zweck der Vorschrift

8 Art. 43 Abs. 1 und 2 stellen Anforderungen an die Konformitätsbewertung von Hochrisiko-KI-Systemen im Sinne des Art. 6 Abs. 2 auf. Gemäß Art. 16 lit. f muss der Anbieter von Hochrisiko-KI-Systemen sicherstellen, dass das Hochrisiko-KI-System dem betreffenden Konformitätsbewertungsverfahren gemäß Art. 43 unterzogen wird, bevor es in den Verkehr gebracht oder in Betrieb genommen wird. Durch dieses soll die Übereinstimmung eines Hochrisiko-KI-Systems mit den Anforderungen aus Kapitel III Abschnitt 2 der KI-VO sichergestellt werden.

9 Hierbei sind je nach Art der Hochrisiko-KI-Systeme drei verschiedene Verfahren vorgeschrieben:

1. die interne Kontrolle durch den Anbieter selbst nach Anhang VI (vgl. Art. 43 Abs. 1 lit. a),
2. die externe Kontrolle bestimmter Teile des vom Anbieter durchzuführenden Konformitätsbewertungsverfahrens durch eine notifizierte Stelle nach Anhang VII (vgl. Art. 43 Abs. 1 lit. b), oder
3. die Durchführung eines Konformitätsbewertungsverfahrens nach den in Anhang I Abschnitt A aufgeführten Harmonisierungsrechtsakten der Union unter Einbeziehung der in Kapitel III Abschnitt 2 der KI-VO genannten Anforderungen **(vgl. Art. 43 Abs. 3)**.

10 Welches Prüfverfahren im Einzelfall durchzuführen ist, hängt dabei von dem Bereich ab, für den die Anwendung konzipiert wurde.[13]

11 Für den Großteil der in Anhang III beschriebenen Hochrisiko-KI-Systeme (Anhang III Nr. 2–8) ist nach Art. 43 Abs. 2 dabei das für die Anbieter weniger eingriffsintensive Verfahren der **internen Kontrolle** gemäß Anhang VI ohne Betei-

11 *Denga*, CR 2023, 277, 281.

12 Bekanntmachung der Kommission, Leitfaden für die Umsetzung der Produktvorschriften der EU 2022 („Blue Guide"), 29.6.2022, ABl. 2022 C 247/1, S. 70.

13 *Rostalski/Weiss*, ZfDR 2021, 329, 348.

ligung einer notifizierten Stelle vorgesehen. Dies betrifft Hochrisiko-KI-Systeme in den Bereichen Kritische Infrastruktur (Anhang III Nr. 2), allgemeine und berufliche Bildung (Anhang III Nr. 3), Beschäftigung, Personalmanagement und Zugang zur Selbstständigkeit (Anhang III Nr. 4), Zugänglichkeit und Inanspruchnahme grundlegender privater und grundlegender öffentlicher Dienste und Leistungen (Anhang III Nr. 5), Strafverfolgung (Anhang III Nr. 6), Migration, Asyl und Grenzkontrolle (Anhang III Nr. 7) und Rechtspflege und demokratische Prozesse (Anhang III Nr. 8); eine Ausnahme stellen lediglich die in Anhang III Nr. 1 genannten Biometrie-KI-Systeme dar.[14]

Konformitätsbewertungsverfahren für Hochrisiko-KI-Systeme im Bereich der Biometrie (Anhang III Nr. 1) können nach Wahl des Anbieters auf Grundlage der internen Kontrolle nach Anhang VI (Art. 43 Abs. 1 lit. a) oder der Bewertung des QMS und der technischen Dokumentation unter Beteiligung einer notifizierten Stelle nach Anhang VII (Art. 43 Abs. 1 lit. b) durchgeführt werden. Dies gilt jedoch nur, wenn der Anbieter existierende harmonisierte Normen (Art. 40) beziehungsweise gemeinsame Spezifikationen (Art. 41) zum Nachweis der in Kapitel III Abschnitt 2 aufgeführten Anforderungen angewandt hat. Ist dies der Fall, so steht es in seinem Ermessen, ob er das Verfahren der internen Kontrolle gemäß Anhang VI anwendet oder eine notifizierte Stelle einbezieht. Zur Einleitung der Bewertung des QMS und der technischen Dokumentation hat der Anbieter einen Antrag bei der notifizierten Stelle zu stellen. Der Inhalt des Antrags ergibt sich aus Anhang VII Nr. 3 und 4. Hat der Anbieter weder harmonisierte Normen noch gemeinsame Spezifikationen angewandt oder existieren noch keine einschlägigen harmonisierten Normen/Spezifikationen, so hat er das Konformitätsbewertungsverfahren zwingend unter Einbeziehung einer notifizierten Stelle durchzuführen (vgl. dazu auch die Kommentierung unter Rn. 29). **12**

Der mit der Eigenbewertung verbundene große **Ermessensspielraum** der Anbieter wurde im Vorfeld vielfach kritisiert, insbesondere da es sich bei den betreffenden KI-Systemen um Systeme handelt, die der höchsten Risikostufe zugeordnet werden.[15] Auch der europäische Gesetzgeber ist sich der Problematik, wie ErwG 125 zeigt, bewusst, sieht diesen Weg aber gerade für die Anfangszeit der KI-VO als am besten geeignet an. So erkennt der Verordnungsgeber selbst an, dass derzeit zwangsläufig noch keine ausreichende Erfahrung und Expertise bei notifizierten Stellen im Bereich von Hochrisiko-KI-Systemen bestehen kann; es empfehle sich, in Anbetracht der derzeitigen (fehlenden) Erfahrung professioneller, dem Inverkehrbringen vorgeschalteter Zertifizierer im Bereich der Produktsicherheit und der unterschiedlichen Art der damit verbundenen Risiken zumindest während der anfänglichen Anwendung der KI-VO für Hochrisi- **13**

14 *Ebert/Spiecker*, NVwZ 2021, 1188, 1191.

15 *Ebers/Hoch/Rosenkranz/Steinrötter*, RDi 2021, 528, 533; *Denga*, ZfPC 2023, 154, 156.

ko-KI-Systeme, die nicht mit Produkten in Verbindung stehen, den Anwendungsbereich der Konformitätsbewertung durch Dritte einzuschränken.[16] Insoweit erhält die Kommission nach Art. 43 Abs. 6 die Befugnis, gemäß Art. 97 nach einer Prüfung der Wirksamkeit der auf Grundlage einer internen Kontrolle vorgenommenen Konformitätsbewertungsverfahren Anpassungen für diese Hochrisiko-KI-Systeme vorzunehmen und sie insbesondere dem Verfahren nach Anhang VI ganz oder teilweise zu unterwerfen.

14 In Abs. 4 regelt Art. 43 den Umgang mit „**wesentlichen Änderungen**" eines Hochrisiko-KI-Systems, das bereits Gegenstand eines vorausgehenden Konformitätsbewertungsverfahrens war. Demnach ist bei wesentlichen Änderungen grundsätzlich ein neues Konformitätsbewertungsverfahren durchzuführen. Art. 43 Abs. 4 UAbs. 2 ermöglicht von diesem Grundsatz jedoch eine Ausnahme und bezweckt, dass (selbst-)lernende KI-Systeme nicht andauernd ein neues Konformitätsbewertungsverfahren durchlaufen müssen.

2. Entstehungsgeschichte

15 Noch 2018 hat die Europäische Kommission in ihrer KI-Strategie betont, dass es Behörden sein müssten, die dafür Sorge tragen müssen, dass die rechtlichen Rahmenbedingungen für KI-Systeme mit den europäischen Werten und Grundrechten in Einklang stehen.[17] In ihrem Entwurf für die KI-VO setzte sie dennoch im Regelfall auf das Prinzip der Konformitätsbewertung durch die Anbieter selbst,[18] basierend auf dem **Konzept des New Legislative Framework**.

16 In der Entstehungsgeschichte dieser Vorschrift ist ein bemerkenswertes Oszillieren der Normendichte zu beobachten. Der ursprüngliche Vorschlag der Europäischen Kommission vom 21.4.2021 sah für die Anbieter von Hochrisiko-KI-Systemen nur zwei Fälle vor, in denen das Konformitätsbewertungsverfahren nach Anhang VII, also unter Einbeziehung einer notifizierten Stelle, anzuwenden war: a) wenn der Anbieter keine oder nur teilweise harmonisierte Normen angewandt hat; oder b) wenn solche harmonisierten Normen nicht existieren und keine gemeinsamen Spezifikationen verfügbar sind.

17 In der nachfolgenden Fassung wurde diese Vorschrift jedoch weiter nuanciert, sodass Anbieter von Hochrisiko-KI-Systemen in den folgenden Fällen das Konformitätsbewertungsverfahren anwenden müssen: a) wenn es keine harmonisierten Normen und keine gemeinsamen Spezifikationen gibt; b) wenn die unter lit. a genannten technischen **Spezifikationen** zwar vorliegen, der Anbieter sie jedoch nicht oder nur teilweise angewandt hat; c) wenn eine oder mehrere dieser

16 ErwG 125.
17 COM(2018) 237 final, S. 18.
18 COM(2021) 206 final, Art. 43; *Roth-Isigkeit*, ZRP 2022, 187, 188.

technischen Spezifikationen mit einer Einschränkung veröffentlicht wurden; und d) wenn der Anbieter der Auffassung ist, dass die Art, der Entwurf, die Herstellung oder die Zweckbestimmung des KI-Systems unabhängig von seinem Risikoniveau einer teilweisen Überprüfung durch Dritte bedarf. Die letzte Möglichkeit, wonach es der Auffassung des Anbieters obliegt, wurde später aus dem Verordnungsentwurf gestrichen und nicht erneut in die endgültige Fassung aufgenommen.

3. Verhältnis zu anderen Vorschriften

Art. 43 ist die zentrale Regelung für die Bewertung der Konformität für **Anbieter von Hochrisiko-KI-Systemen** nach Art. 6 (vgl. Art. 6 Rn. 3 ff.). Dessen Durchführung ist daher auch in Art. 16, der die Verpflichtungen der Anbieter von Hochrisiko-KI-Systemen listet, ausdrücklich aufgeführt. Ohne Konformitätsbewertungsverfahren in einer der in Art. 43 genannten Varianten dürfen Hochrisiko-KI-Systeme vom Anbieter nicht auf den Unionsmarkt gebracht oder in Betrieb genommen werden. 18

Eine Ausnahme vom Erfordernis der Durchführung eines Konformitätsbewertungsverfahrens bildet die Einzelgenehmigung aus außergewöhnlichen Gründen nach Art. 46 (vgl. Art. 46 Rn. 4 ff.).[19] 19

Darüber hinaus enthält Art. 2 Abs. 6 die weitreichende Ausnahme, wonach die KI-VO und damit das Erfordernis eines Konformitätsbewertungsverfahrens nicht für KI-Systeme gilt, die eigens für den alleinigen Zweck der wissenschaftlichen Forschung und Entwicklung entwickelt und in Betrieb genommen werden. 20

Eine weitere Ausnahme vom Grundsatz, dass Hochrisiko-KI-Systeme nicht vor Abschluss eines Konformitätsbewertungsverfahrens in Verkehr gebracht oder in Betrieb genommen werden dürfen, findet sich außerdem – sehr versteckt – in der Definition zu „**Test unter Realbedingungen**" in Art. 3 Nr. 57; danach gelten Tests unter Realbedingungen nicht als Inverkehrbringen oder Inbetriebnahme eines KI-Systems im Sinne der KI-VO, sofern für den entsprechenden Test alle Bedingungen nach Art. 57 (KI-Reallabore) oder Art. 60 (Tests von Hochrisiko-KI-Systemen unter Realbedingungen außerhalb von KI-Reallaboren) erfüllt sind. Im Umkehrschluss bedeutet dies, dass Tests unter Realbedingungen, die außerhalb des Rahmens nach Art. 57 oder Art. 60 durchgeführt werden, als Inverkehrbringen oder Inbetriebnahme anzusehen sind, aber letztlich unzulässig sind, weil das Konformitätsbewertungsverfahren (zwangsläufig) zu dem Zeitpunkt noch nicht abgeschlossen ist. 21

Keine Ausnahme zum Erfordernis der Durchführung eines Konformitätsverfahrens vor dem Inverkehrbringen bzw. vor der Inbetriebnahme enthält Art. 2 22

19 Vgl. auch *Rohrßen*, ZfPC 2024, 11[illegible], 118.

Abs. 8. Die dort geregelte **Forschungsausnahme** stellt lediglich fest, dass die KI-VO nicht für Forschungs-, Test- und Entwicklungstätigkeiten zu KI-Systemen oder KI-Modellen gilt, bevor diese in Verkehr gebracht oder in Betrieb genommen werden. Im Hinblick auf Hochrisiko-KI-Systeme sind sinnvollerweise jedoch auch für die Durchführung von Tests verschiedene Anforderungen zu beachten, die bei der anschließenden Konformitätsbewertung vorliegen müssen, beispielsweise müssen nach Art. 9 Abs. 7 Hochrisiko-KI-Systeme getestet werden, um sicherzustellen, dass sie stets im Einklang mit ihrer Zweckbestimmung funktionieren und die Anforderungen des 2. Abschnitts der KI-VO erfüllen. Die Überprüfung der Einhaltung der Anforderungen des 2. Abschnitts ist damit vernünftigerweise (zumindest teilweise) bereits Gegenstand von Forschungs-, Test- und Entwicklungstätigkeiten vor dem Inverkehrbringen. Es stellt sich damit insgesamt die Frage der tatsächlichen Reichweite der Forschungsausnahme nach Art. 2 Abs. 8.

23 Art. 43 steht systematisch und auch inhaltlich im engen Zusammenhang mit den Regulierungen der harmonisierten Normen und der dafür bei Einhaltung angenommenen Konformitätsvermutung nach Art. 40 und den in Art. 41 enthaltenen Regelungen für von der Europäischen Kommission erlassene gemeinsame Spezifikationen.

24 Ergänzt wird Art. 43 durch die darin genannten Anhänge VI und VII (vgl. hierzu unten Rn. 27 ff.).

25 Weitere **systematische Verzahnungen** bestehen mit Art. 47 und Art. 48, welche die EU-Konformitätserklärung durch den Hersteller und das CE-Kennzeichen behandeln. Sowohl die EU-Konformitätserklärung als auch die CE-Kennzeichnung (definiert in Art. 3 Nr. 24) dienen dazu, die Durchführung eines Konformitätsbewertungsverfahrens nach außen zu demonstrieren.[20]

26 Darüber hinaus haben **neben dem Anbieter** auch andere in der KI-VO genannte Akteure Aufgaben in Bezug auf Art. 43 zu erfüllen. Nach Art. 23 Abs. 1 lit. a hat **der Einführer** zunächst zu prüfen, ob der Anbieter das für das jeweilige Hochrisiko-KI-System anwendbare Konformitätsbewertungsverfahren durchgeführt hat. Eine solche Pflicht trifft auch **den Bevollmächtigten des Anbieters** nach Art. 22 Abs. 3 lit. a. Ferner sieht Art. 34 Abs. 1 als operative Pflicht der notifizierten Stellen vor, dass diese die Konformität eines Hochrisiko-KI-Systems nach den in Art. 43 festgelegten Konformitätsbewertungsverfahren überprüfen. Nach Art. 38 Abs. 1 sorgt ferner die Europäische Kommission dafür, dass in Bezug auf Hochrisiko-KI-Systeme eine zweckmäßige Koordinierung und Zusammenarbeit zwischen den an den Konformitätsbewertungsverfahren im Rahmen der KI-VO beteiligten notifizierten Stellen in Form von sektoralen Gruppen notifizierter Stellen eingerichtet werden (siehe Art. 38 Rn. 1 ff.). In der Vorschrift

20 *Ebert/Spiecker*, NVwZ 2021, 1188, 1191.

zu KI-Reallaboren (Art. 57) ist zudem in Abs. 7 geregelt, dass die Anbieter die Unterlagen betreffend die Tätigkeiten des Reallabors nutzen können, um im Rahmen des Konformitätsbewertungsverfahrens oder einschlägiger Marktüberwachungstätigkeiten nachzuweisen, dass sie der KI-VO nachkommen. In diesem Zusammenhang sollen die Abschlussberichte und die von der zuständigen nationalen Behörde vorgelegten schriftlichen Nachweise von den Marktüberwachungsbehörden und den notifizierten Stellen im Hinblick auf eine Beschleunigung der Konformitätsbewertungsverfahren in angemessenem Maße positiv gewertet werden, Art. 57 Abs. 7 Satz 5. Art. 62 Abs. 2 führt aus, dass die besonderen Interessen und Bedürfnisse von KMU, inklusive Start-up-Unternehmen, bei der Festsetzung der Gebühren für die in Art. 43 geregelte Konformitätsbewertung zu berücksichtigen sind. Schließlich ist in Art. 66 lit. d vorgesehen, dass sich das Aufgabenspektrum des KI-Gremiums, welches die Europäische Kommission und die Mitgliedstaaten berät und unterstützt, auch auf die Harmonisierung der Verwaltungspraxis in den Mitgliedstaaten erstrecken kann, auch bezüglich der Ausnahme vom Konformitätsbewertungsverfahren gemäß Art. 46.

II. Vorgaben für Hochrisiko-KI-Systeme nach Anhang III Nr. 1 (Abs. 1)

Art. 43 Abs. 1 regelt speziell die Anforderungen an Hochrisiko-KI-Systeme im Bereich der **Biometrie** (Anhang III Nr. 1). Hier wird wiederum danach differenziert, ob der Anbieter existierende harmonisierte Normen (Art. 40) beziehungsweise gemeinsame Spezifikationen (Art. 41) zum Nachweis der in Kapitel III Abschnitt 2 aufgeführten Anforderungen angewandt hat oder nicht. 27

Hat er dies, steht es in seinem Ermessen, ob er auf das Verfahren der internen Kontrolle nach Anhang VI setzt (Art. 43 Abs. 1 UAbs. 1 lit. a) oder sich für eine Prüfung unter Beteiligung einer notifizierten Stellen nach Anhang VII (Art. 43 Abs. 1 UAbs. 1 lit. b) entscheidet. 28

Nur für den Fall, dass es keine (vollumfänglichen oder teilspezifischen) harmonisierten Normen (Art. 40) und keine (vollumfänglichen oder teilspezifischen) gemeinsamen Spezifikationen (Art. 41) gibt oder der Anbieter diese nicht oder nur teilweise angewandt hat, ist ausnahmsweise das Konformitätsbewertungsverfahren nach Anhang VII unter Beteiligung einer notifizierten Stelle zwingend vorgeschrieben (Art. 43 Abs. 1 UAbs. 2). 29

Für die externe Kontrolle kann der Anbieter eine der von einem Mitgliedstaat notifizierten Stellen (vgl. Art. 31 1 ff.) auswählen (Art. 43 Abs. 1 UAbs. 3).[21] 30

21 So auch *Roth-Isigkeit*, in: Hilgendorf/Roth-Isigkeit, Die neue Verordnung der EU zur Künstlichen Intelligenz, § 8 Rn. 5.

Für den Fall, dass das Hochrisiko-KI-System von Strafverfolgungs-, Einwanderungs- und Asylbehörden oder von Organen, Einrichtungen oder sonstigen Stellen der Union in Betrieb genommen werden soll, tritt die nach Art. 74 Abs. 8 zuständige Marktüberwachungsbehörde an die Stelle der notifizierten Stelle. In der Praxis wird dies in solchen Fällen wohl auf eine behördliche Zulassung im Unterschied zu dem generell in Art. 43 vorgesehenen Ansatz, nach welchem eine Eigenkonformitätsbewertung zulässig sein kann, hinauslaufen.

III. Vorgaben für Hochrisiko-KI-Systeme nach Anhang III Nr. 2–8 (Abs. 2)

31 Stammt das Hochrisiko-KI-System im Sinne des Art. 6 Abs. 2 hingegen aus einem der übrigen Bereiche (Anhang III Nr. 2 bis 8), ist ausschließlich das Verfahren der internen Kontrolle nach Anhang VI vorgesehen, das – zumindest derzeit – keine Beteiligung einer notifizierten Stelle vorsieht (Art. 43 Abs. 2).[22] Allerdings erhält die EU-Kommission nach Art. 43 Abs. 6 die Befugnis, gemäß Art. 97 nach einer Prüfung der Wirksamkeit der auf Grundlage einer internen Kontrolle vorgenommenen Konformitätsbewertungsverfahren Anpassungen für diese Hochrisiko-KI-Systeme vorzunehmen und sie ganz oder teilweise insbesondere dem Verfahren nach Anhang VI zu unterwerfen. Zur Kritik und den Überlegungen des europäischen Gesetzgebers dazu siehe die Kommentierung unter Rn. 36ff.

IV. Verhältnis zu anderen Konformitätsbewertungsverfahren (Abs. 3)

32 Für Hochrisiko-KI-Systeme nach Art. 6 Abs. 1, die unter in Anhang I Abschnitt A aufgeführte Harmonisierungsrechtsvorschriften fallen – dies sind beispielsweise Maschinen (Nr. 1), Spielzeug (Nr. 2), Funkanlagen (Nr. 6), Druckgeräte (Nr. 7), Seilbahnen (Nr. 8), aber auch Medizinprodukte (Nr. 11) und In-vitro-Diagnostika (Nr. 12) –, gilt wiederum das jeweils dort (in den jeweils einschlägigen Rechtsakten) vorgeschriebene Verfahren der Konformitätsbewertung (Art. 43 Abs. 3 UAbs. 1). Im Medizinproduktebereich etwa folgen die Vorgaben zur Konformitätsbewertung den Modulen, die durch die EU im sog. „neuen Konzept" (New Legislative Framework – NLF) erarbeitet wurden. Dabei ist die Durchführung des Konformitätsbewertungsverfahrens – wie auch in der KI-VO – eine wesentliche Aufgabe des Herstellers. Sie muss vor dem erstmaligen Inverkehrbringen eines Produktes erfolgen; sichtbarer Ausdruck der erfolgreich

22 Vgl. auch *Kilian/Denga*, NJW 2024, 2945, 2948.

durchgeführten Konformitätsbewertung sind die CE-Kennzeichnung und die zugehörige EU-Konformitätserklärung durch den Hersteller.[23]

Insofern lässt sich eine Parallele zwischen der KI-VO und der EU-Medizinprodukteverordnung ziehen. Einzelheiten zur Konformitätsbewertung werden in der EU-Medizinprodukteverordnung in Abschnitt 2 (Art. 52 bis 60 EU-Medizinprodukteverordnung) geregelt.[24] Die für ein Medizinprodukt möglichen Konformitätsbewertungsverfahren richten sich nach der Risikoklasse des Produktes[25] und sind in Art. 52 EU-Medizinprodukteverordnung festgelegt; weitere Details zu den Verfahren finden sich in den Anhängen IX, X, XI und XIII der EU-Medizinprodukteverordnung.[26] Entsprechend der Klassifizierung kann etwa für Medizinprodukte der Klasse I der Hersteller in Eigenverantwortung die Konformität erklären; für alle anderen Klassifizierungen, also die Risikoklassen IIa und höher, ist eine externe Kontrolle des QMS und der technischen Dokumentation durchzuführen, das heißt es ist eine Benannte Stelle in das Konformitätsbewertungsverfahren mit einzubinden.[27] Auch in diesen Fällen stammt die Konformitätserklärung vom Hersteller selbst; es handelt sich gerade nicht um ein behördliches Zulassungsverfahren wie beispielsweise in den USA. Im Unterschied zur rein internen Kontrolle erfolgt die externe Kontrolle jedoch unter Einschaltung einer benannten Stelle (in der KI-VO notifizierte Stelle genannt). 33

Bezogen auf das **Zusammenspiel zwischen KI-VO und anderen sektoralen Rechtsakten** (z.B. EU-Maschinenverordnung, EU-Medizinprodukteverordnung) sieht das Konzept des KI-Verordnungsgebers vor, dass ein KI-Hochrisiko-System, welches mehreren Regelungsregimen unterfällt, nur ein einziges Konformitätsbewertungsverfahren durchlaufen muss – und zwar dasjenige des sektoralen Rechtsakts –, jedoch in dieses die KI-spezifischen Anforderungen nach Abschnitt 2 miteinzubeziehen sind.[28] Es handelt sich also um ein einheitliches „integriertes" Konformitätsbewertungsverfahren.[29] Hierfür spricht der insoweit eindeutige Wortlaut des Art. 43 Abs. 3 UAbs. 1 Satz 1 und 2 („[…] befolgt der Anbieter die einschlägigen Konformitätsbewertungsverfahren, die nach diesen Rechtsakten erforderlich sind. Die in Kapitel III Abschnitt 2 dieses Kapitels festgelegten Anforderungen gelten für diese Hochrisiko-KI-Systeme und werden in diese Bewertung einbezogen") sowie das in Art. 43 Abs. 3 UAbs. 2 beschriebene Konzept für die notifizierten Stellen. Nach Art. 43 Abs. 3 UAbs. 2 sind die noti- 34

23 *Mayr/Thiermann/Schrack/Kiesselbach*, Das neue Medizinprodukterecht, S. 41.

24 Ausführlich zum Zusammenspiel der Verordnungen auch *Hoos*, ZfPC 2024, 168, 170.

25 *Wagner*, in: Rehmann/Wagner, MP-VO, Art. 52 Rn. 1; *Mayr/Thiermann/Schrack/Kiesselbach*, Das neue Medizinprodukterecht, S. 41, 65.

26 *Mayr/Thiermann/Schrack/Kiesselbach*, Das neue Medizinprodukterecht, S. 41, 65.

27 *Mayr/Thiermann/Schrack/Kiesselbach*, Das neue Medizinprodukterecht, S. 66.

28 *Böck/Thiermann*, MDT 2021, 54, 55; *Denga*, ZfPC 2023, 154, 155.

29 So auch *Linardatos*, in: Hilgendorf/Roth-Isigkeit, Die neue Verordnung der EU zur Künstlichen Intelligenz, § 7 Rn. 11; i.E. wohl auch *Hoos*, ZfPC 2024, 168, 171.

fizierten Stellen, die gemäß dem entsprechenden sektoralen Rechtsakt notifiziert wurden, gleichzeitig berechtigt, als notifizierte Stellen im Sinne der KI-VO tätig zu sein, sofern sie für die KI-VO notifiziert wurden. Beispielsweise bedeutet dies im Falle eines Medizinproduktes, das ein Hochrisiko-KI-System als Sicherheitsbauteil beinhaltet, oder eines Hochrisiko-KI-Systems, das nach seiner Zweckbestimmung ein Medizinprodukt ist, dass der Hersteller ein Konformitätsbewertungsverfahren nach der Medizinprodukteverordnung unter Beteiligung einer benannten Stelle zu durchlaufen hat.[30] Die nach der EU-Medizinprodukteverordnung notifizierte benannte Stelle hat in diesem Konformitätsbewertungsverfahren gemäß Art. 43 Abs. 3 UAbs. 1 die Vorgaben der EU-Medizinprodukteverordnung zu befolgen und die Anforderungen der KI-VO nach Abschnitt 2 mit einzubeziehen. Insofern erweitert sich die Zuständigkeit der nach den harmonisierten Rechtsakten verantwortlichen Behörden oder Stellen, sofern gewährleistet ist, dass sie mit entsprechender Sachkenntnis agieren kann.[31] Durch die Integration der Anforderungen nach der KI-VO in das Konformitätsbewertungsverfahren nach dem anderen sektoralen Rechtsakt sollen unnötiger Verwaltungsaufwand und unnötige Kosten vermieden werden sowie die Kohärenz mit den anderen Rechtsvorschriften der Union gewährleistet werden.[32] Die Alternative hierzu, zwei parallele Verfahren mit einer Doppelbefassung durch zwei benannte Stellen (beispielsweise einer benannten Stelle nach der EU-Medizinprodukteverordnung und einer notifizierten Stelle nach KI-VO), wäre ressourcenraubend und innovationshemmend.[33] In der Praxis wird durch die Befassung ein und derselben Stelle jedoch auch die ohnehin schon sehr begrenzte Kapazität der benannten Stellen (bzw. notifizierten Stellen) noch mehr beansprucht, was eine zum Teil erhebliche zeitliche Verzögerung der zu bearbeitenden Anträge zur Folge haben könnte. Zudem steht zu befürchten, dass die notwendige Zertifizierung der benannten Stellen nach der KI-VO gewisse Zeit in Anspruch nehmen wird und ggf. auch nicht alle benannten Stellen eine Zertifizierung nach der KI-VO erlangen.

35 Die Regelung des Art. 43 Abs. 3 gilt sowohl hinsichtlich solcher KI-Systeme, die als **Sicherheitsbauteil** für ein darin reguliertes Produkt verwendet werden sollen, als auch für solche KI-Systeme, die **selbst das Produkt** sind. Ist ein Teil nicht-konform, muss bewertet werden, wie sich dies auf andere Teile des Sys-

30 So auch *Hoos*, ZfPC 2024, 168, 170.

31 *Linardatos*, in: Hilgendorf/Roth-Isigkeit, Die neue Verordnung der EU zur Künstlichen Intelligenz, § 7 Rn. 11.

32 ErwG 64; so wohl auch *Gerdemann*, NJW 2024, 2209, 2212; a. A. aber wohl *Wagner*, in: Rehmann/Wagner, MP-VO, Art. 52 Rn. 1, welcher von einer „künftig möglichen doppelten Konformitätsbewertung bei KI-basierten Medizinprodukten" aufgrund der KI-VO spricht. Unklar zumindest zur Entwurfsfassung vom 21.4.2021, COM (2021) 206; *Fuderer*, MPR 2022, 121 ff.

33 *Fuderer*, MPR 2022, 121, 125.

tems auswirkt. Sind die Fehler ihrem Charakter nach bei allen Systemen zu erwarten, fehlt es an der Konformität der betroffenen Komponenten, selbst wenn sich der Mangel bei den gleichartigen KI-Systemen noch nicht materialisiert hat.[34]

Nicht von Art. 43 Abs. 3 geregelt ist die Konstellation, dass ein Produkt, das vor Inkrafttreten der KI-VO bereits ein Konformitätsbewertungsverfahren nach einem anderen Rechtsakt (beispielsweise nach der EU-Medizinprodukteverordnung) durchlaufen hat und bereits ein KI-System enthält, nun als Hochrisiko-KI-System der KI-VO unterfällt. Hier stellt sich die Frage, ob ein solches Produkt ein erneutes vollständiges Konformitätsbewertungsverfahren nach dem anderen Rechtsakt unter Einbeziehung der Anforderungen der KI-VO zu durchlaufen hat oder ob der Anbieter lediglich ein „ergänzendes" Verfahren durchführen muss, um die „Lücke" nach der KI-VO zu schließen. Angesichts der ohnehin schon bestehenden begrenzten Kapazitäten der benannten Stellen und damit einhergehend langen Wartezeiten für die Anbieter spricht aus praktischer Sicht einiges dafür, lediglich ein ergänzendes Verfahren zu fordern, in dem ausschließlich die Konformität des Produktes mit den Anforderungen der KI-VO geprüft wird. Für diese Handhabung kann man neben praktischen Gesichtspunkten den eindeutigen Wortlaut des Art. 43 Abs. 3 UAbs. 1 heranziehen, der für den Fall, dass ein unter mehrere Rechtsrahmen (zum Beispiel unter die EU-Medizinprodukteverordnung und die KI-VO) fallendes Produkt noch gar kein Konformitätsbewertungsverfahren durchlaufen hat, ein einheitliches, „integriertes" Konformitätsbewertungsverfahren nach dem sektoralen Rechtsakt unter Einbeziehung der Anforderungen der KI-VO vorsieht. Auch in teleologischer Hinsicht, insbesondere im Hinblick auf die Förderung von Innovationen, wäre ein entsprechendes Vorgehen sinnvoll, da durch die vollständige Neubewertung nach dem anderen Rechtsakt und nach der KI-VO lange Wartezeiten kreiert und bereits geprüfte Anforderungen doppelt bewertet werden müssten, was zu einem Entwicklungshemmnis und erheblicher Verzögerung führen würde. Wohin sich die Praxis entwickeln wird, bleibt jedoch abzuwarten. Nicht zu verwechseln ist diese Konstellation mit der in Art. 43 Abs. 4 explizit geregelten, die spezifisch wesentliche Änderungen von Hochrisiko-KI-Systemen adressiert, die bereits Gegenstand eines Konformitätsbewertungsverfahrens gewesen sind. **36**

Gemäß Art. 43 Abs. 3 UAbs. 2 sind die nach diesen spezifischen Rechtsakten notifizierten Stellen berechtigt, auch die Konformität von Hochrisiko-KI-Systemen mit den Anforderungen aus Kapitel III Abschnitt 2 der KI-VO zu prüfen, sofern die notifizierten Stellen die in Art. 31 Abs. 4, 10 und 11 festgelegten Anforderungen erfüllen. **37**

34 *Linardatos*, in: Hilgendorf/Roth-Isigkeit, Die neue Verordnung der EU zur Künstlichen Intelligenz, § 7 Rn. 12.

38 Eine **Einschränkung von dem Grundsatz**, dass für Hochrisiko-KI-Systeme nach Art. 6 Abs. 1, die unter eine in Anhang I Abschnitt A aufgeführte Harmonisierungsrechtsvorschrift fallen, per se das dort vorgeschriebene Konformitätsbewertungsverfahren Anwendung findet, sieht Art. 43 Abs. 3 in seinem UAbs. 3 vor: Sehen die sektoralen Rechtsvorschriften lediglich eine interne Kontrolle bei Anwendung aller die einschlägigen Anforderungen betreffenden harmonisierten Normen vor, so darf der Hersteller von dieser Möglichkeit für die in Art. 6 Abs. 1 erfassten Hochrisiko-KI-Systeme nur dann Gebrauch machen, wenn er harmonisierte Normen oder gemeinsame Spezifikationen nach Art. 40 bzw. 41 angewandt hat. Hiermit soll sichergestellt werden, dass keine Umgehung der mit der KI-VO etablierten spezifischen Anforderungen vorgenommen und eine Konformitätsbewertung ohne deren Einbezug vorgenommen werden kann.

V. Neues Konformitätsbewertungsverfahren bei wesentlichen Änderungen (Abs. 4)

39 Art. 43 Abs. 4 regelt den Fall, dass ein Hochrisiko-KI-System, das bereits ein Konformitätsbewertungsverfahren durchlaufen hat, eine wesentliche Veränderung erfährt.

40 Bei dem Begriff der **„wesentlichen Änderung“** handelt es sich um einen abstrakten und konturlosen Rechtsbegriff, auch wenn dieser in Art. 3 legaldefiniert wird. Nach der Definition in Art. 3 Nr. 23 liegt eine „wesentliche Änderung“ dann vor, wenn die nun erfolgte Änderung bei der ursprünglichen Konformitätsbewertung nicht vorgesehen war und die Konformität mit den Anforderungen aus Kapitel III Abschnitt 2 dadurch beeinträchtigt wird bzw. es zu einer Änderung der Zweckbestimmung des KI-Systems kommt. Als Beispiel kann an eine Neuprogrammierung oder ein Software-Update gedacht werden, das solche Änderungen mit sich bringen kann.[35] Unter Anwendung produktsicherheitsrechtlicher Kriterien wird eine wesentliche Änderung jedenfalls dann anzunehmen sein, wenn die Modifizierung des Hochrisiko-KI-Systems eine neue Gefährdung aktiviert, die Art der dem Hochrisiko-KI-System innewohnenden Gefahren ändert oder das Risiko erhöht wird.[36] Grundsätzlich bedarf es in einem solchen Fall nach Abs. 4 eines erneuten Konformitätsbewertungsverfahrens, und zwar nach Art. 43 Abs. 4 UAbs. 1 letzter Hs., unabhängig davon, ob das geänderte System noch weiter in Verkehr gebracht oder vom derzeitigen Betreiber weitergenutzt werden soll. Da der KI-VO ein risikobasierter Ansatz zugrunde liegt, wird diese

35 *Wiebe*, BB 2022, 899, 903; *Linardatos*, in: Hilgendorf/Roth-Isigkeit, Die neue Verordnung der EU zur Künstlichen Intelligenz, § 7 Rn. 16.

36 Bekanntmachung der Kommission, Leitfaden für die Umsetzung der Produktvorschriften der EU 2022 („Blue Guide“), 29.6.2022, ABl. 2022 C 247/1, S. 17; *Wiebe*, BB 2022, 899, 903; *Gerdemann*, NJW 2024, 2209, 2213.

Pflichterweiterung teilweise kritisiert, da man eine Neubewertung an sich nur erwartet, wenn vom System weiterhin Risiken für den Rechtsverkehr ausgehen.[37] Davon kann jedoch nicht die Rede sein, wenn das System weder in den Rechtsverkehr gegeben noch genutzt werden soll. Es wird daher teilweise gefordert, Art. 43 Abs. 4 teleologisch reduzierend auszulegen.[38]

Für die Praxis eine wichtige Einschränkung der Neubewertungspflicht enthält 41 Art. 43 Abs. 4 UAbs. 2: Danach gelten bei Hochrisiko-KI-Systemen solche Veränderungen nicht als wesentliche Änderungen im Sinne der Vorschrift, die nach dem Inverkehrbringen oder der Inbetriebnahme entstehen, weil die Systeme weiterhin dazulernen, sofern die lernbedingte Änderung vom Anbieter zum Zeitpunkt der ursprünglichen Konformitätsbewertung vorab festgelegt und in den Informationen der technischen Dokumentation festgehalten wurde.[39] Diese Einschränkung rührt daher, dass bei selbstlernenden Systemen, die sich naturgemäß nach Inverkehrbringen oder Inbetriebnahme laufend verändern, das Prinzip einer Ex-ante-Konformitätsprüfung, die bei jeder Änderung erneut vorgenommen werden müsste, schnell an seine technischen und praktischen Grenzen stößt.[40] Darüber hinaus stößt das bestehende regulatorische System in anderen Produktbereichen bei selbstlernenden, sich verändernden KI-Systemen (sog. dynamischer KI) derzeit an seine Grenzen und bedarf einer Ausnahme im Sinne der Innovationsförderung. So sind im Hinblick auf KI-gestützte Medizinprodukte die derzeitigen Anforderungen nach Anhang I, Abschnitt 17 1 der EU-Medizinprodukteverordnung problematisch.[41] Danach muss Software immer so konzipiert sein, dass sie Wiederholbarkeit, Zuverlässigkeit und Leistung entsprechend ihrem Verwendungszweck gewährleistet.[42] Selbstlernende, dynamische Software ist jedoch per Definition nicht dazu geeignet, eine Wiederholbarkeit der Ergebnisse zu gewährleisten. Der besondere Nutzen, den KI für die Gesundheit der Patienten, sowohl individuell als auch allgemein, bietet, liegt gerade in ihrer Fähigkeit, zu lernen, sich weiterzuentwickeln und dadurch bessere Ergebnisse zu erzielen. Aufgrund dieser Vorgaben wird eine Zertifizierung dynamischer KI-Medizinprodukte daher bisher von den benannten Stellen grundsätzlich als nicht möglich angesehen.[43] Deshalb enthält Art. 43 Abs. 4 UAbs. 2 für solche Hochrisiko-KI-Systeme eine Ausnahmeregelung. Wenn die Änderung des Hochrisiko-KI-Systems oder seiner Leistung vom Anbieter zum Zeitpunkt

37 *Linardatos*, in: Hilgendorf/Roth-Isigkeit, Die neue Verordnung der EU zur Künstlichen Intelligenz, § 7 Rn. 16.
38 *Bomhard/Merkle*, RDi 2021, 276, 281.
39 *Böck/Thiermann*, MDT 2021, 54, 55; vgl. auch *Gerdemann*, NJW 2024, 2209, 2213.
40 *Böck/Thiermann*, MDT 2021, 54, 55.
41 Questionnaire „Artificial Intelligence (AI) in medical devices“ des IG-NB, Version 4, 9.6.2022, S. 4; vgl. auch *Thiermann/Böck*, RDi 2022, 333, 335.
42 *Thiermann/Böck*, RDi 2022, 333, 335.
43 *Böck/Thiermann*, MDT 2021, 54, 55.

der ursprünglichen Konformitätsbewertung vorab festgelegt wurde und in der technischen Dokumentation gemäß Anhang IV Nr. 2 lit. f) enthalten ist, gilt diese Änderung nicht als wesentliche i. S. v. Art. 3 Abs. 23. Nach ErwG 155 stellen Änderungen, die den Algorithmus und die Leistung von KI-Systemen betreffen, die nach dem Inverkehrbringen oder der Inbetriebnahme weiterhin dazulernen – d.h. sie passen automatisch an, wie die Funktionen ausgeführt werden –, keine wesentliche Veränderung dar, sofern diese Änderungen vom Anbieter vorab festgelegt und zum Zeitpunkt der Konformitätsbewertung bewertet wurden. Das heißt, dass sich selbständig lernende Hochrisiko-KI-Systeme in dem Umfang ohne Weiteres Konformitätsbewertungsverfahren entwickeln dürfen, wie es das erste Konformitätsbewertungsverfahren vorsieht.[44] Demnach sind Änderungen, die sich durch das Selbstlernen des Systems ergeben, nicht als wesentlich anzusehen, soweit der Anbieter sie zum Zeitpunkt des ersten Konformitätsbewertungsverfahrens antizipiert hat und diese Änderung quasi bereits in das erste Verfahren miteinbezogen hat.[45] Bei darüber hinausgehenden Änderungen ist dagegen ein neues Konformitätsbewertungsverfahren erforderlich.[46] Problematisch bleibt jedoch, dass sich spätere Modifikationen selbstlernender Systeme gerade nicht im Vorhinein in vollem Umfang bis ins Detail vorhersehen lassen.[47] Insbesondere wird die praktische Umsetzung bei der Vornahme der Risikobewertung und bei der Erstellung der technischen Dokumentation voraussichtlich schwierig sein. Leitlinien und Handreichungen, wie beispielsweise Leitfäden der Medical Device Coordination Group (MDCG) für den Bereich der Medizinprodukte, werden für die Handhabung dieser relevanten Vorschrift für die Praxis unerlässlich sein. Es bleibt zu wünschen, dass die notifizierten Stellen, aber auch die Marktüberwachungsbehörden im Sinne der Innovationsförderung bei der praktischen Umsetzung von Art. 43 Abs. 4 UAbs. 2 keine überhöhten Anforderungen stellen.

VI. Befugnis der Kommission, delegierte Rechtsakte zu erlassen (Abs. 5 und Abs. 6)

42 Durch die Regelung in Art. 43 Abs. 5 wird der EU-Kommission die Möglichkeit eingeräumt, die Anforderungen an die Verfahren der Konformitätsbewertung an **den technischen Fortschritt** anzupassen, indem sie gemäß Art. 97 delegierte

44 *Bomhard/Merkle*, RDi 2021, 276, 281; *Rostalski/Weiss*, ZfDR 2021, 329, 349.

45 So i.E. auch *Gerdemann*, NJW 2024, 2209, 2213.

46 *Roth-Isigkeit*, in: Hilgendorf/Roth-Isigkeit, Die neue Verordnung der EU zur Künstlichen Intelligenz, § 8 Rn. 5.

47 *Roth-Isigkeit*, ZRP 2022, 187, 188.

Rechtsakte zur Aktualisierung der Anhänge VI und VII der KI-VO erlassen darf. Hier ist also eine gewisse Flexibilität zu erwarten.[48]

Anknüpfend an Art. 43 Abs. 2 wird die EU-Kommission durch die Vorschrift in Art. 43 Abs. 6 ermächtigt, die Abs. 1 und 2 des vorliegenden Artikels durch delegierte Rechtsakte gemäß Art. 97 zu ändern, um auch die in Anhang III Nr. 2 bis 8 genannten Hochrisiko-KI-Systeme dem Konformitätsbewertungsverfahren durch eine notifizierte Stelle zu unterwerfen. **43**

Perspektivisch kann die EU-Kommission mit dieser Befugnis den Schwerpunkt der aktuellen Regelungsarchitektur schnell in Richtung eines „Mehr“ an externer Kontrolle durch notifizierte Stellen verschieben, indem sie den Anwendungsbereich nach Anhang VII erweitert.[49] **44**

VII. Inhaltliche Vorgaben für delegierte Rechtsakte gem. Anhang VI und VII

1. Anhang VI

In Anhang VI werden die Anforderungen an das Konformitätsbewertungsverfahren auf der Grundlage einer internen Kontrolle spezifiziert, wie sie in Art. 43 Abs. 1 UAbs. 1 lit. a und Art. 43 Abs. 2 vorgesehen ist.[50] **45**

Der Grundsatz der Konformitätsbewertung auf Basis einer anbieterinternen Kontrolle nach Art. 43 Abs. 1 UAbs. 1 lit. a und Art. 43 Abs. 2 nimmt in der KI-VO eine zentrale Rolle ein: So setzt die KI-VO zur Umsetzung ihrer Pflichten im Wesentlichen auf eine Selbstregulierung der beteiligten Wirtschaftsakteure.[51] Nur subsidiär wird diese Selbstregulierung mit einem verwaltungsrechtlichen Überbau ergänzt, der insbesondere bei der Ex-post-Marktüberwachung zur Anwendung kommt.[52] **46**

---

48 *Roth-Isigkeit*, in: Hilgendorf/Roth-Isigkeit, Die neue Verordnung der EU zur Künstlichen Intelligenz, § 8 Rn. 1.

49 *Roth-Isigkeit*, in: Hilgendorf/Roth-Isigkeit, Die neue Verordnung der EU zur Künstlichen Intelligenz, § 8 Rn. 1.

50 *Gerdemann*, NJW 2024, 2209, 2211; zu dem Konformitätsbewertungsverfahren auf Grundlage einer internen Kontrolle vgl. auch *Ulbricht/Brajovic/Duhme/Hawighorst/Huber/Iber/Nemec*, Praxishandbuch KI und Recht, S. 187; *Voigt/Hullen*, Handbuch KI-Verordnung, S. 156.

51 So auch *Roth-Isigkeit*, in: Hilgendorf/Roth-Isigkeit, Die neue Verordnung der EU zur Künstlichen Intelligenz, § 8 Rn. 7.

52 *Denga*, ZfPC 2023, 154, 157.

a) Qualitätsmanagementsystem (Nr. 2)

47 Als erste inhaltliche Anforderung wird dem Anbieter nach Anhang VI Nr. 2 auferlegt, zu überprüfen, ob das von ihm implementierte Qualitätsmanagementsystem den Anforderungen des Art. 17 entspricht.

b) Vorgaben für das Konformitätsbewertungsverfahren (Nr. 1)

48 Anhang VI Nr. 1 stellt lediglich einleitend klar, dass sich das Konformitätsbewertungsverfahren auf Grundlage einer internen Kontrolle nach den Nr. 2 bis 4 des vorliegenden Anhangs richtet.

c) Prüfpflicht der technischen Dokumentation (Nr. 3)

49 Der Anbieter muss gemäß Anhang VI Nr. 3 ferner die in der technischen Dokumentation (siehe Art. 11 Rn. 1 ff.) enthaltenen Informationen prüfen, um zu beurteilen, ob das KI-System den einschlägigen grundlegenden Anforderungen in Kapitel III Abschnitt 2 entspricht.

d) Prüfpflicht im Hinblick auf den Entwicklungsprozess (Nr. 4)

50 Schließlich hat der Anbieter nach Anhang VI Nr. 4 zu überprüfen, ob der Entwurfs- und Entwicklungsprozess des KI-Systems und seine Beobachtung nach dem Inverkehrbringen gem. Art. 72 mit der technischen Dokumentation im Einklang stehen.

2. Anhang VII

51 Anhang VII präzisiert die Anforderungen an die externe Kontrolle durch eine notifizierte Stelle auf der Grundlage einer Bewertung des Qualitätsmanagementsystems (Art. 17 Rn. 1 ff. und Art. 44 Rn. 2) und einer Bewertung der technischen Dokumentation (Art. 11 Rn. 1 ff.), wie sie in Art. 43 Abs. 1 UAbs. 1 lit. b und Art. 43 Abs. 1 UAbs. 2 vorgesehen ist.[53]

a) Allgemeine Vorgaben zum Konformitätsbewertungsverfahren (Nr. 1)

52 Anhang VII Nr. 1 stellt lediglich einleitend klar, dass sich das Konformitätsbewertungsverfahren auf Grundlage einer Bewertung des Qualitätsmanagementsystems und einer Bewertung der technischen Dokumentation nach den Nr. 2 bis 5 des vorliegenden Anhangs richtet.

53 Zu dem Konformitätsbewertungsverfahren unter Beteiligung einer notifizierten Stelle vgl. auch *Voigt/Hullen*, Handbuch KI-Verordnung, S. 158 f.

b) Verfahrensschritte (Nr. 2)

Anhang VII Nr. 2 stellt das Verfahren überblicksartig dar. So soll das genehmigte Qualitätsmanagementsystem nach Art. 17 gemäß Nr. 3 des vorliegenden Anhangs geprüft werden und unterliegt im Weiteren der Überwachung gemäß Anhang VII Nr. 5. Das Verfahren zur Prüfung der technischen Dokumentation richtet sich nach Anhang VII Nr. 4. **53**

c) Verfahren zur Bewertung des Qualitätsmanagementssystems (Nr. 3)

In Anhang VII Nr. 3 wird das Verfahren zur Bewertung des Qualitätsmanagementsystems nach Art. 17 beschrieben. **54**

Nr. 3.1:

Zunächst hat der Anbieter eines Hochrisiko-KI-Systems einen Antrag bei der notifizierten Stelle zu stellen, der die folgenden Angaben enthält: **55**

Lit. a: Grundlegend hat der Antrag den Namen und die Anschrift des Anbieters sowie, wenn der Antrag von einem Bevollmächtigten eingereicht wird, auch dessen Name und Adresse zu enthalten.

Lit. b: Es sind alle unter dasselbe Qualitätsmanagementsystem fallenden KI-Systeme aufzulisten.

Lit. c: Für jedes unter dasselbe Qualitätsmanagementsystem fallende KI-System muss die entsprechende technische Dokumentation mit eingereicht werden.

Lit. d: Der Antrag hat eine umfassende Dokumentation über das Qualitätsmanagementsystem mit allen in Art. 17 aufgeführten Aspekten zu enthalten.

Lit. e: Zudem ist eine Beschreibung der bestehenden Verfahren beizufügen, mit denen sichergestellt wird, dass das Qualitätsmanagementsystem auch künftig angemessen und wirksam bleibt.

Lit. f: Schließich umfasst der Antrag eine schriftliche Erklärung, dass derselbe Antrag bei keiner anderen notifizierten Stelle eingereicht wurde.

Nr. 3.2:

Das Qualitätsmanagementsystem wird daraufhin von der notifizierten Stelle dahingehend bewertet, ob die in Art. 17 aufgeführten Anforderungen erfüllt werden. Die Entscheidung wird dem Anbieter oder dessen Bevollmächtigten mitgeteilt. Diese Mitteilung hat sowohl die Ergebnisse der Bewertung als auch eine Begründung derselben zu enthalten. **56**

Nr. 3.3:

57 Wird das Qualitätsmanagementsystem genehmigt, hat der Anbieter es auch weiterhin anzuwenden und zu pflegen, um sicherzustellen, dass es stets angemessen und effizient funktioniert.

Nr. 3.4:

58 Beabsichtigt der Anbieter, Änderungen an dem genehmigten Qualitätsmanagementsystem vorzunehmen oder die Liste der unter dieses System fallenden KI-Systeme abzuändern, hat er die notifizierte Stelle darüber zu unterrichten. Diese prüft die vorgeschlagenen Änderungen und entscheidet, ob die Anforderungen aus Art. 17 auch weiterhin erfüllt werden oder ob es einer erneuten Bewertung bedarf. Die Entscheidung wird dem Anbieter mitgeteilt und hat sowohl die Ergebnisse der Prüfung der Änderungen als auch die begründete Bewertungsentscheidung zu enthalten.

d) Kontrolle zur technischen Dokumentation (Nr. 4)

59 In Anhang VII Nr. 4 wird das Verfahren zur Kontrolle der technischen Dokumentation nach Art. 11 dargestellt.

Nr. 4.1:

60 Auch die Bewertung der technischen Dokumentation für ein KI-System, das unter das in Anhang VII Nr. 3 genannte Qualitätsmanagementsystem fällt, erfolgt auf Antrag des Anbieters, den dieser bei der notifizierten Stelle seiner Wahl stellen kann. Dabei wird betont, dass dieser Antrag zusätzlich zu jenem auf Bewertung des Qualitätsmanagementsystems (Anhang VII Nr. 3) zu erfolgen hat. Es sind also zwei separate Anträge erforderlich.

Nr. 4.2:

61 Der Antrag hat die in den folgenden Buchstaben aufgezählten Angaben zu enthalten.

Lit. a: Als Erstes sind Name und Anschrift des Anbieters anzugeben.
Lit. b: Es ist eine schriftliche Erklärung abzugeben, dass derselbe Antrag bei keiner anderen notifizierten Stelle eingereicht wurde.
Lit. c: Schließlich ist selbstverständlich die technische Dokumentation selbst einzureichen, wie sie in Anhang IV beschrieben wird.

Nr. 4.3:

Die technische Dokumentation wird dann von der notifizierten Stelle geprüft. Dabei werden dieser weitreichende Kontrollbefugnisse eingeräumt. So erhält die notifizierte Stelle – sofern es relevant ist und beschränkt auf das zur Wahrnehmung ihrer Aufgaben erforderliche Maß – uneingeschränkten Zugang zu den verwendeten Trainings-, Validierungs-, und Testdatensätzen. Dieser Zugang kann unter Wahrung von Sicherheitsvorkehrungen durch Fernzugriff erfolgen. **62**

Nr. 4.4:

Zudem kann die notifizierte Stelle zum Zwecke der ordnungsgemäßen Bewertung der Konformität mit den Anforderungen aus Kapitel III Abschnitt 2 gemäß Anhang VII Nr. 4.4 vom Anbieter weitere Nachweise verlangen oder weitere Tests durchführen lassen. Ist sie mit den durch den Anbieter durchgeführten Tests unzufrieden, kann sie gegebenenfalls unmittelbar selbst angemessene Tests durchführen. **63**

Nr. 4.5:

Schließlich wird der notifizierten Stelle die Befugnis eingeräumt, auf begründeten Antrag Zugang zu den Trainingsmodellen und trainierten Modellen des KI-Systems, einschließlich seiner relevanten Parameter, zu erhalten. Dies ist allerdings nur als letztes Mittel vorgesehen, wenn dies für die Bewertung der Konformität mit den Anforderungen aus Kapitel III Abschnitt 2 notwendig ist und nachdem alle anderen sinnvollen Möglichkeiten entweder ausgeschöpft sind oder sich als unzureichend erwiesen haben. Wird der notifizierten Stelle ein solcher Zugang gewährt, unterliegt er dem bestehenden EU-Recht zum Schutz von geistigem Eigentum und Geschäftsgeheimnissen. **64**

Nr. 4.6:

Die Entscheidung der notifizierten Stelle wird dem Anbieter oder dessen Bevollmächtigten mitgeteilt. Die Mitteilung enthält die Ergebnisse der Bewertung und die begründete Bewertungsentscheidung. **65**

Kommt die notifizierte Stelle zu dem Ergebnis, dass das KI-System die Anforderungen in Kapitel III Abschnitt 2 erfüllt, so stellt sie eine Unionsbescheinigung über die Bewertung der technischen Dokumentation – sowie über den Wortlaut hinaus auch über die Bewertung des Qualitätsmanagementsystems – aus. Die Bescheinigung enthält Name und Anschrift des Anbieters, die Ergebnisse der Prüfung, etwaige Bedingungen für ihre Gültigkeit sowie die für die Identifizierung des KI-Systems notwendigen Daten. **66**

67 Die Bescheinigung und ihre Anhänge haben alle zweckdienlichen Informationen zu enthalten, die für die Beurteilung der Konformität des KI-Systems sowie gegebenenfalls für die Kontrolle des KI-Systems während seiner Verwendung erforderlich sind.

68 Kommt die notifizierte Stelle hingegen zu dem Schluss, dass die Anforderungen aus Kapitel III Abschnitt 2 nicht erfüllt werden, wird die Ausstellung der Bescheinigung verweigert. Die Ablehnung ist ausführlich zu begründen. Gegen die Entscheidung der notifizierten Stellen besteht die Möglichkeit, Einspruch einzulegen, Art. 44 Abs. 3 UAbs. 2.

69 Für den Fall, dass das KI-System die Anforderungen an die verwendeten Trainingsdaten nicht erfüllt, muss dieses vor der Beantragung einer Konformitätsbewertung zunächst erneut trainiert werden. Die Bewertungsentscheidung der notifizierten Stelle, mit der die Ausstellung der Unionsbescheinigung abgelehnt wurde, hat dann besondere Erläuterungen zu den zum Trainieren des KI-Systems verwendeten Qualitätsdaten und insbesondere zu den Gründen für die Nichtkonformität zu enthalten, Anhang VII Nr. 4.6 UAbs. 5.

Nr. 4.7:

70 Kommt es später zu einer Änderung des KI-Systems, die sich auf seine Konformität mit den Anforderungen oder auf seine Zweckbestimmung auswirken könnte, bedarf diese einer Bewertung durch die notifizierte Stelle, die die Unionsbescheinigung ausgestellt hat. Zu diesem Zweck hat der Anbieter die notifizierte Stelle über Änderungen zu informieren, die er vornehmen möchte oder von denen er Kenntnis erlangt. Die notifizierte Stelle entscheidet daraufhin, ob die jeweilige Änderung eine neue Konformitätsbewertung erforderlich macht oder ob es ausreichend ist, einen Nachtrag zu der Unionsbescheinigung über die Bewertung der technischen Dokumentation auszustellen. In letzterem Fall wird die Änderung von der notifizierten Stelle bewertet und dem Anbieter die Entscheidung mitgeteilt. Wird die Änderung genehmigt, stellt die notifizierte Stelle einen Nachtrag zu der Unionsbescheinigung aus.

e) Überwachung des Qualitätsmanagementsystems durch die notifizierte Stelle (Nr. 5)

71 In Nr. 5 wird die fortlaufende Überwachung des Qualitätsmanagementsystems durch die notifizierte Stelle geregelt.

Nr. 5.1:

Durch die Überwachung soll sichergestellt werden, dass der Anbieter sich ordnungsgemäß an die Anforderungen und Bedingungen des genehmigten Qualitätsmanagementsystems hält. **72**

Nr. 5.2:

Der Anbieter hat der notifizierten Stelle zu Bewertungszwecken Zugang zu den Räumlichkeiten zu verschaffen, in denen die Konzeption, die Entwicklung und das Testen der KI-Systeme stattfindet. Er hat außerdem alle erforderlichen Informationen zu übermitteln. **73**

Nr. 5.3:

Zur Überwachung zählen schließlich Audits, die von der notifizierten Stelle in regelmäßigen Abständen durchgeführt werden müssen, um sicherzustellen, dass der Anbieter das Qualitätsmanagementsystems pflegt und anwendet. Dem Anbieter ist ein Prüfbericht zu übermitteln. Im Rahmen der Audits kann das KI-System zusätzlichen Tests unterzogen werden. **74**

Art. 44 Bescheinigungen

(1) Die von notifizierten Stellen gemäß Anhang VII ausgestellten Bescheinigungen werden in einer Sprache ausgefertigt, die für die einschlägigen Behörden des Mitgliedstaats, in dem die notifizierte Stelle niedergelassen ist, leicht verständlich ist.

(2) Die Bescheinigungen sind für die darin genannte Dauer gültig, die maximal fünf Jahre für unter Anhang I fallende KI-Systeme und maximal vier Jahre für unter Anhang III fallende KI-Systeme beträgt. Auf Antrag des Anbieters kann die Gültigkeit einer Bescheinigung auf der Grundlage einer Neubewertung gemäß den geltenden Konformitätsbewertungsverfahren um weitere Zeiträume von jeweils höchstens fünf Jahren für unter Anhang I fallende KI-Systeme und höchstens vier Jahre für unter Anhang III fallende KI-Systeme verlängert werden. Eine Ergänzung zu einer Bescheinigung bleibt gültig, sofern die Bescheinigung, zu der sie gehört, gültig ist.

(3) Stellt eine notifizierte Stelle fest, dass ein KI-System die in Abschnitt 2 festgelegten Anforderungen nicht mehr erfüllt, so setzt sie die ausgestellte Bescheinigung aus, widerruft sie oder schränkt sie ein, jeweils unter Berücksichtigung des Grundsatzes der Verhältnismäßigkeit, sofern die Einhaltung der Anforderungen nicht durch geeignete Korrekturmaßnahmen des Anbieters des Systems innerhalb einer von der notifizierten Stelle gesetzten angemessenen Frist wiederhergestellt wird. Die notifizierte Stelle begründet ihre Entscheidung.

Es muss ein Einspruchsverfahren gegen die Entscheidungen der notifizierten Stellen, auch solche über ausgestellte Konformitätsbescheinigungen, vorgesehen sein.

Schrifttum: *Denga*, Konformitätsbewertung von KI-Systemen, ZfPC 2023, 154; *Denga*, Unternehmenshaftung für KI – zur Konformitätsbewertung in Permanenz, CR 2023, 277; *Gerdemann*, Konformitätsbewertung als Kernpflicht der KI-Verordnung, NJW 2024, 2209; *Hilgendorf/Roth-Isigkeit* (Hrsg.), Die neue Verordnung der EU zur Künstlichen Intelligenz, 2023; *Mayr/Thiermann/Schrack/Kiesselbach*, Das neue Medizinprodukterecht – Praxishandbuch zur MP-VO, 2021.

Übersicht

I. Allgemeines

1 Art. 44 enthält in drei Absätzen nähere Regelungen für die (Unions-)Bescheinigungen der notifizierten Stellen **über die Bewertung des Qualitätsmanagementsystems (QMS) und der technischen Dokumentation des Anbieters gemäß Anhang VII**. Ergänzt wird die Vorschrift durch Nr. 4.6 des Anhangs VII, der die Ausstellung der (Unions-)Bescheinigungen in den UAbs. 2–4 an sich regelt.

2 Die Vorschrift betrifft die Situation, dass ein Anbieter eines Hochrisiko-KI-Systems ein Konformitätsbewertungsverfahren unter Beteiligung einer notifizierten Stelle gemäß Art. 43 Abs. 1 lit. b i.V.m. Anhang VII durchführt. In diesem Fall führt ein Dritter als Konformitätsbewertungsstelle – die **notifizierte Stelle** (vgl. Art. 3 Nr. 21 und 22) – eine Bewertung des QMS und eine Bewertung der technischen Dokumentation des Anbieters durch. Die Beteiligung einer notifizierten Stelle beim Konformitätsbewertungsverfahren sieht die KI-VO nur in wenigen Fällen vor[1] (siehe Art. 43 Rn. 9 ff.), und bildet eine Ausnahme vom Prinzip der Selbstzertifizierung auf Grundlage einer internen Kontrolle[2] (siehe Art. 43 Rn. 11). Eine Konformitätsbewertung unter Beteiligung einer notifizierten Stelle gem. Anhang VII ist gegenwärtig nach Art. 43 Abs. 1 i.V.m. Anhang III Nr. 1 für Hochrisiko-KI-Systeme vorgesehen, die der biometrischen Identifizierung und Kategorisierung natürlicher Personen dienen, insbes. (lit. a) KI-Systeme, die bestimmungsgemäß für die biometrische Fernidentifizierung verwendet werden

1 So auch *Denga*, CR 2023, 277, 281; *Gerdemann*, NJW 2024, 2209, 2210.

2 *Roth-Isigkeit*, in: Hilgendorf/Roth-Isigkeit, Die neue Verordnung der EU zur Künstlichen Intelligenz, § 8 Rn. 2: So verweist Art. 43 Abs. 2 KI-VO auf Anhang III Nr. 2–8 KI-VO und statuiert für die dort aufgeführten Fälle das Prinzip der Selbstzertifizierung auf Grundlage einer internen Kontrolle. Dies gilt etwa für Hochrisikosysteme, die für die Verwaltung und den Betrieb kritischer Infrastrukturen eingesetzt werden, für allgemeine und berufliche Bildung, für Beschäftigung, Personalmanagement und Zugang zur Selbstständigkeit, für Zugänglichkeit und Inanspruchnahme grundlegender privater und öffentlicher Dienste und Leistungen, Strafverfolgung, für Migration, Asyl und Grenzkontrolle sowie für Rechtspflege und demokratische Prozesse.

sollen (siehe Art. 6 Rn. 68 ff. und Art. 43 Rn. 12, 27). Verpflichtend ist diese Form des Konformitätsbewertungsverfahrens im Rahmen der KI-VO, solange es noch keine harmonisierten Normen oder Spezifikationen nach Art. 40 beziehungsweise Art. 41 gibt (siehe Art. 43 Rn. 29)[3] bzw. soweit keine anderen EU-Rechtsakte die Beteiligung einer Konformitätsbewertungsstelle vorsehen. Darüber hinaus sind nach Art. 43 Abs. 3 bei solchen Hochrisiko-KI-Systemen Konformitätsbewertungsstellen zu beteiligen, die unter die in Anhang I Abschnitt A aufgeführten Harmonisierungsrechtsakte der Union, zum Beispiel die Verordnung (EU) 2017/745 (EU-Medizinprodukte-Verordnung) (Anhang I Abschnitt A Nr. 11) oder die EU-Richtlinie 2014/53/EU (Funkanlagenrichtlinie), fallen und für die diese Rechtsakte die Beteiligung einer Konformitätsbewertungsstelle vorsehen.[4] Dies betrifft nicht sämtliche Medizinprodukte oder Funkanlagen, sondern nur Medizinprodukte der Risikoklasse IIa und höher sowie höherklassige Funkanlagen im Sinne von Art. 3 der EU-Richtlinie 2014/53/EU (Funkanlagenrichtlinie) i.V.m. mit der Delegierten Verordnung (EU) 2022/30 der Kommission. In diesen Fällen sind zur Vermeidung eines zusätzlichen Konformitätsbewertungsverfahrens die dortigen notifizierten bzw. benannten Stellen zuständig, wobei die Anforderungen an Hochrisiko-KI-Systeme nach Kapitel III Abschnitt 2 sowie bestimmte Verfahrensaspekte des Anhangs VII durch die Konformitätsbewertungsstellen im Rahmen des dortigen Konformitätsbewertungsverfahrens zu prüfen sind (siehe Art. 43 Rn. 12 ff.).

3 Art. 44 betrifft nach **seinem Wortlaut** nur Bescheinigungen für Hochrisiko-KI-Systeme, die ein Konformitätsbewertungsverfahren unter Beteiligung einer notifizierten Stelle gemäß Art. 43 Abs. 1 lit. b i.V.m. mit Anhang VII durchlaufen. Gemäß Art. 43 Abs. 3 gelten die Vorgaben aus Anhang VII Nr. 4.3, 4.4 und 4.5 sowie Anhang VII Nr. 4.6 Absatz 5 jedoch auch für solche Bescheinigungen, die Konformitätsbewertungsstellen im Rahmen von Konformitätsbewertungsverfahren nach anderen Harmonisierungsrechtsakten gemäß Anhang I Abschnitt A ausstellen.

4 Obwohl das dem Art. 44 zugrunde liegende Verfahren nach Anhang VII daher zunächst einen recht engen Anwendungsbereich zu haben scheint, könnte dieses Verfahren in Zukunft **zentrale Bedeutung** erlangen: So ist die Europäische Kommission gemäß Art. 43 Abs. 6 befugt, mit delegiertem Rechtsakt die in An-

---

3 *Roth-Isigkeit*, in: Hilgendorf/Roth-Isigkeit, Die neue Verordnung der EU zur Künstlichen Intelligenz, § 8 Rn. 3.

4 So auch *Denga*, CR 2023, 277, 281. Im Medizinprodukterecht etwa werden die notifizierten Stellen als „Benannte Stellen" bezeichnet. Auch die EU-Medizinprodukteverordnung sieht für die Konformitätsbewertung der Medizinprodukte abhängig von der jeweiligen Risikoklasse des Medizinprodukts die Beteiligung einer dritten Stelle (Benannten Stelle) vor. Die Beaufsichtigung der Benannten Stellen wird dabei mitunter als „Schlüsselelement des Regulierungskonzepts" gesehen, vgl. *Mayr/Thiermann/Schrack/Kiesselbach*, Das neue Medizinprodukterecht, S. 121 f.

hang III Nr. 2–8 genannten Anwendungen doch noch dem formalisierten Konformitätsbewertungsverfahren durch notifizierte Stellen zu unterwerfen (siehe Art. 43 Rn. 13, 31).

Aktuell bezweckt die Europäische Kommission durch das bestehende System der KI-VO, eine **Überlastung der Aufsichtsbehörden** zu vermeiden[5] und „in Anbetracht der derzeitigen Erfahrung professioneller, dem Inverkehrbringen vorgeschalteter Zertifizierer im Bereich der Produktsicherheit und der unterschiedlichen Art der damit verbundenen Risiken [...] zumindest während der anfänglichen Anwendung dieser Verordnung für Hochrisiko-Systeme, die nicht mit Produkten in Verbindung stehen, den Anwendungsbereich der Konformitätsbewertung durch Dritte einzuschränken".[6] 5

Zur Einleitung der Bewertung des QMS und der technischen Dokumentation hat der Anbieter einen **Antrag auf Genehmigung** des QMS bei der notifizierten Stelle zu stellen.[7] Neben diesem Antrag stellt der Anbieter auch einen Antrag auf Bewertung der technischen Dokumentation für das KI-System (Anhang VII Nr. 4).[8] Die notifizierte Stelle kann neben der eigereichten Dokumentation, die die notifizierte Stelle nach Anhang VII 4.3 Satz 1 zu prüfen hat, auch Zugang zu allen Trainingsdaten verlangen und mit eigenen Tests den Quellcode der KI prüfen (Anhang VII Nr. 4.3 Satz 2, Art. 43 Rn. 62), sofern sie dies für die Bewertung des Hochrisiko-KI-Systems als erforderlich ansieht und alle weniger eingriffsintensiven Mittel ausgeschöpft sind (vgl. Anhang VII Nr. 4.5, Art. 43 Rn. 64).[9] Nach erfolgter Prüfung teilt die notifizierte Stelle dem Anbieter oder dessen Bevollmächtigtem im Sinne des Art. 3 Nr. 5 in der Folge ihre Entscheidung mit, Art. 44 Abs. 1 i.V.m. Nr. 4.6. Satz 1 Anhang VII. Was diese Mitteilung enthalten muss, regelt Art. 44 Abs. 1 i.V.m. Nr. 4.6 Satz 2 Anhang VII. Danach enthält die Mitteilung die Ergebnisse der Bewertung der technischen Dokumentation und die begründete Bewertungsentscheidung der notifizierten Stelle. Soweit im Wortlaut der Vorschrift nur von den Ergebnissen der Bewertung der technischen Dokumentation die Rede ist, verwundert dies. Schließlich hat der Anbieter auch im Hinblick auf die Bewertung des QMS einen Antrag bei der notifizierten Stelle gestellt, welcher in der Praxis ebenfalls entschieden wird. In Bezug auf die Nicht-Nennung der Bewertung des QMS kann es sich mithin nur um ein Redaktionsversehen handeln. 6

---

5 *Roth-Isigkeit*, in: Hilgendorf/Roth-Isigkeit, Die neue Verordnung der EU zur Künstlichen Intelligenz, § 8 Rn. 4.

6 ErwG 125.

7 *Roth-Isigkeit*, in: Hilgendorf/Roth-Isigkeit, Die neue Verordnung der EU zur Künstlichen Intelligenz, § 8 Rn. 6.

8 *Roth-Isigkeit*, in: Hilgendorf/Roth-Isigkeit, Die neue Verordnung der EU zur Künstlichen Intelligenz, § 8 Rn. 7.

9 *Denga*, CR 2023, 277, 281 (Rn. 28 und 29).

7 Für den Fall, dass das Hochrisiko-KI-System die Anforderungen in Kapitel III Abschnitt 2 erfüllt, hat die notifizierte Stelle sodann die in Art. 44 näher geregelte Unionsbescheinigung über die technische Dokumentation – und nach Auslegung bzw. praxisgemäß auch über das QMS – auszustellen, vgl. Art. 44 Abs. 1 i.V.m. Nr. 4.6 Satz 3 Anhang VII. Was diese **Bescheinigung enthalten muss**, ist wiederum in Art. 44 Abs. 1 i.V.m. Nr. 4.6 Satz 4 Anhang VII geregelt: Dies sind Namen und Anschrift des Anbieters, die Ergebnisse der Prüfung, etwaige Bedingungen für die Gültigkeit der Bescheinigung und die für die Identifizierung des Hochrisiko-KI-Systems notwendigen Daten. Erfüllt das Hochrisiko-KI-System die in Kapitel III Abschnitt 2 festgelegten Anforderungen nicht, so wird die Ausstellung der Unionsbescheinigung von der notifizierten Stelle verweigert und die Verweigerung von der notifizierten Stelle ausführlich begründet (Anhang VII Nr. 4.6. UAbs. 4).

1. Zweck der Vorschrift

8 Art. 44 Abs. 1 verlangt, dass die notifizierte Stelle die nach Anhang VII ausgestellten **(Unions-)Bescheinigungen** in einer für die einschlägigen Behörden des Mitgliedstaats, in dem die notifizierte Stelle niedergelassen ist, leicht verständlichen Sprache ausstellt, ohne näher zu konkretisieren, was damit gemeint ist (englisch oder Amtssprache des jeweiligen Mitgliedstaates?, siehe dazu Rn. 14 ff.). Dies soll die leichte Lesbarkeit der Bescheinigung für die notifizierenden Behörden des jeweiligen Mitgliedstaats bezwecken. Die notifizierende Behörde muss stets in der Lage sein, die Überwachung der gesamten Stelle zu gewährleisten, wozu auch der Umfang und Inhalt der Bescheinigung selbst gehört.[10]

9 Art. 44 Abs. 2 regelt die **Geltungsdauer** der nach Art. 44 i.V.m. Anhang VII ausgestellten Bescheinigungen. Diese Vorschrift hat den Zweck, die Konformität des Hochrisiko-KI-Systems mit den Anforderungen der KI-VO nach einer gewissen Zeit erneut auf den Prüfstand zu stellen und damit insgesamt die Sicherheit der Hochrisiko-KI-Systeme und damit letztendlich für die Anwender zu erhöhen.

10 Art. 44 Abs. 3 verpflichtet die notifizierten Stellen, die ausgestellte Bescheinigung auszusetzen, zu widerrufen oder einzuschränken, falls sie feststellen sollten, dass ein Hochrisiko-KI-System die **Anforderungen nicht mehr erfüllt**, und sofern die Einhaltung der Anforderungen nicht durch geeignete Korrekturmaßnahmen des Anbieters innerhalb einer von der notifizierten Stelle gesetzten angemessenen Frist wiederhergestellt wird. Dies dient ebenfalls der Sicherheit des Produktes und damit der Anwender. Bei der Entscheidung einer notifizierten

10 Bekanntmachung der Kommission, Leitfaden für die Umsetzung der Produktvorschriften der EU 2022 („Blue Guide"), 29.6.2022, ABl. 2022 C 247/1, S. 81.

Stelle, ob eine Bescheinigung auszusetzen, zu widerrufen oder einzuschränken ist und wieviel Zeit ein Anbieter zur Heilung etwaiger Mängel vorab erhält, ist der Verhältnismäßigkeitsgrundsatz zu beachten. Dem Inhaber der Bescheinigung ist ausreichend Gelegenheit zu geben, durch Ergreifen von Maßnahmen die Einhaltung der Anforderungen wiederherzustellen. Zudem ist der Inhaber der Bescheinigung vor der Entscheidung umfassend anzuhören. Die Fristen müssen jeweils angemessen sein.

Mit dem **Einspruchsverfahren** wurde schließlich die Möglichkeit geschaffen, gegen die Entscheidungen der notifizierten Stellen vorzugehen. Hiermit wird die Gewährung effektiven Rechtsschutzes für alle von der Entscheidung unmittelbar oder mittelbar Betroffenen, insbesondere den Anwender, bezweckt. Wie dieses Einspruchsverfahren auszugestalten sein wird und insbesondere welcher Rechtsweg gegen Entscheidungen von notifizierten Stellen eröffnet ist, bleibt abzuwarten. **11**

2. Entstehungsgeschichte

Bereits im Vorschlag der Europäischen Kommission vom 21.4.2021 war Art. 44 (Bescheinigungen) enthalten, jedoch in leicht geänderter Form. **12**

Zum einen war die Möglichkeit des Einspruchs gegen die Entscheidungen der notifizierten Stellen damals noch nicht unmittelbar in Art. 44 verankert, sondern in einem separaten Art. 45 enthalten. Dieser Artikel wurde im Verlauf des Verordnungsgebungsprozesses gestrichen und das Einspruchsverfahren gegen Entscheidungen notifizierter Stellen in Art. 44 Abs. 3 integriert, indem ein zweiter UAbs. eingefügt wurde.[11] **13**

Zum anderen wurde Art. 44 Abs. 1 dahingehend abgeändert, dass Bescheinigungen in der früheren Fassung „in einer Amtssprache der Union ausgefertigt" werden, „die der Mitgliedstaat, in dem die notifizierte Stelle niedergelassen ist, festlegt, oder in einer anderen Amtssprache der Union, mit der die notifizierte Stelle einverstanden ist". Dies entsprach dem Wortlaut der Parallelvorschrift in Art. 56 der EU-Medizinprodukteverordnung im Medizinproduktebereich. Nach der heutigen Fassung ist die Bescheinigung hingegen in einer „Sprache, die für die einschlägigen Behörden des Mitgliedstaats, in dem die notifizierte Stelle niedergelassen ist, leicht verständlich ist", auszufertigen. **14**

Ferner wurde in Art. 44 Abs. 2 im Vergleich zum ursprünglichen Vorschlag der Europäischen Kommission ein dritter Satz eingefügt, der Ergänzungen zu Bescheinigungen betrifft. **15**

---

11 Erörterungen im Rat, Dokument PE24 2024 INT.

16 Schließlich wurden in Art. 44 Abs. 2 einige weitere Änderungen, einerseits hinsichtlich der maximalen Geltungsdauer und der Verlängerung der Gültigkeit einer Bescheinigung, andererseits hinsichtlich der Unterscheidung zwischen KI-Systemen, die unter Anhang I fallen, und solchen, die unter Anhang III fallen, eingefügt. So war im Vorschlag des Europäischen Parlaments für alle KI-Systeme gleichermaßen ursprünglich noch eine maximale Geltungsdauer für Bescheinigungen von vier Jahren vorgesehen, ebenso ein maximaler Verlängerungszeitraum von weiteren vier Jahren. Erst in der finalen Fassung wurde eine Differenzierung zwischen verschiedenen KI-Systemen eingeführt und die maximale Geltungsdauer sowie der maximale Verlängerungszeitraum für solche KI-Systeme, die unter Anhang I fallen, auf fünf Jahre angehoben.

3. Verhältnis zu anderen Vorschriften

17 Art. 44 ergänzt Anhang VII Nr. 4.6. Hier wird in den UAbs. 2–4 die Ausstellung der Art. 44 zugrunde liegenden (Unions-)Bescheinigungen geregelt. Art. 44 enthält insofern gar keine Regelung, die besagt, dass eine Bescheinigung über die Bewertung der technischen Dokumentation (und des QMS) von den notifizierten Stellen auszustellen ist. Vielmehr setzt Art. 44 dies als gegeben voraus und knüpft damit an Anhang VII Nr. 4.6 an.

II. Sprache der Bescheinigung (Art. 44 Abs. 1)

18 Nach Art. 44 Abs. 1 werden die von notifizierten Stellen gemäß Anhang VII ausgestellten Bescheinigungen in einer Sprache ausgefertigt, die für die Behörden des Mitgliedstaats, in dem die notifizierte Stelle niedergelassen ist, „**leicht verständlich**“ ist. Dies geschieht vor dem Hintergrund, dass die Behörden des jeweiligen Mitgliedstaats die Überwachung der Tätigkeit der notifizierten Stelle vorzunehmen haben (vgl. auch oben Rn. 6) und daher auch in der Lage sein müssen, die Bescheinigung der notifizierten Stelle ohne Weiteres und ohne größere Schwierigkeiten zu verstehen.

19 Welche Sprache für die jeweilige notifizierte Behörde „leicht verständlich“ ist, wird in der KI-VO inklusive ihrer Anhänge nicht weiter umschrieben. Heranzuziehen sind damit allgemeine Erwägungen. Als leicht verständlich anzusehen ist auf jeden Fall die jeweilige Landessprache des Mitgliedstaates, in dem die notifizierte Stelle, welche die Bescheinigung ausgestellt hat, ansässig ist.

20 Fraglich ist, ob eine **rein englischsprachige Fassung** ausreichend ist, wenn die Amtssprache in dem jeweiligen Mitgliedstaat nicht Englisch ist. Diese Frage ist auch abhängig davon zu beantworten, ob sich ein Produkt an Laien oder Spezialisten richtet. Bei Produkten, deren Anwender Spezialisten sind, sollte daher in der Regel Englisch ausreichend sein. Im Zweifelsfall kann es ratsam sein, die

Behörde zu ersuchen und dies mit ihr abzustimmen. In diese Richtung weist auch die frühere Fassung des Art. 44 Abs. 1 im Vorschlag der Europäischen Kommission, welche noch darauf abstellte, welche Sprache die Behörde „festlegt" oder mit welcher diese „einverstanden" ist (vgl. Rn. 12).[12]

III. Gültigkeit der Bescheinigung und etwaiger Ergänzungen (Art. 44 Abs. 2)

1. Maximale Gültigkeitsdauer der Bescheinigung (Satz 1)

Art. 44 Abs. 2 Satz 1 legt die **Gültigkeitsdauer** der von der notifizierten Stelle i.V.m. Anhang VII ausgestellten (Unions-)Bescheinigung fest. 21

Grundsätzlich ist die Bescheinigung für die in ihr genannte Dauer gültig. Allerdings schreibt Art. 44 Abs. 2 Maximalfristen in Höhe von vier bzw. fünf Jahren vor, je nachdem, ob es sich um ein unter Anhang I oder ein unter Anhang III fallendes KI-System handelt. 22

Für Bescheinigungen für unter Anhang I fallende Hochrisiko-KI-Systeme gilt eine Maximalgeltungsdauer von fünf Jahren. 23

Unter Anhang I Abschnitt A i.V.m. Art. 6 Abs. 1 fallen solche Hochrisiko-KI-Systeme, die von **speziellen Produktsicherheitsrechtsakten** der Union erfasst werden, darunter beispielsweise Maschinen, Spielzeuge, Funkanlagen und auch Medizinprodukte nach der EU-Medizinprodukteverordnung (siehe Art. 6 Rn. 50 ff.). Diese KI-Systeme haben gemein, dass für sie die einschlägigen Konformitätsbewertungsverfahren aus den bestehenden in Anhang I aufgeführten harmonisierten Rechtsakten gelten (siehe Art. 43 Abs. 3 UAbs. 1). Diese erlauben teilweise eine Selbstzertifizierung ohne Beteiligung einer Konformitätsbewertungsstelle, wenn technische Normen eingehalten werden[13]; im Falle von Medizinprodukten ist die Wahl des Konformitätsbewertungsverfahrens abhängig von der Risikoklasse:[14] So kann der Hersteller von Medizinprodukten der Risikoklasse I die Konformität in Eigenverantwortung erklären, während für alle anderen Klassifizierungen, also solche der Risikoklasse IIa und höher, eine benannte Stelle in das Konformitätsbewertungsverfahren mit einzubinden ist.[15] 24

---

12 Auch in der EU-Medizinprodukteverordnung ist geregelt, dass die erforderlichen Unterlagen in einer oder mehreren von dem betreffenden Mitgliedstaat, in dem der Antrag gestellt wurde, „festgelegten Sprachen" zu erstellen sind, wobei hier gilt, dass eine von den medizinischen Fachkreisen allgemein verstandene Sprache verwendet werden sollte; dies wird in der Regel Englisch sein, vgl. *Rehmann*, in: Rehmann/Wagner, MP-VO, Art. 41 Rn. 1.

13 Vgl. *Denga*, CR 2023, 277, 281.

14 *Mayr/Thiermann/Schrack/Kiesselbach*, Das neue Medizinprodukterecht, S. 65.

15 *Mayr/Thiermann/Schrack/Kiesselbach*, Das neue Medizinprodukterecht, S. 66.

25 Eine Einschränkung von dem Grundsatz, dass für Hochrisiko-KI-Systeme nach Art. 6 Abs. 1, die unter eine in Anhang I Abschnitt A aufgeführte Harmonisierungsrechtsvorschrift fallen, per se das dort vorgeschriebene Konformitätsbewertungsverfahren Anwendung findet, sieht Art. 43 Abs. 3 jedoch in seinem UAbs. 3 vor: So darf der Hersteller von der Möglichkeit der internen Konformitätsbewertung nach den dort aufgeführten Harmonisierungsrechtsvorschriften für die in Art. 6 Abs. 1 betreffenden Hochrisiko-KI-Systeme nur dann Gebrauch machen, wenn er harmonisierte Normen oder gemeinsame Spezifikationen nach Art. 40 bzw. 41 angewandt hat. Hiermit soll sichergestellt werden, dass keine Umgehung der mit der KI-VO etablierten spezifischen Anforderungen vorgenommen und eine Konformitätsbewertung ohne deren Einbezug vorgenommen werden kann (vgl. dazu auch die Kommentierung zu Art. 43 Rn. 38).

26 Unter Anhang III i.V.m. Art. 6 Abs. 2 fallen Hochrisiko-KI-Systeme **im Bereich Biometrie, kritische Infrastruktur** wie z.B. Krankenhäuser (Anhang III Nr. 2) und **KI-Systeme, die bestimmungsgemäß von Behörden oder im Namen von Behörden verwendet werden sollen**, um zu beurteilen, ob natürliche Personen Anspruch auf grundlegende öffentliche Unterstützungsleistungen und -dienste, einschließlich Gesundheitsdiensten, haben (Nr. 5 lit. a). Des Weiteren auch KI-Systeme, die bestimmungsgemäß für die Risikobewertung und Preisbildung in Bezug auf natürliche Personen im Fall von Lebens- oder Krankenversicherungen verwendet werden sollen (Nr. 5 lit. c), KI-Systeme, die bestimmungsgemäß zur Bewertung und Klassifizierung von Notrufen von natürlichen Personen oder für die Entsendung oder Priorisierung des Einsatzes von Not- und Rettungsdiensten, einschließlich medizinischer Nothilfe, sowie für Systeme für die Triage von Patienten bei der Notfallversorgung verwendet werden sollen (Nr. 5 lit. d). In diesen Fällen reduziert sich die maximale Gültigkeitsdauer der (Unions-)Bescheinigungen von fünf auf vier Jahre.

27 Bei diesen Zeitangaben handelt es sich, am Sinn und Zweck der Vorschrift orientiert, jeweils um die maximale Gültigkeitsdauer, die nicht überschritten, jedoch jederzeit unterschritten werden darf, sofern dies in der Bescheinigung so festgelegt ist oder es einer Anpassung oder Änderung der Bescheinigung bedarf.

2. Verlängerung der Gültigkeit einer Bescheinigung (Satz 2)

28 Die Gültigkeit einer Bescheinigung kann auf der Grundlage einer Neubewertung gemäß den geltenden Konformitätsbewertungsverfahren um die jeweils nach Satz 1 geltenden Zeiträume, also um jeweils maximal fünf bzw. vier Jahre, je nachdem welchem Anhang das KI-System unterfällt, verlängert werden. Eine entsprechende Verlängerung bedarf eines Antrags des Anbieters des Hochrisiko-KI-Systems.

Bei der Bestimmung handelt es sich ausweislich des Wortlauts um eine **„Kann"-Vorschrift**, sodass die Verlängerung im pflichtgemäßen Ermessen der notifizierten Stelle steht, wobei die Maximalgültigkeitsdauer auch hier unterschritten werden darf („höchstens"). **29**

3. Ergänzung einer Bescheinigung (Satz 2)

Solange eine Bescheinigung gültig ist, bleibt auch eine etwaige dazugehörige Ergänzung gültig. Diese Vorschrift regelt damit die Akzessorietät der Ergänzung zur Bescheinigung mit der zugrunde liegenden Bescheinigung. Hintergrund ist, dass der primäre Regelungsgehalt der Hauptbescheinigung innewohnt. **30**

IV. Aussetzung, Widerruf oder Einschränkung der Bescheinigung (Art. 44 Abs. 3)

1. Aussetzung, Widerruf oder Einschränkung der Bescheinigung bei Nichterfüllung der Anforderungen nach Kapitel 2 (Satz 1)

Nach Art. 44 Abs. 3 Satz 1 setzt die notifizierte Stelle die Bescheinigung aus, **31** widerruft sie oder schränkt sie ein, sofern sie feststellt, dass das System nachträglich **nicht mehr den Sicherheitsanforderungen entspricht**. Dies kann sich insbesondere im Rahmen eines regelmäßig durchzuführenden Audits des QMS ergeben, Anhang VII Nr. 5.3.[16] Insofern ist auch an dieser Stelle eine Parallele zu anderen hochregulierten Produkten, wie es bei Medizinprodukten der Fall ist, zu ziehen, vgl. auch die entsprechende Parallelvorschrift in Art. 56 Abs. 4 der EU-Medizinprodukteverordnung im Medizinproduktebereich. Ein wesentliches Element bei der Durchführung eines Konformitätsbewertungsverfahrens unter Beteiligung einer notifizierten Stelle ist die anschließende Überwachung des Herstellers/Anbieters durch die Konformitätsbewertungsstelle; zu den hierzu genannten Tätigkeiten zählen im Medizinprodukterecht – im Unterschied zum Anwendungsbereich der KI-VO (vgl. Anhang VII Nr. 5.3 – explizit die Planung von unangekündigten Audits beim Hersteller sowie die Überwachung von im Zusammenhang mit der Bescheinigung erteilten Auflagen (vgl. Anhang VII Nr. 4.10 EU-Medizinprodukteverordnung).[17] Während in Anhang VII Nr. 5.3 für KI-Systeme bislang nicht geregelt ist, wie häufig Audits der notifizierten Stellen bei den Anbietern durchzuführen sind, enthält die Medizinprodukteverordnung in Anhang VII Nr. 4.10 die Vorgabe, die durchzuführenden Überwachungsaudits mindestens einmal jährlich durchzuführen.[18] Ein entsprechender

16 *Denga*, ZfPC 2023, 154, 158.
17 *Mayr/Thiermann/Schrack/Kiesselbach*, Das neue Medizinprodukterecht, S. 135.
18 *Mayr/Thiermann/Schrack/Kiesselbach*, Das neue Medizinprodukterecht, S. 136.

Rhythmus erscheint auch im Rahmen der KI-VO sinnvoll. Im Rahmen dieser Überwachungsaudits soll geprüft werden, ob der Hersteller seinen Verpflichtungen dauerhaft nachkommt. Werden bei diesen Aktivitäten Konformitätsmängel aufgedeckt, wird der Hersteller zu Korrekturen, korrektiven Maßnahmen und ggf. vorbeugenden Maßnahmen aufgefordert. Bei Bedarf können auch im Recht der Medizinprodukte Bescheinigungen eingeschränkt, ausgesetzt oder widerrufen werden.[19] Dieser Gleichlauf der KI-VO mit anderen Rechtsbereichen, beispielsweise der EU-Medizinprodukteverordnung, verdeutlicht, wie ähnlich diese Rechtsrahmen aufgebaut sind.

32 Bei Art. 44 Abs. 3 Satz 1 handelt es sich ausweislich des unzweideutigen Wortlauts um eine **bindende Norm**, das heißt bei Vorliegen der Voraussetzungen steht den notifizierten Stellen kein Ermessensspielraum zu – die Bescheinigung ist, unter Beachtung des Grundsatzes der Verhältnismäßigkeit, zwingend auszusetzen, zu widerrufen oder einzuschränken.

33 Voraussetzung für die Aussetzung, den Widerruf oder die Einschränkung der Bescheinigung ist zum einen eine „**Feststellung**" der notifizierten Stelle, dass das System nachträglich nicht mehr den Sicherheitsanforderungen entspricht. Die Frage, was genau hierunter zu verstehen ist, insbesondere was das Maß an Sicherheit für eine Feststellung ist und ob die Feststellung Verwaltungsaktqualität aufweisen muss, wird in der KI-VO nicht beantwortet. Angesichts der zwingenden Rechtsfolge der Aussetzung bzw. des Widerrufs oder der Einschränkung der erlangten Bescheinigung ist jedoch davon auszugehen, dass bloße Spekulationen oder reine Vermutungen ohne sichere Anhaltspunkte für eine „Feststellung" nicht ausreichen. Vielmehr wird eine – an § 286 ZPO angelehnte – auf begründeter und fundierter Basis erlangte Überzeugungsbildung von den den Widerruf (oder die Aussetzung/die Einschränkung) begründenden Tatsachen zu fordern sein. Der Inhaber der Bescheinigung ist vor der Entscheidung umfassend und innerhalb angemessener Fristen anzuhören.

34 Ferner ist für eine Aussetzung, einen Widerruf oder eine Einschränkung erforderlich, dass die Einhaltung der Anforderungen nicht innerhalb einer von der notifizierten Stelle gesetzten angemessenen Frist durch geeignete Korrekturmaßnahmen des Anbieters des Systems wiederhergestellt wird. Dies bedeutet für notifizierte Stellen, dass diese dem Anbieter vor dem Widerruf/der Aussetzung/der Einschränkung der Bescheinigung eine Frist zu setzen haben und diese erfolglos verstrichen sein muss.[20] Welche Zeitspanne dabei als „angemessen" er-

19 *Mayr/Thiermann/Schrack/Kiesselbach*, Das neue Medizinprodukterecht, S. 136.

20 Eine solche Frist für die Vornahme von Korrekturmaßnahmen ist im Medizinprodukterecht in Anhang XX der Medizinprodukteverordnung für den Fall, dass im Rahmen eines unangekündigten Audits festgestellt wird, dass der Hersteller die Anforderungen an die Konformität eines Produkts nicht (mehr) erfüllt, nicht vorgesehen. Die benannte Stelle wird den Hersteller darüber informieren, welche Maßnahmen ergriffen werden

achtet werden kann, beurteilt sich danach, wie lange der Anbieter realistischerweise benötigt, um eine geeignete Korrekturmaßnahme zu ergreifen, mit der er die Konformität mit den Anforderungen der KI-VO wieder herstellen kann. Er muss durch die Frist in die Lage versetzt werden, etwaige Unzulänglichkeiten der Korrekturmaßnahmen zu beheben. Dem Inhaber der Bescheinigung ist dabei ausreichend Gelegenheit zu geben, durch Ergreifen von Maßnahmen die Einhaltung der Anforderungen wiederherzustellen. Dabei ist vom Grundsatz der Eigenverantwortlichkeit des Anbieters auszugehen. Demnach trifft der Anbieter von Hochrisiko-KI-Systemen nach Art. 20 Abs. 1 diejenigen Maßnahmen, die er selbst aufgrund seiner eigenen Risikobewertung für geboten hält. So muss in erster Linie vom Anbieter, aber auch von der notifizierten Stelle evaluiert werden, welche Gefahren für welche Rechtsgüter bei der weiteren Nutzung des KI-Systems bestehen und wie konkret und schwerwiegend diese sind. Dabei gilt: Je konkreter und schwerwiegender die Gefahr und je gewichtiger das betroffene Rechtsgut, desto kürzer ist die Frist zur Korrektur zu bemessen, und entsprechend länger, sofern tatsächliche Gefahren für wichtige Rechtsgüter entfernt liegen.

2. Begründung der Entscheidung (Satz 2)

Die Aussetzungs-/Widerrufs-/Einschränkungsentscheidung ist durch die notifizierte Stelle zu begründen. Auch hierbei handelt es sich ausweislich des Wortlauts der Vorschrift um eine **bindende Norm**. Aufgrund allgemeiner verwaltungsrechtlicher Grundsätze ist zudem davon auszugehen, dass die Entscheidung zumindest in Textform ergehen muss. 35

Ob die Entscheidung der notifizierten Stelle formal die Anforderungen an einen Verwaltungsakt zu erfüllen hat, lässt die KI-VO offen (vgl. dazu auch die Kommentierung unter Rn. 40 ff.).[21] Auch die Frage, ob die Entscheidung eine Rechtsbehelfsbelehrung enthalten muss, genauso wie die damit zusammenhängende Frage nach den Rechtsfolgen bei Fehlen einer etwaigen Anforderung an die Entscheidung (Unwirksamkeit, Nichtigkeit, Heilbarkeit), wird vom Verordnungsgeber nicht thematisiert. Insofern wäre eine Konkretisierung auf Unionsebene im Sinne der Rechtssicherheit und Rechtsklarheit wünschenswert. 36

---

müssen. Sodann liegt es in der Verantwortung des Herstellers, die Korrekturmaßnahme so schnell wie möglich umzusetzen.

21 Dies ist angesichts der Tatsache, dass es sich bei der notifizierten Stelle nicht um eine Behörde, sondern zumeist um eine juristische Person des Privatrechts handelt, dogmatisch wohl eher abzulehnen.

3. Einrichtung eines Einspruchsverfahrens (Satz 3)

37 Schließlich ist nunmehr unmittelbar in Art. 44 Abs. 3 UAbs. 2 geregelt, dass ein Einspruchsverfahren gegen die Entscheidungen der notifizierten Stellen vorgesehen sein „muss" (**bindende Vorschrift**).

38 In **personeller Hinsicht** kann eine ausgestellte Bescheinigung von jedermann, der ein berechtigtes Interesse an einer solchen Entscheidung geltend macht, angefochten werden.[22] Eine Beschränkung auf solche natürlichen oder juristischen Personen, die am Verfahren beteiligt sind, ist nicht vorgesehen.

39 In **sachlicher Hinsicht** betrifft der Einspruch sowohl negative als auch positive Entscheidungen der notifizierten Stelle, also sowohl verweigerte, ausgesetzte, widerrufene oder eingeschränkte Bescheinigungen als auch ausgestellte Bescheinigungen. Die Möglichkeit für Letzteres überrascht; positive Entscheidungen aus der Welt zu schaffen, wird wohl regelmäßig nur ein Konkurrent auf dem Markt, gegebenenfalls auch Verbraucherschutzorganisationen, bezwecken wollen, was ihnen mit dieser Vorschrift nun ausdrücklich offensteht.

40 Nähere Vorgaben im Hinblick auf das Einspruchsverfahren enthält die KI-VO nicht. Offen bleibt zum einen, wie dieses praktisch umzusetzen sein wird, insbesondere, ob eine nationale Umsetzung durch die Mitgliedstaaten erforderlich werden wird oder ob eine Lösung auf europäischer Ebene angestrebt wird.

41 Zum anderen ist fraglich, welche konkreten formellen Anforderungen an die Entscheidungen der notifizierten Stellen, die mit dem Einspruch angegriffen werden können, und an das Verfahren bzw. den Einspruch generell zu stellen sind. So erscheint es etwa denkbar, hinsichtlich der Qualität bzw. Rechtsnatur der Entscheidung der notifizierten Stelle Verwaltungsaktqualität zu fordern; auch die Frage bleibt offen, ob diese eine Rechtsbehelfsbelehrung enthalten muss. Eng damit in Zusammenhang steht die Frage, welche Rechtsfolgen die Nichterfüllung etwaiger Anforderungen zeitigt (Unwirksamkeit oder Nichtigkeit) und ob Heilungsmöglichkeiten vorgesehen sein sollen oder nicht.

42 Auch im Hinblick auf die Ausgestaltung des Einspruchsverfahrens für den Einspruchsführer stellen sich eine Reihe ungeklärter Fragen, beispielsweise, welche Form der Einspruch haben muss (Schriftform oder Textform), welche Frist zu wahren ist und welche Einspruchskriterien im Übrigen zu erfüllen sind. Insofern könnten Anleihen aus dem allgemeinen Verwaltungsrecht genommen werden und die dort geltenden Maßgaben für das Einspruchsverfahren nach Art. 44 Abs. 3 UAbs. 2 herangezogen werden. Zudem ist offen, auf welchem Rechtsweg Rechtsmittel gegen Entscheidungen von notifizierten Stellen zu verfolgen sind. Im Medizinproduktebereich ist anerkannt, dass die benannten Stellen nicht hoheitlich tätig werden, sondern aufgrund einer zivilrechtlichen Vereinbarung

22 *Denga*, ZfPC 2023, 154, 158.

(vgl. Art. 43 Rn. 4), was insbesondere für die Frage des Rechtsweges bei Rechtsstreitigkeiten bedeutsam ist. Ob diese Ansicht automatisch auf die KI-VO übertragbar ist, ist fraglich und noch abschließend zu klären. Die in Art. 44 Abs. 3 UAbs. 2 vorgesehene Schaffung eines förmlichen Einspruchsverfahrens gegen die Entscheidungen der notifizierten Stellen könnte für eine öffentlich-rechtliche Ausgestaltung sprechen. Wie unter Rn. 37 ff. dargestellt, wird es maßgeblich darauf ankommen, wieviel Freiraum die Mitgliedstaaten bei der Schaffung des Einspruchsverfahrens erhalten bzw. inwieweit und in welchem Umfang hier weitergehende Vorgaben durch den unionsrechtlichen Gesetzgeber folgen.

Insgesamt wäre es **wünschenswert**, wenn der Verordnungsgeber diese offenen Fragen adressiert und – wenn er schon ein Einspruchsverfahren vorsieht – dieses so detailliert regelt, dass rechtsstaatlichen Anforderungen Rechnung getragen wird. In Bezug auf das „Wie" der Umsetzung wäre insbesondere eine Regelung auf europäischer Ebene wünschenswert. **43**

Art. 45 Informationspflichten der notifizierten Stellen

(1) Die notifizierten Stellen informieren die notifizierende Behörde über

a) alle Unionsbescheinigungen über die Bewertung der technischen Dokumentation, etwaige Ergänzungen dieser Bescheinigungen und alle Genehmigungen von Qualitätsmanagementsystemen, die gemäß den Anforderungen des Anhangs VII erteilt wurden;

b) alle Verweigerungen, Einschränkungen, Aussetzungen oder Rücknahmen von Unionsbescheinigungen über die Bewertung der technischen Dokumentation oder Genehmigungen von Qualitätsmanagementsystemen, die gemäß den Anforderungen des Anhangs VII erteilt wurden;

c) alle Umstände, die Folgen für den Anwendungsbereich oder die Bedingungen der Notifizierung haben;

d) alle Auskunftsersuchen über Konformitätsbewertungstätigkeiten, die sie von den Marktüberwachungsbehörden erhalten haben;

e) auf Anfrage die Konformitätsbewertungstätigkeiten, denen sie im Anwendungsbereich ihrer Notifizierung nachgegangen sind, und sonstige Tätigkeiten, einschließlich grenzüberschreitender Tätigkeiten und Vergabe von Unteraufträgen, die sie durchgeführt haben.

(2) Jede notifizierte Stelle informiert die anderen notifizierten Stellen über

a) die Genehmigungen von Qualitätsmanagementsystemen, die sie verweigert, ausgesetzt oder zurückgenommen hat, und auf Anfrage die Genehmigungen von Qualitätsmanagementsystemen, die sie erteilt hat;

b) die Bescheinigungen der Union über die Bewertung der technischen Dokumentation und deren etwaige Ergänzungen, die sie verweigert, ausgesetzt oder zurückgenommen oder anderweitig eingeschränkt hat, und auf Anfrage die Bescheinigungen und/oder deren Ergänzungen, die sie ausgestellt hat.

(3) Jede notifizierte Stelle übermittelt den anderen notifizierten Stellen, die ähnlichen Konformitätsbewertungstätigkeiten für die gleichen Arten der KI-Systeme nachgehen, einschlägige Informationen über negative und auf Anfrage über positive Konformitätsbewertungsergebnisse.

(4) Notifizierende Behörden gewährleisten gemäß Artikel 78 die Vertraulichkeit der von ihnen erlangten Informationen.

Mit Art. 45 korrespondiert Erwägungsgrund 126.

Schrifttum: *Mayr/Thiermann/Schrack/Kiesselbach*, Das neue Medizinprodukterecht – Praxishandbuch zur MP-VO, 2021; *Rehmann/Wagner*, MP-VO, Verordnung (EU) 2017/745 über Medizinprodukte, 4. Aufl. 2023.

Übersicht

I. Allgemeines

1. Zweck der Vorschrift

1 Art. 45 bezweckt in erster Linie die Gewährleistung eines **sachdienlichen Erfahrungsaustausches** zwischen den verschiedenen am Konformitätsbewertungsverfahren beteiligten Akteuren, sei es zwischen den notifizierten Stellen und den notifizierenden Behörden (Art. 45 Abs. 1) einerseits (zu notifizierenden Behörden siehe Art. 28 Rn. 2 ff.), sei es zwischen den notifizierten Stellen untereinander (Art. 45 Abs. 2 und 3) andererseits.[1] ErwG 68 spricht insofern davon, dass die Erleichterung des Datenaustauschs entscheidend dazu beitragen wird, „einen vertrauensvollen, rechenschaftspflichtigen und diskriminierungsfreien Zugang zu hochwertigen Daten […] zu gewährleisten".[2]

2 Ein geregelter Informationsaustausch stellt zudem Transparenz im Hinblick auf die Aktivitäten anderer notifizierter Stellen her und trägt damit wesentlich zu

1 Eine solche Vorschrift, die für den Austausch zwischen den notifizierenden Behörden (im Medizinprodukterecht „für die Benannten Stellen zuständigen Behörden" genannt) und den notifizierten Stellen (im Medizinprodukterecht sog. „Benannte Stellen") sorgt, existiert auch im unionsrechtlichen Medizinprodukterecht. Hierzu ist in Art. 48 EU-Medizinprodukteverordnung ein Verfahren zur gegenseitigen Begutachtung und zum Erfahrungsaustausch vorgesehen. Letzterer umfasst eine Reihe von Aspekten, darunter unter anderem die Erstellung von Dokumenten zu vorbildlichen Verfahren im Zusammenhang mit den Tätigkeiten der für Benannte Stellen zuständigen Behörden und die Ausarbeitung von Leitfäden für Benannte Stellen im Hinblick auf die Anwendung der EU-Medizinprodukteverordnung, vgl. *Mayr/Thiermann/Schrack/Kiesselbach*, Das neue Medizinprodukterecht, S. 124.

2 ErwG 68.

einer Vereinheitlichung der Arbeitsweise der notifizierten Stellen bzw. der jeweils zuständigen nationalen Behörden bei.

3 Weiterhin soll ein **funktionierender Erfahrungsaustausch** zu einer Vereinfachung und Beschleunigung der laufenden, zu bearbeitenden Prozesse führen, was sich im Hinblick auf die begrenzte Anzahl und die begrenzte Kapazität der notifizierten Stellen als hilfreich erweisen könnte.

4 Mit der Regelung in Art. 45 Abs. 4, der auf die in Art. 78 geregelte Vertraulichkeit verweist, soll schließlich die **Informationssicherheit und der Schutz der Grundrechte** von am Konformitätsbewertungsverfahren beteiligten Akteuren, insbesondere Anbietern von Hochrisiko-KI-Systemen, deren Informationen zwischen den verschiedenen Stellen und Behörden übermittelt werden, sichergestellt werden. Auf diese Weise soll der Vertraulichkeit der im Rahmen von Konformitätsbewertungsverfahren zur Verfügung gestellten und auf Behördenseite erlangten Informationen Rechnung getragen werden. Bei Art. 45 Abs. 4 geht es dabei nicht um eine zusätzliche materielle Schutzdimension, sondern eher um allgemeine formale Vorgaben hinsichtlich der Datensicherheit, mithin nicht um das „Ob" der Datenverarbeitung, sondern um das „Wie".

2. Entstehungsgeschichte

5 Ursprünglich hieß die Überschrift im Vorschlag der Europäischen Kommission vom 21.4.2021 in der deutschen Fassung in Art. 46 „Meldepflichten der notifizierten Stellen"; heute ist in Art. 45 von „Informationspflichten der notifizierten Stellen" die Rede, was dem im Englischen von Anfang an vorgesehenen Wortlaut „Information obligations of notified bodies" besser entspricht. Dementsprechend wurde auch der Wortlaut in der Vorschrift angepasst: Statt „melden" und „unterrichten" heißt es nunmehr „informieren".

6 Eine weitere Änderung wurde in Art. 45 Abs. 3 vorgenommen. Es wurde eingefügt, dass jede notifizierte Stelle den anderen notifizierten Stellen einschlägige Informationen über **negative** und auf Anfrage auch über **positive** Konformitätsbewertungsergebnisse übermittelt, wenn die notifizierten Stellen ähnlichen Konformitätsbewertungstätigkeiten für die gleiche Art von KI-Systemen nachgehen. Damit wurde die Übermittlungspflicht auf solche Fälle beschränkt, in denen die Konformitätsbewertungstätigkeiten dieselbe Risikoklasse von Produkten bzw. dieselbe Art von KI-Systemen betrifft.

7 Schließlich unterscheidet sich die heutige Fassung des Art. 45 vom ursprünglichen Kommissionsentwurf dahingehend, dass **ein vierter Absatz eingefügt** wurde, welcher die Gewährleistung der Vertraulichkeit der durch die notifizierenden Behörden erlangten Informationen regelt.

3. Verhältnis zu anderen Vorschriften

Art. 45 ist eine **zentrale Vorschrift für den Informationsaustausch** zwischen verschiedenen am Konformitätsbewertungsverfahren von Hochrisiko-KI-Systemen beteiligten Akteuren. Die Vorschrift betrifft insbesondere notifizierte Stellen und notifizierende Behörden, welche wiederum in Art. 30 ff. geregelt sind. Nicht betroffen ist hingegen das Verhältnis zwischen notifizierten Stellen und den national zuständigen Aufsichtsbehörden, die nicht zwangsläufig mit den notifizierenden Behörden eines Mitgliedstaates identisch sind. Die Vorschrift des Art. 45 steht somit zum einen im Zusammenhang mit den Art. 30 ff., insbesondere mit Art. 31 Abs. 12 und Art. 38. Dort ist die Koordinierung der notifizierten Stellen normiert (vgl. dazu auch die Kommentierung unten unter Rn. 19). 8

Zum anderen verweist Art. 45 in seinem Abs. 4 hinsichtlich der Gewährleistung der Vertraulichkeit der ausgetauschten Informationen und Daten auf Art. 78 (vgl. dazu auch die Kommentierung unten unter Rn. 27). Insofern steht die Vorschrift auch mit Art. 78 in engem Zusammenhang, da sich erst aus diesem alle konkreten Anforderungen im Hinblick auf den Datenschutz ergeben. 9

II. Informationspflichten gegenüber der notifizierenden Behörde (Art. 45 Abs. 1)

Art. 45 Abs. 1 regelt die Informationspflichten der notifizierten Stellen (Art. 29 Rn. 2 ff.) an die notifizierende Behörde (Art. 28 Rn. 2 ff.). Die Vorschrift ist als **bindende Norm** ausgestaltet, was an der Formulierung „informieren“ ersichtlich ist. Dies bedeutet, dass den notifizierten Stellen kein Ermessensspielraum hinsichtlich der Frage verbleibt, ob sie die notifizierenden Behörden über bestimmte Sachverhalte informieren oder nicht. Handelt es sich inhaltlich um einen in Abs. 1 lit. a–e aufgezählten Gegenstand, so sind die notifizierten Stellen zur Informationsübermittlung an die notifizierenden Behörden verpflichtet. Eine Ausnahme hiervon bildet lediglich Art. 45 Abs. 1 lit. e; diesbezüglich muss die Information nur auf Anfrage der notifizierenden Behörde erfolgen. 10

Eine Verpflichtung zur Informationsübermittlung besteht dann, wenn es sich inhaltlich um einen der folgenden Gegenstände handelt: 11

– Unionsbescheinigungen über die Bewertung der technischen Dokumentation gemäß Art. 44 i.V.m. Nr. 4.6 Anhang VII (siehe dazu auch die Kommentierung zu Art. 44 Rn. 1, 6 f.), etwaige Ergänzungen dieser Bescheinigungen und Genehmigungen von Qualitätsmanagementsystemen, die gemäß den Anforderungen des Anhangs VII erteilt wurden;

- Verweigerungen, Einschränkungen, Aussetzungen oder Rücknahmen von Unionsbescheinigungen über die Bewertung der technischen Dokumentation oder Genehmigungen von Qualitätsmanagementsystemen nach Art. 44 Abs. 3 Satz 1, 2 (siehe dazu auch die Kommentierung zu Art. 44 Rn. 7), die gemäß den Anforderungen des Anhangs VII erteilt wurden;
- Umstände, die Folgen für den Anwendungsbereich oder die Bedingungen der Notifizierung haben;
- Auskunftsersuchen über Konformitätsbewertungstätigkeiten, die sie von den Marktüberwachungsbehörden erhalten haben;
- sowie auf Anfrage der notifizierenden Behörden Konformitätsbewertungstätigkeiten, denen die notifizierten Stellen im Anwendungsbereich ihrer Notifizierung nachgegangen sind, und sonstige Tätigkeiten, einschließlich grenzüberschreitender Tätigkeiten und Vergabe von Unteraufträgen, die die notifizierten Stellen durchgeführt haben.

12 Die Aufzählung in Abs. 1 ist dabei abschließend gestaltet. In allen übrigen Fällen sind die notifizierten Stellen nicht zur Berichterstattung bzw. Information der notifizierenden Behörden verpflichtet.

13 Für die Anbieter besonders interessant bei der Aufzählung erscheint Art. 45 Abs. 1 lit. b: Hiernach wird es der notifizierenden Behörde unmittelbar zur Kenntnis gebracht, wenn eine notifizierte Stelle eine Unionsbescheinigung über die Bewertung der technischen Dokumentation oder eine Genehmigung eines Qualitätsmanagementsystems (siehe Art. 44 Rn. 7) verweigert, einschränkt, aussetzt oder zurücknimmt.

III. Informationspflicht untereinander (Art. 45 Abs. 2)

14 Art. 45 Abs. 2 regelt die Informationspflichten der notifizierten Stellen untereinander. Auch hierbei handelt es sich um eine **bindende Norm** („informiert"), sodass den notifizierten Stellen auch betreffend die Informationen, die sie an andere notifizierte Stellen weiterzugeben haben, kein Ermessensspielraum eingeräumt ist. Handelt es sich inhaltlich um einen in Abs. 2 lit. a und b aufgezählten Gegenstand, so sind die notifizierten Stellen zur Informationsübermittlung an die anderen notifizierten Stellen verpflichtet.

15 Eine Verpflichtung zur Informationsübermittlung besteht dann, wenn es sich inhaltlich um einen der folgenden Gegenstände handelt:

- Genehmigungen von Qualitätsmanagementsystemen, die die notifizierte Stelle verweigert, ausgesetzt oder zurückgenommen hat;
- Bescheinigungen der Union über die Bewertung der technischen Dokumentation und deren etwaige Ergänzungen, die die notifizierte Stelle verweigert, ausgesetzt oder zurückgenommen oder anderweitig eingeschränkt hat.

Diese Informationspflichten sind für Anbieter wiederum sehr relevant, da im Fall, dass die beauftragte notifizierte Stelle eine Genehmigung verweigert, aussetzt oder zurücknimmt bzw. die Unionsbescheinigung und deren Ergänzungen verweigert, aussetzt oder zurücknimmt, dies jeder anderen notifizierten Stelle unmittelbar zur Kenntnis gebracht wird. Eine erneute Antragstellung bei einer anderen notifizierten Stelle ist nach einer negativen Entscheidung der ersten notifizierten Stelle damit ohne materielle Änderungen kaum möglich. **16**

Etwas anderes gilt für Genehmigungen von Qualitätsmanagementsystemen, die von der notifizierten Stelle erteilt wurden (Art. 45 Abs. 2 lit. a Hs. 2) bzw. für Unionsbescheinigungen und/oder deren Ergänzungen, die die notifizierte Stelle ausgestellt hat (Art. 45 Abs. 2 lit. b Hs. 2). In diesen Fällen hat die notifizierte Stelle die anderen notifizierten Stellen ausweislich des klaren Wortlauts der Vorschriften nur auf Antrag über die jeweiligen Sachverhalte zu informieren. Liegt ein solcher Antrag vor, hat die notifizierte Stelle, die über die Informationen verfügt, diesem zwingend nachzukommen. **17**

Eine vergleichbare Regelung zum Zwecke des Erfahrungsaustausches zwischen notifizierten Stellen sieht der Leitfaden für die Umsetzung der nach dem neuen Konzept und dem Gesamtkonzept verfassten Richtlinien („**Blue Guide**") in Nr. 5.2.4 vor. Danach müssen die notifizierten (Benannten) Stellen, da sie Aufgaben erfüllen, die staatliche Behörden an sie delegiert haben, neben der Informationsweitergabe untereinander auch an von der Kommission organisierten Koordinierungstätigkeiten teilnehmen.[3] Hintergrund ist, dass die Kommission zusammen mit den Mitgliedstaaten sicherstellt, dass zwischen den notifizierten Stellen eine Koordinierung organisiert wird. Hierzu wird für jeden Harmonisierungsrechtsakt der Union oder für mehrere zusammenhängende Rechtsakte eine Koordinierungsgruppe notifizierter Stellen eingerichtet, deren Arbeit sich auf technische Probleme in Bezug auf Konformitätsbewertungen beschränkt. Ferner haben die Koordinierungsgruppen ihre administrativen Entscheidungen und Empfehlungen zu veröffentlichen, um Transparenz gegenüber der Öffentlichkeit zu gewährleisten.[4] Auch den anderen notifizierten Stellen, die Mitglieder der jeweiligen Gruppen sind, sollen die einschlägigen Arbeitsunterlagen, Sitzungsberichte, Empfehlungen und Leitlinien zur Verfügung gestellt werden, wobei der Informationsaustausch und die Kommunikation durch die Nutzung einer Plattform wie der von der Kommission betriebenen CIRCABC noch optimiert werden kann. **18**

Die KI-VO sieht eine derartige Koordinierung in Art. 31 Abs. 12 i.V.m. Art. 38 vor (siehe Art. 38 Rn. 2 ff.). In ErwG 149 ist zudem davon die Rede, dass das KI- **19**

3 Hierzu und zum Folgenden siehe Bekanntmachung der Kommission, Leitfaden für die Umsetzung der Produktvorschriften der EU 2022 („Blue Guide"), 29.6.2022, ABl. 2022 C 247/1, S. 84 ff.

4 *Mayr/Thiermann/Schrack/Kiesselbach*, Das neue Medizinprodukterecht, S. 125.

Gremium zwei ständige Untergruppen einrichten sollte, um den nationalen Aufsichtsbehörden, wie insbesondere den Marktüberwachungsbehörden und notifizierenden Behörden für die Zusammenarbeit und den Austausch in Fragen, die die Marktüberwachung bzw. notifizierende Stellen betreffen, eine gemeinsame Plattform zu bieten.[5]

20 Auch nach der Verordnung (EU) 2017/745 (EU-Medizinprodukteverordnung) (dort Art. 48, vgl. auch oben Fn. 1 Rn. 1) sind die zuständigen nationalen Behörden gehalten, eine einheitliche Behördenpraxis zur Umsetzung der Vorgaben der EU-Medizinprodukteverordnung zu entwickeln, was durch einen von der Kommission organisierten und koordinierten Erfahrungsaustausch zu befördern ist.[6] Dies ist im Medizinproduktebereich durch die Errichtung einer sektorspezifischen Koordinierungsgruppe[7] geschehen.

IV. Informationsübermittelung untereinander (Art. 45 Abs. 3)

21 Nach Art. 45 Abs. 3 übermittelt jede notifizierte Stelle den anderen notifizierten Stellen, die ähnlichen Konformitätsbewertungstätigkeiten für die gleichen Arten von KI-Systemen nachgehen, einschlägige Informationen über negative und auf Anfrage auch über positive Konformitätsbewertungsergebnisse. Insofern bezieht sich Abs. 3 – genauso wie Art. 45 Abs. 2 – auf das Verhältnis der notifizierten Stellen untereinander und soll den sachdienlichen Erfahrungsaustausch mitsamt den damit einhergehenden Vorteilen (s. dazu Rn. 2 und 3) ermöglichen.

22 Nicht weiter spezifiziert wird, was unter KI-Systemen „**der gleichen Art**" zu verstehen ist. Unstreitig können damit nur Hochrisiko-KI-Systeme (und nicht etwa verbotene Praktiken oder Allzweck-KI-Modelle) gemeint sein, da lediglich bei diesen ein Konformitätsbewertungsverfahren unter Beteiligung einer Konformitätsbewertungsstelle nach der KI-VO zwingend vorgeschrieben ist. Innerhalb der Gruppe der Hochrisiko-KI-Systeme könnte die Einschränkung „der gleichen Art" zum einen jedoch die jeweilige Branche bzw. den jeweiligen Sektor betreffen, also beispielsweise KI-Systeme im Anwendungsbereich der Maschinenverordnung, der EU-Medizinprodukteverordnung usw. (vgl. die Aufzählung in Anhang I). Zum anderen könnte die Differenzierung der in Anhang III vorgenommenen Kategorisierung folgen. So könnten mit „der gleichen Art" bei-

5 ErwG 149.

6 *Rehmann*, in: Rehmann/Wagner, MP-VO, Art. 48 Rn. 1; *Mayr/Thiermann/Schrack/Kiesselbach*, Das neue Medizinprodukterecht, S. 124.

7 Im Medizinproduktesektor ist dies die Koordinierungsgruppe Medizinprodukte (Medical Device Coordination Group, MDCG), vgl. https://www.johner-institut.de/blog/regulatory-affairs/medical-device-coordination-group-mdcg/.

spielsweise nur solche Hochrisiko-KI-Systeme gemeint sein, die sich innerhalb desselben von Anhang III genannten Bereichs bewegen, zum Beispiel im Bereich Biometrie (Nr. 1), kritische Infrastruktur (Nr. 2), allgemeine und berufliche Bildung (Nr. 3), Beschäftigung, Personalmanagement und Zugang zur Selbstständigkeit (Nr. 4), Zugänglichkeit und Inanspruchnahme grundlegender privater und grundlegender öffentlicher Dienste und Leistungen (Nr. 5), Strafverfolgung (Nr. 6), Migration, Asyl und Grenzkontrolle (Nr. 7) sowie Rechtspflege und demokratische Prozesse (Nr. 8).

Sowohl unter systematischen als auch unter teleologischen Gesichtspunkten sind **beide Auslegungsmöglichkeiten denkbar**. Die Erwägungsgründe der KI-VO geben hier keine Anhaltspunkte für die bevorzugte Lesart vor. Wie die Handhabe dieses auslegungsbedürftigen Begriffs in der Praxis erfolgen wird, bleibt damit abzuwarten. 23

Fest steht jedenfalls, dass die einschlägigen Informationen **zwingend** nur über negative Konformitätsbewertungsergebnisse mit den anderen notifizierten Stellen geteilt werden müssen; handelt es sich um positive Konformitätsbewertungsergebnisse, so hat die jeweilige notifizierte Stelle diese ausweislich des eindeutigen Wortlauts in Abs. 3 nur auf Anfrage an die anderen notifizierten Stellen zu übermitteln. 24

Bei der Vorschrift handelt es sich unabhängig davon, ob es sich um negative oder positive Konformitätsbewertungsergebnisse handelt, um eine **bindende Norm** („übermittelt"). Dies bedeutet, dass der notifizierten Stelle kein Ermessensspielraum hinsichtlich der Informationsübermittlung zusteht – für den Fall, dass es sich um eine positive Konformitätsbewertungsentscheidung handelt, muss sie diese Information übermitteln, wenn zusätzlich eine Anfrage einer anderen notifizierten Stelle gestellt wurde, bei einer negativen Entscheidung ist eine Übermittlung per Gesetz automatisch zwingende Folge. 25

V. Vertraulichkeit des Informations- und Erfahrungsaustauschs (Art. 45 Abs. 4)

Ein reger Informations- und Erfahrungsaustausch zwischen den beteiligten Akteuren hat jedoch nicht nur Vorteile (s. dazu Rn. 2, 3), sondern bringt auch **Gefahren** mit sich, insbesondere im Hinblick auf die Vertraulichkeit der auszutauschenden Informationen und Daten. Mit Art. 45 Abs. 4 wird sichergestellt, dass im Rahmen des Informations- und Datenaustausches zwischen notifizierten Stellen und notifizierenden Behörden die Vertraulichkeit dieser so kommunizierten Informationen und Daten gewährleistet wird. Insofern weist die Vorschrift die Verantwortung für die Einhaltung der Vertraulichkeit der Informationen und Daten den notifizierenden Behörden zu. Nach dem Wortlaut bezieht 26 sich die Gewährleistung der Vertraulichkeit dementsprechend nur auf von notifizierenden Behörden erlangte Informationen. Dies erscheint vor dem Hintergrund der Verantwortungszuweisung an die notifizierenden Behörden konsequent, da sich alle anderen Informationen dem Einflussbereich der notifizierenden Behörden entziehen und von diesen dementsprechend nicht auf Einhaltung der Vorschriften über die Vertraulichkeit kontrolliert werden können.

27 Im Übrigen verweist Art. 45 Abs. 4 hinsichtlich der Gewährleistung der Vertraulichkeit auf Art. 78. Nach Art. 78 wahren (neben anderen Akteuren) unter anderem die notifizierten Stellen, die an der Anwendung der KI-VO beteiligt sind, die Vertraulichkeit der Informationen und Daten, in deren Besitz sie bei der Ausführung ihrer Aufgaben und Tätigkeiten gelangen, gemäß dem Unionsrecht oder dem nationalen Recht (siehe Art. 78 Rn. 1 ff.). Dabei muss insbesondere Folgendes geschützt sein:

- die Rechte des geistigen Eigentums sowie vertrauliche Geschäftsinformationen oder Geschäftsgeheimnisse natürlicher oder juristischer Personen, einschließlich Quellcodes;
- die wirksame Durchführung der KI-VO, insbesondere für die Zwecke von Inspektionen, Untersuchungen oder Audits;
- öffentliche und nationale Sicherheitsinteressen;
- die Durchführung von Straf- oder Verwaltungsverfahren;
- gemäß dem Unionsrecht oder dem nationalen Recht als Verschlusssache eingestufte Informationen.

28 Insofern obliegt durch die Verweisung des Art. 45 Abs. 4 auf Art. 78 die (Letzt-) Verantwortung für die Einhaltung der Vertraulichkeit der Informationen und Daten letztendlich doch auch wieder den notifizierten Stellen selbst. Diese haben sicherzustellen, dass sie die nationalen und Unionsvorschriften zum Recht des geistigen Eigentums sowie zu Geschäftsgeheimnissen einhalten und ferner die wirksame Durchführung der KI-VO nicht gefährden, indem sie die erlangten Informationen nicht vertraulich behandeln.

29 Zur Gewährleistung der Vertraulichkeit der im Rahmen des Erfahrungsaustausches untereinander geteilten Informationen und Daten haben notifizierte Stellen ferner nur diejenigen Daten anzufragen, die für die Bewertung des von KI-Systemen ausgehenden Risikos und für die Ausübung ihrer Befugnisse in Übereinstimmung mit der KI-VO und mit der Verordnung (EU) 2019/1020 unbedingt erforderlich sind. Dies ergibt sich aus Art. 78 Abs. 2.

30 Weiterhin ergibt sich aus dieser Vorschrift, dass die notifizierten Stellen angemessene und wirksame **Cybersicherheitsmaßnahmen** zum Schutz der Sicherheit und Vertraulichkeit der erlangten Informationen und Daten zu ergreifen haben. Wie beispielsweise, eine Verschlüsselung als Zugangsschutz einzurichten und im Einklang mit dem geltenden Unionsrecht oder nationalen Recht die erhobenen Daten, sobald sie für den Zweck, für den sie erlangt wurden, nicht mehr benötigt werden, zu **löschen**.

Ferner darf nach Art. 78 Abs. 3 der **Austausch vertraulicher Informationen** zwischen den zuständigen nationalen Behörden untereinander oder zwischen den zuständigen nationalen Behörden und der Europäischen Kommission nicht ohne vorherige Rücksprache mit der zuständigen nationalen Behörde, von der die Informationen stammen, und dem Betreiber offengelegt werden. Dies gilt für den Fall, dass eines der in Anhang III Nr. 1, 6 oder 7 genannten Hochrisiko-KI-Systeme von Strafverfolgungs-, Grenzschutz-, Einwanderungs- oder Asylbehörden verwendet werden und eine solche Offenlegung die öffentlichen und nationalen Sicherheitsinteressen gefährden könnte, wobei sich der Informationsaustausch per se nicht auf sensible operative Daten zu den Tätigkeiten von Strafverfolgungs-, Grenzschutz-, Einwanderungs- oder Asylbehörden erstreckt. 31

Schließlich sieht Art. 78 Abs. 4 vor, dass sich die vorgenannten, aus Art. 78 Abs. 1–3 ergebenden **Datenschutzmaßnahmen** keinesfalls auf die Rechte oder Pflichten der Europäischen Kommission, der Mitgliedstaaten und ihrer einschlägigen Behörden sowie der notifizierten Stellen in Bezug auf den Informationsaustausch und die Weitergabe von Warnungen, einschließlich im Rahmen der grenzüberschreitenden Zusammenarbeit, auswirken dürfen. Dies gilt auch für die Pflichten der betreffenden Parteien, Informationen auf der Grundlage des Strafrechts der Mitgliedstaaten bereitzustellen. 32

Bei Art. 45 Abs. 4 handelt es sich um eine **bindende Norm** („gewährleisten"), sodass die Einhaltung der Vorschriften über die Vertraulichkeit der Informationen und Daten zwingende Aufgabe der notifizierenden Behörde – bzw. letztendlich der notifizierten Stelle – ist. 33

Art. 46 Ausnahme vom Konformitätsbewertungsverfahren

(1) Abweichend von Artikel 43 und auf ein hinreichend begründetes Ersuchen kann eine Marktüberwachungsbehörde das Inverkehrbringen oder die Inbetriebnahme bestimmter Hochrisiko-KI-Systeme im Hoheitsgebiet des betreffenden Mitgliedstaats aus außergewöhnlichen Gründen der öffentlichen Sicherheit, des Schutzes des Lebens und der Gesundheit von Personen, des Umweltschutzes oder des Schutzes wichtiger Industrie- und Infrastrukturanlagen genehmigen. Diese Genehmigung wird auf die Dauer der erforderlichen Konformitätsbewertungsverfahren befristet, wobei den außergewöhnlichen Gründen für die Ausnahme Rechnung getragen wird. Der Abschluss dieser Verfahren erfolgt unverzüglich.

(2) In hinreichend begründeten dringenden Fällen aus außergewöhnlichen Gründen der öffentlichen Sicherheit oder in Fällen einer konkreten, erheblichen und unmittelbaren Gefahr für das Leben oder die körperliche Unversehrtheit natürlicher Personen können Strafverfolgungsbehörden oder Katastrophenschutzbehörden ein bestimmtes Hochrisiko-KI-System ohne die in Absatz 1 genannte Genehmigung in Betrieb nehmen, sofern diese Genehmigung während der Verwendung oder im Anschluss daran unverzüglich beantragt wird. Falls die Genehmigung gemäß Absatz 1 abgelehnt wird, wird Verwendung des Hochrisiko-KI-Systems mit sofortiger Wirkung eingestellt und sämtliche Ergebnisse und Ausgaben dieser Verwendung werden unverzüglich verworfen.

(3) Die in Absatz 1 genannte Genehmigung wird nur erteilt, wenn die Marktüberwachungsbehörde zu dem Schluss gelangt, dass das Hochrisiko-KI-System die Anforderungen des Abschnitts 2 erfüllt. Die Marktüberwachungsbehörde informiert die Kommission und die anderen Mitgliedstaaten über alle von ihr gemäß den Absätzen 1 und 2 erteilten Genehmigungen. Diese Pflicht erstreckt sich nicht auf sensible operative Daten zu den Tätigkeiten von Strafverfolgungsbehörden.

(4) Erhebt weder ein Mitgliedstaat noch die Kommission innerhalb von 15 Kalendertagen nach Erhalt der in Absatz 3 genannten Mitteilung Einwände gegen die von einer Marktüberwachungsbehörde eines Mitgliedstaats gemäß Absatz 1 erteilte Genehmigung, so gilt diese Genehmigung als gerechtfertigt.

(5) Erhebt innerhalb von 15 Kalendertagen nach Erhalt der in Absatz 3 genannten Mitteilung ein Mitgliedstaat Einwände gegen eine von einer Marktüberwachungsbehörde eines anderen Mitgliedstaats erteilte Genehmigung oder ist die Kommission der Auffassung, dass die Genehmigung mit dem Unionsrecht unvereinbar ist oder dass die Schlussfolgerung der Mitglied-

staaten in Bezug auf die Konformität des in Absatz 3 genannten Systems unbegründet ist, so nimmt die Kommission unverzüglich Konsultationen mit dem betreffenden Mitgliedstaat auf. Die betroffenen Akteure werden konsultiert und erhalten Gelegenheit, dazu Stellung zu nehmen. In Anbetracht dessen entscheidet die Kommission, ob die Genehmigung gerechtfertigt ist. Die Kommission richtet ihren Beschluss an den betroffenen Mitgliedstaat und an die betroffenen Akteure.

(6) Wird die Genehmigung von der Kommission als ungerechtfertigt erachtet, so muss sie von der Marktüberwachungsbehörde des betreffenden Mitgliedstaats zurückgenommen werden.

(7) Für Hochrisiko-KI-Systeme im Zusammenhang mit Produkten, die unter die in Anhang I Abschnitt A aufgeführten Harmonisierungsrechtsvorschriften der Union fallen, gelten nur die in diesen Harmonisierungsrechtsvorschriften der Union festgelegten Ausnahmen von den Konformitätsbewertungsverfahren.

Mit Art. 46 korrespondiert Erwägungsgrund 130.

Schrifttum: *Hense/Mustać*, AI Act kompakt, 2025; *Hilgendorf/Roth-Isigkeit* (Hrsg.), Die neue Verordnung der EU zur Künstlichen Intelligenz, 2023; *Mayr/Thiermann/Schrack/Kiesselbach*, Das neue Medizinprodukterecht – Praxishandbuch zur MP-VO, 2021; *Rehmann/Wagner*, MP-VO, Verordnung (EU) 2017/745 über Medizinprodukte, 4. Aufl. 2023; *Voigt/Hullen*, Handbuch KI-Verordnung, 2024; *Wendt/Wendt*, Das neue Recht der Künstlichen Intelligenz, 2024; *Willhöft/Schwind*, Die behördliche Sonderzulassung von Medizinprodukten – zunehmende praktische Relevanz durch die Einführung der MDR, MPR 2020, 46.

Übersicht

I. Allgemeines

1. Zweck der Vorschrift

1 Die Vorschrift sieht **Ausnahmen** vom Konformitätsbewertungsverfahren nach Art. 43 für bestimmte, außergewöhnliche Gründe vor. Ähnliche Ausnahmen finden sich auch in anderen, sektoralen Rechtsvorschriften. So sieht beispielsweise auch die Medizinprodukteverordnung eine Sonderzulassung von Medizinprodukten vor, sofern diese im Interesse der öffentlichen Gesundheit liegt.[1] Den Mitgliedstaaten soll so ermöglicht werden, auf besonders kritische Situationen mit der raschen Verfügbarkeit innovativer Technik reagieren zu können.[2]

2. Entstehungsgeschichte

2 Im Wesentlichen war die Vorschrift im ursprünglichen Kommissionentwurf bereits enthalten. In Art. 46 Abs. 1 wurde durch den Rat lediglich klargestellt, dass die dort beschriebene Ausnahme nur auf „**ein hinreichend begründetes Ersuchen**" möglich ist. Komplett neu durch den Rat hinzugefügt wurden die Bestimmungen des Art. 46 Abs. 2. Art. 46 Abs. 3 wurde ebenfalls durch den Rat um eine Ausnahme für sensible operative Daten zu den Tätigkeiten von Strafverfolgungsbehörden ergänzt. Die Art. 46 Abs. 4, 5 und 6 sind praktisch unverändert geblieben. Weitgehend neu gefasst durch den Rat wurde hingegen Art. 46 Abs. 7.

3. Verhältnis zu anderen Vorschriften

3 Indem Art. 46 eine Ausnahme zu dem in Art. 43 geregelten Konformitätsbewertungsverfahren vorsieht, steht die Vorschrift in engem Zusammenhang mit Art. 43.

II. Ausnahmen vom Konformitätsbewertungsverfahren, behördliche Marktzulassung (Art. 46 Abs. 1)

4 Gemäß Art. 46 Abs. 1 kann abweichend von Art. 43 die Marktüberwachungsbehörde eines Mitgliedstaates für diesen Mitgliedstaat auf ein hinreichend begründetes Ersuchen das Inverkehrbringen oder die Inbetriebnahme bestimmter Hochrisiko-KI-Systeme für einen **Übergangszeitraum bis zum Abschluss eines regulären Konformitätsbewertungsverfahrens** genehmigen. Dies ist jedoch nur bei außergewöhnlichen Gründen der öffentlichen Sicherheit, des Schutzes des

1 *Wagner*, in: Rehmann/Wagner, MP-VO, Art. 59 Rn. 2; *Hense/Mustać*, AI Act kompakt, S. 224.

2 ErwG 130.

Lebens und der Gesundheit von Personen, des Umweltschutzes sowie des Schutzes wichtiger Industrie- und Infrastrukturanlagen möglich.

5 Die erteilte Genehmigung ist nach Art. 46 Abs. 1 Satz 2 nicht endgültig, sondern lediglich befristet bis zum Abschluss des dennoch durchzuführenden Konformitätsbewertungsverfahrens gültig,[3] wobei den außergewöhnlichen Umständen für die Ausnahme Rechnung getragen werden soll. Nach Art. 46 Abs. 1 Satz 3 erfolgt der Abschluss des Konformitätsbewertungsverfahrens „unverzüglich", das heißt – in Anlehnung an § 121 BGB – ohne schuldhaftes Zögern.

6 Eine **entsprechende Ausnahme von Konformitätsbewertungsverfahren** sehen nach dem Konzept des New Approach und des NLF (siehe dazu Art. 40 Rn. 2) auch andere Harmonisierungsrechtsakte der Union, beispielsweise die Verordnung (EU) 2017/745 (EU-Medizinprodukteverordnung) in Art. 59 in Form einer Sonderzulassung vor. Danach kann jede zuständige Behörde im Hoheitsgebiet des betreffenden Mitgliedstaats aufgrund eines ordnungsgemäß begründeten Antrags das erstmalige Inverkehrbringen und die Inbetriebnahme von Medizinprodukten befristet genehmigen, auch wenn kein Konformitätsbewertungsverfahren nach Art. 52 EU-Medizinprodukteverordnung durchgeführt wurde.[4] Voraussetzung ist hier, dass die Verwendung des Produktes im Interesse der öffentlichen Gesundheit oder der Patientensicherheit oder -gesundheit liegt. Eine Befristung auf die Dauer des an sich erforderlichen Konformitätsbewertungsverfahrens ist – anders als in Art. 46 Abs. 1 – in Art. 59 EU-Medizinprodukteverordnung im Wortlaut selbst nicht vorgesehen. Allerdings folgt aus der Idee der Ausnahmeregelung auch hier, dass eine solche Zulassung nur befristet erfolgen kann. Bei Medizinprodukten kommt eine solche Sonderzulassung damit nur unter den folgenden zwei Vorausetzungen in Betracht: (1) die Durchführung des an sich erforderlichen Konformitätsbewertungsverfahrens kann nicht abgewartet werden, und (2) es sind keine medizinisch annähernd gleichwertigen Produkte oder Verfahren verfügbar.[5] Während der Weg einer solchen Sonderzulassung im Medizinproduktebereich in der Vergangenheit nur selten beschritten wurde,[6] hatte diese Möglichkeit im Zusammenhang mit der Corona-Pandemie, insbesondere für die kurzfristige Zulassung von Masken und Antigen-Schnelltests, stark an praktischer Bedeutung gewonnen.[7]

7 Auch im Hinblick auf Art. 46 wird es letztendlich genau **um diese beiden Punkte** gehen, die im Ersuchen um eine Genehmigung nach Art. 46 Abs. 1 ne-

3 *Roth-Isigkeit*, in: Hilgendorf/Roth-Isigkeit, Die neue Verordnung der EU zur Künstlichen Intelligenz, S. 148.

4 *Mayr/Thiermann/Schrack/Kiesselbach*, Das neue Medizinprodukterecht, S. 27.

5 *Mayr/Thiermann/Schrack/Kiesselbach*, Das neue Medizinprodukterecht, S. 27.

6 *Wagner*, in: Rehmann/Wagner, MP-VO, Art. 59 Rn. 2; *Willhöft/Schwind*, MPR 2020, 46, 49.

7 *Mayr/Thiermann/Schrack/Kiesselbach*, Das neue Medizinprodukterecht, S. 27.

ben den außergewöhnlichen Gründen, die in Art. 46 Abs. 1 aufgezählt sind, hinreichend begründet vorzubringen sind.

8 Bei der Vorschrift handelt es sich ausweislich des eindeutigen Wortlauts „kann" um eine **Ermessensnorm**. Geht man davon aus, dass es sich – wie im Medizinprodukterecht[8] – bei der Entscheidung der Marktüberwachungsbehörde über die Sonderzulassung um einen Verwaltungsakt handelt, wofür neben der Parallele zum Medizinprodukterecht auch die Tatsache spricht, dass gemäß Art. 46 Abs. 6 eine Rücknahme möglich ist, so kann die Entscheidung nur auf Ermessensfehler hin überprüft werden und nur im Falle einer eher seltenen Ermessensreduzierung auf Null erzwungen werden.

III. Inbetriebnahme mit nachträglicher Marktzulassung (Art. 46 Abs. 2)

9 Art. 46 Abs. 2 enthält eine weitere, **noch enger gefasste Ausnahmeregelung** als Art. 46 Abs. 1. So können nach Art. 46 Abs. 2 in dringenden Fällen aus außergewöhnlichen Gründen der öffentlichen Sicherheit oder in Fällen einer konkreten, erheblichen und unmittelbaren Gefahr für Leib und Leben die Strafverfolgungs- oder Katastrophenschutzbehörden eines Mitgliedstaates ein bestimmtes Hochrisiko-KI-System direkt, das heißt auch ohne Genehmigung nach Abs. 1, in Betrieb nehmen.

10 Neben dem Vorliegen eines solchen **dringenden Falles** und **außergewöhnlichen Grundes** setzt diese Ausnahmeregelung weiterhin voraus, dass die Genehmigung **bereits während der Verwendung oder unverzüglich darauf** beantragt wird, Art. 46 Abs. 2 Satz 1 Hs. 2. Wird die Genehmigung gemäß Abs. 1 abgelehnt, ist die Verwendung des Hochrisiko-KI-Systems mit sofortiger Wirkung einzustellen und sämtliche erzielten Ergebnisse und Ausgaben der Verwendung sind unverzüglich zu verwerfen. Das Risiko, dass die Voraussetzungen des Art. 46 Abs. 2 bei Inbetriebnahme nicht vorlagen, trägt damit der Anbieter und der ggf. davon abweichende Anwender.

IV. Anforderungen an den Erhalt der Marktzulassung (Art. 46 Abs. 3)

11 Gemäß Art. 46 Abs. 3 Satz 1 darf die nationale Marktüberwachungsbehörde die Genehmigung nach Art. 46 Abs. 1 nur dann erteilen, wenn sie zu dem Schluss kommt, dass das Hochrisiko-KI-System die einschlägigen Anforderungen aus Kapitel III Abschnitt 2 erfüllt. Generell zeigt sich darin der Gedanke, dass die

8 *Wagner*, in: Rehmann/Wagner, MP-VO, Art. 59 Rn. 10.

Sonderzulassung das sonst langwierige Konformitätsbewertungsverfahren beschleunigen, nicht aber die Anforderungen an KI-Systeme senken soll.

Die nationale Marktüberwachungsbehörde hat die EU-Kommission und die anderen Mitgliedstaaten nach Art. 46 Abs. 3 Satz 2 über alle nach Art. 46 Abs. 1 und Art. 46 Abs. 2 erteilten Genehmigungen zu informieren. Dabei handelt es sich ausweislich des eindeutigen Wortlauts („**informiert**“) um eine **bindende Norm**. Auch in Bezug auf diese Unterrichtungspflicht besteht eine Parallele zum Medizinprodukterecht. Hier muss ein Mitgliedstaat für den Fall, dass er eine Sonderzulassung erteilt, die EU-Kommission und die anderen Mitgliedstaaten gemäß Art. 59 Abs. 2 EU-Medizinprodukteverordnung ebenfalls informieren.[9] 12

Eine **Ausnahme** gilt nach Art. 46 Abs. 3 Satz 3 für sensible operative Daten zu den Tätigkeiten nationaler Strafverfolgungsbehörden. Dieser letzte Satz wirkt im Kontext der Information über eine formal erteilte Genehmigung deplatziert und scheint nationalen Sicherheitsbedenken Rechnung tragen zu wollen. 13

V. Genehmigungsfiktion (Art. 46 Abs. 4)

Werden auf die Mitteilung der Marktüberwachungsbehörde nach Abs. 3 binnen 15 Kalendertagen **keine Einwände** gegen die von einer Marktüberwachungsbehörde eines Mitgliedstaats nach Abs. 1 erteilte Genehmigung von Seiten der EU-Kommission oder eines anderen Mitgliedstaats erhoben, so gilt die erteilte Genehmigung als gerechtfertigt, Art. 46 Abs. 4. Hierbei handelt es sich um eine Genehmigungsfiktion. Eine solche existiert beispielsweise im Medizinprodukterecht in Art. 59 EU-Medizinprodukteverordnung nicht. 14

VI. Verfahren bei Einwand eines Mitgliedstaates (Art. 46 Abs. 5)

Wird innerhalb der in Art. 46 Abs. 4 genannten **Frist von 15 Kalendertagen** jedoch von einem Mitgliedstaat ein Einwand oder werden mehrere Einwände erhoben, nimmt die EU-Kommission unverzüglich Konsultationen mit dem betreffenden Mitgliedstaat auf. Dasselbe gilt in dem Fall, dass die EU-Kommission der Auffassung ist, dass die Genehmigung mit dem Unionrecht unvereinbar ist oder der betreffende Mitgliedstaat hinsichtlich der Konformität des Hochrisiko-Systems mit den Anforderungen des Kapitel III Absatz 2 eine nicht begründete Schlussfolgerung getroffen hat, Art. 46 Abs. 5 Satz 1. 15

9 *Wagner*, in: Rehmann/Wagner, MP-VO, Art. 59 Rn. 1, 13.

16 Art. 46 Abs. 5 Satz 2 trägt dem allgemeinen Rechtsprinzip des rechtlichen Gehörs Rechnung, indem er besagt, dass die betroffenen Akteure konsultiert werden und Gelegenheit zur Stellungnahme erhalten.

17 Darauf basierend entscheidet die EU-Kommission nach Art. 46 Abs. 5 Satz 3 schließlich, ob die Genehmigung **gerechtfertigt ist oder nicht**. Nach Art. 46 Abs. 5 Satz 4 hat die EU-Kommission ihren Beschluss an den betroffenen Mitgliedstaat und die betroffenen Akteure zu richten. Dies wird zuvorderst die nationale Marktüberwachungsbehörde, der Anbieter und/oder der Anwender des Hochrisiko-KI-Systems sein, kann aber auch den Einführer oder weitere natürliche oder juristische Personen betreffen.

VII. Rücknahme aufgrund Kommissionsentscheidung (Art. 46 Abs. 6)

18 Kommt die EU-Kommission zu dem Schluss, dass die Genehmigung ungerechtfertigt ist, hat die Marktüberwachungsbehörde des jeweiligen Mitgliedstaates diese zurückzunehmen. Es handelt sich hierbei um den **„actus contrarius" zur Genehmigungserteilung**.

19 Indem die KI-VO die Rücknahme ausdrücklich regelt, unterscheidet sie sich neben dem Vorsehen einer Genehmigungsfiktion auch insofern von der entsprechenden Regelung im Medizinproduktesektor. So ist ein Widerruf oder eine Rücknahme in Art. 59 der EU-Medizinprodukteverordnung nicht vorgesehen und folgt daher in Deutschland den Vorschriften des VwVfG.[10]

VIII. Verhältnis zu anderen Harmonisierungsvorschriften (Art. 46 Abs. 7)

20 Eine Sonderregelung im Vergleich zu den in Art. 46 Abs. 1 bis 6 dargestellten Verfahren gilt für jene Hochrisiko-KI-Systeme, die **mit Produkten verbunden sind oder selbst Produkte sind**, die unter die in Anhang I Abschnitt A genannten Harmonisierungsrechtsvorschriften fallen, beispielsweise Medizinprodukte nach der EU-Medizinprodukteverordnung (Anhang I Abschnitt A Nr. 11).

21 Für diese gelten nur die in diesen Harmonisierungsrechtsvorschriften vorgesehenen Ausnahmen vom Konformitätsbewertungsverfahren. So kann zum Beispiel ein mit einem KI-System verbundenes Medizinprodukt nur nach Art. 59 der

10 *Wagner*, in: Rehmann/Wagner, MP-VO, Art. 59 Rn. 11.

EU-Medizinprodukteverordnung ohne vorheriges Konformitätsbewertungsverfahren auf den Markt gebracht werden.[11] Eine Ausnahme nach Art. 46 scheidet dann von vornherein aus.

11 *Wagner*, in: Rehmann/Wagner, MP-VO, Art. 59 Rn. 2.

Art. 47 EU-Konformitätserklärung

(1) Der Anbieter stellt für jedes Hochrisiko-KI-System eine schriftliche maschinenlesbare, physische oder elektronisch unterzeichnete EU-Konformitätserklärung aus und hält sie für einen Zeitraum von 10 Jahren ab dem Inverkehrbringen oder der Inbetriebnahme des Hochrisiko-KI-Systems für die zuständigen nationalen Behörden bereit. Aus der EU-Konformitätserklärung geht hervor, für welches Hochrisiko-KI-System sie ausgestellt wurde. Eine Kopie der EU-Konformitätserklärung wird den zuständigen nationalen Behörden auf Anfrage übermittelt.

(2) Die EU-Konformitätserklärung muss feststellen, dass das betreffende Hochrisiko-KI-System die in Abschnitt 2 festgelegten Anforderungen erfüllt. Die EU-Konformitätserklärung enthält die in Anhang V festgelegten Informationen und wird in eine Sprache übersetzt, die für die zuständigen nationalen Behörden der Mitgliedstaaten, in denen das Hochrisiko-KI-System in Verkehr gebracht oder bereitgestellt wird, leicht verständlich ist.

(3) Unterliegen Hochrisiko-KI-Systeme anderen Harmonisierungsrechtsvorschriften der Union, die ebenfalls eine EU-Konformitätserklärung vorschreiben, so wird eine einzige EU-Konformitätserklärung ausgestellt, die sich auf alle für das Hochrisiko-KI-System geltenden Rechtsvorschriften der Union bezieht. Die Erklärung enthält alle erforderlichen Informationen zur Feststellung der Harmonisierungsrechtsvorschriften der Union, auf die sich die Erklärung bezieht.

(4) Mit der Ausstellung der EU-Konformitätserklärung übernimmt der Anbieter die Verantwortung für die Erfüllung der in Abschnitt 2 festgelegten Anforderungen. Der Anbieter hält die EU-Konformitätserklärung gegebenenfalls auf dem neuesten Stand.

(5) Der Kommission ist befugt, gemäß Artikel 97 delegierte Rechtsakte zur Aktualisierung des in Anhang V festgelegten Inhalts der EU-Konformitätserklärung zu erlassen, um den genannten Anhang durch die Einführung von Elementen zu ändern, die angesichts des technischen Fortschritts erforderlich werden.

Mit Art. 47 korrespondiert Erwägungsgrund 131.

Schrifttum: *Ashkar/Schröder*, Das Gesetz über Künstliche Intelligenz der Europäischen Union (KI-Verordnung), BB 2024, 771; *Denga*, Konformitätsbewertung von KI-Systemen, ZfPC 2023, 154; *Ebert/Spiecker gen. Döhmann*, Der Kommissionsentwurf für eine KI-Verordnung der EU – Die EU als Trendsetter weltweiter KI-Regulierung, NVwZ 2021, 1188; *Gerdemann*, Konformitätsbewertung als Kernpflicht der KI-Verordnung, NJW 2024, 2209; *Hense/Mustać*, AI Act kompakt, 2025; *Mayr/Thiermann/Schrack/Kiessel-*

bach, Das neue Medizinprodukterecht – Praxishandbuch zur MP-VO, 2021; *Mayrhofer*, Produktsicherheit und Produkthaftung – zwei Seiten einer Medaille mit unterschiedlichen Gravuren, RDi 2024, 492; *Rostalski/Weiss*, Der KI-Verordnungsentwurf der Europäischen Kommission, ZfDR 2021, 329; *Voigt/Hullen*, Handbuch KI-Verordnung, 2024; *Wendt/Wendt*, Das neue Recht der Künstlichen Intelligenz, 2024; *Wiebe*, Produktsicherheitsrechtliche Betrachtung des Vorschlags für eine KI-Verordnung, BB 2022, 899.

Übersicht

I. Allgemeines

Anbieter von Hochrisiko-KI-Systemen müssen nach Art. 16 lit. g eine EU-Konformitätserklärung ausstellen. Mit den Regelungen über die EU-Konformitätserklärung (Art. 47) und die CE-Kennzeichnung (Art. 48) hat der KI-Verordnungsgeber bekannte und bewährte Instrumente des Konformitätsbewertungsverfahrens für Hochrisiko-KI-Systeme übernommen, jedoch teilweise modifiziert. 1

Das System folgt dem „New Approach" auf Basis des sog. „neuen Rechtsrahmens" („**New Legislative Framework**", NLF).[1] Dementsprechend kann zur Auslegung und Anwendung der KI-VO ebenfalls der sog. „Blue Guide" heran- 2

1 *Gerdemann*, NJW 2024, 2209; *Hense/Mustać*, AI Act kompakt, S. 229.

gezogen werden.[2] Der „Blue Guide“ soll als Leitfaden dienen und bietet Erläuterungen für eine Vielzahl von Produkten, die von der Union harmonisierte Gesetzgebung betreffen (d. h. CE-gekennzeichnete Produkte). Während früher ein „altes Konzept“ mit detaillierten Rechtsakten des Gesetzgebers bestand, die alle notwendigen technischen und administrativen Bestimmungen enthielten, liegt mit dem sog. „neuen Rechtsrahmen“ ein Konzept vor, mit dem der Inhalt von Rechtsvorschriften auf „wesentliche Anforderungen“ beschränkt wird und technische Einzelheiten den harmonisierten europäischen Normen überlassen werden. Mit der Verordnung (EG) Nr. 765/2008 und dem Beschluss Nr. 768/2008/EG wurden im neuen Rechtsrahmen verschiedene Elemente mit dem Ziel zusammengefasst, die Marktüberwachung zu verbessern und die Qualität der Konformitätsbewertungen zu steigern. Ferner wurde damit die rechtliche Grundlage für die Akkreditierung und die Marktüberwachung geschaffen sowie die Bedeutung der CE-Kennzeichnung bestätigt.[3]

3 Der sog. neue Rechtsrahmen sieht verschiedene Module für die Konformitätsbewertung mitsamt der EU-Konformitätserklärung und der CE-Kennzeichnung vor, welche zu den wichtigsten Bestandteilen des neuen Konzepts zählen.[4]

4 Die grundsätzlichen Vorgaben zur Konformitätsbewertung in der KI-VO folgen dem Modulkonzept, das durch die EU im **„neuen Konzept“** erarbeitet wurde. Danach ist die Durchführung des Konformitätsbewertungsverfahrens – im Unterschied zu anderen Systemen, beispielsweise in den USA – eine wesentliche Aufgabe des Herstellers bzw. des Anbieters. Sie muss vor dem erstmaligen Inverkehrbringen eines Produktes erfolgen. Sichtbarer Ausdruck der erfolgreich durchgeführten Konformitätsbewertung sind die CE-Kennzeichnung und die zugehörige EU-Konformitätserklärung durch den Hersteller bzw. den Anbieter.[5]

5 Bei der **EU-Konformitätserklärung** handelt es sich um ein Dokument, mit dem der Hersteller bzw. Anbieter erklärt, dass sein Produkt die entsprechenden Anforderungen der anzuwendenden EU-Rechtsvorschriften erfüllt und das CE-Kennzeichen tragen darf. Es handelt sich daher also auch im Fall von Hochrisiko-KI-Systemen um eine Eigenerklärung des Anbieters und nicht etwa um eine Genehmigung oder Erklärung einer notifizierten Stelle oder Behörde. Dies gilt auch für EU-Konformitätserklärungen nach Abschluss eines Konformitätsbewertungsverfahrens unter Beteiligung einer notifizierten Stelle. Mit der Ausstel-

---

2 Bekanntmachung der Kommission, Leitfaden für die Umsetzung der Produktvorschriften der EU 2022 („Blue Guide“), 29.6.2022, ABl. 2022 C 247/1, S. 5.

3 Bekanntmachung der Kommission, Leitfaden für die Umsetzung der Produktvorschriften der EU 2022 („Blue Guide“), 29.6.2022, ABl. 2022 C 247/1, S. 10.

4 Bekanntmachung der Kommission, Leitfaden für die Umsetzung der Produktvorschriften der EU 2022 („Blue Guide“), 29.6.2022, ABl. 2022 C 247/1, S. 3, Absatz 1.2.

5 *Mayr/Thiermann/Schrack/Kiesselbach*, Das neue Medizinprodukterecht, S. 41; *Voigt/Hullen*, Handbuch KI-Verordnung, S. 92.

lung und Unterzeichnung erklärt der Hersteller/Anbieter, dass er das jeweilige für sein Produkt geltende Konformitätsbewertungsverfahren ordnungsgemäß durchgeführt hat, was im Fall von Hochrisiko-KI-Systemen die Beteiligung einer notifizierten Stelle umfassen kann. Der Anbieter übernimmt damit die Eigenverantwortung für die Konformität des Produkts, vgl. Art. 47 Abs. 4 Satz 1.[6] Hinter der Eigenverantwortlichkeit des Herstellers für die Konformität seines Produkts steht der im Rahmen des Produkt- und Maschinensicherheitsrechts etablierte Grundsatz, dass zuallererst der Hersteller/Anbieter für die Sicherheit der von ihm in Verkehr gebrachten Produkte verantwortlich ist. Die EU-Konformitätserklärung kann nicht durch einen Dritten abgegeben werden. Ein Dritter, etwa eine Organisation oder Prüfstelle, wie eine notifizierte Stelle, kann die Übereinstimmung mit den Anforderungen der Maschinenrichtlinie oder der sonstigen Harmonisierungsrechtsakte zwar überprüfen und die erfolgreiche Prüfung bestätigen. Die Einbeziehung einer notifizierten Stelle entbindet den Hersteller aber nicht von seiner persönlichen Verpflichtung, eigenständig die Konformität mit allen zutreffenden Anforderungen zu erklären.[7]

Die Konformitätserklärung stellt den **Abschluss des Konformitätsbewertungsverfahrens** dar. Ist das einschlägige Bewertungsverfahren erfolgreich abgeschlossen, stellt der Anbieter selbst für jedes Hochrisiko-KI-System eine EU-Konformitätserklärung aus, Art. 47 Abs. 1.[8] Diese bestätigt nach außen erkennbar, dass das System den Anforderungen des Abschnitts 2 von Kapitel III (Anforderungen an Hochrisiko-KI-Systeme) genügt, Art. 47 Abs. 2.[9] Welche spezifischen Angaben die Erklärung enthalten muss, legt Anhang V fest. Die Erklärung hat zur Folge, dass der Anbieter die Verantwortung für die Konformität des Systems übernimmt, Art. 47 Abs. 4.[10] 6

Insofern **ähnelt der Mechanismus im Rahmen der KI-VO stark demjenigen im EU-Medizinprodukterecht**, zu welchem an dieser Stelle eine Parallele gezogen werden kann: So erstellen auch hier die Hersteller von Produkten, bei denen es sich nicht um Sonderanfertigungen oder Prüfprodukte handelt, die EU-Konformitätserklärung (Art. 19 EU-Medizinprodukteverordnung) und versehen die Produkte mit der CE-Kennzeichnung (Art. 10 Abs. 6 EU-Medizinprodukteverordnung), wenn im Rahmen des anzuwendenden Konformitätsbewertungsverfahrens nachgewiesen wurde, dass die geltenden Anforderungen erfüllt sind. Auch in diesem sektorspezifischen Bereich ist die Konformitätserklärung eine 7

6 Bekanntmachung der Kommission, Leitfaden für die Umsetzung der Produktvorschriften der EU 2022 („Blue Guide"), 29.6.2022, ABl. 2022 C 247/1, S. 62; *Voigt/Hullen*, Handbuch KI-Verordnung, S. 92.

7 https://www.weka-manager-ce.de/konformitaetserklaerung/konformitaetserklaerung/.

8 *Denga*, ZfPC 2023, 154, 157; *Rostalski/Weiss*, ZfDR 2021, 329, 334 f.; *Wiebe*, BB 2022, 899, 903.

9 *Denga*, ZfPC 2023, 154, 155.

10 *Denga*, ZfPC 2023, 154, 157.

schriftliche Erklärung des Herstellers am Ende des Konformitätsbewertungsverfahrens, mit er für ein Produkt bestätigt, dass das entsprechende Produkt die Anforderungen der EU-Medizinprodukteverordnung erfüllt und das CE-Kennzeichen tragen darf. Dabei ist zu beachten, dass auch in den Fällen, in denen eine Benannte Stelle/notifizierte Stelle am Konformitätsbewertungsverfahren mitwirkt, der Hersteller also nicht nur eine interne Kontrolle durchführt, sondern Dritte involviert sind, die Konformitätserklärung durch den Hersteller selbst abgegeben wird und nicht etwa durch die Benannte Stelle/notifizierte Stelle.[11]

8 Diese Besonderheit der **Eigenverantwortung des Herstellers** für die Konformitätsbewertung von Produkten stellt einen wesentlichen regulatorischen und haftungsrechtlichen Unterschied zu anderen sektorspezifischen Regulierungssystemen dar, in denen es behördliche Zulassungsverfahren gibt, wie beispielsweise innerhalb der EU für Arzneimittel oder in den USA für Medizinprodukte höherer Risikoklassen. Im Hinblick auf die Ausstellung der EU-Konformitätserklärung durch den Anbieter selbst wurde teilweise kritisiert, dass die Rücksichtnahme auf wirtschaftliche Interessen (der Anbieter) zu weit gehe. Es handele sich um hochriskante Systeme, weshalb es fragwürdig sei, ob tatsächlich alle Arten der Konformitätsbewertung nach der KI-VO in erheblichem Umfang eine Eigenkonformitätsbewertung von KI-Systemen erlauben sollten und ob deren Anbieter selbst für die Prüfung der Anforderungen gemäß Kapitel III Abschnitt 2 (und damit auch für die Konformitätserklärung) verantwortlich sein sollten.[12]

9 Mit der Schaffung eines Konformitätsbewertungssystems samt EU-Konformitätserklärung und CE-Kennzeichnung, welches den Modulen aus dem sog. neuen Konzept folgt, hat der KI-Verordnungsgeber jedoch Rückgriff auf bereits etablierte und in anderen Sektoren praktizierte Systeme genommen, die sich in der Vergangenheit bewährt haben. Für Software-Produkte, die (bisher) keinen anderen EU-Harmonisierungsakten nach Anhang I unterfallen, stellt dies jedoch eine Neuheit dar.

1. Zweck der Vorschrift

10 Die KI-VO hat es sich zur Aufgabe gemacht, ein **hohes Schutzniveau** in Bezug auf Gesundheit, Sicherheit und die in der Charta der Grundrechte der Europäischen Union verankerten Grundrechte, einschließlich Demokratie, Rechtsstaatlichkeit und Umweltschutz zu gewährleisten; ferner den Schutz vor schädlichen Auswirkungen von KI-Systemen in der Union sicherzustellen und gleichzeitig die Innovation zu fördern.[13]

---

11 *Mayr/Thiermann/Schrack/Kiesselbach*, Das neue Medizinprodukterecht, S. 67.
12 *Denga*, ZfPC 2023, 154, 156; *Ebert/Spiecker gen. Döhmann*, NVwZ 2021, 1188, 1193.
13 Vgl. ErwG 1.

Insofern reihen sich die von Art. 47 **umfassten Schutzgüter** nahtlos in die dargestellte Aufzählung des ersten ErwG ein: Die Vorschrift bezweckt im Wege der EU-Konformitätserklärung einen Nachweis der Sicherheit eine künstliche Intelligenz verwendenden Hochrisiko-Produktes und damit letztendlich die Sicherheit und Gesundheit der Anwender. 11

2. Entstehungsgeschichte

Der heutige Art. 47 war im ursprünglichen Kommissionsentwurf noch als Art. 48 enthalten. Erst durch die Streichung des ehemaligen Art. 45 (Einspruch gegen Entscheidungen notifizierter Stellen) und die Integration dieser Einspruchsmöglichkeit in Art. 44 Abs. 3 Satz 3 ist die Vorschrift über die EU-Konformitätserklärung eine Ziffer weiter nach vorne gerückt.[14] 12

Im Vergleich zum Kommissionsentwurf wurde in Art. 47 Abs. 1 die Voraussetzung eingefügt, dass es sich für die Ausstellung einer EU-Konformitätserklärung um ein Hochrisiko-KI-System handeln muss. Weiterhin wurde eingefügt, dass die Erklärung maschinenlesbar und physisch oder elektronisch unterzeichnet sein muss. Der dritte Satz in Art. 47 Abs. 1 hinsichtlich der Übermittlung einer Kopie der EU-Konformitätserklärung an die zuständigen nationalen Behörden, sofern diese eine Anfrage gestellt haben, wurde ebenfalls nachträglich eingefügt. 13

Auch in Bezug auf die Regelung der Sprache der EU-Konformitätserklärung (Art. 47 Abs. 2 Satz 2) wurden Änderungen vorgenommen. Im ursprünglichen Kommissionsentwurf vorgesehen war noch, dass die Erklärung in „eine oder mehrere Amtssprachen der Union“ übersetzt wird, „die von dem/den Mitgliedstaat(en) vorgeschrieben“ wird/werden, in dem/in denen das Hochrisiko-KI-System bereitgestellt wird. In der finalen Fassung heißt es nunmehr, dass eine Übersetzung in eine für die zuständigen nationalen Behörden der Mitgliedstaaten, in denen das Hochrisiko-KI-System in Verkehr gebracht oder bereitgestellt wird, „leicht verständliche“ Sprache zu erfolgen hat. 14

3. Verhältnis zu anderen Vorschriften

Art. 47 steht im **engen Zusammenhang mit dem in Art. 43** geregelten Konformitätsbewertungsverfahren, dessen Durchführung nach Art. 16 Pflicht des Anbieters eines Hochrisiko-KI-Systems ist. Zudem steht Art. 47 im sachlichen und örtlichen Zusammenhang mit dem folgenden Art. 48, der die CE-Kennzeichnung behandelt. 15

14 Erörterungen im Rat, Dokument PE24 2024 INT.

II. Ausstellung und Übermittlung der EU-Konformitätserklärung (Art. 47 Abs. 1)

1. Ausstellung und Unterzeichnung der EU-Konformitätserklärung (Satz 1)

16 Anbieter von Hochrisiko-KI-Systemen müssen nach Art. 16 lit. g eine EU-Konformitätserklärung gemäß Art. 47 ausstellen. Art. 47 Abs. 1 Satz 1 adressiert mit Ausnahme des Aspekts der Verantwortungsübernahme, welcher ausdrücklich in Abs. 4 geregelt ist, die wesentlichen Fragen rund um die EU-Konformitätserklärung: Wer hat diese auszustellen? Für welche Produkte? In welcher Form? Welche nachgelagerten Pflichten ergeben sich daraus? Ab wann? Und schließlich: für wen?

17 Beantwortet werden diese Fragen unmittelbar in Art. 47 Abs. 1 Satz 1 – ohne jegliche Normverweisung. So hat der Anbieter selbst (auch dann, wenn am Konformitätsbewertungsverfahren Dritte, wie notifizierte Stellen, beteiligt waren) für jedes Hochrisiko-KI-System eine schriftliche maschinenlesbare EU-Konformitätserklärung auszustellen.

18 Diese ist **physisch oder elektronisch vom Hersteller zu unterzeichnen**.[15]

19 Die EU-Konformitätserklärung ist für **einen Zeitraum von zehn Jahren**, und zwar ab dem Inverkehrbringen oder ab der Inbetriebnahme des Hochrisiko-KI-Systems für die zuständigen nationalen Behörden bereitzuhalten, also aufzubewahren. Insofern gilt hier eine kürzere Aufbewahrungsdauer als bei anderen Produkten. Beispielsweise muss bei implantierbaren Medizinprodukten die EU-Konformitätserklärung 15 Jahre lang aufbewahrt werden.[16] Hinsichtlich aller übrigen Medizinprodukte ist jedoch erneut ein Gleichlauf zwischen KI-VO und EU-Medizinprodukteverordnung zu erkennen. Gemäß Art. 56 Verordnung (EU) 2017/745 (EU-Medizinprodukteverordnung) haben Hersteller die Pflicht, die EU-Konformitätserklärung sowie Kopien der Konformitätsbescheinigung für mindestens zehn Jahre nach Inverkehrbringen des letzten Produkts zur Verfügung zu halten.[17]

2. Angabe des zugrundeliegenden KI-Systems (Satz 2)

20 Aus der EU-Konformitätserklärung hat hervorzugehen, **für welches** Hochrisiko-KI-System die Erklärung ausgestellt wurde. Insofern enthält die EU-Konformitätserklärung mehr Informationen als die in Art. 48 geregelte CE-Kennzeich-

15 So auch Bekanntmachung der Kommission, Leitfaden für die Umsetzung der Produktvorschriften der EU 2022 („Blue Guide"), 29.6.2022, ABl. 2022 C 247/1, S. 64.

16 Bekanntmachung der Kommission, Leitfaden für die Umsetzung der Produktvorschriften der EU 2022 („Blue Guide"), 29.6.2022, ABl. 2022 C 247/1, S. 62 Fn. 223.

17 *Mayr/Thiermann/Schrack/Kiesselbach*, Das neue Medizinprodukterecht, S. 58 f.

nung, mit welcher lediglich zum Ausdruck gebracht wird, dass das Produkt den Konformitätsanforderungen entspricht (siehe Art. 48 Rn. 3).

3. Übermittlung einer Kopie (Satz 3)

Nach Art. 47 Abs. 1 Satz 3 hat der Hersteller den zuständigen nationalen Behörden auf Anfrage eine Kopie der EU-Konformitätserklärung zu übermitteln. 21

Liegt eine entsprechende Anfrage seitens der nationalen Behörden vor, so haben die Hersteller der Anfrage zwingend nachzukommen, was an der bindenden Formulierung „übermittelt" ersichtlich ist. Die Pflicht zur Übermittlung bezieht sich dabei nur auf die zuständigen nationalen Behörden; ausländische Behörden sind davon nicht umfasst. 22

III. Feststellung der Anforderungserfüllung und Übersetzung (Art. 47 Abs. 2)

1. Feststellung der Erfüllung der Anforderungen (Satz 1)

Die EU-Konformitätserklärung muss ferner feststellen, dass das betreffende Hochrisiko-KI-System die in Kapitel III Abschnitt 2 festgelegten Anforderungen erfüllt. Insofern handelt es sich bei den in Kapitel III Abschnitt 2 festgelegten Anforderungen um Mindestinhalte der EU-Konformitätserklärung nach Art. 47, deren Einhaltung absolut zwingend ist. 23

In Kapitel III Abschnitt 2 (Art. 8 ff.) sind die Anforderungen an Hochrisiko-KI-Systeme geregelt. Diese sind: 24

- die Einrichtung eines Risikomanagementsystems (Art. 9),
- die Einhaltung von Vorgaben hinsichtlich der Daten und Daten-Governance (Art. 10),
- die Erstellung und laufende Aktualisierung technischer Dokumentation (Art. 11),
- automatische Aufzeichnungspflichten (Art. 12),
- die Gewährleistung von Transparenz und die Bereitstellung von Informationen für die Betreiber (Art. 13),
- die Sicherstellung der Möglichkeit menschlicher Aufsicht (Art. 14) sowie
- die Gewährleistung von Genauigkeit, Robustheit und Cybersicherheit (Art. 15).

Bei der Erfüllung dieser Anforderungen ist sowohl der Zweckbestimmung der Hochrisiko-KI-Systeme als auch dem allgemein anerkannten Stand der Technik in Bezug auf KI und KI-bezogene Technologien Rechnung zu tragen, Art. 8 Abs. 1 (siehe Art. 8 Rn. 1 ff.). 25

2. Inhalt und Sprache (Satz 2)

26 Weiterhin enthält die EU-Konformitätserklärung gemäß Art. 47 Abs. 2 Satz 2 weitere notwendige Inhalte. Diese werden durch Anhang V festgelegt. Nach Anhang V enthält die EU-Konformitätserklärung folgende Angaben:

- Name und Art des KI-Systems und etwaige zusätzliche eindeutige Angaben, die die Identifizierung und Rückverfolgbarkeit des KI-Systems ermöglichen;
- Name und Anschrift des Anbieters und gegebenenfalls seines Bevollmächtigten;
- eine Erklärung darüber, dass der Anbieter die alleinige Verantwortung für die Ausstellung der EU-Konformitätserklärung gemäß Art. 47 trägt;[18]
- die Versicherung, dass das betreffende KI-System der vorliegenden Verordnung sowie gegebenenfalls weiteren einschlägigen Rechtsvorschriften der Union, in denen die Ausstellung der EU-Konformitätserklärung gemäß Art. 47 vorgesehen ist, entspricht;
- eine Erklärung darüber, dass das KI-System den Verordnungen (EU) 2016/679 und (EU) 2018/1725 sowie der Richtlinie (EU) 2016/680 entspricht, wenn ein KI-System die Verarbeitung personenbezogener Daten erfordert;
- Verweise auf die verwendeten einschlägigen harmonisierten Normen oder sonstigen gemeinsamen Spezifikationen, für die die Konformität erklärt wird;
- gegebenenfalls Name und Identifizierungsnummer der notifizierten Stelle, Beschreibung des durchgeführten Konformitätsbewertungsverfahrens und Identifizierungsnummer der ausgestellten Bescheinigung, sowie
- Ort und Datum der Ausstellung der Erklärung, den Namen und die Funktion des Unterzeichners sowie die Angabe, für wen oder in wessen Namen diese Person unterzeichnet hat, eine Unterschrift.

27 Zugehörig zu Art. 47 ist insoweit Anhang V, auf welchen Art. 47 hinsichtlich der Mindestinhalte einer EU-Konformitätserklärung verweist.

28 Dabei handelt es sich um eine **dynamische Verweisung**, da sich die Inhalte des Anhangs V gemäß Art. 47 Abs. 5 aufgrund von Anpassungen durch die Kommission infolge technischen Fortschritts laufend ändern können.

29 Hinsichtlich der wörtlichen Wiedergabe der in Anhang V aufgeführten Angaben, die eine EU-Konformitätserklärung enthalten muss, siehe Rn. 26.

30 Besonders interessant erscheint hierbei die **Nr. 5**, welche nachträglich eingefügt wurde und im ursprünglichen Kommissionsentwurf noch nicht enthalten war. Nach Anhang V Nr. 5 muss die EU-Konformitätserklärung für den Fall, dass ein KI-System die Verarbeitung personenbezogener Daten erfordert, eine Erklärung

18 Insofern liegt eine Doppelung mit Art. 47 Abs. 4 vor, in dem die Verantwortungsübernahme durch den Hersteller nochmals ausdrücklich im Verordnungstext geregelt ist.

darüber enthalten, dass das KI-System der Datenschutzgrundverordnung, Verordnung (EU) Nr. 2016/679, und der Verordnung zum Schutz natürlicher Personen bei der Verarbeitung personenbezogener Daten durch die Organe, Einrichtungen und sonstigen Stellen der Union, Verordnung (EU) 2018/1725, sowie der Richtlinie zum Schutz natürlicher Personen bei der Verarbeitung personenbezogener Daten durch die zuständigen Behörden zum Zwecke der Verhütung, Ermittlung, Aufdeckung oder Verfolgung von Straftaten oder der Strafvollstreckung sowie zum freien Datenverkehr, Richtlinie (EU) 2016/680, entspricht. Eine solche Vorgabe ist beispielsweise in Anhang IV der EU-Medizinprodukteverordnung nicht enthalten.

Konzeptionell ist insgesamt eine Parallele zur EU-Medizinprodukteverordnung gegeben, wonach gemäß Art. 19 Abs. 1 Satz 3 EU-Medizinprodukteverordnung die EU-Konformitätserklärung die Angaben nach Anhang IV EU-Medizinproduktverordnung enthalten muss und damit die notwendigen Inhalte ebenfalls mittels Verweisungstechnik geregelt bzw. konkretisiert werden.[19] 31

Weiterhin ist die EU-Konformitätserklärung in eine Sprache zu übersetzen, die für die zuständigen nationalen Behörden der Mitgliedstaaten, in denen das Hochrisiko-KI-System in Verkehr gebracht oder bereitgestellt wird, „leicht verständlich“ ist. Diese Vorgabe beruht auf Anhang I Artikel R10 Absatz 2 des Beschlusses Nr. 768/2008/EG.[20] Hintergrund dieser Regelung ist ein anderer als bei Art. 44, der in Abs. 1 die Parallelbestimmung für von notifizierten Stellen ausgestellte Unionsbescheinigungen enthält: Vorliegend trägt zwar nicht die nationale Behörde des Mitgliedstaats die Letztverantwortung für die Konformitätserklärung, sondern gerade der Hersteller selbst (vgl. auch Art. 47 Abs. 4 Satz 1); allerdings müssen die Behörden des Mitgliedstaats, in denen das Produkt in Verkehr gebracht oder bereitgestellt wird, in der Lage sein, die Konformitätserklärung zu verstehen. Wer die Erklärung übersetzen lassen muss, wird zwar im Wortlaut nicht explizit angegeben; logischerweise ist dies jedoch der Hersteller oder ein anderer Wirtschaftsakteur, der das Produkt in dem jeweiligen Mitgliedstaat in Verkehr bringt oder bereitstellt.[21] 32

Zu beachten ist, dass die Sprache nicht vom Mitgliedstaat vorgegeben wird, sondern für diesen nur leicht verständlich sein muss. Was unter dem weiten und dehnbaren Begriff der „**leichten Verständlichkeit**“ gemeint ist, wird in der KI-VO nicht näher konkretisiert. Dies ist wohl die jeweilige Landessprache oder auch Englisch, wobei fraglich ist, ob eine Übersetzung nur ins Englische stets ausreicht. Dies wird in Abhängigkeit vom jeweiligen Produkt, Sektor und An- 33

19 *Mayr/Thiermann/Schrack/Kiesselbach*, Das neue Medizinprodukterecht, S. 67.

20 Bekanntmachung der Kommission, Leitfaden für die Umsetzung der Produktvorschriften der EU 2022 („Blue Guide“), 29.6.2022, ABl. 2022 C 247/1, S. 63, Fn. 234.

21 Bekanntmachung der Kommission, Leitfaden für die Umsetzung der Produktvorschriften der EU 2022 („Blue Guide“), 29.6.2022, ABl. 2022 C 247/1, S. 63.

wenderkreis beurteilt werden müssen, im Zweifel jedoch zumindest für Produkte, die sich an Spezialisten wenden, zu bejahen sein, da Englisch mittlerweile als standardmäßig in jedem Land beherrschte Sprache anerkannt ist. Im EU-Medizinproduktebereich ist die Konformitätserklärung in die jeweiligen Amtssprachen zu übersetzen, die von den Mitgliedstaaten, in denen das Produkt in Verkehr gebracht und/oder bereitgestellt wird, eingefordert wird. In Deutschland erlaubt beispielsweise § 8 Abs. 1 Medizinproduktedurchführungsgesetz (MPDG) eine EU-Konformitätserklärung in deutscher oder englischer Sprache.[22] Die alte 9. Produktsicherheitsverordnung, in Umsetzung der Richtlinie 2006/42/EG (EU-Maschinenrichtlinie), und die sie ersetzende Verordnung (EU) 2023/1230 (EU-Maschinenverordnung), stellen hingegen keine spezifischen Anforderungen an die Sprache, in der eine EU-Konformitätserklärung abzufassen ist. Dieses Dokument muss keineswegs zwangsläufig in Englisch, Französisch oder Deutsch vorliegen.

34 In die Abwägung miteinzubeziehen wird ferner sein, ob besondere Sicherheitsvorkehrungen, die für jedermann (auch Laien) verständlich sein müssen, ebenfalls eine Rolle spielen oder nicht.

35 Jede Übersetzung ist nach dem Blue Guide zudem vom Hersteller zu unterzeichnen. Wurde eine Übersetzung der Erklärung nicht vom Hersteller, sondern von einem anderen Wirtschaftsakteur erstellt und diese nicht vom Hersteller unterzeichnet, so ist eine vom Hersteller unterzeichnete Kopie des Originals der Erklärung zusammen mit der übersetzten Fassung vorzulegen.[23]

IV. Eine Konformitätserklärung bei parallel geltenden unionsrechtlichen Harmonisierungsvorschriften (Art. 47 Abs. 3)

1. Eine einzige Erklärung bei mehreren Harmonisierungsrechtsvorschriften (Satz 1)

36 Gelten für ein Produkt mit einem integrierten Hochrisiko-KI-System oder ein Produkt, das selbst ein Hochrisiko-KI-System darstellt, mehrere Harmonisierungsrechtsvorschriften der Union, in denen eine EU-Konformitätserklärung vorgeschrieben ist, unterfällt das Produkt also mehreren Rechtsbereichen und werden ggf. mehrere unterschiedliche Konformitätsbewertungsverfahren durchgeführt, so ist dennoch nur eine einzige Konformitätserklärung auszustellen und

---

22 *Mayr/Thiermann/Schrack/Kiesselbach*, Das neue Medizinprodukterecht, S. 67.

23 Bekanntmachung der Kommission, Leitfaden für die Umsetzung der Produktvorschriften der EU 2022 („Blue Guide"), 29.6.2022, ABl. 2022 C 247/1, S. 64.

vorzulegen, Art. 47 Abs. 3 Satz 1. Diese muss sich dann auf alle für das Hochrisiko-KI-System geltenden Rechtsvorschriften der Union beziehen.

Die Vorgabe beruht auf Art. 5 des Beschlusses Nr. 768/2008/EG.[24] Um den Aufwand für Wirtschaftsakteure zu verringern und ihre Anpassung aufgrund einer Änderung einer der geltenden Rechtsvorschriften der Union zu erleichtern, kann diese einzige EU-Konformitätserklärung eine Akte/ein Dossier sein, die aus allen einschlägigen einzelnen Konformitätserklärungen besteht.[25] 37

2. Inhalt der einzigen Konformitätserklärung (Satz 2)

Selbst wenn es sich nach Art. 47 Abs. 3 Satz 1 nur um eine Erklärung (gegebenenfalls bestehend aus mehreren Erklärungen in einer Akte zusammengefasst) handelt, muss diese Erklärung alle erforderlichen Informationen zur Feststellung der Harmonisierungsrechtsvorschriften der Union enthalten, auf die sich die Erklärung bezieht, Art. 47 Abs. 3 Satz 2. Dies bedeutet insbesondere, dass in der Konformitätserklärung alle Rechtsvorschriften aufzuführen sind, nach welchen ein Konformitätsbewertungsverfahren im Hinblick auf das Produkt durchgeführt wurde, wenn das Produkt mehreren Rechtsbereichen unterfällt. 38

Insofern ist wiederum in der EU-Medizinprodukteverordnung eine Parallele zu finden: Hier muss die für ein Medizinprodukt ausgestellte Konformitätserklärung „alle Rechtsvorschriften, denen das Produkt entspricht", in einer Erklärung benennen. Beispielhaft angeführt seien diesbezüglich die Konformitätserklärung nach der Maschinenrichtlinie bzw. der Maschinenverordnung oder nach Richtlinie 2011/65/EU (RoHS-Richtlinie). Diese dient der Beschränkung der Verwendung bestimmter gefährlicher Stoffe in Elektro- und Elektronikgeräten.[26] 39

Eine solche Parallele besteht auch hinsichtlich der Maschinenrichtlinie und der sie ersetzenden Maschinenverordnung: Fällt eine Maschine in den Geltungsbereich mehrerer Richtlinien, werden mehrere unterschiedliche Konformitätsbewertungsverfahren durchgeführt. Mehrere CE-Kennzeichnungen auf der gleichen Maschine sind nicht zulässig. Fällt ein Produkt beispielsweise sowohl unter die EU-Maschinenrichtlinie bzw. die EU-Maschinenverordnung als auch unter die EU-Richtlinie 2014/30 (EMV-Richtlinie) oder die EU-Medizinprodukteverordnung, so ist dies an der CE-Kennzeichnung selbst zunächst nicht ersichtlich. In der Konformitätserklärung werden jedoch beide Richtlinien aufgeführt, womit ersichtlich wird, dass die wesentlichen Anforderungen aus beiden Richtlinien erfüllt werden. 40

24 Bekanntmachung der Kommission, Leitfaden für die Umsetzung der Produktvorschriften der EU 2022 („Blue Guide"), 29.6.2022, ABl. 2022 C 247/1, S. 63, Fn. 232.

25 Bekanntmachung der Kommission, Leitfaden für die Umsetzung der Produktvorschriften der EU 2022 („Blue Guide"), 29.6.2022, ABl. 2022 C 247/1, S. 63.

26 *Mayr/Thiermann/Schrack/Kiesselbach*, Das neue Medizinprodukterecht, S. 67.

V. Verantwortungsübernahme und Instandhaltung (Art. 47 Abs. 4)

1. Alleinige Verantwortungsübernahme durch den Anbieter (Satz 1)

41 Mit der Ausstellung der Erklärung übernimmt der Anbieter die **alleinige Verantwortung** dafür, dass das Hochrisiko-KI-System die in Kapitel III, Abschnitt 2 festgelegten Anforderungen erfüllt, Art. 47 Abs. 4 Satz 1. Bei dieser Vorschrift handelt es sich im Prinzip um eine Klarstellung, da die Erklärung der alleinigen Verantwortungsübernahme auch schon vorgeschriebener Inhalt nach Art. 47 Abs. 2 Satz 2 i.V.m. Anhang V ist. Aufgrund der herausragenden Bedeutung dieses Aspekts wurde dieser jedoch noch einmal gesondert unmittelbar in den Verordnungstext aufgenommen.

42 Das Ausstellen einer Konformitätserklärung ist damit keineswegs nur ein formaler Akt. Die Hersteller-/Anbieterpflichten im Konformitätsbewertungsverfahren zu vernachlässigen, kann in Form der Eigenverantwortung weitgehende juristische Folgen nach sich ziehen. Neben der Bußgeldbewehrung nach Art. 99 Abs. 2 (siehe Art. 99 Rn. 1 ff.) kommen auch zivil- oder strafrechtliche Konsequenzen in Betracht.

2. Instandhaltung (Satz 2)

43 Gemäß Art. 47 Abs. 4 Satz 2 hat der Anbieter die Erklärung auf dem neuesten Stand zu halten. Diese Vorgabe beruht auf Art. R10 Absatz 2 des Beschlusses Nr. 768/2008/EG.[27]

44 Die Norm ist als **bindende Norm** ausgestaltet („hält […] auf dem neuesten Stand"); insofern ist allerdings unklar, was mit dem Zusatz „gegebenenfalls" gemeint sein soll. Die Kriterien, wann eine Aktualisierung erfolgen soll und wann nicht, sind weder ersichtlich noch logisch zu erschließen, sodass durch diesen auslegungsbedürftigen Begriff der Anbieter daher einen gewissen Freiraum erhält, mit dem er vernünftig umzugehen hat.

45 Auch im Hinblick auf diese Vorschrift existiert mit Art. 19 Abs. 1 Satz 2 EU-Medizinprodukteverordnung im Bereich des Medizinprodukterechts eine Parallelbestimmung, nach welcher die Konformitätserklärung laufend zu aktualisieren ist. Auch diesbezüglich ist derzeit jedoch noch unklar, welche Merkmale zu einer Aktualisierung führen müssen. Sinnvollerweise wäre dies bei Produktänderungen mit Einfluss auf die zugesicherten Eigenschaften des Produkts bzw. bei sicherheitsrelevanten und funktionskritischen Änderungen gegeben. Bei Produkten höher als Klasse I wäre dies an eine Mitteilungs- beziehungsweise Zu-

27 Bekanntmachung der Kommission, Leitfaden für die Umsetzung der Produktvorschriften der EU 2022 („Blue Guide"), 29.6.2022, ABl. 2022 C 247/1, S. 62, Fn. 225.

stimmungspflicht der Benannten Stelle gekoppelt. Diese Vorgehensweise, dass jede Produktgeneration eine eigene Konformitätserklärung erhält, hat auch den Vorteil, dass die jeweiligen Aufbewahrungsfristen der Dokumentation auf die Produktgeneration bezogen werden kann und sich dadurch verkürzt.[28]

VI. Befugnisdelegation (Art. 47 Abs. 5)

Art. 47 Abs. 5 statuiert die Befugnis der Kommission, delegierte Rechtsakte im 46
Sinn des Art. 97 zur Aktualisierung des in Anhang V festgelegten Inhalts der Konformitätserklärung zu erlassen (siehe Art. 97 Rn. 5 ff.). Dies ist vor dem Hintergrund des technischen Fortschritts, in dessen Folge sich laufend Elemente ändern können, unverzichtbar, da in der Folge dann auch Änderungen des Anhangs nötig werden. Durch die Vorschrift wird daher folgerichtig die EU-Kommission zur Aktualisierung der Mindestinhalte, die über die Verweisung auf Anhang V Eingang in den Verordnungstext finden, ermächtigt.

28 *Mayr/Thiermann/Schrack/Kiesselbach*, Das neue Medizinprodukterecht, S. 67.

Art. 48 CE-Kennzeichnung

(1) Für die CE-Kennzeichnung gelten die in Artikel 30 der Verordnung (EG) Nr. 765/2008 festgelegten allgemeinen Grundsätze.

(2) Bei digital bereitgestellten Hochrisiko-KI-Systemen wird eine digitale CE-Kennzeichnung nur dann verwendet, wenn sie über die Schnittstelle, von der aus auf dieses System zugegriffen wird, oder über einen leicht zugänglichen maschinenlesbaren Code oder andere elektronische Mittel leicht zugänglich ist.

(3) Die CE-Kennzeichnung wird gut sichtbar, leserlich und dauerhaft an Hochrisiko-KI-Systemen angebracht. Falls die Art des Hochrisiko-KI-Systems dies nicht zulässt oder nicht rechtfertigt, wird sie auf der Verpackung bzw. der beigefügten Dokumentation angebracht.

(4) Gegebenenfalls wird der CE-Kennzeichnung die Identifizierungsnummer der für die in Artikel 43 festgelegten Konformitätsbewertungsverfahren zuständigen notifizierten Stelle hinzugefügt. Die Identifizierungsnummer der notifizierten Stelle ist entweder von der Stelle selbst oder nach ihren Anweisungen durch den Anbieter oder den Bevollmächtigten des Anbieters anzubringen. Diese Identifizierungsnummer wird auch auf jeglichem Werbematerial angegeben, in dem darauf hingewiesen wird, dass das Hochrisiko-KI-System die Anforderungen für die CE-Kennzeichnung erfüllt.

(5) Falls Hochrisiko-KI-Systeme ferner unter andere Rechtsvorschriften der Union fallen, in denen die CE-Kennzeichnung auch vorgesehen ist, bedeutet die CE-Kennzeichnung, dass das Hochrisiko-KI-System auch die Anforderungen dieser anderen Rechtsvorschriften erfüllt.

Mit Art. 48 korrespondiert Erwägungsgrund 129.

Schrifttum: *Ashkar/Schröder*, Das Gesetz über Künstliche Intelligenz der Europäischen Union (KI-Verordnung), BB 2024, 771; *Denga*, Konformitätsbewertung von KI-Systemen, ZfPC 2023, 154; *Denga*, Unternehmenshaftung für KI – zur Konformitätsbewertung in Permanenz, CR 2023, 277; *Gerdemann*, Konformitätsbewertung als Kernpflicht der KI-Verordnung, NJW 2024, 2209; *Hense/Mustać*, AI Act kompakt, 2025; *Hilgendorf/Roth-Isigkeit* (Hrsg.), Die neue Verordnung der EU zur Künstlichen Intelligenz, 2023; *Linardatos*, Konformitätsbewertung und Korrekturmaßnahmen in der avisierten KI-Regulatorik, ZdiW 2023, 3; *Mayr/Thiermann/Schrack/Kiesselbach*, Das neue Medizinprodukterecht – Praxishandbuch zur MP-VO, 2021; *Mayrhofer*, Produktsicherheit und Produkthaftung – zwei Seiten einer Medaille mit unterschiedlichen Gravuren, RDi 2024, 492; *Rostalski/Weiss*, Der KI-Verordnungsentwurf der Europäischen Kommission, ZfDR 2021, 329; *Voigt/Hullen*, Handbuch KI-Verordnung, 2024; *Wendt/Wendt*, Das neue Recht der Künstlichen Intelligenz, 2024; *Wiebe*, Produktsicherheitsrechtliche Betrachtungen des Vorschlags für eine KI-Verordnung, BB 2022, 899.

Übersicht

I. Allgemeines

1 Anbieter von Hochrisiko-KI-Systemen müssen nach Art. 16 lit. h eine CE-Kennzeichnung anbringen, um die Konformität mit der KI-VO gemäß Art. 48 anzuzeigen. Mit der CE-Kennzeichnung wird die Konformität des Produkts mit allen anzuwendenden Rechtsvorschriften, in denen ihre Anbringung vorgesehen ist, bescheinigt.[1]

2 Die Durchführung des Konformitätsbewertungsverfahrens ist eine wesentliche Aufgabe des Anbieters (siehe Art. 43 Rn. 1 ff.). Sie muss vor dem erstmaligen Inverkehrbringen eines Produktes erfolgen.[2] Bei bestimmten Hochrisiko-Produkten sehen die Harmonisierungsrechtsakte der EU eine zusätzliche Kontrolle im Rahmen des vom Anbieter durchzuführenden Konformitätsbewertungsverfahrens vor, die durch besonders zugelassene, akkreditierte Stellen, die notifizierten Stellen, erfolgt.[3] Sichtbarer Ausdruck der erfolgreich durchgeführten Konformitätsbewertung sind die EU-Konformitätserklärung durch den Anbieter und die CE-Kennzeichnung.[4]

1 Bekanntmachung der Kommission, Leitfaden für die Umsetzung der Produktvorschriften der EU 2022 („Blue Guide"), 29.6.2022, ABl. 2022 C 247/1, S. 64.

2 *Mayr/Thiermann/Schrack/Kiesselbach*, Das neue Medizinprodukterecht, S. 41; *Wendt/Wendt*, Das neue Recht der künstlichen Itelligenz, § 8 Rn. 36–39.

3 *Denga*, CR 2023, 277, 281 (Rn. 26).

4 *Mayr/Thiermann/Schrack/Kiesselbach*, Das neue Medizinprodukterecht, S. 41; *Wendt/Wendt*, Das neue Recht der künstlichen Itelligenz, § 8 Rn. 36–39.

3 Die CE-Kennzeichnung ist ein **wesentlicher Hinweis** (aber kein Nachweis dafür), dass ein Produkt tatsächlich den EU-Rechtsvorschriften entspricht, und ermöglicht den freien Warenverkehr im Europäischen Wirtschaftsraum (EWR). So dürfen die Mitgliedstaaten des EWR das Inverkehrbringen von mit der CE-Kennzeichnung versehenen Produkten nicht einschränken, es sei denn, die Maßnahmen sind gerechtfertigt, weil das Produkt nachweislich nicht konform ist.[5] Insofern kann man die CE-Kennzeichnung an einem Produkt auch als dessen **„EU-Reisepass“** bezeichnen, da sie den Schlüssel zum Marktzugang im europäischen Wirtschaftsraum darstellt.[6]

4 Die CE-Kennzeichnung bedeutet nicht, dass ein Produkt in der EU hergestellt wurde. Sie ist lediglich Ausdruck der Konformitätserklärung des Anbieters, dass die in den einschlägigen Harmonisierungsrechtsvorschriften der EU festgelegten Anforderungen eingehalten werden. Daher ist sie für die zuständigen Behörden der Mitgliedstaaten und für andere maßgeblich Betroffene (z.B. Händler, siehe Art. 24 Rn. 10) als wesentliche Information einzustufen. Sie dient keinen kommerziellen Zwecken, ist also kein Marketinginstrument.[7]

5 Im Unterschied zu einigen anderen Kennzeichnungen wie Qualitäts- oder Ökosiegeln ist die CE-Kennzeichnung daher auch **nicht freiwilliger Natur**. Ein Anbieter/Hersteller kann nicht selbst entscheiden, ob er eine CE-Kennzeichnung anbringt, um damit sein Produkt „aufzuwerten“. Das Produkt fällt entweder unter die CE-Kennzeichnungspflicht oder nicht – je nachdem hat der Anbieter/Hersteller die CE-Kennzeichnung anzubringen oder dies zwingend zu unterlassen.

6 Dabei darf die **CE-Kennzeichnung** grundsätzlich erst angebracht werden, wenn das Konformitätsbewertungsverfahren, mit dem gewährleistet wird, dass das Produkt alle Anforderungen der einschlägigen Harmonisierungsrechtsvorschriften der Union erfüllt, abgeschlossen wurde.[8] Noch vor der Anbringung – ebenfalls am Ende des Konformitätsbewertungsverfahrens – steht die Konformitätserklärung (siehe Art. 47 Rn. 6 ff.), mit der der Anbieter/Hersteller in eigener Verantwortung erklärt, dass das betroffene Produkt die für ein bestimmtes Produkt geltenden rechtlichen Anforderungen erfüllt und welche diese sind. Insofern enthält die EU-Konformitätserklärung mehr Informationen als die CE-Kennzeichnung. Sodann bringt der Anbieter/Hersteller die CE-Kennzeichnung – und bei Beteiligung einer notifizierten Stelle deren Identifikationsnummer – an.

---

5 Bekanntmachung der Kommission, Leitfaden für die Umsetzung der Produktvorschriften der EU 2022 („Blue Guide“), 29.6.2022, ABl. 2022 C 247/1, S. 64.

6 *Hense/Mustá*, AI Act kompakt, S. 29: „Eintrittskarte“ für den EU-Binnenmarkt.

7 Bekanntmachung der Kommission, Leitfaden für die Umsetzung der Produktvorschriften der EU 2022 („Blue Guide“), 29.6.2022, ABl. 2022 C 247/1, S. 64.

8 Bekanntmachung der Kommission, Leitfaden für die Umsetzung der Produktvorschriften der EU 2022 („Blue Guide“), 29.6.2022, ABl. 2022 C 247/1, S. 65.

Insofern ist eine **Parallele zum Großteil anderer harmonisierter Rechtsakte des europäischen Produktrechts** im Rahmen des New Approach festzustellen: Im Medizinprodukterecht beispielsweise haben Hersteller gemäß Art. 10 Abs. 6 Verordnung (EU) 2017/745 (EU-Medizinprodukteverordnung) die Pflicht, eine EU-Konformitätserklärung zu erstellen und die Medizinprodukte mit einer CE-Kennzeichnung zu versehen.[9] Auch die alte EU-Richtlinie 2006/42/EG (EU-Maschinenrichtlinie) befasst sich in Art. 16 mit der CE-Kennzeichnung und wiederholt im Wesentlichen die Vorgaben der VO 765/2008, sowie auch die neue, die Maschinenrichtlinie ersetzende Verordnung (EU) 2023/1230 (EU-Maschinenverordnung) in Art. 23 und Art. 24. Hinsichtlich der Einzelheiten des Verhältnisses zu CE-Kennzeichnungen nach anderen Rechtsvorschriften vgl. auch Art. 48 Abs. 5 (siehe unten Rn. 48 ff.). 7

1. Zweck der Vorschrift

Nach Art. 16 lit. h sind Hochrisiko-Systeme vom Anbieter mit der CE-Kennzeichnung zu versehen, aus der ihre Konformität mit der KI-VO hervorgeht, da sie auf diese Weise **frei im Binnenmarkt verkehren** können. 8

Das Konformitätsbewertungsverfahren mitsamt der Anbringung des CE-Kennzeichens dient damit zum einen dem Nachweis der Produktkonformität mit den Vorgaben des Harmonisierungsrechts,[10] zum anderen der Gewährleistung eines freien Warenverkehrs innerhalb der Mitgliedstaaten der Europäischen Union. 9

2. Entstehungsgeschichte

Zwischen dem ursprünglichen Kommissionsentwurf und der heutigen finalen Fassung des Art. 48 wurden einige wesentliche Änderungen vorgenommen. 10

Ursprünglich enthielt die Vorschrift nur drei Absätze, wurde jedoch auf fünf Absätze erweitert. Einer der nachträglich hinzugefügten Absätze betrifft die Regelung zu digitalen CE-Kennzeichen, welche ursprünglich noch nicht im Verordnungstext enthalten war (jetzt Art. 48 Abs. 2, siehe Rn. 22 ff.); der andere nachträglich hinzugekommene Absatz betrifft das Verhältnis zwischen CE-Kennzeichnungen, wenn das Hochrisiko-KI-System auch unter andere Rechtsvorschriften der Union fällt, in denen ebenfalls eine CE-Kennzeichnung gefordert wird (jetzt Art. 48 Abs. 5, siehe Rn. 48 ff.). 11

Neben diesen Änderungen wurde hervorgehoben, dass für die CE-Kennzeichnung die Grundsätze des Art. 30 der Verordnung (EG) Nr. 765/2008 gelten, indem dieser Absatz vorangestellt wurde (früher Art. 48 Abs. 2, jetzt Art. 48 12

---

9 *Mayr/Thiermann/Schrack/Kiesselbach*, Das neue Medizinprodukterecht, S. 58.
10 *Denga*, CR 2023, 277, 281 (Rn. 26).

Abs. 1, siehe Rn. 19 ff.). Hiermit soll die besondere Bedeutung dieser Verweisung herausgestellt werden.

13 Schließlich wurde im Laufe des Verordnungsgebungsprozesses hinsichtlich der Angabe der Identifizierungsnummer der notifizierten Stelle ein Satz eingefügt (Art. 48 Abs. 4 Satz 2), in dem nunmehr geregelt ist, vom wem die Identifizierungsnummer der notifizierten Stelle anzubringen ist.

3. Verhältnis zu anderen Vorschriften

14 Europäische Rechtsgrundlage für die CE-Kennzeichnung ist die Verordnung (EG) 765/2008 über die Vorschriften für die Akkreditierung und Marktüberwachung im Zusammenhang mit der Vermarktung von Produkten. In dieser Verordnung sind Definition, Form und allgemeine Grundsätze der CE-Kennzeichnung festgelegt (vgl. dazu im Einzelnen Rn. 20). Im Beschluss Nr. 768/2008/EG finden sich wiederum die Festlegungen für die Konformitätsbewertungsverfahren, die für die Anbringung der CE-Kennzeichnung durchlaufen werden müssen.[11]

15 Die sektorspezifischen Harmonisierungsrechtsvorschriften der Union zur CE-Kennzeichnung beruhen überwiegend auf der Verordnung (EG) Nr. 765/2008 und dem Beschluss Nr. 768/2008/EG; diese sind überwiegend nach den dort geregelten Grundsätzen verfasst.[12]

16 Die CE-Kennzeichnung kann als rechtsgültige Konformitätskennzeichnung in eine Rechtsvorschrift der Union generell[13] Eingang finden, wenn das **Verfahren der vollständigen Harmonisierung** angewandt wird, d.h. alle abweichenden einzelstaatlichen Rechtsvorschriften, die die gleichen Bereiche wie die betreffende Rechtsvorschrift abdecken, nicht angewandt werden dürfen und die Harmonisierungsrechtsvorschrift der Union ein Konformitätsbewertungsverfahren im Sinne des Beschluss Nr. 768/2008/EG vorsieht.[14]

---

11 Bekanntmachung der Kommission, Leitfaden für die Umsetzung der Produktvorschriften der EU 2022 („Blue Guide"), 29.6.2022, ABl. 2022 C 247/1, S. 64.

12 Bekanntmachung der Kommission, Leitfaden für die Umsetzung der Produktvorschriften der EU 2022 („Blue Guide"), 29.6.2022, ABl. 2022 C 247/1, Punkt 4.5.1.2.

13 Anders bei der Konformitätsbewertung gemäß Bauprodukterichtlinie, die nicht dem Beschluss Nr. 768/2008/EG entspricht, obwohl die Bauprodukterichtlinie die CE-Kennzeichnung vorsieht. Die CE-Kennzeichnung gibt hier jedoch das Leistungsniveau des Produkts an und nicht die Konformität im engeren Sinne, wie es bei den anderen Rechtsakten der Fall ist, die die CE-Kennzeichnung vorgeben, vgl. Bekanntmachung der Kommission, Leitfaden für die Umsetzung der Produktvorschriften der EU 2022 („Blue Guide"), 29.6.2022, ABl. 2022 C 247/1, S. 64, Fn. 235.

14 Bekanntmachung der Kommission, Leitfaden für die Umsetzung der Produktvorschriften der EU 2022 („Blue Guide"), 29.6.2022, ABl. 2022 C 247/1, S. 64 f.

Von dieser Regelung gibt es jedoch eine Ausnahme: So kann bei ausreichender Begründung in einer Rechtsvorschrift zur vollständigen Harmonisierung, die nach dem Beschluss Nr. 768/2008/EG verfasst ist, eine andere Kennzeichnung als die CE-Kennzeichnung vorgeschrieben werden (Beispiel: Steuerrad-Kennzeichen in der Richtlinie über Schiffsausrüstung; „Pi-Kennzeichnung" bei ortsbeweglichen Druckgeräten).[15] 17

Erklärtes Ziel der Kommission ist es, dass die CE-Normen parallel laufen und sich ergänzen, da Produkte häufig in den Anwendungsbereich mehrerer CE-Normen fallen. 18

II. Geltung von Art. 30 VO (EG) Nr. 765/2008 (Art. 48 Abs. 1)

Nach Art. 48 Abs. 1 gelten für die CE-Kennzeichnung die in Art. 30 der Verordnung (EG) Nr. 765/2008 über die Vorschriften für die Akkreditierung und Marktüberwachung im Zusammenhang mit der Vermarktung von Produkten in Art. 30 festgelegten allgemeinen Grundsätze. 19

Damit hat sich der Verordnungsgesetzgeber hinsichtlich der Regelung der Einzelheiten der CE-Kennzeichnung zumindest teilweise für eine externe Verweisung und gegen eine unmittelbare Regelung im Verordnungstext entschieden. Diese Grundsätze sind: 20

- Die CE-Kennzeichnung darf nur durch den Anbieter/Hersteller oder seinen Bevollmächtigten angebracht werden;
- Die CE-Kennzeichnung wird nur auf Produkten angebracht, für welche spezifische Harmonisierungsrechtsvorschriften der Europäischen Union dies vorschreiben. Sie darf auf keinem anderen Produkt angebracht werden;
- Durch die CE-Kennzeichnung gibt der Anbieter/Hersteller an, dass er die Verantwortung für die Konformität des Produkts mit allen in den einschlägigen Harmonisierungsrechtsvorschriften enthaltenen, für deren Anbringung geltenden Anforderungen übernimmt;
- Die CE-Kennzeichnung ist die einzige Kennzeichnung, die die Konformität des Produkts mit diesen Anforderungen bescheinigt;
- Das Anbringen von Kennzeichnungen, Zeichen oder Aufschriften, deren Bedeutung oder Gestalt von Dritten mit der Bedeutung oder Gestalt der CE-Kennzeichnung verwechselt werden kann, ist untersagt. Jede andere Kennzeichnung darf auf Produkten angebracht werden, sofern sie Sichtbarkeit, Lesbarkeit und Bedeutung der CE-Kennzeichnung nicht beeinträchtigt;

15 Bekanntmachung der Kommission, Leitfaden für die Umsetzung der Produktvorschriften der EU 2022 („Blue Guide"), 29.6.2022, ABl. 2022 C 247/1, S. 65.

– Die Mitgliedstaaten stellen (unabhängig von der Sanktionsmöglichkeit gegen Wirtschaftsakteure für Verstöße gegen die KI-VO nach Art. 41) die ordnungsgemäße Durchführung des Systems der CE-Kennzeichnung sicher und leiten bei einer missbräuchlichen Verwendung die angemessenen Schritte ein. Bei Missachtung der Vorgaben zur CE-Kennzeichnung sind auch Sanktionen vorgesehen, die bei schweren Verstößen strafrechtlicher Natur sein können. Diese Sanktionen müssen in angemessenem Verhältnis zum Schweregrad des Verstoßes stehen und eine wirksame Abschreckung gegen missbräuchliche Verwendung darstellen.

21 Im Hinblick auf den dritten Punkt der **Verantwortungsübernahme durch den Anbieter/Hersteller** für die durch das CE-Kennzeichen öffentlich zum Ausdruck gebrachte Konformität für sein Produkt fällt auf, dass diese – anders als in Art. 47 bei der Konformitätserklärung (siehe Art. 47 Rn. 41 ff.) – im Verordnungstext nicht noch einmal ausdrücklich erwähnt wird. Vielmehr wird dieser äußerst bedeutsame und – gerade im Vergleich mit anderen Systemen wie dem der USA – nicht selbstverständliche Punkt, dass der Anbieter/Hersteller die alleinige Verantwortung für die Konformität seines Produktes sowie für die Anbringung der CE-Kennzeichnung trägt, lediglich über den Verweis auf Art. 30 der Verordnung (EG) Nr. 765/2008 zum Ausdruck gebracht.

III. Digitale CE-Kennzeichnung (Art. 48 Abs. 2)

22 Art. 48 Abs. 2 regelt den Fall, dass ein Hochrisiko-KI-System digital, also nur als Software bereitgestellt wird, und adressiert die Frage, auf welche Weise die CE-Kennzeichnung in diesem Fall angebracht werden soll.

23 Wie oben unter Rn. 11 beschrieben, wurde der Absatz erst nachträglich eingefügt. Die Einfügung trägt der Tatsache Rechnung, dass vor der Ergänzung stark kritisiert wurde, die Regeln zur CE-Kennzeichnung seien „aus der Zeit gefallen“ und könnten aufgrund der Formulierung „gut sichtbar, leserlich und dauerhaft“ (Art. 3 Satz 1) nur verkörperte (Hardware-)Systeme, nicht reine Softwarekomponenten meinen.[16] Noch vor Einführung des zweiten Absatzes wurde daher vertreten, bei nichtverkörperter Software sei die CE-Kennzeichnung in den (elektronischen) Begleitdokumenten anzuzeigen.[17]

24 Nunmehr ist mit der ausdrücklichen Regelung in Art. 48 Abs. 2 jedoch klargestellt, dass bei ausschließlich digital bereitgestellten Hochrisiko-KI-Systemen eine digitale CE-Kennzeichnung zu verwenden ist, sofern sie über die Schnitt-

16 *Linardartos*, in: Hilgendorf/Roth-Isigkeit, Die neue Verordnung der EU zur Künstlichen Intelligenz, § 7 Rn. 14.

17 *Linardartos*, in: Hilgendorf/Roth-Isigkeit, Die neue Verordnung der EU zur Künstlichen Intelligenz, § 7 Rn. 14.

stelle, von der aus auf dieses System zugegriffen wird, oder über einen leicht zugänglichen maschinenlesbaren Code oder andere elektronische Mittel leicht zugänglich ist. Dies lässt sich auch ErwG 129 entnehmen, nach welchem „bei Hochrisiko-KI-Systemen, die nur digital bereitgestellt werden, eine digitale CE-Kennzeichnung verwendet werden [sollte]".[18]

In ErwG 129 wird unterschieden zwischen Hochrisiko-KI-Systemen, die nur (also ausschließlich) digital bereitgestellt werden, und solchen, die in ein Produkt integriert sind. Letzteres ist beispielsweise bei Produkten der Fall, deren Hauptfunktion auf Software und digitaler Technologie basiert, die jedoch auch physische Komponenten enthalten. Für solche Systeme und Produkte sieht ErwG 129 vor, dass „eine physische CE-Kennzeichnung angebracht werden [sollte], die durch eine digitale CE-Kennzeichnung ergänzt werden kann". **25**

Fraglich ist, wie eine **„digitale" CE-Kennzeichnung** nach Art. 48 Abs. 2 beschaffen sein muss. Als Negativabgrenzung ist mit „digital" jedenfalls gemeint, dass das CE-Kennzeichen nicht physisch (mittels Kleber, Prägung, Gießung etc.) auf dem Produkt angebracht ist – dies ist schließlich auch gar nicht möglich –, sondern in rein nichtverkörperter, elektronischer Form. Mangels konkreterer Vorgaben lässt es die KI-VO im Übrigen vollkommen offen, wie eine solche „digitale CE-Kennzeichnung" auszusehen hat. Dazu gehört beispielsweise auch die Frage, ob diese visuell sichtbar bzw. als CE-Kennzeichen erkennbar sein muss oder auch mittels Codes verschlüsselt sein kann. Denkbar wäre insoweit etwa eine Anlehnung an die Vorgaben zum digitalen Produktpass, wie sie die Ökodesign-Verordnung, Verordnung (EU) 2024/1781 vom 28.6.2024, vorsieht. **26**

Eine erste Annäherung an den Begriff der „digitalen CE-Kennzeichnung" kann vorgenommen werden, indem eine Parallele zu den Grundlagen der elektronischen Signatur gezogen wird. Das Thema elektronische Signatur hat sich in den letzten Jahren erheblich fortentwickelt. Nach der Schaffung der rechtlichen Rahmenbedingungen und Sicherheitsinfrastrukturen hält die Signatur zunehmend Einzug in zahlreiche Anwendungs- und Geschäftsbereiche. Die im Jahr 2014 in Kraft getretene Verordnung (EU) Nr. 910/2014 über elektronische Identifizierung und Vertrauensdienste für elektronische Transaktionen im europäischen Binnenmarkt ist seit dem 1.7.2016 vollständig anwendbar und soll mit Hilfe der entsprechenden Rechtsdurchführungsakte eine weitgehende technische sowie rechtliche Harmonisierung im Bereich der elektronischen Signaturen, Siegel und Zeitstempel bewirken.[19] In diesem Kontext ist auch das Gesetz über Rahmenbedingungen für elektronische Signaturen und zur Änderung weiterer Vorschriften vom 16.5.2001 (SigG) von Bedeutung. Zweck dieses Gesetzes ist es, Rahmenbedingungen für elektronische Signaturen zu schaffen (§ 1 SigG). In § 2 **27**

18 ErwG 129.

19 https://www.bsi.bund.de/DE/Themen/Oeffentliche-Verwaltung/Moderner-Staat/ElektronischeSignatur/elektronischesignatur_node.html.

SigG (Begriffsbestimmungen) unterscheidet das Signaturgesetz sodann zwischen „elektronischen Signaturen", „fortgeschrittenen elektronischen Signaturen" und „qualifizierten elektronischen Signaturen". Im Hinblick auf die digitale CE-Kennzeichnung denkbar wäre insofern zum einen, eine Art „einfache elektronische Signatur" (Kennzeichnung) ausreichen zu lassen; hierunter werden nach § 2 Nr. 1 SigG Daten in elektronischer Form verstanden, die anderen elektronischen Daten beigefügt oder logisch mit ihnen verknüpft sind und die zur Authentifizierung dienen. Dementsprechend könnte die digitale CE-Kennzeichnung ohne Erfüllung weiterer Anforderungen der Hochrisiko-KI-Software beigefügt oder anders logisch mit ihr verknüpft werden. Zum anderen könnte im Rahmen des Art. 48 Abs. 2 eine „qualifizierte elektronische Signatur" (Kennzeichnung) gefordert werden, welche (nach der Definition des § 2 Nr. 3 SigG) ausschließlich dem Signaturschlüssel-Inhaber zugeordnet ist, die Identifizierung des Signaturschlüssel-Inhabers ermöglicht und mit Mitteln erzeugt wird, die der Signaturschlüssel-Inhaber unter seiner alleinigen Kontrolle halten kann. Diese Signatur wird dann mit den Daten, auf die sie sich bezieht, so verknüpft, dass eine nachträgliche Veränderung der Daten erkannt werden kann; sie beruht auf einem zum Zeitpunkt ihrer Erzeugung gültigen qualifizierten Zertifikat und kann mit einer sicheren Signaturerstellungseinheit erzeugt werden.

28 Welche Variante in der Praxis gewählt werden wird und sich dauerhaft durchsetzen wird, bleibt – bis konkretere Vorgaben seitens der Kommission oder der Behörden gemacht werden – abzuwarten.

IV. Modalitäten des Anbringens (Art. 48 Abs. 3)

1. Vorgaben zur direkten Anbringung (Satz 1)

29 Nach Art. 48 Abs. 3 Satz 1 ist die CE-Kennzeichnung „**gut sichtbar, leserlich und dauerhaft**" an Hochrisiko-KI-Systemen anzubringen.

30 Aus der Formulierung „an Hochrisiko-KI-Systemen" wird teilweise geschlossen, die Kennzeichnung müsse „in der Software selbst sowie in ihrer Dokumentation" angebracht sein.[20] In Bezug auf Letzteres enthält nunmehr Abs. 3 Satz 2 eine ausdrückliche Vorgabe (siehe Rn. 36 f.).

31 Das Erfordernis der guten **Sichtbarkeit** bedeutet, dass die CE-Kennzeichnung leicht zugänglich sein muss. Denkbar ist zum Beispiel eine Anbringung an der Rückseite oder Unterseite des Produkts. Das Erfordernis der guten Sichtbarkeit bedeutet hingegen nicht notwendigerweise, dass die CE-Kennzeichnung sichtbar sein muss, bevor die Verpackung eines Produkts geöffnet wird, weil die An-

20 *Denga*, ZfPC 2023, 154, 158; *Linardatos*, ZdiW 2023, 3, 4; *Rostalski/Weiss*, ZfDR 2021, 329, 334 f.; *Wiebe*, BB 2022, 899, 903.

bringung der CE-Kennzeichnung auch auf der Verpackung nur erforderlich ist, wenn dies in den einschlägigen Unionsrechtsvorschriften ausdrücklich verlangt wird. Bei Produkten, die eine Montage erfordern, sollte die CE-Kennzeichnung nach der Montage sichtbar bleiben, muss aber nach dem endgültigen Einbau und bei normalem Gebrauch nicht mehr sichtbar sein. Eine Mindesthöhe von 5 mm ist zur Gewährleistung der notwendigen Lesbarkeit grundsätzlich erforderlich. Mehreren Rechtsvorschriften zufolge (dazu gehören unionsrechtliche Vorgaben zu Maschinen, persönlichen Schutzausrüstungen, aktiven implantierbaren medizinischen Geräten, zu Aufzügen – bei kleinen Maschinen –, zu medizinischen In-vitro-Diagnostika, zu Funkgeräten oder Schiffsausrüstung) kann bei kleinen Produkten oder Bauteilen jedoch auf die Mindestabmessungen der CE-Kennzeichnung verzichtet werden.[21]

Die CE-Kennzeichnung kann verschieden gestaltet sein (zum Beispiel farblich, 32
in fester Form/als Prägung), solange sie sichtbar und leserlich angebracht wird und die Proportionen eingehalten werden (vgl. auch unten Rn. 33). Die Kennzeichnung muss ferner dauerhaft sein, sodass sie unter normalen Umständen nicht entfernt werden kann, ohne Spuren zu hinterlassen (in einigen Produktnormen ist beispielsweise ein Abriebtest mit Wasser und Lösungsbenzin vorgesehen). Der Anbieter/Hersteller muss dabei sicherstellen, dass seine technische Lösung die Anforderungen an Sichtbarkeit, Lesbarkeit und Dauerhaftigkeit erfüllt. Dies bedeutet jedoch nicht, dass die CE-Kennzeichnung Bestandteil des Produkts sein muss.[22]

Nach dem „Blue Guide" muss die CE-Kennzeichnung zudem folgendes **Schrift-** 33
bild aufweisen, wobei bei Verkleinerung oder Vergrößerung der CE-Kennzeichnung die Proportionen eingehalten werden müssen:[23]

CE

Welche Anforderungen an das Kriterium „dauerhaft" konkret zu stellen sind, 34
wird in der Verordnung nicht weiter umschrieben. Aus dem oben angeführten Blue Guide folgt, dass die Kennzeichnung so angebracht sein muss, dass sie bei bestimmungsgemäßem Einsatz des Produktes nicht zerstört oder verschlissen werden kann.

---

21 Bekanntmachung der Kommission, Leitfaden für die Umsetzung der Produktvorschriften der EU 2022 („Blue Guide"), 29.6.2022, ABl. 2022 C 247/1, S. 65 f.

22 Bekanntmachung der Kommission, Leitfaden für die Umsetzung der Produktvorschriften der EU 2022 („Blue Guide"), 29.6.2022, ABl. 2022 C 247/1, S. 66.

23 Bekanntmachung der Kommission, Leitfaden für die Umsetzung der Produktvorschriften der EU 2022 („Blue Guide"), 29.6.2022, ABl. 2022 C 247/1, S. 65.

35 Auch in anderen sektorspezifischen Produktregulierungen des New Approach erfolgt die CE-Kennzeichnung als Symbol und hat eine Mindestgröße von 5 mm, wobei bei kleinen Produkten abgewichen werden darf (so beispielweise Anhang V der EU-Medizinprodukteverordnung). Die Vorgaben zur CE-Kennzeichnung sind dort in Art. 20 enthalten. Sonderanfertigungen und Prüfprodukte erhalten danach keine CE-Kennzeichnung. Die CE-Kennzeichnung erfolgt auf dem Produkt oder seiner Steril-Verpackung, auf seiner Verpackung (Label) und in jeder Gebrauchsanweisung und auf jeder Handelspackung. Es ist auch hier insbesondere darauf zu achten, dass keine irreführende CE-Kennzeichnung erfolgt, zum Beispiel „CE" als Bestandteil der LOT-Kennzeichnung oder der Artikelnummer.[24]

2. Vorgaben zur Anbringung auf der Verpackung/in der beizufügenden Dokumentation (Satz 2)

36 Für den Fall, dass die Art des Hochrisiko-KI-Systems eine gut sichtbare, leserliche und dauerhafte Anbringung an dem Hochrisiko-KI-System nicht zulässt oder nicht rechtfertigt, wird die CE-Kennzeichnung auf der **Verpackung oder der beigefügten Dokumentation** angebracht.

37 Das „nicht zulässt" betrifft in erster Linie Produkte, die aufgrund ihrer Beschaffenheit (Stoff, Form, Größe etc.) nicht dazu geeignet sind, das CE-Kennzeichen gut sichtbar, leserlich und dauerhaft anzubringen; das „nicht rechtfertigt" Fälle, in denen die Anbringung nicht zu zumutbaren technischen oder wirtschaftlichen Bedingungen vorgenommen werden kann. Außerdem kann es vorkommen, dass die Mindestabmessungen nicht eingehalten werden können oder nicht gewährleistet werden kann, dass die CE-Kennzeichnung gut sichtbar, leserlich und dauerhaft angebracht wird. Aus rein ästhetischen Gründen darf die Kennzeichnung hingegen nicht weggelassen werden oder vom Produkt auf die Verpackung oder die Begleitdokumente verlagert werden.[25]

V. Identifizierungsnummer der notifizierten Stelle (Art. 48 Abs. 4)

1. Beteiligung einer notifizierten Stelle im Sinne des Art. 43 (Satz 1)

38 Falls eine notifizierte Stelle an der Konformitätsbewertung beteiligt war, muss auch die Identifizierungsnummer dieser notifizierten Stelle, die für die in

24 *Mayr/Thiermann/Schrack/Kiesselbach*, Das neue Medizinprodukterecht, S. 66 f.

25 Bekanntmachung der Kommission, Leitfaden für die Umsetzung der Produktvorschriften der EU 2022 („Blue Guide"), 29.6.2022, ABl. 2022 C 247/1, S. 66.

Art. 43 festgelegten Konformitätsbewertungsverfahren zuständig ist, angegeben werden.[26]

In Art. 43 sind als Konformitätsbewertungsverfahren die interne Kontrolle (weiter spezifiziert in Anhang VI) und die Bewertung des Qualitätsmanagementsystems sowie die Bewertung der technischen Dokumentation unter Beteiligung einer notifizierten Stelle (weiter spezifiziert in Anhang VII) genannt (siehe Art. 43 Rn. 1 ff.). Die hierfür zuständigen notifizierten Stellen müssen dann aus der Kennzeichnung ebenfalls hervorgehen, indem ihre Identifizierungsnummer angegeben wird. 39

Auch insofern kann auch hier wieder eine Parallele in das unionsrechtliche Medizinprodukterecht gezogen werden: Bei Produkten, an deren Konformitätsbewertung eine Benannte Stelle beteiligt war, wird das CE-Kennzeichnen ebenfalls durch die Kennnummer der Benannten Stelle ergänzt.[27] 40

2. Adressat der Anbringungsvorgabe (Satz 2)

Art. 48 Abs. 4 Satz 2 adressiert wiederum die Frage, wer diese Identifizierungsnummer auf dem Produkt anzubringen hat. 41

Dies ist entweder die notifizierte Stelle selbst, was klar systemwidrig wirkt, da eine wesentliche Besonderheit ja darin besteht, dass die CE-Kennzeichnung durch den Hersteller selbst angebracht wird (vgl. dazu auch Rn. 2 und 20). Dies zeigt auch ein Vergleich zum Medizinprodukterecht, wo in den Fällen, in denen eine Benannte Stelle am Konformitätsbewertungsverfahren mitwirkt, durch den Hersteller die Konformitätserklärung abgegeben und die CE-Kennzeichnung angebracht wird und nicht etwa durch die Benannte Stelle.[28] 42

Alternativ kann die Identifizierungsnummer – nach den Anweisungen der notifizierten Stelle – auch der Anbieter des Hochrisiko-KI-Systems (dies wird wohl den Hauptanwendungsfall darstellen) oder der Bevollmächtigte des Anbieters anbringen. 43

Insofern besteht nach dem Wortlaut der Verordnung („oder“) ein Wahlrecht der notifizierten Stelle, was ebenfalls systemwidrig wirkt. 44

3. Anbringung auf Werbematerial (Satz 3)

Nach Art. 48 Abs. 4 Satz 3 wird die Identifizierungsnummer der notifizierten Stelle auch auf jeglichem Werbematerial angegeben, in dem darauf hingewiesen 45

26 Bekanntmachung der Kommission, Leitfaden für die Umsetzung der Produktvorschriften der EU 2022 („Blue Guide“), 29.6.2022, ABl. 2022 C 247/1, S. 66.

27 *Mayr/Thiermann/Schrack/Kiesselbach*, Das neue Medizinprodukterecht, S. 67.

28 *Mayr/Thiermann/Schrack/Kiesselbach*, Das neue Medizinprodukterecht, S. 67.

wird, dass das Hochrisiko-KI-System die Anforderungen für die CE-Kennzeichnung erfüllt.

46 Damit verfolgt der Verordnungsgeber einen ganzheitlichen Ansatz mit dem Zweck, die relevanten und wesentlichen Informationen möglichst umfassend bereitzustellen.

47 Auch nach der EU-Medizinprodukteverordnung (Art. 20 Abs. 5 Satz 2) sind die CE-Kennzeichnung und die Nummer der Benannten Stelle zusätzlich zu der Anbringung auf dem Produkt auf jedem Werbematerial anzugeben, das auf die Erfüllung der Anforderungen für die CE-Kennzeichnung verweist.[29] Damit laufen im Wesentlichen sämtliche Vorschriften über die CE-Kennzeichnung in der KI-VO und in der EU-Medizinprodukteverordnung gleich.

VI. Verhältnis zur CE-Kennzeichnung nach anderen Rechtsvorschriften der Union (Art. 48 Abs. 5)

48 Sofern Produkte auch **anderen Rechtsbereichen** zugeordnet sind, die eine CE-Kennzeichnung erfordern, so müssen auch die Anforderungen dieses Rechtsbereichs erfüllt sein. Eine CE-Kennzeichnung bedeutet dann, dass die Anforderungen auch der anderen Rechtsbereiche eingehalten sind. Falls das Hochrisiko-KI-System beispielsweise auch unter die EU-Medizinprodukteverordnung fällt, welche genauso wie die KI-VO ein CE-Kennzeichnungssystem vorsieht, so bedeutet die CE-Kennzeichnung nach der KI-Verordnung, dass das Hochrisiko-KI-System die in Kapitel III Abschnitt 2 enthaltenen und auch die Anforderungen der EU-Medizinprodukteverordnung erfüllt.

49 Daraus folgt im Umkehrschluss, dass **mehrere CE-Kennzeichnungen** auf einem Produkt **nicht zulässig** sind. Dies ist an der bloßen CE-Kennzeichnung jedoch zunächst nicht ersichtlich. Erst beim Blick in die Konformitätserklärung wird deutlich, dass ein Produkt den Anforderungen mehrerer Rechtsvorschriften, in denen die CE-Kennzeichnung vorgesehen ist, genügt (siehe dazu auch die Kommentierung bei Art. 47 Rn. 36 ff.).

29 *Mayr/Thiermann/Schrack/Kiesselbach*, Das neue Medizinprodukterecht, S. 66 f.

Art. 49 Registrierung

(1) Vor dem Inverkehrbringen oder der Inbetriebnahme eines in Anhang III aufgeführten Hochrisiko-KI-Systems – mit Ausnahme der in Anhang III Nummer 2 genannten Hochrisiko-KI-Systeme – registriert der Anbieter oder gegebenenfalls sein Bevollmächtigter sich und sein System in der in Artikel 71 genannten EU-Datenbank.

(2) Vor dem Inverkehrbringen oder der Inbetriebnahme eines Hochrisiko-KI-Systems, bei dem der Anbieter zu dem Schluss gelangt ist, dass es nicht hochriskant gemäß Artikel 6 Absatz 3 ist, registriert dieser Anbieter oder gegebenenfalls sein Bevollmächtigter sich und dieses System in der in Artikel 71 genannten EU-Datenbank.

(3) Vor der Inbetriebnahme oder Verwendung eines in Anhang III aufgeführten Hochrisiko-KI-Systems – mit Ausnahme der in Anhang III Nummer 2 aufgeführten Hochrisiko-KI-Systeme – registrieren sich Betreiber, bei denen es sich um Behörden oder Organe, Einrichtungen oder sonstige Stellen der Union oder in ihrem Namen handelnde Personen handelt, in der in Artikel 71 genannten EU-Datenbank, wählen das System aus und registrieren es dort.

(4) Bei den in Anhang III Nummern 1, 6 und 7 genannten Hochrisiko-KI-Systemen erfolgt in den Bereichen Strafverfolgung, Migration, Asyl und Grenzkontrolle die Registrierung gemäß den Absätzen 1, 2 und 3 des vorliegenden Artikels in einem sicheren nicht öffentlichen Teil der in Artikel 71 genannten EU-Datenbank und enthält, soweit zutreffend, lediglich die Informationen gemäß

a) Anhang VIII Abschnitt A Nummern 1 bis 10 mit Ausnahme der Nummern 6, 8 und 9,

b) Anhang VIII Abschnitt B Nummern 1 bis 5 sowie Nummern 8 und 9,

c) Anhang VIII Abschnitt C Nummern 1 bis 3,

d) Anhang IX Nummern 1, 2, 3 und Nummer 5.

Nur die Kommission und die in Artikel 74 Absatz 8 genannten nationalen Behörden haben Zugang zu den jeweiligen beschränkten Teilen der EU-Datenbank gemäß Unterabsatz 1 dieses Absatzes.

(5) Die in Anhang III Nummer 2 genannten Hochrisiko-KI-Systeme werden auf nationaler Ebene registriert.

Mit Art. 49 korrespondiert Erwägungsgrund 131.

Schrifttum: *Engelfriet*, The Annotated AI Act, 2024; *Martini/Wendehorst* (Hrsg.), KI-VO, Kommentar, 2024.

Übersicht

I. Allgemeines

1. Zweck der Vorschrift

1 Die Vorschrift regelt die **Registrierungspflicht** für Hochrisiko-KI-Systeme. Diese sind – mit den Informationen zu Anbietern bzw. Betreibern im öffentlichen Bereich – grundsätzlich in der gemäß Art. 71 zu errichtenden und in Zusammenarbeit mit den EU-Mitgliedstaaten zu führenden EU-Datenbank zu erfassen (mit Ausnahme bestimmter Systeme kritischer Infrastrukturen, die auf nationaler Ebene zu registrieren sind). Hierdurch soll die Arbeit der Kommission und der Mitgliedstaaten erleichtert sowie die **Transparenz gegenüber der Öffentlichkeit** erhöht werden.[1] Die Registrierungspflicht basiert größtenteils auf jener für Medizinprodukte und In-Vitro-Diagnostika in der Europäischen Datenbank für Medizinprodukte.[2]

2. Entstehungsgeschichte

2 Die Pflicht zur Registrierung für Anbieter von Hochrisiko-KI-Systemen war bereits im ursprünglichen Kommissionsentwurf enthalten. Die Ausnahmen von dieser Regel, die sich nun in Art. 49 Abs. 4 und 5 finden, wurden im Grundsatz erstmals vom Rat in die Vorschrift aufgenommen. Der heutige Art. 49 Abs. 3 zur Registrierungspflicht von Betreibern im öffentlichen Bereich wurde durch das Europäische Parlament eingefügt und vom Rat nur unwesentlich verändert. Die nun in Art. 49 Abs. 2 befindliche Regelung, dass sich auch Anbieter, die zu dem Schluss gekommen sind, dass ihr Hochrisiko-KI-System ausnahmsweise kein hohes Risko darstellt, registrieren müssen, ist erst im ersten gemeinsamen Vereinbarungsentwurf neu in die Vorschrift aufgenommen worden.

---

1 ErwG 131; *Gerdemann*, in: Martini/Wendehorst, KI-VO, Art. 49 Rn. 1.

2 *Gerdemann*, in: Martini/Wendehorst, KI-VO, Art. 49 Rn. 6.

3. Verhältnis zu anderen Vorschriften

Die Pflicht zur Registrierung betrifft nur die in Anhang III genannten Hochrisiko-KI-Systeme nach Art. 6 Abs. 2. Eine Kollision mit sektoralen Rechtsvorschriften wie bei Hochrisiko-KI-Systemen nach Art. 6 Abs. 1 scheidet daher aus. 3

Unberührt von dieser Registrierungspflicht bleiben weitere Registrierungsformen, wie sie zum Beispiel verschiedene europäische Städte für ihre Verwaltungen ins Leben gerufen haben, um Transparenz für ihre Bürger zu schaffen. So hat beispielsweise das sogenannte Eurocities-Netzwerk ein Register für Algorithmen ins Leben gerufen, das unter www.algorithmregister.org abzurufen ist.[3] Aus Deutschland hat sich beispielsweise die Stadt Mannheim dieser Initiative angeschlossen.[4] 4

II. Abs. 1

Vor dem Inverkehrbringen oder der Inbetriebnahme eines in Anhang III aufgeführten Hochrisiko-KI-Systems hat der Anbieter oder gegebenenfalls sein Bevollmächtigter sich und sein System in der in Art. 71 genannten EU-Datenbank zu registrieren (siehe auch Art. 16 lit. i). Die Registrierungspflicht gilt somit grundsätzlich für alle KI-Systeme nach Art. 6 Abs. 2, bei denen sich das hohe Risiko aus dem Bereich ergibt, in dem sie bestimmungsgemäß verwendet werden sollen. Eine Ausnahme gilt insofern nur für Systeme im Bereich der kritischen Infrastruktur (Anhang III Nr. 2), für die in Art. 49 Abs. 5 eine Sonderregelung vorgesehen ist. 5

Der Inhalt der Registrierung ergibt sich nach Art. 71 Abs. 2 aus Anhang VIII Abschnitt A. Ausnahmen ergeben sich aus Art. 49 Abs. 4. 6

Es wird diskutiert, ob auch KI-Systeme i. S. v. Anhang III Nr. 1, 3–8, die in ein unter Anhang I Abschnitt A fallendes Produkt integriert sind, bei denen es sich aber nicht um Sicherheitskomponenten handelt, der Registrierungspflicht nach Abs. 1 unterfallen (da diese grundsätzlich bereits etwaigen Registrierungspflichten der jeweiligen Harmonisierungsrechtvorschriften unterliegen). Für die Registrierungspflicht spricht neben dem klaren Wortlaut von Abs. 1 jedoch auch, dass für Unternehmen auch keine Gefahr einer Doppelbelastung besteht, die eine Verfahrenskonzentration erfordern würde, da gerade kein zweites Konformitätsbewertungsverfahren durchgeführt werden muss, sondern nur mit den ohnehin verfügbaren Informationen eine Registrierung zu erfolgen hat.[5] 7

---

3 *Engelfriet*, The Annotated AI Act, Art. 49, S. 193.
4 Siehe https://www.algorithmregister.org/.
5 *Gerdemann*, in: Martini/Wendehorst, KI-VO, Art. 49 Rn. 12.

8 Ein Verstoß gegen die Pflicht nach Abs. 1 bedeutet einen Fall der Nichtkonfomität nach Art. 83 Abs. 1 lit. e. Sollte eine fristgebundene Aufforderung der Marktüberwachungsbehörden nicht beachtet werden, können die Behörden anordnen, die Bereitstellung des KI-Systems zu beschränken oder gar zu verbieten; ggf. muss das System unverzüglich zurückgerufen oder vom Markt genommen werden. Der Verstoß kann ebenfalls zu einer Geldbuße wegen Verstoßes gegen Art. 16 lit. i i.V.m. Art. 99 Abs. 4 lit. a führen.[6]

III. Abs. 2

9 Für den Fall, dass der Anbieter zu dem Schluss gelangt, dass sein unter Anhang III fallendes KI-System **gemäß Art. 6 Abs. 3 ausnahmsweise nicht hochriskant** ist, weil es kein erhebliches Risiko einer Beeinträchtigung für Gesundheit, Sicherheit oder Grundrechte birgt, ist der Anbieter **dennoch** nach Art. 49 Abs. 2 zur Registrierung verpflichtet. Hierdurch soll insbesondere die Überprüfung der Entscheidung, das KI-System als nicht hochriskant einzustufen, ermöglicht werden.

10 Die Registrierung muss dabei nach Art. 71 Abs. 2 die in Anhang VIII Abschnitt B vorgesehenen Informationen enthalten. Davon umfasst sind insbesondere auch die Bedingungen nach Art. 6 Abs. 3, auf deren Grundlage das KI-System als nicht risikoreich eingestuft wird (Nr. 6 Anhang VIII Abschnitt B), und die Gründe dafür, dass das KI-System in Anwendung des Verfahrens gemäß Art. 6 Abs. 3 nicht als Hoch-Risiko-System eingestuft wird (Nr. 7 Anhang VIII Abschnitt B). Ausnahmen ergeben sich wiederum aus Art. 49 Abs. 4.

IV. Abs. 3

11 Art. 49 Abs. 3 enthält eine **Spezialnorm für Betreiber** von Hochrisiko-KI-Systemen, bei denen es sich um **Behörden, öffentliche Einrichtungen** oder Stellen oder in ihrem Namen handelnde Personen handelt. Auch diese haben sich in der in Art. 71 genannten EU-Datenbank als Betreiber zu registrieren sowie das System, das sie verwenden, auszuwählen und ebenfalls zu registrieren (siehe auch Art. 26 Abs. 8 Satz 1). Sofern das KI-System nicht bereits in der Datenbank registriert ist, sehen die Betreiber von einer Verwendung ab und informieren den Anbieter oder Händler (Art. 26 Abs. 8 Satz 2).

12 Die Registrierung muss dabei nach Art. 71 Abs. 3 die in Anhang VIII Abschnitt C vorgesehenen Informationen enthalten. Dabei sind insbesondere auch die Ergebnisse der gemäß Art. 27 durchzuführenden Grundrechte-Folgenabschätzung

---

6 *Gerdemann*, in: Martini/Wendehorst, KI-VO, Art. 49 Rn. 12.

zusammenzufassen und gegebenenfalls eine Zusammenfassung der im Einklang mit Art. 35 Verordnung (EU) 2016/679 oder Art. 27 Richtlinie (EU) 2016/680 gemäß Art. 26 Abs. 9 der KI-VO (Anhang VIII Abschnitt C spricht irrtümlich von Abs. 8) durchzuführenden Datenschutz-Folgenabschätzung beizufügen. Ausnahmen ergeben sich wiederum aus Art. 49 Abs. 4.

Andere Betreiber sollen berechtigt sein, sich freiwillig zu registrieren.[7] 13

V. Abs. 4

Eine Sonderregelung hält Art. 49 Abs. 4 für Hochrisiko-KI-Systeme bereit, die unter die Nr. 1, 6 und 7 des Anhang III in den Bereichen **Strafverfolgung, Migration, Asyl und Grenzkontrollen** fallen. Der Bereich **Biometrie** ist ebenfalls umfasst, wenn der Einsatz in diesen Bereichen erfolgt. In diesen Fällen hat die Registrierung nach den Art. 49 Abs. 1 bis 3 in einem sicheren und nicht öffentlichen Teil der EU-Datenbank zu erfolgen. Zu dem beschränkten Teil der EU-Datenbank haben nur die Kommission sowie die in Art. 74 Abs. 8 genannten nationalen Behörden (d. h. die Marktüberwachungsbehörden) Zugang. Dabei werden die Informationen wie folgt beschränkt: 14

Nach Art. 49 Abs. 4 lit. a enthält die Registrierung nach Art. 49 Abs. 1 die Informationen gemäß Anhang VIII Abschnitt A Nr. 1 bis 10 mit Ausnahme der Nr. 6, 8 und 9. Es ist also keine Beschreibung der vom System verwendeten Informationen und seiner Betriebslogik erforderlich. Auch müssen Nummer, Ablaufdatum und Kopie der von der notifizierenden Stelle ausgestellten Bescheinigung nicht erfasst werden. 15

Nach Art. 49 Abs. 4 lit. b enthält die Registrierung nach Art. 49 Abs. 2 die Informationen gemäß Anhang VIII Abschnitt B Nr. 1 bis 5 sowie 8 und 9. Es ist also gerade nicht erforderlich, die Begründung dafür aufzunehmen, warum es sich nicht um Hoch-Risiko-KI handeln soll. 16

Nach Art. 49 Abs. 4 lit. c enthält die Registrierung nach Art. 49 Abs. 3 die Informationen gemäß Anhang VIII Abschnitt C Nr. 1 bis 3. Hier werden demnach die Grundrechte-Folgenabschätzung und die Datenschutz-Folgenabschätzung nicht mit in die Datenbank aufgenommen. 17

Nach Art. 49 Abs. 4 lit. d sind bezüglich Tests unter Realbedingungen gemäß Art. 60 für die Registrierung nur die Informationen nach Anhang IX Nr. 1 bis 3 und Nr. 5 erforderlich. Hier muss also keine Übersicht über die Hauptmerkmale des Plans für den Test unter Realbedingungen bereitgestellt und auf dem aktuellen Stand gehalten werden. 18

---

7 ErwG 131.

VI. Abs. 5

19 Eine weitere Sonderregelung enthält Art. 49 Abs. 5. Keine Registrierung in der EU-Datenbank ist demnach erforderlich für Hochrisiko-KI-Systeme im Bereich **kritischer Infrastruktur**, die bestimmungsgemäß als Sicherheitsbauteile im Rahmen der Verwaltung und des Betriebs kritischer digitaler Infrastruktur, des Straßenverkehrs oder der Wasser-, Gas-, Wärme- oder Stromversorgung verwendet werden sollen (Anhang III Nr. 2). Diese Systeme sind stattdessen nur auf **nationaler Ebene** zu registrieren.

Kapitel IV
Transparenzpflichten für Anbieter und Betreiber bestimmter KI-Systeme

Art. 50 Transparenzpflichten für Anbieter und Betreiber bestimmter KI-Systeme

(1) Die Anbieter stellen sicher, dass KI-Systeme, die für die direkte Interaktion mit natürlichen Personen bestimmt sind, so konzipiert und entwickelt werden, dass die betreffenden natürlichen Personen informiert werden, dass sie mit einem KI-System interagieren, es sei denn, dies ist aus Sicht einer angemessen informierten, aufmerksamen und verständigen natürlichen Person aufgrund der Umstände und des Kontexts der Nutzung offensichtlich. Diese Pflicht gilt nicht für gesetzlich zur Aufdeckung, Verhütung, Ermittlung oder Verfolgung von Straftaten zugelassene KI-Systeme, wenn geeignete Schutzvorkehrungen für die Rechte und Freiheiten Dritter bestehen, es sei denn, diese Systeme stehen der Öffentlichkeit zur Anzeige einer Straftat zur Verfügung.

(2) Anbieter von KI-Systemen, einschließlich KI-Systemen mit allgemeinem Verwendungszweck, die synthetische Audio-, Bild-, Video- oder Textinhalte erzeugen, stellen sicher, dass die Ausgaben des KI-Systems in einem maschinenlesbaren Format gekennzeichnet und als künstlich erzeugt oder manipuliert erkennbar sind. Die Anbieter sorgen dafür, dass – soweit technisch möglich – ihre technischen Lösungen wirksam, interoperabel, belastbar und zuverlässig sind und berücksichtigen dabei die Besonderheiten und Beschränkungen der verschiedenen Arten von Inhalten, die Umsetzungskosten und den allgemein anerkannten Stand der Technik, wie er in den einschlägigen technischen Normen zum Ausdruck kommen kann. Diese Pflicht gilt nicht, soweit die KI-Systeme eine unterstützende Funktion für die Standardbearbeitung ausführen oder die vom Betreiber bereitgestellten Eingabedaten oder deren Semantik nicht wesentlich verändern oder wenn sie zur Aufdeckung, Verhütung, Ermittlung oder Verfolgung von Straftaten gesetzlich zugelassen sind.

(3) Die Betreiber eines Emotionserkennungssystems oder eines Systems zur biometrischen Kategorisierung informieren die davon betroffenen natürlichen Personen über den Betrieb des Systems und verarbeiten personenbezogene Daten gemäß den Verordnungen (EU) 2016/679 und (EU) 2018/1725 und der Richtlinie (EU) 2016/680. Diese Pflicht gilt nicht für gesetzlich zur

Aufdeckung, Verhütung oder Ermittlung von Straftaten zugelassene KI-Systeme, die zur biometrischen Kategorisierung und Emotionserkennung im Einklang mit dem Unionsrecht verwendet werden, sofern geeignete Schutzvorkehrungen für die Rechte und Freiheiten Dritter bestehen.

(4) Betreiber eines KI-Systems, das Bild-, Ton- oder Videoinhalte erzeugt oder manipuliert, die ein Deepfake sind, müssen offenlegen, dass die Inhalte künstlich erzeugt oder manipuliert wurden. Diese Pflicht gilt nicht, wenn die Verwendung zur Aufdeckung, Verhütung, Ermittlung oder Verfolgung von Straftaten gesetzlich zugelassen ist. Ist der Inhalt Teil eines offensichtlich künstlerischen, kreativen, satirischen, fiktionalen oder analogen Werks oder Programms, so beschränken sich die in diesem Absatz festgelegten Transparenzpflichten darauf, das Vorhandensein solcher erzeugten oder manipulierten Inhalte in geeigneter Weise offenzulegen, die die Darstellung oder den Genuss des Werks nicht beeinträchtigt.

Betreiber eines KI-Systems, das Text erzeugt oder manipuliert, der veröffentlicht wird, um die Öffentlichkeit über Angelegenheiten von öffentlichem Interesse zu informieren, müssen offenlegen, dass der Text künstlich erzeugt oder manipuliert wurde. Diese Pflicht gilt nicht, wenn die Verwendung zur Aufdeckung, Verhütung, Ermittlung oder Verfolgung von Straftaten gesetzlich zugelassen ist oder wenn die durch KI erzeugten Inhalte einem Verfahren der menschlichen Überprüfung oder redaktionellen Kontrolle unterzogen wurden und wenn eine natürliche oder juristische Person die redaktionelle Verantwortung für die Veröffentlichung der Inhalte trägt.

(5) Die in den Absätzen 1 bis 4 genannten Informationen werden den betreffenden natürlichen Personen spätestens zum Zeitpunkt der ersten Interaktion oder Aussetzung in klarer und eindeutiger Weise bereitgestellt. Die Informationen müssen den geltenden Barrierefreiheitsanforderungen entsprechen.

(6) Die Absätze 1 bis 4 lassen die in Kapitel III festgelegten Anforderungen und Pflichten unberührt und berühren nicht andere Transparenzpflichten, die im Unionsrecht oder dem nationalen Recht für Betreiber von KI-Systemen festgelegt sind.

(7) Das Büro für Künstliche Intelligenz fördert und erleichtert die Ausarbeitung von Praxisleitfäden auf Unionsebene, um die wirksame Umsetzung der Pflichten in Bezug auf die Feststellung und Kennzeichnung künstlich erzeugter oder manipulierter Inhalte zu erleichtern. Die Kommission kann Durchführungsrechtsakte zur Genehmigung dieser Praxisleitfäden nach dem in Artikel 56 Absatz 6 festgelegten Verfahren erlassen. Hält sie einen Kodex für nicht angemessen, so kann die Kommission einen Durchführungsrechtsakt gemäß dem in Artikel 98 Absatz 2 genannten Prüfverfahren

erlassen, in dem gemeinsame Vorschriften für die Umsetzung dieser Pflichten festgelegt werden.

Mit Art. 50 korrespondiert Erwägungsgrund 132.

Schrifttum: *Alan/Urbach*, Think beyond tomorrow: KI, mein Freund und Helfer: Herausforderungen und Implikationen für die Mensch-KI-Interaktion, 2019; *Becker*, Generative KI und Deepfakes in der KI-VO, CR 2024, 353; *Block*, Deepfakes und Recht: Einführung in den deutschen Rechtsrahmen für synthetische Medien, 2023; *Bomhard/Merkle*, Europäische KI-Verordnung: Der aktuelle Kommissionsentwurf und praktische Auswirkungen, RDi 2021, 276; *Caldarini/Jaf/McGarry*, A Literature Survey of Recent Advances in Chatbots, Information 2022, 13(1), 41; *Chibanguza/Kuß/Steege*, Künstliche Intelligenz: Recht und Praxis automatisierter und autonomer Systeme, 2022; *Ebers*, Die KI-Verordnung ante portas: Ein neuer Rechtsrahmen für Legal Tech?, LTZ 2024, 1; *Ebert/Spiecker gen. Döhmann*, Der Kommissionsentwurf für eine KI-Verordnung der EU: Die EU als Trendsetter weltweiter KI-Regulierung, NVwZ 2021, 1188; *Engelhard/Schiemann*, Der EU-Kommissionsvorschlag einer Verordnung für künstliche Intelligenz aus rechts- und kriminalpolitischer Perspektive, KriPoZ 2022, 444; *EUIPO*, Automated Content Recognition: Discussion Paper – Phase 1 'Existing technologies and their impact on IP' 2020; *European Parliamentary Research Service*, Tackling deepfakes in European policy, 2021; *Ferrara/Varol/Davis/Menczer/Flammini*, The rise of social bots, Communications of the ACM, Volume 59, Issue 7/2016, 96; *Grabitz/Hilf/Nettesheim* (Hrsg.), Das Recht der Europäischen Union: EUV/AEUV, Kommentar, 83. Aufl. 2024; *Hacker/Engel/Mauer*, Regulating ChatGPT and other Large Generative AI Models, ACM Conference on Fairness, Accountability, and Transparency (FAccT' 23), 1112; *Hilgendorf/Roth-Isigkeit* (Hrsg.), Die neue Verordnung der EU zur Künstlichen Intelligenz, 2023; *Hinderks*, Die Kennzeichnungspflicht von Deepfakes, ZUM 2022, 110; *Jakesch/Hancock/Naaman*, Human heuristics for AI-generated language are flawed, PNAS, Vol. 120 (11), 2023; *Kalbhenn*, Designvorgaben für Chatbots, Deepfakes und Emotionserkennungssysteme: Der Vorschlag der Europäischen Kommission zu einer KI-VO als Erweiterung der medienrechtlichen Plattformregulierung, ZUM 2021, 663; *Kirchenbauer/Geiping/Wen/Katz/Miers/Goldstein*, A Watermark for Large Language Models, Proceedings of the 40th International Conference on Machine Learning, PMLR 202, 2023; *Knott* et al., Generative AI models should include detection mechanisms as a condition for public release, Ethics and information technology, 12/2023, Vol. 25, 55; *Köhler/Bornkamm/Feddersen* (Hrsg.), UWG, 42. Aufl. 2024; *Krishna* et al., Paraphrasing evades detectors of AI-generated text, but retrieval is an effective defense, NeurIPS 2023, Artikel Nr. 1195, S. 27469; *Kumkar*, Deepfakes – Risiken und Regulierung im europäischen Verordnungsentwurf für künstliche Intelligenz, K&R 2023, Heft 10 Beilage 1, 32; *Kumkar/Rapp*, Deepfakes: Eine Herausforderung für die Rechtsordnung, ZfDR 2022, 199; *Lewandowsky* et al., Misinformation and Its Correction: Continued Influence and Successful Debiasing, Psychological Science in the Public Interest 2012, Volume 13 Issue 3, S. 106; *Linardatos*, Auf dem Weg zu einer europäischen KI-Verordnung – ein (kritischer) Blick auf den aktuellen Kommissionsentwurf, GPR 2022, 58; *Linhart*, Informationen aus der Blackbox, 2023; *Madiega*, European Parliamentary Research Service, Generative AI and watermarking, 2023; *Molavi Vasse'i/Udoh*, In Transparency We Trust? Evaluating the Effectiveness of Watermarking and Labeling AI-Generated Content, 2024; *Morton*, On inscription and bias: data, actor network theory, and the social problems of text-to-image AI models, AI and Ethics 2024, 1; *Nickerson*, Confirmation Bias: A Ubiquitous Phenomenon in Many Guises, Review of General

Psychology 1998, Vol. 2, No. 2, 175; *Rostalski/Weiss*, Der KI-Verordnungsentwurf der Europäischen Kommission, ZfDR 2021, 329; *Russell/Norvig*, Artificial Intelligence: a modern approach, 4th edition 2021; *Paal/Pauly* (Hrsg.), DS-GVO BDSG, Kommentar, 3. Aufl. 2021; *Schick*, Deep Fakes and the Infocalypse, 2020; *Schmitt*, Das unionsrechtliche Verbraucherleitbild, 2018; *Schricker/Loewenheim*, Urheberrecht, Kommentar, 6. Aufl. 2020; *Selz/Surjadi*, Transparenzpflichten im Wechselspiel zwischen KI-VO und DSGVO – Ermöglicht die KI-VO einen Blick in die Blackbox?, DSRITB 2023, 401; *Steffens/Zichler*, Deepfakes in digitalen Gerichtsverhandlungen, DuD 2024, 158; *Steinrötter*, Europäische Plattformregulierung, 2023; *Tang/Chuang/Hu*, The Science of Detecting LLM-Generated Text, Communications of the ACM, April 2024 Vol 67 No. 4, 50; *Wolf*, Chatbots als KI-Systeme mit besonderen Transparenzpflichten nach Art. 52 KI-Verordnung, DSRITB 2022, 601; *Zhao/Zhang/Su/Vasan/Grishchenko/Kruegel/Vigna/Wang/Li*, Invisible Image Watermarks Are Provably Removable Using Generative AI, NeurIPS 2024, 1.

Übersicht

I. Allgemeines

1. Zweck der Vorschrift

Ziel des Art. 50 ist es, bestimmten **Gefahren für die Informationsgesellschaft** sowie für die **Grundrechte von EU-Bürgern**, welche der europäische Gesetzgeber mit dem Einsatz der von der Norm erfassten KI-Systeme verbunden sieht, entgegenzuwirken.[1] Dies betrifft (i) KI-Systeme, die zur direkten Interaktion mit natürlichen Personen bestimmt sind (Art. 50 Abs. 1), (ii) KI-Systeme, die synthetische Audio-, Bild-, Video- oder Textinhalte erzeugen (Art. 50 Abs. 2), (iii) KI-gestützte Emotionserkennungssysteme und Systeme zur biometrischen Kate- 1

1 Vgl. ErwG 132, 133.

gorisierung (Art. 50 Abs. 3), (iv) KI-Systeme, die Deepfakes[2] in Form von Bild-, Ton- oder Videoinhalten erzeugen (Art. 50 Abs. 4 UAbs. 1) sowie – abhängig vom Einsatzzweck des erstellten Textes – KI-Systeme, die Text erzeugen oder manipulieren (Art. 50 Abs. 4 UAbs. 2).

2 Bei KI-Systemen, die direkt mit natürlichen Personen interagieren oder Inhalte erzeugen, verfolgt Art. 50 nach ErwG 132 (dort Satz 1) vornehmlich den Schutz natürlicher Personen vor **Identitätsbetrug und Täuschung**.

3 KI-Systeme, die synthetische Audio-, Bild-, Video- oder Textinhalte erzeugen, stellen nach Einschätzung des Gesetzgebers eine erhebliche **Gefahr für „die Integrität des Informationsökosystems"** dar.[3] Dies beinhalte die Gefahr, dass das Vertrauen der Verbraucher geschwächt werde.[4] Die Verpflichtung zur maschinenlesbaren Kennzeichnung von künstlich erzeugten oder manipulierten Inhalten nach Art. 50 Abs. 2 sowie die Verpflichtung zur Offenlegung von Deepfakes nach Art. 50 Abs. 4 sollen Maschinen bzw. Menschen ermöglichen, derartige Inhalte zu erkennen.[5] Die Pflichten, die Anbietern[6] und Betreibern[7] von KI-Systemen, die synthetische Audio-, Bild-, Video- oder Textinhalte sowie Deepfakes erzeugen, auferlegt werden, sollen zudem der wirksamen Durchsetzung der Verordnung (EU) 2022/2065 (**Gesetz über digitale Dienste/Digital Services Act**)[8] dienen.[9]

4 Als **Mittel zur Erreichung der skizzierten Ziele** statuiert Art. 50 Pflichten, die der Gewährleistung von Transparenz über den Einsatz der von der Norm erfassten KI-Systeme dienen. Während die Pflichten auf persönlicher Ebene sowohl Anbieter als auch Betreiber adressieren, bestehen sie bei inhaltlicher Betrachtung aus (i) **Informationspflichten** über den Einsatz bestimmter KI-gestützter Systeme sowie (ii) **Kennzeichnungs- und Offenlegungspflichten** im Hinblick auf KI-generierte Ergebnisse.

---

2 Zum Begriff des Deepfakes, siehe Art. 3 Nr. 60.

3 ErwG 133 Satz 2.

4 Vgl. ErwG 133 Satz 2: „wirken sich erheblich auf die Integrität des Informationsökosystem und das ihm entgegengebrachte Vertrauen aus, weil neue Risiken in Bezug auf Fehlinformation und Manipulation in großem Maßstab, Betrug, Identitätsbetrug und Täuschung der Verbraucher entstehen […]".

5 Vgl. ErwG 133 Satz 3, 134 Satz 1.

6 Zum Begriff des Anbieters siehe Art. 3 Nr. 3.

7 Zum Begriff des Betreibers siehe Art. 3 Nr. 4.

8 Verordnung (EU) 2022/2065 des Europäischen Parlaments und des Rates vom 19.10.2022 über einen Binnenmarkt für digitale Dienste und zur Änderung der Richtlinie 2000/31/EG (Gesetz über digitale Dienste), ABl. L 277, S.1.

9 ErwG 136.

2. Entstehungsgeschichte

Bereits der Entwurf[10] der Europäischen Kommission aus dem Jahr 2021 enthielt Transparenzpflichten für Anbieter und Betreiber von bestimmten KI-Systemen. Erfasst waren zunächst nur die heute in Art. 50 Abs. 1, 3, 4 adressierten KI-Systeme,[11] d. h. KI-Systeme, die zur direkten Interaktion mit natürlichen Personen bestimmt sind, KI-gestützte Emotionserkennungssysteme, Systeme zur biometrischen Kategorisierung sowie KI-Systeme, die Deepfakes und bestimmte Texte erzeugen oder manipulieren. Im weiteren Verlauf des Gesetzgebungsverfahrens wurden folgende wesentliche Ergänzungen vorgenommen: 5

a) Einfügung des Art. 50 Abs. 2

Die umfangreichen Diskussionen zu KI-Systemen mit allgemeinem Verwendungszweck[12] im Verlauf des Gesetzgebungsverfahrens zur KI-VO mündeten im Rahmen des Art. 50 in der Einfügung von dessen Abs. 2, der generative KI-Systeme mit allgemeinem Verwendungszweck erfasst. 6

b) Konkretisierung der Offenlegungspflichten

Kritisiert wurden im Laufe des Gesetzgebungsverfahrens die fehlenden Vorgaben hinsichtlich der **Umsetzung** der Transparenzpflichten.[13] Daraufhin wurde mit Art. 50 Abs. 5 in der finalen Fassung der KI-VO auf Vorschlag des Europäischen Parlaments[14] nachträglich eine Regelung eingefügt, die sowohl den Zeitpunkt der Erfüllung der Transparenzpflichten als auch die Art und Weise (weitergehend) konkretisiert. Danach muss die jeweilige Information spätestens zum Zeitpunkt der ersten Interaktion oder Aussetzung in klarer und eindeutiger Weise bereitgestellt werden. Zudem wurde klargestellt, dass die Information den geltenden Barrierefreiheitsanforderungen entsprechen müsse.[15] 7

---

10 EU-Komm., Vorschlag für eine Verordnung des Europäischen Parlaments und des Rates zur Festlegung harmonisierter Vorschriften für künstliche Intelligenz (Gesetz über künstliche Intelligenz) und zur Änderung bestimmter Rechtsakte der Union, COM(2021) 206 final.

11 Vgl. EU-Komm., COM(2021) 206 final, Art. 52.

12 Vgl. *Ebers*, LTZ 2024, 1.

13 So unter anderem *Kumkar*, in: Hilgendorf/Roth-Isigkeit, Die neue Verordnung der EU zur künstlichen Intelligenz, § 6 Rn. 60.

14 Europäisches Parlament, P9_TA(2023)0236, Abänderung 488.

15 Dies geschah unter anderem auf die Forderung des Bundesrats (BR-Drs. 488/21, S. 15) hin, die Information für Menschen mit Behinderung barrierefrei zu gestalten.

c) Ausarbeitung von Praxisleitfäden, Durchführungsrechtsakten und Leitlinien

8 Im Verlauf des Gesetzgebungsverfahrens wurde mit Art. 50 Abs. 7 Satz 1 eine Regelung aufgenommen, die vorsieht, dass das Büro für Künstliche Intelligenz[16] zur effektiven Umsetzung der Pflichten in Bezug auf die **Feststellung und Kennzeichnung** künstlich erzeugter oder manipulierter Inhalte die Ausarbeitung von **Praxisleitfäden** auf Unionsebene fördern und erleichtern soll.

9 Nähere Bestimmungen zu Praxisleitfäden finden sich in Art. 56. Art. 56 Abs. 9 sieht insbesondere vor, dass bestimmte Praxisleitfäden bis 2.5.2025 vorliegen sollen. Vor dem Hintergrund der systematischen Stellung des Art. 56 innerhalb des Kapitels V (Vorschriften über KI-Modelle mit allgemeinem Verwendungszweck) ist jedoch unklar, ob die in Art. 56 Abs. 9 enthaltene Frist auch für die nach Art. 50 Abs. 7 zu erlassenden Praxisleitfäden gilt.

10 Die Kommission kann nach Art. 50 Abs. 7 Satz 2 weiterhin **Durchführungsrechtsakte** zur Genehmigung der Praxisleitfäden nach dem in Art. 56 Abs. 6 festgelegten Verfahren erlassen.

11 Von Praxisleitfäden zu unterscheiden sind die von der Kommission zur Durchführung der KI-VO zu erlassenden **Leitlinien** im Sinne von Art. 96. Nach Art. 96 Abs. 1 lit. d erarbeitet die Kommission Leitlinien **zur praktischen Umsetzung der Transparenzpflichten** gem. Art. 50, welche neben die Praxisleitfäden des Büros für Künstliche Intelligenz treten.

3. Verhältnis zu anderen Vorschriften

12 Art. 50 wird innerhalb der KI-VO sowie allgemein auf europäischer und nationaler Ebene durch weitere Vorschriften tangiert.

a) Verhältnis zu Vorschriften innerhalb der KI-Verordnung

13 Die Transparenzpflichten des Art. 50 stehen neben sonstigen Pflichten, die sich aus der KI-VO ergeben, und berühren diese nicht. Eine ausdrückliche Klarstellung diesbezüglich findet sich in Art. 50 Abs. 6 sowie in ErwG 137.

14 Im Fall von Hochrisiko-KI-Systemen gem. Kapitel III ergänzt Art. 50 die Transparenzpflichten nach Art. 13. Während Hochrisiko-KI-Systeme gem. Art. 13 Abs. 1 hinsichtlich ihrer Funktionsweise hinreichend transparent ausgestaltet sein müssen, etabliert Art. 50 Transparenzpflichten im Sinne von Informations-, Kennzeichnungs- und Offenlegungspflichten, welche den Einsatz des Systems sowie die künstliche Generierung des Outputs betreffen.

---

16 Zum Büro für Künstliche Intelligenz siehe Art. 3 Nr. 47, Art. 64.

Auch die Pflichten für Betreiber von KI-Modellen mit allgemeinem Verwendungszweck gem. Art. 51–56 stehen als eigenes Regelungssystem neben den Transparenzpflichten aus Art. 50 Abs. 2. **15**

b) Verhältnis zu europäischen sowie nationalen Normen

aa) Digital Services Act

16 Die KI-VO soll die Pflichten für Anbieter von Vermittlungsdiensten[17] ergänzen, die unter die Verordnung (EU) 2022/2065 („Digital Services Act", kurz „DSA") fallen und KI-Systeme oder KI-Modelle in ihre Dienste integrieren.[18] Der Digital Services Act bezweckt, ein sicheres, berechenbares und vertrauenswürdiges Online-Umfeld zu schaffen, das der Verbreitung rechtswidriger Online-Inhalte und den damit einhergehenden gesellschaftlichen Risiken – insbesondere durch die Verbreitung von Desinformation – entgegenwirkt.[19] In diesem Sinne werden sehr großen Online-Plattformen und Online-Suchmaschinen Sorgfaltspflichten zur Bekämpfung systemischer Risiken auferlegt, die u. a. negative Auswirkungen auf demokratische Prozesse verringern sollen.[20] Art. 50 bezweckt in diesem Zusammenhang, die Erfüllung der Pflichten von Anbietern sehr großer Online-Plattformen[21] oder -Suchmaschinen,[22] systemische Risiken zu ermitteln und zu mindern, zu fördern.[23] Als ein solches **systemisches Risiko** benennt ErwG 82 des Digital Services Act tatsächliche oder absehbare negative Auswirkungen auf demokratische Prozesse, die gesellschaftliche Debatte und Wahlprozesse sowie das allgemeine Risiko von Desinformation. Soweit diese durch künstlich erzeugte oder manipulierte Inhalte entstehen können, werden diese (zusätzlich) mit den Kennzeichnungs-, Offenlegungs- und Informationspflichten nach Art. 50 adressiert.[24] Art. 50 ergänzt damit Art. 35 Abs. 1 Satz 1 lit. k Digital Services Act, wonach eine potenzielle Risikominimierungsmaßnahme die Kennzeichnung von Inhalten wie Deepfakes sein kann.

17 Aufgrund dieser intendierten Nähe von Art. 50 zum Digital Services Act stellt sich die Frage, ob ein Verstoß gegen Art. 50 dazu führt, dass es sich bei einem KI-generierten Inhalt bzw. einem KI-System (z. B. einem Chatbot in einem so-

17 Zum Begriff des Vermittlungsdienstes siehe Art. 3 lit. g VO (EU) 2022/2065 (Digital Services Act).
18 ErwG 118 Satz 1.
19 ErwG 9 Satz 1 VO (EU) 2022/2065 (Digital Services Act).
20 ErwG 76, 79 Satz 4, 82 VO (EU) 2022/2065 (Digital Services Act).
21 Zum Begriff der sehr großen Online-Plattform siehe Art. 3 lit. i, 33 Abs. 1 VO (EU) 2022/2065 (Digital Services Act).
22 Zum Begriff der sehr großen Online-Suchmaschine siehe Art. 3 lit. j, 33 Abs. 1 VO (EU) 2022/2065 (Digital Services Act).
23 Vgl. ErwG 136.
24 Vgl. ErwG 120, 136.

zialen Netzwerk) um einen rechtswidrigen Inhalt im Sinne von Art. 3 lit. h Digital Services Act handelt, der u. a. bei Beschreiten des Melde- und Abhilfeverfahrens im Sinne von Art. 16 Digital Services Act entfernt werden müsste.[25] Während dem Kommissionsentwurf insoweit keine Ausführungen zu entnehmen waren, findet sich in der finalen Fassung der KI-VO in ErwG 136 eine Klarstellung zum Verhältnis der Transparenzpflichten nach Art. 50 sowie der Rechtswidrigkeit von Inhalten und den sich hieraus nach dem Digital Services Act ergebenden Pflichten. Nach ErwG 136 Satz 3 haben die Transparenzpflichten des Art. 50 keinen Einfluss auf die Bewertung und Entscheidung über die **Rechtswidrigkeit eines Inhalts** im Rahmen des Melde- und Abhilfeverfahrens des Art. 16 Abs. 1, 6 des Digital Services Act. Insoweit seien allein die Vorschriften über die Rechtmäßigkeit von Inhalten maßgeblich.[26] Umgekehrt könne die Einhaltung der Transparenzpflichten auch nicht dahingehend ausgelegt werden, dass die Verwendung des KI-Systems oder seiner Ergebnisse nach der KI-VO oder anderen Rechtsvorschriften rechtmäßig sei.[27] Hintergrund dieser Bestimmung ist das Recht auf Freiheit der Meinungsäußerung (Art. 11 GRCh) sowie die Kunstfreiheit (Art. 13 GRCh). Die Verordnung lässt die Wertung erkennen, dass aufgrund eines bloßen Verstoßes gegen Transparenzpflichten keine Zensur von Inhalten erfolgen soll. Ein entsprechender Verstoß ist vielmehr von den Sanktionen nach Art. 99 Abs. 4 lit. g erfasst.

bb) DSGVO

18 Neben die Informationspflichten nach Art. 50 können Informationspflichten auf Grundlage der DSGVO treten. Während etwa nach Art. 50 Abs. 1 über das Ob der Interaktion mit einem KI-System zu berichten ist, ist im Fall einer Verarbeitung personenbezogener Daten die betroffene Person zusätzlich auf Grundlage der Art. 13, 14 DSGVO zu informieren.[28]

19 Zu berücksichtigen ist in diesem Zusammenhang insbesondere, dass, sofern der Einsatz automatisierter Entscheidungssysteme im Sinne von Art. 22 DSGVO zulässig ist, nach Art. 13 Abs. 2 lit. f, 14 Abs. 2 lit. g DSGVO weitergehende Anforderungen an die Informationspflicht gelten.

---

25 Dafür auf Grundlage des Kommissionsentwurfs: *Kalbhenn*, ZUM 2021, 663, 671; *Bastians*, in: Steinrötter, Europäische Plattformregulierung, § 21 Rn. 55.

26 ErwG 136 Satz 4.

27 ErwG 137.

28 Siehe zum Zusammenspiel der Transparenzpflichten nach der DSGVO und der KI-VO (insbesondere in Bezug auf Hochrisiko-KI-Systeme) zum Parlamentsentwurf *Selz/Surjadi*, DSRITB 2023, 401.

cc) Informationspflichten im nationalen Recht

Im nationalen Recht wird Art. 50 flankiert durch die Regelung des **§ 18 Abs. 3 MStV**, wonach Anbieter von Telemedien in sozialen Netzwerken bei mittels eines Computerprogramms automatisiert erstellten Inhalten oder Mitteilungen den Umstand der Automatisierung kenntlich zu machen haben.[29] Die KI-VO erweitert die nationalen Regelungen zur medienrechtlichen Plattformregulierung um weitere Transparenzpflichten.[30] Zwar bleiben gem. Art. 50 Abs. 6 Transparenzpflichten außerhalb der KI-VO grundsätzlich unberührt. Die Regelung des MStV wird allerdings aufgrund ihrer inhaltlichen Überschneidung mit Art. 50 in diesem aufgehen.[31] 20

4. Regelungsinhalt

Art. 50 ist Teil des Kapitels IV der KI-Verordnung, dessen Titel mit demjenigen der Norm übereinstimmt („Transparenzpflichten für Anbieter und Betreiber bestimmter KI-Systeme"). Der Umstand, dass der Vorschrift ein eigenes Kapitel zugewiesen wird, verdeutlicht ihre Bedeutung. Dies wird durch Art. 1 Abs. 2 lit. d bestätigt, welcher die Festlegung harmonisierter Transparenzvorschriften für bestimmte KI-Systeme als einen der zentralen Zwecke der KI-VO benennt. Ihre praktische Bedeutung wird weitergehend dadurch begründet, dass Art. 50 sich sowohl an Anbieter als auch an Betreiber der erfassten KI-Systeme richtet. 21

Die **Abs. 1 bis 4** enthalten **Informations-, Offenlegungs- und Kennzeichnungspflichten** für Anbieter und Betreiber von KI-Systemen. Abs. 5 konkretisiert den Zeitpunkt sowie die Art und Weise der Erfüllung der Verpflichtungen, während sich Abs. 6 zum Verhältnis zu weiteren Pflichten nach der KI-VO äußert. Abs. 7 der Norm sieht den Erlass von Praxisleitfäden bzw. Durchführungsrechtsakten zur einheitlichen Umsetzung der Pflichten vor. 22

Folgende Pflichten ergeben sich auf Grundlage von Art. 50 für **Anbieter**: 23

- Abs. 1 der Vorschrift statuiert eine Pflicht für Anbieter von KI-Systemen, die zur direkten Interaktion mit natürlichen Personen bestimmt sind, sicherzustellen, dass Nutzer **über den Einsatz des KI-Systems in Kenntnis gesetzt werden**.
- Abs. 2 verpflichtet Anbieter von KI-Systemen sowie von KI-Systemen mit allgemeinem Verwendungszweck dazu, die Ergebnisse des KI-Systems in

29 Siehe hierzu den konzisen Überblick bei *Roos*, in: Chibanguza/Kuß/Steege, Künstliche Intelligenz, D. Regulierung von Social Bots, Rn. 5–7.

30 So auch bereits zum Kommissionsentwurf: *Kalbhenn*, ZUM 2021, 663, 673; *Kumkar*, in: Hilgendorf/Roth-Isigkeit, Die neue Verordnung der EU zur künstlichen Intelligenz, § 6 Rn. 40.

31 So auch bereits zum Kommissionsentwurf: *Kalbhenn*, ZUM 2021, 663, 673.

einem **maschinenlesbaren Format** zu **kennzeichnen**, sodass diese als künstlich erzeugt oder manipuliert erkennbar sind.

24 Folgende Pflichten werden demgegenüber für **Betreiber** begründet:

- Abs. 3 sieht vor, dass Betreiber von KI-Systemen zur Emotionserkennung oder zur biometrischen Kategorisierung betroffene Personen über den Betrieb **informieren** müssen und Daten nur im Einklang mit geltenden datenschutzrechtlichen Bestimmungen verarbeiten dürfen.
- Abs. 4 enthält in seinen beiden Unterabsätzen zwei separate Regelungsinhalte: UAbs. 1 betrifft sog. Deepfakes in Form von Audio-, Bild- oder Videoinhalten und verpflichtet Betreiber zur **Offenlegung** von Deepfakes; UAbs. 2 statuiert eine Pflicht von Betreibern, bei KI-generierten Texten, die zur Information der Öffentlichkeit über Angelegenheiten von öffentlichem Interesse dienen, den Einsatz eines KI-Systems offenzulegen.

25 Sofern die jeweiligen Voraussetzungen vorliegen, können die Pflichten aus den unterschiedlichen Absätzen auch nebeneinander anwendbar sein.[32]

II. Art. 50 Abs. 1

26 Im Rahmen des Art. 50 Abs. 1 werden Anbieter verpflichtet, KI-Systeme, die für die direkte Interaktion mit natürlichen Personen bestimmt sind, so zu konzipieren und zu entwickeln, dass Nutzer darüber informiert werden, dass sie mit einem KI-System interagieren. Art. 50 Abs. 1 betrifft mithin die technische Ausgestaltung von KI-Systemen, die mit natürlichen Personen interagieren: Bereits im Rahmen der Konzeption und Entwicklung derartiger KI-Systeme ist eine Information der Nutzer über den Einsatz des Systems sicherzustellen.

27 Von der Verpflichtung zur Herstellung von **Interaktionstransparenz**[33] ausgenommen sind (i) KI-Systeme, die offensichtlich als solche erkennbar sind (Art. 50 Abs. 1 Satz 1 Hs. 2), und (ii) gesetzlich zur Strafverfolgung zugelassene KI-Systeme, sofern letztere nicht der Öffentlichkeit zur Anzeige einer Straftat zur Verfügung stehen (Art. 50 Abs. 1 Satz 2).

---

32 So ebenfalls *Becker*, CR 2024, 353, 361 Rn. 74.

33 Der Begriff der Interaktionstransparenz wird verwendet in Anlehnung an *Alan/Urbach*, Think beyond tomorrow: KI, mein Freund und Helfer: Herausforderungen und Implikationen für die Mensch-KI-Interaktion, Projektgruppe Wirtschaftsinformatik des Fraunhofer FIT, S. 13, https://eref.uni-bayreuth.de/id/eprint/53000/ (zuletzt abgerufen am 30.7.2024).

1. Verpflichtungsadressat

Die Informationspflicht des Art. 50 Abs. 1 richtet sich – ebenso wie der folgende Abs. 2 – an Anbieter (Art. 3 Nr. 3) von KI-Systemen. Die Vorschrift nimmt nach Art. 3 Nr. 3 mithin diejenigen Akteure in die Pflicht, die KI-Systeme entwickeln oder entwickeln lassen *und* diese unter ihrem eigenen Namen oder ihrer eigenen Marke innerhalb der Europäischen Union in Verkehr bringen oder in Betrieb nehmen (siehe hierzu Art. 3 Nr. 3 Rn. 84 ff.). Während sich das Inverkehrbringen[34] auf die erstmalige Bereitstellung – die Abgabe zum Vertrieb oder zur Verwendung – auf dem Unionsmarkt bezieht, betrifft die Inbetriebnahme[35] die Bereitstellung zum Erstgebrauch direkt an den Betreiber oder zum Eigengebrauch entsprechend der Zweckbestimmung des KI-Systems 28

Während das formale Tatbestandsmerkmal des unter dem eigenen Namen oder der eigenen Marke Inverkehrbringens oder Inbetriebnehmens eine klare Abgrenzung ermöglicht, können sich hinsichtlich des Merkmals des Entwickelns bzw. Entwickelnlassens Abgrenzungsschwierigkeiten ergeben. Die Anforderungen an die technische Dokumentation in Anhang IV Nr. 2 lit. a sprechen dafür, unter den Begriff des Entwickelns auch den Einsatz eines durch einen Dritten bereitgestellten vortrainierten Systems und dessen Verwendung, Integration oder Veränderung zu umfassen. Nach diesem weiten Begriffsverständnis kann Anbieter mithin sein, wer ein KI-System für die eigenen Zwecke anpasst.[36] Auch Unternehmen, die etwa eine White-Label-Lösung anpassen bzw. unter eigenem Namen in Verkehr bringen oder in Betrieb nehmen, sind danach regelmäßig als Anbieter zu qualifizieren.[37] 29

Nach Art. 25 Abs. 1 lit. c können auf einen Betreiber eines KI-Systems die Anbieterpflichten nach Art. 16 übergehen, sofern der Betreiber die Zweckbestimmung eines KI-Systems derart ändert, dass das System nunmehr als Hochrisiko-KI-System einzuordnen ist. Ein solches „Upgrade“ zum Hochrisiko-KI-System im Anwendungsbereich des Art. 50 Abs. 1 könnte beispielsweise die Folge des Einsatzes eines Chatbots in der Justiz sein. So sind Hochrisiko-KI-Systeme nach Art. 6 Abs. 2 i.V.m. Anhang III Nr. 8 lit. a bereits solche, die bei der Anwendung des Rechts unterstützend genutzt werden. Fraglich ist, ob mit einem Übergang der Pflichten nach Art. 25 gleichzeitig auch die Anbieterpflichten nach Art. 50 Abs. 1 (bzw. 50 Abs. 2) übergehen. Die KI-VO verhält sich hierzu nicht. 30

34 Art. 3 Nr. 9, 10.
35 Art. 3 Nr. 11.
36 So auch schon zum Kommissionentwurf *Wolf*, DSRITB 2022, 601, 612
37 So auch schon zum Kommissionentwurf *Wolf*, DSRITB 2022, 601, 612

2. KI-Systeme, die zur direkten Interaktion mit Menschen bestimmt sind

31 Von Art. 50 Abs. 1 sind **KI-Systeme** gem. **Art. 3 Nr. 1** erfasst, soweit diese zur direkten Interaktion mit natürlichen Personen bestimmt sind.

32 Ob und inwieweit ein **KI-System** vorliegt, ist anhand des Art. 3 Nr. 1 zu beurteilen (siehe hierzu Art. 3 Nr. 1 Rn. 30 ff.). Soweit ein System auf Basis der vom Nutzer bereitgestellten Informationen eigenständig Schlussfolgerungen ableitet, ist die Voraussetzung des Vorliegens eines KI-Systems regelmäßig gegeben.[38] Auszuschließen sein dürften allein rein regelbasierte Systeme, die auf bestimmte Fragen bzw. Stichworte vordefinierte Antworten geben.[39]

33 Der Verordnung ist keine Definition des Begriffs der **Interaktion** zu entnehmen.[40] Ein Rückgriff auf den natürlichen Sprachgebrauch ist angezeigt. Danach ist eine Interaktion bei wechselseitigem, aufeinander bezogenem Handeln gegeben.[41] Sie kann sowohl in einer haptischen, akustischen oder optischen Einwirkung auf oder durch ein KI-System bestehen.[42]

34 Der Zusatz der **direkten** Interaktion ist vor dem Hintergrund des Normzwecks (siehe dazu Rn. 1 ff.) zu sehen, Nutzer vor Täuschung zu schützen. Erfasst werden demnach nur KI-Systeme sowie KI-Output, mit welchen Nutzer unmittelbar „in Berührung“ kommen, d.h. soweit der Nutzer das KI-System oder dessen Output haptisch, optisch oder akustisch wahrnimmt.

35 Folgende Beispiele für KI-Systeme, die zur direkten Interaktion bestimmt sind, seien insoweit genannt:

- Einen zentralen Anwendungsfall des Art. 50 Abs. 1 stellt die Verwendung von **Chatbots**[43] dar.[44] Dabei handelt es sich um „intelligente Dialog-Computerprogramme, die eine menschliche Konversation in ihrer natürlichen Form nachahmen“.[45] Nachdem die Grundlage früherer Chatbots noch regelbasierte Modelle waren, beruhen moderne Chatbots in der Regel auf maschinellem

---

38 Vgl. zum Kommissionsentwurf unter Bezugnahme auf die dort aufgeführten Techniken *Wolf*, DSRITB 2022, 601, 610 f.

39 Vgl. zum Kommissionentwurf *Wolf*, DSRITB 2022, 601, 610 f.

40 So bereits zum Kommissionsentwurf *Bastians*, in: Steinrötter, Europäische Plattformregulierung, § 21 Rn. 43.

41 Vgl. https://de.langenscheidt.com/fremdwoerterbuch/interaktion. Vgl. auch zum Kommissionsentwurf *Bastians*, in: Steinrötter, Europäische Plattformregulierung, § 21 Rn. 43.

42 Vgl. *Bomhard/Merkle*, RDi 2021, 276, 282.

43 Für einen konzisen Überblick zur Funktionalität und Entwicklung von Chatbots *Wolf*, DSRITB 2022, 601, 603 ff.

44 EU-Komm, COM(2021) 206 final, Begründung 1.1.; hierzu bereits zum Kommissionsentwurf: *Kalbhenn*, ZUM 2021, 663, 669.

45 Frei aus dem Englischen übersetzt nach *Caldarini/Jaf/McGarry*, Information 2022, 13, 41, S. 1.

Lernen (Machine Learning).[46] Solche Chatbots können in Information-Retrieval-Modelle und Generative Modelle differenziert werden.[47] Während erstere die Eingabe des Nutzers mit einem Index an möglichen Antworten abgleichen und sodann die am besten passende Antwort geben, erstellen generative Modelle mittels künstlicher neuronaler Netze die Antworten und können dabei auch die Satzstruktur und Bedeutung erkennen.[48]
Chatbots kommen in unterschiedlichsten Formen und Bereichen zum Einsatz. Sie finden beispielsweise im Rahmen von Webseiten, Apps und sozialen Medien Anwendung. Typische Einsatzbereiche sind dabei die Beantwortung von Fragen im Rahmen des Kundenservice sowie die Unterstützung im Zusammenhang mit Fragestellungen bei der Verwendung von Produkten sowie Tools. Auch können Chatbots eingesetzt werden, um Fragen zu Datenbanken oder Dokumenten (z. B. Compliance-Richtlinien) zu beantworten.

- Beispielhaft seien weiterhin **Sprachassistenten** (z. B. im Kundenservice) **sowie intelligente Sprachsteuerungen** von IoT-Geräten oder etwa Fahrzeugen genannt. Hierzu gehören virtuelle Assistenten wie Apples Siri oder Amazons Alexa. Diese werden teilweise auch als sog. „Voicebots" bezeichnet.[49]
- Daneben erfasst Art. 50 Abs. 1 sog. **Social Bots**, d. h. Computerprogramme, die vornehmlich in sozialen Medien mit Menschen interagieren und versuchen, deren Verhalten nachzuahmen, und dabei automatisiert Inhalte produzieren, die vermeintlich authentisch sind.[50]

3. Interaktionstransparenz durch KI-Design und Entwicklung

Anbieter sind gem. Art. 50 Abs. 1 verpflichtet, KI-Systeme, die für die direkte Interaktion mit natürlichen Personen bestimmt sind, so zu konzipieren und zu entwickeln, dass Nutzer darüber informiert werden, dass sie mit einem KI-System interagieren. 36

a) Klar und verständliche Darstellung zum Zeitpunkt der ersten Interaktion

Art. 50 Abs. 5 sind rudimentäre Anforderungen im Hinblick auf die Umsetzung der Informations-, Offenlegungs- und Kennzeichnungspflichten nach den Abs. 1–4 des Art. 50 zu entnehmen (siehe hierzu Rn. 165 ff.). Danach muss die 37

46 *Wolf*, DSRITB 2022, 601, 603. Zum Begriff des Machine Learning und den unterschiedlichen Methoden siehe *Russell/Norvig*, Artificial Intelligence a modern approach, S. 669 ff.

47 *Caldarini/Jaf/McGarry*, Information 2022, 13, 41, S. 8; *Wolf*, DSRITB 2022, 601, 603.

48 *Caldarini/Jaf/McGarry*, Information 2022, 13, 41, S. 8 f.; *Wolf*, DSRITB 2022, 601, 603.

49 *Wolf*, DSRITB 2022, 601, 606: „audiobasierte Chatbots".

50 Zum Begriff der Social Bots: *Ferrara/Varol/Davis/Menczer/Flammini*, Communications of the ACM, 7/2016, S. 96.

Information (i) **klar und verständlich** dargestellt sein, (ii) zum **Zeitpunkt der ersten Interaktion** erfolgen (siehe hierzu Rn. 166ff.), und (iii) den **Anforderungen an die Barrierefreiheit genügen** (siehe hierzu Rn. 172f.).

b) Praktische Umsetzung

38 Die technische Ausgestaltung der Herstellung der Interaktionstransparenz obliegt dem Anbieter; der KI-VO sind insoweit keine Vorgaben zu entnehmen. Ungeachtet des Art. 50 Abs. 7 ist *keine* weitergehende Rechtsklarheit durch die von der Kommission zu fördernden Praxisleitfäden zu erhoffen. Ausweislich des Wortlauts sollen sich diese lediglich auf die *Feststellung und Kennzeichnung* künstlich erzeugter oder manipulierter *Inhalte* beziehen, nicht jedoch auf die Offensichtlichkeit der bzw. die Information über die Interaktion mit einem KI-System. Weitergehende Rechtssicherheit ist jedoch auf Grundlage der nach Art. 96 Abs. 1 lit. d von der Kommission zu erarbeitenden Leitlinien zur praktischen Umsetzung der Transparenzpflichten gem. Art. 50 zu erhoffen.

39 In Abgrenzung zu den Pflichten der Betreiber nach den Abs. 50 Abs. 3 und 4 betrifft Abs. 1 die Design- und Entwicklungsebene des KI-Systems: die **Möglichkeit zur Information des Nutzers muss im KI-System angelegt** sein.

40 Die Umsetzung der Interaktionstransparenz auf technischer Ebene hängt insbesondere von der **Art des KI-Systems** und der **Form der Interaktion** mit dem Nutzer ab. Siehe hierfür etwa nachfolgende Beispiele:

- **Chatbots** können durch einen textlichen Hinweis zu Beginn des Gesprächs als KI-System vorgestellt werden. Denkbar wäre auch ein dauerhaft angezeigtes grafisches Symbol, durch welches der Einsatz eines KI-Systems erkennbar wird.
- **Voicebots**: Insbesondere, wenn es sich um qualitativ hochwertige und menschenähnliche Stimmen handelt (z.B. automatische Anrufannahme in Callcentern), bergen Voicebots erhebliches Täuschungspotenzial. Eine Erfüllung der Informationspflicht kommt in derartigen Fällen etwa durch eine der Interaktion vorausgehende Ansage, welche auf den Einsatz des KI-Systems hinweist, in Betracht.
- **Social Bots** können erfordern, dass eine Information vor und mit jeder Interaktion des Bots in sozialen Netzwerken erfolgt, da das KI-System stets mit einem unbestimmten neuen Personenkreis in Interaktion tritt. Dies gilt etwa für AI-Influencer auf sozialen Medien, die derzeit an Popularität gewinnen.[51] Ob und inwiefern Art. 50 Abs. 1 geeignet ist, Desinformation – insbesondere auf sozialen Medien – entgegenzuwirken, bleibt abzuwarten. Als schwierig

51 Siehe als Beispiel hierfür etwa „Aitana Lopez" („fit_aitana"). Hierbei handelt es sich um ein Benutzerkonto, das ausschließlich KI-generierte Bilder einer jungen Frau auf Instagram postet. Das Profil weist über 300.000 Follower (Stand Juni 2024) auf.

wird sich insoweit erweisen, dass diejenigen, die mittels Social Bots im Internet (falsche) Informationen verbreiten, i. d. R. bewusst anonym tätig werden, was bei der Verfolgung etwaiger Verstöße gegen Art. 50 KI-VO erhebliche Schwierigkeiten bereiten dürfte. Im Zusammenhang mit sozialen Medien wie TikTok und Instagram wird sich weiterhin die Frage stellen, ab wann Inhalte als KI-generiert anzusehen sind, beispielsweise im Zusammenhang mit dem Einsatz von Filtern und Stimmenveränderern (siehe hierzu Rn. 67 ff.).

c) Kombination mit bestehenden Informationspflichten

Vor dem Hintergrund bereits bestehender Informationspflichten, etwa im Zusammenhang mit der Erhebung personenbezogener Daten gem. **Art. 13, 14 DSGVO**[52] oder mit der Einholung der Einwilligung bei der Verwendung von Cookies gem. **§ 25 Abs. 1 TDDDG,**[53] **Art. 6 Abs. 1 lit. a DSGVO** stellt sich die Frage, ob diese Informationspflichten nicht mit der Information über die Nutzung eines KI-Systems i. S.e. „One-size-fits-all"-Lösung verbunden werden können. **41**

Ungeachtet einer Beurteilung anhand des datenschutzrechtlichen Transparenzgebotes spricht bereits der Wortlaut des Art. 50 Abs. 5, der eine klare und erkennbare Information verlangt, dagegen, dass die Informationspflicht nach Art. 50 Abs. 1 durch eine bloße Erwähnung im Rahmen von Datenschutzinformationen oder im Rahmen von Cookie-Hinweisen erfüllt werden kann. Die Tatsache des Einsatzes eines KI-Systems droht in diesem Fall in der Fülle der Informationen unterzugehen. **42**

d) Ausnahmen

Die Pflicht zur Sicherstellung der Information nach Art. 50 Abs. 1 Satz 1 entfällt, wenn die Interaktion mit dem KI-System aus Sicht einer angemessen informierten, aufmerksamen und verständigen natürlichen Person offensichtlich ist (siehe hierzu Rn. 44 ff.). Zudem gilt die Pflicht gem. Art. 50 Abs. 1 Satz 2 nicht für zur Strafverfolgung zugelassene KI-Systeme, wenn geeignete Schutzvorkehrungen für die Rechte und Freiheiten Dritter bestehen, es sei denn, diese Systeme stehen der Öffentlichkeit zur Verfügung (siehe hierzu Rn. 60 ff.). **43**

---

52 Verordnung (EU) 2016/679 des Europäischen Parlaments und des Rates vom 27.4.2016 zum Schutz natürlicher Personen bei der Verarbeitung personenbezogener Daten, zum freien Datenverkehr und zur Aufhebung der Richtlinie 95/46/EG (Datenschutz-Grundverordnung), ABl. L 119, S. 1.

53 Gesetz über den Datenschutz und den Schutz der Privatsphäre in der Telekommunikation und bei digitalen Diensten (TDDDG; frühere Kurzform bis zum 13.5.2024: TTDSG)

aa) Offensichtliche Interaktion mit einem KI-System

44 Ein erheblicher Teil an KI-Systemen dürfte trotz des in Art. 50 Abs. 1 angelegten Regel-Ausnahme-Verhältnisses der in der Vorschrift enthaltenen Ausnahmeregelung unterfallen, wonach die Verpflichtung zur Sicherstellung der Information keine Anwendung findet, wenn die Interaktion mit einem KI-System aus Sicht einer natürlichen Person, die angemessen informiert, aufmerksam und umsichtig ist, unter Berücksichtigung der **Umstände** und des **Nutzungskontexts** offensichtlich ist. Art. 50 Abs. 1 konkretisiert mithin den Beurteilungsmaßstab für die Offensichtlichkeit der Interaktion weitergehend im Verhältnis zum ursprünglichen Kommissionsentwurf, wonach lediglich auf die Umstände und den Kontext der Nutzung abzustellen war.[54]

(1) Gegenstand der Offensichtlichkeit

45 Gegenstand der Offensichtlichkeit soll nach dem Wortlaut des Art. 50 Abs. 1 Satz 1 die Interaktion mit einem KI-System sein. Vor dem Hintergrund des Umstandes, dass dem Großteil der europäischen Bevölkerung die Funktionsweise von KI bzw. die zugrundeliegenden Techniken nicht geläufig sind, kann sich die Offensichtlichkeit der KI-Interaktion regelmäßig nur darauf beziehen, ob basierend auf dem maßgeblichen Empfängerhorizont für die natürliche Person ersichtlich ist, dass sie mit einer Maschine interagiert, die vermeintlich eigenständig agiert und aus Informationen Schlussfolgerungen ableitet.

(2) Angemessen informierte, aufmerksame und umsichtige natürliche Person

(i) Maßstab der KI-Verordnung

46 Beurteilungsmaßstab für die Offensichtlichkeit der Interaktion mit einem KI-System ist nach Art. 50 Abs. 1 Satz 1 eine **natürliche Person**, die **angemessen informiert, aufmerksam und umsichtig** ist.[55] Zu berücksichtigen sind dabei ausweislich des Normtextes zusätzlich die Umstände der Interaktion sowie der Nutzungskontext. Ausweislich des ErwG 132 sollen weiterhin Merkmale von Einzelpersonen berücksichtigt werden, die aufgrund ihres Alters oder einer Behinderung Gruppen schutzbedürftiger Personen angehören, soweit das KI-System auch mit diesen Gruppen interagieren soll.

47 Unklar bleibt sowohl bei Betrachtung der deutschen als auch der englischen Fassung von Art. 50 Abs. 1 Satz 1, ob sich die Formulierung „angemessen" auf sämtliche der drei nachfolgenden Begriffe (im Sinne von „angemessen informiert, angemessen aufmerksam und angemessen verständig") oder lediglich auf

54 Vgl. EU-Komm., COM(2021) 206 final, Art. 52 Abs. 1.
55 Für die Anwendung dieses Maßstabes im Zeitpunkt des Kommissionsentwurfes plädierend *Bastians*, in: Steinrötter, Europäische Plattformregulierung, § 21 Rn. 44.

den unmittelbar folgenden Begriff („angemessen informiert, aufmerksam und verständig") bezieht.

(ii) Europäisches Verbraucherleitbild

Der Beurteilungsmaßstab scheint – wenn auch nicht ausdrücklich darauf Bezug genommen wird – im Hinblick auf Verbraucher an das europäische Verbraucherleitbild des „**durchschnittlich informierte[n], aufmerksame[n] und verständige[n] Durchschnittsverbraucher[s]**"[56] angelehnt. Die Konkretisierung des Beurteilungsmaßstabes in Art. 50 Abs. 1 Satz 1 ist bei einem Vergleich der englischen Fassung der KI-VO mit EuGH-Urteilen[57] zum (lauterkeitsrechtlichen) Verbraucherleitbild identisch („reasonably well-informed, observant and circumspect"). Weiterhin führt ErwG 133 im Zusammenhang mit KI-Systemen, die synthetische Inhalte erzeugen, den Schutz von Verbrauchern vor Identitätsbetrug und Täuschung als ratio legis auf. **48**

Das europäische Verbraucherleitbild bedarf regelmäßig weiterer Konkretisierung im Hinblick auf die im Zusammenhang mit dem jeweiligen Rechtsakt maßgeblichen Verbrauchergruppen bzw. **Verkehrskreise**.[58] Sofern eine bestimmte Zielgruppe adressiert wird, ist der Durchschnittsverbraucher aus ebendieser Gruppe zu bilden. **49**

(iii) Konsequenzen für die Bewertung der Offensichtlichkeit

Der Umstand, dass Art. 50 Abs. 1 Satz 1 an das europäische Verbraucherleitbild angelehnt ist und zudem gem. ErwG 133 die Belange schutzbedürftiger Gruppen zu berücksichtigen sind, spricht dafür, den Ausnahmetatbestand der Offensichtlichkeit der Interaktion mit einem KI-System im Verhältnis zu Verbrauchern **restriktiv** auszulegen. **50**

(3) Umstände und Kontext der Nutzung

Mit dem technischen Fortschritt im Bereich von Chatbots, Voicebots & Co. wird es für Menschen zunehmend schwer, zwischen menschlich erzeugten und künst- **51**

56 Vgl. EuGH, Urt. v. 16.7.1998 – Rs. C-210-96, Slg. 1998, I-4657 Rn. 37 – Gut Springenheide; EuGH, Urt. v. 28.1.1999 – Rs. C-303/97, Slg. 1999, I-513 Rn. 38 – Sektkellerei Kessler. Siehe ferner *Köhler*, in: Köhler/Bornkamm/Feddersen, UWG, § 1 Rn. 22 für weitere Urteile.

57 EuGH, Urt. v. 16.7.1998 – Rs. C-210-96, Slg. 1998, I-4657 Rn. 37 – Gut Springenheide; EuGH, Urt. v. 28.1.1999 – Rs. C-303/97, Slg. 1999, I-513 Rn. 38 – Sektkellerei Kessler. Siehe ferner *Köhler*, in: Köhler/Bornkamm/Feddersen, UWG, § 1 Rn. 22 für weitere Urteile.

58 Vgl. *Kaufmann*, in: Grabitz/Hilf/Nettesheim, EUV/AEUV, Art. AEUV 169 Rn. 15. Zur Ausdehnung des europäischen Verbraucherleitbildes außerhalb des Lauterkeitsrechtes: *Schmitt*, Das unionsrechtliche Verbraucherleitbild, S. 568 ff.

lich generierten Inhalten bzw. menschlichem oder maschinellem Verhalten zu unterscheiden.[59] Vor diesem Hintergrund erscheint die Regelung in Art. 50 Abs. 1 Satz 1 sachgerecht, wonach zur Beurteilung der Frage, ob eine offensichtliche Interaktion mit einem KI-System vorliegt, die äußeren **Umstände** sowie der **Nutzungskontext** heranzuziehen sind. Als äußere Umstände kommen unter anderem die **Bezeichnung des Systems** (siehe hierzu Rn. 52), das **Erscheinungsbild** (siehe hierzu Rn. 53 f.) sowie die **Reaktionsgeschwindigkeit** (siehe hierzu Rn. 55) in Betracht. Im Zusammenhang mit dem Nutzungskontext ist die **Funktion des Systems** (siehe hierzu Rn. 56) sowie dessen **Einsatzbereich** (siehe hierzu Rn. 57) geeignet, Aufschluss über die Offensichtlichkeit der Interaktion mit einem KI-System zu geben.

(i) Bezeichnung des Systems

52 Von zentraler Bedeutung für die Beurteilung der Offensichtlichkeit ist die **Bezeichnung des Systems** in seinem Auftritt nach außen. Von einer angemessen informierten, aufmerksamen und umsichtigen Person wird regelmäßig anzunehmen sein, dass diese die Interaktion mit einem KI-System erkennt, sofern das System als „Chatbot", „KI-Bot", „virtueller Assistent" oder in ähnlicher Weise bezeichnet ist.[60] Im Gegensatz dürfte es an der Offensichtlichkeit der Interaktion fehlen, wenn etwa ein Chatbot im Bereich des Kundenservice Antworten leistet, ohne dass die Eigenschaft als KI-System aus der Bezeichnung und/oder einer Begrüßungsnachricht hervorgeht und das System zugleich vermeintlich authentisch agiert.[61]

(ii) Erscheinungsbild

53 Neben der Bezeichnung kann auch das äußere Erscheinungsbild darüber Aufschluss geben, ob eine Interaktion mit einer natürlichen Person oder einem KI-System stattfindet. Beispielhaft sei hierfür etwa eine Interaktion mit einem KI-System genannt, die über einen Bildschirm oder über ein Hologramm virtualisiert wird. Als Einsatzbereiche kommen etwa KI-Systeme im Kundenservice (z. B. im Supermarkt) in Betracht. Erlangt die Darstellung jedoch eine Ausgestaltung und Qualität, die sie als „Live-Übertragung" einer natürlichen Person erscheinen lässt, wird die Offensichtlichkeit der KI-Interaktion regelmäßig zweifelhaft sein.

---

59 Siehe beispielsweise die Studie von *Jakesch/Hancock/Naaman*, PNAS, Vol. 120 (11), 2023, S. 2, wonach es den 4600 Teilnehmern lediglich zu insgesamt 51,7 % gelang, zwischen menschlichen und künstlich generierten Texten zu unterscheiden, und die Quote somit nur knapp über der Zufallswahrscheinlichkeit lag.

60 Vgl. zum Kommissionsentwurf *Wolf*, DSRITB 2022, 601, 614.

61 So zum Kommissionsentwurf *Wolf*, DSRITB 2022, 601, 615.

Auf das Erscheinungsbild des Outputs – beispielsweise einer ausgegebenen Antwort – kann es nur dann ankommen, wenn es sich hierbei um die erste Interaktion handelt. Anderenfalls eignen sich Merkmale wie „tabellenartige Aufbereitungen" zwar für die Annahme einer Interaktion mit einem KI-System – liegen jedoch in zeitlicher Hinsicht zu spät.[62] **54**

(iii) Reaktionsgeschwindigkeit

Weiterhin dürfte die **Reaktionsgeschwindigkeit** ein relevantes Kriterium darstellen. Für eine offensichtliche Interaktion mit einem KI-System spricht, wenn bei textbasierten Systemen eine sofortige Rückmeldung erscheint. Ob der Text sofort in einem Block erscheint oder ob die Antwort Buchstabe für Buchstabe (im Stile von ChatGPT) ausgegeben wird, dürfte auf die Beurteilung weniger Einfluss haben, da bei einem menschlichen Gegenüber eine Antwort Buchstabe für Buchstabe i. d. R. nicht stattfindet.[63] Bereits wegen möglicher nachträglicher Korrekturen wird die menschliche Antwort regelmäßig blockweise nach ihrer Fertigstellung versendet. **55**

(iv) Funktion des KI-Systems

Ausschlaggebend für die Offensichtlichkeit der Interaktion mit einem KI-System kann weiterhin sein, dass es sich bei der ausgeführten Aufgabe um eine solche handelt, die von einem Menschen nicht ausgeführt werden kann. Zu denken wäre hierbei unter anderem an biometrische Authentifizierungstechnologien, bei welchen Algorithmen Gesichtsdaten erfassen, indem aus tausenden unsichtbaren Punkten eine 3D-Tiefenkarte des Gesichts erstellt und z. B. in Form eines Infrarotbildes aufgezeichnet wird.[64] **56**

(v) Einsatzbereich des KI-Systems

Maßgeblich für die Offensichtlichkeit des KI-Systems kann weiterhin der konkrete Einsatzbereich sein. Bereiche, in welchen sich der Einsatz von KI-System bereits etabliert hat (z.B. virtueller Assistent im Bereich des Kundenservice), **57**

---

62 Für eine Berücksichtigung der graphischen Aufbereitung von Antworten, jedoch ohne Unterscheidung anhand des Zeithorizonts der Interaktion zum Kommissionsentwurf *Wolf*, DSRITB 2022, 601, 613.

63 A. A. zum Kommissionsentwurf *Wolf*, DSRITB 2022, 601, 613 f. Danach soll das Tippen in der Form „Buchstabe für Buchstabe" gegen die Offensichtlichkeit der Interaktion mit einem KI-System sprechen.

64 Siehe beispielhaft die Erläuterungen zur Funktionalität von Apple Face ID, https://support.apple.com/de-de/102381#:~:text=Die%20Technologien%20hinter%20Face%20ID,Tiefenkarte%20des%20Gesichts%20zu%20erstellen (zuletzt abgerufen am 17.6.2025).

sind für den betreffenden Nutzer eher ersichtlich, als wenn KI-Systeme in neue, bisher unberührte Bereiche vordringen.

(vi) Art und Weise sowie Intensität der Interaktion

58 Ferner kann die Art und Weise der Interaktion sowie ihre Intensität für die Beurteilung der Offensichtlichkeit heranzuziehen sein.

59 Bei einer rein akustischen Interaktion mit einem Voicebot verfügt der Nutzer i. d. R. über weniger Anhaltspunkte zur Bewertung der Interaktion als im Fall des Austausches mit einem holographisch virtualisierten Kundenservice im Supermarkt. Anders gewendet: Je weniger wahrnehmbare Interaktionspunkte – egal, ob haptisch, optisch oder akustisch – bestehen, desto weniger Informationen stehen dem Nutzer zur Einordnung der Interaktion zur Verfügung.

bb) Strafverfolgung

60 Eine weitere Ausnahme von der Verpflichtung von Anbietern zur Sicherstellung der Information über die Interaktion mit einem KI-System besteht gem. Art. 50 Abs. 1 Satz 2 für KI-Systeme, die gesetzlich zur **Aufdeckung, Verhütung, Ermittlung und Verfolgung von Straftaten** zugelassen sind, wenn **geeignete Schutzvorkehrungen für die Rechte und Freiheiten Dritter** getroffen wurden. Die Regelung verfolgt den Zweck, Strafverfolgungsbehörden den Einsatz von KI-System im Rahmen der Strafverfolgung zu ermöglichen.[65] Als **Rückausnahme** kommt die Informationspflicht jedoch wieder zur Anwendung, wenn das System der Öffentlichkeit zur Verfügung steht, um Straftaten anzuzeigen (z. B. Chatbots zur Anzeige von Straftaten).

61 Die skizzierte Ausnahme zugunsten der Strafverfolgungsbehörden war bereits im Rahmen des Gesetzgebungsverfahrens erheblicher Kritik ausgesetzt.[66] Bei Betrachtung der möglichen Use Cases von KI-Anwendungsmöglichkeiten bei der Polizei[67] dürfte der **Anwendungsbereich** der Ausnahmeregelung allerdings recht **gering** sein, da wenige KI-Systeme genutzt werden, die direkt mit natürlichen Personen außerhalb der Strafverfolgungsbehörden interagieren.

---

65 Vgl. zum Kommissionsentwurf *Engelhard/Schiemann*, KriPoZ 2022, 444, 454, wonach Transparenzpflichten insoweit „die ganze Ermittlungs- und Präventionsarbeit ad absurdum" führen würden.

66 Vgl. zum Kommissionsentwurf *Ebert/Spiecker gen. Döhmann*, NVwZ 2021, 1188, 1192, welche die Rückausnahme aufgrund der „großen Gefährdungslage" als fragwürdig einordnen.

67 Siehe hierzu Bitkom, KI in der Polizei – Einsatzpotentiale und Lösungsansätze zu Implementierung, S. 9, https://www.bitkom.org/sites/main/files/2023-10/bitkom-positionspapier-ki-polizei-einsatz-implementierung.pdf (zuletzt abgerufen am 16.7.2024).

Der Verordnung lassen sich bezüglich der Transparenzpflichten des Art. 50 zudem kaum Informationen hinsichtlich der strafrechtlichen Ausnahmetatbestände entnehmen. Insoweit bleibt beispielsweise die Anforderung der „geeigneten Schutzvorkehrungen für die Rechte und Freiheiten Dritter" ohne Konkretisierung und lässt weiten Interpretationsspielraum zu. Mit „**Dritten**" sind jedenfalls nicht diejenigen Personen gemeint, die mit dem KI-System interagieren. Zu denken wäre beispielsweise an Personen, deren Daten in Datenbanken enthalten sind, auf deren Basis das KI-System eingesetzt wird. 62

III. Art. 50 Abs. 2

Art. 50 Abs. 2 legt Anbietern von KI-Systemen, die synthetische Audio-, Bild-, Video- oder Textinhalte erzeugen, die Pflicht auf, den Output maschinenlesbar zu kennzeichnen und als künstlich erzeugt bzw. manipuliert erkennbar zu machen (siehe hierzu Rn. 64ff.). Die Kennzeichnung soll insbesondere wirksam, interoperabel, belastbar und zuverlässig sein sowie die jeweiligen Besonderheiten des Einzelfalls, die Umsetzungskosten sowie den allgemein anerkannten Stand der Technik berücksichtigen (siehe hierzu Rn. 70ff.). Ausgenommen hiervon sind (i) KI-Systeme, die lediglich eine unterstützende Funktion für die Standardbearbeitung erfüllen (siehe hierzu Rn. 106ff.), (ii) KI-Systeme, die die vom Betreiber bereitgestellten Eingabedaten oder deren Semantik nicht wesentlich verändern (siehe hierzu Rn. 111ff.), sowie (iii) zur Strafverfolgung gesetzlich zugelassene KI-Systeme (siehe hierzu Rn. 113). 63

1. Verpflichtungsadressat

In persönlicher Hinsicht erfasst Art. 50 Abs. 2 Anbieter (siehe hierzu Art. 3 Nr. 3 Rn. 84ff.) von KI-Systemen (siehe hierzu Art. 3 Nr. 1 Rn. 2ff.), einschließlich Anbietern von KI-Systemen mit allgemeinem Verwendungszweck (siehe hierzu Art. 3 Nr. 66 Rn. 491ff.). 64

2. KI-Systeme, die synthetische Inhalte erzeugen

Art. 50 Abs. 2 erfasst KI-Systeme, einschließlich KI-Systemen mit allgemeinem Verwendungszweck, die synthetische Audio-, Bild-, Video- oder Textinhalte erzeugen. 65

In sachlicher (wie persönlicher) Hinsicht können sich Unterschiede hinsichtlich des Anwendungsbereichs zwischen Abs. 1 (KI-Systeme, die zur direkten Interaktion mit natürlichen Personen bestimmt sind) und Abs. 2 (generative KI-Systeme) ergeben. Zwar sind KI-Systeme mit allgemeinem Verwendungszweck (Art. 3 Nr. 66) als Unterfall der KI-Systeme (Art. 3 Nr. 1) anzusehen und damit 66 grundsätzlich auch von Art. 50 Abs. 1 erfasst. KI-Systeme mit allgemeinem Verwendungszweck weisen jedoch ggf. keine „Bestimmung" zur Interaktion mit natürlichen Personen – wie von Abs. 1 gefordert – auf.[68]

67 Der KI-VO ist keine Definition der synthetischen Herstellung zu entnehmen. Der Wortlaut des Art. 50 Abs. 2 Satz 1 a. E. legt nahe, dass von einer **synthetischen Erstellung** sowohl dann auszugehen ist, wenn die Ausgabe **vollständig KI-generiert** wurde, als auch wenn **bestehende Inhalte mittels KI manipuliert**, d. h. verändert wurden („[…] als künstlich erzeugt oder manipuliert erkennbar sind"). Demnach ist ein Inhalt als durch KI erzeugt anzusehen, wenn er vollständig synthetisch erstellt wurde. Von einer Manipulation eines Inhaltes ist hingegen auszugehen, wenn ein vorhandener Medieninhalt durch das System verändert wurde.

68 Insbesondere die zweite Alternative der Manipulation durch ein KI-System wird in der Praxis **Abgrenzungsfragen** aufwerfen. So stellt sich die Frage, ob bereits **einfache Filter** – etwa im Rahmen von Bildbearbeitungsprogrammen (z. B. durch Einbindung in sozialen Medien) – soweit diese KI-basiert sind, den Anwendungsbereich des Art. 50 Abs. 2 erfüllen.[69] Vergleichbar ist die Situation beim Einsatz von KI-Systemen zur „Noise Reduction"[70] – dem Entfernen von Hintergrundgeräuschen zur Verbesserung der Sprachqualität. Auch das „Upscaling"[71] von Videos, mithin die Erhöhung der Auflösung von älteren Videos oder von Videos niedriger Qualität, dürfte einen solchen Grenzfall darstellen.

69 Für eine weite Auslegung des Begriffs der Manipulation kann angeführt werden, dass auch der europäische Gesetzgeber die **Weite des Anwendungsbereiches** erkannt hat. Art. 50 Abs. 2 Satz 3 nimmt in der Folge KI-Systeme aus dem Anwendungsbereich, die eine **unterstützende Funktion** für die Standardbearbei-

68 Siehe hierzu auch ErwG 133 Satz 6, wonach die Kennzeichnung auch auf Ebene eines KI-Modells mit allgemeinem Verwendungszweck umgesetzt werden kann, um dem nachgelagerten Anbieter eines KI-Systems (mit allgemeinem Verwendungszweck) die Erfüllung der Pflicht zur Kennzeichnung zu erleichtern.

69 Siehe hierzu etwa die Kritik an der von Instagram eingeführten Lösung zur Kennzeichnung von KI-generierten Inhalten, die – da sie bereits einfache Bildbearbeitungen, die ggf. unter Zuhilfenahme von KI stattfinden – erfasst, teilweise als zu weitgehend empfunden wurde: *Kühl*, Zeit-Online vom 3.7.2024, https://www.zeit.de/digital/internet/2024-07/ki-generierte-inhalte-instagram-facebook-social-media (zuletzt abgerufen am 17.6.2025).

70 So beispielsweise bei NVIDIA RTX Voice, einem Plug-in, das unter anderem in Zoom integriert werden kann, um in Echtzeit Hintergrundgeräusche zu unterdrücken. Siehe dazu https://www.nvidia.com/de-de/geforce/guides/nvidia-rtx-voice-setup-guide/ (zuletzt abgerufen am 17.6.2025).

71 So unter anderem möglich bei „Topaz Video Enhance AI", womit Videos von niedriger Auflösung auf bis zu 8K hochskaliert werden können. Siehe dazu https://www.topazlabs.com/topaz-video-ai-copy (zuletzt abgerufen am 17.6.2025).

tung ausführen, oder Systeme, die die durch den Betreiber bereitgestellten **Eingabedaten nicht oder nicht wesentlich verändern** (siehe hierzu Rn. 105 ff.). Daneben spricht in teleologischer Hinsicht für eine weite Auslegung des Begriffs der Manipulation von Inhalten, dass gerade bei „nebensächlichen" Bearbeitungen durch KI-Systeme die Veränderung des Inhalts nicht mit voller Aufmerksamkeit überprüft wird und deshalb mögliche Inhaltsveränderungen ggf. nicht bemerkt werden.[72] Gerade im Bereich der Bildbearbeitung kann es durch Einfügungen durch KI-Systeme zu einer wesentlichen Inhaltsveränderung kommen. Für eine weite Auslegung kann weiterhin angebracht werden, dass KI-Systeme noch erhebliche Schwächen aufzeigen, etwa bei der „Text-in-Bild-Generierung" zum Halluzinieren neigen.[73]

3. Kennzeichnungspflicht

Anbieter werden gem. Art. 50 Abs. 2 Satz 1 verpflichtet, die Ergebnisse eines KI-Systems in einem **maschinenlesbaren Format zu kennzeichnen und sicherzustellen, dass sie als künstlich erzeugt oder manipuliert erkennbar sind**. Die maschinenlesbare Kennzeichnung hat darüber hinaus – soweit technisch möglich – **wirksam, interoperabel, belastbar und zuverlässig** zu sein (Art. 50 Abs. 2 Satz 2). Daneben sind die **Art des Inhalts, die Umsetzungskosten sowie der allgemein anerkannte Stand der Technik** aufgrund der einschlägigen technischen Normen im Rahmen der Umsetzung der maschinenlesbaren Kennzeichnung zu berücksichtigen (Art. 50 Abs. 2 Satz 2 a. E.). 70

a) Adressat der Kennzeichnung: Maschine

Adressat der Kennzeichnung nach Art. 50 Abs. 2 sind allein Maschinen.[74] Dies folgt aus dem **Wortlaut** der Vorschrift sowie auf Grundlage ihres **systematischen Zusammenhangs mit Art. 50 Abs. 4**. Etwas anderes ergibt sich auch nicht unter Heranziehung der Vorschrift des Art. 50 Abs. 5, welche nach ihrem Wortlaut die Art und Weise der Erfüllung der Informationspflichten nach Art. 50 Abs. **1 bis 4** gegenüber natürlichen Personen betrifft. Die Bezugnahme des Art. 50 Abs. 5 auf Art. 50 Abs. 2 ist als Redaktionsversehen anzusehen. 71

Nach Art. 50 Abs. 2 Satz 1 haben Anbieter generativer KI-Systeme sicherzustellen, dass die Ausgaben der erfassten KI-Systeme in „maschinenlesbare[m] Format gekennzeichnet und als künstlich erzeugt oder manipuliert erkennbar sind". Ausweislich des **Wortlauts** muss die künstliche Generierung bzw. Manipulation damit nicht für natürliche Personen, sondern für Maschinen erkennbar sein. 72

72 Vgl. auch *Becker*, CR 2024, 353, 359 Rn. 71.

73 *Morton*, AI and Ethics 2024, On inscription and bias: data, actor network theory, and the social problems of text-to-image AI models, S. 1.

74 So ebenfalls *Becker*, CR 2024, 353, 359 Rn. 54.

Auch der **englische Wortlaut** des Art. 50 Abs. 2 spricht für eine Kennzeichnung allein in maschinenlesbarem Format: „Providers […] shall ensure that the outputs of the AI system are marked in a machine-readable format and **detectable** as artificially generated or manipulated." (Hervorhebung hinzugefügt). „Detectable" wird im Deutschen überwiegend mit „auffindbar", „nachweisbar" oder „feststellbar" übersetzt.[75] Der Wortsinn bezieht sich mithin nicht auf die unmittelbare Wahrnehmbarkeit, sondern auf die Nachweisbarkeit unter Zuhilfenahme technischer Verfahren. Unterstützt wird diese Auslegung zudem durch ErwG 133 Satz 3, wonach durch die Kennzeichnung die Feststellung „**ermöglicht**" werden soll, dass es sich um einen künstlich generierten Inhalt handelt. Auch die in ErwG 133 enthaltene Aufzählung unterschiedlicher Techniken („Wasserzeichen, Metadatenidentifizierungen, kryptografische Methoden zum Nachweis der Herkunft und Authentizität des Inhalts, Protokollierungsmethoden, Fingerabdrücke oder andere Techniken") spricht für die Annahme, dass Art. 50 Abs. 2 lediglich eine maschinenlesbare Kennzeichnung intendiert.

73 Auch eine systematische Betrachtung des Art. 50 kann dafür angebracht werden, dass Art. 50 Abs. 2 allein eine Verpflichtung zur maschinenlesbaren Kennzeichnung zu entnehmen ist. Eine Kennzeichnungspflicht gegenüber natürlichen Personen folgt im Hinblick auf Deepfakes aus **Art. 50 Abs. 4**. Die Existenz dieser Norm würde sich weitgehend erübrigen, sofern Art. 50 Abs. 2 bereits eine Verpflichtung zur „menschenlesbaren" Kennzeichnung zu entnehmen wäre. Hierfür kann weiterhin angeführt werden, dass eine maschinenlesbare Kennzeichnung technisch umzusetzen und damit grundsätzlich der Sphäre des Anbieters zuzuordnen ist. Eine Kennzeichnung einer Manipulation oder Erzeugung durch KI gegenüber natürlichen Personen muss hingegen nicht technisch umgesetzt werden. Möglich ist beispielsweise eine Offenlegung durch begleitende Informationen (z. B. ein Texthinweis vor Anzeige eines Videos). Derartige Maßnahmen sind – auch um dessen Entscheidungsfreiheit nicht ungebührend zu beeinflussen – dem Betreiber eines generativen KI-Systems zuzuordnen. Art. 50 Abs. 2 adressiert in persönlicher Hinsicht jedoch allein Anbieter.

b) Maschinenlesbares Format

74 Der KI-VO ist keine Definition des von Art. 50 Abs. 2 geforderten maschinenlesbaren Formats der Kennzeichnung zu entnehmen. ErwG 133 Satz 4 enthält lediglich Vorschläge zur technischen Umsetzung der Kennzeichnung. In Betracht kommen danach grundsätzlich Wasserzeichen, Metadatenidentifizierungen, kryptografische Methoden zum Nachweis der Herkunft und Authentizität des Inhalts, Protokollierungsmethoden, Fingerabdrücke oder andere Techniken

75 https://m.dict.cc/englisch-deutsch/detectable.html; https://www.linguee.de/englisch-deutsch/uebersetzung/detectable.html (jeweils zuletzt abgerufen am 21.5.2024).

oder eine Kombination solcher Techniken. Diese können sowohl auf der Ebene des Systems als auch auf der des Modells implementiert werden.[76]

Es existiert derzeit mithin kein verbindlicher Standard zur Umsetzung der maschinenlesbaren Kennzeichnung, was mit erheblicher Rechtsunsicherheit einhergeht. Abhilfe verschaffen sollen insoweit die von der EU-Kommission nach Art. 50 Abs. 7 zu fördernden Praxisleitfäden. **75**

Auch die Heranziehung der Definition des maschinenlesbaren Formats der Richtlinie 2019/1024[77] (PSI-Richtlinie) ist insoweit nur wenig gewinnbringend. Nach Art. 2 Nr. 13 der PSI-Richtlinie ist ein maschinenlesbares (Daten-)Format „ein Dateiformat, das so strukturiert ist, dass Softwareanwendungen konkrete Daten, einschließlich einzelner Sachverhaltsdarstellungen und deren interner Struktur, leicht identifizieren, erkennen und extrahieren können". Auf welche Standards insoweit zurückgegriffen werden kann, ist der Richtlinie nicht zu entnehmen; vielmehr verweist ErwG 35 der PSI-Richtlinie darauf, dass das maschinenlesbare Format keinem formellen Standard entsprechen müsse. **76**

Als Orientierungshilfe hinsichtlich der praktischen Umsetzung der maschinenlesbaren Kennzeichnung vermögen derzeit mithin allein die in ErwG 133 aufgeführten Beispiele dienen (siehe hierzu nachfolgende Rn. 84 ff.). **77**

c) Technische Lösung, die wirksam, interoperabel, robust und zuverlässig ist

Die technische Lösung muss gem. Art. 50 Abs. 2 Satz 2 **wirksam, interoperabel, belastbar und zuverlässig** sein, soweit dies technisch möglich ist. Dabei sind nach Satz 3 die Besonderheiten und Beschränkungen der verschiedenen Arten von Inhalten, die Umsetzungskosten sowie der allgemein anerkannte Stand der Technik[78] zu berücksichtigen. **78**

Die technische Lösung muss **wirksam** (englische Fassung: „effective") sein. Mangels weitergehender Konkretisierung innerhalb der KI-VO ist diesbezüglich auf den allgemeinen Sprachgebrauch zurückzugreifen. Die Wirksamkeitsanforderung ist vor diesem Hintergrund als inhaltsleer anzusehen; sie erschöpft sich in dem Hinweis, dass die technische Lösung den Zweck der maschinenlesbaren Kennzeichnung KI-generierter oder -manipulierter Inhalte erreichen soll. **79**

---

76 ErwG 133 Satz 6. Zur Unterscheidung zwischen Modell und System siehe Art. 3 Nr. 1 Rn. 2 ff.

77 Richtlinie (EU) 2019/1024 des Europäischen Parlaments und des Rates vom 20.6.2019 über offene Daten und die Weiterverwendung von Informationen des öffentlichen Sektors, ABl. L 172, S. 56.

78 Zur Auslegung des Begriffs des aktuellen Stands der Technik dienen die Diskussionen im Zusammenhang mit anderen europäischen Rechtsakten als Orientierung. Siehe zur DSGVO beispielhaft *Martini*, in: Paal/Pauly, DS-GVO BDSG, Art. 32 Rn. 56a.

80 Die Kennzeichnung soll weiterhin interoperabel sein. Die KI-VO definiert den Begriff nicht. **Interoperabilität** beschreibt allgemein die Fähigkeit von Systemen, möglichst nahtlos zusammenzuarbeiten.[79] Dies spricht für eine Auslegung, wonach die Kennzeichnung der Ausgaben so erfolgen soll, dass diese auch bei der Nutzung anderer Systeme ohne Einschränkungen verarbeitet werden kann.

81 Die technische Lösung der Kennzeichnung hat weiterhin **belastbar** zu sein. Bei Berücksichtigung der englischen Sprachfassung, die den Begriff **„robust"** verwendet, ist anzunehmen, dass hiermit die Beständigkeit bzw. Robustheit der technischen Lösung adressiert wird. Robustheit beschreibt die „Fähigkeit einer Technologie, einer Veränderung oder Verschlechterung des erkennenden Inhalts zu widerstehen".[80] Die Kennzeichnung der Inhalte soll demnach – soweit technisch möglich – gegen ihre nachträgliche Entfernung und/oder Veränderung geschützt sein. Der Schutz vor nachträglichen Veränderungen ist technisch – abhängig von der konkreten Umsetzung – nur eingeschränkt möglich. Dies war auch dem europäischen Gesetzgeber bewusst, weshalb die Verpflichtung zur Kennzeichnung unter dem Vorbehalt des allgemein anerkannten Stands der Technik sowie der Umsetzungskosten steht.

82 Auch hinsichtlich der von Art. 50 Abs. 2 Satz 2 geforderten **Zuverlässigkeit** lässt sich der Verordnung keine weitergehende Konkretisierung entnehmen. Sie dürfte im Sinne der Genauigkeit einer technischen Kennzeichnung zu verstehen sein, also der Leistung des Systems bezüglich des Abgleichs der Ergebnisse und der Anzahl richtiger Identifizierungen sowie falsch negativer und positiver Ergebnisse.[81]

83 Inwieweit Anbieter die Anforderungen des Art. 50 Abs. 2 an die technische Lösung zur Kennzeichnung von KI-Ausgaben tatsächlich erfüllen können, wird von technischer Seite bezweifelt. Danach soll derzeit keine der verbreiteten Techniken zur Kennzeichnung KI-generierter Inhalte dazu in der Lage sein, sämtliche Inhalte zugleich wirksam, interoperabel, robust und zuverlässig zu kennzeichnen und damit den Anforderungen des Art. 50 Abs. 2 vollkommen gerecht zu werden.[82] Wichtig erscheint daher vor allem eine an die Art des Inhalts angepasste Kennzeichnung und gegebenenfalls die Kombination verschiedener

79 https://www.duden.de/rechtschreibung/Interoperabilitaet (zuletzt abgerufen am 1.7.2024).

80 Frei aus dem Englischen übersetzt nach EUIPO, Automated Content Recognition: Discussion Paper – Phase 1 'Existing technologies and their impact on IP', 2020, S. 6.

81 Vgl. EUIPO, Automated Content Recognition: Discussion Paper – Phase 1 'Existing technologies and their impact on IP', 2020, S. 6.

82 Vgl. *Molavi Vasse'i/Udoh*, In Transparency We Trust? Evaluating the Effectiveness of Watermarking and Labeling AI-Generated Content, S. 5.

Kennzeichnungsmöglichkeiten,[83] um so eine Erhöhung der Robustheit sowie der Zuverlässigkeit der Kennzeichnung zu erreichen.

d) Beispiele für technische Lösungen

aa) Wasserzeichen

ErwG 133 Satz 4 nennt Wasserzeichen als eine mögliche technische Lösung zur maschinenlesbaren Kennzeichnung künstlich generierter Inhalte. 84

Unter dem Oberbegriff des Wasserzeichens werden Techniken zusammengefasst, bei welchen im Wege der direkten Einbindung in eine digitale Datei einem Inhalt sichtbare oder unsichtbare Informationen beigefügt werden, die als Signal agieren.[84] 85

(1) Praktische Relevanz

Die Nutzung von Wasserzeichen hat sich als einer der zentralen Bausteine zur Kennzeichnung von KI-Output herauskristallisiert. Sowohl in China als auch in den Vereinigten Staaten wurden bereits Schritte unternommen, um eine Kennzeichnung von KI-generierten Inhalten durch Wasserzeichen zu fördern: 86

Die chinesische Cyberspace-Verwaltung (Cyberspace Administration – CAC) hat im August 2023 Vorgaben zur Kennzeichnung von KI-generierten Inhalten durch Wasserzeichen veröffentlicht.[85] Danach müssen Anbieter von generativen KI-Diensten Texte, Bilder, Videos und andere Inhalte mit Wasserzeichen versehen.[86] 87

In den Vereinigten Staaten hat Präsident *Joe Biden* am 30.10.2023 Leitlinien erlassen, in denen die Regierung aufgefordert wird, wirksame Kennzeichnungs- und Herkunftsmechanismen für Inhalte zur Ermöglichung der notwendigen Transparenz zu entwickeln.[87] Die Leitlinien beziehen sich bezüglich der Erken- 88

---

83 So auch ErwG 133 Satz 4, wonach je nach Sachlage eine Kombination der möglichen Techniken zu berücksichtigen ist.

84 *Srinivasan*, Detecting AI fingerprints: A guide to watermarking and beyond, 4.1.2024, https://www.brookings.edu/articles/detecting-ai-fingerprints-a-guide-to-watermarking-and-beyond/ (zuletzt abgerufen am 1.7.2024). Für einen konzisen Überblick über unterschiedliche Techniken siehe EUIPO, Automated Content Recognition: Discussion Paper – Phase 1 'Existing technologies and their impact on IP', 2020, S. 7 ff.

85 Siehe dort Art. 16, https://www.cac.gov.cn/2022-12/11/c_1672221949354811.htm (zuletzt abgerufen am 1.7.2024).

86 Vgl. *Madiega*, European Parliamentary Research Service, Generative AI and watermarking, S. 4.

87 The White House, FACT SHEET: President Biden Issues Executive Ordner on Safe, Secure, and Trustworthy Artificial Intelligence, October 2023. Hierzu bereits *Madiega*, European Parliamentary Research Service, Generative AI and watermarking, S. 4.

nung KI-generierter Inhalte ausdrücklich auf die beiden Bereiche der Authentifizierung von Inhalten und der Entwicklung von Wasserzeichen.[88] Ebenso spielen diese Kennzeichnungsmöglichkeiten in den auf die Executive Order folgenden Empfehlungen des „National Institute of Standards and Technology (NIST)“[89] aus dem Juli 2024 eine zentrale Rolle bei der Wahrung der Integrität und Vertrauenswürdigkeit von Informationen.[90] Diese bilden einen Rahmen für das KI-Risikomanagement bei der Nutzung generativer KI und sind Teil des „AI Risk Management Framework for Generative AI“.[91]

89 Auch große amerikanische Tech-Konzerne legen ihren Fokus auf die Entwicklung von Wasserzeichen. Bereits vor der Executive Order von *Joe Biden* sagten unter anderem Google, Meta, Microsoft und OpenAI im Rahmen einer freiwilligen Selbstverpflichtung zu, künstlich erzeugte Inhalte mit Wasserzeichen kenntlich zu machen.[92]

(2) Technische Umsetzung

90 Wasserzeichen können sowohl sichtbar als auch unsichtbar angebracht werden.[93] In der praktischen Anwendung werden bevorzugt Wasserzeichen eingesetzt, die – ohne für den Menschen sichtbar zu sein – eine **eindeutige, identifizierbare Signatur** erzeugen.[94] Für Text-, Bild-, Video- und Audioinhalte wurden verschiedene Wasserzeichentechniken entwickelt.[95]

---

88 The White House, FACT SHEET: President Biden Issues Executive Ordner on Safe, Secure, and Trustworthy Artificial Intelligence, October 2023.

89 National Institute of Standards and Technology, NIST AI 600-1, Juli 2024, https://www.nist.gov/publications/artificial-intelligence-risk-management-framework-generative-artificial-intelligence (zuletzt abgerufen am 30.7.2024).

90 Siehe zur Empfehlung des Einsatzes von bspw. Wasserzeichen, Metadatenkennzeichnungen und kryptografischen Methoden: National Institute of Standards and Technology, NIST AI 600-1, S. 19, 33, 51 f.

91 National Institute of Standards and Technology, NIST AI 100-1, Artificial Intelligence Risk Management Framework (AI RMF 1.0), https://doi.org/10.6028/NIST.AI.100-1 (zuletzt abgerufen am 30.7.2024).

92 https://www.faz.net/aktuell/wirtschaft/gipfel-im-weissen-haus-ki-entwickler-geben-biden-versprechen-19050306.html (zuletzt abgerufen am 19.3.2024).

93 EUIPO, Automated Content Recognition: Discussion Paper – Phase 1 ‘Existing technologies and their impact on IP’, 2020, S. 10.

94 *Madiega*, European Parliamentary Research Service, Generative AI and watermarking, S. 2; *Zhao/Zhang/Su/Vasan/Grishchenko/Kruegel/Vigna/Wang/Li*, Invisible Image Watermarks Are Provably Removable Using Generative AI, S. 1, https://doi.org/10.48550/arXiv.2306.01953 (zuletzt abgerufen am 15.7.2024).

95 Siehe hierzu *Madiega*, European Parliamentary Research Service, Generative AI and watermarking, S. 2; EUIPO, Automated Content Recognition: Discussion Paper – Phase 1 ‘Existing technologies and their impact on IP’, 2020, S. 10 ff.

Im Fall von Bildern oder Videos können beispielsweise einzelne Pixel, Farbwerte oder Klangkomponenten für eine Maschine – nicht jedoch für das menschliche Auge erkennbar – verändert werden.[96] Bei Audio-, Bild- und Videodateien kommt weiterhin eine **Einbettung des Wasserzeichens in einen Frequenzbereich** eines digitalen Signals in Betracht; regelmäßig wird hierbei auf Niederfrequenzbänder zurückgegriffen, die weniger anfällig für Angriffe sein sollen.[97] **91**

Bei **kryptografischen Wasserzeichen** werden Informationen in digitale Objekte eingebettet (siehe hierzu unten Rn. 101 f.). Dies erfolgt beispielsweise in Form eines „Hashs", indem geheime Informationen in die kryptografischen Funktionen eines Inhalts kodiert werden.[98] Es handelt sich um einen Verschlüsselungsprozess, bei dem das Wasserzeichen nur mit dem jeweiligen Schlüssel erkannt, entfernt oder geändert werden kann.[99] **92**

Wasserzeichen können zudem in den **Metadaten** einer digitalen Datei platziert werden (siehe hierzu unten Rn. 99 f.).[100] Dort können umfangreiche Information platziert werden, z. B. über den Autor, Zeitstempel oder auch über die verwendete Software.[101] **93**

(3) Herausforderungen

Problematisch erscheint insbesondere, dass die Entwicklung der Wasserzeichentechniken noch nicht weit genug fortgeschritten ist, um eine zuverlässige Kennzeichnung zu ermöglichen, die robust gegen nachträgliche Veränderungen ist.[102] Während sich etwa bei textbasierten KI-Systemen bereits die zuverlässige Erkennung des verwendeten Wasserzeichens schwierig gestaltet (siehe hierzu **94**

96 Vgl. *Molavi Vasse'i/Udoh*, In Transparency We Trust? Evaluating the Effectiveness of Watermarking and Labeling AI-Generated Content, S. 31.

97 *Molavi Vasse'i/Udoh*, In Transparency We Trust? Evaluating the Effectiveness of Watermarking and Labeling AI-Generated Content, S. 28.

98 Siehe hierzu den konzisen Überblick zum Hashing in EUIPO, Automated Content Recognition: Discussion Paper – Phase 1 'Existing technologies and their impact on IP', 2020, S. 7 ff.

99 *Molavi Vasse'i/Udoh*, In Transparency We Trust? Evaluating the Effectiveness of Watermarking and Labeling AI-Generated Content, S. 29.

100 *Molavi Vasse'i/Udoh*, In Transparency We Trust? Evaluating the Effectiveness of Watermarking and Labeling AI-Generated Content, S. 28.

101 *Molavi Vasse'i/Udoh*, In Transparency We Trust? Evaluating the Effectiveness of Watermarking and Labeling AI-Generated Content, S. 28.

102 *Hacker/Engel/Mauer*, Regulating ChatGPT and other Large Generative AI Models, FAccT '23, 1112, 1119; *Madiega*, European Parliamentary Research Service, Generative AI and watermarking, S. 1. Siehe hierzu weiterhin die Untersuchung von *Zhao/Zhang/Su/Vasan/Grishchenko/Kruegel/Vigna/Wang/Li* zur Robustheit unsichtbarer Wasserzeichen in digitalen Bildern: Invisible Image Watermarks Are Provably Removable Using Generative AI, NeurIPS 2024, S. 1.

nachfolgende Rn. 95 f.), sind die Wasserzeichen in Bildern nicht ausreichend sicher vor nachträglicher Entfernung (siehe hierzu nachfolgende Rn. 97 f.).

(i) Unzuverlässigkeit bei textbasierten KI-Ergebnissen

95 Insbesondere die Kennzeichnung textbasierter KI-Ergebnisse erweist sich bis dato als Herausforderung. Die Erzeugung der Wasserzeichen in durch LLMs generierten Texten erfolgt z. B., indem bestimmte Wörter oder Token basierend auf einem Wasserzeichenschlüssel bevorzugt verwendet werden.[103] Erkannt werden diese Wasserzeichen anschließend durch eine Überprüfung des Auftretens der kodierten Verzerrungen, also ob die im Wasserzeichenschlüssel bevorzugten Wörter bzw. Token im Text tatsächlich häufiger vorkommen.[104]

96 Gerade bei kürzeren Texten erweist sich diese Methode der Kennzeichnung KI-basierter Texte als ungenau.[105] Weiterhin bergen offensichtliche Wasserzeichen dieser Art aufgrund der starken Überbetonung seltener Wörter die Gefahr, dass Texte unbrauchbar werden; subtilere Wasserzeichen sind hingegen anfälliger für Manipulationen oder werden ggf. nicht als solche erkannt.[106]

(ii) Mangelnde Robustheit

97 Eine Herausforderung bei der Implementierung von Wasserzeichen ist die Umsetzung dergestalt, sodass sie gegenüber Veränderungen ihres Trägermediums wie Formatänderungen, Analog-Digital-Umwandlung, Skalierung oder Beschneidung hinreichend robust sind.[107] Insbesondere statistische Wasserzeichen sind grundsätzlich vergleichsweise robust gegen inhaltliche Manipulationen.[108] Bei Wasserzeichen mit einer geringen Robustheit ist eine Veränderung oder Entfernung bereits mit einfachen Umgehungstechniken möglich. Genannt seien u. a. das Verwischen, Entfernen oder Ersetzen des Wasserzeichens, das Ändern des Ausgabeformats einer Datei oder das Bearbeiten eines Bildes.[109]

---

103 So bei *Kirchenbauer/Geiping/Wen/Katz/Miers/Goldstein*, A Watermark for Large Language Models, ICML 2023, S. 1.

104 Vgl. *Srinivasan*, Detecting AI fingerprints: A guide to watermarking and beyond, 4.1.2024, https://www.brookings.edu/articles/detecting-ai-fingerprints-a-guide-to-watermarking-and-beyond/ (zuletzt abgerufen am 1.7.2024).

105 So laut eigener Aussage von OpenAI, wonach deren „AI classifier" bei kurzen Texten mit weniger als 1.000 Zeichen „sehr unzuverlässig" ist, https://openai.com/index/new-ai-classifier-for-indicating-ai-written-text/ (zuletzt abgerufen am 1.7.2024).

106 Vgl. *Tang/Chuang/Hu*, CACM April 2024 Vol 67 No. 4, 50, 58.

107 Vgl. EUIPO, Automated Content Recognition: Discussion Paper – Phase 1 'Existing technologies and their impact on IP', 2020, S. 13 f.

108 *Molavi Vasse'i/Udoh*, In Transparency We Trust? Evaluating the Effectiveness of Watermarking and Labeling AI-Generated Content, S. 31.

109 EUIPO, Automated Content Recognition: Discussion Paper – Phase 1 'Existing technologies and their impact on IP', 2020, S. 13f.

An der hinreichenden Robustheit von Wasserzeichen werden allerdings Zweifel geäußert. Nach einer aktuellen Studie von Forschenden der Universität Maryland kann ein Großteil der Wasserzeichen aus künstlich erzeugten Bildern vergleichsweise leicht entfernt werden. Vor diesem Hintergrund schließt die Studie mit dem Ergebnis, dass die Entwicklung eines robusten Wasserzeichens eine „schwierige, wenn auch nicht unmögliche Aufgabe" sei.[110] Ähnliche Ergebnisse liefert eine Untersuchung von Forschenden der Universitäten Kalifornien, Santa Barbara und Carnegie, wonach alle derzeit genutzten unsichtbaren, pixelbasierten Wasserzeichen als unsicher einzustufen seien und durch generative KI sämtliche dieser Wasserzeichen entfernt werden könnten.[111] **98**

bb) Metadatenidentifizierungen

Als weitere Technik zur Kennzeichnung künstlich erzeugter Inhalte wird in ErwG 133 Satz 4 die Ergänzung bereits vorhandener Dateiinhalte um zusätzliche Metadaten genannt. **Metadaten** sind in digitale Inhalte eingebettet und liefern eine technische Beschreibung dieser Inhalte.[112] Ein wesentlicher Vorteil von Metadaten besteht darin, dass sie die Wahrnehmungsqualität des Inhalts nicht beeinträchtigen.[113] Metadaten enthalten beispielsweise Informationen bzgl. des Autors, einen Zeitstempel oder stellen den Bearbeitungsverlauf dar; gleichermaßen kann Information eines Metadatums der Umstand sein, dass ein Inhalt durch künstliche Intelligenz erzeugt wurde.[114] Die in den Erwägungsgründen geforderte **Robustheit**[115] dieser Kennzeichnungsmethode ist allerdings begrenzt, da sich Metadaten im Vergleich zu stärker integrierten Wasserzeichenmethoden relativ leicht ändern oder entfernen lassen.[116] **99**

Anfang Februar 2024 hat sich der Konzern Meta dafür ausgesprochen, neben Wasserzeichen insbesondere auch die Kennzeichnung künstlich generierter In- **100**

110 *Saberi/Sadasivan/Rezaei/Kumar/Chegini/Wang/Feizi*, Robustness of AI-Image detectors: Fundamental limits and practical attacks, S. 9, https://arxiv.org/abs/2310.00076 (zuletzt abgerufen am 15.7.2024).

111 *Zhao/Zhang/Su/Vasan/Grishchenko/Kruegel/Vigna/Wang/Li*, Invisible Image Watermarks Are Provably Removable Using Generative AI, S. 2 f., https://doi.org/10.48550/arXiv.2306.01953 (zuletzt abgerufen am 15.7.2024).

112 *Molavi Vasse'i/Udoh*, In Transparency We Trust? Evaluating the Effectiveness of Watermarking and Labeling AI-Generated Content, S. 28.

113 *Molavi Vasse'i/Udoh*, In Transparency We Trust? Evaluating the Effectiveness of Watermarking and Labeling AI-Generated Content, S. 28.

114 *Molavi Vasse'i/Udoh*, In Transparency We Trust? Evaluating the Effectiveness of Watermarking and Labeling AI-Generated Content, S. 28.

115 ErwG 133 Satz 4.

116 *Molavi Vasse'i/Udoh*, In Transparency We Trust? Evaluating the Effectiveness of Watermarking and Labeling AI-Generated Content, S. 28.

halte durch Metadaten vorzunehmen.[117] Auch OpenAI hat unmittelbar danach angekündigt, Metadaten bei der Erzeugung von Bildern einzubinden, dabei aber auch eingeräumt, dass sie kein Allheilmittel für die Authentizität künstlich generierter Inhalte seien und relativ leicht entfernt werden könnten.[118] In technischer Hinsicht stützen sie sich auf die C2PA-Standards, die eine Kombination aus kryptografischen Wasserzeichen sowie der Einbettung von Metadaten darstellen.[119]

cc) Kryptografische Methoden

101 Kryptografische Methoden eignen sich insbesondere zur Überprüfung der Authentizität eines Inhalts. Häufig wird das sog. „**Hashing**" eingesetzt.[120] Dabei handelt es sich um eine Funktion, d. h. einen Algorithmus, der jede denkbare Art von digitalen Inhalten (Bilder, Videos, Texte, Dateien etc.) in eine Zeichenfolge mit vorgegebener Länge konvertiert.[121] Mittels dieser Zeichenfolge kann später überprüft werden, ob es sich um exakt die ursprüngliche Datei handelt.[122]

102 Nur bedingt geeignet ist das Hashing dagegen, wenn es dazu eingesetzt werden soll, Inhalte darauf zu überprüfen, ob sie künstlich erzeugt worden sind. Sofern lediglich ein Buchstabe eines Textes oder die Auflösung eines Bildes (z. B. durch Komprimierung – dies geschieht häufig automatisiert durch Online-Plattformen) verändert wird, wird eine völlig andere Zeichenfolge generiert.[123] Zu berücksichtigen ist auch, dass der jeweilige Hash bekannt sein muss, damit die Zeichenfolge später überprüft und mit der ursprünglichen Zeichenfolge abgeglichen werden kann.[124]

---

117 https://www.nytimes.com/2024/02/06/technology/meta-ai-standards-labels.html (zuletzt abgerufen am 20.3.2024).

118 https://help.openai.com/en/articles/8912793-c2pa-in-dall-e-3 (zuletzt abgerufen am 20.3.2024).

119 Vgl. *Molavi Vasse'i/Udoh*, In Transparency We Trust? Evaluating the Effectiveness of Watermarking and Labeling AI-Generated Content, S. 30.

120 Siehe hierzu den konzisen Überblick zum Hashing in EUIPO, Automated Content Recognition: Discussion Paper – Phase 1 'Existing technologies and their impact on IP', 2020, S. 7 ff.

121 EUIPO, Automated Content Recognition: Discussion Paper – Phase 1 'Existing technologies and their impact on IP', 2020, S. 7.

122 EUIPO, Automated Content Recognition: Discussion Paper – Phase 1 'Existing technologies and their impact on IP', 2020, S. 7.

123 EUIPO, Automated Content Recognition: Discussion Paper – Phase 1 'Existing technologies and their impact on IP', 2020, S. 9.

124 Vgl. EUIPO, Automated Content Recognition: Discussion Paper – Phase 1 'Existing technologies and their impact on IP', 2020, S. 7.

dd) Protokollierungsmethoden

Im Zusammenhang mit Protokollierungsmethoden wird u. a. vorgeschlagen, den gesamten Output eines Systems zu protokollieren, sodass ein Erkennungstool im Anschluss den KI-Output mit dem in einer Datenbank gespeicherten Output vergleichen kann.[125] **103**

ee) Fingerabdrücke

Die Begriffe Hash und Fingerabdruck werden in Bezug auf automatische Inhaltserkennung häufig synonym verwendet.[126] Der wesentliche Unterschied besteht darin, „dass anders als beim Hashing keine vom Inhalt losgelöste Zeichenkette erstellt wird, sondern der Fingerabdruck auf den Merkmalen des tatsächlichen Inhalts einer Datei beruht".[127] Dem Inhalt werden keine neuen Informationen hinzugefügt; vielmehr wird er „analysiert, um einige seiner einzigartigen Eigenschaften zu identifizieren".[128] Auf diese Weise sind fortgeschrittene Anwendungen im Bereich der Fingerabrücke in der Lage, auch stark veränderte Inhalte zu erkennen.[129] **104**

4. Ausnahmen

Ausgenommen von der Verpflichtung des Anbieters zur maschinenlesbaren Kennzeichnung von KI-generierten oder -manipulierten Inhalten sind Ausgaben von KI-Systemen, die **105**

(i) lediglich eine unterstützende Funktion für die Standardbearbeitung erfüllen (siehe hierzu Rn. 106 ff.),
(ii) vom Betreiber bereitgestellte Eingabedaten oder deren Semantik nicht wesentlich verändern (siehe hierzu Rn. 111 f.), sowie
(iii) zur Strafverfolgung gesetzlich zugelassene KI-Systeme (siehe hierzu Rn. 113).

---

125 So *Knott* et al., Ethics and information technology, 12/2023, Vol. 25, 55, S. 4; *Krishna* et al., Paraphrasing evades detectors of AI-generated text, but retrieval is an effective defense, NeurIPS 2023, Artikel Nr. 1195, S. 27469.

126 EUIPO, Automated Content Recognition: Discussion Paper – Phase 1 'Existing technologies and their impact on IP', 2020, Fn. 87.

127 Vgl. dazu EUIPO, Automated Content Recognition: Discussion Paper – Phase 1 'Existing technologies and their impact on IP', 2020, S. 15.

128 Vgl. dazu EUIPO, Automated Content Recognition: Discussion Paper – Phase 1 'Existing technologies and their impact on IP', 2020, S. 15.

129 EUIPO, Automated Content Recognition: Discussion Paper – Phase 1 'Existing technologies and their impact on IP', 2020, S. 16.

a) Hilfsfunktion der KI für Standardbearbeitung

106 Die Kennzeichnungspflicht nach Art. 50 Abs. 2 Satz 1 entfällt, wenn das betreffende KI-System lediglich eine **unterstützende Funktion** für die Standardbearbeitung von Audio-, Bild-, Video- oder Textinhalten wahrnimmt. Eine weitergehende Konkretisierung, wann von einer solchen Hilfsfunktion auszugehen ist, kann dem Verordnungstext nicht entnommen werden. ErwG 133 wiederholt die Ausnahmeregelung nahezu wortgleich.

107 Vor dem Hintergrund des Kontextes generativer KI-Systeme ist anzunehmen, dass KI-Systeme, die nur eine enge Verfahrensaufgabe wahrnehmen, vom Anwendungsbereich ausgeschlossen werden sollen.[130] Je weiter die Verfahrensaufgabe und je mehr alternative Gestaltungsmöglichkeiten, desto eher ist davon auszugehen, dass die Ausnahme der unterstützenden Funktion für die Standardbearbeitung nicht eingreift. Der Zusatz der „unterstützenden" (in der englischen Fassung: „assistive") Funktion spricht weiterhin dafür, dass vollständig KI-generierte und nicht nur manipulierte Inhalte nicht unter die Ausnahme fallen sollen.[131]

108 Als ein KI-System, das Hilfsfunktionen im Bereich der Standardbearbeitung ausführt, kann im Fall der Textgenerierung etwa ein zur Rechtschreibprüfung eingesetztes KI-System gewertet werden. Bei Bild-, Audio- sowie Videoinhalten bereitet die Abgrenzung, wann (noch) von einer *unterstützenden* Funktion für die Standardbearbeitung auszugehen ist, Schwierigkeiten. So werden im Bereich der Bildbearbeitung i.d.R. Helligkeits- und Kontrast- und Farbkorrekturen standardmäßig vorgenommen. Viele der insoweit weit verbreiteten Tools zur Bearbeitung derartiger Inhalte verfügen dabei über KI-Komponenten.[132] Ein weiteres Beispiel hierfür sind etwa im Rahmen sozialer Medien eingesetzte Filter, die nach einem bestimmten Schema automatisch Änderungen an Bildern, Videos oder Audioinhalten vornehmen. Während die Bearbeitung teilweise offensichtlich ist (z.B. Zusatz von Hasenohren), ist sie in anderen Fällen für das bloße Auge nicht als solche erkennbar.

109 Die aufgeführten Beispiele zeigen, dass sich in der Praxis zahlreiche Abgrenzungsschwierigkeiten stellen werden. Abhängig von der Risikoaffinität des jeweiligen Anbieters kann dabei nicht ausgeschlossen werden, dass Unternehmen

130 Vgl. insoweit den Wortlaut des Art. 6 Abs. 3 lit. a, wonach KI-Systeme der Einsatzbereiche nach Anhang III dann keine Hochrisiko-KI-Systeme darstellen, wenn diese eine eng gefasste Verfahrensaufgabe durchführen. Sofern ein KI-System unter die Ausnahme des Art. 6 Abs. 3 lit. a fällt, kann dies als Indiz gewertet werden, dass auch die Ausnahmeregelung des Art. 50 Abs. 2 Satz 3 Var. 1 gegeben ist.

131 Vgl. auch *Becker*, CR 2024, 353, 359 Rn.57: „[…] wenn KI als Werkzeug für ein im Wesentlichen menschliches Erzeugnis dient […]".

132 Siehe hierzu etwa die KI-gestützten Funktionen von Photoshop: https://www.adobe.com/de/products/photoshop/ai.html (zuletzt abgerufen am 14.7.2024).

im Zweifel eine maschinenlesbare Kennzeichnung vornehmen, um nicht dem Risiko eines Bußgeldes[133] sowie etwaiger Reputationsschäden ausgesetzt zu sein.

Eine Orientierung an der ratio legis, welche vornehmlich auf den Schutz vor Desinformation und Täuschung ausgerichtet ist, spricht dafür, dass Bearbeitungen, welche den Informationsgehalt eines Text-, Bild-, Video- oder Audioinhaltes nicht verändern, als unterstützende Standardfunktion anzusehen sind. In diesem Sinne werden regelmäßig Bearbeitungen unter die Ausnahmeregelung des Art. 50 Abs. 2 Satz 3 Var. 1 fallen, die als bloße Korrektur von Aufnahmeeinstellungen aufzufassen sind. Als Beispiel hierfür sei etwa an die Belichtung und Tiefenschärfe von Bilddateien gedacht. Abseits davon ist jedes Einzufügen oder Verändern von Inhalten (z. B. das Ausschneiden oder Hinzufügen von Personen) nicht mehr als unterstützende Standardbearbeitung anzusehen. **110**

b) Keine wesentliche Veränderung der Eingabedaten

Die Kennzeichnungspflicht des Art. 50 Abs. 2 Satz 1 gilt auch dann nicht, wenn das KI-System die vom Betreiber bereitgestellten Eingabedaten oder deren Semantik nicht wesentlich verändert. Bei Eingabedaten handelt es sich gem. Art. 3 Nr. 33 um in ein KI-System eingespeiste oder von diesem direkt erfasste Daten, auf deren Grundlage das System ein Ergebnis hervorbringt. **111**

Die Variante des Ausbleibens einer wesentlichen Änderung der Eingabedaten weist starke Nähe zur ersten Variante des Ausnahmetatbestandes, der nur unterstützenden Funktion für eine Standardbearbeitung auf.[134] Im Gegensatz zur Var. 1 der Ausnahmeregelung ist jedoch keine Unterstützung einer *menschlichen* Aktivität erforderlich noch muss es sich um eine Standardbearbeitung handeln.[135] Vor dem Hintergrund des Zwecks der Norm kann sich das Merkmal der Wesentlichkeit nur auf den Informationsgehalt der betreffenden Eingabedaten beziehen: Der Informationsgehalt der Eingabedaten darf durch das KI-System nicht wesentlich verändert werden. Auf Basis dieser Leitlinien dürften nachfolgende Anwendungsbeispiele regelmäßig von dem Ausnahmetatbestand erfasst sein: **112**

- Programme zur Konvertierung oder Komprimierung von Dateien.
- Programme zur Rechtschreib- und Grammatikprüfung. Bei diesen wird die wesentliche Semantik eines Texts nicht verändert, sondern es werden nur Fehler korrigiert.
- KI-Systeme zur (Simultan-)Übersetzung von Texten. Hierbei wird lediglich der Text in eine andere Sprache übertragen, der Inhalt und die Bedeutung bleiben jedoch gleich.

133 Zu den möglichen Sanktionen siehe Art. 99–101.
134 So auch *Becker*, CR 2024, 353, 359 Rn. 58.
135 Vgl. *Becker*, CR 2024, 353, 359 Rn. 58.

- Bildbearbeitungsprogramme, mit denen das Rauschen in Bildern reduziert wird. Diese verbessern die Qualität bei gleichbleibendem Inhalt.
- Spracherkennungssoftware: Das gesprochene Wort wird transkribiert als Text ausgegeben. Die Bedeutung des Texts bleibt erhalten.

c) Strafverfolgung

113 Art. 50 Abs. 2 Satz 1 findet keine Anwendung, wenn das KI-System zur Aufdeckung, Verhütung, Ermittlung und Verfolgung von Straftaten gesetzlich zugelassen ist (Art. 50 Abs. 2 Satz 3 Var. 3). Zu denken ist in diesem Zusammenhang etwa an von Strafverfolgungsbehörden eingesetzte generative KI-Systeme, die verbotene Inhalte (z.B. volksverhetzende Inhalte) analysieren, erzeugen oder verändern.[136]

IV. Art. 50 Abs. 3

114 Nach Art. 50 Abs. 3 Satz 1 sind Anbieter von Emotionserkennungssystemen sowie Systemen zur biometrischen Kategorisierung dazu verpflichtet, die betroffenen natürlichen Personen **über den Betrieb** des Systems zu **informieren**. Zudem haben die Betreiber die personenbezogenen Daten bei dem Einsatz von Emotionserkennungssystemen und Systemen zur biometrischen Kategorisierung im Einklang mit der Verordnung (EU) 2017/1725 (DSGVO),[137] der Verordnung (EU) 2016/679[138] sowie der Richtlinie (EU) 2016/680[139] zu verarbeiten.

115 Emotionserkennungssysteme sowie – abhängig vom Einsatzbereich – Systeme zur biometrischen Kategorisierung wurden im Laufe der Gesetzesverhandlungen im Rahmen des Anhang III Nr. 1 lit. b, c als **Hochrisiko-KI-Systeme** klassifiziert. Die Transparenzpflicht nach Art. 50 Abs. 3 Satz 1 tritt in der Folge neben

136 Vgl. *Becker*, CR 2024, 353, 360 Rn.59.

137 Verordnung (EU) 2018/1725 des Europäischen Parlaments und des Rates vom 23.10.2018 zum Schutz natürlicher Personen bei der Verarbeitung personenbezogener Daten durch die Organe, Einrichtungen und sonstigen Stellen der Union, zum freien Datenverkehr und zur Aufhebung der Verordnung (EG) Nr. 45/2001 und des Beschlusses Nr. 1247/2002/EG, ABl. L 295, S. 39.

138 Verordnung (EU) 2016/679 des Europäischen Parlaments und des Rates vom 27.4.2016 zum Schutz natürlicher Personen bei der Verarbeitung personenbezogener Daten, zum freien Datenverkehr und zur Aufhebung der Richtlinie 95/46/EG (Datenschutz-Grundverordnung), ABl. L 119, S. 1.

139 Richtlinie (EU) 2016/680 des Europäischen Parlaments und des Rates vom 27.4.2016 zum Schutz natürlicher Personen bei der Verarbeitung personenbezogener Daten durch die zuständigen Behörden zum Zwecke der Verhütung, Ermittlung, Aufdeckung oder Verfolgung von Straftaten oder der Strafvollstreckung sowie zum freien Datenverkehr und zur Aufhebung des Rahmenbeschlusses 2008/977/JI des Rates, ABl. L 119, S. 89.

die Pflichten für Hochrisiko-KI-Systeme in Kapitel III. Wegen der nach Auffassung des europäischen Gesetzgebers schlechten wissenschaftlichen Grundlage von Emotionserkennungssystemen[140] wurde sogar ein vollständiges Verbot entsprechender Systeme diskutiert. Die Hochstufung zu Hochrisiko-KI-Systemen erscheint aufgrund des erheblichen Missbrauchspotenzials als angemessen.[141]

1. Verpflichtungsadressat

Art. 50 Abs. 3 richtet sich im Gegensatz zu den Abs. 1 und 2 an die **Betreiber** der erfassten KI-Systeme. Betreiber ist gem. Art. 3 Nr. 4 jede natürliche oder juristische Person, Behörde, Einrichtung oder sonstige Stelle, die ein KI-System in eigener Verantwortung verwendet, es sei denn, das KI-System wird im Rahmen einer persönlichen und nicht beruflichen Tätigkeit verwendet.[142] 116

2. Emotionserkennungssysteme und Systeme zur biometrischen Kategorisierung

Die Informationspflicht nach Art. 50 Abs. 3 erfasst Emotionserkennungssysteme im Sinne von Art. 3 Nr. 39 (siehe Art. 3 Nr. 39 Rn. 316 ff.) sowie Systeme zur biometrischen Kategorisierung nach Art. 3 Nr. 40 (siehe Art. 3 Nr. 40 Rn. 331 ff.). 117

3. Information über den Betrieb des KI-Systems

Gem. Art. 50 Abs. 3 Satz 1 müssen Betreiber **über den Betrieb** von Emotionserkennungssystemen und Systemen zur biometrischen Kategorisierung informieren. 118

a) Umfang der Informationspflicht

Der Wortlaut des Art. 50 Abs. 3 Satz 1 eröffnet Interpretationsspielraum im Hinblick auf den Umfang der Informationspflicht. So ist der Vorschrift nicht ausdrücklich zu entnehmen, ob lediglich über das „Ob" des Einsatzes informiert werden muss oder ob die Informationspflicht auch das „Wie" des Einsatzes erfasst. Auch Art. 50 Abs. 5 vermag insoweit keine weitere Klärung zu liefern; die Vorschrift betrifft allein die Art und Weise der Information, nicht jedoch den Informationsgehalt. 119

---

140 Vgl. ErwG 44.

141 Kritisch zu der ursprünglichen Einstufung im Rahmen des Kommissionsentwurfs ebenso *Kumkar*, in: Hilgendorf/Roth-Isigkeit, Die neue Verordnung der EU zur künstlichen Intelligenz, § 6 Rn. 49; *Engelhard/Schiemann*, KriPoZ 2022, 444, 454.

142 Siehe hierzu auch ErwG 13 Satz 1.

120 Für eine weitergehende Informationspflicht auch im Hinblick auf das Wie des Einsatzes des Systems spricht ein systematischer Vergleich mit Art. 50 Abs. 1.[143] Während Art. 50 Abs. 1 eine Information über die *Interaktion* mit einem KI-System verlangt, ist nach Abs. 3 *über den Betrieb* des Systems zu informieren. Für eine Annahme der Verpflichtung zur Information über die Funktionsweise kann weiterhin angeführt werden, dass auf Seiten der betroffenen natürlichen Person ein erhöhtes Schutzbedürfnis und damit auch ein erhöhtes Informationsinteresse besteht.

121 Gegen die Annahme einer Informationspflicht hinsichtlich des „Wie" des Einsatzes von Emotionserkennungssystemen sowie KI-Systemen zur biometrischen Kategorisierung kann angeführt werden, dass die Verordnung **keinerlei Vorgaben** dazu macht, was Inhalt einer solchen Information über die Funktionsweise zu sein hat. Im Gegensatz dazu enthält Art. 13 für Hochrisiko-KI-Systeme detailliertere Vorgaben zum Umfang der Informationspflicht. Auch eine historische Betrachtung des Gesetzgebungsverfahrens unter Heranziehung des Kommissionsentwurfs kann dafür aufgeführt werden, dass lediglich eine Information über das „Ob" erforderlich ist.[144] Der Begründung des Entwurfs ist folgender Passus zu entnehmen: „Interagieren Personen mit KI-Systemen oder werden deren Emotionen oder Merkmale durch automatisierte Mittel erkannt, müssen die Menschen **hierüber** informiert werden".[145] Aus dem Begriff „hierüber" kann gefolgert werden, dass lediglich eine Information über das „Ob" intendiert gewesen ist.[146] Diese Formulierung findet sich – in ähnlicher Form – in ErwG 132 Satz 5 wieder. Danach „sollte natürlichen Personen mitgeteilt werden, **wenn** sie KI-Systemen ausgesetzt sind, die durch die Verarbeitung ihrer biometrischen Daten die Gefühle oder Absichten dieser Personen identifizieren oder ableiten oder sie bestimmten Kategorien zuordnen können." Sowohl der Umstand, dass die Erwägungen zu Art. 50 Abs. 1 und Abs. 3 in einem ErwG gebündelt wurden, als auch die Beschränkung der Formulierung darauf, dass Personen mitgeteilt werden soll, *wenn* sie entsprechenden KI-Systemen ausgesetzt sind, lässt erkennen, dass lediglich eine Information über den Einsatz des Systems zu erfolgen hat – jedoch keine Information über die Funktionsweise.

122 Weiterhin kann angebracht werden, dass es sich bei den verarbeiteten Daten um personenbezogene Daten handelt, sodass hinsichtlich der Art und des Umfangs der verarbeiteten personenbezogenen Daten die datenschutzrechtlichen Infor-

---

143 So im Ergebnis zum Kommissionsentwurf: *Kumkar*, in: Hilgendorf/Roth-Isigkeit, Die neue Verordnung der EU zur Künstlichen Intelligenz, § 6 Rn. 53; *Kalbhenn*, ZUM 2021, 663, 670; *Rostalski/Weiss*, ZfDR 2021, 329, 351.

144 So zum Kommissionsentwurf: *Linhart*, Informationen aus der Blackbox, S. 71.

145 EU-Komm., COM(2021) 206 final, Begründung 5.2.4.

146 So zum Kommissionsentwurf: *Linhart*, Informationen aus der Blackbox, S. 71.

mationspflichten eingreifen. Art. 50 Abs. 3 Satz 1 sucht damit den Schulterschluss zur DSGVO, die keine speziellen Vorgaben für KI-Systeme enthält.[147]

b) Konkrete Ausgestaltung der Information

Die Information richtet sich an die jeweilige natürliche Person, die mit dem System interagiert bzw. deren biometrische Daten oder Emotionen durch das KI-System erfasst und ausgewertet werden. **123**

Bezüglich der Umsetzung der Informationspflicht ist **Art. 50 Abs. 5** zu berücksichtigen. Demnach muss die Information der betreffenden Person spätestens zum Zeitpunkt der ersten Interaktion in klarer und eindeutiger Weise bereitgestellt werden (siehe hierzu Rn. 165 ff.). **124**

Die Person ist darüber zu informieren, dass sie mit einem Emotionserkennungssystem oder einem System zur biometrischen Kategorisierung interagiert. Aus dem Hinweis muss klar und eindeutig sowohl hervorgehen, dass es sich um KI handelt, als auch dass Emotionen erkannt werden bzw. eine biometrische Kategorisierung stattfindet. **125**

4. Verarbeitung personenbezogener Daten

Nach Art. 50 Abs. 3 Satz 1 hat der Betrieb von KI-Systemen zur Emotionserkennung sowie zur biometrischen Kategorisierung hinsichtlich der Verarbeitung personenbezogener Daten im Einklang mit der Verordnung (EU) 2018/1725 (DSGVO),[148] der Verordnung (EU) 2016/679[149] sowie der Richtlinie (EU) 2016/680[150] zu erfolgen. Der Hinweis hat lediglich klarstellende Bedeutung. **126**

---

147 Vgl. *Becker*, CR 2024, 353, 360 Rn. 63.

148 Verordnung (EU) 2018/1725 des Europäischen Parlaments und des Rates vom 23.10.2018 zum Schutz natürlicher Personen bei der Verarbeitung personenbezogener Daten durch die Organe, Einrichtungen und sonstigen Stellen der Union, zum freien Datenverkehr und zur Aufhebung der Verordnung (EG) Nr. 45/2001 und des Beschlusses Nr. 1247/2002/EG, ABl. L 295, S. 39.

149 Verordnung (EU) 2016/679 des Europäischen Parlaments und des Rates vom 27.4.2016 zum Schutz natürlicher Personen bei der Verarbeitung personenbezogener Daten, zum freien Datenverkehr und zur Aufhebung der Richtlinie 95/46/EG (Datenschutz-Grundverordnung), ABl. L 119, S. 1.

150 Richtlinie (EU) 2016/680 des Europäischen Parlaments und des Rates vom 27.4.2016 zum Schutz natürlicher Personen bei der Verarbeitung personenbezogener Daten durch die zuständigen Behörden zum Zwecke der Verhütung, Ermittlung, Aufdeckung oder Verfolgung von Straftaten oder der Strafvollstreckung sowie zum freien Datenverkehr und zur Aufhebung des Rahmenbeschlusses 2008/977/JI des Rates, ABl. L 119, S. 89.

5. Ausnahme: Strafverfolgung

127 Die Informationspflicht aus Art. 50 Abs. 3 Satz 1 gilt nicht für gesetzlich zur **Aufdeckung, Verhütung oder Ermittlung von Straftaten** zugelassene KI-Systeme, die zur biometrischen Kategorisierung und Emotionserkennung im **Einklang mit dem Unionsrecht** verwendet werden, wenn **geeignete Schutzvorkehrungen** für die Rechte und Freiheiten Dritter bestehen (Art. 50 Abs. 3 Satz 2). Anders als im Fall der Informationspflicht nach Art. 50 Abs. 1 entfällt die Informationspflicht nicht im Fall der Offensichtlichkeit der Interaktion mit einem entsprechenden KI-System.

128 Zu berücksichtigen ist, dass die Ausnahmeregelung ausweislich des Wortlauts nicht gilt, wenn KI-Systeme zur **Verfolgung** von Straftaten zugelassen sind und eingesetzt werden.[151] Insoweit unterscheidet sich die Regelung von den weiteren Ausnahmetatbeständen in Art. 50 Abs. 1, 2, 4. Die Alternative war im ursprünglichen Kommissionsentwurf zur KI-VO noch enthalten,[152] wurde allerdings während des Gesetzgebungsverfahrens gestrichen.

V. Art. 50 Abs. 4

129 Im Rahmen von Art. 50 Abs. 4 werden Betreibern (siehe hierzu Art. 3 Nr. 4) bestimmter KI-Systeme **Offenlegungspflichten** auferlegt. UAbs. 1 bezieht sich auf sog. Deepfakes (zum Begriff des Deepfake i. S. d. KI-VO siehe Art. 3 Nr. 60 Rn. 428 ff.) in Form von künstlich erzeugten oder manipulierten Bild-, Ton- oder Videoinhalten (siehe hierzu Rn. 130 ff.), während UAbs. 2 Texte betrifft, die veröffentlicht werden, um die Öffentlichkeit über Angelegenheiten von öffentlichem Interesse zu informieren (siehe hierzu Rn. 157 ff.).

1. Deepfakes (Art. 50 Abs. 4 UAbs. 1)

130 Art. 50 Abs. 4 UAbs. 1 Satz 1 verpflichtet die Betreiber von KI-Systemen, die Bild-, Ton- oder Videoinhalte erzeugen oder manipulieren, die ein Deepfake (zum Begriff des Deepfake siehe Art. 3 Nr. 60 Rn. 428 ff.) sind, offenzulegen, dass diese Inhalte künstlich erzeugt oder manipuliert sind (siehe hierzu Rn. 141 ff.). Davon ausgenommen sind nach Art. 50 Abs. 4 UAbs. 1 Satz 2 gesetzlich zur Strafverfolgung zugelassene KI-Systeme. Eine abgeschwächte Offenlegungspflicht gilt für den Fall, dass es sich um offensichtlich künstlerische, kreative, satirische, fiktionale oder analoge Werke oder Programme handelt.

---

151 Siehe insoweit auch die englische Fassung des Art. 50 Abs. 3 Satz 3, die ebenfalls nur die Tatbestände „detect, prevent or investigate" erfasst.

152 EU-Komm., COM(2021) 206 final, Art. 52 Abs. 2.

Anwendungen zur Erstellung von Deepfakes haben sich in der digitalen Welt wie ein Lauffeuer verbreitet. Ihre Erstellung ist der breiten Bevölkerung aufgrund zahlreicher (kostenloser) Tools inzwischen ohne weiteres zugänglich.[153] Der technologische Fortschritt im Bereich generativer KI birgt zahlreiche Gefahren, sowohl für das Individuum als auch für die Gesellschaft als solche.[154] Auf gesellschaftlicher Ebene bergen Deepfakes insbesondere die Gefahr der Verbreitung von Fehlinformationen sowie der gezielten Meinungsmanipulation, wobei nicht auszuschließen ist, dass hierdurch ganze Länder destabilisiert bzw. Einfluss auf politische Wahlen genommen wird.[155] Die Liste bekannter Deepfakes zu Personen von öffentlichem Interesse ist lang.[156] Beispielhaft seien folgende Fälle der jüngeren Vergangenheit aufgeführt:[157] **131**

– Kniefall von Wladimir Putin vor Xi Jinping;
– Verhaftung des ehemaligen Präsidenten der USA, Donald Trump;
– Papst Franziskus in einer weißen Designer-Daunenjacke.

Aufgrund der technischen Möglichkeiten kann es für den Betrachter schwierig werden, reale und synthetische Inhalte zu unterscheiden. Dies kann zu einem kaum zu unterschätzenden Einfluss auf die Gesellschaft führen.[158] Die Aussicht, dass bei digitalen Inhalten eine Unterscheidbarkeit zwischen menschlich und künstlich generierten Inhalten zukünftig ggf. nicht mehr möglich ist, wird deshalb teils als „Infokalypse" betitelt.[159] **132**

Beim Zusammentreffen mit bestimmten **Heuristiken** vermögen Deepfakes erheblichen Einfluss auf die Meinungsbildung zu zeitigen. Deepfakes sind u. a. geeignet, einen sog. **„confirmation bias"** auszulösen.[160] Hierbei handelt es sich um ein Phänomen, wonach Menschen Informationen bevorzugen, die ihre bestehenden Informationen bestätigen, und dabei gleichzeitig der eigenen Auffas- **133**

153 Siehe als Beispiel etwa die Anwendung faceswap: https://faceswap.dev/ (zuletzt abgerufen am 15.7.2024).

154 Siehe weitergehend den Überblick über die mit Deepfakes verbundenen Risiken bei European Parliamentary Research Service, Tackling deepfakes in European policy, 2021, S. 29 ff.

155 Vgl. hierzu die Einschätzung des Europäisches Parlaments, Künstliche Intelligenz: Fragen der Auslegung und Anwendung von internationalen Rechtsvorschriften, P9 TA(2021)0009, Nr. 76.

156 Für weitere Beispiele siehe *Kumkar*, K&R 2023, Heft 10 Beilage 1, 32, 33.

157 *Reveland/Siggelkow*, KI-generierte Desinformation auf dem Vormarsch, https://www.tagesschau.de/faktenfinder/kontext/ki-desinformation-fakes-101.html (zuletzt abgerufen am 14.7.2024).

158 Siehe für einen konzisen Überblick über mögliche gesellschaftlicher Auswirkungen der verbreiteten Nutzung von Deepfakes: European Parliamentary Research Service, Tackling deepfakes in European policy, 2021 S. 22 ff.

159 *Schick*, Deep Fakes and the Infocalypse, 2020; European Parliamentary Research Service, Tackling deepfakes in European policy, 2021 S. 1.

160 *Kumkar/Rapp*, ZfDR 2022, 199, 202 f. m. w. N.

sung widersprechende Informationen ignorieren.[161] Bei Deepfakes scheint dieser Effekt verstärkt aufzutreten, da Menschen audiovisuellen Inhalten regelmäßig eine höhere Glaubwürdigkeit beimessen.[162] Selbst die nachträgliche Offenlegung eines Deepfakes vermag ggf. keine Abhilfe zu leisten: Menschen neigen dazu, sich auch nach der Korrektur einer Fehlinformation weiterhin auf die falschen Inhalte zu stützen („**continued-influence effect**").[163] Hinzu tritt, dass es in sozialen Medien – einem wesentlichen Verbreitungsmedium von Deepfakes – zur Bildung von Informationsblasen kommen kann, in welchen Nutzern des jeweiligen Mediums nur noch die eigene Meinung bestätigende Inhalte angezeigt werden.[164]

134 Neben einer Einflussnahme auf demokratische Prozesse bergen Deepfakes erhebliche Gefahren für Individuen im Zusammenhang mit der **Verletzung von Persönlichkeitsrechten**, beispielsweise durch KI-generierte pornografische Inhalte.[165]

135 Auch eine **Manipulation von Gerichtsverfahren** durch Deepfakes ist denkbar.[166] Video- und Tonaufnahmen können als gefälschte Beweismittel genutzt werden und dabei sowohl Strafverfahren als auch Zivilverfahren maßgeblich beeinflussen, was im wohl schlechtesten Szenario dazu führen kann, dass unschuldige Personen aufgrund gefälschter Beweise strafrechtlich belangt werden.[167]

136 Deepfakes bergen allerdings nicht ausschließlich Risiken, sondern können auch gewinnbringend genutzt werden. Das Europäische Parlament hat diesbezüglich im Rahmen einer Studie hinsichtlich des zukünftigen Umgangs mit Deepfakes folgende Anwendungsbereiche identifiziert: „Audiografische Produktionen, Mensch-Maschine-Interaktionen (Verbesserung digitaler Erfahrungen), Videokonferenzen, Satire, persönlicher oder künstlerischer kreativer Ausdruck und

---

161 Grundlegend zum Confirmation Bias: *Nickerson*, Review of General Psychology 1998, Vol. 2, No. 2, 175.

162 *Kumkar/Rapp*, ZfDR 2022, 199, 202 f. m. w. N.

163 Zum „continued-influence effect" und unterschiedlichen Erklärungsansätzen *Lewandowsky* et al., Psychological Science in the Public Interest 2012, Volume 13 Issue 3, S. 106, 113 ff.; *Linardatos*, GPR 2022, 58, 68 m. w. N.; *Kumkar/Rapp*, ZfDR 2022, 199, 203.

164 Siehe hierzu Wissenschaftlicher Dienst des Deutschen Bundestages, „Echokammern" und „Filterblasen" in digitalen Medien, Ausarbeitung WD 10 – 3000 – 007/22, S. 9 ff. m. w. N.

165 Siehe hierzu *Block*, Deepfakes und Recht, S. 8 f.

166 Vgl. *Hinderks*, ZUM 2022, 110; zu Deepfakes in Videoverhandlungen vor Gericht: *Steffens/Zichler*, DuD, 2024, 158.

167 European Parliamentary Research Service, Tackling deepfakes in European policy, 2021, S. 53 f.

medizinische (Forschungs-)Anwendungen (z.B. Gesichtsrekonstruktion oder Stimmerzeugung)".[168]

a) Verpflichtungsadressat

Art. 50 Abs. 4 UAbs. 1 richtet sich an die **Betreiber** (Art. 3 Nr. 4) eines KI-Systems, das Deepfakes erstellt. Adressiert werden demnach nicht die Anbieter entsprechend Art. 50 Abs. 1 und 2, sondern – wie im Fall des Art. 50 Abs. 3 – diejenigen, die ein KI-System in eigener Verantwortung im Rahmen einer beruflichen Tätigkeit verwenden (siehe hierzu Art. 3 Nr. 4 Rn. 107ff.). **137**

Im Umgang mit den Risiken von Deepfakes adressiert die Regelung Betreiber auf der Ebene der Erzeugung von Deepfakes. Die Regelung fügt sich in ein Regulierungskonzept auf fünf unterschiedlichen Ebenen zum Umgang mit den entsprechenden Risiken ein: Maßnahmen können (i) auf der technologischen Ebene, (ii) bei der Erstellung des Deepfakes, (iii) während der Verbreitungsphase, (iv) in Bezug auf den Schutz betroffener Personen, sowie (v) auf gesellschaftlicher Ebene ergriffen werden.[169] **138**

Während des Gesetzgebungsverfahrens wurde kritisiert, dass eine effektivere Umsetzung der Offenlegungspflicht durch Inanspruchnahme der Anbieter möglich wäre, um bereits im Rahmen der Programmgestaltung die Umsetzung der Transparenzpflichten durchzuführen und dadurch missbräuchliche Nutzung ohne Kennzeichnung möglichst umfassend zu verhindern.[170] Zwar ist Adressat der Kennzeichnungspflicht von Deepfakes in der finalen Fassung der KI-VO weiterhin der Betreiber eines entsprechenden KI-Systems. Durch die Einfügung des Art. 50 Abs. 2 und die darin enthaltene Pflicht zur maschinenlesbaren Kennzeichnung synthetischer Inhalte wird ein Teil der Pflichten im Bereich der Kennzeichnung generativen KI-Outputs jedoch auf die Anbieter derartiger KI-Systeme verlagert. **139**

b) KI-System, das Deepfakes in Form von Bild-, Ton- oder Videoinhalten erzeugt bzw. manipuliert

Umfasst von der Offenlegungspflicht nach Art. 50 Abs. 4 UAbs. 1 sind Betreiber eines KI-Systems, das Deepfakes in Form von Bild-, Ton- oder Videoinhalten erzeugt oder manipuliert. Maßgeblich für den Umfang der Offenlegungspflicht ist demnach die Beurteilung, ob ein Deepfake vorliegt. Der Wortlaut des Art. 3 **140**

168 European Parliamentary Research Service, Tackling deepfakes in European policy, 2021, S. III (sowie vertiefend S. 26–29).

169 European Parliamentary Research Service, Tackling deepfakes in European policy, 2021, S. VI f. Bezüglich der Übersicht, auf welcher Ebene welche konkreten Maßnahmen ergriffen werden können, siehe S. 67–69.

170 So etwa *Kumkar*, K&R 2023, Heft 10 Beilage 1, 32, 36 f. m. w. N.

Nr. 60 lässt insoweit Interpretationsspielraum offen. Zum Begriff des Deepfakes und den diesbezüglichen Abgrenzungsschwierigkeiten siehe die Kommentierung zu Art. 3 Nr. 60 (siehe Art. 3 Nr. 60 Rn. 428).

c) Offenlegungspflicht

141 Die Betreiber eines KI-Systems, welches Deepfakes generiert bzw. manipuliert, werden nach Art. 50 Abs. 4 UAbs. 1 verpflichtet, offenzulegen, dass die betreffenden Inhalte künstlich erzeugt oder manipuliert sind.

142 Die Offenlegungspflicht nach Art. 50 Abs. 4 UAbs. 1 unterscheidet sich von der Informationspflicht des Art. 50 Abs. 1 insoweit, als dass sich Abs. 1 auf den Einsatz des Systems als solches bezieht, während Abs. 4 UAbs. 1 den KI-Output zum Gegenstand hat. Im Gegensatz zur Kennzeichnungspflicht nach Art. 50 Abs. 2 ist Adressat der Offenlegungspflicht nach Art. 50 Abs. 4 UAbs. 1 keine Maschine, sondern eine natürliche Person.

143 Anders als im Fall des Art. 50 Abs. 1 sieht der Tatbestand des Art. 50 Abs. 4 keine Ausnahme für den Fall der Offensichtlichkeit eines Deepfakes vor. Dies ist wohl damit zu begründen, dass im Fall einer Offensichtlichkeit der Fälschung das Vorliegen eines Deepfakes bereits tatbestandlich ausscheidet.[171] Der Tatbestand des Art. 50 Abs. 4 sieht weiterhin keine Ausnahme entsprechend dem Art. 50 Abs. 2 vor, wonach keine Kennzeichnung erforderlich ist, wenn das KI-System lediglich eine unterstützende Funktion für die Standardbearbeitung ausführt oder die Eingabedaten nicht wesentlich verändert werden.

aa) Grundsätzliche Anforderungen

144 Die Offenlegung hat gem. Art. 50 Abs. 5 in **klarer und eindeutiger Weise** sowie spätestens zu dem **Zeitpunkt** zu erfolgen, zu dem die natürliche Person den Inhalten ausgesetzt ist. Weiterhin müssen die Informationen den geltenden Barrierefreiheitsanforderungen entsprechen (Art. 50 Abs. 5 Satz 3, siehe hierzu Rn. 172 f.). Mangels allgemeiner Vorgaben bedarf es stets einer Einzelfallbetrachtung, welche den Inhalt sowie den Adressatenkreis berücksichtigt. Im Hinblick auf den Empfängerhorizont liegt es nahe, sich bei der Beurteilung der Anforderungen an der Art und Weise der Offenlegung entsprechend Art. 50 Abs. 1 am **europäischen Verbraucherleitbild** zu orientieren.

145 Aufgrund der Unterscheidung innerhalb des Wortlauts der Vorschrift des Art. 50 Abs. 4 UAbs. 1 zwischen KI-generierten und KI-manipulierten Inhalten ist da-

171 Vgl. hierzu die Definition des Deepfakes nach Art. 3 Nr. 60: „durch KI erzeugte[r] oder manipulierte[r] Bild-, Ton- oder Videoinhalt[e], der wirklichen Personen, Gegenständen, Orten, Einrichtungen oder Ereignissen ähnelt und einer Person fälschlicherweise als echt oder wahrheitsgemäß erscheinen würde".

von auszugehen, dass die Offenlegungspflicht eine Einordnung anhand dieser beiden Kategorien erfasst. Für den Nutzer muss mithin ersichtlich sein, ob es sich um (vollständig) KI-generierten oder lediglich manipulierten Inhalt handelt.

bb) Beispiele der praktischen Umsetzung

Die KI-VO enthält – über die allgemeinen Anforderungen in Art. 50 Abs. 5 hinaus – keine konkreten Vorgaben, wie die Offenlegung des Umstandes, dass ein Deepfake vorliegt, zu erfolgen hat. Je nach Einsatz sowie Art des Mediums kommen hierbei in der Praxis unterschiedliche Umsetzungsformen in Betracht. Nachfolgend sind einige Beispiele aufgeführt, die abhängig vom Einzelfall grundsätzlich in Betracht kommen. **146**

(1) Deepfakes in Form von Bild- und Videoinhalten

Für KI-generierte bzw. manipulierte Bilder und Videos, die als Deepfake i. S. v. Art. 50 Abs. 4 anzusehen sind, kommen unterschiedliche Möglichkeiten, die Offenlegung der Manipulation bzw. Generierung umzusetzen, in Betracht. Ob die nachfolgend skizzierten Möglichkeiten der Offenlegung ausreichend sind, bedarf einer Beurteilung im Einzelfall unter Berücksichtigung der Art des Inhalts sowie des Adressatenkreises. **147**

Denkbar ist zunächst eine Umsetzung in Form eines ***sichtbaren*** **Wasserzeichens**, das in den Deepfake eingebettet wird. Hierbei muss sichergestellt sein, dass aus dem Wasserzeichen an sich die KI-Generierung bzw. Manipulation klar und eindeutig hervorgeht. **148**

Weiterhin besteht die Möglichkeit, die Offenlegung durch einen **textlichen Hinweis** auf die KI-Generierung bzw. Manipulation umzusetzen. Dabei kann – abhängig vom Einzelfall – sowohl eine Unter- als auch eine Überschrift in Betracht kommen. Denkbar ist weiterhin ein textlicher Hinweis im Bild selbst. Beispielsweise kann die Bezeichnung „[Deepfake]“ verwendet werden.[172] Insoweit ist zu beachten, dass eine Bezeichnung als „Deepfake“ nicht zwingend erforderlich ist, da der Wortlaut lediglich verlangt, dass die Erzeugung bzw. Manipulation durch KI offengelegt wird. Der Begriff des Deepfakes kann – abhängig vom Adressatenkreis – ggf. für die Offenlegung sogar unzureichend sein. **149**

Weite Verbreitung hat in der Praxis das Hinzufügen von „cr“-Icons, sog. „Content Credentials“[173] der „Coalition for Content Provenance and Authenticity“ („C2PA“). Die C2PA ist ein branchenübergreifendes Non-profit-Projekt, das **150**

---

172 So zum Kommissionsentwurf *Kumkar*, K&R 2023, Heft 10 Beilage 1, 32, 36.
173 So z. B. zur Erkennung KI-generierter Inhalte auf LinkedIn, siehe https://www.linkedin.com/help/linkedin/answer/a6282984 (zuletzt abgerufen am 25.7.2024).

dazu dient, gemeinsame technische Standards zur Ermittlung der Herkunft von digitalen Inhalten zu entwickeln.[174] Durch die Einbettung von Informationen in Metadaten können Bilder und Videos mit einem „cr"-Icon kenntlich gemacht werden.[175] Ein solches Icon wird in der Regel in der oberen Ecke eines Bildes oder Videos angebracht und ermöglicht nach Anklicken die Anzeige ergänzender Informationen zur Herkunft der Datei.

151 Dass sich die praktische Umsetzung der Offenlegung aktuell noch schwierig gestaltet, zeigt sich am Beispiel von Meta. Der Konzern hat Anfang April 2024 verkündet, unter anderem bei Facebook und Instagram künftig KI-generierte Inhalte mit dem Hinweis „Made with AI" zu versehen.[176] Dies führte jedoch zu Diskussionen, da der Hinweis auch in Fällen eingeblendet wurde, in denen ein KI-Tool lediglich zur Unterstützung herangezogen wurde (z. B. bei der Bildbearbeitung zur Entfernung kleinerer Elemente), sodass sehr viele Inhalte einen derartigen Hinweis erhielten.[177] Infolgedessen änderte Meta seine Strategie bereits wenige Monate später: Statt mit einem Hinweis „Made with AI" sind KI-generierte bzw. manipulierte Inhalte nun mit einer „AI-Info"[178] versehen. Hintergrund ist, dass Meta Schwierigkeiten bzgl. der Unterscheidung zwischen vollständig KI-generierten Inhalten und nur unwesentlichen Bearbeitungen hat.[179]

(2) Deepfakes in Form von Toninhalten

152 Bei Deepfakes in Form eines Audioinhalts sind die Möglichkeiten der Offenlegung eingeschränkt. Damit die Information gem. Art. 50 Abs. 5 spätestens zum Zeitpunkt der ersten Interaktion erfolgen kann, bietet sich insbesondere eine Ansage zu Beginn des Audioinhaltes an, die in klarer und eindeutiger Weise darauf hinweist, dass es sich um einen künstlich erzeugten oder manipulierten Inhalt handelt.

---

174 Siehe dazu https://c2pa.org/ (zuletzt abgerufen am 25.7.2024).

175 Siehe beispielhaft zur Umsetzung bei https://contentcredentials.org/ (zuletzt abgerufen am 25.7.2024).

176 https://www.tagesschau.de/wirtschaft/digitales/meta-warnhinweise-ki-100.html (zuletzt abgerufen am 16.7.2024).

177 https://www.zeit.de/digital/internet/2024-07/ki-generierte-inhalte-instagram-facebook-social-media (zuletzt abgerufen am 16.7.2024).

178 Siehe zu der konkreten Umsetzung des „AI Info"-Hinweises sowie der vorherigen „Made with AI"-Offenlegung: https://about.fb.com/news/2024/04/metas-approach-to-labeling-ai-generated-content-and-manipulated-media (zuletzt abgerufen am 16.7.2024).

179 https://www.zeit.de/digital/internet/2024-07/ki-generierte-inhalte-instagram-facebook-social-media (zuletzt abgerufen am 16.7.2024).

cc) Erleichterungen für künstlerische, kreative, satirische, fiktionale oder analoge Werke oder Programme

Die Offenlegungspflicht nach Art. 50 Abs. 4 UAbs. 1 ist nach Satz 3 der Vorschrift abgemildert, sofern der betreffende Deepfake Teil eines offensichtlich künstlerischen, kreativen, satirischen, fiktionalen oder analogen Werks oder Programms ist. In diesem Fall muss die Offenlegung lediglich in einer Weise erfolgen, welche die Darstellung und den Genuss des Werkes nicht beeinträchtigt. Hintergrund des Ausnahmetatbestandes als Ausfluss des Rechts auf freie Meinungsäußerung[180] und des Rechts auf Freiheit der Kunst und der Wissenschaft[181] ist, dass durch die Pflicht zur Offenlegung weder der Nutzen noch die Qualität des Werkes beeinträchtigt werden soll.[182] Die im Ausnahmetatbestand des Art. 50 Abs. 4 UAbs. 1 Satz 3 aufgeführte Offensichtlichkeit bezieht sich dabei nicht auf das Vorliegen eines Deepfakes,[183] sondern auf das Vorliegen eines künstlerischen, kreativen, satirischen, fiktionalen oder analogen Werkes oder Programms. **153**

Ausweislich des Wortlauts des Art. 50 Abs. 4 UAbs. 1 ist der Ausnahmetatbestand nicht erfüllt, soweit der Deepfake selbst das künstlerische, kreative, satirische, fiktionale oder analoge Werk darstellt. Der Wortlaut deutet vielmehr darauf hin, dass die abgemilderte Offenlegungspflicht nur dann eingreift, wenn der betreffende **Deepfake Teil eines übergeordneten Werkes oder Programms ist**. **154**

Wird demnach beispielsweise im Rahmen eines analogen Werks als stilistisches Mittel ein Deepfake eingesetzt, könnte es ausreichend sein, wenn ein entsprechender Hinweis nicht unmittelbar mit dem Deepfake verknüpft wird, sondern im Rahmen der begleitenden Informationen darauf hingewiesen wird, dass Deepfakes als stilistische Mittel eingesetzt wurden. **155**

dd) Ausnahme: Strafverfolgung

Ausgenommen von der Offenlegungspflicht ist gem. Art. 50 Abs. 4 UAbs. 1 die Nutzung von KI-Systemen zu Erzeugung von Deepfakes zur Strafverfolgung, sofern die Verwendung zur Aufdeckung, Verhütung, Ermittlung und Verfolgung von Straftaten gesetzlich zugelassen ist. **156**

180 Art. 11 GRCh.

181 Art. 13 GRCh; siehe dazu auch ErwG 134 Satz 2.

182 Vgl. ErwG 134 Satz 3. Siehe zur Bedeutung von Meinungs-, Kunst- und Wissenschaftsfreiheit in diesem Kontext bereits zum Kommissionsentwurf *Hinderks*, ZUM 2022, 110, 113 ff., sowie *Kumkar*, K&R 2023, Heft 10 Beilage 1, 32, 36 m. w. N.

183 Ein solcher wäre in diesem Fall bereits tatbestandlich nicht gegeben.

2. Texte zur Information der Öffentlichkeit (Art. 50 Abs. 4 UAbs. 2)

a) Verpflichtungsadressat

157 Art. 50 Abs. 4 UAbs. 2 richtet sich wie UAbs. 1 an die **Betreiber** von KI-Systemen (siehe hierzu Rn. 137 ff.).

b) KI-System zur Erzeugung oder Manipulation von Texten, um die Öffentlichkeit über Angelegenheiten von öffentlichem Interesse zu informieren

158 Der Tatbestand erfordert einen durch ein KI-System erzeugten oder manipulierten Text, der veröffentlicht wird, um die **Öffentlichkeit** über **Angelegenheiten von öffentlichem Interesse** zu informieren.

159 Die Öffentlichkeit ist betroffen, wenn der Text bei Veröffentlichung einem unbestimmten Personenkreis zugänglich gemacht wird.[184] Über eine Angelegenheit von öffentlichem Interesse wird informiert, wenn es sich um Belange der Allgemeinheit handelt und nicht ausschließlich Individualinteressen betroffen sind.[185]

c) Offenlegungspflicht

160 Die Betreiber müssen die künstliche Erzeugung oder Manipulation offenlegen. Die Offenlegung hat nach Art. 50 Abs. 5 in klarer und eindeutiger Weise zum Zeitpunkt der ersten Interaktion zu erfolgen. Im Hinblick auf den Empfängerhorizont ist insoweit auf das europäische Verbraucherleitbild abzustellen (zu den allgemeinen Anforderungen an die Offenlegung siehe Rn. 144 ff.).

161 Im Fall von Textinhalten kommt unter anderem eine Offenlegung durch einen textlichen Hinweis in der Überschrift oder die Aufnahme eines sichtbaren Wasserzeichens in Betracht (siehe hierzu oben Rn. 148 f.). Grundsätzlich ist auch die Aufnahme eines entsprechenden cr-Icons denkbar (siehe hierzu oben Rn. 150). Welche Anforderungen konkret an die Offenlegung zu stellen sind, ist stets anhand der Umstände des Einzelfalls, insbesondere der Art des Inhalts sowie des Empfängerhorizonts zu bestimmen.

---

184 Vgl. zum Begriff der Öffentlichkeit im Sinne von Art. 3 Abs. 1 RL 2001/29/EG (InfoSoc-RL): EuGH, Urt. v. 15.3.2012 – Rs. C-135/10, EuZW 2012, 715 Rn. 84; siehe auch *v. Ungern-Sternberg*, in: Schricker/Loewenheim, UrhG, § 15 Rn. 72.

185 Vgl. die Definition auf europäischer Ebene im Rahmen von Art. 4 Nr. 2 RL (EU) 2024/1069 (Anti-SLAPP-RL).

d) Ausnahmen

aa) Strafverfolgung

Die Pflicht zur Offenlegung nach Art. 50 Abs. 4 UAbs. 2 Satz 1 findet keine Anwendung, sofern die Verwendung des KI-Systems zur Aufdeckung, Verhütung, Ermittlung oder Verfolgung von Straftaten gesetzlich zugelassen ist (Art. 50 Abs. 4 UAbs. 2 Satz 2). **162**

bb) Menschliche oder redaktionelle Kontrolle einschließlich Verantwortungsübernahme

Eine Offenlegung der KI-Generierung bzw. -Manipulation von Textinhalten ist weiterhin nicht erforderlich, wenn **(i)** die betreffenden Inhalte vor ihrer Veröffentlichung einer **menschlichen oder redaktionellen Kontrolle** unterzogen wurden und **(ii)** eine natürliche oder juristische Person die **redaktionelle Verantwortung** für die Veröffentlichung trägt. **163**

Die Verordnung konkretisiert die Anforderungen an eine menschliche bzw. redaktionelle Kontrolle nicht. Unklar bleibt mithin, in welchem Umfang bzw. mit welcher Gründlichkeit eine solche Kontrolle erfolgen muss. Um der Gefahr der Verbreitung von Falschinformationen entgegenzutreten, wird eine Einschlägigkeit des Ausnahmetatbestandes jedenfalls erfordern, dass eine Überprüfung im Hinblick auf die inhaltliche Richtigkeit der Tatsachen stattgefunden hat.[186] **164**

VI. Art. 50 Abs. 5

Der im Gesetzgebungsverfahren nachträglich eingefügte und von zahlreichen Stellen geforderte Art. 50 Abs. 5 konkretisiert die Erfüllung der Transparenzpflichten nach den Abs. 1 bis 4. Nach Satz 1 müssen die jeweiligen Informationen den natürlichen Personen spätestens zum Zeitpunkt der ersten Interaktion oder Aussetzung (siehe Rn. 166 ff.) in klarer und eindeutiger Weise (siehe Rn. 169 ff.) bereitgestellt werden. Satz 2 erfordert zudem, dass die Informationen den geltenden Barrierefreiheitsanforderungen entsprechen (siehe Rn. 172 ff.). **165**

186 Im journalistischen Bereich unterwerfen sich zahlreiche Medien freiwilligen Leitlinien. Siehe etwa die Leitlinien des Medienrats des Bayerischen Landeszentrale für neue Medien (BLM) zum Einsatz von Künstlicher Intelligenz im Journalismus, Oktober 2023, S. 3, https://www.blm.de/files/pdf2/ki-leitlinien.pdf (zuletzt abgerufen am 16.7.2024).

1. Zeitpunkt

166 Nach Art. 50 Abs. 5 hat die Information spätestens zum Zeitpunkt **der ersten Interaktion** oder der **ersten Aussetzung** zu erfolgen.

167 Die Bezeichnung der Information zum Zeitpunkt der ersten **Interaktion** bezieht sich auf Konstellationen, in denen die Information bei der Nutzung des Systems zu erfolgen hat (Art. 50 Abs. 1, 3). Dies ist bei einer Informationspflicht der Fall, wenn die Information erfolgt, bevor der Nutzer mit dem KI-System interagiert, oder der Nutzer die Information spätestens dann wahrnehmen kann, wenn er die Interaktion mit dem KI-System beginnt. Nicht ausreichend ist dagegen, wenn der Hinweis erst mit einer Reaktion des KI-Systems auf die Interaktion des Nutzers erfolgt, wie beispielsweise, wenn ein Chatbot auf die Frage eines Nutzers seiner Antwort einen Hinweis über die künstliche Generierung des Inhalts voranstellt oder beifügt. In dieser Konstellation hat die Interaktion bereits begonnen, ohne dass eine Information erfolgt ist. Ein Hinweis am Ende eines Textes, der nicht sofort ersichtlich ist, oder am Ende eines Videos ist ebenfalls nicht ausreichend.

168 Der Begriff des Zeitpunkts der ersten **Aussetzung** bezieht sich dagegen auf Fälle, in denen Transparenzpflichten durch eine für den Nutzer erkennbare Markierung des **Outputs** (Art. 50 Abs. 4) eines KI-Systems zu erfüllen sind. In diesem Fall muss der Nutzer den Hinweis spätestens dann erkennen können, sobald er den zu markierenden Inhalt wahrnimmt.

2. Art und Weise

169 Nach Art. 50 Abs. 5 muss die Information, Kennzeichnung und Offenlegung weiterhin in **klarer und eindeutiger Weise** erfolgen.

170 Eine **klare** Information muss insbesondere sprachlich klar erfolgen. Dazu gehört vor allem „die Vermeidung von (nicht erforderlichem) Fachvokabular und von Schachtelsätzen“.[187] Da es sich lediglich um eine einzige Information handelt – „ob“ ein KI-System eingesetzt wird –, darf die Information nicht ohne Notwendigkeit in die Länge gezogen werden. Eine klare Information liegt jedenfalls dann vor, wenn der Inhalt mit einem raschen Blick erkennbar ist und nicht in einer Fülle von Informationen „untergeht“.

171 **Verständlich** ist die Information insbesondere, wenn sie im Hinblick auf den Informationsinhalt leicht verständlich ist. Dies ist der Fall, wenn der Nutzer den

187 So zur Auslegung von Art. 12 Abs. 1 Satz 1 DSGVO bei *Paal/Hennemann*, in: Paal/Pauly, DS-GVO BDSG, Art. 12 Rn. 33.

Inhalt visuell und begrifflich erfassen und in seine Entscheidung über die Nutzung des KI-Systems einbeziehen kann.[188]

3. Barrierefreiheit

Die Information hat gem. Art. 50 Abs. 5 den geltenden Anforderungen an die Barrierefreiheit zu entsprechen. Bei der Information sollen insbesondere auch die Merkmale von Personen berücksichtigt werden, die aufgrund ihres Alters oder einer Behinderung zu schutzbedürftigen Gruppen gehören, wenn die KI-Systeme auch für die Interaktion mit diesen Gruppen bestimmt sind.[189] **172**

In den Erwägungsgründen wird klargestellt, dass diesbezüglich insbesondere die Anforderungen der Richtlinien (EU) 2016/2102 sowie (EU) 2019/882 (EAA – European Accessibilty Act) zu beachten sind.[190] Im privatwirtschaftlichen Sektor dürfte diesbezüglich die Beachtung der Anforderungen des Barrierefreiheitsstärkungsgesetzes im Mittelpunkt stehen, das aus der Umsetzung letztgenannter Richtlinie resultierte. **173**

VII. Art. 50 Abs. 6

Art. 50 Abs. 6 stellt klar, dass (i) die in Kapitel III für Hochrisiko-KI-Systeme festgelegten Anforderungen und Pflichten von den Transparenzpflichten aus Art. 50 Abs. 1 bis 4 unberührt bleiben sowie (ii) dasselbe für weitere europäische oder nationale Transparenzpflichten gilt (siehe hierzu Art. 50 Rn. 16 ff.). **174**

VIII. Art. 50 Abs. 7

Art. 50 Abs. 7 stellt klar, dass das Büro für Künstliche Intelligenz (siehe Art. 3 Nr. 47 Rn. 359 ff., Art. 64) die Ausarbeitung von Praxisleitfäden auf Unionsebene fördert, um die wirksame Umsetzung der Transparenzpflichten zu erleichtern. Die Kommission kann gem. Art. 50 Abs. 7 Satz 2 weiterhin Durchführungsrechtsakte zur Genehmigung der Praxisleitfäden des Büros für Künstliche Intelligenz nach dem in Art. 56 Abs. 6 festgelegten Verfahren erlassen **175**

Sofern die Kommission den Praxisleitfaden für unangemessen hält, kann sie gem. Art. 50 Abs. 7 Satz 3 einen Durchführungsrechtsakt gem. dem in Art. 98 **176**

188 Vgl. zur Auslegung von Art. 12 Abs. 1 Satz 1 DSGVO bei *Paal/Hennemann*, in: Paal/Pauly, DS-GVO BDSG, Art. 12 Rn. 30; siehe zur Frage, in welcher Landessprache die Information erfolgen muss, auch Rn. 35.

189 ErwG 132 Satz 4.

190 ErwG 80 Satz 3.

Abs. 2 verankerten Prüfverfahren erlassen, wodurch gemeinsame Vorschriften festgelegt werden. Soweit Art. 50 Abs. 7 Satz 3 insoweit den Begriff des „Kodex“ verwendet, ist dies unschädlich. Die Begrifflichkeit entstammt aus dem Gesetzgebungsverfahren, als die Praxisleitfäden im Sinne von Art. 50 Abs. 7 in der deutschen Fassung noch als „Verhaltenskodizes“ (engl.: codes of conduct) bezeichnet wurden.[191] Im Zuge dieser Änderung dürfte die Anpassung der deutschen Fassung übersehen worden sein.

177 Den Praxisleitfäden wird eine erhebliche Bedeutung zukommen. Vielfach wurde im Laufe der Gesetzesverhandlungen betont, wie wichtig eine harmonisierte Umsetzung der KI-VO ist, um eine effektive und rechtssichere Durchsetzung zu erreichen.[192] Eine plattformübergreifende Kennzeichnung von Inhalten kann nur dann effektiv erfolgen, wenn die Kennzeichnungsmechanismen auf einheitlichen Standards basieren.

---

191 Vgl. Europäisches Parlament, Verabschiedung der KI-Verordnung vom 13.3.2024, P9_TA(2024)0138, Art. 50 Abs. 7.

192 Unter anderem *Bomhard/Merkle*, RDi 2021, 276, 283.

Kapitel V
KI-Modelle mit allgemeinem Verwendungszweck

Abschnitt 1
Einstufungsvorschriften

Art. 51 Einstufung von KI-Modellen mit allgemeinem Verwendungszweck als KI-Modelle mit allgemeinem Verwendungszweck mit systemischem Risiko

(1) Ein KI-Modell mit allgemeinem Verwendungszweck wird als KI-Modell mit allgemeinem Verwendungszweck mit systemischem Risiko eingestuft, wenn eine der folgenden Bedingungen erfüllt ist:

a) Es verfügt über Fähigkeiten mit hohem Wirkungsgrad, die mithilfe geeigneter technischer Instrumente und Methoden, einschließlich Indikatoren und Benchmarks, bewertet werden;

b) einem unter Berücksichtigung der in Anhang XIII festgelegten Kriterien von der Kommission von Amts wegen oder aufgrund einer qualifizierten Warnung des wissenschaftlichen Gremiums getroffenen Entscheidung zufolge verfügt es über Fähigkeiten oder eine Wirkung, die denen gemäß Buchstabe a entsprechen.

(2) Bei einem KI-Modell mit allgemeinem Verwendungszweck wird angenommen, dass es über Fähigkeiten mit hohem Wirkungsgrad gemäß Absatz 1 Buchstabe a verfügt, wenn die kumulierte Menge der für sein Training verwendeten Berechnungen, gemessen in Gleitkommaoperationen, mehr als 10^{25} beträgt.

(3) Die Kommission erlässt gemäß Artikel 97 delegierte Rechtsakte zur Änderung der in den Absätzen 1 und 2 des vorliegenden Artikels aufgeführten Schwellenwerte sowie zur Ergänzung von Benchmarks und Indikatoren vor dem Hintergrund sich wandelnder technologischer Entwicklungen, wie z. B. algorithmische Verbesserungen oder erhöhte Hardwareeffizienz, wenn dies erforderlich ist, damit diese Schwellenwerte dem Stand der Technik entsprechen.

Mit Art. 51 korrespondieren die Erwägungsgründe 99, 100, 103.

Schrifttum: *Ammann/Pohle*, KI-Verordnung – Was bisher geschah und jetzt zu tun ist, CB 2024, 137; *Baur/Gebhardt*, Die Verordnung über Künstliche Intelligenz (KI-Verordnung) – Regulatorische Leitplanken auf dem Weg in die digitalisierte Welt, jurisPR-BKR 4/2024 Anm. 1; *Bienert/Klös*, Große KI-Modelle als Basis für Forschung und wirtschaftliche Entwicklung, IW-Kurzbericht 58/2022; *Bomhard/Siglmüller*, AI Act – das Trilogergebnis, RDi 2024, 45; *Buchalik/Gehrmann*, Von Nullen und Einsen zu Paragraphen: Der AI Act, ein Rechtscode für Künstliche Intelligenz, CR 2024, 145; *Hestness* et al., Deep Learning scaling is predictable, empirically 2017; *Krönke*, Das europäische KI-Gesetz: Eine Verordnung mit Licht und Schatten, NVwZ 2024, 529; *Roth-Isigkeit*, Der neue Rechtsrahmen für Künstliche Intelligenz in der Europäischen Union, KIR 2024, 15; *Schwartmann/Köhler*, Ausgewählte Probleme des Entwurfs zur KI-Verordnung, RDV 2024, 27; *Splittgerber/Becker*, Der AI Act: Regeln zum Einsatz künstlicher Intelligenz in der EU, DB 2024, 984; *Vasel*, Künstliche Intelligenz und die Notwendigkeit agiler Regulierung, NVwZ 2023, 1298; *Weber kompakt*, Rechtswörterbuch, 10. Edition 2024, 32. Edition 2024; *Wendt/Wendt*, Das neue Recht der Künstlichen Intelligenz, 2024.

Übersicht

I. Allgemeines

1 Die KI-VO sieht eine **abgestufte Risikoklassifizierung** vor: KI-Modelle für allgemeine Zwecke (General Purpose-AI = GPAI) und KI-Modelle für allgemeine Zwecke mit systemischem Risiko. Die Einordnung wirkt sich insoweit aus, als dass für Anbieter von GPAI Models mit systemischem Risiko erweiterte Pflichten gelten. Während GPAI Models den Standardanforderungen nach Art. 53 f. unterliegen, gelten für GPAI Models mit systemischem Risiko zusätzlich die strengeren Pflichten nach Art. 55.

Als Beispiel für GPAI Models nennt ErwG 99 **große generative KI-Modelle**, die eine flexible Erzeugung von Inhalten ermöglichen, wie etwa Text-, Audio-, Bild- oder Videoinhalte. Die ursprüngliche Definition des Begriffs „KI-System mit allgemeinem Verwendungszweck" im Änderungsvorschlag des Rats (dort Art. 3 Nr. 1b) sah noch ausdrücklich generative KI zur Mustererkennung, Beantwortung von Fragen, Übersetzung und Sonstiges[1] vor. Diese Beispiele wurden jedoch nicht in den finalen Text übernommen.[2] Dass solche Systeme oder Modelle nun gar nicht mehr als GPAI qualifiziert sein sollen, erscheint eher unwahrscheinlich. Anscheinend soll für solche Anwendungsfälle aber jedenfalls nicht mehr ausdrücklich indiziert sein, dass es sich um GPAI Models handelt. 2

1. Systematik

Die Art. 51 ff. regulieren KI-Modelle für allgemeine Zwecke, die aufgrund ihrer Leistungsstärke[3] ein systemisches Risiko bergen. Art. 51 ist in einem engen Zusammenhang mit den Erwägungsgründen 110 f. sowie Art. 52 zu sehen, der das Verfahren regelt. Die sich durch die Klassifizierung als KI-Modelle mit allgemeinem Verwendungszweck mit systemischem Risiko ergebenden Pflichten sind in den Art. 53 ff. normiert. 3

2. Zeitlicher Anwendungsbereich

Kapitel V ist gemäß Art. 113 lit. b erst ab dem 2.8.2025 anwendbar. Wurde ein GPAI Model bereits vor Inkrafttreten der Art. 51 ff. (Kapitel V), d.h. vor dem 2.8.2025 in Verkehr gebracht, müssen Anbieter die erforderlichen Maßnahmen für die Erfüllung der in der Verordnung festgelegten Pflichten bis zum 2.8.2027 treffen, Art. 111 Abs. 3. 4

Durchgesetzt werden die Art. 51 ff. vom Büro für Künstliche Intelligenz (Art. 64), welches auch die Anwendung der Vorschriften überwacht (Art. 75, 88, Erw. 161 f.). 5

3. Zweck der Vorschrift

Der Rat der Europäischen Union, der die Regulierung von GPAI durch die Implementierung von „KI-System[en] mit allgemeinem Verwendungszweck" anstieß (dazu unter Rn. 8), hielt es für notwendig, auch KI-Systeme zu regulieren, die für zahlreiche verschiedene Zwecke verwendet werden können. Er wollte da- 6

1 Siehe Ratsentwurf vom 25.11.2022, 14954/22, S. 71.
2 Vgl. ErwG 99 sowie Art. 3 Nr. 63, 66.
3 *Splittgerber/Becker*, DB 2024, 984, 988.

mit vor allem der **Gefahr** begegnen, dass durch die Integration einer solchen KI-Technologie für allgemeine Zwecke in ein anderes System möglicherweise ein Hochrisiko-System entstehen könnte.[4] Die diesbezügliche Regelungskompetenz der EU wird zwar zum Teil bezweifelt, dennoch lässt sich eine mitgliedstaatenübergreifende Umsetzung derselben Standards nur durch eine Zentralisierung der Risikoabwehr erzielen.[5]

7 KI-Modelle für allgemeine Zwecke könnten als Ganzes oder zumindest partiell als Hochrisiko-KI-System verwendet werden. Im Verhältnis zu ihrem Anteil am Hochrisiko-KI-System sollen die an der Entstehung beteiligten Anbieter auch ihren entsprechenden Teil der Verantwortung tragen. Nur so könne gewährleistet werden, dass im Rahmen der KI-Wertschöpfungskette die Verantwortung nicht auf einem Anbieter allein lastet, sondern eine gerechte Verteilung erfährt.[6] Hinzu käme, dass mit Blick auf KI-Systeme, welche Grundrechte, Gesundheit und Sicherheit betreffen, ein hohes Schutzniveau sichergestellt werden müsse.[7] Vereinfacht ausgedrückt: Die Regulierung von KI-Modellen mit allgemeinem Verwendungszweck mit systemischem Risko soll der **Transparenz von Risiken** entlang der Wertschöpfungskette dienen und diese mindern.[8]

4. Entstehungsgeschichte

8 Im Gesetzgebungsprozess der KI-VO war Art. 51 durchaus umstritten und im ursprünglichen Kommissionsvorschlag vom 21.4.2021 nicht enthalten.[9] Erstmals sprach der Ratsentwurf vom 25.11.2022 („allgemeine Ausrichtung des Rates") in Art. 3 Abs. 1b vom „KI-System mit allgemeinem Verwendungszweck" (englisch: „general purpose AI system").[10] Diese durch den Rat getriebene maßgebliche Veränderung des ursprünglichen Kommissionsentwurfs ist vermutlich eine Reaktion auf die zeitgleiche Veröffentlichung bekannter **LLMs** (Large Langua-

4 Europäischer Rat, PM v. 6.12.2022, https://www.consilium.europa.eu/de/press/press-releases/2022/12/06/artificial-intelligence-act-council-calls-for-promoting-safe-ai-that-respects-fundamental-rights/ (zuletzt abgerufen am 20.1.2025); Ratsentwurf vom 25.11.2022, 14954/22, S. 6.

5 Ähnl. *Roth-Isigkeit*, KIR 2024, 15, 18.

6 Ratsentwurf vom 25.11.2022, 14954/22, S. 23.

7 Vgl. dazu Ratsentwurf vom 25.11.2022, 14954/22, S. 23.

8 *Buchalik/Gehrmann*, CR 2024, 145, 150.

9 Vgl. EU-Komm., Entwurf vom 21.4.2021, COM(2021) 206 final; *Krönke*, NVwZ 2024, 529, 533.

10 Ratsentwurf vom 25.11.2022, 14954/22; Europäischer Rat, PM v. 6.12.2022, https://www.consilium.europa.eu/de/press/press-releases/2022/12/06/artificial-intelligence-act-council-calls-for-promoting-safe-ai-that-respects-fundamental-rights/ (zuletzt abgerufen am 20.1.2025).

ge Models), wie unter anderem ChatGPT.[11] Überraschend und ohne erkennbares Regelungsbedürfnis wurde eine Debatte über die Einordnung solcher Modelle unter der KI-VO entfacht – wohl auch, weil ChatGPT anschaulich gezeigt hat, was für ein Potenzial künstliche Intelligenz hat und welche Gefahren damit verbunden sein können.[12] Dabei sprachen nachvollziehbare Gründe gegen eine übereilte Regulierung nur der Regulierung wegen, um Wettbewerbsnachteile europäischer KI-Entwicklung im Vergleich zum angelsächsischen und chinesischen Raum zu vermeiden.[13] Trotz erheblichen Widerstands[14] gegen die Regulierung solcher KI-Modelle für allgemeine Zwecke reagierte auch das Europäische Parlament mit einem ähnlichen Änderungsvorschlag. Mit den Änderungsvorschlägen des leitenden IMCO/LIBE-Ausschusses vom 22.5.2023[15] kam der Begriff **„foundation model"** (also Basismodell) auf, der neben anderen Änderungen vom Plenum des Europäischen Parlaments am 14.6.2023[16] angenommen wurde. Anbietern eines solchen Modells sollten dem Entwurf zufolge strenge Pflichten obliegen (vgl. Art. 28b), die einen erheblichen Wettbewerbsnachteil im Vergleich insbesondere zum angelsächsischen Raum befürchten ließen.[17] Dies veranlasste Deutschland, Frankreich und Italien zu einem gemeinsamen Positionspapier,[18] in dem sie sich gegen eine Regulierung von GPAI aussprachen[19] und freiwillige, also selbstverpflichtende, Verhaltenskodizes für Systeme, die ein geringes Risiko bergen, vorschlugen,[20] die sich nun ergänzend in Art. 95 be-

11 Ähnl. *Krönke*, NVwZ 2024, 529, 533; *Baur/Gebhardt*, jurisPR-BKR 4/2024 Anm. 1, Abschnitt E.; *Ammann/Pohle*, CB 2024, 137, 142; siehe auch *Bertuzzi*, France, Germany, Italy push for „mandatory self-regulation" for foundation models in EU's AI law, https://www.euractiv.com/section/artificial-intelligence/news/eus-ai-act-negotiations-hit-the-brakes-over-foundation-models/ (zuletzt abgerufen am 20.1.2025).

12 Vgl. *Vasel*, NVwZ 2023, 1298, 1302; *Rutkowski*, Ohne Europas Regulierungswut – Großbritannien will zum KI-Zentrum werden, https://www.welt.de/politik/ausland/article246227744/Grossbritannien-will-zum-KI-Zentrum-werden.html (zuletzt abgerufen am 20.1.2025).

13 *Ammann/Pohle*, CB 2024, 137, 142.

14 *Ammann/Pohle*, CB 2024, 137, 142; vgl. auch *Vasel*, NVwZ 2023, 1298, 1301.

15 Bericht mit Änderungsvorschlägen des IMCO-LIBE-Ausschusses vom 9.5.2023, COM(2021)0206-C9-0146/2021 – 2021/0106(COD).

16 Angenommene Änderungen des Europäischen Parlaments vom 14.6.2023, P9_TA(2023)023.

17 *Ammann/Pohle*, CB 2024, 137, 142 m. w. N.

18 Joint Non-paper von Italien, Frankreich und Deutschland, https://prc.politico.eu/editorial_documents/9aaf68af-2128-4aa6-b8d6-a61212e5fd46 (zuletzt abgerufen am 20.1.2025); https://www.politico.eu/article/france-germany-power-grab-kill-eu-blockbuster-ai-artificial-intelligence-bill/ (zuletzt abgerufen am 20.1.2025); https://netzpolitik.org/2023/ai-act-deutschland-will-basis-modelle-wie-chatgpt-nicht-regulieren/ (zuletzt abgerufen am 20.1. 2025).

19 *Bomhard/Siglmüller*, RDi 2024, 45, 49.

20 *Ammann/Pohle*, CB 2024, 137, 142; *Bertuzzi*, France, Germany, Italy push for „mandatory self-regulation" for foundation models in EU's AI law, https://www.euractiv.

finden. Die Kommission legte daraufhin kurzerhand einen gänzlich neuen, zweistufigen Ansatz vor, der statt der Begriffe „foundation model" und „general purpose AI system" nunmehr den Terminus „General Purpose AI Model" (GPAI Model) vorsieht.[21]

9 Die Implementierung der Vorschriften zur Regulierung von General Purpose AI Models zog zudem die Änderung nach sich, dass sowohl die Aktualisierung der Schwellenwerte für FLOPs (Floating Point Operations per Second) in Art. 51 Abs. 3 als auch die Aktualisierung der Methodik für die Klassifizierung von Modellen mit systemischen Risiken in Art. 52 Abs. 4 per **delegiertem Rechtsakt** erlassen werden.[22] Damit wird von dem ursprünglichen Vorschlag des Rats der Europäischen Union abgewichen, der Durchführungsakte vorsah.[23] Es handelt sich somit um zwei der Ausnahmen von der vom Rat vorgeschlagenen Wahlmöglichkeit, die einen delegierten Rechtsakt vorsehen, mit denen der Kommission von Parlament und Rat Befugnisse eingeräumt werden, um auf aktuelle Entwicklungen zügig reagieren zu können.[24]

II. Qualifikation als GPAI mit systemischen Risiken (Abs. 1)

1. Systemisches Risiko

10 Art. 51 Abs. 1 lit. a und lit. b dient der Identifizierung systemischer Risiken, die in Art. 3 Nr. 64 definiert sind. Im Wesentlichen kommt es auf ein für die Fähigkeiten von GPAI Models spezifisches Risiko an, das erhebliche Auswirkungen auf den Unionsmarkt hat (siehe Art. 3 Nr. 65 Rn. 481 ff.). In Ermangelung einer subsumtionsfähigen Definition bestimmt sich die Qualifizierung als GPAI mit **systemischem Risiko** entweder unter Zugrundlegung eines quantitativen Schwellenwerts (lit. a) oder aufgrund einer eigenen Einschätzung der Kommission freihändig anhand der in Anhang XIII genannten Kriterien (lit. b) (dazu unter Rn. 11 ff.).[25]

---

com/section/artificial-intelligence/news/france-germany-italy-push-for-mandatory-self-regulation-for-foundation-models-in-eus-ai-law/ (zuletzt abgerufen am 20.1.2025).

21 *Bomhard/Siglmüller*, RDi 2024, 45, 49; *Schwartmann/Köhler*, RDV 2024, 27, 28.

22 Ergebnis der Trilogverhandlungen vom 26.2.2024, S. 8 f., https://artificialintelligenceact.eu/wp-content/uploads/2024/02/AIA-Trilogue-Coreper.pdf (zuletzt abgerufen am 20.1.2025).

23 Vgl. Ratsentwurf vom 25.11.2022, 14954/22, S. 6.

24 Vgl. https://commission.europa.eu/law/law-making-process/adopting-eu-law/implementing-and-delegated-acts_de (zuletzt abgerufen am 20.1.2025); https://www.consilium.europa.eu/de/infographics/decision-making-process-delegated-and-implementing-acts/ (zuletzt abgerufen am 20.1.2025).

25 *Baur/Gebhardt*, jurisPR-BKR 4/2024 Anm. 1, Abschnitt E; *Splittgerber/Becker*, DB 2024, 984, 988.

2. Zugrundelegung eines quantitativen Schwellenwerts (lit. a)

Grundsätzlich liegt ein GPAI Model mit einem systemischen Risiko vor, wenn das KI-Modell über eine Fähigkeit mit **hohem Wirkungsgrad** i. S. v. Art. 51 Abs. 1 lit. a verfügt, was sich anhand technischer Parameter bestimmt. Gemäß Art. 3 Abs. 64 sind das Fähigkeiten, die den bei den fortschrittlichsten KI-Modellen mit allgemeinem Verwendungszweck festgestellten Fähigkeiten entsprechen oder diese übersteigen (zur Erläuterung siehe Art. 3 Nr. 64 Rn. 475 ff.). 11

Gemäß Art. 51 Abs. 2 wird vermutet, dass ein GPAI Model über entsprechende Fähigkeiten verfügt, wenn mehr als 10^{25} **FLOPs** (Floating Point Operations per Second/Gleitkommaoperationen pro Sekunde) für das Training verwendet wurden (dazu unter Rn. 28 ff.).[26] 12

Nach dem Stand der Technik zum Zeitpunkt des Inkrafttretens der KI-VO ist die kumulierte Menge der für das Training des KI-Modells mit allgemeinem Verwendungszweck verwendeten Berechnungen, gemessen in Gleitkommaoperationen, einer der einschlägigen Näherungswerte für Modellfähigkeiten. 13

3. Einzelentscheidung der Kommission (lit. b)

Ergänzend zu der Klassifizierung nach lit. a soll die Kommission Einzelentscheidungen treffen können, mit denen ein GPAI Model als GPAI Model mit systemischem Risiko eingestuft wird, lit. b. Dafür bedarf es der Feststellung, dass das KI-Modell Fähigkeiten oder Auswirkungen hat, die denen von dem festgelegten Schwellenwert in Abs. 2 erfassten entsprechen,[27] also gleichwertig sind. Wird die Kommission nicht von Amts wegen tätig, kann sie auch alternativ aufgrund einer qualifizierten Warnung des wissenschaftlichen Gremiums über die Einordnung als GPAI Model mit systemischem Risiko entscheiden. 14

Entscheidungsgrundlage ist eine **Gesamtbewertung** der im Anhang XIII festgelegten Kriterien (siehe Rn. 17 ff.), wie etwa Qualität oder Größe des Trainingsdatensatzes, Anzahl der gewerblichen Nutzer und Endnutzer, seine Ein- und Ausgabemodalitäten, sein Grad an Autonomie und Skalierbarkeit oder die Instrumente, zu denen es Zugang hat. 15

Die genannten Faktoren sind zu berücksichtigen, aber keines der Kriterien führt zwingend zu einer Qualifikation oder Disqualifikation. Maßgeblich ist die **„Gleichwertigkeit" des Risikos** zu den in Art. 51 Abs. 1 lit. a genannten Kriterien, die allerdings ihrerseits denkbar weit sind (siehe Rn. 11 und 32 ff.). Deshalb bietet der Kriterienkatalog als Entscheidungsgrundlage der Kommission insge- 16

26 Siehe dazu auch *Bomhard/Siglmüller*, RDi 2024, 45, 51.
27 ErwG 111.

samt einen extrem **weiten Spielraum**, der sich zwar eignen mag, Lücken zu schließen,[28] aber der zugleich inhaltlich kaum eingeschränkt ist. Alles, was die Kommission als „Fähigkeit mit hohem Wirkungsgrad" ansieht, kann darunterfallen.

a) Anzahl Parameter des Modells (lit. a)

17 Für die Beurteilung, ob ein systemisches Risiko vorliegt, soll die Kommission unter anderem die Anzahl der Parameter des Modells berücksichtigen (lit. a). Parameter sind numerische Werte, die die in einem KI-Modell enthaltenen **Muster und Zusammenhänge** bestimmter Inhalte (wie Begriffe, Pixel oder Töne) repräsentieren und gewichten.[29] Wie die zahlreichen Verbindungen des menschlichen Gehirns bilden Parameter beispielsweise neuronale Netze ab.[30] Parameter sind der Grundbaustein von KI-Modellen und ergeben sich aus den Trainingsdaten. Durch Anpassungen im Trainingsprozess können Muster in den Trainingsdaten erlernt werden, wie zum Beispiel Wortzusammenhänge, Satzstruktur und Grammatik bei Sprach-KIs.[31]

18 Die **Anzahl der Parameter** kann von Modell zu Modell stark variieren.[32] Während GPT-3 etwa 175 Milliarden Parameter und GPT-4 Billionen von Parametern haben, hat Meta zwischen 7 und 65 Milliarden Parameter.[33] Je mehr Parameter als Basis eines Modells dienen und je breiter es also trainiert wird, desto eher liegt ein systemisches Risiko vor.

b) Qualität oder Größe des Datensatzes (lit. b)

19 Darüber hinaus sollen die Qualität oder Größe des Datensatzes für die Einordnung als GPAI mit systemischem Risiko herangezogen werden. Diese werden zum Beispiel mithilfe von **Tokens** gemessen. Dieses Kriterium ist insoweit missverständlich, als dass die Anzahl der Token nicht zwangsläufig Aussagen über die Qualität, sondern vielmehr über die Quantität und die Varianz des Datensatzes trifft.

---

28 *Wendt*, in: Wendt/Wendt, Das neue Recht der Künstlichen Intelligenz, § 10 Rn. 21.

29 Vgl. https://mitsloanedtech.mit.edu/ai/basics/glossary/#Parameters (zuletzt abgerufen am 20.1.2025).

30 Vgl. https://www.digitale-technologien.de/DT/Navigation/DE/Themen/Kuenstliche Intelligenz/KuenstlicheIntelligenz.html (zuletzt abgerufen am 20.1.2025).

31 Siehe auch *Wendt*, in: Wendt/Wendt, Das neue Recht der Künstlichen Intelligenz, § 10 Rn. 3.

32 Vgl. die Übersicht bei *Bienert/Klös*, IW-Kurzbericht 58/2022, S. 2.

33 https://www.profolus.com/topics/what-are-parameters-in-ai-models/ (zuletzt abgerufen am 20.1.2025); https://medium.com/analytics-vidhya/what-are-model-parameters-in-deep-learning-and-how-to-calculate-it-de96476caab (zuletzt abgerufen am 20.1.2025).

Token, die im Rahmen von künstlicher Intelligenz eingesetzt werden, sind kleine Dateneinheiten, also Wörter, Satzzeichen oder Teile eines Wortes, die für die Textverarbeitung und -generierung in Sprachmodellen verwendet werden.[34] **20**

c) Menge der verwendeten Berechnungen (FLOPs) oder Kombination anderer Variablen (lit. c)

Darüber hinaus kann auch die Menge der für das Trainieren des Modells verwendeten Berechnungen, gemessen in **Gleitkommaoperationen** (bzgl. der Definition siehe Art. 3 Nr. 67) oder anhand einer Kombination anderer Variablen, für die Bestimmung eines systemischen Risikos relevant sein. Damit wird die Schwelle von 10^{25} FLOPs in Art. 51 Abs. 2 (dazu unter Rn. 28 ff.) aufgeweicht. Auch unter der Schwelle von 10^{25} FLOPs kann also ein systemisches Risiko vorliegen, wenn andere Faktoren aufgrund der in das Training eingeflossenen Rechenoperationen zu einem systemischen Risiko führen. Diese Faktoren sind allerdings nur beispielhaft spezifiziert, nämlich geschätzte Trainingskosten, geschätzter Zeitaufwand für das Trainieren oder geschätzter Energieverbrauch für das Trainieren. **21**

Dabei eignen sich die aufgezählten Faktoren nur bedingt. So sind etwa die Trainingskosten **kaum ein geeigneter Indikator** für die Fähigkeiten oder gar das Risiko eines KI-Modells. Günstige Trainingskosten können auch auf ein gutes Verhandlungsgeschick oder, wie zunehmend üblich, Kooperationen von KI-Anbietern mit großen Cloud-Anbietern und damit verbundene günstige Konditionen zurückgeführt werden. Wer günstig einkauft oder Kooperationen mit großen Cloudanbietern eingeht und dadurch günstige Konditionen erhält, wäre privilegiert, wenn die Trainingskosten ein relevanter Faktor für die Bestimmung eines systemischen Risikos sein sollen. Die beispielhafte Aufzählung der Faktoren zeigt zudem, dass letztlich alle denkbaren Aspekte für die Bestimmung eines systemischen Risikos herangezogen werden können. Dies stellt ein Einfallstor für willkürliche Entscheidungen dar, denn die Bestimmung des maßgeblichen – für den Anwender unbekannten – Kriteriums und somit die Entscheidungsgewalt liegt allein bei der Kommission. **22**

d) Ein- und Ausgabemodalitäten (lit. d)

Als weiteres Kriterium führt Anhang XIII die **Ein- und Ausgabemodalitäten** des Modells auf, wie Text-Text (Große Sprachmodelle), Text-Bild, Multimodalität, Schwellenwerte auf dem Stand der Technik für die Bestimmung der Fähigkeiten mit hoher Wirkkraft für jede Modalität und die spezifische Art der Ein- **23**

34 AI Handwerk, Def. Token & Tokens (KI/AI), https://ai-handwerk.de/glossar/was-bedeutet-token-tokens-artificial-intelligence/ (zuletzt abgerufen am 20.1.2025); siehe auch *Wendt*, in: Wendt/Wendt, Das neue Recht der Künstlichen Intelligenz, § 10 Rn. 3.

und Ausgaben (zum Beispiel biologische Sequenzen). Dabei bleibt unklar, was an allen aufgezählten Modalitäten zu einem systemischen Risiko führen soll. Denn jedes KI-Modell verfügt über irgendwie gelagerte Ein- und Ausgabemodalitäten. Unter welchen Umständen diese Modalitäten nun zu einem systemischen Risiko führen, bleibt allein der Einschätzung der Kommission überlassen.

e) Benchmarks (Aufgaben, Anpassungsfähigkeit, Autonomie, Skalierbarkeit) (lit. e)

24 Systemische Risiken sollen auch anhand von **Benchmarks** und Beurteilungen der Fähigkeiten des Modells beurteilt werden können. Dies schließt die Zahl der Aufgaben ohne zusätzliches Training, die Anpassungsfähigkeit zum Erlernen neuer, unterschiedlicher Aufgaben, den Grad an Autonomie und Skalierbarkeit sowie die Instrumente, zu denen es Zugang hat, mit ein. Um welche Benchmarks es sich handeln soll, spezifiziert lit. e nicht. Und wie bereits bei lit. d bleibt auch offen, unter welchen Umständen die genannten Faktoren die Feststellung eines systemischen Risikos begründen sollen.

f) Mindestens 10.000 gewerbliche Nutzer (lit. f)

25 Ein systemisches Risiko kann auch aufgrund der Reichweite eines Modells und seiner damit einhergehenden großen Auswirkungen für den Binnenmarkt der Europäischen Union vorliegen. Davon ist nach Anhang XIII lit. f auszugehen, wenn das Modell mindestens 10.000 in der Europäischen Union niedergelassenen registrierten gewerblichen Nutzern zur Verfügung gestellt wurde. Durch den Bezug auf gewerbliche Nutzer scheint der Gesetzgeber auf das **wirtschaftliche Risiko** abzustellen, das entstehen kann, wenn ein erheblicher Teil der europäischen Wirtschaft von einzelnen GPAI-Models oder -Systemen abhängig ist.

g) Zahl der registrierten Endnutzer (lit. g)

26 Zudem soll nach Anhang XIII lit. g die Feststellung systemischer Risiken anhand der Zahl der registrierten **Endnutzer** möglich sein. Anders als bei lit. f wird keine konkrete Schwelle genannt. Dadurch ist es als Abgrenzungskriterium ungeeignet, da völlig unklar ist, ab welcher Endnutzerzahl ein systemisches Risiko vorliegen soll und welche Anzahl noch als weniger risikoreich gilt. Zudem ist der Begriff des Endnutzers undefiniert. Ob der Begriff nur nicht-gewerbliche Anwender meint oder auch gewerbliche Nutzer erfasst, bleibt also offen.

27 Jedenfalls Art. 2 Nr. 14 (unter Verweis auf Nr. 13) der Richtlinie (EU) 2018/1972 erfasst unter dem Begriff des „Endnutzers" sowohl juristische als auch natürliche Personen. Das spräche dafür, dass es bei unionseinheitlicher Auslegung des Begriffs nicht darauf ankommt, ob Endnutzer gewerblich handeln. Allerdings ist die Definition unter Richtlinie (EU) 2018/1972 spezifisch auf den Telekommunikationsbereich ausgelegt und erfasst solche Nutzer, die selbst keine öffentlichen Kommunikationsnetze oder öffentlich zugänglichen elektronischen Kommunikationsdienste bereitstellen. Die Definition ist also insgesamt nicht auf die KI-VO übertragbar. Doch auch die Systematik der KI-VO spricht dafür, keine Differenzierung zwischen gewerblichen und privaten Endnutzern vorzunehmen. Während lit. f ausdrücklich die Anzahl der *gewerblichen* Nutzer erfasst – also das wirtschaftliche Risiko durch GPAI adressiert –, kommt es dem Gesetzgeber unter lit. g offenbar auf die **Breitenwirkung** von GPAI Models an, d. h. die Anzahl der Personen, die einem GPAI Model ausgesetzt sind. Ob diese Personen nun gewerblich oder privat handeln, macht für die Betroffenheit keinen Unterschied.

III. FLOPs (Abs. 2)

Art. 51 Abs. 2 enthält die Vermutung,[35] dass ein KI-Modell mit allgemeinem Verwendungszweck über Fähigkeiten mit hohem Wirkungsgrad gemäß Abs. 1 lit. a verfügt, wenn die kumulierte Menge der für sein Training verwendeten Berechnungen, gemessen in **Gleitkommaoperationen** pro Sekunde (FLOPs, also Floating Point Operations), mehr als 10^{25} beträgt. Mit dem Schwellenwert sollen Anbieter bereits vor Abschluss des Trainings abschätzen können, ob ihr GPAI Model ein systemisches Risiko aufweist, vgl. ErwG 112 Satz 3. 28

Maßgeblich ist die kumulierte Menge der FLOPs, also die Anzahl an Berechnungen, die insgesamt in das Training eingeflossen sind. Nicht maßgeblich ist hingegen die Rechenleistung (irritierenderweise oft gemessen in FLOPs pro Sekunde). Dementsprechend kommt es nicht auf die Rechenleistung der Infrastruktur an, die für das Training verwendet wird, sondern die **Komplexität und Menge des Trainings**, gemessen in der Anzahl der aufgewendeten Rechenoperationen.[36] 29

Der Wortlaut „wird angenommen" in Art. 51 Abs. 2 sowie „zu der Annahme führt" in ErwG 111 sprechen für eine solche **Vermutung**, die vom Anbieter gem. Art. 52 Abs. 2 widerlegt werden kann. Sie kann also – anders als eine Fiktion – durch das Gegenteil bewiesen und damit entkräftet werden.[37] Ein Anbieter eines GPAI Models kann also darlegen, dass von seinem Model – trotz Überschreiten der für das Training aufgewendeten FLOPs – kein systemisches Risiko ausgeht. Mangels einer klaren Definition des Begriffs des „systemischen Risi- 30

35 *Bomhard/Siglmüller*, RDi 2024, 45, 51; *Baur/Gebhardt*, jurisPR-BKR 4/2024 Anm. 1, Abschnitt E.

36 Ausführlich *Wendt*, in: Wendt/Wendt, Das neue Recht der Künstlichen Intelligenz, § 4 Rn. 42 ff.

37 Vgl. *Groh*, in: Weber kompakt Rechtswörterbuch, „Fiktion" (10. Edition 2024), „Vermutung" (32. Edition 2024).

kos“ ist dies gleichwohl keineswegs einfach. Anhaltspunkt können jedoch die in Anhang XIII genannten Kriterien sein. Lässt sich nachweisen, dass ein GPAI Model auch nach den in Anhang XIII aufgeführten Kriterien kein systemisches Risiko darstellt, ist eine Entkräftung der Vermutung nach Art. 51 Abs. 2 zumindest systematisch vorgesehen und möglich.

31 Abs. 2 spricht ausdrücklich von den Rechenoperationen, die für das „**Training** verwendet“ werden. Maßgeblich sind also nicht die für den *Betrieb* eines Modells verwendeten Kapazitäten oder Operationen, also die Geschwindigkeit und Fähigkeiten der Anwendung. Auch kommt es nicht auf die theoretisch verfügbaren Kapazitäten, sondern auf die tatsächlich „verwendeten“ (Englisch: „used“) Operationen an, die in das konkrete Modell eingeflossen sind.

32 Ob dies ein geeignetes Kriterium für die Bestimmung eines systemischen Risikos ist, ist durchaus umstritten.[38]

33 Zwar hängt die Verbesserung der Modellgenauigkeit mit der Trainingsleistung eng zusammen.[39] Dennoch können auch KI-Modelle, die mit weniger Operationen trainiert wurden, vergleichbare Leistungsfähigkeit erreichen und erhebliche KI-Sicherheits- und Cybersecurity-Risiken bergen.[40]

34 Damit könnte ein **Downsizing-Effekt** eintreten, bei dem die für das Training verwendeten Operationen technisch reduziert werden, um nicht in den Anwendungsbereich der Sonderpflichten des Kapitels V zu fallen,[41] sich aber nichts an der eigentlichen Leistungsfähigkeit des KI-Modells ändert.

35 Allerdings bedeutet die Herabsetzung der Operationen im Training nicht zwangsläufig auch die Entbindung von den speziellen Pflichten. Denn sollte die Kommission nach Art. 51 Abs. 1 lit. b i.V.m. Anhang XIII zu der Einschätzung kommen, dass trotz einer Trainingsleistung von unter 10^{25} FLOPs ein systemisches Risiko vorliegt, sind die Sonderpflichten des Kapitels V aufgrund dieses Tatbestands anwendbar. Daher gibt es weniger eine Überschneidung des Abs. 2 mit Anhang XIII lit. c als eine Art lückenlose Ergänzung, um nach Belieben sämtliche GPAI Models zu regulieren.

36 Problematisch ist die Vermutung eines systemischen Risikos auf Basis der für das Training verwendeten Operationen auch bei **vortrainierten KI-Modellen**, insbesondere bei Open-Source-Modellen. Denn für den Anbieter kann unter Umständen selbst nicht absehbar sein, mit wie vielen FLOPs ein vortrainiertes

---

38 *Bomhard/Siglmüller*, RDi 2024, 45, 51, Fn. 64.

39 *Hestness* et al., Deep Learning scaling is predictable, empirically 2017, S. 13.

40 *Hacker*, What's Missing from the EU AI Act: Addressing the Four Key Challenges of Large Language Models, VerfBlog, v. 13.12.2023, https://verfassungsblog.de/whats-missing-from-the-eu-ai-act/ (zuletzt abgerufen am 20.1.2025); vgl. auch *Buchalik/Gehrmann*, CR 2024, 145, 151.

41 Vgl. *Bomhard/Siglmüller*, RDi 2024, 45, 51.

Modell tatsächlich trainiert wurde. Werden solche KI-Modelle durch einen Verwender weitertrainiert und unter eigenem Namen betrieben, kann der Verwender selbst als Anbieter gelten, hat aber selbst unter Umständen keine Kenntnis über die Trainingsprozesse des vortrainierten Modells. Das gilt vor allem bei KI-Modellen, die nicht durch einen zentralen Anbieter vortrainiert wurden, sondern von einer ganzen Community, wie bspw. im Open-Source-Bereich.

Der **Schwellenwert** von 10^{25} ist nur vorläufig, bis die Kommission diesen Wert in der Zukunft aufgrund technologischer und industrieller Entwicklungen (zum Beispiel algorithmische Verbesserungen oder erhöhte Hardwareeffizienz) sowie aufgrund der Ergänzung von Benchmarks und Indikatoren für die Modellfähigkeit per delegiertem Rechtsakt anpasst (siehe unter Rn. 39 f.).[42] 37

Die Einordnung eines KI-Modells als GPAI mit systemischem Risiko können Anbieter mit einer Mitteilung nach Art. 52 Abs. 2 widerlegen (dazu Art. 52 Rn. 10 f.). 38

IV. Ermächtigung für delegierten Rechtsakt (Abs. 3)

Die Kommission wird gemäß Art. 51 Abs. 3 ermächtigt, die in Art. 51 Abs. 1 lit. a normierten Anforderungen per delegiertem Rechtsakt künftig zu ändern oder zu ergänzen, um den **technologischen Entwicklungen** Rechnung zu tragen. Bei der Anpassung des Schwellenwerts aus Abs. 2 wird die Kommission vom Büro für Künstliche Intelligenz, von der Wissenschaftsgemeinschaft, der Industrie, der Zivilgesellschaft und anderen Sachverständigen unterstützt, die gemeinsam eine Grundlage erarbeiten sollen.[43] 39

Die Ermächtigung der Kommission birgt erhebliche **Rechtsunsicherheit**, da für Anbieter von KI-Modellen kaum vorhersehbar ist, ob diese als GPAI Model mit systemischem Risiko zu klassifizieren sind und damit den besonderen Verpflichtungen unterliegen oder nicht.[44] Dies verwundert vor dem Hintergrund des ErwG 111, wonach die Schwellenwerte, Instrumente und Benchmarks eine zuverlässige und vorhersehbare Klassifizierung ermöglichen sollen. Rechtsunsicherheit resultiert aber auch daraus, dass für diese delegierten Rechtsakte keine Übergangsfristen gelten. Änderungen können sich also mit kurzer Vorlaufzeit ergeben, ohne dass Anbieter hinreichend Zeit und Gelegenheit erhalten, die notwendigen Maßnahmen rechtzeitig zu ergreifen. 40

42 Vgl. ErwG 111; zum Entwicklungspotenzial siehe *Wendt*, in: Wendt/Wendt, Das neue Recht der Künstlichen Intelligenz, § 10 Rn. 26 m. w. N.

43 Vgl. ErwG 111.

44 *Bomhard/Siglmüller*, RDi 2024, 45, 51.

Art. 52 Verfahren

(1) Erfüllt ein KI-Modell mit allgemeinem Verwendungszweck die Bedingung gemäß Artikel 51 Absatz 1 Buchstabe a, so teilt der betreffende Anbieter dies der Kommission unverzüglich, in jedem Fall jedoch innerhalb von zwei Wochen, nachdem diese Bedingung erfüllt ist oder bekannt wird, dass sie erfüllt wird, mit. Diese Mitteilung muss die Informationen enthalten, die erforderlich sind, um nachzuweisen, dass die betreffende Bedingung erfüllt ist. Erlangt die Kommission Kenntnis von einem KI-Modell mit allgemeinem Verwendungszweck, das systemische Risiken birgt, die ihr nicht mitgeteilt wurden, so kann sie entscheiden, es als Modell mit systemischen Risiken auszuweisen.

(2) Der Anbieter eines KI-Modells mit allgemeinem Verwendungszweck, das die in Artikel 51 Absatz 1 Buchstabe a genannte Bedingung erfüllt, kann in seiner Mitteilung hinreichend begründete Argumente vorbringen, um nachzuweisen, dass das KI-Modell mit allgemeinem Verwendungszweck, obwohl es diese Bedingung erfüllt, aufgrund seiner besonderen Merkmale außerordentlicherweise keine systemischen Risiken birgt und daher nicht als KI-Modell mit allgemeinem Verwendungszweck mit systemischem Risiko eingestuft werden sollte.

(3) Gelangt die Kommission zu dem Schluss, dass die gemäß Absatz 2 vorgebrachten Argumente nicht hinreichend begründet sind, und konnte der betreffende Anbieter nicht nachweisen, dass das KI-Modell mit allgemeinem Verwendungszweck aufgrund seiner besonderen Merkmale keine systemischen Risiken aufweist, weist sie diese Argumente zurück, und das KI-Modell mit allgemeinem Verwendungszweck gilt als KI-Modell mit allgemeiner Zweckbestimmung mit systemischem Risiko.

(4) Die Kommission kann ein KI-Modell mit allgemeinem Verwendungszweck von Amts wegen oder aufgrund einer qualifizierten Warnung des wissenschaftlichen Gremiums gemäß Artikel 90 Absatz 1 Buchstabe a auf der Grundlage der in Anhang XIII festgelegten Kriterien als KI-Modell mit systemischen Risiken ausweisen.

Die Kommission ist befugt, gemäß Artikel 97 delegierte Rechtsakte zu erlassen, um Anhang XIII zu ändern, indem die in dem genannten Anhang genannten Indikatoren präzisiert und aktualisiert werden.

(5) Stellt der Anbieter, dessen Modell gemäß Absatz 4 als KI-Modell mit allgemeinem Verwendungszweck mit systemischem Risiko ausgewiesen wurde, einen entsprechenden Antrag, berücksichtigt die Kommission den Antrag und kann entscheiden, erneut zu prüfen, ob beim KI-Modell mit allgemeinem Verwendungszweck auf der Grundlage der in Anhang XIII

festgelegten Kriterien immer noch davon ausgegangen werden kann, dass es systemische Risiken aufweist. Dieser Antrag muss objektive, detaillierte und neue Gründe enthalten, die sich seit der Entscheidung zur Ausweisung ergeben haben. Die Anbieter können frühestens sechs Monate nach der Entscheidung zur Ausweisung eine Neubewertung beantragen. Entscheidet die Kommission nach ihrer Neubewertung, die Ausweisung als KI-Modell mit allgemeiner Zweckbestimmung mit systemischem Risiko beizubehalten, können die Anbieter frühestens sechs Monate nach dieser Entscheidung eine Neubewertung beantragen.

(6) Die Kommission stellt sicher, dass eine Liste von KI-Modellen mit allgemeinem Verwendungszweck mit systemischem Risiko veröffentlicht wird, und hält diese Liste unbeschadet der Notwendigkeit, Rechte des geistigen Eigentums und vertrauliche Geschäftsinformationen oder Geschäftsgeheimnisse im Einklang mit dem Unionsrecht und dem nationalen Recht zu achten und zu schützen, auf dem neuesten Stand.

Mit Art. 52 korrespondiert Erwägungsgrund 112.

Schrifttum: *Immenga/Mestmäcker*, Wettbewerbsrecht, Kommentar, Band 3, 6. Aufl. 2020; *Kühling/Buchner* (Hrsg.), DS-GVO BDSG, Kommentar, 4. Aufl. 2024; *Paal/Pauly* (Hrsg.), DS-GVO BDSG, Kommentar, 3. Aufl. 2021; *Spindler/Schuster* (Hrsg.), Recht der elektronischen Medien, Kommentar, 4. Aufl. 2019; *Wendt/Wendt*, Das neue Recht der Künstlichen Intelligenz, 2024.

Übersicht

I. Allgemeines

1. Systematik

1 Art. 52 regelt das Verfahren für die Einstufung von KI-Modellen mit allgemeinem Verwendungszweck als KI-Modelle mit allgemeinem Verwendungszweck mit systemischem Risiko nach Art. 51. Die ErwG 112 f. bieten hierbei Auslegungshilfen. Die sich durch die Klassifizierung als KI-Modelle mit allgemeinem Verwendungszweck mit systemischem Risiko ergebenden Pflichten sind in Art. 53 ff. normiert. Durchgesetzt werden die Art. 51 ff. vom Büro für Künstliche Intelligenz (Art. 64), welches auch die Anwendung der Vorschriften überwacht (Art. 75, 88, ErwG 161 f.).

2. Zeitlicher Anwendungsbereich

2 Kapitel V ist gemäß Art. 113 lit. b erst ab dem 2.8.2025 anwendbar. Wurde ein GPAI Model bereits vor Inkrafttreten der Art. 51 ff. (Kapitel V), d.h. vor dem 2.8.2025 in Verkehr gebracht, müssen Anbieter die erforderlichen Maßnahmen für die Erfüllung der in der Verordnung festgelegten Pflichten bis zum 2.8.2027 treffen, Art. 111 Abs. 3.

3. Zweck der Vorschrift

3 Sobald ein GPAI Model ein systemisches Risiko aufweist, muss dies dem Büro für Künstliche Intelligenz bei der Kommission mitgeteilt werden. Art. 52 präzisiert das Vorgehen.[1] Zum generellen Zweck der Art. 51 ff. siehe Art. 51 Rn. 6 f.

4. Entstehungsgeschichte

4 Die historische Entstehung der Norm ist mit der von Art. 51 identisch (siehe dazu Art. 51 Rn. 8 f.).

5. Verhältnis zu anderen Vorschriften

5 Insbesondere bei der Erstellung und Veröffentlichung der Liste von KI-Modellen mit allgemeinem Verwendungszweck mit systemischem Risiko (Art. 52 Abs. 6) droht eine **Kollision** mit den Rechten des geistigen Eigentums und vertraulichen Geschäftsinformationen oder Geschäftsgeheimnissen. Vor diesem Hintergrund sieht die Verordnung ausdrücklich vor, dass diese im Einklang mit dem Unionsrecht und dem nationalen Recht zu achten und zu schützen sind. Ob es künftig

1 Vgl. ErwG 112 Satz 1, 2.

Änderungen im Urheberrecht geben wird, wird ab dem Jahr 2026 auf europäischer Ebene geprüft.[2]

II. Verfahren

1. Mitteilung an das Büro für Künstliche Intelligenz bei der Kommission

Stellt der Anbieter fest, dass ein GPAI Model aufgrund einer Fähigkeit mit hohem Wirkungsgrad (dazu unter Art. 3 Rn. 475 ff.) ein systemisches Risiko aufweist oder aufweisen könnte, muss er dies unverzüglich, zumindest aber innerhalb von zwei Wochen, dem Büro für Künstliche Intelligenz bei der Kommission mitteilen, Art. 52 Abs. 1. Dies hat zum einen den Hintergrund, dass das Büro für Künstliche Intelligenz anhand solcher Informationen das Inverkehrbringen von KI-Modellen mit allgemeinem Verwendungszweck mit systemischem Risiko antizipieren kann.[3] Zum anderen soll dies auch eine frühzeitige Zusammenarbeit der Anbieter mit dem Büro ermöglichen. 6

a) „Unverzüglich"

Der unbestimmte Rechtsbegriff „unverzüglich" (im Englischen „without delay") bezieht sich auf den Zeitraum zwischen Kenntnis des Anbieters über das Vorliegen eines systemischen Risikos nach Art. 51 Abs. 1 lit. a und der Meldung an das Büro für Künstliche Intelligenz. „Unverzüglich" gebietet zügiges Handeln, lässt aber einen gewissen Spielraum.[4] Als zeitliche Obergrenze („maximale Kulanzphase")[5] gelten gemäß Art. 52 Abs. 1 zwei Wochen. Welche Untergrenzen dies umfasst, ist im **Einzelfall** und autonom, also nicht anhand der in den einzelnen Mitgliedstaaten geltenden Rechtsvorschriften, zu bestimmen.[6] Ebenso wenig können andere EU-Verordnungen zur Definition desselben Wortes übernommen werden. Dies gilt selbst innerhalb einer Verordnung: Obwohl zum Beispiel die DSGVO an verschiedenen Stellen (Art. 5 Abs. 1 lit. d; Art. 12 Abs. 3 Satz 1; Art. 17 Abs. 1; Art. 28 Abs. 3 UAbs. 2) den Begriff „unverzüglich" verwendet, ist auch innerhalb des Regelungskonglomerats der DSGVO eine einzelfallbezo- 7

2 BMJ, Künstliche Intelligenz und Urheberrecht – Fragen und Antworten, März 2024, S. 3, https://www.bmj.de/SharedDocs/Downloads/DE/Themen/Nav_Themen/240305_FAQ_KI_Urheberrecht.pdf?__blob=publicationFile&v=2 (zuletzt abgerufen am 23.1.2025).

3 ErwG 112 Satz 6.

4 EuGH, Urt. v. 18.11.1999 – Rs. C-151/98, Slg. 1999, I-08157, Rn. 25 – P

5 *Wendt*, in: Wendt/Wendt, Das neue Recht der Künstlichen Intelligenz, § 10 Rn. 28.

6 Vgl. EuGH, Urt. v. 14.1.1982 – Rs. C-64/81, Slg. 1982, 00013, Rn. 8 – Corman.

gene Bestimmung notwendig.[7] Dies gilt erst recht für andere Verordnungen wie die KI-VO. Der Terminus „unverzüglich" zum Beispiel in Art. 73 Abs. 3 und Art. 5 Abs. 3 meint also eine andere zeitliche Dimension als in Art. 52. Dies zeigen allein schon die unterschiedlichen Obergrenzen: In Art. 5 Abs. 3 ist die Obergrenze lediglich 24 Stunden, während Art. 52 Abs. 1 zwei Wochen und Art. 73 Abs. 3 zwei Tage vorsehen. Zudem tragen die Zeitfenster jeweils einem unterschiedlichen Zweck Rechnung, etwa der möglichst raschen Abwendung von schweren Gesundheitsschäden durch KI-Systeme (vgl. Art. 3 Nr. 49 sowie ErwG 115) oder von Schäden, die durch verbotene Praktiken im KI-Bereich drohen, wie etwa Manipulationen (vgl. Art. 5 Abs. 1). Es kommt damit einzig auf den Sinn und die Tragweite der jeweiligen Vorschrift im Kontext der jeweiligen Verordnung[8] und der jeweiligen Regelung an. Als Anhaltspunkt für die Begriffsbestimmung könnte zudem das **Ausmaß des systemischen Risikos** dienen:[9] Je größer das systemische Risiko ist, desto kürzer dürfte die Zeitspanne sein, das Risiko der Kommission mitzuteilen. Allerdings würde das bedeuten, dass Anbieter nicht nur feststellen müssen, *ob* ihr GPAI Model ein systemisches Risiko birgt, sondern auch, *wie* groß dieses Risiko im Verhältnis zu vergleichbaren GPAI Models ist. Dazu benötigt es Vergleichswerte, die es – jedenfalls bisher – nicht gibt.

8 Eine Auslegungshilfe zur Begriffsbestimmung wie nach Art. 79 Abs. 1 lit. g DSGVO wird es wohl, abgesehen von den **Praxisleitfäden** nach Art. 56, nicht geben. Jedenfalls gibt die KI-VO keine vergleichbare Norm her. Der Wahrung der Rechtseinheitlichkeit und der Verhinderung von Rechtsstreitigkeiten bei der Rechtsanwendung in den Mitgliedstaaten wäre dies sicher dienlich.[10]

9 Wie bei der Meldefrist nach Art. 33 Abs. 1 DSGVO kommt es – bei einheitlicher Auslegung des Unionsrechts – auch hier für den Fristbeginn auf die **Kenntnis des Anbieters** vom systemischen Risiko an.[11] Bei juristischen Personen dürften, wie bei der Meldung von Datenschutzverstößen auch, die allgemeinen Grundsätze der Wissenszurechnung gelten.[12] Unerheblich ist, ob der Anbieter dieses selbst oder durch Dritte, zum Beispiel Behörden, festgestellt hat.[13] Der Anbieter wird aber die maßgeblichen Kriterien für ein systemisches Risiko am ehesten beurteilen können, etwa mit wie viel Leistung sein GPAI Model trainiert wurde.

---

7 Vgl. *Martini*, in: Paal/Pauly, DS-GVO BDSG, Art. 34 Rn. 44.

8 Vgl. EuGH, Urt. v. 14.1.1982 – Rs. C-64/81, Slg. 1982, 13, Rn. 8 – Corman.

9 Ähnlich wie die Verletzung von Datenschutzrechten. Dazu siehe *Jandt*, in: Kühling/Buchner, DS-GVO/BDSG, Art. 33 Rn. 15.

10 Siehe dazu *Jandt*, in: Kühling/Buchner, DS-GVO/BDSG, Art. 33 Rn. 15.

11 Zur Kenntnisnahme unter Art. 33 ausführlich *Jandt*, in: Kühling/Buchner, DS-GVO/BDSG, Art. 33 Rn. 15.

12 So für die Meldepflicht nach Art. 33 DSGVO: *Laue*, in: Spindler/Schuster, Recht der elektronischen Medien, Art. 33 DSGVO Rn. 16 m. w. N.

13 Vgl. *Jandt*, in: Kühling/Buchner, DS-GVO/BDSG, Art. 33 Rn. 15.

Bei der Kenntnis kommt es nicht auf die Kriterien des Art. 51 Abs. 1 lit. b i.V.m. Anhang XIII an, da der Wortlaut nur auf Art. 51 Abs. 1 lit. a verweist. Das bedeutet für Unternehmen mit mehreren Organisationsebenen, für die es aufgrund der Hierarchie ohnehin schon schwieriger sein dürfte, das systemische Risiko ihres GPAI Models unverzüglich mitzuteilen, dass sie „nur" systemische Risiken aufgrund von Fähigkeiten mit hohem Wirkungsgrad erkennen müssen. Um die Mitteilungsfrist aber in jedem Fall einhalten zu können, empfiehlt sich insbesondere für größere und international tätige Unternehmen eine gute Organisation, etwa durch die Festlegung und Optimierung interner Prozessabläufe für den Fall, dass ein systemisches Risiko festgestellt wird.[14]

b) Hinreichend begründete Argumente

10 Obwohl ein GPAI Model eine Fähigkeit mit hohem Wirkungsgrad aufweist, kann der Anbieter hinreichend begründete Argumente vorbringen, um nachzuweisen, dass von dem GPAI Model ausnahmsweise kein systemisches Risiko ausgeht und dieses daher nicht als solches klassifiziert werden sollte, vgl. Art. 52 Abs. 2. Aus dem Zusammenspiel mit Absatz 3 ergibt sich, dass nicht allein die Argumente genügen, sondern Nachweise erforderlich sind. Offen bleibt, wann Argumente als hinreichend begründet gelten und welche Anforderungen an die Nachweise zu stellen sind. Ein Vergleich mit der englischen Fassung („sufficiently substantiated" und „to demonstrate") zeigt, dass wohl die **substantiierte Darlegung** von Argumenten genügt. Ihrem Umfang nach erfasst die Nachweisobliegenheit, dass das GPAI Model trotz des Vorliegens einer Fähigkeit mit hohem Wirkungsgrad i.S.v. Art. 51 Abs. 1 lit. a aufgrund geringer Reichweite oder sonstiger Umstände keine negativen Folgen für die öffentliche Gesundheit, die Sicherheit, die öffentliche Sicherheit, die Grundrechte oder die Gesellschaft hat und auch insgesamt keine erheblichen Auswirkungen auf den Unionsmarkt zu befürchten sind, die sich in großem Umfang über die gesamte Wertschöpfungskette hinweg verbreiten können, vgl. Art. 3 Nr. 65 (zum systemischen Risiko siehe Art. 3 Nr. 65 Rn. 481 ff.). Bloße Hinweise auf ein vermeintlich intaktes Risikomanagementsystem können Indizien sein, aber werden den Anforderungen der Nachweisobliegenheit kaum genügen und das systemische Risiko nicht widerlegen können.

11 Die Kommission wird die Argumente und Nachweise zu prüfen haben und im Falle ihrer Unbegründetheit die Argumente zurückweisen, Art. 52 Abs. 3. Das GPAI Model gilt dann als eines mit systemischem Risiko. Als **Rechtsmittel** gegen diese Entscheidung der Kommission kommt insbesondere die Nichtigkeitsklage gem. Art. 263 AEUV in Betracht.

14 Vgl. schon zu Art. 33 DSGVO: *Laue*, in: Spindler/Schuster, Recht der elektronischen Medien, Art. 33 DSGVO Rn. 16 m. w. N.

2. Prüfung von Amts wegen oder aufgrund qualifizierter Warnung des wissenschaftlichen Gremiums

12 Während nach Art. 52 Abs. 1 bis 3 die Anbieter selbst zur Mitteilung verpflichtet sind, kann die Kommission auch **von Amts wegen** tätig werden, wenn sie GPAI Models mit systemischem Risiko erkennt. Der Entscheidung über die Ausweisung solcher Modelle als GPAI Model mit systemischem Risiko ist der Kriterienkatalog nach Anhang XIII zugrunde zu legen (zu den einzelnen Kriterien siehe Art. 51 Rn. 17 ff.). Ergänzend zu den Überwachungspflichten des Büros für Künstliche Intelligenz kann die Kommission auch **aufgrund qualifizierter Warnung** des wissenschaftlichen Gremiums nach Art. 90 Abs. 1 lit. a die Einstufung vornehmen. Ein System qualifizierter Warnungen des Gremiums soll die Kenntnisnahme des Büros von GPAI Models ermöglichen, die möglicherweise als KI-Modelle mit allgemeinem Verwendungszweck eingestuft werden sollten.[15] Warnungen des wissenschaftlichen Gremiums sind qualifiziert, wenn sie die nach Art. 90 Abs. 3 geltenden Anforderungen erfüllen (siehe Art. 90 Rn. 21 ff.): Nennung der Kontaktstelle des Anbieters, Beschreibung einschlägiger Faktoren und Begründung sowie Mitteilung aller sonst relevanten Informationen; vereinfacht ausgedrückt, alles, was Aufschluss darüber gibt, weshalb das GPAI Model ein systemisches Risiko aufweist. Ob die Kommission tatsächlich nur im Falle „qualifizierter" Warnungen i. S. v. Art. 90 tätig wird, geht aus der Formulierung nicht hervor. Im Umkehrschluss würde das bedeuten, dass die Kommission im Falle einer „unqualifizierten" Warnung untätig bliebe. Dies kann wohl kaum gemeint sein, da sie ja auch von Amts wegen eine Klassifizierung vornehmen kann. Klar ist aber auch, dass sie Informationen benötigt, um die Prüfung des systemischen Risikos vorzunehmen. Daher ist die Alternative der qualifizierten Warnung eher so zu verstehen, dass die Kommission dem auf jeden Fall nachgeht, wenngleich sie nicht dazu verpflichtet ist (vgl. Wortlaut „kann … ausweisen").

13 Sowohl Art. 51 Abs. 1 lit. b als auch Art. 52 Abs. 4 UAbs. 1 haben einen nahezu identischen Wortlaut. Es ist nicht auszuschließen, aber aufgrund des Wortlauts wohl eher unwahrscheinlich, dass Art. 51 Abs. 1 lit. b und Art. 52 Abs. 4 UAbs. 1 in redundanter Weise exakt denselben Maßstab anlegen. Jedoch ist nicht ganz klar, worin die **Abgrenzung der beiden Normen** liegen soll. Dem Wortlaut nach unterscheiden sich die Vorschriften dadurch, dass der Entscheidung nach Art. 51 Abs. 1 lit. b nur solche Kriterien des Anhang XIII zugrunde gelegt werden dürfen, die denen in Art. 51 Abs. 1 lit. a gleichwertig sind. Das würde bedeuten, dass nur Faktoren relevant sind, die wie technische Instrumente und Methoden, einschließlich Indikatoren und Benchmarks, den hohen Wirkungsgrad eines GPAI Models begründen. Hingegen erfasst Art. 52 Abs. 4 UAbs. 1

15 ErwG 113.

alle Kriterien des Anhangs XIII. Jedoch sprechen systematische Gesichtspunkte eher für eine sprachliche Ungenauigkeit, da Art. 52 „nur" das Verfahren der Klassifizierung von GPAI Models i. S. d. Art. 51 regelt. Eine Verfahrensnorm wird aber nicht materiell-rechtliche Anforderungen abändern. In jedem Fall sind die nahezu identischen, aber eben doch auch unterschiedlichen Formulierungen verwirrend und interpretationsbedürftig.

3. Erneute Prüfung der Einstufung des GPAI Models frühestens nach sechs Monaten

Stuft die Kommission ein GPAI Model als eines mit einem systemischem Risiko ein, kann der Anbieter eine erneute Prüfung beantragen, Art. 52 Abs. 5. Dieser Antrag muss objektive, detaillierte und neue Gründe enthalten, die sich seit der Entscheidung zur Ausweisung ergeben haben. **14**

Fraglich ist, was „neu" konkret bedeutet. Müssen die Gründe zeitlich nach der Designationsentscheidung der Kommission eingetreten sein oder können auch Umstände, die zwar zeitlich gesehen davor lagen, aber nicht bei der Entscheidung berücksichtigt wurden, etwa weil sie der Kommission noch nicht bekannt waren, Berücksichtigung finden? Der Wortlaut „die sich seit der Entscheidung zur Ausweisung ergeben haben" könnten für eine **zeitliche Komponente** sprechen, sodass alle Umstände, die bereits vor der Entscheidung der Kommission vorlagen, bereits hätten vorgetragen werden müssen und damit von weiteren Entscheidungen präkludiert wären. Dies haben Anbieter bei den Entscheidungen nach Art. 52 Abs. 4 UAbs. 1, die von Amts wegen getroffen werden, nicht unbedingt in der Hand. Es besteht die Gefahr, dass es den Anbietern an der Kenntnis über die Umstände fehlen könnte, die die Kommission für ihre Entscheidung heranzieht. Erfährt der betroffene Anbieter mit der Designation von den der Entscheidung zugrunde gelegten Tatsachen, muss er die Möglichkeit haben, die den Sachverhalt ergänzenden Gründe im Rahmen einer Überprüfung dieser Entscheidung vorzutragen. Allerdings sieht man es in der Praxis häufig, beispielsweise im Rahmen der Designationsentscheidungen nach Art. 33 Abs. 4 DSA, dass die Kommission vor Erlass einer Entscheidung die betroffene Partei anhört und einen vorläufigen Entwurf nebst Möglichkeit zur Stellungnahme vorlegt. Ob dies auch im Rahmen der Entscheidungen nach Art. 52 Abs. 4 UAbs. 1 der Fall sein wird, bleibt abzuwarten, denn ausdrücklich vorgesehen ist dies nicht. **15**

Trotz unterschiedlichen Wortlauts von Art. 52 Abs. 2, 3 und 5 ist der in Abs. 5 anzulegende Maßstab identisch. Im Gegensatz zu den Absätzen 2 und 3, die das Verb „nachweisen" verwenden, muss der Antrag nach Abs. 5 objektive, detaillierte und neue Gründe enthalten. Es geht gewissermaßen um die Darlegung von Gründen, was auch den Nachweisen i. S. v. Abs. 2 und 3 entspricht (siehe dazu unter Rn. 10). Für dieses Verständnis spricht auch dieselbe Zielrichtung der Re- **16** gelungen. Beide Normen zielen darauf ab, dass Anbieter das zuvor – sei es durch den Anbieter selbst nach Art. 52 Abs. 1 oder durch die Kommission nach Art. 52 Abs. 4 – festgestellte systemische Risiko ihres GPAI Models widerlegen. Lediglich das Prozedere weicht minimal voneinander ab: Die **Widerlegung** nach Abs. 2 und 3 muss zusammen mit der Mitteilung erfolgen, um zu verhindern, dass das GPAI Model überhaupt als eines mit systemischem Risiko gilt, vgl. Art. 52 Abs. 3. Hingegen gibt es im Falle von Abs. 5 bereits eine Entscheidung durch die Kommission, welche die Anbieter einer erneuten Überprüfung unterziehen können, sofern sie neue Gründe vortragen, die zur Aufhebung der ursprünglichen Ausweisung führen. Das Ergebnis ist aber dasselbe: die Widerlegung, dass von ihrem GPAI Model ein systemisches Risiko ausgeht.

17 Die erneute Prüfung der Aufrechterhaltung der Ausweisung des GPAI Models mit systemischem Risiko kann alle **sechs Monate** bei der Kommission beantragt werden, vgl. Art. 52 Abs. 5. Dies ist auch sinnvoll, da sich die Faktoren für die Qualifizierung eines systemischen Risikos im Laufe der Zeit ändern können, auch erst nach acht oder 13 Monaten. Wie der Wortlaut ausdrücklich klarstellt, muss der Antrag nicht nach sechs Monaten, aber kann auch nicht vor Ablauf von sechs Monaten gestellt werden.

4. Veröffentlichung einer Liste von GPAI Models mit systemischem Risiko

18 Um die Klassifizierung von KI-Modellen mit allgemeinem Verwendungszweck mit systemischem Risiko möglichst transparent zu handhaben, ist die Kommission verpflichtet, eine aktuelle Liste mit allen KI-Modellen mit allgemeinem Verwendungszweck mit systemischem Risiko zu veröffentlichen. Dabei muss sie die Rechte des geistigen Eigentums und vertrauliche Geschäftsinformationen oder Geschäftsgeheimnisse im Einklang mit dem Unionsrecht und dem nationalen Recht sowohl achten als auch schützen. Das dürfte die Kommission vor eine große Herausforderung stellen, wenn sie die nationalen Gesetze aller Mitgliedstaaten beachten möchte, denen die in der Transparenzliste aufgeführten GPAI Models unterfallen. Allein für Deutschland sind beispielsweise die Regelungen

- des GeschGehG,
- des UrhG,
- des PatG,
- des GebrMG,
- des MarkenG,
- des GeschmMG und
- des UWG

zu beachten. Auch wenn sie in Teilen Richtlinien wie die Richtlinie (EU) 2016/943 sowie 2004/48/EG umsetzen, ist dies doch eine beträchtliche Zahl mit nationalen Sonderregelungen. Je länger und detaillierter die Liste ist, desto schwieriger dürfte es für die Kommission werden, alle Rechte zu wahren.

Aus den Geheimhaltungspflichten und der Wahrung der Rechte des geistigen Eigentums dürfte folgen, dass die Liste (jedenfalls ohne ausdrückliche Zustimmung) keine Gründe enthalten darf, die das systemische Risiko begründen. Dies gilt jedoch nicht für öffentlich bekannte oder allgemein zugängliche Informationen wie möglicherweise die Zahl der registrierten Nutzer. Daher dürfte die Liste vornehmlich die Namen der GPAI Models enthalten, ohne nähere Angaben zu den Gründen zu machen. Der genaue **Ort der Veröffentlichung** ist (noch) nicht bekannt. Denkbar ist die Veröffentlichung der Liste im Amtsblatt der Europäischen Union, ähnlich zu Art. 79 Abs. 3 EuErbVO. Anders als in den genannten Beispielen ist eine Veröffentlichung im Amtsblatt aber nicht ausdrücklich vorgesehen, weshalb wohl eher davon auszugehen ist, dass die Liste zum Abruf auf der Seite der Kommission beziehungsweise des Büros für Künstliche Intelligenz veröffentlicht werden wird. Jedenfalls gilt das Internet auch in anderen Bereichen als das primäre Medium für Veröffentlichungen von Entscheidungen der Kommission.[16] **19**

16 *Körber*, in: Immenga/Mestmäcker, Wettbewerbsrecht, Art. 20 FKVO Rn. 13.

Abschnitt 2
Pflichten für Anbieter von KI-Modellen mit allgemeinem Verwendungszweck

Art. 53 Pflichten für Anbieter von KI-Modellen mit allgemeinem Verwendungszweck

(1) Anbieter von KI-Modellen mit allgemeinem Verwendungszweck

a) erstellen und aktualisieren die technische Dokumentation des Modells, einschließlich seines Trainings- und Testverfahrens und der Ergebnisse seiner Bewertung, die mindestens die in Anhang XI aufgeführten Informationen enthält, damit sie dem Büro für Künstliche Intelligenz und den zuständigen nationalen Behörden auf Anfrage zur Verfügung gestellt werden kann;

b) erstellen und aktualisieren Informationen und die Dokumentation und stellen sie Anbietern von KI-Systemen zur Verfügung, die beabsichtigen, das KI-Modell mit allgemeinem Verwendungszweck in ihre KI-Systeme zu integrieren. Unbeschadet der Notwendigkeit, die Rechte des geistigen Eigentums und vertrauliche Geschäftsinformationen oder Geschäftsgeheimnisse im Einklang mit dem Unionsrecht und dem nationalen Recht zu achten und zu schützen, müssen die Informationen und die Dokumentation

i) die Anbieter von KI-Systemen in die Lage versetzen, die Fähigkeiten und Grenzen des KI-Modells mit allgemeinem Verwendungszweck gut zu verstehen und ihren Pflichten gemäß dieser Verordnung nachzukommen, und

ii) zumindest die in Anhang XII genannten Elemente enthalten;

c) bringen eine Strategie zur Einhaltung des Urheberrechts der Union und damit zusammenhängender Rechte und insbesondere zur Ermittlung und Einhaltung eines gemäß Artikel 4 Absatz 3 der Richtlinie (EU) 2019/790 geltend gemachten Rechtsvorbehalts, auch durch modernste Technologien, auf den Weg;

d) erstellen und veröffentlichen eine hinreichend detaillierte Zusammenfassung der für das Training des KI-Modells mit allgemeinem Verwendungszweck verwendeten Inhalte nach einer vom Büro für Künstliche Intelligenz bereitgestellten Vorlage.

(2) Die Pflichten gemäß Absatz 1 Buchstaben a und b gelten nicht für Anbieter von KI-Modellen, die im Rahmen einer freien und quelloffenen Lizenz bereitgestellt werden, die den Zugang, die Nutzung, die Änderung und die Verbreitung des Modells ermöglicht und deren Parameter, einschließlich Gewichte, Informationen über die Modellarchitektur und Informationen über die Modellnutzung, öffentlich zugänglich gemacht werden. Diese Ausnahme gilt nicht für KI-Modellen mit allgemeinem Verwendungszweck mit systemischen Risiken.

(3) Anbieter von KI-Modellen mit allgemeinem Verwendungszweck arbeiten bei der Ausübung ihrer Zuständigkeiten und Befugnisse gemäß dieser Verordnung erforderlichenfalls mit der Kommission und den zuständigen nationalen Behörden zusammen.

(4) Anbieter von KI-Modellen mit allgemeinem Verwendungszweck können sich bis zur Veröffentlichung einer harmonisierten Norm auf Praxisleitfäden im Sinne des Artikels 56 stützen, um die Einhaltung der in Absatz 1 des vorliegenden Artikels genannten Pflichten nachzuweisen. Die Einhaltung der harmonisierten europäischen Norm begründet für die Anbieter die Vermutung der Konformität, insoweit diese Normen diese Verpflichtungen abdecken. Anbieter von KI-Modellen mit allgemeinem Verwendungszweck, die keinen genehmigten Praxisleitfaden befolgen oder eine harmonisierte europäische Norm nicht einhalten, müssen geeignete alternative Verfahren der Einhaltung aufzeigen, die von der Kommission zu bewerten sind.

(5) Um die Einhaltung von Anhang XI, insbesondere Nummer 2 Buchstaben d und e, zu erleichtern, ist die Kommission befugt, gemäß Artikel 97 delegierte Rechtsakte zu erlassen, um die Mess- und Berechnungsmethoden im Einzelnen festzulegen, damit eine vergleichbare und überprüfbare Dokumentation ermöglicht wird.

(6) Die Kommission ist befugt, gemäß Artikel 97 delegierte Rechtsakte zu erlassen, um die Anhänge XI und XII vor dem Hintergrund sich wandelnder technologischer Entwicklungen zu ändern.

(7) Jegliche Informationen oder Dokumentation, die gemäß diesem Artikel erlangt werden, einschließlich Geschäftsgeheimnisse, werden im Einklang mit den in Artikel 78 festgelegten Vertraulichkeitspflichten behandelt.

Mit Art. 53 korrespondieren die Erwägungsgründe 101, 102, 104, 107, 108.

Schrifttum: *Baumann*, Generative KI und Urheberrecht – Urheber und Anwender im Spannungsfeld, NJW 2023, 3673; *Becker*, Generative KI und Deepfakes in der KI-VO, CR 2024, 353; *Bomhard*, KI-Training mit fremden Daten – IP-rechtliche Herausforderungen rund um § 44b UrhG, DSRITB 2023, 255; *Bomhard/Siglmüller*, AI Act – das Trilogergebnis, RDi 2024, 45; *Buchalik/Gehrmann*, Von Nullen und Einsen zu Paragraphen: Der AI

Act, ein Rechtscode für Künstliche Intelligenz, CR 2024, 145; *Ebers/Hoch/Rosenkranz/Ruschemeier/Steinrötter*, Der Entwurf für eine EU-KI-Verordnung: Richtige Richtung mit Optimierungsbedarf, RDi 2021, 528; *Gausling*, Kommerzialisierung öffentlich-zugänglicher Informationen im Wege des Data Scraping, CR 2021, 609; *Hartmann/Jacobsen*, „Maschinenlesbarkeit" des Rechtevorbehalts im neuen § 44b UrhG, MMR-Aktuell 2021, 441332; *Hofmann*, Aktuelle Entwicklungen der Rechtsprechung zum europäischen Urheberrecht von April 2022 bis April 2024, EuZW 2024, 541; *Kraetzig*, KI-Kunst als schöpferische Zerstörung, NJW 2024, 697; *Krönke*, Das europäische KI-Gesetz: Eine Verordnung mit Licht und Schatten, NVwZ 2024, 529; *Maamar*, Urheberrechtliche Fragen beim Einsatz von generativen KI-Systemen, ZUM 2023, 481; *Müller-ter Jung/Rexin*, Rechtliche Anforderungen an intelligentes und automatisiertes Technologiescouting, CR 2022, 169; *Peukert*, Copyright in the Artificial Intelligence Act – A Primer, GRUR Int. 2024, 497; *v. Welser*, Generative KI und Urheberrechtsschranken, GRUR-Prax 2023, 516.

Übersicht

I. Überblick

1 In **Abweichung zur sonstigen Struktur der KI-VO** adressieren die Art. 53 ff. nicht KI-Systeme (also konkrete Anwendungsszenarien), sondern die zugrunde liegenden Modelle. Adressat sind dementsprechend auch nicht Betreiber (denn ein Modell kann als solches nicht betrieben werden), sondern nur die Anbieter. Das Gesetz differenziert insoweit jedenfalls entsprechend dem Wortlaut nach dem Ausmaß der Gefährdung und sieht für einfache KI-Modelle mit allgemeinem Verwendungszweck geringere Anforderungen vor als für solche mit „systemischem Risiko". Da die Regelung mit „Modellen" die „Rohstoffe" künftiger KI-Systeme adressiert und vor allem die Durchsetzung zentral erfolgt, sieht Art. 113 ein frühes Inkrafttreten vor – die Anforderungen gelten bereits ab dem

2.8.2025 und damit zwei Jahre vor den Pflichten zu Hochrisiko-KI ab dem 2.8.2027. Allerdings greift der besondere Bußgeldtatbestand des Art. 101 erst ab dem 2.8.2026, sodass zunächst nur verwaltungsrechtliche Maßnahmen (insb. Untersagung) in Betracht kommen. Modelle, die bereits vor dem 2.8.2025 in Verkehr gebracht wurden, müssen die Pflichten nach Art. 53 Abs. 2 erst zum 2.8.2027 erfüllen (Art. 111 Abs. 3).

Ausgangspunkt der beschlossenen Fassung waren die **Vorschläge im Standpunkt des Rates**, die noch KI-Systeme mit allgemeinem Verwendungszweck (Art. 3 Nr. 1b, Art. 4a–4d des Ratsvorschlags) im Fokus hatten. Tatsächlich hatte aber wohl schon diese Fassung Modelle im Blick – die Regelung sollte sowohl den Fall, dass das System „als vortrainiertes Modell in Verkehr gebracht oder in Betrieb genommen wird“, umfassen als auch den Fall, dass „die Feinabstimmung des Modells durch den Nutzer“ erfolgt (Art. 4a Abs. 2 des Vorschlags des Rates). Schon damals ging es nicht um die Betreiber (bzw. Nutzer) der Systeme, sondern ausschließlich um die Anbieter. Klarer Fokus waren vor allem die damals in der Presse stark diskutierten Systeme wie OpenAI ChatGPT oder Google Gemini. 2

Das **Parlament** wollte in seinem Standpunkt hingegen „Basismodelle“ regulieren (Art. 3 Nr. 1c, Art. 28b Vorschlag des Parlaments). Auch dort waren Adressaten der Pflichten nur die Anbieter (nicht aber die Betreiber). Eine Differenzierung nach dem „systemischen Risiko“ sah der Entwurf noch nicht vor, vielmehr sollte es sehr weitgehende Pflichten für jegliches Basismodell geben und insbesondere für „generative KI“ Zusatzanforderungen im Hinblick auf die Erstellung illegaler Inhalte sowie die (öffentliche!) Dokumentation der Trainingsdaten. 3

Im **Trilog** waren die Regeln zu den Basismodellen bzw. zur KI mit allgemeinem Verwendungszweck einer der zentralen Streitpunkte. Während Rat und Parlament sich über den grundsätzlichen Regelungsbedarf einig waren, war das Ausmaß der Regulierung und vor allem die Behandlung von Open Source (und damit auch der Wissenschaft) problematisch. Gerade die Dokumentation der Trainingsdaten im durch das Parlament gewünschten Umfang hätte KI-Forschung in der EU praktisch unmöglich gemacht. Insoweit stellen die heutigen Regelungen einen Kompromiss dar. Allerdings sind die nun beschlossenen Regelungen nicht nur in ihrer praktischen Umsetzung problematisch, sondern dürften allen Beteiligten eher Steine statt Brot geben. 4

1. Gegenstand: KI-Modelle mit allgemeinem Verwendungszweck (Art. 3 Nr. 63)

Gegenstand der Regelung sind (alle) „KI-Modelle mit allgemeinem Verwendungszweck“ im Sinne von Art. 3 Nr. 63. Obgleich ErwG 97 hier anmahnt, dass der Begriff „klar bestimmt“ sein müsse, wird weder das „Modell“ als solches 5 noch der „allgemeine Verwendungszweck" durch konkrete Merkmale umrissen. Dies war im Gesetzgebungsverfahren durchaus intendiert und ermöglicht dem Büro für Künstliche Intelligenz bzw. der EU-Kommission die Konkretisierung. Die in Abs. 1 lit. c, lit. d genannten Pflichten zeigen aber, dass man vor allem Modelle für generative KI im Blick hatte (vgl. auch ErwG 99, 105), bei Abs. 1 lit. a, lit. b geht es um Transparenz (ErwG 101). Die Unklarheiten im Anknüpfungspunkt können künftig weniger durch delegierte Rechtsakte (Art. 97), sondern vielleicht durch Bekanntmachungen des KI-Gremiums (Art. 66 lit. g) sowie technische Normen (vgl. Art. 40, ErwG 121) und vor allem Entwicklungen auf internationaler Ebene (ErwGr12, 22) vermindert werden. Bis zu derartigen Konkretisierungen oder der Etablierung einer Entscheidungspraxis ist aber fast jede KI-Entwicklung potenziell erfasst.

6 Zunächst muss es (wie bei den sonst regulierten „KI-Systemen" im Sinne von Art. 3 Nr. 1) um „**Künstliche Intelligenz**" gehen. Die Kriterien, was unter diesen Begriff fällt, sind aber weder hier noch dort präzise durch die Verordnung vorgegeben; insbesondere vermischen die Merkmale des Art. 3 Nr. 1 die Voraussetzung des „Systems" mit denjenigen von „KI". Die vermeintlich entscheidenden Voraussetzungen „Autonomie" und „Ableitung von Ausgaben aus Eingaben" sind in dieser Abstraktion eigentlich für alle Algorithmen gegeben. Dass KI (wie ErwG 12 betont) „von einfacheren herkömmlichen Softwaresystemen und Programmierungsansätzen" bzw. von der „einfachen Datenverarbeitung" abzugrenzen ist, hilft nicht, solange nicht eben diese „herkömmliche" Herangehensweise konkretisiert wird. Immerhin wird betont, dass Systeme, „die auf ausschließlich von natürlichen Personen definierten Regeln für das automatische Ausführen von Operationen beruhen", nicht umfasst sein sollen – aber andererseits eine Ableitung eben auch durch logik- und wissensgestützte Konzepte erfolgen können soll und maschinelles Lernen gerade keine Voraussetzung ist. Dass „Lern-, Schlussfolgerungs- und Modellierungsprozesse ermöglicht werden", passt eher auf ein KI-System als auf ein KI-Modell. Letztlich wird also ein Komplexitätsgrad gefordert, der über einfache punktuelle Wenn-/Dann-Bedingungen hinausgeht. Viel mehr wird man der Voraussetzung, dass es sich um KI handeln muss, dann aber auch nicht entnehmen können – schon bei komplexeren Expertensystemen liegt die Annahme, dass es sich um KI handelt, nahe.

7 Richtig wird in Art. 3 Nr. 63 und ErwG 97 betont, dass ein KI-Modell als solches noch kein KI-System ist, sondern in solche Systeme integriert ist – was nun aber ein **Modell** ausmacht, ist damit in keiner Weise geklärt.[1] Es liegt nahe, insoweit wie die OECD[2] auf die Definition nach ISO/IEC 22989 („physical, mathe-

1 Vgl. *Becker*, CR 2024, 353, 355.

2 OECD, Explanatory memorandum on the updated OECD definition of an AI system, OECD Artificial Intelligence Papers, No. 8, OECD Publishing, Paris, https://doi.org/10.1787/623da898-en.

matical or otherwise logical representation of a system, entity, phenomenon, process or data“) abzustellen. Wie die OECD selbst betont, können Modelle in diesem Sinne auch von Hand durch Menschen entwickelt werden und setzen gerade keinerlei maschinelles Lernen voraus. Daher sagt der gesetzliche Hinweis, dass Modelle „mit einer großen Datenmenge unter umfassender Selbstüberwachung trainiert“ werden *können*, gerade nicht aus, was denn die notwendige Bedingung für die Annahme eines Modells ist. Spezifisch im Hinblick auf KI-Modelle bleibt dabei die schwammige Erkenntnis „an AI model is a core component of an AI system used to make inferences from inputs to produce outputs“.[3] Der Umstand, dass die Benutzerschnittstelle eine zentrale Komponente eines KI-Systems ist, die bei einem KI-Modell fehlt (so ErwG 101), ist zweifelhaft, denn immerhin ist auch eine API eine „Benutzerschnittstelle“ und ohne diese kann man sich kaum ein KI-Modell vorstellen. Da die Verordnung explizit auch reine Webservices umfasst, ist die Grenze hier fließend – tatsächlich dürfte es KI-Systeme im Sinne von Art. 3 Nr. 1 geben, die praktisch nur eine ungefilterte Schnittstelle zu einem GPAI-Modell schaffen.

Ähnlich schwer zu fassen sind die Ausführungen zum „**allgemeinen** Verwendungszweck“ in Art. 3 Nr. 63 und in ErwG 97.[4] Hier wird auf ein „breites Spektrum unterschiedlicher Aufgaben“ verwiesen, die „kompetent“ zu erfüllen sind, sowie die Möglichkeit (!) der Integration in eine „Vielzahl nachgelagerter Systeme oder Anwendungen“. Was nun aber ein „breites“ im Vergleich zu einem „engen“ Spektrum sein soll oder was eine „Vielzahl“ von Systemen auszeichnet, ist unklar. ErwG 98 will dies konkretisieren, indem er beispielhaft „Modelle mit mindestens einer Milliarde Parametern, die mit einer großen Datenmenge unter umfassender Selbstüberwachung trainiert werden“, als KI-Modelle mit allgemeinem Verwendungszweck fingiert. Aber der ErwG 98 selbst erklärt schon, dass es gerade keine bestimmte Anzahl von Parametern gibt, ab welcher die Qualifikation als GPAI zu bejahen oder bei Unterschreitung stets zu verneinen wäre. Da der Begriff des Modells noch nicht einmal ein Training voraussetzt und erst recht keine große Datenmenge, sind auch diese Merkmale nicht hilfreich. 8

Nimmt man den Wortlaut der Regelung ernst, ist (nur) eine nicht zu geringe **Anzahl von möglichen Aufgaben** erforderlich, die mit dem Modell (ggf. in Kombination mit anderen Modellen sowie Soft- und Hardwarekomponenten und Daten) bearbeitet werden können. Es ist allerdings relativ selten, wenn nicht gar ausgeschlossen, dass ein Modell ausschließlich für einen einzigen Anwendungsfall genutzt werden *kann*. So mag man ein Modell, das auf Grundlage von Straßenverkehrsinformationen erstellt wurde, zur individuellen Routenplanung, zur 9

3 https://oecd.ai/en/wonk/definition.

4 *Krönke*, NVwZ 2024, 529, 529; *Becker*, CR 2024, 353, 354; *Peukert*, GRUR Int. 2024, 497, 499 ff.

Verkehrs- und Straßenplanung, für Schadstoffprognosen etc. nutzen. Ein Modell, das zum Hochskalieren qualitativ geringwertiger Digitalisate (Fotos, Videos) entwickelt wurde, hat entweder nur ein Einsatzszenario („Hochskalieren") oder unbegrenzt viele (Einsatz in Fernseher, Einsatz in Scannern, Einsatz in Endanwendersoftware für Computer, Einsatz auf Onlineplattformen, Implementierung in Endgeräten usw.). Die Auswertung von Sensordaten erfolgt regelmäßig durch ein „Modell" – ob dieses aber nur einen oder viele „Verwendungszwecke" hat, ist eine schwierige Auslegungsfrage. Wenn das Modell auch auf andere Sensoren übertragen werden kann oder der Sensor in beliebige Geräte eingebaut werden kann, aber tatsächlich nur (z. B. in PKW eines bestimmten Anbieters) zum teilautonomen Fahren als Stauassistent genutzt wird, ist der Bedarf einer Regulierung als GPAI-Modell nicht zweckmäßig. Modelle, welche Inhalte erkennen sollen, könnten vielfach auch zur Erstellung entsprechender Inhalte verwendet werden (selbst wenn dies nicht der ursprüngliche Zweck war) – sie sind daher eigentlich immer GPAI-Modelle, auch wenn sie für spezielle Szenarien (etwa die Analyse von Patentschriften oder zur Suche in medizinischen Fachdatenbanken) optimiert sind. Zu eng darf man die „allgemeine" Verwendung nicht verstehen – so kann man zwar ein Modell spezifisch für die Erstellung von schwarz-weißen Landschaftsfotos trainieren, es hat aber immer noch eine „Vielzahl" von denkbaren Einsatzanwendungen (von der privaten Nutzung über die Nutzung in der Presse bis hin zum Erkennen von gefälschten Abbildungen). Auch ein Pfadfindungsalgorithmus in einer Computerspiel-Engine hat üblicherweise einen „allgemeinem Verwendungszweck", weil er für verschiedenste Produkte genutzt werden kann (und wohl auch zur Navigation außerhalb eines Computerspiels). Nicht hinreichend ist dagegen, dass dasselbe Modell in identischen Systemen (mit identischer Zweckrichtung) von verschiedenen Anbietern genutzt werden könnte – denn dann hätte jedes Modell einen allgemeinen Verwendungszweck (praktisch liefe die Bedingung dann fast parallel zur gewerblichen Anwendbarkeit im Patentrecht).

10 **Kein eigener Zusatzzweck** ist nach dem Wortlaut von Art. 3 Nr. 63 insbesondere die vor dem Inverkehrbringen erfolgte Nutzung für Forschungs- und Entwicklungstätigkeiten oder die Konzipierung von Prototypen. Unklar ist das Verhältnis zu Art. 2 Abs. 6, der Modelle privilegiert, „die eigens für den alleinigen Zweck der wissenschaftlichen Forschung und Entwicklung entwickelt und in Betrieb genommen werden". Soweit das Modell nämlich in Verkehr gebracht wird (nur dann gibt es einen Anbieter i. S. v. Art. 3 Nr. 3, den überhaupt Pflichten treffen können), können es auch Personen für andere Zwecke nutzen. Eine technische Begrenzung auf Forschungszwecke, die einen anderweitigen Einsatz verhindert, ist nicht realisierbar. Allein eine Beschränkung in den Nutzungsbedingungen kann aber nach den obigen Überlegungen den „allgemeinen" Verwendungszweck nicht ausschließen.

Der angesprochene „**Zweck**" der Verwendung ist ebenfalls mit Unsicherheiten verbunden. Vom Begriff erfasst sind in jedem Fall auch Modelle, bei denen der Einsatz für verbotene Praktiken (Art. 5) oder in Hochrisiko-Konstellationen (Art. 6) tatsächlich ausgeschlossen ist, solange sie nur ein „breites" Spektrum an Aufgaben abdecken können. Da es – wie ErwG 97 deutlich formuliert – auf die „Verwendbarkeit" und nicht die „Verwendung" ankommt, ist weitergehend nicht erforderlich, dass die konkreten Einsatzfälle bekannt sind, geschweige denn bereits Implementierungen erfolgt sind. Es kann aber auch nicht auf die öffentlich bekanntgemachte Zweckbestimmung ankommen („Nutzung ausschließlich für…"), weil dies eine Umgehung der Vorgaben durch bloß formale Beschränkungen der erlaubten Einsatzfelder ermöglichen würde. Ebenso wenig kann es auf die subjektive Zweckbestimmung ankommen, welche sich konkret an der Entwicklung beteiligte Personen (zudem wäre dann die Frage, welche) oder der Anbieter im Rechtssinne ursprünglich vorgestellt haben. Denn neue Einsatzfelder können sich auch erst später zeigen und allein der Wille, ein Modell selbst nur zu bestimmten Zwecken einzusetzen bzw. es Dritten eben nicht für eine „Vielzahl" von Zwecken bereitzustellen, kann den Schutz der Allgemeinheit nicht ausschließen. Schließlich würden sich auch die üblichen Beweisschwierigkeiten bei der Ermittlung subjektiver Beweggründe zeigen. **11**

2. Adressat: Anbieter des KI-Modells (Art. 3 Nr. 3)

Adressat der Pflichten sind nur **„Anbieter" von GPAI-Modellen**. Das ist nach Art. 3 Nr. 3 jede Person, die das Modell „entwickelt oder entwickeln lässt und es unter ihrem eigenen Namen oder ihrer Handelsmarke in Verkehr bringt" – wobei explizit auch der unentgeltliche Vertrieb umfasst ist. Handlungen vor dem Inverkehrbringen werden (wie sowohl Art. 3 Nr. 63 als auch Art. 2 Abs. 8 Satz 1 deutlich machen) nicht erfasst; ErwG 97 betont noch einmal, dass die Pflichten erst greifen, „sobald die KI-Modelle mit allgemeinem Verwendungszweck in Verkehr gebracht werden". Erfasst ist damit im Grundsatz etwa die Zugänglichmachung von trainierten Modellen über Plattformen wie huggingface oder GitHub, allerdings (wohl) nicht die bloße Zugänglichmachung des Trainingsdatensatzes. **12**

Allerdings formuliert der ErwG 97 weiter, dass bereits die **Integration** eines KI-Modells mit allgemeinem Verwendungszweck **in ein eigenes KI-System**, das auf dem Markt bereitgestellt oder in Betrieb genommen wird, als Inverkehrbringen des Modells gelten soll.[5] Die erstgenannte Variante scheint klar – es muss nicht unbedingt das „Rohmodell" verbreitet werden, da dies bei vielen Geschäftsmodellen auch unzweckmäßig wäre (insbesondere um eine Marktsegmentierung und den Vertrieb derivativer Produkte in der Hand zu behalten). In diesen Fällen ist das KI-Modell selbst meist rechtlich und technisch vor **13**

5 Krit. zu Recht *Peukert*, GRUR Int. 2024, 497, 499 ff.

Fremdzugriff geschützt und als Geschäftsgeheimnis geschützt. Das Inbetriebnehmen betrifft demgegenüber Onlinedienste, insb. Webservices, und steht nach dem übrigen Verständnis der Verordnung eng im Zusammenhang mit dem „Betreiben" (Art. 3 Nr. 4) – denn auch insoweit wird das GPAI-Modell in einer durch weitere Komponenten ergänzten Gestalt „in eigener Verantwortung verwendet". Die KI-VO kennt den „Betrieb" eines Modells allerdings nicht, da ebenso wie bei Art. 3 Nr. 3 technisch korrekt davon ausgegangen wurde, dass ein KI-Modell als reine Teilkomponente als solches nicht „in Betrieb genommen" (Art. 3 Nr. 3, 2. Var.) bzw. „verwendet" (Art. 3 Nr. 4) werden kann.

14 Selbst **Modelle, die gar nicht separat durch Dritte nutzbar sind**, sondern nur intern zur Vorbereitung spezifischer Ausgaben genutzt werden (etwa zur Kapazitätsplanung, zur Preisbildung etc.) oder Dritten gegenüber nur für einen bestimmten Verwendungszweck eingesetzt werden können (etwa ein konkreter Chatbot im Kundensupport), müssen die Voraussetzungen für KI-Modelle mit allgemeinem Verwendungszweck erfüllen, soweit nur das zugrunde liegende Modell seinerseits vielfältige Einsatzzwecke haben *kann*. Hat etwa eine Onlineplattform für Rechtsdienstleistungen die über die Plattform verarbeiteten Fragen und Antworten genutzt und damit ein Modell trainiert,[6] hat dieses Modell durchaus einen allgemeinen Verwendungszweck (u.a. könnte man damit wohl nicht nur eine Plattform zur Mandantengewinnung,[7] Sucherleichterung, sondern auch einen Chatbot, Dokumentengeneratoren etc. erstellen[8] – dass ggf. Zusatzkomponenten erforderlich sind, zeichnet Basismodelle gerade aus). Bereits die Nutzung dieses Modells in auch nur einem der genannten Dienste (etwa zur Organisation der Anfragen unter frag-einen-anwalt.de) wäre nach dem ErwG 97 das „Anbieten" eines GPAI-Modells und würde die Pflichten nach Art. 53 ff. auslösen. Dass das Geschäftsmodell gerade nicht vorsieht, das Modell als solches oder zumindest ein KI-System mit allgemeinem Verwendungszweck (über das die Nutzer die vollen Möglichkeiten frei ausnutzen können) anzubieten, spielt dabei keine Rolle.

15 Dass dieses Verständnis des „Angebots" eines Modells (wo das Modell selbst gar nicht zugänglich wird) sehr weit ist, wurde auch im ErwG 97 selbst gesehen. **Ausgenommen** sein sollen daher Modelle, die „für rein interne Verfahren verwendet" werden, soweit (1) die Verfahren für die Bereitstellung eines Produkts oder einer Dienstleistung an Dritte nicht wesentlich sind und (2) die Rechte natürlicher Personen nicht beeinträchtigt werden. Was nun freilich „wesentlich" ist, lässt sich kaum abstrakt definieren – auch das kleinste Zahnrad mag zum Betrieb des gesamten Ablaufs unverzichtbar sein. Der Umstand, dass zusätzlich (!)

---

6 https://www.ibm.com/de-de/case-studies/qnc-gmbh-ai-watson.

7 https://www.datev.de/web/de/m/presse/pressemeldungen/meldungen-2021/digitale-mandatsgewinnung-mit-minimalem-aufwand/.

8 https://primelegal.de/.

auch eine Rechtsbeeinträchtigung ausgeschlossen sein muss, schränkt diese vermeintliche Privilegierung weiter ein. Praktisch ist das im ErwG 97 angenommene Verständnis des „Anbietens" von GPAI-Modellen kaum nachvollziehbar. Für die Endnutzer ist gar nicht erkennbar, dass im Hintergrund ein GPAI-Modell genutzt wird. Eine höhere Gefahr besteht ebenfalls nicht – auch bejahendenfalls wären die Pflichten aus Art. 53 ff. in dieser Konstellation gar nicht geeignet, die Betroffenen zu schützen. Schließlich ist auch nicht ersichtlich, warum die Einsatzmöglichkeiten etwa bei der Dokumentation der verwendeten Trainingsdaten eine Rolle spielen – denn wenn ein Modell mit spezifischem Einsatzzweck (sofern es dies überhaupt gibt) mit Drittdaten trainiert wird, ist dies in gleicher Weise für potenzielle Rechteinhaber gefährdend. Soweit das Modell tatsächlich nur in einem bestimmten engen Einsatzfeld genutzt wird, ist der Schaden aber gering (unabhängig von der Leistungs- und Einsatzfähigkeit) Selbst eine Umgehungsgefahr ist nicht ersichtlich – wenn weder das Modell selbst an Dritte angeboten wird noch die vollen Kapazitäten über ein GPAI-System nach außen zugänglich werden, handelt es sich für Außenstehende eben nicht um ein GPAI-Modell (ähnlich der explizit ausgenommenen nicht-öffentlichen Nutzung).

Darüber hinaus vermag der ErwG 97 auch im Hinblick auf die **Risikoverteilung** kaum zu überzeugen: Derjenige, der ein eigenes KI-Modell im Verkehr nutzt, soll als Anbieter des Modells gelten, während derjenige, der ein fremdes Modell nutzt, darauf vertrauen darf, dass derjenige, von dem er es lizenziert bzw. erworben hat, schon die Pflichten erfüllt (denn den bloßen Betreiber eines auf einem KI-Modell aufbauenden KI-Systems treffen die Pflichten explizit nicht). Das wirft aber Abgrenzungsschwierigkeiten auf, wenn ein GPAI-Modell in Auftragsarbeit spezifisch für einen bestimmten Kunden entwickelt wird und dem Auftraggeber unbegrenzte ausschließliche Nutzungsrechte eingeräumt werden (sowie ggf. sogar explizit Vertraulichkeit und Weitergabeverbote mit dem Dienstleister vereinbart sind). Nach traditionellem Verständnis ist dieser dann nur die „verlängerte Werkbank" des Auftraggebers. Kann es aber darauf ankommen, von wem das Angebot ausgeht (d. h. ob ein IT-Unternehmen ein GPAI-Modell zur Verwendung anbietet oder der Kunde ein solches Modell erst anfordert)? Sollen wirklich den Dienstleister die Pflichten (insb. auch zur Aktualisierung, wenn das Modell weiterentwickelt wird) treffen – oder nicht doch denjenigen, der das Modell wirklich einsetzt (und damit nach dem Verständnis des Erwägungsgrundes nicht etwa „betreibt", sondern „anbietet")? 16

Von dem mittelbaren Angebot eines GPAI-Modells durch Einsatz in einem eigenen KI-System ist die Nutzung des GPAI-Modells dergestalt zu unterscheiden, dass das KI-System selbst einen „allgemeinen Verwendungszweck" aufweist (d.h. für eine Vielzahl von Aufgaben genutzt werden kann).[9] Der Begriff des 17

9 *Becker*, CR 2024, 353, 355; *Peukert*, GRUR Int. 2024, 497, 501.

„KI-Systems mit allgemeinem Verwendungszweck" (Art. 3 Nr. 66, ErwG 100) spielt in der Verordnung aber keine große Rolle (siehe Art. 50 Abs. 2 – Wasserzeichen bei generativer KI, Art. 75 – Einsatz von GPAI-Systemen im Hochrisikobereich). Das ist nur konsequent – wenn ein KI-System „auch" im Hochrisiko-Bereich (Art. 6) oder gar im verbotenen Bereich (Art. 5) eingesetzt werden kann, greifen die Vorgaben der Verordnung unabhängig davon, ob dem Modell ein GPAI-Modell zugrunde liegt. Umgekehrt sind die Pflichten für GPAI-Modelle nicht deckungsgleich mit den Pflichten für Hochrisiko-KI (insb. im Hinblick auf die urheberrechtlichen Anforderungen), sodass beide Anforderungsmodelle nebeneinander treten.

18 Insgesamt kann man hier auf die **fehlende Durchsetzung** hoffen – denn in Bezug auf die Regeln für GPAI-Modelle ist die Kommission (insb. als Büro für Künstliche Intelligenz) zuständig. Soweit der allgemeine Verwendungszweck des einer Anwendung zugrunde liegenden KI-Modells nicht von außen ersichtlich ist, hat diese schon gar keine Aufgreifmöglichkeit. Selbst wenn nach dem in den Erwägungsgründen angedeuteten weiten Verständnis das Angebot eines GPAI-Modells vorliegen sollte, ist zudem nicht davon auszugehen, dass die Kommission hier stets eine möglichst weite Auslegung zugrunde legt – eine derartige Überregulierung würde nicht nur (ohnehin knappe) Kapazitäten binden, sondern auch die Überzeugungskraft der Verordnung insgesamt in Frage stellen. Die fehlende Bestimmtheit und Transparenz der Regelungen sowie die daraus resultierende Unvorhersehbarkeit für die potenziellen Adressaten ist dennoch bedauerlich.

II. Pflichten (Abs. 1)

1. Technische Dokumentation für Aufsichtsbehörden (Abs. 1 lit. a)

19 Die erste Kernpflicht für Anbieter von KI-Modellen mit allgemeinem Verwendungszweck betrifft die **Erstellung der technischen Dokumentation**. Die genauen Pflichtangaben enthält Anhang XI. Dieser kann nach Art. 97 Abs. 5 im Hinblick auf die technische Entwicklung durch delegierte Rechtsakte (d. h. eine Änderungsverordnung) geändert werden. Obwohl der Anhang von Mindestinformationen spricht, stehen die Angaben nach dem einleitenden Satz des Anhangs insgesamt unter dem Vorbehalt der Verhältnismäßigkeit („soweit … angemessen") – dies soll einerseits durch die Größe des Modells (also die Zahl der Parameter, den Umfang der Trainingsdaten etc.) sowie andererseits durch das konkrete Risikoprofil (also denkbare Einsatzszenarien, etwaige Nähe zu verbotenen und Hochrisiko-Konstellationen, erwarteter Umfang der Nutzung) zu bestimmen sein. Weitere Merkmale des Einzelfalls (etwa die Natur des Anbieters als KMU oder nicht kommerzielle Organisation oder die Form des „Anbietens"

durch bloße Integration in ein eigenes KI-System, siehe oben Rn. 13 ff.) sollten aber auch Berücksichtigung finden. Wie der Umkehrschluss zu Abs. 1 lit. b und die Vertraulichkeitspflicht nach Abs. 7 i.V.m. Art. 78 zeigen, kann bei der Erfüllung der Pflicht nicht auf Geschäftsgeheimnisschutz verwiesen werden – es müssen vielmehr auch vertrauliche Informationen in der Dokumentation abgebildet werden.

Erforderlich ist nach Anhang XI Abschnitt 1 zunächst eine **allgemeine Beschreibung des Modells**. Dabei sollen vor allem die Aufgabe des konkreten Modells benannt werden und diejenigen KI-Systeme, in die man es integrieren *kann* (nicht notwendig diejenigen, in die es integriert wurde oder für die eine Integration geplant ist). Zudem sind die anwendbaren Regelungen der akzeptablen Nutzung zu erklären – d.h. insbesondere auch ggf. ausgeschlossene Einsatzszenarien, besondere Beschränkungen für bestimmte Felder (etwa im Hochrisikobereich) usw. Zu nennen sind zudem das Format der Ein- und Ausgaben und die Modalität (etwa Text-zu-Bild, Bild-zu-Bild, Bild-zu-Text usw.) sowie Architektur und Anzahl der Parameter. Schließlich sind die Lizenz (oder wohl auch Lizenzen, soweit das Modell unter verschiedenen Bedingungen vertrieben wird) sowie das Datum der erstmaligen Freigabe sowie die Vertriebsmethoden (etwa: Bereitstellung auf GitHub) zu nennen. Diese Angaben entsprechen fast wörtlich dem Anhang XII, der die Informationspflichten gegenüber denjenigen regelt, die das Modell in KI-Systeme integrieren möchten. 20

Ergänzt wird diese „allgemeine Beschreibung" des KI-Modells um eine **„ausführliche Beschreibung" der Elemente des Modells und des Entwicklungsverfahrens**. Zu nennen sind alle technischen Mittel, die man benötigt, um das GPAI-Modell in KI-Systeme zu integrieren – dies umfasst etwa die erforderliche Hardwarebasis, aber auch Anleitungen und technische Werkzeuge (etwa Compilerversionen etc.). Offenzulegen sind zudem die Entwurfsspezifikationen (Ziele, Methoden und Herausforderungen bei der Planung sowie Begründung der konkreten Gestaltung und wesentliche zugrunde liegende Annahmen, ggf. Skizzen etc.) sowie die genutzten Trainingsverfahren und -methoden. Dabei soll deutlich werden, welchem Zweck das Modell dient und wie es die jeweiligen Parameter dabei berücksichtigt. Die Anforderungen gehen nicht dahin, dass es sich um ein „Explainable-AI"-Modell handeln muss, sondern verlangen nur die Offenlegung der Vorüberlegungen statt einer Erklärung konkreter Ein- und Ausgabewerte. Soweit es sich um ein datenbasiertes Modell handelt, sind die Trainings-, Test- und Validierungsdaten sowie deren Aufbereitung zu erläutern. Dies umfasst auch die Information, wie die Daten (insb. zur Vermeidung von Verzerrungen und zum Ausschluss illegaler oder ungeeigneter Quellen) erlangt und ausgewählt wurden – sodass hier praktisch ein Anknüpfungspunkt für Datengovernance besteht. Dabei ist nicht eine Kopie der gesamten Daten zu übermitteln, sondern eine knappe Übersicht, die insb. die Zahl der Datenpunkte, den Gesamtum- 21 fang an Daten (Zahl der Datensätze, Größe des einzelnen Datensatzes) sowie die konkreten Maßnahmen zur Aufbereitung darstellt. Im Hinblick auf die Beurteilung des systemischen Risikos von besonderer Bedeutung ist derzeit noch die Angabe der für das Training verwendeten Rechenressourcen (konkret die Zahl der Gleitkommaoperationen, FLOPS) sowie die Trainingszeit. Darüber hinaus sollen aber auch „relevante Einzelheiten im Zusammenhang mit dem Trainieren" (etwa Umfang einer etwaigen menschlichen Anleitung) offengelegt werden. Unter dem Gesichtspunkt der Nachhaltigkeit soll der bekannte und geschätzte Energieverbrauch offengelegt werden, wobei dieser anhand der eingesetzten Ressourcen geschätzt werden darf. Was freilich der Verbrauch „des Modells" sein soll, ist unklar – neben dem Trainingsaufwand kann dies sowohl in das Vorfeld (etwa in Bezug auf das Text- und Datamining oder die Digitalisierung von Inhalten) als auch auf die spätere Nutzung (insb. wenn das fremdgehostete Modell nur über eine API genutzt wird) ausgedehnt werden. Da aber notfalls auf die Rechenressourcen abgestellt wird, scheint es nur um den Trainingsaufwand zu gehen. Auch dies wird freilich bei bestehenden Modellen oftmals nicht dokumentiert sein; auch bei derzeit im Entstehen befindlichen Modellen wird eine entsprechende Protokollierung oftmals nicht erfolgen.

22 Eine **Zwangsregistrierung vor dem erstmaligen Angebot** in der EU ist für einfache GPAI-Modelle anders als bei Hochrisiko-KI (Art. 49, 71 i.V.m. Anhang VIII) und KI-Modellen mit „Fähigkeiten mit hohem Wirkungsgrad" (Art. 52 Abs. 1 i.V.m. Art. 51 Abs. 1 lit. a) nicht vorgesehen. Die Dokumentation nach Abs. 1 lit. a ist vielmehr nur bereitzuhalten, um sie der EU-Kommission (als Büro für KI) bzw. den nationalen Behörden „auf Anfrage" zur Verfügung zu stellen. Voraussetzung für eine solche Anfrage ist freilich, dass die Kommission bzw. die nationale Marktüberwachungsbehörde überhaupt Kenntnis von der Existenz des Modells und dessen Anbieter hat. Dies mag bei der Benennung eines Bevollmächtigten (Art. 54) oder aufgrund von Beschwerden von nachgelagerten Anbietern (Art. 89 Abs. 2) der Fall sein; zudem kann sich das Modell aus der Dokumentation des Anbieters oder Betreibers eines Hochrisiko-KI-Systems ergeben. Damit werden freilich auch die weiteren Pflichten des Abs. 1 und sogar die Pflichten nach Art. 55 für die Kommission schwer durchsetzbar. Andererseits galt es, die Behörden vor aufwändigen Anmeldeverfahren zu schützen – obwohl man natürlich die entsprechenden Meldungen ihrerseits mit einer KI hätte auswerten können.

23 Die Dokumentation ist nicht nur einmalig vor dem ersten Angebot zu erstellen, sondern laufend zu aktualisieren – ein Enddatum ist nicht bestimmt; die Dokumentationspflicht dürfte auch nicht mit dem Ende des Vertriebs enden, solange das Modell tatsächlich weiter genutzt wird. Immerhin müssen Anbieter von KI-Modellen, die vor dem 2.8.2025 in Verkehr gebracht worden sind, die Dokumentation erst zum 2.8.2027 bereithalten, haben also zwei Jahre Übergangsfrist. Wer freilich derzeit an Modellen arbeitet und den Stichtag verpasst, muss die Dokumentation bereits vor der ersten Veröffentlichung bereitstellen. Soweit aus einem GPAI-Modell **beschränkte, aktualisierte oder erweiterte Folgemodelle** abgeleitet werden, handelt es sich dabei um neue Modelle. In diesem Fall ist eine eigene Dokumentation (und die fortlaufende Aktualisierung) sowohl für das ursprüngliche Modell als auch für die Derivate erforderlich.

2. Information und Dokumentation für Anbieter von KI-Systemen (Abs. 1 lit. b)

Die in Abs. 1 lit. b i.V.m. Anhang XII genannten **Angaben für Personen, die das KI-Modell in ein KI-System integrieren wollen**, dienen einerseits der Feststellung der Eignung für den konkreten Einsatzzweck und der Kompatibilität mit vorhandener Hardware- und Softwareinfrastruktur, andererseits aber auch einem möglichen Regress im Haftungsfall bzw. der Verdeutlichung, welche Schutzmechanismen vor Schädigung Dritter im KI-System über die Vorkehrungen des GPAI-Modells hinaus zu implementieren sind. Es handelt sich ähnlich wie im Wertpapierrecht nur um einen abstrakten „Verkaufsprospekt" bzw. um einen ähnlichen Schutzmechanismus wie die Pflichtangaben im Verbraucherschutzrecht nach § 312a Abs. 2 Satz 1 BGB i.V.m. Art. 246 EGBGB, der nicht notwendig auf eine konkrete Verhandlungssituation abgestellt ist. Die konkrete Ausgestaltung in Anhang XII entspricht weitgehend dem Anhang XI Abschnitt 1 (siehe oben Rn. 20f.). Allerdings ist keine „ausführliche" Beschreibung des Modells und des Entwicklungsverfahrens erforderlich, sondern nur eine einfache „Beschreibung". Nicht geschuldet sind Informationen über die genutzten Rechenressourcen und den Energieverbrauch des Modells. Die Entwurfsspezifikationen und das Trainingsverfahren sind nicht offenzulegen. Zusätzlich offenzulegen sind Interaktionen mit anderweitiger Hardware- und Software (insb. Kompatibilität, Schnittstellen etc) sowie die für die Verwendung erforderlichen Versionen von Software (wohl bis zu Werkzeugen wie Compiler, Linker etc.). Die Modalität und das Format der Ein- und Ausgaben werden doppelt genannt (in Nr. 1 lit. f und Nr. 2 lit. b des Anhang XII), ergänzend ist hier die maximale Größe von Ein- und Ausgabe (u.a. Länge des Kontextfensters) zu nennen. Anders als bei Abs. 1 lit. a sind hier „die Rechte des geistigen Eigentums und vertrauliche Geschäftsinformationen oder Geschäftsgeheimnisse" zu berücksichtigen und können eine Einschränkung der Informationsdichte, nicht aber einen Gesamtverzicht, rechtfertigen. 24

Die Angaben sind als **Mindestinformationen** zu verstehen. Das macht schon der Wortlaut deutlich („zumindest"). Als Generalklausel verlangt Abs. 1 lit. b i, dass die Gesamtheit der Informationen die Anbieter abgeleiteter KI-Systeme in die Lage versetzen muss, die Fähigkeiten und Grenzen des angebotenen GPAI-Modells „gut" zu verstehen und ihrerseits die nach der KI-VO bestehenden 25

Pflichten (neben den Pflichten für Hochrisiko-KI wohl auch die Instruktionspflichten nach Art. 4) zu erfüllen. Über §§ 311 Abs. 2 Nr. 1, 241 Abs. 2 BGB kann es zudem weitergehende vorvertragliche Aufklärungspflichten geben, die dann insb. Details zur Datenherkunft umfassen können; erst recht gilt dies für Mitwirkungs- und Aufklärungspflichten in Fällen, in denen der Anbieter bzw. Betreiber eines auf dem GPAI-Modell beruhenden KI-Systems in (zivil- oder strafrechtliche) Haftung genommen wird. Unklar ist, in welchem Zeitpunkt und wem die Informationen und Dokumentation „zur Verfügung gestellt" werden müssen. Die Regelung scheint eine allgemeine Zugänglichkeit für alle potenziellen Interessenten zu intendieren. Wenn aber das Modell nur selbst für ein internes KI-System genutzt wird (was als Anbieten des Modells genügt, siehe Rn. 13 ff.), mag es vielleicht Personen geben, die „beabsichtigen", das Modell zu integrieren – diese Absicht werden sie aber mangels konkreten Angebots ohnehin nicht realisieren können. Eine Information der Allgemeinheit (insbesondere derjenigen, die von KI-Systemen betroffen sind, welche auf dem GPAI-Modell basieren) ist weder geschuldet noch intendiert. Für nicht erfüllbare Wünsche kann nichts anderes gelten. Zugang zu den Informationen ist daher nur demjenigen geschuldet, der in konkreten Verhandlungen steht – nur bei allgemein angebotenen Modellen kann hier eine öffentliche Information geboten sein. Vor diesem Hintergrund läuft die Pflicht neben dem schon bislang eingreifenden Schutz durch (vor-)vertragliche Aufklärungspflichten leer und schafft auch keine weitere Klarheit für die Anbieter der GPAI-Modelle oder die Interessenten.

26 Soweit ein GPAI-Modell **im Rahmen einer Hochrisiko-KI** eingesetzt werden soll, muss (selbst wenn diese als Open Source implementiert wird) eine besondere schriftliche Vereinbarung nach Art. 25 Abs. 4 geschlossen werden. Dabei müssen dann „die Informationen, die Fähigkeiten, de[r] technisch[e] Zugang und die sonstige Unterstützung nach dem allgemein anerkannten Stand der Technik" festgelegt werden, die im konkreten Anwendungsfall relevant werden. Die allgemeinen Informationen nach Abs. 1 lit. b genügen dazu nicht.

3. Strategie zur Wahrung des Urheberrechts, insb. TDM (Abs. 1 lit. c)

27 Die Pflicht nach Abs. 1 lit. c knüpft an die Wahrung des **„Urheberrechts der Union"** an. Dies wirft bei genauerer Betrachtung allerdings die Frage auf, welches Urheberrecht damit überhaupt gemeint sein soll – denn zum einen ist dieses noch nicht einmal in der EU vollharmonisiert (sodass es nur auf den durch Richtlinien harmonisierten Inhalt ankommen kann), zum anderen greift nach dem Territorialitätsgrundsatz in Verbindung mit dem Schutzlandprinzip (Art. 8 Abs. 1 Rom II-VO) grundsätzlich das Recht des Staates, in dem die relevanten Vervielfältigungshandlungen erfolgen. Dies kann aber beim Training von KI-Modellen durchaus vollständig außerhalb der EU erfolgen, sodass hier gar kein europäisches Urheberrecht gilt (und etwaige Verletzungen des Urheberrechts

insbesondere nicht nach Art. 8 Abs. 1 Rom II-VO nach europäischem Recht vor Gericht zu beurteilen wären).[10] Insoweit könnte sich die (Vermeidungs-)Strategie scheinbar auf die Feststellung beschränken, dass das Europäische Urheberrecht gar nicht anwendbar ist, weil man sich durch Tätigkeit im Ausland und ggf. ausschließliche Nutzung von im Ausland gespeicherten Inhalten dem Anwendungsbereich entzogen hat. Andererseits erfasst Abs. 1 lit. c nach dem Willen des Verordnungsgebers alle GPAI-Modelle, die in der EU „vertrieben" werden – „unabhängig davon, in welchem Hoheitsgebiet die urheberrechtlich relevanten Handlungen, die dem Training dieser KI-Modelle mit allgemeinem Verwendungszweck zugrunde liegen, stattfinden" (ErwG 106) –, sodass es auf die Frage, welches Urheberrecht beim Training anwendbar war, formal nicht ankommen darf.[11] Die Norm ist wohl so zu verstehen, dass die entsprechende Strategie mindestens (!) die Einhaltung der europarechtlichen Vorgaben (und damit der Art. 3 f. DSM-RL, d.h. des § 44b UrhG bzw. § 60d UrhG) gewährleisten muss.[12] Ob damit freilich wie bei der DS-GVO ein „Brussels Effect" zu erwarten ist,[13] bei dem das weltweite Mining sich an europäischen Standards ausrichtet, bleibt abzuwarten.

Auch die **Bezeichnung „Strategie"**, welche eine dauerhafte, zukunftsorientierte Planung impliziert (in diesem Sinne etwa in ErwG 114, 115 für „Risikomanagementstrategien" und „Cybersicherheitsstrategien"), ist irreführend – insbesondere für Modelle, die im Zeitpunkt des Inkrafttretens bereits auf dem Markt sind. Da die Einhaltung des Rechtevorbehalts nur im Zeitpunkt des Minings gewährleistet sein muss und ein späterer Rechtevorbehalt die Erlangung der Informationen nicht mehr in Frage stellt, ist ein aktives Monitoring hier eigentlich nicht geboten. Man könnte allenfalls an die Eröffnung von Korrektur- und Löschungsmöglichkeiten für den Fall denken, dass nachträglich Verstöße entdeckt werden. Nach Sinn und Zweck der Regelung geht es aber um konkrete Maßnahmen bei der Datenerhebung und späteren Datenspeicherung, die im Moment des Inverkehrbringens bereits abgeschlossen sind. 28

Was aber die **konkrete „Strategie"** umfassen muss oder soll, wird nicht ganz klar. Über die Aussage „Wir respektieren fremde Schutzrechte" hinaus muss aber nach dem Wortlaut zumindest erklärt werden, wie man denn Rechtevorbehalte prüft – wozu „auch modernste" Technologien einzusetzen sein sollen. Das 29

10 *Peukert*, GRUR Int. 2024, 497, 506; vgl. auch *v. Welser*, GRUR-Prax 2023, 516, 520; *Kraetzig*, NJW 2024, 697, 699.

11 *Bomhard/Siglmüller*, RDi 2024, 45, 51; *Peukert*, GRUR Int. 2024, 497, 506; *Hofmann*, EuZW 2024, 541, 542.

12 In diesem Sinne *Bomhard/Siglmüller*, RDi 2024, 45, 51: hypothetische Einhaltung europäischen Urheberrechts bei Training im Ausland; in diese Richtung auch *Maamar*, ZUM 2023, 481, 486; *Baumann*, NJW 2023, 3673, 3676; *Buchalik/Gehrmann*, CR 2024, 145, 151.

13 *Becker*, CR 2024, 353, 357.

beißt sich etwas mit § 44b Abs. 3 Satz 2 UrhG, der bei online zugänglichen Werken ohnehin fordert, dass diese „maschinenlesbar" sein müssen. Deutlich wird damit wohl, dass neben robots.txt und Header- bzw. Metadaten (insb. nach dem TDM-Rep-Standard)[14] eben auch als Freitext verfasste „Geschäftsbedingungen einer Website oder eines Dienstes"[15] (ErwG 18 DSM-RL 2019/790) maschinenlesbar sind und die „Angemessenheit" der Erkennbarkeit des Rechtevorbehalts sich dynamisch nach den technischen Möglichkeiten weiterentwickelt.[16] Mit dem Aufkommen großer Sprachmodelle ist Freitext heute sehr gut auszuwerten. Bemerkenswert ist, dass insbesondere die Mechanismen, die zum Schutz personenbezogener Daten genutzt wurden, nicht als „Strategie" dokumentiert werden müssen. Die aufzuwendende Mühe bestimmt sich dann dynamisch nach dem, was mit den konkreten, dem Anbieter zugänglichen Mitteln erfasst werden kann.

30 Bei vielen Modellen ist die Strategie allerdings ohnehin **unproblematisch**: Soweit ausschließlich Messdaten oder andere nicht geschützte Daten als Trainingsgrundlage genutzt werden, kann sich die Strategie auf die Feststellung beschränken, dass man urheberrechtliche Inhalte ganz vermeidet. Erst recht gilt dies für Modelle, die gar nicht auf Training mit Fremddaten basieren. Ebenso kann die Strategie in einer umfassenden Lizenzierung bestehen – wenn also etwa Verlage oder andere Datenbankbetreiber sich diesbezügliche Rechte haben einräumen lassen, genügt der Hinweis auf das eigene Lizenzmanagement. Nur wer tatsächlich in öffentlichen Quellen Werke bzw. durch Leistungsschutzrechte geschützte Inhalte erfasst, muss überhaupt Maßnahmen ergreifen. Der Verweis auf Standardwerkzeuge und den etablierten Standard wird aber in aller Regel genügen. Qualifizierte Maßnahmen sind nicht erforderlich. Schwieriger wird es aber, wenn ein Datensatz insgesamt von Dritten lizenziert wird – hier wird man es wohl nicht auf dem Vertrauensgrundsatz beruhen lassen können. Ob hier bei Nutzung eines Datenvermittlungsdienstes der Verweis auf Art. 12 lit. j DGA genügt oder auch hier eine eigene Prüfung erforderlich ist, ist unklar. In jedem Fall sollten Mechanismen vorgesehen sein, um Meldungen von potenziellen Urheberrechtsverletzungen zu berücksichtigen und das Modell nachträglich zu aktualisieren oder zu löschen.

31 Die Strategie muss „**auf den Weg gebracht**" werden. Sie muss nach dem Wortlaut nicht offengelegt und scheinbar auch (anders als die in Abs. 1 lit. a genannten Informationen) nicht so dokumentiert sein, dass sie den zuständigen Behörden auf Anfrage zur Verfügung gestellt werden kann. Für die Anbieter von KI-

14 *Maamar*, ZUM 2023, 481, 484; *Gausling*, CR 2021, 609, 611; *Müller-ter Jung/Rexin*, CR 2022, 169, 174.

15 Vgl. auch BegrRegE, Gesetz zur Anpassung des Urheberrechts an die Erfordernisse des digitalen Binnenmarktes, BT-Drs, 19/27426, S. 89; zur konkreten Gestaltung *Bomhard*, DSRITB 2023, 255 ff.

16 *Hartmann/Jacobsen*, MMR-Aktuelle 2021, 441332.

Modellen führt aber kein Weg daran vorbei, dass die konkreten Maßnahmen im Streitfall (etwa bei behaupteter Urheberrechtsverletzung) nachgewiesen werden können, um etwa bei urheberrechtlichen Schadensersatzansprüchen (§ 97 Abs. 2 UrhG) einen Fahrlässigkeitsvorwurf auszuräumen. Aber auch sonst liegt der Nachweis im eigenen Interesse – denn eine nicht erkennbare Strategie könnte als Verstoß gegen die Pflicht des Abs. 1 lit. c gewertet werden und deshalb Bußgelder nach Art. 101 Abs. 1 auslösen. Mangels Bereitstellung von Formularen und Mustern durch die Kommission wird die Einhaltung aber zumeist ohnehin durch interne Dokumente und Weisungen sowie durch den Quellcode der zum Mining genutzten Werkzeuge bzw. die Vorlage von Verträgen mit den Rechteinhabern erfüllt sein.

ErwG 108 äußert sich zur **Durchsetzung dieser Pflicht** extrem nebulös: Die Kommission als Büro für Künstliche Intelligenz soll dies zwar „überwachen" – aber „ohne dies zu überprüfen oder die Trainingsdaten im Hinblick auf die Einhaltung des Urheberrechts Werk für Werk zu bewerten". Möglich bleiben damit nur Auskunftsansprüche und Stichproben, vor allem aber die Hoffnung darauf, dass die Rechteinhaber aktiv ihre Positionen in einem individuellen Zivilprozess gegen die Anbieter des GPAI-Modells nach § 97 UrhG (bzw. durch Abmahnung nach § 97a UrhG) durchsetzen oder gar im Wege des Strafantrags (§§ 109, 106 Abs. 1 UrhG) die Strafverfolgungsbehörden damit betrauen. 32

4. Zusammenfassung der Trainingsdaten (Abs. 1 lit. d)

Im Trilog **kontrovers diskutiert** wurde die vom Parlament in Art. 28b Abs. 4 lit. c des KI-VO Parlament vorgesehene Pflicht zur öffentlichen Information über die verwendeten Trainingsdaten. Viele KI-Systeme (und zugrunde liegende Modelle) halten diese Information als Geschäftsgeheimnis unter Verschluss – auch um der Konkurrenz eine Nachbildung des eigenen Produkts zu erschweren. Vor dem Hintergrund von § 44b Abs. 3 UrhG kommt die Offenlegung gerade bei automatischem Crawlen mitunter auch einer Selbstanzeige nahe, wenn es dabei bewusste Ungenauigkeiten gab (etwa bei der Frage, ob ein durch Text and Data Mining Reservation Protocol (TDMRep) umgesetzter Vorbehalt beachtet werden muss). Der Haupteinwand gegen eine Offenlegung aller herangezogenen Datenquellen war aber vor allem der Umfang dieser Dokumentation (die zudem kaum übersichtlich realisierbar ist). 33

Der endgültige Verordnungstext hat die vom Parlament nur für generative KI vorgesehene Dokumentationspflicht **auf alle GPAI-Modelle erweitert**. Ins Leere läuft die Pflicht, wenn es gar nicht um Modelle geht, die auf Training basieren, oder um Modelle, die ausschließlich mit Inhalten trainiert wurden, die gar nicht dem Urheberrecht bzw. Leistungsschutzrechten unterliegen (etwa Messdaten). Aber auch für die Fälle, in denen tatsächlich keine substituierenden Inhalte ge- 34 neriert werden, scheint die Veröffentlichungspflicht kaum durch das Interesse der Berechtigten geboten. Eine kleinteilige Offenlegung wollte man – insb. zum Schutz von Geschäftsgeheimnissen, aber auch zur Entlastung der Anbieter von aufwändiger Dokumentation – durch die ihrerseits schwer fassbare Beschränkung auf eine „Zusammenfassung" der verwendeten Inhalte und den Verweis auf eine durch die Kommission als Büro für Künstliche Intelligenz erstellte Vorlage vermeiden. Damit gibt man aber allen Beteiligten Steine statt Brot – der einzelne Urheber (Schriftsteller, Maler, Komponist) kann dadurch in der Regel nicht prüfen, ob seine Werke als Grundlage genutzt werden; die Betreiber müssen dennoch ihre Datenquellen und damit etwaige Vor- und Nachteile u. a. der Konkurrenz offenlegen.

35 Eine **Einzelliste ist nicht erforderlich** – welches Abstraktionslevel genügt (z. B. „Inhalte der deutschen Wikipedia", „Texte aus dem Kurznachrichtendienst X"), ist damit jedoch noch nicht gesagt. ErwG 107 stellt die zu berücksichtigenden Interessen grob dar: Auf Seiten der Anbieter des Modells geht es um den Schutz von Geschäftsgeheimnissen und vertraulicher Geschäftsinformationen, andererseits soll „Parteien mit berechtigtem Interesse" die Ausübung und Durchsetzung ihrer Rechte erleichtert werden. Daher sollen insbesondere „die wichtigsten Datenerhebungen oder Datensätze" aufgeführt werden – wozu der ErwG „große private oder öffentliche Datenbanken oder Datenarchive" zählt. Zudem soll eine „beschreibende Erläuterung" anderer verwendeter Datenquellen bereitgestellt werden. Letztlich hofft man aber darauf, dass die Kommission in ihrer Funktion als Büro für Künstliche Intelligenz eine Vorlage für die Zusammenfassung bereitstellt, die „einfach und wirksam" ist. Dem Urheber eines in einer Datenbank erfassten Inhalts (eines Fotos, Videos, Textes etc.) ist aber in der Regel wenig geholfen, wenn ihm gesagt wird, dass „auch" die Datenbank zum Training genutzt wurde. Ganz ungeschützt wären wohl diejenigen, die Inhalte auf eigenen Seiten hosten und nur durch Crawling erfasst werden oder deren Inhalte gar von analogen Vorlagen digitalisiert wurden. Inwieweit eine Zusammenfassung tatsächlich die Durchsetzung von Rechten erleichtert, ist ebenfalls unklar – denn es müsste letztlich doch das konkrete Werk benannt werden. Die Regelung birgt zudem die Gefahr, dass ausschließlich große Anbieter (die sich ausschließliche Nutzungsrechte haben einräumen lassen – d. h. insbesondere Presseverlage, aber wohl nicht Social Media Plattformen, die nur einfache Nutzungsrechte haben) hierdurch begünstigt werden.

36 Die in der Regelung vorausgesetzte „**Vorlage**" des Büros für Künstliche Intelligenz liegt derzeit nicht vor. Für Modelle, die schon trainiert sind oder derzeit trainiert werden, wird die rückwirkende Erfüllung der Pflichten (bis Juli 2027) schwierig werden, soweit nicht alle Quellen ohnehin einzeln irgendwo gespeichert sind. Aber auch sonst kann das Ausfüllen der Vorlage regelmäßig nur erfolgen, wenn zumindest intern jede einzelne URL etc. gespeichert wurde. Beschränkt wird damit nur die Veröffentlichung, nicht aber die interne Dokumentationspflicht.

Zur **Durchsetzung** gilt das zu lit. c Gesagte (vgl. Rn. 32): Die Kommission ist hier laut ErwG 108 zwar dem Grunde nach überwachungspflichtig, aber soll gerade nicht selbst eine Prüfung der einzelnen Datensätze vornehmen oder im Wege von Durchsuchungen o.ä. die Wahrheitskonformität prüfen. Stattdessen bleibt es im Wesentlichen bei der Hoffnung, dass die Betroffenen ihre Rechte schon selbst durchsetzen werden. Erst auf dieser Grundlage (d.h. bei durch die Betroffenen festgestelltem Verstoß) könnte die Kommission dann Maßnahmen ergreifen, um die künftige Rechtskonformität zu gewährleisten. **37**

5. Folgen eines Verstoßes

Die Pflichten nach Abs. 1 können von der Kommission im Grundsatz (siehe aber oben Rn. 32, 36) **durch Bußgelder** (Art. 101) durchgesetzt werden; daneben kommen Maßnahmen nach Art. 89 Abs. 1, 91 93 Abs. 1 (siehe dazu unten Rn. 48) in Betracht. Insoweit bestehen auf dem Papier durchaus starke öffentliche Durchsetzungsmechanismen – allerdings dürften hier Kapazitätsgrenzen problematisch sein.[17] Nach ErwG 108 sind zudem **urheberrechtliche Rechtsbehelfe** (siehe Rn. 32) möglich. **38**

Ob darüber hinaus Art. 53 Abs. 1 ein **Schutzgesetz im Sinne von § 823 Abs. 2 BGB** darstellt, ist zweifelhaft. In Betracht kommt dies namentlich für die Informationspflichten nach Abs. 1 lit. b, die aber wohl ohnehin durch die Haftung aus culpa in contrahendo (§§ 280 Abs. 1, 311 Abs. 2 Nr. 1, 241 Abs. 2 BGB) überlagert werden. Die urheberrechtlichen Pflichten nach Abs. 1 lit. b, lit. c betreffen hingegen nach ihrer Konstruktion („Strategie", „Zusammenfassung") gerade nicht spezifische einzelne Werke, sondern wohl eher Interessen der Allgemeinheit. **39**

III. (Vermeintliche) Privilegierung von Open-Source-Modellen (Abs. 2)

Die allgemeine Ausschlussklausel für Open Source (Art. 2 Abs. 12) bezieht sich explizit nur auf „KI-Systeme", aber nicht auf die zugrunde liegenden Modelle. Daher bedurfte es der **zusätzlichen Ausnahmeregelung** in Abs. 2. Freigestellt sind im Grundsatz alle Daten, Software und sonstige Komponenten (etwa Klassifikationen, Strukturen etc.). Sobald es sich allerdings um ein KI-Modell mit systemischem Risiko handelt (Art. 51), entfällt die Privilegierung. Jedenfalls **40**

17 *Bomhard/Siglmüller*, RDi 2024, 45, 53; *Ebers/Hoch/Rosenkranz/Ruschemeier/Steinrötter*, RDi 2021, 528, 536.

der „hohe Wirkungsgrad" im Sinne von Art. 51 Abs. 1 lit. b, Abs. 2 wird durch die technische Entwicklung künftig gerade im Forschungsbereich eher schnell erreicht werden.

41 Erfasst von der Regelung sind Modelle, die auf Grundlage einer „**freien und quelloffenen Lizenz** bereitgestellt werden, die den Zugang, die Nutzung, die Änderung und die Verbreitung des Modells ermöglicht". Das ist an die vier Grundfreiheiten der Free-Software-Definition[18] angelehnt (Freedom to run, freedom to study how the program works, freedom to redistrubte copies, freedom to distribute copies of modified versions). ErwG 102 konkretisiert, dass „auch" (?) Lizenzen erfasst sind, die es Nutzern ermöglichen, „Software und Daten zu betreiben, zu kopieren, zu verbreiten, zu untersuchen, zu ändern und zu verbessern", „sofern der ursprüngliche Anbieter des Modells genannt und identische oder vergleichbare Vertriebsbedingungen eingehalten werden". Damit wird klargestellt, dass Beschränkungen wie in der GPL (oder für Daten in der CC-BY-SA-Lizenz) zulässig sind (sog. „viraler Effekt" von Lizenzen mit strengem Copyleft-Effekt).

42 „Frei" im Sinne von Open Source erfordert nicht, dass der Erstvertrieb des Modells notwendig kostenlos erfolgen muss, sondern nur, dass der Zugang unbeschränkt ist. Demgegenüber stellt ErwG 103 klar, dass jegliche **„Monetarisierung" zum Wegfall der Privilegierung führt**. Nicht erforderlich ist eine Gewinnerzielungsabsicht – bereits die reine Kostendeckung kann hier zu Problemen führen. Als Monetarisierung gilt bereits die Bereitstellung technischer Unterstützung oder anderer Dienste – einschließlich der Nutzung von Softwareplattformen (neben Modellen, die als Webservice genutzt werden können, wohl selbst CDNs). Die Monetarisierung muss nicht durch unmittelbare Zahlung von Geld als Gegenleistung erfolgen – auch das „Bezahlen mit (personenbezogenen) Daten" im weiten Sinne von § 312 Abs. 1a BGB schließt ausdrücklich die Privilegierung aus (auch wenn es um Daten der Einzelunternehmer bzw. konkreter Unternehmensmitarbeiter geht). Als Rückausnahme wird die Bereitstellung von KI-Komponenten „über offene Speicher" benannt – damit sollen Plattformen wie Github oder Huggingface geschützt werden. Dass diese (und nicht diejenigen, welche ihre Modelle über die Plattform bereitstellen) als Anbieter qualifiziert werden können, ist aber ohnehin fraglich. Zudem werden die Plattformbetreiber ihre Plattform durchaus (durch Gebühren oder Werbung) monetarisieren. Wann eine solche Plattform dann „offen" ist, erklärt die Verordnung nicht – eine Registrierung wird man wohl ebenso erlauben wie den Ausschluss von missbräuchlich handelnden Nutzern. Die Rückausnahme zeigt zudem die Schwierigkeit, die Monetarisierung zu begrenzen: Wenn kostenloses Hosting als „Kick-Back" für die von Dritten erhobenen Nutzungsentgelte gewährt wird, könnte man dies durchaus als Monetarisierung zugunsten der Anbieter (durch Ersparen

18 https://www.gnu.org/philosophy/free-sw.html.en.

eigener Aufwendungen) einordnen. Damit wird aber jeder für den Anbieter kostenlose Hilfsdienst Dritter zum Problem, wenn vergleichbare Leistungen nur gegen Entgelt erworben werden können.

An die Stelle der konkreten Informationspflichten nach Abs. 1 lit. a, lit. b tritt die Pflicht, die **Parameter**, einschließlich Gewichte, Informationen über die Modellarchitektur und Informationen über die Modellnutzung, **öffentlich zugänglich zu machen**. Dies deckt sich teilweise, aber nicht ganz mit den Informationen nach Ziff. 2 von Anhang XI Abschnitt 1 bzw. XII. Eine Konkretisierung dieser Informationspflichten enthält die Verordnung nicht. Ob bereits der Source Code als solcher genügt (unabhängig von Dokumentation und Kommentaren), ist daher unklar. Auch der Detailgrad etwaiger Zusatzinformationen lässt sich der Regelung nicht entnehmen. Vor dem Hintergrund der Erwägungsgründe sollte hier aber kein zu strenger Maßstab anzunehmen sein. Adressat der Information sind sowohl die Aufsichtsbehörden als auch diejenigen, welche KI-Systeme auf Grundlage des Modells implementieren wollen. Demgegenüber ist weder Laienverständlichkeit noch auch nur schnelle Nachvollziehbarkeit gefordert. Es genügt, wenn die angesprochenen spezialisierten Fachkreise die erforderlichen Informationen aus den bereitgestellten Dateien entnehmen können. 43

Freigestellt sind die Anbieter nur von den Pflichten zur Dokumentation für die Aufsichtsbehörden (Abs. 1 lit. a) und zur Information derjenigen, welche das Modell in KI-Systemen integrieren wollen (Abs. 1 lit. b). Demgegenüber trifft auch Open-Source-Modelle die Pflicht, eine **Strategie zur Einhaltung des Urheberrechts und verwandter Schutzrechte** (insb. Beachtung von TDM-Vorbehalten i. S. v. § 44b Abs. 3 UrhG) „auf den Weg zu bringen" (Abs. 1 lit. c) und vor allem die **Veröffentlichung einer hinreichend detaillierten Zusammenfassung** der zum Training verwendeten Inhalte (Abs. 1 lit. d) vorzunehmen. Inwieweit diese Pflicht tatsächlich (international und auf Plattformen, die auch von Forschungseinrichtungen sowie Einzelpersonen genutzt werden) durchgesetzt werden kann, ist fraglich – ein Verwendungsverbot resultiert aus dem Pflichtverstoß nicht. 44

IV. Pflicht zur Zusammenarbeit mit Behörden (Abs. 3)

Die allgemeine Mitwirkungspflicht nach Abs. 3 soll sowohl die **Ergänzung und Konkretisierung der Informationen nach Abs. 1** sicherstellen als auch etwaige Abgrenzungsfragen bei der Einordnung als freies und quelloffenes Modell nach Abs. 2 aufklären. Gleichzeitig kann die Zusammenarbeit ggf. auch dazu beitragen, für die Zukunft konkretere Anforderungen herauszuarbeiten oder etwaige Maßnahmen (z. B. im Zusammenhang mit Abs. 1 lit. c) zur Verbesserung der Compliance zu treffen. 45

46 In vielen Fällen liegt die Kooperation schon im Interesse der Anbieter der GPAI-Modelle, die dadurch etwa der Einordnung als KI mit systemischem Risiko entgehen oder die Einhaltung der im Verkehr erforderlichen Sorgfalt in Haftungsfällen nachweisen können. Dennoch sehen die Art. 88–94 durchaus auch **Zwangsmaßnahmen** vor (vgl. ErwG 164). Nach der Generalklausel des Art. 89 Abs. 1 darf die Kommission alle „erforderlichen Maßnahmen" ergreifen, um die wirksame Umsetzung und Einhaltung der Regelungen zu überwachen. Dies wird durch Art. 93 konkretisiert durch die „Aufforderung", geeignete Maßnahmen zu treffen, Risikominimierungsmaßnahmen zu treffen oder sogar die Bereitstellung einzuschränken bzw. das Modell zurückzunehmen oder zurückzurufen. Neben der zwangsweisen Durchsetzung dieser Maßnahmen kommt auch die Verbindlicherklärung vom Anbieter selbst angebotener Verpflichtungen in Betracht. Eine Begründungspflicht ergibt sich aus Art. 18 Abs. 1 VO 2019/1020, eine Anhörung folgt aus Art. 18 Abs. 3 VO 2019/1020 (Art. 94).

47 Spezifisch auf die **Vorlage der nach Abs. 1 ohnehin vorzuhaltenden Dokumentation** gerichtet ist das Recht des Art. 91 Abs. 1, erfasst aber darüber hinaus alle weiteren Informationen, die erforderlich sind, um die Einhaltung der Pflichten zu beurteilen. Die Kommission kann weitergehend Informationsersuchen zugunsten des wissenschaftlichen Gremiums an den Anbieter richten (Art. 91 Abs. 3). Erfolgt die Übermittlung nicht innerhalb der von der Kommission gesetzten Frist oder ist sie unzutreffend, unvollständig oder irreführend, kann nach Art. 101 Abs. 1 eine Geldbuße von bis zu 3 % des gesamten weltweiten Jahresumsatzes des Anbieters im vorangegangenen Geschäftsjahr oder 15.000.000 EUR verhängt werden. Nach Art. 92 Abs. 3 kann die Kommission zur Bewertung eines GPAI-Modells zudem Zugang zum Modell verlangen – sei es durch Zugriff auf den Quellcode oder Zugang über eine API.

48 Ergänzt wird die Zusammenarbeit der Anbieter durch die **Kooperation zwischen Kommission (in Gestalt des Büros für Künstliche Intelligenz) und den Marktüberwachungsbehörden der Mitgliedstaaten** nach Art. 75: Hier geht es einerseits um GPAI-Modelle, welche „direkt" für mindestens einen Hochrisikobereich verwendet werden können, und andererseits um Fragen der Konformität eines Hochrisiko-KI-Systems, die gerade an einem zugrunde liegenden GPAI-Modell hängen, über das die nationale Behörde keine hinreichenden Informationen erhalten kann. Darüber hinaus ist die Sonderzuständigkeitsregel des Art. 75 Abs. 1 zu beachten. Danach ist die EU-Kommission (in Gestalt des Büros für Künstliche Intelligenz) zuständig für die Überwachung und Aufsicht über KI-Systeme, die auf einem vom selben Anbieter entwickelten GPAI-System beruht (auch wenn es sich um Hochrisiko-KI handelt).

49 Ebenfalls in diesen Zusammenhang gehört das **Beschwerderecht nachgelagerter Anbieter (Art. 89 Abs. 2)**, durch welches die Kommission über etwaige Verstöße gegen die Pflichten (insb. das völlige Fehlen von Informationen nach

Abs. 1) informiert wird. Andere Personen, etwa private Nutzer, sind anders als bei den nationalen Aufsichtsbehörden (Art. 85) bei GPAI-Modellen nicht beschwerdebefugt. Ob auch Personen, die nur potenziell als nachgelagerte Anbieter auftreten können (mit denen also ein Vertragsschluss abgelehnt wurde), eine Beschwerde einreichen können, ist unklar. In jedem Fall kann die Kommission aber auch auf allgemeine Hinweise (vgl. Art. 87 i.V.m. HinSchG) tätig werden; es entfallen dann nur die bei einer Beschwerde im Rechtssinne vorgesehenen Rechtsschutzmöglichkeiten (vgl. dazu VO 2019/1020).

V. Konformitätsvermutung bei Befolgung von Normen und Praxisleitfäden (Abs. 4)

Die Verordnung vertraut grundsätzlich auf die Tätigkeiten von europaweit täti- 50
gen technischen **Normungsorganisationen** (ein DIN-Standard würde daher nicht genügen, ein weltweiter ISO-Standard dagegen schon). Soweit derartige Vorgaben für GPAI-Modelle existieren (siehe auch Art. 40), begründet deren Einhaltung die Vermutung, dass den Pflichten nach Abs. 1 Genüge getan wurde. Das betrifft zumindest teilweise die technische Dokumentation (Abs. 1 lit. a) und die Maßnahmen zur Einhaltung urheberrechtlicher Vorgaben (Abs. 1 lit. c). Demgegenüber ist die Information derjenigen, welche KI-Systeme auf Grundlage des Modells implementieren wollen (Abs. 1 lit. b), und vor allem die Zusammenfassung der verwendeten Inhalte kaum durch eine technische Norm spezifizierbar. Ob hier wirklich eine (vor allem zeitnahe) Konkretisierung erreicht werden kann, ist daher sehr fraglich.

Bis zur Schaffung solcher einheitlich geltender technischer Normen ist nach 51
Abs. 4 Satz 1 die Einhaltung von **Praxisleitfäden** (Art. 56) als Nachweis der Pflichterfüllung hinreichend. Soweit es mehrere alternativ einschlägige Praxisleitfäden gibt, hat der Anbieter die Wahl zwischen diesen. Die Praxisleitfäden werden in einem recht aufwändigen Verfahren entwickelt und von der Kommission nach Prüfung genehmigt. Im Grundsatz ist zwingend vorgesehen, dass entsprechende Leitfäden bereits vor dem Inkrafttreten der Pflichten nach Art. 53 beschlossen sind (Art. 56 Abs. 9 UAbs. 1). Zeit für die Umsetzung der dann beschlossenen Maßnahmen gibt es dabei aber praktisch nicht. Sollte es bis dahin keinen Praxisleitfaden geben, darf die Kommission stattdessen in einem Durchführungsrechtsakt die Details vorgeben (Art. 56 Abs. 9 UAbs. 2). Dieser tritt dann an die Stelle von Praxisleitfäden, bis solche genehmigt wurden. Die Anwendung von Praxisleitfäden (und ggf. Durchführungsrechtsakten der Kommission) ist freiwillig – trotz Existenz kann auf andere, selbst gestaltete Verfahren zurückgegriffen werden.

52 Solange es weder einschlägige technische Normen noch Praxisleitfäden oder Durchführungsvorschriften im Sinne von Art. 56 gibt, müssen die Anbieter von GPAI-Modellen ebenso wie diejenigen, die sich bewusst nicht an Normen oder Praxisleitfäden orientieren, **„geeignete alternative Verfahren"** aufzeigen. Diese Verfahren sind dann im Einzelfall durch die Kommission im Rahmen der Durchsetzung (insb. im Ordnungswidrigkeitenverfahren des Art. 101) auf ihre Tauglichkeit zu überprüfen. Das kann praktisch zumindest in einer Übergangsphase zu einer Substitution von Praxisleitfäden genutzt werden: Herangehensweisen, die durch (veröffentlichte) Entscheidung der Kommission als hinreichend erachtet werden, entfalten als „Best Practice" Vorbildfunktion und können für andere Modelle übernommen werden.

53 Die „Bewertung" durch die Kommission sollte nicht erst im Fall einer Prüfung des GPAI-Modells (etwa aufgrund einer Beschwerde nach Art. 89 Abs. 2) erfolgen, sondern **so früh wie möglich**, in jedem Fall vor dem erstmaligen Inverkehrbringen. Ein besonderes Verfahren ist hierfür derzeit nicht vorgesehen. Bei GPAI-Modellen, die bei Inkrafttreten der Verordnung bereits im Verkehr sind, ist die Einholung der Bewertung unverzüglich nachzuholen. Die Kommission muss in diesem Fall unverzüglich (d. h. so schnell wie aufgrund der verfügbaren Ressourcen möglich) reagieren. Allerdings kann eine Untätigkeit weder als Zustimmung noch als Verweigerung der Anerkennung gewertet werden. In diesem Fall erfolgt das Angebot des GPAI-Modells auf eigene Gefahr des Anbieters. Auf eine einmal erfolgte Bewertung kann sich der Anbieter hingegen im Grundsatz verlassen; bei Änderung der Umstände (sei es technischer Art oder rechtlicher Entwicklungen) kann eine erneute Überprüfung geboten sein.

VI. Delegierte Rechtsakte (Abs. 5, Abs. 6)

54 Die derzeitige Fassung des Anhangs XI ist sehr unbestimmt. Da hier Freitextangaben zulässig sind und keinerlei formale Vorgaben zur Vergleichbarkeit bestehen, ist eine manuelle Prüfung praktisch unvermeidbar. Um hier den **Verwaltungsaufwand für die Anbieter und die Kommission zu reduzieren**, und vor allem bei einer künftigen Spezifikation der Kriterien für die Annahme eines systemischen Risikos liegt es nahe, hier präzisere Anforderungen zu stellen. In Abgrenzung zu Abs. 6 geht es bei Abs. 5 nicht um alle denkbaren Veränderungen, sondern nur um „Mess- und Berechnungsmethoden im Einzelnen". Die Einfügung neuer Kriterien muss daher auf Abs. 6 gestützt werden. Anzuwenden ist das Verfahren nach Art. 97 (nur Widerspruchsmöglichkeit von Rat und Parlament), um schnelle Reaktionen zu ermöglichen.

55 Die in Anhang XI für die Auskunft nach Abs. 1 lit. a zu machenden Angaben sollen vor allem die Beurteilung ermöglichen, ob ein GPAI-Modell trotz fehlender Selbstanzeige nach Art. 52 Abs. 1 ein systemisches Risiko begründet (siehe oben Rn. 22). Es geht dabei freilich nur um ein Aufgreifkriterium, an das sich eine umfangreichere Prüfung anschließen kann (Art. 52). Damit ist es denkbar, dass insbesondere die nach Abschnitt 1 Ziff. 2 zu machenden Angaben zu ungenau oder unvollständig sind, um eine fundierte Beurteilung vorzunehmen, und es letztlich doch konkreter Rückfragen im Einzelfall bedarf. Diese sind aber bei der zu erwartenden Vielzahl von GPAI-Modellen schlicht nicht realisierbar. Vor diesem Hintergrund kann die Kommission im Wege eines delegierten Rechtsakts (vgl. Art. 97), d.h. durch eine Verordnung in einem vereinfachten Verfahren (nur Widerspruchsmöglichkeit von Rat und Parlament), nach Absatz 6 den **Anhang XI (Information ggü. der Kommission) ändern**. Dies kann sowohl Konkretisierungen der Angaben, eine Streichung von konkreten Pflichtinformationen als auch die Pflicht zu zusätzlichen Pflichtmitteilungen umfassen. Die entsprechenden Änderungen sind dann bei der Aktualisierung der technischen Dokumentation (siehe Rn. 23) zu berücksichtigen. Der Wortlaut der Ermächtigungsgrundlage spricht zwar von dem „Hintergrund wandelnder technologischer Entwicklungen", aber auch die Anzahl der Mitteilungen beruht auf dem technologischen Fortschritt.

VII. Vertraulichkeit (Abs. 7)

Abs. 7 gewährleistet, dass die mit der Beurteilung befassten Behörden und Einzelpersonen (etwa im wissenschaftlichen Gremium) die erlangten Informationen nicht für eigene Zwecke nutzen oder offenlegen. Dies dient einerseits der **vertrauensvollen und konstruktiven Zusammenarbeit** (so ErwG 167), andererseits aber auch dem öffentlichen Vertrauen in die Behörden und vor allem dem Schutz vor Insidergeschäften und Interessenskonflikten. Vergleichbare Regelungen finden sich fast durchgängig in allen aufsichtsrechtlichen Gesetzen. 56

Da Art. 78 (i.V.m. ErwG 167) nach seinem Wortlaut ohnehin alle „Informationen und Daten, die sie bei der Durchführung ihrer Aufgaben und Tätigkeiten erhalten haben", umfasst, ist Abs. 7 redundant (und nicht etwa ein Rechtsfolgenverweis o.ä.) und hat eine **reine Klarstellungsfunktion**. Sie soll gerade im breiten Feld der GPAI-Modelle die besondere Bedeutung der Vertraulichkeit hervorheben, da es insbesondere bei der technischen Information nach Abs. 2 lit. a um Massenverfahren geht, an denen aber ggf. auch die Öffentlichkeit (Konkurrenz, Verbraucherschutzorganisationen etc.) ein Interesse haben könnte. 57

Anders als im Kartellrecht gibt es keine besonderen **Auskunftsansprüche Dritter** gegenüber den Behörden in Bezug auf die dort vorhandenen Informationen. Vielmehr gelten hier die allgemeinen zivilprozessualen Grundsätze – ein Ausforschungsbeweis ist danach ausgeschlossen. Gegenüber Dritten haftet allerdings ohnehin allenfalls der Betreiber oder Anbieter des KI-Systems, da das Modell selbst ihm gegenüber gar nicht in Erscheinung tritt. Durch die geplanten Be- 58 weislastmodifikationen im Rahmen der KI-Haftungs-RL ist hier ein hinreichender Schutz trotz der Informationsdefizite gewährleistet. Für den Innenregress des KI-System-Betreibers gegen den Anbieter des GPAI-Modells bedarf es in aller Regel keiner Behördenauskunft, da die Informationen für diejenigen, die KI-Systeme auf Grundlage der GPAI-Modelle entwickeln, weitgehend den Informationen der Behörden entsprechen (siehe dazu oben Rn. 24 f.).

Art. 54 Bevollmächtigte der Anbieter von KI-Modellen mit allgemeinem Verwendungszweck

(1) Anbieter, die in Drittländern niedergelassen sind, benennen vor dem Inverkehrbringen eines KI-Modells mit allgemeinem Verwendungszweck auf dem Unionsmarkt schriftlich einen in der Union niedergelassenen Bevollmächtigten.

(2) Der Anbieter muss seinem Bevollmächtigten ermöglichen, die Aufgaben wahrzunehmen, die im vom Anbieter erhaltenen Auftrag festgelegt sind.

(3) Der Bevollmächtigte nimmt die Aufgaben wahr, die in seinem vom Anbieter erhaltenen Auftrag festgelegt sind. Er stellt dem Büro für Künstliche Intelligenz auf Anfrage eine Kopie des Auftrags in einer der Amtssprachen der Institutionen der Union bereit. Für die Zwecke dieser Verordnung ermächtigt der Auftrag den Bevollmächtigten zumindest zur Wahrnehmung folgender Aufgaben:

a) Überprüfung, ob die technische Dokumentation gemäß Anhang XI erstellt wurde und alle Pflichten gemäß Artikel 53 und gegebenenfalls gemäß Artikel 55 vom Anbieter erfüllt wurden;

b) Bereithaltung einer Kopie der technischen Dokumentation gemäß Anhang XI für das Büro für Künstliche Intelligenz und die zuständigen nationalen Behörden für einen Zeitraum von zehn Jahren nach dem Inverkehrbringen des KI-Modells mit allgemeinem Verwendungszweck und der Kontaktdaten des Anbieters, der den Bevollmächtigten benannt hat;

c) Bereitstellung sämtlicher zum Nachweis der Einhaltung der Pflichten gemäß diesem Kapitel erforderlichen Informationen und Dokumentation, einschließlich der unter Buchstabe b genannten Informationen und Dokumentation, an das Büro für Künstliche Intelligenz auf begründeten Antrag;

d) Zusammenarbeit mit dem Büro für Künstliche Intelligenz und den zuständigen Behörden auf begründeten Antrag bei allen Maßnahmen, die sie im Zusammenhang mit einem KI-Modell mit allgemeinem Verwendungszweck ergreifen, auch wenn das Modell in KI-Systeme integriert ist, die in der Union in Verkehr gebracht oder in Betrieb genommen werden.

(4) Mit dem Auftrag wird der Bevollmächtigte ermächtigt, neben oder anstelle des Anbieters als Ansprechpartner für das Büro für Künstliche Intelligenz oder die zuständigen Behörden in allen Fragen zu dienen, die die Gewährleistung der Einhaltung dieser Verordnung betreffen.

(5) Der Bevollmächtigte beendet den Auftrag, wenn er der Auffassung ist oder Grund zu der Annahme hat, dass der Anbieter gegen seine Pflichten gemäß dieser Verordnung verstößt. In einem solchen Fall informiert er auch das Büro für Künstliche Intelligenz unverzüglich über die Beendigung des Auftrags und die Gründe dafür.

(6) Die Pflicht gemäß diesem Artikel gilt nicht für Anbieter von KI-Modellen, die im Rahmen einer freien und quelloffenen Lizenz bereitgestellt werden, die den Zugang, die Nutzung, die Änderung und die Verbreitung des Modells ermöglicht und deren Parameter, einschließlich Gewichte, Informationen über die Modellarchitektur und Informationen über die Modellnutzung, öffentlich zugänglich gemacht werden, es sei denn, die KI-Modelle mit allgemeinem Verwendungszweck bergen systemische Risiken.

Mit Art. 54 korrespondiert Erwägungsgrund 82.

Schrifttum: *Ehmann/Selmayr* (Hrsg.), DS-GVO, 3. Aufl. 2024; *Franck*, Der Vertreter in der Union gemäß Art. 27 DS-GVO, RDV 2018, 303; *Gola/Heckmann* (Hrsg.), DS-GVO BDSG, Kommentar, 3. Aufl. 2022; *Hoenike/Hülsdunk*, Die Gestaltung von Fernabsatzangeboten im elektronischen Geschäftsverkehr nach neuem Recht – Gesetzesübergreifende Systematik und rechtliche Vorgaben vor Vertragsschluss, MMR 2002, 415; *Lantwin*, Kann ein Briefkasten haften? – Rolle des Vertreters nach DS-GVO, ZD 2019, 14; *Schwartmann/Jaspers/Thüsing/Kugelmann* (Hrsg.), DS-GVO/BDSG, 3. Aufl. 2024; *Simitis/Hornung/Spiecker gen. Döhmann* (Hrsg.), Datenschutzrecht DSGVO mit BDSG, 2019; *Taeger/Gabel* (Hrsg.), DSGVO BDSG TTDSG, Kommentar, 4. Aufl. 2022; *Voigt/Bastians*, Pflicht zur Benennung von EU-Vertretern im europäischen Digitalrecht, MMR 2022, 930; *Wolff/Brink/v. Ungern-Sternberg* (Hrsg.), Beck'scher Online-Kommentar Datenschutzrecht, 50. Edition, Stand: 1.11.2021.

Übersicht

I. Überblick

1 Die Vorschrift regelt ein **entscheidendes Verfahrensdetail** für alle GPAI-Modelle: Zur effektiven und zeitnahen Durchsetzung muss es einen Ansprechpartner geben, den die Kommission für die Erfüllung von Pflichten in Anspruch nehmen kann. Dies ist im Marktüberwachungssystem (vgl. Art. 4 Abs. 2 lit. c VO

2019/1020),[1] aber z. B. auch im Datenschutzrecht (Art. 27 Abs. 1 DSGVO), nach Art. 18 Abs. 2 Satz 1 NIS-2-RL, Art. 19 Abs. 3 Satz 1 DGA oder Art. 13 DSA üblich,[2] für Hochrisiko-KI-Systeme findet sich eine Parallelregelung in Art. 22.

In der **Entwurfsfassung** des Rates sah Art. 4b Abs. 2 für Anbieter von KI-Systemen mit allgemeinem Verwendungszweck, die als Hochrisiko-KI-Systeme oder als Komponenten von Hochrisiko-KI-Systemen verwendet werden können, einen schlichten Verweis auf Art. 25 (den heutigen Art. 22) vor. In Art. 28b der Entwurfsfassung des Parlaments fehlte zwar ein solcher Verweis, allerdings war nach Anhang VIII Abschnitt C des Parlamentsvorschlags unter Ziff. 3 ausdrücklich der „Bevollmächtigte" als Pflichtinformation vorgesehen, sodass auch dort davon ausgegangen wurde, dass Anbieter aus Drittstaaten einen Bevollmächtigten in der EU benötigen. 2

Die **Unterschiede zwischen Art. 22 und Art. 54** gehen über Details der Formulierung („Inverkehrbringen" statt „Bereitstellung" in Abs. 1, „Büro für Künstliche Intelligenz" statt [mitgliedstaatlicher] „Marktüberwachungsbehörden" in Abs. 3 Satz 2, Abs. 3 UAbs. 2 in Art. 54 entspricht Abs. 4 in Art. 22) vor allem bei den Mindestzuständigkeiten hinaus. Eine nur bei GPAI-Modellen vorgesehene Besonderheit ist die Privilegierung von Modellen unter freien und quelloffenen Lizenzen, die kein systemisches Risiko bergen (Abs. 6). 3

II. Benennung eines Vertreters

Anbieter aus Drittländern „**benennen**" einen Bevollmächtigten, der in der EU niedergelassen ist. Die „Benennung" meint im deutschen Sinne die Erteilung einer (ggf. inhaltlich im Sinne nach Abs. 2, Abs. 4 beschränkten) Außenvollmacht. Das Europarecht selbst enthält keine besonderen Vorgaben an den Bestellungsakt. Die Verletzung der Benennungspflicht kann nach Art. 101 Abs. 1 mit einem Bußgeld verfolgt werden. Freilich dürfte die Vollstreckung schwierig sein, soweit der Anbieter keine Niederlassung in der EU (und damit in der Regel auch kein Vermögen in einem Mitgliedstaat) hat. 4

Es kann sich um natürliche oder juristische **Personen** sowie um rechtsfähige Personengesellschaften im Sinne von § 14 Abs. 2 BGB (die im europarechtlichen Sinne als juristische Person gelten dürften) handeln. Die Rechtsform muss dabei keine europäische sein, vielmehr genügen auch Gesellschaften nach dem Recht eines Drittstaats, soweit ihre Niederlassung in der EU liegt. Besondere Qualifi- 5

1 Siehe z. B. auch Art. 13 RL 2014/90/EU über Schiffsausrüstung (ABl. L 257 vom 28.8.2014, S. 146) oder Art. 4 VO (EG) Nr. 1223/2009 des Europäischen Parlaments und des Rates vom 30.11.2009 über kosmetische Mittel (ABl. L 342 vom 22.12.2009, S. 59).

2 Dazu *Voigt/Bastians*, MMR 2022, 930 ff.

kationen muss der Vertreter nicht aufweisen, es muss sich weder um einen Juristen noch einen Informatiker handeln. Es genügt ein Vertreter für die gesamte EU, selbst wenn das Modell in mehreren Mitgliedstaaten genutzt wird.

6 „**Niederlassung**" im Sinne der Regelung meint die Hauptniederlassung.[3] Würde eine bloße Zweigniederlassung genügen, würden die mit der Norm adressierten Ziele (leichter Kontakt und Verantwortlichkeit) mangels hinreichender Verfestigung verfehlt. Dass Hauptniederlassungen ausländischer Unternehmen ihrerseits Probleme mit der Anerkennung der Haftungsbeschränkung und sogar der Rechtsfähigkeit derartiger Rechtsträger verursachen können,[4] spielt insoweit keine Rolle. Im schlimmsten Fall wird die ausländische Rechtsform etwa in Deutschland als rechtsfähige Personengesellschaft behandelt, sodass auch insoweit die Verantwortlichkeit gewährleistet ist.

7 Die Benennung ist **schriftlich** niederzulegen; eine bloß mündlich oder in anderer Form erteilte Vollmacht genügt daher nicht. Allerdings kann der Begriff nicht zwingend im Sinne der deutschen Regelungen der §§ 126, 126a BGB verstanden werden, sondern ist autonom auszulegen.[5] Da auch die Verordnung trotz der bekannten Diskussionen im Hinblick auf bestehende Parallelregelungen (Rn. 1) auf eine Präzisierung verzichtet hat, gleichzeitig aber etwa die qualifizierte elektronische Signatur spätestens seit der EIDAS-VO bekannt wäre, ist ein solch strenges Formerfordernis auch eher fernliegend. Es sollte daher auch eine einfache E-Mail genügen, mithin die „Textform" im Sinne des deutschen Rechts (§ 126b BGB). Das naheliegende Gegenargument, dass das Europarecht auch den „dauerhaften Datenträger" kennt, steht dem nicht entgegen, weil dieser regelmäßig nur für die Dokumentation bestehender Verhältnisse ggü. Dritten dient, während die Benennung hier gerade Wirksamkeitsvoraussetzung für die Entstehung sein soll.

8 Nach Abs. 3 Satz 2 ist dem Büro für Künstliche Intelligenz (also der Kommission) auf Anfrage eine Kopie des Auftrags in einer der **Amtssprachen der Institutionen der Union**[6] bereitzustellen. Das bedeutet nicht, dass die Bevollmächti-

---

3 So etwa zu § 5 TMG *Hoenike/Hülsdunk*, MMR 2002, 415, 418.

4 BGHZ 178, 192 = BGH, NJW 2009, 289 – Trabrennbahn.

5 Zur Parallelregelung in Art. 27 DSGVO etwa *Bertermann*, in: Ehmann/Selmayr, DS-GVO, Art. 27 Rn. 11 („written" bedeutet „Textform"); *Kremer*, in: Schwartmann/Jaspers/Thüsing/Kugelmann, DS-GVO/BDSG, Art. 27 Rn. 30 ff.; *Piltz*, in: Gola/Heckmann, DS-GVO BDSG, Art. 27 Rn. 15 f.; *Hornung*, in: Simitis/Hornung/Spiecker gen. Döhmann, Datenschutzrecht, Art. 27 Rn. 10; *Franck*, RDV 2018, 303, 306; *Lantwin*, ZD 2019, 14.

6 Art. 1 VO Nr. 1 zur Regelung der Sprachenfrage für die Europäische Wirtschaftsgemeinschaft: Bulgarisch, Dänisch, Deutsch, Englisch, Estnisch, Finnisch, Französisch, Griechisch, Irisch, Italienisch, Kroatisch, Lettisch, Litauisch, Maltesisch, Niederländisch, Polnisch, Portugiesisch, Rumänisch, Schwedisch, Slowakisch, Slowenisch, Spanisch, Tschechisch und Ungarisch.

gung selbst in einer dieser Sprachen verfasst sein muss, es genügt eine Übersetzung.

9 Als Bevollmächtigte können **auch nachgelagerte Anbieter** (Art. 89 Abs. 2) benannt werden, selbst wenn dies potenziell zu Interessenkollisionen führen kann. Eine Unabhängigkeit des Bevollmächtigten vom Anbieter ist nämlich in der Verordnung nicht vorgeschrieben.

III. Vertretungsbefugnis (Abs. 2, Abs. 4)

10 Der **Mindestumfang** der Vertretungsbefugnis ergibt sich aus dem Zusammenspiel von Abs. 2 und 3 einerseits (Möglichkeit zur Erfüllung der Aufgaben) und Abs. 4 (Ansprechpartner für das Büro für Künstliche Intelligenz und die zuständigen Behörden) andererseits.

11 Ähnlich wie § 714 BGB a. F. für die Vertretungsmacht der BGB-Gesellschafter begründet Abs. 2 eine zu den Pflichten des Absatz 3 **akzessorische Vertretungsbefugnis**. Dabei handelt es sich um eine Mindestvorgabe – selbstverständlich kann dem Bevollmächtigten auch eine Generalvollmacht erteilt werden oder über die Zuständigen nach Abs. 3 hinaus auch spezifische weitere Aufgaben (etwa Vertrieb und Support) im Verhältnis zu Dritten zugewiesen werden. Nicht alle der genannten Aufgaben erfordern die Befugnis, eigenständig zu agieren; in vielen Fällen genügt auch ein Handeln als schlichter Bote oder sogar eine rein tatsächliche Maßnahme. Der Begriff der „Bevollmächtigung" im europarechtlichen Sinne ist dabei nicht notwendig im deutschen Sinne zu verstehen, sodass eine so eingeschränkte Befugnis im Einzelfall genügen kann.

12 Erläuterungen zu den **einzelnen Aufgaben** finden sich unten bei Rn. 17 ff. Über die Einräumung der Befugnisse hinaus umfasst die Pflicht nach Abs. 2 auch die tatsächliche Ermöglichung der Pflichterfüllung – so kann man etwa keine Dokumentationen oder Informationen vorlegen, bevor man diese erhalten hat.

13 Die **Formulierung des Abs. 4** weicht geringfügig von Art. 27 Abs. 4 DSGVO ab („bei sämtlichen Fragen … als Anlaufstelle zu dienen" vs. „als Ansprechpartner … in allen Fragen zu dienen"). Damit ist aber soweit ersichtlich keine inhaltliche Abweichung bezweckt. Schon die Formulierung „Anlaufstelle" in der deutschen Fassung von Art. 27 DSGVO wurde als Missgriff kritisiert.[7] Die Rolle des Bevollmächtigten wird aber mit dem Wortlaut „Ansprechpartner" nur bedingt klarer.

14 Gemeint ist, dass er **vollumfängliche Passivvertretungsbefugnis** (§ 164 Abs. 3 BGB) in Bezug auf alle Anfragen der genannten Behörden hat. Erklärungen, die

7 *Hanloser*, in: Wolff/Brink/v. Ungern-Sternberg, BeckOK DatenschutzR, Art. 27 Rn. 5.

ihm gegenüber abgegeben werden, gelten als dem Anbieter zugegangen, ohne dass es der tatsächlichen Weitergabe bedürfte.[8]

15 Demgegenüber ist trotz der Bezeichnung als „Bevollmächtigter" nicht notwendig Vertretungsmacht notwendig, um **Aktiverklärungen** zu Lasten des Anbieters abzugeben (§ 164 Abs. 1 Satz 1 BGB). Die Ausübung der in Abs. 3 genannten Aufgaben erfordert gerade keine eigene Entscheidungsbefugnis, sondern kann auch bei enger Weisungsbindung realisiert werden. Auch für Abs. 4 genügt es, dass er Anfragen entgegennehmen kann und diese dann nach Absprache mit dem Anbieter beantwortet. Insoweit genügt es, dass er fremde Erklärungen weitergibt, mithin als Erklärungsbote handelt[9] – es ist aber auch eine Gestaltung zulässig, in welcher ihm insoweit eigene Entscheidungsbefugnis eingeräumt wird.

16 Abs. 4 stellt klar, dass die Benennung eines Bevollmächtigten **nicht etwa den Anbieter von seinen Mitwirkungspflichten entbindet**. Vielmehr kann die Kommission (oder eine andere zuständige Behörde) sich auch weiterhin an diesen wenden („neben").

IV. Aufgaben (Abs. 3)

17 Scheinbar räumt Abs. 3 Satz 1 ebenso wie Abs. 2 dem Anbieter die Freiheit ein, welche Zuständigkeiten er dem Bevollmächtigten überträgt („im […] Auftrag festgelegt"). Allerdings enthält Abs. 3 Satz 3 dann doch eine Liste von **zwingend zuzuweisenden Aufgaben** („ermächtigt […] zumindest"). Die nach Abs. 3 Satz 2 vorgesehene Möglichkeit zur Bereitstellung einer Kopie des Auftrags auf Antrag des Büros für Künstliche Intelligenz (oben Rn. 8) hat vor dem Hintergrund der dabei erfassten Breite an Zuständigkeiten keine große Relevanz. Alle Zuständigkeiten, die das Büro für Künstliche Intelligenz interessieren dürften, sind nämlich in diesem Katalog enthalten; an darüber hinausgehenden Zuständigkeiten dürfte die Kommission kein (berechtigtes) Interesse haben. Bleibt der Auftrag hinter dem Mindestumfang zurück, hat der Anbieter seine Pflicht nach Abs. 1 verletzt, worauf insb. ein Bußgeld nach Art. 101 Abs. 1 verhängt werden kann. Jedenfalls nach deutschem Recht wird man aber durch die

8 Ganz h. M. zu Art. 27 Abs. 4 DSGVO, vgl. *Bertermann*, in: Ehmann/Selmayr, DS-GVO, Art. 27 Rn. 13; *Hornung*, in: Simitis/Hornung/Spiecker gen. Döhmann, Datenschutzrecht, Art. 27 Rn. 24; *Hartung*, in: Kühling/Buchner, DS-GVO/BDSG, Art. 27 Rn. 14; *Lang*, in: Taeger/Gabel, DSGVO BDSG TTDSG, Art. 27 Rn. 47; *Lantwin*, ZD 2019, 14, 16; **a. A.** für Art. 27 Abs. 4 DSGVO aber *Kremer*, in: Schwartmann/Jaspers/Thüsing/Kugelmann, DS-GVO/BDSG, Art. 27 Rn. 58, 61.

9 Zu Art. 27 Abs. 4 DSGVO *Bertermann*, in: Ehmann/Selmayr, DS-GVO, Art. 27 Rn. 13; *Hartung*, in: Kühling/Buchner, DS-GVO/BDSG, Art. 27 Rn. 14; *Lang*, in: Taeger/Gabel, DSGVO BDSG TTDSG, Art. 27 Rn. 48; *Kremer*, in: Schwartmann/Jaspers/Thüsing/Kugelmann, DS-GVO/BDSG, Art. 27 Rn. 58, 61.

Benennung eines „Bevollmächtigten im Sinne von Art. 54 KI-VO“ auch die dort genannten Befugnisse einräumen; hier dürften die Grundsätze der Anscheinsvollmacht greifen.

Nach Abs. 3 Satz 3 lit. a besteht die erste Aufgabe des Bevollmächtigten in der **Überprüfung** der Erfüllung der europarechtlich begründeten Pflichten des Anbieters. Dies umfasst sämtliche Aufgaben nach Art. 53 sowie (für GPAI-Modelle mit systemischem Risiko) nach Art. 55. Insbesondere soll er sicherstellen, dass die technische Dokumentation die in Anhang XI genannten Angaben enthält. Darüber hinaus muss er u. a. sicherstellen, dass eine Urheberrechtsstrategie (nach Maßstäben des Unions-Urheberrechts, Art. 53 Rn. 27 ff.) vorhanden ist und eine Zusammenfassung der zum Training genutzten Daten existiert. Bei GPAI-Modellen mit systemischem Risiko müssen nicht nur Modellbewertung und Risikomanagement vorliegen, sondern auch eine Dokumentation schwerwiegender Vorfälle und Abhilfemaßnahmen und ein „angemessenes Maß“ an Cybersicherheit nach europäischen Maßstäben. Ob die entsprechenden Informationen auch in einer Amtssprache der EU vorhanden sein müssen, ist nicht klar geregelt. Jedenfalls in Bezug auf die technische Dokumentation sollte dies aber wohl der Fall sein, weil sonst die Vorlage bei den Behörden wenig zielführend sein dürfte. 18

Abs. 3 Satz 3 lit. b ergänzt Art. 53 Abs. 1 lit. a insoweit, als eine Pflicht zur **Bereithaltung** der Dokumentation für einen Zeitraum von zehn Jahren vorgeschrieben wird (dies ähnelt der Pflicht nach Art. 22 Abs. 3 lit. b) und zusätzlich auch die Kontaktdaten des Anbieters (konkret: des Auftraggebers) erfasst sind. Ähnlich wie bei Art. 53 Abs. 1 lit. a geht es nicht um eine Übermittlungspflicht, sondern nur um die schlichte Aufbewahrung für Anfragen. Die Unterlagen müssen nicht vor Ort bereitgehalten werden, sondern können auch in einem externen Cloud-Speicher vorrätig gehalten werden. Die Bereithaltung muss nur so gestaltet sein, dass die Pflicht nach lit. c innerhalb kurzer Zeit erfüllt werden kann. Dem wäre nicht Genüge getan, wenn die Information erst generiert (insb. zusammengesucht) oder von einem unabhängigen Dritten (ggf. im Klagewege) übermittelt werden müsste. 19

Abs. 3 Satz 3 lit. c umfasst die „**Bereitstellung**“ (gemeint Übermittlung) von Informationen und Dokumentation, um die Erfüllung der Pflichten nachzuweisen. Berechtigt für solche Ersuchen ist nach dem Wortlaut nur das Büro für Künstliche Intelligenz (also die EU-Kommission); die insb. in lit. b und in lit. d genannten „zuständigen nationalen Behörden“ sind nicht selbst antragsberechtigt, sondern können nur mittelbar über die Kommission Zugang erhalten. Erforderlich ist zudem ein „begründeter“ Antrag. Das pauschale Anfordern ist damit nicht möglich, es muss vielmehr ein Anfangsverdacht der Nichterfüllung von Pflichten bestehen. Dieser muss dann auch ausdrücklich und nachvollziehbar 20 dargelegt werden. Damit soll die Belastung des Bevollmächtigten so gering wie möglich gehalten werden.

21 Abs. 3 Satz 3 lit. d ist schließlich ein **Auffangtatbestand**, der eng mit Abs. 4 zusammenhängt – erforderlich ist die (umfassende) Zusammenarbeit mit dem Büro für Künstliche Intelligenz und den zuständigen Behörden. Wie bei lit. c ist auch hier ein begründeter Antrag erforderlich – mithin ein Anfangsverdacht pflichtwidrigen Verhaltens, der nachvollziehbar und ausdrücklich mitzuteilen ist. Umfasst sind alle Maßnahmen, die in Bezug auf das GPAI-Modell ergriffen werden (d. h. nach den Art. 89 ff.). Soweit es dabei nur um Auskunft und Information geht, agiert der Bevollmächtigte nur als Mittelsmann für den Anbieter und ist ggf. nur zur Übermittlung der Antworten verpflichtet (oben Rn. 15).

V. Amtsniederlegung bei (vermutetem) Verstoß (Abs. 5)

22 Abs. 5 regelt einen Fall der **Amtsniederlegung aus wichtigem Grund** (vergleichbar § 314 BGB). Da der Bevollmächtigte ggf. bei Pflichtverletzungen selbst in die Haftung geraten kann, ist das Fortbestehen des Auftrags bei für ihn offensichtlichen Verstößen ein evidenter Interessenskonflikt. Zwar kann er auf die Beseitigung der Pflichtverstöße hinwirken, aber diese in aller Regel nicht selbst abstellen. Dies betrifft etwa den Fall, dass es an der Dokumentation oder der Urheberrechtsstrategie fehlt oder bei GPAI-Modellen mit systemischem Risiko kein hinreichendes Risikomanagement erfolgt. Hier kann der Bevollmächtigte nicht selbst die Pflichten aus Art. 53, 55 erfüllen.

23 Stattdessen hat der Bevollmächtigte insoweit das Recht, den Auftrag **einseitig zu beenden**. Diese Befugnis kann, damit sie effektiv bleibt, auch nicht vertraglich abbedungen oder mit einer Vertragsstrafe verknüpft werden. Hinreichend ist der begründete Verdacht eines Verstoßes. Es muss also weder ein Verstoß vorliegen oder gar bewiesen werden noch genügt die bloße Schutzbehauptung ins Blaue hinein. Zwar scheint die Differenzierung zwischen „der Auffassung ist oder Grund zu der Annahme hat" anzudeuten, dass auch die grundlose Auffassung genügt – dies würde aber die Position des Betreibers zu Unrecht in die reine Willkür des Bevollmächtigten stellen.

24 Die Amtsniederlegung ist **nicht subsidiär** oder von einer vorherigen Abmahnung oder auch nur Aufforderung zur Pflichterfüllung abhängig. Vielmehr kann unmittelbar in dem Moment, in dem Grund für die Annahme einer Pflichtverletzung besteht, das Amt niedergelegt werden. Auch eine Höchstfrist gibt es anders als bei der Kündigung aus wichtigem Grund nach deutschem Recht nicht.

25 Das Büro für Künstliche Intelligenz ist über die Beendigung des Auftrags und die Gründe hierfür zu **informieren**. Eine besondere Form ist hierfür nicht vorgeschrieben; da es aber um eine Kommunikation mit einem EU-Organ geht, ist zu-

mindest eine Amtssprache zu benutzen. Zudem wird praktisch nur eine Mitteilung in Textform in Betracht kommen. Die Nennung des Grundes kann nicht im Vertrag mit dem Anbieter ausgeschlossen werden; auch ein Ausschluss wegen des Schutzes als Geschäftsgeheimnis kommt aufgrund der ausdrücklichen Anordnung nicht in Betracht. Insoweit muss der Anbieter in Bezug auf diese für ihn nachteilige Tatsache auf die Verschwiegenheitspflicht des Art. 78 vertrauen.

Die Amtsniederlegung und die daran anschließende Mitteilung führen weder zu einer **Haftungsbefreiung noch zu einer Minderung oder Beschränkung von Ansprüchen**. Eine „Kronzeugenregelung" kennt die KI-VO nicht. Einzig Vertragsstrafen oder Regress- bzw. Schadensersatzansprüche des Anbieters sind ausgeschlossen, soweit die Voraussetzungen des Abs. 5 tatsächlich vorlagen – es also den begründeten Verdacht einer Pflichtverletzung gab. Immerhin ist der Bevollmächtigte selbst aber ohnehin nicht Adressat von Bußgeldern nach Art. 101. Zudem dürfte eine Verwendung der eigenen Angaben gegen den Bevollmächtigten in Straf- oder Bußgeldverfahren ohnehin am Rechtsstaatsprinzip („nemo tenetur") scheitern. **26**

Unberührt von Abs. 5 bleiben **anderweitige Beendigungsgründe** nach der jeweils einschlägigen Rechtsordnung. So wird auch der Anbieter jederzeit den Vertrag kündigen können. Eine Kündigung durch den Bevollmächtigten kann auch auf andere Verstöße, etwa die Nichtzahlung einer vereinbarten Vergütung, gestützt werden. **27**

VI. Privilegierung von Open-Source-Modellen (Abs. 6)

Ähnlich wie Art. 53 Abs. 2 enthält Abs. 6 eine Privilegierung von Open-Source-Modellen. Auch hier (siehe auch § 53 Rn. 40 ff.) ist der Anwendungsbereich **in dreierlei Hinsicht beschränkt**: **28**

1. Nur Modelle, die **„frei"** im Sinne der Verordnung sind, genießen die Privilegierung. Damit sind aber gerade nicht die Freiheiten im Sinne der Open-Source-Definition gemeint, sondern der volle Ausschluss jeglicher monetärer Vorteile (einschließlich durch Dienstleistungen), vgl. ErwG 103 Satz 3. Da schon eine mittelbare Erwirtschaftung von Vorteilen (einschließlich der Erlangung personenbezogener Daten) genügt, ist der Anwendungsbereich hierdurch stark verengt.
2. Es müssen die **„Parameter … öffentlich zugänglich gemacht werden"**. Damit reicht es einerseits nicht, dass der Quellcode unter entsprechender offener Lizenz nur bestimmten Personen übermittelt wird, sondern es muss unmittelbar die Allgemeinheit adressiert werden. Zum anderen ist aber unklar, welche Anforderungen in Bezug auf die Parameter hiermit genau gemeint sind. Denn regelmäßig werden sich diese Informationen (ggf. mit entsprechendem

Aufwand) aus dem ohnehin bereitzustellenden Quellcode ergeben. Die an Anhang XI angelehnte Transparenzpflicht ist daher ohne Konkretisierung ein erhebliches Risiko für alle, die sich auf diese Ausnahme berufen wollen.

3. Schließlich sind GPAI-Modelle, die **systemische Risiken bergen**, vollständig von der Privilegierung ausgeschlossen. Soweit die entsprechende Anknüpfung nach rein quantitativen Kriterien erfolgt, betrifft dies auch die KI-Forschung in erheblichem Ausmaß.

29 Unproblematisch ist in diesem Zusammenhang damit allein die Anforderung, dass der Zugang, die Nutzung, die Änderung und die Verbreitung des Modells durch die Lizenz ermöglicht werden muss und das Modell „quelloffen" bereitgestellt wird. Dies sind nämlich die zentralen Aspekte von Open-Source-Software nach der **FSF-Definition.**[10]

30 Adressat der Pflichten ist in diesem Fall der **„Anbieter"**, der insb. auch eine natürliche Person oder eine Gruppe natürlicher Personen sein kann; die besondere Rolle eines „Verwalters quelloffener Software" (Art. 3 Nr. 14 CRA) kennt die KI-VO nicht.

10 https://www.fsf.org/about/what-is-free-software.

Abschnitt 3
Pflichten der Anbieter von KI-Modellen mit allgemeinem Verwendungszweck mit systemischem Risiko

Art. 55 Pflichten der Anbieter von KI-Modellen mit allgemeinem Verwendungszweck mit systemischem Risiko

(1) Zusätzlich zu den in den Artikeln 53 und 54 aufgeführten Pflichten müssen Anbieter von KI-Modellen mit allgemeinem Verwendungszweck mit systemischem Risiko

a) eine Modellbewertung mit standardisierten Protokollen und Instrumenten, die dem Stand der Technik entsprechen, durchführen, wozu auch die Durchführung und Dokumentation von Angriffstests beim Modell gehören, um systemische Risiken zu ermitteln und zu mindern,

b) mögliche systemische Risiken auf Unionsebene – einschließlich ihrer Ursachen –, die sich aus der Entwicklung, dem Inverkehrbringen oder der Verwendung von KI-Modellen mit allgemeinem Verwendungszweck mit systemischem Risiko ergeben können, bewerten und mindern,

c) einschlägige Informationen über schwerwiegende Vorfälle und mögliche Abhilfemaßnahmen erfassen und dokumentieren und das Büro für Künstliche Intelligenz und gegebenenfalls die zuständigen nationalen Behörden unverzüglich darüber unterrichten,

d) ein angemessenes Maß an Cybersicherheit für die KI-Modelle mit allgemeinem Verwendungszweck mit systemischem Risiko und die physische Infrastruktur des Modells gewährleisten.

(2) Anbieter von KI-Modellen mit allgemeinem Verwendungszweck mit systemischem Risiko können sich bis zur Veröffentlichung einer harmonisierten Norm auf Praxisleitfäden im Sinne des Artikels 56 stützen, um die Einhaltung der in Absatz 1 des vorliegenden Artikels genannten Pflichten nachzuweisen. Die Einhaltung der harmonisierten europäischen Norm begründet für die Anbieter die Vermutung der Konformität, insoweit diese Normen diese Verpflichtungen abdecken. Anbieter von KI-Modellen mit allgemeinem Verwendungszweck mit systemischem Risiko, die einen genehmigten Praxisleitfaden nicht befolgen oder eine harmonisierte europäische

Norm nicht einhalten, müssen geeignete alternative Verfahren der Einhaltung aufzeigen, die von der Kommission zu bewerten sind.

(3) Jegliche Informationen oder Dokumentation, die gemäß diesem Artikel erlangt werden, werden im Einklang mit den in Artikel 78 festgelegten Vertraulichkeitspflichten behandelt.

Mit Art. 55 korrespondiert Erwägungsgrund 97.

Schrifttum: *Wolff/Brink/v. Ungern-Sternberg* (Hrsg.), Beck'scher Online-Kommentar Datenschutzrecht, 50. Edition, Stand: 1.11.2021.

Übersicht

I. Überblick

1 Art. 55 steht im unmittelbaren Zusammenhang mit Art. 51 f., welche die Qualifikation von GPAI-Modellen als solche mit „systemischem Risiko" behandeln. Die Norm legt derartigen Anbietern gegenüber Art. 53 Abs. 1 **zusätzliche Pflichten** auf, die neben die dort genannten Dokumentations-, Informations- und urheberrechtlichen Anforderungen treten. Ziel der Maßnahmen ist insbesondere die Erfassung und Minimierung der Realisierung der besonderen Risiken. Während Abs. 1 die eigentlichen Pflichten enthält, entspricht Abs. 2 bis auf die Einfügung von „mit systemischem Risiko" wörtlich Art. 53 Abs. 4 (Art. 53 Rn. 50 ff.); Abs. 3 entspricht wörtlich Art. 53 Abs. 7 (siehe Art. 53 Rn. 56 ff.).

2 Nachdem der **ursprüngliche Entwurf** der EU-Kommission weder Modelle noch KI-Systeme besonders regulierte, sondern sich auf Vorgaben an Hochrisiko-KI konzentrierte, konnte dieser auch keine Vorlage für die heutige Regelung liefern. Auch der Rat, der sich auf KI-Systeme mit allgemeinem Verwendungszweck konzentrierte, hatte keine ausdifferenzierte Aufteilung der Pflichten – vielmehr sollte die vorgeschlagene Regulierung alle KI-Systeme, die „als Hochrisiko-KI-Systeme oder als Komponenten von Hochrisiko-KI-Systemen im Sinne von Artikel 6 verwendet werden können", betreffen, unabhängig von der Bedeutung, Komplexität etc. Nur die Erweiterung des Einzelfallverfahrens (heute Art. 82) durch Art. 67 ermöglichte im Einzelfall besondere Risikopräventionsmaßnahmen. Das Parlament, das immerhin schon eine Regulierung von Ba-

sismodellen vorschlug (siehe Art. 28b des Vorschlags des Parlaments), sah einen sehr umfangreichen Pflichtenkatalog für alle Basismodelle vor. Nur weil die Erfüllung dieser Pflichten die Anbieter (insb. im wissenschaftlichen Kontext, aber auch Startups und KMU) erheblich behindert hätte, wurden diese Pflichten insgesamt gekürzt und überwiegend auf GPAI-Modelle mit allgemeinem Verwendungszweck beschränkt. Die heutige Regelung hat (insbesondere mit dem Begriff des „systemischen Risikos") insoweit keine unmittelbaren Vorbilder im Gesetzgebungsverfahren.

3 Die **einschlägigen ErwG** tragen kaum zum besseren Verständnis der Regelung bei. ErwG 114 rechtfertigt die zusätzlichen Pflichten gerade durch die besonderen Gefahren (also das systemische Risiko). ErwG 115 erläutert das Risikomanagementsystem und die Cybersicherheit (die noch einmal in ErwG 76 angesprochen wird). ErwG 116 verweist insbesondere auf die Ausgestaltung durch Praxisleitfäden (Art. 56). Die ErwG 118 bis 120 betreffen das Verhältnis zum DSA.

II. Pflichten (Abs. 1)

4 Neben der Registrierung und Listeneintragung (Art. 52 Abs. 1, Abs. 6) ist die Einhaltung der Pflichten aus Abs. 1 der **wesentliche Mechanismus zur Überwachung und Minimierung der Risiken** von GPAI-Modellen. Die besonderen Anforderungen treten neben die generellen Vorgaben aus Art. 53. Die zu treffenden Maßnahmen sind der Regulierung von Hochrisiko-KI-Systemen vorgelagert und greifen selbst dann, wenn das GPAI-Modell nicht in Hochrisiko-KI-Systemen genutzt wird und eine solche Nutzung unwahrscheinlich oder gar ausgeschlossen ist. Auch der Verweis, dass die nachgelagerten Systeme entsprechende Voraussetzungen erfüllen, entbindet den Anbieter des GPAI-Modells nicht von der Pflichtenerfüllung. Ergänzend können bei generativer KI Pflichten nach Art. 50 anzuwenden sein.

5 Erforderlich ist zunächst nach Abs. 1 lit. a eine „**Modellbewertung**". Dazu soll auf „standardisierte Protokolle und Instrumente, die dem Stand der Technik entsprechen", zurückgegriffen werden; insoweit ähnelt die Regelung der Anforderung in Art. 9 Abs. 2 lit. a–c für Hochrisiko-KI. Der Text stellt klar, dass dies insbesondere Angriffstests umfasst, mit denen Risiken ermittelt werden (vgl. insoweit auch Art. 9 Abs. 6–9, die aber nur bedingt passen, da das abstrakte Modell Tests nur begrenzt zugänglich ist). Ziel ist dabei eine Ermittlung der (systemischen) Risiken und die Planung von etwaigen Maßnahmen zur Risikominimierung (lit. b). „Standardisiert" bezieht sich in diesem Kontext nicht auf unionsweit geltende technische Normen, sondern auf etablierte und gängige Praktiken und Werkzeuge. Die Bewertung umfasst dem klassischen Verständnis nach insbesondere die Cybersicherheit, aber auch gezielte Umgehungen, um mit dem

Modell Inhalte im Verstoß gegen das Unionsrecht zu generieren. Auch Aspekte wie Zuverlässigkeit (Stabilität) können hier eine Rolle spielen. Demgegenüber sind Fragen etwa der Barrierefreiheit oder der Nachhaltigkeit nicht für die systemischen Risiken relevant. Erforderlich ist einerseits die Durchführung der Bewertung und andererseits die Dokumentation. Letztere bezieht sich nicht nur auf die Ergebnisse, sondern auch auf die durchgeführten Tests und angelegten Kriterien. Die Ergebnisse der Tests sind nicht offenzulegen und auch nicht proaktiv der Kommission mitzuteilen, aber für etwaige Untersuchungen bereitzuhalten.

6 Die entscheidende Pflicht zur Risikobeurteilung und Risikominderung (also zum „**Risikomanagement**" im klassischen Sinne, vgl. insoweit für Hochrisiko-KI Art. 9 Abs. 2 Satz 1, Satz 2 lit. a, lit. d) findet sich in Abs. 1 lit. b. Dabei sind nicht nur Risiken zu berücksichtigen, die sich bei der Entwicklung zeigen, sondern auch solche, die sich erst mit dem Inverkehrbringen (etwa durch Rückfragen der nachgelagerten Anbieter) oder der Verwendung (durch Meldungen der nachgelagerten Anbieter bzw. den eigenen Betrieb eines KI-Systems) offenbaren. Abstrakte Maßnahmen lassen sich hier kaum definieren; letztlich läuft es wiederum auf die Einhaltung der „Best Practices" hinaus. ErwG 114 nennt insbesondere „Verfahren der Rechenschaftspflicht und Governance-Verfahren, die Umsetzung der Beobachtung nach dem Inverkehrbringen, die Ergreifung geeigneter Maßnahmen während des gesamten Lebenszyklus des Modells und die Zusammenarbeit mit einschlägigen Akteuren entlang der KI-Wertschöpfungskette". Neben einer angemessenen Instruktion gehören daher etwa auch die Bereithaltung von Feedbackkanälen, die Einhaltung von allgemeinen Qualitätsstandards (Nutzung geeigneter Umgebungen, einschließlich verwendeter Bibliotheken) oder die Durchführung periodischer Simulationen und Tests zu den Anforderungen. Gerade hier dürfte die Bedeutung von Praxisleitfäden (Art. 56) künftig besonders hoch sein. Die Pflicht ist nicht ganz sauber von der Modellbewertung nach lit. a zu trennen, da beide eine Überprüfung voraussetzen.

7 Ergänzt wird das allgemeine Risikomanagement nach Abs. 1 lit. b durch ein konkretes „**Incident-Management**", das in Abs. 1 lit. c vorausgesetzt wird. Die Regelung impliziert ein mehrstufiges Verfahren:

1. Die Bearbeitung setzt zunächst voraus, dass es einen „schwerwiegenden Vorfall" gegeben hat, von dem der Anbieter überhaupt Kenntnis erlangt hat. Der entsprechende Weg der Information über die KI-Wertschöpfungskette ist damit als erste Voraussetzung (wohl schon nach Abs. 1 lit. b) zu gewährleisten.
2. Im zweiten Schritt ist dann zu prüfen, ob tatsächlich ein „schwerwiegender" Vorfall vorliegt – dies kann sowohl quantitativ (Zahl der potenziell Betroffenen) als auch qualitativ (Betroffenheit besonders geschützter Rechtsgüter wie Gesundheit oder Leben) begründet sein. Die Beurteilung erfolgt – soweit dies nicht durch Praxisleitfäden o.ä. konkretisiert ist – durch den Anbieter. Über dieser Selbstbeurteilung schwebt freilich das Damoklesschwert, dass die irri-

ge Einordnung als „geringfügig“ ggf. durch Bußgelder nach Art. 101 geahndet wird, soweit ein aus Sicht der Kommission gebotenes Tätigwerden unterbleibt.

3. Sodann ist dieser Vorfall zu dokumentieren (und zwar mit „einschlägigen Informationen“). Neben den Mindestinformationen (Zeitpunkt, meldende Person, Einsatzumgebung des Modells, beobachtete und eingetretene Folgen) ist der Umfang der Dokumentation schwer abstrakt zu bestimmen.
4. Über die interne Dokumentation hinaus ist zwingend das Büro für Künstliche Intelligenz (also die Kommission) zu unterrichten. Darüber hinaus kann eine Mitteilung an die zuständigen nationalen Behörden erforderlich werden – dies betrifft insbesondere Datenschutzverstöße (Art. 33 DSGVO) oder Sicherheitsvorfälle (Art. 23, 30 NIS-2-RL). Nicht der Anbieter des GPAI-Modells, sondern der Anbieter bzw. Betreiber eines darauf basierenden Hochrisiko-KI-Systems kann nach Art. 73 zur Meldung bei den nationalen Marktüberwachungsbehörden verpflichtet sein.

Im Ergebnis kann für die Meldung auf die Erfahrungen mit Art. 33 DSGVO zurückgegriffen werden. Wie dort ist auch in der KI-VO keine **Form** vorgeschrieben, da die Dokumentation von der Meldung getrennt ist; in der Praxis wird es aber auf eine Meldung in Textform (per E-Mail, Webformular etc. oder per Brief bzw. Telefax) hinauslaufen.[1]

Welche konkreten **Details** dabei aktiv mitzuteilen sind und inwieweit die Kommission bzw. die mitgliedstaatlichen Behörden auf Auskunfts- und Einsichtsrechte verwiesen sind, ist dabei (anders als bei Art. 33 Abs. 3 DSGVO) offen. ErwG 115 spricht zwar davon, dass „alle einschlägigen Informationen und mögliche Korrekturmaßnahmen“ mitzuteilen seien – durch einen Verweis auf die einsehbare Dokumentation dürfte dies aber hinreichend gewährleistet sein.

Die Mitteilung muss „**unverzüglich**“ erfolgen, wobei der Rückgriff auf die Legaldefinition § 121 Abs. 1 BGB wegen des insoweit autonomen europäischen Begriffsverständnisses nicht möglich ist. Eine Art. 33 DSGVO oder Art. 73 Abs. 2 entsprechende Höchstfrist sieht die Regelung nicht vor. Bei einem GPAI-Modell mit systemischem Risiko dürfte aber eine Orientierung an der Zwei-Tages-Frist des Art. 73 Abs. 3 („weitverbreiteten Verstoßes“) naheliegen. Letztlich wird es zur Bestimmung der erforderlichen Eile wie in der DSGVO auf eine Abwägung hinauslaufen (vgl. ErwG 87 DSGVO). Der Einsatz von Ressourcen zur Verhinderung von Wiederholungen des Vorfalls und zur Folgenbeseitigung ist gegenüber der Meldung nachrangig (arg. Art. 73 Abs. 6: „Im Anschluss“). Demgegenüber kann es vorrangig geboten sein, überhaupt zu prüfen, ob der Fehler im GPAI-Modell und nicht in einem darauf aufbauenden KI-System oder externen Ursachen liegt. Denn davon hängt

1 *Brink*, in: Wolff/Brink/v. Ungern-Sternberg, BeckOK DatenschutzR, Art. 33 Rn. 31.

nicht nur die Zuständigkeit der Kommission ab, sondern auch die zu treffenden Maßnahmen.

5. Schließlich sind **Abhilfemaßnahmen** erforderlich (auch dies ergibt sich aus lit. b) und diese wiederum zu dokumentieren. Auch für die Abhilfemaßnahmen gibt es keinerlei Vorgaben in der Verordnung. Neben Änderungen am Modell kommen auch besondere Hinweise an die nachgelagerten Anbieter von KI-Systemen in Betracht.

8 Die vierte (und letzte) Anforderung an GPAI-Modelle mit systemischem Risiko betrifft die **Cybersicherheit** (dazu ErwG 76, Art. 15 Abs. 5 UAbs. 2 für Hochrisiko-KI). Da es sich bei dem GPAI-Modell nur um eine Komponente eines KI-Systems handelt, können die Anforderungen aber kaum identisch sein. Soweit etwa das GPAI-Modell als schlichte Quellcode-Lösung zur Integration vertrieben wird, kommt es entscheidend auf die daran anknüpfenden Schnittstellen an. Diese sind abzusichern. Dazu kann der Quellcode des Modells auf übliche Risiken (Pufferüberlauf, Verarbeitung von Eingabewerten etc.) geprüft werden. Demgegenüber werden viele Sicherheitslücken durch die Anwendung im Übrigen oder sogar durch die Systemumgebung (Compiler, Systembibliotheken, Betriebssystem) verursacht. Insoweit obliegt es dem Anbieter des GPAI-Modells in der Regel nicht, die Implementierung zu kontrollieren und zu beaufsichtigen. Vielmehr trägt die Verantwortung allein derjenige, der das KI-System betreibt. Umgekehrt ist der Anbieter oder Betreiber des KI-Systems aber nicht verpflichtet, seinerseits Sicherheitslücken des GPAI-Modells zu beseitigen oder zu umgehen. Eindeutiger dürfte die Lage sein, soweit das GPAI-Modell als reiner Webservice oder sonst über eine Schnittstelle zugänglich gemacht wird, aber in der Kontroll- und Herrschaftssphäre des Anbieters verbleibt. Dann trifft diesen die Pflicht zur angemessenen Absicherung. Die konkreten Pflichten hängen insoweit von der Gefährdung des Modells ab. Dabei muss der Anbieter des GPAI-Modells die ihm bekannten Einsatzszenarien der nachgelagerten Anbieter in seine Risikoabwägung einbeziehen. Nicht berücksichtigen kann und muss er hingegen Drittanwendungen, die ihm nicht offengelegt wurden.

9 Die Pflichten aus Art. 55 werden durch die Pflichten in Bezug auf Hochrisiko-KI **ergänzt**, soweit der Anbieter selbst ein solches System auf der Grundlage des eigenen Modells betreibt. Soweit Dritte auf Grundlage eines GPAI-Modells eine Hochrisiko-KI implementieren, sind (nur) diese für die Einhaltung der diesbezüglichen Pflichten verantwortlich. Die Pflichten nach Art. 55 (und Art. 53) bleiben in beiden Fällen unberührt.

10 ErwG 118–120 betreffen das Verhältnis zu den **Pflichten nach dem DSA**. Danach gelten die Pflichten bezüglich des Risikomanagements bei sehr großen Onlineplattformen und sehr großen Suchmaschinen bereits durch die Einhaltung der Pflichten nach dem DSA als erfüllt, wenn nicht „erhebliche“ systemische Risiken drohen, die nicht bereits durch den DSA erfasst sind.

III. Konformitätsvermutung bei Befolgung von Normen und Praxisleitfäden (Abs. 2)

Wie bei Art. 53 Abs. 4 (siehe Art. 53 Rn. 50 ff.) will die Kommission den Anbietern nicht zumuten, die unbestimmten Rechtsbegriffe des Abs. 1 im Einzelfall für ihre Bedürfnisse auszulegen. Stattdessen hofft man **primär auf die Schaffung von harmonisierten Normen durch Normungsorganisationen** (siehe dazu auch Art. 40). Soweit hier ein technischer Standard als hinreichend definiert wird, genügt es, diesen zu befolgen. Eine Pflicht besteht insoweit nicht, es bleibt die Möglichkeit, stattdessen eigene Ansätze zu verfolgen. 11

Soweit und solange es keine derartigen Normen gibt, kann eine **Selbstregulierung durch Praxisleitfäden** erfolgen (Art. 56), soweit diese von der Kommission genehmigt wurden und dadurch unionsweite Gültigkeit erhalten haben (Art. 56 Abs. 6 UAbs. 2). 12

Solange bzw. sofern es keine solchen Praxisleitfäden gibt, regelt die Kommission selbst in einem **Durchführungsakt** die maßgeblichen Vorgaben (Art. 56 Abs. 9 UAbs. 2). 13

Unberührt von diesen Möglichkeiten bleibt die Möglichkeit, **selbst geeignete Verfahren zu entwickeln**, die dann von der Kommission zu „bewerten" sind. Dieser Weg ist mit erheblicher Unsicherheit und ggf. Verzögerungen verbunden, sodass insoweit Vorsicht geboten ist (siehe Art. 53 Rn. 53). 14

IV. Vertraulichkeit (Abs. 3)

Wie in Art. 53 Abs. 7 (siehe Art. 53 Rn. 56 ff.) dient die **besondere Betonung der Vertraulichkeit** der Informationen auch in Abs. 3 nur der Klarstellung. Die Pflicht besteht ohnehin schon nach Art. 78. Eine Verschärfung der Anforderung ist mit der Regelung nicht verbunden. Sie zeigt nur die Bedenken, die seitens der Anbieter im Gesetzgebungsverfahren vorgebracht wurden, in besonderer Weise auf. Insbesondere gibt es keine besonderen Auskunfts- und Informationspflichten Dritter. Die Informationen im Sinne des Abs. 1 können aber ggf. in einem Haftungsprozess zum Nachweis der Einhaltung der im Verkehr erforderlichen Sorgfalt (§ 276 Abs. 2 BGB) verwendet werden. 15

Abschnitt 4
Praxisleitfäden

Art. 56 Praxisleitfäden

(1) Das Büro für Künstliche Intelligenz fördert und erleichtert die Ausarbeitung von Praxisleitfäden auf Unionsebene, um unter Berücksichtigung internationaler Ansätze zur ordnungsgemäßen Anwendung dieser Verordnung beizutragen.

(2) Das Büro für Künstliche Intelligenz und das KI-Gremium streben an, sicherzustellen, dass die Praxisleitfäden mindestens die in den Artikeln 53 und 55 vorgesehenen Pflichten abdecken, einschließlich der folgenden Aspekte:

a) Mittel, mit denen sichergestellt wird, dass die in Artikel 53 Absatz 1 Buchstaben a und b genannten Informationen vor dem Hintergrund der Marktentwicklungen und technologischen Entwicklungen auf dem neuesten Stand gehalten werden;

b) die angemessene Detailgenauigkeit bei der Zusammenfassung der für das Training verwendeten Inhalte;

c) die Ermittlung von Art und Wesen der systemischen Risiken auf Unionsebene, gegebenenfalls einschließlich ihrer Ursachen;

d) die Maßnahmen, Verfahren und Modalitäten für die Bewertung und das Management der systemischen Risiken auf Unionsebene, einschließlich ihrer Dokumentation, die in einem angemessenen Verhältnis zu den Risiken stehen, ihrer Schwere und Wahrscheinlichkeit Rechnung tragen und die spezifischen Herausforderungen bei der Bewältigung dieser Risiken vor dem Hintergrund der möglichen Arten der Entstehung und des Eintretens solcher Risiken entlang der KI-Wertschöpfungskette berücksichtigen.

(3) Das Büro für Künstliche Intelligenz kann alle Anbieter von KI-Modellen mit allgemeinem Verwendungszweck sowie die einschlägigen zuständigen nationalen Behörden ersuchen, sich an der Ausarbeitung von Praxisleitfäden zu beteiligen. Organisationen der Zivilgesellschaft, die Industrie, die Wissenschaft und andere einschlägige Interessenträger wie nachgelagerte Anbieter und unabhängige Sachverständige können den Prozess unterstützen.

(4) Das Büro für Künstliche Intelligenz und das KI-Gremium streben an, sicherzustellen, dass in den Praxisleitfäden ihre spezifischen Ziele eindeutig

festgelegt sind und Verpflichtungen oder Maßnahmen, gegebenenfalls einschließlich wesentlicher Leistungsindikatoren, enthalten, um die Verwirklichung dieser Ziele gewährleisten, und dass sie den Bedürfnissen und Interessen aller interessierten Kreise, einschließlich betroffener Personen, auf Unionsebene gebührend Rechnung tragen.

(5) Das Büro für Künstliche Intelligenz strebt an, sicherzustellen, dass die an Praxisleitfäden Beteiligten dem Büro für Künstliche Intelligenz regelmäßig über die Umsetzung der Verpflichtungen, die ergriffenen Maßnahmen und deren Ergebnisse, die gegebenenfalls auch anhand der wesentlichen Leistungsindikatoren gemessen werden, Bericht erstatten. Bei den wesentlichen Leistungsindikatoren und den Berichtspflichten wird den Größen- und Kapazitätsunterschieden zwischen den verschiedenen Beteiligten Rechnung getragen.

(6) Das Büro für Künstliche Intelligenz und KI-Gremium überwachen und bewerten regelmäßig die Verwirklichung der Ziele der Praxisleitfäden durch die Beteiligten und deren Beitrag zur ordnungsgemäßen Anwendung dieser Verordnung. Das Büro für Künstliche Intelligenz und das KI-Gremium bewerten, ob die Praxisleitfäden die in den Artikeln 53 und 55 vorgesehenen Pflichten abdecken, und überwachen und bewerten regelmäßig die Verwirklichung von deren Zielen. Sie veröffentlichen ihre Bewertung der Angemessenheit der Praxisleitfäden.

Die Kommission kann im Wege eines Durchführungsrechtsakts einen Praxisleitfaden genehmigen und ihm in der Union allgemeine Gültigkeit verleihen. Dieser Durchführungsrechtsakt wird gemäß dem in Artikel 98 Absatz 2 genannten Prüfverfahren erlassen.

(7) Das Büro für Künstliche Intelligenz kann alle Anbieter von KI-Modellen mit allgemeinem Verwendungszweck ersuchen, die Praxisleitfäden zu befolgen. Für Anbieter von KI-Modellen mit allgemeinem Verwendungszweck, die keine systemischen Risiken bergen, kann diese Befolgung auf die in Artikel 53 vorgesehenen Pflichten beschränkt werden, es sei denn, sie erklären ausdrücklich ihr Interesse, sich dem ganzen Kodex anzuschließen.

(8) Das Büro für Künstliche Intelligenz fördert und erleichtert gegebenenfalls auch die Überprüfung und Anpassung der Praxisleitfäden, insbesondere vor dem Hintergrund neuer Normen. Das Büro für Künstliche Intelligenz unterstützt bei der Bewertung der verfügbaren Normen.

(9) Praxisleitfäden müssen spätestens am 2. Mai 2025 vorliegen. Das Büro für Künstliche Intelligenz unternimmt die erforderlichen Schritte, einschließlich des Ersuchens von Anbietern gemäß Absatz 7.

Kann bis zum 2. August 2025 ein Verhaltenskodex nicht fertiggestellt werden oder erachtet das Büro für Künstliche Intelligenz dies nach seiner Be-

wertung gemäß Absatz 6 des vorliegenden Artikels für nicht angemessen, kann die Kommission im Wege von Durchführungsrechtsakten gemeinsame Vorschriften für die Umsetzung der in den Artikeln 53 und 55 vorgesehenen Pflichten, einschließlich der in Absatz 2 des vorliegenden Artikels genannten Aspekte, festlegen. Diese Durchführungsrechtsakte werden gemäß dem in Artikel 98 Absatz 2 genannten Prüfverfahren erlassen.

Mit Art. 56 korrespondieren die Erwägungsgründe 116, 117.

Schrifttum: *Bergt*, Verhaltensregeln als Mittel zur Beseitigung der Rechtsunsicherheit in der Datenschutz-Grundverordnung, CR 2016, 670; *Ehmann/Selmayr* (Hrsg.), DS-GVO, 3. Aufl. 2024; *Eßer/Kramer/v. Lewinski* (Hrsg.), Auernhammer, DSGVO BDSG, Kommentar, 8. Aufl. 2023; *Kühling/Buchner*, DS-GVO BDSG, Kommentar, 4. Aufl. 2024; *Paal/Pauly* (Hrsg,), DS-GVO BDSG, Kommentar, 3. Aufl. 2021; *Spindler*, Selbstregulierung und Zertifizierungsverfahren nach der DS-GVO – Reichweite und Rechtsfolgen der genehmigten Verhaltensregeln, ZD 2016, 407.

Übersicht

I. Überblick

1 Aufgrund der großen Komplexität des Themas und der Vielzahl betroffener Verkehrskreise sollen die konkreten Anforderungen an GPAI-Modelle nicht einseitig durch die Kommission bestimmt werden, sondern stattdessen von den betroffenen Verkehrskreisen selbst entwickelt werden („**Selbstregulierung**"). Wie bei allen Verhaltenskodizes (vgl. auch Art. 95) besteht dabei aber die Gefahr einer Unterregulierung, die Risiken für die Allgemeinheit nicht hinreichend beseitigt. Daher sieht Art. 56 ein Verfahren der kontrollierten Selbstregulierung vor, das entscheidend von einer Genehmigung des einzelnen Praxisleitfadens durch die

Kommission (Abs. 6 UAbs. 2) abhängt. Nur Praxisleitfäden, die diese Hürde genommen haben, rechtfertigen die Konformitätsfiktion nach Art. 53 Abs. 4 Satz 3, Art. 55 Abs. 2 Satz 3 (vgl. ähnlich Art. 40 Abs. 9 DSGVO). Anders als bei Art. 95 will man zudem eine zu große Vielfalt an ggf. konfligierenden (freiwilligen) Vorgaben vermeiden und hat insoweit den Anwendungsbereich in Abs. 2 eingeschränkt; dennoch kann es mehr als einen Praxisleitfaden geben, unter denen die Anbieter von GPAI-Modellen wählen können.

Die **ErwG 116 und 117** sehen die Leitfäden gerade im Kontext von GPAI-Modellen als zentrales Instrument, das nicht nur den Stand der Technik abbildet, sondern auch verschiedene Perspektiven und internationale Ansätze berücksichtigt. Die unbestimmten Vorgaben von Art. 53, 55 sollen so für die betroffenen Anbieter konkretisiert und handhabbar gemacht werden. Grundsätzlich können dabei verschiedene alternative Praxisleitfäden miteinander konkurrieren; ebenso ist es denkbar, dass es spezifische Praxisleitfäden für Gruppen von GPAI-Modellen (etwa nach Modalität, Herkunft oder typischen nachgelagerten Anbietern) gibt. In diesem Fall können die Anbieter frei entscheiden, welchem der genehmigten Praxisleitfäden sie folgen. 2

Als Mittel des „Soft Law“ sind die Praxisleitfäden nicht unmittelbar zwingend, sondern dienen primär als **erleichterter Nachweis der Rechtskonformität** (Art. 53 Abs. 4 Satz 3, Art. 55 Abs. 2 Satz 3) – wer sich stattdessen auf alternative Ansätze beruft, muss „geeignete alternative Verfahren“ einsetzen, um die Einhaltung der jeweiligen Pflichten nachzuweisen. Andererseits sind harmonisierte Normen von Normsetzungsorganisationen ggü. den Praxisleitfäden vorrangig. Sie sind somit stärker ausgestaltet als die rein freiwilligen Verhaltenskodizes nach Art. 95, aber schwächer als ein echter Durchführungsrechtsakt. Nicht jedem Praxisleitfaden kommt allerdings diese Wirkung zu, sondern nur denjenigen, die nach Abs. 6 UAbs. 2 genehmigt wurden. Ein (noch) nicht genehmigter Praxisleitfaden kann allenfalls im Rahmen der Auffangregelung des Art. 53 Abs. 4 Satz 4, Art. 55 Abs. 2 Satz 4 berücksichtigt werden; die explizite Verweigerung der Genehmigung impliziert aber, dass die dort vorgesehenen Maßnahmen wohl unzureichend sind. 3

Bereits der **ursprüngliche Entwurf** der Kommission sah in Art. 69 die Möglichkeit von Verhaltenskodizes vor – allerdings nur für KI-Systeme, die nicht ohnehin bereits unter die Regeln für Hochrisiko-KI fallen, und für über die gesetzlichen Pflichten hinausgehende Vorgaben. Diese Regelung ist im heutigen Art. 95 erhalten geblieben, besteht aber bewusst unabhängig von Art. 56. Der Rat hat für „KI-Systeme mit allgemeinem Verwendungszweck“ keine Ausgestaltung von Pflichten unter Beteiligung der Betroffenen und sonstiger Externer vorgesehen. Im Entwurf des Parlaments finden sich immerhin in ErwG 60h und Art. 58a beim Benchmarking Ansätze für eine Einbeziehung der Praxis; zudem sollte über Art. 4a Abs. 2 i.V.m. Art. 69 (heutiger Art. 95) die allgemeine Mög- 4 lichkeit für Verhaltenskodizes auch für „Basismodelle" geöffnet werden. Auch dabei ging es aber nicht um eine rechtssichere Ausgestaltung („safe harbor") der ohnehin bestehenden Pflichten, welche das Parlament ausschließlich der Kommission zuweisen wollte. Letztlich hat die Regelung damit kein echtes Vorbild in den Vorentwürfen und ist erst im Trilog ergänzt worden.

II. Ausarbeitung von Leitfäden als Aufgabe (Abs. 1)

5 Der Wortlaut von Abs. 1 spricht zwar GPAI-Modelle nicht explizit an, dass es aber (nur) um diese gehen muss, ergibt sich aus Abs. 2 und der Abgrenzung zu Art. 95. Gegenstand der Praxisleitfäden ist zudem ausschließlich die **„ordnungsgemäße Anwendung dieser Verordnung"**. Damit lassen sich ergänzende Pflichten (etwa Nachhaltigkeit, Barrierefreiheit etc.) ausschließlich durch Verhaltenskodizes nach Art. 95 begründen. Dagegen könnte zwar die Formulierung von Abs. 2 („mindestens die in den Artikeln 53 und 55 vorgesehenen Pflichten") sprechen – allerdings würde ein Ersuchen zur Befolgung nach Abs. 7 und die Verleihung der allgemeinen Gültigkeit durch Durchführungsrechtsakt der Kommission nach Abs. 6 für solche überschießenden Regelungen die der Kommission nach dem Willen von Parlament und Rat eingeräumten Kompetenzen überschreiten.

6 Die **„Förderung und Erleichterung"** besteht vor allem in der Eröffnung entsprechender Plattformen – sei es durch Tagungen oder Konsultationen. Im Kern geht es vor allem auch darum, die wesentlichen Interessenten miteinander zu vernetzen und den Dialog zu fördern. Wie Abs. 3 zeigt, sind damit vor allem die Anbieter und die Aufsichtsbehörden (in der EU) gemeint – andere interessierte Gruppen sollen nach dem System nur eine unterstützende Rolle haben. Ziel ist es, eine Fremdregulierung zu vermeiden und gerade die Betroffenen selbst Regeln aufstellen zu lassen, die als Best Practice den (weiten) Rahmen von Art. 53, 55 konkretisieren und ergänzen. Ob die Förderung allein ideell (Eröffnung eines Diskussionsraums, Austausch von Kontaktdaten, Angebot einer Moderation) oder auch materiell (finanzielle Unterstützung oder sogar volle Kostenübernahme) erfolgt, liegt im Ermessen der Kommission.

7 Die Formulierung **„auf Unionsebene"** soll rein nationale Initiativen ausschließen. Dahinter steht die Überlegung, dass GPAI-Modelle in aller Regel grenzüberschreitend angeboten werden und auch KI-Systeme, die auf diesen Modellen aufbauen, in aller Regel in mehreren (wenn nicht gar allen) Mitgliedstaaten Folgen entfalten. Die ergänzenden (freiwilligen) Kodizes nach Art. 95 kennen diese Vorgabe zwar explizit nicht, aber auch dort wird man wohl eine zwischenstaatliche Relevanz voraussetzen müssen.

Die „**Berücksichtigung internationaler Ansätze**" soll die Leitfäden zugunsten von aufgrund der Rechtsordnungen von Drittstaaten oder sogar ganz freiwillig geschaffenen Vorgaben öffnen. Die EU möchte vermeiden, dass KI-Werkzeuge aufgrund aufwändiger Spezialanforderungen an den Vertrieb zurückgehalten werden. Der Idealfall wäre also, dass ein weltweiter Standard gleichzeitig auch die Pflichtanforderungen der EU umfasst und darüber freiwillig hinausgeht. Ob dies durch einen (der DSGVO nachgesagten) „Brussels Effect" dergestalt eintritt, dass sich der Rest der Welt an den Anforderungen der Art. 53, 55 orientiert oder aber bestehende oder freiwillig entwickelte ausländische Standards als gleichwertig anerkannt werden, spielt dabei keine Rolle. Die internationalen Ansätze müssen von den bei der Erstellung der Leitlinien beteiligten Anbietern und Behörden eingebracht werden; die Kommission kann hier allenfalls Impulse setzen. 8

III. Inhalt von Leitfäden (Abs. 2)

Abs. 2 bestimmt den Inhalt von Leitfäden. In Abgrenzung zu Art. 95 Abs. 2 geht es um die **Konkretisierung von ohnehin in der Verordnung vorgesehenen Pflichten** und nicht um die Begründung neuer, darüber hinausgehender Vorgaben an die Gestaltung, Dokumentation, Umsetzung oder den Vertrieb von GPAI-Modellen. Soweit der Wortlaut verlangt, dass „mindestens" diese Fragen geregelt werden, sind damit ausschließlich denknotwendige Annexregelungen umfasst. Dadurch sollen etwaige Abgrenzungsschwierigkeiten vermieden werden. Die in lit. a bis lit. d genannten Aspekte sind demgegenüber in Abgrenzung zu den Pflichten ausdrücklich nur als Regelbeispiele („einschließlich") formuliert und damit nicht abschließend. 9

Im Leitfaden nach **Abs. 2 lit. a** zu regeln sind zunächst die „Mittel", durch welche sichergestellt wird, dass die technische Dokumentation zugunsten der Behörden (insb. der Kommission) nach Art. 53 Abs. 1 lit. a und die Information der potenziellen nachgelagerten Anbieter Art. 53 Abs. 1 lit. b aktuell gehalten wird. Dabei geht es nicht um die in den Anlagen XI und XII vorgegebenen Pflichtinformationen, die nur durch die Kommission im Wege eines delegierten Rechtsakts geändert werden können (Art. 53 Abs. 6 i.V.m. Art. 97 Abs. 2), sondern um Verfahren und Methoden. So können etwa die Fragen, wie Feedback von nachgelagerten Anbietern eingearbeitet wird, wie der Änderungsverlauf zu dokumentieren ist, wie Anpassungen auf neue Metriken oder Kriterien erfolgen etc., hierfür relevant werden. Erfasst sein dürfte allerdings auch die inhaltliche Ausgestaltung der nur abstrakt formulierten Informationspflichten – technische Mittel zur Integration, Entwurfsspezifikationen, Trainingsverfahren, Daten und Datenaufbereitung bedürfen näherer Auslegung, die durchaus auch in einem Leitfaden erfolgen kann. 10

11 Nach **Abs. 2 lit. b** soll die „angemessene Detailgenauigkeit" bei der Zusammenfassung der für das Training verwendeten Inhalte dem Leitfaden überlassen werden. Der Wortlaut dieses Regelungsauftrags knüpft an Art. 53 Abs. 1 lit. d an. Allerdings ergibt sich insoweit der Detailgrad aus der zwingend zu verwendenden Vorlage der Kommission; zudem dient die Information hier insbesondere dem Schutz von Urheberrechten bzw. Leistungsschutzrechten, deren Wahrung kaum in die Hand der Anbieter gelegt werden kann. Andererseits ist eine Standardisierung hier durchaus zweckmäßig und vor allem für die Entwicklung neuer Modelle eine erhebliche Erleichterung. Zudem sind auch in der technischen Dokumentation sowie der Information der nachgelagerten Anbieter nach Anhang XI Abschnitt 1 Nr. 1 lit. c und Anhang XII Nr. 2 lit. c Angaben zu den Trainingsdaten zu machen. Es wäre wenig zielführend, hier völlig unterschiedliche Anforderungen zu setzen. Daher ist bei den entsprechenden Vereinbarungen besondere Sorgfalt der Kommission im Rahmen der Bewertung und Genehmigung anzuwenden; zudem sind die betroffenen Interessenverbände nach Abs. 3 Satz 2 intensiv zu beteiligen.

12 **Abs. 2 lit. c** bezieht sich auf Art. 55 Abs. 1 lit. b. Dabei geht es zum einen darum, den unbestimmten Begriff des systemischen Risikos über das leicht feststellbare quantitative Kriterium des Art. 52 Abs. 2 und die ebenfalls überwiegend nur auf Kapazität abstellenden Voraussetzungen des Anhangs XIII durch konkrete Verfahren zu konkretisieren. Hier soll auf den Erfahrungsfundus der Anbieter, der nachgelagerten Anbieter sowie der Anbieter und Betreiber von KI-Systemen, in denen GPAI-Modelle genutzt werden, sowie der beratenden Organisationen zurückgegriffen werden. Ziel ist es, bestimmte Warnsignale (Red Flags) zu setzen, welche bereits bei der Entwicklung berücksichtigt werden können und durch technische Maßnahmen oder angemessene Instruktion reduziert oder sogar ganz verhindert werden können. Hier dürfte der Leitfaden wohl die größte Dynamik aufweisen, da strukturierte Verfahren zur Beobachtung und Erfassung derartiger Risiken erst im Entstehen sind und wie jeder Compliance-Prozess einer laufenden Entwicklung unterliegen. ErwG 116 a. E. spricht hier von der (jedenfalls langfristigen) Etablierung einer „Risikotaxonomie für Art und Wesen der systemischen Risiken auf Unionsebene". Die Taxonomie als solche muss freilich bei der Entwicklung noch nicht feststehen; sie ist erst das Ergebnis der gesammelten Erfahrungen.

13 Auch **Abs. 2 lit. d** bezieht sich auf Art. 55 Abs. 1 lit. c und begründet die Grundlage für ein Risikomanagementsystem. Selbst wenn klar ist, welche Risiken als systemisches Risiko eingeordnet werden, ist bei den konkreten Maßnahmen eine Klassifikation erforderlich: Es kann kein unbegrenzter Aufwand zur Verringerung aller denkbaren Risiken verlangt werden, wenn nicht potenzielle Anbieter von KI-Systemen (insb. unentgeltlich vertriebenen Open-Source-Systemen) komplett vom EU-Markt ausgeschlossen werden sollen. Daher ist eine Priorisie-

rung unumgänglich. Die pauschale Anknüpfung an Schwere und Wahrscheinlichkeit soll hier soweit wie möglich konkretisiert werden. Dabei soll auch und gerade die Aufgabenverteilung in der KI-Wertschöpfungskette bis zum Anbieter bzw. Betreiber eines KI-Systems berücksichtigt werden. Freilich wird dies dadurch erschwert, dass für die Anbieter und Betreiber von KI-Systemen, die keine Hochrisiko-KI und auch kein KI-System mit allgemeinem Verwendungszweck darstellen, eine Regulierung nach der KI-VO kaum möglich ist. Insoweit kann es sich allenfalls um eine vertragliche Pflichtenzuweisung handeln. ErwG 116 a. E. betont, dass „spezifische Maßnahmen" im Mittelpunkt stehen sollen. Es soll also gerade keine generalklauselartige Wiederholung des Wortlauts von Art. 55 erfolgen, sondern vielmehr konkrete Aspekte herausgearbeitet werden. Auch hier ist zu erwarten, dass der Pflichtenkatalog aufgrund der gesammelten Erfahrungen laufend zu ergänzen sein wird.

IV. Beteiligung bei der Erstellung (Abs. 3)

Abs. 3 bestimmt, dass die Kommission in ihrer Rolle als Büro für Künstliche Intelligenz „alle" Anbieter sowie die einschlägigen nationalen Behörden zur Beteiligung an der Ausarbeitung der Leitfäden „**ersuchen**" kann. Soweit entsprechende Kontaktdaten bekannt sind, ist eine individuelle Kontaktaufnahme möglich; dies betrifft etwa auch diejenigen, die bereits im Gesetzgebungsverfahren zur Verordnung beteiligt waren. Es genügt aber auch eine öffentliche Ausschreibung, die in Bezug auf (bislang) unbekannte Anbieter ohnehin geboten erscheint. Adressaten sollten zudem nicht nur die gegenwärtigen, sondern auch die künftigen Anbieter sein – denn wer derzeit an einem GPAI-Modell arbeitet, aber es noch nicht zugänglich gemacht hat, hat ein durchaus vergleichbares Interesse. Die Gestaltung der Verhaltenskodizes allein in die Hand der aktuellen Anbieter zu legen, birgt die Gefahr einer Versteinerung. 14

Nach dem Wortlaut „**kann**" das Büro die Anbieter ersuchen, sich zu beteiligen. Aus der Förderungspflicht des Abs. 1 ist dies in Bezug auf das „Ob" aber als „muss" zu lesen. Nur die individuell-gezielte Ansprache einzelner Anbieter ist fakultativ; dass überhaupt Anbieter (ggf. nur öffentlich) aufgefordert werden, aber obligatorisch. Erst recht zwingend ist die Ansprache aller zuständigen nationalen Behörden – wobei für GPAI-Modelle im Speziellen nach Art. 88 Abs. 1 Satz 1 ausschließlich die Kommission zuständig ist, sodass es um die für KI-Systeme zuständigen Behörden geht. 15

Kein „Ersuchen" ist gegenüber **anderen Interessenträgern** vorgesehen. Die Formulierung bezüglich dieser Personengruppe ist leicht anders als bei Art. 95 Abs. 3 (dort „Interessenträgern sowie deren Interessenvertretungen einschließlich Organisationen der Zivilgesellschaft und Hochschulen", hier „Organisationen der Zivilgesellschaft, die Industrie, die Wissenschaft und andere einschlägi- 16 ge Interessenträger wie nachgelagerte Anbieter und unabhängige Sachverständige"), umfasst aber letztlich den gleichen Personenkreis. In Bezug auf diese besteht jedenfalls keine Pflicht der Kommission zur individuellen Ansprache. Sie dürfen aber selbstverständlich auch im Rahmen einer öffentlichen Bekanntmachung zur Entwicklung von Praxisleitfäden adressiert werden.

17 Die **Rolle der sonstigen Interessenträger** im Vergleich zu den Anbietern sowie den nationalen Aufsichtsbehörden wird im Wortlaut ausdrücklich heruntergespielt (bloße „Unterstützung des Prozesses" statt „Beteiligung an der Ausarbeitung"). Ob dies ihre tatsächliche Bedeutung widerspiegelt, muss aber bezweifelt werden. Da es gerade auch um urheberrechtliche Fragestellungen geht oder neutrale technische Expertise erforderlich ist, hat das Votum der Betroffenen eine große Relevanz. Eine negative Stellungnahme kann die Kommission von der Genehmigung nach Abs. 6 abhalten. Die Kommission (bzw. das Büro für Künstliche Intelligenz) selbst wird zwar nicht erwähnt, soll aber am Prozess wohl zumindest als Moderator nach Maßgabe des Abs. 4 beteiligt sein.

V. Förderung der Zielerreichung durch die Kommission (Abs. 4)

18 Als **Instanz** zwischen den „interessierten Kreisen" (welche hier auch die Betroffenen umfassen) und den Anbietern soll das Büro für Künstliche Intelligenz (d.h. die Kommission) agieren. Es wird dabei durch das KI-Gremium im Sinne von Art. 65 unterstützt, welches wiederum die Mitgliedstaaten repräsentiert, die nach Abs. 3 selbst am Verfahren beteiligt sind. Das KI-Gremium kann insbesondere nach Art. 66 lit. e Ziff. i Empfehlungen und schriftliche Stellungnahmen zur Entwicklung und Anwendung von Praxisleitfäden abgeben.

1. Inhalt der Leitfäden

19 Zunächst sollen die **Ziele** in den Praxisleitfäden „eindeutig" festgelegt sein. Damit sollen konfligierende Aussagen vermieden werden und eine möglichst hohe Sicherheit für die Anbieter (aber auch eine erleichterte Prüfung für die Kommission) gewährleistet werden. Im Wesentlichen ergeben sich die Ziele freilich schon aus Art. 53 und Art. 55. Ob darüber hinausgehende allgemeine Floskeln („Schutz der Betroffenen vor Verletzung ihrer individuellen Rechte", „Transparenz der Verarbeitung" etc.) viel beitragen, ist fraglich. Denkbar scheint, dass bei einzelnen Gruppen von GPAI-Modellen besondere Ziele hinzutreten (etwa nach Modalität – für Bilder mag etwa bzgl. Watermarking etwas anderes gelten als für Texte), sodass es hier spezielle Praxisleitfäden gibt. Aber auch dort wird es eher um konkrete (geeignete) Maßnahmen als um die Ziele als solche gehen.

Von zentraler Bedeutung ist demgegenüber, dass **Verpflichtungen oder Maßnahmen** enthalten sind, um die Verwirklichung der Ziele zu gewährleisten. Während „Maßnahmen" sowohl technischer als auch organisatorischer Art (vgl. auch Art. 32 DSGVO) ein aktuelles Handeln voraussetzen, sind Verpflichtungen zukunftsorientiert und betreffen künftiges Verhalten. Dadurch sollen die abstrakten und in sich kaum verständlichen Anforderungen der Art. 53, 55 in konkrete Kataloge, idealerweise Checklisten gegossen werden. Nur dadurch kann die erhoffte Erleichterung für die Anbieter und die überwachende Kommission eintreten. Eine schlichte Wiederholung des Wortlauts der Verordnung wird dem nicht gerecht. In organisatorischer Sicht kommt etwa die Begründung interner Zuständigkeiten (z. B. Notfallpersonal, Krisenstab, GPAI-Modell-Risikobeauftragter, internes Beratungsgremium unter Einbeziehung externer Interessenkreise) und Verfahren (Meldeportal, Ticketsysteme, Workflow für Reaktionen auf Probleme) in Betracht, mit Blick auf technische Maßnahmen etwa die Nutzung bestimmter Test- und Validierungswerkzeuge, Vorgaben an zu verwendende Testdatensätze, Begrenzung von Pilotierungs- und Testphasen. Vor allem dürfte die Zusammenarbeit mit den nachgelagerten Anbietern im Vordergrund stehen. 20

Das Büro für Künstliche Intelligenz und das KI-Gremium sollen zudem sicherstellen, dass nicht nur die Interessen der aktiv tätigen Anbieter, sondern auch diejenigen der **„interessierten Kreise"** berücksichtigt werden. Unmittelbar von GPAI-Modellen „betroffen" ist freilich nach dem System der Verordnung niemand, erst die Systeme, welche solche Modelle nutzen, haben Drittbezug. Insoweit gilt es hier vor allem, möglichst frühzeitig Gefahren zu vermindern oder gar auszuschließen. Mehr als ein Forum für derartige Interessen zu eröffnen und sicherzustellen, dass die betreffenden Kreise gehört werden (die ja über Abs. 3 Satz 2 unterstützend tätig werden können), muss die Kommission hier aber nicht. Die Berücksichtigung kann etwa durch offene Konsultationsprozesse oder Einbringung von konkreten Vorschlägen erfolgen. Sie kann zudem warnen, wenn bestimmte Interessen nicht hinreichend in den Planungen berücksichtigt wurden oder Schutzlücken und Gefahren durch einen Entwurf bestehen bleiben. Ob die Anforderungen letztlich „gebührend" berücksichtigt wurden, ist dann letztlich im Rahmen der Bewertung und Genehmigung der Praxisleitfäden (Abs. 6) zu entscheiden. 21

Darüber hinaus wird es, soweit ersichtlich, stets erforderlich sein (nicht nur „gegebenenfalls"), Kriterien zu benennen, mit denen beurteilt werden kann, ob diese Maßnahmen diese Ziele **tatsächlich erreichen**. Dies steht in engem Zusammenhang mit der Berichtspflicht (Abs. 5). Gemeint sind hier klare Benchmarks (etwa Anzahl der erfassten Risiken im Risikomanagement nach Art. 55) und nicht nur nicht überprüfbare, subjektive Bewertungen der Anbieter selbst. Zu überlegen ist vor diesem Hintergrund auch eine Einbeziehung der weiteren Interessenkreise sowie der Wissenschaft in diesen Prozess. ErwG 116 22 spricht insoweit explizit „Sachverständige, einschließlich des wissenschaftlichen Gremiums“ (Art. 68) an.

23 Nur hingewiesen sei an dieser Stelle darauf, dass die Beteiligung an dem Prozess zur Entwicklung von Praxisleitfäden jedenfalls die Gefahr einer **wettbewerbsbeschränkenden Absprache** iSv Art. 101 Abs. 1 AEUV unter den beteiligten Anbietern in sich birgt. Soweit nicht öffentliche Informationen ausgetauscht werden, liegt eine abgestimmte Verhaltensweise nahe. Gerechtfertigt ist dies nur im durch Art. 101 Abs. 3 AEUV zulässigen Rahmen, also insbesondere, soweit es den in Art. 2 vorgegebenen Aufgaben dient. Allein die ohnehin nur mittelbare Beteiligung der Kommission am Entstehungsprozess schließt insoweit eine Ahndung durch die Wettbewerbsbehörden nicht aus.

2. Verfahren, insb. Rolle der (Vertreter der) Kommission

24 Wie das Büro für Künstliche Intelligenz seine **Aufgabe erfüllt**, ist nicht vorgegeben. Es kann hier einerseits aktiv Anregungen geben und Formulierungsvorschläge machen, Verbesserungen an Entwurfsfassungen anregen oder auch nur auf Regelungs- und Konkretisierungsbedarf hinweisen. Auch durch Tagesordnungen, Zeitpläne, Organisation von Redezeiten und Beiträgen, Protokollierung von Verhandlungen etc. kann die Qualität der Praxisleitfäden gefördert werden.

25 Ebenso wenig geregelt ist der **interne Ablauf bei der Entstehung der Praxisleitfäden**. Üblich und naheliegend ist hier etwa die Bildung von Ausschüssen für einzelne Problemfelder. Beschlüsse sollten nicht an ein Einstimmigkeitserfordernis gekoppelt werden, um eine Blockade zu verhindern; vielmehr dürfte die einfache Mehrheit genügen. Auch wird man ggf. einen Sprecher bestimmen müssen, der Treffen einberuft, Versammlungen leitet, Eingaben organisiert und die Kommunikation nach außen (Pressearbeit) übernimmt. Diese Aufgaben kann ein Vertreter des Büros für Künstliche Intelligenz (also der Kommission) übernehmen, es kann aber genauso gut auch ein Anbieter tätig sein. Da am Ende ein Dokument vorliegen muss, das die Kommission genehmigen kann (Abs. 6 UAbs. 2), muss auch jemand die Überlegungen in Textform fixieren und ausformulieren sowie die Arbeitsergebnisse abschließend an die Kommission übermitteln.

26 Nicht vorgesehen sind **Zwangsmittel** bei Untätigkeit oder sogar Blockade des Entstehungsprozesses durch einzelne Anbieter bzw. beteiligte Interessenten. Da es sich ohnehin um einen lose organisierten Prozess handelt, wird man hier einen Ausschluss durch schlichten Mehrheitsbeschluss zulassen können. Da es durchaus konkurrierende Leitfäden geben kann und zudem die Genehmigung von Leitfäden praktisch nur eine Erleichterung beim Nachweis darstellt, wird der betroffene Anbieter hierdurch auch nicht unzumutbar benachteiligt. Ein Rechtsschutz hiergegen ist nicht eröffnet.

VI. Berichte (Abs. 5)

27 Der Erfolg der Selbstregulierung lässt sich grundsätzlich an der **Beobachtung von eingetretenen Schäden**, insbesondere anhand von Beschwerden nach Art. 89 Abs. 2, ablesen. Dieser Erkenntnisweg ist allerdings langsam und von weitgehend zufälligen Umständen abhängig; zudem kann er gerade bei GPAI-Modellen mit systemischen Risiken erhebliche nachteilige Folgen auslösen. Daher sieht Abs. 5 im Grundsatz ein regelmäßiges Berichtswesen vor.

28 Die Schwierigkeit des Abs. 5 zeigt sich daran, dass Praxisleitfäden eben nicht von einer Normungsorganisation (zu diesen Art. 40) erlassen werden, sondern von einem **pluralistischen Gremium**, das sich primär aus Anbietern zusammensetzt, die sogar miteinander in Wettbewerb stehen dürften. Mangels dauerhafter Organisation wird man nicht von einer dauerhaften Bevollmächtigung eines Sprechers ausgehen können. Hinzu kommt, dass diejenigen, die Praxisleitfäden befolgen, ggf. im Zeitpunkt der Entstehung noch gar keine Anbieter waren, oder damalige Anbieter sich vom Markt zurückgezogen haben und sich so der Kreis der Betroffenen abweichend entwickeln kann. Einen zentralen Ansprechpartner für derartige Berichte gibt es daher nicht zwingend. Die entsprechende Rolle mögen im Einzelfall organisierte Interessenverbände übernehmen, aber auch diese müssten erst einmal das Feedback ihrer Mitglieder einsammeln.

29 Dementsprechend **offen** ist die Regelung des Abs. 5 **formuliert**: Das Büro für Künstliche Intelligenz „strebt an", dass alle „an den Praxisleitfäden Beteiligte" „regelmäßig" über die Umsetzung „Bericht erstatten". Schon die Formulierung „strebt an" zeigt dabei die Hilflosigkeit der Kommission in diesem Punkt – eine individuelle Pflicht zur Berichterstattung sieht die Verordnung gerade nicht vor, obgleich diese problemlos in Art. 53 oder Art. 55 hätte verankert werden können. Ähnlich wie bei der „Förderung" in Abs. 4 und Abs. 8 gibt es hier keine zwangsweisen Durchsetzungsmittel. Stattdessen ist die Kommission auf formlose Aufforderungen und Aufrufe beschränkt. Allerdings schwebt über den Praxisleitfäden bei fehlender Berichterstattung das Damoklesschwert, dass eine Evaluation nach Abs. 6 negativ ausfällt und auf dieser Grundlage die Genehmigung des Leitfadens entzogen wird. Dann würde auch der durch die Befolgung nach Art. 53 Abs. 4 Satz 1, Art. 55 Abs. 2 Satz 1 geschaffene „safe harbor" entfallen und jeder Anbieter müsste nach entsprechender Aufforderung für den Einzelfall nachweisen, wie er die Pflichten aus Art. 53 Abs. 1, Art. 55 Abs. 2 erfüllt.

30 **Adressaten** der Berichtspflicht sind diejenigen Anbieter, die nach Abs. 3 bei der Erstellung bzw. Überarbeitung (Abs. 8) der Praxisleitfäden beteiligt waren. Nicht erwähnt sind diejenigen, welche die Praxisleitfäden zwar befolgen, aber nicht aktiv bei der Erstellung mitgewirkt haben – diese dürfen selbstverständlich auch über ihre Erfahrungen berichten, sind aber nicht in gleicher Weise in der

Verantwortung. Soweit ein Anbieter nicht mehr auf dem Markt für GPAI-Modelle tätig ist, kann von ihm auch keine Berichterstattung mehr erwartet werden.

31 Die Berichterstattung soll **„regelmäßig"** erfolgen. Ein fester Zeitraum ist nicht vorgegeben, denkbar erscheint aber eine jährliche Zusammenfassung. Gerade in der Anfangsphase mag ein Bedürfnis nach dichterer Beobachtung bestehen als bei etablierten Praxisleitfäden. Zu denken ist über den Wortlaut hinaus auch an eine anlassbezogene Berichterstattung, etwa bei Änderung von technischen oder sozialen Rahmenbedingungen sowie bei Schaffung von Normen (vgl. auch Abs. 8).

32 **Inhalt** der Berichterstattung soll die „Umsetzung der Verpflichtungen" sein. Dies umfasst einerseits die konkret ergriffenen Maßnahmen und andererseits die erzielten Ergebnisse. Wie die Berichterstattung zu erfolgen hat, lässt die Verordnung offen. Auch ein Durchführungsrechtsakt ist hierzu nicht vorgesehen. Dennoch wird die Kommission hier schon zur Vergleichbarkeit und Auswertung Standards definieren müssen. Hierzu soll „gegebenenfalls" auf Benchmarks zurückgegriffen werden. Hingewiesen wird darauf, dass auf die „Größen- und Kapazitätsunterschiede zwischen den verschiedenen Beteiligten" Rücksicht zu nehmen ist.

33 Für das **Verfahren der Einreichung** (Fristen, verwendete Plattformen und/oder Adressen) enthält die Verordnung keine Vorgaben. Nicht hinreichend wird in jedem Fall ein mündlicher Bericht oder die kommentarlose Übermittlung von Statistiken sein. Die Kommission hat hier weitgehenden Gestaltungsspielraum.

VII. Überwachung, Bewertung, Allgemeingültigkeitserklärung (Abs. 6)

1. Überprüfung und Überwachung der Zielerreichung (UAbs. 1)

34 Nach Abs. 6 UAbs. 1 obliegt es der Kommission (als Büro für Künstliche Intelligenz) und dem KI-Gremium, in dem die Mitgliedstaaten repräsentiert sind (Art. 65), **zu kontrollieren**, ob die Praxisleitfäden die gewünschten Ziele (Abs. 4) erreichen, also die in Abs. 2 genannten Inhalte tatsächlich die Pflichten aus Art. 53, 55 abdecken. Grundlage für diese Beurteilung sind zunächst die Berichte nach Abs. 5, aber auch sonstige Erkenntnisse im Rahmen der Durchsetzung der Verordnung (auch in Bezug auf Hochrisiko-KI, die auf GPAI aufbaut). Die Beurteilung kann sich weitergehend auch auf andere Ziele erstrecken, soweit diese im Praxisleitfaden definiert sind.

35 Den **Maßstab für die Beurteilung** gibt die Verordnung nicht vor. Hier kann auf die Kriterien zurückgegriffen werden, die das wissenschaftliche Gremium nach Art. 68 Abs. 3 entwickelt hat, aber auch auf die in den jeweiligen Praxisleitfäden selbst genannten Kriterien (Abs. 4). Der Maßstab muss dabei objektiv nachvollziehbar sein. Untere Grenze ist dabei die Erfüllung der Pflichten aus Abs. 4.

Wie die Berichte nach Abs. 5 soll auch die Bewertung **„regelmäßig"** erfolgen. **36**
Bestimmte Fristen sind wiederum nicht vorgesehen; allerdings dürfte die Bewertung auch von der Verfügbarkeit einer Entscheidungsgrundlage – mithin der Vorlage von Berichten – abhängig sein.

Bei der Bewertung können auch **Sachverständige herangezogen werden** und **37**
(auch ohne besondere Regelung) betroffene Interessengruppen angehört werden. So kann insbesondere das wissenschaftliche Gremium beratend tätig werden, das hier nicht nur einen (abstrakten) Beitrag zur Entwicklung von Instrumenten und Methoden für die Bewertung leisten kann, sondern auch bei der konkreten Beurteilung bestehender Praxisleitfäden seine Kompetenzen einbringen sollte (Art. 68 Abs. 3 enthält nur eine beispielhafte Auflistung von Regelbeispielen, „insbesondere").

Die Bewertung kann sich nicht auf den Praxisleitfaden in seiner Gesamtheit be- **38**
schränken, sondern muss **spezifisch einzelne Regelungen aufgreifen**. Dabei ist im Einzelnen darzulegen, welche Beurteilungsgrundlagen vorlagen, wie die Ziele definiert waren, welche konkreten Anforderungen daraus (bzw. aus dem Praxisleitfaden selbst oder darüber hinausgehenden methodischen Prozessen) abgeleitet wurden sowie der Grad der Erfüllung. Nicht unbedingt geboten sind konkrete Korrektur- und Verbesserungsvorschläge, die einem Anpassungsverfahren nach Abs. 8 (vgl. auch Rn. 39) vorbehalten bleiben können.

Die Ergebnisse der Bewertung (und etwaige Änderungs-, Ergänzungs- und **39**
Streichvorschläge) sind zu **veröffentlichen**. Die Form der Veröffentlichung ist nicht vorgegeben, jedenfalls eine Veröffentlichung auf den Internetseiten der Kommission ist aber geboten, da die Bewertung Grundlage für die Entscheidung aktueller und künftiger Anbieter über die Orientierung an dem Praxisleitfaden sein wird. Nicht geboten ist eine individuelle Mitteilung an die bekannten Anbieter.

Auf Grundlage der Bewertung kann dann ein **Anpassungsverfahren nach** **40**
Abs. 8 erfolgen. Soweit dies nicht geschieht oder die Anpassung sich verzögert oder sogar scheitert, ist eine Änderung bzw. Aufhebung des Durchführungsrechtsakts (UAbs. 2) erforderlich. Denn eine unzureichende oder nicht funktionierende Regelung kann nicht von den Pflichten nach Art. 53, 55 befreien. Soweit hierdurch eine Regelungslücke entstehen würde (weil es keine alternativen Praxisleitfäden gibt), ist nach Abs. 9 UAbs. 2 stattdessen ein eigener Durchführungsrechtsakt der Kommission zu erlassen. In welchem Umfang eine Übergangsfrist gewährt werden kann, in der die als ineffizient erkannten Vorgaben der Praxisleitfäden weiterhin die Pflichterfüllung implizieren, hängt vom Umfang der erkannten Regelungslücke ab.

41 Keine besondere Regelung gibt es für die **erste Beurteilung des Praxisleitfadens** vor seiner „Genehmigung" (nach UAbs. 2). Auch hier ist in jedem Fall das KI-Gremium mit einzubeziehen, was zumindest auf Abs. 4 gestützt werden kann.

2. Genehmigung von Praxisleitfäden (UAbs. 2)

42 Die **entscheidende Regelung zu den Praxisleitfäden** findet sich leider an verborgener Stelle. Die Machtposition der Kommission besteht nicht nur in der Prüfung und Äußerung von Kritik, sondern vor allem darin, dass sie Praxisleitfäden „genehmigen" kann. Dies ist vom Wortlaut her bewusst angelehnt an Art. 40 Abs. 9 DSGVO. Diese Genehmigung bedeutet die Billigung der Regeln nach dem Erkenntnisstand zur Zeit der Entscheidung. Entsprechend kann diese Genehmigung auch später bei geänderten Umständen aufgehoben oder auf eine nach Abs. 8 geänderte Fassung erstreckt werden. Umgekehrt gilt nicht automatisch jede aktualisierte Fassung als genehmigt – vielmehr bedarf es hierfür einer neuen Genehmigung (unter Aufhebung der früheren).

43 In etwas irreführender Formulierung bestimmt Abs. 6 UAbs. 2, dass dem Leitfaden „in der Union **allgemeine Gültigkeit**" verliehen wird. Damit ist nicht allgemeine Verbindlichkeit in dem Sinne gemeint, dass die Befolgung zwingend sei.[1] Die zu Art. 40 Abs. 9 DSGVO vertretene Gegenauffassung passt nicht zum explizit vorgesehenen dynamischen Prozess und erst recht nicht zu der hier bejahten Zulässigkeit konkurrierender Praxisleitfäden. Etwas anderes kann man auch aus Art. 291 AEUV nicht entnehmen, der für Durchführungsrechtsakte nur verlangt, dass „einheitliche Bedingungen" unter den Mitgliedstaaten, nicht aber im Hinblick auf einen Vorgang oder eine Personengruppe insgesamt hergestellt werden. Genau dies wird aber mit der „unionsweiten" Anerkennung gewährleistet. Daher tritt mit der Genehmigung nur die Möglichkeit ein, die Erfüllung der Pflichten aus Art. 53, 55 durch Einhaltung der Vorgaben des Praxisleitfadens nachzuweisen – die Möglichkeit, die Pflichten auf andere Weise zu erfüllen und dies nachzuweisen, bleibt aber unberührt. Die „allgemeine" Gültigkeit bedeutet auch nicht, dass jeder Praxisleitfaden für jedes GPAI-Modell gelten muss – spezifische Praxisleitfäden (für bestimmte Modalitäten, Quelldaten etc.) bleiben möglich. Ebenso wenig bedeutet „allgemeine" Gültigkeit, dass es nur einen zulässigen Praxisleitfaden geben darf. Vielmehr können durchaus mehrere Praxisleitfäden miteinander konkurrieren; die Anbieter haben dann die Wahl.

1 So die ganz h.M. zu Art. 40 Abs. 9 DSGVO: *Vomhof*, in: Auernhammer, DSGVO BDSG, Art. 40 Rn. 75 ff.; *Schweinoch*, in: Ehmann/Selmayr, DS-GVO, Art. 40 Rn. 64; *Bergt*, in: Kühling/Buchner, DS-GVO/BDSG, Art. 40 Rn. 51 ff.; *Spindler*, ZD 2016, 407, 410 f.; *Bergt*, CR 2016, 670, 676; a. A. *Paal*, in: Paal/Pauly, DS-GVO BDSG, Art. 40 Rn. 28a.

Die Genehmigung erfolgt „im Wege eines **Durchführungsrechtsakts**“. Damit ist nicht gemeint, dass dieser Durchführungsrechtsakt nur das Verfahren regelt, sondern er enthält die Genehmigung und Gültigkeitserklärung als solche. Ob auch der Text des Praxisleitfadens selbst enthalten sein muss, gibt die Regelung nicht vor. Es dürfte aber ein Verweis auf einen hinterlegten Text genügen, soweit dessen Unveränderlichkeit gewährleistet ist. Eine Art. 40 Abs. 10 DSGVO entsprechende Regelung fehlt in der KI-VO. Nicht möglich ist hingegen ein dynamischer Verweis auf die jeweils geltende Fassung des Praxisleitfadens. 44

Nicht geregelt ist, wie man einen Praxisleitfaden überhaupt **zur Genehmigung einbringen** kann. Das Idealbild der Verordnung ist, dass die Kommission bereits am Entstehungsprozess beteiligt war (zu Abs. 3 siehe Rn. 14, zu Abs. 4 siehe Rn. 24). Zwingend ist dies aber nicht – so können Industrievereinigungen oder Anbieter auch eigenständig einen Entwurf fertigen. Dieser ist dann nur ex post von der Kommission – ggf. unter Einholung der Expertise von Sachverständigen und betroffenen Interessengruppen nach Abs. 6 UAbs. 1 – zu bewerten. Wie und in welcher Form die Einreichung zu erfolgen hat, kann die Kommission selbst bestimmen. Für die Prüfung und die spätere Genehmigung ist keine Gebühr vorgesehen. 45

Ebenfalls offen ist, inwieweit gegen die Verweigerung der Genehmigung (oder etwaige Verzögerungen oder gar Ablehnung im Prüfverfahren nach Art. 98 Abs. 2 i.V.m. Art. 5 VO 182/2011) im **Rechtsschutzwege** vorgegangen werden kann. Sonderregeln dazu enthält die Verordnung nicht; insbesondere kann man dem Wortlaut auch keinen Anspruch auf Genehmigung entnehmen. Da auch die Kriterien der Genehmigung zumindest offen sind, spricht viel dafür, hier eine Klagemöglichkeit zu verneinen. Insbesondere dürfte Art. 265 Abs. 3 AEUV hier nicht passen, da die Genehmigung der entsprechenden Praxisleitfäden nicht an eine bestimmte Person gerichtet wäre. Gegen eine ggf. zu Unrecht erteilte Genehmigung kommt allein eine Nichtigkeitsklage nach Art. 263 AEUV in Betracht; ein besonderes Verfahren (wie z.B. in Art. 50 DSGVO i.V.m. § 21 BDSG) ist nicht vorgesehen. 46

Unklar ist, inwieweit die Kommission selbst **Änderungen am Text der Praxisleitfäden** vornehmen darf. Für bloße sprachliche Berichtigungen dürften hier keine Einwände bestehen. Soweit aber Regelungen gestrichen oder eingefügt werden oder bewusst inhaltliche Änderungen vorgenommen werden, wird der Gedanke der Selbstregulierung unterlaufen. Andererseits besteht nach Abs. 9 UAbs. 2 bei Fehlen genehmigungsfähiger Vorgaben ohnehin die Möglichkeit, stattdessen die gesamten Vorgaben nur durch die Kommission zu regeln – und die Modifikation eines Entwurfs ist hierzu nur ein Minus. Richtigerweise wird man eine eigene Regelungsbefugnis der Kommission nur im Notstand des Abs. 9 UAbs. 2 annehmen können – d.h. wenn es keinerlei (auch keine alternativen) Praxisleitfäden gibt, einschließlich des Falls, das sämtliche Praxisleitfäden 47 einer neuen Genehmigung bedürfen. Selbst dann handelt es sich bei dem erlassenen Rechtsakt nicht um einen solchen nach Abs. 6 UAbs. 2, sondern insgesamt um einen solchen nach Abs. 9 UAbs. 2. Die Regelungen werden also als solche der Kommission behandelt, selbst wenn sie aus einem Praxisleitfaden entnommen wurden.

VIII. Ersuchen um Befolgung (Abs. 7)

48 **Praxisleitfäden** sind als solche (ähnlich wie die „Verhaltenskodizes" in Art. 95) zunächst nur unverbindliche Empfehlungen, wie die Pflichten aus Art. 53, 55 gehandhabt werden können. Bedeutung erlangen sie allerdings durch die den harmonisierten Normen (Art. 40 Abs. 1) ähnliche Konformitätsvermutung des Art. 53 Abs. 4 Satz 1 bzw. Art. 55 Abs. 2 Satz 1: Wer sich an die in einem Praxisleitfaden vorgesehenen Vorgaben hält, erfüllt damit die Pflichten als Anbieter eines GPAI-Modells. Insoweit begründen die Praxisleitfäden eine sogar über die nach Art. 96 zu erlassenden Leitlinien hinausgehende Bindung des Büros für Künstliche Intelligenz und sogar der Gerichte, denen so eine verbindliche Auslegung der Generalklauseln vorgegeben wird.

49 Diese **Verbindlichkeit für die Kommission, das Gericht und den EuGH** erzeugt jedoch anders als bei einem echten Durchführungsrechtsakt (vgl. Abs. 9 UAbs. 2) grundsätzlich keine Verpflichtung der Anbieter zur Befolgung. Sie dürfen grundsätzlich nach Art. 53 Abs. 4 Satz 3 bzw. Art. 55 Abs. 2 Satz 3 „geeignete alternative Verfahren der Einhaltung aufzeigen", die dann im Einzelfall überprüft werden. Dies begründet aber nicht nur für die Anbieter, sondern auch für die Kommission erheblichen Zusatzaufwand. Es ist daher grundsätzlich empfehlenswert, einen Praxisleitfaden zu befolgen. Vor diesem Hintergrund sieht Abs. 7 vor, dass die Kommission die Anbieter „ersuchen" kann, bestehende Praxisleitfäden zu befolgen.

50 Eine besondere **Form für das „Ersuchen"** ist nicht vorgegeben. Im Regelfall dürfte eine formlose Pressemitteilung o.ä. genügen; grundsätzlich dürfte es sich aber um eine Empfehlung als in Art. 288 AEUV ausdrücklich genannte Handlungsform handeln. Darüber hinaus kommt eine individuelle Mitteilung an bekannte Anbieter bzw. deren Bevollmächtigte in Betracht. Insbesondere kann den am Verfahren nach Abs. 3 Beteiligten die Anwendung der selbst entwickelten Vorgaben nahegelegt werden.

51 Da die Praxisleitfäden nach Abs. 2 auch die Pflichten aus Art. 55 abdecken sollen, wäre es unangemessen, auch gegenüber **Anbietern von GPAI-Modellen ohne systemisches Risiko** die vollständige Anwendung aller Vorgaben anzuregen. Allerdings können diese (ebenso wie bei Art. 95) sich natürlich freiwillig zur Befolgung ergänzender Pflichten bereit erklären. Dies liegt insbesondere

nahe, wenn von einer großen Akzeptanz des GPAI-Modells und daher einem „Hineinwachsen" in die Kriterien des Anhang XIII auszugehen ist. Je nach Aufwand der Pflichtenerfüllung kann aber die Befolgung einzelner Pflichten (etwa im Hinblick auf Cybersicherheit) ohnehin zum Industriestandard werden.

IX. Aktualisierung (Abs. 8)

Ein im Jahr 2025 (Abs. 9) erstmals erlassener Praxisleitfaden kann naturgemäß nicht alle Möglichkeiten und Entwicklungen vorhersehen. Eine Versteinerung der Vorgaben wäre mit dem Ziel der Selbstregulierung nicht zu vereinbaren. Die Verordnung sieht allerdings **keinen festen Aktualisierungs- und Überprüfungszeitraum** vor, sondern beschränkt sich auf die generalklauselhafte Erinnerung, dass Praxisleitfäden zu aktualisieren seien. Soweit Abs. 8 nur vorsieht, dass das Büro für Künstliche Intelligenz „gegebenenfalls" tätig wird, erklärt sich dies daraus, dass die Beteiligten sich selbstverständlich auch selbst organisieren können – nicht aber, dass eine Aktualisierung generell entbehrlich sein könnte. 52

Die Regelung nennt beispielhaft „neue Normen" (im Sinne von Art. 40) als **Anlass für eine Aktualisierung**. Gemeint sind damit ausschließlich solche Vorgaben, die durch Normsetzungsorganisationen mit unionsweiter Wirkung erlassen werden. Daher sind insbesondere rein nationale Normungsansätze und eine Normung in Drittstaaten unbeachtlich. Weitere Anlässe können die technische Entwicklung (etwa im Bereich der Cybersicherheit in Art. 55), tatsächlich beobachtete Risiken und beobachtete „Best Practices" bei der Dokumentation oder den urheberrechtlichen Strategien sein. 53

Die **Initiative** zu einer Überarbeitung soll im Idealfall von den Beteiligten (Abs. 3) ausgehen – allerdings darf das Büro für Künstliche Intelligenz im Rahmen seiner Förderungspflicht (Abs. 8 Satz 1) seinerseits Vorschläge und Ansatzpunkte einbringen, Konsultationen durchführen, Termine und Fristen bestimmen etc. Ein zwangsweiser Durchsetzungsmechanismus besteht ebenso wenig wie bei Abs. 4. 54

Die Tätigkeit des Büros für Künstliche Intelligenz beschränkt sich primär (insoweit identisch zu Abs. 4) auf die **Förderung und Erleichterung**. Ausdrücklich darüber hinausgehend wird die Unterstützung bei der Bewertung der „verfügbaren Normen" genannt. Damit ist nicht die bloße Mitwirkung im Normungsverfahren durch Erteilung von Normungsaufträgen und Prüfung der Eignung der Norm als solcher (Art. 40 Abs. 2) gemeint, sondern vielmehr die Prüfung, inwieweit die Norm existierende Regelungen der Praxisleitfäden überflüssig macht oder sogar diesen widerspricht. Die Existenz einer Norm schließt eine gleichlaufende oder sogar präzisere Regelung in einem Praxisleitfaden nicht aus, da dies durchaus klarstellende Wirkung haben kann. 55

X. Frist (Abs. 9)

56 Für die erste Generation von Leitfäden wurde eine knappe Frist gesetzt: **Bis Freitag, 2.5.2025** müssen die fertigen Texte „spätestens" vorliegen. Ebenfalls spätestens an diesem Tag sind durch die EU-Kommission (als Büro für Künstliche Intelligenz) die notwendigen Schritte einzuleiten. Diese umfassen über das ausdrücklich genannte „Ersuchen" der Anbieter zur Befolgung auch die Schaffung der für Überprüfung und Anpassung notwendigen Strukturen (Abs. 8). Vorgelagert ist zudem die Pflicht der EU-Kommission zu einer ersten Bewertung der Zielerreichung (Abs. 6 UAbs. 1 Satz 2 Hs. 1). Demgegenüber kann die „Genehmigung" des Praxisleitfadens und die Erklärung der Allgemeingültigkeit durch einen Durchführungsrechtsakt (Abs. 6 UAbs. 2) auch nach dem Stichtag erfolgen.

57 Die harte Frist ist allerdings der **Samstag, 2.8.2025**: Liegt bis dahin noch kein nach Abs. 6 als hinreichend bewerteter Verhaltenskodex vor, kann stattdessen die Kommission die Pflichten nach Art. 53 (für alle GPAI-Modelle) und Art. 55 (für GPAI-Modelle mit systemischem Risiko) selbst durch einen Durchführungsrechtsakt konkretisieren. Dieser Akt entspricht der Allgemeingültigkeitserklärung nach Abs. 6 UAbs. 2 und kann auf dem jeweiligen Diskussionsstand der Beteiligten (Abs. 2, Abs. 3) aufbauen. Es handelt sich dabei naturgemäß um eine Notlösung, da der Prozess der Selbstregulierung in diesem Fall als gescheitert anzusehen ist. Dementsprechend ist es nach der Systematik der Verordnung dennoch möglich, dass weitere Verhandlungen letztlich zu einem brauchbaren Praxisleitfaden führen, der vom Rechtsakt der Kommission abweicht. In diesem Fall muss die Kommission ihren Durchführungsrechtsakt aufheben, um den Weg für Selbstregulierung erneut freizumachen. Zu überlegen ist, ob der Durchführungsrechtsakt nicht (ggf. wiederholt) zu befristen ist, um die Beteiligten zu einer zeitnahen Selbstregulierung zu motivieren. Derzeit sieht es aber nicht so aus, als käme es zu der in der Regelung angedeuteten Problemsituation.

58 Unklar ist, ob die Kommission sich auch auf einen bloß **lückenschließenden Durchführungsrechtsakt** beschränken kann und im Hinblick auf die aus ihrer Sicht hinreichend geregelten Aspekte auf einen (ansonsten aber lückenhaften) Praxisleitfaden verweisen kann. Der in der Regelung intendierte Vorrang der Selbstregulierung spricht dafür, eine solche Gestaltung zuzulassen. Allerdings ist dies nicht völlig unbedenklich, weil die Regelungen in einem Praxisleitfaden sich auch wechselseitig beeinflussen können und die von der Kommission eingefügten Fremdkörper in einem solchen System ungewollte Wechselwirkungen auslösen können.

Kapitel VI
Maßnahmen zur Innovationsförderung

Art. 57 KI-Reallabore

(1) Die Mitgliedstaaten sorgen dafür, dass ihre zuständigen Behörden mindestens ein KI-Reallabor auf nationaler Ebene einrichten, das bis zum 2. August 2026 einsatzbereit sein muss. Dieses Reallabor kann auch gemeinsam mit den zuständigen Behörden anderer Mitgliedstaaten eingerichtet werden. Die Kommission kann technische Unterstützung, Beratung und Instrumente für die Einrichtung und den Betrieb von KI-Reallaboren bereitstellen.

Die Verpflichtung nach Unterabsatz 1 kann auch durch Beteiligung an einem bestehenden Reallabor erfüllt werden, sofern eine solche Beteiligung die nationale Abdeckung der teilnehmenden Mitgliedstaaten in gleichwertigem Maße gewährleistet.

(2) Es können auch zusätzliche KI-Reallabore auf regionaler oder lokaler Ebene oder gemeinsam mit den zuständigen Behörden anderer Mitgliedstaaten eingerichtet werden;

(3) Der Europäische Datenschutzbeauftragte kann auch ein KI-Reallabor für Organe, Einrichtungen und sonstige Stellen der Union einrichten und die Rollen und Aufgaben der zuständigen nationalen Behörden im Einklang mit diesem Kapitel wahrnehmen.

(4) Die Mitgliedstaaten stellen sicher, dass die in den Absätzen 1 und 2 genannten zuständigen Behörden ausreichende Mittel bereitstellen, um diesem Artikel wirksam und zeitnah nachzukommen. Gegebenenfalls arbeiten die zuständigen nationalen Behörden mit anderen einschlägigen Behörden zusammen und können die Einbeziehung anderer Akteure des KI-Ökosystems gestatten. Andere Reallabore, die im Rahmen des Unionsrechts oder des nationalen Rechts eingerichtet wurden, bleiben von diesem Artikel unberührt. Die Mitgliedstaaten sorgen dafür, dass die diese anderen Reallabore beaufsichtigenden Behörden und die zuständigen nationalen Behörden angemessen zusammenarbeiten.

(5) Die nach Absatz 1 eingerichteten KI-Reallabore bieten eine kontrollierte Umgebung, um Innovation zu fördern und die Entwicklung, das Training, das Testen und die Validierung innovativer KI-Systeme für einen begrenzten Zeitraum vor ihrem Inverkehrbringen oder ihrer Inbetriebnahme nach einem bestimmten zwischen den Anbietern oder zukünftigen Anbietern und

der zuständigen Behörde vereinbarten Reallabor-Plan zu erleichtern. In diesen Reallaboren können auch darin beaufsichtigte Tests unter Realbedingungen durchgeführt werden.

(6) Die zuständigen Behörden stellen innerhalb der KI-Reallabore gegebenenfalls Anleitung, Aufsicht und Unterstützung bereit, um Risiken, insbesondere im Hinblick auf Grundrechte, Gesundheit und Sicherheit, Tests und Risikominderungsmaßnahmen sowie deren Wirksamkeit hinsichtlich der Pflichten und Anforderungen dieser Verordnung und gegebenenfalls anderem Unionsrecht und nationalem Recht, deren Einhaltung innerhalb des Reallabors beaufsichtigt wird, zu ermitteln.

(7) Die zuständigen Behörden stellen den Anbietern und zukünftigen Anbietern, die am KI-Reallabor teilnehmen, Leitfäden zu regulatorischen Erwartungen und zur Erfüllung der in dieser Verordnung festgelegten Anforderungen und Pflichten zur Verfügung.

Die zuständige Behörde legt dem Anbieter oder zukünftigen Anbieter des KI-Systems auf dessen Anfrage einen schriftlichen Nachweis für die im Reallabor erfolgreich durchgeführten Tätigkeiten vor. Außerdem legt die zuständige Behörde einen Abschlussbericht vor, in dem sie die im Reallabor durchgeführten Tätigkeiten, deren Ergebnisse und die gewonnenen Erkenntnisse im Einzelnen darlegt. Die Anbieter können diese Unterlagen nutzen, um im Rahmen des Konformitätsbewertungsverfahrens oder einschlägiger Marktüberwachungstätigkeiten nachzuweisen, dass sie dieser Verordnung nachkommen. In diesem Zusammenhang werden die Abschlussberichte und die von der zuständigen nationalen Behörde vorgelegten schriftlichen Nachweise von den Marktüberwachungsbehörden und den notifizierten Stellen im Hinblick auf eine Beschleunigung der Konformitätsbewertungsverfahren in angemessenem Maße positiv gewertet.

(8) Vorbehaltlich der in Artikel 78 enthaltenen Bestimmungen über die Vertraulichkeit und im Einvernehmen mit den Anbietern oder zukünftigen Anbietern, sind die Kommission und das KI-Gremium befugt, die Abschlussberichte einzusehen und tragen diesen gegebenenfalls bei der Wahrnehmung ihrer Aufgaben gemäß dieser Verordnung Rechnung. Wenn der Anbieter oder der zukünftige Anbieter und die zuständige nationale Behörde ihr ausdrückliches Einverständnis erklären, kann der Abschlussbericht über die in diesem Artikel genannte zentrale Informationsplattform veröffentlicht werden.

(9) Die Einrichtung von KI-Reallaboren soll zu den folgenden Zielen beitragen:

a) **Verbesserung der Rechtssicherheit, um für die Einhaltung der Regulierungsvorschriften dieser Verordnung oder, gegebenenfalls, anderem geltenden Unionsrecht und nationalem Recht zu sorgen;**
b) **Förderung des Austauschs bewährter Verfahren durch Zusammenarbeit mit den am KI-Reallabor beteiligten Behörden;**
c) **Förderung von Innovation und Wettbewerbsfähigkeit sowie Erleichterung der Entwicklung eines KI-Ökosystems;**
d) **Leisten eines Beitrags zum evidenzbasierten regulatorischen Lernen;**
e) **Erleichterung und Beschleunigung des Zugangs von KI-Systemen zum Unionsmarkt, insbesondere wenn sie von KMU – einschließlich Start-up-Unternehmen – angeboten werden.**

(10) Soweit die innovativen KI-Systeme personenbezogene Daten verarbeiten oder anderweitig der Aufsicht anderer nationaler Behörden oder zuständiger Behörden unterstehen, die den Zugang zu personenbezogenen Daten gewähren oder unterstützen, sorgen die zuständigen nationalen Behörden dafür, dass die nationalen Datenschutzbehörden oder diese anderen nationalen oder zuständigen Behörden in den Betrieb des KI-Reallabors sowie in die Überwachung dieser Aspekte im vollen Umfang ihrer entsprechenden Aufgaben und Befugnisse einbezogen werden.

(11) Die KI-Reallabore lassen die Aufsichts- oder Abhilfebefugnisse der die Reallabore beaufsichtigenden zuständigen Behörden, einschließlich auf regionaler oder lokaler Ebene, unberührt. Alle erheblichen Risiken für die Gesundheit und Sicherheit und die Grundrechte, die bei der Entwicklung und Erprobung solcher KI-Systeme festgestellt werden, führen zur sofortigen und angemessenen Risikominderung. Die zuständigen nationalen Behörden sind befugt, das Testverfahren oder die Beteiligung am Reallabor vorübergehend oder dauerhaft auszusetzen, wenn keine wirksame Risikominderung möglich ist, und unterrichten das Büro für Künstliche Intelligenz über diese Entscheidung. Um Innovationen im Bereich KI in der Union zu fördern, üben die zuständigen nationalen Behörden ihre Aufsichtsbefugnisse im Rahmen des geltenden Rechts aus, indem sie bei der Anwendung der Rechtsvorschriften auf ein bestimmtes KI-Reallabor ihren Ermessensspielraum nutzen.

(12) Die am KI-Reallabor beteiligten Anbieter und zukünftigen Anbieter bleiben nach geltendem Recht der Union und nationalem Haftungsrecht für Schäden haftbar, die Dritten infolge der Erprobung im Reallabor entstehen. Sofern die zukünftigen Anbieter den spezifischen Plan und die Bedingungen für ihre Beteiligung beachten und der Anleitung durch die zuständigen nationalen Behörden in gutem Glauben folgen, werden jedoch von den Behörden keine Geldbußen für Verstöße gegen diese Verordnung verhängt. In Fäl-

len, in denen andere zuständige Behörden, die für anderes Unionsrecht und nationales Recht zuständig sind, aktiv an der Beaufsichtigung des KI-Systems im Reallabor beteiligt waren und Anleitung für die Einhaltung gegeben haben, werden im Hinblick auf dieses Recht keine Geldbußen verhängt.

(13) Die KI-Reallabore sind so konzipiert und werden so umgesetzt, dass sie gegebenenfalls die grenzüberschreitende Zusammenarbeit zwischen zuständigen nationalen Behörden erleichtern.

(14) Die zuständigen nationalen Behörden koordinieren ihre Tätigkeiten und arbeiten im Rahmen des KI-Gremiums zusammen.

(15) Die zuständigen nationalen Behörden unterrichten das Büro für Künstliche Intelligenz und das KI-Gremium über die Einrichtung eines Reallabors und können sie um Unterstützung und Anleitung bitten. Das Büro für Künstliche Intelligenz veröffentlicht eine Liste der geplanten und bestehenden Reallabore und hält sie auf dem neuesten Stand, um eine stärkere Interaktion in den KI-Reallaboren und die grenzüberschreitende Zusammenarbeit zu fördern.

(16) Die zuständigen nationalen Behörden übermitteln dem Büro für Künstliche Intelligenz und dem KI-Gremium jährliche Berichte, und zwar ab einem Jahr nach der Einrichtung des Reallabors und dann jedes Jahr bis zu dessen Beendigung, sowie einen Abschlussbericht. Diese Berichte informieren über den Fortschritt und die Ergebnisse der Umsetzung dieser Reallabore, einschließlich bewährter Verfahren, Vorfällen, gewonnener Erkenntnisse und Empfehlungen zu deren Aufbau, sowie gegebenenfalls über die Anwendung und mögliche Überarbeitung dieser Verordnung, einschließlich ihrer delegierten Rechtsakte und Durchführungsrechtsakte, sowie über die Anwendung anderen Unionsrechts, deren Einhaltung von den zuständigen Behörden innerhalb des Reallabors beaufsichtigt wird. Die zuständigen nationalen Behörden stellen diese jährlichen Berichte oder Zusammenfassungen davon der Öffentlichkeit online zur Verfügung. Die Kommission trägt den jährlichen Berichten gegebenenfalls bei der Wahrnehmung ihrer Aufgaben gemäß dieser Verordnung Rechnung.

(17) Die Kommission richtet eine eigene Schnittstelle ein, die alle relevanten Informationen zu den KI-Reallaboren enthält, um es den Interessenträgern zu ermöglichen, mit den KI-Reallaboren zu interagieren und Anfragen an die zuständigen Behörden zu richten und unverbindliche Beratung zur Konformität von innovativen Produkten, Dienstleistungen und Geschäftsmodellen mit integrierter KI-Technologie im Einklang mit Artikel 62 Absatz 1 Buchstabe c einzuholen. Die Kommission stimmt sich gegebenenfalls proaktiv mit den zuständigen nationalen Behörden ab.

Mit Art. 57 korrespondieren die Erwägungsgründe 138, 139, 142, 144, 145.

Schrifttum: *Bomhard/Siglmüller*, AI Act – das Trilogergebnis, RDi 2024, 45; *Botta*, Die Förderung innovativer KI-Systeme in der EU: Zum Kommissionsvorschlag der KI-Reallabore („AI regulatory sandboxes"), ZfDR 2022, 391; *Däubler/Wedde/Weichert/Sommer* (Hrsg.), EU-DSGVO und BDSG, Kommentar, 3. Aufl. 2024; *Eh*, Unionsrechtliche Zulässigkeit energierechtlicher Experimentierklauseln – Zur Vereinbarkeit der Reallabor-Strategie mit den Grundfreiheiten, EnWZ 2023, 398; *Ehmann/Selmayr* (Hrsg.), DS-GVO, Kommentar, 3. Aufl. 2024; *Eßer/Kramer/v. Lewinski* (Hrsg.), Auernhammer, DSGVO BDSG, Kommentar, 8. Aufl. 2023; *Frost/Steininger/Vivekens*, Nutzen, Chancen, Risiken und Haftung bei der Verwendung von Künstlicher Intelligenz im Kontext der KI-Verordnung und KI-Haftungsrichtlinie, MPR 2024, 4; *Halfmeier*, Die neue Datenschutzverbandsklage, NJW 2016, 1126; *Hofmann/Raue* (Hrsg.), Digital Services Act, Kommentar, 2023; *Isik*, Die Schriftform im EU-Recht, Münsteraner Studien zur Rechtsvergleichung, Band 132, S. 274; *Jaschinski/Piltz*, Das Gesetz zur Verbesserung der zivilrechtlichen Durchsetzung von verbraucherschützenden Vorschriften des Datenschutzrechts, WRP 2016, 420; *Martini/Wendehorst* (Hrsg.), KI-VO, Kommentar, 2024; *Muttach/Link*, Verarbeitung personenbezogener Daten in KI-Reallaboren nach dem KI-VO-E, CR 2023, 725; *Reusch*, KI und Software im Kontext von Produkthaftung und Produktsicherheit, RDi 2023, 152; *Rohrßen*, Die EU-Produkthaftungs-RL 2024: Der „final compromise text", ZfPC 2024, 2; *Spiecker gen. Döhmann/Papakonstantinou/Hornung/De Hert* (Hrsg.), General Data Protection Regulation, 2023; *Stempel*, Treu und Glauben im Unionsprivatrecht, 2016; *Wirtz*, Beweislasten im Verwaltungsrecht, 2024.

Übersicht

I. Allgemeines

1. Zweck der Vorschrift

1 Der Begriff des KI-Reallabors wird in Art. 3 Nr. 55 legaldefiniert (siehe Art. 3 Nr. 55 Rn. 403 ff.). Demnach handelt es sich bei einem KI-Reallabor um einen kontrollierten Rahmen, der von einer zuständigen Behörde geschaffen wird und den Anbieter oder zukünftige Anbieter von KI-Systemen nach einem Plan für das Reallabor einen begrenzten Zeitraum und unter regulatorischer Aufsicht nutzen können, um ein innovatives KI-System zu entwickeln, zu trainieren, zu validieren und – gegebenenfalls unter Realbedingungen – zu testen.

2 Reallabore sind dabei keine neue Erfindung der KI-VO. Vielmehr werden Reallabore bereits in anderen Sektoren als **Experimentiermittel** eingesetzt.[1]

3 Zweck der Norm ist die zentrale Regelung der Einrichtung und Organisation von KI-Reallaboren in den Mitgliedstaaten.

1 So z. B. im Energierecht: *Eh*, EnWZ 2023, 398, oder im justiziellen Bereich: becklink 2024071 sowie Art. 11 f. VO (EU) 2024/903 („Einrichtung von Interoperabilitäts-Reallaboren"/„Beteiligung von Interoperabilitäts-Reallaboren").

2. Entstehungsgeschichte

a) Einrichtung von KI-Reallaboren (Abs. 1)

Obwohl ursprünglich[2] geplant war, dass die Einrichtung von KI-Reallaboren optional sein wird, wurde entsprechend dem Vorschlag des Parlaments[3] in der finalen Fassung geregelt, dass jeder Mitgliedstaat mindestens ein KI-Reallabor einrichten muss. Auch die konkrete Frist für die Einrichtung wurde erst in der finalen Fassung festgelegt. **4**

b) Regionale und lokale KI-Reallabore (Abs. 2)

Abs. 2 stammt in seiner finalen Fassung ebenfalls von dem Parlament. Die Vorschrift wurde im Vergleich zum ursprünglichen Parlamentsvorschlag fast ohne Änderungen übernommen. Die ursprünglich vorgesehene Mitwirkung der Mitgliedstaaten wurde durch die Mitwirkung der zuständigen Behörden ersetzt und somit minimal präzisiert. **5**

c) KI-Reallabor für EU-Organe (Abs. 3)

Auch der Text des Abs. 3 stammt größtenteils aus dem Parlamentsentwurf. Im Laufe der Verhandlungen wurde die Befugnis der Kommission, Reallabore einzurichten, gestrichen und ausschließlich auf den Europäischen Datenschutzbeauftragten übertragen. Darüber hinaus wurde in der finalen Fassung klargestellt, dass die KI-Reallabore nach Abs. 3 für Organe, Einrichtungen und sonstige Stellen der Union eingerichtet werden können. **6**

d) Zuständige Behörden (Abs. 4)

Satz 1 der Vorschrift stammt aus dem Entwurf des Parlaments. Im Laufe der Verhandlungen wurde die Vorschrift insoweit ergänzt, dass die zuständigen Behörden bei Möglichkeit auf die Zusammenarbeit und Einbeziehung anderer Akteure des KI-Ökosystems hinwirken sollen. Eine weitere Ergänzung betrifft die Regelung, dass andere Reallabore, die i. R. d. Unionsrechts oder nationalen Rechts eingerichtet werden, von der Vorschrift unberührt bleiben. **7**

---

2 EU-Komm., Vorschlag für eine Verordnung des Europäischen Parlaments und des Rates zur Festlegung harmonisierter Vorschriften für künstliche Intelligenz (Gesetz über Künstliche Intelligenz) und zur Änderung bestimmter Rechtsakte der Union vom 21.4.2021, COM(2021) 206 final (KI-VO-E Kommission).

3 Abänderungen des Europäischen Parlaments vom 14.6.2023 zu dem Vorschlag für eine Verordnung des Europäischen Parlaments und des Rates zur Festlegung harmonisierter Vorschriften für künstliche Intelligenz (Gesetz über künstliche Intelligenz) und zur Änderung bestimmter Rechtsakte der Union (COM(2021)0206 – C9-0146/2021 – 2021/0106(COD)), P9_TA(2023)0236 (KI-VO-E Parlament).

e) Zwecke (Abs. 5)

8 Der Text stammt ebenfalls aus dem Parlamentsentwurf. Ergänzt wurde in der finalen Fassung lediglich, dass in Reallaboren auch beaufsichtigte Tests unter Realbedingungen durchgeführt werden dürfen. Auch der Rat hatte das Ziel, das Testen innovativer KI-Systeme unter realen Bedingungen zu ermöglichen.[4]

f) Aufsicht (Abs. 6)

9 Der Text stammt aus dem Parlamentsentwurf und wurde nur minimal angepasst. So wurde bei der Aufzählung der Risiken von der Erwähnung von solchen für Demokratie und Rechtsstaatlichkeit abgesehen.

g) Ergebnisse und Dokumentation (Abs. 7)

10 Der Text stammt aus dem Parlamentsentwurf und dem Entwurf des Rates.[5] Ursprünglich war geplant, dass der Abschlussbericht eine Vermutung begründen soll, dass das konkrete KI-System KI-VO-konform ist. In der finalen Fassung wurde jedoch geregelt, dass diese Nachweise nur in angemessenem Maße positiv gewertet werden, ohne dass die Vermutung der Konformität besteht.

h) Kontrolle und Ziele (Abs. 8 und 9)

11 Abs. 8 stammt aus dem Entwurf des Rates[6] und wurde ohne wesentliche Änderungen übernommen. Abs. 9 ist das Ergebnis der Bemühungen des Parlaments[7] und des Rates,[8] die in ihren Entwürfen konkrete Regelungen zu den Zielen der Einrichtung von KI-Reallaboren im Verordnungstext festhalten wollten.

i) Beteiligung der Datenschutzbehörden (Abs. 10)

12 Abs. 10 stammt aus dem Entwurf der Kommission[9] und wurde ohne wesentliche Änderungen übernommen.

4 Rat der Europäischen Union, Beratungsergebnisse zum Vorschlag für eine Verordnung des Europäischen Parlaments und des Rates zur Festlegung harmonisierter Vorschriften für künstliche Intelligenz (Gesetz über künstliche Intelligenz) und zur Änderung bestimmter Rechtsakte der Union, Allgemeine Ausrichtung vom 6.12.2022, 15698/22.

5 Rat der Europäischen Union, Allgemeine Ausrichtung vom 6.12.2022, 15698/22.

6 Rat der Europäischen Union, 2021/0106(COD), Art. 53 Abs. 4a UAbs. 2 des Dokuments.

7 KI-VO-E Parlament, Art. 53 Abs. 1 lit. e des Dokuments.

8 Rat der Europäischen Union, 2021/0106(COD), Art. 53 Abs. 1b des Dokuments.

9 KI-VO-E Kommission, Art. 53 Abs. 2 des Dokuments.

j) Risikominderung (Abs. 11)

Die Befugnis der Aufsichtsbehörden, die Tests auszusetzen, wurde im Vergleich zum Entwurf der Kommission[10] auch auf die lokalen und regionalen KI-Reallabore ausgedehnt. Im Parlamentsentwurf[11] wurden die formellen Anforderungen an die Aussetzung ergänzt, es wurde die Benachrichtigung an das Büro für Künstliche Intelligenz eingefügt. Auch hier wurde der Vorschlag des Parlaments,[12] Demokratie und Rechtsstaatlichkeit zu den geschützten Rechtsgütern hinzuzufügen, nicht übernommen. 13

k) Haftung (Abs. 12)

Aus dem Parlamentsentwurf[13] wurde in die finale Fassung die Ausnahme aufgenommen, dass die Geldbuße nicht verhängt wird, wenn die Beteiligten entsprechend dem spezifischen Plan vorgehen und die Bedingungen für die Beteiligung beachten. Diese Ausnahme ist auch an einer anderen Stelle im Entwurf des Rats[14] zu finden. 14

l) Weitere Vorgaben (Abs. 13 bis 17)

Im Hinblick auf Abs. 13 sind im Vergleich zur ersten Ergänzung durch den Rat[15] keine wesentlichen Änderungen festzustellen. Abs. 14 ist dagegen erst in der finalen Fassung aufgenommen worden. Abs. 15 und 16 wurden ohne wesentliche Änderungen in die finale Fassung aus dem Parlamentsentwurf[16] übernommen. Abs. 17 orientiert sich ebenfalls an dem Vorschlag des Parlaments.[17] 15

3. Verhältnis zu anderen Vorschriften

Die Vorschrift hat Bezüge zu Art. 3 Nr. 55, welcher den Begriff des KI-Reallabors definiert. 16

Signifikante Parallelen bestehen zudem zu **Art. 11 f. VO (EU) 2024/903**, welcher die Einrichtung von Interoperabilitäts-Reallaboren regelt.[18] Zudem finden 17

10 KI-VO-E Kommission, Art. 53 Abs. 3 des Dokuments.
11 KI-VO-E Parlament, Art. 53 Abs. 3 und 5 lit. a des Dokuments.
12 KI-VO-E Parlament, Art. 53 Abs. 3 des Dokuments.
13 KI-VO-E Parlament, Art. 53 Abs. 4 des Dokuments.
14 Rat der Europäischen Union, 2021/0106(COD), Art. 53 Abs. 3 UAbs. 2 des Dokuments.
15 KI-VO-E Kommission, Art. 53 Abs. 2 des Dokuments.
16 KI-VO-E Parlament, Art. 53 Abs. 5 lit. a und b des Dokuments.
17 KI-VO-E Parlament, Art. 53 Abs. 6 des Dokuments.
18 Siehe dazu auch in Fn. 1.

sich auf mitgliedstaatlicher Ebene erste Regelungen zum Umgang mit Reallaboren.[19]

II. Einrichtung von KI-Reallaboren auf mitgliedstaatlicher Ebene (Abs. 1)

18 Der Wortlaut von Art. 57 Abs. 1 UAbs. 1 Satz 1 spricht von mindestens einem KI-Reallabor, das **bis zum Geltungsbeginn**[20] einsatzbereit sein muss. Daraus folgt einerseits, dass es den Mitgliedstaaten freisteht, darüber hinaus weitere KI-Reallabore einzurichten. Andererseits muss bis zum Geltungsbeginn der KI-VO die faktische Einsatzbereitschaft des KI-Reallabors auch tatsächlich gewährleistet sein. Ein Errichtungsbeginn bis zum Geltungsbeginn der KI-VO ist also nicht ausreichend.

19 Mit „ihre zuständige Behörde" dürfte hier die gemäß Art. 3 Nr. 48 „zuständige nationale Behörde" gemeint sein (siehe Art. 3 Nr. 48 Rn. 371 f.). Demnach handelt es sich um eine notifizierende Behörde oder eine Marktüberwachungsbehörde. Eine solche Behörde ist durch die Bundesrepublik Deutschland bisher noch nicht festgelegt worden, obgleich bereits eine lebhafte Debatte dazu existiert.[21]

---

19 Spanien: Real Decreto 817/2023, de 8 de noviembre, que establece un entorno controlado de pruebas para el ensayo del cumplimiento de la propuesta de Reglamento del Parlamento Europeo y del Consejo por el que se establecen normas armonizadas en materia de inteligencia artificial; Deutschland: Allgemein: Deutscher Bundestag, Drs. 20/14198, Entwurf eines Gesetzes zur Verbesserung der Rahmenbedingungen für die Erprobung von Innovationen in Reallaboren und zur Förderung des regulatorischen Lernens, sowie speziell zum Thema KI-VO: § 10 Referentenentwurf des Bundesministeriums für Wirtschaft und Klimaschutz und des Bundesministeriums der Justiz, Entwurf eines Gesetzes zur Durchführung der Verordnung (EU) 2024/1689 des Europäischen Parlaments und des Rates vom 13.6.2024 zur Festlegung harmonisierter Vorschriften für künstliche Intelligenz und zur Änderung der Verordnungen (EG) Nr. 300/2008, (EU) Nr. 167/2013, (EU) Nr. 168/2013, (EU) 2018/858, (EU) 2018/1139 und (EU) 2019/2144 sowie der Richtlinien 2014/90/EU, (EU) 2016/797 und (EU) 2020/1828 (Verordnung über künstliche Intelligenz), Stand: 4.12.2024.

20 Siehe Art. 113 UAbs. 2; siehe aber die Ausnahmen von diesem Grundsatz des Geltungsbeginns in Art. 113 UAbs. 3.

21 Z. B. Datenschutzkonferenz, Beschluss der Konferenz der unabhängigen Datenschutzaufsichtsbehörden des Bundes und der Länder vom 3.5.2024; Antwort der Bundesregierung auf die Kleine Anfrage der Fraktion der CDU/CSU, Einrichtung eines AI Offices zur Umsetzung des AI Act in der Europäischen Union und der Bundesrepublik Deutschland, BT-Drs. 20/10599; Bundestag, Nationale Aufsicht bei Künstlicher Intelligenz komplex, https://www.bundestag.de/dokumente/textarchiv/2024/kw20-pa-digitales-ki-1001728 (zuletzt abgerufen am 23.1.2025); laut § 10 Abs. 1 Satz 1 Referentenentwurf des Bundesministeriums für Wirtschaft und Klimaschutz und des Bun-

20 Die Einrichtung von KI-Reallaboren dürfte insbesondere kleinere Mitgliedstaaten vor personelle und finanzielle Herausforderungen stellen. Deshalb ist es folgerichtig, dass Art. 57 Abs. 1 Satz 2 vorsieht, dass dieses Reallabor[22] auch gemeinsam mit den zuständigen Behörden anderer Mitgliedstaaten eingerichtet werden kann. Empfehlenswert dürfte es wohl sein, eine solche Zusammenarbeit zwischen den zuständigen Behörden verschiedener Mitgliedstaaten im Wege eines Staatsvertrags zu regeln. Prinzipiell dürfte es der Wortlaut von Art. 57 Abs. 1 Satz 2 sogar zulassen, unionsweit ein einziges KI-Reallabor einzurichten und dieses gemeinsam mit den zuständigen Behörden aller anderen Mitgliedstaaten zu betreiben. Für dieses Verständnis spricht auch Art. 57 Abs. 1 UAbs. 2, wonach die Verpflichtung gemäß Art. 57 Abs. 1 UAbs. 1 auch durch Beteiligung an einem bestehenden Reallabor erfüllt werden kann, sofern eine solche Beteiligung die nationale Abdeckung der teilnehmenden Mitgliedstaaten in gleichwertigem Maße gewährleistet.

21 Nach Art. 57 Abs. 1 UAbs. 1 Satz 3 kann die Kommission **technische Unterstützung, Beratung und Instrumente** für die Einrichtung und den Betrieb von KI-Reallaboren bereitstellen. Die Konzeption als Kann-Vorschrift lässt es offen, ob und inwieweit sich die Europäische Kommission auch tatsächlich einbringen wird. Denkbar ist es auch, dass die Kommission für eine entsprechende Beratung und/oder Unterstützung einen Dienstleister beauftragt.

22 Wie zuvor bereits angedeutet, dürfte sich die Regelung des Art. 57 Abs. 1 UAbs. 2 auf Art. 57 Abs. 1 UAbs. 1 Satz 2 beziehen, da hier nur die zuerst genannte Norm (implizit) auf die Beteiligung an einem bestehenden Labor referenziert. Fraglich ist, ab welchem Grad die tatbestandlich **nationale Abdeckung** der teilnehmenden Mitgliedstaaten in gleichwertigem Maße gewährleistet ist. Eine nähere Erläuterung dieser unbestimmten Tatbestandsmerkmale findet sich weder in den Erwägungsgründen noch den Normen der KI-VO. Dennoch dürfte dabei wohl kaum gemeint sein, dass die Beteiligung schlicht anhand der Zahl der teilnehmenden Mitgliedstaaten (bei zwei Mitgliedstaaten wären es dann bspw. jeweils 50 %) berechnet wird. Eine nationale Abdeckung in gleichwertigem Maß in diesem Sinn dürfte vielmehr dann sichergestellt sein, wenn die teil-

desministeriums der Justiz, Entwurf eines Gesetzes zur Durchführung der Verordnung (EU) 2024/1689 des Europäischen Parlaments und des Rates vom 13.6.2024 zur Festlegung harmonisierter Vorschriften für künstliche Intelligenz und zur Änderung der Verordnungen (EG) Nr. 300/2008, (EU) Nr. 167/2013, (EU) Nr. 168/2013, (EU) 2018/858, (EU) 2018/1139 und (EU) 2019/2144 sowie der Richtlinien 2014/90/EU, (EU) 2016/797 und (EU) 2020/1828 (Verordnung über künstliche Intelligenz), Stand: 4.12.2024, errichtet und betreibt die Bundesnetzagentur ein Reallabor nach Art. 57 und 58 KI-VO.

22 Dass die Norm mehrfach abwechselnd von „KI-Reallabor“ und „Reallabor“ spricht, ist handwerklich kritisch zu sehen. Gleichwohl dürfte hier und auch an nachfolgender Stelle stets das Gleiche gemeint sein.

nehmenden Mitgliedstaaten entsprechend ihrer jeweiligen Größe, das heißt Einwohnerzahl, Wirtschaftskraft und sonstiger im Kontext der KI-VO zu berücksichtigender Faktoren,[23] die eine nationale Abdeckung ermöglichen, berücksichtigt werden. Würde bspw. der im Vergleich betrachtet eher kleine Mitgliedstaat Malta mit Polen ein KI-Reallabor errichten, so würden andernfalls die vermutlich umfassenderen Bedürfnisse des Mitgliedstaats Polen nicht hinreichend berücksichtigt werden.

III. Zusätzliche KI-Reallabore (Abs. 2)

23 Die Mitgliedstaaten sind nicht darauf beschränkt, nur ein KI-Reallabor einzurichten. Vielmehr können sie gemäß Art. 57 Abs. 2 auch zusätzliche KI-Reallabore einrichten.

24 Art. 57 Abs. 2 Alt. 1 spricht davon, dass diese zusätzlichen KI-Reallabore auf regionaler oder lokaler Ebene eingerichtet werden können. Die Formulierung **„auf regionaler oder lokaler Ebene“**, die verschiedentlich auch in anderen Primär-[24] und Sekundärrechtsakten[25] der Union vorkommt, dürfte dem Gedanken Rechnung tragen, dass die Mitgliedstaaten staatsorganisationsrechtlich höchst unterschiedlich aufgebaut sind. Bezogen auf die Bundesrepublik Deutschland dürfte also insbesondere unter der regionalen Ebene im tatbestandlichen Sinn das einzelne Bundesland und unter lokaler Ebene die jeweilige Gemeinde zu verstehen sein. Ausgeschlossen sein dürften aber auch nicht andere deutsche Verwaltungsorganisationsformen, die sich zwischen den vorgenannten Organisationssubjekten befinden. Zu denken ist z. B. an den Landkreis oder aber auch an Samtgemeinden o. Ä.

25 Es stellt sich außerdem noch die Frage, ob zusätzliche KI-Reallabore auch auf regionaler oder lokaler Ebene zwischen mehreren Mitgliedstaaten errichtet werden dürfen (z. B. in Europaregionen). Da die zweite Tatbestandsvariante, Art. 57 Abs. 2 Alt. 2, davon spricht, dass zusätzliche KI-Reallabore auch gemeinsam mit den zuständigen Behörden anderer Mitgliedstaaten eingerichtet werden können, spricht dies erst recht dafür, dass gleiches auch für die regionalen und lokalen Ebenen verschiedener Mitgliedstaaten gelten muss. Noch allgemeiner regelt Art. 57 Abs. 13 ohnehin, dass die KI-Reallabore so konzipiert sind und so umgesetzt werden, dass sie gegebenenfalls die grenzüberschreitende Zusammenarbeit zwischen zuständigen nationalen Behörden erleichtern, was die vorstehende Einschätzung ebenfalls stützt.

---

23 Zu denken wäre z. B. an die Größe des Nachfragebedarfs im jeweiligen Mitgliedstaat.

24 Siehe z. B. Art. 5 Abs. 3 EUV.

25 Siehe z. B. Art. 4 Abs. 2 Verordnung (EU) 2017/625.

IV. KI-Reallabore auf unionaler Ebene (Abs. 3)

Die Einrichtung von KI-Reallaboren ist nicht ausschließlich den Mitgliedstaaten vorbehalten, sondern kann durch den Europäischen Datenschutzbeauftragten auch für Organe, Einrichtungen und sonstige Stellen der Union[26] vorgenommen werden. Nach dem Wortlaut der deutschen Fassung der KI-VO dürfte die Einrichtungsbefugnis wohl aber auf ein KI-Reallabor begrenzt sein. 26

Nach der Einrichtung eines solchen KI-Reallabors stehen dem Europäischen Datenschutzbeauftragten bzgl. der Überwachung dieses Reallabors die gleichen Befugnisse zu wie gemäß Kapitel VI der KI-VO den zuständigen nationalen Behörden. Solche behördlichen Befugnisse finden sich bspw. in Art. 57 Abs. 10 und Art. 14. 27

V. Ausstattung und Zusammenarbeit der zuständigen Behörden (Abs. 4)

Zweck der Norm ist die Sicherstellung der **Arbeitsfähigkeit der zuständigen Behörde**.[27] Ähnliche Regelungen finden sich auch in anderen datenbezogenen Unionsverordnungen.[28] Anders als in Art. 52 Abs. 4 DSGVO („effektiv wahrnehmen zu können") ist in Art. 57 Abs. 4 Satz 1 aber die Rede von „wirksam und zeitnah".[29] Trotz dieser Unterschiede im Wortlaut dürfte mit den verschiedenen Verordnungen und damit auch mit der hiesigen KI-VO wohl das gleiche Ziel verfolgt werden, nämlich die Befähigung der Behörde, die ihr nach der jeweiligen Verordnung (hier: nach Art. 57) auferlegten Verpflichtungen und Zuständigkeiten ordnungsgemäß wahrnehmen zu können. Noch konkreter muss die zuständige Behörde also mit hinreichenden Mitteln ausgestattet werden, dass insbesondere die Einrichtung und der Betrieb des KI-Reallabors ordnungsgemäß möglich ist. Der Begriff der „**Mittel**" kann hier umfassend verstanden werden, da die Bereitstellung von Geld allein das Funktionieren einer Behörde nicht sicherstellt. Streit könnte hier aber über den Grad bzw. Umfang der Ausstattung zur Erreichung dieses Ziels im Konkreten entstehen. Denn die vom Tatbestand geforderte Wirksamkeit der Erfüllung von Art. 57 macht klar, dass nicht irgendeine Ausstattung der zuständigen Behörde ausreicht. Die Ausstattung muss es vielmehr ermöglichen, dass durch die Verordnung vorgegebene Aufgaben, wie z. B. die fristgerechte Übermittlung jährlicher Berichte an das Büro für Künstliche Intelligenz und das KI-Gremium nach Art. 57 Abs. 16 Satz 1, wirksam si- 28

26 Siehe z. B. in Art. 64 Abs. 3 DSA.
27 Zur Unabhängigkeit der zuständigen Behörde siehe auch: Art. 31 Abs. 5 (siehe Art. 31 Rn. 8) und Art. 70 Abs. 1 Satz 2 (vgl. Art. 70 Rn. 13).
28 Siehe z. B. Art. 52 Abs. 4 DSGVO und Art. 37 Abs. 9 DA.
29 Eine identische Formulierung findet sich in Art. 13 Abs. 2 Satz 2 DSA.

chergestellt sind. Diese Anforderung wird durch eine weitere Koordinate, nämlich „zeitnah“, ergänzt. Das heißt, dass eine entsprechende Ausstattung nicht auf einen Zeitpunkt irgendwann in der Zukunft verlegt werden kann, sondern bereits im Errichtungszeitraum sichergestellt werden muss.

29 Nach **Art. 57 Abs. 4 Satz 2** arbeiten die zuständigen nationalen Behörden mit anderen einschlägigen Behörden zusammen. Die Regelung adressiert den Fall, dass sektorspezifische Behörden, die bspw. selbst Künstliche Intelligenz in ihrem Bereich einsetzen möchten, bei der Errichtung und dem Betrieb eines KI-Reallabors mit involviert werden müssen. Die KI-VO dürfte versuchen, auf diesem Weg behördliche Zuständigkeitsprobleme hinsichtlich der Zusammenarbeit mit anderen beteiligten Behörden begrenzen zu wollen. Es dürfte sich hier um eine **Kooperationspflicht** zwischen den verschiedenen ggf. einschlägigen Behörden handeln,[30] da zumindest der englische Wortlaut von „shall“ spricht, was eine Verpflichtung zur Zusammenarbeit nahelegt. Zudem können die national zuständigen Behörden die Einbeziehung anderer Akteure innerhalb des KI-Ökosystems gestatten. Zwar definiert die KI-VO nicht abschließend, was mit einem KI-Ökosystem gemeint ist. In ErwG 8 Satz 3 heißt es dazu, dass durch die KI-VO ein europäisches Ökosystem öffentlicher und privater Akteure ermöglicht werden soll, das die KI-Systeme im Einklang mit den Werten der Union entwickelt und das Potenzial des digitalen Wandels in allen Regionen der Union erschließt. Gleichwohl zählt ErwG 139 Satz 7 beispielhaft auf, welche Akteure des KI-Ökosystems nach dem Willen des Normgebers erfasst sein sollen, nämlich nationale oder europäische Normungsorganisationen, notifizierte Stellen, Test- und Versuchseinrichtungen, Forschungs- und Versuchslabore, Europäische Digitale Innovationszentren und einschlägige Interessenträger und Organisationen der Zivilgesellschaft.

30 **Art. 57 Abs. 4 Satz 3** sieht vor, dass andere Reallabore, die im Rahmen des Unionsrechts oder des nationalen Rechts eingerichtet wurden, von diesem Artikel unberührt bleiben. Diese Regelung trägt dem Umstand Rechnung, dass auch in anderen Sektoren aufgrund von nationalen[31] oder europarechtlichen Bestimmungen[32] (KI-)Reallabore eingerichtet werden (können). Diese Regelungen anderer Sektoren werden folglich nicht durch Art. 57 berührt.

31 Gemäß **Art. 57 Abs. 4 Satz 4** sollen die Mitgliedstaaten dafür sorgen, dass die diese anderen Reallabore beaufsichtigenden Behörden und die zuständigen nationalen Behörden angemessen zusammenarbeiten. Den Mitgliedstaaten steht zur Umsetzung der sie adressierenden Pflicht der Regelung der angemessenen

30 A. A. *Botta*, in: Martini/Wendehorst, KI-VO, Art. 57 Rn. 28.

31 Bundesministerium für Wirtschaft und Klimaschutz, Die Reallabore-Strategie des BMWK, 10.7.2023, https://www.bmwk.de/Redaktion/DE/Dossier/reallabore-testraeume-fuer-innovation-und-regulierung.html (zuletzt abgerufen am 20.1.2025).

32 Art. 11 Verordnung (EU) 2024/903.

Zusammenarbeit die volle Bandbreite an Regelungsmitteln (von der Verwaltungsvorschrift bis zum Gesetz) zur Verfügung. Die Regelung zielt darauf ab, eine Zersplitterung von Reallaboren, die der KI-VO, und denjenigen, die einer mitgliedstaatlichen oder sonstigen unionsrechtlichen Norm unterliegen, möglichst zu verhindern.

VI. Konzeption der Umgebung im KI-Reallabor (Abs. 5)

Die Regelung des Art. 57 Abs. 5 Satz 1 ist ihrem Wortlaut nach wesentlich an die Begriffsbestimmung des KI-Reallabors nach Art. 3 Nr. 55 angelehnt, weshalb bzgl. dieses Absatzes auf die Ausführungen dort verwiesen werden kann (siehe Art. 3 Nr. 55 Rn. 403 ff.). **32**

VII. Unterstützungspflichten der Behörden im Zusammenhang mit dem KI-Reallabor (Abs. 6)

Unklar ist, weshalb nach dem Wortlaut der Norm nur „gegebenenfalls“ Anleitung, Aufsicht und Unterstützung bereitgestellt wird. Dies verwundert, da die zuständigen Behörden z. B. nach Art. 57 Abs. 7 den Anbietern, die am KI-Reallabor teilnehmen, Leitfäden zu regulatorischen Erwartungen und zur Erfüllung der in der KI-VO festgelegten Anforderungen und Pflichten zur Verfügung stellen. Das heißt, eine Kooperation seitens der zuständigen Behörde erfolgt ohnehin im Verhältnis zum (zukünftigen) Anbieter. Dieser Umstand legt es nach Ansicht der Verfasser nahe, dass es im Ermessen des (zukünftigen) Anbieters steht, ob und inwieweit er von der zuständigen Behörde Anleitung, Aufsicht und Unterstützung in Anspruch nimmt. **33**

Die vorstehend beschriebenen Unterstützungsmöglichkeiten durch die zuständige Behörde sind nach dem Wortlaut darauf gerichtet, tatbestandsrelevante Risiken und Risikominderungsmaßnahmen sowie deren Wirksamkeit mit Blick auf die KI-VO zu ermitteln. **34**

Tatbestandliche **Risiken** können sich nach dem Wortlaut insbesondere für Grundrechte ergeben. Mit den hier in Bezug genommenen Grundrechten adressiert die Norm die Charta der Grundrechte der Europäischen Union (GRCh). Dafür spricht bereits, dass die GRCh prominent in ErwG 1 in Bezug auf die Grundrechte Erwähnung findet und dass nach ErwG 2 die KI-VO im Einklang mit den in der GRCh verankerten Werten der Union angewandt werden sollte.[33] Naheliegend ist, dass im Rahmen von Art. 57 Abs. 6 das Grundrecht zum Schutz perso- **35**

33 Siehe auch ErwG 6 und 7.

nenbezogener Daten nach Art. 8 Abs. 1 GRCh gemeint sein dürfte.[34] Natürlich kommen darüber hinaus auch Risiken für andere Grundrechte in Betracht. Zu denken wäre z. B. an das Recht auf Freiheit der Meinungsäußerung und Informationsfreiheit gemäß Art. 11 GRCh sowie die Gleichheitsrechte nach den Art. 20 ff. GRCh. Auch ist an das Grundrecht auf körperliche und geistige Unversehrtheit nach Art. 3 Abs. 1 GRCh zu denken.

36 Neben den Grundrechten wird ausdrücklich im Tatbestand von Art. 57 Abs. 6 auch die **Gesundheit** genannt, sodass der Aspekt des Gesundheitsschutzes „doppelt abgesichert" ist, also sowohl über den Begriff „Grundrechte" als auch über „Gesundheit".

37 Darüber hinaus wird auch die **Sicherheit** hervorgehoben, die sich vor allem auf das zu testende KI-System selbst, aber auch auf Risiken, die sich aus der Nutzung selbst für die Umwelt und Dritte ergeben, bezieht.

38 Außerdem sollen nach Art. 57 Abs. 6 Risiken im Hinblick auf Tests und Risikomaßnahmen sowie deren **Wirksamkeit** hinsichtlich der Pflichten und Anforderungen nach der KI-VO und ggf. anderem Unionsrecht und nationalem Recht ermittelt werden. Als Pflichten und Anforderungen nach der KI-VO kommen alle für das später in Verkehr gebrachte KI-System möglichen Anforderungen in Betracht. Zu denken ist mit Blick auf die Anforderungen aus der KI-VO selbst zunächst bspw. an die Einrichtung eines Risikomanagementsystems nach Art. 9 Abs. 1. Vorgaben aus nationalem Recht und Unionsrecht dürften im Übrigen zentral vor allem die DSGVO und in Deutschland das BDSG[35] treffen. Je nach Einsatzzweck des KI-Systems kommen auch andere sektorspezifische Vorgaben hinzu. Im Fall eines KI-Systems für den medizinischen Bereich wäre dann z. B. ggf. eine klinische Bewertung nach Art. 61 Verordnung 2017/745 und/oder dem MPDG[36] notwendig.

VIII. Unterstützungs- und Berichtspflichten der Behörden ggü. (zukünftigen) Anbietern von KI-Reallaboren (Abs. 7)

39 Nach UAbs. 1 der Norm sind die zuständigen Behörden dazu verpflichtet, Anbietern, die am KI-Reallabor teilnehmen, **Leitfäden** zu regulatorischen Erwartungen und zur Erfüllung der in der KI-VO festgelegten Anforderungen und

34 So schon zum Kommissionsentwurf *Muttach/Link*, CR 2023, 725, 730, Rn. 27.

35 Bundesdatenschutzgesetz vom 30.6.2017 (BGBl. I S. 2097), das zuletzt durch Artikel 7 des Gesetzes vom 6.5.2024 (BGBl. 2024 I Nr. 149) geändert worden ist.

36 Medizinprodukterecht-Durchführungsgesetz vom 28.4.2020 (BGBl. I S. 960), das zuletzt durch Artikel 3f des Gesetzes vom 28.6.2022 (BGBl. I S. 938) geändert worden ist.

Pflichten zur Verfügung zu stellen. Es dürfte den zuständigen Behörden wohl nicht möglich sein, diese Leitfäden individualisiert an jedem Einzelfall auszurichten. Denn der Aufwand, Leitfäden auf die Komplexitäten des jeweiligen Einzelfalls abzustimmen, dürfte die wohl begrenzten Ressourcen der zuständigen Behörden überfordern. Vielmehr wird es sich bei den Leitfäden also eher um allgemeinere, für eine Vielzahl von Fällen bestimmte Dokumente und Vorgaben handeln. Gleichwohl dürfte dies die zuständigen Behörden nicht davon abhalten, auch spezifische Vorgaben für Einzelfälle zu machen.

40 Gemäß Art. 57 Abs. 7 UAbs. 2 Satz 1 kann der Anbieter auf seine Anfragen hin von der zuständigen Behörde für im KI-Reallabor erfolgreich durchgeführte Tätigkeiten **schriftliche Nachweise** verlangen. Der Terminus „schriftlich“ dürfte hier weniger im deutschen[37] und mehr in einem europäischen Begriffsverständnis zu sehen sein, sodass hier die im deutschen Rechtsverständnis in § 126b BGB geregelte Textform ausreichend sein dürfte.[38] Letztere Auslegung ist nach hier vertretener Auffassung auch wegen des europarechtlichen Grundsatzes der einheitlichen Auslegung[39] geboten. Zudem dürfte aufgrund des vorstehenden Umstands auch die elektronische Form zulässig sein.

41 In Art. 57 Abs. 7 UAbs. 2 Satz 2 heißt es zudem, dass die zuständige Behörde einen **Abschlussbericht** vorlegt. Unklar bleibt nach dem Wortlaut, wem die zuständige Behörde diesen Bericht vorlegt.[40] Der Vergleich mit der englischen Sprachfassung, der durchgängig in Art. 57 Abs. 7 von „provide“ spricht, legt es nahe, dass hier jeweils das Gleiche gemeint ist. Das heißt, Art. 57 Abs. 7 UAbs. 2 Satz 2 dürfte so zu verstehen sein, dass es auch hinsichtlich des Abschlussberichts um ein Zurverfügungstellen an den Anbieter geht. Der Unterschied zwischen dem schriftlichen Nachweis gemäß Art. 57 Abs. 7 UAbs. 2 Satz 1 und dem Abschlussbericht nach Art. 57 Abs. 7 UAbs. 2 Satz 2 dürfte im Umfang liegen. Denn der Abschlussbericht adressiert nicht nur die erfolgreich durchgeführten Tätigkeiten, sondern darüber hinaus auch die Ergebnisse der Tätigkeiten und gewonnenen Erkenntnisse im Einzelfall. Unklar bleibt zudem, ob der Anbieter den Abschlussbericht ebenfalls nur auf seine Anfrage hin bekommt, so wie es beim schriftlichen Nachweis der Fall ist. Um Vorteile durch den Einsatz von KI-Reallaboren zu generieren, scheint es nach hier vertretener Ansicht naheliegender, dass der Abschlussbericht ohne vorherige Anfrage des Anbieters zur Verfügung gestellt wird. Ohnehin setzt der Wortlaut eine solche Anfrage nicht explizit voraus.

---

37 Siehe § 126 Abs. 1 BGB.

38 So wohl auch: *Isik*, Die Schriftform im EU-Recht, Münsteraner Studien zur Rechtsvergleichung, Bd. 132, S. 274 f.

39 Z. B. EuGH, Urt. v. 10.3.1992 – Rs. C-214/89, NJW 1992, 1671 f.; EuGH, Urt. v. 3.7.1997 – Rs. C-269/95, BeckRS 2004, 75849, Rn. 22.

40 In Art. 57 Abs. 7 UAbs. 1 ist dagegen von „zur Verfügung stellen“ die Rede.

42 Wie der Wortlaut von Art. 57 Abs. 7 UAbs. 2 Satz 3 und 4 zeigt, besteht der positive Nutzen des schriftlichen Nachweises und des Abschlussberichtes für den Anbieter darin, dass im Rahmen des Konformitätsbewertungsverfahrens oder einschlägiger Marktüberwachungstätigkeiten nachgewiesen werden kann, dass der KI-VO „nachgekommen" wird. „**Nachkommen**" i. S. d. Norm könnte auf den ersten Blick zwei Auslegungsvarianten bedeuten. Entweder der Anbieter ist dabei, die KI-VO einzuhalten, was nicht zwingend die vollumfassende Konformität (zum gegenwärtigen Zeitpunkt) bedeutet, oder er hält ausweislich der vorgenannten Dokumente die KI-VO ein. Letzteres Begriffsverständnis dürfte hier zutreffend sein, sodass mit den vorgenannten Unterlagen die Konformität mit der KI-VO sichergestellt wird. Denn die englische Sprachfassung spricht diesbezüglich von „to demonstrate their compliance".

43 Das vorstehend zitierte Konformitätsbewertungsverfahren wird in den Art. 43 ff. geregelt (siehe Art. 43 Rn. 8). Ausweislich Art. 43 Abs. 1 bezieht sich die Konformitätsbewertung auf Hochrisiko-KI-Systeme. Daraus folgt, dass die Anforderung der vorstehend erwähnten Unterlagen (schriftlicher Nachweis und Abschlussbericht) vor allem im Fall von Hochrisiko-KI-Systemen von Vorteil ist. Die in Art. 57 Abs. 7 UAbs. 2 Satz 3 erwähnte Alternative betrifft noch den Fall „einschlägiger Marktüberwachungstätigkeiten" i. S. v. Art. 74.

44 Art. 57 Abs. 7 UAbs. 2 Satz 4 knüpft an Art. 57 Abs. 7 UAbs. 2 Satz 3 dahingehend an, dass von den Marktüberwachungsbehörden und notifizierten Stellen (siehe Art. 57 Rn. 43) die Unterlagen, das heißt die schriftlichen Nachweise und Abschlussberichte, im Hinblick auf eine **Beschleunigung der Konformitätsbewertungsverfahren** in angemessenem Maße positiv gewertet werden sollen. Diese Aussage des Normgebers vermag zunächst zu überraschen. Denn Art. 57 Abs. 7 UAbs. 2 Satz 3 spricht davon, dass „im Rahmen des Konformitätsbewertungsverfahrens oder einschlägiger Marktüberwachungstätigkeiten" diese Unterlagen als Nachweis genutzt werden sollen. Art. 57 Abs. 7 UAbs. 2 Satz 4 spricht dementgegen aber von einer Beschleunigung (nur) im Hinblick auf das Konformitätsbewertungsverfahren. Die Norm dürfte so gemeint sein, dass Konformitätsbewertungsverfahren ebenfalls von der Marktüberwachungsbehörde durchgeführt werden. Dafür sprechen zumindest Art. 75 Abs. 2, Art. 80 Abs. 2 und Art. 83 Abs. 2. Das heißt, dass die schriftlichen Nachweise und der Abschlussbericht nach der hiesigen Norm nach dem Willen des Normgebers nicht nur zu einer Beschleunigung des grundlegenden Konformitätsbewertungsverfahrens nach den Art. 43 ff. führt, sondern auch im Rahmen der Überprüfung der Konformität durch die Marktüberwachungsbehörde. Vorgenannte Unterlagen sollen „im Hinblick auf eine Beschleunigung der Konformitätsbewertungsverfahren in angemessenem Maße **positiv gewertet**" werden. Was genau unter der Formulierung „werden [...] in angemessenem Maße positiv gewertet“[41] zu verstehen ist und wie weitgehend die Berücksichtigungspflicht im normierten Fall reicht, lässt die Verordnung offen. Eine Vermutung der Konformität oder ähnlich weitgehende Berücksichtigung bei Vorliegen der o. g. Unterlagen dürfte nicht gemeint sein. Diese Möglichkeit wurde im Normgebungsverfahren in Erwägung gezogen.[42] Der Normgeber hat sich aber dagegen entschieden. In diesem Zusammenhang ist zu bedenken, dass die Anbieter nach Art. 57 Abs. 7 UAbs. 2 Satz 3 die dort benannten Unterlagen nutzen können, um im Rahmen des Konformitätsbewertungsverfahrens oder einschlägiger Marktüberwachungstätigkeiten nachzuweisen, dass sie der KI-VO nachkommen. Damit liegt es nach Auffassung der Verfasser grundsätzlich näher, dass die Unterlagen eher zu einer signifikanten Beschleunigung des Konformitätsbewertungsverfahrens führen müssen. Andernfalls würde die Regelung des Art. 57 Abs. 7 UAbs. 2 Satz 3 ins Leere laufen. Sicherlich hängt der Grad der Beschleunigung bzw. der angemessenen Wertung „im angemessenen Maß“, wie es der Tatbestand sagt, von weiteren Faktoren ab. Dazu dürfte zählen, wie umfangreich die Unterlagen (schriftlicher Nachweis/Abschlussbericht) sind und um welche Art von KI-System (Art. 43 Abs. 1 Satz 1 Hs. 1 i.V.m. Anhang III Nr. 1) es sich handelt. Eine hinreichende Berücksichtigung durch die das Konformitätsbewertungsverfahren durchführende Behörde ist auf jeden Fall aufgrund der rechtlichen Verpflichtung zwingend geboten. Gleichwohl bleibt offen, ob und inwieweit der Anbieter des KI-Systems die das Konformitätsbewertungsverfahren durchführende Behörde bei nicht hinreichender Berücksichtigung der besagten Unterlagen gerichtlich in Anspruch nehmen kann.

IX. Nutzung von Abschlussberichten (Abs. 8)

Das KI-Gremium und die Europäische Kommission haben nach Satz 1 dieser 45
Norm die Befugnis, **Abschlussberichte** des (zukünftigen) Anbieters einzusehen, und tragen diesen ggf. bei der Wahrnehmung ihrer Aufgaben[43] Rechnung.

41 Zur vergleichbaren Formulierung in Art. 42 Abs. 1 Satz 2 DSGVO: kritisch, weil unklare und programmsatzartige Verpflichtung: *Will*, in: Ehmann/Selmayr, DS-GVO, Art. 42 Rn. 17; *Kamara*, in: Spiecker gen. Döhmann/Papakonstantinou/Hornung/De Hert, General Data Protection Regulation, Art. 42 Rn. 4; unter Betonung des verpflichtenden Charakters: *Weichert*, in: Däubler/Wedde/Weichert/Sommer, EU-DSGVO und BDSG, Art. 42 Rn. 25; *Hornung*, in: Auernhammer, DSGVO BDSG, Art. 42 Rn. 35.

42 KI-VO-E Parlament, Art. 53 Abs. 1 lit. g des Dokuments.

43 Zu den Aufgaben der Kommission siehe u. a.: Art. 70 Abs. 2 Satz 3 und 4, Abs. 6 sowie Abs. 7 und Art. 88 Abs. 1 Satz 1. Zu den Aufgaben des KI-Gremiums siehe insbesondere Art. 66.

46 Vorstehende Befugnis steht einerseits unter dem Vorbehalt der **Vertraulichkeit gemäß Art. 78** (siehe Art. 78 Rn. 20ff.). Um welche gesetzlichen Vertraulichkeitsverpflichtungen es dabei im Einzelnen geht, ergibt sich insbesondere aus Art. 78 Abs. 1.

47 Andererseits setzt Art. 57 Abs. 8 Satz 1 voraus, dass die Abschlussberichte durch die Kommission und das KI-Gremium „**im Einvernehmen**" eingesetzt werden. Im deutschen Recht[44] ist mit diesem Terminus die Zustimmung einer Stelle gemeint. Dass auch hier die Zustimmung des (zukünftigen) Anbieters für die Verwendung des Abschlussberichts vorausgesetzt wird, ergibt der Vergleich mit der englischen Fassung der KI-VO, die insoweit deutlicher von „with the agreement" spricht.

48 Erklären der (zukünftige) Anbieter und die zuständige nationale Behörde ihr „**ausdrückliches Einverständnis**", so kann der Abschlussbericht gemäß Art. 57 Abs. 8 Satz 2 über die in Art. 57 genannte Informationsplattform[45] veröffentlicht werden. Fraglich ist, mit Blick auf Art. 57 Abs. 8 Satz 1, weshalb hier ein „ausdrückliches" Einverständnis verlangt wird. Da der einzige Unterschied zwischen Art. 57 Abs. 8 Satz 1 und 2 ist, dass in letzterem Fall die zuständige nationale Behörde zusätzlich beteiligt ist, liegt es nahe, dass dieser Behörde mehr Kontrolle dahingehend eingeräumt werden soll, welcher Abschlussbericht, der ja auch Einschätzungen der nationalen Behörde enthält, veröffentlicht werden soll und welcher nicht. Die Schlussfolgerung daraus ist, dass das Einvernehmen nach Art. 57 Abs. 8 Satz 1 auch konkludent erteilbar sein dürfte, während Art. 57 Abs. 8 Satz 2 ähnlich wie Art. 9 Abs. 2 lit. a DSGVO eine ausdrückliche Zustimmung seitens der Normadressaten voraussetzt. Weiterhin kann daraus geschlussfolgert werden, dass das ausdrücklich erteilte Einverständnis in irgendeiner Form nachweisbar sein sollte. Empfehlenswert ist unter diesem Gesichtspunkt insbesondere ein elektronisch oder schriftlich erteiltes Einverständnis.

X. Ziele der Einrichtung von KI-Reallaboren (Abs. 9)

49 Die Norm definiert, welche **Ziele** mit dem KI-Reallabor verfolgt werden. Fraglich ist, ob damit ausgeschlossen ist, dass KI-Reallabore auch zu anderen nicht in der Norm aufgezählten Zielen beitragen können und dürfen. Zutreffend dürfte sein, dass grundsätzlich auch andere, nicht in der Norm aufgezählte Zwecke verfolgt werden, sofern weiterhin einer der in Art. 57 Abs. 9 verfolgten Primärzwecke mitverfolgt wird. So wäre es z. B. konkret denkbar, dass gemäß Art. 57 Abs. 9 lit. c die Durchführung von Tests an einer KI primär der Wettbewerbsfä-

44 Siehe z. B. § 36 Abs. 1 BauGB.

45 Irritierenderweise wird die Informationsplattform gerade nicht näher in Art. 57 genannt.

higkeit dient, sekundär aber außerdem auch noch dem Klimaschutz. Für Letzteres spricht die Formulierung „soll zu den folgenden Zielen beitragen". Zunächst einmal handelt es sich um eine Soll-Vorschrift, die Spielraum für Ausnahmen zulässt. Zudem soll die Einrichtung von KI-Reallaboren zu den normierten Zielen „nur" beitragen. Ein Beitrag kann aber auch darin bestehen, dass zu 50 Prozent (nicht aber zu 100 Prozent) das normierte Ziel verfolgt wird. Folglich dürften zumindest in einem begrenzten Rahmen auch andere, nicht normierte Sekundärziele mit der Einrichtung eines KI-Reallabors verfolgt werden können.

Wie konkret der Nachweis eines Beitrags zu den nachfolgend näher beschriebenen Zielen erfolgen muss, bleibt offen. Mit Blick auf den eher hohen Grad an Abstraktheit der nachfolgenden Ziele dürften an die Nachweisführung jedenfalls nicht übermäßig hohe Anforderungen zu stellen sein. 50

1. Verbesserung der Rechtssicherheit (lit. a)

Der Begriff der „Verbesserung der Rechtssicherheit" taucht auch in anderen unionsrechtlichen Verordnungen auf, wie z.B. in Art. 11 Abs. 2 lit. g Verordnung (EU) 2024/903. Vom Ausgangspunkt her ist konkret die Verbesserung der Rechtssicherheit bei der Anwendung der KI-VO gemeint, da der Wortlaut die Einhaltung der Regulierungsvorschriften der KI-VO adressiert. 51

Dieses Ziel wird allerdings dadurch relativiert aber auch erweitert, dass auch die Verbesserung der Rechtssicherheit von anderem geltendem Unionsrecht und/oder nationalem Recht bezweckt sein kann. Dabei bleibt unklar, wie weitgehend das Ziel der Verbesserung der Rechtssicherheit zu verstehen ist. Prinzipiell dürfte hierunter jeder Zweck fallen, der die Auslegung und Anwendung der Norm verbessert. 52

Allerdings zielt die Regelung nur auf die Einhaltung von **Regulierungsvorschriften**[46] ab. Es stellt sich also die Frage, ob mit Regulierungsvorschriften tatbestandlich jede beliebige Norm der KI-VO oder nur eine bestimmte Art von Vorschriften gemeint ist. Primär scheint es naheliegend, dass der Begriff der „Regulierungsvorschriften" jene Normen meint, die sich an einen Normadressaten richten, also insbesondere Vorschriften, die sich (direkt) an (zukünftige) Anbieter von KI-Systemen richten. Gleichwohl gilt es zu bedenken, dass auch organisationsrechtliche Regelungen der KI-VO letztlich der Verbesserung der Rechtssicherheit zur Einhaltung von Regulierungsvorschriften dienen können. Ist z.B. abschließender geklärt, inwieweit die zuständigen Behörden gemäß Art. 57 Abs. 6 ggf. innerhalb der KI-Reallabore Anleitung, Aufsicht und Unterstützung bereitstellen, so wirkt sich dies – wenn auch indirekt – ebenfalls auf die Einhaltung von Regulierungsvorschriften aus. Es dürfte naheliegender sein, dass 53

46 Siehe zu diesem Begriff bspw. auch in Art. 15 Verordnung (EU) 2017/745.

letztlich alle Vorschriften dem Begriff der „Regulierungsvorschriften" unterfallen.

2. Förderung des Austauschs bewährter Verfahren (lit. b)

54 Fraglich ist, in Bezug worauf die Förderung des Austauschs bewährter Verfahren bezweckt ist. Denkbar wäre zum einen, dass hier die bewährten **Überprüfungsverfahren** in Bezug auf das im KI-Reallabor zu untersuchende KI-System gemeint sind oder aber genereller bewährte Verfahren in Bezug auf KI-Systeme selbst. Naheliegender dürfte es sein, dass hier Überprüfungsverfahren in Bezug auf das im KI-Reallabor zu untersuchende KI-System selbst gemeint sind, die Förderung des Austauschs bewährter Verfahren soll gerade durch Zusammenarbeit mit den am KI-Reallabor beteiligten Behörden erfolgen. In diese Richtung deutet auch ErwG 139 Satz 2, wonach die Zusammenarbeit und der Austausch bewährter Praktiken *mit den an dem KI-Reallabor beteiligten Behörden* unterstützt werden soll.

3. Förderung von Innovation und Wettbewerbsfähigkeit (lit. c)

55 Die Förderung von Innovation und Wettbewerbsfähigkeit deckt tatbestandlich einen weiten Bereich ab. So kommt mit der Einrichtung von KI-Reallaboren einerseits dann ein Beitrag zur Förderung von Innovation und Wettbewerbsfähigkeit in Betracht, wenn KI-Systeme überprüft werden, die bereits in einem gefestigten **Nutzungsfeld** eingesetzt werden (bspw. Überprüfung eines Chat-Bots für Websites). Und andererseits auch dann, wenn KI-Systeme in neuen Nutzungsfeldern geprüft werden (bspw. KI-Software in Abrechnungssystemen). Unabhängig vom jeweiligen Nutzungsfeld kommt es nach hier vertretener Auffassung auch nicht darauf an, ob es sich bei dem KI-System um einen Prototyp oder ein bereits ausgereiftes System handelt.

56 Ähnlich niedrigschwellig dürften sich die tatbestandlichen Anforderungen an die „Erleichterung der Entwicklung eines KI-Ökosystems[47]" darstellen. Letztlich dürften nahezu alle in einem KI-Reallabor ausführbare Tätigkeiten der „Erleichterung der Entwicklung eines KI-Ökosystems" dienen.

4. Beitrag zum evidenzbasierten regulatorischen Lernen (lit. d)

57 Ein tatbestandlicher „**Beitrag**" dürfte bereits ab einer eher geringen Schwelle erreicht sein. Das heißt, die Einrichtung bzw. der Betrieb eines KI-Reallabors trägt schon dann zum evidenzbasierten regulatorischen Lernen bei, wenn eher gering-

47 Zu diesem Begriff siehe vorstehend unter Rn. 29.

fügige Erkenntnisse für das evidenzbasierte regulatorische Lernen gesammelt werden.

Unter dem **evidenzbasierten regulatorischen Lernen** ist nach hier vertretener Ansicht nichts weiter zu verstehen als faktisch nachweisbare Erkenntnisse, die sich im Rahmen der Arbeit des jeweiligen KI-Reallabors ergeben. Ausweislich des ErwG 139 Satz 2 soll das regulatorische Lernen mit Blick auf ggf. zukünftig erforderliche Anpassungen des Rechtsrahmens erleichtert werden. KI-Reallabore können als Testraum für die Prüfung und Bewertung von KI-Systemen verstanden werden. Naturgemäß ergeben sich bei der Überprüfung von KI-Systemen in solchen Testräumen faktische Erfahrungen, worauf es bei der Überprüfung von KI-Systemen ankommt. Diese Erkenntnisse, die hier regulatorisches Lernen genannt werden, sollen für die Anpassung der KI-Systeme verwendet werden. **58**

5. Beschleunigter Zugang zum Unionsmarkt (lit. e)

Nach ErwG 139 Satz 2 sollen die beteiligten Behörden u. a. den Marktzugang beschleunigen, was auch erfolgen kann, indem „Hindernisse für KMU, einschließlich Start-up-Unternehmen, abgebaut werden". Hierunter dürften faktisch alle Formen von **Hindernissen** fallen, sei es regulatorischer, wirtschaftlicher oder sonst wie faktischer Natur. Da der Wortlaut aber von einer Erleichterung und Beschleunigung des Zugangs von KI-Systemen zum Unionsmarkt spricht, dürfte nicht nur der Abbau von Hindernissen, sondern umgekehrt auch der vereinfachte Zugang zum Unionsmarkt gemeint sein. **59**

Ausweislich des Wortlauts „insbesondere wenn sie von KMU – einschließlich Start-up-Unternehmen – angeboten werden" muss ein Schwerpunkt der Arbeit von KI-Reallaboren sein, dass deren Arbeit die Erleichterung und Beschleunigung des Zugangs von KI-Systemen zum Unionsmarkt möglich macht. Das heißt, es reicht nicht aus, wenn eine Maßnahme den Zugang nur für eine bestimmte Gruppe von Anbietern von KI-Systemen erleichtert/beschleunigt. Berücksichtigt werden muss vielmehr, dass die Maßnahme auch KMU einschließlich Start-ups zuträglich ist. **60**

XI. Einbeziehung anderer nationaler Behörden im Zusammenhang mit personenbezogenen Daten (Abs. 10)

Zum Begriff des innovativen KI-Systems siehe oben unter Art. 3 Nr. 55 (siehe Art. 3 Nr. 55 Rn. 403 ff.). **61**

Die Norm erkennt an, dass aus der Entwicklung und dem Einsatz von KI-Systemen neben der Zuständigkeit von nationalen Behörden nach der KI-VO (siehe **62**

Art. 70) auch parallele Zuständigkeiten aufgrund von anderen unionsrechtlichen und nationalen Regelwerken erwachsen können.

63 Naheliegend ist, dass im Zusammenhang mit KI-Systemen häufig personenbezogene Daten i. S. v. Art. 4 Nr. 1 DSGVO verarbeitet werden. Ist Vorstehendes der Fall, so kann der Anwendungsbereich der DSGVO nach den Zuständigkeitsregelungen[48] eröffnet sein. In diesem ersten Fall sorgen die zuständigen nationalen Behörden nach der KI-VO dafür, dass die **nationalen Datenschutzbehörden**[49] „in den Betrieb des KI-Reallabors sowie in die Überwachung dieser Aspekte im vollen Umfang ihrer entsprechenden Aufgaben und Befugnisse einbezogen werden" (siehe dazu näher sogleich). Zumindest im Fall des föderal geprägten Deutschland stellt sich die Frage, welche Behörde mit der „nationalen Datenschutzbehörde" gemeint ist.[50] Denn auf den ersten Blick wäre hier womöglich stets die Datenschutzbehörde nur auf Bundesebene zuständig. Richtigerweise dürfte mit der zuständigen nationalen Behörde hier stattdessen die zuständige nationale Datenschutzbehörde gemeint sein. Geht es also um Verarbeitungen bspw. in Brandenburg, wäre die dort hoheitlich zuständige Landesdatenschutzbehörde zuständig. Für dieses Ergebnis streitet schon, dass die Norm in ihrer zweiten Variante „andere nationale oder zuständige Behörden" adressiert und damit neben dem Begriff der „nationalen Datenschutzbehörde" auch noch weitere zuständige Behörden erfasst (siehe dazu sogleich).

64 Darüber hinaus eröffnet die Norm die Möglichkeit der Einbeziehung **nationaler oder zuständiger Behörden**, die den Zugang zu personenbezogenen Daten gewähren oder unterstützen. Aufgrund der vorstehenden tatbestandlichen Formulierung kommt weitgehend jede Behörde aus dem Bereich des Datenrechts in Betracht. Naheliegend ist natürlich, an Behörden im Bereich des Verbraucherschutzes zu denken. Darüber hinaus ist aber auch z. B. an Behörden im Bereich des sonstigen Datenrechts oder aber sogar an Behörden aus dem Feld der Strafverfolgung sowie der nachrichtendienstlichen Aufklärung zu denken. Eine Behörde wird dann den Zugang zu personenbezogenen Daten gewähren, wenn sie hierüber aufgrund einer gesetzlichen oder sonstigen Ermächtigung entscheidet.

65 Eine Behörde kann den Zugang zu personenbezogenen Daten (für Zwecke eines KI-Reallabors) aber auch unterstützen, etwa indem sie hierfür ihre Unterstüt-

---

48 In Deutschland kann zusätzlich noch der Anwendungsbereich nach dem BDSG sowie ggf. nach dem einschlägigen Landesdatenschutzgesetz eröffnet sein.

49 Zu Beginn spricht die Norm von anderen nationalen Behörden, mit denen hier nur nationale Datenschutzbehörden gemeint sein können, soweit diese nicht selbst für die Durchsetzung der KI-VO im Zusammenhang mit KI-Reallaboren zuständig sind.

50 Vgl. zum vergleichbar gelagerten Problem der Beteiligung der „zuständigen inländischen Datenschutzbehörde" nach § 12a Satz 1 UKlaG im Verhältnis zu den Zuständigkeitsvorschriften der DSGVO z. B. *Jaschinski/Piltz*, WRP 2016, 420, 424; *Halfmeier*, NJW 2016, 1126, 1129.

zung auf fachlicher oder z. B. zweckmäßiger Ebene zum Ausdruck bringt. Letzteres wäre z. B. dann denkbar, wenn die Behörde von dem Test oder der Entwicklung des KI-Systems profitiert, sei es zu eigenen oder dritten Einsatzzwecken.

Die Rechtsfolge der vorstehend erläuterten, eher weitgehenden Tatbestandsvoraussetzungen ist die Einbeziehung dieser anderen nationalen oder zuständigen Behörden. Allerdings erfolgt keine umfassende Einbeziehung in das Gesamtprojekt der Testung eines KI-Systems im KI-Reallabor. Vielmehr geschieht die Einbeziehung entsprechend ihrer „Aufgaben und Befugnisse". Das heißt, soweit z. B. eine Behörde aus dem Bereich des Verbraucherschutzes mit einzubeziehen ist, erfolgt die Einbeziehung auch nur in Bezug auf die verbraucherschutzrelevanten Aspekte. Allerdings wird dieser Maßstab faktisch eher problematisch sein, da es nicht selten vorkommen dürfte, dass eine klare Trennung zwischen den in diesem Fall verbraucherschutzrelevanten und den übrigen Aspekten des KI-Systems nur schwerlich umzusetzen sein dürfte. **66**

XII. Aufsichts- und Abhilfebefugnisse der zuständigen Behörden (Abs. 11)

Art. 57 Abs. 11 Satz 1 stellt klar, dass die Einrichtung und Tätigkeit der KI-Reallabore, die als Experimentierfeld angesehen werden können, nichts an den **Aufsichts- und Abhilfebefugnissen** der zuständigen (nationalen) Behörden ändern. Das heißt, KI-Reallabore sind aus dem Tätigkeitsrahmen der zuständigen Behörden nicht herausgenommen und können prinzipiell sämtliche Aufsichts- und Abhilfebefugnisse nach der KI-VO, aber auch anderen unionalen und mitgliedstaatlichen Normen ausüben. Dazu dürften auch Sanktionen nach Art. 99 zählen, obwohl es sich hierbei eigentlich nicht um eine Aufsichts- oder Abhilfebefugnis handeln dürfte. Denn Art. 57 Abs. 12 erlaubt unter den dort normierten Bedingungen Geldbußen nach der KI-VO. **67**

Nach Art. 57 Abs. 11 Satz 2 führen alle erheblichen Risiken für die **Gesundheit und Sicherheit und die Grundrechte**[51] zur sofortigen und angemessenen Risikominderung. Die Gesundheit ist prinzipiell bereits als Grundrecht in Form des Rechts auf körperliche Unversehrtheit in Art. 3 Abs. 1 GRCh verankert. Daraus könnte abgeleitet werden, dass der Begriff der Gesundheit hier weitgehender zu verstehen ist, als es der grundlegende, individuelle Grundrechtsschutz gewährleistet. Klar dürfte jedenfalls sein, dass die tatbestandlich geforderte Risikoprüfung und -minderung zentral in Bezug auf das Thema Gesundheit (und Sicherheit) ausgerichtet sein muss. **68**

51 Siehe zu diesem Dreiklang auch den Wortlaut von ErwG 10 und Art. 58 Abs. 4 Satz 1.

69 Ebenso unklar wie der tatbestandliche Begriff der Gesundheit ist auch die Frage, wie genau der Begriff der Sicherheit hier zu verstehen ist. Hier könnte einerseits die individuelle Sicherheit des Einzelnen durch den Einsatz des KI-Systems gemeint sein, u. a. rechtlich abgebildet durch das Produktsicherheitsrecht, andererseits aber auch die kollektive Sicherheit im Sinne des insbesondere im Polizei- und Ordnungsrecht verwendeten Begriffs der „Öffentlichen Sicherheit und Ordnung". Die englische Sprachfassung spricht hier von „safety", was wiederum gegen den Sicherheitsbegriff im Sinne von Polizei- und Ordnungsrecht spricht. So ist bspw. in der sog. JI-Richtlinie im polizeilichen Zusammenhang stattdessen von „security"[52] die Rede. Dementgegen verwendet aber gerade die in jüngerer Vergangenheit verabschiedete europäische Produktsicherheitsverordnung den Begriff „safety",[53] weshalb im hiesigen Tatbestand gerade kein polizei- und ordnungsrechtlicher Kontext bestehen dürfte.

70 Mit Grundrechten dürften hier im tatbestandlichen Sinne alle Grundrechte nach der GRCh gemeint sein.

71 Tatbestandlich setzt eine (Befugnis der Behörde zur) Risikominderung zunächst ein **erhebliches Risiko** für eines der vorstehend dargestellten Rechtsgüter voraus. ErwG 53 Satz 14 gibt für die Klärung des Begriffs „erhebliches Risiko" einen Hinweis. Demnach sollten KI-Systeme, die in den in einem Anhang der KI-VO aufgeführten Anwendungsfällen mit hohem Risiko verwendet werden, *als erhebliche Risiken für die Gesundheit, Sicherheit oder Grundrechte* gelten, wenn das KI-System Profiling im Sinne von Art. 4 Nr. 4 DSGVO oder Art. 3 Nr. 4 JI-Richtlinie oder Art. 3 Nr. 5 Verordnung (EU) 2018/1725 beinhaltet. Liegt also ein Hochrisiko-KI-System i. S. v. Anhang III vor, welches Profiling i. S. d. vorstehend aufgeführten Normen beinhaltet, so liegt auch ein erhebliches Risiko vor. Daraus folgt, dass unterhalb dieser Schwelle liegende Risiken (= Verwendung von Hochrisiko-KI-Systemen ohne Profiling) nicht einer tatbestandlichen Risikominderung zuzuführen sein dürften.[54]

72 Liegt ein tatbestandlich „erhebliches Risiko" vor, so muss eine **sofortige und angemessene Risikominderung** durchgeführt werden. Die Norm fordert also keine Beseitigung des tatbestandlichen Risikos, sondern stattdessen eine verhältnismäßige Risikominderung. Welche Risikominderungsmaßnahmen im Einzelnen zu ergreifen sind, hängt maßgeblich von der Konzeption des im KI-Reallabor zu untersuchenden KI-Systems im Einzelnen ab. So könnten häufig Änderungen am Software-Code in Betracht kommen, die z. B. dazu führen, dass bestimmte risikobehaftete Funktionen abgeschaltet, abgemildert oder umgestaltet werden. Aufgrund der zeitlichen Komponente („sofortigen") im Tatbestand un-

52 Siehe bspw. Art. 13 Abs. 3 lit. c und d Richtlinie (EU) 2016/680.

53 Siehe bspw. Art. 7 Abs. 1 lit. b Verordnung (EU) 2023/988, der von „*health and safety* requirements" spricht.

54 Aber bzgl. der Verengung dieser Schwelle *Botta*, ZfDR 2022, 391, Fn. 66.

terliegt der (zukünftige) Anbieter des KI-Systems engen zeitlichen Vorgaben. Zwar wird er mit Blick auf die Vorgaben des Art. 57 Abs. 11 Satz 3 (dazu sogleich) bestrebt sein, eine Risikominderung an seinem KI-System möglichst zeitnah zu bewerkstelligen. Allerdings dürfte bei der rechtlichen Bewertung der zeitlichen Komponente auch zu beachten sein, dass der (zukünftige) Anbieter zunächst wird berücksichtigen müssen, welche Risikominderungsmaßnahme unter mehreren die mildeste und gleichzeitig effektivste ist. Dies wird bereits deshalb anzunehmen sein, weil der Tatbestand eine angemessene Risikominderung verlangt, was in der Folge zunächst eine ordnungsgemäße und überlegte Mittelauswahl erfordert. Der (zukünftige) Anbieter wird daher trotz des Erfordernisses der sofortigen Risikominderung dazu berechtigt sein, das vorzugswürdige Mittel auszuwählen.

Nach Art. 57 Abs. 11 Satz 3 sind die zuständigen nationalen Behörden befugt, das Testverfahren oder die Beteiligung am Reallabor **vorübergehend oder dauerhaft auszusetzen**, wenn keine wirksame Risikominderung möglich ist. Grundsätzlich kann die Behörde also einerseits das Testverfahren (zeitweise) stoppen oder andererseits die Beteiligung daran (zeitweise) stoppen. Die Aussetzung der Beteiligung dürfte sich hier vor allem auf den (künftigen) Anbieter des KI-Systems beziehen, wenn dieser eine Risikominderung nicht bewerkstelligen kann. 73

Die passive Formulierung „**wenn keine Risikominderung möglich ist**" wirft die Frage auf, ob die tatbestandlichen Befugnisse der Behörde nur dann greifen, wenn aufgrund objektiver Umstände eine Risikominderung nicht möglich ist (objektive Unmöglichkeit), oder ob dies auch dann eingreift, wenn der (zukünftige) Anbieter des KI-Systems nicht willens ist, sofortige und angemessene Risikominderungsmaßnahmen zu ergreifen (subjektive Unmöglichkeit). Der Wortlaut der Norm scheint eine Differenzierung zwischen den vorstehend beschriebenen Fällen nicht zu stützen, sodass demnach beide Fälle erfasst sein dürften. 74

Die Vorschrift des Art. 57 Abs. 11 Satz 4 beschreibt zunächst grundsätzlich einen (normalen) Fall behördlichen Handelns („üben die zuständigen nationalen Behörden ihre Aufsichtsbefugnisse im Rahmen des geltenden Rechts aus, indem sie bei der Anwendung der Rechtsvorschriften auf ein bestimmtes KI-Reallabor ihren **Ermessensspielraum** nutzen"), da die Behörden grundsätzlich im Rahmen jedes Verwaltungshandelns dazu verpflichtet sind, ihre Ermessensspielräume zumindest zu prüfen und verhältnismäßig in Bezug auf den konkreten Sachverhalt auszuüben. Die hiesige Norm ordnet konkret an, diesen Ermessensspielraum auszunutzen, um „Innovation im Bereich KI in der Union zu fördern".[55] Der Anwendungsbereich des Begriffs der „Innovation im Bereich KI" dürfte 75

55 Siehe zum Ziel der Innovationsförderung nach Art. 1 Abs. 1 DSA *Hofmann*, in: Hofmann/Raue, DSA, Art. 1 Rn. 13.

denkbar weit sein, sodass bereits die eher liberale Anwendung der Rechtsvorschriften auf ein bestimmtes KI-Reallabor dem tatbestandlichen Ziel Rechnung tragen kann.

XIII. Haftung für Anbieter von KI-Reallaboren (Abs. 12)

76 Art. 57 Abs. 12 Satz 1 stellt lediglich klar, dass das Haftungsrecht der Union sowie das nationale Haftungsrecht für tatbestandliche Schäden anwendbar bleibt. Es dürfte sich vorliegend daher nicht um eine Rechtsfolgenverweisung handeln, obgleich die KI-VO auch unter den Tatbestand des **geltenden Rechts der Union** fällt. Hinsichtlich geltendem Recht der Union i. S. d. Norm ist z. B. an Art. 82 DSGVO, aber perspektivisch möglicherweise auch die sog. KI-Haftungsrichtlinie[56] zu denken. Bzgl. des „nationalen Haftungsrechts" ist insbesondere an § 823 BGB[57] zu denken, aber auch an die nationalen Regelungen zum (unionsrechtlich erneuerten) Produkthaftungsrecht,[58] die in Deutschland im ProdHaftG[59] verankert sind.

77 Bemerkenswert ist die in **Art. 57 Abs. 12 Satz 2** verankerte Regelung, die anordnet, dass keine Geldbußen gegen zukünftige Anbieter verhängt werden, sofern Letztere „den spezifischen Plan und die Bedingungen für ihre Beteiligung beachten und der Anleitung durch die zuständigen nationalen Behörden in gutem Glauben folgen". Die Regelung kann so verstanden werden, dass der zuständigen nationalen Behörde hinsichtlich des „Ob" der Verhängung kein Ermessensspielraum mehr zusteht. Möglich ist diese Rechtsfolge aber nur, sofern ein spezifischer Plan und Bedingungen für die Beteiligung zur Beachtung durch den zukünftigen Anbieter im KI-Reallabor tatsächlich auch vorliegen. Vor dem Vorliegen dieses tatbestandlichen Plans und der Bedingungen dürfte damit weiterhin eine Verhängung von Geldbußen gegen den zukünftigen Anbieter möglich sein. Die Regelung knüpft schließlich daran an, dass der zukünftige Anbieter „in gutem Glauben"[60] der Anleitung durch die zuständige Behörde gefolgt ist. Unklar bleibt zunächst einmal, welcher Begriff hier im Rahmen der deutschen Sprachfassung zugrunde zu legen ist ((eher objektiv) „Treu und Glauben" oder

56 Richtlinie des Europäischen Parlaments und des Rates zur Anpassung der Vorschriften über außervertragliche zivilrechtliche Haftung an künstliche Intelligenz (Richtlinie über KI-Haftung), vom 28.9.2022, COM(2022) 496 final, 2022/0303(COD); zum Verhältnis von KI-VO und KI-Haftungsrichtlinie: *Frost/Steininger/Vivekens*, MPR 2024, 4.

57 *Bomhard/Siglmüller*, RDi 2024, 45 Rn. 36 m. w. N.

58 Siehe dort Art. 6 Abs. 1 lit. h Verordnung (EU) 2023/988; *Rohrßen*, ZfPC 2024, 2, 5; *Reusch*, RDi 2023, 152.

59 Produkthaftungsgesetz vom 15.12.1989 (BGBl. I S. 2198), das zuletzt durch Art. 5 des Gesetzes vom 17.7.2017 (BGBl. I S. 2421) geändert worden ist.

60 Siehe zu der Formulierung auch Art. 16 Abs. 2 lit. d DSA.

(eher subjektiv) „in gutem Glauben"). Ein Vergleich mit der englischen Sprachfassung zeigt, dass diese in der hiesigen Norm von „in good faith" spricht. Obgleich in der englischen Sprachfassung von ErwG 140 Satz 3 ebenfalls von „in good faith" die Rede ist, wird dies in der deutschen Fassung mit „nach Treu und Glauben" übersetzt. Der EuGH hat die Formulierung „in gutem Glauben" mehrfach in seinen Urteilen im Zusammenhang mit der Begründung von Rechtsverhältnissen zugrunde gelegt.[61] Soweit ersichtlich, wurde dabei jedoch stets nur auf die Voraussetzung des guten Glaubens abgestellt, nicht jedoch erläutert, was guter Glaube qua definitionem ist. Einen Ansatzpunkt bietet die Literatur, die in Abgrenzung zum Begriff „Treu und Glauben" und im Zusammenhang mit den Principles of European Contract Law annimmt, dass es sich bei der Formulierung „in gutem Glauben" um die subjektive Gutgläubigkeit handelt.[62] Dies ist insofern hier nachvollziehbar, als es darauf ankommt, dass der tatbestandlich zukünftige Anbieter in gutem Glauben sein muss. Daraus kann geschlussfolgert werden, dass er seine (subjektive) Gutgläubigkeit im Streitfall, das heißt vor allem im Bußgeldverfahren, nachweisen muss. Anleihen zur Auslegung des Begriffs können schließlich (indirekt) aus der Rechtsprechung des EuGH zum Thema Umsatzsteuerrecht genommen werden. Demnach ist es den zuständigen Behörden eines Mitgliedstaates verwehrt, das Recht zur Anwendung der Differenzbesteuerung zu versagen, es sei denn, die zuständigen Behörden weisen nach, dass der Steuerpflichtige „nicht in gutem Glauben gehandelt hat oder nicht alle ihm zur Verfügung stehenden zumutbaren Maßnahmen ergriffen hat, um sicherzustellen, dass der von ihm getätigte Umsatz nicht zu seiner Beteiligung an einer Steuerhinterziehung führt".[63] Daraus kann geschlussfolgert werden, dass der zukünftige Anbieter i. S. v. Art. 57 Abs. 12 Satz 2 dann in gutem Glauben handelt, wenn er alle ihm zur Verfügung stehenden zumutbaren Maßnahmen ergriffen hat, um der Anleitung der Behörde zu folgen. Da es sich mit Blick auf die vorstehenden Ausführungen nach hier vertretener Auffassung um eine subjektive Gutgläubigkeit handelt, wäre diese im Rahmen der Amtsermittlungen der handelnden Behörde vom zukünftigen Anbieter nachzuweisen.[64]

Art. 57 Abs. 12 Satz 3 regelt, dass Geldbußen nicht verhängt werden, wenn andere zuständige Behörden im Reallabor an der Überwachung des KI-Systems beteiligt waren und Anleitungen zur Einhaltung des betreffenden Unions- oder nationalen Rechts gegeben haben. Zum Begriff der „anderen zuständigen Behör- **78**

---

61 Jüngst z. B. EuGH, Urt. v. 22.6.2021 – Rs. C-439/19, BeckRS 2021, 15289, Rn. 132 m. w. N.

62 So *Stempel*, Treu und Glauben im Unionsprivatrecht, S. 56, Fn. 166.

63 EuGH, Urt. v. 18.5.2017 – Rs. C-624/15, BeckRS 2017, 110092, Rn. 49.

64 Sofern man hier von einem Fall der Eingriffsverwaltung ausgeht, wäre die für den Anbieter günstige Tatsache des Handelns „in gutem Glauben" von diesem nachzuweisen, so zumindest für das deutsche Verwaltungsverfahrensrecht: *Wirtz*, Beweislasten im Verwaltungsrecht, S. 76.

de“ nach Art. 57 Abs. 12 Satz 3 siehe Art. 3 Nr. 55 Rn. 403 ff. Die Regelung hat klarstellenden Charakter. Der (zukünftige) Anbieter soll nicht fürchten müssen, dass ihm im Rahmen der Tests im KI-Reallabor noch Geldbußen nach anderem Unionsrecht oder nationalem Recht drohen.

XIV. Zusammenarbeit zuständiger Behörden (Abs. 13)

79 Die Norm sieht eine Erleichterung in dem Fall vor, dass eine **grenzüberschreitende Zusammenarbeit** vorliegt. Dies kann vor allem dann angenommen werden, wenn ein KI-Reallabor durch mehrere Mitgliedstaaten oder bspw. Regionen mehrerer Mitgliedstaaten eingerichtet wird.

80 Eine Erleichterung der grenzüberschreitenden Zusammenarbeit ist z. B. dann anzunehmen, wenn eine einheitliche Verfahrenssprache für das KI-Reallabor festgelegt wird oder aber die Zusammenarbeit (vollständig) mehrsprachig organisiert wird. Gleiches ist auch denkbar, wenn gemeinsame Organisationsstrukturen festgelegt werden, die für die Arbeit des gemeinsamen KI-Reallabors vereinbart werden, also bspw. eine gemeinsame Cloudstruktur, auf welche die Beteiligten zugreifen können. Der Begriff der „erleichterten grenzüberschreitenden Zusammenarbeit“ kann also ein breites Spektrum unterschiedlichster Konstellationen erfüllen.

XV. Koordinierung zuständiger nationaler Behörden/ Zusammenarbeit im KI-Gremium (Abs. 14)

81 Die Norm fordert von den zuständigen nationalen Behörden, ihre Tätigkeit zu koordinieren. Dies dürfte normsystematisch bezogen auf die Arbeit von KI-Reallaboren zu verstehen sein. Gleiches gilt für die Zusammenarbeit im Rahmen des KI-Gremiums.

XVI. Informationen über die Einrichtung von KI-Reallaboren (Abs. 15)

82 Zuständige nationale Behörden müssen das Büro für Künstliche Intelligenz und das KI-Gremium über die Einrichtung eines KI-Reallabors unterrichten. Der Wortlaut des Art. 57 Abs. 15 Satz 1 sieht dafür prinzipiell keine **zeitlichen Vorgaben** vor. Gleichwohl ist von der Einrichtung des KI-Reallabors die Rede, sodass die Information spätestens also zum Beginn der Betriebsphase erfolgen muss. Die Norm sieht des Weiteren vor, dass sich die zuständigen nationalen Behörden von den vorgenannten Institutionen auf EU-Ebene Unterstützung und

Anleitung holen können. Diese Unterstützung und Anleitung ist weder näher spezifiziert, noch ist klar, ob sie sich nur auf die Einrichtungs- oder auch die Betriebsphase des KI-Reallabors bezieht. Naheliegend ist jedoch, dass sich die Unterstützung seitens der EU-Institutionen an den ihnen zur Verfügung stehenden Ressourcen orientiert. Zudem kann sich die Unterstützung nur auf die von der KI-VO festgelegten Aufgaben beziehen. So richten sich die Aufgaben des KI-Gremiums insbesondere nach Art. 66.

Die zuständigen nationalen Behörden unterrichten gemäß Art. 57 Abs. 15 Satz 1 das Büro für Künstliche Intelligenz und das KI-Gremium über die Einrichtung eines KI-Reallabors. Ziel der vom Büro für Künstliche Intelligenz gemäß Art. 57 Abs. 15 Satz 2 zu veröffentlichenden Liste ist u. a. die stärkere Interaktion in den KI-Reallaboren. Hiermit dürfte gemeint sein, dass sich KI-Reallabore darüber informieren können, welche anderen KI-Reallabore es gibt, und sich über deren Arbeit informieren, um die eigene Arbeit zu verbessern. 83

XVII. Erstellung von Jahresberichten durch die zuständigen nationalen Behörden (Abs. 16)

Art. 57 Abs. 16 Satz 1 schreibt (implizit) die Erstellung sowie (ausdrücklich) die Übermittlung **jährlicher Berichte** an das Büro für Künstliche Intelligenz und das KI-Gremium vor, und zwar ab einem Jahr nach der Einrichtung des KI-Reallabors bis zu dessen Betriebsbeendigung. Derartige Berichte dürften wie eine Art Tätigkeitsbericht zu verstehen sein. Wann genau der Zeitpunkt der Einrichtung („ab einem Jahr nach der Einrichtung“) des jeweiligen KI-Reallabors erreicht ist, könnte im Einzelfall umstritten sein. Dieser Zeitpunkt dürfte jedenfalls dann erreicht sein, wenn das KI-Reallabor zumindest potenziell betriebsbereit ist. 84

Interessant und mit einigen Herausforderungen verbunden dürfte die Berichterstellung hinsichtlich **Art. 57 Abs. 16 Satz 2** sein. Denn demnach informieren diese Berichte nicht nur „über den Fortschritt und die Ergebnisse der Umsetzung dieser Reallabore, einschließlich bewährter Verfahren, Vorfällen, gewonnener Erkenntnisse und Empfehlungen zu deren Aufbau“, sondern „gegebenenfalls über die Anwendung und mögliche Überarbeitung dieser Verordnung, einschließlich ihrer delegierten Rechtsakte und Durchführungsrechtsakte, sowie über die Anwendung anderen Unionsrechts, deren Einhaltung von den zuständigen Behörden innerhalb des Reallabors beaufsichtigt wird“. Das heißt, die zuständigen nationalen Behörden sind – soweit aus ihrer Sicht das Erfordernis besteht – normativ dazu aufgefordert, Verbesserungsvorschläge in Bezug auf nicht nur alle KI-relevanten Vorschriften, sondern jegliche in Bezug auf das KI-Reallabor einschlägigen Vorschriften zu geben. Allein dies dürfte personell mit wei- 85 terem Ressourcenaufwand, aber darüber hinaus auch mit einem hohen Maß an umfassendem Verständnis der einschlägigen Vorschriften verbunden sein.

86 Zudem sind die zuständigen nationalen Behörden dazu verpflichtet, ihre jährlichen Berichte gemäß **Art. 57 Abs. 16 Satz 3** der Öffentlichkeit online zur Verfügung zu stellen. Der Wortlaut lässt zugunsten der Behörde ein hohes Maß an Flexibilität zu. Denn ein solcher Bericht kann in den ganz unterschiedlichsten Formen „online" veröffentlicht werden. Weder das Format, der Ort noch sonstige Modalitäten der Bereitstellung sind dadurch ersichtlich ausgeschlossen.

87 Soweit ein Aufgabenbereich der Kommission berührt ist („gegebenenfalls"), trägt sie den tatbestandlichen jährlichen Berichten Rechnung. Die Kommission ist aufgrund des Wortlauts dazu verpflichtet, dem jährlichen Bericht zumindest in irgendeiner Form Rechnung zu tragen. Gemeint sein dürfte also z. B., dass Erkenntnisse aus dem tatbestandlich jährlichen Bericht in Abwägungs- und Entscheidungsprozesse der Kommission bzgl. der Wahrnehmung ihrer Aufgaben (nachweislich) mit einfließen müssen.

XVIII. Informationsschnittstelle zu KI-Reallaboren (Abs. 17)

88 Auf den ersten Blick könnte eine **„Schnittstelle"** i. S. v. Art. 57 Abs. 17 Satz 1 umfassend verstanden werden, also nicht nur als elektronische (Daten-)Schnittstelle. Der Sinn und Zweck des Tatbestandsmerkmals „Schnittstelle" dürfte wohl aber eher eine Datenschnittstelle meinen, die sich faktisch auch als praktischer erweisen sollte. Für dieses Ergebnis spricht auch die englische Sprachfassung, die insoweit vom „interface" spricht. Die Kommission könnte also bspw. eine Art Cloud-System errichten, auf dem relevante Personen (siehe unten Rn. 90) entsprechende Informationen abrufen können. Die Norm sagt zwar nichts über den zwingenden Errichtungszeitpunkt dieser Schnittstelle aus. Mit Blick auf den Sinn und Zweck der Norm liegt es aber nahe, dass die Kommission dazu verpflichtet ist, spätestens mit Errichtung der ersten KI-Reallabore eine entsprechende Schnittstelle einzurichten.

89 Fraglich dürfte außerdem sein, was vom Begriff **„alle relevanten Informationen** zu den KI-Reallaboren" umfasst ist. Der Begriff dürfte hier vor allem durch den restlichen Wortlaut gesteuert sein. So richtet sich die Relevanz der Information vor allem danach aus, ob sie es jeweils Interessenträgern ermöglicht, „mit den KI-Reallaboren zu interagieren und Anfragen an die zuständigen Behörden zu richten und unverbindliche Beratung zur Konformität von innovativen Produkten, Dienstleistungen und Geschäftsmodellen mit integrierter KI-Technologie im Einklang mit Artikel 62 Absatz 1 Buchstabe c einzuholen". Soweit also eine Information den vorstehenden Zwecken und den damit in Zusammenhang stehenden Interessenträgern dienlich ist, muss die Kommission diese auch über die tatbestandliche Schnittstelle bereitstellen.

Interessenträger im Sinne der Norm sind zunächst einmal (zukünftige) Anbieter von KI-Systemen, da sie in erster Linie mit KI-Reallaboren interagieren (siehe zu dem Begriff auch Art. 52 Rn. 19 ff.). **90**

Vorstehende werden ebenfalls primär dazu berechtigt sein, „unverbindliche Beratung zur Konformität von **innovativen Produkten,** Dienstleistungen und Geschäftsmodellen" zu erhalten. Damit dürfte der Anwendungsbereich derjenigen, die entsprechende Beratung zur Konformität von innovativen Produkten erhalten können, schon recht weit sein. Gleichwohl bleibt unklar, wann ein „innovatives Produkt" in diesem Sinn vorliegt. Der Begriff wird sonst an keiner Stelle der KI-VO verwendet. Im hiesigen Kontext dürfte es sich wohl dann um ein innovatives Produkt, Dienstleistung oder Geschäftsmodell handeln, wenn das zugrunde liegende KI-System als innovativ i. S. v. Art. 3 Nr. 55 gilt, wofür nicht zuletzt der Zusatz im Wortlaut „mit integrierter KI-Technologie" spricht (siehe Art. 3 Nr. 55 Rn. 403 ff.). **91**

Die vorstehende Verpflichtung zur Einrichtung einer Informationsschnittstelle durch die Kommission muss unter Beachtung der Maßnahmen für Anbieter und Betreiber gemäß Art. 62 Abs. 1 lit. c erfüllt werden (siehe Art. 62 Rn. 16 ff.). **92**

Art. 57 Abs. 17 Satz 2 verpflichtet die Kommission zu einer ggf. proaktiven Abstimmung mit den zuständigen nationalen Behörden. Die **Abstimmungspflicht** bezieht sich mit Blick auf Art. 57 Abs. 17 Satz 1 auf die dort genannten Anfragen sowie die unverbindliche Beratung. **93**

Art. 58 Detaillierte Regelungen für KI-Reallabore und deren Funktionsweise

(1) Um eine Zersplitterung in der Union zu vermeiden, erlässt die Kommission Durchführungsrechtsakte, in denen detaillierte Regelungen für die Einrichtung, Entwicklung, Umsetzung, den Betrieb und die Beaufsichtigung der KI-Reallabore enthalten sind. In den Durchführungsrechtsakten sind gemeinsame Grundsätze zu den folgenden Aspekten festgelegt:

a) Voraussetzungen und Auswahlkriterien für eine Beteiligung am KI-Reallabor;

b) Verfahren für Antragstellung, Beteiligung, Überwachung, Ausstieg und Beendigung bezüglich des KI-Reallabors, einschließlich Plan und Abschlussbericht für das Reallabor;

c) für Beteiligte geltende Anforderungen und Bedingungen.

Diese Durchführungsrechtsakte werden gemäß dem in Artikel 98 Absatz 2 genannten Prüfverfahren erlassen.

(2) Die in Absatz 1 genannten Durchführungsrechtsakte gewährleisten,

a) dass KI-Reallabore allen Anbietern oder zukünftigen Anbietern eines KI-Systems, die einen Antrag stellen und die Voraussetzungen und Auswahlkriterien erfüllen, offen stehen; diese Voraussetzungen und Kriterien sind transparent und fair und die zuständigen nationalen Behörden informieren die Antragsteller innerhalb von drei Monaten nach Antragstellung über ihre Entscheidung;

b) dass die KI-Reallabore einen breiten und gleichberechtigten Zugang ermöglichen und mit der Nachfrage nach Beteiligung Schritt halten; die Anbieter und zukünftigen Anbieter auch Anträge zusammen mit Betreibern oder einschlägigen Dritten, die ihre Partner sind, stellen können;

c) dass die detaillierten Regelungen und Bedingungen für KI-Reallabore so gut wie möglich die Flexibilität der zuständigen nationalen Behörden bei der Einrichtung und dem Betrieb ihrer KI-Reallabore unterstützen;

d) dass der Zugang zu KI-Reallaboren für KMU, einschließlich Start-up-Unternehmen, kostenlos ist, unbeschadet außergewöhnlicher Kosten, die die zuständigen nationalen Behörden in einer fairen und verhältnismäßigen Weise einfordern können;

e) dass den Anbietern und zukünftigen Anbietern die Einhaltung der Verpflichtungen zur Konformitätsbewertung nach dieser Verordnung oder die freiwillige Anwendung der in Artikel 95 genannten Verhaltenskodizes mittels der gewonnenen Erkenntnisse der KI-Reallabore erleichtert wird;

f) dass KI-Reallabore die Einbeziehung anderer einschlägiger Akteure innerhalb des KI-Ökosystems, wie etwa notifizierte Stellen und Normungsorganisationen, KMU, einschließlich Start-up-Unternehmen, Unternehmen, Innovatoren, Test- und Versuchseinrichtungen, Forschungs- und Versuchslabore, europäische digitale Innovationszentren, Kompetenzzentren und einzelne Forscher begünstigen, um die Zusammenarbeit mit dem öffentlichen und dem privaten Sektor zu ermöglichen und zu erleichtern;

g) dass die Verfahren, Prozesse und administrativen Anforderungen für die Antragstellung, die Auswahl, die Beteiligung und den Ausstieg aus dem KI-Reallabor einfach, leicht verständlich und klar kommuniziert sind, um die Beteiligung von KMU, einschließlich Start-up-Unternehmen, mit begrenzten rechtlichen und administrativen Kapazitäten zu erleichtern, sowie unionsweit gestrafft sind, um eine Zersplitterung zu vermeiden, und dass die Beteiligung an einem von einem Mitgliedstaat oder dem Europäischen Datenschutzbeauftragten eingerichteten KI-Reallabor gegenseitig und einheitlich anerkannt wird und in der gesamten Union die gleiche Rechtswirkung hat;

h) dass die Beteiligung an dem KI-Reallabor auf einen der Komplexität und dem Umfang des Projekts entsprechenden Zeitraum beschränkt ist, der von der zuständigen nationalen Behörde verlängert werden kann;

i) dass die KI-Reallabore die Entwicklung von Instrumenten und Infrastruktur für das Testen, das Benchmarking, die Bewertung und die Erklärung der Dimensionen von KI-Systemen erleichtern, die für das regulatorische Lernen Bedeutung sind, wie etwa Genauigkeit, Robustheit und Cybersicherheit, sowie Maßnahmen zur Risikominderung im Hinblick auf die Grundrechte und die Gesellschaft als Ganzes fördern.

(3) Zukünftige Anbieter in den KI-Reallaboren, insbesondere KMU und Start-up-Unternehmen, werden gegebenenfalls vor der Einrichtung an Dienste verwiesen, die beispielsweise eine Anleitung zur Umsetzung dieser Verordnung oder andere Mehrwertdienste wie Hilfe bei Normungsdokumenten bereitstellen, sowie an Zertifizierungs-, Test- und Versuchseinrichtungen, europäische digitale Innovationszentren und Exzellenzzentren.

(4) Wenn zuständige nationale Behörden in Betracht ziehen, Tests unter Realbedingungen zu genehmigen, die im Rahmen eines KI-Reallabors beaufsichtigt werden, welches nach diesem Artikel einzurichten ist, vereinbaren sie mit den Beteiligten ausdrücklich die Anforderungen und Bedingungen für diese Tests und insbesondere geeignete Schutzvorkehrungen für Grundrechte, Gesundheit und Sicherheit. Gegebenenfalls arbeiten sie mit anderen zuständigen nationalen Behörden zusammen, um für unionsweit einheitliche Verfahren zu sorgen.

Mit Art. 58 korrespondieren die Erwägungsgründe 139, 142, 144, 145.

Schrifttum: *Borges/Hilber* (Hrsg.), Beck'scher Online-Kommentar IT-Recht, 16. Edition, Stand: 1.10.2024; *Farahat/Krenn*, Der Europäische Gerichtshof in der Eurokrise: Eine konflikttheoretische Perspektive, Der Staat 57 (2018), 357; *Grabitz/Hilf/Nettesheim* (Hrsg.), Das Recht der Europäischen Union: EUV/AEUV, Stand: 83. EL 2024; *Hofmann/Raue* (Hrsg.), Digital Services Act, Kommentar, 2023; *Kokott/Pohlmann/Polley* (Hrsg.), Festschrift für Dirk Schroeder, Europäisches, deutsches und internationales Kartellrecht, 2018; *Linke* (Hrsg.), VO (EG) 1370/2007, Kommentar, 2018; *Martini/Wendehorst* (Hrsg.), KI-VO, Kommentar, 2024; *Schoch/Schneider* (Hrsg.), Verwaltungsrecht, Verwaltungsverfahrensgesetz: VwVfG, Loseblatt, 5. Aufl. 2024; *Sommer*, Die Werkzeuge der Europäischen Union zum Schutz der Rechtsstaatlichkeit in den Mitgliedstaaten, 2022; *Stelkens/Bonk/Sachs* (Hrsg.), Verwaltungsverfahrensgesetz: VwVfg, 10. Aufl. 2023; *Taeger/Gabel* (Hrsg.), DSGVO BDSG TTDSG, Kommentar, 4. Aufl. 2022; *Wolff/Brink/v. Ungern-Sternberg* (Hrsg.), Beck'scher Online-Kommentar Datenschutzrecht, 49. Edition, Stand: 1.8.2024.

Übersicht

I. Allgemeines

1. Zweck der Vorschrift

Der Kommission wird nach dieser Norm die Befugnis übertragen, **Zersplitterungen mitgliedstaatlicher Regulierungen** in Bezug auf KI-Reallabore mittels Durchführungsrechtsakten auszuräumen. Dies entspricht den primärrechtlichen Vorgaben aus Art. 291 Abs. 2 AEUV, wonach der Zweck von Durchführungsrechtsakten u. a. der Konkretisierung allgemeinerer Rechtsakte dient.[1] Das heißt, die Kommission muss nach dieser Vorschrift mittels eines Durchführungsrechtsakts Konkretisierungen vor allem in Bezug auf Art. 57 vornehmen. 1

2. Entstehungsgeschichte

Diese Vorschrift ist eine Änderung des Parlaments,[2] die nicht im Entwurf der Kommission und in der Position des Rates enthalten war. Abs. 1 wurde in der finalen Fassung lediglich umstrukturiert und ohne wesentliche Änderungen übernommen. 2

Lediglich die ursprünglich vom Parlament geplante Befugnis der Kommission, delegierte Rechtsakte gemäß dem Verfahren in Art. 73 innerhalb von 12 Monaten nach Inkrafttreten der KI-VO zu erlassen, wurde gestrichen. 3

3. Verhältnis zu anderen Vorschriften

Da Art. 58 der Konkretisierung von Art. 57 dient, besteht insoweit der stärkste Bezug.[3] 4

II. Tatbestand

1. Aspekte von zu erlassenden Durchführungsrechtsakten zu KI-Reallaboren (Abs. 1)

Die Kommission kann nach Art. 58 Abs. 1 Satz 1 nur Durchführungsrechtsakte für KI-Reallabore und deren Funktionsweise erlassen, um eine Zersplitterung in der Union zu vermeiden. Daraus folgt, dass die Kommission im Rahmen des Vorschlags entsprechender Rechtsakte darlegen muss, welche (tatsächliche) Ent- 5

1 *Nettesheim*, in: Grabitz/Hilf/Nettesheim, EUV/AEUV, Art. 291 AEUV Rn. 27.

2 Abänderungen des Europäischen Parlaments vom 14.6.2023 zu dem Vorschlag für eine Verordnung des Europäischen Parlaments und des Rates zur Festlegung harmonisierter Vorschriften für künstliche Intelligenz (Gesetz über künstliche Intelligenz) und zur Änderung bestimmter Rechtsakte der Union (COM(2021)0206 – C9-0146/2021 – 2021/0106(COD)), P9_TA(2023)0236 (KI-VO-E Parlament).

3 Siehe dazu auch Art. 57 Rn. 16 f.

wicklung zu einer Zersplitterung führt oder zu führen droht. Ausweislich Art. 58 Abs. 1 Satz 2 ist vorgegeben, auf welchen regulatorischen Rahmen sich die Durchführungsrechtsakte beziehen können. Als Normadressaten der Durchführungsrechtsakte kommen sowohl die (zukünftigen) Anbieter eines KI-Systems aber auch die am KI-Reallabor beteiligten Behörden in Betracht.

a) Voraussetzungen und Auswahlkriterien (lit. a)

6 Diese Norm dürfte vor allem nur die (zukünftigen) Anbieter des KI-Systems adressieren. Denn die Beteiligung von Behörden im Rahmen ihres Zuständigkeitsbereichs ist obligatorisch.

7 Eine entsprechende Regelung i. S. v. Art. 58 Abs. 1 lit. a kommt in Betracht, wenn (zukünftige) Anbieter aufgrund unterschiedlichster Voraussetzungen in KI-Reallaboren in einem oder mehreren Mitgliedstaaten beteiligt werden. Dieser Fall könnte nämlich dazu führen, dass (zukünftige) Anbieter von KI-Systemen in einem Mitgliedstaat ihre (innovativen) KI-Systeme testen können und sich daraus Rechtssicherheit bzgl. der Anwendung der KI-VO ergibt, während diese Voraussetzungen und Folgen in einem anderen Mitgliedstaat z. B. aufgrund geringerer Ressourcen oder der thematisch nur punktuellen Nutzung von KI-Reallaboren nicht ermöglicht werden.

b) Verfahrensregelungen des KI-Reallabors (lit. b)

8 Die tatbestandlich aufgezählten Aspekte betreffen prinzipiell die gesamte Tätigkeit des KI-Reallabors von der Antragstellung bis zur Erstellung des Abschlussberichts. Die Mitgliedstaaten sind prinzipiell ebenso wenig wie die zuständigen nationalen Behörden dazu verpflichtet, umfassende tatbestandliche Verfahrensregelungen zu erlassen. Unabhängig von diesem Aspekt kann der Nichterlass von Durchführungsrechtsakten, aber auch divergierende oder diametrale Verfahrensregelungen zu einer vollkommen unterschiedlichen Arbeit der KI-Reallabore führen.

c) Zusätzliche Anforderungen und Bedingungen für Beteiligte (lit. c)

9 Die Norm ist eher unklar. Unter Beteiligten dürften aber sowohl die nicht-öffentlichen als auch die öffentlichen Beteiligten gemeint sein. Die Norm kann wegen ihrer Unklarheit als eine Art Auffangtatbestand verstanden werden, mit der Beteiligte mit dem Ziel der EU-weit vereinheitlichten Arbeitsweise von KI-Reallaboren adressiert werden sollen.

10 Hinsichtlich des Prüfverfahrens nach Art. 98 Abs. 2 für die Durchführungsrechtsakte zum vorstehenden Zweck siehe die Kommentierung unter Art. 98 (siehe Art. 98 Rn. 4).

2. Gewährleistungsziele der Durchführungsrechtsakte (Abs. 2)

Die in der Norm aufgezählten Gewährleistungsziele dienen der Konkretisierung zu erlassender Durchführungsrechtsakte. 11

a) Gewährleistung der Voraussetzungen und Auswahlkriterien (lit. a)

Das Gewährleistungsziel soll nach seiner Konzeption einerseits den Zugang zu KI-Reallaboren unter der Voraussetzung eines gestellten Antrags und Erfüllung der Auswahlkriterien sicherstellen. 12

Andererseits sollen die zugrunde gelegten Voraussetzungen und Auswahlkriterien selbst auch wiederum **transparent und fair** sein. 13

Regelungen zur Transparenz finden sich u. a. in Art. 13 Abs. 1. Während vorstehend genannte Norm u. a. den transparenten Betrieb von Hochrisiko-KI-Systemen adressiert, geht es im Rahmen von Art. 58 Abs. 2 u. a. um die Transparenz der Voraussetzungen und Auswahlkriterien im Rahmen des Zugangs zu KI-Reallaboren. 14

Der Grundsatz der **Transparenz** im Unionsrecht[4] ist wesentlicher Bestandteil des Primärrechts und dort an verschiedenen Stellen verankert.[5] Aus diesem Grundsatz leitet der Generalanwalt beim EuGH die institutionelle Transparenz und die Verfahrenstransparenz ab, „die für Tätigkeiten öffentlicher Art wie etwa die gesetzgeberische oder administrative Tätigkeit gelten".[6] Daraus folgt, dass alle in Betracht kommenden tatbestandlichen Voraussetzungen und Auswahlkriterien vor der Antragstellung bekannt sein müssen. „Geheime" Zusatzkriterien sind demnach unzulässig. 15

Fair im Sinne der Norm meint den Grundsatz der Fairness aus dem Unionsrecht.[7] Dieser schwer fassbare[8] Grundsatz zieht sich durch die unterschiedlichsten Rechtsgebiete, sodass von dort für die Bestimmung dieses Tatbestandsmerkmals „transparent" zumindest Anleihen genommen werden können. So meint der Grundsatz der Fairness im Kontext gerichtlicher Entscheidungen u. a., dass die Interessen möglichst aller Konfliktparteien angemessen adressiert wer- 16

---

4 Allgemein: Generalanwalt beim EuGH, Schlussantrag v. 20.1.2022 – Rs. C-37/20, BeckEuRS 2022, 757893, Rn. 37 ff.

5 Generalanwalt beim EuGH, Schlussantrag v. 22.6.2023 – Rs. C-588/21 P, GRUR-RS 2023, 14538, Rn. 54.

6 Generalanwalt beim EuGH, Schlussantrag v. 20.1.2022 – Rs. C-37/20, BeckEuRS 2022, 757893, Rn. 42.

7 Instruktiv für den Bereich des Wettbewerbsrechts *Kokott/Dittert*, in: FS Schroeder, S. 407 ff.

8 *Kokott/Dittert*, in: FS Schroeder, S. 407 f.; so auch *Linke/Prieß*, in: Linke, VO (EG) 1370/2007, Art. 5 Rn. 162.

den sollten.[9] Letzteres verlangt wiederum, dass alle Konfliktparteien inhaltlich gehört werden müssen und eine nachfolgende Entscheidung transparent begründet werden muss. Bezogen auf den Grundsatz der Fairness im hiesigen Kontext heißt das, dass Voraussetzungen und Auswahlkriterien so zu gestalten sind, dass möglichst alle vom Antragsteller zur Erfüllung der gestellten Voraussetzungen und Kriterien vorgebrachten Angaben, Nachweise etc. berücksichtigt werden und daraus ein möglichst offener Zugang für das gesamte Spektrum interessierter Antragsteller des KI-Ökosystems und darüber hinaus erfolgen kann.[10] Dieses Ergebnis wird auch durch Erwägungen der Kommission zum Grundsatz der Fairness im Bereich der Sicherung der Rechtsstaatlichkeit gestützt, wonach (im dortigen Kontext) „eine umfassende Berücksichtigung aller in Betracht gezogenen Umstände erforderlich ist".[11]

17 Darüber hinaus dürfte der Grundsatz der Fairness auch zur Neutralität bei der Gestaltung entsprechender Voraussetzungen und Kriterien verpflichten, aber auch zur Sicherstellung der realen Möglichkeit einer Teilnahme am KI-Reallabor.[12] Und schließlich dürfte der Grundsatz der Fairness auch dahingehend wirken, dass diejenigen, welche die Erfüllung der gesetzten Bedingungen und Voraussetzungen prüfen, ihre daraus resultierende Entscheidung angemessen begründen und dokumentieren müssen.[13]

b) Gewährleistung eines breiten und gleichberechtigten Zugangs (lit. b)

18 Die Gewährleistung eines **breiten Zugangs** durch zu erlassende Durchführungsrechtsakte meint, dass möglichst weitgehend allen Beteiligten (der Wortlaut nennt (zukünftige) Anbieter und Betreiber von KI-Systemen sowie „einschlägige Dritte, die ihre Partner sind") Zugang zu KI-Reallaboren ermöglicht werden sollte. Gleichwohl folgt daraus auch, dass nicht darauf hinzuwirken ist, dass auch jedem Zugang gewährt werden muss.

---

9 *Farahat/Krenn*, Der Staat 57 (2018), 357, 364; gleichwohl ist dogmatisch zu beachten, dass im gerichtlichen Kontext spezifische Rechte zur Sicherung eines fairen Verfahrens in Art. 6 EMRK und Art. 47 UAbs. 2 GRCh existieren.

10 Siehe zum breiten und gleichberechtigten Zugang nachfolgend unter Art. 58 Abs. 2 lit. b.

11 Zur sog. Konditionalitätsverordnung: Mitteilung der Kommission, Leitlinien für die Anwendung der Verordnung (EU, Euratom) 2020/2092 über eine allgemeine Konditionalitätsregelung zum Schutz des Haushalts der Union vom 2.3.2022, C(2022) 1382 final, Rn. 55 und 58; in diesem Kontext zum Grundsatz der Fairness auch *Sommer*, Die Werkzeuge der Europäischen Union zum Schutz der Rechtsstaatlichkeit in den Mitgliedstaaten, S. 33.

12 So die Erwägungen aus dem wettbewerbsrechtlichen Kontext: *Linke/Prieß*, in: Linke, VO (EG) 1370/2007, Art. 5 Rn. 164.

13 So die Erwägungen aus dem wettbewerbsrechtlichen Kontext: *Linke/Prieß*, in: Linke, VO (EG) 1370/2007, Art. 5 Rn. 164.

Darüber hinaus postuliert die Norm auch, dass Durchführungsrechtsakte einen **gleichberechtigten Zugang** (zum KI-Reallabor) ermöglichen sollen. Es dürfte sich hierbei um eine sekundärrechtliche Ausformung des primärrechtlichen Grundrechts auf Gleichbehandlung[14] handeln, die im Rahmen des zu erlassenden Durchführungsrechtsakts zu berücksichtigen wäre. Konkret dürfte der Durchführungsrechtsakt zur Gewährleistung dieses Tatbestandsmerkmals also vor allem sicherstellen, dass Antragsteller, die sich an einem KI-Reallabor beteiligen möchten, nicht ohne sachlichen Grund ungleich behandelt werden.[15] **19**

Der zu erlassende Durchführungsrechtsakt muss schließlich noch sicherstellen, dass die KI-Reallabore mit der Nachfrage nach Beteiligung schritthalten. Der Durchführungsrechtsakt muss daher also auch Maßnahmen vorsehen, die eine Skalierung der Beteiligungsnachfrage durch das KI-Reallabor vorsehen. **20**

Der Nachsatz nach dem Semikolon („[…]; die Anbieter und zukünftigen Anbieter auch Anträge zusammen mit Betreibern oder einschlägigen Dritten, die ihre Partner sind, stellen können;"), der sich auf die Antragstellung bezieht, dürfte das Ergebnis einer unglücklichen Übersetzung sein. Denn in der Gesamtschau liest sich dieser zweite Teilsatz, als wäre er ein Relativsatz, der an den ersten Teilsatz anknüpft. Die Lektüre der englischen Ausgangsfassung („[…]; providers and prospective providers may also submit applications in partnerships with deployers and other relevant third parties;") zeigt aber, dass es sich eher um einen vollwertigen Teilsatz handeln dürfte, der nichts weiter klarstellt, als dass im zu erlassenden Durchführungsrechtsakt gewährleistet sein muss, dass (zukünftige) Anbieter auch in Partnerschaft mit Betreibern oder einschlägigen Dritten Anträge stellen können. **21**

c) Flexibilität der zuständigen nationalen Behörden (lit. c)

Zwar soll das in Art. 58 Abs. 2 lit. c und alle anderen Gewährleistungsziele aus Art. 58 Abs. 2 ausweislich des Abs. 1 Satz 1 eine Zersplitterung von Regelungen zu KI-Reallaboren in der Union vermeiden. Gleichwohl geht damit die Konsequenz einher, dass mitgliedstaatliche Spielräume der zuständigen nationalen Behörden ein Stück weit verloren gehen. Denn die Vorgaben des Art. 58 zur Vereinheitlichung der Regelungen für Einrichtung und Betrieb von KI-Reallaboren sind durchaus umfassend. Dieses Problem scheint die hiesige Norm zu adressieren. Die Norm dürfte daher trotz des beabsichtigten Vereinheitlichungsbestrebens des Art. 58 in Bezug auf die Einrichtung und den Betrieb eines KI-Reallabors durch die zuständige nationale Behörde so zu verstehen sein, dass diesen **22**

14 Instruktiv z. B. Wissenschaftlicher Dienst des Europäischen Parlaments, Die Grundsätze der Gleichheit und der Nichtdiskriminierung, eine rechtsvergleichende Perspektive.

15 So die Erwägungen aus dem wettbewerbsrechtlichen Kontext: *Linke/Prieß*, in: Linke, VO (EG) 1370/2007, Art. 5 Rn. 164.

vorgenannten Behörden **Handlungsspielräume**, bspw. in Bezug auf das Ermessen,[16] erhalten bleiben/ermöglicht werden sollen. Das heißt, Durchführungsakte könnten aufgrund des hiesigen Gewährleistungsziels Öffnungen für mitgliedstaatliche Regelungen und Handlungsspielräume vorsehen, die zur Flexibilität der zuständigen nationalen Behörden beitragen. Im deutschen Kontext könnte z. B. an § 10 VwVfG gedacht werden, wonach das Verwaltungsverfahren nicht an bestimmte Formen gebunden ist, soweit dies nicht gesondert vorgeschrieben ist und zudem zügig durchzuführen ist.[17] Bei letzterer Norm handelt es sich nicht nur um einen Programmsatz, sondern die Behörde ist verpflichtet, das Verfahren einfach, zweckmäßig und zügig zu führen.[18]

d) Kosten des Zugangs zu KI-Reallaboren (lit. d)

23 Prinzipiell soll das hiesige Gewährleistungsziel, welches im Rahmen eines zu erlassenden Durchführungsrechtsakts sichergestellt werden soll, die **Kostenfreiheit des Zugangs** zu KI-Reallaboren für KMU, einschließlich Start-up-Unternehmen, sicherstellen. Daraus ergeben sich mehrere für die Kostentragung interessante Aspekte.

24 Einerseits ist nur die Rede vom „Zugang zu KI-Reallaboren". Gemeint sein dürfte daher, dass also der Antrag sowie das dazugehörige Verfahren nicht mit einer entsprechenden Kostenpflicht verbunden sein soll. Hieraus folgt wiederum, dass die Beteiligung an einem KI-Reallabor, das heißt die Durchführung von Tests mit dem KI-System oder z. B. dessen Überprüfung, durchaus entsprechende Kosten auslösen darf. Zudem bedeutet die Begrenzung der Kostenfreiheit auf KMU, einschließlich Start-up-Unternehmen, dass für den Zugang sonstiger (größerer) Unternehmen Kosten in Rechnung gestellt werden dürfen.[19]

25 Andererseits stellt sich die Frage, ob eine Zugangsgebühr vor Erlass eines Durchführungsrechtsakts dennoch möglich ist. Dies dürfte prinzipiell zu bejahen sein, soweit die Kosten sich in einem verhältnismäßigen Rahmen bewegen. Denn der Arbeitsaufwand gerade für die zuständigen Behörden kleinerer Mitgliedstaaten dürfte durchaus erheblich sein. Dafür spricht bereits, dass der Wortlaut den Fall der Entstehung von außergewöhnlichen Kosten adressiert und in diesem Fall die Eintreibung dieser Kosten in einem verhältnismäßigen Rahmen zulässt. Gleichwohl dürften die Zugangskosten nicht unverhältnismäßig sein, insbesondere mit dem Ziel, interessierte (zukünftige) Anbieter von KI-Systemen auszuschließen. Insbesondere dürften Zugangskosten in Bezug auf KMU, ein-

---

16 So *Botta*, in: Martini/Wendehorst, KI-VO, Art. 58 Rn. 15.

17 Mit Blick auf das wohl eher reibungslose Verhältnis zum Unionsrecht: *Rixen/Goldhammer*, in: Schoch/Schneider, VwVfG, § 10 Rn. 8a.

18 So *Schmitz*, in: Stelkens/Bonk/Sachs, VwVfG, § 10 Rn. 21.

19 So *Botta*, in: Martini/Wendehorst, KI-VO, Art. 58 Rn. 13.

schließlich Start-up-Unternehmen, nur begrenzt möglich sein, was bereits im eigenen Interesse der Mitgliedstaaten liegen sollte.

Ein weiteres Gewährleistungsziel eines zu erlassenden Durchführungsrechtsakts soll schließlich darin liegen, dass unabhängig von dem Grundsatz der Kostenfreiheit des Zugangs zu KI-Reallaboren **außergewöhnliche Kosten** durch die zuständigen Behörden in einer fairen[20] und verhältnismäßigen Weise eingefordert werden können. Der Begriff der außergewöhnlichen Kosten ist in der KI-VO nirgends näher definiert. Auch der EuGH sowie der Generalanwalt haben sich zu diesem Punkt bisher nicht explizit geäußert. Möglich ist zumindest ein Rückgriff auf andere unionale Regelwerke, um für die nähere Klärung einen Ansatzpunkt zu gewinnen. So wird im Bereich des Luftverkehrsrechts[21] der Begriff der außergewöhnlichen Kosten neben einer ganzen Reihe an regulären Kosten aufgezählt. Andere Ansatzpunkte ergeben sich aus dem Bereich der Gewährung von staatlichen Klima-, Umweltschutz- und Energiebeihilfen. Außergewöhnliche Kosten können demnach z. B. Kosten sein, die dazu dienen, Arbeitnehmer in den vorzeitigen Ruhestand zu versetzen.[22] Mit Blick auf die vorstehenden Fundstellen wird deutlich, dass außergewöhnliche Kosten jeweils im Rahmen eines Ereignisses vorliegen, das nicht zum regulären Geschehensablauf zählt. Daraus folgt, dass mit außergewöhnlichen Kosten nur solche Kosten adressiert werden sollen, die außerhalb der üblichen Tätigkeit eines KI-Reallabors entstehen. Aber auch diese Kosten sollen nur in einem verhältnismäßigen Umfang durch die zuständige nationale Behörde eingefordert werden dürfen. Es stellt sich daher die Frage, welche Kriterien hier für die Bestimmung der Verhältnismäßigkeit herangezogen werden können. Die **Verhältnismäßigkeit** dürfte sich sowohl an dem in Rede stehenden KI-System, der wirtschaftlichen Leistungsfähigkeit des (zukünftigen) Anbieters sowie sonstigen Faktoren bemessen. Dabei dürfte aufgrund der tatbestandlich geforderten Fairness auch zu berücksichtigen sein, dass die außergewöhnlichen Kosten gleichmäßig im Verhältnis von allen relevanten (zukünftigen) Anbietern getragen werden.[23] **26**

20 Siehe oben Rn. 13 ff.

21 ErwG 30 Satz 1 Durchführungsverordnung (EU) 2019/317: „Die festgestellten Kosten, die in einer Kostenbasis für Flugsicherungsdienste im Zusammenhang mit Flugsicherungsdiensten für den Streckenflug bzw. den An- und Abflug enthalten sind, sollten Personalkosten, andere Betriebskosten als Personalkosten, Abschreibungskosten, Kapitalkosten und außergewöhnliche Kosten umfassen."

22 EU-Komm., Mitteilung der Kommission, Leitlinien für staatliche Klima-, Umweltschutz- und Energiebeihilfen 2022 vom 18.2.2022, 2022/C 80/01, Rn. 436 ff. und 442 i.V.m. Anhang 2 Nr. 1 lit. a und b.

23 Siehe zum Grundsatz der Fairness auch weiter oben Rn. 15.

e) Erleichterung der Konformitätsbewertung oder der Verhaltenskodizes (lit. e)

27 Die Norm zielt darauf ab, dass Erkenntnisse, die sich aus und durch die Arbeit der KI-Reallabore ergeben, zur Erleichterung der Einhaltung der Konformitätsbewertung (siehe Art. 43) oder freiwilliger Verhaltenskodizes nach Art. 95 genutzt werden sollen. Letzteres soll also gemäß Art. 58 Abs. 2 Hs. 1 im Rahmen eines Durchführungsrechtsakts gewährleistet werden.

28 Fraglich dürfte sein, ob, und wenn ja, inwieweit die Erleichterung im zu erlassenden Durchführungsrechtsakt konkretisiert sein muss, um den tatbestandlichen Anforderungen zu genügen. Aufgrund der Konkretisierungsbefugnis der Kommission dürfte es dieser grundsätzlich auch vorbehalten sein, den Grad der tatbestandlichen Erleichterung festzulegen. Dabei dürfte der Grad der Erleichterung weit verstanden werden. Das heißt, bzgl. der im Durchführungsakt festzulegenden Maßnahmen und hinsichtlich des Grads der daraus resultierenden Erleichterung entstehen für die Kommission Handlungsschranken, sodass auch geringere Erleichterungen dem tatbestandlichen Gewährleistungsziel Rechnung tragen würden.

f) Ermöglichung/Erleichterung der Zusammenarbeit mit dem öffentlichen und dem privaten Sektor (lit. f)

29 Interessant ist, dass sich die Vorschrift beispielhaft dazu äußert, welche Akteure innerhalb des **KI-Ökosystems** vorkommen können, was letztlich auch Rückschlüsse auf den Begriff des KI-Ökosystems zulässt („[…] notifizierte Stellen und Normungsorganisationen, KMU, einschließlich Start-up-Unternehmen, Unternehmen, Innovatoren, Test- und Versuchseinrichtungen, Forschungs- und Versuchslabore, europäische digitale Innovationszentren, Kompetenzzentren und einzelne Forscher […]"), der an verschiedenen Stellen in der KI-VO Verwendung findet.

30 Die Vorschrift, die als Gewährleistungsziel im Rahmen eines zu erlassenden Durchführungsakts verstanden werden muss, zielt darauf ab, dass KI-Reallabore andere Akteure des KI-Ökosystems mit einbeziehen, um die Zusammenarbeit mit dem öffentlichen und privaten Sektor zu ermöglichen und zu erleichtern. Die Akteure werden beispielhaft aufgezählt, sodass auch weitere Akteure des KI-Ökosystems durch den Durchführungsakt mit adressiert werden können.

31 Auch hier dürfte, wie bereits im Rahmen anderer Gewährleistungsziele,[24] der Kommission ein eher weiter Regelungsspielraum bei der Regelung des Begriffs „Einbeziehung anderer Akteure begünstigen" zustehen.

24 Siehe zuvor z. B. in lit. e.

g) Gestaltung der Beteiligung an KI-Reallaboren und Rechtswirkung (lit. g)

Die Norm stellt in einem ersten Schritt an die Verfahren, Prozesse und administrativen Anforderungen für die Antragstellung, die Auswahl, die Beteiligung und den Ausstieg aus dem KI-Reallabor unterschiedliche Anforderungen in Form sehr offener Rechtsbegriffe u. a. mit dem Ziel, die Beteiligung von KMU, einschließlich Start-up-Unternehmen, zu erleichtern. 32

Für das vorstehende Ziel sollen Verfahren, Prozesse und administrative Anforderungen zunächst einmal „**einfach**" sein. Der Begriff hat auch bereits in andere datenrelevante unionale Regelwerke Eingang gefunden.[25] Dabei blieb dieser Begriff in der bisher existierenden Literatur und Rechtsprechung weitgehend konturlos. Abgesehen vom eigentlichen Begriffsverständnis berührt der Begriff im Kontext von Art. 58 Abs. 2 lit. f aufgrund seiner Konturlosigkeit und Weite das gesamte Spektrum in Betracht kommender Dimensionen des Begriffs „Verfahren, Prozesse und administrative Anforderungen". Auch die in Betracht kommenden Maßnahmen, die der Kommission daher zur näheren Konkretisierung im Rahmen des Durchführungsrechtsakts zur Verfügung stehen, sind denkbar weit gefasst. Gleiches gilt für den Begriff „**leicht verständlich**".[26] Im Rückgriff auf andere datenrelevante unionale Regelwerke kann der Begriff hilfsweise zunächst in formeller und grammatikalischer Weise verstanden werden.[27] Darüber hinaus kann Begriff aus der Perspektive anderer Unionsnormen aber auch in einer materiellen und inhaltlichen Weise verstanden werden. Das heißt, es geht um ein (inhaltliches) Verständlichkeitsgebot,[28] wonach die Informationen für den Durchschnittsleser verständlich formuliert sein müssen und auch nicht mit überflüssigen Detailinformationen überfrachtet werden dürfen. Die Kommission könnte im Rahmen des zu erlassenden Durchführungsrechtsakts z. B. Vorgaben zur Verwendung der sog. Einfachen Sprache[29] einfügen. Schließlich stellt sich der Begriff „klar kommuniziert" als schwer eingrenzbar dar. Anleihen können bzgl. des zuletzt genannten Begriffs zumindest ansatzhalber aus Art. 12 Abs. 1 Satz 1 DSGVO genommen werden, der von „einer klaren und einfachen Sprache" spricht. Demnach sollten insbesondere unklare Möglichkeitsformulierungen vermieden werden.[30] Zudem ist entscheidend, dass der Kern der Botschaft 33

25 Siehe z. B. Art. 4 Abs. 1 Satz 1 DA.

26 Siehe z. B. Art. 15 Abs. 1 Satz 1 und Art. 17 Abs. 4 Satz 1, Art. 22 Abs. 3 Satz 1 DSA.

27 *Raue*, in: Hofmann/Raue, DSA, Art. 15 Rn. 14.

28 *Sesing-Wagenpfeil*, in: Borges/Hilber, BeckOK IT-Recht, Art. 15 DSA Rn. 12.

29 Bundeszentrale für politische Bildung, Leichte und Einfache Sprache – Versuch einer Definition, https://www.bpb.de/shop/zeitschriften/apuz/179341/leichte-und-einfache-sprache-versuch-einer-definition/ (zuletzt abgerufen am 5.7.2024); Art. 9 Abs. 2 lit. g Übereinkommen der Vereinten Nationen über die Rechte von Menschen mit Behinderungen.

30 *Pohle/Spittka*, in: Taeger/Gabel, DSGVO BDSG TTDSG, Art. 12 Rn. 12.

offenliegt und nicht versteckt ist.[31] Naturgemäß ist eine Abweichung zwischen den Begriffen „einfach, leicht verständlich und klar kommuniziert“ nicht trennscharf möglich.

34 Bemerkenswert ist, dass sich das Gewährleistungsziel nur auf „KMU, einschließlich Start-up-Unternehmen, mit begrenzten rechtlichen und administrativen Kapazitäten“ bezieht. Dies kann so verstanden werden, dass lediglich vorgenannte KMU und Start-up-Unternehmen gestärkt werden sollen, nicht aber jene, die über eine ausreichende rechtliche und administrative Ausstattung verfügen. Hier dürfte sich für die Kommission die Herausforderung stellen, diese qualifizierte Gruppe an Normadressaten trennscharf im Rahmen eines Durchführungsrechtsakts zu adressieren. Da die Beteiligung von KMU, einschließlich Start-up-Unternehmen, aber ohnehin durch die anderen Gewährleistungsziele des Abs. 2 sichergestellt würde, dürfte die Kommission im Rahmen der hiesigen Regelung prinzipiell dazu ermächtigt sein, alle KMU etc. zu adressieren.

35 Darüber hinaus postuliert die Regelung, dass **Verfahren, Prozesse und administrative Anforderungen** für die Antragstellung, die Auswahl, die Beteiligung und den Ausstieg aus dem KI-Reallabor unionsweit gestrafft sind, um eine Zersplitterung zu vermeiden, was dem grundsätzlichen Regelungsziel des zu erlassenden Rechtsakts entspricht (siehe Art. 58 Abs. 1 Satz 1).

36 Schließlich soll die Beteiligung an einem KI-Reallabor unionsweit auf Grundlage des Erlasses eines Durchführungsrechtsakts „**gegenseitig und einheitlich anerkannt**“ werden „und in der gesamten Union die gleiche Rechtswirkung“ haben. Das heißt, ist ein (zukünftiger) (KMU-)Anbieter eines KI-Systems an einem KI-Reallabor beteiligt, so ist diese Beteiligung auch in allen anderen KI-Reallaboren unionsweit gesichert. Da nicht sicher ist, ob eine Beteiligung rechtliche Wirkung in allen Mitgliedstaaten gleichermaßen entfaltet, kann die Kommission die Rechtswirkung einheitlich in einem Durchführungsakt regeln.[32]

h) Beteiligungsdauer und Möglichkeit der Verlängerung (lit. h)

37 Das Gewährleistungsziel verdeutlicht, dass die Beteiligung eines (zukünftigen) Anbieters eines KI-Systems an einem KI-Reallabor „auf einen der **Komplexität** und dem **Umfang** des Projekts entsprechenden Zeitraum beschränkt ist“. Eine derartige Verhältnismäßigkeitsregelung für die Beteiligung von KI-Projekten am KI-Reallabor ist in Art. 57 in der Form bisher nicht vorgesehen und kann im Rahmen eines Durchführungsrechtsakts durch die Kommission ergänzt werden. Mangels derartiger Vorschriften in Art. 57, welcher die unionale Basis für die Beteiligung an KI-Reallaboren bildet, dürften die Mitgliedstaaten bis zum Erlass

31 *Quaas*, in: Wolff/Brink/v. Ungern-Sternberg, BeckOK DatenschutzR, Art. 12 DSGVO Rn. 18.

32 So auch *Botta*, in: Martini/Wendehorst, KI-VO, Art. 58 Rn. 19.

eines Durchführungsrechtsakts, welcher Art. 58 Abs. 2 lit. h adressiert, prinzipiell nicht verpflichtet sein, am KI-Reallabor beteiligte Projekte an Umfang und Komplexität zu orientieren. Zu erwähnen bleibt in diesem Zusammenhang, dass § 5 Abs. 1 und 2 des Entwurfs für ein Reallabore-Gesetz[33] zumindest die Dauer als Koordinate für die Erfüllung des Erprobungszwecks und das Sammeln ausreichender regulatorischer Erkenntnisse berücksichtigt.

Darüber hinaus kann die Kommission im Rahmen des zu erlassenden Durchführungsrechtsakts regeln, dass der zuständigen nationalen Behörde eine Befugnis zur Beteiligungsverlängerung des (zukünftigen) Anbieters zusteht. Eine solche Befugnis dürfte in Deutschland wohl durch das Verwaltungsverfahrensrecht bereits sichergestellt sein.[34] **38**

i) Entwicklung von Instrumenten und Infrastruktur (lit. i)

Diese Norm regelt, dass die Kommission im Rahmen eines Durchführungsrechtsakts Instrumente und Infrastruktur für erleichterte Tests, Bewertung und das Verstehen der Funktionsweise von KI-Systemen gewährleisten muss. Diese Tests und Infrastruktur beziehen sich auf das regulatorische Lernen, also die stetige Verbesserung der Regulierung von KI-Systemen. Die Ziele dieses regulatorischen Lernens sind u. a., aber nicht abschließend, Genauigkeit, Robustheit, Cybersicherheit, Maßnahmen zur Risikominderung im Hinblick auf die Grundrechte und die Gesellschaft als Ganzes. Vorstehend genannte Zielbegriffe adressieren damit stets das KI-System. Da die Zielbegriffe nur beispielsweise und nicht abschließend aufgezählt sind, dürfte die Erfüllung des Begriffs des regulatorischen Lernens stets eher ohne größere Hürden zu erfüllen sein. **39**

Die Norm enthält derzeit noch einen syntaktischen Fehler, da es dort heißt: „[…] die für das regulatorische Lernen Bedeutung sind […]“. Dieser Fehler sollte unbedingt noch durch den Normgeber korrigiert werden. **40**

3. Verweis von (zukünftigen) Anbietern an andere Stellen (Abs. 3)

In der Einrichtungsphase kann das KI-Reallabor die (zukünftigen) Anbieter noch nicht vollumfassend aufgabengemäß unterstützen. Daher kann der KI-Reallabor-Betreiber den (zukünftigen) Anbieter vor Abschluss der Errichtungsphase „gegebenenfalls“ an andere Stellen verweisen, die dem KI-Reallabor entsprechende Hilfe bieten können. Die Aufzählung möglicher Stellen ist nur beispielhaft, sodass dem KI-Reallabor-Betreiber insoweit keine Grenzen gesetzt **41**

33 Referentenentwurf des Bundesministeriums für Wirtschaft und Klimaschutz, Entwurf eines Gesetzes zur Verbesserung der Rahmenbedingungen für die Erprobung von Innovationen in Reallaboren und zur Förderung des regulatorischen Lernens, S. 6.

34 Siehe § 31 Abs. 7 VwVfG.

sind. Der Verweis bezieht sich sowohl auf Stellen, die Anleitung oder Hilfe bei Normungsdokumenten bieten, aber auch auf Zertifizierungs-, Test- und Versuchseinrichtungen etc. Die Norm adressiert u. a. auch „europäische digitale Innovationszentren“, welche bereits in Deutschland existieren.[35]

4. Anforderungen und Bedingungen für die Genehmigung von Tests unter Realbedingungen unter KI-Reallabor-Aufsicht (Abs. 4)

42 Tests (von KI-Systemen) unter Realbedingungen unter Aufsicht des KI-Reallabors können von der zuständigen nationalen Behörde genehmigt werden. Dies setzt allerdings voraus, dass die Behörde ausdrücklich, das heißt schriftlich dokumentiert, Anforderungen und Bedingungen für diese Tests vereinbart, wobei insoweit auch entsprechende Schutzvorkehrungen[36] vereinbart sein müssen.

43 Der Begriff „**Tests unter Realbedingungen**“ wird in Art. 3 Nr. 57 (siehe Art. 3 Nr. 57 Rn. 419 ff.) definiert. Die vorstehende Norm setzt allerdings voraus, dass der Test außerhalb eines Labors erfolgt. Letzteres mutet widersprüchlich an, da der Wortlaut des Art. 58 Abs. 4 voraussetzt, dass „Tests unter Realbedingungen [erfolgen] …, die im Rahmen eines KI-Reallabors beaufsichtigt werden“. Allerdings stellt Art. 57 Abs. 5 Satz 2 klar, dass Tests unter Realbedingungen ebenfalls innerhalb eines KI-Reallabors durchgeführt werden können.

44 Der Wortlaut des Art. 58 Abs. 4 Satz 1 regelt zudem, dass die zuständige nationale Behörde die Tests unter Realbedingungen „**in Betracht ziehen**“ muss. Fraglich ist, wie diese Formulierung zu verstehen ist. Die Formulierung dürfte daraus entstanden sein, dass Art. 57 und 58 quasi ausschließlich Tests von KI-Systemen in KI-Reallaboren und unter deren Aufsicht, also unter reinen Testbedingungen regeln. Die Tests unter Realbedingungen werden an verschiedenen Stellen in der KI-VO adressiert.[37] Gemäß Art. 3 Nr. 57 soll es sich dabei um den befristeten Test eines KI-Systems auf seine Zweckbestimmung handeln, der unter Realbedingungen außerhalb eines Labors oder einer anderweitig simulierten Umgebung erfolgt. Allerdings wird dort der Fall adressiert, dass Tests „außerhalb von KI-Reallaboren“, also losgelöst von diesen erfolgen. In Art. 58 Abs. 4 Satz 1 dürfte dagegen der „Mischfall“ geregelt sein, dass zwar ein Test unter Realbedingungen, aber dennoch unter Aufsicht des KI-Reallabors erfolgt. Zu denken ist also bspw. an den Fall, dass ein KI-System, welches im medizinischen Bereich eingesetzt werden soll, mit echten Testpersonen unter Aufsicht des KI-Reallabors getestet wird.

---

35 Mit einer europaweiten Kontaktliste: EU-Komm., Member State Representatives for the European Digital Innovation Hubs, Publikation vom 12.6.2020.

36 Siehe zu den Begriffen „Grundrechte, Gesundheit und Sicherheit“ oben unter Art. 57 Rn. 68 ff.

37 Siehe z. B. Art. 60 für die Hochrisiko-KI-Systeme.

Art. 58 Abs. 4 Satz 2 verpflichtet die zuständige nationale Behörde schließlich, mit anderen zuständigen nationalen Behörden zusammenzuarbeiten,[38] um für den Fall des Art. 58 Abs. 4 Satz 1 einheitliche Testverfahren zu entwickeln. Dieser Fall greift allerdings nur dann, wenn andere nationale Behörden auch tatsächlich zuständig sind, also bspw. aus dem medizinischen Bereich. 45

38 Siehe zu diesem Begriff oben unter Art. 3 Nr. 55 Rn. 403 ff.

Art. 59 Weiterverarbeitung personenbezogener Daten zur Entwicklung bestimmter KI-Systeme im öffentlichen Interesse im KI-Reallabor

(1) Rechtmäßig für andere Zwecke erhobene personenbezogene Daten dürfen im KI-Reallabor ausschließlich für die Zwecke der Entwicklung, des Trainings und des Testens bestimmter KI-Systeme im Reallabor verarbeitet werden, wenn alle der folgenden Bedingungen erfüllt sind:

a) Die KI-Systeme werden zur Wahrung eines erheblichen öffentlichen Interesses durch eine Behörde oder eine andere natürliche oder juristische Person und in einem oder mehreren der folgenden Bereiche entwickelt:

- **i) öffentliche Sicherheit und öffentliche Gesundheit, einschließlich Erkennung, Diagnose, Verhütung, Bekämpfung und Behandlung von Krankheiten sowie Verbesserung von Gesundheitsversorgungssystemen;**
- **ii) hohes Umweltschutzniveau und Verbesserung der Umweltqualität, Schutz der biologischen Vielfalt, Schutz gegen Umweltverschmutzung, Maßnahmen für den grünen Wandel sowie Klimaschutz und Anpassung an den Klimawandel;**
- **iii) nachhaltige Energie;**
- **iv) Sicherheit und Widerstandsfähigkeit von Verkehrssystemen und Mobilität, kritischen Infrastrukturen und Netzen;**
- **v) Effizienz und Qualität der öffentlichen Verwaltung und öffentlicher Dienste;**

b) die verarbeiteten Daten sind für die Erfüllung einer oder mehrerer der in Kapitel III Abschnitt 2 genannten Anforderungen erforderlich, sofern diese Anforderungen durch die Verarbeitung anonymisierter, synthetischer oder sonstiger nicht personenbezogener Daten nicht wirksam erfüllt werden können;

c) es bestehen wirksame Überwachungsmechanismen, mit deren Hilfe festgestellt wird, ob während der Reallaborversuche hohe Risiken für die Rechte und Freiheiten betroffener Personen gemäß Artikel 35 der Verordnung (EU) 2016/679 und gemäß Artikel 39 der Verordnung (EU) 2018/1725 auftreten können, sowie Reaktionsmechanismen, mit deren Hilfe diese Risiken umgehend eingedämmt werden können und die Verarbeitung bei Bedarf beendet werden kann;

d) personenbezogene Daten, die im Rahmen des Reallabors verarbeitet werden sollen, befinden sich in einer funktional getrennten, isolierten und geschützten Datenverarbeitungsumgebung unter der Kontrolle des zukünftigen Anbieters, und nur befugte Personen haben Zugriff auf diese Daten;

e) Anbieter dürfen die ursprünglich erhobenen Daten nur im Einklang mit dem Datenschutzrecht der Union weitergeben; personenbezogene Daten, die im Reallabor erstellt wurden, dürfen nicht außerhalb des Reallabors weitergegeben werden;

f) eine Verarbeitung personenbezogener Daten im Rahmen des Reallabors führt zu keinen Maßnahmen oder Entscheidungen, die Auswirkungen auf die betroffenen Personen haben, und berührt nicht die Anwendung ihrer Rechte, die in den Rechtsvorschriften der Union über den Schutz personenbezogener Daten festgelegt sind;

g) im Rahmen des Reallabors verarbeitete personenbezogene Daten sind durch geeignete technische und organisatorische Maßnahmen geschützt und werden gelöscht, sobald die Beteiligung an dem Reallabor endet oder das Ende der Speicherfrist für die personenbezogenen Daten erreicht ist;

h) die Protokolle der Verarbeitung personenbezogener Daten im Rahmen des Reallabors werden für die Dauer der Beteiligung am Reallabor aufbewahrt, es sei denn, im Unionsrecht oder nationalen Recht ist etwas anderes bestimmt;

i) eine vollständige und detaillierte Beschreibung des Prozesses und der Gründe für das Trainieren, Testen und Validieren des KI-Systems wird zusammen mit den Testergebnissen als Teil der technischen Dokumentation gemäß Anhang IV aufbewahrt;

j) eine kurze Zusammenfassung des im Reallabor entwickelten KI-Projekts, seiner Ziele und der erwarteten Ergebnisse wird auf der Website der zuständigen Behörden veröffentlicht; diese Pflicht erstreckt sich nicht auf sensible operative Daten zu den Tätigkeiten von Strafverfolgungs-, Grenzschutz-, Einwanderungs- oder Asylbehörden.

(2) Für die Zwecke der Verhütung, Ermittlung, Aufdeckung oder Verfolgung von Straftaten oder der Strafvollstreckung – einschließlich des Schutzes vor und der Abwehr von Gefahren für die öffentliche Sicherheit – unter der Kontrolle und Verantwortung der Strafverfolgungsbehörden erfolgt die Verarbeitung personenbezogener Daten in KI-Reallaboren auf der Grundlage eines spezifischen Unionsrechts oder nationalen Rechts und unterliegt den kumulativen Bedingungen des Absatzes 1.

(3) Das Unionsrecht oder nationale Recht, das die Verarbeitung personenbezogener Daten für andere Zwecke als die ausdrücklich in jenem Recht genannten ausschließt, sowie Unionsrecht oder nationales Recht, in dem die Grundlagen für eine für die Zwecke der Entwicklung, des Testens oder des Trainings innovativer KI-Systeme notwendige Verarbeitung personenbezogener Daten festgelegt sind, oder jegliche anderen dem Unionsrecht zum Schutz personenbezogener Daten entsprechenden Rechtsgrundlagen bleiben von Absatz 1 unberührt.

Mit Art. 59 korrespondieren die Erwägungsgründe 140, 142, 144, 145.

Schrifttum: *Botta*, Die Förderung innovativer KI-Systeme in der EU: Zum Kommissionsvorschlag der KI-Reallabore („AI regulatory sandboxes"), ZfDR 2022, 391; *Calliess/Ruffert* (Hrsg.), EUV/AEUV, Kommentar, 6. Aufl. 2022; *Däubler/Wedde/Weichert/Sommer* (Hrsg.), EU-DSGVO und BDSG, Kommentar, 3. Aufl. 2024; *Dieker*, Datenschutzrechtliche Zulässigkeit der Trainingsdatensammlung, Wie Scraping und Crawling zur KI-Entwicklung eingesetzt werden können, ZD 2024, 132; *Ehmann/Selmayr* (Hrsg.), DS-GVO, Kommentar, 3. Aufl. 2024; *Eßer/Kramer/v. Lewinski* (Hrsg.), Auernhammer, DSGVO BDSG, Kommentar, 8. Aufl. 2023; *Franke*, Datenschutzkonformes Training von KI-Systemen mit öffentlich verfügbaren personenbezogenen Daten, RDi 2023, 565; *Grabitz/Hilf/Nettesheim* (Hrsg.), Das Recht der Europäischen Union: EUV/AEUV, Stand: 83. EL 2024; *Hilgendorf/Roth-Isigkeit* (Hrsg.), Die neue Verordnung der EU zur Künstlichen Intelligenz, 2023; *Hoeren/Sieber/Holznagel* (Hrsg.), Handbuch Multimedia-Recht, 62. EL, Stand: Juni 2024; *Jarass*, Charta der Grundrechte der EU, 4. Aufl. 2021; *Kaulartz/Braegelmann* (Hrsg.), Rechtshandbuch Artificial Intelligence und Machine Learning, 2020; *Kühling/Buchner* (Hrsg.), DS-GVO BDSG, Kommentar, 4. Aufl. 2024; *Muttach/Link*, Verarbeitung personenbezogener Daten in KI-Reallaboren nach dem KI-VO-E, CR 2023, 725; *Paal*, KI-Training mit öffentlich frei zugänglichen Daten im Lichte der DS-GVO-Vorgaben, ZfDR 2024, 129; *Pehlivan/Forgó/Valcke* (Hrsg.), The EU Artificial Intelligence (AI) Act: A Commentary, 1. Aufl. 2025; *Piltz/Weiss*, Datenschutzrechtliche Rechtsgrundlagen für das Training von KI-Modellen, EuDIR 2025, 90; *Schantz/Wolff*, Das neue Datenschutzrecht, 2007; *Schulz-Große*, Datenschutzrechtliche Anforderungen an KI-basierte Medizinprodukte – Was ändert sich durch die neue KI-VO-E?, MPR 2022, 210; *Schwartmann/Keber/Zenner* (Hrsg.), KI-VO, 2. Aufl. 2024; *Streinz* (Hrsg.), EUV/AEUV, Kommentar, 3. Aufl. 2018; *Taeger/Pohle* (Hrsg.), Computerrechts-Handbuch, 39. EL, Stand: April 2024; *von der Groeben/Schwarze/Hatje* (Hrsg.), Europäisches Unionsrecht, 7. Aufl. 2015; *Wolff/Brink/v. Ungern-Sternberg* (Hrsg.), Beck'scher Online-Kommentar Datenschutzrecht, 49. Edition, Stand: 1.8.2024.

Übersicht

I. Allgemeines

1. Zweck der Vorschrift

1 Die Norm stellt nach dem Willen des Normgebers eine **Zweckänderungsvorschrift** dar,[1] was bereits an der Überschrift „Weiterverarbeitung personenbezogener Daten" deutlich wird. Diese Einschätzung wird auch durch ErwG 140 Satz 1 gestützt, wonach die KI-VO im Einklang mit Art. 6 Abs. 4 und Art. 9 Abs. 2 lit. g DSGVO die Rechtsgrundlage für die Verwendung – ausschließlich unter bestimmten Bedingungen – personenbezogener Daten, die für andere Zwecke erhoben wurden, zur Entwicklung bestimmter KI-Systeme im öffentlichen Interesse innerhalb des KI-Reallabors durch die Anbieter und zukünftigen Anbieter im KI-Reallabor bildet.

2. Entstehungsgeschichte

2 Die vom Parlament[2] vorgeschlagene Erweiterung des Anwendungsbereichs der Vorschrift auf nicht-personenbezogene Daten (ggf. ist aber die Änderung der Überschrift aus anderen Gründen vorgeschlagen worden) wurde abgelehnt.

1 So auch *Heberlein*, in: Ehmann/Selmayr, DS-GVO, Art. 6 Rn. 73 m. w. N.; *Schulz-Große*, MPR 2022, 210, 213; *Muttach/Link*, CR 2023, 725, 728; zum Fall der Ersterhebung von KI-Trainingsdaten: *Dieker*, ZD 2024, 132, 136 f.

2 Abänderungen des Europäischen Parlaments vom 14.6.2023 zu dem Vorschlag für eine Verordnung des Europäischen Parlaments und des Rates zur Festlegung harmonisierter

3 Im Abs. 1 wurde sowohl im Parlaments- als auch im Ratsentwurf[3] klargestellt, dass alle genannten Voraussetzungen kumulativ vorliegen müssen.

4 Unter lit. a wurde festgelegt, dass nicht nur die öffentlichen Stellen, sondern auch natürliche oder juristische Personen als Entwickler tätig sein können. Die Bereiche „nachhaltige Energie" (Punkt iii) und „Widerstandsfähigkeit von Verkehrssystemen und Mobilität" sowie „kritische Infrastrukturen und Netze" (Punkt iv) wurden erst im Entwurf des Rates ergänzt.

5 Unter lit. c wurde anstelle des Begriffs „Grundrechte" ein Verweis auf die Rechte und Freiheiten betroffener Personen gem. Art. 35 der DSGVO und Art. 39 der Verordnung (EU) 2018/1725 eingefügt.

6 Unter lit. e war ursprünglich[4] festgelegt, dass die erhobenen Daten nicht weitergegeben werden dürfen. Diese Vorschrift wurde aber entsprechend dem Entwurf des Rates gelockert und verweist nun auf die Einhaltung der Vorschriften des Datenschutzrechts für die Weitergabe von Daten.

7 Im Übrigen wurden im Vergleich zur Fassung der Kommission minimale Änderungen vorgenommen. So wurde (entsprechend dem Vorschlag des Rates) unter lit. f ergänzt, dass die Betroffenenrechte von der Vorschrift nicht berührt werden sollen. Unter lit. g wurde (entsprechend den Entwürfen des Parlaments und des Rates) vorgeschrieben, dass technische und organisatorische Maßnahmen ergriffen werden sollen. Die ursprünglich vorgesehene Aufbewahrungsfrist für Protokolle der Verarbeitung personenbezogener Daten im Reallabor von einem Jahr nach Beendigung der Verarbeitung wurde im finalen Entwurf (entsprechend dem Vorschlag des Parlaments) gestrichen. Unter lit. j wurden die Strafverfolgungs-, Grenzschutz-, Einwanderungs- und Asylbehörden entsprechend dem Vorschlag des Rates von der Verpflichtung zur Veröffentlichung der Zusammenfassung der Ziele und erwarteter Ergebnisse des KI-Projekts befreit.

8 Abs. 2 stammt aus dem Entwurf des Rates und wurde ohne Anpassungen in die finale Version aufgenommen. Abs. 3 wurde ebenfalls ohne wesentliche Änderungen aus der Ratsfassung übernommen.

Vorschriften für künstliche Intelligenz (Gesetz über künstliche Intelligenz) und zur Änderung bestimmter Rechtsakte der Union (COM(2021)0206 – C9-0146/2021 – 2021/0106(COD)), P9_TA(2023)0236.

3 Rat der Europäischen Union, Beratungsergebnisse zum Vorschlag für eine Verordnung des Europäischen Parlaments und des Rates zur Festlegung harmonisierter Vorschriften für künstliche Intelligenz (Gesetz über künstliche Intelligenz) und zur Änderung bestimmter Rechtsakte der Union, Allgemeine Ausrichtung vom 6.12.2022, 15698/22.

4 EU-Komm., Vorschlag für eine Verordnung des Europäischen Parlaments und des Rates zur Festlegung harmonisierter Vorschriften für künstliche Intelligenz (Gesetz über Künstliche Intelligenz) und zur Änderung bestimmter Rechtsakte der Union vom 21.4.2021, COM(2021) 206 final.

3. Verhältnis zu anderen Vorschriften

9 Die Norm weist innerhalb der KI-VO vor allem einen deutlichen Bezug zu Art. 57 auf. Letztere Norm regelt insbesondere die Einrichtung und Organisation von KI-Reallaboren. Da in der Norm die Verarbeitung personenbezogener Daten geregelt wird, besteht außerdem generell ein Bezug zur DSGVO und insbesondere zu **Art. 6 Abs. 4 DSGVO**.[5]

II. Rechtmäßigkeitsvoraussetzungen für die Weiterverarbeitung (Abs. 1)

10 Nach der Norm dürfen **für andere Zwecke erhobene personenbezogene Daten im KI-Reallabor ausschließlich für die Zwecke** der Entwicklung, des Trainings und des Testens bestimmter KI-Systeme im Reallabor verarbeitet werden,[6] wenn die in Art. 59 Abs. 1 lit. a–j geregelten Bedingungen erfüllt sind. Die Vorschrift stellt eine Ausnahme vom Zweckbindungsgrundsatz aus Art. 5 Abs. 1 lit. b DSGVO dar, wonach die Verarbeitung der personenbezogenen Daten grundsätzlich an den Erhebungszweck[7] gebunden ist. Ausweislich des Wortlauts handelt es sich um eine eher strenge Begrenzung, da von „ausschließlich für die Zwecke […]“ die Rede ist. Weiterverarbeitungen zu anderen Zwecken sind damit aber nicht gesperrt.[8] Sie müssen sich allerdings an dem Kompatibilitätstest gemäß Art. 6 Abs. 4 DSGVO messen lassen.[9]

11 Der Zweck „**der Entwicklung, des Trainings und des Testens**“ von KI-Systemen dürfte weitgehend deutlich sein. Erfasst sind insoweit also alle Abschnitte, die im KI-Reallabor stattfinden und diesen Zwecken dienlich sein können. Eine zweckändernde diesbezügliche Verarbeitung, die an anderen Verarbeitungsorten als dem KI-Reallabor stattfindet, dürfte daher mit Blick auf den Wortlaut („[…]

---

5 *Keber/Hansen/Nägele*, in: Schwartmann/Keber/Zenner, KI-VO, 2. Teil, 1. Kap., F. Reallabore (Art. 57 f. KI-VO) Rn. 550, sind der Ansicht, dass es sich bei Art. 59 um einen lex specialis gegenüber der DSGVO handelt; a. A. wohl *Voß*, in: Hilgendorf/Roth-Isigkeit, Die neue Verordnung der EU zur Künstlichen Intelligenz, § 9 Rn. 28.

6 Siehe aber *Binder/Eisenberger*, in: Pehlivan/Forgó/Valcke, The EU Artificial Intelligence (AI) Act, Art. 59, 4.1, die unter Verweis auf ErwG 139 Satz 5, Art. 57 Abs. 5 und Art. 59 Abs. 1 lit. i die Validierung von KI-Systemen als mit vom Anwendungsbereich erfasst sehen.

7 Zum Thema der Erhebung von KI-Trainingsdaten: *Dieker*, ZD 2024, 132; *Piltz/Weiss*, EUDir 2025, 90.

8 Siehe dazu unter Rn. 55.

9 Zur Frage des Erfordernisses einer neuen Rechtsgrundlage aus Art. 6 und/oder Art. 9 DSGVO im Fall der zweckändernden Weiterverarbeitung siehe z. B. *Albers/Veit*, in: Wolff/Brink/v. Ungern-Sternberg, BeckOK DatenschutzR, Art. 6 DSGVO Rn. 107 ff.

im Reallabor verarbeitet werden […]") ausgeschlossen sein.[10] Gleichwohl dürfte dadurch nicht ausgeschlossen sein, dass Datenbestande von anderen Verarbeitungsorten für die hiesigen tatbestandlichen Zwecke im KI-Reallabor bereitgestellt werden. Denn auch KI-System-Tests dürften teilweise recht umfassende Datenbestände benötigen. Andernfalls müssten (zukünftige) Anbieter erhebliche Bestände an Speichermedien zunächst physisch in das KI-Reallabor bringen, um die beabsichtigte Entwicklung, das Training und die Tests durchzuführen.

12 Fraglich ist, welches Ziel der Normgeber mit der Formulierung „**bestimmter KI-Systeme**" verfolgt hat. Hierbei dürfte es sich um eine weitere einschränkende Konkretisierung der Zweckänderungsvorschrift des Art. 59 handeln.[11] Darauf deutet einerseits der Wortlaut hin, der sowohl im Normtitel als auch in Art. 59 Abs. 1 lit. a von „bestimmte[n] KI-Systeme[n] im öffentlichen Interesse" spricht. Andererseits findet sich diese Formulierung auch in ErwG 140 Satz 1 wieder. Gemeint sein dürfte daher mit der Formulierung „bestimmte" (KI-Systeme), dass Art. 59 Abs. 1 nur Weiterverarbeitungen durch „bestimmte" KI-Systeme im öffentlichen Interesse[12] zulässt. Welche „bestimmten KI-Systeme" von der Norm gemeint sind, wird dann durch die Anforderungen des Art. 59 Abs. 1 lit. a spezifiziert. Denn die sonstigen Anforderungen nach den Art. 59 Abs. 1 lit. b–j beziehen sich gerade nicht auf das tatbestandliche öffentliche Interesse, sondern Verarbeitungsaspekte des KI-Systems.

1. Wahrung eines erheblichen öffentlichen Interesses (lit. a)

13 Erste Voraussetzung für eine zweckändernde Datenverarbeitung ist insoweit, dass das KI-System zur „**Wahrung eines erheblichen öffentlichen Interesses**" entwickelt wird. Der Begriff des **öffentlichen Interesses** kommt ebenfalls in der DSGVO, aber auch in anderen Unionsnormen[13] vor. In der Rechtsprechung des EuGH fand der Begriff im Zusammenhang mit der DSGVO schon einmal am Rande Erwähnung.[14]

---

10 Für dieses Ergebnis streitet bereits Art. 58 Abs. 1 lit. e, wonach personenbezogene Daten, die im KI-Reallabor erstellt wurden, nicht außerhalb des KI-Reallabors weitergegeben werden dürfen.

11 Anders wohl *Binder/Eisenberger*, in: Pehlivan/Forgó/Valcke, The EU Artificial Intelligence (AI) Act, Art. 59, 4.1.

12 Siehe zur Bestimmung des erforderlichen öffentlichen Interesses Art. 58 Abs. 1 lit. a.

13 Art. 4 Abs. 3 Satz 1 Verordnung (EU) 2023/2841.

14 EuGH, Urt. v. 24.9.2019 – Rs. C-136/17, BeckRS 2019, 22052, Rn. 66 ff.

Ein öffentliches Interesse meint ein gesamtgesellschaftliches Interesse, das sich auf Einzelpersonen, Gruppen, soziale Gemeinschaften wie auch sämtliche Menschen beziehen kann.[15] **14**

Erheblich ist ein öffentliches Interesse zudem, wenn es erheblich ist, dass die Allgemeinheit ohne dessen Verfolgung ernsthaft beeinträchtigt wäre.[16] **15**

Der Terminus des „**erheblichen** öffentlichen Interesses" ist denkbar weit und kann daher in sehr unterschiedlichen Bereichen zum Tragen kommen. So kann z. B. an das Sicherheits- und Gefahrenabwehrrecht und das Asylrecht gedacht werden.[17] Zumindest für ein entsprechendes öffentliches Interesse werden darüber hinaus noch eine ganze Reihe anderer Gebiete identifiziert, wie bspw. die Finanzversorgung der öffentlichen Haushalte, Forschung und wissenschaftliche Erkenntnis oder die Sicherstellung der öffentlichen Gesundheit und die soziale Fürsorge.[18] Allerdings dürfte der Begriff des „erheblichen öffentlichen Interesses" hier nochmals dadurch begrenzt sein, dass sich dieser auf mindestens einen der in Art. 59 Abs. 1 lit. a Ziff. i– v aufgezählten Bereiche beziehen muss.[19] **16**

Zudem kann das KI-System nach der Norm durch eine Behörde oder eine „**andere natürliche oder juristische Person**" entwickelt werden. Der Terminus „andere" dürfte hier deshalb Einzug gefunden haben, weil Behörden zumindest prinzipiell auch durch natürliche und juristische Personen agieren können. Die Formulierung „andere" soll daher deutlich machen, dass auch nicht-behördliche natürliche und juristische Personen von der Norm adressiert sein können. Diese Klarstellung verwundert zumindest dann, wenn man bedenkt, dass der datenschutzrechtlich Verantwortliche i. S. v. Art. 4 Nr. 7 DSGVO die drei vorstehend erwähnten Normadressaten abdeckt. Man hätte auch genauso gut auf diesen Terminus verweisen können. **17**

Weiter verlangt Art. 59 Abs. 1 lit. a Ziff. i–v, dass mindestens einer der normativ aufgezählten Bereiche im Rahmen der Entwicklung des KI-Systems, mit dem personenbezogene Daten weiterverarbeitet werden sollen, berührt wird. **18**

---

15 So *Wedde*, in: Däubler/Wedde/Weichert/Sommer, EU-DSGVO und BDSG, Art. 9 Rn. 100; a. A. wohl *Schiff*, in: Ehmann/Selmayr, DS-GVO, Art. 9 Rn. 53, wonach ein öffentliches Interesse nicht Partikularinteressen dienen darf.

16 *Schiff*, in: Ehmann/Selmayr, DS-GVO, Art. 9 Rn. 53.

17 *Greve*, in: Auernhammer, DSGVO BDSG, Art. 9 Rn. 49 m. w. N.; *Botta*, ZfDR 2022, 391, 403.

18 *Wedde*, in: Däubler/Wedde/Weichert/Sommer, EU-DSGVO und BDSG, Art. 9 Rn. 101.

19 So auch *Binder/Eisenberger*, in: Pehlivan/Forgó/Valcke, The EU Artificial Intelligence (AI) Act, Art. 59, 4.1.1.

a) Öffentliche Sicherheit und Gesundheit (lit. a Ziff. i)

19 Der hier verwendete Begriff der **„öffentlichen Sicherheit"** findet sich auch in der sog. JI-Richtlinie[20] wieder, welche gemäß Art. 1 Abs. 1 JI-Richtlinie Bestimmungen zum Schutz natürlicher Personen bei der Verarbeitung personenbezogener Daten durch die zuständigen Behörden u. a. zum Zwecke der Abwehr von Gefahren für die öffentliche Sicherheit enthält. Eine abschließende Begriffsdefinition findet sich dort indes nicht[21] und wurde bisher auch noch nicht abschließend durch den EuGH vorgenommen. Gleichwohl hat sich der EuGH in anderem Zusammenhang mit dem Begriff der öffentlichen Sicherheit auseinandergesetzt, sodass die bisherigen Einlassungen zur Klärung herangezogen werden können. Demnach umfasst der Begriff der **„öffentlichen Sicherheit"** sowohl die innere als auch die äußere Sicherheit eines Mitgliedstaats, „so dass die Beeinträchtigung des Funktionierens der Einrichtungen des Staates und seiner wichtigen öffentlichen Dienste sowie das Überleben der Bevölkerung ebenso wie die Gefahr einer erheblichen Störung der auswärtigen Beziehungen oder des friedlichen Zusammenlebens der Völker oder eine Beeinträchtigung der militärischen Interessen die öffentliche Sicherheit berühren" kann.[22]

20 Hinsichtlich des ebenfalls im Tatbestand erwähnten Begriffs der **„öffentlichen Gesundheit"** finden sich in den Regelungen der KI-VO selbst keine Anhaltspunkte, sodass sich auch hier ein Rückgriff auf andere unionale Regelungen empfiehlt. So wird in ErwG 54 Satz 3 DSGVO auf eine Begriffsbestimmung in der Verordnung (EG) Nr. 1338/2008 verwiesen. Gemäß Art. 3 lit. c Verordnung (EG) Nr. 1338/2008 sind unter dem Begriff „Öffentliche Gesundheit" alle Elemente im Zusammenhang mit der Gesundheit zu verstehen, nämlich der Gesundheitszustand einschließlich Morbidität und Behinderung, die sich auf diesen Gesundheitszustand auswirkenden Determinanten, der Bedarf an Gesundheitsversorgung, die der Gesundheitsversorgung zugewiesenen Mittel, die Bereitstellung von und der allgemeine Zugang zu Gesundheitsversorgungsleistungen sowie die entsprechenden Ausgaben und die Finanzierung und schließlich die Ursachen der Mortalität. Klarstellungshalber hat der Normgeber zudem weitere Aspekte aufgezählt (Erkennung, Diagnose, Verhütung, Bekämpfung und Behandlung von Krankheiten sowie Verbesserung von Gesundheitsversorgungssystemen), die im hiesigen Kontext dem Begriff „Öffentliche Gesundheit" zuzuordnen sein sollen.

---

20 Richtlinie (EU) 2016/680 des Europäischen Parlaments und des Rates vom 27.4.2016 zum Schutz natürlicher Personen bei der Verarbeitung personenbezogener Daten durch die zuständigen Behörden zum Zwecke der Verhütung, Ermittlung, Aufdeckung oder Verfolgung von Straftaten oder der Strafvollstreckung sowie zum freien Datenverkehr und zur Aufhebung des Rahmenbeschlusses 2008/977/JI des Rates.

21 *Wolff*, in: Schantz/Wolff, Das neue Datenschutzrecht, Rn. 245 f.

22 EuGH, Urt. v. 13.9.2016 – Rs. C-304/14, NVwZ 2017, 223 Rn. 39 m. w. N.

b) Umweltschutzniveau und Umweltqualität (lit. a Ziff. ii)

Der Begriff des **hohen Umweltschutzniveaus** entspringt insbesondere Art. 37 GRCh[23] und ist wie in Art. 114 Abs. 3 Satz 1[24] und Art. 191 Abs. 2 Satz 1 AEUV zu verstehen.[25] Demnach umfasst der Begriff der Umwelt „die Medien Luft, Boden und Wasser sowie Pflanzen und Tiere und den Menschen selbst“.[26] Zudem wird durch den Begriff die vom Menschen gestaltete Umwelt geschützt.[27] Das in der Norm geregelte hohe Schutzniveau meint, auch nach der Rechtsprechung des EuGH, dass gerade nicht der in technischer Hinsicht beste Standard realisiert werden muss.[28] Nahe liegt diese Einschätzung hier auch deshalb, weil der Wortlaut ebenfalls die „Verbesserung der Umweltqualität“ etc. erwähnt, die dann gerade nicht erreichbar wäre, wenn „hohes Umweltschutzniveau“ stets die bestmögliche Maßnahme meinen würde. Dies dürfte daher auch im Rahmen der Entwicklung von KI-Systemen zur Wahrung erheblicher öffentlicher Interessen zutreffen. 21

Die vom Tatbestand vorausgesetzte „**Verbesserung der Umweltqualität**“ setzt voraus, dass es zuvor zu einer Beeinträchtigung der Umweltqualität gekommen ist und die verlorene Umweltqualität wieder hergestellt werden soll.[29] 22

Hinsichtlich des Begriffs der **biologischen Vielfalt** bietet sich ein Rückgriff auf die Legaldefinition in Art. 3 Nr. 29 Verordnung (EG) Nr. 1107/2009 an, wonach hiermit die „Variabilität unter lebenden Organismen jeglicher Herkunft, einschließlich Land-, Meeres- und sonstigen aquatischen Ökosystemen und die ökologischen Wirkungsgefüge, zu denen sie gehören“ gemeint ist. Laut dieser Legaldefinition kann diese Variabilität die Vielfalt innerhalb der Arten, zwischen den Arten und die Vielfalt der Ökosysteme umfassen. 23

Der Begriff „**Schutz gegen Umweltverschmutzung**“ dürfte bereits weitgehend in den vorangegangenen Bereichen enthalten sein. Daher dürfte er eher als Auffangtatbestand einzuordnen sein, soweit die vorgenannten Tatbestände einen Fall der Umweltverschmutzung noch nicht mit abdecken. 24

Anders sieht die Situation hinsichtlich des Begriffs der „**Maßnahmen für den grünen Wandel**“ aus. Der Begriff wird bisher ersichtlich in keiner anderen unionalen Norm verwendet. Gleichwohl findet der Begriff Erwähnung im Rahmen 25

23 Siehe auch ErwG 19 Satz 1 Verordnung (EU) 2023/1115.
24 *Calliess*, in: Calliess/Ruffert, EUV/AEUV, Art. 191 AEUV Rn. 17.
25 Z. B. *Jarass*, GRCh, Art. 37 Rn. 6.
26 *Wegener*, in: von der Groeben/Schwarze/Hatje, Europäisches Unionsrecht, Art. 37 GRCh Rn. 7.
27 *Jarass*, GRCh, Art. 37 Rn. 6.
28 *Calliess*, in: Calliess/Ruffert, EUV/AEUV, Art. 191 AEUV Rn. 22.
29 *Jarass*, GRCh, Art. 37 Rn. 6.

einer Empfehlung des Rates.[30] Demnach empfiehlt der Rat den Mitgliedstaaten „die Anstrengungen, um die Systeme der allgemeinen und beruflichen Bildung dabei zu unterstützen, Maßnahmen für den grünen Wandel und die nachhaltige Entwicklung zu ergreifen, damit alle Lernenden unabhängig von Alter und Hintergrund Zugang zu hochwertiger, gleichberechtigter und inklusiver allgemeiner und beruflicher Bildung in den Bereichen Nachhaltigkeit, Klimawandel, Umweltschutz und Biodiversität haben, zu intensivieren und zu verstärken, wobei ökologischen, sozialen und wirtschaftlichen Erwägungen gebührend Rechnung zu tragen ist". Hieraus kann zumindest abgeleitet werden, dass Maßnahmen für den grünen Wandel darauf abzielen müssen, dass Lernende unabhängig von Alter und Hintergrund Zugang zu hochwertiger, gleichberechtigter und inklusiver allgemeiner und beruflicher Bildung in den Bereichen Nachhaltigkeit, Klimawandel, Umweltschutz und Biodiversität haben, deren Zugang ggf. intensiviert und verstärkt wird, wobei ökologischen, sozialen und wirtschaftlichen Erwägungen gebührend Rechnung zu tragen ist. Konkret dürfte aber vor allem auch der Bereich der Entwicklung von KI-Systemen in einem erheblichen öffentlichen Interesse sein, die direkt oder indirekt den Wandel zu einer CO_2-freien Wirtschaft und anderen Gesellschaftsbereichen ermöglichen oder fördern.

26 Die Norm regelt schließlich noch als relevanten Bereich „**Klimaschutz und Anpassung an den Klimawandel**". Damit dürfte ein Bereich von erheblicher Spannweite adressiert sein, wie z. B. KI-Systeme zur Wettervorhersage, Baustoffentwicklung oder aber Maßnahmen zum Schutz der Gesundheit in Zeiten zunehmend anderer klimatischer Bedingungen.

c) Nachhaltige Energie (lit. a Ziff. iii)

27 Eine Annäherung an den Begriff der **nachhaltigen Energie** bietet ErwG 15 Satz 2 Verordnung (EU) 2021/1058. Denn dort ist die Rede von Investitionen in nachhaltige Energie *aus erneuerbaren Quellen* gemäß den Nachhaltigkeitskriterien im Rahmen der Richtlinie (EU) 2018/2001 des Europäischen Parlaments und des Rates. Das heißt, der Begriff setzt nicht zwingend voraus, dass es sich um eine erneuerbare Energiequelle handelt. Weitere Ansatzpunkte können zudem der Mitteilung der Kommission zum sogenannten REPowerEU-Plan entnommen werden.[31] Auch wenn nicht zwingend nur erneuerbare Energien durch den tatbestandlichen Begriff adressiert werden, so dürften sie doch das primäre

30 Rat der Europäischen Union, Empfehlung des Rates zum Lernen für den grünen Wandel und die nachhaltige Entwicklung vom 16.6.2022, 2022/C 243/01.

31 EU-Komm., Mitteilung der Kommission an das Europäische Parlament, den Europäischen Rat, den Rat, den Europäischen Wirtschafts- und Sozialausschuss und den Ausschuss der Regionen vom 8.3.2022, COM(2022) 108 final.

Regelungsziel des europäischen Normgebers sein,[32] wobei ein weiterer Fokus darin liegt, den Bezug fossiler Energiequellen, wie Erdgas, in großen Mengen von einzelnen Handelspartnern zu reduzieren.[33] Letzteres legt die Vermutung dar, dass prinzipiell auch Erdgas unter Vermeidung der vorstehenden Probleme eine tatbestandlich nachhaltige Energie sein könnte.[34] Problematisch dürfte die Anwendbarkeit des hiesigen Tatbestandsmerkmals außerdem dann werden, wenn es um KI-Systeme im Zusammenhang mit Kernenergie geht. Denn hier dürfte zumindest mit Blick auf die entstehenden Abfallprodukte umstritten sein, ob die tatbestandliche Energie auch nachhaltig ist.

d) Sicherheit und Widerstandsfähigkeit verschiedener Infrastrukturen (lit. a Ziff. iv)

Die **Sicherheit und Widerstandsfähigkeit** verschiedener Bereiche des öffentlichen Lebens in den Mitgliedstaaten war bereits vielfach Gegenstand der Aktivität des europäischen Normgebers. Zu denken sei (sektorübergreifend) nur z. B. an die CER-Richtlinie[35] oder die NIS-2-Richtlinie.[36] Aber auch sektorspezifische Regelungen kommen als Gegenstand dieser Regelung in Betracht, wie z. B. die sog. Typengenehmigungs-Verordnung[37] aus dem Automobilbereich, die **28**

32 So implizit: EU-Komm., Empfehlung (EU) 2022/822 der Kommission vom 18.5.2022, L 146/132, ErwG 5 Satz 1.

33 *von Wallenberg/Schütte*, in: Grabitz/Hilf/Nettesheim, EUV/AEUV, Art. 107 AEUV Rn. 349a.

34 Siehe dazu Anhang II der Verordnung (EU) 1233/2011, Abschnitt 6, Kapitel IV, Anlage I, wo unter der „Projektklasse A: Ökologisch nachhaltige Energieerzeugung" verschiedene gasgetriebene Energieerzeugungsanlagen entsprechend als ökologisch nachhaltige Energieerzeugung eingeordnet sind.

35 Richtlinie (EU) 2022/2557 des Europäischen Parlaments und des Rates über die Resilienz kritischer Einrichtungen und zur Aufhebung der Richtlinie 2008/114/EG des Rates, vom 14.12.2022.

36 Richtlinie (EU) 2022/2555 des Europäischen Parlaments und des Rates über Maßnahmen für ein hohes gemeinsames Cybersicherheitsniveau in der Union, zur Änderung der Verordnung (EU) Nr. 910/2014 und der Richtlinie (EU) 2018/1972 sowie zur Aufhebung der Richtlinie (EU) 2016/1148, vom 14.12.2022.

37 Verordnung (EU) 2019/2144 des Europäischen Parlaments und des Rates über die Typgenehmigung von Kraftfahrzeugen und Kraftfahrzeuganhängern sowie von Systemen, Bauteilen und selbstständigen technischen Einheiten für diese Fahrzeuge im Hinblick auf ihre allgemeine Sicherheit und den Schutz der Fahrzeuginsassen und von ungeschützten Verkehrsteilnehmern, zur Änderung der Verordnung (EU) 2018/858 des Europäischen Parlaments und des Rates und zur Aufhebung der Verordnungen (EG) Nr. 78/2009, (EG) Nr. 79/2009 und (EG) Nr. 661/2009 des Europäischen Parlaments und des Rates sowie der Verordnungen (EG) Nr. 631/2009, (EU) Nr. 406/2010, (EU) Nr. 672/2010, (EU) Nr. 1003/2010, (EU) Nr. 1005/2010, (EU) Nr. 1008/2010, (EU) Nr. 1009/2010, (EU) Nr. 19/2011, (EU) Nr. 109/2011, (EU) Nr. 458/2011, (EU)

auch die Sicherheit mit adressiert. All diesen Regelungen ist gemein, dass sie den hiesigen von Art. 59 Abs. 1 lit. a adressierten Bereich betreffen können.

29 Maßgeblich für die Eröffnung der hier geregelten Bereiche ist, dass die Regelung die „Sicherheit und Widerstandsfähigkeit" betrifft. Mit Blick auf die englische Fassung der KI-VO dürfte mit **Sicherheit** hier tatsächlich die Produktsicherheit gemeint sein.[38] Auch der Begriff **„Widerstandsfähigkeit"** bedarf unter Rückgriff auf die englische Fassung der KI-VO der Präzision. Denn dort ist tatsächlich die Rede von „Resilienz". Für die Begriffsbestimmung lässt sich Art. 2 Nr. 2 CER-Richtlinie heranziehen, wonach „Resilienz" die Fähigkeit einer kritischen Einrichtung, einen Sicherheitsvorfall zu verhindern, sich davor zu schützen, darauf zu reagieren, einen solchen abzuwehren, die Folgen eines solchen Vorfalls zu begrenzen, einen Sicherheitsvorfall aufzufangen, zu bewältigen und sich von einem solchen Vorfall zu erholen, meint. Ein „Sicherheitsvorfall" ist wiederum nach Art. 2 Nr. 3 CER-Richtlinie ein Ereignis, das die Erbringung eines wesentlichen Dienstes erheblich stört oder stören könnte, einschließlich einer Beeinträchtigung der nationalen Systeme zur Wahrung der Rechtsstaatlichkeit. Mit dem tatbestandlichen Begriff der „Widerstandsfähigkeit" dürfte im hiesigen Kontext also die umfassende Fähigkeit zum Umgang mit Sicherheitsvorfällen gemeint sein.

e) Effizienz und Qualität öffentlicher Einrichtungen (lit. a Ziff. v)

30 Der Begriff, der auch in anderen Unionsregelungen vorkommt,[39] dürfte auf Unionsebene auf Art. 41 GRCh zurückgehen und zur Stärkung der Effizienz und Qualität öffentlicher Einrichtungen beitragen. Doch der tatbestandlich geregelte Bereich, auf den sich Art. 59 hier bezieht, dürfte ebenfalls die Steigerung der Effizienz und Qualität öffentlicher Einrichtungen auf mitgliedstaatlicher Ebene adressieren. Die Begriffe der **Effizienz und Qualität** dürften hier weit zu verstehen sein, sodass auch indirekte Verbesserungen den tatbestandlichen Bereich betreffen.

31 Die Norm unterscheidet anders als das deutsche Verwaltungsorganisationsrecht zwischen **öffentlicher Verwaltung und öffentlichen Diensten**.[40] Gemeint sein dürfte damit faktisch jede Organisationsform hoheitlichen Handelns, solange und soweit es sich um eine Verwaltung oder die Erbringung eines (öffentlichen) Dienstes handelt. In letzterem Fall dürfte also insbesondere an sämtliche Dienstleistungen zu denken sein, die der Staat nicht nur im Rahmen der öffentlichen

Nr. 65/2012, (EU) Nr. 130/2012, (EU) Nr. 347/2012, (EU) Nr. 351/2012, (EU) Nr. 1230/2012 und (EU) 2015/166 der Kommission, vom 27.11.2019.

38 Siehe oben Art. 57 Rn. 69 zu „Safety".

39 Siehe Art. 12 Abs. 6 lit. a Verordnung (EU) 2024/903.

40 Der Begriff wird u. a. auch in Art. 93 AEUV verwendet.

Daseinsvorsorge erbringt. Hinsichtlich des Begriffs der „öffentlichen Verwaltung“ ist also konkret z. B. an das hoheitliche Verwaltungshandeln zu denken und bzgl. des Begriffs „öffentlicher Dienst“ an gemeinwirtschaftlich handelnde Unternehmen,[41] wie z. B. einen kommunalen Versorgungsbetrieb.

2. Erforderlichkeit (lit. b)

Diese Bedingung stellt zunächst klar, dass die zweckändernde Verarbeitung zur Erfüllung einer oder mehrerer Anforderungen aus Kapitel III Abschnitt 2[42] **erforderlich** sein muss. Damit wird einmal mehr der begrenzte Anwendungsbereich des Art. 59 deutlich, da KI-Systeme, die kein Hochrisiko-KI-System darstellen, vom Anwendungsbereich des Art. 59 ausgeschlossen werden. 32

Der Begriff der Erforderlichkeit aus der Norm dürfte konsistent zu demjenigen aus **Art. 6 Abs. 1 UAbs. 1 lit. b–f und Art. 9 Abs. 2 lit. b, c, f–j DSGVO** zu interpretieren sein. Dafür spricht bereits, dass es sich bei Art. 59 um eine Rechtsvorschrift der Union i. S. v. Art. 6 Abs. 4 Alt. 2 DSGVO handelt. Zudem liegt der zentrale Fokus der Norm darauf, dass die verarbeiteten (personenbezogenen) Daten dafür erforderlich sind, Anforderungen aus Kapitel III Abschnitt 2 zu erfüllen. Die Verarbeitung personenbezogener Daten richtet sich stets u. a. nach den Rechtmäßigkeitsvoraussetzungen der DSGVO.[43] Es kann daher folglich für die Bestimmung der Erforderlichkeit auf die Rechtsprechung des **EuGH** insbesondere im Zusammenhang mit Art. 6 Abs. 1 UAbs. 1 lit. b und f DSGVO verwiesen werden.[44] Der Begriff „erforderlich“ und die damit einhergehende Verarbeitung personenbezogener Daten ist demnach grundsätzlich eng auszulegen und auf die Verarbeitung derjenigen personenbezogenen Daten zu begrenzen, die für die Erreichung des verfolgten Zwecks (hier der Erfüllung der Anforderungen in Kapitel III Abschnitt 2) unerlässlich sind. Eine Vorstufe der Prüfung der tatbestandlichen Erforderlichkeit ist, dass die Verarbeitung im Rahmen der Entwicklung des KI-Systems „nicht wirksam erfüllt werden können“, indem 33

41 *Schäfer/Kramer*, in: Streinz, EUV/AEUV, Art. 93 AEUV Rn. 13.

42 Kapitel III (Hochrisiko-KI-Systeme), Abschnitt 2 (Anforderungen an Hochrisiko-KI-Systeme).

43 Siehe z. B. Anhang V Nr. 5.

44 U. a. EuGH, Urt. v. 11.12.2019 – Rs. C-708/18, ZD 2020, 148, Rn. 45 ff.; EuGH, Urt. v. 17.6.2021 – Rs. C-579/19, ZUM 2021, 699, 711, Rn. 110; EuGH, Urt. v. 4.7.2023 – Rs. C-252/21, GRUR 2023, 1131, Rn. 86 ff.; mit Nachweisen zu weiterer mitgliedstaatlicher Rechtsprechung: *Heberlein*, in: Ehmann/Selmayr, DS-GVO, Art. 6 Rn. 24 ff. und 45; *Buchner/Petri*, in: Kühling/Buchner, DS-GVO BDSG, Art. 6 Rn. 38 ff. und 147c.

stattdessen anonymisierte,[45] synthetische[46] oder sonstige nicht personenbezogene Daten verwendet werden. Die Formulierung der Norm dürfte hier eine auch nach deutschem Recht vertraute Verhältnismäßigkeitsprüfung enthalten. Denn letztlich fordert die Norm die typische Abwägung, wonach unter mehreren gleich wirksamen Mitteln eine Abwägung erfolgt, welches Mittel das mildeste ist. Denn letztlich kommt es nach dem Wortlaut darauf an, ob die tatbestandlichen Voraussetzungen tatsächlich auch wirksam erfüllt werden können. Der Begriff der Wirksamkeit ist dabei insoweit ein Gradmesser. Denn der datenschutzrechtlich Verantwortliche, der hier in aller Regel auch der Entwickler (Anbieter) des fraglichen Hochrisiko-KI-Systems sein dürfte, muss nachweisen können, dass eine vollständige Wirksamkeit nur mittels der Verarbeitung personenbezogener Daten möglich ist. Andernfalls darf er für vorgenannten Zweck nur anonymisierte, synthetische oder sonstige nicht personenbezogene Daten verwenden. Gerade für den Einsatz anonymisierter Daten wäre der Entwickler (Anbieter) des Hochrisiko-KI-Systems, sofern er selbst auch Verantwortlicher der einzusetzenden personenbezogenen Daten ist, zunächst darauf verwiesen, auf Basis einer Rechtsgrundlage nach Art. 6 Abs. 1 und 4 sowie ggf. Art. 9 Abs. 2 DSGVO eine Anonymisierung der Daten durchzuführen.[47] Letzterer Umstand nimmt Art. 59 im Zusammenhang mit der Weiterverarbeitung von personenbezogenen Daten im hiesigen Kontext ein Stück weit den Nutzen.

3. Datenschutz-Folgenabschätzung (lit. c)

34 Die Norm fordert, dass als Bedingung für die tatbestandliche Weiterverarbeitung eine Datenschutz-Folgenabschätzung (wirksame Überwachungsmechanismen[48]) gemäß Art. 35 DSGVO und, soweit anwendbar, gemäß Art. 39 Verordnung (EU) 2018/1725 durchgeführt werden muss, sofern ein hohes Risiko i. S. vorgenannter

45 Siehe ErwG 26 Satz 5 DSGVO; zu den damit verbundenen Anforderungen z. B. Der Bundesbeauftragte für den Datenschutz und die Informationsfreiheit, Positionspapier zur Anonymisierung unter der DSGVO unter besonderer Berücksichtigung der TK-Branche vom 29.6.2020.

46 „Synthetische Daten sind vollkommen oder teilweise künstlich generierte Daten, die weder direkt noch indirekt bei einer existierenden betroffenen Person oder auch zu einem real stattgefundenen Ereignis erhoben werden, aber dennoch über die Charakteristika dieser realen Daten verfügen, indem sie deren statistische Eigenschaften reproduzieren." (*Hense*, in: Taeger/Pohle, Computerrechts-Handbuch, Teil 3, 33.2 II. 6. c) Rn. 75).

47 Insgesamt zu dem Thema: *Meents*, in: Kaulartz/Braegelmann, Rechtshandbuch Artificial Intelligence und Machine Learning, Kap. 8.8 Rn. 36 ff.; zum KI-Training mit öffentlich verfügbaren personenbezogenen Daten *Dieker*, ZD 2024, 132, 133 ff.; *Paal*, ZfDR 2024, 129, 147 ff.; *Franke*, RDi 2023, 565; zum KI-Training im Mitarbeiterkontext *John*, in: Hoeren/Sieber/Holznagel, Handbuch Multimedia-Recht, Teil 29 Rn. 12 ff.

48 Siehe auch Art. 12 Abs. 6 lit. c Verordnung (EU) 2024/903.

Normen für die betroffenen Personen besteht. Dies setzt voraus, dass zunächst eine **Schwellenwertanalyse** durchgeführt wird, mit der geprüft wird, ob hohe Risiken für die Rechte und Freiheiten betroffener Personen bestehen. Wird Vorstehendes bejaht, so muss eine Datenschutz-Folgenabschätzung durchgeführt und Risikominderungsmaßnahmen (Reaktionsmechanismen) ergriffen werden. Die Kriterien des Europäischen Datenschutzausschusses,[49] welche die Durchführung einer Datenschutz-Folgenabschätzung bei Vorliegen von zwei oder mehr der aufgeführten Kriterien fordern und Künstliche Intelligenz nicht ausdrücklich erwähnen, dürften allerdings im Fall eines Hochrisiko-KI-Systems häufig vorliegen (bei KI-Systemen wird es sich oft um neue Technologien i. S. v. Art. 35 DSGVO handeln, welche personenbezogene Daten im großen Umfang verarbeiten).

4. Datentrennung und Berechtigungsmanagement (lit. d)

Die Norm verlangt zunächst, dass die tatbestandlich verarbeiteten personenbezogenen Daten sich „in einer **funktional getrennten, isolierten und geschützten Datenverarbeitungsumgebung unter der Kontrolle** des zukünftigen Anbieters" befinden sollen. **35**

Fraglich ist, wie hier der Begriff der „**Kontrolle**" zu verstehen ist. Art. 59 Abs. 1 Hs. 1 setzt ausweislich des Wortlauts nicht zwingend voraus, dass die Weiterverarbeitung durch den (zukünftigen) Anbieter des Hochrisiko-KI-Systems erfolgt. **36**

Aufgrund der passiven Formulierung ist es vielmehr möglich, dass ein oder mehrere datenschutzrechtliche Verantwortliche über die relevanten personenbezogenen Daten „verfügen" und ein weiterer Beteiligter der (zukünftige) Anbieter des Hochrisiko-KI-Systems ist. Unverständlich mutet es daher an, dass sich die Daten nach Art. 59 Abs. 1 lit. d unter der Kontrolle des zukünftigen Anbieters befinden müssen, gerade mit Blick auf Konstellationen, in denen neben dem (zukünftigen) Anbieter weitere Parteien an der Entwicklung im KI-Reallabor sowie der Verarbeitung personenbezogener Daten beteiligt sind. Es entsteht daher der Eindruck, dass der Begriff der Kontrolle hier nicht in einem datenschutzrechtlichen, sondern mehr in einem faktischen Sinn zu verstehen ist, obgleich die datenschutzrechtliche Verantwortlichkeit gerade auch auf die faktische Festlegung[50] von Zwecken und Mitteln und damit implizit auch auf die Kontrolle[51] der **37**

---

49 Europäischer Datenschutzausschuss, Leitlinien zur Datenschutz-Folgenabschätzung (DSFA) und Beantwortung der Frage, ob eine Verarbeitung im Sinne der Verordnung 2016/679 „wahrscheinlich ein hohes Risiko mit sich bringt" vom 4.10.2017, WP 248, S. 9 ff.

50 So bereits Europäischer Datenschutzausschuss, Leitlinien 07/2020 zu den Begriffen „Verantwortlicher" und „Auftragsverarbeiter" in der DSGVO vom 7.7.2021, Rn. 25 ff.

51 Z. B. Europäischer Datenschutzausschuss, Leitlinien 07/2020 zu den Begriffen „Verantwortlicher" und „Auftragsverarbeiter" in der DSGVO vom 7.7.2021, Rn. 42.

personenbezogenen Daten abstellt. Es ergeben sich daher zwischen der Kontrolle i. S. v. Art. 59 Abs. 1 lit. d und der datenschutzrechtlichen Verantwortlichkeit nach Art. 4 Nr. 7 DSGVO zwar gewisse Schnittmengen. Die beiden Begriffe dürften allerdings nicht deckungsgleich zu verstehen sein.

38 In Anbetracht des Vorstehenden scheint es wohl eher naheliegend zu sein, die Formulierung „unter der Kontrolle des zukünftigen Anbieters" hier eher als eine Art physikalische Kontrolle über den Zugang zu verstehen und weniger als eine Kontrolle im Sinne datenschutzrechtlicher Verantwortlichkeit oder in einem umfassenden Sinn.

39 Ferner müssen sich die tatbestandlichen personenbezogenen Daten „in einer funktional getrennten, isolierten und geschützten Datenverarbeitungsumgebung" befinden. Da Art. 59 Abs. 1 Hs. 1 davon spricht, dass „rechtmäßig für andere Zwecke erhobene personenbezogene Daten im KI-Reallabor […] verarbeitet werden dürfen", könnte dies als Indiz dafür verstanden werden, dass sich die **Datenverarbeitungsumgebung** auch nur innerhalb des KI-Reallabors, also vor Ort, befinden darf. Gleichwohl wäre die Folge, dass KI-Reallabore andernfalls gewaltige separierbare Speichersysteme vorhalten müssten. Der Vorteil dessen dürfte in Zweifel stehen, sodass die Norm eher dahingehend verstanden werden muss, dass der datenschutzrechtlich Verantwortliche, der im Grundfall der (zukünftige) Anbieter des Hochrisiko-KI-Systems sein sollte, in seinen Systemen einen den tatbestandlichen Anforderungen entsprechenden Verarbeitungsort bereithalten muss. „**Funktional getrennt**" meint dabei, dass die Daten getrennt von anderen Systemen und Dateien vorgehalten werden müssen. Eine physische Trennung, das heißt, die Vorhaltung eigener Speichermedien nur für die Daten im hiesigen tatbestandlichen Zusammenhang dürfte regelmäßig nicht gefordert sein.[52] Neben wirtschaftlichen Erwägungen dürfte auch der Wortlaut selbst für dieses Ergebnis sprechen. Die funktionale Trennung meint nach Aussage der Datenschutzkonferenz auch die logische Trennung von Daten.[53] Gleichwohl gilt es auch zu beachten, dass nach Ansicht der Datenschutzkonferenz die Umsetzung eines hohen Schutzbedarfs eine physikalische Trennung von Datenbeständen sowie aller Komponenten einer Verarbeitung erfordern kann. „**Isoliert**" im tatbestandlichen Sinn meint zudem, dass die fraglichen Daten nicht dem Zugriff durch andere Daten zugänglich sein dürfen. Das heißt, sowohl ein Schreib- als auch Lesezugriff, ggf. auf andere Datenbestände auf dem gleichen oder anderen Speichermedium, sollte ausgeschlossen sein. Schließlich spricht die Norm noch von einer „**geschützten Datenverarbeitungsumgebung**". Diese tatbestandliche

52 So wohl auch *Binder/Eisenberger*, in: Pehlivan/Forgó/Valcke, The EU Artificial Intelligence (AI) Act, Art. 59, 4.1.4., die von „Daten-Silos" sprechen.

53 Datenschutzkonferenz, Baustein 50 „Trennen", Version 1.0 vom 6.10.2020, S. 1.

Anforderung kann durch die dem Einzelfall angemessene Anwendung von Art. 32 DSGVO sichergestellt werden.

Die Normanforderung, wonach nur befugte Personen Zugriff auf die Daten haben sollen, dürfte letztlich ebenfalls einen konkretisierten Ausfluss von Art. 32 DSGVO darstellen. Gemeint ist die Einrichtung eines Berechtigungsmanagements. **40**

5. Weitergabe personenbezogener Daten (lit. e)

Der erste Halbsatz stellt lediglich eine Wiederholung der ohnehin geltenden Rechtslage dar, nämlich insbesondere, dass eine Datenweitergabe an einen **Dritten** i. S. d. Art. 4 Nr. 10 DSGVO einer ordnungsgemäßen Rechtsgrundlage i. S. v. Art. 6 Abs. 1 und ggf. Art. 9 Abs. 2 DSGVO bedarf. **41**

Zweifelhaft ist jedoch der Regelungsgehalt des zweiten Halbsatzes, wonach zweckändernd im KI-Reallabor verarbeitete personenbezogene Daten **nicht außerhalb des KI-Reallabors** weitergegeben werden dürfen. Es stellt sich zunächst die Frage, ob damit Empfänger i. S. v. Art. 4 Nr. 9 oder Dritte i. S. v. Art. 4 Nr. 10 DSGVO gemeint sind. Die Unterscheidung ist schon deshalb von substanzieller Bedeutung, da sie darüber entscheidet, ob der (zukünftige) Anbieter des Hochrisiko-KI-Systems ggf. auch zur vollständigen Durchführung der Tests im KI-Reallabor die Daten an eine andere Konzerngesellschaft weitergeben darf. Der eher eindeutige Wortlaut legt es nahe, dass die Daten nicht einmal mit der gleichen Konzerngesellschaft geteilt werden dürfen. Gleichwohl dürfte die Regelung dogmatisch zweifelhaft sein, da sie in die Vorgaben der DSGVO eingreift, unter welchen Bedingungen eine Datenweitergabe (hier außerhalb des KI-Reallabors) möglich ist. Dies gilt umso mehr, da nach ErwG 10 Satz 4 die KI-VO eine „Anwendung des bestehenden Unionsrechts zur Verarbeitung personenbezogener Daten, einschließlich der Aufgaben und Befugnisse der unabhängigen Aufsichtsbehörden, die für die Überwachung der Einhaltung dieser Instrumente zuständig sind, nicht berühren" soll. Letzterer Wille des europäischen Normgebers würde aber mit Art. 59 Abs. 1 lit. e Hs. 2 konterkariert. Jedoch ist hierzu auch zu bedenken, dass es sich mit der vorgenannten Regelung um eine Rechtsvorschrift der Union i. S. v. Art. 6 Abs. 4 DSGVO handelt. Das heißt, so wie es auch ErwG 70 erläutert, dass es sich um Bedingungen zusätzlich zu denen der DSGVO handelt, die im hiesigen Kontext festgelegt sind. Das heißt, dass tatsächlich ein umfassendes Verbot für die Weitergabe zweckändernd verarbeiteter personenbezogener Daten möglich scheint. Dieses Ergebnis ist dennoch bereits mit Blick auf den Sinn und Zweck von KI-Reallaboren, nämlich die Verbesserung der Rechtssicherheit, die Förderung des Austauschs bewährter Verfahren, die Förderung von Innovation und Wettbewerbsfähigkeit, das Leisten eines Beitrags zum evidenzbasierten regulatorischen Lernen sowie die Erleichterung und **42**

Beschleunigung des Zugangs von KI-Systemen zum Unionsmarkt, nach Art. 57 Abs. 9 kritisch zu sehen. Gerade auch mit Blick auf ErwG 48 Satz 1 DSGVO, der ein berechtigtes Interesse für Datenübermittlungen in Unternehmensgruppen in bestimmten Fällen annimmt, scheint es denkbar, dass Verantwortliche, welche das KI-Reallabor in Anspruch nehmen, auf Basis von Art. 6 Abs. 1 UAbs. 1 lit. f DSGVO die Daten aus dem KI-Reallabor mit anderen Konzerngesellschaften außerhalb des KI-Reallabors teilen können.[54] Dies scheint umso mehr vorstellbar, wenn der Verantwortliche die im KI-Reallabor gewonnenen Daten auf Basis von Art. 6 Abs. 1 UAbs. 1 lit. f DSGVO anonymisiert, um sie anschließend mit anderen Konzerngesellschaften zu teilen.

6. Automatisierte Entscheidungen (lit. f)

43 Die Norm bezieht sich ihrer Konzeption nach zum einen wohl auf **Art. 22 Abs. 1 DSGVO** und regelt, dass Tests im KI-Reallabor mit Hochrisiko-KI-Systemen nicht zu einer automatisierten Verarbeitung führen dürfen, die gegenüber der betroffenen Person rechtliche Wirkung entfaltet oder sie in ähnlicher Weise erheblich beeinträchtigt.[55] Hierfür spricht auch ErwG 140 Satz 3, wonach die KI-VO keine Rechtsgrundlage im Sinne des Art. 22 Abs. 2 lit. b DSGVO und des Art. 24 Abs. 2 lit. b Verordnung (EU) 2018/1725 bildet.

44 Zum anderen stellt die Norm aber auch klar, dass sie die Anwendung der **Rechte der betroffenen Personen**, die in den Rechtsvorschriften der Union über den Schutz personenbezogener Daten festgelegt sind, nicht berührt. Mit den „Rechtsvorschriften der Union über den Schutz der personenbezogenen Daten" sind die Betroffenenrechte aus den Art. 12 ff. DSGVO, aber wohl auch das Beschwerderecht nach Art. 77 DSGVO gemeint. Das heißt, auch im Fall von Weiterverarbeitungen auf Grundlage von Art. 59 müssen die Rechte der betroffenen Personen umfassend gewahrt werden. Soweit personenbezogene Daten im Zusammenhang mit dem KI-System für den Verantwortlichen nicht mehr identifizierbar sind, sollten mit Blick auf die Betroffenenrechte die Vorgaben des Art. 11 DSGVO beachtet werden, der Betroffenenrechte im Einzelfall ausschließt.

7. Datensicherheit und Speicherfrist (lit. g)

45 Die Norm postuliert einerseits, dass im Rahmen des KI-Reallabors zweckändernd verarbeitete personenbezogene Daten durch geeignete technische und or-

---

54 A. A. unter Verweis auf das Trilog-Verfahren: *Binder/Eisenberger*, in: Pehlivan/Forgó/Valcke, The EU Artificial Intelligence (AI) Act, Art. 59, 4.1.1., wonach nur innerhalb des Reallabors eine Weiterübermittlung möglich sein soll.

55 So auch *Binder/Eisenberger*, in: Pehlivan/Forgó/Valcke, The EU Artificial Intelligence (AI) Act, Art. 59, 4.1.6.

ganisatorische Maßnahmen zu schützen sind. Die Norm gibt damit die ohnehin gemäß **Art. 32 DSGVO** bestehenden Verpflichtungen zur Datensicherheit wieder.

Andererseits regelt die Norm auch andere ohnehin nach der DSGVO verpflichtende Vorgaben (hier zur Speicherfrist). Die Norm bezieht sich damit vor allem auf **Art. 17 DSGVO**. So sollen zweckändernd verarbeitete personenbezogene Daten mit dem Ende der Beteiligung, also dem Zweckwegfall (Art. 17 Abs. 1 lit. a DSGVO), grundsätzlich gelöscht werden.[56] Eine Ausnahme bildet nach dem letzten Halbsatz des Tatbestands der Fall, dass Speicherfristen eingreifen (insbesondere Art. 17 Abs. 1 lit. d DSGVO). Die Regelung dürfte nur klarstellend zu verstehen sein, da ausweislich des ErwG 140 Satz 2 alle anderen Pflichten von Verantwortlichen und Rechte betroffener Personen im Rahmen der DSGVO weiterhin gelten. **46**

8. Aufbewahrung der Protokolle der Verarbeitung (lit. h)

Die Norm dürfte als eine unionsrechtliche Verpflichtung i. S. v. **Art. 17 Abs. 3 lit. b Alt. 1 DSGVO** zur Aufbewahrung zu verstehen sein und soll die Dokumentation der zweckändernden Verarbeitung im tatbestandlichen Kontext hinreichend sicherstellen. **47**

Es dürfte daher möglich sein, dass der Verantwortliche auch dazu verpflichtet ist, das tatbestandliche Protokoll zu erstellen, was eine entsprechende **Verarbeitungsverpflichtung** nach Art. 6 Abs. 1 UAbs. 1 lit. c DSGVO auslösen könnte. Dafür spricht, dass der Verantwortliche nach Art. 59 Abs. 1 lit. h für die Dauer der Beteiligung am Reallabor zur Aufbewahrung verpflichtet ist. Eine Aufbewahrung stellt bereits eine Verarbeitung i. S. d. Art. 4 Nr. 2 DSGVO dar, was nur auf Basis einer Rechtsgrundlage gemäß Art. 6 Abs. 1 und/oder Art. 9 Abs. 2 DSGVO erfolgen darf. Wenn der Verantwortliche aber schon zur Aufbewahrung nach Art. 59 Abs. 1 lit. h verpflichtet ist, so könnte man annehmen, dass er erst recht zur Erstellung der Protokolle der Verarbeitung der personenbezogenen Daten verpflichtet ist, was dann ebenfalls auf Art. 6 Abs. 1 UAbs. 1 lit. c DSGVO gestützt werden könnte. **48**

56 Wenig überzeugend *Binder/Eisenberger*, in: Pehlivan/Forgó/Valcke, The EU Artificial Intelligence (AI) Act, Art. 59, 4.1.7., die wohl eine Löschung der Daten nach Ablauf der Aufbewahrungsfristen befürworten, selbst wenn die Beteiligung am Reallabor noch nicht beendet ist.

9. Aufbewahrung von Angaben als Teil der technischen Dokumentation (lit. i)

49 Die Norm ordnet eine Aufbewahrung verschiedener Dokumentationsangaben zu dem Test und dessen Ergebnissen selbst an. Weshalb diese Verpflichtung, die ersichtlich nicht auf die in den Tests enthaltenen personenbezogenen Daten abzielt, systematisch als Voraussetzung für eine zweckändernde Verarbeitung und nicht stattdessen als allgemeine Regelung für alle Tests in KI-Reallaboren eingeführt wurde, erschließt sich nicht.

50 Da eine vollständige und detaillierte Beschreibung des Prozesses und der Gründe gefordert wird, werden eher allgemeine Formulierungen und Erläuterungen zur Erfüllung der Anforderung nicht ausreichen. Es dürften daher einzelfallbezogene, eher umfassendere Erläuterungen erforderlich sein. Soweit personenbezogene Daten in den Erläuterungen enthalten sind, dürfte die Regelung auch als rechtliche Verpflichtung zur Aufbewahrung gemäß Art. 17 Abs. 3 lit. b Alt. 1 DSGVO zu verstehen sein.

10. Veröffentlichung einer Zusammenfassung des KI-Projekts (lit. j)

51 Die Regelung knüpft an **Art. 59 Abs. 1 lit. i** an, weshalb auf die Ausführungen dort verwiesen werden kann. Mit der „zuständigen Behörde" dürfte hier zudem die zuständige nationale Behörde i. S. v. Art. 3 Nr. 48 gemeint sein (siehe Art. 3 Nr. 48 Rn. 371 f.).[57]

52 Eine Ausnahme findet sich in Hs. 2, wonach **„sensible operative Daten"** zu bestimmten Tätigkeitsbereichen aus dem Bereich der öffentlichen Sicherheit nicht veröffentlicht werden müssen. Letzterer Begriff ist in Art. 3 Nr. 38 legaldefiniert (siehe Art. 3 Nr. 38 Rn. 310 ff.). Das bedeutet, dass die in Hs. 2 aufgezählten Behörden jedoch nicht grundsätzlich von der Veröffentlichung einer entsprechenden Zusammenfassung verpflichtet sind. Zu bedenken sind die Ausnahmen vom Anwendungsbereich der KI-VO aus Art. 2 Abs. 3 insbesondere, wenn es vollständig um einen Fall der nationalen Sicherheit geht.

III. Sonderregelungen für die Strafverfolgung (Abs. 2)

53 Strafverfolgungsbehörden unterliegen für die in der Norm aufgezählten Zwecke[58] eigenen unionsrechtlichen Bestimmungen für die Verarbeitung personen-

57 A. A. *Binder/Eisenberger*, in: Pehlivan/Forgó/Valcke, The EU Artificial Intelligence (AI) Act, Art. 59, 4.1.10., die davon ausgehen, dass hier mit der „zuständigen Behörde" die Datenschutzbehörden gemeint sind.

58 Vgl. auch Art. 1 Abs. 1 Richtlinie (EU) 2016/680.

bezogener Daten. In Deutschland sind diese unionsrechtlichen Regelungen in den §§ 45 ff. BDSG verankert.

Für diese oder sonstige die im Tatbestand aufgezählten Tätigkeiten betreffenden Zwecke soll nach der Klarstellung im hiesigen Tatbestand das Unionsrecht oder das mitgliedstaatliche Recht (in Deutschland insbesondere die §§ 45 ff. BDSG)[59] anwendbar sein. Gemeint ist hier allerdings nur die von Art. 59 adressierte zweckändernde Verarbeitung im Zusammenhang mit Tests von Hochrisiko-KI-Systemen. Zudem unterliegen auch Strafverfolgungsbehörden im Rahmen der hier aufgezählten Zwecke nach dem Willen der Norm zusätzlich den Anforderungen aus Art. 59 Abs. 1 (siehe Rn. 10 ff.). **54**

IV. Geltung anderer (zweckändernder) Datenschutzvorschriften (Abs. 3)

Die Norm hat lediglich klarstellende Funktion. Sie regelt, dass bestehendes Unionsrecht und mitgliedstaatliches Recht, das die Verarbeitung personenbezogener Daten betrifft, unberührt bleibt und durch Art. 59 Abs. 1 nicht beeinflusst wird.[60] Das bedeutet, dass alle aktuellen Normen betreffend die Verarbeitung personenbezogener Daten, auch für die Entwicklung und das Testen von KI-Systemen, unberührt bleiben. **55**

59 Zur Verarbeitung zu anderen Zwecken, siehe § 49 BDSG.
60 Siehe auch ErwG 10 Satz 4.

Art. 60 Tests von Hochrisiko-KI-Systemen unter Realbedingungen außerhalb von KI-Reallaboren

(1) Tests von Hochrisiko-KI-Systemen unter Realbedingungen können von Anbietern oder zukünftigen Anbietern von in Anhang III aufgeführten Hochrisiko-KI-Systemen außerhalb von KI-Reallaboren gemäß diesem Artikel und – unbeschadet der Bestimmungen unter Artikel 5 – dem in diesem Artikel genannten Plan für einen Test unter Realbedingungen durchgeführt werden.

Die Kommission legt die einzelnen Elemente des Plans für einen Test unter Realbedingungen im Wege von Durchführungsrechtsakten fest. Diese Durchführungsrechtsakte werden gemäß dem in Artikel 98 Absatz 2 genannten Prüfverfahren erlassen.

Das Unionsrecht oder nationale Recht für das Testen von Hochrisiko-KI-Systemen unter Realbedingungen im Zusammenhang mit Produkten, die unter die in Anhang I aufgeführten Harmonisierungsrechtsvorschriften der Union fallen, bleibt von dieser Bestimmung unberührt.

(2) Anbieter oder zukünftige Anbieter können in Anhang III genannte Hochrisiko-KI-Systeme vor deren Inverkehrbringen oder Inbetriebnahme jederzeit selbst oder in Partnerschaft mit einem oder mehreren Betreibern oder zukünftigen Betreibern unter Realbedingungen testen.

(3) Tests von KI-Systemen unter Realbedingungen gemäß diesem Artikel lassen nach dem Unionsrecht oder dem nationalen Recht gegebenenfalls vorgeschriebene Ethikprüfungen unberührt.

(4) Tests unter Realbedingungen dürfen von Anbietern oder zukünftigen Anbietern nur durchgeführt werden, wenn alle der folgenden Bedingungen erfüllt sind:

a) Der Anbieter oder der zukünftige Anbieter hat einen Plan für einen Test unter Realbedingungen erstellt und diesen bei der Marktüberwachungsbehörde in dem Mitgliedstaat eingereicht, in dem der Test unter Realbedingungen stattfinden soll;

b) die Marktüberwachungsbehörde in dem Mitgliedstaat, in dem der Test unter Realbedingungen stattfinden soll, hat den Test unter Realbedingungen und den Plan für einen Test unter Realbedingungen genehmigt; hat die Marktüberwachungsbehörde innerhalb von 30 Tagen keine Antwort gegeben, so gelten der Test unter Realbedingungen und der Plan für einen Test unter Realbedingungen als genehmigt; ist im nationalen

Recht keine stillschweigende Genehmigung vorgesehen, so bleibt der Test unter Realbedingungen genehmigungspflichtig;

c) der Anbieter oder zukünftige Anbieter, mit Ausnahme der in Anhang III Nummern 1, 6 und 7 genannten Anbieter oder zukünftigen Anbieter von Hochrisiko-KI-Systemen in den Bereichen Strafverfolgung, Migration, Asyl und Grenzkontrolle und der in Anhang III Nummer 2 genannten Hochrisiko-KI-Systeme, hat den Test unter Realbedingungen unter Angabe einer unionsweit einmaligen Identifizierungsnummer und der in Anhang IX festgelegten Informationen gemäß Artikel 71 Absatz 4 registriert; der Anbieter oder zukünftige Anbieter von Hochrisiko-KI-Systemen gemäß Anhang III Nummern 1, 6 und 7 in den Bereichen Strafverfolgung, Migration, Asyl und Grenzkontrollmanagement hat die Tests unter Realbedingungen im sicheren nicht öffentlichen Teil der EU-Datenbank gemäß Artikel 49 Absatz 4 Buchstabe d mit einer unionsweit einmaligen Identifizierungsnummer und den darin festgelegten Informationen registriert; der Anbieter oder zukünftige Anbieter von Hochrisiko-KI-Systemen gemäß Anhang III Nummer 2 hat die Tests unter Realbedingungen gemäß Artikel 49 Absatz 5 registriert;

d) der Anbieter oder der zukünftige Anbieter, der den Test unter Realbedingungen durchführt, ist in der Union niedergelassen oder hat einen in der Union niedergelassenen gesetzlichen Vertreter bestellt;

e) die für die Zwecke des Tests unter Realbedingungen erhobenen und verarbeiteten Daten werden nur dann an Drittländer übermittelt, wenn gemäß Unionsrecht geeignete und anwendbare Schutzvorkehrungen greifen;

f) der Test unter Realbedingungen dauert nicht länger als zur Erfüllung seiner Zielsetzungen nötig und in keinem Fall länger als sechs Monate; dieser Zeitraum kann um weitere sechs Monate verlängert werden, sofern der Anbieter oder der zukünftige Anbieter die Marktüberwachungsbehörde davon vorab in Kenntnis setzt und erläutert, warum eine solche Verlängerung erforderlich ist;

g) Testteilnehmer im Rahmen von Tests unter Realbedingungen, die aufgrund ihres Alters oder einer Behinderung schutzbedürftigen Gruppen angehören, sind angemessen geschützt;

h) wenn ein Anbieter oder zukünftiger Anbieter den Test unter Realbedingungen in Zusammenarbeit mit einem oder mehreren Betreibern oder zukünftigen Betreibern organisiert, werden Letztere vorab über alle für ihre Teilnahmeentscheidung relevanten Aspekte des Tests informiert und erhalten die einschlägigen in Artikel 13 genannten Betriebsanleitungen für das KI-System; der Anbieter oder zukünftige Anbieter und der Betreiber oder zukünftige Betreiber schließen eine Vereinbarung, in

der ihre Aufgaben und Zuständigkeiten festgelegt sind, um für die Einhaltung der nach dieser Verordnung und anderem Unionsrecht und nationalem Recht für Tests unter Realbedingungen geltenden Bestimmungen zu sorgen;

i) die Testteilnehmer im Rahmen von Tests unter Realbedingungen erteilen ihre informierte Einwilligung gemäß Artikel 61, oder, wenn im Fall der Strafverfolgung die Einholung einer informierten Einwilligung den Test des KI-Systems verhindern würde, dürfen sich der Test und die Ergebnisse des Tests unter Realbedingungen nicht negativ auf die Testteilnehmer auswirken und ihre personenbezogenen Daten werden nach Durchführung des Tests gelöscht;

j) der Anbieter oder zukünftige Anbieter und die Betreiber und zukünftigen Betreiber lassen den Test unter Realbedingungen von Personen wirksam überwachen, die auf dem betreffenden Gebiet angemessen qualifiziert sind und über die Fähigkeit, Ausbildung und Befugnis verfügen, die für die Wahrnehmung ihrer Aufgaben erforderlich sind;

k) die Vorhersagen, Empfehlungen oder Entscheidungen des KI-Systems können effektiv rückgängig gemacht und außer Acht gelassen werden.

(5) Jeder Testteilnehmer bezüglich des Tests unter Realbedingungen oder gegebenenfalls dessen gesetzlicher Vertreter kann seine Teilnahme an dem Test jederzeit durch Widerruf seiner informierten Einwilligung beenden und die unverzügliche und dauerhafte Löschung seiner personenbezogenen Daten verlangen, ohne dass ihm daraus Nachteile entstehen und er dies in irgendeiner Weise begründen müsste. Der Widerruf der informierten Einwilligung wirkt sich nicht auf bereits durchgeführte Tätigkeiten aus.

(6) Im Einklang mit Artikel 75 übertragen die Mitgliedstaaten ihren Marktüberwachungsbehörden die Befugnis, Anbieter und zukünftige Anbieter zur Bereitstellung von Informationen zu verpflichten, unangekündigte Ferninspektionen oder Vor-Ort-Inspektionen durchzuführen und die Durchführung der Tests unter Realbedingungen und damit zusammenhängende Hochrisiko-KI-Systeme zu prüfen. Die Marktüberwachungsbehörden nutzen diese Befugnisse, um für die sichere Entwicklung von Tests unter Realbedingungen zu sorgen.

(7) Jegliche schwerwiegenden Vorfälle im Verlauf des Tests unter Realbedingungen sind den nationalen Marktüberwachungsbehörden gemäß Artikel 73 zu melden. Der Anbieter oder zukünftige Anbieter trifft Sofortmaßnahmen zur Schadensbegrenzung; andernfalls setzt er den Test unter Realbedingungen so lange aus, bis eine Schadensbegrenzung stattgefunden hat, oder bricht ihn ab. Im Fall eines solchen Abbruchs des Tests unter Real-

bedingungen richtet der Anbieter oder zukünftige Anbieter ein Verfahren für den sofortigen Rückruf des KI-Systems ein.

(8) Anbieter oder zukünftige Anbieter setzen die nationalen Marktüberwachungsbehörde in dem Mitgliedstaat, in dem der Test unter Realbedingungen stattfindet, über die Aussetzung oder den Abbruch des Tests unter Realbedingungen und die Endergebnisse in Kenntnis.

(9) Anbieter oder zukünftige Anbieter sind nach geltendem Recht der Union und geltendem nationalen Recht für Schäden haftbar, die während ihrer Tests unter Realbedingungen entstehen.

Mit Art. 60 korrespondieren die Erwägungsgründe 141, 142, 144, 145.

Schrifttum: *Bader/Ronellenfitsch* (Hrsg.), Beck'scher Online-Kommentar VwVfG, 63. Edition (Stand: 1.4.2024); *Bomhard/Merkle*, Europäische KI-Verordnung, RDi 2021, 276; *Bomhard/Siglmüller*, AI Act – das Trilogergebnis, RDi 2024, 45; *Botta*, Die Förderung innovativer KI-Systeme in der EU, ZfDR 2022, 391; *Chibanguza/Kuß/Steege*, Künstliche Intelligenz, 2022; *Choi/van Eck/van der Heijden/Hooghiemstra/Vollebregt*, Legal analysis, European legislative proposal draft AI act and MDR/IVDR, https://www.government.nl/binaries/government/documenten/publications/2022/05/25/legal-analysis-european-legislative-proposal-draft-ai-act-and-mdr-ivdr/Report+analysis+AI+act+-+MDR+and+IVDR.pdf; *Coravos/Khozin/Mandl*, Developing and adopting safe and effective digital biomarkers to improve patient outcomes, npj Digit. Med. 2, 14 (2019), https://doi.org/10.1038/s41746-019-0090-4; *Dettling/Jacobus*, Künstliche Intelligenz im Lebenszyklus eines Arzneimittels, A&R 2023, 227; *Ehmann/Selmayr* (Hrsg.), DS-GVO, 3. Aufl. 2024; *Fischer/Schulte-Mattler* (Hrsg.), KWG, CRR-VO, 6. Aufl. 2023; *Frisch/Kohpeiß*, KI-Verordnung: Aktueller Stand und Vergleich der Änderungsvorschläge des Rates und des Parlaments, ZD-Aktuell 2023, 01318; *Fuhrmann/Klein/Fleischfresser*, Arzneimittelrecht, 3. Aufl. 2020; *Gerdemann*, Konformitätsbewertung als Kernpflicht der KI-Verordnung, NJW 2024, 2209; *Gerst/Brala/Ahmed*, Die Co-Sponsorenschaft bei klinischen Prüfungen gemäß VO 536/2014 – eine Gesellschaft bürgerlichen Rechts?, MedR 2024, 421; *Hahn*, Die Regulierung biometrischer Fernidentifizierung in der Strafverfolgung im KI-Verordnungsentwurf der EU-Kommission, ZfDR 2023, 142; *Hausmann/Odersky*, Internationales Privatrecht in der Notar- und Gestaltungspraxis, 4. Aufl. 2021; *Hennemann/Ebner/Karsten/Lienemann/Wienroeder*, Data Act, https://doi.org/10.5771/9783748918691-35; *Hilgendorf/Roth-Isigkeit* (Hrsg.), Die neue Verordnung der EU zur Künstlichen Intelligenz, 2023; *Ho/Caals*, How the EU AI Act Seeks to Establish an Epistemic Environment of Trust, Asian Bioethics Review, Vol. 16 2024, 345, https://doi.org/10.1007/s41649-024-00304-6; *Hofer*, Der EU Data Act: Neue Anforderungen an die Konzeption von vernetzten Produkten und Companion Apps, MPJ 2024, 87; *Hofer*, Neue gesetzliche Vorgaben auch für (digitale) Medizinprodukte, MPJ 2022, 12; *Hofer/Tsakiliotis*, Tests unter Realbedingungen für Hochrisiko-KI-Systeme – eine klinische Prüfung light?, KIR 2024, 174; *Hofmann/Raue*, Digital Services Act, 2023; *Hoeren/Sieber/Holznagel*, Handbuch Multimedia-Recht, Werkstand: 61. EL März 2024; *Honer/Schöbel*, Das Gesetz über Künstliche Intelligenz im System der europäischen Digitalregulierung – Ein Überblick, JuS 2024, 648; *Hüger*, Die Rechtmäßigkeit von Datenverarbeitungen im Lebenszyklus von KI-Systemen, ZfDR 2024, 263; *Kaulartz/Braegelmann*, Rechtshandbuch Artificial Intelligence und Machine Learning, 2020; *Knauer/Kudlich/Schneider* (Hrsg.), Münchener Kommentar zur StPO, 2. Aufl. 2024; *Krätzschmar/Forster*, Die neue EU-Verordnung über klinische Prüfungen, GWR 2017, 257; *Krönke*, Das europäische KI-Gesetz: Eine Verordnung mit Licht und Schatten, NVwZ 2024, 529; *Kugelmann/Buchmann*, Der Algorithmus und die Künstliche Intelligenz als Ermittler, GSZ 2024, 1; *Mann/Sennekamp/Uechtritz*, Verwaltungsverfahrensgesetz, 2. Aufl. 2019; *Martini/Wiesehöfer*, Auf dem Weg zur Regulierung von General-Purpose-AI – eine erste Bestandsaufnahme und Kritik der Regelungsentwürfe, NVwZ 2024, 137; *Nettesheim*, Normenhierarchien im EU-Recht, EuR 2006, 737; *Rehmann/Wagner*, MP-VO, Verordnung (EU) 2017/745 über Medizinprodukte, 4. Aufl. 2023; *Rosenthal*, Der EU AI Act – Verordnung über künstliche Intelligenz, Jusletter 5. August 2024, https://www.rosenthal.ch/downloads/Rosenthal_AI-Act_Jusletter_050824.pdf; *Schmitz/Kraul/Bachmann/Priebs/von dem Berge/Schulz/Kunz/Rücker/Mayer/Nathanail/Manntz*, Analyse der Potentiale und rechtlichen Umsetzungsmöglichkeiten von KI-Reallaboren auf europäischer und nationaler Ebene unter besonderer Berücksichtigung des Entwurfs der Europäischen Kommission für einen KI-Rechtsrahmen, Teil I: Regelungsrahmen: Analyse zum rechtlichen Rahmen für KI in den Sektoren Finanzen, Mobilität, Verwaltung, Gesundheit, Rechtsdienstleistung sowie Klimawandel und Energie, Gutachten für das Bundesministerium für Wirtschaft und Klimaschutz (April 2022), https://www.bmwk.de/Redaktion/DE/Publikationen/Studien/gutachten-noerr-reallabore.pdf?__-blob=publication File&v=1; *Schmitz/Kraul/Bachmann/Priebs/von dem Berge/Nathanail/Lehrian/Otto*, Analyse der Potentiale und rechtlichen Umsetzungsmöglichkeiten von KI-Reallaboren auf europäischer und nationaler Ebene unter besonderer Berücksichtigung des Entwurfs der Europäischen Kommission für einen KI-Rechtsrahmen, Teil III: Lösungen: Analyse zur rechtlichen Umsetzung der Erwartungen an und Leistungen von KI-Reallaboren und zu weiteren Kernaussagen aus den Experteninterviews im Rahmen europäischer und nationaler Rechtsetzung, Gutachten für das Bundesministerium für Wirtschaft und Klimaschutz (Oktober 2022), https://www.bmwk.de/Redaktion/DE/Publikationen/Studien/gutachten-noerr-reallabore.pdf?__blob=publicationFile&v=1; *Schoch/Schneider*, Verwaltungsrecht, Werkstand: 4. EL November 2023; *Schreiber/Pommerening/Schoel*, Das neue Recht der Daten-Governance, 2023; *Specht/Hennemann*, Data Governance Act, 2023; *Specht-Riemenschneider*, Datennutz und Datenschutz: Zum Verhältnis zwischen Datenwirtschaftsrecht und DSGVO, ZEuP 2023, 638; *Spickhoff* (Hrsg.), Medizinrecht, 4. Aufl. 2022; *Spickhoff/Handorn* (Hrsg.), Handbuch Medizinisches Forschungsrecht, 2024; *Steinrötter*, Verhältnis von Data Act und DS-GVO, GRUR 2023, 216; *Stelkens/Bonk/Sachs*, Verwaltungsverfahrensgesetz, 10. Aufl. 2023; *Streinz*, EUV/AEUV, 3. Aufl. 2018; *Sydow*, Europäisierte Verwaltungsverfahren, JuS 2005, 97; *Theis*, Auswirkungen der KI-Verordnung und der KI-Haftungs-Richtlinie auf die Haftung beim KI-Einsatz in der Finanzbranche, BKR 2024, 414; *Thiermann*, Klinische Prüfungen mit KI-basierten Medizinprodukten im Anwendungsbereich der KI-Verordnung, MPR 2025, 10; *Thiermann/Böck*, Künstliche Intelligenz in Medizinprodukten, RDi 2022, 333; *van Kolfschooten/van Oirschot*, The EU Artificial Intelligence Act (2024): Implications for healthcare, Health Policy Vol. 149, 2024, https://doi.org/10.1016/j.healthpol.2024.105152; *Weinert*, Der neue Co-Sponsor: Was ist zu beachten?, A&R 2019, 12; *Wittenbrink/Kraus/Demirci/Straub*, Leitfaden für das Qualitätsmanagementsystem bei der Entwicklung von KI-Produkten und -Services (Stand: Dezember 2022), Leitfaden im Auftrag des Bundesministeriums für Wirtschaft und Klimaschutz (BMWK) im Rahmen der Begleitforschung zum Technologieprogramm „Künstliche Intelligenz als Treiber für volkswirtschaftlich relevante Ökosysteme" (KI-Innovationswettbewerb), https://www.digitale-technologien.de/DT/Redaktion/DE/Downloads/Publikation/KI-Inno/ 2022/2022_12_20_Leitfaden_Qualit%C3%A4tsmanagement.pdf?__blob=-

publicationFile &v=1; *Wolff/Brink/v. Ungern-Sternberg* (Hrsg.), Beck'scher Online-Kommentar Datenschutzrecht, 48. Edition, Stand: 1.5.2024.

Übersicht

I. Allgemeines

1. Zweck der Vorschrift

Anbieter bzw. zukünftige Anbieter der in Anhang III aufgeführten Hochrisiko-KI-Systeme sollen jenseits der Möglichkeit der Reallabore auch von einer Regelung zur Testung solcher Systeme unter Realbedingungen profitieren können.[1] Der Ausdruck der Realtestung bezeichnet ausweislich des Art. 3 Nr. 57 „den befristeten Test eines KI-Systems auf seine Zweckbestimmung, der unter Realbedingungen außerhalb eines Labors oder einer anderweitig simulierten Umgebung erfolgt, um zuverlässige und belastbare Daten zu erheben und die Kon- 1

1 Als Auslegungshilfe dient hier insbesondere ErwG 141; zur fehlenden rechtlichen Verbindlichkeit vgl. EuGH, Urt. v. 13.7.1989 – 215/88, BeckRS 2004, 72342 Rn. 31 – Casa Fleischhandel.

formität des KI-Systems mit den Anforderungen der vorliegenden Verordnung zu bewerten und zu überprüfen", wobei solche „Freilandversuche"[2] „nicht als Inverkehrbringen oder Inbetriebnahme des KI-Systems im Sinne dieser Verordnung gilt, sofern alle Bedingungen nach Artikel 57 oder Artikel 60 erfüllt sind".

2 Es erfolgt somit eine **zweifache Zwecksetzung**.[3] Zum einen als wirtschafts- und rechtspolitisches Instrument. Die Maßnahme entstammt dem Werkzeugkasten der **Innovationsförderung** (Kapitel VI). Gerade potenziell risikoträchtige Systeme in strategischen Bereichen sollen so die Möglichkeit erhalten, Praxistests durchzuführen. Da es branchenübergreifend bislang an solchen Regelungen fehlt, kann hierdurch Rechtsunsicherheit beseitigt werden.[4] Hierdurch soll der Markteintritt von Hochrisiko-KI-Systemen beschleunigt werden.[5] Die Erprobung wird regulatorisch als **„Vertrauensbereich"**[6] eingehegt, in welchem angemessene und ausreichende Garantien zum Schutz der Testteilnehmer geschaffen werden. Diese umfassen beispielsweise die informierte Einwilligung der natürlichen Person zur Testteilnahme, welche separat zur datenschutzrechtlichen Einwilligung zu sehen ist, und eine etwaige Ethikprüfung. So soll eine angemessene Balance von Innovationsförderung und Innovationsverantwortung erreicht werden. Insgesamt erinnert die Ausgestaltung dieses Vertrauensbereichs an die Vorgaben bei klinischen Prüfungen von Arzneimitteln und Medizinprodukten respektive Leistungsbewertungen von In-vitro-Diagnostika.[7]

---

2 *Rosenthal*, Der EU AI Act – Verordnung über künstliche Intelligenz, S. 9.

3 So auch in Zusammenhang mit Reallaboren *Schmitz/Kraul/Bachmann* et al., Analyse der Potentiale und rechtlichen Umsetzungsmöglichkeiten von KI-Reallaboren auf europäischer und nationaler Ebene unter besonderer Berücksichtigung des Entwurfs der Europäischen Kommission für einen KI-Rechtsrahmen, Teil I, S. 7.

4 Hierzu *Schmitz/Kraul/Bachmann* et al., Analyse der Potentiale und rechtlichen Umsetzungsmöglichkeiten von KI-Reallaboren auf europäischer und nationaler Ebene unter besonderer Berücksichtigung des Entwurfs der Europäischen Kommission für einen KI-Rechtsrahmen, Teil I, S. 7.

5 Vgl. ErwG 141 Satz 1.

6 *Ho/Caals*, ABR 2024, 345, sprechen von einer „trust domain"; auch *Schmitz/Kraul/Bachmann* et al., Analyse der Potentiale und rechtlichen Umsetzungsmöglichkeiten von KI-Reallaboren auf europäischer und nationaler Ebene unter besonderer Berücksichtigung des Entwurfs der Europäischen Kommission für einen KI-Rechtsrahmen, Teil I, S. 5, betonen in Zusammenhang mit Reallaboren den partizipativen Charakter, der zu gesellschaftlicher Akzeptanz führen kann.

7 Vertiefend *Hofer/Tsakiliotis*, KIR 2024, 174 ff.; ebenso *Ho/Caals*, ABR 2024, 345, 363; eine (weitere) interessante Anleihe aus dem Arzneimittelrecht nehmen *Martini/Wiesehöfer*, NVwZ 2024, 137, 138, indem sie vorschlagen, das Pharmakovigilanzsystem de lege ferenda „als Blaupause für Regulierungsansätze" auch für General Purpose AI nutzbar zu machen.

Zum anderen soll hierdurch die **Erfüllung der regulatorischen Vorgaben** erleichtert werden. Es soll sichergestellt werden, dass der Anbieter überhaupt seinem Auftrag nach Art. 9 zur Implementierung („eingerichtet, angewandt, dokumentiert und aufrechterhalten“) eines Risikomanagementsystems (siehe Art. 9 Rn. 6 ff.) nachkommen kann.[8] Hiernach müssen die Systeme getestet werden, um die am besten geeigneten Risikomanagementmaßnahmen zu ermitteln (Art. 9 Abs. 6 Satz 1). Art. 9 Abs. 7 stellt klar, dass die Testverfahren einen Test unter Realbedingungen gemäß Art. 60 zwar nicht verpflichtend vorsehen müssen, sondern nur umfassen „können“. Gleichwohl wird eine solche Testung häufig indiziert sein.[9] Denn die Konzeption von KI-Modellen erfolgt in der Regel laborähnlich, sodass sich bestimmte Risiken erst im Realbetrieb offenbaren können.[10] Erst die spezifischen und realen Umgebungsbedingungen schaffen den Rahmen dafür, dass die Leistungsfähigkeit effektiv geprüft werden kann.[11] Unter dem Vorbehalt, dass alle Bedingungen nach Art. 60 eingehalten werden, gilt dann das in Erprobung befindliche System als nicht in Verkehr gebracht und nicht in Betrieb genommen. 3

Es ist begrüßenswert, dass der EU-Gesetzgeber auf den letzten Metern den nicht groß bestückten Werkzeugkasten zur Innovationsförderung weiter gefüllt hat.[12] Allerdings bleibt abzuwarten, ob diese Maßnahmen aufgrund der **restriktiven Ausgestaltung** wirklich ihren Zweck erfüllen können.[13] Zu Recht wird von 4

8 Für Hochrisiko-KI-Systeme muss gemäß Art. 16 lit. c i.V.m. Art. 17 ein Qualitätsmanagementsystem vorgehalten werden. Dieses sieht wiederum nach Art. 17 lit. g die Implementierung eines Risikomanagementsystems nach Maßgabe des Art. 9 vor.

9 So auch *Wittenbrink/Kraus/Demirci/Straub*, Leitfaden für das Qualitätsmanagementsystem bei der Entwicklung von KI-Produkten und -Services, S. 51: „Eine Überprüfung unter Laborbedingungen allein […] ist nicht ausreichend, wie mittlerweile viele Beispiele aus der Praxis belegen […]“.

10 *Spindler*, in: Hilgendorf/Roth-Isigkeit, Die neue Verordnung der EU zur Künstlichen Intelligenz, § 5 Rn. 16; *Hüger*, ZfDR 2024, 263, 279.

11 Vgl. *Wittenbrink/Kraus/Demirci/Straub*, Leitfaden für das Qualitätsmanagementsystem bei der Entwicklung von KI-Produkten und -Services, S. 68.

12 Auch in der Praxis werden von der EU Maßnahmen der Infrastrukturförderung unternommen, indem sog. Test- und Experimentiereinrichtungen in verschiedenen Sektoren (Agrar-Lebensmittel: Projekt „AgrifoodTEF“, Gesundheitswesen: Projekt „TEF-Gesundheit“, Herstellung: Projekt „AI-MATTERS“, Smart Cities & Communities: Projekt „Citcom.AI“) betrieben werden (siehe https://digital-strategy.ec.europa.eu/de/activities/testing-and-experimentation-facilities#tab_4). Ob im Rahmen dieser Einrichtungen auch „in realer Umgebung“ getestet werden kann oder doch nur dem KI-Reallabor eine Heimstätte geschaffen wird, bleibt abzuwarten.

13 *Bomhard/Siglmüller*, RDi 2024, 45, sprechen zu Recht von einem „präventiven Verbotsgesetz“; kritisches Fazit („holzschnittartig“) in Zusammenhang mit den Reallaboren auch *Voß*, in: Hilgendorf/Roth-Isigkeit, Die neue Verordnung der EU zur Künstlichen Intelligenz, § 9 Rn. 2.

einem schwierigen „**Balanceakt zwischen Regulierung und Innovationsförderung**“[14] gesprochen[15]. Auch wird es darauf ankommen, wie innovationsfreundlich die Modalitäten in den Durchführungsrechtsakten ausgearbeitet werden.[16]

2. Entstehungsgeschichte

5 Während die KI-Reallabore bereits im Kommissionsentwurf als „Kernstück“[17] der Maßnahmen zur Innovationsförderung vorgesehen waren, wurden die Tests von Hochrisiko-KI-Systemen unter Realbedingungen erst später in das Gesetzgebungsverfahren eingeführt. Der Rat sah im Rahmen seiner allgemeinen Ausrichtung[18] ein Bedürfnis, jenseits der kontrollierten Umgebung eines Reallabors, welches Kapazitätsgrenzen aufweisen kann,[19] auch die Möglichkeit der Realtestung zugunsten der Innovationsförderung vorzusehen.[20] Im Rahmen des Trilogs wurden die Bedingungen, die an solche Tests zu stellen sind, weiter verschärft.[21] So sah der ursprüngliche Ratsentwurf nur vor, dass die Marktüberwachungsbehörde einen Widerspruchsvorbehalt genießt.[22] Diese Widerspruchsmöglichkeit wurde zugunsten einer grundsätzlichen Genehmigungspflicht mit Genehmigungsfiktion nach Zeitablauf abgelöst. Auch die Weiternutzung der

---

14 *Voß*, in: Hilgendorf/Roth-Isigkeit, Die neue Verordnung der EU zur Künstlichen Intelligenz, § 9 Rn. 1; von anderen als „vielversprechendes“ Konzept empfunden, vgl. *Krönke*, NVwZ 2024, 529, 530.

15 Kritisch hierzu, insbesondere zu den Regulatory Sandboxes („Schlags ins Wasser“) *Rosenthal*, Der EU AI Act – Verordnung über künstliche Intelligenz, S. 4.

16 So auch *Voß*, in: Hilgendorf/Roth-Isigkeit, Die neue Verordnung der EU zur Künstlichen Intelligenz, § 9 Rn. 32 in Zusammenhang mit dem KI-Reallabor.

17 *Botta*, ZfDR 2022, 391, 398.

18 Mit solch einer allgemeinen Ausrichtung wird der vorläufige Standpunkt des Rates festgelegt, welcher die Grundlage für die Vorbereitung der Verhandlungen mit dem Europäischen Parlament bildet.

19 *Voß*, in: Hilgendorf/Roth-Isigkeit, Die neue Verordnung der EU zur Künstlichen Intelligenz, § 9 Rn. 21.

20 Europäischer Rat, Vorschlag für eine Verordnung des Europäischen Parlaments und des Rates zur Festlegung harmonisierter Vorschriften für künstliche Intelligenz (Gesetz über künstliche Intelligenz) und zur Änderung bestimmter Rechtsakte der Union – Allgemeine Ausrichtung (6.12.2022), 15698/22, hierzu *Frisch/Kohpeiß*, ZD-Aktuell 2023, 01318.

21 Im Rahmen des zweiten Trilogs wurde das Thema vom Rat gegenüber dem Parlament am 10.7.2023 (11320/1/23 REV 1) wie folgt eingeführt: „Delegations are asked to indicate whether they would be open to the possibility of allowing real world testing of high-risk AI systems, but with some additional safeguards which would provide more control to national competent authorities over such real world testing and which would include stricter conditions related to the protection of personal data.“

22 Art. 54a (4)b.

bislang rechtmäßig erhobenen personenbezogenen Daten im Widerrufsfall im Einklang mit den tradierten Grundsätzen der klinischen Prüfung wurde gestrichen. Des Weiteren wurde der Testzeitraum von ursprünglich zwölf Monaten zulasten einer „sechs plus sechs"-Lösung geändert. Im Übrigen erfolgte in der finalen Fassung der Auftrag an die Mitgliedstaaten, für eine Kompetenzeinräumung zugunsten der Marktüberwachungsbehörden zu sorgen.[23]

3. Verhältnis zu anderen Vorschriften

Die Realtestung fügt sich alles andere als friktionslos in die KI-VO ein. Es lohnt sich deshalb zunächst die Binnenbetrachtung innerhalb der KI-VO zum Verhältnis zwischen Realtestung auf der einen und KI-Reallabor sowie Forschungsprivileg auf der anderen Seite. Im Rahmen der Außenbetrachtung wird das komplizierte Zusammenspiel mit dem wichtigen Referenzbereich des Medizinprodukterechts, geregelt in der Verordnung (EU) 2017/745 (Medizinprodukteverordnung – MP-VO),[24] in den Blick genommen. Schließlich folgen Überlegungen zum nationalen Rechtsrahmen in Deutschland. 6

a) KI-Reallabor

Das Testen unter Realbedingungen steht ausweislich des klaren Wortlauts „außerhalb von KI-Reallaboren".[25] Auch ErwG 141 spricht davon, dass Anbieter von diesen Regelungen profitieren können sollen, „ohne sich an einem KI-Reallabor zu beteiligen". Die beiden Rechtsinstitute stehen damit in einem sich gleichsam ergänzenden **Alternativverhältnis**. Der Anbieter hat die Wahl, ob er sich für das „Reallabor Pur" (ohne Testen unter Realbedingungen), das „Reallabor Plus" (optional ergänzt um das Testen unter Realbedingungen)[26] oder für das separate Testen unter Realbedingungen (ohne Anschluss an das Reallabor) entscheidet. 7

Systematisch und nach dem Wortlaut handelt es sich bei dem Verweis in Art. 57 Abs. 5 Satz 2 auf das optionale Testen unter Realbedingungen um **keine** – in deutscher Terminologie – **Rechtsgrundverweisung auf Art. 60**. 8

23 Bei dem Verweis auf Art. 75 (Amtshilfe, Marktüberwachung und Kontrolle von KI-Systemen mit allgemeinem Verwendungszweck) muss es sich um ein redaktionelles Versehen handeln. Vielmehr wollte der Gesetzgeber auf Art. 76 referenzieren (siehe Rn. 59).

24 Die gleichen Überlegungen gelten auch für In-vitro-Diagnostika unter dem Regime der Verordnung (EU) 2017/746.

25 Art. 60 Abs. 1 Satz 1.

26 Vgl. Art. 57 Abs. 5 Satz 2.

b) Forschungs-, Test- und Entwicklungstätigkeiten

9 Forschungs-, Test- und Entwicklungstätigkeiten **zu KI-Systemen** werden gemäß **Art. 2 Abs. 8 Satz 1** vom Anwendungsbereich der KI-VO ausgenommen, solange sie noch nicht in Verkehr gebracht oder in Betrieb genommen wurden.[27] Vom Anwendungsbereich werden **nicht nur KI-Systeme mit „Research Use Only"**-Zweckbestimmung erfasst, sondern auch jene mit anderem bzw. breiter gefasstem Verwendungszweck (siehe Art. 2 Rn. 70 ff.). Durch die Rückausnahme in Art. 2 Abs. 8 Satz 3 gilt dies jedoch nicht für Tests unter Realbedingungen. Sprich: Für KI-Systeme, die nicht allein den Zwecken der Forschung zu dienen bestimmt sind, was für die Mehrzahl an Systemen der Fall sein wird, gilt keine Bereichsausnahme im Fall der Testung unter Realbedingungen. Vielmehr sind sie an sich vom Anwendungsbereich umfasst, wobei dieser Test nicht als Inverkehrbringen oder Inbetriebnahme des KI-Systems gilt, sofern alle Bedingungen nach Art. 57 oder Art. 60 erfüllt sind (siehe Art. 3 Nr. 57).

10 Allein „Research Use Only"-KI-Systeme könnten somit **unter Art. 2 Abs. 6** soweit gehen, eine der Inbetriebnahme entsprechende Testung vorzunehmen, ohne dem Anwendungsbereich der KI-VO zu unterfallen. Auch wenn eine solche Testung als „Real World"-Testung „außerhalb eines Labors oder einer anderweitig simulierten Umgebung" stattfinden würde und damit inhaltlich dem Test unter Realbedingungen nach Art. 3 Nr. 57 gleichen würde, fehlt die notwendige Zweckrichtung nach der Legaldefinition: Ein solches KI-System wird gerade nicht im Hinblick auf eine Konformitätsbewertung getestet – was jedoch Art. 3 Nr. 57 verlangt (siehe Art. 3 Rn. 419 ff.).

c) Exkurs: Medizinprodukterecht

11 Als komplizierte Verzahnung erweist sich das Zusammenspiel mit der sektoralen Medizinprodukteverordnung gerade mit Blick auf die Erprobungsphase. Medizinprodukte dürfen gemäß Art. 5 Abs. 1 MP-VO nur in den Verkehr gebracht oder in Betrieb genommen werden, wenn sie bei sachgemäßer Lieferung, korrekter Installation und Instandhaltung und ihrer Zweckbestimmung entsprechenden Verwendung der MP-VO genügen.[28] Sie müssen dafür unter Berücksichtigung ihrer Zweckbestimmung den in Anhang I MP-VO festgelegten, für das Produkt geltenden Sicherheits- und Leistungsanforderungen genügen (Art. 5 Abs. 2 MP-VO). Ein Nachweis der Einhaltung der Anforderungen umfasst dabei nach

27 Zu KI-gestützten Medizinprodukten, Medtec Online-Leitfaden „Regulatorische Einordnung klinischer Studien mit Medizinprodukten" (Version 1.0 vom 25.11.2024), S. 59, https://www.bfarm.de/SharedDocs/Downloads/DE/Medizinprodukte/bmbf_medtec_leitfaden_mp.html.

28 Zur Einordnung von Software als Medizinprodukt vgl. *Thiermann/Böck*, RDi 2022, 333, 334 f.

Art. 5 Abs. 3 MP-VO eine **klinische Bewertung** gemäß Art 61 MP-VO. Dabei ist zu konstatieren, dass eine klinische Bewertung in der KI-VO nicht vorgesehen ist.[29] Somit wird eine solche überschießend respektive komplementär gegenüber der KI-VO durch die MP-VO als Sonderregime gefordert. Da eine Abgabe im Rahmen einer klinischen Prüfung[30] ein Inverkehrbringen darstellt, wird in Art. 2 Nr. 28 MP-VO klargestellt, dass **Prüfprodukte** als **nicht in Verkehr gebracht gelten**. Es sollen durch die klinische Prüfung erst entsprechende klinische Daten erzeugt werden, sodass es zur Ermöglichung der Konformitätsbewertung nötig ist, eine solche Ausnahme zu statuieren.

Ein solcher Hinweis fehlt in Art. 3 Nr. 9 KI-VO, sodass ein Gleichlauf nicht gegeben ist. Im KI-Regelungsgefüge erfolgt die Verortung einer Ausnahme vom Inverkehrbringen über den Umweg der Legaldefinition „Test unter Realbedingungen“ (siehe Art. 3 Rn. 57 ff.) – freilich vorbehaltlich der Einhaltung der Anforderungen der Art. 57 und 60. Hierdurch ist ein rechtlicher Konflikt gleichsam vorprogrammiert – jedenfalls unter dem Regime des Art. 60. Denn wenn ein Prüfprodukt bereits als in Verkehr gebracht gilt (jedenfalls nach der KI-VO),[31] scheinbar jedoch nicht von der Testung unter realen Bedingungen profitieren kann (siehe unten Rn. 22 ff.), deren Anforderungen aber gerade eingehalten werden müssen, um von der Privilegierung profitieren zu können, dann wähnt man sich in einem unauflöslichen Konflikt gefangen.[32] Dieser juristische Deadlock muss im Rahmen einer systematischen und teleologischen Auslegung einer Lösung zugeführt werden (dazu unten Rn. 23 f.). 12

29 Hierauf weist NEN Medical Device/AI Expert Group, Feedback on the AI Act (August 2021), S. 5, https://ec.europa.eu/info/law/better-regulation/ in der Stellungnahme zu Recht hin.

30 Zum Zusammenhang von klinischer Bewertung und klinischer Prüfung siehe *Handorn*, in: Spickhoff/Handorn, Medizinisches ForschungsR-HdB, § 22 Grundlagen Rn. 69 ff.

31 A. A. *Ho/Caals*, ABR 2024, 345, 357, die pauschal auf Art. 2 (ohne genauere Verortung) rekurrieren: „For this reason, the legislation will not apply if an AI system is being developed or tested within a clinical trial context and is thereby not being put into service or placed on the market.“ Dabei übersehen die Autoren indes, dass Art. 2 Abs. 6 u. U. nicht einschlägig ist, da es an der alleinigen Zwecksetzung der Forschung fehlen kann. Für sonstige KI-Systeme stellt wiederum Art. 2 Abs. 8 klar, dass die Testung unter Realbedingungen gerade nicht vom Ausschluss profitiert. Unentschieden *Choi/van Eck/van der Heijden/Hooghiemstra/Vollebregt*, Legal analysis, European legislative proposal draft AI act and MDR/IVDR, S. 36 („it is not clear if a device that is provided for clinical investigation under the MDR or performance studies for the purposes must already be considered to have been placed on the market for the purposes of the draft AI Act“) und *van Kolfschooten/van Oirschot*, Health Policy Vol. 149, 2024 („the AI Act’s scientific research exemption potentially leaves room to escape the regime for AI used in medical research and clinical trials, which may be a risk to patients“).

32 So auch *Thiermann*, MPR 2025, 10, 11.

13 Eine andere denkbare Lösung könnte auch das Reallabor nach Art. 57, ergänzt um die Testung unter Realbedingungen nach Art. 57 Abs. 5 Satz 2 („In diesen Reallaboren können auch darin beaufsichtigte Tests unter Realbedingungen durchgeführt werden."), sein. Ausweislich des Wortlauts von Art. 60 Abs. 1 Satz 1 („**außerhalb** von KI-Reallaboren") und Art. 3 Nr. 57 („sofern alle Bedingungen nach Artikel 57 **oder** Artikel 60 erfüllt sind") handelt es sich hierbei nicht um eine Rechtsgrundverweisung auf Art. 60, sodass die tatbestandliche Sperrwirkung gegenüber Anhang-I-Produkten nach Art. 60 Abs. 1 Satz 1 nicht greift. Eine solche gegenständliche Begrenzung findet im Rahmen von Art. 57 für das Reallabor gerade nicht statt. Allerdings ist es auch so, dass selbst ein solches „Reallabor Plus" in erster Näherung nicht ganz passgenau für Medizinprodukte scheint. Aus medizinprodukterechtlicher Sicht ist eine reduzierte klinische Prüfung nicht vorgesehen.[33] Es ist also fraglich, ob solche beaufsichtigten Tests das richtige Instrument sind, um eine klinische Prüfung zu ermöglichen.[34] Dafür spricht hingegen die Weite des Wortlauts und der Umstand, dass über Art. 58 weitere Konkretisierungen vorgesehen sind.[35] Der Durchführungsrechtsakt könnte als Brückennorm fungieren, um genau die Einhaltung der spezifischen Bedingungen für eine klinische Prüfung, gleichsam im Kleid der Testung unter Realbedingungen, zu gewährleisten. Dafür spricht auch, dass der EU-Gesetzgeber im Zuge der Reformbestrebungen des Arzneimittelrechts die Verknüpfung von Reallabor und klinischer Prüfung gesehen und explizit vorgesehen hat.[36] Es bleibt damit festzuhalten, dass auch das Reallabor – vorbehaltlich der Öffnung

33 Vgl. *Schmitz/Kraul/Bachmann* et al., Analyse der Potentiale und rechtlichen Umsetzungsmöglichkeiten von KI-Reallaboren auf europäischer und nationaler Ebene unter besonderer Berücksichtigung des Entwurfs der Europäischen Kommission für einen KI-Rechtsrahmen, Teil III, S. 52, die diesen Konflikt im Grundsatz erkannt haben: „Eine Durchführung klinischer Prüfungen, bei denen von den bestehenden Sicherheits- und Leistungsanforderungen abgewichen wird, ist aber gerade nicht vorgesehen."

34 Zweifelnd *Choi/van Eck/van der Heijden/Hooghiemstra/Vollebregt*, Legal analysis, European legislative proposal draft AI act and MDR/IVDR, S. 36.

35 In diese Richtung auch *Schmitz/Kraul/Bachmann* et al., Analyse der Potentiale und rechtlichen Umsetzungsmöglichkeiten von KI-Reallaboren auf europäischer und nationaler Ebene unter besonderer Berücksichtigung des Entwurfs der Europäischen Kommission für einen KI-Rechtsrahmen, Teil III, S. 55.

36 Vgl. Art. 113 Abs. 2 Satz 1 des Vorschlags für eine Verordnung des Europäischen Parlaments und des Rates zur Festlegung der Verfahren der Union für die Zulassung und Überwachung von Humanarzneimitteln und zur Festlegung von Vorschriften für die Europäische Arzneimittel-Agentur, zur Änderung der Verordnung (EG) Nr. 1394/2007 und der Verordnung (EU) Nr. 536/2014 sowie zur Aufhebung der Verordnung (EG) Nr. 726/2004, der Verordnung (EG) Nr. 141/2000 und der Verordnung (EG) Nr. 1901/2006, COM(2023) 193 final: „Mit dem Reallabor wird gemäß den in diesem Kapitel festgelegten Bedingungen ein Regulierungsrahmen für die Entwicklung und gegebenenfalls die klinische Prüfung und das Inverkehrbringen eines Arzneimittels […] geschaffen."

und Konkretisierung von klinischen Prüfungen zugunsten von Medizinprodukten durch die Durchführungsrechtsakte – einen tauglichen Regulierungsrahmen darstellen kann.

d) Auswirkungen auf das nationale Recht

Die gemeinsamen Schutzvorkehrungen und Standards, wie diese Tests unter realen Bedingungen durchgeführt werden sollten, sind bereits in der KI-VO vollharmonisiert enthalten. Den Mitgliedstaaten ist somit der Erlass von Regelungen, die von den unionsrechtlichen Vorgaben abweichen, verwehrt.[37] Das auf europäischer Ebene eingezogene KI-Gremium soll gemäß Art. 66 lit. d zu einer Harmonisierung der Verwaltungspraxis der Mitgliedstaaten beitragen. Im Folgenden sollen exemplarisch zwei strategisch wichtige Bereiche (**Finanzen und Verwaltung**) herausgestellt werden, die in bestimmten KI-relevanten Anwendungsfeldern unter die kritischen Bereiche des Anhangs III subsumiert werden können. 14

aa) Finanzen (vgl. Anhang III Ziffer 5 lit. b KI-VO)

Der Einsatz von KI richtet sich für Kredit- und Finanzierungsinstitute nach den allgemeinen Vorgaben der §§ 25a, 25b KWG. § 25a KWG schreibt ein angemessenes Risikomanagementsystem vor.[38] Die BaFin hat ihre Vorstellungen hiervon im Rundschreiben „Mindestanforderungen an das Risikomanagement"[39] (MaRisk) und speziell für den IT-Einsatz im weiteren Rundschreiben „Bankaufsichtliche Anforderungen an die IT"[40] (BAIT) konkretisiert. Das vorhergehende Rundschreiben MaRisk sah noch keine KI-spezifischen Regelungen vor.[41] In der aktuellen Version findet KI an zwei Stellen bereits Erwähnung: Zum einen wird klargestellt, dass die Regeln für in den Prozessen eingesetzte Modelle auch Anwendung bei automatisierten Modellen, technologiegestützter Innovation und künstlicher Intelligenz finden.[42] Zum anderen sei die Erklärbarkeit „insbesondere" für Modelle relevant, die Charakteristika von technologiegestützter Innova- 15

37 Zur Vollharmonisierung *Schröder*, in: Streinz, EUV/AEUV, Art. 114 AEUV Rn. 46.
38 *Braun*, in: Fischer/Schulte-Mattler, KWG CRR-VO, § 25a KWG Rn. 68.
39 BaFin, Rundschreiben 05/2023 (BA) in der Fassung vom 29.6.2023, Mindestanforderungen an das Risikomanagement – MaRisk, https://www.bafin.de/SharedDocs/Veroeffentlichungen/DE/Rundschreiben/2023/rs_05_2023_MaRisk_BA.html.
40 BaFin, Rundschreiben 10/2017 (BA) in der Fassung vom 16.8.2021, Bankaufsichtliche Anforderungen an die IT (BAIT), https://www.bafin.de/SharedDocs/Downloads/DE/Rundschreiben/dl_rs_1710_ba_BAIT.pdf?__blob=publicationFile&v=6.
41 BaFin, Rundschreiben 10/2021 (BA) in der Fassung vom 16.8.2021, Mindestanforderungen an das Risikomanagement – MaRisk, https://www.bafin.de/SharedDocs/Downloads/DE/Rundschreiben/dl_rs1021_MaRisk_pdf_BA.pdf?__blob=publicationFile&v=3.
42 AT 4.3.5 Tz. 1 MaRisk.

tion und künstlicher Intelligenz aufweisen.[43] Im Übrigen bleiben die Vorgaben sehr allgemein und nicht KI-spezifisch. Konkreter wird es mit dem Prinzipienpapier zum Einsatz von Big Data und KI , welches von der BaFin im Juni 2021 als Diskussionsgrundlage veröffentlicht wurde.[44] Die Prinzipien stellen vorläufige Überlegungen zu aufsichtlichen Mindestanforderungen für den Einsatz von KI dar. Eine intensivere Aufsicht sei dann angebracht, wenn mit dem Einsatz eines Algorithmus in Entscheidungsprozessen zusätzliche Risiken verbunden sind. Der **Anwendungsfall des Kreditratings** (vgl. Anhang III Ziffer 5 lit. b KI–VO)[45] wird dabei exemplarisch behandelt („Use-Case: Ergänzende Informationsauswertung für das Kreditrating").[46] Durch das Konzept „Putting the human in the loop", bei dem Beschäftigte in die Interpretation und Verwertung der algorithmischen Ergebnisse für die Entscheidungsfindung angemessen – je nach Kritikalität – eingebunden werden sollen, kann dann die Einzelfallbetrachtung unter Anwendung der De-minimis-Regelung des Art. 6 Abs. 3 (hier dürfte insbesondere Art. 6 Abs. 3 UAbs. 2 lit. d – „vorbereitende Aufgabe" – relevant sein) dazu führen, dass im Ergebnis doch kein hochriskantes KI-System vorliegt. Auch die BaFin räumt der „praktischen Anwendung" entsprechende Relevanz ein, wenn auch eher im Lebenszyklus des Produkts und nicht als formalisierter Teil der Freigabe vor dem Inverkehrbringen.[47] Insgesamt kann festgehalten werden, dass der Umgang der BaFin mit KI auf einem risikoorientierten und anlassbezogenen aufsichtlichen Ansatz beruht.[48]

16 Aufgrund der Weite der bisherigen Vorschriften ließe sich der europäische Ansatz wohl mit dem Regelungsansatz der BaFin in Einklang bringen. Zugunsten größerer Klarheit und Rechtssicherheit wäre es jedoch vorzugswürdig, das Konzept des Art. 60 auch im Rahmen von MaRisk, BAIT und dem Prinzipienpapier zum Einsatz von Big Data und KI zu reflektieren.

---

43 AT 4.3.5 Tz. 6 MaRisk.

44 BaFin, Big Data und künstliche Intelligenz: Prinzipien für den Einsatz von Algorithmen in Entscheidungsprozessen (Stand: 15.6.2021), https://www.bafin.de/SharedDocs/Downloads/DE/Aufsichtsrecht/dl_Prinzipienpapier_BDAI.pdf;jsessionid=33E04D40E956590104ED7EDC72328EEA.internet011?__blob=publicationFile&v=3.

45 Zu Qualifikation als Hochrisiko-KI-System, vgl. *Theis*, BKR 2024, 414, 416.

46 BaFin, Big Data und künstliche Intelligenz: Prinzipien für den Einsatz von Algorithmen in Entscheidungsprozessen, S. 10.

47 BaFin, Big Data und künstliche Intelligenz: Prinzipien für den Einsatz von Algorithmen in Entscheidungsprozessen, S. 14: „In der praktischen Anwendung müssen Algorithmen laufend validiert werden, um die Funktionalität und Abweichungen anhand von festgelegten Parametern zu überprüfen und ggf. Anpassungen vorzunehmen."

48 *Schmitz/Kraul/Bachmann* et al., Analyse der Potentiale und rechtlichen Umsetzungsmöglichkeiten von KI-Reallaboren auf europäischer und nationaler Ebene unter besonderer Berücksichtigung des Entwurfs der Europäischen Kommission für einen KI-Rechtsrahmen, Teil I, S. 9 f.

bb) Verwaltung (Anhang III Nr. 5 lit. a KI-VO)[49]

17 Die Verwaltung sieht sich mit einer Vielzahl von Aufgaben konfrontiert, die mit den vorhandenen personellen Kapazitäten bei angespannter Haushaltslage nur schwer zu bewältigen sind. Vor diesem Hintergrund stellt der effektive Einsatz von KI in der öffentlichen Verwaltung eine große Chance dar.[50] Gleichzeitig ist der Bereich in besonderem Maße mit Risiken behaftet, sodass etwaige Anwendungen einer kritischen Prüfung unterzogen werden müssen. Eine Teststellung in der Praxis bietet sich hierbei an.[51]

18 Die Erprobung von KI-Systemen ist soweit ersichtlich nicht fachgesetzlich geregelt. Es gibt lediglich KI-unspezifische Experimentierklauseln im Bundes-[52] und Landesrecht.[53] Letztere sehen im Wesentlichen Ausnahmen von Zuständig-

---

49 Ein weiteres Beispiel für hochrisikorelevantes Verwaltungshandeln (Anhang III Nr. 7 lit. b KI-Verordnung) findet sich im Anwendungsbeispiel 2 des KI-Leitbilds für das Ressort BMI (Stand: Mai 2024), S. 13, https://www.cio.bund.de/SharedDocs/downloads/Webs/CIO/DE/digitale-loesungen/datenpolitik/KI-Leitbild.pdf?__blob=publicationFile&v=4: „Assistenzsystem für Sicherheitsmeldungen (Bundesamt für Migration und Flüchtlinge) Das Bundesamt für Migration und Flüchtlinge (BAMF) ist verpflichtet, sicherheitsrelevante Sachverhalte in Asylanhörungen aufzuklären und weiterzugeben. Das Assistenzsystem für Sicherheitsmeldungen (ASS) unterstützt die Sachbearbeitenden sowie die Mitarbeitenden des für die Zusammenarbeit mit den Sicherheitsbehörden zuständigen Zentralreferats im Rahmen dieses Meldeprozesses. Das ASS schafft eine Arbeitserleichterung, indem es beim Erkennen sicherheitsrelevanter Sachverhalte unterstützt. Der vereinfachte medienbruchfreie Meldevorgang ermöglicht zudem effizienteres Arbeiten. Das KI-System berücksichtigt dabei nur einen kleinen Ausschnitt des schriftlichen Anhörungsprotokolls und personenbezogene Daten der Antragstellenden fließen zu keinem Zeitpunkt in das System ein. Das Melden von Fundstellen obliegt weiterhin nur den relevanten Mitarbeitenden. Das System befindet sich seit 2022 im produktiven Einsatz und wird derzeit in allen Außenstellen des BAMF eingeführt."

50 *Martini/Ruschemeier*, in: Hoeren/Sieber/Holznagel, Handbuch Multimedia-Recht, Teil 29.6 Rn. 71; zu Anwendungsfeldern auf Bundesebene: KI-Leitbild für das Ressort BMI (Stand: Mai 2024), S. 8 f., https://www.cio.bund.de/SharedDocs/downloads/Webs/CIO/DE/digitale-loesungen/datenpolitik/KI-Leitbild.pdf?__blob=publicationFile&v=4.

51 Auch das Bundesministerium des Innern und für Heimat spricht davon, dass es „Räume und Formate zum Ausprobieren" bereit hält, und betont den Mehrwert der zeitnahen Erprobung und Umsetzung, vgl. KI-Leitbild für das Ressort BMI (Stand: Mai 2024), S. 19, https://www.cio.bund.de/SharedDocs/downloads/Webs/CIO/DE/digitale-loesungen/datenpolitik/KI-Leitbild.pdf?__blob=publicationFile&v=4.

52 Für den Bereich der Mobilität seien hier exemplarisch § 2 Abs. 7 PBefG, § 1d StVG, § 70 StVZO und § 45 Abs. 1 Satz 2 Nr. 6 Alt. 2 StVO genannt.

53 Art. 19 Abs. 1 BayEGovG, § 17 Bbg EGovG, § 19 HEGovG, § 17a EGovG M-V, § 25a EGovG NRW, § 27 E-GovG SL, § 20 SächsEGovG, § 25 EGovG LSA, § 13 EGovG SH.

keits- und Formvorschriften vor.[54] Andere spezifische regulatorische Hindernisse werden nicht beseitigt. Es erstaunt deshalb nicht, dass die „nicht leistungsstarken"[55] Experimentierklauseln in der Praxis wohl nicht in großem Umfang genutzt werden. In NRW werden bspw. in 86 Reallaboren nur sechs Projekte auf Grundlage einer Experimentierklausel durchgeführt.[56] In den meisten Fällen kann anscheinend mit dem allgemeinen Instrumentarium[57] des Verwaltungsrechts gearbeitet werden.[58] In diesem Bereich würde Art. 60 konturierend einwirken, indem er in europarechtlicher Überformung die Testung an bestimmte Voraussetzungen knüpft.

19 Für **vollautomatisierte Verwaltungsentscheidungen** im allgemeinen Verwaltungsverfahren kann § 35a VwVfG eine Sperrwirkung entfalten. Es gilt ein Gesetzesvorbehalt und eine Beschränkung auf gebundene Entscheidungen. Fraglich ist, ob Art. 60 eine taugliche fachgesetzliche Grundlage für eine Teststellung in diesem Bereich darstellen kann. Dagegen spricht die naturgegebene Weite der Regelung. Dafür spricht, dass in manchen Bereichen (etwa mit der Zulassung von Lichtzeichen- oder automatischen Verkehrsbeeinflussungsanlagen im Straßenverkehrsrecht) eine bereits bestehende fachrechtliche Regelung auch ohne eine ausdrückliche Bezugnahme als eine ausreichende Rechtsgrundlage angesehen wird.[59] Ähnlich teleologisch reduzierend stellen andere auf die Warnfunktion ab: Der Zweck des Gesetzesvorbehalts sei es, sicherzustellen, dass nur geeignete Verfahren zugelassen würden; die Entscheidung solle nicht allein durch die Behörde getroffen werden.[60] Diesem Erfordernis würde auch Rechnung getragen mit einer Vorschrift, welche „sehr umfassend" vollautomatisierte Entscheidungen unter dem Vorbehalt zulässt, „dass sie sich hierfür eignen".[61]

54 Z. B. § 25a Abs. 2 EGovG NRW.

55 *Schmitz/Kraul/Bachmann* et al., Analyse der Potentiale und rechtlichen Umsetzungsmöglichkeiten von KI-Reallaboren auf europäischer und nationaler Ebene unter besonderer Berücksichtigung des Entwurfs der Europäischen Kommission für einen KI-Rechtsrahmen, Teil I, S. 82.

56 https://www.digi-sandbox.nrw/wissenswertes/index.php?index=8 (Abfrage: 18.7. 2024).

57 Hierzu *Schmitz/Kraul/Bachmann* et al., Analyse der Potentiale und rechtlichen Umsetzungsmöglichkeiten von KI-Reallaboren auf europäischer und nationaler Ebene unter besonderer Berücksichtigung des Entwurfs der Europäischen Kommission für einen KI-Rechtsrahmen, Teil I, S. 82 ff.

58 So schneidet Hamburg im Digitalranking 2024 der Bitkom auch ohne E-Government-Gesetz am besten ab, https://www.bitkom.org/Laenderindex#gesamtwertung.

59 *Prell*, in: Bader/Ronellenfitsch, BeckOK VwVfG, § 35a Rn. 11b; a. A. *Windoffer*, in: Mann/Sennekamp/Uechtritz, VwVfG, § 35a Rn. 27.

60 *Stelkens*, in: Stelkens/Bonk/Sachs, VwVfG, § 35a Rn. 33.

61 *Stelkens*, in: Stelkens/Bonk/Sachs, VwVfG, § 35a Rn. 32.

II. Gegenständlicher Anwendungsbereich (Abs. 1)

Bestimmte Hochrisiko-KI-Systeme – unter Ausschluss der verbotenen Anwendung nach Art. 5 – können nach Art. 60 Abs. 1 UAbs. 1 auf Grundlage eines Plans und der weiteren Bestimmungen des Artikels testweise unter Realbedingungen genutzt werden. Der gegenständliche Anwendungsbereich wird auf Hochrisiko-KI-Systeme, die der Logik des Art. 6 Abs. 2 folgen, beschränkt. Damit sind nur solche Systeme erfasst, die einem **kritischen Bereich nach Anhang III** unterliegen und bei denen die De-minimis-Regelung des Art. 6 Abs. 3 nicht greift.[62] Für Systeme in diesen Anwendungsfeldern wird ein **einheitlicher Ordnungsrahmen für die Erprobung** geschaffen. Auf nationaler Ebene fehlen bislang branchenübergreifende Regelungen zur Testung von KI. Vereinzelt finden sich technologieagnostische Experimentierklauseln in Fachgesetzen.[63] **20**

Die einzelnen Elemente des Plans für die Testung unter Realbedingungen werden nach Art. 60 Abs. 1 UAbs. 2 von der Kommission im Wege von Durchführungsrechtsakten festgelegt. **21**

Hochrisiko-KI-Systeme, die unter die in Anhang I, Abschnitt A gelisteten Produktverordnungen des neuen Rechtsrahmens (New Legislative Framework – NLF)[64] fallen, werden hingegen von der Testung unter Realbedingungen nach Art. 60 Abs. 1 UAbs. 1 nicht erfasst.[65] Hierzu regelt Art. 60 Abs. 1 UAbs. 3, dass das Unionsrecht bzw. das nationale Recht für das Testen dieser von den Harmonisierungsrechtsvorschriften erfassten Hochrisiko-KI-Systeme von dieser Bestimmung „**unberührt**" bleibt. Bei diesem Konfliktmechanismus stellt sich die **22**

---

62 Zur Frage, ob es sich bei der Einstufungsvariante des Art. 6 Abs. 1 bei „Hochrisiko-KI-Chimären" um eine lex specialis gegenüber Art. 6 Abs. 2 handelt vgl. *Gerdemann*, NJW 2024, 2209, 2213.

63 Hierzu *Schmitz/Kraul/Bachmann* et al., Analyse der Potentiale und rechtlichen Umsetzungsmöglichkeiten von KI-Reallaboren auf europäischer und nationaler Ebene unter besonderer Berücksichtigung des Entwurfs der Europäischen Kommission für einen KI-Rechtsrahmen, Teil I, S. 13.

64 Verordnung (EG) Nr. 765/2008 des Europäischen Parlaments und des Rates vom 9.7.2008 über die Vorschriften für die Akkreditierung und Marktüberwachung im Zusammenhang mit der Vermarktung von Produkten und zur Aufhebung der Verordnung (EWG) Nr. 339/93 des Rates vom 13.8.2008 und Beschluss Nr. 768/2008/EG des Europäischen Parlaments und des Rates vom 9.7.2008 über einen gemeinsamen Rechtsrahmen für die Vermarktung von Produkten und zur Aufhebung des Beschlusses 93/465/EWG des Rates vom 13.8.2008.

65 Für KI-Systeme, die als Hochrisiko-KI-Systeme gemäß Art. 6 Abs. 1 eingestuft sind und im Zusammenhang mit Produkten stehen, die unter die in Anhang I Abschnitt B aufgeführten Harmonisierungsrechtsvorschriften der Union fallen, gilt ohnehin die Ausnahmeregelung nach Art. 2 Abs. 2, sodass für diese Art. 60 keine Anwendung findet.

Frage nach dem genauen Regelungsgehalt.[66] Eine Lesart wäre, dass nur das Offensichtliche im Sinne eines bestätigenden Hinweises erfolgt:[67] Die schon bestehenden Regelungen außerhalb der KI-VO für das Testen auch von KI-basierten Produkten sollen anwendbar sein. Ein solches Verständnis ist aber womöglich verkürzt, denn es regelt nicht umfänglich das Verhältnis der verschiedenen Regime im Bereich der Testung. Diese Ansicht könnte dazu führen, dass die Anforderungen in Art. 60 Abs. 3 bis 9, die im Gegensatz zu Art. 60 Abs. 2 nicht mehr von in Anhang III genannten Hochrisiko-KI-Systemen sprechen, doch noch additiv zu berücksichtigen wären.

23 Vieles spricht dafür, dass der Gesetzgeber selbst nicht wirklich eine Entscheidung getroffen hat respektive treffen wollte, sondern eher eine **Verweisung ins Ungefähre** vorgenommen hat. Es scheint so, dass die Regelung „bleibt unberührt" wie auch bei den anderen der „Big Five"[68] eher reflexhaft verwendet und Ausdruck einer Kapitulation vor den zuweilen chaotisch anmutenden „Wucherungen und Auswachsungen"[69] des Sekundärrechts ist. Da sich der Gesetzgeber selber nicht festgelegt hat, gleichzeitig aber wohl etwas regeln wollte,[70] wenn auch ins Ungefähre, spricht viel für den Sinngehalt einer **Vorrangregelung** (lex specialis) des Verweises im Bereich der Testung.[71] Der Gesetzgeber geht wohl selbst davon aus, dass Spezialregelungen möglich sind, wenn er in ErwG 9 davon spricht, dass die „Verwendung bestimmter KI-Systeme begrenzt wird, wenn diese Rechtsvorschriften nicht in den Anwendungsbereich dieser Verordnung fallen". Dieses Verständnis wird auch in systematischer Hinsicht unterstützt: Bei Anbietern von Hochrisiko-KI-Systemen, die den Anforderungen an interne Risikomanagementprozesse gemäß anderen einschlägigen Bestimmungen des Uni-

66 Einen sehr guten und umfassenden Überblick zu Normenhierarchie und Konfliktregelungen im EU-Recht bietet *Nettesheim*, EuR 2006, 737.

67 Im größeren Kontext regelt schon Art. 2 Abs. 9, dass die anderen Rechtsakte der Union zur Produktsicherheit von der KI-Verordnung nicht berührt werden.

68 *Hofer*, MPJ 2024, 87. Denn auch die übrigen der Big Five (Art. 1 Abs. 4 u. 6 VO (EU) 2022/1925 (Gesetz über digitale Märkte – DMA), Art. 2 Abs. 4 VO (EU) 2022/2065 (Gesetz über digitale Dienste – DSA), Art. 1 Abs. 4 u. 5 VO (EU) 2022/868 (Daten-Governance-Rechtsakt – DGA), Art. 1 Abs. 3 Satz 2 und Abs. 4 VO (EU) 2017/2394 (Datenverordnung – Data Act) der Sekundärrechtsakte sprechen von „unberührt" („without prejudice to"), sodass der Verdacht naheliegt, dass man sich schlicht der gängigen Formulierung bedient hat. Guter Überblick zum Verhältnis der KI-Verordnung im Kontext der sonstigen Digitalregulierung: *Honer/Schöbel*, JuS 2024, 648.

69 *Nettesheim*, EuR 2006, 737, 760.

70 Hierzu, allerdings im Kontext des Verhältnisses von Datenwirtschaftsrecht zu DSGVO, *Specht-Riemenschneider*, ZEuP 2023, 638

71 *Hofer/Tsakiliotis*, KIR 2024, 174, 179; im Ergebnis ebenso (allerdings ohne weitere Begründung) zu KI-gestützten Medizinprodukten Medtec Online-Leitfaden „Regulatorische Einordnung klinischer Studien mit Medizinprodukten" (Version 1.0 vom 25.11.2024), S. 60, https://www.bfarm.de/SharedDocs/Downloads/DE/Medizinprodukte/bmbf_medtec_leitfaden_mp.html.

onsrechts unterliegen, können laut Art. 9 Abs. 10 die in den Absätzen 1 bis 9 desselben Artikels enthaltenen Aspekte – worunter auch der Test unter Realbedingungen nach Art. 9 Abs. 7 gehört – **Bestandteil der nach diesem Recht festgelegten Risikomanagementverfahren sein** oder mit diesen Verfahren kombiniert werden.

24 Unter Berücksichtigung der **Einheit der Unionsrechtsordnung**[72] muss in diesem Fall noch die Fiktionswirkung von Art. 2 Nr. 57 i.V.m. Art. 60 (kein Inverkehrbringen oder Inbetriebnahme) auch auf solche Testungen von „Kombinationsprodukten" (z.B. ein noch nicht CE-zertifiziertes KI-basiertes Medizinprodukt/In-vitro-Diagnostikum, welches nach Art. 6 Abs. 1 i.V.m Anhang I als Hochrisiko-KI-System einzustufen ist) erstreckt werden.

III. Sponsor (Abs. 2)

25 Anbieter oder zukünftige Anbieter können in Anhang III genannte Hochrisiko-KI-Systeme vor deren Inverkehrbringen oder Inbetriebnahme **jederzeit selbst** oder **in Partnerschaft mit einem oder mehreren Betreibern unter Realbedingungen** testen. Während Risiken im Zusammenhang mit KI-Systemen einerseits aus der Art und Weise entstehen können, in der solche Systeme konzipiert sind, können sie sich andererseits auch aus der Art und Weise ergeben, in der diese Systeme verwendet werden, sodass Betreiber gerade hinsichtlich des letztgenannten Aspekts prädestinierte Kooperationspartner darstellen: Betreiber können am besten verstehen, wie das Hochrisiko-KI-System konkret eingesetzt wird, und können somit dank einer genaueren Kenntnis des Verwendungskontextes sowie der wahrscheinlich betroffenen Personen oder Personengruppen, einschließlich schutzbedürftiger Gruppen, erhebliche potenzielle Risiken erkennen, die in der Entwicklungsphase nicht vorausgesehen wurden.[73]

26 Der überzogene Begriff „**jederzeit**" soll wohl zum Ausdruck bringen, dass die Testung nicht erst kurz vor der eigentlichen Inbetriebnahme bzw. dem Inverkehrbringen erfolgen muss, sondern dass der Anbieter auch geeignete, frühere Phasen im Entwicklungsstadium wählen kann, um eine Erprobung durchzuführen.

27 Die Partnerschaft auf der Gleichordnungsebene von Anbietern wird im Umkehrschluss nicht zugelassen. Hier kann der Anbieter nur „selbst", mithin in Eigenregie, die Testung durchführen. Insgesamt erinnert die Rolle an jene des Sponsors im arzneimittel- bzw. medizinprodukterechtlichen Bereich. Dort ist der Sponsor eine Person, die die **Verantwortung für die Einleitung, das Management und**

---

72 Die Unionsrechtsordnung bildet eine Einheit, wie der EuGH wiederholt zum Ausdruck bringt, vgl. EuGH – Rs. 9/61, Slg. 1962, 435, 477 – Niederlande/Hohe Behörde.

73 ErwG 93.

die Aufstellung der Finanzierung einer klinischen Prüfung übernimmt.[74] Auch die neue Clinical Trials Regulation VO (EU) Nr. 536/2014 (CTR) sieht dabei in Abkehr vom tradierten Grundsatz der Einheitlichkeit des Sponsors, aber bei Beibehaltung des Begriffsverständnisses des Sponsors, nunmehr in Art. 72 CTR eine Mehrheit von Sponsoren als Co-Sponsoring vor.[75]

28 Der Begriff der Partnerschaft wird **nicht legaldefiniert** und findet in der deutschen Fassung der KI-VO auch ansonsten keine weitere Erwähnung. In wohl gleicher Bedeutung wird der Begriff des „Partners" (im Englischen wird an beiden Stellen gleichlautend von „partnership" gesprochen, ebenso im französischen mit „partenariat") in Zusammenhang mit KI-Reallaboren benutzt, wenn in Art. 58 Abs. 2 lit. b bestimmt wird, dass in den Durchführungsrechtsakten zu regeln ist, dass Anbieter die Anträge auch zusammen mit Betreibern oder einschlägigen Dritten, die ihre Partner sind, stellen können (hierzu Art. 58 Rn. 18 ff.).

29 Art. 60 Abs. 2 ist **im Verbund mit Art. 60 Abs. 4 lit. h zu lesen**, wo u. a. eine entsprechende Abgrenzungsvereinbarung, welche die Aufgaben und Zuständigkeiten im Rahmen dieser „Zusammenarbeit" (hier wird wieder eine andere Begrifflichkeit benutzt) festlegt, gefordert wird (unten Rn. 50 f.). Diese Vereinbarung hat laut ErwG 141 „schriftlich" zu erfolgen.[76] Der Begriff ist autonom europarechtlich auszulegen und muss daher nicht den strengen Anforderungen an die Schriftform (§ 126 BGB) des deutschen Rechts genügen.[77] Die Forderungen nach einer vertraglichen Ausgestaltung zwischen den Partnern hätte regelungssystematisch besser in den Art. 60 Abs. 2 gehört, sodass die Partnerschaft im direkten Zugriff eine klare Kontur erhält. In Art. 60 Abs. 4 lit. h hätte dann einfach auf das Vorliegen der Anforderungen nach Art. 60 Abs. 2 als Papierkontrolle verwiesen werden können. Für diesen Ansatz, allerdings mit differenzierender Verantwortungsabgrenzung, hat sich der EU-Gesetzgeber in Art. 72 Abs. 1 CTR entschieden. Dort wird geregelt, dass die Co-Sponsoren eine Verantwortungsabgrenzungsvereinbarung treffen können – ansonsten gilt der Grundsatz, dass jeder Sponsor in vollem Umfang verantwortlich ist.[78]

---

74 Art. 2 Abs. 2 Nr. 14 der VO (EU) Nr. 536/2014 vom 16.4.2014 über klinische Prüfungen mit Humanarzneimitteln und zur Aufhebung der Richtlinie 2001/20/EG (Clinical Trials Regulation – CTR) bzw. Art. 2 Nr. 49 MP-VO. Der Sponsor wird ebenfalls in dem § 4 Abs. 24 AMG legaldefiniert und ist danach eine natürliche oder juristische Person, die die Verantwortung für die Veranlassung, Organisation und Finanzierung einer klinischen Prüfung bei Menschen übernimmt.

75 Hierzu *Gerst/Brala/Ahmed*, MedR 2024, 421; *Weinert*, A&R 2019, 12.

76 ErwG 141 spricht etwas missverständlich davon, dass „eine schriftliche **Einwilligung** mit der Festlegung der Aufgaben und Zuständigkeiten der zukünftigen Anbieter und der Betreiber" (Hervorhebung durch den Verfasser) zu verlangen sei.

77 Vgl. zum DSA, *Hoffmann/Raue*, DSA, Art. 13 Rn. 11.

78 In Nr. 2 des Anhangs I „Antragsdossier für den Erstantrag" der VO (EU) Nr. 536/2014 (CTR) sind bereits in den Antragsunterlagen genaue Angaben zu machen, welcher Co-

Aufgrund der fehlenden gesetzlichen Regelung ist die Haftungsfrage gegenüber Dritten in dieser Konstellation mit Unsicherheiten verbunden, insbesondere für den Betreiber, der sich in die Partnerschaft begibt. In jedem Fall ist eine vertragliche Regelung zwischen den Partnern empfehlenswert. Denn so kann im Innenverhältnis ein Gesamtschuldnerausgleich vorgenommen werden (§§ 426 Abs. 1 Satz 1, 2. Alt., 426 Abs. 2 BGB), sollte einer der Sponsoren im Außenverhältnis in Anspruch genommen werden.[79] **30**

IV. Ethikprüfungen (Abs. 3)

Tests von KI-Systemen unter Realbedingungen sollen etwaige nach dem Unionsrecht oder dem nationalen Recht vorgeschriebenen Ethikprüfungen unberührt lassen.[80] Die Einschaltung einer Ethikkommission ist nach internationalen Standards bei **medizinischen Forschungsvorhaben am Menschen** angezeigt.[81] Die Ethikkommission ist entweder hoheitlich im Rahmen der staatlichen Forschungsaufsicht oder nur beratend im Rahmen des ärztlichen Berufsrechts tätig.[82] Die konsiliarische Hinzuziehung auf Grundlage des § 15 Abs. 1 (Muster-) Berufsordnung für die in Deutschland tätigen Ärztinnen und Ärzte (MBO-Ä 1997)[83] ist sehr weit gefasst und greift bei jedem Forschungsvorhaben mit ärztlicher Involvierung, bei dem in die psychische oder körperliche Integrität eines Menschen eingegriffen oder Körpermaterialien oder personenbeziehbare Daten verwendet werden.[84] Im hoheitlichen Bereich entscheiden Ethikkommissionen im Arzneimittel- und Medizinprodukterecht über die Durchführung einer klinischen Prüfung.[85] **31**

Sponsor welche Verantwortlichkeiten übernimmt, sodass eine etwaige Aufteilung der Verantwortlichkeit bereits in dem Erstantrag vorzunehmen ist.

79 Eine Haftung eines jeden Sponsors bejahend, auch bei bestehender Verantwortungsabgrenzungsvereinbarung: *Krätzschmar/Forster*, GWR 2017, 257, 259; wohl auch *Weinert*, A&R 2019, 12, 14; differenzierend nach GbR Innen- und Außengesellschaft *Gerst/Brala/Ahmed*, MedR 2024, 421.

80 Auch der European Health Data Space (EHDS) sieht in der finalen Kompromissfassung vom 18.3.2024 (7553/24) eine Ethikprüfung vor, wenn für die sekundäre Datennutzung der Antrag auf pseudonyme Daten gerichtet ist (Art. 45 Abs. 2 lit. ha): „where applicable, information on the assessment of ethical aspects of the processing, obtained in line with national law, which may serve to replace their own ethics assessment".

81 *Vogeler*, in: Spickhoff/Handorn, Medizinisches ForschungsR-HdB, § 5 Rn. 1.

82 *Vogeler*, in: Spickhoff/Handorn, Medizinisches ForschungsR-HdB, § 5 Rn. 1.

83 In der Fassung des Beschlusses des 128. Deutschen Ärztetages vom 9.5.2024 in Mainz.

84 *Scholz*, in: Spickhoff, Medizinrecht, § 15 MBO Rn. 4.

85 *Vogeler*, in: Spickhoff/Handorn, Medizinisches ForschungsR-HdB, § 5 Rn. 2; die Tätigkeit der Ethikkommission auf der Grundlage des Strahlenschutzgesetzes (siehe § 31 Abs. 4 Nr. 5 StrlSchG) und nach dem Transfusionsgesetz (siehe § 8 Abs. 2 Satz 1 Nr. 7

32 Vor diesem Hintergrund dürfte der praktische Anwendungsbereich der Vorschrift denkbar klein sein und sich **im Wesentlichen auf klinische Prüfungen des Arzneimittelrechts** konzentrieren. Der andere große Bereich an potenziellen Ethikprüfungen im Rahmen der klinischen Prüfung von Medizinprodukten bzw. Leistungsbewertungen von In-vitro-Diagnostika ist nach Art. 60 Abs. 1 UAbs. 1 i.V.m. UAbs. 3 ohnehin von der Realtestung ausgenommen (siehe oben Rn. 22).[86] Bleiben also KI-gestützte **digitale Biomarker** im Rahmen eines Forschungsvorhabens am Menschen, die nicht die Zweckbestimmung eines Medizinprodukts bzw. In-vitro-Diagnostikums aufweisen.[87] Zu den digitalen Biomarkern gehören inzwischen eine Vielzahl von Tests, die physiologische und/oder Verhaltensdaten digital erheben.[88] Dabei liegt es auf der Hand, dass insbesondere die kritischen Bereiche „KI-Systeme, die bestimmungsgemäß für die **biometrische Kategorisierung** nach sensiblen oder geschützten Attributen oder Merkmalen auf der Grundlage von Rückschlüssen auf diese Attribute oder Merkmale verwendet werden sollen" (Anhang III, Ziffer 1 lit. b) und „KI-Systeme, die bestimmungsgemäß zur **Emotionserkennung** verwendet werden sollen" (Anhang III, Ziffer 1 lit. c) betroffen sein können. Exemplarisch seien Wearables, die die Ganggeschwindigkeit, die Herzfrequenz oder den Blutzuckerwert über einen längeren Zeitraum messen, genannt.[89] Allerdings weist die Europäische Arzneimittel-Agentur (EMA) in ihrem im Entwurfsstadium befindlichen Reflektionspapier zu Recht darauf hin, dass bei einer Relevanz für das Behandlungsgeschehen für die Patientin bzw. den Patienten die Medizinprodukteeigenschaft zu bejahen sein wird.[90] Bleiben also Untersuchungen, die eher auf der Metaebene der klinischen Prüfung (Stratifizierung, sekundäre Datenanalyse anhand digitaler Endpunkte) zu verorten sind. Für eine Grenzziehung im Rahmen von klinischen Studien ist das Schaubild der nach Art. 103 MP-VO eingerichteten Medical De-

---

TFG) sind zwar ebenfalls dem hoheitlichen Bereich zuzuordnen, werden hier allerdings nicht weiter vertieft.

86 Zur Einstufung von Tests mit KI-Systemen als klinische Studie Medtec Online-Leitfaden „Regulatorische Einordnung klinischer Studien mit Medizinprodukten" (Version 1.0 vom 25.11.2024), S. 59, https://www.bfarm.de/SharedDocs/Downloads/DE/Medizinprodukte/bmbf_medtec_leitfaden_mp.html.

87 Zur Problematik, ob solche KI-gestützten Daten für einen Studieneinsatz die Zuverlässigkeit i. S. d. ErwG 85 der VO (EU) 536/2014 bieten: *Saliba*, in: Chibanguza/Kuß/Steege, Künstliche Intelligenz, 2. Teil: § 4 F. Arzneimittel und Medizinprodukte Rn. 15.

88 *Coravos/Khozin/Mandl*, npj Digit. Med. 2, 14 (2019).

89 Zur Frage, ob solche Daten gemäß § 327 Abs. 2 Satz 2 BGB „in digitaler Form erstellt und bereitgestellt" werden und somit als digitales Produkt gelten: *Hofer*, MPJ 2022, 12, 15.

90 Draft Reflection paper on the use of Artificial Intelligence (AI) in the medicinal product lifecycle (Juli 2023), Ziffer 2.2.3.2., https://www.ema.europa.eu/en/documents/scientific-guideline/draft-reflection-paper-use-artificial-intelligence-ai-medicinal-product-lifecycle_en.pdf.

vice Coordination Group (MDCG),[91] hilfreich, welche nach Art. 105 MP-VO u. a. für eine einheitliche Verwaltungspraxis im Bereich der EU zu sorgen hat:[92]

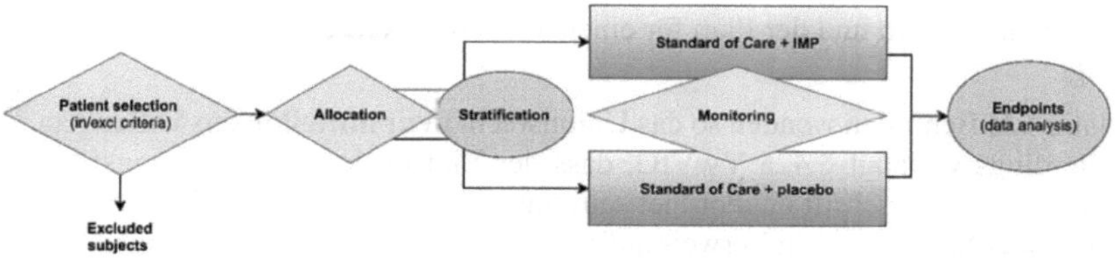

Abb. 1: Dieses vereinfachte Beispiel illustriert die verschiedenen Einsatzorte und -zwecke eines Tests im Rahmen einer klinischen Prüfung. Bei den Tests in Rautenformat handelt es sich um Tests, die wahrscheinlich als IVD angesehen werden, da sie für die medizinischen Entscheidungen über die Behandlungen von Versuchspersonen im Rahmen der Prüfung verwendet werden. Bei den Verfahren in Ellipsenformat wird davon ausgegangen, dass sie sich wahrscheinlich nicht auf die medizinische Behandlung der Prüfungsteilnehmer auswirken und daher keinen medizinischen Zweck in der Prüfung haben.

V. Voraussetzungen (Abs. 4)

Die Tests dürfen von Anbietern und zukünftigen Anbietern nur durchgeführt werden, wenn alle Bedingungen kumulativ erfüllt sind. 33

1. Testplan (lit. a)

Das **Herzstück** des Anforderungskatalogs bildet der Plan für einen Test unter Realbedingungen, der bei der Marktüberwachungsbehörde in dem Mitgliedstaat einzureichen ist, in dem der Test unter Realbedingungen stattfinden soll. Es handelt sich nach der Legaldefinition von Art. 3 Nr. 53 um „ein Dokument, in dem die Ziele, die Methodik, der geografische, bevölkerungsbezogene und zeitliche Umfang, die Überwachung, die Organisation und die Durchführung eines Tests unter Realbedingungen beschrieben werden“ (Art. 3 Rn. 394). 34

2. Genehmigungspflicht (lit. b)

Die Testung wird unter eine **Genehmigungspflicht** gestellt, die allerdings – vorbehaltlich einer mitgliedstaatlichen Regelung – um eine Genehmigungsfiktion 35

91 MDCG 2022-10 (Mai 2022), Q&A on the interface between Regulation (EU) 536/2014 on clinical trials for medicinal products for human use (CTR) and Regulation (EU) 2017/746 on in vitro diagnostic medical devices (IVDR), S. 7.

92 Zur Bedeutung der MDCG Guidance Dokumente: *Rehmann*, in: Rehmann/Wagner, MP-VO, Art. 2 Rn. 15.

ergänzt wird. Hierbei dürfte es sich um ein **präventives Verbot mit gebundenem Erlaubnisvorbehalt** handeln. Sollte die Marktüberwachungsbehörde nicht innerhalb von 30 Tagen eine Antwort gegeben haben, so gelten der Test unter Realbedingungen und der Plan für einen Test unter Realbedingungen als genehmigt.

36 Nationale Behörden wenden so das Unionsrecht in **unmittelbarem Vollzug** an.[93] Allerdings verlangt § 42a VwVfG, dass der Eintritt der Genehmigungsfiktion durch Rechtsvorschrift angeordnet sein muss, also durch Gesetz, Rechtsverordnung oder Satzung.[94] Ein Verweis auf § 42a VwVfG ist nicht erforderlich.[95] Dem Unionsrecht kommt als eigenständige supranationale Rechtsordnung unmittelbare Wirkung in den EU-Mitgliedstaaten zu.[96] Von daher kann auch im Sekundärrecht der EU die nach § 42a VwVfG geforderte Rechtsvorschrift zu sehen sein.[97]

3. Registrierung (lit. c)

37 Es besteht eine **grundsätzliche Registrierungspflicht** unter Angabe einer unionsweit einmaligen Identifizierungsnummer und der in Anhang IX festgelegten Informationen in der EU-Datenbank gemäß Art. 71 Abs. 4. Nach Anhang IX werden folgende Informationen bereitgestellt und danach auf dem aktuellen Stand gehalten: 1. eine unionsweit einmalige Identifizierungsnummer des Tests unter Realbedingungen; 2. der Name und die Kontaktdaten des Anbieters oder zukünftigen Anbieters und der Betreiber, die an dem Test unter Realbedingungen teilgenommen haben; 3. eine kurze Beschreibung des KI-Systems, seine Zweckbestimmung und sonstige zu seiner Identifizierung erforderliche Informationen; 4. eine Übersicht über die Hauptmerkmale des Plans für den Test unter Realbedingungen; und 5. Informationen über die Aussetzung oder den Abbruch des Tests unter Realbedingungen.

38 Eine **Ausnahme wird für die in Anhang III Nr. 1, 6 und 7 genannten Anbieter** oder zukünftigen Anbieter von Hochrisiko-KI-Systemen in den Bereichen Strafverfolgung, Migration, Asyl und Grenzkontrolle aufgrund des besonderen Geheimhaltungsinteresses gemacht. Diese können im nicht öffentlichen Teil der EU-Datenbank gemäß Art. 49 Abs. 4 lit. d registriert werden und müssen dann von den o. g. Informationen des Anhangs IX nicht die Nr. 4 (Übersicht über die Hauptmerkmale des Plans) angeben.

---

93 *Schoch*, in: Schoch/Schneider, VwVfG, Einleitung Rn. 374; *Sydow*, JuS 2005, 97.

94 *Baer/Wiedmann*, in: Schoch/Schneider, VwVfG, § 42a Rn. 27.

95 *Baer/Wiedmann*, in: Schoch/Schneider, VwVfG, § 42a Rn. 27.

96 Zentrale Entscheidung EuGH, Slg. 1963, 25 („van Gend/Loos").

97 So auch *Stelkens*, in: Stelkens/Bonk/Sachs, VwVfG, § 42a Rn. 29.

Eine **weitere Ausnahme** besteht für Anbieter bzw. zukünftige Anbieter von Hochrisiko-KI-Systemen gemäß **Anhang III Nr. 2 im Bereich der kritischen Infrastruktur**. In diesem Bereich hat die Registrierung gemäß Art. 49 Abs. 5 auf nationaler Ebene zu erfolgen. 39

4. EU-Niederlassung (lit. d)

Für eine Definition des Begriffs „**in der Union niedergelassen**" kann auf Art. 49 Abs. 1 Satz 2 und 54 AEUV verwiesen werden. Nach Art. 49 Abs. 1 Satz 2 AEUV gilt die Zweigniederlassungsfreiheit nur für „Staatsangehörige eines jeden Mitgliedstaats, die im Gebiet eines Mitgliedstaats ansässig sind". Art. 54 Abs. 1 AEUV erweitert die Anwendbarkeit des Niederlassungsrechts auf juristische Personen, die einen spezifischen Unionsbezug nachweisen können.[98] Art. 54 Abs. 1 stellt somit zwei zwingende Voraussetzungen für die Gleichstellung von Gesellschaften mit Niederlassungsfreiheit wie natürliche Personen auf: ihre Gründung nach dem Recht eines Mitgliedstaats und ihre Präsenz in der Europäischen Union.[99] Nach ständiger Rechtsprechung des EuGH „dient der Ort des satzungsmäßigen Sitzes, der Hauptverwaltung oder der Hauptniederlassung als Anknüpfungspunkt an die Rechtsordnung eines bestimmten Staates in gleicher Weise wie die Staatsangehörigkeit einer natürlichen Person".[100] Die drei in Art. 54 Abs. 1 AEUV genannten Anknüpfungspunkte sind jeweils Alternativen zueinander. 40

Sollte keine Niederlassung bestehen (oder in etwaigen Zweifelsfällen), kann ein in der EU niedergelassener **gesetzlicher Vertreter** i. S. v. Art. 60 Abs. 4 lit. d Alt. 2 bestellt werden. Die Bestellung erfolgt auf Grundlage eines zweiseitigen Rechtsgeschäfts.[101] Bei einer globalen Unternehmensgruppe bietet sich insbesondere die **Wahl eines Tochterunternehmens** an. Der gesetzliche Vertreter i. S. v. Art. 60 Abs. 4 lit. d Alt. 2 kann auch **in Personalunion mit der Rolle des Bevollmächtigten** nach Art. 3 Nr. 5 i. V. m. Art. 22 wahrgenommen werden. 41

Da die Testung unter Realbedingungen auch „in Partnerschaft" mit Betreibern i. S. v. Art. 60 Abs. 2 erfolgen kann, sind in der Praxis Konstellationen zu erwarten, wo ein Anbieter, der in einem Drittland niedergelassen ist, den in der EU niedergelassenen Betreiber und eigenen Testpartner als Vertreter bestellt. Im Ge- 42

98 *Müller-Graff*, in: Streinz, EUV/AEUV, Art. 54 AEUV Rn. 1.

99 *Müller-Graff*, in: Streinz, EUV/AEUV, Art. 54 AEUV Rn. 1.

100 270/83, Slg. 1986, 273 Rn. 18 – Kom./Frankreich; 79/85, Slg. 1986, 2375 Rn. 13 – Segers; C-330/91, Slg. 1993, I-4017 Rn. 13 – Commerzbank; C-264/96, Slg. 1998, I-4695 Rn. 20 – ICI; C-212/97, Slg. 1999, I-1459 Rn. 20 – Centros.

101 Vgl. zur vergleichbaren Regelung im Digital Services Act: *Hofmann/Raue*, Digital Services Act, Art. 13 Rn. 10.

gensatz zu Art. 13 Abs. 3 VO (EU) 2022/2065 (Digital Services Act – DSA)[102] ist eine Haftung des gesetzlich bestellten Vertreters unter der KI-VO nicht vorgesehen.

5. Übermittlung an Drittländer (lit. e)

43 Die für die Zwecke des Tests unter Realbedingungen erhobenen und verarbeiteten **Daten** dürfen nur dann **an Drittländer übermittelt** werden, wenn gemäß Unionsrecht **geeignete und anwendbare Schutzvorkehrungen** greifen. Eine Definition von „Daten“ ist der KI-VO selbst nicht zu entnehmen. Art. 3 Nr. 50 definiert die personenbezogenen Daten unter Verweis auf Art. 4 Nr. 1 DSGVO und Art. 51 die nicht personenbezogenen Daten als all jene Daten, die keine personenbezogenen Daten nach Art. 4 Nr. 1 DSGVO sind. Bei Testdaten nach Art. 3 Nr. 32 handelt es sich wiederum um Datensätze, die weniger die Risiken aus dem Realbetrieb detektieren, sondern dazu verwendet werden sollen, die Leistungsfähigkeit des Systems zu bestätigen (Art. 3 Rn. 286 ff.). Dem ErwG 141 ist zu entnehmen, dass von einem **weiten Begriffsverständnis** auszugehen ist, denn die Schutzmaßnahmen sollen „insbesondere im Einklang mit den Grundlagen für die Übermittlung personenbezogener Daten nach dem Datenschutzrecht der Union stehen, während für nicht personenbezogene Daten angemessene Schutzmaßnahmen im Einklang mit dem Unionsrecht, z. B. den Verordnungen (EU) 2022/868 und (EU) 2023/2854“ ergriffen werden sollen.[103] Es kann daher davon ausgegangen werden, dass auf die Begriffsdefinition von „Daten“ nach den Verordnungen (EU) 2022/868 (Daten-Governance-Rechtsakt) und (EU) 2023/2854 (Datenverordnung) rekurriert werden kann. Gemäß Art. 2 Nr. 1 Daten-Governance-Rechtsakt und – gleichlautend – Art. 2 Nr. 1 Datenverordnung sind Daten „jede digitale Darstellung von Handlungen, Tatsachen oder Informationen sowie jede Zusammenstellung solcher Handlungen, Tatsachen oder Informationen auch in Form von Ton-, Bild- oder audiovisuellem Material“.[104] Hiernach werden personenbezogene und nicht-personenbezogene Daten er-

102 *Hofmann/Raue*, Digital Services Act, Art. 13 Rn. 22.

103 ErwG 69 ist eine Präferenz für eine Datenminimierung und -lokalisierung zu entnehmen: „Unbeschadet der in dieser Verordnung festgelegten Anforderungen an die Daten-Governance können zu den Maßnahmen, mit denen die Anbieter die Einhaltung dieser Grundsätze sicherstellen, nicht nur Anonymisierung und Verschlüsselung gehören, sondern auch der Einsatz von Technik, die es ermöglicht, Algorithmen direkt am Ort der Datenerzeugung einzusetzen und KI-Systeme zu trainieren, ohne dass Daten zwischen Parteien übertragen oder die Rohdaten oder strukturierten Daten selbst kopiert werden.“

104 Zur Weite des Begriffs: *Hennemann*, in: Hennemann/Ebner/Karsten et al., Data Act, S. 45 f.

fasst.[105] Es gilt im Folgenden, zwischen den beiden Datenkategorien zu differenzieren, da sich unterschiedliche Regelungsansätze ergeben. Für personenbezogene Daten gilt ein Verbot mit Erlaubnisvorbehalt.[106] Da es sich bei nicht-personenbezogenen Daten um ein im Grundsatz freies Gut handelt, gilt in diesem Bereich hingegen eine Erlaubnis mit Verbotsvorbehalt.[107] Für die Praxis bleibt gleichwohl festzuhalten, dass häufig eine Gemengelage bestehen wird, weil die Datensätze entweder gemischt sind, oder aufgrund der Unsicherheit, ob nicht doch aufgrund eines indirekten Identifikationsmerkmals oder von Längsschnittdaten (bspw. bei kontinuierlich erhobenen Blutzuckerdaten, die letztlich einen eindeutigen metabolischen Fingerabdruck ergeben) ein Personenbezug besteht.

a) Personenbezogene Daten

Die Übermittlung von personenbezogenen Daten in ein Drittland ist nach Art. 44 DSGVO grundsätzlich verboten und nur in bestimmten Konstellationen erlaubt (Verbot mit Erlaubnisvorbehalt).[108] Eine zulässige Drittlandübermittlung kann sich auf einen Angemessenheitsbeschluss nach Art. 45 DSGVO, geeigneten bzw. angemessenen Garantien nach Art. 46 DSGVO (darunter Standardvertragsklauseln und verbindliche unternehmensinterne Datenschutzvorschriften) sowie auf bestimmten Ausnahmen vom allgemeinen Verbot der Übermittlung personenbezogener Daten in Nicht-EWR-Länder nach Art. 49 DSGVO stützen.[109] Besondere Praxisrelevanz genießen der Angemessenheitsbeschluss und Standardvertragsklauseln.[110] Die Übermittlung als Reaktion auf eine Behördenentscheidung eines Drittlands ist ebenfalls nur rechtmäßig, wenn die Voraussetzungen des Kapitels V der DSGVO eingehalten sind.[111] **44**

b) Nicht-personenbezogene Daten

Hinsichtlich des Schutzes bei nicht-personenbezogenen Daten wird exemplarisch („z. B.") auf die Rechtsregime VO (EU) 2022/868 (Daten-Governance-Rechtsakt) und VO (EU) 2023/2854 (Datenverordnung) verwiesen. Sowohl unter dem Daten-Governance-Rechtsakt (Art. 31) als auch unter der Datenverordnung (Art. 32) gilt bei internationalen Übermittlungen eine Erlaubnis mit Ver- **45**

105 *Schild*, in: Wolff/Brink/v. Ungern-Sternberg, BeckOK DatenschutzR, Art. 2 DA Rn. 8.
106 *Specht*, in: Specht/Hennemann, Data Governance Act, Art. 31 Rn. 26.
107 *Hennemann*, in: Specht/Hennemann, Data Governance Act, Art. 31 Rn. 24.
108 *Specht*, in: Specht/Hennemann, Data Governance Act, Art. 31 Rn. 26.
109 *Zerdick*, in: Ehmann/Selmayr, DS-GVO, Art. 44 Rn. 3.
110 *Skistims*, in: Kaulartz/Braegelmann, Artificial Intelligence und Machine Learning, Kap. 8.2 Rn. 69.
111 *Zerdick*, in: Ehmann/Selmayr, DS-GVO, Art. 44 Rn. 12.

botsvorbehalt.[112] Im sachlichen Anwendungsbereich der beiden Normen haben die Adressaten die Pflicht, alle angemessenen technischen, organisatorischen und rechtlichen Maßnahmen (inklusive Verträgen) umzusetzen, um einen etwaigen staatlichen Zugang zu und eine Übermittlung von in der Union gespeicherten Daten durch Drittländer zu verhindern. Hierbei gilt es, unrechtmäßige („im Widerspruch zum Unionsrecht oder zum nationalen Recht") Zugriffsversuche von Behörden abzuwehren.[113] Es findet indes keine allgemeine Rechtmäßigkeitskontrolle statt, sondern es geht vielmehr um präventiv zu ergreifende Maßnahmen.[114]

6. Testdauer (lit. f)

46 Die Testdauer wird durch die Zweckerreichung begrenzt und darf initial längstens **sechs Monate** betragen. Allerdings hat der Anbieter bzw. zukünftige Anbieter die Möglichkeit, diesen Zeitraum mit einer begründeten Anzeige einmalig um weitere sechs Monate zu verlängern. Wortlaut und ratio legis sind im vorliegenden Fall auf ein bestimmtes Ergebnis ausgerichtet (weitere Verlängerung), das nur ausnahmsweise in atypischen Fällen anders ausfallen soll. Die Prüfungskompetenz der Behörde dürfte sich vor diesem Hintergrund im Wesentlichen auf formale Aspekte (Anzeige vor Ablauf der initialen Testdauer und Begründung) begrenzen. Es spricht somit viel für ein intendiertes Ermessen.[115]

7. Schutzbedürftige Gruppen (lit. g)

47 Testteilnehmer, die aufgrund ihres Alters oder einer Behinderung schutzbedürftigen Gruppen angehören, sind **angemessen zu schützen**. Gefordert ist ein **Schutzkonzept** für diese vulnerablen Gruppen, das in seinem Kernbereich das Testen mit nicht einwilligungsfähigen und mit minderjährigen Prüfungsteilnehmern zu behandeln hat. Der Wortlaut der Norm und der Umstand, dass nicht direkt der enge Schutzbereich rund um die Einwilligung in Anlehnung an die Art. 64 ff. MP-VO geregelt wurden, sprechen für ein **weites Verständnis** der angemessenen Schutzmaßnahmen, sodass jenseits des Kernbereichs noch komplementäre Maßnahmen (z. B. Barrierefreiheit) in Betracht zu ziehen sind.

48 Die Schutzbedürftigkeit aufgrund des Alters besteht für die Minderjährigkeit und das fortgeschrittene, insbesondere geriatrische Alter. Für Kinder ergibt sich die besondere Schutzbedürftigkeit und der Anspruch auf Schutz und Fürsorge aus den spezifischen Rechten, wie sie in Art. 24 der Charta und im Übereinkom-

112 *Specht*, in: Specht/Hennemann, Data Governance Act, Art. 31 Rn. 24.
113 *Schreiber/Pommerening/Schoel*, Das neue Recht der Daten-Governance, § 5 Rn. 8.
114 *Specht*, in: Specht/Hennemann, Data Governance Act, Art. 31 Rn. 35.
115 Zum intendierten Ermessen: *Geis*, in: Schoch/Schneider, VwVfG, § 40 Rn. 27.

men der Vereinten Nationen über die Rechte des Kindes (UNCRC) – im Hinblick auf das digitale Umfeld weiter ausgeführt in der Allgemeinen Bemerkung Nr. 25 des UNCRC – verankert sind.[116] Wie Art. 9 Abs. 9 zu entnehmen ist, gehören Minderjährige („Personen unter 18 Jahren“) zu einer schutzbedürftigen Gruppe („oder gegebenenfalls **andere** schutzbedürftige Gruppen“). Nachdem zuletzt Österreich in 2001 das Volljährigkeitsalter abgesenkt hat, liegt es nunmehr **einheitlich** bei allen 46 Mitgliedstaaten des Europarats, und damit auch bei allen EU-Mitgliedstaaten, **bei 18 Jahren**.[117]

In Anlehnung an Art. 64 ff. MP-VO – und vorbehaltlich der Spezifizierung in den Durchführungsrechtsakten der Kommission nach Art. 60 Abs. 1 UAbs. 2 – können im Kernbereich rund um die Einwilligung diese **zusätzlichen Schutzmaßnahmen** erwogen werden: 49

- Der gesetzliche Vertreter selbst muss nach eingehender Aufklärung eingewilligt haben. Aufgrund eines Redaktionsversehens des Gesetzgebers wird dies nicht explizit in Art. 61 Abs. 1 geregelt (Art. 61 Rn. 13 ff.).
- Der einwilligungsunfähige oder minderjährige Testteilnehmer muss die Informationen in einer für ihn möglichst verständlichen Form erhalten.
- Der einwilligungsunfähige oder minderjährige Testteilnehmer muss vom im Umgang mit diesen schutzbedürftigen Gruppen erfahrenen oder entsprechend ausgebildeten Personal oder Mitgliedern des Testteams während des Tests betreut werden.
- Der ausdrückliche Wunsch des Testteilnehmers, die Teilnahme zu verweigern oder zu beenden, wird respektiert.
- Es gibt keine finanziellen oder sonstigen Anreize für den Testteilnehmer oder dessen gesetzlichen Vertreter, die über Entschädigungen für Ausgaben und Einkommensausfälle in Bezug auf die Teilnahme am Test hinausgehen.
- Der Test ist unerlässlich für nicht einwilligungsfähige Teilnehmer, und vergleichbare Daten oder Erkenntnisse können nicht von einwilligungsfähigen Personen oder anderen Forschungsmethoden ggf. unter simulierten Bedingungen gewonnen werden.
- Es gibt wissenschaftliche Gründe, die einen direkten Nutzen für den Testteilnehmer erwarten lassen, der die Risiken und Belastungen überwiegt.
- Zudem wird der Testteilnehmer seiner Einsichtsfähigkeit ggf. seinem Alter entsprechend so weit wie möglich in den Einwilligungsprozess einbezogen.

8. Co-Sponsor (lit. h)

Wenn ein Anbieter oder zukünftiger Anbieter die Testung „in Kooperation“ mit 50
einem oder mehreren Betreibern oder zukünftigen Betreibern organisiert, dann

116 Besonders betont in ErwG 48.
117 *Hausmann/Odersky*, IPR, § 4 Rn. 20a.

müssen zwei Bedingungen erfüllt sein: Zum einen gelten **Informationsverpflichtungen** gegenüber dem Betreiber, zum anderen müssen die Beteiligten eine **Vereinbarung** treffen, in der die Aufgaben und Zuständigkeiten festgelegt werden, um die ordnungsgemäße Durchführung des Tests unter Realbedingungen zu gewährleisten. Laut ErwG 141 hat diese Vereinbarung **schriftlich** zu erfolgen.

51 Aufgrund der unterschiedlichen Begrifflichkeiten in Art. 60 Abs. 2 („in Partnerschaft") und Art. 60 Abs. 4 lit. h („in Zusammenarbeit") und des fehlenden Querverweises ist nicht eindeutig, ob es sich hierbei um dieselbe Kooperationsform handeln soll. Wie oben ausgeführt (Rn. 25 ff.), wurde diese Form des Co-Sponsorings augenscheinlich dem Art. 72 CTR nachgebildet. Die ratio legis spricht somit für ein und dieselbe Form der Kooperation. Auch nach dem Wortlaut ist von einer **synonymen Verwendung** der Begriffe auszugehen: Die Partnerschaft wird – neben der (ehelichen) Gemeinschaft – als „Zusammengehen aus gemeinsamem Interesse, Zusammenarbeit" verstanden.[118] Von daher sind Art. 60 Abs. 4 lit. h und Art. 60 Abs. 2 komplementär zueinander. Sinnvollerweise wäre die Regelung des Art. 60 Abs. 4 lit. h in Art. 60 Abs. 2 inkorporiert worden.

9. Informierte Einwilligung (lit. i)

52 Im **Grundsatz** ist die Erteilung der **informierten Einwilligung** der Teilnehmer nach Art. 61 erforderlich (hierzu Art. 61 Rn. 10 ff.).[119] Ausnahmsweise kann sich der Anbieter im Fall der Strafverfolgung (Art. 3 Nr. 46) auf eine gesetzliche Grundlage – ohne vorherige Zustimmung des Testteilnehmers – stützen, wenn die Einholung der Einwilligung den Test des KI-Systems verhindern würde, der Test und die Ergebnisse keine nachteiligen Folgen für den Teilnehmer haben und die personenbezogenen Daten nach der Durchführung gelöscht werden. Nicht alle Systeme zum Zwecke der Strafverfolgung werden dem Hochrisikobereich zugeschlagen, sondern insbesondere folgende des Anhangs III Nr. 6 (siehe Art. 6 Rn. 123 ff.): zur Bewertung des Risikos, dass eine natürliche Person Opfer von Straftaten wird (lit. a), zur Verwendung als Lügendetektoren und ähnliche Instrumente (lit. b), zur Bewertung der Zuverlässigkeit von Beweismitteln im Rahmen der Ermittlung oder Verfolgung von Straftaten (lit. c), zur Bewertung des Risikos, dass eine natürliche Person eine Straftat begeht oder erneut begeht (lit. d), und zur Erstellung von Profilen während der Aufdeckung, Untersuchung

118 „Partnerschaft", bereitgestellt durch das Digitale Wörterbuch der deutschen Sprache, https://www.dwds.de/wb/Partnerschaft (zuletzt abgerufen am 24.7.2024).

119 Zum historischen Kontext der informierten Einwilligung *Hofer/Tsakiliotis*, KIR 2024, 174, 176.

oder strafrechtlichen Verfolgung einer Straftat (lit. e).[120] Außerdem kommt das biometrische Fernidentifizierungssystem als Hochrisiko-KI-System nach Anhang III Nr. 1 lit. a in Betracht.[121]

Die Anwendungsmöglichkeiten von algorithmischen Systemen im Rahmen des **53** Sicherheitsrechts sind vielfältig und befinden sich in kontinuierlicher Weiterentwicklung. Dabei werden klassische Softwareanwendungen zunehmend KI-basiert ergänzt oder ersetzt.[122] Im Bereich der forensischen Strafverfolgung wird durch KI-gestützte Musterabgleiche (z. B. Ermittlungsspuren wie Fußspuren etc. am Tatort) großes Verbesserungspotenzial erwartet.[123] Die automatisierte Gesichtserkennung (facial recognition) ist wiederum die gängigste Methode zur Fernidentifizierung in der Strafverfolgung.[124]

Von den drei Bedingungen, die erfüllt sein müssen, damit eine nicht einwilli- **54** gungsbasierte Testung vorgenommen werden kann, sind in der Regel nur die letzten beiden problematisch. Die erste Bedingung wird häufig erfüllbar sein, da die Teilnehmer entweder nicht bekannt sind (z. B. Beweismittel sind nicht klar zuordenbar) oder – was wohl in den vorgenannten Konstellationen der häufigere Fall sein wird – die Einholung einer Einwilligung die Testung bzw. den Testerfolg konterkarieren würde, jedenfalls dann, wenn Ermittlungsmaßnahmen verdeckt durchgeführt werden müssen. Da die Versuchsanordnung unter Realbedingungen erfolgt, kann es zu entsprechenden Ermittlungserfolgen kommen, die dann zum einen zu den negativen Folgen für den Testteilnehmer führen und zum anderen einer Löschung der erhobenen personenbezogenen Daten entgegenstehen. Dies gilt selbst dann, wenn negative Folgen ursprünglich nicht antizipiert wurden. Solche zufälligen bzw. nicht intendierten Ermittlungserfolge könnten aufgrund des Umstands, dass der Verstoß gegen ein Beweiserhebungsverbot (würde man ein solches in der vorliegenden Konstellation annehmen) nicht automatisch auch zu einem Beweisverwertungsverbot führt, gleichwohl zulasten des Teilnehmers im Strafprozess eingeführt und verwertet werden.[125] In Straf-

120 ErwG 59.

121 Hierzu regelt Art. 26 Abs. 10 UAbs. 3, dass sichergestellt werden muss, dass die Strafverfolgungsbehörden keine ausschließlich auf der Grundlage der Ausgabe solcher Systeme zur nachträglichen biometrischen Fernidentifizierung beruhende Entscheidung, aus der sich eine nachteilige Rechtsfolge für eine Person ergibt, treffen; umfassend zur biometrischen Fernidentifikation in der Strafverfolgung *Hahn*, ZfDR 2023, 142.

122 *Kugelmann/Buchmann*, GSZ 2024, 1.

123 *Kugelmann/Buchmann*, GSZ 2024, 1.

124 *Hahn*, ZfDR 2023, 142.

125 Vgl. hierzu jüngst den instruktiven Fall vor dem AG Trier, Urt. v. 2.3.2023 – 27 c OWi 8041 Js 2838/23, SVR 2023, 272, bei dem eine sog. MonoCam im Probebetrieb (letztlich ohne Ermächtigungsgrundlage) zum Erfassen von Handyverstößen im Straßenverkehr benutzt wurde und eine Verwertbarkeit bejaht wurde; st. Rspr. BGH, 22.2.1978 – 2 StR 334/77, BGHSt 27, 355.

prozessordnungen wie der deutschen, die der Doktrin der sog. „Frucht des verbotenen Baumes" (**fruit of the poisonous tree**)[126] nicht folgen, sind die beiden Bedingungen daher mit Konfliktpotenzial behaftet.[127]

10. Überwachung (lit. j)

55 Der Test ist von **befähigten** Personen **wirksam** zu überwachen. Aus dem Kriterium der Wirksamkeit ist zu folgern, dass die Person, die mit der Aufgabe betraut ist, tatsächliche Eingriffsbefugnisse hat, die sich in der entsprechenden Rechteeinräumung im System widerspiegeln muss.

11. Outputberichtigung (lit. k)

56 Die Vorhersagen, Empfehlungen oder Entscheidungen des KI-Systems sollen „effektiv rückgängig gemacht und außer Acht gelassen werden" können. Diese Vorgabe ist vorrangig schon beim Studiendesign zu berücksichtigen, da ein nachträgliches Berichtigen in realiter häufig ausscheiden wird – jedenfalls, wenn gewisse (Rechts-)Wirkungen schon durch die Bekanntgabe des Outputs beim Teilnehmer eintreten (vgl. aber Art. 61 Rn. 30 zu Möglichkeiten der menschlichen Aufsicht). Dies kann z. B. dadurch gewährleistet werden, dass das im Test befindliche System nur im Parallelbetrieb läuft und ein anderes System, das sog. führende System, die verbindlichen Aussagen trifft. Hierüber sind die Testteilnehmer zu informieren, sodass der Output des Testsystems „außer Acht" gelassen werden kann – und in dieser Konstellation keiner Berichtigung bedarf.

VI. Widerruf der Einwilligung (Abs. 5)

57 Die Kehrseite der Einwilligung bildet der jederzeit mögliche, nicht begründungsbedürftige Widerruf der Testteilnehmer oder ihrer gesetzlichen Vertreter, der etwas ungeschickt in Art. 60 Abs. 5 verankert wird, worauf Art. 61 Abs. 1 lit. c als zwingender Informationsbestandteil verweist (hierzu Art. 61 Rn. 25 ff.). Eine Verortung der Widerrufsmöglichkeit in Art. 61 wäre in systematischer Hinsicht besser gewesen. Gemäß Art. 60 Abs. 5 Satz 1 kann jeder Testteilnehmer oder gegebenenfalls sein gesetzlicher Vertreter die Einwilligung zum Test unter Realbedingungen jederzeit ohne Angabe von Gründen durch Widerruf mit Wirkung für die Zukunft beenden und die unverzügliche und dauerhafte Löschung seiner personenbezogenen Daten verlangen, ohne dass ihm daraus Nachteile ent-

126 *Peters*, in: Knauer/Kudlich/Schneider, MüKo-StPO, § 152 Rn. 46 ff.

127 Zur „fruit of the poisonous tree"-Doktrin in Zusammenhang mit KI-Output: *Bomhard/Merkle*, RDi 2021, 276, 278.

stehen.[128] Auch wenn die Einwilligung i. S. v. Art. 61 der datenschutzrechtlichen Einwilligung i. S. v. Art. 7 DSGVO nicht vorgreift, besteht dennoch ein Wechselverhältnis zwischen diesen Rechtsinstituten im Rahmen von Tests unter Realbedingungen, denn der Wegfall der einen Einwilligung hätte den Zweckfortfall der anderen zur Folge, auch wenn diese nicht explizit widerrufen wird. Der Widerruf unterliegt nicht dem Schriftformerfordernis.[129]

Gemäß Art. 60 Abs. 5 Satz 2 wirkt sich der Widerruf der informierten Einwilligung nicht **auf bereits durchgeführte Tätigkeiten** aus. Die Rechtmäßigkeit der aufgrund der Einwilligung bis zum Widerruf erfolgten Verarbeitung wird somit nicht berührt. Der Wortlaut der Norm scheint für eine **ausnahmslose Löschung von personenbezogenen Daten** zu sprechen. Auch die Gesetzesgenese stützt diesen Befund. In der Allgemeinen Ausrichtung des Rats waren die Rechtsfolgen des Widerrufs im Einklang mit den tradierten Grundsätzen einer klinischen Prüfung noch nicht derart restriktiv[130]: „Der Widerruf der sachkundigen Einwilligung wirkt sich nicht auf bereits durchgeführte Tätigkeiten **und die Nutzung von Daten aus**, die aufgrund der sachkundigen Einwilligung vor deren Widerrufung erhoben wurden.“[131] Im Umkehrschluss ist daraus zu folgern, dass sich der Gesetzgeber bewusst für diese Rechtsfolge entschieden hat und damit leider gegen den etablierten, datenschutzrechtlich möglichen[132] und ausgewogenen Ansatz zu einer Weiternutzung der bereits erhobenen Daten, soweit dies erforderlich ist, um die Ziele der Testung zu erreichen.[133] 58

128 Art. 60 Abs. 5 Satz 1 verweist auf das Recht der Betroffenen auf Löschung gemäß Art. 17 DSGVO. Anbieter müssen als Verantwortliche i. S. v. Art. 24 DSGVO (vgl. ErwG 74 DSGVO), ggf. i. S. v. Art. 26 DSGVO als gemeinsame Verantwortliche, wenn eine Partnerschaft von Anbieter und Betreiber i. S. v. Art. 60 Abs. 2 vorliegt, die Betroffenen ohnehin auf ihr Recht auf Löschung i. S. v. Art. 17 DSGVO im Rahmen ihrer Informationspflicht gemäß Art. 13 Abs. 2 lit. b DSGVO hinweisen, sodass Art. 60 Abs. 5 Satz 1 insoweit eine lediglich deklaratorische Wirkung aufweist (vgl. ErwG 10).

129 Vgl. zur Parallelvorschrift in Art. 62 Abs. 5 MP-VO *Rehmann*, in: Rehmann/Wagner, MP-VO, Art. 63 Rn. 5.

130 Vgl. zur Parallelregelung Art. 62 Abs. 5 Satz 2 MP-VO.

131 Art. 54a Abs. 5 in der Fassung Europäischer Rat, Vorschlag für eine Verordnung des Europäischen Parlaments und des Rates zur Festlegung harmonisierter Vorschriften für künstliche Intelligenz (Gesetz über künstliche Intelligenz) und zur Änderung bestimmter Rechtsakte der Union – Allgemeine Ausrichtung (6.12.2022), 15698/22.

132 Im Einzelnen: Art. 7 Abs. 3 Satz 2, Art. 17 Abs. 3, Art. 6 Abs. 1 Satz 1 lit. e und lit. f, Art. 9 Abs. 2 lit. i und lit. j DSGVO.

133 § 29 Satz 2 Nr. 2 Gesetz zur Durchführung unionsrechtlicher Vorschriften betreffend Medizinprodukte (Medizinprodukterecht-Durchführungsgesetz – MPDG) sieht die Möglichkeit der Weiternutzung vor, allerdings ist der Prüfungsteilnehmer über diese Rechtsfolge aufzuklären.

VII. Kompetenzeinräumung (Abs. 6)

59 Art. 60 Abs. 6 spricht davon, dass **im Einklang mit Art. 75** die Mitgliedstaaten ihren Marktüberwachungsbehörden entsprechende Befugnisse gegenüber den Anbietern und zukünftigen Anbietern einräumen sollen. Art. 75 behandelt indes die Marktüberwachung von KI-Systemen mit allgemeinem Verwendungszweck. Bei der Referenzierung von Art. 75 muss es sich somit um ein **redaktionelles Versehen** des Gesetzgebers handeln. Historisch spricht viel für einen **intendierten Verweis auf Art. 76.**[134] Denn in seiner Allgemeinen Ausrichtung hat der Rat am 6.12.2022 in Art. 63a die Beaufsichtigung von Tests unter realen Bedingungen durch Marktüberwachungsbehörden neu eingeführt.[135] Der ebenfalls neu eingeführte Art. 54a, der die Tests unter Realbedingungen etabliert, enthielt noch überhaupt keine Referenz zu den Marktüberwachungsbehörden. Im Ratsdokument vom 26.1.2024 wurde dann aufgrund des Kompromisses in den Trilogverhandlungen ein solcher Verweis im neu gefassten Art. 54a Abs. 5a aufgenommen.[136] Allerdings hatten die Beteiligten wohl noch die ursprüngliche Referenz auf Art. 63a vor Augen, als sie im neu gefassten Artikel exakt wieder auf Art. 63a verwiesen. Hierbei ist dem Rat entgangen, dass der ursprüngliche Art. 63a inzwischen zum Art. 63b geworden war. Denn in Art. 63a war inzwischen die Marktaufsicht für KI-Systeme mit allgemeinem Verwendungszweck verortet worden. Als dann die erneute Nummerierung erfolgte und der Art. 63a zum Art. 75 wurde, hat sich der fehlerhafte Verweis fortgesetzt.

VIII. Vorkommnismeldung (Abs. 7)

60 Schwerwiegende Vorfälle gemäß Art. 3 Nr. 49 (hierzu Art. 3 Rn. 373 ff.) im Verlauf der Testung sind den nationalen Marktüberwachungsbehörden gemäß Art. 73 zu melden. Der Anbieter bzw. der zukünftige Anbieter muss entsprechende Sofortmaßnahmen treffen. Sollten diese zur Schadensbegrenzung nicht ausreichen, muss er den Test aussetzen, bis die Schadensbegrenzung erreicht ist, oder – falls diese nicht möglich ist – den Test abbrechen. Im Fall eines Abbruchs hat der Anbieter ein Verfahren für den sofortigen Rückruf des KI-Systems ein-

134 Ein Verweis auf Art. 74 wäre auch noch denkbar.

135 Europäischer Rat, Vorschlag für eine Verordnung des Europäischen Parlaments und des Rates zur Festlegung harmonisierter Vorschriften für künstliche Intelligenz (Gesetz über künstliche Intelligenz) und zur Änderung bestimmter Rechtsakte der Union – Allgemeine Ausrichtung (6.12.2022), 15698/22.

136 Proposal for a Regulation of the European Parliament and of the Council laying down harmonised rules on artificial intelligence (Artificial Intelligence Act) and amending certain Union legislative acts – Analysis of the final compromise text with a view to agreement (26.1.2024), 5662/24.

zurichten. Der Rückruf (vgl. Legaldefinition in Art. 3 Nr. 16) wird sich in der Praxis häufig in der Abschaltung des Systems erschöpfen.

Art. 60 Abs. 7 erweitert den Anwendungsbereich des Art. 73 somit in zweifacher Hinsicht: Zum einen greift Art. 60 Abs. 7 für Anbieter **und zukünftige Anbieter**. Zum anderen werden die **Pflichten** zeitlich konsequent **nach vorne verlagert**, da Art. 73 nur für Hochrisiko-KI-Systeme gilt, die bereits in Verkehr gebracht wurden. **61**

Neben diesem Selbstmanagement durch den Anbieter steht die Abhilfebefugnis durch die zuständige Behörde gemäß Art. 76 Abs. 3, indem sie repressive Maßnahmen ergreifen kann (hierzu Art. 76 Rn. 11 f.). **62**

IX. Aussetzung und Abbruch (Abs. 8)

Im Fall der Aussetzung oder des Abbruchs muss der Anbieter bzw. der zukünftige Anbieter die nationale Marktüberwachungsbehörde hierüber und über die Endergebnisse in Kenntnis setzen. **63**

X. Haftung (Abs. 9)

Eine Haftungsprivilegierung wird kategorisch ausgeschlossen.[137] Es soll vielmehr das reguläre unions- und mitgliedstaatliche Haftungsregime gelten. Durch das Design der Erprobung, der Implementierung etwaiger Sicherheitsvorkehrungen und der informierten Einwilligung der Testteilnehmer wird systemimmanent ein gewisses Haftungskorrektiv geschaffen.[138] **64**

137 Allgemein zur zivilrechtlichen Haftung von KI siehe *Zwickel*, in: Hilgendorf/Roth-Isigkeit, Die neue Verordnung der EU zur Künstlichen Intelligenz, § 10 Rn. 1ff.

138 Ähnlich *Voß*, in: Hilgendorf/Roth-Isigkeit, Die neue Verordnung der EU zur Künstlichen Intelligenz, § 9 Rn. 17.

Art. 61 Informierte Einwilligung zur Teilnahme an einem Test unter Realbedingungen außerhalb von KI-Reallaboren

(1) Für die Zwecke von Tests unter Realbedingungen gemäß Artikel 60 ist von den Testteilnehmern eine freiwillig erteilte informierte Einwilligung einzuholen, bevor sie an dem Test teilnehmen und nachdem sie mit präzisen, klaren, relevanten und verständlichen Informationen über Folgendes ordnungsgemäß informiert wurden:

a) die Art und die Zielsetzungen des Tests unter Realbedingungen und etwaige mit ihrer Teilnahme verbundene Unannehmlichkeiten;

b) die Bedingungen, unter denen der Test unter Realbedingungen erfolgen soll, einschließlich der voraussichtlichen Dauer der Teilnahme des Testteilnehmers oder der Testteilnehmer;

c) ihre Rechte und Garantien, die ihnen bezüglich ihrer Teilnahme zustehen, insbesondere ihr Recht, die Teilnahme an dem Test unter Realbedingungen zu verweigern oder diese Teilnahme jederzeit zu beenden, ohne dass ihnen daraus Nachteile entstehen und sie dies in irgendeiner Weise begründen müssten;

d) die Regelungen, unter denen die Rückgängigmachung oder Außerachtlassung der Vorhersagen, Empfehlungen oder Entscheidungen des KI-Systems beantragt werden kann;

e) die unionsweit einmalige Identifizierungsnummer des Tests unter Realbedingungen gemäß Artikel 60 Absatz 4 Buchstabe c und die Kontaktdaten des Anbieters oder seines gesetzlichen Vertreters, bei dem weitere Informationen eingeholt werden können.

(2) Die informierte Einwilligung ist zu datieren und zu dokumentieren, und eine Kopie wird den Testteilnehmern oder ihren gesetzlichen Vertretern ausgehändigt.

Mit Art. 61 korrespondieren die Erwägungsgründe 141, 142, 144, 146.

Schrifttum: *Budin-Ljøsne/Teare/Kaye/Beck/Bentzen/Caenazzo/Collett/D'Abramo/Felzmann/Finlay/Javaid/Jones/Katic/Simpson/Mascalzoni*, Dynamic Consent: a potential solution to some of the challenges of modern biomedical research, BMC Med Ethics 18, 4 (2017), https://doi.org/10.1186/s12910-016-0162-9; *Buocz/Pfotenhauer/Eisenberger*, Regulatory sandboxes in the AI Act: reconciling innovation and safety?, Law, Innovation and Technology 2023, Vol. 15, No. 2, 357, https://doi.org/10.1080/17579961.2023.2245678;

Calliess/Ruffert, EU-Vertrag (Lissabon), 5. Aufl. 2016; *Cepic*, Broad Consent: Die erweiterte Einwilligung in der Forschung, ZD-Aktuell 2021, 05214; *Damm*, Einwilligungs- und Entscheidungsfähigkeit in der Entwicklung von Medizin und Medizinrecht, MedR 2015, 775; *Delacroix*, Der Sponsor klinischer Prüfungen zwischen Informationspflicht und Vertraulichkeit, A&R 2019, 8; *Dorneck/Gassner/Kersten/Lindner/Linoh/Nebe/Rosenau/Schmidt am Busch*, Contextual Consent, MedR 2019, 431; *Ehling/Vogeler*, Der Probandenvertrag, MedR 2008, 273; *Ehmann/Selmayr* (Hrsg.), DS-GVO, 3. Aufl. 2024; *Frost/Kießling*, Künstliche Intelligenz im Bereich des Gesundheitswesens und damit verbundene haftungsrechtliche Herausforderungen, MPR 2020, 178; *Gola/Heckmann* (Hrsg.), DS-GVO BDSG, 3. Aufl. 2022; *Handorn/Juknat*, KI und Haftung bei Medizinprodukten, MPR 2022, 77; *Hänold*, Die Zulässigkeit eines „broad consent" in der medizinischen Forschung – a never ending story?, ZD-Aktuell 2020, 06954; *Hilgendorf/Roth-Isigkeit* (Hrsg.), Die neue Verordnung der EU zur Künstlichen Intelligenz, 2023; *Ho/Caals*, How the EU AI Act Seeks to Establish an Epistemic Environment of Trust, Asian Bioethics Review, Vol. 16 2024, 345, https://doi.org/10.1007/s41649-024-00304-6; *Hofer/Tsakiliotis*, Tests unter Realbedingungen für Hochrisiko-KI-Systeme – eine klinische Prüfung light?, KIR 2024, 174; *Hummel/Braun/Augsberg/Ulmenstein/Dabrock*, Dynamic Consent als Umsetzungsmechanismus von Datensouveränität, 2021, https://doi.org/10.1007/978-3-658-33755-1_2; *Käde/v. Maltzan*, Die Erklärbarkeit von Künstlicher Intelligenz (KI), CR 2020, 66; *Kaulartz/Braegelmann*, Rechtshandbuch Artificial Intelligence und Machine Learning, 2020; *Kumkar/Roth-Isigkeit*, Erklärungspflichten bei automatisierten Datenverarbeitungen nach der DSGVO, JZ 2020, 277; *Laufs/Katzenmeier/Lipp*, Arztrecht, 8. Aufl. 2021; *Mayrhofer*, Produkthaftungsrechtliche Verantwortlichkeit des „Trainer-Nutzers" von KI-Systemen, RDi 2023, 20; *Mayrhofer/Denk*, Künstliche Intelligenz und dynamische Rechtsetzung, 2023, https://doi.org/10.17875/gup2023-2496; *Menzel*, Datenschutzrechtliche Einwilligungen in medizinische Forschung – Selbstbestimmung oder Überforderung der Patienten?, MedR 2006, 702; *Oechsler*, Die Haftungsverantwortung für selbstlernende KI-Systeme, NJW 2022, 2713; *Paal/Pauly*, DS-GVO BDSG, Kommentar, 3. Aufl. 2021; *Pietrzykowski/Smilowska*, The reality of informed consent: empirical studies on patient comprehension-systematic review, Trials 22, 57 (2021), https://doi.org/10.1186/s13063-020-04969-w; *Rehmann/Wagner*, MP-VO, Verordnung (EU) 2017/745 über Medizinprodukte, 4. Aufl. 2023; *Reusch*, KI und Software im Kontext von Produkthaftung und Produktsicherheit, RDi 2023, 152; *Roos/Weitz*, Hochrisiko-KI-Systeme im Kommissionsentwurf für eine KI-Verordnung – IT- und produktsicherheitsrechtliche Pflichten von Anbietern, Einführern, Händlern und Nutzern, MMR 2021, 844; *Roßnagel*, Datenschutz in der Forschung, ZD 2019, 157; *Roth-Isigkeit*, Der risikobasierte Ansatz als Paradigma des Digitalverwaltungsrechts, MMR 2024, 621; *Säcker/Rixecker/Oetker/Limperg* (Hrsg.), Münchener Kommentar zum BGB, 9. Aufl. 2023; *Schaar*, Anpassung von Einwilligungserklärungen für wissenschaftliche Forschungsprojekte, ZD 2017, 213; *Spickhoff* (Hrsg.), Medizinrecht, 4. Aufl. 2022; *Spickhoff/Handorn* (Hrsg.), Handbuch Medizinisches Forschungsrecht, 2024; *Steege*, Auswirkungen von künstlicher Intelligenz auf die Produzentenhaftung in Verkehr und Mobilität, NZV 2021, 6; *Tam/Huy/Thoa/Long/Trang/Hirayama/Karbwang*, Participants' understanding of informed consent in clinical trials over three decades: systematic review and meta-analysis, Bull World Health Organ 2015, 93, 186, https://doi.org/10.2471%2FBLT.14.141390; *Tinnefeld/Conrad*, Die selbstbestimmte Einwilligung im europäischen Recht, ZD 2018, 391; *Torres*, Die Patientenverfügung – ein Rechtsinstrument der Selbstbestimmung – Eine Untersuchung unter besonderer Berücksichtigung der Rolle und Perspektive von Ärzten, 2022, https://doi.org/10.1007/978-3-658-36740-4; *Weichert*, Die Forschungsprivilegierung in der DSGVO, ZD 2020, 18; *Wolff/Brink/v. Ungern-Sternberg* (Hrsg.), Beck'scher Online-Kommentar Datenschutzrecht, 48. Edition, Stand: 1.5.2024; *Zech*, Haftung für Trainingsdaten Künstlicher Intelligenz, NJW 2022, 502; *Zech*, Künstliche Intelligenz und Haftungsfragen, ZfPW 2019, 198.

Übersicht

I. Allgemeines

1. Zweck der Vorschrift

1 Art. 60 Abs. 4 lit. i sieht als zentrale Zulässigkeitsvoraussetzung der Testung von Hochrisiko-KI-Systemen unter Realbedingungen außerhalb von KI-Reallaboren die Einholung der „informierten Einwilligung" der Testteilnehmer durch den Anbieter bzw. zukünftigen Anbieter vor, mit Ausnahme der Strafverfolgung, wenn die informierte Einwilligung verhindern würde, dass das KI-System getestet wird (siehe Art. 60 Rn. 52 ff.). Die Pflicht zur Einholung der Einwilligung der Testteilnehmer und der damit verbundene Umfang der Informationspflicht stellen **verfahrensrechtliche Garantien** dar, die auf den im europäischen Verfassungsrecht verankerten Grundrechtspositionen der Testteilnehmer beruhen, etwa aus Art. 1, Art. 2, Art. 3 Abs. 1, Abs. 2 lit. a, lit. c, Art. 4, Art. 6, Art. 8 (auch Art. 24 ff. bezüglich schutzbedürftiger Personen) Charta der Grundrechte

der Europäischen Union (GRCh).[1] Die Anbieter bzw. zukünftigen Anbieter als die für die Tests unter Realbedingungen Verantwortlichen müssen eine angemessene Beteiligung am Verfahren, die Möglichkeit für Testteilnehmer, die eigene Position vorzutragen, und den Zugang zu den für Testteilnehmer und sonstige Beteiligte relevanten Informationen gewährleisten.[2]

Der Wortlaut des Art. 61 ergibt folgende Regelungsstruktur: Abs. 1 konkretisiert die Anforderungen an die informierte Einwilligung und stellt den **Umfang der Informationspflicht** in einem abschließenden Katalog unter Abs. 1 lit. a bis lit. e fest, während Abs. 2 eine Pflicht für die Anbieter bzw. zukünftigen Anbieter zur Datierung und Dokumentation der Einwilligung sowie zur Aushändigung einer Kopie der Einwilligung an die Testteilnehmer oder ihre gesetzlichen Vertreter vorschreibt. Die gesetzlichen Definitionen der verschiedenen Begriffe finden sich in Art. 3, wobei zur systematischen Auslegung des Art. 61 seine Verortung im Regelungsgefüge des Art. 60 und vergleichend der Art. 57 ff. berücksichtigt werden muss. 2

Zur Bestimmung des Gesetzeszwecks bezieht sich der EuGH in der Regel auf die entsprechenden Erwägungsgründe sowie auf vorbereitende Dokumente und Gesetzgebungsvorschläge.[3] In ErwG 141 wird die „informierte Einwilligung" als Garantie und Bedingung für die Testung unter Realbedingungen unter Berücksichtigung des Schutzes der Testteilnehmer bezeichnet. Der Erwägungsgrund stellt darüber hinaus deklaratorisch fest, dass die Einwilligung der Testteilnehmer zur Teilnahme an solchen Tests im Rahmen dieser Verordnung sich von der Einwilligung betroffener Personen in die Verarbeitung ihrer personenbezogenen Daten nach den einschlägigen Datenschutzvorschriften unterscheidet und dieser nicht vorgreift. Daraus ergibt sich auch teilweise die gesetzgeberische Notwendigkeit zur Aufnahme dieser Vorschrift in der KI-VO. Es gilt hier also **kein „broad consent"**, weswegen die datenschutzrechtliche Einwilligung strikt von der Einwilligung i. S. d. Art. 61 zu trennen ist.[4] Die Kehrseite der Einwilligung bildet der formlos mögliche Widerruf der Testteilnehmer oder gegebenenfalls ihrer gesetzlichen Vertreter, der etwas ungeschickt in Art. 60 Abs. 5 veran- 3

1 Vertieft zum historischen Kontext der informierten Einwilligung *Hofer/Tsakiliotis*, KIR 2024, 174, 176 f.

2 Vgl. *Mayrhofer/Denk*, Künstliche Intelligenz und dynamische Rechtsetzung, S. 108; vgl. grds. zum Grundrecht auf informationelle Selbstbestimmung BVerfG, Urt. v. 15.12.1983 – 1 BvR 209/83, NJW 1984, 419, 425 f. – Volkszählungsgesetz.

3 EuGH, Urt. v. 4.7.1963 – Rs. C-24/62, Slg. 1963, S. 155 – Deutschland/Kommission; *Wegener*, in: Calliess/Ruffert, EU-Vertrag (Lissabon), Art. 19 Rn. 16; vgl. Amt für Veröffentlichungen der EU, Gemeinsamer Leitfaden des Europäischen Parlaments, des Rates und der Kommission für Personen, die an der Abfassung von Rechtstexten der Europäischen Union mitwirken, 2015, S. 31, https://op.europa.eu/s/zOiz.

4 *Heberlein*, in: Ehmann/Selmayr, DS-GVO, Art. 6 Rn. 22; *Voß*, in: Hilgendorf/Roth-Isigkeit, Die neue Verordnung der EU zur Künstlichen Intelligenz, § 9 Rn. 29.

kert wird, worauf Art. 61 Abs. 1 lit. c als zwingender Informationsbestandteil verweist (siehe Art. 60 Rn. 57 f.).

2. Entstehungsgeschichte

4 Während die KI-Reallabore bereits im ursprünglichen Kommissionsentwurf als zentrales Element zur Innovationsförderung vorgesehen waren, wurden die Tests von Hochrisiko-KI-Systemen unter Realbedingungen erst später in den Gesetzgebungsprozess aufgenommen (siehe Art. 60 Rn. 5). Dies kann erklären, weshalb kritische Regelungen, insbesondere die Einwilligung seitens des gesetzlichen Vertreters des Testteilnehmers, im Wortlaut des Art. 61 bzw. Art. 60 keinen Eingang gefunden haben (siehe unten Rn. 14 f.). Dementsprechend lassen die Travaux préparatoires keinen Schluss auf die konkrete Entstehungsgeschichte der Einwilligung i. S. v. Art. 61 zu. Auch wenn es sich beim Konzept der informierten Einwilligung um eine inzwischen etablierte ethische und rechtliche Bedingung der experimentellen Forschung mit natürlichen Personen, insbesondere in der Medizin, handelt, ist es in der Tat historisch relativ neu.[5]

3. Verhältnis zu anderen Vorschriften

5 Verfassungsrechtlich ist die informierte Einwilligung der Testteilnehmer Ausdruck der individuellen **Selbstbestimmung** und als solche im allgemeinen Persönlichkeitsrecht gemäß Art. 1 Abs. 1 i.V.m. Art. 2 Abs. 1 GG verankert.[6] Auf Basis einer Selbstbestimmungsaufklärung kann die informierte Einwilligung (informed consent) getroffen werden (siehe Art. 3 Rn. 423 ff.).[7]

6 Um die Sicherheit einer neuen Technologie vor deren Inverkehrbringen zu überprüfen, ist eine Testung unter realen Bedingungen häufig unerlässlich. Sowohl der europäische als auch der nationale Gesetzgeber sind in verschiedener Art und Weise mit dem regulatorischen Dilemma zwischen Innovation und Sicherheit umgegangen, wobei sie je nach Technologie und Umfeld unterschiedliche Ansätze verfolgen:[8] Dazu gehören etwa klinische Studien für die arzneimittelrechtliche Zulassung gemäß §§ 40 ff. AMG (basierend auf der VO (EU) Nr. 536/2014 Clinical Trials Regulation – CTR), Verfahren vor der Marktzulassung für andere potenziell gefährliche Produkte nach der neuen Produktsicherheitsverordnung (EU) 2023/988 (General Product Safety Regulation – GSPR), Daten-

---

5 Ausführlich dazu *Torres*, Die Patientenverfügung, S. 40 ff.; vgl. auch *Damm*, MedR 2015, 775; *Hofer/Tsakiliotis*, KIR 2024, 174, 176 f.

6 *Dorneck/Gassner/Kersten* et al., MedR 2019, 431.

7 BGH, Urt. v. 15.3.2005 – VI ZR 313/03, NJW 2005, 1718 f.: Erst „eine nach vollständiger und gewissenhafter Aufklärung des Patienten wirksame Einwilligung (informed consent) macht den Eingriff in seine körperliche Integrität rechtmäßig".

8 *Buocz/Pfotenhauer/Eisenberger*, Law, Innovation and Technology 2023, S. 357, 370 f.

schutz-Folgenabschätzungen für neuartige und groß angelegte Verarbeitungen personenbezogener Daten gemäß Art. 35 DSGVO sowie klinische Prüfungen für Medizinprodukte gemäß Art. 62 MP-VO.

Die nach der MP-VO vorgesehenen **klinischen Prüfungen** stellen an der Schnittstelle zwischen Gesundheits- und Produktsicherheitsrecht das **passende Vorbild** für das Regelungsregime in Bezug auf Tests unter realen Bedingungen nach der KI-VO dar.[9] Daher ist es wenig überraschend, dass die „informierte Einwilligung" i. S. v. Art. 61 hinsichtlich ihrer Regelungsstruktur und ihres Regelungszwecks eine auffällige Ähnlichkeit mit der in der MP-VO erforderlichen „Einwilligung nach Aufklärung" gemäß Art. 63 MP-VO aufweist. Gemäß der Legaldefinition von Art. 2 Nr. 55 MP-VO versteht man unter einer Einwilligung nach Aufklärung „eine aus freien Stücken erfolgende, freiwillige Erklärung der Bereitschaft, an einer bestimmten klinischen Prüfung teilzunehmen, durch einen Prüfungsteilnehmer, nachdem dieser über alle Aspekte der klinischen Prüfung, die für die Entscheidungsfindung bezüglich der Teilnahme relevant sind, aufgeklärt wurde, oder im Falle von Minderjährigen und nicht einwilligungsfähigen Personen eine Genehmigung oder Zustimmung ihres gesetzlichen Vertreters, sie in die klinische Prüfung aufzunehmen". 7

Die datenschutzrechtliche Einwilligung i. S. v. Art. 7 DSGVO ist strikt von der Einwilligung i. S. d. Art. 61 zu trennen. ErwG 141 stellt dazu fest, dass die Einwilligung der Testteilnehmer zur Teilnahme an solchen Tests im Rahmen dieser Verordnung sich von der Einwilligung betroffener Personen in die Verarbeitung ihrer personenbezogenen Daten nach den einschlägigen Datenschutzvorschriften unterscheidet und dieser nicht vorgreift. Daraus ergibt sich auch teilweise die gesetzgeberische Notwendigkeit zur Aufnahme dieser Vorschrift in der KI-VO. Es gilt hier also **kein „broad consent"**. Mit Art. 7 DSGVO wird die im europäischen Verfassungsrecht in Art. 8 Abs. 2 Satz 1 GRCh explizit als Verarbeitungsgrundlage verankerte Einwilligung auch sekundärrechtlich anerkannt.[10] Dabei handelt es sich um die kodifizierte Verwirklichung der datenschutzrechtlichen Selbstbestimmung.[11] Das Problem der Einwilligung zu sekundären Verarbeitungszwecken ist im Rahmen der datenschutzrechtlichen Einwilligung relevant.[12] 8

9 Vgl. *Ho/Caals*, ABR 2024, 345, 363; generell zum Punkt MP-VO als Referenzrahmen: *Roth-Isigkeit*, MMR 2024, 621, 622.

10 *Frenzel*, in: Paal/Pauly, DS-GVO BDSG, Art. 7 Rn. 26.

11 *Stemmer*, in: Wolff/Brink/v. Ungern-Sternberg, BeckOK DatenschutzR, Art. 7 Rn. 1.

12 Vgl. *Schulz*, in: Gola/Heckmann, DS-GVO BDSG, Art. 6 Rn. 25.

II. Anforderungen an die Einwilligung (Abs. 1)

9 Die Einwilligung der Testteilnehmer oder gegebenenfalls deren gesetzlicher Vertreter ist gemäß Art. 61 i.V.m. Art. 60 Abs. 4 lit. i erforderlich, soweit Tests von Hochrisiko-KI-Systemen unter Realbedingungen außerhalb von KI-Reallaboren durchgeführt werden. Das Erfordernis der Einwilligung spiegelt die grundlegende Rechtsauffassung wider, dass rechtliche Beziehungen zu anderen grundsätzlich nicht auf Macht oder Zwang, sondern auf Konsens und Respekt vor der Entscheidungsfreiheit des Einzelnen basieren sollten.[13]

1. „Informierte Einwilligung" im Spannungsverhältnis zur (un-)erklärbaren KI

10 KI-Systeme zeichnen sich gerade durch eine gesteigerte Komplexität, Opazität und Unvorhersehbarkeit aus.[14] Soweit KI in eine IoT-Umgebung eingebettet wird, erschwert sich deren Prognostizierbarkeit.[15] Dieser sogenannte **Black-Box-Effekt** lässt sich am Beispiel von neuronalen Netzen veranschaulichen.[16] Das probabilistische Verhalten solcher neuronalen Netze führt ex ante zu einer eingeschränkten Vorhersagbarkeit und ex post zu einer eingeschränkten Erklärbarkeit.[17]

11 Diese inhärenten Merkmale von KI stehen in einem **Spannungsverhältnis** zum Konzept der „informierten Einwilligung". Es ist deshalb fragwürdig, inwieweit die in Art. 61 vorausgesetzte Einwilligung überhaupt „informiert" sein kann. Im Rahmen von klinischen Prüfungen wird Kritik insbesondere am statischen Charakter und der Kontextblindheit der informierten Einwilligung ausgeübt: „Die Kontexte vor, während und nach einer Behandlung werden überwiegend ausgeblendet oder mit der Forderung nach einer **immer extensiveren Aufklärung** überspielt".[18] Die **informationelle Überfrachtung** des Patienten ist dem Selbstbestimmungsrecht nicht ohne Weiteres zuträglich.[19] Nach einer Studie von 2015, die das Verständnis von Probanden über die informierte Einwilligung anhand von klinischen Studien in einem Zeitraum von 30 Jahren untersuchte, hat sich das Verständnis für die potenziellen Risiken und Nebenwirkungen von Versuchen, für Placebo und für das Widerrufsrecht trotz erheblicher Fortschritte bei den medizinischen Forschungsmethoden und zahlreicher Versuche, die Qualität

13 *Laufs/Katzenmeier/Lipp*, Arztrecht, Kap. V. Aufklärungspflicht und Einwilligung Rn. 5.

14 *Roos/Weitz*, MMR 2021, 844 f.; *Handorn/Juknat*, MPR 2022, 77, 86.

15 *Steege*, NZV 2021, 6.

16 *Zech*, ZfPW 2019, 198.

17 *Zech*, ZfPW 2019, 198, 202.

18 *Dorneck/Gassner/Kersten* et al., MedR 2019, 431 f.

19 Vgl. *Menzel*, MedR 2006, 702, 706 f.

der Einwilligung nach Aufklärung zu verbessern, nicht verändert.[20] Eine mögliche Ursache ist u. a. die zunehmende Komplexität klinischer Studien, die den Prozess der Einwilligung nach Aufklärung länger und schwieriger verständlich gemacht hat; darüber hinaus wurden nicht genügend Anstrengungen unternommen, um die Qualität des Einwilligungsprozesses zu verbessern.[21] Zu ähnlichen Ergebnissen, insbesondere hinsichtlich des mangelnden Verständnisses von potenziellen Risiken, kam eine Studie von 2021.[22] Dieselben Herausforderungen sind bei Tests von Hochrisiko-KI unter Realbedingungen zu erwarten.

Aus diesen Gründen hat die Wissenschaft verschiedene Ausprägungen des Konzeptes der informierten Einwilligung herausgearbeitet, deren normative Kraft auch im Rahmen von Tests unter Realbedingungen überprüft werden kann.[23] Der **„contextual consent"** soll sich basierend auf dem „informed consent" als „flexibles und adaptives" System nach den Umständen, den Grad der Komplexitätssteigerung und den Rahmenbedingungen der relevanten Akteure bestimmen.[24] Als weitere Ausprägung des „informed consent" wird im Datenschutzrecht auch im Rahmen von klinischen Studien[25] der sogenannte **„dynamic consent"** befürwortet. Dieser bezwecke „einen angemessenen Ausgleich zwischen unrealistisch engen Zweckbestimmungen einerseits und bloßen Blankozustimmungen andererseits".[26] Die Einwilligung wird nicht nur einmalig vorab eingeholt, sondern sie wird im Rahmen eines dynamischen und ggf. iterativen Prozesses erhoben und integriert.[27] Der besondere Vorteil dieses Konzepts liegt darin, dass Individuen auch die Möglichkeit haben, auf Entwicklungen in der Nutzung von Daten zu reagieren sowie Präferenzen zu ändern oder anzupassen.[28] Im Datenschutzrecht hat sich gemäß Art. 5 Abs. 1 lit. b i.V.m. Art. 89 Abs. 1 DSGVO in Bezug auf die sekundäre Verarbeitung von personenbezogenen Daten zu Forschungszwecken das Konzept des **„broad consent"** etabliert.[29] Dieses trägt dem Umstand Rechnung, dass die Verarbeitungszwecke zum Erhebungszeitpunkt der personenbezogenen Daten im Fall von wissenschaftlicher Forschung häufig nicht exakt feststehen. Sowohl im Hinblick auf den Datenschutz als auch in me- **12**

20 *Tam/Huy/Thoa* et al., Bull World Health Organ 2015, 93, 186.
21 *Tam/Huy/Thoa* et al., Bull World Health Organ 2015, 93, 186.
22 *Pietrzykowski/Smilowska*, Trials 22, 57 (2021).
23 Vgl. *Cepic*, ZD-Aktuell 2021, 05214.
24 *Dorneck/Gassner/Kersten* et al., MedR 2019, 432 f.
25 *Budin-Ljøsne/Teare/Kaye* et al., BMC Med Ethics 18, 4 (2017).
26 *Hummel/Braun/Augsberg/Ulmenstein/Dabrock*, Dynamic Consent als Umsetzungsmechanismus von Datensouveränität, S.13 ff.
27 *Hummel/Braun/Augsberg/Ulmenstein/Dabrock*, Dynamic Consent als Umsetzungsmechanismus von Datensouveränität, S.13 ff.
28 *Hummel/Braun/Augsberg/Ulmenstein/Dabrock*, Dynamic Consent als Umsetzungsmechanismus von Datensouveränität, S.13 ff.
29 *Roßnagel*, ZD 2019, 157, 160; *Hänold*, ZD-Aktuell 2020, 06954; vgl. *Weichert*, ZD 2020, 18, 19 f.

dizinrechtlicher und ethischer Hinsicht ist dieses Konzept allerdings nicht unumstritten. Kritiker weisen auf das Missbrauchspotenzial hin und bemängeln, dass die Teilnehmer über die genauen Inhalte einer zukünftigen Verwendung von Daten oder auch Biomaterialien eben nicht genau informiert werden, sodass es an einer informierten Einwilligung fehle.[30]

2. Einwilligende Person

13 Die einwilligende Person i. S. v. Art. 60 Abs. 4 lit. i i.V.m. Art. 61 ist **grundsätzlich der Testteilnehmer**. Eine Legaldefinition des Testteilnehmers enthält Art. 3 Nr. 58. Dabei handelt es sich um eine natürliche Person, die für die Zwecke eines Tests unter Realbedingungen an dem Test teilnimmt.

14 Anders als die MP-VO, die konkrete Regelungen hinsichtlich der gesetzlichen Vertreter der Probanden vorsieht, trifft die KI-VO **keine ausdrückliche Regelung** zur Einwilligung eines Minderjährigen oder sonst einwilligungsunfähigen Testteilnehmers durch deren gesetzlichen Vertreter. Der Wortlaut der Art. 60 Abs. 4 lit. i und Art. 61 Abs. 1 adressiert ausschließlich die Testteilnehmer. Dass darüber hinaus bei einwilligungsunfähigen Testteilnehmern auch ein Einwilligungserfordernis für deren gesetzlichen Vertreter besteht, ergibt sich aus einer **systematischen und teleologischen Auslegung** des Gesetzes.

15 Art. 60 Abs. 5 weist darauf hin, dass ein gesetzlicher Vertreter eines einwilligungsunfähigen Testteilnehmers die Teilnahme an dem Test jederzeit durch Widerruf der informierten Einwilligung beenden und die unverzügliche und dauerhafte Löschung seiner personenbezogenen Daten verlangen kann. Nach Art. 61 Abs. 2 ist gegebenenfalls dem gesetzlichen Vertreter eines einwilligungsunfähigen Testteilnehmers eine Kopie der dokumentierten informierten Einwilligung auszuhändigen. Insbesondere mit Blick auf die Notwendigkeit einer **selbstbestimmten Entscheidung** zur Testteilnahme und dem im ErwG 141 verankerten Ziel, **zusätzliche Schutzmaßnahmen** für schutzbedürftige Gruppen zu treffen, wäre es widersinnig, den gesetzlichen Vertretern ein Widerrufsrecht und Informationsrecht einzuräumen, ohne ihnen gleichzeitig die Möglichkeit zur Erklärung der Einwilligung zu geben.

16 Der Begriff des Minderjährigen oder nicht Einwilligungsfähigen wird im KI-Gesetz genauso wie in der MP-VO vorausgesetzt, sodass es auf die nationale Ausgestaltung zur Einwilligungsfähigkeit ankommt. Es ist den Mitgliedstaaten überlassen, festzulegen, wer der gesetzliche Vertreter nicht einwilligungsfähiger Prüfungsteilnehmer und Minderjähriger ist.[31]

30 *Schaar*, ZD 2017, 213, 219 f.; vgl. *Weichert*, ZD 2020, 18, 19 ff.

31 *Listl-Nörr*, in: Spickhoff, Medizinrecht, § 28 MPDG Rn. 2; vgl. ErwG 72 Satz 2 MP-VO.

17 Der gesetzliche Vertreter einer volljährigen, **einwilligungsunfähigen Person** i. S. v. § 104 Nr. 2 BGB ist in der Regel ihr Betreuer. Nach § 1823 BGB ist der Betreuer befugt, den Betreuten sowohl gerichtlich als auch außergerichtlich zu vertreten. Die Bestellung eines Betreuers erfolgt gemäß §§ 1814 f. BGB durch das Betreuungsgericht und umfasst die Aufgabenbereiche, in denen der Betreute seine Angelegenheiten nicht selbst regeln kann. Die Einwilligung zur Teilnahme an einem Test unter Realbedingungen kann in der Regel der Betreuer selbst geben, ohne dass dafür eine Genehmigung des Betreuungsgerichts erforderlich ist.[32] Gemäß § 1821 Abs. 2 Satz 1 BGB muss der Betreuer dabei die subjektiven Wünsche und Vorstellungen des Betreuten im Rahmen des Möglichen berücksichtigen. Die Einwilligung **minderjähriger Testteilnehmer** erfolgt durch ihren gesetzlichen Vertreter.

18 In beiden Fällen ist der gesetzliche Vertreter selbst über Wesen und Bedeutung und Tragweite des Tests unter Realbedingungen i. S. v. Art. 61 Abs. 1 aufzuklären. Grundsätzlich sind dies die Eltern, vgl. § 1626 Abs. 1 Satz 1 BGB, in Betracht kommen aber auch sorgerechtliche Besonderheiten, etwa im Fall einer Pflegschaft (vgl. § 1909 BGB) oder Vormundschaft (vgl. §§ 1773 ff. BGB).[33] Die elterliche Personensorge i. S. v. § 1631 Abs. 1 BGB kann hierbei von beiden Elternteilen nur gemeinsam gemäß § 1629 Abs. 1 Satz 2 Halbsatz 1 BGB ausgeübt werden.[34] Ist der Minderjährige in der Lage, sich zu Wesen, Bedeutung und Tragweite der Prüfung selbst ein Urteil zu bilden, sollte seine Zustimmung zusätzlich erforderlich sein. Die Einsichtsfähigkeit muss individuell im Einzelfall bestimmt werden. Ab einem Alter von 14 Jahren wird man diese im Regelfall annehmen können. Der Widerspruch des Minderjährigen, der über die erforderliche Einsichtsfähigkeit verfügt, gegen eine Teilnahme an dem Test unter Realbedingungen ist zu beachten, selbst dann, wenn der gesetzliche Vertreter zugestimmt hat.

19 Ob dem Verhältnis des Teilnehmers – im Rahmen einer Studie wird vom Proband gesprochen – zum Anbieter wirklich ein **Probandenvertrag** (oder eher ein Gefälligkeitsverhältnis mit etwaigen Sorgfaltspflichten) zugrunde liegt, richtet sich nach dem **Rechtsbindungswillen** der Parteien.[35] Nach der Rechtsprechung des BGH ist dieser anhand eines **Bündels objektivierter Indizien**, wie wirtschaftliche und rechtliche Bedeutung der Angelegenheit und Interessenlage, zu bestimmen.[36] Zwar macht Art. 60 Abs. 9 keine Angaben zur genauen Haftungs-

32 Vgl. *Goehl*, in: Spickhoff/Handorn, Medizinisches ForschungsR-HdB, § 19 Rn. 10.

33 Vgl. die Einwilligung nach der Datenschutz-Grundverordnung, Der Bayerische Landesbeauftragte für den Datenschutz (Stand: 1.9.2021), S. 21, https://www.datenschutz-bayern.de/datenschutzreform2018/einwilligung.pdf.

34 BGH, Urt. v. 28.6.1988 – VI ZR 288/87, NJW 1988, 2946; vgl. *Rehmann*, in: Rehmann/Wagner, MP-VO, Art. 63 Rn. 4.

35 *Ehling/Vogeler*, MedR 2008, 273, 275.

36 BGHZ 92, 164, 168; BGH, NJW-RR 2006, 117, 120.

grundlage, sondern überlässt dies dem Unionsrecht bzw. nationalem Recht (siehe Art. 60 Rn. 64). Gleichwohl kann dieser europarechtlichen Überformung – kein Haftungsausschluss – auch Ausstrahlungswirkung bei der Frage zukommen, wie die Interessenlage der Parteien zu bestimmen ist. In der Regel werden beide Parteien Interesse an einer vertraglichen Ausgestaltung haben: Der Anbieter bzw. zukünftige Anbieter (als Sponsor des Tests) möchte, dass sich der Teilnehmer dem Testplan unterwirft, der Teilnehmer möchte etwaige Risiken bestmöglich – und damit auch vertraglich – abgesichert wissen.[37] Der genaue Zeitpunkt des Vertragsschlusses ist insbesondere bei Vorliegen von Ein- und Ausschlusskriterien strittig.[38] Der Probandenvertrag wird als ein **Vertrag sui generis** einzustufen sein, auf den lediglich die allgemeinen Regeln des Schuldrechts Anwendung finden.[39]

3. Umfang der Informationspflicht

20 Gemäß Art. 61 Abs. 1 ist für die Zwecke von Tests unter Realbedingungen von den Testteilnehmern eine **freiwillig erteilte** informierte Einwilligung einzuholen, bevor sie an dem Test teilnehmen. In der Zusammenschau von Art. 61 Abs. 1 und Art. 3 Nr. 59 wird sogar eine **dreifach freiwillige Erklärung** gefordert, wobei es sich bei den ersten beiden um eine **tautologische Dopplung** handelt.[40] Hiernach ist die informierte Einwilligung eine (1.) freiwillig erteilte,[41] (2.) aus freien Stücken erfolgende[42] (3.) freiwillige Erklärung.[43]

21 Die Einwilligung ist nur wirksam, wenn sie nach vollständiger Aufklärung in Kenntnis aller für die Entscheidung relevanten Umstände erfolgt. Art. 61 Abs. 1 statuiert damit eine **Selbstbestimmungsaufklärung.**[44] In Art. 61 Abs. 1 lit. a bis lit. e werden die konkreten Informationsbestandteile abschließend aufgelistet, über die der Teilnehmer mit **präzisen, klaren, relevanten und verständlichen Informationen** aufzuklären ist.

---

37 Ähnlich *Ehling/Vogeler*, MedR 2008, 273, 275.

38 Hierzu *Ehling/Vogeler*, MedR 2008, 273, 275 f.

39 Wohl h. M., vgl. *Ehling/Vogeler*, MedR 2008, 273, 278 m. w. N.

40 Der Begriff „freiwillig erteilt“ wurde der Legaldefinition des Art. 3 Nr. 59 vorangestellt, anscheinend ohne eine Prüfung auf Sinnhaftigkeit durch den Gesetzgeber.

41 Siehe Art. 61 Abs. 1.

42 Siehe Art. 3 Nr. 59.

43 Siehe Art. 3 Nr. 59.

44 Zur Selbstbestimmungsaufklärung im Kontext des Arzthaftungsrechts: BGH, Urt. v. 20.12.2022 – VI ZR 375/21, NJW 2023, 1435; *Wagner*, in: Säcker/Rixecker/Oetker/Limperg, MüKo-BGB, § 630d Rn. 28.

a) Art und die Zielsetzungen des Tests (Art. 61 Abs. 1 lit. a)

Die Testteilnehmer sollen über die **Art und die Zielsetzungen** des Tests unter Realbedingungen und etwaige mit ihrer Teilnahme verbundenen **Unannehmlichkeiten** informiert werden. Hier kann im Wesentlichen auf die Inhalte des Testplans (insbesondere Ziele, Methodik und Durchführung) zurückgegriffen werden (siehe Art. 3 Rn. 395 ff.). Kenntnisse über diese zu antizipierenden Unannehmlichkeiten können sich insbesondere im Rahmen von zuvor durchgeführten Tests unter simulierten Bedingungen ergeben. Basierend auf den Empfehlungen der High-Level Expert Group on AI (HLEG)[45] und der Normungsroadmap-KI[46] hat das Fraunhofer-Institut für Intelligente Analyse- und Informationssysteme (IAISE) einen Prüfkatalog veröffentlicht, der ein abgestuftes Vorgehen zur strukturierten Identifikation KI-spezifischer Risiken im Hinblick auf sechs Dimensionen der Vertrauenswürdigkeit entwickelt: Fairness, Autonomie und Kontrolle, Transparenz, Verlässlichkeit, Sicherheit und Datenschutz.[47] Zu diesem Zweck listet der KI-Prüfkatalog etablierte KPIs auf, mit denen sich entsprechende Zielvorgaben, wo möglich, quantifizieren lassen.[48] Innerhalb der verschiedenen Dimensionen werden **spezifische Risikogebiete** identifiziert, die je nach KI-System einen unterschiedlichen Grad aufweisen. Diese sollten entsprechend vom Testplan berücksichtigt und adressiert werden. **22**

b) Teilnahmebedingungen (Art. 61 Abs. 1 lit. b)

Gemäß Art. 61 Abs. 1 lit. b ist über die **Bedingungen**, unter denen der Test unter Realbedingungen erfolgen soll, einschließlich der voraussichtlichen Dauer der Teilnahme des Testteilnehmers „oder der Testteilnehmer" aufzuklären. Hierbei kann es Überschneidungen zur Art des Test (lit. a) geben, sodass die Punkte in der Praxis auch zusammengefasst werden können. Die Verwendung des Plurals **23**

---

45 Ethik-Leitlinien für eine vertrauenswürdige KI, Europäische Kommission, Generaldirektion Kommunikationsnetze, Inhalte und Technologien, Publications Office, 2019, https://data.europa.eu/doi/10.2759/22710.

46 Deutsche Normungsroadmap Künstliche Intelligenz, DIN, Ausgabe 2 (2022), https://www.din.de/resource/blob/916792/20bf33d405710a703aa26f8□362493bb/nrm-ki-deutsch-2022-final-web-250-data.pdf.

47 Leitfaden zur Gestaltung vertrauenswürdiger Künstlicher Intelligenz KI-Prüfkatalog, Fraunhofer IAISE, 2021, https://www.iais.fraunhofer.de/content/dam/iais/fb/Kuenstliche_intelligenz/ki-pruefkatalog/202107_KI-Pruefkatalog.pdf; vgl. dazu auch *Reusch*, in: Kaulartz/Braegelmann, Artificial Intelligence und Machine Learning, Kap. 4.1 Rn. 123.

48 Leitfaden zur Gestaltung vertrauenswürdiger Künstlicher Intelligenz KI-Prüfkatalog, Fraunhofer IAISE, 2021, https://www.iais.fraunhofer.de/content/dam/iais/fb/Kuenstliche_intelligenz/ki-pruefkatalog/202107_KI-Pruefkatalog.pdf; vgl. dazu auch *Reusch*, in: Kaulartz/Braegelmann, Artificial Intelligence und Machine Learning, Kap. 4.1 Rn. 123.

spricht dafür, dass der Gesetzgeber auch von einer etwaigen Gruppen- bzw. Kohortenbildungen in solch einer Testsituation ausgeht. Solche Bedingungen können auch Grundlage eines **Probandenvertrags** sein (siehe oben Rn. 19).

24 Gemäß Art. 60 Abs. 4 lit. g müssen angemessene Maßnahmen zum Schutz von Testteilnehmern aufgeführt werden, die aufgrund ihres Alters, insbesondere wenn sie Minderjährige sind, oder aufgrund einer Behinderung einer schutzbedürftigen Gruppen angehören. Über diese Maßnahmen und deren Durchführung müssen die Anbieter bzw. zukünftigen Anbieter aufgrund ihrer Informationspflicht aus Art. 61 Abs. 1 die betroffenen Testteilnehmer angemessen informieren.

c) Rechtsbehelfsbelehrung insbesondere zum Widerrufsrecht (Art. 61 Abs. 1 lit.c)

25 Die Anbieter bzw. zukünftigen Anbieter sind gemäß Art. 61 Abs. 1 lit. c verpflichtet, die Testteilnehmer über ihre **Rechte und Garantien** zu informieren, die ihnen bezüglich ihrer Teilnahme zustehen, insbesondere über ihr Recht, die Teilnahme an dem Test unter Realbedingungen zu verweigern oder diese Teilnahme jederzeit zu beenden, ohne dass ihnen daraus Nachteile entstehen und sie dies in irgendeiner Weise begründen müssten. Die Information über die der betroffenen Person zustehenden Rechte wirkt nicht konstitutiv: Ein Verweis auf ein Recht, welches im Ergebnis nicht besteht, bindet den Anbieter nicht.[49]

26 Die Kehrseite der Einwilligung bildet der **Widerruf** der Testteilnehmer oder ihrer gesetzlichen Vertreter, der etwas ungeschickt in Art. 60 Abs. 5 verankert wird, worauf Art. 61 Abs. 1 lit. c als zwingender Informationsbestandteil verweist. Gemäß Art. 60 Abs. 5 Satz 1 kann jeder Testteilnehmer oder gegebenenfalls sein gesetzlicher Vertreter bezüglich des Tests unter Realbedingungen seine Teilnahme an dem Test **jederzeit** ohne Angabe von Gründen durch Widerruf seiner informierten Einwilligung beenden und die unverzügliche und dauerhafte Löschung seiner personenbezogenen Daten verlangen, ohne dass ihm daraus Nachteile entstehen. Der Widerruf unterliegt nicht dem Schriftformerfordernis.[50] Darüber hinaus muss der Testteilnehmer informiert werden, dass er die Einwilligung vor Erteilung verweigern kann. Dazu ist ein expliziter Hinweis im entsprechenden Einwilligungsformular unerlässlich.

27 Eine **weitere Nutzung** der bis zum Widerruf der Einwilligung erhobenen und gespeicherten **personenbezogenen Daten ist nicht möglich**, wenn der Testteil-

---

49 *Paal/Hennemann*, in: Paal/Pauly, DS-GVO BDSG, Art. 13 Rn. 27b; *Franck*, in: Gola/Heckmann, DSGVO, Art. 13 Rn. 21.

50 Vgl. zur Parallelvorschrift in Art. 62 Abs. 5 MP-VO *Rehmann*, in: Rehmann/Wagner, MP-VO, Art. 63 Rn. 5.

nehmer neben dem Widerruf auch die Löschung seiner personenbezogenen Daten verlangt. Eine Weiternutzung der Daten unter Erforderlichkeitsgesichtspunkten hat der Gesetzgeber anders als in Art. 62 Abs. 5 Satz MP-VO[51] nicht vorgesehen.

Weitere Rechte der Testteilnehmer, „die ihnen bezüglich ihrer Teilnahme zustehen" i.S.v. Art. 61 Abs. 1 lit. c, werden im Kapitel IX Abschnitt 4 unter Art. 85 ff. verankert. Dies umfasst das **Beschwerderecht bei einer Marktüberwachungsbehörde** gemäß Art. 85, das i.S.v. Art. 86 Abs. 3 subsidiäre Recht auf Erläuterung der Entscheidungsfindung im Einzelfall gemäß Art. 86 Abs. 1 sowie die Hinweisgeberrechte nach der Richtlinie (EU) 2019/1937,[52] worauf Art. 87 hinweist. Darüber hinaus muss der Testteilnehmer über sein Schadensersatzrecht informiert werden.[53] **28**

d) Regelungen, unter denen die Rückgängigmachung oder Außerachtlassung der Vorhersagen, Empfehlungen oder Entscheidungen des KI-Systems beantragt werden kann (Art. 61 Abs. 1 lit. d)

Eine in mehrerer Hinsicht missverständliche Regelung enthält Art. 61 Abs. 1 lit. d. Demnach müssen die Anbieter bzw. zukünftigen Anbieter die Testteilnehmer über die **Regelungen** ordnungsgemäß informieren, unter denen die Rückgängigmachung oder Außerachtlassung der Vorhersagen, Empfehlungen oder Entscheidungen des KI-Systems beantragt werden kann. Der englische Wortlaut der Verordnung spricht von „arrangements"; der französische – am zutreffendsten – von **„modalités"**. Es geht also nicht um eine etwaige Verfahrensobliegenheit zu Lasten der Testteilnehmer, sondern um die Bekanntgabe der Art und Weise, sodass der Testteilnehmer über die **Modalitäten zur Berichtigungsmöglichkeit** in Kenntnis gesetzt wird. **29**

---

51 Folgerichtig ist der Prüfungsteilnehmer über diese Widerrufsfolge auch aufzuklären, vgl. § 29 Satz 2 Nr. 2 Gesetz zur Durchführung unionsrechtlicher Vorschriften betreffend Medizinprodukte (Medizinprodukterecht-Durchführungsgesetz – MPDG).

52 Umgesetzt durch Gesetz für einen besseren Schutz hinweisgebender Personen (Hinweisgeberschutzgesetz – HinSchG).

53 Vgl. ErwGr 9: „Daher bleiben alle Rechte und Rechtsbehelfe, die für Verbraucher und andere Personen, auf die sich KI-Systeme negativ auswirken können, gemäß diesem Unionsrecht vorgesehen sind, auch in Bezug auf einen möglichen Schadenersatz gemäß der Richtlinie 85/374/EWG des Rates unberührt und in vollem Umfang anwendbar"; vgl. zur Haftung für KI allg. *Steege*, NZV 2021, 6 ff., und *Reusch*, RDi 2023, 152 ff.; für „selbstlernende KI-Systeme" *Oechsler*, NJW 2022, 2713 ff.; für KI im Gesundheitswesen *Frost/Kießling*, MPR 2020, 178 ff., und bei Medizinprodukten *Handorn/Juknat*, MPR 2022, 77 ff.; für „Trainingsdaten" von KI *Mayrhofer*, RDi 2023, 20 ff.; *Zech*, NJW 2022, 502 ff.

30 Gemäß Art. 60 Abs. 4 lit. k gilt die Möglichkeit der Rückgängigmachung oder Außerachtlassung der Vorhersagen, Empfehlungen oder Entscheidungen des KI-Systems als zwingende Zulässigkeitsvoraussetzung für die Durchführung von Tests unter Realbedingungen (siehe Art. 60 Rn. 56).[54] Das Recht auf Rückgängigmachung oder Außerachtlassung weist Parallelen mit dem Recht auf Berichtigung gemäß Art. 16 DSGVO auf, das seinerseits den Grundsatz der **Datenrichtigkeit** verwirklichen soll.[55] Diese Regelung wird auch in Art. 14 Abs. 4 lit. d im Kontext menschlicher Aufsicht gefordert und beruht auf einem der Leitprinzipien für vertrauenswürdige KI: Im Rahmen der Entwicklung und Anwendung von KI-Systemen muss der **Vorrang menschlichen Handelns** sichergestellt werden.[56] Die menschliche Aufsicht kann durch verschiedene Mechanismen erfolgen:[57]

– Human-in-the-Loop (HITL): Menschen können aktiv in jeden Entscheidungszyklus des Systems eingreifen;
– Human-on-the-Loop (HOTL): Menschen können den Betrieb des Systems überwachen und den Entwurfsprozess beeinflussen;
– Human-in-Command (HIC): Menschen können den Gesamtbetrieb des Systems steuern und Entscheidungen über den Einsatz und die Funktionsweise des Systems treffen.

e) Test-Identifizierungsnummer und Kontaktdaten des Anbieters oder seines gesetzlichen Vertreters (Art. 61 Abs. 1 lit. e)

31 Gemäß Art. 61 Abs. 1 lit. e muss der Anbieter bzw. zukünftige Anbieter den Testteilnehmer über die unionsweit einmalige Identifizierungsnummer des Tests unter Realbedingungen gemäß Artikel 60 Abs. 4 lit. c und die Kontaktdaten des Anbieters oder seines gesetzlichen Vertreters informieren, bei dem weitere Informationen eingeholt werden können.[58]

54 Vgl. auch Art. 7 Abs. 2 lit. i. und Art. 14 Abs. 4 lit. d.
55 Vgl. *Paal*, in: Pauly/Paal, DS-GVO BDSG, Art. 16 Rn. 3 ff.
56 Ethik-Leitlinien für eine vertrauenswürdige KI, Europäische Kommission, Generaldirektion Kommunikationsnetze, Inhalte und Technologien, Publications Office, 2019, S. 19 Rn. 64 f., https://data.europa.eu/doi/10.2759/22710.
57 Ethik-Leitlinien für eine vertrauenswürdige KI, Europäische Kommission, Generaldirektion Kommunikationsnetze, Inhalte und Technologien, Publications Office, 2019, S. 19 Rn. 64 f., https://data.europa.eu/doi/10.2759/22710.
58 Vgl. Art. 29 Abs. 2 lit. e, Abs. 6 CTR, wonach die Teilnehmer in der Einwilligungserklärung Informationen über die Identität des Sponsors der klinischen Studie erhalten; siehe dazu *Delacroix*, A&R 2019, 8, 10 f.

III. Dokumentationspflicht und Pflicht zur Aushändigung einer Kopie (Abs. 2)

Die informierte Einwilligung muss gemäß Art. 61 Abs. 2 datiert und dokumentiert werden, und eine Kopie davon muss den Testteilnehmern oder ihren gesetzlichen Vertretern ausgehändigt werden. Der Wortlaut „aushändigen" spricht für eine analoge Kopie. **32**

Art. 62 Maßnahmen für Anbieter und Betreiber, insbesondere KMU, einschließlich Start-up-Unternehmen

(1) Die Mitgliedstaaten ergreifen die folgenden Maßnahmen:

a) Sie gewähren KMU – einschließlich Start-up-Unternehmen –, die ihren Sitz oder eine Zweigniederlassung in der Union haben, soweit sie die Voraussetzungen und Auswahlkriterien erfüllen, vorrangigen Zugang zu den KI-Reallaboren; der vorrangige Zugang schließt nicht aus, dass andere als die in diesem Absatz genannten KMU, einschließlich Start-up-Unternehmen, Zugang zum KI-Reallabor erhalten, sofern sie ebenfalls die Zulassungsvoraussetzungen und Auswahlkriterien erfüllen;

b) sie führen besondere Sensibilisierungs- und Schulungsmaßnahmen für die Anwendung dieser Verordnung durch, die auf die Bedürfnisse von KMU, einschließlich Start-up-Unternehmen, Betreibern sowie gegebenenfalls lokalen Behörden ausgerichtet sind;

c) sie nutzen entsprechende bestehende Kanäle und richten gegebenenfalls neue Kanäle für die Kommunikation mit KMU, einschließlich Start-up-Unternehmen, Betreibern, anderen Innovatoren sowie gegebenenfalls lokalen Behörden ein, um Ratschläge zu geben und Fragen zur Durchführung dieser Verordnung, auch bezüglich der Beteiligung an KI-Reallaboren, zu beantworten;

d) sie fördern die Beteiligung von KMU und anderen einschlägigen Interessenträgern an der Entwicklung von Normen.

(2) Bei der Festsetzung der Gebühren für die Konformitätsbewertung gemäß Artikel 43 werden die besonderen Interessen und Bedürfnisse von KMU, einschließlich Start-up-Unternehmen, berücksichtigt, indem diese Gebühren proportional zur Größe der Unternehmen, der Größe ihres Marktes und anderen einschlägigen Kennzahlen gesenkt werden.

(3) Das Büro für Künstliche Intelligenz ergreift die folgenden Maßnahmen:

a) es stellt standardisierte Muster für die unter diese Verordnung fallenden Bereiche bereit, wie vom KI-Gremium in seinem Antrag festgelegt;

b) es entwickelt und führt eine zentrale Informationsplattform, über die allen Akteuren in der Union leicht nutzbare Informationen zu dieser Verordnung bereitgestellt werden;

c) es führt geeignete Informationskampagnen durch, um für die aus dieser Verordnung erwachsenden Pflichten zu sensibilisieren;

d) es bewertet und fördert die Zusammenführung bewährter Verfahren im Bereich der mit KI-Systemen verbundenen Vergabeverfahren.

Mit Art. 62 korrespondieren die Erwägungsgründe 142, 143, 144, 145.

Schrifttum: *Kühling/Buchner* (Hrsg.), DS-GVO BDSG, Kommentar, 4. Aufl. 2024; *Martini/Wendehorst* (Hrsg.), KI-VO: Verordnung über Künstliche Intelligenz, Kommentar, 2024; *Müller*, Parafiskalische Abgaben im Unionsrecht, 2020; *Nolte/Schreitmüller*, Cybersicherheit KI-basierter Medizinprodukte im Lichte der MDR und KI-VO, MPR 2024, 20; *Pehlivan/Forgó/Valcke* (Hrsg.), The EU Artificial Intelligence (AI) Act: A Commentary; *Säcker/Bien/Meier-Beck-Montag* (Hrsg.), Münchener Kommentar zum Wettbewerbsrecht, Band 1/1, Europäisches Wettbewerbsrecht, 4. Aufl. 2023; *Taeger/Gabel* (Hrsg.), DSGVO BDSG TTDSG, Kommentar, 4. Aufl. 2022; *Trstenjak/Beysen*, Das Prinzip der Verhältnismäßigkeit in der Unionsrechtsordnung, EuR 2012, 265.

Übersicht

I. Allgemeines

1. Zweck der Vorschrift

Die Vorschrift bezweckt die **Förderung von KMU**[1] **und Start-up-Unternehmen** im Rahmen des Zugangs zu und der Teilnahme an KI-Reallaboren.[2] 1

2. Entstehungsgeschichte

Die überarbeitete Fassung der Vorschrift stammt aus dem Entwurf des Rates.[3] 2
Das Ziel der Änderungen war, den Verwaltungsaufwand für kleinere Unterneh-

1 Vgl. zur Definition eines KMU: EU-Komm., Empfehlung der Kommission betreffend die Definition der Kleinstunternehmen sowie der kleinen und mittleren Unternehmen vom 6.5.2003, 2003/361/EG.

2 So auch *Botta*, in: Martini/Wendehorst, KI-VO, Art. 62 Rn. 1.

men weiter zu mindern.[4] In der Überschrift werden im Vergleich zu früheren Entwürfen nun explizit die Start-up-Unternehmen erwähnt.

3 In Abs. 1 wurde im Vergleich zur ursprünglichen Fassung[5] klargestellt, welche Unternehmen als „Kleinanbieter" und „Kleinnutzer" gelten. Im finalen Text steht fest, dass die Vorschrift für KMU (einschließlich Start-up-Unternehmen) gilt. Ursprünglich wurde im Kommissionsentwurf auch nicht eingegrenzt, welche Unternehmen das Privileg des vorrangigen Zugangs zu den KI-Reallaboren erhalten sollen. Die Problematik wurde vom Parlament aufgegriffen. Erfasst sind laut finaler Fassung nur solche Unternehmen, die ihren Sitz oder eine Zweigniederlassung in der Union haben. Die „Fairness"-Klausel, in welcher steht, dass andere KMU von dem Zugang zum KI-Reallabor nicht ausgeschlossen werden, wurde ebenfalls erst in der finalen Fassung hinzugefügt.

4 Im Vergleich zu den ursprünglichen Entwürfen der Kommission und des Parlaments wurde eingefügt, dass die Mitgliedstaaten nicht nur Sensibilisierungs-, sondern auch Schulungsmaßnahmen für die Anwendung der KI-VO einleiten müssen. Auch wurde diese Regelung auf die lokalen Behörden ausgeweitet, die ebenfalls von den Schulungen profitieren sollen.

5 Anstatt – wie ursprünglich geplant – der Einrichtung eines eigenen Kanals für die Kommunikation mit KMU wurde die Nutzung der entsprechenden bestehenden Kanäle vorgeschrieben, wodurch der Verwaltungsaufwand gesenkt werden soll. Der explizite Hinweis, dass die Ratschläge auch im Hinblick auf die Beteiligung an KI-Reallaboren erteilt werden sollen, stammt aus der Fassung des Rates.

6 Abs. 1 lit. b wurde vom Parlament vorgeschlagen und ohne größere Änderungen übernommen.[6]

---

3 Rat der Europäischen Union, Beratungsergebnisse zum Vorschlag für eine Verordnung des Europäischen Parlaments und des Rates zur Festlegung harmonisierter Vorschriften für künstliche Intelligenz (Gesetz über künstliche Intelligenz) und zur Änderung bestimmter Rechtsakte der Union, Allgemeine Ausrichtung vom 6.12.2022, 15698/22.

4 Rat der Europäischen Union, Vermerk zum Vorschlag für eine Verordnung des Europäischen Parlaments und des Rates zur Festlegung harmonisierter Vorschriften für künstliche Intelligenz (Gesetz über künstliche Intelligenz) und zur Änderung bestimmter Rechtsakte der Union, Allgemeine Ausrichtung vom 25.11.2022, 14954/22.

5 EU-Komm., Vorschlag für eine Verordnung des Europäischen Parlaments und des Rates zur Festlegung harmonisierter Vorschriften für künstliche Intelligenz (Gesetz über Künstliche Intelligenz) und zur Änderung bestimmter Rechtsakte der Union vom 21.4.2021, COM(2021) 206 final.

6 Abänderungen des Europäischen Parlaments vom 14.6.2023 zu dem Vorschlag für eine Verordnung des Europäischen Parlaments und des Rates zur Festlegung harmonisierter Vorschriften für künstliche Intelligenz (Gesetz über künstliche Intelligenz) und zur Änderung bestimmter Rechtsakte der Union (COM(2021)0206 – C9-0146/2021 – 2021/

Die in Abs. 2 enthaltenen Kriterien für die Festsetzung der Gebühren der Konformitätsbewertung wurden im Vergleich zum Entwurf der Kommission fast nicht geändert. Das Parlament hat versucht, die Kriterien klarer vorzugeben (z. B. enthielt die Parlamentsfassung als Kriterium das Entwicklungsstadium des Produkts), jedoch wurde die Vorschrift etwas flexibler gestaltet und besagt nun, dass auch „andere einschlägige Kennzahlen" berücksichtigt werden können. Ein anderer Vorschlag des Parlaments, dass die Kommission regelmäßig die Kosten auf Grundlage der Konsultationen mit KMU neu bewerten soll, wurde in der finalen Fassung abgelehnt. 7

Die in Abs. 3 geregelten Maßnahmen stammen aus dem Vorschlag des Rates. Ursprünglich war aber geplant, dass diese Maßnahmen in den Zuständigkeitsbereich der Kommission – und nicht des Büros für Künstliche Intelligenz – fallen sollten. Obwohl diese Zuständigkeitsänderung nicht vom Rat stammt, steht sie mit der Position des Rates grds. im Einklang. Noch in der ersten Stellungnahme hat sich der Rat für eine größere Autonomie des Büros für KI und seine Rolle in der Governance-Architektur der KI-VO eingesetzt.[7] 8

3. Verhältnis zu anderen Vorschriften

Es besteht primär ein Bezug zu den Art. 57 ff., welche die Einrichtung und die Organisation von KI-Reallaboren adressieren. Auch in Deutschland gibt es erst Ideen zur konkretisierenden Regelung dieses Artikels.[8] 9

II. Maßnahmen der Mitgliedstaaten (Abs. 1)

Die Norm verpflichtet die Mitgliedstaaten zur Ergreifung von Maßnahmen für Anbieter (siehe Art. 3 Nr. 3 Rn. 84 ff.) und Betreiber (siehe Art. 3 Nr. 4 10

0106(COD)), P9_TA(2023)0236 (KI-VO-E Parlament), Art. 55 Abs. 1 lit. b des Dokuments.

7 Rat der Europäischen Union, Vermerk zum Vorschlag für eine Verordnung des Europäischen Parlaments und des Rates zur Festlegung harmonisierter Vorschriften für künstliche Intelligenz (Gesetz über künstliche Intelligenz) und zur Änderung bestimmter Rechtsakte der Union, Allgemeine Ausrichtung vom 25.11.2022, 14954/22.

8 Siehe §§ 4 Abs. 1 Sätze 2 und 10 Abs. 3 Referentenentwurf des Bundesministeriums für Wirtschaft und Klimaschutz und des Bundesministeriums der Justiz, Entwurf eines Gesetzes zur Durchführung der Verordnung (EU) 2024/1689 des Europäischen Parlaments und des Rates vom 13.6.2024 zur Festlegung harmonisierter Vorschriften für künstliche Intelligenz und zur Änderung der Verordnungen (EG) Nr. 300/2008, (EU) Nr. 167/2013, (EU) Nr. 168/2013, (EU) 2018/858, (EU) 2018/1139 und (EU) 2019/2144 sowie der Richtlinien 2014/90/EU, (EU) 2016/797 und (EU) 2020/1828 (Verordnung über künstliche Intelligenz), Stand: 4.12.2024 (siehe dazu auch auf S. 23 und 28 des Referentenentwurfs).

Rn. 104 ff.). Die Mittel der Umsetzung, also insbesondere ob auch legislativ oder nur exekutiv, lässt die Norm offen, ebenso wie die Frage, ob weitere Maßnahmen im tatbestandlichen Kontext gesperrt sind. Letzteres dürfte aber zu verneinen sein.

1. Vorrangiger Zugang zu KI-Reallaboren (lit. a)

11 Mitgliedstaaten sollen sicherstellen, dass KMU, einschließlich Start-up-Unternehmen, bei Erfüllung der Voraussetzungen und Auswahlkriterien vorrangigen Zugang zu KI-Reallaboren erhalten. Bemerkenswert ist, dass dieser vorrangige Zugang auch dann gewährt werden soll, wenn ein KMU „nur" seine Zweigniederlassung in der Union hat. Ggf. sollte zwischen den Begünstigten auch ein gestufter vorrangiger Zugang denkbar sein, was in den Voraussetzungen und Auswahlkriterien abgebildet werden müsste. Diese Differenzierung wird auch im zweiten Halbsatz der Norm deutlich, die sich an andere KMU, einschließlich Start-up-Unternehmen richtet, also Unternehmen, die keinen Sitz und auch keine Zweigniederlassung in der Union haben.

12 Fraglich ist, was konkret mit **vorrangigem Zugang** hier gemeint ist. Hierunter dürfte insbesondere bei gleicher Erfüllung der Zugangsvoraussetzungen die priorisierte Zulassung zum KI-Reallabor gemeint sein. Da der vorrangige Zugang aber nach dem Wortlaut voraussetzt, dass die Voraussetzungen und Auswahlkriterien erfüllt sind, dürfte tatbestandlich keine priorisierte Bearbeitung des Zugangsantrags mit erfasst sein.

2. Sensibilisierungs- und Schulungsmaßnahmen (lit. b)

13 Der Wortlaut verlangt, dass die Mitgliedstaaten Sensibilisierungs- und Schulungsmaßnahmen für die Anwendung der KI-VO durchführen. Dabei dürfte die Durchführung dieser Maßnahmen regelmäßig nicht durch die Mitgliedstaaten selbst, sondern insbesondere durch die **zuständige nationale Behörde** erfolgen. Denkbar ist auch, dass man sich hierfür eines entsprechenden Dienstleisters bedient, der entsprechende Angebote bereitstellt.

14 Den Bedürfnissen der KMU, einschließlich Start-up-Unternehmen, Betreibern sowie ggf. lokalen Behörden dürfte dann Rechnung getragen werden, wenn diese Adressaten hinreichend bzgl. ihrer spezifischen Rechte aus der KI-VO sensibilisiert und geschult werden.

15 Die Norm adressiert auch **lokale Behörden**. Damit dürfte weniger die zuständige nationale Behörde gemeint sein, welche die Einhaltung dieser Verordnung sicherstellt, sondern vielmehr jedwede andere Behörde aus dem eigenen Mitgliedstaat, die an der Sensibilisierung und Schulung im Bereich der KI-VO interes-

siert ist oder deren Tätigkeit eine entsprechende Fortbildung zu diesem Thema erfordert.

3. Kanäle für die Kommunikation (lit. c)

Die Mitgliedstaaten sollen entweder bestehende **Kanäle für die Kommunikation mit KMU** nutzen oder aber neue hierfür einrichten. Wie ein solcher Kommunikationskanal beschaffen ist, lässt die Regelung offen. Denkbar ist daher alles von einem Nachrichtenkanal in einem sozialen Netzwerk, einer Blog-Seite mit Kommentarfunktion bis hin zu E-Mail-Adressen und/oder Telefonnummern. Entscheidend dürfte sein, dass für die begünstigten KMU etc. transparent darüber informiert wird, wo und wie sie entsprechende Kanäle in Anspruch nehmen können, sowie dass dieser Kanal anfragegerechte, das heißt insbesondere personelle und informierte Ressourcen bereithält. Durch den Wortlaut, der im Plural formuliert ist, wird deutlich, dass die Einrichtung eines einzelnen Kanals nicht ausreichend ist und daher mindestens zwei verschiedene erforderlich sind. 16

Über diese Kanäle sollen „nur" **Ratschläge** erteilt werden. Hiermit dürfte gemeint sein, dass es sich um keine abschließenden und verbindlichen Aussagen handeln dürfte, auf die sich ein KMU im streitigen Fall berufen kann. „Ratschläge und Fragen zur Durchführung" der KI-VO dürfte hier daher eher im Sinne eines Informationsangebots in Form von FAQ und eines (KI-)Chatbots zu verstehen sein. Auch dürfte der Ratsuchende im Rahmen von tatbestandlichen Ratschlägen vor allem Informationen dazu erhalten, wie die übliche Vorgehensweise der Behörde ist. 17

Die Norm richtet sich auch an **andere Innovatoren**. Der Begriff der Innovatoren taucht zwar an einigen Stellen in der KI-VO auf, bleibt aber letztlich unklar. Gemeint sein dürften damit vor allem all diejenigen, die an der Entwicklung (innovativer) KI-System beteiligt sind.[9] 18

4. Beteiligung von KMU an Normentwicklung (lit. d)

Schließlich sollen die Mitgliedstaaten KMU und andere einschlägige Interessenträger an der Entwicklung von Normen beteiligen. 19

Interessenträger werden als Begriff nicht näher definiert. Einen Hinweis, was alles unter Interessenträgern zu verstehen ist, gibt ErwG 27 Satz 12, wonach der Begriff die Industrie, die Wissenschaft, die Zivilgesellschaft und Normungsorganisationen einschließen kann. Ausweislich ErwG 121 Satz 3 kann der Begriff zudem auch KMU, Verbraucherorganisationen sowie ökologische und soziale 20

9 So auch: *Binder/Eisenberger*, in: Pehlivan/Forgó/Valcke, The EU Artificial Intelligence (AI) Act, Art. 62, 4.2.3.

Interessenträger umfassen. Und schließlich sollen von dem Begriff nach ErwG 165 Satz 3 Unternehmensverbände und Organisationen der Zivilgesellschaft, Wissenschaft, Forschungsorganisationen, Gewerkschaften und Verbraucherschutzorganisationen umfasst sein. Der Begriff dürfte daher eher weit zu verstehen sein und abhängig vom Kontext, den die zu entwickelnde Norm adressiert, unterschiedlichste Interessenträger einbeziehen.[10] So ist z. B. im Beschäftigtenkontext an Gewerkschaften zu denken, im Schul- und Erziehungskontext aber bspw. an Schüler- und Elternvertretungen.

21 Fraglich ist, wie weitgehend der Begriff der **Förderung der Beteiligung** an der Entwicklung von Normen zu verstehen ist. Der Wortlaut legt zunächst nahe, dass die Normadressaten nicht zwingend direkt am Normgebungsverfahren selbst zu beteiligen sind. Vielmehr ist die Förderung der Beteiligung an der Normentwicklung gemeint. Hierunter könnten einerseits Normvorschläge zu fassen sein, die dann beim mitgliedstaatlichen Gesetzgebungsorgan eingebracht werden können. Der Begriff der **Norm** könnte andererseits so zu verstehen sein, dass hierunter technische Normen zu verstehen sind.[11] Einen Hinweis hierauf gibt die Definition der „harmonisierten Norm" nach Art. 3 Nr. 27 (siehe Art. 3 Nr. 27 Rn. 261 ff.), welche auf Art. 2 Abs. 1 lit. c Verordnung (EU) Nr. 1025/2012 verweist. Nach Art. 2 Abs. 1 Verordnung (EU) Nr. 1025/2012 ist eine „Norm" wiederum eine von einer anerkannten Normungsorganisation angenommene technische Spezifikation zur wiederholten oder ständigen Anwendung, deren Einhaltung nicht zwingend ist und die unter eine der Kategorien nach Art. 2 Abs. 1 lit. a–c Verordnung (EU) Nr. 1025/2012 fällt. Zudem hat die Kommission bereits auch einen Normungsauftrag[12] an das Europäische Komitee für Normung und das Europäische Komitee für elektrotechnische Normung erteilt, welcher sich ausweislich Art. 1 UAbs. 1 dieses Normungsauftrags i.V.m. Anhang II Ziff. 1 (zumindest im Kontext „europäischer") Normen" auf „technische Spezifikationen" bezieht und damit gerade nicht auf Normen im rechtlichen Sinn. Für dieses Ergebnis spricht auch ErwG 121 Satz 3, wonach eine ausgewogene Interessenvertretung unter Einbeziehung aller relevanten Interessenträger, insbesondere KMU, Verbraucherorganisationen sowie ökologischer und sozialer Interessenträger, bei der „Entwicklung von Normen" gemäß den Art. 5 und 6 der Verordnung (EU) Nr. 1025/2012 gefördert werden sollte.

---

10 In diese Richtung auch: *Binder/Eisenberger*, in: Pehlivan/Forgó/Valcke, The EU Artificial Intelligence (AI) Act, Art. 62, 4.2.4.

11 So wohl *Nolte/Schreitmüller*, MPR 2024, 20, 26, Fn. 67.

12 Europäische Kommission, Durchführungsbeschluss der Kommission vom 22.5.2023 über einen Normungsauftrag an das Europäische Komitee für Normung und das Europäische Komitee für elektrotechnische Normung zur Unterstützung der Unionspolitik im Bereich der künstlichen Intelligenz, C(2023) 3215 final.

Die Förderung dürfte dabei insbesondere so zu verstehen sein, dass die Mitgliedstaaten **praktische Vorschlagsmöglichkeiten** eröffnen müssen. Zu denken wäre also bspw. an eine Stelle, bei der Normvorschläge oder Stellungnahmen zu konkreten mitgliedstaatlichen Gesetzgebungsvorschlägen eingebracht werden können. **22**

Auch wenn es der Wortlaut nicht ausdrücklich sagt, so dürften sich diese tatbestandlichen Rechte nur auf den Bereich erstrecken, der mit der KI-VO in Zusammenhang steht. Hierfür spricht auch die systematische Stellung der Norm im Kapitel VI „Maßnahmen zur Innovationsförderung". Denn ausweislich Art. 1 ist der Zweck der KI-VO u. a., die Innovation (in Bezug auf Künstliche Intelligenz) zu unterstützen. **23**

III. Gebühren für die Konformitätsbewertung von KMU (Abs. 2)

Die Vorschrift postuliert, dass **Gebühren für die Konformitätsbewertung** gemäß Art. 43 (siehe Art. 43 Rn. 26) proportional zu verschiedenen Faktoren in Bezug auf KMU, einschließlich Start-up-Unternehmen, gesenkt werden. Die Norm hat daher einen direkten Einfluss auf das Gebührenrecht des Bundes und der Länder, da die KI-VO, aber auch das Unionsrecht an sich u. a. aufgrund des Prinzips der begrenzten Einzelermächtigung kein umfassendes Gebührenrecht verabschiedet hat. **24**

Der Begriff der **Gebühr** ist hier zwar autonom unionsrechtlich auszulegen,[13] bezieht sich aber auf das Gebührenrecht des jeweiligen Mitgliedstaates.[14] Allerdings dürften der deutsche und der unionsrechtliche Gebührenbegriff weitgehend deckungsgleich sein.[15] Unter ihm ist „eine individualbezogene Gegenleistung für einen vom oder durch die öffentliche Hand zugewandten Sondervorteil"[16] zu verstehen. **25**

Im Rahmen der Festsetzung der Gebühren für die Konformitätsbewertung sind die „**besonderen Interessen und Bedürfnisse**"[17] von KMU einschließlich Start-up-Unternehmen, zu berücksichtigen. Der Begriff wird in der KI-VO nicht näher definiert. Gleichwohl gibt die Norm vor, wie den tatbestandlichen Interessen und Bedürfnissen Rechnung zu tragen ist, nämlich indem die Gebühren gemäß den Normvorgaben gesenkt werden. Hierfür soll einerseits die „**Größe des Unternehmens**" herangezogen werden. Unklar bleibt, was konkret mit der Grö- **26**

13 So zum Begriff der Gebühr im Unionsrecht: *Müller*, Parafiskalische Abgaben, S. 49 f.
14 Siehe zum Begriff der Gebühr in Deutschland bspw. § 3 Abs. 4 BGebG.
15 So *Müller*, Parafiskalische Abgaben, S. 53 f.
16 Vgl. *Müller*, Parafiskalische Abgaben, S. 54.
17 Siehe zum Begriff bspw. auch Art. 95 Abs. 4.

ße des Unternehmens gemeint ist. Der Begriff findet sich als Anknüpfungspunkt ebenfalls in anderen datenrelevanten Unionsgesetzen wieder.[18] So könnte die Größe des Unternehmens anhand der Zahl der Mitarbeiter oder des Umsatzes oder aber verschiedener weiterer Faktoren gemessen werden. Ebenso stellt sich die Frage, ob hier mit „Unternehmen" eine singuläre Gesellschaft oder aber ggf. ein ganzer Unternehmensverband gemeint ist.[19] Für eine konsistente Auslegung dürfte sich eine Übernahme der Grundsätze zum Unternehmensbegriff aus dem Kartellrecht anbieten, wie es der EuGH bereits im Rahmen von Art. 83 Abs. 4–6 DSGVO angenommen hat.[20]

27 Andererseits soll nach der Norm für die Senkung der Gebühr für die Konformitätsbewertung auch auf die **Größe des Marktes des KMU**, einschließlich Start-up-Unternehmen, abzustellen sein. Gemeint ist also der Markt, in dem das KMU etc. aktiv ist. Auch hier bleibt wieder unklar, was im Einzelnen mit der Größe des Marktes gemeint ist. Denkbar ist z. B. eine Anknüpfung an geografische Kriterien oder aber eine Bestimmung der Größe des Marktes anhand bestimmter Leistungskriterien. Fruchtbar gemacht werden können hier aber womöglich vor allem die Empfehlungen der Kommission zur Definition des relevanten Marktes.[21] Demnach kann festgestellt werden, welche Anbieter und welche Kunden/Verbraucher auf einem relevanten Markt aktiv sind, wenn dieser in sachlicher und räumlicher Hinsicht abgegrenzt ist.[22] Auf Grundlage dieser Angaben lässt sich nach der Kommission u. a. die Marktgröße berechnen.

28 Schließlich bietet die Norm die Möglichkeit, auch anhand **anderer einschlägiger Kennzahlen** die tatbestandlichen Gebühren zu senken. Den Mitgliedstaaten bietet sich mit diesem scheinbar als Auffangtatbestand konzipierten Tatbestandsmerkmal eine umfassende Regelungsmöglichkeit, um die Gebührensenkung nach ihren Vorstellungen zu regeln. Gleichwohl dürften mit anderen einschlägigen Kennzahlen hier vor allem wirtschaftliche Kennzahlen gemeint sein. Dies legen zumindest die ausdrücklich genannten tatbestandlichen Kennzahlen der Größe des Unternehmens und der Größe „ihres Marktes" nahe.

---

18 Siehe z. B. Art. 3 Abs. 8 UAbs. 2 lit. a DMA.

19 Zu vergleichbaren Unklarheiten in Art. 3 Abs. 8 UAbs. 2 lit. a DMA: *Bueren/Weck*, in: MüKo-WettbR, Art. 3 DMA Rn. 92.

20 EuGH, Urt. v. 5.12.2023 – Rs. C-807/21, EuZW 2024, 80 Rn. 55 ff.

21 EU-Komm., Bekanntmachung der Kommission über die Definition des relevanten Marktes im Sinne des Wettbewerbsrechts der Gemeinschaft vom 9.12.1997, ABl. C 372, S. 5–13.

22 EU-Komm., Bekanntmachung der Kommission über die Definition des relevanten Marktes im Sinne des Wettbewerbsrechts der Gemeinschaft vom 9.12.1997, ABl. C 372, S. 5–13, Rn. 53.

IV. Maßnahmen des Büros für Künstliche Intelligenz (Abs. 3)

Nach der Norm wird das Büro für Künstliche Intelligenz (siehe Art. 3 Nr. 47 Rn. 1 ff.) zur Ergreifung der nachfolgend näher beschriebenen Maßnahmen verpflichtet. **29**

1. Standardisierte Muster (lit. a)

Formell dürfte zunächst die Verwendung von Mustern nach einem bestimmten Standard gemeint sein, also dass die Muster insbesondere in einem bestimmten Dateiformat bereitgestellt werden. „Standardisierte Muster" dürfte zudem materiell die Verwendung einer einheitlichen Terminologie meinen. **30**

Das Büro für Künstliche Intelligenz stellt jedoch nicht nach eigenem Ermessen entsprechende Muster bereit. Vielmehr stellt es die Muster nur für diejenigen Bereiche bereit, für die es das KI-Gremium entsprechend beantragt hat. Letztere Bedingung dürfte so zu verstehen sein, dass das KI-Gremium im Rahmen seiner Aufgaben nach Art. 66 einen Antrag beschließt, nach dem das Büro für Künstliche Intelligenz für einen bestimmten, die KI-VO betreffenden Bereich ein standardisiertes Muster bereitstellen soll. Zu denken wäre also bspw. konkret an ein standardisiertes Muster zur Harmonisierung der Verwaltungspraxis in den Mitgliedstaaten bzgl. der Funktionsweise von KI-Reallaboren oder Tests unter Realbedingungen.[23] **31**

2. Zentrale Informationsplattform (lit. b)

Diese Norm kann als Konkretisierung der in Art. 64 Abs. 1 (siehe Art. 64 Rn. 11 ff.) festgelegten allgemeinen Aufgaben des Büros für Künstliche Intelligenz verstanden werden. Das Büro entwickelt und führt nämlich eine zentrale Informationsplattform, auf der Informationen zur KI-VO bereitgestellt werden. **32**

Bemerkenswert ist mit Blick auf das Vorstehende das Verhältnis zu Art. 62 Abs. 1. Denn u. a. nach Art. 62 Abs. 1 lit. c ergreifen die Mitgliedstaaten Maßnahmen, um Informationskanäle einzurichten und zu nutzen, um Fragen von KMU hinsichtlich der Durchführung der KI-VO zu beantworten. Ein Vergleich dieser beiden Regelungen deutet darauf hin, dass sowohl die Mitgliedstaaten und das Büro für Künstliche Intelligenz als Organ der Kommission[24] als auch gegebenenfalls weitere nationale Stellen aufgrund ihrer Verpflichtungen aus der KI-VO unterschiedliche, teilweise aber auch überschneidende Informationsan- **33**

23 Vgl. Art. 66 Satz 2 lit. d.
24 Vgl. Art. 64 Abs. 1.

gebote zur KI-VO erstellen werden. Dies könnte in der Praxis zu einer unübersichtlichen Informationslandschaft für die Normadressaten führen. Es kann daher nach Ansicht des Verfassers nur empfehlenswert sein, dass die Informationsangebote der Unionsebene mit denjenigen der Ebene der Mitgliedstaaten eng verzahnt werden.

34 Im hiesigen Kontext dürfte zudem fraglich sein, was „**leicht nutzbare Informationen zu dieser Verordnung**" sind. Der Begriff ist ersichtlich in dieser Kombination in keinem anderen relevanten Unionsrecht aufgetaucht. Da er von seiner Gestaltung her sehr allgemein ist, dürfte er sich auf die Gestaltung des Informationsangebots auf der Informationsplattform einerseits beziehen und andererseits aber auch die Verständlichkeit der bereitgestellten Informationen meinen.[25]

3. Geeignete Informationskampagnen (lit. c)

35 Die Norm verlangt die Durchführung von Informationskampagnen zur Sensibilisierung für die aus der KI-VO erwachsenden Pflichten. Letzteres bezieht sich auf die Pflichten der Normadressaten.

36 Der Terminus „**geeignet**" kann hier im Verhältnismäßigkeitssinn verstanden werden.[26] Dafür spricht bereits, dass der Begriff der Geeignetheit auch in anderen unionalen Verordnung auftaucht[27] und auch dort im Sinne von Verhältnismäßigkeit verstanden wird.[28] Der Begriff „geeignet" kann hier also so verstanden werden, dass es nicht reicht und auch nicht erforderlich ist, irgendeine Informationskampagne in irgendeiner Weise durchzuführen. Vielmehr muss mit Blick auf die geforderte Geeignetheit bereits ein Mittel eingesetzt werden, was zur Zweckerreichung tatsächlich auch taugt. Das bedeutet wiederum, dass durch das Büro für Künstliche Intelligenz sichergestellt werden muss, dass die Informationskampagne auch nachweislich zur Zweckerreichung (Information über die aus der KI-VO erwachsenden Pflichten) taugt. Das setzt voraus, dass die Kampagne über einen geeigneten Informationskanal durchgeführt wird, aber auch, dass die enthaltenen Informationen dem Sensibilisierungsziel Rechnung tragen. Letzteres wäre z. B. dann umsetzbar, wenn sich das Büro an den Fragen der

25 Siehe auch *Binder/Eisenberger*, in: Pehlivan/Forgó/Valcke, The EU Artificial Intelligence (AI) Act, Art. 62, 4.4.2., die zur Erfüllung dieses Tatbestandsmerkmals darauf abstellen, dass die Information in verständlicher Weise verfasst sein muss und dem Betreiber Rechtssicherheit bieten muss.

26 Zu dem Begriff im Kontext der Verhältnismäßigkeitsprüfung z. B. *Trstenjak/Beysen*, EuR 2012, 265, 269.

27 Siehe u. a. Art. 5 Abs. 1 lit. e und f und Art. 32 Abs. 1 Hs. 1 DSGVO.

28 So im Kontext von Art. 24 Abs. 1 Satz 1 und Abs. 2 DSGVO: *Hartung*, in: Kühling/Buchner, DS-GVO BDSG, Art. 24 Rn. 18; *Lang*, in: Taeger/Gabel, DSGVO BDSG TTDSG, Art. 24 Rn. 82.

Normadressaten zu den für sie erwachsenden Pflichten im Rahmen der Informationskampagne orientiert.

4. Bewertung und Förderung der Zusammenführung von mit KI-Systemen verbundenen Vergabeverfahren (lit. d)

Die Norm verlangt, dass bewährte Verfahren im Bereich der mit KI-Systemen verbundenen Vergabeverfahren durch das Büro für Künstliche Intelligenz zusammengeführt werden sollen. **37**

Bewährte Verfahren dürften vor allem dann vorliegen, wenn die Grundsätze der Vergabeverfahren, das heißt insbesondere die der Gleichheit, Nichtdiskriminierung, Transparenz und Verhältnismäßigkeit,[29] gewahrt werden. **38**

Die tatbestandliche **Förderung** (bewährter Verfahren) könnte u. a. darin bestehen, dass das Büro für Künstliche Intelligenz die Bewertungen der bewährten Verfahren gegenüber den relevanten Auftraggebern im Vergabesinn (ggf. in gekürzter Form) veröffentlicht. So dürfte den tatbestandlichen Zielen letztlich auch Rechnung getragen werden und für Bieter deutlich werden, worum es sich bei bewährten Verfahren konkret handelt. **39**

29 Vgl. u. a. Art. 18 Abs. 1 UAbs. 1 Richtlinie 2014/24/EU des Europäischen Parlaments und des Rates vom 26.2.2014 über die öffentliche Auftragsvergabe und zur Aufhebung der Richtlinie 2004/18/EG.

Art. 63 Ausnahmen für bestimmte Akteure

(1) Kleinstunternehmen im Sinne der Empfehlung 2003/361/EG können bestimmte Elemente des in Artikel 17 dieser Verordnung vorgeschriebenen Qualitätsmanagementsystems in vereinfachter Weise einhalten, sofern sie keine Partnerunternehmen oder verbundenen Unternehmen im Sinne dieser Empfehlung haben. Zu diesem Zweck arbeitet die Kommission Leitlinien zu den Elementen des Qualitätsmanagementsystems aus, die unter Berücksichtigung der Bedürfnisse von Kleinstunternehmen in vereinfachter Weise eingehalten werden können, ohne das Schutzniveau oder die Notwendigkeit zur Einhaltung der Anforderungen in Bezug auf Hochrisiko-KI-Systeme zu beeinträchtigen.

(2) Absatz 1 dieses Artikels ist nicht dahin gehend auszulegen, dass diese Akteure auch von anderen in dieser Verordnung festgelegten Anforderungen oder Pflichten, einschließlich der nach den Artikeln 9, 10, 11, 12, 13, 14, 15, 72 und 73 geltenden, befreit sind.

Mit Art. 63 korrespondieren die Erwägungsgründe 142, 144, 145, 146.

Schrifttum: *Pehlivan/Forgó/Valcke* (Hrsg.), The EU Artificial Intelligence (AI) Act: A Commentary, 1. Aufl. 2025.

Übersicht

I. Allgemeines

1. Zweck der Vorschrift

1 Die Norm sieht Erleichterungen in Bezug auf die Erfüllung von Anforderungen für bestimmte kleinere Akteure vor, was indirekt vor allem die Entwicklung von KI-Systemen durch diese Akteure aus einer regulatorischen Perspektive stärken soll.

2. Entstehungsgeschichte

Die Ausnahmen für bestimmte Akteure wurden erst durch den Rat vorgeschlagen.[1] In der Fassung des Rates war geplant, dass die Kleinstunternehmen von den Verpflichtungen nach Art. 17 der Verordnung ausgenommen werden. Im finalen Entwurf wurde die Vorschrift etwas strenger gestaltet und enthält nun die Regelung, dass bestimmte Elemente des Qualitätsmanagementsystems in vereinfachtere Weise eingehalten werden dürfen. Zu diesem Zweck werden von der Kommission Leitlinien ausgearbeitet. 2

Im zweiten Absatz wurde zusätzlich zu den Art. 9, 72 und 73 die Befreiung von den Verpflichtungen aus Art. 10, 11, 12, 13, 14, 15 eingeführt. Der Abs. 3, der General Purpose AI gewidmet war, wurde nicht übernommen. 3

3. Verhältnis zu anderen Vorschriften

Aufgrund des Wortlauts von Abs. 1 besteht ein direkter Bezug zu Art. 17. Der Wortlaut von Abs. 2 weist auf eine ganze Reihe an Vorschriften, nämlich Art. 9, 10, 11, 12, 13, 14, 15, 72 und 73. 4

Aussagen zu Art. 63 finden sich auch in ErwG 146. 5

II. Qualitätsmanagementsystem im Fall von Kleinstunternehmen (Abs. 1)

Die referenzierte Vorschrift des **Art. 17** bezieht sich auf Anbieter von Hochrisiko-KI-Systemen. Zusammengefasst dürfen demnach Kleinstunternehmen, die keine Partner- oder verbundenen Unternehmen[2] haben, das in Art. 17 vorgeschriebene Qualitätsmanagementsystem in vereinfachter Weise umsetzen. Die EU-Kommission erstellt dazu Leitlinien, die sicherstellen, dass die Vereinfachung die Sicherheitsanforderungen und die Einhaltung bei Hochrisiko-KI-Systemen nicht beeinträchtigt. 6

Die Regelung „**in vereinfachter Weise**" wird dadurch konkretisiert, dass die Kommission gemäß Art. 63 Abs. 1 Satz 2 Leitlinien ausarbeitet, die näher erläutern, wie ein entsprechendes Qualitätsmanagementsystem von Kleinstunternehmen aussehen kann. Der Kommission dürfte ausweislich des Art. 63 Abs. 1 7

1 Rat der Europäischen Union, Beratungsergebnisse zum Vorschlag für eine Verordnung des Europäischen Parlaments und des Rates zur Festlegung harmonisierter Vorschriften für künstliche Intelligenz (Gesetz über künstliche Intelligenz) und zur Änderung bestimmter Rechtsakte der Union, Allgemeine Ausrichtung vom 6.12.2022, 15698/22.

2 Zur begrifflichen Einordnung: *Zarra*, in: Pehlivan/Forgó/Valcke, The EU Artificial Intelligence (AI) Act, Art. 63, 3.2.

Satz 2 ein gewisser Spielraum zukommen, festzulegen, unter welchen Bedingungen Kleinstunternehmen noch die Anforderungen an ein vereinfachtes Qualitätsmanagementsystem i. S. v. Art. 17 erfüllen.

III. Erfüllung von Anforderungen durch Kleinstunternehmen im Übrigen (Abs. 2)

8 Die Norm hat lediglich eine klarstellende Funktion, da sie regelt, dass andere Verpflichtungen von Kleinstunternehmen nach den dort aufgezählten Normen weiterhin im vollen Umfang bestehen bleiben. Ziel des Art. 63 Abs. 2 dürfte es sein, die Innovation im KI-Bereich durch Kleinstunternehmen zu erleichtern, damit diese im Rahmen ihrer Innovationstätigkeit nicht durch die Vorgaben der KI-VO „erdrückt" werden. Die Regelung dürfte eher nicht umfassend und abschließend zu verstehen sein, da die Aufzählung der Normverpflichtungen ausweislich des Wortlauts („…, einschließlich der nach den Artikeln 9, 10, 11, 12, 13, 14, 15, 72 und 73 geltenden,") beispielhaft ist.

Kapitel VII
Governance

Abschnitt 1
Governance auf Unionsebene

Art. 64 Büro für Künstliche Intelligenz

(1) Die Kommission entwickelt über das Büro für Künstliche Intelligenz die Sachkenntnis und Fähigkeiten der Union auf dem Gebiet der KI.

(2) Die Mitgliedstaaten erleichtern dem Büro für Künstliche Intelligenz die ihm gemäß dieser Verordnung übertragenen Aufgaben.

Mit Art. 64 korrespondiert Erwägungsgrund 148.

Schrifttum: *Novelli/Hacker/Morley/Trondal/Floridi*, A Robust Governance for the AI Act: AI Office, AI Board, Scientific Panel, and National Authorities, European Journal of Risk Regulation 2024, 1; *Terhechte* (Hrsg.), Verwaltungsrecht der Europäischen Union, 2. Aufl. 2022; *von Ditfurth*, Datenmärkte, Datenintermediäre und der Data Governance Act, 2024; *Wendt/Wendt*, Das neue Recht der Künstlichen Intelligenz, 2024.

Übersicht

I. Allgemeines

1. Zweck der Vorschrift

1 Das Büro für Künstliche Intelligenz soll die Grundlage für ein einheitliches **Governance-System** für KI in der Europäischen Union schaffen, indem es **Koordinierungsaufgaben** im Rahmen der **Marktüberwachung im Mehrebenensystem** wahrnimmt, das Zusammenwirken der Aufsicht mit der Wissenschaftsgemeinschaft erleichtert und eine Schlüsselrolle bei Untersuchungen und Tests wie auch bei der Durchsetzung spielt.[1] Sinn und Zweck der Einrichtung ist, Fachwissen und Fähigkeiten auf Unionsebene zu entwickeln, um das Verständnis der Fähigkeiten, Trends und potenziellen Risiken zu fördern und die sichere Entwicklung und Nutzung von KI-Technik in der Union zu unterstützen. Darüber hinaus soll das Büro zur Durchführung und Durchsetzung der KI-VO sowie zur Umsetzung internationaler Vorschriften und Grundsätze für KI, wie des Verhaltenskodex und der Leitprinzipien für Entwickler fortgeschrittener KI-Systeme, beitragen.[2] Das Büro soll also eine Schnitt- und Sammelstelle auf europäischer Ebene sein, um zum einen die Weiterentwicklung des europäischen Rechtsrahmens kompetent voranzutreiben, zum anderen, um die Tätigkeiten der einzelnen Mitgliedstaaten zu koordinieren und Kohärenz mit den internationalen Entwicklungen sicherzustellen. Darüber hinaus soll das Büro für Künstliche Intelligenz die Entwicklung insbesondere im Hinblick auf **GPAI Models** verfolgen, um die Erkenntnisse in der weiteren der Regulierung zu berücksichtigen. Zu diesem Zweck soll das Büro für Künstliche Intelligenz auch eine globale Ausrichtung haben.

2 Das Büro für Künstliche Intelligenz ist vom Gremium für Künstliche Intelligenz gem. Art. 65, vom Beratungsforum gem. Art. 67 und vom Wissenschaftlichen

1 ErwG 148; EU-Komm., Beschluss zur Einrichtung des Europäischen Amts für künstliche Intelligenz v. 24.1.2024, (C/2024/1459), Art. 1.

2 EU-Komm., Beschl. v. 14.1.2024, C/2024/1459, ABl. 2024 C/1459, ErwG 3, 4.

Gremium unabhängiger Sachverständiger gem. Art. 68 zu unterscheiden. Die Einrichtung dieser vier Stellen, deren Aufgaben verschiedentlich ineinander greifen, wurde nach intensiver Diskussion verschiedener Governance-Modelle (vgl. ausführlich Rn. 6ff., 12ff.) festgelegt, um Kommission, Mitgliedstaaten, wissenschaftliche Expertise und Berücksichtigung verschiedener Interessenträger miteinander zu verzahnen (hierzu auch Art. 65 Rn. 5ff., Art. 67 Rn. 4, Art. 68 Rn. 5ff.). In der Literatur wird das Büro für Künstliche Intelligenz zum Teil als Keimzelle einer übergreifenden **Institutionalisierung von Digitalagenturen** betrachtet.[3] Ob sich dieses Potenzial realisiert, wird von der Ausgestaltung des in der KI-VO angelegten Tertiärrechts und der personellen Besetzung der vier Stellen abhängen.

Art. 64 Abs. 2 verpflichtet die Mitgliedstaaten, dem Büro für Künstliche Intelligenz die ihm gemäß dieser Verordnung übertragenen Aufgaben zu erleichtern. Dies geht über eine reine **Kooperationspflicht** hinaus. Darüber hinaus erstreckt sich die Erleichterungspflicht nicht nur auf die Aufgaben des Büros für Künstliche Intelligenz gem. Art. 64 Abs. 1, sondern auf alle ihm nach der KI-VO zugeteilten Aufgaben. 3

Das Büro für Künstliche Intelligenz ist als Abteilung der Generaldirektion Kommunikationsnetze, Inhalte und Technologien (Generaldirektion CONNECT) in die Verwaltungsstruktur der **Europäischen Kommission** eingegliedert.[4] 4

2. Entstehungsgeschichte und Kritik

Art. 56 KI-VO-E Kommission sah vor, einen „Europäischen **Ausschuss für Künstliche Intelligenz**" ins Leben zu rufen.[5] Darauf setzte auch der Europäische Rat in seinem Art. 56.[6] Der englische Text sowohl des Kommissionsentwurfs als auch des Vorschlags des Europäischen Rates bezeichnete die vorgeschlagene Institution als „Board". Der Ausschuss sollte mit Vertretern der nationalen Marktüberwachungsbehörden, ggf. Vertretern anderer nationaler Behörden und dem Europäischen Datenschutzbeauftragten besetzt werden. Als Aufgaben des Ausschusses waren die Beratung und Unterstützung der Europäischen Kommission vorgesehen. Die Idee eines solchen unterstützenden Ausschusses ist als „Gremium für Künstliche Intelligenz" mit Art. 65 KI-VO umgesetzt worden (Art. 65 Rn. 5). 5

3 *Novelli/Hacker/Morley/Trondal/Floridi*, EJRR 2024, 1, 2.
4 EU-Komm., Beschluss zur Einrichtung des Europäischen Amts für künstliche Intelligenz v. 24.1.2024, (C/2024/1459), ErwG 5.
5 KI-VO-E Kommission, S. 81 f., Art. 56.
6 Rat der Europäischen Union, Kompromisstext Art. 56–58a, 63–69 v. 6.5.2022, 8846/22, https://data.consilium.europa.eu/doc/document/ST-8846-2022-INIT/x/pdf, Art. 56, 58.

6 Das Europäische Parlament schlug im Juli 2023 erstmals vor, ein „**Amt für Künstliche Intelligenz**" als eigenständige Einrichtung der Union mit Rechtspersönlichkeit einzurichten.[7] Im Hinblick auf die Struktur sah der erste Parlamentsentwurf in einem separaten Art. 56a die Einrichtung eines Management Boards, eines Sekretariats und eines beratenden Forums („advisory forum") vor.[8] Dieses Amt für Künstliche Intelligenz sollte – unabhängig von den konkreten Marktüberwachungskompetenzen der nationalen Behörden – **umfassende Überwachungskompetenzen** im Hinblick auf alle Anforderungen der KI-VO erhalten. Daneben sollte es die Funktion eines Mittlers im europäischen Mehrebenen-Gefüge der KI-Governance einnehmen, zum Beispiel im Falle schwerwiegender Meinungsverschiedenheiten zwischen den zuständigen Behörden. Wesentlich war auch das vorgeschlagene Recht, Fragen im Zusammenhang mit der Durchführung der Verordnung auf eigene Initiative zu prüfen. Hierin liegt der gestalterische Hebel, die Weiterentwicklung künstlicher Intelligenz und ihrer Regulierung inhaltlich zu prägen.[9] Der Vorschlag, ein Amt für Künstliche Intelligenz einzurichten, war, anders als eine Vielzahl der vom Parlament stark geänderten oder neu eingefügten Vorschriften, keine spezifische Reaktion auf das Anfang 2023 in der breiten Öffentlichkeit ankommende Phänomen der GPAI Models. Der englische Text des Parlamentsvorschlags verwendete den Begriff „AI Office". Der Begriff ist in der englischen Sprachfassung der finalen KI-VO geblieben, dahinter steht nunmehr aber ein völlig anderes Konzept (ausführlich Rn. 12 ff.).

7 Auch in der allgemeinen Ausrichtung des Rates war keine dem Büro vergleichbare Stelle vorgesehen. Der Rat sprach sich allerdings dafür aus, die Unabhängigkeit des KI-Ausschusses durch Einrichtung permanenter Untergruppen zu stärken.[10] Der Europäische Datenschutzbeauftragte sollte lediglich eine beobachtende Funktion haben, sich aber nicht an Abstimmungen beteiligen.

8 Die verwaltungsorganisatorische Ausgestaltung der Überwachungs- und Beratungsaufgaben auf EU-Ebene war bis zur **letzten Phase des Gesetzgebungsprozesses** heftig umstritten. Kritische Stimmen betonen, dass Bedeutung und Aufgaben des Büros für Künstliche Intelligenz im Laufe des Gesetzgebungsverfahrens deutlich reduziert worden seien.[11] Bei genauer Betrachtung sind die Aufgaben und Kompetenzen allerdings lediglich zwischen dem nunmehr als Teil der

---

7 Art. 56 KI-VO-E Parlament.

8 Art. 56a KI-VO-E Parlament.

9 Vgl. zur insoweit vergleichbaren Rolle wissenschaftlicher Ausschüsse in Abgrenzung zu Agenturen der EU *Augsberg*, in: Terhechte, § 6 Rn. 71 ff.

10 Rat der Europäischen Union, Kompromisstext Art. 56–58a, 63–69 v. 6.5.2022, 8846/22, Ziffer 5.2.

11 *Taylor*, AI Act: MEPs extend ban on social scoring, reduce AI Office role, Euractiv v. 28.2.2023, https://www.euractiv.com/section/artificial-intelligence/news/ai-act-meps-extend-ban-on-social-scoring-reduce-ai-office-role/.

Kommission eingerichteten Büro für Künstliche Intelligenz und den von der Kommission unabhängigen Stellen, dem Gremium für Künstliche Intelligenz gem. Art. 65, dem Beratungsforum gem. Art. 67 und dem wissenschaftlichen Gremium unabhängiger Sachverständiger gem. Art. 68, neu verteilt worden. Während das Büro für Künstliche Intelligenz als **Organisationseinheit der Europäischen Kommission** marktüberwachungsnahe Aufgaben wahrnimmt und die Erkenntnisse des Gremiums, des Beratungsforums und des wissenschaftlichen Gremiums orchestriert, nehmen die anderen drei Stellen in größerer **organisatorischer Unabhängigkeit** von der Kommission beratende Funktionen wahr. Dies führt jedenfalls unter Rechtsschutzgesichtspunkten zu Rechtsklarheit (vgl. ausführlich Rn. 12 ff.). Zum Teil wird kritisiert, dass die unscharfe Abgrenzung der Aufgaben eine zügige und wirksame Implementierung der Governance-Struktur verhindert.

3. Verhältnis zu anderen Vorschriften

Die Aufgabenzuweisung des Art. 64 ist nicht abschließend. Andere Vorschriften der KI-VO, insbesondere Art. 75 Abs. 1 und Art. 89 Abs. 1, räumen dem Büro für Künstliche Intelligenz weitere Kompetenzen ein, zum Teil sehr spezifische und **weitreichende Marktüberwachungs- und Eingriffskompetenzen**. Eine Konkretisierung der Aufgaben findet sich im „Beschluss zur Einrichtung des Europäischen Amts für künstliche Intelligenz“[12] der Kommission (hierzu ausführlich Rn. 17 ff.). 9

Art. 64 steht in engem Zusammenhang mit Art. 65 bis 68, den Vorschriften über drei weitere Stellen, die im Rahmen der Marktüberwachung und der Weiterentwicklung der europäischen KI-Regulierung beratend und lenkend unterstützen sollen. 10

II. Einrichtung und Aufgaben des Büros für Künstliche Intelligenz (Abs. 1)

Art. 64 Abs. 1 überträgt der Kommission die Aufgabe, über das Büro für Künstliche Intelligenz die Sachkenntnis und Fähigkeiten der Union auf dem Gebiet der KI zu entwickeln. Dieser weite Aufgabenkreis wird durch den **Beschluss der Kommission zur Einrichtung des Europäischen Amts für Künstliche Intelligenz vom 14.2.2024** konkretisiert (hierzu ausführlich Rn. 17 ff.).[13] Derselbe Be- 11

12 EU-Komm., Beschluss zur Einrichtung des Europäischen Amts für künstliche Intelligenz v. 24.1.2024, (C/2024/1459).

13 EU-Komm., Beschluss zur Einrichtung eines Europäischen Amts für Künstliche Intelligenz v. 14.2.2024, (C/2024/1459).

schluss legt auch die strukturellen und organisatorischen Rahmenbedingungen des Büros für Künstliche Intelligenz fest, die in Art. 64 nicht adressiert werden (hierzu ausführlich Rn. 12).

1. Organisationsrechtliche Struktur des Büros für Künstliche Intelligenz

12 Am 21.2.2024 trat der „Beschluss zur Einrichtung des Europäischen Amts für Künstliche Intelligenz"[14] in Kraft, mit dem das Büro für Künstliche Intelligenz als Teil der Verwaltungsstruktur der Generaldirektion CONNECT eingerichtet wird. Unglücklich ist das Auseinanderfallen der Begrifflichkeiten in der KI-VO, in der es in Art. 64 „Büro für Künstliche Intelligenz" heißt, während der Beschluss von einem „Amt" spricht. Zurückzuführen ist die **Divergenz** darauf, dass die Stelle bereits vor Verabschiedung des finalen Texts der KI-VO eingerichtet werden sollte. In dem finalen Kompromisstext Stand Januar 2024, der nur in englischer Sprache verfügbar war, hieß es bereits „AI Office", ebenso wie in Art. 64 des Corrigendums.[15] Es handelt sich also in den deutschen Sprachfassungen lediglich um eine uneinheitliche Übersetzung. Das Büro für Künstliche Intelligenz ist, entgegen der vom Beschluss verwendeten Begrifflichkeit, ausdrücklich **kein Europäisches Amt** i. S. d. Art. 2 Nr. 26 der Verordnung (EU, Euratom) 2018/1046.[16] Im Organigramm der Generaldirektion CONNECT der Kommission ist das Büro für Künstliche Intelligenz als Direktion CONNECT.A mit fünf verschiedenen Referaten integriert.[17]

13 Zur besser nachvollziehbaren Einordnung dieser verwaltungsorganisatorischen Struktur und ihrer praktischen Auswirkungen werden im Folgenden die Grundlagen einer unabhängigen Agentur im Vergleich zur Eingliederung in die Europäische Kommission kurz dargestellt.

a) Unabhängige Agenturen in der europäischen Verwaltungsstruktur

14 Unter dem Begriff **„Europäische Agentur"** werden im europäischen Verwaltungsrecht selbständige Verwaltungseinheiten zusammengefasst, die von einer Europäischen Institution basierend auf einer Rechtsgrundlage im europäischen Sekundärrecht etabliert werden. Sie besitzen eigene **Rechtsfähigkeit** und zeichnen sich durch mehr oder weniger übereinstimmende Organisationsstrukturen

14 EU-Komm., Beschluss zur Einrichtung eines Europäischen Amts für künstliche Intelligenz v. 14.2.2024, (C/2024/1459).

15 Europäisches Parlament, Corrigendum v. 19.4.2024, P9_TA(2024)0138, Art. 64.

16 EU-Komm., Beschluss zur Einrichtung eines Europäischen Amts für künstliche Intelligenz v. 14.2.2024, (C/2024/1459), ErwG 7; a. A. *Wendt/Wendt*, Das neue Recht der Künstlichen Intelligenz, § 12 Rn. 10.

17 https://commission.europa.eu/document/download/5a7d928a-ddf7-4603-9646-0e09da0031c8_en?filename=DG%20CONNECT%20Organisation%20Chart.pdf.

aus, zum Beispiel die Leitung durch einen als gesetzlichen Vertreter fungierenden Direktor und einen Verwaltungsrat.[18] Sie verfügen in der Regel über einen eigenen Haushalt. Solche Agenturen wurden bereits in verschiedenen Bereichen gegründet.[19] Sie haben in der Regel die Aufgabe der wissenschaftlichen und technischen Beratung (zum Beispiel die Europäische Agentur für Netz- und Informationssicherheit, ENISA).[20] Die Europäische Kommission ist im Rahmen ihrer Überwachungsfunktion als Hüterin der Verträge regelmäßig mit Fragen konfrontiert ist, zu deren Beantwortung sie auch auf **wissenschaftliche Bewertungen** angewiesen ist. Hierbei ist sie auf interdisziplinäre Bewertungen aus verschiedenen Quellen angewiesen.[21] Schon der Vertrag über die Arbeitsweise der Europäischen Union (AEUV) betont die Bedeutung von Fakten und Daten als Grundlage gesetzesdurchsetzender Verwaltungsentscheidungen (zum Beispiel Art. 114 Abs. 3 AEUV und Art. 191 Abs. 3 AEUV). Unionsagenturen sollen in diesem Sinne die Kommission unterstützen, um einen besseren Vollzug des Unionsrechts zu gewährleisten.[22] Die Bewertung der Unionsagenturen fließt in die verbindlichen Einzelfallentscheidungen der nationalen Aufsichtsbehörden und der Europäischen Kommission ein. Hierdurch werden **Vereinheitlichungseffekte** in der Anwendung des Unionsrechts erzielt, zugleich aber zahlreiche Fragen der Legitimation und der Möglichkeit eines wirksamen Rechtsschutzes aufgeworfen.[23]

b) Eingliederung als Direktion der Kommission

15 Indem das Büro für Künstliche Intelligenz als Direktion der Generaldirektion CONNECT errichtet wurde, liegen die **Entscheidungskompetenzen** zu Kontrolle und Aufsicht über die Einhaltung der Anforderungen der KI-VO im Kern bei der Kommission.[24] Die Definition des Begriffes „Büro für Künstliche Intelligenz“ in Art. 3 Nr. 47 stellt klar, dass Bezugnahmen in der KI-VO auf das Büro als Bezugnahmen auf die Kommission gelten. Diese Formulierung hat zum einen klarstellende Wirkung, da eine Generaldirektion der Kommission ohnehin **keine eigene Rechtspersönlichkeit** hat und daher nicht als Rechtssubjekt nach

---

18 Siehe *Augsberg*, in: Terhechte, Verwaltungsrecht der Europäischen Union, § 6 Rn. 38 mit weiterer Ausdifferenzierung.

19 Überblick über die Unionsagenturen: http://europa.eu/agencies/.

20 VO (EG) Nr. 526/2013 des Europäischen Parlaments und des Rates v. 21.5.2013 über die Agentur der Europäischen Union für Netz- und Informationssicherheit (ENISA), ABl. 2013 L 165, S. 41.

21 EU-Komm., Mitteilung „Eine bessere Wissensgrundlage für eine bessere Politik“, KOM(2002) 713 endg., S. 3.

22 Siehe *Augsberg*, in: Terhechte, Verwaltungsrecht der Europäischen Union, § 6 Rn. 74.

23 Siehe *Augsberg*, in: Terherchte, Verwaltungsrecht der Europäischen Union, § 6 Rn. 80, 87, der die Wirkung als „weiche Steuerung“ bezeichnet.

24 *Novelli/Hacker/Morley/Trondal/Floridi*, EJRR 2024, 1, 3.

außen auftreten kann. Zugleich beugt die Definition einem Meinungsstreit darüber vor, ob die Zuständigkeitszuweisung der einschlägigen Vorschriften der KI-VO ein subjektives Recht des einzelnen darauf begründet, dass bestimmte Entscheidungen von der Direktion CONNECT.A getroffen werden. Ordnet das Büro für Künstliche Intelligenz gegenüber dem Anbieter eines GPAI Models zum Beispiel eine Korrekturmaßnahme gem. Art. 75 Abs. 1 KI-VO i.V.m. Art. 16 MÜ-VO an, so handelt es sich nach der gesetzlichen Konzeption um eine **Entscheidung der Kommission**, die gem. Art. 263 Abs. 4 AEUV mit der Nichtigkeitsklage angreifbar ist.

16 Umstritten ist der Prozess, mit dem Mitarbeiter für das Büro für Künstliche Intelligenz rekrutiert werden sollen. Die Mitarbeiter des Büros für Künstliche Intelligenz müssen eine hohe Sachkompetenz aufweisen. Derart qualifiziertes Fachpersonal wird allerdings weltweit gesucht und mit hohen Gehältern entlohnt. Mehrere Abgeordnete des Europäischen Parlaments forderten daher höhere Transparenz im Auswahlprozess.[25]

2. Aufgaben des Büros für Künstliche Intelligenz

17 Gem. Art. 64 Abs. 1 entwickelt die Europäische Kommission über das Amt für Künstliche Intelligenz die Sachkenntnis und Fähigkeiten der Union auf dem Gebiet der KI. Diese eher generische Aufgabenbeschreibung wird zum einen durch verschiedene Vorschriften der KI-VO und zum anderen durch den Beschluss (siehe Rn. 11 ff.) konkretisiert und erweitert. Zusammengefasst beziehen sich die Aufgaben, insbesondere im Kontext der Marktüberwachung, überwiegend auf **KI-Modelle und -Systeme mit allgemeinem Verwendungszweck**.

a) Aufgaben im Zusammenhang mit KI-Modellen mit allgemeinem Verwendungszweck

18 An erster Stelle nennt Art. 3 Abs. 1 lit. a des Beschlusses die Entwicklung von **Instrumenten, Methoden und Vergleichsmaßstäben** für die Bewertung der Fähigkeiten von KI-Modellen mit allgemeinem Verwendungszweck, insbesondere für solche mit systemischen Risiken.

19 Der strukturellen Vorbereitung auf die technische Weiterentwicklung von GPAI Models dient auch Art. 3 Abs. 1 lit. c des Beschlusses, mit welchem dem Büro für Künstliche Intelligenz eine **Filter- und Vermittlungsrolle** in der Zusammenarbeit mit dem Gremium für Künstliche Intelligenz übertragen wird. Das Büro für Künstliche Intelligenz soll insbesondere durch das Eingehen auf Warnungen

25 *Taylor*, MEPs probe Commission about AI Office recruitment strategy, euractiv, 10.4.2024, https://www.euractiv.com/section/digital/news/meps-probe-commission-about-ai-office-recruitment-strategy/.

des Gremiums beobachten, ob sich aus GPAI Models **unvorhergesehene Risiken** ergeben.

b) Marktüberwachungsbefugnisse und -aufgaben

Gemäß Art. 75 Abs. 1 (hierzu ausführlich Art. 75 Rn. 1, 8 ff.) und Art. 89 Abs. 1 (vgl. hierzu ausführlich Art. 89 Rn. 6 ff.) hat das Büro für Künstliche Intelligenz bereits sekundärrechtlich **eigene Marktüberwachungs- und Eingriffsbefugnisse**. Die Aufgabenformulierung in Art. 3 Abs. 1 lit. b und d des Beschlusses bleibt dahinter zurück. So wird dem Büro für Künstliche Intelligenz zwar in Art. 3 Abs. 1 lit. d die Aufgabe zugewiesen, selbständig mögliche Verstöße gegen Vorschriften für KI-Modelle und -Systeme mit allgemeinem Verwendungszweck zu untersuchen, zum Beispiel durch die **Sammlung von Beschwerden und Warnungen**. Im Hinblick auf die Bewertung von Verstößen und den Erlass von rechtsdurchsetzenden Beschlüssen soll dem Büro für Künstliche Intelligenz hingegen nur unterstützende Funktion zukommen. Auch Art. 3 Abs. 1 lit. b des Beschlusses bleibt mit der Übertragung der „Beobachtung der Umsetzung und Anwendung von Vorschriften über KI-Modelle und -Systeme mit allgemeinem Verwendungszweck" eher vage. Maßgebend sind die Vorschriften der KI-VO. Die darin eingeräumten Befugnisse können durch den Beschluss der Europäischen Kommission nicht eingeschränkt werden. Da das Büro für Künstliche Intelligenz in die Verwaltungsstruktur der Europäischen Kommission eingegliedert ist, wird eine **verbindliche Außenentscheidung**, z. B. die Anordnung einer Korrekturmaßnahme i. S. d. Art. 75 Abs. 1 i.V.m. Art. 16 MÜ-VO, vom Rechtssubjekt „Europäische Kommission" erlassen. Der Adressat kann hiergegen Rechtsschutze mittels der Nichtigkeitsklage gem. Art. 263 AEUV suchen. **20**

c) Koordinierung der Rechtsanwendung

Eine wesentliche Aufgabe des Büros für Künstliche Intelligenz ist gem. Art. 3 Abs. 1 lit. e des Beschlusses die Gewährleistung der **Koordinierung der Rechtsanwendung** in Bereichen, in denen die Kommission originäre Aufsichts- und Eingriffsbefugnisse hat. Ausdrücklich genannt wird die Abstimmung mit der Anwendung der EU-Taxonomieverordnung und dem Gesetz über digitale Märkte. Die Aufgabe ist durch den Wortlaut („koordiniert") auf die organisatorische Sicherstellung der Abstimmung begrenzt und umfasst nicht die inhaltliche Mitwirkung an einer konsistenten Rechtsanwendung. Denkbar ist daher, dass sich die jeweils für die Durchsetzung der einzelnen Rechtsakte zuständigen Stellen trotz der Koordinierung für eine unterschiedliche Auslegung und damit Anwendung der einzelnen Rechtsakte entscheiden. Wünschenswert ist, auch im Sinne einer besseren Rechtssetzung,[26] ein Prozess zur **Sicherstellung der in-** **21**

26 EU-Komm., Better Regulation Guidelines v. 3.11.2021, SWD(2021) 305 final, S. 5.

haltlichen Konsistenz. Immerhin soll das Büro für Künstliche Intelligenz im die einheitliche Anwendung der KI-VO erleichtern (Art. 3 Abs. 2 lit. b des Beschlusses). Dieser inhaltliche Beitrag ist vor dem Hintergrund der Vielzahl verschiedener Industrien im Anwendungsbereich und der Spaltung der Marktüberwachungskompetenzen (vgl. hierzu Art. 74 Rn. 3) begrüßenswert, wenn auch der Einfluss des Büros für Künstliche Intelligenz mit der Formulierung „erleichtern" eher vage ausgestaltet ist.

d) Unterstützung bei der Umsetzung von Vorschriften in Bezug auf verbotene KI-Praktiken und Hochrisiko-KI-Systeme

22 Lediglich unterstützende Funktion hat das Büro für Künstliche Intelligenz gem. Art. 3 Abs. 1 lit. f des Beschlusses im Hinblick auf die Durchsetzung der **Verbote und Anforderungen der KI-VO**. Diese Aufgabe ist nicht auf die Überwachung von GPAI Models beschränkt, auch wenn diese am Ende des Beschlusstexts ausdrücklich genannt werden. Die Unterstützung wird eine wichtige **Ordnungsfunktion** für die Wirksamkeit der Marktüberwachung im europäischen Mehrebenensystem haben. Die Erleichterung des Informationsaustauschs und der Zusammenarbeit zwischen den verschiedenen nationalen Marktüberwachungsbehörden sowie die Einrichtung von **Datenbanken** und **Informationsplattformen** sind notwendige Voraussetzung für die einheitliche und effektive Rechtsdurchsetzung. Vorbilder für diese Systeme sind zum Beispiel im europäischen Produktrecht zu finden, das mit dem **RAPEX-System**[27] und einkleidenden Vorschriften[28] der Verwaltungsorganisation bereits eine gut funktionierende Marktüberwachung im europäischen Verwaltungsverbund etabliert hat. Davon unberührt bleiben die originären Marktüberwachungskompetenzen des Büros für Künstliche Intelligenz gem. Art. 75 Abs. 1 und Art. 89 Abs. 1 KI-VO (hierzu Rn. 20).

e) Unterstützung bei der Durchführung der KI-VO im weiteren Sinne

23 Unterstützende Aufgaben kommen dem Büro für Künstliche Intelligenz auch bei der Ausarbeitung **delegierter Rechtsakte**, **Durchführungsrechtsakte** und

---

27 RAPEX beinhaltet unter anderem eine von der Europäischen Kommission betriebene Notifikationsplattform (https://webgate.ec.europa.eu/gpsd/screen/public/home) und eine Informationsplattform (https://ec.europa.eu/safety-gate-alerts/screen/search), die zukünftig den Titel „Safety Gate" tragen wird.

28 VO (EU) 2023/988 v. 10.5.2023 über die allgemeine Produktsicherheit, ABl. 2023 L 135, S. 1; Durchführungsbeschluss (EU) 2019/417 der Kommission v. 8.11.2018 zur Festlegung von Leitlinien für die Verwaltung des gemeinschaftlichen Systems zum raschen Informationsaustausch „RAPEX" gemäß Artikel 12 der Richtlinie 2001/95/EG über die allgemeine Produktsicherheit und für das dazugehörige Meldesystem, C(2018) 7334.

von **Kommissionsbeschlüssen** zu (Art. 3 Abs. 2 lit. a des Beschlusses). Darüber hinaus soll das Büro für Künstliche Intelligenz die Abläufe der Marktüberwachung erleichtern, indem es bei der Entwicklung von **Leitlinien** zur praktischen Durchführung, standardisierten Protokollen und Verfahren hilft (Art. 3 Abs. 2 lit. c des Beschlusses). In diese Kategorie fällt auch die Aufgabe gem. Art. 3 Abs. 2 lit. d des Beschlusses, die Kommission bei der Ausarbeitung von Normungsaufträgen und gemeinsamen Spezifikationen zu unterstützen.

f) Weitere Koordinierungs- und Unterstützungsaufgaben

Das Büro für Künstliche Intelligenz hat auch die Aufgabe, andere Stellen personell und organisatorisch zu unterstützen. In diesen Pflichtenkreis fällt insbesondere die Zurverfügungstellung des Sekretariats und andere **administrative Unterstützung** für das Gremium für Künstliche Intelligenz und das Beratungsforum (Art. 3 Abs. 2 lit. i). 24

g) Verfahrensregeln und Verhaltenskodizes

Gem. Art. 3 Abs. 2 lit. i des Beschlusses hat das Büro für Künstliche Intelligenz die Aufgabe, die Ausarbeitung von **praktischen Verfahrensregeln** und **Verhaltenskodizes** auf Unionseben unter Berücksichtigung internationaler Ansätze zu fördern und zu erleichtern sowie deren Umsetzung und Bewertung zu überwachen. Mit dem Begriff „Verfahrensregeln" sind wohl Praxisleitfäden im Sinne des Art. 56 Abs. 1 KI-VO gemeint. Jedenfalls verwenden die englischen Fassungen des Art. 56 Abs. 1 KI-VO und des Art. 3 Abs. 2 lit. i des Beschlusses einheitlich den Begriff „codes of conduct". Diese Aufgabenzuweisung wiederholt die bereits in Art. 56 und 95 KI-VO sekundärrechtlich implementierte Aufgabe und Kompetenz, ohne sie weiter zu konkretisieren. Art. 95 und 96 KI-VO enthalten hingegen einige Anhaltspunkte zur Gestaltung der Verhaltenskodizes und Leitlinien (vgl. hierzu Art. 56 Rn. 9 ff., Art. 95 Rn. 14 ff.). 25

Unklar bleibt, was die „Überwachung der Bewertung" bedeuten soll. Nicht gemeint sein dürfte eine Überwachung der bewertenden Aufsicht der Europäischen Kommission im Sinne einer Fachaufsicht, da das Büro als Abteilung der Generaldirektion CONNECT nicht die Fachaufsicht der übergeordneten Behörde ausüben kann. 26

h) Zusammenarbeit mit Interessenträgern

Zur Erfüllung aller seiner Aufgaben arbeitet das Büro für Künstliche Intelligenz gem. Art. 4 des Beschlusses mit Interessenträgern zusammen. Hierfür soll das Büro für Künstliche Intelligenz **Foren zur Zusammenarbeit** der Anbieter von KI-Modellen und -Systemen und zur Zusammenarbeit mit der Open-Source-Gemeinschaft einrichten, um die Entwicklung freiwilliger **Verhaltenskodizes**, be- 27 währter Verfahren („Best Practices") und praktischer Verfahrensregeln voranzutreiben. Zu den Aufgaben gehört auch die regelmäßige Konsultation von Interessenträgern einschließlich Sachverständigen aus der Wissenschaft und dem Bildungssektor, Vertretern der Zivilgesellschaft und Sozialpartnern. Dabei liegt es in der Verantwortung des Büros für Künstliche Intelligenz, die Grenzen des europäischen **Wettbewerbsrechts**, insbesondere des Art. 101 AEUV, für eine solche Zusammenarbeit verschiedener Unternehmen zu wahren.

i) Sektorübergreifende Zusammenarbeit in der Kommission (Art. 5 des Beschlusses)

28 Das Büro für Künstliche Intelligenz hat nach Art. 5 des Beschlusses die denkbar weite Aufgabe, zur Förderung von Maßnahmen und Strategien beizutragen, die die gesellschaftlichen und industriellen Vorteile von KI-Technik nutzbar machen. In diesem Zusammenhang gewährleistet es die Zusammenarbeit mit und Unterstützung von anderen Generaldirektionen und Dienststellen der Kommission. Explizit genannt wird die Zusammenarbeit mit dem Europäischen Zentrum für Transparenz der Algorithmen bei der Bewertung von KI-Modellen und -Systemen mit allgemeinem Verwendungszweck. Das Büro für Künstliche Intelligenz hat auch eine **Bildungsfunktion** innerhalb der Kommission. Es soll anderen Generaldirektionen dabei helfen, die Nutzung von KI-Modellen und -Systemen in den jeweiligen Politikbereichen mit geschultem Risikobewusstsein zu implementieren.

j) Internationale Zusammenarbeit (Art. 7 des Beschlusses)

29 Die in Art. 7 des Beschlusses genannten Aufgaben des Büros für Künstliche Intelligenz haben einen außenpolitischen Anstrich. Das Büro für Künstliche Intelligenz soll danach einen Beitrag zur **internationalen Zusammenarbeit** der Kommission leisten, indem es sich für den europäischen Regulierungsansatz und für eine verantwortungsvolle Steuerung der KI einsetzt, zur internationalen Zusammenarbeit im Zusammenhang mit KI-Regulierung und Governance beiträgt und die Mitgliedstaaten in der Umsetzung internationaler KI-Vorschriften unterstützt. Die Einflussmöglichkeiten des Büros für Künstliche Intelligenz im Außenverhältnis sind naturgemäß gering, da für die außenpolitische Vertretung der EU gem. Art. 18 EUV, Art. 220 ff. AEUV der Hohe Vertreter der Union für Außen- und Sicherheitspolitik zuständig ist.

III. Pflichten der Mitgliedstaaten zur Zusammenarbeit mit dem Büro für Künstliche Intelligenz (Abs. 2)

Art. 64 Abs. 2 verpflichtet die Mitgliedstaaten, dem Büro für Künstliche Intelligenz die Erfüllung seiner Aufgaben zu erleichtern. Der Inhalt der Verpflichtung ist unbestimmt, geht aber wohl über reine **Kooperationspflichten** hinaus. Einige Unterstützungs- und Informationspflichten der nationalen Marktüberwachungsbehörden sind bereits in besonderen Vorschriften des Sekundärrechts verankert. Ähnlich wie die primärrechtliche Pflicht der Mitgliedstaaten zur gegenseitigen Solidarität gem. Art. 4 Abs. 3 AEUV bietet diese weite Formulierung jeweils im Einzelfall Anknüpfungspunkte zur Herleitung konkreter Pflichten der Mitgliedstaaten. 30

IV. Personelle Besetzung und Finanzierung

Nach Art. 8 des Beschlusses wird der Personalbedarf der beim Büro tätigen Beamten durch bereits zugeordnetes Personal der Generaldirektion Kommunikationsnetze, Inhalte und Technologien oder durch Personalumschichtung innerhalb der Generaldirektion gedeckt. Die Personalkosten für externes Statuspersonal und operative Ausgaben werden aus den Mitteln des Programms „Digitales Europa" gedeckt. 31

Art. 65 Einrichtung und Struktur des Europäischen Gremiums für Künstliche Intelligenz

(1) Ein Europäisches Gremium für Künstliche Intelligenz (im Folgenden „KI-Gremium") wird hiermit eingerichtet.

(2) Das KI-Gremium setzt sich aus einem Vertreter je Mitgliedstaat zusammen. Der Europäische Datenschutzbeauftragte nimmt als Beobachter teil. Das Büro für Künstliche Intelligenz nimmt ebenfalls an den Sitzungen des KI-Gremiums teil, ohne sich jedoch an den Abstimmungen zu beteiligen. Andere Behörden oder Stellen der Mitgliedstaaten und der Union oder Sachverständige können im Einzelfall zu den Sitzungen des KI-Gremiums eingeladen werden, wenn die erörterten Fragen für sie von Belang sind.

(3) Die Vertreter werden von ihren Mitgliedstaaten für einen Zeitraum von drei Jahren benannt, der einmal verlängert werden kann.

(4) Die Mitgliedstaaten sorgen dafür, dass ihre Vertreter im KI-Gremium

a) in ihrem Mitgliedstaat über die einschlägigen Kompetenzen und Befugnisse verfügen, sodass sie aktiv zur Bewältigung der in Artikel 66 genannten Aufgaben des KI-Gremiums beitragen können;

b) gegenüber dem KI-Gremium sowie gegebenenfalls, unter Berücksichtigung der Erfordernisse der Mitgliedstaaten, gegenüber Interessenträgern als zentrale Ansprechpartner fungieren;

c) ermächtigt sind, auf die Kohärenz und die Abstimmung zwischen den zuständigen nationalen Behörden in ihrem Mitgliedstaat bei der Durchführung dieser Verordnung hinzuwirken, auch durch Erhebung einschlägiger Daten und Informationen für die Zwecke der Erfüllung ihrer Aufgaben im KI-Gremium.

(5) Die benannten Vertreter der Mitgliedstaaten nehmen die Geschäftsordnung des KI-Gremiums mit einer Zweidrittelmehrheit an. In der Geschäftsordnung sind insbesondere die Vorgehensweise für das Auswahlverfahren, die Dauer des Mandats und die genauen Aufgaben des Vorsitzes, die Abstimmungsregelungen und die Organisation der Tätigkeiten des KI-Gremiums und seiner Untergruppen festgelegt.

(6) Das KI-Gremium richtet zwei ständige Untergruppen ein, um Marktüberwachungsbehörden eine Plattform für die Zusammenarbeit und den Austausch zu bieten und Behörden über Angelegenheiten, die jeweils die Marktüberwachung und notifizierte Stellen betreffen, zu unterrichten.

Die ständige Untergruppe für Marktüberwachung sollte für diese Verordnung als Gruppe für die Verwaltungszusammenarbeit (ADCO-Gruppe) im Sinne des Artikels 30 der Verordnung (EU) 2019/1020 fungieren.

Das KI-Gremium kann weitere ständige oder nichtständige Untergruppen einrichten, falls das für die Prüfung bestimmter Fragen zweckmäßig sein sollte. Gegebenenfalls können Vertreter des in Artikel 67 genannten Beratungsforums als Beobachter zu diesen Untergruppen oder zu bestimmten Sitzungen dieser Untergruppen eingeladen werden.

(7) Das KI-Gremium wird so organisiert und geführt, dass bei seinen Tätigkeiten Objektivität und Unparteilichkeit gewahrt sind.

(8) Den Vorsitz im KI-Gremium führt einer der Vertreter der Mitgliedstaaten. Die Sekretariatsgeschäfte des KI-Gremiums werden vom Büro für Künstliche Intelligenz geführt; dieses beruft auf Anfrage des Vorsitzes die Sitzungen ein und erstellt die Tagesordnung im Einklang mit den Aufgaben des KI-Gremiums gemäß dieser Verordnung und seiner Geschäftsordnung.

Mit Art. 65 korrespondieren die Erwägungsgründe 148, 149.

Schrifttum: *Ebert/Spiecker gen. Döhmann*, Der Kommissionsentwurf für eine KI-Verordnung der EU, NVwZ 2021, 1188; *Geminn*, Die Regulierung Künstlicher Intelligenz – Anmerkungen zum Entwurf eines Artificial Intelligence Act, ZD 2021, 354; *Martini/Wendehorst* (Hrsg.), KI-VO, Kommentar, 2024; *Novelli/Hacker/Morley/Trondal/Floridi*, A Robust Governance for the AI Act: AI Office, AI Board, Scientific Panel, and National Authorities, European Journal of Risk Regulation 2024, 1; *Roth-Isigkeit*, Grundstrukturen der geplanten KI-Aufsichtsbehörden – KI-Bürokratie?, ZRP 2022, 187; *Schwartmann/Keber/Zenner*, KI-Verordnung, Leitfaden für die Praxis, 2024; *Spindler*, Der Vorschlag der EU-Kommission für eine Verordnung zur Regulierung der Künstlichen Intelligenz (KI-VO-E), Ansatz, Instrumente, Qualität und Kontext, CR 2021, 361; *Zenner*, Some personal reflections on the EU AI Act: a bittersweet ending, https://www.kaizenner.eu/post/reflections-on-aiact (zuletzt abgerufen am 6.5.2025).

Übersicht

I. Allgemeines

1. Zweck der Vorschrift

1 Das Europäische Gremium für Künstliche Intelligenz („**KI-Gremium**") wurde eingerichtet, um die wirksame und harmonisierte Durchführung der KI-VO zu erleichtern. Seine Funktion ist es, die verschiedenen Interessen des KI-Ökosystems widerzuspiegeln,[1] weshalb es sich überwiegend aus Vertretern der Mitgliedstaaten zusammensetzt. Dabei nimmt es insbesondere Beratungsaufgaben gegenüber der Kommission und den Mitgliedstaaten wahr, und zwar sowohl im Hinblick auf die Durchführung und Anwendung der KI-VO als auch bezüglich spezifischer Fragen im Zusammenhang mit KI allgemein.[2] Institutionell ähnelt das KI-Gremium dem Europäischen Gremium für digitale Dienste im Sinne von Art. 61 Verordnung (EU) 2022/2065 (Digital Services Act – DSA)[3] bzw. dem Europäischen Datenschutzausschuss (EDSA, Art. 68 DSGVO).[4]

2. Entstehungsgeschichte

2 Das KI-Gremium wurzelt in der Empfehlung der High-Level Expert Group on AI (AI HLEG), die die Kooperation der Mitgliedstaaten als eine der zentralen Aufgaben der Etablierung einer AI-Governance-Struktur bewertet hat.[5] Im Kommissionsentwurf befand sich das KI-Gremium ursprünglich näher an die Kommission angebunden, als dies in der Verordnung schlussendlich der Fall ist.[6] Zunächst sollte das KI-Gremium neben dem Europäischen Datenschutzbeauftragten insbesondere aus einer Aufsichtsbehörde pro Mitgliedstaat bestehen und der Vorsitz durch die Europäische Kommission geführt werden.[7]

3 In der finalen Fassung der KI-VO wird den Mitgliedstaaten bezüglich ihrer Vertreter im KI-Gremium mehr **Flexibilität** gewährt, als dies noch der Kommissionsentwurf vorsah. War zunächst im Kommissionsentwurf noch vorgesehen, dass das KI-Gremium jeweils mit einer nationalen Aufsichtsbehörde besetzt werden sollte, so sieht die finale Fassung nun in Art. 65 Abs. 2 vor, dass je Mitgliedstaat ein Vertreter Teil des KI-Gremiums werden soll. Voraussetzung ist,

1 ErwG 149 Satz 2.
2 ErwG 149 Satz 3.
3 So zum Kommissionsentwurf *Spindler*, CR 2021, 361, 372.
4 So zum Kommissionsentwurf *Ebert/Spiecker gen. Döhmann*, NVwZ 2021, 1188, 1192.
5 High-Level Expert Group on AI, Policy and Investment Recommendations for Trustworthy AI, Nr. 30.1, 30.5.
6 Siehe zur Entwicklung der Aufsichtsstrukturen im Laufe des Gesetzgebungsverfahrens auch bei *Zenner*, in: Schwartmann/Keber/Zenner, KI-Verordnung, S. 273 f.
7 Vgl. EU-Komm., COM/2021/206 final vom 21.4.2021 (KI-VO-E Kommission), Art. 57 Abs. 1, 3.

dass diese Vertreter gem. Art. 65 Abs. 4 lit. c dazu ermächtigt sind, auf die Kohärenz und die Abstimmung zwischen den zuständigen nationalen Behörden im jeweiligen Mitgliedstaat bei Durchführung der KI-VO hinzuwirken. Vertreter können nach ErwG 149 Satz 4 alle Personen sein, die öffentlichen Einrichtungen angehören, die über die einschlägige Zuständigkeit und Befugnisse verfügen.

Auch von der Angliederung an die Kommission wurde im Trilogverfahren erwartungsgemäß[8] abgerückt. Den Vorsitz übernimmt gem. Art. 65 Abs. 8 Satz 1 einer der Vertreter der Mitgliedstaaten. Lediglich die Sekretariatsgeschäfte werden gem. Art. 65 Abs. 8 Satz 2 noch durch das an die Europäische Kommission angegliederte Büro für Künstliche Intelligenz geführt. 4

3. Verhältnis zu anderen Organen des Governance-Rahmens

Das Europäische Gremium für Künstliche Intelligenz ist Teil des Governance-Rahmens der KI-VO. Mit diesem wird bezweckt, die Koordinierung und Unterstützung der Anwendung der KI-VO auf nationaler Ebene sowie den Aufbau von Kapazitäten auf Unionsebene und die Integration von Interessenträgern im Bereich KI zu ermöglichen und zentrales Fachwissen auf Unionsebene zu koordinieren und aufzubauen.[9] In diesen Governance-Rahmen fügen sich auf Unionsebene vier unterschiedliche Organe ein: 5

- Das Büro für Künstliche Intelligenz (Art. 64), das strukturell in die Europäische Kommission eingegliedert ist (vgl. Art. 3 Nr. 47) und dessen Aufgabe es ist, Fachwissen und Kapazitäten der Union im Bereich der KI zu entwickeln und zur Umsetzung des Unionsrechts im KI-Bereich beizutragen.[10]
- Das Europäische Gremium für Künstliche Intelligenz (Art. 65, 66), das die verschiedenen Interessen der Mitgliedstaaten widerspiegeln soll und Beratungsaufgaben wahrnimmt.[11]
- Das Beratungsforum (Art. 67), das das KI-Gremium und die Kommission unter Einbeziehung unterschiedlicher Interessenträger berät und technisches Fachwissen bereitstellt.[12]
- Das wissenschaftliche Gremium unabhängiger Sachverständiger (Art. 68), das zur Unterstützung der Umsetzung und Durchsetzung der KI-VO dient.[13]

Des Weiteren sind auch die **nationalen Behörden** Teil des Governance-Rahmens. Den Mitgliedstaaten kommt bei der effektiven Umsetzung der KI-VO 6

8 So *Geminn*, ZD 2021, 354, 358; *Roth-Isigkeit*, ZRP 2022, 187, 190.
9 ErwG 148 Satz 1.
10 ErwG 148 Satz 3.
11 ErwG 149 Satz 2, 3.
12 ErwG 150 Satz 1.
13 ErwG 151 Satz 1.

eine „Schlüsselrolle" zu.[14] Zu diesem Zweck errichten oder benennen die Mitgliedstaaten jeweils mindestens eine notifizierende Behörde und eine Marktüberwachungsbehörde (Art. 70).

7 Durch die unterschiedlichen Organe auf EU-Ebene wird in Verbindung mit den nationalen Behörden zwar ein umfangreicher Governance-Rahmen geschaffen. Dessen Schwerpunkt liegt allerdings nicht auf der Zertifizierung von KI-Systemen und KI-Modellen mit allgemeinem Verwendungszweck vor deren Inverkehrbringen bzw. Inbetriebnahme, sondern klar auf der anschließenden Marktüberwachung.[15] Eine Ex-ante-Zertifizierung wurde allerdings vor Veröffentlichung des Kommissionsentwurfs noch als eine mögliche Strategie im Umgang mit KI-Systemen betrachtet. So wurde dies sowohl von der Datenethikkommission[16] als auch von der High-Level Expert Group on AI[17] vorgeschlagen.[18]

8 Der Verwaltungsaufbau wird allerdings wegen möglicher Kompetenzkonflikte – auch mit zahlreichen Institutionen außerhalb des KI-VO-Governance-Rahmens – und potenziell divergierender Rechtsauffassungen aufgrund der Freiheiten bei der Organisation der nationalen Behörden auch kritisch bewertet.[19]

II. Vertreter der Mitgliedstaaten (Abs. 2–4)

9 Das KI-Gremium wird gem. Art. 65 Abs. 1 mit der KI-VO eingerichtet und besteht gem. Art. 65 Abs. 2 aus **einem Vertreter je Mitgliedstaat**, die nach Art. 65 Abs. 3 von ihren Mitgliedstaaten für einen Zeitraum von drei Jahren benannt werden. Die Benennung kann einmal verlängert werden. Zudem nehmen der Europäische Datenschutzbeauftragte und das Büro für Künstliche Intelligenz als Beobachter ohne Stimmrecht an den Sitzungen teil. Zu den Sitzungen können zudem Behörden, Sachverständige oder andere Stellen eingeladen werden, sofern deren Teilnahme an der Sitzung von inhaltlicher Relevanz ist.

---

14 ErwG 153 Satz 1.

15 So auch zum Kommissionsentwurf *Roth-Isigkeit*, ZRP 2022, 187, 188 f.

16 DEK, Empfehlungen der Datenethikkommission für die Strategie Künstliche Intelligenz der Bundesregierung vom 9.10.2018, S. 3, https://www.bmi.bund.de/SharedDocs/downloads/DE/veroeffentlichungen/themen/it-digitalpolitik/datenethikkommission/empfehlungen-datenethikkommission.pdf?__blob=publicationFile&v=2 (zuletzt abgerufen am 8.11.2024).

17 High-Level Expert Group on AI, Policy and Investment Recommendations for Trustworthy AI, Recommendation 28.4, S. 40, https://ec.europa.eu/newsroom/dae/document.cfm?doc_id=60343 (zuletzt abgerufen am 6.5.2025).

18 *Roth-Isigkeit*, ZRP 2022, 187, 188 f.

19 *Hansen/Keber*, in: Schwartmann/Keber/Zenner, KI-Verordnung, S. 273 Rn. 15 f.; *Zenner*, Some personal reflections on the EU AI Act: a bittersweet ending, https://www.kaizenner.eu/post/reflections-on-aiact (zuletzt abgerufen am 6.5.2025).

Die Mitgliedstaaten haben dafür zu sorgen, dass ihre Vertreter die **Anforderungen** des Art. 65 Abs. 4 erfüllen. Sie müssen ihre Vertreter so auswählen, dass sie gem. lit. a über die einschlägigen Kompetenzen und Befugnisse verfügen, gem. lit. b gegenüber dem KI-Gremium und ggf. auch den Interessenträgern als zentrale Ansprechpartner fungieren und gem. lit. c ermächtigt sind, auf die Kohärenz und die Abstimmung zwischen den zuständigen nationalen Behörden in ihrem Mitgliedstaat bei der Durchführung der Verordnung hinzuwirken. Demnach ergibt sich im Hinblick auf das primärrechtlich geregelte Kooperationsgebot aus Art. 65 Abs. 4 eine Kooperationspflicht für die Mitgliedstaaten.[20] 10

Vertreter können alle Personen sein, die öffentlichen Einrichtungen angehören und die über einschlägige Zuständigkeiten und Befugnisse verfügen, um die Koordinierung auf nationaler Ebene zu erleichtern und zur Erfüllung der Aufgaben des KI-Gremiums beizutragen.[21] Abs. 4 lit. c erfordert jedoch keine nationalen verwaltungsinternen Entscheidungskompetenzen des Vertreters.[22] 11

III. Untergruppen (Abs. 6)

Das KI-Gremium richtet gem. Art. 65 Abs. 6 UAbs. 1 zwei ständige Untergruppen ein und kann gem. UAbs. 3 weitere ständige oder nichtständige Untergruppen einrichten, sofern diese zweckmäßig sein sollten. Die Untergruppen sollen den Marktüberwachungsbehörden und den notifizierenden Behörden für die Zusammenarbeit und den Austausch in Fragen, die die Marktaufsicht bzw. notifizierende Stellen betreffen, eine Plattform bieten.[23] 12

1. Ständige Untergruppe für Marktüberwachung

Eine der beiden Untergruppen stellt die ständige Untergruppe für Marktüberwachung dar. Sie soll gem. Art. 65 Abs. 6 UAbs. 2 als Gruppe für die Verwaltungszusammenarbeit (ADCO-Gruppe – Group of Administrative Co-operation) im Sinne von Art. 30 der Marktüberwachungsverordnung (Verordnung (EU) 2019/1020) dienen. Das Netzwerk dient als **Plattform** für eine strukturierte **Koordinierung und Zusammenarbeit** zwischen den vollziehenden Behörden der Mitgliedstaaten und der Kommission. Die ständige Untergruppe soll entsprechend Art. 33 der Marktüberwachungsverordnung durch die Kommission bei 13

20 *Roth-Isigkeit*, Schriftliche Stellungnahme im Rahmen der öffentlichen mündlichen Anhörung am 15.5.2024 des Digitalausschusses des Bundestags zum Thema „Nationale Spielräume bei der Umsetzung des europäischen Gesetzes über künstliche Intelligenz", S. 23.

21 ErwG 149 Satz 4.

22 *Roth-Isigkeit*, in: Martini/Wendehorst, KI-VO, Art. 65 Rn. 16.

23 ErwG 149 Satz 5.

der Durchführung von Marktbewertungen oder -untersuchungen unterstützt werden, insbesondere im Hinblick auf die Ermittlung von Aspekten dieser Verordnung, die eine spezifische oder dringende Koordinierung zwischen den Marktüberwachungsbehörden erfordern.[24]

2. Ständige Untergruppe für notifizierende Behörden

14 Hinsichtlich der Aufgaben der zweiten Untergruppe legt Art. 65 Abs. 6 keine Vorgaben fest. In Verbindung mit ErwG 149 Satz 5[25] wird jedoch klar, dass es sich um eine der ständigen Untergruppe für Marktüberwachung vergleichbare Untergruppe handeln soll, die eine Plattform für die Zusammenarbeit und den Austausch in Fragen, die die notifizierenden Stellen betreffen, bieten soll.

IV. Organisation (Abs. 5, 7, 8)

15 Die stimmberechtigten Mitglieder des KI-Gremiums – die Vertreter der Mitgliedstaaten – können ihre Geschäftsordnung gem. Art. 65 Abs. 5 mit einer Zweidrittelmehrheit annehmen. Dort werden die Vorgehensweise für das Auswahlverfahren, die Dauer des Mandats, die genauen Aufgaben des Vorsitzes, die Abstimmungsregelungen und die Organisation der Tätigkeiten des KI-Gremiums und seiner Untergruppen festgelegt.

16 Das KI-Gremium wird gem. Art. 65 Abs. 7 so organisiert, dass bei seinen Tätigkeiten die Objektivität und Unparteilichkeit gewahrt werden.

17 Den Vorsitz führt gem. Art. 65 Abs. 8 Satz 1 einer der Vertreter der Mitgliedstaaten. Die Sekretariatsgeschäfte werden gem. Satz 2 durch das Büro für Künstliche Intelligenz geführt.

---

24 ErwG 149 Satz 7.

25 ErwG 149 Satz 5: „Das KI-Gremium sollte zwei ständige Untergruppen einrichten, um Marktüberwachungsbehörden und notifizierenden Behörden für die Zusammenarbeit und den Austausch in Fragen, die die Marktaufsicht bzw. notifizierende Stellen betreffen, eine Plattform zu bieten."

Art. 66 Aufgaben des KI-Gremiums

Das KI-Gremium berät und unterstützt die Kommission und die Mitgliedstaaten, um die einheitliche und wirksame Anwendung dieser Verordnung zu erleichtern. Für diese Zwecke kann das KI-Gremium insbesondere

a) zur Koordinierung zwischen den für die Anwendung dieser Verordnung zuständigen nationalen Behörden beitragen und in Zusammenarbeit mit den betreffenden Marktüberwachungsbehörden und vorbehaltlich ihrer Zustimmung gemeinsame Tätigkeiten der Marktüberwachungsbehörden gemäß Artikel 74 Absatz 11 unterstützen;

b) technisches und regulatorisches Fachwissen und bewährte Verfahren zusammentragen und unter den Mitgliedstaaten verbreiten;

c) zur Durchführung dieser Verordnung Beratung anbieten, insbesondere im Hinblick auf die Durchsetzung der Vorschriften zu KI-Modellen mit allgemeinem Verwendungszweck;

d) zur Harmonisierung der Verwaltungspraxis in den Mitgliedstaaten beitragen, auch bezüglich der Ausnahme vom Konformitätsbewertungsverfahren gemäß Artikel 46 und der Funktionsweise von KI-Reallaboren und Tests unter Realbedingungen gemäß den Artikeln 57, 59 und 60;

e) auf Anfrage der Kommission oder in Eigeninitiative Empfehlungen und schriftliche Stellungnahmen zu einschlägigen Fragen der Durchführung dieser Verordnung und ihrer einheitlichen und wirksamen Anwendung abgeben, einschließlich

i) zur Entwicklung und Anwendung von Verhaltenskodizes und Praxisleitfäden gemäß dieser Verordnung sowie der Leitlinien der Kommission;

ii) zur Bewertung und Überprüfung dieser Verordnung gemäß Artikel 112, auch in Bezug auf die Meldung schwerwiegender Vorfälle gemäß Artikel 73 und das Funktionieren der EU-Datenbank gemäß Artikel 71, die Ausarbeitung der delegierten Rechtsakte oder Durchführungsrechtsakte sowie im Hinblick auf mögliche Anpassungen dieser Verordnung an die in Anhang I aufgeführten Harmonisierungsrechtsvorschriften der Union;

iii) zu technischen Spezifikationen oder geltenden Normen in Bezug auf die in Kapitel III Abschnitt 2 festgelegten Anforderungen;

iv) zur Anwendung der in den Artikeln 40 und 41 genannten harmonisierten Normen oder gemeinsamen Spezifikationen;

v) zu Tendenzen, etwa im Bereich der globalen Wettbewerbsfähigkeit Europas auf dem Gebiet der KI, bei der Verbreitung von KI in der Union und bei der Entwicklung digitaler Fähigkeiten;

vi) zu Tendenzen im Bereich der sich ständig weiterentwickelnden Typologie der KI-Wertschöpfungsketten insbesondere hinsichtlich der sich daraus ergebenden Auswirkungen auf die Rechenschaftspflicht;

vii) zur möglicherweise notwendigen Änderung des Anhangs III im Einklang mit Artikel 7 und zur möglicherweise notwendigen Überarbeitung des Artikels 5 gemäß Artikel 112 unter Berücksichtigung der einschlägigen verfügbaren Erkenntnisse und der neuesten technologischen Entwicklungen;

f) die Kommission bei der Förderung der KI-Kompetenz, der Sensibilisierung und Aufklärung der Öffentlichkeit in Bezug auf die Vorteile, Risiken, Schutzmaßnahmen, Rechte und Pflichten im Zusammenhang mit der Nutzung von KI-Systemen unterstützen;

g) die Entwicklung gemeinsamer Kriterien und eines gemeinsamen Verständnisses der Marktteilnehmer und der zuständigen Behörden in Bezug auf die in dieser Verordnung vorgesehenen einschlägigen Konzepte erleichtern, auch durch einen Beitrag zur Entwicklung von Benchmarks;

h) gegebenenfalls mit anderen Organen, Einrichtungen und sonstigen Stellen der EU, einschlägigen Sachverständigengruppen und Netzwerken der EU insbesondere in den Bereichen Produktsicherheit, Cybersicherheit, Wettbewerb, digitale und Mediendienste, Finanzdienstleistungen, Verbraucherschutz, Datenschutz und Schutz der Grundrechte zusammenarbeiten;

i) zur wirksamen Zusammenarbeit mit den zuständigen Behörden von Drittstaaten und mit internationalen Organisationen beitragen;

j) die zuständigen nationalen Behörden und die Kommission beim Aufbau des für die Durchführung dieser Verordnung erforderlichen organisatorischen und technischen Fachwissens beraten, unter anderem durch einen Beitrag zur Einschätzung des Schulungsbedarfs des Personals der Mitgliedstaaten, das an der Durchführung dieser Verordnung beteiligt ist;

k) dem Büro für Künstliche Intelligenz helfen, die zuständigen nationalen Behörden bei der Einrichtung und Entwicklung von KI-Reallaboren zu unterstützen, und die Zusammenarbeit und den Informationsaustausch zwischen KI-Reallaboren erleichtern;

l) zur Entwicklung von Leitfäden beitragen und diesbezüglich entsprechend beraten;

m) die Kommission zu internationalen Angelegenheiten im Bereich der KI beraten;

n) der Kommission Stellungnahmen zu qualifizierten Warnungen in Bezug auf KI-Modelle mit allgemeinem Verwendungszweck vorlegen;

o) Stellungnahmen der Mitgliedstaaten zu qualifizierten Warnungen in Bezug auf KI-Modelle mit allgemeinem Verwendungszweck entgegennehmen sowie zu nationalen Erfahrungen und Praktiken bei der Überwachung und Durchsetzung von KI-Systemen, insbesondere von Systemen, die KI-Modelle mit allgemeinem Verwendungszweck integrieren.

Mit Art. 66 korrespondieren die Erwägungsgründe 148, 149.

Schrifttum: *Ebert/Spiecker gen. Döhmann*, Der Kommissionsentwurf für eine KI-Verordnung der EU, NVwZ 2021, 1188; *Novelli/Hacker/Morley/Trondal/Floridi*, A Robust Governance for the AI Act: AI Office, AI Board, Scientific Panel, and National Authorities, European Journal of Risk Regulation 2024, 1; *Schwartmann/Keber/Zenner*, KI-Verordnung, Leitfaden für die Praxis, 2024.

Übersicht

I. Allgemeines

1. Zweck der Vorschrift

1 Hinsichtlich der Funktion des KI-Gremiums wird auf die Ausführungen zu Art. 65 verwiesen (siehe hierzu Art. 65 Rn. 1).

2. Entstehungsgeschichte

2 Bezüglich der Entwicklungsgeschichte des KI-Gremiums wird auf die Kommentierung im Rahmen von Art. 65 verwiesen (siehe hierzu Art. 65 Rn. 2 ff.).

3. Verhältnis zu anderen Vorschriften

3 Hinsichtlich der Funktion des KI-Gremiums innerhalb der KI-VO und seiner Beziehungen im unionsrechtlichen Kontext wird auf die Ausführungen zu Art. 65 verwiesen (siehe hierzu Art. 65 Rn. 5 ff.).

II. Aufgaben des KI-Gremiums

4 Die Aufgaben des KI-Gremiums sind in Art. 66 lit. a–o aufgelistet. Sie lassen sich in vier Kategorien unterteilen: (i) **Koordinierung** und Harmonisierung der KI-Aufsicht, (ii) Abgabe von **Stellungnahmen**, (iii) Unterstützung bei der **praktischen Durchführung** der KI-VO und (iv) **Kooperation** mit Institutionen und Staaten außerhalb des KI-Governance-Rahmens.[1] Zentral dürften dabei vor allem die in lit. a und d festgelegten Aufgaben hinsichtlich der Koordinierung der im Rahmen der KI-VO tätigen nationalen Behörden und der Harmonisierung der Verwaltungspraxis in den Mitgliedstaaten sein, um eine effektive und wirksame Umsetzung der Verordnung zu fördern. Um eine einheitliche Anwendung zu gewährleisten, dürften auch die in lit. e zugewiesenen Kompetenzen zur Abgabe von Empfehlungen und Stellungnahmen eine wichtige Rolle spielen.

5 Kein Teil des Aufgabenregimes des KI-Gremiums ist die Durchführung eines verbindlichen Kohärenzverfahrens,[2] wozu unter der DSGVO der ähnlich aufgebaute Europäische Datenschutzausschuss befugt ist (Art. 63 ff. DSGVO), um eine einheitliche Anwendung der DSGVO zu fördern. Dort hat sich das Verfahren als wichtiger Bestandteil durchgesetzt, der auch im Rahmen der KI-Governance eine wichtige Rolle spielen könnte, wenn es zu unterschiedlichen Auffassungen der nationalen Behörden kommen sollte.[3] Zur Harmonisierung der Verwaltungspraxis dient jedoch das Schutzklauselverfahren in Art. 81 KI-VO. Danach können Mitgliedstaaten Einwände gegen Entscheidungen von Marktüberwachungsbehörden anderer Staaten erheben, woraufhin die Kommission prüft, ob die Maßnahme mit Unionsrecht vereinbar ist. Sofern dies der Fall ist, haben die anderen Mitgliedstaaten dies zu übernehmen (Art. 81 Abs. 2). Andernfalls hat die Marktüberwachungsbehörde die Entscheidung aufzuheben.

1 Vgl. *Zenner*, in: Schwartmann/Keber/Zenner, KI-Verordnung, S. 276 f.
2 So zum Kommissionsentwurf *Ebert/Spiecker gen. Döhmann*, NVwZ 2021, 1188, 1192.
3 *Novelli/Hacker/Morley/Trondal/Floridi*, EJRR 2024, 1, 16.

Art. 67 Beratungsforum

(1) Es wird ein Beratungsforum eingerichtet, das technisches Fachwissen bereitstellt, das KI-Gremium und die Kommission berät und zu deren Aufgaben im Rahmen dieser Verordnung beiträgt.

(2) Die Mitglieder des Beratungsforums vertreten eine ausgewogene Auswahl von Interessenträgern, darunter die Industrie, Start-up-Unternehmen, KMU, die Zivilgesellschaft und die Wissenschaft. Bei der Zusammensetzung des Beratungsforums wird auf ein ausgewogenes Verhältnis zwischen wirtschaftlichen und nicht-wirtschaftlichen Interessen und innerhalb der Kategorie der wirtschaftlichen Interessen zwischen KMU und anderen Unternehmen geachtet.

(3) Die Kommission ernennt die Mitglieder des Beratungsforums gemäß den in Absatz 2 genannten Kriterien aus dem Kreis der Interessenträger mit anerkanntem Fachwissen auf dem Gebiet der KI.

(4) Die Amtszeit der Mitglieder des Beratungsforums beträgt zwei Jahre; sie kann bis zu höchstens vier Jahre verlängert werden.

(5) Die Agentur der Europäischen Union für Grundrechte, ENISA, das Europäische Komitee für Normung (CEN), das Europäische Komitee für elektrotechnische Normung (CENELEC) und das Europäische Institut für Telekommunikationsnormen (ETSI) sind ständige Mitglieder des Beratungsforums.

(6) Das Beratungsforum gibt sich eine Geschäftsordnung. Es wählt gemäß den in Absatz 2 festgelegten Kriterien zwei Ko-Vorsitzende unter seinen Mitgliedern. Die Amtszeit der Ko-Vorsitzenden beträgt zwei Jahre und kann einmal verlängert werden.

(7) Das Beratungsforum hält mindestens zweimal pro Jahr Sitzungen ab. Das Beratungsforum kann Sachverständige und andere Interessenträger zu seinen Sitzungen einladen.

(8) Das Beratungsforum kann auf Ersuchen des KI-Gremiums oder der Kommission Stellungnahmen, Empfehlungen und schriftliche Beiträge ausarbeiten.

(9) Das Beratungsforum kann gegebenenfalls ständige oder zeitweilige Untergruppen einsetzen, um spezifische Fragen im Zusammenhang mit den Zielen dieser Verordnung zu prüfen.

(10) Das Beratungsforum erstellt jährlich einen Bericht über seine Tätigkeit. Dieser Bericht wird veröffentlicht.

Mit Art. 67 korrespondieren die Erwägungsgründe 148, 151.

Übersicht

I. Allgemeines

1. Zweck der Vorschrift

1 Teil des Governance-Systems der KI-VO ist auch das Beratungsforum gem. Art. 67. Zweck der Einrichtung des Beratungsforums ist die **Einbeziehung von Interessenträgern** in die Umsetzung und Anwendung der Verordnung, um das KI-Gremium und die Kommission zu beraten und ihnen technisches Fachwissen bereitzustellen.[1]

2. Entstehungsgeschichte

2 Das Beratungsforum war ursprünglich im Kommissionsentwurf noch kein Teil des Governance-Rahmens der KI-VO.[2] Erst spät im Laufe des Gesetzgebungsverfahrens wurde das Beratungsforum Teil der Verwaltungsstruktur der KI-VO auf Unionsebene. Zunächst wurde es im Entwurf des Europäischen Parlaments noch in die Verwaltungsstruktur des Büros für Künstliche Intelligenz eingegliedert.[3] In der finalen Fassung hat es jedoch seine Position als eigenständiges beratendes Gremium im Governance-Rahmen der KI-VO gefunden.

3. Verhältnis zu anderen Vorschriften

3 Hinsichtlich der Einordnung des Beratungsforums in den Governance-Rahmen der KI-VO wird auf die Kommentierung im Rahmen von Art. 65 verwiesen (siehe hierzu Art. 65 Rn. 5 ff.).

---

1 ErwG 150 Satz 1.

2 Vgl. EU-Komm., COM/2021/206 final vom 21.4.2021 (KI-VO-E Kommission), Art. 56–59.

3 Siehe Abänderungen des Europäischen Parlaments vom 14.6.2023, P9_TA(2023)0236 (KI-VO-E Parlament), Abänderungen 528, 540–550.

II. Zusammensetzung des Beratungsforums

Das Beratungsforum soll sich gem. Art. 67 Abs. 2 aus einer ausgewogenen Auswahl von Interessenträgern zusammensetzen. Um eine vielfältige und ausgewogene Vertretung der Interessenträger mit wirtschaftlichen und nicht-wirtschaftlichen Interessen und – innerhalb der Kategorie der wirtschaftlichen Interessen – in Bezug auf KMU und anderen Unternehmen zu gewährleisten, sollten in dem Beratungsforum unter anderem die Industrie, Start-up-Unternehmen, KMU, die Wissenschaft, die Zivilgesellschaft, einschließlich der Sozialpartner, sowie die Agentur für Grundrechte, die ENISA, das Europäische Komitee für Normung (CEN), das Europäische Komitee für elektrotechnische Normung (CENELEC) und das Europäische Institut für Telekommunikationsnormen (ETSI) vertreten sein.[4] Gemäß Art. 67 Abs. 5 sind die Agentur für Grundrechte, ENISA, CEN, CENELEC und ETSI ständige Mitglieder des Beratungsforums. 4

Die Mitglieder des Beratungsforums werden gem. Art. 67 Abs. 3, 4 durch die Kommission für eine Amtszeit von zwei Jahren ernannt. Diese kann um bis zu vier Jahre verlängert werden. 5

III. Organisation des Beratungsforums

Das Beratungsforum gibt sich gem. Art. 67 Abs. 6 eine Geschäftsordnung und wählt aus ihren Mitgliedern zwei Co-Vorsitzende für eine Amtszeit von zwei Jahren. Diese kann einmal verlängert werden. Es hält mindestens zweimal pro Jahr Sitzungen ab. Zu den Sitzungen können auch Experten und andere Interessenträger eingeladen werden. 6

Das Beratungsforum kann gem. Art. 67 Abs. 8 auf Ersuchen des KI-Gremiums oder der Kommission Stellungnahmen, Empfehlungen und schriftliche Beiträge ausarbeiten. Im Gegensatz zum KI-Gremium kann das Beratungsforum dies allerdings nicht in Eigeninitiative tun. 7

Wie im KI-Gremium können gem. Art. 67 Abs. 9 auch Untergruppen gebildet werden, um spezifische Fragen zu prüfen. 8

Gemäß Art. 67 Abs. 10 veröffentlicht das Beratungsforum jährlich einen Bericht über seine Tätigkeit. 9

4 Art. 67 Abs. 2; ErwG 150 Satz 2.

Art. 68 Wissenschaftliches Gremium unabhängiger Sachverständiger

(1) Die Kommission erlässt im Wege eines Durchführungsrechtsakts Bestimmungen über die Einrichtung eines wissenschaftlichen Gremiums unabhängiger Sachverständiger („wissenschaftliches Gremium"), das die Durchsetzungstätigkeiten im Rahmen dieser Verordnung unterstützen soll. Dieser Durchführungsrechtsakt wird gemäß dem in Artikel 98 Absatz 2 genannten Prüfverfahren erlassen.

(2) Das wissenschaftliche Gremium setzt sich aus Sachverständigen zusammen, die von der Kommission auf der Grundlage aktueller wissenschaftlicher oder technischer Fachkenntnisse auf dem Gebiet der KI, die zur Erfüllung der in Absatz 3 genannten Aufgaben erforderlich sind, ausgewählt werden, und muss nachweisen können, dass es alle folgenden Bedingungen erfüllt:

a) es verfügt über besondere Fachkenntnisse und Kompetenzen sowie über wissenschaftliches oder technisches Fachwissen auf dem Gebiet der KI;

b) es ist von Anbietern von KI-Systemen oder KI-Modellen mit allgemeinem Verwendungszweck unabhängig;

c) es ist in der Lage, Tätigkeiten sorgfältig, präzise und objektiv auszuführen.

Die Kommission legt in Absprache mit dem KI-Gremium die Anzahl der Sachverständigen des Gremiums nach Maßgabe der jeweiligen Erfordernisse fest und sorgt für eine ausgewogene Vertretung der Geschlechter und eine gerechte geografische Verteilung.

(3) Das wissenschaftliche Gremium berät und unterstützt das Büro für Künstliche Intelligenz, insbesondere in Bezug auf folgende Aufgaben:

a) Unterstützung bei der Durchführung und Durchsetzung dieser Verordnung in Bezug auf KI-Modelle und -Systeme mit allgemeinem Verwendungszweck, insbesondere indem es

i) das Büro für Künstliche Intelligenz im Einklang mit Artikel 90 vor möglichen systemischen Risiken von KI-Modellen mit allgemeinem Verwendungszweck auf Unionsebene warnt;

ii) einen Beitrag zur Entwicklung von Instrumenten und Methoden für die Bewertung der Fähigkeiten von KI-Modellen und -Systemen mit allgemeinem Verwendungszweck, auch durch Benchmarks, leistet;

iii) Beratung über die Einstufung von KI-Modellen mit allgemeinem Verwendungszweck mit systemischem Risiko anbietet;

iv) Beratung über die Einstufung verschiedener KI-Modelle und -Systeme mit allgemeinem Verwendungszweck anbietet;

v) einen Beitrag zur Entwicklung von Instrumenten und Mustern leistet;

b) Unterstützung der Arbeit der Marktüberwachungsbehörden auf deren Ersuchen;

c) Unterstützung grenzüberschreitender Marktüberwachungstätigkeiten gemäß Artikel 74 Absatz 11, ohne dass die Befugnisse der Marktüberwachungsbehörden berührt werden;

d) Unterstützung des Büros für Künstliche Intelligenz bei der Wahrnehmung seiner Aufgaben im Rahmen des Schutzklauselverfahrens der Union gemäß Artikel 81.

(4) Die Sachverständigen des wissenschaftlichen Gremiums führen ihre Aufgaben nach den Grundsätzen der Unparteilichkeit und der Objektivität aus und gewährleisten die Vertraulichkeit der Informationen und Daten, in deren Besitz sie bei der Ausführung ihrer Aufgaben und Tätigkeiten gelangen. Sie dürfen bei der Wahrnehmung ihrer Aufgaben nach Absatz 3 weder Weisungen anfordern noch entgegennehmen. Jeder Sachverständige gibt eine Interessenerklärung ab, die öffentlich zugänglich gemacht wird. Das Büro für Künstliche Intelligenz richtet Systeme und Verfahren ein, mit denen mögliche Interessenkonflikte aktiv bewältigt und verhindert werden können.

(5) Der in Absatz 1 genannte Durchführungsrechtsakt enthält Bestimmungen über die Bedingungen, Verfahren und detaillierten Regelungen nach denen das wissenschaftliche Gremium und seine Mitglieder Warnungen ausgeben und das Büro für Künstliche Intelligenz um Unterstützung bei der Wahrnehmung der Aufgaben des wissenschaftlichen Gremiums ersuchen können.

Mit Art. 68 korrespondieren die Erwägungsgründe 148, 151.

Schrifttum: *Dettling*, EFSA als wissenschaftliche Behörde – Allgemeine Kernbedingungen und spezifische Rahmenbedingungen der Wissenschaftlichkeit, LMuR 2011, 65; *Schroeder/Kostenzer*, Wissenschaftsbasierte Regulierung im EU-Produktrecht, EuR 2013, 389.

I. Überblick

1 Der Wunsch nach einer **Einbeziehung der Wissenschaft in die Produktregulierung** ist nicht neu.[1] Nach Art. 10, 10a VO (EG) 401/2009 über die Europäische Umweltagentur existiert etwa ein „europäischer wissenschaftlicher Beirat für Klimawandel", der zu (veröffentlichten) Stellungnahmen verpflichtet ist (siehe dazu auch Art. 3 Europäisches Klimagesetz VO (EU) 2021/1119). Im Gegensatz zur KI-VO enthält aber Art. 10a Abs. 3 VO (EG) 401/2009 konkretere Anforderungen an die Beiratsmitglieder. Verwandt sind auch der Wissenschaftliche Ausschuss und die Wissenschaftlichen Gremien nach Art. 28 Lebensmittel-Basis-VO (EG) 178/2002. Zugewiesen ist diesen insbesondere die Erstellung der wissenschaftlichen Gutachten der Europäischen Behörde für Lebensmittelsicherheit. Gerade dort zeigt sich, dass der Begriff der „Wissenschaft" in diesem Kontext nicht notwendig dem natürlichen, jedenfalls dem tradierten deutschen Verständnis entsprechen muss.[2]

2 Der ursprüngliche **Entwurfstext der EU-Kommission** sah noch keine institutionalisierte Begleitung der KI-VO vor. Stattdessen sollten die schon damals vorgesehenen delegierte Rechtsakte nur auf Grundlage der Interinstitutionellen Vereinbarung vom 13.4.2016 über bessere Rechtssetzung[3] durch Sachverständige begleitet werden (ErwG 87).

3 In der **Verhandlungsposition des Rates** tauchte erstmals ein zentraler Pool unabhängiger Sachverständiger auf (Art. 68b und ErwG 76a i. d. F. des Rats). Trotz der abweichenden (und wegen der fehlenden internen Organisation auch nur bedingt überzeugenden) Bezeichnung als „wissenschaftliches Gremium" entspricht die letztlich beschlossene Fassung im Kern diesem Vorschlag. Einen wesentlichen Bedeutungszuwachs hat das wissenschaftliche Gremium allerdings im Kontext von KI-Modellen mit allgemeinem Verwendungszweck und darauf aufbauenden KI-Systemen mit allgemeinem Verwendungszweck sowie durch die Institutionalisierung des Büros für Künstliche Intelligenz erlangt.

4 Die **Verhandlungsposition des Parlaments** sah schließlich einen Beirat des Amtes für Künstliche Intelligenz vor, dessen Mitglieder eine „ausgewogene Auswahl von Interessenträgern, darunter die Industrie, Start-up-Unternehmen, KMU, die Zivilgesellschaft, die Sozialpartner und die Wissenschaft" vertreten sollten und dem Amt „Beiträge der Interessenträger zu Fragen im Zusammenhang mit dieser Verordnung" liefern sollten. Im endgültigen Text entspricht dies dem „Beratungsforum für Beiträge von Interessenträgern" (Art. 67), in dem die Wissenschaft ebenfalls repräsentiert sein soll. Einen eigenen Sachverständigen-

1 *Schroeder/Kostenzer*, EuR 2013, 389.
2 *Dettling*, LMuR 2011, 65.
3 ABl. L 123 vom 12.5.2016, S. 1.

pool bzw. ein rein wissenschaftliches Beratungsgremium hatte das Parlament hingegen offenbar nicht vor Augen.

Der Umstand, dass nunmehr ein reines „wissenschaftliches" Sachverständigengremium neben dem breiter aufgestellten **Beratungsforum** (Art. 67) steht, führt zu gewissen inhaltlichen Überschneidungen. Denn auch das Beratungsforum dient gerade der Einbringung von Expertise aus der Praxis (einschließlich der Wissenschaft). ErwG 148 betont, dass das wissenschaftliche Gremium ausschließlich „zur Integration der Wissenschaftsgemeinschaft" dienen soll – also anderweitige Interessenkreise soweit möglich ausklammert. In der gesetzgeberischen Entstehung ist das wissenschaftliche Gremium primär mit den erst in der Trilog-Fassung der KI-VO auskonturierten KI-Modellen mit allgemeinem Verwendungszweck (Art. 53 ff.) verknüpft – die weiteren (überwiegend fakultativ und nur bei Anfrage) zugewiesenen Aufgaben standen bei der Schaffung des Gremiums nicht im Vordergrund. Darüber hinaus dient das wissenschaftliche Gremium (wie insbesondere Art. 69 zeigt) als Pool von (Einzel-)Sachverständigen, aus denen sich die zuständigen Stellen bei entsprechendem Bedarf bedienen können, und weniger als echtes Kollektivgremium. 5

Die Bezeichnung „wissenschaftliches Gremium" begründet die Gefahr von Verwechslungen mit dem „**KI-Gremium**" („Europäisches Gremium für Künstliche Intelligenz", Art. 65 f., ErwG 20), das sich aus Vertretern der Mitgliedstaaten zusammensetzt. Anders als dem „wissenschaftlichen Gremium" stehen dem KI-Gremium sehr weitreichende Kompetenzen und zwingende Beteiligungs- und Anhörungsrechte zu. 6

Neben Art. 68 beziehen sich insbesondere Art. 90 (Warnungen des wissenschaftlichen Gremiums vor systemischen Risiken) und Art. 91 Abs. 3 (Informationsersuchen an Anbieter von KI-Modellen mit allgemeinem Verwendungszweck) explizit auf das wissenschaftliche Gremium. Diese dienen als „**Frühwarnsystem**" vor als gefährlich eingestuften KI-Systemen. In diesen Regelungen erlangt das wissenschaftliche Gremium ein eigenes Initiativrecht, aber letztlich keine Gestaltungs- oder gar Durchsetzungskompetenz. Bei der Bewertung einzelner KI-Modelle mit allgemeinem Verwendungszweck (Art. 92) ist das Gremium nicht unmittelbar involviert, allerdings können einzelne Mitglieder als **Sachverständige** zugezogen werden (Art. 92 Abs. 2 Satz 1). Diese Rolle als Sachverständigenpool wird auch in Art. 69 bezüglich der Mitgliedstaaten konkretisiert. 7

II. Zusammensetzung des wissenschaftlichen Gremiums (Abs. 2, Abs. 4)

8 Die **individuellen Anforderungen an die Angehörigen** des wissenschaftlichen Gremiums sind sowohl in Abs. 2 Satz 1 als auch in ErwG 151 offen, um nicht zu sagen unbestimmt, formuliert:

9 Zunächst muss es sich bei einem Mitglied nach Abs. 2 Satz 1 lit. a um einen „**Sachverständigen**" handeln. Darunter versteht die Verordnung, dass die betreffende Person „über besondere Fachkenntnisse und Kompetenzen sowie über wissenschaftliches oder technisches Fachwissen auf dem Gebiet der KI" verfügt, die „aktuell" sein müssen. Auch aus ErwG 151 ergeben sich hier keine sinnvollen Konkretisierungen – verwiesen wird auch dort nur auf das „aktuelle wissenschaftliche oder technische Fachwissen im KI-Bereich".

10 Eine besondere **Ausbildung** (Studium, Promotion) ist damit ebenso wenig verbunden wie die aktuelle Angehörigkeit zu einer Forschungseinrichtung; insbesondere können auch Personen aus Unternehmen Sachverständige sein. Das Fachwissen muss nicht notwendig angewandtes Wissen sein, allerdings dürften rein abstrakte Grundlagenkenntnisse nicht genügen.

11 Nicht genauer definiert wird die **Fachdisziplin** der Sachverständigen – während die Berufung von Personen aus der Informatik naheliegt, betreffen die Auswirkungen der zu beurteilenden Modelle und Systeme ganz verschiedene Lebensszenarien. Dies gilt auch (und vielleicht gerade) vor dem Hintergrund, dass ErwG 151 die Beobachtung in Bezug auf KI-Modelle mit allgemeinem Verwendungszweck als Kernzweck vorgibt. Neben Computerlinguisten kann man insoweit nicht nur an Personen aus dem Bereich der Ethik denken, sondern auch an Fachleute aus dem Bereich der Ökonomie oder der Rechtswissenschaft (etwa im Hinblick auf datenschutzrechtliche Erwägungen).

12 Besonders hervorgehoben wird in Abs. 2 Satz 1 lit. b die **Unabhängigkeit** des Gesamtgremiums von Anbietern von KI-Systemen oder KI-Modellen mit allgemeinem Verwendungszweck. Das ist insoweit problematisch, als der Wortlaut nicht nur die der Regulierung unterworfenen Anbieter erfasst, sondern auch diejenigen, die (etwa zu Forschungszwecken nach Art. 2 Abs. 6 oder als Open Source nach Art. 2 Abs. 12, Art. 54 Abs. 6) gerade von der Anwendung ausgenommen wurden. Wenn man aber selbst Anbieter ist, geht es nicht mehr um die durch Abs. 4 Satz 2 (Rn. 16) ausgeschlossenen Weisungen Dritter und Fragen der Vertraulichkeit im Sinne von Abs. 4 Satz 1, denn wer als natürliche Person individuell ein Modell anbietet, kann Informationen nicht vor sich selbst geheim halten oder sich Weisungen entziehen. Damit würden aber auch viele, wenn nicht gar alle, praktisch KI-Forschenden an Hochschulen (die als Sachverständige naheliegen) ausgeschlossen. Auch wenn das Ziel der Regelung nachvollziehbar ist (und eine entscheidende Abgrenzung zum Beraterforum nach Art. 67, in dem

„die Wissenschaft" gleichfalls repräsentiert ist, darstellt), wird das Gremium praktisch nutzlos, wenn alle Personen, die einmal ein Modell bei GitHub oder Huggingface bereitgestellt haben, ausgeschlossen würden. Dem Sinn der Regelung dürfte es entsprechen, hier nur dauerhafte Beziehungen zu kommerziellen Anbietern auszuschließen – einzelne Aufträge (etwa als Gutachter oder Lizenzgeber für Patente) – oder eine frühere Geschäftsbeziehung als solche werden nicht einen vollständigen Inhabilität (wohl aber eine Befangenheit in konkreten Verfahren) auslösen.

Demgegenüber wird es wohl nicht genügen, pauschal auf die **individuelle Pflicht zur Amtsausübung** (Unparteilichkeit und Objektivität nach Abs. 4 Satz 1) zu verweisen. denn sonst wäre das grundsätzlich bestehende Erfordernis der Unabhängigkeit in Abs. 2 redundant: Selbstverständlich könnten sogar die Alleingesellschafter und Geschäftsführer und erst recht die Angestellten in einem Unternehmen erklären, als Einzelpersonen unabhängig von Weisungen zu agieren und keine Rücksicht auf anderweitige Interessen zu nehmen. Wer aber etwa bei einem kommerziellen Anbieter von KI-Systemen oder GPAI-Modellen gegen Entgelt beschäftigt ist, wird sich kaum darauf zurückziehen können, in seiner Rolle als Sachverständiger von Weisungen befreit zu sein, wenn es um die Beurteilung von Modellen des Arbeitgebers oder eines Konkurrenten geht. Insbesondere soweit vertrauliche Informationen bekannt werden, ist trotz der Vertraulichkeitspflicht nicht auszuschließen, dass Erkenntnisse als Inspiration für eigene Systeme oder Modelle genutzt werden. Soweit die Tätigkeit daher auch dem individuellen Nutzen dienen kann (und sei es nur, eine Erhöhung des eigenen Gehalts zu erzielen oder eine Kündigung zu vermeiden), wird man von Objektivität nicht ausgehen können. Zudem geht es bereits um die Vermeidung eines bösen Scheins – dieser besteht bereits, soweit Außenstehende die Unabhängigkeit des konkreten Sachverständigen bezweifeln. 13

Ebenso wenig kann man darauf hoffen, dass sich **widerstreitende Interessen „verrechnen" lassen** – also die verschiedenen individuellen Interessen sich im Gesamtgremium aufheben. Dies mag im bewusst pluralistisch ausgerichteten Beratungsforum angemessen sein, nicht jedoch im gerade auf sachliche Neutralität bedachten wissenschaftlichen Gremium (das ja nach Art. 69 oder in Art. 92 Abs. 2 gerade auch einzelne Sachverständige für die Mitgliedstaaten bzw. die Kommission bereithalten soll, wo eine wechselseitige Kompensation nichts bringen würde). Auch die Überschrift spricht von „unabhängigen" Sachverständigen und nicht einem „unabhängigen" Gremium. 14

Schließlich verlangt Abs. 2 Satz 1 lit. c, dass das Gremium in der Lage ist, seine Tätigkeit „**sorgfältig, präzise und objektiv auszuführen**". Auch dies wirkt sich unmittelbar auf die einzelnen Mitglieder aus – denn man wird nicht ein unpräzise arbeitendes Mitglied mit einem besonders gründlichen „verrechnen" können. Auch hier muss der Zusammenhang zu Art. 69 gesehen werden – die Mit- 15 gliedstaaten sollen auf die Auswahl der einzelnen Personen vertrauen können, wenn sie diese als Sachverständige heranziehen; ebenso die Kommission im Rahmen von Art. 92 Abs. 2. Trotz fachlicher Qualifikation kann daher einer Bestellung eine permanente Arbeitsüberlastung entgegenstehen, welche eine aktive Teilnahme an Gremiensitzungen etc. verhindern könnte. Zudem mag man an wissenschaftliches Fehlverhalten (Plagiate etc.) denken, die einer sorgfältigen Arbeitsweise entgegenstehen. Die Regelung soll aber auch sonstige Unzuverlässigkeitsfälle – etwa wegen politischer Äußerungen – erfassen. ErwG 151 hebt insoweit noch explizit die Achtung der Vertraulichkeit hervor – diese wird aber durch die üblichen Vertraulichkeitsvereinbarungen ohnehin abgesichert und kann allenfalls bei bereits bekannten früheren Verstößen einer Ernennung entgegenstehen.

16 Ergänzend soll die Kommission neben dieser individuellen Qualifikation der einzelnen Mitglieder auch darauf achten, dass im **Gesamtgremium insgesamt** die Geschlechter „ausgewogen" vertreten sind und die Sachverständigen „gerecht" geografisch (gemeint: über die Mitgliedstaaten) verteilt sind. Das hat mittelbar wohl auch Auswirkungen auf die Größe des Gremiums (d.h. die Anzahl der Mitglieder), welche ebenfalls von der Kommission festzulegen ist. Ausgewogenheit muss dabei nicht notwendig Parität bedeuten, vielmehr kann als Ausgangsbasis nur von der Gesamtheit der überhaupt in Betracht kommenden Personen ausgegangen werden – sind hinreichende Kapazitäten qualifizierter Personen eines Geschlechts trotz intensivster Bemühungen nicht verfügbar, ist ein Übergewicht hinzunehmen. Auch die geografische Aufteilung bedeutet nicht, dass aus jedem Mitgliedstaat ein Repräsentant bestellt werden muss – es soll nur eine Bündelung in wenigen (in der Regel: großen) Mitgliedstaaten verhindert werden und eine gewisse Streuung gewährleistet bleiben.

17 Die **Auswahl** obliegt der EU-Kommission (nicht dem Büro für Künstliche Intelligenz); ein besonderes Nominierungsverfahren sieht die Verordnung nicht vor; es kann aber durch den Durchführungsrechtsakt geregelt werden. Die Bewerber selbst müssen ihre Qualifikation nachweisen können. Erforderlich ist zudem das Einverständnis der bestellten Person, die grundsätzlich ihr Amt jederzeit ohne wichtigen Grund niederlegen bzw. abberufen werden kann. Eine feste Amtszeit sieht die Verordnung nicht vor.

18 Die **Gefahr einer potenziellen Befangenheit** greift Abs. 4 auf. Betont wird dabei neben Unparteilichkeit und Objektivität vor allem die Wahrung der Vertraulichkeit (das „Amtsgeheimnis"). Insbesondere soll eine Einflussnahme Dritter durch Weisungen ausgeschlossen werden. Zur Absicherung dieser Anforderungen müssen die Sachverständigen jeweils Interessenserklärungen abgeben, die öffentlich zugänglich gemacht werden. Zudem wird dem Büro für Künstliche Intelligenz die Aufgabe zugewiesen, Strukturen zu schaffen, welche bereits vorab Interessenkonflikte verhindern und ggf. aktiv bewältigen sollen. All dies ent-

spricht den allgemeinen Standards für Gremienarbeit. Mangels unmittelbarer Außentätigkeit des wissenschaftlichen Gremiums werden die Anbieter von KI-Systemen und Modellen hier aber nur ein begrenztes Interesse haben.

III. Aufgaben des wissenschaftlichen Gremiums (Abs. 3)

19 Aufgabe des wissenschaftlichen Gremiums ist ausschließlich die **Unterstützung des Büros für Künstliche Intelligenz im Innenverhältnis**; es tritt nach der Konzeption der KI-VO nicht nach außen auf. Dabei agiert es zudem nicht als Entscheidungsträger und hat insbesondere kein Vetorecht, sondern hat eine rein (unverbindlich) beratende Funktion. Nach Abs. 3 unterfällt die Tätigkeit „insbesondere" drei Feldern:

20 Nach **Abs. 3 lit. a** wird zunächst das Büro für Künstliche Intelligenz sowohl bei der „Durchführung" als auch bei der „Durchsetzung" der Verordnung in Bezug auf KI-Modelle (Art. 2 Nr. 63) und -Systeme (Art. 2 Nr. 66, ErwG 100) mit allgemeinem Verwendungszweck unterstützt. Da für die Durchsetzung bei Anbietern von KI-Systemen mit allgemeinem Verwendungszweck das Büro für Künstliche Intelligenz unmittelbar zuständig ist (Art. 75) und in Bezug auf KI-Modelle mit allgemeinem Verwendungszweck die Durchsetzungstätigkeit von der Kommission übernimmt (Art. 88), ist insoweit eine wissenschaftliche Fundierung unverzichtbar. Gerade hier kann das Gremium seine Stärke ausspielen, weil es einerseits den jeweiligen Stand der Technik im Fokus hat, andererseits aber auch die jeweils auf dem Markt verfügbaren Modelle und Systeme kennt und ggf. erproben kann. Das Aufgabenfeld wird wiederum durch Regelbeispiele („insbesondere") konkretisiert:

21 Zunächst geht es nach Abs. 3 lit. a Ziff. i um die **Warnung vor (konkreten) „systemischen Risiken"**, die durch Art. 90 näher ausgestaltet ist. Unterstützt wird diese Tätigkeit durch das besondere Auskunftsrecht nach Art. 91 Abs. 3, über das auch in die Interna des jeweiligen Systems Einsicht erlangt werden kann. Die Warnung ist der einzige Fall, für den die KI-VO ein Initiativrecht des wissenschaftlichen Gremiums vorsieht – im Übrigen erfolgt eine Tätigkeit nur auf Anfrage des Amtes. Schon hieran wird deutlich, dass gerade die Beobachtung und ggf. Warnung vor neuen Modellen mit allgemeinem Verwendungszweck die eigentliche Kernaufgabe des Gremiums sein soll.

22 Nach Abs. 3 lit. a Ziff. ii soll das wissenschaftliche Gremium „einen Beitrag leisten" zur **Entwicklung von Instrumenten und Methoden für die Bewertung** der Fähigkeiten von KI-Modellen und -Systemen mit allgemeinem Verwendungszweck. Dazu gehört es insbesondere, die abstrakten Merkmale des Anhangs XIII soweit möglich zu konkretisieren, auch durch „White Lists" und „Black Lists". Hierzu kann auf die aktuellen Best Practices und Studien, aber

auch auf bislang nur theoretisch geführte wissenschaftliche Diskussionen zum Gefährdungspotenzial zurückgegriffen werden. Ausdrücklich hervorgehoben wird die Entwicklung (standardisierter) Benchmarks als Prüfmechanismus. In diesen Zusammenhang gehört auch Abs. 3 lit. a Ziff. v, wonach das wissenschaftliche Gremium einen Beitrag zur Entwicklung von Instrumenten und Mustern leisten soll – also selbst „Best Practices" entwickeln soll.

23 Als allgemeine Auffangtatbestände sehen Abs. 3 lit. a Ziff. iii und Abs. 3 lit. a Ziff. iv vor, dass das wissenschaftliche Gremium „**Beratung anbietet**" über die Einstufung von KI-Modellen mit allgemeinem Verwendungszweck mit systemischem Risiko sowie von (sonstigen) KI-Modellen und Systemen mit allgemeinem Verwendungszweck (ohne systemischem Risiko). In Ergänzung zu Abs. 3 lit. a Ziff. ii geht es dabei um konkrete Einzelfälle und gerade nicht um die allgemeinen Standards; anders als in Abs. 3 lit. a Ziff. i wird das wissenschaftliche Gremium hier nicht von sich aus, sondern auf Anfrage tätig. Welchen Inhalt diese Beratung zur Einstufung haben kann und soll, ist offen und wäre im Einzelfall zwischen dem Büro und dem wissenschaftlichen Gremium abzustimmen.

24 Gegenüber den nationalen Marktüberwachungsbehörden hat das wissenschaftliche Gremium nach **Abs. 3 lit. b** kein Initiativrecht. Es hat allerdings auf Ersuchen jeder einzelnen Behörde Unterstützungsleistungen zu erbringen. Gemeint sind damit wohl neben gutachterlichen Stellungnahmen auch Beratungsgespräche im Einzelfall und ggf. Schulungen. Das kann das wissenschaftliche Gremium zeitlich und organisatorisch gegebenenfalls stark belasten. Einen Kapazitätsvorbehalt oder ein Priorisierungsverfahren regelt die KI-VO insoweit nicht; derartige Maßnahmen können aber in der DurchführungsVO geregelt werden. Unklar ist das Verhältnis dieser Pflicht des Gesamtgremiums zur Inanspruchnahme (einzelner) Sachverständiger des Gremiums nach Art. 69 (wo der einzelne Sachverständige vom Mitgliedstaat nach in der DurchführungsVO zu treffenden Vorgaben zu entschädigen ist). Es liegt nahe, dass nur bei Angelegenheiten von grundsätzlicher Bedeutung, welche mehrere Mitgliedstaaten betreffen, eine Inanspruchnahme nach Abs. 3 lit. c in Betracht kommt; im Übrigen ist Art. 69 die vorzugswürdige und speziellere Regelung.

25 Stark konkretisierungsbedürftig ist die durch **Art. 3 lit. c** zugewiesene Aufgabe, die grenzüberschreitenden Marktüberwachungstätigkeiten (Art. 74 Abs. 11) zu unterstützen – ausdrücklich werden insoweit die Befugnisse der beteiligten Marktüberwachungsbehörden betont, aber auch der Kommission kann sicherlich eine Unterstützung nicht initiativ aufgedrängt werden. Der nötige Sachverstand wird aber in den insoweit betroffenen Themenfeldern (Förderung der Konformität, Sensibilisierung, Schaffung von Orientierungshilfen) wohl stets unverzichtbar sein; der Rückgriff auf rein nationale Sachverständige würde die grenzüberschreitende Bedeutung missachten.

Soweit zwischen zwei Mitgliedstaaten bzw. der Kommission und einem Mitgliedstaat über von dessen Marktüberwachungsbehörde ergriffene Maßnahmen Uneinigkeit herrscht und das „Schutzklauselverfahren" des Art. 81 eingeleitet wird, kann das wissenschaftliche Gremium nach **Abs. 3 lit. d** als neutraler Dritter sachliche Orientierung geben. **26**

Bemerkenswert ist, dass das wissenschaftliche Gremium etwa im Bereich von **Normungsaufträgen** (Art. 40, 41, ErwG 121) anders als das Beratungsforum nicht involviert ist und nicht formal mit dem KI-Gremium oder der EU-Kommission verknüpft ist – insbesondere fehlt eine Art. 67 Abs. 8 entsprechende Grundlage für die Erarbeitung von **Stellungnahmen, Empfehlungen und schriftlichen Beiträgen** oder die Möglichkeit zur Einladung zu Untergruppen des KI-Gremiums (entsprechend Art. 67 Abs. 6). Da das wissenschaftliche Gremium gerade wegen der Fachkompetenz und Unabhängigkeit vom Beratungsforum unterschieden ist, überzeugt diese Kompetenzverteilung nicht unbedingt. **27**

Der Katalog ist **nicht abschließend** („insbesondere"); das Büro für Künstliche Intelligenz kann daher auch in nicht aufgezählten Fällen, in denen wissenschaftliche Expertise hilfreich ist, auf das wissenschaftliche Gremium zurückgreifen. Freilich sind solche Fälle kaum vorstellbar, weil Abs. 3 lit. a bereits umfassend jegliche „Unterstützung bei der Durchführung und Durchsetzung dieser Verordnung in Bezug auf KI-Modelle und -Systeme mit allgemeinem Verwendungszweck" umfasst. Da der äußere Rahmen in Abs. 1 (Unterstützung bei „Durchsetzungstätigkeiten im Rahmen dieser Verordnung") soweit ersichtlich völlig deckungsgleich zu dieser Variante ist, bleibt für weitere Aufgaben außerhalb des Katalogs wohl kein Raum. **28**

IV. Durchführungsrechtsakt (Abs. 1, Abs. 5)

Die Einzelheiten in Bezug auf das wissenschaftliche Gremium sollen in einem Durchführungsrechtsakt (praktisch einer **DurchführungsVO**) von der EU-Kommission bestimmt werden. Für den Erlass der entsprechenden Verordnung gilt das Prüfverfahren nach Artikel 5 der Verordnung (EU) Nr. 182/2011[4] (vgl. Art. 98 Abs. 2). Dabei wird die Kommission von einem Ausschuss aus Vertretern der Mitgliedstaaten unterstützt (Art. 98 Abs. 1 KI-VO i.V.m. Art. 3 Abs. 2 VO 182/2011). Dieser Ausschuss muss einen Vorschlag der EU-Kommission mit (gewichteter) Stimmenmehrheit entweder billigen oder ablehnen. Erfolgt keine Stellungnahme und gibt es keine Mehrheit für eine Ablehnung, darf die **29**

4 Verordnung (EU) Nr. 182/2011 des Europäischen Parlaments und des Rates vom 16.2.2011 zur Festlegung der allgemeinen Regeln und Grundsätze, nach denen die Mitgliedstaaten die Wahrnehmung der Durchführungsbefugnisse durch die Kommission kontrollieren, ABl. L 55 vom 28.2.2011, S. 13.

Kommission den vorgeschlagenen Rechtsakt ebenso erlassen, als ob zugestimmt worden wäre.

30 Die DurchführungsVO kann im Hinblick auf die **Ernennung** der jeweiligen Sachverständigen konkretisierte Anforderungen über Abs. 2 hinaus definieren (vgl. auch Abs. 2 Satz 2) oder insoweit bestimmte Verfahrensschritte (etwa zur Nominierung) regeln. Dies mag etwa im Hinblick auf die erforderlichen Qualifikationen bzw. die möglichst breite Abdeckung verschiedener Kompetenzfelder zweckmäßig sein; ebenso könnte man hier die Mitgliedstaaten einbeziehen. Nach der Verordnung gibt es keine „Ersatzmitglieder" oder „Vertretungsmitglieder", die nur subsidiär im Falle der Verhinderung tätig werden. Es spricht aber nichts dagegen, etwas derartiges in der DurchführungsVO zu regeln.

31 Ebenso kann die DurchführungsVO einzelne **Aufgaben** über Abs. 3 hinaus konkretisieren oder (soweit überhaupt vorstellbar, vgl. Rn. 23) weitere Fälle über den Regelbeispielkatalog ergänzen. So könnte die Verordnung etwa formalisierte, periodische Berichtspflichten über den jeweiligen Stand der Technik („Jahresgutachten") vorsehen.

32 Erforderlich sind in jedem Fall Regelungen zum **Verfahren**. Dabei sollte die DurchführungsVO generell eine „effiziente Organisation und den bestmöglichen Nutzen" schaffen (Art. 69 Abs. 3 Hs. 2). So liegt es nahe, Vorsitzende (oder Sprecherinnen und Sprecher) des Gremiums und deren Stellvertreter zu bestellen und ggf. die Unterstützung durch Hilfspersonen („Sherpas", Wissenschaftliche Mitarbeiter) zuzulassen (in Bezug auf welche dann ebenfalls Vertraulichkeit zu gewährleisten ist). In diesen Kontext gehört zudem die denkbare Möglichkeit zur Bildung von „Task Forces", Ausschüssen etc. Auch in Bezug auf die Verfahren zur Vermeidung von Interessenskonflikten (Abs. 4 Satz 4) können konkretisierende Anforderungen herausgearbeitet werden. Schließlich kann die Kommunikation mit dem Büro für Künstliche Intelligenz in inhaltlicher (etwa: Nutzung bestimmter Formulare, Offenlegung der Einzelabstimmung, Möglichkeit zur Begründung abweichender Stimmen i. S. v. dissenting votes) und technischer Hinsicht konkretisiert werden.

33 Der DurchführungsVO vorbehalten sind (wenn nicht auf bereits bestehende allgemeine Regelungen für Sachverständige zurückgegriffen werden soll) Ansprüche der Mitglieder auf **Aufwandsentschädigung**. Nur soweit für die Inanspruchnahme einzelner Mitglieder durch die Mitgliedstaaten Gebühren gefordert werden, sind deren Struktur und Höhe ebenso wie Umfang und Struktur erstattungsfähiger Kosten nach Art. 69 Abs. 2 Satz 2 zwingend im Durchführungsrechtsakt auszugestalten.

34 Weitere Vorgaben zum Inhalt der DurchführungsVO macht Abs. 5. Danach soll diese (auch) „die Bedingungen, Verfahren und detaillierten Regelungen" in Bezug auf die Ausgabe von **Warnungen (Art. 90)** und die **Anforderung von In-**

formationen beim Büro für Künstliche Intelligenz (Art. 91 Abs. 3) konkretisieren. Die Kommission darf insoweit wie auch für die sonstige Zusammenarbeit Formulare vorgeben, Beschlussverfahren und Mehrheiten innerhalb des Gremiums sowie die Möglichkeit zur Begründung abweichender Stimmen (dissenting votes) einräumen. Da es sich in beiden Fällen um interne Kommunikationen zwischen dem wissenschaftlichen Gremium und dem Büro für Künstliche Intelligenz handelt, ist die Außenwirkung begrenzt. Den Mindestinhalt der Warnungen gibt schon Art. 90 Abs. 3 vor, etwaige Formulare und Übermittlungsverfahren sind dabei nicht von entscheidender Bedeutung.

Unbenommen bleibt es dem Gremium (trotz Fehlens einer Art. 67 Abs. 6 entsprechenden Regelung), sich in Konkretisierung der Verordnung und des Durchführungsaktes selbst eine **Geschäftsordnung** zu geben. Diese kann zwar keine widersprechenden Regelungen treffen, aber das Verfahren zweckmäßig ausgestalten (etwa in Bezug auf die Einberufung von Sitzungen, etwaige Kollaborationsplattformen und Umlaufverfahren etc.). **35**

Art. 69 Zugang zum Pool von Sachverständigen durch die Mitgliedstaaten

(1) Die Mitgliedstaaten können Sachverständige des wissenschaftlichen Gremiums hinzuziehen, um ihre Durchsetzungstätigkeiten im Rahmen dieser Verordnung zu unterstützen.

(2) Die Mitgliedstaaten können verpflichtet werden, für die Beratung und Unterstützung durch die Sachverständigen Gebühren zu entrichten. Struktur und Höhe der Gebühren sowie Umfang und Struktur erstattungsfähiger Kosten werden in dem in Artikel 68 Absatz 1 genannten Durchführungsrechtsakt festgelegt, wobei die Zielsetzung berücksichtigt wird, für die angemessene Durchführung dieser Verordnung, für Kosteneffizienz sowie dafür zu sorgen, dass alle Mitgliedstaaten effektiven Zugang zu Sachverständigen haben müssen.

(3) Die Kommission ermöglicht den Mitgliedstaaten bei Bedarf einen rechtzeitigen Zugang zu den Sachverständigen und sorgt dafür, dass die Kombination aus unterstützenden Tätigkeiten durch die Union zur Prüfung von KI gemäß Artikel 84 und durch die Sachverständigen gemäß dem vorliegenden Artikel effizient organisiert ist und den bestmöglichen zusätzlichen Nutzen bringt.

Mit Art. 69 korrespondieren die Erwägungsgründe 148, 151.

Übersicht

I. Überblick

1 Die Mitglieder des wissenschaftlichen Gremiums sind nach der Systematik der Verordnung hoch qualifizierte Fachleute in der KI-Forschung (Art. 68 Rn. 8 ff.). Dementsprechend liegt es auch über das (in seinen Kompetenzen recht beschränkte, Art. 68 Rn. 19 ff.) Gesamtgremium hinaus nahe, **auf diese Kompetenz zurückzugreifen**, wenn es um die Beurteilung technischer Fragen geht. Gerade kleinere Mitgliedstaaten dürften auf nationaler Ebene keine entsprechenden Personen haben, um alle Tatsachenfragen, die sich den zuständigen Behörden (oder Gerichten) stellen, kompetent zu klären; zudem wären von jeder

Behörde in jedem Einzelfall vorab die Qualifikation und Unabhängigkeit beratender Personen zu prüfen. Dies würde unnötig Ressourcen verbrauchen. Durch die Verknüpfung der (einzelnen) Sachverständigen mit dem wissenschaftlichen Gremium werden (zumindest bei hinreichender Größe des Gremiums) Ressourcen für die Auswahl und Qualitätssicherung im Ansatz sinnvoll gebündelt (siehe allerdings Rn. 4 ff. zu den Grenzen).

Die Regelung des Sachverständigenpools in ihrer heutigen Fassung ist untrennbar verbunden mit dem „wissenschaftlichen Gremium" des Art. 68. Sie entspricht bis auf die durch diese Verknüpfung bedingten sprachliche Anpassungen Art. 68b der **Verhandlungsposition des Rates**, der allerdings eben dieses Gesamtgremium noch nicht kannte, sondern den Pool als reine Sammlung von Individuen verstand. Bezug auf die Regelung nimmt ErwG 151 a. E., der als Ziel die „Aufstockung der nationalen Kapazitäten, die für die wirksame Durchsetzung dieser Verordnung erforderlich sind", vorgibt. 2

II. Unterstützungstätigkeit (Abs. 1)

Im Rahmen ihrer Durchsetzungstätigkeit benötigen die nationalen Behörden zwingend **Sachverstand**. Nichts anderes dürfte für Gerichte gelten, welche die Behördenentscheidungen prüfen oder im Rahmen zivil- oder strafrechtlicher Verfahren Inhalte der KI-VO als Vorfragen klären müssen. Die entsprechenden Kenntnisse müssen grundsätzlich in den Behörden intern gewährleistet werden (Art. 70 Abs. 3 Satz 2 – „ausreichende Zahl von Mitarbeitern, zu deren Kompetenzen und Fachwissen ein tiefes Verständnis der KI-Technologien […] gehört"). Dennoch kann im Einzelfall nicht nur „tiefes", sondern gerade „Spezialwissen" erforderlich sein, das über den Normalfall hinausgeht und aus diesem Grunde vom bestehenden Personal der konkreten Behörde nicht abgedeckt werden kann. In diesem Fall (der gerade in der Anfangsphase der Verordnung noch häufiger auftreten darf) sollen die Mitgliedstaaten zeitnah (Abs. 3) auf externe Sachverständige zurückgreifen können. Dies kommt insbesondere kleineren Mitgliedstaaten zugute. Darüber hinaus werden auch langfristig die Privatwirtschaft schon wegen der Vergütung der Tätigkeit sowie die Tätigkeit in der Wissenschaft wegen der größeren Freiheit für Experten attraktiver sein – und eine Behördentätigkeit eher unattraktiv machen. 3

Nicht gedacht ist die Regelung zur **Lückenschließung wegen unzureichender Personalausstattung** (also schlichtes Outsourcing der eigenen Tätigkeit). Darauf deutet zwar ErwG 151 hin („Um eine Aufstockung der nationalen Kapazitäten, die für die wirksame Durchsetzung dieser Verordnung erforderlich sind, zu ermöglichen") – gemeint ist hier aber nicht die Breite des Personals, sondern die spezifische Einzelfallkompetenz: Nicht jeder Mitgliedstaat wird Personal haben, das für jede denkbare Konstellation fachkompetent ist; gerade in der Auf- 4 bauphase kann es zudem durchaus ein Gefälle in den Kenntnissen und Fähigkeiten des Behördenpersonals geben. Ein Mitgliedstaat, der dauerhaft für die technische Kompetenz allein auf externen Sachverstand vertraut, würde gegen seine Ausstattungspflicht aus Art. 70 Abs. 3 Satz 2 verstoßen. Es soll nach dem System der Verordnung ausschließlich um besondere Einzelfälle gehen, die wegen ihrer Kompetenz nicht vom vorhandenen Personal bearbeitet werden können.

5 Adressat der Regelung ist nicht das wissenschaftliche Gremium in seiner Gesamtheit, sondern **einzelne Mitglieder**. Die Mitgliedstaaten können damit (im durch Abs. 3 vorgegebenen Rahmen) auf Personen zurückgreifen, deren wissenschaftliche Qualifikation und Unabhängigkeit bereits nach Art. 68 Abs. 2 i.V.m. der DurchführungsVO durch die Kommission geprüft wurde. Allerdings fehlt dabei naturgemäß der pluralistische Aspekt des wechselseitigen Interessensausgleichs innerhalb des Gremiums. Damit wird in besonderem Maße die Unabhängigkeit von Anbietern von KI-Modellen zum Problem – vor allem wenn die Mitglieder des Gremiums selbst Modelle (insbesondere offene Modelle) bereitgestellt haben. Wenn nach der hier vertretenen Auffassung die Unabhängigkeit für jedes einzelne Mitglied gewährleistet sein muss, wird das Problem an dieser Stelle zwar entschärft – stellt aber die fachliche Qualifikation in Frage. Stellt man nur auf das Gesamtgremium ab, wird die Aufgabe zur Prüfung der Unabhängigkeit des einzelnen Mitglieds auf die jeweils anfragende Behörde verlagert. Das verzögert wiederum das Verfahren der Sachverständigenbestellung.

6 Die **Kompetenzen** der Mitglieder des wissenschaftlichen Gremiums liegen schwerpunktmäßig in KI-Modellen mit allgemeinem Verwendungszweck, die Zuständigkeit der Mitgliedstaaten liegt hingegen primär bei Hochrisiko-KI-Systemen. Diese Kompetenzen sind nicht notwendig deckungsgleich, da zur Risikobeurteilung vielfach Kompetenzen in bestimmten Sektoren erforderlich sein dürfte. Insoweit kann es also sein, dass im Gremium für den konkret zu beurteilenden Fall gar keine Person vorhanden ist.

7 Keine Rücksicht nimmt die Regelung auf die **Kapazitäten** der einschlägigen Sachverständigen. Diese können im Grundsatz eine Anfrage ablehnen; eine Übernahmepflicht sieht die KI-VO nicht vor. Auch auf Grundlage der Durchführungsvorschriften wird die Kommission eine solche kaum begründen können, zumal es hier gerade um grundrechtlich geschützte wissenschaftliche Tätigkeit geht. Der Auftrag an die Kommission (Abs. 3) setzt aber jedenfalls dem Grunde nach voraus, dass den Mitgliedstaaten überhaupt Sachverständige zeitnah verfügbar sind. Eine generelle Verweigerung wäre damit unvereinbar.

8 Aufgabe der Sachverständigen ist die „**Unterstützung**" der Mitgliedstaaten. Praktisch geht es dabei primär um die Erstellung von schriftlichen Gutachten bzw. die Abgabe von Stellungnahmen. Dies umfasst nicht nur den Erlass von Verfügungen, sondern auch Ermittlungsmaßnahmen im Vorfeld und eine Unterstützung in verwaltungsgerichtlichen Verfahren, in denen entsprechende Maßnahmen überprüft werden. Auch die Teilnahme an Anhörungen oder die Entwicklung von Fragenkatalogen kommt in Betracht. Der Wortlaut setzt nicht voraus, dass es um Unterstützung in einem konkreten Verfahren geht. Vielmehr kann eine Hilfestellung auch abstrakt-generell (etwa durch Entwicklung von Leitlinien und Verwaltungsvorschriften) erfolgen.

III. Gebühren (Abs. 2)

Die Leistungen der Sachverständigen sind **nicht kostenlos**. Zwar sieht Art. 69 Abs. 1 Satz 1 dem Wortlaut nach vor, dass die Mitgliedstaaten verpflichtet werden „können", Gebühren zu entrichten – die Alternative dürfte aber nicht die Entschädigungslosigkeit sein, sondern eine Entschädigung durch die Europäische Union. Der Sachverständige selbst wird weder durch Art. 68 noch durch Art. 69 zu unentgeltlicher Unterstützung verpflichtet; eine entsprechende Vorgabe würde auch qualifizierte Personen schwer gewinnbar machen (oder zumindest die Unabhängigkeit in Frage stellen). Allerdings haben die Mitgliedstaaten ganz unterschiedliche Regelungen zur Entschädigung von Sachverständigen; neben Pauschalen kann hier auch eine individuelle Honorarvereinbarung vorgesehen sein. Um zu vermeiden, dass eine individuelle Honorarvereinbarung erforderlich wird und die Auswahl der Sachverständigen primär nach Kostengesichtspunkten statt nach Qualität erfolgt, soll die Bestimmung der Gebühren einheitlich durch die Kommission erfolgen. Damit wird auch ein Bieterwettbewerb der Mitgliedstaaten um die bestqualifizierten Personen dem Grunde nach vermieden (siehe aber Rn. 14). 9

Die **Festlegung der Gebührenstruktur** (in der Regel wohl zeitbezogen) und des ggf. davon zu trennenden Ersatzes oder der Pauschalierung der mit der Tätigkeit verbundenen Aufwendungen (Reisekosten, Druckkosten, Telekommunikationskosten etc.) erfolgt durch die Kommission einheitlich im Durchführungsakt zum wissenschaftlichen Gremium. Die KI-VO gibt insoweit drei nicht notwendig gleichlaufende (sondern ggf. in Konflikt tretende) Ziele vor: 10

1. Einerseits soll eine **„angemessene Durchführung der Verordnung"** gewährleistet werden. Das bedeutet, dass es hinreichende Anreize für die Tätigkeit für den individuellen Sachverständigen geben muss. Hier kann potenziell auch nach dem Grad der Qualifikation oder einer etwaigen Spezialisierung innerhalb des Gremiums differenziert werden; eine Pflicht zur Gleichbehandlung aller Mitglieder ist der Verordnung nicht zu entnehmen. Andererseits soll es wohl nicht dazu kommen, dass die Mitgliedstaaten auf Kosten des Sachverständigengremiums am eigenen Personal sparen (Rn. 4).
2. Gleichzeitig soll aber auch **„Kosteneffizienz"** für die Gestaltung leitend sein. Dies bildet einen Gegenpol zur möglichst wirksamen Durchführung, die gerade nicht um jeden Preis geboten ist. Vielmehr ist eine Abwägung erforder-

lich, ab welchem Punkt eine Hinzuziehung eines externen Sachverständigen sinnvoll ist. Das Kriterium ermächtigt daher nicht zu Dumpingpreisen, welche kompetente Sachverständige abschrecken würden (dann wäre die angemessene Durchführung gefährdet), aber soll verhindern, dass unabhängig von der Bedeutung der Angelegenheit, des Umfangs der Beteiligung und der Kompetenz des Einzelnen pauschal hohe Vergütungen erforderlich werden. Insoweit ist eine differenzierte Kostenstruktur unumgänglich, die etwa den Arbeitsaufwand angemessen abbildet.

3. Schließlich soll sichergestellt werden, dass **alle Mitgliedstaaten** effektiven Zugang zu Sachverständigen erhalten. Das bedeutet, dass die Kostenstruktur nicht eklatant von demjenigen abweichen darf, was in jedem einzelnen Mitgliedstaat nach dem dortigen Recht als Entschädigung üblich ist. Denn ansonsten droht die Gefahr, dass Sachverständige nicht nach dem Verfahren der Verordnung, sondern nach dem nationalen Recht angesprochen werden (Rn. 14) und die entsprechende Vergütung erhalten. Dadurch würde der Zugriff derjenigen Mitgliedstaaten mit geringerer Entschädigung auf kompetente Sachverständige beeinträchtigt. Darüber hinaus geht es auch um etwaige zu erstattende Reiseaufwendungen, damit Experten aus anderen Mitgliedstaaten grenzüberschreitend tätig werden.

11 Keine Anwendung findet die Gebührenregelung, soweit **Sachverständige nicht über das Verfahren nach Abs. 1, Abs. 3 herangezogen werden**. Dies gilt zunächst für alle Personen, die ohnehin nicht Mitglieder des wissenschaftlichen Gremiums sind, aber aus Sicht der nationalen Behörde die erforderliche, über das eigene Personal hinausgehende Kompetenz aufweisen. Aber auch eine Person, die Mitglied im wissenschaftlichen Gremium ist, kann als Individuum direkt unabhängig von dieser Stellung kontaktiert werden.

12 Die Verordnung enthält **keine Regelung, die eine beratende Tätigkeit zwingend an Art. 69 knüpfen würde**; eine solche könnte aber ggf. im Durchführungsrechtsakt zu Art. 68 vorgesehen werden. Dabei sind die individuelle Berufs- und Wissenschaftsfreiheit des Mitglieds mit dem Interesse an einer möglichst effizienten und einheitlichen Anwendung der KI-VO abzuwägen. Ein Verbot der Gutachtentätigkeit außerhalb der Verordnung ist aber jedenfalls nach deutschen Maßstäben kaum zu rechtfertigen, zumal Experten, die nicht Mitglied des wissenschaftlichen Gremiums sind, einem solchen Verbot nicht unterliegen. Für die Differenzierung gibt es keine erkennbare Rechtfertigung, da es nicht um Insiderwissen aus dem Gremium, sondern um die individuelle Kompetenz des einzelnen Mitglieds geht – insoweit würde jedenfalls gegen den Gleichheitsgrundsatz verstoßen. Darüber hinaus stünde eine solche Handhabung mit dem Ziel in Konflikt, für das Gremium möglichst qualifizierte Personen anzuwerben – wenn durch die Teilnahme die Möglichkeit zu einer lukrativen Gutachtertätigkeit ausgeschlossen wird, dürfte dies viele Personen abschrecken. In keinem Fall darf es

aber zu einem Bieterwettstreit zwischen einzelnen Mitgliedstaaten auf der einen Seite und der EU, die Experten für das wissenschaftliche Gremium sucht, andererseits kommen. Dies kann durch die Gebührenstruktur (Rn. 10) jedenfalls teilweise kompensiert werden.

Das Verhältnis der Regelungen zur Sachverständigenentschädigung **in gerichtlichen Verfahren** ist nicht eindeutig. So kann es auch in zivilrechtlichen Streitigkeiten (und ggf. sogar in Strafverfahren) entscheidend darauf ankommen, ob die Pflichten der KI-VO eingehalten wurden. Art. 69 spricht von „den Mitgliedstaaten" und explizit nicht nur von Behörden. Allerdings geht es um „Durchsetzungstätigkeiten im Rahmen dieser Verordnung". Das umfasst sicherlich auch die Überprüfung von Behördenentscheidungen durch die Verwaltungsgerichte. Ob allerdings auch mittelbare Folgen (etwa Feststellung der erforderlichen Sorgfalt in vertragsrechtlichen Streitigkeiten bzw. im Rahmen der deliktischen oder strafrechtlichen Verantwortlichkeit) als „Durchsetzung" zu verstehen sind, ist unklar. Im Zivilprozess kommt hinzu, dass die Sachverständigenkosten über die Kostentragungsregelungen auf eine der Parteien übertragen werden, die ihre Prozesskosten im Zweifel eher nach den nationalen Entschädigungsregelungen geplant haben. Eine unterschiedliche Behandlung je nach Gerichtsbarkeit scheint aber kaum zweckmäßig. 13

IV. Organisation (Abs. 3)

Die Tätigkeit der Kommission beschränkt sich im Grundsatz auf diejenige eines **Maklers**. Sie schlägt den Mitgliedstaaten einen Sachverständigen vor und fragt diesen an, ob er tätig werden will – mit der weiteren Tätigkeit des Sachverständigen ist sie (bis auf die Festlegung der Gebührenregelungen, Rn. 10 ff.) nicht befasst. Es ist insbesondere kein Mittel vorgesehen, einen bestimmten Sachverständigen zur Tätigkeit zu zwingen. Auch handelt der Sachverständige nicht für die Europäische Union, sondern in eigenem Namen; die Arbeitsergebnisse werden nicht durch die Kommission, das Amt für KI oder das wissenschaftliche Gremium verifiziert und dürfen von diesen auch nicht verwertet werden. Vielmehr vermittelt die Kommission nur eine geeignete Person (oder mehrere Personen, Rn. 19) aus dem wissenschaftlichen Gremium. Die Mitgliedstaaten müssen dazu nicht vorab ein bestimmtes Mitglied namentlich benennen, sondern dürfen auf eine geeignete Auswahl anhand der geschilderten Problematik vertrauen; es ist aber nach der Verordnung auch nicht ausgeschlossen, dass über die Kommission eine bestimmte Person angefragt wird. 14

Als Generalklausel ist eine Pflicht der Kommission vorgesehen, den Mitgliedstaaten einen „**rechtzeitigen**" Zugang zu den Sachverständigen zu ermöglichen. Dies bedeutet einerseits, dass Maßnahmen (insbesondere Untersagungen) erfolgen können, bevor sich eine Gefahr realisiert. Andererseits sind auch die Interes- 15 sen der Anbieter und Betreiber zu berücksichtigen, die an einer schnellen Beurteilung interessiert sind, um Einnahme- und Reputationsschäden zu vermeiden. Damit wäre ein aufwändiges Verfahren auf europäischer Ebene unvereinbar. Allerdings ist auch auf nationaler Ebene eine Prüfung der Unabhängigkeit gerade für den konkreten Fall erforderlich, soweit man es für Art. 68 als hinreichend erachtet, dass das Gesamtgremium die Unabhängigkeit gewährleistet (Rn. 5). Das Verfahren ist zur Gewährleistung der Rechtzeitigkeit so zu gestalten, dass doppelte Prüfungen durch Kommission einerseits und nationale Stelle andererseits vermieden werden. Erforderlich ist ein einfacher formalisierter Prozess, der keine unnötigen Hürden aufstellt.

16 Soweit die Regelung vorsieht, dass die Kommission sicherstellen soll, dass die Unterstützung **„den bestmöglichen zusätzlichen Nutzen bringt"**, ist zumindest eine kursorische Prüfung der Zweckmäßigkeit der Anforderung geboten. Da es sich beim Sachverständigenpool um eine knappe Ressource handelt, kann die Kommission hier einzelne Anfragen gewichten und diesen eine höhere Priorität zuweisen und andere (trotz des Erfordernisses der Rechtzeitigkeit, Rn. 15) aufschieben. Im Extremfall darf sie sogar eine Anfrage als ungeeignet zurückweisen. Details sind in einem Durchführungsrechtsakt zu regeln. Andererseits kann sie aber auch darauf vertrauen, dass die Mitgliedstaaten selbst aufgrund der Unionstreue nur erforderliche Anträge stellen, und darf keine zeit- und ressourcenaufwändige Prüfung durchführen – es geht vielmehr um eine Evidenzkontrolle. Ebenso ist es nicht Aufgabe der Kommission, vorab die Kapazitäten der einzelnen Sachverständigen zu beurteilen – diese haben vielmehr individuell die Möglichkeit, eine Anfrage abzulehnen.

17 Ausdrücklich betont die Regelung das **Verhältnis zur unterstützenden Tätigkeit von Unionsstrukturen nach Art. 84** („Kombination"). Dabei geht es einerseits um (zu benennende) „Unionsprüfeinrichtungen", welche sogar auf Ersuchen der nationalen Marktüberwachungsbehörden Produktprüfungen durchführen dürfen und vor allem unabhängige Beratung in fachlichen oder wissenschaftlichen Fragen anbieten. Der Unterschied zu den Sachverständigen ist, dass hier einheitliche Strukturen zur Anwendung kommen, andererseits aber hochspezialisierte Expertise fehlt. Die Kommission kann daher im Einzelfall auf die Möglichkeit des Art. 84 verweisen, aber ebenso kann die entsprechende Struktur auf die Inanspruchnahme eines spezialisierten Sachverständigen verweisen. Beide Wege können durch entsprechende Verfahren optimiert werden, um die damit verbundene Verzögerung so gering wie möglich zu halten.

18 Adressat von Art. 69 Abs. 3 ist zunächst nur die Kommission. Für das **interne Verfahren in den Mitgliedstaaten** enthält die Regelung keine Vorgaben. Auch dort ist aber nicht nur aufgrund des Rechtsstaatsprinzips ein faires und effizientes Verfahren zu gewährleisten, sondern im Rahmen des effet utile eine tatsächliche, einheitliche und wirksame Umsetzung der KI-VO erforderlich. Würde man hier unnötigen Aufwand oder Komplexität schaffen, wären diese Ziele nicht erreichbar.

Aufgrund der Gefahr, dass der von der Kommission vorgeschlagene Sachverständige die Tätigkeit ablehnt bzw. vom Mitgliedstaat wegen fehlender Unabhängigkeit oder gar Befangenheit abgelehnt wird, liegt es nicht fern, dass die Kommission **mehrere Personen** in einer Rangfolge anspricht und vorschlägt. Demgegenüber dürfte es schon wegen der begrenzten Kapazitäten regelmäßig nicht in Betracht kommen, dass mehrere konkurrierende Sachverständige parallel und gleichzeitig auf dieselbe Tatsachenfrage angesetzt werden. **19**

Abschnitt 2
Zuständige nationale Behörden

Art. 70 Benennung von zuständigen nationalen Behörden und zentrale Anlaufstelle

(1) Jeder Mitgliedstaat muss für die Zwecke dieser Verordnung mindestens eine notifizierende Behörde und mindestens eine Marktüberwachungsbehörde als zuständige nationale Behörden einrichten oder benennen. Diese zuständigen nationalen Behörden üben ihre Befugnisse unabhängig, unparteiisch und unvoreingenommen aus, um die Objektivität ihrer Tätigkeiten und Aufgaben zu gewährleisten und die Anwendung und Durchführung dieser Verordnung sicherzustellen. Die Mitglieder dieser Behörden haben jede Handlung zu unterlassen, die mit ihren Aufgaben unvereinbar ist. Sofern diese Grundsätze gewahrt werden, können die betreffenden Tätigkeiten und Aufgaben gemäß den organisatorischen Erfordernissen des Mitgliedstaats von einer oder mehreren benannten Behörden wahrgenommen werden.

(2) Die Mitgliedstaaten teilen der Kommission die Namen der notifizierenden Behörden und der Marktüberwachungsbehörden und die Aufgaben dieser Behörden sowie alle späteren Änderungen mit. Die Mitgliedstaaten machen Informationen darüber, wie die zuständigen Behörden und zentralen Anlaufstellen bis zum 2. August 2025 auf elektronischem Wege kontaktiert werden können, öffentlich zugänglich. Die Mitgliedstaaten benennen eine Marktüberwachungsbehörde, die als zentrale Anlaufstelle für diese Verordnung fungiert, und teilen der Kommission den Namen der zentralen Anlaufstelle mit. Die Kommission erstellt eine öffentlich verfügbare Liste der zentralen Anlaufstellen.

(3) Die Mitgliedstaaten sorgen dafür, dass ihre zuständigen nationalen Behörden mit angemessenen technischen und finanziellen Mitteln sowie geeignetem Personal und Infrastrukturen ausgestattet werden, damit sie ihre Aufgaben im Rahmen dieser Verordnung wirksam erfüllen können. Insbesondere müssen die zuständigen nationalen Behörden zu jeder Zeit über eine ausreichende Zahl von Mitarbeitern verfügen, zu deren Kompetenzen und Fachwissen ein tiefes Verständnis der KI-Technologien, der Daten und Datenverarbeitung, des Schutzes personenbezogener Daten, der Cybersicherheit, der Grundrechte, der Gesundheits- und Sicherheitsrisiken sowie Kenntnis der bestehenden Normen und rechtlichen Anforderungen gehört. Die Mitgliedstaaten bewerten und aktualisieren, falls erforderlich, jährlich

die in diesem Absatz genannten Erfordernisse bezüglich Kompetenzen und Ressourcen.

(4) Die zuständigen nationalen Behörden ergreifen geeignete Maßnahmen zur Sicherstellung eines angemessenen Maßes an Cybersicherheit.

(5) Bei der Erfüllung ihrer Aufgaben halten sich die zuständigen nationalen Behörden an die in Artikel 78 festgelegten Vertraulichkeitspflichten.

(6) Bis zum 2. August 2025 und anschließend alle zwei Jahre erstatten die Mitgliedstaaten der Kommission Bericht über den Sachstand bezüglich der finanziellen Mittel und des Personals der zuständigen nationalen Behörden und geben eine Einschätzung über deren Angemessenheit ab. Die Kommission leitet diese Informationen zur Erörterung und etwaigen Abgabe von Empfehlungen an das KI-Gremium weiter.

(7) Die Kommission fördert den Erfahrungsaustausch zwischen den zuständigen nationalen Behörden.

(8) Die zuständigen nationalen Behörden können gegebenenfalls insbesondere KMU, einschließlich Start-up-Unternehmen, unter Berücksichtigung der Anleitung und Beratung durch das KI-Gremium oder der Kommission mit Anleitung und Beratung bei der Durchführung dieser Verordnung zur Seite stehen. Wenn zuständige nationale Behörden beabsichtigen, Anleitung und Beratung in Bezug auf ein KI-System in Bereichen anzubieten, die unter das Unionrecht fallen, so sind gegebenenfalls die nach jenen Unionsrecht zuständigen nationalen Behörden zu konsultieren.

(9) Soweit Organe, Einrichtungen und sonstige Stellen der Union in den Anwendungsbereich dieser Verordnung fallen, übernimmt der Europäische Datenschutzbeauftragte die Funktion der für ihre Beaufsichtigung zuständigen Behörde.

Mit Art. 70 korrespondieren die Erwägungsgründe 148, 153, 154.

Schrifttum: *Ebers*, Künstliche Intelligenz und Verbraucherschutz: Das KI-Weißbuch der Europäischen Kommission, VuR 2020, 121; *Kalbhenn*, Designvorgaben für Chatbots, Deepfakes und Emotionserkennungssysteme: Der Vorschlag der Europäischen Kommission zu einer KI-VO als Erweiterung der medienrechtlichen Plattformregulierung, ZUM 2021, 663; *Martini/Botta*, KI-Aufsicht im föderalen Staat – ein System, eine Behörde?, MMR 2024, 630; *Novelli/Hacker/Morley/Trondal/Floridi*, A Robust Governance for the AI Act: AI Office, AI Board, Scientific Panel, and National Authorities, European Journal of Risk Regulation 2024, 1, https://papers.ssrn.com/sol3/papers.cfm?abstract_id=4817755; *Roth-Isigkeit*, Grundstrukturen der geplanten KI-Aufsichtsbehörden – KI-Bürokratie?, ZRP 2022, 187; *Schwartmann/Keber/Zenner*, KI-Verordnung, Leitfaden für die Praxis, 2024.

Übersicht

I. Allgemeines

1. Zweck der Vorschrift

1 ErwG 153 Satz 1 hebt hervor, dass den Mitgliedstaaten bei der Anwendung und Durchsetzung der KI-VO eine „Schlüsselrolle“ zukommt. Um diese Rolle wahrnehmen zu können, muss jeder Mitgliedstaat gem. Art. 70 Abs. 1 mindestens eine notifizierende Behörde und mindestens eine Marktüberwachungsbehörde als zuständige nationale Behörde einrichten oder benennen. Der Fokus der nationalen Behörden liegt dabei nicht auf der Konformitätsprüfung von KI-Systemen vor deren Inverkehrbringen bzw. Inbetriebnahme, sondern auf der anschließenden Marktüberwachung.

2. Entstehungsgeschichte

2 Vor Beginn des Gesetzgebungsverfahrens wurde eine externe Ex-ante-Zertifizierung von Hochrisiko-KI-Systemen noch als eine mögliche Strategie im Umgang mit KI-Systemen betrachtet. So wurde dies sowohl von der Datenethikkommission[1] als auch von der High-Level Expert Group on AI[2] vorgeschlagen.[3] Eine zentrale Funktion der nationalen Behörden wäre sodann die Übernahme

---

1 DEK, Empfehlungen der Datenethikkommission für die Strategie Künstliche Intelligenz der Bundesregierung vom 9.10.2018, S. 3, https://www.bmi.bund.de/SharedDocs/downloads/DE/veroeffentlichungen/themen/it-digitalpolitik/datenethikkommission/empfehlungen-datenethikkommission.pdf?__blob=publicationFile&v=2 (zuletzt abgerufen am 8.11.2024).

2 High-Level Expert Group on AI, Policy and Investment Recommendations for Trustworthy AI, Recommendation 28.4, S. 40, https://ec.europa.eu/newsroom/dae/document.cfm?doc_id=60343 (zuletzt abgerufen am 6.5.2025).

3 So auch zum Kommissionsentwurf *Roth-Isigkeit*, ZRP 2022, 187, 188 f.

der Funktion eines sog. „Algorithmen-TÜV“[4] gewesen. In der finalen Fassung der KI-VO bleibt dies allerdings die Ausnahme. In der Regel ist eine **Selbstzertifizierung ohne Hinzuziehung Dritter** möglich. Lediglich bei bestimmten Hochrisiko-KI-Systemen ist in gewissen Fällen eine externe Konformitätsprüfung erforderlich (im Hinblick auf sog. „Stand-alone-KI-Systeme“ im Sinne von Art. 6 Abs. 2 bei Hochrisiko-KI-Systemen im Bereich der Biometrik gem. Art. 43 Abs. 1 UAbs. 2 i.V.m. Anhang III Nr. 1).

Der Kommissionsentwurf zur KI-VO verpflichtete die Mitgliedstaaten zudem ursprünglich dazu, eine **nationale Aufsichtsbehörde** zu benennen oder zu errichten.[5] Diese sollte als notifizierende Behörde und als Marktüberwachungsbehörde tätig werden. In der finalen Fassung werden den Mitgliedstaaten mehr Freiheiten eingeräumt. Gemäß Art. 70 Abs. 1 Satz 1 muss jeder Mitgliedstaat für die Zwecke dieser Verordnung mindestens eine notifizierende und mindestens eine Marktüberwachungsbehörde benennen. Nach Satz 4 können diese Aufgaben sowohl von einer als auch von mehreren Behörden wahrgenommen werden. Eine konkrete Aufsichtsbehörde ist allerdings nicht erforderlich. 3

3. Verhältnis zu anderen Behörden

Hinsichtlich der Einordnung der nationalen Behörden in den Governance-Rahmen der KI-VO wird auf die Kommentierung im Rahmen von Art. 65 verwiesen (siehe hierzu Art. 65 Rn. 5 ff.). Grundsätzlich nehmen die nationalen Behörden die Aufgabe der Marktüberwachung wahr. KI-Systeme, die auf einem KI-Modell mit allgemeinem Verwendungszweck beruhen, werden davon abweichend gem. Art. 75 Abs. 1 durch das KI-Büro überwacht, sofern das System und das Modell vom gleichen Anbieter entwickelt wurden. Sofern nationale Marktüberwachungsbehörden KI-Systeme mit allgemeinem Verwendungszweck überwachen, die als Hochrisiko-KI-System eingesetzt werden, sind sie gem. Art. 75 Abs. 2 zur Zusammenarbeit mit dem KI-Büro angehalten. Im Übrigen hängt die konkrete Ausgestaltung von der nationalen Umsetzung der KI-VO ab. Die nationale Umsetzung hat innerhalb von zwölf Monaten nach Inkrafttreten der Verordnung zu erfolgen (Art. 70 Abs. 2). Dadurch wird insbesondere festgelegt, wie der Governance-Rahmen auf nationaler Ebene strukturiert wird und welche Behörde(n) konkret die Aufgaben der Marktüberwachung ausführen. 4

4 Vgl. *Roth-Isigkeit*, ZRP 2022, 187, 188; *Kalbhenn*, ZUM 2021, 663, 666; *Ebers*, VuR 2020, 121, 122.

5 Vgl. EU-Komm., COM/2021/206 final vom 21.4.2021 (KI-VO-E Kommission), Art. 59 Abs. 1, 2.

4. Bisherige Bestrebungen zur nationalen Umsetzung

5 Die Mitgliedstaaten wählen unterschiedliche Ansätze bei der Bestimmung der nationalen Behörden. Während Spanien eine neue Behörde ins Leben gerufen hat und Frankreich die nationalen Behörden im Sinne der KI-VO an die Datenschutzbehörden angliedert,[6] wird in Deutschland die Bundesnetzagentur (BNetzA) die zentrale Rolle bei der Durchführung der KI-VO übernehmen.[7] Es soll innerhalb der BNetzA gem. § 3 des Referentenentwurfs zur nationalen Umsetzung der KI-VO[8] eine Unabhängige Marktüberwachungskammer (UKIM) zur Wahrung der Anforderungen an die völlige Unabhängigkeit im Hinblick auf bestimmte Zuständigkeiten eingerichtet werden (siehe zu den Anforderungen an die Unabhängigkeit unten Rn. 13 ff.). Darüber hinaus soll gem. § 4 des Referentenentwurfs ein Koordinierungs- und Kompetenzzentrum KI-VO eingerichtet werden, das die interinstitutionelle Zusammenarbeit fördern und mit technischem Fachwissen unterstützen soll. Ob die unterschiedlichen Ansätze bei der Benennung der nationalen Behörden zu Defiziten hinsichtlich einer harmonisierten KI-Aufsicht führen werden, wird in Zukunft kritisch zu beobachten sein.

6 Betont wurde auf nationaler Ebene während des Auswahlverfahrens regelmäßig die Wichtigkeit der Zentralisierung auf Bundesebene, um eine einheitliche Durchsetzung der KI-VO zu gewährleisten und eine Überforderung kommunaler Behörden aufgrund technischer Komplexität zu verhindern.[9] Diskutiert wurden als mögliche Kandidaten neben der BNetzA unter anderem das Bundeskartellamt (BKartA), das Bundesamt für Sicherheit in der Informationstechnik (BSI) sowie die Datenschutzbehörden.[10] Aufgrund möglicher Überschneidungen der Zuständigkeitsbereiche soll die Bundesnetzagentur bei der Wahrnehmung ihrer Aufgaben ausdrücklich mit den drei genannten Behörden zusammenarbeiten.[11]

---

6 *Martini/Botta*, MMR 2024, 630, 633.

7 Referentenentwurf des Bundesministeriums für Wirtschaft und Klimaschutz und des Bundesministeriums der Justiz zum Gesetz zur Durchführung der KI-Verordnung, Bearbeitungsstand: 4.12.2024, § 2 Abs. 1.

8 Referentenentwurf des Bundesministeriums für Wirtschaft und Klimaschutz und des Bundesministeriums der Justiz zum Gesetz zur Durchführung der KI-Verordnung, Bearbeitungsstand: 4.12.2024, § 3.

9 Vgl. dazu die Darstellung bei *Martini/Botta*, MMR 2024, 630, 633.

10 Für einen umfassenden Überblick über die jeweiligen Vor- und Nachteile der einzelnen Behörden in diesem Bezug siehe bei *Martini/Botta*, MMR 2024, 630, 635 ff.

11 Referentenentwurf des Bundesministeriums für Wirtschaft und Klimaschutz und des Bundesministeriums der Justiz zum Gesetz zur Durchführung der KI-Verordnung, Bearbeitungsstand: 4.12.2024, § 8 Abs. 3.

II. Zuständige nationale Behörden

Art. 70 Abs. 1 verpflichtet die Mitgliedstaaten dazu, mindestens eine notifizierende Behörde und mindestens eine Marktüberwachungsbehörde als zuständige nationale Behörde einzurichten oder zu benennen. Deren Aufgaben umfassen die Akkreditierung von Konformitätsbewertungsstellen, die Marktüberwachung von KI-Systemen sowie die Innovations- und Wettbewerbsförderung.[12] 7

1. Begriff der „zuständigen nationalen Behörde“

Art. 3 Nr. 48 stellt klar, dass der Begriff der zuständigen nationalen Behörde zum einen eine **notifizierende Behörde** und zum anderen eine **Marktüberwachungsbehörde** erfasst. Diese können nach ErwG 153 Satz 3 öffentliche Einrichtungen jeder Art darstellen, die die Aufgaben der zuständigen nationalen Behörden im Sinne der KI-VO gemäß ihren spezifischen nationalen organisatorischen Merkmalen und Bedürfnissen wahrnehmen. Die nationale Marktüberwachungsbehörde fungiert dabei als zentrale Anlaufstelle gegenüber der Öffentlichkeit und anderen Ansprechpartnern auf Ebene der Mitgliedstaaten und der Union.[13] 8

2. Notifizierende Behörden

Eine notifizierende Behörde ist gem. **Art. 3 Nr. 19** die nationale Behörde, die für die Einrichtung und Durchführung der erforderlichen Verfahren für die **Bewertung, Benennung und Notifizierung von Konformitätsbewertungsstellen** und für deren Überwachung zuständig ist. Sie benennt demnach die notifizierten Stellen als Konformitätsbewertungsstellen, die Hochrisiko-KI-Systeme im Hinblick auf ihre Konformität mit der KI-VO überprüfen. Bei einer Konformitätsbewertungsstelle handelt es sich um eine Stelle, die Konformitätsbewertungstätigkeiten einschließlich Tests, Zertifizierungen und Kontrollen durchführt und dabei als Dritte auftritt (Art. 3 Nr. 21). Durch die notifizierende Behörde benannte oder errichtete „notifizierte Stellen“ sind solche Konformitätsbewertungsstellen, die im Sinne der KI-VO oder gemäß bestimmten anderen Harmonisierungsrechtsvorschriften der Union notifiziert wurden (Art. 3 Nr. 22). Hinsichtlich weitergehender Informationen wird auf die jeweiligen Kommentierungen im Rahmen von Art. 3 verwiesen. 9

Bedenken werden bezüglich der notifizierenden Behörden in der Literatur in mehrfacher Hinsicht geäußert. Zum einen mangele es an „organisatorischer und 10

---

12 Für einen konzisen Überblick über die Aufgaben der nationalen Behörden siehe auch bei *Martini/Botta*, MMR 2024, 630, 631.

13 ErwG 153 Satz 4.

operativer **Transparenz**", die durch die Auslagerung von Aufgaben weiter schwindet.[14] Zudem könnte die **Neutralität** der notifizierten Stellen wegen ihrer finanziellen Beziehungen zu KI-Anbietern in Zweifel gezogen werden.[15] Weiterhin wird auf die **Notwendigkeit der Koordinierung** der notifizierten Stellen zwecks der einheitlichen Anwendung der Bewertungsverfahren hingewiesen, um die Möglichkeit des sog. „conformity shopping" zu verhindern.[16] Die entsprechende Regelung zur Koordinierung der notifizierten Stellen in Art. 38 Abs. 1 schreibt der Kommission lediglich vor, dass durch die Kommission zur Koordinierung und Zusammenarbeit der notifizierten Stellen eine sektorale Gruppe eingerichtet werden soll, an der sich die notifizierenden Behörden beteiligen sollen und in der die Kommission für den Austausch von Wissen und bewährten Verfahren sorgt.

3. Marktüberwachungsbehörden

11 Marktüberwachungsbehörden sind gem. **Art. 3 Nr. 26** nationale Behörden, die Tätigkeiten durchführen und Maßnahmen ergreifen, die in der Marktüberwachungsverordnung (MÜ-VO; Verordnung (EU) 2019/1020) vorgesehen sind. Die Befugnisse der Marktüberwachungsbehörden ergeben sich aus Art. 14 der Marktüberwachungsverordnung. Als zentrale Anlaufstelle und damit als sog. „Single Point of Contact" stellt die Marktüberwachungsbehörde gem. Art. 70 Abs. 2 Satz 3 KI-VO die Verbindung zwischen europäischen und sonstigen nationalen Behörden dar.[17] Diese Funktion soll nach dem Referentenentwurf die Bundesnetzagentur übernehmen.[18] In der KI-VO sind die Zuständigkeiten der Marktüberwachungsbehörden aufgeteilt: Grundsätzlich sind die nationalen Marktüberwachungsbehörden gem. Art. 74 Abs. 1 für die Aufsicht über KI-Systeme zuständig. Besondere Zuständigkeiten ergeben sich aus den Absätzen 3 (Hochrisiko-KI in Produkten unter dem NLF), 6 (Finanzaufsicht), 8 (Datenschutz-Aufsichtsbehörden oder andere Behörde, die die Anforderungen von Art. 41–44 der RL (EU) 2016/680 erfüllt) und 9 (Europäischer Datenschutzbeauftragter). Die Befugnisse der Marktüberwachungsbehörden ergeben sich teils

14 *Novelli/Hacker/Morley/Trondal/Floridi*, EJRR 2024, 1, 18.
15 *Novelli/Hacker/Morley/Trondal/Floridi*, EJRR 2024, 1, 18.
16 *Novelli/Hacker/Morley/Trondal/Floridi*, EJRR 2024, 1, 18.
17 *Martini/Botta*, MMR 2024, 630, 631.
18 Referentenentwurf des Bundesministeriums für Wirtschaft und Klimaschutz und des Bundesministeriums der Justiz zum Gesetz zur Durchführung der KI-Verordnung, Bearbeitungsstand: 4.12.2024, § 5 Abs. 1.

unmittelbar aus Art. 74 KI-VO sowie durch den Verweis von Art. 74 Abs. 1 KI-VO auf die MÜ-VO.[19]

Bei KI-Systemen, die auf KI-Modellen mit allgemeinem Verwendungszweck beruhen und bei denen das Modell und das System vom selben Anbieter entwickelt werden, erfolgt die Aufsicht gem. Art. 75 Abs. 1 auf der Unionsebene durch das Büro für Künstliche Intelligenz. Umfangreiche Befugnisse der Marktüberwachungsbehörden bei der Überwachung der Anbieter von KI-Modellen mit allgemeinem Verwendungszweck ergeben sich aus den Art. 88 ff. Zudem sollten die nationalen Marktüberwachungsbehörden bei KI-Systemen mit allgemeinem Verwendungszweck, die von Betreibern direkt für mindestens einen Zweck verwendet werden können, der als hochriskant eingestuft wird, mit dem Büro für Künstliche Intelligenz zusammenarbeiten, um Konformitätsbewertungen durchzuführen.[20] Im Übrigen wird auf die Kommentierung zu Art. 3 Nr. 26 verwiesen (siehe hierzu Art. 3 Rn. 258 ff.). 12

4. Organisation der nationalen Behörden

a) Unabhängige, unparteiische und unvoreingenommene Tätigkeit

Nach Art. 70 Abs. 1 Satz 2, 3 üben die nationalen Behörden ihre Befugnisse **unabhängig, unparteiisch und unvoreingenommen** aus und haben jede Handlung zu unterlassen, die mit ihren Aufgaben unvereinbar ist. Zudem können entsprechend Satz 4 die betreffenden Aufgaben und Tätigkeiten von einer oder mehreren benannten Behörden wahrgenommen werden. Demnach ist es auch möglich, dass die gleiche Behörde sowohl als notifizierende Behörde als auch als Marktüberwachungsbehörde benannt wird. 13

Auf europäischer Ebene ist zwischen „**völliger Unabhängigkeit**“[21] – im Sinne von Weisungsunabhängigkeit sowie organisatorischer, ministerialfreier Selbstständigkeit – und der bloßen **Unabhängigkeit im Sinne einer unabhängigen Aufgabenausübung** zu differenzieren.[22] Die Einrichtung unabhängiger Behör- 14

19 Zu den Untersuchungsbefugnissen und aufsichtsrechtlichen Maßnahmen der Marktüberwachungsbehörden nach der KI-VO und MÜ-VO siehe bei *Schwartmann/Keber/Zenner/Hansen*, in: Schwartmann/Keber/Zenner, KI-Verordnung, S. 285–287.

20 ErwG 161 Satz 4.

21 Dazu EuGH, Urt. v. 9.3.2010 – Rs. C-518/07, NJW 2010, 1265, 1266.

22 Vgl. *Roth-Isigkeit*, Schriftliche Stellungnahme im Rahmen der öffentlichen mündlichen Anhörung am 15.5.2024 des Digitalausschusses des Bundestags zum Thema „Nationale Spielräume bei der Umsetzung des europäischen Gesetzes über künstliche Intelligenz“, S. 7 f.

den entspricht grundsätzlich nicht der nationalen Verwaltungsarchitektur,[23] wird allerdings durch den Anwendungsvorrang des EU-Rechts ermöglicht.[24]

15 Ausnahmen davon wurden beispielsweise im Bereich der Datenschutzbehörden in Form „völliger Unabhängigkeit" gemacht, um eine wirksame Aufsicht über Datenverarbeitungen durch den Staat zu ermöglichen.[25] Bezüglich der Regulierung digitaler Dienste aufgrund des DSA wurde eine unabhängige Form der Regulierung gewählt, um das „grundrechtliche Gebot der Staatsferne der Medienregulierung" zu gewährleisten.[26] In der rechtswissenschaftlichen Literatur werden unterschiedliche Auffassungen vertreten hinsichtlich der Frage, ob die KI-VO die Einrichtung *unabhängiger* oder *völlig unabhängiger* nationaler Behörden erfordert.

16 Vertreten wird, dass wegen des Wortlauts des Art. 70 Abs. 1 Satz 2 KI-VO, der statt einer „vollständigen Unabhängigkeit" lediglich die unabhängige Ausführung der Aufgaben verlangt, und mangels vergleichbarer Notwendigkeit vollständig unabhängiger Behörden im Hinblick auf DSGVO und DSA bei der überwiegend produktsicherheitsrechtlichen KI-Regulierung Unabhängigkeit nur im Sinne einer unabhängigen Aufgabenausübung, nicht jedoch im Sinne einer völligen organisatorischen Unabhängigkeit zu verstehen sei.[27] Dies schließt – abgesehen von der Nutzung von KI-Systemen durch öffentliche Stellen – weder eine Fachaufsicht noch eine einzelfallbezogene Weisungsbefugnis aus.[28]

17 Dem wird entgegnet, dass ErwG 159 Satz 2 ausdrücklich betont, dass die Marktüberwachungsbehörden ihre Befugnisse in völliger Unabhängigkeit ausüben

---

23 *Roth-Isigkeit*, Schriftliche Stellungnahme im Rahmen der öffentlichen mündlichen Anhörung am 15.5.2024 des Digitalausschusses des Bundestags zum Thema „Nationale Spielräume bei der Umsetzung des europäischen Gesetzes über künstliche Intelligenz", S. 6.

24 *Martini/Botta*, MMR 2024, 630, 632.

25 *Roth-Isigkeit*, Schriftliche Stellungnahme im Rahmen der öffentlichen mündlichen Anhörung am 15.5.2024 des Digitalausschusses des Bundestags zum Thema „Nationale Spielräume bei der Umsetzung des europäischen Gesetzes über künstliche Intelligenz", S. 7 f.

26 *Roth-Isigkeit*, Schriftliche Stellungnahme im Rahmen der öffentlichen mündlichen Anhörung am 15.5.2024 des Digitalausschusses des Bundestags zum Thema „Nationale Spielräume bei der Umsetzung des europäischen Gesetzes über künstliche Intelligenz", S. 8.

27 *Roth-Isigkeit*, Schriftliche Stellungnahme im Rahmen der öffentlichen mündlichen Anhörung am 15.5.2024 des Digitalausschusses des Bundestags zum Thema „Nationale Spielräume bei der Umsetzung des europäischen Gesetzes über künstliche Intelligenz", S. 7 f.

28 *Roth-Isigkeit*, Schriftliche Stellungnahme im Rahmen der öffentlichen mündlichen Anhörung am 15.5.2024 des Digitalausschusses des Bundestags zum Thema „Nationale Spielräume bei der Umsetzung des europäischen Gesetzes über künstliche Intelligenz", S. 9.

sollten, sowie die historische Entwicklung im Gesetzgebungsverfahren, da die Bezeichnung im Kommissionsentwurf nicht enthalten war und sich somit nachträglich bewusst für diese Bezeichnung entschieden wurde.[29] Unterstützt würde dies zudem durch vergangene Entscheidungen des EuGH, wonach der Begriff der „Unabhängigkeit" regelmäßig garantiere, dass die jeweilige Behörde vor externen Weisungen und Einflussnahme geschützt sei.[30]

Der Referentenentwurf zum Umsetzungsgesetz zur KI-VO unterteilt klar zwischen den beiden dargestellten Alternativen. Die Bundesnetzagentur soll als zuständige nationale Behörde ihre Befugnisse *unabhängig*, unparteiisch und unvoreingenommen ausüben (§ 2 Abs. 4 des Referentenentwurfs).[31] Parallel soll eine sog. Unabhängige Marktüberwachungskammer (UKIM) eingerichtet werden, die entsprechend Art. 74 Abs. 8 Satz 1 KI-VO die Aufsicht über Hochrisiko-KI-Systeme aus Anhang III Nummer 1 (sofern diese Systeme für Strafverfolgungszwecke, Grenzmanagement und Justiz und Demokratie eingesetzt werden), 6 (Strafverfolgung), 7 (Migration, Asyl und Grenzkontrolle) und 8 (Rechtspflege und demokratische Prozesse) ausübt.[32] Diese soll gem. § 3 Abs. 5 des Referentenentwurfs *völlig* unabhängig handeln und weder direkter noch indirekter Beeinflussung von außen unterliegen. Eine mögliche Zuweisung an die Datenschutzaufsichtsbehörden für diese Bereiche, wie durch Art. 74 Abs. 8 KI-VO angeregt, soll vermieden werden, um zu vermeiden, dass die Zuständigkeiten auf verschiedene Behörden aufgeteilt werden.[33] **18**

b) Ausstattung

Die Mitgliedstaaten müssen gem. Art. 70 Abs. 3 Satz 1 ihre zuständigen nationalen Behörden mit angemessenen technischen und finanziellen Mitteln sowie geeignetem Personal und Infrastrukturen ausstatten. Satz 2 hebt die Notwendigkeit einer ausreichenden Zahl an Mitarbeitern hervor und fordert hinreichende Kompetenzen im Hinblick auf ein tiefes Verständnis der KI-Technologien, der Daten und Datenverarbeitung, des Schutzes personenbezogener Daten, der Cybersicherheit, der Grundrechte, der Gesundheits- und Sicherheitsrisiken sowie Kenntnis der bestehenden Normen und rechtlichen Anforderungen. **19**

---

29 *Martini/Botta*, MMR 2024, 630, 632.

30 *Martini/Botta*, MMR 2024, 630, 632.

31 Referentenentwurf des Bundesministeriums für Wirtschaft und Klimaschutz und des Bundesministeriums der Justiz zum Gesetz zur Durchführung der KI-Verordnung, Bearbeitungsstand: 4.12.2024, § 2 Abs. 4.

32 Referentenentwurf des Bundesministeriums für Wirtschaft und Klimaschutz und des Bundesministeriums der Justiz zum Gesetz zur Durchführung der KI-Verordnung, Bearbeitungsstand: 4.12.2024, § 3 Abs. 1.

33 Referentenentwurf des Bundesministeriums für Wirtschaft und Klimaschutz und des Bundesministeriums der Justiz zum Gesetz zur Durchführung der KI-Verordnung, Bearbeitungsstand: 4.12.2024, S. 21.

20 Art. 70 Abs. 4 fordert die Mitgliedstaaten zur Ergreifung eines angemessenen Maßes an Cybersicherheitsmaßnahmen auf.

21 Art. 70 Abs. 5 stellt weiterhin klar, dass die Vertraulichkeitspflichten im Sinne des Art. 78 durch die nationalen Behörden zu berücksichtigen sind.

Kapitel VIII
EU-Datenbank für Hochrisiko-KI-Systeme

Art. 71 EU-Datenbank für die in Anhang III aufgeführten Hochrisiko-KI-Systeme

(1) Die Kommission errichtet und führt in Zusammenarbeit mit den Mitgliedstaaten eine EU-Datenbank mit den in den Absätzen 2 und 3 dieses Artikels genannten Informationen über Hochrisiko-KI-Systeme nach Artikel 6 Absatz 2, die gemäß den Artikeln 49 und 60 registriert werden und über KI-Systeme, die nicht als Hochrisiko-KI-Systeme gemäß Artikel 6 Absatz 3 gelten und gemäß Artikel 6 Absatz 4 und Artikel 49 registriert werden. Bei der Festlegung der Funktionsspezifikationen dieser Datenbank konsultiert die Kommission die einschlägigen Sachverständigen und bei der Aktualisierung der Funktionsspezifikationen dieser Datenbank konsultiert sie das KI-Gremium.

(2) Die in Anhang VIII Abschnitte A und B aufgeführten Daten werden vom Anbieter oder gegebenenfalls vom Bevollmächtigten in die EU-Datenbank eingegeben.

(3) Die in Anhang VIII Abschnitt C aufgeführten Daten werden vom Betreiber, der eine Behörde, Einrichtung oder sonstige Stelle ist oder in deren Namen handelt, gemäß Artikel 49 Absätze 3 und 4 in die EU-Datenbank eingegeben.

(4) Mit Ausnahme des in Artikel 49 Absatz 4 und Artikel 60 Absatz 4 Buchstabe c genannten Abschnitts müssen die gemäß Artikel 49 in der Datenbank registrierten und dort enthaltenen Informationen auf benutzerfreundliche Weise zugänglich und öffentlich verfügbar sein. Die Informationen sollten leicht handhabbar und maschinenlesbar sein. Auf die gemäß Artikel 60 registrierten Informationen können nur Marktüberwachungsbehörden und die Kommission zugreifen, es sei denn, der zukünftige Anbieter oder der Anbieter hat seine Zustimmung dafür erteilt, dass die Informationen auch öffentlich zugänglich sind.

(5) Die EU-Datenbank enthält personenbezogene Daten nur, soweit dies für die Erfassung und Verarbeitung von Informationen gemäß dieser Verordnung erforderlich ist. Zu diesen Informationen gehören die Namen und Kontaktdaten der natürlichen Personen, die für die Registrierung des Systems verantwortlich sind und die rechtlich befugt sind, den Anbieter oder gegebenenfalls den Betreiber zu vertreten.

(6) Die Kommission gilt als für die EU-Datenbank Verantwortlicher. Sie stellt Anbietern, zukünftigen Anbietern und Betreibern angemessene technische und administrative Unterstützung bereit. Die EU-Datenbank muss den geltenden Barrierefreiheitsanforderungen entsprechen.

Mit Art. 71 korrespondiert Erwägungsgrund 131.

Schrifttum: *Baeva*, Warum brauchen wir Transparenz, Missing Link 2/2022; *Bains*, White Box Vs. Black Box AI: Key Differences Explained, zuletzt aktualisiert am 26.12.2023, https://www.ccn.com/education/white-box-vs-black-box-ai-key-differences-explained/ (zuletzt abgerufen am 25.2.2025); *Beining*, Wie Algorithmen verständlich werden – Ideen für Nachvollziehbarkeit von algorithmischen Entscheidungsprozessen für Betroffene, Stiftung Neue Verantwortung, November 2019; *Binder*, Briefing zur KI-Verordnung, Zentrum für vertrauenswürdige Künstliche Intelligenz, Ausgabe 9 v. 6.12.2023; *Clarke/Whittlestone/Maas/Belfield/Hernández-Orallo/Ó hÉigeartaigh*, Submission of Feedback to the European Commission's Proposal for a Regulation laying down harmonised rules on artificial intelligence, University of Cambridge, Centre for the Study of Existential Risk, 10.8.2021; *Cremers/Englander* u. a., Vertrauensvoller Einsatz von Künstlicher Intelligenz, Fraunhofer IASA, Whitepaper 2020/03; *Future of Life Institute* (Hrsg.), Position Paper on the EU AI Act – FLI position on the Proposal for a Regulation laying down harmonised rules on artificial intelligence (Artificial Intelligence Act), 4.8.2021; *Hilgendorf/Roth-Isigkeit* (Hrsg.), Die neue Verordnung der EU zur Künstlichen Intelligenz, 2023; *Hustedt*, A Public Value Perspective on Predictive Policing in the US, November 2016; *Loi*, Automatisierte Entscheidungssysteme im öffentlichen Sektor – Ein Impact-Assessment-Tool für die öffentliche Verwaltung, Algorithm Watch, September 2022; *Molavi Vasse'i/McCrosky*, AI Transparency in Practice – Builders on what works – and what doesn't. Mozilla's research on AI transparency, with practical advice from Thoughtworks, März 2023; *Reed/Grieman/Early*, Non-Asimov Explanations Regulating AI Through Transparency, Queen Mary Law Research Paper No. 370/2021; *Smuha/Ahmed-Rengers* u. a., How the EU Can Achieve Legally Trustworthy AI: A Response to the European Commission's Proposal for an Artificial Intelligence Act, 5.8.2021; *Tyler*, Procedural Justice, Legitimacy, and the Effective Rule of Law, Crime and Justice, Volume 30, 2003, S. 283; *Veale/Zuiderveen Borgesius*, Demystifying the Draft EU Artificial Intelligence Act, CRi 2021, 97; *Vieth-Ditlmann/Aszódi*, Ein Leitfaden zur neuen KI-Verordnung der EU, Algorithmwatch, 14.11.2024, https://algorithmwatch.org/de/ai-act-erklaert/ (zuletzt abgerufen am 25.2.2025); *Weeke*, Transparente digitale Verwaltung: Umsetzbarkeit eines KI-Registers in Deutschland, Bertelsmann Stiftung, November 2023; *Wörsdörfer*, The EU's AI Act Shows How To Regulate AI. It Could Be Improved, PROMARKET, 2.11.2023, https://www.promarket.org/2023/11/02/the-eus-ai-act-shows-how-to-regulate-ai-it-could-be-improved/ (zuletzt abgerufen am 25.2.2025).

Übersicht

I. Allgemeines

1. Zweck der Vorschrift

1 Art. 49 und 60 verpflichten Anbieter von bestimmten KI-Systemen mit hohem Risiko, die Systeme in einer Datenbank zu registrieren. Art. 71 regelt die Details der Datenbank für diese Hochrisiko-KI-Systeme. Die Datenbank wird von der Kommission betrieben. Vorbild für die KI-Datenbank dürfte die Europäische Datenbank für Medizinprodukte (Eudamed) gewesen sein.[1]

2 Die Datenbank soll Transparenz über KI-Systeme schaffen und so die Überwachung von Hochrisiko-KI-Systemen erleichtern.[2] Durch die Datenbank sollen sowohl den Aufsichtsbehörden als auch der Öffentlichkeit Informationen zum Nutzungskontext der Datenbank schnell und übersichtlich zur Verfügung stehen. Der Wert von Transparenz gegenüber der Öffentlichkeit ist nicht zu unterschätzen. Gerade NGO und Forschungseinrichtungen können Hochrisiko-KI-Systeme so einfacher untersuchen und erforschen. So kann die Öffentlichkeit zur Überwachung beitragen.[3] Der Gesetzgeber hat sich dazu entschieden, die konkrete Ausgestaltung der Datenbank, deren Bestehen Art. 49 und 60 voraussetzen, an einem Ort gebündelt zu regeln. Das ist sinnvoll.

2. Entstehungsgeschichte

3 Die Entscheidung für eine Datenbank für Hochrisiko-KI-Systeme war bereits im ersten Entwurf der Kommission – damals noch als Art. 60 – enthalten. Dasselbe gilt für die grundsätzliche Struktur der Datenbank.[4] Im Laufe des Gesetzgebungsprozesses änderte sich lediglich, welche KI-Systeme jeweils in der Datenbank zu registrieren sind (dazu sogleich Rn. 7 ff.).

1 Vgl. Art. 28, 33 VO (EU) 2017/745; ebenso *Martini*, in: Hilgendorf/Roth-Isigkeit, Die neue Verordnung der EU zur Künstlichen Intelligenz, § 4 Rn. 118; *Veale/Zuiderveen Borgesius*, CRi 2021, 97, 111 (Rn. 103).
2 ErwG 131; EU-Komm., COM/2021/206 final vom 21.4.2021 (KIVO-E Kommission), S. 55.
3 *Vieth-Ditlmann/Aszódi*, Ein Leitfaden zur neuen KI-Verordnung der EU.
4 KI-VO-E Kommission, Art. 60.

3. Verhältnis zu anderen Vorschriften

4 Art. 71 konkretisiert die Vorgaben von Art. 49 und 60 zur Registrierungspflicht für KI-Systeme. Weitere Details zur Registrierungspflicht ergeben sich aus Anhang VIII.

II. Registrierungspflicht (Abs. 1 Satz 1 i.V.m. Art. 49 und 60)

1. Umfang der Registrierungspflicht

5 Die Registrierungspflicht ergibt sich nicht direkt aus Art. 71. Die Pflicht folgt aus Art. 49 und 60 (siehe dazu ausführlich Art. 49 Rn. 5 und Art. 60 Rn. 37). Danach sind verschiedene Arten von KI-Systemen durch verschiedene Verpflichtete in die EU-Datenbank aufzunehmen:

- **Hochrisiko-KI Systeme** sind **vor Inverkehrbringen** (siehe Art. 3 Nr. 9 Rn. 134 ff.) oder Inbetriebnahme (siehe Art. 3 Nr. 11 Rn. 153 ff.) **von den Anbietern** (siehe Art. 3 Nr. 3 Rn. 84 ff.) zu registrieren (vgl. Art. 49 Abs. 1),
- **Hochrisiko-KI-Systeme** (mit Ausnahme der in Anhang III Nr. 2 aufgeführten Systeme) sind **vor Inbetriebnahme** oder Verwendung durch **öffentliche Stellen als Betreiber** (siehe Art. 3 Nr. 4 Rn. 104 ff.) der Systeme zu registrieren (vgl. Art. 49 Abs. 3),
- **Hochrisiko-KI-Systeme** sind **vor einem Test unter realen Bedingungen** (siehe Art. 3 Nr. 57 Rn. 419 ff.) **von den Anbietern** zu registrieren (vgl. Art. 60 Abs. 4 lit. c), und
- in Anhang III genannte KI-Systeme, die gemäß **Art. 6 Abs. 3 KI-VO keine Hochrisiko-KI-Systeme** (siehe Art. 6 Rn. 156 ff.) sind, sind **vor Inverkehrbringen** oder Inbetriebnahme **von den Anbietern** zu registrieren (vgl. Art. 49 Abs. 2)

6 Eine weitere Pflicht zur Registrierung sieht Art. 49 Abs. 5 vor. KI-Systeme gemäß Anhang III Nr. 2 (KI-Systeme für kritische Infrastruktur) werden auf nationaler Ebene in Datenbanken registriert.

7 Der Umfang der Registrierungspflicht änderte sich im Laufe des **Gesetzgebungsprozesses**. Der ursprüngliche Entwurf der Kommission sah eine solche Pflicht allgemein für Hochrisiko-KI-Systeme vor.[5] Der Rat ergänzte in seinem Entwurf die Pflicht zur Registrierung für Hochrisiko-KI-Systeme, die von Behörden genutzt werden,[6] und zur Registrierung von Hochrisiko-KI-Systemen vor

5 KI-VO-E Kommission, Art. 51, 60.
6 KI-VO-E Rat, Art. 51 Abs. 2.

einem Test unter Realbedingungen.[7] Das Parlament versuchte schließlich – erfolglos – eine Registrierungspflicht für KI-Systeme von Gatekeepern im Sinne des Digital Markets Act[8] und für sogenannte Basismodelle durchzusetzen.[9]

2. Rezeption der Registrierungspflicht

Die Registrierungspflicht ist bislang auf **grundsätzliche Zustimmung** gestoßen. Eine öffentlich einsehbare Datenbank könne Transparenz schaffen, die Arbeit der Überwachungsbehörden vereinfachen, Wissensaustausch fördern und so insgesamt das Vertrauen in KI-Systeme verbessern.[10] 8

Dem ist zuzustimmen. Transparenz ist ein **wesentlicher Faktor für Akzeptanz** von Systemen. Das gilt insbesondere für Systeme, die dem menschlichen Verstand nicht ohne weiteres zugänglich sind, aber gleichzeitig große Auswirkungen auf das Zusammenleben haben.[11] Dementsprechend wird fehlende Transparenz bei KI-Systemen als zentrales Hemmnis für die Akzeptanz genannt.[12] Gleichzeitig kann Transparenz bei KI-Systemen zu schlechteren Ergebnissen führen. Sogenannte „Black-Box-Systeme“ können robustere und genauere Ergebnisse produzieren.[13] Eine Regulierung muss also einen Ausgleich zwischen 9

7 KI-VO-E Rat, Art. 54a Abs. 4 lit. c.

8 Vgl. Art. 3 VO (EU) 2022/1925.

9 KI-VO-E Parlament, Art. 28 Abs. 2 lit. g, Art. 51 Abs. 1a.

10 Vgl. nur *Binder*, Briefing zur KI-Verordnung, Ausgabe 9, S. 4; *Müller*, Sachverständigenstellungnahme zur KI-Verordnung, Deutscher Bundestag, Ausschuss für Digitales, Drs. 20(23)81, S. 7 f.; *Smuha/Ahmed-Rengers* u. a., How the EU Can Achieve Legally Trustworthy AI: A Response to the European Commission's Proposal for an Artificial Intelligence Act, S. 3; *Veale/Zuiderveen Borgesius*, CRi 2021, 97, 111 f.; *Weeke*, Transparente digitale Verwaltung: Umsetzbarkeit eines KI-Registers in Deutschland, S. 16 f.; vgl. auch *Baeva*, Warum brauchen wir Transparenz, Missing Link 2/2022, S. 11. Ebenso ErwG 131.

11 *Beining*, Wie Algorithmen verständlich werden, S. 9 f.; *Tyler*, Crime & Justice 30 (2003), 283, 291; vgl. auch z. B. für den staatlichen Zivilprozess plastisch R v Sussex Justices, ex p McCarthy [1924] 1 K.B. 256, 259: „it is not merely of some importance but is of fundamental importance that justice should not only be done, but should manifestly and undoubtedly be seen to be done.“; zum sog. „Predictive Policing“ in den USA: *Hustedt*, A Public Value Perspective on Predictive Policing in the US.

12 *Baeva*, Warum brauchen wir Transparenz, Missing Link 2/2022, S. 3; *Cremers/Englander* u. a., Vertrauensvoller Einsatz von Künstlicher Intelligenz, S. 11, 17 f.; *Loi*, Automatisierte Entscheidungssysteme im öffentlichen Sektor, S. 19 ff.; *Molavi Vasse'i/McCrosky*, AI Transparency in Practice, S. 3 f.; *Reed/Grieman/Early*, Non-Asimov Explanations Regulating AI Through Transparency, S. 9 ff.

13 *Bains*, White Box Vs. Black Box AI: Key Differences Explained, https://www.ccn.com/education/white-box-vs-black-box-ai-key-differences-explained; *Cremers/Englander* u. a., Vertrauensvoller Einsatz von Künstlicher Intelligenz, S. 17 f.

der berechtigten Forderung nach Transparenz auf der einen Seite und dem berechtigten Wunsch nach dem bestmöglichen KI-System auf der anderen Seite bilden.

10 Folgerichtig waren vor diesem Hintergrund sowohl die grundsätzliche Entscheidung für eine Registrierungspflicht als auch deren Erweiterungen im Gesetzgebungsprozess. Die Registrierungspflicht schafft einerseits Transparenz über Anbieter, Betreiber und grundlegende Funktionen von Hochrisiko-KI-Systemen. Andererseits übersteuert die KI-VO die Transparenzpflicht nicht, etwa indem sie eine vollständige Offenlegung der Funktionsweise von KI-Systemen anordnen würde. Die Ausweitung der Registrierungspflicht auf von öffentlichen Stellen eingesetzte KI-Systeme leuchtet unmittelbar ein. Setzt der Staat in Ausübung seines Gewaltmonopols KI-Systeme ein, greift er unmittelbar in Grundrechte ein. Diese Eingriffe müssen transparent sein.[14] Ebenso naheliegend war es, den Anbietern von KI-Systemen die Möglichkeit zu nehmen, einer Registrierungspflicht von Hochrisiko-KI-Systemen durch den Weg des Art. 6 Abs. 3 (siehe dazu Rn. 156 ff.) zu entgehen. Die Akzeptanz weiter erhöht hätte eine Beschwerdemöglichkeit der Öffentlichkeit.[15]

11 Teilweise wurde im Gesetzgebungsprozess eine noch **deutlichere Erweiterung** der Registrierungspflicht gefordert. So hätten alle KI-Systeme (statt nur die in Anhang III genannten) registriert und mit einer Analyse der Grundrechtsrelevanz versehen werden können.[16] Diese Forderung dürfte wegen des damit verbundenen Aufwandes **zu weit** gehen. Gerade für kleine und junge Unternehmen hätte man so unverhältnismäßig hohe Markteintrittshürden geschaffen. Sinnvoll wäre dagegen die Aufnahme einer (ggf. nicht öffentlichen) Pflicht zur Mitteilung von Sicherheitsvorfällen an die Datenbank.[17] Der Mehraufwand für Unternehmen wäre gering, der regulatorische Mehrwert groß gewesen.

---

14 *Loi*, Automatisierte Entscheidungssysteme im öffentlichen Sektor, S. 19 ff.; *Weeke*, Transparente digitale Verwaltung: Umsetzbarkeit eines KI-Registers in Deutschland, S. 9.

15 *Veale/Zuiderveen Borgesius*, CRi 2021, 97, 111 (Rn. 104); ihnen folgend *Martini*, in: Hilgendorf/Roth-Isigkeit, Die neue Verordnung der EU zur Künstlichen Intelligenz, § 4 Rn. 125.

16 So bspw. *Wörsdörfer*, The EU's AI Act Shows How To Regulate AI. It Could Be Improved.

17 So auch *Clarke/Whittlestone/Maas/Belfield/Hernández-Orallo/Ó hÉigeartaigh*, Submission of Feedback to the European Commission's Proposal for a Regulation laying down harmonised rules on artificial intelligence, S. 6; Future of Life Institute, Position Paper on the EU AI Act, S. 8.

3. Rechtsfolgen bei Verstößen

Mit der Registrierungspflicht ist **kein Genehmigungsvorbehalt** verbunden.[18] Eine Überprüfung der Registrierungspflicht vor einer Freigabe, dem Inverkehrbringen, der Inbetriebnahme oder Verwendung ist nicht vorgesehen. 12

Ein **Verstoß** gegen die Registrierungspflicht löst (nur) **Sanktionen** und **Durchsetzungsmaßnahmen** gemäß **Art. 99 Abs. 1** i.V.m. den jeweiligen Umsetzungsvorschriften der Mitgliedstaaten aus (siehe Art. 99 Rn. 11 ff.). 13

III. Inhalte der Datenbank (Abs. 2 bis 4)

Welche Inhalte die Verpflichteten (oben Rn. 5) in die Datenbank eingeben und aktuell halten müssen, regelt Anhang VIII der KI-VO. 14

1. Allgemeines

In die Datenbank aufgenommen werden danach für **alle registrierungspflichtigen KI-Systeme:** 15

- **Allgemeine Informationen** zu KI-System, Anbieter und Betreiber (Anhang VIII Abschnitt A Nr. 1 bis 4, 7, 10, 13; Abschnitt B Nr. 1 bis 4, 8, 9; Abschnitt C Nr. 1 bis 3) und
- Informationen zum geplanten **Einsatzzweck**, zu Komponenten und zur **Funktionsweise**, sowie zu **verwendeten Informationen** und der **Betriebslogik** des KI-Systems (Anhang VIII Abschnitt A Nr. 5, 6; Abschnitt B, Nr. 5; Abschnitt C Nr. 3 i. V. m. Abschnitt A Nr. 5, 6).

Darüber hinaus sind je nach Art des KI-Systems weitere Angaben erforderlich, z.B. über Zertifikate gemäß Art. 44 (Anhang VIII Abschnitt A Nr. 7, 8), Übereinstimmungserklärungen gemäß Art. 47 (Anhang VIII Abschnitt A Nr. 11), die Gründe, warum ein Anbieter ein KI-System gemäß Art. 6 Abs. 3 nicht als Hochrisiko-KI-System einstuft (Anhang VIII Abschnitt B Nr. 6, 7), und das Ergebnis von Grundrechtsverträglichkeitsprüfungen und Datenschutzfolgeabschätzungen (Anhang VIII Abschnitt C Nr. 4, 5). 16

---

18 *Martini*, in: Hilgendorf/Roth-Isigkeit, Die neue Verordnung der EU zur Künstlichen Intelligenz, § 4 Rn. 119.

2. Details und Umfang der erforderlichen Angaben

17 Die erforderlichen Angaben sind größtenteils selbsterklärend. Verpflichtete können sie problemlos aus dem Anhang und den zu erwartenden Formularen der Kommission ablesen.[19]

18 Für Anbieter von KI-Systemen problematisch dürften jedoch die Angaben zur Funktionsweise, verwendeten Informationen und zur Betriebslogik werden. Die KI-VO trifft keine Aussage darüber, in welchem Detailgrad die Angaben bereitgestellt werden müssen. Auch die Erwägungsgründe und gesetzgeberischen Materialien sind für eine Antwort auf diese Frage unergiebig. Das ist frustrierend. Schließlich kann ein Verstoß gegen die Registrierungspflicht empfindliche Sanktionen nach sich ziehen (siehe oben Rn. 12 f.).

19 Hinweise geben der Wortlaut der Vorschrift und deren Sinn und Zweck sowie ein Vergleich mit der Eudamed-Datenbank.

20 Der Wortlaut von Anhang VIII Abschnitt A Nr. 5 und Abschnitt B Nr. 5 spricht jeweils von „einer Beschreibung" („description") des Einsatzzwecks und (im Fall von Abschnitt A Nr. 5) der Komponenten und Funktionen. Demgegenüber verlangt Anhang VIII Abschnitt A Nr. 6 eine grundlegende und knappe Beschreibung („basic and concise description") der vom System verwendeten Informationen und der Betriebslogik. Daraus folgt, dass die Beschreibung von Einsatzzweck, Komponenten und Funktionen detaillierter sein muss als die Beschreibung von verwendeten Informationen und Betriebslogik.

21 Das wird durch den Sinn und Zweck der Datenbank bestätigt. Die Datenbank soll vor allem die Aufsicht über KI-Systeme erleichtern und Transparenz gegenüber der Öffentlichkeit schaffen.[20] Für Aufsichtsbehörden und Öffentlichkeit ist dabei (über allgemeine Angaben hinaus) vor allem wichtig, zu welchem Zweck KI-Systeme verwendet werden und wie sie funktionieren. So können Aufsichtsbehörden und die Öffentlichkeit einen schnellen Überblick über alle in der Europäischen Union angebotenen KI-Systeme erhalten. Daher ist es sachgerecht, hier eine ausführlichere Beschreibung zu fordern. Betriebslogik und Details der verwendeten Informationen dürften demgegenüber eher für besonders vorgebildete Fachkreise interessant sein. Zudem enthalten diese Angaben regelmäßig zentrale Betriebsgeheimnisse und geistiges Eigentum der Anbieter. Anbieter zu verpflichten, derartige Angaben ohne konkreten Anlass detailliert in eine Datenbank einzutragen, würde deren Grundfreiheiten und europäische Grundrechte stark einschränken.[21] Sollten Aufsichtsbehörden im Einzelfall detaillierte Angaben benötigen, können sie diese Angaben im Durchsetzungsverfahren gemäß

---

19 Vgl. auch die Aufarbeitung (zum Entwurfsstand) bei *Veale/Zuiderveen Borgesius*, CRi 2021, 97, 104 (Table 1).

20 ErwG 131.

21 Vgl. Art. 17 Abs. 2 GRCh; Art. 118 Abs. 1 AEUV.

Art. 74 KI-VO i.V.m. Art. 14 Abs. 4 VO (EU) 2019/1020 durch Ermittlungsmaßnahmen herausfinden (siehe dazu Art. 74 Rn. 14).

Schließlich zeigt ein Vergleich mit der Eudamed-Datenbank, dass jedenfalls die öffentlich verfügbaren Angaben in der Datenbank keine Geschäftsgeheimnisse enthalten. Die Angaben in der Datenbank sind insgesamt recht knapp gehalten – dafür werden deutlich mehr Einzelparameter abgefragt, die die relevanten Medizinprodukte beschreiben. Weil die Daten in allen Sprachen in die Eudamed-Datenbank eingegeben werden können, sieht die Datenbank sogar für viele Eingabefelder numerische Codes vor.[22] Unterstellt man, dass die Eudamed-Datenbank Modell für die Datenbank für KI-Systeme stand, so dürfte der Detailgrad der dortigen Eintragung jedenfalls dort, wo die KI-VO nur knappe Beschreibungen fordert, einen guten Anhaltspunkt für Eintragungen in die Datenbank für KI-Systeme bieten. **22**

Aus diesen Gründen wird man recht umfassende und detaillierte Angaben gemäß Anhang VIII Abschnitt A Nr. 5 und Abschnitt B Nr. 5 im Umfang von einigen Absätzen oder Seiten verlangen können. Das sollte für die Anbieter ohne größere Probleme möglich sein. Schließlich erstellen sie derartige Angaben regelmäßig im Rahmen ihrer Dokumentation für interne Zwecke oder für Benutzer.[23] Moderne KI-Modelle mit allgemeinem Verwendungszweck, wie ChatGPT 4o, können diese Angaben sogar selbst erstellen.[24] **23**

Unzureichend dürfte dabei ein Verweis auf eine Webseite sein, auf der die einzutragenden Informationen abzurufen sind. Zwar bietet Anhang VIII Abschnitt A Nr. 13 die Möglichkeit, vertiefend eine URL-Adresse anzugeben. Allerdings dürfen auf dieser Website nur *zusätzliche* Informationen stehen. Zudem würde es dem Sinn und Zweck der Datenbank, Informationen einfach abrufbar zu machen, entgegenstehen, wenn ein Nutzer der Datenbank sich die Informationen erst auf einer externen Webseite zusammensuchen muss. **24**

Demgegenüber werden sich Anbieter bei den Angaben gemäß Anhang VIII Abschnitt A Nr. 6 auf eine allgemeinere Beschreibung der verwendeten Informationen und der Betriebslogik ohne Offenlegung von Geschäftsgeheimnissen beschränken können. Für eine „basic and concise description" dürften einige wenige Sätze wie bei den Eintragungen in die Eudamed-Datenbank genügen. **25**

---

22 Beschluss der Kommission vom 19.4.2010 über die Europäische Datenbank für Medizinprodukte (2010/227/EU), Art. 4 Abs. 2, ErwG 6.

23 Für das LLM „Claude" von Anthropic lassen sich bspw. hier: https://support.anthropic.com/de/ (zuletzt abgerufen am 25.2.2025) alle erforderlichen Informationen finden.

24 Vgl. z. B. die entsprechenden Angaben für ChatGPT 4 von OpenAI, die das LLM selbst generiert: https://chatgpt.com/share/d1bf9dc0-637d-43c3-844e-dfb9bd17861b (zuletzt abgerufen am 25.2.2025).

IV. Technische Rahmenbedingungen der Datenbank (Abs. 1 Satz 2, Abs. 5 und 6)

26 Die Kommission ist – in Zusammenarbeit mit den Mitgliedstaaten – Betreiberin der Datenbank für Hochrisiko-KI-Systeme. Gemäß Art. 71 Abs. 1 Satz 2 muss die Kommission bei der Ausarbeitung der funktionalen Spezifikationen der Datenbank die einschlägigen Sachverständigen (dazu Art. 68 Rn. 1 ff.) konsultieren. Bei Aktualisierung dieser Spezifikationen muss die Kommission das Europäische KI-Gremium (dazu Art. 65 Rn. 1 ff.) einbinden. Die Kommission ist außerdem dafür verantwortlich, technische und administrative Unterstützung für die Datenbank (Art. 71 Abs. 6) zu gewährleisten. Wie die Datenbank, deren technische Umsetzung und Unterstützung konkret funktionieren, bleibt abzuwarten. Es bietet sich an, ähnlich wie bei Eudamed zu verfahren und die Datenbanknutzung erst dann verpflichtend ein zuführen, wenn alle Funktionalitäten vollständig gesichert sind.[25]

27 Die Datenbank soll datensparsam sein. Daher sind personenbezogene Daten nur aufzunehmen, soweit sie unbedingt erforderlich sind (Art. 71 Abs. 5). Als unbedingt erforderlich sieht der Gesetzgeber die Namen und Kontaktinformationen von den für das jeweilige KI-System verantwortlichen Personen an. Die Datenbank soll außerdem nutzerfreundlich sein, eine leicht zu bedienende Suchfunktion bieten und so auch der breiten Öffentlichkeit einen einfachen Zugang bieten.[26]

28 Weite Teile der Datenbank werden dementsprechend auch öffentlich zugänglich sein. Lediglich Informationen über KI-Systeme gemäß Anhang III Nr. 1, 6 und 7 aus den Bereichen Strafverfolgung, Migration, Asyl und Grenzkontrollmanagement werden in einem nicht-öffentlichen Teil der Datenbank registriert. Auf diesen Teil der Datenbank haben nur die Kommission und die mitgliedstaatlichen Aufsichtsbehörden Zugriff.

29 Die Kommission soll schließlich Risiken der Cybersicherheit im Blick behalten – man sollte meinen, eine Selbstverständlichkeit.[27] Sie soll die Datenbank gemäß den aktuellen Barrierefreiheitsanforderungen aufsetzen. Hierunter fallen insbesondere die Vorgaben der Richtlinie (EU) 2019/882. Auch die Inhalte der Datenbank sollen diesen Anforderungen genügen.[28] Eine sinnvolle Ergänzung, damit auch Menschen mit Beeinträchtigungen die Datenbank so gut wie möglich nutzen können.

---

25 Vgl. Art. 34, 113 Abs. 3 lit. d VO (EU) 2017/745; EU-Komm., „EUDAMED – UDI/Produktregistrierung“, https://health.ec.europa.eu/medical-devices-eudamed/udidevices-registration_de (zuletzt abgerufen am 25.2.2025).

26 ErwG 131.

27 ErwG 131.

28 ErwG 131.

Kapitel IX
Beobachtung nach dem Inverkehrbringen, Informationsaustausch und Marktüberwachung

Abschnitt 1
Beobachtung nach dem Inverkehrbringen

Art. 72 Beobachtung nach dem Inverkehrbringen durch die Anbieter und Plan für die Beobachtung nach dem Inverkehrbringen für Hochrisiko-KI-Systeme

(1) Anbieter müssen ein System zur Beobachtung nach dem Inverkehrbringen, das im Verhältnis zur Art der KI-Technik und zu den Risiken des Hochrisiko-KI-Systems steht, einrichten und dokumentieren.

(2) Mit dem System zur Beobachtung nach dem Inverkehrbringen müssen sich die einschlägigen Daten zur Leistung der Hochrisiko-KI-Systeme, die von den Anbietern oder den Betreibern bereitgestellt oder aus anderen Quellen erhoben werden können, über ihre gesamte Lebensdauer hinweg aktiv und systematisch erheben, dokumentieren und analysieren lassen, und der Anbieter muss damit die fortdauernde Einhaltung der in Kapitel III Abschnitt 2 genannten Anforderungen an die KI-Systeme bewerten können. Gegebenenfalls umfasst die Beobachtung nach dem Inverkehrbringen eine Analyse der Interaktion mit anderen KI-Systemen. Diese Pflicht gilt nicht für sensible operative Daten von Betreibern, die Strafverfolgungsbehörden sind.

(3) Das System zur Beobachtung nach dem Inverkehrbringen muss auf einem Plan für die Beobachtung nach dem Inverkehrbringen beruhen. Der Plan für die Beobachtung nach dem Inverkehrbringen ist Teil der in Anhang IV genannten technischen Dokumentation. Die Kommission erlässt einen Durchführungsrechtsakt, in dem sie detaillierte Bestimmungen für die Erstellung eines Musters des Plans für die Beobachtung nach dem Inverkehrbringen sowie die Liste der in den Plan aufzunehmenden Elemente bis zum 2. Februar 2026 detailliert festlegt. Dieser Durchführungsrechtsakt wird gemäß dem in Artikel 98 Absatz 2 genannten Prüfverfahren erlassen.

(4) Bei Hochrisiko-KI-Systemen, die unter die in Anhang I Abschnitt A aufgeführten Harmonisierungsrechtsvorschriften der Union fallen, und für die auf der Grundlage dieser Rechtvorschriften bereits ein System zur Beobachtung nach dem Inverkehrbringen sowie ein entsprechender Plan festgelegt wurden, haben die Anbieter zur Gewährleistung der Kohärenz, zur Vermeidung von Doppelarbeit und zur Minimierung zusätzlicher Belastungen die Möglichkeit, unter Verwendung des Musters nach Absatz 3, gegebenenfalls die in den Absätzen 1, 2 und 3 genannten erforderlichen Elemente in die im Rahmen dieser Vorschriften bereits vorhandenen Systeme und Pläne zu integrieren, sofern ein gleichwertiges Schutzniveau erreicht wird.

Unterabsatz 1 dieses Absatzes gilt auch für in Anhang III Nummer 5 genannte Hochrisiko-KI-Systeme, die von Finanzinstituten in Verkehr gebracht oder in Betrieb genommen wurden, die bezüglich ihrer internen Unternehmensführung, Regelungen oder Verfahren Anforderungen gemäß den Rechtsvorschriften der Union über Finanzdienstleistungen unterliegen.

Mit Art. 72 korrespondiert Erwägungsgrund 151.

Schrifttum: *Bodungen/Hoffmann*, Autonomes Fahren – Haftungsverschiebung entlang der Supply Chain? (Teil 2), NZV 2016, 503; *Ebers/Heinze/Krügel/Steinrötter* (Hrsg.), Künstliche Intelligenz und Robotik, 2020; *Ebers/Hoch/Rosenkranz/Ruschemeier/Steinrötter*, The European Commission's Proposal for an Artificial Intelligence Act – A Critical Assessment by Members of the Robotics and AI Law Society (RAILS), Multidisciplinary Scientific Journal 2021, 589; *Foerste/Graf v. Westphalen* (Hrsg.), Produkthaftungshandbuch, 4. Aufl. 2024; *Gomille*, Herstellerhaftung für automatisierte Fahrzeuge, JZ 2016, 76; *Grabitz/Hilf/Nettesheim* (Hrsg.), Das Recht der Europäischen Union: EUV/AEUV, Kommentar, 84. EL, Stand: Januar 2025; *Hau/Poseck* (Hrsg.), Beck'scher Online-Kommentar BGB, 74. Ed., Stand: 1.2.2025; *Klindt/Wende*, Produktbeobachtungspflichten 2.0 – Social-Media-Monitoring und Web-Screening, BB 2016, 1419; *Oechsler*, Die Haftungsverantwortung für selbstlernende KI-Systeme, NJW 2022, 2713; *Säcker/Rixecker/Oetker* (Hrsg.), Münchener Kommentar zum BGB, Bd. 7, 9. Aufl. 2024; *Schmid*, Pflicht zur „integrierten Produktbeobachtung" für automatisierte und vernetzte Systeme, CR 2019, 141; *von der Groeben/Schwarze/Hatje* (Hrsg.), Europäisches Unionsrecht, 7. Aufl. 2015; *Wende*, Haftungsfragen bei vernetzten und autonomen Systemen, in: Sassenberg/Faber, Rechtshandbuch Industrie 4.0 und Internet of Things, 2. Aufl. 2020; *Wiebe*, Produktsicherheitsrechtliche Betrachtung des Vorschlags für eine KI-Verordnung, BB 2022, 899; *Wiesemann/Mattheis/Wende*, Software-Updates bei vernetzten Geräten – Besteht ein Update-Recht der Hersteller an der Steuerungssoftware ihrer Produkte?, MMR 2020, 139; *Woesch/Vogt*, Die KI-Verordnung – Die digitale Zukunft im Finanzsektor, BKR 2024, 689.

Übersicht

I. Allgemeines

Art. 72 KI-VO verpflichtet Anbieter von Hochrisiko-KI-Systemen zur Einrichtung eines **Systems zur Beobachtung** nach dem Inverkehrbringen, das gemäß Art. 72 Abs. 3 auf einem **Plan für die Beobachtung** beruhen muss. Die Vorschrift stellt Mindestanforderungen an die Funktionalität und Ergebnisse dieses Systems auf, enthält allerdings keine detaillierte Beschreibung der einzelnen Prozessschritte. Der Zeitpunkt des Inverkehrbringens wird in Art. 3 Nr. 9 KI-VO legaldefiniert (vgl. hierzu Art. 3 Rn. 134 ff.). Das System zur Beobachtung beschreibt einen unternehmensinternen Prozess, mit dem die Sammlung und Auswertung leistungsbezogener Daten ermöglicht wird, um die Konformität des Hochrisiko-KI-Systems mit den Vorgaben der KI-VO über die Lebenszeit zu überwachen und im Falle einer Nichtkonformität die angemessenen Korrekturmaßnahmen zu ergreifen. 1

Eine Pflicht zur Einrichtung eines Beobachtungssystems ist bereits in anderen Rechtsakten des produktrechtlichen NLF, insbesondere der MP-VO, enthalten. Verpflichtungsadressat ist hier jeweils der Hersteller. Konsistent ist daher die **Privilegierung** des Art. 72 Abs. 4, wonach das Beobachtungssystem für Hochrisiko-KI-Systeme, die unter einen der in Anhang I Abschnitt A genannten europäischen **Harmonisierungsrechtsakte** fallen, in die bereits auf Grund dieser Vorschriften existierenden Beobachtungssysteme integriert werden darf (siehe 2

Rn. 36 ff.). Eine entsprechende Privilegierung sieht Art. 72 Abs. 4 auch für Hochrisiko-Systeme von **Finanzinstituten** vor, die im Hinblick auf ihre unternehmensinterne Organisation europäischen Regulierungsvorschriften unterfallen (siehe Rn. 46 ff.).[1]

3 Die Beobachtung nach dem Inverkehrbringen hat für KI-Systeme besondere Bedeutung, da eine wesentliche Eigenschaft der KI ihre **Veränderung** über die Benutzungszeit ist (vgl. hierzu ausführlich Art. 3 Rn. 40). Da die Kontrolle des KI-Systems nach dem Inverkehrbringen vom Anbieter auf den Betreiber übergeht, werden beide Wirtschaftsakteure im Zusammenhang mit der Beobachtung nach dem Inverkehrbringen mit **ineinandergreifenden Pflichten** belegt (siehe Rn. 26).[2] Zudem ist die Pflicht aus Art. 72 KI-VO im systematischen Zusammenhang mit zivilrechtlichen und öffentlich-rechtlichen **Produktbeobachtungspflichten** und der bereits absehbaren Verschärfung auf europäischer Ebene zu sehen (vgl. hierzu ausführlich Rn. 15 ff.).

1. Zweck der Vorschrift

4 Die Pflicht zur Einrichtung eines Systems zur Beobachtung nach dem Inverkehrbringen dient zur Information darüber, wie das Hochrisiko-KI-System während seiner gesamten Lebensdauer funktioniert. Diese Informationen sind nach Einschätzung des europäischen Gesetzgebers unerlässlich, um die **Nachvollziehbarkeit und die Überprüfung** der Konformität zu ermöglichen.[3] Die gewonnenen Erkenntnisse sollen Anbieter zur **Verbesserung** ihrer Hochrisiko-KI-Systeme im Konzeptions- und Entwicklungsprozess berücksichtigen. Darüber hinaus soll das System zur Beobachtung auch sicherstellen, dass rechtzeitig **Korrekturmaßnahmen** für bereits in Verkehr gebrachte Hochrisiko-KI-Systeme ergriffen werden können.[4] Die Verantwortung des Anbieters wird damit über den Zeitpunkt des Inverkehrbringens hinaus erstreckt.[5] Art. 72 KI-VO greift eng mit den Anforderungen zu Risikobeurteilung, Qualitäts- und Risikomanagementsystem einerseits und der Melde- und Gefahrabwendungspflicht des Anbieters andererseits ineinander.[6] Ein enger Zusammenhang besteht auch mit den Kompetenzen und Aufgaben der nationalen Marktüberwachungsbehörden und der Europäischen Kommission.[7]

1 ErwG 80 KI-VO-E Kommission; ErwG 158 UAbs. 3 KI-VO.
2 ErwG 91 KI-VO.
3 ErwG 71 KI-VO.
4 ErwG 155 KI-VO.
5 Ähnlich *Oechsler*, NJW 2022, 2713, 2715.
6 ErwG 54, 78 KI-VO-E Kommission.
7 KI-VO-E Kommission, S. 18; hierzu Art. 74 i.V.m. ErwG 156 KI-VO.

2. Entstehungsgeschichte

Die Pflicht zur Einrichtung eines Systems zur Beobachtung nach dem Inverkehrbringen war mit fast identischem Wortlaut bereits in Art. 61 Abs. 1 KI-VO-E Kommission vorgesehen. 5

Das Parlament hat den Umfang des Beobachtungssystems in Art. 61 Abs. 2 KI-VO-E Parlament erweitert auf die Analyse der **Interaktion** des Hochrisiko-KI-Systems mit anderen Geräten, Software oder KI-Systemen.[8] Davon ist im finalen Verordnungstext nur die Interaktion mit anderen KI-Systemen übriggeblieben, vgl. Art. 72 Abs. 2. Während nach der Parlamentsfassung die Ausdehnung der Beobachtung auf die Interaktion an eine Erforderlichkeitsprüfung – zunächst von dem Anbieter selbst durchzuführen – gekoppelt war, beschränkt sich der finale Verordnungstext darauf, „gegebenenfalls" die Interaktion des konkreten Hochrisiko-KI-Systems mit anderen KI-Systemen in das Beobachtungssystem einzubeziehen (vgl. hierzu ausführlich Rn. 33). 6

Der Begriff „Beobachtung nach dem Inverkehrbringen" wurde in Art. 3 Nr. 25 KI-VO-E Kommission legaldefiniert als „alle Tätigkeiten, die Anbieter von KI-Systemen zur proaktiven Sammlung und Überprüfung von Erfahrungen mit der Nutzung der von ihnen in Verkehr gebrachten oder in Betrieb genommenen KI-Systeme durchführen, um festzustellen, ob unverzüglich nötige Korrektur- oder Präventivmaßnahmen zu ergreifen sind.". Der finale Text des Art. 3 Nr. 25 KI-VO definiert denselben Begriff hingegen als „alle Tätigkeiten, die Anbieter von KI-Systemen zur Sammlung und Überprüfung von Erfahrungen mit der Verwendung der von ihnen in Verkehr gebrachten oder in Betrieb genommenen KI-Systeme durchführen, um festzustellen, ob unverzüglich nötige Korrektur- oder Präventivmaßnahmen zu ergreifen sind." Weggefallen ist damit der Begriff „**proaktiv**". Dies bedeutet allerdings nicht, dass das System keine proaktive Beobachtung ermöglichen muss. Vielmehr bedeutet der Wegfall des Wortes eine klarstellende Erweiterung des Wortlauts auf die passive Systembeobachtung. 7

Die Vorgaben zur Integration in bereits existierende Beobachtungssysteme in Art. 72 Abs. 4 wurden im Laufe des Gesetzgebungsprozesses mehrfach geändert. Die Europäische Kommission sah ursprünglich eine **Pflicht zur Integration** des Beobachtungssystems in bereits existierende Beobachtungssysteme auf Grundlage eines der in Anhang II KI-VO-E Kommission genannten Rechtsakte vor.[9] Eine gleichlautende Pflicht enthielt der KI-VO-E Kommission für Hochrisiko-KI-Systeme, die von Kreditinstituten im Sinne der Richtlinie 2013/36/EU 8

8 Abänderungen des Europäischen Parlaments vom 14.6.2023 zu dem Vorschlag für eine Verordnung des Europäischen Parlaments und des Rates zur Festlegung harmonisierter Vorschriften für künstliche Intelligenz (Gesetz über künstliche Intelligenz) und zur Änderung bestimmter Rechtsakte der Union (P9_TA(2023)0236), Abänderung 574.

9 Art. 61 Abs. 4 KI-VO-E Kommission.

in Verkehr gebracht oder in Betrieb genommen werden. Mit den Änderungsvorschlägen des Rates wurde aus dieser Pflicht eine Vermutungswirkung für die Konformität der Dokumentation zur Einrichtung des Beobachtungssystems mit den Vorgaben der KI-VO, wenn das in Abs. 3 genannte Formular verwendet wurde.[10] Nach dem Wortlaut der finalen Fassung des Art. 72 Abs. 4 hat der Anbieter von Hochrisiko-KI-Systemen nun lediglich die **Möglichkeit**, die in Art. 72 Abs. 1, 2 und 3 genannten Elemente in ein bereits existierendes Beobachtungssystem nach einem der in Anhang I Abschnitt A genannten Rechtsakte zu integrieren. Die Vorschriften sind zusammenfassend weniger formell geworden und haben eher klarstellenden Charakter. Ob ein Anbieter die Vorgaben zum Beobachtungssystem in einem neu aufgesetzten unternehmensinternen Prozess abbildet oder in ein bereits existierendes System integriert, muss unter Berücksichtigung der **unternehmerischen Freiheit** gem. Art. 16 GrCh ohnehin dem Unternehmen selbst überlassen bleiben. Die klarstellenden Vorschriften helfen dem Anbieter allerdings bei der Rechtfertigung einer integrierenden Lösung gegenüber den Benannten Stellen im Rahmen des Konformitätsbewertungsverfahrens und gegenüber den Marktüberwachungsbehörden.

9 Im Hinblick auf die Integration bei Hochrisiko-KI-Systemen, die von Kreditinstituten in Verkehr gebracht oder in Betrieb genommen werden, haben weitergehende Änderungen Eingang in die finale Fassung der KI-VO gefunden. Der Anwendungsbereich wurde erweitert. Gemäß Art. 72 Abs. 4 KI-VO sind nicht mehr nur von Kreditinstituten im Sinne der Richtlinie 2013/36/EU in Verkehr gebrachte oder in Betrieb genommene Hochrisiko-KI-Systeme erfasst, sondern auch solche, die von **Finanzinstituten** in Verkehr gebracht oder in Betrieb genommen werden, die von bestimmten Unionsvorschriften erfasst werden.

3. Verhältnis zu anderen Vorschriften

a) Verhältnis zu anderen Vorschriften der KI-VO

10 Art. 72 wird in verschiedenen anderen Vorschriften der KI-VO in Bezug genommen. Art. 17 lit. h begründet die Pflicht des Anbieters zur Einrichtung, Anwendung und Aufrechterhaltung eines Systems zur Beobachtung nach dem Inverkehrbringen als Teil des **Qualitätsmanagementsystems** (vgl. Art. 17 Rn. 35 ff.).

11 Darüber hinaus ist das System zur Beobachtung nach dem Inverkehrbringen wesentliche Erkenntnisquelle für die vom Anbieter durchzuführende Bewertung möglicher Risiken im Rahmen des **Risikomanagementsystems** gemäß Art. 9 Abs. 2 lit. c (vgl. Art. 9 Rn. 20 f.).

10 Art. 61 Abs. 4 KI-VO-E Rat.

Weiter enthält die KI-VO Vorschriften, welche die Sammlung der für eine Beobachtung nach dem Inverkehrbringen notwendigen Daten sicherstellen sollen: Die Anforderungen an eine **Protokollierungsfunktion** des Hochrisiko-KI-Systems zielt gemäß Art. 12 Abs. 2 lit. b unter anderem darauf ab, die Beobachtung nach dem Inverkehrbringen zu erleichtern (vgl. Art. 12 Rn. 10 ff.). **12**

Art. 26 Abs. 5 begründet die Pflicht des Betreibers, den Betrieb des Hochrisiko-KI-System anhand der Betriebsanleitung tatsächlich zu überwachen.[11] Das Verhältnis dieser Vorschrift zu den Pflichten des Anbieters, insbesondere zur Pflicht, das Beobachtungssystem anzuwenden, bleibt offen. Die **Überwachungspflicht des Betreibers** wird nach dem Gesetzeswortlaut des Art. 26 Abs. 5 KI-VO mit einer Pflicht zur Information des Anbieters „gemäß Artikel 72" verknüpft. Dieser Rechtsgrundverweis geht allerdings ins Leere, da Art. 72 keine Melde- oder Informationspflichten regelt. Eine Verzahnung mit den Betreiberpflichten aus Art. 26 Abs. 5 besteht allerdings insoweit, als das Beobachtungssystem des Anbieters gem. Art. 72 Abs. 2 Satz 2 geeignet sein muss, die einschlägigen Daten zur Leistung der Hochrisiko-KI-Systeme, die von den Anbietern oder den Betreibern bereitgestellt werden, über ihre gesamte Lebensdauer hinweg aktiv und systematisch zu erheben, zu dokumentieren und zu analysieren. **13**

Art. 11 Abs. 1 in Verbindung mit Anhang IV Ziffer 9 bindet das System und den Plan zur Beobachtung nach dem Inverkehrbringen in das **Konformitätsbewertungsverfahren** ein. Hiernach ist als Bestandteil der technischen Dokumentation eine detaillierte Beschreibung zu erstellen und aufzubewahren (vgl. Art. 11 Rn. 30 ff.). **14**

b) Verhältnis zur öffentlich-rechtlichen und zivilrechtlichen Produktbeobachtungspflicht

Besonderer Aufmerksamkeit bedarf die Abgrenzung des Art. 72 zur **Produktbeobachtungspflicht**, die sowohl aus öffentlich-rechtlichen Vorschriften als auch aus den von der Rechtsprechung im Rahmen des § 823 Abs. 1 BGB entwickelten Verkehrssicherungspflichten des Herstellers folgt. **15**

Die Pflicht zur Einrichtung und Dokumentation eines Systems zur Beobachtung nach dem Inverkehrbringen des KI-Systems nach Art. 72 ist nicht gleichzusetzen mit der öffentlich- oder zivilrechtlichen Produktbeobachtungspflicht. Die **Möglichkeit**, durch das System zur Beobachtung nach dem Inverkehrbringen bestimmte Informationen über das Verhalten im Feld zu erlangen, hat allerdings **Auswirkungen** auf den Umfang der öffentlich- und zivilrechtlichen Produktbeobachtungspflicht (Rn. 20 ff.). **16**

---

11 Vgl. hierzu ErwG 91 KI-VO-E Kommission.

17 Während die zivilrechtliche Produktbeobachtungspflicht den Hersteller eines Produkts in die Pflicht nimmt, werden im öffentlichen Produktrecht auch anderen **Wirtschaftsakteuren** der Wertschöpfungskette unterstützende Pflichten auferlegt. Der Produktnutzer, der im Regelungsgefüge der KI-VO ggf. als Betreiber einzustufen ist, ist hingegen in den Pflichtenkreis nicht einbezogen.

aa) Öffentlich-rechtliche Produktbeobachtungspflichten

18 Die meisten **Harmonisierungsrechtsakte** des europäischen Produktrechts enthalten spezifische Pflichten des Herstellers und anderer Akteure der Wertschöpfungskette zur Produktbeobachtung nach dem Inverkehrbringen.

19 Art. 9 Abs. 11 und 12 Produktsicherheits-VO verpflichten den Hersteller ebenfalls explizit zur Einrichtung eines **Beschwerdesystems**, das über öffentlich zugängliche Kommunikationskanäle erreichbar ist. Weiter ist der Hersteller verpflichtet, eingereichte Beschwerden zu untersuchen und ein internes Verzeichnis der Beschwerden und bereits ergriffener Korrekturmaßnahmen zu führen (**passive Produktbeobachtung**). Der Einführer hat gem. Art. 11 Abs. 9 Produktsicherheits-VO die Pflicht, zu überprüfen, ob dem Verbraucher öffentlich zugängliche Informationskanäle zur Einreichung einer Beschwerde beim Hersteller offenstehen. Falls sie nicht zur Verfügung stehen, muss der Einführer die Beschwerdemöglichkeit einrichten. Auch der Einführer muss bei ihm eingereichte Beschwerden und Informationen über Unfälle prüfen und diese dem eigenen oder dem internen Verzeichnis des Herstellers zuführen. Die Produktsicherheits-VO ist nicht in Anhang I Abschnitt A aufgeführt. Nach dem Wortlaut des Art. 72 Abs. 4 gilt die Privilegierung der Integration demnach nicht für ein nach den soeben dargestellten Vorschriften eingerichtetes Beschwerdesystem.

bb) Zivilrechtliche Produktbeobachtungspflicht

20 Gem. § 823 Abs. 1 BGB haftet der Hersteller von Produkten für Schäden, die durch schuldhafte Verletzung seiner **Verkehrssicherungspflichten** verursacht werden.[12] Zu diesen Verkehrssicherungspflichten gehört auch die Beobachtung seiner Produkte nach dem Inverkehrbringen. Die deutsche Rechtsprechung hat in diesem Rahmen eine ausdifferenzierte Dogmatik der Produktbeobachtungspflichten entwickelt, die zwischen der passiven und aktiven Produktbeobachtung unterscheidet.[13] Der Hersteller muss die Bewährung seines Produkts im Feld fortlaufend beobachten.[14] Die Beobachtung umfasst die **Sammlung und**

12 *Wagner*, in: Müko-BGB, § 823 Rn. 1068, 1108 f.

13 Dazu umfassend *Wagner*, in: Müko-BGB, § 823 Rn. 1108 ff.

14 BGH, Urt. v. 17.3.1981, NJW 1981, 1606, 1607 f. – Benomyl; BGH, Urt. v. 16.12.2008, NJW 2009, 1080, 1081 – Pflegebetten; *Wagner*, in: Müko-BGB, § 823 Rn. 1109, 1112.

Auswertung von Informationen über die Produktnutzung und mögliche Gefahren. Zu den Informationsquellen gehören Rückmeldungen von Kunden, wissenschaftliche Studien, Berichte über Unfälle und Schadensfälle auch im Zusammenhang mit Produkten der Wettbewerber.[15] Erkennt der Hersteller aufgrund seiner Beobachtungen, dass von seinem Produkt Gefahren ausgehen, muss er unverzüglich geeignete Maßnahmen ergreifen, um diese **Gefahren zu beseitigen** oder zu mindern.[16] Mögliche Maßnahmen können Produktwarnungen Rückrufaktionen, Nachrüstungen oder die Modifikation des Produkts umfassen, die jeweils zur Eliminierung oder Minimierung des Risikos geeignet und angemessen sein müssen.[17] Der Hersteller muss sowohl die Intensität der Produktbeobachtung[18] als auch die Auswahl etwaiger Gefahrabwendungsmaßnahmen der Schwere möglicher Schäden und der Wahrscheinlichkeit ihres Eintritts anpassen (vgl. zur öffentlich-rechtlichen Pflicht zur Einleitung von Gefahrabwendungsmaßnahmen bei Hochrisiko-KI-Systemen Art. 21).[19] Die datenbasierten Funktionen künstlicher Intelligenz und die Vernetzung der Systeme bieten ganz neue Möglichkeiten der **Informationsgewinnung**.[20] Verletzt der Hersteller seine Produktbeobachtungspflicht schuldhaft und entsteht dadurch ein Schaden, ist er nach § 823 Abs. 1 BGB zum Schadensersatz verpflichtet.[21] Für das Verschulden nimmt die Rechtsprechung eine Beweislastumkehr an, da der geschädigten Person nicht zuzumuten ist, die im Inneren des Herstellerunternehmens liegenden Tatsachen darzulegen und zu beweisen, die ein Verschulden begründen.[22] Auch im Hinblick auf die Kausalität zwischen Pflichtverletzung und Schaden sind mit der gleichen Begründung Beweiserleichterungen denkbar, vor allem über das Konzept des Anscheinsbeweises.[23]

Die deliktsrechtliche Produktbeobachtungspflicht begründet in erster Linie **Organisationspflichten** für die Unternehmensleitung.[24] Um die originär in ihrem Verantwortungsbereich liegende Aufgabe enthaftend zu delegieren, muss ein systematisches und umfassendes Monitoring-System implementiert werden, das 21

15 *Wagner*, in: Müko-BGB, § 823 Rn. 1110f.
16 *Wagner*, in: Müko-BGB, § 823 Rn. 1112.
17 *Förster*, in: Hau/Poseck, BeckOK BGB, § 823 Rn. 742.
18 BGH, Urt. v. 17.9.1989, NJW 1990, 906 907f. – Pferdeboxen; *Gomille*, JZ 2016, 76, 79.
19 Bezüglich der Produktwarnung etwa *Wagner*, in: Müko-BGB, § 823 Rn. 1119.
20 *Bodungen/Hoffmann*, NZV 2016, 503, 506; *Gomille*, JZ 2016, 76, 80.
21 *Wagner*, in: Müko-BGB, § 823 Rn. 1112, 1138.
22 BGH, Urt. v. 26.11.1968, NJW 1969, 269, 274; BGH, Beschl. v. 24.4.1990, NJW 1992, 41, 42; *Förster*, in: Hau/Poseck, BeckOK BGB, § 823 Rn. 781.
23 *Foerste*, in: Hau/Poseck, BeckOK BGB, § 823 Rn. 779.
24 *Foerste*, in: Foerste/Graf v. Westphalen, Produkthaftungshandbuch, § 24 Rn. 372ff.

eine zeitnahe Reaktion auf erkannte Risiken ermöglicht.[25] Die Produktbeobachtungspflicht überträgt dem Hersteller die Verantwortung für bereits im Zeitpunkt des Inverkehrbringens angelegte Sicherheitsrisiken während des gesamten Lebenszyklus eines Produkts.[26]

22 Die von den deutschen Zivilgerichten entwickelte Dogmatik ist nicht auf die Pflichten des Anbieters von Hochrisiko-KI-Systemen zur Konkretisierung des Art. 72 übertragbar, da das **Unionsrecht** autonom auszulegen ist.[27] Die öffentlich-rechtlichen Pflichten des Anbieters zur Einrichtung und Anwendung des Beobachtungssystems gem. Art. 72 und 17 werden allerdings die Ausdifferenzierung der **deliktsrechtlichen Pflichten prägen**. Der konkrete Umfang der deliktsrechtlichen Produktbeobachtungspflicht wird von der Rechtsprechung regelmäßig im Wege der Abwägung der Größe der Gefahr mit dem Aufwand für den Hersteller, der mit jener Beobachtungspflicht einhergeht, ermittelt. Insbesondere stellt die Rechtsprechung für die Frage der Zumutbarkeit bestimmter Produktbeobachtungsmaßnahmen regelmäßig darauf ab, welchen Aufwand die Beschaffung der jeweiligen Erkenntnisse verursacht. Daten, die dem Unternehmen ohnehin vorliegen, zum Beispiel durch Erfassung in einem Beobachtungssystem, sind systematisch auch auf sicherheitsrelevante Erkenntnisse auszuwerten.[28] Dies gilt nicht nur für Hochrisiko-KI-Systeme, sondern auch für sonstige KI-Systeme, soweit die Daten für andere als Beobachtungszwecke erfasst und ausgelesen werden.[29] Eine Beschränkung der deliktsrechtlichen Pflicht zur Auswertung erfasster Daten kann sich aus der großen Menge erhobener Daten und der damit einhergehenden Herausforderung, diese zu klassifizieren und auszuwerten, ergeben.[30]

c) Verhältnis zu Beobachtungspflichten im Finanzaufsichtsrecht

23 Die strenge, überwiegend europäisch harmonisierte Regulierung des Finanzsektors begründet bereits verschiedene Pflichten und Verbote zum Einsatz von künstlicher Intelligenz, die über die allgemeinen Regeln der DSGVO hinausge-

25 *Foerste*, in: Foerste/Graf v. Westphalen, Produkthaftungshandbuch, § 24 Rn. 327 ff.

26 *Wagner*, in: Müko-BGB, § 823 Rn. 1109.

27 EuGH, Urt. v. 26.5.1982 – Rs. 149/79, Slg. 1980, 3881, Rn. 19 – Kommission/Belgien; Urt. v. 28.10.1982, Slg. 1982, 3799, Rn. 10 – Agences de voyages/Kommission; *Gaitanides*, in: von der Groeben/Schwarze/Hatje, Europäisches Unionsrecht, Art. 19 EUV Rn. 43.

28 *Klindt/Wende*, BB 2016, 1419, 1422.

29 *Wende*, in: Sassenberg/Faber, Rechtshandbuch Industrie 4.0 und Internet of Things, Kap. 2 § 4 Rn. 23.

30 *Schmid*, CR 2019, 141, 145.

hen. Insbesondere die EU-Verordnung über die Betriebssicherheit („DORA“)[31] stellt spezifische Anforderungen beim Einsatz von Informationstechnologie auf. Dieser Rechtsrahmen enthält auch Beobachtungspflichten (zum Beispiel als Teil des IKT-Risikomanagementrahmens gem. Art. 6 DORA).

Die **BaFin** entwickelte 2021 Prinzipien für den Einsatz von Algorithmen in Entscheidungsprozessen, in denen sie ihre Auslegung der regulatorischen Vorgaben im Hinblick auf den Einsatz von KI aufzeigt.[32] Sie verfolgt einen restriktiven Ansatz, mit dem algorithmenbasierte Entscheidungsprozesse in der Regel nicht von der BaFin gebilligt, sondern jeder einzelne Prozess in der Gesamtschau risikoorientiert und anlassbezogen geprüft wird. Im Hinblick auf die Beobachtung eines im Finanzsektor eingesetzten KI-Systems stellen die BaFin-Prinzipien darauf ab, dass ein **funktionierender Mechanismus** etabliert werden muss, der während der Anwendung ausreichende Kontrolle darüber bietet, inwieweit die Interaktion mit anderen Algorithmen zu einer Risikoaggregation führt.[33] **24**

Diese Anforderungen erinnern zwar an die Kernelemente eines Systems zur Beobachtung nach dem Inverkehrbringen, die in Art. 72 Abs. 2 genannt werden. Wegen des **Vorrangs des Unionsrechts** wird die BaFin aber mit Geltungsbeginn des Art. 72 ihre Kriterien an dessen Vorgaben anpassen müssen.[34] Art. 72 Abs. 4 UAbs. 2 privilegiert Finanzinstitute, die bereits ein System zur Beobachtung nach dem sektorspezifischen Rechtsrahmen eingerichtet haben, dahingehend, dass das System zur Beobachtung gemäß Art. 72 in das bereits bestehende System integriert werden darf (vgl. hierzu ausführlich Rn. 46 ff.). **25**

II. Pflicht zur Einrichtung und Dokumentation eines Beobachtungssystems (Abs. 1)

Art. 72 Abs. 1 verpflichtet die Anbieter von Hochrisiko-KI-Systemen, ein System zur Beobachtung nach dem Inverkehrbringen einzurichten, das **im Verhältnis** zur Art der KI-Technik und zu den Risiken des Systems steht. Die Organisationsform, der Umfang und die Operation des Systems zur Beobachtung werden **26**

31 VO (EU) 2022/2554 des Europäischen Parlaments und des Rates vom 14.12.2022 über die digitale operationelle Resilienz im Finanzsektor und zur Änderung der Verordnungen (EG) Nr. 1060/2009, (EU) Nr. 648/2012, (EU) Nr. 600/2014, (EU) Nr. 909/2014 und (EU) 2016/1011.

32 BaFin, Big Data und künstliche Intelligenz: Prinzipien für den Einsatz von Algorithmen in Entscheidungsprozessen, 15.6.2021, S. 5.

33 BaFin, Big Data und künstliche Intelligenz: Prinzipien für den Einsatz von Algorithmen in Entscheidungsprozessen, 15.6.2021, S. 12.

34 *Nettesheim*, in: Grabitz/Hilf/Nettesheim, EUV/AEUV, Art. 288 AEUV Rn. 49.

damit in das **Ermessen des Anbieters** gestellt.[35] Konkretere, ermessenslenkende Anforderungen stellt erst Art. 72 Abs. 2 auf. Das Ermessen des Anbieters wird auch durch Sinn und Zweck der Vorschrift eingeschränkt, die zwei Ziele verfolgt. Die Erkenntnisse aus der Beobachtung sollen zum einen **zukunftsgerichtet** genutzt werden, indem sie bei der Entwicklung neuer Hochrisiko-KI-Systeme berücksichtigt werden.[36] Zugleich sollen sie aber auch eine **Reaktion** in Form von Abhilfemaßnahmen gerichtet auf bereits in Betrieb befindliche Hochrisiko-KI-Systeme ermöglichen. Beide Schutzzwecke sind insbesondere für die Gestaltung der unternehmensinternen Prozesse zur Auswertung und Systematisierung der erfassten Daten zu berücksichtigen. Es genügt nicht, dass die Erkenntnisse in die technische Entwicklung einfließen, sondern sie müssen auch in einem auf Korrekturmaßnahmen bereits fertig entwickelter Systeme gerichteten Strang verarbeitet werden.

27 Die **Dokumentation** des Beobachtungssystems ist zum einen notwendig, um die Anforderungen der KI-VO im Hinblick auf das Qualitäts- und Risikomanagementsystem sowie die technische Dokumentation erfüllen zu können. Bedeutung wird sie auch im Rahmen der zivilrechtlichen Haftung als Grundlage der Beweisführung des Anbieters erlangen. Insbesondere in Fällen, in denen deliktsrechtliche Schadensersatzansprüche wegen Verletzung der Verkehrssicherungspflicht zur Beobachtung geltend gemacht werden, kann die Dokumentation des Beobachtungssystems und seiner tatsächlichen Anwendung von der durch Beweislastumkehr generierten Vermutung des Verschuldens befreien (vgl. dazu Rn. 15).

28 Art. 72 erlegt die **Pflicht zur Beobachtung** nicht dem Anbieter auf. Die Überschrift „Beobachtung nach dem Inverkehrbringen durch die Anbieter" ist insoweit etwas missverständlich. Die unklare Formulierung findet sich auch in der englischen Sprachfassung, in der von „Post-market monitoring by providers" die Rede ist. Der Wortlaut des Art. 72 Abs. 1 verpflichtet den Anbieter vielmehr eindeutig nur zur Einrichtung eines Systems zur Beobachtung. Die Vorschrift ist im systematischen Zusammenhang mit Art. 17 Abs. 1 lit. h zu sehen, wonach der **Anbieter** das Produktbeobachtungssystem auch anzuwenden hat. Art. 26 Abs. 5 verpflichtet den **Betreiber** ebenfalls zur Produktbeobachtung. Er muss den vom Anbieter entwickelten Plan zur Beobachtung und das System zur Beobachtung einsetzen und den Betrieb des Hochrisiko-KI-Systems anhand der Betriebsanleitung überwachen. Hat der Betreiber Anhaltspunkte dafür, dass von dem Hochrisiko-KI-System in seiner konkreten Anwendung ein Risiko im Sinne des Art. 79 Abs. 1 ausgeht, so muss er den Anbieter und die Marktüberwachungsbehörde informieren. Eine entsprechende **Meldepflicht** an die Marktüberwa-

35 So auch *Ebers/Hoch/Rosenkranz/Ruschemeier/Steinrötter*, Multidisciplinary Scientific Journal 2021, 589, 598.

36 ErwG 78 KI-VO-E Kommission.

chungsbehörden statuiert Art. 20 Abs. 2 auch für den Anbieter. Eine Pflicht zur Beobachtung des Hochrisiko-KI-Systems folgt für den Anbieter auch aus den sektorspezifischen Harmonisierungsrechtsakten, falls das Hochrisiko-KI-System in den Anwendungsbereich eines solchen Harmonisierungsrechtsakts fällt.

III. Anforderungen an die fortdauernde Zugänglichkeit und Bewertbarkeit (Abs. 2)

Art. 72 Abs. 2 enthält ermessensbeschränkende Anforderungen an das Beobachtungssystem in zeitlicher und qualitativer Hinsicht. Die Anforderungen zielen darauf ab, die Konformität des Hochrisiko-KI-Systems mit den gesetzlichen Vorschriften in Kapitel III Abschnitt 2 (Art. 8–15) über die gesamte Lebenszeit bewerten zu können. **29**

1. Systematische Erhebung, Dokumentation und Analyse bestimmter Daten

Das Beobachtungssystem muss die **aktive** und **systematische** Erhebung, Dokumentation und Analyse bestimmter Daten über die **gesamte Lebensdauer** des Hochrisiko-KI-Systems ermöglichen. In der Literatur wird vorgeschlagen, dass **wesentliches Element** eines solchen Systems jedenfalls eine Nutzerbeschwerdestelle sei.[37] Ein solches Einfallstor zur möglichst breiten Sammlung von Felderfahrung wird zum Beispiel im europäischen Produktsicherheitsrecht ausdrücklich als notwendige Beobachtungsmaßnahme genannt[38] und gehört auch zum zivilrechtlichen Pflichtenkreis (vgl. Rn. 20). Aufgrund der Komplexität, Interkonnektivität, Autonomie und des Black-Box-Charakters[39] von KI-Systemen ist allein die passive Beobachtung allerdings nicht ausreichend, um dem Ziel des Art. 72 gerecht zu werden. Im Falle von vernetzten Hochrisiko-KI-Systemen ergibt sich rein technisch die Möglichkeit eines unbeschränkten **Datenflusses** hin zum Anbieter. Die Aus- und Bewertung all dieser Daten zur Sicherstellung der kontinuierlichen Einhaltung der Vorschriften kann, insbesondere im Zusammenhang mit komplexen Techniken des maschinellen Lernens, an die Grenzen des Möglichen stoßen. Unter dem Gesichtspunkt der Zumutbarkeit ist daher eine Einschränkung notwendig. **30**

37 *Wiebe*, BB 2022, 2022, 899, 902.
38 Vgl. zum Beispiel Art. 9 Abs. 11 Produktsicherheits-VO.
39 Hierzu *Ebers*, in: Ebers/Heinze/Krügel/Steinrötter, Künstliche Intelligenz und Robotik, § 3 Rn. 10ff.

2. Umfasste Daten

31 Das System zur Produktbeobachtung muss die oben genannten Aktivitäten im Hinblick auf Daten zur **Leistung** des Hochrisiko-Systems ermöglichen. Die Leistung eines KI-Systems wird in Art. 3 Nr. 18 legaldefiniert als „die Fähigkeit eines KI-Systems, seine Zweckbestimmung zu erfüllen" (vgl. ausführlich Art. 3 Rn. 213 ff.). Anders als Art. 83 Abs. 2 MP-VO, dem Art. 72 nachempfunden ist, werden Daten über die Qualität und Sicherheit des Hochrisiko-KI-Systems nicht ausdrücklich genannt. Unter Berücksichtigung von Sinn und Zweck der Vorschrift und der systematischen Verknüpfung mit den Beobachtungspflichten der Art. 17 Abs. 1 lit. h und Art. 26 Abs. 5 ist hierin allerdings wohl kein Ausschluss qualitäts- und sicherheitsrelevanter Daten zu sehen.

32 Art. 72 Abs. 2 Satz 1 nennt zum einen Daten, die von den Anbietern oder Betreibern bereitgestellt werden. Darüber hinaus sollen auch Daten erfasst sein, die aus anderen Quellen erhoben werden können. Hierbei ist insbesondere an Daten zu denken, die über eine integrierte Remote-Schnittstelle ausgelesen werden können. Die Erhebung und Verarbeitung personenbezogener Daten aus einer solchen Schnittstelle bedarf allerdings einer Rechtfertigung nach den Vorschriften der DSGVO.

3. Interaktion mit anderen KI-Systemen

33 Nach dem Gesetzeswortlaut umfasst die Beobachtung nach dem Inverkehrbringen **gegebenenfalls** eine Analyse der Interaktion mit anderen KI-Systemen, während die vom Parlament eingebrachte, inhaltliche Erweiterung ursprünglich darauf abstellte, ob eine solche Analyse erforderlich ist (vgl. oben Rn. 6). Damit haben die gesetzlichen Vorgaben im Hinblick auf den Bewertungsspielraum des Anbieters an **Trennschärfe** verloren. Mit der Maßgabe der Erforderlichkeit müsste darauf abgestellt werden, ob die Analyse der Interaktion notwendig und geeignet ist, um die in Art. 72 Abs. 1 formulierten Ziele zu erreichen. Dabei wäre insbesondere der bestimmungsgemäße Verwendungszweck des Hochrisiko-KI-Systems zu berücksichtigen. Dieses Prüfprogramm ist durch den geänderten Wortlaut des Art. 72 Abs. 1 nicht mehr eindeutig im Gesetzestext verankert. Unter welchen Umständen die Interaktion mit anderen KI-Systemen vom Beobachtungssystem erfasst ist, wird im finalen Text der Vorschrift nicht genauer spezifiziert. Aus dem Vergleich mit der englischen Sprachfassung lässt sich allerdings herleiten, dass mit der Änderung der Formulierung zwischen Parlamentsfassung und finalem Kompromisstext[40] keine inhaltliche Änderung bezweckt wurde. Der englischen Fassung sowohl der relevanten Parlamentsände-

---

40 Art. 72 Abs. 2 KI-VO-E Parlament.

rung als auch des finalen Kompromisstexts zufolge soll eine Analyse der Interaktion mit anderen KI-Systemen erfolgen („shall include an analysis of the interaction with other AI systems"). Dies spricht für eine weite Auslegung der Vorschrift, wonach die Interaktion mit anderen KI-Systemen auf jeden Fall in das System zur Beobachtung einzubeziehen ist.

Der datenbezogene Umfang des Systems zur Beobachtung wird sich vor allem an den von der Kommission zu erarbeitenden Vorgaben zum **Plan für die Beobachtung** orientieren müssen (Rn. 35). 34

IV. Plan für die Beobachtung nach dem Inverkehrbringen (Abs. 3)

Art. 72 Abs. 3 regelt, dass das System zur Produktbeobachtung sich auf einen Plan für die Beobachtung nach dem Inverkehrbringen zu stützen hat. Der Plan ist Bestandteil der technischen Dokumentation gemäß Anhang IV Ziffer 9. Konkrete Anforderungen an den Plan enthält die KI-VO nicht. Die Kommission wird ermächtigt und verpflichtet, hierzu bis zum 2.2.2026 **detaillierte Bestimmungen** in einem **Durchführungsrechtsakt** zu erlassen. Ein **Ausblick** auf mögliche Regelungen in einem solchen Durchführungsrechtsakt kann aus Art. 83 i.V.m. Anhang III Abschnitt 1.1. der MP-VO gewonnen werden. Hier werden zum einen die **Informationen** aufgeführt, die von dem Plan umfasst sein müssen. Dazu zählen gemäß Art. 83 i.V.m. Anhang III Abschnitt 1.1 lit. a zum Beispiel Informationen über schwerwiegende Vorkommnisse, einschlägige Fachliteratur oder technische Literatur, Rückmeldungen und Beschwerden aus dem Feld und öffentlich zugängliche Informationen über ähnliche Medizinprodukte. Darüber hinaus fordert Art. 83 i.V.m. Anhang III Abschnitt 1.1 lit. b MP-VO, dass der Plan ein proaktives und systematisches **Verfahren** dokumentiert, das etwa eine ordnungsgemäße Charakterisierung der Leistung der Produkte ermöglicht. Auch Methoden zur **Bewertung** der gesammelten Daten, Indikatoren und Schwellenwerte für die Analyse von Risiken sowie Methoden und Protokolle zur wirksamen Kommunikation mit zuständigen Behörden, benannten Stellen (in der Terminologie der KI-VO: notifizierte Stellen i. S. d. Abschnitts 4), anderen Wirtschaftsakteuren und Nutzern sollen im Plan angegeben werden. 35

V. Privilegierung bei existierenden Systemen zur Beobachtung (Abs. 4)

Art. 72 Abs. 4 eröffnet dem Anbieter die Möglichkeit, das nach Art. 74 Abs. 1–3 geforderte System und den Plan zur Beobachtung des Hochrisiko-KI-Systems nach dem Inverkehrbringen unter bestimmten Voraussetzungen in ein 36 bereits existierendes Beobachtungssystem zu integrieren. Hierdurch sollen übermäßige Bürokratie und die Dopplung unternehmensinterner Prozesse vermieden werden. Diese Privilegierung gilt zum einen für bestimmte Beobachtungssysteme, die entsprechend einem produktrechtlichen **Harmonisierungsrechtsakt** entwickelt wurden (siehe Rn. 37 ff.). Zum anderen gilt die Privilegierung für die in Anhang III Nr. 5 genannten Hochrisiko-KI-Systeme, die von **bestimmten Finanzinstituten** in Verkehr gebracht oder in Betrieb genommen wurden (siehe Rn. 46 ff.).

1. Beobachtungssysteme nach einem produktspezifischen Harmonisierungsrechtsakt

37 Die Privilegierung des Art. 72 Abs. 4 ist anwendbar auf Hochrisiko-KI-Systeme, die von einem der in Anhang I Abschnitt A genannten Harmonisierungsrechtsakte erfasst werden. Nach dem Gesetzeswortlaut handelt es sich um eine **Privilegierung** hinsichtlich der dem Anbieter obliegenden Pflichten aus Art. 72 Abs. 1–3, die einschlägig ist, sofern die genannten Umstände des Art. 72 Abs. 4 gegeben sind.

a) Bedeutung der Privilegierung

38 Bei genauerer Betrachtung kommt Art. 72 Abs. 4 nur klarstellender Charakter zu. Aufgrund der unternehmerischen Freiheit gem. Art. 16 GRCh ist es dem Unternehmen selbst überlassen, wie er die Pflichten in die unternehmensinterne Organisation integriert. Nach der Rechtsprechung des EuGH lassen staatliche Maßnahmen den Wesensgehalt des Grundrechts auf **unternehmerische Freiheit** unangetastet, wenn es dem Unternehmen überlassen bleibt, die konkreten Maßnahmen zur Erreichung eines vorgegebenen Ziels zu bestimmen und die Möglichkeit der Enthaftung durch Nachweis aller zumutbaren Maßnahmen besteht.[41] Art. 72 Abs. 3 legt abstrakte Anforderungen an das System zur Beobachtung nach dem Inverkehrbringen und an den Plan zur Beobachtung fest. Wie dieses System schließlich konkret gestaltet und in die Unternehmensorganisation integriert wird, insbesondere auch, wie es mit anderen Systemen verknüpft und zusammengeführt wird, liegt allein in der Entscheidungshoheit der Unternehmen. Anders wäre es, wenn schon die gesetzliche Pflicht auf ein dezidiertes Beobachtungssystem gerichtet wäre, das von anderen unternehmensinternen Compliance-Systemen zu trennen ist. Würde die KI-VO ein solche Pflicht anordnen, würde sich aus unionsverfassungsrechtlicher Sicht die Frage der Konformität jener Regelung mit europäischen Grundrechten stellen.

41 EuGH, Urt. v. 27.3.2014 – C-314/12 Rn. 52 f. – UPC Telekabel.

Da die Art und Weise der Einhaltung der gesetzlichen Anforderungen an das System zur Beobachtung nach dem Inverkehrbringen im Ermessen der Unternehmen steht, hat auch die Beschreibung des Anwendungsbereichs der Privilegierung lediglich **deklaratorische Wirkung**. Der Anbieter kann die für das System zur Beobachtung nach dem Inverkehrbringen erforderlichen Elemente auch in andere bereits vorhandene Systeme und Pläne integrieren, solange die gesetzlichen Anforderungen erfüllt werden. Aufgrund der besonderen Anforderungen, die gemäß Art. 72 Abs. 3 in einem Durchführungsrechtsakt der Europäischen Kommission konkretisiert werden sollen, ist im Unternehmen also jeweils anhand der Umstände des konkreten Einzelfalles zu prüfen, ob eine Integration in bereits existierende Systeme rechtskonform möglich ist. **39**

Art. 72 Abs. 4 bewirkt allerdings eine Privilegierung jedenfalls insoweit, als ein bereits eingerichtetes Beobachtungssystem, das die hierin festgelegten Anforderungen erfüllt, zu einer **Erleichterung der Nachweise** im Konformitätsbewertungsverfahren und in der Marktüberwachung führen dürfte. **40**

b) Erfordernis eines gleichwertigen Schutzniveaus

Gem. Art. 72 Abs. 4 a. E. besteht die Möglichkeit zur Integration in bereits existierende Beobachtungssysteme nur, sofern mit diesen ein **gleichwertiges Schutzniveau** erreicht wird. Der Begriff des „Schutzniveaus" könnte sich entweder auf den **Schutzzweck** der jeweiligen Vorschrift, auf der das etwaige Beobachtungssystem beruht, oder auf die **Intensität** der vorgeschriebenen Maßnahmen zur Beobachtung beziehen. Wird bei der Auslegung auf den Schutzzweck abgestellt, kommt eine Privilegierung kaum in Betracht, da die in Anhang I Abschnitt A genannten Rechtsakte regelmäßig nicht den Schutz der Grundrechte bezwecken, sondern auf den Schutz von Leib und Leben ausgerichtet sind. **41**

Der Wortlaut „Schutzniveau" lässt aber auch eine Auslegung zu, die nicht auf den Schutzgegenstand, sondern auf die Intensität der mit dem System ermöglichten Beobachtung abstellt. Für diese Auslegung spricht schon der Begriff „**Niveau**", der nach allgemeinem Sprachverständnis eine Waagerechte auf einer bestimmten Höhe oder eine benennbare Stufe einer Werteskala beschreibt.[42] Auch die englische Sprachfassung („equivalent level of protection") und der französische Wortlaut („un niveau de protection équivalent") weisen darauf hin, dass der Begriff „Schutzniveau" Anforderungen an die Intensität der Produktbeobachtung stellt. Auch systematische Argumente sprechen für diese Auslegung. Art. 72 Abs. 4 eröffnet die Möglichkeit, die in Abs. 1, 2 und 3 genannten Elemente der Beobachtung in ein bereits existierendes Beobachtungssystem nach einem Harmonisierungsrechtsakt zu integrieren. Ein bereits existierendes System wird also nach Maßgabe des Art. 72 Abs. 4 um **inhaltliche Elemente** er- **42**

42 https://www.duden.de/rechtschreibung/Niveau; https://www.dwds.de/wb/Niveau.

gänzt. Daraus folgt, dass jenes existierende System nicht bereits vor der Ergänzung alle Anforderungen des Art. 72 erfüllen muss. Es gilt auch hier das umfassende Ziel des europäischen Gesetzgebers, die KI-VO insbesondere im Zusammenspiel mit den Harmonisierungsrechtsakten des NLF als kohärente Ergänzung zum Schutz vor KI-spezifischen Risiken zu implementieren, ohne unnötigen Verwaltungs- und Kostenaufwand zu verursachen. Daher soll der Anbieter in seiner betrieblichen Entscheidung, wie die Konformität eines Produkts, das ein oder mehrere Hochrisiko-KI-Systeme enthält, bestmöglich mit allen geltenden Anforderungen dieser harmonisierten Rechtsvorschriften der Union sichergestellt werden kann, flexibel sein.[43]

c) Ausblick auf praktische Auswirkungen

43 Eine **Integration** gem. Art. 72 Abs. 4 kommt insbesondere in Betracht, wenn der Anbieter bereits ein den Anforderungen der **MP-VO** entsprechendes Beobachtungssystem eingerichtet hat. Die Vorgaben der MP-VO entsprechen im Hinblick auf die Intensität der durch das System ermöglichten Beobachtung denjenigen des Art. 72 Abs. 1 bis 3. Art. 83 i.V.m. Anhang III MP-VO enthält seinerseits detaillierte Vorgaben für ein Produktbeobachtungssystem, das dort „System des Herstellers für die Überwachung nach dem Inverkehrbringen" genannt wird. Art. 83 Abs. 2 MP-VO enthält detailreiche und zum Teil über den Maßstab des Art. 72 Abs. 2 KI-VO hinausgehende Anforderungen an das System im Hinblick auf die Geeignetheit, aktiv und systematisch einschlägige Daten über die Qualität, die Leistung und die Sicherheit eines Produkts während dessen gesamter Lebensdauer zu sammeln, aufzuzeichnen und zu analysieren sowie die erforderlichen Schlussfolgerungen zu ziehen. Darüber hinaus gibt Art. 83 Abs. 3 MP-VO vor, zu welchen Zwecken die mit dem System gesammelten Daten verwendet werden müssen. Gemäß Art. 83 Abs. 3 MP-VO ist die technische Dokumentation entsprechend den Erkenntnissen aus der Überwachung zu aktualisieren. Sehr ähnliche Vorgaben enthalten Art. 78 ff. der Verordnung (EU) 2017/746 für In-vitro-Diagnostika.

44 Andere in Anhang I Abschnitt A genannte **Harmonisierungsrechtsakte** enthalten ebenso Vorgaben für ein System zur Produktbeobachtung, die aber im Hinblick auf das Schutzniveau in dem unter Rn. 41 dargestellten Sinne nicht vergleichbar sind. Gemäß Art. 4 Abs. 4 **Spielzeugrichtlinie** 2009/48/EG ist der Hersteller zum Beispiel verpflichtet, Stichproben der im Verkehr befindlichen Spielzeuge zu nehmen, Prüfungen vorzunehmen, erforderlichenfalls ein Verzeichnis der Beschwerden, der nichtkonformen Spielzeuge und der Spielzeugrückrufe zu führen. Ähnliche Pflichten des Herstellers finden sich in Art. 8 Abs. 4 Richtlinie 2014/33/EU, Art. 6 Abs. 4 Richtlinie 2014/34/EU sowie

43 ErwG 64.

Art. 10 Abs. 5 Richtlinie 2014/53/EU. Um diese Anforderungen zu erfüllen, ist ein unternehmensinternes Product-Compliance-System angezeigt, in dem die Prozesse und Verantwortlichkeiten für die Produktbeobachtung festgelegt werden.[44] Hierbei handelt es sich zwar um ein System zur Beobachtung im Sinne der Definition des Art. 3 Nr. 25, wonach alle Tätigkeiten des Anbieters darunterfallen, die zur Sammlung und Überprüfung von Erfahrungen und Verwendung der von ihm in Verkehr gebrachten und in Betrieb genommenen KI-Systeme führen. Allerdings spricht vieles dafür, dass diese Systeme kein gleichwertiges Schutzniveau erreichen, u. a. weil sie im Hinblick auf Intensität und Umfang der Beobachtung nicht zwingend auf die Lebenszeit des Produktes ausgerichtet sind. Es bleibt dem Anbieter unbenommen, sein bisher existierendes Product-Compliance-System mit dem Beobachtungssystem gem. Art. 72 zusammenzuführen. Er kann sich aber nicht auf die privilegierende Wirkung des Art. 72 Abs. 4 berufen (hierzu Rn. 40 f.).

Der Anbieter hat, wenn er von der Privilegierung des Art. 72 Abs. 4 Gebrauch macht, für die Integration das von der Kommission noch zu entwickelnde **Muster** eines Plans für die Produktbeobachtung gemäß Art. 72 Abs. 3 zu verwenden. 45

2. Privilegierung für bestimmte Finanzinstitute

Eine entsprechende Privilegierung gilt auch für Hochrisiko-KI-Systeme gemäß Anhang III Nr. 5, die **von Finanzinstituten** in Verkehr gebracht oder in Betrieb genommen wurden, die bezüglich ihrer internen Unternehmensführung, Regelungen oder Verfahren Anforderungen gemäß den Rechtsvorschriften der Union über Finanzdienstleistungen unterliegen. 46

Die KI-VO definiert nicht, welche Wirtschaftsakteure **Finanzinstitute** in diesem Sinne sind. Der Anwendungsbereich des Art. 72 Abs. 4 UAbs. 2 erschließt sich allerdings durch Rückgriff auf die Auflistung in Art. 4 Verordnung (EG) Nr. 3604/93. Die Verordnung (EG) Nr. 3604/93 dient der Festlegung der Begriffsbestimmungen für die Anwendung des Art. 124 AEUV und damit für die Anwendung des Primär- und Sekundärrechts, soweit der Gesetzgeber keine spezielleren, rechtsaktspezifischen Definitionen erlässt.[45] Danach umfasst der Begriff „Finanzinstitute" **Kreditinstitute**, **Versicherungsunternehmen**, bestimmte Organismen für gemeinsame **Anlagen in Wertpapieren** (OGAW), **Wertpapierfirmen** und sonstige Unternehmen oder Einrichtungen, deren Haupttätigkeit im Erwerb von Finanzanlagen oder der Umwandlung von Finanzforderungen besteht. Darüber hinaus sind auch Unternehmen oder Einrichtungen erfasst, 47

44 *Becker/Ottinger*, in: Foerste/Graf v. Westphalen, Produkthaftungshandbuch, § 62 Rn. 10 f.

45 Art. 4 VO (EG) Nr. 3604/93 nennt noch Art. 104a EGV, die Vorgängervorschrift des heutigen Art. 124 AEUV.

die eine Tätigkeit ausüben, die derjenigen eines Kreditinstituts, eines Versicherungsunternehmens, eines OGAW oder einer Wertpapierfirma entspricht. Von Art. 72 Abs. 4 UAbs. 2 sind allerdings nur Finanzinstitute erfasst, für die das **Unionsrecht über Finanzdienstleistungen** bereits Regelungen bezüglich ihrer internen Unternehmensführung, Regelungen oder Verfahren enthält. Solche Regelungen existieren für Kreditinstitute und Wertpapierfirmen in VO (EU) Nr. 575/2013 und VO (EU) 2015/534. Darüber hinaus enthält VO (EG) Nr. 1060/2009 spezielle Vorschriften zu entsprechenden Verfahren für Ratingagenturen in VO (EG) Nr. 1060/2009.

48 Die Privilegierung gilt allerdings nur für **bestimmte Hochrisiko-KI-Systeme**, die von Finanzinstituten in Verkehr gebracht oder in Betrieb genommen werden, nämlich die in Anhang III Nr. 5 genannten.

49 In ErwG 158 wird ausgeführt, dass zur Verbesserung der Kohärenz zwischen der KI-VO und den Vorschriften für Kreditinstitute i. S. d. Richtlinie 2013/36/EU das Konformitätsbewertungsverfahren und einige verfahrenstechnische Anbieterpflichten in Bezug auf das Risikomanagement, die Beobachtung nach dem Inverkehrbringen und die Dokumentation in die bestehenden Verpflichtungen und Verfahren nach der Richtlinie 2013/36/EU aufgenommen werden sollen. Die dafür notwendigen Änderungen der Richtlinie 2013/36/EU wurden in der KI-VO allerdings nicht umgesetzt. Soweit ersichtlich gibt es bisher auch keine andere Gesetzgebungsinitiative, die auf eine bessere Verschränkung der Pflichten gerichtet ist.

Abschnitt 2
Austausch von Informationen über schwerwiegende Vorfälle

Art. 73 Meldung schwerwiegender Vorfälle

(1) Anbieter von in der Union in Verkehr gebrachten Hochrisiko-KI-Systemen melden schwerwiegende Vorfälle den Marktüberwachungsbehörden der Mitgliedstaaten, in denen der Vorfall stattgefunden hat.

(2) Die Meldung nach Absatz 1 erfolgt unmittelbar, nachdem der Anbieter den kausalen Zusammenhang zwischen dem KI-System und dem schwerwiegenden Vorfall oder die naheliegende Wahrscheinlichkeit eines solchen Zusammenhangs festgestellt hat und in jedem Fall spätestens 15 Tage, nachdem der Anbieter oder gegebenenfalls der Betreiber Kenntnis von diesem schwerwiegenden Vorfall erlangt hat.

Bezüglich des in Unterabsatz 1 genannten Meldezeitraums wird der Schwere des schwerwiegenden Vorfalls Rechnung getragen.

(3) Ungeachtet des Absatzes 2 dieses Artikels erfolgt die in Absatz 1 dieses Artikels genannte Meldung im Falle eines weitverbreiteten Verstoßes oder eines schwerwiegenden Vorfalls im Sinne des Artikels 3 Nummer 49 Buchstabe b unverzüglich, spätestens jedoch zwei Tage nachdem der Anbieter oder gegebenenfalls der Betreiber von diesem Vorfall Kenntnis erlangt hat.

(4) Ungeachtet des Absatzes 2 erfolgt die Meldung im Falle des Todes einer Person unverzüglich nachdem der Anbieter oder der Betreiber einen kausalen Zusammenhang zwischen dem Hochrisiko-KI-System und dem schwerwiegenden Vorfall festgestellt hat, oder einen solchen vermutet, spätestens jedoch zehn Tage nach dem Datum, an dem der Anbieter oder gegebenenfalls der Betreiber von dem schwerwiegenden Vorfall Kenntnis erlangt hat.

(5) Wenn es zur Gewährleistung der rechtzeitigen Meldung erforderlich ist, kann der Anbieter oder gegebenenfalls der Betreiber einen unvollständigen Erstbericht vorlegen, dem ein vollständiger Bericht folgt.

(6) Im Anschluss an die Meldung eines schwerwiegenden Vorfalls gemäß Absatz 1 führt der Anbieter unverzüglich die erforderlichen Untersuchungen im Zusammenhang mit dem schwerwiegenden Vorfall und dem betroffenen KI-System durch. Dies umfasst eine Risikobewertung des Vorfalls sowie Korrekturmaßnahmen.

Der Anbieter arbeitet bei den Untersuchungen gemäß Unterabsatz 1 mit den zuständigen Behörden und gegebenenfalls mit der betroffenen notifizierten Stelle zusammen und nimmt keine Untersuchung vor, die zu einer Veränderung des betroffenen KI-Systems in einer Weise führt, die möglicherweise Auswirkungen auf eine spätere Bewertung der Ursachen des Vorfalls hat, bevor er die zuständigen Behörden über eine solche Maßnahme nicht unterrichtet hat.

(7) Sobald die zuständige Marktüberwachungsbehörde eine Meldung über einen in Artikel 3 Nummer 49 Buchstabe c genannten schwerwiegenden Vorfall erhält, informiert sie die in Artikel 77 Absatz 1 genannten nationalen Behörden oder öffentlichen Stellen. Zur leichteren Einhaltung der Pflichten nach Absatz 1 dieses Artikels arbeitet die Kommission entsprechende Leitlinien aus. Diese Leitlinien werden bis zum 2. August 2025 veröffentlicht und regelmäßig bewertet.

(8) Die Marktüberwachungsbehörde ergreift innerhalb von sieben Tagen nach Eingang der in Absatz 1 dieses Artikels genannten Meldung geeignete Maßnahmen gemäß Artikel 19 der Verordnung (EU) 2019/1020 und befolgt die in der genannten Verordnung vorgesehenen Meldeverfahren.

(9) Bei Hochrisiko-KI-Systemen nach Anhang III, die von Anbietern in Verkehr gebracht oder in Betrieb genommen wurden, die Rechtsinstrumenten der Union mit gleichwertigen Meldepflichten wie jenen in dieser Verordnung festgesetzten unterliegen, müssen nur jene schwerwiegenden Vorfälle gemeldet werden, die in Artikel 3 Nummer 49 Buchstabe c genannt werden.

(10) Bei Hochrisiko-KI-Systemen, bei denen es sich um Sicherheitsbauteile von Produkten handelt, die unter die Verordnungen (EU) 2017/745 und (EU) 2017/746 fallen, oder die selbst solche Produkte sind, müssen nur die in Artikel 3 Nummer 49 Buchstabe c dieser Verordnung genannten schwerwiegenden Vorfälle gemeldet werden, und zwar der zuständigen nationalen Behörde, die für diesen Zweck von den Mitgliedstaaten, in denen der Vorfall stattgefunden hat, ausgewählt wurde.

11) Die zuständigen nationalen Behörden melden der Kommission unverzüglich jeden schwerwiegenden Vorfall gemäß Artikel 20 der Verordnung (EU) 2019/1020, unabhängig davon, ob sie diesbezüglich Maßnahmen ergriffen haben.

Mit Art. 73 korrespondiert Erwägungsgrund 151.

Schrifttum: *Ehring/Taeger* (Hrsg.), NomosKommentar Produkthaftungs- und Produktsicherheitsrecht, 2022; *Martini/Wendehorst* (Hrsg.), KI-VO: Verordnung über Künstliche Intelligenz, Kommentar, 2024.

Übersicht

I. Allgemeines

1. Zweck der Vorschrift

Art. 73 verfolgt den Zweck, den Marktüberwachungsbehörden schnellstmöglich Informationen über schwerwiegende Vorfälle und weitverbreitete Verstöße zu verschaffen, damit den möglichen Risiken, die von KI-Systemen ausgehen, effizient und zeitnah begegnet werden kann.[1] Das Bedürfnis einer einzelfallbezogenen Meldepflicht sieht der europäische Gesetzgeber insbesondere wegen der KI-eigenen Fähigkeit, nach dem Inverkehrbringen dazuzulernen. Die Meldepflicht dient auch dem Ziel, den Einsatz und das Verhalten von Hochrisiko-KI-Systemen insgesamt beobachten zu können, um nicht nur systemspezifische, sondern auch übergreifende Themen regulatorisch sachgerecht zu erfassen.[2] Daher sind die Marktüberwachungsbehörden gem. Art. 73 Abs. 11 verpflichtet, jeden schwerwiegenden Vorfall, von dem sie Kenntnis erlangen, der Kommission zu melden (vgl. Rn. 7). 1

2. Entstehungsgeschichte

Eine Meldepflicht der verantwortlichen Wirtschaftsakteure wurde schon im Impact Assessment der Europäischen Kommission als notwendiger Baustein der 2

1 ErwG 155 KI-VO.
2 KI-VO-E Kommission, Begründung, S. 18.

Regulierung der künstlichen Intelligenz identifiziert.[3] Daher war sie bereits in Art. 62 KI-VO-E Kommission enthalten. Daneben sah der Vorschlag der Kommission eine Meldepflicht für Fehlfunktionen vor, die einen Verstoß gegen die Unionsvorschriften zum Schutz der Grundrechte darstellen. Der reine Verstoß gegen Unionsvorschriften zum Schutz der Grundrechte wurde in den Änderungsvorschlägen des europäischen Parlaments gestrichen.[4]

3. Verhältnis zu anderen Vorschriften

3 Die Pflicht zur Meldung gemäß Art. 73 Abs. 1 ist zu unterscheiden von der Notifikationspflicht aus Art. 20 Abs. 2, wonach der Anbieter die zuständige Marktüberwachungsbehörde über ein Risiko im Sinne des Art. 79 Abs. 1 informieren muss. Während die Notifikationspflicht gem. Art. 20 Abs. 2 nur aufgrund einer anbieterseitigen Risikobeurteilung der im Rahmen der Systembeobachtung gewonnenen Erkenntnisse entsteht, ist die Meldepflicht des Art. 73 allein an das Kennen eines einzigen schwerwiegenden Vorfalls geknüpft. Die in Art. 20 Abs. 2 verankerte Notifikationspflicht ist dem europäischen Produktrecht entlehnt. Sie soll im Zusammenwirken mit behördlichen Stichprobenkontrollen eine effektive Marktüberwachung und eine umgehende Reaktion des Herstellers auf Produktrisiken im Feld sicherstellen.[5] Eine Meldepflicht einzelner Vorkommnisse ist dem europäischen Produktrecht hingegen eher fremd. Lediglich in einzelnen, neueren Harmonisierungsrechtsakten ist eine solche Meldepflicht vorgesehen, z.B. in Art. 87 MP-VO („Vigilanz"). Gem. Art. 20 Abs. 1 Produktsicherheits-VO gilt seit 13.12.2024 eine Meldepflicht des Herstellers von Verbraucherprodukten für einen einzelnen Unfall, der durch ein von ihm in Verkehr gebrachtes Produkt verursacht wurde. Hier werden sich Abgrenzungsfragen für Fälle stellen, in denen ein Hochrisiko-KI-System zugleich ein Verbraucherprodukt ist, da Art. 20 Abs. 1 Produktsicherheits-VO nur Fälle erfasst, in denen die Kausalität des Produkts für den Unfall feststeht, während Art. 73 Abs. 1 und 2 KI-VO i.V.m. Art. 3 Nr. 49 schon dann eine Meldepflicht entstehen lässt, wenn eines der dort genannten Ereignisse als indirekte Folge eintritt (vgl. Art. 3 Rn. 373 ff.).

4 Die Einrichtung eines unternehmensinternen Prozesses zur Meldung schwerwiegender Vorfälle ist gem. Art. 17 Abs. 1 lit. i Bestandteil des Qualitätsmanagementsystems.

---

3 Europäische Kommission, Impact Assessment accompanying the Proposal for a Regulation of the European Parliament and of the Council laying down harmonized rules on Artificial Intelligence (Artificial Intelligence Act) and amending certain Union legislative acts, SWD(2021) 84 final, S. 49, KI-VO-E Kommission, ErwG 78.

4 KI-VO-E Parlament, Abänderung 577.

5 Vgl. schon Art. 5 Abs. 3 Richtlinie 2001/95/EU.

Für den Anbieter oder zukünftige Anbieter eines Hochrisiko-KI-Systems, das im **Test unter Realbedingungen** betrieben wird, gilt über Art. 60 Abs. 7 die Meldepflicht des Art. 73. Anbieter von **GPAI Models** mit systemischem Risiko müssen gem. Art. 55 Abs. 1 lit. c einschlägige Informationen über schwerwiegende Vorfälle und Abhilfemaßnahmen dem Büro für Künstliche Intelligenz und ggf. den zuständigen nationalen Marktüberwachungsbehörden übermitteln. Die Definition des „schwerwiegenden Vorfalls" gem. Art. 3 Nr. 49 erfasst nur Geschehnisse im Zusammenhang mit einem KI-System, nicht hingegen mit einem GPAI Model. Fraglich ist daher, ob der Gesetzestext eine Beobachtungs- und Meldepflicht des Modell-Anbieters im Hinblick auf die KI-Systeme, in die sein Modell integriert ist, begründet, oder ob Art. 55 Abs. 1 lit. c ein Konzept des schwerwiegenden Vorfalls zugrunde legt, das von der Definition in Art. 3 Nr. 49 abweicht. Unter Berücksichtigung von Sinn und Zweck der Vorschriften, eine möglichst umfassende Beobachtung des Verhaltens von GPAI Models zu ermöglichen, ist die erstgenannte Auslegungsmöglichkeit überzeugender. 5

Betreiber von Hochrisiko-KI-Systemen unterliegen keiner primären Meldepflicht gegenüber der Marktüberwachungsbehörde. Art. 26 Abs. 5 verpflichtet sie allerdings, bei Feststellung eines schwerwiegenden Vorfalls zuerst den Anbieter, dann aber auch die zuständige Marktüberwachungsbehörde zu informieren. Kann der Betreiber den Anbieter nicht erreichen, greifen die Meldepflichten des Art. 73 umfassend (Art. 26 Abs. 5 Satz 4, vgl. hierzu Art. 26 Rn. 62). 6

II. Meldepflicht schwerwiegender Vorfälle (Abs. 1)

Art. 73 Abs. 1 verpflichtet den Anbieter von in der Union in Verkehr gebrachten Hochrisiko-KI-Systemen, schwerwiegende Vorfälle der zuständigen Marktüberwachungsbehörde des Mitgliedstaats zu melden, in dem der Vorfall stattgefunden hat. Die Formulierung der deutschen Sprachfassung im Plural ist etwas missverständlich. Nach Sinn und Zweck der Vorschrift ist bereits ein einziger schwerer Vorfall zu melden. Eindeutiger ist insoweit die englische Sprachfassung („any serious incident"). 7

Der Begriff „schwerwiegender Vorfall" ist in Art. 3 Nr. 49 legaldefiniert (siehe Art. 3 Nr. 49 Rn. 373 ff.). Erfasst sind nicht nur Vorfälle, die zu einem Personenschaden geführt haben, sondern auch bestimmte Beeinträchtigungen kritischer Infrastruktur, eine Verletzung der Pflichten zum Schutz der Grundrechte und schwere Sach- oder Umweltschäden. Die unternehmensinterne Organisationsstruktur muss daher gewährleisten, dass Vorfälle dieser Art unverzüglich einen Prozess in Gang setzen, der in eine Meldung an die zuständige Behörde mündet. Dabei bedarf insbesondere die Verarbeitung von Erkenntnissen über eine Verletzung der Pflichten zum Schutz der Grundrechte einer sorgfältigen juristischen Vorprüfung. 8

9 Die KI-spezifische Meldepflicht wird für bestimmte Vorfälle nach Abs. 9 und 10 eingeschränkt (vgl. Rn. 30 f.).

10 Die Kommission soll bis zum 2.8.2025 Leitlinien zur Konkretisierung der Meldepflicht und leichteren Einhaltung der Pflichten veröffentlichen (Art. 73 Abs. 7 Satz 2 u. 3).

III. Meldefristen (Abs. 2 bis 4)

11 Art. 73 Abs. 2 bis 4 etablieren eine zeitliche Abstufung der Meldefrist in Abhängigkeit von den Auswirkungen des Vorfalls und den Erkenntnissen im Hinblick auf den Ursachenzusammenhang.

1. Meldefrist für schwerwiegende Vorfälle

12 Ein schwerwiegender Vorfall ist gem. Art. 73 Abs. 2 spätestens 15 Tage nach Kenntniserlangung durch den Anbieter zu melden. Diese Frist gilt unabhängig davon, ob der Anbieter einen kausalen Zusammenhang zwischen dem KI-System und dem Vorfall feststellen konnte oder für wahrscheinlich hält. Ein bestimmter Wahrscheinlichkeitsgrad im Hinblick auf den Ursachenzusammenhang führt ggf. zu einer Verkürzung der Frist (vgl. sogleich Rn. 13). Zu berücksichtigen ist in diesem Zusammenhang, dass schon die Definition des „schwerwiegenden Vorfalls" in Art. 3 Nr. 49 mit dem Erfordernis der zumindest „indirekten Folge" einen gewissen Ursachenzusammenhang verlangt, um überhaupt eine Meldepflicht entstehen zu lassen. Die Zuordnung einzelner Erkenntnisstufen zu bestimmten Meldefristen wird in der praktischen Umsetzung in unternehmensinterne Compliance-Prozesse zu großen Herausforderungen führen. Aufgrund der schwammigen gesetzlichen Regelungen muss dem Anbieter dabei ein Einschätzungsspielraum zugestanden werden, wenn die Zuordnung auf einer plausiblen technischen Bewertung basiert.

13 Die Frist verkürzt sich unter bestimmten Umständen. Der schwerwiegende Vorfall ist nach dem Wortlaut bereits unmittelbar nach Feststellung des **kausalen Zusammenhangs** zwischen dem KI-System und dem schwerwiegenden Vorfall oder der naheliegenden Wahrscheinlichkeit eines solchen Zusammenhangs zu melden. Die Voraussetzung der naheliegenden Wahrscheinlichkeit eines kausalen Zusammenhangs wirft schwierige Auslegungsfragen auf. Ausgangspunkt der Überlegungen ist die Definition des schwerwiegenden Vorfalls in Art. 3 Nr. 49 (ausführlich hierzu Art. 3 Rn. 373 ff.). Sie umfasst verschiedene Tatbestände, die als direkte oder indirekte Folge eines „Vorfalls oder einer Fehlfunktion bezüglich eines KI-Systems" eintreten. Der Begriff „Folge" beschreibt zunächst einen nicht näher spezifizierten Ursachenzusammenhang. Dieser zeitliche Zusammenhang ist bereits Voraussetzung dafür, dass überhaupt ein schwerwiegender Vorfall bejaht wird. Der Wortlaut des Art. 73 Abs. 2 stellt für die zeitlich unmittelbare Meldepflicht hingegen einschränkend auf den kausalen Zusammenhang ab. Hierfür kommt es auf einen Ursächlichkeitszusammenhang an, der jedenfalls die naturwissenschaftliche Kausalitätskette betrachtet. Die unverzügliche Meldepflicht entsteht allerdings nicht erst, wenn dieser Ursächlichkeitszusammenhang gesichert feststeht, sondern bereits, wenn der Anbieter die naheliegende Wahrscheinlichkeit des Zusammenhangs festgestellt hat. Der Anbieter soll folglich nicht die Meldung auf den letzten Tag der Maximalfrist von 15 Tagen hinausschieben, wenn ihm schon vorher Erkenntnisse vorliegen, aufgrund derer er einen Ursächlichkeitszusammenhang zwischen dem Vorfall oder der Fehlfunktion und der eingetretenen Verletzung festgestellt hat. Nach dem Wortlaut der Vorschrift genügt auch die Feststellung der naheliegenden Wahrscheinlichkeit der Kausalität. In beiden Fällen genügt explizit nicht allein das Vorliegen entsprechender Erkenntnisse. Ausschlaggebend ist vielmehr die darauf basierende Feststellung durch den Anbieter. Die verkürzte Meldefrist gilt auch für den Betreiber, sofern er ausnahmsweise gem. Art 26 Abs. 5 Satz 4 Adressat der Meldepflicht ist.

Art. 73 Abs. 2 UAbs. 2 verknüpft mit einer sehr vagen Formulierung die Bestimmung des „Meldezeitraums" mit der **Schwere des schwerwiegenden Vorfalls**. Diese Vorschrift kann nur zu einer **Verkürzung** der mit 15 Tagen bemessenen Maximalfrist führen, die im Gesetz ausdrücklich als absolute zeitliche Grenze festgelegt ist („in jedem Fall"). Da die Meldefrist für Vorfälle mit besonders gravierenden Folgen in Art. 73 Abs. 3 und 4 ohnehin bereits durch die gesetzlichen Regelungen verkürzt wird, führt die Vorschrift zu **unnötiger Rechtsunsicherheit** für die Wirtschaftsakteure. Über dem ohnehin angespannten Prozess der Krisenbewältigung schwebt damit auch noch das Risiko, die Meldung könne im Nachhinein von der Behörde als verspätet gewertet werden – aufgrund vorher nicht transparenter Kriterien. Im Zusammenhang mit einem gesetzlich derart ausdifferenzierten Fristensystem wäre es wünschenswert, auf eine zusätzliche Verkürzungsmöglichkeit im behördlichen Ermessen zu verzichten 14

Eine Meldefrist von **zehn Tagen** bestimmt Art. 73 Abs. 4, falls im Zusammenhang mit dem schwerwiegenden Vorfall eine **Person gestorben** ist. Die zehn Tage dürfen allerdings nicht in jedem Fall ausgeschöpft werden. Der Anbieter muss unverzüglich melden, wenn er die Kausalität zwischen dem Hochrisiko-KI-System und dem schwerwiegenden Vorfall festgestellt hat oder auch nur vermutet. Der Wahrscheinlichkeitsmaßstab ist deutlich geringer als für sonstige schwerwiegende Vorfälle (vgl. Rn. 13), sodass in der Regel eine Pflicht zur unverzüglichen Meldung bestehen wird. 15

2. Meldefrist im Falle eines weitverbreiteten Verstoßes

16 Eine besonders **kurze Meldefrist** von **zwei Tagen** ab Kenntniserlangung legt Art. 73 Abs. 3 für weitverbreitete Verstöße fest. Art. 73 Abs. 3 ist die einzige Vorschrift der KI-VO, die auf den Begriff des weitverbreiteten Verstoßes Bezug nimmt. Ein **weitverbreiteter Verstoß** ist gem. Art. 3 Nr. 61 jede Handlung, die gegen individualschützende Vorschriften des Unionsrechts verstößt und die kollektiven Interessen von Einzelpersonen in mehreren Mitgliedstaaten geschädigt hat, schädigen könnte oder zu schädigen droht (vgl. ausführlich Art. 3 Rn. 439 ff.). Ebenso erfasst ist jedes Unterlassen, welches die oben genannten Voraussetzungen erfüllt. Bemerkenswert ist, dass der weitverbreitete Verstoß durch die Anknüpfung an eine Handlung nur Verstöße des Anbieters oder Betreibers erfasst. Die Definition erstreckt sich nicht auf die Verletzung geschützter Rechtspositionen durch das KI-System selbst. Die Meldepflicht entsteht demnach nur, wenn der Anbieter oder Betreiber durch eine eigene aktive Handlung gegen eine der genannten Unionsvorschriften verstoßen hat, nicht wenn ein Verletzungserfolg durch das KI-System selbst herbeigeführt wurde.

17 Die zweitägige Frist gilt unabhängig von etwaigen Erkenntnissen über den Kausalzusammenhang. Die kurze Frist ist durchaus plausibel vor dem Hintergrund des hohen Stellenwerts grundrechtlich geschützter Rechte und der besonderen Gefahren, die aus der Manifestierung von zum Beispiel diskriminierenden Kriterien als allgemeine Merkmale von KI-Systemen erwachsen können. Solche allgemeinen Merkmale sollen von der Marktüberwachung möglichst schnell erkannt werden, um gegensteuernde Maßnahmen zu ermöglichen. Daher werden die allgemeinen Merkmale eines rechtsverletzenden KI-Systems in Art. 61 lit. b explizit als Tatbestandsmerkmal des weitverbreiteten Verstoßes aufgegriffen.

3. Meldefrist im Falle einer Störung der kritischer Infrastrukturen i. S. d. Art. 3 Nr. 49 lit. b

18 Die besonders **kurze Meldefrist** von nur **zwei Tagen** ab Kenntniserlangung legt Art. 73 Abs. 3 auch für schwerwiegende Vorfälle fest, die zu einer schweren und unumkehrbaren Störung der Verwaltung oder des Betriebs kritischer Infrastrukturen führen. Kritische Infrastrukturen umfassen nach der Definition gem. Art. 3 Nr. 62 i.V.m. Art. 2 Nr. 4 Richtlinie 2022/2557 Objekte, Anlagen, Ausrüstung, Netze oder Systeme oder Teile davon, die für die Erbringung wesentlicher Dienste erforderlich sind. Insbesondere zählen dazu Einrichtungen zur Energie- und Wasserversorgung (vgl. ausführlich Art. 3 Rn. 445 ff.).

19 Die zweitägige Frist gilt unabhängig von etwaigen Erkenntnissen über den Kausalzusammenhang. Als Hintergrund der besonders kurzen Frist kann die Notwendigkeit schnellen Einschreitens der Marktüberwachungsbehörden gesehen werden, um die eingetretene Störung möglichst schnell zu beenden.

IV. Unvollständiger Erstbericht (Abs. 5)

Eine fristgemäße Meldung kann auch durch einen unvollständigen Erstbericht erfolgen. Ein vollständiger Bericht muss in diesem Fall allerdings nachgereicht werden. Diese Regelung verwundert, da weder in Art. 73 noch in den Anhängen konkrete Anforderungen an den **Inhalt des Berichts** gestellt werden. Vor diesem Hintergrund fällt die Beantwortung der Frage schwer, wann ein Bericht vollständig ist. Da der notwendige Inhalt des Erstberichts in den Vorschriften ebensowenig näher beschrieben ist, fällt es schwer, aus Art. 73 Abs. 5 konkretisierende Hinweise abzuleiten. Ein Umkehrschluss lässt sich aus Art. 73 Abs. 6 ziehen. Hiernach sind die Umstände, die zu einem Vorfall geführt haben, zu untersuchen, eine Risikobewertung durchzuführen und die Notwendigkeit von Korrekturmaßnahmen zu prüfen. Da diese Aufarbeitung des Vorfalls erst nach der Meldung stattfinden soll, kann darauf geschlossen werden, dass die Ergebnisse nicht notwendigerweise Bestandteil des Berichts – auch nicht des endgültigen Berichts – sein müssen. Die Möglichkeit zur Meldung mit einem unvollständigen Erstbericht wird in der Praxis Schwierigkeiten aufwerfen, weil die Marktüberwachungsbehörde gem. Art. 73 Abs. 8 innerhalb von sieben Tagen ab Eingang der Meldung über die angemessenen **Korrekturmaßnahmen** entscheiden muss. Dem Anbieter bleibt daher nur sehr begrenzt Zeit, seine eigene technische Bewertung und Vorschläge für geeignete Korrekturmaßnahmen in den behördlichen Entscheidungsprozess einzubringen. 20

V. Untersuchungspflicht (Abs. 6)

Der Anbieter hat nach dem Wortlaut des Art. 73 Abs. 6 im Anschluss an die rechtzeitige Meldung unverzüglich die Umstände zu untersuchen, die zu dem Vorfall geführt haben, eine **Risikobewertung** durchzuführen und etwaige **Korrekturmaßnahmen** zu planen. Das System der Meldepflichten enthält ausdrücklich eine zeitliche Abstufung. Der Anbieter muss zuerst den schwerwiegenden Vorfall an die zuständige Behörde melden. Erst zeitlich nachgelagert greift die Pflicht zur Ursachenforschung und Korrektur. Sinn und Zweck dieser **zeitlichen Staffelung** erschließen sich nicht. Nachvollziehbar ist das gesetzgeberische Anliegen, bei bestimmten Verstößen durch sehr kurze Meldepflichten eine rasche Einbindung der Marktüberwachungsbehörden sicherzustellen. Dem steht aber eine parallele Einleitung technischer Untersuchungen nicht per se entgegen. Zumeist werden die Vorbereitung der Meldung und die technische Aufarbeitung durch unterschiedliche Abteilungen eines Unternehmens geleistet, sodass eine parallele Ausführung ohne Zeitverzögerung der Meldung möglich ist. Im Übrigen steht es dem Anbieter natürlich frei, den Prozess der technischen Ursachenforschung bereits parallel zur Meldung die technische Ursachenfor- 21 schung anzustoßen. Der Wortlaut des Art. 73 Abs. 6 ist unter Berücksichtigung von Sinn und Zweck der Vorschrift so auszulegen, dass spätestens nach der Meldung die Untersuchung vorzunehmen ist.

22 Von großer Bedeutung ist das **Verbot** des Art. 73 Abs. 6 UAbs. 2, durch die Untersuchung eine **Veränderung** des betroffenen KI-Systems herbeizuführen, wenn sich diese Änderung möglicherweise auf die Bewertung der Ursachen des Vorfalls auswirkt. In einem solchen Fall ist vorab die zuständige Marktüberwachungsbehörde zu unterrichten, um eine Beweissicherung zu ermöglichen.

23 Abs. 6 UAbs. 2 statuiert auch darüber hinaus eine Pflicht zur **Zusammenarbeit** mit den zuständigen nationalen Marktüberwachungsbehörden und den betroffenen notifizierten Stellen. Anders als nach den Vorschriften über die Meldepflicht und das sich daran anschließende kooperative Verwaltungsverfahren im Hinblick auf im Feld erkannte Risiken eines Hochrisiko-KI-Systems (vgl. hierzu Art. 79 Rn. 30 ff.) enthält Art. 73 keine Pflicht der Marktüberwachungsbehörden, die betroffene notifizierte Stelle über eine Meldung zu informieren. Jedenfalls bei einer Meldung über einen schwerwiegenden Verstoß scheint die Einbindung der notifizierten Stelle aufgrund ihrer technischen Expertise aus Marktüberwachungssicht allerdings durchaus wünschenswert.

VI. Behördeninterne Weitermeldung und Leitlinien der Kommission (Abs. 7)

24 Im Falle einer Meldung über einen schwerwiegenden Vorfall in der Variante der Verletzung von Unionsvorschriften zum Schutz der Grundrechte gem. Art. 3 Nr. 49 lit. c informiert die Marktüberwachungsbehörde gem. Art. 73 Abs. 7 Satz 1 die nach nationalem Recht für den Grundrechtsschutz im Sinne des Art. 77 Abs. 1 zuständige Behörde.

25 Etwas versteckt beauftragt Art. 73 Abs. 7 Satz 2 die Kommission, **Leitlinien** zur Konkretisierung der Meldepflicht gem. Art. 73 Abs. 1 zu erlassen. Diese sollen die Meldung erleichtern und bis zum 2.8.2025 vorliegen.

VII. Maßnahmen der Marktüberwachungsbehörde und Meldung an die Kommission (Abs. 8, 11)

26 Das mit den knappen Meldefristen des Art. 73 Abs. 1 bis 3 angestrebte Ziel, schwerwiegenden Vorfällen und weitverbreiteten Verstößen schnell und effektiv zu begegnen, wird auch mit den Vorschriften über den Gang des Verwaltungsverfahrens in Art. 73 Abs. 8 weiterverfolgt. Die Marktüberwachungsbehörde ist verpflichtet, innerhalb von **sieben Tagen** Maßnahmen gem. Art. 19 MÜ-VO zu

ergreifen. Art. 19 MÜ-VO verpflichtet die Marktüberwachungsbehörde, dafür Sorge zu tragen, dass ein Produkt mit einem ernsten Risiko zurückgerufen oder vom Markt genommen wird, sofern es keine andere wirksame Möglichkeit zur Beseitigung des Risikos gibt. Alternativ ist die Bereitstellung der Produkte auf dem Markt zu untersagen. Der Rückruf ist als ultima ratio den anderen Maßnahmen gegenüber subsidiär.[6] Die Marktüberwachungsbehörde ist demnach gehalten, die **angemessene Maßnahme** zur Beseitigung der Ursache des schwerwiegenden Vorfalls zu ergreifen. Schlägt der Anbieter selbst geeignete Maßnahmen vor, sind diese umzusetzen.

Die Bezugnahme auf die Maßnahmen nach Art. 19 MÜ-VO ist als Rechtsgrundverweis zu verstehen. Dementsprechend ist die Marktüberwachungsbehörde auch gem. Art. 19 Abs. 2 MÜ-VO verpflichtet, ihrer Entscheidung eine **angemessene Risikobewertung** zu Grunde zu legen. Für das europäische Produktrecht hat die Kommission eine spezifische Methodik der Risikobewertung entwickelt (vgl. hierzu ausführlich Art. 79 Rn. 37ff.). Darüber hinaus gelten die Vorschriften über Verfahrensrechte der betroffenen Akteure gem. Art. 18 MÜ-VO, die insbesondere eine obligatorische Anhörung vor dem Erlass einer Maßnahme mit einer Stellungnahmefrist von mindestens zehn Arbeitstagen vorsehen (Art. 18 Abs. 3 MÜ-VO). Von dieser gesetzlich als Minimum einer angemessenen Frist zur Stellungnahme festgelegten Dauer darf nur abgewichen werden, wenn die Dringlichkeit dem entgegensteht. Ob aus einem einmaligen schwerwiegenden Vorfall eine solche Dringlichkeit zwingend folgt, darf bezweifelt werden. Es entsteht demnach ein Konflikt mit der in Art. 73 Abs. 8 festgelegten Handlungsfrist der Behörde. 27

Die **Kommission** ist von den getroffenen Maßnahmen unverzüglich zu unterrichten (Abs. 19 Abs. 1 Satz 2 MÜ-VO), sofern die Maßnahmen in ihrer Begründung oder Wirkung nach Auffassung der Marktüberwachungsbehörde über das Hoheitsgebiet ihres Mitgliedstaats hinausreichen. Damit wird der im europäischen Produktrecht entwickelte, ausdifferenzierte Prozess der **Information und Abstimmung** der Marktüberwachungsmaßnahmen zwischen den nationalen Behörden untereinander und mit der Kommission über das **RAPEX-System** in Gang gesetzt (Art. 20 MÜ-VO). Die marktüberwachungsrechtliche Behandlung von schwerwiegenden Vorfällen wird über Art. 73 Abs. 8 KI-VO i.V.m. Art. 19 Abs. 1 Satz 2 MÜ-VO in dieses System integriert. 28

Die zuständigen nationalen Behörden haben gem. Art. 73 Abs. 11 darüber hinaus **jeden schwerwiegenden Vorfall** unverzüglich an die Kommission zu melden, auch wenn sie keine Maßnahmen erlassen haben. Auch diese Notifikation an die Kommission mündet gem. Art. 73 Abs. 11 in den in Art. 20 MÜ-VO vorgesehenen Prozess. 29

6 *Giesberts/Gayger*, in: Ehring/Taeger, NK-ProdR, Art. 19 MÜ-VO Rn. 6.

VIII. Subsidiarität der Meldepflicht (Abs. 9)

30 Die Meldepflicht wird eingeschränkt für Vorfälle, die sich auf Hochrisiko-KI-Systeme des **Anhangs III** beziehen und bereits nach anderen unionsrechtlichen Vorschriften zu melden sind. Damit wird eine doppelte Meldepflicht vermieden. Die Einschränkung gilt nicht für Vorfälle mit Grundrechtsbezug i. S. d. Art. 3 Nr. 49 lit. c, da die in Anhang III genannten unionsrechtlichen Vorschriften nicht dem Schutz der Grundrechte dienen und diese Gefahren folglich auch nicht in den jeweiligen Notifikationspflichten adressiert sind.

IX. Meldepflicht für Medizinprodukte (Abs. 10 und 11)

31 Art. 73 Abs. 10 enthält eine weitere Einschränkung der Meldepflicht für Hochrisiko-KI-Systeme, die Produkte i. S. d. Verordnung (EU) 2017/745 (Medizinprodukte-VO) und der Verordnung (EU) 2017/746 (In-Vitro-Diagnostika-VO) oder Sicherheitsbauteile solcher Produkte darstellen. In diesen Fällen müssen schwerwiegende Vorfälle nach Art. 73 Abs. 1 nur gemeldet werden, wenn ein Grundrechtsbezug i. S. v. Art. 3 Nr. 49 lit. c vorliegt. Andernfalls ergibt sich eine Meldepflicht nur nach den genannten Verordnungen (Art. 87 Medizinprodukte-VO, Art. 82 In-Vitro-Diagnostika-VO). Die Meldung hat in jedem Fall an die für diese Verordnungen zuständigen nationalen Behörden zu erfolgen.

Abschnitt 3
Durchsetzung

Art. 74 Marktüberwachung und Kontrolle von KI-Systemen auf dem Unionsmarkt

(1) Die Verordnung (EU) 2019/1020 gilt für KI-Systeme, die unter die vorliegende Verordnung fallen. Für die Zwecke einer wirksamen Durchsetzung der vorliegenden Verordnung gilt Folgendes:

a) Jede Bezugnahme auf einen Wirtschaftsakteur nach der Verordnung (EU) 2019/1020 gilt auch als Bezugnahme auf alle Akteure, die in Artikel 2 Absatz 1 der vorliegenden Verordnung genannt werden;

b) jede Bezugnahme auf ein Produkt nach der Verordnung (EU) 2019/1020 gilt auch als Bezugnahme auf alle KI-Systeme, die in den Anwendungsbereich der vorliegenden Verordnung fallen.

(2) Im Rahmen ihrer Berichtspflichten gemäß Artikel 34 Absatz 4 der Verordnung (EU) 2019/1020 melden die Marktüberwachungsbehörden der Kommission und den einschlägigen nationalen Wettbewerbsbehörden jährlich alle Informationen, die sie im Verlauf ihrer Marktüberwachungstätigkeiten erlangt haben und die für die Anwendung von Unionsrecht im Bereich der Wettbewerbsregeln von Interesse sein könnten. Ferner erstatten sie der Kommission jährlich Bericht über die Anwendung verbotener Praktiken in dem betreffenden Jahr und über die ergriffenen Maßnahmen.

(3) Bei Hochrisiko-KI-Systemen und damit in Zusammenhang stehenden Produkten, auf die die in Anhang I Abschnitt A aufgeführten Harmonisierungsrechtsvorschriften der Union Anwendung finden, gilt als Marktüberwachungsbehörde für die Zwecke dieser Verordnung die in jenen Rechtsakten für die Marktüberwachung benannte Behörde.

Abweichend von Unterabsatz 1 und unter geeigneten Umständen können die Mitgliedstaaten eine andere einschlägige Behörde benennen, die die Funktion der Marktüberwachungsbehörde übernimmt, sofern sie die Koordinierung mit den einschlägigen sektorspezifischen Marktüberwachungsbehörden, die für die Durchsetzung der in Anhang I aufgeführten Harmonisierungsrechtsvorschriften der Union zuständig sind, sicherstellen.

(4) Die Verfahren gemäß den Artikeln 79 bis 83 der vorliegenden Verordnung gelten nicht für KI-Systeme, die im Zusammenhang mit Produkten stehen, auf die die in Anhang I Abschnitt A aufgeführten Harmonisierungsrechtsvorschriften der Union Anwendung finden, wenn in diesen Rechtsak-

ten bereits Verfahren, die ein gleichwertiges Schutzniveau sicherstellen und dasselbe Ziel haben, vorgesehen sind. In diesen Fällen kommen stattdessen die einschlägigen sektorspezifischen Verfahren zur Anwendung.

(5) Unbeschadet der Befugnisse der Marktüberwachungsbehörden gemäß Artikel 14 der Verordnung (EU) 2019/1020 können die Marktüberwachungsbehörden für die Zwecke der Sicherstellung der wirksamen Durchsetzung der vorliegenden Verordnung die in Artikel 14 Absatz 4 Buchstaben d und j der genannten Verordnung genannten Befugnisse gegebenenfalls aus der Ferne ausüben.

(6) Bei Hochrisiko-KI-Systemen, die von auf der Grundlage des Unionsrechts im Bereich der Finanzdienstleistungen regulierten Finanzinstituten in Verkehr gebracht, in Betrieb genommen oder verwendet werden, gilt die in jenen Rechtsvorschriften für die Finanzaufsicht über diese Institute benannte nationale Behörde als Marktüberwachungsbehörde für die Zwecke dieser Verordnung, sofern das Inverkehrbringen, die Inbetriebnahme oder die Verwendung des KI-Systems mit der Erbringung dieser Finanzdienstleistungen in direktem Zusammenhang steht.

(7) Abweichend von Absatz 6 kann der Mitgliedstaat – unter geeigneten Umständen und wenn für Abstimmung gesorgt ist – eine andere einschlägige Behörde als Marktüberwachungsbehörde für die Zwecke dieser Verordnung benennen.

Nationale Marktüberwachungsbehörden, die unter die Richtlinie 2013/36/EU fallende Kreditinstitute, welche an dem mit der Verordnung (EU) Nr. 1024/2013 eingerichteten einheitlichen Aufsichtsmechanismus teilnehmen, beaufsichtigen, sollten der Europäischen Zentralbank unverzüglich alle im Zuge ihrer Marktüberwachungstätigkeiten ermittelten Informationen übermitteln, die für die in der genannten Verordnung festgelegten Aufsichtsaufgaben der Europäischen Zentralbank von Belang sein könnten.

(8) Für die in Anhang III Nummer 1 der vorliegenden Verordnung genannten Hochrisiko-KI-Systeme, sofern diese Systeme für Strafverfolgungszwecke, Grenzmanagement und Justiz und Demokratie eingesetzt werden, und für die in Anhang III Nummern 6, 7 und 8 genannten Hochrisiko-KI-Systeme benennen die Mitgliedstaaten für die Zwecke dieser Verordnung als Marktüberwachungsbehörden entweder die nach der Verordnung (EU) 2016/679 oder der Richtlinie (EU) 2016/680 für den Datenschutz zuständigen Aufsichtsbehörden oder jede andere gemäß denselben Bedingungen wie den in den Artikeln 41 bis 44 der Richtlinie (EU) 2016/680 festgelegten benannte Behörde. Marktüberwachungstätigkeiten dürfen in keiner Weise die Unabhängigkeit von Justizbehörden beeinträchtigen oder deren Handlungen im Rahmen ihrer justiziellen Tätigkeit anderweitig beeinflussen.

(9) Soweit Organe, Einrichtungen und sonstige Stellen der Union in den Anwendungsbereich dieser Verordnung fallen, übernimmt der Europäische Datenschutzbeauftragte die Funktion der für sie zuständigen Marktüberwachungsbehörde – ausgenommen für den Gerichtshof der Europäischen Union im Rahmen seiner Rechtsprechungstätigkeit.

(10) Die Mitgliedstaaten erleichtern die Koordinierung zwischen den auf der Grundlage dieser Verordnung benannten Marktüberwachungsbehörden und anderen einschlägigen nationalen Behörden oder Stellen, die die Anwendung der in Anhang I aufgeführten Harmonisierungsrechtsvorschriften der Union oder sonstigen Unionsrechts überwachen, das für die in Anhang III genannten Hochrisiko-KI-Systeme relevant sein könnte.

(11) Die Marktüberwachungsbehörden und die Kommission können gemeinsame Tätigkeiten, einschließlich gemeinsamer Untersuchungen, vorschlagen, die von den Marktüberwachungsbehörden oder von den Marktüberwachungsbehörden gemeinsam mit der Kommission durchgeführt werden, um Konformität zu fördern, Nichtkonformität festzustellen, zu sensibilisieren oder Orientierung zu dieser Verordnung und bestimmten Kategorien von Hochrisiko-KI-Systemen, bei denen festgestellt wird, dass sie in zwei oder mehr Mitgliedstaaten gemäß Artikel 9 der Verordnung (EU) 2019/1020 ein ernstes Risiko darstellen, zu geben. Das Büro für Künstliche Intelligenz unterstützt die Koordinierung der gemeinsamen Untersuchungen.

(12) Die Anbieter gewähren den Marktüberwachungsbehörden unbeschadet der Befugnisübertragung gemäß der Verordnung (EU) 2019/1020 – sofern dies relevant ist und beschränkt auf das zur Wahrnehmung der Aufgaben dieser Behörden erforderliche Maß – uneingeschränkten Zugang zur Dokumentation sowie zu den für die Entwicklung von Hochrisiko-KI-Systemen verwendeten Trainings-, Validierungs- und Testdatensätzen, gegebenenfalls und unter Einhaltung von Sicherheitsvorkehrungen auch über die Anwendungsprogrammierschnittstellen (im Folgenden „API“) oder andere einschlägige technische Mittel und Instrumente, die den Fernzugriff ermöglichen.

(13) Zum Quellcode des Hochrisiko-KI-Systems erhalten Marktüberwachungsbehörden auf begründete Anfrage und nur dann Zugang, wenn die beiden folgenden Bedingungen erfüllt sind:

a) Der Zugang zum Quellcode ist zur Bewertung der Konformität eines Hochrisiko- KI-Systems mit den in Kapitel III Abschnitt 2 festgelegten Anforderungen notwendig und

b) die Test- oder Prüfverfahren und Überprüfungen aufgrund der vom Anbieter bereitgestellten Daten und Dokumentation wurden ausgeschöpft oder haben sich als unzureichend erwiesen.

(14) Jegliche Informationen oder Dokumentation, in deren Besitz die Marktüberwachungsbehörden gelangen, werden im Einklang mit den in Artikel 78 festgelegten Vertraulichkeitspflichten behandelt.

Mit Art. 74 korrespondiert Erwägungsgrund 156.

Schrifttum: *Ebert/Spiecker gen. Döhmann*, Der Kommissionsentwurf für eine KI-Verordnung der EU – Die EU als Trendsetter weltweiter KI-Regulierung, NVwZ 2021, 1188; *Ehring/Taeger* (Hrsg.), NomosKommentar Produkthaftungs- und Produktsicherheitsrecht, 2022; *Ellenberger/Bunte* (Hrsg.), Bankrechts-Handbuch, 6. Aufl. 2022; *Freihoff*, RAPEX – Behördliche Produktinformation im europäischen Verwaltungsverbund, 2022; *Klindt*, EU-Produktsicherheitsrecht – Verantwortliche für Produktkonformität, ZRP 2023, 108; *Novelli/Hacker/Morley/Trondal/Floridi*, A Robust Governance for the AI Act: AI Office, AI Board, Scientific Panel, and National Authorities, European Journal of Risk Regulation 2024, 1; *Roth-Isigkeit*, Grundstrukturen der geplanten KI-Aufsichtsbehörden – KI-Bürokratie?, ZRP 2022, 187; *Schwartmann/Keber/Zenner*, KI-Verordnung, Leitfaden für die Praxis, 2. Aufl. 2024; *Witte*, Die Architektur des einheitlichen Bankenaufsichtsmechanismus und die Bedeutung administrativer Widerspruchsverfahren im europäischen Prozessrecht, EuR 2017, 648; *Woesch/Vogt*, Die KI-Verordnung – Die digitale Zukunft im Finanzsektor, BKR 2024, 689.

Übersicht

I. Allgemeines

1. Zweck der Vorschrift

Art. 74 legt den Grundstein für die behördliche Überwachung der Einhaltung der Anforderungen der KI-VO. Er überträgt im Wesentlichen das bereits implementierte und erprobte System der **produktrechtlichen Marktüberwachung** im europäischen Verwaltungsverbund, indem er vermeintlich umfassend die Anwendung der VO (EU) 2019/1020 (EU-Marktüberwachungsverordnung – MÜ-VO) anordnet. Schon die Europäische Kommission hat sich aufgrund ihres Impact Assessments[1] bewusst für diesen Ansatz entschieden. In der deutschen Literatur wurde dieser Ansatz z. T. als Besonderheit wahrgenommen und herausgearbeitet.[2] Dies zeigt deutlich, dass die bisherige Diskussion der Regulierung künstlicher Intelligenz eher datenschutzrechtsgetrieben war. Der NLF bietet mit seiner inzwischen ausgefeilten Verknüpfung von Elementen der **Ex-ante- und Ex-post-Kontrolle** die Möglichkeit einer ausgewogenen Mischung aus Eigenverantwortung des verantwortlichen Wirtschaftsakteurs, Einbindung unabhängiger Stellen und behördlicher Nachmarktkontrolle, ein **effektives Regelwerk** zur Sicherstellung größtmöglicher Gesetzeskonformität mit möglichst wenig Bürokratieaufwand und unter Berücksichtigung der unternehmerischen Freiheit der Wirtschaftsakteure.[3] Durch die **quasi-gesetzliche Vermutungswirkung** bei Erfüllung der Anforderungen bestimmter technischer Normen können die konkreten Produktanforderungen relativ kurzfristig an die neue technische Entwick- 1

1 Europäische Kommission, Impact Assessment accompanying the Proposal for a Regulation of the European Parliament and of the Council laying down harmonized rules on Artificial Intelligence (Artificial Intelligence Act) and amending certain Union legislative acts, SWD(2021) 84 final, S. 42.

2 *Ebert/Spiecker gen. Döhmann*, NVwZ 2021, 1188, 1192.

3 Europäische Kommission, Impact Assessment accompanying the Proposal for a Regulation of the European Parliament and of the Council laying down harmonized rules on Artificial Intelligence (Artificial Intelligence Act) and amending certain Union legislative acts, SWD(2021) 84 final, S. 57.

lung angepasst werden. Zugleich bietet diese Regelungstechnik den Wirtschaftsakteuren eine Vereinfachung beim gesetzeskonformen technischen Produktdesign.[4]

2 Art. 74 ist zum einen relevant für die Bestimmung der für die Überwachung zuständigen **Behörden**, zum anderen aber auch für die Identifikation der einschlägigen **Verfahrensregeln** und **Eingriffsbefugnisse**, die in Art. 75 ff. konkretisiert werden. Auswirkungen hat die Vorschrift auch auf den **Rechtsschutz** betroffener Anbieter und Betreiber. Sie legt darüber hinaus die Grundzüge der Zusammenarbeit verschiedener Behörden im europäischen Verwaltungsverbund fest.

2. Entstehungsgeschichte

3 Schon im Vorschlag der Europäischen Kommission war die Durchsetzung der Vorschriften der KI-VO in sehr enger Anlehnung an die europäischen Produktvorschriften ausgestaltet. Schon das frühe Stadium des Gesetzgebungsprozesses zeigt demnach eine Abkehr vom sogenannten Multi-Stakeholder-Ansatz, der die Aufsicht zu wesentlichen Teilen in die Hände privater, auf die Kontrolle digitaler Dienste spezialisierter Akteure gelegt hätte.[5] Art. 63 KI-VO-E Kommission sah bereits die Anwendung der MÜ-VO auf KI-Systeme vor. Das Europäische Parlament erweiterte den Anwendungsbereich auf „Basismodelle" (zum Begriff, der in der finalen Fassung nicht mehr auftaucht, vgl. Art. 3 Rn. 460).[6] Der im Parlamentsvorschlag eingeführte Begriff des „Basismodells" deckt einen Teilbereich der nunmehr als „KI-Modell mit allgemeinem Verwendungszweck" (GPAI Models) definierten Technologien ab. Die vom Parlament angeregte **Erweiterung der Anwendung** der EU-Marktüberwachungsverordnung konnte sich allerdings nicht durchsetzen. Sowohl im Vorschlag des Rates[7] als auch im finalen Kompromisstext[8] ist sie nicht mehr zu finden. Im finalen Verordnungstext wird die Befugnis zur Überwachung der Konformität von GPAI Models der Europäischen Kommission übertragen (Art. 88 f.). Hintergrund dieser Kompetenzspaltung sind die in den letzten Zügen der politischen Verhandlungen geäußerten Bedenken der Mitgliedstaaten, dass die nationalen Marktüberwachungsbehörden mit der Überwachung von GPAI Models überfordert sein könnten.[9]

4 Bekanntmachung der Kommission, Leitfaden für die Umsetzung der Produktvorschriften der EU 2022 („Blue Guide"), 29.6.2022, ABl. 2022 C 247/1, Ziffern 4.1.2.4 und 4.1.3.

5 Europäische Kommission, Weißbuch zur künstlichen Intelligenz – ein europäisches Konzept für Exzellenz und Vertrauen, COM(2020) 65 final, S. 29 ff.

6 KI-VO-E Parlament, Abänderung 584.

7 KI-VO-E Rat, Art. 63.

8 KI-VO-E Trilog, EU-Parl. P9_TA(2023)0236.

9 *Novelli/Hacker/Morley/Trondal/Floridi*, EJRR 2024, 1, 11.

4 Die Marktüberwachung sollte nach dem von der Europäischen Kommission in ihrem Vorschlag vorgesehenen Konzept allein den **nationalen Marktüberwachungsbehörden** obliegen.[10] Aus dieser im europäischen Verwaltungsverbund eindeutigen Kompetenzzuordnung ist im Laufe des Gesetzgebungsverfahrens ein **komplexes Konstrukt** mit verschiedenen Verknüpfungen, Ausnahmen und Verwebungen der Zuständigkeiten zwischen verschiedenen Stellen auf nationaler und europäischer Ebene geworden (ausführlich siehe Rn. 28 ff.).

5 Das Europäische Parlament wollte mit seinem Vorschlag des **Art. 74 Abs. 2** klarstellen, dass die nationalen, jeweils von den Mitgliedstaaten zu bestimmenden Überwachungsbehörden als Marktüberwachungsbehörden im Sinne der EU-Marktüberwachungsverordnung handeln und die entsprechenden Befugnisse haben.[11] Diese **Klarstellung** wurde im Trilog-Verfahren wieder herausverhandelt und ist in der KI-VO nicht mehr zu finden. Eine solche Klarstellung ist auch nicht notwendig, denn mit dem Wortlaut von Art. 74 Abs. 1 wird eindeutig die Anwendbarkeit der EU-Marktüberwachungsverordnung angeordnet, sodass die von den Mitgliedstaaten als Marktüberwachungsbehörden gemeldeten nationalen Behörden selbstverständlich die insbesondere in Art. 14 MÜ-VO festgelegten Kompetenzen haben.

6 **Art. 74 Abs. 3** enthält Vorgaben zur zuständigen Marktüberwachungsbehörde in Fällen, in denen ein Hochrisiko-KI-System oder ein damit im Zusammenhang stehendes Produkt betroffen ist, das in den Anwendungsbereich eines der in Anhang I Abschnitt A genannten Harmonisierungsrechtsakte fällt. Es soll die nationale Marktüberwachungsbehörde mit der Aufsichtskompetenz für den jeweils einschlägigen Rechtsakt zuständig sein (hierzu ausführlich Rn. 27 ff.). Die Vorschrift war bereits in Art. 63 Abs. 3 KI-VO-E Kommission als **absolute Kompetenzzuordnung** enthalten. Während des Gesetzgebungsverfahrens wurde die Eindeutigkeit zunächst aufgeweicht, indem den Mitgliedstaaten eingeräumt wurde, eine andere nationale Behörde für die Überwachung von KI-Systemen und damit zusammenhängenden Produkten im Anwendungsbereich eines der in Anhang I genannten Harmonisierungsrechtsakte zu benennen, wenn ausreichende Koordinierung mit den sektoralen Marktüberwachungsbehörden sichergestellt ist.[12] Diese Ausnahme hat als Art. 74 Abs. 3 UAbs. 2 Eingang in den finalen Text der KI-VO gefunden.

7 **Art. 74 Abs. 4** bildet die verfahrensrechtliche Seite der Zuständigkeitsausnahme gemäß Art. 73 Abs. 3 ab. Auch in verfahrensrechtlicher Hinsicht sind die Vorschriften der in Anhang I Abschnitt A genannten harmonisierten Rechtsakte vorrangig anzuwenden, soweit sie ein **gleichwertiges Schutzniveau** sicherstel-

10 KI-VO-E Kommission, Art. 63 Abs. 1.

11 KI-VO-E Parlament, Abänderung 585.

12 Art. 63 Abs. 3 KI-VO-E Rat mit weiterer Konkretisierung in Art. 63 Abs. 3 KI-VO-E Trilog.

len und dasselbe Ziel haben. Diese Ausnahme wurde erst in der Allgemeinen Ausrichtung des Rates eingefügt.[13] Die Anforderung des gleichwertigen Schutzniveaus wurde erst in den letzten Zügen der Trilogverhandlungen ergänzt.[14] Die Regelung ist eine notwendige Ergänzung der Zuständigkeitsnorm, um eine möglichst effektive Überwachung sicherzustellen. Müssten die sektorspezifischen Marktüberwachungsbehörden für KI-Systeme und damit zusammenhängende Produkte andere Verfahrensvorschriften anwenden als im Rahmen der ihnen bereits übertragenen Marktüberwachung, würde dies zu einem erheblichen administrativen Mehraufwand führen.

8 **Art. 74 Abs. 5** erweitert die behördlichen Betretungsrechte und Befugnisse zur Durchführung unangekündigter Inspektionen auf die Ausübung aus der Ferne. Die explizite Nennung der bereits in Art. 14 Abs. 4 MÜ-VO aufgeführten Befugnis zu unangekündigten Inspektionen und Betretungsrechten wurde erstmals durch das Europäische Parlament in den Text der KI-VO eingefügt und um die Möglichkeit der **Ausübung aus der Ferne** ergänzt.[15] Im anschließenden Trilogverfahren wurden eher redaktionelle Änderungen vorgenommen, welche die Vorschrift stärker in die MÜ-VO einbetten und eine doppelte Nennung identischer Kompetenzen in den verschiedenen Rechtsakten verhindern. Dies ist im Sinne der Klarheit der Vorschrift und zur Vermeidung von Streitigkeiten über das Anwendungsverhältnis begrüßenswert.

9 **Art. 74 Abs. 6** regelt eine systematisch dem Art. 74 Abs. 3 ähnliche **Zuständigkeitsausnahme** für Hochrisiko-KI-Systeme, die von bestimmten Finanzinstituten in Verkehr gebracht, in Betrieb genommen oder verwendet werden. Auch hier soll die nationale Behörde zuständig sein, die bereits Expertise in der Überwachung der Einhaltung der finanzdienstleistungsrechtlichen Vorschriften aufgebaut hat. Der ursprüngliche Kommissionsentwurf einer absoluten Zuständigkeitsregelung[16] wurde durch die Änderungsvorschläge des Rates dahingehend eingeschränkt, dass sie nur gelten solle, wenn Inverkehrbringen, Inbetriebnahme oder Verwendung des Hochrisiko-KI-Systems mit der Erbringung einer Finanzdienstleistung in direktem Zusammenhang steht.[17] Der Rat hat auch eine dem Art. 74 Abs. 3 entsprechende Ausnahme eingebracht, wonach die Mitgliedstaaten in begründeten Fällen eine andere nationale Behörde als Marktüberwachungsbehörde benennen können, wenn ausreichende Koordinierung mit der nationalen Finanzdienstleistungsaufsicht sichergestellt ist.[18] Diese Ergänzung hat als **Art. 74 Abs. 7** Eingang in den finalen Verordnungstext gefunden.

---

13 Art. 63 Abs. 3 UAbs. 2 KI-VO-E Rat.
14 Art. 63 Abs. 3 UAbs. 2 KI-VO-E Trilog.
15 KI-VO-E Parlament, Abänderung 587.
16 Art. 63 Abs. 4 KI-VO-E Kommission.
17 Art. 63 Abs. 4 UAbs. 1 KI-VO-E Rat.
18 Art. 63 Abs. Abs. 4a KI-VO-E Rat.

Die Kompetenzzuweisung des **Art. 74 Abs. 8** an die **nationale Datenschutzbehörde** für die in Anhang III Nr. 1 genannten Hochrisiko-KI-Systeme, sofern diese Systeme für Strafverfolgungszwecke, Grenzmanagement und Justiz und Demokratie eingesetzt werden, wurde schon im Kommissionsentwurf vorgesehen.[19] Die Kommission und der Rat zielten allerdings auf eine größere Auswahlfreiheit der Mitgliedstaaten. Neben den Datenschutzbehörden sollten danach auch die Zoll-, Asyl-, Immigrations- oder eine sonstige Justizbehörde als Marktüberwachungsbehörde benannt werden können.[20] Die Vorschläge konnten sich im Trilogverfahren allerdings gegen den Widerstand des Parlaments nicht durchsetzen.[21] 10

Art. **74 Abs. 9** ist seit dem ersten Verordnungsentwurf der Kommission fast unverändert geblieben.[22] Im Trilogverfahren wurde als sehr wichtige Klarstellung eingefügt, dass der Europäische Datenschutzbeauftragte **keine Aufsichtsbehörde** für den **Gerichtshof der Europäischen Union** in Ausübung der rechtsprechenden Gewalt sein kann.[23] Die EZB hat in ihrer Stellungnahme zum KI-VO-E Kommission drauf hingewiesen, dass auch bei der Überwachung ihrer Konformität mit der KI-VO sicherzustellen ist, dass die Kompetenzen des Europäischen Datenschutzbeauftragten in keiner Weise die Fähigkeit der EZB beeinträchtigen dürfen, die ihr nach dem AEUV übertragenen Aufgaben unabhängig wahrzunehmen.[24] Hierzu wurde allerdings keine explizite Regelung in der KI-VO aufgenommen. 11

Während **Art. 74 Abs. 10** seit dem Entwurf der Kommission[25] unverändert geblieben ist, wurden Art. **74 Abs. 11–14** erst mit der Allgemeinen Ausrichtung des Rates in das Gesetzgebungsverfahren eingebracht[26] und im Gesetzgebungsverfahren praktisch unverändert übernommen.[27] Die Vorschriften enthalten ergänzende Regeln zur Zusammenarbeit der Marktüberwachungsbehörden untereinander und mit der Europäischen Kommission, um den Besonderheiten von KI-Systemen Rechnung zu tragen. Z.T. haben die Vorschriften allerdings nur klarstellenden Charakter, da entsprechende Befugnisse bereits in der MÜ-VO vorgesehen sind (vgl. ausführlich Rn. 44 ff.). 12

---

19 Art. 63 Abs. 5 KI-VO-E Kommission.

20 Art. 63 Abs. 5 KI-VO-E Kommission; Art. 63 Abs. 5 KI-VO-E Rat.

21 KI-VO-E Parlament, Abänderung 588.

22 Art. 63 Abs. 6 KI-VO-E Kommission.

23 Art. 74 Abs. 9 KI-VO-E Trilog.

24 EZB, Stellungnahme vom 29.12.2021 zu einem Vorschlag für eine Verordnung zur Festlegung harmonisierter Vorschriften für künstliche Intelligenz, ABl. 2022 C 115, S. 5, Ziffer 2.4.

25 Art. 63 Abs. 7 KI-VO-E Kommission.

26 Art. 63 Abs. 8 ff. KI-VO-E Rat.

27 Art. 74 Abs. 11–14 KI-VO-E Trilog.

3. Verhältnis zu anderen Vorschriften

13 Art. 74 Abs. 1 ordnet vollumfänglich die Anwendung der MÜ-VO auf die KI-VO an. Für die systematische Auslegung sind ergänzend die anderen Vorschriften der KI-VO sorgfältig zu berücksichtigen. Daraus ergibt sich, dass bestimmte Aspekte der Marktüberwachung in der KI-VO selbst adressiert und somit spezialgesetzlich geregelt sind. Diese Vorschriften **verdrängen** die jeweiligen Vorschriften der Marktüberwachungsverordnung. Dies gilt insbesondere für die Pflichten der einzelnen Wirtschaftsakteure. Zum Teil verweist die KI-VO im Hinblick auf Marktüberwachungskompetenzen auch auf andere Harmonisierungsrechtsakte des Finanzaufsichtsrechts. Diese Spezialvorschriften verdrängen ebenso die Anwendung des generellen Verweises auf die Marktüberwachungsverordnung.

II. Anwendung der europäischen Marktüberwachungsverordnung 2019/1020/EU (Abs. 1)

14 Art. 74 Abs. 1 ordnet die Anwendung der MÜ-VO auf alle KI-Systeme an, die in den Anwendungsbereich der KI-VO fallen. Damit sind Hochrisiko-KI-Systeme, GPAI Models, KI-Systeme mit allgemeinem Verwendungszweck und sonstige KI-Systeme dem europäischen System der Marktüberwachung unterworfen.

15 Art. 74 Abs. 1 enthält Regelungen, die eine konsistente Anwendung der Marktüberwachungsverordnung auf KI-Systeme überhaupt erst ermöglichen, indem die Bezugnahmen auf die Begriffe „**Wirtschaftsakteur**" und „**Produkt**" in der MÜ-VO auf Inhalt und Systematik der KI-VO zugeschnitten werden.

16 Die MÜ-VO erfasst nach dem Wortlaut ihres Art. 2 Abs. 1 nämlich nur **Produkte**, die einem der in Anhang I MÜ-VO genannten harmonisierten Rechtsakte unterfallen. Der Begriff „Produkt" ist in der MÜ-VO nicht definiert. Es kommt daher auf die Definition des Begriffes im jeweiligen Harmonisierungsrechtsakt an, ob ein KI-System vom Anwendungsbereich der MÜ-VO erfasst ist. Ein Medizinprodukt, das gem. Art. 2 Abs. 1 in Verbindung mit Anhang I MÜ-VO in den Anwendungsbereich fällt, kann z.B. wegen der weiten Definition in Art. 2 Abs. 1 MP-VO auch Software sein, sodass ein KI-System schon über die Anwendung der Vorschriften der MP-VO und der MÜ-VO der Marktüberwachung unterfallen kann, ohne dass Art. 74 Abs. 1 KI-VO angewendet wird. Komplexer ist die Bestimmung z.B. im Hinblick auf die VO (EU) 2023/1230 („EU-Maschinen-VO"). In ihren Anwendungsbereich fallen Maschinen, Sicherheitsbauteile u.a. Nach der Definition in Art. 3 Abs. 1 EU-Maschinen-VO ist eine Maschine eine Gesamtheit miteinander verbundener Teile, von denen mindestens eines beweglich ist – und die von einer anderen als der menschlichen Kraft angetrieben wird. Hierbei kann es sich also nur um eine Gesamtheit physischer Gegenstände

handeln. Ein Sicherheitsbauteil kann gem. Art. 3 Abs. 3 EU-Maschinen-VO allerdings auch ein „digitales Bauteil" sein. Um trotz der z. T. **komplexen Differenzierungen** im Anwendungsbereich der einzelnen sektorspezifischen Rechtsakte die einheitliche Anwendung der Marktüberwachungsregeln auf alle KI-Systeme zu erreichen, ordnet Art. 74 Abs. 1 lit. b an, dass jede Bezugnahme der MÜ-VO auf den Begriff „Produkt" als **Bezugnahme auf alle KI-Systeme** im Sinne der KI-VO gelesen werden soll.

Eine übertragende Anordnung war auch für den in der MÜ-VO verwendeten und weit definierten Begriff „**Wirtschaftsakteur**" notwendig. Wirtschaftsakteure im Sinne der MÜ-VO sind gemäß Art. 3 Nr. 13 MÜ-VO Hersteller, Einführer, Bevollmächtigte, Händler und Fulfilment-Dienstleister. Unter den Begriff fällt auch jede andere natürliche Person, die Verpflichtungen im Zusammenhang mit der Herstellung von Produkten, deren Bereitstellung auf dem Markt oder deren Inbetriebnahme gemäß den einschlägigen Harmonisierungsrechtsvorschriften der Union unterliegt. Der Begriff hat also eine **Sammelfunktion**, ähnlich wie der Begriff des „Akteurs" gemäß Art. 3 Nr. 8 KI-VO. Aufgrund der Besonderheiten der Wertschöpfungsketten bei Entwicklung und Einsatz von künstlicher Intelligenz ist die **Entsprechensregel** des Art. 74 Abs. 1 lit. a notwendig, um Anbieter und Betreiber von KI-Systemen in die Gruppe der Wirtschaftakteure nach der MÜ-VO einzubeziehen. Mit dieser Formulierung führt die KI-VO den Ansatz der MÜ-VO fort, den Marktüberwachungsbehörden ein **weites Auswahlermessen** einzuräumen. Wirtschaftsakteur im Sinne der MÜ-VO ist gem. ihrem Art. 3 Nr. 13 jede der zuvor genannten Personen. Art. 4 Abs. 2 MÜ-VO benennt einschränkend nur den Hersteller, Einführer, Bevollmächtigten oder Fulfillment-Dienstleister als „in der Union niedergelassenen Wirtschaftsakteur". Ein Produkt darf gem. Art. 4 Abs. 2 MÜ-VO nur in Verkehr gebracht werden, wenn ein in der Union niedergelassener Wirtschaftsakteur für seine Konformität mit den gesetzlichen Anforderungen aus den Harmonisierungsvorschriften verantwortlich ist. Damit werden Anbieter, Bereitsteller und Betreiber des KI-Systems marktüberwachungsrechtlich auf eine Stufe gestellt. Im New Legislative Framework bedeutet diese Gleichstellung, die sich auch in der MÜ-VO findet, eine Abkehr vom **Prinzip der abgestuften Verantwortlichkeit**, wonach in erster Linie der Hersteller und nur subsidiär die anderen Wirtschaftsakteure Adressaten von Marktüberwachungsmaßnahmen sein sollten.[28] 17

Der Verweis auf die MÜ-VO ist nicht so umfassend, wie es der Wortlaut vermuten lässt. Die KI-VO enthält selbst einige Vorschriften zu Kompetenzen und Befugnissen der Marktüberwachungsbehörden, die wegen ihrer **Spezialität** die Vorschriften der MÜ-VO verdrängen. Z.T. sind die Vorschriften der MÜ-VO nur **ergänzend** heranzuziehen, z. B. im Hinblick auf die Meldepflicht der nationalen Marktüberwachungsbehörden an die im europäischen Verwaltungsbund zur Pro- 18

28 Kritisch hierzu *Klindt*, ZRP 2023, 108, 109 f.

duktüberwachung implementierten Kommunikationssysteme.[29] Zu berücksichtigen ist auch, dass die KI-VO Vorschriften zur Marktüberwachung enthält, die in der MÜ-VO gar nicht angelegt sind, z.B. das Recht auf Beschwerde gem. Art. 85.

III. Berichtspflicht der Marktüberwachungsbehörden (Abs. 2)

19 Art. 74 Abs. 2 begründet eine jährliche **Berichtspflicht** der nationalen Marktüberwachungsbehörden an die Europäische Kommission und an die nationalen Wettbewerbsbehörden über alle Informationen, die sie im Verlauf der Marktüberwachung erlangt haben und die für die Anwendung von Unionsrecht im Bereich der Wettbewerbsregeln von Interesse sein könnten. Mit dieser denkbar weiten Formulierung erweitert Art. 74 Abs. 2 die Informationspflichten der nationalen Marktüberwachungsbehörden gem. Art. 34 Marktüberwachungsverordnung nicht nur inhaltlich, sondern auch strukturell. Der Wortlaut „im Rahmen ihrer Berichtspflichten" lässt zwar zunächst eher auf eine Konkretisierung oder marginale Ergänzung schließen. Tatsächlich konstituiert Art. 74 Abs. 2 aber eine völlig **neue Berichtspflicht**. Eine Anknüpfung an Art. 34 Marktüberwachungsverordnung besteht nur insoweit, als offenbar für die Information an die Europäische Kommission das ICSMS-System genutzt werden soll. Der Vorschlag der Europäischen Kommission sah eine Berichtspflicht ohne Einbindung in ein bestimmtes Kommunikationssystem vor.[30] Erst durch die Änderungsvorschläge des Rates ist der Bezug zu Art. 34 Abs. 4 EU-Marktüberwachungsverordnung aufgenommen worden.[31] Die Erweiterung der Berichtspflicht auf die nationalen Wettbewerbsbehörden wurde erst in der finalen Fassung wieder eingefügt. Das Europäische Parlament hatte die Einbeziehung bereits vorgeschlagen, der Vorschlag wurde im Entwurf des Rates allerdings wieder verworfen.[32]

20 Der Sinn der Wahl dieses Kommunikationsweges erschließt sich allerdings nicht, da Zugang zu dem in Art. 34 MÜ-VO genannten Kommunikationssystem nur die **ationalen Marktüberwachungsbehörden**, die Europäische Kommission, die zentralen Verbindungsstellen und die Zollbehörden haben (dazu näher Rn. 26). Die **nationalen Wettbewerbsbehörden** können auf die Informationen nicht zugreifen. Im Ergebnis statuiert Art. 74 Abs. 2 also eine neue Berichtspflicht der Marktüberwachungsbehörden, für die bisher keine Struktur und kein

---

29 Vgl. zur rechtlichen Einordnung der behördlichen Kommunikationssysteme umfassend *Freihoff*, RAPEX – Behördliche Produktinformation im europäischen Verwaltungsverbund, S. 60ff.

30 KI-VO-E Kommission, Art. 63 Abs. 2.

31 KI-VO-E Rat, Art. 63 Abs. 2.

32 KI-VO-E Rat, Art. 63 Abs. 2.

Kommunikationsweg festgelegt sind. Zweifelhaft ist auch, ob ein jährlicher Bericht jeder nationalen Marktüberwachungsbehörde der gesammelten und übersichtlichen Information dient. Insbesondere in EU-Mitgliedstaaten mit föderaler Struktur gibt es eine Fülle an Marktüberwachungsbehörden. Zusätzlich verteilt die KI-VO die Marktüberwachungskompetenz für die verschiedenen KI-Systeme und Einsatzbereiche auf unterschiedliche Behörden.

1. Abgrenzung verschiedener Informationspflichten der nationalen Marktüberwachungsbehörden

Die Berichtspflicht des Art. 74 Abs. 2 ist unbedingt von der **behördlichen Notifikationspflicht** („Unterrichtungspflicht") gem. Art. 79 Abs. 3 zu unterscheiden (dazu näher Art. 79 Rn. 69 ff.). 21

Sie ist auch von der **Meldepflicht** der Marktüberwachungsbehörden gem. Art. 34 Abs. 4 Marktüberwachungsverordnung zu differenzieren. Art. 34 Abs. 4 MÜ-VO verpflichtet die nationalen Marktüberwachungsbehörden nicht zur Erstellung eines jährlichen Berichts, sondern zur Übermittlung von **Einzelfallinformationen** in Fällen, in denen die Schwelle einer RAPEX-Meldung nicht erreicht wird. Um die Differenzierung nachvollziehbar zu machen, sollen im Folgenden die Kommunikationssysteme des europäischen Marktüberwachungsrechts kurz dargestellt werden. 22

2. Marktüberwachungsrechtliche Kommunikationssysteme und Meldepflichten der nationalen Marktüberwachungsbehörden

Im europäischen produktbezogenen Marktüberwachungsrecht sind zwei Kommunikationssysteme zu unterscheiden, die einen Informationsaustausch der Behörden im europäischen Mehrebenensystem ermöglichen und erleichtern sollen, das **RAPEX-System** und das **ICSMS**. 23

a) RAPEX-System

Das RAPEX-System (Abkürzung für „Rapid Information Exchange System") wurde mit Art. 12 der Richtlinie 2001/95/EG (Produktsicherheitsrichtlinie) zum obligatorischen Kommunikationsweg ernannt, um den **schnellen Austausch** für Informationen über ernste Produktrisiken und Gefahrabwendungsmaßnahmen unter den nationalen Marktüberwachungsbehörden und zwischen den nationalen Marktüberwachungsbehörden und der Kommission zu ermöglichen.[33] 24

33 ErwG 25 Richtlinie 2001/95/EG

25 Mit Geltungsbeginn der VO (EU) 2023/988 (Europäische Produktsicherheitsverordnung)[34] wird das RAPEX-System umbenannt in „Schnellwarnsystem Safety Gate". Gem. Art. 25 der EU-Produktsicherheits-VO sind die nationalen Marktüberwachungsbehörden weiterhin verpflichtet, ein **ernstes Risiko** und die zur Abwendung getroffenen **Gefahrabwendungsmaßnahmen** über das Safety Gate zu melden. Auch die Meldung von Maßnahmen im Hinblick auf ein Risiko eines geringeren Risikogrades ist gem. Art. 25 Abs. 3 EU-Produktsicherheits-VO obligatorisch, muss aber nicht zwingend über das Safety Gate erfolgen. Die neuen Regelungen führen neben der Umbenennung zur gesetzlichen Eingliederung der Meldung von Risiken an Produkten, die keine Verbraucherprodukte sind, aber dennoch unter Harmonisierungsvorschriften fallen.

b) ICSMS-System

26 Vom RAPEX-System zu unterscheiden ist das ICSMS. ICSMS steht ursprünglich als Abkürzung für „Internet-supported information and communication system for the pan-European market surveillance of technical products".[35] Die Europäische Kommission fasst den hinter der Abkürzung stehenden Namen entsprechend dem inzwischen erweiterten Anwendungsbereich und der gewachsenen Bedeutung des Systems weiter als „Information and Communication System on Market Surveillance".[36] Art. 34 Abs. 1 Marktüberwachungsverordnung gibt der Europäischen Kommission die Aufgabe, ein Informations- und Kommunikationssystem für die Erfassung, Verarbeitung und Speicherung von Informationen in strukturierter Form weiterzuentwickeln und zu pflegen, das **Austausch** und **Koordinierung** im Mehrebenensystem zu Themen im Zusammenhang mit der Durchsetzung der produktrechtlichen Harmonisierungsvorschriften der Union ermöglicht. Sinn und Zweck des Systems ist die Weitergabe von Daten zwischen den Mitgliedstaaten, um so einen umfassenden Überblick über Marktüberwachungstätigkeiten, -ergebnisse und -tendenzen zu erhalten. Zugang zu diesem System haben die nationalen Marktüberwachungsbehörden, die Europäische Kommission, die zentralen Verbindungsstellen, die Grenz- und Zollbehörden.[37] Darüber hinaus hat das Kommunikationssystem eine öffentliche Benutzerschnittstelle. Ausschnitte der eingespeisten Informationen sind jedermann im In-

---

34 VO (EU) 2023/988, ABl. 2023 L 135, S. 1; die Verordnung ist gem. Art. 53 am 14.6.2023 in Kraft getreten, gilt allerdings erst seit dem 13.12.2024.

35 Länderausschuss für Arbeitsschutz und Sicherheitstechnik, Handlungsanleitung für die Ausführung der Marktüberwachung im Bereich der Produktsicherheit, 6. Aufl., April 2024, S. 13.

36 EU-Komm., Durchführungsbeschluss (EU) 2019/417, Ziffer 1.1 (Fn. 2).

37 Zur Differenzierung zwischen Grenz- und Zollbehörden vgl. *Schucht*, in: Ehring/Taeger, NK-ProdR, Art. 34 MÜ-VO Rn. 17 f.

ternet zugänglich.[38] Das in Art. 34 Abs. 1 MÜ-VO umschriebene Kommunikationssystem existierte schon vor Inkrafttreten der MÜ-VO.

IV. Konzentration der Zuständigkeit und Verfahren (Abs. 3, 4)

Art. 74 Abs. 3 legt die zuständige Marktüberwachungsbehörde für Hochrisiko-KI-Systeme fest, die unter eine europäische Harmonisierungsvorschrift fallen, die in Anhang I Abschnitt A genannt ist. In verwaltungsverfahrensrechtlicher Fortführung der in Art. 72 bereits angelegten **Verschränkung** der KI-VO mit produktrechtlichen Harmonisierungsvorschriften der Union sieht Art. 74 Abs. 3 in diesen Fällen eine Zuständigkeitskonzentration bei der für die Durchsetzung des einschlägigen Harmonisierungsrechtsakts zuständigen **nationalen Marktüberwachungsbehörde** vor. Konsequent erklärt Art. 74 Abs. 4 in diesen Fällen auch das Marktüberwachungsverfahren der Art. 79 bis 83 für nicht anwendbar, wenn in dem jeweils anwendbaren Harmonisierungsrechtsakt ein Verfahren vorgesehen ist, das ein gleichwertiges Schutzniveau sicherstellt und das gleiche Ziel hat. 27

1. Zuständigkeit

Wenn ein Hochrisiko-KI-System oder ein damit in Zusammenhang stehendes Produkt von einem Harmonisierungsrechtsakt gem. Anhang I Abschnitt A erfasst ist, legt Art. 74 Abs. 3 fest, dass die in **diesem Rechtsakt** benannte Behörde für den Vollzug der Vorschriften zuständig ist. Der Wortlaut der Vorschrift geht ins Leere, denn in den in Anhang I Abschnitt A aufgelisteten Harmonisierungsrechtsvorschriften wird keine zuständige Marktüberwachungsbehörde benannt. In Richtlinie 2006/42/EG („EU-Maschinenrichtlinie") z. B. werden lediglich die EU-Mitgliedstaaten verpflichtet, bei der Europäischen Kommission anzuzeigen, welche nationale Behörde die sektorspezifische Marktüberwachungskompetenz hat. Eine solche, in ihrer Struktur dem Art. 70 KI-VO vergleichbare Vorschrift findet sich in jedem sektorspezifischen Rechtsakt des europäischen Produktrechts. Art. 74 Abs. 3 muss also dahingehend ausgelegt werden, dass die Behörde zuständig sein soll, die **von einem Mitgliedstaat** im Rahmen des jeweiligen Rechtsakts **benannt** wurde. Neben Maschinen fallen Spielzeuge, Medizinprodukte, In-Vitro-Diagnostika, Funkanlagen, Druckgeräte, Seilbahnen, persönliche Schutzausrüstung, Sportboote und Wassermotorräder, Aufzüge und Sicherheitsbauteile, ATEX-Geräte und Geräte zur Verbrennung gasförmiger Brennstoffe in den Anwendungsbereich des Art. 74 Abs. 3. 28

38 https://webgate.ec.europa.eu/single-market-compliance-space/market-surveillance.

29 Die Mitgliedstaaten können gem. Art. 74 Abs. 3 UAbs. 2 allerdings eine **andere Behörde** als zuständige Marktüberwachungsbehörde benennen. Voraussetzung ist zum einen, dass für eine solche Benennung **„geeignete Umstände“** vorliegen. Weiter stellt Art. 74 Abs. 3 UAbs. 2 die Anforderung auf, dass die Mitgliedstaaten bei Benennung einer anderen Behörde die **Koordinierung** dieser Behörde mit den zuständigen sektorspezifischen Marktüberwachungsbehörden sicherstellen. Kriterien für die Bewertung, ob diese Voraussetzungen vorliegen, gibt der Gesetzestext nicht an die Hand.

2. Verfahren

30 Art. 74 Abs. 4 enthält die ergänzende Vorschrift zu Art. 74 Abs. 3 für das Verwaltungsverfahren. Zusammengefasst sollen Art. 74 Abs. 3 und Abs. 4 die Marktüberwachung von Hochrisiko-KI-Systemen, die in den Anwendungsbereich eines der in Anhang I Abschnitt A genannten Harmonisierungsrechtsakte fallen, vollständig in das bereits existierende und erprobte **Marktüberwachungssystem** für Non-Food-Produkte eingliedern.

31 Bei genauer Betrachtung ist allerdings zu erwarten, dass Art. 74 Abs. 4 nur selten zu einer Verdrängung der Verfahren gem. Art. 79 bis 83 führen wird. Der Ausschluss soll nach dem Wortlaut von Art. 74 Abs. 4 Satz 1 nur greifen, wenn das im Harmonisierungsrechtsakt vorgesehene Verfahren **dasselbe Ziel** verfolgt und ein **gleichwertiges Schutzniveau** sicherstellt wie die einschlägigen Vorschriften der KI-VO. Die in Anhang I Abschnitt A aufgeführten Harmonisierungsrechtsakte haben den Schutz der menschlichen Gesundheit und körperlichen Unversehrtheit zum Gegenstand. Die KI-VO schützt darüber hinaus die Grundrechte der Nutzer von KI-Systemen und unbeteiligter Dritter. Damit hat die KI-VO regelmäßig einen weitergehenden Schutzbereich. Ggf. können die Mitgliedstaaten auf die Lex-specialis-Wirkung des Art. 74 Abs. 4 Einfluss nehmen. Gem. Art. 74 Abs. 3 UAbs. 2 haben die Mitgliedstaaten den Spielraum, für die Marktüberwachung im Hinblick auf die Schutzgüter „menschliche Gesundheit“ und „körperliche Unversehrtheit“ andere zuständige Behörden zu benennen als für die Grundrechtsprüfung. Sollte ein Mitgliedstaat eine solche geteilte Kompetenz festlegen, ließe sich argumentieren, dass in Fällen, in denen ein Hochrisiko-KI-System in den Anwendungsbereich eines sektorspezifischen Rechtsakts fällt (also z. B. eine medizinischen Diagnose-KI), die Marktüberwachungsverfahren der europäischen Medizinprodukte-Verordnung anwendbar sein sollen. Gleichwertiges Schutzniveau und Verfolgung desselben Zwecks ließen sich in diesen Fällen mit dem Hinweis darauf begründen, dass der Grundrechtsschutz nach nationalem Recht ohnehin einer anderen Behörde und anderen Verfahren obliegt.

V. Durchführungsbefugnisse im Wege der Fernüberwachung (Abs. 5)

Art. 74 Abs. 5 ergänzt die Befugnisse der Marktüberwachungsbehörden aus Art. 14 Abs. 4 lit. d und j MÜ-VO im Hinblick auf die **Methodik** der Überwachung. Die Vorschrift bezieht sich ausdrücklich nur auf die Befugnis der Marktüberwachungsbehörde, unangekündigte Inspektionen vor Ort und physische Überprüfungen von Produkten durchzuführen (Art. 14 Abs. 4 lit. d MÜ-VO), und auf die Befugnis, auch unter falscher Identität Produktproben zu erwerben, sie zu überprüfen und im Wege der Nachkonstruktion (reverse engineering) zu analysieren, um Nichtkonformität festzustellen und Beweismaterial zu sichern (Art. 14 Abs. 4 lit. j MÜ-VO). 32

VI. Marktüberwachungsbehörden für Hochrisiko-KI-Systeme im Bereich der Finanzdienstleistungen (Abs. 6, 7)

Art. 74 Abs. 6 legt eine besondere Behördenzuständigkeit für die Überwachung fest, wenn Hochrisiko-KI-Systeme von **Finanzinstituten** in Verkehr gebracht, in Betrieb genommen oder verwendet werden. 33

1. Zuständige nationale Behörde

Zuständig ist die vom jeweiligen Mitgliedstaat für die Finanzaufsicht als zuständig benannte Behörde. Ähnlich wie im Hinblick auf KI-Systeme, die in den Anwendungsbereich eines produktrechtlichen Harmonisierungsrechtsakts fallen, soll auch bei der Verwebung der KI-Vorschriften mit den bereits existierenden Harmonisierungsvorschriften zur Finanzaufsicht sichergestellt werden, dass die Behörden mit der Überwachung betraut werden, die bereits **Expertise** zu den Besonderheiten des Finanzdienstleistungsmarktes aufgebaut haben.[39] Dies erscheint sinnvoll vor dem Hintergrund, dass die Rechtsvorschriften der Union über Finanzdienstleistungen, insbesondere die Anforderungen an die Unternehmensführung und das Risikomanagement für Finanzinstitute neben den Anforderungen der KI-VO gelten, auch wenn KI-Systeme verwendet werden.[40] Die in Deutschland zuständige Behörde **BaFin**[41] hat bereits 2021 ein Positionspapier mit den von ihr angewendeten aufsichtlichen Prinzipien für den Einsatz von Al- 34

39 EZB, Stellungnahme vom 29.12.2021 zu einem Vorschlag für eine Verordnung zur Festlegung harmonisierter Vorschriften für künstliche Intelligenz, ABl. 2022 C 115, S. 5, Ziffer 2.1.7.
40 ErwG 158.
41 § 4 FinDAG.

gorithmen in Entscheidungsprozessen von Finanzunternehmen veröffentlicht.[42] Insbesondere die Prüfung der privilegierenden Vermutungswirkung des Art. 17 Abs. 4 (vgl. hierzu eingehend Art. 17 Rn. 58 ff.) bei Einhaltung der finanzaufsichtsrechtlichen Anforderungen an die interne Unternehmensführung bedarf einer Prüfung mit tiefer Expertise im Finanzaufsichtsrecht. Darüber hinaus ermöglichen Art. 9 und 72 KI-VO eine Integration der KI-Risikomanagement- und Beobachtungssysteme in bereits bestehende Systeme nach den einschlägigen Vorschriften des europäischen Finanzaufsichtsrechts.

35 Der europäische Gesetzgeber hat in erster Linie insbesondere die nationalen zuständigen Behörden im Sinne der Verordnung (EU) Nr. 575/2013 und der Richtlinien 2008/48/EG, 2009/138/EG, 2013/36/EU, 2014/17/EU und (EU) 2016/97 im Blick.[43] Die Mitgliedstaaten können aber auch andere Behörden als zuständig benennen.

36 Art. 74 Abs. 6 sieht nur **nationale Behörden** als zuständige Marktüberwachungsbehörden vor. Der **EZB** wird keine Marktüberwachungskompetenz übertragen, obwohl sie im Finanzaufsichtsrecht der Union gem. Art. 4 Abs. 1 VO (EU) Nr. 1024/2013 (SSM-Verordnung) direkte Marktüberwachungsbefugnisse gegenüber Finanzinstituten hat, die als besonders bedeutend eingestuft werden.[44] Der mit der SSM-Verordnung eingeführte **einheitliche europäische Bankenmechanismus** (Single-Supervisory-Mechanism – SSM) etabliert eine ganz eigene, ausgefeilte Kompetenzordnung für die EZB und die nationalen Aufsichtsbehörden. Art. 74 Abs. 6 öffnet eine Tür nur zu einem Teil dieses Gefüges im Mehrebenensystem. Vor diesem Hintergrund hat sich auch die EZB in ihrer Stellungnahme zum KI-VO-E Kommission mehr Klarheit zur Abgrenzung der Kompetenzen gewünscht.[45] Ob diese gesetzgeberische Entscheidung praktisch anwendbar ist, wird sich in den nächsten Jahren zeigen. Die EZB ist überdies für die Gewährleistung der Einhaltung aller einschlägigen Rechtsakte der Union zuständig, insbesondere für die Festlegung von Anforderungen an solide Risikomanagementsysteme und interne Kontrollverfahren der Finanzinstitute.[46] Daher wird sich ggf. eine **Schnittstelle** in der Marktüberwachung auch zur Aufsichtstä-

---

42 BaFin, Big Data und künstliche Intelligenz: Prinzipien für den Einsatz von Algorithmen in Entscheidungsprozessen, 2021, https://www.bafin.de/SharedDocs/Downloads/DE/Aufsichtsrecht/dl_Prinzipienpapier_BDAI.html.

43 ErwG 158.

44 Hierzu ausführlich *Winterfeld*, in: Ellenberger/Bunte, Bankrechts-Handbuch, § 108 Rn. 81 ff.; *Witte*, EuR 2017, 648, 649.

45 EZB, Stellungnahme vom 29.12.2021 zu einem Vorschlag für eine Verordnung zur Festlegung harmonisierter Vorschriften für künstliche Intelligenz, ABl. 2022 C 115, S. 5, Ziffer 2.3.

46 So auch EZB, Stellungnahme vom 29.12.2021 zu einem Vorschlag für eine Verordnung zur Festlegung harmonisierter Vorschriften für künstliche Intelligenz, ABl. 2022 C 115, S. 5, Ziffer 2.1.2.

tigkeit der EZB ergeben, insbesondere wenn es um die konkrete Ausgestaltung der Integration von KI-Risikomanagementsystemen gem. Art. 9 Abs. 10 und Beobachtungssystemen gem. Art. 72 Abs. 4 geht. Art. 74 Abs 7 UAbs. 2 sieht jedenfalls eine Information der EZB durch die nationalen Marktüberwachungsbehörden im Anwendungsbereich des einheitlichen Aufsichtsmechanismus vor (vgl. hierzu Rn. 41).

2. Voraussetzungen der besonderen Zuständigkeit

Die besondere Zuständigkeit greift nur, wenn zwei Voraussetzungen kumulativ erfüllt sind: Zunächst muss ein **Finanzinstitut** ein Hochrisiko-KI-System in Verkehr bringen, in Betrieb nehmen oder verwenden (zu den Begriffen vgl. Art. 3 Rn. 134 ff., 153 ff.). Gem. Art. 74 Abs. 6 a. E. gilt die besondere Zuständigkeit der nationalen Finanzaufsichtsbehörde allerdings nicht in allen Fällen, in denen Hochrisiko-KI-Systeme von Finanzinstituten in Verkehr gebracht, in Betrieb genommen oder verwendet werden. Zusätzlich muss das Inverkehrbringen, Inbetriebnehmen oder Verwenden mit der Erbringung der Finanzdienstleistung in **direktem Zusammenhang** stehen. 37

a) Inverkehrbringen, Inbetriebnehmen oder Verwenden durch ein Finanzinstitut

Die besondere Zuständigkeit setzt unmittelbar an den **Tätigkeiten** des Finanzinstituts an. Es kommt nicht darauf an, ob das Hochrisiko-KI-System zur Verwendung im Finanzdienstleistungsbereich entwickelt oder in Verkehr gebracht wurde. Die Zuständigkeit ist auch nicht auf die Marktüberwachung gegenüber Finanzinstituten beschränkt. Ein Anbieter von Hochrisiko-KI-Systemen kann daher einer Marktüberwachungsmaßnahme der Finanzaufsichtsbehörde ausgesetzt sein, obwohl er weder ein Finanzinstitut ist noch ein Hochrisiko-KI-System zur Verwendung im Finanzbereich in Verkehr gebracht hat. Für die Zuständigkeit der Behörde genügt allein die **Verwendung** durch ein Finanzinstitut. Wird ein Hochrisiko-KI-System sowohl im Zusammenhang mit der Erbringung von Finanzdienstleistungen als auch in anderen Bereichen eingesetzt, können als Konsequenz verschiedene Behörden für die Marktüberwachung zuständig sein. 38

b) Direkter Zusammenhang mit der Erbringung einer Finanzdienstleistung

Die KI-VO bestimmt nicht, unter welchen Voraussetzungen ein direkter Zusammenhang bejaht werden soll. Aufgrund des natürlichen Sprachverständnisses fallen darunter jedenfalls alle Einsätze von Hochrisiko-KI-Systemen, die dem **Kunden** angeboten oder bei Erbringung der Dienstleistung **unterstützend** eingesetzt werden (z. B. Analyse-Werkzeuge). Nicht im Zusammenhang mit der Erbringung der Dienstleistung stehen hingegen Hochrisiko-KI-Systeme, die zur 39

Selbstverwaltung des Unternehmens, z. B. in der Lohnbuchhaltung oder Personalabteilung, eingesetzt werden.

3. Ausnahmen

40 Art. 74 Abs. 7 räumt den Mitgliedstaaten die Möglichkeit ein, eine andere Behörde als zuständig zu benennen. Voraussetzung ist lediglich, dass „**geeignete Umstände**" vorliegen und „für **Abstimmung** gesorgt ist". Der Wortlaut der Ausnahme weicht von der Formulierung in Art. 74 Abs. 3 UAbs. 2 ab. Zum einen verlangt Art. 74 Abs. 7 lediglich „Abstimmung", während Art. 74 Abs. 3 UAbs. 2 auf „Koordinierung" abstellt. Darüber hinaus muss die Koordinierung gem. Art. 74 Abs. 3 UAbs. 2 „sichergestellt" sein. Art. 74 Abs. 7 formuliert, dass für Abstimmung gesorgt sein muss. Da weder die Koordinierung noch die Abstimmung in der KI-VO näher ausgestaltet sind, wird es zunächst Aufgabe der Mitgliedstaaten sein, die Begriffe zu konkretisieren und mit entsprechenden Prozessen auszufüllen. Dabei kann die Frage aufkommen, ob „Abstimmung" ein Weniger im Vergleich zu „Koordinierung" ist, für die Ausnahme von der Zuständigkeit der nationalen Finanzaufsichtsbehörden also weniger strenge Voraussetzungen greifen als für die Ausnahme von der Zuständigkeit der produktrechtlichen Marktüberwachungsbehörden. Unter Berücksichtigung der englischen und französischen Sprachfassung kommt eine solche Interpretation kaum in Betracht. Beide Sprachfassungen setzen in beiden Ausnahmen „coordination" und „ensure" bzw. „assurer" voraus.

4. Information der EZB

41 Systematisch wenig überzeugend begründet Art. 74 Abs. 7 UAbs. 2 besondere **Informationspflichten** gegenüber der EZB für bestimmte Marktüberwachungsbehörden. Verpflichtet werden die nationalen Behörden zur Finanzdienstleistungsaufsicht, die Kreditinstitute überwachen, welche unter den einheitlichen Aufsichtsmechanismus nach Art. 4 SMM-Verordnung fallen.[47] Art. 6 SMM-Verordnung legt für die Aufsicht eine verschränkte Zuständigkeit der EZB und der nationalen Aufsichtsbehörden (in Deutschland ist dies die BaFin) fest, wonach die **EZB** die alleinige Aufsichtskompetenz hat, dabei aber auf die Unterstützung der nationalen Aufsichtsbehörden zurückgreift. Gem. Art. 6 Abs. 2 UAbs. 2 SMM-Verordnung sind die nationalen zuständigen Behörden verpflichtet, der EZB alle Informationen zur Verfügung zu stellen, die zur Wahrnehmung ihrer Aufgaben im Rahmen der SMM-Verordnung benötigt werden. Hierzu können auch Informationen gehören, die den Einsatz von Hochrisiko-KI-Systemen

47 Eine Liste der erfassten Kreditinstitute ist unter https://www.bankingsupervision.europa.eu/banking/list/html/index.en.html abrufbar.

betreffen. Art. 74 Abs. 7 UAbs. 2 greift diese Pflicht der nationalen Behörden auf und stellt klar, dass auch Informationen aus der Marktüberwachung zur Einhaltung der KI-VO der EZB zur Verfügung zu stellen sind, soweit sie Relevanz für die Finanzaufsicht haben.

VII. Marktüberwachungsbehörde für Hochrisiko-KI-Systeme für Strafverfolgungszwecke, Grenzmanagement, Justiz und Demokratie (Abs. 8)

Art. 74 Abs. 8 Satz 1 verpflichtet die EU-Mitgliedstaaten, die nationalen **Datenschutzbehörden** als zuständige Behörde für die Überwachung von Hochrisiko-KI-Systemen zur **biometrischen Identifizierung** (Anhang III Nr. 1), die für **Strafverfolgungszwecke**, **Grenzmanagement**, **Justiz** oder **Demokratie** eingesetzt werden, zu benennen. Die gleiche besondere Zuständigkeit greift für die Marktüberwachung der Hochrisiko-KI-Systeme gem. Anhang III Nr. 6 (Strafverfolgung), 7 (Migration, Asyl, Grenzkontrolle) und 8 (Rechtspflege und demokratische Prozesse). Der Einsatz von KI-Systemen in diesen Bereichen trägt in besonderem Maße die Gefahr einer Grundrechts- und Datenschutzverletzung in sich. Insbesondere beim Einsatz von KI in der Justiz in Deutschland sind neben den Anforderungen der KI-VO auch die Grenzen des Art. 92 Abs. 1 GG und andere **verfassungsrechtliche Vorschriften** zu berücksichtigen.[48] Daher soll die Marktüberwachung den nationalen Behörden übertragen werden, die in diesem Bereich bereits Expertise aufgebaut haben und besondere Anforderungen an ihre Unabhängigkeit erfüllen.[49] Diese Anforderungen sind in Art. 41 ff. RL (EU) 2016/680 im Hinblick auf die Einhaltung der Datenschutzvorschriften im Rahmen der Strafverfolgung und -vollstreckung festgelegt. Voraussetzungen sind u. a. Weisungsunabhängigkeit, Ausstattung mit eigenen personellen, technischen und finanziellen Ressourcen und die Ernennung jedes Mitglieds der Aufsichtsbehörde in einem transparenten Verfahren. Art. 74 Abs. 8 übernimmt diese Anforderungen für die KI-Marktüberwachungsbehörden auch in den weiteren, ausdrücklich genannten Bereichen. Die Mitgliedstaaten dürfen gem. Art. 74 Abs. 8 Satz 1 a. E. nur eine Behörde benennen, die diesen Anforderungen gerecht wird. **42**

48 *Schwartmann/Benedikt/Köhler*, in: Schwartmann/Keber/Zenner, KI-Verordnung, Rn. 253 m. w. N.

49 ErwG 61.

VIII. Marktüberwachungsbehörde für Organe der Union (Abs. 9)

43 Auch Organe, Einrichtungen und sonstige Stellen der Union können Anbieter oder Betreiber von Hochrisiko-KI-Systemen sein und damit der Marktüberwachung unterliegen. Zuständige Marktüberwachungsbehörde ist in diesen Fällen der **Europäische Datenschutzbeauftragte**. Mögliche Konflikte zwischen der Wahrnehmung insbesondere primärrechtlich verankerter Aufgaben der einzelnen Unionsstellen und einer Überwachung durch eine Einrichtung der Union werden in Art. 74 Abs. 9 nur im Hinblick auf die Unabhängigkeit des Gerichtshofs der Europäischen Union adressiert. Vergleichbare Konflikte können sich aber auch für andere Stellen auftun, z. B. die EZB (vgl. hierzu Rn. 36).

IX. Koordination der Marktüberwachungsbehörden untereinander und mit der Europäischen Kommission (Abs. 10, 11)

44 Art. 74 Abs. 10 und 11 ergänzen die Vorschriften der MÜ-VO zur **Zusammenarbeit** der nationalen Marktüberwachungsbehörden untereinander, mit der Europäischen Kommission und mit privaten Wirtschaftsakteuren. Sinn und Zweck der Regelung ist die Verknüpfung der verschiedenen Stränge der Marktüberwachung, um eine möglichst konsistente und effektive Anwendung und Durchsetzung der Vorgaben der KI-VO zu erreichen.

45 Art. 74 Abs. 10 verpflichtet lediglich die Mitgliedstaaten, die **Koordinierung** zwischen verschiedenen nationalen Behörden zu erleichtern, nämlich den für die KI-Marktüberwachung als zuständig benannten Behörden und anderen nationalen Behörden oder Stellen, die für die Marktüberwachung nach einem der in Anhang I genannten Harmonisierungsrechtsakte zuständig sind. Darüber hinaus soll auch die Koordinierung der KI-Marktüberwachungsbehörden mit nationalen Behörden und Stellen erleichtert werden, die zur Überwachung sonstigen Unionsrechts zuständig sind, das für die in Anhang III genannten Hochrisiko-KI-Systeme relevant sein könnte. Die Mittel, um dieses Ziel zu erreichen, sind den Mitgliedstaaten freigestellt.

46 Art. 74 Abs. 11 räumt den Marktüberwachungsbehörden und der Kommission ein **Vorschlagsrecht für gemeinsame Marktüberwachungstätigkeiten** ein. „Marktüberwachungsbehörde" ist gemäß Art. 3 Nr. 26 die nationale Behörde, die die Tätigkeiten durchführt und die Maßnahmen ergreift, die in der MÜ-VO vorgesehen sind. Der Begriff erfasst also – anders als im Anwendungsbereich der MÜ-VO – nicht nur die von den Mitgliedstaaten gem. Art. 70 Abs. 1 benannten Marktüberwachungsbehörden, sondern alle Behörden, die Tätigkeiten und

Maßnahmen nach der MÜ-VO vornehmen. Erfasst sind danach auch Behörden, denen in der KI-VO die Kompetenzen aus der MÜ-VO eingeräumt werden. Auch wenn die Abgrenzung im Einzelnen schwierig und die uneinheitliche Definition im Sinne eines konsistenten Rechtsrahmens misslich sein mögen, ist die daraus folgende Rechtsunsicherheit überschaubar. Die Vorschrift etabliert lediglich ein Vorschlagsrecht und verfolgt offenbar den Zweck, möglichst viele Behörden in dem Netz europäischer Marktüberwachung, das durch die KI-VO stark erweitert wird, einzubeziehen.

Art. 74 Abs. 11 lässt offen, ob und in welchem **Verfahren** ein solcher Vorschlag berücksichtigt oder einer Entscheidung zugeführt werden muss. Eine rechtmäßige Ausgestaltung der gemeinsamen Marktüberwachungstätigkeiten lässt sich jedenfalls aus den Voraussetzungen des **Art. 9 Abs. 1 MÜ-VO** herleiten, an den der Wortlaut und die grammatikalische Gestaltung des Art. 74 Abs. 11 ohnehin eng angelehnt sind. Die in Art. 9 Abs. 1 MÜ-VO begründete Befugnis ist nicht auf ein Vorschlagsrecht beschränkt, sondern umfasst die **Vereinbarung der Durchführung gemeinsamer Marktüberwachungstätigkeiten** mit anderen zuständigen Behörden oder mit privaten Organisationen, die Wirtschaftsakteure oder Endnutzer vertreten. 47

Art. 9 Abs. 1 MÜ-VO enthält allerdings eine Kompetenzgrundlage nur für die **nationalen Marktüberwachungsbehörden** iSd Art. 3 Nr. 4 MÜ-VO. Von der Definition umfasst sind nur diejenigen nationalen Behörden, die ein Mitgliedstaat als zuständige Behörde für die Marktüberwachung gemäß Art. 10 MÜ-VO benannt hat. Systematisch ergibt sich daraus folgendes Kompetenzgefüge: Die Europäische Kommission und alle nationalen Behörden, die – ggf. durch Verweis in der KI-VO – Tätigkeiten nach den Vorschriften der MÜ-VO ausführen, können gemeinsame Marktüberwachungstätigkeiten vorschlagen. Eine Vereinbarung zur tatsächlichen Durchführung der gemeinsamen Tätigkeiten können aber nur die Marktüberwachungsbehörden abschließen, die gem. Art. 10 MÜ-VO von einem Mitgliedstaat als zuständige Behörde benannt und der Europäischen Kommission mitgeteilt wurden.[50] 48

Es genügt, wenn **eine Partei** der Vereinbarung diese Voraussetzung erfüllt. Die Marktüberwachungsbehörden können nämlich gemäß Art. 9 Abs. 1 MÜ-VO mit anderen „zuständigen Behörden" oder mit „Organisationen, die Wirtschaftsakteure oder Endnutzer vertreten" gemeinsame Tätigkeiten zu bestimmten Zwecken vereinbaren. Art. 9 Abs. 2 MÜ-VO erlaubt mit seiner Formulierung „die betreffende Marktüberwachungsbehörde" sogar den Schluss, dass im Regelfall 49

50 Einen Überblick über die Struktur der deutschen Marktüberwachungsbehörden im Geltungsbereich der MÜ-VO gibt die BNetzA: https://www.bundesnetzagentur.de/SharedDocs/Downloads/DE/Sachgebiete/Telekommunikation/Unternehmen_Institutionen/Technik/DMUEF/Geltungsbereich.pdf?__blob=publicationFile&v=7.

nur eine Partei der Vereinbarung eine Marktüberwachungsbehörde im Sinne des Art. 10 MÜ-VO ist.

50 Die gemeinsame Tätigkeit muss gemäß Art. 9 Abs. 1 MÜ-VO dazu dienen, Konformität zu fördern, Nichtkonformität festzustellen, zu sensibilisieren oder Orientierung zu den Harmonisierungsrechtsvorschriften der Union oder zu bestimmten Produktkategorien zu geben. Gemeinsame Tätigkeiten können insbesondere vereinbart werden, wenn Orientierung zu einer Produktkategorie gegeben werden soll, bei der oft festgestellt wird, dass sie ein ernstes Risiko darstellt. Inhalt der gemeinsamen Tätigkeit kann also sowohl die **konkrete Marktüberwachung**, ggf. als Vorstufe einer behördlichen Maßnahme im Hinblick auf ein konkretes Produkt, sein als auch eine **produktübergreifende Untersuchung** eines bestimmten Marktes oder die **Herleitung und Aufbereitung allgemeiner Tendenzen**.

51 Die Zwecke der Vereinbarung gemäß Art. 9 Abs. 1 MÜ-VO wurden wortgleich als Zwecke der vorgeschlagenen gemeinsamen Tätigkeiten in Art. 74 Abs. 11 KI-VO übernommen. Grammatikalisch ist die Verknüpfung der Aufklärungsarbeit („Orientierung geben") zu Hochrisiko-KI-Systemen mit dem Vorkommen eines ernsten Risikos etwas missglückt. Im Wortlaut des Art. 74 Abs. 11 wird – anders als in Art. 9 Abs. 1 MÜ-VO – nicht darauf abgestellt, ob bei einer bestimmten Produktkategorie „oft" ein ernstes Risiko festgestellt wird. Vielmehr besteht das Vorschlagsrecht im Hinblick auf gemeinsame Tätigkeiten, die Orientierung zu bestimmten Kategorien von Hochrisiko- KI-Systemen geben sollen, bei denen festgestellt wird, dass sie **in zwei oder mehr Mitgliedstaaten** gemäß Art. 9 MÜ-VO ein ernstes Risiko darstellen. Es kommt also nur auf das geographische Ausmaß des ernsten Risikos an. Der Verweis auf Art. 9 MÜ-VO ist etwas missverständlich, da in Art. 9 MÜ-VO nicht der Begriff des ernsten Risikos definiert wird. Immerhin zeigt die Inbezugnahme aber den offenbar auch vom Gesetzgeber gewollten Zusammenhang zwischen Art. 74 Abs. 11 und Art. 9 MÜ-VO auf.

52 Da Art. 9 MÜ-VO auf gemeinsame Tätigkeiten anwendbar ist, die aufgrund eines Vorschlags im Sinne des Art. 74 Abs. 11 durchgeführt werden, gilt auch die Grenze des Art. 9 Abs. 2 MÜ-VO. Es muss dafür Sorge getragen werden, dass die gemeinsame Tätigkeit weder einen **unfairen Wettbewerb** zwischen Wirtschaftsakteuren nach sich zieht noch die **Objektivität, Unabhängigkeit oder Unparteilichkeit** der Parteien beeinträchtigt. Gem. Art. 9 Abs. 4 MÜ-VO muss die Marktüberwachungsbehörde die Vereinbarung über die gemeinsame Tätigkeit der Öffentlichkeit zugänglich machen und in das elektronische Informations- und Kommunikationssystem für Europäische Kommission und nationale Marktüberwachungsbehörden (ICSMS) eingeben, um **Transparenz** sicherzustellen.

X. Erweiterte Kooperationspflicht für Anbieter (Abs. 12)

Art. 74 Abs. 12 konkretisiert und erweitert die Anbieterpflichten aus Art. 16 lit. k und Art. 21 Abs. 1 und 2. Art. 21 Abs. 1 verpflichtet die Anbieter, der zuständigen Behörde auf deren begründetes Ersuchen hin alle für den Nachweis der Konformität erforderlichen **Informationen** und **Unterlagen** zur Verfügung zu stellen. Gemäß Art. 21 Abs. 2 sind die Anbieter „gegebenenfalls" darüber hinaus verpflichtet, der Behörde Zugang zu den automatisch erstellten Protokollen zu gewähren. Art. 74 Abs. 12 geht noch darüber hinaus und normiert eine Pflicht, den uneingeschränkten **Zugang** zur Dokumentation sowie zu den für die Entwicklung von Hochrisiko-KI-Systemen verwendeten Trainings-, Validierungs- und Testdatensätzen zu gewähren. Der Zugang ist „gegebenenfalls" über die **Anwendungsprogrammierschnittstelle (API)** oder andere einschlägige technische Mittel für den Fernzugriff zu ermöglichen. Diese Erweiterung der Anbieterpflichten spiegelt die entsprechende Erweiterung der Behördenkompetenz in Art. 74 Abs. 5. Ebenso wie die behördliche Befugniserweiterung tritt auch die Anbieterpflicht aus Art. 74 Abs. 12 neben die Kooperations- und Auskunftspflichten der MÜ-VO, ersetzt diese aber nicht. Dies geht aus dem Wortlaut der Vorschrift („unbeschadet") eindeutig hervor. Die Voraussetzungen, unter denen die Pflicht entsteht, werden in Art. 74 Abs. 12 nicht eindeutig normiert. Aus dem Wortlaut und systematischen Zusammenhang lassen sich allerdings zwei Einschränkungen herleiten: Zum einen stellt die Vorschrift auf die **Relevanz** ab. Zum anderen wird die Pflicht zur Zugangsgewährung beschränkt auf das zur Wahrnehmung der Aufgaben dieser Behörden erforderliche Maß. Zur näheren Bestimmung der Beschränkung werden jeweils die konkreten Aufgaben der ersuchenden Behörde zu berücksichtigen sein. Die Erforderlichkeit setzt voraus, dass die Kenntnis der konkreten Dokumentation und der Trainings-, Validierungs- und Testdatensätze überhaupt notwendig ist, um die Überwachungsaufgabe zu erfüllen. Der Wortlaut des Art. 74 Abs. 12 stellt allerdings nicht nur auf Situationen ab, in denen die Marktüberwachungsbehörde die Konformität eines konkreten Hochrisiko-KI-Systems prüft. Die Pflicht zielt vielmehr auf den Zugang zu Datensätzen, die generell für die Entwicklung von Hochrisiko-KI-Systemen verwendet wurden. **53**

XI. Zugang zum Quellcode (Abs. 13)

Art. 74 Abs. 13 regelt den Zugang der Marktüberwachungsbehörden zum Quellcode als letztes Mittel zur Sachverhaltsaufklärung. Die Behörde muss zunächst einen **begründeten Antrag** auf Zugang stellen. Aus diesem Antrag muss sich die Erfüllung von zwei kumulativen Voraussetzungen ergeben: Der Zugang zum Quellcode muss zum einen erforderlich sein, um die Konformität eines Hochri- **54** siko-KI-Systems mit den in Kapitel III Abschnitt 2 festgelegten Anforderungen zu bewerten. Aus dem Quellcode müssen sich überhaupt relevante Informationen zur Konformität ablesen lassen (Art. 74 Abs. 13 lit. b). Darüber hinaus müssen die Prüf-, Auditverfahren und Überprüfungen auf der Grundlage der vom Dienstleistungserbringer vorgelegten Daten und Unterlagen erschöpft sein oder sich als unzureichend erweisen.

XII. Vertraulichkeit (Abs. 14)

55 Art. 74 Abs. 14 enthält einen klarstellenden Hinweis auf die Vertraulichkeitspflichten der Marktüberwachungsbehörden und der Europäischen Kommission gemäß Art. 78.

Art. 75 Amtshilfe, Marktüberwachung und Kontrolle von KI-Systemen mit allgemeinem Verwendungszweck

(1) Beruht ein KI-System auf einem KI-Modell mit allgemeinem Verwendungszweck und werden das Modell und das System vom selben Anbieter entwickelt, so ist das Büro für Künstliche Intelligenz befugt, die Konformität des KI-Systems mit den Pflichten aus dieser Verordnung zu überwachen und beaufsichtigen. Zur Wahrnehmung seiner Beobachtungs- und Überwachungsaufgaben hat das Büro für Künstliche Intelligenz alle in diesem Abschnitt und in der Verordnung (EU) 2019/1020 vorgesehenen Befugnisse einer Marktüberwachungsbehörde.

(2) Haben die zuständigen Marktüberwachungsbehörden hinreichenden Grund für die Auffassung, dass KI-Systeme mit allgemeinem Verwendungszweck, die von Betreibern direkt für mindestens einen Zweck, der gemäß dieser Verordnung als hochriskant eingestuft ist, verwendet werden können, nicht mit den in dieser Verordnung festgelegten Anforderungen konform sind, so arbeiten sie bei der Durchführung von Konformitätsbewertungen mit dem Büro für Künstliche Intelligenz zusammen und unterrichten das KI-Gremium und andere Marktüberwachungsbehörden entsprechend.

(3) Ist eine Marktüberwachungsbehörde wegen der Unzugänglichkeit bestimmter Informationen im Zusammenhang mit dem KI-Modell mit allgemeinem Verwendungszweck nicht in der Lage, ihre Ermittlungen zu dem Hochrisiko-KI-System abzuschließen, obwohl sie alle angemessenen Anstrengungen unternommen hat, diese Informationen zu erhalten, kann sie ein begründetes Ersuchen an das Büro für Künstliche Intelligenz richten, durch das der Zugang zu den Informationen durchgesetzt werden kann. In diesem Fall übermittelt das Büro für Künstliche Intelligenz der ersuchenden Behörde unverzüglich, spätestens aber innerhalb von 30 Tagen, alle Informationen, die das Büro für Künstliche Intelligenz für die Feststellung, ob ein Hochrisiko-KI-System nicht konform ist, für erforderlich erachtet. Die Marktüberwachungsbehörden gewährleisten gemäß Artikel 78 der vorliegenden Verordnung die Vertraulichkeit der von ihnen erlangten Informationen. Das Verfahren nach Kapitel VI der Verordnung (EU) 2019/1020 gilt entsprechend.

Mit Art. 75 korrespondiert Erwägungsgrund 161.

Schrifttum: *Bader/Ronellenfitsch* (Hrsg.), Beck'scher Online-Kommentar VwVfG, 66. Edition, Stand: 1.1.2025; *Ehring/Taeger* (Hrsg.), NomosKommentar Produkthaftungs-

und Produktsicherheitsrecht, 2022; *Schoch/Schneider* (Hrsg.), Verwaltungsrecht, Verwaltungsverfahrensgesetz: VwVfG, Loseblatt, Werkstand: 5. EL Juli 2024; *Schwartmann/Keber/Zenner*, KI-Verordnung, Leitfaden für die Praxis, 2. Aufl. 2024; *Terhechte* (Hrsg.), Verwaltungsrecht der Europäischen Union, 2. Aufl. 2022; *Wiedemann* (Hrsg.), Handbuch des Kartellrechts, 4. Aufl. 2020.

Übersicht

I. Allgemeines

1 Art 75 ist – anders als die Überschrift „Amtshilfe" vermuten lässt – ganz überwiegend eine spezielle **Ermächtigungsgrundlage** für Marktüberwachungstätigkeiten. Die Vorschrift gilt ab dem 26.8.2026. Art. 75 Abs. 1 überträgt dem **Büro für Künstliche Intelligenz**, und damit der Europäischen Kommission (vgl. hierzu ausführlich Art. 64 Rn. 11 ff.), die Kompetenz zur Marktüberwachung für bestimmte KI-Systeme, die auf einem GPAI Model beruhen. Es handelt sich damit um einen der vermehrt im europäischen Produktrecht verankerten Fälle, in denen die Europäische Kommission unmittelbare Marktüberwachungskompetenzen hat. Damit geht ein Bruch mit der klassischen Aufgabenverteilung und Durchsetzung des europäischen Rechts durch die nationalen Marktüberwachungsbehörden einher.

2 Art. 75 Abs. 2 enthält Vorschriften zur **Zusammenarbeit** der nationalen Marktüberwachungsbehörden mit der Europäischen Kommission. Bei einem KI-System mit allgemeinem Verwendungszweck, das vom Betreiber jedenfalls für einen Zweck eingesetzt werden kann, der zu einer Klassifizierung als Hochrisi-

ko-System führt, muss die nationale Marktüberwachungsbehörde mit dem Büro für Künstliche Intelligenz zusammenarbeiten. Darüber hinaus sind das KI-Gremium und andere Marktüberwachungsbehörden zu informieren.

Einzig Art. 75 Abs. 3 regelt einen Unterfall der **Amtshilfe** im eigentlichen Sinne. Vorschriften zur Amtshilfe der nationalen Marktüberwachungsbehörden untereinander (horizontale Amtshilfe) finden sich in der KI-VO nicht, obwohl das Kapitel IX in seiner Überschrift darauf hinweist, auch den Informationsaustausch zu adressieren. Art. 78 Abs. 3 und 4 stellen in diesem Zusammenhang allerdings besondere Anforderungen an den Informationsaustausch zwischen Behörden und dessen Offenlegung auf (siehe dazu Art. 78 Rn. 20). Eine allgemeine Regelung zur Amtshilfe ist in der KI-VO nicht notwendig, da mit dem Rechtsgrundverweis in Art. 74 Abs. 1 die MÜ-VO auf die Marktüberwachung anzuwenden ist. Daher gelten Art. 22 ff. MÜ-VO, welche die eigentliche Amtshilfe zwischen den nationalen Marktüberwachungsbehörden umfassend regeln. 3

1. Zweck der Vorschrift

Art. 75 verfolgt das Ziel, die Marktüberwachungskompetenz für bestimmte **KI-Systeme, die auf GPAI Models beruhen**, bei der Europäischen Kommission zu konzentrieren, wenn KI-System und GPAI Model **vom selben Anbieter** entwickelt werden. Hierdurch sollen sich überschneidende Zuständigkeiten vermieden werden.[1] Mit den Regelungen zur vertikalen Amtshilfe soll sichergestellt werden, dass im Gefüge der gewählten Kompetenzverteilung jede Behörde Zugang zu den notwendigen Informationen erhält. 4

2. Entstehungsgeschichte

Art. 75 ist erst in den letzten Zügen der Trilogverhandlungen in den Verordnungstext aufgenommen worden. Die Vorschrift ist ein politischer Kompromiss. Besondere Vorschriften für KI-Systeme mit allgemeinem Verwendungszweck schlug erstmals der Rat mit einem eigens dafür eingefügten Titel Ia vor.[2] Art. 4b KI-VO-E Rat sah spezielle Pflichten für Anbieter solcher KI-Systeme vor. Die Vorschriften wurden nicht in die finale Fassung der KI-VO übernommen. Um KI-Systeme mit allgemeinem Verwendungszweck als **Bindeglied** zwischen GPAI Model und KI-System nicht gänzlich unreguliert zu lassen, wurde als Ausgleich für die nunmehr fehlenden konkreten Pflichten eine feste Kompetenzregelung für ihre Überwachung eingeführt.[3] 5

1 ErwG 161 KI-VO.
2 Art. 4a ff. KI-VO-E Rat.
3 *Hansen*, in: Schwartmann/Keber/Zenner, KI-Verordnung, S. 336.

3. Verhältnis zu anderen Vorschriften

6 Art. 75 ist insbesondere von anderen Ermächtigungsgrundlagen für behördliche Eingriffsmaßnahmen abzugrenzen.

7 Die Marktüberwachungskompetenz für **GPAI Models** überträgt Art. 88 Abs. 1 dem **Büro für Künstliche Intelligenz** (vgl. Art. 88 Rn. 12). Art. 88 und Art. 75 unterscheiden sich im Hinblick auf die Ausgestaltung der Marktüberwachungsmaßnahmen im Detail. So verweist Art. 75 Abs. 1 zum Beispiel auf die Befugnisse aus der MÜ-VO, während Art. 88 Abs. 1 ohne Einbindung der MÜ-VO dem Büro für Künstliche Intelligenz die Befugnis verleiht, „die erforderlichen Maßnahmen [zu] ergreifen", um die wirksame Umsetzung und Einhaltung der Vorschriften des Kapitels V zu überwachen. Daher ist für die detaillierte Betrachtung der Rechtmäßigkeit einzelner behördlicher Maßnahmen jeweils sorgfältig zu ermitteln, welche der beiden Ermächtigungsgrundlagen im konkreten Fall einschlägig ist.

II. Zuständigkeit des Büros für Künstliche Intelligenz (Abs. 1)

8 Art. 75 Abs. 1 begründet eine spezielle **Marktüberwachungszuständigkeit** des **Büros für Künstliche Intelligenz** – und damit der europäischen Kommission – für bestimmte KI-Systeme. Voraussetzung der Kompetenzzuweisung ist zunächst, dass es sich um ein KI-System handelt, das auf einem GPAI Model (zur Begriffsbestimmung des „KI-Modell mit allgemeinem Verwendungszweck" siehe Art. 3 Rn. 491 ff.) beruht. Der Begriff „KI-System mit allgemeinem Verwendungszweck" ist in Art. 3 Nr. 66 legaldefiniert. Die Kompetenz des Büros für Künstliche Intelligenz zur Vornahme von Marktüberwachungsmaßnahmen gem. Art. 75 Abs. 1 erfasst die im Tatbestand näher spezifizierten KI-Systeme **unabhängig** davon, ob sie zumindest einen festen Verwendungszweck haben, der zur Klassifizierung als **Hochrisiko-KI-System** führt. Dies ergibt sich eindeutig aus dem Wortlaut der Vorschrift. Es kommt dabei nicht darauf an, dass in Art. 75 Abs. 1 – anders als in Art. 79 Abs. 1 – der Begriff des Risikos nicht genannt wird.[4] Die Bezugnahme auf das Risiko in Art. 79 Abs. 1 meint gerade nicht die Klassifizierung als Hochrisiko-KI, sondern das konkrete individuelle Risiko der Verletzung des Lebens, des Körpers oder von Grundrechten, das von einem einzelnen KI-System ausgeht und aufgrund einer angemessenen Risikobewertung ermittelt werden muss (siehe Art. 3 Rn. 68 f.). Art 79 Abs. 1 enthält keine Beschränkung der Marktüberwachungsbefugnis auf Hochrisiko-KI-Systeme (siehe Art. 79 Rn. 16).

4 A. A. *Hansen*, in: Schwartmann/Keber/Zenner, KI-Verordnung, S. 336.

1. KI-Systeme, die auf einem GPAI Model beruhen

Voraussetzung für die Zuständigkeit des Büros für Künstliche Intelligenz ist, dass es sich beim Verfahrensgegenstand um ein KI-System handelt, das auf einem GPAI Model beruht. Solche KI-Systeme sind im Wesentlichen Chatbots, die mithilfe eines großen Sprachmodells Antworten generieren. 9

2. Entwicklung vom selben Anbieter

Das Büro für Künstliche Intelligenz ist nur für die Marktüberwachung zuständig, wenn das GPAI Model und das KI-System **vom selben Anbieter entwickelt** werden. Dies stellt einen gewissen systematischen Bruch mit den übrigen Marktüberwachungsvorschriften des EU-Produktrechts dar, da der Wortlaut eine Einschränkung des sonst eher weiten Anbieterbegriffs im Sinne des Inverkehrbringers bedeuten kann. Der Begriff „entwickeln" ist in der KI-VO nicht definiert. Derjenige, der ein KI-System entwickelt, wird allerdings in Art. 3 Nr. 3 als „Anbieter" definiert. In der Definition heißt es ausdrücklich, Anbieter ist, wer ein KI-System entwickelt oder entwickeln lässt. Die Variante des „Entwickelnlassens" ist in Art. 75 Abs. 1 vom Wortlaut nicht erfasst. Systematisch und unter Berücksichtigung von Sinn und Zweck der KI-VO erscheint es aber unwahrscheinlich, dass die Kompetenzzuweisung einen Unterschied dahingehend machen wollte, ob das KI-System und das GPAI Model vom selben Anbieter tatsächlich entwickelt wurden oder ob dieser das System oder GPAI Model hat entwickeln lassen. 10

3. Keine Pflicht zur Marktüberwachung

Art. 75 Abs. 1 räumt dem Büro für Künstliche Intelligenz die **Befugnis** ein, verpflichtet die Stelle allerdings nicht zur tatsächlichen Wahrnehmung einer Aufgabe. Anders als beispielsweise Art. 79 Abs. 2 („… prüft sie das betreffende KI-System") enthält Art. 75 Abs. 1 **keine Handlungspflicht** für das Büro für Künstliche Intelligenz. Die Aufgaben – und damit eine Konkretisierung der Überwachungspflichten – des Büros für Künstliche Intelligenz werden in Kapitel IX Abschnitt 5 (Art. 88–94) festgelegt. In diesen Vorschriften wird auch die Ermächtigung der Europäischen Kommission mit der Spezialzuweisung an das Büro für Künstliche Intelligenz wiederholt (Art. 88 Abs. 1). 11

4. Zuweisung der Marktüberwachungsbefugnisse aus der MÜ-VO (Satz 2)

Art. 75 Abs. 1 Satz 2 spricht dem Büro für Künstliche Intelligenz ausdrücklich die in der MÜ-VO geregelten **Marktüberwachungskompetenzen** zu. Damit werden sowohl Ermittlungs- als auch Durchsetzungsbefugnisse eingeräumt. Der 12

Maßnahmenkatalog umfasst die Anforderung von Dokumenten, technischen Spezifikationen, Daten und Informationen über die Konformität des Produkts, einschließlich Auskünften zur Wertschöpfungskette, zu Vertriebsnetz und Verbreitung des Produkts bis hin zu unangekündigten Inspektionen vor Ort (Art. 14 Abs. 4 lit. a bis f MÜ-VO). Um eine Nichtkonformität zu beseitigen, kann das Büro für Künstliche Intelligenz den Anbieter oder Betreiber auffordern, **Korrekturmaßnahmen** zu ergreifen. Subsidiär ist das Büro für Künstliche Intelligenz als Marktüberwachungsbehörde befugt, selbst geeignete Korrekturmaßnahmen zu ergreifen, z. B. indem es die Bereitstellung des KI-Systems auf dem Markt verbietet oder den Rückruf anordnet (Art. 14 Abs. 4 lit. g, h i.V.m. Art. 16 MÜ-VO). Es gilt jeweils der Grundsatz der Verhältnismäßigkeit (eingehend zur Übertragung der Marktüberwachungsmaßnahmen der MÜ-VO auf die KI-VO siehe Art. 79 Rn. 79 ff.) Neben den soeben genannten Maßnahmen kann das Büro für Künstliche Intelligenz auch Sanktionen i. S. d. Art. 14 Abs. 4 lit. i MÜ-VO verhängen. Hierunter fallen vor allem die in Art. 101 aufgeführten **Geldbußen**. Die Europäische Kommission trifft die Maßnahmen im Wege des Beschlusses (Art. 297 Abs. 2 UAbs. 3 AEUV), sodass der Adressat hiergegen **Rechtsschutz** durch Erhebung der **Nichtigkeitsklage** zum EuG gem. Art. 263 Abs. 4 AEUV suchen kann. Dabei werden in der praktischen Anwendung verschiedene Rechtsfragen aufkommen, die sich in Parallele zu anderen Bereichen mit unmittelbarer Aufsichtskompetenz der Kommission, insbesondere zum europäischen Kartellrecht, antizipieren lassen. Problematisch wird insbesondere die Bewertung sein, ob jede Maßnahme der Kommission im Rahmen der Marktüberwachung einen anfechtbaren Rechtsakt darstellt und unter welchen Umständen ein Antrag auf **einstweiligen Rechtsschutz** gegen konkrete Ermittlungsmaßnahmen oder die **Untätigkeitsklage** nach einer Beschwerde eines Wettbewerbers wegen eines vermeintlichen Verstoßes gegen Vorgaben der KI-VO zulässig ist.[5]

III. Pflicht zur Zusammenarbeit bei KI-Systemen mit allgemeinem Verwendungszweck (Abs. 2)

13 Während die Marktüberwachungskompetenz für die in Art. 75 Abs. 1 genannten KI-Systeme umfassend beim Büro für Künstliche Intelligenz liegt, fallen andere KI-Systeme, die auf GPAI Models beruhen, in die Zuständigkeit der **nationalen Marktüberwachungsbehörden**. Art. 75 Abs. 2 enthält eine Ausnahme von dieser Kompetenzverteilung. Die Vorschrift adressiert Fälle, in denen eine nationale Marktüberwachungsbehörde ein **KI-System mit allgemeinem Verwendungszweck** untersucht, das von Betreibern direkt für mindestens einen Zweck ver-

5 Vgl. zum Überblick über Rechtsbehelfe gegen Ermittlungsmaßnahmen der Europäischen Kommission im Kartellverfahren *Schütte/Thomas*, in: Wiedemann, Kartellrecht, § 49 Rn. 165 ff.

wendet werden kann, der zu einer Einstufung als **Hochrisiko-KI-System** führt. Es kommt dabei nicht darauf an, ob das KI-System mit allgemeinem Verwendungszweck tatsächlich für einen solchen Zweck verwendet wird. Da KI-Systeme mit allgemeinem Verwendungszweck gerade darauf ausgerichtet sind, für eine Vielzahl von Anwendungen eingesetzt zu werden, werden die Voraussetzungen bei den meisten KI-Systemen mit allgemeinem Verwendungszweck zu bejahen sein. Hat die nationale Marktüberwachungsbehörde bei einer Untersuchung hinreichend Grund für die Auffassung, dass ein solches KI-System mit allgemeinem Verwendungszweck **nicht die Anforderungen der KI-VO erfüllt**, so arbeitet sie bei der weiteren Prüfung der Konformität mit dem Büro für Künstliche Intelligenz zusammen. Zusätzlich sind das KI-Gremium und die anderen Marktüberwachungsbehörden zu informieren. Der Wortlaut der Vorschrift spricht in diesem Zusammenhang von „**Konformitätsbewertungen**". Damit ist allerdings nicht das Konformitätsbewertungsverfahren im Sinne des Art. 43 gemeint. Dieses ist vom Anbieter vor Inverkehrbringen eines Hochrisiko-KI-Systems durchzuführen, ggf. unter Einbindung einer notifizierten Stelle. Es ist jedenfalls nicht Aufgabe der Marktüberwachungsbehörden. Mit dem Begriff „Konformitätsbewertungen" in Art. 75 Abs. 2 werden vielmehr die Ex-ante-Prüfungen der Konformität durch die Marktüberwachungsbehörden beschrieben.

IV. Ersuchen einer nationalen Marktüberwachungsbehörde an das Büro für Künstliche Intelligenz (Abs. 3)

Art. 75 Abs. 3 regelt einen spezifischen Unterfall der im europäischen Verwaltungsverbund aufgrund der unterschiedlichen Kompetenzebenen notwendigen Amtshilfe,[6] nämlich das **Informationsersuchen** einer nationalen Marktüberwachungsbehörde an die Europäische Kommission. Der Wortlaut des Art. 75 Abs. 3 ist fast identisch mit dem Wortlaut von Art. 22 Abs. 2 MÜ-VO. Art. 22 MÜ-VO adressiert allerdings das Informationsersuchen von einer nationalen Marktüberwachungsbehörde an eine Marktüberwachungsbehörde eines anderen Mitgliedstaates. Art. 75 Abs. 3 ergänzt folglich die Regeln der MÜ-VO, die gem. Art. 79 Abs. 1 für die Marktüberwachung im Rahmen der KI-VO vollumfänglich anzuwenden ist. Hintergrund dieser notwendigen Ergänzung ist die eigene Befugnis der Europäischen Kommission (durch das Büro für Künstliche Intelligenz), Marktüberwachungsmaßnahmen zu ergreifen. Art. 75 Abs. 3 gestaltet den Kommunikationskanal zwischen dem Büro für Künstliche Intelligenz und den nationalen Marktüberwachungsbehörden aus, um letzteren den **Zugang zu Informationen** zu ermöglichen, die für die Überprüfung eines Hochrisiko- **14**

6 Grundlegend zur vertikalen und horizontalen Amtshilfe *Schneider*, in: Schoch/Schneider, VwVfG, Vorbemerkung § 4 Rn. 28 ff.

KI-Systems notwendig, aber für die nationale Marktüberwachungsbehörde nicht zugänglich sind, weil allein das Büro für Künstliche Intelligenz aufgrund seiner Überwachungszuständigkeit für GPAI Models diese Informationen bereits hat oder jedenfalls anfordern könnte. Die Zulässigkeit des hierfür eingerichteten Amtshilfeverfahrens ist von einer Reihe von Voraussetzungen abhängig.

1. Ermittlungen der ersuchenden Behörde

15 Die ersuchende Behörde muss bereits **Ermittlungen** im Hinblick auf ein konkretes Hochrisiko-KI-System eingeleitet, aber noch nicht abgeschlossen haben. Diese Voraussetzung folgt aus dem Wortlaut des Art. 75 Abs. 1 Satz 1, der ein Informationsersuchen nur für den Fall vorsieht, dass eine nationale Marktüberwachungsbehörde ihre Ermittlungen aufgrund eines Informationsdefizits nicht abschließen kann. Ein Amtshilfeersuchen ohne eigene vorangegangene Ermittlungen „ins Blaue hinein" ist daher unzulässig.[7] Im Rahmen ihrer Ermittlungen muss die ersuchende Behörde auch alle **angemessenen Anstrengungen** unternommen haben, um die erforderlichen Informationen zu dem GPAI Model zu erhalten. Daraus ergibt sich eine Subsidiarität des Informationsersuchens, die insbesondere das Büro für Künstliche Intelligenz vor Überlastung seiner Kapazitäten schützt. Die Vorschrift gibt keine Kriterien vor, anhand derer zu beurteilen ist, ob die von der ersuchenden Behörde ergriffenen Maßnahmen zur eigenen Informationsbeschaffung bereits angemessene Anstrengungen darstellen. Jedenfalls wird von der ersuchenden Behörde zu verlangen sein, ein **Auskunftsverlangen** gem. Art. 14 Abs. 4 MÜ-VO an den Anbieter oder Betreiber des KI-Systems zu richten, um die benötigten Informationen über das GPAI Model, auf dem das verfahrensgegenständliche KI-System basiert, zu erhalten. Wegen der Pflicht zur Transparenz für Anbieter von GPAI Models gegenüber Anbietern von KI-Systemen gemäß Art. 53 Abs. 1 müssten dem Anbieter oder Betreiber des KI-Systems die Informationen über das GPAI Model in der Regel vorliegen.

2. Erfasste Informationen

16 Art. 75 Abs. 3 erfasst nur Informationen, welche die nationale Marktüberwachungsbehörde benötigt, um die **Konformität eines Hochrisiko-KI-Systems** zu prüfen. Weiter ist die Vorschrift beschränkt auf Informationen im Zusammenhang mit dem **GPAI Model**. Die nationale Marktüberwachungsbehörde ist nach der Vorschrift also nicht befugt, das Büro für Künstliche Intelligenz um Informationen zu ersuchen, die sich auf das Hochrisiko-KI-System selbst beziehen. Hintergrund eines Informationsersuchens im Marktüberwachungsrecht ist regelmä-

7 So zu Art. 22 Abs. 2 MÜ-VO auch *Giesberts/Gayger*, in: Ehring/Taeger, NK-ProdR, Art. 22 MÜ-VO Rn. 9.

ßig eine **Informationsdisparität** zwischen verschiedenen Behörden. Aufgrund der umfassenden Zuständigkeit des Büros für Künstliche Intelligenz hat es typischerweise einen Informationsvorsprung im Hinblick auf GPAI Models. Naheliegend ist auch, dass das Büro für Künstliche Intelligenz Informationen zu einem auf dem GPAI Model basierenden KI-System mit allgemeinem Verwendungszweck hat, da Art. 75 Abs. 1 ihm die ausschließliche Kompetenz zur Marktüberwachung überträgt, wenn GPAI Model und KI-System mit allgemeinem Verwendungszweck von demselben Anbieter entwickelt werden. Wird ein solches KI-System mit allgemeinem Verwendungszweck in ein Hochrisiko-KI-System **integriert**, sind durchaus Konstellationen denkbar, in denen die nationale Marktüberwachungsbehörde auf Informationen des Büros für Künstliche Intelligenz zum KI-System mit allgemeinem Verwendungszweck angewiesen ist. Daher erschließt sich der Sinn der Beschränkung des Informationsersuchens auf Informationen zu GPAI Models nicht.

3. Bereits vorhandene und erst noch zu beschaffende Informationen

Naheliegend ist ein Amtshilfeersuchen im Hinblick auf Informationen, die bei 17
der ersuchten Behörde bereits **vorliegen**. Denkbar ist aber auch ein Amtshilfeersuchen im Hinblick auf Informationen, die von der ersuchten Behörde erst noch **beschafft** werden müssen. Im Kontext des Art 75 Abs. 3 bedarf es einer entsprechenden Unterstützung bei der Informationsbeschaffung insbesondere, weil das Büro für Künstliche Intelligenz die alleinige Kompetenz zur Durchführung von Marktüberwachungsmaßnahmen gegenüber Anbietern von GPAI Models hat. Die nationale Marktüberwachungsbehörde ist daher nicht befugt, vom Anbieter eines GPAI Models beispielsweise die Vorlage relevanter Dokumente gem. Art. 14 Abs. 4 lit. a MÜ-VO zu verlangen. Ob Art. 75 Abs. 3 ein Informationsersuchen erfasst, das über die Herausgabe bereits in der Verfügungsgewalt der ersuchten Behörde stehenden Informationen hinaus auch auf die Ermittlung neuer Informationen gerichtet ist, ergibt sich aus dem Gesetzestext nicht zweifelsfrei. Art. 75 Abs. 3 Satz 1 legt nahe, dass sich das Informationsersuchen nur auf Daten erstreckt, die bereits beim Büro für Künstliche Intelligenz vorliegen. Darin heißt es „[…] durch das der Zugang zu den Informationen durchgesetzt werden kann“. Die Formulierung in Art. 22 Abs. 2 Satz 1 MÜ-VO, dem Art. 75 Abs. 3 nachempfunden wurde, lautet hingegen: „an die [Behörde] […], bei der der Zugang zu den Informationen durchgesetzt werden kann.“ Art. 22 Abs. 3 MÜ-VO begründet ergänzend ausdrücklich die **Pflicht** der ersuchten Behörde, geeignete Ermittlungen zu unternehmen, um die ersuchten **Informationen zu beschaffen.**[8] Eine solche Pflicht ist in Art. 75 Abs. 3 nicht explizit ausformuliert. Art. 22 Abs. 3 MÜ-VO ist nicht unmittelbar anwendbar, da diese Vorschrift

8 Vgl. hierzu *Giesberts/Gayger*, in: Ehring/Taeger, NK-ProdR, Art. 22 MÜ-VO Rn. 8.

ausschließlich die vertikale Amtshilfe zwischen den nationalen Marktüberwachungsbehörden der einzelnen EU-Mitgliedstaaten regelt. Sinn und Zweck des Art. 75 Abs. 3 sprechen allerdings für eine weite Auslegung, die auch die Informationsermittlung durch das Büro für Künstliche Intelligenz erfasst. Hintergrund der Erstreckung auf die Beschaffung und Ermittlung von Informationen im horizontalen Amtshilfeverfahren ist das **Kompetenzdefizit** der nationalen Behörden: Eine deutsche Marktüberwachungsbehörde würde ein solches Informationsersuchen insbesondere dann an eine Marktüberwachungsbehörde in einem anderen Mitgliedstaat richten, wenn sie selbst wegen der territorialen Souveränität des anderen Mitgliedstaates[9] gegenüber dem dort ansässigen Wirtschaftsakteur keine Anordnung zur Vorlage von Unterlagen erlassen kann. Gleiches gilt für die Zugriffsschwierigkeiten der nationalen Marktüberwachungsbehörden auf Anbieter von GPAI Models, weil die Marktüberwachungskompetenz in diesem Bereich gerade ausschließlich dem Büro für Künstliche Intelligenz übertragen wird. Daher ist unter Berücksichtigung des Zwecks der Vorschrift Art. 75 Abs. 3 Satz 1 so zu interpretieren, dass das Ersuchen auch auf Informationen gerichtet sein kann, die das Büro für Künstliche Intelligenz erst noch beschaffen muss.

4. Auskunftspflicht des Büros für Künstliche Intelligenz

18 Das Büro für Künstliche Intelligenz hat gem. Art. 75 Abs. 3 Satz 2 eine **Auskunftspflicht**. Es muss der ersuchenden Behörde unverzüglich, spätestens innerhalb von 30 Tagen, Informationen zukommen zu lassen. Ersuchende Behörde ist regelmäßig eine nationale Marktüberwachungsbehörde. Die Entscheidung, **welche Informationen** der ersuchenden Behörde zur Verfügung gestellt werden, liegt im **Ermessen** des Büros für Künstliche Intelligenz. Es sind nur diejenigen Informationen zu übermitteln, die das Büro für Künstliche Intelligenz für erforderlich hält, um die Konformität des Hochrisiko-KI-Systems mit der KI-VO zu überprüfen. Diese Informationen sind unverzüglich zur Verfügung zu stellen. Es gilt eine Maximalfrist von 30 Tagen.

5. Verfahren

19 Art. 75 Abs. 3 enthält keine konkretisierenden Vorschriften für das Amtshilfeverfahren. Es existieren auch keine allgemeinen verwaltungsverfahrensrechtlichen Vorschriften im europäischen Sekundärrecht. Als Orientierung für den Ablauf des vertikalen Amtshilfeverfahrens wird in der Literatur auf die Regelungsansätze im Steuerrecht (Richtlinie 2011/16/EU), in der Dienstleistungsrichtlinie (Art. 28 ff. Richtlinie 2006/123/EG) und den in diesem Rahmen entwi-

---

9 *Riedel*, in: Bader/Ronellenfitsch, BeckOK VwVfG, § 8a Rn. 3 ff.; *Ohler*, in: Terhechte, Verwaltungsrecht der Europäischen Union, § 9 Rn. 35.

ckelten Vorschriften zum Binnenmarktinformationssystem sowie auf den ReNEUAL-Musterentwurf[10] verwiesen.[11] Letzterer hat selbstredend keinerlei rechtsverbindliche Wirkung. Für das Informationsersuchen gem. Art. 75 Abs. 3 ist – schon wegen des ausdrücklichen Verweises auf die MÜ-VO – eine Anlehnung an die zum Teil durchaus detaillierten Vorschriften des europäischen Produktrechts angezeigt.[12] Zum Beispiel enthält **Art. 24 MÜ-VO** konkrete Verfahrensregeln für das **horizontale Amtshilfeverfahren**, die entsprechend angewendet werden können. Davon zu trennen sind allerdings die detaillierten Regeln zum Informationsaustausch über das RAPEX- und ICSMS-System, die gegenseitige Informationspflichten im Rahmen laufender Verwaltungsverfahrens und sehr detaillierte Vorgaben für die Informationsübermittlung enthalten (vgl. Art. 74 Rn. 24 ff.).

6. Rechtsfolgen

Das Büro für Künstliche Intelligenz als ersuchte Behörde bleibt auch im Rahmen **20**
des Amtshilfeersuchens rechtlich und organisatorisch der Europäischen Kommission zugeordnet. Es handelt im Namen der Europäischen Kommission und auf Grundlage des EU-Rechts (siehe Art. 64 Rn. 11 ff.).[13] **Rechtsschutz** gegen Maßnahmen, die das Büro für Künstliche Intelligenz im Rahmen des Ersuchens ergriffen hat, stehen dem Betroffenen daher nur gegen die **Europäische Kommission** zu, nicht gegen die ersuchende Behörde.[14]

10 Research Network on EU Administrative Law, Model Rules on EU Administrative Procedure, Book V Mutual Assistance, www.reneual.eu.

11 *Schneider*, in: Schoch/Schneider, VwVfG, Vorbemerkung § 4 Rn. 32 f.

12 So auch ErwG 161 KI-VO.

13 So auch zum vertikalen Amtshilfeverfahren im Produktrecht: *Giesberts/Gayger*, in: Ehring/Taeger, NK-ProdR, Art. 22 MÜ-VO Rn. 6.

14 *Ohler*, in: Terhechte, Verwaltungsrecht der Europäischen Union, § 9 Rn. 37.

Art. 76 Beaufsichtigung von Tests unter Realbedingungen durch Marktüberwachungsbehörden

(1) Marktüberwachungsbehörden müssen über die Kompetenzen und Befugnisse verfügen, um sicherzustellen, dass Tests unter Realbedingungen gemäß dieser Verordnung erfolgen.

(2) Wenn ein Test unter Realbedingungen für KI-Systeme durchgeführt wird, die in einem KI-Reallabor gemäß Artikel 58 beaufsichtigt werden, überprüfen die Marktüberwachungsbehörden im Rahmen ihrer Aufsichtsaufgaben für das KI-Reallabor die Einhaltung des Artikels 60. Die Behörden können gegebenenfalls gestatten, dass der Anbieter oder zukünftige Anbieter den Test unter Realbedingungen in Abweichung von den in Artikel 60 Absatz 4 Buchstaben f und g festgelegten Bedingungen durchführt.

(3) Wenn eine Marktüberwachungsbehörde vom zukünftigen Anbieter, vom Anbieter oder von einem Dritten über einen schwerwiegenden Vorfall informiert wurde oder Grund zu der Annahme hat, dass die in den Artikeln 60 und 61 festgelegten Bedingungen nicht erfüllt sind, kann sie – je nachdem, was angemessen ist – in ihrem Hoheitsgebiet gegebenenfalls entscheiden, entweder

a) den Test unter Realbedingungen auszusetzen oder abzubrechen oder

b) den Anbieter oder zukünftigen Anbieter und die Betreiber oder zukünftigen Betreiber zur Änderung eines beliebigen Aspekts des Tests unter Realbedingungen zu verpflichten.

(4) Wenn eine Marktüberwachungsbehörde eine Entscheidung nach Absatz 3 des vorliegenden Artikels getroffen oder Einwände im Sinne des Artikels 60 Absatz 4 Buchstabe b erhoben hat, sind im Rahmen der Entscheidung oder der Einwände die Gründe dafür zu nennen sowie anzugeben, wie der Anbieter oder zukünftige Anbieter die Entscheidung oder die Einwände anfechten kann.

(5) Wenn eine Marktüberwachungsbehörde eine Entscheidung nach Absatz 3 getroffen hat, teilt sie ihre Gründe dafür gegebenenfalls den Marktüberwachungsbehörden anderer Mitgliedstaaten mit, in denen das KI-System gemäß dem Plan für den Test getestet wurde.

Mit Art. 76 korrespondieren die Erwägungsgründe 139, 141.

Schrifttum: *Ashkar/Schröder*, Das Gesetz über künstliche Intelligenz der Europäischen Union (KI-Verordnung), BB 2024, 771; *Bomhard/Merkle*, Europäische KI-Verordnung, RDi 2021, 276; *Chibanguza/Steege*, Die KI-Verordnung – Überblick über den neuen

Rechtsrahmen, NJW 2024, 1769; *Frisch/Kohpeiß*, KI-Verordnung: Aktueller Stand und Vergleich der Änderungsvorschläge des Rates und des Parlaments, ZD-Aktuell 2023, 01318; *Hilgendorf/Roth-Isigkeit* (Hrsg.), Die neue Verordnung der EU zur Künstlichen Intelligenz, 2023; *Kappler*, Deutsche Marktüberwachungskonferenz 2023, ZfPC 2023, 295; *Kilian*, Nationale Spielräume bei der Umsetzung des Europäischen AI Acts, ZRP 2024, 130; *Martini/Botta*, Nationale KI-Aufsicht, Aufgaben, Befugnisse und Umsetzungsoptionen, 2024, https://doi.org/10.11586/2024054; *Martini/Botta*, KI-Aufsicht im föderalen Staat, MMR 2024, 630; *Möller-Klapperich*, Die neue KI-Verordnung der EU, NJ 2024, 337; *Roth-Isigkeit*, Grundstrukturen der geplanten KI-Aufsichtsbehörden – KI-Bürokratie?, ZRP 2022, 187; *Unger*, Grundfragen eines neuen europäischen Rechtsrahmens für KI, ZRP 2020, 234; *Wendt/Wendt*, Das neue Recht der Künstlichen Intelligenz, 2024.

Übersicht

I. Allgemeines

1. Zweck der Vorschrift

1 Die bedeutendste Veränderung, die der **neue Rechtsrahmen** (New Legislative Framework – NLF)[1] für das rechtliche Umfeld der EU mit sich gebracht hat, ist die Einführung einer **umfassenden Marktüberwachungspolitik**: Statt sich ausschließlich auf die Vorgaben der Produktanforderungen beim Inverkehrbringen zu konzentrieren, wird nun ein stärkerer Fokus auf die gleichmäßige Betonung von **Durchsetzungsaspekten** während des **gesamten Lebenszyklus** von Produkten gelegt.[2] Gleichwohl gilt im Grundsatz, dass die Marktüberwachung **auf der Vermarktungsstufe** des Produkts erfolgt.[3] Die entsprechenden Überwa-

1 Verordnung (EG) Nr. 765/2008 des Europäischen Parlaments und des Rates vom 9.7.2008 über die Vorschriften für die Akkreditierung und Marktüberwachung im Zusammenhang mit der Vermarktung von Produkten und zur Aufhebung der Verordnung (EWG) Nr. 339/93 des Rates vom 13.8.2008 und Beschluss Nr. 768/2008/EG des Europäischen Parlaments und des Rates vom 9.7.2008 über einen gemeinsamen Rechtsrahmen für die Vermarktung von Produkten und zur Aufhebung des Beschlusses 93/465/EWG des Rates.

2 Leitfaden für die Umsetzung der Produktvorschriften der EU 2016 („Blue Guide"), 2016/C 272/01, S. 10.

3 Leitfaden für die Umsetzung der Produktvorschriften der EU 2016 („Blue Guide"), 2016/C 272/01, S. 99.

chungsmaßnahmen finden daher formell nicht während der Entwurfs- und Produktionsphasen statt. Da der Test unter Realbedingungen jedoch probehalber in eine kontrollierte Vermarktungsstufe eintritt, macht es Sinn, dass der Gesetzgeber als **Ausnahme zur Regel** gewisse grundsätzliche Instrumente der **Ex-ante-** und **Ex-post-Marktaufsicht**[4] (Genehmigungserfordernis und Vigilanz) schon zu diesem Zeitpunkt greifen lässt.[5]

2 Die Testung selbst unterliegt zunächst gemäß Art. 60 Abs. 4 als vorgelagertes behördliches Verfahren einem **präventiven Verbot mit gebundenem Erlaubnisvorbehalt** durch die Marktüberwachungsbehörde (hierzu Art. 60 Rn. 35). Sie fungiert an dieser Stelle als **Genehmigungsbehörde**.[6] Im Rahmen der Aufsicht über die Testung im Kontext des Reallabors kann sie gemäß Art. 76 Abs. 2 von den restriktiven Vorgaben der Befristung (Art. 60 Abs. 4 lit. f und den Schutzmaßnahmen zugunsten besonderer Gruppen (Art. 60 Abs. 4 lit. g) **Ausnahmen** zulassen. Ansonsten steht ihr eine **anlassbezogene Abhilfebefugnis** zu (Art. 76 Abs. 3), die begründungsbedürftig ist (Art. 76 Abs. 4). Dabei wird auf die klassischen Instrumente des Produktsicherheitsrechts zurückgegriffen.[7] Art. 76 Abs. 5 regelt schließlich den **Informationsaustausch** mit Marktüberwachungsbehörden anderer Mitgliedstaaten.

2. Entstehungsgeschichte

3 Im Kommissionsentwurf war der Test unter Realbedingungen noch nicht vorgesehen (hierzu im Einzelnen Art. 60 Rn. 5). Der Rat sah im Rahmen seiner allgemeinen Ausrichtung ein Bedürfnis, jenseits der kontrollierten Umgebung eines Reallabors auch die Möglichkeit der Realtestung zugunsten der Innovationsförderung vorzusehen.[8] In der Version des Rats wurde die Marktaufsicht als Art. 63a eingeführt. Der ebenfalls neu eingeführte Art. 54a, der die Tests unter Realbedingungen etabliert, enthielt noch keine Referenz zu den Marktüberwachungsbehörden. In der späteren Kompromissversion wurde Art. 63a dann (in-

---

4 Zu dieser Unterscheidung: *Unger*, ZRP 2020, 234, 237.

5 Der Test unter Realbedingungen gilt – vorbehaltlich der Einhaltung der in Art. 57 oder Art. 60 aufgeführten Bedingungen – durch die Fiktion des Art. 3 Nr. 57 nicht als Inverkehrbringen bzw. Inbetriebnahme des KI-Systems. Damit fehlt einstweilen der zentrale Anknüpfungspunkt für die Bewertung der Konformität.

6 *Wendt/Wendt*, Das neue Recht der Künstlichen Intelligenz, § 11 Rn. 20.

7 *Roth-Isigkeit*, ZRP 2022, 187.

8 Europäischer Rat, Vorschlag für eine Verordnung des Europäischen Parlaments und des Rates zur Festlegung harmonisierter Vorschriften für künstliche Intelligenz (Gesetz über künstliche Intelligenz) und zur Änderung bestimmter Rechtsakte der Union – Allgemeine Ausrichtung (6.12.2022), 15698/22, hierzu *Frisch/Kohpeiß*, ZD-Aktuell 2023, 01318.

haltlich unverändert) zum Art. 63b.[9] Im Rahmen des Art. 60 Abs. 6 wurde die Neunummerierung nicht korrekt nachgezogen, sodass aktuell ein falscher Querverweis auf Art. 75 enthalten ist. **Art. 60 Abs. 6** ist so zu verstehen, dass **auf Art. 76 verwiesen** wird (hierzu Art. 60 Rn. 59).

3. Verhältnis zu anderen Vorschriften

Jeder Mitgliedstaat muss gemäß Art. 113 UAbs. 3 lit. b i.V.m. Art. 70 bis zum 2.8.2025 die behördliche Infrastruktur – inklusive der Benennung bzw. Einrichtung der Marktüberwachungsbehörde – etablieren, was für einen erheblichen Zeitdruck sorgen wird.[10] Die Marktüberwachungsbehörde ist gemäß Art. 3 Nr. 26 die nationale Behörde, die die Tätigkeiten durchführt und Maßnahmen ergreift, die in der VO (EU) 2019/1020 (Marktüberwachungsverordnung – MÜ-VO) vorgesehen sind (vgl. ErwG 156).[11] Art. 70 Abs. 1 Satz 1 regelt die Benennungspflicht mindestens einer notifizierenden und mindestens einer Marktüberwachungsbehörde (vgl. ErwG 153). 4

Anbieter von Hochrisiko-KI-Systemen müssen ein „**Post Market Surveillance**"-System einrichten (Art. 72 Abs. 1) und schwerwiegende Vorfälle an die zuständige Marktüberwachungsbehörde melden (Art. 73).[12] Diese Verpflichtung gilt indes erst ab Inverkehrbringen des KI-Systems (vgl. Art. 72 Abs. 1: „nach dem Inverkehrbringen"). Art. 76 schließt diese Lücke, indem die Vigilanzpflichten auch auf die Phase der Testung ausgedehnt werden (vgl. oben Rn. 1). 5

Die Mitgliedstaaten haben bei der Auswahl der nationalen Aufsichtsbehörden nach der KI-VO einen großen Spielraum.[13] Aufgrund der föderalen Struktur Deutschlands und den gesteigerten Anforderungen, denen eine KI-Aufsichtsbehörde ausgesetzt ist (Unabhängigkeit, Erfahrung mit Innovationsförderung, horizontaler Aufgabenansatz, Erfahrung mit Produktsicherheit und Erfahrung mit Notifizierung), ist die Auswahl und Gestaltung alles andere als trivial.[14] 6

---

9 Proposal for a Regulation of the European Parliament and of the Council laying down harmonised rules on artificial intelligence (Artificial Intelligence Act) and amending certain Union legislative acts – Analysis of the final compromise text with a view to agreement (26.1.2024), 5662/24.

10 *Martini/Botta*, MMR 2024, 630.

11 *Ashkar/Schröder*, BB 2024, 771, 775.

12 *Bomhard/Merkle*, RDi 2021, 276, 282.

13 Vgl. Art. 74 Abs. 3 UAbs. 2, Art. 74 Abs. 7 UAbs. 1 und ErwG 153; hierzu *Chibanguza/Steege*, NJW 2024, 1769, 1774.

14 Im Detail hierzu: *Martini/Botta*, Nationale KI-Aufsicht, Aufgaben, Befugnisse und Umsetzungsoptionen. Unter der Prämisse, dass die KI-Aufsicht stärker als Produkt- und Wirtschaftsaufsicht konzipiert und von der Datenschutzaufsicht entkoppelt werden soll, empfehlen die Autoren (S. 7), die neue Aufsichtsfunktion der BNetzA zu

II. Kompetenzeinräumung (Abs. 1)

7 Die Marktüberwachungsbehörden müssen über die **Kompetenzen und Befugnisse** verfügen, um sicherzustellen, dass Tests unter Realbedingungen im Einklang mit der KI-VO erfolgen.

8 Hinsichtlich der Kompetenzen verlangt Art. 70 Abs. 3 Satz 2, dass die Behörden über eine ausreichende Zahl an Mitarbeitern verfügen müssen, „zu deren Kompetenzen und Fachwissen ein **tiefes Verständnis der KI-Technologien**, der Daten und Datenverarbeitung, des Schutzes personenbezogener Daten, der Cybersicherheit, der Grundrechte, der Gesundheits- und Sicherheitsrisiken sowie Kenntnis der bestehenden Normen und rechtlichen Anforderungen gehört."[15] Zur Innovationsförderung wird in der Literatur empfohlen, dedizierte **Innovationsabteilungen** innerhalb der Aufsichtsbehörde zu gründen, sodass KI-Anwendungsfälle besonders gut begleitet werden können.[16] Aus Behördensicht wird ein einheitlicher „Kompetenzrahmen" gefordert, um einen schnellen und systematischen Wissensaustausch zu ermöglichen.[17]

9 Der Programmsatz, dass die Marktüberwachungsbehörden über die Kompetenzen und Befugnisse verfügen, um sicherzustellen, dass Tests unter Realbedingungen gemäß dieser Verordnung erfolgen, wird durch Art. 60 Abs. 6 ergänzt, indem die Mitgliedstaaten aufgefordert werden, exakt für diese Grundlagen durch **Einräumung der Befugnisse** zu sorgen (hierzu Art. 60 Rn. 59). Art. 14 Abs. 4 MÜ-VO räumt die Befugnisse nicht unionsrechtlich ein, sondern gibt nur vor, welche Befugnisse nach nationalem Recht den Behörden zu übertragen sind.[18] Dabei geht es etwa um die Vorlage relevanter Dokumente (lit. a), Informationen zur Lieferkette (lit. b), Informationen zur Website (lit. c), unangekündigte Inspektionen und physische Prüfung (lit. d) und das Betreten von Räumlichkeiten (lit. e). Diese Befugnisse eignen sich nur unzureichend zur Kontrolle von KI-Systemen, weshalb die KI-VO selbst spezielle Pflichten (z. B. unangekündigte Ferninspektionen, vgl. Art. 60 Abs. 6) normiert.[19]

übertragen und die Behörde zu einer umfassenderen Digitalbehörde weiterzuentwickeln.

15 Hierzu *Roth-Isigkeit*, in: Hilgendorf/Roth-Isigkeit, Die neue Verordnung der EU zur Künstlichen Intelligenz, § 8 Rn. 45; *Martini/Botta*, Nationale KI-Aufsicht, Aufgaben, Befugnisse und Umsetzungsoptionen, S. 16.

16 *Kilian*, ZRP 2024, 130, 131.

17 *Kappler*, ZfPC 2023, 295, 296.

18 *Roth-Isigkeit*, in: Hilgendorf/Roth-Isigkeit, Die neue Verordnung der EU zur Künstlichen Intelligenz, § 8 Rn. 18.

19 *Roth-Isigkeit*, ZRP 2022, 187.

III. Tests im Rahmen des KI-Reallabors (Abs. 2)

Wenn ein Test unter Realbedingungen in einem KI-Reallabor gemäß Art. 58 durchgeführt wird („Reallabor Plus“, vgl. Art. 60 Rn. 7), dann überprüfen die Marktüberwachungsbehörden die Einhaltung des Art. 60 im Rahmen ihrer Aufsichtsaufgaben (Art. 76 Abs. 2 Satz 1). Die Einzelheiten hierzu regelt Art. 58 Abs. 4 (hierzu Art. 58 Rn. 42 ff.). Nach Art. 76 Abs. 2 Satz 2 hat die Behörde die Möglichkeit, Abweichungen von den in Art. 60 Abs. 4 lit. f (Befristung, Art. 60 Rn. 46) und lit. g (Schutz besonderer Gruppen, Art. 60 Rn. 47) aufgeführten Bedingungen zuzulassen. **10**

IV. Abhilfebefugnis (Abs. 3)

Die Marktbeobachtung nach dem Inverkehrbringen – aber auch die **Vigilanz** während der Teststellung (vgl. Art. 60 Abs. 4 lit. j und Art. 60 Abs. 7) – obliegt **in erster Linie dem Anbieter** bzw. dem zukünftigen Anbieter.[20] Komplementär hierzu steht die Aufsicht durch die Marktüberwachungsbehörde, welche **anlassbezogen** tätig wird. Wird die Behörde über einen schwerwiegenden Vorfall i. S. d. Art. 3 Nr. 49 informiert oder hat sie Grund zur Annahme, dass die in den Art. 60 und 61 niedergelegten Bedingungen nicht eingehalten wurden, kann sie unter Berücksichtigung des Angemessenheitsgrundsatzes entweder den Test temporär aussetzen bzw. final abbrechen oder den Anbieter bzw. zukünftigen Anbieter zu Korrekturmaßnahmen „eines beliebigen Aspekts“ des Tests unter Realbedingungen verpflichten. Die KI-VO setzt damit auf die klassischen Instrumente des Produktsicherheitsrechts.[21] Insgesamt gilt, dass die Behörde die Marktüberwachung unter Wahrung der Verhältnismäßigkeit durchführen muss.[22] **11**

Vorgeschaltet kann die Behörde auch ein Auskunftsersuchen[23] an den Anbieter richten.[24] Verstöße hiergegen durch falsche, unvollständige oder irreführende Informationen können nach Art. 99 Abs. 5 mit Geldbußen von bis zu 7,5 Mio. EUR oder – im Fall von Unternehmen – von bis zu 1 % des weltweiten Jahresumsatzes sanktioniert werden, je nachdem, welcher Betrag höher ist. Vor diesem **12**

20 *Roth-Isigkeit*, in: Hilgendorf/Roth-Isigkeit, Die neue Verordnung der EU zur Künstlichen Intelligenz, § 8 Rn. 16.

21 *Roth-Isigkeit*, ZRP 2022, 187; aufgrund der Anlassbezogenheit sei nicht mit einer unverhältnismäßigen Beeinträchtigung der Anbieter zu rechnen.

22 Leitfaden für die Umsetzung der Produktvorschriften der EU 2016 („Blue Guide“), 2016/C 272/01, S. 104.

23 Vgl. Art. 60 Abs. 7 („zur Bereitstellung von Informationen verpflichten“).

24 Vgl. *Möller-Klapperich*, NJ 2024, 337, 342 („umfassende Informationsrechte“).

Hintergrund sollte auf der Wahrung der Melde- und Informationspflichten ein besonderer Fokus liegen.[25]

V. Begründung (Abs. 4)

13 Wenn die Behörde von ihrer Abhilfebefugnis nach Art. 76 Abs. 3 Gebrauch gemacht hat oder Einwände gegen den Plan für einen Test unter Realbedingungen nach Art. 60 Abs. 4 lit. b (vgl. Art. 60 Rn. 35) erhoben hat, sind die jeweiligen Gründe für die Entscheidung bzw. den Einwand zu nennen. Die Verfahrensrechte der Betroffenen richten sich nach Art. 18 MÜ-VO.

VI. Interbehördliche Kommunikation (Abs. 5)

14 Im Fall einer **Entscheidung** nach Art. 76 Abs. 3 teilt die Behörde ihre Gründe den Marktüberwachungsbehörden anderer Mitgliedstaaten mit, in denen das KI-System gemäß dem Plan **getestet wurde**. Art. 76 Abs. 5 e contrario ist zu entnehmen, dass die Gründe für den bloßen Einwand gegen den Plan i. S. d. Art. 60 Abs. 4 lit. b den anderen mitgliedstaatlichen Behörden nicht mitzuteilen sind.

15 Art. 76 Abs. 5 soll sicherstellen, dass andere betroffene Aufsichtsbehörden den gleichen Kenntnisstand haben, sodass sie ihrer Ex-ante-Marktüberwachung ordnungsgemäß nachkommen können.

25 *Chibanguza/Steege*, NJW 2024, 1769, 1775.

Art. 77 Befugnisse der für den Schutz der Grundrechte zuständigen Behörden

(1) Nationale Behörden oder öffentliche Stellen, die die Einhaltung des Unionsrechts zum Schutz der Grundrechte, einschließlich des Rechts auf Nichtdiskriminierung, in Bezug auf die Verwendung der in Anhang III genannten Hochrisiko-KI-Systeme beaufsichtigen oder durchsetzen, sind befugt, sämtliche auf der Grundlage dieser Verordnung in zugänglicher Sprache und Format erstellte oder geführte Dokumentation anzufordern und einzusehen, sofern der Zugang zu dieser Dokumentation für die wirksame Ausübung ihrer Aufträge im Rahmen ihrer Befugnisse innerhalb der Grenzen ihrer Hoheitsgewalt notwendig ist. Die jeweilige Behörde oder öffentliche Stelle informiert die Marktüberwachungsbehörde des betreffenden Mitgliedstaats von jeder diesbezüglichen Anfrage.

(2) Bis 2. November 2024 muss jeder Mitgliedstaat die in Absatz 1 genannten Behörden oder öffentlichen Stellen benennen und in einer öffentlichen Liste verfügbar machen. Die Mitgliedstaaten übermitteln die Liste der Kommission und den anderen Mitgliedstaaten und halten die Liste auf dem neuesten Stand.

(3) Sollte die in Absatz 1 genannte Dokumentation nicht ausreichen, um feststellen zu können, ob ein Verstoß gegen das Unionsrecht zum Schutz der Grundrechte vorliegt, so kann die in Absatz 1 genannte Behörde oder öffentliche Stelle bei der Marktüberwachungsbehörde einen begründeten Antrag auf Durchführung eines technischen Tests des Hochrisiko-KI-Systems stellen. Die Marktüberwachungsbehörde führt den Test unter enger Einbeziehung der beantragenden Behörde oder öffentlichen Stelle innerhalb eines angemessenen Zeitraums nach Eingang des Antrags durch.

(4) Jegliche Informationen oder Dokumentation, in deren Besitz die in Absatz 1 des vorliegenden Artikels genannten nationalen Behörden oder öffentlichen Stellen auf der Grundlage des vorliegenden Artikels gelangen, werden im Einklang mit den in Artikel 78 festgelegten Vertraulichkeitspflichten behandelt.

Mit Art. 77 korrespondiert Erwägungsgrund 157.

Schrifttum: *Legner*, KI-Verordnung und algorithmische Diskriminierung, RDi 2024, 426; *Pehlivan/Forgó/Valcke* (Hrsg.), The EU Artificial Intelligence (AI) Act: A Commentary, 2025.

Übersicht

I. Allgemeines

1. Zweck der Vorschrift

1 Die Norm hat die Regelung der Befugnisse von anderen als den in der KI-VO genannten Behörden zum Gegenstand. Diese für den Schutz der Grundrechte zuständigen Behörden sollen mit in die Tätigkeiten von (zukünftigen) Anbietern von KI-Systemen, aber auch von nach der KI-VO zuständigen Behörden eingebunden sein und auch eigene Befugnisse innehaben.

2. Entstehungsgeschichte

2 Im Vergleich zum ursprünglichen Vorschlag der Kommission[1] (da noch als Art. 64) wurden die Befugnisse der nationalen Behörden oder öffentlichen Stellen, die die Einhaltung des Unionsrechts zum Schutz der Grundrechte überwachen oder durchführen, deutlich eingeschränkt. Die Gründe für die vorstehende Anpassung dürften darin liegen, dass man den Prüfungsumfang der tatbestandlichen Behörde oder öffentlichen Stelle begrenzen wollte, womöglich auch, um überlange Prüfverfahren zu verhindern. Denn nach der nunmehr geltenden Fassung kann die tatbestandlichen Behörde oder öffentliche Stelle „sämtliche auf der Grundlage dieser Verordnung in zugänglicher Sprache und Format erstellte oder geführte Dokumentation" anfordern und einsehen während noch im Kommissionsentwurf die Rede von „alle auf der Grundlage dieser Verordnung erstellten oder geführten Unterlagen" war. Ein Unterschied dürfte also in der Dokumentation gegenüber den Unterlagen liegen, was in der Folge auch den möglichen Prüfungsumfang begrenzt. Dies könnte auch zur Folge haben, dass der Quellcode des KI-Systems nicht mehr durch die in der Norm genannte Behörde

1 EU-Komm., Vorschlag für eine Verordnung des Europäischen Parlaments und des Rates zur Festlegung harmonisierter Vorschriften für künstliche Intelligenz (Gesetz über Künstliche Intelligenz) und zur Änderung bestimmter Rechtsakte der Union vom 21.4.2021, COM(2021) 206 final.

oder öffentliche Stelle eingesehen werden kann, wenn man unterstellt, dass der Quellcode nicht Teil der Dokumentation ist.

Ursprünglich war geplant, dass die Marktüberwachungsbehörden uneingeschränkten Zugang zu den genutzten Trainings-, Validierungs- und Testdatensätzen erhalten sollen – über Anwendungsprogrammierschnittstellen (API) oder sonstige technische Mittel. Darüber hinaus war vorgesehen, dass die im Tatbestand genannte Behörde oder öffentliche Stelle auf begründetes Verlangen Zugang zum Quellcode des KI-Systems erhalten soll. 3

Schon in dem Entwurf des Parlaments[2] wurde gesehen, dass die Bereitstellung des Quellcodes in aller Regel nicht erforderlich ist. Der Vorschlag des Parlaments sah vor, dass die Bereitstellung des Quellcodes durch den „Zugang zu den Trainingsmodellen und trainierten Modellen des KI-Systems, einschließlich seiner relevanten Modellparameter" ersetzt wird. In finaler Fassung der Verordnung wird die Quellcode-Bereitstellung auf Anfrage der Marktüberwachungsbehörden nur für Hochrisiko-KI-Systeme angeordnet, und zwar nur wenn die Voraussetzungen des Art. 74 Abs. 13 vorliegen. 4

Im Übrigen wurde die Vorschrift nur minimal im Vergleich zum Vorschlag der Kommission abgeändert. So wurde in der finalen Fassung des Abs. 1 ein Verweis auf das Recht auf Nichtdiskriminierung eingefügt. 5

Die ursprünglich im Kommissionsentwurf geplante Regelung, dass die Liste der nach Abs. 1 zuständigen Behörden auf einer öffentlich zugänglichen Website der nationalen Aufsichtsbehörde veröffentlicht wird, wurde ebenfalls gestrichen. Die Behörden müssen nun lediglich benannt und in einer öffentlichen Liste verfügbar gemacht werden, wobei die Modalitäten der Bereitstellung der Liste den Mitgliedstaaten überlassen sind. 6

3. Verhältnis zu anderen Vorschriften

Ein Zusammenhang dürfte vor allem zu den Kompetenz- und Zuständigkeitsvorschriften nach anderen unionalen, aber auch mitgliedstaatlichen Rechtsakten bestehen, die (u. a.) den Schutz der in der **GRCh** geregelten Grundrechte sicherstellen. 7

2 Abänderungen des Europäischen Parlaments vom 14.6.2023 zu dem Vorschlag für eine Verordnung des Europäischen Parlaments und des Rates zur Festlegung harmonisierter Vorschriften für künstliche Intelligenz (Gesetz über künstliche Intelligenz) und zur Änderung bestimmter Rechtsakte der Union, P9_TA(2023)0236.

II. Rechte von zuständigen Behörden zum Grundrechtsschutz (Abs. 1)

8 Die in Anhang III aufgezählten **Hochrisiko-KI-Systeme** gehen kraft Natur der Sache vielfach mit teils vertieften Eingriffen in die Grundrechte Betroffener einher. Denkbar sind Eingriffe in verschiedenste Normen der GRCh. Zu denken ist insbesondere an die Freiheitsgrundrechte nach den Art. 6 ff. GRCh sowie die Gleichheitsgrundrechte nach den Art. 20 ff. GRCh. Die hiesige Norm zählt beispielhaft das Recht auf Nichtdiskriminierung auf, das in Art. 21 GRCh verankert ist. Dieser Umstand hat zur Folge, dass im Zusammenhang mit der Regulierung von KI-Systemen nach dieser Verordnung vielfach auch Behören anderer Bereiche mit eingebunden sein werden. Die Formulierung **„Nationale Behörden oder öffentliche Stellen“** macht deutlich, dass sämtliche Formen mitgliedstaatlicher Behörden, welche die vorgenannten Grundrechte nach der dortigen Verwaltungsorganisationsform schützen, adressiert sind.[3] Die „Einhaltung des Unionsrechts zum Schutz der Grundrechte“ beschränkt sich dabei nicht direkt auf den Schutz der Unionsgrundrechte selbst, sondern bezieht auch das gesamte Sekundärrecht der Union sowie das auf dessen Grundlage umgesetzte mitgliedstaatliche Recht mit ein, sofern es dem Schutz der Unionsgrundrechte dient.[4] Es existieren keine übergreifenden unionsrechtlichen Verfahrensregeln, wie die Behörden nach Art. 77 Abs. 1 und sonstige nach der KI-VO zuständige Behörden zusammenarbeiten sollen. Gleichwohl dürften die zusammenarbeitenden Behörden durch den Grundsatz der loyalen Zusammenarbeit gebunden sein.[5]

9 Um die Arbeit dieser Behörden im Zusammenhang mit Hochrisiko-KI-Systemen nicht zu beeinträchtigen, wurde in Art. 77 Abs. 1 Satz 1 die Befugnis dieser Behörden verankert, sämtliche auf Grundlage der KI-VO erstellte und geführte **Dokumentation in der verfügbaren Sprache** und dem vorhandenen Format anzufordern und einzusehen. Die Regelung ist teilweise kritisch zu sehen, da der anfordernden Behörde ggf. auch Dokumentation in einer abweichenden Verfahrenssprache und/oder in einem abweichenden Dokumentationsformat zur Verfügung gestellt werden könnte. Denkt man nur an die im föderalen Deutschland verwendeten höchst unterschiedlichen Systeme, so wäre es im ungünstigen Fall denkbar, dass die anfordernde (bspw. rumänische) Behörde auf ein höchst spezielles Format verwiesen ist. Bedingung für das Anforderungsrecht ist zudem, dass der Zugang zu dieser Dokumentation für die wirksame Ausübung der

---

3 Mit Beispielen für erfasste Behörden sowie kritisch bzgl. der mitgliedstaatlichen Umsetzung: *Legner*, RDi 2024, 426 Rn. 24 ff.

4 So auch: *Vogiatzoglou/Drechsler*, in: Pehlivan/Forgó/Valcke, The EU Artificial Intelligence (AI) Act, Art. 77, 3.1.

5 So unter Verweis auf die Meta-Entscheidung des EuGH (Urt. v. 4.7.2023 – Rs. C-252/21, Rn. 53): *Vogiatzoglou/Drechsler*, in: Pehlivan/Forgó/Valcke, The EU Artificial Intelligence (AI) Act, Art. 77, 2.2 und 2.4.

Aufträge der anfordernden Behörde im Rahmen ihrer **Befugnisse innerhalb der Grenzen ihrer Hoheitsgewalt** notwendig ist. Diese Bedingung dürfte im Streitfall von der anfordernden Behörde nachzuweisen sein. Der Vergleich mit der englischen Sprachfassung[6] macht deutlich, dass die anfordernde Behörde auf Basis einer Rechtsgrundlage handeln muss. Wie konkret diese Rechtsgrundlage dabei ausgestaltet sein muss, bleibt offen. Die Formulierung „notwendig“[7] begrenzt den Anwendungsbereich des Art. 77 Abs. 1 Satz 1. Existieren also weniger eingriffsintensive Möglichkeiten, mit denen die anfordernde Behörde ihren Aufgaben nachkommen kann, so greift die hiesige Norm nicht ein. Ein solcher Fall dürfte allerdings eher selten vorliegen. Regelmäßig dürfte zu vermuten sein, dass die zuständige nationale Behörde nach der KI-VO über weitergehendes Wissen aus der Zusammenarbeit mit dem (zukünftigen) Anbieter verfügt, das für die anfordernde Behörde von Relevanz ist. Es dürften daher an die Erfüllung des Begriffs „notwendig“ keine allzu hohen Anforderungen zu stellen sein.

Nach Art. 77 Abs. 1 Satz 2 informiert die anfordernde Behörde zudem die Marktüberwachungsbehörde des betreffenden Mitgliedstaates. 10

III. Benennung, Veröffentlichung und Notifizierung (Abs. 2)

Die Norm verpflichtet den Mitgliedstaat, diejenigen Behörden und öffentlichen Stellen zu benennen, die auf seinem Gebiet die Einhaltung des Unionsrechts zum Schutz der Grundrechte sicherstellen, und zwar spätestens drei Monate nach dem Inkrafttreten der KI-VO. Weiterhin setzt die Norm voraus, dass diese Angaben in einer öffentlichen Liste verfügbar sind. 11

Art. 77 Abs. 2 Satz 2 verpflichtet die Mitgliedstaaten, diese Liste auch an die Kommission und die anderen Mitgliedstaaten zu übermitteln. Diese Notifizierungspflicht hängt auch mit der Pflicht nach Art. 77 Abs. 2 Satz 1 zusammen. Wegen der zu erwartenden hohen Komplexität der diesbezüglichen mitgliedstaatlichen Verwaltungsorganisation, da keine weiteren Angaben an die Modalitäten der Veröffentlichung geknüpft sind, bleibt zu hoffen, dass die Kommission oder eine sonstige Stelle die jeweils aktuellen Listen zusätzlich veröffentlichen wird. 12

6 „[…] is necessary for effectively fulfilling their mandates within the limits of their jurisdiction.“

7 In der englischen Sprachfassung „necessary“.

IV. Antrag auf Durchführung eines technischen Tests eines Hochrisiko-KI-Systems (Abs. 3)

13 Es kann mitunter vorkommen, dass die nationale Behörde oder öffentliche Stelle, die das Unionsrecht zum Schutz der Grundrechte sicherstellt, ihre Aufgaben nicht auf Basis der theoretischen Dokumentation sicherstellen kann. Die tatbestandliche Behörde kann sich daher mit einem Antrag an die einschlägige mitgliedstaatliche Marktüberwachungsbehörde wenden, um einen technischen Test des fraglichen Hochrisiko-KI-Systems durch die Marktüberwachungsbehörde vornehmen zu lassen. Der **Antrag** der Behörde oder öffentlichen Stelle setzt eine entsprechende **Begründung** voraus. Inhalt der Begründung dürfte vor allem sein, warum die vorhandene Dokumentation nicht zur Erfüllung der behördlichen Aufgabe ausreicht und warum zur Erfüllung dieser Aufgabe ein Test des Hochrisiko-Systems erforderlich ist. Warum hier von einem **„technischen" Test** die Rede ist, erschließt sich nicht. Gemeint sein dürfte wohl, dass das System tatsächlich in seiner üblichen Funktionsweise getestet werden darf.

14 Die Regelung des Art. 77 Abs. 3 Satz 2 regelt, dass der Test **„innerhalb eines angemessenen Zeitraums nach Eingang des Antrags**" durchgeführt werden muss. Kritisch lässt sich anmerken, dass damit prinzipiell keine Frist geregelt ist, innerhalb der die Marktüberwachungsbehörde über den Antrag der Behörde oder öffentlichen Stelle entscheiden muss. Es ließe sich zwar argumentieren, dass die Marktüberwachungsbehörde erst recht über den Antrag innerhalb eines angemessenen Zeitraums nach Eingang des Antrags entscheiden muss, wenn sie schon den Test innerhalb dieser Frist durchführen muss. Gleichwohl sieht der Wortlaut hierfür keine Anhaltspunkte vor. Darüber hinaus dürfte der Begriff „innerhalb eines angemessenen Zeitraums nach Eingang des Antrags"[8] autonom unionsrechtlich auszulegen sein. Die konkrete Frist für den Test dürfte sich dabei vor allem am Umfang des Antrags und dem Aufwand des beantragten Tests orientieren.

V. Vertraulichkeitsverpflichtungen (Abs. 4)

15 Die Norm stellt klar, dass jegliche durch die zuständige Behörde oder öffentliche Stelle erhaltene Informationen oder Dokumentation i. S. v. Art. 77 Abs. 1 den Vertraulichkeitsverpflichtungen nach **Art. 78** unterliegt. Von dieser Vertraulichkeitsverpflichtung ebenfalls umfasst sein dürften auch jene Erkenntnisse, welche die Behörde im Rahmen von Art. 77 Abs. 3 erlangt. Dafür spricht einerseits, dass Art. 77 Abs. 4 an die in Abs. 1 genannte Behörde anknüpft, die ebenfalls in

---

8 Siehe z. B. auch in Art. 23 Abs. 1 und 2 DSA.

Art. 77 Abs. 3 genannt wird. Zudem umfasst die Vertraulichkeitsverpflichtung nach Art. 77 Abs. 4 jegliche „Informationen oder Dokumentation, in deren Besitz die in Absatz 1 des vorliegenden Artikels genannten nationalen Behörden oder öffentlichen Stellen auf der Grundlage des vorliegenden Artikels" gelangen.

Art. 78 Vertraulichkeit

(1) Die Kommission, die Marktüberwachungsbehörden und die notifizierten Stellen sowie alle anderen natürlichen oder juristischen Personen, die an der Anwendung dieser Verordnung beteiligt sind, wahren gemäß dem Unionsrecht oder dem nationalen Recht die Vertraulichkeit der Informationen und Daten, in deren Besitz sie bei der Ausführung ihrer Aufgaben und Tätigkeiten gelangen, sodass insbesondere Folgendes geschützt ist:

a) die Rechte des geistigen Eigentums sowie vertrauliche Geschäftsinformationen oder Geschäftsgeheimnisse natürlicher oder juristischer Personen, einschließlich Quellcodes, mit Ausnahme der in Artikel 5 der Richtlinie (EU) 2016/943 des Europäischen Parlaments und des Rates;

b) die wirksame Durchführung dieser Verordnung, insbesondere für die Zwecke von Inspektionen, Untersuchungen oder Audits;

c) öffentliche und nationale Sicherheitsinteressen;

d) die Durchführung von Straf- oder Verwaltungsverfahren;

e) gemäß dem Unionsrecht oder dem nationalen Recht als Verschlusssache eingestufte Informationen.

(2) Die gemäß Absatz 1 an der Anwendung dieser Verordnung beteiligten Behörden fragen nur Daten an, die für die Bewertung des von KI-Systemen ausgehenden Risikos und für die Ausübung ihrer Befugnisse in Übereinstimmung mit dieser Verordnung und mit der Verordnung (EU) 2019/1020 unbedingt erforderlich sind. Sie ergreifen angemessene und wirksame Cybersicherheitsmaßnahmen zum Schutz der Sicherheit und Vertraulichkeit der erlangten Informationen und Daten und löschen im Einklang mit dem geltenden Unionsrecht oder nationalen Recht die erhobenen Daten, sobald sie für den Zweck, für den sie erlangt wurden, nicht mehr benötigt werden.

(3) Unbeschadet der Absätze 1 und 2 darf der Austausch vertraulicher Informationen zwischen den zuständigen nationalen Behörden untereinander oder zwischen den zuständigen nationalen Behörden und der Kommission nicht ohne vorherige Rücksprache mit der zuständigen nationalen Behörde, von der die Informationen stammen, und dem Betreiber offengelegt werden, sofern die in Anhang III Nummer 1, 6 oder 7 genannten Hochrisiko-KI-Systeme von Strafverfolgungs-, Grenzschutz-, Einwanderungs- oder Asylbehörden verwendet werden und eine solche Offenlegung die öffentlichen und nationalen Sicherheitsinteressen gefährden könnte. Dieser Informationsaustausch erstreckt sich nicht auf sensible operative Daten zu den Tätigkeiten von Strafverfolgungs-, Grenzschutz-, Einwanderungs- oder Asylbehörden.

Handeln Strafverfolgungs-, Einwanderungs- oder Asylbehörden als Anbieter von in Anhang III Nummer 1, 6 oder 7 genannten Hochrisiko-KI-Systemen, so verbleibt die technische Dokumentation nach Anhang IV in den Räumlichkeiten dieser Behörden. Diese Behörden sorgen dafür, dass die in Artikel 74 Absätze 8 und 9 genannten Marktüberwachungsbehörden auf Anfrage unverzüglich Zugang zu dieser Dokumentation oder eine Kopie davon erhalten. Zugang zu dieser Dokumentation oder zu einer Kopie davon darf nur das Personal der Marktüberwachungsbehörde erhalten, das über eine entsprechende Sicherheitsfreigabe verfügt.

(4) Die Absätze 1, 2 und 3 dürfen sich weder auf die Rechte oder Pflichten der Kommission, der Mitgliedstaaten und ihrer einschlägigen Behörden sowie der notifizierten Stellen in Bezug auf den Informationsaustausch und die Weitergabe von Warnungen, einschließlich im Rahmen der grenzüberschreitenden Zusammenarbeit, noch auf die Pflichten der betreffenden Parteien auswirken, Informationen auf der Grundlage des Strafrechts der Mitgliedstaaten bereitzustellen.

(5) Die Kommission und die Mitgliedstaaten können erforderlichenfalls und im Einklang mit den einschlägigen Bestimmungen internationaler Übereinkommen und Handelsabkommen mit Regulierungsbehörden von Drittstaaten, mit denen sie bilaterale oder multilaterale Vertraulichkeitsvereinbarungen getroffen haben und die ein angemessenes Niveau an Vertraulichkeit gewährleisten, vertrauliche Informationen austauschen.

Mit Art. 78 korrespondiert Erwägungsgrund 167.

Schrifttum: *Däubler*, Sicherheitsüberprüfungsgesetz, Kommentar, 2019; *Gersdorf/Paal* (Hrsg.), Beck'scher Online-Kommentar Informations- und Medienrecht, 43. Edition, Stand: 1.2.2024; *Gola/Heckmann* (Hrsg.), DS-GVO BDSG, Kommentar, 3. Aufl. 2022; *Grabitz/Hilf/Nettesheim* (Hrsg.), Das Recht der Europäischen Union: EUV/AEUV, Kommentar, 81. EL, Stand: Januar 2024; *Knauer/Kudlich/Schneider* (Hrsg.), Münchener Kommentar zur StPO, 2. Aufl. 2024; *Kühling/Buchner* (Hrsg.), DS-GVO BDSG, Kommentar, 4. Aufl. 2024; *Lücker/Baumann/Schorn*, Medizinprodukte-Recht, Kommentar, Loseblatt, 37. Akt. 2023; *Martini/Wendehorst* (Hrsg.), KI-VO, Kommentar, 2024; *Paal/Pauly* (Hrsg.), DS-GVO BDSG, Kommentar, 3. Aufl. 2021; *Pehlivan/Forgó/Valcke*, The EU Artificial Intelligence (AI) Act, 2025; *Plath* (Hrsg.), DSGVO/BDSG/TTDSG, Kommentar, 4. Aufl. 2023; *Rehmann/Wagner*, MP-VO, Verordnung (EU) 2017/745 über Medizinprodukte, Kommentar, 4. Aufl. 2023; *Schmidt*, Neue europäische Anforderungen im Cybersicherheitsrecht – die NIS2-Richtlinie im Überblick, K&R 2023, 705; *Schorn/Baumann* (Hrsg.), Medizinprodukte-Recht, Loseblatt, Stand: 37. EL 2023; *Streinz* (Hrsg.), EUV/AEUV, Kommentar, 3. Aufl. 2018.

Übersicht

I. Allgemeines

1. Zweck der Vorschrift

1 Art. 78 legt die Vorgehensweise zur **Sicherstellung der Vertraulichkeit** von Informationen und Daten fest, die der Kommission, den Marktüberwachungsbehörden und notifizierten Stellen sowie jeder anderen natürlichen oder juristischen Person, die in die Anwendung der Verordnung involviert ist, im Rahmen ihrer Aufgaben und Aktivitäten bekannt werden.

2 Die Bestimmung soll eine vertrauensvolle und konstruktive Zusammenarbeit der zuständigen Behörden auf Unionsebene und auf der Ebene der Mitgliedstaaten gewährleisten. Hierbei sollen alle an der Anwendung der Verordnung beteiligten Parteien die Vertraulichkeit der im Rahmen der Durchführung ihrer Tätigkeiten erlangten Informationen und Daten wahren. Dies sollte im **Einklang mit dem Unionsrecht oder dem nationalen Recht** erfolgen. Bei der Durchführung der Aufgaben und Tätigkeiten sollen dabei insbesondere die Rechte an geistigem Eigentum, vertrauliche Geschäftsinformationen und Geschäftsgeheimnisse, die öffentlichen und nationalen Sicherheitsinteressen, die Integrität von Straf- oder Verwaltungsverfahren und die Integrität von Verschlusssachen geschützt und die wirksame Durchführung der Verordnung gewährleistet werden.[1]

3 Die Vertraulichkeit der Informationen und Daten wird zudem durch Verweise in mehreren Bestimmungen der KI-VO auf Art. 78 und dessen Vorgaben sichergestellt:

– So wird in Art. 21 die Zusammenarbeit der Anbieter von Hochrisiko-KI-Systemen mit den Behörden festgelegt. Diese Anbieter haben **der zuständigen Behörde** zum Nachweis der Konformität des Hochrisiko-KI-Systems auf Anfrage sämtliche erforderlichen Informationen und Dokumentation zu übermitteln. Diese Informationen hat die Behörde sodann gemäß den Bestim-

1 ErwG 83.

mungen in Art. 78 zu behandeln. Ebenso haben sich die nach Art. 70 benannten zuständigen nationalen Behörden gem. Art. 70 Abs. 5 bei der Erfüllung ihrer Aufgaben an die Vertraulichkeitspflichten aus Art. 78 zu halten. Die gleiche Verpflichtung trifft die **Marktüberwachungsbehörden** bei der Erfüllung ihrer Aufgaben nach Art. 74 und 75 (Art. 74 Abs. 14, Art. 75 Abs. 3 Satz 3). Auch die für den Schutz der Grundrechte zuständigen Behörden haben gemäß Art. 77 Abs. 4 jegliche Informationen oder Dokumentation, in deren Besitz sie gelangen, im Einklang mit Art. 78 zu behandeln.

- Gemäß Art. 28 sind durch jeden Mitgliedstaat **notifizierende Behörden** zu schaffen, die für die Einrichtung und Durchführung der erforderlichen Verfahren zur Bewertung, Benennung und Notifizierung der Konformitätsbewertungsstellen und für deren Überwachung zuständig sind. Auch diese notifizierenden Behörden haben gem. Art. 28 Abs. 6 die Vertraulichkeit nach Art. 78 zu wahren. Dies ist gemäß Art. 45 Abs. 4 ebenso im Rahmen der Informationspflichten der notifizierten Stellen an die notifizierende Behörde einzuhalten.
- Auch **notifizierte Stellen** haben gem. Art. 31 Abs. 7 Satz 1 zu gewährleisten, dass ihre Mitarbeiter, Ausschüsse, Zweigstellen, Unterauftragnehmer sowie alle zugeordneten Stellen oder Mitarbeiter externer Einrichtungen die Vertraulichkeiten der Informationen, die in ihren Besitz gelangen, im Einklang mit Art. 78 wahren.
- Untersucht die **Kommission** Fälle, in denen begründete Zweifel an der Kompetenz einer notifizierten Stelle oder daran bestehen, dass eine notifizierte Stelle die in Art. 31 festgelegten Anforderungen und ihre geltenden Pflichten erfüllt, hat auch die Kommission die im Verlauf ihrer dahingehenden Untersuchungen nach Art. 37 erlangten Informationen nach den Vorgaben des Art. 78 vertraulich zu behandeln (Art. 37 Abs. 3).
- Im Rahmen der Erfüllung der Pflichten der Anbieter von KI-Modellen mit allgemeinem Verwendungszweck (General Purpose Artificial Intelligence – GPAI) gegenüber der Kommission oder den zuständigen nationalen Behörden gemäß Art. 53 und 55 gelten ebenfalls die Maßgaben der Vertraulichkeit nach Art. 78 (Art. 53 Abs. 7 und Art. 55 Abs. 3).

2. Entstehungsgeschichte

4 Der ursprüngliche Kommissionsentwurf[2] richtete sich in Art. 78 Abs. 1 – dort noch unter Art. 70 Abs. 1 – an die nationalen zuständigen Behörden und die no-

2 EU-Komm., Vorschlag für eine Verordnung des Europäischen Parlaments und des Rates zur Festlegung harmonisierter Vorschriften für künstliche Intelligenz (Gesetz über künstliche Intelligenz) und zur Änderung bestimmter Rechtsakte der Union, COM/2021/206 final, 21.4.2021.

tifizierten Stellen. Der Vorschlag des Europäischen Parlaments[3] erweiterte den persönlichen Anwendungsbereich um die Kommission, das Amt für künstliche Intelligenz sowie alle natürlichen und juristischen Personen. Der Adressatenkreis des Abs. 1 wurde sodann in der finalen Fassung der Verordnung um die nationalen zuständigen Behörden und das Amt für künstliche Intelligenz reduziert. Im Ratsvorschlag[4] wurde ergänzt, dass nach Abs. 1 die Vertraulichkeit der Informationen und Daten „gemäß dem Unionsrecht oder dem nationalen Recht zu wahren" ist. Der Änderungsvorschlag des Rates, den Begriff „wahren" durch die Pflicht, „geeignete technische und organisatorische Maßnahmen" zur Sicherstellung zu ergreifen, zu ersetzen, wurde nicht in den finalen Rechtsakt übernommen.

Ferner wurde die Auflistung in Art. 78 Abs. 1 durch das Europäische Parlament um das Schutzgut der öffentlichen und nationalen Sicherheitsinteressen in lit. c und durch den Rat um gemäß dem Unionsrecht oder dem nationalen Recht als Verschlusssache eingestufte Informationen in lit. d ergänzt. Ein Änderungsvorschlag des Europäischen Parlaments, dass die Geschäftsinformationen oder Geschäftsgeheimnisse natürlicher oder juristischer Personen in lit. a mit den Vorgaben der Richtlinien 2004/48/EG und (EU) 2016/943 im Einklang stehen müssen, hat in der finalen Normfassung keinen Niederschlag gefunden. 5

Hinzugefügt wurde des Weiteren als Art. 78 Abs. 2 ein weiterer Absatz, welcher in leicht abgewandelter Form aus dem Vorschlag des Europäischen Parlaments[5] übernommen wurde. Hiernach wird die Datenerhebung auf das Erforderliche beschränkt und auf die allgemeinen Vorgaben zur Löschung und zu Cybersicherheitsmaßnahmen verwiesen. 6

Art. 78 Abs. 3 wurde, wie er von der Kommission vorgeschlagen wurde, bis auf eine begriffliche Änderung durch das Europäische Parlament (Einfügung des Begriffs des „Betreibers" anstelle des „Nutzers"), weitestgehend übernommen. 7

Hinzugefügt wurde zudem ein Unterabsatz zum Informationsaustausch zwischen den Behörden untereinander und mit der Kommission, wonach sich dieser nicht auf sensible operative Daten im Hinblick auf die Tätigkeiten von Strafver- 8

3 Abänderungen des Europäischen Parlaments vom 14.6.2023 zu dem Vorschlag für eine Verordnung des Europäischen Parlaments und des Rates zur Festlegung harmonisierter Vorschriften für künstliche Intelligenz (Gesetz über künstliche Intelligenz) und zur Änderung bestimmter Rechtsakte der Union (COM(2021)0206 – C9-0146/2021 – 2021/0106(COD)), P9_TA(2023)0236, (KI-VO-E Parlament).

4 Rat der Europäischen Union, Vorschlag für eine Verordnung des Europäischen Parlaments und des Rates zur Festlegung harmonisierter Vorschriften für künstliche Intelligenz (Gesetz über künstliche Intelligenz) und zur Änderung bestimmter Rechtsakte der Union, ST 15698/2022 INIT, 6.12.2022.

5 Art. 70 Abs. 1a KI-VO-E Parlament.

folgungs-, Grenzschutz-, Einwanderungs- oder Asylbehörden erstreckt. In die Endfassung wurde der Vorschlag des Europäischen Parlaments, die in UAbs. 1 Satz 1 Hs. 2 a. E. formulierte Ausnahme von der Offenlegung bei einer kumulativen Gefährdung der öffentlichen und nationalen Sicherheitsinteressen durch eine alternative Gefährdung der öffentlichen oder nationalen Sicherheit zu ersetzen, nicht aufgenommen.

9 Art. 78 Abs. 4 wurde durch den Vorschlag des Rates in der Endfassung um die zuständigen Behörden ergänzt. Ebenso wurden in der Endfassung die Warnungen im Rahmen der grenzüberschreitenden Zusammenarbeit miteinbezogen.

10 In Art. 78 Abs. 5 wurde auf Vorschlag des Europäischen Parlaments hinzugefügt, dass der Austausch der Informationen zwischen der Kommission und den Mitgliedstaaten in Übereinstimmung mit den einschlägigen Bestimmungen der internationalen und Handelsabkommen zu erfolgen hat. Mit dem Vorschlag, dass der Austausch strikt nach diesen Bestimmungen erfolgen solle, konnte sich das Europäische Parlament nicht durchsetzen.

3. Verhältnis zu anderen Vorschriften

a) Verhältnis zu anderen europarechtlichen Vorschriften

11 Die Grundsätze der Vertraulichkeit nach Art. 78 sind in den unionsrechtlichen Kontext des Transparenzgebots und des Anspruchs auf Zugang zu Dokumenten der Organe, Einrichtungen und sonstigen Stellen der Union einzuordnen.

aa) Maßgaben nach EUV/AEUV

12 Ein Spannungsfeld ergibt sich zwischen den Grundsätzen der Transparenz nach EUV und AEUV und den Anforderungen an die Vertraulichkeit nach der KI-VO.[6] Nach der Präambel des EUV besteht eine Pflicht zur Beachtung der Grundsätze der Rechtsstaatlichkeit und als deren Ausprägung eine Bindung an den Grundsatz der Transparenz, wie er in Art. 1 Abs. 2 EUV verankert und in Art. 15 AEUV konkretisiert ist. Gemäß Art. 15 Abs. 3 AEUV hat jeder Unionsbürger sowie jede natürliche oder juristische Person mit Wohnsitz oder satzungsgemäßem Sitz in einem Mitgliedstaat das Recht auf Zugang zu Dokumenten der Organe, Einrichtungen und sonstigen Stellen der Union. Dieser Anspruch findet zudem auch in Art. 42 GRCh seinen Niederschlag. Dieser schreibt das Recht auf Zugang zu Dokumenten der Organe, Einrichtungen und sonstigen Stellen der Union ebenfalls vor. Gemäß Art. 15 Abs. 3 UAbs. 2 werden die allgemeinen Grundsätze und Beschränkungen für das Zugangsrecht durch Verordnungen des

6 Vgl. auch *Erdogan*, in: Pehlivan/Forgó/Valcke, The EU Artificial Intelligence (AI) Act, Art. 78, S. 1116 f.

Europäischen Parlaments und des Rates festgelegt. Diese Festlegung wurde in der Verordnung (EG) Nr. 1049/2001 über den Zugang der Öffentlichkeit zu Dokumenten des Europäischen Parlaments, des Rates und der Kommission vorgenommen. Schranken sind in Art. 4 Abs. 1–3 VO (EG) 1049/2001 festgelegt, die mehrere Kategorien von Ausnahmen vom allgemeinen Zugangsanspruch definieren. Diese sind jedoch eng auszulegen und anzuwenden und von den Organen im konkreten Einzelfall für jedes Dokument zu prüfen.[7]

Zu beachten sind ferner die Interessen der betroffenen Wirtschaftsteilnehmer an der Wahrung ihrer Geschäftsgeheimnisse. Gemäß Art. 339 AEUV unterliegen die Mitglieder der Organe der EU, die Mitglieder der Ausschüsse sowie deren Bedienstete daher der grundsätzlichen Pflicht zur Verschwiegenheit. 13

Gemäß Art. 15 Abs. 3 UAbs. 2 AEUV werden die allgemeinen Grundsätze und Einschränkungen für die Ausübung des Zugangsrechts vom Europäischen Parlament und vom Rat durch Verordnungen festgelegt, die im ordentlichen Gesetzgebungsverfahren gem. Art. 294 AEUV erlassen werden. Eine solche Festlegung erfolgte durch die Verordnung (EG) Nr. 1049/2001 über den Zugang der Öffentlichkeit zu Dokumenten des Europäischen Parlaments, des Rates und der Kommission, die der Gemeinschaftsgesetzgeber auf Grundlage des Art. 255 EGV-Nizza erlassen hat.[8] Durch die Verordnung (EG) Nr. 1049/2001 erfolgt mithin nach weiterer Maßgabe der Grundsätze der Rechtsprechung des Gerichtshofs die uneingeschränkte Umsetzung der Transparenzgrundsätze.[9] 14

bb) Maßgaben nach Verordnung (EG) 1049/2001 (Transparenz-VO)

Die Transparenzverordnung[10] sichert auf sekundärrechtlicher Ebene den Zugang zu öffentlichen Dokumenten, soweit diese nicht Geschäftsgeheimnisse enthalten oder andere Informationen, die nach der Verordnung vertraulich zu behandeln sind. Als spezialgesetzliches Sekundärrecht gehen diese Bestimmungen den primärrechtlichen allgemeinen Grundsätzen in ihrem Anwendungsbereich vor.[11] Wie bei jeder allgemeinen Vorschrift können die in den genannten Bestimmungen vorgesehenen Rechte auf Zugang zu Dokumenten nach dem Grundsatz, dass die Sonderregelung von der allgemeinen Vorschrift abweicht (lex specialis dero- 15

7 *Krajewski*, in: Grabitz/Hilf/Nettesheim, EUV/AEUV, Art. 15 AEUV Rn. 57.

8 *Krajewski*, in: Grabitz/Hilf/Nettesheim, EUV/AEUV, Art. 15 AEUV Rn. 39.

9 Bericht der Kommission über die Durchführung der VO (EG) Nr. 1049/2001 über den Zugang der Öffentlichkeit zu Dokumenten des Europäischen Parlaments, des Rates und der Kommission im Jahr 2020, COM(2021) 459 final, S. 2.

10 Verordnung (EG) Nr. 1049/2001 des Europäischen Parlaments und des Rates vom 30.5.2001 über den Zugang der Öffentlichkeit zu Dokumenten des Europäischen Parlaments, des Rates und der Kommission.

11 Vgl. EuG, Urt. v. 5.4.2005 – T-376/03, Rn. 55 – Hendrickx/Rat; EuG, Urt. v. 14.7.2005 – T-371/03, Rn. 122 – Le Voci/Rat.

gat legi generali), eingeschränkt oder ausgeschlossen werden, wenn Sonderregelungen für besondere Rechtsgebiete bestehen.[12] Beispielsweise gehen nach der Rechtsprechung des EuG im Beamtenrecht die Regelungen des Beamtenstatuts über die Geheimhaltung der Arbeit des Prüfungsausschusses dem Zugang zu Dokumenten gemäß der Transparenz-VO als lex specialis vor.[13]

16 Ausnahmen und Einschränkungen in Bezug auf das Zugangsrecht werden zudem in Art. 4 Transparenz-VO aufgelistet. Gem. Art. 4 Abs. 1 lit. a Transparenz-VO können Organe den Zugang zu einem Dokument verweigern, durch dessen Verbreitung der Schutz des öffentlichen Interesses beeinträchtigt werden würde. Dies erfolgt unter anderem im Hinblick auf die öffentliche Sicherheit (erster Gedankenstrich) oder die internationalen Beziehungen (dritter Gedankenstrich).

cc) Verhältnis zu EUV/AEUV und Verordnung (EG) 1049/2001 (Transparenz-VO)

17 Der in Art. 15 AEUV geregelte Zugangsanspruch und seine Ausgestaltung durch die Transparenz-VO stellt das **allgemeine Modell** für den Zugang der Öffentlichkeit zu Dokumenten im Gemeinschaftsrecht dar.[14] Die Prüfung der Vereinbarkeit von Zugangsregelungen in anderen Gemeinschaftsrechtsakten mit dem allgemeinen Modell ist in Art. 18 Abs. 3 Transparenz-VO angelegt. Die Zugangsregelungen in anderen Gemeinschaftsrechtsakten sind danach gegebenenfalls entsprechend anzupassen.

18 Ebenso wie die Transparenz-VO ist auch die KI-VO eine Sonderregelung über den Zugang zu Dokumenten im Hinblick auf die Vertraulichkeit der Informationen und Daten. Die KI-VO betrifft hierbei die Informationen und Daten, in deren Besitz die Kommission, die Marktüberwachungsbehörden und die notifizierten Stellen sowie alle anderen natürlichen oder juristischen Personen bei der Ausführung ihrer Aufgaben und Tätigkeiten gelangen. Art. 78 legt für die Konstellationen spezialgesetzlich die Vorgehensweise zur **Sicherstellung der Vertraulichkeit** von Informationen und Daten fest und schränkt somit das allgemeine Modell als Sonderregelung auf dem Regelungsgebiet der KI ein. Im Kollisionsfall gilt damit der bereits in Rn. 15 erläuterte Grundsatz lex specialis derogat legi generali, wonach die allgemeine Vorschrift durch das Spezialrecht eingeschränkt oder verdrängt wird.[15]

---

12 Vgl. EuG, Urt. v. 5.4.2005 – T-376/03, Rn. 55 – Hendrickx/Rat; EuG, Urt. v. 14.7.2005 – T-371/03, Rn. 122 – Le Voci/Rat.

13 Vgl. EuG, Urt. v. 5.4.2005 – T-376/03, Rn. 55 – Hendrickx/Rat; EuG, Urt. v. 14.7.2005 – T-371/03, Rn. 122 – Le Voci/Rat.

14 *Krajewski*, in: Grabitz/Hilf/Nettesheim, EUV/AEUV, Art. 15 AEUV Rn. 85.

15 Vgl. EuG, Urt. v. 5.4.2005 – T-376/03, Rn. 55 – Hendrickx/Rat; EuG, Urt. v. 14.7.2005 – T-371/03, Rn. 122 – Le Voci/Rat.

b) Verhältnis zu nationalen Vorschriften

Das IFG gibt im Grundsatz jedem nach Maßgabe des IFG gegenüber den Behörden des Bundes einen Anspruch auf Zugang zu amtlichen Informationen (§ 1 Abs. 1 Satz 1 IFG). Möglicherweise könnte es zu Kollisionen zwischen diesem Anspruch und den Vertraulichkeitsvorgaben aus Art. 78 kommen. Hierbei genießen die Vorgaben aus der KI-VO jedoch zum einen aufgrund ihrer Spezialität,[16] aber auch aufgrund des Anwendungsvorrangs des Unionsrechts[17] vorrangige Anwendung. Folglich kann eine nationale Regelung über Informationszugangsansprüche im konkreten Fall nicht zur Anwendung kommen, wenn sie im Widerspruch zum EU-Recht steht.[18] 19

II. Wahrung der Vertraulichkeit der Informationen und Daten (Abs. 1)

Gem. Art. 78 Abs. 1 ist die Vertraulichkeit der Informationen und Daten durch die Kommission, die Marktüberwachungsbehörden und die notifizierten Stellen sowie alle anderen natürlichen oder juristischen Personen zu wahren, die an der Anwendung der KI-VO beteiligt sind. Die Informationen und Daten umfassen jene, welche bei der Ausführung der Aufgaben und Tätigkeiten der Verpflichteten in ihren Besitz gelangen. 20

Ebenso werden in Art. 78 Abs. 1 Aspekte aufgezählt, welche besonderen Schutz genießen sollen. Zu diesen zählen die Rechte des geistigen Eigentums und vertrauliche Geschäftsinformationen oder Geschäftsgeheimnisse (lit. a), die wirksame Durchführung der KI-VO (lit. b), öffentliche und nationale Sicherheitsinteressen (lit. c), die Durchführung von Straf- oder Verwaltungsverfahren (lit. d) oder als Verschlusssache eingestufte Informationen (lit. e). 21

An mehreren Stellen der KI-VO wird ebenfalls auf die Notwendigkeit der Wahrung der genannten Schutzgüter hingewiesen. So etwa bei der Pflicht der Kommission zur Veröffentlichung und ständigen Aktualisierung einer Liste von GPAI Models mit systemischem Risiko gem. Art. 52 Abs. 6. Dort heißt es, dass die Aktualisierung dieser Liste unbeschadet der Notwendigkeit, Rechte des geistigen Eigentums und vertrauliche Geschäftsinformationen oder Geschäftsgeheimnisse zu achten und zu schützen, zu erfolgen hat. Ein solcher Hinweis erfolgt auch in Art. 53 Abs. 1 lit. b, laut welchem Anbieter von KI-Modellen mit allgemeinem Verwendungszweck unbeschadet der erwähnten Notwendigkeit 22

16 Vgl. EuG, Urt. v. 5.4.2005 – T-376/03, Rn. 55 – Hendrickx/Rat; EuG, Urt. v. 14.7.2005 – T-371/03, Rn. 122 – Le Voci/Rat.

17 St. Rspr. des EuGH seit Urt. v. 15.7.1964 – 6/64, Slg. 1964, 1251 = NJW 1964, 2371 – Costa/ENEL.

18 *Debus*, in: Gersdorf/Paal, BeckOK InfoMedienR, § 1 IFG Rn. 17.

des Schutzes Informationen und Dokumentation zur Verfügung stellen müssen und so bspw. die Anbieter von KI-Systemen in die Lage versetzen, die Fähigkeiten des KI-Modells nachzuvollziehen. Art. 25 Abs. 5 stellt klar, dass die Verpflichtungen entlang der KI-Wertschöpfungskette die Notwendigkeit, geistige Eigentumsrechte, vertrauliche Geschäftsinformationen und Geschäftsgeheimnisse im Einklang mit dem Unionsrecht und nationalem Recht zu achten und zu schützen, nicht beeinträchtigen.

1. Verpflichtete

23 Gemäß Art. 78 Abs. 1 sind die Kommission, die Marktüberwachungsbehörde und die notifizierten Stellen sowie alle anderen natürlichen oder juristischen Personen, die an der Anwendung dieser Verordnung beteiligt sind, verpflichtet, die Vertraulichkeit der Informationen und Daten, in deren Besitz sie bei der Ausführung ihrer Aufgaben und Tätigkeiten gelangen, zu wahren. Im Vergleich zum Kommissionsvorschlag von 2021, der lediglich die „an der Anwendung dieser Verordnung beteiligten zuständigen nationalen Behörden und notifizierten Stellen" verpflichtete, wurde der Kreis der Verpflichteten in der finalen Fassung erheblich ausgeweitet. Dies hatte bereits der deutsche Anwaltsverein in seiner Stellungnahme zum Kommissionsvorwurf mit der Argumentation gefordert, dass, soweit Informationen und Daten geschützt sind, dieser Schutz auch bei der Ausübung der Aufgaben und Tätigkeiten durch sämtliche Behörden gewahrt bleiben müsse, die mit Informationen und Daten in Berührung kommen.[19]

a) Kommission, Marktüberwachungsbehörden und notifizierte Stellen

24 Die Kommission als Organ der Europäischen Union im Sinne von Art. 17 EUV wird durch Art. 78 im Rahmen der Anwendung der KI-VO zur Vertraulichkeit verpflichtet.

25 Marktüberwachungsbehörden als weitere verpflichtete Adressaten sind die nationalen Behörden, die die Tätigkeiten durchführen und die Maßnahmen ergreifen, die in der VO (EU) 2019/1020 (EU-Marktüberwachungsverordnung – MÜ-VO)[20] vorgesehen sind (Art. 3 Nr. 26).

---

19 Stellungnahme des Deutschen Anwaltvereins zum Vorschlag der EU-Kommission für eine Verordnung zur Festlegung harmonisierter Vorschriften für künstliche Intelligenz vom 21.4.2021 (COM (2021) 206 final, Stellungnahme Nr. 57/21, Brüssel, im November 2021, S. 27, https://anwaltverein.de/de/newsroom/sn-57-21-ki-verordnungsvorschlag-der-eu-kommission.

20 Verordnung (EU) 2019/1020 des Europäischen Parlaments und des Rates vom 20.6.2019 über Marktüberwachung und die Konformität von Produkten sowie zur Änderung der Richtlinie 2004/42/EG und der Verordnungen (EG) Nr. 765/2008 und (EU) Nr. 305/2011, ABl. EU L 169 vom 25.6.2019, S. 1.

Als notifizierte Stelle im Sinne der Verordnung wird eine Konformitätsbewertungsstelle angesehen, die gemäß dieser Verordnung und anderen einschlägigen Harmonisierungsvorschriften der Union notifiziert wurde (Art. 3 Nr. 22). Diese wird nach dem nationalen Recht eines Mitgliedstaats gegründet (Art. 31 Abs. 1) und führt Konformitätsbewertungstätigkeiten durch (Art. 31 Abs. 4). Die notifizierten Stellen haben durch dokumentierte Verfahren zu gewährleisten, dass ihre Mitarbeiter, Zweigstellen, Unterauftragnehmer sowie alle zugeordneten Stellen oder Mitarbeiter externer Einrichtungen die Vertraulichkeit der Informationen wahren, die bei der Durchführung der Konformitätsbewertungstätigkeiten in ihren Besitz gelangen (Art. 31 Abs. 7). 26

b) Einbeziehung von Privaten

Ebenso mit aufgenommen in die aktuelle Fassung der Verordnung wurden als Verpflichtete auch alle anderen natürlichen oder juristischen Personen, welche an der Anwendung der Verordnung beteiligt sind. Mit eingeschlossen werden sollen hierbei Private, sofern diese in der Verordnung ebenfalls als Adressaten genannt werden. Betroffen hiervon sind einerseits die Anbieter (siehe Definition in Art. 3 Nr. 3), die ein KI-System oder ein KI-Modell mit allgemeinem Verwendungszweck entwickeln oder entwickeln lassen und es unter ihrem eigenen Namen oder ihrer Handelsmarke in Verkehr bringen oder in Betrieb nehmen, und andererseits Betreiber (siehe Definition in Art. 3 Nr. 4), die ein KI-System in eigener Verantwortung verwenden. Ausgenommen hiervon ist der Fall, dass das KI-System vom Betreiber im Rahmen einer persönlichen und nicht beruflichen Tätigkeit verwendet wird. 27

Eine Einbeziehung von Privaten war aus dem Grund wichtig, dass auch diese mit Geschäftsgeheimnissen in Berührung kommen können.[21] Ein Beispiel hierfür ist die Akteneinsicht zur Ausübung von Informationsrechten. 28

2. Informationen und Daten

Die Vertraulichkeit der Daten und Informationen muss gewahrt werden. In welcher Weise sich die Begriffe „Daten" und „Informationen" inhaltlich unterscheiden oder überschneiden, wird in der KI-VO und deren Genese nicht weiter geklärt, zumal sich aus der begrifflichen Unterscheidung keine rechtlichen Differenzierungen in diesem Zusammenhang ergeben. Letztlich wird durch diese Formulierung ein weites Begriffsverständnis intendiert. Nach dem Wortlaut der 29

21 So auch Stellungnahme des Deutschen Anwaltvereins zum Vorschlag der EU-Kommission für eine Verordnung zur Festlegung harmonisierter Vorschriften für künstliche Intelligenz vom 21.4.2021 (COM (2021) 206 final, Stellungnahme Nr. 57/21, Brüssel, im November 2021, S. 27, https://anwaltverein.de/de/newsroom/sn-57-21-ki-verordnungsvorschlag-der-eu-kommission.

Norm gibt es keine Beschränkung hinsichtlich des Umfangs der Daten oder Informationen. Einbezogen werden dabei nur solche Daten und Informationen, in deren Besitz die Verpflichteten bei der Ausführung ihrer Aufgaben und Tätigkeiten gelangen. Sofern die Verpflichteten somit außerhalb der Ausführung ihrer Aufgaben und Tätigkeiten nach der KI-VO an Daten und Informationen gelangen, unterliegen sie daher auch nicht den speziellen Vertraulichkeitsanforderungen des Art. 78. Das ist insofern konsequent, als solche Daten und Informationen ihre Vertraulichkeit verloren haben, wenn sie auch außerhalb der Wahrnehmung von Aufgaben und Tätigkeiten unter den Bestimmungen der KI-VO zugänglich sind.

3. Schutzgüter

30 Art. 78 Abs. 1 nennt Schutzgüter, welche durch die Garantie der Vertraulichkeit der Informationen und Daten besonders geschützt werden sollen. Hierzu zählen das Recht des geistigen Eigentums, vertrauliche Geschäftsinformationen oder Geschäftsgeheimnisse (Abs. 1 lit. a), die wirksame Durchführung der Verordnung (Abs. 1 lit. b), öffentliche und nationale Sicherheitsinteressen (Abs. 1 lit. c), die Durchführung von Straf- oder Verwaltungsverfahren (Abs. 1 lit. d) und gemäß dem Unionsrecht oder dem nationalen Recht als Verschlusssachen eingestufte Informationen (Abs. 1 lit. e). Diese Aufzählung ist jedoch nicht abschließend, sondern sie ist durch den Zusatz „insbesondere" als Regelbeispielkatalog gekennzeichnet.

a) Rechte des geistigen Eigentums, vertrauliche Geschäftsinformationen oder Geschäftsgeheimnisse (Abs. 1 lit. a)

31 Bei den Rechten des geistigen Eigentums, den vertraulichen Geschäftsinformationen oder Geschäftsgeheimnissen natürlicher oder juristischer Personen werden ausdrücklich Quellcodes mit eingeschlossen. Eine Ausnahme bilden hierbei lediglich die in Art. 5 der Richtlinie (EU) 2016/943[22] über den Schutz vertraulichen Know-hows und vertraulicher Geschäftsinformationen (Geschäftsgeheimnisse) vor rechtswidrigem Erwerb sowie rechtswidriger Nutzung und Offenlegung genannten Fälle. Dies erfasst den Erwerb und die angebliche Nutzung und Offenlegung des Geschäftsgeheimnisses zur Ausübung des Rechts der freien Meinungsäußerung und der Informationsfreiheit gemäß der Charta, einschließlich der Achtung der Freiheit und der Pluralität der Medien (Art. 5 lit. a RL (EU) 2016/943), zur Aufdeckung eines beruflichen oder sonstigen Fehlverhaltens

22 Richtlinie (EU) 2016/943 des Europäischen Parlaments und des Rates vom 8.6.2016 über den Schutz vertraulichen Know-hows und vertraulicher Geschäftsinformationen (Geschäftsgeheimnisse) vor rechtswidrigem Erwerb sowie rechtswidriger Nutzung und Offenlegung, ABl. L 157 vom 15.6.2016, S. 1.

oder einer illegalen Tätigkeit, sofern der Antragsgegner in der Absicht gehandelt hat, das allgemeine öffentliche Interesse zu schützen (Art. 5 lit. b RL (EU) 2016/943), bei Offenlegung durch Arbeitnehmer gegenüber ihren Vertretern im Rahmen der rechtmäßigen Erfüllung der Aufgaben dieser Vertreter gemäß dem Unionsrecht oder dem nationalen Recht, sofern die Offenlegung zur Erfüllung dieser Aufgaben erforderlich war (Art. 5 lit. c RL (EU) 2016/943), und zum Schutz eines durch das Unionsrecht oder das nationale Recht anerkannten legitimen Interesses (Art. 5 lit. d RL (EU) 2016/943).

Was unter Rechten des geistigen Eigentums im Sinne der Verordnung zu verstehen ist, legt die Verordnung selbst nicht fest. Geschützt wird das geistige Eigentum jedoch auch in der EU-Grundrechte-Charta (Art. 17 Abs. 2 GrCh). Unter geistigem Eigentum im dortigen Sinne werden die individuell zugeordneten Ausschließlichkeitsrechte an immateriellen Gütern verstanden, die ihren eigentumsgleichen Wert aus einer schöpferischen geistigen Tätigkeit ziehen. Umfasst werden neben literarischem und künstlerischem Eigentum ebenfalls Patentrechte, Markenrechte sowie verwandte Schutzrechte.[23] Hieran dürfte auch das Begriffsverständnis der KI-VO anknüpfen. **32**

b) Wirksame Durchführung der Verordnung (Abs. 1 lit. b)

Die wirksame Durchführung der Verordnung soll insbesondere für die Zwecke von Inspektionen, Untersuchungen oder Audits gewährleistet werden. **33**

Unangekündigte Ferninspektionen oder Vor-Ort-Inspektionen dürfen bspw. aufgrund von Art. 60 Abs. 5 von den Marktüberwachungsbehörden durchgeführt werden, um für die sichere Entwicklung von Tests von Hochrisiko-KI-Systemen unter realen Bedingungen zu sorgen. **34**

Mit den Untersuchungen sind bspw. solche nach Art. 37 gemeint, wie Art. 37 Abs. 3 sicherstellt. Diese Untersuchungen sind in den Fällen von der Kommission durchzuführen, in denen begründete Zweifel an der Kompetenz einer notifizierten Stelle oder daran bestehen, dass eine notifizierte Stelle die in Art. 31 festgelegten Anforderungen und ihre geltenden Pflichten weiterhin erfüllt. Im Rahmen der Marktüberwachung und Kontrolle von KI-Systemen auf dem Unionsmarkt sind des Weiteren Untersuchungen von den Marktüberwachungsbehörden, auch in Zusammenarbeit mit der Kommission, möglich, um Konformität zu fördern, Nichtkonformität festzustellen, zu sensibilisieren oder Orientierung zur KI-VO zu geben (Art. 74 Abs. 11). **35**

Nach dem in Anhang VII der Verordnung beschriebenen Konformitätsbewertungsverfahren, welches Anbieter in den Fällen des Art. 43 Abs. 1 durchzuführen haben, führen die notifizierten Stellen regelmäßig Audits durch, um sicher- **36**

23 *Streinz*, in: Streinz, EUV/AEUV, Art. 17 GrCh Rn. 25.

zustellen, dass der Anbieter das Qualitätsmanagementsystem pflegt und anwendet.

37 Daten und Informationen sind daher vertraulich zu behandeln, um die wirksame Wahrnehmung insbesondere dieser Aufgaben und Befugnisse nicht zu gefährden. Im Umkehrschluss kann keine Verletzung der Vertraulichkeit von Daten und Informationen angenommen werden, soweit diese gerade zu Zwecken der wirksamen Durchführung verwendet werden.

c) Öffentliche und nationale Sicherheitsinteressen (Abs. 1 lit. c)

38 Auch öffentliche und nationale Sicherheitsinteressen sollen durch die Vorschrift besonders geschützt werden. Eine Definition, was unter öffentliche und nationale Sicherheitsinteressen gefasst wird, nimmt die Verordnung selbst nicht vor.

39 Zur Auslegung können hierzu parallel gelagerte unionsrechtliche Bestimmungen herangezogen werden, welche diesen Begriff, zumindest in abgewandelter Form, ebenfalls verwenden. Im Kontext des Art. 36 AEUV wird unter den Begriff der öffentlichen Sicherheit sowohl die innere als auch die äußere Sicherheit gefasst.[24] Davon umfasst ist insbesondere das „Funktionieren seiner Wirtschaft, […] das seiner Einrichtungen und seiner wichtigen öffentlichen Dienste und […] das Überleben seiner Bevölkerung."[25] Dies wurde bisher im Zusammenhang mit Vorschriften zur Sicherung der Erdölversorgung[26] und Exportbeschränkungen für sogenannte Dual-Use-Güter[27] durch den EuGH bejaht.

40 Unklar ist, ob auch wirtschaftliche Interessen zu den Sicherheitsinteressen gehören. Innerhalb des Sicherheitsbegriffs des AEUV wird bspw. der Schutz der Versorgungssicherheit nur in Ausnahmefällen mit einbezogen, nämlich in solchen Situationen, bei denen Versorgungsbedürfnisse bestehen, die für die Existenz des Staates unverzichtbar und nicht anders erfüllbar sind.[28]

41 Zu den öffentlichen und nationalen Sicherheitsinteressen im Sinne der KI-VO sind somit die innere und äußere Sicherheit in Form der Stabilität und des Schutzes eines Staates zu zählen. Dies umfasst insbesondere die Aufrechterhaltung der wirtschaftlichen Funktionsfähigkeit, den Schutz kritischer Infrastrukturen und öffentlicher Dienstleistungen sowie die Sicherstellung der Grundversorgung

---

24 EuGH, Urt. v. 19.3.1998 – Rs. C-1/96, Slg. 1998 Rn. 66 – Compassion in World Farming; *Leible/T. Streinz*, in: Grabitz/Hilf/Nettesheim, EUV/AEUV, Art. 36 AEUV Rn. 21.

25 EuGH, Urt. v. 10.7.1984 – Rs. C-72/83, Slg. 1984, 2727, Rn. 34 – Campus Oil Limited/Minister für Industrie und Energie.

26 EuGH, Urt. v. 10.7.1984 – Rs. C-72/83, Slg. 1984, 2727, Rn. 34 f. – Campus Oil Limited/Minister für Industrie und Energie.

27 EuGH, Urt. v. 4.10.1991 – Rs. C-367/89, Slg. 1991, I-4621, Rn. 22 – Richardt.

28 *Leible/T. Streinz*, in: Grabitz/Hilf/Nettesheim, EUV/AEUV, Art. 36 AEUV Rn. 21.

der Bevölkerung. In besonderen Fällen können auch wirtschaftliche Belange einbezogen werden, sofern diese für die staatliche Existenz unabdingbar und nicht anders zu gewährleisten sind.

d) Durchführung von Straf- oder Verwaltungsverfahren (Abs. 1 lit. d)

Abs. 1 lit. d nennt die Durchführung von Straf- und Verwaltungsverfahren als von der Vertraulichkeit der Information besonders geschütztes Gut. Dieser Grundsatz wird durch einige Sonderbestimmungen der KI-VO flankiert,[29] die aus übergeordneten Gesichtspunkten besondere Vorgaben vorsehen. **42**

e) Gemäß dem Unionsrecht oder dem nationalen Recht als Verschlusssachen eingestufte Informationen (Abs. 1 lit. e)

Zuletzt sind auch solche Informationen besonders zu schützen, welche gemäß dem Unionsrecht oder dem nationalen Recht als Verschlusssachen eingestuft wurden. Dieser Punkt war im ursprünglichen Kommissionsentwurf nicht vorgesehen und wurde nachträglich auf Vorschlag des Rates der EU hinzugefügt. **43**

Auf Unions-Ebene gelten gemäß den Abkommen über die Sicherheit von Verschlusssachen zwischen der Europäischen Union und mehreren Nicht-EU-Staaten[30] als **Verschlusssachen** Informationen oder Material, deren/dessen Verlust oder unbefugte Weitergabe den Interessen der Vertragsparteien oder eines oder mehrerer EU-Länder Schaden zufügen könnte und die mit einem Geheimhaltungsgrad gekennzeichnet sind/ist. **44**

Auf nationaler Ebene machen insbesondere das Sicherheitsüberprüfungsgesetz (SÜG)[31] und die aufgrund von § 35 SÜG erlassene Verschlusssachenanwei- **45**

29 So etwa für Strafverfahren in Art. 3 Nr. 38, Art. 5 Abs. 1 UAbs. 1 lit. d, g, h und h Ziff. iii, UAbs. 2, Abs. 2 bis 7, Art. 14 Abs. 5 UAbs. 2, Art. 26 Abs. 5 UAbs. 1 Satz 4, Abs. 10 und 11, Art. 43 Abs. 1 UAbs. 3, Art. 46 Abs. 2, Abs. 3 Satz 3 und Abs. 4, Art. 49 Abs. 4, Art. 50 Abs. 1 Satz 2, Abs. 2 Satz 3, Abs. 3 Satz 2, Abs. 4 UAbs. 1 Satz 2 und UAbs. 2 Satz 2, Art. 59 Abs. 1 lit. j, Abs. 2, sowie Abs. 4 lit. c und i, Art. 72 Abs. 2 Satz 2, Art. 74 Abs. 8, Art. 78 Abs. 3. Allgemeine Verweise auf die Verwaltung finden sich in Art. 3 Nr. 49 lit. b, Art. 59 Abs. 1 lit. a Ziff. v. Als besondere Verwaltungsverfahren werden solche bezogen auf Einwanderung, Asyl, Migration und Grenzkontrolle respektive Management (Art. 14 Abs. 5 UAbs. 2, Art. 43 Abs. 1 UAbs. 3, Art. 59 Abs. 1 lit. j, Abs. 4 lit. c, Art. 74 Abs. 8, Art. 78 Abs. 3) sowie Katastrophenschutzbehörden genannt (Art. 46 Abs. 2).

30 Bspw. Abkommen zwischen der Europäischen Union und dem Vereinigten Königreich Großbritannien und Nordirland betreffend Sicherheitsverfahren für den Austausch und den Schutz von Verschlusssachen, ABl. L 149 vom 30.4.2021, S. 2540–2548.

31 Sicherheitsüberprüfungsgesetz vom 20.4.1994 (BGBl. I, S. 867), das zuletzt durch Art. 3 des Gesetzes vom 22.12.2023 (BGBl. 2023 I Nr. 413) geändert worden ist.

sung[32] Vorgaben zum Umgang mit und der Einstufung von Verschlusssachen. Verschlusssachen sind nach § 4 Abs. 1 Satz 1 SÜG im öffentlichen Interesse, insbesondere zum Schutz des Wohles des Bundes oder eines Landes, geheimhaltungsbedürftige Tatsachen, Gegenstände oder Erkenntnisse, unabhängig von ihrer Darstellungsform. Als Beispiele führt die Verschlusssachenanweisung Schriftstücke, Zeichnungen, Karten, Fotokopien, Lichtbildmaterial, elektronische Dateien und Datenträger, elektrische Signale, Geräte, technische Einrichtungen oder das gesprochene Wort auf (§ 2 Abs. 1 Satz 1 Verschlusssachenanweisung). Auch Produkte und die dazugehörenden Dokumente sowie zugehörige Schlüsselmittel zur Entschlüsselung, Verschlüsselung und Übertragung von Informationen können Verschlusssachen sein (§ 4 Abs. 1 Satz 2 Verschlusssachenanweisung).

III. Beschränkung und Löschung von Daten und Ergreifen von Cybersicherheitsmaßnahmen (Abs. 2)

46 Art. 78 Abs. 2 legt fest, dass Behörden nur solche Daten anfragen, welche für die Ausübung ihrer Befugnisse unbedingt erforderlich sind. Des Weiteren sollen die Behörden angemessene und wirksame Cybersicherheitsmaßnahmen ergreifen und die Daten löschen, sobald sie für den Zweck, für den sie erlangt wurden, nicht mehr benötigt werden.

1. Beschränkung der Datenanfrage (Abs. 2 Satz 1)

47 Die Datenanfrage seitens der an der Anwendung der KI-VO beteiligten Behörden wird auf solche Daten begrenzt, die unbedingt erforderlich sind, um das von den KI-Systemen ausgehende Risiko zu bewerten und die Befugnisse in Übereinstimmung mit der KI-VO und der MÜ-VO auszuüben.

48 Zunächst ist somit zu prüfen, ob die Datenanfrage **zur Risikobewertung** bei einem KI-System oder **zur Befugnisausübung nach der KI-VO** erfolgt. Ein KI-System ist ein maschinengestütztes System, das für einen in wechselndem Maße autonomen Betrieb ausgelegt ist, das nach seiner Einführung anpassungsfähig sein kann und das aus den erhaltenen Eingaben für explizite oder implizite Ziele ableitet, wie Ergebnisse wie etwa Vorhersagen, Inhalte, Empfehlungen oder Entscheidungen hervorgebracht werden, die physische oder virtuelle Umgebungen beeinflussen können (Art. 3 Nr. 1). Risiko meint dabei die Kombination aus der Wahrscheinlichkeit des Auftretens eines Schadens und der Schwere dieses Schadens (Art. 3 Nr. 2).

32 Allgemeine Verwaltungsvorschrift zum materiellen Geheimschutz (Verschlusssachenanweisung – VSA) vom 13.3.2023.

Sodann muss die Datenanfrage zur Erfüllung dieser Aufgaben **unbedingt erforderlich** sein. Diese Anforderung wird durch die Formulierung „unbedingt" in ihrer Strenge verschärft. Unklar ist, was darunter im konkreten Fall zu verstehen ist.[33] Sobald eine Maßnahme als erforderlich angesehen wird, ist bereits davon auszugehen, dass kein milderes Mittel zur Verfügung steht. Das Bundesdatenschutzgesetz (BDSG) enthält ebenfalls die Anforderung der unbedingten Erforderlichkeit der Datenverarbeitung. Im dortigen Kontext wird davon ausgegangen, dass dieser Begriff aus Art. 10 JI-RL[34] übernommen wurde[35] und daher auch dort von einem europarechtlichen Begriffsverständnis auszugehen ist.[36] Auch dort gibt es keine klare und abgrenzungsscharfe Definition. Zum einen wird eine „beinahe Unverzichtbarkeit" in den Zusatz „unbedingt" gelesen.[37] Zum anderen werden in den Zusatz „unbedingt" erhöhte Anforderungen hineingelesen, welche an die Verhältnismäßigkeit gestellt werden sollen,[38] ohne diese jedoch weiter zu spezifizieren. Auch wird dies teilweise als eine Einschränkung der Einschätzungsprärogative der verantwortlichen Stelle angesehen,[39] die zu einer erhöhten gerichtlichen Kontrolldichte führen dürfte. Man wird somit zumindest eine erhöhte behördliche Darlegungslast annehmen müssen, dass keinerlei mildere Mittel zur Verfügung stehen und die Interessen, die mit der Datenanfrage verfolgt werden, die verletzten Vertraulichkeitsinteressen eindeutig und erheblich überwiegen. 49

2. Angemessene und wirksame Cybersicherheitsmaßnahmen (Abs. 2 Satz 2 Hs. 1)

Gem. Art. 78 Abs. 2 Satz 2 Hs. 1 haben die an der Anwendung der Verordnung beteiligten Behörden angemessene und wirksame Cybersicherheitsmaßnahmen zum Schutz der Sicherheit und Vertraulichkeit der erlangten Informationen und Daten zu ergreifen. 50

---

33 So auch *Nemitz*, in: Martini/Wendehorst, KI-VO, Art. 78 Rn. 11.

34 Richtlinie (EU) 2016/680 des Europäischen Parlaments und des Rates vom 27.4.2016 zum Schutz natürlicher Personen bei der Verarbeitung personenbezogener Daten durch die zuständigen Behörden zum Zwecke der Verhütung, Ermittlung, Aufdeckung oder Verfolgung von Straftaten oder der Strafvollstreckung sowie zum freien Datenverkehr und zur Aufhebung des Rahmenbeschlusses 2008/977/JI des Rates, ABl. L 119.

35 *Braun*, in: Gola/Heckmann, DS-GVO BDSG, § 48 BDSG Rn. 10; *Frenzl*, in: Paal/Pauly, DS-GVO BDSG, § 48 BDSG Rn. 3.

36 *Braun*, in: Gola/Heckmann, DS-GVO BDSG, § 48 BDSG Rn. 10.

37 *Schwichtenberg*, in: Kühling/Buchner, DS-GVO BDSG, § 48 BDSG Rn. 4.

38 In diesem Sinne auch *Plath*, in: Plath, DSGVO/BDSG/TTDSG, § 48 BDSG Rn. 3 bei der Auslegung des Begriffes im BDSG.

39 *Frenzl*, in: Paal/Pauly, DS-GVO BDSG, § 48 BDSG Rn. 3.

51 Aufschluss darüber, welche konkreten Cybersicherheitsmaßnahmen als angemessen und wirksam seitens der Behörden angesehen werden, gibt die Verordnung selbst nicht. Als **angemessen** angesehen werden von Seiten der Anbieter von Hochrisiko-KI-Systemen bspw. Sicherheitskontrollen (ErwG 76). Gem. Art. 42 Abs. 2 wird zudem für solche Hochrisiko-KI-Systeme eine Vermutung für eine „angemessene" Cybersicherheit i.S.d. Art. 15 aufgestellt, die im Rahmen eines der Cybersicherheits-Zertifizierungssysteme gemäß der Verordnung (EU) 2019/881[40] zertifiziert wurden. Mit Vorstellung der neuen europäischen Cybersicherheitsstrategie im Jahr 2022 wurden diverse neue Rechtsakte auf den Weg gebracht, die in diesem Zusammenhang von Relevanz sein können:

- die Richtlinie über Maßnahmen für ein hohes gemeinsames Cybersicherheitsniveau in der Union („NIS-2-Richtlinie"),[41]
- der Vorschlag einer Verordnung über horizontale Cybersicherheitsanforderungen für Produkte mit digitalen Elementen („Cyber Resilience Act"),[42]
- der Rechtsakt zur Cybersicherheit („Cybersecurity Act"),[43]
- die Richtlinie über die Resilienz kritischer Einrichtungen („CER-Richtlinie").[44]

52 Als angemessene Cybersicherheitsmaßnahmen können deshalb in Zukunft etwa auch solche Maßnahmen angesehen werden, welche mit dem Cyber Resilience Act konform sind. Der Entwurf zum Cyber Resilience Act (CRA) hat das Ziel, Verbraucher und Unternehmen zu schützen, die Produkte oder Software mit di-

40 Verordnung (EU) 2019/881 des Europäischen Parlaments und des Rates vom 17.4.2019 über die ENISA (Agentur der Europäischen Union für Cybersicherheit) und über die Zertifizierung der Cybersicherheit von Informations- und Kommunikationstechnik und zur Aufhebung der Verordnung (EU) Nr. 526/2013 (Rechtsakt zur Cybersicherheit), ABl. L 151.

41 Richtlinie (EU) 2022/2555 des europäischen Parlaments und des Rates vom 14.12.2022 über Maßnahmen für ein hohes gemeinsames Cybersicherheitsniveau in der Union, zur Änderung der Verordnung (EU) Nr. 910/2014 und der Richtlinie (EU) 2018/1972 sowie zur Aufhebung der Richtlinie (EU) 2016/1148, ABl. L 333 vom 27.12.2022, S. 80.

42 Vorschlag für eine Verordnung des Europäischen Parlaments und des Rates über horizontale Cybersicherheitsanforderungen für Produkte mit digitalen Elementen und zur Änderung der Verordnung (EU) 2019/1020, COM(2022) 454 final.

43 Verordnung (EU) 2019/881 des europäischen Parlaments und des Rates vom 17.4.2019 über die ENISA (Agentur der Europäischen Union für Cybersicherheit) und über die Zertifizierung der Cybersicherheit von Informations- und Kommunikationstechnik und zur Aufhebung der Verordnung (EU) Nr. 526/2013 (Rechtsakt zur Cybersicherheit), ABl. L 151 vom 7.7.2019, S. 15.

44 Richtlinie (EU) 2022/2557 des europäischen Parlaments und des Rates vom 14.12.2022 über die Resilienz kritischer Einrichtungen und zur Aufhebung der Richtlinie 2008/114/EG des Rates, ABl. L 333, S. 164.

gitalen Komponenten kaufen oder nutzen. Dieser zielt darauf ab, mangelhafte Sicherheitsfunktionen durch die Einführung verbindlicher Cybersicherheitsanforderungen für Hersteller und Händler solcher Produkte zu eliminieren. Dieser Schutz gilt über die gesamte Lebensdauer der Produkte hinweg.

Art. 2 Abs. 1 Satz 2 NIS-2-Richtlinie legt fest, dass die Maßnahmen insgesamt dem Risiko angemessen sein müssen, wobei der „Stand der Technik, EU- und internationale Normen sowie Umsetzungskosten" zu berücksichtigen sind. Ziel der NIS-2-Richtlinie ist gemäß ErwG 5, die großen Unterschiede zwischen den Mitgliedstaaten hinsichtlich der auferlegten Anforderungen an die Cybersicherheit von solchen Einrichtungen, die Dienste erbringen oder wirtschaftlich signifikante Tätigkeiten ausüben, zu beseitigen.[45] **53**

Einen weitereren Orientierungspunkt kann Art. 52 Abs. 1 Satz 2 des Cybersecurity Act geben. Hiernach muss die Vertrauenswürdigkeitsstufe der europäischen Schemata für die Cybersicherheitszertifizierung in einem „angemessenen Verhältnis zu dem mit der beabsichtigten Verwendung eines IKT-Produkts, -Dienstes oder -Prozesses verbundenen Risiko im Hinblick auf die Wahrscheinlichkeit und die Auswirkungen eines Sicherheitsvorfalls stehen". **54**

Nach ErwG 29 der CER-Richtlinie sollen die kritischen Einrichtungen „technische, sicherheitsbezogene und organisatorische Maßnahmen ergreifen, die angemessen und geeignet sind für die Risiken, denen sie ausgesetzt sind, und um einen Sicherheitsvorfall zu verhindern, davor zu schützen, darauf zu reagieren, ihn abzuwehren, die Folgen eines solchen Vorfalls zu begrenzen, ihn aufzufangen, zu bewältigen und sich von einem solchen Vorfall zu erholen. Während die kritischen Einrichtungen diese Maßnahmen im Einklang mit der vorliegenden Richtlinie ergreifen sollten, sollten die Einzelheiten und der Umfang solcher Maßnahmen die einzelnen Risiken, die jede kritische Einrichtung im Rahmen ihrer Risikobewertung durch kritische Einrichtungen ermittelt hat, und die besondere Situation der betreffenden Einrichtung auf angemessene und verhältnismäßige Weise widerspiegeln." **55**

Eine weitere Hilfestellung bei der Auslegung kann die Verordnung (EU, EURATOM) 2023/2841[46] geben. Durch diese Verordnung sollen Maßnahmen zur Erreichung eines gemeinsamen hohen Cybersicherheitsniveaus in den Einrichtungen der Union festgelegt werden. Diese gilt zwar u. a. nur für die Einrichtungen **56**

45 *Schmidt*, K&R 2023, 705, 705.

46 Verordnung (EU, EURATOM) 2023/2841 des Europäischen Parlaments und des Rates vom 13.12.2023 zur Festlegung von Maßnahmen für ein hohes gemeinsames Cybersicherheitsniveau in den Organen, Einrichtungen und sonstigen Stellen der Union, ABl. L.

der Union (Art. 2 Abs. 1 VO (EU, EURATOM) 2023/2841), legt aber punktuell verallgemeinerungsfähige Maßstäbe fest.

3. Löschung der Daten (Abs. 2 Satz 2 Hs. 2)

57 Die erhobenen Daten müssen von den an der Anwendung der Verordnung beteiligten Behörden im Einklang mit dem geltenden Unionsrecht oder nationalen Recht – also der DSGVO sowie den nationalen Datenschutzgesetzen – gelöscht werden, sobald sie für den Zweck, für den sie erlangt wurden, nicht mehr benötigt werden. Hierbei ist für die Löschfrist der in der DSGVO angelegte **Grundsatz der Datenminimierung** zu beachten, sofern persönliche Daten erlangt wurden.[47] In der Literatur wird darauf hingewiesen, dass es notwendig sein könnte, Funktionsdaten, komplette KI-Programme und Testserien über einen längeren Zeitraum zu speichern, da eine Beobachtung der Entwicklung der Systeme im Markt ohne diese Vergleichsdaten praktisch unmöglich wird.[48] Dies ist auch im Lichte des Grundsatz der Datenminimierung möglich, da dieser auf persönliche Daten beschränkt ist.[49]

58 Die DSGVO bspw. gibt keine Definition darüber, was unter einer Löschung der Daten zu verstehen ist. In § 3 Abs. 4 Nr. 5 BDSG a. F. wurde der Begriff als „Unkenntlichmachen gespeicherter personenbezogener Daten" definiert. Demgemäß wird das Löschen in der DSGVO ähnlich interpretiert und als maßgeblich erachtet, dass die (faktische) Unmöglichkeit besteht, die in den zu löschenden Daten verkörperte Information zu erfassen.[50] Nach dem Löschen dürfe es für niemanden mehr möglich sein, die betreffende Information ohne übermäßigen Aufwand zu erkennen.[51] In diesem Sinne dürfte auch ein Löschen im Sinne der KI-VO zu bestimmen sein.

4. Bedeutung und Verhältnis von Beschränkung, Löschung und Cybersicherheitsmaßnahmen

59 Durch die Vorschrift wird gewährleistet, dass im Sinne von Art. 5 Abs. 1 lit. c DSGVO nur ein notwendiges Minimum an Daten in Umlauf gerät und so die Gefahr vor unerwünschtem Zugriff geringgehalten wird. Durch die normierten Maßnahmen werden die Daten und Informationen zu jedem Zeitpunkt adressiert, die Beschränkung bei der Datenanfrage, die Cybersicherheitsmaßnahmen

47 *Nemitz*, in: Martini/Wendehorst, KI-VO, Art. 78 Rn. 12; *Erdogan*, in: Pehlivan/Forgó/Valcke, The EU Artificial Intelligence (AI) Act, Art. 78, S. 1119.
48 *Nemitz*, in: Martini/Wendehorst, KI-VO, Art. 78 Rn. 12.
49 *Nemitz*, in: Martini/Wendehorst, KI-VO, Art. 78 Rn. 12.
50 *Herbst*, in: Kühling/Buchner, DS-GVO BDSG, Art. 4 DSGVO Nr. 2 Rn. 36.
51 *Herbst*, in: Kühling/Buchner, DS-GVO BDSG, Art. 4 DSGVO Nr. 2 Rn. 36.

im Zeitpunkt der Verarbeitung durch die Behörden und die Löschung im Anschluss. Diese Maßnahmen stehen somit kumulativ und nicht alternativ nebeneinander.

IV. Austausch vertraulicher Informationen (Abs. 3)

1. Austausch zwischen den nationalen Behörden untereinander und mit der Kommission (Abs. 3 UAbs. 1 Satz 1)

Durch Art. 78 Abs. 3 UAbs. 1 Satz 1 wird der Austausch von Informationen zwischen den Behörden untereinander und zwischen ihnen und der Kommission beschränkt. Für den Fall, dass Strafverfolgungs-, Grenzschutz-, Einwanderungs- oder Asylbehörden in Anhang III Nr. 1, 6 oder 7 genannte Hochrisiko-KI-Systeme verwenden, darf der Austausch nur mit vorheriger Rücksprache mit der zuständigen nationalen Behörde, von der die Informationen stammen, und dem Betreiber erfolgen, wenn dadurch öffentliche und nationale Sicherheitsinteressen gefährdet werden. 60

Hierbei ist in der deutschen Ausfertigung der Verordnung wohl ein **Übersetzungsfehler** unterlaufen. In dieser heißt es, dass der Austausch vertraulicher Informationen nicht offengelegt werden dürfe. In der ursprünglichen englischen Version jedoch heißt es, wie wohl letztendlich auch gemeint, dass die ausgetauschte Information nicht offengelegt werden dürfe („information exchanged on a confidential basis […] shall not be disclosed without prior consultation"). Es ist somit davon auszugehen, dass die ausgetauschte Information nicht offengelegt werden darf und nicht der Austausch selbst gemeint ist. 61

a) Umfang der vertraulichen Informationen

Hinsichtlich des Umfangs der vertraulichen Informationen, die zwischen den nationalen Behörden untereinander oder jeweils mit der Kommission ausgetauscht werden dürfen, werden in diesem Abschnitt keine Angaben gemacht. Offen ist demnach, ob dies auch bspw. eventuelle Beratungsinhalte oder -ergebnisse mit einschließt. Der Austausch sensibler Daten wird in Satz 2 des Absatzes besonders beschränkt (siehe dazu Rn. 67 f.). 62

b) Rücksprache

Ein Austausch darf schließlich nach vorheriger Rücksprache mit der zuständigen nationalen Behörde stattfinden. Nicht näher spezifiziert wird, was unter dem Begriff der Rücksprache zu verstehen ist. Insbesondere bleibt dabei offen, ob eine Zustimmung der zuständigen nationalen Behörde bzw. des Betreibers im Sinne eines Einvernehmens einzuholen ist oder ob lediglich die Gelegenheit zur Äuße- 63 rung im Sinne eines Benehmens gefordert ist. Hierzu gibt die Genese der Norm näheren Aufschluss. In dieser, dem Kommissionsvorschlag,[52] ist die Rede von einer „*consultation*". Im Recht der EU wird so auch das Konsultationsverfahren genannt, welches Teil der besonderen Gesetzgebungsverfahren nach Art. 289 Abs. 2 AEUV ist und bei welchem der Rat u. a. die Stellungnahme des Europäischen Parlamentes zu berücksichtigen hat. Eine Bindung an diese Stellungnahme besteht allerdings nicht. Der Rat ist nur zur Kenntnisnahme und Berücksichtigung verpflichtet, aber nicht inhaltlich gebunden.[53] Demnach kann davon ausgegangen werden, dass im vorliegenden Fall ebenfalls lediglich eine Anhörung im Sinne eines Benehmens intendiert ist. Dafür spricht zudem, dass der Wortlaut keine „Zustimmung", sondern lediglich eine „Rücksprache" erfordert.

c) Betreiber

64 Neben der zuständigen nationalen Behörde muss auch mit dem Betreiber des Hochrisiko-KI-Systems nach dieser Vorschrift Rücksprache gehalten werden. Betreiber meint hierbei eine natürliche oder juristische Person, Behörde, Einrichtung oder sonstige Stelle, die ein KI-System in eigener Verantwortung verwendet, es sei denn, das KI-System wird im Rahmen einer persönlichen und nicht beruflichen Tätigkeit verwendet (Art. 3 Nr. 4).

d) Hochrisiko-KI-Systeme

65 Von diesem Abschnitt umfasst werden lediglich solche Hochrisiko-KI-Systeme, welche in Anhang III Nr. 1, 6 oder 7 genannt werden. Unter diesen Ziffern aufgeführte Hochrisiko-KI-Systeme sind solche, die in den Bereichen der Biometrik, der Strafverfolgung und bei Migration, Asyl und Grenzkontrolle eingesetzt werden.

e) Gefährdung der öffentlichen und nationalen Sicherheitsinteressen

66 Die Rücksprache ist nur angezeigt, wenn die Offenlegung die öffentlichen und nationalen Sicherheitsinteressen gefährden könnte (siehe dazu Rn. 38 ff.).

2. Beschränkung des Informationsaustauschs (Abs. 3 UAbs. 1 Satz 2)

67 Der Informationsaustausch darf nicht in Bezug auf sensible operative Daten zu den Tätigkeiten von Strafverfolgungs-, Grenzschutz-, Einwanderungs- oder

52 EU-Komm., Vorschlag für eine Verordnung des Europäischen Parlaments und des Rates zur Festlegung harmonisierter Vorschriften für künstliche Intelligenz (Gesetz über künstliche Intelligenz) und zur Änderung bestimmter Rechtsakte der Union, COM/2021/206 final, 21.4.2021.

53 *Krajewski/Rösslein*, in: Grabitz/Hilf/Nettesheim, EUV/AEUV, Art. 289 AEUV Rn. 57.

Asylbehörden erfolgen. Hierdurch wird der Anwendungsbereich von Abs. 3 UAbs. 1 Satz 1 beschränkt. Dieser Abschnitt wurde nachträglich hinzugefügt und beruht, in leicht abgeänderter Form, auf dem Verordnungsvorschlag des Rates der Europäischen Union.[54]

Sensible operative Daten im Sinne dieser Verordnung sind operative Daten im Zusammenhang mit Tätigkeiten zur Verhütung, Aufdeckung, Untersuchung oder Verfolgung von Straftaten, deren Offenlegung die Integrität von Strafverfahren gefährden könnte (Art. 3 Nr. 38). **68**

3. Strafverfolgungs-, Einwanderungs- oder Asylbehörden als Anbieter von Hochrisiko-KI-Systemen (Abs. 3 UAbs. 2)

Abs. 3 UAbs. 2 sieht für den Austausch vertraulicher Informationen zwischen den zuständigen nationalen Behörden untereinander, sofern Strafverfolgungs-, Einwanderungs- oder Asylbehörden als Anbieter von in Anhang III Nummer 1, 6 oder 7 genannten Hochrisiko-KI-Systemen handeln, besondere Verfahrensbestimmungen über den Verbleib der technischen Dokumentation in den Räumlichkeiten der Strafverfolgungs-, Einwanderungs- oder Asylbehörden vor. **69**

a) Verbleib der technischen Dokumentation (Abs. 3 UAbs. 2 Satz 1)

Gemäß Art. 78 Abs. 3 UAbs. 2 Satz 1 verbleibt die technische Dokumentation in den Räumlichkeiten der Strafverfolgungs-, Einwanderungs- oder Asylbehörden, wenn diese als Anbieter von Hochrisiko-KI-Systemen handeln. Damit sollen solche Hochrisiko-KI-Systeme in besonderer Weise geschützt werden, um die Effektivität von deren Einsatz im Rahmen von Ermittlungsmaßnahmen nicht zu gefährden und die damit verbundene Ermittlungsmethodik nicht gegenüber potenziellen Adressaten solcher Ermittlungsmaßnahmen bereits im Voraus zu offenbaren. Als **Anbieter** handeln die Behörden, wenn sie ein KI-System oder ein KI-Modell mit allgemeinem Verwendungszweck entwickeln oder entwickeln lassen und es unter ihrem eigenen Namen in Verkehr bringen oder das KI-System unter ihrem eigenen Namen in Betrieb nehmen, sei es entgeltlich oder unentgeltlich (Art. 3 Nr. 3). **70**

Verwunderlich ist an dieser Stelle, dass die Justiz nicht mit in die Aufzählung der dadurch besonders geschützten Institutionen aufgenommen wurde. Diese **71**

54 Rat der Europäischen Union, Vorschlag für eine Verordnung des Europäischen Parlaments und des Rates zur Festlegung harmonisierter Vorschriften für künstliche Intelligenz (Gesetz über künstliche Intelligenz) und zur Änderung bestimmter Rechtsakte der Union, ST 15698/2022 INIT, 6.12.2022.

sollte eigentlich mit eingeschlossen werden. Es gibt keine ersichtlichen Gründe, die Justiz hierbei anders zu behandeln als die Strafverfolgungsbehörden.[55]

72 Als **technische Dokumentation** ist eine solche nach Anhang IV gemeint. Diese muss u. a. eine allgemeine Beschreibung des KI-Systems, eine Beschreibung der Bestandteile des KI-Systems und seines Entwicklungsprozesses, detaillierte Informationen über die Überwachung, Funktionsweise und Kontrolle des KI-Systems, Darlegungen zur Eignung der Leistungskennzahlen für das spezifische KI-System, eine Beschreibung des Risikomanagementsystems und eine Beschreibung der Vornahme von Änderungen am System enthalten.

b) Zugang zur Dokumentation (Abs. 3 UAbs. 2 Satz 2)

73 Die Behörden müssen gem. Art. 78 Abs. 3 UAbs. 2 Satz 2 bestimmten Marktüberwachungsbehörden auf Anfrage unverzüglichen Zugang zur Dokumentation gewähren.

74 Diese Anforderung der Informationsweitergabe gilt nur für den Zugang der **Marktüberwachungsbehörden**, welche in Art. 74 Abs. 8 und 9 genannt werden. Dies sind zum einen nach der DSGVO oder der Richtlinie (EU) 2016/680[56] für den Datenschutz zuständige Aufsichtsbehörden oder jede andere gemäß denselben Bedingungen wie den in den Art. 41 bis 44 der Richtlinie (EU) 2016/680 festgelegte und benannte Behörden und zum anderen der Europäische Datenschutzbeauftragte.

75 Zur Dokumentation oder einer Kopie muss **unverzüglich** Zugang gewährt werden. Wann etwas unverzüglich im Sinne der KI-VO erfolgt, ist in dieser nicht definiert. Anhaltspunkte hierfür könnten aber sonstige Bestimmungen der KI-VO geben, in denen „Unverzüglichkeit" gefordert wird. So heißt es beispielsweise in Art. 5 Abs. 3, dass in hinreichend begründeten Fällen mit der Verwendung eines biometrischen Fernerkennungssystems in öffentlich zugänglichen Räumen ohne Genehmigung begonnen werden darf, wenn die Genehmigung „unverzüglich, spätestens jedoch innerhalb von 24 Stunden" beantragt wird. An anderer Stelle heißt es in Art. 52 Abs. 1, dass der betreffende Anbieter die Kommission „unverzüglich, in jedem Fall jedoch innerhalb von zwei Wochen" unterrichtet, wenn ein KI-Modell für allgemeine Zwecke die in Art. 51 Abs. 1 lit. a genannte Bedingung erfüllt. Nach Art. 75 Abs. 3 übermittelt das AI-Büro der ersuchenden Behörde „unverzüglich, spätestens aber innerhalb von 30 Tagen" alle Informa-

55 So auch Bundesrat, BR-Drs. 488/21 (Beschluss), S. 26.

56 Richtlinie (EU) 2016/680 des Europäischen Parlaments und des Rates vom 27.4.2016 zum Schutz natürlicher Personen bei der Verarbeitung personenbezogener Daten durch die zuständigen Behörden zum Zwecke der Verhütung, Ermittlung, Aufdeckung oder Verfolgung von Straftaten oder der Strafvollstreckung sowie zum freien Datenverkehr und zur Aufhebung des Rahmenbeschlusses 2008/977/JI des Rates.

tionen, die es für die Feststellung für relevant hält, ob ein KI-System mit hohem Risiko nicht konform ist. Mit den genannten Bestimmungen am ehesten vergleichbar ist wohl Art. 75 Abs. 3, da auch hier die Übermittlung von Informationen durch die verpflichtete Behörde geregelt wird. Sowohl Art. 5 als auch Art. 52 betreffen andere Regelungsbereiche im Vergleich zu Art. 78, die eine kürzere Definition der Unverzüglichkeit rechtfertigen. Nach welchen Maßgaben der Zugang nach Art. 78 Abs. 3 UAbs. 2 Satz 2 unverzüglich erfolgt, ist vor diesem Hintergrund im Einzelfall anhand der konkreten Umstände zu bewerten; jedenfalls dürfte eine gewisse Orientierung an der Höchstgrenze des Art. 75 Abs. 3 zumeist sachgerecht sein.

c) Zugangsberechtigte (Abs. 3 UAbs. 2 Satz 3)

Eine weitere Einschränkung gilt in persönlicher Hinsicht. Nur das Personal der Marktüberwachungsbehörde mit einer entsprechenden Sicherheitsfreigabe darf gem. Art. 78 Abs. 3 UAbs. 2 Satz 3 Zugang zur Dokumentation erhalten. Im Vorgängertext hieß es dazu noch, dass „nur Bedienstete der Marktüberwachungsbehörde, die über eine entsprechende Sicherheitsüberprüfung verfügen, Zugang zu diesen Unterlagen oder einer Kopie davon“ haben. Wie eine solche Sicherheitsfreigabe auszusehen hat, legt die Verordnung nicht fest. **76**

Im deutschen nationalen Recht hingegen regelt das Sicherheitsüberprüfungsgesetz („SÜG“),[57] dass eine Person, die mit **einer sicherheitsempfindlichen Tätigkeit** betraut werden soll, gem. § 2 SÜG vorher einer Sicherheitsüberprüfung zu unterziehen ist. Der Informationsaustausch im Hinblick auf die technische Dokumentation, wenn Strafverfolgungs-, Einwanderungs- oder Asylbehörden als Anbieter von in Anhang II Nr. 1, 6 oder 7 genannten Hochrisiko-KI-Systemen handeln, betrifft sicherheitsempfindliche Informationen, sodass eine Sicherheitsüberprüfung des Personals der Marktüberwachungsbehörde angezeigt ist. Nach § 1 Abs. 1 SÜG übt eine sicherheitsempfindliche Tätigkeit aus, wer „nach anderen Vorschriften einer Sicherheitsüberprüfung unterliegt, soweit auf das Sicherheitsüberprüfungsgesetz verwiesen wird“. Sollte ein nationales, konkretisierendes Ausführungs- oder Umsetzungsgesetz zur KI-VO bzw. deren Vollzug in Deutschland ergehen, so müsste auf das SÜG verwiesen werden, damit Sicherheitsüberprüfungen nach diesem Gesetz durchgeführt werden könnten.[58] Auf diese Weise könnten einheitliche Maßstäbe in vergleichbaren Fällen praktiziert werden.[59] **77**

---

57 Sicherheitsüberprüfungsgesetz vom 20.4.1994 (BGBl. I, S. 867), das zuletzt durch Art. 3 des Gesetzes vom 22.12.2023 (BGBl. 2023 I Nr. 413) geändert worden ist.

58 So bspw. in § 4 Abs. 2 Satellitendatensicherheitsgesetz oder in § 2 Abs. 2 Nr. 2, Abs. 3 des Gesetzes zur Beschränkung des Brief-, Post- und Fernmeldegeheimnisses, die jeweils auf das SÜG verweisen.

59 *Däubler*, Sicherheitsüberprüfungsgesetz, § 1 Rn. 11.

V. Verbot der Auswirkungen auf Rechte und Pflichten (Abs. 4)

78 Art. 78 Abs. 4 normiert Grenzen der vorgenannten Vertraulichkeitspflichten, womit gewisse Interessen über das Recht auf Vertraulichkeit gestellt werden.

1. Informationsaustausch und die Weitergabe von Warnungen

79 Der Absatz regelt zunächst, dass die vorherigen Absätze 1 bis 3 nicht die Rechte und Pflichten der Kommission, der Mitgliedstaaten und ihrer einschlägigen Behörden und der notifizierten Stellen in Bezug auf den Informationsaustausch und die Weitergabe von Warnungen berühren. Bezogen auf die Weitergabe von Warnungen lässt sich der Regelung damit der Zweck entnehmen, dass von KI ausgehende Gefahren, die etwa in einem Mitgliedstaat erkannt werden, mit den anderen in der Norm benannten Einrichtungen ohne besondere Vertraulichkeitsbeschränkungen geteilt werden können.[60]

80 Welche Arten von Warnungen erfasst sind, spezifiziert Art. 78 Abs. 3 nicht. In der KI-VO wird nur in bzw. im Zusammenhang mit Art. 90 der Begriff der Warnung erwähnt, dort jedoch als „qualifizierte Warnung", die vom wissenschaftlichen Gremium an das Amt für künstliche Intelligenz übermittelt werden kann. Der Zusatz der Qualifizierung der Warnung fehlt in Art. 78 Abs. 4. Offen ist damit, ob darunter auch Produktwarnungen nach anderen Vorschriften fallen, wenn es sich um physische, mit KI verbundene Produkte handelt.

81 **Vergleichbare Vorschriften** finden sich schon in Art. 109 Abs. 3 Medizinprodukte-VO,[61] Art. 102 Abs. 3 In-Vitro-Diagnostik-VO[62] und Art. 49 Abs. 3 Maschinen-VO.[63] Die dortigen Vorschriften entsprechen im Wesentlichen dem Wortlaut des Vorschlags der Kommission zur KI-VO.[64] Es bestehen nur zwei Un-

60 Vgl. *Ess*, in: Schorn/Baumann, Medizinprodukte-Recht, Art. 109 EU-MDR Rn. 10; *Erdogan*, in: Pehlivan/Forgó/Valcke, The EU Artificial Intelligence (AI) Act, Art. 78, S. 1118 f.

61 Verordnung (EU) 2017/745 des Europäischen Parlaments und des Rates vom 5.4.2017 über Medizinprodukte, zur Änderung der Richtlinie 2001/83/EG, der Verordnung (EG) Nr. 178/2002 und der Verordnung (EG) Nr. 1223/2009 und zur Aufhebung der Richtlinien 90/385/EWG und 93/42/EWG des Rates.

62 Verordnung (EU) 2017/746 des Europäischen Parlaments und des Rates vom 5.4.2017 über In-vitro-Diagnostika und zur Aufhebung der Richtlinie 98/79/EG und des Beschlusses 2010/227/EU der Kommission.

63 Verordnung (EU) 2023/1230 des Europäischen Parlaments und des Rates vom 14.6.2023 über Maschinen und zur Aufhebung der Richtlinie 2006/42/EG des Europäischen Parlaments und des Rates und der Richtlinie 73/361/EWG des Rates.

64 EU-Komm., Vorschlag für eine Verordnung des Europäischen Parlaments und des Rates zur Festlegung harmonisierter Vorschriften für künstliche Intelligenz (Gesetz über

terschiede. Erstens wurde mit dem Ratsvorschlag[65] eingefügt, dass die Abs. 1 bis 3 auch auf die Rechte und Pflichten der einschlägigen mitgliedstaatlichen Behörden keine Auswirkungen haben dürfen. Insofern an anderen Stellen in der KI-VO von den zuständigen nationalen Behörden und anderen einschlägigen Behörden gesprochen wird (siehe ErwG 139, Art. 17 Abs. 1 lit. j, 57 Abs. 4), wird durch den Einschub klargestellt, dass sich die Befreiung des Abs. 4 nicht nur auf die Regierungen der Mitgliedstaaten oder auf eine für die Durchführung der KI-VO zuständige mitgliedstaatliche Behörde, sondern auf alle Behörden bezieht, die in ihrem Zuständigkeitsbereich zukünftig mit KI in Berührung kommen könnten (zu denken wäre hier etwa an das Bundesamt für Migration und Flüchtlinge oder das Kraftfahrtbundesamt). Zweitens wurde hinzugefügt, dass der Informationsaustausch und die Weitergabe von Warnungen ebenso die grenzüberschreitende Zusammenarbeit einschließen. Eine grenzüberschreitende Zusammenarbeit zwischen Mitgliedstaaten oder nationalen Behörden wird etwa in Art. 57 Abs. 13 und 15, 68 Abs. 3 lit. c sowie Art. 74 Abs. 11 erwähnt.

2. Informationsbereitstellung auf Grundlage des Strafrechts

Außerdem regelt Art. 78 Abs. 4, dass die Absätze 1 bis 3 sich nicht auf die **82** Pflichten der betreffenden Parteien auswirken dürfen, Informationen auf der Grundlage des Strafrechts der Mitgliedstaaten bereitzustellen. Damit wird normiert, dass sich aus den vorgehenden Absätzen kein Aussageverweigerungsrecht gegenüber den Ermittlungsbehörden und in Strafverfahren ergibt.[66] Zudem ergeben sich daraus keine Beweiserhebungs- oder -verwertungsverbote. Für das deutsche Strafverfahren ist die Vorschrift wohl von geringer Bedeutung, da das Strafprozessrecht kein Aussage- oder Zeugnisverweigerungsrecht oder Beweiserhebungs- oder -verwertungsverbote zum Schutz von Geschäftsgeheimnissen kennt.[67] Eine solche Vorschrift gilt allerdings für das Zivilverfahren gemäß § 384 Nr. 3 ZPO, was im Rahmen des Art. 78 Abs. 4 aufgrund der expliziten Bezugnahme auf das Strafrecht der Mitgliedstaaten irrelevant ist.

---

künstliche Intelligenz) und zur Änderung bestimmter Rechtsakte der Union, COM/2021/206 final, 21.4.2021.

65 Rat der Europäischen Union, Vorschlag für eine Verordnung des Europäischen Parlaments und des Rates zur Festlegung harmonisierter Vorschriften für künstliche Intelligenz (Gesetz über künstliche Intelligenz) und zur Änderung bestimmter Rechtsakte der Union, ST 15698/2022 INIT, 6.12.2022.

66 Zu den vergleichbaren Vorschriften der Medizinprodukte-VO siehe *Ess*, in: Schorn/Baumann, Medizinprodukte-Recht, Art. 109 EU-MDR Rn. 10; *Rehmann*, in: Rehmann/Wagner, MP-VO, Art. 109 Rn. 1.

67 Zum Verhältnis von § 53 StPO und § 203 StGB: *Kreicker*, in: MüKo-StPO, § 53 Rn. 6 ff.

VI. Austausch mit Drittstaaten (Abs. 5)

83 Der Absatz befugt die Kommission und die Mitgliedstaaten zum Austausch vertraulicher Informationen mit Regulierungsbehörden von Drittstaaten. Die Verordnung bestimmt nicht, wer in Drittstaaten als Regulierungsbehörde in Betracht kommt. Nach der Rechtsprechung des EuGH muss sich der Begriff der Regulierungsbehörde auch auf eine einzelne Behörde beschränken.[68] Da der Begriff in der KI-VO nicht näher bestimmt ist, sind die Behörden in Drittstaaten, die für einen Informationsaustausch in Frage kommen, im Einzelfall zu ermitteln. Die Befugnis des Art. 78 Abs. 5 steht allerdings unter einer Vielzahl von Voraussetzungen.

1. Erforderlichenfalls

84 Ein Informationsaustausch muss zunächst erforderlich sein. Unter Heranziehung der Rechtsprechung des EuGH zur DSGVO besteht mit der Erforderlichkeit ein gerichtlich überprüfbarer Maßstab, nach dem es darauf ankommt, ob das Interesse an den auszutauschenden vertraulichen Informationen nicht in zumutbarer Weise ebenso wirksam mit anderen Mitteln erreicht werden könnte, die weniger stark in die Grundrechte und Grundfreiheiten der betroffenen Personen (z.B. Art. 7 und 8 GRCh) eingreifen.[69]

2. Im Einklang mit den einschlägigen Bestimmungen internationaler Übereinkommen und Handelsabkommen

85 Weiter muss der Austausch im Einklang mit den einschlägigen Bestimmungen internationaler Übereinkommen und Handelsabkommen stehen. Dass die Bestimmungen, aus denen sich ein Verbot des Austauschs ergeben kann, sich auch aus **Handelsabkommen** ergeben können, wurde erst durch das Europäische Parlament eingefügt.[70] Zwar handelt es sich bei Handelsabkommen ebenso wie bei internationalen Übereinkommen[71] um völkerrechtliche Verträge, allerdings

68 Vgl. EuGH, Urt. v. 6.3.2008 – Rs. C-82/07, Slg. I 2008, 1267.

69 EuGH, Urt. v. 4.7.2023 – Rs. C-252/21, NJW 2023, 2997, Rn. 108 – Meta Platforms u.a.; ebenso EuGH, Urt. v. 7.12.2023 – Rs. C-26/22, C-64/22, NJW 2024, 417, Rn. 77 – UF, AB/Land Hessen.

70 European Parliament, Amendments adopted by the European Parliament on 14 June 2023 on the proposal for a regulation of the European Parliament and of the Council on laying down harmonized rules on artificial intelligence (Artificial Intelligence Act) and amending certain Union legislative acts (COM(2021)0206 – C9-0146/2021 – 2021/0106(COD)), P9_TA(2023)0236, 14.6.2023.

71 Internationale Abkommen ist synonym zu völkerrechtlichen Verträgen zu verstehen, *Schmalenbach*, in: Calliess/Ruffert, EUV/AEUV, Art. 212 AEUV Rn. 14.

kommt aufgrund des Begriffs der Handelsabkommen[72] die in Art. 78 Abs. 1 lit. a verankerte Wirtschaftsrelevanz als zusätzliche Voraussetzung zum Ausdruck. Der Begriff Handelsabkommen wird im Primärrecht nur in Art. 207 Abs. 1 AEUV verwendet. Allerdings wird der Begriff des Handelsabkommens dort nicht von dem Begriff der völkerrechtlichen Verträge abgegrenzt. Jedenfalls ist damit anders als beispielsweise in Art. 49 Abs. 4 Maschinen-VO[73] klar, dass ein Einklang mit dem geltenden unionalen Primär- und Sekundärrecht nicht ausreicht, sondern sämtliche von den beteiligten Mitgliedstaaten eingegangenen völkerrechtlichen Verträge berücksichtigt werden müssen.

3. Bi- und multilaterale Vertraulichkeitsabkommen

Ein Austausch setzt ferner voraus, dass mit dem Drittstaat, mit dessen Regulierungsbehörden Informationen ausgetauscht werden sollen, bi- oder multilaterale Vertraulichkeitsvereinbarungen getroffen worden sein müssen. Solche Vertraulichkeitsvereinbarungen wurden hinsichtlich anderer EU-Rechtsakte größtenteils erst mehrere Jahre nach deren Verabschiedung geschlossen.[74] Bereits im Januar 2023 hat die EU mit den USA eine Verwaltungsvereinbarung zur Stärkung der Kooperation in der KI-Forschung unterzeichnet,[75] um eine Vertraulichkeitsvereinbarung im Sinne des Art. 78 Abs. 5 handelt es sich dabei nicht. Der Abschluss von solchen Vertraulichkeitsvereinbarungen steht noch aus, womit der- **86**

72 Nach dem EuGH liegt ein Handelsabkommen nicht schon vor, wenn ein Übereinkommen „bestimmte Auswirkungen auf den internationalen Handelsverkehr" hat, sondern erst, „wenn [das Übereinkommen] speziell den internationalen Warenaustausch betrifft, weil [es] im Wesentlichen den Handelsverkehr fördern, erleichtern oder regeln soll und sich direkt und sofort auf ihn auswirkt", so EuGH, Urt. v. 18.7.2013 – Rs. C-414/11, Rn. 51 – Daiichi Sankyo und Sanofi-Aventis; bestätigend EuGH, Urt. v. 22.10.2013 – Rs. C-137/12, Rn. 57 – Kommission/Rat; EuGH, Urt. v. 25.10.2017 – Rs. C-389/15, Rn. 49 – Kommission/Rat. Siehe bereits EuGH, Urt. v. 8.9.2009 – C-411/06, Rn. 71 – Kommission/Rat.

73 Verordnung (EU) 2023/1230 des Europäischen Parlaments und des Rates vom 14.6.2023 über Maschinen und zur Aufhebung der Richtlinie 2006/42/EG des Europäischen Parlaments und des Rates und der Richtlinie 73/261/EWG des Rates, ABl. C 517 vom 22.12.2021, S. 67.

74 Für Medizinprodukte bestehen derzeit mit einem halben Dutzend Staaten und mehreren internationalen Organisationen multilaterale Vertraulichkeitsvereinbarungen. Ausgehend von der Richtlinie 2003/94/EG wurde ebenfalls 2003 die erste Vereinbarung mit den USA getroffen, die nächsten folgten erst 2007; siehe EMA, International agreements, https://www.ema.europa.eu/en/partners-networks/international-activities/international-agreements.

75 EU-Komm., The European Union and the United States of America strengthen cooperation on research in Artificial Intelligence and computing for the Public Good, 27.1.2023, https://digital-strategy.ec.europa.eu/de/node/11494.

zeit der Informationsaustausch mit Drittstaaten gestützt auf die Befugnis des Art. 78 Abs. 5 auch noch nicht möglich ist.

4. Angemessenes Niveau an Vertraulichkeit

87 Bi- und multilaterale Vertraulichkeitsabkommen müssen, damit sie für die Befugnis des Art. 78 Abs. 5 zum Informationsaustausch mit Drittstaaten herangezogen werden können, ein angemessenes Niveau an Vertraulichkeit gewährleisten. Diese Voraussetzung fand sich bereits im Kommissionsentwurf der KI-VO.[76] In den vergleichbaren Vorschriften der Art. 109 Abs. 4 Medizinprodukte-VO, Art. 102 Abs. 4 In-Vitro-Diagnostik-VO und Art. 49 Abs. 4 Maschinen-VO findet sich kein Pendant zu diesem Passus. Der Frage, ob diese zusätzliche Voraussetzung als Kritik an bisherigen Vertraulichkeitsvereinbarungen zu deuten ist, soll hier nicht nachgegangen werden. Allerdings wird in Art. 32 Abs. 5 Satz 1 Chip-Gesetz[77] im Rahmen von bi- und multilateralen Vertraulichkeitsvereinbarungen auch auf das angemessene Niveau an Vertraulichkeit Bezug genommen. Auffällig ist somit, dass sich diese zusätzliche Voraussetzung mithin gerade in Verordnungen findet, die zukunftsträchtige Technologien betreffen. Nimmt man Letzteres als Grund für diesen Zusatz, lässt sich daraus folgern, dass bi- und multilaterale Vertraulichkeitsvereinbarungen nicht als leere Hülle zum Informationsaustausch missbraucht werden dürfen, sondern mit der Gewährleistung eines angemessenen Niveaus an Vertraulichkeit gehaltvoll und nachgewiesenermaßen tatsächlich wirksam sein müssen.

5. Vertrauliche Informationen

88 Der Begriff der vertraulichen Informationen wird in der KI-VO nicht legaldefiniert. Aus der Systematik der vorstehenden Absätze lässt sich allerdings entnehmen, dass damit nichts anderes gemeint, als dass die Befugnis des Art. 78 Abs. 5 solche Informationen umfasst, die die Schutzgüter des Art. 78 Abs. 1 lit. a bis e berühren (siehe Rn. 30 ff.).

---

76 EU-Komm., Vorschlag für eine Verordnung des Europäischen Parlaments und des Rates zur Festlegung harmonisierter Vorschriften für künstliche Intelligenz (Gesetz über künstliche Intelligenz) und zur Änderung bestimmter Rechtsakte der Union, COM/2021/206 final, 21.4.2021.

77 Verordnung (EU) 2023/1781 des Europäischen Parlaments und des Rates vom 13.9.2023 zur Schaffung eines Rahmens für Maßnahmen zur Stärkung des europäischen Halbleiter-Ökosystems und zur Änderung der Verordnung (EU) 2021/694.

Art. 79 Verfahren auf nationaler Ebene für den Umgang mit KI-Systemen, die ein Risiko bergen

(1) Als KI-Systeme, die ein Risiko bergen, gelten „Produkte, mit denen ein Risiko verbunden ist" im Sinne des Artikels 3 Nummer 19 der Verordnung (EU) 2019/1020, sofern sie Risiken für die Gesundheit oder Sicherheit oder Grundrechte von Personen bergen.

(2) Hat die Marktüberwachungsbehörde eines Mitgliedstaats hinreichend Grund zu der Annahme, dass ein KI-System ein Risiko nach Absatz 1 des vorliegenden Artikels birgt, so prüft sie das betreffende KI-System im Hinblick auf die Erfüllung aller in der vorliegenden Verordnung festgelegten Anforderungen und Pflichten. Besondere Aufmerksamkeit gilt KI-Systemen, die für schutzbedürftige Gruppen ein Risiko bergen. Wenn Risiken für die Grundrechte festgestellt werden, informiert die Marktüberwachungsbehörde auch die in Artikel 77 Absatz 1 genannten einschlägigen nationalen Behörden oder öffentlichen Stellen und arbeitet uneingeschränkt mit ihnen zusammen. Die betreffenden Akteure arbeiten erforderlichenfalls mit der Marktüberwachungsbehörde und den in Artikel 77 Absatz 1 genannten anderen Behörden oder öffentlichen Stellen zusammen.

Stellt die Marktüberwachungsbehörde oder gegebenenfalls die Marktüberwachungsbehörde in Zusammenarbeit mit der in Artikel 77 Absatz 1 genannten nationalen Behörde im Verlauf dieser Prüfung fest, dass das KI-System die in dieser Verordnung festgelegten Anforderungen und Pflichten nicht erfüllt, fordert sie den jeweiligen Akteur unverzüglich auf, alle Korrekturmaßnahmen zu ergreifen, die geeignet sind, die Konformität des KI-Systems herzustellen, das KI-System vom Markt zu nehmen oder es innerhalb einer Frist, die die Marktüberwachungsbehörde vorgeben kann, in jedem Fall innerhalb von weniger als 15 Arbeitstagen, oder gemäß den einschlägigen Harmonisierungsrechtsvorschriften der Union zurückzurufen.

Die Marktüberwachungsbehörde informiert die betreffende notifizierte Stelle entsprechend. Artikel 18 der Verordnung (EU) 2019/1020 gilt für die in Unterabsatz 2 des vorliegenden Absatzes genannten Maßnahmen.

(3) Gelangt die Marktüberwachungsbehörde zu der Auffassung, dass die Nichtkonformität nicht auf ihr nationales Hoheitsgebiet beschränkt ist, so informiert sie die Kommission und die anderen Mitgliedstaaten unverzüglich über die Ergebnisse der Prüfung und über die Maßnahmen, zu denen sie den Akteur aufgefordert hat.

(4) Der Akteur sorgt dafür, dass alle geeigneten Korrekturmaßnahmen in Bezug auf alle betreffenden KI-Systeme, die er auf dem Unionsmarkt bereitgestellt hat, getroffen werden.

(5) Ergreift der Akteur in Bezug auf sein KI-System keine geeigneten Korrekturmaßnahmen innerhalb der in Absatz 2 genannten Frist, trifft die Marktüberwachungsbehörde alle geeigneten vorläufigen Maßnahmen, um die Bereitstellung oder Inbetriebnahme des KI-Systems auf ihrem nationalen Markt zu verbieten oder einzuschränken, das Produkt oder das eigenständige KI-System von diesem Markt zu nehmen oder es zurückzurufen. Diese Behörde notifiziert unverzüglich die Kommission und die anderen Mitgliedstaaten über diese Maßnahmen.

(6) Die Notifizierung nach Absatz 5 enthält alle vorliegenden Angaben, insbesondere die für die Identifizierung des nicht konformen Systems notwendigen Informationen, den Ursprung des KI-Systems und die Lieferkette, die Art der vermuteten Nichtkonformität und das sich daraus ergebende Risiko, die Art und Dauer der ergriffenen nationalen Maßnahmen und die von dem betreffenden Akteur vorgebrachten Argumente. Die Marktüberwachungsbehörden geben insbesondere an, ob die Nichtkonformität eine oder mehrere der folgenden Ursachen hat:

a) Missachtung des Verbots der in Artikel 5 genannten KI-Praktiken;

b) Nichterfüllung der in Kapitel III Abschnitt 2 festgelegten Anforderungen durch ein Hochrisiko-KI-System;

c) Mängel in den in den Artikeln 40 und 41 genannten harmonisierten Normen oder gemeinsamen Spezifikationen, die eine Konformitätsvermutung begründen;

d) Nichteinhaltung des Artikels 50.

(7) Die anderen Marktüberwachungsbehörden – mit Ausnahme der Marktüberwachungsbehörde des Mitgliedstaats, der das Verfahren eingeleitet hat – informieren unverzüglich die Kommission und die anderen Mitgliedstaaten über jegliche Maßnahmen und ihnen vorliegende zusätzlichen Informationen zur Nichtkonformität des betreffenden KI-Systems sowie – falls sie die ihnen mitgeteilte nationale Maßnahme ablehnen – über ihre Einwände.

(8) Erhebt weder eine Marktüberwachungsbehörde eines Mitgliedstaats noch die Kommission innerhalb von drei Monaten nach Eingang der in Absatz 5 des vorliegenden Artikels genannten Notifizierung Einwände gegen eine von einer Marktüberwachungsbehörde eines anderen Mitgliedstaats erlassene vorläufige Maßnahme, so gilt diese Maßnahme als gerechtfertigt. Die Verfahrensrechte des betreffenden Akteurs nach Artikel 18 der Verordnung (EU) 2019/1020 bleiben hiervon unberührt. Die Frist von drei Monaten gemäß dem vorliegenden Absatz wird bei Nichteinhaltung des Verbots

der in Artikel 5 der vorliegenden Verordnung genannten KI-Praktiken auf 30 Tage verkürzt.

(9) Die Marktüberwachungsbehörden tragen dafür Sorge, dass geeignete einschränkende Maßnahmen in Bezug auf das betreffende Produkt oder KI-System ergriffen werden, beispielsweise die unverzügliche Rücknahme des Produkts oder KI-Systems von ihrem Markt.

Mit Art. 79 korrespondieren die Erwägungsgründe 156, 157, 160, 163.

Schrifttum: *Ehring/Taeger* (Hrsg.), Produkthaftungs- und Produktsicherheitsrecht, 2022; *Geiß/Felz*, Das neue Recht der Marktüberwachung im digitalen Zeitalter, NJW 2019, 2961; *Geiß/Moritz/Felz*, Neue Akteure und neue Befugnisse im Recht der Produktsicherheit und der Marktüberwachung, NVwZ 2022, 299; *Kapoor/Klindt*, ‚New Legislative Framework" im EU-Produktsicherheitsrecht – Neue Marktüberwachung in Europa?, EuZW 2008, 649; *Kapoor/Klindt*, Die Reform des Akkreditierungswesens im Europäischen Produktsicherheitsrecht, EuZW 2009, 134; *Kappler*, Safety Gate – RAPEX 2.0 oder Novum?, ZfPC 2022, 160; *Klindt* (Hrsg.), Produktsicherheitsgesetz, 3. Aufl. 2021; *Klindt/Mattheis*, Neuerungen zur Risikobewertung ante portas, ZfPC 2024, 234; *Lachenmann*, EU-Rat stimmt KI-Verordnung zu – neue Pflichten für Unternehmen, MMR-Aktuell 2024, 01359; *Mattheis/Seeger*, RAPEX-Methode als Risikobewertungstool in der Entwicklung, ZfPC 2023, 30; *Novelli/Hacker/Morley/Trondal/Floridi*, A Robust Governance for the AI Act: AI Office, AI Board, Scientific Panel, and National Authorities, European Journal of Risk Regulation 2024, 1, https://ssrn.com/abstract=4817755; *Reusch*, Produkt-Compliance – Entwicklungen und Ausblick, CB 2021, 144; *Reusch/Herweg*, Produkt-Compliance – Entwicklungen und Ausblick, CB 2023, 503; *Rostalski/Weiss*, Der KI-Verordnungsentwurf der Europäischen Kommission, ZfDR 2021, 329; *Schucht*, Die neue EU-Marktüberwachungsverordnung, GewA 2020, 259; *Schucht*, Die neue Architektur im europäischen Produktsicherheitsrecht nach New Legislative Framework und Alignment Package, EuZW 2014, 848; *Schucht*, Sollbruchstellen in der neuen EU-Marktüberwachungsverordnung, EuZW 2020, 554; *Schucht*, Sollbruchstellen und Fortschritte im Marktüberwachungsrecht, NVwZ 2018, 538; *Seehafer*, Die neue EU-Marktüberwachungsverordnung – ein Überblick, ZfPC 2022, 27.

Übersicht

I. Allgemeines

1 Bedeutsam ist, dass die **Marktüberwachungsbehörden** im Sinne dieser Verordnung weitgehend dieselben Rechte wie in der VO (EU) 2019/1020 (EU-Marktüberwachungsverordnung – MÜ-VO)[1] zugestanden bekommen. So heißt

---

1 Verordnung (EU) 2019/1020 des Europäischen Parlaments und des Rates vom 20.6.2019 über Marktüberwachung und die Konformität von Produkten sowie zur Ände-

es im ErwG 156 ausdrücklich: „Zur Gewährleistung einer angemessenen und wirksamen Durchsetzung der Anforderungen und Pflichten gemäß dieser Verordnung, bei der es sich um eine Harmonisierungsrechtsvorschrift der Union handelt, sollte das mit der Verordnung (EU) 2019/1020 eingeführte System der Marktüberwachung und der Konformität von Produkten in vollem Umfang gelten. Die gemäß dieser Verordnung benannten Marktüberwachungsbehörden sollten über alle in der vorliegenden Verordnung und der Verordnung (EU) 2019/1020 festgelegten **Durchsetzungsbefugnisse** verfügen und ihre Befugnisse und Aufgaben unabhängig, unparteiisch und unvoreingenommen wahrnehmen."[2]

Gemäß Art. 3 Nr. 26 ist demzufolge die Marktüberwachungsbehörde im Sinne dieser Verordnung „die nationale Behörde, die die Tätigkeiten durchführt und die Maßnahmen ergreift, die in der Verordnung (EU) 2019/1020 vorgesehen sind".[3] Der ausdrücklich gewollte **weitgehende Gleichlauf** mit dem bestehenden **Marktüberwachungssystem** wird durch die explizite Bezugnahme auf die MÜ-VO nochmals verdeutlicht. 2

Die noch relativ neue MÜ-VO aus dem Jahr 2019 war ein „Game Changer" in der Marktüberwachung und soll mit **weitreichenden Befugnissen** für die jeweiligen Behörden, insbesondere im Online-Handel und digitalen Bereich, eine **effektive und effiziente Marktüberwachung** im Unionsmarkt auch für die Zukunft sicherstellen.[4] Ziel der MÜ-VO ist, dass ein **hohes Schutzniveau** von öffentlichen Interessen wie der Gesundheit und Sicherheit durch „konsequente Durchsetzung des europäischen Produktsicherheitsrechts gewährleistet"[5] wird. Dadurch soll sichergestellt werden, dass sowohl die materiellen als auch die formellen Anforderungen aus den sektoralen EU-Vorschriften in der Praxis auch von den Wirtschaftsakteuren eingehalten werden.[6] Ferner soll ein fairer Wettbe- 3

---

rung der Richtlinie 2004/42/EG und der Verordnungen (EG) Nr. 765/2008 und (EU) Nr. 305/2011, ABl. EU L 169 v. 25.6.2019, S. 1.

2 ErwG 156; gemäß ErwG 157 gilt dies auch für mit Marktüberwachung beauftragte Behörden im Bereich von Finanzdienstleistungen: „Diese zuständigen Behörden sollten alle Befugnisse gemäß dieser Verordnung und der Verordnung (EU) 2019/1020 haben, um die Anforderungen und Pflichten der vorliegenden Verordnung durchzusetzen, einschließlich Befugnisse zur Durchführung von Ex-post-Marktüberwachungstätigkeiten, die gegebenenfalls in ihre bestehenden Aufsichtsmechanismen und -verfahren im Rahmen des einschlägigen Unionsrechts über Finanzdienstleistungen integriert werden können."

3 Art. 3 Nr. 26.

4 Verordnung (EU) 2019/1021 des europäischen Parlaments und des Rates vom 20.6.2019 über Marktüberwachung und die Konformität von Produkten sowie zur Änderung der Richtlinie 2004/42/EG und der Verordnungen (EG) Nr. 765/2008 und (EU) Nr. 305/2011, ABl. EU L 169 v. 25.6.2019, S. 1 ff. Zur Marktüberwachungsverordnung im Einzelnen siehe beispielsweise: *Seehafer*, ZfPC 2022, 27 ff.; siehe auch *Schucht*, GewA 2020, 259 ff.; *Geiß/Moritz/Felz*, NVwZ 2022, 299, 302.

5 *Schucht*, GewA 2020, 259, 259.

6 *Schucht*, GewA 2020, 259, 259.

werb gewährleistet sowie der Binnenmarkt gestärkt werden.[7] Mit der MÜ-VO soll zudem über eine **Stärkung der Marktüberwachung** erreicht werden, dass auf dem Unionsmarkt nur rechtskonforme Produkte bereitgestellt werden, die zudem auch hohe Anforderungen an „öffentliche Interessen wie Gesundheit, Sicherheit, Verbraucher- und Umweltschutz“[8] einhalten.

4 Im Zuge des Inkrafttretens der MÜ-VO, die sektorübergreifende Regelungen für 70 EU-Vorschriften von Bauprodukten, Sportbooten, Kosmetika oder Kraftfahrzeugen im sogenannten harmonisierten Bereich schafft und unmittelbar in den Mitgliedstaaten Anwendung findet, wurde auch das ProdSG „entkernt“ und in Teilbereichen vom Marktüberwachungsgesetz (MüG) abgelöst, welches auch für Produkte aus dem nicht harmonisierten Bereich, die der allgemeinen Produktsicherheitsrichtlinie (künftig: Produktsicherheitsverordnung[9]) unterfallen, gilt und einen weitgehenden Gleichlauf mit Produkten aus dem harmonisierten Bereich herstellt.[10]

5 Die Sicherstellung eines **hohen Schutzniveaus**, insbesondere für Gesundheit und Sicherheit von Personen (sowie der Grundrechte) ist ein wesentliches Ziel der KI-VO.[11] Daher ist es nur folgerichtig, dass eine **weitgehende Kongruenz** zwischen dieser Verordnung und der MÜ-VO erreicht werden soll. Gemäß dem ErwG 161 soll für KI-Systeme mit allgemeinem Verwendungszweck und „bei denen das Modell und das System vom selben Anbieter bereitgestellt werden“ das Büro für Künstliche Intelligenz die Befugnisse einer Marktüberwachungsbehörde im Sinne der MÜ-VO übernehmen, um überschneidende Zuständigkeiten zu vermeiden.[12]

---

7 *Geiß/Felz*, NJW 2019, 2961, 2962.

8 *Seehafer*, ZfPC 2022, 27.

9 Verordnung (EU) 2023/988 des Europäischen Parlaments und des Rates vom 10.5.2023 über die allgemeine Produktsicherheit, zur Änderung der Verordnung (EU) Nr. 1025/2012 des Europäischen Parlaments und des Rates und der Richtlinie (EU) 2020/1828 des Europäischen Parlaments und des Rates sowie zur Aufhebung der Richtlinie 2001/95/EG des Europäischen Parlaments und des Rates und der Richtlinie 87/357/EWG des Rates, ABl. EU L 135 v. 23.5.2023, S. 1–51.

10 Siehe auch *Seehafer*, ZfPC 2022, 27.

11 Siehe hierzu ErwG 48; zu den Grundrechten, die der Gesetzgeber hier vor allem vor Augen hatte, zählen insbesondere die „Würde des Menschen, die Achtung des Privat- und Familienlebens, der Schutz personenbezogener Daten, die Freiheit der Meinungsäußerung und die Informationsfreiheit, die Versammlungs- und Vereinigungsfreiheit, das Recht auf Nichtdiskriminierung, das Recht auf Bildung, der Verbraucherschutz, die Arbeitnehmerrechte, die Rechte von Menschen mit Behinderungen, die Gleichstellung der Geschlechter, Rechte des geistigen Eigentums, das Recht auf einen wirksamen Rechtsbehelf und ein faires Gerichtsverfahren, das Verteidigungsrecht, die Unschuldsvermutung sowie das Recht auf eine gute Verwaltung“.

12 Siehe ErwG 161; siehe auch Beschluss der Kommission vom 24.1.2024 zur Einrichtung des Europäischen Amts für künstliche Intelligenz, C/2024/1459, ABl. EU C v. 14.2.2024, S. 1 ff.; siehe auch *Lachenmann*, MMR-Aktuell 2024, 01359.

1. Zweck der Vorschrift

Art. 79 umfasst die **Kernaufgabe** von nationalen Marktüberwachungsbehörden: Sie sind verpflichtet, Produkte, die in ihre örtliche und sachliche Zuständigkeit fallen, auf Basis einer nationalen Marktüberwachungsstrategie[13] und auf Basis der Befugnisse in der MÜ-VO auf **Rechtskonformität und Risikogehalt** zu überprüfen. 6

a) Klassisches Produktsicherheitsrecht

Ähnliche Vorschriften finden sich auch in anderen sektoralen Regelungen im harmonisierten oder nicht-harmonisierten Bereich, beispielsweise in Art. 16 Abs. 2 MÜ-VO. Sinn und Zweck der Vorschrift ist letztlich, sicherzustellen, dass nur **rechtskonforme KI-Systeme** auf dem Unionsmarkt bereitgestellt werden, welche die in der Vorschrift genannten Schutzgüter nicht gefährden, mithin kein zu hohes, unter Berücksichtigung mehrerer Faktoren nicht mehr **hinnehmbares Risiko** aufweisen. 7

Das in der EU geltende Produktsicherheitsrecht mit einer eher **liberalen Marktzugangsregelung**, welche viel auf Eigenverantwortung der Wirtschaftsakteure setzt, benötigt eine wirksame Marktüberwachung.[14] Um dies zu gewährleisten, soll das über die MÜ-VO reformierte und gestärkte System der **„Post-Market-Überwachung“** in der EU greifen und die jeweils zuständigen Marktüberwachungsbehörden sollen über hinreichende Befugnisse verfügen, um die betroffenen Wirtschaftsakteure aufzufordern, **Korrekturmaßnahmen** zu ergreifen, bzw. um selbst entsprechende Maßnahmen anordnen zu können.[15] 8

b) Anwendung auf KI-Systeme

Eine **wirksame Marktüberwachung** bei verhältnismäßig liberaler Marktzugangsregelung ist auch im Rahmen von KI-Systemen beabsichtigt bzw. erforderlich. Zweck der Vorschrift ist somit letztlich, zur **wirksamen Durchsetzung** der vorliegenden Verordnung durch effektive Marktüberwachungsbehörden beizutragen. 9

Die Ex-post-Durchsetzung „soll sicherstellen, dass öffentliche Behörden über die Befugnisse und Ressourcen verfügen, damit sie eingreifen können, sollten 10

13 Siehe beispielsweise die aktuelle deutsche Marktüberwachungsstrategie; Nationale Marktüberwachungsstrategie der Bundesrepublik Deutschland gemäß Artikel 13 der Verordnung (EU) 2019/1020 Geltungsperiode: 2022 bis 2025 (Kurzfassung), S. 9 ff., https://www.bundesnetzagentur.de/DE/Fachthemen/Telekommunikation/Technik/DMUEF/NationaleMUES.pdf?__blob=publicationFile&v=1 (zuletzt abgerufen am 28.1.2025).

14 *Schucht*, NVwZ 2018, 538, 539.

15 Siehe hierzu ausführlicher beispielsweise: *Schucht*, NVwZ 2018, 538 ff

sich bei bereits in Verkehr gebrachten KI-Systemen **unerwartete Risiken** ergeben, die ein rasches Handeln erfordern".[16] Ein solcher Ansatz stimmt auch mit der „**dualistischen Konzeption**" der KI-VO überein, wonach „zugleich die Europäische Werteordnung geschützt und die Wettbewerbsfähigkeit der EU gesteigert werden"[17] soll. Ausdrücklich beabsichtigt ist zudem, das bisherige Marktüberwachungssystem nicht grundlegend zu verändern, sondern vielmehr einen **weitgehenden Gleichlauf der Marktüberwachung** von KI-Systemen mit dem bekannten und bewährten System der Marktüberwachung in der EU zu gewährleisten. Dies gilt im Übrigen nicht nur für den Bereich der Marktüberwachung, sondern ist insgesamt vom Gesetzgeber beabsichtigt. Wie in ErwG 9 festgehalten, sollen die „in dieser Verordnung festgelegten harmonisierten Vorschriften [...] in allen Sektoren gelten und [...] im Einklang mit dem neuen Rechtsrahmen bestehendes Unionsrecht, das durch diese Verordnung ergänzt wird, unberührt lassen, insbesondere in den Bereichen Datenschutz, Verbraucherschutz, Grundrechte, Beschäftigung, Arbeitnehmerschutz und Produktsicherheit."[18]

11 Zudem sollen durch die Verordnung auch nicht automatisch neue Gremien oder Behörden geschaffen werden. Grundidee ist vielmehr, dass die Mitgliedstaaten auf bereits vorhandene **sektorspezifische Behörden** und deren Kompetenzen zurückgreifen können, denen die Befugnisse zur Beobachtung und Durchsetzung der Bestimmungen dieser Verordnung übertragen werden.[19] Ob dies angesichts der verzweigten Behördenlandschaft und der möglicherweise nicht allzu stark ausgeprägten Fähigkeiten im Bereich IT und KI auch reibungslos funktionieren kann, wird die Zukunft zeigen, darf aber jedenfalls angezweifelt werden.[20] Jedenfalls soll dies „unbeschadet der in den Mitgliedstaaten bereits vorhandenen

---

16 EU-Komm., Vorschlag für eine Verordnung des europäischen Parlaments und des Rates zur Festlegung harmonisierter Vorschriften für künstliche Intelligenz (Gesetz über künstliche Intelligenz) und zur Änderung bestimmter Rechtsakte der Union, vom 21.4.2021, COM(2021) 206 final 2021/0106 (COD).

17 So *Rostalski/Weiss*, ZfDR 2021, 329, 336.

18 ErwG 9 der KI-VO.

19 EU-Komm., Vorschlag für eine Verordnung des europäischen Parlaments und des Rates zur Festlegung harmonisierter Vorschriften für künstliche Intelligenz (Gesetz über künstliche Intelligenz) und zur Änderung bestimmter Rechtsakte der Union, vom 21.4.2021, COM(2021) 206 final 2021/0106 (COD).

20 Eine Ausnahme stellt das neu geschaffene Amt für künstliche Intelligenz dar, siehe Beschluss der Kommission vom 24.1.2024 zur Einrichtung des Europäischen Amts für künstliche Intelligenz, C/2024/1459, ABl. EU C v. 14.2.2024, S. 1 ff.; siehe auch *Lachenmann*, MMR-Aktuell 2024, 01359; siehe auch *Novelli/Hacker/Morley/Trondal/Floridi*, EJRR 2024, 1, 23.

Systeme und Zuweisung von Befugnissen für die **Ex-post-Durchsetzung** der Pflichten in Bezug auf die Grundrechte“[21] geschehen.

Fraglich ist allerdings, inwieweit die grundsätzlich sektoral organisierte Marktüberwachung[22] in Bezug auf KI als **Querschnittstechnologie** nicht besser sektorübergreifend beurteilt werden sollte, mithin abweichend vom bisherigen Grundsatz und nicht im „Einklang“ mit dem übrigen Unionsrecht (siehe hierzu unten Rn. 72).[23] **12**

2. Entstehungsgeschichte

Die Vorschrift war bereits im ersten Entwurf mit einem im Wesentlichen gleichen Inhalt enthalten.[24] Ein interessanter Unterschied ist der **Schutzbereich** – auch wenn er mit Risiken für Gesundheit, Sicherheit und Grundrechte von Personen immer noch nicht gerade eng gehalten ist, war er im Vorschlag des Parlamentes noch deutlich weiter, insbesondere im Hinblick auf den Grundrechtsschutz.[25] Interessanterweise wurde trotz der Inkludierung der Grundrechte ein eher **klassisches Verständnis der Product Compliance** zugrunde gelegt – und nicht etwa auch Schutzgüter wie Umweltschutz in den Schutzbereich aufgenommen.[26] **13**

Der Hinweis auf die Rücksichtnahme auf Gruppen **schutzbedürftiger Personen** ist erst gegen Ende des Gesetzgebungsverfahrens aufgenommen worden und **14**

21 EU-Komm., Vorschlag für eine Verordnung des europäischen Parlaments und des Rates zur Festlegung harmonisierter Vorschriften für künstliche Intelligenz (Gesetz über künstliche Intelligenz) und zur Änderung bestimmter Rechtsakte der Union, vom 21.4.2021, COM(2021) 206 final 2021/0106 (COD).

22 Siehe zur sektoralen Marktüberwachung: Nationale Marktüberwachungsstrategie der Bundesrepublik Deutschland gemäß Artikel 13 der Verordnung (EU) 2019/1020 Geltungsperiode: 2022 bis 2025 (Kurzfassung), S. 9 ff., https://www.bundesnetzagentur.de/DE/Fachthemen/Telekommunikation/Technik/DMUEF/NationaleMUES.pdf?__blob=publicationFile&v=1 (zuletzt abgerufen am 28.1.2025).

23 Vgl. auch *Richard*, KI-Verordnung, Bedeutung für die Marktüberwachung, Deutsche Marktüberwachungskonferenz 2023, 20.9.2023, S. 11; siehe auch *Novelli/Hacker/Morley/Trondal/Floridi*, EJRR 2024, 1, 22, die ein „Kompetenzcenter für KI“ anregen.

24 Vorschlag für eine Verordnung des europäischen Parlaments und des Rates zur Festlegung harmonisierter Vorschriften für künstliche Intelligenz (Gesetz über künstliche Intelligenz) und zur Änderung bestimmter Rechtsakte der Union, vom 21.4.2021, COM(2021) 206 final 2021/0106 (COD).

25 Europäisches Parlament, Abänderungen des Europäischen Parlaments vom 14.6.2023 zu dem Vorschlag für eine Verordnung des Europäischen Parlaments und des Rates zur Festlegung harmonisierter Vorschriften für künstliche Intelligenz (Gesetz über künstliche Intelligenz) und zur Änderung bestimmter Rechtsakte der Union (COM(2021)0206 – C9-0146/2021 – 2021/0106(COD)), P9_TA(2023)0236, Abänderungsvorschlag 596.

26 Vgl. *Reusch*, CB 2021, 144, 146.

war im ursprünglichen Entwurf noch nicht enthalten. Zu den schutzbedürftigen Gruppen dürften insbesondere Kinder, aber auch ältere Personen zählen.[27] Im Laufe des Gesetzgebungsprozesses wurden beispielsweise vom Parlament noch **strengere Schutzvorgaben** vorgeschlagen. So sollte beispielsweise für KI-Systeme, die aller Voraussicht nach mit Kindern interagieren bzw. einen Einfluss auf diese haben können, das **Vorsorgeprinzip** angewendet werden.[28]

3. Verhältnis zu anderen Vorschriften

15 Art. 79 Abs. 1 könnte als **Klassiker der Marktüberwachung** angesehen werden. Ähnliche Vorschriften finden sich auch in anderen sektoralen Vorschriften. Auch in der MÜ-VO bilden derartige Aufgaben den **Kernbereich** der jeweils zuständigen Marktüberwachungsbehörden, siehe Art. 16 MÜ-VO. Die MÜ-VO stellt dabei eine Art Auffangverordnung dar, die (nur) Anwendung findet, sofern keine spezielleren Vorschriften in **harmonisierten Bereichen** greifen, Art. 2 Abs. 1 MÜ-VO.[29] Auch im ProdSG und im MüG finden sich entsprechende Subsidiaritätsklauseln.[30]

a) Anwendungsbereich bei materiellen Risiken eröffnet

16 Im Gegensatz zu Art. 80 ist der Anwendungsbereich nicht erst eröffnet, wenn die Vermutung besteht, dass ein KI-System, welches auf dem **Unionsmarkt** in Verkehr gebracht wurde bzw. werden soll, ein **Hochrisiko-System** ist und als

27 Dies wurde beispielsweise in einem Änderungsvorschlag von Mitgliedern der beteiligten Ausschlüsse (IMCO und LIEBE) des europäischen Parlaments gefordert: Draft report *Brando Benifei*, *Dragos Tudorache* (PE731.563v01-00), Harmonised rules on Artificial Intelligence (Artificial Intelligence Act) and amending certain Union Legislative Acts Proposal for a regulation (COM(2021)0206 – C9-0146/2021 – 2021/0106(COD)), Amendments 2356 – 2726, PE731.563v01-00, 13.6.2022, Änderungsvorschlag 2713, S. 188 (*Katerina Konecná, Pernando Barrena Arza, Cornelia Ernst, Elena Kountoura*); im finalen Bericht der federführenden Ausschüsse ist jedoch nur von „vulnerable groups" die Rede: European Parliament, Amendments adopted by the European Parliament on 14 June 2023 on the proposal for a regulation of the European Parliament and of the Council on laying down harmonised rules on artificial intelligence (Artificial Intelligence Act) and amending certain Union legislative acts (COM(2021)0206 – C9-0146/2021 – 2021/0106(COD)), P9_TA(2023)0236, Änderungsvorschlag 597, S. 285.

28 Draft report *Brando Benifei, Dragos Tudorache* (PE731.563v01-00), Harmonised rules on Artificial Intelligence (Artificial Intelligence Act) and amending certain Union Legislative Acts Proposal for a regulation (COM(2021)0206 – C9-0146/2021 – 2021/0106(COD)), Amendments 2356 – 2726, PE731.563v01-00, 13.6.2022, Änderungsvorschlag 2710, S. 186 (*Milan Brglez, Hilde Vautmans, Catharina Rinzema*).

29 Siehe *Reusch/Herweg*, CB 2023, 503, 505; *Seehafer*, ZfPC 2022, 27.

30 Siehe ausführlicher hierzu *Geiß/Moritz/Felz*, NVwZ 2022, 299, 300.

solches vom Anbieter fälschlicherweise nicht deklariert wurde. Auch geht es nicht notwendigerweise um KI-Systeme, die zwar sämtliche Anforderungen dieser Verordnung einhalten, aber dennoch ein Risiko für **bestimmte Schutzgüter** darstellen. Dies wird von Art. 82 geregelt – und gilt auch nur für Hochrisiko-Systeme. Insofern ist Art. 82 die speziellere Vorschrift zu Art. 79. Zudem geht es in Art. 79 auch nicht um rein formelle Nichtkonformitäten, die kein Risiko für die in Art. 79 Abs. 1 genannten Schutzgüter darstellen. Dies ist in Art. 83 geregelt.

Der Anwendungsbereich von Art. 79 ist daher insbesondere für KI-Systeme eröffnet, die keine Hochrisiko-Systeme sind und ein (materielles) Risiko für die genannten Schutzgüter darstellen. Art. 79 sollte als **lex specialis** allgemeineren Vorschriften in der MÜ-VO vorgehen bzw. diese ergänzen, jedoch begrenzt auf den **Wirkungsumfang** des KI-Systems im jeweiligen Produkt.[31] **17**

Zu beachten ist hierbei auch Art. 4 der MÜ-VO für die von der Marktüberwachungsbehörde umfassten harmonisierten Bereiche, da gemäß Art. 4 Abs. 3 lit. c MÜ-VO die behördliche **Melde- und Notifikationspflicht** im „klassischen" Produktsicherheitsrecht bzw. Marktüberwachungsrecht greift, sofern ein Produkt mit einem Risiko verbunden ist. Zudem besteht gemäß Art. 4 Abs. 3 lit. d MÜ-VO auch die **Pflicht zur Zusammenarbeit** des Wirtschaftsakteurs mit den Marktüberwachungsbehörden sowie zur **unverzüglichen Umsetzung** der notwendigen Korrekturmaßnahmen.[32] Da Art. 79 dieser Verordnung vergleichbare Regelungen enthält, dürfte Art. 79 diesen Vorschriften vorgehen. **18**

b) Beachtung der Ausschlussklausel gem. Art. 74 Abs. 4

Sollte ein KI-System als Teilprodukt in ein Gesamtprodukt integriert sein, so dürfte neben anderen Vorschriften, etwa auch aus dem **Produktsicherheitsrecht**, Art. 79 zusätzlich (und nur für den KI-Bereich) anwendbar sein, die anderen Vorschriften aus sektoralen Vorschriften oder dem allgemeinen Produktsicherheitsrecht bzw. der MÜ-VO jedoch nicht verdrängen. Im Gegenteil, gemäß Art. 74 Abs. 4 dieser Verordnung wird ausdrücklich klargestellt, dass die Art. 79 bis 83 nicht für KI-Systeme gelten, „die im Zusammenhang mit Produkten stehen, auf die die in Anhang I Abschnitt A aufgeführten **Harmonisierungsrechtsvorschriften** der Union Anwendung finden, wenn in diesen Rechtsakten bereits Verfahren, die ein **gleichwertiges Schutzniveau** sicherstellen und dasselbe Ziel **19**

31 So ist dies jedenfalls bislang für die Marktüberwachungsverordnung und das deutsche Marktüberwachungsgesetz der Fall, siehe beispielsweise BR-Drs. 167/21 v. 12.2.2021, Entwurf eines Gesetzes zur Neuordnung der Marktüberwachung, S. 19; siehe auch *Seehafer*, ZfPC 2022, 27, 28.

32 *Schucht*, in: Ehring/Taeger, NK-ProdR, Art. 3 MÜ-VO Rn. 58.

haben, vorgesehen sind".[33] Darunter fallen beispielsweise Produkte, die unter die Maschinenverordnung, die Spielzeugrichtlinie, die Niederspannungsrichtlinie oder die EMV-Richtlinie[34] fallen, nicht jedoch etwa Produkte aus dem Automobilbereich.[35]

20 In derartigen Fällen sollen vielmehr die jeweils einschlägigen – und bewährten – **sektorspezifischen Verfahren** Anwendung finden. Ein Rückgriff auf diese bekannten und bewährten Verfahren erscheint auf den ersten Blick auch durchaus sinnvoll, da damit Doppelstrukturen und unklare Zuständigkeiten vermieden werden. Abzuwarten bleibt indes, ob in diesen sektorspezifischen Verfahren behördlicherseits hinreichend **Kompetenz** in Bezug auf KI-Systeme vorhanden sein wird. Zudem könnte bei KI als Querschnittsbereich eine **sektorübergreifende Herangehensweise** sinnvoll sein (vgl. unten Rn. 27 f.). Zudem ist im Bereich von KI-Systemen – jedenfalls bei Hochrisikosystemen – auch eine erhöhte Gefahr für Grundrechte durchaus nicht auszuschließen, wie vom Gesetzgeber nicht zu Unrecht auch hervorgehoben.[36] Die **Grundrechtsgefährdung** wird aber von anderen **sektorspezifischen Verfahren** grundsätzlich nicht geprüft, sodass der Ausschluss gemäß Art. 74 Abs. 4 aufgrund des nicht **gleichwertigen Schutzniveaus** bzw. des nicht ganz kongruenten Ziels nicht greifen würde.

21 Hier bleiben letztlich die ersten Verfahren sowie die sich **ausprägende Verwaltungspraxis** bzw. eine gegebenenfalls **ausdrückliche Berücksichtigung** in der nationalen Marktüberwachungsstrategie abzuwarten.

c) Unterschiedliche Behördenzuständigkeiten in Deutschland

22 Im klassischen Produktsicherheitsrecht in Deutschland sind die Marktüberwachung und der Vollzug des Produktsicherheitsgesetzes (ProdSG) (seit Inkrafttre-

33 Art. 74 Abs. 4.

34 Siehe Anhang I Abschnitt A.

35 Diese sind in Anhang I Abschnitt B aufgeführt; gemäß Art. 2 Abs. 2 findet die Verordnung für Produkte in diesem Abschnitt allerdings ohnehin nur in einigen wenigen Punkten Anwendung, etwa zu Art. 6 Abs. 1.

36 Siehe hierzu ErwG 48; zu den Grundrechten, die der Gesetzgeber hier vor allem vor Augen hatte, zählen insbesondere die „Würde des Menschen, die Achtung des Privat- und Familienlebens, der Schutz personenbezogener Daten, die Freiheit der Meinungsäußerung und die Informationsfreiheit, die Versammlungs- und Vereinigungsfreiheit, das Recht auf Nichtdiskriminierung, das Recht auf Bildung, der Verbraucherschutz, die Arbeitnehmerrechte, die Rechte von Menschen mit Behinderungen, die Gleichstellung der Geschlechter, Rechte des geistigen Eigentums, das Recht auf einen wirksamen Rechtsbehelf und ein faires Gerichtsverfahren, das Verteidigungsrecht, die Unschuldsvermutung sowie das Recht auf eine gute Verwaltung".

ten der MÜ-VO und des MüG der Vollzug dieser Gesetze) grundsätzlich **Ländersache**. Dreh- und Angelpunkt bildeten im ProdSG – der deutschen Umsetzung der allgemeinen Produktsicherheitsrichtlinie (EG/2001/95) – die §§ 24–28; nach dem Inkrafttreten der MÜ-VO sowie des nationalen MüG für den nicht harmonisierten Bereich finden sich ähnliche bzw. entsprechende Regelungen in § 4 MüG bzw. in Art. 16 MÜ-VO.[37]

Die Befugnisse der jeweils sachlich und örtlich zuständigen Marktüberwachungsbehörden waren früher in § 26 Abs. 2 ProdSG geregelt; zunächst als Generalklausel (Satz 1), anschließend über zahlreiche Standardmaßnahmen (Satz 2 Nr. 1–9). § 26 Abs. 2 konnte somit auch als „Herzstück des Marktüberwachungsrechts"[38] in Deutschland bzw. als **„Zentralnorm des ProdSG"**[39] angesehen werden. Seit dem Inkrafttreten der MÜ-VO sind die Befugnisse der Marktüberwachungsbehörden für den harmonisierten Bereich gemäß Anhang I der MÜ-VO in Art. 14 der MÜ-VO bzw. im nationalen Kontext für den nicht harmonisierten Bereich in § 7 MüG geregelt.[40] 23

Allerdings ist in Deutschland die Marktüberwachung durch die grundsätzliche **Länderzuweisung** stark **regionalisiert**.[41] Weiterhin wird das Regelungsregime der MÜ-VO und des MüG vielfach aufgrund sektorspezifischer, EU-weit harmonisierter Regelungen verdrängt. In Deutschland existieren zur Umsetzung dieser EU-Rechtsvorschriften mehrere Verordnungen zum Produktsicherheitsgesetz (ProdSVen).[42] Für die **sektorspezifischen Bereiche** können daher in Deutschland zahlreiche unterschiedliche Behörden zuständig sein. Neben den landesrechtlichen Behörden sind auch Bundesbehörden zu nennen, wie etwa das 24

---

37 *Schucht*, NVwZ 2018, 538, 539; siehe zum MüG BR-Drs. 167/21 v. 12.2.2021, Entwurf eines Gesetzes zur Neuordnung der Marktüberwachung, S. 21.

38 *Schucht*, NVwZ 2018, 538, 539.

39 So *Schucht*, in: Klindt, ProdSG, § 26 Rn. 1; siehe auch für Einzelheiten bezüglich der Befugnisse der Marktüberwachungsbehörden: *Schucht*, in: Klindt, ProdSG, § 26 Rn. 19 ff.

40 Das MüG umfasst denselben Anwendungsbereich wie das ProdSG und fungiert quasi als „Dachgesetz" für Produkte im Bereich der Marktüberwachung. Während es für den von der MÜ-VO umfassten (harmonisierten) Bereich aufgrund der unmittelbaren Anwendbarkeit der MÜ-VO keines nationalen Umsetzungsaktes bedurfte, war dies für Produkte, die keinen spezifischen sektoralen Vorschriften unterlagen, sondern von der allgemeinen Produktsicherheitsrichtlinie (EG) 2001/95 umfasst waren, weiterhin erforderlich. Diese „Lücke" schließt das MüG; siehe hierzu auch BR-Drs. 167/21 v. 12.2.2021, Entwurf eines Gesetzes zur Neuordnung der Marktüberwachung, S. 19 f.

41 Siehe hierzu *Schucht*, in: Klindt, ProdSG, § 26 Rn. 42; siehe zum MüG auch BR-Drs. 167/21 vom 12.2.2021, Entwurf eines Gesetzes zur Neuordnung der Marktüberwachung, S. 20.

42 Siehe hierzu *Schucht*, NVwZ 2018, 538, 539 ff.

Kraftfahrtbundesamt (KBA) im Automobilbereich[43] oder die Bundesnetzagentur in Bereich von vernetzten Geräten, welche unter die sogenannte RED[44] fallen.[45] Insgesamt besteht eine „für den Rechtsanwender kaum mehr durchschaubare Systematik".[46]

25 Die Bundesländer müssen demnach **Marktüberwachungsbehörden** festlegen bzw., sofern noch nicht vorhanden, errichten. Die genaue Zuständigkeit ist im jeweiligen Landesrecht festgelegt, in der Regel liegt der Vollzug bei den Gewerbeaufsichtsämtern, Regierungspräsidien, Arbeitsschutzämtern oder Bezirksregierungen. Nichts anderes gilt daher für den Vollzug der KI-VO. Marktüberwachungsbehörden im Sinne der Verordnung können daher verschiedene Landesbehörden sein, zum Teil – wie etwa im Bereich der Straßenverkehrsgesetze – auch Bundesbehörden wie die KBA oder die Bundesnetzagentur unter anderem für die Bereiche Elektrizität, Gas und Telekommunikation.[47]

26 Die Bundesanstalt für Arbeitsschutz und Arbeitsmedizin (BAuA) nimmt zudem gemäß § 18 MüG als sogenannte **„RAPEX-Kontaktstelle"** sowie als Kontaktstelle für ICMS gemäß § 16 Abs. 3 MüG eine Sonderstelle im Marktüberwachungsrecht ein.[48]

d) Zuständigkeit für KI-Systeme noch nicht final geklärt

27 Für den Bereich der KI-VO ist die Zuständigkeit der jeweiligen Behörden noch nicht final geklärt. Da gemäß Kapitel V die Zuständigkeit für Konformität und Marktüberwachung von KI-Systemen mit allgemeinem Verwendungszweck

---

43 Genauer ist das KBA für die Marktüberwachung von auf dem Markt bereitgestellten Fahrzeugen und Fahrzeuganhängern sowie von Systemen, Bauteilen und selbstständigen technischen Einheiten für diese Fahrzeuge, die für den Straßenverkehr bestimmt sind, zuständig; siehe Verordnungen (EU) 167/2013, (EU) 168/2013, (EU) 2018/858; für den Automobilbereich findet die Verordnung gemäß Art. 2 Abs. 2 allerdings nur fragmentarisch Anwendung, siehe oben.

44 Richtlinie 2014/53/EU des europäischen Parlaments und des Rates vom 16.4.2014 über die Harmonisierung der Rechtsvorschriften der Mitgliedstaaten über die Bereitstellung von Funkanlagen auf dem Markt und zur Aufhebung der Richtlinie 1999/5/EG (Funkanlagenrichtlinie), ABl. EU L 153 v. 22.5.2014, S. 62 ff.

45 Siehe hierzu auch BR-Drs. 167/21 v. 12.2.2021, Entwurf eines Gesetzes zur Neuordnung der Marktüberwachung, S. 20.

46 So *Schucht*, NVwZ 2018, 538, 543.

47 Siehe zur Zuständigkeit auch *Schucht*, in: Klindt, ProdSG, § 24 Rn. 7 f.

48 Nationale Marktüberwachungsstrategie gemäß Artikel 13 der Verordnung (EU) 2019/1020 Geltungsperiode: 2022 bis 2025 (Kurzfassung), S. 5, 7, https://www.bundesnetzagentur.de/DE/Fachthemen/Telekommunikation/Technik/DMUEF/NationaleMUES.pdf?__blob=publicationFile&v=1 (zuletzt abgerufen am 29.11.2024); siehe zu den unterschiedlichen Strukturen auch *Geiß/Felz*, NJW 2019, 2961, 2965.

weitgehend zentralisiert auf EU-Ebene liegt, betrifft die Unsicherheit vor allem (Hochrisiko-)KI-Systeme, die nicht für einen allgemeinen Verwendungszweck programmiert wurden.[49] Dabei ist zunächst unbeachtlich, ob diese mit anderen Produkten in einem Zusammenhang stehen bzw. in diese integriert sind oder **eigenständige („stand alone") KI-Systeme** sind.[50]

Die Unklarheit dürfte auch noch einige Zeit bestehen, da die nationale Umsetzung erst begonnen hat und die Mitgliedstaaten relativ frei sind, ihre jeweiligen nationalen Behörden als Marktüberwachungsbehörde im Sinne dieser Verordnung einzustufen.[51] Feststehen dürfte jedoch, dass die Marktüberwachung im Bereich von KI-Systemen **keine Trivialität** für die jeweiligen Marktüberwachungsbehörden darstellen dürfte. Denn um eine hinreichende Kompetenztiefe für eine **effektive Marktüberwachung** sicherzustellen, müssen Behörden über weitgehende Kenntnisse im Bereich der KI verfügen, etwa über maschinelles Lernen, semantische Netze oder neuronale Netze – und mit den exponentiellen Entwicklungen in diesem Bereich auch mithalten können. Zudem müssen **vertiefte Kompetenzen** beispielsweise im Bereich Software, Hardware, IT-Infrastruktur sowie in der IT-Sicherheit aufgebaut werden. Schließlich sind vertiefte rechtliche und ethische Kenntnisse im grundrechtsrelevanten Bereich erforderlich.[52] **28**

Erforderlich könnte daher ein neuer, **einheitlicher Kompetenzrahmen** „über Anwendungsfelder, Sektoren und Zuständigkeitsebenen"[53] sein, der den Anforderungen im Bereich KI gerecht wird und Behörden in die Lage versetzt, effektiv und schnell ihrem Marktüberwachungsauftrag gerecht zu werden und ihre Befugnisse angemessen und verhältnismäßig auszuüben. **29**

II. KI-Systeme, die ein Risiko darstellen (Abs. 1)

Kernstück des Artikels ist der Absatz 1 und damit die Frage, wann ein KI-System mit einem Risiko verbunden ist, welches in der Folge Maßnahmen zur **Risikominderung** rechtfertigen kann. Mit dem Verweis auf Art. 3 Abs. 19 der MÜ- **30**

49 Siehe hierzu *Lachenmann*, MMR-Aktuell 2024, 01359.

50 Beachte aber den Ausschluss gemäß Art. 74 Abs. 4 dieser Verordnung.

51 *Lachenmann*, MMR-Aktuell 2024, 01359; im Gespräch sind offenbar neben der Bundesnetzagentur (BNetzA) das Bundesamt für Sicherheit in der Informationstechnologie (BSI) sowie die Datenschutzstellen von Bund und Ländern.

52 Vgl. *Richard*, KI-Verordnung, Bedeutung für die Marktüberwachung, Deutsche Marktüberwachungskonferenz 2023, 20.9.2023, S. 14 f.

53 *Richard*, KI-Verordnung, Bedeutung für die Marktüberwachung, Deutsche Marktüberwachungskonferenz 2023, 20.9.2023, S. 16.

VO soll auch diesbezüglich größtmöglich auf „Bekanntes und Bewährtes" zurückgegriffen werden.

1. Gefährdung von geschützten Rechtsgütern

31 Demnach ist ein derartiges **risikobehaftetes Produkt** ein Produkt, „das Gesundheit und Sicherheit von Personen im Allgemeinen, Gesundheit und Sicherheit am Arbeitsplatz, Verbraucherschutz, Umwelt, öffentliche Sicherheit und andere öffentliche Interessen, die durch die geltenden Harmonisierungsrechtsvorschriften der Union geschützt werden, stärker beeinträchtigen kann, als das im Verhältnis zu seiner Zweckbestimmung oder bei normaler oder nach **vernünftigem Ermessen vorhersehbarer Verwendung** des betreffenden Produkts – einschließlich der Gebrauchsdauer sowie gegebenenfalls der Anforderungen an Inbetriebnahme, Installation und Wartung – als vernünftig und vertretbar gilt".[54]

2. Eher klassisches Verständnis von Product Compliance

32 Interessanterweise liegt Art. 3 Nr. 19 MÜ-VO der neue, modernere und noch weitere Begriff von **Product Compliance** zugrunde.[55] Wie oben dargestellt, wurde in der vorliegenden Verordnung ein etwas **engerer, klassischer Begriff** herangezogen; KI-Systeme gelten mithin „nur" dann als risikobehaftet, wenn durch sie ein Risiko für die Gesundheit oder Sicherheit oder Grundrechte von Personen besteht.

33 Dies wurde im Laufe des Gesetzgebungsverfahrens durchaus kontrovers diskutiert. Insbesondere seitens des Europäischen Parlaments wurde ein **weiteres Begriffsverständnis** vorgeschlagen, welches sich stärker an Art. 3 Nr. 19 MÜ-VO orientiert hätte.[56] Dieser Vorschlag wurde jedoch in den Trilog-Verhandlungen nicht übernommen.

III. Risikoprüfung und Maßnahmenanordnung (Abs. 2)

34 Sofern die Marktüberwachungsbehörde hinreichend Grund zur Annahme für das Vorliegen eines Risikos gemäß Abs. 1 hat, „prüft sie das betreffende KI-Sys-

---

54 Art. 3 Nr. 19 MÜ-VO; vgl. auch Art. 2 lit. c RL 2001/95 (allgemeine Produktsicherheitsrichtlinie).

55 Vgl. *Reusch*, CB 2021, 144, 146.

56 Amendments adopted by the European Parliament on 14 June 2023 on the proposal for a regulation of the European Parliament and of the Council on laying down harmonised rules on artificial intelligence (Artificial Intelligence Act) and amending certain Union legislative acts (COM(2021)0206 – C9-0146/2021 – 2021/0106(COD)), P9_TA(2023) 0236, Änderungsvorschlag 596, 284.

tem im Hinblick auf die Erfüllung aller in der vorliegenden Verordnung festgelegten Anforderungen und Pflichten".

1. Prüfungsumfang

Die Marktüberwachungsbehörde hat das KI-System dabei insbesondere im Hinblick auf den **Grundrechtsschutz** sowie bezüglich KI-Systemen, „die für schutzbedürftige Gruppen gemäß Artikel 5 ein Risiko bergen", zu prüfen. 35

Dieser Passus wurde erst im Laufe des Gesetzgebungsprozesses eingefügt. Zu den schutzbedürftigen Gruppen dürften insbesondere Kinder, aber auch ältere Personen zählen.[57] Zudem hat die Behörde bei **Grundrechtsrelevanz** mit den jeweils zuständigen nationalen Behörden zu kooperieren. Der Verweis auf die „uneingeschränkte Zusammenarbeit" der Marktüberwachungsbehörde mit den nach Art. 77 Abs. 1 zuständigen Behörden war im ersten Entwurf der Kommission aus dem Jahr 2021 nicht enthalten.[58] 36

2. Risikofeststellung

Fraglich ist allerdings, wie ein Risiko, welches nicht mehr als vernünftig und vertretbar gelten kann, festgestellt wird. **Konkrete Vorgaben** werden in der Verordnung nicht gemacht. Festzuhalten ist jedenfalls, dass eine **Abwägung** im konkreten Einzelfall zu erfolgen hat und **keine absolute Sicherheit** gefordert wird. Vielmehr werden gewisse Risiken – abhängig von der jeweiligen Zweckbestimmung, Verwendung und Nutzen – vom Gesetzgeber als hinnehmbar er- 37

57 Dies wurde beispielsweise in einem Änderungsvorschlag von Mitgliedern der beteiligten Ausschlüsse (IMCO und LIEBE) des europäischen Parlaments gefordert: Draft report *Brando Benifei, Dragos Tudorache* (PE731.563v01-00), Harmonised rules on Artificial Intelligence (Artificial Intelligence Act) and amending certain Union Legislative Acts Proposal for a regulation (COM(2021)0206 – C9-0146/2021 – 2021/0106(COD)), Amendments 2356 – 2726, PE731.563v01-00, 13.6.2022, Änderungsvorschlag 2713, 188 (*Katerina Konecná, Pernando Barrena Arza, Cornelia Ernst, Elena Kountoura*); im finalen Bericht der federführenden Ausschüsse ist jedoch nur von „vulnerable groups" die Rede: European Parliament, Amendments adopted by the European Parliament on 14 June 2023 on the proposal for a regulation of the European Parliament and of the Council on laying down harmonised rules on artificial intelligence (Artificial Intelligence Act) and amending certain Union legislative acts (COM(2021)0206 – C9-0146/2021 – 2021/0106(COD)), P9_TA(2023)0236, Änderungsvorschlag 597, 285.

58 Europäische Kommission, Vorschlag für eine Verordnung des europäischen Parlaments und des Rates zur Festlegung harmonisierter Vorschriften für künstliche Intelligenz (Gesetz über künstliche Intelligenz) und zur Änderung bestimmter Rechtsakte der Union, vom 21.4.2021, COM(2021) 206 final 2021/0106 (COD).

achtet. Eine konkrete, feststehende Grenze, die sich auch in einer ppm-Wahrscheinlichkeit[59] ausdrücken ließe, gibt es nicht.

a) Klassisches Produktsicherheitsrecht

38 Auch in der MÜ-VO, wonach sich eine „**wahrscheinliche Gefährdung**" ergeben muss, findet sich zur genauen Risikobestimmung nichts Konkretes.[60] Vielmehr hat im klassischen Produktsicherheitsrecht ein Hersteller im Rahmen seiner Entwicklungsarbeit **Risikoanalysen** anzustellen, um die mit dem Produkt verbundenen Risiken so weit als möglich zu minimieren.[61]

aa) Anwendungsspielraum für behördliche Maßnahmen

39 Ist eine Marktüberwachungsbehörde der Auffassung, dass die **Risiken** nicht im **erforderlichen Maß mitigiert** wurden, bzw. werden neue, im Rahmen der Entwicklungsarbeit nicht entdeckte und analysierte Risiken festgestellt, welche das hinnehmbare Risikolevel zu überschreiten scheinen, ist der Anwendungsspielraum für **behördliche Anordnungen** bzw. **Korrekturmaßnahmen** eröffnet. Zur Bestimmung der grundsätzlichen Notwendigkeit von Maßnahmen sowie der Verhältnismäßigkeit von konkreten Maßnahmen muss das vom Produkt ausgehende Risiko eingeschätzt werden. Dies gilt insbesondere für mögliche „ernste Risiken", die mit einem Produkt verbunden sein können und im Regelfall besonders **schwere Gefährdungen für Personen** mit sich bringen.

bb) Ernstes Risiko

40 So wird gemäß Art. 19 Abs. 2 MÜ-VO sowie § 8 Abs. 3 MüG die Entscheidung, ob mit dem Produkt ein ernstes Risiko verbunden ist, auf Grundlage einer „**angemessenen Risikobewertung**" getroffen. Im klassischen Produktsicherheitsrecht wird dies in der Regel über eine sogenannte **RAPEX[62]-Risikobewertung** durch-

---

59 Parts per million.

60 *Seehafer*, ZfPC 2022, 27, 31; allerdings könnte das durch die MÜ-VO neu errichtete „Unionsnetzwerk für Produktkonformität" Leitlinien inklusive Auslegungshilfen formulieren, die als Auslegungshilfen dienen könnten.

61 Eine solche Risikoanalyse kann beispielsweise eine sogenannte FMEA sein (englisch Failure Mode and Effects Analysis, deutsch Fehlermöglichkeits- und Einflussanalyse); in mehreren sektorspezifischen Regulierungen wie etwa der Maschinenverordnung oder der Niederspannungsrichtlinie war eine solche Risikoanalyse schon länger vorgeschrieben, ausweislich der neuen Produktsicherheitsverordnung gilt dies nun auch für bisher nicht harmonisierte Produkte. Vor verbleibenden Restrisiken hat der Hersteller dann zu warnen, unter Beachtung der Vorgabe „Konstruktion vor Instruktion".

62 RAPEX bedeutet „Rapid Information Exchange System" und findet gemäß Art. 12 der Richtlinie 2001/95 EG Anwendung. Das „RAPEX-System" wurde inzwischen zu „Safety Gate" umbenannt und im Durchführungsbeschluss (EU) 2019/417 der Kommis-

geführt.[63] Gemäß Art. 3 Nr. 20 der MÜ-VO ist ein Produkt, welches mit einem ernsten Risiko verbunden ist, „ein Produkt, das ein Risiko birgt und bei dem das Verhältnis zwischen der **Eintrittswahrscheinlichkeit** einer Gefahr, die einen Schaden verursacht, und der **Schwere des Schadens** auf der Grundlage einer Risikobewertung und unter Berücksichtigung der normalen und vorhersehbaren Verwendung des Produkts ein **rasches Eingreifen** der Marktüberwachungsbehörden erforderlich macht, auch wenn das Risiko keine unmittelbare Auswirkung hat".[64]

Erforderlich ist also eine Abwägung; selbst das Vorhandensein anderer Produkte mit einem **geringeren Risiko** oder das **Verfehlen des höchsten Sicherheitsgrades** führen nicht automatisch zur Annahme eines ernsten Risikos. Eine absolute Sicherheit ist schließlich nicht erforderlich, vielmehr bedarf es für behördliche Maßnahmen stets eines individuellen **Nachweises des Risikos.**[65] Ernste Risiken dürfen in der Vollzugspraxis der Marktüberwachungsbehörden daher nur dann angenommen werden, wenn diese Risiken auf Grundlage einer **RAPEX-Risikobewertung** ermittelt wurden.[66] 41

sion erläutert; Durchführungsbeschluss (EU) 2019/417 der Kommission vom 8.11.2018 zur Festlegung von Leitlinien für die Verwaltung des gemeinschaftlichen Systems zum raschen Informationsaustausch „RAPEX" gemäß Artikel 12 der Richtlinie 2001/95/EG über die allgemeine Produktsicherheit und für das dazugehörige Meldesystem (Bekanntgegeben unter Az. C(2018) 7334), ABl. EU L 73 v. 15.3.2019, S. 121; im Anhang II der neuen Produktsicherheitsverordnung (Verordnung (EU) 2023/988 des Europäischen Parlaments und des Rates vom 10.5.2023 über die allgemeine Produktsicherheit, zur Änderung der Verordnung (EU) Nr. 1025/2012 des Europäischen Parlaments und des Rates und der Richtlinie (EU) 2020/1828 des Europäischen Parlaments und des Rates sowie zur Aufhebung der Richtlinie 2001/95/EG des Europäischen Parlaments und des Rates und der Richtlinie 87/357/EWG des Rates, ABl. EU L 135 v. 23.5.2025, S. 1 ff.,) wurde nun eine stark gestraffte und veränderte Version veröffentlicht, siehe Delegierte Verordnung (EU) 2024/3173 der Kommission vom 27.8.2024 zur Ergänzung der Verordnung (EU) 2023/988 des Europäischen Parlaments und des Rates um Vorschriften für den Zugang zum Schnellwarnsystem Safety Gate, den Betrieb des Systems, die in das System einzugebenden Informationen, die für Meldungen zu erfüllenden Anforderungen und die Kriterien für die Bewertung des Risikoniveaus (ABl. EU C 2024, S. 6023); siehe kritisch hierzu *Klindt/Mattheis*, ZfPC 2024, 234 ff.

63 Zur materiellen Rechtmäßigkeit von Behördenmaßnahmen siehe ausführlich: *Schucht*, in: Klindt, ProdSG, § 26 Rn. 51 ff.

64 Art. 3 Nr. 20 MÜ-VO; siehe auch *Schucht*, in: Ehring/Taeger, NK-ProdR, Art. 3 MÜ-VO Rn. 59 ff.; auch *Giesberts/Gayger*, in: Ehring/Taeger, NK-ProdR, Art. 19 MÜ-VO Rn. 12 ff.

65 *Giesberts/Gayger*, in: Ehring/Taeger, NK-ProdR, Art. 19 MÜ-VO Rn. 14.

66 *Giesberts/Gayger*, in: Ehring/Taeger, NK-ProdR, Art. 19 MÜ-VO Rn. 12.

cc) „RAPEX-Leitlinien" (Safety Gate)

42 Die sogenannten **„RAPEX-Leitlinien"**,[67] welche nicht rechtsverbindlich, jedoch praktisch überaus relevant sind,[68] enthalten unter anderem eine Anleitung für eine **Risikobewertungsmethode**, die mehrstufig und strukturiert aufgebaut ist.

43 Kern ist die Schritt-für-Schritt-Berechnung der Wahrscheinlichkeit für ein **Verletzungsszenario** (nun neu: **Schadensszenario**) vom Fehlerauftritt bis zum Verletzungseintritt. Dabei wird zwischen verschiedenen Verletzungsgraden (nun neu: Schweregraden des Schadens) unterschieden. Im Ergebnis erhält man über die **Kombination** aus der **Wahrscheinlichkeit** für den Verletzungseintritt (nun Schadenseintritt) und dem **Schweregrad** der Verletzung (nun Schadens) über eine recht übersichtliche Matrix einen spezifischen **Risikograd**, der sich in niedrig, mittel, hoch oder ernst aufgliedert.[69]

44 Dadurch lassen sich Produktrisiken unternehmensintern leichter einordnen und adäquate Maßnahmen zielgerichteter bestimmen.[70] Insbesondere bei „ernsten Risiken" sind Rücknahme oder Rückruf der jeweiligen Produkte gebotene Maßnahmen als Rechtsfolge. Das **Auswahlermessen** der Behörden ist insoweit eingeschränkt bzw. auf null reduziert. Dies gilt grundsätzlich unabhängig davon, ob

---

67 Die Anwendung war in Deutschland in § 30 ProdSG geregelt; seit dem Inkrafttreten der Marktüberwachungsverordnung sowie des Marktüberwachungsgesetzes finden sich die Regelungen in Art. 20 Abs. 4 beziehungsweise § 18 MüG. Siehe zu RAPEX/Safety Gate ausführlich: *Wende*, in: Klindt, ProdSG, § 30 Rn. 4 ff.; auch *Kappler*, ZfPC 2022, 160 ff.; siehe auch Durchführungsbeschluss (EU) 2019/417 der Kommission erläutert; Durchführungsbeschluss (EU) 2019/417 der Kommission vom 8.11.2018 zur Festlegung von Leitlinien für die Verwaltung des gemeinschaftlichen Systems zum raschen Informationsaustausch „RAPEX" gemäß Artikel 12 der Richtlinie 2001/95/EG über die allgemeine Produktsicherheit und für das dazugehörige Meldesystem (Bekanntgegeben unter Az. C(2018) 7334), ABl. EU L 73 v. 15.3.2019, S. 121 bzw. Delegierte Verordnung (EU) 2024/3173 der Kommission vom 27.8.2024 zur Ergänzung der Verordnung (EU) 2023/988 des Europäischen Parlaments und des Rates um Vorschriften für den Zugang zum Schnellwarnsystem Safety Gate, den Betrieb des Systems, die in das System einzugebenden Informationen, die für Meldungen zu erfüllenden Anforderungen und die Kriterien für die Bewertung des Risikoniveaus (ABl. EU C 2024, S. 6023)

68 Siehe EU-Komm., Durchführungsbeschluss (EU) 2019/417, insbesondere Teil III des Anhangs.

69 Siehe hierzu auch *Giesberts/Gayger*, in: Ehring/Taeger, NK-ProdR, Art. 19 MÜ-VO Rn. 16 ff.; siehe auch Delegierte Verordnung (EU) 2024/3173 der Kommission vom 27.8.2024 zur Ergänzung der Verordnung (EU) 2023/988 des Europäischen Parlaments und des Rates um Vorschriften für den Zugang zum Schnellwarnsystem Safety Gate, den Betrieb des Systems, die in das System einzugebenden Informationen, die für Meldungen zu erfüllenden Anforderungen und die Kriterien für die Bewertung des Risikoniveaus (ABl. EU C 2024, S. 6023).

70 Siehe zu den Vorteilen dieser Methodik ausführlich *Mattheis/Seeger*, ZfPC 2023, 30 ff.

im Sinne des **Vorrangs der Eigenverantwortung** die Maßnahmen „freiwillig" durchgeführt oder durch die Marktüberwachungsbehörde angeordnet werden, da der Wirtschaftsakteur nicht willens oder nicht fähig ist, die Maßnahmen selbst durchzuführen.[71]

b) Übertragung auf KI-Systeme

45 Unklar ist jedoch, ob auch für KI-Systeme dieser Bewertungsstab herangezogen werden soll. Ein ausdrücklicher Verweis auf die RAPEX-Leitlinien bzw. das Safety Gate fehlt jedenfalls in der Verordnung. Interessant ist zudem, dass offenbar auch keine **Risikounterscheidung** im Sinne des RAPEX-Systems vorgenommen wird. Der Begriff **„ernstes Risiko"**, mit dem regelmäßig Maßnahmen gemäß RAPEX begründet werden, wird lediglich zweimal in der Verordnung erwähnt.[72]

46 In Art. 74 Abs. 11 wird immerhin ein Bezug zu Art. 9 der MÜ-VO hergestellt, sollte ein ernstes Risiko in zwei oder mehr Mitgliedstaaten festgestellt werden. Dies gilt jedoch nur für bestimmte „Kategorien von Hochrisiko-KI-Systemen" und auch in Bezug zu **gemeinsamen Tätigkeiten** wie Untersuchungen, die von mehreren Marktüberwachungsbehörden und der Kommission durchgeführt werden können. Auch fehlt beispielsweise ein Verweis auf Art. 3 Nr. 20 der MÜ-VO, der sich durchaus angeboten hätte.

47 Zudem ist zu beachten, dass im Bereich von KI-Systemen neben den **„klassischen" Verletzungsszenarien**, indem ein KI-System beispielsweise eine Fehlfunktion auslöst, die zu einer Verletzung einer Person führt, auch neuartige Bedrohungen entstehen können, wie etwa biochemischer Terrorismus.[73] Zudem wird der Bereich **Cybersicherheit** eine viel größere Rolle als im **klassischen Produktsicherheitsrecht** spielen. Hinzu kommen Gefährdungen im grundrechtsrelevanten Bereich durch biometrische Identifizierung oder Ähnliches.

48 Für KI-Systeme mit allgemeinem Verwendungszweck sind zudem die spezifischen Vorgaben in Kapitel V dieser Verordnung zu beachten. Auch wenn die ursprünglich auf Verletzungen fokussierte **RAPEX-Methode** künftig auch für **abstraktere Schadensszenarien** Anwendungen finden soll,[74] ist dennoch fraglich, ob sie ohne **weitere Anpassungen** auch für die spezifischen Risiken von KI-Systemen herangezogen werden sollte.

---

71 *Schucht*, in: Klindt, ProdSG, § 26 Rn. 259; hierzu ist in der Praxis jedoch vieles umstritten; siehe ausführlich: *Schucht*, in: Klindt, ProdSG, § 26 Rn. 246 ff

72 ErwG 160, sowie Art. 74 Abs. 11 der Verordnung.

73 So *Hacker*, Comments on the Final Trilogue Version of the AI Act, 23.1.2024, S. 5.

74 Ausführlich und kritisch hierzu *Klindt/Mattheis*, ZfPC 2024, 234 ff.

3. Nachschärfung durch den Gesetzgeber?

49 Abzuwarten bleibt somit, ob der Gesetzgeber hier noch nachschärfen wird. Angesichts der vielen „last minute"-Änderungen am Verordnungstext ist nicht auszuschließen, dass auch der **fehlende Verweis** auf Art. 3 Nr. 20 MÜ-VO sowie die fehlende Bezugnahme auf ein „ernstes Risiko" bzw. der fehlende Verweis auf eine erforderliche Risikobewertung zur **Bestimmung des Risikolevels** schlichtweg übersehen wurden.

a) Weiterer Ermessensspielraum der Behörden

50 Vieles spricht aber dafür, dass absichtlich keine **Risikoklassifizierung** gemäß RAPEX vorgenommen wurde und auch der Verweis auf Art. 3 Nr. 20 der EU-Marktüberwachungsverordnung absichtlich nicht aufgenommen wurde. Angesichts des **risikobasierten Ansatzes**, welcher der Verordnung zugrunde liegt, ist dies auch durchaus nachvollziehbar, könnte die zweifache **Risikoeinteilung** doch zu Missverständnissen führen.

51 Zudem erscheint eine fehlende Risikounterscheidung auch aufgrund der augenscheinlich eher KI-skeptischen Herangehensweise[75] folgerichtig. Im Unterschied zum klassischen Produktsicherheitsrecht können Marktüberwachungsbehörden auch bei nicht ernsten Gefahren zur „**ultima ratio**" greifen und eine Rücknahme oder einen Rückruf anordnen. Der Gesetzgeber eröffnet den Marktüberwachungsbehörden daher einen **weiteren Ermessensspielraum** zur Bestimmung der „geeigneten Maßnahmen". Ausweislich des Wortlauts der Verordnung müssten sie nicht einmal das **mildeste Mittel** wählen, sondern könnten auch strengere Maßnahmen ergreifen bzw. anordnen, sofern diese den Zweck – die **Risikobeseitigung** bzw. **Herstellung der Konformität** des KI-Systems – erfüllen.[76]

b) Verbleibende Unklarheit

52 Auszuschließen ist jedoch auch ein **redaktionelles Versehen**, wie erwähnt, aufgrund der zahlreichen Änderungen in den letzten Monaten vor Veröffentlichung des finalen Entwurfs keineswegs. Es besteht derzeit also letztlich eine gewisse Unsicherheit bezüglich der Absicht des Gesetzgebers, die sich auch auf Basis der zur Verfügung stehenden Informationen aktuell kaum auflösen lässt. Unklar ist beispielsweise auch, ob die Marktüberwachungsbehörde bereits bei einem **Gefahrenverdacht** zu weitreichenden Maßnahmen wie Rücknahme oder Rück-

75 Dies lässt sich beispielsweise aus den ErwG 1, 6, 7 und 8 ableiten, in denen als Ziel der Verordnung eine menschenzentrierte, vertrauenswürdige und sichere KI postuliert wird.

76 Siehe zur Bedeutung der Geeignetheit im Rahmen des Verhältnismäßigkeitsprinzips: *Schucht*, in: Klindt, ProdSG, § 26 Rn. 265.

ruf greifen darf. Der Wortlaut von Abs. 2 „**hinreichend Grund zur Annahme**" legt dies grundsätzlich nahe. Im Ergebnis dürfte dies nur bei **extremen Ausnahmefällen** und einer Vermutung schwerster, unumkehrbarer Grundrechtsverletzungen von Personen bzw. besonders schützenswerten Gruppen zu rechtfertigen sein.

Offen bleibt jedoch, ab wann ein Risiko, welches einem KI-System innewohnt, im Sinne dieser Verordnung **nicht mehr akzeptabel** ist und Abhilfemaßnahmen mithin gerechtfertigt erscheinen. Dies dürfte einerseits stark vom Einzelfall abhängig sein; hier dürften auch der **potenzielle Nutzen** bzw. seine **Zweckbestimmung** eine vielleicht noch größere Rolle im Vergleich zu „normalen" Produkten ohne künstliche Intelligenz spielen. Andererseits dürften bei KI-Systemen, welche die Grundrechte gefährden können, nur geringe Risiken akzeptiert und relativ schnell einschränkende Maßnahmen angeordnet werden. Im Ergebnis gilt es, die **Vollzugspraxis der Behörden** und die weitere Entwicklung zu beobachten. 53

c) Risikobewertung dennoch sinnvoll und möglicherweise geboten

Die Marktüberwachungsbehörde kann selbstverständlich **nicht im rechtsfreien Raum** arbeiten, sondern muss jede Maßnahme auch entsprechend **begründen**. In diesem Zusammenhang ist auch Art. 18 MÜ-VO zu beachten, der über den Verweis in Art. 74 Abs. 3 Anwendung findet. 54

aa) Begründungspflicht für behördliche Maßnahmen

Demnach ist jede belastende, **einschränkende Maßnahme** durch die Marktüberwachungsbehörde zu begründen. Auch kann durch Art. 74 nicht der allgemeine **Grundsatz für rechtmäßiges Verwaltungshandeln** ausgehebelt werden, wonach belastende Maßnahmen dem **Verhältnismäßigkeitsgrundsatz** entsprechen müssen.[77] Im Ergebnis dürfte es daher jedenfalls im Falle von sehr weitreichenden Maßnahmen wie der Rücknahme oder dem Rückruf geboten sein, eine Risikobewertung zur Bestimmung des Risikos durchzuführen, um etwaige Maßnahmen besser rechtfertigen zu können. Hier bietet sich wie im klassischen Produktsicherheitsrecht die **RAPEX-Methode** an. Dies gilt zumindest für Fälle, in denen – wie im bisherigen RAPEX-Leitfaden vorgesehen – eine körperliche Verletzung einer Person eingetreten ist.[78] Für eher abstrakte Risikoszenarien 55

77 Vgl. ausführlich hierzu: *Schucht*, in: Klindt, ProdSG, § 26 Rn. 51 ff.

78 Durchführungsbeschluss (EU) 2019/417 der Kommission erläutert; Durchführungsbeschluss (EU) 2019/417 der Kommission vom 8.11.2018 zur Festlegung von Leitlinien für die Verwaltung des gemeinschaftlichen Systems zum raschen Informationsaustausch „RAPEX" gemäß Artikel 12 der Richtlinie 2001/95/EG über die allgemeine Produktsicherheit und für das dazugehörige Meldesystem (Bekanntgegeben unter Az. C(2018) 7334), ABl. EU L 73 v. 15.3.2019, S. 121. Nun neu geregelt in: Delegierte Verordnung (EU) 2024/3173 der Kommission vom 27.8.2024 zur Ergänzung der Ver-

ohne konkrete Verletzungsgefahren, Grundrechtsgefährdungen und/oder ethische Fragestellungen ist die RAPEX-Methode allerdings weniger geeignet, auch wenn nach der Delegierten Verordnung zur Produktsicherheitsverordnung die RAPEX-Methode nun nicht mehr für Verletzungsszenarien, sondern für „Schadenszenarien" anwendbar sein soll.[79] Die Kommission hat hier neben Gefahren für die Umwelt auch Gefahren für die öffentliche Sicherheit im Blick.[80] Um eine **einheitliche Risikofeststellung** zu ermöglichen, wäre jedoch die Definition einer vergleichbaren Methodik – jedoch unter Berücksichtigung der Spezifika von KI-Systemen – durch die Europäische Kommission mit Unterstützung des Gremiums für künstliche Intelligenz gemäß Art. 66 lit. l, Art. 64 Abs. 1 i.V.m. Art. 3 Abs. 2 lit. c des Beschlusses zur Gründung des Büros für Künstliche Intelligenz sinnvoll und geboten.

bb) Risikobewertung auch für den Wirtschaftsakteur von Nutzen

56 Zudem dürfte die Durchführung einer **RAPEX-Risikobewertung** bzw. einer **vergleichbaren Methodik** durch den Anbieter bzw. den betroffenen Wirtschaftsakteur ebenfalls sinnvoll erscheinen, da die RAPEX-Methode eine **sehr ausdifferenzierte Risikobewertungsmethode** ist, welche den jeweiligen Marktüberwachungsbehörden auch gut bekannt ist. Mittels einer aussagekräftigen RAPEX-Bewertung ist der Wirtschaftsakteur in der Lage, „dieselbe Sprache" mit den Behörden zu sprechen und der Einschätzung der Behörde etwas Fundiertes entgegenzusetzen.[81]

---

ordnung (EU) 2023/988 des Europäischen Parlaments und des Rates um Vorschriften für den Zugang zum Schnellwarnsystem Safety Gate, den Betrieb des Systems, die in das System einzugebenden Informationen, die für Meldungen zu erfüllenden Anforderungen und die Kriterien für die Bewertung des Risikoniveaus (ABI. EU C 2024, S. 6023).

79 Delegierte Verordnung (EU) 2024/3173 der Kommission vom 27.8.2024 zur Ergänzung der Verordnung (EU) 2023/988 des Europäischen Parlaments und des Rates um Vorschriften für den Zugang zum Schnellwarnsystem Safety Gate, den Betrieb des Systems, die in das System einzugebenden Informationen, die für Meldungen zu erfüllenden Anforderungen und die Kriterien für die Bewertung des Risikoniveaus (ABl. EU C 2024, S. 6023). Nun neu geregelt in Delegierte Verordnung (EU) 2024/3173 der Kommission vom 27.8.2024 zur Ergänzung der Verordnung (EU) 2023/988 des Europäischen Parlaments und des Rates um Vorschriften für den Zugang zum Schnellwarnsystem Safety Gate, den Betrieb des Systems, die in das System einzugebenden Informationen, die für Meldungen zu erfüllenden Anforderungen und die Kriterien für die Bewertung des Risikoniveaus (ABl. EU C 2024, S. 6023).

80 Zu befürchten ist jedoch, dass die Anwender hierbei überfordert sind und die RAPEX-Methode deutlich geschwächt bzw. entwertet wird, siehe hierzu *Klindt/Mattheis*, ZfPC 2024, 234 ff.

81 Siehe ausführlich hierzu *Mattheis/Seeger*, ZfPC 2023, 30 ff.

Geboten erscheint daher, sich zumindest im gewissen Umfang an der RAPEX-Methode und den Risikoeinstufungen zu orientieren, sodass nicht jedes Risiko nicht mehr als „**vernünftig und vertretbar**“ angesehen werden kann. Dies dürfte zumindest für „klassische“ Verletzungsszenarien gelten. 57

4. Anwendung der „Ausschlussklausel“ gemäß Art. 74 Abs. 4

Spannend ist in diesem Zusammenhang jedenfalls auch die „Ausschlussklausel“ gemäß Art. 74 Abs. 4 dieser Verordnung. 58

a) Anwendung vor allem für integrierte KI-Systeme?

Demnach haben die Verfahren gemäß Art. 79–83 dieser Verordnung keine Geltung, wenn „KI-Systeme im Zusammenhang mit Produkten stehen, auf die die in Anhang I Abschnitt A aufgeführten Harmonisierungsvorschriften der Union Anwendung finden“[82] (vgl. oben Rn. 19 f.). Daher liegt der Schluss nahe, dass auch das Verfahren nach Art. 79 regelmäßig nur für eigenständige **„stand alone“-KI-Systeme** Anwendung finden wird, da derartige KI-Systeme nicht mit den genannten Produkten in Zusammenhang stehen dürften. 59

Für KI-Systeme mit allgemeinem Verwendungszweck gelten zudem vorranging die Regelungen in Kapitel V, da in diesem Bereich ein **zentralisierter Ansatz** verfolgt werden soll.[83] Hier dürfte abzuwarten sein, ob die **nationalen Marktüberwachungsbehörden** Verfahren mit Bezug auf KI-Systeme mit allgemeinem Verwendungszweck eröffnen oder dies zentral der Kommission bzw. dem Büro für Künstliche Intelligenz überlassen bleibt. 60

b) Reichweite des Geltungsausschlusses

Zudem soll der **Geltungsausschluss** interessanterweise gemäß dem Wortlaut nur dann greifen, wenn in den jeweiligen Harmonisierungsvorschriften Verfahren Anwendung finden, „die ein **gleichwertiges Schutzniveau** sicherstellen und dasselbe Ziel haben“. Dies dürfte regelmäßig zwar für den Schutz der Gesundheit und der Sicherheit von Personen der Fall sein, weniger jedoch für den Grundrechtsschutz sowie bei ethischen Fragestellungen. Schließlich ist erklärtes Ziel der Verordnung, ein **hohes Schutzniveau für Grundrechte** sicherzustellen, da durch die neuartigen KI-Systeme eine Gefährdung zahlreicher Grundrechte befürchtet wird.[84] Diese Komponenten fehlen in der Regel bei vergleichbaren Verfahren in anderen **Harmonisierungsvorschriften**, die auf Verletzungen der Gesundheit und Gefährdung der Sicherheit von Personen begrenzt sind. 61

---

82 Art. 74 Abs. 4 der Verordnung.

83 *Lachenmann*, MMR-Aktuell 2024, 01359.

84 Vgl. zum Beispiel ErwG 1, 3, 6, 7, 8 der Verordnung.

c) Behördenwirrwarr als Konsequenz?

62 Im Ergebnis könnten dann sogar **verschiedene Behörden** in einem Mitgliedstaat für die **Risikobeurteilung** zuständig sein, obwohl im Bereich KI als **Querschnittstechnologie** eine **einheitliche, sektorübergreifende Zuständigkeitsregelung** geboten sein könnte (vgl. oben Rn. 20 ff.). Denn es dürfte nicht auszuschließen sein, dass ein Produkt, in welches ein KI-System integriert ist, eine Gefährdung für die Sicherheit und/oder Gesundheit für Personen aufweist und gleichzeitig auch eine Gefährdung für Grundrechte darstellt. Der **Geltungsausschluss** in Art. 74 Abs. 4 dürfte in einem solchen Fall nicht vollumfänglich greifen; unklar ist, ob das Verfahren dann komplett bei der für das KI-System zuständigen Marktüberwachungsbehörde oder zumindest teilweise bei der Behörde, die für die Marktaufsicht des Produktes, in dem das KI-System integriert ist, zuständig ist.

63 In Deutschland etwa könnte beispielsweise im EMV-Bereich die Bundesnetzagentur für die **„klassische" Risikobeurteilung** nach RAPEX für den Bereich Sicherheit/Gesundheit zuständig sein, eine andere Marktüberwachungsbehörde, etwa eine regionale Landesbehörde bzw. Bundesbehörde, für den **grundrechtsrelevanten Teil**. Zwar dürften derartige Konstellationen eher den Ausnahmeals den Regelfall darstellen, gleichwohl darf bezweifelt werden, dass der Gesetzgeber eine derartige Aufteilung der Zuständigkeiten gewollt hat.[85]

d) Weitere Entwicklung bleibt abzuwarten

64 Hier bleibt sicherlich noch abzuwarten, wie dies in der Praxis von den Marktüberwachungsbehörden umgesetzt wird. Erste Verfahren werden hier ein Indiz für die **behördeninterne Verfahrensweise** geben. Vieles ist jedoch bedauerlicherweise noch unklar und wird möglicherweise auch noch (länger) unklar bleiben, zumal derzeit beispielsweise in Deutschland die **genaue Zuständigkeit und Aufgabenverteilung** im bestehenden System der Marktüberwachungsbehörden noch unklar ist. Die deutsche Umsetzung hat erst begonnen und war bei Redaktionsschluss noch nicht beendet.

5. Aufforderung zur Maßnahmenergreifung

65 Sofern die Marktüberwachungsbehörde ein nicht vertretbares Risiko festgestellt hat, fordert sie den Wirtschaftsakteur auf, „alle Korrekturmaßnahmen zu ergreifen, die geeignet sind". Die Aufforderung muss „unverzüglich" erfolgen, eine Frist wurde vom Gesetzgeber nicht vorgesehen. Unverzüglich bedeutet im Re-

85 Für Finanzdienstleistungen ist zudem Art. 74 Abs. 6 der Verordnung zu beachten; unklar ist noch, wie dies künftig infolge der „Ausweitung" der RAPEX-Methode auf Schadensszenarien behördenseitig gehandhabt wird, vgl. oben Rn. 42 ff.

gelfall eine zügige, nicht zwingend sofortige Umsetzung, jedenfalls aber kein „schuldhaftes Zögern" bei der Ausführung. Der Verweis auf die **Geeignetheit** sowie die **Vollumfänglichkeit** „alle" legt nahe, dass die Marktüberwachungsbehörde in erster Linie eine möglichst effiziente Gefahrenabwehr und (Wieder-) Herstellung eines konformen Zustandes und nicht zwingend das **mildeste Mittel** bei Auswahl der Korrekturmaßnahmen im Blick haben muss. Die Marktüberwachungsbehörde muss allerdings bei **grundrechtsrelevanten Risiken** mit der gemäß Art. 77 zuständigen nationalen Behörde zusammenarbeiten.

Für die Umsetzung der Maßnahmen ist dem Wirtschaftsakteur eine Frist einzuräumen. Im ersten Entwurf war interessanterweise noch von einer **Frist** die Rede, die „**angemessen**" sein müsse.[86] Im finalen Entwurf wurde dies gestrichen und die Fristsetzung vollständig ins **Ermessen** der jeweils zuständigen Marktüberwachungsbehörde gelegt, allerdings mit der Maximalfrist von 15 Tagen bzw. den einschlägigen Harmonisierungsvorschriften der Union. Die genaue Fristfestlegung dürfte von der **Art und Schwere des Verstoßes** abhängig sein. Der betroffene Wirtschaftsakteur muss dabei mit der Marktüberwachungsbehörde und gegebenenfalls mit der gemäß Art. 77 zuständigen Behörde zusammenarbeiten.[87] **66**

Da die Marktüberwachungsbehörde – wie im klassischen Marktüberwachungsrecht – grundsätzlich abschließende Entscheidungen über ein von ihr **eingeleitetes Verfahren** treffen kann, gelten die Entscheidungen gegenüber dem Wirtschaftsakteur auch grundsätzlich zeitlich sowie räumlich unbeschränkt; allerdings grundsätzlich nur auf dem **jeweiligen Hoheitsgebiet** des Mitgliedstaates und nicht auch in anderen Mitgliedstaaten.[88] Hierzu sind Entscheidungen der jeweiligen zuständigen Behörden erforderlich. **67**

Zudem sind die Verfahrensrechte gemäß Art. 18 EU-Marktüberwachungsverordnung zu beachten (siehe hierzu unten Rn. 95 f.). **68**

---

86 Europäische Kommission, Vorschlag für eine Verordnung des europäischen Parlaments und des Rates zur Festlegung harmonisierter Vorschriften für künstliche Intelligenz (Gesetz über künstliche Intelligenz) und zur Änderung bestimmter Rechtsakte der Union, vom 21.4.2021, COM(2021) 206 final 2021/0106 (COD).

87 Ein solches Kooperationsgebot war im ersten Entwurf der Kommission noch in stärkerer Ausprägung enthalten, siehe Europäische Kommission, Vorschlag für eine Verordnung des europäischen Parlaments und des Rates zur Festlegung harmonisierter Vorschriften für künstliche Intelligenz (Gesetz über künstliche Intelligenz) und zur Änderung bestimmter Rechtsakte der Union, vom 21.4.2021, COM(2021) 206 final 2021/0106 (COD).

88 Siehe hierzu *Schucht*, in: Klindt, ProdSG, § 24 Rn. 12.

IV. Unterrichtung der Kommission und der anderen Mitgliedstaaten (Abs. 3)

69 Absatz 3 behandelt die Information an die Kommission und die anderen Mitgliedstaaten, sofern die prüfende **nationale Marktüberwachungsbehörde** zur Auffassung gelangt ist, dass die festgestellte **Nichtkonformität** des KI-Systems nicht auf ihr nationales Hoheitsgebiet beschränkt ist. Dies ist erforderlich, da die **verfahrensführende Marktüberwachungsbehörde** keine für den gesamten Unionsmarkt geltenden Entscheidungen treffen kann.[89]

1. Klassisches Produktsicherheitsrecht

70 Eine vergleichbare Regelung findet sich in Art. 16 Abs. 4, 7 der MÜ-VO, wonach Marktüberwachungsbehörden verpflichtet sind, das neue **Informations- und Kommunikationssystem** gemäß Art. 34 MÜ-VO zu nutzen.[90] Durch diese Vorschrift werden die schon „de lega lata bestehende(n) Informationspflichten"[91] konkretisiert. Informationsübermittlungsvorgänge existieren dabei in verschiedenen Szenarien, nicht nur zwischen den Marktüberwachungsbehörden untereinander oder zwischen den Marktüberwachungsbehörden und den **Wirtschaftsakteuren**, sondern auch hinsichtlich der Bereitstellung von Informationen für und an die Öffentlichkeit.[92]

71 Ein derartiger **Informationsaustausch** kann auch als „zentraler Pfeiler der produktsicherheitsrechtlichen Architektur"[93] im europäischen Produktrecht bezeichnet werden. Im klassischen Produktrecht erfolgt der Austausch über das **RAPEX-System** bzw. das Safety Gate, sofern bereits eine Meldung in dieses System erfolgt ist.[94] Zudem gibt es eine Datenschnittstelle zwischen dem **Safety Gate** und dem behördeninternen Informations- und Kommunikationssystem (ICSMS), Art. 20 Abs. 5 bzw. Art. 34 MÜ-VO. Auf das ICSMS können die Kommission, die **Verbindungsstellen** sowie die Marktüberwachungs- und Zollbehörden zugreifen.[95] Damit sollen **doppelte Einträge** vermieden werden und

89 *Schucht*, in: Klindt, ProdSG, § 24 Rn. 12; ein solcher behördeninterner Informationsaustausch kann bisweilen bereits innerhalb Deutschlands nicht ganz einfach sein, siehe hierzu auch *Schucht*, in: Klindt, ProdSG, § 24 Rn. 14 ff.

90 Siehe auch die nationalen Regelungen in § 17 MüG, welche auch für den nicht harmonisierten Bereich gelten.

91 *Schucht*, EuZW 2020, 554, 559.

92 Näheres hierzu und zur Marktüberwachungsverordnung: *Schucht*, GewA 2020, 259, 263; vgl. auch § 19, 20 MüG.

93 *Schucht*, GewA 2020, 259, 263.

94 Siehe hierzu auch Art. 12 Abs. 2 Richtlinie 2001/95/EG (allgemeine Produktsicherheitsrichtlinie).

95 *Geiß/Felz*, NJW 2019, 2961, 2965.

der **Informationsaustausch** zwischen den Marktüberwachungsbehörden möglichst **effizient** gestaltet werden.[96]

2. Übertragung auf KI-Systeme

Angesichts des gemeinsamen Marktes sowie der **digitalen Verfasstheit** von KI-Systemen dürfte die Verbreitung und damit auch regelmäßig die Nichtkonformität in den allermeisten Fällen mehrere oder alle Mitgliedstaaten der EU betreffen, insofern ist Art. 79 Abs. 3 von hoher **praktischer Relevanz**. Über die umgehende Information soll erreicht werden, dass die Kommission und die jeweiligen Mitgliedstaaten über denselben Kenntnisstand vermeintlich **nichtkonformer** bzw. **risikobehafteter** KI-Systeme verfügen. Der **Unionsmarkt** soll als gemeinsamer Markt auch gleich behandelt werden und eine **Fragmentierung** vermieden werden. 72

Demzufolge soll auch sichergestellt werden, dass Risiken auf dem gesamten Unionsmarkt gleich behandelt werden und auch – sofern nötig – gleich mitigiert werden. Basis hierfür ist die unverzügliche, mithin ohne **schuldhaftes Zögern** mitgeteilte Information über vermeintliche Risiken. 73

Über diese **unverzügliche Informationspflicht** wird letztlich ein Gleichlauf mit dem bisherigen Marktüberwachungssystem sichergestellt.[97] Denn auch für (analoge) Produkte ohne KI-Komponente soll über das **RAPEX-System (jetzt Safety Gate)** beziehungsweise das behördeninternen **ICSMS-System** ein unverzüglicher Informationsfluss zwischen den zuständigen Kontaktbehörden in den einzelnen Mitgliedstaaten und der Kommission sichergestellt werden.[98] Angesichts der neuen Herausforderungen, die KI-Systeme mitbringen, ist zudem eine **Koordinierung** unter den Marktüberwachungsbehörden und ein **enger Informationsaustausch** von enormer Bedeutung, um eine effektive und effiziente Marktüberwachung gewährleisten zu können.[99] 74

V. Maßnahmenergreifung durch den Wirtschaftsakteur (Abs. 4)

Kernbestandteil des europäischen Marktüberwachungssystems ist, dass die jeweiligen Behörden nur **subsidiär** selbst tätig werden und Maßnahmen anordnen. 75

96 Siehe hierzu auch *Giesberts/Gayger*, in: Ehring/Taeger, NK-ProdR, Art. 20 MÜ-VO Rn. 13 ff.

97 Siehe zum Informationsaustausch und der Zusammenarbeit der Marktüberwachungsbehörden in Deutschland sowie der EU auch: *Schucht*, in: Klindt, ProdSG, § 25 Rn. 27–31.

98 Verweis auf RAPEX bzw. ICSMS; *Schucht*, in: Klindt, ProdSG, § 24 Rn. 12.

99 *Novelli/Hacker/Morley/Trondal/Floridi*, EJRR 2024, 1, 23.

Im Regelfall wird mit dem jeweiligen **Wirtschaftsakteur** – meist dem Hersteller oder dem Importeur – der Dialog gesucht und Maßnahmen im gegenseitigen Einvernehmen vereinbart. Die Durchführung der Maßnahmen obliegt dann zunächst dem jeweiligen Wirtschaftsakteur als **Maßnahmenadressat**. Es gilt der „Vorrang eigenverantwortlicher Maßnahmen".[100]

76 Ein solches Vorgehen stellt nicht nur regelmäßig das **mildere Mittel** dar, sondern ist auch aus Effizienz- und Effektivitätsgesichtspunkten sinnvoll. Schließlich „kennt" der jeweilige Akteur die Vertriebswege seiner Produkte am besten und kann erforderliche Maßnahmen, sei es eine **Korrektur** am Produkt für die Zukunft, eine Warnung, eine Rücknahme oder gar ein Rückruf im Wege des „**Reverse-Marketings**", am besten umsetzen.[101]

77 Allerdings ist die Maßnahmenergreifung gemäß Art. 79 Abs. 4 nicht zu verwechseln mit einer „freiwilligen Maßnahme" gemäß Art. 3 Nr. 17 MÜ-VO. Bei einer derartigen Maßnahme gibt es keine **Aufforderung** oder **Anordnung** seitens einer Behörde, vielmehr reagiert der Wirtschaftsakteur entweder proaktiv, um einer drohenden Anordnung zuvorzukommen, oder aus Gründen der „**customer satisfaction**".[102] Der betroffene Wirtschaftsakteur kann dadurch beispielsweise seinen Ruf bestmöglich schützen und einen Rückruf „freiwillig" durchführen und als solchen kommunizieren, ohne dass die verantwortliche Behörde die **erforderlichen Maßnahmen** hätte anordnen müssen.[103] Vielmehr geht es in Art. 79 Abs. 4 um Fallkonstellationen, in denen der Wirtschaftsakteur zwar weitgehend eigenständig entscheiden kann, welche **Art von Korrekturmaßnahme** angemessen sowie verhältnismäßig ist, jedoch ein Verlangen zur Maßnahmenergreifung seitens der Marktüberwachungsbehörden vorliegt.[104] Insofern ist ein „Miteinander" für beide Seiten – Wirtschaftsakteur wie Behörde – vorzuziehen. Ein solches „**Kooperationsgebot**" bzw. „**Kooperationsprinzip**"

---

100 Siehe ausführlich hierzu *Schucht*, in: Klindt, ProdSG, § 26 Rn. 26–31.

101 Zum Unterschied von Rücknahme (Produkt noch in der Lieferkette) und Rückruf (bereits beim Endnutzer) siehe auch *Schucht*, in: Ehring/Taeger, NK-ProdR, Art. 3 Rn. 63 f., sowie *Giesberts/Gayger*, in: Ehring/Taeger, NK-ProdR, Art. 19 MÜ-VO Rn. 9.

102 Siehe hierzu auch *Schucht*, in: Ehring/Taeger, NK-ProdR, Art. 3 Nr. 17 MÜ-VO Rn. 53; vgl. auch Nationale Marktüberwachungsstrategie der Bundesrepublik Deutschland gemäß Artikel 13 der Verordnung (EU) 2019/1020 Geltungsperiode: 2022 bis 2025 (Kurzfassung), S. 13, https://www.bundesnetzagentur.de/DE/Fachthemen/Telekommunikation/Technik/DMUEF/NationaleMUES.pdf?__blob=publicationFile&v=1 (zuletzt abgerufen am 31.1.2024).

103 Zu beachten ist allerdings, dass gemäß der neuen Produktsicherheitsverordnung jedenfalls in der Rückrufanzeige das Wort „freiwillig" nicht mehr vorkommen darf, da der Gesetzgeber von einer geringeren Effizienz ausgeht, siehe Art. 36 Abs. 2 lit. c Produktsicherheitsverordnung.

104 *Schucht*, in: Ehring/Taeger, NK-ProdR, Art. 3 Nr. 17 MÜ-VO Rn. 54; vgl. auch § 16 Abs. 2 der MÜ-VO.

ist seit dem sogenannten **New Legislative Framework (NLF)**[105] im europäischen Produktrecht etabliert.[106]

78 Eine „Anordnung" von Maßnahmen erfolgt regelmäßig erst, sollte sich der Wirtschaftsakteur weigern oder zumindest eine andere Auffassung hinsichtlich der **Dringlichkeit** oder der gebotenen **Maßnahmenart** oder des **-umfangs** bestehen.[107] Art. 79 Abs. 4 greift den Kooperationsgedanken somit auf und will einen **Gleichlauf** mit dem bisherigen **Marktüberwachungssystem** in der Union herstellen.

VI. Maßnahmenergreifung durch die Behörde und Notifizierung (Abs. 5–6)

79 Sollte der Wirtschaftsakteur keine **Korrekturmaßnahmen** in der von der Marktüberwachungsbehörde verhängten Frist durchführen, so ist die **verfahrensführende Marktüberwachungsbehörde** befugt, „alle geeigneten vorläufigen Maßnahmen" selbst zu treffen. Dies kann als „dritte Stufe" des Marktüberwachungsverfahrens bezeichnet werden und ist auch im **klassischen Produktsicherheits-** bzw. **Marktüberwachungsrecht** nicht anders.[108]

1. Verhinderung des Inverkehrbringens

80 Sollte das Produkt, in dem ein KI-System integriert wurde bzw. mit dem es im Zusammenhang steht, oder das eigenständige KI-System vom Anbieter noch nicht auf dem Markt gebracht worden sein, so kann die Marktüberwachungsbehörde das **Inverkehrbringen** bzw. die **Inbetriebnahme** verhindern bzw. einzuschränken. Anderenfalls ist sie auch befugt, es zurückzunehmen, sofern es nicht mehr unter der **Sachherrschaft des Anbieters** steht, aber noch nicht beim **Endverbraucher** angelangt ist, oder es zurückzurufen, sollte es bereits vollständig in Verkehr gebracht worden und beim Endverbraucher angelangt sein.

81 Dabei hat die Behörde im **klassischen Produktsicherheitsrecht** den **Verhältnismäßigkeitsgrundsatz** zu wahren und das jeweils geeignete, aber mildeste Mittel zu wählen.[109] Nichts anderes kann im Bereich der KI-VO gelten, auch

105 Zum NLF siehe *Kapoor/Klindt*, EuZW 2008, 649; *Kapoor/Klindt*, EuZW 2009, 134; *Schucht*, EuZW 2014, 848.
106 *Schucht*, in: Klindt, ProdSG, § 26 Rn. 44–45a; siehe zur aktuellen Rechtslage Art. 7 VO (EU) 2019/1021 für den harmonisierten Bereich sowie § 5 MüG für den nicht harmonisierten Bereich.
107 *Schucht*, EuZW 2020, 554, 559.
108 *Schucht*, NVwZ 2018, 538, 541; *Schucht*, EuZW 2020, 554, 559.
109 Siehe zum Beispiel: *Schucht*, in: Klindt, ProdSG, § 26 Rn. 66 ff.

wenn der Wortlaut „geeigneten" und nicht „erforderlichen" etwas anderes nahelegen könnte.

82 Sollte beispielsweise eine **Einschränkung des Vertriebes** über eine **Warnung** oder mittels eines **Verbots des Verkaufs** an besonders schützenswerte Personen wie Minderjährige ausreichen, so ist dieses Mittel dem vollständigen **Vertriebsverbot** vorzuziehen.

2. Unverzügliche Meldung der Maßnahmen

83 Die verfahrensführende Marktüberwachungsbehörde muss diese Maßnahmen unverzüglich an die **Marktüberwachungsbehörden** der anderen Mitgliedstaaten sowie die Kommission melden, um diese in die Lage zu versetzen, das vom KI-System ausgehende Risiko zu prüfen sowie gegebenenfalls entsprechende Maßnahmen auf ihrem Hoheitsgebiet ebenfalls durchzuführen. Ein effektiver **Informationsaustausch** ist Voraussetzung für eine effektive Marktüberwachung.[110]

84 Aus diesem Grund ist es erforderlich, der **Notifikation** entsprechende Informationen wie den Anbieter des KI-Systems (Ursprung), über Art und Dauer der Maßnahme (Warnung, Rückruf, zeitweiliger Vertriebsstopp) sowie die Art der **vermuteten Nichtkonformität** und das daraus möglicherweise folgende **Risiko** hinzuzufügen. Anderenfalls wären eine **angemessene Prüfung** sowie zeitnahe Umsetzung der Maßnahmen nicht in der gebotenen Effektivität und Effizienz möglich. Da im Fall von Absatz 5 der Wirtschaftsakteur die Maßnahmen nicht selbst durchführt, kann zudem eine **Information über die Lieferkette** hilfreich sein, um etwaig zu treffende Maßnahmen möglichst zielgenau und effizient tätigen zu können.[111] Ähnliche **Informationsanforderungen** existieren auch im klassischen Produktsicherheitsrecht, vgl. Art. 14 Abs. 4 der MÜ-VO.[112]

85 Damit die Marktüberwachungsbehörden und die Kommission die **Rechtmäßigkeit** der **vorläufig verordneten Maßnahmen** bestmöglich prüfen können und

---

110 *Wende*, in: Klindt, ProdSG, § 29 Rn. 5; der Informationsaustausch und das Meldeverfahren aus den §§ 29–31 ProdSG a. F. sind in die §§ 17–19 MüG überführt worden; siehe hierzu auch *Geiß/Moritz/Felz*, NVwZ 2022, 299, 303; siehe die Bedeutung insbesondere für KI-Systeme: *Novelli/Hacker/Morley/Trondal/Floridi*, EJRR 2024, 1, 23.

111 Die Information über die Lieferkette wurde erst vom Europäischen Parlament im Entwurf eingebracht, siehe European Parliament, Amendments adopted by the European Parliament on 14 June 2023 on the proposal for a regulation of the European Parliament and of the Council on laying down harmonised rules on artificial intelligence (Artificial Intelligence Act) and amending certain Union legislative acts (COM (2021)0206 – C9-0146/2021 – 2021/0106(COD)), P9_TA(2023)0236, Änderungsvorschlag 602, 287.

112 Siehe auch *Geiß/Felz*, NJW 2019, 2961, 2964.

um die Verfahrensrechte des betroffenen Wirtschaftsakteurs zu gewährleisten, sind der **Notifikation** auch die Argumente des betroffenen Wirtschaftsakteurs als Maßnahmenadressat beizufügen.

3. Information über Art des Risikos

86 Schließlich kann eine Information über die **Art des Risikos** entscheidend für die **Dringlichkeit** der Prüfung bzw. der Umsetzung der vorläufig angeordneten Maßnahmen sein – dies gilt aufgrund der möglicherweise besonderen **Gefährdungslage** für KI-Systeme mit verbotenen Praktiken (Art. 79 Abs. 6 lit. a) bzw. Hochrisikosysteme (Art. 79 Abs. 6 lit. b).[113]

87 Darüber hinaus ist es aus **industriepolitischer Sicht** und aufgrund der möglichen Auswirkung auf andere, bereits am Markt platzierte KI-Systeme von hoher Bedeutung, sollten möglicherweise Mängel in den in Art. 40 und 41 genannten **harmonisierten Normen** oder den gemeinsamen Spezifikationen bestehen (Art. 79 Abs. 6 lit. c). Schließlich würde dies auch Auswirkungen auf die sogenannte **Konformitätsvermutung** haben. Ein Verstoß gegen die **Transparenzpflicht** gemäß Art. 50 der Verordnung (Art. 79 Abs. 6 lit. d) wird vom Gesetzgeber aufgrund der KI-Systemen innewohnenden Gefahr der Intransparenz als besonders relevant erachtet und dies erscheint auch nur als folgerichtig.

VII. Zusätzliche Informationen bzw. Einwände gegen die Maßnahmen (Abs. 7)

88 Ziel der **Informationspflicht** dürfte sein, möglichst schnell einen möglichst kongruenten Kenntnisstand unter den jeweiligen Marktüberwachungsbehörden in der Union und bei der Kommission herzustellen.

89 Abweichende, parallel initiierte **Maßnahmen** einer anderen Marktüberwachungsbehörde sollen vermieden werden. Gleichzeitig sollen gegebenenfalls weitere **Kenntnisse über Risiken** oder **Nichtkonformitäten** unverzüglich mitgeteilt werden, damit die Effizienz, aber auch die **Angemessenheit** und **Verhältnismäßigkeit** der Maßnahmen gewahrt bleiben kann. Gleiches gilt für potenzielle Einwände gegen die vorläufig angeordneten Maßnahmen.

113 Die Pflicht zur Mitteilung von Zusatzinformationen war zwar im ersten Entwurf bereits enthalten, wurde jedoch vom Europäischen Parlament noch ergänzt, siehe European Parliament, Amendments adopted by the European Parliament on 14 June 2023 on the proposal for a regulation of the European Parliament and of the Council on laying down harmonised rules on artificial intelligence (Artificial Intelligence Act) and amending certain Union legislative acts (COM(2021)0206 – C9-0146/2021 – 2021/0106(COD)), P9_TA(2023)0236, Änderungsvorschläge 603 ff, 287 f.

VIII. Fiktion der Rechtfertigung der Maßnahme und Umsetzung (Abs. 8–9)

90 Die von der prüfenden, das Verfahren nach Art. 79 durchführenden Marktüberwachungsbehörde erlassene(n) vorläufige(n) Maßnahme(n) **gelten als gerechtfertigt**, sofern nicht innerhalb von drei Monaten nach Eingang der **Notifikation** von der Kommission oder einer Marktüberwachungsbehörde eines anderen Mitgliedstaates Einwände gegen die Maßnahmen vorgebracht werden.

1. Ausreichende Prüfungsfrist

91 Durch die **relativ lange Frist** von drei Monaten bleibt den Marktüberwachungsbehörden sowie der Kommission einerseits ausreichend Zeit, die Maßnahmen der **verfahrensführenden Behörde** zu prüfen, gegebenenfalls den Wirtschaftsakteur anzuhören und etwaige Einwände zu formulieren. Andererseits ist durch die Frist sichergestellt, dass Verfahren nicht **über Gebühr** in der **Schwebe** hängen und – sollten keine Einwände bestehen und daher offenkundig zumindest behördlicherseits EU-weit die Auffassung bestehen, das in Frage stehende KI-System würde unvertretbare Risiken aufweisen – **Gefährdungen** für die **Sicherheit** oder **Gesundheit** von Personen bzw. deren Grundrechte in einer vertretbaren Frist verringert bzw. vollständig beseitigt werden.

92 Im Laufe des Gesetzgebungsverfahrens wurde auf Vorschlag des Rates die Fristverkürzung auf 30 Tage eingeführt, sollte es sich bei dem KI-System um ein System handeln, welches das Verbot gemäß Art. 5 dieser Verordnung missachtet. Diese kürzere Frist erscheint auch **sinnvoll** und **sachgerecht** und entspricht dem der Verordnung zugrundeliegenden **risikobasierten Ansatz** sowie dem erklärten Ziel der Verordnung, KI-Systeme zu regulieren und die **Sicherheit** und den **Grundrechtsschutz** zu stärken.[114]

93 Schließlich liegt der Aufführung der verbotenen Praktiken in Art. 5 die Annahme zugrunde, dass derartige Praktiken Grundrechte von Personen in der Union besonders stark gefährden können. Demzufolge erscheint es angebracht, dass die **Marktüberwachungsbehörden** der anderen Mitgliedstaaten bzw. die Kommission in einem derartigen Fall Einwände besonders schnell prüfen, um die von der prüfenden Marktüberwachungsbehörde festgestellte Gefährdung schneller durch **Korrekturmaßnahmen** zu beseitigen.

114 Siehe beispielsweise ErwG 1, 3, 6, 7.

2. Schutzklauselverfahren bei weiteren Einwänden

Bestehen weiterhin Einwände gegen die vorläufig **angeordneten Maßnahmen** der verfahrensführenden Marktüberwachungsbehörden, besteht die Möglichkeit, das **Schutzklauselverfahren** gemäß Art. 81 einzuleiten (siehe hierzu die Kommentierung zu Art. 81 Rn. 9 ff.). **94**

3. Verfahrensrechte des Wirtschaftsakteurs

Dem Wirtschaftsakteur werden über den Verweis in Art. 79 Abs. 8 die Verfahrensrechte in Art. 18 der MÜ-VO eingeräumt. **95**

Demnach muss jede einschränkende Maßnahme der Behörde nicht nur begründet und die **Rechtsgrundlage** angegeben sein (siehe Art. 18 Abs. 1), sondern die Bekanntgabe der Entscheidung „**unverzüglich**" erfolgen sowie eine **Rechtsbehelfsbelehrung** enthalten sein (Art. Abs. 18 Abs. 2). Zudem besteht gemäß Art. 18 Abs. 3 der MÜ-VO eine **Anhörungspflicht** des Wirtschaftsakteurs.[115] **96**

115 Siehe hierzu ausführlicher: *Giesberts/Gayger*, in: Ehring/Taeger, NK-ProdR, Art. 18 MÜ-VO Rn. 5 ff.

Art. 80 Verfahren für den Umgang mit KI-Systemen, die vom Anbieter gemäß Anhang III als nicht hochriskant eingestuft werden

(1) Hat eine Marktüberwachungsbehörde hinreichend Grund zu der Annahme, dass ein vom Anbieter als nicht hochriskant gemäß Artikel 6 Absatz 3 eingestuftes KI-System tatsächlich hochriskant ist, so prüft die Marktüberwachungsbehörde das betreffende KI-System im Hinblick auf seine Einstufung als Hochrisiko-KI-System auf der Grundlage der in Artikel 6 Absatz 3 festgelegten Bedingungen und den Leitlinien der Kommission.

(2) Stellt die Marktüberwachungsbehörde im Verlauf dieser Prüfung fest, dass das betreffende KI-System hochriskant ist, fordert sie den jeweiligen Anbieter unverzüglich auf, alle erforderlichen Maßnahmen zu ergreifen, um die Konformität des KI-Systems mit den in dieser Verordnung festgelegten Anforderungen und Pflichten herzustellen, sowie innerhalb einer Frist, die die Marktüberwachungsbehörde vorgeben kann, geeignete Korrekturmaßnahmen zu ergreifen.

(3) Gelangt die Marktüberwachungsbehörde zu der Auffassung, dass die Verwendung des betreffenden KI-Systems nicht auf ihr nationales Hoheitsgebiet beschränkt ist, so informiert sie die Kommission und die anderen Mitgliedstaaten unverzüglich über die Ergebnisse der Prüfung und über die Maßnahmen, zu denen sie den Anbieter aufgefordert hat.

(4) Der Anbieter sorgt dafür, dass alle erforderlichen Maßnahmen ergriffen werden, um die Konformität des KI-Systems mit den in dieser Verordnung festgelegten Anforderungen und Pflichten herzustellen. Stellt der Anbieter eines betroffenen KI-Systems die Konformität des KI-Systems mit diesen Anforderungen und Pflichten nicht innerhalb der in Absatz 2 des vorliegenden Artikels genannten Frist her, so werden gegen den Anbieter Geldbußen gemäß Artikel 99 verhängt.

(5) Der Anbieter sorgt dafür, dass alle geeigneten Korrekturmaßnahmen in Bezug auf alle betreffenden KI-Systeme, die er auf dem Unionsmarkt bereitgestellt hat, getroffen werden.

(6) Ergreift der Anbieter des betreffenden KI-Systems innerhalb der in Absatz 2 des vorliegenden Artikels genannten Frist keine angemessenen Korrekturmaßnahmen, so findet Artikel 79 Absätze 5 bis 9 Anwendung.

(7) Stellt die Marktüberwachungsbehörde im Verlauf der Prüfung gemäß Absatz 1 des vorliegenden Artikels fest, dass das KI-System vom Anbieter fälschlich als nicht hochriskant eingestuft wurde, um die Geltung der Anfor-

derungen von Kapitel III Abschnitt 2 zu umgehen, so werden gegen den Anbieter Geldbußen gemäß Artikel 99 verhängt.

(8) Bei der Ausübung ihrer Befugnis zur Überwachung der Anwendung dieses Artikels können die Marktüberwachungsbehörden im Einklang mit Artikel 11 der Verordnung (EU) 2019/1020 geeignete Überprüfungen durchführen, wobei sie insbesondere Informationen berücksichtigen, die in der EU-Datenbank gemäß Artikel 71 der vorliegenden Verordnung gespeichert sind.

Schrifttum: *Ehring/Taeger* (Hrsg.), Produkthaftungs- und Produktsicherheitsrecht, 2022; *Geiß/Felz*, Das neue Recht der Marktüberwachung im digitalen Zeitalter, NJW 2019, 2961; *Klindt* (Hrsg.), Produktsicherheitsgesetz, 3. Aufl. 2021; *Schucht*, Sollbruchstellen in der neuen EU-Marktüberwachungsverordnung, EuZW 2020, 554.

Übersicht

I. Allgemeines

Im Gegensatz zu Art. 79 behandelt vorliegende Vorschrift KI-Systeme, die **fälschlicherweise** vom Anbieter nicht als **Hochrisiko-System** eingestuft worden sind. Sie stellt eine **Besonderheit** der KI-VO dar und lässt sich weder in anderen sektoralen oder horizontalen Vorschriften noch im bisherigen System der Marktüberwachung finden. Dies ist aber wenig verwunderlich, stellt doch auch 1 der **risikobasierte Ansatz** der KI-VO mit den speziellen Anforderungen für Hochrisikosysteme eine Besonderheit der KI-VO dar, die sich so in anderen Vorschriften – mit Ausnahme der Medizinprodukteverordnung,[1] die ebenfalls einen risikobasierten Ansatz verfolgt – nicht finden lässt.

1. Zweck der Vorschrift

2 Mit der Vorschrift soll verhindert werden, dass KI-Systeme, die zunächst nicht als **Hochrisikosysteme** eingestuft wurden, ohne die Ausnahmebedingungen gemäß Art. 6 Abs. 3 eingehalten zu haben bzw. ohne die notwendigen Schritte im **Konformitätsverfahren** durchlaufen zu haben, auf dem Unionsmarkt bereitgestellt werden.

3 Die Vorschrift ist sinnvolle Konsequenz des risikobasierten Ansatzes, der mit der Regulierung verfolgt wird. Hochrisikosysteme müssen aufgrund der größeren **potenziellen Gefährdung** für Sicherheit und Gesundheit von Verbrauchern bzw. der **Grundrechtsgefährdung** besonderen Anforderungen gerecht werden und die in dieser Verordnung in Kapitel III Abschnitt 2 genannten Verfahrensschritte durchlaufen.

4 Da die (Erst-)Beurteilung, ob ein System ein Hochrisikosystem im Sinne dieser Verordnung darstellt oder nicht, der **Einschätzungsprärogative** der Anbieter obliegt, ist es notwendig, diese Einschätzung im **Post-Market-Bereich** der Marktüberwachungsbehörden gesondert überprüfen zu können. Anderenfalls wäre es Anbietern (leichter) möglich, die speziellen Anforderungen an Hochrisiko-Systeme zu umgehen und potenziell gefährliche KI-Systeme auf dem Unionsmarkt bereitzustellen. Eine solche **Missbrauchsgefahr** soll mit dieser Vorschrift adressiert und verringert werden.

2. Entstehungsgeschichte

5 Diese Vorschrift war im ursprünglichen Entwurf der Kommission nicht vorgesehen. Sie wurde erst im Zuge der **Trilog-Verhandlungen** zwischen Rat, Parlament und Kommission aufgenommen. Die Vorschrift geht jedoch offenbar weder auf konkrete Vorschläge des Rates noch des Parlamentes zurück, sondern wurde im gemeinsamen Entwurf nach dem Trilog-Verfahren aufgenommen.[2]

---

1 Verordnung (EU) 2017/745 des Europäischen Parlaments und des Rates vom 5.4.2017 über Medizinprodukte, zur Änderung der Richtlinie 2001/83/EG, der Verordnung (EG) Nr. 178/2002 und der Verordnung (EG) Nr. 1223/2009 und zur Aufhebung der Richtlinien 90/385/EWG und 93/42/EWG des Rates, ABl. EU L 117 v. 5.5.2017, S. 1 ff.

2 Siehe Proposal for a Regulation of the European Parliament and of the Council laying down harmonised rules on artificial intelligence (artificial intelligence act) and amending certain union legislative acts, 2021/0106(COD) vom 21.1.2024, Art. 65a, S. 713 f.

3. Verhältnis zu anderen Vorschriften

Im Unterschied zu Art. 79 befasst sich Art. 80 nicht mit einer reinen (materiellen) **Nichtkonformität** und möglichen Risiken für die Gesundheit, die Sicherheit oder Grundrechte von Personen, sondern allein mit der Frage, ob das KI-System aufgrund Nichteinhaltung der Bedingungen in Art. 6 Abs. 3 als ein Hochrisikosystem eingestuft hätte werden müssen. Insofern dürfte Art. 80 die **speziellere Norm** zu Art. 79 darstellen. Zu beachten ist auch im Rahmen des Art. 80 die potenzielle **Ausschlussregel** des Art. 74 Abs. 4. Allerdings gilt dies nur, wenn mit dem sektorspezifischen Verfahren das **gleiche Schutzziel** mit einem ähnlichen Schutzniveau erreicht werden soll (vgl. Art. 79 Rn. 58 ff.). 6

Da der risikobasierte Ansatz mit der Einstufung von Hochrisikosystemen ein Spezifikum der KI-VO ist, findet sich auch **keine vergleichbare Vorschrift** im deutschen Marktüberwachungsrecht. Konkrete Auswirkungen auf andere Vorschriften sind somit nicht zu erwarten. 7

II. Grund zur Annahme der fehlerhaften Einstufung als Nicht-Hochrisiko-KI-System (Abs. 1)

Sofern die Marktüberwachungsbehörde Grund zur Annahme hat, dass ein KI-System, welches vom Anbieter nicht als **hochriskant** eingestuft wurde, als Hochrisiko-KI-System hätte eingestuft werden sollen, ist die Marktüberwachungsbehörde angehalten, das KI-System „im Hinblick auf seine Einstufung als Hochrisiko-KI-System auf der Grundlage der in **Artikel 6 Absatz 3** festgelegten Bedingungen und den **Leitlinien der Kommission**" zu prüfen. 8

Ob die Marktüberwachungsbehörde eine derartige Annahme a priori vor Einleitung einer Prüfung hat oder zunächst eine Prüfung gemäß Art. 79 Abs. 1 eingeleitet hat und im Rahmen dieser Prüfung zur Annahme gelangt ist, dass das KI-System hochriskant ist, dürfte dabei **unbeachtlich** sein. 9

1. Prüfung gemäß den Bedingungen in Art. 6 Abs. 3

Die Marktüberwachungsbehörde prüft sodann das KI-System allein hinsichtlich der Bedingungen in Art. 6 Abs. 3 sowie der Leitlinien der Kommission. **Kernpunkt der Prüfung** ist, ob das KI-System ein **erhebliches Risiko** für die Gesundheit, Sicherheit oder die Grundrechte von natürlichen Personen darstellt. Hier dürfte sich die Marktüberwachungsbehörde am **Prüfverfahren** gemäß Art. 79 Abs. 1 (siehe hierzu Rn. 34 ff.) orientieren, allerdings mit dem Fokus, ob das KI-System einen **wesentlichen Einfluss** auf die Entscheidungsfindung von natürlichen Personen hat und die **Risiken** für die genannten Rechtsgüter gerade **dadurch** entstehen. 10

11 Denkbar sind auch **Fallkonstellationen**, in denen die Marktüberwachungsbehörde vermutet, dass die in Art. 6 Abs. 3 lit. a–d genannten Bedingungen zu Unrecht angenommen bzw. vom Anbieter fälschlicherweise als zutreffend angegeben wurden, insbesondere in der Dokumentation der Bewertung gemäß Art. 80 Abs. 4.

12 Beispiele könnten Fälle sein, in denen die vom KI-System **durchzuführende Verfahrensaufgabe** noch weitergehender ist als gedacht bzw. angegeben wurde (lit. a), das KI-System zu **keiner Verbesserung** einer zuvor abgeschlossenen menschlichen Tätigkeit führt oder die menschliche Tätigkeit **nicht abgeschlossen** ist (lit. b), das KI-System wider Erwarten bzw. Angabe menschliche Bewertungen **eigenständig ersetzt** oder **beeinflusst** (lit. c) oder das KI-System **nicht nur eine vorbereitende Aufgabe** für eine Bewertung durchführt, welche für die in Anhang III aufgeführten Anwendungsfälle von Bedeutung ist, sondern **weiterreichende Aufgaben** übernimmt.

13 Schließlich sind auch Fallkonstellationen vorstellbar, in denen die Marktüberwachungsbehörde ein „**Profiling**" von natürlichen Personen durch das KI-System vermutet.

2. Große Sorgfalt erforderlich

14 Aufgrund der weitreichenden Folgen dürften die Marktüberwachungsbehörden die Prüfung gemäß Art. 80 Abs. 1 mit **besonderer Sorgfalt** durchführen, zumal in Fällen, in denen das Vorliegen bzw. Nichtvorliegen der in Art. 6 Abs. 3 aufgeführten Bedingungen **nicht klar und eindeutig** ist.

15 Dies dürfte in der **weitaus geringeren Anzahl** der Fälle in der Praxis der Fall sein, etwa bei absichtlich falschen Angaben durch den Wirtschaftsakteur. In den meisten Fällen dürfte es auf eine **Abwägung** hinauslaufen. Daher ist in solchen Fällen eine ausführliche Begründung und eine intensive Auseinandersetzung mit der vom Anbieter gemäß Art. 80 Abs. 4 **bereitgestellten Dokumentation** und den dort aufgeführten **Gründen und Bewertungen** erforderlich.

III. Aufforderung zur Maßnahmenergreifung (Abs. 2)

16 Analog zu Art. 79 Abs. 2 fordert die jeweilige verfahrensführende Marktüberwachungsbehörde den Anbieter zunächst auf, selbst die **erforderlichen Maßnahmen** zu ergreifen, um die **Konformität** des KI-Systems mit der vorliegenden Verordnung herzustellen beziehungsweise, sofern das KI-System bereits in Verkehr gebracht wurde, entsprechende **Korrekturmaßnahmen** zu ergreifen.

17 Interessant ist jedoch, dass gemäß dem Wortlaut nicht „**geeignete Maßnahmen**", sondern „**erforderliche Maßnahmen**" zu treffen sind. Im Gegensatz zur

Geeignetheit, der ersten Stufe des **Verhältnismäßigkeitsgrundsatzes**,[3] bei der grundsätzlich jedes Mittel bzw. jede Maßnahme zulässig ist, sofern das (legitime) Ziel damit erreicht werden kann, muss im Rahmen der Erforderlichkeit, der zweiten Stufe des Verhältnismäßigkeitsgrundsatzes, das Mittel bzw. die Maßnahme die mildeste von gleich wirksamen Maßnahmen sein. Damit würde das **Auswahlermessen der Marktüberwachungsbehörde** bei der Maßnahmenwahl in gewisser Weise eingeschränkt, auch wenn grundsätzlich jedes Verwaltungshandeln dem Verhältnismäßigkeitsgrundsatz entsprechen muss.[4]

Anders als in Art. 79 Abs. 2 (15 Tage) ist eine **explizite Maximalfrist** nicht vorgegeben. Aufgrund der bei Hochrisikosystemen per se höheren **Risikoexposition** dürften die Marktüberwachungsbehörden in Fällen des Art. 80 Abs. 2 regelmäßig kürzere Fristen als die 15 Tage gemäß Art. 79 Abs. 2 setzen. **18**

Unklar bleibt jedoch, warum der Gesetzgeber in Art. 80 Abs. 2 keine (kürzere) **Maximalfrist** festgelegt hat. Da auch die Frist in Art. 79 Abs. 2 erst recht spät, kurz vor Abschluss des Gesetzgebungsverfahrens in den Text aufgenommen wurde, ist auch nicht auszuschließen, dass es **versehentlich** versäumt wurde, eine Maximalfrist aufzunehmen. Denn im Sinne einer möglichst gleichlaufenden **Rechtsdurchsetzungstätigkeit** der Marktüberwachungsbehörden der unterschiedlichen Mitgliedstaaten wäre eine **einheitliche Maximalfrist** durchaus sachgerecht gewesen. **19**

IV. Unterrichtung der Kommission und der anderen Mitgliedstaaten (Abs. 3)

Die Marktüberwachungsbehörde hat **unverzüglich** die Kommission sowie die Marktüberwachungsbehörden der anderen Mitgliedstaaten zu **informieren**, sofern sie zur Auffassung gelangt ist, dass das KI-System nicht allein auf ihrem Hoheitsgebiet verbreitet ist. Dies dürfte gerade bei KI-Systemen mit allgemeinem Verwendungszweck oder eigenständigen **„stand alone"-KI-Systemen** aufgrund der **rein digitalen Struktur** der Regelfall sein; aber auch bei „haptischen" Produkten mit KI-Komponenten dürfte aufgrund des gemeinsamen Marktes die Verbreitung nur in einem Mitgliedstaat eher die Ausnahme sein. **20**

Auf die Ausführungen zu Art. 79 Abs. 3 wird verwiesen, da die **Informationspflicht** denselben Voraussetzungen folgt (vgl. Art. 79 Rn. 88 ff.). Allein die Frist **„unverzüglich"** dürfte vorliegend noch strikter eingehalten werden, da es sich **21**

3 Vgl. *Schucht*, in: Klindt, ProdSG, § 26 Rn. 66.
4 *Schucht*, in: Klindt, ProdSG, § 26 Rn. 66 ff.

im Falle des Art. 80 Abs. 3 schließlich um hochriskante KI-Systeme handelt, eine **unionsweite Information** daher umso mehr geboten ist.

V. Korrekturmaßnahmen durch den Anbieter (Abs. 4–5)

22 Art. 80 Abs. 5 ist gleichlautend mit Art. 79 Abs. 4. **Kernbestandteil** des europäischen Marktüberwachungssystems ist, dass die jeweiligen Behörden nur **subsidiär** tätig werden und Maßnahmen anordnen.

1. Regelfall: Dialog und Kooperation

23 Im Regelfall wird mit dem jeweiligen Wirtschaftsakteur – meist dem Hersteller oder dem Importeur – der **Dialog** gesucht und Maßnahmen im **gegenseitigen Einvernehmen** vereinbart (vgl. Ausführungen zu Art. 79 Rn. 77 f.). Es gilt das **Kooperationsgebot** zwischen Marktüberwachungsbehörden und Wirtschaftsakteuren.

24 Die **Durchführung der Maßnahmen** obliegt dann zunächst dem jeweiligen Wirtschaftsakteur als **Maßnahmenadressat**. Ein solches Vorgehen stellt nicht nur regelmäßig das mildere Mittel dar, sondern ist auch aus **Effizienz- und Effektivitätsgesichtspunkten** sinnvoll. Schließlich „kennt" der jeweilige Akteur die Vertriebswege seiner Produkte am besten und kann erforderliche Maßnahmen, sei es eine Korrektur am Produkt für die Zukunft, eine Warnung, eine **Rücknahme** oder gar einen **Rückruf** im Wege des „Reverse-Marketings" am besten umsetzen (vgl. oben Ausführungen zu Art. 79 Rn. 75 ff.).

25 Zudem kann der betroffene Akteur auch seinen Ruf bestmöglich schützen und kann beispielsweise einen Rückruf „freiwillig" durchführen, ohne dass die verantwortliche Behörde die **erforderlichen Maßnahmen** hätte anordnen müssen. Insofern ist ein „Miteinander" für beide Seiten – Wirtschaftsakteur wie Behörde – vorzuziehen.

2. Anordnung regelmäßig erst bei Weigerung

26 Eine „Anordnung" von Maßnahmen erfolgt regelmäßig erst, sollte sich der Wirtschaftsakteur weigern oder zumindest eine andere Auffassung hinsichtlich der **Dringlichkeit** oder der **gebotenen Maßnahmenart** oder des -umfangs bestehen. Die Ausübung von „Befehl und Zwang" stellt die 3. Stufe des Marktüberwachungssystems dar.[5] Art. 79 Abs. 4 greift diesen „Kooperationsgedanken" somit auf und will einen **Gleichlauf** mit dem bisherigen Marktüberwachungssystem in der Union herstellen.

5 *Schucht*, EuZW 2020, 554, 559.

Während es gemäß Art. 80 Abs. 5 um **Korrekturmaßnahmen** für bereits auf dem Markt bereitgestellte KI-Systeme geht, zielt Art. 80 Abs. 4 auf die **Herstellung der Konformität** noch nicht bereitgestellter KI-Systeme ab; die KI-Systeme befinden sich somit noch in der **Verfügungsgewalt** des Anbieters. Interessant ist, dass nur in Abs. 4 Sanktionen gemäß Art. 99 vorgesehen sind, für die Nichtergreifung von Abhilfemaßnahmen in Abs. 6 hingegen unmittelbar jedenfalls nicht. 27

VI. Keine Korrekturmaßnahme durch den Anbieter (Abs. 6)

Sofern der Anbieter innerhalb der von der Marktüberwachungsbehörde gesetzten Frist keine **„angemessenen Korrekturmaßnahmen"** durchführt, gilt Art. 79 Abs. 5–9 entsprechend. 28

1. Maßnahmen durch die Behörde

Die verfahrensführende Marktüberwachungsbehörde kann anstatt des Anbieters selbst **erforderliche** und **verhältnismäßige Maßnahmen** zur **Risikobeseitigung** bzw. **Risikominimierung** treffen. Sie hat über diese vorläufig angeordneten Maßnahmen jedoch unverzüglich die Marktüberwachungsbehörden der anderen Mitgliedstaaten sowie die Kommission zu informieren. Die **Notifikation** muss dabei umfängliche Informationen enthalten, etwa über den Ursprung des KI-Systems, die Art und Dauer der Maßnahmen, die Lieferkette sowie die Argumente des Anbieters.[6] 29

2. Weitere Aspekte der Nichtkonformität

Zudem sind weitere **Aspekte der Nichtkonformität** zu nennen, etwa in Fällen, in denen die harmonisierten Normen in den Art. 40 und 41 als mangelhaft erachtet werden oder das KI-System gegen Art. 5 (verbotene Anwendungen) verstößt. Die anderen Mitgliedstaaten haben gegebenenfalls weitere **Informationen** oder **potenzielle Einwände** gegen die Maßnahmen der Kommission zu melden. Abhängig von der Risikoart haben die Marktüberwachungsbehörden und die Kommission drei Monate bzw. 30 Tage Zeit, um die **Rechtmäßigkeit** der **vorläufig angeordneten Maßnahmen** zu prüfen und gegebenenfalls Einwände zu erheben. Sofern innerhalb der jeweiligen Frist keine Einwände erhoben werden, **gelten** die **vorläufig** angeordneten Maßnahmen als **gerechtfertigt**. In diesem Fall sind die Marktüberwachungsbehörden der anderen Mitgliedstaaten und die 30

6 Dies stellt jedoch nichts Neues dar und ist bereits im klassischen Produktsicherheitsrecht etabliert, vgl. § 30 Abs. 3 ProdSG a. F. bzw. § 18 Abs. 3 MüG respektive Art. 14 Abs. 4 der MÜ-VO; siehe auch *Geiß/Felz*, NJW 2019, 2961, 2964.

Kommission verpflichtet, die Maßnahmen auf **ihrem Hoheitsgebiet** umzusetzen (vgl. hierzu auch die Ausführungen zu Art. 79 Rn. 79 ff.).

3. Entsprechende Anwendung bei fehlender Angemessenheit

31 Interessant ist jedoch, dass die entsprechende Anwendung des Art. 79 Abs. 5–9 auch dann greifen soll, wenn der Anbieter keine **„angemessenen Korrekturmaßnahmen"** ergreift.

32 Es ist mithin nicht zwingend erforderlich, dass er überhaupt keine Maßnahmen ergreift. Eine **Nichtangemessenheit** könnte zum Beispiel auch in einer zu **späten Durchführung** der eigentlich angebrachten Maßnahmen liegen; auch eine nicht adäquate Maßnahmenart (beispielsweise nur Warnung statt Rücknahme oder Rückruf) oder eine **fehlende Effektivität** aufgrund nicht ausreichender „Bewerbung" der Maßnahme könnte einen solchen Fall darstellen. Die Beurteilung über die **Angemessenheit** dürfte dabei zunächst der verfahrensführenden Marktüberwachungsbehörde obliegen.

VII. Sanktionen bei Umgehung der Anforderungen von Kapitel III Abschnitt 2 (Abs. 7)

33 Art. 80 Abs. 7 ermöglicht es der Marktüberwachungsbehörde, dem Anbieter **Geldbußen** gemäß Art. 99 aufzuerlegen, sollte er das KI-System nicht als hochriskant eingestuft haben, um die Anforderungen des Titels III Abschnitt 2 zu umgehen. Der Wortlaut legt nahe, dass der Anbieter die **Intention** gehabt haben muss, die zusätzlichen Anforderungen dieses Kapitels zu umgehen. Dementsprechend hoch dürften auch die gemäß Art. 99 möglichen Geldbußen ausfallen.

VIII. Durchführung von Maßnahmen im Einklang mit Art. 11 VO (EU) 2019/1020 (Abs. 8)

34 Gemäß Abs. 8 können die Marktüberwachungsbehörden bei der Ausübung ihrer Befugnis zur Überwachung der Anwendung von Art. 80 **geeignete Überprüfungen** durchführen, die im Einklang mit Art. 11 VO (EU) 2019/1020 (EU-Marktüberwachungsverordnung – MÜ-VO) zu stehen haben.[7] Bei der Durchführung derartiger Überprüfungen haben sie die gemäß Art. 71 **gespeicherten In-**

7 Verordnung (EU) 2019/1020 des Europäischen Parlaments und des Rates vom 20.6.2019 über Marktüberwachung und die Konformität von Produkten sowie zur Änderung der Richtlinie 2004/42/EG und der Verordnungen (EG) Nr. 765/2008 und (EU) Nr. 305/2011, ABl. EU L 169 v. 25.6.2019, S. 1.

formationen über Hochrisiko-KI-Systeme gemäß Art. 6 Abs. 2 bzw. über KI-Systeme, die gemäß Art. 6 Abs. 3 nicht als Hochrisiko-KI-System eingestuft wurden, zu berücksichtigen.

Über den Verweis auf Art. 11 MÜ-VO wird ein **sinnvoller Gleichlauf** mit dem klassischen Marktüberwachungsrecht geschaffen und zudem eine **effektive Marktüberwachung** gewährleistet. Gemäß Art. 11 Abs. 3 MÜ-VO dürfen Marktüberwachungsbehörden Produktüberprüfungen über **„angemessene Stichproben"** durchführen; die Überprüfungen können dabei entweder physischer Natur sein oder im Labor durchgeführt werden. Derartige Überprüfungen werden aufgrund der **spezifischen Eigenart** von KI-Systemen sicherlich nicht in allen Fällen sinnvoll sein; Abs. 8 erweitert aber den **„Instrumentenkasten"**, der Marktüberwachungsbehörden zur Verfügung steht, ohne dabei überschießend zu wirken und den Marktüberwachungsbehörden zu weitreichende Kompetenzen zu gewähren. 35

Wie in Art. 11 Abs. 3 MÜ-VO ausdrücklich festgelegt ist, haben die Marktüberwachungsbehörden dabei einen **risikobasierten Ansatz** zu wählen; weiterhin haben sie verschiedene Kriterien zu berücksichtigen, wie etwa die möglicherweise mit dem Produkt **verbundenen Gefahren** bzw. **Nichtkonformitäten**, möglicherweise bereits durchgeführte Maßnahmen des Wirtschaftsakteurs, weitere Fälle von Nichtkonformitäten desselben Wirtschaftsakteurs, Verbraucherbeschwerden oder weitere andere, auf eine **mögliche Nichtkonformität** hinweisende Informationen. Zudem haben sie auch ein gemäß Art. 25 Abs. 1 MÜ-VO erstelltes Risikoprofil zu berücksichtigen.[8] 36

Insbesondere bzgl. dieses **Risikoprofils** dürften die in der Datenbank gemäß Art. 71 enthaltenen Informationen wichtige Rückschlüsse geben können. Der Rückgriff auf die in der Datenbank gespeicherten Maßnahmen dürfte daher die Marktüberwachungsbehörden besser in die Lage versetzen, **geeignete und verhältnismäßige Maßnahmen/Überprüfungen** durchzuführen, und auch sicherstellen, dass die notwendigen Informationen schnell und zuverlässig verfügbar sind. 37

8 Ausführlich zu den Maßnahmen: *Giesberts/Gayger*, in: Ehring/Taeger NK-ProdR, Art. 11 MÜ-VO Rn. 1 ff.

Art. 81 Schutzklauselverfahren der Union

(1) Erhebt eine Marktüberwachungsbehörde eines Mitgliedstaats innerhalb von drei Monaten nach Eingang der in Artikel 79 Absatz 5 genannten Notifizierung – oder bei Nichteinhaltung des Verbots der in Artikel 5 genannten KI-Praktiken innerhalb von 30 Tagen – Einwände gegen eine von der Marktüberwachungsbehörde eines anderen Mitgliedstaats getroffene Maßnahme oder ist die Kommission der Ansicht, dass die Maßnahme mit dem Unionsrecht unvereinbar ist, so nimmt die Kommission unverzüglich Konsultationen mit der Marktüberwachungsbehörde des betreffenden Mitgliedstaats und dem Akteur bzw. den Akteuren auf und prüft die nationale Maßnahme. Anhand der Ergebnisse dieser Prüfung entscheidet die Kommission innerhalb von sechs Monaten – oder bei Nichteinhaltung des Verbots der in Artikel 5 genannten KI-Praktiken innerhalb von 60 Tagen – ab dem Eingang der in Artikel 79 Absatz 5 genannten Notifizierung, ob die nationale Maßnahme gerechtfertigt ist, und teilt der Marktüberwachungsbehörde des betreffenden Mitgliedstaats ihre Entscheidung mit. Die Kommission unterrichtet auch alle übrigen Marktüberwachungsbehörden über ihre Entscheidung.

(2) Ist die Kommission der Ansicht, dass die von dem betreffenden Mitgliedstaat ergriffene Maßnahme gerechtfertigt ist, so tragen alle Mitgliedstaaten dafür Sorge, dass sie geeignete einschränkende Maßnahmen in Bezug auf das betreffende KI-System ergreifen, etwa die Anordnung der unverzüglichen Rücknahme des KI-Systems von ihrem Markt, und informiert die Kommission darüber. Erachtet die Kommission die nationale Maßnahme als nicht gerechtfertigt, nimmt der betreffende Mitgliedstaat die Maßnahme zurück und informiert die Kommission darüber.

(3) Gilt die nationale Maßnahme als gerechtfertigt und wird die Nichtkonformität des KI-Systems auf Mängel in den in den Artikeln 40 und 41 dieser Verordnung genannten harmonisierten Normen oder gemeinsamen Spezifikationen zurückgeführt, so leitet die Kommission das in Artikel 11 der Verordnung (EU) Nr. 1025/2012 festgelegte Verfahren ein.

Mit Art. 81 korrespondiert Erwägungsgrund 157.

Schrifttum: *Ebers*, Standardisierung Künstlicher Intelligenz und KI-Verordnungsvorschlag, RDi 2021, 588; *Kapoor/Klindt*, „New Legislative Framework“ im EU-Produktsicherheitsrecht – Neue Marktüberwachung in Europa?, EuZW 2008, 649; *Klindt* (Hrsg.), Produktsicherheitsgesetz, 3. Aufl. 2021; *Schucht*, Sollbruchstellen und Fortschritte im Marktüberwachungsrecht, NVwZ 2018, 538; *Singer*, Gute Nachrichten, schlechte Nachrichten für Maschinenhersteller, NVwZ 2019, 455.

Übersicht

I. Allgemeines

Das Schutzklauselverfahren ist kein Spezifikum der KI-VO, sondern „alter Bekannter" des klassischen Produktsicherheitsrechts.[1] 1

1. Zweck der Vorschrift

Das Schutzklauselverfahren ist von zentraler Bedeutung, um die einheitliche Anwendung des Unionsrechts bzw. eine **einheitliche Vollzugspraxis** in der gesamten Union sicherzustellen und um **Rechtsfragmentierung** innerhalb der Union zu verhindern.[2] 2

a) Schutz des freien Warenverkehrs und Einheit des Rechtsraums

Mit der Anerkennung der **Prärogative** der Kommission bei unterschiedlichen Auffassungen zwischen Marktüberwachungsbehörden wird letztlich der freie Warenverkehr innerhalb der EU gestärkt und die **Einheit des Rechtsraums** in der EU gewahrt.[3] **Schutzklauselverfahren** sind im Unionsrecht bereits seit langem etabliert und finden sich in ähnlicher Form auch in anderen, sektorspezifischen Harmonisierungsvorschriften.[4] Zu beachten ist, dass das Schutzklauselverfahren nur bei von der Marktüberwachungsbehörde angeordneten Maßnahmen Anwendung findet. Denn bei freiwilligen Maßnahmen durch einen Wirt- 3

1 Siehe hierzu ausführlich: *Wende*, in: Klindt, ProdSG, § 29 Rn. 5 ff.
2 Vgl. auch *Singer*, NVwZ 2019, 455, 457.
3 *Schucht*, NVwZ 2018, 538, 543; siehe auch *Wende*, in: Klindt, ProdSG, § 29 Rn. 6.
4 Siehe auch *Schucht*, NVwZ 2018, 538, 543.

schaftsakteur besteht die Gefahr einer nicht **einheitlichen Vollzugspraxis** schon denklogisch nicht.[5]

b) Ausgangspunkt ist Notifizierung

4 Über das Schutzklauselverfahren soll verhindert werden, dass Marktüberwachungsbehörden in einem Mitgliedstaat Maßnahmen **anordnen** und **durchsetzen**, die seitens anderer Marktüberwachungsbehörden und/oder der Kommission als **nicht gerechtfertigt** angesehen werden und von den zuständigen Marktüberwachungsbehörden in den anderen Mitgliedstaaten auch nicht umgesetzt werden. Ausgangspunkt ist daher die **Notifizierung** gemäß Art. 79 Abs. 5.

c) Unionsrechtlich in Art. 144 Abs. 10 AEUV verankert

5 Unionsrechtlich ist das Schutzklauselverfahren in Art. 114 Abs. 10 AEUV verankert. Danach sind die **Harmonisierungsmaßnahmen** gem. Art. 114 AEUV „in geeigneten Fällen mit einer Schutzklausel verbunden, welche die Mitgliedstaaten ermächtigt, aus einem oder mehreren der in Art. 36 (AEUV) genannten **nichtwirtschaftlichen Gründe** vorläufige Maßnahmen zu treffen, die einem Kontrollverfahren der Union unterliegen."[6]

6 In der Praxis funktioniert das Schutzklauselverfahren allerdings leider **nicht in jedem Fall reibungslos**.[7]

2. Entstehungsgeschichte

7 Die Vorschrift war im Grundsatz bereits im ersten Entwurf der Verordnung enthalten.[8] Im Laufe der Trilog-Verhandlungen wurden jedoch **kleinere Änderungen** eingefügt, so wurden beispielsweise die Fristen von 30 bzw. 60 Tagen in Absatz 1 verändert.

3. Verhältnis zu anderen Vorschriften

8 Das Schutzklauselverfahren gilt zunächst für das Verfahren nach Art. 79 dieser Verordnung sowie wegen des Verweises in Art. 80 Abs. 6 auch für Verfahren ge-

---

5 So *Singer*, NVwZ 2019, 455, 457.

6 Siehe hierzu auch *Schucht*, NVwZ 2018, 538, 542; vgl. auch *Kapoor/Klindt*, EuZW 2008, 649, 651 f.

7 So *Schucht*, in: Klindt, ProdSG, § 24 Rn. 12.

8 Europäische Kommission, Vorschlag für eine Verordnung des europäischen Parlaments und des Rates zur Festlegung harmonisierter Vorschriften für künstliche Intelligenz (Gesetz über künstliche Intelligenz) und zur Änderung bestimmter Rechtsakte der Union, vom 21.4.2021, COM(2021) 206 final 2021/0106 (COD).

mäß Art. 80. Wenn und insoweit diese Verfahren Anwendung finden und nicht gemäß Art. 74 Abs. 4 aufgrund anderer, **gleichwertiger Verfahren** in anderen **sektoralen Harmonisierungsvorschriften** ausgeschlossen sind, dürfte das vorliegende Schutzklauselverfahren auch gegebenenfalls anderen sektoralen Schutzklauselverfahren vorgehen. Dies dürfte bei KI-Systemen, die in Produkten aus dem Anhang I Abschnitt A integriert sind bzw. mit ihnen im Zusammenhang stehen, jedoch die **Ausnahme** sein. Im Regelfall dürfte das Schutzklauselverfahren gemäß dieser Verordnung bei Maßnahmen bezüglich eigenständiger **„stand alone"-KI-Systeme** Anwendung finden.

II. Einwände gegen angeordnete Maßnahmen (Abs. 1)

Voraussetzung für das Schutzklauselverfahren ist zunächst, dass überhaupt **Einwände** gegen die gemäß Art. 79 Abs. 1 beziehungsweise Art. 80 Abs. 1 angeordneten Maßnahmen bestehen. Anderenfalls ist kein Raum für die Anwendung des Verfahrens, da die Gefahr einer unterschiedlichen Umsetzung von Maßnahmen bzw. **Rechtsfragmentierung** nicht besteht. Dies gilt auch für vom Anbieter bzw. Wirtschaftsakteur freiwillig durchgeführte Maßnahmen. 9

1. Klassisches Produktsicherheitsrecht

Zuständige Kontaktstelle zur Kommission ist in Deutschland im „klassischen" Produktsicherheits- bzw. Marktüberwachungsrecht die **Bundesanstalt für Arbeitsschutz und Arbeitsmedizin (BAuA)**, die gemäß § 26 Abs. 2 ProdSG die Kontaktstelle zur Kommission war und dies auch nach dem Inkrafttreten der EU-Marktüberwachungsverordnung bzw. des Marktüberwachungsgesetzes blieb.[9] Die für das Verfassen der Meldung zuständigen Behörden sind in vergleichbaren Verfahren anderer Vorschriften die jeweils zuständigen Marktüberwachungsbehörden, im Regelfall die **Gewerbeaufsichtsämter oder Regierungspräsidien**. 10

2. Übertragung auf KI-Systeme

Für das Schutzklauselverfahren gemäß dieser Verordnung ist die Zuständigkeit der Behörden noch nicht final geklärt, es dürfte jedoch nicht unwahrscheinlich sein, dass die BAuA auch für die vorliegende Verordnung die **Kontaktstelle zur Kommission** bleibt sowie die Gewerbeaufsichtsämter bzw. Regierungspräsidien als jeweils zuständige Marktüberwachungsbehörden in den einzelnen Bundesländern. 11

---

9 Vgl. *Wende*, in: Klindt, ProdSG, § 29 Rn. 9.

III. Entscheidung der Kommission über Rechtfertigung der Maßnahme (Abs. 2)

12 Sollte die Kommission die Maßnahmen für **gerechtfertigt** ansehen, so haben die anderen Mitgliedstaaten die jeweiligen Maßnahmen umzusetzen. Sollte die Kommission die Maßnahmen hingegen für **nicht gerechtfertigt** befinden, hat der jeweilige Mitgliedstaat die Maßnahmen zurückzunehmen.

13 In beiden Fällen ist die Kommission über die **Ausführung** bzw. die **Rücknahme** der Maßnahmen zu **informieren**. Deutlich wird, dass die Kommission die Einschätzungsprärogative hat. Dies ist auch wichtig, um bei **Unstimmigkeiten** zwischen Mitgliedstaaten für eine **Befriedung** und **einheitliche Anwendung** des Unionsrechts in allen Mitgliedstaaten zu sorgen.[10] In der Praxis verläuft die Umsetzung der Entscheidung der Kommission jedoch oftmals nicht ganz reibungslos, insbesondere wenn in Mitgliedstaaten weiterhin **gegensätzliche Auffassungen** bestehen.

IV. Mängel in harmonisierten Normen oder gemeinsamen Spezifikationen (Abs. 3)

14 Industriepolitisch bedeutsam ist der Fall, dass die Maßnahmen als gerechtfertigt gelten und Mängel in den **harmonisierten Normen** oder **gemeinsamen Spezifikationen** festgestellt werden.[11]

1. Klassisches Produktsicherheitsrecht

15 Zentraler Bestandteil des sogenannten neuen Rechtsrahmens („New Legislative Framework"; NLF) ist, die **Konkretisierung der wesentlichen Anforderungen** in EU-Verordnungen und EU-Richtlinien durch die drei – privaten – europäischen **Normungsorganisationen** (CEN, CENELEC und ETSI) durchführen zu lassen. Die Kommission vergibt in der Regel einen entsprechenden **Normierungsauftrag** und delegiert somit die **Konkretisierung**. Der Gesetzgeber selbst legt in den jeweiligen Harmonisierungsvorschriften nur die **wesentlichen Anforderungen** ohne genauere Vorgaben fest.[12] Zudem wird dem jeweiligen Wirt-

---

10 Im klassischen Produktrecht fungiert die Bundesanstalt für Arbeitsschutz und Arbeitsmedizin (BAuA) als zwischengeschaltete Kontaktstelle, sie ist verantwortlich sowohl für den „Upstream", als auch für den „Downstream" von Meldungen; siehe auch *Wende*, in: Klindt, ProdSG, § 29 Rn. 19.

11 Siehe auch *Wende*, in: Klindt, ProdSG, § 29 Rn. 12.

12 *Ebers*, RDi 2021, 588, 589.

schaftsakteur bei Umsetzung der harmonisierten Normen und mithin der wesentlichen Anforderungen ein **Einschätzungsspielraum** überlassen.[13]

16 Auch wenn harmonisierte Normen keine Rechtsnormen im eigentlichen Sinne sind und daher die Einhaltung grundsätzlich **freiwillig** ist, haben sie einen **hohen Stellenwert** im europäischen Produktsicherheitsrecht und spielen eine herausragende Rolle bei der **Sicherstellung der Konformität** für Behörden wie für Wirtschaftsakteure.[14] Demzufolge können sich Unsicherheiten bezüglich der Anwendbarkeit und Fehlerfreiheit negativ auf den **gesamten Binnenmarkt** auswirken.

17 Umso wichtiger ist eine **zeitnahe Überprüfung bzw. Überarbeitung** der jeweiligen Normen nach dem Verfahren in Art. 11 der Verordnung (EU) Nr. 1025/2012.[15]

2. Übertragung auf KI-Systeme

18 Im Bereich von KI-Systemen dürften die mit der Normung beauftragten Normierungsorganisationen vor **erheblichen Schwierigkeiten** stehen. Schließlich geht es im Gegensatz zum klassischen Produktsicherheitsrecht nicht nur um technische Fragestellungen, sondern auch um **Fragen ethischer und rechtlicher Art**.[16] Es erscheint fraglich, ob die bekannten Normierungsorganisationen dies leisten können oder ob vielmehr ein „gesamtgesellschaftliche[r], demokra-

---

13 So heißt es beispielsweise im ErwG 21 des Beschlusses 768/2008/EG: „Weil der Hersteller den Entwurfs- und Fertigungsprozess in allen Einzelheiten kennt, ist er am besten für die Durchführung des gesamten Konformitätsbewertungsverfahrens geeignet. Die Konformitätsbewertung sollte daher auch weiterhin die ausschließliche Verpflichtung des Herstellers bleiben", Beschluss Nr. 768/2008/EG des Europäischen Parlaments und des Rates vom 9.7.2008 über einen gemeinsamen Rechtsrahmen für die Vermarktung von Produkten und zur Aufhebung des Beschlusses 93/465/EWG des Rates, ABl. EU L 218 v. 13.8.2008, S. 82 ff.; siehe auch *Ebers*, RDi 2021, 588, 589.

14 Ausführlich zum Thema Normen siehe *Ebers*, RDi 2021, 588 ff.

15 Gemäß Art. 11 Verordnung (EU) Nr. 1025/2012 findet das Verfahren Anwendung, wenn ein „Mitgliedstaat oder das Europäische Parlament der Auffassung [ist], dass eine harmonisierte Norm den Anforderungen nicht voll entspricht, die sie abdecken soll und die in den einschlägigen Harmonisierungsrechtsvorschriften der Union festgelegt sind"; sodann entscheidet die Kommission „nach Konsultation des durch die entsprechenden Harmonisierungsrechtsvorschriften der Union eingesetzten Ausschusses, soweit ein solcher Ausschuss besteht, oder nach einer sonstigen Konsultation von Experten des jeweiligen Sektors" die Norm entweder vollständig oder mit Einschränkungen zu belassen oder (mit Einschränkungen) zu veröffentlichen; Verordnung (EU) Nr. 1025/2012 des Europäischen Parlaments und des Rates vom 25.10.2012 zur europäischen Normung, ABl. EU L 316 v. 14.11.2012, S. 12–33.

16 *Ebers*, RDi 2021, 588, 596.

tische[r] Diskurs"[17] erforderlich ist unter Einbeziehung diverser Stakeholder aus Wirtschaft und Zivilgesellschaft. Daher dürften „Mängel" in harmonisierten Normen im Bereich von KI-Systemen möglicherweise häufiger als im klassischen Produktsicherheitsrecht vermutet werden.

19 Das Verfahren nach Art. 11 der Verordnung (EU) Nr. 1025/2012 könnte daher an **Praxisrelevanz** gewinnen. Umso wichtiger wäre dann im Rahmen dieses Verfahrens die Einbeziehung der diversen Stakeholder und ein breiter Diskurs, um gegebenenfalls ethische oder rechtliche Fragestellungen zu klären.

17 So *Ebers*, RDi 2021, 588, 596.

Art. 82 Konforme KI-Systeme, die ein Risiko bergen

(1) Stellt die Marktüberwachungsbehörde eines Mitgliedstaats – nach einer Konsultation der in Artikel 77 Absatz 1 genannten betreffenden nationalen Behörde – nach der gemäß Artikel 79 durchgeführten Prüfung fest, dass ein Hochrisiko-KI-System zwar dieser Verordnung entspricht, aber dennoch ein Risiko für die Gesundheit oder Sicherheit von Personen, für die Grundrechte oder für andere Aspekte des Schutzes öffentlicher Interessen darstellt, so fordert sie unverzüglich den betreffenden Akteur auf, alle geeigneten Maßnahmen zu treffen, damit das betreffende KI-System zum Zeitpunkt des Inverkehrbringens oder der Inbetriebnahme dieses Risiko nicht mehr birgt, und zwar innerhalb einer Frist, die sie vorgeben kann.

(2) Der Anbieter oder der andere einschlägige Akteur sorgt dafür, dass in Bezug auf alle betroffenen KI-Systeme, die er auf dem Unionsmarkt bereitgestellt hat, innerhalb der Frist, die von der in Absatz 1 genannten Marktüberwachungsbehörde des Mitgliedstaats vorgegeben wurde, Korrekturmaßnahmen ergriffen werden.

(3) Die Mitgliedstaaten unterrichten unverzüglich die Kommission und die anderen Mitgliedstaaten über Feststellungen gemäß Absatz 1. Diese Unterrichtung enthält alle vorliegenden Angaben, insbesondere die für die Identifizierung des betreffenden KI-Systems notwendigen Daten, den Ursprung und die Lieferkette des KI-Systems, die Art des sich daraus ergebenden Risikos sowie die Art und Dauer der ergriffenen nationalen Maßnahmen.

(4) Die Kommission nimmt unverzüglich mit den betreffenden Mitgliedstaaten und den jeweiligen Akteuren Konsultationen auf und prüft die ergriffenen nationalen Maßnahmen. Anhand der Ergebnisse dieser Prüfung entscheidet die Kommission, ob die Maßnahme gerechtfertigt ist, und schlägt, falls erforderlich, weitere geeignete Maßnahmen vor.

(5) Die Kommission teilt ihren Beschluss unverzüglich den betroffenen Mitgliedstaaten und den jeweiligen Akteuren mit. Sie unterrichtet auch die übrigen Mitgliedstaaten.

Mit Art. 82 korrespondieren die Erwägungsgründe 156, 157.

Schrifttum: *Novelli/Hacker/Morley/Trondal/Floridi*, A Robust Governance for the AI Act: AI Office, AI Board, Scientific Panel, and National Authorities, European Journal of Risk Regulation, 2024, 1, https://ssrn.com/abstract=4817755.

Übersicht

I. Allgemeines

1 Im Gegensatz zu Art. 79 und Art. 80 geht es bei vorliegender Vorschrift nicht um **materielle Nichtkonformitäten**, gleichwohl aber um risikobehaftete KI-Systeme. Von Art. 82 umfasst sind zudem nur Hochrisiko-KI-Systeme.

1. Zweck der Vorschrift

2 Sinn und Zweck dieser Vorschrift ist es ebenfalls, sicherzustellen, dass keine für die in dieser Verordnung genannten **Schutzgüter** gefährliche KI-Systeme auf dem Unionsmarkt bereitgestellt werden.

3 Im Gegensatz zu den vorherigen Vorschriften zielt Art. 82 jedoch eben nicht auf **nichtkonforme KI-Systeme** (materiell oder formell) bzw. auf **Hochrisiko-KI-Systeme**, die fälschlicherweise nicht als solche vom Anbieter deklariert wurden und infolgedessen die Anforderungen und das Konformitätsverfahren gemäß Titel III nicht einhalten bzw. durchlaufen haben.

4 Vielmehr umfasst Art. 82 die Fälle, in denen KI-Systeme zwar die Anforderungen dieser Verordnung einhalten, mithin als **konform** anzusehen sind, jedoch dennoch Risiken für die Gesundheit oder Sicherheit von Personen, für die Grundrechte oder „andere Aspekte des Schutzes öffentlicher Interessen" enthalten. Diese Vorschrift ist somit **industriepolitisch** wichtig, da **potenzielle Lücken** in dieser Verordnung aufgedeckt werden und insbesondere zu vermuten ist, dass auch KI-Systeme anderer Anbieter ähnliche **Risiken** aufweisen, trotz umfassender Befolgung dieser Verordnung.

Da derartige Fälle durchaus heikel sind und auch unionsweite Folgen bis hin zu einer gegebenenfalls **erforderlichen Nachbesserung** dieser Verordnung möglich sind, sind zunächst Konsultationen gemäß Art. 77 Abs. 1 sowie eine Prüfung gemäß Art. 79 erforderlich. Damit werden „Alleingänge" nationaler Marktüberwachungsbehörden zumindest erschwert. Derartige Fälle dürfen nicht dem **alleinigen Benehmen nationaler Behörden** überlassen werden, um die möglichst **umfassende und uneingeschränkte Geltung** des Unionsrechts nicht vorschnell zu gefährden. 5

2. Entstehungsgeschichte

Diese Vorschrift war bereits im ersten Entwurf enthalten, wurde jedoch im **Trilog-Verfahren** durch Vorschläge sowohl des Europäischen Parlaments als auch des Rats abgeändert. Beispielsweise wurde die **umfassende Mitteilungspflicht** gemäß Abs. 5, die auch die betroffenen Akteure umfasst, erst durch den Vorschlag des Europäischen Parlaments in den Text aufgenommen. Die entscheidende Änderung kam aber auf Anregung des Rates – so wurde die Anwendung des Art. 82 auf **Hochrisikosysteme** beschränkt. Diese Einschränkung war im Kommissionsentwurf nicht enthalten; das Europäische Parlament wollte die Tatbestandsvoraussetzungen hingegen zumindest auf das Vorhandensein eines „ernsten Risikos" beschränken.[1] 6

Zudem war im Parlamentsentwurf analog zu Art. 79 und 80 die Möglichkeit der Anordnung von Maßnahmen durch die Marktüberwachungsbehörden enthalten, sollte der Anbieter die **angeordneten Maßnahmen** nicht umsetzen. Diese Möglichkeit wurde jedoch in den Trilog-Verhandlungen nicht in den finalen Entwurf mit aufgenommen und so augenscheinlich bewusst eine **Differenzierung** zu Art. 79 und Art. 80 geschaffen. 7

3. Verhältnis zu anderen Vorschriften

Bevor der Anwendungsbereich von Art. 82 eröffnet ist, muss eine Prüfung gemäß Art. 79 durchgeführt worden sein. Art. 82 ist somit grundsätzlich als **subsidiär** zu Art. 79 zu sehen. **Konkrete Auswirkungen** auf andere europarechtliche oder nationale Vorschriften dürften nicht bestehen. Auch in der EU-Marktüberwachungsverordnung (MÜ-VO) oder im deutschen Marktüberwachungsgesetz (MüG) findet sich keine entsprechende Regelung. 8

1 Siehe European Parliament, Amendments adopted by the European Parliament on 14 June 2023 on the proposal for a regulation of the European Parliament and of the Council on laying down harmonised rules on artificial intelligence (Artificial Intelligence Act) and amending certain Union legislative acts (COM(2021)0206 – C9-0146/2021 – 2021/0106(COD)), P9_TA(2023)0236, Änderungsvorschlag 613, S. 292.

II. Risiko trotz Konformität (Abs. 1)

9 Die Marktüberwachungsbehörde muss nach der in Abs. 79 Abs. 1 durchgeführten Prüfung zum Ergebnis kommen, dass ein Hochrisikosystem zwar **konform** mit dieser Verordnung ist, aber dennoch ein **Risiko für die „Gesundheit** oder Sicherheit von Personen, für die Grundrechte oder andere **Aspekte des Schutzes öffentlicher Interessen** darstellt".

1. Konsultation mit nationaler Behörde gemäß Art. 77 Abs. 1

10 Mit dem Parlamentsentwurf vom 14.6.2023 wurde die Forderung nach „uneingeschränkter Zusammenarbeit mit der in Art. 77 Abs. 1 genannten betreffenden nationalen Behörde"[2] aufgenommen.

11 Damit soll sichergestellt werden, dass alle zuständigen **nationalen Behörden** in die Prüfung eingebunden werden und der Sachverhalt umfassend bewertet wurde. Der Verweis auf die **„uneingeschränkte Zusammenarbeit"** legt nahe, dass die Zusammenarbeit nicht nur auf einzelne Aspekte beschränkt sein soll, sondern ein umfassendes gemeinsames Verständnis zwischen den beteiligten Behörden erreicht werden soll.

12 Vor dem Hintergrund, dass die Hürden für die **Annahme eines Risikos** durch das KI-System angesichts der Tatsache, dass das vorliegende KI-System ja die Anforderungen der Verordnung erfüllt hat, recht hoch sein dürften, ist dies auch nur folgerichtig. Schließlich ist Ziel der Verordnung, Risiken durch KI-Systeme bereits vor **Markteintritt** zu vermeiden bzw. auszuschließen.

13 Auch dürfte grundsätzlich ein gewisser **Vertrauensschutz** in Bezug auf die **Risikoakzeptanz** für Wirtschaftsakteure bestehen, die ein KI-System herstellen oder betreiben, welches der Verordnung entspricht. An die geforderte Prüfung dürften daher hohe Hürden zu stellen sein und eine **Risikoidentifizierung** den Ausnahmefall darstellen.

2. Risikofeststellung

14 Hinsichtlich der gemäß Art. 79 Abs. 1 durchzuführenden Prüfung und der **Risikofeststellung** wird auf die dortigen Ausführungen verwiesen (siehe Kommentierung zu Art. 79 Rn. 37 ff.).

---

2 Siehe European Parliament, Amendments adopted by the European Parliament on 14 June 2023 on the proposal for a regulation of the European Parliament and of the Council on laying down harmonised rules on artificial intelligence (Artificial Intelligence Act) and amending certain Union legislative acts (COM(2021)0206 – C9-0146/2021 – 2021/0106(COD)), P9_TA(2023)0236, Änderungsvorschläge 613, S. 292.

a) Andere tatbestandliche Voraussetzungen im Vergleich zu Art. 79 Abs. 1

Gleichwohl sind die in Frage kommenden Risiken umfassender ausgestaltet als in Art. 79 Abs. 1. Während der Bezug auf die Gesundheit und Sicherheit für Personen noch auf einen **weitestgehenden Gleichlauf** mit dem Produktsicherheitsrecht und der Produktsicherheitsrichtlinie[3] bzw. der Produktsicherheitsverordnung[4] schließen lässt, ist der Verweis auf „für die Grundrechte oder für andere Aspekte des Schutzes öffentlicher Interessen" recht **breit und offen** gestaltet.[5] 15

Der Gesetzgeber hat offenbar bewusst den Tatbestand weiter gezogen; der unterschiedliche Wortlaut war bereits im ersten Entwurf der Kommission so angelegt. Dies erscheint einerseits fragwürdig, da die Tatbestandsvoraussetzungen in Art. 79 Abs. 1 **enger** gefasst sind, insofern ein **Gleichlauf** verpasst wurde. Andererseits sind die tatbestandlichen Voraussetzungen durch die **Begrenzung** des Anwendungsbereichs auf Hochrisiko-KI-Systeme auch **limitierter**. Zudem liegt offenbar die Befürchtung des Gesetzgebers zugrunde, dass insbesondere Hochrisiko-KI-Systeme das **Potenzial** haben, **öffentliche Interessen** wie Demokratie, Rechtsstaatlichkeit oder Umweltschutz zu untergraben bzw. zu gefährden. 16

Vor dem Hintergrund, dass auch der Gesetzgeber mit der KI-VO **Neuland** betritt und die Vorgaben – auch aufgrund der **rasanten technischen Entwicklung** – sich als nicht ausreichend erweisen könnten, um derartige **Risiken ex ante zu begrenzen**, erscheint ein etwas weiterer Anwendungsbereich als durchaus **sachgerecht**. Allerdings besteht bei derart weiten tatbestandlichen Voraussetzungen auch die Gefahr, dass Behörden den Schutzbereich öffentlicher Interessen **(zu) weit** auslegen werden. 17

Festzuhalten ist zudem, dass – anders als im klassischen Produktsicherheitsrecht – keine Einschränkung auf beispielsweise **ernste Risiken** vorgenommen wurde. Hier hat der Gesetzgeber einen Gleichlauf mit dem Produktsicherheitsrecht und dem **Safety-Gate** (vgl. Art. 79 Rn. 42ff.) verpasst bzw. aufgrund der neuartigen Risiken für den **Grundrechtsbereich** bewusst unterlassen. Es hätte sich aller- 18

---

3 Richtlinie 2001/95/EG des Europäischen Parlaments und des Rates vom 3.12.2001 über die allgemeine Produktsicherheit, ABl. EU L 11 v. 15.1.2002, S. 4–17.

4 Verordnung (EU) 2023/988 des Europäischen Parlaments und des Rates vom 10.5.2023 über die allgemeine Produktsicherheit, zur Änderung der Verordnung (EU) Nr. 1025/2012 des Europäischen Parlaments und des Rates und der Richtlinie (EU) 2020/1828 des Europäischen Parlaments und des Rates sowie zur Aufhebung der Richtlinie 2001/95/EG des Europäischen Parlaments und des Rates und der Richtlinie 87/357/EWG des Rates, ABl. EU L 135 v. 23.5.2023, S. 1–51.

5 Immerhin ist hier in letzter Minute noch eine gewisse Einschränkung aufgenommen worden; zuvor war der Passus deutlich breiter gefasst: „[…] die Einhaltung der Pflichten aus dem Unionsrecht oder dem nationalen Recht zum Schutz der Grundrechte oder der Umwelt oder der Demokratie und Rechtsstaatlichkeit oder für andere Aspekte des Schutzes öffentlicher Interessen."

dings möglicherweise angeboten, mit den **Risikoklassifizierungen** aus dem RAPEX-Leitfaden[6] zu arbeiten und die Methodik bzw. eine **vergleichbare Methodik** auch auf KI-Systeme anzuwenden (siehe hierzu ausführlich Art. 79 Rn. 40 ff.).

b) Angemessene Maßnahmen durch den Anbieter?

19 Die Marktüberwachungsbehörde fordert im Falle der **Risikofeststellung** den betreffenden Akteur „unverzüglich" auf, „alle geeigneten Maßnahmen" zu treffen, um das Risiko zu beseitigen.

20 Immerhin dürfte in Bezug auf die vom jeweiligen Wirtschaftsakteur zu treffenden Maßnahmen das **Prinzip der Verhältnismäßigkeit** im Vordergrund stehen, auch wenn auch hier nicht von „erforderlichen", sondern „geeigneten" Maßnahmen die Rede ist. Insbesondere dürfte bei der Frage, welche Maßnahmen geeignet sind, der Wirtschaftsakteur (vor allem der Anbieter) eine **Einschätzungsprärogative** haben. Dabei dürfte dann auch das **Gefährdungsniveau** bzw. das Risikolevel für die geschützten Rechtsgüter eine maßgebliche Rolle spielen.

21 Im vorherigen Entwurf war noch die Alternative bzgl. bereits (von Behördenseite) festgelegter Maßnahmen enthalten gewesen. Diese Alternative wurde komplett gestrichen und die **Ersteinschätzung** bezüglich der gebotenen Maßnahmen in die Hände des Wirtschaftsakteurs gelegt. Gleichwohl wurde mit dem Zusatz „alle" das **mögliche Maßnahmenspektrum** erweitert. Auch dürfte für die **Ex-post-Beurteilung** bezüglich der Geeignetheit der Maßnahmen seitens der Behörden ein schärferer Maßstab angelegt werden, da eben nicht nur „geeignete" Maßnahmen gefordert sind, sondern mit dem neuen Wortlaut „alle geeigneten" Maßnahmen ein größerer Anspruch auf **Vollständigkeit** und **Effektivität** bzw. Erfolg der Maßnahmen gelegt wird. Dies dürfte sich dann der Wirtschaftsakteur in der **Beurteilung des Maßnahmenkatalogs** vorhalten lassen.

III. Zeitnahe Umsetzung der angeordneten Maßnahmen durch den Wirtschaftsakteur (Abs. 2)

22 Über diese Vorschrift dürfte eine **zeitnahe und umfassende Umsetzung** der Korrekturmaßnahmen sichergestellt werden sollen. Etwaige Maßnahmen sind über den **gesamten Unionsmarkt** und nicht nur im Hoheitsgebiet der gemäß Absatz 1 prüfenden Behörde umzusetzen.

6 Durchführungsbeschluss (EU) 2019/417 der Kommission vom 8.11.2018 zur Festlegung von Leitlinien für die Verwaltung des gemeinschaftlichen Systems zum raschen Informationsaustausch „RAPEX" gemäß Artikel 12 der Richtlinie 2001/95/EG über die allgemeine Produktsicherheit und für das dazugehörige Meldesystem, ABl. EU L 73 v. 15.3.2019, S. 121–187.

Zudem müssen die Maßnahmen in Bezug auf alle betroffenen KI-Systeme, also möglicherweise auch solche mit demselben **risikobehafteten Algorithmus**, sichergestellt werden. Der Wirtschaftsakteur dürfte sich also nicht nur auf das genau geprüfte KI-System konzentrieren, vielmehr ist eine **umfassende Risikobeseitigung** bzw. **Risikominimierung** erforderlich. 23

Interessant dürfte die Festlegung der einzuhaltenden Frist sein. Hier dürften die Behörden bisweilen noch über **wenig Erfahrungswerte** verfügen, wie lange die Korrektur in Anspruch nehmen kann. Im Ergebnis könnten sie daher auf die Einschätzung des **jeweiligen Wirtschaftsakteurs** angewiesen sein bzw. sich auf seine Angaben verlassen. Auszuschließen ist jedoch auch nicht, dass die Behörden sehr enge und sehr strenge Fristvorgaben setzen könnten. 24

Fraglich ist zudem, welcher Wirtschaftsakteur der **richtige Maßnahmenadressat** sein dürfte. Neben dem Anbieter dürfte schließlich auch „der andere Wirtschaftsakteur" als Adressat in Frage kommen. Ziel dürfte sein, eine möglichst **effektive Maßnahmenumsetzung** zu erreichen. Daher dürften im Zweifel auch mehrere in Frage kommende Wirtschaftsakteure **gleichzeitig** verpflichtet werden.[7] 25

IV. Unverzügliche Unterrichtung der Kommission (Abs. 3)

Abs. 3 ist die logische Konsequenz aus Abs. 2 – der Unionsmarkt als gemeinsamer Markt soll das gleiche **hohe Niveau an Sicherheit** aufweisen und mögliche Risiken sollen auf dem **gesamten Unionsmarkt** beseitigt werden. 26

Die jeweiligen Marktüberwachungsbehörden müssen demzufolge auch **schnellstmöglich** über Risiken und Maßnahmen auf ihrem bzw. ihr Hoheitsgebiet betreffend informiert werden. Darüber werden sie in die Lage versetzt, ihren **Überwachungspflichten** effektiv nachzukommen und gegebenenfalls die Maßnahme bzw. deren Umsetzung zu kontrollieren. Zudem wird über die **unverzügliche Unterrichtung** verhindert, dass andere nationale Behörden ebenfalls Maßnahmen fordern, jedenfalls das Risiko deutlich reduziert. Der dahinter liegende Sinn ist, dass ein weitestgehender **Gleichlauf der Maßnahmen** erreicht werden soll, damit (gleiche) Risiken möglichst (gleich) gut und (gleich) schnell beseitigt werden. Zudem dürfte es dem jeweiligen Wirtschaftsakteur nicht zuzumuten sein, sich mit **mehreren Behörden gleichzeitig** auseinanderzusetzen zu müssen. 27

Angesichts der neuen Herausforderungen, die KI-Systeme mitbringen, ist zudem eine **Koordinierung** unter den Marktüberwachungsbehörden und ein enger 28

7 Siehe hierzu auch eine vergleichbare Regelung im nationalen Marktüberwachungsgesetz, § 9 MüG.

Informationsaustausch von enormer Bedeutung, um eine **effektive und effiziente Marktüberwachung** gewährleisten zu können.[8]

29 Fraglich ist, auf welchem Weg die Unterrichtung erfolgen wird. In der Regel wird das bislang über das sogenannte **ICSMS-System** durchgeführt. Dieses System ermöglicht analog zu **RAPEX/Safety Gate** (vgl. Ausführungen zu Art. 79 Rn. 37 ff.) einen behördeninternen Informationsaustausch.

30 Zudem wird darüber gewährleistet, dass nicht mehrere Behörden am gleichen Sachverhalt arbeiten; die zuerst meldende Behörde ist vielmehr die allein zuständige für den jeweiligen Sachverhalt. Abzuwarten bleibt, ob die Behörden in der Lage sind, den geforderten Umfang (Daten, Ursprung, Lieferkette, Risiko, Art und Dauer der Maßnahmen) nicht nur zu verstehen, sondern auch entsprechend aufzubereiten und mitzuliefern. Die Forderung ist jedoch letztlich sinnvoll zur umfassenden **Risikoidentifizierung** und im Vergleich zur „Nicht-KI-Welt" auch nur folgerichtig, da ähnliches verlangt wird.[9]

V. Konsultationen und Prüfung der angeordneten Maßnahmen (Abs. 4)

31 Gemäß Abs. 4 muss die Kommission **unverzüglich Konsultationen** mit den betreffenden Mitgliedstaaten und den jeweiligen Akteuren aufnehmen sowie die nationalen Maßnahmen überprüfen.

32 Nachvollziehbares Ziel dürfte eine **möglichst große Effektivität** bei gleichzeitiger Verhältnismäßigkeit sein. Vom Wirtschaftsakteur soll das Notwendige zur Risikobeseitigung bzw. Risikominierung gefordert werden, das jedoch gemäß dem Verhältnismäßigkeitsgrundsatz gerechtfertigt sein muss. Der Verweis auf die Geeignetheit im Gegensatz zur Erforderlichkeit deutet jedoch darauf hin, dass der Gesetzgeber vor allem auf eine **schnelle und effektive Risikobeseitigung** abzielt. Spannend dürfte sein, ob diese Prüfpflicht der Kommission in der Praxis mangels vorhandener Kapazität nicht fehlgreift.

33 Sinnvoll erscheint grundsätzlich auch der Vorbehalt, weitere Maßnahmen vorschlagen zu können. Interessant dürfte jedoch sein, inwieweit dieser Vorschlag auch **verpflichtend** für die anordnende Behörde und den Wirtschaftsakteur ist. Im Ergebnis dürfte dies jedoch zu bejahen sein. Spannend ist auch, ob dieses Prüfrecht als **Misstrauensvotum** seitens der anordnenden Behörde aufgefasst werden könnte und wie gleichberechtigt die „Konsultationen" ablaufen werden. Hier bleibt abzuwarten, wie erste Verfahren in der Praxis ablaufen werden.

8 *Novelli/Hacker/Morley/Trondal/Floridi*, EJRR 2024, 1, 23.
9 Vgl. Art. 14 Abs. 4 der MÜ-VO, § 18 Abs. 3 MüG.

VI. Unterrichtung der Mitgliedstaaten und Wirtschaftsakteure durch die Kommission (Abs. 5)

Im Sinne eines **umfassenden Informationsaustauschs** hat die Kommission den betroffenen Mitgliedstaaten und den jeweiligen Akteuren die Entscheidung gemäß Art. 82 Abs. 4 „unverzüglich“ mitzuteilen. Zudem muss sie auch (nachrangig) die anderen Mitgliedstaaten über den Beschluss unterrichten. **34**

Art. 83 Formale Nichtkonformität

(1) Wenn die Marktüberwachungsbehörde eines Mitgliedstaats eine der folgenden Nichtkonformitäten feststellt, fordert sie den jeweiligen Anbieter auf, diese binnen einer Frist, die sie vorgeben kann, zu beheben:

a) die CE-Kennzeichnung wurde unter Verstoß gegen Artikel 48 angebracht;

b) es wurde keine CE-Kennzeichnung angebracht;

c) es wurde keine EU-Konformitätserklärung gemäß Artikel 47 ausgestellt;

d) es wurde keine EU-Konformitätserklärung gemäß Artikel 47 ordnungsgemäß ausgestellt;

e) es wurde keine Registrierung in der EU-Datenbank gemäß Artikel 71 vorgenommen;

f) es wurde kein Bevollmächtigter – sofern erforderlich – ernannt;

g) es ist keine technische Dokumentation verfügbar.

(2) Besteht die Nichtkonformität nach Absatz 1 weiter, so ergreift die Marktüberwachungsbehörde des betreffenden Mitgliedstaats geeignete und verhältnismäßige Maßnahmen, um die Bereitstellung des Hochrisiko-KI-Systems auf dem Markt zu beschränken oder zu verbieten oder um dafür zu sorgen, dass es unverzüglich zurückgerufen oder vom Markt genommen wird.

Schrifttum: *Ebers*, Standardisierung Künstlicher Intelligenz und KI-Verordnungsvorschlag, RDi 2021, 588; *Geiß/Felz*, Das neue Recht der Marktüberwachung im digitalen Zeitalter, NJW 2019, 2961; *Klindt* (Hrsg.), Produktsicherheitsgesetz, 3. Aufl. 2021; *Schucht*, Die neue EU-Marktüberwachungsverordnung, GewA 2020, 259; *Seehafer*, Die neue EU-Marktüberwachungsverordnung – ein Überblick, ZfPC 2022, 27.

Übersicht

I. Allgemeines

Art. 83 befasst sich im Gegensatz zu Art. 79 und Art. 80 „nur“ mit **rein formellen Verstößen** bzw. Nichtkonformitäten. Ein Risiko geht vom KI-System regelmäßig nicht aus, auch im Gegensatz zu Art. 82. 1

Gleichwohl hat die **formelle Konformität** in den letzten Jahren an Bedeutung gewonnen und Verstöße werden **regelmäßig konsequenter** verfolgt und geahndet. Konsequenterweise kann die Marktüberwachungsbehörde gemäß Art. 83 Abs. 2 auch als „ultima ratio“ den Rückruf des betreffenden Systems anordnen bzw. diesbezügliche Maßnahmen ergreifen. 2

1. Zweck der Vorschrift

Art. 83 behandelt im Gegensatz zu Art. 79 und Art. 80 bzw. Art. 82 rein formelle Nichtkonformitäten. Ein **unmittelbares Risiko** für die Gesundheit, Sicherheit oder die Grundrechte von Personen geht vom KI-System bei **rein formellen Verstößen** gegen die **Konformitätsanforderungen** grundsätzlich nicht aus. 3

a) Klassisches Produktsicherheitsrecht

Gleichwohl hat die **Einhaltung der formellen Konformität** eine hohe Bedeutung.[1] Insbesondere die – im europäischen Produktrecht seit langer Zeit fest verankerte – CE-Kennzeichnung spielt eine große Rolle im „klassischen“ Produktsicherheitsrecht.[2] Durch die Anbringung des **CE-Kennzeichens** wird nach außen sichtbar, dass ein Produkt die jeweiligen europäischen und harmonisierten Marktzugangs- und Sicherheitsanforderungen (vermutlich) einhält. Der Hersteller erklärt die Einhaltung dieser Anforderungen über eine sogenannte **Konformitätserklärung**. Da im europäischen Produktsicherheitsrecht im Regelfall 4

1 Die Einhaltung von formellen Anforderungen soll beispielsweise auch explizit mit der Marktüberwachungsverordnung erreicht werden, siehe beispielsweise *Sehucht*, GewA 2020, 259, 259.

2 Siehe ausführlich zur CE-Kennzeichnung: *Wende*, in: Klindt, ProdSG, § 7 Rn. 1 ff.

eine **Selbstdeklarierung** gilt, hat diese Erklärung inklusive der Kennzeichnung eine hohe Bedeutung. Es gilt sodann die sogenannte **Konformitätsvermutung**.

5 Dies ist insofern wichtig und von großem Vorteil für den Hersteller, als dass die „Einhaltung der durch die jeweilige **Norm konkretisierten gesetzlichen Anforderungen** zu seinen Gunsten vermutet wird".[3] In der Folge werden Sicherheit und Konformität seines Produktes beispielsweise im Falle von **Marktüberwachungskontrollen** vermutet und eine etwaige Nichtkonformität oder Risiken, die im Zusammenhang mit dem Produkt stehen und zu dessen Unsicherheit führen könnten, müssen von der Marktüberwachungsbehörde bewiesen werden. Auch für den Verbraucher vermittelt die **CE-Kennzeichnung** bzw. die bei vielen Produkten in der Gebrauchsanweisung enthaltene Konformitätserklärung[4] ein höheres Maß an Vertrauen in die Sicherheit und Konformität des Produktes.

6 Entsprechend wichtig ist, dass die CE-Kennzeichnung richtig und nicht fälschlicherweise angebracht wird und die **Konformitätserklärung** inhaltlich vollständig und korrekt ist.

b) Übertragung auf KI-Systeme

7 Entsprechend von hoher Bedeutung sind solche formellen Punkte auch für den Bereich von KI-Systemen, zumal die Verordnung im Regelfall keine **Ex-ante-Konformitätsbewertung** durch externe Dritte vorsieht, sondern der Anbieter die Bewertung selbst vornehmen darf.[5]

8 Besonderheiten bestehen freilich beispielsweise bei **eigenständigen, rein digitalen KI-Systemen**, die nicht in ein haptisches Produkt integriert sind. Schließlich kann die CE-Kennzeichnung in diesen Fällen nicht einfach nach außen sichtbar am Produkt angebracht werden.

9 Insgesamt dürften insbesondere lit. a und lit. d von hoher Bedeutung sein, da erklärtes Ziel der KI-VO ist, die **Sicherheit** und **Akzeptanz** von sowie das Vertrauen in KI-Systeme zu erhöhen.[6] Dementsprechend wichtig dürfte es sein, Verstöße gegen diese **Formalanforderungen** zu ahnden, insbesondere, wenn diese absichtlich erfolgt sind.

---

3 Zur Konformitätsvermutung siehe *Kapoor*, in: Klindt, ProdSG, 14 Rn. 3 ff.; siehe auch *Ebers*, RDi 2021, 588, 596.

4 Beispielsweise bei vernetzten Produkten, welche unter die Funkanlagenrichtlinie fallen; Richtlinie 2014/53/EU des Europäischen Parlaments und des Rates vom 16.4.2014 über die Harmonisierung der Rechtsvorschriften der Mitgliedstaaten über die Bereitstellung von Funkanlagen auf dem Markt und zur Aufhebung der Richtlinie 1999/5/EG, ABl. EU L 153 v. 22.5.2014, S. 62–106.

5 *Ebers*, RDi 2021, 588, 590.

6 Siehe beispielsweise ErwG 1, 2 und 3 der Verordnung.

Auch die nicht ordnungsgemäß erfolgte Registrierung in der Datenbank dürfte eine hohe **Praxisrelevanz** haben, da in einem solchen Fall ein Verstoß gegen die **Transparenzanforderungen** vorliegt und die Sicherstellung eines hohen Maßes an Transparenz ebenfalls ein wesentliches Ziel dieser Verordnung ist.[7] 10

2. Entstehungsgeschichte

Diese Vorschrift war bereits dem Grundsatz nach im ersten Entwurf der Kommission enthalten. Auch im Trilog-Verfahren wurden keine wesentlichen Änderungen vorgeschlagen oder der Sinn der Vorschrift insgesamt in Frage gestellt. Lediglich in Teilaspekten wurde der Wortlaut im Vergleich zum ersten Entwurf noch abgeändert bzw. nachgeschärft. So wurden beispielsweise Art. 83 Abs. 1 lit. e (Registrierung), lit. f (Bevollmächtigter) und lit. g (technische Dokumentation) erst im Laufe des Gesetzgebungsverfahrens auf Vorschlag des Europäischen Parlaments aufgenommen.[8] 11

Ferner wurde auch seitens des Parlamentes der Zusatz „verhältnismäßige“ in Abs. 2 eingebracht, der auch in den finalen Text der Verordnung übernommen wurde.[9] Zuvor waren – wie beispielsweise in Art. 79 – nur **„geeignete Maßnahmen“** seitens der jeweiligen Marktüberwachungsbehörde gefordert gewesen. Die jeweiligen Behörden hätte somit über einen größeren **Ermessensspielraum** beim Auswahl der Maßnahmen verfügen können. Im Bereich der **Geeignetheit** muss regelmäßig nicht das **mildeste Mittel** gewählt werden, sondern es reicht für die Rechtfertigung der belastenden Maßnahme aus, dass sie der Zielerreichung – Herstellung der **Konformität** bzw. Beseitigung der Nichtkonformität – dient. Obwohl die Marktüberwachungsbehörden als Teil der öffentlichen Verwaltung an ein gesetzmäßiges und auch verhältnismäßiges Handeln gebunden sind, legt der explizite Hinweis auf die **Verhältnismäßigkeit** nahe, dass die Behörde bei der Maßnahmenauswahl besondere **Sorgfalt** walten lassen muss und wirksame, aber den Wirtschaftsakteur möglichst gering belastende Maßnahmen ergreifen soll. 12

---

7 Vgl. beispielswiese ErwG 9 der Verordnung.

8 European Parliament, Amendments adopted by the European Parliament on 14 June 2023 on the proposal for a regulation of the European Parliament and of the Council on laying down harmonised rules on artificial intelligence (Artificial Intelligence Act) and amending certain Union legislative acts (COM(2021)0206 – C9-0146/2021 – 2021/0106(COD)), P9_TA(2023)0236, Änderungsvorschläge 622, 623, S. 295.

9 European Parliament, Amendments adopted by the European Parliament on 14 June 2023 on the proposal for a regulation of the European Parliament and of the Council on laying down harmonised rules on artificial intelligence (Artificial Intelligence Act) and amending certain Union legislative acts (COM(2021)0206 – C9-0146/2021 – 2021/0106(COD)), P9_TA(2023)0236, Änderungsvorschlag 626, S. 296.

13 Dies erscheint auch folgerichtig, zumal es in Art. 83 nur um rein **formale Nichtkonformitäten** geht und es in Abs. 2 um die zweite Stufe der Marktüberwachung – Vornahme durch die Marktüberwachungsbehörde – geht, mithin kein Raum für eine **Kooperation** zwischen Wirtschaftsakteur und Marktüberwachungsbehörde mehr vorhanden ist.

3. Verhältnis zu anderen Vorschriften

14 Vergleichbare Vorschriften existieren auch in anderen, **sektorspezifischen Regularien**. Sofern ähnliche Verfahren mit dem **gleichen Schutzziel** existieren und die Produkte, in denen KI-Systeme integriert sind oder mit denen sie im Zusammenhang stehen, unter diese **Harmonisierungsvorschriften** fallen, ist Art. 83 gemäß Art. 74 Abs. 4 nicht anwendbar. Art. 83 dürfte daher insbesondere bei eigenständigen **„stand alone"-KI-Systemen** Anwendung finden.

15 Für KI-Systeme mit allgemeinem Verwendungszweck dürften die Vorschriften in Kapitel V vorgehen und Art. 83 nur **nachrangig Anwendung** finden, da bei diesen Systemen ein **zentralisierter Ansatz** auf EU-Ebene bei der Marktüberwachung gewählt werden soll.[10] Die genauen Abgrenzungen sind jedoch noch unklar und es wird abzuwarten sein, wie die Behördenpraxis aussehen wird.

II. Aufforderung zur Korrektur der Nichtkonformität durch den Anbieter (Abs. 1)

16 Mehr als noch bei materiellen Nichtkonformitäten ist die erste Stufe die (Selbst-) Korrektur durch den Anbieter. Die Frist für die **erforderlichen Korrekturmaßnahmen** dürfte vor allem je nach **Schwere des Verstoßes** und gegebenenfalls **Korrekturaufwand** seitens der Marktüberwachungsbehörden eher länger oder kürzer gesetzt werden.

1. CE-Kennzeichnung unter Verstoß gegen Art. 48 angebracht (lit. a)

17 Lit. a betrifft Fälle, in denen der Anbieter eine **CE-Kennzeichnung** unter Verstoß gegen Art. 48 angebracht hat. Die **Kennzeichnungspflicht** gilt gemäß Art. 48 nur für Hochrisikosysteme und unterliegt gemäß Art. 48 Abs. 1 den all-

10 Vgl. die Stellungnahme der belgischen EU-Ratspräsidentschaft im Rahmen des Trilog-Verfahrens, Presidency, Proposal for a Regulation of the European Parliament and of the Council laying down harmonised rules on artificial intelligence (Artificial Intelligence Act) and amending certain Union legislative acts – Analysis of the final compromise text with a view to agreement, 26.1.2024, Ziff. II. 9, S. 7.

gemeinen Grundsätzen des Art. 30 der Verordnung (EG) Nr. 765/2008.[11] Gemäß ErwG 129 sollte bei einem in ein Produkt eingebetteten KI-System mit hohem Risiko „eine physische CE-Kennzeichnung angebracht werden, die durch eine digitale CE-Kennzeichnung ergänzt werden kann".[12]

Grundsätzlich müssen gemäß Art. 48 Abs. 3 – analog zum klassischen Produktsicherheitsrecht – die jeweiligen CE-Kennzeichnungen „gut sichtbar, leserlich und dauerhaft" anzubringen sein. Wie im **klassischen Produktrecht** wird auch bei KI-Systemen der Fokus auf die (dauerhafte) **physische Kennzeichnung** des Produktes gelegt. Dies erscheint bei in haptischen Produkten **integrierten** bzw. **eingebetteten** KI-Systemen auch folgerichtig, da sich das Produkt **prima facie** nicht von einem „normalen" Produkt mit Softwarekomponenten unterscheidet. 18

Ein temporärer, leicht **ablösbarer Aufkleber** erfüllt diese Anforderungen beispielsweise nicht. Möglichkeiten der **dauerhaften Anbringung** sind beispielsweise die Lasergravur oder die Verwendung von feuerfesten und nicht ablösbaren Aufklebern. Zudem muss die CE-Kennzeichnung konkreten Größen und Vorgaben entsprechen und sollte grundsätzlich an einer **sichtbaren Stelle des Produktes** angebracht sein.[13] 19

Bei rein digital bereitgestellten KI-Systemen muss hingegen eine CE-Kennzeichnung selbst bei Hochrisikosystemen nur dann verwendet werden, „wenn sie über die Schnittstelle, über die auf das System zugegriffen wird, oder über einen **leicht zugänglichen maschinenlesbaren** Code oder andere elektronische Mittel **leicht zugänglich** ist". 20

Verstöße könnten beispielsweise darin liegen, den Code nicht maschinenlesbar auszugestalten oder – bei nicht rein digitalen KI-Systemen – die **CE-Kennzeichnung** in einem falschen Format, nicht gut lesbar oder mittels eines ablösbaren Aufklebers anzubringen. 21

Ein solcher Verstoß dürfte seitens der Marktüberwachungsbehörden regelmäßig als **weniger schwerwiegend** eingestuft werden. Grundsätzlich kann zwar durch eine fehlerhafte Kennzeichnung das **Vertrauen in die Rechtmäßigkeit** und Sicherheit von KI-Systemen insgesamt Schaden nehmen; somit würde die Gefahr bestehen, wesentliche Ziel der KI-VO zu verfehlen. Zudem steht in solchen Fällen regelmäßig der **Vorwurf** im Raum, der Anbieter habe die CE-Kennzeichnung **absichtlich** angebracht, um die Einhaltung der Anforderungen vorzutäuschen. Gemäß lit. a geht es jedoch ausdrücklich um Verstöße gegen die Vorgaben 22

11 Verordnung (EG) Nr. 765/2008 des Europäischen Parlaments und des Rates vom 9.7.2008 über die Vorschriften für die Akkreditierung und Marktüberwachung im Zusammenhang mit der Vermarktung von Produkten und zur Aufhebung der Verordnung (EWG) Nr. 339/93 des Rates, ABl. EU L 218 v. 13.8.2008, S. 30–47.

12 ErwG 129 der Verordnung.

13 Siehe hierzu *Wende*, in: Klindt, ProdSG, § 7 Rn. 17 ff.

aus Art. 48. Die **Frist für die Korrektur** dürfte somit eher **moderat** gesetzt werden und weitere Sanktionen nur in Ausnahmefällen als verhältnismäßig erachtet werden.

2. Keine CE-Kennzeichnung angebracht (lit. b)

23 In diesem Fall hat der Anbieter keine CE-Kennzeichnung angebracht, obwohl er verpflichtet gewesen wäre, eine entsprechende **Kennzeichnung** anzubringen. Vom Wortlaut her ist nicht klar, ob es bei diesem Buchstaben um Fälle geht, in welchen das KI-System die **materiellen Anforderungen** erfüllt und lediglich das Anbringen der Kennzeichnung vergessen bzw. das Anbringen nicht sichergestellt wurde, oder ob auch Fälle umfasst sind, bei denen das KI-System die Anforderungen für die CE-Kennzeichnung nicht erfüllt. Da Art. 83 allerdings als Spezialnorm für (rein) **formelle Nichtkonformitäten** anzusehen ist, dürften in erster Linie nur Fälle der ersten Kategorie von Art. 83 Abs. 1 lit. b umfasst sein; Fälle mit zugleich materiellen Mängeln dürften zunächst unter Art. 79, 80 fallen.

24 Die fehlende CE-Kennzeichnung mag als nur leichter Verstoß gegen **Formvorschriften** anzusehen sein; aufgrund der hohen Bedeutung der CE-Kennzeichnung im gängigen Produktsicherheitsrecht sind Verstöße gegen die **Anbringungspflicht** jedoch nicht zu unterschätzen und dürften von den Behörden **streng verfolgt** werden, zumal Verstöße recht leicht erkennbar sind.

3. Keine EU-Konformitätserklärung gemäß Art. 47 ausgestellt (lit. c)

25 Mit der **Konformitätserklärung** erklärt der Anbieter die Einhaltung der jeweiligen Anforderungen dieser Verordnung für Hochrisikosysteme. Die Erklärung ist gemäß Art. 47 Abs. 1 **schriftlich und maschinenlesbar** auszugestalten und muss entweder physisch oder elektronisch unterzeichnet sein. Sie ist zehn Jahre lang nach dem **Inverkehrbringen** bzw. der **Inbetriebnahme** aufzubewahren und Behörden auf Verlangen herauszugeben.

26 Die Verpflichtung zur Ausstellung einer Konformitätserklärung existiert auch in zahlreichen anderen **sektoralen Harmonisierungsvorschriften**. Teilweise, wie im Bereich der Niederspannungsrichtlinie,[14] ist sie grundsätzlich nur gegenüber Behörden herauszugeben, in anderen sektoralen Regulierungen wie der Funkan-

14 Richtlinie 2014/35/EU des Europäischen Parlaments und des Rates vom 26.2.2014 zur Harmonisierung der Rechtsvorschriften der Mitgliedstaaten über die Bereitstellung elektrischer Betriebsmittel zur Verwendung innerhalb bestimmter Spannungsgrenzen auf dem Markt, ABl. EU L 96 v. 29.3.2014, S. 357–374.

lagenrichtlinie (RED)[15] dient sie auch der Information an Verbraucher und ist zumindest in **Kurzfassung** auch in die Gebrauchsanleitung mit aufzunehmen.

Daher ist auch die Ausstellung der Konformitätserklärung eine **wesentliche formelle Voraussetzung**. Anbieter, die die Ausstellung unterlassen bzw. vergessen, dürften unter enger Fristsetzung zum Nachholen aufgefordert werden bzw. mit Geldbußen sanktioniert werden. 27

Unklar ist, ob lit. c auch Verstöße gegen die **Aktualisierungspflicht** gemäß Art. 47 Abs. 4 betrifft. Im Ergebnis dürfte dies **eher zu verneinen** sein, da der Anbieter ja eine Konformitätserklärung ausgestellt hat, wenn auch in einer nicht mehr aktuellen Version. 28

4. Keine EU-Konformitätserklärung gemäß Art. 47 ordnungsgemäß ausgestellt (lit. d)

Im Gegensatz zu lit. c geht es vorliegend nicht um das **gänzliche Unterlassen** der Ausstellung, sondern (lediglich) um die nicht korrekte Ausstellung. 29

Als Verstöße kommen beispielsweise **formelle Mängel** in Betracht, etwa die mangelnde Maschinenlesbarkeit oder eine fehlende Unterzeichnung. Auch ein Verstoß gegen das Erfordernis einer **leicht verständlichen Sprachversion** gemäß Art. 47 Abs. 2 kommt in Betracht. Ebenso dürften von lit. d Fälle eines Verstoßes gegen die **Aktualisierungspflicht** gemäß Art. 47 Abs. 4 erfasst sein. 30

Die Reaktion der Marktüberwachungsbehörde dürfte vor allem davon abhängen, ob der Anbieter **bewusst und vorsätzlich** gehandelt hat oder ob es sich um einen versehentlichen, unabsichtlichen Fehler gehandelt hat. 31

5. Keine Registrierung in der EU-Datenbank gemäß Art. 71 vorgenommen (lit. e)

Eine nicht erfolgte Registrierung in der EU-Datenbank läuft vor allem der **Transparenzpflicht** als einem wesentlichen Ziel der Verordnung zuwider. Verstöße hiergegen dürften relativ strikt verfolgt werden, zumindest wenn und insoweit die Datenbank **reibungslos** funktioniert und Einträge vom Anbieter auch vorgenommen werden können.[16] Anzunehmen ist, dass die Frist zur Nachholung der Registrierung **regelmäßig recht kurz** ausfallen dürfte und weitere Sanktio- 32

---

15 Richtlinie 2014/53/EU des Europäischen Parlaments und des Rates vom 16.4.2014 über die Harmonisierung der Rechtsvorschriften der Mitgliedstaaten über die Bereitstellung von Funkanlagen auf dem Markt und zur Aufhebung der Richtlinie 1999/5/EG, ABl. EU L 153 v. 22.5.2014, S. 62–106.

16 Bei ähnlichen Datenbanken wie EPREL im Bereich Energieeffizienz sowie SCIP im Chemikalienrecht war dies in der Vergangenheit nicht immer gewährleistet.

nen gemäß Absatz 2 bei weiterhin **unterlassener Registrierung** nicht auszuschließen sein dürften.

6. Kein Bevollmächtigter ernannt (lit. f)

33 Die Benennung eines Bevollmächtigten ist nur erforderlich, sofern der Anbieter **nicht selbst innerhalb der EU** ansässig ist. Der Bevollmächtigte als Wirtschaftsakteur ist beispielsweise auch in Art. 4 Abs. 1 der EU-Marktüberwachungsverordnung (MÜ-VO) aufgeführt.

34 Hintergrund ist, dass die Marktüberwachungsbehörden stets einen **Maßnahmenadressaten** innerhalb der EU greifbar machen können müssen, damit sich Anbieter von KI-Systemen außerhalb der EU nicht **notwendigen Maßnahmen entziehen** können und unsichere und gefährliche KI-Systeme auf dem Unionsmarkt nicht ohne Konsequenzen in Verkehr bringen können. Zudem bestünde in einem solchen Fall auch die Gefahr, dass die Maßnahmen mangels eines greifbaren Wirtschaftsakteurs und aufgrund fehlender Informationen **nicht effektiv durchzusetzen** wären.[17]

35 Die Pflicht für den Anbieter, einen **Bevollmächtigen** zu benennen, soll dies verhindern. Entsprechend konsequent erscheint es, eine nicht durchgeführte Benennung als **formelle Nichtkonformität** mit Sanktionen belegen zu können.

7. Keine technische Dokumentation verfügbar (lit. g)

36 Eine formelle Nichtkonformität liegt ebenfalls vor, sofern die **technische Dokumentation** für das KI-System nicht vorliegt. In der technischen Dokumentation sind **wesentliche Informationen** enthalten, die die Konformität und die Einhaltung der jeweiligen Marktzugangsbedingungen und internen Freigabeanforderungen belegen sollen. **Ähnliche Regelungen** bestehen auch im klassischen Produktsicherheitsrecht, beispielsweise in Art. 4 Abs. 3 der EU-Marktüberwachungsverordnung.[18] In Bezug auf KI-Systeme dürfte es sich vor allem um **Kernbestandteile des Algorithmus** sowie um die möglichen Einwirkungen auf das Produkt sowie den **Grad der Selbstständigkeit** und des **eigenständigen Lernens** handeln.

17 Vgl. auch *Geiß/Felz*, NJW 2019, 2961, 2963; siehe auch *Seehafer*, ZfPC 2022, 27, 30.
18 Siehe hierzu auch *Geiß/Felz*, NJW 2019, 2961, 2963.

III. Maßnahmen durch die Marktüberwachungsbehörde (Abs. 2)

Sollte der Anbieter die geforderten Korrekturmaßnahmen **nicht fristgerecht** 37
umsetzen oder sich gar **vollständig weigern**, die entsprechenden Maßnahmen einzuleiten, ist die Marktüberwachungsbehörde angehalten, selbst „geeignete und verhältnismäßige Maßnahmen" zu ergreifen. Sollte das betreffende KI-System noch nicht auf dem Unionsmarkt bereitgestellt sein, kommt eine Beschränkung[19] oder – abhängig von der Schwere des Verstoßes – ein **vollständiges Verbot** in Frage. Ist das KI-System bereits erstmalig auf dem Unionsmarkt bereitgestellt, mithin in Verkehr gebracht, kann die Marktüberwachungsbehörde auch einen **Rückruf** anordnen.[20]

1. Verhältnismäßigkeit der Maßnahmen

Voraussetzung ist, dass die Maßnahmen nicht nur geeignet, sondern auch ver- 38
hältnismäßig sind. Der **Grundsatz der Verhältnismäßigkeit** ist zwar Grundsatz für jedes Verwaltungshandeln, auch auf europäischer Ebene. Die besondere Betonung verdeutlicht jedoch, dass bei **formellen Nichtkonformitäten** die Anordnung durch die Marktüberwachungsbehörde mit **besonderer Sorgfalt** ausgewählt und abgewogen werden muss (vgl. auch oben Rn. 12).

Schließlich geht vom Produkt anders als bei **materiellen Nichtkonformitäten** 39
grundsätzlich kein Risiko für die Sicherheit, Gesundheit oder die Grundrechte von Personen aus. Entsprechend im Verhältnis zur „Gefahr" und zur Schwere des Verstoßes müssen auch die Maßnahmen der Marktüberwachungsbehörden stehen. Die Möglichkeit der Anordnung eines Rückrufes bei **formellen Nichtkonformitäten** ist zwar kein Spezifikum der KI-VO, kann aber dennoch nur als absolut **letztes Mittel** und bei **vollständiger Weigerung** der Korrektur seitens des Anbieters als rechtmäßiges Mittel in Frage kommen.

2. Geldbußen vorgesehen

Ein Verweis auf Art. 99 und die Möglichkeiten von Geldbußen fehlt interessan- 40
terweise und war auch nicht Gegenstand im Gesetzgebungsverfahren. Dies erscheint angesichts der regelmäßig **geringen Schwere des Verstoßes** und der **fehlenden Gefährdung** für die Sicherheit und Gesundheit von Personen auch

---

19 Dies kann beispielsweise die Anbringung eines Warnhinweises sein; vgl. *Wende*, in: Klindt, ProdSG, § 29 Rn. 10.

20 Die zweite Alternative, das KI-System „vom Markt zu nehmen", kann letztlich nichts anderes als einen Rückruf darstellen, da durch einen Rückruf das in Rede stehende Produkt ebenfalls vom Markt genommen wird.

durchaus als **folgerichtig**; angesichts der Tatsache, dass Marktüberwachungsbehörden in Ausnahmefällen sogar den Rückruf formell nichtkonformer KI-Systeme anordnen können und so das **„schärfste Schwert“** des Marktüberwachungsrechts ziehen können, könnten Geldbußen allerdings auch ein milderes Mittel darstellen, mithin den **Verhältnismäßigkeitsanforderungen** entsprechen.

Art. 84 Unionsstrukturen zur Unterstützung der Prüfung von KI

(1) Die Kommission benennt eine oder mehrere Unionsstrukturen zur Unterstützung der Prüfung von KI, die die Aufgaben gemäß Artikel 21 Absatz 6 der Verordnung (EU) 2019/1020 im KI-Bereich wahrnehmen.

(2) Unbeschadet der in Absatz 1 genannten Aufgaben leisten die Unionsstrukturen zur Unterstützung der Prüfung von KI auf Anfrage des KI-Gremiums, der Kommission oder der Marktüberwachungsbehörden auch unabhängige technische oder wissenschaftliche Beratung.

Mit Art. 84 korrespondiert Erwägungsgrund 152.

Schrifttum: *Ehring/Taeger* (Hrsg.), Produkthaftungs- und Produktsicherheitsrecht, 2022.

Übersicht

I. Allgemeines

1 Diese Vorschrift ist zwar **kein Spezifikum** der KI-VO, sondern existiert in ähnlicher Form bereits über Art. 21 der EU-Marktüberwachungsverordnung (MÜ-VO). Allerdings ist sie den **neuen Anforderungen** geschuldet, denen die Marktüberwachungsbehörden in den jeweiligen Mitgliedstaaten gegenüberstehen und denen sie **personell wie inhaltlich** jedenfalls in den ersten Jahren nach Inkrafttreten dieser Verordnung nur schwerlich gerecht werden dürften.

1. Zweck der Vorschrift

2 Durch diese Vorschrift soll sichergestellt werden, dass die in den Art. 79–83 aufgeführten Verfahren auch **zeitnah** und in **gebotener Güte** seitens der Marktüberwachungsbehörden durchgeführt werden können. Gemäß Art. 21 Abs. 1 MÜ-VO sollen **derartige Strukturen bzw. Prüfeinrichtungen** „einen Beitrag

zur Verbesserung der Laborkapazitäten sowie von Zuverlässigkeit und Kohärenz der Prüfungen für Zwecke der Marktüberwachung innerhalb der Union“ leisten.

3 Insbesondere angesichts der Tatsache, dass viele Marktüberwachungsbehörden in den Mitgliedstaaten weder über die **Kompetenz** noch über die **personelle Ausstattung** verfügen, um KI-Systeme im gebotenen Umfang und mit der notwendigen Sorgfalt zu prüfen, sowie der Tatsache, dass im Hinblick auf KI als **Querschnittstechnologie** und durch die erhöhte Grundrechtsrelevanz mit neuen, **veränderten Prüfanforderungen** zu rechnen ist, dürfte die Vorschrift durchaus über **praktische Relevanz** verfügen. Als Unionsstrukturen scheinen sich bislang ein unabhängiges wissenschaftliches Gremium sowie ein weiteres Beratergremium herauszukristallisieren. Abzuwarten bleibt jedoch, ob diese dann auch über die **notwendige Kapazität und Kompetenz** verfügen.

2. Entstehungsgeschichte

4 Die Vorschrift wurde erst recht spät im Gesetzgebungsverfahren in den Entwurf aufgenommen. Im Rahmen der Trilog-Verhandlungen wurde ein entsprechender Vorschlag seitens des Rates eingebracht, der auch Eingang in den finalen Entwurf gefunden hat. Die Unionsprüfeinrichtungen sind eine insgesamt recht **neue Regelungsmaterie**, die erstmals mit der MÜ-VO aus dem Jahr 2021 in das Unionsrecht aufgenommen wurde.[1]

3. Verhältnis zu anderen Vorschriften

5 Eine vergleichbare Vorschrift findet sich in Art. 21 der MÜ-VO, die über den Verweis auf die Anwendbarkeit der MÜ-VO auch vorliegend (ergänzend) zur Anwendung kommen dürfte.[2] Im nationalen Marktüberwachungsrecht wird auf diese Vorschrift kein Bezug genommen, sodass auch **kein Änderungsbedarf** zu erwarten ist.

II. Benennung von Unionsstrukturen zur Unterstützung der Prüfung von KI (Abs. 1)

6 Zunächst hat die Kommission „eine oder mehrere“ entsprechende **Unionsstrukturen** zu benennen. Im klassischen Produktsicherheitsrecht sollen derartige Einrichtungen dann insbesondere die „Durchführung von Produktprüfungen“, die „unabhängige Beratung in fachlichen oder wissenschaftlichen Fragen“ oder die

1 Siehe auch *Giesberts/Gayger*, in: NK-ProdR, Art. 21 MÜ-VO Rn. 2.
2 Vgl. hierzu auch *Giesberts/Gayger*, in: NK-ProdR, Art. 21 MÜ-VO Rn. 14 ff.

„Entwicklung neuer Analyseverfahren und -methoden" im Bereich der künstlichen Intelligenz übernehmen.[3]

Hierbei dürfte es sich entweder um bereits bestehende **öffentliche Prüfeinrichtungen** in den Mitgliedstaaten oder solchen der Kommission handeln oder um den **Aufbau neuer entsprechender Strukturen**, die über die erforderliche Fachkenntnis im Bereich von KI verfügen. Im Laufe des Trilog-Verfahrens waren zunächst zwei Unionsstrukturen beabsichtigt: ein unabhängiges wissenschaftliches Gremium („scientific panel of independent experts", vgl. Art. 68), welches vor allem **technische Beratung** für das KI-Büro („AI Office") und die Marktüberwachungsbehörden leisten soll sowie beim **Vollzug** bezüglich KI-Systemen mit allgemeinem Verwendungszweck unterstützen soll;[4] zudem ein Beratungsgremium („advisory board", vgl. Art. 67), welches insbesondere der Kommission und dem Europäischen Gremium für künstliche Intelligenz[5] („AI Board", vgl. Art. 65) Input **wesentlicher Stakeholder** aus der Industrie, der Wissenschaft oder der Zivilgesellschaft bereitstellen soll.[6] 7

III. Unabhängige technische oder wissenschaftliche Beratung (Abs. 2)

Die Prüfeinrichtungen bzw. Unionsstrukturen sollen darüber hinaus auch „unabhängige technische oder wissenschaftliche Beratung" auf Anfrage der Kommission, der Marktüberwachungsbehörden oder des KI-Gremiums leisten. 8

Auch dies ist der Neuartigkeit von KI-Systemen und dem fehlenden Knowhow auf öffentlicher Seite geschuldet. Abs. 2 scheint auf den ersten Blick eine **unnötige Doppelung** zu sein, da bereits über den Verweis auf Art. 21 Abs. 6 MÜ-VO in Art. 84 Abs. 1 eine fast wortlautgleiche Regelung existiert. Abs. 2 ist daher zunächst als **klarstellende Regelung** zu verstehen. Zudem ist in Abs. 2 der ausdrückliche Hinweis enthalten, dass sowohl die Kommission als auch das KI-Gremium und die Marktüberwachungsbehörden die Beratung in Anspruch nehmen 9

3 Art. 21 Abs. 6 lit. a–c MÜ-VO; siehe auch *Giesberts/Gayger*, in: NK-ProdR, Art. 21 MÜ-VO Rn. 4 ff.

4 Proposal for a Regulation of the European Parliament and of the Council laying down harmonised rules on artificial intelligence (Artificial Intelligence Act) and amending certain Union legislative acts – Analysis of the final compromise text with a view to agreement, 26.1.2024, Ziff. II.9, S. 7.

5 Siehe auch ErwG 20 der Verordnung.

6 Proposal for a Regulation of the European Parliament and of the Council laying down harmonised rules on artificial intelligence (Artificial Intelligence Act) and amending certain Union legislative acts – Analysis of the final compromise text with a view to agreement, 26.1.2024, Ziff. II.9, S. 7 f.

können.[7] Darüber hinaus dürfte mit der in Abs. 2 genannten **technischen oder wissenschaftlichen Beratung** auch beabsichtigt sein, für den Bereich der KI spezifische Kompetenzen abzudecken, wie etwa in den Bereichen Software, Hardware, IT-Infrastruktur, IT-Sicherheit bzw. mit Fokus auf **ethische Fragestellungen** oder **Grundrechtsrelevanz** (vgl. auch oben Rn. 3).[8]

10 Im Gegensatz zu den in Art. 21 Abs. 6 MÜ-VO angeführten Aufgaben, die allesamt dem klassischen Produktsicherheits- und Marktüberwachungsrecht zuzuordnen sind, dürften sich Beratungsleistungen gemäß Abs. 2 daher auch beispielsweise auf die technische Leistungsfähigkeit von KI-Systemen beziehen, bei der Beurteilung des Grades der Selbstständigkeit, der ethischen Grenzen oder der **Grundrechtsgefährdung** von neuartigen KI-Anwendungen sowie bei **Risiken für öffentliche Interessen, wie Demokratie**, **Rechtsstaatlichkeit** oder **Umwelt**. Gleichzeitig dürfte es auch darum gehen, Vorteile, die sich durch KI-Systeme ergeben, zusammen mit den **möglichen Gefährdungen** zu bewerten und das angemessene Maß an **Risikoakzeptanz** zu ermitteln, um das gebotene Maß an Sicherheit für die Allgemeinheit zu gewährleisten, ohne **Innovationen** im Bereich KI über Gebühr zu gefährden. Zudem dürfte der Beratungsbedarf auch und gerade hinsichtlich möglicher Risiken von KI-Systemen mit **allgemeinem Verwendungszweck** bestehen.

7 *Giesberts/Gayger*, in: NK-ProdR, Art. 21 MÜ-VO Rn. 5.
8 Vgl. *Richard*, KI-Verordnung, Bedeutung für die Marktüberwachung, Deutsche Marktüberwachungskonferenz 2023, 20.9.2023, S. 14 f.

Abschnitt 4
Rechtsbehelfe

Art. 85 Recht auf Beschwerde bei einer Marktüberwachungsbehörde

Unbeschadet anderer verwaltungsrechtlicher oder gerichtlicher Rechtsbehelfe kann jede natürliche oder juristische Person, die Grund zu der Annahme hat, dass gegen die Bestimmungen dieser Verordnung verstoßen wurde, bei der betreffenden Marktüberwachungsbehörde Beschwerden einreichen.

Gemäß der Verordnung (EU) 2019/1020 werden solche Beschwerden für die Zwecke der Durchführung von Marktüberwachungstätigkeiten berücksichtigt und nach den einschlägigen von den Marktüberwachungsbehörden dafür eingerichteten Verfahren behandelt.

Mit Art. 85 korrespondiert Erwägungsgrund 170.

Schrifttum: *Bomhard/Siglmüller*, AI Act – das Trilogergebnis, RDi 2024, 45; *Borges*, Die Europäische KI-Verordnung (AI Act) Teil 3 – Transparenzpflichten, Durchsetzung, Gesamtbewertung, CR 2024, 633; *Calliess/Ruffert* (Hrsg.), EUV/AEUV, Kommentar, 6. Aufl. 2022; *Ebers/Hoch/Rosenkranz/Ruschemeier/Steinrötter*, Der Entwurf für eine EU-KI-Verordnung: Richtige Richtung mit Optimierungsbedarf, RDi 2021, 528; *Eßer/Kramer/v. Lewinski* (Hrsg.), Auernhammer, DSGVO BDSG, Kommentar, 8. Aufl. 2023; *Fezer/Büscher/Obergfell* (Hrsg.), UWG, Kommentar, 3. Aufl. 2016; *Frehoff*, RAPEX – Behördliche Produktinformation im europäischen Verwaltungsverbund, 2022; *Hau/Poseck* (Hrsg.), Beck'scher Online-Kommentar BGB, 72. Edition, Stand: 1.11.2024; *Hornung*, Individualrechte in der KI-Verordnung, DuD 2024, 507; *Krönke*, Das europäische KI-Gesetz: Eine Verordnung mit Licht und Schatten, NVwZ 2024, 529; *Martini/Wendehorst* (Hrsg.), KI-VO, Kommentar, 2024; *Paal/Pauly* (Hrsg.), DS-GVO BDSG, Kommentar, 3. Aufl. 2021; *Plath* (Hrsg.), DSGVO/BDSG/TTDSG, Kommentar, 4. Aufl. 2023; *von der Groeben/Schwarze/Hatje* (Hrsg.), Europäisches Unionsrecht, 7. Aufl. 2015; *Wolff/Brink/v. Ungern-Sternberg* (Hrsg.), Beck'scher Online-Kommentar Datenschutzrecht, 50. Edition, Stand: 1.11.2024.

Übersicht

I. Allgemeines

1 Eines der Hauptziele der KI-VO ist, die Einführung vertrauenswürdiger KI zu fördern, um so ein hohes Schutzniveau in Bezug auf Gesundheit, Sicherheit und die europäischen Grundrechte sicherzustellen.[1] Die KI-VO ist damit in erster Linie ein Schutzregime der in der EU niedergelassenen und ansässigen „KI-Betroffenen“.[2] Vor diesem Hintergrund sieht die KI-VO in Kapitel IX Abschnitt 4 ein **Rechtsbehelfssystem** vor, wenn ein Verstoß gegen Bestimmungen der KI-VO in Betracht kommt. Durch das integrierte Rechtsbehelfssystem soll ein Vertrauen der Verbraucherinnen und Verbraucher in KI geschaffen und zugleich gestärkt werden. Denn nur wenn die Möglichkeit besteht, dass Betroffene etwaige Verstöße gegen die neu geschaffenen Regelungen bei der Verwendung von KI auch effektiv geltend machen können und das Vorbringen auch gehört wird, entsteht Vertrauen in KI.

2 Das Rechtsbehelfssystem der KI-VO regelt in Art. 85 zunächst ein allgemeines Beschwerderecht für natürliche oder juristische Personen. Daneben haben Betroffene von Entscheidungen eines Hochrisiko-KI-Systems nach Art. 86 auch das Recht, sich die Entscheidungsfindung im Einzelfall erläutern zu lassen. Über Art. 87 werden die Hinweisgeber, die die Verstöße gegen die KI-VO melden, geschützt.

1. Zweck der Vorschrift

3 Mit dem Recht auf Einlegung einer **Beschwerde** werden zwei wesentliche Zwecke erfüllt: Einerseits gibt es den natürlichen oder juristischen Personen, die Grund zur Annahme haben, dass ein Verstoß gegen Bestimmungen der KI-VO in

1 ErwG 1.
2 *Krönke*, NVwZ 2024, 529, 530.

Betracht kommt, einen leicht zu erhebenden Rechtsbehelf zur Hand, der einfach und unbürokratisch erhoben werden kann und damit den Rechtsschutz erhöht. Andererseits wird durch das Beschwerderecht aber auch erreicht, dass die Marktüberwachungsbehörden (frühzeitig) Kenntnis von möglichen Verstößen gegen die Verordnung erhalten. Dies stärkt die Rechtsdurchsetzung der KI-VO, denn auf Grundlage der eingereichten Beschwerden können die Marktüberwachungsbehörden geeignete Durchsetzungsmaßnahmen nach der Marktüberwachungsverordnung ergreifen. Natürliche und juristische Personen dienen demnach auch im Anwendungsbereich der Künstlichen Intelligenz als Hebel und Durchsetzungshelfer bei möglichen Verstößen, wie dies bereits in anderen Bereichen des Unionsrechts der Fall ist.[3]

2. Entstehungsgeschichte

Der Vorschlag der Europäischen Kommission vom 21.4.2021 sah noch keine Beschwerdemöglichkeit für natürliche und juristische Personen bei einer Marktüberwachungsbehörde vor. Das, obwohl in den „Ethischen Leitlinien für Vertrauenswürdige KI“ durch eine hochrangige Expertengruppe für künstliche Intelligenz, die bereits im April 2019 veröffentlicht wurden, Rechtsbehelfsmechanismen gefordert wurden.[4] Insbesondere Verbraucherschutzverbände kritisierten das Fehlen der Betroffenenrechte und die mangelnde Durchsetzbarkeit für die Betroffenen stark und forderten die Einführung von Rechtsbehelfsmechanismen, da wesentlicher Motivator des Kommissionsentwurfs zur Regelung von Künstlicher Intelligenz der Grundrechtsschutz war.[5] 4

Auch der Europäische Wirtschafts- und Sozialausschluss hat in seiner Stellungnahme vom 22.9.2021 zum Vorschlag der Kommission die Empfehlung abgegeben, dass die KI-VO ein Beschwerde- und Rechtsbehelfsverfahren für Organisationen und Bürgerinnen und Bürger vorzusehen habe, die durch KI-Systeme, -Praktiken oder -Anwendungen, die in den Anwendungsbereich des KI-Gesetzes fallen, Schaden erlitten haben.[6] 5

---

3 So beispielsweise im Datenschutzrecht, vgl. Art. 77 DSGVO.

4 High-Level Expert Group on Artificial Intelligence set up by the European Commission, S. 20 u. 23.

5 *Ebers/Hoch/Rosenkranz/Ruschemeier/Steinrötter*, RDi 2021, 528, 537; i.d.S. auch BEUC, Position Paper on the AI Act, 7.10.2021, S. 2.

6 Stellungnahme des Europäischen Wirtschafts- und Sozialausschusses zum „Vorschlag für eine Verordnung des Europäischen Parlaments und des Rates zur Festlegung harmonisierter Vorschriften für künstliche Intelligenz (Gesetz über künstliche Intelligenz) zur Änderung bestimmter Rechtsakte der Union“ vom 22.9.2021, Punkt 4.27: „The EESC recommends including a complaints and redress mechanism for organisations and citizens that have suffered harm from any AI system, practice or use that falls within the scope of the AIA.“

6 Erst der Entwurf des Europäischen Parlaments in seiner konsolidierten Fassung vom 14.6.2023 beinhaltete die Stärkung der Betroffenenrechte durch die Aufnahme von Rechtsbehelfsmöglichkeiten, nachdem der Europäische Rat Bestimmungen zugunsten der Betroffenen forderte.[7] Auch im Europäischen Parlament enthielten Berichte und Stellungnahmen Änderungsanträge des Kommissionsvorschlags dahingehend, dass Betroffenenrechte eingeführt werden müssten.[8]

7 Im Trilogvorschlag von Juni 2023 wurde das Beschwerderecht zunächst durch die Möglichkeit einer Untätigkeitsklage[9] ergänzt, wenn die zuständige Marktüberwachungsbehörde die Beschwerde nicht bearbeitet oder die betroffene Person nicht innerhalb von drei Monaten über den Fortgang oder das Ergebnis der eingereichten Beschwerde unterrichtet wird.[10] Neben dem Beschwerderecht schlug das Parlament auch ein Recht auf wirksamen gerichtlichen Rechtsbehelf gegen eine Aufsichtsbehörde vor. Diese Klagemöglichkeit sowie das Recht auf einen wirksamen gerichtlichen Rechtsbehelf gegen eine Aufsichtsbehörde wurde in der finalen Fassung der KI-VO ersatzlos gestrichen.

3. Verhältnis zu anderen Vorschriften

8 Im Unionsrecht und im nationalen Recht sind bereits wirksame Rechtsbehelfe für natürliche und juristische Personen vorgesehen, deren Rechte und Freiheiten durch die Nutzung von KI-Systemen beeinträchtigt werden.[11] Der Rechtsbehelf auf Beschwerde bei der Marktüberwachungsbehörde soll unbeschadet dieser bereits normierten europäischen und nationalen Rechtsbehelfe zur Verfügung stehen.[12] Auf Grundlage einer Beschwerde können nationale Behörden Marktüber-

---

7 Council of the European Union, Permanent Representative Committee (Part 1), 25.11.2022 (AIA – CZ – Allgemeiner Ansatz (25.11.2022): „6.2 The compromise proposal also makes it clear in the newly added Article 63(11) that a natural or legal person who has reasons to consider that there has been an infringement of the provisions of the AI Act may make a complaint to the relevant market surveillance authority and may expect that such a complaint will be handled in line with the dedicated procedures of that authority." (S. 9), abrufbar unter https://www.consilium.europa.eu/en/press/press-releases/2022/12/06/artificial-intelligence-act-council-calls-for-promoting-safe-ai-that-respects-fundamental-rights/? (zuletzt abgerufen am 29.1.2025).

8 European Parliament AIA – IMCO-LIBE Bericht – angenommene Texte P9_TA(2023)0236, Amendment 133.

9 Art. 68b Abs. 2 KI-VO (alt) der Trilogverhandlungen.

10 Art. 68b Abs. 2 KI-VO (alt) der Trilogverhandlungen.

11 ErwG 170.

12 Vgl. ErwG 170; so auch *Hartmann*, in: Martini/Wendehorst, KI-VO, Art. 85 Rn. 5.

wachungsmaßnahmen nach den Verfahren der VO (EU) 2019/1020 (EU-Marktüberwachungsverordnung)[13] einleiten.

Das Beschwerderecht ist inhaltlich vergleichbar mit einem nationalen oder europäischen **Petitionsverfahren** gemäß Art. 227 AEUV, in dem jedermann das Recht hat, sich mit Bitten oder Beschwerden an die zuständige Stelle zu wenden. Auf europäischer Ebene findet sich in Art. 77 DSGVO ein ähnliches Beschwerderecht für betroffene Personen, die der Ansicht sind, dass die Verarbeitung der sie betreffenden personenbezogenen Daten gegen die DSGVO verstößt. Anders als die nunmehr verabschiedete Fassung der KI-VO ergänzt die DSGVO allerdings das Beschwerderecht mit Regelungen zur Untätigkeitsklage in Art. 78 DSGVO und wertet dieses Beschwerderecht somit zu einem Rechtsbehelf auf, der rechtlich auch durchsetzbar ist.[14] Auch besteht im Rahmen der KI-VO keine Pflicht für Betreiber, Anbieter oder Nutzer des KI-Systems auf das Bestehen eines Beschwerderechts bei der Marktüberwachungsbehörde, beispielsweise bei der Verwendung eines KI-Systems, hinzuweisen.[15] 9

II. Beschwerderecht

1. Beschwerdeberechtigung

Alle natürlichen und juristischen Personen haben ein Recht zur Beschwerde, wenn sie Grund zur Annahme haben, dass ein Verstoß gegen die Bestimmungen der KI-VO vorliegt. Anders als der Vorschlag des Europäischen Parlaments aus 2021 setzt die Regelung also **keine Betroffenheit** voraus.[16] Das Beschwerderecht erfährt damit keine Einschränkung seines Anwendungsbereichs, da der Be- 10

13 Verordnung (EU) 2019/1020 des Europäischen Parlaments und des Rates vom 20.6.2019 über Marktüberwachung und die Konformität von Produkten sowie zur Änderung der Richtlinie 2004/42/EG und der Verordnungen (EG) Nr. 765/2008 und (EU) Nr. 305/2011, ABl. L 169 vom 25.6.2019, S. 1.

14 Zur DSGVO *Mundil*, in: Wolff/Brink/v. Ungern-Sternberg, BeckOK DatenschutzR, Vorbem. Art. 77.

15 So wie beispielsweise in Art. 13 DSGVO, wonach der Verantwortliche der betroffenen Person zum Zeitpunkt der Erhebung der Daten das Bestehen eines Beschwerderechts bei einer Aufsichtsbehörde als Information zur Verfügung stellen muss.

16 Vorschlag des Europäischen Parlaments: „(1) Jede natürliche Person oder Gruppe von natürlichen Personen hat unbeschadet eines anderweitigen verwaltungsrechtlichen oder gerichtlichen Rechtsbehelfs das Recht auf Beschwerde bei einer nationalen Aufsichtsbehörde, insbesondere in dem Mitgliedstaat ihres gewöhnlichen Aufenthaltsorts, ihres Arbeitsplatzes oder des Orts des mutmaßlichen Verstoßes, wenn sie der Ansicht ist, dass das **sie betreffende** KI-System gegen diese Verordnung verstößt. (2) Die nationale Aufsichtsbehörde, bei der die Beschwerde eingereicht wurde, unterrichtet den Beschwerdeführer über den Stand und die Ergebnisse der Beschwerde einschließlich der Möglichkeit eines gerichtlichen Rechtsbehelfs nach Artikel 78.“ Diese Vorschrift

schwerdeführer nicht in einem unmittelbaren Zusammenhang mit dem streitgegenständlichen Verstoß gegen die KI-VO stehen muss. Der Verordnungsgeber hat sich vielmehr für einen **Jedermanns-Rechtsbehelf** entschieden, welchen er zum Zwecke der objektiven Durchsetzung des europäischen Rechts bei der Anwendung von KI für erforderlich hielt. Trotzdem darf davon ausgegangen werden, dass in den überwiegenden Fällen eine Beschwerde von natürlichen oder juristischen Personen eingelegt wird, die von einem Verstoß selbst unmittelbar oder mittelbar betroffen sind.

11 Fraglich wird zudem sein, ob auch eine **anonyme Beschwerde** nach Art. 85 eingelegt werden kann. Im Datenschutzrecht, das ebenso ein Recht auf Beschwerde bei einer Aufsichtsbehörde gemäß Art. 77 DSGVO vorsieht, ist dies umstritten. Vertreten wird zur datenschutzrechtlichen Beschwerde einerseits, dass sich das Mindestmaß an Substantiierung lediglich auf den Sachverhalt bezieht, wozu allerdings nicht die Angaben zur Identität des Beschwerdeführers zählen.[17] Denn für die Aufsichtsbehörde ist bedeutsamer, dass der Sachverhalt und der Verantwortliche hinreichend genau bezeichnet sind, sodass die Einleitung einer Maßnahme möglich ist.[18] Andere Stimmen hingegen sehen die Angabe der Identität des Beschwerdeführers als zwingend erforderlich an, da im Datenschutzrecht die Aufsichtsbehörde ggf. auch Erklärungen und Nachweise verlangen können muss, aus denen sich eine mögliche Betroffenheit ableiten lässt.[19]

2. Formelle Voraussetzungen

12 Die KI-VO gilt in den Mitgliedstaaten **unmittelbar** und verdrängt damit das nationale Recht im Wege des Anwendungsvorrangs. Es wird sich somit die Frage nach einer ergänzenden Anwendung des nationalen Rechts bei der konkreten Rechtsanwendung stellen. Einzelfragen zum Beschwerdeverfahren nach anderen europäischen Verordnungen werden in der Praxis häufig unter Zuhilfenahme der nationalen Vorschriften gelöst.[20] Da die KI-VO nur rudimentär das Beschwerdeverfahren selbst regelt, wird der Rückgriff auf nationale Normen erforderlich sein. Dieses Vorgehen wäre mit dem Anwendungsvorrang der KI-VO vereinbar, sofern die europarechtlichen Vorgaben eingehalten werden.

---

entsprach dem Wortlaut nach Art. 77 DSGVO; in diesem Sinne auch *Borges*, CR 2024, 633, 644.

17 Für das Beschwerderecht nach der DSGVO vgl. *von Lewinski*, in: Auernhammer, DSGVO BDSG, Art. 77 Rn. 4.

18 *von Lewinski*, in: Auernhammer, DSGVO BDSG, Art. 77 Rn. 4.

19 *Becker*, in: Plath, DSGVO/BDSG/TTDSG, Art. 77 Rn. 3.

20 So auch *Mundil*, in: Wolff/Brink/v. Ungern-Sternberg, BeckOK DatenschutzR, Art. 77 Rn. 2.

a) Beschwerdegegenstand

13 Beschwerdegegenstand ist **jede mögliche Verletzung** der Bestimmungen der KI-VO. In Betracht kommen beispielsweise Verstöße gegen verbotene Praktiken im KI-Bereich nach Art. 5, die Nichteinhaltung der Anforderungen an Hochrisiko-KI-Systeme nach Art. 8 ff. oder der Verstoß gegen Pflichten der Anbieter und Betreiber von Hochrisiko-KI-Systemen und anderer Beteiligter nach Art. 16 ff. Anders als das Recht auf Erläuterung der individuellen Entscheidungsfindung nach Art. 86 ist das Beschwerderecht demnach nicht auf Verstöße gegen Bestimmungen bezüglich der Hochrisiko-KI-Systeme begrenzt. Da die KI-VO überwiegend Regelungen und Pflichten für Hochrisiko-KI-Systeme normiert, wird das Beschwerderecht in diesem Kontext aber vermutlich seinen größten Anwendungsbereich haben.

b) Beschwerdebefugnis: Vermuteter Verstoß

14 Die Vorschrift setzt voraus, dass der Beschwerdeführer Grund zur Annahme hat, dass ein Verstoß gegen die Bestimmungen dieser Verordnung vorliegt. Der Beschwerdeführer kann dann bei der betreffenden Marktüberwachungsbehörde **„begründete Beschwerden"** einreichen. Die Anforderungen an die Beschwerdebefugnis sind niedrig anzusetzen, da sie andernfalls dem Ziel des Beschwerderechts, schnell und unbürokratisch abzuhelfen, entgegenstehen würden. Auf der anderen Seite muss einer Überlastung der Marktüberwachungsbehörden durch missbräuchliches oder zweckentfremdetes Einlegen einer Beschwerde entgegengewirkt werden.

15 Wie auch im Rahmen der Klagebefugnis im deutschen Recht nach § 42 Abs. 2 VwGO sollte es genügen, dass in Bezug auf die Sachverhaltsschilderungen des Beschwerdeführers ein Verstoß zumindest möglich erscheint und ein Rechtsverstoß nicht offenkundig ausgeschlossen ist. Für die Darlegung der Beschwerde dürften daher nur diejenigen Angaben gefordert werden, die die Marktüberwachungsbehörde für ein Tätigwerden benötigt.[21] Hierzu genügt die Angabe der Umstände, aus denen sich ergibt, dass gegen Bestimmungen der KI-VO verstoßen wurde. Eine rechtliche Prüfung oder eine vollständig abgeschlossene Sachverhaltsermittlung kann vom Beschwerdeführer nicht verlangt werden.[22] Dies zu prüfen oder zu ermitteln ist vielmehr die Aufgabe der Marktüberwachungsbehörde.

21 Für das Beschwerderecht nach der DSGVO vgl. *Körffer*, in: Paal/Pauly, DS-GVO BDSG, Art. 77 Rn. 3.

22 Für das Beschwerderecht nach der DSGVO vgl. *Mundil*, in: Wolff/Brink/v. Ungern-Sternberg, BeckOK DatenschutzR, Art. 77 Rn. 5.

c) Form

16 Die KI-VO sieht **keine besondere Form** für die Beschwerde vor. Insbesondere besteht kein Schriftformerfordernis oder die Pflicht, sich von einem Rechtsanwalt vertreten zu lassen. Da vorgesehen ist, dass die Beschwerde durch den Beschwerdeführer so einfach wie möglich eingelegt werden kann, könnten die Marktüberwachungsbehörden in Zukunft auch gehalten sein, das Einlegen der Beschwerde durch die Bereitstellung eines Beschwerdeformulars zu erleichtern.[23] Auch die Verbraucherzentrale Bundesverband e. V. fordert, dass die Einrichtung einer zentralen „Kontaktstelle" einhergehen muss mit der Einrichtung eines möglichst einfachen Systems zur Beschwerdeannahme.[24] Das umfasse auch die Erstellung von klaren und verständlichen Eingabemasken und Beschwerdeformularen. Ausdrücklich geregelt ist das in der derzeitigen Fassung der KI-VO allerdings noch nicht. Insbesondere muss es dem Beschwerdeführer möglich sein, die Beschwerde durch formlose Eingabe, schriftlich, per Fax, E-Mail oder auch mündlich und persönlich bei der Marktüberwachungsbehörde vorzubringen.[25] Nach einer bislang noch unveröffentlichten Fassung des Stands des Referentenentwurfs für ein Gesetz zur Durchführung der KI-VO soll ein solches Beschwerdemanagementsystem bei der zentralen Beschwerdestelle eingerichtet werden. Dieses soll leicht zugänglich und benutzerfreundlich sein und die Einreichung hinreichend präziser und angemessen begründeter Beschwerden ermöglichen.[26]

d) Frist

17 Auch eine besondere Frist schreibt die KI-VO für das Beschwerderecht nicht vor. Der Verstoß gegen die Verordnung kann somit **zu jeder Zeit** geltend gemacht werden. Die Marktüberwachungsbehörde ist daher auch dann auf eine Beschwerde hin zum Einschreiten mit Durchsetzungsmaßnahmen nach der Marktüberwachungsverordnung berechtigt, wenn der Verstoß bereits eine gewisse Zeit andauert.

3. Zuständige Marktüberwachungsbehörde

18 Die Beschwerde ist nach Art. 85 UAbs. 1 bei der zuständigen Marktüberwachungsbehörde einzureichen. Marktüberwachungsbehörde ist gem. Art. 3 Nr. 26

23 Vgl. beispielsweise Art. 57 Abs. 2 DSGVO.

24 Stellungnahme Verbraucherzentrale Bundesverband e. V. vom 18.4.2024: AI-Act Verbraucher:innen bei der Umsetzung berücksichtigen, S. 7.

25 Für das Beschwerderecht nach der DSGVO vgl. *Becker*, in: Plath, DSGVO/BDSG/TTDSG, Art. 77 Rn. 3.

26 § 6 Abs. 2 des Referentenentwurfs für ein Gesetzzur Durchführung der KI-VO.

die **nationale Behörde**, die die Tätigkeiten durchführt und Maßnahmen ergreift, die in der Marktüberwachungsverordnung vorgesehen sind.

a) Zuständige nationale Behörde

Jeder Mitgliedstaat muss gemäß Art. 70 Abs. 2 bis zwölf Monate nach Inkrafttreten der KI-VO mindestens eine Marktüberwachungsbehörde als zuständige nationale Behörde einrichten oder benennen, die die Anwendung und Durchführung der KI-VO beaufsichtigt und bei der die Beschwerde einzulegen ist.[27] Diese ist dann zentrale Anlaufstelle für das Beschwerderecht. Die Kommission wird dann eine öffentlich verfügbare Liste der zentralen Anlaufstellen erstellen. **19**

Nach einer bislang noch unveröffentlichten Fassung des Referentenentwurfs des BMWK und des BMJ für ein Gesetz zur Durchführung der KI-VO soll die **Bundesnetzagentur** zentrale Marktüberwachungsbehörde sein.[28] Sie wird in dem Referentenentwurf auch explizit als **zentrale Beschwerdestelle** im Sinne des Art. 85 bezeichnet.[29] Daneben sollen auch weitere Marktüberwachungsbehörden nach Bundes- oder Landesrecht „zuständige Marktüberwachungsbehörde" sein können. In diesem Fall soll die Bundesnetzagentur die Beschwerde an die zuständige Marktüberwachungsbehörde weiterleiten.[30] **Weitere zuständige Behörden** können nach dem Referentenentwurf die Marktüberwachungsbehörden sein, die für die in Anhang I Abschnitt A genannten Harmonisierungsrechtsvorschriften zuständig sind oder finanzaufsichtsrechtlich tätige Behörden, wenn das KI-System im direktem Zusammenhang mit der Erbringung von Finanzdienstleistungen steht.[31] **20**

Die Wahl der Bundesnetzagentur war nicht unumstritten. In einem Beschluss der Konferenz der unabhängigen Datenschutzaufsichtsbehörden des Bundes und der Länder[32] wurde dafür plädiert, dass die nationalen Datenschutzaufsichtsbehörden als Marktüberwachungsbehörden benannt werden. Für die Benennung spreche insbesondere, dass die Datenschutzaufsichtsbehörden bereits jetzt mit den durch die DSGVO begründeten Aufgaben auch im Hinblick auf die Beschwerdebearbeitung langjährige Erfahrung haben.[33] Zudem verfügen die Da- **21**

27 Vgl. auch ErwG 153; *Hartmann*, in: Martini/Wendehorst, KI-VO, Art. 85 Rn. 2.
28 § 2 Abs. 1 des Referentenentwurfs über den Entwurf eines Gesetzes zur Durchführung der KI-VO.
29 § 6 Abs. 1 Satz 1 des Referentenentwurfs für ein Gesetz zur Durchführung der KI-VO.
30 § 6 Abs. 1 Satz 2 des Referentenentwurfs für ein Gesetz zur Durchführung der KI-VO.
31 § 7 des Referentenentwurfs für ein Gesetz zur Durchführung der KI-VO.
32 Datenschutzkonferenz vom 3.5.2024: Positionspapier der Konferenz der unabhängigen Datenschutzaufsichtsbehörden des Bundes und der Länder.
33 Datenschutzkonferenz vom 3.5.2024: Positionspapier der Konferenz der unabhängigen Datenschutzaufsichtsbehörden des Bundes und der Länder, S. 1.

tenschutzaufsichtsbehörden nicht nur über die einschlägige Fachkunde, sondern auch über funktionierende Kooperations- und Kohärenzmechanismen.[34]

22 Art. 85 sieht vor, dass das Verfahren zur Behandlung von Beschwerden für die Zwecke der Durchführung von Marktüberwachungstätigkeiten berücksichtigt und nach den einschlägigen, von den Marktüberwachungsbehörden dafür eingerichteten Verfahren behandelt wird.

23 Nach welchen Kriterien sich die **„betreffende" Marktaufsichtsbehörde** ermittelt, lässt die Verordnung offen. Der Vorschlag des Europäischen Parlaments von 2021 zählte noch (wenn auch nicht abschließend) mögliche Aufsichtsbehörden wie die am Aufenthaltsort, am Arbeitsplatz oder am Ort des Verstoßes auf. Die finale Fassung der KI-VO verzichtet auf eine konkretisierende Aufzählung. Im Regelfall wird es für den Beschwerdeführer bei lebensnaher Betrachtung am sinnvollsten sein, sich entweder an die Marktüberwachungsbehörde des eigenen Aufenthalts- oder Arbeitsortes oder an diejenige zu wenden, die für den Verantwortlichen des Verstoßes zuständig ist. Mangels Konkretisierung der Zuständigkeit verbleibt im Ergebnis das Wahlrecht beim Beschwerdeführer, welche Behörde er durch die Anrufung zur „betreffenden" Marktüberwachungsbehörde i. S. d. Art. 85 macht. Die Prüfung der Zuständigkeit soll dem Beschwerdeführer nach dem aktuellen Stand des Referentenentwurfs für ein Gesetz zur Durchführung der KI-VO abgenommen werden. Der Entwurf sieht vor, dass Beschwerdeführer in Deutschland sämtliche Beschwerden bei der Bundesnetzagentur als zentrale Beschwerdestelle einreichen können und diese die Beschwerde an die zuständige Stelle weiterleiten wird.[35]

b) Büro für Künstliche Intelligenz

24 Weiterhin stellt sich die Frage nach der Zuständigkeit des Büros für Künstliche Intelligenz (AI Office), geregelt in Art. 64, neben der Zuständigkeit der nationalen Marktüberwachungsbehörden. Wie sich aus ErwG 161 ergibt, sollte die Aufsicht für KI-Systeme, die auf GPAI Models (siehe hierzu Art. 3 Nr. 63 Rn. 458 ff.) beruhen und bei denen das Modell und das System vom selben Anbieter bereitgestellt werden, auf der Unionsebene durch das Amt für künstliche Intelligenz erfolgen, um sich überschneidende Zuständigkeiten zu vermeiden. Es soll zu diesem Zweck ebenso über die Befugnisse einer Marktüberwachungsbehörde im Sinne der Marktüberwachungsverordnung verfügen. Im Übrigen bleiben die nationalen Marktüberwachungsbehörden für die Beaufsichtigung

---

34 Datenschutzkonferenz vom 3.5.2024: Positionspapier der Konferenz der unabhängigen Datenschutzaufsichtsbehörden des Bundes und der Länder, S. 2.

35 § 6 Abs. 1 Satz 2 des Referentenentwurfs über den Entwurf eines Gesetzes zur Durchführung der KI-VO sowie die Begründung zu Abs. 1.

von KI-Systemen zuständig. Zur Zusammenarbeit von nationaler Marktüberwachungsbehörde und dem Büro für Künstliche Intelligenz soll es aber bei KI-Systemen mit allgemeinem Verwendungszweck, die von Betreibern direkt für mindestens einen Zweck verwendet werden können, der als hochriskant eingestuft wird, kommen.[36] Hier sollten die Marktüberwachungsbehörden das Amt für Künstliche Intelligenz um Unterstützung ersuchen, wenn sie nicht in der Lage sind, eine Untersuchung zu einem Hochrisiko-KI-System abzuschließen, weil sie keinen Zugang zu bestimmten Informationen haben.[37]

c) Auseinanderfallende Zuständigkeiten

Gleichzeitig stellt sich auch die Frage nach der Zuständigkeit, wenn die angerufene Behörde mit der zur Durchsetzung befugten Behörde auseinanderfällt. Denn die mitgliedstaatlichen Marktüberwachungsbehörden nach der Marktüberwachungsverordnung sind die in ihren Hoheitsgebieten zur Durchsetzung der Marktüberwachung und Kontrolle zuständigen Behörden, vgl. Art. 3 Nr. 4 Marktüberwachungsverordnung i.V.m. Art. 74 (siehe Art. 74 Rn. 28). Es ist deshalb denkbar, dass die vom Beschwerdeführer angerufene und die nach der Marktüberwachungsverordnung für die Durchsetzung zuständige Behörde eines Mitgliedstaates bei grenzüberschreitenden Sachverhalten auseinanderfallen. Sind Durchsetzungsmaßnahmen erforderlich und fallen die angerufene und die für die Maßnahmen zuständige Marktüberwachungsbehörde auseinander, sind die Behörden zur Zusammenarbeit verpflichtet. Für den Beschwerdeführer sollte aber dennoch die von ihm **angerufene Marktüberwachungsbehörde** alleiniger Ansprechpartner bleiben.[38] Gleiches gilt auch, wenn das Büro für Künstliche Intelligenz bei einem KI-System, das auf einem GPAI Model beruht, für die Wahrnehmung der Beobachtungs- und Überwachungsaufgaben nach Art. 75 Abs. 1 zuständig ist. 25

III. Tätigwerden der Marktüberwachungsbehörde

Die Marktüberwachungsbehörden haben nach Art. 85 UAbs. 2 die Beschwerden gemäß der Marktüberwachungsverordnung für die Zwecke der Durchführung ihrer Marktüberwachungstätigkeiten zu berücksichtigen und nach den einschlägigen von ihnen dafür eingerichteten Verfahren zu behandeln. 26

36 ErwG 161.

37 ErwG 161.

38 Vgl. *Körffer*, in: Paal/Pauly, DSGVO BDSG, Art. 77 Rn. 6, 7, spricht von „federführender" Aufsichtsbehörde.

1. Behandlung nach den einschlägigen Verfahren

27 Art. 85 UAbs. 2 erweckt den Anschein, dass das Verfahren, nach dem die Marktüberwachungsbehörden tätig werden, dezidiert in der Marktüberwachungsverordnung geregelt sei. Dem ist jedoch nicht so. Die Marktüberwachungsverordnung regelt lediglich, dass die Marktüberwachungsbehörden ein Verfahren für die Behandlung von Beschwerden oder Berichten über Risiken oder Nichtkonformität betreffende Fragen einzurichten haben (Art. 11 Abs. 7 lit. a Marktüberwachungsverordnung). Über das „Wie" der Ausgestaltung schweigt die Marktüberwachungsverordnung demnach. Art. 11 Abs. 3 UAbs. 2 lit. e Marktüberwachungsverordnung sieht lediglich vor, dass die Marktüberwachungsbehörden bei der Entscheidung über ihre Überprüfungen Beschwerden zu berücksichtigen haben.

28 Befasst sich die Marktüberwachungsbehörde nicht mit der eingereichten Beschwerde, so sah der Trilogvorschlag in Art. 68b Abs. 2 (alt) noch das Recht auf einen wirksamen gerichtlichen Rechtsbehelf vor. In der finalen Fassung der KI-VO wurde diese Möglichkeit auf Erhebung einer Untätigkeitsklage ersatzlos gestrichen. Um optimalen Rechtsschutz, auch im Hinblick auf die Rechtsschutzgarantie in Art. 19 Abs. 4 GG zu gewährleisten, muss diese Lücke durch nationales Recht gefüllt werden.

2. Berücksichtigung bei der Durchführung der Marktüberwachungstätigkeiten

29 Art. 85 regelt nicht konkret, welche Pflichten der **Marktüberwachungsbehörde** nach dem Eingang einer Beschwerde obliegen. UAbs. 2 normiert lediglich, dass Beschwerden für die Zwecke der Durchführung von Marktüberwachungstätigkeiten berücksichtigt werden. Im Text und in den Erwägungsgründen der Verordnung ist hingegen nicht angelegt, ob und wie die Marktüberwachungsbehörde die Beschwerde inhaltlich behandelt. Dies spricht dafür, dass die Marktüberwachungsbehörden je nach Einzelfall zu prüfen haben, welche Maßnahme im konkreten Fall angemessen ist. Die Marktüberwachungstätigkeiten sind in der Marktüberwachungsverordnung geregelt. Den Marktüberwachungsbehörden stehen zahlreiche **Durchführungsbefugnisse** gem. Art. 14 Abs. 4 lit. a–k Marktüberwachungsverordnung und **konkrete Marktüberwachungsmaßnahmen** in Art. 16 Marktüberwachungsverordnung zu (siehe Art. 74 Rn. 32). Gehen Beschwerden bei der Marktüberwachungsbehörde ein, sind die hieraus gewonnenen Informationen und Erkenntnisse über einen (möglichen) Verstoß in die Ermittlungen mit einzubeziehen. Auf Grundlage der durch eigene Ermittlungen oder durch die Beschwerden erlangten Informationen kann die Marktüberwachungsbehörde dann beispielsweise Untersagungs- oder Einschränkungsverfügungen nach Art. 16 Abs. 5 Marktüberwachungsverordnung erlassen.

Ist der Beschwerdeführer mit der Art und Weise der Befassung oder der ergriffenen Durchsetzungsmaßnahmen, die auf Grundlage der Beschwerde getroffen werden, nicht zufrieden, besteht verwaltungsverfahrensrechtlicher und gerichtlicher Rechtsschutz nach dem nationalen Recht. Ein **subjektiver Rechtsanspruch** auf Ergreifung bestimmter Durchsetzungsmaßnahmen durch die Marktüberwachungsbehörde ergibt sich aus dem Wortlaut des Art. 85 aber nicht. Vielmehr hat die Marktaufsichtsbehörde bei einem festgestellten Verstoß ein Einschreit- und Auswahlermessen. 30

IV. Verhältnis zu anderen Rechtsbehelfen

Nach dem Wortlaut des Art. 85 gilt das Beschwerderecht unbeschadet anderer **verwaltungsrechtlicher und gerichtlicher Rechtsbehelfe**, die sich sowohl auf mitgliedstaatlicher als auch auf europäischer Ebene finden lassen können. Insbesondere haben die Mitgliedstaaten nach Art. 19 Abs. 1 UAbs. 2 EUV die erforderlichen Rechtsbehelfe zu schaffen, um in den Bereichen, die das Unionsrecht erfasst, einen wirksamen Rechtsschutz sicherzustellen.[39] 31

Das Beschwerderecht bei der Marktüberwachungsbehörde gilt „unbeschadet" anderer verwaltungsrechtlicher und gerichtlicher Rechtsbehelfe und steht damit gleichrangig neben diesen. Gemäß ErwG 9 der KI-VO bleiben alle Rechte und Rechtsbehelfe, die für Verbraucher und andere Personen, auf die sich KI-Systeme negativ auswirken können, gemäß dem Unionsrecht vorgesehen sind, unberührt und in vollem Umfang anwendbar. Im deutschen Recht wird es mithin auf die Frage ankommen, wer gegen die Bestimmungen der KI-VO verstößt und wer den Verstoß geltend macht. Korrespondierend dazu kommen zivilrechtliche Rechtsbehelfe in Betracht, deren Anwendbarkeit nachfolgend kurz skizziert wird. 32

Im Unionsrecht und im nationalen Recht sind bereits wirksame Rechtsbehelfe für natürliche und juristische Personen vorgesehen, deren Rechte und Freiheiten durch die Nutzung von KI-Systemen beeinträchtigt werden.[40] Art. 19 Abs. 4 GG normiert im deutschen Recht die Garantie auf effektiven Rechtsschutz. Die maßgeblichen verwaltungsrechtlichen und gerichtlichen Rechtsbehelfe im deutschen Recht, wenn eine hoheitliche Stelle handelt, sind in der VwGO geregelt. Verstößt hingegen eine private natürliche oder juristische Person gegen die Bestimmungen der KI-VO, lassen sich die maßgeblichen Rechtsbehelfe im BGB und in der ZPO finden. 33

---

39 *Freihoff*, RAPEX – Behördliche Produktinformation im europäischen Verwaltungsverbund, S. 224.

40 ErwG 170; *Hornung*, DuD 2024, 507, 509.

1. Zivilrechtliche Rechtsbehelfe

34 Neben verwaltungsrechtlichen Rechtsbehelfen kommen auch zivilrechtliche Rechtsbehelfe in Betracht, wenn Akteure, die nicht hoheitlich agieren, gegen Regelungen der KI-VO verstoßen.

35 Möglich ist vor diesem Hintergrund die allgemeine Leistungsklage in Form der **Unterlassungsklage** nach §§ 1004 Abs. 1 Satz 1 analog, 823 Abs. 2 BGB in Verbindung mit Art. 2 Abs. 1, Art. 1 Abs. 1 GG bei Verletzung des allgemeinen Persönlichkeitsrechts, wenn gegen die Verordnung verstoßen wird. Dieser sog. „quasinegatorische" Unterlassungsanspruch richtet sich gegen die drohende Beeinträchtigung „sonstiger Rechte", um die Störung aller deliktisch geschützter Rechtspositionen abzuwehren.[41] Anders als Art. 85 setzt der zivilrechtliche Unterlassungsanspruch aber die Beeinträchtigung „sonstiger Rechte" und rechtlich geschützter Positionen voraus, sodass nur eine subjektive Betroffenheit das Klagerecht begründen kann. Das Beschwerderecht aus der KI-VO geht mithin weiter, da eine Betroffenheit des Beschwerdeführers dem Wortlaut nach gerade nicht Voraussetzung für die Beschwerde ist.

2. Verhältnis zur wettbewerbsrechtlichen Abmahnung

36 In der Praxis wird sich in Zukunft auch die Frage stellen, inwieweit Verstöße gegen die KI-VO auch Gegenstand einer wettbewerbsrechtlichen Abmahnung sein können. Entscheidend wird sein, ob der Verstoß gegen die Verordnung zugleich eine **unzulässige Handlung** i. S. d. § 3 UWG darstellt. Hierbei ist insbesondere der Rechtsbruchtatbestand des § 3a UWG ins Auge zu fassen. Gemäß § 3a UWG handelt unlauter im Sinne des § 3 UWG, wer einer gesetzlichen Vorschrift zuwiderhandelt, die auch dazu bestimmt ist, im Interesse der Marktteilnehmer das Marktverhalten zu regeln, und der Verstoß geeignet ist, die Interessen von Verbrauchern, sonstigen Marktteilnehmern oder Mitbewerbern spürbar zu beeinträchtigen. Gesetzliche Vorschrift in diesem Sinne ist jede Rechtsnorm, die in Deutschland Geltung besitzt, sodass die KI-VO als Regelung des sekundären Gemeinschaftsrechts mit unmittelbarer Geltung im Inland grundsätzlich erfasst sein kann.[42] Voraussetzung ist zudem, dass die entsprechende Regelung der KI-VO, gegen die verstoßen wird, eine sogenannte „**Marktverhaltensregelung**" ist, also zumindest auch dazu bestimmt ist, im Interesse der Marktteilnehmer, also der Mitbewerber, Verbraucher oder sonstigen Marktteilnehmer das Marktverhalten zu regeln, wobei der bloße Schutz von Allgemeininteressen nicht ausreicht.[43] Zweck der KI-VO ist es, das Funktionieren des Binnenmarkts zu verbes-

41 *Fritzsche*, in: Hau/Poseck, BeckOK BGB, § 1004 Rn. 2 ff.

42 *Götting/Hetmank*, in: Fezer/Büscher/Obergfell, UWG, § 3a Rn. 50.

43 BGH, Urt. v. 8.10.2015 – I ZR 225/13; *Götting/Hetmank*, in: Fezer/Büscher/Obergfell, UWG, § 3a Rn. 59.

sern, indem ein einheitlicher Rechtsrahmen insbesondere für die Entwicklung, das Inverkehrbringen, die Inbetriebnahme und die Verwendung von Systemen künstlicher Intelligenz in der Union im Einklang mit den Werten der Union festgelegt wird, um die Einführung von menschenzentrierter und künstlicher Intelligenz unter anderem zu fördern.[44] Zwar muss für jede Regelung der KI-VO gesondert die Einordnung als Marktverhaltensregelung geprüft werden, der Zweck der Verordnung spricht aber jedenfalls bereits im Allgemeinen dafür, dass auf dem Binnenmarkt auch der Markt für KI-Systeme geregelt werden soll.

3. Europäisches Petitionsrecht nach Art. 227 AEUV

Ein Beschwerderecht abseits des Art. 85 ist dem europäischen Recht nicht 37 fremd. Über Art. 227 AEUV haben EU-Bürgerinnen und Bürger sowie jede natürliche oder juristische Person mit Wohnort oder satzungsmäßigem Sitz in einem Mitgliedstaat das Recht, eine Petition über die Anwendung des Unionsrechts an das Europäische Parlament zu richten. Dabei handelt es sich um Bitten oder Beschwerden in Angelegenheiten, die zum Tätigkeits- und Aufgabenbereich der EU zählen. Der Petent muss jedenfalls, anders als nach Art. 85, ein **unmittelbares Interesse** am Gegenstand der Petition haben.[45] Hat der Petent demnach ein rechtliches Interesse oder eine Betroffenheit in eigenen Rechten, besitzt er einen subjektiven Anspruch auf Prüfung der Petition, der aber auf Kenntnisnahme und Befassung durch das Europäische Parlament beschränkt ist und sich nicht auf einen Abhilfeanspruch erstreckt.[46]

4. Interne Rechtsbehelfsmechanismen für nachgelagerte Anbieter gem. Art. 89

Interne Rechtsbehelfsmechanismen für nachgelagerte Anbieter von KI-Model- 38 len und -systemen sieht die KI-VO zudem in Art. 89 zur Unterstützung einer wirksamen Überwachung durch das Büro für Künstliche Intelligenz vor.[47] Nachgelagerte Anbieter können demnach über mögliche Verstöße gegen die Vorschriften für Anbieter von KI-Systemen mit allgemeinem Verwendungszweck Beschwerden einreichen (siehe hierzu Art. 89 Rn. 14).

44 ErwG 1.

45 *Kluth*, in: Calliess/Ruffert, EUV/AEUV, Art. 227 AEUV Rn. 5; vgl. Art. 226 Abs. 1 GO EP, der von „unmittelbar betreffen“ spricht.

46 *Haag*, in: von der Groeben/Schwarze/Hatje, Europäisches Unionsrecht, Art. 227 AEUV Rn. 9.

47 ErwG 162.

Art. 86 Recht auf Erläuterung der Entscheidungsfindung im Einzelfall

(1) Personen, die von einer Entscheidung betroffen sind, die der Betreiber auf der Grundlage der Ausgaben eines in Anhang III aufgeführten Hochrisiko-KI-Systems, mit Ausnahme der in Nummer 2 des genannten Anhangs aufgeführten Systeme, getroffen hat und die rechtliche Auswirkungen hat oder sie in ähnlicher Art erheblich auf eine Weise beeinträchtigt, die ihrer Ansicht nach ihre Gesundheit, ihre Sicherheit oder ihre Grundrechte beeinträchtigt, haben das Recht, vom Betreiber eine klare und aussagekräftige Erläuterung zur Rolle des KI-Systems im Entscheidungsprozess und zu den wichtigsten Elementen der getroffenen Entscheidung zu erhalten.

(2) Absatz 1 gilt nicht für die Verwendung von KI-Systemen, bei denen sich Ausnahmen von oder Beschränkungen der Pflicht nach dem genannten Absatz aus dem Unionsrecht oder dem nationalen Recht im Einklang mit dem Unionsrecht ergeben.

(3) Dieser Artikel gilt nur insoweit, als das Recht gemäß Absatz 1 nicht anderweitig im Unionsrecht festgelegt ist.

Mit Art. 86 korrespondiert Erwägungsgrund 171.

Schrifttum: *Borges*, Die europäische KI-Verordnung (AI Act) Teil 3 – Tansparenzpflichten, Durchsetzung, Gesamtbewertung, CR 2024, 633; *Dauses/Ludwigs* (Hrsg.), Handbuch des EU-Wirtschaftsrechts, Loseblatt, 61. EL, Stand: September 2024; *Ebers/Hoch/Rosenkranz/Ruschemeier/Steinrötter*, Der Entwurf für eine EU-KI-Verordnung: Richtige Richtung mit Optimierungsbedarf, RDi 2021, 537; *Eßer/Kramer/v. Lewinski* (Hrsg.), Auernhammer, DSGVO BDSG, Kommentar, 8. Aufl. 2023; *Geppert/Schütz* (Hrsg.), Beck'scher Kommentar zum TKG – Telekommunikationsgesetz, Telekommunikation-Telemedien-Datenschutz-Gesetz, 5. Aufl. 2023; *Hornung*, Individualrechte in der KI-Verordnung, DuD 2024, 507; *Martini/Wendehorst* (Hrsg.), KI-VO, Kommentar, 2024; *Merkle*, Transparenz nach der KI-Verordnung – von der Blackbox zum Openbook?, RDI 2024, 414; *Paal/Pauly* (Hrsg.), DS-GVO BDSG, Kommentar, 3. Aufl. 2021; *Säcker/Rixecker/Oetker* (Hrsg.), Münchener Kommentar zum BGB, Bd. 2, 9. Aufl. 2022; *Schwartmann/Keber/Zenner* (Hrsg.), KI-Verordnung, Leitfaden für die Praxis, 2. Aufl. 2024; *Wolff/Brink/v. Ungern-Sternberg* (Hrsg.), Beck'scher Online-Kommentar Datenschutzrecht, 48. Edition, Stand: 1.5.2024.

Übersicht

I. Allgemeines

1 Da in kürzester Zeit Zusammenhänge in großen Datenmengen erkannt werden, ist KI ein wertvolles Werkzeug bei der Entscheidungsfindung. Entwicklungen und Anwendungen von KI müssen dabei aber in demokratisch-rechtsstaatlicher Weise den Grundrechten entsprechen.[1] Dies gilt insbesondere bei der massenhaften Datenverarbeitung, wenn durch automatisierte Einzelentscheidungen in Rechte und Freiheiten Betroffener eingegriffen wird. Denn wie das KI-System zu seiner Entscheidung kommt, ist für betroffene Personen nur schwer bis gar nicht nachzuvollziehen, da es das Ergebnis von unendlich vielen Verknüpfungen eines neuronalen Netzes ist. Um der Undurchsichtigkeit entgegenzuwirken, die bestimmte KI-Systeme für natürliche Personen unverständlich oder zu komplex erscheinen lässt, soll mit der Verordnung das Ziel erreicht werden, für Hochrisiko-KI-Systeme ein gewisses **Maß an Transparenz** vorzuschreiben.[2] Betroffene Personen sollten deshalb das Recht haben, eine Erklärung zu erhalten, wenn eine Entscheidung eines Betreibers überwiegend auf den Ergebnissen bestimmter Hochrisiko-KI-Systeme beruht und wenn diese Entscheidung Rechtswirkungen entfaltet oder diese Personen in ähnlicher Weise wesentlich beeinträchtigt, und zwar so, dass sie ihrer Ansicht nach negative Auswirkungen auf ihre Gesundheit, ihre Sicherheit oder ihre Grundrechte hat.[3] Die Nutzer sollen gemäß Art. 13 in der Lage sein, die Ergebnisse des Systems zu interpretieren und sie angemessen zu verwenden. Dies gelingt jedoch nur, wenn den betroffenen Personen auf An-

1 Entschließung der 97. Konferenz der unabhängigen Datenschutzaufsichtsbehörden des Bundes und der Länder Hambacher Schloss, 3.4.2019, S. 1.
2 Vgl. ErwG 27.
3 ErwG 171; so auch *Schwartmann/Köhler*, in: Schwartmann/Keber/Zenner, KI-Verordnung, Teil 2, Kapitel 1, S. 291.

forderung **Einblick in den Entscheidungsfindungsprozess** des KI-Systems gewährt wird, was durch die Einführung des Art. 86 erreicht werden soll.

1. Zweck der Vorschrift

2 Durch die Auswertung von Daten, die von vernetzten Systemen erhoben werden, können KI-Systeme Entscheidungen treffen, die Personen nicht nur betreffen, sondern erheblich beeinträchtigen. Zwar sollten betroffene Personen stets darüber informiert werden, dass sie dem Einsatz eines Hochrisiko-KI-Systems ausgesetzt sind, wenn Betreiber ein Hochrisiko-KI-System zur Unterstützung bei der Entscheidungsfindung einsetzen oder Entscheidungen in Bezug auf natürliche Personen treffen.[4] Sind Personen aber von der Entscheidung eines Betreibers eines Hochrisiko-KI-Systems betroffen und hat diese **Entscheidung rechtliche oder ähnlich erhebliche Auswirkungen**, die nach ihrer Ansicht ihre Gesundheit, ihre Sicherheit, ihre Grundrechte, ihr sozialökonomisches Wohlergehen oder andere Rechte betrifft, so muss zusätzlich das Recht bestehen, vom Betreiber eine klare und aussagekräftige Erläuterung zur Rolle des KI-Systems im Entscheidungsprozess verlangen zu können. Hierfür bietet die Verordnung mit dem Recht auf Erläuterung der Entscheidungsfindung im Einzelfall in Art. 86 ein wichtiges Betroffenenrecht in Form eines besonderen **Informationsrechts**, wenn Hochrisiko-KI-Systeme Entscheidungen über Personen treffen oder bei diesen Entscheidungen unterstützen.

2. Entstehungsgeschichte

3 Ein Recht auf Erläuterung der Entscheidungsfindung im Einzelfall sah der Kommissionsvorschlag von 2021[5] noch nicht vor. Zwar erkannte der Vorschlag bereits an, dass insbesondere Maßnahmen der Strafverfolgung unter Einsatz von KI-Systemen unter anderem im Bereich der Überwachung, Festnahme oder Entzug der Freiheit einer natürlichen Person nachteilige Auswirkungen auf die in der Charta verankerten Grundrechte haben und Personen in diskriminierender oder anderweitig falscher oder ungerechter Weise ausgrenzen können.[6] Es wurde deshalb gefordert, dass betroffene Personen das Recht haben müssen, sich Entscheidungen, die von risikobehafteter KI getroffen wurde, erklären zu lassen, um dem Einzelnen Abwehrmöglichkeiten gegen KI-gesteuerte Entscheidungen zu ermöglichen.[7] Angesichts der großen Auswirkungen und Risiken, die künstliche Intelligenz je nach den Umständen ihrer konkreten Anwendung mit sich bringt und durch welche die grundlegenden Rechte der Betroffenen beeinträch-

4 ErwG 93; siehe auch bei *Borges*, CR 2024, 633, 644 f.
5 COM (2021)206 final.
6 ErwG 38 des Vorschlags der Europäischen Kommission (2021/0108 (COD)).
7 Beispielsweise *Ebers/Hoch/Rosenkranz/Ruschemeier/Steinrötter*, RDi 2021, 537.

tigt oder verletzt werden können, hat das Europäische Parlament den Verordnungsvorschlag der Kommission um das Recht auf Erklärung der individuellen Entscheidungsfindung ergänzt[8] und findet nun in der finalen Fassung Niederschlag.

3. Verhältnis zu anderen Vorschriften

Nach Abs. 3 gilt das Recht auf Erläuterung der Entscheidungsfindung im Einzelfall nur insoweit, als dass das Recht nicht anderweitig im Unionsrecht festgelegt ist. Ein solches **Informationsrecht** im Unionsrecht normiert beispielsweise die **Datenschutzgrundverordnung** VO (EU) 2016/679 (DSGVO). Im Trilogvorschlag von Juni 2023 wurde auf die einschlägigen Betroffenenrechte im Hinblick auf Informations- und Auskunftspflichten der DSGVO bei der Erhebung von personenbezogenen Daten noch ausdrücklich verwiesen.[9] 4

Gemäß **§ 242 BGB** besteht im nationalen Recht eine **Auskunftspflicht**, sofern sich aus der Natur des Rechtsverhältnisses ableiten lässt, dass der Anspruchsberechtigte in entschuldbarer Weise unsicher über das Bestehen oder den Umfang seines Rechts ist, während der Verpflichtete ohne Weiteres in der Lage ist, die erforderlichen Informationen zu liefern, um diese Unsicherheit zu beseitigen.[10] Dieser gewohnheitsrechtlich anerkannte nationale Rechtsgrundsatz setzt eine Sonderrechtsbeziehung voraus, die sich bei der Anwendung von KI-Systemen insbesondere im Hochrisiko-Bereich damit begründen lässt, dass der Betreiber Entscheidungen mithilfe des KI-Systems trifft, die in rechtlicher oder ähnlicher Art den Betroffenen beeinträchtigen können. 5

Ob die **nationale Auskunftspflicht nach Treu und Glauben** im Zusammenhang mit KI-Systemen relevant wird, hängt aber auch davon ab, wie weit das Recht aus Art. 86 reicht und ob für § 242 BGB überhaupt noch Raum ist. Denn der gewohnheitsrechtlich anerkannte allgemeine Auskunftsanspruch findet nur Anwendung, wenn kein spezieller Anspruch auf Auskunft in Betracht kommt. Ist die Person beispielsweise von einem **Nicht-Hochrisiko-KI-System** betroffen, so findet Art. 86 keine Anwendung, sodass der Anwendungsbereich des allgemeinen Auskunftsanspruchs nach Treu und Glauben eröffnet sein könnte. Jedenfalls kann der Betroffene der KI-Entscheidung als Auskunftsberechtigter die erforderlichen Informationen, wie das KI-System zu seiner Entscheidungsfin- 6

---

8 Abänderungen des Europäischen Parlaments vom 14.6.2023 zu dem Vorschlag für eine Verordnung des Europäischen Parlaments und des Rates zur Festlegung harmonisierter Vorschriften für künstliche Intelligenz (Gesetz über künstliche Intelligenz) und zur Änderung bestimmter Rechtsakte der Union (COM(2021)0206 – C9-0146/2021 – 2021/0106(COD)), ABl. EU C/2024/506, S. 250.

9 Art. 68c Abs. 3 KI-VO-E Parlament: „Dieser Artikel gilt unbeschadet der Artikel 13, 14, 15 und 22 der Verordnung 2016/679."

10 *Krüger*, in: MüKo-BGB, § 260 Rn 12.

dung gelangt ist, nicht auf zumutbare Weise anderweitig beschaffen, da ihm hierzu der Einblick in die Funktionsweise des KI-Systems fehlt.

7 **Auskunftsansprüche** bestehen auch im **Datenschutzrecht**. So sieht der neue § 21 Abs. 2 des Telekommunikation-Digitale-Dienste-Datenschutz-Gesetzes (TDDDG), welcher seit dem 14.5.2024 gilt, einen Auskunftsanspruch vor und löst damit den § 14 Abs. 3 TMG a. F. ab. Hiernach besteht der Anspruch auf Auskunftserteilung von Bestandsdaten zur Durchsetzung zivilrechtlicher Ansprüche wegen der Verletzung von absolut geschützten Rechten aufgrund von rechtswidrigen Inhalten. Die explizite Festlegung der Auskunftspflicht hatte das Ziel, eine spezifische rechtliche Grundlage zu schaffen. Zuvor waren die Regelungen – wie auch heute noch in § 21 Abs. 1 TDDDG – ausschließlich als **datenschutzrechtliche Erlaubnis** formuliert. Das spiegelbildliche Auskunftsrecht leitete die Rechtsprechung aus § 242 BGB ab; durch die Schaffung einer klaren Rechtsgrundlage soll dies nicht mehr notwendig sein.[11] Bestandsdaten im Sinne des TDDDG sind gem. § 3 Abs. 2 Nr. 2 TDDDG personenbezogene Daten, deren Verarbeitung zum Zweck der Begründung, inhaltlichen Ausgestaltung oder Änderung eines Vertragsverhältnisses zwischen dem Anbieter von Telemedien und dem Nutzer über die Nutzung von Telemedien erforderlich ist.

8 Ein **Recht auf Erläuterung** findet sich beispielsweise auch in der Richtlinie 2008/48/EG[12] über Verbraucherkreditverträge. Gem. Art. 5 Abs. 6 der Richtlinie 2008/48/EG müssen Kreditgeber und ggf. auch Kreditvermittler dem Verbraucher umfassende Informationen über den **angebotenen Kreditvertrag** liefern. Ziel ist, dem Verbraucher zu ermöglichen, einzuschätzen, ob der Vertrag seinen Bedürfnissen und seiner finanziellen Lage gerecht wird.[13] Ein solches Recht findet sich ebenso in der **DSGVO**. Art. 15 Abs. 1 lit. h und Art. 22 Abs. 3 DSGVO sichern den Betroffenen das Recht zu, über automatisierte Entscheidungen informiert zu werden und diese anzufechten. Dazu gehört auch das Recht, eine Erklärung über die zugrunde liegende Logik und die Bedeutung der Entscheidungen, die von Künstlicher Intelligenz getroffen werden, zu erhalten.

II. Erläuterungsrecht des Betroffenen (Abs. 1)

9 Abs. 1 gibt Betroffenen von Entscheidungen, die der Betreiber auf Grundlage der Ausgaben eines Hochrisiko-KI-Systems getroffen hat, das Recht vom Betreiber eine Erläuterung der Entscheidungsfindung im Einzelfall zu verlangen.

11 *Schreiber*, in: Geppert/Schütz, Beck'scher TKG-Kommentar, § 21 TTDSG Rn. 37 mit Verweis auf BR-Drs. 169/20, S. 59.

12 Richtlinie 2008/48/EG des Europäischen Parlaments und des Rates vom 23.4.2008 über Verbraucherkreditverträge und zur Aufhebung der Richtlinie 87/102/EWG des Rates.

13 *Micklitz/Rott*, in: Dauses/Ludwigs, EU-WirtschaftsR-HdB, Kap. H. V. Rn. 445.

Die Betreiber von Hochrisiko-KI-Systemen müssen die Erläuterung deshalb **nur auf Verlangen** der betroffenen Person abgeben.

1. Allgemeine Anspruchsvoraussetzungen

a) Anwendungsbereich

aa) Daten aus einem Hochrisiko-KI-System

Das Recht auf Erläuterung der Entscheidungsfindung im Einzelfall beschränkt sich auf Entscheidungen, die auf der Grundlage der Ausgabe eines in Anhang III aufgeführten **Hochrisiko-KI-Systems** getroffen wurden. Hiervon ausgenommen sind nach Art. 87 Abs. 1 Hochrisiko-KI-Systeme i. S. d. Nr. 2 des Anhangs III, d. h. KI-Systeme im Bereich Kritischer Infrastruktur. 10

Diese Einschränkung wurde teilweise kritisiert, da sie betroffenen Personen die Möglichkeit vorenthält, rechtsverbindliche oder anderweitig bedeutsame Entscheidungen nachzuvollziehen, die von Betreibern von **Nicht-Hochrisiko-KI-Systemen** getroffen wurden.[14] In Anbetracht der raschen Weiterentwicklung der KI sei nämlich davon auszugehen, dass sich künftige KI-Systeme erheblich auf Personen und ihre Rechte auswirken können, und zwar auch dann, wenn ein bestimmtes System nicht als Hochrisiko-KI-System eingestuft wird.[15] 11

Jedoch verfolgt die Verordnung einen klar definierten **risikobasierten Ansatz**, sodass insbesondere Transparenzpflichten und die Pflicht zur Erläuterung unter anderem dann bestehen, wenn das KI-System hohe Risiken für die Grundrechte und die Sicherheit darstellt.[16] Denn Art und Inhalt der Vorschriften werden so auf die Intensität und den Umfang der Risiken zugeschnitten, die von KI-Systemen ausgehen können.[17] Insbesondere im Falle von Hochrisiko-KI-Systemen sind deshalb die Anforderungen an hohe Datenqualität, Dokumentation und Rückverfolgbarkeit, Transparenz, menschliche Aufsicht, Präzision und Robustheit unerlässlich, um Risiken für die Gesundheit und die Sicherheit abzumildern.[18] Die Verordnung hat vor diesem Hintergrund in Anhang III solche KI-Anwendungsfälle klar definiert und als Hochrisiko-KI-Systeme eingestuft, bei denen begründete Risiken für die Gesundheit, die Sicherheit und auch die Grund- 12

14 Siehe Begründung Änderungsantrag 786 *Cornelia Ernst*, *Katerina Konecná* im Namen der Fraktion The Left (A9-0188/786).

15 Siehe Begründung Änderungsantrag 786 *Cornelia Ernst*, *Katerina Konecná* im Namen der Fraktion The Left (A9-0188/786).

16 Siehe auch Art. 50, der für Anbieter und Betreiber bestimmter KI-Systeme bei direkter Interaktion ebenfalls Transparenzpflichten – und zwar unabhängig von hohen Risiken für Grundrechte – vorsieht.

17 Vgl. ErwG 26.

18 Siehe Abschnitt 2.3 zur Verhältnismäßigkeit im Vorwort der Konsolidierten Fassung der KI-VO.

rechte bestehen. Alle anderen Anwendungsbereiche von KI sind konsequenterweise von einzelnen Pflichten, wie der Pflicht zur Erläuterung der Entscheidungsfindung im Einzelfall, ausgenommen. Denn der risikobasierte Ansatz zielt gerade darauf ab, ein verhältnismäßiges und wirksames Regelwerk für KI-Systeme einzuführen, das einerseits den Schutz vor schädlichen Auswirkungen von KI-Systemen in der Union gewährleistet, gleichzeitig aber auch Innovationen unterstützt.[19] Dies bedeutet zugleich, dass die Pflichten abhängig von der Intensität und dem Umfang der Risiken durch das jeweilige KI-System sind.[20] Das erfordert eine klare Definition der Einteilung der KI-Systeme, wie es durch den Katalog in Anhang III und Art. 6 Abs. 1 erfolgt ist.

bb) Transparenz gegenüber den Betroffenen

13 Voraussetzung ist zudem stets, dass der Betroffene überhaupt weiß, dass er von einer KI-Entscheidung betroffen ist, damit er das Recht auf Erläuterung der Entscheidungsfindung gegenüber dem Betreiber in Anspruch nehmen kann. Betroffene Personen sollten deshalb stets darüber informiert werden, dass sie dem Einsatz eines Hochrisiko-KI-Systems ausgesetzt sind, wenn Betreiber ein Hochrisiko-KI-System zur Unterstützung bei der Entscheidungsfindung einsetzen oder Entscheidungen in Bezug auf natürliche Personen treffen, vgl. Art. 26 Abs. 7 und 11 (siehe hierzu Art. 27 Rn. 19).

14 Dies erfordert eine gewisse **Transparenz der KI-Systeme**. Transparenz bedeutet, dass KI-Systeme so entwickelt und verwendet werden, dass sie **angemessen nachvollziehbar und erklärbar** sind, wobei den Menschen bewusst gemacht werden muss, dass sie mit einem KI-System kommunizieren oder interagieren. Außerdem müssen die Betreiber ordnungsgemäß über die Fähigkeiten und Grenzen des KI-Systems informieren und die betroffenen Personen über ihre Rechte in Kenntnis setzen.[21] Nach Art. 50 Abs. 1 müssen deshalb auch die Anbieter sicherstellen, dass KI-Systeme, die für die direkte Interaktion mit natürlichen Personen bestimmt sind, so konzipiert und entwickelt werden, dass die betroffenen Personen informiert werden, dass sie mit einem KI-System interagieren, es sei denn, dies ist aus Sicht einer angemessen informierten, aufmerksamen und verständigen natürlichen Person aufgrund der Umstände und des Kontextes der Nutzung offensichtlich. Der Zeitpunkt, an dem die relevanten Informationen den natürlichen Personen bereitgestellt werden müssen, ist der Zeitpunkt der ersten Interaktion oder Aussetzung des KI-Systems, vgl. Art. 50 Abs. 5 (siehe hierzu Art. 27 Rn. 16 ff.).

---

19 Vgl. ErwG 1.
20 Vgl. ErwG 26.
21 ErwG 27; *Merkle*, RDi 2024, 414, 416.

b) Anspruchsberechtigung: Betroffener durch KI-Entscheidung erheblich beeinträchtigt

Das Recht auf Erläuterung der Entscheidungsfindung im Einzelfall haben Personen, die von einer Entscheidung betroffen sind, die der Betreiber auf Grundlage der Ausgaben eines Hochrisiko-KI-Systems getroffen hat und die diese in erheblicher Weise beeinträchtigt. Das Recht auf Erläuterung der Entscheidungsfindung im Einzelfall besteht allerdings nur, wenn die Entscheidung, die der Betreiber auf Grundlage von Daten aus dem Hochrisiko-KI-Systems getroffen hat, **rechtliche Auswirkungen** hat oder die Betroffenen **in ähnlicher Art erheblich** auf eine Weise **beeinträchtigt**, die ihrer Ansicht nach ihre Gesundheit, ihre Sicherheit oder ihre Grundrechte beeinträchtigt.[22] **15**

aa) Betroffene Personen

Das Recht auf Erläuterung der Entscheidungsfindung im Einzelfall nach Art. 86 steht dem Wortlaut nach betroffenen Personen zu. In der finalen Fassung der KI-VO ist die Betroffenheit durch ein KI-System **nicht definiert**. Der Trilogvorschlag vom 14.6.2023 definierte betroffene Personen als „jede natürliche Person oder Personengruppe, die einem KI-System unterliegt oder anderweitig davon betroffen ist". Das bedeutet, dass die Entscheidung eines Hochrisiko-KI-Systems immer so getroffen werden muss, dass klar erkennbar ist, welche Person oder Personengruppe davon betroffen ist.[23] **16**

Zwar betreffen Gesundheit, Sicherheit und das sozialökonomisches Wohlergehen Bereiche, die vorwiegend oder ausschließlich natürliche Personen empfinden oder wahrnehmen können. Jedoch können Hochrisiko-KI-Systeme auch Entscheidungen mit rechtlichen Auswirkungen auf und zulasten von **Personengruppen** treffen. Insbesondere erwähnt ErwG 93, dass die Unterrichtung gegenüber natürlichen Personen stattfinden sollte, sodass eine Differenzierung zwischen natürlichen und juristischen Personen (Personengruppen) gemacht wird. Im Umkehrschluss können damit auch Personengruppen das Recht auf Erläuterung der Entscheidungsfindung im Einzelfall nach Art. 86 haben, wenn sie durch die Entscheidung des Hochrisiko-KI-Systems erheblich beeinträchtigt werden.[24] **17**

22 Gestrichen wurde im Vergleich zum Trilogvorschlag aus Juni 2023: „[…] die Betroffenen in ähnlicher Art erheblich auf eine Weise beeinträchtigt, die ihrer Ansicht nach ihre Gesundheit, ihre Sicherheit, ihre Grundrechte, ihr sozioökonomisches Wohlergehen oder andere Rechte, die sich aus den in dieser Verordnung festgelegten Verpflichtungen ergeben, beeinträchtigt".

23 Vgl. in der DSGVO Definition der „betroffenen Person" in Art. 4 Nr. 1 DSGVO.

24 I. d. S. auch *Hornung*, DuD 2024, 507, 510.

bb) Rechtliche Auswirkungen

18 Da nahezu jede faktische Entscheidung zumindest auch mittelbar rechtliche Auswirkungen hat, würde eine weite Auslegung der Tatbestandsvariante der „rechtlichen Auswirkungen" die zweite Tatbestandsvariante leerlaufen lassen, sodass eine **einschränkende Auslegung** geboten scheint.

19 Erfasst sind zumindest alle Entscheidungen, die eine Rechtsfolge nach sich ziehen.[25] Hier könnte in der Auslegung eine Parallele zur DSGVO gezogen werden, in deren Art. 22 ebenfalls von „rechtlicher Wirkung" von automatisierten Entscheidungen die Rede ist. Rechtliche Wirkung entfaltet eine Entscheidung, wenn sich ein **Recht des Betroffenen oder ein Rechtsverhältnis**, in dem er sich befindet, infolge der Entscheidung **ändert** oder ein solches Recht oder Rechtsverhältnis **aufgehoben** oder **begründet** wird.[26] Die Entscheidung kann einseitiges hoheitliches und einseitig rechtsgeschäftliches Handeln betreffen, wie z. B. die Entscheidung, einen Vertrag zu kündigen bzw. ein Vertragsangebot anzunehmen.[27] Aber auch Eingriffsentscheidungen und verweigerte Leistungsentscheidungen im öffentlichen Bereich können darunter fallen. Bei öffentlichen Stellen ergeben sich insbesondere beim Erlass von Verwaltungsakten rechtliche Wirkungen.[28] Handeln nicht-öffentliche Stellen, ergeben sich die rechtlichen Wirkungen vor allem durch rechtsgeschäftliche Willenserklärungen wie bei einem Vertragsschluss oder einer Kündigung.[29]

20 Die fragliche Entscheidung muss rechtliche Wirkung „**entfalten**". Das bedeutet, dass die Entscheidung die rechtliche Wirkung nicht selbst setzen muss, vielmehr kann die rechtliche Wirkung auch durch eine andere Stelle gesetzt werden oder sich aus geltenden Normen ergeben.[30] Maßgeblich ist, dass die Entscheidung des Hochrisiko-KI-Systems eine Rechtsposition des Betroffenen berührt.

21 Dem Wortlaut des Art. 86 Abs. 1 nach muss die rechtliche Wirkung für den Betroffenen nicht nachteilig sein, sodass auch **günstige und vorteilhafte Entscheidungen** eines Hochrisiko-KI-Systems das Recht auf Erläuterung der Entscheidungsfindung begründen.[31]

---

25 Vgl. *von Lewinski*, in: Wolff/Brink/v. Ungern-Sternberg, BeckOK DatenschutzR, Art. 22 DSGVO Rn. 29.

26 *Hartmann*, in: Martini/Wendehorst, KI-VO, Art. 86 Rn. 13; vgl. *Herbst*, in: Auernhammer, DSGVO BDSG, Art. 22 Rn. 13.

27 Vgl. *Martini*, in: Paal/Pauly, DSGVO BSDG, Art. 22 Rn. 27.

28 Vgl. für die DSGVO *Herbst*, in: Auernhammer, DSGVO BDSG, Art. 22 Rn. 15.

29 Vgl. für die DSGVO *Herbst*, in: Auernhammer, DSGVO BDSG, Art. 22 Rn. 16.

30 Vgl. für die DSGVO *Herbst*, in: Auernhammer, DSGVO BDSG, Art. 22 Rn. 14.

31 Vgl. etwa Art. 11 Abs. 11 Richtlinie (EU) 2016/680 des Europäischen Parlaments und des Rates vom 27.4.2016 zum Schutz natürlicher Personen bei der Verarbeitung personenbezogener Daten durch die zuständigen Behörden zum Zwecke der Verhütung, Ermittlung, Aufdeckung oder Verfolgung von Straftaten oder der Strafvollstreckung so-

cc) Erhebliche Beeinträchtigung in ähnlicher Art

Eine erhebliche Beeinträchtigung entfalten solche Entscheidungen, die die Position des Betroffenen in einer so nachhaltigen Weise berühren, dass sie einer rechtlichen Wirkung gleichkommen. Erfasst ist nach Art. 86 Abs. 1 jede für die Betroffenen irgendwie **fühlbare Entscheidung**, die ihrer Ansicht nach ihre **Gesundheit, ihre Sicherheit oder ihre Grundrechte beeinträchtigt**. Entscheidend ist dabei nicht die Rechtsform des Handelns, sondern seine Ausstrahlungswirkung auf die Grundrechte des Betroffenen, seine Gesundheit und Sicherheit. 22

Da es für das Betroffenenrecht auf die individuelle Wahrnehmung des Einzelnen ankommt, kann die Schwelle der Erheblichkeit in Variante 2 nicht konkret definiert werden. Maßgeblich ist dem Wortlaut nach vielmehr das **subjektive Empfinden** der betroffenen Person. Nicht relevant ist, ob die Beeinträchtigung auch **tatsächlich** die Schwelle zur Erheblichkeit erreicht. Als Anhaltspunkt für die Feststellung der Erheblichkeit kann die Auslegung in der DSGVO dienen. Eine erhebliche Beeinträchtigung liegt im dortigen Zusammenhang zumeist vor, wenn die Entscheidung die wirtschaftliche oder persönliche Entfaltungsfreiheit **nicht nur marginal berühren**, sondern seine körperliche Integrität oder Gesundheit antasten oder seine gesellschaftliche Reputation nachteilig verändern.[32] Ein solch objektives Verständnis der erheblichen Beeinträchtigung könnte faktisch bestehenden Beweisproblemen bei einem rein subjektivem Empfinden entgegenwirken. 23

Insbesondere eine **Diskriminierung** des Betroffenen kann eine erhebliche Beeinträchtigungswirkung auslösen, wenn das Hochrisiko-KI-System im Rahmen eines Einstellungsverfahrens eingesetzt wird. Solche Systeme können während des gesamten Einstellungsverfahrens und bei der Bewertung, Beförderung oder Nichtbeförderung von Personen in Arbeitsvertragsverhältnissen historische Diskriminierungsmuster fortschreiben, beispielsweise gegenüber Frauen, bestimmten Altersgruppen, Menschen mit Behinderungen oder Personen mit einer bestimmten kulturellen oder ethnischen Herkunft oder sexuellen Ausrichtung.[33] Auch der Einsatz von KI-Systemen in der Bildung kann bei unsachgemäßer Konzeption und Verwendung das Recht auf allgemeine und berufliche Bildung sowie das Recht auf Nichtdiskriminierung verletzen und damit die Erheblichkeitsschwelle erreichen.[34] 24

---

wie zum freien Datenverkehr und zur Aufhebung des Rahmenbeschlusses 2008/977/JI des Rates, der explizit von einer „nachteiligen Rechtsfolge" für die betroffene Person spricht.

32 Vgl. für die DSGVO *Martini*, in: Paal/Pauly, DSGVO BSDG, Art. 22 Rn. 26.

33 ErwG 57.

34 ErwG 56.

25 Erhebliche Beeinträchtigungen ähnlicher Art können auch faktische Folgen einer Entscheidung eines Hochrisiko-KI-Systems wie **Realakte oder tatsächliche Handlungen** sein. Entscheidend ist, ob in der faktischen Folge eine vergleichbar erhebliche Beeinträchtigung wie in einer rechtlichen Wirkung liegt. Dies wird je nach Einzelfall zu entscheiden sein, wobei die konkrete (subjektive) Situation des Betroffenen zu betrachten sein wird. Die KI-Entscheidung eines Chatbots,[35] der mit seiner Antwort nur beratende Hinweise erteilt und den Nutzer nicht davon abhält, rechtlich geschützte Positionen geltend zu machen, wird meist die Erheblichkeitsschwelle nicht erreichen.[36] Da es jedoch auf die subjektive Wahrnehmung des Betroffenen ankommt, kann eine abschließende Bewertung nicht getroffen werden.

26 KI-Anwendungsfälle, die in Anhang III der KI-VO als **Hochrisiko-KI-Systeme** eingestuft werden, betreffen sensible KI-Einsatzbereiche, die das Risiko bergen, dass durch die KI-Entscheidung in grundlegende Rechte der Betroffenen eingegriffen wird und sie erheblich beeinträchtigen können, sodass die Erheblichkeitsschwelle häufig erreicht werden wird. KI-Systeme in der allgemeinen und beruflichen Bildung nach Anhang III Nr. 3 beispielsweise, die den Zugang von Personen zu Bildungs- und Berufsbildungseinrichtungen bestimmen oder eine Entscheidung über die Zulassung wesentlich beeinflussen oder Prüfungen bewerten, beeinträchtigen die Betroffenen erheblich, da sie über den Verlauf der Bildung und des Berufslebens entscheiden und daher ihre Fähigkeit beeinträchtigen können, ihren Lebensunterhalt zu sichern.[37] Auch der Einsatz von KI-Systemen zum Zwecke der Strafverfolgung gem. Anhang III Nr. 6 kann beträchtliche Auswirkungen auf das Leben von Einzelpersonen haben.[38]

c) Anspruchsverpflichteter: Betreiber

27 Verpflichtet zur Erläuterung der Entscheidungsfindung im Einzelfall durch das Hochrisiko-KI-System ist der jeweilige Betreiber. Betreiber ist gem. Art. 3 Nr. 4 eine natürliche oder juristische Person, Behörde, Einrichtung oder sonstige Stelle, die ein **KI-System in eigener Verantwortung verwendet**, es sei denn, das KI-System wird im Rahmen einer persönlichen und nicht beruflichen Tätigkeit verwendet (siehe hierzu Art. 3 Nr. 4 Rn. 111). Die Erläuterungspflicht gilt zum einen für Betreiber von Hochrisiko-KI-Systemen, die ihren Sitz in der Union haben oder die sich in der Union befinden, Art. 2 Abs. 1 lit. b, zum anderen auch für Betreiber, die ihren Sitz in einem Drittland haben oder sich in einem Drittland befinden, wenn das vom System hervorgebrachte Ergebnis in der Union verwendet wird, Art. 2 Abs. 1 lit. c.

---

35 Hier stellt sich bereits die Frage, ob ein Chatbot unter ein Hochrisiko-KI-System fällt.
36 Vgl. für die DSGVO *Martini*, in: Paal/Pauly, DSGVO BSDG, Art. 22 Rn. 27.
37 ErwG 56.
38 Vgl. ErwG 59.

Vom persönlichen Anwendungsbereich **nicht** erfasst sind **Anbieter** von Hochrisiko-KI-Systemen, also gem. Art. 3 Nr. 3 natürliche oder juristische Personen, Behörden, Einrichtungen oder sonstige Stellen, die ein KI-System oder ein KI-Modell mit allgemeinem Verwendungszweck **entwickeln oder entwickeln lassen** und es unter ihrem eigenen Namen oder ihrer Handelsmarke in Verkehr bringen oder das KI-System unter ihrem eigenen Namen oder ihrer Handelsmarke in Betrieb nehmen, sei es entgeltlich oder unentgeltlich (siehe hierzu Art. 3 Nr. 3 Rn. 84 ff.). **28**

Der eingeschränkte Kreis der Anspruchsverpflichteten (Beschränkung auf die Betreiber von Hochrisiko-KI-Systemen) könnte sich damit erklären lassen, dass die Risiken im Zusammenhang mit KI-Systemen zwar einerseits aus der Art und Weise entstehen können, in der solche Systeme konzipiert sind, sich aber auch andererseits aus der Art und Weise ergeben, in der diese Systeme verwendet werden.[39] Betreiber von Hochrisiko-KI-Systemen spielen daher eine entscheidende Rolle bei der Gewährleistung des Schutzes der Grundrechte in Ergänzung der Pflichten der Anbieter bei der Entwicklung der KI-Systeme, denn sie können am besten verstehen, wie das Hochrisiko-KI-System konkret eingesetzt wird.[40] Sie können dank einer genaueren Kenntnis des Verwendungskontextes sowie der wahrscheinlich betroffenen Personen erhebliche potenzielle Risiken erkennen, die in der Entwicklungsphase nicht vorausgesehen wurden.[41] **29**

2. Erläuterung der Entscheidungsfindung im Einzelfall

Die Erläuterung der Entscheidungsfindung des Hochrisiko-KI-Systems im Einzelfall muss **klar** und **aussagekräftig** sein. Der Betreiber soll darlegen, welche Rolle das KI-System in der Entscheidungsfindung gespielt hat, und die wichtigsten Elemente der getroffenen Entscheidung erläutern. Die Erläuterung der Entscheidung muss für den Betroffenen **nachvollziehbar** sein. **30**

a) Klare und Aussagekräftige Entscheidung

Obwohl in Art. 86 Abs. 1 der Verweis auf Art. 13 gestrichen wurde, kann die Vorschrift als Orientierungshilfe für die Anforderungen an eine klare und aussagekräftige Erläuterung herangezogen werden. Nur wenn die Hochrisiko-KI-Systeme so konzipiert und entwickelt werden, dass ihr Betrieb hinreichend transparent ist, können die Betreiber die Ergebnisse des Systems angemessen interpretieren und verwenden und damit ihre Pflicht aus Art. 86 erfüllen. Hierfür kann sich der Betreiber auch **Gebrauchsanweisungen** bedienen, die präzise, vollstän- **31**

39 ErwG 93.
40 ErwG 93.
41 ErwG 93.

dige, korrekte und eindeutige Informationen für den Betreiber enthalten, vgl. Art. 13 Abs. 2 (siehe hierzu Art. 13 Rn. 10f.). Dies erfordert unter Umständen eine Zusammenarbeit mit dem Anbieter des Hochrisiko-KI-Systems. Denn die Anbieter müssen dafür sorgen, dass in der Gebrauchsanweisung aussagekräftige, umfassende, zugängliche und verständliche Informationen enthalten sind, wobei die Bedürfnisse und vorhersehbaren Kenntnisse der Zielbetreiber zu berücksichtigen sind.[42] Vor diesem Hintergrund kann der Betreiber des Hochrisiko-KI-Systems gehalten sein, nähere Informationen beim Anbieter einzuholen. Denn die Anbieter sind diejenigen, die das Hochrisiko-KI-System entwickeln oder entwickeln lassen, vgl. Art. 3 Nr. 3, und deshalb mit der Funktionsweise vertrauter sind.

32 Wichtig ist deshalb auch, dass die Betreiber die Hochrisiko-KI-Systeme gemäß der Gebrauchsanweisung verwenden, hierzu sollten die Betreiber insbesondere geeignete technische und organisatorische Maßnahmen treffen.[43]

33 Um dem Erläuterungsbegehren der Betroffenen auch nachkommen zu können, sollten Betreiber von Hochrisiko-KI-Systemen die nach Art. 26 Abs. 6 zu erzeugenden **Protokolle** entsprechend **aufbewahren**.

b) Nachvollziehbarkeit

34 Vor diesem Hintergrund genügt nicht nur die Erklärung des Ergebnisses, vielmehr muss auch die Nachvollziehbarkeit im Hinblick auf die **Prozesse und das Zustandekommen von Entscheidungen** gewährleistet sein.[44] Umfassende Informationen darüber, wie Hochrisiko-KI-Systeme entwickelt wurden und wie sie während ihrer gesamten Lebensdauer funktionieren, sind unerlässlich, um die Nachvollziehbarkeit dieser Systeme zu ermöglichen.[45] Welchen Sachverstand des Betroffenen der Betreiber bei der Erläuterung der Entscheidung zugrunde legen soll, regelt die Vorschrift nicht (Stichwort: Verbraucherleitbild).[46]

3. Kein Hinweis auf das Recht auf Erläuterung

35 Aus Art. 86 ergibt sich keine Pflicht des Betreibers, die Betroffenen der Entscheidung des Hochrisiko-KI-Systems auf das Recht zur Erläuterung der Entscheidung hinzuweisen. ErwG 93 verlangt jedoch von Betreibern, wenn die Entscheidung eine **natürliche Person** betrifft, diese darüber zu unterrichten, dass

42 ErwG 72.

43 ErwG 91.

44 Entschließung der 97. Konferenz der unabhängigen Datenschutzaufsichtsbehörden des Bundes und der Länder Hambacher Schloss, 3.4.2019, S. 3.

45 ErwG 71.

46 Im Trilogvorschlag: Berücksichtigung der Fachkenntnisse und des Sachverstands eines durchschnittlichen Verbrauchers (ErwG 84b).

sie Gegenstand des Einsatzes des Hochrisiko-KI-Systems ist. Diese Unterrichtung sollte die Zweckbestimmung und die Art der getroffenen Entscheidungen umfassen.[47]

III. Ausnahmsweise kein Erläuterungsrecht (Abs. 2)

Abs. 2 schränkt das Recht auf Erläuterung der Entscheidungsfindung im Einzelfall für den Einsatz von Hochrisiko-KI-Systemen ein, für die sich Ausnahmen von oder Beschränkungen der Verpflichtung nach Abs. 1 aus dem **Unionsrecht oder aus dem nationalen Recht** ergeben. 36

Ausnahmen oder Beschränkungen, wenn diese im Unionsrecht oder nationalen Recht (in Zukunft) geregelt werden, müssen dabei den Wesensgehalt der Grundrechte und Grundfreiheiten und den Verhältnismäßigkeitsgrundsatz wahren. 37

IV. Subsidiarität des Erläuterungsrechts (Abs. 3)

Abs. 3 stellt klar, dass das Recht auf Erläuterung der Entscheidungsfindung im Einzelfall nur insoweit gilt, als das Recht nicht anderweitig im Unionsrecht festgelegt ist. In Betracht kommen insbesondere die **Informationsrechte in Art. 13, 14, 15 und 22 DSGVO.**[48] Art. 13 und 14 DSGVO beinhalten Informationspflichten des Verantwortlichen, wobei danach unterschieden wird, ob die Daten bei der betroffenen Person (Art. 13 DSGVO) oder bei der nicht betroffenen Person erhoben werden (Art. 14 DSGVO). Während die nach den Art. 13 und 14 zu erteilenden Informationen von Seiten des Verantwortlichen angestoßen werden müssen, haben die nach Art. 15 DSGVO zu erteilenden Auskünfte, vergleichbar wie bei Art. 86, **nur auf Verlangen** der betroffenen Person zu erfolgen. Art. 13 DSGVO komplettiert mit Art. 14 DSGVO die Informationspflicht des Verantwortlichen und bildet zusammen mit Art. 15 DSGVO einen fundamentalen Teil der Betroffenenrechte der DSGVO. 38

47 ErwG 93.

48 Im Trilogvorschlag wurde auf diese Artikel explizit verwiesen (siehe oben Rn. 4); so auch *Hartmann*, in: Martini/Wendehorst, KI-VO, Art. 86 Rn. 18.

Art. 87 Meldung von Verstößen und Schutz von Hinweisgebern

Für die Meldung von Verstößen gegen diese Verordnung und den Schutz von Personen, die solche Verstöße melden, gilt die Richtlinie (EU) 2019/1937.

Mit Art. 87 korrespondiert Erwägungsgrund 172.

Schrifttum: *Bayreuther*, Whistleblowing und das neue Hinweisgeberschutzgesetz, NZA-Beilage 2022, 20; *Bruns*, Das neue Hinweisgeberschutzgesetz, NJW 2023, 1609; *Gramlich/Lütke*, GeschGehG/HinSchG, Kommentar, 2024; *Thüsing* (Hrsg.), HinSchG, Kommentar, 2024.

Übersicht

I. Allgemeines

1 Art. 87 verweist für die Meldung von Verstößen gegen die KI-VO und den Schutz von Personen, die solche Verstöße melden, auf die sog. Hinweisgeberrichtlinie (EU) 2019/1937[1] („**Hinweisgeberrichtlinie**", auch „Whistleblower-Richtlinie" genannt). Die Hinweisgeberrichtlinie enthält nur Vorgaben zur Mindestharmonisierung bei der Festlegung von Standards, die ein hohes Schutzniveau für Personen sicherstellen, die Verstöße gegen das Unionsrecht melden. Den Mitgliedstaaten ist es so möglich, die vorgegebenen Standards durch weitere Anforderungen zu verschärfen.[2] Die Mitgliedstaaten können entscheiden, den Anwendungsbereich der nationalen Bestimmungen auf andere Bereiche auszu-

1 Richtlinie (EU) 2019/1937 des Europäischen Parlaments und des Rates vom 23.10.2019 zum Schutz von Personen, die Verstöße gegen das Unionsrecht melden (ABl. L 305 vom 26.11.2019, S. 17).

2 Vgl. ErwG 5 der Hinweisgeberrichtlinie.

dehnen, um auf nationaler Ebene für einen umfassenden und kohärenten Rahmen für den Hinweisgeberschutz zu sorgen.[3] Denn es obliegt den Mitgliedstaaten, im Rahmen von Umsetzungsmaßnahmen dafür zu sorgen, dass die Hinweisgeber hinreichend geschützt werden, was in ErwG 172 und Art. 87 der KI-VO entsprechend zum Ausdruck kommt.

Mit dem **Hinweisgeberschutzgesetz** („**HinSchG**"), das zum 2.7.2023 in Kraft getreten ist, hat Deutschland die Hinweisgeberrichtlinie in nationales Recht umgesetzt. 2

1. Zweck der Vorschrift

Die Gewährleistung der Einhaltung der Vorschriften der KI-VO ist grundsätzlich Aufgabe der Marktüberwachungsbehörden. Oftmals bestehen bei den zuständigen Behörden jedoch **Informationsdefizite**. Solche Informationsasymmetrien können durch Privatpersonen, die z.B. durch ihren Beruf einen privilegierten Zugang zu relevanten Informationen rund um KI-Systeme haben, geschlossen werden und Privatpersonen so einen Beitrag zur Durchsetzung der KI-VO leisten. Diese Personen sollen in Bezug auf Verstöße gegen die KI-VO nach ErwG 172 durch das Unionsrecht und das nationale Recht geschützt werden. Aus diesem Grund gilt die Hinweisgeberrichtlinie auch für die Meldung von Verstößen gegen die KI-VO und den Schutz von Personen, die solche Verstöße melden.[4] Die Hinweisgeberrichtlinie schützt Hinweisgeber, die Missstände und Verstöße im Zusammenhang mit ihrer beruflichen Tätigkeit oftmals als erste wahrnehmen. Indem sie Verstöße gegen das Unionsrecht melden, die das öffentliche Interesse beeinträchtigen, handeln diese Personen als Hinweisgeber.[5] Diese zögern häufig, ihre Bedenken oder Verdachtsmomente zu melden, weil sie Repressalien befürchten.[6] Um den Schutz von Hinweisgebern zu gewährleisten, müssen insbesondere sichere Kanäle für die Meldung von Missständen eingerichtet werden.[7] 3

In dem Vorschlag des Europäischen Parlaments zur KI-VO war in ErwG 84c noch eine ausdrückliche **Privilegierung bestimmter Personengruppen** vorgesehen: Die Hinweisgeberrichtlinie sollte uneingeschränkt für Wissenschaftler, Konstrukteure, Entwickler, Projektmitarbeiter, Prüfer, Produktmanager, Ingenieure und Wirtschaftsakteure gelten, die Kenntnis von Informationen über Verstöße gegen das Unionsrecht durch den Anbieter eines KI-Systems oder durch 4

3 ErwG 5 der konsolidierten Fassung vom 14.6.2023.
4 ErwG 172 Satz 2 der KI-VO.
5 ErwG 1 der Hinweisgeberrichtlinie (EU) 2019/1937.
6 ErwG 1 der Hinweisgeberrichtlinie (EU) 2019/1937.
7 Vgl. ErwG 3 der Hinweisgeberrichtlinie (EU) 2019/1937.

sein KI-System erlangen.[8] Von einer solchen spezifischen Aufzählung hat die finale Fassung der KI-VO Abstand genommen. Offen ist, ob der EU-Gesetzgeber tatsächlich den persönlichen Anwendungsbereich der Hinweisgeberrichtlinie erweitern wollte (siehe hierzu sogleich Rn. 9).

2. Entstehungsgeschichte

5 Der Kommissionsentwurf COM (2021) 206 final regelt noch nicht den Schutz von Hinweisgebern, die Verstöße gegen die KI-VO melden. Die Regelung zur Meldung von Verstößen und zum Schutz von Hinweisgebern nach der Hinweisgeberrichtlinie wurde erst in der konsolidierten Fassung vom 14.6.2023 auf Vorschlag des Europäischen Parlaments in die Verordnung aufgenommen und findet sich auch in der finalen Fassung wieder.

3. Verhältnis zu anderen Vorschriften

6 Soweit **sektorspezifische Schutzsysteme** bereits etabliert sind, lässt das HinSchG diese bestehen und baut um sie herum ein System allgemeiner interner und externer Meldestellen auf, ohne den bestehenden Meldesystemen zusätzliche Aufgabe zuzuweisen, vgl. § 4 HinSchG.[9]

7 Mit dem Betrieb der Meldestelle sind zeitgleich zahlreiche **datenschutzrechtliche Komplikationen** verbunden. Die Meldestellen sind nach Art. 6 Abs. 1 lit. c DSGVO berechtigt, Daten zu erheben, zu verarbeiten oder weiterzugeben, soweit dies zur Erfüllung der ihnen zugewiesenen Aufgaben erforderlich ist. Darüber hinaus gilt das allgemeine Datenschutzrecht, insbesondere Art. 88 DSGVO i.V.m. § 26 Abs. 1 Satz 2 BDSG.[10]

II. Geltung der Hinweisgeberrichtlinie bei Meldung von Verstößen gegen die KI-VO

8 Für Personen, die Verstöße gegen die KI-VO melden, gilt die Hinweisgeberrichtlinie, mithin gelten die jeweiligen nationalen Umsetzungsgesetze. In Betracht kommen insbesondere Verstöße gegen verbotene Praktiken im KI-Bereich (siehe hierzu Art. 5), Anforderungen an Hochrisiko-KI-Systeme (siehe hierzu Art. 8 ff.) oder Anbieter- und Betreiberpflichten (siehe hierzu Art. 16 ff., Art. 50, Art. 53 ff., Art. 72 f.). Die Hinweisgeberrichtlinie sieht Mindestanforderungen vor, insb. zur Etablierung von Meldekanälen und zum Schutz des Hinweisgebers.

---

8 ErwG 84c in konsolidierten Fassung vom 14.6.2023.
9 *Bruns*, NJW 2023, 1609, 1611.
10 *Bayreuther*, NZA-Beilage 2022, 20, 22.

1. Persönlicher Geltungsbereich

Vom persönlichen Geltungsbereich des HinSchG umfasst sind **Hinweisgeber.** Dies sind nach § 1 Abs. 1 HinSchG Personen, die im Zusammenhang mit ihrer beruflichen Tätigkeit oder im Vorfeld einer beruflichen Tätigkeit Informationen über Verstöße erlangt haben und diese melden oder an die Öffentlichkeit bringen. Mit eingeschlossen sind damit auch ehemalige und künftige Arbeitnehmer.[11] Mit dem in Art. 87 weiter gewähltem Wortlaut (meldende Person) dürfte aber keine Erweiterung des Anwendungsbereichs einhergehen. Dem EU-Gesetzgeber ging es vielmehr darum, den mit der Hinweisgeberrichtlinie existierenden Schutz im Unionsrecht auf die KI-VO auszudehnen.[12] 9

Geschützt sind darüber hinaus auch diejenigen, die Gegenstand einer Meldung oder Offenlegung sind, vgl. § 1 Abs. 2 HinSchG, also die Verdächtigen, aber auch diejenigen, die **von einer Meldung in sonstiger Weise betroffen** sind, vor allem, weil sie als Zeugen oder Mitwisser benannt wurden.[13] Weitere geschützte Personen sind zum einen natürliche Personen, die die hinweisgebende Person bei einer internen oder externen Meldung oder einer Offenlegung im beruflichen Zusammenhang vertraulich unterstützen, vgl. § 34 Abs. 1 HinSchG. Zum anderen wird aber auch das Verhältnis zwischen Unternehmen und beispielsweise Zulieferunternehmen und deren Mitarbeitern in § 34 Abs. 2 Nr. 3 HinSchG geschützt. In der Praxis spielen nämlich Fälle eine wichtige Rolle, in denen Hinweisgeber Personen aus anderen Unternehmen sind, die mit dem betroffenen Unternehmen zusammenarbeiten.[14] 10

Das HinSchG wendet sich an alle Arbeitgeber und damit auch an jedes kleine Unternehmen.[15] 11

2. Sachlicher Geltungsbereich

Das HinSchG gilt nach § 2 Abs. 1 Nr. 1 und 2 HinSchG zum einen für strafbewehrte sowie gewisse bußgeldbewehrte Verstöße und zum anderen nach § 2 Abs. 1 Nr. 3 HinSchG für sonstige Verstöße gegen bestimmte enumerativ aufgezählte Vorschriften des EU- und Bundesrechts. Die Meldung eines Verstoßes gegen die KI-VO muss somit auch einen derartigen Verstoß darstellen. 12

11 *Thüsing*, in: Thüsing, HinSchG, § 1 Rn. 5; *Gramlich/Lütke*, GeschGehG/HinSchG, § 1 HinSchG Rn. 11 f.

12 ErwG 87 der KI-VO sowie ErwG 84c der konsolidierten Fassung des Europäischen Parlaments.

13 *Bruns*, NJW 2023, 1609, 1610.

14 BT-Drs. 20/3442, S. 93.

15 Eine gewisse Einschränkung hält das HinSchG für kleine Unternehmen dadurch bereit, dass Unternehmen mit weniger als 50 Arbeitnehmern nicht zur Einrichtung interner Meldekanäle verpflichtet sind.

13 Bis der nationale Gesetzgeber Sanktionsvorschriften in Umsetzung der Art. 99 ff. KI-VO erlassen hat, kommt ein Schutz des Hinweisgebers im Anwendungsbereich der KI-VO nur über den Positivkatalog des § 2 Abs. 1 Nr. 3 HinSchG in Betracht. Aber auch dieser Schutz erfordert ein Tätigwerden des Gesetzgebers. Nach einer bislang noch unveröffentlichten Fassung des Referentenentwurfs des BMWK und des BMJ für ein Gesetz zur Durchführung der KI-VO soll die KI-VO nicht in den Positivkatalog des § 2 Abs. 1 Nr. 3 HinSchG aufgenommen werden, sondern vielmehr den sachlichen Anwendungsbereich als eigenständige (neue) Nr. 9 ergänzen.[16]

3. Einrichtung interner und externer Meldestellen

14 Ausgangspunkt des Hinweisgeberschutzes ist nach § 12 Abs. 1 Satz 1 HinSchG die Pflicht zur Errichtung und Betreibung **interner Meldestellen**, an die sich die Beschäftigten wenden können. Gemäß § 12 Abs. 2 HinSchG gilt die Pflicht allerdings nur für Beschäftigungsgeber mit jeweils in der Regel mindestens 50 Beschäftigten. Hierbei kommt es auf die regelmäßige Beschäftigtenzahl des Beschäftigungsgebers an.[17] Gemäß §§ 19 ff. HinSchG hat der Bund auch **externe Meldestellen** beim Bundesamt für Justiz zu errichten. Der jeweilige Hinweisgeber hat die Wahl, ob er sich an die interne oder externe Meldestelle wendet.[18] Gleichzeitig bedeutet dies aber auch, dass das HinSchG nicht jegliche Meldung privilegiert, sondern nur solche, die bei der internen oder externen Meldestelle eingereicht werden, vgl. § 3 Abs. 4 HinSchG. Nicht geschützt sind also Meldungen von Verstößen oder die Erstattung einer Anzeige gegenüber einer Aufsichtsbehörde, der Polizei oder der Staatsanwaltschaft.[19] Festzuhalten ist, dass das nationale Gesetz nicht dazu verpflichtet, auch einen anonymen Meldekanal einzurichten.[20]

4. Hinweisgeberschutz

a) Voraussetzungen

15 Voraussetzung für den Schutz der hinweisgebenden Person ist nach § 33 Abs. 1 Nr. 2 und 3 HinSchG ein hinreichender Grund zur Annahme, dass die Informationen über den Verstoß der Wahrheit entsprechen und die gemeldeten Verstöße in den Anwendungsbereich des HinSchG fallen und ohne die Meldung nicht auf-

16 Art. 2 zur Änderung des HinSchG im Referentenentwurf über den Entwurf eines Gesetzes zur Durchführung der KI-VO.

17 *Fischbach*, in: Thüsing, HinSchG, § 12 Rn. 10.

18 *Fischbach*, in: Thüsing, HinSchG, § 12 Rn. 10; *Bruns*, NJW 2023, 1609, 1617.

19 *Bayreuther*, NZA-Beilage 2022, 20, 21.

20 Vgl. *Bayreuther*, NZA-Beilage 2022, 20, 22.

gedeckt worden wären. An die Annahme eines **hinreichenden Grundes** sind jedoch nur geringe Anforderungen zu stellen, da andernfalls der Schutz des HinSchG leerlaufen würde.[21] Es soll damit auch die hinweisgebende Person geschützt werden, der bei der Bewertung des Sachverhalts Fehler unterlaufen sind und die in gutem Glauben ungenaue oder unzutreffende Informationen gemeldet hat.[22] Nicht geschützt werden aber Personen, die rechtsmissbräuchlich oder böswillig unrichtige Informationen melden.[23] Maßgeblich ist die Ex-ante-Sichtweise.[24]

b) Schutzumfang

Gegenstand des Schutzes, den das HinSchG gewährleistet, ist zum einen die Wahrung der **Vertraulichkeit der Meldung** und zum anderen die **Verhinderung von Repressalien** für das Whistleblowing gegen die hinweisgebende Person sowie die Androhung und der Versuch der Repressalie, vgl. § 36 HinSchG.[25] Repressalien sind nach § 3 Abs. 6 HinSchG Handlungen oder Unterlassungen im Zusammenhang mit der beruflichen Tätigkeit, die eine Reaktion auf eine Meldung oder eine Offenlegung sind und durch die der hinweisgebenden Person ein ungerechtfertigter Nachteil entsteht oder entstehen kann. Als Repressalien kommen vor allem die Kündigung des Arbeitsverhältnisses, die Versagung einer zugesagten Beförderung, die Änderung einer Aufgabenübertragung zum Nachteil des Hinweisgebers, Disziplinarmaßnahmen oder allgemein jede Form der Diskriminierung in Betracht.[26] Nach § 36 Abs. 2 HinSchG greift zugunsten der hinweisgebenden Person eine Beweislastumkehr im Fall einer Benachteiligung im Hinblick auf die kausale Verknüpfung mit der Meldung oder Offenlegung. Eine gewisse Wahrscheinlichkeit für den Kausalzusammenhang muss nicht nachgewiesen werden.[27] Daneben kann die hinweisgebende Person nach § 35 HinSchG nicht für die Informationsbeschaffung (Abs. 1) sowie Informationsverwendung (Abs. 2) verantwortlich gemacht werden. Hierdurch wird eine Haftung aus vertraglichen Bestimmungen, nach denen die betreffenden Dokumente Eigentum der betroffenen Organisation sind oder Zugriffsrechte auf Daten eingeschränkt werden, ausgeschlossen.[28] Die Hinweisgeber sollten auch dann nicht haftbar gemacht werden können, wenn die Beschaffung der betreffenden Infor- **16**

21 *Gramlich/Lütke*, GeschGehG/HinSchG, § 33 HinSchG Rn. 4; *Bruns*, NJW 2023, 1609, 1611.
22 BT-Drs. 20/3442, S. 92.
23 BT-Drs. 20/3442, S. 92.
24 Vgl. ErwG 32 Hinweisgeberrichtlinie („zum Zeitpunkt der Meldung").
25 Umsetzung von Art. 19 Hinweisgeberrichtlinie.
26 *Bruns*, NJW 2023, 1609, 1614; siehe zu weiteren möglichen Benachteiligungen *Thüsing/Peisker*, in: Thüsing, HinSchG, § 36 Rn. 14.
27 *Thüsing/Peisker*, in: Thüsing, HinSchG, § 36 Rn. 23.
28 BT-Drs. 20/3442, S. 94.

mationen oder Dokumente, oder der Zugriff auf diese, zivil-, verwaltungsrechtliche oder beschäftigungsbezogene Probleme aufwirft. Dies wäre beispielsweise der Fall, wenn die Hinweisgeber die Informationen durch Zugriff auf die E-Mails eines Mitarbeiters oder auf Dateien erhalten haben, die sie normalerweise im Rahmen ihrer Arbeit nicht nutzen, oder wenn sie die Räumlichkeiten der Organisation fotografiert oder Räume betreten haben, zu denen sie normalerweise keinen Zugang haben.[29] Die strafrechtliche Verantwortlichkeit bleibt jedoch ausdrücklich unberührt, sodass beispielsweise eine Strafbarkeit wegen Hausfriedensbruch nach § 123 StGB, wegen Ausspähens von Daten nach § 202a StGB oder wegen Abfangens von Daten nach § 202b StGB durch die hinweisgebende Person möglich bleibt.

29 ErwG 92 Hinweisgeberrichtlinie.

Abschnitt 5
Aufsicht, Ermittlung, Durchsetzung und Überwachung in Bezug auf Anbieter von KI-Modellen mit allgemeinem Verwendungszweck

Art. 88 Durchsetzung der Pflichten der Anbieter von KI-Modellen mit allgemeinem Verwendungszweck

(1) Die Kommission verfügt unter Berücksichtigung der Verfahrensgarantien nach Artikel 94 über ausschließliche Befugnisse zur Beaufsichtigung und Durchsetzung von Kapitel V. Unbeschadet der Organisationsbefugnisse der Kommission und der Aufteilung der Zuständigkeiten zwischen den Mitgliedstaaten und der Union auf der Grundlage der Verträge überträgt die Kommission dem Büro für Künstliche Intelligenz die Durchführung dieser Aufgaben.

(2) Unbeschadet des Artikels 75 Absatz 3 können die Marktüberwachungsbehörden die Kommission ersuchen, die in diesem Abschnitt festgelegten Befugnisse auszuüben, wenn es erforderlich und verhältnismäßig ist, um die Wahrnehmung ihrer Aufgaben gemäß dieser Verordnung zu unterstützen.

Mit Art. 88 korrespondiert Erwägungsgrund 162.

Schrifttum: *Novelli/Hacker/Morley/Trondal/Floridi*, A Robust Governance for the AI Act: AI Office, AI Board, Scientific Panel, and National Authorities, European Journal of Risk Regulation 2024, 1, https://papers.ssrn.com/sol3/papers.cfm?abstract_id=4817755; *Radford/Narasimhan/Salimans/Sutskever*, Improving Language Understanding by Generative Pre-Training, 2018, https://cdn.openai.com/research-covers/language-unsupervised/language_understanding_paper.pdf; *Vaswani/Shazeer/Parmar/Uszkoreit/Jones/Gomez/Kaiser/Polosukhin*, Attention Is All You Need, 2017, https://arxiv.org/pdf/1706.03762 (alle Internetfundstellen zuletzt abgerufen am 16.1.2025); *Voigt/Hullen*, Handbuch KI-Verordnung, 2024.

Übersicht

I. Allgemeines

1. Zweck der Vorschrift

1 Hintergrund des Art. 88 ist zunächst der Wille des Gesetzgebers, eine zentrale Stelle auf Unionsebene zu schaffen, in der Fachwissen und Fähigkeiten in Bezug auf GPAI Models gebündelt werden.[1] Davon verspricht sich der Gesetzgeber, dadurch entstehende Synergien auf Unionsebene bestmöglich zu nutzen.[2] Diese Stelle auf Unionsebene wird mit dem **Büro für Künstliche Intelligenz** der Kommission als Teil der Verwaltungsstruktur der Generaldirektion Kommunikationsnetze, Inhalte und Technologien (GD Connect) eingerichtet (vgl. Art. 1 des Beschlusses C/2024/1459 der Kommission vom 24.1.2024). Mit diesem soll insbesondere der Komplexität dieser Modelle begegnet werden.[3] Dadurch sollen die nationalen Marktüberwachungsbehörden entlastet werden.[4]

2 Ein weiterer Zweck des Art. 88 ist es, die Aufsicht über KI-Systeme, die auf GPAI Models beruhen und bei denen das Modell und das System vom selben Anbieter bereitgestellt werden, auf Unionsebene bei der EU-Kommission zu zentralisieren. Auf diese Weise sollen überschneidende Zuständigkeiten vermieden werden.[5]

1 ErwG 162 KI-VO sowie ErwG 3–6 des Beschlusses der Kommission vom 24.1.2024 (C/2024/1459) zur Einrichtung des Europäischen Amts für künstliche Intelligenz.

2 ErwG 162.

3 ErwG 3 des Beschlusses der Kommission vom 24.1.2024 (C/2024/1459) zur Einrichtung des Europäischen Amts für künstliche Intelligenz.

4 ErwG 161.

5 Vorschlag der Europäischen Kommission vom 21.4.2021 für eine Verordnung des Europäischen Parlaments und des Rates zur Festlegung harmonisierter Vorschriften für Künstliche Intelligenz (Gesetz über Künstliche Intelligenz) und zur Änderung bestimmter Rechtsakte der Union, COM(2021) 206 final.

2. Entstehungsgeschichte

3 Der Vorschlag der Europäischen Kommission vom 21.4.2021 für die KI-VO enthielt keine spezifischen Regelungen für KI-Modelle mit allgemeinem Verwendungszweck.[6] Mithin fehlte es im Rahmen des Vorschlags noch gänzlich an einem Durchsetzungsmechanismus auf Unionsebene im Sinne der Art. 88 ff.[7] Dies überrascht deshalb nicht, weil GPAI Models zu dieser Zeit einem überwiegenden Teil der Bevölkerung noch unbekannt waren. Die Grundlage der heutigen „foundation models", die sog. Transformer-Architektur, wurde 2017 in einem Fachartikel erstmals vorgestellt.[8] Das erste KI-Modell des Unternehmens OpenAI, GPT-1, das auf dieser Technologie beruhte, wurde zwar dann bereits 2018 veröffentlicht,[9] doch erst die verbesserte Version von GPT-3 erlangte im November 2022 die Aufmerksamkeit der breiten Weltöffentlichkeit.[10] Nachdem OpenAI das System GPT-3 am 30.11.2022 gelauncht hatte, konnte innerhalb von nur fünf Tagen die Schwelle zu über einer Million und innerhalb von zwei Monaten zu 100 Millionen Nutzern überschritten werden.[11]

4 Dies antizipierend enthielt das Verhandlungsmandat des Rates der Europäischen Union vom 25.11.2022 bereits ein völlig neues Kapitel (Kapitel Ia), das sich allein der Regulierung von GPAI Models widmete.[12] Doch die Durchsetzung die-

---

6 Vorschlag der Europäischen Kommission vom 21.4.2021 für eine Verordnung des Europäischen Parlaments und des Rates zur Festlegung harmonisierter Vorschriften für Künstliche Intelligenz (Gesetz über Künstliche Intelligenz) und zur Änderung bestimmter Rechtsakte der Union, COM(2021) 206 final.

7 Einen guten Überblick über die unterschiedlichen Entwürfe der drei EU-Organe bietet die konsolidierte Tabelle, die Grundlage der Trilogverhandlungen war, https://artificialintelligenceact.eu/wp-content/uploads/2023/08/AI-Mandates-20-June-2023.pdf.

8 *Vaswani/Shazeer/Parmar* et al., Attention Is All You Need, https://arxiv.org/pdf/1706.03762.

9 Am 11.6.2018 veröffentlichte OpenAI eine kurze Beschreibung von ihrem neuen Modell GPT-1 in einer Pressemitteilung auf ihrer Homepage (*Radford*, Improving language understanding with unsupervised learning, https://openai.com/index/language-unsupervised/). Über diese Pressemitteilung wurde ebenfalls der Fachartikel der KI-Entwickler von OpenAI veröffentlicht (*Radford* et al., https://cdn.openai.com/research-covers/language-unsupervised/language_understanding_paper.pdf).

10 Pressemitteilung vom 30.11.2022, Introducing ChatGPT, https://openai.com/index/chatgpt/.

11 *Hu*, ChatGPT sets record for fastest-growing user base – analyst note, https://www.reuters.com/technology/chatgpt-sets-record-fastest-growing-user-base-analyst-note-2023-02-01/).

12 Mandat des Rates der Europäischen Union („General Approach") vom 25.11.2022 zum Eintritt in die Trilogverhandlungen mit dem Europäischen Parlament über den Vorschlag der Europäischen Kommission vom 21.4.2021 für eine Verordnung des Europäischen Parlaments und des Rates zur Festlegung harmonisierter Vorschriften für Künstliche Intelligenz (Gesetz über Künstliche Intelligenz) und zur Änderung bestimmter Rechtsakte der Union, 14954/22, https://data.consilium.europa.eu/doc/docu

ser Regeln oblag noch vorrangig den nationalen Marktüberwachungsbehörden, wenngleich der damalige Art. 68b bereits die Schaffung eines zentralen Pools von unabhängigen Experten, ausgewählt und finanziert durch die EU-Kommission, zur Unterstützung der (nationalen) Durchsetzung vorsah.

5 Erst das Verhandlungsmandat des Europäischen Parlamentes vom 14.6.2023 sah in Art. 56 die Einrichtung eines Europäischen Amtes für künstliche Intelligenz vor,[13] das die Durchsetzung der KI-VO überwachen sollte. Der Vorschlag des Parlamentes, dass dieses Amt (nunmehr **Büro für Künstliche Intelligenz**) eine eigene Rechtspersönlichkeit besitzt, unabhängig von den anderen EU-Institutionen agiert und von den Mitgliedstaaten selbst strategisch ausgerichtet wird,[14] konnte sich in den Trilogverhandlungen jedoch nicht durchsetzen.

6 Diese fehlende operative Autonomie des Büros für Künstliche Intelligenz unterscheidet es von den EU-Agenturen wie etwa dem Amt der Europäischen Union für Geistiges Eigentum (EUIPO) oder der Europäischen Arzneimittel-Agentur (EMA).

7 Schließlich folgt die KI-VO einem Ansatz, der bereits aus anderen EU-Digitalrechtsakten bekannt ist. Die Zuständigkeit für die Durchsetzung gegenüber einer bestimmten Gruppe von (meist gesellschaftlich bedeutenden) Diensten wird den Mitgliedstaaten entzogen und zur EU-Kommission nach Brüssel verlagert. Dies gilt etwa für sehr große Online-Plattformen und Suchmaschinen nach dem Digital Services Act sowie für Torwächter-Dienste im Sinne des Digital Markets Act.

3. Verhältnis zu anderen Vorschriften

8 Art. 88 Abs. 1 hat zunächst allgemeine Bedeutung für die Regelung der Zuständigkeit für die Durchsetzung der Pflichten der Anbieter von GPAI Models.

---

ment/ST-14954-2022-INIT/de/pdf, einen ersten Überblick über das neu integrierte Kapitel Ia zu GPAI Models findet sich auf S. 6 sowie das Kapitel Ia selbst auf S. 79 ff.

13 Mandat des Europäischen Parlamentes vom 14.6.2023 zum Eintritt in die Trilogverhandlungen mit dem Rat der Europäischen Union über den Vorschlag der Europäischen Kommission vom 21.4.2021 für eine Verordnung des Europäischen Parlaments und des Rates zur Festlegung harmonisierter Vorschriften für Künstliche Intelligenz (Gesetz über Künstliche Intelligenz) und zur Änderung bestimmter Rechtsakte der Union, P9_TA(2023)0236, Abänderung 525, https://www.europarl.europa.eu/doceo/document/TA-9-2023-0236_DE.pdf.

14 Art. 56 Abs. 1 des Parlamentsentwurfs vom 14.6.2023: „Das „Europäische Amt für künstliche Intelligenz“ (im Folgenden „Amt für künstliche Intelligenz“) wird hiermit eingerichtet. Das Amt für künstliche Intelligenz ist eine selbständige Einrichtung der Union. Es besitzt Rechtspersönlichkeit.“

Daneben enthält Art. 88 Abs. 2 das Recht der nationalen Marktüberwachungsbehörden, die Kommission zu ersuchen, ihre Befugnisse nach diesem Kapitel auszuüben, wenn es erforderlich und verhältnismäßig ist, um die Wahrnehmung ihrer eigenen Befugnisse gemäß der KI-VO zu ermöglichen oder zu unterstützen. In dieser Hinsicht ist Art. 88 Abs. 2 von Art. 75 Abs. 3 abzugrenzen. Nach Art. 88 Abs. 2 bleibt das Recht der Marktüberwachungsbehörden aus Art. 75 Abs. 3 „unbeschadet". Mithin stehen diese Rechte nebeneinander. 9

Das Recht auf Amtshilfe aus Art. 75 Abs. 3 kommt zur Anwendung, soweit eine nationale Marktüberwachungsbehörde wegen der Unzugänglichkeit bestimmter Informationen zu einem Hochrisiko-KI-System nicht in der Lage ist, ihre Ermittlungen abzuschließen, obwohl sie bereits alle angemessenen Anstrengungen unternommen hat, diese Informationen zu erhalten. In diesem Fall kann sie ein begründetes Ersuchen an das Büro für Künstliche Intelligenz richten, durch das der Zugang zu den Informationen durchgesetzt werden kann. 10

Das Recht aus Art. 88 Abs. 2 ist hingegen kein klassisches **Recht auf Amtshilfe**. Die nationalen Marktüberwachungsbehörden können die Kommission nach Art. 88 Abs. 2 nur ersuchen, den der Kommission ohnehin zustehenden Befugnissen nach Kapitel IX Abschnitt 5 nachzukommen. Dies kann angezeigt sein, soweit die Marktüberwachungsbehörden nicht-rechtskonforme KI-Systeme ausgemacht haben, die in ihren Zuständigkeitsbereich fallen, diese Systeme jedoch auf (nicht-rechtskonformen) GPAI Models beruhen. Gegenüber letzteren sind die nationalen Marktüberwachungsbehörden unzuständig. 11

II. Ausschließliche Befugnis zur Beaufsichtigung und Durchsetzung (Abs. 1 Satz 1)

Gemäß Art. 88 Abs. 1 besitzt die Kommission ausschließliche Eingriffsbefugnisse zur Überwachung und Durchsetzung von Verpflichtungen von Anbietern von KI-Modellen mit allgemeinem Verwendungszweck, sofern diese Verpflichtungen in Kapitel V (Art. 52 bis 56) geregelt sind.[15] 12

Die **Zuständigkeitskonzentration** auf die EU-Kommission im Sinne eines „One-Stop-Shop" für alle Verpflichtungen aus Art. 52 bis 56 impliziert, dass Art. 88 Abs. 1 Zuständigkeiten außerhalb der KI-VO unberührt lässt, etwa für die Datenschutzaufsicht. 13

15 *Novelli/Hacker/Morley/Trondal/Floridi*, EJRR 2024, 1, 14.

III. Befugnis zur Beaufsichtigung und Durchsetzung von Pflichten nach Art. 50

14 Daneben obliegt der EU-Kommission die ausschließliche Zuständigkeit zur Durchsetzung der Pflichten und Anforderungen in Bezug auf Anbieter von KI-Systemen mit allgemeinem Verwendungszweck, welche sich insbesondere nach Art. 50 richten. Auch wenn eine ausdrückliche Regelung fehlt, besteht für die Mitgliedstaaten keine Möglichkeit, die Einhaltung der Pflichten aus Art. 50 durch die mitgliedstaatlichen Marktüberwachungsbehörden durchzusetzen.

15 Denn gemäß Art. 89 ist die EU-Kommission in Gestalt des Büros für Künstliche Intelligenz ausschließlich dazu berufen, Maßnahmen zur Durchsetzung der KI-VO gegen Anbieter von KI-Systemen mit allgemeinem Verwendungszweck zu erlassen.[16] Dazu müssen nach systematischer Auslegung auch Maßnahmen wegen Verstößen gegen Art. 50 (siehe hierzu umfassend Art. 89 Rn. 12) gehören.

IV. Verhältnis von EU-Kommission und Büro für Künstliche Intelligenz (Abs. 1 Satz 2)

16 Der Begriff „**Büro für Künstliche Intelligenz**" ist in Art. 3 Nr. 47 legaldefiniert. Er bezeichnet die Aufgabe der Europäischen Kommission, zur Umsetzung, Beobachtung und Überwachung von KI-Systemen und KI-Modellen mit allgemeinem Verwendungszweck sowie zur Umsetzung der im Beschluss C/2024/1459 der Kommission vom 24.1.2024 vorgesehenen KI-Governance beizutragen.

17 Die Bezugnahme auf das Büro für Künstliche Intelligenz wird als Bezugnahme auf die Europäische Kommission als solche interpretiert. Dies ergibt sich aus der Tatsache, dass das Büro für Künstliche Intelligenz – im Gegensatz zur Formulierung in Abs. 1 Satz 2 („übertragen durch die Kommission") – Teil des verwaltungsorganisatorischen Gefüges der Kommission ist.[17]

18 Das Büro für Künstliche Intelligenz ist vollständig eingegliedert bei der Generaldirektion Kommunikationsnetze, Inhalte und Technologien (kurz GD Connect). Die Kommission trifft die nach außen bindenden Entscheidungen zur Durchsetzung der Pflichten der Anbieter von KI-Modellen mit allgemeinem Verwendungszweck. Das Büro für Künstliche Intelligenz fungiert lediglich als unterstützende Instanz bei der Entscheidungsfindung, da es als organisatorische

16 *Voigt/Hullen*, Handbuch KI-Verordnung, S. 164.
17 *Novelli/Hacker/Morley/Trondal/Floridi*, EJRR 2024, 1, 14.

Untereinheit vollständig in der Kommission aufgeht. Dies ist anders als bei EU-Agenturen der Europäischen Union der Fall, beispielsweise der Europäischen Arzneimittel-Agentur (EMA) oder dem Amt der Europäischen Union für Geistiges Eigentum (EUIPO).

So lässt sich das Büro für Künstliche Intelligenz eher mit dem European Centre for Algorithmic Transparency (ECAT) vergleichen, das auch keine eigene Rechtspersönlichkeit besitzt, sondern Teil des Joint Research Centre der EU-Kommission ist. Das ECAT arbeitet in enger Zusammenarbeit mit der GD Connect und unterstützt insbesondere mit Fachwissen bei der Untersuchung algorithmischer Systeme bei der Durchsetzung des Digital Services Act gegenüber von der Kommission designierten sehr großen Online-Plattformen und Suchmaschinen. 19

V. Zuständigkeitskollisionen des Büros für Künstliche Intelligenz mit mitgliedstaatlichen Behörden

Das Ziel, die Aufsicht über GPAI Models bei der EU-Kommission zu zentralisieren, könnte durch Sonderzuständigkeiten von (nationalen) Behörden im Rahmen der sektorspezifischen Regulierung verwässert werden. So sehen viele sektorspezifische Regulierungsregime bereits die Möglichkeit vor, dass nationale Aufsichtsbehörden Anbieter von KI-Systemen beaufsichtigen. Die Pflichten aus den sektorspezifischen Regelungen überschneiden sich teilweise mit denen der KI-VO. Dies wird typischerweise KI-Systeme mit bestimmten Verwendungszwecken betreffen, aber es erscheint nicht ausgeschlossen, dass auch Anbieter von GPAI Models im Einzelfall Ziel der Regulierung werden. 20

Dass es damit durchaus zu Parallelzuständigkeiten kommen kann, hat der Unionsgesetzgeber nicht explizit geregelt. Es lassen sich jedenfalls in der KI-VO selbst keine Mechanismen der Zusammenarbeit zwischen der EU-Kommission einerseits und anderen nationalen Behörden andererseits finden. 21

VI. Ersuchungsrecht der Marktüberwachungsbehörden (Abs. 2)

Für die Pflichten der Anbieter von KI-Modellen mit allgemeinem Verwendungszweck ist nach Art. 88 Abs. 1 ausschließlich die EU-Kommission in Gestalt des Büros für Künstliche Intelligenz zuständig. Die nationalen Marktüberwachungsbehörden können daher nicht selbst im Sinne einer konkurrierenden Zuständigkeit die Überwachung von KI-Modellen mit allgemeinem Verwendungszweck übernehmen, solange die EU-Kommission nicht tätig wird. 22

23 Die Mitgliedstaaten in Gestalt der nationalen Marktüberwachungsbehörden können die EU-Kommission lediglich ersuchen, ihre Aufsichtsbefugnisse auszuüben. Dieses **Ersuchungsrecht der Marktüberwachungsbehörden** gegenüber der EU-Kommission dient in erster Linie dazu, die Marktüberwachungsbehörden in die Lage zu versetzen, ihren Überwachungsaufgaben in Bezug auf KI-Systeme mit bestimmten Anwendungszwecken nachzukommen.

24 Ein solches Ersuchungsrecht entspricht damit dem Ansatz der Regulierung von KI-Systemen entlang der Wertschöpfungskette. Sofern Anbieter von KI-Modellen mit allgemeinem Verwendungszweck nicht sicherstellen, dass ihre Modelle alle Anforderungen der KI-VO erfüllen, können nachgelagerte Anbieter von KI-Systemen mit speziellen Zweckbestimmungen ihrerseits praktisch unmöglich den gesetzlichen Anforderungen nachkommen. Das Abhängigkeitsverhältnis der nachgelagerten Anbieter gegenüber den Anbietern von KI-Systemen für allgemeine Anwendungen spiegelt sich auch auf der Ebene der KI-Aufsicht wider: Die nationalen Marktüberwachungsbehörden sind darauf angewiesen, dass die EU-Kommission die Anbieter von KI-Modellen mit allgemeinem Verwendungszweck ordnungsgemäß überwacht und reguliert.

Art. 89 Überwachungsmaßnahmen

(1) Zur Wahrnehmung der ihr in diesem Abschnitt übertragenen Aufgaben kann das Büro für Künstliche Intelligenz die erforderlichen Maßnahmen ergreifen, um die wirksame Umsetzung und Einhaltung dieser Verordnung durch Anbieter von KI-Modellen mit allgemeinem Verwendungszweck, einschließlich der Einhaltung genehmigter Praxisleitfäden, zu überwachen.

(2) Nachgelagerte Anbieter haben das Recht, eine Beschwerde wegen eines Verstoßes gegen diese Verordnung einzureichen. Eine Beschwerde ist hinreichend zu begründen und enthält mindestens Folgendes:

a) die Kontaktstelle des Anbieters des betreffenden KI-Modells mit allgemeinem Verwendungszweck;

b) eine Beschreibung der einschlägigen Fakten, die betreffenden Bestimmungen dieser Verordnung und die Begründung, warum der nachgelagerte Anbieter der Auffassung ist, dass der Anbieter des KI-Modells mit allgemeinem Verwendungszweck gegen diese Verordnung verstoßen hat;

c) alle sonstigen Informationen, die der nachgelagerte Anbieter, der die Anfrage übermittelt hat, für relevant hält, gegebenenfalls einschließlich Informationen, die er auf eigene Initiative hin zusammengetragen hat.

Mit Art. 89 korrespondiert Erwägungsgrund 164.

Schrifttum: *Novelli/Hacker/Morley/Trondal/Floridi*, A Robust Governance for the AI Act: AI Office, AI Board, Scientific Panel, and National Authorities, European Journal of Risk Regulation 2024, 1, https://papers.ssrn.com/sol3/papers.cfm?abstract_id=4817755; *Radford/Narasimhan/Salimans/Sutskever*, Improving Language Understanding by Generative Pre-Training, 2018, https://cdn.openai.com/research-covers/language-unsupervised/language_understanding_paper.pdf; *Vaswani/Shazeer/Parmar/Uszkoreit/Jones/Gomez/Kaiser/Polosukhin*, Attention Is All You Need, 2017, https://arxiv.org/abs/1706.03762 (alle Internetfundstellen zuletzt abgerufen am 5.12.2024).

Übersicht

I. Allgemeines

1. Zweck der Vorschrift

1 Art. 89 Abs. 1 stellt die zentrale Rechtsgrundlage der EU-Kommission zur Regulierung von Anbietern von KI-Systemen mit allgemeinem Verwendungszweck dar. Sie ermächtigt in Art. 89 Abs. 1 unionsrechtsunmittelbar zu diversen Untersuchungs- und Durchsetzungsmaßnahmen im Sinne einer **Generalklausel**. Für alle Maßnahmen, die nicht ohnehin in den Art. 91 bis 93 und Art. 101 geregelt sind, kann sich die EU-Kommission folglich auf die Generalklausel aus Art. 89 Abs. 1 stützen.

2. Entstehungsgeschichte

2 Der Vorschlag der Kommission vom 21.4.2021 für die KI-VO[1] enthielt noch keine spezifischen Regelungen für KI-Modelle mit allgemeinem Verwendungszweck. Mithin fehlte es im Rahmen des Vorschlags noch gänzlich an einem Durchsetzungsmechanismus auf unionaler Ebene im Sinne der Art. 88 ff. (für weitere Informationen siehe Art. 88 Rn. 3 ff.).

3 Während im Verhandlungsmandat des Rates der Europäischen Union vom 25.11.2022 für die KI-VO[2] die Durchsetzung der Regulierung von GPAI Models noch den nationalen Marktüberwachungsbehörden oblag, führte das Europäische Parlament in seinem Verhandlungsmandat vom 14.6.2023[3] in Art. 56b einen abschließenden Katalog von Aufgaben des Büros für Künstliche Intelligenz ein (für weitere Informationen siehe Art. 88 Rn. 6).

1 Vorschlag der Europäischen Kommission vom 21.4.2021 für eine Verordnung des Europäischen Parlaments und des Rates zur Festlegung harmonisierter Vorschriften für Künstliche Intelligenz (Gesetz über Künstliche Intelligenz) und zur Änderung bestimmter Rechtsakte der Union, COM(2021) 206 final, https://eur-lex.europa.eu/legal-content/DE/TXT/?uri=celex%3A52021PC0206.

2 Mandat des Rates der Europäischen Union („General Approach") vom 25.11.2022 zum Eintritt in die Trilogverhandlungen mit dem Europäischen Parlament über den Vorschlag der Europäischen Kommission vom 21.4.2021 für eine Verordnung des Europäischen Parlaments und des Rates zur Festlegung harmonisierter Vorschriften für Künstliche Intelligenz (Gesetz über Künstliche Intelligenz) und zur Änderung bestimmter Rechtsakte der Union, 14954/22, https://data.consilium.europa.eu/doc/document/ST-14954-2022-INIT/de/pdf (zuletzt abgerufen am 16.1.2025).

3 Mandat des Europäischen Parlamentes vom 14.6.2023 zum Eintritt in die Trilogverhandlungen mit dem Rat der Europäischen Union über den Vorschlag der Europäischen Kommission vom 21.4.2021 für eine Verordnung des Europäischen Parlaments und des Rates zur Festlegung harmonisierter Vorschriften für Künstliche Intelligenz (Gesetz über Künstliche Intelligenz) und zur Änderung bestimmter Rechtsakte der Union, P9_TA(2023)0236, Abänderung 529, https://www.europarl.europa.eu/doceo/document/TA-9-2023-0236_DE.pdf (zuletzt abgerufen am 16.1.2025).

Erst in den Trilogverhandlungen wurde sich auf die in Art. 89 Abs. 1 enthaltene Generalklausel geeinigt. 4

3. Verhältnis zu anderen Vorschriften

Die in Art. 90 bis 93 festgelegten Marktüberwachungsmaßnahmen umfassen die Untersuchung, (Risiko-)Bewertungen und den Rückruf von KI-Systemen. Im Rahmen der Marktüberwachung sind seitens der zuständigen Behörde Untersuchungsmaßnahmen bei Verstößen durchzuführen. Dies umfasst insbesondere die Anforderung von Unterlagen und Informationen seitens des Anbieters eines KI-Systems mit allgemeinem Verwendungszweck (Art. 91). Des Weiteren sind (Risiko-)Bewertungen durchzuführen (Art. 92) und Anbieter dazu aufzufordern, angemessene Maßnahmen zu ergreifen, insbesondere **Risikominderungsmaßnahmen** im Fall von festgestellten systemischen Risiken (Art. 93 Abs. 1 lit. b). Als besonders gravierende Maßnahmen kann die EU-Kommission die Bereitstellung des betroffenen KI-Modells mit allgemeinem Verwendungszweck einstellen und sogar die Rücknahme und den Rückruf des Modells fordern (Art. 93 Abs. 1 lit. c). Sanktionen und Bußgelder seitens der EU-Kommission richten sich nach Art. 101. 5

II. Marktüberwachungsmaßnahmen (Abs. 1)

Die Maßnahmen, welche die EU-Kommission zur Überwachung von Anbietern von KI-Modellen mit allgemeinem Verwendungszweck ergreifen kann, sind nicht näher spezifiziert. Die Wahl des Mittels zur Überwachung liegt damit grundsätzlich im Ermessen der EU-Kommission. Art. 89 Abs. 1 ist als Generalklausel für Maßnahmen der EU-Kommission zu verstehen. Die Maßnahmen können jene Arten von Marktüberwachungsaktivitäten umfassen, die nicht ohnehin schon spezifischer in Art. 90 bis 93 und Art. 101 geregelt sind. Anderenfalls hätte der Gesetzgeber eine andere Formulierungsweise gewählt, die die Befugnisse auf die in diesem Abschnitt festgelegten Maßnahmen beschränkt (siehe etwa zum Vergleich jüngst Art. 65 Abs. 1 Digital Services Act). 6

Die Möglichkeit einer **Generalklausel** für nicht näher spezifizierte Maßnahmen im Rahmen der Aufsicht über GPAI Models erscheint zweckmäßig. Die KI-Technologie ist durch rasante Fortschritte und Technologiesprünge geprägt. Dies gilt insbesondere für die Grundlagenmodelle (sog. foundation models). Um mit den dynamischen Entwicklungen im Bereich der foundation models Schritt halten zu können, muss die EU-Kommission die Möglichkeit haben, flexible Aufsichtsmaßnahmen zu erlassen. Ohne eine derartige Generalklausel bestünde die Gefahr, dass abschließend vorgegebene Aufsichtsmaßnahmen in Form eines nu- 7 merus clausus in kurzer Zeit inadäquat und überholt für die Regulierung von KI-Modellen mit allgemeinem Verwendungszweck wären.

8 Soweit Art. 89 Abs. 1 Satz 1 vom **Büro für Künstliche Intelligenz** spricht, ist hiermit die EU-Kommission gemeint, Art. 3 Abs. 47 Satz 2. Denn das Büro für Künstliche Intelligenz ist lediglich eine unselbständige Einheit im Rahmen der Generaldirektion Kommunikationsnetze, Inhalte und Technologien (GD Connect) der EU-Kommission.

III. Erforderliche Maßnahmen (Abs. 1)

9 Eine Einschränkung hinsichtlich der Wahl der Maßnahmen kann aus der Voraussetzung abgeleitet werden, dass es sich um „**erforderliche Maßnahmen**" handeln muss. Die Erforderlichkeit der Maßnahme zieht jedoch keine zusätzliche Schranke im Sinne einer besonderen Prüfung der EU-Kommission vor Erlass einer Überwachungsmaßnahme ein. Das Kriterium der „erforderlichen" Maßnahme verdeutlicht lediglich, was ohnehin seitens der EU-Kommission zu berücksichtigen ist. So muss die Maßnahme verhältnismäßig sein, was auch ErwG 164 mit „angemessenen Maßnahmen" zur Durchsetzung der KI-VO verlangt.

IV. Zur Umsetzung und Einhaltung der Verordnung und genehmigter Praxisleitfäden (Abs. 1)

10 Die **Überwachungsmaßnahme** seitens der Kommission muss der Umsetzung und Einhaltung der KI-VO dienen. Dies umfasst auch die von der Kommission selbst erlassenen Praxisleitfäden.

11 Gemäß Art. 89 Abs. 2 Satz 1 ist jeder Verstoß gegen die KI-VO ausreichend, wobei dies nicht nur Verstöße gegen die spezifischen Pflichten für KI-Modelle mit allgemeinem Verwendungszweck aus Kapitel V (Art. 51 bis 56) umfasst, sondern auch Verstöße von KI-Modellen mit allgemeinem Verwendungszweck gegen die Transparenz- und weiteren Pflichten aus Art. 50.

12 Die Befugnis der EU-Kommission, auf Grundlage von Art. 89 alle Verstöße gegen die KI-VO zu überwachen und entsprechende Maßnahmen zu ergreifen, wird durch die maßgeblichen Erwägungsgründe bestätigt. In ErwG 162 wird ebenfalls darauf verwiesen, dass das Büro für Künstliche Intelligenz dazu befugt sein sollte, alle erforderlichen Maßnahmen zu ergreifen, um die effektive Umsetzung der KI-VO im Hinblick auf KI-Modelle mit allgemeiner Verwendung zu überwachen. In ähnlicher Weise wird in ErwG 164 gefordert, dass das Büro für Künstliche Intelligenz die erforderlichen Maßnahmen ergreifen können sollte, um die wirksame Umsetzung und die Einhaltung der in dieser Verordnung fest-

gelegten Pflichten der Anbieter von KI-Modellen mit allgemeinem Verwendungszweck zu überwachen. Schließlich kann die Kommission gemäß Art. 101 Abs. 1 lit. a bei Verstößen durch Anbieter von KI-Systemen mit allgemeinem Verwendungszweck gegen die KI-VO, ohne dass es eine Einschränkung auf Kapitel V gibt, Bußgelder erlassen.

Auch der Sinn und Zweck der Vorschrift legt nahe, dass die Kommission Maß- 13
nahmen bei allen Verstößen gegen die KI-VO durch Anbieter von KI-Systemen mit allgemeinem Verwendungszweck erlassen darf und nicht nur bei Verstößen gegen Kapitel V. Dies ist erforderlich, um die beiden Ziele der Aufsicht durch die EU-Kommission zu fördern: einerseits die Vermeidung sich überschneidender Zuständigkeiten[4] und andererseits die bestmögliche Nutzung des dort gebildeten Fachwissens und der entstehenden Synergieeffekte.[5] Andererseits kann eine vertikale Zuständigkeitskonzentration bei der EU-Kommission nur dann erreicht werden, wenn das dort gebildete Fachwissen und die so entstehenden Synergieeffekte bestmöglich genutzt werden.[6]

V. Beschwerderecht der nachgelagerten Anbieter (Abs. 2 Satz 1)

Die KI-VO ist von der Vorstellung einer KI-Wertschöpfungskette geprägt und 14
regelt die Verantwortlichkeiten von Anbietern und Verwendern von KI-Systemen entlang dieser Wertschöpfungskette.[7] Anbieter von KI-Modellen mit allgemeinem Verwendungszweck stellen in der KI-Wertschöpfungskette nach dieser Vorstellung die ersten Glieder dar. Ihre KI-Modelle sind das Fundament, auf dem nachfolgende Anbieter oftmals KI-Systeme mit spezifischen Zwecken entwickeln. Gemäß der KI-VO sollten Anbieter von Systemen mit allgemeinen Verwendungszwecken eng mit Anbietern von Hochrisiko-KI-Systemen zusammenarbeiten, um diesen erst die Einhaltung der entsprechenden Pflichten aus der KI-VO zu ermöglichen.[8]

Vor dem Hintergrund dieser Vorstellung einer besonderen Rolle der Anbieter 15
entlang der KI-Wertschöpfungskette, damit die nachgelagerten Anbieter von KI-Systemen mit spezifischen Verwendungszwecken ihrerseits ihre Pflichten nach der KI-VO erfüllen können, wird diesen nachgelagerten Anbietern gemäß Art. 89 Abs. 2 Satz 1 ein **Beschwerderecht** eingeräumt. Nachgelagerte Anbieter sind folglich dazu befugt, bei Verstößen gegen die KI-VO durch Anbieter von

4 ErwG 161.
5 ErwG 162.
6 ErwG 162.
7 ErwG 85.
8 ErwG 85.

KI-Systemen mit allgemeinem Verwendungszweck bei der EU-Kommission Beschwerde einzureichen.

16 Ein solches Beschwerderecht der nachgelagerten Anbieter ist auch gerechtfertigt. Denn die nachgelagerten Anbieter dürften es in vielen Fällen besonders leicht und schnell bemerken, sofern ein Anbieter von KI-Systemen mit allgemeinem Verwendungszweck seinen Pflichten nach der KI-VO nicht nachkommt. Da sie unmittelbar selbst davon abhängig sind, dass Anbieter von KI-Systemen mit allgemeinem Verwendungszweck ihre Pflichten nach der KI-VO möglichst umfangreich erfüllen, haben sie ein hohes Eigeninteresse, Beschwerden wegen Verstößen von Anbietern von KI-Systemen mit allgemeinem Verwendungszweck einzureichen.

VI. Anforderungen an Beschwerden nachgelagerter Anbieter (Abs. 2 Satz 2)

17 Art. 89 Abs. 2 Satz 2 regelt **Mindestanforderungen**, welche die Beschwerden nachgelagerter Anbieter gegenüber der Kommission erfüllen müssen. Diese Mindestanforderungen bestehen aus bestimmten Kontaktangaben (Art. 89 Abs. 2 Satz 2 lit. a), das Erfordernis einer Sachverhaltsbeschreibung und rechtlicher Begründung, warum der nachgelagerte Anbieter der Auffassung ist, dass der Anbieter des KI-Modells mit allgemeinem Verwendungszweck gegen diese Verordnung verstoßen hat (Art. 89 Abs. 2 Satz 2 lit. b), und die Möglichkeit, weitere Angaben zu machen (Art. 89 Abs. 2 Satz 2 lit. c).

18 Diese Mindestanforderungen dienen zwei Zielen: Zum einen soll die Kommission möglichst umfassend und ohne unnötigen eigenen Aufwand in die Lage versetzt werden, entsprechende Verstöße von Anbietern von KI-Systemen mit allgemeinem Verwendungszweck zu ermitteln. Zum anderen soll durch diese Mindestanforderungen auch den Verfahrensrechten der Anbieter Rechnung getragen werden.

VII. Recht auf Anhörung der Parteien

19 Bemerkenswert ist indes, dass sich im Wortlaut des Art. 89 Abs. 2 kein Recht auf Anhörung der Parteien findet. Allein aus rechtsstaatlichen Erwägungen haben alle beteiligten Parteien aus der Wertschöpfungskette (etwa der Anbieter des in Rede stehenden KI-Modells mit allgemeinem Verwendungszweck, betroffene Importeure und Händler dieses KI-Modells sowie betroffene nachgelagerte Anbieter) während des Verfahrens ein Recht, angehört und angemessen über den Stand der Beschwerde unterrichtet zu werden.

In dieser Hinsicht ist Art. 94 auch im Rahmen der Beschwerden nachgelagerter Anbieter Rechnung zu tragen. Danach gilt für die Anbieter des KI-Modells mit allgemeinem Verwendungszweck Art. 18 der Verordnung (EU) 2019/1020 (EU-Marktüberwachungsverordnung – MÜ-VO)[9] sinngemäß. Art. 18 Abs. 2 und Abs. 3 MÜ-VO sehen entsprechende Verfahrensrechte (Bekanntgabe an den betroffenen Wirtschaftsakteur, Anhörung des betroffenen Wirtschaftsakteurs etc.) vor. **20**

9 Verordnung (EU) 2019/1020 des Europäischen Parlaments und des Rates vom 20.6.2019 über Marktüberwachung und die Konformität von Produkten sowie zur Änderung der Richtlinie 2004/42/EG und der Verordnungen (EG) Nr. 765/2008 und (EU) Nr. 305/2011, ABl. EU L 169 v. 25.6.2019, S. 1.

Art. 90 Warnungen des wissenschaftlichen Gremiums vor systemischen Risiken

(1) Das wissenschaftliche Gremium kann dem Büro für Künstliche Intelligenz eine qualifizierte Warnung übermitteln, wenn es Grund zu der Annahme hat, dass

a) ein KI-Modell mit allgemeinem Verwendungszweck ein konkretes, identifizierbares Risiko auf Unionsebene birgt oder

b) ein KI-Modell mit allgemeinem Verwendungszweck die Bedingungen gemäß Artikel 51 erfüllt.

(2) Aufgrund einer solchen qualifizierten Warnung kann die Kommission über das Büro für Künstliche Intelligenz und nach Unterrichtung des KI-Gremiums die in diesem Abschnitt festgelegten Befugnisse zur Beurteilung der Angelegenheit ausüben. Das Büro für Künstliche Intelligenz unterrichtet das KI-Gremium über jede Maßnahme gemäß den Artikeln 91 bis 94.

(3) Eine qualifizierte Warnung ist hinreichend zu begründen und enthält mindestens Folgendes:

a) die Kontaktstelle des Anbieters des betreffenden KI-Modells mit allgemeinem Verwendungszweck mit systemischem Risiko;

b) eine Beschreibung der einschlägigen Fakten und der Gründe für die Warnung durch das wissenschaftliche Gremium;

c) alle sonstigen Informationen, die das wissenschaftliche Gremium für relevant hält, gegebenenfalls einschließlich Informationen, die es auf eigene Initiative hin zusammengetragen hat.

Mit Art. 90 korrespondiert Erwägungsgrund 163.

Übersicht

I. Allgemeines

Die Regelung **ergänzt die eigenen Meldepflichten der Anbieter von GPAI-Modellen** mit systemischem Risiko nach Art. 52 Abs. 1 um einen zweiten Mechanismus (ErwG 113 a.E., 163). Damit die Kommission überhaupt prüfen kann, ob die Voraussetzungen nach Art. 51 Abs. 1 lit. b vorliegen, muss sie erst einmal Kenntnis von den Gefahren des konkreten GPAI-Modells erhalten. Die Anbieter selbst melden aber nur diejenigen Modelle nach Art. 51 Abs. 1 lit. a; sonstige GPAI-Modelle werden zwar intern dokumentiert (Art. 53 Abs. 1 lit. a), aber nicht antizipiert gemeldet. Ohne die Regelung des Art. 90 wäre die Kommission auf Mitteilungen der nationalen Überwachungsbehörden im Rahmen von Art. 75, Beschwerden von Anbietern von abhängigen KI-Systemen nach Art. 98 Abs. 2 sowie Informationen aus der Presse oder sonstige Mitteilungen Betroffener (etwa im Kontext des Datenschutzrechts oder Urheberrechts) angewiesen. 1

Ziel der Norm ist es, dass nicht die Kommission allein den Markt beobachtet, sondern eine Kontrolle vielmehr durch **externe Fachleute** erfolgen soll, welche den aktuellen Stand der Diskussion aus der eigenen Praxis kennen und daher sachnäher sind. Insoweit wird das Gremium über seine Beratungstätigkeit (Art. 68 f.) hinaus präventiv tätig. Da das Gremium als solches weder vom Rat noch vom Parlament vorgesehen und zudem die besondere Qualifikation von GPAI-Modellen noch nicht geplant war, sind auch keine entsprechenden Vorschläge bekannt, an denen sich die Norm orientiert; die Regelung wurde erst im Trilog eingeführt. Auch der einschlägige ErwG 163 ist sehr offen formuliert. Details der Warnung sollen erst im Durchführungsrechtsakt nach Art. 68 Abs. 5 geregelt werden. 2

II. Recht zur Warnung (Abs. 1)

1. Konkretes, identifizierbares Risiko auf Unionsebene (lit. a)

Eine Warnung ist zunächst möglich, wenn ein GPAI-Modell ein „konkretes, identifizierbares Risiko auf Unionsebene" birgt. Ein Risiko besteht **„auf Unionsebene"**, soweit es entweder die Integrität der Union, insbesondere den Binnenmarkt, oder aber einheitlich gewährte Rechte (einschließlich der Grundrechte nach der Grundrechtscharta) betrifft. Dies betrifft u. a. das Recht an personenbezogenen Daten und das Urheberrecht, soweit es harmonisiert ist. Werden hingegen nur Rechte bzw. Verbote in einem Mitgliedstaat betroffen, die ausschließlich nach dessen Rechtsordnung bestehen (etwa § 130 Abs. 3 StGB), sollen sich die dortigen Behörden um die Problematik kümmern und für ein Einschreiten der Kommission besteht weder ein Bedürfnis noch eine hinreichende 3

Kompetenzgrundlage. Für Mitteilungen an solche nationalen Stellen enthält die KI-VO keine Grundlage.

4 Genau wie man Messer, Schraubenzieher etc. auch als Waffen einsetzen kann oder Chemikalien in Kombination berauschende oder explosive Wirkungen haben können, birgt auch jedes GPAI-Modell die Gefahr einer zweckwidrigen Verwendung in sich. So trägt etwa jedes generative GPAI-Modell die Gefahr in sich, dass nicht gekennzeichnete Inhalte entgegen Art. 50 Abs. 2 (oder Art. 50 Abs. 4) generiert werden – dennoch wird man hier nicht bei jedem neuen Modell eine Warnung aussprechen müssen. Auch mögen generative GPAI-Modelle geeignet sein, ehrverletzende oder jugendgefährdende Inhalte zu generieren – eine pauschale Warnpflicht lässt sich damit nicht begründen. Es muss sich daher um ein **atypisches Risiko** handeln, weil sonst die Zahl der „qualifizierten" Warnungen Überhand nehmen würde.

5 Das Risiko ist „**identifizierbar**", wenn es über ein allgemeines Unwohlsein bestimmt werden kann, welche Rechte unter welchen Umständen (bei welchen Eingaben oder Ausgaben bzw. bei welchen Einsatzszenarien) berührt werden. Es muss also einerseits das gefährdete Recht bzw. Rechtsgut benannt werden können und andererseits die Einsatzform des GPAI-Modells, welche diese Position gefährdet. Dies bedeutet allerdings nicht, dass bereits eine Beispielimplementierung existieren oder durch das Gremium zu entwickeln wäre.

6 Das Risiko muss zudem „**konkret**" sein. Nach dem sonst üblichen Sprachgebrauch (etwa im deutschen Polizeirecht) setzt dies voraus, dass im entsprechenden Einzelfall bzw. nach der Lebenserfahrung ein sofortiger Handlungsbedarf besteht, weil mit hinreichender Wahrscheinlichkeit in naher Zukunft mit einem Schadenseintritt zu rechnen ist. Dies vermischt sich teilweise mit der Identifizierbarkeit im obigen Sinne. Im Kern geht es bei der Konkretisierung um die Wahrscheinlichkeit der Rechtsverletzung – selbst identifizierbare Risiken mögen unwahrscheinlich sein –, etwa weil ein hoher Zusatzaufwand erforderlich wäre oder der Gefahreintritt von weiteren Faktoren abhängt, die nicht sicher beurteilt werden können. Ein Risiko ist jedenfalls dann nicht mehr konkret, wenn eine Rechtsverletzung (insb. durch technische Maßnahmen) ausgeschlossen ist oder einen erheblichen Zusatzaufwand begründen würde. Darüber hinaus ist ein Risiko auch nicht konkret, soweit das GPAI-Modell problemlos durch etwas anderes substituiert werden könnte und daher nur einen kleinen Bestandteil des eigentlich gefährdenden KI-Systems darstellt. Dies darf freilich nicht dazu führen, dass eine ganze Gruppe von Modellen ausgeschlossen wird, weil man jedes durch das jeweils andere ersetzen kann (Problem der alternativen Kausalität wie im Lederspray-Fall des BGH[1]) – dann ist nicht etwa keines der Modelle „konkret" gefährlich, sondern die gesamte Gruppe der Modelle.

1 BGHSt 37, 107, 127 f.

Die Bedeutung der Warnung nach lit. a im **Gesamtsystem der Verordnung** erschließt sich nur bedingt. Geht das Gremium davon aus, dass die Voraussetzungen für ein GPAI-Modell mit systemischem Risiko erfüllt sind, besteht die Warnmöglichkeit bereits nach lit. b. Vor diesem Hintergrund erfasst lit. a nur die Konstellation, dass das Modell (etwa wegen bislang nur geringer Nutzung i. S. v. Anhang XIII) trotz der vom Gremium festgestellten konkret identifizierbaren Gefahr noch kein „systemisches Risiko" darstellt, es im Rahmen einer Bewertung nach Art. 92 Abs. 1 lit. b aber möglich ist, dass es von der Kommission als solches qualifiziert wird. 7

Eine Warnung ist **entbehrlich**, wenn das Risiko der Kommission bereits bekannt ist und insbesondere im Rahmen eines Verfahrens nach Art. 52 berücksichtigt wurde. Nicht ausgeschlossen ist allerdings eine Warnung, wenn sich eine zunächst nur abstrakt bestehende Gefahr nachträglich verdichtet (also „konkret identifizierbar" wird) oder eine Gefahr zunächst nicht erkannt wurde und sich erst später (auch in Wechselwirkung mit anderen Modellen und Komponenten) zeigt. 8

2. Bestehen eines systemischen Risikos (lit. b)

Eine Warnung ist darüber hinaus erforderlich, wenn das Gremium der Ansicht ist, dass ein nicht als solches erfasstes GPAI-Modell ein systemisches Risiko begründet. Einer Warnung bedarf es hingegen nicht, wenn ein System bereits auf der Liste nach Art. 52 Abs. 6 erfasst ist, ein Bewertungsverfahren (Art. 92) läuft oder die Kommission eine Meldung nach Art. 52 Abs. 1 schon prüft. Demgegenüber ist eine Entscheidung der Kommission, dass ein Modell kein systemisches Risiko aufweist (Art. 52 Abs. 2, Abs. 5), als solche kein Hinderungsgrund – das Gremium kann hier trotzdem eine qualifizierte Warnung aussprechen und ist insoweit auch nicht analog Art. 52 Abs. 5 auf eine sechsmonatige Wartezeit beschränkt. Damit sind **drei Konstellationen** erfasst: 9

- Zunächst geht es um Fälle von **GPAI-Modellen, die einen „hohen Wirkungsgrad" besitzen** (Art. 51 Abs. 1 lit. a, Abs. 2), aber entgegen Art. 52 Abs. 1 nicht bei der Kommission gemeldet wurden. In diesem Fall dient die Warnung als besonderer Fall der in Art. 52 Abs. 1 Satz 3 angesprochenen „Kenntniserlangung". Einzige Voraussetzung für die Warnung ist insoweit nach der jetzigen Gesetzeslage, dass „die kumulierte Menge der für sein Training verwendeten Berechnungen" bekannt ist bzw. zumindest auf „mehr als 10^{25}" geschätzt wird. Eine präzise Festlegung ist für die Warnung aber nicht erforderlich – zum einen kann die Kommission die maßgeblichen Größen ohnehin nach Art. 51 Abs. 3 ändern, zum anderen wird eine genaue Beurteilung ohne Kenntnis des genauen Entwicklungsprozesses kaum möglich sein. Das wissenschaftliche Gremium ist hier vor allem wegen seiner Kenntnis des Gesamtmarktes hilfreich, da die Kommission im Zweifel gar nicht alle geläufigen Modelle erfassen kann.

- Bedeutsamer dürften die Fälle von GPAI-Modellen sein, die „über Fähigkeiten oder eine Wirkung" verfügen, **die einem hohen Wirkungsgrad „entsprechen"** (Art. 51 Abs. 1 lit. b, der die Warnung sogar ausdrücklich anspricht). Da dies mit einer Gesamtabwägung verbunden ist (vgl. Anhang XIII), spielt die besondere Expertise des wissenschaftlichen Gremiums hier die entscheidende Rolle. Allerdings kann das Gremium hier die erforderliche Abwägungsentscheidung der Kommission (und das Bewertungsverfahren nach Art. 92) nicht vorwegnehmen, sondern nur eine begründete Ersteinschätzung aussprechen. Diese Fallgruppe ist eng verwandt mit der in lit. a angesprochenen Warnung wegen eines konkret identifizierten Risikos, setzt aber diese konkrete Gefahr nicht voraus. Dabei ist das Gremium für seine Vorabeinschätzung nicht auf die aktuell in der Anlage XIII genannten Kriterien beschränkt, da die Kommission diese Anlage ohnehin nach Art. 51 Abs. 4 UAbs. 2 jederzeit ändern kann.
- Schließlich geht es um Fälle, in denen aufgrund eines anfänglichen (Art. 52 Abs. 2) oder späteren (Art. 52 Abs. 5) Antrags des Anbieters **festgestellt wurde, dass ein GPAI-Modell keine systemischen Risiken aufweist**. Hier kann genau spiegelbildlich aufgrund veränderter Umstände (insbesondere in Bezug auf Nutzerzahlen, aber auch wegen nicht vorhergesehener Einsatzfelder etc.) ein zunächst verneintes Risiko erstmalig entstehen oder wieder aufleben. Hier ist erneut das wissenschaftliche Gremium als Indikator/ Frühwarnsystem hilfreich, da es den Markt ohnehin beobachtet und hier die nötige fachliche Expertise einbringen kann.

10 Soweit die Warnung nur Informationen enthält, welche der Kommission ohnehin bekannt sind und in einer Entscheidung **bei der Ablehnung eines systemischen Risikos bereits berücksichtigt** wurden, erfüllt die Tätigkeit des Gremiums keinen Zweck: Es geht hier nicht um die sachverständige Beurteilung (diese wird durch Art. 92 Abs. 2 gewährleistet), sondern allein um die Begründung eines Anfangsverdachts im Rahmen des Aufgreifermessens. Vor diesem Hintergrund ist eine wissentlich rein wiederholende Warnung missbräuchlich und rechtlich für die Kommission unverbindlich; sie kann im Einzelfall auch Anlass zu einer Überprüfung der Mitglieder des Gremiums geben.

3. Beurteilungsgrundlage

11 Das wissenschaftliche Gremium kann seine Beurteilung zunächst auf die **eigenen Erkenntnisse der Mitglieder** stützen, die als Wissenschaftler den Markt individuell beobachten. Der Einzelne kann die Frage in das Gremium tragen, wo sie von den anderen Mitgliedern geprüft und erörtert wird. Dieser informelle Weg der Kenntniserlangung ist nach dem System der Verordnung der Regelfall, da es weder eine Meldepflicht gibt noch ein Beschwerderecht unmittelbar an das Gremium. In vielen Fällen wird es aber mangels Einblick in die Funktionsweise des Modells und die Marktlage Schwierigkeiten bei der Beurteilung der Kriterien der Anlage XIII geben. Insoweit kann hier nur auf eine Prognose vertraut werden.

Ergänzend kann das wissenschaftliche Gremium – soweit die öffentlich zugänglichen Informationen bzw. der Zugang der einzelnen Mitglieder nicht ausreicht – bei der Kommission beantragen, dass diese beim Anbieter ein **Informationsersuchen** stellt (Art. 91 Abs. 3). Der Wortlaut des Art. 68 Abs. 2 lit. a Ziff. i, auf den Bezug genommen wird, spricht zwar nur von „möglichen systemischen Risiken" und deutet daher auf Abs. 1 lit. b hin, gemeint ist aber auch eine potenzielle Ausweitung der Anlage XIII auf Grundlage eines erkannten „konkreten" Risikos im Sinne von Abs. 1 lit. a. Umfasst ist insbesondere die Dokumentation nach Art. 53, aber auch sämtliche zusätzlichen Informationen, die erforderlich sind, um zu beurteilen, ob ein systemisches Risiko vorliegt. Da die Entscheidung über das Vorliegen eines systemischen Risikos freilich ohnehin bei der Kommission (und nicht beim Gremium) liegt und das Bewertungsverfahren des Art. 92 seinerseits die Einschaltung von Sachverständigen vorsieht, sollte schon aus Zeitgründen keine übermäßige Recherche erfolgen. Vielmehr genügt in den meisten Fälle die plausible Einschätzung der Gremienmitglieder. 12

4. Pflicht zur Warnung

Die Regelung ist als **„Kann"-Vorschrift** formuliert. Dem Wortlaut nach muss das Gremium also selbst dann nicht tätig werden, wenn eine der beiden Voraussetzungen vorliegt. Dieses Ergebnis ist aber mit dem Zweck der Norm nicht vereinbar: Wenn tatsächlich objektiv ein Grund für die Annahme besteht, dass ein „konkretes, identifizierbares Risiko" besteht oder ein Modell pflichtwidrig trotz hohen Wirkungsgrades entgegen Art. 52 Abs. 1 nicht angemeldet wurde, zu Unrecht aufgrund eines Antrags nach Art. 52 Abs. 2 als nicht systemisch riskant qualifiziert wurde oder unter Art. 51 Abs. 1 lit. b, Art. 52 Abs. 4 i.V.m. Anhang XIII fällt, besteht ein öffentliches Interesse an einer Prüfung durch die Kommission. Dass das wissenschaftliche Gremium hier seine Erkenntnisse für sich behält und nichts unternimmt, ist durch nichts zu rechtfertigen: Weder wissenschaftliches Interesse noch Respekt vor unternehmerischer Tätigkeit sind Fragen, welche das Gremium von einer Einschaltung der zur Prüfung befugten Stelle abhalten dürfen. 13

5. Verhältnis zum Bewertungsverfahren (Art. 92)

Eng verwandt mit der Warnpflicht ist das von der Kommission im Anschluss mögliche **Bewertungsverfahren (Art. 92)**. Hier benennt die Kommission aller- 14 dings einzelne Sachverständige (Art. 92 Abs. 2) und nicht notwendig das Gesamtgremium zur Beurteilung. Bereits die Existenz dieses Verfahrens zeigt, dass die Warnung nicht die Form einer Beschlussvorlage dergestalt haben muss, dass der Sachverhalt vollständig aufgeklärt und von der Kommission nur noch zu bestätigen ist. Vielmehr liegt es gerade in der Natur einer Warnung, dass erst auf deren Grundlagen der vollständige Sachverhalt ermittelt und bewertet wird sowie sodann die erforderlichen Maßnahmen angeordnet werden. Daher sollte die zeitnahe Information der Kommission Vorrang vor einer übergründlichen Prüfung haben; das Informationsrecht nach Art. 91 Abs. 3 sollte daher nur in Fällen größter Unsicherheit zur Anwendung kommen.

15 Andererseits kann sich die Kommission im Rahmen der Ausweisung als GPAI-Modell mit systemischem Risiko (Art. 52 Abs. 1 Satz 3, Abs. 4 UAbs. 1) auch **ausschließlich auf die Einschätzung des wissenschaftlichen Gremiums stützen**, soweit darüber hinausgehende Aufklärung auch nach Anhörung des Anbieters voraussichtlich keine weiteren relevanten Erkenntnisse mit sich bringen wird. Die Mitglieder des Gremiums dienen insoweit als qualifizierte Sachverständige, sodass eine zusätzliche Validierung der Erkenntnisse entbehrlich ist.

16 Vor diesem Hintergrund scheint es jedenfalls nicht ausgeschlossen, dass die Kommission, statt das Verfahren nach Art. 92 einzuleiten, das Gremium zur **Ergänzung und Konkretisierung der Warnung** auffordert.

III. Folgen der Warnung (Abs. 2)

17 **Adressat** der Warnung ist ausschließlich die Kommission, welche das KI-Gremium (Art. 65) über die Warnung unterrichtet. Die Warnung wird daher keinesfalls durch das wissenschaftliche Gremium öffentlich bekannt gemacht und weder den nachgelagerten Anbietern (Art. 89 Abs. 2) noch dem Anbieter des GPAI-Modells als solche übermittelt. Allerdings wird sie Aktenbestandteil bei der Kommission und kann ggf. im Wege der Akteneinsicht zur Kenntnis genommen werden; zudem kann sie ganz oder teilweise Gegenstand des ggf. anschließenden Verwaltungsverfahrens sein, wo die Anbieter selbstverständlich gerade auch zu den in der Warnung dargelegten Risiken anzuhören sind (Art. 94 i.V.m. Art. 18 Abs. 3 VO 2019/1020, Art. 52 Abs. 2). Die Mitgliedstaaten müssen allerdings (über das KI-Gremium) Kenntnis von der Warnung erhalten, damit sie Stellungnahmen nach Art. 66 lit. o abgeben können (vgl. Art. 78 Abs. 4).

18 Im Hinblick auf die Handlungsmöglichkeiten der Kommission verweist Abs. 2 auf „diesen Abschnitt", d.h. die Art. 88 ff. Dabei bestehen insbesondere **Überwachungsmöglichkeiten und Informationsrechte** (Art. 89 Abs. 1, Art. 91 Abs. 1) und eine Bewertung des betroffenen GPAI-Modells (Art. 92). Es geht also eher um die Auslösung von Untersuchungen, wie auch ErwG 163 zeigt.

Nicht ausdrücklich in Abs. 2 genannt ist die Möglichkeit, das GPAI-Modell ohne weitere Bewertung als solches mit systemischem Risiko auszuweisen (Art. 52 Abs. 4 UAbs. 2 bzw. Art. 52 Abs. 1 Satz 3).

Die **„harten" Maßnahmen des Art. 93** kommen im Regelfall nicht in Betracht. Die Pflichten aus Art. 53, 54 sind nicht Gegenstand der Risikoprüfung nach Abs. 1. Vor der Anordnung von Risikominderungsmaßnahmen nach Art. 93 Abs. 1 lit. b muss zunächst eine Bewertung nach Art. 92 durchgeführt werden; die Warnung als solche genügt hierfür nicht. Schließlich ist sehr fraglich, ob die nach Art. 93 Abs. 1 lit. c als ultima ratio mögliche Einschränkung der Bereitstellung, Rücknahme bzw. Rückruf vor dem Hintergrund des schon bei Art. 93 Abs. 1 lit. b erforderlichen vorherigen Bewertungsverfahrens überhaupt in Betracht kommt. Insoweit fehlen klare Regelungen für vorläufige Maßnahmen für die Zeit bis zur Entscheidung über das Vorliegen eines systemischen Risikos. 19

Das wissenschaftliche Gremium hat mit der Erteilung der Warnung seine Tätigkeit abgeschlossen und ist **im weiteren Verfahren nicht mehr involviert**. Vielmehr erfolgt die weitere Bearbeitung ausschließlich durch die Kommission, die das wissenschaftliche Gremium noch nicht einmal weiter informieren muss. Stattdessen verweist Abs. 2 nur (vor dem Hintergrund der insoweit bestehenden Zuständigkeit eigentlich redundant) auf die Unterrichtung des KI-Gremiums (Art. 65), in dem die Mitgliedstaaten repräsentiert sind. Diese sollen nach Art. 66 lit. o „Stellungnahmen der Mitgliedstaaten zu qualifizierten Warnungen in Bezug auf KI-Modelle mit allgemeinem Verwendungszweck entgegennehmen" und nach Art. 66 lit. n „Stellungnahmen zu qualifizierten Warnungen in Bezug auf KI-Modelle mit allgemeinem Verwendungszweck vorlegen". Nur über Art. 68 Abs. 3 lit. a Ziff. iii kommt eine weitere Beteiligung über den Umweg der „Beratung über die Einstufung von KI-Modellen mit allgemeinem Verwendungszweck" in Betracht – wo aber wohl das Bewertungsverfahren des Art. 92 (und die dort vorgesehene Beteiligung nur einzelner Mitglieder des wissenschaftlichen Gremiums als Sachverständige nach Art. 92 Abs. 2) vorrangig ist. 20

IV. Verfahren, insb. Mindestinhalt der Warnung (Abs. 3)

1. Verfahren

Die Details des Warnungsverfahrens sind im **Durchführungsrechtsakt** nach Art. 68 Abs. 1 zu regeln (Art. 68 Abs. 5). Bis zu dessen Erlass können daher im Folgenden nur allgemeine Grundsätze dargestellt werden. 21

Der Erklärung der Warnung vorauszugehen hat – da es sich beim wissenschaftlichen Gremium um ein Kollegialorgan handelt – ein **Beschluss**, für den die einfache Mehrheit der Mitglieder genügt; ein Mindestquorum besteht nicht, aber die Mitwirkung aller Mitglieder (mit Ausnahme derjenigen, die ggf. wegen Be- 22 fangenheit oder Besorgnis der Befangenheit ausgeschlossen sind) bei der Entscheidung ist wegen der Bedeutung der Frage naheliegend. Persönliche Treffen („Versammlungen") sind nicht erforderlich; es können Videokonferenzen und sogar ein Umlaufverfahren genutzt werden.

23 Die eigentliche Warnung ist von einem Mitglied (üblicherweise, aber nicht notwendig dem Sprecher) zu **formulieren**. Er darf hierzu auch auf Hilfspersonen (Mitarbeiter, insb. Sekretariat) zurückgreifen, soweit diese ihrerseits zur Vertraulichkeit verpflichtet sind. Die Formulierung ist dann wiederum mit den anderen Mitgliedern abzugleichen. Da es um Gefahrenabwendung geht, sind hierfür knappe Fristen zu setzen.

24 Wie die Warnung vom wissenschaftlichen Gremium an die Kommission **übermittelt** wird, ist derzeit nicht geregelt. Es wird aber wohl auf eine elektronische Übermittlung hinauslaufen, die durch den Sprecher des Gremiums oder die mit der Formulierung betraute Person veranlasst wird. Die Kommission kann dann ggf. Rückfragen stellen (Rn. 19).

2. Mindestinhalt

25 Der **Mindestinhalt** der Warnung ist durch Abs. 3 ausdrücklich vorgegeben. Angesichts des Auffangtatbestandes in Abs. 3 lit. c ist freilich kaum etwas vorstellbar, was nicht ohnehin unter die drei Punkte fallen würde:

- Zu nennen ist zunächst eine **Kontaktstelle** (Abs. 3 lit. a), über die man den Anbieter des GPAI-Modells mit (ggf. nur potenziell!) systemischem Risiko erreichen kann. Hierzu ist grds. bereits eine E-Mailadresse hinreichend, wünschenswert sind aber möglichst genaue Angaben. Neben dem Anbieter selbst kommen auch Vertreter in Betracht, insb. solche nach Art. 54. Die Benennung kann im Einzelfall nicht unproblematisch sein, wenn ein Modell pseudonym oder sogar anonym auf einer öffentlichen Plattform oder sogar über ein P2P-Netz (etwa per Bittorrent) bereitgestellt wurde. In diesem Fall wird man bei zentralen Plattformen den Plattformbetreiber als Adressat ansehen müssen. Sollte ein konkreter Ansprechpartner trotz Recherche nicht ausfindig zu machen sein, muss es genügen, die bekannten relevanten Umstände mitzuteilen. Die Warnung sollte nicht daran scheitern, dass das wissenschaftliche Gremium mit seinen begrenzten Erkenntnisquellen die Identität der Verantwortlichen nicht ausmachen kann. Mindestvoraussetzung ist nur, dass das Modell selbst für die Kommission eindeutig bestimmt ist, die dann die weiteren Informationen mit behördlichen Befugnissen (und ggf. unter Inanspruchnahme von Amtshilfe) ermitteln kann.
- Der Schwerpunkt der Warnung liegt in der **Beschreibung der Fakten und der Gründe für die Warnung** (Abs. 3 lit. b). Hierzu ist es nicht erforderlich, den allgemeinen technischen Hintergrund oder ohnehin bekannte Grundla-

gen – etwa durch Textbausteine – abzuspielen. Vielmehr ist Adressat der Warnung das „Büro für Künstliche Intelligenz“ als Teil der Kommission – sodass von hinreichender Expertise auszugehen ist. Es geht also um eine Warnung von Fachleuten an Fachleute. Da die Warnung zudem weder Klageschrift noch Anklage und noch nicht einmal einen an den Anbieter gerichteten Verwaltungsakt darstellt, sind Floskeln, Umschreibungen oder besondere Rücksichtnahme nicht geboten. Umstände, welche der Kommission ohnehin bekannt sind (etwa im Rahmen eines Verfahrens nach Art. 52 Abs. 2, Abs. 4), müssen nicht wiederholt werden; insbesondere kann ggf. auch auf die Dokumentation nach Art. 51 Abs. 1 lit. a verwiesen werden, ohne dass diese inhaltlich noch einmal zusammengefasst oder kopiert werden müsste.

– Die **Begründung** kann durchaus Zweifel und Unsicherheiten offenbaren – ein mathematisch eindeutiger Beweis für einen Fehler ist ebenso wenig wie eine Wahrscheinlichkeitsberechnung erforderlich. Die Darstellung kann durch Freitext, aber auch durch grafische Abbildungen, Auszüge aus Programmcode und Beispiele für Ein- und Ausgabedaten erfolgen. Solange es um dasselbe Modell geht, können beliebig viele Aspekte in derselben Warnung zusammengefasst werden.
– Als Auffangtatbestand ist es schließlich erlaubt, „**sonstige Informationen**“ mitzuteilen, solange sie das wissenschaftliche Gremium für relevant hält. Dies umfasst etwa Forschungsergebnisse, Erkenntnisse zu vergleichbaren Modellen oder weitere Unterlagen (etwa aus Tests). Zu den sonstigen Informationen gehören ggf. auch Stellungnahmen von Gremiumsmitgliedern, welche bei der Beschlussfassung überstimmt wurden (Rn. 22). Im Interesse der Verfahrensbeschleunigung ist hierfür allerdings eine (kurze) Frist zu setzen; notfalls sind solche Informationen nachzureichen.

Art. 91 Befugnis zur Anforderung von Dokumentation und Informationen

(1) Die Kommission kann den Anbieter des betreffenden KI-Modells mit allgemeinem Verwendungszweck auffordern, die vom Anbieter gemäß den Artikeln 53 und 55 erstellte Dokumentation oder alle zusätzlichen Informationen vorzulegen, die erforderlich sind, um die Einhaltung dieser Verordnung durch den Anbieter zu beurteilen.

(2) Vor der Übermittlung des Informationsersuchens kann das Büro für Künstliche Intelligenz einen strukturierten Dialog mit dem Anbieter des KI-Modells mit allgemeinem Verwendungszweck einleiten.

(3) Auf hinreichend begründeten Antrag des wissenschaftlichen Gremiums kann die Kommission ein Informationsersuchen an einen Anbieter eines KI-Modells mit allgemeinem Verwendungszweck richten, wenn der Zugang zu Informationen für die Wahrnehmung der Aufgaben des wissenschaftlichen Gremiums gemäß Artikel 68 Absatz 2 erforderlich und verhältnismäßig ist.

(4) In dem Auskunftsersuchen sind die Rechtsgrundlage und der Zweck des Ersuchens zu nennen, anzugeben, welche Informationen benötigt werden, eine Frist für die Übermittlung der Informationen zu setzen, und die Geldbußen für die Erteilung unrichtiger, unvollständiger oder irreführender Informationen gemäß Artikel 101 anzugeben.

(5) Der Anbieter des betreffenden KI-Modells mit allgemeinem Verwendungszweck oder sein Vertreter stellt die angeforderten Informationen bereit. Im Falle juristischer Personen, Gesellschaften oder – wenn der Anbieter keine Rechtspersönlichkeit besitzt – die Personen, die nach Gesetz oder Satzung zur Vertretung dieser Personen befugt sind, stellen die angeforderten Informationen im Namen des Anbieters des betreffenden KI-Modells mit allgemeinem Verwendungszweck zur Verfügung. Ordnungsgemäß bevollmächtigte Rechtsanwälte können Informationen im Namen ihrer Mandanten erteilen. Die Mandanten bleiben jedoch in vollem Umfang dafür verantwortlich, dass die erteilten Auskünfte vollständig, sachlich richtig oder nicht irreführend sind.

Mit Art. 91 korrespondiert Erwägungsgrund 164.

Schrifttum: *Calliess/Ruffert* (Hrsg.), EUV/AEUV, Kommentar, 6. Aufl. 2022; *Ehmann/Selmayr* (Hrsg.), DS-GVO, 3. Aufl. 2024; *Gola/Heckmann* (Hrsg.), DS-GVO BDSG, Kommentar, 3. Aufl. 2022; *Klindt* (Hrsg.), Produktsicherheitsgesetz, Kommentar, 3. Aufl.

2021; *Kühling/Buchner* (Hrsg.), DS-GVO BDSG, Kommentar, 4. Aufl. 2024; *Paal/Pauly* (Hrsg.), DS-GVO BDSG, Kommentar, 3. Aufl. 2021; *Stelkens/Bonk/Sachs*, Verwaltungsverfahrensgesetz, 10. Aufl. 2023.

Übersicht

I. Allgemeines

1. Zweck der Vorschrift

1 Da es keine generelle Verpflichtung von Unternehmen gibt, Behörden Informationen zu deren Aufgabenerfüllung bereitzustellen, sondern eine Auskunftspflicht nur in bestimmten gesetzlich geregelten Fällen besteht,[1] und da das Anfordern von Informationen durch Behörden gegebenenfalls auch personenbezogene Daten umfasst,[2] bedarf es für das Anfordern von Informationen von Anbietern von KI-Modellen mit allgemeinem Verwendungszweck durch die Behörden einer **Rechtsgrundlage**. Zweck des Art. 91 ist deshalb die Regelung der Befugnis zum Anfordern von Dokumentation und Information zur Überwachung von KI-Modellen mit allgemeinem Verwendungszweck durch das Büro für Künstliche Intelligenz (siehe Art. 88 Rn. 16 ff.). Die Befugnis zur Anforderung von Dokumentation und Informationen aus Art. 91 ist Grundlage dafür, dass das Büro für Künstliche Intelligenz die nach Art. 89 erforderlichen Maßnahmen ergreifen kann, um die wirksame Umsetzung und Einhaltung der KI-VO zu überwachen (siehe Art. 89 Rn. 6).[3] Gleichzeitig konkretisiert Art. 91 weiter die Verantwortlichkeiten und Zuständigkeiten des Büros für Künstliche Intelligenz als Markt-

1 Z. B. § 59 Abs. 1 GWB, § 44 Abs. 1 KWG, § 69 Abs. 1 EnWG, § 115 Abs. 1 TKG, § 21 Abs. 1 ArbSchG.

2 Da sich Behörden nach der ganz h. M. nicht auf das berechtigte Interesse aus Art. 6 Abs. 1 lit. f DSGVO stützen dürfen, vgl. Art. 6 Abs. 1 UAbs. 2 DSGVO, statt vieler *Schulz*, in: Gola/Heckmann, DS-GVO BDSG, Art. 6 Rn. 60 m. w. N., die Verarbeitung aber nicht unbedingt für die Wahrnehmung der Aufgabe erforderlich ist, Art. 6 Abs. 1 lit. e DSGVO, dürfte regelmäßig allein eine rechtliche Verpflichtung als Verarbeitungsgrundlage denkbar sein, Art. 6 Abs. 1 lit. c DSGVO.

3 ErwG 162, Sätze 2, 3; ErwG 164 Satz 1.

überwachungsbehörde für Anbieter von KI-Modellen mit allgemeinem Verwendungszweck.[4]

2. Entstehungsgeschichte

2 Die gesonderte Überwachung von Anbietern von KI-Modellen mit allgemeinem Verwendungszweck durch das Büro für Künstliche Intelligenz war im ursprünglichen Entwurf nicht vorgesehen (siehe Art. 88 Rn. 3 ff.).

II. Kommentierung

1. Befugnis zum Anfordern von Informationen (Abs. 1)

3 Art. 91 Abs. 1 gibt der Kommission die **Befugnis zur Anforderung von Informationen** gegenüber dem Anbieter eines KI-Modells mit allgemeinem Verwendungszweck.[5]

4 Die Befugnis zur Anforderung von Informationen erfasst zunächst die **anlasslose Anforderung** der Vorlage der nach Art. 53 und 55 erstellten Dokumentation. Gemeint sein dürfte damit insbesondere die technische Dokumentation nach Art. 53 Abs. 1 lit. a, welche eine technische Dokumentation des Modells umfasst, einschließlich seines Trainings- und Testverfahrens und der Ergebnisse seiner Bewertung, die mindestens die in Anhang XI aufgeführten Informationen enthalten (siehe Art. 53 Rn. 19 ff.). Die Dokumentation wird erstellt, damit sie dem Büro für Künstliche Intelligenz und den zuständigen nationalen Behörden auf Anfrage zur Verfügung gestellt werden kann (siehe Art. 53 Rn. 45 ff.).

5 Weiterhin umfasst das Recht auf Informationserlangung neben der Dokumentation auch **„alle zusätzlichen Informationen"**. Dies dürfte die weiteren in Art. 53 und Art. 55 genannten Informationen sowie sonstige Informationen umfassen (siehe Art. 53 Rn. 19 ff., Art. 55 Rn. 7). Relevant ist dies insbesondere für Anbieter von KI-Modellen, die im Rahmen der freien und quelloffenen Lizenz bereitgestellt werden, die nach Art. 53 Abs. 2 keine Dokumentation nach Art. 53 Abs. 1 lit. a herzustellen haben.

6 Die Informationserlangung hinsichtlich der zusätzlichen Informationen steht allerdings unter einem **Erforderlichkeitsvorbehalt**: Es sind nur die Informatio-

4 ErwG 161 Sätze 1, 2.

5 Strukturell erinnert Art. 91 Abs. 1 an die Untersuchungsbefugnisse nach Art. 58 Abs. 1 DSGVO und an Art. 14 Abs. 4 EU-Marktüberwachungsverordnung und scheint – wie Art. 94 verdeutlicht – auch parallel zur EU-Marktüberwachungsverordnung gestaltet sein. Eine Übertragbarkeit der jeweiligen Auslegungen ergibt sich aus der Parallelität allein jedoch noch nicht und darf nur mit Vorsicht erfolgen.

nen vorzulegen, die erforderlich sind, um die Einhaltung der KI-VO durch den Anbieter zu beurteilen. Welche Informationen als erforderlich für die Beurteilung gelten, dürfte – ähnlich wie bei Art. 58 Abs. 1 DSGVO[6] – im Ermessen der Marktüberwachungsbehörde liegen.

Der Erforderlichkeitsvorbehalt dürfte auf die zusätzlichen Informationen begrenzt sein und die Dokumentation nicht begrenzen. Einerseits wird die technische Dokumentation nach Art. 53 Abs. 1 lit. a gerade mit dem Zweck der Überlassung an die Behörde erstellt. Dadurch hat der Gesetzgeber bereits entschieden, dass er die Überlassung der Dokumentation für eine Beurteilung des Anbieters für erforderlich erachtet. Andererseits spricht auch die Satzkonstruktion in der englischen Sprachfassung „provide the documentation drawn up by the provider in accordance with Articles 53 and 55, or any additional information that is necessary […]" dafür, dass sich die nach „that" folgende Einschränkung nur auf die „information" und nicht auf die „documentation" bezieht. 7

2. Möglichkeit des strukturierten Dialogs (Abs. 2)

Das Büro für Künstliche Intelligenz kann vor der Ausübung der Befugnis zum Anfordern von Informationen aus Art. 92 Abs. 1 einen „**strukturierten Dialog**" mit dem Anbieter des KI-Modells mit allgemeinem Verwendungszweck einleiten. 8

Die KI-VO bestimmt weder die Bedeutung von „strukturierter Dialog" näher noch legt sie dafür ein Verfahren fest. Der Terminus „strukturierter Dialog" wird auch in Art. 19 Europäisches Medienfreiheitsgesetz[7] verwendet, aber auch dort nicht definiert. Aus dem Gebrauch des „strukturierten Dialoges" in Art. 92 Abs. 1 KI-VO wie auch in Art. 92 Abs. 7 und Art. 93 Abs. 2 und 3 lässt sich allerdings herleiten, dass damit explizit **informelles Verwaltungshandeln** im Vorfeld der jeweils erlaubten Überwachungsmaßnahmen gemeint sein dürfte. Zweck des „strukturierten Dialoges" ist, ohne Gebrauchmachen formeller verwaltungsrechtlicher Handlungsformen einen Austausch zwischen dem Büro für Künstliche Intelligenz und Anbieter zu ermöglichen, um eine effektive und unkomplizierte Marktüberwachung zu gewährleisten. Im deutschen Verwaltungsrecht wird bereits seit Jahren nicht ganz unkritisch vermehrt die Zuwendung zum informellen Verwaltungshandeln beobachtet.[8] 9

6 Vgl. VGH Mainz, Urt. v. 9.5.2019 – 1 K 760/18.MZ, BeckRS 2019, 13643.

7 Verordnung (EU) 2024/1083 des Europäischen Parlaments und des Rates vom 11.4.2024 zur Schaffung eines gemeinsamen Rahmens für Mediendienste im Binnenmarkt und zur Änderung der Richtlinie 2010/13/EU (Europäisches Medienfreiheitsgesetz).

8 Statt vieler *Schmitz*, in: Stelkens/Bonk/Sachs, VwVfG, § 9 Rn. 172 m. w. N.

3. Informationsersuchen auf Antrag des wissenschaftlichen Gremiums (Abs. 3)

10 Art. 91 Abs. 3 erweitert das Recht auf Information über den Zweck der Marktüberwachung hinaus auf den Fall, dass das **wissenschaftliche Gremium** dies beantragt und dass „der Zugang zu Informationen für die Wahrnehmung der Aufgaben des wissenschaftlichen Gremiums gemäß Artikel 68 Absatz 2 erforderlich und verhältnismäßig ist". Dadurch soll ermöglicht werden, dass dem wissenschaftlichen Gremium die Informationen zur Verfügung gestellt werden, die für die Ausübung seiner Aufgaben erforderlich sind.[9]

11 Das Recht auf Information nach Art. 91 Abs. 3 steht unter zwei Einschränkungen: Zunächst ist ein „**hinreichend begründeter Antrag**" erforderlich. Dabei dürfte es sich nicht nur um ein formales Kriterium der Vorlage einer Begründung handeln, da der Wortlaut dann lediglich einen „begründeten" Antrag verlangen würde. Durch das Erfordernis „hinreichend begründet" wird erkennbar, dass der Antrag daraufhin zu prüfen ist, ob darin überwiegende Gründe für die Durchführung eines Informationsersuchens vorgebracht werden. In einem zweiten Schritt hat die Kommission dann zu prüfen, inwiefern der Informationszugang **erforderlich und verhältnismäßig** ist. Berücksichtigen wird die Kommission dabei die in der Antragsbegründung vorgebrachten Gründe. Allerdings darf die Kommission in ihrer Prüfung nicht auf die vorgebrachten Gründe beschränkt werden, da die Entscheidungskompetenz der Kommission andernfalls mittelbar durch das wissenschaftliche Gremium beschränkt werden würde. Bei der Erforderlichkeits- und Verhältnismäßigkeitsprüfung sollte die Kommission deshalb alle Gründe berücksichtigen dürfen, welche sie für relevant erachtet, und sollte diese Gründe auch abweichend vom Antrag gewichten dürfen.

4. Anforderungen an das Auskunftsersuchen (Abs. 4)

12 In Art. 91 Abs. 4 sind die Anforderungen an das an den Anbieter des KI-Modell mit allgemeinem Verwendungszweck gerichtete Auskunftsersuchen spezifiziert.

13 Die Anforderungen dürften sowohl für die Aufforderung zur Vorlage von Informationen nach Art. 91 Abs. 1 sowie für das Informationsersuchen nach Art. 91 Abs. 3 anwendbar sein. In der deutschsprachigen Fassung wird zwar keine einheitliche Terminologie gewählt. Man könnte deshalb vertreten, dass das „Auskunftsersuchen" i. S. d. Art. 91 Abs. 4 mit dem **„Informationsersuchen" nach Art. 91 Abs. 3** nicht identisch sei. In der englischsprachigen Fassung wird jedoch in allen Absätzen „request for information" gewählt, was für die Anwend-

9 ErwG 163 Satz 4.

barkeit des Art. 91 Abs. 4 sowohl für die Fälle nach Art. 91 Abs. 1 als auch Abs. 3 spricht.

14 Die Anforderungen des Art. 91 Abs. 4 umfassen zunächst die **Angabe der Rechtsgrundlage** und des **Zwecks des Auskunftsersuchens**. Inwiefern die Angabe des Zwecks über die Beurteilung „der Einhaltung dieser Verordnung" i. S. d. Art. 91 Abs. 1 oder zur „Wahrnehmung der Aufgaben des wissenschaftlichen Gremiums" i. S. d. Art. 91 Abs. 3 hinausgehen muss, lässt die KI-VO offen. Allerdings dürften die Anforderungen hieran nicht allzu hoch gesetzt werden, da der Wortlaut nicht etwa eine „Begründung" oder „Erläuterung" von Rechtsgrundlage und Zweck erfordert, sondern nur „nennen"/„state"/„mentionne"/„indica".

15 Das Auskunftsersuchen muss ferner eine **Angabe** beinhalten, welche Informationen benötigt werden. Durch dieses Kriterium sollen stark generalisierte Auskunftsersuchen ausgeschlossen werden wie beispielsweise der „Übersendung aller relevanten Informationen". Die geringen Anforderungen hinsichtlich der Spezifizierung von Auskunftsersuchen im Rahmen von Art. 15 DSGVO dürften auf das Auskunftsersuchen nach Art. 91 Abs. 1 bzw. 3 KI-VO nicht übertragen werden. Denn während es bei Auskunftsersuchen nach Art. 15 DSGVO um die möglichst weite Geltendmachung von Betroffenenrechten geht,[10] stellt das Auskunftsersuchen nach Art. 91 Abs. 1 bzw. Abs. 3 einen nicht unerheblichen Eingriff in die Rechte des Anbieters dar. Das Auskunftsersuchen muss deshalb die Dokumentation bzw. die zusätzlichen Informationen hinreichend genau beschreiben, sodass der Anbieter das Auskunftsersuchen ohne Rückfragen beantworten kann. Unklarheiten dürften, damit diese nicht zulasten des Anbieters gehen, zu einer Aussetzung der Antwortfrist führen.

16 Welche Dauer die **Frist** haben soll, die die Kommission für die Übermittlung der Informationen setzen soll, lässt Art. 91 Abs. 4 offen. Die Fristsetzung muss aber angemessen sein.[11] Die Kommission hat bei der Bestimmung der Frist deshalb insbesondere den Umfang des Auskunftsersuchens und die Art der angeforderten Informationen zu berücksichtigen.

17 Schließlich hat das Auskunftsersuchen „die **Geldbußen** für die Erteilung unrichtiger, unvollständiger oder irreführender Informationen gemäß Artikel 101" zu enthalten. Dafür sollte nicht lediglich Art. 101 abgedruckt werden, sondern es sollte spezifiziert werden, welche konkreten Geldbußen drohen können (siehe Art. 101 Rn. 8).

18 Ein Auskunftsersuchen, welches die Anforderungen des Art. 91 Abs. 4 nicht erfüllt, dürfte nicht in die Eröffnung eines strukturierten Dialoges nach Art. 91

10 Vgl. *Ehmann*, in: Ehmann/Selmayr, DS-GVO, Art. 15 Rn. 1 ff.

11 Auch hier gilt das Verhältnismäßigkeitsprinzip als ungeschriebener Grundsatz des Unionsrechts, grundlegend *Calliess*, in: Calliess/Ruffert, EUV/AEUV, Art. 5 EUV Rn. 45.

Abs. 2 umzudeuten sein. Für eine **Umdeutung** würde zwar sprechen, dass dies die Kommunikation zwischen Kommission und Anbieter erleichtern würde, wenn ein fehlerhaftes Auskunftsersuchen trotzdem im Rahmen des strukturierten Dialoges beantwortet werden kann. Allerdings würde die Nichtbeantwortung eines fehlerhaften Auskunftsersuchens zulasten des Anbieters als fehlende Kooperation im Rahmen des strukturierten Dialogs bewertet werden können. Dadurch würde das Risiko eines fehlerhaften Auskunftsersuchens auf den Anbieter abgewälzt werden.

5. Adressat des Auskunftsersuchens (Abs. 5)

19 Art. 91 Abs. 5 regelt, wer das Auskunftsersuchen auf Anbieterseite zu beantworten hat. Da KI-Modelle mit allgemeinem Verwendungszweck in der Regel von juristischen Personen angeboten werden, dürfte die Auskunftserteilung durch den Anbieter oder dessen Vertreter selbst nach Art. 91 Abs. 5 Satz 1 der Ausnahmefall sein. Die Auskunftserteilung erfolgt nach Art. 91 Abs. 5 Satz 2 deshalb durch die **Vertretungsbefugten** des Anbieters. Zusätzlich ist nach Art. 91 Abs. 5 Satz 3 die Erteilung einer Auskunft durch ordnungsgemäß bevollmächtigte Rechtsanwälte möglich, wobei die Anbieter von ihrer Verpflichtung, Auskünfte vollständig, sachlich richtig und nicht irreführend bereitzustellen, allerdings nicht befreit werden.

Art. 92 Befugnis zur Durchführung von Bewertungen

(1) Das Büro für Künstliche Intelligenz kann nach Konsultation des KI-Gremiums Bewertungen des betreffenden KI-Modells mit allgemeinem Verwendungszweck durchführen, um

a) die Einhaltung der Pflichten aus dieser Verordnung durch den Anbieter zu beurteilen, wenn die gemäß Artikel 91 eingeholten Informationen unzureichend sind, oder

b) systemische Risiken auf Unionsebene von KI-Modellen mit allgemeinem Verwendungszweck mit systemischem Risiko zu ermitteln, insbesondere im Anschluss an eine qualifizierte Warnung des wissenschaftlichen Gremiums gemäß Artikel 90 Absatz 1 Buchstabe a.

(2) Die Kommission kann beschließen, unabhängige Sachverständige zu benennen, die in ihrem Namen Bewertungen durchführen, einschließlich aus dem gemäß Artikel 68 eingesetzten wissenschaftlichen Gremium. Die für diese Aufgabe benannten unabhängigen Sachverständigen erfüllen die in Artikel 68 Absatz 2 umrissenen Kriterien.

(3) Für die Zwecke des Absatzes 1 kann die Kommission über API oder weitere geeignete technische Mittel und Instrumente, einschließlich Quellcode, Zugang zu dem betreffenden KI-Modell mit allgemeinem Verwendungszweck anfordern.

(4) In der Anforderung des Zugangs sind die Rechtsgrundlage, der Zweck und die Gründe für die Anforderung zu nennen und die Frist für die Bereitstellung des Zugangs zu setzen und die Geldbußen gemäß Artikel 101 für den Fall, dass der Zugang nicht bereitgestellt wird, anzugeben.

(5) Die Anbieter des betreffenden KI-Modells mit allgemeinem Verwendungszweck oder seine Vertreter stellen die angeforderten Informationen zur Verfügung. Im Falle juristischer Personen, Gesellschaften oder – wenn der Anbieter keine Rechtspersönlichkeit besitzt – die Personen, die nach Gesetz oder ihrer Satzung zur Vertretung dieser Personen befugt sind, stellen den angeforderten Zugang im Namen des Anbieters des betreffenden KI-Modells mit allgemeinem Verwendungszweck zur Verfügung.

(6) Die Kommission erlässt Durchführungsrechtsakte, in denen die detaillierten Regelungen und Voraussetzungen für die Bewertungen, einschließlich der detaillierten Regelungen für die Einbeziehung unabhängiger Sachverständiger, und das Verfahren für deren Auswahl festgelegt werden. Diese Durchführungsrechtsakte werden gemäß dem in Artikel 98 Absatz 2 genannten Prüfverfahren erlassen.

(7) Bevor es den Zugang zu dem betreffenden KI-Modell mit allgemeinem Verwendungszweck anfordert, kann das Büro für Künstliche Intelligenz einen strukturierten Dialog mit dem Anbieter des KI-Modells mit allgemeinem Verwendungszweck einleiten, um mehr Informationen über die interne Erprobung des Modells, interne Vorkehrungen zur Vermeidung systemischer Risiken und andere interne Verfahren und Maßnahmen, die der Anbieter zur Minderung dieser Risiken ergriffen hat, einzuholen.

Mit Art. 92 korrespondiert Erwägungsgrund 164.

Übersicht

I. Allgemeines

1. Zweck der Vorschrift

1 Art. 92 Abs. 1 schafft die **Rechtsgrundlage** für die Bewertung von KI-Modellen mit allgemeinem Verwendungszweck durch das Büro für Künstliche Intelligenz (siehe Art. 88 Rn. 16 ff.). Die Befugnis zur Durchführung von Bewertungen aus Art. 92 ist Grundlage dafür, dass das Büro für Künstliche Intelligenz die nach Art. 89 erforderlichen Maßnahmen ergreifen kann, um die wirksame Umsetzung und Einhaltung der KI-VO zu überwachen (siehe Art. 89 Rn. 1).[1] Gleichzeitig konkretisiert auch Art. 92 weiter die Verantwortlichkeiten und Zuständigkeiten des Büros für Künstliche Intelligenz als Marktüberwachungsbehörde für Anbieter von KI-Modellen mit allgemeinem Verwendungszweck.[2]

1 ErwG 162 Sätze 2, 3; ErwG 164 Satz 1.

2 ErwG 161 Sätze 1, 2.

2. Entstehungsgeschichte

Die gesonderte Überwachung von Anbietern von KI-Modellen mit allgemeinem Verwendungszweck durch das Büro für Künstliche Intelligenz war im ursprünglichen Entwurf nicht vorgesehen (siehe Art. 88 Rn. 3 ff.). 2

II. Kommentierung

1. Bewertung von KI-Modellen mit allgemeinem Verwendungszweck (Abs. 1)

Art. 92 Abs. 1 ist die Rechtsgrundlage für die **Vornahme von Bewertungen** von KI-Modellen mit allgemeinem Verwendungszweck durch das Büro für Künstliche Intelligenz. 3

Hinsichtlich des **Verfahrens** sieht Art. 92 Abs. 1 vor, dass vor der Bewertung das KI-Gremium zu konsultieren ist (siehe Art. 65 Rn. 1 ff.). 4

Bewertungen dürfen für zwei verschiedene **Zwecke** durchgeführt werden: Einerseits können Bewertungen zur **Beurteilung der Einhaltung der Pflichten aus der KI-VO** in den Fällen durchgeführt werden, in denen die nach Art. 91 eingeholten Informationen unzureichend sind (Art. 92 Abs. 1 lit. a). Nicht umfasst davon dürfte der Fall sein, in welchem das Büro für Künstliche Intelligenz ursprünglich ein Auskunftsersuchen gestellt hat, das zu eng gefasst war und deshalb nicht alle erforderlichen Informationen umfasst hat. In diesem Fall wäre ein zweites Auskunftsersuchen an den Anbieter zu richten, da dies weniger eingriffsintensiv wäre im Vergleich zu der Bewertung nach Art. 92 Abs. 1. Dass die „eingeholten Informationen unzureichend sind", dürfte deshalb nur vorkommen, wenn auch mit einem weit gefassten Auskunftsersuchen nicht genügend Informationen angefordert werden können, oder – und dies dürfte der deutlich praxisrelevantere Fall sein –, wenn der Anbieter auf ein Auskunftsersuchen hin lediglich partiell Informationen übermittelt hat. 5

Andererseits ist eine Bewertung möglich zum Zweck der **Ermittlung von systemischen Risiken auf Unionsebene** von KI-Modellen mit allgemeinem Verwendungszweck mit systemischem Risiko (Art. 92 Abs. 1 lit. b). Diese Bewertung findet insbesondere im Anschluss an eine qualifizierte Warnung des wissenschaftlichen Gremiums gem. Art. 90 Abs. 1 lit. a statt (siehe Art. 90 Rn. 3 ff.).[3] Aus der Formulierung „insbesondere" ergibt sich aber, dass eine qualifizierte Warnung keine notwendige Bedingung für eine Bewertung zur Ermittlung von systemischen Risiken ist, sondern auch Fälle umfasst sein dürften, bei 6

3 ErwG 163 Satz 2.

denen eine Warnung hätte ergehen können, oder in Fällen, die diesen Fällen in ihrem Risikoniveau gleichen.

2. Durchführung der Bewertung (Abs. 2)

7 Art. 92 Abs. 2 regelt, wer die Bewertungen durchführt: Dies kann nicht nur die Kommission selbst. Stattdessen können „**unabhängige Sachverständige**" benannt werden, welche die Bewertung im Namen der Kommission durchführen (Art. 92 Abs. 2 Satz 1). Diese Sachverständigen können, müssen aber nicht dem gem. Art. 68 eingesetzten Gremium entstammen (siehe Art. 68 Rn. 7). Art. 92 Abs. 2 Satz 2 verlangt aber, dass die für diese Aufgabe benannten Sachverständigen, auch wenn sie nicht dem Gremium gem. Art. 68 entstammen, die in Art. 68 Abs. 2 umrissenen Kriterien erfüllen. Ziel der Möglichkeit der Benennung von Sachverständigen ist die Ermöglichung der Nutzung unabhängigen Fachwissens.[4]

3. Zugang zum KI-Modell (Abs. 3)

8 Art. 92 Abs. 3 konkretisiert das Bewertungsrecht aus Art. 92 Abs. 1 hinsichtlich der Befugnisse der Kommission gegenüber dem Anbieter. Dazu ermöglicht Art. 92 Abs. 3 dem Büro für Künstliche Intelligenz, Zugang zu dem zu bewertendem KI-Modell mit allgemeinem Verwendungszweck anzufordern. Hinsichtlich der Art der Ermöglichung des Zugangs ist die KI-VO **technikoffen** und nennt neben dem Zugang über API auch weitere „technische Mittel und Instrumente, einschließlich Quellcode". Eingeschränkt wird die Auswahl des technischen Mittels lediglich über das Kriterium der „**Geeignetheit**". Welche technischen Mittel geeignet sind, dürfte im Ermessen der Kommission liegen. Allerdings verdeutlicht die Wertung des Art. 74 Abs. 13 in Bezug auf Hochrisiko-KI-Systeme, dass der Zugang zum Quellcode eine eingriffsintensive Maßnahme darstellt, die auch in Bezug auf KI-Modelle mit allgemeinem Verwendungszweck nicht vorschnell angeordnet werden darf (zur Wertung siehe Art. 74 Rn. 54).

9 Der Schutz der **Vertraulichkeit** der übermittelten Informationen richtet sich nach Art. 78 (siehe Art. 78 Rn. 20 ff.).

4. Anforderungen an das Zugangsersuchen (Abs. 4)

10 Hinsichtlich der Anforderungen an das Zugangsersuchen gilt dasselbe wie für Art. 91 Abs. 4 (siehe Art. 91 Rn. 12 ff.). Einziger Unterschied ist, dass Art. 92 Abs. 4 zusätzlich die Angabe der „**Gründe für die Anforderung**" erfordert,

4 ErwG 164 Satz 3.

welche über die Rechtsgrundlage und den Zweck hinausgehen. Gemeint dürfte damit insbesondere sein, wieso die eingeholten Informationen unzureichend sind im Sinne des Art. 92 Abs. 1 lit. a bzw. warum eine Ermittlung der systemischen Risiken nach Art. 92 Abs. 1 lit. b erforderlich ist.

5. Adressat des Zugangsersuchens (Abs. 5)

Art. 92 Abs. 5 entspricht Art. 91 Abs. 5 Satz 1 und Satz 2 (siehe Art. 91 Rn. 19). **11**

6. Erlass von Durchführungsrechtsakten (Abs. 6)

Zur Bestimmung der detaillierten Regelungen und Voraussetzungen für die Bewertungen sowie der Regelungen für die Einbeziehung und die Auswahl unabhängiger Sachverständiger sieht Art. 92 Abs. 6 den Erlass von Durchführungsrechtsakten vor. Der Erlass der Durchführungsrechtsakte soll im **Prüfverfahren** gem. Art. 98 Abs. 2 erlassen werden. **12**

7. Möglichkeit des strukturierten Dialogs (Abs. 7)

Art. 92 Abs. 7 ermöglicht wie Art. 91 Abs. 2 die Durchführung eines **strukturierten Dialogs** im Vorfeld des formellen Verwaltungshandelns. Mit dem strukturierten Dialog soll das Büro für Künstliche Intelligenz „mehr Informationen über die interne Erprobung des Modells, interne Vorkehrungen zur Vermeidung systemischer Risiken und andere interne Verfahren und Maßnahmen, die der Anbieter zur Minderung dieser Risiken ergriffen hat," einholen können (hinsichtlich der Durchführung des strukturierten Dialogs und dessen Einordnung siehe Art. 91 Rn. 9). **13**

Art. 93 Befugnis zur Aufforderung zu Maßnahmen

(1) Soweit erforderlich und angemessen, kann die Kommission die Anbieter auffordern,

a) geeignete Maßnahmen zu ergreifen, um die Verpflichtungen gemäß den Artikeln 53 und 54 einzuhalten;

b) Risikominderungsmaßnahmen durchzuführen, wenn die gemäß Artikel 92 durchgeführte Bewertung zu ernsthaften und begründeten Bedenken hinsichtlich eines systemischen Risikos auf Unionsebene geführt hat;

c) die Bereitstellung des Modells auf dem Markt einzuschränken, es zurückzunehmen oder zurückzurufen.

(2) Vor der Aufforderung zu einer Maßnahme kann das Büro für Künstliche Intelligenz einen strukturierten Dialog mit dem Anbieter des KI-Modells mit allgemeinem Verwendungszweck einleiten.

(3) Wenn der Anbieter des KI-Modells mit allgemeinem Verwendungszweck im Rahmen des strukturierten Dialogs gemäß Absatz 2 Verpflichtungszusagen zur Durchführung von Risikominderungsmaßnahmen, um einem systemischen Risiko auf Unionsebene zu begegnen, anbietet, kann die Kommission diese Verpflichtungszusagen durch einen Beschluss für bindend erklären und feststellen, dass es keinen weiteren Anlass zum Handeln gibt.

Mit Art. 93 korrespondiert Erwägungsgrund 164.

Schrifttum: *Klindt* (Hrsg.), Produktsicherheitsgesetz, Kommentar, 3. Aufl. 2021; *Paal/Pauly* (Hrsg.), DS-GVO BDSG, Kommentar, 3. Aufl. 2021.

Übersicht

I. Allgemeines

1. Zweck der Vorschrift

Neben der Untersuchungsbefugnis nach Art. 91 Abs. 1 und 3 und der Bewertungsbefugnis nach Art. 92 Abs. 1 stellt Art. 93 Abs. 1 eine **Eingriffsbefugnis** dar. Zweck des Art. 93 ist, die Einhaltung der Pflichten durchsetzbar zu gestalten.[1] 1

2. Entstehungsgeschichte

Die gesonderte Überwachung von Anbietern von KI-Modellen mit allgemeinem Verwendungszweck durch das Büro für Künstliche Intelligenz war im ursprünglichen Entwurf nicht vorgesehen (siehe Art. 88 Rn. 3 ff.). 2

II. Kommentierung

1. Aufforderung der Kommission (Abs. 1)

a) Ergreifen von Maßnahmen zur Einhaltung der Verpflichtungen gemäß den Art. 53 und 54

Nach Art. 93 Abs. 1 lit. a kann die Kommission die Anbieter dazu auffordern, **geeignete Maßnahmen** zur Einhaltung der Verpflichtungen gemäß den Art. 53 und 54 zu ergreifen (siehe Art. 53 Rn. 19 ff., Art. 54 Rn. 10 ff.). 3

Inwiefern die Kommission **konkrete** Maßnahmen vorschreiben kann oder lediglich abstrakt zur Ergreifung von Maßnahmen auffordern kann, lässt Art. 93 Abs. 1 lit. a offen. In Art. 93 Abs. 2 wird jedoch die „Aufforderung zu einer Maßnahme" im Singular erwähnt, worauf sich das grammatische Argument stützen lässt, dass die Kommission befugt ist, einzelne konkrete Maßnahmen zu benennen. Zudem sieht beispielsweise auch Art. 58 Abs. 2 lit. d DSGVO vor, dass die Aufsichtsbehörden konkrete Maßnahmen vorschreiben können.[2] 4

Die KI-VO lässt offen, welche Maßnahmen dabei als **„geeignet"** gelten. Insbesondere bleibt offen, ob dabei ein objektiver oder subjektiver Maßstab gilt, d. h. ob Maßnahmen als „geeignet" gelten, wenn sie von der Kommission im Rahmen einer Ermessensentscheidung als „geeignet" befunden wurden, oder ob die Geeignetheit nur bei einer tatsächlichen Geeignetheit angenommen werden darf. Für die Praxis dürfte mit Blick auf den Schutzzweck der Norm jedoch gelten,[3] 5

1 ErwG 164 Satz 4.
2 *Körffer*, in: Paal/Pauly, DS-GVO BDSG, Art. 58 Rn. 20.
3 Zum Zweck ErwG 164 Satz 4.

dass es für den Anbieter nicht nachteilig sein darf, wenn er eine andere als die vorgeschriebene, objektiv aber mindestens ebenso geeignete Maßnahme ergreift und umsetzt.

b) Risikominderungsmaßnahmen

6 Art. 93 Abs. 1 lit. b ermöglicht der Kommission zudem, den Anbieter aufzufordern, **Risikominderungsmaßnahmen** durchzuführen, wenn die gem. Art. 92 Abs. 1 durchgeführte Bewertung zu ernsthaften und begründeten Bedenken hinsichtlich eines systemischen Risikos auf Unionsebene geführt hat (hinsichtlich der Konkretisierung der Maßnahmen gilt dasselbe wie zu Art. 93 Abs. 1 lit. a Rn. 4 f.).

c) Einschränkung, Rücknahme oder Rückruf des Modells

7 Durch Art. 93 Abs. 1 lit. c wird die Kommission schließlich ermächtigt, den Anbieter zur **Einschränkung** des Modells auf dem Markt, zur **Rücknahme** oder zum **Rückruf** aufzufordern. Da die Verpflichtungen zur Einschränkung, Rücknahme und insbesondere zum Rückruf aufsteigend eine hohe Eingriffsintensität aufweisen, sind die Anforderungen an die Erforderlichkeit und Angemessenheit besonders hoch anzusetzen. Während beispielsweise im Produktsicherheitsrecht diskutiert wird, inwiefern zur Anordnung eines Rückrufs eine konkrete Gefahr feststehen muss,[4] dürfte auch für Art. 93 Abs. 1 lit. c gelten, dass eine Rücknahme oder ein Rückruf nur angeordnet werden dürfen, wenn durch eine Einschränkung oder andere Maßnahmen das festgestellte Risiko nicht hinreichend minimiert werden kann.

d) Verhältnismäßigkeit der Maßnahmen

8 Die in Art. 93 Abs. 1 benannten Aufforderungen dürfen von der Kommission nur ausgesprochen werden, soweit diese erforderlich und angemessen sind, es hat also eine **Verhältnismäßigkeitsprüfung** stattzufinden.

2. Strukturierter Dialog (Abs. 2)

9 Art. 93 Abs. 2 ermöglicht wie Art. 91 Abs. 2 die Durchführung eines **strukturierten Dialogs** im Vorfeld des formellen Verwaltungshandelns (zu den Einzelheiten der Durchführung eines strukturierten Dialogs siehe Art. 91 Rn. 9).

---

4 Vgl. zu Rücknahme und Rückruf im Produktsicherheitsgesetz *Schucht*, in: Klindt, ProdSG, § 26 Rn. 164 m. w. N.

3. Verpflichtungszusagen zur Durchführung von Risikominderungsmaßnahmen (Abs. 3)

In Art. 93 Abs. 3 ist eine Sonderregel für den Ausgang des strukturierten Dialogs nach Art. 93 Abs. 2 vorgesehen: Bietet der Anbieter des KI-Modells mit allgemeinem Verwendungszweck im Rahmen des strukturierten Dialogs gemäß Art. 93 Abs. 2 **Verpflichtungszusagen** zur Durchführung von Risikominderungsmaßnahmen an, um einem systemischen Risiko auf Unionsebene zu begegnen, kann die Kommission diese Verpflichtungszusagen durch einen Beschluss für bindend erklären und feststellen, dass es keinen weiteren Anlass zum Handeln gibt. Dadurch kann der Anbieter eines KI-Modells mit allgemeinem Verwendungszweck durch den strukturierten Dialog Rechtssicherheit über vorzunehmende Risikominderungsmaßnahmen bekommen. **10**

Art. 94 Verfahrensrechte der Wirtschaftsakteure des KI-Modells mit allgemeinem Verwendungszweck

Unbeschadet der in dieser Verordnung enthaltenen spezifischeren Verfahrensrechte gilt für die Anbieter des KI-Modells mit allgemeinem Verwendungszweck Artikel 18 der Verordnung (EU) 2019/1020 sinngemäß.

Mit Art. 94 korrespondiert Erwägungsgrund 164.

Schrifttum: *Ehmann/Selmayr* (Hrsg.), DS-GVO, 3. Aufl. 2024; *Kühling/Buchner* (Hrsg.), DS-GVO BDSG, Kommentar, 4. Aufl. 2024.

Übersicht

I. Allgemeines

1. Zweck der Vorschrift

1 Zweck des Art. 94 ist die umfangreiche Gewährleistung von **Verfahrensgarantien** zum Schutz der Rechte der Anbieter von KI-Modellen.[1] Indem Art. 18 der VO (EU) 2019/1020 (EU-Marktüberwachungsverordnung), im Folgenden dann „Art. 18 der EU-Marktüberwachungsverordnung", als „sinngemäß" anwendbar erklärt wird, soll sichergestellt werden, dass die Anbieter von KI-Modellen mit allgemeinem Verwendungszweck nicht schlechter gestellt werden, als es unter der EU-Marktüberwachungsverordnung der Fall wäre. Art. 18 der EU-Marktüberwachungsverordnung tritt dabei hinter die Art. 88 ff. und gewährleistet zusätzliche Rechte, schränkt den Anwendungsbereich der KI-VO aber nicht ein.[2]

1 ErwG 164 Satz 5.

2 ErwG 161 Satz 2.

2. Entstehungsgeschichte

Die gesonderte Überwachung von Anbietern von KI-Modellen mit allgemeinem Verwendungszweck durch das Büro für Künstliche Intelligenz war im ursprünglichen Entwurf nicht vorgesehen (siehe Art. 88 Rn. 3 ff.). 2

II. Kommentierung

1. Art. 94 KI-VO i.V.m. Art. 18 Abs. 1 EU-Marktüberwachungsverordnung

Übertragen auf die KI-VO sieht Art. 94 KI-VO i.V.m. Art. 18 Abs. 1 der EU-Marktüberwachungsverordnung vor, dass jede Maßnahme, Entscheidung oder Anordnung, die von dem Büro für Künstliche Intelligenz gemäß den Harmonisierungsrechtsvorschriften der Union oder der KI-VO ergriffen getroffen oder erlassen wird, eine **genaue Angabe ihrer Grundlage** enthalten. Diese Vorschrift überschneidet sich damit teilweise mit den Verfahrensvorschriften aus Art. 91 Abs. 4, Art. 92 Abs. 4 KI-VO, welche ebenso vorsehen, dass die Angabe der Rechtsgrundlage zu erfolgen hat. Art. 94 KI-VO i.V.m. Art. 18 Abs. 1 der EU-Marktüberwachungsverordnung geht allerdings darüber hinaus und umfasst gerade die Fälle, die nicht unter Art. 91 Abs. 4, 92 Abs. 4 KI-VO fallen. 3

2. Art. 94 KI-VO i.V.m. Art. 18 Abs. 2 EU-Marktüberwachungsverordnung

Durch Art. 94 KI-VO i.V.m. Art. 18 Abs. 2 Hs. 1 der EU-Marktüberwachungsverordnung wird das Büro für Künstliche Intelligenz verpflichtet, Maßnahmen, Entscheidungen oder Anordnungen **unverzüglich** bekannt zu geben. Zur Bestimmung des Begriffes der „Unverzüglichkeit" darf – wie auch bei der Auslegung anderer EU-Verordnungen wie beispielsweise der DSGVO, nicht auf die Begriffsbestimmungen im nationalen Zivilrecht zurückgegriffen werden.[3] Die englische Fassung „without delay" deutet aber darauf hin, dass das unionsrechtliche Verständnis ebenfalls auf nicht schuldhaftes Zögern abstellt.[4] 4

Aus Art. 94 KI-VO i.V.m. Art. 18 Abs. 2 Hs. 2 der EU-Marktüberwachungsverordnung ergibt sich die Pflicht des Büros für Künstliche Intelligenz, die Maßnahmen, Entscheidungen oder Anordnungen mit einer **Rechtsbehelfsbelehrung** zu versehen, wobei diese einerseits die Rechtsmittel, welche „aufgrund der Rechtsvorschriften des Mitgliedstaats zur Verfügung stehen", und andererseits die Einlegungsfristen enthalten müssen. 5

---

3 *Herbst*, in: Kühling/Buchner, DS-GVO BDSG, Art. 17 Rn. 45.
4 So auch in der DSGVO *Kamann/Braun*, in: Ehmann/Selmayr, DS-GVO, Art. 17 Rn. 42.

3. Art. 94 KI-VO i.V.m. Art. 18 Abs. 3 EU-Marktüberwachungsverordnung

6 Nach Art. 94 KI-VO i.V.m. Art. 18 Abs. 3 UAbs. 1 der EU-Marktüberwachungsverordnung ist das Büro für Künstliche Intelligenz verpflichtet, vor Ergreifen, Treffen oder Erlassen einer Maßnahme, Entscheidung oder Anhörung dem Anbieter eines KI-Modells mit allgemeinem Verwendungszweck zu ermöglichen, sich innerhalb einer angemessenen **Frist** zu äußern. Diese Frist darf nicht kürzer als zehn Arbeitstage sein.[5] Ausnahmsweise kann von der Anhörung abgesehen werden, wenn diese nicht möglich ist, „weil die Dringlichkeit der Maßnahme, der Entscheidung oder der Anordnung aufgrund von Anforderungen der einschlägigen Harmonisierungsrechtsvorschriften der Union über Gesundheit, Sicherheit oder andere Gründe im Zusammenhang mit dem öffentlichen Interesse dem entgegensteht".[6] Die Ausnahmen von der Anhörungspflicht sind damit deutlich enger als die nach § 28 VwVfG.[7]

7 Bei **Verstößen gegen die Anordnungspflicht** sieht Art. 94 KI-VO i.V.m. Art. 18 Abs. 3 UAbs. 2 der EU-Marktüberwachungsverordnung vor, dass die Äußerung „möglichst rasch nachzuholen"[8] ist, wobei zusätzlich eine umgehende Überprüfung der Maßnahme, Entscheidung oder Anordnung zu erfolgen hat.

5 Art. 18 Abs. 3 UAbs. 1 der EU-Marktüberwachungsverordnung.
6 Art. 18 Abs. 3 UAbs. 1 der EU-Marktüberwachungsverordnung.
7 VG München, Urt. v. 9.11.2023 – M 24 K 23.2281, Rn. 84.
8 Art. 18 Abs. 3 UAbs. 2 EU-Marktüberwachungsverordnung.

Kapitel X
Verhaltenskodizes und Leitlinien

Art. 95 Verhaltenskodizes für die freiwillige Anwendung bestimmter Anforderungen

(1) Das Büro für Künstliche Intelligenz und die Mitgliedstaaten fördern und erleichtern die Aufstellung von Verhaltenskodizes, einschließlich damit zusammenhängender Governance-Mechanismen, mit denen die freiwillige Anwendung einiger oder aller der in Kapitel III Abschnitt 2 genannten Anforderungen auf KI-Systeme, die kein hohes Risiko bergen, gefördert werden soll, wobei den verfügbaren technischen Lösungen und bewährten Verfahren der Branche, die die Anwendung dieser Anforderungen ermöglichen, Rechnung zu tragen ist.

(2) Das Büro für Künstliche Intelligenz und die Mitgliedstaaten erleichtern die Aufstellung von Verhaltenskodizes in Bezug auf die freiwillige Anwendung spezifischer Anforderungen auf alle KI-Systeme, einschließlich durch Betreiber, auf der Grundlage klarer Zielsetzungen sowie wesentlicher Leistungsindikatoren zur Messung der Erfüllung dieser Zielsetzungen, einschließlich unter anderem folgender Elemente:

a) in den Ethik-Leitlinien der Union für eine vertrauenswürdige KI enthaltene anwendbare Elemente;

b) Beurteilung und Minimierung der Auswirkungen von KI-Systemen auf die ökologische Nachhaltigkeit, einschließlich im Hinblick auf energieeffizientes Programmieren, und Techniken, um KI effizient zu gestalten, zu trainieren und zu nutzen;

c) Förderung der KI-Kompetenz, insbesondere der von Personen, die mit der Entwicklung, dem Betrieb und der Nutzung von KI befasst sind;

d) Erleichterung einer inklusiven und vielfältigen Gestaltung von KI-Systemen, unter anderem durch die Einsetzung inklusiver und vielfältiger Entwicklungsteams und die Förderung der Beteiligung der Interessenträger an diesem Prozess;

e) Bewertung und Verhinderung der negativen Auswirkungen von KI-Systemen auf schutzbedürftige Personen oder Gruppen schutzbedürftiger Personen, einschließlich im Hinblick auf die Barrierefreiheit für Personen mit Behinderungen, sowie auf die Gleichstellung der Geschlechter.

(3) Verhaltenskodizes können von einzelnen KI-System-Anbietern oder -Betreibern oder von Interessenvertretungen dieser Anbieter oder Betreiber oder von beiden aufgestellt werden, auch unter Einbeziehung von Interessenträgern sowie deren Interessenvertretungen einschließlich Organisationen der Zivilgesellschaft und Hochschulen. Verhaltenskodizes können sich auf ein oder mehrere KI-Systeme erstrecken, um ähnlichen Zweckbestimmungen der jeweiligen Systeme Rechnung zu tragen.

(4) Das Büro für Künstliche Intelligenz und die Mitgliedstaaten berücksichtigen die besonderen Interessen und Bedürfnisse von KMU, einschließlich Startups, bei der Förderung und Erleichterung der Aufstellung von Verhaltenskodizes.

Mit Art. 95 korrespondieren die Erwägungsgründe 165, 166.

Schrifttum: *Buchalik/Gehrmann*, Von Nullen und Einsen zu Paragraphen: Der AI Act, ein Rechtscode für Künstliche Intelligenz, CR 2024, 145; *Fehling/Schliesky*, Neue Macht- und Verantwortungsstrukturen in der digitalen Welt, DIVSI-Perspektiven Band 4, 1. Aufl. 2016; *Görres-Gesellschaft* (Hrsg.), Staatslexikon, 8. Aufl. 2018; *Grützner/Jakob* (Hrsg.), Compliance von A-Z, 2. Aufl. 2015; *Gsell/Krüger/Lorenz/Reymann* (Hrsg.), beck.online Großkommentar, Stand 1.7.2023; *Hau/Poseck* (Hrsg.), Beck'scher Online-Kommentar zum BGB, 72. Edition, Stand: 1.11.2024; *Heermann/Schlinghoff (Hrsg.)*, Münchener Kommentar zum Lauterkeitsrecht, 3. Aufl. 2020; *Hofmann/Raue*, Digital Services Act, 2023; *Müller-Terpitz/Köhler* (Hrsg.), Digital Services Act, Kommentar, 2024; *Säcker/Rixecker/Oetker* (Hrsg.), Münchener Kommentar zum BGB, Bd. 3, 9. Aufl. 2022; *Spindler/Thorun*, Die Rolle der Ko-Regulierung in der Informationsgesellschaft – Handlungsempfehlung für eine digitale Ordnungspolitik, MMR-Beil. 2016, 1; *Stürmer*, Regulierte Selbstregulierung im europäischen Datenschutzrecht, 1. Aufl. 2022; *Tettenborn/Bender/Lübben/Karenfort*, Rechtsrahmen für den elektronischen Geschäftsverkehr, K&R 2001, Heft 1 Beilage 1, 34; *Vander*, Verhaltenskodizes im elektronischen Geschäftsverkehr, K&R 2003, 339; *von Westernhagen/Sánchez Cordero Canela*, Der Datenschutz als Motor für eine vertrauenswürdige KI?, PinG 2023, 112.

Übersicht

I. Allgemeines

1. Zweck der Vorschrift

Art. 95 regelt die hoheitliche Einflussnahme auf die privatautonome Selbstregulierung der Wirtschaft und ihrer Akteure im Bereich der Künstlichen Intelligenz. Dieses Steuerungskonzept lässt sich auch als **regulierte Selbstregulierung**,[1] hybride Regulierung[2] oder Co-Regulierung[3] bezeichnen. Dabei setzt der Unionsge- 1

1 *Wagner*, in: Müller-Terpitz/Köhler, DSA, Art. 45 Rn. 3; *Stürmer*, Regulierte Selbstregulierung im europäischen Datenschutzrecht, S. 24 f.

2 *Hoffmann-Riem*, in: Fehling/Schliesky, Neue Macht- und Verantwortungsstrukturen in der digitalen Welt, S. 41.

3 EU-Komm., KOM(2001) 531 endg., S. 16.

setzgeber auf sog. Verhaltenskodizes, also Regelwerke, in denen Unternehmen Standards festsetzen, die nicht bereits gesetzlich vorgeschrieben sind (dazu näher unten Rn. 14 ff.). Diese Selbststeuerungsinstrumente stellen keinen Ersatz für nationale, europäische oder internationale Rechtsvorschriften dar.[4] Sie können jedoch dort, wo gesetzliche Bestimmungen die Privatautonomie der Unternehmen zu sehr einschränken würden, die gesetzlichen Mindeststandards um Aspekte der unternehmerischen Sozialverantwortung „ergänzen und anheben".[5] Inhaltlich gibt der Unionsgesetzgeber dabei eine konkretisierte Stoßrichtung vor[6] und überwacht deren Wirksamkeit hinsichtlich der vorgegebenen Zwecke.[7] Die private Ordnungsbildung ist insoweit in eine Aufsichtsstruktur eingebettet und wird durch hoheitliche Impulse wesentlich mitgeformt. Dadurch soll auch[8] im KI-Recht ein Konzept der Co-Regulierung etabliert werden.

2 Verhaltenskodizes bieten als Regulierungsinstrument sowohl aus Sicht des Gesetzgebers als auch aus Sicht der betroffenen Interessenträger eine Reihe von Vorteilen. Neben einem höheren Maß an Flexibilität und mehr Sachverstand können sie zu einer schnelleren Ordnungsbildung führen.[9] Insbesondere in Anbetracht der rasch fortschreitenden technologischen Entwicklungen können gesetzliche Bemühungen mit dem kontinuierlichen Anpassungsbedarf oft nicht Schritt halten. Verhaltenskodizes bergen dahingehend den Vorteil, dass sie keine langwierigen Gesetzgebungsverfahren durchlaufen müssen. Sie können daher schneller auf die hohe Innovationsgeschwindigkeit[10] reagieren und stellen dadurch ein **flexibles Regulierungsinstrument** dar. Gleichzeitig führen sie zu einer verstärkten Einbindung und Verantwortungsübernahme der von den Regelungen betroffenen Akteure. Aufgrund ihrer branchenspezifischen Regelungen und des individualisierten Anwendungsbereichs können Verhaltenskodizes auch Einzelfälle berücksichtigen. Dies kann insgesamt zu einer größeren Sachnähe der Bestimmungen führen, die durch eine ausschließlich hoheitliche Regulierung kaum erreicht werden kann.[11] Verhaltenskodizes erweisen sich überdies häufig als kosteneffiziente regulatorische Maßnahme. Da die Union und ihre Organe keine aktive Rolle bei der Genehmigung oder Durchsetzung der Verhaltenskodizes einnehmen sollen,[12] bleibt zu vermuten, dass der Unionsgesetzgeber sich insoweit eine Entlastung der europäischen Einrichtungen und Gerichte ver-

---

4 EU-Komm., KOM (2001) 366 endg., S. 15, Nr. 54.

5 EU-Komm., KOM (2001) 366 endg., S. 15, Nr. 54.

6 Vgl. ErwG 27.

7 ErwG 174.

8 Vgl. *Legner*, in: Hofmann/Raue, DSA, Art. 45 Rn. 2.

9 *Spindler/Thorun*, MMR-Beil. 2016, 1.

10 *Spindler/Thorun*, MMR-Beil. 2016, 1.

11 Vgl. *Vander*, K&R 2003, 339, 343; *Tettenborn/Bender/Lübben/Karenfort*, K&R 2001, Heft 1 Beilage 1, 34.

12 EU-Komm., SWD (2021) 84 final, S. 61.

spricht. Ob durch ihre bloße Existenz die gewünschte selbstreinigende Kraft[13] entsteht, bleibt abzuwarten.

2. Entstehungsgeschichte

Nachdem zunächst auch obligatorische Anforderungen an KI-Systeme mit geringem Risiko diskutiert wurden, entschied sich die Kommission in ihrem Entwurf schließlich für einen „Rechtsrahmen ausschließlich für Hochrisiko-KI-Systeme“, der durch einen Verhaltenskodex für KI-Systeme, die kein hohes Risiko darstellen, ergänzt werden sollte.[14] Diese Entscheidung begründete die Kommission damit, dass obligatorische Anforderungen für KI-Systeme mit geringem Risiko eine Belastung darstellen würden, die im Hinblick auf ihr geringes **Risiko** nicht zu rechtfertigen sei.[15] Dem Einwand, dass eine Regulierung, die auf einer freiwilligen Initiative basiert, wenig Rechtssicherheit mit sich bringt, hält die Kommission entgegen, dass dies mit dem geringeren Risiko der von den Verhaltenskodizes erfassten Anwendungen vereinbar sei.[16] Dennoch sei es erforderlich, Anreize zu schaffen, die Anforderungen der KI-VO freiwillig umzusetzen. Schließlich würden Risiken nicht binär, sondern graduell verlaufen.[17] KI-Systeme, die am Rande eines hohen Risikos liegen, jedoch von den rechtlichen Bestimmungen nicht erfasst werden, könnten das Vertrauen von Unternehmen und Verbrauchern in die Sicherheit von KI-Systemen in der EU gefährden.[18] Art. 95 soll dabei einen solchen **Anreiz** schaffen und an die Selbstregulierung der Unternehmen appellieren. Bemerkenswert erscheint im Übrigen, dass weniger invasive verbindliche Regelungen für Nicht-Hochrisiko-KI-Systeme im Rahmen des Gesetzgebungsverfahrens nicht nennenswert diskutiert wurden. Es bleibt daher zu vermuten, dass die mit den Verhaltenskodizes einhergehende Flexibilität[19] und Kosteneffizienz[20] sich maßgeblich auf die Entscheidung des Unionsgesetzgebers ausgewirkt haben. 3

Art. 95, der im Kommissionsentwurf noch Art. 69 war, durchlief im Trilog-Verfahren vorwiegend Änderungen redaktioneller Natur. 4

In der jüngeren Rechtssetzung der EU wird immer häufiger auf Elemente der Co-Regulierung zurückgegriffen. Art. 95 gliedert sich dabei in eine Reihe von 5

13 *Micklitz/Namyslowska*, in: MüKo-UWG, UGP-Richtlinie, Art. 10 Rn. 9.
14 EU-Komm., Entwurf vom 21.4.2021, COM (2021) 206 final, 3.3.
15 EU-Komm., SWD (2021) 84 final, S. 85.
16 EU-Komm., SWD (2021) 84 final, S. 81.
17 EU-Komm., SWD (2021) 84 final, S. 81.
18 EU-Komm., SWD (2021) 84 final, S. 81.
19 EU-Komm., SWD (2021) 84 final, S. 81.
20 EU-Komm., SWD (2021) 84 final, S. 84.

Vorschriften ein, die zur Aufstellung von Verhaltenskodizes anregen sollen.[21] Ihr **Stellenwert** in der EU lässt sich durch die Lektüre des Grünbuchs zum Verbraucherschutz[22] näher bestimmen. Darin heißt es, dass die Kommission anstrebt, die Rolle der für die Ausarbeitung von Verhaltenskodizes Verantwortlichen und der für deren Durchsetzung zuständigen staatlichen Behörden zu stärken und klarer zu definieren.[23] Dieses Vorhaben liegt allerdings nunmehr über 20 Jahre zurück und von einer kohärenten und effizienten Etablierung der Verhaltenskodizes in der Union kann nicht die Rede sein. Während Verhaltenskodizes in einigen europäischen Ländern einen höheren Stellenwert genießen, kommt ihnen in der deutschen Judikatur eine eher untergeordnete Bedeutung zu. Das mag damit zusammenhängen, dass die Rolle der Mitgliedstaaten bei der Förderung von Verhaltenskodizes denkbar vage bleibt (dazu Rn. 19).

3. Verhältnis zu anderen Vorschriften

a) Lauterkeitsrecht

aa) § 5 Abs. 2 Nr. 6 UWG

6 Gemäß § 5 Abs. 2 Nr. 6 UWG ist eine geschäftliche Handlung irreführend, wenn sie unwahre Angaben oder sonstige zur Täuschung geeignete Angaben über die Einhaltung eines Verhaltenskodexes, auf den sich der Unternehmer verbindlich verpflichtet hat, enthält. Hierauf verweist auch die Folgenabschätzung der Kommission zum Vorschlag der KI-VO mit dem Hinweis, dass zur Vermeidung unlauterer Geschäftspraktiken Anbieter ein **Selbstbewertungsverfahren** im Hinblick auf die Einhaltung eines Verhaltenskodexes, dem sie sich unterwerfen, durchführen sollten, bevor sie die Tatsache der Unterwerfung öffentlich bewerben.[24]

7 Nicht jeder Verstoß gegen einen Verhaltenskodex, dem sich unterworfen wurde, stellt zugleich eine unlautere Geschäftspraxis dar. Die allgemeinen Anforderungen an eine unlautere Geschäftspraktik müssen stets hinzutreten. Der Verstoß gegen den Verhaltenskodex muss daher zum einen der unternehmerischen Sorgfalt widersprechen, zum anderen aber auch dazu geeignet sein, das wirtschaftliche Verhalten des Verbrauchers wesentlich zu beeinflussen (§ 3 Abs. 2 UWG). Dass dies bedeuten kann, dass Verstöße gegen einen Verhaltenskodex sanktionslos bleiben, ist auch nicht unionsrechtswidrig. Laut EuGH sind die Mitgliedstaaten auch nach der Richtlinie 2005/29/EG (UGP-Richtlinie), die das UWG unter anderem umsetzt, nicht dazu verpflichtet, unmittelbare Rechtsfolgen bei einer

---

21 Vgl. Art. 45 DSA, Art. 16 ECRL, Art. 40 DSGVO.
22 EU-Komm., KOM (2001) 531 endg.
23 EU-Komm., KOM (2001) 531 endg., S. 17.
24 EU-Komm., SWD (2021) 84 final, Ziff. 5.5, S. 61.

Nichteinhaltung eines nur selbstbindenden Kodexes vorzusehen, sodass dem Verhaltenskodex grundsätzlich keine **rechtliche Bindungswirkung** zukommt.[25]

bb) Unwahre Angabe über die Unterzeichnung eines Verhaltenskodexes, § 3 Abs. 3 UWG i.V.m. Nr. 1 des Anhangs zum UWG

8 Gegenüber Verbrauchern ist es stets unzulässig, wenn ein Unternehmer behauptet, zu den Unterzeichnern eines Verhaltenskodexes zu gehören, obwohl dies nicht zutrifft (§ 3 Abs. 3 UWG i.V.m. Nr. 1 des Anhangs zum UWG).

cc) Unwahre Angabe über die Billigung eines Verhaltenskodexes, § 3 Abs. 3 UWG i.V.m. Nr. 3 des Anhangs zum UWG

9 Gemäß § 3 Abs. 3 UWG i.V.m. Nr. 3 des Anhangs zum UWG ist es gegenüber Verbrauchern stets eine unzulässige geschäftliche Handlung, wenn ein Unternehmer behauptet, ein Verhaltenskodex sei von einer öffentlichen oder anderen Stelle gebilligt, obwohl dies nicht der Fall ist. Der Begriff der „öffentlichen oder anderen Stelle" meint einen unabhängigen Dritten, der weder mit dem Urheber des Regelwerks noch mit den Beteiligten identisch ist, unabhängig davon, ob dieser eine solche Billigung vornehmen darf.[26]

b) Informationspflicht im elektronischen Geschäftsverkehr, § 312i Abs. 1 Nr. 2 BGB i.V.m. Art. 246c Nr. 5 EGBGB

10 Gemäß § 312i Abs. 1 Nr. 2 BGB i.V.m. Art. 246c Nr. 5 EGBGB müssen Unternehmer bei Verträgen im elektronischen Geschäftsverkehr Kunden rechtzeitig vor Abgabe einer Bestellung klar und verständlich über sämtliche einschlägigen Verhaltenskodizes, denen sie sich unterwerfen, sowie über die Möglichkeit eines elektronischen Zugangs zu diesen Regelwerken unterrichten.

11 Ein **Vertrag im elektronischen Geschäftsverkehr** liegt gemäß § 312i Abs. 1 BGB dann vor, wenn sich ein Unternehmer zum Zwecke des Abschlusses eines Vertrags über die Lieferung von Waren oder über die Erbringung von Dienstleistungen digitaler Dienste nach § 1 Abs. 4 Nr. 1 des Digitale-Dienste-Gesetzes bedient. Diese Informationspflicht gilt daher nicht nur gegenüber Verbrauchern, sondern insgesamt im elektronischen Geschäftsverkehr.

12 In Bezug auf Verhaltenskodizes nach Art. 95 stellt sich die Frage, ob es sich hierbei um „einschlägige" Verhaltenskodizes im Sinne der Norm handelt. Überzeugend ist die Auslegung, dass nur solche Verhaltenskodizes „einschlägig" und damit im Rahmen der Informationspflicht zu nennen sind, die in irgendeinem Bezug zu dem angestrebten Vertrag stehen, sodass ein vernünftiger Kunde ein Inte-

25 EuGH, Urt. v. 19.9.2018 – Rs. C-109/17, BeckRS 2018, 3528, Rn. 79 – Bankia.
26 *Alexander*, in: MüKo-UWG, § 3 Abs. 3 Nr. 3 Rn. 17.

resse an der Einhaltung hat.[27] Es muss sich in Bezug auf Verhaltenskodizes nach Art. 95 daher gefragt werden, ob der Inhalt des Kodexes für eine Entscheidung zum Vertragsschluss Relevanz hat, also bspw. Sicherheitsanforderungen zu KI-Systemen oder Produktionsbedingungen geregelt sind, die sich auch auf den Verwender auswirken und daher für dessen **Erwerbsentscheidung** erheblich sind.

c) Informationspflicht bei außerhalb von Geschäftsräumen geschlossenen Verträgen sowie Fernabsatzverträgen, § 312d Abs. 1 BGB i.V.m. Art. 246a § 1 Abs. 1 Nr. 13 EGBGB

13 Im Rahmen von außerhalb von Geschäftsräumen geschlossenen Verträgen sowie Fernabsatzverträgen müssen Unternehmer Verbrauchern zudem Informationen zur Verfügung stellen über gegebenenfalls bestehende einschlägige Verhaltenskodizes gemäß Art. 2 lit. f der UGP-Richtlinie, und wie Exemplare davon erhalten werden können (§ 312d Abs. 1 BGB i.V.m. Art. 246a § 1 Abs. 1 Nr. 13 EGBGB). Dies überschneidet sich teils mit den o.g. (Rn. 10ff.) Anforderungen aus § 312i Abs. 1 Nr. 2 BGB i.V.m. Art. 246c Nr. 5 EGBGB, da jedenfalls ein Fernabsatzvertrag häufig auch zugleich einen Vertrag im elektronischen Geschäftsverkehr darstellt. Auch hier kommt es im Hinblick auf das Merkmal der „einschlägigen" Verhaltenskodizes wieder darauf an, dass die Regelwerke einen **Bezug zu dem angestrebten Vertrag** aufweisen (vgl. vorstehende Rn. 12).

II. Verhaltenskodizes für KI-Systeme, die kein hohes Risiko bergen (Abs. 1)

1. Verhaltenskodizes und damit zusammenhängende Governance-Mechanismen

14 Die KI-VO enthält selbst keine Definition zum **Begriff des Verhaltenskodexes.** Aus dem Wortlaut der Vorschrift sowie ihrer Entstehungsgeschichte[28] geht jedoch hervor, dass es sich um branchengeführte[29] Regelwerke handeln soll, die durch nicht-legislative Akteure aufgestellt werden und auf die sich durch einen freiwilligen privatautonomen Akt verpflichtet werden kann. Insoweit deckt sich das Begriffsverständnis des Verhaltenskodexes in der KI-VO mit dem Kodexbegriff der Verordnung (EU) 2022/2065 (Digital Services Act – DSA)[30] und der UGP-Richtlinie. Letztere definiert einen Verhaltenskodex in Art. 2 lit. f als eine

27 So etwa *Wendehorst*, in: MüKo-BGB, § 312i Rn. 82; *Maume*, in: Hau/Poseck, BeckOK BGB, Art. 246c EGBGB Rn. 11; *Busch*, in: BeckOGK BGB, Art. 246c EGBGB Rn. 16.

28 Siehe dazu insbesondere EU-Komm., SWD (2021) 84 final, S. 61 f.

29 EU-Komm., SWD (2021) 84 final, S. 61.

30 Siehe dazu *Legner*, in: Hofmann/Raue, DSA, Art. 45 Rn. 6.

Vereinbarung oder einen Vorschriftenkatalog, die bzw. der nicht durch die Rechts- und Verwaltungsvorschriften eines Mitgliedstaates vorgeschrieben ist und das Verhalten der Gewerbebetreibenden definiert, die sich in Bezug auf eine oder mehrere spezielle Geschäftspraktiken oder Wirtschaftszweige auf diesen Kodex verpflichten.

15 Art. 95 Abs. 1 bezieht sich auf die Aufstellung von Verhaltenskodizes, einschließlich damit zusammenhängender Governance-Mechanismen. Was mit zusammenhängenden Governance-Mechanismen genau gemeint sein soll, wird in der KI-VO nicht weiter erläutert. Hierunter versteht man allgemein Regelungssysteme und Grundsätze der verantwortungsvollen Leitung und Überwachung, also auch Maßnahmen und Aktivitäten, die der Sicherstellung der Einhaltung von internen wie externen Regelungen dienen sollen.[31] Entsprechend regelt Kapitel VII der KI-VO unter dem Titel Governance die Überwachung der KI-VO durch Schaffung etwa des Büros für Künstliche Intelligenz und des KI-Gremiums. Wenngleich daher in Bezug auf Verhaltenskodizes **kein spezifischer institutionalisierter Evaluations- und Kontrollmechanismus** besteht (zu den bestehenden Aufsichtsstrukturen siehe nachfolgende Rn. 20f.), so ergibt sich aus Art. 95 Abs. 1, dass ein entsprechender Überwachungsmechanismus bei der Aufstellung von Verhaltenskodizes berücksichtigt und umgesetzt werden sollte.

16 Zu unterscheiden sind Verhaltenskodizes im Sinne von Art. 95 (Englisch: „codes of conduct") von den Praxisleitfäden gemäß Art. 56 (Englisch: „codes of practice"). Diese **Unterscheidung** scheint dem Unionsgesetzgeber in den ErwG zur KI-VO nicht immer zu gelingen. So ist etwa in ErwG 117 und 179 in der deutschen Sprachfassung von Verhaltenskodizes die Rede, wobei jedoch die Praxisleitfäden gemeint sind. Aus dem Vergleich mit anderen Sprachfassungen ergibt sich, dass es sich dabei um einen Übersetzungsfehler handelt, da sowohl in der englischen als auch der französischen Fassung von Praxisleitfäden gesprochen wird (vgl. Englisch: „codes of practice"; Französisch: „les codes de bonne pratique").

17 **Praxisleitfäden** sollen auf Unionsebene zur Anwendung der KI-VO beitragen (Art. 56 Abs. 1). Sie sollen maßgeblich vom Büro für Künstliche Intelligenz und dem KI-Gremium erarbeitet werden, wobei hierzu Anbieter von KI-Modellen mit allgemeinem Verwendungszweck sowie einschlägige zuständige nationale Behörden beteiligt werden können und Organisationen der Zivilgesellschaft, Industrie, Wissenschaft und andere einschlägige Interessenträger (zum Beispiel unabhängige Sachverständige) den Prozess unterstützen können sollen (Art. 56 Abs. 3). Zu Praxisleitfäden im Detail vgl. Kommentierung zu Art. 56.

---

31 *Benz/Habisch/Trute*, in: Görres-Gesellschaft, Staatslexikon, Kap. Governance; *Grützner/Jakob*, in: Grützner/Jakob, in: Compliance von A-Z, Kap. Corporate Governance.

2. Freiwillige Anwendung bestimmter Anforderungen auf KI-Systeme ohne hohes Risiko

18 Aus Sicht der Kommission werden KI-Systeme, die kein hohes Risiko bergen, die große Mehrheit der KI-Systeme darstellen, die derzeit oder voraussichtlich zukünftig in der EU verwendet werden.[32] Die KI-VO stellt neben den Transparenzpflichten in Art. 50 allerdings **keine obligatorischen Anforderungen** an diese KI-Systeme (zu den Gründen siehe Rn. 3 ff.). Art. 95 Abs. 1 soll diese Regulierungslücke füllen und die Verbreitung ethischer und vertrauenswürdiger KI in der Union stärken,[33] indem die Vorschrift zur freiwilligen Anwendung der Anforderungen der Art. 9 bis Art. 15 ermutigen soll. Dabei bleibt es den Erstellern überlassen, ob sie nur einige oder alle der genannten Anforderungen in den Verhaltenskodex aufnehmen.

3. Rolle des Büros für Künstliche Intelligenz und der Mitgliedstaaten

19 Die **Mitgliedstaaten** sollen die Aufstellung von Verhaltenskodizes fördern und erleichtern. Diese Formulierung deckt sich mit ähnlichen Formulierungen anderer EU-Sekundärrechtsakte, namentlich Art. 45 DSA, Art. 16 ECRL und Art. 10 UGP-Richtlinie. Bereits an diesen Vorschriften bemängelte die Rechtsliteratur die fehlende Klarheit über die Rolle der Mitgliedstaaten.[34] Daraus scheint der Unionsgesetzgeber nicht gelernt zu haben, denn auch in der KI-VO bleibt eine Konkretisierung aus. Als potenzielle Förderungsmaßnahmen sind dabei die Gewährung finanzieller Zuschüsse oder die Einrichtung nationaler Beratungsstellen denkbar. Eine zentrale Rolle werden in diesem Kontext wohl die nach Art. 70 einzurichtenden nationalen Behörden einnehmen. Aus Sicht des Unionsgesetzgebers bleibt zu hoffen, dass die Mitgliedstaaten dem blassen Appell Folge leisten und geeignete Förderungs- und Erleichterungsmaßnahmen ergreifen werden.

20 Die Mitwirkungstätigkeit des neu geschaffenen **Büros für Künstliche Intelligenz** erscheint dagegen klarer. Mögliche Erleichterungsmaßnahmen werden in ErwG 165 konkretisiert, wonach die Kommission Initiativen ergreifen kann, um den grenzüberschreitenden Datenaustausch im Zusammenhang mit der KI-Entwicklung durch den Abbau technischer Hindernisse zu ermöglichen. Dadurch soll der infrastrukturelle Zugang zu den für die KI-Entwicklung relevanten Da-

---

32 EU-Komm., Künstliche Intelligenz – Fragen und Antworten, 12.12.2023, https://ec.europa.eu/commission/presscorner/detail/de/QANDA_21_1683 (zuletzt abgerufen am 29.1.2025).

33 ErwG 165.

34 Siehe dazu etwa *Micklitz/Namyslowska*, in: MüKo-UWG, UGP-Richtlinie, Art. 10 Rn. 8.

ten und ihre semantische und technische Interoperabilität gefördert werden.[35] Diese Maßnahmen werden insbesondere für KMU von Bedeutung sein (dazu näher Rn. 41 ff.). Daneben formuliert Art. 58 Abs. 2 lit. e Zielvorgaben hinsichtlich der von der Kommission zu erlassenden Durchführungsrechtsakte zu den KI-Reallaboren. Diese sollen die Anwendung der Verhaltenskodizes im Sinne des Art. 95 mittels der gewonnenen Erkenntnisse der KI-Reallabore erleichtern. Zwar spricht die Vorschrift lediglich von der Erleichterung der Anwendung der Verhaltenskodizes, damit geht jedoch zwangsläufig auch die Förderung ihrer Aufstellung einher. Schließlich kann nicht davon ausgegangen werden, dass Unternehmen sich freiwillig auf etwas verpflichten, dessen Einhaltung außerhalb ihrer technischen Ressourcen liegt. Erleichtert und gefördert werden kann die Ausarbeitung von Verhaltenskodizes durch das Büro für Künstliche Intelligenz im Übrigen auf denkbar unterschiedliche Art und Weise. Der Unionsgesetzgeber erhofft sich dahingehend eine enge Zusammenarbeit der Kommission mit den einschlägigen Interessenträgern.[36]

Neben den Mitwirkungstätigkeiten von öffentlicher Seite bei der Aufstellung der Verhaltenskodizes soll die angestrebte Selbstregulierung auch in staatliche Aufsichtsstrukturen eingebettet werden. ErwG 174 sieht dahingehend vor, dass die Kommission in regelmäßigen Abständen die Wirksamkeit der freiwilligen Verhaltenskodizes hinsichtlich der Umsetzung der intendierten Zwecke bewertet. Dazu kann die Kommission nach Art. 66 lit. e Ziff. ii auch das KI-Gremium ersuchen, Empfehlungen und schriftliche Stellungnahmen zur Entwicklung und Anwendung der Verhaltenskodizes abzugeben (siehe dazu Art. 66). Durch diese Aufsichtsstrukturen wird das angestrebte Konzept der Co-Regulierung (siehe dazu bereits Rn. 1 f.) besonders deutlich. 21

4. Berücksichtigung technischer Lösungen und bewährter Verfahren

Bei der Aufstellung von Verhaltenskodizes soll den verfügbaren technischen Lösungen und bewährten Verfahren der Branche, „wie Modell- oder Datenkarten“,[37] die die Anwendung dieser Anforderungen ermöglichen, Rechnung getragen werden. Dies dürfte sich schon dadurch ergeben, dass die potenziellen Ersteller der Verhaltenskodizes der Branche nah sind und aus der Praxis kommen (siehe hierzu nachfolgende Rn. 40). 22

35 ErwG 165.
36 ErwG 20.
37 ErwG 165.

III. Verhaltenskodizes in Bezug auf die freiwillige Anwendung spezifischer Anforderungen auf alle KI-Systeme (Abs. 2)

1. Verhaltenskodex

23 Zum Begriff siehe vorstehende Rn. 14.

2. Rolle des Büros für Künstliche Intelligenz und der Mitgliedstaaten

24 Während im Kommissionsentwurf noch von „fördern und erleichtern" die Rede war, sollen das Büro für Künstliche Intelligenz und die Mitgliedstaaten die Aufstellung von Verhaltenskodizes im Sinne des Art. 95 Abs. 2 nunmehr lediglich erleichtern. Inwiefern dies einen rein redaktionellen Unterschied zu Abs. 1 darstellt oder tatsächlich zur Folge hat, dass die Unterstützungsleistung in Bezug auf Verhaltenskodizes nach Abs. 2 mangels entsprechender Förderungsmaßnahmen passiver ausfällt, bleibt abzuwarten.

3. Freiwillige Anwendung spezifischer Anforderungen auf alle KI-Systeme

25 Während sich Art. 95 Abs. 1 auf die Aufstellung von Verhaltenskodizes für KI-Systeme, die kein hohes Risiko bergen, bezieht, ist der Anwendungsbereich von Art. 95 Abs. 2 weiter gefasst. Hier geht es um Verhaltenskodizes für **sämtliche KI-Systeme**, also potenziell auch für Hochrisiko-KI-Systeme. Daher gehen die „spezifischen Anforderungen", die solche Verhaltenskodizes regeln können, über die Anforderungen aus Kapitel III Abschnitt 2 hinaus, da diese ohnehin bereits de lege lata auf Hochrisiko-KI-Systeme Anwendung finden. Durch die Verhaltenskodizes nach Art. 95 Abs. 2 soll es also ermöglicht werden, vereinheitlichte Anforderungen aufzustellen, die über die Anforderungen der KI-VO hinausgehen oder diese konkretisieren.

4. Adressierung von Betreibern

26 Die Anforderungen aus Art. 95 Abs. 1 betreffen mit dem Verweis auf die in Kapitel III Abschnitt 2 genannten Anforderungen primär die Entwicklung von KI-Systemen. Da die Anforderungen aus Art. 95 Abs. 2 hierüber hinausgehen können, werden in Abs. 2 klarstellend auch **Betreiber** von KI-Systemen als potenzielle Adressaten von Verhaltenskodizes genannt. Da Betreiber ausdrücklich auch im Rahmen von Art. 95 Abs. 3 als potenzielle Ersteller von Verhaltenskodizes genannt werden, kommt diesem Einschub keine maßgebliche Bedeutung zu.

5. Zielsetzungen und Leistungsindikatoren als Grundlage

Die Erleichterung der Aufstellung von Verhaltenskodizes durch das Büro für Künstliche Intelligenz und die Mitgliedstaaten soll auf der Grundlage klarer Zielsetzungen sowie wesentlicher Leistungsindikatoren zur Messung der Erfüllung dieser Zielsetzungen erfolgen. Art. 95 Abs. 2 formuliert **exemplarisch fünf Zielsetzungen**, die als Grundlage der Verhaltenskodizes dienen sollen. Dazu zählen Elemente der Ethikleitlinien der Union für vertrauenswürdige KI, die ökologische Nachhaltigkeit, Maßnahmen für KI-Kompetenz, die inklusive und vielfältige Gestaltung und Entwicklung von KI-Systemen sowie die Verhinderung negativer Auswirkungen von KI-Systemen auf schutzbedürftige Personen. Um die Wirksamkeit der Verhaltenskodizes überprüfen zu können, sollten diese Ziele in den Verhaltenskodizes klar formuliert werden und die wichtigsten Leistungsindikatoren zur Messung der Zielerreichung genannt werden.[38] **27**

a) Ethik-Leitlinien (Art. 95 Abs. 2 lit. a)

Art. 95 Abs. 2 lit. a verweist auf die Ethik-Leitlinien für eine vertrauenswürdige KI, die als Grundlage für die Ausarbeitung von Verhaltenskodizes im Rahmen der KI-VO dienen sollen.[39] Dabei handelt es sich um Leitlinien, die durch eine unabhängige hochrangige Expertengruppe für künstliche Intelligenz im Auftrag der Kommission entwickelt wurden. Der Leitfaden formuliert sieben unverbindliche Anforderungen an KI-Systeme, durch deren Beachtung sich aus Sicht der Expertengruppe eine **vertrauenswürdige KI** realisieren lässt.[40] Dazu zählen menschliches Handeln und menschliche Aufsicht, Robustheit und Sicherheit, Privatsphäre und Daten-Governance, Transparenz, Vielfalt, Nichtdiskriminierung und Fairness sowie soziales und ökologisches Wohlergehen und Rechenschaftspflicht. Mittels einer „Bewertungsliste für vertrauenswürdige KI“[41] erläutert die Ethik-Leitlinie im Detail, wie sich diese Grundsätze durch Anbieter und Betreiber von KI-Systemen und -Modellen umsetzen lassen. Einige der Grundsätze haben in der KI-VO bereits in Form obligatorischer Anforderungen normative Verankerung erfahren, sodass die Verhaltenskodizes den Pflichtenkatalog insoweit nicht erweitern, sondern konkretisieren. Die Aufnahme der moralischen Handlungsempfehlungen in die Verhaltenskodizes kann dabei als Instru- **28**

38 ErwG 165.

39 ErwG 27.

40 Vgl. Hochrangige Expertengruppe für Künstliche Intelligenz, eingesetzt von der Europäischen Kommission im Juni 2018, Ethik-Leitlinien für eine vertrauenswürdige KI, S. 3, https://data.europa.eu/doi/10.2759/22710 (zuletzt abgerufen am 29.1.2025).

41 Siehe dazu Hochrangige Expertengruppe für Künstliche Intelligenz, eingesetzt von der Europäischen Kommission im Juni 2018, Ethik-Leitlinien für eine vertrauenswürdige KI, S. 32 ff., https://data.europa.eu/doi/10.2759/22710 (zuletzt abgerufen am 29.1.2025).

ment der ordnungsgemäßen Einhaltung der durch die KI-VO vorgesehenen Pflichten dienen. Sofern es sich um KI-Systeme handelt, die kein hohes Risiko bergen, kann die Berücksichtigung der vorgenannten Grundsätze in den Verhaltenskodizes die im Wege der Selbstregulierung auferlegten Pflichten nach Art. 95 Abs. 1 konkretisieren und ausgestalten.

29 Zweck von KI-Systemen ist die Unterstützung menschlicher Entscheidungsfindung und nicht ihre Untergrabung.[42] Der Grundsatz **menschlichen Handelns und menschlicher Aufsicht** verlangt demnach, dass ein KI-System als Instrument entwickelt und verwendet wird, das den Menschen dient, die Menschenwürde und die persönliche Autonomie achtet und so funktioniert, dass es von Menschen angemessen kontrolliert und überwacht werden kann.[43] Dieser Grundsatz findet in den ErwG 66, 73 und 91 Berücksichtigung und ist in Art. 14 normativ verankert. Die Vorschrift stellt insoweit bereits obligatorische Anforderungen an Hochrisiko-KI-Systeme.

30 Der Grundsatz der **technischen Robustheit und Sicherheit** verlangt daneben, dass KI-Systeme so entwickelt werden, dass sie im Fall von Schwierigkeiten robust und widerstandsfähig sind. Sie sollten resistent gegen Versuche sein, die Verwendung oder Leistung des KI-Systems in einer Weise zu verändern, die eine unrechtmäßige Verwendung durch Dritte ermöglicht.[44] Die Ethik-Leitlinien für vertrauenswürdige KI enthalten diesbezüglich Vorschläge und Anforderungen für präventive Sicherheitsmaßnahmen sowie Anregungen zu einem geeigneten Notfallplan für den Fall eines feindlichen Angriffs auf das KI-System.[45] Anbieter und Betreiber können auf dieser Basis selbstregulatorische Maßnahmen entwickeln, um die Robustheit ihrer KI-Systeme sicherzustellen, die die KI-VO in Art. 15 Abs. 4 und 5 für Hochrisiko-KI-Systeme verbindlich anordnet.

31 Der Grundsatz **Privatsphäre und Daten-Governance** sieht vor, dass KI-Systeme im Einklang mit den geltenden Vorschriften zum Schutz der Privatsphäre und zum Datenschutz entwickelt und verwendet werden und dabei Daten verarbeiten, die hohen Qualitäts- und Integritätsstandards genügen.[46] Dieser Grundsatz korrespondiert mit den obligatorischen Anforderungen an das Qualitätsmanagement der Trainings-, Validierungs- und Testdatensätze, die Art. 10 Abs. 1 bis 5 an Hochrisiko-KI-Systeme stellt.

32 Eine weitere Voraussetzung für vertrauenswürdige KI ist nach Ansicht der Expertengruppe ihre **Transparenz**. KI-Systeme müssen demnach so entwickelt

42 *von Westernhagen/Sánchez Cordero Canela*, PinG 2023, 112.
43 ErwG 27.
44 ErwG 27.
45 Hochrangige Expertengruppe für Künstliche Intelligenz, eingesetzt von der Europäischen Kommission im Juni 2018, Ethik-Leitlinien für eine vertrauenswürdige KI, S. 34 f., https://data.europa.eu/doi/10.2759/22710 (zuletzt abgerufen am 29.1.2025).
46 ErwG 27.

werden, dass sie hinreichend verständlich und erklärbar sind. Nutzer sind über die Kommunikation oder Interaktion mit einem KI-System sowie dessen Fähigkeiten und Grenzen zu informieren. Sie sind außerdem über ihre Rechte aufzuklären.[47] Dieser Grundsatz liegt Art. 50 zugrunde, worin die KI-VO Pflichten formuliert, die potenziell für alle Anbieter und Betreiber von KI-Systemen unabhängig von ihrem Risikograd gelten. Auch insoweit können die Elemente der Ethik-Leitlinien als konkretisierende Ausformung der obligatorischen Transparenzpflichten herangezogen werden und die Grundlage eines Sorgfaltspflichtenkatalogs bilden.

Nach dem Grundsatz der **Vielfalt, Nichtdiskriminierung und Fairness** sind KI-Systeme außerdem in einer inklusiven Weise, unter Einbeziehung verschiedener Interessenträger zu entwickeln, die von dem System direkt oder indirekt betroffen sein können.[48] Dadurch sollen der gleichberechtigte Zugang, die Geschlechtergleichstellung und die kulturelle Vielfalt gefördert werden.[49] 33

Der sechste Grundsatz der Ethik-Leitlinien betrifft das **soziale und ökologische Wohlergehen**. Danach sind KI-Systeme in nachhaltiger und umweltfreundlicher Weise und zum Nutzen aller Menschen zu entwickeln, wobei die langfristigen Auswirkungen auf den Einzelnen, die Gesellschaft und die Demokratie überwacht und bewertet werden.[50] Der Aspekt der ökologischen Nachhaltigkeit wird als Zielbestimmung in Art. 95 Abs. 2 lit. b noch einmal gesondert aufgeführt und im Zusammenhang mit der regelmäßigen Bewertung von Verhaltenskodizes in Art. 112 Abs. 7 besonders betont. 34

Die **Rechenschaftspflicht**, und damit der letzte der durch die Expertengruppe entwickelten Grundsätze, soll die vorgenannten Anforderungen an vertrauenswürdige KI ergänzen. Danach ist die Verantwortlichkeit für KI-Systeme und deren Ergebnisse zu bestimmen und sicherzustellen, dass die Berücksichtigung der übrigen Grundsätze hinsichtlich der Algorithmen, Daten und Entwurfsverfahren überprüfbar ist. Die Rechenschaftspflicht ist insoweit Ausfluss des Fairnessprinzips.[51] 35

---

47 ErwG 27.

48 Vgl. Hochrangige Expertengruppe für Künstliche Intelligenz, eingesetzt von der Europäischen Kommission im Juni 2018, *Ethik*-Leitlinien für eine vertrauenswürdige KI, S. 22 f., https://data.europa.eu/doi/10.2759/22710 (zuletzt abgerufen am 29.1.2025).

49 ErwG 27.

50 ErwG 27.

51 Vgl. Hochrangige Expertengruppe für Künstliche Intelligenz, eingesetzt von der Europäischen Kommission im Juni 2018, Ethik-Leitlinien für eine vertrauenswürdige KI, S. 24, https://data.europa.eu/doi/10.2759/22710 (zuletzt abgerufen am 29.2.2025).

b) Ökologische Nachhaltigkeit (Art. 95 Abs. 2 lit. b)

36 Als weitere Zielsetzung benennt Art. 95 Abs. 2 lit. b ausdrücklich die Beurteilung und Minimierung der Auswirkungen von KI-Systemen auf die ökologische Nachhaltigkeit, einschließlich im Hinblick auf energieeffizientes Programmieren, und Techniken, um KI effizient zu gestalten, zu trainieren und zu nutzen. Hierbei stellt der Unionsgesetzgeber allerdings keine verbindlichen Anforderungen an die nachhaltige Entwicklung und Verwendung von KI, sondern setzt offenbar in Sachen Umweltschutz auf den „mannigfaltigen gesellschaftlichen, wirtschaftlichen und ökologischen Druck",[52] der die Unternehmen veranlassen soll, die Umweltstandards freiwillig anzuheben. Immerhin wird die ökologische Nachhaltigkeit als einzige der genannten Zielsetzungen aus Art. 95 Abs. 2 auch noch einmal ausdrücklich in Art. 112 Abs. 7 benannt, wo es darum geht, dass die Kommission in regelmäßigen Abständen eine Bewertung der Folgen und der Wirksamkeit der freiwilligen Verhaltenskodizes durchführt.

c) Förderung der KI-Kompetenz (Art. 95 Abs. 2 lit. c)

37 Um den größtmöglichen Nutzen aus KI-Systemen zu ziehen und gleichzeitig die Grundrechte, Gesundheit und Sicherheit zu wahren,[53] nennt Art. 95 Abs. 2 lit. c als weitere Zielbestimmung unter dem Begriff der „KI-Kompetenz" die Förderung von Konzepten, welche die Anbieter, Betreiber und Verwender von KI-Systemen mit den notwendigen Kenntnissen ausstatten sollen, um fundierte Entscheidungen über KI-Systeme treffen zu können.[54] Diese Konzepte variieren dabei je nach Kontext und können von der korrekten Anwendung technischer Elemente in der Entwicklungsphase des KI-Systems über die korrekte Interpretation seiner Ausgaben bis hin zur Vermittlung des notwendigen Wissens über die Auswirkungen von mit Hilfe von KI getroffenen Entscheidungen reichen. Insofern erscheint es sinnvoll, dass der Unionsgesetzgeber die Mitgliedstaaten und die Kommission im Hinblick auf diese Zielbestimmung in ErwG 20 nochmals gesondert zu einer engen Zusammenarbeit mit den einschlägigen Interessenträgern auffordert.

d) Inklusive und vielfältige Entwicklung von KI (Art. 95 Abs. 2 lit. d)

38 Die Erleichterung einer inklusiven und vielfältigen Gestaltung von KI-Systemen, unter anderem durch die Einsetzung inklusiver und vielfältiger Entwicklungsteams und die Förderung der Beteiligung der Interessenträger an diesem Prozess, wird als weitere ausdrücklich genannte Zielsetzung in Art. 95 Abs. 2 lit. d aufgeführt. Dies soll gegebenenfalls unter Einbindung einschlägiger Inte-

52 EU-Komm., KOM (2001) 366 endg., S. 3.
53 ErwG 20.
54 ErwG 20.

ressenträger wie Unternehmensverbände und Organisationen der Zivilgesellschaft, Wissenschaft, Forschungsorganisationen, Gewerkschaften und Verbraucherschutzorganisationen auch bezüglich der Konzeption und Entwicklung von KI-Systemen erfolgen.[55]

e) Schutzbedürftige Personen und Barrierefreiheit (Art. 95 Abs. 2 lit. e)

Schließlich sollen auch die Bewertung und Verhinderung der negativen Auswirkungen von KI-Systemen auf schutzbedürftige Personen oder Gruppen schutzbedürftiger Personen bei der Zielsetzung berücksichtigt werden. Dies schließt auch die Barrierefreiheit für Personen mit Behinderungen sowie die Gleichstellung der Geschlechter mit ein. Teilharmonisierte Barrierefreiheitsanforderungen ergeben sich insbesondere aus den Richtlinien (EU) 2016/2102 (für öffentliche Stellen) und (EU) 2019/882 (auch für Produkte und Dienstleistungen privater Stellen). Im Rahmen der Verhaltenskodizes sollte es daher insbesondere um Maßnahmen und Anforderungen gehen, die über das ohnehin bereits bestehende (bzw. für private Stellen ab dem 28.6.2025 anwendbare) Mindestmaß hinausgehen oder dieses konkretisieren, oder um solche KI-Systeme, die nicht in den Anwendungsbereich des geltenden Rechts zu Barrierefreiheit fallen. **39**

IV. Aufstellung von Verhaltenskodizes durch KI-System-Anbieter oder -Betreiber, Interessenvertretungen dieser Anbieter oder Betreiber oder durch beide (Abs. 3)

Während intendierte Ersteller der Verhaltenskodizes nach Abs. 1 vorwiegend Anbieter von KI-Systemen sind, die kein hohes Risiko bergen, kommen als potenzielle Urheber von Verhaltenskodizes nach Abs. 2 sowohl die Anbieter aller KI-Modelle und KI-Systeme als auch ihre Betreiber in Betracht. Dies gilt unabhängig vom Risikograd der KI. Die Verhaltenskodizes sollen dabei in inklusiver Art und Weise unter **Einbeziehung weiterer Akteure** entwickelt werden.[56] In den Ausarbeitungsprozess mit eingebunden werden sollen insofern die einschlägigen Interessenträger wie Unternehmensverbände und Organisationen der Zivilgesellschaft sowie die Wissenschaft, Forschungsorganisationen, Gewerkschaften und Verbraucherschutzorganisationen.[57] Die Einbindung der Branchenverbände ist im Hinblick auf die Zweckrichtung der Regelwerke, soziale und ökologische Marktstandards in der EU zu schaffen,[58] besonders relevant. Da die verschiedenen Anbieter sich hinsichtlich ihrer technischen und finanziellen Res- **40**

55 ErwG 165.
56 ErwG 165.
57 ErwG 165.
58 *Buchalik/Gehrmann*, CR 2024, 145–153, Rn. 29.

sourcen wesentlich unterscheiden, dürften unternehmensübergreifende Kodizes für die Ersteller recht herausfordernd sein.

V. Berücksichtigung der besonderen Interessen und Bedürfnisse von KMU, einschließlich Start-ups (Abs. 4)

41 Bei der Förderung und Erleichterung der Aufstellung von Verhaltenskodizes sollen das Büro für Künstliche Intelligenz und die Mitgliedstaaten die besonderen Interessen und Bedürfnisse von KMU berücksichtigen. Start-ups werden hierbei exemplarisch genannt. Dabei sollte es aber wohl dennoch darauf ankommen, dass sie die Merkmale von KMU erfüllen, da Start-ups lediglich eingeschlossen sein sollen.

42 Die KI-VO selbst nimmt nicht in den Definitionen, sondern erst in Art. 34 auch Bezug auf die **Definition** von KMU aus der Empfehlung 2003/361/EG. Aus systematischer Sicht sollte aber auf der Hand liegen, dass dies der allgemeine Maßstab für den gesamten Regelungstext ist. Gemäß Art. 2 Abs. 1 der Empfehlung 2003/361/EG sind damit KMU auch im Sinne von Art. 95 Abs. 4 Unternehmen, die weniger als 250 Personen beschäftigen und die entweder einen Jahresumsatz von höchstens 50 Mio. EUR erzielen oder deren Jahresbilanzsumme sich auf höchstens 43 Mio. EUR beläuft.

43 Wie konkret die besonderen Interessen und Bedürfnisse von KMU berücksichtigt werden sollen, bleibt offen und entsprechend abzuwarten. In anderem Kontext erwähnt ErwG 143, dass die Mitgliedstaaten zur Förderung und zum Schutz der Interessen von KMU, die Anbieter und Betreiber von KI-Systemen sind, Initiativen ergreifen sollten, die sich an diese Akteure richten, darunter auch Sensibilisierungs- und Informationsmaßnahmen. Dies könnte durchaus auch in Bezug auf die Förderung und Erleichterung der Aufstellung von Verhaltenskodizes im Interesse von KMU als Förderungsmaßnahme erfolgen.

Art. 96 Leitlinien der Kommission zur Durchführung dieser Verordnung

(1) Die Kommission erarbeitet Leitlinien für die praktische Umsetzung dieser Verordnung, die sich insbesondere auf Folgendes beziehen:

a) die Anwendung der in den Artikeln 8 bis 15 und in Artikel 25 genannten Anforderungen und Pflichten;

b) die in Artikel 5 genannten verbotenen Praktiken;

c) die praktische Durchführung der Bestimmungen über wesentliche Veränderungen;

d) die praktische Umsetzung der Transparenzpflichten gemäß Artikel 50;

e) detaillierte Informationen über das Verhältnis dieser Verordnung zu den in Anhang I aufgeführten Harmonisierungsrechtsvorschriften der Union sowie zu anderen einschlägigen Rechtsvorschriften der Union, auch in Bezug auf deren kohärente Durchsetzung;

f) die Anwendung der Definition eines KI-Systems gemäß Artikel 3 Nummer 1.

Wenn die Kommission solche Leitlinien herausgibt, widmet sie den Bedürfnissen von KMU einschließlich Start-up-Unternehmen, von lokalen Behörden und von den am wahrscheinlichsten von dieser Verordnung betroffenen Sektoren besondere Aufmerksamkeit.

Die Leitlinien gemäß Unterabsatz 1 dieses Absatzes tragen dem allgemein anerkannten Stand der Technik im Bereich KI sowie den einschlägigen harmonisierten Normen und gemeinsamen Spezifikationen, auf die in den Artikeln 40 und 41 Bezug genommen wird, oder den harmonisierten Normen oder technischen Spezifikationen, die gemäß den Harmonisierungsrechtsvorschriften der Union festgelegt wurden, gebührend Rechnung.

(2) Auf Ersuchen der Mitgliedstaaten oder des Büros für Künstliche Intelligenz oder von sich aus aktualisiert die Kommission früher verabschiedete Leitlinien, wenn es als notwendig erachtet wird.

Mit Art. 96 korrespondieren Erwägungsgründe 53, 81, 146, 149.

Schrifttum: *Schwartmann/Keber/Zenner* (Hrsg,), KI-Verordnung, Leitfaden für die Praxis, 2024; *Voigt/Hullen*, Handbuch KI-Verordnung, 2024.

Übersicht

I. Allgemeines

1. Zweck der Vorschrift

1 Art. 96 soll die praktische Umsetzung der Verordnung, insbesondere bezüglich der Hochrisiko-KI-Systeme, durch zahlreiche **Leitlinien**, die seitens der Kommission erarbeitet werden sollen, erleichtern. Art. 96 enthält den umfangreichsten Katalog an **Leitlinienbefugnissen** innerhalb der Verordnung, wird aber durch zahlreiche weitere Leitlinienbefugnisse ergänzt, u.a. in Art. 6 Abs. 5 (siehe Art. 6 Rn. 170) und Art. 61 Abs. 1.

2 Dem EU-Gesetzgeber war die Herausforderung bewusst, dass Auslegungs- und Umsetzungsschwierigkeiten die harmonisierte Rechtsanwendung innerhalb der EU sowie die Rechtssicherheit beeinträchtigen. Zudem sollte dem dynamischen Entwicklungscharakter von KI-Systemen Rechnung getragen werden und über Leitlinien die Handhabung später auftretender technischer Aspekte erleichtert sowie besondere neue Risiken adressiert werden.[1] Der Komplexität der durch die KI-VO adressierten und verpflichteten Akteure soll ebenfalls durch die Leitlinien Rechnung getragen werden. Es ist zu vermuten, dass auch Erfahrungen wie z.B. aus der Anwendung der Datenschutz-Grundverordnung (DSGVO)[2]

1 Vgl. ErwG 174.

2 Verordnung (EU) 2016/679 des Europäischen Parlaments und des Rates vom 27.4.2016 zum Schutz natürlicher Personen bei der Verarbeitung personenbezogener Daten, zum freien Datenverkehr und zur Aufhebung der Richtlinie 95/46/EG.

eine Rolle gespielt haben, die praktische Umsetzung einerseits zu vereinfachen und andererseits zu vereinheitlichen und daher dem Mittel der Leitlinienbefugnis besonders großen Raum innerhalb der Verordnung zu geben.

Die Leitlinien sollen zudem dazu dienen, Sonderanforderungen besser abbilden zu können, als dies im Gesetzestext möglich gewesen wäre. So adressiert Art. 96 Abs. 1 UAbs. 2 ausdrücklich, dass den besonderen Bedürfnissen von KMU und Startups Rechnung getragen werden soll. Auch soll mit den Leitlinien auf Besonderheiten für lokale Behörden und einzelne Sektoren Rücksicht genommen werden.[3] **3**

Die KI-VO enthält keine Vorgaben dazu, wie und wo die Leitlinien veröffentlicht werden müssen. Aufgrund der Vielzahl der Leitlinien und weiterer untergesetzlicher, die KI-VO ausgestaltender Normen, Praxisleitfäden, Standards etc. ist zu hoffen, dass die EU-Kommission bzw. das Büro für Künstliche Intelligenz eine leicht auffindbare, in allen EU-Sprachen navigierbare und auch Versionierungen enthaltende Webseite einrichtet, über die alle betroffenen Akteure sowie Behörden Zugang zu den Leitlinien erhalten. **4**

2. Entstehungsgeschichte

Art. 96 wurde erst im Laufe der Verhandlungen in die KI-VO integriert. Der Vorschlag der Kommission[4] enthielt weder den Artikel als solchen noch eine vergleichbare Norm mit so umfangreichen Leitlinienbefugnissen. **5**

Der KI-VO-E Kommission enthielt lediglich in Art. 62 Abs. 2 eine Leitlinienbefugnis für die Kommission für die Meldung schwerwiegender Vorfälle und Fehlfunktionen im Zusammenhang mit Hochrisiko-KI-Systemen. Um die Umsetzung der Meldepflicht zu erleichtern, sollten nach dem Vorschlag der Kommission innerhalb von 12 Monaten nach Inkrafttreten der Verordnung entsprechende Leitlinien ausgearbeitet werden (Art. 63 Abs. 2 KI-VO-E Kommission). Art. 56 Abs. 2 lit. b KI-VO-E Kommission bezog sich nur sehr generell auf die Koordinierung und Mitwirkungsfunktion des Europäischen Ausschusses für künstliche Intelligenz an den Leitlinien der Kommission (und weiterer Behörden). **6**

Auch sah ErwG 76 KI-VO-E Kommission die Leitlinienbefugnis zu Fragen im Zusammenhang mit der Umsetzung der KI-VO noch eher beim Europäischen Ausschuss für künstliche Intelligenz als bei der EU-Kommission selbst. **7**

---

3 Art. 96 Abs. 1 UAbs. 2.

4 Europäische Kommission, Vorschlag der Europäischen für eine Verordnung des europäischen Parlaments und des Rates zur Festlegung harmonisierter Vorschriften für künstliche Intelligenz (Gesetz über künstliche Intelligenz) und zur Änderung bestimmter Rechtsakte der Union vom 21.4.2021, COM(2021) 206 final (KI-VO-E Kommission).

8 Der Rat der EU nahm die Kommissions-Befugnis zur Leitlinienerarbeitung mit einem detaillierten Katalog ausdrücklich in die Allgemeine Ausrichtung[5] vom 25.11.2022 mit auf. Art. 58a Allgemeine Ausrichtung, ergänzt durch ErwG 76a, enthielt eine dem Art. 96 ähnliche Auflistung an Leitlinienbefugnissen. Anders als in der finalen Fassung der Verordnung sollte der Impuls zur Erarbeitung der Leitlinien nach Art. 58a Abs. 1 jedoch nicht ausschließlich in der Hand der EU-Kommission liegen, sondern auch auf Anfrage der Mitgliedstaaten oder des KI-Ausschusses[6] angestoßen werden können. Die Ersuchen der Mitgliedstaaten oder des Büros für Künstliche Intelligenz finden sich nunmehr nur noch in Art. 96 Abs. 2 – zur Aktualisierung bereits erarbeiteter Leitlinien, jedoch nicht mehr zur Erarbeitung an sich.

9 Die Allgemeine Ausrichtung enthielt bei der Leitlinienbefugnis zudem einen zusätzlichen Verweis auf Leitlinien für die praktische Umsetzung einheitlicher Bedingungen nach Art. 6 Abs. 3 und für Beispiele für Hochrisiko-KI-Systeme nach Anhang III. Diese Leitlinienbefugnis findet sich nicht mehr in Art. 96, sondern ist, systematisch unschlüssig und aber dort mit separatem Verweis auf Art. 96 und auf die notwendige **Konsultation des KI-Gremiums** versehen, in Art. 6 Abs. 5 integriert (siehe Art. 6 Rn. 170).

10 Auch die Verhandlungsposition des Europäischen Parlaments vom 14.6.2023 sah die Leitlinienerarbeitungsbefugnis der EU-Kommission mit einem detaillierten Katalog in Art. 82b (unter anderem ergänzt durch Art. 67 Abs. 5a) vor. Auch dieser umfasst bereits die im finalen Art. 96 aufgelisteten Szenarien, ging jedoch inhaltlich noch darüber hinaus. So finden sich in Art. 82b der Verhandlungsposition des Europäischen Parlaments noch Verweise auf Art. 28a („Unfair contractual terms unilaterally imposed on an SME or startup") und Art. 28b („Obligations of the provider of a foundation model"). Da es weder die vorgeschlagene Regelung zu einseitig auferlegten Vertragsbestimmungen noch die Regelung zu Anbieterverpflichtungen von Basismodellen in den finalen Text der KI-VO geschafft haben, sind diese Verweise auch nicht im Art. 96 enthalten.

11 Ähnlich wie die Allgemeine Ausrichtung des Rates sahen die Abgeordneten des Europäischen Parlaments auch noch eine Leitlinienbefugnis der EU-Kommission im Kontext von Art. 6 und Anhang III vor (siehe Art. 6 Rn. 18). In der finalen Fassung findet sich diese Befugnis nicht mehr. Auch die vom Europäischen Parlament vorgeschlagenen Leitlinien in Bezug auf Codes of Conduct (Art. 82b Abs. 1 lit. f) und auf Umweltaspekte bei Basismodellen und der praktischen Implementierung von Art. 12, 28b und Annex IV 3b finden sich im finalen Entwurf nicht.

---

5 Allgemeine Ausrichtung des Rates, 14954/22.

6 Nunmehr Büro für Künstliche Intelligenz nach Beschluss der Kommission zur Einrichtung des Europäischen Amts für Künstliche Intelligenz (C/2024/1459).

Das Europäische Parlament sah noch eine Konsultation des KI-Büros für die Erarbeitung aller Leitlinien vor. Diese Konsultationspflicht findet sich im Art. 96 selbst nicht mehr. Lediglich in Art. 6 Abs. 5 (siehe Art. 6 Rn. 170) findet sich noch eine Konsultationsverpflichtung (mit dem KI-Gremium). **12**

3. Verhältnis zu anderen Vorschriften

Art. 96 wirkt sich mittelbar auf zahlreiche Vorschriften und ihre zukünftige Anwendung aus, da auch das Verhältnis zu den Harmonisierungsvorschriften aus Anhang I durch die Leitlinien spezifiziert werden soll (Art. 96 Abs. 1 UAbs. 1 lit. e). Auch sollen die zu erarbeitenden Leitlinien das Verhältnis zu anderen einschlägigen Rechtsvorschriften der Union klären und zu deren kohärenter Rechtsdurchsetzung beitragen (Art. 96 Abs. 1 UAbs. 1 lit. e). Beispielsweise im Verhältnis zur Datenschutz-Grundverordnung (DSGVO)[7] oder zur neuen Produktsicherheitsverordnung (GPSR)[8] ist die Kommission daher nun aufgerufen, Auslegungshinweise zu geben, die insbesondere werden klären müssen, wie die kohärente Durchsetzung durch die Aufsichtsbehörden in Konstellationen aussehen kann, bei denen personenbezogene Daten verarbeitet werden oder nach Art. 6 Abs. 1 lit. h GPSR bereits bei der Sicherheitsbewertung des Produkts bereits die sich entwickelnden, lernenden und prädiktiven Funktionen des Produkts einbezogen wurden. Der Klärung dieser Fragen kommt erhebliche praktische Bedeutung zu, da anderweitige EU-Normen bereits umfassend in den implementierten Compliance-Strecken der Anwender bei Entwicklung und Inverkehrbringung von Produkten und Diensten berücksichtigt wurden. Nun durch die KI-VO notwendig werdenden Änderungen an bestehenden Prozessen ist daher bei den Leitlinien ebenso viel Aufmerksamkeit zu widmen wie Anforderungen an Anbieter, die neu entwickelte Produkte und KI-Systeme auf den Markt bringen. **13**

II. Tatbestand Abs. 1

1. Zweck und Umfang

Art. 96 Abs. 1 UAbs. 1 überträgt der EU-Kommission in einem umfangreichen Katalog und in Ergänzung der zahlreichen in der KI-VO verstreuten Leitlinienaufforderungen die Aufgabe, Leitlinien für die praktische Umsetzung der Verordnung auszuarbeiten. Das Instrument der Leitlinien hat sich bereits in zahlreichen Kontexten zur Ausgestaltung von rechtlichen Verpflichten etabliert und be- **14**

7 Verordnung (EU) 2016/670.
8 Verordnung (EU) 2023/988.

währt und schafft Rechtssicherheit für Normadressaten und die Behörden, die mit der Aufsicht über die Regelungen betraut werden.[9]

15 Der Fokus von Art. 96 auf die „Anwendung" konkreter Verpflichtungen, die „praktische Durchführung und Umsetzung" sowie „kohärente Durchsetzung" zeigt die Erwartungshaltung an die EU-Kommission, praxisnahe Umsetzungshilfen auszuarbeiten, die einerseits das Verständnis zu den einzelnen Regelungsbereichen verbessern als auch einen harmonisierenden Effekt bei der Rechtsauslegung und -umsetzung haben sollen.

16 Ergänzt werden die Leitlinien nach Art. 96 auch durch die Praxisleitfäden des Büros für Künstliche Intelligenz[10] nach Art. 50 Abs. 7, mit denen die wirksame Umsetzung der Pflichten in Bezug auf die Feststellung und Kennzeichnung künstlich erzeugter oder manipulierter Inhalte erleichtert werden soll.

17 Anders als die Praxisleitfäden nach Art. 50 Abs. 7, für die ausdrücklich vorgesehen ist, dass die Kommission Durchführungsrechtsakte zur Genehmigung nach dem in Art. 56 Abs. 6 festgelegten Verfahren erlassen kann, sind für die Leitfäden nach Art. 96 ansonsten keine separaten Durchführungsrechtsakte vorgesehen, was zugleich den als Auslegungshilfen ausgerichteten Leitliniencharakter widerspiegelt.

2. Verbindlichkeit

18 Eine Verbindlichkeit ist für die Leitlinien aufgrund des als Auslegungshilfen konzipierten Charakters der Leitlinien nicht vorgesehen. Sie sind Interpretationshilfen für die Anwender und zur Förderung der einheitlichen Umsetzung konzipiert, sollen jedoch zumindest im Rahmen der Maßnahmen zur Durchset-

---

9 Praxisnahe Auslegungen durch Leitlinien hat die EU-Kommission beispielsweise erarbeitet in den „Explanatory Notes on VAT e-commerce rules" (3372e2f2-d5ec-46ea-a2ac-97bc4f5ec634_en (europa.eu)); den Leitlinien für die Anwendung vereinfachter Kostenoptionen im Rahmen der Europäischen Struktur- und Investitionsfonds (ESI-Fonds), 2021/C 200/01, Bekanntmachung der Kommission – Leitlinien für die Anwendung vereinfachter Kostenoptionen im Rahmen der Europäischen Struktur- und Investitionsfonds (ESI-Fonds) – Überarbeitete Fassung (europa.eu)) und den Leitlinien zur Anwendbarkeit des Artikels 101 des Vertrags über die Arbeitsweise der Europäischen Union auf Vereinbarungen über horizontale Zusammenarbeit, 2023/C 259/01, Mitteilung der Kommission – Leitlinien zur Anwendbarkeit des Artikels 101 des Vertrags über die Arbeitsweise der Europäischen Union auf Vereinbarungen über horizontale Zusammenarbeit (europa.eu).

10 Das Büro für Künstliche Intelligenz ist nach Art. 3 Nr. 47 keine separate Behörde, sondern die Aufgabe der Kommission, zur Umsetzung, Beobachtung und Überwachung von KI-Systemen und KI-Modellen mit allgemeinem Verwendungszweck und zu der im Beschluss der Kommission vom 24.1.2024 vorgesehenen KI-Governance beizutragen.

zung und Sanktionierung von Verstößen berücksichtigt werden. Eine schematische Befolgung ist bei unverbindlichen Leitlinien daher nicht vorgeschrieben. Ohne ausdrückliche Verbindlichkeit kommt den künftigen Leitlinien vor allem eine faktische Bindungs- bzw. bei Nicht-Befolgung eine Begründungswirkung zu.

3. Fehlende Fristsetzung

Anders als z. B. Art. 6 Abs. 5 sieht Art. 96 keine konkreten Fristen zur Ausarbeitung der Leitlinien vor.[11] Geltung erlangt Art. 96 als Bestandteil von Kapitel X nach der Standardregel in Art. 113 Abs. 1 (siehe Art. 113 Rn. 6 ff.) zum 2.8.2026. **19**

Die fehlende Fristsetzung in Art. 96 bzw. die fehlende Sonderregel in Art. 113 führt zu einer für die Praxis ungünstigen Ausgangslage, was die (dringend benötigten) Auslegungshilfen und Umsetzungshinweise betrifft: Vor Geltungsbeginn der zahlreichen in Art. 96 adressierten Normen haben die verpflichteten Akteure keinen rechtlichen Hebel, um die Kommission zum Tätigwerden aufzufordern. Es ist besonders unverständlich, dass selbst die auf Art. 5 bezogenen Guidelines keine vorgezogene Fristsetzung erfahren haben. Art. 5 als Teil von Kapitel II gilt nach Art. 113 Abs. 3 lit. a (siehe Art. 113 Rn. 15) ab 2.2.2025. Mit Veröffentlichung der KI-VO im Amtsblatt der EU am 12.7.2024 haben betroffene Akteure daher nicht einmal sieben Monate Zeit, die Einschlägigkeit der Verbotsregelung für ihre KI-Systeme zu prüfen und entsprechende Schritte einzuleiten. Leitlinien der Kommission, die die Auslegung von Art. 5 erleichtern und vor allem für ein einheitliches Verständnis sorgen, wären insbesondere angesichts der schwerwiegenden Folgen der Einschlägigkeit von Art. 5 (Verbot des KI-Systems) und der kurzen Frist besonders wichtig. **20**

4. Priorisierungen innerhalb des Katalogs

Art. 96 Abs. 1 UAbs. 1 enthält 6 konkrete Aufforderungen an die Kommission, Leitlinien zu erarbeiten. Die Regelung ist jedoch nicht abschließend („insbesondere"), sodass die EU-Kommission hier gewisse Flexibilität für weitere Ausarbeitungen erhält. Angesichts der zahlreichen Aufforderungen und Befugnisse der EU-Kommission zum Erlass von untergesetzlichen Umsetzungs- und Durch- **21**

---

11 Nach Art. 6 Abs. 5 sind bis spätestens 2.2.2026 die Leitlinien zur praktischen Umsetzung von Art. 6 und eine umfassende Liste praktischer Beispiele für Anwendungsfälle für KI-Systeme, die hochriskant oder nicht hochriskant sind, zu erarbeiten und bereitzustellen. Art. 6 Abs. 1 gilt zudem nach Art. 113 Abs. 3 lit. c erst ab 2.8.2027, vgl. auch ErwG 53.

führungsakten[12] ist jedoch in absehbarer Zeit – vorbehaltlich besonderer technologischer Weiterentwicklungen – nicht davon auszugehen, dass die EU-Kommission abseits des Katalogs von Art. 96 Abs. 1 UAbs. 1 zusätzliche Leitlinien erarbeitet. Die Auflistung gibt jedoch Aufschlüsse darüber, hinsichtlich welcher Regelungen die EU-Gesetzgeber einen besonderen Konkretisierungsbedarf sahen und hinsichtlich welcher Fragestellungen der Harmonisierungsbedarf am größten sein wird.

22 Systematisch scheint in der Auflistung eine gewisse Priorisierung zu liegen, da die Leitlinien inhaltlich und nicht in der Reihenfolge der Artikel innerhalb der Verordnung sortiert wurden. Durchbrochen wird diese Systematik vom im Verhandlungsprozess noch spät und daher an letzter Stelle der Aufzählung hinzugefügten Art. 96 Abs. 1 UAbs. 1 lit. f (siehe dazu unten Rn. 34), wonach der zentrale Begriff des KI-Systems durch eine Leitlinie handhabbarer gestaltet werden soll. Der Bedeutung eines einheitlichen Verständnisses dieser zentralen Definition wird sicherlich auch durch eine priorisierte Erarbeitung der entsprechenden Leitlinie Rechnung getragen werden.

5. Leitlinien zu Anforderungen an Hochrisiko-KI-Systeme (Art. 96 Abs. 1 UAbs. 1 lit. a)

23 Ein besonderer Schwerpunkt für die Erarbeitung der Leitlinien ist in Art. 96 Abs. 1 UAbs. 1 lit. a zu erkennen und damit auf den Anforderungen an **Hochrisiko-KI-Systeme**. Hiermit wird die Kommission aufgefordert, Leitlinien für die Artikel 8 bis 15 sowie Art. 25 herauszugeben. Aus Gründen der Praktikabilität, der Verständlichkeit und des Umfangs sowie der notwendigen Geschwindigkeit, mit der die Kommission die Leitlinien entwickeln sollte, ist davon auszugehen, dass dies nicht in einer einzigen Leitlinie verwirklicht werden wird.

24 Art. 96 Abs. 1 UAbs. 1 lit. a bezieht sich auf die Anforderungen an Hochrisiko-KI-Systeme (Abschnitt 2). Hier wird systematisch durch die Nennung an erster Stelle als auch vom Umfang ein eindeutiger Schwerpunkt gelegt. Dies ist vor allem auf die Bedeutung der entsprechenden Normen für die Anbieter solcher Systeme zurückzuführen. Es sollen die Einhaltung der Anforderungen an Hochrisiko-KI-Systeme (Art. 8), **Risikomanagementsysteme** (Art. 9), **Daten und Daten-Governance** (Art. 10), **Technische Dokumentation** (Art. 11), **Aufzeichnungspflichten** (Art. 12), **Transparenz und Bereitstellung von Informationen für die Betreiber** (Art. 13), **Menschliche Aufsicht** (Art. 14) sowie die Genauigkeit, Robustheit und Cybersicherheit (Art. 15) konkretisiert werden. Zudem nimmt Art. 96 Abs. 1 UAbs. 1 lit. a Bezug auf Art. 25 und damit auf die

12 Siehe hierzu beispielsweise The AI Act: responsibilities of the European Commission (AI Office), https://www.kaizenner.eu/post/ai-act-responsibilities-commission (zuletzt abgerufen am 20.4.2025).

Verantwortlichkeiten entlang der Wertschöpfungskette und die für die Praxis relevante Frage, wann Händler, Einführer, Betreiber oder sonstige Dritte als Anbieter eines Hochrisiko-KI-Systems gelten und damit den Anbieterverpflichtungen nach Art. 16 (siehe Art. 16 Rn. 9) unterliegen.

Diese zahlreichen und umfangreichen Regelungen innerhalb einer Leitlinie zu erläutern, erscheint aufgrund des Umfangs und der dafür erforderlichen Zeit nicht zielführend. Zudem lassen sich die einzelnen Abschnitte inhaltlich sinnvoll unabhängig voneinander erläutern, sodass die Kommission die Leitlinien durchaus in unterschiedlichen Dokumenten aufbereiten kann. **25**

6. Verbotene Praktiken (Art. 96 Abs. 1 UAbs. 1 lit. b)

Art. 96 Abs. 1 lit. b nimmt Bezug auf eine weitere, im Erarbeitungsprozess der KI-VO hoch umstrittene Kategorie von KI-Systemen: die verbotenen Praktiken nach Art. 5 (siehe Art. 5 Rn. 8 ff.). Der äußerst umfangreiche Katalog verbotener Praktiken in Art. 5 sowie die einschneidende Rechtsfolge des Verbots machen eine zeitnahe und praxisnahe Auslegungshilfe, die insbesondere auch die europaweit einheitliche Einhaltung fördert, besonders notwendig. Da Art. 5 Abs. 8 ausdrücklich klarstellt, dass neben den verbotenen Praktiken aus Art. 5 Verbote aus anderen Rechtsvorschriften unberührt bleiben und dies verschiedenste horizontale und sektorale Rechtsakte betreffen kann (Art. 5 Rn. 57), ist für die Praxistauglichkeit der Leitlinie entscheidend, dass die EU-Kommission dies adressiert, um insbesondere neueren Akteuren im Markt umfassende Hilfestellungen zu bieten. **26**

Die EU-Kommission muss bezüglich der Ausarbeitung einerseits die sehr kurze Frist bis zum Geltungsbeginn nach Art. 113 Abs. 3 lit. a (2.2.2025) berücksichtigen. Andererseits muss die EU-Kommission Kohärenz zu ihren nach Art. 112 Abs. 1 (siehe Art. 112 Rn. 22) vorgesehenen **Prüfberichten** herstellen. Mit den Prüfberichten soll die EU- Kommission erforderliche Änderungen der Liste der verbotenen Praktiken einmal jährlich (für mindestens fünf Jahre ab dem 1.8.2024)[13] prüfen. **27**

7. Wesentliche Veränderungen (Art. 96 Abs. 1 UAbs. 1 lit. c)

Art. 96 Abs. 1 lit. c sieht die Erarbeitung von Leitlinien für die praktische Durchführung der Bestimmungen über **wesentliche Veränderungen** vor. Wesentliche Veränderungen sind in Art. 3 Nr. 23 definiert als eine Veränderung eines KI-Systems nach dessen Inverkehrbringen oder Inbetriebnahme, die in der vom Anbieter durchgeführten ursprünglichen **Konformitätsbewertung** nicht vorgesehen **28**

13 Art. 97.

oder geplant war und durch die die Konformität des KI-Systems mit den Anforderungen in Kapitel III Abschnitt 2 beeinträchtigt wird oder die zu einer Änderung der Zweckbestimmung führt, für die das KI-System bewertet wurde (siehe Art. 3 Nr. 12 Rn. 161 ff.).

29 **Wesentliche Veränderungen** werden in Art. 25 Abs. 1 lit. b (Verantwortlichkeiten entlang der Wertschöpfungskette), Art. 43 Abs. 4 (**Konformitätsbewertung**) sowie Art. 12 Abs. 2 lit. a (**Aufzeichnungspflichten**) adressiert und haben daher Bedeutung entlang der gesamten Compliance-Strecke und der Wertschöpfungskette.

8. Transparenzpflichten (Art. 96 Abs. 1 UAbs. 1 lit. d)

30 Art. 96 Abs. 1 lit. d sieht die Erarbeitung von Leitlinien zu Art. 50 und den Transparenzpflichten für Anbieter und Betreiber bestimmter KI-Systeme (siehe Art. 50 Rn. 26 ff.) vor. Die Leitlinien beziehen sich auf die zahlreichen in Art. 50 niedergelegten Transparenzanforderungen. Art. 50 enthält in Art. 50 Abs. 7 jedoch eine zusätzliche Leitlinienregelung, die aufgrund ihres spezifischen Zuschnitts und der engen Fristsetzung der allgemeinen Leitlinienaufforderung nach Art. 96 vorgeht (siehe Art. 50 Rn. 8). Inhaltlich müssen sich die Leitlinien nach Art. 96 daher von den in Art. 50 Abs. 7 mit dem Büro für Künstliche Intelligenz auszuarbeitenden Praxisleitfäden auf Unionsebene abgrenzen, die die wirksame Umsetzung der Pflichten in Bezug auf die Feststellung und Kennzeichnung künstlich erzeugter oder manipulierter Inhalte adressieren.[14] Praxisleitfäden müssen nach Art. 56 Abs. 9 Satz 1 (siehe Art. 56 Rn. 56) bis zum 2.5.2025 entwickelt werden, wohingegen für die Leitfäden nach Art. 96 keine Frist vorgesehen ist. Um Kohärenz sicherzustellen, sollten die Transparenzleitfäden nach Art. 96 daher die Praxisleitfäden nach Art. 50 Abs. 7 abwarten bzw. in enger Abstimmung entwickelt werden, um Doppelarbeit und sich überlappende Regelungen zu vermeiden. Nur so kann die Zielerreichung sichergestellt werden, durch die Leitlinien zu mehr Rechtssicherheit beizutragen.[15]

9. Verhältnis zu anderen Harmonisierungs- und Rechtsvorschriften der Union (Art. 96 Abs. 1 UAbs. 1 lit. e)

31 Art. 96 Abs. 1 UAbs. 1 lit. e sieht vor, dass die EU-Kommission Leitlinien mit detaillierten Informationen über das Verhältnis der KI-VO zu den in Anhang I aufgeführten 20 Harmonisierungsrechtsvorschriften sowie zu weiteren einschlägigen Rechtsvorschriften der Union erarbeitet.

---

14 Siehe auch ErwG 117.

15 Vgl. auch ErwG 83, 84 und 97.

Wie insbesondere auch bei Art. 96 Abs. 1 UAbs. 1 lit. a bietet es sich aufgrund des Umfangs der zu klärenden Verhältnisse nicht an, dies in einer einzigen Leitlinie zu adressieren. Dies gilt auch insbesondere, da sich komplexe Detailfragen zu einzelnen Verpflichtungen[16] sowohl entlang der Wertschöpfungskette als auch bezüglich der adressierten Verpflichteten stellen können. 32

Bezüglich der neben dem Katalog in Anhang I genannten Vorschriften hat die EU-Kommission nun zudem den Auftrag, eine umfassende Analyse weiterer einschlägiger Rechtsvorschriften vorzunehmen, die ausdrücklich[17] oder auch implizit den Einsatz von KI-Systemen betreffen können. Diesen Leitlinien kommt erhebliche praktische Bedeutung zu, da Klarstellungen zum Vorrang sowie zu den konkreten Anwendungen der Vorgaben der KI-VO zahlreiche bestehende Compliance-, Aufsichts- und Marktüberwachungsprozesse betreffen. 33

10. Definition KI-System (Art. 96 Abs. 1 UAbs. 1 lit. f)

Art. 96 Abs. 1 UAbs. 1 lit. f sieht die Erarbeitung einer Leitlinie zur Anwendung der Definition eines KI-Systems gem. Art. 3 Nr. 1 vor. Die Definition ist zentral für die gesamte KI-VO (siehe Art. 3 Nr. 1 Rn. 3 ff.), da das Vorliegen eines KI-Systems der Anknüpfungspunkt zur Eröffnung des Anwendungsbereichs ist. Systematisch ist es daher auf den ersten Blick unschlüssig, wieso die Leitlinie an letzter Stelle des Art. 96 Abs. 1 aufgeführt wird. Dies ist jedoch historisch zu begründen, da die Inbezugnahme der Definition nach Art. 3 Nr. 1 erst in der Trilogphase eingefügt wurde. Weder die Allgemeine Ausrichtung des Rates noch die Verhandlungsposition des Europäischen Parlaments enthielten diese Leitlinienbefugnis. Aufgrund der Bedeutung der Definition und ihrer Anwendung in der Praxis scheint es sinnvoll, wenn diese zeitnah ausgearbeitet und mit praktischen Beispielen versehen wird, die einerseits die Abgrenzung zu den Hochrisiko-KI-Systemen erleichtern als auch Abgrenzungen zu KI-Modellen mit allgemeinem Verwendungszweck erlauben.[18] 34

11. Art. 96 Abs. 1 UAbs. 2

Die Kommission ist angehalten, bei der Erarbeitung der Leitlinien den Bedürfnissen von KMU und Start-ups sowie von lokalen Behörden und von den am wahrscheinlichsten betroffenen Sektoren besondere Aufmerksamkeit zu wid- 35

16 Siehe beispielsweise Art. 2 Abs. 2; Art. 6 Abs. 1 lit. a und lit. b.

17 Z. B. Verordnung (EU) 2016/679, Verordnung (EU) 2018/1725, Richtlinie (EU) 2016/680, Verordnung (EU) 2019/1020, Verordnung (EU) Nr. 575/2013 und Verordnung (EU) 2023/988.

18 ErwG 97 erwähnt ausdrücklich, dass der Begriff „KI-Modelle mit allgemeinem Verwendungszweck" klar bestimmt und vom Begriff der KI-Systeme abgegrenzt werden muss, um Rechtssicherheit zu schaffen.

men.[19] Diese besondere Berücksichtigung wird verschiedene Aspekte bei der Ausarbeitung betreffen. Art. 96 Abs. 1 UAbs. 2 knüpft inhaltlich zum Teil an Art. 62 an, der besondere Hilfestellungen und Zugang für kleinere Unternehmen und lokale Behörden vorsieht (siehe Art. 62 Rn. 19). Ein verbindendes Interesse ist zunächst die möglichst zeitnahe Veröffentlichung von Hilfestellung, die allen Gruppen gleichermaßen zugutekommt. Auch ohne konkrete Fristsetzungen im Art. 96 sollte die Kommission daher anstreben, diesem Interesse durch eine zügige Veröffentlichung gerecht zu werden.

36 Art. 96 Abs. 1 UAbs. 2 zielt aber vor allem auf eine inhaltliche Berücksichtigung ab, die initial vor allem verlangt, dass die erwähnten Gruppen dezidiert eingeladen werden sollten, Feedback im Rahmen von offenen Konsultationen einzureichen.[20]

37 Hinsichtlich der speziellen Bedürfnisse von KMU und Start-ups können wirtschaftliche Interessen, der Zugang zu KI-Systemen sowie beispielsweise zu Reallaboren eine Rolle spielen.[21] Zudem sollte hinsichtlich der Anforderungen, die durch die Leitlinien spezifiziert werden, auf personelle und finanzielle Ressourcen und damit auf die Umsetzbarkeit für kleinere Unternehmen Rücksicht genommen werden. Die Leitlinien können dabei jedoch keine Differenzierungen der Anforderungstiefe vornehmen, sofern sich dies nicht bereits aus den gesetzlichen Anforderungen ergibt, da sie lediglich die Ausgestaltung, aber nicht den Regulierungsbefehl selbst abändern können. Die Kommission könnte jedoch Beispielsfälle für verschiedene Unternehmensgrößen aufnehmen und vorab bei der Ausarbeitung von Praxisfällen insbesondere auch Rückmeldungen von KMU und Start-ups einholen, um die Bedürfnisse abbilden zu können.

38 Hinsichtlich der besonderen Bedürfnisse von lokalen Behörden und betroffenen Sektoren sollten die Leitlinien insbesondere auch Klarstellungen im Sinne von Art. 96 Abs. 1 UAbs. 1 lit. e enthalten, um verschiedene Zuständigkeiten zu adressieren, die Behörden und adressierten Anbietern aus verschiedenen Vorschriften zukommen.

12. Art. 96 Abs. 1 UAbs. 3

39 Art. 96 Abs. 1 UAbs. 3 stellt sicher, dass die Leitlinien der EU-Kommission bestehende Normen und Spezifikationen berücksichtigen und so zu einem kohärenten Rechtsrahmen beitragen. Die separate Erwähnung der Berücksichtigung

19 Siehe zum besonderen Bedarf von KMU und Start-ups auch die Ausführungen bezüglich der KI-Reallabore in ErwG 139.

20 Vgl. ErwG 121 zur Einbeziehung der betroffenen Stakeholder bei der Normung und ErwG 116 für die Einbeziehung der Interessengruppen bei der Ausarbeitung von Praxisleitfäden.

21 ErwG 8, 109, 139.

des Stands der Technik ist eher deklaratorisch, da der Stand der Technik in der KI-VO ohnehin für die Verpflichteten einzuhalten und über die Normung sicherzustellen ist.[22]

III. Tatbestand Abs. 2

Die Leitlinien müssen mit dem rasanten Tempo der technologischen Entwicklung sowie den möglichen Änderungen beim Einsatz Schritt halten können.[23] Dies setzt die Möglichkeit einer Aktualisierung voraus, die in Art. 96 Abs. 2 vorgesehen ist. Die Notwendigkeit zur Überarbeitung kann sich beispielsweise aus neueren technologischen Entwicklungen, aber auch einer veränderten Regulierungs-, Normierungs- oder Standardisierungslandschaft ergeben, insbesondere wenn das Verhältnis von Normen hierdurch beeinflusst wird. Der Impuls zur Überarbeitung kann sowohl von den Mitgliedstaaten als auch vom Büro für Künstliche Intelligenz als auch von der EU-Kommission selbst ausgehen. Dies ermöglicht, dass verschiedene Interessenträger innerhalb der EU auf aktuelle Entwicklungen aufmerksam machen und die Aktualität der Leitfäden sicherstellen können. **40**

Art. 96 Abs. 2 bezieht sich dabei eindeutig nur auf die Aktualisierung der Leitlinien, nicht auf die initiale Erstellung. Die Ausarbeitung der Leitlinien obliegt daher inhaltlich und auch hinsichtlich des zeitlichen Elements der EU-Kommission, wobei sie sich am Katalog aus Art. 96 Abs. 1 UAbs. 1 lit. a bis lit. f orientieren muss (der jedoch nicht abschließend ist). **41**

22 ErwG 74, 88, 121.
23 Vgl. ErwG 52.

Kapitel XI
Befugnisübertragung und Ausschussverfahren

Art. 97 Ausübung der Befugnisübertragung

(1) Die Befugnis zum Erlass delegierter Rechtsakte wird der Kommission unter den in diesem Artikel festgelegten Bedingungen übertragen.

(2) Die in Artikel 6 Absätze 6 und 7, Artikel 7 Absätze 1 und 3, Artikel 11 Absatz 3, Artikel 43 Absätze 5 und 6, Artikel 47 Absatz 5, Artikel 51 Absatz 3, Artikel 52 Absatz 4 sowie Artikel 53 Absätze 5 und 6 genannte Befugnis zum Erlass delegierter Rechtsakte wird der Kommission für einen Zeitraum von fünf Jahren ab 1. August 2024 übertragen. Die Kommission erstellt spätestens neun Monate vor Ablauf des Zeitraums von fünf Jahren einen Bericht über die Befugnisübertragung. Die Befugnisübertragung verlängert sich stillschweigend um Zeiträume gleicher Länge, es sei denn, das Europäische Parlament oder der Rat widersprechen einer solchen Verlängerung spätestens drei Monate vor Ablauf des jeweiligen Zeitraums.

(3) Die Befugnisübertragung gemäß Artikel 6 Absätze 6 und 7, Artikel 7 Absätze 1 und 3, Artikel 11 Absatz 3, Artikel 43 Absätze 5 und 6, Artikel 47 Absatz 5, Artikel 51 Absatz 3, Artikel 52 Absatz 4 sowie Artikel 53 Absätze 5 und 6 kann vom Europäischen Parlament oder vom Rat jederzeit widerrufen werden. Der Beschluss über den Widerruf beendet die Übertragung der in jenem Beschluss angegebenen Befugnis. Er wird am Tag nach seiner Veröffentlichung im Amtsblatt der Europäischen Union oder zu einem darin angegebenen späteren Zeitpunkt wirksam. Die Gültigkeit von delegierten Rechtsakten, die bereits in Kraft sind, wird von dem Beschluss über den Widerruf nicht berührt.

(4) Vor dem Erlass eines delegierten Rechtsakts konsultiert die Kommission die von den einzelnen Mitgliedstaaten benannten Sachverständigen im Einklang mit den in der Interinstitutionellen Vereinbarung vom 13. April 2016 über bessere Rechtsetzung niedergelegten Grundsätzen.

(5) Sobald die Kommission einen delegierten Rechtsakt erlässt, übermittelt sie ihn gleichzeitig dem Europäischen Parlament und dem Rat.

(6) Ein delegierter Rechtsakt, der nach Artikel 6 Absatz 6 oder 7, Artikel 7 Absatz 1 oder 3, Artikel 11 Absatz 3, Artikel 43 Absatz 5 oder 6, Artikel 47 Absatz 5, Artikel 51 Absatz 3, Artikel 52 Absatz 4 sowie Artikel 53 Absatz 5 oder 6 erlassen wurde, tritt nur in Kraft, wenn weder das Europäische Parlament noch der Rat innerhalb einer Frist von drei Monaten nach Übermitt-

lung jenes Rechtsakts an das Europäische Parlament und den Rat Einwände erhoben haben oder wenn vor Ablauf dieser Frist das Europäische Parlament und der Rat beide der Kommission mitgeteilt haben, dass sie keine Einwände erheben werden. Auf Initiative des Europäischen Parlaments oder des Rates wird diese Frist um drei Monate verlängert.

Mit Art. 97 korrespondiert Erwägungsgrund 173.

Schrifttum: *Schwartmann/Keber/Zenner* (Hrsg,), KI-Verordnung, Leitfaden für die Praxis, 2024; *Voigt/Hullen*, Handbuch KI-Verordnung, 2024.

Übersicht

I. Allgemeines

1 Art. 97 regelt die Bedingungen, unter denen die Europäische Kommission **delegierte Rechtsakte** erlassen kann, und nimmt dabei die jeweiligen konkreten Bestimmungen innerhalb der KI-VO in Bezug, in denen die Befugnisübertragung erfolgt. Die einzelnen Befugnisübertragungen sind in Art. 97 detailliert aufgeschlüsselt und betreffen verschiedene Bereiche des Regelungsrahmens, der mittels der delegierten Rechtsakte zukunftsfest ausgestaltet werden soll.[1] Dies betrifft zum Teil hochrelevante Praxisfragen wie z.B. die Bedingungen, unter denen ein KI-System nicht als Hochrisiko-System einzustufen ist, oder auch die entsprechende Liste der Hochrisiko-KI-Systeme.[2] Daneben sollen beispielsweise die Bestimmungen über die technische Dokumentation und der Inhalt der EU-Konformitätserklärung adressiert werden.[3] Auch die Kriterien für die Benennung von KI-Modellen mit allgemeinem Verwendungszweck mit systemischem Risiko, die technische Dokumentation für Anbieter von KI-Modellen mit allgemeinem Verwendungszweck und die Transparenzinformationen für Anbieter von KI-Modellen mit allgemeinem Verwendungszweck sind im Katalog enthalten.[4] Aufgrund der spät im Erarbeitungsprozess eingefügten Regelungen zu KI-

1 ErwG 173.
2 Art. 6 Abs. 6 und 7; Art. 7 Abs. 1 und 3; ErwG 173.
3 Art. 11 Abs. 3, ErwG 173.
4 Art. 51 Abs. 3; Art. 52 Abs. 4; Art. 53 Abs 5 und 6; ErwG 173.

Modellen mit allgemeinem Verwendungszweck und zum Teil noch unklarer Regelungen und Leitlinien seitens des Büros für Künstliche Intelligenz wird den delegierten Rechtsakten in diesem Bereich große praktische Bedeutung zukommen. Zugleich ist jedoch aufgrund der Entstehungsgeschichte und der großen Bedeutung der KI-Modelle insbesondere bezüglich dieser Regelungen eine dichte Abstimmung mit der Arbeit des Büros für Künstliche Intelligenz und den zu erarbeitenden Praxisleitfäden dringend erforderlich, um Rechtssicherheit für alle Akteure zu gewährleisten und eine zukunftssichere Ausgestaltung sicherzustellen.

Die Befugnisübertragung selbst folgt den Regeln des Art. 290 AEUV, wonach in Gesetzgebungsakten der Kommission die Befugnis zum Erlass von Rechtsakten ohne Gesetzescharakter mit allgemeiner Geltung zur Ergänzung oder Änderung bestimmter nicht wesentlicher Vorschriften des betreffenden Gesetzgebungsaktes übertragen werden kann. 2

Art. 97 regelt die konkrete Ausübung der in der KI-VO vorgesehenen Übertragungen und erläutert, wie von Art. 290 Abs. 1 AEUV vorgesehen, die Dauer der Befugnisübertragung, die Möglichkeit ihres Widerrufs und die Verfahren für die Konsultation und Übermittlung. 3

Die Aufzählung der Befugnisübertragungen in Art. 97 Abs. 2, 3 und 6 ist abschließend. 4

Die KI-VO enthält die Befugnisübertragung an die EU-Kommission in Art. 6 Abs. 6 und 7, Art. 7 Abs. 1 und 3, Art. 11 Abs. 3, Art. 43 Abs. 5 und 6, Art. 47 Abs. 5, Art. 51 Abs. 3, Art. 52 Abs. 4 sowie Art. 53 Abs. 5 und 6. Die EU-Kommission muss bezüglich der delegierten Rechtsakte, die Rechtsvorschriften für eine unionsweite Harmonisierung gemäß Anhang I Abschnitt B betreffen, die regulatorischen Besonderheiten des jeweiligen Sektors und die in der Verordnung festgelegten bestehenden Governance-, Konformitätsbewertungs- und Durchsetzungsmechanismen und Behörden berücksichtigen.[5] 5

1. Zweck der Vorschrift

Die Regelung stellt sicher, dass die Kommission ihre Befugnisse in einer Weise ausübt, die umfassende Transparenz gewährleistet und die Kontrolle durch das Europäische Parlament und den Rat ermöglicht. Art. 97 dient damit auch dem Zweck, die Rechtssicherheit in Bezug auf das Verfahren und die Bedingungen für den Erlass delegierter Rechtsakte zu gewährleisten. 6

5 Art. 112 Abs. 12.

2. Entstehungsgeschichte

7 Die Befugnisübertragungen sowie die Ausübung der Befugnis zum Erlass delegierter Rechtsakte waren bereits in der Kommissions-Fassung der KI-VO angelegt.[6] Die relevanteste Änderung und Ausdruck der Kontrolle des Europäischen Parlaments und des Rates über den Gesetzgebungsprozess bezieht sich auf die zeitliche Befristung in Art. 97 Abs. 2. Während die Kommissionsfassung noch eine unbefristete Übertragung der Befugnisübertragung in Art. 73 vorsah, sehen sowohl die Allgemeine Ausrichtung des Rates als auch die Verhandlungsposition des Europäischen Parlaments die Befristung für fünf Jahre vor.[7] Dies findet sich nunmehr auch in der finalen Fassung des Art. 97 Abs. 2, der die Befugnisübertragung für den Zeitraum von fünf Jahren ab 1.8.2024 vorsieht. Die Frist verlängert sich stillschweigend um den gleichen Zeitraum, wenn das Europäische Parlament oder der Rat nicht widersprechen. Durch die Einarbeitung einer konkreten Befristung haben der Rat und das Europäische Parlament einen weiteren wichtigen Mechanismus neben dem Widerrufsrecht in den Verordnungstext eingearbeitet, der ihre Kontrolle über die Europäische Kommission absichert.

3. Verhältnis zu anderen Vorschriften

8 Art. 97 fügt sich in die Vielzahl an Vorschriften innerhalb der KI-VO ein, mit denen der EU-Kommission (z. T. auch in Form des Büros für Künstliche Intelligenz) zusätzliche Befugnisse zur Ausgestaltung und Konkretisierung der Verordnung übertragen werden.[8] Die **delegierten Rechtsakte** müssen zukünftig insbesondere in kohärenter Weise mit den Praxisleitfäden und Leitlinien erarbeitet werden.

II. Tatbestand

1. Umfang und Widerruf der Befugnisübertragung

9 Die Kommission erhält die Befugnis, delegierte Rechtsakte i. S. v. Art. 290 AEUV unter den in Art. 97 festgelegten Bedingungen zu erlassen.

10 Die Befugnis zum Erlass delegierter Rechtsakte wird der EU-Kommission für einen Zeitraum von fünf Jahren ab dem 1.8.2024 übertragen. Diese Befugnisübertragung verlängert sich stillschweigend um weitere fünf Jahre, wenn das Eu-

---

6 Art. 73 KI-VO-E Kommission.

7 KI-VO-E Rat, Art. 73 Abs. 2; KI-VO-E Parlament, Abänderung 681 zu Art. 73.

8 Siehe zu den verschiedenen Zuweisungen an die Kommission: The AI Act: responsibilities of the European Commission (AI Office), https://kaizenner.eu/post/ai-act-responsibilities-commission (zuletzt abgerufen am 20.4.2025).

ropäische Parlament oder der Rat nicht spätestens drei Monate vor Ablauf des Zeitraums widersprechen (Art. 97 Abs. 2). Die EU-Kommission trifft zudem eine Berichtspflicht vor Ablauf der 5-Jahres-Frist. Details zum Inhalt des Berichts enthält Art. 97 nicht. Um eine Bewertung der weiteren Notwendigkeit der Aufrechterhaltung der Befugnisübertragung für das Europäische Parlament und den Rat zu ermöglichen, ist es jedoch sinnvoll, wenn der Bericht Ausführungen zu bereits verabschiedeten delegierten Rechtsakten enthält und auch Ausführungen dazu, aus welchen Gründen andere Befugnisse bisher nicht wahrgenommen wurden oder die notwendigen Klarstellungen gegebenenfalls bereits über andere Normen oder Mechanismen herbeigeführt wurden. Der Bericht muss dem Europäischen Parlament und dem Rat spätestens neun Monate vor Ablauf der 5-Jahres-Frist zugehen, damit diese ein halbes Jahr Zeit haben, um die Notwendigkeit der Aufrechterhaltung oder des Widerrufs zu prüfen.[9]

Durch Beschluss können sowohl Europäisches Parlament als auch der Rat die Befugnisse durch Widerruf entziehen. Der entsprechende Beschluss muss die konkreten Befugnisse angeben und wird am Tag nach seiner Veröffentlichung im Amtsblatt der Europäischen Union wirksam. Der Widerruf ist auf die Zukunft gerichtet und berührt nicht bereits in Kraft befindliche delegierte Rechtsakte. 11

2. Erlass der delegierten Rechtsakte

Art. 97 beschreibt das von der EU-Kommission einzuhaltende Verfahren für den Erlass von delegierten Rechtsakten und legt damit vor allem auch Mechanismen fest, die Aufsicht und Kontrolle durch das Europäische Parlament und den Rat sowie die Beteiligung von Sachverständigen sicherstellen. 12

Vor dem Erlass eines delegierten Rechtsakts muss die Kommission ein **Konsultationsverfahren** durchführen und die Meinungen der von den einzelnen Mitgliedstaaten benannten Sachverständigen einholen, Art. 97 Abs. 4. Um alle EU-Institutionen gleichberechtigt einzubeziehen, sind im Rahmen der Vorbereitung delegierter Rechtsakte alle Dokumente sowohl dem Europäischen Parlament als auch dem Rat als auch den Sachverständigen gleichzeitig zuzustellen, Art. 97 Abs. 5. Den Sachverständigen der Mitgliedstaaten ist zudem während der Erarbeitung delegierter Rechtsakte systematisch Zugang zu gewähren zu den Sachverständigengruppen der Kommission, sodass die inhaltliche Beteiligung und eine umfassende Konsultation sichergestellt werden kann.[10] Dabei soll die Kom- 13

9 Die stillschweigende Verlängerung tritt ein, wenn Europäisches Parlament oder Rat nicht drei Monate vor Ablauf der 5-Jahres-Frist widersprechen, Art. 97 Abs. 2.

10 ErwG 173.

mission den Grundsätzen der Interinstitutionellen Vereinbarung vom 13.4.2016 über bessere Rechtssetzung Rechnung zu tragen.[11]

14 Die notwendige Gleichberechtigung der EU-Institutionen ist ein relevanter Bestandteil der **delegierten Rechtsakte**. Auch den finalen delegierten Rechtsakt muss die Kommission daher gleichzeitig dem Europäischen Parlament und dem Rat übermitteln, Art. 97 Abs. 5.

15 Ein weiteres Kontrollinstrument entlang der Erarbeitung der delegierten Rechtsakte ist die Beschränkung hinsichtlich des Inkrafttretens nach Art. 97 Abs. 6, wenn Einwände geäußert werden. Ein **delegierter Rechtsakt** tritt nach der Regelung nur in Kraft, wenn weder das Europäische Parlament noch der Rat innerhalb einer Frist von drei Monaten nach Übermittlung des Rechtsakts Einwände erhoben haben oder wenn sie der Kommission mitgeteilt haben, dass sie keine Einwände erheben werden. Auch eine Verlängerung dieser letzten Prüffrist ist möglich. Sowohl das Europäischen Parlament als auch der Rat können die Frist um drei Monate verlängern und sich so mehr Zeit für die Prüfung des delegierten Rechtsakts einräumen. Aufgrund der Komplexität der durch die delegierten Rechtsakte auszugestaltenden Rechtsfragen scheinen Prüffristen von drei bzw. sechs Monaten jedoch durchaus knapp bemessen. Es wird daher insbesondere auf umfassende Prüf- und Feedbackmöglichkeiten bei der Erarbeitung der delegierten Rechtsakte ankommen, um eine umfassende inhaltliche Befassung und Mitwirkung und damit den Input aus allen EU-Mitgliedstaaten sicherzustellen.

---

11 Grundsätze aus der Interinstitutionellen Vereinbarung vom 13.4.2016 über bessere Rechtssetzung, https://eur-lex.europa.eu/legal-content/DE/TXT/HTML/?uri=OJ:L:2016:123:FULL (zuletzt abgerufen am 20.4.2025).

Art. 98 Ausschussverfahren

(1) Die Kommission wird von einem Ausschuss unterstützt. Dieser Ausschuss ist ein Ausschuss im Sinne der Verordnung (EU) Nr. 182/2011.

(2) Wird auf diesen Absatz Bezug genommen, so gilt Artikel 5 der Verordnung (EU) Nr. 182/2011.

Mit Art. 98 korrespondiert Erwägungsgrund 175.

Schrifttum: *Schwartmann/Keber/Zenner* (Hrsg,), KI-Verordnung, Leitfaden für die Praxis, 2024; *Voigt/Hullen*, Handbuch KI-Verordnung, 2024.

Übersicht

I. Inhalt und Ausgestaltung der Regelung

1 Art. 98 gestaltet die zahlreichen Regelungen zu **Durchführungsrechtsakten** der KI-VO aus, indem er die Einrichtung eines Ausschusses anordnet und dessen Einbeziehung vorsieht. Für die Einrichtung des Ausschusses wird auf die Verordnung (EU) Nr. 182/2011 Bezug genommen, die die allgemeinen Regeln und Grundsätze festlegt, nach denen die Mitgliedstaaten die Wahrnehmung der Durchführungsbefugnisse durch die Kommission kontrollieren.

2 Die Übertragungsmöglichkeit für Durchführungsbefugnisse findet sich in Art. 291 Abs. 2 AEUV. Diese zielt auf die Schaffung einheitlicher Bedingungen für die kommissionsgesteuerte Durchführung von verbindlichen Rechtsakten der Union ab. Die Durchführungsbefugnisse stellen eine Abweichung vom Regelfall dar, da grundsätzlich nach Art. 291 Abs. 1 die Mitgliedstaaten die für die Durchführung erforderlichen Maßnahmen ergreifen sollen.

3 Die KI-VO enthält jedoch zahlreiche Zuweisungen an die Kommission, Durchführungsrechtsakte zu erlassen in Art. 37 Abs. 4, Art. 41 Abs. 1, Art. 50 Abs. 7, Art. 56 Abs. 6, Art. 58 Abs. 1, Art. 60 Abs. 1, Art. 68 Abs. 1, Art. 72 Abs. 3, Art. 92 Abs. 6, Art. 101 Abs. 6. Die Vielzahl dieser Zuweisungen zeigt das Interesse der EU-Gesetzgeber, durch Durchführungsbeschlüsse zu einer möglichst einheitlichen Durchsetzung der KI-VO beizutragen. Fristen sind für den Erlass jedoch nicht vorgesehen.

4 Um die Einbeziehung der Mitgliedstaaten und ihre Kontrolle über die EU-Kommission sicherzustellen, ist die Einrichtung des **Ausschusses** in Art. 98 Abs. 1 vorgesehen. Art. 98 Abs. 2 ordnet bei entsprechender Inbezugnahme das Prüfverfahren nach Art. 5 Verordnung (EU) 182/2011 (und nicht das Beratungsverfahren nach Art. 4 Verordnung (EU) 182/2011) an. Der einzurichtende Ausschuss setzt sich aus Vertretern der Mitgliedstaaten zusammen.[1] Die EU-Kommission führt den Vorsitz, nimmt jedoch nicht an den Abstimmungen teil.[2]

II. Entstehungsgeschichte

5 Art. 98 ist unverändert aus dem Kommissionsvorschlag[3] übernommen worden.

1 Art. 3 Abs. 2 VO (EU) 182/2011.
2 Art. 3 Abs. 2 VO (EU) 182/2011.
3 Ehemals Art. 74 KI-VO-E Kommission.

Kapitel XII
Sanktionen

Art. 99 Sanktionen

(1) Entsprechend den Vorgaben dieser Verordnung erlassen die Mitgliedstaaten Vorschriften für Sanktionen und andere Durchsetzungsmaßnahmen, zu denen auch Verwarnungen und nichtmonetäre Maßnahmen gehören können, die bei Verstößen gegen diese Verordnung durch Akteure Anwendung finden, und ergreifen alle Maßnahmen, die für deren ordnungsgemäße und wirksame Durchsetzung notwendig sind, wobei die von der Kommission gemäß Artikel 96 erteilten Leitlinien zu berücksichtigen sind. Die vorgesehenen Sanktionen müssen wirksam, verhältnismäßig und abschreckend sein. Sie berücksichtigen die Interessen von KMU, einschließlich Start-up-Unternehmen, sowie deren wirtschaftliches Überleben.

(2) Die Mitgliedstaaten teilen der Kommission die Vorschriften für Sanktionen und andere Durchsetzungsmaßnahmen gemäß Absatz 1 unverzüglich und spätestens zum Zeitpunkt ihres Inkrafttretens mit und melden ihr unverzüglich etwaige spätere Änderungen.

(3) Bei Missachtung des Verbots der in Artikel 5 genannten KI-Praktiken werden Geldbußen von bis zu 35 000 000 EUR oder – im Falle von Unternehmen – von bis zu 7 % des gesamten weltweiten Jahresumsatzes des vorangegangenen Geschäftsjahres verhängt, je nachdem, welcher Betrag höher ist.

(4) Für Verstöße gegen folgende für Akteure oder notifizierte Stellen geltende Bestimmungen, mit Ausnahme der in Artikel 5 genannten, werden Geldbußen von bis zu 15 000 000 EUR oder – im Falle von Unternehmen – von bis zu 3 % des gesamten weltweiten Jahresumsatzes des vorangegangenen Geschäftsjahres verhängt, je nachdem, welcher Betrag höher ist:

a) Pflichten der Anbieter gemäß Artikel 16;

b) Pflichten der Bevollmächtigten gemäß Artikel 22;

c) Pflichten der Einführer gemäß Artikel 23;

d) Pflichten der Händler gemäß Artikel 24;

e) Pflichten der Betreiber gemäß Artikel 26;

f) für notifizierte Stellen geltende Anforderungen und Pflichten gemäß Artikel 31, Artikel 33 Absätze 1, 3 und 4 bzw. Artikel 34;

g) Transparenzpflichten für Anbieter und Betreiber gemäß Artikel 50.

(5) Werden notifizierten Stellen oder zuständigen nationalen Behörden auf deren Auskunftsersuchen hin falsche, unvollständige oder irreführende Informationen bereitgestellt, so werden Geldbußen von bis zu 7 500 000 EUR oder – im Falle von Unternehmen – von bis zu 1 % des gesamten weltweiten Jahresumsatzes des vorangegangenen Geschäftsjahres verhängt, je nachdem, welcher Betrag höher ist.

(6) Im Falle von KMU, einschließlich Start-up-Unternehmen, gilt für jede in diesem Artikel genannte Geldbuße der jeweils niedrigere Betrag aus den in den Absätzen 3, 4 und 5 genannten Prozentsätzen oder Summen.

(7) Bei der Entscheidung, ob eine Geldbuße verhängt wird, und bei der Festsetzung der Höhe der Geldbuße werden in jedem Einzelfall alle relevanten Umstände der konkreten Situation sowie gegebenenfalls Folgendes berücksichtigt:

a) Art, Schwere und Dauer des Verstoßes und seiner Folgen, unter Berücksichtigung des Zwecks des KI-Systems sowie gegebenenfalls der Zahl der betroffenen Personen und des Ausmaßes des von ihnen erlittenen Schadens;

b) ob demselben Akteur bereits von anderen Marktüberwachungsbehörden für denselben Verstoß Geldbußen auferlegt wurden;

c) ob demselben Akteur bereits von anderen Behörden für Verstöße gegen das Unionsrecht oder das nationale Recht Geldbußen auferlegt wurden, wenn diese Verstöße auf dieselbe Handlung oder Unterlassung zurückzuführen sind, die einen einschlägigen Verstoß gegen diese Verordnung darstellt;

d) Größe, Jahresumsatz und Marktanteil des Akteurs, der den Verstoß begangen hat;

e) jegliche anderen erschwerenden oder mildernden Umstände im jeweiligen Fall, wie etwa unmittelbar oder mittelbar durch den Verstoß erlangte finanzielle Vorteile oder vermiedene Verluste;

f) Grad der Zusammenarbeit mit den zuständigen nationalen Behörden, um den Verstoß abzustellen und die möglichen nachteiligen Auswirkungen des Verstoßes abzumildern;

g) Grad an Verantwortung des Akteurs unter Berücksichtigung der von ihm ergriffenen technischen und organisatorischen Maßnahmen;

h) Art und Weise, wie der Verstoß den zuständigen nationalen Behörden bekannt wurde, insbesondere ob und gegebenenfalls in welchem Umfang der Akteur den Verstoß gemeldet hat;

i) Vorsätzlichkeit oder Fahrlässigkeit des Verstoßes;

j) alle Maßnahmen, die der Akteur ergriffen hat, um den Schaden, der den betroffenen Personen zugefügt wird, zu mindern.

(8) Jeder Mitgliedstaat erlässt Vorschriften darüber, in welchem Umfang gegen Behörden und öffentliche Stellen, die in dem betreffenden Mitgliedstaat niedergelassen sind, Geldbußen verhängt werden können.

(9) In Abhängigkeit vom Rechtssystem der Mitgliedstaaten können die Vorschriften über Geldbußen je nach den dort geltenden Regeln so angewandt werden, dass die Geldbußen von den zuständigen nationalen Gerichten oder von sonstigen Stellen verhängt werden. Die Anwendung dieser Vorschriften in diesen Mitgliedstaaten muss eine gleichwertige Wirkung haben.

(10) Die Ausübung der Befugnisse gemäß diesem Artikel muss angemessenen Verfahrensgarantien gemäß dem Unionsrecht und dem nationalen Recht, einschließlich wirksamer gerichtlicher Rechtsbehelfe und ordnungsgemäßer Verfahren, unterliegen.

(11) Die Mitgliedstaaten erstatten der Kommission jährlich Bericht über die Geldbußen, die sie in dem betreffenden Jahr gemäß diesem Artikel verhängt haben, und über damit zusammenhängende Rechtsstreitigkeiten oder Gerichtsverfahren.

Mit Art. 99 korrespondiert Erwägungsgrund 168.

Schrifttum: *Heckmann*, Keine „strict liability" nach der DS-GVO – Das Prinzip kooperativer Rechtsverwirklichung als Haftungsmaßstab, MMR 2023, 816; *Hilgendorf/Roth-Isigkeit* (Hrsg.), Die neue Verordnung der EU zur Künstlichen Intelligenz, 2023; *Jacobs*, BfDI: 32. Tätigkeitsbericht mit Schwerpunkt Datenschutz und KI, ZD-Aktuell 2024, 01675; *Klaas/Schäfer*, EuGH zu Geldbußen gegen Unternehmen im Datenschutzrecht – Anforderungen an das Verschulden und Verantwortlichkeit in (Rechts-)Nachfolgefällen (Teil 2), NZWiSt 2024, 345; *Kühling/Buchner* (Hrsg.), DS-GVO BDSG, Kommentar, 4. Aufl. 2024; *Martini/Botta*, KI-Aufsicht im föderalen Staat – Ein KI-System, eine Behörde?, MMR 2024, 630; *Martini/Wendehorst* (Hrsg.), KI-VO, Kommentar, 2024; *Taeger/Gabel* (Hrsg.), DSGVO BDSG TTDSG, Kommentar, 4. Aufl. 2022; *Simitis/Hornung/Spiecker gen. Döhmann* (Hrsg.), Datenschutzrecht, 2019; *Splittgerber/Becker*, Der AI Act: Regeln zum Einsatz künstlicher Intelligenz in der EU, DB 2024, 984; *Türker*, KI-Verordnung: Ein turbulenter Gesetzgebungsprozess nähert sich der Zielgeraden, beck digitax 2024, 124; *Wybitul*, Geldbußen wegen Verstößen gegen die KI-Verordnung, NJW 2024, 2641; *Wybitul/Brink*, EuGH-Rahmenbedingungen für DS-GVO-Bußgelder – Eine Analyse aus Sicht der Praxis, ZD 2024, 137; *Wybitul/Venn*, Verteidigung von Unternehmen gegen Geldbußen nach Art. 83 DS-GVO – Streit um rechtliche Voraussetzungen für Unternehmenssanktionen, ZD 2021, 343.

Übersicht

I. Allgemeines

1. Zweck der Vorschrift

1 Art. 99 regelt die **Rahmenbedingungen** für die Verhängung von Sanktionen und anderen Durchsetzungsmaßnahmen bei Verstößen gegen die KI-VO.[1] Dem-

---

1 Der EU-Gesetzgeber hat in Abs. 1 noch deutlicher als im Rahmen der DSGVO betont, dass sich die Sanktionierung von Verstößen nach den Rechtsordnungen der Mitgliedstaaten richtet.

nach sollen die Mitgliedstaaten „alle erforderlichen Maßnahmen ergreifen, um sicherzustellen, dass die Bestimmungen dieser Verordnung durchgeführt werden, und dazu unter anderem wirksame, verhältnismäßige und abschreckende Sanktionen für Verstöße“ festlegen.[2] Die Verhängung von Sanktionen obliegt daher – mit Ausnahme der in Art. 100 und Art. 101 geregelten Fälle – den Mitgliedstaaten.

Das in Art. 99 geregelte Sanktionssystem verfolgt in erster Linie **general- und spezialpräventive Zwecke**. Eine konsequente und effektive Ahndung von Verstößen gegen die KI-VO dient dazu, den konkreten Akteur oder weitere Akteure von der Begehung von Verstößen abzuhalten. Die Androhung hoher Strafen soll aber auch das Vertrauen der Bürger in die Verwendung von KI-Technologien erhöhen.[3] Zudem soll durch die Festlegung von konkreten Kriterien für die Verhängung von Strafen sichergestellt werden, dass gleichgelagerte Verstöße gegen die KI-VO in allen Mitgliedstaaten möglichst einheitlich geahndet werden. Hierdurch möchte der EU-Gesetzgeber eine Zersplitterung der Sanktionssysteme – wie etwa vor Inkrafttreten der DSGVO im Bereich des Datenschutzrechts – vermeiden. 2

Art. 99 lehnt sich im Hinblick auf die **Zielsetzung und die Struktur der Norm** an das Bußgeldsystem bei Datenschutzverstößen nach **Art. 83 DSGVO** an (siehe Rn. 24). Anders als die DSGVO berücksichtigt die KI-VO aber beispielsweise ausdrücklich die Interessen von KMUs, einschließlich von Start-up-Unternehmen, und deren oftmals eingeschränkte Finanzkraft. Für solche Unternehmen sind beispielsweise Geldbußen in bestimmten Konstellationen begrenzt (siehe Rn. 37). 3

2. Entstehungsgeschichte

Bereits der erste Gesetzentwurf der EU-Kommission vom 21.4 2021[4] enthielt Regelungen zur Sanktionierung von Verstößen gegen die KI-VO (Art. 71).[5] Die von der EU-Kommission vorgeschlagene **Systematik des Bußgeldrechts** findet sich auch in der finalen Version der KI-VO wieder. Insbesondere sah bereits der Entwurf der EU-Kommission vor, dass die Mitgliedstaaten für den Erlass und die Anwendung von Vorschriften zur Sanktionierung von Verstößen zuständig 4

2 Vgl. ErwG 168 Satz 2. Siehe hierzu auch *Splittgerber/Becker*, DB 2024, 984, 985.

3 In Bezug auf Geldbußen nach der DSGVO *Moos/Schefzig*, in: Taeger/Gabel, DSGVO BDSG TTDSG, Art. 83 Rn. 8.

4 Vorschlag für eine Verordnung des Europäischen Parlaments und des Rates zur Festlegung harmonisierter Vorschriften für Künstliche Intelligenz (Gesetz über Künstliche Intelligenz) und zur Änderung bestimmter Rechtsakte der Union, COM(2021) 206 final.

5 Siehe zum Gesetzgebungsprozess auch *Türker*, beck digitax 2024, 124.

waren. Auch die Privilegierung von „Kleinunternehmen“ und Start-up-Unternehmen war im Gesetzesentwurf bereits vorgesehen.

5 Im Rahmen des Gesetzgebungsprozesses wurde Art. 71 noch weiter ergänzt und umgestaltet. Beispielsweise sieht Art. 99 – im Vergleich zum Entwurf der EU-Kommission – einen **erweiterten Katalog von sanktionierbaren Verstößen** sowie **weitere Kriterien** für die Bemessung von Geldbußen vor. Dies gilt etwa für den Umsatz und den Marktanteil des zu sanktionierenden Unternehmens (siehe Rn. 45). Zudem wurde der Adressatenkreis im Laufe des Gesetzgebungsprozesses auf sämtliche Akteure im Sinne von Art. 3 Abs. 8 ausgeweitet. Auch die nunmehr in Art. 99 Abs. 3 bis Abs. 5 geregelten Bußgeldrahmen wurden im Rahmen des Gesetzgebungsprozesses mehrfach angepasst.[6] Hierbei wurde noch eine ausdrückliche Klarstellung aufgenommen, dass für KMU und Start-up-Unternehmen der jeweils niedrigere Betrag der in Art. 99 Abs. 3 bis 5 genannten Beträge gelten soll.

6 Das EU-Parlament hatte in seinem Gesetzentwurf vom 14.6.2023 ursprünglich eine Klarstellung dahingehend vorgeschlagen, dass Sanktionen und damit verbundene Prozesskosten und Entschädigungsansprüche nicht Gegenstand von Vertragsklauseln oder anderen Formen von Lastenverteilungsvereinbarungen zwischen Anbietern und Händlern, Einführern, Betreibern oder sonstigen Dritten sein dürfen.[7] Dieser Vorschlag wurde aber nicht in die finale Fassung der KI-VO übernommen.

3. Geltungsbeginn

7 Das Sanktionsregime in Art. 99 gilt **zwölf Monate** nach Inkrafttreten der KI-VO.[8]

4. Verhältnis zu anderen Vorschriften

8 Die spezifischen Regelungen der KI-VO **gehen nationalen Sanktionsvorschriften** grundsätzlich **vor.**[9] Die KI-VO selbst sieht spezielle Vorschriften für die Verhängung von Geldbußen gegen Organe, Einrichtungen und sonstige Stellen der Union (Art. 100) sowie gegen Anbieter von KI-Modellen mit allgemeinem Verwendungszweck (Art. 101) vor. Diese Vorschriften gehen Art. 99 vor. Allerdings sind auch Überschneidungen denkbar, etwa von Anbietern von KI-

6 Im Entwurf der EU-Komm. waren noch Geldbußen von maximal 20 Mio. EUR vorgesehen.

7 Abänderungen des Europäischen Parlaments, P9_TA(2023)0236, Abänderung 66 (Abs. 8a).

8 Vgl. Art. 113 lit. b. Siehe hierzu auch ErwG 179 Satz 9.

9 Art. 288 Abs. 2 AEUV.

Modellen mit allgemeinen Verwendungszweck, die auch KI-Systeme betreiben, welche nicht in diese Kategorie fallen.

Die KI-VO enthält teilweise auch Verweise auf Art. 99. Dies gilt insbesondere für Art. 80. Die Vorschrift regelt das Verfahren für den Umgang mit KI-Systemen, die vom Anbieter nicht als hochriskant eingestuft wurden. Danach können die **Marktüberwachungsbehörden** beispielsweise Sanktionen gegen Akteure verhängen, die bewusst versuchen, die Vorgaben für Hochrisikosysteme zu umgehen.[10] **9**

Die KI-VO und die **DSGVO** gelten **nebeneinander**.[11] Es wäre daher grundsätzlich denkbar, dass Handlungen, die sowohl einen Verstoß nach der KI-VO als auch nach der DSGVO begründen, grundsätzlich nach beiden Verordnungen geahndet werden können.[12] Einem solchen Ansatz würde allerdings das Verbot der Doppelbestrafung entgegenstehen, auf das auch in KI-VO Bezug genommen wird.[13] Entscheidend für die Anwendbarkeit der DSGVO ist im Übrigen, ob der Vorgang personenbezogene Daten im Sinne von Art. 4 Nr. 1 DSGVO betrifft. Dieses Nebeneinander von KI-VO und DSGVO begründet erhebliche Haftungsrisiken für Unternehmen in der EU. **10**

II. Vorgaben für die Sanktionierung (Art. 99 Abs. 1)

Art. 99 Abs. 1 regelt die Systematik des Sanktionenrechts sowie die von den Mitgliedstaaten bei der Verhängung von Sanktionen zu berücksichtigenden Anforderungen. Danach müssen die Mitgliedstaaten Regelungen einführen, die **wirksame, verhältnismäßige und abschreckende Sanktionen** bei Verstößen gegen die KI-VO vorsehen. **11**

1. Verweis auf das Recht der Mitgliedstaaten

Die konkrete Ausgestaltung des Sanktionssystems bei Verstößen gegen die KI-VO liegt in der **Verantwortung der Mitgliedstaaten** (siehe Rn. 57 f. zu den zu berücksichtigenden Verfahrensgarantien). Die Mitgliedstaaten sollen demnach angemessene „Vorschriften für Sanktionen und andere Durchsetzungsmaßnahmen“ erlassen. Für die Mitgliedstaaten besteht hierbei ein gewisser Gestaltungsspielraum im Rahmen ihrer Verfahrensautonomie.[14] Dieser findet erst dort seine **12**

10 Vgl. Art. 80 Abs. 7.

11 Vgl. Art. 2 Abs. 7.

12 Siehe hierzu auch *Jacobs*, ZD-Aktuell 2024, 01675.

13 Vgl. ErwG 168 Satz 1; dazu auch *Wybitul*, NJW 2024, 2461, 2647.

14 Vgl. für die Rechtslage nach der DSGVO EuGH, Urt. v. 7.12.2023 – Rs. C-26/22, C-64/22, NJW 2024, 417, Rn. 67 – UF, AB/Land Hessen.

Grenze, wo die zuständigen Behörden keine wirksamen, abschreckenden und verhältnismäßigen Geldbußen und sonstigen Sanktionen verhängen könnten.

a) Vorschriften zu Sanktionen und Durchsetzungsmaßnahmen

13 Die KI-VO regelt nicht, welche Regelungen der Mitgliedstaaten als „**Vorschriften**" im Sinne von Art. 99 Abs. 1 einzuordnen sind. Der Begriff dürfte – ähnlich wie im Rahmen der DSGVO – **weit auszulegen** sein. Er umfasst demnach nicht nur formelle Gesetze, sondern beispielsweise auch Rechtsverordnungen. Eine ständige höchstrichterliche Rechtsprechung oder Verwaltungspraxis dürfte aber keine Vorschrift im Sinne von Art. 99 Abs. 1 darstellen, da sie ohne legislative Hürden geändert werden kann und nur unzureichende Publizität genießt.[15]

14 Die KI-VO lässt zudem offen, welche **Maßnahmen** als „Sanktionen" oder „Durchsetzungsmaßnahmen" einzuordnen sind. Entsprechende Definitionen finden sich weder im Gesetzestext selbst noch in den Erwägungsgründen der KI-VO. Art. 99 Abs. 1 nennt als mögliche Sanktionen neben Geldbußen lediglich Verwarnungen und nichtmonetäre Maßnahmen. Die **Systematik** der KI-VO spricht indes eher dafür, dass sich die Verhängung marktbezogener Maßnahmen (wie etwa Nutzungsuntersagungen, Rückrufe etc.) ausschließlich nach den Art. 74 ff. richten. Solche Maßnahmen würden daher nicht vom Anwendungsbereich des Art. 99 erfasst. Demnach wäre der Anwendungsbereich von Art. 99 im Wesentlichen auf Geldbußen beschränkt.

b) Rechtslage in Deutschland

15 Der deutsche Gesetzgeber beabsichtigt nach derzeitigem Stand nicht, für Verstöße gegen die KI-VO ein **neues originäres Haftungsregime** einzuführen, das die Verhängung von Geldbußen auf nationaler bzw. öffentlich-rechtlicher Ebene regelt. Daher ist es sehr wahrscheinlich, dass sich der deutsche Gesetzgeber im Rahmen der KI-VO auf eine vergleichbare Regelungssystematik wie im **Datenschutz** stützen wird.[16] Danach würde sich die Verhängung von Geldbußen nach den Vorgaben des **OWiG** richten.[17] Das OWiG regelt in §§ 130, 30, 9 OWiG die Voraussetzungen für die Verhängung von Geldbußen gegen Unternehmen.

---

15 EuGH, Urt. v. 3.3.1988 – Rs. C-116/86, Rn. 14 f., BeckRS 2004, 71313 – Kommission/Italien.

16 Davon geht auch *Nemitz*, in: Martini/Wendehorst, KI-VO, Art. 99 Rn. 19 ff., aus, der die möglichen Parallelen zwischen DSGVO und KI-VO beschreibt. Einem ähnlichem Ansatz folgt der deutsche Gesetzgeber beispielsweise auch bei Verstößen gegen die Verordnung Nr. 428/2009 (Kontrolle der Ausfuhr, der Verbringung, der Vermittlung und der Durchfuhr von Gütern mit doppeltem Verwendungszweck) oder bei Verstößen gegen Verordnungen zum Verbraucherschutz.

17 Vgl. für die DSGVO die Systematik in § 43 BDSG. Danach gelten für die Verhängung von Geldbußen bei Verstößen gegen die DSGVO die Vorgaben des OWiG. Die Anord-

Im Hinblick auf Verstöße gegen die DSGVO ist bislang umstritten, ob und unter welchen Voraussetzungen Datenschutzaufsichtsbehörden Geldbußen **direkt gegen Unternehmen** verhängen können.[18] Es ist sehr wahrscheinlich, dass sich vergleichbare Rechtsfragen auch unter der KI-VO stellen werden. 16

Nach der Systematik des OWiG setzt eine entsprechende direkte Sanktionierung grundsätzlich den Nachweis voraus, dass der in Rede stehende Verstoß durch das **schuldhafte Verhalten** einer Leitungsperson des Unternehmens verursacht wurde (wie etwa der Geschäftsleitung).[19] Hierzu zählen insbesondere Aufsichtspflichtverstöße. Dem Unternehmen wird dieser Verstoß nach § 30 OWiG zugerechnet. Die Aufsichtsbehörde kann auf dieser Grundlage grundsätzlich eine sog. selbstständige Verbandsbuße gegen das Unternehmen verhängen, vgl. § 30 Abs. 4 OWiG. Hierfür muss weder der konkret handelnde Mitarbeiter noch die im Einzelnen verantwortliche Leitungsperson identifiziert werden.[20] 17

Der EuGH hat in einer Entscheidung aus 2023 deutlich gemacht, dass die vorstehend beschriebene Rechtslage in Deutschland mit der DSGVO vereinbar ist. Nach Ansicht des EuGH kann demnach auch das Fehlverhalten eines Mitarbeiters des Verantwortlichen Anknüpfungspunkt für die Verhängung einer Geldbuße sein. Allerdings muss die zuständige Datenschutzaufsichtsbehörde den **konkreten Verstoß** nachweisen. Damit hat der EuGH dem von den Aufsichtsbehörden forcierten Konzept einer verschuldensunabhängigen Haftung eine deutliche Absage erteilt.[21] 18

2. Haftungsvoraussetzungen

a) Verstoß gegen „diese Verordnung“

Die Haftung nach Art. 99 setzt einen Verstoß gegen „diese Verordnung“, d. h. gegen die Vorgaben der KI-VO, voraus. 19

Nach dem Wortlaut von Art. 99 Abs. 1 kommt es für eine Sanktionierung nicht darauf an, ob der Akteur den gegenständlichen Verstoß schuldhaft, d. h. vorsätzlich oder fahrlässig, begangen hat. Dies unterscheidet die Regelung etwa von Art. 101, wonach die Haftung von Anbietern von GPAI Models ausdrücklich 20

---

nung von Maßnahmen im Sinne von Art. 58 Abs. 2 DSGVO (wie etwa Verwarnungen und Untersagungsverfügungen) richtet sich hingegen nach den Verwaltungsgesetzen der Länder, insbesondere dem jeweils einschlägigen VwVfG.

18 Siehe dazu *Wybitul/Venn*, ZD 2021, 343, 343 ff.; *Klaas/Schäfer*, NZWiSt 2024, 345, 345 ff.

19 Vgl. §§ 130, 30 OWiG.

20 Vgl. *Wybitul/Brink*, ZD 2024, 137, 139 f.

21 EuGH, Urt. v. 5.12.2023 – Rs. C-807/21, NJW 2024, 343 – Deutsche Wohnen SE/StA Berlin; vgl. zustimmend auch *Wybitul/Brink*, ZD 2024, 137; *Heckmann*, MMR 2023, 816.

einen vorsätzlichen oder fahrlässigen Verstoß voraussetzt. Im Rahmen von Art. 99 ist dieser Umstand lediglich ein Kriterium für die Frage, ob und in welchem Umfang die zuständige Behörde eine Geldbuße gegen den Akteur verhängt, vgl. 99 Abs. 7 lit. i. Die Gesetzessystematik in Art. 99 gleicht insofern den Regelungen in Art. 83 DSGVO.[22] Es ist sehr wahrscheinlich, dass der EuGH im Hinblick auf die Sanktionierung von Verstößen gegen die KI-VO eine **verschuldensunabhängige Haftung** ebenfalls **ablehnen** würde. Auch im Rahmen der KI-VO stehen das Rechtsstaats- und Schuldprinzip einer verschuldensunabhängigen Haftung klar entgegen.

b) Adressaten der Haftung

21 Nach dem klaren Wortlaut von Art. 99 Abs. 1 sind Adressaten möglicher Sanktionen **alle Akteure**. Nach der Definition in Art. 3 Nr. 8 zählen hierzu Anbieter, Produkthersteller, Betreiber, Nutzer, Bevollmächtigte, Einführer oder Händler (siehe dazu ausführlich Art. 3 Nr. 8 Rn. 132 f.).[23] Demnach können grundsätzlich alle an der Entwicklung, Einführung oder Nutzung von KI-Systemen beteiligten Stellen für Verstöße gegen die KI-VO sanktioniert werden.

3. Mögliche Sanktionen

a) Überblick

22 Die Mitgliedstaaten müssen bei Verstößen gegen die KI-VO Maßnahmen ergreifen, „die für deren **ordnungsgemäße und wirksame Durchsetzung notwendig** sind.“ Zu den entsprechenden Maßnahmen können – je nach den Umständen des Einzelfalls – gegebenenfalls Geldbußen oder nichtmonetäre Anordnungen zählen (siehe zur weiteren Einordnung Rn. 14).

b) Grundlegende Anforderungen für Sanktionen

23 Die von den zuständigen Behörden verhängten Sanktionen müssen im Einzelfall „wirksam, verhältnismäßig und abschreckend“ sein. Neben den von der EU-Kommission nach Art. 96 erteilten **Leitlinien** sollen die Behörden hierbei auch die spezifischen Anforderungen von KMU, einschließlich Start-up-Unternehmen, berücksichtigen.

---

22 Für die Rechtslage nach der DSGVO hat der EuGH bereits klargestellt, dass die Verhängung einer Geldbuße zwingend ein schuldhaftes Handeln des Verantwortlichen voraussetzt, vgl. Urt. v. 5.12.2023 – Rs. C-683/21, ZD 2024, 209 Rn. 80 – Nacionalinis visuomenes sveikatos centras. Die DSGVO sieht demnach gerade keine verschuldensunabhängige Haftung für Datenschutzverstöße vor.

23 Siehe hierzu auch *Gleiss/Janal*, in: Hilgendorf/Roth-Isigkeit, Die neue Verordnung der EU zur Künstlichen Intelligenz, § 2 Rn. 10 ff.

Die KI-VO folgt einer vergleichbaren Systematik wie die **DSGVO**, die in Art. 83 ebenfalls wirksame, verhältnismäßige und abschreckende Sanktionen fordert. Sanktionen sollen demnach zum einen darauf abzielen, die effektive Durchsetzung der KI-VO sicherzustellen (siehe zu der entsprechenden Zielsetzung Rn. 2). Sanktionen müssen daneben aber auch verhältnismäßig sein. Die Mitgliedstaaten dürfen folglich keine Maßnahmen erlassen, welche im Hinblick auf den konkreten Verstoß unangemessen wären.[24] **24**

Anders als nach der DSGVO ist in Art. 99 Abs. 1 ausdrücklich vorgesehen, dass die zuständigen Behörden bei der Verhängung von Sanktionen auch die **Interessen von KMU** berücksichtigen sollen. **25**

In ErwG 168 Satz 3 ist zudem vorgesehen, dass „Obergrenzen für die Festsetzung der Geldbußen bei bestimmten Verstößen festgelegt werden" sollten. Solche **Obergrenzen** finden sich im Rahmen des Art. 99 in Abs. 3 bis 5. Die entsprechenden Leitlinien sollen ausdrücklich zu einer Verschärfung und Harmonisierung des Sanktionssystems auf europäischer Ebene beitragen. **26**

III. Notifizierungspflicht (Art. 99 Abs. 2)

Die Mitgliedstaaten müssen die EU-Kommission unverzüglich, spätestens aber bis zum Inkrafttreten der KI-VO über die von ihnen erlassenen Vorschriften für Sanktionen **informieren**. Bei späteren Änderungen der entsprechenden Vorschriften trifft die Mitgliedstaaten ebenfalls eine unverzügliche Notifizierungspflicht gegenüber der EU-Kommission. **27**

IV. Verstöße gegen verbotene Praktiken (Art. 99 Abs. 3)

Art. 99 Abs. 3 regelt die Sanktionierung von Verstößen gegen die in Art. 5 **verbotenen Praktiken** (siehe zu den einzelnen Fallgruppen Art. 5 Rn. 8 ff.). Art. 99 Abs. 3 differenziert hierbei nicht zwischen verschiedenen Arten von Verstößen. Daher richtet sich beispielsweise auch die Sanktionierung von Verstößen gegen die in Art. 5 Abs. 3 geregelte Antragspflicht bei der Verwendung von biometrischen Echtzeit-Fernidentifizierungssystemen zu Zwecken der Strafverfolgung nach Art. 99 Abs. 3. **28**

Entsprechende Verstöße können mit bis zu **35 Mio. EUR** oder – im Falle von Unternehmen – von bis zu **7 % des gesamten weltweiten Jahresumsatzes** des **29**

---

24 Vgl. *Boehm*, in: Simitis/Hornung/Spiecker gen. Döhmann, Datenschutzrecht, Art. 83 Rn. 21. Die Entwicklung unter der DSGVO zeigt allerdings, dass die Aufsichtsbehörden dort den Kriterien der Wirksamkeit und Abschreckung oftmals größere Bedeutung beimessen als dem Grundsatz der Verhältnismäßigkeit.

vorangegangenen Geschäftsjahrs geahndet werden, je nachdem, welcher Betrag höher ist.

30 Die Systematik von Art. 99 Abs. 3 gleicht insofern den Regelungen in Art. 83 Abs. 4 und Abs. 5 DSGVO zur Bemessung des Bußgeldrahmens bei Verstößen gegen die DSGVO.[25] Nach Ansicht des EuGH bestimmt sich der Umsatz des „Unternehmens“ bei Konzernsachverhalten im Rahmen von Art. 83 DSGVO nach dem Umsatz des **gesamten Konzerns** – und nicht nur des in Rede stehenden Konzernunternehmens.[26] Der EuGH begründet diese Auslegung unter anderem mit einem Verweis auf den kartellrechtlichen Unternehmensbegriff der „wirtschaftlichen Einheit“, der nach ErwG 150 auch bei der Bußgeldberechnung Anwendung finden würde.[27]

31 Es ist wahrscheinlich, dass die nach der KI-VO zuständigen Behörden versuchen könnten, die vorstehend genannte Rechtsprechung des EuGH auch auf die Berechnung von Geldbußen nach der KI-VO zu übertragen. Eine solche Auslegung berücksichtigt aber nicht hinreichend die Systematik der KI-VO. Diese enthält – anders als die DSGVO – gerade **keinen Verweis auf den kartellrechtlichen Unternehmensbegriff**. In Anlehnung an die DSGVO regelt die KI-VO kein Konzernprivileg, das eine Ausweitung des Sanktionssystems auf den gesamten Konzerns rechtfertigen könnte. Vielmehr sind die Pflichten nach der KI-VO von jedem Konzernunternehmen grundsätzlich gesondert umsetzen. Der für die Bußgeldberechnung heranzuziehende Umsatz bestimmt sich daher allein nach dem Umsatz des jeweiligen Konzernunternehmens. Für diese Auslegung spricht auch der Umstand, dass die KI-VO den Begriff des „Unternehmens“ an keiner Stelle in kartellrechtlichem Sinne in Bezug nimmt. Dies gilt etwa für den oft verwendeten Begriff des Start-up-Unternehmens. Zudem erlaubt bereits die Ausschöpfung des hohen Bußgeldrahmens des Art. 99 eine Verhängung wirksamer Geldbußen.

V. Verstöße gegen für Akteure oder notifizierte Stellen geltende Bestimmungen (Art. 99 Abs. 4)

32 Die KI-VO regelt in Art. 99 Abs. 4 den Bußgeldrahmen für Verstöße gegen die Pflichten der Anbieter und Betreiber von **Hochrisiko-KI-Systemen** (Abschnitt 3). Hierzu zählen neben den allgemeinen in Art. 16 geregelten Anforde-

25 Auch die DSGVO sieht vor, dass sich die maximale Bußgeldhöhe entweder nach einer konkreten Summe (10 Mio. EUR oder 20 Mio. EUR je nach Verstoß) oder dem Umsatz des Unternehmens richtet.

26 EuGH, Urt. v. 5.12.2023, Rs. C-807/21, Rn. 57 – Deutsche Wohnen.

27 Nach Ansicht des EuGH kann nur durch den Rückgriff auf den Konzernumsatz die abschreckende Wirkung von Geldbußen nach der DSGVO sichergestellt werden.

rungen auch organisatorische Vorgaben (wie etwa die Bestellung eines Vertreters in Art. 22) sowie die Pflichten von Einführern, Händlern und notifizierenden Stellen nach Art. 23, Art. 24, Art. 31 und Art. 33 (siehe zu den einzelnen Fallgruppen die jeweiligen Kommentierungen zu den Art. 16 ff.). Daneben sind auch Verstöße gegen die Transparenzpflichten für Anbieter und Betreiber nach Art. 50 bußgeldbewehrt.

Die entsprechenden Geldbußen können bis zu **15 Mio. EUR** oder – im Falle von Unternehmen – bis zu **3 % des gesamten weltweiten Jahresumsatzes** des vorangegangenen Geschäftsjahres betragen, je nachdem, welcher Betrag höher ist. Zu der Frage nach der Berechnung von Geldbußen im Falle von Konzernsachverhalten siehe Rn. 30 f. 33

VI. Verstöße gegen Auskunftspflichten (Art. 99 Abs. 5)

Nach Art. 99 Abs. 5 drohen Akteuren auch dann Geldbußen, wenn sie den notifizierten Stellen oder zuständigen nationalen Behörden auf deren Auskunftsersuchen hin falsche, unvollständige oder irreführende Informationen übermitteln. Der entsprechende Bußgeldrahmen beträgt bis zu **7,5 Mio. EUR** oder **ein Prozent des gesamten weltweiten Jahresumsatzes** des vorangegangenen Geschäftsjahres, je nachdem, welcher Betrag höher ist. Zu der Frage nach der Berechnung von Geldbußen im Falle von Konzernsachverhalten siehe Rn. 30 f. 34

Die Androhung von Geldbußen soll die Bereitschaft von Akteuren erhöhen, konstruktiv mit notifizierten Stellen und nationalen Behörden **zusammenzuarbeiten**.[28] Daneben kann sich eine unzureichende Kooperation gegenüber den Behörden gegebenenfalls auch bußgelderhöhend auswirken (siehe Rn. 48 f.). 35

In der Praxis besonders relevant dürfte dabei das Kriterium der „**irreführenden**" **Information** werden. Die KI-VO lässt offen, wann von einer etwaigen „Irreführung" von Behörden auszugehen ist. Die zuständigen Behörden könnten diese unklare Rechtslage nutzen, um verstärkt gegen Akteure vorzugehen, die aus ihrer Sicht nicht hinreichend mit ihnen kooperieren. Der Grat zwischen effektiver Verteidigungsführung und irreführender Informationserteilung dürfte in der Praxis schwer zu bestimmen sein. Im Rahmen ähnlicher EU-Rechtsakte wird in der Praxis deutlich, dass Aufsichtsbehörden auch oftmals vage Auskunftsersuchen stellen. Um Geldbußen in der von Art. 99 Abs. 5 benannten Höhe verhängen zu können, ist es jedoch erforderlich, dass diese Auskunftsersuchen hinrei- 36

28 Die DSGVO sieht keinen vergleichbaren Bußgeldbestand vor. Vgl. für die Konsequenzen bei Verstößen gegen die in Art. 31 DSGVO geregelten Kooperationspflichten *Hartung*, in: Kühling/Buchner, DS-GVO BDSG, Art. 31 Rn. 17 ff.

chend konkret und präzise gefasst werden.[29] Unternehmen sollten die entsprechenden Risiken bei der Planung ihrer Verteidigungsstrategie berücksichtigen.

VII. Besonderheiten bei KMU (Art. 99 Abs. 6)

37 Anders als in der DSGVO sieht die KI-VO ausdrücklich eine **Privilegierung von KMU**, einschließlich Start-up-Unternehmen, bei der Sanktionierung von Verstößen vor. Danach ist bei der Berechnung von Geldbußen nach den Art. 99 Abs. 3, 4 und 5 der jeweils niedrigere Betrag an den vorgesehenen Prozentsätzen oder Summen anzusetzen. Die Absenkung des Bußgeldrahmens soll dem Umstand Rechnung tragen, dass insbesondere Start-up-Unternehmen oftmals nur über eingeschränkte finanzielle Mittel verfügen. Hohe Geldbußen könnten daher regelmäßig den Bestand des Unternehmens gefährden (siehe Rn. 5).

VIII. Kriterien für die Bußgeldberechnung (Art. 99 Abs. 7)

1. Systematik

38 Art. 99 Abs. 7 regelt eine Reihe von Kriterien, welche die zuständigen Behörden bei der **Entscheidung über das Ob und die Höhe** einer Geldbuße berücksichtigen sollen.[30] Der Kriterienkatalog ist dabei nicht abschließend. Dies ergibt sich bereits aus der offenen Formulierung in lit. e („jegliche andere erschwerende oder mildernde Umstände“).

39 Die zuständigen Behörden haben die Kriterien in jedem Einzelfall zu prüfen und zu bewerten, um den Umständen des jeweiligen Verstoßes angemessen Rechnung zu tragen. Diese Vorgabe ergibt sich auch ausdrücklich aus **ErwG 168 Satz 4**. Danach sollen die Behörden neben den in Art. 99 Abs. 7 genannten Kriterien auch berücksichtigen, ob es sich bei dem zu sanktionierenden Akteur um ein KMU bzw. Start-up-Unternehmen handelt.

40 Die vorgesehene Einzelfallbetrachtung birgt jedoch das Risiko, dass die Behörden der Mitgliedstaaten bei gleichgelagerten Verstößen unterschiedlich hohe Geldbußen verhängen könnten. Dies könnte den **Harmonisierungsgedanken** der KI-VO und damit auch deren Wirksamkeit gefährden. Daher ist in ErwG 168 Satz 3 vorgesehen, dass Obergrenzen für bestimmte Verstöße festgelegt werden

29 Dies ergibt sich insbesondere aus dem Verhältnismäßigkeitsprinzip, welches Ausdruck in Art. 99 Abs. 1 Satz 2 findet, sowie aus Art. 49 Abs. 1 GRCh.

30 Eine vergleichbare Regelung findet sich auch in der DSGVO. Allerdings weicht der Kriterienkatalog in der KI-VO teilweise von der Regelung in Art. 83 Abs. 2 DSGVO ab.

sollten. Der EU-Gesetzgeber lässt offen, von welcher Stelle die geplanten Obergrenzen definiert werden sollen.[31]

2. Übersicht über Kriterien

a) Schwere des Verstoßes (lit. a)

Im Rahmen der Bewertung ist insbesondere die Schwere des Verstoßes (lit. a) relevant. Maßgebliche Kriterien sind hierbei die **Art, Schwere und Dauer des Verstoßes und seine Folgen**. Bei der entsprechenden Bewertung sollen die zuständigen Behörden unter anderem auch den Zweck des KI-Systems, die Zahl der betroffenen Personen und das Ausmaß der von ihnen erlittenen Schäden berücksichtigen. 41

Die Ermittlung der Anzahl an betroffenen Personen und der Dauer des Verstoßes dient insofern dazu, Anhaltspunkte dafür zu ermitteln, ob es sich um einen **systematischen** oder singulären Verstoß handelt.[32] Akteuren drohen demnach bei systematischen Verstößen, die eine Vielzahl von betroffenen Personen betreffen, deutlich höhere Geldbußen als etwa bei einem einmaligen Vorgang, der sich nur auf wenige Personen bezieht. 42

b) Vorangegangene Verstöße (lit. b und lit. c)

Im Rahmen der Abwägung sollen die zuständigen Behörden unter anderem auch berücksichtigen, ob andere Marktüberwachungsbehörden gegen den Akteur für denselben Verstoß in der Vergangenheit **bereits Sanktionen verhängt** haben (lit. b). 43

Daneben stellt Art. 99 Abs. 7 lit. c klar, dass auch mögliche Sanktionen durch andere Behörden bei der Bemessung möglicher Geldbußen zu berücksichtigen sind, sofern diese auf „dieselbe Handlung oder Unterlassung" zurückzuführen sind. Hierbei kann es sich beispielsweise um Geldbußen durch Datenschutzaufsichtsbehörden nach Art. 83 DSGVO handeln (siehe Rn. 10). Diese Regelung zeigt, wie wichtig es für Akteure in der Praxis ist, ihre KI-Systeme nicht nur nach den Vorgaben der KI-VO auszurichten, sondern auch die **Einhaltung datenschutzrechtlicher Vorgaben** sicherzustellen. 44

31 Das in ErwG 168 definierte Ziel nimmt erkennbar auf die Behördenpraxis nach der DSGVO Bezug. So hat der Europäische Datenschutzausschuss im Mai 2023 einheitliche Leitlinien zur Bußgeldzumessung nach der DSGVO eingeführt.

32 Vgl. für die Rechtslage nach der DSGVO Art.-29-Datenschutzgruppe, Leitlinien 253 für die Anwendung und Festsetzung von Geldbußen im Sinne der Verordnung (EU) 2016/679, S. 11.

c) Größe, Jahresumsatz und Marktanteil (lit. d)

45 Die KI-VO sieht in Art. 99 Abs. 7 lit. d ausdrücklich vor, dass die Größe, der Umsatz und der Marktanteil des Akteurs bei der Bemessung von Geldbußen zu berücksichtigen ist. Akteure mit einem **höheren Umsatz** müssen daher perspektivisch mit deutlich höheren Geldbußen rechnen als beispielsweise KMU.[33] Diese Regelung zielt augenscheinlich auf eine strengere Sanktionspraxis gegen Unternehmen mit marktbeherrschender oder jedenfalls bedeutender Stellung auf ihrem jeweiligen Markt ab.

d) Sonstige mildernde oder erschwerende Umstände (lit. e)

46 Die KI-VO sieht in Art. 99 Abs. 7 lit. e vor, dass die zuständigen Behörden auch sonstige mildernde oder erschwerende Umstände berücksichtigen sollen. Hierbei handelt es sich wie dargestellt um eine **Auffangklausel** (siehe Rn. 38 f.). Diese Klausel soll es den Behörden ermöglichen, auch solche Kriterien für die Bemessung von Geldbußen heranzuziehen, die nicht ausdrücklich im Kriterienkatalog nach Art. 99 Abs. 7 genannt sind.

47 Als mildernde Umstände kommen beispielsweise **Reputationsschäden** für den Akteur oder ein **Umsatzrückgang** in Betracht.[34] Im Gegenzug können finanzielle Vorteile des Akteurs, welche dieser aus dem Verstoß zieht, zu höheren Geldbußen führen.[35]

e) Grad der Zusammenarbeit mit Aufsichtsbehörden (lit. f)

48 Die zuständigen Behörden sollen zudem berücksichtigen, ob und in welchem Umfang der Akteur gegenüber der Behörde **kooperiert** hat. Dies gilt insbesondere im Hinblick auf mögliche risikominimierende Maßnahmen gegenüber den vom Verstoß betroffenen Personen.

49 Ein kooperatives Verhalten gegenüber der Behörde dürfte sich daher im Regelfall **bußgeldmindernd** auswirken. Die bloße Umsetzung gesetzlich gebotener Kooperationspflichten dürfte aber für sich betrachtet nicht zugunsten des Akteurs zu berücksichtigen sein.[36] Auf der anderen Seite drohen Akteuren, welche die Sachverhaltsaufklärung durch die Behörden bewusst behindern, empfindli-

---

33 Die Frage, ob und in welchem Umfang der Umsatz des Verantwortlichen bei der Bemessung von Geldbußen zu berücksichtigen sei, ist nach der DSGVO umstritten.

34 Vgl. für die Rechtslage nach der DSGVO *Moos/Schefzig*, in: Taeger/Gabel, DSGVO BDSG TTDSG, Art. 83 Rn. 101.

35 Vgl. für die Rechtslage nach der DSGVO *Moos/Schefzig*, in: Taeger/Gabel, DSGVO BDSG TTDSG, Art. 83 Rn. 100.

36 Für die Rechtslage nach der DSGVO Art.-29-Datenschutzgruppe, Leitlinien 253 für die Anwendung und Festsetzung von Geldbußen im Sinne der Verordnung (EU) 2016/679, S. 15.

che Geldbußen. Die KI-VO sieht für solche Fälle in Art. 99 Abs. 5 überdies einen eigenen Bußgeldtatbestand vor.

f) Grad an Verantwortung des Akteurs (lit. g und lit. i)

Im Rahmen der Bußgeldbemessung ist unter anderem auch relevant, ob der Akteur den betreffenden Verstoß **vorsätzlich oder fahrlässig** begangen hat (lit. i). Eng hiermit verknüpft ist die Frage nach dem Grad der Verantwortung des Akteurs, insbesondere im Hinblick auf die von ihm ergriffenen technischen und organisatorischen Maßnahmen (lit. g). **50**

Danach dürften vorsätzliche Verstöße mit deutlich **höheren Geldbußen** sanktioniert werden als fahrlässiges Verhalten des Akteurs.[37] Insbesondere in der Anfangsphase nach Anwendbarkeit der KI-VO dürften die zuständigen Behörden angesichts der Komplexität der KI-VO allerdings nur in wenigen Fällen von einem vorsätzlichen Verhalten des Akteurs ausgehen können. **51**

g) Bekanntwerden des Verstoßes (lit. h)

Die zuständigen Behörden sollen zudem berücksichtigen, wie der vom Akteur begangene Verstoß gegen die KI-VO bekannt wurde (lit. h). Danach kann ein **proaktives Verhalten** des Akteurs, etwa im Rahmen einer Selbstanzeige, zu einer Reduzierung der Geldbuße führen. Auf der anderen Seite können Verstöße, die beispielsweise erst durch die Anzeige eines Betroffenen oder Hinweisgebers bekannt wurden, mit höheren Geldbußen geahndet werden. **52**

h) Etwaige Maßnahmen zur Reduzierung von Schäden (lit. j)

Eng mit der Frage der Kooperation ist auch die Frage verknüpft, ob und in welchem Maße der Akteur Maßnahmen umgesetzt hat, um mögliche Schäden für die vom Verstoß betroffenen Personen zu reduzieren. Zu den entsprechenden Maßnahmen können sowohl **technische als auch organisatorische Maßnahmen** zählen. Hierunter können beispielsweise auch Produktwarnungen oder sonstige öffentliche Bekanntmachungen an Betroffene fallen. **53**

37 Nach Ansicht der Art.-29-Datenschutzgruppe können beispielsweise folgende Anhaltspunkte auf ein fährlässiges Verhalten im Rahmen der Bußgeldhaftung nach der DSGVO hindeuten: Versäumnisse beim Lesen und Einhalten vorhandener Richtlinien; menschliches Versagen; Versäumnisse bei der zeitnahen Durchführung technischer Aktualisierungen, vgl. Leitlinien 253 für die Anwendung und Festsetzung von Geldbußen im Sinne der Verordnung (EU) 2016/679, S. 12 f.

IX. Geldbußen gegen Behörden und öffentliche Stellen

54 Die Mitgliedstaaten sollen festlegen, **in welchem Umfang** auch Geldbußen gegen nationale Behörden oder sonstige öffentliche Stellen verhängt werden können. Anders als noch im Entwurf des Parlaments fehlt im finalen Entwurf eine Formulierung dahingehend, dass die Mitgliedstaaten auch über das „Ob" einer Sanktionierung entscheiden können. Hieraus lässt sich schließen, dass Mitgliedstaaten sicherstellen müssen, dass auch gegen öffentliche Stellen bei Verstößen gegen die KI-VO Sanktionen verhängt werden können. Es ist derzeit noch unklar, wie der deutsche Gesetzgeber mit dieser Vorgabe umgehen wird.

X. Zuständige Stellen (Art. 99 Abs. 9)

55 Art. 99 regelt nicht ausdrücklich, welche Behörde für die Verhängung von Sanktionen bei Verstößen gegen die KI-VO jeweils konkret zuständig ist. Die in Art. 99 Abs. 10 vorgesehene Formulierung deutet allerdings auf eine primäre Zuständigkeit der **nationalen Marktüberwachungsbehörden** hin. Die Marktüberwachungsbehörden sind innerhalb der Grenzen ihres jeweiligen Mitgliedstaates für die Überwachung und Durchsetzung der KI-VO verantwortlich. Der deutsche Gesetzgeber hat bislang noch nicht abschließend entschieden, welche Behörde/n zukünftig als Marktüberwachungsbehörden in Deutschland fungieren werden. Vieles deutet auf eine mögliche Zuständigkeit der Bundesnetzagentur hin.[38] Zuvor war eine mögliche Zuständigkeit der Datenschutzaufsichtsbehörden der Länder diskutiert worden.[39]

56 Nach Art. 99 Abs. 9 können die Mitgliedstaaten zudem vorsehen, dass **Gerichte oder sonstige Stellen** für die Verhängung von Geldbußen zuständig sein können. Diese Regelung richtet sich an Mitgliedstaaten, die über kein eigenes Bußgeldsanktionenrecht verfügen.[40]

XI. Angemessene Verfahrensgarantien (Art. 99 Abs. 10)

57 Nach Art. 99 Abs. 10 muss die Ausübung von Befugnissen nach Art. 99 angemessenen Verfahrensgarantien gemäß dem Unionsrecht und dem Recht der Mit-

38 Vgl. *Martini/Botta*, MMR 2024, 630, 636 f.

39 Siehe dazu auch die entsprechenden Vorschläge im „Positionspapier der Konferenz der unabhängigen Datenschutzaufsichtsbehörden des Bundes und der Länder vom 3. Mai 2024 – Nationale Zuständigkeiten für die Verordnung zur Künstlichen Intelligenz (KI-VO)".

40 Dies gilt beispielsweise für Dänemark und Estland, vgl. hierzu *Bergt*, in: Kühling/Buchner, DS-GVO BDSG, Art. 83 Rn. 114.

gliedstaaten unterliegen, einschließlich **wirksamer gerichtlicher Rechtsbehelfe und ordnungsgemäßer Verfahren**. Diese Vorgabe ist Ausfluss des in Art. 47 EU-GRCh geregelten Justizgewährungsanspruchs.[41] Zu den entsprechenden Rechten von Beschuldigten zählt beispielsweise das Recht auf einen wirksamen Rechtsbehelf,[42] die Unschuldsvermutung und Verteidigungsrechte[43] sowie das Gesetzlichkeits- und Verhältnismäßigkeitsprinzip.[44] Daneben müssen die Mitgliedstaaten das Verbot der Doppelbestrafung beachten.[45]

Wie vorstehend dargelegt, ist es sehr wahrscheinlich, dass sich die Verhängung **58**
von Geldbußen nach der KI-VO künftig nach den **Vorgaben des OWiG** richtet (siehe Rn. 15 ff.). Das OWiG sieht als Rechtsmittel gegen Bußgeldbescheide den Einspruch vor.[46] Sollte die zuständige Behörde dem Einspruch nicht abhelfen, geht das Verfahren auf die Staatsanwaltschaft über. Die Staatsanwaltschaft verfolgt das Verfahren dann vor Gericht weiter.[47]

XII. Berichterstattung über verhängte Geldbußen (Art. 99 Abs. 11)

Die Mitgliedstaaten sind dazu verpflichtet, der Kommission einmal im Jahr **Be- 59**
richt über die von ihnen nach der KI-VO verhängten Geldbußen und damit zusammenhängende Rechtsstreitigkeiten oder Gerichtsverfahren zu erstatten.

41 Vgl. für die vergleichbare Regelung in Art. 83 Abs. 8 DSGVO *Moos/Schefzig*, in: Taeger/Gabel, DSGVO BDSG TTDSG, Art. 83 Rn. 158 ff.
42 Art. 47 GRCh.
43 Art. 48 GRCh.
44 Art. 49 GRCh.
45 Art. 50 GRCh.
46 §§ 67 ff. OWiG.
47 Vgl. § 46 OWiG. Es ist insofern wahrscheinlich, dass der deutsche Gesetzgeber für Bußgeldverfahren für Verstöße gegen die KI-VO vergleichbare Sonderregelungen wie in § 41 BDSG für Verfahren nach der DSGVO vorsehen könnte.

Art. 100 Verhängung von Geldbußen gegen Organe, Einrichtungen und sonstige Stellen der Union

(1) Der Europäische Datenschutzbeauftragte kann gegen Organe, Einrichtungen und sonstige Stellen der Union, die in den Anwendungsbereich dieser Verordnung fallen, Geldbußen verhängen. Bei der Entscheidung, ob eine Geldbuße verhängt wird, und bei der Festsetzung der Höhe der Geldbuße werden in jedem Einzelfall alle relevanten Umstände der konkreten Situation sowie Folgendes gebührend berücksichtigt:

a) Art, Schwere und Dauer des Verstoßes und dessen Folgen, unter Berücksichtigung des Zwecks des betreffenden KI-Systems sowie gegebenenfalls der Zahl der betroffenen Personen und des Ausmaßes des von ihnen erlittenen Schadens;

b) Grad der Verantwortung des Organs, der Einrichtung oder der sonstigen Stelle der Union unter Berücksichtigung der von diesem bzw. dieser ergriffenen technischen und organisatorischen Maßnahmen;

c) alle Maßnahmen, die das Organ, die Einrichtung oder die sonstige Stelle der Union zur Minderung des von den betroffenen Personen erlittenen Schadens ergriffen hat;

d) das Maß der Zusammenarbeit mit dem Europäischen Datenschutzbeauftragten bei der Behebung des Verstoßes und der Minderung seiner möglichen nachteiligen Auswirkungen, einschließlich der Befolgung von Maßnahmen, die der Europäische Datenschutzbeauftragte dem Organ, der Einrichtung oder der sonstigen Stelle der Union im Hinblick auf denselben Gegenstand zuvor bereits auferlegt hatte;

e) ähnliche frühere Verstöße des Organs, der Einrichtung oder der sonstigen Stelle der Union;

f) Art und Weise, wie der Verstoß dem Europäischen Datenschutzbeauftragten bekannt wurde, insbesondere ob und gegebenenfalls in welchem Umfang das Organ, die Einrichtung oder die sonstige Stelle der Union den Verstoß gemeldet hat;

g) der Jahreshaushalt des Organs, der Einrichtung oder der sonstigen Stelle der Union.

(2) Bei Missachtung des Verbots der in Artikel 5 genannten KI-Praktiken werden Geldbußen von bis zu 1 500 000 EUR verhängt.

(3) Bei Nichtkonformität des KI-Systems mit in dieser Verordnung festgelegten Anforderungen oder Pflichten, mit Ausnahme der in Artikel 5 festgelegten, werden Geldbußen von bis zu 750 000 EUR verhängt.

(4) Bevor der Europäische Datenschutzbeauftragte Entscheidungen nach dem vorliegenden Artikel trifft, gibt er dem Organ, der Einrichtung oder der sonstigen Stelle der Union, gegen das bzw. die sich das von ihm geführte Verfahren richtet, Gelegenheit, sich zum Vorwurf des Verstoßes zu äußern. Der Europäische Datenschutzbeauftragte stützt seine Entscheidungen nur auf die Elemente und Umstände, zu denen sich die betreffenden Parteien äußern können. Beschwerdeführer, soweit vorhanden, müssen in das Verfahren eng einbezogen werden.

(5) Die Verteidigungsrechte der betroffenen Parteien werden während des Verfahrens in vollem Umfang gewahrt. Vorbehaltlich der legitimen Interessen von Einzelpersonen oder Unternehmen im Hinblick auf den Schutz ihrer personenbezogenen Daten oder Geschäftsgeheimnisse haben die betroffenen Parteien Anspruch auf Einsicht in die Unterlagen des Europäischen Datenschutzbeauftragten.

(6) Das Aufkommen aus den nach diesem Artikel verhängten Geldbußen trägt zum Gesamthaushalt der Union bei. Die Geldbußen dürfen nicht den wirksamen Betrieb des Organs, der Einrichtung oder der sonstigen Stelle der Union beeinträchtigen, dem bzw. der die Geldbuße auferlegt wurde.

(7) Der Europäische Datenschutzbeauftragte macht der Kommission jährlich Mitteilung über die Geldbußen, die er nach Maßgabe dieses Artikels verhängt hat, und über die von ihm eingeleiteten Rechtsstreitigkeiten oder Gerichtsverfahren.

Mit Art. 100 korrespondiert Erwägungsgrund 168.

Schrifttum: *Martini/Wendehorst* (Hrsg.), KI-VO, Kommentar, 2024.

Übersicht

I. Allgemeines

1. Zweck der Vorschrift

1 Art. 100 regelt die Verhängung von Geldbußen gegen Organe, Einrichtungen und sonstige Stellen der Union, die in den Anwendungsbereich der KI-VO fallen. Die für die Sanktionierung zuständige Stelle ist in diesem Fall der **Europäische Datenschutzbeauftragte**. Die KI-VO sieht den Europäischen Datenschutzbeauftragten als eine für die Organe, Einrichtungen und sonstigen Stellen der Union zuständige Marktüberwachungsbehörde vor.[1] Anders als Art. 99 richtet sich die Sanktionierung von Organen, Einrichtungen und sonstigen Stellen der Union nicht nach den Rechtsordnungen der Mitgliedstaaten. Vielmehr begründet Art. 100 ein eigenes Sanktionssystem. Die Systematik von Art. 100 orientiert sich dabei an Art. 66 der Verordnung (EU) 2018/1725, welche die Verhängung von Geldbußen gegen Organe, Einrichtungen und sonstige Stellen der Union bei Verstößen gegen die Verordnung (EU) 2016/679 (DSGVO) regelt.

2 Art. 100 dient – wie das allgemeine Sanktionsregime in Art. 99 – in erster Linie **spezial- und generalpräventiven Zielen**. Durch die Anordnung von Sanktionen sollen die Organe, Einrichtungen und sonstigen Stellen der Union von Verstößen gegen die KI-VO abgehalten werden. Durch die Etablierung eines eigenen Sanktionssystems soll zudem das Vertrauen der Bürger der Union in die Institutionen der Union gestärkt werden. Insofern soll der Eindruck vermieden werden, dass für die Organe, Einrichtungen und sonstigen Stellen der Union niedrigere Maßstäbe gelten als für privatwirtschaftliche Akteure im Bereich der KI-VO.

1 Vgl. ErwG 156 Satz 4. Nach Satz 5 bleibt das Recht der Mitgliedstaaten unberührt, selbst unabhängige Marktüberwachungsbehörden zu benennen. Vgl. auch Art. 70 Abs. 9.

2. Entstehungsgeschichte

3 Art. 100 entspricht im Wesentlichen dem ursprünglichen Entwurf der EU-Kommission vom 21.4.2021.[2] Bereits der Entwurf der EU-Kommission sah vor, dass der Europäische Datenschutzbeauftragte bei Verstößen gegen die KI-VO Geldbußen gegen Organe, Einrichtungen und sonstige Stellen der Union verhängen konnte.[3] Zudem regelte der Entwurf der EU-Kommission einen **Katalog von Kriterien**, den der Europäische Datenschutzbeauftragte bei der Bemessung von Geldbußen beachten sollte.[4]

4 Der Entwurf der EU-Kommission sah zunächst Bußgelder von bis zu 500.000 EUR (bei Verstößen gegen verbotene Praktiken in Art. 5) beziehungsweise 250.000 EUR (bei sonstigen Verstößen gegen die KI-VO) vor.[5] Nicht zuletzt auf Anregung des Europäischen Parlaments[6] hin wurden die Bußgeldrahmen im finalen Gesetzestext deutlich **höher angesetzt** (siehe dazu Rn. 21). Nach dem finalen Gesetzestext drohen Organen, Einrichtungen und sonstigen Stellen der Union bei Verstößen gegen die KI-VO demnach dreimal so hohe Geldbußen wie ursprünglich von der EU-Kommission beabsichtigt. Allerdings wurde auf den Vorschlag des EU-Parlaments[7] eine Klarstellung in Art. 100 Abs. 6 aufgenommen, dass der Betrieb der Einrichtung oder sonstigen Stelle durch die Verhängung von Geldbußen nicht beeinträchtigt werden darf.

3. Geltungsbeginn

5 Die Regelung des Art. 100 beansprucht **zwölf Monate** nach Inkrafttreten der KI-VO Geltung.[8]

4. Verhältnis zu anderen Vorschriften

6 Art. 100 stellt eine **spezielle Vorschrift** zu Art. 99 dar. Art. 99 findet auf die Verhängung von Geldbußen gegen Organe, Einrichtungen und sonstige Stellen der Union keine Anwendung. Gleiches gilt für Art. 101.[9]

---

2 Vorschlag für eine Verordnung des Europäischen Parlaments und des Rates zur Festlegung harmonisierter Vorschriften für Künstliche Intelligenz (Gesetz über Künstliche Intelligenz) und zur Änderung bestimmter Rechtsakte der Union, COM(2021) 206 final.
3 Vgl. dazu Art. 72 des Entwurfs der EU-Komm.
4 Art. 72 Abs. 1 des Entwurfs der EU-Komm.
5 Vgl. Art. 72 Abs. 2, Abs. 3 des Entwurfs der EU-Komm.
6 Abänderungen des Europäischen Parlaments, P9_TA(2023)0236, Abänderungen 675 und 678, Abs. 2 und 3.
7 Vgl. Abänderung 679, Abs. 6.
8 Vgl. Art. 113 lit. b. Siehe hierzu auch ErwG 179 Satz 9.
9 Zu möglichen Überschneidungen siehe Art. 99 Rn. 8.

7 Hinsichtlich des Verhältnisses des Art. 100 zur **DSGVO** ist auf die Erläuterungen zu Art. 99 zu verweisen (siehe Art. 99 Rn. 10).

II. Voraussetzungen für die Verhängung von Geldbußen (Art. 100 Abs. 1)

8 Art. 100 Abs. 1 regelt, unter welchen Voraussetzungen der Europäische Datenschutzbeauftragte Geldbußen gegen Organe, Einrichtungen und sonstige Stellen der Union verhängen kann.

1. Organe, Einrichtungen und sonstige Stellen der Union

9 Zu den **Organen der Union** zählen das Europäische Parlament, der Europäische Rat, der Rat der Europäischen Union, die Europäische Kommission, die Europäische Zentralbank sowie der Europäische Rechnungshof. Der Europäische Datenschutzbeauftragte ist hingegen nicht zuständig für die Sanktionierung von Handlungen des Europäischen Gerichtshofs im Rahmen seiner Rechtsprechungstätigkeit.[10]

10 Einrichtungen der Union sind alle Stellen, welche die Union bei der **Erfüllung ihrer Aufgaben** mit besonderen Funktionen unterstützen. Dies gilt etwa für den Europäischen Wirtschafts- und Sozialausschuss, den Europäischen Ausschuss der Regionen sowie den Europäischen Auswärtigen Dienst.

11 Als sonstige Stellen der Union kommen beispielsweise **dezentrale Einrichtungen** (wie etwa die Europäische Arzneimittel-Agentur) in Betracht.[11]

2. Anwendungsbereich der KI-VO

12 Das Sanktionsregime des Art. 100 gilt nur für Organe, Einrichtungen und sonstige Stellen der Union, die in den Anwendungsbereich der KI-VO fallen. Nach dem klaren Wortlaut von ErwG 23 gilt dies aber nur, wenn sie als **Anbieter oder Betreiber** eines KI-Systems auftreten.[12] Zur Definition der Begriffe Anbieter und Betreiber siehe Art. 3 Nr. 3 Rn. 84 und Nr. 4 Rn. 104. Diese Definitionen

---

10 Vgl. Art. 74 Abs. 9 KI-VO.

11 Siehe hierzu im Einzelnen die von der Europäischen Union veröffentlichte Auflistung https://european-union.europa.eu/institutions-law-budget/institutions-and-bodies/types-institutions-and-bodies_de (zuletzt abgerufen am 4.12.2024).

12 Weitergehend hingegen *Nemitz*, in: Martini/Wendehorst, KI-VO, Art. 100 Rn. 2, der die KI-VO für anwendbar hält, wenn Organe, Einrichtungen und sonstige Stellen der Union als „Akteure“ handeln.

gelten gleichermaßen für private wie auch öffentliche Stellen und Organe der EU.

3. Verstoß gegen „diese Verordnung“

Die Verhängung einer Geldbuße gegen die Organe, Einrichtungen und sonstigen Stellen der Union setzt einen Verstoß gegen die KI-VO voraus. Hierbei muss es sich um Pflichten handeln, die **speziell die Anbieter und Betreiber** von KI-Systemen treffen. **13**

Auch im Rahmen von Art. 100 stellt sich die Frage, ob die Organe, Einrichtungen und sonstigen Stellen der Union den Verstoß **schuldhaft** begangen haben müssen. Auch hier sprechen die besseren Argumente für eine entsprechende Voraussetzung. Auch Art. 100 lassen sich keine Anhaltspunkte für eine verschuldensunabhängige Haftung entnehmen. Es gelten insofern vergleichbare Maßstäbe wie im Rahmen von Art. 99 (siehe Art. 99 Rn. 20). **14**

4. Mögliche Sanktionen

Art. 100 regelt – anders als Art. 99 – ausschließlich die Verhängung von Geldbußen.[13] **Andere Sanktionen**, wie etwa Verwarnungen und Untersagungsanordnungen, sind nicht vorgesehen.[14] Eine Begründung für diesen engen Anwendungsbereich gibt der EU-Gesetzgeber weder in der KI-VO selbst noch in seinen Erwägungsgründen. Daher bleibt unklar, ob es sich hierbei gegebenenfalls um ein Redaktionsversehen handelt. Dieser Schluss liegt indes nahe. Es sind insbesondere keine sachlichen Gründe erkennbar, warum der Europäische Datenschutzbeauftragte gegen Organe, Einrichtungen und sonstige Stellen der Union keine weniger einschneidenden Maßnahmen (wie etwa Verwarnungen) verhängen können sollte. Ein solcher Ansatz würde auch dem unionsrechtlichen Gebot der Verhältnismäßigkeit und dem Rechtsstaatsprinzip widersprechen. **15**

5. Kriterien für die Bemessung von Geldbußen

a) Überblick

Die KI-VO regelt in Art. 100 Abs. 1 eine Reihe von Kriterien, die der Europäische Datenschutzbeauftragte bei der Entscheidung, **ob und in welcher Höhe** er eine Geldbuße gegen ein Organ, eine Einrichtung oder eine sonstige Stelle der **16**

---

13 Vgl. hierzu auch ErwG 168 Satz 5. Hier ist ebenfalls ausdrücklich von der Verhängung von „Geldbußen“ die Rede.

14 Die KI-VO weicht insofern auch von der Verordnung (EU) 2018/1725 ab, die in Art. 58 die Verhängung sonstiger Sanktionen gegen Organe, Einrichtungen und sonstige Stellen der Union bei Verstößen gegen die DSGVO regelt.

Union verhängt, berücksichtigen soll. Der entsprechende Katalog lehnt sich dabei an die Kriterien für die Verhängung von Geldbußen nach der Verordnung (EU) 2018/1725 an. Allerdings weist die KI-VO Abweichungen auf, welche insbesondere auf die spezifischen Umstände beim Einsatz von KI-Systemen zurückzuführen sind.

17 Anders als in Art. 99 sieht Art. 100 **keine Generalklausel** in Bezug auf „sonstige mildernde oder erschwerende Umstände“ vor. Allerdings regelt auch Art. 100, dass der Europäische Datenschutzbeauftragte bei der Bemessung einer Geldbuße sämtliche Umstände des Einzelfalls gebührend berücksichtigen muss. Dies zeigt, dass der Kriterienkatalog in Art. 100 Abs. 1 ebenfalls nicht als abschließende Aufzählung einzuordnen ist.

b) Einzelne Kriterien

18 Neben der Art und Schwere des Verstoßes sowie dessen Umfang (lit. a) muss der Europäische Datenschutzbeauftragte beispielsweise auch den Grad der Verantwortung des Organs, der Einrichtung oder sonstigen Stelle der Union berücksichtigen (lit. b) sowie etwaige getroffene Maßnahmen zur Risikominimierung (lit. c). Wie im Rahmen von Art. 99 ist ein Kriterium für die Bußgeldbemessung auch die Frage, wie umfassend das Organ, die Einrichtung oder sonstige Stelle der Union mit dem Europäischen Datenschutzbeauftragten kooperiert hat (lit. d), ob sie in der Vergangenheit bereits ähnliche Verstöße begangen hat (lit. e) und wie der Europäische Datenschutzbeauftragte auf den Verstoß aufmerksam geworden ist (lit. f).

19 Als maßgebliches Kriterium sind – ähnlich wie in Art. 99 – auch **finanzielle Aspekte** zu berücksichtigen. Hierzu zählt insbesondere der Jahreshaushalt des Organs, der Einrichtung oder sonstigen Stelle der Union (lit. g). Stellen mit einem hohen Jahreshaushalt drohen daher erhebliche Geldbußen. Allerdings darf die Verhängung der Geldbuße den Betrieb der Stelle nicht beeinträchtigen (siehe Rn. 29).

20 Im Hinblick auf die **Auslegung** der einzelnen Kriterien sei auf die Kommentierung zu Art. 99 verwiesen (siehe Art. 99 Rn. 41 ff.).

III. Verstöße gegen verbotene Praktiken (Art. 100 Abs. 2)

21 Art. 100 Abs. 2 regelt die Sanktionierung der die in Art. 5 geregelten **verbotenen Praktiken** (siehe zu den einzelnen Fallgruppen Art. 5 Rn. 8 ff.). Der Europäische Datenschutzbeauftragte kann entsprechende Verstöße mit Geldbußen von bis zu 1,5 Mio. EUR sanktionieren. Anders als in Art. 99 Abs. 3 ist damit keine prozentuale Berechnung von Geldbußen, etwa anhand des Jahreshaushalts der Stelle, vorgesehen. Zudem fällt der Bußgeldrahmen deutlich geringer aus als für privatwirtschaftliche Akteure, denen bei Verstößen gegen Art. 5 Geldbußen von bis zu 35 Mio. EUR oder 7 % des gesamten weltweiten Jahresumsatzes drohen können (siehe Art. 99 Rn. 29).

IV. Sonstige Verstöße gegen die KI-VO (Art. 100 Abs. 3)

Falls Organe, Einrichtungen und sonstige Stellen der KI-VO gegen andere Vorschriften der KI-VO verstoßen, können ihnen Geldbußen von **bis zu 750.000 EUR** drohen. Hierzu zählen etwa die Vorgaben für Hochrisikosysteme nach den Art. 8 ff. Auch der Bußgeldrahmen in Art. 100 Abs. 3 fällt insofern deutlich geringer aus als im Rahmen von Art. 99 (siehe Art. 99 Rn. 33). Eine prozentuale Berechnung der Geldbußen ist in Art. 100 Abs. 3 – wie auch in Art. 100 Abs. 2 – ebenfalls nicht vorgesehen. 22

Art. 100 Abs. 3 differenziert dabei – anders als Art. 99 – nicht zwischen **verschiedenen Arten von Verstößen**. Der Europäische Datenschutzbeauftragte muss die Umstände und Schwere des jeweiligen Verstoßes aber bei der Bemessung von Geldbußen berücksichtigen, um den Grundsatz der Verhältnismäßigkeit zu wahren (siehe Rn. 15). 23

V. Verfahrensvorschriften (Art. 100 Abs. 4)

Die KI-VO regelt in Art. 100 Abs. 4 das **Verfahren** für die Verhängung von Geldbußen gegen Organe, Einrichtungen und sonstige Stellen der Union bei Verstößen gegen die KI-VO. Danach muss der Europäische Datenschutzbeauftragte der jeweiligen Stelle zunächst die Möglichkeit geben, sich zu den vorliegenden Verdachtsmomenten zu äußern. Der Europäische Datenschutzbeauftragte darf seine Entscheidung nur auf solche Aspekte stützen, zu denen die Organe, Einrichtungen und sonstigen Stellen der Union vorab Stellung nehmen konnten. Zudem ist vorgesehen, dass der Europäische Datenschutzbeauftragte bei seiner Entscheidung die Position des jeweiligen Beschwerdeführers berücksichtigen soll. Die entsprechende Regelung in Art. 100 Abs. 4 ist insofern identisch mit den Verfahrensvorgaben in Art. 66 Verordnung (EU) 2018/1725. 24

Anders als die Verordnung (EU) 2018/1725 sieht die KI-VO hingegen keine Regelungen vor, wie Organe, Einrichtungen und sonstige Stellen der Union gegen Bußgeldentscheidungen des Europäischen Datenschutzbeauftragten vorgehen können.[15] Dies heißt im Umkehrschluss aber nicht, dass Entscheidungen des Europäischen Datenschutzbeauftragten nicht mehr angefochten werden können. 25

---

15 In Art. 64 Verordnung (EU) 2018/1725 ist insofern eine ausschließliche Zuständigkeit des Europäischen Gerichtshofs geregelt.

Der Rechtsschutz dürfte sich insofern nach den Vorgaben für **Nichtigkeitsklagen nach Art. 263 AEUV** richten.[16]

VI. Verteidigungsrechte betroffener Personen (Art. 100 Abs. 5)

26 Art. 100 Abs. 5 sieht vor, dass der Europäische Datenschutzbeauftragte die Verteidigungsrechte betroffener Parteien in dem Verfahren „in vollem Umfang" berücksichtigen muss.[17] Hierbei dürfte es sich in der Praxis in erster Linie um Betroffene handeln, die **Beschwerden** beim Europäischen Datenschutzbeauftragten einreichen.[18] Nach der Systematik in Art. 100 müssen diese Personen in das Verfahren eng einbezogen werden.[19]

27 Nach Art. 100 Abs. 5 haben betroffene Personen unter anderem das Recht, **Einsicht in die Unterlagen** des Europäischen Datenschutzbeauftragten zu nehmen. Der Begriff der „Unterlagen" dürfte sich insofern auf die vom Europäischen Datenschutzbeauftragten geführte Verfahrensakte und darin enthaltene Dokumentation beziehen.

28 Dieses Recht steht aber unter dem **Vorbehalt der legitimen Interessen** von Einzelpersonen und Unternehmen. Danach ist das Recht auf Einsichtnahme in die Unterlagen des Europäischen Datenschutzbeauftragten eingeschränkt oder ausgeschlossen, soweit dies im Einzelfall Geschäftsgeheimnisse oder den Schutz personenbezogener Daten Dritter beeinträchtigen könnte.[20]

16 Nach Art. 263 Abs. 1 Satz 2 AEUV überwacht der Europäische Gerichtshof die Rechtmäßigkeit der Handlungen der Einrichtungen oder sonstigen Stellen der Union mit Rechtswirkung gegenüber Dritten. Der Europäische Datenschutzbeauftragte ist als Einrichtung der Union einzuordnen, vgl. Art. 2 lit. d der Geschäftsordnung des Europäischen Datenschutzbeauftragten.

17 Siehe dazu für Verstöße gegen die DSGVO Art. 66 Verordnung (EU) 2018/1725.

18 Siehe zu den entsprechenden Verfahrensvorgaben Art. 16 der Geschäftsordnung des Europäischen Datenschutzbeauftragten.

19 *Nemitz*, in: Martini/Wendehorst, KI-VO, Art. 100 Rn. 27.

20 Vgl. hierzu auch ErwG 167 Satz 2. Die hier vorgesehenen Formulierungen finden sich in ähnlicher Form auch in der DSGVO, etwa im Hinblick auf Beschränkungen zum Recht auf Auskunft nach Art. 15 DSGVO, vgl. dort ErwG 63 Satz 5. Die Datenschutzaufsichtsbehörden stellen in der Praxis strenge Anforderungen an den Nachweis entsprechender Einschränkungen. Es ist nicht unwahrscheinlich, dass die Behörden unter der KI-VO ähnlich strenge Maßstäbe anlegen könnten.

VII. Beitrag zum Gesamthaushalt (Art. 100 Abs. 6)

Die vom Europäischen Datenschutzbeauftragten verhängten Geldbußen fließen in den Gesamthaushalt der Union ein. Zudem ist in Art. 100 Abs. 6 eine weitere Regelung zur Bemessung von Geldbußen geregelt. Danach darf der Europäische Datenschutzbeauftragte Geldbußen nicht in einer Höhe verhängen, die den **wirksamen Betrieb** des Organs, der Einrichtung oder der sonstigen Stelle der Union beeinträchtigen könnte. Dies bestimmt sich nach den Umständen des Einzelfalls. Da die in Art. 100 Abs. 2 und Abs. 3 geregelten Bußgeldrahmen aber ohnehin nur bis zu bis 1,5 Mio. EUR betragen (und dies auch nur bei Verstößen gegen Art. 5), dürfte eine Gefährdung des Verwaltungsbetriebs nur in seltenen Fällen drohen. **29**

VIII. Berichterstattung über verhängte Geldbußen (Art. 100 Abs. 7)

Der Europäische Datenschutzbeauftragte ist dazu verpflichtet, der Kommission einmal im Jahr **Bericht** über die von ihm nach Art. 100 verhängten Geldbußen und die von ihm eingeleiteten Rechtsstreitigkeiten und Gerichtsverfahren Mitteilung zu erstatten. **30**

Art. 101 Geldbußen für Anbieter von KI-Modellen mit allgemeinem Verwendungszweck

(1) Die Kommission kann gegen Anbieter von KI-Modellen mit allgemeinem Verwendungszweck Geldbußen von bis zu 3 % ihres gesamten weltweiten Jahresumsatzes im vorangegangenen Geschäftsjahr oder 15 000 000 EUR verhängen, je nachdem, welcher Betrag höher ist, wenn sie feststellt, dass der Anbieter vorsätzlich oder fahrlässig

a) gegen die einschlägigen Bestimmungen dieser Verordnung verstoßen hat;

b) der Anforderung eines Dokuments oder von Informationen gemäß Artikel 91 nicht nachgekommen ist oder falsche, unvollständige oder irreführende Informationen bereitgestellt hat;

c) einer gemäß Artikel 93 geforderten Maßnahme nicht nachgekommen ist;

d) der Kommission keinen Zugang zu dem KI-Modell mit allgemeinem Verwendungszweck oder dem KI-Modell mit allgemeinem Verwendungszweck mit systemischem Risiko gewährt hat, um eine Bewertung gemäß Artikel 92 durchzuführen.

Bei der Festsetzung der Höhe der Geldbuße oder des Zwangsgelds wird der Art, der Schwere und der Dauer des Verstoßes sowie den Grundsätzen der Verhältnismäßigkeit und der Angemessenheit gebührend Rechnung getragen. Die Kommission berücksichtigt außerdem Verpflichtungen, die gemäß Artikel 93 Absatz 3 oder in den einschlägigen Praxisleitfäden nach Artikel 56 gemacht wurden.

(2) Vor der Annahme einer Entscheidung nach Absatz 1 teilt die Kommission dem Anbieter des KI-Modells mit allgemeinem Verwendungszweck ihre vorläufige Beurteilung mit und gibt ihm Gelegenheit, Stellung zu nehmen.

(3) Die gemäß diesem Artikel verhängten Geldbußen müssen wirksam, verhältnismäßig und abschreckend sein.

(4) Informationen über gemäß diesem Artikel verhängte Geldbußen werden gegebenenfalls dem KI-Gremium mitgeteilt.

(5) Der Gerichtshof der Europäischen Union hat die unbeschränkte Befugnis zur Überprüfung der Entscheidungen der Kommission über die Festsetzung einer Geldbuße gemäß diesem Artikel. Er kann die verhängte Geldbuße aufheben, herabsetzen oder erhöhen.

(6) Die Kommission erlässt Durchführungsrechtsakte mit detaillierten Regelungen und Verfahrensgarantien für die Verfahren im Hinblick auf den

möglichen Erlass von Beschlüssen gemäß Absatz 1 dieses Artikels. Diese Durchführungsrechtsakte werden gemäß dem in Artikel 98 Absatz 2 genannten Prüfverfahren erlassen.

Mit Art. 101 korrespondiert Erwägungsgrund 169.

Schrifttum: *Martini/Wendehorst* (Hrsg.), KI-VO, Kommentar, 2024; *Schröter/Klotz/von Wendland* (Hrsg.), Europäisches Wettbewerbsrecht, Kommentar, 3. Aufl. 2024; *Grabitz/Hilf/Nettesheim* (Hrsg.), Das Recht der Europäischen Union: EUV/AEUV, Kommentar, 81. EL, Stand: Januar 2024.

Übersicht

I. Allgemeines

1. Zweck der Vorschrift

1 Art. 101 regelt die Verhängung von Geldbußen gegen **Anbieter von GPAI Models**. Hierbei handelt es sich um Modelle, die beträchtliche Auswirkungen auf die Allgemeinheit haben und daher ein Systemrisiko darstellen könnten.[1] Aufgrund dieser weitreichenden Risiken hat sich der EU-Gesetzgeber dazu ent-

1 Vgl. die Definition in Art. 3 Nr. 63. Siehe zu den einzelnen Voraussetzungen Art. 3 Nr. 63 Rn. 461 ff.

schlossen, für die Anbieter entsprechender Modelle ein gesondertes Sanktionssystem vorzusehen. Dieser Ansatz trägt zudem dem Umstand Rechnung, dass für die Verhängung von Sanktionen – anders als im Rahmen von Art. 99 – die EU-Kommission zuständig ist, wodurch der Verordnungsgeber überschneidende Zuständigkeiten vermeiden wollte. Daher richtet sich die Verhängung von Geldbußen gegen Anbieter von GPAI Models nicht nach den Rechtsordnungen der Mitgliedstaaten, sondern nach einem unionsrechtlichen Sanktionssystem, das durch Art. 101 festgelegt wird.

2 Wie die Sanktionsregelungen in Art. 99 und Art. 100 zielt auch Art. 101 darauf ab, die **Wirksamkeit der KI-VO** durch die Verhängung effektiver Sanktionen zu stärken. Art. 101 verfolgt insofern general- und spezialpräventive Zwecke. Durch die Verhängung wirksamer und abschreckender Sanktionen sollen Anbieter von GPAI Models von der Begehung weiterer oder erstmaliger Verstöße gegen die KI-VO abgehalten werden.

2. Entstehungsgeschichte

3 Der Gesetzentwurf der EU-Kommission vom 21.4.2021[2] sah noch keine gesonderte Regelung zur Sanktionierung von Anbietern von GPAI Models vor. Dies ist darauf zurückzuführen, dass die Vorgaben zu GPAI Models erst im Rahmen des **Änderungsvorschlags** des Europäischen Parlaments vom 14.6.2023[3] in den Text der KI-VO aufgenommen wurden. Die Regelung zur Sanktionierung von Anbietern von GPAI Models wurde sogar erst im Rahmen der konsolidierten Fassung vom 6.3.2024 erstmalig geregelt.[4]

4 Die Festlegung eines eigenen Sanktionsregimes soll der **besonderen Bedeutung** von GPAI Models Rechnung tragen. Hierbei legte der EU-Gesetzgeber bewusst die EU-Kommission als für die Sanktionierung zuständige Stelle fest. Denn die EU-Kommission ist für die Regulierung von GPAI Models umfassend zuständig.[5]

5 Die Höhe möglicher Geldbußen orientiert sich dabei an den **Bußgeldrahmen in Art. 99**, geht aber über diese noch hinaus. Auch die Sanktionierung von Verstößen gegen Auskunftspflichten von Anbietern lehnt sich an die entsprechende Regelung in Art. 99 Abs. 5 an.

---

2 Vorschlag für eine Verordnung des Europäischen Parlaments und des Rates zur Festlegung harmonisierter Vorschriften für Künstliche Intelligenz (Gesetz über Künstliche Intelligenz) und zur Änderung bestimmter Rechtsakte der Union, COM(2021) 206 final.

3 Vgl. Abänderungen des Europäischen Parlaments, P9_TA(2023)0236, Abänderung 169 (Art. 3 Abs. 1 Nr. 1d).

4 Vgl. Abänderungen des Europäischen Parlaments zum Vorschlag der Kommission, Dok.-Nr. A9-0188/808, Art. 101.

5 Vgl. etwa Art. 52, Art. 53.

3. Geltungsbeginn

Art. 101 gilt **24 Monate** nach Inkrafttreten der KI-VO.[6] Anders als die Sanktionsvorschriften in Art. 99 und Art. 100 hat sich der Gesetzgeber dagegen entschieden, die Norm gemeinsam mit den übrigen GPAI-Vorschriften bereits zwölf Monate nach Inkrafttreten anzuwenden. Der Gesetzgeber begründet dies mit dem raschen technologischen Fortschritt und der (bereits stattfindenden) Einführung von GPAI Models.[7] 6

4. Verhältnis zu anderen Vorschriften

Art. 101 steht neben den Sanktionsnormen in Art. 99 und Art. 100. Es sind aber Fälle denkbar, in denen die Mitgliedstaaten gegen Anbieter von GPAI Models **Sanktionen gemäß Art. 99** verhängen könnten. Dies könnte etwa dann der Fall sein, wenn der Anbieter weitere KI- Systeme betreibt, die nicht als GPAI Models einzuordnen sind, und hierbei gegen die KI-VO verstößt. Es ist nicht ersichtlich, dass für entsprechende Verstöße ebenfalls Art. 101 Anwendung finden sollte. Hiergegen spricht bereits der Wortlaut und die Systematik von Art. 101, die ausdrücklich auf die spezifischen Vorgaben für GPAI Models verweist. 7

In zwei Normen der KI-VO wird ausdrücklich auf Art. 101 verwiesen. Hierbei handelt es sich um **Art. 91 Abs. 4 und Art. 92 Abs. 4**. Danach müssen Anordnungen zur Bereitstellung von Informationen oder zur Gewährung von Zugang in Bezug auf GPAI Models auf die Möglichkeit von Sanktionen nach Art. 101 Bezug nehmen. 8

Art. 93 regelt die Verhängung von Sanktionen gegen Anbieter von GPAI Models, die keine Geldbußen begründen. Dies gilt etwa für Produktrückrufe oder Untersagungsverfügungen. Art. 93 regelt das Sanktionssystem für Anbieter von GPAI Models daher nicht abschließend. 9

II. Voraussetzungen für Sanktionierung (Art. 101 Abs. 1)

Art. 101 Abs. 1 regelt die Voraussetzungen für die Verhängung von Geldbußen gegen die Anbieter von GPAI Models sowie die von der EU-Kommission hierbei zu berücksichtigenden Vorgaben. 10

6 Vgl. Art. 113 lit. b. Danach finden die Ausnahmevorschrift zur Anwendbarkeit von Kapitel XII der KI-VO auf Geldbußen nach Art. 101 keine Anwendung.

7 ErwG 179 Satz 4.

1. Verstoß gegen Pflichten für Anbieter von GPAI Models

11 Die Verhängung von Geldbußen gegen Anbieter von GPAI Models setzt einen Verstoß gegen die in **Art. 101 Abs. 1 in Bezug genommenen Vorgaben** voraus.

a) Verstoß gegen die einschlägigen Bestimmungen „dieser Verordnung"

12 Der EU-Gesetzgeber sieht in Art. 101 eine sehr weitgehende Haftung für Anbieter von GPAI Models vor. Danach kann die EU-Kommission Geldbußen und Zwangsgelder gegen Anbieter verhängen, wenn sie gegen die „einschlägigen Bestimmungen" der KI-VO verstoßen. Die KI-VO regelt nicht näher, wann von einer „einschlägigen" Anforderung auszugehen ist. Allerdings spricht der Gesamtkontext der Norm dafür, dass es sich hierbei um die **spezifischen Vorgaben für GPAI Models** nach den Art. 53 ff. handeln muss. Zu diesen Vorgaben zählen beispielsweise die Vorgaben zur technischen Dokumentation von GPAI Models.[8] Aber auch Verstöße gegen formale Anforderungen, wie etwa die Pflicht zur Benennung eines Bevollmächtigten in der EU, können mit einer Geldbuße geahndet werden.[9]

13 In Art. 55 und Art. 56 sind zudem spezifische Anforderungen für Anbieter von GPAI Models geregelt, die ein **systemisches Risiko** begründen. Diese Anbieter treffen insbesondere noch weitergehende Dokumentations- und Nachweispflichten (siehe hierzu ausführlich Art. 55 Rn. 5 ff.).

b) Verstöße gegen Auskunftspflichten nach Art. 91

14 Art. 101 Abs. 1 lit. b sieht zudem Geldbußen und Zwangsgelder vor, falls Anbieter von GPAI Models **Informationsersuchen der EU-Kommission** nach Art. 91 nicht nachkommen oder falsche, unvollständige oder irreführende Informationen bereitstellen. Nach Art. 91 kann die EU-Kommission Anbieter von GPAI Models auffordern, die vom Anbieter nach Maßgabe von Art. 53 und Art. 55 erstellte Dokumentation vorzulegen. Gleiches gilt für sonstige Informationen, welche die EU-Kommission benötigt, um die Einhaltung der KI-VO durch den Anbieter überprüfen zu können.

15 Die Formulierung zu „falschen, unvollständigen oder irreführenden" Informationen lehnt sich dabei an die Regelung in Art. 99 Abs. 5 an. Auch Art. 101 Abs. 1 sieht insofern einen weitreichenden Auslegungsspielraum für die EU-Kommission, wann gegebenenfalls von **irreführenden Informationen** auszugehen ist. Dies birgt für Anbieter von GPAI Models in der Praxis weitreichende Risiken (siehe Art. 99 Rn. 36).

---

8 Vgl. Art. 53 Abs. 1 lit. a und lit. b.

9 Vgl. Art. 54 Abs. 1.

c) Keine Umsetzung von Maßnahmen nach Art. 93

Nach Art. 101 Abs. 1 lit. c kann die EU-Kommission Geldbußen und Zwangsgelder gegen Anbieter von GPAI Models verhängen, wenn diese vorangegangenen **Aufforderungen nach Art. 93** nicht nachgekommen sind. Nach dieser Norm kann die EU-Kommission Anbieter von GPAI Models – „soweit erforderlich und angemessen" – unter anderem dazu veranlassen, geeignete Maßnahmen umzusetzen, um die Vorgaben nach Art. 53 und 54 einzuhalten.[10] Daneben kann die EU-Kommission Anbieter von GPAI Models in Einzelfällen beispielsweise auch zur Rücknahme ihres Modells vom Markt verpflichten.[11] **16**

Die KI-VO sieht allerdings nicht vor, dass die EU-Kommission nur dann Geldbußen gegen die Anbieter von GPAI Models verhängen kann, wenn sie vorher **Sanktionen nach Art. 93 Abs. 1** ausgesprochen hat. Gegen eine entsprechende Einschränkung spricht unter anderem die Systematik von Art. 101. So ist der Verstoß gegen die Anordnungen nach Art. 93 nur ein Anknüpfungspunkt für die Verhängung von Geldbußen. Hätte der EU-Gesetzgeber beabsichtigt, Geldbußen generell als ultima ratio beziehungsweise als Sekundärsanktion vorzusehen, hätte er dies im Gesetzestext deutlich klarstellen müssen. **17**

d) Keine Gewährung von Zugang zu KI-Modell

Die EU-Kommission kann zudem Geldbußen gegen Anbieter von GPAI Models verhängen, wenn diese dem Büro für Künstliche Intelligenz nicht Zugang zu ihrem Modell ermöglichen, um **Bewertungen nach Art. 92** durchzuführen. Diese Bewertungen dienen insbesondere der Beurteilung, ob das GPAI Model die Vorgaben der KI-VO einhält.[12] Anknüpfungspunkt für die Verhängung von Geldbußen ist auch bei diesem Tatbestand der Verstoß gegen Mitwirkungspflichten durch den Anbieter. **18**

2. Vorsatz oder Fahrlässigkeit

Nach Art. 101 Abs. 1 setzt die Verhängung einer Geldbuße voraus, dass der Anbieter vorsätzlich oder fahrlässig gegen die Vorgaben der KI-VO verstoßen hat. Eine **verschuldensunabhängige Haftung** scheidet damit aus (siehe Art. 99 Rn. 20).[13] **19**

10 Vgl. Art. 93 Abs. 1 lit. a.
11 Vgl. Art. 93 Abs. 1 lit. c.
12 Vgl. Art. 92 Abs. 1 lit. a.
13 Vgl. dazu auch *Nemitz*, in: Martini/Wendehorst, KI-VO, Art. 101 Rn. 17.

3. Adressaten der Haftung

20 Adressaten der Haftung sind **Anbieter von GPAI Models**. Der Begriff des Anbieters ist dabei in Art. 3 Nr. 3 definiert. Danach umfasst der Begriff alle natürlichen oder juristischen Personen, Behörden, Einrichtungen oder sonstigen Stelle, die ein GPAI Model entwickeln oder entwickeln lassen und es unter ihrem eigenen Namen oder ihrer Handelsmarke in Verkehr bringen. Gleiches gilt für Stellen, die KI-Modelle unter ihrem eigenen Namen oder ihrer Handelsmarke in Betrieb nehmen.[14] Auf die Zahlung eines möglichen Entgelts kommt es hierbei nicht an (siehe Art. 3 Nr. 3 Rn. 84 ff.).

21 Als GPAI Model zählen nach der Definition in **Art. 3 Nr. 63** alle KI-Modelle, die eine erhebliche allgemeine Verwendbarkeit aufweisen und in der Lage sind, unabhängig von der Art und Weise ihres Inverkehrbringens ein breites Spektrum unterschiedlicher Aufgaben kompetent zu erfüllen. Zudem ist Voraussetzung, dass die Modelle in eine Vielzahl nachgelagerter Systeme oder Anwendungen integriert werden können. Eine Ausnahme gilt dabei für KI-Modelle, die vor ihrem Inverkehrbringen für Forschungs- und Entwicklungstätigkeiten oder die Konzipierung von Prototypen eingesetzt werden. Unter die Definition fällt beispielsweise das KI-Modell GPT-4 (siehe Art. 3 Nr. 63 Rn. 458 ff.).

4. Zuständige Behörde

22 Die **EU-Kommission** ist für die Verhängung von Geldbußen gegen Anbieter von GPAI Models zuständig.

5. Sanktionen

23 Die EU-Kommission kann gegen Anbieter von GPAI Models, die gegen die in Art. 101 Abs. 1 in Bezug genommenen Vorschriften verstoßen, **Geldbußen oder Zwangsgelder** verhängen. Aufgrund der Zuständigkeit der EU-Kommission ist lediglich der EuGH befugt, Entscheidungen über die Festsetzungen von Geldbußen zu überprüfen.

24 Die KI-VO enthält – neben der Regelung in Art. 101 – keine Vorgaben für die Bemessung oder Modalitäten von Zwangsgeldern. Der EU-Kommission dürfte daher ein **Ermessensspielraum** zukommen, wie sie Verstöße von Anbietern von GPAI Models in der Praxis konkret ahndet. Denkbar sind beispielsweise tägliche Zwangsgelder.[15]

14 Die Definition in Art. 3 Nr. 3 nimmt ausdrücklich auch auf KI-Modelle Bezug.

15 Vgl. hierzu als Vergleich die Regelung in Art. 31 DMA und Art. 24 Kartellverfahrens-Verordnung.

6. Bußgeldrahmen

25 Die KI-VO sieht bei Verstößen gegen die Vorgaben für GPAI Models erhebliche finanzielle Sanktionen vor. Danach kann die EU-Kommission gegen Anbieter Geldbußen verhängen, die bis zu **3 % des gesamten weltweiten Jahresumsatzes** des vorangegangenen Geschäftsjahrs betragen oder bis zu **15 Mio. EUR**, je nachdem, welcher Betrag höher ist.

26 Anders als Art. 99 sieht Art. 101 nicht vor, dass der Jahresumsatz nur bei Unternehmen als Bemessungskriterium herangezogen werden kann. Hierbei dürfte es sich aber um ein Redaktionsversehen handeln. Natürliche Personen haben typischerweise keinen Jahresumsatz. Auch im Rahmen von Art. 101 dürfte sich daher die Frage stellen, ob in **Konzernsachverhalten** auf den Umsatz des Konzernunternehmens oder des gesamten Konzern abzustellen ist. Da die KI-VO – anders als die DSGVO – nicht auf den kartellrechtlichen Unternehmensbegriff Bezug nimmt, dürften für die Auslegung andere Maßstäbe gelten als bei der Haftung für Datenschutzverstöße. Danach ist bei der Verhängung von Geldbußen nach der KI-VO allein auf den Umsatz des Konzernunternehmens abzustellen (siehe hierzu im Einzelnen die Einordnung bei Art. 99 Rn. 30 f.).

7. Kriterien für die Bemessung von Geldbußen

27 Art. 101 sieht – anders als Art. 99 Abs. 7 – **keinen gesonderten Kriterienkatalog** vor, den die EU-Kommission bei der Bemessung von Geldbußen oder Zwangsgeldern berücksichtigen sollte. Einzelne Kriterien finden sich aber im Text von Art. 101 Abs. 1 wieder. Danach soll die EU-Kommission unter anderem die Art, Schwere und Dauer des Verstoßes berücksichtigen. Bei dieser Bewertung gelten vergleichbare Maßstäbe wie im Rahmen von Art. 99 Abs. 7 lit. a. Auch bei Geldbußen gegen Anbieter von GPAI Models wird damit ausschlaggebend sein, ob es sich um einen systematischen oder einmaligen Vorgang mit begrenzten Auswirkungen gehandelt hat (siehe dazu Art. 99 Rn. 42).

28 Zudem sollen Geldbußen und Zwangsgelder den **Grundsätzen der Verhältnismäßigkeit und Angemessenheit** entsprechen. Damit darf die EU-Kommission keine Sanktionen verhängen, die im Hinblick auf die Schwere des Verstoßes und seiner Auswirkungen unverhältnismäßig sind.

29 Daneben soll die EU-Kommission bei ihrer Bewertung auch solche Verpflichtungen berücksichtigen, die nach Maßgabe von **Art. 93 Abs. 3** festgelegt wurden oder in einschlägigen **Praxisleitfäden nach Art. 56** hinterlegt sind. Nach Art. 93 Abs. 3 kann die EU-Kommission Verpflichtungszusagen von Anbietern von GPAI Models, die im Rahmen eines strukturierten Dialogs getroffen wurden, für bindend erklären. Bei den in Bezug genommenen Praxisleitfäden handelt es sich um entsprechende Veröffentlichungen des Amts für Künstliche Intel-

ligenz, die den Anbietern von GPAI Models die Einhaltung der KI-VO erleichtern sollen.

30 Der EU-Kommission kommt bei der Bewertung der verschiedenen Kriterien ein erheblicher **Ermessensspielraum** zu. Dieser findet erst dort seine Grenze, wo die EU-Kommission den Grundsatz der Verhältnismäßigkeit sowie den Gleichheitsgrundsatz nicht mehr wahren würde.[16]

III. Anhörung (Art. 101 Abs. 2)

31 Nach Art. 101 Abs. 2 darf die EU-Kommission nur dann Geldbußen gegen einen Anbieter von GPAI Models verhängen, wenn sie diesem vor ihrer Entscheidung ihre **vorläufige Beurteilung mitgeteilt** hat. Um dem Recht auf rechtliches Gehör des Anbieters angemessen Rechnung zu tragen, muss die EU-Kommission ihm die relevanten Tatsachen und rechtlichen Erwägungen mitteilen, die aus ihrer Sicht die Geldbuße begründen.[17]

32 Zudem muss die EU-Kommission dem Anbieter **Gelegenheit zur Stellungnahme** geben. Art. 101 Abs. 2 ist insofern Ausdruck des Justizgewährungsanspruchs.[18]

IV. Weitere Anforderungen für Bemessung von Geldbußen (Art. 101 Abs. 3)

33 Die EU-Kommission muss bei der Verhängung von Geldbußen überdies sicherstellen, dass diese **wirksam, abschreckend und verhältnismäßig** sind. Es dürften insofern vergleichbare Maßstäbe wie im Rahmen von Art. 99 gelten (siehe Art. 99 Rn. 23 ff.). Danach sollen Geldbußen zwar einerseits dazu beitragen, die Wirksamkeit der KI-VO sicherzustellen und zu fördern. Auf der anderen Seite darf die EU-Kommission aber auch keine Geldbußen verhängen, die im Hinblick auf den Verstoß unverhältnismäßig sind (siehe Rn. 28).

---

16 Vgl. für den Bereich des Kartellsanktionenrechts *Kienapfel/Miersch*, in: Schröter/Klotz/von Wendland, Europäisches Wettbewerbsrecht, Art. 23 VO (EG) 1/2003 Rn. 22.

17 Vgl. für den Bereich des Kartellsanktionenrechts *Kienapfel/Miersch*, in: Schröter/Klotz/von Wendland, Europäisches Wettbewerbsrecht, Art. 23 VO (EG) 1/2003 Rn. 4.

18 Vgl. etwa Art. 47 GRCh. Vgl. zu den entsprechenden Anforderungen bei der Verhängung von Geldbußen durch die EU-Kommission im Bereich des Kartellrechts EuG (Siebte Kammer), Urt. v. 27.3.2014 – T-56/09, T-73/09.

V. Mitteilung an KI-Gremium (Art. 101 Abs. 4)

Die EU-Kommission muss das **KI-Gremium** gegebenenfalls über die nach Art. 101 verhängten Geldbußen informieren. 34

VI. Gerichtliche Überprüfung (Art. 101 Abs. 5)

Nach Art. 101 Abs. 5 kommt dem **Europäischen Gerichtshof** die unbeschränkte Befugnis zu, Entscheidungen der EU-Kommission gegen Anbieter von GPAI Models zu überprüfen. Der Gerichtshof kann die von der EU-Kommission verhängte Geldbuße dabei aufheben, herabsetzen oder erhöhen. Das Verbot der sogenannten reformatio in peius gilt daher bei der Verhängung von Geldbußen nach Art. 101 ausdrücklich nicht. Diesen Umstand sollten Unternehmen beachten, wenn sie rechtliche Schritte gegen eine Entscheidung der EU-Kommission erwägen. 35

Das Verfahren vor dem Europäischen Gerichtshof richtet sich dabei nach den Vorgaben für **Nichtigkeitsklagen nach Art. 263 AEUV**. Danach kann jede natürliche oder juristische Person unter anderem gegen an sie gerichtete oder sie unmittelbar oder individuell betreffende Handlungen Klage erheben. Diese Voraussetzung dürfte bei einem Bußgeldbescheid der EU-Kommission nach Art. 101 jedenfalls dann erfüllt sein, wenn sich der Bescheid an den Anbieter als Adressaten richtet.[19] 36

VII. Durchführungsrechtsakte (Art. 101 Abs. 6)

Nach Art. 101 Abs. 6 kann die EU-Kommission Durchführungsrechtsakte erlassen, die **detailliertere Regelungen und Verfahrensgarantien** für Verfahren gegen Anbieter von GPAI Models vorsehen. Für den Erlass entsprechender Durchführungsrechtsakte gilt Art. 98 Abs. 2, der für die konkreten Modalitäten wiederum auf Art. 5 der Verordnung Nr. 182/2011 verweist (siehe Art. 98 Rn. 1). Art. 5 der Verordnung Nr. 182/2011 regelt die Durchführung von Prüfverfahren unter Beteiligung des Ausschusses.[20] 37

19 Vgl. zu den verschiedenen Fallgruppen *Dörr*, in: Grabitz/Hilf/Nettesheim, EUV/AEUV, Art. 263 AEUV Rn. 57, 58.

20 Der genannte Ausschuss setzt sich aus Vertretern der Mitgliedstaaten zusammen. Den Vorsitz führt ein Vertreter der EU-Kommission, vgl. Art. 3 Abs. 2 Satz 1 VO 182/2011.

Kapitel XIII
Schlussbestimmungen

(Art. 102 bis 109 nicht kommentiert)

Art. 102 Änderung der Verordnung (EG) Nr. 300/2008

In Artikel 4 Absatz 3 der Verordnung (EG) Nr. 300/2008 wird folgender Unterabsatz angefügt:

„Beim Erlass detaillierter Maßnahmen, die technische Spezifikationen und Verfahren für die Genehmigung und den Einsatz von Sicherheitsausrüstung betreffen, bei der auch Systeme der künstlichen Intelligenz im Sinne der Verordnung (EU) 2024/1689 des Europäischen Parlaments und des Rates zum Einsatz kommen, werden die in Kapitel III Abschnitt 2 jener Verordnung festgelegten Anforderungen berücksichtigt.

Art. 103 Änderung der Verordnung (EU) Nr. 167/2013

In Artikel 17 Absatz 5 der Verordnung (EU) Nr. 167/2013 wird folgender Unterabsatz angefügt:

„Beim Erlass delegierter Rechtsakte nach Unterabsatz 1, die sich auf Systeme der künstlichen Intelligenz beziehen, bei denen es sich um Sicherheitsbauteile im Sinne der Verordnung (EU) 2024/1689 des Europäischen Parlaments und des Rates handelt, werden die in Kapitel III Abschnitt 2 jener Verordnung festgelegten Anforderungen berücksichtigt.

Art. 104 Änderung der Verordnung (EU) Nr. 168/2013

In Artikel 22 Absatz 5 der Verordnung (EU) Nr. 168/2013 wird folgender Unterabsatz angefügt:

„Beim Erlass delegierter Rechtsakte nach Unterabsatz 1, die sich auf Systeme der künstlichen Intelligenz beziehen, bei denen es sich um Sicherheitsbauteile im Sinne der Verordnung (EU) 2024/1689 des Europäischen Parlaments und des Rates handelt, werden die in Kapitel III Abschnitt 2 jener Verordnung festgelegten Anforderungen berücksichtigt.

Art. 105 Änderung der Richtlinie 2014/90/EU

In Artikel 8 der Richtlinie 2014/90/EU wird folgender Absatz angefügt:

„(5) Bei Systemen der künstlichen Intelligenz, bei denen es sich um Sicherheitsbauteile im Sinne der Verordnung (EU) 2024/1689 des Europäischen Parlaments und des Rates handelt, berücksichtigt die Kommission bei der Ausübung ihrer Tätigkeiten nach Absatz 1 und bei Erlass technischer Spezifikationen und Prüfnormen nach den Absätzen 2 und 3 die in Kapitel III Abschnitt 2 jener Verordnung festgelegten Anforderungen.

Art. 106 Änderung der Richtlinie (EU) 2016/797

In Artikel 5 der Richtlinie (EU) 2016/797 wird folgender Absatz angefügt:

„(12) Beim Erlass von delegierten Rechtsakten nach Absatz 1 und von Durchführungsrechtsakten nach Absatz 11, die sich auf Systeme der künstlichen Intelligenz beziehen, bei denen es sich um Sicherheitsbauteile im Sinne der Verordnung (EU) 2024/1689 des Europäischen Parlaments und des Rates handelt, werden die in Kapitel III Abschnitt 2 jener Verordnung festgelegten Anforderungen berücksichtigt.

Art. 107 Änderung der Verordnung (EU) 2018/858

In Artikel 5 der Verordnung (EU) 2018/858 wird folgender Absatz angefügt:

„(4) Beim Erlass delegierter Rechtsakte nach Absatz 3, die sich auf Systeme der künstlichen Intelligenz beziehen, bei denen es sich um Sicherheitsbauteile im Sinne der Verordnung (EU) 2024/1689 des Europäischen Parlaments und des Rates handelt, werden die in Kapitel III Abschnitt 2 jener Verordnung festgelegten Anforderungen berücksichtigt.

Art. 108 Änderungen der Verordnung (EU) 2018/1139

Die Verordnung (EU) 2018/1139 wird wie folgt geändert:

1. In Artikel 17 wird folgender Absatz angefügt:

   „(3) Unbeschadet des Absatzes 2 werden beim Erlass von Durchführungsrechtsakten nach Absatz 1, die sich auf Systeme der künstlichen Intelligenz beziehen, bei denen es sich um Sicherheitsbauteile im Sinne der Verordnung (EU) 2024/1689 des Europäischen Parlaments und des Rates handelt, die in Kapitel III Abschnitt 2 jener Verordnung festgelegten Anforderungen berücksichtigt.

2. In Artikel 19 wird folgender Absatz angefügt:

   „(4) Beim Erlass delegierter Rechtsakte nach den Absätzen 1 und 2, die sich auf Systeme der künstlichen Intelligenz beziehen, bei denen es sich um Sicherheitsbauteile im Sinne der Verordnung (EU) 2024/1689 handelt, werden die in Kapitel III Abschnitt 2 jener Verordnung festgelegten Anforderungen berücksichtigt.“

3. In Artikel 43 wird folgender Absatz angefügt:

   „(4) Beim Erlass von Durchführungsrechtsakten nach Absatz 1, die sich auf Systeme der künstlichen Intelligenz beziehen, bei denen es sich um Sicherheitsbauteile im Sinne der Verordnung (EU) 2024/1689 handelt, werden die in Kapitel III Abschnitt 2 jener Verordnung festgelegten Anforderungen berücksichtigt.“

4. In Artikel 47 wird folgender Absatz angefügt:

„(3) Beim Erlass delegierter Rechtsakte nach den Absätzen 1 und 2, die sich auf Systeme der künstlichen Intelligenz beziehen, bei denen es sich um Sicherheitsbauteile im Sinne der Verordnung (EU) 2024/1689 handelt, werden die in Kapitel III Abschnitt 2 jener Verordnung festgelegten Anforderungen berücksichtigt."

5. In Artikel 57 wird folgender Unterabsatz angefügt:

„Beim Erlass solcher Durchführungsrechtsakte, die sich auf Systeme der künstlichen Intelligenz beziehen, bei denen es sich um Sicherheitsbauteile im Sinne der Verordnung (EU) 2024/1689 handelt, werden die in Kapitel III Abschnitt 2 jener Verordnung festgelegten Anforderungen berücksichtigt."

6. In Artikel 58 wird folgender Absatz angefügt:

„(3) Beim Erlass delegierter Rechtsakte nach den Absätzen 1 und 2, die sich auf Systeme der künstlichen Intelligenz beziehen, bei denen es sich um Sicherheitsbauteile im Sinne der Verordnung (EU) 2024/1689 handelt, werden die in Kapitel III Abschnitt 2 jener Verordnung festgelegten Anforderungen berücksichtigt."

Art. 109 Änderung der Verordnung (EU) 2019/2144

In Artikel 11 der Verordnung (EU) 2019/2144 wird folgender Absatz angefügt:

„(3) Beim Erlass von Durchführungsrechtsakten nach Absatz 2, die sich auf Systeme der künstlichen Intelligenz beziehen, bei denen es sich um Sicherheitsbauteile im Sinne der Verordnung (EU) 2024/1689 des Europäischen Parlaments und des Rates handelt, werden die in Kapitel III Abschnitt 2 jener Verordnung festgelegten Anforderungen berücksichtigt.

Art. 110 Änderung der Richtlinie (EU) 2020/1828

In Anhang I der Richtlinie (EU) 2020/1828 des Europäischen Parlaments und des Rates wird die folgende Nummer angefügt:

„68. Verordnung (EU) 2024/1689 des Europäischen Parlaments und des Rates vom 13. Juni 2024 zur Festlegung harmonisierter Vorschriften für künstliche Intelligenz und zur Änderung der Verordnungen (EG) Nr. 300/2008, (EU) Nr. 167/2013, (EU) Nr. 168/2013, (EU) 2018/858, (EU) 2018/1139 und (EU) 2019/2144 sowie der Richtlinien 2014/90/EU, (EU) 2016/797 und (EU) 2020/1828 (Verordnung über künstliche Intelligenz) (ABl. L, 2024/1689, 12.7.2024, ELI: http://data.europa.eu/eli/reg/2024/1689/oj).“

Mit Art. 110 korrespondiert Erwägungsgrund 49.

Schrifttum: *Augenhofer*, Die neue Verbandsklagen-Richtlinie – effektiver Verbraucherschutz durch Zivilprozessrecht? NJW 2021, 113; *Herbers*, Der Digital Markets Act (DMA) kommt – neue Dos and Don'ts für Gatekeeper in der Digitalwirtschaft, RDi 2022, 252; *Thömossen*, ESG-Klagen und kollektiver Rechtsschutz, NJW 2023, 945.

Übersicht

I. Allgemeines

1 Mit Art. 110 wird die europäische Richtlinie 2020/1828[1] über Verbandsklagen („**Verbandsklage-Richtlinie**“) in Anhang I um die KI-VO ergänzt. Diese Verbandsklage-Richtlinie enthält Regelungen über Verbandsklagen zum Schutz der Kollektivinteressen der Verbraucher bei Verstößen durch Unternehmer gegen die in Anhang I genannten Verordnungen. Verbandsklagen sind Klagen, die von

1 2020/1828 des Europäischen Parlaments und des Rates vom 25.11.2020 über Verbandsklagen zum Schutz der Kollektivinteressen der Verbraucher und zur Aufhebung der Richtlinie 2009/22/EG, ABl. L 409 vom 4.12.2020, S. 1 ff.

qualifizierten Einrichtungen für Verbrauchergruppen vor nationalen Gerichten oder Verwaltungsbehörden erhoben werden, um Unterlassungsklagen, Abhilfemaßnahmen oder beides zu erwirken, vgl. Art. 3 der Verbandsklage-Richtlinie.

1. Zweck der Vorschrift

2 Durch die Aufnahme der KI-VO in Anhang I der Verbandsklage-Richtlinie will die EU die Rechte der Verbraucher stärken, indem die **kollektive Rechtsdurchsetzung** bei Verstößen von Unternehmen ermöglicht wird. Ziel von Verbandsklagen ist das sog. *private law enforcement*, nach dem Private im Allgemeininteresse private Klagen zur Geltendmachung privater Sanktionen erheben, um dadurch auch öffentlichen Interessen zum Durchbruch zu verhelfen.[2] Die Unsicherheit über die eigenen Rechte oder darüber, welche Verfahren überhaupt zur Verfügung stehen, die Hemmungen bei der Klageerhebung oder das ungünstige Verhältnis zwischen den erwarteten Kosten und dem Nutzen der Einzelklage sind Hindernisse, die Verbrauchern im Weg stehen können.[3] Die Möglichkeit der Erhebung einer Verbandsklage kann die Verbraucher deshalb dazu bringen, diese Unsicherheiten zu beseitigen oder zu minimieren. Denn insbesondere bei der Anwendung von KI-Systemen besteht die Gefahr, dass eine große Zahl von Verbrauchern durch dieselbe unerlaubte Praktik von Anbietern, Betreibern und Verwendern von KI-Systemen auch im Rahmen von konkreten Entscheidungsfindungen geschädigt wird, sodass kollektive Verbraucherinteressen betroffen sind. Gleichzeitig kann die Möglichkeit der Erhebung von Verbandsklagen auch präventiv wirken, indem sie Unternehmen davon abhält, rechtswidrige Praktiken fortzusetzen oder zukünftig anzuwenden.

2. Entstehungsgeschichte

3 Der Kommissionsentwurf aus 2021 sah noch kein Instrument der kollektiven Rechtsschutzmöglichkeit bei Ansprüchen im Zusammenhang mit Verstößen von Unternehmen gegen die KI-VO vor. Ein Verbandsklagerecht wurde nach Veröffentlichung des Kommissionsvorschlags aber insbesondere von Verbraucherschützern gefordert, darunter auch von der Verbraucherzentrale Bundesverband (vzbv),[4] sodass das Recht schließlich in die konsolidierte Fassung vom 14.6.2023 aufgenommen wurde.

---

2 *Thömossen*, NJW 2023, 945, 946.

3 Siehe Hintergrundinformationen zur Richtlinie über Verbandsklagen auf der Homepage der Europäischen Kommission, https://commission.europa.eu/law/law-topic/consumer-protection-law/representative-actions-directive_de (zuletzt abgerufen: 29.1.2025).

4 Der Spiegel 43/2023 vom 20.10.2023.

Die Aufnahme des Art. 110 ist die **Konsequenz aus ErwG 17 der Verbandsklage-Richtlinie**, nach dem jedes Mal, wenn ein neuer, für den Schutz der Kollektivinteressen der Verbraucher relevanter Rechtsakt der Union erlassen wird, vom Gesetzgeber geprüft werden sollte, ob Anhang I dahingehend geändert werden sollte, dass der betreffende neue Unionsrechtsakt in den Anwendungsbereich der Richtlinie aufgenommen wird. Die Verpflichtungen der KI-VO haben auch verbraucherschützenden Charakter. 4

Treiber dieser Verschärfung war das Europäische Parlament, welches den Verbraucherschutz stärker im Sekundärrecht verankern will und sowohl für das Gesetz über digitale Märkte[5] („**DMA**“) als auch für das Gesetz über digitale Dienste[6] („**DSA**“) eine entsprechende Erweiterung der Verbandsklage-Richtlinie angestoßen hatte.[7] Die KI-VO fügt sich damit in die Reihe dieser europäischen Digitalregulierungen ein. 5

3. Verhältnis zu anderen Vorschriften

Die KI-VO hält auch **eigene Durchsetzungsmechanismen** bereit. Neben hoheitlicher Rechtsdurchsetzung durch die Anwendbarkeit der Marktüberwachungsverordnung nach Art. 74 und deren Maßnahmen und Befugnisse (siehe hierzu insb. Art. 74 Rn. 14 ff., 19 ff., 32) besteht zudem die Möglichkeit, die Einhaltung der Anforderungen der KI-VO individualrechtlich zu verfolgen, beispielsweise durch eine etwaige Einschaltung der Marktüberwachungsbehörden über das Beschwerderecht nach Art. 85 oder durch privatrechtlich verfolgte Einzelansprüche (z.B. das Recht auf Erläuterung der Entscheidung im Einzelfall nach Art. 86, Unterlassungsansprüche oder Schadensersatzansprüche). 6

Der Entwurf der KI-Haftungsrichtlinie,[8] insbesondere Art. 6, sieht ebenso eine Ergänzung des Anhangs der Verbandsklage-Richtlinie vor. 7

II. Erstreckung der Verbandsklage-Richtlinie auf die KI-VO

Die in Anhang I der Verbandsklage-Richtlinie aufgeführten Rechtsakte betreffen **verbraucherspezifische Normen** sowie, zusätzlich zum allgemeinen Verbraucherrecht, Rechtsbereiche des Datenschutzes, der Finanzdienstleistungen, 8

---

5 Verordnung (EU) 2022/1925 des Europäischen Parlaments und des Rates vom 14.9.2022 über bestreitbare und faire Märkte im digitalen Sektor und zur Änderung der Richtlinien (EU) 2019/1937 und (EU) 2020/1828 (Gesetz über digitale Märkte).

6 Verordnung (EU) 2022/2065 des Europäischen Parlaments und des Rates vom 19.10.2022 über einen Binnenmarkt für digitale Dienste und zur Änderung der Richtlinie 2000/31/EG (Gesetz über digitale Dienste).

7 I.d.S. auch für den DMA *Herbers*, RDi 2022, 252, 257.

8 COM (2022) 496 final 2022/0303 (COD) vom 28.9.2022.

des Reiseverkehrs und des Tourismus, der Energie und der Kommunikation. Die Ergänzung des Anhangs I um die neue KI-VO ist insoweit nachvollziehbar, als sie verbraucherschützende Regelungen sowie datenschutzrelevante Themen enthält und das Ziel verfolgt, die Anwendung von KI in der EU zu regulieren.

1. Anwendungsbereich der Verbandsklage-Richtlinie

9 Verstoßen Unternehmen gegen die Regelungen der KI-VO, welche die Kollektivinteressen der Verbraucher beeinträchtigen oder zu beeinträchtigen drohen, sollen durch die Ergänzung des Anhangs I der Verbandsklage-Richtlinie klageberechtigte Stellen (sog. „**qualifizierte Einrichtungen**“) Verbandsklagen erheben können.

10 Die Richtlinie differenziert zwischen **Verbandsklagen auf Unterlassung und Verbandsklagen auf Abhilfe**. Die Verbandsabhilfeklagen sind das Kernstück der Richtlinie, denn sie eröffnen die Chance auf Abhilfe für den einzelnen Verbraucher, ohne dass dieser selbst klagen muss, vgl. Art. 9 Abs. 6 Verbandsklage-Richtlinie. Die qualifizierten Stellen klagen direkt auf die Erfüllung der Ansprüche der Betroffenen.

11 Die Erhebung der Verbandsklage auf Unterlassung oder auf Abhilfe setzt eine bestehende oder drohende **Beeinträchtigung kollektiver Verbraucherinteressen** voraus. Diese definiert die Richtlinie gemäß Art. 3 Nr. 3 als „das allgemeine Interesse der Verbraucher und, insbesondere im Hinblick auf Abhilfeentscheidungen, die Interessen einer Gruppe von Verbrauchern“. Für die Verbandsklage auf Unterlassung ist anzunehmen, dass die Allgemeininteressen betroffen sind, wenn nur ein Verbraucher oder wenige Verbraucher bislang von der Praktik betroffen sind, aber zu befürchten ist, dass das Unternehmen diese Praktik auch gegenüber anderen Verbrauchern in Zukunft anwenden wird.[9]

2. Umsetzung im nationalen Recht

12 Durch die Verbandsklagen-Richtlinie und deren deutsche Umsetzung durch das Verbandsklagenrichtlinienumsetzungsgesetz („**VRUG**“) wird das verfahrensrechtliche Instrumentarium über Unterlassungsklagen hinaus ausgedehnt und umfasst nunmehr auch Verbandsklagen auf Abhilfe. Während Unterlassungsklagen, wie sie im Unterlassungsklagengesetz („**UKlaG**“) geregelt sind, auf negatorische Ansprüche beschränkt sind, können sich betroffene Verbraucher durch die Verbandsabhilfeklage einer Verbandsklage anschließen und ohne eine weitere eigene Klage Befriedigung erlangen.

9 *Augenhofer*, NJW 2021, 113, 114.

Mit dem VRUG hat Deutschland die Verbandsklage-Richtlinie zum 13.10.2023 umgesetzt. Durch Art. 1 VRUG wurde das **Verbraucherrechtedurchsetzungsgesetz** („**VDuG**") erlassen, das die Verbandsklagen in Form der Abhilfeklage und auch die bereits seit 2018 existierende **Musterfeststellungsklage** regelt. Anders als bei der Abhilfeklage steht der Anspruch der Verbraucher im Musterfeststellungsverfahren zwar verbindlich fest, jedoch muss der Verbraucher nochmals selbst klagen (Individualklage), wenn das verklagte Unternehmen sich weigert, den Anspruch zu erfüllen. Unterlassungsklagen sind weiterhin im UKlaG und im Gesetz gegen den unlauteren Wettbewerb („**UWG**") beheimatet. 13

Die Abhilfeklage kann im Zusammenhang mit der KI-VO insbesondere relevant werden, wenn eine Person durch das Ergebnis eines KI-Systems oder das Fehlen eines solchen Ergebnisses einen Schaden erlitten hat. In solchen Fällen könnten Leistungsansprüche auf Schadensersatz geltend gemacht werden, was auch eine Vielzahl von Verbrauchern betreffen könnte, wenn viele Personen von derselben KI-Entscheidung betroffen sind. 14

Art. 111 Bereits in Verkehr gebrachte oder in Betrieb genommene KI-Systeme und bereits in Verkehr gebrachte KI-Modelle mit allgemeinem Verwendungszweck

(1) Unbeschadet der Anwendung des Artikels 5 gemäß Artikel 113 Absatz 3 Buchstabe a werden KI-Systeme, bei denen es sich um Komponenten von IT-Großsystemen handelt, die mit den in Anhang X aufgeführten Rechtsakten eingerichtet wurden und vor dem 2. August 2027 in Verkehr gebracht oder in Betrieb genommen wurden, bis zum 31. Dezember 2030 mit dieser Verordnung in Einklang gebracht.

Die in dieser Verordnung festgelegten Anforderungen werden bei der Bewertung jedes IT-Großsystems, das mit den in Anhang X aufgeführten Rechtsakten eingerichtet wurde, berücksichtigt, wobei die Bewertung entsprechend den Vorgaben der jeweiligen Rechtsakte und bei Ersetzung oder Änderung dieser Rechtsakte erfolgt.

(2) Unbeschadet der Anwendung des Artikels 5 gemäß Artikel 113 Absatz 3 Buchstabe a gilt diese Verordnung für Betreiber von Hochrisiko-KI-Systemen – mit Ausnahme der in Absatz 1 des vorliegenden Artikels genannten Systeme –, die vor dem 2. August 2026 in Verkehr gebracht oder in Betrieb genommen wurden, nur dann, wenn diese Systeme danach in ihrer Konzeption erheblich verändert wurden. In jedem Fall treffen die Anbieter und Betreiber von Hochrisiko-KI-Systemen, die bestimmungsgemäß von Behörden verwendet werden sollen, die erforderlichen Maßnahmen für die Erfüllung der Anforderungen und Pflichten dieser Verordnung bis zum 2. August 2030.

(3) Anbieter von KI-Modellen mit allgemeinem Verwendungszweck, die vor dem 2. August 2025 in Verkehr gebracht wurden, treffen die erforderlichen Maßnahmen für die Erfüllung der in dieser Verordnung festgelegten Pflichten bis zum 2. August 2027.

Mit Art. 111 korrespondiert Erwägungsgrund 177.

Schrifttum: *Hilgendorf/Roth-Isigkeit* (Hrsg.), Die neue Verordnung der EU zur Künstlichen Intelligenz, 2023.

Übersicht

I. Allgemeines

Art. 111 beinhaltet Bestandsschutzregelungen für bestimmte, bereits bestehende KI-Systeme und KI-Modelle mit allgemeinem Verwendungszweck. Auf diese Systeme und Modelle findet die KI-VO unter bestimmten Voraussetzungen nicht oder nicht gleichermaßen Anwendung. Auf alle nicht in Art. 111 genannten KI-Systeme erstrecken sich die Pflichten und Verbote nach der KI-VO im Umkehrschluss auch dann, wenn diese bereits vor dem Anwendungsbeginn der KI-VO in Verkehr gebracht oder in Betrieb genommen wurden.[1] Für KI-Systeme mit geringen Risiken bedeutet dies, dass die Mitgliedstaaten bereits mit Verabschiedung der KI-VO an einer eigenständigen Regulierung dieser Systeme gehindert werden.[2] 1

1. Zweck der Vorschrift

Art. 111 gewährleistet für bestimmte Hochrisiko-KI-Systeme einen **Bestandsschutz**. Diese Kontinuität bei der Verwendung von Hochrisiko-KI-Systemen soll insbesondere für Rechtssicherheit im Hinblick auf den mit dieser Kategorie verbundenen Pflichtenkatalog der betroffenen Akteure sorgen, einen angemessenen Anpassungszeitraum für diese sicherstellen und Marktstörungen vermeiden.[3] 2

2. Entstehungsgeschichte

Der ursprüngliche Kommissionsentwurf sah zunächst vor, dass bestimmte KI-Systeme überhaupt nicht in den Anwendungsbereich der KI-VO fallen sollten. 3

1 Vgl. *Gless/Janal*, in: Hilgendorf/Roth-Isigkeit, Die neue Verordnung der EU zur Künstlichen Intelligenz, § 2 Rn. 59.

2 Vgl. *Gless/Janal*, in: Hilgendorf/Roth-Isigkeit, Die neue Verordnung der EU zur Künstlichen Intelligenz, § 2 Rn. 59.

3 ErwG 177 Satz 1.

Namentlich sollten Komponenten von IT-Großsystemen, in dem von der eu-LISA[4] verwalteten Raum der Freiheit, der Sicherheit und des Rechts nicht vom Anwendungsbereich der KI-VO umfasst sein, wenn diese Komponenten vor Ablauf eines Jahres ab dem Zeitpunkt des Inkrafttretens der KI-VO in Verkehr gebracht oder in Betrieb genommen wurden. Sie sollten nur dann umfasst sein, wenn die Ersetzung oder die Änderung zu einer wesentlichen Änderung der Konzeption oder Zweckbestimmung der betreffenden KI-Systeme geführt hätte.[5] Die KI-VO wäre dementsprechend nur ausnahmsweise auf bestehende IT-Großsysteme anwendbar gewesen.

4 Bereits der überarbeitete Vorschlag des Parlaments beinhaltete hingegen einen **Regel-Ausnahme-Ansatz**, wonach KI-Systeme, die Teile von IT-Großsystemen sind, nicht aus dem Anwendungsbereich der KI-VO ausgenommen sein sollten. Vielmehr sollte eine öffentliche Rechenschaftspflicht bestehen, diese Systeme in Einklang mit der KI-VO zu betreiben, sofern sich dies mit den Vorgaben der in Anhang X aufgeführten Rechtsakte vereinbaren lässt.

5 Grundsätzlich sollten also alle IT-Großsysteme, die bis zum 2.8.2027 in Verkehr gebracht oder in Betrieb genommen werden, in den Anwendungsbereich der KI-VO fallen. Sie müssten die darin festgelegten Anforderungen erfüllen. Auch bei der Bewertung bereits bestehender IT-Großsysteme, in die KI-Komponenten integriert werden, oder bei der Änderung der diesen zugrunde liegenden EU-Rechtsakte müssten die Vorgaben der KI-VO nunmehr Berücksichtigung finden. Das Parlament setzte sich mit diesem Regelungsansatz durch.

6 Die Bestimmung zu KI-Modellen mit allgemeinem Verwendungszweck in Art. 111 Abs. 3 war im ursprünglichen Entwurf der Kommission nicht vorgesehen. Die Anforderungen zu KI-Modellen mit allgemeinem Verwendungszweck, wie Open AIs GPT-4 und DALL-E, Googles BERT oder DeepMinds Chinchilla, wurden erst später im Gesetzgebungsverfahren als Sonderkategorie eingefügt. Daher sah sich der EU-Gesetzgeber dazu veranlasst, auch eine separate regulatorische Antwort auf den Umgang mit bestehenden KI-Modellen mit allgemeinem Verwendungszweck zu geben.

3. Verhältnis zu anderen Vorschriften

7 Im Hinblick auf KI-Systeme, bei denen es sich um Komponenten von IT-Großsystemen handelt, sowie KI-Modelle mit allgemeinem Verwendungszweck wird in Art. 111 Abs. 1 und 3 eine gegenüber dem Regelgeltungszeitraum längere Übergangsfrist festgelegt. Art. 111 Abs. 1 und 3 sind systematisch daher den in

4 Agentur der Europäischen Union für das Betriebsmanagement von IT-Großsystemen.

5 Begründung des konsolidierten Entwurfs, S. 5 f.

Art. 113 (abschließend) geregelten Ausnahmen vom Geltungsbeginn der KI-VO zuzuordnen.

II. Inhalt der Vorschrift

1. Komponenten von IT-Großsystemen (Abs. 1)

Die erste Sonderbestimmung betrifft KI-Systeme, die Teile von IT-Großsysteme- 8
men sind, die gemäß den in Anhang X definierten Rechtsvorschriften eingerichtet wurden.

Bei IT-Großsystemen handelt es sich um Technologien, die große Mengen perso- 9
nenbezogener Daten – einschließlich sensibler Daten – automatisiert verarbeiten. Werden IT-Großsysteme im Rahmen der Datenverarbeitung durch KI-Komponenten unterstützt, sollten diese den in der KI-VO festgelegten Schutzmaßnahmen unterliegen.

Die bereits bestehenden IT-Großsysteme, auf die die KI-VO erst verzögert ab 10
dem 31.12.2030 Anwendung findet, sind in Anhang X abschließend aufgeführt:

– Schengener Informationssystem,
– Visa-Informationssystem,
– Eurodac,
– Einreise-/Ausreisesystem,
– Europäisches Reiseinformations- und -genehmigungssystem,
– Europäisches Strafregisterinformationssystem über Drittstaatsangehörige und Staatenlose,
– Interoperable EU-Informationssysteme,

Betreiber von KI-Systemen, bei denen es sich um Komponenten solcher IT- 11
Großsysteme handelt, haben deutlich länger Zeit, diese KI-Systeme in Einklang mit den sich aus der KI-VO ergebenden Pflichten zu bringen, als es Art. 113 lit. a vorsieht. Stichtag für die Kompatibilität mit den Betreiberpflichten ist in diesen Fällen der 31.12.2030.

Die in Art. 111 Abs. 1 eher großzügig bemessene Implementierungsperiode 12
wird allerdings im Hinblick auf IT-Großsysteme durch Art. 5 eingeschränkt. Steht die in einem IT-Großsystem enthaltene KI-Komponente in Zusammenhang mit einer in Art. 5 näher definierten verbotenen Praktik, muss die Komponente von den verantwortlichen Akteuren i. S. d. Art. 113 lit. c bereits sechs Monate nach dem Inkrafttreten von der in Art. 5 definierten Praktik bereinigt werden.

2. Wesentlich veränderte Hochrisiko-KI-Systeme (Abs. 2)

13 Keine Rückwirkung soll die KI-VO für Hochrisiko-KI-Systeme entfalten.[6] Bereits eingeführte sensitive Verfahren, z. B. zur Beurteilung der Kreditwürdigkeit von Personen oder zur Bewerberauswahl, könnten weiter verwendet werden, ohne die Konformität mit den Bestimmungen der KI-VO berücksichtigen zu müssen.[7] Dies gilt selbst dann, wenn die Verfahren im Zusammenhang mit Hochrisiko-KI-Systemen erst bei Inkrafttreten der KI-VO oder in den darauffolgenden zwei Jahren in Betrieb genommen und implementiert werden. Erst der Geltungsbeginn der KI-VO bildet den Stichtag zur Beurteilung, wann ein Hochrisiko-KI-System als „bereits in Verkehr gebracht oder in Betrieb genommen" im Sinne der Norm gilt.

a) Adressat der Vorschrift

14 Während in der Original-Sprachfassung der KI-VO der „operator" in diesem Sinne verpflichtet wird, bei dem es sich übersetzt um den in Art. 3 Nr. 8 definierten „Akteur" handelt, wird in der deutschen Fassung nur der „Betreiber" im Sinne des Art. 3 Nr. 4 als Vorschriftsadressat genannt. Diese **Abweichung in den verschiedenen Sprachfassungen** führt zu einer erheblichen Diskrepanz des Adressatenkreises. Der Akteur umfasst einen weiten Personenkreis, zu dem unter anderem auch der Betreiber gehört. Der Betreiberbegriff ist demgegenüber ein wesentlich engerer. Der bindende deutsche Gesetzeswortlaut ist damit gegenüber den übrigen Sprachfassungen signifikant enger. Angesichts der unmittelbaren Geltung der für alle Mitgliedstaaten geltenden KI-VO ist davon auszugehen, dass es sich bei der Beschränkung auf den Betreiber in Art. 111 Abs. 2 um ein **redaktionelles Versehen** handelt. Dementsprechend muss sich der Geltungsbereich der Pflichten nach Art. 111 Abs. 2, abweichend vom Wortlaut, nicht nur auf Betreiber von Hochrisiko-KI-Systemen, sondern auf sämtliche Akteure in diesem Zusammenhang erstrecken.

b) Erhebliche Veränderung

15 Gem. Art. 111 Abs. 2 gilt die KI-VO für Betreiber von Hochrisiko-KI-Systemen, die vor dem zeitlichen Geltungsbeginn der KI-VO in Verkehr gebracht oder in Betrieb genommen wurden, allerdings immer dann, wenn diese nach dem Geltungsbeginn in ihrer Konzeption **erheblich verändert** wurden. Unter erheblichen Veränderungen werden alle wesentlichen Änderungen verstanden,

---

6 Vgl. *Gless/Janal*, in: Hilgendorf/Roth-Isigkeit, Die neue Verordnung der EU zur Künstlichen Intelligenz, § 2 Rn. 56.

7 Vgl. *Gless/Janal*, in: Hilgendorf/Roth-Isigkeit, Die neue Verordnung der EU zur Künstlichen Intelligenz, § 2 Rn. 56.

die KI-Systeme i. S. d. KI-VO betreffen können.[8] Eine „wesentliche Änderung“ liegt gemäß Art. 3 Nr. 23 vor, wenn diese

- in der vom Betreiber durchgeführten ursprünglichen Konformitätsbewertung nicht vorgesehen oder geplant war und
- dadurch die Konformität des KI-Systems mit den Anforderungen in Kapitel III Abschnitt 2 beeinträchtigt wird oder die Zweckbestimmung sich ändert, für die das KI-System geprüft wurde (siehe Art. 3 Rn. 242 ff.).

Durch diese Regelung soll das den Hochrisiko-KI-Systemen immanente Risiko, sich autonom weiterzuentwickeln,[9] eingeschränkt werden. Aus dieser Weiterentwicklung folgende Änderungen könnten sich auf die Konformität des KI-Systems auswirken. Diese wäre nicht länger gewahrt, wenn sich relevante Datenlücken oder Mängel nicht mehr ermitteln lassen, die Betriebsanleitung inadäquate Informationen enthält, die Protokollierung gestört wird oder eine wirksame menschliche Aufsicht über das Hochrisiko-KI-System nicht länger gewährleistet wird. **16**

Eine Änderung der Zweckbestimmung kann beispielsweise vorliegen, wenn Emotionserkennungssysteme oder Systeme zur biometrischen Kategorisierung im öffentlichen Raum zu Werbezwecken statt für reine Forschungszwecke eingesetzt werden. **17**

Für die Betreiber von Hochrisiko-KI-Systemen, die vor Geltungsbeginn der KI-VO in den Verkehr gebracht oder in Betrieb genommen werden, resultiert hieraus implizit eine **Beobachtungspflicht**.[10] Kommt es zu einer wesentlichen Veränderung von Hochrisiko-KI-Systemen, muss diese in der EU-Datenbank registriert werden.[11] **18**

Konkrete Kriterien zur Bestimmung, wann eine Änderung der Konzeption oder Zweckbestimmung folgenreich genug ist, um als „erhebliche Veränderung“ bzw. „wesentliche Änderung“ in diesem Sinne eingeordnet zu werden, enthält die KI-VO allerdings nicht. Aufsichtsbehörden und Akteure könnten insofern zu unterschiedlichen Ergebnissen gelangen, was eine Rechtsunsicherheit über den Anwendungsbereich der KI-VO zur Folge hat.[12] Es ist zu erwarten, dass die Kommission – wie gemäß Art. 96 Abs. 1 lit. c explizit vorgesehen – eine Leitlinie zur praktischen Durchführung der Bestimmungen über wesentliche Veränderungen erarbeiten wird (dazu Art. 96 Rn. 28). Bevor dies geschehen ist, sollte **19**

8 ErwG. 177 Satz 2.

9 ErwG 12 Satz 8, 9.

10 Vgl. *Gless/Janal*, in: Hilgendorf/Roth-Isigkeit, Die neue Verordnung der EU zur Künstlichen Intelligenz, § 2 Rn. 57.

11 ErwG 131.

12 So bereits EDSB, Stellungnahme 44/2023 zu dem Vorschlag für ein Gesetz über künstliche Intelligenz im Lichte der legislativen Entwicklungen, Ziff. 3.1., Rn. 13.

angesichts des Schutzzwecks der Regulierung von Hochrisiko-KI-Systemen bei der Auslegung der Begriffe ein eher **großzügiger Maßstab** gewählt werden. (Ver-)Änderungen sollten daher im Zweifel als erheblich oder wesentlich gewählt werden, damit die Systeme dem Regulierungsregime unterfallen. Für Betreiber von Hochrisiko-KI-Systemen dürfte dieser großzügige Ansatz schon aus Gründen der Vorsicht zwingend sein. Betreiber werden angesichts der drohenden Sanktionen (dazu Art. 99 Rn. 32) nicht riskieren können, dass Regulierungsbehörden und Gerichte zu einer anderen Einschätzung hinsichtlich des Grads der (Ver-)Änderung gelangen.

c) Verwendung durch Behörden

20 Für Anbieter und Betreiber von Hochrisiko-KI-Systemen, die zur Nutzung bei Behörden zum Einsatz kommen sollen, gelten **einschränkende Regelungen**. Diese Systeme müssen – unabhängig von einer Änderung – von den Betreibern bis spätestens zum 2.8.2030 an die Vorgaben der KI-VO angepasst werden. So soll dem Risiko begegnet werden, dass KI-Systeme mit einem hohen Schädigungspotenzial für Grundrechte außerhalb des Anwendungsbereichs der KI-VO weiterbetrieben werden, weil diese nicht erheblich verändert werden. Selbst wenn ein Hochrisiko-KI-System somit bereits längere Zeit vor dem Inkrafttreten der KI-VO in Betrieb genommen und niemals verändert wurde, müssen die Betreiber im Lichte der **öffentlichen Rechenschaftspflicht** alle notwendigen Anpassungen vornehmen, um die Anforderungen der KI-VO zu erfüllen.[13] Dass ein Hochrisiko-KI-System innerhalb des festgelegten Sechsjahreszeitraums keine wesentliche Änderung erfährt, welche die Betreiberpflichten nach den allgemeinen Vorschriften auslöst, ist allerdings höchst unwahrscheinlich.[14]

3. KI-Modelle mit allgemeinem Verwendungszweck (Abs. 3)

21 Die Regelung richtet sich an „Anbieter" von **bereits auf dem europäischen Markt bestehenden und unverändert belassenen** KI-Modellen mit allgemeinem Verwendungszweck. Für Unternehmen, die neue KI-Modelle mit allgemeinem Verwendungszweck in bereits bestehende Systeme integrieren oder bereits bestehende KI-Modelle mit allgemeinem Verwendungszweck durch Änderung der Datenquellen modifizieren, besteht hingegen – wie bei den Hochrisiko-KI-Systemen – ein Risiko, in den regulären Anwendungsbereich der KI-VO nach Art. 113 zu fallen.

---

13 ErwG 177 Satz 3.

14 Proposal for a Regulation of the European Parliament and of the Council laying down harmonised rules on artificial intelligence (Artificial Intelligence Act) and amending certain Union legislative acts – Analysis of the final compromise text with a view to agreement, Doc.-No. 8115/21, Ziff. II. 11.

Art. 112 Bewertung und Überprüfung

(1) Die Kommission prüft nach Inkrafttreten dieser Verordnung und bis zum Ende der Befugnisübertragung gemäß Artikel 97 einmal jährlich, ob eine Änderung der Liste in Anhang III und der Liste der verbotenen Praktiken im KI-Bereich gemäß Artikel 5 erforderlich ist. Die Kommission übermittelt die Ergebnisse dieser Bewertung dem Europäischen Parlament und dem Rat.

(2) Bis zum 2. August 2028 und danach alle vier Jahre bewertet die Kommission Folgendes und erstattet dem Europäischen Parlament und dem Rat Bericht darüber:

a) Notwendigkeit von Änderungen zur Erweiterung bestehender Bereiche oder zur Aufnahme neuer Bereiche in Anhang III:
b) Änderungen der Liste der KI-Systeme, die zusätzliche Transparenzmaßnahmen erfordern, in Artikel 50;
c) Änderungen zur Verbesserung der Wirksamkeit des Überwachungs- und Governance-Systems.

(3) Bis zum 2. August 2029 und danach alle vier Jahre legt die Kommission dem Europäischen Parlament und dem Rat einen Bericht über die Bewertung und Überprüfung dieser Verordnung vor. Der Bericht enthält eine Beurteilung hinsichtlich der Durchsetzungsstruktur und der etwaigen Notwendigkeit einer Agentur der Union zur Lösung der festgestellten Mängel. Auf der Grundlage der Ergebnisse wird diesem Bericht gegebenenfalls ein Vorschlag zur Änderung dieser Verordnung beigefügt. Die Berichte werden veröffentlicht.

(4) In den in Absatz 2 genannten Berichten wird insbesondere auf folgende Aspekte eingegangen:

a) Sachstand bezüglich der finanziellen, technischen und personellen Ressourcen der zuständigen nationalen Behörden im Hinblick auf deren Fähigkeit, die ihnen auf der Grundlage dieser Verordnung übertragenen Aufgaben wirksam zu erfüllen;
b) Stand der Sanktionen, insbesondere der Bußgelder nach Artikel 99 Absatz 1, die Mitgliedstaaten bei Verstößen gegen diese Verordnung verhängt haben;
c) angenommene harmonisierte Normen und gemeinsame Spezifikationen, die zur Unterstützung dieser Verordnung erarbeitet wurden;
d) Zahl der Unternehmen, die nach Inkrafttreten dieser Verordnung in den Markt eintreten, und wie viele davon KMU sind.

(5) Bis zum 2. August 2028 bewertet die Kommission die Arbeitsweise des Büros für Künstliche Intelligenz und prüft, ob das Büro für Künstliche Intelligenz mit ausreichenden Befugnissen und Zuständigkeiten zur Erfüllung seiner Aufgaben ausgestattet wurde, und ob es für die ordnungsgemäße Durchführung und Durchsetzung dieser Verordnung zweckmäßig und erforderlich wäre, das Büro für Künstliche Intelligenz und seine Durchsetzungskompetenzen zu erweitern und seine Ressourcen aufzustocken. Die Kommission übermittelt dem Europäischen Parlament und dem Rat einen Bericht über ihre Bewertung.

(6) Bis zum 2. August 2028 und danach alle vier Jahre legt die Kommission einen Bericht über die Überprüfung der Fortschritte bei der Entwicklung von Normungsdokumenten zur energieeffizienten Entwicklung von KI-Modellen mit allgemeinem Verwendungszweck vor und beurteilt die Notwendigkeit weiterer Maßnahmen oder Handlungen, einschließlich verbindlicher Maßnahmen oder Handlungen. Dieser Bericht wird dem Europäischen Parlament und dem Rat vorgelegt und veröffentlicht.

(7) Bis zum 2. August 2028 und danach alle drei Jahre führt die Kommission eine Bewertung der Folgen und der Wirksamkeit der freiwilligen Verhaltenskodizes durch, mit denen die Anwendung der in Kapitel III Abschnitt 2 festgelegten Anforderungen an andere KI-Systeme als Hochrisiko-KI-Systeme und möglicherweise auch zusätzlicher Anforderungen an andere KI-Systeme als Hochrisiko-KI-Systeme, auch in Bezug auf deren ökologische Nachhaltigkeit, gefördert werden soll.

(8) Für die Zwecke der Absätze 1 bis 7 übermitteln das KI-Gremium, die Mitgliedstaaten und die zuständigen nationalen Behörden der Kommission auf Anfrage unverzüglich die gewünschten Informationen.

(9) Bei den in den Absätzen 1 bis 7 genannten Bewertungen und Überprüfungen berücksichtigt die Kommission die Standpunkte und Feststellungen des KI-Gremiums, des Europäischen Parlaments, des Rates und anderer einschlägiger Stellen oder Quellen.

(10) Die Kommission legt erforderlichenfalls geeignete Vorschläge zur Änderung dieser Verordnung vor und berücksichtigt dabei insbesondere technologische Entwicklungen, die Auswirkungen von KI-Systemen auf die Gesundheit und Sicherheit und auf die Grundrechte und die Fortschritte in der Informationsgesellschaft.

(11) Als Orientierung für die in den Absätzen 1 bis 7 genannten Bewertungen und Überprüfungen entwickelt das Büro für Künstliche Intelligenz ein Ziel und eine partizipative Methode für die Bewertung der Risikoniveaus anhand der in den jeweiligen Artikeln genannten Kriterien und für die Einbeziehung neuer Systeme in

a) die Liste gemäß Anhang III, einschließlich der Erweiterung bestehender Bereiche oder der Aufnahme neuer Bereiche in diesen Anhang;

b) die Liste der verbotenen Praktiken gemäß Artikel 5; und

c) die Liste der KI-Systeme, die zusätzliche Transparenzmaßnahmen erfordern, in Artikel 50.

(12) Eine Änderung dieser Verordnung im Sinne des Absatzes 10 oder entsprechende delegierte Rechtsakte oder Durchführungsrechtsakte, die sektorspezifische Rechtsvorschriften für eine unionsweite Harmonisierung gemäß Anhang I Abschnitt B betreffen, berücksichtigen die regulatorischen Besonderheiten des jeweiligen Sektors und die in der Verordnung festgelegten bestehenden Governance-, Konformitätsbewertungs- und Durchsetzungsmechanismen und -behörden.

(13) Bis zum 2. August 2031 nimmt die Kommission unter Berücksichtigung der ersten Jahre der Anwendung der Verordnung eine Bewertung der Durchsetzung dieser Verordnung vor und erstattet dem Europäischen Parlament, dem Rat und dem Europäischen Wirtschafts- und Sozialausschuss darüber Bericht. Auf Grundlage der Ergebnisse wird dem Bericht gegebenenfalls ein Vorschlag zur Änderung dieser Verordnung beigefügt, der die Struktur der Durchsetzung und die Notwendigkeit einer Agentur der Union für die Lösung festgestellter Mängel betrifft.

Mit Art. 112 korrespondiert Erwägungsgrund 174.

Schrifttum: *Krimphove*, Die europäische KI-Verordnung im Technikrecht, InTeR 2024, 154; *Martini/Wendehorst* (Hrsg.), KI-VO, Kommentar, 2024; *Schwartmann/Keber/Zenner*, KI-Verordnung, Leitfaden für die Praxis, 2. Aufl. 2024; *Voigt/Hullen*, Handbuch KI-Verordnung, 2024.

Übersicht

I. Allgemeines – Prüfpflichten der Kommission, Revision der KI-VO

1 Die Vorschrift zielt, ohne dass sie dies so klar zuspitzt, auf die „good governance“. Sie dient der **effektiven Durchsetzung der KI-VO**, indem sie eine Überprüfung auf Wirksamkeit und Angemessenheit der KI-VO sowie etwaige notwendige Anpassungen an technologische oder sonstige Änderungen vorsieht. **Normadressaten** sind **unmittelbar** vor allem die **Kommission** (Abs. 1–7 und Abs. 9–13), ferner in Nebenrollen das KI-Gremium, die Mitgliedstaaten und die zuständigen nationalen Behörden (Abs. 8). Für die **Akteure in der KI-Wertschöpfungskette** (von Anbietern von KI-Systemen bis zu Betreibern) ist die Regelung gleichwohl **mittelbar** relevant, da die Bewertungen und Überprüfungen der Kommission in neue regulatorische Vorgaben münden können.

2 Ungewöhnlich[1] ist die **Länge und Ausdifferenziertheit** der Norm. So beauftragt Art. 112 die Kommission, die KI-VO regelmäßig auf Herz und Nieren zu prüfen (Abs. 1 bis Abs. 9) und ggf. Updates vorzuschlagen (Abs. 10), in insgesamt dreizehn Absätzen. Bei den Bewertungen berücksichtigt die Kommission die Standpunkte und Feststellungen des KI-Gremiums, des Europäischen Parlaments, des Rates und anderer relevanter Stellen oder Quellen. Damit soll die Regelung dafür sorgen, dass die KI-VO mit den jeweiligen technologischen Entwicklungen Schritt hält und den Schutz von Gesundheit, Sicherheit und Grundrechten gewährleistet. Die Prüfpflichten betreffen unterschiedliche Gegenstän-

1 Bzw. „außergewöhnlich“, so *Wendehorst*, in: Martini/Wendehorst, KI-VO, 2024, Art. 112 Rn. 1.

de, von Verbotenen Praktiken über grundrechtsrelevante Hochrisiko-KI-Systeme und Transparenzmaßnahmen bis zur Durchsetzung der KI-VO. In allen Fällen hat die Kommission die Standpunkte und Feststellungen insbesondere des KI-Gremiums, des Europäischen Parlaments und des Rates zu berücksichtigen (Art. 112 Abs. 9).

1. Zweck der Vorschrift

Die Vorschrift soll angesichts der dynamischen Entwicklungen bei Künstlicher Intelligenz einen Mechanismus aufsetzen, der die regelmäßige Überprüfung und Anpassung der KI-VO reguliert. **3**

Das Ziel ist nachvollziehbar, das Mittel – Art. 112 – allerdings sprachlich kritisch. Wie bereits bei anderen produktsicherheitsrechtlichen Regulierungen der letzten Zeit zeigt sich auch hier die „heiße Nadel", mit der sie mitunter gestrickt sind – erkennbar sowohl am unnötigen Nominativstil (vgl. allein Art. 112 Abs. 2) als auch an inkonsistenter Terminologie (die Kommission „prüft", das Ergebnis dieser „Bewertung" übermittelt sie dann, warum nicht einfach das „Prüfungsergebnis"?[2]) und fehlerhaften Verweisen.[3] **4**

2. Entstehungsgeschichte

Im Mittelpunkt der Entstehung des Art. 112 steht die regelmäßige Überprüfung und Anpassung der KI-VO durch die Europäische Kommission. Art. 112 soll sicherstellen, dass die KI-VO mit den technologischen Entwicklungen und gesellschaftlichen Anforderungen Schritt hält.[4] Auch hier spiegelt sich das Bestreben der EU wider, mit der KI-VO einerseits Innovation zu begünstigen, andererseits den Schutz von Grundrechten und Sicherheit zu gewährleisten.[5] Im Laufe des Gesetzgebungsprozesses wurde mit Art. 112 die Balance zwischen stabiler Regulierung und flexibler Anpassung der KI-VO an neueste Entwicklungen immer feiner austariert. **5**

2 Im Englischen ist die Terminologie einheitlicher, siehe allein Art. 112 Abs. 1 „[…] shall assess […] the findings of that assessment […]", allerdings auch alles andere als einheitlich. So lautet die Überschrift „Evaluation and review", während die weiteren Absätze teils von „assess", teils von „evaluate", teils von „evaluation and review" sprechen.

3 Auch die „logische Abfolge" der Absätze als „nicht immer klar nachvollziehbar" lässt sich kritisieren, vgl. schon *Wendehorst*, in: Martini/Wendehorst, KI-VO, 2024, Art. 112 Rn. 1.

4 Vgl. ErwG 174.

5 Vgl. ErwG 1.

a) Entstehungsgeschichte der Vorschrift und legislative Dynamik

6 Bereits im ersten Entwurf verfolgte die EU einen iterativen Ansatz, um die dynamische Natur der KI-Technologie zu adressieren. Der ursprüngliche Entwurf der Europäischen Kommission vom 21.4.2021[6] sah in „nur" sieben Absätzen eine jährliche Überprüfung von Anhang III (persönlichkeits- bzw. grundrechtsbezogene[7] Hochrisiko-KI-Systeme) und eine regelmäßige Gesamtbewertung der Verordnung vor. Bis spätestens drei Jahre nach dem Geltungsbeginn und danach alle vier Jahre sollte die Kommission dem Europäischen Parlament und dem Rat einen „Bericht über die Bewertung und Überprüfung" der Verordnung vorlegen. Jeder Bericht sollte im Hinblick auf die wirksame Umsetzung der KI-VO die personellen und finanziellen Ressourcen der nationalen Behörden sowie die Sanktionen behandeln, vgl. Art. 84 Abs. 2 und 3.

7 Im Überblick hier der Lauf der weiteren Verhandlungen:

– Rat der EU (6.12.2022): Der Überprüfungsrhythmus verschob sich auf eine zweijährliche Überprüfung des Anhangs III.[8] Dieser größere Überprüfungsrhythmus sollte den Verwaltungsaufwand reduzieren und gleichzeitig eine detaillierte Evaluation sicherstellen.
– Europäisches Parlament (14.6.2023): Der Entwurf wurde umfangreich ergänzt, insbesondere um zusätzliche Bewertungsaspekte wie ökologische Nachhaltigkeit,[9] KMU-Eintritt in den Markt[10] und die Entwicklung von Normen zur Energieeffizienz.[11] Der Entwurf betonte zudem die – jenseits des Amts für KI – Notwendigkeit einer potenziellen EU-Agentur für KI-Regulierung.[12]
– Finale Fassung (14.5.2024): Die finale Fassung[13] konsolidierte die unterschiedlichen Ansätze – mit am Ende jährlicher Überprüfung des Anhangs III und der Liste verbotener Praktiken. Zudem führte die Fassung umfassendere

6 EU-Komm., COM/2021/206 final vom 21.4.2021 (KI-VO-E Kommission).
7 Vgl. *Rohrßen*, ZfPC 2025, 5, 13 bei III.1.
8 Vgl. Rat der Europäischen Union, Vorschlag für eine Verordnung des Europäischen Parlaments und des Rates zur Festlegung harmonisierter Vorschriften für künstliche Intelligenz (Gesetz über künstliche Intelligenz) und zur Änderung bestimmter Rechtsakte der Union – Allgemeine Ausrichtung vom 6.12.2022, 2021/0106(COD), Art. 84 Abs. 1b.
9 Vgl. Europäisches Parlament, Parlamentsvorschlag vom 14.6.2023, ABl. EU C/2024/506 (KI-VO-E Parlament), ErwG 46a, 46b; Art. 64 Abs. 3bd, 3bf, Art. 69 Abs. 2g.
10 Vgl. KI-VO-E Parlament ErwG 5, 5a, 72, 73; Art. 1 Abs. 1ea.
11 Vgl. KI-VO-E Parlament, Art. 112 Abs. 6.
12 Vgl. KI-VO-E Parlament, ErwG 76, Art. 84 Abs. 7c.
13 Zur Entwicklung der KI-VO vgl. *Rohrßen*, ZfPC 2024, 111, 114 f.

Bewertungsziele ein, z. B. die Evaluierung der Wirksamkeit von Governance-Systemen und die Bewertung freiwilliger Verhaltenskodizes.[14]

b) Wandel der Entwurfsregelung und Einflüsse auf die Auslegung

Die Entwicklung von Art. 112 zeigt eine **zunehmende Detaillierung und Institutionalisierung des Evaluationsprozesses**. Besonders bedeutsam sind folgende Aspekte: 8

- Erweiterung der **Prüfungsinhalte**: Ursprünglich begrenzt auf Anhang III, wurde der Anwendungsbereich auf weitere regulatorische Bereiche ausgeweitet, wie etwa Transparenzanforderungen (Art. 50) und verbotene Praktiken (Art. 5). Diese Erweiterung verdeutlicht die Bedeutung, KI-Entwicklungen ganzheitlich zu überwachen.
- Verankerung von **Flexibilität**: Der Gesetzgeber hat sich bewusst für regelmäßige, aber differenzierte Evaluationszyklen entschieden (jährlich für Anhang III; vierjährlich für die Gesamtbewertung etc.). Die differenzierte Regelung bietet die Basis für die gewünschte flexible Anpassung an vor allem technische Entwicklungen.
- Klarstellung **langfristiger Ziele**: Die Verordnung sieht nicht nur Anpassungen an der KI-VO vor, sondern evaluiert auch die Notwendigkeit neuer institutioneller Strukturen (z. B. einer EU-Agentur, Art. 112 Abs. 3, 13). Änderungen der Governance könnten für eine harmonisierte Durchsetzung der KI-VO bedeutsam werden.
- Integration von **Stakeholder-Perspektiven**: Die finale Fassung legt großen Wert auf die Einbindung verschiedener Stakeholder, darunter das KI-Gremium,[15] das Europäische Parlament, der Rat und – allgemein – „andere einschlägige Stellen oder Quellen" (Art. 112 Abs. 9). Dies signalisiert einen kooperativen und inklusiven Regulierungsansatz (vgl. auch ErwG 165 sowie Art. 95 Abs. 2d).

14 Art. 112 Abs. 1, 2c, 7.

15 Dazu näher Art. 65.

9 Im Überblick:

Regelungsaspekt	Vorschlag Kommission 21.4.2021 Art. 84	Allgemeine Ausrichtung Rat 6.12.2022 Art. 84	Parlaments-(änderungs-)vorschlag 14.6.2023 Art. 84	Konsolidierte Fassung 6.3.2024 Art. 112	Finale Fassung 14.5.2024[16] Art. 112
Frequenz Anhang III	Einmal jährlich	Alle 24 Monate	Einmal jährlich	Einmal jährlich	Einmal jährlich
Prüfungsinhalte	Anhang III; Verhaltenskodizes, Art. 84 Abs. 4	Anhang III; Verhaltenskodizes Art. 84 Abs. 4	Anhang III, Liste verbotener KI-Praktiken nach Art. 5, Liste KI-Systeme, die zusätzliche Transparenzmaßnahmen nach Art. 52 erfordern, Arbeitsweise des Amts für KI und Erfordernis der Erweiterung seiner Durchsetzungskompetenzen + Ressourcenaufstockung, Art. 84 Abs. 3a, Verhaltenskodizes, Art. 84 Abs. 4	Anhang III, Liste verbotener KI-Praktiken nach Art. 5, Liste KI-Systeme, die zusätzliche Transparenzmaßnahmen nach Art. 50 erfordern. Wirksamkeit des Überwachungs- und Governance-Systems, Arbeitsweise des Amts für KI und Erfordernis der Erweiterung seiner Durchsetzungskompetenzen + Ressourcenaufstockung, Fortschritte bei Entwicklung von Normungsdokumenten zur Energieeffizienz, Verhaltenskodizes	Anhang III, Liste verbotener KI-Praktiken nach Art. 5, Liste KI-Systeme, die zusätzliche Transparenzmaßnahmen nach Art. 50 erfordern, Wirksamkeit des Überwachungs- und Governance-Systems, Arbeitsweise des Büros für KI und Erfordernis der Erweiterung seiner Durchsetzungskompetenzen + Ressourcenaufstockung, Fortschritte bei Entwicklung von Normungsdokumenten zur Energieeffizienz, Verhaltenskodizes

16 Fassung vom 14.5.2024, die am 13.6.2024 als Verordnung (EU) 2024/1689 des Europäischen Parlaments und des Rates vom 13.6.2024 zur Festlegung harmonisierter Vorschriften für künstliche Intelligenz im Amtsblatt veröffentlicht worden ist.

Regelungsaspekt	**Vorschlag Kommission 21.4.2021 Art. 84**	**Allgemeine Ausrichtung Rat 6.12.2022 Art. 84**	**Parlaments(änderungs-)vorschlag 14.6.2023 Art. 84**	**Konsolidierte Fassung 6.3.2024 Art. 112**	**Finale Fassung 14.5.2024[16] Art. 112**
Berichtspflichten	Alle vier Jahre, veröffentlicht	Alle vier Jahre, veröffentlicht	Alle zwei Jahre, veröffentlicht, spezifische Themen ergänzt	Alle vier Jahre, inkl. Beurteilung hins. Durchsetzungsstruktur und Notwendigkeit einer Agentur zur Lösung festgestellter Mängel, Entwicklung von Normungsdokumenten zur Energieeffizienz, veröffentlicht, spezifische Themen ergänzt, Art. 112 Abs. 3, 6, 13	Alle vier Jahre, inkl. Beurteilung hins. Durchsetzungsstruktur und Notwendigkeit einer Agentur zur Lösung festgestellter Mängel, auch hins. Arbeitsweise des KI-Büros, Entwicklung von Normungsdokumenten zur Energieeffizienz, veröffentlicht, mit Vorschlägen zur Änderung
Einbezug weiterer Stakeholder	Europäischer Ausschuss für KI, Mitgliedstaaten und zuständige nationale Behörden, Parlament und Rat sowie andere einschlägige Stellen	KI-Ausschuss, Mitgliedstaaten und zuständige nationale Behörden, Parlament und Rat sowie andere einschlägige Stellen	Zusätzliche Institutionen wie KMU und NGOs, KI-Amt, Mitgliedstaaten, zuständige nationale Behörden, Europäisches Parlament, Rat und andere einschlägige Stellen und Interessenträger	KI-Ausschuss, Mitgliedstaaten, zuständige nationale Behörden, Parlament und Rat sowie andere einschlägige Stellen, KI-Amt	KI-Gremium, Mitgliedstaaten, zuständige nationale Behörden, Parlament, Rat und andere einschlägige Stellen, KI-Büro, breite Stakeholder-Beteiligung, inkl. NGOs und Wirtschaft
Langfrist-Bewertung struktureller Anpassungen	Nicht explizit erwähnt, nur durch die Kommission, vgl. Kommissionsvorschlag S. 19 Titel XII; Art. 84 Abs. 2	Nicht explizit erwähnt, nur durch die Kommission, Art. 84 Abs. 2	Kommission mit KI-Amt, Art. 84 Abs. 2; explizite Evaluierung einer möglichen EU-Agentur, Art. 84 Abs. 7c	Durch Kommission, Art. 112 Abs. 13, insbes. Prüfung der Notwendigkeit einer EU-Agentur	Durch Kommission, Art. 112 Abs. 13, insbes. Evaluierung und mögliche Einrichtung einer EU-Agentur

Regelungsaspekt	**Vorschlag Kommission 21.4.2021 Art. 84**	**Allgemeine Ausrichtung Rat 6.12.2022 Art. 84**	**Parlaments- (änderungs-) vorschlag 14.6.2023 Art. 84**	**Konsolidierte Fassung 6.3.2024 Art. 112**	**Finale Fassung 14.5.2024[16] Art. 112**
Umwelt und Nachhaltigkeit	Nicht erwähnt bzw. erwähnt schon, aber nicht explizit reguliert: Nachhaltigkeit iRd Verhaltenskodizes, ErwG 81, Art. 69 Abs. 2; Umwelt: ErwG 4, 48, Art. 47 Abs. 1, Art. 54 Abs. 1 a) iii)	Gelegentlich in freiwilligen Kodizes, Art. 84 Abs. 4; ansonsten Erwähnung Umwelt in: ErwG 28	Umwelt als regelmäßiges Evaluationskriterium, Art. 84 Abs. 7; Nachhaltigkeit jetzt erwähnt in ErwG 46b, Art. 4a Abs. 1f, Art. 54a, Art. 69 Abs. 2g, Art. 84 Abs. 3bf	Verpflichtung zu Berichten und Maßnahmen; explizite Erwähnung der Nachhaltigkeit in Art. 112 Abs. 7	Verpflichtende Fortschrittsberichte und Maßnahmenpläne, explizite Erwähnung der Nachhaltigkeit in Art. 112 Abs. 7
Technologische Entwicklungen	Berücksichtigung iRd Änderungsvorschläge der Kommission, Art. 84 Abs. 7	Berücksichtigung iRd Änderungsvorschläge der Kommission, Art. 84 Abs. 7, 47 Abs. 1, Art. 54 Abs. 1 a) iii)		Explizite Nennung iRd Änderungsvorschläge, Art. 112 Abs. 10	Explizite Nennung iRd Änderungsvorschläge, Art. 112 Abs. 10

10 Die finale Fassung von Art. 112 prägen folgende Aspekte:

- **Dynamische Anpassungsfähigkeit**: Die jährliche Überprüfung von Anhang III und die Berücksichtigung technologischer Entwicklungen (Abs. 10) legen nahe, dass der Gesetzgeber eine „lebendige" Verordnung wünscht. Die Auslegung muss daher stets kontextbezogen und zukunftsorientiert sein.
- **Verstärkte Anforderungen an die Nachvollziehbarkeit**: Die Verpflichtung zur regelmäßigen Veröffentlichung von Berichten und die Einbeziehung weiterer Stakeholder untermauern das Ziel, die Durchsetzung der KI-VO transparent zu gestalten.
- **Institutionelle Verantwortung**: Die wiederholte Betonung der Evaluierung durch das Büro für Künstliche Intelligenz und die potenzielle Schaffung einer EU-Agentur unterstreicht den Willen zur zentralisierten Steuerung und Überwachung.
- **Normenhierarchie und Flexibilität**: Die Verordnung sieht vor, dass sektorspezifische Anpassungen die regulatorischen Eigenheiten berücksichtigen. Insofern fungiert Art. 112 als übergreifender Mechanismus, der Raum für sektorspezifische Differenzierungen lässt.

11 Art. 112 ist damit ein zentrales Element der KI-VO, das die **Balance zwischen regulatorischer Stabilität und technologischer Dynamik** wahrt. Die Entwicklungsgeschichte zeigt das Ringen um präzise und zugleich flexible Regelungs-

mechanismen, die Innovation fördern und gleichzeitig die Grundrechte schützen sollen. Die finalen Formulierungen betonen die Bedeutung einer transparenten, inklusiven und adaptiven Regulierung, was die Grundlage für eine progressive und effektive KI-Governance bildet.

3. Verhältnis zu anderen Vorschriften

Art. 112 steht insbesondere in **engem Zusammenhang mit Art. 97**, der die Kommission zur Änderung bestimmter Anhänge der Verordnung ermächtigt, **sowie mit Art. 66**,[17] der das KI-Gremium zur Bewertung und Überprüfung der KI-VO ermächtigt. Zudem ergänzt Art. 112 die allgemeinen Bestimmungen zur Governance/Überwachung[18] sowie Anpassung[19] der Verordnung, indem er spezifische Evaluierungszeiträume und -verfahren festlegt. 12

Die **gesetzgeberische Erläuterung** gibt ErwG 174 wieder. Danach liegen Grund und Fokus der Überprüfung auf bzw. in den „raschen technologischen Entwicklungen". Die regelmäßige Überprüfung benötige es aufgrund des „für die wirksame Anwendung […] erforderlichen technischen Fachwissens". Demnach beruht Art. 112 auf der Erkenntnis, dass die rasche Entwicklung von KI-Technologien und die Komplexität ihrer Anwendung eine kontinuierliche Anpassung der Regulierung erfordern. 13

Die regelmäßige Überprüfung nach Art. 112 ist damit nicht nur eine rein formale Vorgabe, sondern ein zentraler Mechanismus, um die KI-VO mit den sich ständig ändernden technologischen und gesellschaftlichen Realitäten in Einklang zu bringen. Die Qualität und Effektivität der Überprüfung hängen maßgeblich von der Fähigkeit ab, technologische Entwicklungen fundiert zu analysieren und entsprechende regulatorische Entscheidungen zu treffen. Das in ErwG 148 referenzierte technische Fachwissen schlägt damit die Brücke zwischen den dynami- 14

---

17 Siehe insbesondere Art. 66 lit. e Ziff. ii.

18 Vgl. Art. 66, wonach das KI-Gremium die einheitliche Anwendung der KI-VO erleichtern soll, was die Überwachung von deren Umsetzung voraussetzt. Vgl. ferner Art. 57 Abs. 16, wonach die nationalen Behörden jährliche Berichte über die Reallabore zusenden sollen, um Erkenntnisse über eine mögliche Überarbeitung der Verordnung zu erzielen.

19 Vgl. Art. 6 Abs. 6 und 7 i.V.m. Art. 97 und Art. 43 Abs. 6 sowie Art. 7 Abs. 1 und 3, wonach die Kommission befugt ist, delegierte Rechtsakte zu erlassen, um Anhang-III-Systeme (Hochrisiko-KI-Systeme) zu aktualisieren und den technischen Fortschritt/neue Technologien zu berücksichtigen. Dasselbe gilt nach Art. 11 Abs. 3 für dadurch erforderliche Änderungen des Anhangs IV über die technische Dokumentation, nach Art. 47 Abs. 5 bzgl. der EU-Konformitätserklärung nach Anhang V sowie nach Art. 43 Abs. 5 bzgl. der Anhänge VI und VII, ferner nach Art. 51 Abs. 3 bzgl. Schwellenwerten für GPAI mit systemischem Risiko, Art. 52 Abs. 4 bzgl. Anhang XIII, Art. 53 Abs. 5 bzgl. Anhang XI, Art. 53 Abs. 6 bzgl. Anhängen XI und XII. Näher zur Befugnisübertragung und deren Befristung sowie der Widerrufsmöglichkeit, siehe Art. 97.

schen Anforderungen der KI-Welt und der statischen Struktur der Verordnung. Denn die Kommission muss neue KI-Systeme verstehen können, insbesondere solche, die potenziell in Anhang III (Hochrisiko-KI-Systeme) aufgenommen werden könnten, ferner technologische Trends und Entwicklungen frühzeitig erkennen, um regulatorische Maßnahmen entsprechend vorschlagen bzw. delegierte Rechtsakte erlassen zu können. So können neue KI-Technologien unvorhergesehene Risiken für Grundrechte oder die öffentliche Sicherheit darstellen und dann eine schnelle Anpassung der KI-VO erfordern. Hier soll auch das KI-Gremium (Art. 65 ff.) eine wesentliche Rolle spielen und sein technisches Fachwissen in die Bewertung der Kommission einbringen.[20]

15 Art. 112 steht in engem Zusammenhang zu folgenden Regelungen der KI-VO:

KI-VO/Regelung	**Zusammenhang**	**Bezug**
Art. 2 Abs. 2 (Geltungsbereich und Ausnahmen)	Art. 2 Abs. 2 definiert weitgehende Ausnahmen von der KI-VO für Hochrisiko-Systeme nach Art. 6 Abs. 1 i.V.m. Anhang I Abschnitt B.	Im Rahmen der regelmäßigen Überprüfung nach Art. 112 könnte die Kommission prüfen, ob der Geltungsbereich der KI-VO anzupassen ist.
Art. 6 Abs. 2 und Anhang III (Hochrisiko-KI-Systeme)	Art. 112 sieht vor, dass die Kommission regelmäßig prüft, ob neue Bereiche in Anhang III (Liste der Hochrisiko-KI-Systeme) aufgenommen oder bestehende Bereiche anzupassen sind.	Art. 6 Abs. 2 legt fest, dass KI-Systeme, die in Anhang III aufgeführt sind, als Hochrisiko gelten. Die regelmäßige Evaluierung nach Art. 112 trägt dazu bei, dass Anhang III durch technologische und gesellschaftliche Entwicklungen aktuell bleibt.
Art. 7 Abs. 1 und 3 (Befugnisse der Kommission zur Überarbeitung der Anhang III-Liste[21])	Art. 7 Abs. 1 und 3 geben der Kommission die spezifische Befugnis, Anhang III durch delegierte Rechtsakte zu überarbeiten. Dies geschieht auf Grundlage der in Art. 112 vorgesehenen Bewertungen.	Art. 112 liefert die methodische und inhaltliche Grundlage für diese Anpassungen und stellt sicher, dass die Änderungen auf fundierten Bewertungen basieren.

20 Vgl. Art. 66 lit. e Ziff. ii und Art. 112 Abs. 8 und 9.

21 Teilweise wird von selbstständigen Hochrisiko-KI-Systemen in „bestimmten kritischen Bereichen" bzw. „in bestimmten kritischen Anwendungsfällen" gesprochen, vgl. etwa *Voigt/Hullen*, Handbuch KI-Verordnung, Rn. 1.2.5 und 1.7.2 und im Detail 3.1.2.

KI-VO/Regelung	**Zusammenhang**	**Bezug**
Art. 5 (Verbotene Praktiken)	Art. 112 verpflichtet die Kommission, regelmäßig zu prüfen, ob neue Praktiken als verbotene Praktiken in Art. 5 aufzunehmen sind.	Die Bewertung erfolgt basierend auf technologischem Fortschritt und potenziellen neuen Risiken für Sicherheit und Grundrechte. Dies gewährleistet, dass Art. 5 dynamisch an neue Bedrohungsszenarien angepasst werden kann.
Art. 40 (Normung und Harmonisierung)	Art. 112 greift auf die Fortschritte bei der Entwicklung harmonisierter Normen und technischer Spezifikationen zurück, die in Art. 40 geregelt sind.	Regelmäßige Überprüfung nach Art. 112, inwieweit harmonisierte Normen die Anforderungen der Verordnung wirksam unterstützen. Dies trägt zur Effizienz und Praktikabilität der KI-VO bei.
Art. 50 (Transparenzpflichten für bestimmte KI-Systeme)	Art. 112 verlangt die Bewertung, ob bestimmte KI-Systeme zusätzliche Transparenzpflichten benötigen (z. B. KI-Systeme, die mit Menschen interagieren).	Die Ergebnisse der Evaluierungen können zu Änderungen von Art. 50 führen, um neue Transparenzanforderungen für spezifische KI-Systeme einzuführen.
Art. 99 (Sanktionen und Bußgelder)	Art. 112 verlangt, dass die Kommission die Wirksamkeit von Sanktionen und Bußgeldern überprüft.	In den Berichten gemäß Art. 112 wird bewertet, ob die in Art. 99 vorgesehenen Sanktionen ausreichen, um die Einhaltung der Verordnung zu gewährleisten, oder ob Anpassungen notwendig sind.
Kapitel III Abschnitt 2 (Anforderungen an Hochrisiko-KI-Systeme, Art. 8–15)	Art. 112 dient dazu, die Wirksamkeit der Anforderungen an Hochrisiko-KI-Systeme zu überprüfen, wie in Kapitel III Abschnitt 2 festgelegt.	Anforderungen an Hochrisiko-KI sind u. a. das Risikomanagement (Art. 9), die technische Dokumentation (Art. 11) und Cybersicherheitsanforderungen (Art. 15). Änderungen könnten vorgeschlagen werden, falls diese Anforderungen unzureichend oder nicht mehr aktuell sind.
Art. 66 e) ii) und vii) (Aufgaben des KI-Gremiums)	Art. 66 e) gibt dem KI-Gremium die Aufgabe, die Bewertung und Überprüfung der KI-VO gemäß Art. 112 zu unterstützen. Dies umfasst auch die Überarbeitung von Anhang III und Art. 5.	Das KI-Gremium liefert technische und rechtliche Analysen, die die Kommission in ihrer Bewertung nach Art. 112 unterstützen. Insbesondere wird geprüft, ob verbotene Praktiken oder neue Hochrisiko-KI-Systeme berücksichtigt werden müssen.

16 Art. 112 verweist sich damit als **der zentrale Aktualisierungsmechanismus der KI-VO**, der mit zahlreichen Regelungen der KI-VO verknüpft ist. Die Aufgabe von Art. 112 besteht darin, sicherzustellen, dass die Verordnung dynamisch an technologische Entwicklungen und gesellschaftliche Anforderungen angepasst wird. Die regelmäßige Bewertung nach Art. 112 liefert die Grundlage für Änderungen an insbesondere Anhang III, Art. 5, Art. 50 sowie weiteren Schlüsselbestimmungen der KI-VO, um deren Wirksamkeit und Aktualität zu gewährleisten.

4. Praxishinweise

17 Für Anbieter und Entwickler von KI-Systemen gilt es, die regelmäßigen Überprüfungen der Kommission aufmerksam zu verfolgen, da mögliche Änderungen der Verordnung direkte Auswirkungen auf ihre Produkte und Dienstleistungen haben können. Zwar verpflichtet Art. 112 nur die Kommission sowie die weiteren darin aufgeführten Behörden. Das Monitoring der Kommissionsberichte ist indes insofern für die in der KI-Wertschöpfungskette beteiligten Unternehmen ein Muss, als die KI-VO wie andere Harmonisierungsvorschriften der Union über den Marktzugang in der EU entscheidet; sie sind öffentliches Vertriebsrecht.[22] Eine proaktive Anpassung an neue regulatorische Anforderungen wird helfen, Compliance-Risiken bzw. -kosten zu minimieren. Erstmalig wird dies bis 1.8.2025 geschehen, weil die Überprüfung gemäß Abs. 1 „nach Inkrafttreten […] einmal jährlich“ erfolgen soll, und die KI-VO nach ihrer Veröffentlichung am 12.7.2024 im Amtsblatt zum 1.8.2024 in Kraft getreten ist. Weitere Aspekte der KI-VO stehen zur drei- bzw. vierjährlichen Überprüfung an.

18 Mangels übersichtlicher Regelung in der Vorschrift selbst hier eine Übersicht der Prüfungsmaterien und -perioden:

	Prüfungsgegenstand	**Erster Termin**	**Prüfungs-periode**	**Regelung in Art. 112**	**Überschnei-dung mit**
1	– Anhang III-Liste – Liste verbotener Praktiken	1.8.2025	Jährlich	Abs. 1 Abs. 11	Art. 112 Abs. 2 (bzgl. Anhang III-Liste)
2	– Anhang III-Liste – Liste KI-Systeme mit zusätzlichen Transparenzmaßnahmen – Überwachungs- und Governance-System	2.8.2028	Vierjährlich	Abs. 2 Abs. 11	Art. 112 Abs. 1 (bzgl. Anhang III-Liste)

22 Vgl. *Rohrßen*, ZfPC 2025, 5, 10 bei II.4.

	Prüfungsgegenstand	Erster Termin	Prüfungs-periode	Regelung in Art. 112	Überschneidung mit
3	– Bewertung und Überprüfung der KI-VO, ggf. inkl. Änderungsvorschlag – Wirksame Erfüllung durch nationale Behörden – Sanktionen der Mitgliedstaaten – Harmonisierte Normen und gemeinsame Spezifikationen – Zahl in den Markt eintretender neuer Unternehmen	2.8.2029	Vierjährlich	Abs. 3 Vermutlich auch: Abs. 4[23] Abs. 11	Art. 112 Abs. 9
4	– Arbeitsweise des Büros für Künstliche Intelligenz	2.8.2028	n/a	Abs. 5 Abs. 11	n/a
5	– Normung energieeffizienter KI-Modelle mit allgemeinem Verwendungszweck	2.8.2028	Vierjährlich	Abs. 6 Abs. 11	n/a
7	– Freiwillige Verhaltenskodizes für andere als Hochrisiko-KI-Systeme	2.8.2028	Dreijährlich	Abs. 7 Abs. 11	n/a
8	– Durchsetzung	2.8.2031	n/a	Abs. 9	Art. 112 Abs. 3

Danach hat die Kommission die zentrale Rolle bei der Überprüfung der KI-VO – allerdings korrespondiert damit nicht 1:1 die Änderungskompetenz, die teils der Kommission, teils dem Parlament und dem Rat obliegt. Grob gesagt liegt die Änderungskompetenz für eher technische Änderungen bei der Kommission,[24] grundsätzliche Änderungen bleiben hingegen dem standardmäßigen Gesetzgebungsverfahren von Kommission (Initiativrecht nach Art. 17 EUV), Parlament und Rat (Art. 294 EUV) als Gesetzgebern vorbehalten. **19**

Insgesamt hat damit die Kommission für einen Zeitraum von mindestens **fünf Jahren** – die sich mangels Widerspruchs des Europäischen Parlamentes und des Rates stillschweigend verlängern[25] – die Befugnis zum Erlass von **20**

23 Vermutlich liegt hier ein Redaktionsversehen vor, denn: Abs. 4 verweist auf die „in Absatz 2 genannten Berichte(..)“, meint allerdings systematisch ausgelegt richtigerweise die in „Absatz 3 genannten Berichte“, weil sich Abs. 2 auf die jährlichen Berichte nach Abs. 1 bezieht.

24 Die sie dann über delegierte Verordnungen ausübt, vgl. Art. 97.

25 Vgl. Art. 97 Abs. 2.

- **Delegierten Rechtsakten** bzgl.
  - Ergänzung/Änderung der Bedingungen, gemäß denen ein unter Anhang III fallendes KI-System nicht als Hochrisiko-KI-System einzustufen ist, Art. 6 Abs. 6, sowie Möglichkeit zur Streichung einer solchen Bedingung, Art. 6 Abs. 7;
  - Änderung der Anwendungsfälle für Hochrisiko-KI-Systeme i. S. v. Anhang III, Art. 7 Abs. 1 (Hinzufügung, Änderung) und Abs. 3 (Streichung);
  - Änderung des Anhangs IV (Bestimmungen über die technische Dokumentation), damit die technische Dokumentation alle Informationen enthält, die zur Beurteilung der Konformität des KI-Systems erforderlich sind, Art. 11 Abs. 3;
  - Änderung der Anhänge VI und VII (Bestimmungen über Konformitätsbewertungsverfahren) zur Aktualisierung angesichts des technischen Fortschritts, Art. 43 Abs. 5;
  - Änderung der Abs. 1 und 2 des Art. 43 zur Aktualisierung der Liste von Hochrisiko-KI-Systemen, für die ein Konformitätsbewertungsverfahren nach Anhang VII vorgesehen ist, Art. 43 Abs. 6;
  - Aktualisierung des in Anhang V festgelegten Inhalts der EU-Konformitätserklärung, um den Anforderungen des technischen Fortschritts standzuhalten, Art. 47 Abs. 5;
  - Änderung der Schwellenwerte zur Bestimmung des systemischen Risikos für KI-Modelle mit allgemeinem Verwendungszweck sowie zur Ergänzung von Benchmarks und Indikatoren, um dem Stand der Technik zu entsprechen, Art. 51 Abs. 3;
  - Präzisierung und Aktualisierung der in Anhang VIII genannten Indikatoren, Art. 52 Abs. 4;
  - Festlegung der Mess- und Berechnungsmethoden, um die Einhaltung von Anhang XI zu erleichtern, Art. 53 Abs. 5;
  - Aktualisierung der Anhänge XI und XII angesichts technologischer Entwicklungen, Art. 53 Abs. 6.

21 Daneben spielt die Kommission eine wesentliche Rolle bei der Umsetzung der KI-VO und trägt somit mittelbar zur Durchsetzung der Konformität bei, indem sie

- **Leitlinien**
  - bzgl. des Qualitätsmanagementsystems für KU, Art. 63 Abs. 1;
  - zur einfacheren Pflichteneinhaltung nach Art. 73 Abs. 1, 7;
  - zur Durchführung der KI-VO, Art. 96

sowie

- **Durchführungsrechtsakte**
  - Art. 37 Abs. 4 (Aussetzung/Einschränkung/Widerruf der Benennung einer notifizierten Stelle);

- Art. 41 Abs. 1 (Festlegung gemeinsamer Spezifikationen für Anforderungen an Hochrisiko-KI oder Erlass der Pflichten gem. Kapitel V Abschnitt 2 und 3);
- Art. 50 Abs. 7 (Genehmigung der Praxisleitfäden);
- Art. 56 Abs. 6, 9 (Genehmigung Praxisleitfäden zur Verleihung von EU-Gültigkeit; Festlegung gemeinsamer Vorschriften für die Umsetzung der in Art. 53 und 55 vorgesehenen Pflichten und Aspekte nach Art. 56 Abs. 2);
- Art. 58 Abs. 1 (Regelungen für die Einrichtung, Entwicklung, Umsetzung, den Betrieb und die Beaufsichtigung der KI-Reallabore);
- Art. 60 Abs. 1 (Festlegung der einzelnen Elemente des Plans für einen Test unter Realbedingungen);
- Art. 68 Abs. 1 (Bestimmungen über die Einrichtung eines wissenschaftlichen Gremiums);
- Art. 72 Abs. 3 (Festlegung der Bestimmungen für die Erstellung eines Musters des Plans für die Beobachtung nach Inverkehrbringen und der Elemente, die in den Plan aufzunehmen sind);
- Art. 92 Abs. 6 (Regelungen und Voraussetzungen für Bewertungen nach Art. 92 und Auswahlverfahren für unabhängige Sachverständige);
- Art. 101 Abs. 6 (Regelungen und Verfahrensgarantien für Erlass von Bußgeldbeschlüssen gegen Anbieter von KI-Modellen mit allg. Verwendungszweck)

erlässt.

II. Grundrechtsrelevante Hochrisiko-KI-Systeme und verbotene Praktiken (Abs. 1 und Abs. 2)

22 Die Kommission prüft nach Inkrafttreten der Verordnung und bis Ende der Befugnisübertragung gemäß Art. 97 einmal jährlich, ob eine Änderung der Liste in Anhang III (Hochrisiko-KI-Systeme) oder der Liste der verbotenen Praktiken im KI-Bereich gemäß Art. 5 erforderlich ist. Diese jährliche Prüfung soll eine zeitnahe Anpassung an neue Risiken oder technologische Entwicklungen ermöglichen.

23 Unklar ist, ob die Kommission im Falle einer solchen Feststellung selbst Änderungen an der Liste vornehmen darf. Denn eine ausdrückliche Befugnisübertragung in Art. 5 oder an anderer Stelle fehlt. Zwar verpflichtet Art. 112 Abs. 1 Satz 2 die Kommission, die Ergebnisse ihrer Prüfung an das Europäische Parlament und den Rat zu übermitteln, allerdings bleibt der Wortlaut ausdrücklich bei einer bloßen Prüfpflicht stehen. Diese Prüfpflicht ohne ausdrückliche Befugnisübertragung deutet darauf hin, dass das Europäische Parlament und der Rat auf

Basis der Kommissionsbewertung tätig werden sollen, ihnen also die Änderungsbefugnis obliegt.

24 Allerdings legt der Verweis auf das „Ende der Befugnisübertragung gemäß Artikel 97" in Art. 112 Abs. 1 das Gegenteil nahe, namentlich dass die Kommission nicht nur die Änderungsnotwendigkeit prüfen, sondern auch Änderungen umsetzen soll. So lässt sich Art. 112 Abs. 1 dahingehend interpretieren, dass die Kommission während der zeitlich begrenzten Befugnis der Kommission zum Erlass delegierter Rechtsakte gemäß Art. 97 die Liste der verbotenen Praktiken anpassen können soll. Diese Interpreation würde auch erklären, warum die Prüfung einer Änderung der Liste der verbotenen Praktiken zeitlich an ihre Befugnis zum Erlass delegierter Rechtsakte gekoppelt ist. Zudem wird in ErwG 174 ausdrücklich erwähnt, dass die Kommission beurteilen soll, ob eine Änderung der Liste der verbotenen Praktiken notwendig ist, was nahelegt, dass sie in der Lage sein müsste, auf Grundlage dieser Beurteilung zu handeln. Bei aller Auslegung bleibt indes festzuhalten, dass eine klare Ermächtigungsgrundlage für eine Änderungsbefugnis der Kommission in Bezug auf die Liste verbotener Praktiken im KI-Bereich gem. Art. 5 fehlt.

III. Gestaffelte Prüfpflicht bzgl. Durchsetzung der KI-VO (Abs. 2, 3 und 13)

25 Die Kommission übermittelt die Ergebnisse der Bewertung nach Abs. 1 dem Europäischen Parlament und dem Rat. Dies fördert Transparenz und ermöglicht es den legislativen Organen, auf Basis der Bewertungen weitere Maßnahmen zu ergreifen.

26 Bis zum 2.8.2028 und danach alle vier Jahre bewertet die Kommission ggf. notwendige Änderungen zur Erweiterung bestehender Bereiche oder zur Aufnahme neuer Bereiche in Anhang III, Änderungen der Liste der KI-Systeme, die zusätzliche Transparenzmaßnahmen erfordern, und Verbesserungen des Überwachungs- und Governance-Systems. Dies stellt sicher, dass die KI-VO langfristig effektiv bleibt.

IV. Prüfungsgegenstände der vierjährlichen Prüfung (Abs. 4)

27 Bis zum 2.8.2029 und danach alle vier Jahre legt die Kommission dem Europäischen Parlament und dem Rat einen Bericht über die Bewertung und Überprüfung der Verordnung vor. Der Bericht enthält eine Beurteilung hinsichtlich der Durchsetzungsstruktur und der etwaigen Notwendigkeit einer Agentur der Union zur Lösung festgestellter Mängel.

Abs. 4 enthält wohl ein Redaktionsversehen: Abs. 4 verweist auf die „in Absatz 2 genannten Berichte (…)“ – jedenfalls in der deutschen, englischen, französischen, italienischen und spanischen Sprachversion –, meint allerdings systematisch ausgelegt richtigerweise die in „Absatz 3 genannten Berichte“, weil sich Abs. 2 auf die jährlichen Berichte nach Abs. 1 bezieht. **28**

V. Einmalige Prüfpflicht bzgl. Büro für Künstliche Intelligenz (Abs. 5)

Art. 112 Abs. 5 verpflichtet die Kommission, die Arbeitsweise des Büros für Künstliche Intelligenz bis 2.8.2028 zu bewerten. Ziel ist es, zu prüfen, ob das Büro für Künstliche Intelligenz über ausreichende Befugnisse und Ressourcen verfügt, um seine Aufgaben effektiv zu erfüllen. Zudem wird die Notwendigkeit einer Erweiterung der Befugnisse und Ressourcen des Büros zur ordnungsgemäßen Durchsetzung der Verordnung geprüft. Ein entsprechender Bewertungsbericht ist an das Europäische Parlament und den Rat zu übermitteln. **29**

Die Regelung schafft eine Grundlage für eine objektive Bewertung der Leistungsfähigkeit des Büros, bei der die Ressourcen und Befugnisse im Fokus stehen. Die Evaluierung soll sicherstellen, dass das Büro für Künstliche Intelligenz auch auf zukünftige Herausforderungen auf dem Gebiet der Künstlichen Intelligenz zu reagieren vermag. **30**

VI. Vierjährliche Prüfpflicht bzgl. Normung energieeffizienter KI-Modelle (Abs. 6)

Art. 112 Abs. 6 verpflichtet die Kommission, innerhalb von vier Jahren nach Inkrafttreten der KI-VO und danach alle vier Jahre die Fortschritte bei der Entwicklung von Normungsdokumenten zur energieeffizienten Entwicklung von KI-Modellen mit allgemeinem Verwendungszweck zu überprüfen. Bewertet wird auch, ob weitere, einschließlich verbindlicher, Maßnahmen erforderlich sind. Die Kommission verfasst einen entsprechenden Bericht[26] und legt ihn dann dem Europäischen Parlament und dem Rat vor und veröffentlicht ihn. **31**

Die Regelung schafft eine Grundlage für eine systematische Verbesserung der Energieeffizienz und der Sicherheit von KI-Systemen durch standardisierte technische Vorgaben, die langfristig auch als Maßstab für die Konformitätsvermutung dienen können. Bislang existieren weder spezifische harmonisierte Nor- **32**

26 Zwar erwähnt Art. 112 Abs. 6 das Verfassen des Berichts nicht ausdrücklich (obwohl sonstige Formulierungen des Art. 112 eher „barock“ bis redundant gestaltet sind); freilich setzt die in Abs. 6 geforderte Berichtsvorlage dessen Entwurf voraus.

men zur Energieeffizienz von Computern[27] noch von KI-Systemen. Für KI-Systeme ist jedoch der Normungsauftrag M/594 an CEN und CENELEC in Entwicklung, der die Erarbeitung harmonisierter Normen bis zum 30.4.2025 vorsieht. Diese Normen sollen technische Anforderungen für den Entwurf und die Entwicklung von KI-Systemen präzisieren. Ziel ist es, den aktuellen Stand der Technik widerzuspiegeln und gleichzeitig Risiken für die Gesundheit sowie für Grundrechte zu minimieren. Besonderes Augenmerk liegt dabei auf Hochrisiko-KI-Systemen, wie sie in der KI-VO definiert sind.[28]

VII. Dreijährliche Prüfpflicht bzgl. freiwilliger Verhaltenskodizes für Nicht-Hochrisiko-KI-Systeme (Abs. 7)

33 Bis 2.8.2028 bewertet die Kommission die Folgen und Wirksamkeit der freiwilligen Verhaltenskodizes für KI-Systeme unterhalb der Schwelle der Hochrisiko-KI-Systeme hinsichtlich (i) der Anforderungen nach Kapitel III Abschnitt 2 sowie (ii) ökologischer Nachhaltigkeit. Diese Verhaltenskodizes sollen zentral die Compliance für Anbieter von KI-Modellen mit allgemeinem Verwendungszweck stützen,[29] indem sie die freiwillige Anwendung der für Hochrisiko-KI-Systeme geltenden Anforderungen (wie in Kapitel III Abschnitt 2 niedergelegt) ganz oder teilweise übernehmen. Während die Verhaltensanforderungen sich an den Vorgaben von Kapitel III Abschnitt 2 orientieren können, scheinen die Anforderungen an die „ökologische Nachhaltigkeit" vor allem programmatischen Charakter zu haben. Denn dieses Ziel umreißt die KI-VO bislang, eine schärfere Konturierung anhand klarer Zielsetzungen und Maßnahmen steht indes aus.[30]

---

27 Vgl. Europäische Kommission, https://single-market-economy.ec.europa.eu/single-market/european-standards/harmonised-standards/ecodesign_en?prefLang=de&etrans=de (zuletzt abgerufen am 27.1.2025), wonach harmonisierte Normen zum Ecodesign and Energy Labelling für Computer bislang fehlen.

28 Vgl. Europäische Kommission, Anhänge des Durchführungsbeschlusses der Kommission über einen Normungsauftrag an das Europäische Komitee für Normung und das Europäische Komitee für elektrotechnische Normung zur Unterstützung der Unionspolitik im Bereich der künstlichen Intelligenz, 22.5.2023, C(2023) 3215 final ANNEXES 1 to 2, Anhang II (S. 2 f.).

29 Vgl. ErwG 117 und 165.

30 Vgl. die wenigen (fünf) Erwähnungen ökologischer Nachhaltigkeit als abstraktes Ziel in ErwG 27, 165, Art. 59 Abs. 1 lit. a Ziff. iii, Art. 95 Abs. 2 lit. b.

VIII. Mitwirkungspflicht des KI-Gremiums, der Mitgliedstaaten und nationaler Behörden (Abs. 8)

Für die Bewertungen übermitteln das KI-Gremium, die Mitgliedstaaten und die zuständigen nationalen Behörden der Kommission auf Anfrage unverzüglich die gewünschten Informationen. Zwar spricht die Regelung nicht ausdrücklich von einer Pflicht (enthält kein „Müssen"). Indes legt die Formulierung im Indikativ (sie „übermitteln") nahe, dass die genannten Behörden zur Mitwirkung verpflichtet sind. Der Inhalt und Umfang dieser Informationspflicht sind offen; die Kommission kann hier grundsätzlich alle „für die Zwecke der Absätze 1 bis 7" erforderlichen und von ihr „gewünschten Informationen" anfordern. Die Informationspflicht umfasst damit insbesondere die praktische Durchsetzung der KI-VO sowie etwaige Folgerungen aus überschießender oder anderweitig mangelhafter Durchsetzung, auch aufgrund künftiger neuer Technologien. **34**

IX. Berücksichtigung technologischer Entwicklungen und grundrechtsrelevanter Auswirkungen (Abs. 10)

Die Kommission legt erforderlichenfalls geeignete Vorschläge zur Änderung der Verordnung vor. Bei jeglichen Vorschlägen hat die Kommission technologische Entwicklungen und die Auswirkungen von KI-Systemen auf Gesundheit, Sicherheit und Grundrechte zu berücksichtigen. Art. 112 stellt der Kommission frei, wie sie diese Aspekte zu berücksichtigen hat; denkbar sind Anpassungen der verbotenen Praktiken des Art. 5, der Hochrisiko-KI-Regelungen in Art. 6 ff. bzw. der dafür relevanten Anhänge I und III (für Hochrisiko-KI) bzw. II (für verbotene Praktiken). Denkbar sind indes genauso Anpassungen aller anderen Regelungen der KI-VO. **35**

X. Orientierung an Vorgaben des Büros für KI (Abs. 11)

Die Orientierungshilfe des Büros für Künstliche Intelligenz soll auf drei Aspekte abzielen: **36**

- Erweiterung bestehender oder Aufnahme neuer Bereiche in Anhang III (keine Verringerung[31] der bestehenden Bereiche),
- die verbotenen Praktiken (Art. 5),
- etwaige zusätzliche Transparenzmaßnahmen für KI-Systeme (Art. 50).

---

31 Siehe auch Art. 112 Abs. 2 lit. a, der etwas umständlich im Substantivstil von der „Notwendigkeit von Änderungen zur Erweiterung bestehender Bereiche oder zur Aufnahme neuer Bereiche" spricht.

37 Als Orientierung für die Bewertungen entwickelt das Büro für Künstliche Intelligenz Methoden zur Bewertung der Risikoniveaus und zur Einbeziehung neuer Systeme in die relevanten Listen der KI-VO.

XI. Änderungen der KI-VO i.S.v. Art. 10 – sektorspezifische Besonderheiten (Abs. 12)

38 Die KI-VO ist eine vertikale Harmonisierungsrechtsvorschrift, im Gegensatz zu den zahlreichen horizontalen, produktbezogenen Harmonisierungsrechtsvorschriften.[32] Die Schnittstelle zwischen KI-VO und der jeweiligen, teilweise viel älteren Harmonisierungsrechtsvorschriften bedarf ggf. der Anpassung. Dies gilt insbesondere für die in Abs. 12 referenzierten Harmonisierungsrechtsvorschriften in Anhang I Abschnitt B, die mit den diversen Typengenehmigungsverfahren vor allem Mobilitätsprodukte betreffen und für die die KI-VO bislang nur begrenzt gilt (vgl. Art. 2 Abs. 2). Änderungen der KI-VO sollen, so der Auftrag des Abs. 12, die regulatorischen Besonderheiten des jeweiligen Sektors und die Governance-, Konformitätsbewertungs- und Durchsetzungsmechanismen und -behörden der KI-VO berücksichtigen, sprich: sie – so ist ergänzend hineinzulesen – mit den Schutzzielen der KI-VO in Einklang bringen. Unmittelbarer Normadressat ist und bleibt mithin die Kommission. Mittelbar sind die Berichte und die darin enthaltenen Änderungsvorschläge auch für die Unternehmen in der KI-Wertschöpfungskette relevant, insbesondere für die Anbieter und Betreiber, allerdings ebenso für alle weiteren Akteure.

32 Vgl. die Aufstellung in Anhang I der Marktüberwachungsverordnung (EU) 2019/1020 vom 20.6.2019.

Art. 113 Inkrafttreten und Geltungsbeginn

Diese Verordnung tritt am zwanzigsten Tag nach ihrer Veröffentlichung im Amtsblatt der Europäischen Union in Kraft. Sie gilt ab dem 2. August 2026.

Jedoch:

a) Die Kapitel I und II gelten ab dem 2. Februar 2025;

b) Kapitel III Abschnitt 4, Kapitel V, Kapitel VII und Kapitel XII sowie Artikel 78 gelten ab dem 2. August 2025, mit Ausnahme des Artikels 101;

c) Artikel 6 Absatz 1 und die entsprechenden Pflichten gemäß dieser Verordnung gelten ab dem 2. August 2027.

Diese Verordnung ist in allen ihren Teilen verbindlich und gilt unmittelbar in jedem Mitgliedstaat.

Mit Art. 113 korrespondieren die Erwägungsgründe 178, 179.

Schrifttum: *Becker*, Der Kommissionsentwurf für eine KI-Verordnung – Gefahr für die Wissenschaftsfreiheit?, ZfDR 2023, 164; *Ebers/Hoch/Rosenkranz/Ruschemeier/Steinrötter*, Der Entwurf für eine EU-KI-Verordnung: Richtige Richtung mit Optimierungsbedarf, RDi 2021, 528; *Hilgendorf/Roth-Isigkeit* (Hrsg.), Die neue Verordnung der EU zur Künstlichen Intelligenz, 2023.

Übersicht

I. Allgemeines

1 Art. 113 unterscheidet zwei relevante Zeitpunkte im Zusammenhang mit dem zeitlichen Anwendungsbereich der KI-VO: **Inkrafttreten und Geltung**.

1. Zweck der Vorschrift

2 Art. 113 dient dem Zweck, den Rechtsanwendern zu verdeutlichen, dass die KI-VO als EU-Verordnung in allen Mitgliedstaaten unmittelbar anwendbares Recht ist. Gesonderter Umsetzungsrechtsakte bedarf es nicht, Art. 288 UAbs. 2 AEUV. Diese unmittelbare Anwendbarkeit verringert die Rechtsfragmentierung. Sie soll die Entwicklung eines Binnenmarkts für rechtmäßige, sichere und vertrauenswürdige KI-Systeme erleichtern.[1] Sowohl private als auch öffentliche Akteure müssen Gewissheit darüber haben, ab wann sie Konformität der KI-Systeme und der damit zusammenhängenden Prozesse sicherstellen müssen.

2. Entstehungsgeschichte

3 Eine Regelung zum Inkrafttreten und Geltungsbeginn der KI-VO war bereits im Entwurf der Kommission vom 21.4.2021 enthalten.[2] Die darin vorgesehene Bestimmung zum Inkrafttreten sowie die Übergangsfrist sind im Ergebnis im Wesentlichen gleichgeblieben.

4 Der zweijährige Übergangszeitraum ab Inkrafttreten der KI-VO war im Gesetzgebungsprozess allerdings nicht unumstritten. Der Rat erachtete den Zweijahreszeitraum als zu kurz und sah daher in seinem überarbeiteten Entwurf einen Übergangszeitraum von 36 Monaten vor.[3] Schlussendlich konnten sich Rat und Parlament bereits in dem Kompromissvorschlag mit Blick auf das Ziel der KI-VO, den Umgang mit KI-Systemen auf europäischer Ebene möglichst zeitnah zu vereinheitlichen,[4] einigen. Gelöst wurde der Diskurs durch erweiterte und differenziertere Ausnahmeregelungen hinsichtlich des Geltungsbeginns,[5] um dem risikobasierten Ansatz der KI-VO Rechnung zu tragen. Vereinzelte Regelungen erhalten nun einen längeren Übergangszeitraum von 36 Monaten (siehe vertieft Rn. 23).

---

1 Begründung (Explanatory Memorandum), Ziff 2.4 KI-VO-E Kommission.

2 Art. 85 KI-VO-E Kommission.

3 Art. 85 Abs. 2 KI-VO-E Rat.

4 Proposal for a Regulation of the European Parliament and of the Council laying down harmonised rules on artificial intelligence (Artificial Intelligence Act) and amending certain Union legislative, Doc.-No. 8115/21, ErwG 3, 5.

5 Proposal for a Regulation of the European Parliament and of the Council laying down harmonised rules on artificial intelligence (Artificial Intelligence Act) and amending certain Union legislative acts – Analysis of the final compromise text with a view to agreement, Doc.-No. 8115/21, Ziff. II. 14.

3. Verhältnis zu anderen Vorschriften

Bereits bestehende nationale Vorschriften zur Regulierung von KI müssen mit den neuen europäischen Regelungen vereinbar sein. Widersprechen nationale Bestimmungen der KI-VO, geht diese aufgrund des Anwendungsvorrangs des EU-Rechts und ihrer unmittelbaren Geltung vor.[6] Die KI-VO sieht **vereinzelte Öffnungsklauseln** für Regulierungen durch die EU-Mitgliedstaaten vor. Der durch diese Öffnungsklauseln eröffnete Spielraum ist im Vergleich zu anderen EU-Verordnungen[7] allerdings stark beschränkt.[8] 5

II. Inhalt der Vorschrift

1. Inkrafttreten

Gemäß Art. 113 Satz 1 tritt die KI-VO am zwanzigsten Tag nach Veröffentlichung im Amtsblatt in Kraft. Die Bestimmung hat rein deklaratorische Wirkung, da dies bereits unmittelbar aus Art. 297 Abs. 1 UAbs. 3 Satz 2 AEUV folgt. Die KI-VO wurde am 12.7.2024 im Amtsblatt der Europäischen Union veröffentlicht. Sie ist daher **am 1.8.2024 in Kraft getreten**. 6

Praktische Bedeutung kommt diesem Stichtag unter anderem zu in Bezug auf: 7

- den Erlass eines Durchführungsrechtsakts für die Erstellung von Praxisleitfäden (vgl. Art. 56 Abs. 9),
- die Einrichtung von KI-Reallaboren (vgl. Art. 57 Abs. 1),
- die Erstellung eines Musterplans für die Beobachtung nach dem Inverkehrbringen von Hochrisiko-KI-Systemen (vgl. Art. 72 Abs. 3),
- die Erstellung von Leitlinien zur Meldung schwerwiegender Vorfälle und Fehlfunktionen (vgl. Art. 73 Abs. 7), sowie
- die Benennung bereits bestehender Behörden und die Einrichtung neuer Behörden, die die in den Rechtsvorschriften festgelegten Aufgaben zur Überwachung der Vereinbarkeit von Hochrisiko-KI-Systemen mit dem Unionsrecht bereits vor Geltungsbeginn wahrnehmen und durchsetzen (vgl. Art. 70 Abs. 2, 77 Abs. 2).

Zudem kann die Kommission bereits ab diesem Zeitpunkt delegierte Rechtsakte gemäß Art. 97 Abs. 2 erlassen (siehe Art. 97 Rn. 12). 8

6 EuGH, Urt. v. 15.7.1964 – C-6/64, BeckRS 1964, 105086 – Flaminio Costa/E.N.E.L.

7 Einen Kontrast bildet hier beispielsweise die DSGVO, die sehr viele Öffnungsklauseln zur mitgliedstaatlichen Regulierung enthält.

8 *Becker*, ZfDR 2023, 164, 166; vgl. auch *Ebers/Hoch/Rosenkranz/Ruschemeier/Steinrötter*, RDi 2021, 528, 529.

2. Geltungsbeginn

9 Von gesteigerter Bedeutung ist der Geltungsbeginn nach Art. 113 Satz 2. Dieser Geltungsbeginn legt den Zeitpunkt fest, **ab dem die Vorgaben der KI-VO verpflichtend einzuhalten sind**.

a) Regelgeltungsbeginn

10 Umfassend Geltung erlangt die KI-VO erst **zwei Jahre nach dem Zeitpunkt des Inkrafttretens, das heißt ab dem 2.8.2026**. Erst mit Ablauf dieses Übergangszeitraums sind die Vorgaben der KI-VO durchsetzbar und Betroffene können ihre sich daraus ergebenden Rechte ausüben, beispielsweise eine auf KI basierende Entscheidung anfechten und eine menschliche Intervention anfordern. Behörden und Gerichte wenden auf Sicherheitsrisiken im Kontext mit KI bis zum 2.8.2026 daher noch das jeweilige nationale Regelungsregime an.

11 Der Übergangszeitraum von 24 Monaten dient den nationalen Gesetzgebern, Akteuren und den mit der KI-VO befassten Behörden und Stellen dazu, die nötigen gesetzgeberischen, vertraglichen und technischen Vorkehrungen zur Umsetzung der KI-VO zu treffen. Das bedeutet, dass die Institutionen und Mitgliedstaaten bereits ab dem Inkrafttreten Maßnahmen ergreifen und umsetzen müssen, um Konformität mit den Verpflichtungen und Kontrollmechanismen der KI-VO mit Ablauf dieses Übergangszeitraums sicherzustellen. Insbesondere sollte das KI-Gremium der EU bereits eingerichtet und arbeitsbereit sein.[9] Die Begründung des Kommissionsentwurfs sah außerdem vor, dass die EU-Datenbank der KI-Systeme bereits zum Zeitpunkt der Anwendbarkeit der KI-VO voll funktionsfähig sein sollte.[10]

b) Ausnahmen

12 Der risikobasierte Ansatz der KI-VO kommt auch in der Ausgestaltung **der abgestuften Übergangsfristen** zum Ausdruck. Je höher das von der jeweiligen KI ausgehende Risiko ist, desto früher findet die KI-VO auf diese KI Anwendung. Die Regelung zum Geltungsbeginn der KI-VO hat im Hinblick auf die Ausnahmen von der Zweijahresregel im Gesetzgebungsprozess deutliche Änderungen erfahren.

---

9 Finanzbogen zu Rechtsakten, Begründung des Vorschlags/der Initiative, Ziff. 1.5.1. KI-VO-E Kommission.

10 Finanzbogen zu Rechtsakten, Begründung des Vorschlags/der Initiative, Ziff. 1.5.1. KI-VO-E Kommission.

aa) Vorgesehene Ausnahmen nach dem Verordnungsentwurf der Kommission

13 So gab die Kommission in Art. 85 Abs. 3 lit. a ihres Entwurfs noch vor, dass abweichend von dem Regelzeitraum von 24 Monaten das ursprüngliche Kapitel zu notifizierenden Behörden und notifizierten Stellen[11] und der Abschnitt zur „Leitungsstruktur“[12] bereits drei Monate nach Inkrafttreten der KI-VO Geltung entfalten sollten. Dem lag zugrunde, dass die Infrastruktur für die Leitung und das Konformitätsbewertungssystem schon vor dem offiziellen Geltungsbeginn eingerichtet und einsatzbereit sein sollten.[13]

14 Ebenfalls abweichend vom Regelgeltungsbeginn sah Art. 85 Abs. 3 lit. b des Kommissionsentwurfs eine weitere Ausnahmeregelung vor, wonach die Mitgliedstaaten Vorschriften über Sanktionen,[14] einschließlich Geldbußen, bereits zwölf Monate nach Inkrafttreten der KI-VO festlegen und der Kommission mitteilen und auf diese Weise dafür sorgen sollten, dass diese bis zum Geltungsbeginn der KI-VO ordnungsgemäß und wirksam umgesetzt werden.[15]

bb) Ausnahmeregelungen (lit. a–c)

15 Demgegenüber gehen die Ausnahmeregelungen zum Geltungsbeginn in der verabschiedeten Fassung der KI-VO deutlich weiter.

16 Die KI-VO sieht in Art. 113 lit. a vor, dass die allgemeinen Bestimmungen (vgl. Art. 1 bis 4) und Anwendung der Verbote (vgl. Art. 5) bereits sechs Monate nach Inkrafttreten der KI-VO Geltung entfalten. Diese Regelung dient dazu, die Risiken, die mit der Verwendung von KI in spezifischen Bereichen einhergehen, möglichst frühzeitig einzudämmen.[16] Die Vorwegnahme der Anwendung der Verbote soll ihre Wirkung zudem frühzeitig auf andere Verfahren, etwa im Zivilrecht, erstrecken.[17]

17 Darüber hinaus findet sich ein weiterer beschleunigter Geltungsbeginn in Art. 113 lit. b. Abweichend vom Regelzeitraum von zwei Jahren, entfalten ausgewählte Regelungen bereits zwölf Monate nach Inkrafttreten der KI-VO Geltung:

18 Hiervon erfasst werden einerseits die Bestimmungen über notifizierte Stellen und die Leitungsstruktur (vgl. Art. 28 bis 39). Aus ErwG 179 geht übereinstimmend mit dem Entwurf der Kommission hervor, dass die Infrastruktur für die

11 Titel III Kapitel 4 (Art. 30 bis 39) KI-VO-E Kommission.
12 Titel VI (Art. 56 bis 59) KI-VO-E Kommission.
13 ErwG 88 KI-VO-E Kommission.
14 Art. 71 KI-VO-E Kommission.
15 ErwG 88 KI-VO-E Kommission.
16 ErwG 179.
17 ErwG 179.

Leitung und das Konformitätsbewertungssystem bereits vor dem 2.8.2025 einsatzbereit sein sollten. Allerdings wird der Übergangszeitraum zur Implementierung gegenüber dem ursprünglich vorgesehenen Dreimonatszeitraum nach Inkrafttreten deutlich großzügiger gefasst. Das ist darauf zurückzuführen, dass der EU-Gesetzgeber allen Parteien eine reibungslose Durchführung erleichtern will.[18]

19 Auch die Pflichten der Anbieter der neu eingeführten KI-Modelle mit allgemeinem Verwendungszweck (vgl. Art. 51 bis 56) entfalten bereits zwölf Monate nach Inkrafttreten Geltung. Der EU-Gesetzgeber hat es für notwendig erachtet, diesen besonders wirkmächtigen KI-Modellen mit systemischem Risiko strengere Auflagen aufzuerlegen.[19] Daneben soll der verkürzte Geltungsbeginn der KI-VO dem raschen technologischen Fortschritt in diesem Bereich Rechnung tragen.[20]

20 Das Büro für Künstliche Intelligenz (vgl. Art. 64) hat innerhalb von zwölf Monaten nach Inkrafttreten der KI-VO sicherzustellen, dass die Vorschriften und Verfahren für die Einstufung von KI-Systemen jeweils dem Stand der technologischen Entwicklung entsprechen.[21] Auch die Einrichtung eines KI-Gremiums (vgl. Art. 65 bis 67) und die Regulierung eines wissenschaftlichen Gremiums unabhängiger Sachverständiger (vgl. Art. 68 und 69) muss spätestens bis zum 2.8.2025 erfolgen.

21 Darüber hinaus gelten die Bestimmungen über Sanktionen (vgl. Art. 99 bis 101) bereits ein Jahr nach Inkrafttreten der KI-VO. Die Mitgliedstaaten müssen daher bis zum 2.8.2025 die Vorschriften über Sanktionen, einschließlich Geldbußen, festlegen und der Kommission mitteilen. Damit einhergehend haben die Mitgliedstaaten dafür Sorge zu tragen, dass die Sanktionen bis zum 2.8.2025 von den nationalen Institutionen ordnungsgemäß und wirksam umgesetzt werden.[22]

22 Die Sanktionsbestimmung für Anbieter von KI-Modellen mit allgemeinem Verwendungszweck (vgl. Art. 101) gilt hingegen erst nach dem Regelzeitraum von 24 Monaten. Den Anbietern von KI-Modellen mit allgemeinem Verwendungszweck wird hier vom Gesetzgeber ein im Vergleich zu den übrigen KI-Systemen doppelt so langer Zeitraum für nicht-sanktionierte Verstöße zugestanden.

23 Ein noch großzügigerer Übergangszeitraum von 36 Monaten gilt für die Regelungen zur Klassifizierung von Hochrisiko-KI-Systemen und die korrespondie-

---

18 Begründung Ziff 5.2.8 der konsolidierten Fassung.

19 Pressemitteilung des BMJ vom 2.2.2024, https://www.bmwk.de/Redaktion/DE/Pressemitteilungen/2024/02/20240202-rahmen-fur-kunstliche-intelligenz-in-der-eu-steht-ki-verordnung-einstimmig-gebilligt.html.

20 ErwG 179.

21 ErwG179.

22 ErwG179.

renden Pflichten gemäß Art. 6 Abs. 1 (siehe Art. 6 Rn. 50 ff.). Die Herausforderung für Praxisanwender wird nach Inkrafttreten insbesondere sein, die für sie jeweils geltenden relevanten Pflichten zu identifizieren.

Sachregister

Fett gedruckte Zahlen verweisen auf die entsprechenden Artikel, magere Zahlen auf Randnummern.